Sdu Wettenbundel

Deel C Straf(proces)recht

De reeks educatieve wettenverzamelingen van *Sdu* bevat zes titels:

- *Sdu Wettenbundel (Verzameling Nederlandse Wetgeving)* in drie delen. De delen zijn ook 'los' verkrijgbaar
- *Sdu Wettenbundel Intellectuele Eigendom*
- *Sdu Wettenbundel MBO*
- *Sdu Wettenbundel SJD (Sociaal Juridische Dienstverlening)*
- *VNW Socialezekerheidsrecht*
- *Wetgeving Makelaardij, Taxatie en Vastgoed*

Elk deel bevat een selectie van wet- en regelgeving die van belang is voor het onderwijs op universitair, hbo- of mbo-niveau. De wettenverzamelingen zijn toegankelijk door een handig zoeksysteem, de margeteksten en het trefwoordenregister. Elk deel wordt jaarlijks geactualiseerd.

De educatieve wettenverzamelingen zijn een uitgave van Sdu, dé uitgever op elk rechtsgebied voor zowel de praktijk als educatie.

Sdu Wettenbundel
Editie 2021-2022
Deel C

Onder redactie van:

Prof. mr. B. Barentsen, hoogleraar Sociaal Recht en bijzonder hoogleraar Arbeidsverhoudingen in de publieke sector aan de Universiteit Leiden

Prof. dr. L.F.M. Besselink, hoogleraar Constitutioneel Recht aan de Universiteit van Amsterdam

Mr. dr. M.L. van Emmerik, universitair hoofddocent Staats- en Bestuursrecht aan de Universiteit Leiden en rechter-plaatsvervanger bij de Rechtbank Midden-Nederland

Prof. mr. M.S. Groenhuijsen, hoogleraar Straf(proces)recht en Victimologie aan de Universiteit van Tilburg

Prof. mr. A.L.M. Keirse, hoogleraar Privaatrecht aan de Universiteit Utrecht en raadsheer aan het Gerechtshof Amsterdam

Mr. H.J. de Kloe, docent Ondernemings- en Insolventierecht aan de Erasmus School of Law

Mr. B. Kratsborn, docent Publiekrecht aan de Juridische Hogeschool Avans-Fontys te Den Bosch

Prof. mr. A.I.M. van Mierlo, hoogleraar Burgerlijk recht en Burgerlijk procesrecht Erasmus School of Law (Rotterdam), hoogleraar Privaatrecht aan de Rijksuniversiteit Groningen en advocaat te Rotterdam

Prof. mr. B.A. Schuijling, hoogleraar Burgerlijk recht en directeur Onderzoekcentrum Onderneming en Recht, Radboud Universiteit Nijmegen

Prof. dr. mr. G.K. Sluiter, hoogleraar Straf(proces)recht aan de Open Universiteit, hoogleraar Internationaal strafrecht aan de Universiteit van Amsterdam en advocaat bij Prakken d'Oliveira

Prof. mr. E. Steyger, hoogleraar Europees Bestuursrecht aan de Vrije Universiteit Amsterdam en advocaat bij Advocaatpraktijk E. Steyger B.V.

Prof. mr. J.M.H.F. Teunissen, emeritus-hoogleraar Staats- en Bestuursrecht en Algemene Staatsleer aan de Open Universiteit

Mr. C. Wisse, hoofddocent Staats- en Bestuursrecht aan de Hogeschool van Arnhem en Nijmegen

Mr. dr. M. Zilinsky, universitair docent Internationaal Privaatrecht aan de Vrije Universiteit Amsterdam, en adviseur bij Houthoff

Sdu
Den Haag, 2021

Meer informatie over deze en andere uitgaven kunt u verkrijgen bij:
Sdu Klantenservice
Postbus 20025
2500 EA Den Haag
tel.: (070) 37 89 880
www.sdu.nl/service

© Sdu Uitgevers, Den Haag, 2021

Ontwerp omslag: De Handlangers, Utrecht

ISBN Sdu Wettenbundel set (A, B en C): 978 901240 7007
ISBN Sdu Wettenbundel A: 978 901240 7212
ISBN Sdu Wettenbundel B: 978 901240 7229
ISBN Sdu Wettenbundel C: 978 901240 7236
NUR: 820

Alle rechten voorbehouden. Alle auteursrechten en databankrechten ten aanzien van deze uitgave worden uitdrukkelijk voorbehouden. Deze rechten berusten bij Sdu Uitgevers bv.

Behoudens de in of krachtens de Auteurswet gestelde uitzonderingen, mag niets uit deze uitgave worden verveelvoudigd, opgeslagen in een geautomatiseerd gegevensbestand of openbaar gemaakt in enige vorm of op enige wijze, hetzij elektronisch, mechanisch, door fotokopieën, opnamen of enige andere manier, zonder voorafgaande schriftelijke toestemming van de uitgever.

Voorzover het maken van reprografische verveelvoudigingen uit deze uitgave is toegestaan op grond van artikel 16 h Auteurswet, dient men de daarvoor wettelijk verschuldigde vergoedingen te voldoen aan de Stichting Reprorecht (Postbus 3060, 2130 KB Hoofddorp, www.reprorecht.nl). Voor het overnemen van gedeelte(n) uit deze uitgave in bloemlezingen, readers en andere compilatiewerken (artikel 16 Auteurswet) dient men zich te wenden tot de Stichting PRO (Stichting Publicatie- en Reproductierechten Organisatie, postbus 3060, 2130 KB Hoofddorp, www.stichting-pro.nl). Voor het overnemen van een gedeelte van deze uitgave ten behoeve van commerciële doeleinden dient men zich te wenden tot de uitgever.

Vanwege de aard van de uitgave gaat Sdu uit van een zakelijke overeenkomst; deze overeenkomst valt onder het algemene verbintenissenrecht. Uw persoonlijke gegevens worden door ons zorgvuldig behandeld en beveiligd. Wij verwerken uw gegevens voor de uitvoering van de (abonnements)overeenkomst en om u op uw vakgebied van informatie te voorzien over gelijksoortige producten en diensten van Sdu. Voor het toesturen van informatie over (nieuwe) producten en diensten gebruiken wij uw e-mailadres alleen als u daarvoor toestemming heeft gegeven. Uw toestemming kunt u altijd intrekken door gebruik te maken van de afmeldlink in het toegezonden e-mailbericht. Als u in het geheel geen informatie wenst te ontvangen over producten en/of diensten, dan kunt u dit laten weten aan Sdu Klantenservice: informatie@sdu.nl. Abonnementen gelden voor minimaal één jaar en hebben een opzegtermijn van twee maanden. Onze uitgaven zijn ook verkrijgbaar in de boekhandel. Voor informatie over onze leveringsvoorwaarden kunt u terecht op www.sdu.nl.

Hoewel aan de totstandkoming van deze uitgave de uiterste zorg is besteed, kan voor de aanwezigheid van eventuele (druk)fouten en onvolledigheden niet worden ingestaan en aanvaarden de auteur(s), redacteur(en) en uitgever deswege geen aansprakelijkheid voor de gevolgen van eventueel voorkomende fouten en onvolledigheden. Vanwege de aard van de uitgave, gaat Sdu uit van een zakelijke overeenkomst; deze overeenkomst valt onder het algemene verbintenissenrecht.

All rights reserved. No part of this publication may be reproduced, stored in a retrieval system, or transmitted in any form or by any means, electronic, mechanical, photocopying, recording or otherwise, without the publisher's prior consent.

While every effort has been made to ensure the reliability of the information presented in this publication, Sdu Uitgevers neither guarantees the accuracy of the data contained herein nor accepts responsibility for errors or omissions or their consequences.

Voorwoord

In de *Sdu Wettenbundel 2021-2022* is die wet- en regelgeving opgenomen die in de opleiding van de studie rechten op universitair en hbo-niveau onmisbaar is.

Inhoud
Bij de selectie van de opgenomen wet- en regelgeving heeft de redactie voor ogen gehad om de gebruiker in drie handzame delen een zo compleet mogelijke verzameling van wetten en andere regelgeving te bieden op het gebied van materieel en formeel recht.

Thematische indeling
De *Sdu Wettenbundel 2021-2022* bestaat uit drie thematische delen:
– Deel A Staats- en bestuursrecht;
– Deel B Burgerlijk (proces)recht; en
– Deel C Straf(proces)recht.
Deel A, B en C zijn ook 'los' verkrijgbaar (met een eigen ISBN).

Online versie: wettenbundel.sdu.nl
Bij aankoop van de drie delen heeft men gratis toegang tot de online versie van de *SduWettenbundel*: wettenbundel.sdu.nl. Op deze website is, naast de inhoud van dezebundel, ook extra wet- en regelgeving opgenomen. Hier vindt u ook COVID-wetgeving. Voorin deel A vindt men de persoonlijkeinlogcode voor de site.

Geldende, toekomstige en vervallen wetgeving
De kern van de uitgave betreft het positieve in Nederland geldende recht. Daarnaast is – daar waar de redactie van mening was dat het voor de gebruiker van belang was om daarvan kennis te nemen – ook toekomstig recht opgenomen; wetgeving waarvan de inwerkingtredingsdatum op de kopijsluitingsdatum van 1 juni 2021 nog niet bekend was of wetgeving die na 1 juli 2021 (de verschijningsdatum van de bundels) in werking treedt. Deze wetgeving wordt met een vette lijn in de marge herkenbaar aangegeven. Ook in de kopregel wordt aangegeven dat het hierbij om toekomstig recht gaat. Op deze wijze kan tijdens de studie ook een perspectief op toekomstige bepalingen worden verkregen.
In een enkel geval bevat deze bundel ook reeds vervallen regelgeving omdat de regels voor het onderwijs van nut zijn of nog steeds effecten in de rechtspraktijk hebben.

Zoeken
De *Sdu Wettenbundel 2021-2022* biedt de mogelijkheid om via diverse ingangen de content te ontsluiten. In de Ten Geleide vindt u een uitleg over de diverse zoekmogelijkheden en -methoden.

De redactie
De *Sdu Wettenbundel 2021-2022* staat onder redactie van:
Prof. mr. B. Barentsen (Universiteit Leiden)
Prof. dr. L.F.M. Besselink (Universiteit van Amsterdam)
Mr. dr. M.L. van Emmerik (Universiteit Leiden)
Prof. mr. M.S. Groenhuijsen (Universiteit van Tilburg)
Mr. H.J. de Kloe (Erasmus School of Law)

Prof. mr. A.L.M. Keirse (Universiteit Utrecht)
Mr. B. Kratsborn (Juridische Hogeschool Avans-Fontys)
Prof. mr. A.I.M. van Mierlo (Erasmus Universiteit Rotterdam en Rijksuniversiteit Groningen)
Prof. mr. B.A. Schuijling (Radboud Universiteit Nijmegen)
Prof. dr. mr. G.K. Sluiter (Open Universiteit Nederland en Universiteit van Amsterdam)
Prof. mr. E. Steyger (Vrije Universiteit Amsterdam)
Prof. mr. J.M.H.F. Teunissen (Open Universiteit Nederland)
Prof. mr. dr. L.C.A. Verstappen (Rijksuniversiteit Groningen)
Mr. C. Wisse (Hogeschool Arnhem/Nijmegen)
Mr. dr. M. Zilinsky (Vrije Universiteit Amsterdam)

Redactie en uitgever
Mei 2021

Ten geleide

Kopijsluitingsdatum
In de *Sdu Wettenbundel 2021-2022* treft u een op het onderwijs afgestemde selectie aan van in Nederland geldende wet- en regelgeving en andere voor het onderwijs relevante documenten. Alle opgenomen teksten zijn bijgewerkt tot en met 1 juni 2021. Wetgeving waarvan bij het ter perse gaan van deze bundel bekend was dat deze voor of op 1 juli 2021 in werking zou treden, is eveneens verwerkt.

Bron
In de voetnoot bij de titel van elk onderdeel kunt u broninformatie aantreffen voorafgegaan door de zinsnede 'zoals laatstelijk gewijzigd bij'. Hier vindt u de bron die heeft geleid tot de meest recent in werking getreden wijziging van de tekst. Dit hoeft niet per se de laatste bron uit de wijzigingshistorie van de tekst te zijn. Het gaat immers om de bron van de wijziging die laatstelijk in werking is getreden.

Toekomstige wet- en regelgeving
De kern van de uitgaven van de *Sdu Wettenbundel 2021-2022* betreft het in Nederland geldend recht. Wetgeving waarvan bij het ter perse gaan van deze bundel bekend was dat deze voor of op 1 juli 2021 in werking zou treden, is verwerkt. Daarnaast is in sommige gevallen ook wetgeving opgenomen waarvan de inwerkingtreding bij het ter per se gaan nog niet bekend was of die na 1 juli 2021 in werking treedt. Het gaat in zulke gevallen om toekomstig recht dat door de redactie als onmisbaar voor de gebruiker wordt geacht. Deze wetgeving wordt herkenbaar aangegeven met een vette lijn in de marge. Ook in de kopregel en in de inhoudsopgaven wordt vermeld dat het om toekomstig recht gaat doordat de tekst '(toekomstig)' is toegevoegd.

Om productietechnische redenen kan het voorkomen dat, hoewel de redactie een wetsvoorstel wil opnemen, dit niet meer mogelijk is omdat het betreffende wetsvoorstel te kort voor de sluitingsdatum van de kopij is ingediend bij de Tweede Kamer.
Bij wetsvoorstellen zijn de geconsolideerde versies opgenomen waarbij, met uitzondering van de amendementen, de relevante parlementaire stukken zijn verwerkt in het oorspronkelijke dan wel gewijzigde voorstel van wet. Wanneer de toekomstige wetgeving reeds in het Staatsblad is geplaatst, wordt uiteraard de betreffende tekst gepubliceerd.
Wanneer een regeling op 1 juni 2021 gedeeltelijk in werking is getreden, wordt de betreffende regeling als geldend recht opgenomen. Uitzonderingen hierop vormen bepalingen waarvan de inwerkingtreding op een latere datum is voorzien. Deze zijn voorzien van de opmerking 'Treedt in werking op nader te bepalen tijdstip' in een voetnoot bij de titel. Voor het raadplegen van de meest recente versies van de geselecteerde regelingen verwijzen wij u graag naar www.wetten.nl. Houdt u er hierbij rekening mee dat een klein deel van de opgenomen regelingen nog niet via deze website geraadpleegd kan worden.

Online versie: wettenbundel.sdu.nl
Bij aankoop van de drie delen heeft men gratis toegang tot de online versie van de *Sdu Wettenbundel*: wettenbundel.sdu.nl. Op deze website is, naast de inhoud van deze bundel, ook extra wet- en regelgeving opgenomen. Voorin deel A vindt u de persoonlijke inlogcode voor de website.

Ten geleide

Een deel van de wet- en regelgeving die vorig jaar in de bundels was opgenomen, is verplaatst naar de online versie. Deze wet- en regelgeving is nog wel opgenomen in beide inhoudsopgaven met een verwijzing naar de website. In de algemene inhoudsopgave is per deel ook aangegeven welke wet- en regelgeving er verder in de online is opgenomen. Indien nodig wordt de online door het jaar heen aangevuld.

KEI-wetgeving
In deze bundel vindt u de tekst van het Wetboek van Burgerlijke Rechtsvordering, zoals die luidt voor de procedures in de feitelijke instanties (rechtbanken en gerechtshoven) waarop KEI-Rv niet van toepassing is.
Ten behoeve van de vorderingsprocedure in cassatie wordt na art. 1077 een selectie opgenomen met daarin de integrale tekst van (i) Afdeling 3A van de Eerste Titel van het Eerste Boek (art. 30a-30q KEI-Rv) en (ii) de Vierde Afdeling van de Tweede Titel van het Eerste Boek (art. 111-124 KEI-Rv).
Meer informatie over het wetgevingsprogramma Kwaliteit en Innovatie rechtspraak (KEI) is te vinden op www.rechtspraak.nl.

Vervallen wet- en regelgeving
In de *Sdu Wettenbundel 2021-2022* komt het incidenteel voor dat vervallen wet- en regelgeving is opgenomen omdat deze nog relevantie heeft in verband met overgangsbepalingen. Deze onderdelen zijn herkenbaar aan de toevoeging '(vervallen)' in de kopregel en de inhoudsopgaven.

Selecties
In beginsel zijn de wet- en regelgeving en overige documenten integraal opgenomen, tenzij anders aangegeven. Selecties zijn herkenbaar door de toevoeging '(uittreksel)' in de kopregel en de inhoudsopgaven.

Redactionele toevoegingen
Daar waar de wetgever zelf bepaalde informatie niet heeft gegeven die voor de interpretatie wel noodzakelijk is, is deze tekst tussen vierkante haken toegevoegd. Bijvoorbeeld '[vervallen]' bij vervallen artikelen, of '[1]' wanneer het lidnummer oorspronkelijk niet wordt genoemd.

Gebruiksgemak
Aan alle wetten en regelingen in de uitgave *Sdu Wettenbundel 2021-2022* is een onderdeelnummer toegekend. Dit nummer vindt u terug in de kopregel op elke pagina. In de inhoudsopgaven, de afkortingenlijst en het trefwoordenregister wordt naar deze onderdeelnummers verwezen. Iedere uitgave bevat een uitgebreid trefwoordenregister. Met behulp hiervan kunt u eenvoudig en doeltreffend de door u gewenste wetgeving opzoeken. Om het artikel waarnaar verwezen wordt snel te vinden op de betreffende pagina, kijkt u naar de artikelnummers in de kopregels. Op een linkerpagina wordt het eerstgenoemde artikel van de betreffende pagina in de kopregel vermeld, op een rechterpagina het laatstgenoemde artikel van die pagina.
Daarnaast zijn veel artikelen voorzien van margewoorden: aantekeningen in de marge met een kernachtige aanduiding, die u snel naar het juiste artikel leiden.

Hoe vindt u wat u zoekt?
Als u een bepaalde regeling zoekt, kunt u kijken in de algemene of in de alfabetische inhoudsopgave. Beide inhoudsopgaven verwijzen naar het onderdeelnummer, dat u terugvindt in de kopregel van elke pagina.

Ten geleide

Zoekt u niet een bepaalde regeling of artikel, maar bepalingen die betrekking hebben op een specifiek onderwerp, dan vindt u deze het snelst met behulp van het trefwoordenregister. Dit verwijst naar het onderdeelnummer, gevolgd door een verwijzing naar een artikel. Via de onderdeelnummers en artikelvermeldingen in de kopregels vindt u eenvoudig het artikel dat u zoekt.

Overige bronnen

Nederlandse beleidsregels, in de zin van richtlijnen voor strafvordering en aanwijzingen van het Openbaar Ministerie, zijn te vinden op de website van het OM: www.om.nl > 'organisatie' > 'beleidsregels'. Deze richtlijnen worden bij inwerkingtreding gepubliceerd in de Staatscourant en zijn ook te vinden op www.overheid.nl (gratis toegankelijk). Bij het zoeken naar een richtlijn op overheid.nl gaat u naar 'overheidsinformatie' en vervolgens naar 'wet- en regelgeving'. Hier selecteert u de soort regeling; in het geval van richtlijnen gaat het om 'Beleidsregels rijksdienst'. Als u de exacte titel van de richtlijn weet, vult u die in bij 'in de titel'. Als u de titel niet precies weet of als u wilt weten welke richtlijnen er zijn over een bepaald onderwerp, vult u een trefwoord in bij het vakje 'in de tekst'.

Arresten van het Hof van Justitie en het Gerecht alsmede teksten van verdragen, verordeningen, richtlijnen en andere wetgeving en besluiten van de Europese Unie vindt u via de websites Curia en EUR-lex. Jurisprudentie van het EHRM is te vinden op de website Hudoc.

Uw reacties

Redactie en uitgever streven ernaar om de inhoud zo goed mogelijk aan te passen aan de wensen van de gebruiker en zo adequaat mogelijk in te spelen op de voor het onderwijs gewenste actualiteit. Ondanks de zorg die de redactie en de uitgever aan deze uitgave hebben besteed, is het mogelijk dat relevante regelgeving niet is opgenomen of dat er fouten zijn geslopen in de samenstelling. Wij stellen het dan ook zeer op prijs als u eventuele op- of aanmerkingen met betrekking tot de inhoud en de uitvoering aan ons doorgeeft. Dat kunt u doen door een e-mail te sturen naar: wettenbundel@sdu.nl. Via sdu.nl/wettenbundel kunt u tevens de volgende editie bestellen of zich opgeven als abonnee op deze uitgave. Als abonnee ontvangt u toekomstige edities automatisch met 15% korting.

Algemene inhoudsopgave

Deel A Staats- en bestuursrecht

Voorwoord

Ten geleide

Algemene inhoudsopgave

Alfabetische inhoudsopgave

Afkortingenlijst

Staatsrecht centrale overheid
Statuut voor het Koninkrijk der Nederlanden / A1
Grondwet / A2
Tweedelezing wetsvoorstellen / A2
Regentschapswet 2013 / A3
Wet algemene bepalingen / A4
Bekendmakingswet / A5
Rijkswet goedkeuring en bekendmaking verdragen / A6
Wet ministeriële verantwoordelijkheid / A7
Wet lidmaatschap koninklijk huis / A8
Kieswet / A9
Reglement van Orde van de Tweede Kamer der Staten-Generaal / A10
Reglement van Orde van de Eerste Kamer der Staten-Generaal / A11
Reglement van Orde voor de ministerraad / A12
Wet op de parlementaire enquête 2008 / A13
Wet op de Raad van State / A14
Comptabiliteitswet 2016 / A15
Wet Nationale ombudsman / A16
Ambtenarenwet / A17
Wet openbare manifestaties / A18
Algemene verordening gegevensbescherming / A19
Uitvoeringswet Algemene verordening gegevensbescherming / A20
Algemene wet gelijke behandeling / A21
Wet College voor de rechten van de mens / A22
Wet gelijke behandeling op grond van handicap of chronische ziekte / A23
Wet gelijke behandeling op grond van leeftijd bij de arbeid / A24
Wet gelijke behandeling van mannen en vrouwen / A25
Kaderwet zelfstandige bestuursorganen / A26

Decentralisatie
Provinciewet / A27
Ambtsinstructie commissaris van de Koning / A28
Gemeentewet / A29
Wet Naleving Europese regelgeving publieke entiteiten / A30
Wet tijdelijk huisverbod / A31
Besluit tijdelijk huisverbod / A32
Wet gemeenschappelijke regelingen / A33
Financiële-verhoudingswet / A34
Waterschapswet / A35
Wet op de Sociaal-Economische Raad / A36
Europees Handvest inzake lokale autonomie / A37

Nederlanderschap c.a.
Rijkswet op het Nederlanderschap / A38

Algemene inhoudsopgave

Europees Verdrag inzake nationaliteit / A39
Vreemdelingenwet 2000 / A40
Vreemdelingenbesluit 2000 / A41
Verdrag betreffende de status van vluchtelingen / A42
Protocol betreffende de status van vluchtelingen / A43
Wet inburgering / A44

Algemeen bestuursrecht
Algemene wet bestuursrecht / A45
Wet nadeelcompensatie en schadevergoeding bij onrechtmatige besluiten (deels toekomstig) / A46
Procesreglement bestuursrecht 2017 / A47
Procesregeling bestuursrechtelijke colleges 2014 / A48
Wet openbaarheid van bestuur / A49
Beroepswet / A50
Wet bestuursrechtspraak bedrijfsorganisatie / A51
Besluit proceskosten bestuursrecht / A52
Wet bevordering integriteitsbeoordelingen door het openbaar bestuur / A53
Dienstenrichtlijn / A54
Burgerlijk Wetboek Boek 2 (uittreksel) / A55

Bijzonder bestuursrecht
Algemene wet inzake rijksbelastingen / A56
Wet ruimtelijke ordening / A57
Besluit ruimtelijke ordening / A58
Woningwet / A59
Huisvestingswet 2014 / A60
Onteigeningswet / A61
Wet voorkeursrecht gemeenten / A62
Crisis- en herstelwet / A63
Belemmeringenwet Privaatrecht / A64
Wet milieubeheer / A65
Activiteitenbesluit milieubeheer / A66
Wet algemene bepalingen omgevingsrecht / A67
Besluit omgevingsrecht / A68
Regeling omgevingsrecht / A69
Waterwet / A70
Besluit milieueffectrapportage / A71
Omgevingswet (toekomstig) / A72
Wegenwet / A73
Wet verplichte GGZ / A74
Wet zorg en dwang / A75
Drank- en Horecawet / A76

Socialezekerheidsrecht
Participatiewet / A77
Wet maatschappelijke ondersteuning 2015 / A78
Wet langdurige zorg / A79
Jeugdwet / A80
Wet arbeid vreemdelingen / A81

Mededingingsrecht
Aanbestedingswet 2012 / A82
Mededingingswet / A83
EG-mededingingsverordening / A84

EU-/EG-recht
Goedkeuringswet Verdrag betreffende de Europese Unie / A85
Handvest van de grondrechten van de Europese Unie / A86
Verdrag betreffende de Europese Unie 1992 / A87
Verdrag betreffende de werking van de Europese Unie / A88

Mensenrechten
Europees verdrag tot bescherming van de rechten van de mens / A89
Protocol bij het EVRM / A90

Algemene inhoudsopgave

Vierde Protocol bij het EVRM / A91
Zesde protocol bij het EVRM / A92
Zevende protocol bij het EVRM (toekomstig) / A93
Protocol nr. 12 bij EVRM / A94
Protocol nr. 13 bij EVRM / A95
Protocol nr. 15 bij EVRM (toekomstig) / A96
Protocol nr. 16 bij EVRM / A97
Europees Sociaal Handvest (herzien) / A98
Protocol tot wijziging van het Europees Sociaal Handvest (toekomstig) / A99
Handvest van de Verenigde Naties / A100
Statuut van het Internationaal Gerechtshof / A101
Universele verklaring van de rechten van de mens / A102
Internationaal Verdrag inzake economische, sociale en culturele rechten / A103
Internationaal Verdrag inzake burgerrechten en politieke rechten / A104
Facultatief Protocol behorend bij het Internationaal Verdrag inzake burgerrechten en politieke rechten / A105
Tweede Facultatieve Protocol bij het Internationaal Verdrag inzake burgerrechten en politieke rechten, gericht op de afschaffing van de doodstraf / A106
Internationaal Verdrag inzake de uitbanning van alle vormen van rassendiscriminatie / A107
Verdrag inzake de uitbanning van alle vormen van discriminatie van vrouwen / A108
Facultatief Protocol bij het Verdrag inzake de uitbanning van alle vormen van discriminatie van vrouwen / A109
Verdrag inzake de rechten van het kind / A110
Facultatief Protocol inzake de verkoop van kinderen, kinderprostitutie en kinderpornografie bij het Verdrag inzake de rechten van het kind / A111
Tweede Facultatieve Protocol bij het Verdrag inzake de rechten van het kind inzake de betrokkenheid van kinderen bij gewapende conflicten / A112
Gehandicaptenverdrag / A113
Verdrag van Wenen inzake het verdragenrecht / A114
Responsibility of States for internationally wrongful acts / A115

Trefwoordenregister

Voor de meest actuele extra wet- en regelgeving staats- en bestuursrecht deel A zie wettenbundel.sdu.nl.

Deel B Burgerlijk (proces)recht

Voorwoord

Ten geleide

Algemene inhoudsopgave

Alfabetische inhoudsopgave

Afkortingenlijst

Burgerlijk Wetboek
Burgerlijk Wetboek Boek 1 / B1
Burgerlijk Wetboek Boek 2 / B2
Burgerlijk Wetboek Boek 3 / B3
Burgerlijk Wetboek Boek 4 / B4
Burgerlijk Wetboek Boek 5 / B5
Burgerlijk Wetboek Boek 6 / B6
Burgerlijk Wetboek Boek 7 / B7
Burgerlijk Wetboek Boek 7A / B7a
Burgerlijk Wetboek Boek 8 / B8
Burgerlijk Wetboek Boek 10 / B10
Overgangswet nieuw Burgerlijk Wetboek (uittreksel) / B11

Wetboek van Burgerlijke Rechtsvordering en Wetboek van Koophandel c.a.
Wetboek van Koophandel / B12
Faillissementswet / B13
Redactionele ten geleide bij het Wetboek van Burgerlijke Rechtsvordering / B14

Algemene inhoudsopgave

Wetboek van Burgerlijke Rechtsvordering / B14
Uittreksel bepalingen digitaal procederen (KEI-Rv) / B15

Aanvullende wetgeving bij Burgerlijk Wetboek en Wetboek van Koophandel
Wet verevening pensioenrechten bij scheiding / B16
Wet op de ondernemingsraden / B17
Wet op de Europese ondernemingsraden / B18
Handelsregisterwet 2007 / B19
Handelsregisterbesluit 2008 / B20
Handelsnaamwet / B21
Wet giraal effectenverkeer / B22
Wet op het financieel toezicht (uittreksel) / B23
Besluit openbare biedingen Wft / B24
Besluit artikel 10 overnamerichtlijn / B25
Besluit inhoud bestuursverslag / B26
SER-Fusiegedragsregels 2015 / B27
Kadasterwet / B28
Wet aansprakelijkheidsverzekering motorrijtuigen / B29
Uitvoeringswet huurprijzen woonruimte / B30
Wet op het consumentenkrediet / B31
Wet op het algemeen verbindend en het onverbindend verklaren van bepalingen van collectieve arbeidsovereenkomsten / B32
Wet op de collectieve arbeidsovereenkomst / B33
Wet melding collectief ontslag / B34
Wet op de loonvorming / B35
Auteurswet / B36
Databankenwet / B37
Wet op de naburige rechten / B38
Rijksoctrooiwet 1995 / B39
Invorderingswet 1990 / B40
Nederlandse Corporate Governance Code / B41

Aanvullende regelingen bij Wetboek van Burgerlijke Rechtsvordering
Wet op de rechterlijke organisatie / B42
Besluit zittingsplaatsen gerechten / B43
Algemene termijnenwet / B44
Advocatenwet / B45
Gerechtsdeurwaarderswet / B46
Wet op het notarisambt / B47
Besluit op het notarisambt / B48
Wet griffierechten burgerlijke zaken / B49

Relevante fiscale regelgeving
Wet op belastingen van rechtsverkeer / B50
Uitvoeringsbesluit belastingen van rechtsverkeer / B51
Successiewet 1956 / B52
Uitvoeringsbesluit Successiewet 1956 / B53
Wet op de omzetbelasting 1968 / B54
Uitvoeringsbesluit omzetbelasting 1968 / B55

Aanvullende wetten inzake internationaal privaatrecht
Wet op de formeel buitenlandse vennootschappen / B56

Verdragen en uitvoeringswetten
Verdrag inzake het recht dat van toepassing is op het huwelijksvermogensregime / B57
Verdrag inzake de internationale inning van levensonderhoud voor kinderen en andere familieleden / B58
Uitvoeringswet internationale inning levensonderhoud / B59
Haags Alimentatie-Executieverdrag / B60
Haags Alimentatieprotocol / B61
Haags Adoptieverdrag 1993 / B62
Haags Kinderbeschermingsverdrag 1996 / B63
Haags Kinderontvoeringsverdrag 1980 / B64
Uitvoeringswet internationale kinderontvoering / B65
Verdrag inzake wetsconflicten betreffende vorm van testamentaire beschikkingen / B66

Algemene inhoudsopgave

Uitvoeringswet internationale kinderbescherming / B67
Verdrag inzake recht dat toepasselijk is op trusts en inzake erkenning van trusts / B68
Verdrag betreffende het toepasselijke recht op vertegenwoordiging / B69
Weens koopverdrag / B70
Haags verkeersongevallenverdrag / B71
Haags productenaansprakelijkheidsverdrag / B72
Verdrag betreffende overeenkomst tot internationaal vervoer van goederen over de weg / B73
Verdrag inzake de verlening van Europese octrooien / B74
Beneluxverdrag inzake de intellectuele eigendom / B75
Verdrag inzake de verkrijging van bewijs in het buitenland in burgerlijke en in handelszaken / B76
Uitvoeringswet Bewijsverdrag / B77
Haags betekeningsverdrag / B78
Verdrag van Lugano (EVEX) / B79
Verdrag inzake bedingen van forumkeuze 2005 / B80

Verordeningen en uitvoeringswetten
Brussel I-bis / B81
Uitvoeringswet EU-executieverordening / B82
Erfrechtverordening / B83
Uitvoeringswet Verordening erfrecht / B84
Brussel II-bis / B85
EG-betekeningsverordening / B86
Uitvoeringswet EG-betekeningsverordening / B87
Verordening (EU) 2015/848 betreffende insolventieprocedures (herschikking) / B88
EG-Bewijsverordening / B89
Uitvoeringswet EG-bewijsverordening / B90
Verordening statuut Europese Vennootschap (SE) / B91
Rome I / B92
Rome II / B93
EET-verordening / B94
Uitvoeringswet verordening Europese executoriale titel / B95
Europese Betalings Bevel Verordening / B96
Uitvoeringswet verordening Europese betalingsbevelprocedure / B97
Alimentatieverordening / B98
Verordening wederzijdse erkenning beschermingsmaatregelen in burgerlijke zaken / B99
Uitvoeringswet verordening wederzijdse erkenning van beschermingsmaatregelen in burgerlijke zaken / B100
Verordening geringe vorderingen / B101
Uitvoeringswet verordening Europese procedure voor geringe vorderingen / B102
Verordening EAPO / B103
Uitvoeringswet EAPO / B104
Verordening Huwelijksvermogensstelsels / B105
Verordening Partnerschapsvermogen / B106
Uitvoeringswet Verordening Huwelijksvermogensstelsels en Verordening Partnerschapsvermogen / B107

Trefwoordenregister

Voor de meest actuele extra wet- en regelgeving staats- en bestuursrecht deel B zie wettenbundel.sdu.nl.

Deel C Straf(proces)recht

Voorwoord

Ten geleide

Algemene inhoudsopgave

Alfabetische inhoudsopgave

Afkortingenlijst

Algemene inhoudsopgave

Strafrecht
Wetboek van Strafrecht / C1

Strafvordering c.s.
Wetboek van Strafvordering / C2
Wet DNA-onderzoek bij veroordeelden / C3
Regeling hulpofficieren van justitie 2008 / C4
Politiewet 2012 / C5
Ambtsinstructie voor de politie, de Koninklijke marechaussee en andere opsporingsambtenaren / C6
Wet op de identificatieplicht / C7
Algemene wet op het binnentreden / C8
Wet justitiële en strafvorderlijke gegevens / C9
Besluit justitiële en strafvorderlijke gegevens / C10
Wet politiegegevens / C11
Besluit politiegegevens / C12
Besluit OM-afdoening / C13

Bijzondere wetten
Wegenverkeerswet 1994 / C14
Reglement verkeersregels en verkeerstekens 1990 (RVV 1990) / C15
Besluit alcohol, drugs en geneesmiddelen in het verkeer / C16
Regeling alcohol, drugs en geneesmiddelen in het verkeer / C17
Wet administratiefrechtelijke handhaving verkeersvoorschriften / C18
Wet op de economische delicten / C19
Wet op de bijzondere opsporingsdiensten / C20
Besluit buitengewoon opsporingsambtenaar / C21
Opiumwet / C22
Wet wapens en munitie / C23
Wet toetsing levensbeëindiging op verzoek en hulp bij zelfdoding / C24
Wet ter voorkoming van witwassen en financieren van terrorisme / C25

Tenuitvoerlegging
Penitentiaire beginselenwet / C26
Penitentiaire maatregel / C27
Besluit Adviescollege levenslanggestraften / C28
European Prison Rules / C29
Beginselenwet verpleging ter beschikking gestelden / C30
Beginselenwet justitiële jeugdinrichtingen / C31
Gratiewet / C32

Internationaal
Wet internationale misdrijven / C33
Uitvoeringswet Internationaal Strafhof / C34
Wet overdracht tenuitvoerlegging strafvonnissen / C35
Uitleveringswet / C36
Wet wederzijdse erkenning en tenuitvoerlegging vrijheidsbenemende en voorwaardelijke sancties / C37
Wet wederzijdse erkenning en tenuitvoerlegging geldelijke sancties en beslissingen tot confiscatie / C38
Overleveringswet / C39
Europees aanhoudingsbevel / C40
Richtlijn 2014/41/EU van het Europees Parlement en de Raad van 3 april 2014 betreffende het Europees onderzoeksbevel in strafzaken / C41
Europees Verdrag ter voorkoming van foltering en onmenselijke of vernederende behandeling of bestraffing (CPT) / C42
Verdrag tegen foltering en andere wrede, onmenselijke of onterende behandeling of bestraffing (CAT) / C43
Facultatief Protocol bij het Verdrag tegen foltering en andere wrede, onmenselijke of onterende behandeling of bestraffing / C44
Verdrag inzake de voorkoming en de bestraffing van genocide / C45
Europees Rechtshulpverdrag / C46
Europees Verdrag betreffende uitlevering / C47
EU Rechtshulpovereenkomst / C48

Algemene inhoudsopgave

Protocol EU Rechtshulpovereenkomst / C49
Europees Verdrag betreffende de overdracht van strafvervolging / C50
Verdrag inzake de overbrenging van gevonniste personen / C51
Europees Verdrag inzake de internationale geldigheid van strafvonnissen / C52
Statuut van Rome inzake het Internationaal Strafhof / C53
Elements of crimes / C54
Schengen-uitvoeringsovereenkomst (uittreksel) / C55
Richtlijn toegang advocaat tot politieverhoren / C56
Besluit inrichting en orde politieverhoor / C57
Europees verdrag tot bescherming van de rechten van de mens / C58
Richtlijn slachtoffers / C59

Trefwoordenregister

Voor de meest actuele wet- en regelgeving straf(proces)recht deel C: zie wettenbundel.sdu.nl.

Alfabetische inhoudsopgave

A
Aanbestedingswet 2012 / A82
Aanhoudingsbevel en procedures van overlevering tussen lidstaten, Kaderbesluit betreffende Europees - / C40
Aansprakelijkheidsverzekering motorrijtuigen, Wet - / B29
Aanvaring, Verdrag tot het vaststellen van enige eenvormige regelen betreffende - / zie wettenbundel.sdu.nl
Aanwijzingen voor de regelgeving / zie wettenbundel.sdu.nl
Activiteitenbesluit milieubeheer / A66
Administratiefrechtelijke handhaving verkeersvoorschriften, Wet - / C18
Adoptie, Wet opneming buitenlandse kinderen ter - / zie wettenbundel.sdu.nl
Adoptieverdrag 1993, Haags - / B62
Advocatenwet / B45
Afschaffing van de doodstraf, Tweede Facultatieve Protocol bij het Internationaal Verdrag inzake burgerrechten en politieke rechten, gericht op de - / A106
Afschaffing van de doodstraf, Zesde protocol bij het Verdrag tot bescherming van de rechten van de mens en de fundamentele vrijheden, inzake de - / A92
Alcohol, drugs en geneesmiddelen in het verkeer, Besluit - / C16
Alcohol, drugs en geneesmiddelen in het verkeer, Regeling - / C17
Algemene bepalingen omgevingsrecht, Wet - / A67
Algemene bepalingen, Wet - / A4
Algemene termijnenwet / B44
Algemene verordening gegevensbescherming / A19
Algemene verordening gegevensbescherming, Uitvoeringswet - / A20
Algemene wet bestuursrecht / A45
Algemene wet gelijke behandeling / A21
Algemene wet inzake rijksbelastingen / A56
Algemene wet op het binnentreden / C8
Alimentatie-Executieverdrag, Haags - / B60
Alimentatieprotocol, Haags - / B61
Alimentatieverdrag, Haags - / zie wettenbundel.sdu.nl
Alimentatieverordening / B98
Alimentatieverplichtingen jegens kinderen, Verdrag nopens wet op - / zie wettenbundel.sdu.nl
Ambtenarenwet / A17
Ambtsinstructie commissaris van de Koning / A28
Ambtsinstructie voor de politie, de Koninklijke marechaussee en andere opsporingsambtenaren / C6
Arbeidsovereenkomst, Wet op de collectieve - / B33
Arbitrageverdrag 1958 / zie wettenbundel.sdu.nl
Auteurswet / B36
Autonomie, Europees Handvest inzake lokale - / A37

B
Bedrijfsorganisatie, Wet bestuursrechtspraak - / A51
Beginselenwet justitiële jeugdinrichtingen / C31
Beginselenwet verpleging ter beschikking gestelden / C30
Beginselenwet, Penitentiaire - / C26
Bekendmaking verdragen, Rijkswet goedkeuring en - / A6
Bekendmakingsbesluit / zie wettenbundel.sdu.nl
Bekendmakingswet / A5
Belastingen van rechtsverkeer, Uitvoeringsbesluit - / B51
Belastingen van rechtsverkeer, Wet op - / B50
Belemmeringenwet Privaatrecht / A64
Beneluxverdrag inzake de intellectuele eigendom / B75
Bepalingen digitaal procederen (KEI-Rv), Uittreksel - / B15
Beroepswet / A50

Alfabetische inhoudsopgave

Bescherming van de rechten van de mens en de fundamentele vrijheden, inzake de afschaffing van de doodstraf, Zesde protocol bij het Verdrag tot - / A92
Bescherming van de rechten van de mens en de fundamentele vrijheden, Protocol bij het Verdrag tot - / A90
Bescherming van de rechten van de mens en de fundamentele vrijheden, Protocol nr. 12 bij het Verdrag tot - / A94
Bescherming van de rechten van de mens en de fundamentele vrijheden, Protocol nr. 13 bij het Verdrag tot - / A95
Bescherming van de rechten van de mens en de fundamentele vrijheden, Protocol nr. 15 bij het Verdrag tot - (toekomstig) / A96
Bescherming van de rechten van de mens en de fundamentele vrijheden, Protocol nr. 16 bij het Verdrag tot - / A97
Bescherming van de rechten van de mens en de fundamentele vrijheden, tot het waarborgen van bepaalde rechten en vrijheden die niet reeds in het Verdrag en in het eerste Protocol daarbij zijn opgenomen, Vierde Protocol bij het Verdrag tot - / A91
Bescherming van de rechten van de mens en de fundamentele vrijheden, Verdrag tot - / A89, C58
Bescherming van de rechten van de mens en de fundamentele vrijheden, Zevende protocol bij het Verdrag tot - (toekomstig) / A93
Beschermingsmaatregelen in burgerlijke zaken, Uitvoeringswet verordening wederzijdse erkenning van - / B100
Besluit Adviescollege levenslanggestraften / C28
Besluit alcohol, drugs en geneesmiddelen in het verkeer / C16
Besluit artikel 10 overnamerichtlijn / B25
Besluit bestuurlijke boete overlast in de openbare ruimte / zie wettenbundel.sdu.nl
Besluit buitengewoon opsporingsambtenaar / C21
Besluit griffierechten burgerlijke zaken / zie wettenbundel.sdu.nl
Besluit inhoud bestuursverslag / B26
Besluit inrichting en orde politieverhoor / C57
Besluit justitiële en strafvorderlijke gegevens / C10
Besluit milieueffectrapportage / A71
Besluit OM-afdoening / C13
Besluit omgevingsrecht / A68
Besluit op het notarisambt / B48
Besluit openbare biedingen Wft / B24
Besluit politiegegevens / C12
Besluit proceskosten bestuursrecht / A52
Besluit rechtsbijstand- en toevoegcriteria / zie wettenbundel.sdu.nl
Besluit ruimtelijke ordening / A57
Besluit tijdelijk huisverbod / A32
Besluit zittingsplaatsen gerechten / B43
Bestraffing, Europees Verdrag ter voorkoming van foltering en onmenselijke of vernederende behandeling of - (CPT) / C42
Bestraffing, Facultatief Protocol bij het Verdrag tegen foltering en andere wrede, onmenselijke of onterende behandeling of - / C44
Bestraffing, Verdrag tegen foltering en andere wrede, onmenselijke of onterende behandeling of - (CAT) / C43
Bestuur, Wet bevordering integriteitsbeoordelingen door het openbaar - / A53
Bestuurlijke boete, Besluit - overlast in de openbare ruimte / zie wettenbundel.sdu.nl
Bestuursorganen, Kaderwet zelfstandige - / A26
Bestuursrecht 2017, Procesreglement - / A47
Bestuursrecht, Algemene wet - / A45
Bestuursrecht, Besluit proceskosten - / A52
Bestuursrechtelijke colleges 2014, Procesregeling - / A48
Bestuursrechtspraak bedrijfsorganisatie, Wet - / A51
Betalings Bevel Verordening, Europese - / B96
Betekeningsverdrag, Haags - / B78
Bevordering integriteitsbeoordelingen door het openbaar bestuur, Wet - / A53
Bewijs in het buitenland in burgerlijke en in handelszaken, Verdrag inzake de verkrijging van - / B76
Bewijsverdrag, Uitvoeringswet - / B77
Bewijsverkrijging in burgerlijke en in handelszaken, Verordening 1206/2001/EG betreffende de samenwerking tussen de gerechten van de lidstaten op het gebied van - (EG-Bewijsverordening) / B89
BIBOB, Wet - / A53

Alfabetische inhoudsopgave

Bijzondere opsporingsdiensten, Wet op de - / C20
Binnentreden, Algemene wet op het - / C8
Brussel I-bis (Verordening (EU) Nr. 1215/2012 betreffende de rechterlijke bevoegdheid, de erkenning en de tenuitvoerlegging van beslissingen in burgerlijke en handelszaken (herschikking) / B81
Brussel II-bis (Verordening 2201/2003/EG betreffende de bevoegdheid en de erkenning en tenuitvoerlegging van beslissingen in huwelijkszaken en inzake de ouderlijke verantwoordelijkheid, en tot intrekking van Verordening 1347/2000/EG) / B85
Buitengewoon opsporingsambtenaar, Besluit - / C21
Buitenlandse kinderen ter adoptie, Wet opneming - / zie wettenbundel.sdu.nl
Buitenlandse vennootschappen, Wet op de formeel - / B56
Burgerlijk Wetboek Boek 1 / B1
Burgerlijk Wetboek Boek 10 / B10
Burgerlijk Wetboek Boek 2 / A55 (uittreksel) / B2
Burgerlijk Wetboek Boek 3 / B3
Burgerlijk Wetboek Boek 4 / B4
Burgerlijk Wetboek Boek 5 / B5
Burgerlijk Wetboek Boek 6 / B6
Burgerlijk Wetboek Boek 7 / B7
Burgerlijk Wetboek Boek 7A / B7a
Burgerlijk Wetboek Boek 8 / B8
Burgerlijk Wetboek, Overgangswet nieuw - (uittreksel) / B11
Burgerlijke Rechtsvordering, Wetboek van - / B14
Burgerrechten en politieke rechten, Facultatief Protocol behorend bij het Internationaal Verdrag inzake - / A105
Burgerrechten en politieke rechten, gericht op de afschaffing van de doodstraf, Tweede Facultatieve Protocol bij het Internationaal Verdrag inzake - / A106
Burgerrechten en politieke rechten, Internationaal Verdrag inzake - / A104
Business Rescue Recommendations, ELI / zie wettenbundel.sdu.nl

C

Chronische ziekte, Wet gelijke behandeling op grond van handicap of - / A23
Civil Procedure, Principles of Transnational - / zie wettenbundel.sdu.nl
CMR (Verdrag betreffende overeenkomst tot internationaal vervoer van goederen over de weg) / B73
Cognossementsverdrag (Verdrag ter vaststelling van enige eenvormige regelen betreffende het cognossement) / zie wettenbundel.sdu.nl
Cognossementsverdrag, Wijzigingsprotocol 1968 / zie wettenbundel.sdu.nl
Cognossementsverdrag, Wijzigingsprotocol 1979 / zie wettenbundel.sdu.nl
Collectief ontslag, Wet melding - / B34
Collectieve arbeidsovereenkomst, Wet op de - / B33
Collectieve arbeidsovereenkomsten, Wet op het algemeen verbindend en het onverbindend verklaren van bepalingen van - / B32
College voor de rechten van de mens, Wet - / A22
Commercial Contracts 2010, Principles of International - / zie wettenbundel.sdu.nl
Commissaris van de Koning, Ambtsinstructie - / A28
Comptabiliteitswet 2016 / A15
Conflictenrecht met betrekking tot verevening pensioenrechten bij scheiding, Wet tot regeling van het - / zie wettenbundel.sdu.nl
Consumentenkrediet, Wet op het - / B31
Contract Law, Principles of European - / zie wettenbundel.sdu.nl
Coöperatieve vennootschap, Uitvoeringswet verordening Europese - / zie wettenbundel.sdu.nl
Coöperatieve Vennootschap, Verordening 1435/2003/EG betreffende het statuut voor een Europese - (SCE) / zie wettenbundel.sdu.nl
Corporate Governance Code, Nederlandse - / B41
Crimes, Elements of - / C54
Crisis- en herstelwet / A63
Culturele rechten, Internationaal Verdrag inzake economische, sociale en - / A103

D

Databankenwet / B37
Derde landen, Wet vrijwillige zetelverplaatsing - / zie wettenbundel.sdu.nl
Dienstenrichtlijn / A54

Alfabetische inhoudsopgave

Discriminatie van vrouwen, Facultatief Protocol bij het Verdrag inzake de uitbanning van alle vormen van - / A109
Discriminatie van vrouwen, Verdrag inzake de uitbanning van alle vormen van - / A108
DNA-onderzoek bij veroordeelden, Wet - / C3
Doodstraf, Tweede Facultatieve Protocol bij het Internationaal Verdrag inzake burgerrechten en politieke rechten, gericht op de afschaffing van de - / A106
Doodstraf, Zesde protocol bij het Verdrag tot bescherming van de rechten van de mens en de fundamentele vrijheden, inzake de afschaffing van de - / A92
Drank- en Horecawet / A76
Drugs en geneesmiddelen in het verkeer, Besluit alcohol, - / C16
Drugs en geneesmiddelen in het verkeer, Regeling alcohol, - / C17

E
E.E.S.V.-Verordening (Verordening 2137/85/EEG tot instelling van Europese economische samenwerkingsverbanden) / zie wettenbundel.sdu.nl
E.E.S.V.-Verordening, Uitvoeringswet / zie wettenbundel.sdu.nl
EAPO, Uitvoeringswet - / B104
EAPO, Verordening - / B103
Economische delicten, Wet op de - / C19
Economische, sociale en culturele rechten, Internationaal Verdrag inzake - / A103
Eerste Kamer der Staten-Generaal, Reglement van Orde van de - / A11
EET-verordening (Verordening (EG) nr. 805/2004 tot invoering van een Europese executoriale titel voor niet-betwiste schuldvorderingen) / B94
Effectenverkeer, Wet giraal - / B22
EG-betekeningsverordening / B86
EG-betekeningsverordening, Uitvoeringswet - / B87
EG-Bewijsverordening / B89
EG-Bewijsvordering, Uitvoeringswet - / B90
EG-mededingingsverordening / A84
Elements of crimes / C54
ELI Business Rescue Recommendations / zie wettenbundel.sdu.nl
Erfopvolging 1989, Haags verdrag - / zie wettenbundel.sdu.nl
Erfrecht, Uitvoeringswet Verordening - / B84
Erfrechtverordening / B83
EU-executieverordening en Verdrag van Lugano, Uitvoeringswet - / B82
EU-Handvest voor de grondrechten / A86
European Contract Law, Principles of - / zie wettenbundel.sdu.nl
European Insolvency Law, Principles of - / zie wettenbundel.sdu.nl
European Law on Services Contracts (PELSC), Principles of - / zie wettenbundel.sdu.nl
European Law: Sales, Principles of - / zie wettenbundel.sdu.nl
European Prison Rules / C29
European Tort Law, Principles of - / zie wettenbundel.sdu.nl
European Trust Law, Principles of - / zie wettenbundel.sdu.nl
Europees aanhoudingsbevel en procedures van overlevering tussen lidstaten, Kaderbesluitbetreffende - / C40
Europees Handvest inzake lokale autonomie / A37
Europees Octrooiverdrag (Verdrag inzake de verlening van Europese octrooien) / B74
Europees Sociaal Handvest (herzien) / A98
Europees Sociaal Handvest, Turijn, 21 oktober 1991 (toekomstig), Protocol tot wijziging van het - / A99
Europees Verdrag aangaande de wederzijdse rechtshulp in strafzaken / C48
Europees Verdrag betreffende de overdracht van strafvervolging / C50
Europees Verdrag betreffende uitlevering / C47
Europees Verdrag inzake de internationale geldigheid van strafvonnissen, 's-Gravenhage, 28 mei 1970 / C52
Europees Verdrag inzake nationaliteit / A39
Europees Verdrag ter voorkoming van foltering en onmenselijke of vernederende behandeling of bestraffing (CPT) / C42
Europees verdrag tot bescherming van de rechten van de mens / C58
Europees Verdrag tot bescherming van de rechten van de mens en de fundamentele vrijheden / A89
Europese Betalings Bevel Verordening (Verordening (EG) nr. 1896/2006 tot invoering van een Europese betalingsbevelprocedure / B96
Europese betalingsbevelprocedure, Uitvoeringswet verordening - / B97
Europese coöperatieve vennootschap, Uitvoeringswet verordening - / zie wettenbundel.sdu.nl

Alfabetische inhoudsopgave

Europese coöperatieve vennootschap, Verordening 1435/2003/EG betreffende het statuut voor een - (SCE) / zie wettenbundel.sdu.nl
Europese executoriale titel, Uitvoeringswet verordening - / B93
Europese ondernemingsraden, Wet op de - / B18
Europese regelgeving publieke entiteiten (Wet Nerpe), Wet Naleving - / A30
Europese Unie, Goedkeuringswet Verdrag betreffende de - / A85
Europese Unie, Handvest van de grondrechten van de - / A86
Europese Unie, Verdrag betreffende de - / A87
Europese Unie, Verdrag betreffende de werking van de - / A88
Europese vennootschap, Uitvoeringswet verordening - / zie wettenbundel.sdu.nl
Europese vennootschap, Verordening 2157/2001/EG betreffende het statuut van de - (SE) / B91
EVEX (Verdrag betreffende de rechterlijke bevoegdheid, de erkenning en de tenuitvoerlegging van beslissingen in burgerlijke en handelszaken; Verdrag van Lugano) / B77
Evidence, Rules of Procedure and - / zie wettenbundel.sdu.nl
EVRM (Verdrag tot bescherming van de rechten van de mens en de fundamentele vrijheden) / A89, C58
EVRM, Protocol bij het - / A90
Executoriale titel voor niet-betwiste schuldvorderingen (EET-verordening), Verordening 805/2004/EG tot invoering van een Europese - / B94
Executoriale titel, Uitvoeringswet verordening Europese - / B95

F
Facultatief Protocol behorend bij het Internationaal Verdrag inzake burgerrechten en politieke rechten / A105
Facultatief Protocol bij het Verdrag inzake de uitbanning van alle vormen van discriminatie van vrouwen / A109
Facultatief Protocol bij het Verdrag tegen foltering en andere wrede, onmenselijke of onterende behandeling of bestraffing / C44
Facultatief Protocol inzake de verkoop van kinderen, kinderprostitutie en kinderpornografie bij het Verdrag inzake de rechten van het kind / A111
Facultatieve Protocol bij het Verdrag inzake de rechten van het kind inzake de betrokkenheid van kinderen bij gewapende conflicten, Tweede / A112
Faillissementswet / B13
Financieel toezicht, Wet op het - / zie wettenbundel.sdu.nl
Financiële-verhoudingswet / A34
Foltering en andere wrede, onmenselijke of onterende behandeling of bestraffing, Facultatief Protocol bij het Verdrag tegen - / C44
Foltering en andere wrede, onmenselijke of onterende behandeling of bestraffing, Verdrag tegen - (CAT) / C43
Foltering en onmenselijke of vernederende behandeling of bestraffing, Europees Verdrag ter voorkoming van - (CPT) / C42
Fundamentele vrijheden, inzake de afschaffing van de doodstraf, Zesde protocol bij het Verdrag tot bescherming van de rechten van de mens en de - / A92
Fundamentele vrijheden, Protocol bij het Verdrag tot bescherming van de rechten van de mens en de - / A90
Fundamentele vrijheden, Protocol nr. 12 bij het Verdrag tot bescherming van de rechten van de mens en de - / A94
Fundamentele vrijheden, Protocol nr. 13 bij het Verdrag tot bescherming van de rechten van de mens en de - / A95
Fundamentele vrijheden, Protocol nr. 15 bij het Verdrag tot bescherming van de rechten van de mens en de - (toekomstig) / A96
Fundamentele vrijheden, Protocol nr. 16 bij het Verdrag tot bescherming van de rechten van de mens en de - / A97
Fundamentele vrijheden, tot het waarborgen van bepaalde rechten en vrijheden die niet reeds in het Verdrag en in het eerste Protocol daarbij zijn opgenomen, Vierde Protocol bij het Verdrag tot bescherming van de rechten van de mens en de - / A91
Fundamentele vrijheden, Verdrag tot bescherming van de rechten van de mens en de - / A89, C58
Fundamentele vrijheden, Zevende protocol bij het Verdrag tot bescherming van de rechten van de mens en de - (toekomstig) / A93
Fusiegedragsregels 2015, SER - / B27

G
Gegevensbescherming, Algemene verordening - / A19

Alfabetische inhoudsopgave

Gegevensbescherming, Uitvoeringswet Algemene verordening - / A20
Gehandicaptenverdrag / A113
Gelijke behandeling op grond van handicap of chronische ziekte, Wet - / A23
Gelijke behandeling op grond van leeftijd bij de arbeid, Wet - / A24
Gelijke behandeling van mannen en vrouwen, Wet - / A25
Gelijke behandeling, Algemene wet - / A21
Gemeenschappelijke grenzen, Overeenkomst ter uitvoering van het tussen de Regeringen van de Staten van de Benelux Economische Unie, de Bondsrepubliek Duitsland, en de Franse Republiek op 14 juni 1985 te Schengen gesloten akkoord betreffende de geleidelijke afschaffing van de controles aan de - / C55
Gemeenschappelijke regelingen, Wet - / A33
Gemeenten, Wet voorkeursrecht - / A62
Gemeentewet / A29
Geneesmiddelen in het verkeer, Besluit alcohol, drugs, en - / C16
Geneesmiddelen in het verkeer, Regeling alcohol, drugs, en - / C17
Genocide, Verdrag inzake de voorkoming en de bestraffing van - / C45
Gerechtsdeurwaarderswet / B46
Gerechtshof, Statuut van het Internationaal - / A101
Geringe vorderingen, Uitvoeringswet verordening Europese procedure voor - / B102
Geringe vorderingen, Verordening - / B101
Gevonniste personen, Verdrag inzake de overbrenging van - / C51
Gewapende conflicten, Tweede facultatief protocol bij het Verdrag inzake de rechten van het kind inzake de betrokkenheid van kinderen bij / A112
Giraal effectenverkeer, Wet - / B22
Goedkeuring en bekendmaking verdragen, Rijkswet - / A6
Goedkeuringswet Verdrag betreffende de Europese Unie / A85
Governance Code, Nederlandse Corporate - / B41
Gratiewet / C32
Griffierechten burgerlijke zaken, Besluit - / zie wettenbundel.sdu.nl
Griffierechten burgerlijke zaken, Regeling - / zie wettenbundel.sdu.nl
Griffierechten burgerlijke zaken, Wet - / B49
Grondrechten van de Europese Unie, Handvest van de - / A86
Grondwet / A2

H
Haags Adoptieverdrag 1993 (Verdrag inzake de bescherming van kinderen en de samenwerking op het gebied van de interlandelijke adoptie) / B62
Haags Alimentatie-Executieverdrag (Verdrag inzake de erkenning en de tenuitvoerlegging van beslissingen over onderhoudsverplichtingen) / B60
Haags Alimentatieprotocol (Protocol inzake het recht dat van toepassing is op onderhoudsverplichtingen) / B61
Haags Alimentatieverdrag (Verdrag inzake de wet die van toepassing is op onderhoudsverplichtingen) / zie wettenbundel.sdu.nl
Haags betekeningsverdrag (Verdrag inzake de betekening en de kennisgeving in het buitenland van gerechtelijke en buitengerechtelijke stukken in burgerlijke en in handelszaken) / B78
Haags Forumkeuzeverdrag / B80
Haags Kinderalimentatie-Executieverdrag (Verdrag nopens de erkenning en de tenuitvoerlegging van beslissingen over onderhoudsverplichtingen jegens kinderen) / zie wettenbundel.sdu.nl
Haags Kinderbeschermingsverdrag 1996 (Verdrag inzake de bevoegdheid, het toepasselijke recht, de erkenning, de tenuitvoerlegging en de samenwerking op het gebied van ouderlijke verantwoordelijkheid en maatregelen ter bescherming van kinderen) / B63
Haags Kinderontvoeringsverdrag 1980 (Verdrag betreffende de burgerrechtelijke aspecten van internationale ontvoering van kinderen) / B64
Haags productenaansprakelijkheidsverdrag (Verdrag inzake de wet welke van toepassing is op de aansprakelijkheid wegens produkten) / B72
Haags Verdrag erfopvolging 1989 (Verdrag inzake het recht dat vantoepassing is op erfopvolging) / zie wettenbundel.sdu.nl
Haags verkeersongevallenverdrag (Verdrag inzake de wet welke van toepassing is op verkeersongevallen op de weg) / B71
Handelsnaamwet / B21
Handelsregisterbesluit 2008 / B20
Handelsregisterwet 2007 / B19
Handelszaken, Verdrag inzake de verkrijging van bewijs in het buitenland in burgerlijke en in - / B76
Handhaving verkeersvoorschriften, Wet administratiefrechtelijke - / C18

Alfabetische inhoudsopgave

Handicap of chronische ziekte, Wet gelijke behandeling op grond van - / A23
Handicap, VN-Verdrag inzake de rechten van personen met een - / A113
Handvest (herzien), Europees Sociaal - / A98
Handvest inzake lokale autonomie, Europees - / A37
Handvest lokaal bestuur / A37
Handvest van de grondrechten van de Europese Unie / A86
Handvest van de Verenigde Naties / A100
Handvest, Turijn, 21 oktober 1991 (toekomstig), Protocol tot wijziging van het Europees Sociaal - / A99
Herstelwet, Crisis- en / A63
Horecawet, Drank- en - / A76
Huisvestingswet 2014 / A60
Hulp bij zelfdoding, Wet toetsing levensbeëindiging op verzoek en - / C24
Hulpofficieren van justitie 2008, Regeling - / C4
Huurprijzen woonruimte, Uitvoeringswet - / B30
Huwelijksvermogensregime, Verdrag inzake het recht dat van toepassing is op het - / B57
Huwelijksvermogensstelsels, Uitvoeringswet Verordening - en Verordening vermogensrechtelijke gevolgen geregistreerde partnerschappen / B107
Huwelijksvermogensstelsels, Verordening / B105

I

Identificatieplicht, Wet op de - / C7
Inburgering, Wet - / A44
Insolvency Law, Principles of European - / zie wettenbundel.sdu.nl
Insolventieprocedures (herschikking), Verordening (EU) nr. 2015/848 / B88
Insolventieprocedures, Verordening 1346/2000/EG betreffende - / zie wettenbundel.sdu.nl
Intellectuele eigendom, Beneluxverdrag inzake de - / B75
Intensivering van de grensoverschrijdende samenwerking, in het bijzonder ter bestrijding van het terrorisme, de grensoverschrijdende criminaliteit en de illegale migratie (Verdrag van Prüm), Verdrag tussen het Koninkrijk België, de Bondsrepubliek Duitsland, het Koninkrijk Spanje, de Republiek Frankrijk, het Groothertogdom Luxemburg, het Koninkrijk der Nederlanden en de Republiek Oostenrijk inzake de - / zie wettenbundel.sdu.nl
Internationaal Gerechtshof, Statuut van het - / A101
Internationaal Strafhof, Statuut van Rome inzake het - / C53
Internationaal Strafhof, Uitvoeringswet - / C34
Internationaal Verdrag inzake burgerrechten en politieke rechten (IVBPR) / A104
Internationaal Verdrag inzake burgerrechten en politieke rechten, Facultatief Protocol behorend bij het - / A105
Internationaal Verdrag inzake burgerrechten en politieke rechten, gericht op de afschaffing van de doodstraf, Tweede Facultatieve Protocol bij het - / A106
Internationaal Verdrag inzake de uitbanning van alle vormen van rassendiscriminatie / A107
Internationaal Verdrag inzake economische, sociale en culturele rechten (IVESC) / A103
Internationaal vervoer van goederen over de weg, Verdrag betreffende overeenkomst tot - (CMR) / B73
International Commercial Contracts 2010, Principles of - / zie wettenbundel.sdu.nl
Internationale kinderbescherming, Uitvoeringswet - / B67
Internationale kinderontvoering, Uitvoeringswet - / B65
Internationale misdrijven, Wet - / C33
Internationally wrongful acts, Responsibility of States for - / A115
Invorderingswet 1990 / B40
IVBPR (Internationaal Verdrag inzake burgerrechten en politieke rechten) / A104
IVESC (Internationaal Verdrag inzake economische, sociale en culturele rechten) / A103

J

Jeugdinrichtingen, Beginselenwet justitiële - / C31
Jeugdinrichtingen, Reglement justitiële - / zie wettenbundel.sdu.nl
Jeugdwet / A80
Justitiële en strafvorderlijke gegevens, Besluit - / C10
Justitiële en strafvorderlijke gegevens, Wet - / C9
Justitiële jeugdinrichtingen, Beginselenwet - / C31

K

Kadasterwet / B28
Kaderbesluit betreffende Europees aanhoudingsbevel en procedures van overlevering tussen lidstaten / C40

Alfabetische inhoudsopgave

Kaderwet zelfstandige bestuursorganen / A26
Kieswet / A9
Kind inzake de betrokkenheid van kinderen bij gewapende conflicten, Tweede Facultatieve Protocol bij het Verdrag inzake de rechten van het - / A112
Kind, Facultatief Protocol inzake de verkoop van kinderen, kinderprostitutie en kinderpornografie bij het Verdrag inzake de rechten van het - / A111
Kind, Verdrag inzake de rechten van het - / A110
Kinderalimentatie-Executieverdrag, Haags - / zie wettenbundel.sdu.nl
Kinderbescherming, Uitvoeringswet internationale - / B65
Kinderbeschermingsverdrag 1996, Haags - / B63
Kinderen, kinderprostitutie en kinderpornografie bij het Verdrag inzake de rechten van het kind, Facultatief Protocol inzake de verkoop van - / A111
Kinderen, Verdrag nopens wet op alimentatieverplichtingen jegens - / zie wettenbundel.sdu.nl
Kinderontvoering, Uitvoeringswet internationale - / B65
Kinderontvoeringsverdrag 1980, Haags - / B64
Kinderpornografie bij het Verdrag inzake de rechten van het kind, Facultatief Protocol inzake de verkoop van kinderen, kinderprostitutie en - / A111
Kinderprostitutie en kinderpornografie bij het Verdrag inzake de rechten van het kind, Facultatief Protocol inzake de verkoop van kinderen, - / A111
Koninklijke marechaussee en andere opsporingsambtenaren, Ambtsinstructie voor de politie, de - / C6
Koophandel, Wetboek van - / B12
Koopverdrag, Weens - / B70

L
Langdurige zorg, Wet - / A79
Leeftijd bij de arbeid, Wet gelijke behandeling op grond van / A24
Levensbeëindiging, Wet toetsing - op verzoek en hulp bij zelfdoding / C24
Lokaal bestuur, Handvest - / A37
Lokale autonomie, Europees Handvest inzake - / A37
Loonvorming, Wet op de - / B35

M
Maatregel, Penitentiaire - / C27
Maatschappelijke ondersteuning 2015, Wet - / A78
Manifestaties, Wet openbare - / A18
Mannen en vrouwen, Wet gelijke behandeling van - / A25
Mededingingsregels van de artikelen 81 en 82 van het Verdrag, Verordening 1/2003/EG betreffende de uitvoering van de - (EG-mededingingsverordening) / A84
Mededingingswet / A83
Melding collectief ontslag, Wet - / B34
Milieubeheer, Activiteitenbesluit / A66
Milieubeheer, Wet - / A65
Milieueffectrapportage, Besluit - / A71
Ministeriële verantwoordelijkheid, Wet - / A7
Ministerraad, Reglement van Orde voor de - / A12
Misdrijven, Wet internationale - / C33
Motorrijtuigen, Wet aansprakelijkheidsverzekering - / B29
Munitie, Wet wapens en - / C23

N
Naburige rechten, Wet op de - / B38
Nadeelcompensatie en schadevergoeding bij onrechtmatige besluiten (deels toekomstig), Wet - / A46
Naleving Europese regelgeving publieke entiteiten (Wet Nerpe), Wet - / A30
Nationale ombudsman, Wet - / A16
Nationaliteit, Europees Verdrag inzake - / A39
Nederlanderschap, Rijkswet op het - / A38
Nederlanderschap, Wijzigingswet Rijkswet op het - (verkrijging, verlening en verlies van het Nederlanderschap) / zie wettenbundel.sdu.nl
Nederlandse Corporate Governance Code / B41
Nerpe, Wet - / A30
Nieuw Wetboek van Strafvordering (voorstel van wet Boek 1 t/m 6) / Zie wettenbundel.sdu.nl
Normalisering rechtspositie ambtenaren, Wet - / zie wettenbundel.sdu.nl
Notarisambt, Besluit op het - / B48

Alfabetische inhoudsopgave

Notarisambt, Wet op het - / B47

O

OM-afdoening, Besluit - / C13
Ombudsman, Wet Nationale - / A16
Omgevingsrecht, Besluit - / A68
Omgevingsrecht, Regeling - / A69
Omgevingsrecht, Wet algemene bepalingen - / A67
Omgevingswet (toekomstig) / A72
Omzetbelasting 1968, Wet op de - / B54
Ondernemingsraden, Wet op de - / B17
Ondernemingsraden, Wet op de Europese - / B18
Ondersteuning 2015, Wet maatschappelijke - / A78
Onderzoeksbevel in strafzaken, Richtlijn 2014/41/EU van het Europees Parlement en de Raad van 3 april 2014 betreffende het Europees - / C41
Onmenselijke of onterende behandeling of bestraffing, Facultatief Protocol bij het Verdrag tegen foltering en andere wrede, - / C44
Onmenselijke of onterende behandeling of bestraffing, Verdrag tegen foltering en andere wrede, - (CAT) / C43
Onmenselijke of vernederende behandeling of bestraffing, Europees Verdrag ter voorkoming van foltering en - (CPT) / C42
Onteigeningswet / A61
Onterende behandeling of bestraffing, Facultatief Protocol bij het Verdrag tegen foltering en andere wrede, onmenselijke of - / C44
Onterende behandeling of bestraffing, Verdrag tegen foltering en andere wrede, onmenselijke of - (CAT) / C43
Ontslag, Wet melding collectief - / B34
Ontslagregeling / zie wettenbundel.sdu.nl
Ontvoering, Uitvoeringswet internationale kinder- / B65
Openbaar bestuur (Wet BIBOB), Wet bevordering integriteitsbeoordelingen door het - / A53
Openbaarheid van bestuur, Wet - / A49
Openbare manifestaties, Wet - / A18
Opiumwet / C22
Opneming buitenlandse kinderen ter adoptie, Wet - / zie wettenbundel.sdu.nl
Opsporingsambtenaar, Besluit buitengewoon - / C21
Opsporingsambtenaren, Ambtsinstructie voor politie, marechaussee en andere - / C6
Opsporingsdiensten, Wet op de bijzondere - / C20
Overbrenging van gevonniste personen, Verdrag inzake de - / C51
Overeenkomst ter uitvoering van het tussen de Regeringen van de Staten van de Benelux Economische Unie, de Bondsrepubliek Duitsland, en de Franse Republiek op 14 juni 1985 te Schengen gesloten akkoord betreffende de geleidelijke afschaffing van de controles aan de gemeenschappelijke grenzen (uittreksel) / C55
Overeenkomst, door de Raad vastgesteld overeenkomstig artikel 34 van het Verdrag betreffende de Europese Unie, betreffende de wederzijdse rechtshulp in strafzaken tussen de lidstaten van de Europese Unie / C48
Overlast, Besluit bestuurlijke boete - in de openbare ruimte / zie wettenbundel.sdu.nl
Overleveringswet / C39

P

Parlementaire Enquête 2008, Wet op de - / A13
Participatiewet / A77
Partnerschapsvermogens, Verordening / B106
Penitentiaire beginselenwet / C26
Penitentiaire maatregel / C27
Pensioenrechten bij scheiding, Wet tot regeling van het conflictenrecht met betrekking tot verevening - / zie wettenbundel.sdu.nl
Pensioenrechten bij scheiding, Wet verevening - / B16
Politie, de Koninklijke marechaussee en andere opsporingsambtenaren, Ambtsinstructie voor de - / C6
Politiegegevens, Besluit / C12
Politiegegevens, Wet / C11
Politieke rechten, Facultatief Protocol behorend bij het Internationaal Verdrag inzake burgerrechten en - / A105
Politieke rechten, gericht op de afschaffing van de doodstraf, Tweede Facultatieve Protocol bij het Internationaal Verdrag inzake burgerrechten en - / A106

Alfabetische inhoudsopgave

Politieke rechten, Internationaal Verdrag inzake burgerrechten en - (IVBPR) / A104
Politiewet 2012 / C5
Principles of European Contract Law / zie wettenbundel.sdu.nl
Principles of European Insolvency Law / zie wettenbundel.sdu.nl
Principles of European Law on Services Contracts (PELSC) / zie wettenbundel.sdu.nl
Principles of European Law: Sales / zie wettenbundel.sdu.nl
Principles of European Tort Law / zie wettenbundel.sdu.nl
Principles of European Trust Law / zie wettenbundel.sdu.nl
Principles of International Commercial Contracts 2010 / zie wettenbundel.sdu.nl
Principles of Transnational Civil Procedure / zie wettenbundel.sdu.nl
Prison Rules, European - / C29
Privaatrecht, Belemmeringenwet - / A64
Procedure and Evidence, Rules of - / zie wettenbundel.sdu.nl
Proceskosten bestuursrecht, Besluit - / A52
Procesregeling bestuursrechtelijke colleges 2014 / A48
Procesreglement bestuursrecht 2017 / A47
Productenaansprakelijkheidsverdrag, Haags - / B72
Protocol behorend bij het Internationaal Verdrag inzake burgerrechten en politieke rechten, Facultatief - / A105
Protocol betreffende de status van vluchtelingen / A43
Protocol bij het Verdrag tot bescherming van de rechten van de mens en de fundamentele vrijheden / A89
Protocol nr. 12 bij het Verdrag tot bescherming van de rechten van de mens en de fundamentele vrijheden / A94
Protocol nr. 13 bij het Verdrag tot bescherming van de rechten van de mens en de fundamentele vrijheden, inzake de afschaffing van de doodstraf onder alle omstandigheden / A95
Protocol nr. 15 bij het Verdrag tot bescherming van de rechten van de mens en de fundamentele vrijheden (toekomstig) / A96
Protocol nr. 16 bij het Verdrag tot bescherming van de rechten van de mens en de fundamentele vrijheden / A97
Protocol tot wijziging van het Europees Sociaal Handvest, Turijn, 21 oktober 1991 (toekomstig) / A99
Protocol vastgesteld door de Raad overeenkomstig artikel 34 van het Verdrag betreffende de Europese Unie, bij de Overeenkomst betreffende de wederzijdse rechtshulp in strafzaken tussen de lidstaten van de Europese Unie / C49
Provinciewet / A27
Prüm, Verdrag van - / zie wettenbundel.sdu.nl

R
Raad van State, Wet op de - / A14
Rassendiscriminatie, Internationaal Verdrag inzake de uitbanning van alle vormen van - / A107
Rechten van de mens en de fundamentele vrijheden, inzake de afschaffing van de doodstraf, Zesde protocol bij het Verdrag tot bescherming van de - / A92
Rechten van de mens en de fundamentele vrijheden, Protocol bij het Verdrag tot bescherming van de - / A90
Rechten van de mens en de fundamentele vrijheden, Protocol nr. 12 bij het Verdrag tot bescherming van de - / A94
Rechten van de mens en de fundamentele vrijheden, Protocol nr. 13 bij het Verdrag tot bescherming van de - / A95
Rechten van de mens en de fundamentele vrijheden, Protocol nr. 15 bij het Verdrag tot bescherming van de - (toekomstig) / A96
Rechten van de mens en de fundamentele vrijheden, Protocol nr. 16 bij het Verdrag tot - / A97
Rechten van de mens en de fundamentele vrijheden, tot het waarborgen van bepaalde rechten en vrijheden die niet reeds in het Verdrag en in het eerste Protocol daarbij zijn opgenomen, Vierde Protocol bij het Verdrag tot bescherming van de - / A91
Rechten van de mens en de fundamentele vrijheden, Verdrag tot bescherming van de - (EVRM) / A89, C58
Rechten van de mens en de fundamentele vrijheden, Zesde protocol bij het Verdrag tot bescherming van de - / A92
Rechten van de mens en de fundamentele vrijheden, Zevende protocol bij het Verdrag tot bescherming van de - (toekomstig) / A93
Rechten van de mens, Universele verklaring van de - / A102
Rechten van het kind inzake de betrokkenheid van kinderen bij gewapende conflicten, Tweede Facultatieve Protocol bij het Verdrag inzake de - / A112

Alfabetische inhoudsopgave

Rechten van het kind, Facultatief Protocol inzake de verkoop van kinderen, kinderprostitutie en kinderpornografie bij het Verdrag inzake de - / A111
Rechten van het kind, Verdrag inzake de - / A110
Rechten van personen met een handicap, VN-Verdrag inzake de - (toekomstig) / A113
Rechterlijke organisatie, Wet op de - / B42
Rechtsbijstand- en toevoegcriteria, Besluit - / zie wettenbundel.sdu.nl
Rechtshulp in strafzaken tussen de lidstaten van de Europese Unie, Overeenkomst, door de Raad vastgesteld overeenkomstig artikel 34 van het Verdrag betreffende de Europese Unie, betreffende de wederzijdse - / C48
Rechtshulp in strafzaken tussen de lidstaten van de Europese Unie, Protocol vastgesteld door de Raad overeenkomstig artikel 34 van het Verdrag betreffende de Europese Unie, bij de Overeenkomst betreffende de wederzijdse - / C49
Rechtshulp in strafzaken tussen het Koninkrijk België, het Groothertogdom Luxemburg en het Koninkrijk der Nederlanden, Verdrag aangaande de uitlevering en de - / zie wettenbundel.sdu.nl
Rechtshulp in strafzaken, Europees Verdrag aangaande de wederzijdse - / C46
Rechtspositie ambtenaren, Wet normalisering - / zie wettenbundel.sdu.nl
Rechtsverkeer, Wet op belastingen van - / B50
Redactionele ten geleide bij het Wetboek van Burgerlijke Rechtsvordering / B14
Regeling alcohol, drugs en geneesmiddelen in het verkeer / C17
Regeling griffierechten burgerlijke zaken / zie wettenbundel.sdu.nl
Regeling hulpofficieren van justitie 2008 / C4
Regeling omgevingsrecht / A69
Regelingen, Wet gemeenschappelijke - / A33
Regentschapswet 2013 / A3
Reglement justitiële jeugdinrichtingen / zie wettenbundel.sdu.nl
Reglement van Orde van de Eerste Kamer der Staten-Generaal / A11
Reglement van Orde van de Tweede Kamer der Staten-Generaal / A10
Reglement van Orde voor de ministerraad / A12
Reglement verkeersregels en verkeerstekens 1990 (RVV 1990) / C15
Reglement verpleging ter beschikking gestelden / zie wettenbundel.sdu.nl
Responsibility of States for internationally wrongful acts / A115
Richtlijn 2006/123/EG betreffende diensten op de interne markt / zie wettenbundel.sdu.nl
Richtlijn 2012/29/EU van het Europees Parlement en de Raad van 25 oktober 2012 tot vaststelling van minimumnormen voor de rechten, de ondersteuning en de bescherming van slachtoffers van strafbare feiten, en ter vervanging van Kaderbesluit 2001/220/JBZ (Richtlijn slachtoffers) / C59
Richtlijn 2013/48/EU van het Europees Parlement en de Raad van 22 oktober 2013 betreffende het recht op toegang tot een advocaat in strafprocedures en in procedures ter uitvoering van een Europees Aanhoudingsbevel en het recht om een derde op de hoogte te laten brengen vanaf de vrijheidsbeneming en om met derden en consulaire autoriteiten te communiceren tijdens de vrijheidsbeneming (Richtlijn toegang advocaat tot politieverhoren) / C56
Richtlijn 2014/41/EU van het Europees Parlement en de Raad van 3 april 2014 betreffende het Europees onderzoeksbevel in strafzaken / C41
Richtlijn toegang advocaat tot politieverhoren / C56
Rijksbelastingen, Algemene wet inzake - / A56
Rijksoctrooiwet 1995 / B39
Rijkswet goedkeuring en bekendmaking verdragen / A6
Rijkswet op het Nederlanderschap / A38
Rijkswet op het Nederlanderschap, Wijzigingswet - (verkrijging, verlening en verlies van het Nederlanderschap) / zie wettenbundel.sdu.nl
Rome I, (Verordening (EG) nr. 593/2008 inzake het recht dat van toepassing is op verbintenissen uit overeenkomst) / B92
Rome II, (Verordening (EG) nr. 864/2007 betreffende het recht dat van toepassing is op niet-contractuele verbintenissen) / B93
Ruimtelijke ordening, Besluit - / A58
Ruimtelijke ordening, Wet - / A57
Rules of Procedure and Evidence / zie wettenbundel.sdu.nl
RVV 1990 (Reglement verkeersregels en verkeerstekens 1990) / C15

S
Sales, Principles of European Law: - / zie wettenbundel.sdu.nl
Scheiding, Wet tot regeling van het conflictenrecht met betrekking tot verevingpensioenrechten bij - / zie wettenbundel.sdu.nl
Scheiding, Wet verevening pensioenrechten bij - / B16

Alfabetische inhoudsopgave

Schengen gesloten akkoord betreffende de geleidelijke afschaffing van de controles aan de gemeenschappelijke grenzen, Overeenkomst ter uitvoering van het tussen de Regeringen van de Staten van de Benelux Economische Unie, de Bondsrepubliek Duitsland, en de Franse Republiek op 14 juni 1985 te - (uittreksel) / C55
SE (Verordening 2157/2001/EG betreffende het statuut van de Europese vennootschap) / B91
SER-Fusiegedragsregels 2015 / B27
Services Contracts, Principles of European Law on - / zie wettenbundel.sdu.nl
Slachtoffers, Richtlijn / C59
Sociaal Handvest (herzien), Europees - / A98
Sociaal Handvest, Turijn, 21 oktober 1991 (toekomstig), Protocol tot wijziging van het Europees - / A99
Sociaal-Economische Raad, Wet op de - / A36
Sociale en culturele rechten, Internationaal Verdrag inzake economische, - (IVESC) / A103
Statuut Europese Coöperatieve Vennootschap / zie wettenbundel.sdu.nl
Statuut van het Internationaal Gerechtshof / A101
Statuut van Rome inzake het Internationaal Strafhof / C53
Statuut voor het Koninkrijk der Nederlanden / A1
Strafrecht, Wetboek van - / C1
Strafvervolging, Europees Verdrag betreffende de overdracht van / C50
Strafvonnissen, Europees Verdrag inzake de internationale geldigheid van / C52
Strafvonnissen, Wet overdracht tenuitvoerlegging - / C35
Strafvordering, Wetboek van - / C2
Strafvorderlijke gegevens, Wet justitiële en - / C9
Strafzaken tussen de lidstaten van de Europese Unie, Overeenkomst, door de Raad vastgesteld overeenkomstig artikel 34 van het Verdrag betreffende de Europese Unie, betreffende de wederzijdse rechtshulp in - / C48
Strafzaken tussen de lidstaten van de Europese Unie, Protocol vastgesteld door de Raad overeenkomstig artikel 34 van het Verdrag betreffende de Europese Unie, bij de Overeenkomst betreffende de wederzijdse rechtshulp in - / C49
Strafzaken tussen het Koninkrijk België, het Groothertogdom Luxemburg en het Koninkrijk der Nederlanden, Verdrag aangaande de uitlevering en de rechtshulp in - / zie wettenbundel.sdu.nl
Strafzaken, Europees Verdrag aangaande de wederzijdse rechtshulp in - / C46
Strafzaken, Wet tarieven in - / zie wettenbundel.sdu.nl
Successiewet 1956 / B52
Successiewet 1956, Uitvoeringsbesluit - / B53

T
Tarieven in strafzaken, Wet - / zie wettenbundel.sdu.nl
Tenuitvoerlegging strafvonnissen, Wet overdracht - / C35
Ter beschikking gestelden, Beginselenwet verpleging - / C30
Ter beschikking gestelden, Reglement verpleging - / zie wettenbundel.sdu.nl
Termijnenwet, Algemene - / B44
Testamentaire beschikkingen, Verdrag inzake de wetsconflicten betreffende de vorm van - / B66
Tijdelijk huisverbod, Besluit - / A32
Tijdelijk huisverbod, Wet - / A31
Toezicht, Wet op het financieel / zie wettenbundel.sdu.nl
Tort Law, Principles of European - / zie wettenbundel.sdu.nl
Transnational Civil Procedure, Principles of - / zie wettenbundel.sdu.nl
Trust Law, Principles of European - / zie wettenbundel.sdu.nl
Trusts en inzake de erkenning van trusts, Verdrag inzake het recht dat toepasselijk is op - / B68
Tweede Facultatieve Protocol bij het Internationaal Verdrag inzake burgerrechten en politieke rechten, gericht op de afschaffing van de doodstraf / A106
Tweede Kamer der Staten-Generaal, Reglement van Orde van de - / A10

U
Uitbanning van alle vormen van discriminatie van vrouwen, Facultatief Protocol bij het Verdrag inzake de - / A109
Uitbanning van alle vormen van discriminatie van vrouwen, Verdrag inzake de - / A108
Uitbanning van alle vormen van rassendiscriminatie, Internationaal Verdrag inzake de - / A107
Uitlevering en de rechtshulp in strafzaken tussen het Koninkrijk België, het Groothertogdom Luxemburg en het Koninkrijk der Nederlanden, Verdrag aangaande de - / zie wettenbundel.sdu.nl
Uitlevering, Europees Verdrag betreffende - / C47

Alfabetische inhoudsopgave

Uittreksel bepalingen digitaal procederen (KEI-Rv) / B15
Uitleveringswet / C36
Uitvoeringsbesluit belastingen van rechtsverkeer / B51
Uitvoeringsbesluit omzetbelasting 1968 (uittreksel) / B55
Uitvoeringsbesluit Successiewet 1956 / B53
Uitvoeringswet Algemene verordening gegevensbescherming / A20
Uitvoeringswet Bewijsverdrag / B77
Uitvoeringswet EAPO (Uitvoeringswet verordening Europees bevel tot conservatoir beslag op bankrekeningen) / B104
Uitvoeringswet EG-betekeningsverordening / B87
Uitvoeringswet EG-bewijsverordening / B90
Uitvoeringswet EU-executieverordening / B82
Uitvoeringswet huurprijzen woonruimte / B30
Uitvoeringswet Internationaal Strafhof / C34
Uitvoeringswet internationale inning levensonderhoud / B59
Uitvoeringswet internationale kinderbescherming / B67
Uitvoeringswet internationale kinderontvoering / B65
Uitvoeringswet verordening Europese betalingsbevelprocedure / B97
Uitvoeringswet verordening Europese coöperatieve vennootschap / zie wettenbundel.sdu.nl
Uitvoeringswet verordening Europese executoriale titel / B95
Uitvoeringswet verordening Europese procedure voor geringe vorderingen / B102
Uitvoeringswet verordening Europese vennootschap / zie wettenbundel.sdu.nl
Uitvoeringswet Verordening huwelijksvermogensstelsels en Verordening vermogensrechtelijke gevolgen geregistreerde partnerschappen / B107
Uitvoeringswet Verordening tot instelling van Europese economische samenwerkingsverbanden (Uitvoeringswet EESV-Verordening) / zie wettenbundel.sdu.nl
Uitvoeringswet verordening wederzijdse erkenning van beschermingsmaatregelen in burgerlijke zaken / B100
Universele verklaring van de rechten van de mens / A102

V
Vennootschap, Uitvoeringswet verordening Europese - / zie wettenbundel.sdu.nl
Vennootschap, Uitvoeringswet verordening Europese coöperatieve - / zie wettenbundel.sdu.nl
Vennootschap, Verordening 1435/2003/EG betreffende het statuut voor een Europese Coöperatieve - (SCE) / zie wettenbundel.sdu.nl
Vennootschap, Verordening 2157/2001/EG betreffende het statuut van de Europese - (SE) / B91
Vennootschappen, Wet op de formeel buitenlandse - / B56
Verdag tot bescherming van de rechten van de mens en de fundamentele vrijheden, Rome, 4 november 1950 / C58
Verdrag aangaande de uitlevering en de rechtshulp in strafzaken tussen het Koninkrijk België, het Groothertogdom Luxemburg en het Koninkrijk der Nederlanden / zie wettenbundel.sdu.nl
Verdrag aangaande de wederzijdse rechtshulp in strafzaken, Europees - / C48
Verdrag betreffende de burgerrechtelijke aspecten van internationale ontvoering van kinderen (Haags Kinderontvoeringsverdrag 1980) / B64
Verdrag betreffende de Europese Unie / A87
Verdrag betreffende de Europese Unie, Goedkeuringswet - / A85
Verdrag betreffende de overdracht van strafvervolging, Europees - / C50
Verdrag betreffende de rechterlijke bevoegdheid, de erkenning en de ten uitvoerlegging van beslissingen in burgerlijke en handelszaken (Verdrag van Lugano; EVEX) / B79 Verdrag betreffende de status van vluchtelingen / A42
Verdrag betreffende de werking van de Europese Unie / A88
Verdrag betreffende het toepasselijke recht op vertegenwoordiging / B69
Verdrag betreffende overeenkomst tot internationaal vervoer van goederen over de weg (CMR) / B73
Verdrag betreffende uitlevering, Europees - / C47
Verdrag der Verenigde Naties inzake internationale koopovereenkomsten betreffende roerende zaken (Weens koopverdrag) / B70
Verdrag inzake bedingen van forumkeuze / B80
Verdrag inzake burgerrechten en politieke rechten, Internationaal (IVBPR) / A104 Verdrag inzake de bescherming van kinderen en de samenwerking op het gebied van de interlandelijke adoptie (Haags Adoptieverdrag 1993) / B62
Verdrag inzake de betekening en de kennisgeving in het buitenland van gerechtelijke en buitengerechtelijke stukken in burgerlijke en in handelszaken (Haags betekeningsverdrag) / B78

Alfabetische inhoudsopgave

Verdrag inzake de bevoegdheid, het toepasselijke recht, de erkenning, de tenuitvoerlegging en de samenwerking op het gebied van ouderlijke verantwoordelijkheid en maatregelen ter bescherming van kinderen (Haags Kinderbeschermingsverdrag 1996) / B63
Verdrag inzake de erkenning en de tenuitvoerlegging van beslissingen over onderhoudsverplichtingen (Haags Alimentatie-Executieverdrag) / B60
Verdrag inzake de internationale geldigheid van strafvonnissen, Europees / C52
Verdrag inzake de internationale inning van levensonderhoud voor kinderen / B58
Verdrag inzake de overbrenging van gevonniste personen / C51
Verdrag inzake de rechten van het kind / A110
Verdrag inzake de rechten van het kind inzake de betrokkenheid van kinderen bij gewapende conflicten, Tweede Facultatieve Protocol bij het - / A112
Verdrag inzake de rechten van het kind, Facultatief Protocol inzake de verkoop van kinderen, kinderprostitutie en kinderpornografie bij het - / A111
Verdrag inzake de uitbanning van alle vormen van discriminatie van vrouwen / A108
Verdrag inzake de uitbanning van alle vormen van discriminatie van vrouwen, Facultatief Protocol bij het - / A109
Verdrag inzake de uitbanning van alle vormen van rassendiscriminatie, Internationaal - / A107
Verdrag inzake de verkrijging van bewijs in het buitenland in burgerlijke en in handelszaken / B76
Verdrag inzake de verlening van Europese octrooien (Europees Octrooiverdrag) / B74
Verdrag inzake de voorkoming en de bestraffing van genocide / C45
Verdrag inzake de wet die van toepassing is op onderhoudsverplichtingen (Haags Alimentatieverdrag) / zie wettenbundel.sdu.nl
Verdrag inzake de wet welke van toepassing is op de aansprakelijkheid wegens produkten (Haags productenaansprakelijkheidsverdrag) / B72
Verdrag inzake de wet welke van toepassing is op verkeersongevallen op de weg (Haags verkeersongevallenverdrag) / B71
Verdrag inzake de wetsconflicten betreffende de vorm van testamentaire beschikkingen / B66
Verdrag inzake economische, sociale en culturele rechten, Internationaal - (IVESC) / A103
Verdrag inzake het recht dat toepasselijk is op trusts en inzake erkenning van trusts / B68
Verdrag inzake het recht dat van toepassing is op erfopvolging (Haags Verdrag erfopvolging 1989) / zie wettenbundel.sdu.nl
Verdrag inzake het recht dat van toepassing is op het huwelijksvermogensregime / B57
Verdrag inzake nationaliteit, Europees - / A39
Verdrag nopens de erkenning en de tenuitvoerlegging van beslissingen over onderhoudsverplichtingen jegens kinderen (Haags Kinderalimentatie-Executieverdrag) / zie wettenbundel.sdu.nl
Verdrag nopens wet op alimentatieverplichtingen jegens kinderen / zie wettenbundel.sdu.nl
Verdrag over de erkenning en tenuitvoerlegging van buitenlandse scheidsrechterlijke uitspraken / zie wettenbundel.sdu.nl
Verdrag tegen foltering en andere wrede, onmenselijke of onterende behandeling of bestraffing / C43
Verdrag tegen foltering en andere wrede, onmenselijke of onterende behandeling of bestraffing, Facultatief Protocol bij het - / C44
Verdrag ter vaststelling van enige eenvormige regelen betreffende het cognossement / zie wettenbundel.sdu.nl
Verdrag ter vaststelling van enige eenvormige regelen betreffende het cognossement van 25 augustus 1924, Protocol 1968 tot wijziging van het Internationale - / zie wettenbundel.sdu.nl
Verdrag ter vaststelling van enige eenvormige regelen betreffende het cognossement van 25 augustus 1924, Protocol 1979 tot wijziging van het Internationale - / zie wettenbundel.sdu.nl
Verdrag tot bescherming van de rechten van de mens en de fundamentele vrijheden, (EVRM) / A89, C58
Verdrag tot bescherming van de rechten van de mens en de fundamentele vrijheden, inzake de afschaffing van de doodstraf onder alle omstandigheden, Protocol nr. 13 bij het - / A95
Verdrag tot bescherming van de rechten van de mens en de fundamentele vrijheden, inzake de afschaffing van de doodstraf, Zesde protocol bij het - / A92
Verdrag tot bescherming van de rechten van de mens en de fundamentele vrijheden, Protocol bij het - / A90
Verdrag tot bescherming van de rechten van de mens en de fundamentele vrijheden, Protocol nr. 12 bij het - / A94
Verdrag tot bescherming van de rechten van de mens en de fundamentele vrijheden, Protocol nr. 15 bij het - (toekomstig) / A96
Verdrag tot bescherming van de rechten van de mens en de fundamentele vrijheden, Protocol nr. 16 bij het - / A97

Alfabetische inhoudsopgave

Verdrag tot bescherming van de rechten van de mens en de fundamentele vrijheden, tot het waarborgen van bepaalde rechten en vrijheden die niet reeds in het Verdrag en in het eerste Protocol daarbij zijn opgenomen, Vierde Protocol bij het - / A91

Verdrag tot bescherming van de rechten van de mens en de fundamentele vrijheden, Zevende protocol bij het - (toekomstig) / A93

Verdrag tot het vaststellen van enige eenvormige regelen betreffende aanvaring / zie wettenbundel.sdu.nl

Verdrag tussen het Koninkrijk België, de bondsrepubliek Duitsland, het Koninkrijk Spanje, de Republiek Frankrijk, het Groothertogdom Luxemburg, het Koninkrijk der Nederlanden en de Republiek Oostenrijk inzake de intensivering van de grensoverschrijdende samenwerking, in het bijzonder ter bestrijding van het terrorisme, de grensoverschrijdende criminaliteit en de illegale migratie / zie wettenbundel.sdu.nl

Verdrag van Lugano (Verdrag betreffende de rechterlijke bevoegdheid, de erkenning en de tenuitvoerlegging van beslissingen in burgerlijke en handelszaken; EVEX) / B79

Verdrag van Prüm / zie wettenbundel.sdu.nl

Verdrag van Wenen inzake het verdragenrecht / A114

Verdragen, Rijkswet goedkeuring en bekendmaking - / A6

Verdragenrecht, Verdrag van Wenen inzake het - / A114

Verenigde Naties, Handvest van de - / A100

Verevening pensioenrechten bij scheiding, Wet - / B16

Verevening pensioenrechten bij scheiding, Wet tot regeling van het conflictenrecht met betrekking tot - / zie wettenbundel.sdu.nl

Verkeersongevallenverdrag, Haags - / B69

Verkeersregels en verkeerstekens 1990 (RVV 1990), Reglement - / C15

Verkeersvoorschriften, Wet administratiefrechtelijke handhaving - / C18

Verkrijging van bewijs in het buitenland in burgerlijke en in handelszaken, Verdrag inzake de - / B76

Verlening en verlies van het Nederlanderschap (Wijzigingswet Rijkswet op het Nederlanderschap verkrijging, -) / zie wettenbundel.sdu.nl

Vernederende behandeling of bestraffing, Europees Verdrag ter voorkoming van folteringen onmenselijke of - / C42

Veroordeelden, Wet DNA-onderzoek bij - / C3

Verordening (EG) nr. 593/2008 inzake het recht dat van toepassing is op de verbintenissen uit overeenkomst (Rome I) / B92

Verordening (EG) nr. 1393/2007 van het Europees Parlement en de Raad van 13 november 2007 inzake de betekening en de kennisgeving in de lidstaten van gerechtelijke en buitengerechtelijke stukken in burgerlijke en in handelszaken (de betekening en de kennisgeving van stukken), en tot intrekking van Verordening (EG) nr. 1348/2000 van de Raad (EG-betekeningsverordering) / B86

Verordening (EG) nr. 1896/2006 tot invoering van een Europese betalingsbevelprocedure / B96

Verordening (EG) nr. 861/2007 tot vaststelling van een Europese procedure voor geringe vorderingen / B101

Verordening (EG) nr. 864/2007 betreffende het recht dat van toepassing is op niet-contractuele verbintenissen (Rome II) / B93

Verordening (EU) 2016/1103 tot uitvoering van de nauwere samenwerking op het gebied van de bevoegdheid, het toepasselijke recht en de erkenning en tenuitvoerlegging van beslissingen op het gebied van huwelijksvermogensstelsels / B105

Verordening (EU) 2016/1104 tot uitvoering van de nauwere samenwerking op het gebied van de bevoegdheid, het toepasselijke recht en de erkenning en tenuitvoerlegging van beslissingen op het gebied van de vermogensrechtelijke gevolgen van geregistreerde partnerschappen / B106

Verordening (EU) Nr. 1215/2012 betreffende de rechterlijke bevoegdheid, de erkenning en de tenuitvoerlegging van beslissingen in burgerlijke en handelszaken (herschikking)(Brussel I-bis) / B81

Verordening (EU) nr. 2015/848 van het Europees Parlement en de Raad van 20 mei 2015 betreffende insolventieprocedures (herschikking) / B88

Verordening (EU) nr. 650/2012 van het Europees Parlement en de Raad van 4 juli 2012 betreffende de bevoegdheid, het toepasselijke recht, de erkenning en de tenuitvoerlegging van beslissingen en de aanvaarding en de tenuitvoerlegging van authentieke akten op het gebied van erfopvolging, alsmede betreffende de instelling van een Europese erfrechtverklaring (Erfrechtverordening) / B83

Verordening 1/2003/EG betreffende de uitvoering van de mededingingsregels van de artikelen 81 en 82 van het Verdrag (EG Mededeingsverordening) / A84

Alfabetische inhoudsopgave

Verordening 1206/2001/EG betreffende de samenwerking tussen de gerechten van de lidstaten op het gebied van bewijsverkrijging in burgerlijke en handelszaken (EG-Bewijsverordening) / B89
Verordening 1346/2000/EG betreffende insolventieprocedures / zie wettenbundel.sdu.nl
Verordening 1435/2003/EG betreffende het statuut voor een Europese Coöperatieve Vennootschap (SCE) / zie wettenbundel.sdu.nl
Verordening 2137/85/EEG tot instelling van Europese economische samenwerkingsverbanden (EESV-verordening) / zie wettenbundel.sdu.nl
Verordening 2157/2001/EG betreffende het statuut van de Europese vennootschap (SE) / B91
Verordening 2201/2003/EG betreffende de bevoegdheid en de erkenning en tenuitvoerlegging van beslissingen in huwelijkszaken en inzake de ouderlijke verantwoordelijkheid, en tot intrekking van Verordening 1347/2000/EG (Brussel II-bis) / B85
Verordening 805/2004/EG tot invoering van een Europese executoriale titel voor niet-betwiste schuldvorderingen (EET-verordening) / B94
Verordening betreffende de wederzijdse erkenning van beschermingsmaatregelen in burgerlijke zaken (Verordening (EU) nr. 606/2013) / B99
Verordening EAPO (Verordening (EU) Nr. 655/2014 vaststelling van een procedure betreffende het Europees bevel tot conservatoir beslag op bankrekeningen om de grensoverschrijdende inning van schuldvorderingen) / B103
Verordening Europese coöperatieve vennootschap, Uitvoeringswet - / zie wettenbundel.sdu.nl
Verordening Europese executoriale titel, Uitvoeringswet - / B95
Verordening Europese procedure voor geringe vorderingen, Uitvoeringswet - / B102
Verordening Europese vennootschap, Uitvoeringswet - / zie wettenbundel.sdu.nl
Verordening gegevensbescherming, Algemene - / A19
Verordening tot instelling van Europese economische samenwerkingsverbanden, Uitvoeringswet - (Uitvoeringswet EESV-verordening) / zie wettenbundel.sdu.nl
Verordening wederzijdse erkenning van beschermingsmaatregelen in burgerlijke zaken, Uitvoeringswet - / B99
Verordening, Uitvoeringswet - Erfrecht / B84
Verordering statuut Europese Vennootschap (SE) / B91
Verpleging ter beschikking gestelden, Beginselenwet - / C30
Verpleging ter beschikking gestelden, Reglement - / zie wettenbundel.sdu.nl
Vertegenwoordiging, Verdrag betreffende het toepasselijke recht op - / B69
Vierde Protocol bij het Verdrag tot bescherming van de rechten van de mens en de fundamentele vrijheden, tot het waarborgen van bepaalde rechten en vrijheden die niet reeds in het Verdrag en in het eerste Protocol daarbij zijn opgenomen / A91
Vluchtelingen, Protocol betreffende de status van - / A43
Vluchtelingen, Verdrag betreffende de status van - / A42
VN-Verdrag inzake de rechten van personen met een handicap / A113
Voorkeursrecht gemeenten, Wet - / A62
Voorkoming van witwassen en financieren van terrorisme, Wet ter - / C25
Vreemdelingen, Wet arbeid - / A81
Vreemdelingenbesluit 2000 / A41
Vreemdelingenwet 2000 / A40
Vrijheidsbenemende en voorwaardelijke sancties, Wet wederzijdse erkenning en tenuitvoerlegging - / C37
Vrouwen, Facultatief Protocol bij het Verdrag inzake de uitbanning van alle vormen van discriminatie van - / A109
Vrouwen, Verdrag inzake de uitbanning van alle vormen van discriminatie van - / A108
Vrouwen, Wet gelijke behandeling van mannen en - / A25

W

Wapens en munitie, Wet - / C23
Waterbesluit / zie wettenbundel.sdu.nl
Waterschapswet / A35
Waterwet / A70
Wederzijdse rechtshulp in strafzaken tussen de lidstaten van de Europese Unie, Brussel, 29 mei 2000, Overeenkomst, door de Raad vastgesteld overeenkomstig artikel 34 van het Verdrag betreffende de Europese Unie, betreffende de / C48
Weens koopverdrag (Verdrag der Verenigde Naties inzake internationale koopovereenkomsten betreffende roerende zaken) / B70
Wegenverkeerswet 1994 / C14
Wegenwet / A73
Werking, Verdrag betreffende de - van de Europese Unie / A88
Wet aansprakelijkheidsverzekering motorrijtuigen / B29

Alfabetische inhoudsopgave

Wet administratiefrechtelijke handhaving verkeersvoorschriften / C18
Wet algemene bepalingen / A4
Wet algemene bepalingen omgevingsrecht / A67
Wet arbeid vreemdelingen / A81
Wet bestuursrecht, Algemene - / A45
Wet bestuursrechtspraak bedrijfsorganisatie / A51
Wet bevordering integriteitsbeoordelingen door het openbaar bestuur / A53
Wet College voor de rechten van de mens / A22
Wet DNA-onderzoek bij veroordeelden / C3
Wet gelijke behandeling op grond van handicap of chronische ziekte / A23
Wet gelijke behandeling op grond van leeftijd bij de arbeid / A24
Wet gelijke behandeling van mannen en vrouwen / A25
Wet gelijke behandeling, Algemene - / A21
Wet gemeenschappelijke regelingen / A33
Wet giraal effectenverkeer / B22
Wet griffierechten burgerlijke zaken / B49
Wet inburgering / A44
Wet internationale misdrijven / C33
Wet inzake rijksbelastingen, Algemene - / A56
Wet justitiële en strafvorderlijke gegevens / C9
Wet kenbaarheid publiekrechtelijke beperkingen onroerende zaken / zie wettenbundel.sdu.nl
Wet langdurige zorg / A79
Wet lidmaatschap koninklijk huis / A8
Wet maatschappelijke ondersteuning 2015 / A78
Wet melding collectief ontslag / B34
Wet milieubeheer / A65
Wet ministeriële verantwoordelijkheid / A7
Wet nadeelcompensatie en schadevergoeding bij onrechtmatige besluiten (deels toekomstig) / A46
Wet Naleving Europese regelgeving publieke entiteiten / A30
Wet Nationale ombudsman / A16
Wet normalisering rechtspositie ambtenaren / zie wettenbundel.sdu.nl
Wet op belastingen van rechtsverkeer / B50
Wet op de bijzondere opsporingsdiensten / C20
Wet op de collectieve arbeidsovereenkomst / B33
Wet op de economische delicten / C19
Wet op de Europese ondernemingsraden / B18
Wet op de formeel buitenlandse vennootschappen / B56
Wet op de identificatieplicht / C7
Wet op de loonvorming / B35
Wet op de naburige rechten / B38
Wet op de omzetbelasting 1968 (uittreksel) / B54
Wet op de ondernemingsraden / B17
Wet op de Parlementaire Enquête 2008 / A13
Wet op de Raad van State / A14
Wet op de rechterlijke organisatie / B42
Wet op de Sociaal-Economische Raad / A36
Wet op het algemeen verbindend en het onverbindend verklaren van bepalingen van collectieve arbeidsovereenkomsten / B32
Wet op het consumentenkrediet / B31
Wet op het financieel toezicht / zie wettenbundel.sdu.nl
Wet op het financieel toezicht (uittreksel) / B23
Wet op het notarisambt / B47
Wet openbaarheid van bestuur / A49
Wet openbare manifestaties / A18
Wet opneming buitenlandse kinderen ter adoptie / zie wettenbundel.sdu.nl
Wet overdracht tenuitvoerlegging strafvonnissen / C35
Wet politiegegevens / C11
Wet rechtspositie rechterlijke ambtenaren / zie wettenbundel.sdu.nl
Wet ruimtelijke ordening / A57
Wet tarieven in strafzaken / zie wettenbundel.sdu.nl
Wet ter voorkoming van witwassen en financieren van terrorisme / C25
Wet tijdelijk huisverbod / A31
Wet toetsing levensbeëindiging op verzoek en hulp bij zelfdoding / C24

Alfabetische inhoudsopgave

Wet tot regeling van het conflictenrecht met betrekking tot verevening pensioenrechten bij scheiding / zie wettenbundel.sdu.nl
Wet verevening pensioenrechten bij scheiding / B16
Wet verplichte GGZ / A74
Wet voorkeursrecht gemeenten / A62
Wet vrijwillige zetelverplaatsing derde landen / zie wettenbundel.sdu.nl
Wet wapens en munitie / C23
Wet wederzijdse erkenning en tenuitvoerlegging geldelijke sancties en beslissingen tot confiscatie / C38
Wet wederzijdse erkenning en tenuitvoerlegging vrijheidsbenemende en voorwaardelijke sancties / C37
Wet zorg en dwang / A75
Wetboek van Burgerlijke Rechtsvordering / B14
Wetboek van Burgerlijke Rechtsvordering, Redactionele ten geleide bij het - / B14
Wetboek van Koophandel / B12
Wetboek van Strafrecht / C1
Wetboek van Strafvordering / C2
Wijzigingsprotocol 1968 Cognossementsverdrag (Protocol tot wijziging van het Internationale Verdrag ter vaststelling van enige eenvormige regelen betreffende het cognossement) / zie wettenbundel.sdu.nl
Wijzigingsprotocol 1979 Cognossementsverdrag (Protocol tot wijziging van het Internationale Verdrag ter vaststelling van enige eenvormige regelen betreffende het cognossement) / zie wettenbundel.sdu.nl
Wijzigingswet Rijkswet op het Nederlanderschap (verkrijging, verlening en verlies van het Nederlanderschap) / zie wettenbundel.sdu.nl
Woningwet / A59
Woonruimte, Uitvoeringswet huurprijzen - / B30
Wrongful acts, Responsibility of States for internationally - / A115

Z
Zelfdoding, Wet toetsing levensbeëindiging op verzoek en hulp bij - / C24
Zelfstandige bestuursorganen, Kaderwet - / A26
Zesde protocol bij het Verdrag tot bescherming van de rechten van de mens en de fundamentele vrijheden, inzake de afschaffing van de doodstraf / A92
Zetelverplaatsing derde landen, Wet vrijwillige - / zie wettenbundel.sdu.nl
Zevende protocol bij het Verdrag tot bescherming van de rechten van de mens en de fundamentele vrijheden (toekomstig) / A93
Zittingsplaatsen gerechten, Besluit - / B43

Afkortingenlijst

Ambtsinstr.	Ambtsinstructie voor de politie, de Koninklijke marechaussee en andere opsporingsambtenaren
Awbi	Algemene wet op het binnentreden
B OM	Besluit OM-afdoening
Bboa	Besluit buitengewoon opsporingsambtenaar
BJG	Besluit justitiële en strafvorderlijke gegevens
BJJI	Beginselenwet justitiële jeugdinrichtingen
BPolG	Besluit politiegegevens
BVTG	Beginselenwet verpleging ter beschikking gestelden
CAT	Verdrag tegen foltering en andere wrede, onmenselijke of onterende behandeling of bestraffing, New York, 10 december 1984
CPT	Europees Verdrag ter voorkoming van foltering en onmenselijke of vernederende behandeling of bestraffing, zoals gewijzigd door Protocol 1 en Protocol 2 van 4-11-1993
EGK 2002/584/JBZ	Kaderbesluit betreffende Europees aanhoudingsbevel en procedures van overlevering tussen lidstaten (2002/584/JBZ)
EGR 2008/99	Richtlijn 2013/48/EU van het Europees Parlement en de Raad van 22 oktober 2013 betreffende het recht op toegang tot een advocaat in strafprocedures en in procedures ter uitvoering van een Europees Aanhoudingsbevel en het recht om een derde op de hoogte te laten brengen vanaf de vrijheidsbeneming en om met derden en consulaire autoriteiten te communiceren tijdens de vrijheidsbeneming
EoC	Elements of crimes
EPR	European Prison Rules
ERV 1959	Europees Verdrag aangaande de wederzijdse rechtshulp in strafzaken, Straatsburg, 20 april 1959
EUR 2012/29	Richtlijn 2012/29/EU van het Europees Parlement en de Raad van 25 oktober 2012 tot vaststelling van minimumnormen voor de rechten, de ondersteuning en de bescherming van slachtoffers van strafbare feiten, en ter vervanging van Kaderbesluit 2001/220/JBZ
EUROV	Overeenkomst, door de Raad vastgesteld overeenkomstig artikel 34 van het Verdrag betreffende de Europese Unie, betreffende de wederzijdse rechtshulp in strafzaken tussen de lidstaten van de Europese Unie, Brussel, 29 mei 2000
EUV	Europees Verdrag betreffende uitlevering, Parijs, 13 december 1957
EVigs	Europees Verdrag inzake de internationale geldigheid van strafvonnissen, 's-Gravenhage, 28 mei 1970
EVOS	Europees Verdrag betreffende de overdracht van strafvervolging, Straatsburg, 15 mei 1972
EVRM	Verdrag tot bescherming van de rechten van de mens en de fundamentele vrijheden, Rome, 4 november 1950
Fprot. CAT	Facultatief Protocol bij het Verdrag tegen foltering en andere wrede, onmenselijke of onterende behandeling of bestraffing, New York, 18 december 2002
Gratw	Gratiewet
Opw	Opiumwet
OW	Overleveringswet
PBW	Penitentiaire beginselenwet
PM	Penitentiaire maatregel
PolW	Politiewet 2012
Pr. EUROV	Protocol vastgesteld door de Raad overeenkomstig artikel 34 van het Verdrag betreffende de Europese Unie, bij de Overeenkomst betreffende de wederzijdse rechtshulp in strafzaken tussen de lidstaten van de Europese Unie, Luxemburg, 16 oktober 2001
Rhj 2008	Regeling hulpofficieren van justitie 2008

Afkortingenlijst

RVV	Reglement verkeersregels en verkeerstekens 1990 (RVV 1990)
Sr	Wetboek van Strafrecht
SRIS	Statuut van Rome inzake het Internationaal Strafhof
Sv	Wetboek van Strafvordering
Uo Schengen	Overeenkomst ter uitvoering van het tussen de Regeringen van de Staten van de Benelux Economische Unie, de Bondsrepubliek Duitsland, en de Franse Republiek op 14 juni 1985 te Schengen gesloten akkoord betreffende de geleidelijke afschaffing van de controles aan de gemeenschappelijke grenzen, Schengen, 19 juni 1990
UW	Uitleveringswet
Uw IS	Uitvoeringswet Internationaal Strafhof
VOGP	Verdrag inzake de overbrenging van gevonniste personen, Straatsburg, 21 maart 1983
WAHV	Wet administratiefrechtelijke handhaving verkeersvoorschriften
Wbod	Wet op de bijzondere opsporingsdiensten
WDNAv	Wet DNA-onderzoek bij veroordeelden
WED	Wet op de economische delicten
WETS	Wet wederzijdse erkenning en tenuitvoerlegging vrijheidsbenemende en voorwaardelijke sancties
WID	Wet op de identificatieplicht
WIM	Wet internationale misdrijven
WJG	Wet justitiële en strafvorderlijke gegevens
WOTS	Wet overdracht tenuitvoerlegging strafvonnissen
WPolG	Wet politiegegevens
Wtlvhz	Wet toetsing levensbeëindiging op verzoek en hulp bij zelfdoding
WVW	Wegenverkeerswet 1994
WWETGC	Wet wederzijdse erkenning en tenuitvoerlegging geldelijke sancties en beslissingen tot confiscatie
Wwft	Wet ter voorkoming van witwassen en financieren van terrorisme
WWM	Wet wapens en munitie

Strafrecht

Wetboek van Strafrecht

Inhoudsopgave

Eerste Boek	Algemene bepalingen	Art. 1
Titel I	Omvang van de werking van de strafwet	Art. 1
Titel II	Straffen	Art. 9
Titel IIA	Maatregelen	Art. 36a
Eerste afdeling	Onttrekking aan het verkeer, ontneming van het wederrechtelijk verkregen voordeel en schadevergoeding	Art. 36a
Tweede afdeling	Plaatsing in een psychiatrisch ziekenhuis en terbeschikkingstelling	Art. 37
Derde afdeling	Plaatsing in een inrichting voor stelselmatige daders	Art. 38m
Vierde afdeling	Gedragsbeïnvloedende en vrijheidsbeperkende maatregelen	Art. 38v
Titel III	Uitsluiting en verhoging van strafbaarheid	Art. 39
Titel IIIa	Gronden voor vermindering van straf	Art. 44a
Titel IV	Poging en voorbereiding	Art. 45
Titel V	Deelneming aan strafbare feiten	Art. 47
Titel VI	Samenloop van strafbare feiten	Art. 55
Titel VII	Indiening en intrekking van de klacht bij misdrijven alleen op klacht vervolgbaar	Art. 64
Titel VIII	Verval van het recht tot strafvordering en van de straf	Art. 68
Titel VIII A	Bijzondere bepalingen voor jeugdigen en jongvolwassenen	Art. 77a
Titel IX	Betekenis van sommige in het wetboek voorkomende uitdrukkingen	Art. 78
	Slotbepaling	Art. 91
Tweede Boek	Misdrijven	Art. 92
Titel I	Misdrijven tegen de veiligheid van de staat	Art. 92
Titel II	Misdrijven tegen de koninklijke waardigheid	Art. 108
Titel III	Misdrijven tegen hoofden van bevriende Staten en andere internationaal beschermde personen	Art. 115
Titel IV	Misdrijven betreffende de uitoefening van staatsplichten en staatsrechten	Art. 121
Titel V	Misdrijven tegen de openbare orde	Art. 131
Titel VI	[Vervallen]	Art. 153-156
Titel VII	Misdrijven waardoor de algemene veiligheid van personen of goederen wordt in gevaar gebracht	Art. 157
Titel VIII	Misdrijven tegen het openbaar gezag	Art. 177
Titel IX	Meineed	Art. 207
Titel X	Valsheid in muntspeciën en munt- en bankbiljetten	Art. 208
Titel XI	Valsheid in zegels en merken	Art. 216
Titel XII	Valsheid met geschriften, gegevens en biometrische kenmerken	Art. 225
Titel XIII	Misdrijven tegen de burgerlijke staat	Art. 236
Titel XIV	Misdrijven tegen de zeden	Art. 239
Titel XV	Verlating van hulpbehoevenden	Art. 255
Titel XVI	Belediging	Art. 261
Titel XVII	Schending van geheimen	Art. 272
Titel XVIII	Misdrijven tegen de persoonlijke vrijheid	Art. 273f
Titel XIX	Misdrijven tegen het leven gericht	Art. 287
Titel XIXA	Afbreking van zwangerschap	Art. 296
Titel XX	Mishandeling	Art. 300
Titel XXI	Veroorzaken van de dood of van lichamelijk letsel door schuld	Art. 307
Titel XXII	Diefstal en stroperij	Art. 310
Titel XXIII	Afpersing en afdreiging	Art. 317
Titel XXIV	Verduistering	Art. 321
Titel XXV	Bedrog	Art. 326
Titel XXVI	Benadeling van schuldeisers of rechthebbenden	Art. 340
Titel XXVII	Vernieling of beschadiging	Art. 350
Titel XXVIII	Ambtsmisdrijven	Art. 355
Titel XXIX	Scheepvaart- en luchtvaartmisdrijven	Art. 381

Titel XXX	Begunstiging	Art. 416
Titel XXXA	Witwassen	Art. 420bis
Titel XXXI	Financieren van terrorisme	Art. 421
Derde Boek	Overtredingen	Art. 424
Titel I	Overtredingen betreffende de algemene veiligheid van personen en goederen	Art. 424
Titel II	Overtredingen betreffende de openbare orde	Art. 429bis-429ter
Titel III	Overtredingen betreffende het openbaar gezag	Art. 443
Titel IV	Overtredingen betreffende de burgerlijke staat	Art. 448
Titel V	Overtreding betreffende hulpbehoevenden	Art. 450
Titel VI	Overtredingen betreffende de zeden	Art. 451-452
Titel VII	Overtredingen betreffende de veldpolitie	Art. 458
Titel VIII	Ambtsovertredingen	Art. 462
Titel IX	Scheepvaartovertredingen	Art. 469
	Algemene slotbepaling	Art. 479

Wetboek van Strafrecht[1]

Wet van 3 maart 1881

Wij WILLEM III, bij de gratie Gods, Koning der Nederlanden, Prins van Oranje-Nassau, Groot-Hertog van Luxemburg, enz., enz., enz.
Allen, die deze zullen zien of hooren lezen, salut! doen te weten:
Alzoo Wij in overweging genomen hebben, dat het noodzakelijk is een nieuw Wetboek van Strafrecht vast te stellen;
Zoo is het, dat Wij, den Raad van State gehoord en met gemeen overleg der Staten-Generaal, hebben goedgevonden en verstaan, gelijk Wij goedvinden en verstaan bij deze, vast te stellen de navolgende bepalingen, welke zullen uitmaken het Wetboek van Strafrecht.

Eerste Boek
Algemene bepalingen

Titel I
Omvang van de werking van de strafwet

Art. 1
1. Geen feit is strafbaar dan uit kracht van een daaraan voorafgegane wettelijke strafbepaling.   *Legaliteitsbeginsel*
(Zie ook: art. 16 GW; art. 1 WvSv)
2. Bij verandering in de wetgeving na het tijdstip waarop het feit begaan is, worden de voor de verdachte gunstigste bepalingen toegepast.
(Zie ook: art. 5 Wet AB)

Art. 2
De Nederlandse strafwet is toepasselijk op ieder die zich in Nederland aan enig strafbaar feit schuldig maakt.   *Toepasselijkheid strafwet*
(Zie ook: art. 8 WvSr; art. 8 Wet AB)

Art. 3
De Nederlandse strafwet is toepasselijk op ieder die zich buiten Nederland aan boord van een Nederlands vaartuig of luchtvaartuig aan enig strafbaar feit schuldig maakt.   *Toepasselijkheid strafwet aan boord van Nederlands (lucht)vaartuig*
(Zie ook: artt. 7, 8, 86, 86a WvSr; art. 4 WvSv)

Art. 4
De Nederlandse strafwet is toepasselijk op ieder die zich buiten Nederland schuldig maakt: *Toepasselijkheid Nederlandse strafwet op misdrijven begaan buiten Nederland*
a. aan een van de misdrijven omschreven in de artikelen 92 tot en met 96, 97a, 98 tot en met 98c, 105 en 108 tot en met 110;
b. aan een van de misdrijven omschreven in de artikelen 131 tot en met 134 en 189, indien het strafbare feit of het misdrijf waarvan in die artikelen wordt gesproken, een misdrijf is als onder a bedoeld;
c. aan een van de misdrijven omschreven in de artikelen 208 tot en met 214 en 216 tot en met 223;
d. aan een van de misdrijven omschreven in de artikelen 225 tot en met 227b en 232 indien het strafbare feit is gepleegd tegen een Nederlandse overheidsinstelling;
e. aan een van de misdrijven omschreven in de artikelen 381 tot en met 385b, 409 en 410 of aan de overtreding omschreven in artikel 446a;
f. aan het misdrijf omschreven in artikel 207a.

Art. 5
1. De Nederlandse strafwet is toepasselijk op een ieder die zich buiten Nederland schuldig maakt aan een misdrijf tegen een Nederlander, een Nederlandse ambtenaar, een Nederlands voertuig, vaartuig of luchtvaartuig, voor zover op dit feit naar de wettelijke omschrijving een gevangenisstraf van ten minste acht jaren is gesteld en daarop door de wet van het land waar het begaan is, straf is gesteld.   *Toepasselijkheid Nederlandse strafwet op misdrijven buiten Nederland begaan jegens Nederlander*
(Zie ook: art. 8 WvSr)
2. Met een Nederlander wordt voor de toepassing van het eerste lid gelijkgesteld de vreemdeling die in Nederland een vaste woon- of verblijfplaats heeft.

---

1   Inwerkingtredingsdatum: 30-01-1886; zoals laatstelijk gewijzigd bij: Stb. 2021, 203.

Art. 6

Toepasselijkheid Nederlandse strafwet op buiten Nederland begane feiten waarover Nederland rechtsmacht heeft

1. De Nederlandse strafwet is toepasselijk op een ieder die zich buiten Nederland schuldig maakt aan een feit voor zover een bij algemene maatregel van bestuur aangewezen verdrag of besluit van een volkenrechtelijke organisatie tot het vestigen van rechtsmacht over dat feit verplicht.
(Zie ook: artt. 8, 84, 355 WvSr)
2. In de algemene maatregel van bestuur, bedoeld in het eerste lid, worden de feiten omschreven met betrekking tot welke de bij de maatregel aangewezen verdragen en besluiten van volkenrechtelijke organisaties tot de vestiging van rechtsmacht verplichten.

Art. 7

Toepasselijkheid Nederlandse strafwet op Nederlander die buiten Nederland misdrijf begaat

1. De Nederlandse strafwet is toepasselijk op de Nederlander die zich buiten Nederland schuldig maakt aan een feit dat door de Nederlandse strafwet als misdrijf wordt beschouwd en waarop door de wet van het land waar het begaan is, straf is gesteld.
(Zie ook: artt. 3, 8, 85, 381, 469 WvSr)
2. De Nederlandse strafwet is voorts toepasselijk op de Nederlander die zich buiten Nederland schuldig maakt:
a. aan een van de misdrijven omschreven in de Titels I en II van het Tweede Boek en in de artikelen 192a tot en met 192c, 197a tot en met 197c, 206, 237, 272 en 273;
b. aan een van de misdrijven omschreven in de artikelen 177, 178, 179, 180, 189, 200, 207a, 285a en 361, voor zover het feit gericht is tegen de rechtspleging van het Internationaal Strafhof;
c. aan een van de misdrijven omschreven in de artikelen 240b en 242 tot en met 250;
d. aan een van de misdrijven omschreven in de artikelen 300 tot en met 303, voor zover het feit oplevert genitale verminking van een persoon van het vrouwelijke geslacht die de leeftijd van achttien jaren nog niet heeft bereikt;
e. aan het misdrijf omschreven in artikel 284.
3. Met een Nederlander wordt voor de toepassing van het eerste en het tweede lid, onder b tot en met e, gelijkgesteld de vreemdeling die na het plegen van het feit Nederlander wordt alsmede, voor de toepassing van het eerste en tweede lid, de vreemdeling die in Nederland een vaste woon- of verblijfplaats heeft.

Art. 8

Toepasselijkheid op Nederlanders buiten Nederland

De Nederlandse strafwet is toepasselijk op de Nederlandse ambtenaar die zich buiten Nederland schuldig maakt aan een van de misdrijven omschreven in Titel XXVIII van het Tweede Boek.
(Zie ook: art. 94 GW; art. 13a Wet AB)

Art. 8a

Toepasselijkheid strafwet op schipper en opvarenden van Nederlands vaartuig

De Nederlandse strafwet is toepasselijk op de schipper en opvarenden van een Nederlands vaartuig die zich buiten Nederland, ook buiten boord, schuldig maken aan een van de strafbare feiten omschreven in Titel XXIX van het Tweede Boek en Titel IX van het Derde Boek.

Art. 8b

Toepasselijkheid strafwet op vreemdeling die door Nederland wordt vervolgd

Toepasselijkheid o.g.v. verzoek BES-eilanden

Toepasselijkheid bij terroristisch misdrijf

Toepasselijkheid o.g.v. internationaal recht

1. De Nederlandse strafwet is toepasselijk op een ieder tegen wie de strafvervolging door Nederland van een vreemde staat is overgenomen op grond van een verdrag waaruit de bevoegdheid tot strafvervolging voor Nederland volgt.
2. De Nederlandse strafwet is toepasselijk op een ieder tegen wie de strafvervolging door het Nederlands openbaar ministerie is overgenomen op grond van een daartoe strekkend verzoek van het openbaar ministerie van Bonaire, Sint Eustatius en Saba.
3. De Nederlandse strafwet is voorts toepasselijk op een ieder wiens uitlevering ter zake van een terroristisch misdrijf dan wel een misdrijf ter voorbereiding of vergemakkelijking van een terroristisch misdrijf ontoelaatbaar is verklaard, afgewezen of geweigerd.
4. De Nederlandse strafwet is voorts toepasselijk op een ieder tegen wie de strafvervolging door Nederland is overgenomen op verzoek van een krachtens verdrag of besluit van een door een volkenrechtelijke organisatie ingesteld internationaal gerecht.

Art. 8c

Toepasselijkheid strafwet op vreemdeling indien uitlevering geweigerd/onmogelijk is

De Nederlandse strafwet is toepasselijk op de vreemdeling die zich buiten Nederland schuldig maakt aan een misdrijf waarop naar de wettelijke omschrijving een gevangenisstraf van ten minste acht jaren is gesteld, indien deze vreemdeling zich in Nederland bevindt en:
a. uitlevering ter zake van dit misdrijf is geweigerd op een grond die niet tevens inhoudt dat naar Nederlands recht geen vervolging kan plaatshebben, of
b. uitlevering ter zake van dit misdrijf wegens het ontbreken van een verdragsrelatie niet mogelijk is, voor zover op het feit door de wet van het land waar het begaan is, straf is gesteld.

Art. 8d

Volkenrechtelijke uitzonderingen

De toepasselijkheid van de artikelen 2 tot en met 8c wordt beperkt door de uitzonderingen in het volkenrecht erkend.

Wetboek van Strafrecht

C1 art. 14b

Titel II
Straffen

Art. 9
1. De straffen zijn:
a. hoofdstraffen:
1°. gevangenisstraf;
(Zie ook: artt. 10, 26, 35 WvSr; art. 10 PBW)
2°. hechtenis;
(Zie ook: artt. 18, 26, 35 WvSr; art. 10 PBW)
3°. taakstraf;
(Zie ook: artt. 14g, 22c, 77h WvSr)
4°. geldboete;
(Zie ook: artt. 23, 77h, 77l WvSr; art. 561 WvSv)
b. bijkomende straffen:
1°. ontzetting van bepaalde rechten;
(Zie ook: artt. 28, 29, 31, 77h WvSr; art. 7 WED)
2°. verbeurdverklaring;
(Zie ook: artt. 33, 77h WvSr; art. 7 WED; art. 552b WvSv)
3°. openbaarmaking van de rechterlijke uitspraak.
(Zie ook: art. 36 WvSr; art. 7 WED)

Hoofd- en bijkomende straffen

2. Ten aanzien van misdrijven die worden bedreigd met een vrijheidsstraf of een geldboete of ten aanzien van overtredingen die worden bedreigd met een vrijheidsstraf kan, behoudens in bij de wet bepaalde gevallen, in plaats daarvan een taakstraf worden opgelegd.
(Zie ook: art. 257a WvSv)
3. In het geval gevangenisstraf, hechtenis, vervangende hechtenis daaronder niet begrepen, of een taakstraf wordt opgelegd, kan tevens een geldboete worden opgelegd.
4. In geval van veroordeling tot gevangenisstraf of tot hechtenis, vervangende hechtenis daaronder niet begrepen, waarvan het onvoorwaardelijk ten uitvoer te leggen deel ten hoogste zes maanden bedraagt, kan de rechter tevens een taakstraf opleggen.
5. Een bijkomende straf kan, in de gevallen waarin de wet haar oplegging toelaat, zowel afzonderlijk als te zamen met hoofdstraffen en met andere bijkomende straffen worden opgelegd.

Art. 9a
Indien de rechter dit raadzaam acht in verband met de geringe ernst van het feit, de persoonlijkheid van de dader of de omstandigheden waaronder het feit is begaan, dan wel die zich nadien hebben voorgedaan, kan hij in het vonnis bepalen dat geen straf of maatregel zal worden opgelegd.
(Zie ook: art. 359 WvSv)

Rechterlijk pardon

Art. 10
1. De gevangenisstraf is levenslang of tijdelijk.
(Zie ook: art. 59 WvSr)
2. De duur van de tijdelijke gevangenisstraf is ten minste een dag en ten hoogste achttien jaren.
3. Zij kan voor ten hoogste dertig achtereenvolgende jaren worden opgelegd in de gevallen waarin op het misdrijf levenslange en tijdelijke gevangenisstraf ter keuze van de rechter zijn gesteld, en in die waarin wegens strafverhoging ter zake van samenloop van misdrijven, terroristische misdrijven, herhaling van misdrijf of het bepaalde bij artikel 44, de tijd van achttien jaren wordt overschreden.
(Zie ook: artt. 57, 421 WvSr)
4. Zij kan in geen geval de tijd van dertig jaren te boven gaan.

Gevangenisstraf

Art. 11-14
[Vervallen]

Art. 14a
1. In geval van veroordeling tot gevangenisstraf van ten hoogste twee jaren, tot hechtenis, vervangende hechtenis daaronder niet begrepen, tot taakstraf of tot geldboete, kan de rechter bepalen dat de straf of een gedeelte daarvan niet zal worden tenuitvoergelegd.
2. Ingeval van veroordeling tot gevangenisstraf van meer dan twee jaren en ten hoogste vier jaren kan de rechter bepalen dat een gedeelte van de straf, tot ten hoogste twee jaren, niet zal worden tenuitvoergelegd.
3. De rechter kan voorts bepalen dat opgelegde bijkomende straffen geheel of gedeeltelijk niet zullen worden tenuitvoergelegd.
(Zie ook: art. 77x WvSr; art. 366a WvSv)

Voorwaardelijke straf

Art. 14b
1. De rechter die bepaalt dat een door hem opgelegde straf geheel of gedeeltelijk niet zal worden tenuitvoergelegd, stelt daarbij een proeftijd vast.

Proeftijd

Sdu 7

2. De proeftijd bedraagt ten hoogste drie jaren. De proeftijd kan ten hoogste tien jaren bedragen indien er ernstig rekening mee moet worden gehouden dat de veroordeelde wederom een misdrijf zal begaan dat gericht is tegen of gevaar veroorzaakt voor de onaantastbaarheid van het lichaam van een of meer personen.

3. De proeftijd kan eveneens ten hoogste tien jaren bedragen indien er ernstig rekening mee moet worden gehouden dat de veroordeelde wederom een misdrijf zal begaan dat de gezondheid of het welzijn van een of meer dieren benadeelt. Onder het benadelen van de gezondheid of het welzijn van een dier wordt voor de toepassing van dit artikel mede begrepen het misdrijf, bedoeld in de artikelen 254 en 254a.

Art. 14c

Algemene voorwaarden bij voorwaardelijke straf
Bijzondere voorwaarden

1. Toepassing van artikel 14a geschiedt onder de algemene voorwaarde dat de veroordeelde zich voor het einde van de proeftijd niet schuldig maakt aan een strafbaar feit.

2. Bij toepassing van artikel 14a kunnen voorts de volgende bijzondere voorwaarden worden gesteld, waaraan de veroordeelde gedurende de proeftijd, of een bij de veroordeling te bepalen gedeelte daarvan, dan wel binnen een door de rechter te bepalen termijn, ten hoogste gelijk aan de proeftijd, heeft te voldoen:

1°. gehele of gedeeltelijke vergoeding van de door het strafbare feit veroorzaakte schade;

2°. geheel of gedeeltelijk herstel van de door het strafbare feit veroorzaakte schade;

3°. storting van een door de rechter vast te stellen waarborgsom, ten hoogste gelijk aan het verschil tussen het maximum van de geldboete die voor het feit kan worden opgelegd en de opgelegde boete;

4°. storting van een door de rechter vast te stellen geldbedrag in het schadefonds geweldsmisdrijven of ten gunste van een instelling die zich ten doel stelt belangen van slachtoffers van strafbare feiten te behartigen. Het bedrag kan niet hoger zijn dan de geldboete die ten hoogste voor het strafbare feit kan worden opgelegd;

5°. een verbod contact te leggen of te laten leggen met bepaalde personen of instellingen; *(Zie ook: art. 77z WvSr; art. 577c WvSv)*

6°. een verbod zich op of in de directe omgeving van een bepaalde locatie te bevinden;

7°. een verplichting op bepaalde tijdstippen of gedurende een bepaalde periode op een bepaalde locatie aanwezig te zijn;

8°. een verplichting zich op bepaalde tijdstippen te melden bij een bepaalde instantie;

9°. een verbod op het gebruik van verdovende middelen of alcohol en de verplichting ten behoeve van de naleving van dit verbod mee te werken aan bloedonderzoek of urineonderzoek;

10°. opneming van de veroordeelde in een zorginstelling;

11°. een verplichting zich onder behandeling te stellen van een deskundige of zorginstelling;

12°. het verblijven in een instelling voor begeleid wonen of maatschappelijke opvang;

13°. het deelnemen aan een gedragsinterventie;

14°. andere voorwaarden, het gedrag van de veroordeelde betreffende.

3. Indien bij de toepassing van artikel 14a een bijzondere voorwaarde is gesteld, zijn daaraan van rechtswege de voorwaarden verbonden dat de veroordeelde:

a. ten behoeve van het vaststellen van zijn identiteit medewerking verleent aan het nemen van een of meer vingerafdrukken of een identiteitsbewijs als bedoeld in artikel 1 van de Wet op de identificatieplicht ter inzage aanbiedt; en

b. medewerking verleent aan het reclasseringstoezicht, bedoeld in het zesde lid, daaronder begrepen de medewerking aan huisbezoeken en het zich melden bij de reclasseringsinstelling zo vaak en zolang als de reclasseringsinstelling dit noodzakelijk acht.

4. Aan een bijzondere voorwaarde kan elektronisch toezicht worden verbonden.

5. Bij het stellen van één van de bijzondere voorwaarden genoemd in het tweede lid, onder 3° en 4°, vinden de artikelen 23, eerste en tweede lid, en 24 overeenkomstige toepassing.

6. De rechter kan opdracht geven dat de reclassering toezicht houdt op de naleving van de voorwaarden en de veroordeelde ten behoeve daarvan begeleidt.

7. Gedurende de proeftijd of gedurende de tijd dat deze is geschorst kan de rechter in de gestelde bijzondere voorwaarden of in de termijn waartoe deze voorwaarden in hun werking binnen de proeftijd zijn beperkt wijziging brengen, deze voorwaarden opheffen, alsnog bijzondere voorwaarden stellen en een opdracht als bedoeld in het zesde lid, geven, wijzigen of opheffen.

Art. 14d
[Vervallen]

Art. 14e

Bijzondere voorwaarden dadelijk uitvoeren

De rechter kan bij zijn uitspraak, ambtshalve of op vordering van het openbaar ministerie, bevelen dat de op grond van artikel 14c gestelde voorwaarden en hierop uit te oefenen toezicht, dadelijk uitvoerbaar zijn, indien er ernstig rekening mee moet worden gehouden dat de veroordeelde wederom een misdrijf zal begaan dat gericht is tegen of gevaar veroorzaakt voor de onaantastbaarheid van het lichaam van een of meer personen.

Art. 14f-17a
[Vervallen]

Wetboek van Strafrecht

Art. 18
1. De duur van de hechtenis is ten minste een dag en ten hoogste een jaar.
2. Zij kan voor ten hoogste een jaar en vier maanden worden opgelegd in de gevallen waarin wegens strafverhoging ter zake van samenloop, herhaling van misdrijf of het bepaalde bij artikel 44, de tijd van een jaar wordt overschreden.
(Zie ook: artt. 57, 421 WvSr)
3. Zij kan in geen geval de tijd van een jaar en vier maanden te boven gaan.
(Zie ook: art. 88 WvSr)

Duur hechtenis

Art. 19-20
[Vervallen]

Art. 21
De duur van de tijdelijke gevangenisstraf en de hechtenis wordt in de rechterlijke uitspraak aangewezen in dagen, weken, maanden en jaren, niet in gedeelten daarvan.
(Zie ook: art. 88 WvSr)

Vrijheidsstraffen

Art. 22-22a
[Vervallen]

Art. 22b
1. Een taakstraf wordt niet opgelegd in geval van veroordeling voor:
a. een misdrijf waarop naar de wettelijke omschrijving een gevangenisstraf van zes jaren of meer is gesteld en dat een ernstige inbreuk op de lichamelijke integriteit van het slachtoffer ten gevolge heeft gehad;
b. een van de misdrijven omschreven in de artikelen 181, 240b, 248a, 248b, 248c en 250.
2. Een taakstraf wordt voorts niet opgelegd in geval van veroordeling voor een misdrijf indien:
1° aan de veroordeelde in de vijf jaren voorafgaand aan het door hem begane feit wegens een soortgelijk misdrijf een taakstraf is opgelegd, en
2° de veroordeelde deze taakstraf heeft verricht dan wel op grond van artikel 6:3:3 van het Wetboek van Strafvordering de tenuitvoerlegging van de vervangende hechtenis is bevolen.
3. Van het eerste en tweede lid kan worden afgeweken indien naast de taakstraf een onvoorwaardelijke vrijheidsstraf of vrijheidsbenemende maatregel wordt opgelegd.

Uitsluiting taakstraf bij veroordeling voor ernstig misdrijf

Art. 22c
1. Een taakstraf bestaat uit het verrichten van onbetaalde arbeid. Het vonnis dan wel de strafbeschikking vermeldt het aantal uren dat de straf zal duren. Het vonnis dan wel de strafbeschikking kan de aard van de te verrichten werkzaamheden vermelden.
2. De taakstraf duurt ten hoogste tweehonderdenveertig uren.

Taakstraf

Maximale duur taakstraf

Art. 22d
1. In het vonnis waarbij taakstraf wordt opgelegd, beveelt de rechter, voor het geval dat de veroordeelde de taakstraf niet naar behoren verricht, dat vervangende hechtenis zal worden toegepast.
2. De duur van de vervangende hechtenis wordt in gehele dagen, weken of maanden vastgesteld.
3. De vervangende hechtenis beloopt ten minste één dag en ten hoogste vier maanden. Voor elke twee uren van de taakstraf wordt niet meer dan één dag opgelegd.

Vervangende hechtenis bij taakstraf

Duur vervangende hechtenis bij taakstraf

Art. 22e-22k
[Vervallen]

Art. 23
1. Hij die tot een geldboete is veroordeeld, betaalt het vastgestelde bedrag binnen de door Onze Minister van Veiligheid en Justitie te stellen termijn aan de staat.
(Zie ook: art. 257a WvSv)
2. Het bedrag van de geldboete is ten minste € 3.
3. De geldboete die voor een strafbaar feit ten hoogste kan worden opgelegd, is gelijk aan het bedrag van de categorie die voor dat feit is bepaald.
4. Er zijn zes categorieën:
de eerste categorie, € 335   [Per 1 januari 2020: € 435.];
de tweede categorie, € 3 350   [Per 1 januari 2020: € 4.350.];
de derde categorie, € 6 700   [Per 1 januari 2020: € 8.700.];
de vierde categorie, € 16 750   [Per 1 januari 2020: € 21.750.];
de vijfde categorie, € 67 000   [Per 1 januari 2020: € 87.000.];
de zesde categorie, € 670 000   [Per 1 januari 2020: € 870.000.].
5. Voor een overtreding, onderscheidenlijk een misdrijf, waarop geen geldboete is gesteld, kan een geldboete worden opgelegd tot ten hoogste het bedrag van de eerste, onderscheidenlijk de derde categorie.
6. Voor een overtreding, onderscheidenlijk een misdrijf, waarop een geldboete is gesteld, maar waarvoor geen boetecategorie is bepaald, kan een geldboete worden opgelegd tot ten hoogste het bedrag van de eerste, onderscheidenlijk de derde categorie, indien dit bedrag hoger is dan het bedrag van de op het betrokken strafbare feit gestelde geldboete.

Geldboete

7. Bij veroordeling van een rechtspersoon kan, indien de voor het feit bepaalde boetecategorie geen passende bestraffing toelaat, een geldboete worden opgelegd tot ten hoogste het bedrag van de naast hogere categorie. Indien voor het feit een geldboete van de zesde categorie kan worden opgelegd en die boetecategorie geen passende bestraffing toelaat, kan een geldboete worden opgelegd tot ten hoogste tien procent van de jaaromzet van de rechtspersoon in het boekjaar voorafgaande aan de uitspraak of strafbeschikking.
(Zie ook: art. 51 WvSr)
8. Het voorgaande lid is van overeenkomstige toepassing bij veroordeling van een vennootschap zonder rechtspersoonlijkheid, maatschap, rederij of doelvermogen.
(Zie ook: artt. 77h, 77l WvSr; artt. 561, 572 WvSv)
9. De in het vierde lid genoemde bedragen worden elke twee jaar, met ingang van 1 januari van een jaar, bij algemene maatregel van bestuur aangepast aan de ontwikkeling van de consumentenprijsindex sinds de vorige aanpassing van deze bedragen. Bij deze aanpassing wordt het geldbedrag van de eerste categorie op een veelvoud van € 5 naar beneden afgerond en worden, uitgaande van het geldbedrag van deze eerste categorie en onder instandhouding van de onderlinge verhouding tussen de bedragen van de geldboetecategorieën, de bedragen van de tweede tot en met de zesde geldboetecategorie bepaald.

Art. 24

Geldboete op basis van draagkrachtbeginsel

Bij de vaststelling van de geldboete wordt rekening gehouden met de draagkracht van de verdachte in de mate waarin dat nodig is met het oog op een passende bestraffing van de verdachte zonder dat deze in zijn inkomen en vermogen onevenredig wordt getroffen.

Art. 24a

Geldboete betalen in termijnen

1. Indien een of meer geldboeten worden opgelegd tot een bedrag van ten minste € 225, kan in de uitspraak dan wel de strafbeschikking worden bepaald dat degene aan wie de geldboete is opgelegd het bedrag in gedeelten mag voldoen. Elk van die gedeelten wordt daarbij op ten minste € 45 bepaald.
(Zie ook: art. 257a WvSv)
2. In geval van toepassing van het eerste lid worden in de uitspraak of strafbeschikking tevens termijnen vastgesteld voor de betaling van het tweede en - zo de geldboete in meer gedeelten mag worden voldaan - de volgende gedeelten.
3. Deze termijnen worden op ten minste één en ten hoogste drie maanden gesteld. Zij mogen in het geval van een uitspraak tezamen niet een tijdvak van twee jaar niet overschrijden; in het geval van een strafbeschikking mogen zij een tijdvak van een jaar niet overschrijden.
(Zie ook: artt. 24b, 76a WvSr; art. 561 WvSv)

Art. 24b
[Vervallen]

Art. 24c

Vervangende hechtenis

1. Bij de uitspraak waarbij geldboete wordt opgelegd, beveelt de rechter voor het geval dat noch volledige betaling noch volledig verhaal van het verschuldigde bedrag volgt, dat vervangende hechtenis zal worden toegepast. Indien de veroordeelde een rechtspersoon is, blijft dit bevel achterwege. Artikel 51, laatste lid, is van overeenkomstige toepassing.
(Zie ook: art. 573 WvSv)
2. De duur van de vervangende hechtenis wordt in gehele dagen, weken of maanden vastgesteld.
3. De vervangende hechtenis beloopt ten minste één dag en ten hoogste een jaar. Voor elke volle € 25 van de geldboete wordt niet meer dan één dag opgelegd.

Art. 24d-26
[Vervallen]

Art. 27

Aftrek tijd op vrijheidsstraf in mindering brengen

1. Bij het opleggen van tijdelijke gevangenisstraf, hechtenis of taakstraf beveelt de rechter, dat de tijd die door de veroordeelde vóór de tenuitvoerlegging van de uitspraak in verzekering, in voorlopige hechtenis, in gijzeling ingevolge artikel 6:6:25 van het Wetboek van Strafvordering, in een psychiatrisch ziekenhuis of een instelling voor klinische observatie bestemd ingevolge een bevel tot observatie of in detentie in het buitenland ingevolge een Nederlands verzoek om uitlevering of om overlevering is doorgebracht, bij de uitvoering van die straf geheel in mindering zal worden gebracht. Indien hij dit bevel geeft terzake van een taakstraf, bepaalt hij in zijn uitspraak volgens welke maatstaf de aftrek zal geschieden. Het vorenstaande blijft buiten toepassing voor zover die tijd reeds met toepassing van artikel 68, eerste lid, laatste volzin, van het Wetboek van Strafvordering in mindering is gebracht op een andere vrijheidsstraf die de veroordeelde heeft ondergaan.
(Zie ook: art. 77 PBW; art. 22c WvSr; artt. 57, 63, 196 WvSv)
2. Bij het berekenen van de in mindering te brengen tijd geldt de eerste dag van de verzekering als een volle dag en blijft de dag waarop zij is geëindigd buiten beschouwing.
3. De rechter kan een overeenkomstig bevel geven bij het opleggen van geldboete. Indien hij dit bevel geeft, bepaalt hij in zijn uitspraak volgens welke maatstaf de aftrek zal geschieden.

4. De voorgaande leden van dit artikel zijn ook van toepassing in gevallen waarin, bij gelijktijdige vervolging wegens twee of meer feiten, de veroordeling wordt uitgesproken ter zake van een ander feit dan dat waarvoor de verzekering, de voorlopige hechtenis of de gijzeling ingevolge artikel 6:6:25 van het Wetboek van Strafvordering is bevolen.
(Zie ook: art. 57 WvSr; artt. 57, 63 WvSv)

Art. 27a-27quater
[Vervallen]

Art. 28
1. De rechten waarvan de schuldige, in de bij de wet bepaalde gevallen, bij rechterlijke uitspraak kan worden ontzet, zijn:
1°. het bekleden van ambten of van bepaalde ambten;
2°. het dienen bij de gewapende macht;
3°. het recht de leden van algemeen vertegenwoordigende organen te verkiezen en tot lid van deze organen te worden verkozen;
4°. het zijn van raadsman of gerechtelijk bewindvoerder;
5°. de uitoefening van bepaalde beroepen.
2. Ontzetting van leden van de rechterlijke macht die, hetzij voor hun leven, hetzij voor een bepaalde tijd, zijn aangesteld, of van andere voor hun leven aangestelde ambtenaren, geschiedt, ten opzichte van het ambt waartoe zij aldus zijn aangesteld, alleen in de gevallen en op de wijze bij de wet bepaald.
3. Ontzetting van het recht bedoeld in het eerste lid, onder 3°, kan alleen worden uitgesproken bij veroordeling tot gevangenisstraf van ten minste een jaar.
(Zie ook: artt. 4, 117 GW; art. 7 WED)
4. De rechter kan aan een krachtens algemene maatregel van bestuur aangewezen reclasseringsinstelling opdracht geven toezicht te houden op de naleving door de veroordeelde van de ontzetting van het recht om ambten of bepaalde ambten te bekleden en het recht om bepaalde beroepen uit te oefenen.

Ontzetting van rechten bij schuldige

Art. 29
Ontzetting van het recht om ambten of bepaalde ambten te bekleden en bij de gewapende macht te dienen kan, behalve in de gevallen in het Tweede Boek omschreven, worden uitgesproken bij veroordeling wegens enig ambtsmisdrijf of wegens enig misdrijf waardoor de schuldige een bijzondere ambtsplicht schond of waarbij hij gebruik maakte van macht, gelegenheid of middel hem door zijn ambt geschonken.
(Zie ook: artt. 44, 355 WvSr)

Ontzetting bij ambtsdelict

Art. 30
[Vervallen]

Art. 31
1. Wanneer ontzetting van rechten wordt uitgesproken, bepaalt de rechter de duur als volgt:
1°. bij veroordeling tot levenslange gevangenisstraf, voor het leven;
2°. bij veroordeling tot tijdelijke gevangenisstraf of tot hechtenis, voor een tijd de duur van de hoofdstraf ten minste twee en ten hoogste vijf jaren te boven gaande;
3°. bij veroordeling tot geldboete, voor een tijd van ten minste twee en ten hoogste vijf jaren;
4°. bij afzonderlijke oplegging, voor een tijd van ten minste twee en ten hoogste vijf jaren.
2. De ontzetting van het recht vermeld in artikel 28, eerste lid, onder 3°, gaat in op de dag dat de veroordeling daartoe onherroepelijk is geworden. De ontzetting van een van de andere in artikel 28, eerste lid, vermelde rechten gaat in op de dag waarop de rechterlijke uitspraak kan worden ten uitvoer gelegd.

Duur ontzetting van rechten

Art. 32
[Vervallen]

Art. 33
1. Verbeurdverklaring kan worden uitgesproken bij veroordeling wegens enig strafbaar feit.
2. Artikel 24 is van overeenkomstige toepassing.
(Zie ook: artt. 60, 77h WvSr; artt. 552b, 577 WvSv)

Verbeurdverklaring

Schakelbepaling

Art. 33a
1. Vatbaar voor verbeurdverklaring zijn:
a. voorwerpen die aan de veroordeelde toebehoren of die hij geheel of ten dele ten eigen bate kan aanwenden en die geheel of grotendeels door middel van of uit de baten van het strafbare feit zijn verkregen;
b. voorwerpen met betrekking tot welke het feit is begaan;
c. voorwerpen met behulp van welke het feit is begaan of voorbereid;
d. voorwerpen met behulp van welke de opsporing van het misdrijf is belemmerd;
e. voorwerpen die tot het begaan van het misdrijf zijn vervaardigd of bestemd;
f. zakelijke rechten op of persoonlijke rechten ten aanzien van de onder *a* tot en met *e* bedoelde voorwerpen.

Vatbaar voor verbeurdverklaring

2. Voorwerpen als bedoeld in het eerste lid onder *a* tot en met *e* die niet aan de veroordeelde toebehoren kunnen alleen verbeurd worden verklaard indien:
  a. degene aan wie zij toebehoren bekend was met hun verkrijging door middel van het strafbare feit of met het gebruik of de bestemming in verband daarmede, dan wel die verkrijging, dat gebruik of die bestemming redelijkerwijs had kunnen vermoeden, of
  b. niet is kunnen worden vastgesteld aan wie zij toebehoren.
3. Rechten als bedoeld in het eerste lid, onder *f*, die niet aan de veroordeelde toebehoren kunnen alleen verbeurd worden verklaard indien degene aan wie zij toebehoren bekend was met de verkrijging van de voorwerpen waarop of ten aanzien waarvan deze rechten bestaan, door middel van het strafbare feit of met het gebruik van de bestemming in verband daarmede, danwel die verkrijging, dat gebruik of die bestemming redelijkerwijs had kunnen vermoeden.
4. Onder voorwerpen worden verstaan alle zaken en alle vermogensrechten.
(Zie ook: artt. 2, 6 BW Boek 3; art. 214bis WvSr; art. 94 WvSv)

Art. 33b
In de verbeurdverklaring van een voorwerp is begrepen die van de verpakking waarin het zich bevindt, tenzij de rechter het tegendeel bepaalt.

Art. 33c
Tegemoetkoming bij verbeurdverklaring van voorwerpen
1. Bij de verbeurdverklaring van voorwerpen kan de rechter voor het geval waarin de verbeurd verklaarde voorwerpen meer zouden opbrengen dan een in de uitspraak vastgesteld bedrag, bevelen dat het verschil wordt vergoed.
2. De rechter kent een vergoeding, als bedoeld in het eerste lid, of een geldelijke tegemoetkoming toe wanneer dit nodig is om te voorkomen dat de verdachte, of een ander aan wie de verbeurd verklaarde voorwerpen toebehoren, onevenredig zou worden getroffen.
(Zie ook: art. 33 WvSr)
3. De rechter bepaalt aan wie het bedrag van de vergoeding of tegemoetkoming wordt uitbetaald; zulks laat ieders recht op dit bedrag onverlet.
(Zie ook: art. 552e WvSv)

Art. 34
Taxatie verbeurdverklaarde voorwerpen
1. Niet in beslag genomen voorwerpen worden, bij verbeurdverklaring, in de uitspraak op een bepaald geldelijk bedrag geschat.
2. De voorwerpen moeten in dit geval worden uitgeleverd of de geschatte waarde moet worden betaald.
3. De artikelen 24c en 25 en de artikelen 6:4:2 en 6:4:7 van het Wetboek van Strafvordering vinden overeenkomstige toepassing.
(Zie ook: art. 577 WvSv)

Art. 35
[Vervallen]

Art. 36
Openbaarmaking uitspraak
1. In de gevallen waarin de rechter krachtens de wet de openbaarmaking van zijn uitspraak gelast, bepaalt hij tevens de wijze waarop aan die last uitvoering wordt gegeven.
2. De kosten van openbaarmaking worden in de uitspraak op een bepaald bedrag geschat.

Titel IIA
Maatregelen

Eerste afdeling
Onttrekking aan het verkeer, ontneming van het wederrechtelijk verkregen voordeel en schadevergoeding

Art. 36a
[Vervallen]

Art. 36b
Onttrekking aan het verkeer
1. Onttrekking aan het verkeer van in beslag genomen voorwerpen kan worden opgelegd:
  1°. bij de rechterlijke uitspraak waarbij iemand wegens een strafbaar feit wordt veroordeeld;
  2°. bij de rechterlijke uitspraak waarbij overeenkomstig artikel 9a wordt bepaald dat geen straf zal worden opgelegd;
  3°. bij de rechterlijke uitspraak waarbij, niettegenstaande vrijspraak of ontslag van alle rechtsvervolging, wordt vastgesteld dat een strafbaar feit is begaan;
  4°. bij een afzonderlijke rechterlijke beschikking op vordering van het openbaar ministerie;
  5°. bij een strafbeschikking.
(Zie ook: art. 257a WvSv)
2. De artikelen 33b en 33c, tweede en derde lid, alsmede artikel 446 van het Wetboek van Strafvordering, zijn van overeenkomstige toepassing.
3. De maatregel kan te zamen met straffen en met andere maatregelen worden opgelegd.

Art. 36c
Vatbaar voor onttrekking aan het verkeer zijn alle voorwerpen:
1°. die geheel of grotendeels door middel van of uit de baten van het feit zijn verkregen;
2°. met betrekking tot welke het feit is begaan;
3°. met behulp van welke het feit is begaan of voorbereid;
4°. met behulp van welke de opsporing van het feit is belemmerd;
5°. die tot het begaan van het feit zijn vervaardigd of bestemd;
een en ander voor zover zij van zodanige aard zijn, dat het ongecontroleerde bezit daarvan in strijd is met de wet of met het algemeen belang.
(Zie ook: art. 94 WvSv)

Voorwerpen vatbaar voor onttrekking aan het verkeer

Art. 36d
Vatbaar voor onttrekking aan het verkeer zijn bovendien de aan de dader of verdachte toebehorende voorwerpen van zodanige aard dat het ongecontroleerde bezit daarvan in strijd is met de wet of met het algemeen belang, welke bij gelegenheid van het onderzoek naar het door hem begane feit, dan wel het feit waarvan hij wordt verdacht, zijn aangetroffen, doch alleen indien de voorwerpen kunnen dienen tot het begaan of de voorbereiding van soortgelijke feiten, of wel tot de belemmering van de opsporing daarvan.

Voorwerpen vatbaar voor onttrekking aan het verkeer

Art. 36e
1. Op vordering van het openbaar ministerie kan bij een afzonderlijke rechterlijke beslissing aan degene die is veroordeeld wegens een strafbaar feit de verplichting worden opgelegd tot betaling van een geldbedrag aan de staat ter ontneming van wederrechtelijk verkregen voordeel.
2. De verplichting kan worden opgelegd aan de in het eerste lid bedoelde persoon die voordeel heeft verkregen door middel van of uit de baten van het daar bedoelde feit of andere strafbare feiten, waaromtrent voldoende aanwijzingen bestaan dat zij door de veroordeelde zijn begaan.
3. Op vordering van het openbaar ministerie kan bij een afzonderlijke rechterlijke beslissing aan degene die is veroordeeld wegens een misdrijf dat naar de wettelijke omschrijving wordt bedreigd met een geldboete van de vijfde categorie, de verplichting worden opgelegd tot betaling van een geldbedrag aan de staat ter ontneming van wederrechtelijk verkregen voordeel, indien aannemelijk is dat of dat misdrijf of andere strafbare feiten op enigerlei wijze ertoe hebben geleid dat de veroordeelde wederrechtelijk voordeel heeft verkregen. In dat geval kan ook worden vermoed dat:
a. uitgaven die de veroordeelde heeft gedaan in een periode van zes jaren voorafgaand aan het plegen van dat misdrijf, wederrechtelijk verkregen voordeel belichamen, tenzij aannemelijk is dat deze uitgaven zijn gedaan uit een legale bron van inkomsten, of;
b. voorwerpen die in een periode van zes jaren voorafgaand aan het plegen van dat misdrijf aan de veroordeelde zijn gaan toebehoren voordeel belichamen als bedoeld in het eerste lid, tenzij aannemelijk is dat aan de verkrijging van die voorwerpen een legale bron van herkomst ten grondslag ligt.
4. De rechter kan ambtshalve, op vordering van het openbaar ministerie of op het verzoek van de veroordeelde afwijken van de in het derde lid genoemde periode van zes jaren en een kortere periode in aanmerking nemen.
5. De rechter stelt het bedrag vast waarop het wederrechtelijk verkregen voordeel wordt geschat. Onder voordeel is de besparing van kosten begrepen. De waarde van voorwerpen die door de rechter tot het wederrechtelijk verkregen voordeel worden gerekend, kan worden geschat op de marktwaarde op het tijdstip van de beslissing of door verwijzing naar de bij openbare verkoop te behalen opbrengst, indien verhaal moet worden genomen. De rechter kan het te betalen bedrag lager vaststellen dan het geschatte voordeel. Op het gemotiveerde verzoek van de verdachte of veroordeelde kan de rechter, indien de huidige en de redelijkerwijs te verwachten toekomstige draagkracht van de verdachte of veroordeelde niet toereikend zullen zijn om het te betalen bedrag te voldoen, bij de vaststelling van het te betalen bedrag daarmee rekening houden. Bij het ontbreken van zodanig verzoek kan de rechter ambtshalve of op vordering van de officier van justitie deze bevoegdheid toepassen.
6. Onder voorwerpen worden verstaan alle zaken en alle vermogensrechten.
7. Bij het vaststellen van het bedrag van het wederrechtelijk verkregen voordeel op grond van het eerste en tweede lid ter zake van strafbare feiten die door twee of meer personen zijn gepleegd, kan de rechter bepalen dat deze hoofdelijk dan wel voor een door hem te bepalen deel aansprakelijk zijn voor de gezamenlijke betalingsverplichting.
8. De rechter kan bij de bepaling van de hoogte van het voordeel kosten in mindering brengen die rechtstreeks in verband staan met het begaan van strafbare feiten, bedoeld in het eerste tot en met derde lid, en die redelijkerwijs voor aftrek in aanmerking komen.
9. Bij de bepaling van de omvang van het bedrag waarop het wederrechtelijk verkregen voordeel wordt geschat, worden aan benadeelde derden in rechte toegekende vorderingen alsmede de verplichting tot betaling aan de staat van een som gelds ten behoeve van het slachtoffer als bedoeld in artikel 36f voor zover die zijn voldaan, in mindering gebracht.

Betaling wederrechtelijk verkregen voordeel door veroordeelde

Draagkracht

10. Bij de oplegging van de maatregel wordt rekening gehouden met uit hoofde van eerdere beslissingen opgelegde verplichtingen tot betaling van een geldbedrag ter ontneming van wederrechtelijk verkregen voordeel.

Lijfsdwang
11. De rechter bepaalt bij de oplegging van de maatregel de duur van de gijzeling die met toepassing van artikel 6:6:25 van het Wetboek van Strafvordering ten hoogste kan worden gevorderd. Bij het bepalen van de duur wordt voor elke volle € 25 van het opgelegde bedrag niet meer dan één dag gerekend. De duur beloopt ten hoogste drie jaar.

Art. 36f

Schadevergoeding t.b.v. het slachtoffer
1. Aan degene die bij rechterlijke uitspraak wegens een strafbaar feit wordt veroordeeld tot een straf of aan wie bij rechterlijke uitspraak een maatregel of een last als bedoeld in artikel 37 wordt opgelegd, of waarbij door de rechter bij de strafoplegging rekening is gehouden met een strafbaar feit, waarvan in de dagvaarding is meegedeeld dat het door de verdachte is erkend en ter kennis van de rechtbank wordt gebracht dan wel jegens wie een strafbeschikking wordt uitgevaardigd, kan de verplichting worden opgelegd tot betaling aan de staat van een som gelds ten behoeve van het slachtoffer of de personen genoemd in artikel 51f, tweede lid, van het Wetboek van Strafvordering. De staat keert een ontvangen bedrag onverwijld uit aan het slachtoffer of de personen genoemd in artikel 51f, tweede lid, van het Wetboek van Strafvordering.
(Zie ook: art. 257a WvSv)
2. De maatregel kan worden opgelegd indien en voor zover de verdachte jegens het slachtoffer naar burgerlijk recht aansprakelijk is voor de schade die door het strafbare feit is toegebracht.
3. De maatregel kan te zamen met straffen en andere maatregelen worden opgelegd.
4. Artikel 24a is van overeenkomstige toepassing.
5. De rechter bepaalt bij de oplegging van de maatregel de duur volgens welke met toepassing van artikel 6:4:20 van het Wetboek van Strafvordering gijzeling kan worden toegepast. Bij het bepalen van de duur wordt voor elke volle € 25 van het opgelegde bedrag niet meer dan één dag gerekend. De duur beloopt ten hoogste één jaar. Artikel 77l, tweede lid, en artikel 6:6:30, derde en vierde lid, van het Wetboek van Strafvordering zijn van overeenkomstige toepassing.

Tweede afdeling
Plaatsing in een psychiatrisch ziekenhuis en terbeschikkingstelling

Art. 37
[Vervallen]

Art. 37a

Terbeschikkingstelling bij ontoerekeningsvatbaarheid
1. Indien de veiligheid van anderen, dan wel de algemene veiligheid van personen of goederen dat eist, kan de rechter gelasten dat een verdachte ter beschikking wordt gesteld indien hij tot het oordeel komt dat:
1°. bij de verdachte tijdens het begaan van het feit gebrekkige ontwikkeling of ziekelijke stoornis van de geestvermogens bestond; en
2°. het door hem begane feit een misdrijf is waarop naar de wettelijke omschrijving een gevangenisstraf van vier jaar of meer is gesteld dan wel behoort tot een van de misdrijven omschreven in de artikelen 132, 285, eerste lid, 285b, en 395 van het Wetboek van Strafrecht, 175, tweede lid, onderdeel b, of derde lid in verbinding met het eerste lid, onderdeel b, van de Wegenverkeerswet 1994, en 11, tweede lid, van de Opiumwet.

Verminderde toerekeningsvatbaarheid
2. Bij toepassing van het vorige lid kan de rechter afzien van het opleggen van straf, ook indien hij oordeelt dat het feit wel aan de verdachte kan worden toegerekend.
Advies gedragsdeskundigen
3. Ten behoeve van het oordeel, bedoeld in het eerste lid, doet de rechter een met redenen omkleed, gedagtekend en ondertekend advies overleggen van ten minste twee gedragsdeskundigen van verschillende disciplines, waaronder een psychiater, die de betrokkene hebben onderzocht. Zodanig advies dient door de gedragsdeskundigen gezamenlijk dan wel door ieder van hen afzonderlijk te zijn uitgebracht. Indien dit advies eerder dan een jaar voor de aanvang van de terechtzitting is gedagtekend, kan de rechter hiervan slechts gebruik maken met instemming van het openbaar ministerie en de verdachte. Bij of krachtens algemene maatregel van bestuur kunnen nadere regels worden gesteld over dit advies.

Verdachte weigert medewerking aan onderzoek
4. Het derde lid blijft buiten toepassing, indien de betrokkene weigert medewerking te verlenen aan het onderzoek dat ten behoeve van het advies moet worden verricht. Voor zover mogelijk rapporteren de gedragsdeskundigen gezamenlijk dan wel een ieder van hen afzonderlijk over de reden van de weigering. De rechter doet zich zoveel mogelijk een ander advies of rapport overleggen dat hem over de wenselijkheid of noodzakelijkheid van een last als bedoeld in het eerste lid kan voorlichten en aan de totstandkoming waarvan de betrokkene wel bereid is om medewerking te verlenen.
5. Bij het geven van een last als bedoeld in het eerste lid neemt de rechter in aanmerking de inhoud van de overige adviezen en rapporten die over de persoonlijkheid van de verdachte zijn

uitgebracht, alsmede de ernst van het begane feit of de veelvuldigheid van voorafgegane veroordelingen wegens misdrijf.

6. Indien betrokkene verdacht wordt van een misdrijf dat gericht is tegen of gevaar veroorzaakt voor de onaantastbaarheid van het lichaam als bedoeld in artikel 38e van het Wetboek van Strafrecht en hij weigert medewerking te verlenen aan enig onderzoek als bedoeld in het vierde lid kan de officier van justitie de voorzitter van de multidisciplinaire commissie, bedoeld in het negende lid, gelasten dat die commissie aan hem een advies uitbrengt over de aanwezigheid en de bruikbaarheid van persoonsgegevens betreffende een mogelijke gebrekkige ontwikkeling of ziekelijke stoornis van de geestvermogens van betrokkene, ten aanzien waarvan de verdachte niet bereid is om medewerking te verlenen aan de verstrekking. De leden van de multidisciplinaire commissie zijn bevoegd persoonsgegevens, waaronder persoonsgegevens betreffende de gezondheid, op te vragen van artsen en gedragsdeskundigen en daarvan kennis te nemen. Op een verzoek van de multidisciplinaire commissie is de arts of gedragsdeskundige verplicht de persoonsgegevens van betrokkene aan de multidisciplinaire commissie te verstrekken. De multidisciplinaire commissie brengt uiterlijk 30 dagen na de last, bedoeld in de eerste volzin, gemotiveerd advies uit aan de officier van justitie over de aanwezigheid en bruikbaarheid van de persoonsgegevens in relatie tot de aanwezigheid van een gebrekkige ontwikkeling of ziekelijke stoornis van de geestvermogens tijdens het begaan van het feit. Van een last, bedoeld in de eerste volzin, doet de officier van justitie mededeling aan de verdachte, onder medezending van het advies van de multidisciplinaire commissie.

7. De persoonsgegevens van betrokkene die aan de multidisciplinaire commissie zijn verstrekt, kunnen uitsluitend worden gebruikt ten behoeve van een rapport of advies als bedoeld in het vijfde lid. Voor de toepassing van de eerste volzin behoeft de officier van justitie een schriftelijke machtiging, op diens vordering te verlenen door de penitentiaire kamer. Bij deze vordering legt de officier van justitie het advies van de multidisciplinaire commissie over. Indien de officier van justitie, op basis van het advies van de multidisciplinaire commissie, afziet van het doen van een vordering, doet hij hiervan mededeling aan de verdachte en de commissie. In dit artikel wordt onder penitentiaire kamer verstaan: de meervoudige kamer, bedoeld in artikel 67 van de Wet op de rechterlijke organisatie, in de samenstelling, bedoeld in het derde lid van dat artikel.

8. Alvorens te beslissen, hoort de penitentiaire kamer de verdachte. De penitentiaire kamer kan de voorzitter van de multidisciplinaire commissie horen. De penitentiaire kamer doet schriftelijk mededeling van zijn beslissing aan de verdachte. De gegevens blijven onder de multidisciplinaire commissie, totdat de penitentiaire kamer een onherroepelijke beslissing heeft genomen. Indien de penitentiaire kamer machtiging verleent voor het gebruik van de persoonsgegevens, verstrekt de voorzitter van de multidisciplinaire commissie onverwijld de persoonsgegevens aan de gedragsdeskundigen, bedoeld in het vierde lid. Binnen negentig dagen na een onherroepelijke afwijzende beslissing van de penitentiaire kamer of een mededeling van de officier van justitie aan de commissie dat geen vordering wordt gedaan als bedoeld in het zesde lid, worden de persoonsgegevens betreffende de gezondheid van betrokkene die de commissie onder zich heeft, vernietigd. Tegen de beschikking van de penitentiaire kamer staat voor het openbaar ministerie of de verdachte beroep in cassatie open. De artikelen 446 tot en met 448 van het Wetboek van Strafvordering zijn van overeenkomstige toepassing.

9. Onze Minister stelt een multidisciplinaire commissie in die tot taak heeft te adviseren over de aanwezigheid en de bruikbaarheid van persoonsgegevens betreffende de gezondheid. De multidisciplinaire commissie bestaat uit een tweetal artsen, onder wie een psychiater, een gedragsdeskundige en een tweetal juristen. De voorzitter van de commissie is een arts, die tevens psychiater is. Bij algemene maatregel van bestuur worden regels gesteld over de werkwijze, de geheimhouding, en de besluitvorming van de multidisciplinaire commissie, alsmede over de gegevens in het advies.

Multidisciplinaire commissie, samenstelling

Art. 37b

1. De rechter kan bevelen dat de ter beschikking gestelde van overheidswege wordt verpleegd, indien de veiligheid van anderen dan wel de algemene veiligheid van personen of goederen de verpleging eist.

2. Indien de rechter naast de maatregel van terbeschikkingstelling met bevel tot verpleging van overheidswege een gevangenisstraf heeft opgelegd kan de rechter in zijn uitspraak een advies opnemen omtrent het tijdstip waarop de terbeschikkingstelling met verpleging van overheidswege dient aan te vangen.

(Zie ook: art. 13 WvSr; art. 509f WvSv)

Terbeschikkingstelling met bevel tot verpleging van overheidswege

Art. 37c-37j

[Vervallen]

Art. 38

1. Indien de rechter niet een bevel als bedoeld in artikel 37b geeft, stelt hij ter bescherming van de veiligheid van anderen dan wel de algemene veiligheid van personen of goederen voorwaarden betreffende het gedrag van de ter beschikking gestelde. Als algemene voorwaarde geldt

Tbs met voorwaarden

dat de ter beschikking gestelde ten behoeve van het vaststellen van zijn identiteit medewerking verleent aan het nemen van een of meer vingerafdrukken of een identiteitsbewijs als bedoeld in artikel 1 van de Wet op de identificatieplicht ter inzage aanbiedt.
2. De rechter geeft tevens een in de uitspraak aangewezen instelling, die aan bepaalde bij of krachtens algemene maatregel van bestuur te stellen eisen voldoet, opdracht de ter beschikking gestelde bij de naleving van de voorwaarden hulp en steun te verlenen.
3. Indien bij de uitspraak tevens een vrijheidsstraf wordt opgelegd, kan deze in het in het eerste lid van dit artikel bedoelde geval ten hoogste op vijf jaar worden bepaald.
4. Indien bij de uitspraak tevens een vrijheidsstraf wordt opgelegd voor een langere periode dan drie jaar legt de rechter in de uitspraak de aard van de zorgverlening vast, die als voorwaarde is vastgesteld.
5. Een voorwaarde kan de rechter slechts stellen, indien ze ter beschikking gestelde zich bereid heeft verklaard tot naleving van de voorwaarde.
6. De rechter kan op vordering van de officier van justitie of ambtshalve bevelen dat de terbeschikkingstelling met voorwaarden dadelijk uitvoerbaar is.
7. Een bevel als bedoeld in het zesde lid gaat in op het ogenblik waarop de verdachte ter tenuitvoerlegging van dit bevel wordt aangehouden, dan wel op het tijdstip waarop de tenuitvoerlegging van een ander bevel tot vrijheidsbeneming, in dezelfde zaak gegeven, eindigt.
8. Bij algemene maatregel van bestuur kunnen nadere regels worden gesteld omtrent de procedure van terbeschikkingstelling met voorwaarden.
(Zie ook: art. 62 t/m 71 RVTG)

Art. 38a

Voorwaarden in geval van art. 38 Sr

1. De voorwaarden bedoeld in het eerste lid van artikel 38 kunnen inhouden dat de ter beschikking gestelde zich in een door de rechter aangewezen instelling laat opnemen, zich onder behandeling stelt van een in de uitspraak aangewezen deskundige, of door de behandelend arts voorgeschreven geneesmiddelen inneemt dan wel gedoogt dat deze door de behandelend arts aan hem worden toegediend.

Nadere regels

2. Bij of krachtens algemene maatregel van bestuur kunnen regels worden gesteld omtrent de eisen waaraan een door de rechter aan te wijzen instelling moet voldoen.
(Zie ook: art. 72 RVTG)

Art. 38b-38c
[Vervallen]

Art. 38d

Duur terbeschikkingstelling

1. De terbeschikkingstelling geldt voor de tijd van twee jaar, te rekenen van de dag waarop de rechterlijke uitspraak waarbij zij is opgelegd onherroepelijk is geworden.
(Zie ook: art. 557 WvSv)

Verlenging
Verlenging termijn terbeschikkingstelling

2. De termijn van de terbeschikkingstelling kan, behoudens het bepaalde in artikel 38e of artikel 38j, door de rechter, op vordering van het openbaar ministerie, telkens hetzij met een jaar hetzij met twee jaar worden verlengd, indien de veiligheid van anderen, dan wel de algemene veiligheid van personen of goederen die verlenging eist.
(Zie ook: art. 509o WvSv)

Art. 38e

Beperking verlenging van terbeschikkingstelling

1. De totale duur van de maatregel van terbeschikkingstelling met bevel tot verpleging van overheidswege gaat een periode van vier jaar niet te boven, tenzij de terbeschikkingstelling met bevel tot verpleging van overheidswege is opgelegd ter zake van een misdrijf dat gericht is tegen of gevaar veroorzaakt voor de onaantastbaarheid van het lichaam van een of meer personen.
2. Behoudens de gevallen waarin een bevel als bedoeld in artikel 37b, of artikel 6:6:10, eerste lid, onder e, van het Wetboek van Strafvordering is gegeven, gaat de totale duur van de maatregel van terbeschikkingstelling een periode van negen jaar niet te boven.
(Zie ook: art. 509o WvSv)
3. Indien de totale duur van de terbeschikkingstelling niet in tijd is beperkt, kan de termijn van de terbeschikkingstelling telkens worden verlengd, wanneer de veiligheid van anderen, dan wel de algemene veiligheid van personen die verlenging eist.

Art. 38f
[Vervallen]

Art. 38g

Voorwaardelijke beëindiging verpleging van overheidswege bij terbeschikkingstelling

1. De verpleging van overheidswege kan bij de beslissing tot verlenging van de terbeschikkingstelling voor de tijd van een jaar, dan wel voor de tijd van twee jaren, door de rechter ambtshalve, op vordering van het openbaar ministerie of op verzoek van de ter beschikking gestelde of zijn raadsman voorwaardelijk worden beëindigd.
2. Indien de rechter de verpleging van overheidswege op grond van het eerste lid beëindigt, stelt hij ter bescherming van de veiligheid van anderen dan wel de algemene veiligheid van personen en goederen voorwaarden betreffende het gedrag van de ter beschikking gestelde. De artikelen 38, eerste lid, laatste volzin, tweede en vierde lid, en 38a zijn van overeenkomstige toepassing.

Wetboek van Strafrecht

3. Bij algemene maatregel van bestuur kunnen nadere regels worden gesteld over de procedure van de voorwaardelijke beëindiging van het bevel tot verpleging.
(Zie ook: art. 62 t/m 71 RVTG)

Art. 38h-38i
[Vervallen]

Art. 38j
In geval van voorwaardelijke beëindiging van de verpleging van overheidswege kan de terbeschikkingstelling telkens met een jaar, dan wel met twee jaren, worden verlengd.

Art. 38k-38lb
[Vervallen]

Derde afdeling
Plaatsing in een inrichting voor stelselmatige daders

Art. 38m
1. De rechter kan op vordering van het openbaar ministerie de maatregel opleggen tot plaatsing van een verdachte in een inrichting voor stelselmatige daders, indien:
1°. het door de verdachte begane feit een misdrijf betreft waarvoor voorlopige hechtenis is toegelaten;
2°. de verdachte in de vijf jaren voorafgaand aan het door hem begane feit ten minste driemaal wegens een misdrijf onherroepelijk tot een vrijheidsbenemende straf of maatregel, een vrijheidsbeperkende maatregel of een taakstraf is veroordeeld dan wel bij onherroepelijke strafbeschikking een taakstraf is opgelegd, het feit is begaan na tenuitvoerlegging van deze straffen of maatregelen en er voorts ernstig rekening mede moet worden gehouden dat de verdachte wederom een misdrijf zal begaan, en
3°. de veiligheid van personen of goederen het opleggen van de maatregel eist.
(Zie ook: artt. 67, 257a WvSv; art. 9 WvSr)
2. De maatregel strekt tot beveiliging van de maatschappij en de beëindiging van de recidive van de verdachte.
3. Indien de verdachte verslaafde is dan wel ten aanzien van hem andere specifieke problematiek bestaat waarmee het plegen van strafbare feiten samenhangt, strekt de maatregel er mede toe een bijdrage te leveren aan de oplossing van zijn verslavingsproblematiek dan wel van die andere problematiek.
4. De rechter legt de maatregel slechts op, nadat hij een met redenen omkleed, gedagtekend en ondertekend advies over de wenselijkheid of noodzakelijkheid van de maatregel heeft doen overleggen. Indien dit advies eerder dan een jaar voor de aanvang van de terechtzitting is gedagtekend, kan de rechter hiervan slechts gebruik maken met instemming van het openbaar ministerie en de verdachte.
5. Het vierde lid blijft buiten toepassing indien de verdachte weigert medewerking te verlenen aan het onderzoek dat ten behoeve van het advies moet worden verricht. Voor zover mogelijk wordt over de reden van de weigering rapport opgemaakt. De rechter doet zich zo veel mogelijk een ander advies of rapport dat hem over de wenselijkheid of noodzakelijkheid van de maatregel kan voorlichten en aan de totstandkoming waarvan de verdachte wel bereid is om medewerking te verlenen, overleggen.
6. Bij het opleggen van de maatregel neemt de rechter de inhoud van de overige adviezen en rapporten die over de verdachte zijn uitgebracht, alsmede de veelvuldigheid van voorafgegane veroordelingen wegens misdrijf in aanmerking.
7. Onder een veroordeling als bedoeld in het eerste lid, onder 2°, wordt mede verstaan een onherroepelijke veroordeling door een strafrechter in een andere lidstaat van de Europese Unie wegens soortgelijke feiten.

Art. 38n
1. De maatregel geldt voor de tijd van ten hoogste twee jaren, te rekenen van de dag waarop de rechterlijke uitspraak waarbij hij is opgelegd, onherroepelijk is geworden.
2. Bij het bepalen van de duur van de maatregel kan de rechter rekening houden met de tijd die door de veroordeelde vóór de tenuitvoerlegging van de uitspraak in verzekering, in voorlopige hechtenis, in een psychiatrisch ziekenhuis of een instelling voor klinische observatie bestemd ingevolge een bevel tot observatie, is doorgebracht.
(Zie ook: art. 27 WvSr)
3. De rechter kan ambtshalve, op vordering van het openbaar ministerie, dan wel op verzoek van de verdachte of diens raadsman, bij of na het opleggen van de maatregel beslissen tot een tussentijdse beoordeling van de noodzaak van de voortzetting van de tenuitvoerlegging van de maatregel.

Art. 38o
[Vervallen]

Art. 38p

Voorwaardelijke oplegging van plaatsing in inrichting voor stelselmatige daders

1. De rechter kan bepalen dat de maatregel niet ten uitvoer zal worden gelegd.

2. De rechter die bepaalt dat de door hem opgelegde maatregel niet ten uitvoer zal worden gelegd stelt daarbij een proeftijd vast van ten hoogste drie jaren.
3. Bij de toepassing van het eerste lid geldt als algemene voorwaarde dat:
   a. de veroordeelde zich voor het einde van de proeftijd niet schuldig maakt aan een strafbaar feit;
   b. de veroordeelde bij de naleving van de voorwaarden, bedoeld in het vierde lid, ten behoeve van het vaststellen van zijn identiteit medewerking verleent aan het nemen van een of meer vingerafdrukken of een identiteitsbewijs als bedoeld in artikel 1 van de Wet op de identificatieplicht ter inzage aanbiedt.
4. De rechter stelt ter bescherming van de veiligheid van personen of goederen voorwaarden betreffende het gedrag van de veroordeelde. De rechter kan een krachtens algemene maatregel van bestuur aangewezen reclasseringsinstelling opdracht geven de veroordeelde bij de naleving van de voorwaarden hulp en steun te verlenen.
5. Een voorwaarde als bedoeld in het vierde lid kan inhouden dat de veroordeelde zich ambulant of intramuraal laat behandelen. Opname in een inrichting vindt in dit verband plaats voor een door de rechter te bepalen duur van ten hoogste twee jaren. Deze voorwaarde wordt slechts gesteld, indien de veroordeelde zich bereid heeft verklaard de behandeling te ondergaan.

Nadere regels

6. Bij of krachtens algemene maatregel van bestuur kunnen regels worden gesteld omtrent de eisen waaraan een inrichting en een behandeling als bedoeld in het vijfde lid moeten voldoen.

Art. 38q-38u
[Vervallen]

Vierde afdeling
Gedragsbeïnvloedende en vrijheidsbeperkende maatregelen

Art. 38v

Vrijheidsbeperkende maatregel

1. Ter beveiliging van de maatschappij of ter voorkoming van strafbare feiten kan een maatregel strekkende tot beperking van de vrijheid worden opgelegd bij de rechterlijke uitspraak:
   1°. waarbij iemand wegens een strafbaar feit wordt veroordeeld;
   2°. waarbij overeenkomstig artikel 9a wordt bepaald dat geen straf zal worden opgelegd.
2. De maatregel kan inhouden dat de verdachte wordt bevolen:
   a. zich niet op te houden in een bepaald gebied,
   b. zich te onthouden van contact met een bepaalde persoon of bepaalde personen,
   c. op bepaalde tijdstippen of gedurende een bepaalde periode op een bepaalde locatie aanwezig te zijn,
   d. zich op bepaalde tijdstippen te melden bij de daartoe aangewezen opsporingsambtenaar.
3. De maatregel kan voor een periode van ten hoogste vijf jaren worden opgelegd.
4. De rechter kan bij zijn uitspraak, ambtshalve of op vordering van de officier van justitie, bevelen dat de maatregel dadelijk uitvoerbaar is indien er ernstig rekening mee moet worden gehouden dat de verdachte opnieuw een strafbaar feit pleegt of zich belastend gedraagt jegens een bepaalde persoon of bepaalde personen.
5. De maatregel kan tezamen met straffen en andere maatregelen worden opgelegd.

Art. 38w

Vervangende hechtenis in geval van art. 38v Sr

1. In het vonnis waarbij de maatregel als bedoeld in artikel 38v wordt opgelegd, beveelt de rechter dat vervangende hechtenis zal worden toegepast voor het geval niet aan de maatregel wordt voldaan.
2. De rechter bepaalt in het vonnis de duur van de vervangende hechtenis die ten hoogste ten uitvoer wordt gelegd voor iedere keer dat niet aan de maatregel wordt voldaan. De duur van deze vervangende hechtenis wordt in gehele dagen, weken of maanden vastgesteld en bedraagt ten minste drie dagen.
3. De totale duur van de tenuitvoergelegde vervangende hechtenis bedraagt ten hoogste zes maanden.
4. Toepassing van de vervangende hechtenis heft de verplichtingen ingevolge de maatregel, bedoeld in artikel 38v, tweede lid, niet op.

Art. 38x-38ij
[Vervallen]

Wetboek van Strafrecht C1 art. 43b

Art. 38z
1. Ter bescherming van de veiligheid van anderen, dan wel de algemene veiligheid van personen of goederen kan de rechter, ambtshalve of op vordering van het openbaar ministerie, een verdachte een maatregel strekkende tot gedragsbeïnvloeding of vrijheidsbeperking opleggen indien die verdachte bij die rechterlijke uitspraak:
a. ter beschikking wordt gesteld als bedoeld in de artikelen 37a, 37b of 38;
b. wordt veroordeeld tot een gevangenisstraf, of een gevangenisstraf waarvan een gedeelte niet zal worden ten uitvoer gelegd, wegens een misdrijf dat gericht is tegen of gevaar veroorzaakt voor de onaantastbaarheid van het lichaam van een of meer personen en waarop naar de wettelijke omschrijving een gevangenisstraf van vier jaren of meer is gesteld;
c. wordt veroordeeld tot een gevangenisstraf, of een gevangenisstraf waarvan een gedeelte niet zal worden ten uitvoer gelegd, wegens een misdrijf als omschreven in de artikelen 240b, 248c, 248d, 248e, 250, 273f, 317, eerste lid.
2. Bij de vordering tot oplegging van de maatregel legt de officier van justitie een recent opgemaakt, met redenen omkleed en ondertekend advies over van een reclasseringsinstelling.

Maatregel tot gedragsbeïnvloeding/vrijheidsbeperking

Art. 38aa-38ag
[Vervallen]

Titel III
Uitsluiting en verhoging van strafbaarheid

Art. 39
Niet strafbaar is hij die een feit begaat, dat hem wegens de psychische stoornis, psychogeriatrische aandoening of verstandelijke handicap niet kan worden toegerekend.
(Zie ook: artt. 37, 37a WvSr)

Ontoerekeningsvatbaarheid

Art. 39bis a-39decies
[Vervallen]

Art. 40
Niet strafbaar is hij die een feit begaat waartoe hij door overmacht is gedrongen.

Overmacht

Art. 41
1. Niet strafbaar is hij die een feit begaat, geboden door de noodzakelijke verdediging van eigen of eens anders lijf, eerbaarheid of goed tegen ogenblikkelijke, wederrechtelijke aanranding.
2. Niet strafbaar is de overschrijding van de grenzen van noodzakelijke verdediging, indien zij het onmiddellijk gevolg is geweest van een hevige gemoedsbeweging, door de aanranding veroorzaakt.

Noodweer

Noodweerexces

Art. 42
Niet strafbaar is hij die een feit begaat ter uitvoering van een wettelijk voorschrift.

Uitvoering wettelijk voorschrift

Art. 43
1. Niet strafbaar is hij die een feit begaat ter uitvoering van een ambtelijk bevel, gegeven door het daartoe bevoegde gezag.
2. Een onbevoegd gegeven ambtelijk bevel heft de strafbaarheid niet op, tenzij het door de ondergeschikte te goeder trouw als bevoegd gegeven werd beschouwd en de nakoming daarvan binnen de kring van zijn ondergeschiktheid was gelegen.

Uitvoering bevoegd ambtelijk bevel

Uitvoering onbevoegd ambtelijk bevel

Art. 43a
De op een misdrijf gestelde tijdelijke gevangenisstraf of hechtenis kan, onverminderd artikel 10, met een derde worden verhoogd indien tijdens het plegen van het misdrijf nog geen vijf jaren zijn verlopen sedert een vroegere veroordeling van de schuldige tot gevangenisstraf wegens een daaraan soortgelijk misdrijf in kracht van gewijsde is gegaan. De termijn van vijf jaren wordt verlengd met de tijd waarin de veroordeelde rechtens zijn vrijheid is ontnomen.

Verhoging tijdelijke gevangenisstraf of hechtenis

Art. 43b
Als misdrijven welke soortgelijk zijn aan elkaar worden in elk geval aangemerkt:
1°. de misdrijven omschreven in de artikelen 105, 174, 208 tot en met 210, 213, 214, 216 tot en met 222bis, 225 tot en met 232, 310, 311, 312, 315, 317, 318, 321 tot en met 323a, 326 tot en met 332, 341, 343, 344, 359, 361, 366, 373, laatste lid, 402, 416, 417, 420bis, 420bis.1 en 420ter;
2°. de misdrijven omschreven in de artikelen 92, 108, 109, 110, 115, 116, 117 tot en met 117b, 141, 181, 182, 287 tot en met 291, 293, eerste lid, 296, 300 tot en met 303, 381, 382, 395 en 396;
3°. de misdrijven omschreven in de artikelen 261 tot en met 271, 418 en 419;
4°. de misdrijven omschreven in de Opiumwet;
5°. de misdrijven omschreven in de Wet wapens en munitie;
6°. de misdrijven omschreven in de Wegenverkeerswet 1994.

Soortgelijke misdrijven

Art. 43c
[Vervallen]

Art. 44

Strafverhoging bij schending ambtsplicht

Indien een ambtenaar door het begaan van een strafbaar feit een bijzondere ambtsplicht schendt of bij het begaan van een strafbaar feit gebruik maakt van macht, gelegenheid of middel hem door zijn ambt geschonken, kan de op het feit gestelde straf, met uitzondering van geldboete, met een derde worden verhoogd.
(Zie ook: artt. 29, 84, 355, 462 WvSr)

Titel IIIa
Gronden voor vermindering van straf

Art. 44a

Strafverminderingsgronden

1. Op vordering van de officier van justitie kan de rechter na een op grond van artikel 226h, derde lid, van het Wetboek van Strafvordering gemaakte afspraak de straf verminderen die hij overwoog op te leggen op de in het tweede lid bepaalde wijze. Bij de strafvermindering houdt de rechter ermee rekening dat door het afleggen van een getuigenverklaring een belangrijke bijdrage is of kan worden geleverd aan de opsporing of vervolging van misdrijven.
2. Bij toepassing van het eerste lid kan de strafvermindering bestaan in:
a. maximaal de helft bij een onvoorwaardelijke tijdelijke vrijheidsstraf, taakstraf of geldboete, of
b. de omzetting van maximaal de helft van het onvoorwaardelijke gedeelte van een vrijheidsstraf, taakstraf of van een geldboete in een voorwaardelijk gedeelte, of
c. de vervanging van maximaal een derde gedeelte van een vrijheidsstraf door taakstraf of een onvoorwaardelijke geldboete.
3. Bij toepassing van het tweede lid, onder b, blijft artikel 14a, eerste en tweede lid, buiten toepassing.
(Zie ook: art. 192 WvSr; art. 344a WvSv)

Titel IV
Poging en voorbereiding

Art. 45

Strafbaarheid poging tot misdrijf

1. Poging tot misdrijf is strafbaar, wanneer het voornemen van de dader zich door een begin van uitvoering heeft geopenbaard.
2. Het maximum van de hoofdstraffen op het misdrijf gesteld wordt bij poging met een derde verminderd.
3. Geldt het een misdrijf waarop levenslange gevangenisstraf is gesteld, dan wordt gevangenisstraf opgelegd van ten hoogste twintig jaren.
4. De bijkomende straffen zijn voor poging dezelfde als voor het voltooide misdrijf.
(Zie ook: artt. 77gg, 78 WvSr; art. 129 WvSv; art. 4 WED)

Art. 46

Strafbaarheid voorbereiding van misdrijf

1. Voorbereiding van een misdrijf waarop naar de wettelijke omschrijving een gevangenisstraf van acht jaren of meer is gesteld is strafbaar, wanneer de dader opzettelijk voorwerpen, stoffen, informatiedragers, ruimten of vervoermiddelen bestemd tot het begaan van dat misdrijf verwerft, vervaardigt, invoert, doorvoert, uitvoert of voorhanden heeft.
2. Het maximum van de hoofdstraffen op het misdrijf gesteld wordt bij voorbereiding met de helft verminderd.
3. Geldt het een misdrijf waarop levenslange gevangenisstraf is gesteld, dan wordt gevangenisstraf opgelegd van ten hoogste vijftien jaren.
4. De bijkomende straffen zijn voor voorbereiding dezelfde als voor het voltooide misdrijf.
5. Onder voorwerpen worden verstaan alle zaken en alle vermogensrechten.
(Zie ook: artt. 77gg, 78 WvSr; art. 129 WvSv)

Art. 46a

Poging tot uitlokking

Poging om een ander door een der in artikel 47, eerste lid onder 2e, vermelde middelen te bewegen om een misdrijf te begaan, is strafbaar, met dien verstande dat geen zwaardere straf wordt uitgesproken dan ter zake van poging tot het misdrijf of, indien zodanige poging niet strafbaar is, terzake van het misdrijf zelf kan worden opgelegd.
(Zie ook: artt. 45, 77gg WvSr)

Art. 46b

Vrijwillige terugtred

Voorbereiding noch poging bestaat indien het misdrijf niet is voltooid tengevolge van omstandigheden van de wil van de dader afhankelijk.

Titel V
Deelneming aan strafbare feiten

Art. 47
1. Als daders van een strafbaar feit worden gestraft: *Strafbaarheid daders van strafbaar feit*
1°. zij die het feit plegen, doen plegen of medeplegen;
2°. zij die door giften, beloften, misbruik van gezag, geweld, bedreiging, of misleiding of door het verschaffen van gelegenheid, middelen of inlichtingen het feit opzettelijk uitlokken.
(Zie ook: artt. 46a, 203, 204 WvSr; artt. 6, 485, 510 WvSv; art. 3 WED)
2. Ten aanzien van de laatsten komen alleen die handelingen in aanmerking die zij opzettelijk hebben uitgelokt, benevens hun gevolgen.   *Uitlokken*

Art. 48
Als medeplichtigen van een misdrijf worden gestraft: *Strafbaarheid medeplegers van strafbaar feit*
1°. zij die opzettelijk behulpzaam zijn bij het plegen van het misdrijf;
2°. zij die opzettelijk gelegenheid, middelen of inlichtingen verschaffen tot het plegen van het misdrijf.
(Zie ook: artt. 52, 78, 203, 204 WvSr; art. 129 WvSv; art. 4 WED)

Art. 49
1. Het maximum van de hoofdstraffen op het misdrijf gesteld wordt bij medeplichtigheid met een derde verminderd.   *Straf bij medeplichtigheid*
2. Geldt het een misdrijf waarop levenslange gevangenisstraf is gesteld, dan wordt gevangenisstraf opgelegd van ten hoogste twintig jaren.
3. De bijkomende straffen zijn voor medeplichtigheid dezelfde als voor het misdrijf zelf.
4. Bij het bepalen van de straf komen alleen die handelingen in aanmerking die de medeplichtige opzettelijk heeft gemakkelijk gemaakt of bevorderd, benevens hun gevolgen.
(Zie ook: art. 77gg WvSr)

Art. 50
De persoonlijke omstandigheden waardoor de strafbaarheid uitgesloten, verminderd of verhoogd wordt, komen bij de toepassing van de strafwet alleen in aanmerking ten aanzien van die dader of medeplichtige wie zij persoonlijk betreffen.   *Persoonlijke omstandigheden bij strafbaarheid*
(Zie ook: art. 39 WvSr)

Art. 50a
[Vervallen]

Art. 51
1. Strafbare feiten kunnen worden begaan door natuurlijke personen en rechtspersonen.   *Strafbare feiten door natuurlijke personen of rechtspersonen*

2. Indien een strafbaar feit wordt begaan door een rechtspersoon, kan de strafvervolging worden ingesteld en kunnen de in de wet voorziene straffen en maatregelen, indien zij daarvoor in aanmerking komen, worden uitgesproken:
1°. tegen die rechtspersoon, dan wel
2°. tegen hen die tot het feit opdracht hebben gegeven, alsmede tegen hen die feitelijke leiding hebben gegeven aan de verboden gedraging, dan wel
3°. tegen de onder 1° en 2° genoemden te zamen.
3. Voor de toepassing van de vorige leden wordt met de rechtspersoon gelijkgesteld: de vennootschap zonder rechtspersoonlijkheid, de maatschap, de rederij en het doelvermogen.
(Zie ook: artt. 1, 2, 3, 4 BW Boek 2)

Art. 52
Medeplichtigheid aan overtreding is niet strafbaar.   *Medeplichtigheid aan overtreding*
(Zie ook: art. 48 WvSr)

Art. 53
1. Bij misdrijven door middel van de drukpers gepleegd wordt de uitgever als zodanig niet vervolgd, indien het gedrukte stuk zijn naam en woonplaats vermeldt en de dader bekend is of op de eerste aanmaning van de rechter-commissaris, door de uitgever is bekendgemaakt.   *Drukpersmisdrijven en de uitgever*
2. Deze bepaling is niet toepasselijk, indien de dader op het tijdstip van de uitgave strafrechtelijk niet vervolgbaar of buiten het Rijk in Europa gevestigd was.
(Zie ook: art. 7 GW; artt. 54, 131, 137c, 147, 261, 266, 418 WvSr)

Art. 54
1. Bij misdrijven door middel van de drukpers gepleegd wordt de drukker als zodanig niet vervolgd, indien het gedrukte stuk zijn naam en woonplaats vermeldt en de persoon op wiens last het stuk is gedrukt, bekend is of op de eerste aanmaning van de rechter-commissaris, door de drukker is bekendgemaakt.   *Drukpersmisdrijven en de drukker*

2. Deze bepaling is niet toepasselijk, indien de persoon op wiens last het stuk is gedrukt, op het tijdstip van het drukken strafrechtelijk niet vervolgbaar of buiten het Rijk in Europa gevestigd was.
(Zie ook: art. 7 GW; artt. 131, 137c, 147, 261, 266, 419 WvSr)

Art. 54a

Strafbaarheid tussenpersoon bij verlenen communicatiedienst

Een tussenpersoon die een communicatiedienst verleent bestaande in de doorgifte of opslag van gegevens die van een ander afkomstig zijn, wordt bij een strafbaar feit dat met gebruikmaking van die dienst wordt begaan als zodanig niet vervolgd indien hij voldoet aan een bevel als bedoeld in artikel 125p van het Wetboek van Strafvordering.
(Zie ook: artt. 126n, 126u WvSv)

Titel VI
Samenloop van strafbare feiten

Art. 55

Eendaadse samenloop

1. Valt een feit in meer dan één strafbepaling, dan wordt slechts één van die bepalingen toegepast, bij verschil die waarbij de zwaarste hoofdstraf is gesteld.
(Zie ook: art. 61 WvSr)
2. Indien voor een feit dat in een algemene strafbepaling valt een bijzondere strafbepaling bestaat, komt deze alleen in aanmerking.

Art. 56

Voortgezette handeling

1. Staan meerdere feiten, ofschoon elk op zichzelf misdrijf of overtreding opleverende, in zodanig verband dat zij moeten worden beschouwd als één voortgezette handeling, dan wordt slechts één strafbepaling toegepast, bij verschil die waarbij de zwaarste hoofdstraf is gesteld.
(Zie ook: art. 61 WvSr)
2. Insgelijks wordt slechts één strafbepaling toegepast bij schuldigverklaring aan valsheid of muntschennis en aan het gebruikmaken van het voorwerp ten opzichte waarvan de valsheid of muntschennis gepleegd is.
(Zie ook: artt. 208, 216, 225 WvSr)

Art. 57

Gelijksoortige hoofdstraffen bij meerdaadse samenloop

1. Bij samenloop van feiten die als op zichzelf staande handelingen moeten worden beschouwd en meer dan één misdrijf opleveren waarop gelijksoortige hoofdstraffen zijn gesteld, wordt één straf opgelegd.
2. Het maximum van deze straf is het totaal van de hoogste straffen op de feiten gesteld, doch - voor zover het gevangenisstraf of hechtenis betreft - niet meer dan een derde boven het hoogste maximum.
(Zie ook: artt. 10, 18, 23, 63, 77gg WvSr)

Art. 58

Ongelijksoortige hoofdstraffen bij meerdaadse samenloop

Bij samenloop van feiten die als op zichzelf staande handelingen moeten worden beschouwd en meer dan één misdrijf opleveren waarop ongelijksoortige hoofdstraffen zijn gesteld, kan elk van die straffen worden opgelegd, doch deze mogen - voor zover het gevangenisstraf en hechtenis betreft - te zamen in duur de langstdurende niet meer dan een derde overtreffen.
(Zie ook: artt. 10, 18, 23, 63, 77gg WvSr)

Art. 59

Bijkomende straffen bij levenslang

Bij veroordeling tot levenslange gevangenisstraf kunnen daarnevens geen andere straffen worden opgelegd dan ontzetting van bepaalde rechten, verbeurdverklaring van reeds in beslag genomen voorwerpen en openbaarmaking van de rechterlijke uitspraak.
(Zie ook: artt. 10, 28, 33, 36 WvSr)

Art. 60

Bijkomende straffen bij meerdaadse samenloop

In de gevallen van de artikelen 57 en 58 gelden ten aanzien van bijkomende straffen de volgende bepalingen:
1°. de straffen van ontzetting van dezelfde rechten worden opgelost in één straf, in duur de opgelegde hoofdstraf of hoofdstraffen ten minste twee en ten hoogste vijf jaren te boven gaande, of ingeval geen andere hoofdstraf dan geldboete is opgelegd, in één straf van ten minste twee en ten hoogste vijf jaren;
(Zie ook: art. 31 WvSr)
2°. de straffen van ontzetting van verschillende rechten worden voor elk misdrijf afzonderlijk en zonder vermindering opgelegd;
3°. de straffen van verbeurdverklaring van bepaalde voorwerpen worden voor elk misdrijf afzonderlijk en zonder vermindering opgelegd; de vervangende vrijheidsstraffen mogen gezamenlijk het maximum, bepaald in artikel 24c, derde lid, niet overschrijden.
(Zie ook: artt. 33, 77gg WvSr)

Art. 60a
Bij samenloop op de wijze in de artikelen 57 en 58 bedoeld, geldt voor de maatregel genoemd in artikel 36f dat de vervangende vrijheidsstraffen gezamenlijk het maximum, bepaald in artikel 24c, derde lid, niet mogen overschrijden.
(Zie ook: artt. 62, 77gg WvSr)

Art. 61
1. De betrekkelijke zwaarte van ongelijksoortige hoofdstraffen wordt bepaald door de volgorde van artikel 9.   **Betrekkelijke zwaarte hoofdstraffen**
2. Waar de rechter de keuze tussen twee hoofdstraffen is gelaten, komt bij de vergelijking alleen de zwaarste van die straffen in aanmerking.   **Keuze tussen twee hoofdstraffen**
3. De betrekkelijke zwaarte van gelijksoortige hoofdstraffen wordt bepaald door het maximum.
4. De betrekkelijke duur, zowel van ongelijksoortige als van gelijksoortige hoofdstraffen, wordt eveneens bepaald door het maximum.   **Betrekkelijke duur hoofdstraffen**
(Zie ook: art. 9 WvSr)

Art. 62
1. Bij samenloop op de wijze in de artikelen 57 en 58 bedoeld, hetzij van overtredingen met misdrijven, hetzij van overtredingen onderling, wordt voor elke overtreding zonder vermindering straf opgelegd.   **Strafoplegging samenloop overtredingen**
2. De vervangende vrijheidsstraffen mogen voor de misdrijven en overtredingen of voor de overtredingen gezamenlijk het maximum, bepaald in artikel 24c, derde lid, niet overschrijden.
(Zie ook: art. 77gg WvSr)

Art. 63
Indien iemand, nadat hem een straf is opgelegd, schuldig wordt verklaard aan een misdrijf of een overtreding voor die strafoplegging gepleegd, zijn de bepalingen van deze titel voor het geval gelijktijdig straf wordt opgelegd van toepassing.   **Berechting twee strafbare feiten**
(Zie ook: artt. 57, 58, 62, 77gg WvSr)

Art. 63a
[Vervallen]

Titel VII
Indiening en intrekking van de klacht bij misdrijven alleen op klacht vervolgbaar

Art. 64
Inzake een misdrijf dat alleen op klacht wordt vervolgd, is degene tegen wie het feit is begaan, tot de klacht gerechtigd.   **Klachtgerechtigde bij een misdrijf alleen op klacht vervolgbaar**
(Zie ook: artt. 188, 268 WvSr; art. 160 WvSv)

Art. 65
1. Indien de in artikel 64 aangewezen persoon de leeftijd van zestien jaren nog niet heeft bereikt of anders dan wegens verkwisting onder curatele is gesteld, dan wel aan een zodanige psychische stoornis, psychogeriatrische aandoening of verstandelijke handicap lijdt dat hij niet in staat is te beoordelen of zijn belang gediend is met de klacht, geschiedt de klacht door zijn wettige vertegenwoordiger in burgerlijke zaken.   **Klacht door wettelijke vertegenwoordiger bij misdrijf alleen op klacht vervolgbaar**
(Zie ook: artt. 245, 378 BW Boek 1; art. 165a WvSv)
2. Indien de in artikel 64 aangewezen persoon overleden is, zijn tot de klacht gerechtigd: zijn ouders, zijn kinderen en zijn overlevende echtgenoot, tenzij blijkt dat hij een vervolging niet heeft gewild.
(Zie ook: art. 270 WvSr)
3. Indien de klacht tegen de wettige vertegenwoordiger in burgerlijke zaken van de in artikel 64 aangewezen persoon moet geschieden, zijn tot de klacht gerechtigd: de echtgenoot, een bloedverwant in de rechte linie of, bij het ontbreken van al die personen, een broer en een zuster.
(Zie ook: art. 3 BW Boek 1)
4. Indien een in het tweede of derde lid aangewezen persoon de leeftijd van zestien jaren nog niet heeft bereikt of anders dan wegens verkwisting onder curatele is gesteld, dan wel aan een zodanige psychische stoornis, psychogeriatrische aandoening of verstandelijke handicap lijdt dat hij niet in staat is te beoordelen of zijn belang gediend is met de klacht, kan vervolging plaatsvinden op klacht van diens wettige vertegenwoordiger in burgerlijke zaken.
(Zie ook: artt. 245, 378 BW Boek 1; art. 165a WvSv)

Art. 66
1. De klacht kan worden ingediend gedurende drie maanden na de dag waarop de tot klacht gerechtigde kennis heeft genomen van het gepleegde feit.   **Klachttermijn bij een misdrijf alleen op klacht vervolgbaar**

C1 art. 67 — Wetboek van Strafrecht

2. Indien degene tegen wie het feit is begaan, nadat de termijn een aanvang heeft genomen, is overleden, dan wel het recht tot het indienen van de klacht heeft verloren, verkregen of herkregen, loopt deze termijn zonder verlenging door.
(Zie ook: art. 316 WvSr; art. 164 WvSv)

Art. 67

Intrekking klacht bij een misdrijf alleen op klacht vervolgbaar

Hij die de klacht indient, blijft gedurende acht dagen na de dag der indiening bevoegd deze in te trekken.
(Zie ook: art. 166 WvSv)

Art. 67a
[Vervallen]

Titel VIII
Verval van het recht tot strafvordering en van de straf

Art. 68

Ne bis in idem

1. Behoudens de gevallen waarin rechterlijke uitspraken voor herziening vatbaar zijn, kan niemand andermaal worden vervolgd wegens een feit waarover te zijnen aanzien bij gewijsde van de rechter in Nederland, Aruba, Curaçao, Sint Maarten of de openbare lichamen Bonaire, Sint Eustatius en Saba onherroepelijk is beslist.
2. Is het gewijsde afkomstig van een andere rechter, dan heeft tegen dezelfde persoon wegens hetzelfde feit geen vervolging plaats in geval van:
1°. vrijspraak of ontslag van rechtsvervolging;
2°. veroordeling, indien een straf is opgelegd, gevolgd door gehele uitvoering, gratie of verjaring der straf.
3. Niemand kan worden vervolgd wegens een feit dat te zijnen aanzien in een vreemde staat onherroepelijk is afgedaan door de voldoening aan een voorwaarde, door de bevoegde autoriteit gesteld ter voorkoming van strafvervolging.
(Zie ook: art. 74 WvSr; artt. 255, 313, 457, 552l WvSv)

Art. 69

Vervallen van recht tot strafvordering bij overlijden verdachte

Het recht tot strafvordering vervalt door de dood van de verdachte.
(Zie ook: art. 75 WvSr; artt. 477, 479 WvSv; artt. 13, 16 WED)

Art. 70

Verjaring van recht tot strafvordering

1. Het recht tot strafvordering vervalt door verjaring:
1°. in drie jaren voor alle overtredingen;
2°. in zes jaren voor de misdrijven waarop geldboete, hechtenis of gevangenisstraf van niet meer dan drie jaren is gesteld;
3°. in twaalf jaren voor de misdrijven waarop tijdelijke gevangenisstraf van meer dan drie jaren is gesteld;
4°. in twintig jaren voor de misdrijven waarop gevangenisstraf van acht jaren of meer is gesteld.
2. In afwijking van het eerste lid verjaart het recht tot strafvordering niet:
1°. voor de misdrijven waarop gevangenisstraf van twaalf jaren of meer is gesteld;
2°. voor de misdrijven, omschreven in de artikelen 240b, tweede lid, 243, 245 en 246, voor zover het feit is gepleegd ten aanzien van een persoon die de leeftijd van achttien jaren nog niet heeft bereikt.
(Zie ook: artt. 76, 77d WvSr)

Art. 71

Aanvang van verjaringstermijn van strafvordering

De termijn van verjaring vangt aan op de dag na die waarop het feit is gepleegd, behoudens in de volgende gevallen:
1°. bij misdrijven omschreven in de artikelen 173, eerste lid, en 173b, vangt de termijn aan op de dag na die waarop het misdrijf ter kennis is gekomen van een ambtenaar belast met de opsporing van strafbare feiten;
2°. bij valsheid op de dag na die waarop gebruik is gemaakt van het voorwerp ten opzichte waarvan de valsheid gepleegd is;
(Zie ook: artt. 208, 216, 225 WvSr)
3°. bij misdrijven omschreven in de artikelen 240b, eerste lid, 247 tot en met 250, 273f, 284 en 285c, voor zover gepleegd tegen een persoon die de leeftijd van achttien jaren nog niet heeft bereikt, de artikelen 300 tot en met 303, voor zover het feit oplevert genitale verminking van een persoon van het vrouwelijke geslacht die de leeftijd van achttien jaren nog niet heeft bereikt of voor zover het feit oplevert mishandeling van een persoon die de leeftijd van achttien jaren nog niet heeft bereikt dan wel het misdrijf, omschreven in artikel 302, voor zover het feit oplevert gedwongen abortus of gedwongen sterilisatie van een persoon van het vrouwelijke geslacht die de leeftijd van achttien jaren nog niet heeft bereikt, op de dag na die waarop die persoon achttien jaren is geworden;
(Zie ook: art. 5 WvSr)

Wetboek van Strafrecht C1 art. 74b

4°. bij de misdrijven omschreven in de artikelen 279 en 282, eerste en tweede lid op de dag na die van de bevrijding of de dood van hem tegen wie onmiddellijk het misdrijf gepleegd is;
5°. bij de overtredingen omschreven in de artikelen 465, 466 en 467, op de dag na die waarop ingevolge de voorschriften gegeven in of ter uitvoering van artikel 18c van Boek 1 van het Burgerlijk Wetboek, de aldaar bedoelde registers waaruit zodanige overtreding blijkt, naar de centrale bewaarplaats, bedoeld in afdeling 8 van hoofdstuk 1 van het Besluit burgerlijke stand 1994 zijn overgebracht.

Art. 72
1. Elke daad van vervolging stuit de verjaring, ook ten aanzien van anderen dan de vervolgde.   *Stuiting van de verjaring*
(Zie ook: art. 585 WvSv)   *van de strafvordering*
2. Na de stuiting vangt een nieuwe verjaringstermijn aan. Het recht tot strafvordering vervalt evenwel ten aanzien van overtredingen na tien jaren en ten aanzien van misdrijven indien vanaf de dag waarop de oorspronkelijke verjaringstermijn is aangevangen een periode is verstreken die gelijk is aan twee maal de voor het misdrijf geldende verjaringstermijn.
(Zie ook: art. 70 WvSr)

Art. 73
De schorsing van de strafvervolging ter zake van een prejudicieel geschil schorst de verjaring.   *Schorsing van de verja-*
(Zie ook: artt. 14, 349, 526 WvSv)   *ring van de strafvordering*

Art. 74
1. De officier van justitie kan voor de aanvang van de terechtzitting een of meer voorwaarden   *Voorwaarden ter voorko-*
stellen ter voorkoming van de strafvervolging wegens misdrijven, met uitzondering van die   *ming van strafvervolging*
waarop naar de wettelijke omschrijving gevangenisstraf is gesteld van meer dan zes jaar, en wegens overtreding. Door voldoening aan die voorwaarden vervalt het recht tot strafvordering.
2. De volgende voorwaarden kunnen worden gesteld:
a. betaling aan de staat van een geldsom, te bepalen op ten minste € 3 en ten hoogste het maximum van de geldboete die voor het feit kan worden opgelegd;
b. afstand van voorwerpen die in beslag zijn genomen en vatbaar zijn voor verbeurdverklaring of onttrekking aan het verkeer;
c. uitlevering, of voldoening aan de staat van de geschatte waarde, van voorwerpen die vatbaar zijn voor verbeurdverklaring;
d. voldoening aan de staat van een geldbedrag of overdracht van inbeslaggenomen voorwerpen ter gehele of gedeeltelijke ontneming van het ingevolge artikel 36e voor ontneming vatbare wederrechtelijk verkregen voordeel;
e. gehele of gedeeltelijke vergoeding van de door het strafbare feit veroorzaakte schade;
f. het verrichten van onbetaalde arbeid of het volgen van een leerproject gedurende ten hoogste honderdtwintig uren.
3. De officier van justitie doet in geval van misdrijf aan de rechtstreeks belanghebbende die hem bekend is, onverwijld schriftelijk mededeling van de datum waarop hij die voorwaarden heeft gesteld.
4. Artikel 6:1:1 van het Wetboek van Strafvordering is van overeenkomstige toepassing op de op grond van het eerste lid gestelde voorwaarden.
5. Op de in het tweede lid, onder f, bedoelde voorwaarde is het bepaalde bij of krachtens de artikelen 22b, 22c, eerste lid, en de artikelen 6:1:9, 6:3:1, tweede lid, en 6:3:6 van het Wetboek van Strafvordering met betrekking tot taakstraffen, van overeenkomstige toepassing. Bij het verrichten van de onbetaalde arbeid of het leerproject wordt de identiteit van de veroordeelde vastgesteld op de wijze, bedoeld in artikel 27a, eerste lid, eerste volzin, en tweede lid, van het Wetboek van Strafvordering. De onbetaalde arbeid of het leerproject wordt binnen een termijn van negen maanden na instemming met de voorwaarde voltooid.
6. Bij of krachtens algemene maatregel van bestuur worden voorschriften gegeven omtrent   *Nadere regels*
de nakoming van de voorwaarde, bedoeld in het tweede lid, onderdeel a. Deze voorschriften hebben in ieder geval betrekking op de plaats en wijze van betaling van de geldsom, de termijn waarbinnen die betaling moet zijn geschied en de verantwoording van de ontvangen geldbedragen. Bij of krachtens algemene maatregel van bestuur kunnen voorschriften worden gegeven omtrent de nakoming van de overige in het tweede lid bedoelde voorwaarden.
(Zie ook: artt. 22c, 23, 77f WvSr; artt. 12k, 51a, 578 WvSv; artt. 36, 37 WED)

Art. 74a
Is op het strafbare feit naar de wettelijke omschrijving geen andere hoofdstraf gesteld dan   *Transactie door OvJ*
geldboete en biedt de verdachte aan, binnen een door de officier van justitie te bepalen termijn, het maximum van de geldboete te betalen en aan alle overige, overeenkomstig artikel 74, tweede lid, te stellen voorwaarden te voldoen, dan mag de officier van justitie het stellen van voorwaarden, als bedoeld in artikel 74, niet weigeren.

Art. 74b
1. Een bevel als bedoeld in artikel 12k van het Wetboek van Strafvordering doet, na voldoening   *Herleving recht van straf-*
aan de overeenkomstig artikel 74 gestelde voorwaarden, het recht tot strafvordering herleven   *vordering*
als ware het niet vervallen geweest.

Sdu   25

2. Na een bevel, als bedoeld in het vorige lid, worden bedragen, betaald in toepassing van artikel 74, tweede lid, onder a, c en d, onverwijld terugbetaald aan degene die ze heeft betaald.
3. Volgt na een bevel als bedoeld in het eerste lid een veroordeling, dan houdt de rechter rekening met de afstand of uitlevering door de veroordeelde van voorwerpen op grond van artikel 74, tweede lid, onder b en c, met de vergoeding van schade op grond van artikel 74, tweede lid, onder e, en met de onbetaalde arbeid die is verricht of het leerproject dat is gevolgd op grond van artikel 74, tweede lid, onder f.
4. Eindigt, na een bevel als bedoeld in het eerste lid, de zaak waarbij een voorwaarde is gesteld als bedoeld in artikel 74, tweede lid, onder f, zonder oplegging van straf of maatregel, dan kan de rechter, op verzoek van de gewezen verdachte, deze een vergoeding ten laste van de staat toekennen voor de schade welke hij ten gevolge van de verrichtte onbetaalde arbeid of het gevolgde leerproject heeft geleden. Onder schade is begrepen het nadeel dat niet in vermogensschade bestaat. De artikelen 533, derde, vierde en zesde lid, 534, 535 en 536 van het Wetboek van Strafvordering zijn van overeenkomstige toepassing.

Art. 74c-76a
[Vervallen]

Art. 77

Vervallen van recht tot strafvordering en uitvoering straf

1. Het recht tot strafvordering vervalt door de overdracht van de strafvervolging aan een vreemde staat overeenkomstig de bepalingen van Titel 3 van het Vijfde Boek van het Wetboek van Strafvordering.
2. In het geval, bedoeld in het eerste lid, herleeft het recht tot strafvordering, indien de autoriteiten van de staat die de strafvervolging hadden overgenomen op die beslissing terugkomen of mededelen dat geen strafvervolging wordt ingesteld dan wel een ingestelde vervolging is gestaakt.

Art. 77bis
[Vervallen]

Titel VIII A
Bijzondere bepalingen voor jeugdigen en jongvolwassenen

Art. 77a

Minderjarigheid in het strafrecht

Ten aanzien van degene die ten tijde van het begaan van een strafbaar feit de leeftijd van twaalf jaren doch nog niet die van achttien jaren heeft bereikt, zijn de artikelen 9, 10, 12 tot en met 31, 36 tot en met 38p, 43a tot en met 44 en 57 tot en met 62 niet van toepassing. In de plaats daarvan treden de bijzondere bepalingen vervat in de artikelen 77d tot en met 77gg.
(Zie ook: art. 486 WvSv)

Art. 77b

Leeftijd dader tussen de 16 en 18 jaar

1. Ten aanzien van degene die ten tijde van het begaan van een strafbaar feit de leeftijd van zestien jaren doch nog niet die van achttien jaren heeft bereikt, kan de rechter de artikelen 77g tot en met 77gg buiten toepassing laten en recht doen overeenkomstig de bepalingen in de voorgaande titels vervat, indien hij daartoe grond vindt in de ernst van het begane feit, de persoonlijkheid van de dader of de omstandigheden waaronder het feit is begaan.
2. Bij toepassing van het eerste lid kan levenslange gevangenisstraf niet worden opgelegd.

Art. 77c

Leeftijd dader tussen de 18 en 23 jaar

1. Ten aanzien van de jongvolwassene die ten tijde van het begaan van het strafbaar feit de leeftijd van achttien jaren doch nog niet die van drieëntwintig jaren heeft bereikt, kan de rechter, indien hij daartoe grond vindt in de persoonlijkheid van de dader of de omstandigheden waaronder het feit is begaan, recht doen overeenkomstig de artikelen 77g tot en met 77hh.
2. Artikel 77e blijft buiten toepassing.

Art. 77d

Verjaring van strafvordering in geval van art. 70 Sr

1. De verjaringstermijn van het recht tot strafvordering, genoemd in artikel 70, wordt ten aanzien van misdrijven tot de helft van de daar bedoelde duur ingekort.
2. Het eerste lid is niet van toepassing op misdrijven omschreven in de artikelen 240b, eerste lid, 247 tot en met 250 en 273f, gepleegd door een persoon die ten tijde van het begaan van het strafbaar feit de leeftijd van zestien jaren heeft bereikt, ten aanzien van een persoon die de leeftijd van achttien jaren nog niet heeft bereikt.
(Zie ook: artt. 5, 71 WvSr)
3. Het recht tot strafvordering voor misdrijven waarop gevangenisstraf van twaalf jaren of meer is gesteld, en de misdrijven omschreven in de artikelen 240b, tweede lid, 243, 245 en 246 voor zover het feit is gepleegd ten aanzien van een persoon die de leeftijd van achttien jaren nog niet heeft bereikt, verjaart in twintig jaren.

Art. 77e

Deelname van jeugdigen aan een project

1. De opsporingsambtenaar die daartoe door de officier van justitie is aangewezen, kan na verkregen toestemming door de officier van justitie aan de verdachte voorstellen dat deze deelneemt aan een project. De deelneming strekt tot voorkoming van toezending van het opge-

Wetboek van Strafrecht C1 art. 77i

maakte proces-verbaal aan de officier van justitie. Bij algemene maatregel van bestuur worden de strafbare feiten aangewezen die op deze wijze kunnen worden afgedaan.

2. Bij een voorstel als bedoeld in het eerste lid, deelt de opsporingsambtenaar de verdachte mede dat hij niet verplicht is aan het project deel te nemen en licht hem in over de mogelijke gevolgen van niet-deelneming. Het voorstel, de mededeling en de inlichtingen over de mogelijke gevolgen worden daarbij de verdachte tevens schriftelijk ter hand gesteld.

3. De officier van justitie geeft algemene aanwijzingen omtrent de wijze van afdoening ingevolge het eerste lid. Deze aanwijzingen betreffen in ieder geval:
a. de projecten en de categorieën van strafbare feiten die, gelet op de aard van deze projecten, in aanmerking komen voor deze wijze van afdoening;
b. de duur van de deelneming, afhankelijk van de aard van het strafbare feit en het project en
c. de wijze waarop de toestemming van de officier van justitie kan worden verkregen.

4. De duur van de deelneming is ten hoogste twintig uren.

5. Indien de opsporingsambtenaar, bedoeld in het eerste lid, van oordeel is dat de verdachte naar behoren aan een project heeft deelgenomen, stelt hij de officier van justitie en de verdachte hiervan schriftelijk in kennis. Daarmee vervalt het recht tot strafvordering, behalve indien een bevel wordt gegeven als bedoeld in artikel 12i van het Wetboek van Strafvordering. In dat geval houdt de rechter, indien hij een straf oplegt, rekening met de voltooide deelneming.

(Zie ook: art. 1 Baanw.HF)

Art. 77f

1. In een strafbeschikking kan de officier van justitie tevens de aanwijzing geven dat: — **Strafbeschikking OvJ bij jeugdigen**
a. de jeugdige zich zal richten naar de aanwijzingen van een gecertificeerde instelling, bedoeld in artikel 1.1 van de Jeugdwet voor een daarbij te bepalen termijn van ten hoogste zes maanden;
b. indien de jeugdige ten tijde van het begaan van het strafbaar feit de leeftijd van zestien jaren reeds heeft bereikt, kan de officier van justitie in plaats daarvan de aanwijzing geven dat de jeugdige zich zal richten naar de aanwijzingen van een reclasseringsinstelling als bedoeld in artikel 14c, zesde lid.

(Zie ook: art. 257a WvSv)

2. In afwijking van artikel 257a, tweede lid, onderdeel a, van het Wetboek van Strafvordering kan de officier van justitie in een strafbeschikking een taakstraf opleggen voor ten hoogste zestig uren.

Art. 77g

1. In plaats van de op een feit gestelde straffen worden de straffen en maatregelen opgelegd, in deze Titel voorzien. — **Jeugdsancties**

2. Een hoofdstraf kan zowel afzonderlijk als tezamen met andere hoofdstraffen of met bijkomende straffen worden opgelegd.

3. Een maatregel kan zowel afzonderlijk als tezamen met hoofdstraffen, met bijkomende straffen en met andere maatregelen worden opgelegd.

Art. 77g bis
[Vervallen]

Art. 77h

1. De hoofdstraffen zijn: — **Hoofdstraffen voor jeugdigen**
a. in geval van misdrijf: jeugddetentie, taakstraf of geldboete;
b. in geval van overtreding: taakstraf of geldboete.

2. Een taakstraf bestaat uit: — **Inhoud taakstraf**
a. een werkstraf, zijnde het verrichten van onbetaalde arbeid of het verrichten van arbeid tot herstel van de door het strafbare feit aangerichte schade, of
b. een leerstraf, zijnde het volgen van een leerproject, of
c. een combinatie van werkstraf en leerstraf.

3. De bijkomende straffen zijn: — **Bijkomende straffen**
a. verbeurdverklaring;
b. ontzegging van de bevoegdheid motorrijtuigen te besturen.

4. De maatregelen zijn: — **Maatregelen**
a. plaatsing in een inrichting voor jeugdigen;
b. maatregel betreffende het gedrag van de jeugdige;
c. onttrekking aan het verkeer;
d. ontneming van wederrechtelijk verkregen voordeel;
e. schadevergoeding;
f. vrijheidsbeperkende maatregel.

Art. 77h bis
[Vervallen]

Art. 77i

1. De duur van de jeugddetentie is: — **Duur jeugddetentie**
a. voor degene die ten tijde van het begaan van het misdrijf de leeftijd van zestien jaren nog niet had bereikt: ten minste een dag en ten hoogste twaalf maanden, en

C1 art. 77l

Wetboek van Strafrecht

b. overigens ten hoogste vierentwintig maanden.
2. De duur van de jeugddetentie wordt in de rechterlijke uitspraak aangewezen in dagen, weken of maanden.

Schakelbepaling
3. Artikel 27 is bij veroordeling tot jeugddetentie van overeenkomstige toepassing.

Art. 77j-77k
[Vervallen]

Art. 77l

Geldboete voor jeugdigen
1. Het bedrag van de geldboete is ten minste het bedrag, genoemd in artikel 23, tweede lid, en ten hoogste het maximum van een geldboete van de tweede categorie. Artikel 24a is van overeenkomstige toepassing met dien verstande dat de rechter of de officier van justitie bij elke geldboete kan bepalen dat het bedrag in gedeelten kan worden voldaan. De rechter of de officier van justitie stelt daarbij de hoogte van elk van die gedeelten vast.

Vervangende jeugddetentie
2. De rechter kan bij de uitspraak waarbij geldboete wordt opgelegd, bevelen dat voor het geval volledige betaling noch volledig verhaal van het verschuldigde bedrag volgt, vervangende jeugddetentie zal worden toegepast.

Art. 77m

Inhoud taakstraf bij jeugdigen
1. Het vonnis of de strafbeschikking vermeldt of de taakstraf bestaat uit een werkstraf, een leerstraf of een combinatie van beide, alsmede het aantal uren dat de straf zal duren. Het vonnis of de strafbeschikking kan de aard en inhoud van de te verrichten werkzaamheden of het te volgen leerproject vermelden.
(Zie ook: art. 77f WvSr)

Onbetaalde arbeid
2. De duur van de door de rechter opgelegde onbetaalde arbeid of van de arbeid tot herstel van de door het strafbare feit aangerichte schade, is ten hoogste tweehonderd uren.

Leerproject
3. De duur van een leerproject is ten hoogste tweehonderd uren.
4. Indien meer dan één taakstraf wordt opgelegd, bedraagt het totaal aantal uren niet meer dan tweehonderdenveertig.
5. Artikel 27, eerste en vierde lid, is bij veroordeling tot een taakstraf door de rechter van overeenkomstige toepassing.

Art. 77ma

Verbod opleggen taakstraf bij jeugdigen
1. Een taakstraf wordt niet opgelegd in geval van veroordeling voor:
a. een misdrijf waarop naar de wettelijke omschrijving een gevangenisstraf van zes jaren of meer is gesteld en dat een ernstige inbreuk op de lichamelijke integriteit van het slachtoffer ten gevolge heeft gehad;
b. een van de misdrijven omschreven in de artikelen 240b, 248a, 248b, 248c en 250.
2. Van het eerste lid kan worden afgeweken indien naast de taakstraf, jeugddetentie, de maatregel betreffende het gedrag of de maatregel plaatsing in een inrichting voor jeugdigen wordt opgelegd.

Art. 77n

Vervangende jeugddetentie
1. In het vonnis waarbij taakstraf wordt opgelegd, beveelt de rechter voor het geval dat de veroordeelde de taakstraf niet naar behoren verricht, dat vervangende jeugddetentie zal worden toegepast.
2. De duur van de vervangende jeugddetentie wordt in gehele dagen, weken of maanden vastgesteld.
3. De vervangende jeugddetentie beloopt ten minste één dag en ten hoogste vier maanden. Voor elke twee uren van de taakstraf wordt niet meer dan één dag opgelegd.

Art. 77o-77q
[Vervallen]

Art. 77r

Ontzegging rijbevoegdheid bij jeugdigen
Ontzegging van de bevoegdheid motorrijtuigen te besturen is slechts mogelijk in de gevallen genoemd in de artikelen 179, 179a en 180 van de Wegenverkeerswet 1994 en in artikel 30, zesde lid, van de Wet aansprakelijkheidsverzekering motorrijtuigen (*Stb*. 1963, 228). Die artikelen zijn dan van overeenkomstige toepassing.

Art. 77s

Plaatsing in een inrichting voor jeugdigen
1. Aan de verdachte bij wie ten tijde van het begaan van het misdrijf een gebrekkige ontwikkeling of ziekelijke stoornis van de geestvermogens bestond, kan de maatregel van plaatsing in een inrichting voor jeugdigen worden opgelegd, indien
a. het feit waarvoor de maatregel wordt opgelegd, een misdrijf is waarop naar de wettelijke omschrijving een gevangenisstraf van vier jaren of meer is gesteld dan wel behoort tot een der misdrijven omschreven in de artikelen 132, 285, eerste lid, 285b en 395 van het Wetboek van Strafrecht, 175, tweede lid, onderdeel b, of derde lid in verbinding met het eerste lid, onderdeel b, van de Wegenverkeerswet 1994, en 11, tweede lid, van de Opiumwet, en
b. de veiligheid van anderen dan wel de algemene veiligheid van personen of goederen het opleggen van die maatregel eist, en
c. de maatregel in het belang is van een zo gunstig mogelijke verdere ontwikkeling van de verdachte.

Wetboek van Strafrecht
C1 art. 77w

2. De rechter legt de maatregel slechts op, nadat hij zich een met redenen omkleed, gedagtekend en ondertekend advies heeft doen overleggen van ten minste twee gedragsdeskundigen van verschillende disciplines. Van deze gedragsdeskundigen dient er één een psychiater te zijn. Het advies wordt door de deskundigen gezamenlijk dan wel door ieder van hen afzonderlijk uitgebracht. Indien dit advies eerder dan een jaar voor de aanvang van de terechtzitting is gedagtekend kan de rechter hier slechts gebruik van maken met instemming van het openbaar ministerie en de verdachte.
3. Bij toepassing van het eerste lid, kan de rechter afzien van het opleggen van straf, ook indien hij van oordeel is dat het feit wel aan de verdachte kan worden toegerekend.
4. Bij het opleggen van de maatregel neemt de rechter de ernst van het begane feit of de veelvuldigheid van voorafgegane veroordelingen wegens misdrijf in aanmerking.
5. Het tweede lid blijft buiten toepassing indien de betrokkene weigert medewerking te verlenen aan het onderzoek dat ten behoeve van het advies moet worden verricht. Voor zover mogelijk maken de gedragsdeskundigen gezamenlijk dan wel ieder van hen afzonderlijk over de reden van weigering rapport op. De rechter doet zich zoveel mogelijk een ander advies of rapport, dat hem over de wenselijkheid of noodzakelijkheid van de oplegging van de maatregel kan voorlichten en aan de totstandkoming waarvan de betrokkene wel bereid is om medewerking te verlenen, overleggen.
6. Indien de maatregel is opgelegd draagt Onze Minister de tenuitvoerlegging op aan een inrichting als bedoeld in artikel 1, onder b, van de Beginselenwet justitiële jeugdinrichtingen, of doet hij de veroordeelde elders opnemen.
7. De maatregel geldt voor de tijd van drie jaar.

Art. 77s bis-77t
[Vervallen]

Art. 77ta
1. Indien de maatregel voorwaardelijk eindigt als bedoeld in artikel 77s, zevende lid, en artikel 77t, tweede lid, zijn daaraan van rechtswege de voorwaarden verbonden dat:
a. de veroordeelde zich ten tijde van de voorwaardelijke beëindiging niet schuldig maakt aan een strafbaar feit;
b. de veroordeelde ten behoeve van het vaststellen van zijn identiteit medewerking verleent aan het nemen van een of meer vingerafdrukken of een identiteitsbewijs als bedoeld in artikel 1 van de Wet op de identificatieplicht ter inzage aanbiedt en medewerking verleent aan het toezicht door de gecertificeerde instelling, bedoeld in artikel 1.1 van de Jeugdwet dan wel van een reclasseringsinstelling als bedoeld in artikel 14c, zesde lid.
2. Een jaar nadat de maatregel voorwaardelijk is geëindigd als bedoeld in het bepaalde in de artikelen 6:2:22, tweede lid, en 6:6:31, van het Wetboek van Strafvordering eindigt de maatregel van rechtswege onvoorwaardelijk, tenzij de voorwaardelijke beëindiging wordt verlengd op de wijze als bedoeld in artikel 77tb. In de gevallen waarin de voorwaardelijke beëindiging is verlengd, eindigt de maatregel onvoorwaardelijk nadat de maximale duur van de voorwaardelijke beëindiging is bereikt.

Voorwaardelijke beëindiging van plaatsing in inrichting voor jeugdigen

Art. 77tb-77v
[Vervallen]

Art. 77w
1. De maatregel betreffende het gedrag van de jeugdige kan slechts worden opgelegd, indien:
a. de ernst van het begane misdrijf of de veelvuldigheid van de begane misdrijven of voorafgegane veroordelingen wegens misdrijf hiertoe aanleiding geven, en
b. de maatregel in het belang is van een zo gunstig mogelijke verdere ontwikkeling van de verdachte.
2. De rechter legt de maatregel slechts op, nadat hij zich een met redenen omkleed, gedagtekend en ondertekend advies heeft doen overleggen van de raad voor de kinderbescherming, dat wordt ondersteund door ten minste een gedragsdeskundige. Indien dit advies eerder dan een jaar voor de aanvang van de terechtzitting is gedagtekend kan de rechter hier slechts gebruik van maken met instemming van het openbaar ministerie en de verdachte. Indien de maatregel met toepassing van artikel 77c wordt opgelegd aan een jongvolwassene die ten tijde van het misdrijf of de misdrijven die voor het opleggen van de maatregel aanleiding geeft of geven, de leeftijd van achttien jaren maar nog niet de leeftijd van drieëntwintig jaren heeft bereikt, kan een advies van de raad voor de kinderbescherming achterwege blijven en wordt met een advies van een gedragsdeskundige volstaan.
3. De rechter geeft in zijn uitspraak aan waar de maatregel uit bestaat. De maatregel kan inhouden dat de veroordeelde aan een programma deelneemt in een door de rechter aan te wijzen instelling of dat de veroordeelde een ambulant programma zal volgen onder begeleiding van een door de rechter aan te wijzen organisatie.
4. De rechter kan, ter ondersteuning van het programma, bedoeld in het derde lid, bevelen dat de veroordeelde gedurende de nacht in een inrichting als bedoeld in de Beginselenwet justitiële jeugdinrichtingen verblijft.

Gedragsmaatregel bij jeugdigen, voorwaarden

Gedragsmaatregel, nadere bepaling

C1 art. 77wa   Wetboek van Strafrecht

5. Aan het programma kan elektronisch toezicht worden verbonden.
6. De rechter kan bij zijn uitspraak, ambtshalve of op vordering van het openbaar ministerie, bevelen dat het programma dadelijk uitvoerbaar is, indien er ernstig rekening mee moet worden gehouden dat de veroordeelde opnieuw een strafbaar feit zal plegen of zich belastend zal gedragen en de dadelijke uitvoerbaarheid in het belang van de jeugdige is.
7. Het bevel, bedoeld in het zesde lid, kan door de rechter die kennisneemt van het hoger beroep, ambtshalve, op verzoek van de veroordeelde of op vordering van het openbaar ministerie, worden opgeheven.

Gedragsmaatregel, termijn
8. De maatregel wordt opgelegd voor de tijd van ten minste zes maanden en ten hoogste een jaar.

Gedragsmaatregel, einde
9. De maatregel eindigt van rechtswege bij het onherroepelijk worden van een rechterlijke uitspraak waarbij de verdachte opnieuw de maatregel of de maatregel plaatsing in een inrichting voor jeugdigen wordt opgelegd.

Art. 77wa

Jeugdhulp
1. De rechter kan bepalen dat het in artikel 77w, derde lid, bedoelde programma geheel of ten dele komt te bestaan uit een vorm van jeugdhulp als bedoeld in artikel 1.1 van de Jeugdwet.
2. Indien de rechter toepassing heeft gegeven aan het bepaalde in het eerste lid, doet de raad daarvan onverwijld mededeling aan de gecertificeerde instelling, bedoeld in artikel 1.1 van de Jeugdwet.

Art. 77wb
[Vervallen]

Art. 77wc

Vervangende jeugddetentie
1. In het vonnis waarbij de maatregel betreffende het gedrag van de jeugdige wordt opgelegd, beveelt de rechter voor het geval dat de veroordeelde niet naar behoren aan de tenuitvoerlegging van de maatregel heeft meegewerkt, dat vervangende jeugddetentie zal worden toegepast.
2. De duur van de vervangende jeugddetentie wordt in gehele dagen, weken of maanden vastgesteld. Voor elke maand waarvoor de maatregel is opgelegd beloopt de vervangende jeugddetentie maximaal een maand.

Art. 77wd
[Vervallen]

Art. 77we

Vervangende jeugddetentie op bevel van rechter
1. In het vonnis waarbij de vrijheidsbeperkende maatregel wordt opgelegd, beveelt de rechter dat vervangende jeugddetentie zal worden toegepast voor het geval niet aan de maatregel wordt voldaan.

Schakelbepaling
2. De artikelen 38v, 38w, tweede tot en met het vierde lid, en artikel 6:3:10, derde lid, van het Wetboek van Strafvordering, zijn van overeenkomstige toepassing.

Art. 77wf
[Vervallen]

Art. 77x

Niet-tenuitvoerlegging maatregel
1. In geval van een veroordeling tot jeugddetentie, vervangende jeugddetentie daaronder niet begrepen, tot taakstraf, tot geldboete of tot ontzegging van de bevoegdheid motorrijtuigen te besturen, kan de rechter bepalen dat deze geheel of gedeeltelijk niet ten uitvoer zal worden gelegd. *(Zie ook: art. 14a WvSr)*
2. In geval van een veroordeling tot plaatsing in een inrichting voor jeugdigen kan de rechter bepalen dat deze niet ten uitvoer zal worden gelegd. Artikel 6:6:10a van het Wetboek van Strafvordering is van overeenkomstige toepassing.

Art. 77y

Proeftijd bij straf of maatregel voor jeugdigen
1. De rechter die bepaalt dat een door hem opgelegde straf of maatregel niet zal worden ten uitvoer gelegd, stelt daarbij een proeftijd vast van ten hoogste twee jaren.
2. De proeftijd gaat in:
   a. indien een kennisgeving als bedoeld in artikel 366a, eerste en tweede lid, van het Wetboek van Strafvordering is uitgereikt of toegezonden, op de vijftiende dag nadat de einduitspraak is gedaan, tenzij door de tijdige aanwending van een rechtsmiddel het vonnis of arrest niet onherroepelijk is geworden;
   b. indien een kennisgeving als bedoeld in artikel 366a, derde lid, van het Wetboek van Strafvordering moet worden betekend, op de vijftiende dag na die betekening, tenzij door de tijdige aanwending van een rechtsmiddel het vonnis of arrest niet onherroepelijk is geworden;
   c. indien de rechter een bevel als bedoeld in artikel 77za, eerste lid, heeft gegeven, op de dag van de einduitspraak.

Art. 77z

Voorwaardelijke niet-tenuitvoerlegging
1. Toepassing van artikel 77x geschiedt onder de algemene voorwaarde dat de veroordeelde zich voor het einde van de proeftijd niet schuldig maakt aan een strafbaar feit.
2. Bij toepassing van artikel 77x kunnen voorts de volgende bijzondere voorwaarden worden gesteld, waaraan de veroordeelde gedurende de proeftijd, of een bij de veroordeling te bepalen

Wetboek van Strafrecht

C1 art. 77bb

gedeelte daarvan, dan wel binnen een door de rechter te bepalen termijn, ten hoogste gelijk aan de proeftijd, heeft te voldoen:
1°. gehele of gedeeltelijke vergoeding van de door het strafbare feit veroorzaakte schade;
2°. geheel of gedeeltelijk herstel van de door het strafbare feit veroorzaakte schade;
3°. storting van een door de rechter vast te stellen waarborgsom, ten hoogste gelijk aan het verschil tussen het maximum van de geldboete die voor het feit kan worden opgelegd en de opgelegde boete;
4°. storting van een door de rechter vast te stellen geldbedrag in het schadefonds geweldsmisdrijven of ten gunste van een instelling die zich ten doel stelt belangen van slachtoffers van strafbare feiten te behartigen. Het bedrag kan niet hoger zijn dan de geldboete die ten hoogste voor het strafbare feit kan worden opgelegd;
5°. een verbod contact te leggen of te laten leggen met bepaalde personen of instellingen;
6°. een verbod zich op of in de directe omgeving van een bepaalde locatie te bevinden;
7°. een verplichting op bepaalde tijdstippen of gedurende een bepaalde periode op een bepaalde locatie aanwezig te zijn;
8°. een verplichting zich op bepaalde tijdstippen te melden bij een bepaalde instantie;
9°. een verbod op het gebruik van verdovende middelen of alcohol en de verplichting ten behoeve van de naleving van dit verbod mee te werken aan bloedonderzoek of urineonderzoek;
10°. opneming van de veroordeelde in een zorginstelling;
11°. een verplichting zich onder behandeling te stellen van een deskundige of zorginstelling;
12°. het verblijven in een instelling voor begeleid wonen of maatschappelijke opvang;
13°. het deelnemen aan een gedragsinterventie;
14°. het volgen van onderwijs, gedurende een bepaalde termijn, ten hoogste gelijk aan de proeftijd;
15°. andere voorwaarden, het gedrag van de veroordeelde betreffende.
3. Indien bij de toepassing van artikel 77x een bijzondere voorwaarde is gesteld, zijn daaraan van rechtswege de voorwaarden verbonden dat de veroordeelde:
a. ten behoeve van het vaststellen van zijn identiteit medewerking verleent aan het nemen van een of meer vingerafdrukken of een identiteitsbewijs als bedoeld in artikel 1 van de Wet op de identificatieplicht ter inzage aanbiedt; en
b. medewerking verleent aan het reclasseringstoezicht, bedoeld in artikel 77aa, eerste tot en met het vierde lid, daaronder begrepen de medewerking aan huisbezoeken en het zich melden bij de reclasseringsinstelling zo vaak en zolang als de reclasseringsinstelling dit noodzakelijk acht.
4. Aan een bijzondere voorwaarde kan elektronisch toezicht worden verbonden.
5. De voorwaarden in het tweede lid, onderdelen 10°, 11° of 15° en de gedragsinterventie, bedoeld in het tweede lid, onderdeel 13°, kunnen geheel of ten dele bestaan uit van jeugdhulp als bedoeld in artikel 1.1 van de Jeugdwet.

Art. 77za
De rechter kan bij zijn uitspraak, ambtshalve of op vordering van het openbaar ministerie, bevelen dat de op grond van artikel 77z gestelde voorwaarden, en het op grond van artikel 77aa uit te oefenen toezicht, dadelijk uitvoerbaar zijn, indien er ernstig rekening mee moet worden gehouden dat de veroordeelde wederom een misdrijf zal begaan dat gericht is tegen of gevaar veroorzaakt voor de onaantastbaarheid van het lichaam van een of meer personen.

Bevel tot direct uitvoeren hulp/steun/toezicht

Art. 77aa
1. De rechter kan aan een gecertificeerde instelling als bedoeld in artikel 1.1 van de Jeugdwet of, in bijzondere gevallen en na overleg met een dergelijke rechtspersoon, aan een particulier persoon, opdracht geven toezicht te houden op de naleving van de voorwaarden en de veroordeelde ten behoeve daarvan te begeleiden.
2. De rechter kan, indien de veroordeelde ingevolge artikel 255 van Boek 1 van het Burgerlijk Wetboek onder toezicht is gesteld, aan een gecertificeerde instelling als bedoeld in artikel 1.1 van de Jeugdwet opdragen aan de veroordeelde ter zake van de naleving der bijzondere voorwaarden hulp en steun te verlenen.
3. Indien de jeugdige de leeftijd van zestien jaren heeft bereikt, kan de rechter een in artikel 14c, zesde lid, bedoelde reclasseringsinstelling opdracht geven toezicht te houden op de naleving van de voorwaarden en de veroordeelde ten behoeve daarvan te begeleiden.
4. Bij algemene maatregel van bestuur, op de voordracht van Onze Minister van Veiligheid en Justitie en Onze Minister van Volksgezondheid, Welzijn en Sport, kunnen regels worden gesteld omtrent de aard en de omvang van het toezicht en de begeleiding, bedoeld in het eerste en tweede lid.

Toezicht naleving voorwaarden gecertificeerde instelling

Art. 77bb
Artikel 366a van het Wetboek van Strafvordering is van overeenkomstige toepassing op de mededeling van de veroordeling, waarbij artikel 77x en 77z zijn toegepast.

Schakelbepaling

Art. 77cc-77ff
[Vervallen]

C1 art. 77gg — Wetboek van Strafrecht

Art. 77gg

Straffen en maatregelen bij poging/voorbereiding/deelneming/medeplichtigheid
Samenloop

1. De straffen en maatregelen als bedoeld in deze Titel, zijn voor poging, voorbereiding, deelneming en medeplichtigheid dezelfde als die voor het voltooide misdrijf.

2. Bij samenloop worden meer feiten die als op zichzelf staande handelingen moeten worden beschouwd, voor de toepassing van straffen en maatregelen als één feit aangemerkt. Artikel 63 is met betrekking tot straffen van toepassing.

Art. 77hh-77kk
[Vervallen]

Titel IX
Betekenis van sommige in het wetboek voorkomende uitdrukkingen

Art. 78

Medeplichtigheid, poging en voorbereiding

Waar van misdrijf in het algemeen of van enig misdrijf in het bijzonder gesproken wordt, wordt daaronder medeplichtigheid aan, poging tot en voorbereiding van dat misdrijf begrepen, voorzover niet uit enige bepaling het tegendeel volgt.
(Zie ook: artt. 269, 327 BW Boek 1; artt. 45, 46, 48, 77gg WvSr; art. 129 WvSv; art. 4 WED)

Art. 78a

Horen, verhoren of ondervragen middels videoconferentie

1. Waar in dit wetboek de bevoegdheid wordt gegeven tot het horen, verhoren of ondervragen van personen, wordt daaronder, met uitzondering van bij algemene maatregel van bestuur te bepalen gevallen, mede begrepen horen, verhoren of ondervragen per videoconferentie, waarbij een directe beeld- en geluidsverbinding totstandkomt tussen de betrokken personen.
2. De voorzitter van het college, de rechter, de rechter-commissaris of ambtenaar die met de leiding over het horen is belast, beslist of van videoconferentie gebruik gemaakt wordt, waarbij het belang van het onderzoek in aanmerking wordt genomen. Alvorens te beslissen wordt de te horen persoon of diens raadsman en in voorkomende gevallen de officier van justitie, in de gelegenheid gesteld hun mening kenbaar te maken over de toepassing van videoconferentie. Bij algemene maatregel van bestuur kunnen hierover nadere regels worden gesteld.
3. Tegen de beslissing om van videoconferentie gebruik te maken staat geen afzonderlijk rechtsmiddel open.
4. Bij of krachtens algemene maatregel van bestuur worden regels gesteld omtrent:
a. de eisen waaraan de techniek van videoconferentie dient te voldoen, onder meer met het oog op de onschendbaarheid van vastgelegde waarnemingen;
b. de controle op de naleving van de eisen, bedoeld onder a.
(Zie ook: artt. 14i, 15b, 22h, 77u WvSr; art. 131a WvSv)

Art. 78b

Veroordeling

Waar van veroordeling wordt gesproken wordt daaronder een strafbeschikking begrepen, voorzover niet uit enige bepaling het tegendeel volgt.
(Zie ook: art. 257a WvSv)

Art. 78c

Eerdere veroordeling wegens strafbaar feit

Waar van een voorafgegane of vroegere veroordeling wegens een strafbaar feit wordt gesproken, wordt daaronder mede verstaan een voorafgegane of vroegere onherroepelijke veroordeling door een strafrechter in een andere lidstaat van de Europese Unie wegens soortgelijke feiten.

Art. 79

Aanslag tot een feit

Aanslag tot een feit bestaat, zodra het voornemen van de dader zich door een begin van uitvoering, in de zin van artikel 45, heeft geopenbaard.
(Zie ook: artt. 92, 108, 115, 117 WvSr)

Art. 80

Samenspanning

Samenspanning bestaat zodra twee of meer personen overeengekomen zijn om het misdrijf te plegen.
(Zie ook: artt. 96, 103, 114b, 120b, 135, 176b, 282c, 289a, 304b, 415b WvSr)

Art. 80bis

Omwenteling

Onder omwenteling wordt verstaan het vernietigen of op onwettige wijze veranderen van de grondwettige regeringsvorm of de orde van troonopvolging.
(Zie ook: artt. 94, 97a WvSr)

Art. 80ter

Verboden plaats

Onder verboden plaats wordt verstaan iedere plaats die als verboden plaats is aangewezen ingevolge de Wet bescherming staatsgeheimen.
(Zie ook: artt. 98c, 429quinquies WvSr)

Art. 80quater

Staatsgeheim

Onder gegeven waarvan de geheimhouding door het belang van de staat wordt geboden, wordt mede verstaan een gegeven, behorende tot of ontleend aan gegevens, hulpmiddelen of materialen of met behulp daarvan verrichte onderzoekingen of toegepaste werkmethoden, ter zake

Wetboek van Strafrecht C1 art. 83b

van de geheimhouding waarvan krachtens artikel 68 van de Kernenergiewet gestelde regelen gelden.
(Zie ook: artt. 98, 272 WvSr)

Art. 80quinquies
Onder gegevens wordt verstaan iedere weergave van feiten, begrippen of instructies, op een overeengekomen wijze, geschikt voor overdracht, interpretatie of verwerking door personen of geautomatiseerde werken.
(Zie ook: art. 139a WvSr; art. 125i WvSv)

Gegevens

Art. 80sexies
Onder geautomatiseerd werk wordt verstaan een apparaat of groep van onderling verbonden of samenhangende apparaten, waarvan er één of meer op basis van een programma automatisch computergegevens verwerken.
(Zie ook: artt. 138a, 139a, 350a, 350b WvSr; art. 125i WvSv)

Geautomatiseerd werk, begripsbepaling

Art. 80septies
1. Onder niet-contant betaalinstrument wordt verstaan:
a. een beveiligd voorwerp, niet zijnde muntspeciën of munt- of bankbiljetten;
b. een beveiligde registratie of afgeschermde gegevens, geschikt voor het initiëren van een betaalopdracht.
2. Onder niet-contant betaalinstrument wordt mede verstaan een beveiligd voorwerp, een beveiligde registratie of afgeschermde gegevens, geschikt voor het initiëren van een betaalopdracht door middel van virtuele valuta als bedoeld in artikel 1, eerste lid, van de Wet ter voorkoming van witwassen en financiering van terrorisme.

Niet-contant betaalinstrument

Art. 81
Met het plegen van geweld wordt gelijkgesteld het brengen in een staat van bewusteloosheid of onmacht.
(Zie ook: artt. 47, 95, 121, 141, 143, 145, 179, 180, 242, 246, 252, 279, 281, 284, 312, 317, 381, 395 WvSr)

Gelijkstelling brengen in bewusteloosheid

Art. 82
1. Onder zwaar lichamelijk letsel worden begrepen: ziekte die geen uitzicht op volkomen genezing overlaat, voortdurende ongeschiktheid tot uitoefening van zijn ambts- of beroepsbezigheden, en afdrijving of dood van de vrucht van een vrouw.
2. Onder zwaar lichamelijk letsel wordt mede begrepen storing van de verstandelijke vermogens die langer dan vier weken geduurd heeft.
(Zie ook: artt. 154, 181, 182, 248, 257, 282, 283, 300, 308, 312, 395, 396 WvSr)

Zwaar lichamelijk letsel

Art. 82a
Onder een ander, of een kind bij of kort na de geboorte, van het leven beroven wordt begrepen: het doden van een vrucht die naar redelijkerwijs verwacht mag worden in staat is buiten het moederlichaam in leven te blijven.
(Zie ook: artt. 290, 291 WvSr)

Van het leven beroven

Art. 83
Onder terroristisch misdrijf wordt verstaan:
1°. elk van de misdrijven omschreven in de artikelen 92 tot en met 96, 108, tweede lid, 115, tweede lid, 117, tweede lid, 121, 122, 157, onderdeel 3°, 161quater, onderdeel 2°, 164, tweede lid, 166, onderdeel 3°, 168, onderdeel 2°, 170, onderdeel 3°, 174, tweede lid, en 289, alsmede in artikel 80, tweede lid, Kernenergiewet, indien het misdrijf is begaan met een terroristisch oogmerk;
2°. elk van de misdrijven waarop ingevolge de artikelen 114a, 114b, 120a, 120b, 130a, 138b, vijfde lid, 176a, 176b, 282c, 289a, 304a, 304b, 354a, tweede lid,415a en 415b, alsmede artikel 80, derde lid, van de Kernenergiewet gevangenisstraf is gesteld;
3°. elk van de misdrijven omschreven in de artikelen 140a, 282b, 285, derde lid, en 288a, alsmede in artikel 55, vijfde lid, van de Wet wapens en munitie, artikel 6, vierde lid, van de Wet op de economische delicten, artikel 33b van de Wet explosieven voor civiel gebruik en artikel 79 van de Kernenergiewet.
(Zie ook: artt. 4, 4a, 140a, 225, 285, 311, 312 WvSr)

Terroristisch misdrijf, begripsbepaling

Art. 83a
Onder terroristisch oogmerk wordt verstaan het oogmerk om de bevolking of een deel der bevolking van een land ernstige vrees aan te jagen, dan wel een overheid of internationale organisatie wederrechtelijk te dwingen iets te doen, niet te doen of te dulden, dan wel de fundamentele politieke, constitutionele, economische of sociale structuren van een land of een internationale organisatie ernstig te ontwrichten of te vernietigen.
(Zie ook: artt. 114a, 120a, 130a, 176a, 282b, 288a, 304a, 415a WvSr)

Terroristisch oogmerk

Art. 83b
Onder misdrijf ter voorbereiding of vergemakkelijking van een terroristisch misdrijf wordt verstaan elk van de misdrijven omschreven in de artikelen 131, tweede lid, 132, derde lid, 134a, 138b, vierde lid, 197a, zevende lid, 205, derde lid, 225, derde lid, 285, vierde lid, 311, eerste lid,

Voorbereiding of vergemakkelijking terroristisch misdrijf

onderdeel 6°, 312, tweede lid, onderdeel 5°, 317, derde lid, jo. 312, tweede lid, onder 5°, 318, tweede lid, 322a, 326, tweede lid, 354a en 421.

Art. 83bis
[Vervallen]

Art. 84

Ambtenaar

1. Onder ambtenaren worden begrepen leden van algemeen vertegenwoordigende organen.
2. Onder ambtenaren en onder rechters worden begrepen scheidsrechters; onder rechters zij die administratieve rechtsmacht oefenen.
3. Allen die tot de gewapende macht behoren worden mede als ambtenaar beschouwd.
(Zie ook: artt. 44, 355, 462 WvSr)

Art. 84bis

Koopman

Onder koopman wordt verstaan ieder die een bedrijf uitoefent.
(Zie ook: art. 336 WvSr)

Art. 84ter
[Vervallen]

Art. 85

Schipper
Opvarende
Schepelingen

1. Onder schipper wordt verstaan elke gezagvoerder van een vaartuig of die deze vervangt.
2. Opvarenden zijn allen die zich aan boord bevinden, met uitzondering van de schipper.
3. Schepelingen zijn allen die zich als scheepsofficieren of scheepsgezellen aan boord bevinden.
4. Vaartuigen in aanbouw noch schepen in aanbouw worden als vaartuigen of schepen aangemerkt.
(Zie ook: art. 562a Rv; artt. 381, 469 WvSr; artt. 136a, 539c WvSv)

Art. 86

Nederlands schip

Onder Nederlandse schepen worden alleen verstaan die vaartuigen welke door de wet betrekkelijk de afgifte van zeebrieven en vergunningen tot het voeren van de Nederlandse vlag als zeeschepen worden aangemerkt.
(Zie ook: art. 562a Rv; artt. 3, 4, 386, 469 WvSr; artt. 136b, 539c WvSv)

Art. 86a

Nederlands luchtvaartuig

1. Onder Nederlandse luchtvaartuigen worden verstaan:
a. luchtvaartuigen die zijn ingeschreven in Nederlandse luchtvaartuigregisters;
b. luchtvaartuigen die zonder bemanning zijn verhuurd aan een huurder die de hoofdzetel van zijn bedrijf, of, indien de huurder niet een zodanige zetel heeft, zijn vaste verblijfplaats, in Nederland heeft.
2. Een luchtvaartuig is in vlucht van het moment af waarop alle buitendeuren, na het instappen, zijn gesloten tot het moment waarop een van de deuren wordt geopend voor het uitstappen. In geval van een noodlanding wordt de vlucht geacht voort te duren, totdat de bevoegde autoriteiten de verantwoordelijkheid voor het luchtvaartuig en voor de personen en goederen aan boord overnemen.
3. Een luchtvaartuig is in bedrijf van het begin van het gereedmaken van dat luchtvaartuig voor een bepaalde vlucht door het grondpersoneel of door de bemanning tot het moment dat sedert de landing vierentwintig uren zijn verstreken. De periode tijdens welke het luchtvaartuig in bedrijf is strekt zich in elk geval uit tot de gehele periode tijdens welke het luchtvaartuig in vlucht is, zoals omschreven in het tweede lid.
(Zie ook: artt. 3, 4, 352, 381 WvSr; art. 539c WvSv)

Art. 86b

Vaste woon- of verblijfplaats

Voor de toepassing van Titel I van dit Boek wordt onder het hebben van een vaste woon- of verblijfplaats in Nederland verstaan het rechtmatig verblijven in Nederland gedurende een onafgebroken periode van vijf jaar of langer.

Art. 87

Vijand

1. Onder vijand worden begrepen opstandelingen.
(Zie ook: artt. 102, 104 WvSr)

Oorlog
Tijd van oorlog

2. Onder oorlog wordt begrepen burgeroorlog.
3. Onder tijd van oorlog wordt begrepen de tijd waarin oorlog dreigende is. Tijd van oorlog wordt mede geacht te bestaan zodra dienstplichtigen buitengewoon in werkelijke dienst worden opgeroepen en zolang zij buitengewoon in werkelijke dienst worden gehouden.

Art. 87a

Bevriende staat

Onder een bevriende staat wordt verstaan een buitenlandse mogendheid waarmede Nederland niet in een gewapend conflict is gewikkeld.

Art. 87b

Internationaal beschermd persoon

1. Onder internationaal beschermd persoon wordt verstaan een persoon vallende onder de omschrijving van artikel 1, eerste lid, van het Verdrag inzake de voorkoming en bestraffing van misdrijven tegen internationaal beschermde personen, met inbegrip van diplomaten van 14 december 1973 (*Trb.* 1981, 69).
2. Onder internationaal beschermd persoon wordt mede verstaan een persoon vallende onder de omschrijving van artikel 1, onderdeel a of b, van het Verdrag inzake de veiligheid van VN-

personeel en geassocieerd personeel van 9 december 1994 (Trb. 1996, 62), zoals aangevuld door het Facultatief Protocol van 8 december 2005 (*Trb.* 2006, 211).
3. Onder beschermde goederen worden verstaan de goederen bedoeld in artikel 2, eerste lid, onder b, van het in het eerste lid genoemde verdrag en artikel 9, eerste lid, onderdeel b, van het in het tweede lid genoemde verdrag.   *Beschermde goederen*

Art. 88
Onder maand wordt verstaan een tijd van dertig dagen, onder dag, behoudens voor de toepassing van de Algemene termijnenwet, een tijd van vierentwintig uren.   *Maand en dag, begripsbepaling*
(Zie ook: artt. 130, 136 WvSv)

Art. 89
Onder inklimming wordt begrepen ondergraving, alsmede het overschrijden van sloten of grachten tot afsluiting dienende.   *Inklimming*
(Zie ook: artt. 138, 202, 311, 312 WvSr)

Art. 90
Onder valse sleutels worden begrepen alle tot opening van het slot niet bestemde werktuigen.   *Valse sleutels*
(Zie ook: artt. 138, 202, 311, 312 WvSr)

Art. 90bis
1. Onder opkoper wordt verstaan hij die van opkopen een beroep of een gewoonte maakt.   *Opkoper*
2. Onder opkopen worden begrepen alle handelingen, hoe ook genaamd, waarmede kennelijk hetzelfde wordt beoogd.   *Opkopen*

Art. 90ter
1. Onder electriciteitswerken worden verstaan werken dienende tot voortbrenging, geleiding, transformatie of levering van electriciteit en daarmede in verband staande beveiligings-, bevestigings-, ondersteunings- en waarschuwingswerken.   *Elektriciteitswerken*
2. Onder electriciteitswerken worden niet begrepen telegraaf- en telefoonwerken.
(Zie ook: artt. 161bis, 161ter, 351 WvSr)

Art. 90quater
Onder discriminatie of discrimineren wordt verstaan elke vorm van onderscheid, elke uitsluiting, beperking of voorkeur, die ten doel heeft of ten gevolge kan hebben dat de erkenning, het genot of de uitoefening op voet van gelijkheid van de rechten van de mens en de fundamentele vrijheden op politiek, economisch, sociaal of cultureel terrein of op andere terreinen van het maatschappelijk leven, wordt teniet gedaan of aangetast.   *Discriminatie*
(Zie ook: art. 1 GW)

Art. 90quinquies
Onder instelling voor verpleging van ter beschikking gestelden wordt verstaan een instelling bedoeld in artikel 1.1, onderdeel e, van de Wet forensische zorg.   *Instelling voor verpleging van terbeschikkinggestelden*

Art. 90sexies
Onder psychiatrisch ziekenhuis wordt verstaan: *Psychiatrisch ziekenhuis*
1o. een accommodatie als bedoeld in artikel 1:1, eerste lid, onderdeel b, van de Wet verplichte geestelijke gezondheidszorg;
2o. een accommodatie als bedoeld in artikel 1, eerste lid, onderdeel b, van de Wet zorg en dwang psychogeriatrische en verstandelijk gehandicapte cliënten.

Art. 90septies
Onder psychiater wordt verstaan een arts die bevoegd is de titel van psychiater of zenuwarts te voeren.   *Psychiater*

Art. 90octies
Waar van huwelijk of echtgenoot wordt gesproken wordt, met uitzondering van artikel 449, daaronder mede begrepen geregistreerd partnerschap dan wel geregistreerde partner.   *Gelijkstelling geregistreerd partnerschap met huwelijk*
(Zie ook: art. 80a BW Boek 1)

Slotbepaling

Art. 91
De bepalingen van de Titels I-VIII A van dit Boek zijn ook toepasselijk op feiten waarop bij andere wetten of verordeningen straf is gesteld, tenzij de wet anders bepaalt.   *Werkingssfeer*

Tweede Boek
Misdrijven

Titel I
Misdrijven tegen de veiligheid van de staat

Art. 92

Aanslag tegen Koning

De aanslag ondernomen met het oogmerk om de Koning, de regerende Koningin of de Regent van het leven of de vrijheid te beroven of tot regeren ongeschikt te maken, wordt gestraft met levenslange gevangenisstraf of tijdelijke van ten hoogste dertig jaren of geldboete van de vijfde categorie.
(Zie ook: artt. 24, 37 GW; artt. 4, 79, 83, 96, 106, 108, 135, 136 WvSr; artt. 160, 551 WvSv)

Art. 93

Aanslag tegen Staat

De aanslag ondernomen met het oogmerk om het Rijk geheel of gedeeltelijk onder vreemde heerschappij te brengen of om een deel daarvan af te scheiden, wordt gestraft met levenslange gevangenisstraf of tijdelijke van ten hoogste dertig jaren of geldboete van de vijfde categorie.
(Zie ook: artt. 4, 79, 83, 96, 106, 135, 136 WvSr; artt. 160, 551 WvSv)

Art. 94

Aanslag tegen regeringsvorm

De aanslag ondernomen met het oogmerk om de grondwettige regeringsvorm of de orde van troonopvolging te vernietigen of op onwettige wijze te veranderen, wordt gestraft met levenslange gevangenisstraf of tijdelijke van ten hoogste dertig jaren of geldboete van de vijfde categorie.
(Zie ook: artt. 79, 83, 96, 106, 135, 136 WvSr; artt. 160, 551 WvSv)

Art. 95

Aanslag tegen regeringsraad

Hij die door geweld of bedreiging met geweld een vergadering van de regeringsraad uiteenjaagt, tot het nemen of niet nemen van enig besluit dwingt, een lid uit die vergadering verwijdert of opzettelijk een lid verhindert die vergadering bij te wonen of daarin vrij en onbelemmerd zijn plicht te vervullen, wordt gestraft met levenslange gevangenisstraf of tijdelijke van ten hoogste dertig jaren of geldboete van de vijfde categorie.
(Zie ook: art. 38 GW; artt. 83, 96, 106, 135, 136 WvSr; artt. 160, 551 WvSv)

Art. 95a

Geweld tegen ministerraad

Hij die door geweld of bedreiging met geweld een vergadering van de raad van ministers uiteenjaagt, tot het nemen of niet nemen van enig besluit dwingt, een lid uit die vergadering verwijdert of opzettelijk een lid verhindert die vergadering bij te wonen of daarin vrij en onbelemmerd zijn plicht te vervullen, wordt gestraft met levenslange gevangenisstraf of tijdelijke van ten hoogste dertig jaren of geldboete van de vijfde categorie.
(Zie ook: art. 45 GW; artt. 4, 83, 96, 106, 135, 136 WvSr; artt. 160, 551 WvSv)

Art. 96

Samenspanning in geval van artt. 92-95a Sr
Voorbereiding in geval van artt. 92-95a Sr

1. De samenspanning tot een der in de artikelen 92-95a omschreven misdrijven wordt gestraft met gevangenisstraf van ten hoogste tien jaren of geldboete van de vijfde categorie.
2. Dezelfde straf is toepasselijk op hem die, met het oogmerk om een der in de artikelen 92-95a omschreven misdrijven voor te bereiden of te bevorderen:
1°. een ander tracht te bewegen om het misdrijf te plegen, te doen plegen of mede te plegen, om daarbij behulpzaam te zijn of om daartoe gelegenheid, middelen of inlichtingen te verschaffen;
2°. gelegenheid, middelen of inlichtingen tot het plegen van het misdrijf zich of anderen tracht te verschaffen;
3°. voorwerpen voorhanden heeft waarvan hij weet dat zij bestemd zijn tot het plegen van het misdrijf;
4°. plannen voor de uitvoering van het misdrijf, welke bestemd zijn om aan anderen te worden medegedeeld, in gereedheid brengt of onder zich heeft;
5°. enige maatregel van regeringswege genomen om de uitvoering van het misdrijf te voorkomen of te onderdrukken, tracht te beletten, te belemmeren of te verijdelen.

Art. 97

Verstandhouding met vreemde mogendheid

1. Hij die met een buitenlandse mogendheid in verbinding treedt, met het oogmerk om haar tot het plegen van vijandelijkheden of het voeren van oorlog tegen de staat te bewegen, haar in het daartoe opgevatte voornemen te versterken, haar daarbij hulp toe te zeggen of bij de voorbereiding hulp te verlenen, wordt gestraft met levenslange gevangenisstraf of tijdelijke van ten hoogste dertig jaren of geldboete van de vijfde categorie.
2. Handelingen gepleegd ter voorbereiding van een misdrijf als omschreven in het voorgaande lid, worden gestraft met gevangenisstraf van ten hoogste tien jaren of geldboete van de vijfde categorie.
(Zie ook: artt. 106, 136 WvSr; art. 160 WvSv)

Wetboek van Strafrecht

Art. 97a
Hij die met een in het buitenland gevestigd persoon of lichaam in verbinding treedt met het oogmerk om een zodanig persoon of lichaam tot het verschaffen van steun aan het voorbereiden, bevorderen of teweegbrengen van omwenteling te bewegen, om een zodanig persoon of lichaam in het daartoe opgevatte voornemen te versterken of aan een zodanig persoon of lichaam daarbij hulp toe te zeggen of te verlenen, of om omwenteling voor te bereiden, te bevorderen of teweeg te brengen, wordt gestraft met levenslange gevangenisstraf of tijdelijke van ten hoogste dertig jaren of geldboete van de vijfde categorie.
(Zie ook: artt. 4, 80bis, 106, 136 WvSr; artt. 160, 551 WvSv)

Steunen, bevorderen of teweegbrengen van omwenteling met persoon of lichaam in het buitenland

Art. 97b
Met gevangenisstraf van ten hoogste tien jaren of geldboete van de vijfde categorie wordt gestraft:
1°. hij die enig voorwerp invoert dat geschikt is tot het verschaffen van stoffelijke steun aan het voorbereiden, bevorderen of teweegbrengen van omwenteling, indien hij weet of ernstige reden heeft om te vermoeden dat het daartoe bestemd is;
2°. hij die enig voorwerp onder zich heeft of tot onderwerp van een overeenkomst maakt dat geschikt is tot het verschaffen van stoffelijke steun aan het voorbereiden, bevorderen of teweegbrengen van omwenteling, indien hij weet of ernstige reden heeft om te vermoeden, dat het daartoe bestemd is en dat het voorwerp of enig ander voorwerp waarvoor het in de plaats is getreden, hetzij met die bestemming is ingevoerd, hetzij door of vanwege een in het buitenland gevestigd persoon of lichaam daartoe is bestemd.
(Zie ook: artt. 80bis, 106, 136 WvSr; artt. 160, 551 WvSv)

Stoffelijke steun bij omwenteling

Art. 98
1. Hij die een inlichting waarvan de geheimhouding door het belang van de staat of van zijn bondgenoten wordt geboden, een voorwerp waaraan een zodanige inlichting kan worden ontleend, of zodanige gegevens opzettelijk verstrekt aan of ter beschikking stelt van een tot kennisneming daarvan niet gerechtigd persoon of lichaam, wordt, indien hij weet of redelijkerwijs moet vermoeden dat het een zodanige inlichting, een zodanig voorwerp of zodanige gegevens betreft, gestraft met gevangenisstraf van ten hoogste zes jaren of geldboete van de vijfde categorie.
2. Met dezelfde straf wordt gestraft hij die een inlichting die van een verboden plaats afkomstig is en tot de veiligheid van de staat of van zijn bondgenoten in betrekking staat, een voorwerp waaraan een zodanige inlichting kan worden ontleend, of zodanige gegevens opzettelijk verstrekt aan of ter beschikking stelt van een tot kennisneming daarvan niet gerechtigd persoon of lichaam, indien hij weet of redelijkerwijs moet vermoeden dat het een zodanige inlichting, een zodanig voorwerp of zodanige gegevens betreft.
(Zie ook: artt. 4, 80ter, 80quater, 80quinquies, 106, 136 WvSr; artt. 160, 551 WvSv)

Schending van staatsgeheimen

Art. 98a
1. Hij die een inlichting, een voorwerp of gegevens als bedoeld in artikel 98, hetzij opzettelijk openbaar maakt, hetzij zonder daartoe gerechtigd te zijn opzettelijk verstrekt aan of ter beschikking stelt van een buitenlandse mogendheid, een in het buitenland gevestigd persoon of lichaam, dan wel een zodanig persoon of lichaam dat gevaar ontstaat dat de inlichting of de gegevens aan een buitenlandse mogendheid of aan een in het buitenland gevestigd persoon of lichaam bekend wordt, wordt, indien hij weet of redelijkerwijs moet vermoeden dat het een zodanige inlichting of zodanige gegevens betreft, gestraft met gevangenisstraf van ten hoogste vijftien jaren of geldboete van de vijfde categorie.
2. Indien de schuldige heeft gehandeld in tijd van oorlog dan wel in dienst of in opdracht van een buitenlandse mogendheid of van een in het buitenland gevestigd persoon of lichaam, kan levenslange gevangenisstraf of tijdelijke van ten hoogste dertig jaren of geldboete van de vijfde categorie worden opgelegd.
3. Handelingen gepleegd ter voorbereiding van een misdrijf als omschreven in de voorgaande leden worden gestraft met gevangenisstraf van ten hoogste zes jaren of geldboete van de vijfde categorie.
(Zie ook: artt. 4, 80quater, 80quinquies, 106, 136 WvSr; artt. 160, 551 WvSv)

Staatsgeheimen doorspelen aan een vreemde staat

Art. 98b
Hij aan wiens schuld te wijten is dat een inlichting, een voorwerp of gegevens als bedoeld in artikel 98, openbaar worden gemaakt of ter beschikking komt van een tot kennisneming daarvan niet gerechtigd persoon of lichaam, wordt gestraft met gevangenisstraf van ten hoogste een jaar of geldboete van de derde categorie.
(Zie ook: artt. 4, 80quater, 80quinquies, 106, 136 WvSr; artt. 160, 551 WvSv)

Schending van staatsgeheimen door schuld

Art. 98c
1. Met gevangenisstraf van ten hoogste zes jaren of geldboete van de vijfde categorie wordt gestraft:
1°. hij die opzettelijk een inlichting, een voorwerp of gegevens als bedoeld in artikel 98, zonder daartoe gerechtigd te zijn, onder zich neemt of houdt;

Staatsgeheimen, het zich verschaffen van

Sdu

2°. hij die enige handeling verricht, ondernomen met het oogmerk om, zonder daartoe gerechtigd te zijn, de beschikking te krijgen over een inlichting, een voorwerp of gegevens als bedoeld in artikel 98;
3°. hij die tersluik, onder een vals voorgeven, door middel van een vermomming of langs een andere dan de gewone toegang op of in een verboden plaats komt of tracht te komen, aldaar in dier voege aanwezig is, of zich op een van die wijzen of door een van die middelen vandaar verwijdert of tracht te verwijderen.
2. De bepaling onder 3° is niet toepasselijk, indien de rechter blijkt dat de dader niet heeft gehandeld met het oogmerk bedoeld onder 2°.
(Zie ook: artt. 4, 80ter, 80quater, 80quinquies, 106, 136 WvSr; artt. 160, 551 WvSv)

Art. 99

Landverraad bij opdracht van regeringswege

Hij die een hem van regeringswege opgedragen onderhandeling met een buitenlandse mogendheid opzettelijk ten nadele van de staat voert, wordt gestraft met gevangenisstraf van ten hoogste vijftien jaren of geldboete van de vijfde categorie.
(Zie ook: artt. 106, 136 WvSr; art. 160 WvSv)

Art. 100

Onzijdigheid in gevaar brengen bij oorlog

Met gevangenisstraf van ten hoogste tien jaren of geldboete van de vijfde categorie wordt gestraft:
1°. hij die, in geval van een oorlog waarin Nederland niet betrokken is, opzettelijk enige handeling verricht waardoor het gevaar ontstaat dat de staat in een oorlog wordt betrokken, of enig van regeringswege gegeven en bekendgemaakt bijzonder voorschrift tot handhaving van het niet deelnemen aan de oorlog opzettelijk overtreedt;

Staatsveiligheid in gevaar brengen bij oorlog

2°. hij die, in tijd van oorlog, enig voorschrift van regeringswege in het belang van de veiligheid van de staat gegeven en bekendgemaakt, opzettelijk overtreedt.
(Zie ook: artt. 87, 106, 107a, 136 WvSr; art. 160 WvSv)

Art. 101

Vreemde krijgsdienst dienen

De Nederlander die in het vooruitzicht van een oorlog met een buitenlandse mogendheid vrijwillig bij deze mogendheid in krijgsdienst treedt, wordt, indien de oorlog uitbreekt, gestraft met gevangenisstraf van ten hoogste vijftien jaren of geldboete van de vijfde categorie.
(Zie ook: artt. 87, 106, 107a, 136 WvSr; art. 160 WvSv)

Art. 102

Hulpverlening aan de vijand

Met levenslange gevangenisstraf of tijdelijke van ten hoogste dertig jaren of geldboete van de vijfde categorie wordt gestraft hij die opzettelijk, in tijd van oorlog, de vijand hulp verleent of de staat tegenover de vijand benadeelt.
(Zie ook: artt. 87, 103, 106, 107, 107a, 135, 136 WvSr; art. 160 WvSv)

Art. 103

Samenspanning in geval van art. 102 Sr

De samenspanning tot het in artikel 102 omschreven misdrijf wordt gestraft met gevangenisstraf van ten hoogste tien jaren of geldboete van de vijfde categorie.
(Zie ook: artt. 80, 106, 107, 107a, 136 WvSr; art. 160 WvSv)

Art. 103a

Uitzondering in geval van artt. 102 en 103 Sr

Niet strafbaar is hij die een der in de artikelen 102 en 103 omschreven misdrijven heeft begaan in de redelijke overtuiging het Nederlandse belang niet te schaden.

Art. 104

Hulpverlening aan verspieders en deserteurs

Met gevangenisstraf van ten hoogste zes jaren of geldboete van de vijfde categorie wordt gestraft hij die, in tijd van oorlog, zonder oogmerk om de vijand hulp te verlenen of de staat tegenover de vijand te benadelen, opzettelijk:
1°. een verspieder van de vijand opneemt, verbergt of voorthelpt;
2°. desertie onder een krijgsman, in dienst van het Rijk, teweegbrengt of bevordert.
(Zie ook: artt. 87, 107, 107a, 136 WvSr; art. 160 WvSv)

Art. 105

Militaire leveringen

1. Hij die, in tijd van oorlog, enige bedrieglijke handeling pleegt bij levering van benodigdheden ten dienste van de krijgsmacht, wordt gestraft met gevangenisstraf van ten hoogste twaalf jaren of geldboete van de vijfde categorie.
2. Met dezelfde straf wordt gestraft hij die, met het opzicht over de levering van de goederen belast, de bedrieglijke handeling opzettelijk toelaat.
(Zie ook: artt. 4, 87, 107, 107a, 136 WvSr; art. 160 WvSv)

Art. 106

Ontzetting van rechten in geval van art. 92 Sr
Ontzetting van rechten in geval van art. 93-103 Sr
Ontzetting uit beroep in geval van art. 105 Sr

1. Bij veroordeling wegens het in artikel 92 omschreven misdrijf, kan ontzetting van de in artikel 28, eerste lid, onder 1°-4°, vermelde rechten worden uitgesproken.
2. Bij veroordeling wegens een der in de artikelen 93-103 omschreven misdrijven, kan ontzetting van de in artikel 28, eerste lid, onder 1°-3°, vermelde rechten worden uitgesproken.
3. Bij veroordeling wegens het in artikel 105 omschreven misdrijf, kan de schuldige worden ontzet van de uitoefening van het beroep waarin hij het misdrijf begaan heeft en van de in artikel 28, eerste lid, onder 1°-4°, vermelde rechten, en kan openbaarmaking van de rechterlijke uitspraak worden gelast.
(Zie ook: artt. 36, 107a WvSr)

Art. 107
De straffen gesteld op de in de artikelen 102-105 omschreven feiten, zijn toepasselijk indien een van die feiten wordt gepleegd tegen of met betrekking tot de bondgenoten van de staat in een gemeenschappelijke oorlog.
(Zie ook: art. 87 WvSr)

Benadeling bondgenoten

Art. 107a
De artikelen 100, onder 2°, en 101-107 vinden overeenkomstige toepassing in geval van een gewapend conflict dat niet als oorlog kan worden aangemerkt en waarbij Nederland is betrokken, hetzij ter individuele of collectieve zelfverdediging, hetzij tot herstel van internationale vrede en veiligheid.

Gelijkstelling gewapend conflict met oorlog

Titel II
Misdrijven tegen de koninklijke waardigheid

Art. 108
1. De aanslag op het leven of de vrijheid van de echtgenoot van de Koning, van de vermoedelijke opvolger van de Koning, of van diens echtgenoot, wordt gestraft met gevangenisstraf van ten hoogste vijftien jaren of geldboete van de vijfde categorie.
2. Indien de aanslag op het leven de dood ten gevolge heeft of met voorbedachten rade wordt ondernomen, wordt levenslange gevangenisstraf of tijdelijke van ten hoogste dertig jaren opgelegd of geldboete van de vijfde categorie.
(Zie ook: artt. 4, 79, 83, 114, 136 WvSr; art. 160 WvSv)

Aanslag op leden van Koninklijk Huis

Art. 109
Elke feitelijke aanranding van de persoon van de Koning die niet valt in een zwaardere strafbepaling wordt gestraft met gevangenisstraf van ten hoogste zeven jaren en zes maanden of geldboete van de vijfde categorie.
(Zie ook: artt. 4, 55, 114, 136 WvSr; art. 160 WvSv)

Aanranding persoon van de Koning

Art. 110
Elke feitelijke aanranding van de persoon van de echtgenoot van de Koning, van de vermoedelijke opvolger van de Koning, van diens echtgenoot, of van de Regent die niet valt in een zwaardere strafbepaling wordt gestraft met gevangenisstraf van ten hoogste zes jaren of geldboete van de vijfde categorie.
(Zie ook: artt. 4, 55, 114, 136 WvSr; art. 160 WvSv)

Aanranding leden Koninklijk Huis

Art. 111-113
[Vervallen]

Art. 114
Bij veroordeling wegens een der in de artikelen 108, 109 en 110 omschreven misdrijven kan ontzetting van de in artikel 28, eerste lid, onder 1°-4°, vermelde rechten worden uitgesproken.

Ontzetting van rechten in geval van art. 108-110 Sr

Art. 114a
Indien een misdrijf, strafbaar gesteld in artikel 108, eerste lid, 109 of 110, is begaan met een terroristisch oogmerk, wordt de in dat artikel bepaalde tijdelijke gevangenisstraf met de helft verhoogd en wordt, indien op het misdrijf een tijdelijke gevangenisstraf van ten hoogste vijftien jaren is gesteld, levenslange gevangenisstraf of tijdelijke van ten hoogste dertig jaren opgelegd.
(Zie ook: artt. 83, 83a WvSr)

Terroristisch misdrijf tegen Koninklijk Huis

Art. 114b
1. De samenspanning tot de in de artikel 108 omschreven misdrijven, te begaan met een terroristisch oogmerk, wordt gestraft met gevangenisstraf van ten hoogste tien jaren of geldboete van de vijfde categorie.
2. Artikel 96, tweede lid, is van overeenkomstige toepassing.
(Zie ook: artt. 80, 83, 83a WvSr)

Samenspanning in geval van art. 108 Sr

Titel III
Misdrijven tegen hoofden van bevriende Staten en andere internationaal beschermde personen

Art. 115
1. De aanslag op het leven of de vrijheid van een hoofd van een bevriende staat wordt gestraft met gevangenisstraf van ten hoogste vijftien jaren of geldboete van de vijfde categorie.
2. Indien de aanslag op het leven de dood ten gevolge heeft of met voorbedachten rade wordt ondernomen, wordt levenslange gevangenisstraf of tijdelijke van ten hoogste dertig jaren of geldboete van de vijfde categorie opgelegd.
(Zie ook: artt. 79, 83, 87a, 120 WvSr)

Aanslag op bevriend staatshoofd

Art. 116

Feitelijke aanranding bevriend staatshoofd

Elke feitelijke aanranding van de persoon van een hoofd van een bevriende staat, die niet valt in een zwaardere strafbepaling, wordt gestraft met gevangenisstraf van ten hoogste zes jaren of geldboete van de vijfde categorie.
(Zie ook: artt. 87a, 120 WvSr)

Art. 117

Aanslag op internationaal beschermd persoon

1. De aanslag op het leven of de vrijheid van een internationaal beschermd persoon wordt gestraft met gevangenisstraf van ten hoogste twaalf jaren of geldboete van de vijfde categorie.
2. Indien de aanslag op het leven de dood ten gevolge heeft of met voorbedachte rade wordt ondernomen, wordt levenslange gevangenisstraf of tijdelijke van ten hoogste dertig jaren opgelegd of geldboete van de vijfde categorie.
(Zie ook: artt. 83, 87b WvSr; art. 552hh WvSv)

Art. 117a

Aanranding van een internationaal beschermd persoon

Elke feitelijke aanranding van de persoon van een internationaal beschermd persoon, die niet valt in een zwaardere strafbepaling, wordt gestraft met gevangenisstraf van ten hoogste drie jaren of geldboete van de vierde categorie.
(Zie ook: art. 87b WvSr; art. 552hh WvSv)

Art. 117b

Geweld tegen goederen van internationaal beschermd persoon

Hij die opzettelijk geweld pleegt tegen de beschermde goederen van een internationaal beschermd persoon wordt, indien daardoor gevaar voor de veiligheid of de vrijheid van die persoon te duchten is, gestraft met gevangenisstraf van ten hoogste acht jaren of geldboete van de vijfde categorie.
(Zie ook: art. 87b WvSr; art. 552hh WvSv)

Art. 118-119

[Vervallen]

Art. 120

Ontzetting van rechten in geval van artt. 115 en 116 Sr

Bij veroordeling wegens een der in de artikelen 115 en 116 omschreven misdrijven, kan ontzetting van de in artikel 28, eerste lid, onder 1°-4°, vermelde rechten worden uitgesproken.

Art. 120a

Terroristisch misdrijf tegen bevriend staatshoofd of beschermd persoon

Indien een misdrijf, strafbaar gesteld in artikel 115, eerste lid, 116, 117, eerste lid, 117a of 117b, is begaan met een terroristisch oogmerk, wordt de in dat artikel bepaalde tijdelijke gevangenisstraf met de helft verhoogd en wordt, indien op het misdrijf een tijdelijke gevangenisstraf van ten hoogste vijftien jaren is gesteld, levenslange gevangenisstraf of tijdelijke van ten hoogste dertig jaren opgelegd.
(Zie ook: artt. 83, 83a WvSr)

Art. 120b

Samenspanning in geval van artt. 115 en 117 Sr

1. De samenspanning tot de in de artikelen 115 en 117 omschreven misdrijven, te begaan met een terroristisch oogmerk, wordt gestraft met gevangenisstraf van ten hoogste tien jaren of geldboete van de vijfde categorie.
2. Artikel 96, tweede lid, is van overeenkomstige toepassing.
(Zie ook: artt. 80, 83, 83a WvSr)

Art. 120c

Ontzegging stemrecht bij veroordeling o.g.v. art. 117, 117a, 117b en 120b

Bij veroordeling wegens een der misdrijven omschreven in de artikelen 117, 117a en 117b, begaan met een terroristisch oogmerk, alsmede bij veroordeling wegens een der misdrijven omschreven in artikel 120b, kan ontzetting van het in artikel 28, eerste lid, onder 3°, vermelde recht worden uitgesproken.

Titel IV
Misdrijven betreffende de uitoefening van staatsplichten en staatsrechten

Art. 121

Geweld tegen de Staten-Generaal

Hij die door geweld of bedreiging met geweld een vergadering van de beide kamers der Staten-Generaal of van een van deze uiteenjaagt of tot het nemen van niet nemen van enig besluit dwingt, of een lid, een minister of een staatssecretaris uit die vergadering verwijdert of opzettelijk verhindert die bij te wonen of daarin vrij en onbelemmerd zijn plicht te vervullen, wordt gestraft met levenslange gevangenisstraf of tijdelijke van ten hoogste dertig jaren of geldboete van de vijfde categorie.
(Zie ook: art. 50 GW; artt. 81, 83, 95, 130, 135 WvSr)

Art. 121a

Geweld tegen een vergadering van een commissie der Staten-Generaal

Hij die door geweld of bedreiging met geweld een vergadering van een commissie uit de beide kamers der Staten-Generaal of uit een van deze uiteenjaagt of tot het nemen van niet nemen van enig besluit dwingt of een lid, een minister of een staatssecretaris uit die vergadering verwijdert of opzettelijk verhindert die bij te wonen of daarin vrij en onbelemmerd zijn plicht te vervullen,

Wetboek van Strafrecht C1 art. 129

wordt gestraft met gevangenisstraf van ten hoogste negen jaren of geldboete van de vijfde categorie.
(Zie ook: artt. 179, 284 WvSr)

Art. 122
1. De samenspanning tot het in artikel 121 omschreven misdrijf wordt gestraft met gevangenisstraf van ten hoogste tien jaren of geldboete van de vijfde categorie.
2. Artikel 96, tweede lid, is van overeenkomstige toepassing.
(Zie ook: artt. 80, 83, 130 WvSr)

Samenspanning in geval van art. 121 Sr

Art. 123
Hij die door geweld of bedreiging met geweld een vergadering van de staten van een provincie uiteenjaagt of tot het nemen of niet nemen van enig besluit dwingt of een lid, de voorzitter of een gedeputeerde uit die vergadering verwijdert of opzettelijk verhindert die bij te wonen of daarin vrij en onbelemmerd zijn plicht te vervullen, wordt gestraft met gevangenisstraf van ten hoogste negen jaren of geldboete van de vijfde categorie.
(Zie ook: artt. 179, 284 WvSr)

Geweld tegen vergadering Provinciale Staten

Art. 123a
Hij die door geweld of bedreiging met geweld een vergadering van een door de staten van een provincie ingestelde commissie uiteenjaagt of tot het nemen of niet nemen van enig besluit dwingt of een lid, een gedeputeerde of de commissaris van de Koning uit die vergadering verwijdert of opzettelijk verhindert die bij te wonen of daarin vrij en onbelemmerd zijn plicht te vervullen, wordt gestraft met gevangenisstraf van ten hoogste vier jaren of geldboete van de vierde categorie.
(Zie ook: artt. 179, 284 WvSr)

Geweld tegen vergadering commissie Provinciale Staten

Art. 124
Hij die door geweld of bedreiging met geweld een vergadering van de raad van een gemeente uiteenjaagt of tot het nemen of niet nemen van enig besluit dwingt of een lid, de voorzitter of een wethouder uit die vergadering verwijdert of opzettelijk verhindert die bij te wonen of daarin vrij en onbelemmerd zijn plicht te vervullen, wordt gestraft met gevangenisstraf van ten hoogste negen jaren of geldboete van de vijfde categorie.
(Zie ook: artt. 179, 284 WvSr)

Geweld tegen vergadering gemeenteraad

Art. 124a
Hij die door geweld of bedreiging met geweld een vergadering van een door de raad van een gemeente ingestelde commissie uiteenjaagt of tot het nemen of niet nemen van enig besluit dwingt of een lid, een wethouder of de burgemeester uit die vergadering verwijdert of opzettelijk verhindert die bij te wonen of daarin vrij en onbelemmerd zijn plicht te vervullen, wordt gestraft met gevangenisstraf van ten hoogste vier jaren of geldboete van de vierde categorie.
(Zie ook: artt. 179, 284 WvSr)

Geweld tegen vergadering commissie gemeenteraad

Art. 125
Hij die bij gelegenheid van een krachtens wettelijk voorschrift uitgeschreven verkiezing door geweld of bedreiging met geweld opzettelijk iemand verhindert zijn of eens anders kiesrecht vrij en onbelemmerd uit te oefenen, wordt gestraft met gevangenisstraf van ten hoogste een jaar of geldboete van de derde categorie.
(Zie ook: artt. 53, 129, 130 GW; art. 81 WvSr)

Verhindering van uitoefening kiesrecht

Art. 126
1. Hij die bij gelegenheid van een krachtens wettelijk voorschrift uitgeschreven verkiezing door gift of belofte iemand omkoopt om zijn of eens anders kiesrecht hetzij niet, hetzij op bepaalde wijze uit te oefenen, wordt gestraft met gevangenisstraf van ten hoogste zes maanden of geldboete van de derde categorie.
2. Dezelfde straf wordt toegepast op de kiezer of de gemachtigde van een kiezer die zich door gift of belofte tot een of ander laat omkopen.
(Zie ook: artt. 53, 129, 130 GW)

Omkoping inzake uitoefening kiesrecht

Art. 127
Hij die bij gelegenheid van een krachtens wettelijk voorschrift uitgeschreven verkiezing, enige bedrieglijke handeling pleegt waardoor een stem van onwaarde wordt of een ander dan de bij het uitbrengen van de stem bedoelde persoon wordt aangewezen, wordt gestraft met gevangenisstraf van ten hoogste zes maanden of geldboete van de derde categorie.

Bedrog bij verkiezingen

Art. 128
Hij die opzettelijk zich voor een ander uitgevende, aan een krachtens wettelijk voorschrift uitgeschreven verkiezing deelneemt, wordt gestraft met gevangenisstraf van ten hoogste een jaar of geldboete van de derde categorie.

Opzettelijk voor een ander uitgeven bij de verkiezingen

Art. 129
Hij die bij gelegenheid van een krachtens wettelijk voorschrift uitgeschreven verkiezing, opzettelijk een plaats gehad hebbende stemming verijdelt of enige bedrieglijke handeling pleegt waardoor aan de stemming een andere uitslag wordt gegeven dan door de wettig uitgebrachte

Verkiezingsstemming verijdelen

Wetboek van Strafrecht

stemmen zou zijn verkregen, wordt gestraft met gevangenisstraf van ten hoogste een jaar en zes maanden of geldboete van de vierde categorie.
(Zie ook: artt. 53, 129, 130 GW; art. 130 WvSr)

Art. 130

Ontzetting van rechten in geval van artt. 121 en 123 Sr
1. Bij veroordeling wegens een der in de artikelen 121 en 123 omschreven misdrijven, kan ontzetting van de in artikel 28, eerste lid, onder 1°-3°, vermelde rechten worden uitgesproken.

Ontzetting van rechten in geval van artt 122, 124 en 129 Sr
2. Bij veroordeling wegens een der in de artikelen 122, 124 en 129 omschreven misdrijven, kan ontzetting van de in artikel 28, eerste lid, onder 3°, vermelde rechten worden uitgesproken.

Art. 130a

Terroristisch oogmerk in geval van artt. 123 en 124 Sr
Indien een misdrijf, strafbaar gesteld in artikel 123 of 124, is begaan met een terroristisch oogmerk, wordt de in deze artikelen bepaalde tijdelijke gevangenisstraf met de helft verhoogd.
(Zie ook: artt. 83, 83a WvSr)

Art. 130b

Ontzegging stemrecht bij veroordeling o.g.v. art. 123 en 124 Sr.
Bij veroordeling wegens een der misdrijven omschreven in de artikelen 123 en 124, begaan met een terroristisch oogmerk, kan ontzetting van het in artikel 28, eerste lid, onder 3°, vermelde recht worden uitgesproken.

Titel V
Misdrijven tegen de openbare orde

Art. 131

Opruiing
1. Hij die in het openbaar, mondeling of bij geschrift of afbeelding, tot enig strafbaar feit of tot gewelddadig optreden tegen het openbaar gezag opruit, wordt gestraft met gevangenisstraf van ten hoogste vijf jaren of geldboete van de vierde categorie.
(Zie ook: artt. 4, 47 WvSr)
2. Indien het strafbare feit waartoe wordt opgeruid een terroristisch misdrijf dan wel een misdrijf ter voorbereiding of vergemakkelijking van een terroristisch misdrijf inhoudt, wordt de gevangenisstraf, gesteld op het in het eerste lid omschreven feit, met een derde verhoogd.

Art. 132

Verspreiding van opruiende stukken
1. Hij die een geschrift of afbeelding waarin tot enig strafbaar feit of tot gewelddadig optreden tegen het openbaar gezag wordt opgeruid, verspreidt, openlijk tentoonstelt of aanslaat of, om verspreid, openlijk tentoongesteld of aangeslagen te worden, in voorraad heeft, wordt, indien hij weet of ernstige reden heeft te vermoeden dat in het geschrift of de afbeelding zodanige opruiing voorkomt, gestraft met gevangenisstraf van ten hoogste drie jaren of geldboete van de vierde categorie.
2. Met dezelfde straf wordt gestraft hij die, met gelijke wetenschap of een gelijke reden tot vermoeden, de inhoud van een zodanig geschrift openlijk ten gehore brengt.
3. Indien het strafbare feit waartoe bij geschrift of afbeelding wordt opgeruid een terroristisch misdrijf dan wel een misdrijf ter voorbereiding of vergemakkelijking van een terroristisch misdrijf inhoudt, wordt de gevangenisstraf, gesteld op het in het eerste lid omschreven feit, met een derde verhoogd.
(Zie ook: art. 7 GW; artt. 4, 28 WvSr; art. 67 WvSv)

Art. 133

Medeplichtigheid aanbieden
Hij die in het openbaar, mondeling of bij geschrift of afbeelding, aanbiedt inlichtingen, gelegenheid of middelen te verschaffen om enig strafbaar feit te plegen, wordt gestraft met gevangenisstraf van ten hoogste zes maanden of geldboete van de derde categorie.
(Zie ook: artt. 4, 47, 48 WvSr)

Art. 134

Verspreiding van aanbiedingen van medeplichtigheid
1. Hij die een geschrift of afbeelding waarin wordt aangeboden inlichtingen, gelegenheid of middelen te verschaffen om enig strafbaar feit te plegen, verspreidt, openlijk tentoonstelt of aanslaat of, om verspreid, openlijk tentoongesteld of aangeslagen te worden, in voorraad heeft, wordt, indien hij weet of ernstige reden heeft om te vermoeden dat in het geschrift of de afbeelding zodanig aanbod voorkomt, gestraft met gevangenisstraf van ten hoogste drie maanden of geldboete van de tweede categorie.
2. Met dezelfde straf wordt gestraft hij die, met gelijke wetenschap of een gelijke reden tot vermoeden, de inhoud van een zodanig geschrift openlijk ten gehore brengt.

Art. 134a

Voorbereiding van een terroristisch misdrijf
Hij die zich of een ander opzettelijk gelegenheid, middelen of inlichtingen verschaft of tracht te verschaffen tot het plegen van een terroristisch misdrijf dan wel een misdrijf ter voorbereiding of vergemakkelijking van een terroristisch misdrijf, dan wel zich kennis of vaardigheden daartoe verwerft of een ander bijbrengt, wordt gestraft met gevangenisstraf van ten hoogste acht jaren of geldboete van de vijfde categorie.

Art. 134bis
[Vervallen]

Art. 135
Hij die, kennis dragende van een strafbare samenspanning, op een tijdstip waarop het plegen van deze misdrijven nog kan worden voorkomen, opzettelijk nalaat daarvan tijdig voldoende kennis te geven, hetzij aan de ambtenaren van de justitie of politie, hetzij aan de bedreigde, wordt, indien het misdrijf is gevolgd, gestraft met gevangenisstraf van ten hoogste twee jaren of geldboete van de vierde categorie.
(Zie ook: artt. 80, 96, 103, 137 WvSr; art. 160 WvSv)

Strafbare samenspanning verzwijgen

Art. 136
1. Hij die, kennis dragende van een voornemen tot het plegen van een der in de artikelen 92-110 omschreven misdrijven, tot desertie in tijd van oorlog, tot militair verraad, tot moord, mensenroof of verkrachting of tot een der in Titel VII van dit Boek omschreven misdrijven dan wel een terroristisch misdrijf, op een tijdstip waarop het plegen van deze misdrijven nog kan worden voorkomen, opzettelijk nalaat daarvan tijdig voldoende kennis te geven, hetzij aan de ambtenaren van de justitie of politie, hetzij aan de bedreigde, wordt, indien het misdrijf is gevolgd, gestraft met gevangenisstraf van ten hoogste een jaar of geldboete van de vierde categorie.
2. Dezelfde straf is toepasselijk op hem die, kennis dragende van enig in het eerste lid vermeld reeds gepleegd misdrijf waardoor levensgevaar is ontstaan, op een tijdstip waarop de gevolgen nog kunnen worden afgewend, opzettelijk nalaat daarvan gelijke kennisgeving te doen.
(Zie ook: artt. 83, 87, 137, 157, 242, 278 WvSr; art. 160 WvSv)

Voorgenomen misdrijf verzwijgen

Art. 137
De bepalingen van de artikelen 135 en 136 zijn niet van toepassing op hem die door de kennisgeving gevaar zou veroorzaken voor een strafvervolging zou doen ontstaan voor zichzelf, voor een van zijn bloedverwanten of aangehuwden in de rechte linie of in de tweede of derde graad van de zijlinie, voor zijn echtgenoot of gewezen echtgenoot, of voor een ander bij wiens vervolging hij zich, uit hoofde van zijn ambt of beroep, van het afleggen van getuigenis zou kunnen verschonen.
(Zie ook: artt. 160, 217 WvSv)

Verschoning bij aangifteplicht

Art. 137a-137b
[Vervallen]

Art. 137c
1. Hij die zich in het openbaar, mondeling of bij geschrift of afbeelding, opzettelijk beledigend uitlaat over een groep mensen wegens hun ras, hun godsdienst of levensovertuiging, hun hetero- of homoseksuele gerichtheid of hun lichamelijke, psychische of verstandelijke handicap, wordt gestraft met gevangenisstraf van ten hoogste een jaar of geldboete van de derde categorie.
(Zie ook: artt. 90quater, 418, 419 WvSr)
2. Indien het feit wordt gepleegd door een persoon die daarvan een beroep of gewoonte maakt of door twee of meer verenigde personen wordt gevangenisstraf van ten hoogste twee jaren of geldboete van de vierde categorie opgelegd.

Belediging van bevolkingsgroep

Strafverzwarende omstandigheden

Art. 137d
1. Hij die in het openbaar, mondeling of bij geschrift of afbeelding, aanzet tot haat tegen of discriminatie van mensen of gewelddadig optreden tegen persoon of goed van mensen wegens hun ras, hun godsdienst of levensovertuiging, hun geslacht, hun hetero- of homoseksuele gerichtheid of hun lichamelijke, psychische of verstandelijke handicap, wordt gestraft met gevangenisstraf van ten hoogste twee jaren of geldboete van de vierde categorie.
(Zie ook: artt. 90quater, 418, 419 WvSr)
2. Indien het feit wordt gepleegd door een persoon die daarvan een beroep of gewoonte maakt of door twee of meer verenigde personen wordt gevangenisstraf van ten hoogste vier jaren of geldboete van de vierde categorie opgelegd.

Aanzetten tot haat, discriminatie of gewelddadig optreden

Strafverzwarende omstandigheden

Art. 137e
1. Hij die, anders dan ten behoeve van zakelijke berichtgeving:
1°. een uitlating openbaar maakt die, naar hij weet of redelijkerwijs moet vermoeden, voor een groep mensen wegens hun ras, hun godsdienst of levensovertuiging, hun hetero- of homoseksuele gerichtheid of hun lichamelijke, psychische of verstandelijke handicap beledigend is, of aanzet tot haat tegen of discriminatie van mensen of gewelddadig optreden tegen persoon of goed van mensen wegens hun ras, hun godsdienst of levensovertuiging, hun geslacht, hun hetero- of homoseksuele gerichtheid of hun lichamelijke, psychische of verstandelijke handicap;
2°. een voorwerp waarin, naar hij weet of redelijkerwijs moet vermoeden, zulk een uitlating is vervat, aan iemand, anders dan op diens verzoek, doet toekomen, dan wel verspreidt of ter openbaarmaking van die uitlating of verspreiding in voorraad heeft;
wordt gestraft met gevangenisstraf van ten hoogste zes maanden of geldboete van de derde categorie.

Openbaarmaking van discriminerende of haatzaaiende uitlatingen

C1 art. 137f

Wetboek van Strafrecht

Strafverzwarende omstandigheden

2. Indien het feit wordt gepleegd door een persoon die daarvan een beroep of gewoonte maakt of door twee of meer verenigde personen wordt gevangenisstraf van ten hoogste een jaar of geldboete van de vierde categorie opgelegd.

Art. 137f

Deelnemen aan of steunen van discriminatie

Hij die deelneemt of geldelijke of andere stoffelijke steun verleent aan activiteiten gericht op discriminatie van mensen wegens hun ras, hun godsdienst, hun levensovertuiging, hun geslacht, hun hetero- of homoseksuele gerichtheid of hun lichamelijke, psychische of verstandelijke handicap, wordt gestraft met gevangenisstraf van ten hoogste drie maanden of geldboete van de tweede categorie.
(Zie ook: art. 90quater WvSr)

Art. 137g

Discriminatie tijdens uitoefening van ambt, beroep of bedrijf

1. Hij die, in de uitoefening van een ambt, beroep of bedrijf personen opzettelijk discrimineert wegens hun ras, wordt gestraft met gevangenisstraf van ten hoogste zes maanden of geldboete van de derde categorie.
(Zie ook: artt. 90quater, 429quater WvSr)

Strafverzwarende omstandigheden

2. Indien het feit wordt gepleegd door een persoon die daarvan een gewoonte maakt of door twee of meer verenigde personen wordt gevangenisstraf van ten hoogste een jaar of geldboete van de vierde categorie opgelegd.

Art. 137h

Ontzetting van de uitoefening van een beroep

Indien de schuldige een van de strafbare feiten, omschreven in de artikelen 131 tot en met 134 en 137c tot en met 137g, in zijn beroep begaat, kan hij van de uitoefening van dat beroep worden ontzet.

Art. 138

Huisvredebreuk

1. Hij die in de woning of het besloten lokaal of erf, bij een ander in gebruik, wederrechtelijk binnendringt of, wederrechtelijk aldaar vertoevende, zich niet op de vordering van of vanwege de rechthebbende aanstonds verwijdert, wordt gestraft met gevangenisstraf van ten hoogste een jaar of geldboete van de derde categorie.
2. Hij die zich de toegang heeft verschaft door middel van braak of inklimming, van valse sleutels, van een valse order of een vals kostuum, of die, zonder voorkennis van de rechthebbende en anders dan ten gevolge van vergissing binnengekomen, aldaar wordt aangetroffen in de voor de nachtrust bestemde tijd, wordt geacht te zijn binnengedrongen.
3. Indien hij bedreigingen uit of zich bedient van middelen geschikt om vrees aan te jagen, wordt hij gestraft met gevangenisstraf van ten hoogste twee jaren of geldboete van de vierde categorie.
(Zie ook: art. 12 GW; artt. 89, 90, 311 WvSr)
4. De in het eerste en derde lid bepaalde gevangenisstraffen kunnen met een derde worden verhoogd, indien twee of meer verenigde personen het misdrijf plegen.
(Zie ook: art. 370 WvSr)

Art. 138a

Kraken

1. Hij die in een woning of gebouw, waarvan het gebruik door de rechthebbende is beëindigd, wederrechtelijk binnendringt of wederrechtelijk aldaar vertoeft, wordt, als schuldig aan kraken, gestraft met gevangenisstraf van ten hoogste een jaar of geldboete van de derde categorie.
2. Indien hij bedreigingen uit of zich bedient van middelen geschikt om vrees aan te jagen, wordt hij gestraft met gevangenisstraf van ten hoogste twee jaren of geldboete van de vierde categorie.
3. De in het eerste en tweede lid bepaalde gevangenisstraffen kunnen met een derde worden verhoogd, indien twee of meer verenigde personen het misdrijf plegen.

Art. 138ab

Computervredebreuk

1. Met gevangenisstraf van ten hoogste twee jaren of geldboete van de vierde categorie wordt, als schuldig aan computervredebreuk, gestraft hij die opzettelijk en wederrechtelijk binnendringt in een geautomatiseerd werk of in een deel daarvan. Van binnendringen is in ieder geval sprake indien de toegang tot het werk wordt verworven:
a. door het doorbreken van een beveiliging,
b. door een technische ingreep,
c. met behulp van valse signalen of een valse sleutel, of
d. door het aannemen van een valse hoedanigheid.
2. Met gevangenisstraf van ten hoogste vier jaren of geldboete van de vierde categorie wordt gestraft computervredebreuk, indien de dader vervolgens gegevens die zijn opgeslagen, worden verwerkt of overgedragen door middel van het geautomatiseerd werk waarin hij zich wederrechtelijk bevindt, voor zichzelf of een ander overneemt, aftapt of opneemt.
3. Met gevangenisstraf van ten hoogste vier jaren of geldboete van de vierde categorie wordt gestraft computervredebreuk gepleegd door tussenkomst van een openbaar telecommunicatienetwerk, indien de dader vervolgens
a. met het oogmerk zichzelf of een ander wederrechtelijk te bevoordelen gebruik maakt van verwerkingscapaciteit van een geautomatiseerd werk;

Wetboek van Strafrecht

C1 art. 139a

b. door tussenkomst van het geautomatiseerd werk waarin hij is binnengedrongen de toegang verwerft tot het geautomatiseerd werk van een derde.
(Zie ook: artt. 80sexies, 80quinquies, 90 WvSr)

Art. 138b

1. Met gevangenisstraf van ten hoogste twee jaren of geldboete van de vierde categorie wordt gestraft hij die opzettelijk en wederrechtelijk de toegang tot of het gebruik van een geautomatiseerd werk belemmert door daaraan gegevens aan te bieden of toe te zenden.
(Zie ook: art. 80sexies WvSr)

Geautomatiseerd werk belemmeren

2. Indien het feit wordt gepleegd:
a. met behulp van een aanzienlijk aantal geautomatiseerde werken die getroffen zijn door het gebruik van een middel als bedoeld in artikel 139d, tweede lid, dat hoofdzakelijk daarvoor geschikt is gemaakt of ontworpen; of
b. met het oogmerk om zich of een ander wederrechtelijk te bevoordelen,
wordt de schuldige gestraft met gevangenisstraf van ten hoogste drie jaren of geldboete van de vierde categorie.

3. Indien het feit ernstige schade veroorzaakt, of is gepleegd tegen een geautomatiseerd werk behorende tot de vitale infrastructuur, wordt de schuldige gestraft met een gevangenisstraf van ten hoogste vijf jaren of geldboete van de vierde categorie.

4. Indien het feit wordt gepleegd met het oogmerk om een terroristisch misdrijf voor te bereiden of gemakkelijk te maken, wordt de op het feit gestelde gevangenisstraf met een derde verhoogd.

5. Indien een feit is begaan met een terroristisch oogmerk, wordt de op het feit gestelde gevangenisstraf met de helft verhoogd.

Art. 138c

1. Met gevangenisstraf van ten hoogste een jaar of geldboete van de vierde categorie wordt gestraft degene die opzettelijk en wederrechtelijk niet-openbare gegevens die zijn opgeslagen door middel van een geautomatiseerd werk, voor zichzelf of voor een ander overneemt of doorgeeft.

Geautomatiseerd werk, opzettelijk en wederrechtelijk overnemen of doorgeven niet-openbare gegevens of niet-contant betaalinstrument

2. Indien de gegevens een niet-contant betaalinstrument betreffen, wordt de schuldige gestraft met gevangenisstraf van ten hoogste twee jaren of geldboete van de vierde categorie.

3. Indien het feit wordt gepleegd met het oogmerk om zich of een ander wederrechtelijk te bevoordelen, wordt de schuldige gestraft met gevangenisstraf van ten hoogste drie jaren of geldboete van de vierde categorie.

Art. 139

1. Hij die in een voor de openbare dienst bestemd lokaal wederrechtelijk binnendringt, of, wederrechtelijk aldaar vertoevende, zich niet op de vordering van de bevoegde ambtenaar aanstonds verwijdert, wordt gestraft met gevangenisstraf van ten hoogste drie maanden of geldboete van de tweede categorie.

Lokaalvredebreuk

2. Hij die zich de toegang heeft verschaft door middel van braak of inklimming, van valse sleutels, van een valse order of een vals kostuum, of die zonder voorkennis van de bevoegde ambtenaar en anders dan ten gevolge van vergissing binnengekomen, aldaar wordt aangetroffen in de voor de nachtrust bestemde tijd, wordt geacht te zijn binnengedrongen.

3. Indien hij bedreigingen uit of zich bedient van middelen geschikt om vrees aan te jagen, wordt hij gestraft met gevangenisstraf van ten hoogste een jaar of geldboete van de derde categorie.

4. De in het eerste en derde lid bepaalde gevangenisstraffen kunnen met een derde worden verhoogd, indien twee of meer verenigde personen het misdrijf plegen.
(Zie ook: artt. 89, 90, 311, 370 WvSr)

Art. 139a

1. Met gevangenisstraf van ten hoogste zes maanden of geldboete van de vierde categorie wordt gestraft hij die met een technisch hulpmiddel een gesprek dat in een woning, besloten lokaal of erf wordt gevoerd opzettelijk:

Afluisteren van binnen gevoerde gesprekken m.b.v. technisch hulpmiddel

1°. anders dan in opdracht van een deelnemer aan dat gesprek afluistert;
2°. zonder deelnemer aan dat gesprek te zijn en anders dan in opdracht van zulk een deelnemer opneemt.

2. Het eerste lid is niet van toepassing op het opnemen:
1°. van gegevens die worden verwerkt of overgedragen door middel van telecommunicatie of door middel van een geautomatiseerd werk;
2°. behoudens in geval van kennelijk misbruik, met een technisch hulpmiddel dat op gezag van degene bij wie de woning, het lokaal of het erf in gebruik is, niet heimelijk aanwezig is;
3°. ter uitvoering van de Wet op de inlichtingen- en veiligheidsdiensten 2017.
(Zie ook: artt. 374bis, 441a WvSr)
(Zie ook: artt. 80quinquies, 80sexies WvSr)

Sdu

45

Art. 139b

Afluisteren van buiten gevoerde gesprekken m.b.v. technisch hulpmiddel

1. Met gevangenisstraf van ten hoogste drie maanden of geldboete van de derde categorie wordt gestraft hij die, met het oogmerk een gesprek dat elders dan in een woning, besloten lokaal of erf wordt gevoerd af te luisteren of op te nemen, dat gesprek met een technisch hulpmiddel heimelijk:
   1°. anders dan in opdracht van een deelnemer aan dat gesprek afluistert;
   2°. zonder deelnemer aan dat gesprek te zijn en anders dan in opdracht van zulk een deelnemer opneemt.
2. Artikel 139a, tweede lid, onder 1° en 3°, is van overeenkomstige toepassing.

Art. 139c

Aftappen of opnemen van gegevens

1. Met gevangenisstraf van ten hoogste twee jaren of geldboete van de vierde categorie wordt gestraft hij die opzettelijk en wederrechtelijk met een technisch hulpmiddel gegevens aftapt of opneemt die niet voor hem bestemd zijn en die worden verwerkt of overgedragen door middel van telecommunicatie of door middel van een geautomatiseerd werk.
2. Het eerste lid is niet van toepassing op het aftappen of opnemen:
   1°. van door middel van een radio-ontvangapparaat ontvangen gegevens, tenzij om de ontvangst mogelijk te maken een bijzondere inspanning is geleverd of een niet toegestane ontvanginrichting is gebruikt.
   2°. door of in opdracht van de gerechtigde tot een voor de telecommunicatie gebezigde aansluiting, behoudens in geval van kennelijk misbruik;
   3°. ten behoeve van de goede werking van een openbaar telecommunicatienetwerk, ten behoeve van de strafvordering, dan wel ter uitvoering van de Wet op de inlichtingen- en veiligheidsdiensten 2017.

(Zie ook: artt. 80quinquies, 374bis, 441a WvSr; art. 125i WvSv)

Art. 139d

Plaatsen van afluisterapparatuur

1. Met gevangenisstraf van ten hoogste twee jaren of geldboete van de vierde categorie wordt gestraft hij die met het oogmerk dat daardoor een gesprek, telecommunicatie of andere gegevensoverdracht of andere gegevensverwerking door een geautomatiseerd werk wederrechtelijk wordt afgeluisterd, afgetapt of opgenomen, een technisch hulpmiddel op een bepaalde plaats aanwezig doet zijn.

(Zie ook: artt. 80quinquies, 80sexies, 374bis WvSr)

Beschikbaarstellen of voorhanden hebben van afluisterapparatuur

2. Met dezelfde straf wordt gestraft hij die, met het oogmerk dat daarmee een misdrijf als bedoeld in artikel 138ab, eerste lid, 138b of 139c wordt gepleegd:
   a. een technisch hulpmiddel dat hoofdzakelijk geschikt gemaakt of ontworpen is tot het plegen van een zodanig misdrijf, vervaardigt, ontvangt, zich verschaft, overdraagt, verkoopt, verwerft, vervoert, invoert, uitvoert, verspreidt of anderszins ter beschikking stelt of voorhanden heeft, of
   b. een computerwachtwoord, toegangscode of daarmee vergelijkbaar gegeven waardoor toegang kan worden gekregen tot een geautomatiseerd werk of een deel daarvan, vervaardigt verkoopt, verwerft, invoert, verspreidt of anderszins ter beschikking stelt of voorhanden heeft.
3. Met gevangenisstraf van ten hoogste vier jaren of geldboete van de vierde categorie wordt gestraft hij die het in het tweede lid bedoelde feit pleegt terwijl zijn oogmerk is gericht op een misdrijf als bedoeld in artikel 138ab, tweede lid of derde lid.

Art. 139e

Doorgeven afluisterapparatuur en gegevens

Met gevangenisstraf van ten hoogste zes maanden of geldboete van de vierde categorie wordt gestraft:
1°. hij die de beschikking heeft over een voorwerp waarop, naar hij weet of redelijkerwijs moet vermoeden, gegevens zijn vastgelegd die door wederrechtelijk afluisteren, aftappen of opnemen van een gesprek, telecommunicatie of andere gegevensoverdracht of andere gegevensverwerking door een geautomatiseerd werk zijn verkregen;
2°. hij die de gegevens die hij door wederrechtelijk afluisteren, aftappen of opnemen van een gesprek, telecommunicatie of andere gegevensoverdracht of andere gegevensverwerking door een geautomatiseerd werk heeft verkregen of die, naar hij weet of redelijkerwijs moet vermoeden, ten gevolge van zulk afluisteren, aftappen of opnemen te zijner kennis zijn gekomen, opzettelijk aan een ander bekend maakt;
3°. hij die een voorwerp als omschreven onder 1° opzettelijk ter beschikking stelt van een ander.

(Zie ook: artt. 80quinquies, 80sexies, 374bis, 441a WvSr)

Art. 139f

Heimelijk fotograferen op besloten plaats

Met gevangenisstraf van ten hoogste een jaar of geldboete van de vierde categorie wordt gestraft degene die, gebruik makende van een technisch hulpmiddel waarvan de aanwezigheid niet op duidelijke wijze kenbaar is gemaakt, opzettelijk en wederrechtelijk van een persoon, aanwezig in een woning of op een andere niet voor het publiek toegankelijke plaats, een afbeelding vervaardigt.

Art. 139g

1. Met gevangenisstraf van ten hoogste een jaar of geldboete van de vierde categorie wordt gestraft degene die niet-openbare gegevens:

Ontzegging stemrecht bij veroordeling o.g.v. art. 138b en 140a Sr

a. verwerft of voorhanden heeft, terwijl hij ten tijde van de verwerving of het voorhanden krijgen van deze gegevens wist of redelijkerwijs had moeten vermoeden dat deze door misdrijf zijn verkregen;

b. ter beschikking van een ander stelt, aan een ander bekend maakt of uit winstbejag voorhanden heeft of gebruikt, terwijl hij weet of redelijkerwijs moet vermoeden dat het door misdrijf verkregen gegevens betreft.

2. Niet strafbaar is degene die te goeder trouw heeft kunnen aannemen dat het algemeen belang het verwerven, voorhanden hebben, ter beschikkingstellen, bekendmaken of gebruik van de gegevens, bedoeld in het eerste lid, vereiste.

Art. 139h

1. Met gevangenisstraf van ten hoogste een jaar of geldboete van de vierde categorie wordt gestraft:

Misbruik seksueel beeldmateriaal (wraakporno)

a. hij die opzettelijk en wederrechtelijk van een persoon een afbeelding van seksuele aard vervaardigt;

b. hij die de beschikking heeft over een afbeelding als bedoeld onder a terwijl hij weet of redelijkerwijs moet vermoeden dat deze door of als gevolg van een onder a strafbaar gestelde handeling is verkregen.

2. Met gevangenisstraf van ten hoogste twee jaren of geldboete van de vierde categorie wordt gestraft:

a. hij die een afbeelding als bedoeld in het eerste lid, onder a, openbaar maakt terwijl hij weet of redelijkerwijs moet vermoeden dat deze door of als gevolg van een in het eerste lid, onder a, strafbaar gestelde handeling is verkregen;

b. hij die een persoon een afbeelding van seksuele aard openbaar maakt, terwijl hij weet dat de openbaarmaking nadelig voor die persoon kan zijn.

Art. 140

1. Deelneming aan een organisatie die tot oogmerk heeft het plegen van misdrijven, wordt gestraft met gevangenisstraf van ten hoogste zes jaren of geldboete van de vijfde categorie.

Deelneming aan misdadige organisatie

2. Deelneming aan de voortzetting van de werkzaamheid van een organisatie die bij onherroepelijke rechterlijke beslissing verboden is verklaard of van rechtswege is verboden of ten aanzien waarvan een onherroepelijke verklaring als bedoeld in artikel 122, eerste lid, van Boek 10 Burgerlijk Wetboek is afgegeven, wordt gestraft met gevangenisstraf van ten hoogste een jaar of geldboete van de derde categorie.

(Zie ook: art. 20 BW Boek 2)

3. Indien een organisatie tot oogmerk heeft het plegen van misdrijven waarop naar de wettelijke omschrijving een gevangenisstraf van twaalf jaar of meer is gesteld, wordt het in het eerste lid bedoelde feit gestraft met gevangenisstraf van ten hoogste tien jaren of geldboete van de vijfde categorie.

(Zie ook: art. 8 GW)

4. Ten aanzien van de oprichters, leiders of bestuurders kunnen de gevangenisstraffen met een derde worden verhoogd.

5. Onder deelneming als omschreven in het eerste lid wordt mede begrepen het verlenen van geldelijke of andere stoffelijke steun aan alsmede het werven van gelden of personen ten behoeve van de daar omschreven organisatie.

Art. 140a

1. Deelneming aan een organisatie die tot oogmerk heeft het plegen van terroristische misdrijven, wordt gestraft met gevangenisstraf van ten hoogste vijftien jaren of geldboete van de vijfde categorie.

Deelneming aan terroristische organisatie

2. Oprichters, leiders of bestuurders worden gestraft met levenslange gevangenisstraf of tijdelijke van ten hoogste dertig jaren of geldboete van de vijfde categorie.

3. Het vijfde lid van artikel 140 is van overeenkomstige toepassing.

(Zie ook: art. 83 WvSr)

Art. 141

1. Zij die openlijk in vereniging geweld plegen tegen personen of goederen, worden gestraft met gevangenisstraf van ten hoogste vier jaren en zes maanden of geldboete van de vierde categorie.

Openlijke geweldpleging in vereniging

2. De schuldige wordt gestraft:

1°. met gevangenisstraf van ten hoogste zes jaren of geldboete van de vierde categorie, indien hij opzettelijk goederen vernielt of indien het door hem gepleegde geweld enig lichamelijk letsel ten gevolge heeft;

2°. met gevangenisstraf van ten hoogste negen jaren of geldboete van de vijfde categorie, indien dat geweld zwaar lichamelijk letsel ten gevolge heeft;

3°. met gevangenisstraf van ten hoogste twaalf jaren of geldboete van de vijfde categorie, indien dat geweld de dood ten gevolge heeft.
3. Artikel 81 blijft buiten toepassing.
(Zie ook: artt. 82, 182, 306, 422 WvSr; art. 540 WvSv)

Art. 141a

Voorbereiding geweldpleging

Hij die opzettelijk gelegenheid, middelen of inlichtingen verschaft tot het plegen van geweld tegen personen of goederen wordt gestraft met gevangenisstraf van ten hoogste drie jaren of een geldboete van de vierde categorie.

Art. 142

Vals alarm

1. Hij die opzettelijk door valse alarmkreten of signalen de rust verstoort, wordt gestraft met gevangenisstraf van ten hoogste een jaar of geldboete van de vierde categorie.
2. Hij die opzettelijk, zonder dat daartoe de noodzaak aanwezig is, gebruik maakt van een alarmnummer voor publieke diensten wordt gestraft met gevangenisstraf van ten hoogste drie maanden of geldboete van de derde categorie.

Art. 142a

Ontplofbare voorwerpen

1. Hij die een voorwerp verzendt of op een al dan niet voor het publiek toegankelijke plaats achterlaat of plaatst, met het oogmerk een ander ten onrechte te doen geloven dat daardoor een ontploffing kan worden teweeggebracht, wordt gestraft met gevangenisstraf van ten hoogste vier jaren of geldboete van de vierde categorie.
2. Met dezelfde straf wordt gestraft hij die gegevens doorgeeft met het oogmerk een ander ten onrechte te doen geloven dat op een al dan niet voor het publiek toegankelijke plaats een voorwerp aanwezig is waardoor een ontploffing kan worden teweeggebracht.
(Zie ook: artt. 157, 158 WvSr)

Art. 143

Verhindering van openbare vergadering of betoging

Hij die door geweld of bedreiging met geweld een geoorloofde openbare vergadering of betoging verhindert, wordt gestraft met gevangenisstraf van ten hoogste negen maanden of geldboete van de derde categorie.
(Zie ook: art. 9 GW; artt. 81, 95, 121, 123 WvSr; art. 124 WvSv)

Art. 144

Opzettelijk verstoren van een openbare vergadering of betoging

Hij die door het verwekken van wanorde of het maken van gedruis een geoorloofde openbare vergadering opzettelijk stoort, of door het verwekken van wanorde een geoorloofde betoging opzettelijk stoort, wordt gestraft met gevangenisstraf van ten hoogste twee weken of geldboete van de tweede categorie.
(Zie ook: art. 9 GW; art. 185 WvSr; art. 124 WvSv)

Art. 145

Verhindering van godsdienstige bijeenkomst

Hij die door geweld of bedreiging met geweld hetzij een geoorloofde openbare samenkomst tot het belijden van godsdienst of levensovertuiging, hetzij een geoorloofde godsdienstige of levensbeschouwelijke plechtigheid of lijkplechtigheid verhindert, wordt gestraft met gevangenisstraf van ten hoogste een jaar of geldboete van de derde categorie.
(Zie ook: art. 6 GW; art. 81 WvSr)

Art. 146

Storing van godsdienstige bijeenkomst

Hij die door het verwekken van wanorde of het maken van gedruis hetzij een geoorloofde openbare samenkomst tot het belijden van godsdienst of levensovertuiging, hetzij een geoorloofde godsdienstige of levensbeschouwelijke plechtigheid of lijkplechtigheid opzettelijk stoort, wordt gestraft met gevangenisstraf van ten hoogste twee maanden of geldboete van de tweede categorie.
(Zie ook: art. 6 GW)

Art. 147-147a

[Vervallen]

Art. 148

Belemmering toegang tot begraafplaats of crematorium

Hij die opzettelijk de geoorloofde toegang tot een begraafplaats of crematorium of het geoorloofd vervoer van een lijk naar een begraafplaats of crematorium verhindert of belemmert, wordt gestraft met gevangenisstraf van ten hoogste een maand of geldboete van de tweede categorie.

Art. 149

Grafschending

Hij die opzettelijk een graf schendt of enig op een begraafplaats opgericht gedenkteken opzettelijk en wederrechtelijk vernielt of beschadigt, wordt gestraft met gevangenisstraf van ten hoogste een jaar of geldboete van de derde categorie.
(Zie ook: art. 350 WvSr)

Art. 150

Opgraven of wegnemen lijk

Hij die opzettelijk en wederrechtelijk een lijk opgraaft of wegneemt of een opgegraven of weggenomen lijk verplaatst of vervoert, wordt gestraft met gevangenisstraf van ten hoogste een jaar of geldboete van de derde categorie.
(Zie ook: artt. 190, 310 WvSr)

Wetboek van Strafrecht   C1 art. 157

Art. 151
Hij die een lijk begraaft, verbrandt, vernietigt, verbergt, wegvoert of wegmaakt, met het oogmerk om het feit of de oorzaak van het overlijden, dan wel van het dood ter wereld komen te verhelen, wordt gestraft met gevangenisstraf van ten hoogste twee jaren of geldboete van de vierde categorie.
(Zie ook: artt. 189, 190 WvSr)

`Wegmaken van lijk`

Art. 151a
Hij die uit winstbejag opzettelijk bevordert dat een kind beneden de leeftijd van zes maanden hetwelk niet onder voogdij van een rechtspersoon staat, zonder voorafgaande schriftelijke toestemming van de raad voor de kinderbescherming, als pleegkind wordt opgenomen, wordt gestraft met gevangenisstraf van ten hoogste zes maanden of geldboete van de derde categorie.
(Zie ook: art. 442a WvSr)

`Afstaan van kind onder zes maanden uit winstbejag`

Art. 151b
1. Degene die in de uitoefening van een beroep of bedrijf opzettelijk teweegbrengt of bevordert dat een draagmoeder of een vrouw die draagmoeder wenst te worden, rechtstreeks of middellijk met een ander onderhandelt of een afspraak maakt ten einde het voornemen, bedoeld in het derde lid, uit te voeren, wordt gestraft met gevangenisstraf van ten hoogste een jaar of geldboete van de vierde categorie.
2. Met dezelfde straf wordt gestraft:
a. degene die in het openbaar diensten aanbiedt, bestaande uit het teweegbrengen of bevorderen van onderhandelingen of een afspraak als bedoeld in het eerste lid;
b. degene die openbaar maakt dat een vrouw draagmoeder wenst te worden of als zodanig beschikbaar is, dan wel dat een vrouw die draagmoeder wenst te worden of als zodanig beschikbaar is, wordt gezocht.
3. Als draagmoeder wordt aangemerkt de vrouw die zwanger is geworden met het voornemen een kind te baren ten behoeve van een ander die het ouderlijk gezag over dat kind wil verwerven, dan wel anderszins duurzaam de verzorging en opvoeding van dat kind op zich wil nemen.

`Exploiteren draagmoederschap`

Art. 151c
1. Degene die in de uitoefening van een beroep of bedrijf opzettelijk teweegbrengt of bevordert dat een vrouw rechtstreeks of middellijk met een ander onderhandelt of een afspraak maakt in verband met de wens van die vrouw de verzorging en opvoeding van haar kind duurzaam aan een ander over te laten, wordt gestraft met gevangenisstraf van ten hoogste zes maanden of geldboete van de derde categorie.
2. Onverminderd het bepaalde in artikel 151b, eerste lid, is het eerste lid niet van toepassing
a. indien het in dat lid bedoelde teweegbrengen of bevorderen geschiedt door of vanwege de raad voor de kinderbescherming of een door de raad daartoe aangewezen rechtspersoon;
b. indien het in dat lid bedoelde teweegbrengen of bevorderen een verwijzing betreft naar een organisatie als bedoeld onder a.

`Exploiteren verzorging kind`

Art. 152
Bij veroordeling wegens een der misdrijven omschreven in de artikelen 138b, vijfde lid, en 140a kan ontzetting van het in artikel 28, eerste lid, onder 3°, vermelde recht worden uitgesproken.

`Ontzegging stemrecht bij veroordeling o.g.v. art. 138b en 140a`

Titel VI
[Vervallen]

Art. 153-156
[Vervallen]

Titel VII
Misdrijven waardoor de algemene veiligheid van personen of goederen wordt in gevaar gebracht

Art. 157
Hij die opzettelijk brand sticht, een ontploffing teweegbrengt of een overstroming veroorzaakt, wordt gestraft:
1°. met gevangenisstraf van ten hoogste twaalf jaren of geldboete van de vijfde categorie, indien daarvan gemeen gevaar voor goederen te duchten is;
2°. met gevangenisstraf van ten hoogste vijftien jaren of geldboete van de vijfde categorie, indien daarvan levensgevaar of gevaar voor zwaar lichamelijk letsel voor een ander te duchten is;
3°. met levenslange gevangenisstraf of tijdelijke van ten hoogste dertig jaren of geldboete van de vijfde categorie, indien daarvan levensgevaar voor een ander te duchten is en het feit iemands dood ten gevolge heeft.
(Zie ook: artt. 83, 136, 142a, 176, 328, 428 WvSr; art. 160 WvSv)

`Veroorzaking van brand, ontploffing of overstroming`

Art. 158

Brand, ontploffing of overstroming door schuld

Hij aan wiens schuld brand, ontploffing of overstroming te wijten is, wordt gestraft:
1°. met gevangenisstraf van ten hoogste zes maanden of geldboete van de vierde categorie, indien daardoor gemeen gevaar voor goederen ontstaat;
2°. met gevangenisstraf van ten hoogste een jaar of geldboete van de vierde categorie, indien daardoor levensgevaar of gevaar voor zwaar lichamelijk letsel voor een ander ontstaat;
3°. met gevangenisstraf van ten hoogste twee jaren of geldboete van de vierde categorie, indien het feit iemands dood ten gevolge heeft.
(Zie ook: artt. 136, 142a, 176, 428 WvSr; art. 160 WvSv)

Art. 159

Belemmeren blussen van brand

Hij die opzettelijk bij of in het vooruitzicht van brand blusgereedschappen of blusmiddelen wederrechtelijk verbergt of onbruikbaar maakt, of op enige wijze de blussing van brand verhindert of belemmert, wordt gestraft met gevangenisstraf van ten hoogste zes jaren of geldboete van de vijfde categorie.
(Zie ook: artt. 136, 176, 350 WvSr; art. 160 WvSv)

Art. 160

Belemmeren van herstel waterstaatswerk

Hij die opzettelijk bij of in het vooruitzicht van watersnood dijkmaterialen of gereedschappen wederrechtelijk verbergt of onbruikbaar maakt, enige poging tot herstel van dijken of andere waterstaatswerken verijdelt, of de aangewende middelen tot het voorkomen of stuiten van overstroming tegenwerkt, wordt gestraft met gevangenisstraf van ten hoogste zes jaren of geldboete van de vijfde categorie.
(Zie ook: artt. 136, 176, 350 WvSr; art. 160 WvSv)

Art. 161

Vernieling dijken, gas- of waterleiding en riolering

Hij die opzettelijk enig werk dienend tot waterkering, waterlozing, gas- of waterleiding of riolering vernielt, onbruikbaar maakt of beschadigt, wordt gestraft:
1°. met gevangenisstraf van ten hoogste zes jaren of geldboete van de vijfde categorie, indien daarvan gevaar voor een overstroming of gemeen gevaar voor goederen te duchten is;
2°. met gevangenisstraf van ten hoogste negen jaren of geldboete van de vijfde categorie, indien daarvan levensgevaar voor een ander te duchten is;
3°. met gevangenisstraf van ten hoogste vijftien jaren of geldboete van de vijfde categorie, indien daarvan levensgevaar voor een ander te duchten is en het feit iemands dood ten gevolge heeft.

Art. 161bis

Vernieling elektriciteitswerken

Hij die opzettelijk enig electriciteitswerk vernielt, beschadigt of onbruikbaar maakt, stoornis in de gang of in de werking van zodanig werk veroorzaakt, of een ten opzichte van zodanig werk genomen veiligheidsmaatregel verijdelt, wordt gestraft:
1°. met gevangenisstraf van ten hoogste een jaar of geldboete van de vijfde categorie, indien daardoor verhindering of bemoeiliking van stroomlevering ten algemenen nutte ontstaat;
2°. met gevangenisstraf van ten hoogste zes jaren of geldboete van de vijfde categorie, indien daarvan gemeen gevaar voor goederen te duchten is;
3°. met gevangenisstraf van ten hoogste negen jaren of geldboete van de vijfde categorie, indien daarvan levensgevaar voor een ander te duchten is;
4°. met gevangenisstraf van ten hoogste vijftien jaren of geldboete van de vijfde categorie, indien daarvan levensgevaar voor een ander te duchten is en het feit iemands dood ten gevolge heeft.
(Zie ook: artt. 90ter, 136, 176, 350, 351bis WvSr; art. 160 WvSv)

Art. 161ter

Vernieling van elektriciteitswerken door schuld

Hij aan wiens schuld te wijten is, dat enig electriciteitswerk wordt vernield, beschadigd, of onbruikbaar gemaakt, dat stoornis in de gang of in de werking van zodanig werk ontstaat, of dat een ten opzichte van zodanig werk genomen veiligheidsmaatregel wordt verijdeld, wordt gestraft:
1°. met gevangenisstraf van ten hoogste zes maanden of geldboete van de vierde categorie, indien daardoor verhindering of bemoeiliking van stroomlevering ten algemenen nutte of gemeen gevaar voor goederen ontstaat;
2°. met gevangenisstraf van ten hoogste een jaar of geldboete van de vierde categorie, indien daardoor levensgevaar voor een ander ontstaat;
3°. met gevangenisstraf van ten hoogste twee jaren of geldboete van de vierde categorie, indien het feit iemands dood ten gevolge heeft.
(Zie ook: artt. 90ter, 136, 176, 350, 351bis WvSr; art. 160 WvSv)

Art. 161quater

Blootstelling aan ioniserende stralen of radioactieve stoffen

Hij die opzettelijk mensen, dieren, planten of goederen aan ioniserende stralen blootstelt, dan wel mensen, dieren, planten, goederen, bodem, water of lucht met radioactieve stoffen besmet, wordt gestraft:
1°. met gevangenisstraf van ten hoogste vijftien jaren of geldboete van de vijfde categorie, indien daarvan gevaar voor de openbare gezondheid of levensgevaar voor een ander te duchten is;

Wetboek van Strafrecht C1 art. 163

2°. met levenslange gevangenisstraf of tijdelijke van ten hoogste dertig jaren of geldboete van de vijfde categorie, indien daarvan levensgevaar voor een ander te duchten is en het feit iemands dood ten gevolge heeft.
(Zie ook: artt. 83, 136, 176 WvSr; art. 160 WvSv)

Art. 161quinquies

Hij aan wiens schuld te wijten is dat mensen, dieren, planten of goederen aan ioniserende stralen worden blootgesteld, dan wel mensen, dieren, planten, goederen, bodem, water of lucht met radioactieve stoffen worden besmet, wordt gestraft:

Blootstelling aan ioniserende stralen of radioactieve stoffen door schuld

1°. met gevangenisstraf van ten hoogste een jaar of geldboete van de vierde categorie, indien daarvan gevaar voor de openbare gezondheid of levensgevaar voor een ander te duchten is;
2°. met gevangenisstraf van ten hoogste twee jaren of geldboete van de vierde categorie, indien daarvan levensgevaar voor een ander te duchten is en het feit iemands dood ten gevolge heeft.
(Zie ook: artt. 136, 176 WvSr; art. 160 WvSv)

Art. 161sexies

Hij die opzettelijk enig geautomatiseerd werk of enig werk voor telecommunicatie vernielt, beschadigt of onbruikbaar maakt, stoornis in de gang of in de werking van zodanig werk veroorzaakt, of een ten opzichte van zodanig werk genomen veiligheidsmaatregel verijdelt, wordt gestraft:

Vernieling van geautomatiseerde werken of werken voor telecommunicatie

1°. met gevangenisstraf van ten hoogste zes jaren of geldboete van de vijfde categorie, indien daarvan gemeen gevaar voor goederen of voor de verlening van diensten te duchten is;
2°. met gevangenisstraf van ten hoogste negen jaren of geldboete van de vijfde categorie, indien daarvan levensgevaar voor een ander te duchten is;
3°. met gevangenisstraf van ten hoogste vijftien jaren of geldboete van de vijfde categorie, indien daarvan levensgevaar voor een ander te duchten is en het feit iemands dood ten gevolge heeft.
(Zie ook: artt. 80sexies, 136, 176, 350, 351bis WvSr; art. 160 WvSv)

Art. 161septies

Hij aan wiens schuld te wijten is dat enig geautomatiseerd werk of enig werk voor telecommunicatie wordt vernield, beschadigd of onbruikbaar gemaakt, dat stoornis in de gang of in de werking van zodanig werk ontstaat, of dat een ten opzichte van zodanig werk genomen veiligheidsmaatregel wordt verijdeld, wordt gestraft:

Vernieling van geautomatiseerde werken of werken voor telecommunicatie door schuld

1°. met gevangenisstraf van ten hoogste zes maanden of geldboete van de vierde categorie, indien daardoor verhindering of bemoeilijking van de opslag, verwerking of overdracht van gegevens ten algemenen nutte, stoornis in een openbaar telecommunicatienetwerk of in de uitvoering van een openbare telecommunicatiedienst, of gemeen gevaar voor goederen of voor de verlening van diensten ontstaat;
2°. met gevangenisstraf van ten hoogste een jaar of geldboete van de vierde categorie, indien daardoor levensgevaar voor een ander ontstaat;
3°. met gevangenisstraf van ten hoogste twee jaren of geldboete van de vierde categorie, indien het feit iemands dood ten gevolge heeft.
(Zie ook: artt. 80sexies, 136, 176, 350, 351bis WvSr; art. 160 WvSv)

Art. 162

Hij die opzettelijk enig werk dienende voor het openbaar verkeer of het luchtverkeer vernielt, onbruikbaar maakt of beschadigt, enige openbare land- of waterweg verspert of een ten aanzien van zodanig werk of van zodanige weg genomen veiligheidsmaatregel verijdelt, wordt gestraft:

Vernieling van (lucht)verkeerswerken

1°. met gevangenisstraf van ten hoogste negen jaren of geldboete van de vijfde categorie, indien daarvan gevaar voor de veiligheid van het verkeer te duchten is;
2°. met gevangenisstraf van ten hoogste vijftien jaren of geldboete van de vijfde categorie, indien daarvan gevaar voor de veiligheid van het verkeer te duchten is en het feit iemands dood ten gevolge heeft.
(Zie ook: artt. 136, 176, 350, 352 WvSr; art. 160 WvSv)

Art. 162a

Hij die opzettelijk op een luchthaven een luchtvaartuig buiten bedrijf of enige voorziening vernielt, onbruikbaar maakt of beschadigt, dan wel de diensten op een luchthaven verstoort, wordt gestraft:

Vernieling luchtvaartuigen of verstoring luchthavendiensten

1°. met gevangenisstraf van ten hoogste negen jaren of geldboete van de vijfde categorie, indien daarvan gevaar voor de veiligheid van de luchtvaart of gemeen gevaar voor goederen, gebouwen of diensten op de luchthaven te duchten valt;
2°. met gevangenisstraf van ten hoogste vijftien jaren of geldboete van de vijfde categorie, indien daarvan gevaar voor de veiligheid van de luchtvaart of gemeen gevaar voor goederen, gebouwen of diensten op de luchthaven te duchten valt en het feit iemands dood ten gevolge heeft.
(Zie ook: artt. 136, 176, 350, 352 WvSr; art. 160 WvSv)

Art. 163

Hij aan wiens schuld te wijten is dat enig werk dienende voor het openbaar verkeer of het luchtverkeer wordt vernield, onbruikbaar gemaakt of beschadigd, enige openbare land- of wa-

Vernieling van (lucht)verkeerswerken door schuld

terweg versperd of een ten aanzien van zodanig werk of van zodanige weg genomen veiligheidsmaatregel verijdeld wordt, wordt gestraft:
1°. met gevangenisstraf van ten hoogste zes maanden of geldboete van de vierde categorie, indien daardoor het verkeer onveilig wordt;
2°. met gevangenisstraf van ten hoogste twee jaren of geldboete van de vierde categorie, indien het feit iemands dood ten gevolge heeft.
(Zie ook: artt. 136, 176, 307, 350, 351bis WvSr; art. 160 WvSv)

Art. 164

Veroorzaken gevaar voor spoorweg of luchtverkeer

1. Hij die opzettelijk gevaar veroorzaakt voor het verkeer door mechanische kracht over een spoorweg of voor het luchtverkeer, wordt gestraft met gevangenisstraf van ten hoogste vijftien jaren of geldboete van de vijfde categorie.
2. Indien het feit iemands dood ten gevolge heeft, wordt de schuldige gestraft met levenslange gevangenisstraf of tijdelijke van ten hoogste dertig jaren of geldboete van de vijfde categorie.
(Zie ook: artt. 83, 136, 176, 351 WvSr; art. 160 WvSv)

Art. 165

Schuld aan veroorzaken gevaar voor spoorweg of luchtverkeer

1. Hij aan wiens schuld te wijten is dat gevaar ontstaat voor het verkeer door mechanische kracht over een spoorweg of voor het luchtverkeer, wordt gestraft met gevangenisstraf van ten hoogste een jaar of geldboete van de vierde categorie.
2. Indien het feit iemands dood ten gevolge heeft, wordt de schuldige gestraft met gevangenisstraf van ten hoogste twee jaren of geldboete van de vierde categorie.
(Zie ook: artt. 163, 176, 307 WvSr; art. 160 WvSv)

Art. 166

Vernieling van veiligheidstekens voor scheepvaart of luchtvaart

Hij die opzettelijk een voor de veiligheid van de scheepvaart of luchtvaart gesteld teken of hulpmiddel vernielt, beschadigt, wegneemt of verplaatst, de werking daarvan verijdelt of een verkeerd teken stelt, wordt gestraft:
1°. met gevangenisstraf van ten hoogste twaalf jaren of geldboete van de vijfde categorie, indien daarvan gevaar voor de veiligheid van de scheepvaart of luchtvaart te duchten is;
2°. met gevangenisstraf van ten hoogste vijftien jaren of geldboete van de vijfde categorie, indien daarvan gevaar voor de veiligheid van de scheepvaart of luchtvaart te duchten is en het feit het zinken, stranden of verongelukken van een vaartuig of een luchtvaartuig ten gevolge heeft;
3°. met levenslange gevangenisstraf of tijdelijke van ten hoogste dertig jaren of geldboete van de vijfde categorie, indien daarvan gevaar voor de veiligheid van de scheepvaart of luchtvaart te duchten is en het feit iemands dood ten gevolge heeft.
(Zie ook: artt. 83, 136, 176, 350, 352 WvSr; art. 160 WvSv)

Art. 167

Vernieling van veiligheidstekens voor scheepvaart en luchtvaart door schuld

Hij aan wiens schuld vernieling, beschadiging, wegneming of verplaatsing van een voor de veiligheid van de scheepvaart of luchtvaart gesteld teken of hulpmiddel dan wel de verijdeling van de werking daarvan of het stellen van een verkeerd teken te wijten is, wordt gestraft:
1°. met gevangenisstraf van ten hoogste zes maanden of geldboete van de vierde categorie, indien daardoor de scheepvaart of de luchtvaart onveilig wordt;
2°. met gevangenisstraf van ten hoogste een jaar of geldboete van de vierde categorie, indien het feit het zinken, stranden of verongelukken van een vaartuig of een luchtvaartuig ten gevolge heeft;
3°. met gevangenisstraf van ten hoogste twee jaren of geldboete van de vierde categorie, indien het feit iemands dood ten gevolge heeft.
(Zie ook: artt. 136, 176, 307, 351bis WvSr; art. 160 WvSv)

Art. 168

Doen verongelukken van (lucht)vaartuigen en voertuigen

Hij die enig vaartuig, voertuig of luchtvaartuig opzettelijk en wederrechtelijk doet zinken, stranden of verongelukken, vernielt, onbruikbaar maakt of beschadigt, wordt gestraft:
1°. met gevangenisstraf van ten hoogste vijftien jaren of geldboete van de vijfde categorie, indien daarvan levensgevaar voor een ander te duchten is;
2°. met levenslange gevangenisstraf of tijdelijke van ten hoogste dertig jaren of geldboete van de vijfde categorie, indien daarvan levensgevaar voor een ander te duchten is en het feit iemands dood ten gevolge heeft.
(Zie ook: artt. 83, 136, 176, 350, 352 WvSr; art. 176 WvSv)

Art. 169

Doen verongelukken van vaartuigen en voertuigen door schuld

Hij aan wiens schuld te wijten is dat enig vaartuig, voertuig of luchtvaartuig zinkt, strandt of verongelukt, vernield, onbruikbaar gemaakt of beschadigd wordt, wordt gestraft:
1°. met gevangenisstraf van ten hoogste een jaar of geldboete van de vierde categorie, indien daardoor levensgevaar voor een ander ontstaat;
2°. met gevangenisstraf van ten hoogste twee jaren of geldboete van de vierde categorie, indien het feit iemands dood ten gevolge heeft.
(Zie ook: artt. 136, 176, 307, 351bis WvSr; art. 160 WvSv)

Wetboek van Strafrecht   **C1 art. 173b**

Art. 170
Hij die enig gebouw, getimmerte, installatie ter zee of voor het publiek toegankelijke plaats opzettelijk vernielt of beschadigt, wordt gestraft: *Vernieling van gebouwen en publieke installaties*
1°. met gevangenisstraf van ten hoogste twaalf jaren of geldboete van de vijfde categorie, indien daarvan gemeen gevaar voor goederen te duchten is;
2°. met gevangenisstraf van ten hoogste vijftien jaren of geldboete van de vijfde categorie, indien daarvan levensgevaar voor een ander te duchten is;
3°. met levenslange gevangenisstraf of tijdelijke van ten hoogste dertig jaren of geldboete van de vijfde categorie, indien daarvan levensgevaar voor een ander te duchten is en het feit iemands dood ten gevolge heeft.
(Zie ook: artt. 83, 136, 176, 350 WvSr; art. 160 WvSv)

Art. 171
Hij aan wiens schuld de vernieling of beschadiging van enig gebouw, getimmerte, installatie ter zee of voor het publiek toegankelijke plaats te wijten is, wordt gestraft: *Vernieling van gebouwen en publieke installaties door schuld*
1°. met gevangenisstraf van ten hoogste zes maanden of geldboete van de vierde categorie, indien daardoor gemeen gevaar voor goederen ontstaat;
2°. met gevangenisstraf van ten hoogste een jaar of geldboete van de vierde categorie, indien daardoor levensgevaar voor een ander ontstaat;
3°. met gevangenisstraf van ten hoogste twee jaren of geldboete van de vierde categorie, indien het feit iemands dood ten gevolge heeft.
(Zie ook: artt. 136, 176 WvSr; art. 160 WvSv)

Art. 172
1. Hij die opzettelijk en wederrechtelijk een stof in een inrichting ten behoeve van de drinkwatervoorziening of in een tot gezamenlijk gebruik van of met anderen bestemde waterleiding brengt, dan wel de aanmaak van drinkwater in of de toevoer van drinkwater vanuit de openbare drinkwatervoorziening belemmert, wordt gestraft: *Vergiftigen of belemmeren drinkwatervoorziening*
1°. met gevangenisstraf van ten hoogste twaalf jaren of geldboete van de vijfde categorie, indien daarvan gevaar voor een ander te duchten is;
2°. met gevangenisstraf van ten hoogste vijftien jaren of geldboete van de vijfde categorie, indien daarvan levensgevaar voor een ander te duchten is en het feit iemands dood ten gevolg heeft.
(Zie ook: art. 71 WvSv)
2. Hij die opzettelijk enig voor de openbare drinkwatervoorziening bestemd werk vernielt, beschadigt of onbruikbaar maakt, stoornis in de gang of in de werking van zodanig werk veroorzaakt, of een ten opzichte van zodanig werk genomen veiligheidsmaatregel verijdelt, wordt, indien daardoor verhindering of bemoeilijking van de openbare drinkwatervoorziening te duchten is, gestraft met gevangenisstraf van ten hoogste een jaar of geldboete van de vierde categorie. *Vernielen drinkwatervoorziening*
(Zie ook: artt. 136, 176, 350 WvSr; art. 160 WvSv)

Art. 173
1. Hij aan wiens schuld te wijten is, dat wederrechtelijk een stof in een inrichting ten behoeve van de drinkwatervoorziening of in een tot gezamenlijk gebruik van of met anderen bestemde waterleiding, wordt gebracht, wordt gestraft: *Vergiftigen of belemmeren drinkwatervoorziening door schuld*
1°. met gevangenisstraf van ten hoogste een jaar of geldboete van de vierde categorie, indien daarvan gevaar voor de openbare gezondheid of levensgevaar voor een ander te duchten is;
2°. met gevangenisstraf van ten hoogste twee jaren of geldboete van de vierde categorie, indien daarvan levensgevaar voor een ander te duchten is en het feit iemands dood ten gevolge heeft.
(Zie ook: art. 71 WvSv)
2. Hij aan wiens schuld te wijten is, dat enig voor de openbare drinkwatervoorziening bestemd werk wordt vernield, beschadigd, of onbruikbaar gemaakt, dat stoornis in de gang of in de werking van een zodanig werk ontstaat of dat een ten opzichte van zodanig werk genomen veiligheidsmaatregel wordt verijdeld, wordt, indien daardoor verhindering of bemoeilijking van de openbare drinkwatervoorziening te duchten is, gestraft met een gevangenisstraf van ten hoogste zes maanden of geldboete van de vierde categorie. *Vernielen drinkwatervoorziening door schuld*
(Zie ook: artt. 136, 176, 307, 351bis WvSr; art. 160 WvSv)

Art. 173a
Hij die opzettelijk en wederrechtelijk een stof op of in de bodem, in de lucht of in het oppervlaktewater brengt, wordt gestraft: *Verontreiniging oppervlaktewater*
1°. met gevangenisstraf van ten hoogste twaalf jaren of geldboete van de vijfde categorie, indien daarvan gevaar voor de openbare gezondheid of levensgevaar voor een ander te duchten is;
2°. met gevangenisstraf van ten hoogste vijftien jaren of geldboete van de vijfde categorie, indien daarvan levensgevaar voor een ander te duchten is en het feit iemands dood ten gevolge heeft.
(Zie ook: artt. 71, 136, 176, 429 WvSr; art. 160 WvSv)

Art. 173b
Hij aan wiens schuld te wijten is, dat wederrechtelijk een stof op of in de bodem, in de lucht of in het oppervlaktewater wordt gebracht, wordt gestraft: *Verontreinigen oppervlaktewater door schuld*

1°. met gevangenisstraf van ten hoogste een jaar of geldboete van de vierde categorie, indien daarvan gevaar voor de openbare gezondheid of levensgevaar voor een ander te duchten is;
2°. met gevangenisstraf van ten hoogste twee jaren of geldboete van de vierde categorie, indien daarvan levensgevaar voor een ander te duchten is en het feit iemands dood ten gevolge heeft.
(Zie ook: artt. 71, 136, 176, 307, 429 WvSr; art. 160 WvSv)

Art. 174

Verkoop van voor gezondheid schadelijke waren

1. Hij die waren verkoopt, te koop aanbiedt, aflevert of uitdeelt, wetende dat zij voor het leven of de gezondheid schadelijk zijn, en dat schadelijk karakter verzwijgende, wordt gestraft met gevangenisstraf van ten hoogste vijftien jaren of geldboete van de vijfde categorie.
2. Indien het feit iemands dood ten gevolge heeft, wordt de schuldige gestraft met levenslange gevangenisstraf of tijdelijke van ten hoogste dertig jaren of geldboete van de vijfde categorie.
(Zie ook: artt. 83, 136, 176 WvSr; art. 160 WvSv)

Art. 175

Verkoop van voor gezondheid schadelijke waren door schuld

1. Hij aan wiens schuld te wijten is dat waren, schadelijk voor het leven of de gezondheid, verkocht, afgeleverd of uitgedeeld worden, zonder dat de koper of verkrijger met dat schadelijk karakter bekend is, wordt gestraft met gevangenisstraf van ten hoogste een jaar of geldboete van de vierde categorie.
2. Indien het feit iemands dood ten gevolge heeft, wordt de schuldige gestraft met gevangenisstraf van ten hoogste twee jaren of geldboete van de vierde categorie.
(Zie ook: artt. 136, 176 WvSr; art. 160 WvSv)

Art. 175a

Overtreden beschermingsvoorschriften in oorlogstijd

Hij die in geval van oorlog opzettelijk een bekendgemaakt bevel, bedoeld in artikel 7 van de Wet bescherming bevolking (*Stb.* 1952, 404), dan wel een bij of krachtens een van de algemene maatregelen van bestuur, bedoeld in artikel 29 van de Intrekkingswet BB (*Stb.* 1986, 312), gegeven en bekendgemaakt voorschrift overtreedt, wordt gestraft:
1°. met gevangenisstraf van ten hoogste twee jaren of geldboete van de vijfde categorie, indien daarvan gemeen gevaar voor goederen te duchten is;
2°. met gevangenisstraf van ten hoogste drie jaren of geldboete van de vijfde categorie, indien daarvan levensgevaar voor een ander te duchten is;
3°. met gevangenisstraf van ten hoogste vijf jaren of geldboete van de vijfde categorie, indien daarvan levensgevaar voor een ander te duchten is en het feit iemands dood ten gevolge heeft.
(Zie ook: artt. 87, 136, 176 WvSr; art. 160 WvSv)

Art. 175b

Overtreden beschermingsvoorschriften in oorlogstijd door schuld

Hij aan wiens schuld in geval van oorlog overtreding te wijten is van een bekendgemaakt bevel, bedoeld in artikel 7 van de Wet bescherming bevolking, dan wel van een bij of krachtens een van de algemene maatregelen van bestuur, bedoeld in artikel 29 van de Intrekkingswet BB, gegeven en bekendgemaakt voorschrift, wordt gestraft:
1°. met gevangenisstraf van ten hoogste zes maanden of geldboete van de vierde categorie, indien daardoor gemeen gevaar voor goederen ontstaat;
2°. met gevangenisstraf van ten hoogste een jaar of geldboete van de vierde categorie, indien daardoor levensgevaar voor een ander ontstaat;
3°. met gevangenisstraf van ten hoogste twee jaren of geldboete van de vierde categorie, indien het feit iemands dood ten gevolge heeft.
(Zie ook: artt. 87, 136, 176 WvSr; art. 160 WvSv)

Art. 176

Bijkomende straffen

1. Bij veroordeling wegens enig in deze titel omschreven misdrijf kan de schuldige worden ontzet van de uitoefening van het beroep waarin hij het misdrijf begaan heeft.
(Zie ook: art. 28 WvSr)
2. Bij veroordeling wegens een der in de artikelen 174 en 175 omschreven misdrijven, kan de rechter de openbaarmaking van zijn uitspraak gelasten.
(Zie ook: art. 36 WvSr)

Art. 176a

Vernieling publieke werken met terroristisch oogmerk

Indien een misdrijf, strafbaar gesteld in artikel 157, 159, 160, 161, 161bis, 161quater, 161sexies, 162, 162a, 164, 166, 168, 170, 172, 173a of 174, is begaan met een terroristisch oogmerk, wordt de in dat artikel bepaalde tijdelijke gevangenisstraf met de helft verhoogd en wordt, indien op het misdrijf een tijdelijke gevangenisstraf van ten hoogste vijftien jaren is gesteld, levenslange gevangenisstraf of tijdelijke van ten hoogste dertig jaren opgelegd.
(Zie ook: artt. 83, 83a WvSr)

Art. 176b

Samenspanning tot vernieling van publieke werken met terroristisch oogmerk

1. De samenspanning tot de in de artikelen 157, 161, onderdelen 2° en 3°, 161bis, onderdelen 3° en 4°, 161quater, 161sexies, onderdelen 2° en 3°, 162, 164, 166, 168, 170, 172, 173a en 174 omschreven misdrijven, te begaan met een terroristisch oogmerk, wordt gestraft met gevangenisstraf van ten hoogste tien jaren of geldboete van de vijfde categorie.
2. Artikel 96, tweede lid, is van overeenkomstige toepassing.
(Zie ook: artt. 80, 83a WvSr)

Wetboek van Strafrecht

Art. 176c
Bij veroordeling wegens een der misdrijven omschreven in de artikelen 157, 159, 160, 161bis, 161quater, 161sexies, 162, 162a, 164, 166, 168, 170, 172, 173a, 174, begaan met een terroristisch oogmerk, alsmede bij veroordeling wegens een der misdrijven omschreven in artikel 176b, kan ontzetting van het in artikel 28, eerste lid, onder 3°, vermelde recht worden uitgesproken.

Ontzegging stemrecht bij veroordeling o.g.v. Titel VII Sr

Titel VIII
Misdrijven tegen het openbaar gezag

Art. 177
1. Met gevangenisstraf van ten hoogste zes jaren of geldboete van de vijfde categorie wordt gestraft:
1°. hij die een ambtenaar een gift of belofte doet dan wel een dienst verleent of aanbiedt met het oogmerk om hem te bewegen in zijn bediening iets te doen of na te laten;
2°. hij die een ambtenaar een gift of belofte doet dan wel een dienst verleent of aanbiedt ten gevolge of naar aanleiding van hetgeen door deze in zijn huidige of vroegere bediening is gedaan of nagelaten.
2. Met dezelfde straf wordt gestraft hij die een feit als in het eerste lid, onder 1°, omschreven, begaat jegens een persoon in het vooruitzicht van een dienstbetrekking bij een overheidswerkgever, indien de dienstbetrekking bij een overheidswerkgever is gevolgd.
3. Indien de schuldige een van de misdrijven omschreven in dit artikel in zijn beroep begaat, kan hij van de uitoefening van dat beroep worden ontzet.
4. Ontzetting van de in artikel 28, eerste lid, onder 1°, 2° en 4°, vermelde rechten kan worden uitgesproken.
(Zie ook: artt. 84, 328ter, 363 WvSr)

Omkoping ambtenaren

Art. 177a
[Vervallen]

Art. 178
1. Hij die een rechter een gift of belofte doet dan wel een dienst verleent of aanbiedt met het oogmerk invloed uit te oefenen op de beslissing van een aan diens oordeel onderworpen zaak, wordt gestraft met gevangenisstraf van ten hoogste negen jaren of geldboete van de vijfde categorie.
2. Indien die gift of belofte gedaan wordt dan wel die dienst verleend of aangeboden wordt met het oogmerk om een veroordeling in een strafzaak te verkrijgen, wordt de schuldige gestraft met gevangenisstraf van ten hoogste twaalf jaren of geldboete van de vijfde categorie.
3. Indien de schuldige een van de misdrijven omschreven in dit artikel in zijn beroep begaat, kan hij van de uitoefening van dat beroep worden ontzet.
4. Ontzetting van de in artikel 28, eerste lid, onder 1°, 2° en 4°, vermelde rechten kan worden uitgesproken.
(Zie ook: artt. 84, 364 WvSr)

Omkoping van rechter

Art. 178a
1. Met ambtenaren worden ten aanzien van artikel 177 gelijkgesteld personen in de openbare dienst van een vreemde staat of van een volkenrechtelijke organisatie.
2. Met ambtenaren worden ten aanzien van artikel 177, eerste lid, onder 2°, voormalige ambtenaren gelijkgesteld.
3. Met rechter wordt ten aanzien van artikel 178 gelijkgesteld de rechter van een vreemde staat of van van een volkenrechtelijke organisatie.
(Zie ook: art. 84 WvSr)

Met ambtenaren gelijkgestelde personen

Art. 179
Hij die door geweld of enige andere feitelijkheid of bedreiging met geweld of enige andere feitelijkheid een ambtenaar dwingt tot het volvoeren van een ambtsverrichting of het nalaten van een rechtmatige ambtsverrichting, wordt gestraft met gevangenisstraf van ten hoogste vier jaren of geldboete van de vierde categorie.
(Zie ook: artt. 81, 84, 121a, 183 WvSr)

Ambtsdwang

Art. 180
Hij die zich met geweld of bedreiging met geweld verzet tegen een ambtenaar werkzaam in de rechtmatige uitoefening van zijn bediening, of tegen personen die hem daarbij krachtens wettelijke verplichting of op zijn verzoek bijstand verlenen, wordt als schuldig aan wederspannigheid gestraft met gevangenisstraf van ten hoogste een jaar of geldboete van de derde categorie.
(Zie ook: artt. 81, 84, 183 WvSr)

Wederspannigheid

Art. 181
De dwang en de wederspannigheid in de artikelen 179 en 180 omschreven worden gestraft:
1°. met gevangenisstraf van ten hoogste vijf jaren of geldboete van de vierde categorie, indien het misdrijf of de daarmede gepaard gaande feitelijkheden enig lichamelijk letsel ten gevolge hebben;

Strafverhoging in geval van artt. 179 en 180 Sr.

2°. met gevangenisstraf van ten hoogste zeven jaren en zes maanden of geldboete van de vijfde categorie, indien zij zwaar lichamelijk letsel ten gevolge hebben;
(Zie ook: art. 82 WvSr)
3°. met gevangenisstraf van ten hoogste twaalf jaren of geldboete van de vijfde categorie, indien zij de dood ten gevolge hebben.
(Zie ook: art. 183 WvSr)

Art. 182

Strafvervolging in geval van artt. 179 en 180 Sr. met verenigde krachten gepleegd

1. De dwang en de wederspannigheid in de artikelen 179 en 180 omschreven, door twee of meer personen met verenigde krachten gepleegd, worden gestraft met gevangenisstraf van ten hoogste zes jaren of geldboete van de vierde categorie.

2. De schuldige wordt gestraft:
1°. met gevangenisstraf van ten hoogste zeven jaren en zes maanden of geldboete van de vijfde categorie, indien het door hem gepleegde misdrijf of de daarbij door hem gepleegde feitelijkheden enig lichamelijk letsel ten gevolge hebben;
2°. met gevangenisstraf van ten hoogste twaalf jaren of geldboete van de vijfde categorie, indien zij zwaar lichamelijk letsel ten gevolge hebben;
(Zie ook: art. 82 WvSr)
3°. met gevangenisstraf van ten hoogste vijftien jaren of geldboete van de vijfde categorie, indien zij de dood ten gevolge hebben.
(Zie ook: artt. 141, 183 WvSr)

Art. 183

Gelijkstelling met ambtenaar in geval van artt. 179 t/m 182 Sr.

Met ambtenaren worden ten aanzien van de artikelen 179 tot en met 182 gelijkgesteld de schipper of gezagvoerder van een luchtvaartuig die een bevoegdheid uitoefent of een verplichting vervult welke hem als zodanig is toegekend of opgelegd bij een bepaling van het Wetboek van Strafvordering. Onder schipper wordt begrepen hij die het hoogste gezag uitoefent op een overeenkomstig artikel 136a, tweede lid, van het Wetboek van Strafvordering aangewezen installatie.
(Zie ook: artt. 84, 85 WvSr)

Art. 184

Niet voldoen aan ambtelijk bevel

1. Hij die opzettelijk niet voldoet aan een bevel of een vordering, krachtens wettelijk voorschrift gedaan door een ambtenaar met de uitoefening van enig toezicht belast of door een ambtenaar belast met of bevoegd verklaard tot het opsporen of onderzoeken van strafbare feiten, alsmede hij die opzettelijk enige handeling, door een van die ambtenaren ondernomen ter uitvoering van enig wettelijk voorschrift, belet, belemmert of verijdelt, wordt gestraft met gevangenisstraf van ten hoogste drie maanden of geldboete van de tweede categorie.
(Zie ook: art. 193 WvSr; artt. 127, 141 WvSv)
2. Met de in het eerste gedeelte van het vorige lid bedoelde ambtenaar wordt gelijkgesteld ieder die, krachtens wettelijk voorschrift, voortdurend of tijdelijk met enige openbare dienst is belast.
(Zie ook: art. 84 WvSr)
3. Met een vordering of handeling als bedoeld in het eerste lid wordt gelijkgesteld een vordering of handeling van de schipper of gezagvoerder van een luchtvaartuig die een bevoegdheid uitoefent of een verplichting vervult, welke hem als zodanig is toegekend of opgelegd bij een bepaling van het Wetboek van Strafvordering. Onder schipper wordt begrepen hij die het hoogste gezag uitoefent op een overeenkomstig artikel 136a, tweede lid, van het Wetboek van Strafvordering aangewezen installatie.
(Zie ook: artt. 84, 85 WvSr)
4. Indien tijdens het plegen van het misdrijf nog geen twee jaren zijn verlopen sedert een vroegere veroordeling van de schuldige wegens gelijk misdrijf onherroepelijk is geworden, kan de gevangenisstraf met een derde worden verhoogd.

Art. 184a

Opzettelijk handelen in strijd met gedragsaanwijzing

Hij die opzettelijk handelt in strijd met een gedragsaanwijzing, gegeven krachtens artikel 509hh, eerste lid, onderdeel b, van het Wetboek van Strafvordering, wordt gestraft met gevangenisstraf van ten hoogste een jaar of geldboete van de derde categorie.

Art. 185

Belemmeren van ambtsbediening

Hij die bij een terechtzitting of ter plaatse waar een ambtenaar in het openbaar in de rechtmatige uitoefening van zijn bediening werkzaam is, opschudding veroorzaakt en na het door of vanwege het bevoegd gezag gegeven bevel zich niet verwijdert, wordt gestraft met gevangenisstraf van ten hoogste twee weken of geldboete van de tweede categorie.
(Zie ook: art. 27 Rv; art. 124 WvSv)

Art. 185a

Gelijkstelling met ambtenaar in geval van artt. 179 t/m 182, 184 en 185 Sr.

Met ambtenaren worden ten aanzien van de artikelen 179 tot en met 182, 184 en 185 gelijkgesteld personen in de openbare dienst van een vreemde staat of van een volkenrechtelijke organisatie die in Nederland op door het volkenrecht toegelaten wijze hun bediening uitoefenen.

Wetboek van Strafrecht   C1 art. 192

Art. 186
Hij die opzettelijk bij gelegenheid van een volksoploop zich niet onmiddellijk verwijdert na het derde door of vanwege het bevoegd gezag gegeven bevel, wordt, als schuldig aan deelneming aan samenscholing, gestraft met gevangenisstraf van ten hoogste drie maanden of geldboete van de tweede categorie.
(Zie ook: artt. 141, 182 WvSr)

Samenscholing

Art. 187
Hij die een bekendmaking, vanwege het bevoegd gezag in het openbaar gedaan, wederrechtelijk afscheurt, onleesbaar maakt of beschadigt, met het oogmerk om de kennisneming daarvan te beletten of te bemoeilijken, wordt gestraft met gevangenisstraf van ten hoogste een maand of geldboete van de tweede categorie.
(Zie ook: art. 447 WvSr)

Beschadiging van ambtelijke bekendmaking

Art. 188
Hij die aangifte of klacht doet dat een strafbaar feit gepleegd is, wetende dat het niet gepleegd is, wordt gestraft met gevangenisstraf van ten hoogste een jaar of geldboete van de derde categorie.
(Zie ook: artt. 64, 268 WvSr; art. 163 WvSv)

Valse aangifte of klacht

Art. 189
1. Met gevangenisstraf van ten hoogste zes maanden of geldboete van de derde categorie wordt gestraft:
1°. hij die opzettelijk iemand die schuldig is aan of verdachte is van enig misdrijf, verbergt of hem behulpzaam is in het ontkomen aan de nasporing van of aanhouding door de ambtenaren van de justitie of politie;
(Zie ook: artt. 104, 136, 280 WvSr)
2°. hij die nadat enig misdrijf is gepleegd, met het oogmerk om het te bedekken of de nasporing of vervolging te beletten of te bemoeilijken, voorwerpen waarop of waarmede het misdrijf gepleegd is of andere sporen van het misdrijf vernietigt, wegmaakt, verbergt of aan het onderzoek van de ambtenaren van de justitie of politie onttrekt;
(Zie ook: art. 151 WvSr; art. 27 WvSv)
3°. hij die opzettelijk voorwerpen die kunnen dienen om de waarheid aan de dag te brengen of om wederrechtelijk verkregen voordeel als bedoeld in artikel 36e aan te tonen, met het oogmerk om de inbeslagneming daarvan te beletten, te belemmeren of te verijdelen, verbergt, vernietigt, wegmaakt of aan het onderzoek van de ambtenaren van de justitie of politie onttrekt, dan wel door het opzettelijk verstrekken van gegevens of inlichtingen aan derden die inbeslagneming belet, belemmert of verijdelt.
(Zie ook: art. 4 WvSr)
2. In het geval het misdrijf, bedoeld in het eerste lid, een terroristisch misdrijf betreft, kan een gevangenisstraf van ten hoogste vier jaren of geldboete van de vijfde categorie worden opgelegd.
(Zie ook: art. 83 WvSr)
3. Deze bepalingen zijn niet van toepassing op hem die de daarin vermelde handelingen verricht ten einde gevaar van vervolging te ontgaan of af te wenden van een van zijn bloedverwanten of aangehuwden in de rechte linie of in de tweede of derde graad van de zijlinie of van zijn echtgenoot of gewezen echtgenoot.
(Zie ook: artt. 100, 217 WvSv)
4. Met ambtenaren van de justitie of politie worden gelijkgesteld: personen in de openbare dienst van een internationaal gerecht dat zijn rechtsmacht ontleent aan een verdrag waarbij het Koninkrijk partij is, die belast zijn met de opsporing of vervolging van enig misdrijf.

Begunstiging van dader

Begunstiging naaste familie

Met ambtenaren gelijkgestelde personen

Art. 190
Hij die opzettelijk een gerechtelijke lijkschouwing belet, belemmert of verijdelt, wordt gestraft met gevangenisstraf van ten hoogste zes maanden of geldboete van de derde categorie.
(Zie ook: art. 150 WvSr)

Beletten van lijkschouwing

Art. 191
Hij die opzettelijk iemand, op openbaar gezag of krachtens rechterlijke uitspraak of beschikking van de vrijheid beroofd, bevrijdt of bij zijn zelfbevrijding behulpzaam is, wordt gestraft met gevangenisstraf van ten hoogste vier jaren of geldboete van de vierde categorie.
(Zie ook: artt. 367, 413 WvSr)

Bevrijding van een gevangene

Art. 192
1. Hij die, wettelijk als getuige, als deskundige of als tolk opgeroepen, opzettelijk niet voldoet aan enige wettelijke verplichting die hij als zodanig te vervullen heeft, wordt gestraft:
1°. in strafzaken met gevangenisstraf van ten hoogste zes maanden of geldboete van de derde categorie;
2°. in andere zaken met gevangenisstraf van ten hoogste vier maanden of geldboete van de tweede categorie.
2. Hij die na de totstandkoming van een afspraak met de officier van justitie ingevolge artikel 226h, derde lid, of artikel 226k, eerste lid, van het Wetboek van Strafvordering wettelijk als

Schenden wetsplicht door tolk, deskundige of getuige

Sdu   57

C1 art. 192a — Wetboek van Strafrecht

getuige opgeroepen, opzettelijk niet voldoet aan zijn verplichting te verklaren, wordt gestraft met gevangenisstraf van ten hoogste een jaar of geldboete van de vijfde categorie.

3. Het bepaalde in het vorige lid van dit artikel is niet van toepassing op de partij in een burgerlijke procedure die, wanneer zij als getuige wordt gehoord, weigert op de haar gestelde vragen te antwoorden.

(Zie ook: artt. 44a, 444 WvSr; artt. 185, 191, 205, 213, 217, 227, 260, 296, 344a, 390 WvSv)

Art. 192a

Opzettelijk niet voldoen aan vordering inzage

Hij die opzettelijk niet voldoet aan de vordering van een parlementaire enquêtecommissie tot het hebben van inzage in of het nemen van afschrift van of het op andere wijze kennisnemen van documenten wordt gestraft met gevangenisstraf van ten hoogste vier maanden of geldboete van de tweede categorie.

Art. 192b

Opzettelijk niet voldoen aan vordering tot verstrekken van inlichtingen

Hij die opzettelijk niet voldoet aan een vordering van een parlementaire enquêtecommissie tot het verstrekken van schriftelijke inlichtingen, wordt gestraft met gevangenisstraf van ten hoogste drie maanden of een geldboete van de tweede categorie.

Art. 192c

Belemmering of verhindering tot het betreden van plaats

Hij die opzettelijk een parlementaire enquêtecommissie of door haar aangewezen personen belet, belemmert of verhindert een plaats te betreden, wordt gestraft met gevangenisstraf van ten hoogste drie maanden of een geldboete van de tweede categorie.

Art. 192d

Uitzonderingen in geval van artt. 192 t/m 192c Sr.

De misdrijven genoemd in de artikelen 192 tot en met 192c worden niet vervolgd, indien zij zijn begaan door een lid van de Staten-Generaal, een minister of een staatssecretaris.

Art. 193

Achterhouden van stukken, van belang i.v.m. vervalsing

Hij die opzettelijk niet voldoet aan een wettig bevel tot overlegging van een stuk hetwelk beweerd wordt vals of vervalst te zijn, of hetwelk dienen moet ter vergelijking met een ander waarvan de valsheid of vervalsing beweerd, of de echtheid ontkend of niet erkend wordt, wordt gestraft:

1°. in strafzaken met gevangenisstraf van ten hoogste zes maanden of geldboete van de derde categorie;

(Zie ook: artt. 100, 105, 539p, 551 WvSv)

2°. in andere zaken met gevangenisstraf van ten hoogste vier maanden of geldboete van de tweede categorie.

Art. 194

Niet verstrekken van inlichtingen bij faillissement

1. Hij die in staat van faillissement is verklaard en wettelijk verplicht is tot het geven van inlichtingen, wordt gestraft met gevangenisstraf van ten hoogste een jaar of geldboete van de derde categorie, indien hij hetzij zonder geldige reden opzettelijk wegblijft, hetzij weigert de vereiste inlichtingen te geven, hetzij opzettelijk onjuiste of onvolledige inlichtingen geeft.

Niet verstrekken van inlichtingen bij faillissement van een ander

2. Met dezelfde straf wordt gestraft hij die in het faillissement van een ander wettelijk verplicht is tot het geven van inlichtingen en hetzij zonder geldige reden opzettelijk wegblijft, hetzij weigert de vereiste inlichtingen te geven, hetzij opzettelijk onjuiste of onvolledige inlichtingen geeft.

Niet verstrekken van inlichtingen bij schuldsaneringsregeling natuurlijke personen

3. Met dezelfde straf wordt gestraft hij ten aanzien van wie de schuldsaneringsregeling natuurlijke personen van toepassing is verklaard en wettelijk verplicht is tot het geven van inlichtingen, of die op grond van de schuldsaneringsregeling natuurlijke personen ten aanzien van een ander wettelijk verplicht is tot het geven van inlichtingen, hetzij zonder geldige reden opzettelijk wegblijft, hetzij weigert de vereiste inlichtingen te geven, hetzij opzettelijk onjuiste of onvolledige inlichtingen geeft.

Ontzetting van uitoefening beroep

4. Indien de schuldige een van de strafbare feiten, omschreven in het eerste lid, in zijn beroep begaat, kan hij van de uitoefening van dat beroep worden ontzet.

Art. 195

Uitoefening van recht ondanks ontzetting

Hij die een recht uitoefent, wetende dat hij daarvan bij rechterlijke uitspraak is ontzet, wordt gestraft met gevangenisstraf van ten hoogste zes maanden of geldboete van de derde categorie.

(Zie ook: art. 28 WvSr; artt. 7, 33 WED)

Art. 196

Valselijk bekleden van ambt

Hij die opzettelijk onderscheidingstekens draagt of een daad verricht behorende tot een ambt dat hij niet bekleedt of waarin hij geschorst is, wordt gestraft met gevangenisstraf van ten hoogste drie maanden of geldboete van de tweede categorie.

(Zie ook: artt. 435, 453a WvSr)

Art. 197

Terugkeer na uitzetting als vreemdeling

Een vreemdeling die in Nederland verblijft, terwijl hij weet of ernstige reden heeft te vermoeden, dat hij op grond van een wettelijk voorschrift tot ongewenste vreemdeling is verklaard of tegen hem een inreisverbod is uitgevaardigd met toepassing van artikel 66a, zevende lid, van de Vreemdelingenwet 2000, wordt gestraft met een gevangenisstraf van ten hoogste zes maanden of geldboete van de derde categorie.

Wetboek van Strafrecht

Art. 197a

1. Hij die een ander behulpzaam is bij het zich verschaffen van toegang tot of doorreis door Nederland, een andere lidstaat van de Europese Unie, IJsland, Noorwegen of een staat die is toegetreden tot het op 15 november 2000 te NewYork totstandgekomen Protocol tegen de smokkel van migranten over land, over de zee en in de lucht, tot aanvulling van het op 15 november 2000 te NewYork totstandgekomen Verdrag tegen transnationale georganiseerde misdaad, of hem daartoe gelegenheid, middelen of inlichtingen verschaft, terwijl hij weet of ernstige redenen heeft te vermoeden dat die toegang of doorreis wederrechtelijk is, wordt als schuldig aan mensensmokkel gestraft met gevangenisstraf van ten hoogste zes jaren of geldboete van de vijfde categorie. *Mensensmokkel*

2. Hij die een ander uit winstbejag behulpzaam is bij het zich verschaffen van verblijf in Nederland, een andere lidstaat van de Europese Unie, IJsland, Noorwegen of een staat die is toegetreden tot in het eerste lid genoemde protocol, of hem daartoe gelegenheid, middelen of inlichtingen verschaft, terwijl hij weet of ernstige redenen heeft te vermoeden dat dat verblijf wederrechtelijk is, wordt gestraft met een gevangenisstraf van ten hoogste zes jaren of geldboete van de vijfde categorie.

3. Indien een van de feiten, omschreven in het eerste en tweede lid, wordt begaan in de uitoefening van enig ambt of beroep, wordt gevangenisstraf van ten hoogste acht jaren of geldboete van de vijfde categorie opgelegd en kan ontzetting worden uitgesproken van de uitoefening van het recht het ambt te bekleden of het beroep uit te oefenen en kan de rechter openbaarmaking van zijn uitspraak gelasten.

4. Indien een van de feiten, omschreven in het eerste en tweede lid, wordt begaan door een persoon die daarvan een beroep of gewoonte maakt of in vereniging wordt begaan door meerdere personen, wordt gevangenisstraf van ten hoogste tien jaren of geldboete van de vijfde categorie opgelegd.

5. Indien een van de feiten, omschreven in het eerste en tweede lid, zwaar lichamelijk letsel ten gevolge heeft of daarvan levensgevaar voor een ander te duchten is, wordt gevangenisstraf van ten hoogste vijftien jaren of geldboete van de vijfde categorie opgelegd.

6. Indien een van de feiten, omschreven in het eerste en tweede lid, de dood ten gevolge heeft, wordt een gevangenisstraf van ten hoogste achttien jaren of geldboete van de vijfde categorie opgelegd.

7. Indien een van de feiten, omschreven in het eerste en tweede lid, wordt gepleegd met het oogmerk om een terroristisch misdrijf voor te bereiden of gemakkelijk te maken, wordt de op het feit gestelde gevangenisstraf met een derde verhoogd.

8. Voor de toepassing van dit artikel wordt onder Nederland mede verstaan de openbare lichamen Bonaire, Sint Eustatius en Saba. *Werkingssfeer*

Art. 197b

Hij die een ander, die zich wederrechtelijk toegang tot of verblijf in Nederland heeft verschaft, krachtens overeenkomst of aanstelling arbeid doet verrichten, terwijl hij weet of ernstige redenen heeft om te vermoeden dat de toegang of dat verblijf wederrechtelijk is, wordt gestraft met een gevangenisstraf van ten hoogste een jaar of geldboete van de vijfde categorie. *Werkverschaffing illegalen*

Art. 197c

Hij die van het in artikel 197b omschreven feit een beroep of gewoonte maakt wordt gestraft met een gevangenisstraf van ten hoogste vier jaren of geldboete van de vijfde categorie. *Werkverschaffing illegalen als beroep of gewoonte*

Art. 197d

Indien de schuldige de in de artikelen 197b of 197c omschreven feiten begaat in de uitoefening van enig ambt of beroep kan de rechter tevens de ontzetting uitspreken van de uitoefening van het recht het ambt te bekleden of het beroep uit te oefenen en de openbaarmaking van zijn uitspraak gelasten. *Werkverschaffing illegalen in de uitoefening van ambt of beroep*

(Zie ook: artt. 28, 36 WvSr)

Art. 198

1. Hij die opzettelijk enig goed aan het krachtens de wet daarop gelegd beslag of aan een gerechtelijke bewaring onttrekt of, wetende dat het daaraan onttrokken is, verbergt, wordt gestraft met gevangenisstraf van ten hoogste vier jaren of geldboete van de vierde categorie. *Onttrekking van zaken aan beslag of gerechtelijke bewaring*

(Zie ook: artt. 200, 341 WvSr; artt. 94, 104, 134 WvSv; art. 34 WED)

2. Met dezelfde straf wordt gestraft hij die opzettelijk enig krachtens de wet in beslag genomen goed vernielt, beschadigt of onbruikbaar maakt. *Vernieling in beslag genomen goed*

3. Met dezelfde straf wordt gestraft de bewaarder die opzettelijk een van deze feiten pleegt of toelaat, of de dader als medeplichtige ter zijde staat.

(Zie ook: art. 202 WvSr)

Art. 199

1. Hij die opzettelijk zegels waarmede voorwerpen door of vanwege het bevoegd openbaar gezag verzegeld zijn, verbreekt, opheft of beschadigt, of de door zodanig zegel bewerkte afsluiting op andere wijze verijdelt, wordt gestraft met gevangenisstraf van ten hoogste twee jaren of geldboete van de vierde categorie. *Verbreking van zegels*

2. De bewaarder die opzettelijk het feit pleegt of toelaat of de dader als medeplichtige ter zijde staat wordt gestraft met gevangenisstraf van ten hoogste drie jaren of geldboete van de vierde categorie.
3. Indien het feit ten gevolge van onachtzaamheid van de bewaarder gepleegd is, wordt deze gestraft met hechtenis van ten hoogste een maand of geldboete van de tweede categorie.
(Zie ook: art. 658 Rv; art. 202 WvSr; art. 116 WvSv)

Art. 200

Wegmaken van ambtelijk bewaard bewijsstuk

1. Hij die opzettelijk zaken, bestemd om voor de bevoegde macht tot overtuiging of bewijs te dienen, akten, bescheiden of registers die voortdurend of tijdelijk op openbaar gezag bewaard worden, of hetzij aan een ambtenaar, hetzij aan een ander in het belang van de openbare dienst zijn ter hand gesteld, vernielt, beschadigt, onbruikbaar maakt of wegmaakt, wordt gestraft met gevangenisstraf van ten hoogste drie jaren of geldboete van de vierde categorie.

Gelijkstelling aan bevoegde macht

2. Onder bevoegde macht wordt mede verstaan: een internationaal gerecht dat zijn rechtsmacht ontleent aan een verdrag waarbij het Koninkrijk partij is.
(Zie ook: artt. 84, 202, 350, 361 WvSr; artt. 116, 195 WvSv)

Art. 201

Brieven aan post onttrekken

Hij die opzettelijk brieven of andere stukken, aan een post- of telegraafkantoor bezorgd of in een postbus gestoken, aan hun bestemming onttrekt, opent of beschadigt, wordt gestraft met gevangenisstraf van ten hoogste een jaar of geldboete van de derde categorie.
(Zie ook: art. 13 GW; artt. 202, 371 WvSr; art. 100 WvSv)

Art. 202

Strafverhoging bij braak in geval van artt. 198 t/m 201 Sr.

Indien de schuldige aan een der in de artikelen 198-201 omschreven misdrijven zich de toegang tot de plaats van het misdrijf verschaft of het goed onder zijn bereik brengt door middel van braak, verbreking of inklimming, van valse sleutels, van een valse order of een vals kostuum, kan de straf met ten hoogste een jaar gevangenisstraf worden verhoogd.
(Zie ook: artt. 89, 90, 311, 350 WvSr)

Art. 203

Uitlokken van desertie in vredestijd

Hij die in tijd van vrede opzettelijk desertie van een krijgsman in dienst van het Rijk uitlokt door een der in artikel 47, eerste lid, onder 2°, vermelde middelen, of bevordert op enige in artikel 48 vermelde wijze, wordt gestraft met gevangenisstraf van ten hoogste zes maanden of geldboete van de derde categorie.
(Zie ook: art. 104 WvSr)

Art. 204

Muiterij uitlokken in vredestijd

Hij die, in tijd van vrede, opzettelijk oproer of muiterij van krijgslieden, in dienst van het Rijk, uitlokt door een der in artikel 47, eerste lid, onder 2°, vermelde middelen, of bevordert op enige in artikel 48 vermelde wijze, wordt gestraft met gevangenisstraf van ten hoogste zes jaren of geldboete van de vierde categorie.

Art. 205

Werven voor vreemde krijgsdienst

1. Hij die, zonder toestemming van de Koning, iemand voor vreemde krijgsdienst of gewapende strijd werft, wordt gestraft met gevangenisstraf van ten hoogste vier jaren of geldboete van de vijfde categorie.
2. Indien de schuldige een van de strafbare feiten, omschreven in het eerste lid, in zijn beroep begaat, kan hij van de uitoefening van dat beroep worden ontzet.
3. Indien de gewapende strijd waarvoor wordt geworven, het plegen van een terroristisch misdrijf inhoudt, wordt de gevangenisstraf, gesteld op het in het eerste lid omschreven feit, met een derde verhoogd.

Art. 206

Ongeschikt maken voor krijgsdienst

1. Met gevangenisstraf van ten hoogste twee jaren of geldboete van de vierde categorie wordt gestraft:
1°. hij die zich opzettelijk voor de dienst bij de krijgsmacht dan wel voor enige werkzaamheid uit hoofde van burgerdienstplicht ongeschikt maakt of laat maken;
2°. hij die een ander op diens verzoek opzettelijk voor die dienst dan wel voor zodanige werkzaamheid ongeschikt maakt.
2. Indien in het laatste geval het feit de dood ten gevolge heeft, wordt gevangenisstraf van ten hoogste zes jaren of geldboete van de vierde categorie opgelegd.

Titel IX
Meineed

Art. 207

Meineed

1. Hij die in de gevallen waarin een wettelijk voorschrift een verklaring onder ede vordert of daaraan rechtsgevolgen verbindt, mondeling of schriftelijk, persoonlijk of door een bijzonder daartoe gemachtigde, opzettelijk een valse verklaring onder ede aflegt, wordt gestraft met gevangenisstraf van ten hoogste zes jaren of geldboete van de vierde categorie.

Wetboek van Strafrecht

2. Indien de valse verklaring is afgelegd in een strafzaak ten nadele van de beklaagde of verdachte, wordt de schuldige gestraft met gevangenisstraf van ten hoogste negen jaren of geldboete van de vijfde categorie.
3. Met de eed staat gelijk de belofte of bevestiging die krachtens de wet voor de eed in de plaats treedt.
4. Ontzetting van de in artikel 28, eerste lid, onder 1°, 2° en 4°, vermelde rechten kan worden uitgesproken.
(Zie ook: art. 177 Rv; artt. 216, 228, 290, 295 WvSv)

Art. 207a
1. Hij die in de gevallen waarin door of krachtens een verdrag waarbij het Koninkrijk partij is, een verklaring onder ede of onder een daarvoor in de plaats tredende bevestiging of belofte wordt gevorderd, voor een internationaal gerecht mondeling of schriftelijk, persoonlijk of door een bijzonder daartoe gemachtigde, opzettelijk een valse verklaring in die vorm aflegt, wordt gestraft met gevangenisstraf van ten hoogste zes jaren of geldboete van de vierde categorie.
2. De leden 2 en 4 van artikel 207 zijn van toepassing.
(Zie ook: art. 4 WvSr; art. 165 WvSv)

Meineed voor internationaal gerecht

Art. 207b
1. Hij die in de gevallen waarin door of krachtens een verdrag een verklaring onder ede of onder een daarvoor in de plaats tredende bevestiging of belofte wordt gevorderd, in Nederland, per videoconferentie, voor een rechterlijke autoriteit van een andere staat mondeling, persoonlijk, opzettelijk een valse verklaring aflegt, wordt gestraft met gevangenisstraf van ten hoogste zes jaren of geldboete van de vierde categorie.
2. Artikel 207, tweede en vierde lid, is van toepassing.
3. Geen vervolging vindt plaats dan op klacht van de rechterlijke autoriteit voor wie de valse verklaring werd afgelegd. Artikel 66 blijft met betrekking tot de in dit lid bedoelde klacht buiten toepassing.
(Zie ook: art. 207 WvSr)

Meineed per videoconferentie

Titel X
Valsheid in muntspeciën en munt- en bankbiljetten

Art. 208
Hij die muntspeciën of munt- of bankbiljetten namaakt of vervalst, met het oogmerk om die muntspeciën of munt- of bankbiljetten als echt en onvervalst uit te geven of te doen uitgeven, wordt gestraft met gevangenisstraf van ten hoogste negen jaren of geldboete van de vijfde categorie.
(Zie ook: artt. 4, 56, 71, 215, 440 WvSr)

Namaken en vervalsen van muntstukken of bankbiljetten

Art. 209
Hij die opzettelijk als echte en onvervalste muntspeciën of munt- of bankbiljetten uitgeeft muntspeciën of munt- of bankbiljetten die hij zelf heeft nagemaakt of vervalst of waarvan de valsheid of vervalsing hem, toen hij ze ontving, bekend was, of deze, met het oogmerk om ze als echt en onvervalst uit te geven of te doen uitgeven, ontvangt, zich verschaft, in voorraad heeft, vervoert, invoert, doorvoert of uitvoert, wordt gestraft met gevangenisstraf van ten hoogste negen jaren of geldboete van de vijfde categorie.
(Zie ook: artt. 4, 56, 71, 215, 440 WvSr)

Opzettelijk uitgeven van vervalste muntstukken of bankbiljetten

Art. 210
Hij die opzettelijk en wederrechtelijk muntspeciën of munt- of bankbiljetten welke bestemd zijn om als wettig betaalmiddel in omloop te worden gebracht, in omloop brengt of, teneinde ze in omloop te brengen, ontvangt, zich verschaft, in voorraad heeft, vervoert, invoert, doorvoert of uitvoert, wordt gestraft met een gevangenisstraf van ten hoogste vijf jaren of geldboete van de vijfde categorie.
(Zie ook: artt. 4, 56, 71, 215 WvSr)

Wederrechtelijk in omloop brengen van geld

Art. 211-212
[Vervallen]

Art. 213
Hij die opzettelijk valse of vervalste muntspeciën of valse of vervalste munt- of bankbiljetten uitgeeft, wordt, behoudens artikel 209, gestraft met gevangenisstraf van ten hoogste vier jaar of geldboete van de vierde categorie.
(Zie ook: artt. 4, 56, 71, 440 WvSr)

Opzettelijk uitgeven van vervalste muntstukken of bankbiljetten

Art. 214
Hij die stoffen, voorwerpen of gegevens vervaardigt, ontvangt, zich verschaft of voorhanden heeft waarvan hij weet dat zij bestemd zijn tot het namaken of vervalsen van muntspeciën of van munt- of bankbiljetten, wordt gestraft met gevangenisstraf van ten hoogste vier jaren of geldboete van de vierde categorie.
(Zie ook: artt. 4, 56, 71, 440 WvSr)

Voorhanden hebben van materiaal voor namaak muntstukken of bankbiljetten

Art. 214bis

Verbeurdverklaring van vals geld

Bij veroordeling wegens een der in deze titel omschreven misdrijven worden:
1°. de valse of vervalste muntspeciën;
2°. de valse of vervalste munt- of bankbiljetten;
3°. de stoffen, voorwerpen of gegevens, uit hun aard bestemd tot het namaken of vervalsen van muntspeciën of van munt- of bankbiljetten;
voor zover daarmede het misdrijf is gepleegd of zij het voorwerp daarvan hebben uitgemaakt, verbeurd verklaard, ongeacht aan wie de voorwerpen toebehoren.
(Zie ook: art. 33 WvSr)

Art. 215

Ontzetting van rechten in geval van artt. 208 t/m 210 Sr.

Bij veroordeling wegens een der in de artikelen 208 tot en met 210 omschreven misdrijven, kan ontzetting van de in artikel 28, eerste lid, onder 1°, 2° en 4°, vermelde rechten worden uitgesproken.

Titel XI
Valsheid in zegels en merken

Art. 216

Namaken en vervalsen van zegels

1. Met gevangenisstraf van ten hoogste zes jaren of geldboete van de vijfde categorie wordt gestraft:
1°. hij die van rijkswege uitgegeven zegels namaakt of vervalst, met het oogmerk om die zegels als echt en onvervalst te gebruiken of door anderen te doen gebruiken.
2°. hij die, met gelijk oogmerk, zodanige zegels vervaardigt door wederrechtelijk gebruik te maken van echte stempels.
2. Het eerste lid is van overeenkomstige toepassing op zegels die worden uitgegeven door een verlener van de universele postdienst als bedoeld in de Postwet 2009 met daarop de vermelding «Nederland», alsmede op zegels die ingevolge artikel 3.01, tweede lid, van de Uitvoeringsregeling, behorende bij het op 9 september 1996 te Straatsburg tot stand gekomen Verdrag inzake de verzameling, afgifte en inname van afval in de Rijn- en binnenvaart (Trb. 1996, 293), worden uitgegeven door het Internationaal Verevenings- en Coördinatieorgaan, genoemd in artikel 10, tweede lid, van dat verdrag.
(Zie ook: artt. 4, 56, 71, 222 WvSr)

Art. 217

Plaatsen van valse merken of tekens op voorwerpen van edel metaal

Met gevangenisstraf van ten hoogste vijf jaren of geldboete van de vijfde categorie wordt gestraft:
1°. hij die op palladium, platina, gouden of zilveren voorwerpen valse wettelijke merken of tekens plaatst of echte vervalst, met het oogmerk om die voorwerpen te gebruiken of door anderen te doen gebruiken alsof de daarop geplaatste merken en tekens echt en onvervalst waren;
2°. hij die, met gelijk oogmerk, op de bedoelde voorwerpen wettelijke merken of tekens plaatst door wederrechtelijk gebruik te maken van echte stempels of andere apparatuur bestemd voor het aanbrengen van wettelijke merken of tekens;
3°. hij die echte wettelijke merken of tekens inzet, aanvoegt of overbrengt in, aan of op andere palladium, platina, gouden of zilveren voorwerpen dan die waaraan zij oorspronkelijk zijn aangebracht, met het oogmerk om die voorwerpen te gebruiken of door anderen te doen gebruiken alsof de bedoelde merken of tekens oorspronkelijk daarop waren geplaatst.

Art. 218

Plaatsen van valse merken op te ijken voorwerpen

Met gevangenisstraf van ten hoogste drie jaren of geldboete van de vijfde categorie wordt gestraft:
1°. hij die op aan een metrologische conformiteitsbeoordeling onderworpen voorwerpen valse metrologische merken plaatst of echte vervalst, met het oogmerk om die voorwerpen te gebruiken of door anderen te doen gebruiken alsof de daarop geplaatste merken echt en onvervalst waren;
2°. hij die, met gelijk oogmerk, op de bedoelde voorwerpen merken plaatst door wederrechtelijk gebruik te maken van echte stempels.
(Zie ook: artt. 56, 71, 219, 224 WvSr)

Art. 219

Plaatsen van valse merken op andere dan in geval van artt. 217 en 218 Sr. genoemde voorwerpen

Met gevangenisstraf van ten hoogste twee jaren of geldboete van de vijfde categorie wordt gestraft:
1°. hij die andere dan de in de artikelen 217 en 218 bedoelde merken, die krachtens wettelijk voorschrift op goederen of hun verpakking moeten of kunnen worden geplaatst, daarop valselijk plaatst of echte vervalst, met het oogmerk om die goederen te gebruiken of door anderen te doen gebruiken alsof de daarop geplaatste merken echt en onvervalst waren;
2°. hij die, met gelijk oogmerk, op de bedoelde goederen of hun verpakking merken plaatst door wederrechtelijk gebruik te maken van echte stempels;
3°. hij die echte merken gebruikt voor goederen of hun verpakking waarvoor die merken niet bestemd zijn, met het oogmerk om die goederen te gebruiken of door anderen te doen gebruiken alsof de bedoelde merken daarvoor bestemd waren.
(Zie ook: artt. 56, 71, 222bis, 224 WvSr)

Wetboek van Strafrecht

Art. 220
Hij die opzettelijk valse, vervalste of wederrechtelijk vervaardigde zegels, tekens of merken, of de voorwerpen waaraan zij wederrechtelijk verbonden zijn, gebruikt, verkoopt, te koop aanbiedt, aflevert, ten verkoop in voorraad heeft of binnen het Rijk in Europa invoert, als waren die zegels, tekens of merken echt en onvervalst en niet wederrechtelijk vervaardigd of wederrechtelijk aan de voorwerpen verbonden, wordt gestraft met dezelfde straffen als in de artikelen 216-219 zijn bepaald, naar de daar gemaakte onderscheidingen.
(Zie ook: artt. 4, 56, 71, 222bis, 224, 440 WvSr)

— Verkoop van valse zegels en merken

Art. 221
1. Hij die aan een metrologische conformiteitsbeoordeling onderworpen voorwerpen ontdoet van het daarop geplaatste afkeuringsmerk, met het oogmerk om die voorwerpen te gebruiken of door anderen te doen gebruiken als waren zij niet afgekeurd, wordt gestraft met gevangenisstraf van ten hoogste een jaar of geldboete van de vierde categorie.
2. Met dezelfde straf wordt gestraft hij die opzettelijk deze van het afkeuringsmerk ontdane voorwerpen gebruikt, verkoopt, te koop aanbiedt, aflevert of ten verkoop in voorraad heeft, als waren zij niet afgekeurd.
(Zie ook: art. 224 WvSr)

— Verwijderen van ijk afkeuringsmerk
— Opzettelijk gebruiken van voorwerpen ontdaan van ijk afkeuringsmerk

Art. 222
1. Hij die van zegels als bedoeld in artikel 216 welke reeds tot gebruik hebben gediend ontdoet van het merk bestemd om ze voor verder gebruik ongeschikt te maken, met het oogmerk om die zegels te gebruiken of door anderen te doen gebruiken als waren zij nog niet gebruikt, wordt gestraft met gevangenisstraf van ten hoogste drie jaren of geldboete van de vijfde categorie.
2. Met dezelfde straffen wordt gestraft hij die opzettelijk deze van dat merk ontdane zegels gebruikt, verkoopt, te koop aanbiedt, aflevert, ten verkoop in voorraad heeft of binnen het Rijk in Europa invoert, als waren zij nog niet gebruikt.
(Zie ook: artt. 4, 216, 224 WvSr)

— Opnieuw bruikbaar maken van zegels
— Gebruiken van opnieuw bruikbaar gemaakte zegels

Art. 222bis
De bepalingen van de artikelen 216, 219, 220 en 222 zijn naar de daar gemaakte onderscheidingen mede van toepassing, indien de daarin omschreven feiten worden gepleegd met betrekking tot zegels of merken van Aruba, Curaçao, Sint Maarten, een buitenlandse mogendheid of een volkenrechtelijke organisatie.
(Zie ook: artt. 224, 440 WvSr)

— Gelijkstelling met buitenlandse zegels en merken in geval van artt. 216, 219, 220 en 222 Sr.

Art. 223
Hij die stoffen of voorwerpen voorhanden heeft waarvan hij weet dat zij bestemd zijn tot het plegen van enig in artikel 216 of in artikel 222bis in verband met artikel 216 omschreven misdrijf, wordt gestraft met gevangenisstraf van ten hoogste zes maanden of geldboete van de vierde categorie.

— Voorhanden hebben van materiaal voor vervalsing

Art. 224
Bij veroordeling wegens een der in de artikelen 216-222bis omschreven misdrijven, kan ontzetting van de in artikel 28, eerste lid, onder 1°, 2° en 4°, vermelde rechten worden uitgesproken.

— Ontzetting van rechten in geval van artt. 216 t/m 222bis Sr.

Titel XII
Valsheid met geschriften, gegevens en biometrische kenmerken

Art. 225
1. Hij die een geschrift dat bestemd is om tot bewijs van enig feit te dienen, valselijk opmaakt of vervalst, met het oogmerk om het als echt en onvervalst te gebruiken of door anderen te doen gebruiken, wordt als schuldig aan valsheid in geschrift gestraft, met gevangenisstraf van ten hoogste zes jaren of geldboete van de vijfde categorie.
2. Met dezelfde straf wordt gestraft hij die opzettelijk gebruik maakt van het valse of vervalste geschrift als ware het echt en onvervalst dan wel opzettelijk zodanig geschrift aflevert of voorhanden heeft, terwijl hij weet of redelijkerwijs moet vermoeden dat dit geschrift bestemd is voor zodanig gebruik.
(Zie ook: artt. 56, 71, 235, 360 WvSr)
3. Indien een feit, omschreven in het eerste of tweede lid, wordt gepleegd met het oogmerk om een terroristisch misdrijf voor te bereiden of gemakkelijk te maken, wordt de op het feit gestelde gevangenisstraf met een derde verhoogd.
(Zie ook: art. 83a WvSr)

— Valsheid in geschrifte

Art. 226
1. De schuldige aan valsheid in geschrift wordt gestraft met gevangenisstraf van ten hoogste zeven jaren of geldboete van de vijfde categorie, indien zij gepleegd is:
1°. in authentieke akten;
(Zie ook: art. 430 Rv; art. 356 WvSv)

— Strafverzwaring bij valsheid in geschrifte

2°. in schuldbrieven of certificaten van schuld van enige staat, enige provincie, gemeente of openbare instelling;
3°. in aandelen of schuldbrieven of certificaten van aandeel of schuld van enige vereniging, stichting of vennootschap;
4°. in talons, dividend- of rentebewijzen behorende tot een der onder de beide voorgaande nummers omschreven stukken, of in de bewijzen in plaats van deze stukken uitgegeven;
5°. in krediet- of handelspapier.
2. Met dezelfde straf wordt gestraft hij die opzettelijk gebruik maakt van enig in het eerste lid vermeld vals of vervalst geschrift als ware het echt en onvervalst, dan wel opzettelijk zodanig geschrift aflevert, voorhanden heeft, ontvangt, zich verschaft, vervoert, verkoopt of overdraagt, terwijl hij weet of redelijkerwijs moet vermoeden dat dit geschrift bestemd is voor zodanig gebruik.
(Zie ook: artt. 56, 71, 234, 235, 360 WvSr)

Art. 227

Valse opgave in authentieke akte

1. Hij die in een authentieke akte een valse opgave doet opnemen aangaande een feit van welks waarheid de akte moet doen blijken, met het oogmerk om die akte te gebruiken of door anderen te doen gebruiken als ware zijn opgave in overeenstemming met de waarheid, wordt gestraft met gevangenisstraf van ten hoogste zes jaren of geldboete van de vijfde categorie.
2. Met dezelfde straf wordt gestraft hij die opzettelijk gebruik maakt van de akte als ware de inhoud in overeenstemming met de waarheid dan wel opzettelijk de akte aflevert of voorhanden heeft, terwijl hij weet of redelijkerwijs moet vermoeden dat die akte bestemd is voor zodanig gebruik.
(Zie ook: artt. 56, 71, 235, 389bis WvSr; art. 356 WvSv)

Art. 227a

Verstrekken van onjuiste gegevens

Hij die, anders dan door valsheid in geschrift, opzettelijk niet naar waarheid gegevens verstrekt aan degene door wie of door wiens tussenkomst enige verstrekking of tegemoetkoming wordt verleend, wordt, indien het feit kan strekken tot bevoordeling van zichzelf of een ander, terwijl hij weet of redelijkerwijze moet vermoeden dat de verstrekte gegevens van belang zijn voor de vaststelling van zijn of eens anders recht op die verstrekking of tegemoetkoming dan wel voor de hoogte of de duur van een dergelijke verstrekking of tegemoetkoming, gestraft met gevangenisstraf van ten hoogste vier jaren of geldboete van de vijfde categorie.
(Zie ook: art. 235 WvSr)

Art. 227b

Nalaten verstrekking gegevens

Hij die, in strijd met een hem bij of krachtens wettelijk voorschrift opgelegde verplichting, opzettelijk nalaat tijdig de benodigde gegevens te verstrekken, wordt, indien het feit kan strekken tot bevoordeling van zichzelf of een ander, terwijl hij weet of redelijkerwijze moet vermoeden dat de gegevens van belang zijn voor de vaststelling van zijn of eens anders recht op een verstrekking of tegemoetkoming dan wel voor de hoogte of de duur van een dergelijke verstrekking of tegemoetkoming, gestraft met gevangenisstraf van ten hoogste vier jaren of geldboete van de vijfde categorie.
(Zie ook: art. 235 WvSr)

Art. 228

Valse geneeskundige verklaring

1. De arts of verloskundige die opzettelijk een valse verklaring afgeeft nopens een geboorte, een oorzaak van overlijden dan wel nopens het al of niet bestaan of bestaan hebben van ziekten, zwakheden of gebreken, wordt gestraft met gevangenisstraf van ten hoogste drie jaren of geldboete van de vierde categorie.
2. Indien de verklaring wordt afgegeven met het oogmerk om iemand in een psychiatrisch ziekenhuis te doen opnemen of terughouden, wordt gevangenisstraf van ten hoogste zeven jaren en zes maanden of geldboete van de vijfde categorie opgelegd.
3. Met dezelfde straffen wordt gestraft hij die opzettelijk van de valse verklaring gebruik maakt als ware de inhoud in overeenstemming met de waarheid.
(Zie ook: artt. 56, 71, 235 WvSr)

Art. 229

Vervalsing van geneeskundige verklaring

1. Hij die een schriftelijke geneeskundige verklaring nopens een oorzaak van overlijden, dan wel nopens het al of niet bestaan of bestaan hebben van ziekten, zwakheden of gebreken valselijk opmaakt of vervalst, met het oogmerk om het openbaar gezag of verzekeraars te misleiden, wordt gestraft met gevangenisstraf van ten hoogste drie jaren of geldboete van de vierde categorie.
2. Met dezelfde straf wordt gestraft hij, die gelijk oogmerk, van de valse of vervalste verklaring gebruik maakt als ware zij echt en onvervalst.
(Zie ook: artt. 56, 71, 235 WvSr)

Art. 230

Vals getuigschrift

1. Hij die een getuigschrift van goed gedrag, bekwaamheid, armoede, gebreken of andere omstandigheden valselijk opmaakt of vervalst, met het oogmerk om het te gebruiken of door anderen te doen gebruiken tot het verkrijgen van een indienststelling of tot het opwekken van

welwillendheid en hulpbetoon, wordt gestraft met gevangenisstraf van ten hoogste een jaar of geldboete van de derde categorie.
2. Met dezelfde straf wordt gestraft hij die opzettelijk gebruik maakt van enig in het eerste lid vermeld vals of vervalst getuigschrift als ware het echt en onvervalst.
(Zie ook: artt. 56, 71 WvSr)

Art. 231
1. Hij die een reisdocument, een identiteitsbewijs als bedoeld in artikel 1 van de Wet op de identificatieplicht of een ander identiteitsbewijs dat afgegeven is door een dienst of organisatie van vitaal of nationaal belang, valselijk opmaakt of vervalst, of een zodanig geschrift op grond van valse persoonsgegevens doet verstrekken dan wel een zodanig geschrift dat aan hem of een ander verstrekt is, ter beschikking stelt van een derde met het oogmerk het door deze te doen gebruiken als ware het aan hem verstrekt, wordt gestraft met gevangenisstraf van ten hoogste zes jaren of geldboete van de vijfde categorie. — **Vals reisdocument of identiteitsbewijs**
2. Met dezelfde straf wordt gestraft hij die een reisdocument of een identiteitsbewijs als bedoeld in het eerste lid aflevert of voorhanden heeft waarvan hij weet of redelijkerwijs moet vermoeden dat het vals of vervalst is, dan wel opzettelijk gebruik maakt van een vals of vervalst reisdocument of identiteitsbewijs als bedoeld in het eerste lid. Met dezelfde straf wordt gestraft hij die opzettelijk en wederrechtelijk gebruik maakt van een bij het bevoegd gezag als vermist opgegeven of een niet op zijn naam gesteld reisdocument of identiteitsbewijs als bedoeld in het eerste lid.
3. Artikel 225, derde lid, is van overeenkomstige toepassing. — **Schakelbepaling**

Art. 231a
1. Hij die biometrische kenmerken of biometrische persoonsgegevens valselijk opmaakt of vervalst met het oogmerk om deze als echt en onvervalst te gebruiken of te doen gebruiken in gevallen waarin die kenmerken of persoonsgegevens worden gebruikt voor het vaststellen van iemands identiteit, teneinde zijn identiteit te verhelen of de identiteit van een ander te verhelen of misbruiken, wordt gestraft met gevangenisstraf van ten hoogste zes jaren of geldboete van de vijfde categorie. — **Vervalsen van persoonsgegevens**
2. Met dezelfde straf wordt gestraft hij die in gevallen waarin biometrische kenmerken of biometrische persoonsgegevens worden gebruikt voor het vaststellen van iemands identiteit, opzettelijk gebruik maakt van valse of vervalste biometrische kenmerken of biometrische persoonsgegevens als waren deze echt en onvervalst met het oogmerk om zijn identiteit te verhelen of de identiteit van een ander te misbruiken of opzettelijk gebruik maakt van biometrische kenmerken of biometrische persoonsgegevens van een ander met het oogmerk om de verdenking van een strafbaar feit op de ander of niet op hem te doen ontstaan.
3. Artikel 225, derde lid, is van overeenkomstige toepassing. — **Schakelbepaling**

Art. 231b
Hij die opzettelijk en wederrechtelijk identificerende persoonsgegevens, niet zijnde biometrische persoonsgegevens, van een ander gebruikt met het oogmerk om zijn identiteit te verhelen of de identiteit van de ander te verhelen of misbruiken, waardoor uit dat gebruik enig nadeel kan ontstaan, wordt gestraft met een gevangenisstraf van ten hoogste vijf jaren of geldboete van de vijfde categorie. — **Opzettelijk en wederrechtelijk gebruiken van identificerende persoonsgegevens**

Art. 232
1. Hij die opzettelijk een niet-contant betaalinstrument dan wel een voor het publiek beschikbare kaart of een voor het publiek beschikbare drager van identificerende persoonsgegevens, bestemd voor het verrichten of verkrijgen van andere prestaties dan betalingen langs geautomatiseerde weg, valselijk opmaakt of vervalst, met het oogmerk zich of een ander te bevoordelen, wordt gestraft met gevangenisstraf van ten hoogste zes jaren of geldboete van de vijfde categorie. — **Valse kaart voor niet-contant betaalinstrument**
2. Met dezelfde straf wordt gestraft hij die opzettelijk gebruikmaakt van een door misdrijf verkregen, vals of vervalst niet-contant betaalinstrument of van een door misdrijf verkregen, valse of vervalste kaart als waren deze echt of onvervalst dan wel opzettelijk een zodanig betaalinstrument of zodanige kaart aflevert, voorhanden heeft, ontvangt, zich verschaft, vervoert, invoert, uitvoert, verkoopt of overdraagt, terwijl hij weet of redelijkerwijs moet vermoeden dat het niet-contante betaalinstrument of de kaart bestemd is voor zodanig gebruik.
(Zie ook: artt. 56, 71 WvSr)

Art. 233
[Vervallen]

Art. 234
1. Hij die stoffen, voorwerpen of gegevens vervaardigt, ontvangt, zich verschaft, verkoopt, overdraagt, verwerft, vervoert, invoert, uitvoert, verspreidt, anderszins ter beschikking stelt of voorhanden heeft waarvan hij weet dat zij bestemd zijn tot het plegen van een der in de artikelen 226, eerste lid, onderdelen 2° tot en met 5°, 231, eerste lid, 231a, eerste lid, 231b en 232, eerste lid, omschreven misdrijven dan wel een der misdrijven omschreven in de artikelen 310, 311, 312, 317, 321 en 326, voor zover deze feiten betrekking hebben op de verkrijging van een niet-contant betaalinstrument, wordt gestraft met gevangenisstraf van ten hoogste vier jaar of geldboete van de vierde categorie. — **Materiaal ter vervalsing voorhanden hebben**

C1 art. 235 — Wetboek van Strafrecht

Schakelbepaling

2. Artikel 225, derde lid, is van overeenkomstige toepassing.

Art. 235

Ontzetting van rechten

1. Bij veroordeling wegens een der in deze titel omschreven misdrijven, kan de schuldige worden ontzet van de uitoefening van het beroep waarin hij het misdrijf begaan heeft.

Ontzetting van rechten in geval van artt. 225 t/m 232 en 234 Sr.

2. Bij veroordeling wegens een der in de artikelen 225 tot en met 232 en artikel 234 omschreven misdrijven, kan ontzetting van de in artikel 28, eerste lid, onder 1°, 2° en 4°, vermelde rechten worden uitgesproken.

Titel XIII
Misdrijven tegen de burgerlijke staat

Art. 236

Verduistering van staat

1. Hij die door enige handeling opzettelijk eens anders afstamming onzeker maakt, wordt, als schuldig aan verduistering van staat, gestraft met gevangenisstraf van ten hoogste vijf jaren of geldboete van de vierde categorie.
2. Ontzetting van de in artikel 28, eerste lid, onder 1°, 2° en 4°, vermelde rechten kan worden uitgesproken.
3. Vervolging heeft niet plaats dan nadat een verzoek tot inroeping of tot betwisting van staat is gedaan en de burgerlijke rechter daarop een eindbeslissing heeft gegeven. Indien het verzoek echter door het stilzitten van partijen onvoldoende voortgang vindt, kan vervolging ook plaats hebben nadat de burgerlijke rechter heeft beslist dat er een begin van bewijs is.
(Zie ook: art. 197 BW Boek 1; art. 14 WvSv)

Art. 237

Bigamie

1. Met gevangenisstraf van ten hoogste vier jaren of geldboete van de vierde categorie wordt gestraft:
1°. hij die opzettelijk een dubbel huwelijk aangaat;
2°. hij die een huwelijk aangaat, wetende dat de wederpartij daardoor een dubbel huwelijk aangaat.
2. Indien hij die opzettelijk een dubbel huwelijk aangaat, aan de wederpartij zijn gehuwde staat heeft verzwegen, wordt hij gestraft met gevangenisstraf van ten hoogste zes jaren of geldboete van de vierde categorie.
3. Ontzetting van de in artikel 28, eerste lid, onder 1°, 2° en 4°, vermelde rechten kan worden uitgesproken.
(Zie ook: art. 33 BW Boek 1; artt. 5, 379 WvSr)

Art. 238

Verzwijgen van huwelijksbeletsel

De ongehuwde die een huwelijk aangaat, opzettelijk aan de wederpartij verzwijgende dat daartegen enig wettig beletsel bestaat, wordt, indien op grond van dat beletsel de nietigheid van het huwelijk is uitgesproken, gestraft met gevangenisstraf van ten hoogste vier jaren of geldboete van de vierde categorie.
(Zie ook: art. 31 BW Boek 1; art. 379 WvSr)

Titel XIV
Misdrijven tegen de zeden

Art. 239

Schennis van de eerbaarheid

Met gevangenisstraf van ten hoogste drie maanden of geldboete van de tweede categorie wordt gestraft schennis van de eerbaarheid:
1°. op of aan een plaats, voor het openbaar verkeer bestemd;
2°. op een andere dan onder 1° bedoelde openbare plaats, toegankelijk voor personen beneden de leeftijd van zestien jaar;
3°. op een niet openbare plaats, indien een ander daarbij zijns ondanks tegenwoordig is.
(Zie ook: art. 430a WvSr)

Art. 240

Verspreiding van afbeeldingen of voorwerpen die aanstotelijk voor de eerbaarheid kunnen zijn

Met gevangenisstraf van ten hoogste twee maanden of geldboete van de derde categorie wordt gestraft hij die weet of ernstige reden heeft om te vermoeden dat een afbeelding of voorwerp aanstotelijk voor de eerbaarheid is en die afbeelding of dat voorwerp:
1°. op of aan een plaats, voor het openbaar verkeer bestemd, openlijk tentoonstelt of aanbiedt;
2°. aan iemand, anders dan op diens verzoek, toezendt.
(Zie ook: art. 551 WvSv)

Art. 240a

Aanbieden van schadelijke afbeelding aan jeugdigen

Met gevangenisstraf van ten hoogste een jaar of geldboete van de vierde categorie wordt gestraft hij die een afbeelding, een voorwerp of een gegevensdrager, bevattende een afbeelding waarvan de vertoning schadelijk is te achten voor personen beneden de leeftijd van zestien jaar, verstrekt,

Wetboek van Strafrecht

C1 art. 248

aanbiedt of vertoont aan een minderjarige van wie hij weet of redelijkerwijs moet vermoeden, dat deze jonger is dan zestien jaar.
(Zie ook: art. 551 WvSv)

Art. 240b
1. Met gevangenisstraf van ten hoogste vier jaren of geldboete van de vijfde categorie wordt gestraft degene die een afbeelding - of een gegevensdrager, bevattende een afbeelding - van een seksuele gedraging, waarbij iemand die kennelijk de leeftijd van achttien jaar nog niet heeft bereikt, is betrokken of schijnbaar is betrokken, verspreidt, aanbiedt, openlijk tentoonstelt, vervaardigt, invoert, doorvoert, uitvoert, verwerft, in bezit heeft of zich door middel van een geautomatiseerd werk of met gebruikmaking van een communicatiedienst de toegang daartoe verschaft.
2. Met gevangenisstraf van ten hoogste acht jaren of geldboete van de vijfde categorie wordt gestraft degene die van het plegen van een van de misdrijven, omschreven in het eerste lid, een beroep of een gewoonte maakt.
(Zie ook: artt. 77d, 71 WvSr; art. 551 WvSv)

Verspreiden van afbeeldingen van seksuele gedragingen met jeugdige

Art. 240bis-241
[Vervallen]

Art. 242
Hij die door geweld of een andere feitelijkheid of bedreiging met geweld of een andere feitelijkheid iemand dwingt tot het ondergaan van handelingen die bestaan uit of mede bestaan uit het seksueel binnendringen van het lichaam, wordt als schuldig aan verkrachting gestraft met gevangenisstraf van ten hoogste twaalf jaren of geldboete van de vijfde categorie.
(Zie ook: artt. 71, 77d, 81, 136, 248, 251 WvSr; art. 160 WvSv)

Verkrachting

Art. 243
Hij die met iemand van wie hij weet dat hij in staat van bewusteloosheid, verminderd bewustzijn of lichamelijke onmacht verkeert, dan wel aan een zodanige psychische stoornis, psychogeriatrische aandoening of verstandelijke handicap lijdt dat hij niet of onvolkomen in staat is zijn wil daaromtrent te bepalen of kenbaar te maken of daartegen weerstand te bieden, handelingen pleegt die bestaan uit of mede bestaan uit het seksueel binnendringen van het lichaam, wordt gestraft met gevangenisstraf van ten hoogste acht jaren of geldboete van de vijfde categorie.
(Zie ook: artt. 71, 77d, 248, 251 WvSr)

Seksueel binnendringen van het lichaam bij bewusteloze of kwetsbare personen

Art. 244
Hij die met iemand beneden de leeftijd van twaalf jaren handelingen pleegt die bestaan uit of mede bestaan uit het seksueel binnendringen van het lichaam, wordt gestraft met gevangenisstraf van ten hoogste twaalf jaren of geldboete van de vijfde categorie.
(Zie ook: artt. 71, 77d, 248, 251 WvSr)

Seksueel binnendringen van het lichaam bij persoon onder de 12 jaar

Art. 245
Hij die met iemand, die de leeftijd van twaalf jaren maar nog niet die van zestien jaren heeft bereikt, buiten echt, ontuchtige handelingen pleegt die bestaan uit of mede bestaan uit het seksueel binnendringen van het lichaam, wordt gestraft met gevangenisstraf van ten hoogste acht jaren of geldboete van de vijfde categorie.
(Zie ook: artt. 71, 77d, 248, 251 WvSr; artt. 164, 167a WvSv)

Seksueel binnendringen van het lichaam bij persoon tussen de 12 en 16 jaar

Art. 246
Hij die door geweld of een andere feitelijkheid of bedreiging met geweld of een andere feitelijkheid iemand dwingt tot het plegen of dulden van ontuchtige handelingen, wordt, als schuldig aan feitelijke aanranding van de eerbaarheid, gestraft met gevangenisstraf van ten hoogste acht jaren of geldboete van de vijfde categorie.
(Zie ook: artt. 71, 77d, 81, 248, 251 WvSr)

Feitelijke aanranding van de eerbaarheid

Art. 247
Hij die met iemand van wie hij weet dat hij in staat van bewusteloosheid, verminderd bewustzijn of lichamelijke onmacht verkeert, dan wel aan een zodanige psychische stoornis, psychogeriatrische aandoening of verstandelijke handicap lijdt dat hij niet of onvolkomen in staat is zijn wil daaromtrent te bepalen of kenbaar te maken of daartegen weerstand te bieden of met iemand beneden de leeftijd van zestien jaren buiten echt ontuchtige handelingen pleegt of laatstgemelde tot het plegen of dulden van zodanige handelingen buiten echt met een derde verleidt, wordt gestraft met een gevangenisstraf van ten hoogste zes jaren of geldboete van de vierde categorie.
(Zie ook: artt. 71, 77d, 248, 251 WvSr; art. 167a WvSv)

Ontucht met bewusteloze, kwetsbare persoon of jeugdige

Art. 248
1. De in de artikelen 240b, 242 tot en met 247, 248a tot en met 248f, 249 en 250 bepaalde gevangenisstraffen kunnen met een derde worden verhoogd, indien het feit wordt gepleegd door twee of meer verenigde personen.
2. De in de artikelen 240b, 242 tot en met 247 en 248a tot en met 248f bepaalde gevangenisstraffen kunnen met een derde worden verhoogd, indien de schuldige het feit begaat tegen zijn kind, een kind over wie hij het gezag uitoefent, een kind dat hij verzorgt of opvoedt als behorend

Strafverzwaring bij seksueel binnendringen

tot zijn gezin, zijn pupil, een aan zijn zorg, opleiding of waakzaamheid toevertrouwde minderjarige of zijn minderjarige bediende of ondergeschikte.

3. De in de artikelen 240b, 244, 245, 247, voor zover het betreft met iemand beneden de leeftijd van zestien jaren buiten echt ontuchtige handelingen plegen of laatstgemelde tot het plegen of dulden van zodanige handelingen buiten echt met een derde verleiden 248a tot en met 248f, 249, eerste lid, en 250 bepaalde gevangenisstraffen kunnen met een derde worden verhoogd, indien de schuldige het feit begaat tegen een persoon bij wie misbruik van een kwetsbare positie wordt gemaakt.

4. De in de artikelen 242, 246 en 249, tweede lid, bepaalde gevangenisstraffen kunnen met een derde worden verhoogd, indien de schuldige het feit begaat tegen een persoon beneden de leeftijd van achttien jaar bij wie misbruik van een kwetsbare positie wordt gemaakt.

5. De in de artikelen 240b, 244, 245, 248a tot en met 248f, 249, eerste lid, en 250 bepaalde gevangenisstraffen kunnen met een derde worden verhoogd, indien het feit is voorafgegaan, vergezeld of gevolgd van geweld.

6. De in de artikelen 242, 243, 246, 247 en 249, tweede lid, bepaalde gevangenisstraffen kunnen met een derde worden verhoogd, indien de schuldige het feit begaat tegen een persoon beneden de leeftijd van achttien jaar en het feit is voorafgegaan, vergezeld of gevolgd van geweld.

7. Indien een der in de artikelen 240b, 243, 245 tot en met 247, 248a, 248b, 248f en 249 omschreven misdrijven zwaar lichamelijk letsel ten gevolge heeft of daarvan levensgevaar voor een ander te duchten is, wordt gevangenisstraf van ten hoogste vijftien jaren of geldboete van de vijfde categorie opgelegd.
(Zie ook: artt. 71, 77d, 82 WvSr)

8. Indien een der in de artikelen 240b, 242, 243 tot en met 247, 248a, 248b, 248f en 249 omschreven misdrijven de dood ten gevolge heeft, wordt gevangenisstraf van ten hoogste achttien jaren of geldboete van de vijfde categorie opgelegd.

Art. 248a

Uitlokken van ontucht bij minderjarige

Hij die door giften of beloften van geld of goed, misbruik van uit feitelijke verhoudingen voortvloeiend overwicht of misleiding een persoon die de leeftijd van achttien jaren nog niet heeft bereikt of iemand die zich, al dan niet met een technisch hulpmiddel, waaronder een virtuele creatie van een persoon die de leeftijd van achttien jaren nog niet heeft bereikt, voordoet als een persoon die de leeftijd van achttien jaren nog niet heeft bereikt, opzettelijk beweegt ontuchtige handelingen te plegen of zodanige handelingen van hem te dulden, wordt gestraft met gevangenisstraf van ten hoogste vier jaren of geldboete van de vierde categorie.
(Zie ook: art. 233 BW Boek 1; artt. 71, 77d, 251 WvSr; artt. 167a, 551 WvSv)

Art. 248b

Ontucht met persoon tussen de 16 en 18 jaar

Hij die ontucht pleegt met iemand die zich beschikbaar stelt tot het verrichten van seksuele handelingen met een derde tegen betaling en die de leeftijd van zestien jaren maar nog niet de leeftijd van achttien jaren heeft bereikt, wordt gestraft met een gevangenisstraf van ten hoogste vier jaren of geldboete van de vierde categorie.
(Zie ook: art. 251 WvSr)

Art. 248c

Aanwezigheid bij plegen ontuchtige handelingen door minderjarigen

Hij die opzettelijk aanwezig is bij het plegen van ontuchtige handelingen door een persoon waarvan hij weet of redelijkerwijs moet vermoeden dat deze de leeftijd van achttien jaren nog niet heeft bereikt dan wel bij het vertonen van afbeeldingen en dergelijke handelingen in een daarvoor bestemde gelegenheid, wordt gestraft met gevangenisstraf van ten hoogste vier jaren of geldboete van de vierde categorie.
(Zie ook: art. 233 BW Boek 1; artt. 71, 77d, 251 WvSr)

Art. 248d

Jeugdige getuige laten zijn van seksuele handelingen

Hij die een persoon van wie hij weet of redelijkerwijs moet vermoeden dat deze de leeftijd van zestien jaren nog niet heeft bereikt, met ontuchtig oogmerk ertoe beweegt getuige te zijn van seksuele handelingen, wordt gestraft met gevangenisstraf van ten hoogste twee jaren of geldboete van de vierde categorie.
(Zie ook: art. 167a WvSv)

Art. 248e

Grooming (ontmoeting met personen jonger dan 16 jaar via communicatiedienst)

Hij die door middel van een geautomatiseerd werk of met gebruikmaking van een communicatiedienst aan een persoon die de leeftijd van zestien jaren nog niet heeft bereikt of iemand die zich, al dan niet met een technisch hulpmiddel, waaronder een virtuele creatie van een persoon die de leeftijd van zestien jaren nog niet heeft bereikt, voordoet als een persoon die de leeftijd van zestien jaren nog niet heeft bereikt een ontmoeting voorstelt met het oogmerk ontuchtige handelingen met een persoon die de leeftijd van zestien jaren nog niet heeft bereikt te plegen of een afbeelding van een seksuele gedraging waarbij een persoon die de leeftijd van zestien jaren nog niet heeft bereikt is betrokken te vervaardigen, wordt, indien hij enige handeling onderneemt tot het verwezenlijken van die ontmoeting, gestraft met gevangenisstraf van ten hoogste twee jaren of een geldboete van de vierde categorie.
(Zie ook: art. 167a WvSv)

Wetboek van Strafrecht   C1 art. 253

Art. 248f
Hij die door dwang, geweld of een andere feitelijkheid of door dreiging met geweld of een andere feitelijkheid, het plegen van ontucht door een persoon van wie hij weet of redelijkerwijs moet vermoeden dat deze de leeftijd van achttien jaren nog niet heeft bereikt, met een derde opzettelijk teweegbrengt of bevordert, wordt gestraft met gevangenisstraf van ten hoogste tien jaren of geldboete van de vijfde categorie.

Bevorderen plegen van ontucht door personen jonger dan 18 jaar

Art. 248bis-248ter
[Vervallen]

Art. 249
1. Hij die ontucht pleegt met zijn minderjarig kind, stiefkind of pleegkind, zijn pupil, een aan zijn zorg, opleiding of waakzaamheid toevertrouwde minderjarige of zijn minderjarige bediende of ondergeschikte, wordt gestraft met gevangenisstraf van ten hoogste zes jaren of geldboete van de vierde categorie.
2. Met dezelfde straf wordt gestraft:
1°. de ambtenaar die ontucht pleegt met een persoon aan zijn gezag onderworpen of aan zijn waakzaamheid toevertrouwd of aanbevolen;
2°. de bestuurder, arts, onderwijzer, beambte, opzichter of bediende in een gevangenis, rijksinrichting voor kinderbescherming, weeshuis, ziekenhuis, of instelling van weldadigheid, die ontucht pleegt met een persoon daarin opgenomen;
3°. degene die, werkzaam in de gezondheidszorg of maatschappelijke zorg, ontucht pleegt met iemand die zich als patiënt of cliënt aan zijn hulp of zorg heeft toevertrouwd.
(Zie ook: artt. 197, 227, 233 BW Boek 1; artt. 71, 77d, 84, 251 WvSr)

Ontucht met misbruik van gezag

Art. 250
1. Wordt gestraft:
1°. met gevangenisstraf van ten hoogste vier jaren of geldboete van de vierde categorie, hij die het plegen van ontucht door zijn minderjarig kind, stiefkind of pleegkind, zijn pupil, een aan zijn zorg, opleiding of waakzaamheid toevertrouwde minderjarige of zijn minderjarige bediende of ondergeschikte met een derde opzettelijk teweegbrengt of bevordert;
2°. met gevangenisstraf van ten hoogste drie jaren of geldboete van de vierde categorie, hij die, buiten de gevallen genoemd onder 1°, het plegen van ontucht door een minderjarige wiens minderjarigheid hij kent of redelijkerwijs moet vermoeden, met een derde opzettelijk teweegbrengt of bevordert.
2. Indien de schuldige van het plegen van het misdrijf een gewoonte maakt, kunnen de gevangenisstraffen met een derde worden verhoogd.
(Zie ook: artt. 197, 227, 233 BW Boek 1; artt. 71, 77d, 251 WvSr)

Dwingen van minderjarige tot plegen van ontucht met een derde

Strafverzwaring

Art. 250a-250ter
[Vervallen]

Art. 251
1. Bij veroordeling wegens een der in de artikelen 240b tot en met 247 onderscheidenlijk 248a tot en met 250 omschreven misdrijven, kan ontzetting van de in artikel 28, eerste lid, onder 1°, 2° en 4°, vermelde rechten worden uitgesproken.
2. Indien de schuldige aan een der misdrijven in de artikelen 240b tot en met 247 en 248a tot en met 250 omschreven, het misdrijf in zijn beroep begaat, kan hij van de uitoefening van dat beroep worden ontzet.
(Zie ook: art. 28 WvSr)

Ontzetting van rechten in geval van artt. 240b t/m 247 en 248a t/m 250 Sr.

Art. 251bis
[Vervallen]

Art. 252
1. Met gevangenisstraf van ten hoogste negen maanden of geldboete van de derde categorie wordt gestraft:
1°. hij die aan iemand die in kennelijke staat van dronkenschap verkeert, bedwelmende drank verkoopt of toedient;
2°. hij die een kind beneden de leeftijd van zestien jaren dronken maakt;
3°. hij die iemand door geweld of bedreiging met geweld dwingt tot het gebruik van bedwelmende drank.
2. Indien het feit zwaar lichamelijk letsel ten gevolge heeft, wordt de schuldige gestraft met gevangenisstraf van ten hoogste zes jaren of geldboete van de vierde categorie.
3. Indien het feit de dood ten gevolge heeft, wordt hij gestraft met gevangenisstraf van ten hoogste negen jaren of geldboete van de vijfde categorie.
4. Indien de schuldige het misdrijf in zijn beroep begaat, kan hij van de uitoefening van dat beroep worden ontzet.
(Zie ook: artt. 28, 81 WvSr)

Verkopen of toedienen bedwelmende drank

Art. 253
Hij die een onder zijn wettig gezag staand kind beneden de leeftijd van twaalf jaren aan een ander afstaat of overlaat, wetende dat het tot of bij het uitoefenen van bedelarij, van gevaarlijke

Kind afstaan voor gevaarlijk werk

Sdu 69

C1 art. 254 — Wetboek van Strafrecht

kunstverrichtingen of van gevaarlijke of de gezondheid ondermijnende arbeid zal worden gebruikt, wordt gestraft met gevangenisstraf van ten hoogste drie jaren of geldboete van de vierde categorie.
(Zie ook: art. 245 BW Boek 1)

Art. 254
Ontuchtige handelingen met een dier
Hij die ontuchtige handelingen pleegt met een dier wordt gestraft met gevangenisstraf van ten hoogste een jaar en zes maanden of geldboete van de vierde categorie.

Art. 254a
Verspreiden afbeeldingsdrager met afbeelding van ontuchtige handeling mens en dier
1. Met gevangenisstraf van ten hoogste zes maanden of geldboete van de derde categorie wordt gestraft degene die een afbeelding – of een gegevensdrager, bevattende een afbeelding – van een ontuchtige handeling, waarbij een mens en een dier zijn betrokken of schijnbaar zijn betrokken, verspreidt, openlijk tentoonstelt, vervaardigt, invoert, doorvoert, uitvoert of in bezit heeft.
2. Met gevangenisstraf van ten hoogste een jaar of geldboete van de vierde categorie wordt gestraft degene die van het plegen van een van de misdrijven, omschreven in het eerste lid, een beroep of een gewoonte maakt.

Art. 254bis
[Vervallen]

Titel XV
Verlating van hulpbehoevenden

Art. 255
Hulpbehoevenden verlaten of in hulpeloze toestand brengen
Hij die opzettelijk iemand tot wiens onderhoud, verpleging of verzorging hij krachtens wet of overeenkomst verplicht is, in een hulpeloze toestand brengt of laat, wordt gestraft met gevangenisstraf van ten hoogste twee jaren of geldboete van de vierde categorie.
(Zie ook: artt. 81, 157, 247, 392, 404 BW Boek 1; artt. 257, 260, 450 WvSr)

Art. 256
Kind te vondeling leggen
Hij die een kind beneden de leeftijd van zeven jaren te vondeling legt of, met het oogmerk om er zich van te ontdoen, verlaat, wordt gestraft met gevangenisstraf van ten hoogste vier jaren en zes maanden of geldboete van de vierde categorie.
(Zie ook: artt. 257, 258, 259, 260, 450 WvSr)

Art. 257
Strafverzwarende omstandigheden in geval van artt. 255 en 256 Sr.
1. Indien een in de artikelen 255 en 256 omschreven feiten ten zwaar lichamelijk letsel ten gevolge heeft, wordt de schuldige gestraft met gevangenisstraf van ten hoogste zeven jaren en zes maanden of geldboete van de vijfde categorie.
(Zie ook: artt. 82, 258, 259, 260 WvSr)
2. Indien een van deze feiten de dood ten gevolge heeft, wordt hij gestraft met gevangenisstraf van ten hoogste negen jaren of geldboete van de vijfde categorie.

Art. 258
Kind te vondeling leggen door vader of moeder
Indien de schuldige aan het in artikel 256 omschreven misdrijf de vader of de moeder is, kunnen te zijnen aanzien de in de artikelen 256 en 257 bepaalde gevangenisstraffen met een derde worden verhoogd.

Art. 259
Strafvermindering bij te vondeling leggen
Indien de moeder onder de werking van vrees voor de ontdekking van haar bevalling haar kind kort na de geboorte te vondeling legt of, met het oogmerk om er zich van te ontdoen, verlaat, wordt het maximum der in de artikelen 256 en 257 vermelde gevangenisstraffen tot de helft verminderd en wordt de in artikel 257 vermelde geldboete tot de vierde categorie teruggebracht.

Art. 260
Ontzetting van rechten in geval van artt. 255 t/m 259 Sr.
1. Bij veroordeling wegens een der in de artikelen 255-259 omschreven misdrijven, kan ontzetting van de in artikel 28, eerste lid, onder 4°, vermelde rechten worden uitgesproken.
2. Bij veroordeling wegens het in artikel 255 omschreven misdrijf kan de schuldige, indien hij het misdrijf in zijn beroep heeft begaan, worden ontzet van de uitoefening van dat beroep.

Titel XVI
Belediging

Art. 261
Smaad
1. Hij die opzettelijk iemands eer of goede naam aanrandt, door telastlegging van een bepaald feit, met het kennelijke doel om daaraan ruchtbaarheid te geven, wordt, als schuldig aan smaad, gestraft met gevangenisstraf van ten hoogste zes maanden of geldboete van de derde categorie.
Smaadschrift
2. Indien dit geschiedt door middel van geschriften of afbeeldingen, verspreid, openlijk tentoongesteld of aangeslagen, of door geschriften waarvan de inhoud openlijk ten gehore wordt

Wetboek van Strafrecht C1 art. 270

gebracht, wordt de dader, als schuldig aan smaadschrift, gestraft met gevangenisstraf van ten hoogste een jaar of geldboete van de derde categorie.
3. Noch smaad, noch smaadschrift bestaat voor zover de dader heeft gehandeld tot noodzakelijke verdediging, of te goeder trouw heeft kunnen aannemen dat het te last gelegde waar was en dat het algemeen belang de telastlegging eiste.
(Zie ook: artt. 64, 267, 269 WvSr)

Art. 262
1. Hij die het misdrijf van smaad of smaadschrift pleegt, wetende dat het te last gelegde feit in strijd met de waarheid is, wordt, als schuldig aan laster, gestraft met gevangenisstraf van ten hoogste twee jaren of geldboete van de vierde categorie. — **Laster**
2. Ontzetting van de in artikel 28, eerste lid, onder 1° en 2°, vermelde rechten kan worden uitgesproken.
(Zie ook: artt. 64, 267, 269 WvSr)

Art. 263-264
[Vervallen]

Art. 265
1. Indien de beledigde aan het te last gelegde feit bij rechterlijk gewijsde onherroepelijk is schuldig verklaard, is veroordeling wegens laster uitgesloten. — **Laster uitgesloten**
2. Indien hij van het te last gelegde feit bij rechterlijk gewijsde onherroepelijk is vrijgesproken, wordt dat gewijsde als volkomen bewijs van de onwaarheid van het feit aangemerkt.
3. Indien tegen de beledigde wegens het hem te last gelegde feit een strafvervolging is aangevangen, wordt de vervolging wegens laster geschorst totdat bij gewijsde onherroepelijk over het te last gelegde feit is beslist.
(Zie ook: artt. 64, 267, 269 WvSr; art. 14 WvSv)

Art. 266
1. Elke opzettelijke belediging die niet het karakter van smaad of smaadschrift draagt, hetzij in het openbaar mondeling of bij geschrift of afbeelding, hetzij iemand, in zijn tegenwoordigheid mondeling of door feitelijkheden, hetzij door een toegezonden of aangeboden geschrift of afbeelding, aangedaan, wordt, als eenvoudige belediging, gestraft met gevangenisstraf van ten hoogste drie maanden of geldboete van de tweede categorie. — **Eenvoudige belediging**
(Zie ook: artt. 64, 267, 269 WvSr)
2. Niet als eenvoudige belediging strafbaar zijn gedragingen die ertoe strekken een oordeel te geven over de behartiging van openbare belangen, en die er niet op zijn gericht ook in ander opzicht of zwaarder te grieven dan uit die strekking voortvloeit.

Art. 267
De in de voorgaande artikelen van deze titel bepaalde gevangenisstraffen kunnen met een derde worden verhoogd, indien de belediging wordt aangedaan aan: — **Strafverzwarende omstandigheden belediging**
1°. de Koning, de echtgenoot van de Koning, de vermoedelijke opvolger van de Koning, diens echtgenoot, of de Regent;
2°. een ambtenaar gedurende of ter zake van de rechtmatige uitoefening van zijn bediening, met uitzondering van leden van algemene vertegenwoordigende lichamen;
3°. een openbaar lichaam of een openbare instelling.

Art. 268
1. Hij die opzettelijk tegen een bepaald persoon bij de overheid een valse klacht of aangifte schriftelijk inlevert of in schrift doet brengen, waardoor de eer of goede naam van die persoon wordt aangerand, wordt, als schuldig aan lasterlijke aanklacht, gestraft met gevangenisstraf van ten hoogste twee jaren of geldboete van de vierde categorie. — **Lasterlijke aanklacht**
2. Ontzetting van de in artikel 28, eerste lid, onder 1° en 2°, vermelde rechten kan worden uitgesproken.
(Zie ook: artt. 64, 188, 269 WvSr; art. 160 WvSv)

Art. 269
1. Belediging, strafbaar krachtens deze titel, wordt niet vervolgd dan op klacht van hem tegen wie het misdrijf is gepleegd. — **Vervolging belediging o.g.v. klacht**
2. Het eerste lid is niet van toepassing op de gevallen voorzien in artikel 267.
3. Het eerste lid is tevens niet van toepassing in geval van belediging van leden van algemene vertegenwoordigende lichamen.

Art. 270
1. Hij die ten aanzien van een overledene een feit pleegt dat, ware deze nog in leven, zou smaad of smaadschrift zou zijn gekenmerkt, wordt gestraft met gevangenisstraf van ten hoogste drie maanden of geldboete van de tweede categorie. — **Smaad jegens overleden persoon**
2. Dit misdrijf wordt niet vervolgd dan op klacht hetzij van een der bloedverwanten of aangehuwden van de overledene in de rechte linie of zijlinie tot de tweede graad, hetzij van zijn echtgenoot.
(Zie ook: art. 106 BW Boek 6; artt. 64, 269 WvSr; art. 479 WvSv)

Art. 271

Verspreiding van beledigend geschrift over overledene

1. Hij die een geschrift of afbeelding van beledigende of voor een overledene smadelijke inhoud verspreidt, openlijk tentoonstelt of aanslaat of, om verspreid, openlijk tentoongesteld of aangeslagen te worden, in voorraad heeft, wordt, indien hij weet of ernstige reden heeft om te vermoeden dat de inhoud van het geschrift of de afbeelding van zodanige aard is, gestraft met gevangenisstraf van ten hoogste drie maanden of geldboete van de tweede categorie.
2. Met dezelfde straf wordt gestraft hij die, met gelijke wetenschap of een gelijke reden tot vermoeden, de inhoud van een zodanig geschrift openlijk ten gehore brengt.
3. Indien de schuldige een van de misdrijven omschreven in dit artikel in zijn beroep begaat en er tijdens het plegen van het misdrijf nog geen twee jaren zijn verlopen sedert een vroegere veroordeling van de schuldige wegens een van deze misdrijven onherroepelijk is geworden, kan hij van de uitoefening van dat beroep worden ontzet.
4. De misdrijven worden niet vervolgd dan op klacht van de in artikel 269 en het tweede lid van artikel 270 aangewezen personen, behalve in de gevallen voorzien in artikel 267.
(Zie ook: artt. 28, 418 WvSr; art. 160 WvSv)

Titel XVII
Schending van geheimen

Art. 272

Schending van ambtsgeheim

1. Hij die enig geheim waarvan hij weet of redelijkerwijs moet vermoeden dat hij uit hoofde van ambt, beroep of wettelijk voorschrift dan wel van vroeger ambt of beroep verplicht is het te bewaren, opzettelijk schendt, wordt gestraft met gevangenisstraf van ten hoogste een jaar of geldboete van de vierde categorie.
2. Indien dit misdrijf tegen een bepaald persoon gepleegd is, wordt het slechts vervolgd op diens klacht.
(Zie ook: art. 13 GW; artt. 64, 80quater, 98, 374, 441 WvSr; artt. 160, 218 WvSv; art. 13 Wet RO)

Art. 273

Bekendmaking van bedrijfsgeheimen

1. Met gevangenisstraf van ten hoogste zes maanden of geldboete van de vierde categorie wordt gestraft hij die opzettelijk
1°. aangaande een onderneming van handel, nijverheid of dienstverlening bij welke hij werkzaam is of is geweest, bijzonderheden waarvan hem geheimhouding is opgelegd, bekend maakt of
2°. gegevens die door misdrijf zijn verkregen uit een geautomatiseerd werk van een onderneming van handel, nijverheid of dienstverlening en die betrekking hebben op deze onderneming, bekend maakt of uit winstbejag gebruikt, indien deze gegevens ten tijde van de bekendmaking of het gebruik niet algemeen bekend waren en daaruit enig nadeel kan ontstaan.
2. Niet strafbaar is hij die te goeder trouw heeft kunnen aannemen dat het algemeen belang de bekendmaking vereiste.
3. Geen vervolging heeft plaats dan op klacht van het bestuur van de onderneming.
(Zie ook: artt. 64, 80quinquies, 80sexies WvSr; art. 160 WvSv)

Art. 273a

Schenden van briefgeheim

De persoon werkzaam bij enige openbare instelling van vervoer die een aan zodanige instelling toevertrouwde brief, gesloten stuk of pakket opzettelijk en wederrechtelijk opent, daarvan inzage neemt of de inhoud aan een ander bekendmaakt, wordt gestraft met gevangenisstraf van ten hoogste een jaar en zes maanden of geldboete van de vierde categorie.
(Zie ook: art. 13 Gw)

Art. 273b

Schenden eigendomsrecht poststukken

1. De persoon werkzaam bij enige openbare instelling van vervoer die een aan zodanige instelling toevertrouwde brief, briefkaart, stuk of pakket opzettelijk aan een ander dan de rechthebbende afgeeft, vernietigt, wegmaakt, zich toe-eigent, of de inhoud wijzigt of enig daarin gesloten voorwerp zich toe-eigent, wordt gestraft met gevangenisstraf van ten hoogste vier jaren of geldboete van de vierde categorie.
2. Indien zodanig stuk of voorwerp geldswaarde heeft, wordt de toe-eigening gestraft met gevangenisstraf van ten hoogste zes jaren of geldboete van de vierde categorie.
(Zie ook: artt. 321, 350 WvSr)

Art. 273c

Schenden van telegramgeheim

De persoon belast met de dienst van een ten algemenen nutte gebezigde telegraafinrichting wordt gestraft:
a. met gevangenisstraf van ten hoogste een jaar en zes maanden of geldboete van de vierde categorie, indien hij de inhoud van een aan zodanige inrichting toevertrouwd bericht opzettelijk en wederrechtelijk aan een ander bekendmaakt of een telegram opzettelijk en wederrechtelijk opent, daarvan inzage neemt of de inhoud aan een ander bekendmaakt;

Wetboek van Strafrecht

C1 art. 273f

b. met gevangenisstraf van ten hoogste vier jaren of geldboete van de vierde categorie, indien hij een aan zodanige inrichting toevertrouwd bericht of een telegram opzettelijk aan een ander dan de rechthebbende afgeeft, vernietigt, wegmaakt, zich toe-eigent of de inhoud wijzigt.
(Zie ook: art. 13 Gw)

Art. 273d

1. Met gevangenisstraf van ten hoogste een jaar en zes maanden of geldboete van de vierde categorie wordt gestraft de persoon werkzaam bij een aanbieder van een openbaar communicatienetwerk of een openbare communicatiedienst:

a. die opzettelijk en wederrechtelijk van gegevens kennisneemt die door tussenkomst van zodanig netwerk of zodanige dienst zijn opgeslagen, worden verwerkt of overgedragen en die niet voor hem zijn bestemd, zodanige gegevens voor zichzelf of een ander overneemt, aftapt of opneemt;

b. die de beschikking heeft over een voorwerp waaraan, naar hij weet of redelijkerwijs moet vermoeden, een gegeven kan worden ontleend, dat door wederrechtelijk overnemen, aftappen of opnemen van zodanige gegevens is verkregen;

c. die opzettelijk en wederrechtelijk de inhoud van zodanige gegevens aan een ander bekendmaakt;

d. die opzettelijk en wederrechtelijk een voorwerp waaraan een gegeven omtrent de inhoud van zodanige gegevens kan worden ontleend, ter beschikking stelt van een ander.

2. Het eerste lid is van overeenkomstige toepassing op de persoon werkzaam bij een aanbieder van een niet-openbaar communicatienetwerk of een niet-openbare communicatiedienst.
(Zie ook: art. 13 Gw)

Schenden van digitaal briefgeheim

Art. 273e

Enig in de artikelen 273a tot en met 273d bedoeld persoon die opzettelijk toelaat dat een ander een der in deze artikelen vermelde feiten pleegt, of die ander daarbij als medeplichtige ter zijde staat, wordt gestraft met de straffen en naar de onderscheidingen in die bepalingen vastgesteld.
(Zie ook: art. 48 WvSr)

Schending van geheimen, medeplichtigheid bij

Titel XVIII
Misdrijven tegen de persoonlijke vrijheid

Art. 273f

1. Als schuldig aan mensenhandel wordt met gevangenisstraf van ten hoogste twaalf jaren of geldboete van de vijfde categorie gestraft:

1°. degene die een ander door dwang, geweld of een andere feitelijkheid of door dreiging met geweld of een andere feitelijkheid, door afpersing, fraude, misleiding dan wel door misbruik van uit feitelijke omstandigheden voortvloeiend overwicht, door misbruik van een kwetsbare positie of door het geven of ontvangen van betalingen of voordelen om de instemming van een persoon te verkrijgen die zeggenschap over die ander heeft, werft, vervoert, overbrengt, huisvest of opneemt, met inbegrip van de wisseling of overdracht van de controle over die ander, met het oogmerk van uitbuiting van die ander of de verwijdering van diens organen;

2°. degene die een ander werft, vervoert, overbrengt, huisvest of opneemt, met inbegrip van de wisseling of overdracht van de controle over die ander, met het oogmerk van uitbuiting van die ander of de verwijdering van diens organen, terwijl die ander de leeftijd van achttien jaren nog niet heeft bereikt;

3°. degene die een ander aanwerft, medeneemt of ontvoert met het oogmerk die ander in een ander land ertoe te brengen zich beschikbaar te stellen tot het verrichten van seksuele handelingen met of voor een derde tegen betaling;

4°. degene die een ander met een van de onder 1° genoemde middelen dwingt of beweegt zich beschikbaar te stellen tot het verrichten van arbeid of diensten of zijn organen beschikbaar te stellen dan wel onder de onder 1° genoemde omstandigheden enige handeling onderneemt waarvan hij weet of redelijkerwijs moet vermoeden dat die ander zich daardoor beschikbaar stelt tot het verrichten van arbeid of diensten of zijn organen beschikbaar stelt;

5°. degene die een ander ertoe brengt zich beschikbaar te stellen tot het verrichten van seksuele handelingen met of voor een derde tegen betaling of zijn organen tegen betaling beschikbaar te stellen dan wel ten aanzien van een ander enige handeling onderneemt waarvan hij weet of redelijkerwijs moet vermoeden dat die ander zich daardoor beschikbaar stelt tot het verrichten van die handelingen of zijn organen tegen betaling beschikbaar stelt, terwijl die ander de leeftijd van achttien jaren nog niet heeft bereikt;

6°. degene die opzettelijk voordeel trekt uit de uitbuiting van een ander;

7°. degene die opzettelijk voordeel trekt uit de verwijdering van organen van een ander, terwijl hij weet of redelijkerwijs moet vermoeden dat diens organen onder de onder 1° bedoelde omstandigheden zijn verwijderd;

Mensenhandel

8°. degene die opzettelijk voordeel trekt uit seksuele handelingen van een ander met of voor een derde tegen betaling of de verwijdering van diens organen tegen betaling, terwijl die ander de leeftijd van achttien jaren nog niet heeft bereikt;
9°. degene die een ander met een van de onder 1° genoemde middelen dwingt dan wel beweegt hem te bevoordelen uit de opbrengst van diens seksuele handelingen met of voor een derde of van de verwijdering van diens organen.
2. Uitbuiting omvat ten minste uitbuiting van een ander in de prostitutie, andere vormen van seksuele uitbuiting, gedwongen of verplichte arbeid of diensten, met inbegrip van bedelarij, slavernij en met slavernij te vergelijken praktijken, dienstbaarheid en uitbuiting van strafbare activiteiten.
3. De schuldige wordt gestraft met gevangenisstraf van ten hoogste vijftien jaren of geldboete van de vijfde categorie, indien:
1°. de feiten, omschreven in het eerste lid, worden gepleegd door twee of meer verenigde personen;
2°. degene ten aanzien van wie de in het eerste lid omschreven feiten worden gepleegd een persoon is die de leeftijd van achttien jaren nog niet heeft bereikt dan wel een ander persoon is bij wie misbruik van een kwetsbare positie wordt gemaakt;
3°. de feiten, omschreven in het eerste lid, zijn voorafgegaan, vergezeld of gevolgd van geweld.
4. Indien een van de in het eerste lid omschreven feiten zwaar lichamelijk letsel ten gevolge heeft of daarvan levensgevaar voor een ander te duchten is, wordt gevangenisstraf van ten hoogste achttien jaren of geldboete van de vijfde categorie opgelegd.
5. Indien een de in het eerste lid omschreven feiten de dood ten gevolge heeft, wordt levenslange gevangenisstraf of tijdelijke van ten hoogste dertig jaren of geldboete van de vijfde categorie opgelegd.
6. Onder kwetsbare positie wordt mede begrepen een situatie waarin een persoon geen andere werkelijke of aanvaardbare keuze heeft dan het misbruik te ondergaan.
7. Artikel 251 is van overeenkomstige toepassing.

Art. 274

Slavenhandel

Hij die voor eigen of vreemde rekening slavenhandel drijft of opzettelijk daaraan middellijk of onmiddellijk deelneemt, wordt gestraft met gevangenisstraf van ten hoogste twaalf jaren of geldboete van de vijfde categorie.
(Zie ook: art. 269 BW Boek 1; art. 4 EVRM; art. 286 WvSr)

Art. 275

Dienst doen op slavenschip als schipper

1. Hij die als schipper dienst neemt of dienst doet op een vaartuig, wetende dat het tot het drijven van slavenhandel bestemd is, of het daartoe gebruikende, wordt gestraft met gevangenisstraf van ten hoogste twaalf jaren of geldboete van de vijfde categorie.
2. Indien het vervoer de dood van een of meer slaven ten gevolge heeft, wordt de schipper gestraft met gevangenisstraf van ten hoogste vijftien jaren of geldboete van de vijfde categorie.
(Zie ook: art. 269 BW Boek 1; art. 4 EVRM; artt. 85, 286 WvSr)

Art. 276

Dienst doen op slavenschip als schepeling

Hij die als schepeling dienst neemt op een vaartuig, wetende dat het tot het drijven van slavenhandel bestemd is of gebruikt wordt, of vrijwillig in dienst blijft na die bestemming of dit gebruik te hebben vernomen, wordt gestraft met gevangenisstraf van ten hoogste negen jaren of geldboete van de vijfde categorie.
(Zie ook: art. 269 BW Boek 1; art. 4 EVRM; artt. 85, 286 WvSr)

Art. 277

Medewerking tot verhuring van een slavenschip

Hij die voor eigen of vreemde rekening middellijk of onmiddellijk medewerkt tot het verhuren, vervrachten of verzekeren van een vaartuig, wetende dat het tot het drijven van slavenhandel bestemd is, wordt gestraft met gevangenisstraf van ten hoogste acht jaren of geldboete van de vijfde categorie.
(Zie ook: art. 269 BW Boek 1; art. 4 EVRM; art. 286 WvSr)

Art. 278

Mensenroof

Hij die iemand over de grenzen van het Rijk in Europa voert, met het oogmerk om hem wederrechtelijk onder de macht van een ander te brengen of om hem in hulpeloze toestand te verplaatsen, wordt, als schuldig aan mensenroof, gestraft met gevangenisstraf van ten hoogste twaalf jaren of geldboete van de vijfde categorie.
(Zie ook: art. 269 BW Boek 1; artt. 71, 136, 286 WvSr; art. 160 WvSv)

Art. 279

Onttrekking van minderjarige aan gezag

1. Hij die opzettelijk een minderjarige onttrekt aan het wettig over hem gesteld gezag of aan het opzicht van degene die dit bevoegd over hem uitoefent, wordt gestraft met gevangenisstraf van ten hoogste zes jaren of geldboete van de vierde categorie.
2. Gevangenisstraf van ten hoogste negen jaren of geldboete van de vijfde categorie wordt opgelegd indien list, geweld of bedreiging met geweld is gebezigd, of indien de minderjarige beneden de twaalf jaren oud is.
(Zie ook: artt. 233, 245, 269 BW Boek 1; artt. 71, 81, 286 WvSr)

Art. 280
1. Hij die opzettelijk een minderjarige die onttrokken is of zich onttrokken heeft aan het wettig over hem gesteld gezag of aan het opzicht van degene die dit desbevoegd over hem uitoefent, verbergt of aan de nasporing van de ambtenaren van de justitie of politie onttrekt, wordt gestraft met gevangenisstraf van ten hoogste drie jaren of geldboete van de vierde categorie of, indien de minderjarige beneden de twaalf jaren oud is, met gevangenisstraf van ten hoogste zes jaren of geldboete van de vierde categorie.
(Zie ook: artt. 233, 245, 269 BW Boek 1; art. 286 WvSr)
2. Het voorgaande is niet van toepassing op
a. hem die de raad voor de kinderbescherming onverwijld de verblijfplaats van de minderjarige meedeelt; of
b. de jeugdhulpaanbieder, bedoeld in artikel 1.1 van de Jeugdwet, in zoverre hij handelt overeenkomstig de Jeugdwet
c. hem die handelt in het kader van zorgvuldige hulpverlening aan de minderjarige.
3. Van zorgvuldige hulpverlening vormen de onverwijlde melding dat hulp wordt verleend alsmede de onverwijlde bekendmaking van de identiteit van de hulpverlener en zijn plaats van verblijf of vestiging aan degene die het gezag over de minderjarige uitoefent, bestanddelen.

Bemoeilijken van opsporing minderjarige

Art. 281
1. Als schuldig aan schaking wordt gestraft:
1°. met gevangenisstraf van ten hoogste zes jaren of geldboete van de vierde categorie, hij die een minderjarige vrouw, zonder de wil van haar ouders of voogden doch met haar toestemming, wegvoert, met het oogmerk om zich haar bezit in of buiten echt te verzekeren;
2°. met gevangenisstraf van ten hoogste negen jaren of geldboete van de vijfde categorie, hij die een vrouw door list, geweld of bedreiging met geweld wegvoert, met het oogmerk om zich haar bezit in of buiten echt te verzekeren.
2. Geen vervolging heeft plaats dan op klacht.
(Zie ook: art. 64 WvSr; art. 160 WvSv)
3. De klacht geschiedt:
a. indien de vrouw tijdens de wegvoering minderjarig is, hetzij door haarzelf, hetzij door iemand wiens toestemming zij tot het aangaan van een huwelijk behoeft;
(Zie ook: art. 35 BW Boek 1)
b. indien zij tijdens de wegvoering meerderjarig is, hetzij door haarzelf, hetzij door haar echtgenoot.
4. Indien de schaker met de weggevoerde een huwelijk heeft gesloten, heeft geen veroordeling plaats, dan nadat de nietigheid van het huwelijk is uitgesproken.
(Zie ook: art. 269 BW Boek 1; art. 286 WvSr)

Schaking

Art. 282
1. Hij die opzettelijk iemand wederrechtelijk van de vrijheid berooft of beroofd houdt, wordt gestraft met gevangenisstraf van ten hoogste acht jaren of geldboete van de vijfde categorie.
2. Indien het feit zwaar lichamelijk letsel ten gevolge heeft, wordt de schuldige gestraft met gevangenisstraf van ten hoogste negen jaren of geldboete van de vijfde categorie.
3. Indien het feit de dood ten gevolge heeft, wordt hij gestraft met gevangenisstraf van ten hoogste twaalf jaren of geldboete van de vijfde categorie.
4. De in dit artikel bepaalde straffen zijn ook van toepassing op hem die opzettelijk tot de wederrechtelijke vrijheidsberoving een plaats verschaft.
(Zie ook: art. 269 BW Boek 1; art. 15 GW; artt. 71, 82, 286, 368, 395 WvSr; art. 160 WvSv)

Vrijheidsberoving

Art. 282a
1. Hij die opzettelijk iemand wederrechtelijk van de vrijheid berooft of beroofd houdt met het oogmerk een ander te dwingen iets te doen of niet te doen wordt als schuldig aan gijzeling gestraft met gevangenisstraf van ten hoogste vijftien jaren of geldboete van de vijfde categorie.
2. Indien het feit de dood ten gevolge heeft wordt hij gestraft met levenslange gevangenisstraf of tijdelijke van ten hoogste dertig jaren of geldboete van de vijfde categorie.
(Zie ook: art. 269 BW Boek 1; art. 71 WvSr; art. 160 WvSv)
3. Het vierde lid van artikel 282 is toepasselijk.

Vrijheidsberoving met dwang

Art. 282b
1. Hij die opzettelijk iemand wederrechtelijk van de vrijheid berooft of beroofd houdt met een terroristisch oogmerk, wordt gestraft met levenslange gevangenisstraf of tijdelijke van ten hoogste dertig jaren of geldboete van de vijfde categorie.
2. Artikel 282, vierde lid, is van overeenkomstige toepassing.
(Zie ook: art. 83a WvSr)

Vrijheidsberoving met terroristisch oogmerk

Art. 282c
1. De samenspanning tot het in artikel 282b omschreven misdrijf wordt gestraft met gevangenisstraf van ten hoogste tien jaren of geldboete van de vijfde categorie.

Samenspanning tot vrijheidsberoving met terroristisch oogmerk

2. Artikel 96, tweede lid, is van overeenkomstige toepassing.
(Zie ook: art. 80 WvSr)

Art. 283

Vrijheidsberoving door schuld

1. Hij aan wiens schuld te wijten is dat iemand wederrechtelijk van de vrijheid beroofd wordt of beroofd blijft, wordt gestraft met gevangenisstraf van ten hoogste zes maanden of geldboete van de tweede categorie.
2. Indien het feit zwaar lichamelijk letsel ten gevolge heeft, wordt de schuldige gestraft met gevangenisstraf van ten hoogste een jaar of geldboete van de derde categorie.
(Zie ook: art. 82 WvSr)
3. Indien het feit de dood ten gevolge heeft, wordt hij gestraft met gevangenisstraf van ten hoogste twee jaren of geldboete van de vierde categorie.
(Zie ook: art. 269 BW Boek 1; art. 368 WvSr; art. 160 WvSv)

Art. 284

Wederrechtelijke dwang

1. Met gevangenisstraf van ten hoogste twee jaren of geldboete van de vierde categorie wordt gestraft:
1°. hij die een ander door geweld of enige andere feitelijkheid of door bedreiging met geweld of enige andere feitelijkheid, gericht hetzij tegen die ander hetzij tegen derden, wederrechtelijk dwingt iets te doen, niet te doen of te dulden;
(Zie ook: artt. 81, 95, 121, 143, 145, 179, 242, 246, 252, 279, 281, 312, 317, 365, 395 WvSr)
2°. hij die een ander door bedreiging met smaad of smaadschrift dwingt iets te doen, niet te doen of te dulden.
(Zie ook: artt. 261, 318 WvSr)
2. In het geval onder 2° omschreven wordt het misdrijf niet vervolgd dan op klacht van hem tegen wie het gepleegd is.
(Zie ook: art. 64 WvSr; art. 160 WvSv)

Art. 284a

Wederrechtelijke dwang splijtstof

Hij die een ander door bedreiging met diefstal of afpersing van splijtstof, als bedoeld in artikel 1, eerste lid, onder *b*, van de Kernenergiewet (*Stb.* 1963, 82), gericht tegen die ander of tegen derden wederrechtelijk dwingt iets te doen, niet te doen of te dulden, wordt gestraft met gevangenisstraf van ten hoogste een jaar en zes maanden of geldboete van de vierde categorie.

Art. 285

Bedreiging met misdrijf

1. Bedreiging met openlijk in vereniging geweld plegen tegen personen of goederen, met geweld tegen een internationaal beschermd persoon of diens beschermde goederen, met enig misdrijf waardoor gevaar voor de algemene veiligheid van personen of goederen of gemeen gevaar voor de verlening van diensten ontstaat, met verkrachting, met feitelijke aanranding van de eerbaarheid, met enig misdrijf tegen het leven gericht, met gijzeling, met zware mishandeling of met brandstichting, wordt gestraft met gevangenisstraf van ten hoogste twee jaren of geldboete van de vierde categorie.
(Zie ook: artt. 87b, 117a, 141, 157, 242, 282a, 287, 302 WvSr; art. 67 WvSv)
2. Indien deze bedreiging schriftelijk en onder een bepaalde voorwaarde geschiedt, wordt ze gestraft met gevangenisstraf van ten hoogste vier jaren of geldboete van de vierde categorie.
(Zie ook: art. 286 WvSr; art. 226a WvSv)
3. Bedreiging met een terroristisch misdrijf wordt gestraft met gevangenisstraf van ten hoogste zes jaren of geldboete van de vijfde categorie.
(Zie ook: art. 83 WvSr)
4. Indien het feit, omschreven in het eerste, tweede of derde lid, wordt gepleegd met het oogmerk om een terroristisch misdrijf voor te bereiden of gemakkelijk te maken, wordt de op het feit gestelde gevangenisstraf met een derde verhoogd.

Art. 285a

Beïnvloeden verklaring

1. Hij die opzettelijk mondeling, door gebaren, bij geschrift of afbeelding zich jegens een persoon uit, kennelijk om diens vrijheid om naar waarheid of geweten ten overstaan van een rechter of ambtenaar een verklaring af te leggen te beïnvloeden, terwijl hij weet of ernstige reden heeft te vermoeden dat die verklaring zal worden afgelegd, wordt gestraft met gevangenisstraf van ten hoogste vier jaren of geldboete van de vierde categorie.

Aan rechter of ambtenaar gelijkgestelde personen

2. Met rechter of ambtenaar wordt gelijkgesteld: een rechter bij onderscheidenlijk een persoon in de openbare dienst van een internationaal gerecht dat zijn rechtsmacht ontleent aan een verdrag waarbij het Koninkrijk partij is.
(Zie ook: art. 84 WvSr)

Art. 285b

Belaging

1. Hij, die wederrechtelijk stelselmatig opzettelijk inbreuk maakt op eens anders persoonlijke levenssfeer met het oogmerk die ander te dwingen iets te doen, niet te doen of te dulden dan wel vrees aan te jagen wordt, als schuldig aan belaging, gestraft met een gevangenisstraf van ten hoogste drie jaren of een geldboete van de vierde categorie.
2. Vervolging vindt niet plaats dan op klacht van hem tegen wie het misdrijf is begaan.
(Zie ook: art. 10 GW; art. 64 WvSr; artt. 67, 160 WvSv)

Wetboek van Strafrecht

C1 art. 293

Art. 285c
Hij die opzettelijk een persoon buiten of naar Nederland lokt met het oogmerk ten aanzien van die persoon een in artikel 284 omschreven misdrijf te plegen, wordt gestraft met gevangenisstraf van ten hoogste een jaar of geldboete van de derde categorie.

Opzettelijk een persoon buiten of naar Nederland lokken voor plegen misdrijf

Art. 286
Bij veroordeling wegens een der in artikelen 274-282 en in het tweede lid van artikel 285 omschreven misdrijven, kan ontzetting van de in artikel 28, eerste lid, onder 1°, 2° en 4°, vermelde rechten worden uitgesproken.

Ontzetting van rechten in geval van artt. 274 t/m 282 en 285 lid 2 Sr.

Art. 286a
Bij veroordeling wegens een der misdrijven omschreven in de artikelen 282b, 282c en 285, derde lid, kan ontzetting van het in artikel 28, eerste lid, onder 3°, vermelde recht worden uitgesproken.

Ontzegging stemrecht bij veroordeling o.g.v. art. 282b, 282c en 285 Sr

Titel XIX
Misdrijven tegen het leven gericht

Art. 287
Hij die opzettelijk een ander van het leven berooft, wordt, als schuldig aan doodslag, gestraft met gevangenisstraf van ten hoogste vijftien jaren of geldboete van de vijfde categorie.
(Zie ook: artt. 82a, 92, 108, 115, 295 WvSr; art. 160 WvSv; art. 179a WVW 1994)

Doodslag

Art. 288
Doodslag gevolgd, vergezeld of voorafgegaan van een strafbaar feit en gepleegd met het oogmerk om de uitvoering van dat feit voor te bereiden of gemakkelijk te maken, of om, bij betrapping op heter daad, aan zichzelf of andere deelnemers aan dat feit hetzij straffeloosheid hetzij het bezit van het wederrechtelijk verkregene te verzekeren, wordt gestraft met levenslange gevangenisstraf of tijdelijke van ten hoogste dertig jaren of geldboete van de vijfde categorie.
(Zie ook: art. 47 WvSr; art. 160 WvSv)

Doodslag met strafverzwaring

Art. 288a
Doodslag, gepleegd met een terroristisch oogmerk, wordt gestraft met levenslange gevangenisstraf of tijdelijke van ten hoogste dertig jaren of geldboete van de vijfde categorie.
(Zie ook: artt. 83, 83a WvSr)

Doodslag met terroristisch oogmerk

Art. 289
Hij die opzettelijk en met voorbedachten rade een ander van het leven berooft, wordt, als schuldig aan moord, gestraft met levenslange gevangenisstraf of tijdelijke van ten hoogste dertig jaren of geldboete van de vijfde categorie.
(Zie ook: artt. 82a, 108, 115, 295 WvSr; art. 160 WvSv; art. 179a WVW 1994)

Moord

Art. 289a
1. De samenspanning tot het in artikel 289 omschreven misdrijf, te begaan met een terroristisch oogmerk, alsmede het in artikel 288a omschreven misdrijf, wordt gestraft met gevangenisstraf van ten hoogste tien jaren of geldboete van de vijfde categorie.
2. Artikel 96, tweede lid, is van overeenkomstige toepassing.
(Zie ook: artt. 80, 83, 83a WvSr)

Samenspanning tot moord of doodslag met terroristisch oogmerk

Art. 290
De moeder die, onder de werking van vrees voor de ontdekking van haar bevalling, haar kind bij of kort na de geboorte opzettelijk van het leven berooft, wordt, als schuldig aan kinderdoodslag, gestraft met gevangenisstraf van ten hoogste zes jaren of geldboete van de vierde categorie.
(Zie ook: artt. 82a, 292 WvSr; art. 160 WvSv)

Kinderdoodslag

Art. 291
De moeder die, ter uitvoering van een onder de werking van vrees voor de ontdekking van haar aanstaande bevalling genomen besluit, haar kind bij of kort na de geboorte opzettelijk van het leven berooft, wordt, als schuldig aan kindermoord, gestraft met gevangenisstraf van ten hoogste negen jaren of geldboete van de vijfde categorie.
(Zie ook: artt. 82a, 259, 292 WvSr; art. 160 WvSv)

Kindermoord

Art. 292
De in de artikelen 290 en 291 omschreven misdrijven worden ten aanzien van anderen die er aan deelnemen als doodslag of als moord aangemerkt.
(Zie ook: artt. 47, 48, 50, 259 WvSr)

Deelneming in geval van artt. 290 en 291 Sr.

Art. 293
1. Hij die opzettelijk het leven van een ander op diens uitdrukkelijk en ernstig verlangen beëindigt, wordt gestraft met een gevangenisstraf van ten hoogste twaalf jaren of geldboete van de vijfde categorie.
(Zie ook: artt. 82a, 295 WvSr; art. 160 WvSv)
2. Het in het eerste lid bedoelde feit is niet strafbaar, indien het is begaan door een arts die daarbij voldoet aan de zorgvuldigheidseisen, bedoeld in artikel 2 van de Wet toetsing levensbe-

Levensberoving op verzoek

Sdu

eindiging op verzoek en hulp bij zelfdoding en hiervan mededeling doet aan de gemeentelijke lijkschouwer overeenkomstig artikel 7, tweede lid, van de Wet op de lijkbezorging.

Art. 294

Hulp bij zelfdoding

1. Hij die opzettelijk een ander tot zelfdoding aanzet, wordt, indien de zelfdoding volgt, gestraft met een gevangenisstraf van ten hoogste drie jaren of geldboete van de vierde categorie.
(Zie ook: art. 47 WvSr; art. 160 WvSv)
2. Hij die opzettelijk een ander bij zelfdoding behulpzaam is of hem de middelen daartoe verschaft, wordt, indien de zelfdoding volgt, gestraft met een gevangenisstraf van ten hoogste drie jaren of geldboete van de vierde categorie. Artikel 293, tweede lid, is van overeenkomstige toepassing.
(Zie ook: art. 48 WvSr)

Art. 295

Ontzetting van rechten bij moord, doodslag en levensberoving

Ontzetting van uitoefening beroep

1. Bij veroordeling wegens doodslag, wegens moord of wegens een der in de artikelen 293, eerste lid, en 296 omschreven misdrijven, kan ontzetting van de in artikel 28, eerste lid, onder 1°, 2° en 4°, vermelde rechten worden uitgesproken.
2. Indien de schuldige aan een der misdrijven in de artikelen 287 tot en met 289 omschreven, het misdrijf in zijn beroep begaat, kan hij van de uitoefening van dat beroep worden ontzet.

Art. 295a

Ontzegging stemrecht bij veroordeling o.g.v. art. 288a, 289 en 289a Sr

Bij veroordeling wegens een der misdrijven omschreven in de artikelen 288a en 289a alsmede bij veroordeling wegens het misdrijf omschreven in artikel 289, begaan met een terroristisch oogmerk, kan ontzetting van het in artikel 28, eerste lid, onder 3°, vermelde recht worden uitgesproken.

Titel XIXA
Afbreking van zwangerschap

Art. 296

Afbreking van zwangerschap

1. Hij die een vrouw een behandeling geeft, terwijl hij weet of redelijkerwijs moet vermoeden dat daardoor zwangerschap kan worden afgebroken, wordt gestraft met gevangenisstraf van ten hoogste vier jaar en zes maanden of geldboete van de vierde categorie.
2. Indien het feit de dood van de vrouw ten gevolge heeft, wordt gevangenisstraf van ten hoogste zes jaren opgelegd of geldboete van de vierde categorie.
3. Indien het feit is begaan zonder toestemming van de vrouw, wordt gevangenisstraf van ten hoogste twaalf jaren opgelegd of geldboete van de vijfde categorie.
4. Indien het feit is begaan zonder toestemming van de vrouw en tevens haar dood ten gevolge heeft, wordt gevangenisstraf van ten hoogste vijftien jaren opgelegd of geldboete van de vijfde categorie.
5. Het in het eerste lid bedoelde feit is niet strafbaar, indien de behandeling is verricht door een arts in een ziekenhuis of kliniek waarin zodanige behandeling volgens de Wet afbreking zwangerschap mag worden verricht.
(Zie ook: art. 295 WvSr; art. 160 WvSv)

Art. 297-299
[Vervallen]

Titel XX
Mishandeling

Art. 300

Mishandeling

1. Mishandeling wordt gestraft met gevangenisstraf van ten hoogste drie jaren of geldboete van de vierde categorie.
2. Indien het feit zwaar lichamelijk letsel ten gevolge heeft, wordt de schuldige gestraft met gevangenisstraf van ten hoogste vier jaren of geldboete van de vierde categorie.
(Zie ook: art. 82 WvSr)
3. Indien het feit de dood ten gevolge heeft, wordt hij gestraft met gevangenisstraf van ten hoogste zes jaren of geldboete van de vierde categorie.
4. Met mishandeling wordt gelijkgesteld opzettelijke benadeling van de gezondheid.
5. Poging tot dit misdrijf is niet strafbaar.
(Zie ook: artt. 45, 304 WvSr)

Art. 301

Mishandeling met voorbedachten rade

1. Mishandeling gepleegd met voorbedachten rade wordt gestraft met gevangenisstraf van ten hoogste vier jaren of geldboete van de vierde categorie.
2. Indien het feit zwaar lichamelijk letsel ten gevolge heeft, wordt de schuldige gestraft met gevangenisstraf van ten hoogste zes jaren of geldboete van de vierde categorie.
(Zie ook: art. 82 WvSr)

Wetboek van Strafrecht

3. Indien het feit de dood ten gevolge heeft, wordt hij gestraft met gevangenisstraf van ten hoogste negen jaren of geldboete van de vijfde categorie.
(Zie ook: artt. 304, 305 WvSr)

Art. 302
1. Hij die aan een ander opzettelijk zwaar lichamelijk letsel toebrengt, wordt, als schuldig aan zware mishandeling, gestraft met gevangenisstraf van ten hoogste acht jaren of geldboete van de vijfde categorie. — *Zware mishandeling*
(Zie ook: art. 82 WvSr)
2. Indien het feit de dood ten gevolge heeft, wordt de schuldige gestraft met gevangenisstraf van ten hoogste tien jaren of geldboete van de vijfde categorie.
(Zie ook: art. 304 WvSr)

Art. 303
1. Zware mishandeling gepleegd met voorbedachten rade wordt gestraft met gevangenisstraf van ten hoogste twaalf jaren of geldboete van de vijfde categorie. — *Zware mishandeling met voorbedachten rade*
2. Indien het feit de dood ten gevolge heeft, wordt de schuldige gestraft met gevangenisstraf van ten hoogste vijftien jaren of geldboete van de vijfde categorie.
(Zie ook: artt. 304, 305 WvSr)

Art. 304
De in de artikelen 300-303 bepaalde gevangenisstraffen kunnen met een derde worden verhoogd: — *Verzwarende omstandigheden bij mishandeling*
1°. ten aanzien van de schuldige die het misdrijf begaat tegen zijn moeder, zijn vader tot wie hij in familierechtelijke betrekking staat, zijn echtgenoot, zijn levensgezel, zijn kind, een kind over wie hij het gezag uitoefent of een kind dat hij verzorgt of opvoedt als behorend tot zijn gezin of een aan zijn zorg, opleiding of waakzaamheid toevertrouwde minderjarige;
2°. ten aanzien van de schuldige die het misdrijf stelselmatig begaat tegen een minderjarige;
(Zie ook: artt. 84, 179 WvSr)
3°. indien het misdrijf wordt gepleegd tegen een ambtenaar gedurende of ter zake van de rechtmatige uitoefening van zijn bediening;
4°. indien het misdrijf wordt gepleegd door toediening van voor het leven of de gezondheid schadelijke stoffen.
(Zie ook: art. 172 WvSr)

Art. 304a
Indien een misdrijf, strafbaar gesteld in artikel 302 of 303, is begaan met een terroristisch oogmerk, wordt de in dat artikel bepaalde tijdelijke gevangenisstraf met de helft verhoogd en wordt, indien op het misdrijf tijdelijke gevangenisstraf van ten hoogste vijftien jaren is gesteld, levenslange gevangenisstraf of tijdelijke van ten hoogste dertig jaren opgelegd. — *Zware mishandeling met terroristisch oogmerk*
(Zie ook: artt. 83, 83a WvSr)

Art. 304b
1. De samenspanning tot het in artikel 303 omschreven misdrijf, te begaan met een terroristisch oogmerk, wordt gestraft met gevangenisstraf van ten hoogste tien jaren of geldboete van de vijfde categorie. — *Samenspanning tot zware mishandeling met terroristisch oogmerk*
2. Artikel 96, tweede lid, is van overeenkomstige toepassing. — *Schakelbepaling*
(Zie ook: artt. 80, 83a WvSr)

Art. 304c
Bij veroordeling wegens een der misdrijven omschreven in de artikelen 302 en 303, begaan met een terroristisch oogmerk, alsmede bij veroordeling wegens het misdrijf omschreven in artikel 304b, kan ontzetting van het in artikel 28, eerste lid, onder 3°, vermelde recht worden uitgesproken. — *Ontzegging stemrecht bij veroordeling o.g.v. art. 302, 303 en 304b Sr*

Art. 305
1. Bij veroordeling wegens een der in de artikelen 301 en 303 omschreven misdrijven kan ontzetting van de in artikel 28, eerste lid, onder 1°, 2° en 4°, vermelde rechten worden uitgesproken. — *Ontzetting van rechten in geval van artt. 301 en 303 Sr.*
3. Bij veroordeling wegens een der in de artikelen 301-303 omschreven misdrijven kan de schuldige, indien hij het misdrijf in zijn beroep heeft begaan, worden ontzet van de uitoefening van dat beroep.

Art. 306
Zij die opzettelijk deelnemen aan een aanval of vechterij waarin onderscheiden personen zijn gewikkeld, worden, behoudens ieders verantwoordelijkheid voor de bijzondere door hem bedreven feiten, gestraft: — *Deelneming aan aanval of vechterij*
1°. met gevangenisstraf van ten hoogste twee jaren of geldboete van de vierde categorie, indien de aanval of vechterij alleen zwaar lichamelijk letsel ten gevolge heeft;
(Zie ook: art. 82 WvSr)
2°. met gevangenisstraf van ten hoogste drie jaren of geldboete van de vierde categorie, indien de aanval of vechterij iemands dood ten gevolge heeft.
(Zie ook: art. 141 WvSr)

Titel XXI
Veroorzaken van de dood of van lichamelijk letsel door schuld

Art. 307

Dood door schuld

1. Hij aan wiens schuld de dood van een ander te wijten is, wordt gestraft met gevangenisstraf van ten hoogste twee jaren of geldboete van de vierde categorie.
(Zie ook: artt. 309, 450 WvSr; art. 6 WVW 1994)
2. Indien de schuld bestaat in roekeloosheid, wordt hij gestraft met gevangenisstraf van ten hoogste vier jaren of geldboete van de vierde categorie.

Art. 308

Lichamelijk letsel door schuld

1. Hij aan wiens schuld te wijten is dat een ander zwaar lichamelijk letsel bekomt of zodanig lichamelijk letsel dat daaruit tijdelijke ziekte of verhindering in de uitoefening van zijn ambts- of beroepsbezigheden ontstaat, wordt gestraft met gevangenisstraf van ten hoogste een jaar of geldboete van de vierde categorie.
(Zie ook: artt. 82, 309 WvSr; art. 6 WVW 1994)
2. Indien de schuld bestaat in roekeloosheid, wordt hij gestraft met gevangenisstraf van ten hoogste twee jaren of geldboete van de vierde categorie.

Art. 309

Dood/lichamelijk letsel door schuld gepleegd in ambt of beroep

Indien de in deze titel omschreven misdrijven worden gepleegd in de uitoefening van enig ambt of beroep, kan de gevangenisstraf met een derde worden verhoogd, kan ontzetting worden uitgesproken van de uitoefening van het beroep waarin het misdrijf is gepleegd, en kan de rechter de openbaarmaking van zijn uitspraak gelasten.
(Zie ook: artt. 28, 36 WvSr)

Titel XXII
Diefstal en stroperij

Art. 310

Diefstal

Hij die enig goed dat geheel of ten dele aan een ander toebehoort wegneemt, met het oogmerk om het zich wederrechtelijk toe te eigenen, wordt, als schuldig aan diefstal, gestraft met gevangenisstraf van ten hoogste vier jaren of geldboete van de vierde categorie.
(Zie ook: artt. 313, 316 WvSr; artt. 86, 87, 119 BW Boek 3)

Art. 311

Diefstal onder verzwarende omstandigheden

1. Met gevangenisstraf van ten hoogste zes jaren of geldboete van de vierde categorie wordt gestraft:
1°. diefstal van vee uit de weide;
2°. diefstal bij gelegenheid van brand, ontploffing, watersnood, schipbreuk, stranding, spoorwegongeval, oproer, muiterij of oorlogsnood;
(Zie ook: art. 87 WvSr)
3°. diefstal in een woning of op een besloten erf waarop een woning staat, door iemand die zich aldaar buiten weten of tegen de wil van de rechthebbende bevindt;
(Zie ook: art. 138 WvSr)
4°. diefstal door twee of meer verenigde personen;
5°. diefstal waarbij de schuldige zich de toegang tot de plaats van het misdrijf heeft verschaft of het weg te nemen goed onder zijn bereik heeft gebracht door middel van braak, verbreking of inklimming, van valse sleutels, van een valse order of het aannemen van een valse naam of van een valse hoedanigheid, of door listige kunstgrepen, of door een samenweefsel van verdichtsels;
(Zie ook: artt. 89, 90 WvSr)
6°. diefstal met het oogmerk om een terroristisch misdrijf voor te bereiden of gemakkelijk te maken.
2. Indien de onder 3° omschreven diefstal vergezeld gaat van een der in onder 4° en 5° vermelde omstandigheden, wordt gevangenisstraf van ten hoogste negen jaren of geldboete van de vijfde categorie opgelegd.
(Zie ook: artt. 83a, 313, 316 WvSr)

Art. 312

Diefstal met geweld of bedreiging

1. Met gevangenisstraf van ten hoogste negen jaren of geldboete van de vijfde categorie wordt gestraft diefstal, voorafgegaan, vergezeld of gevolgd van geweld of bedreiging met geweld tegen personen, gepleegd met het oogmerk om die diefstal voor te bereiden of gemakkelijk te maken, of om, bij betrapping op heter daad, aan zichzelf of andere deelnemers aan het misdrijf hetzij de vlucht mogelijk te maken, hetzij het bezit van het gestolene te verzekeren.
2. Gevangenisstraf van ten hoogste twaalf jaren of geldboete van de vijfde categorie wordt opgelegd:

Wetboek van Strafrecht

C1 art. 317

1°. indien het feit wordt gepleegd hetzij gedurende de voor de nachtrust bestemde tijd in een woning of op een besloten erf waarop een woning staat; hetzij op de openbare weg; hetzij in een spoortrein die in beweging is;
(Zie ook: art. 138 WvSr)
2°. indien het feit wordt gepleegd door twee of meer verenigde personen;
3°. indien de schuldige zich de toegang tot de plaats van het misdrijf heeft verschaft door middel van braak of inklimming, van valse sleutels, van een valse order of een vals kostuum;
4°. indien het feit zwaar lichamelijk letsel ten gevolge heeft;
5°. indien het feit wordt gepleegd met het oogmerk om een terroristisch misdrijf voor te bereiden of gemakkelijk te maken.
3. Gevangenisstraf van ten hoogste vijftien jaren of geldboete van de vijfde categorie wordt opgelegd, indien het feit de dood ten gevolge heeft.
(Zie ook: artt. 81, 82, 83a, 89, 90, 288, 313, 316 WvSr)

Art. 313
Bij veroordeling wegens diefstal kan ontzetting van de in artikel 28, eerste lid, onder 1°, 2° en 4°, vermelde rechten worden uitgesproken.

Ontzetting van rechten bij diefstal

Art. 314
1. Hij die, zonder geweld of bedreiging met geweld tegen personen, geheel of ten dele aan een ander toebehorende klei, bagger, ongesneden veen, zand, aarde, grind, puin, mestspeciën, zoden, plaggen, heide, helm, wier, riet, biezen, mos, onbewerkt en niet vervoerd hak- of sprokkelhout, ongeplukte of afgevallen boomvruchten of bladeren, te veld staand gras of te veld staande of na de oogst achtergebleven veldvruchten wegneemt, met het oogmerk om zich die voorwerpen wederrechtelijk toe te eigenen, wordt, als schuldig aan stroperij, gestraft met gevangenisstraf van ten hoogste een maand of geldboete van de tweede categorie.
2. Indien tijdens het plegen van het misdrijf nog geen twee jaren zijn verlopen sedert een vroegere veroordeling van de schuldige wegens gelijk misdrijf onherroepelijk is geworden, wordt hij gestraft met gevangenisstraf van ten hoogste twee maanden of geldboete van de tweede categorie.
(Zie ook: art. 316 WvSr; art. 382 WvSv)

Stroperij

Art. 315
1. Met gevangenisstraf van ten hoogste drie jaren of geldboete van de vierde categorie wordt gestraft:
1°. stroperij gepleegd met behulp van vaartuigen, wagens, trek- of lastdieren;
2°. stroperij gepleegd onder een of meer der in artikel 311, eerste lid, onder 2°-5°, vermelde omstandigheden.
2. Ontzetting van de in artikel 28, eerste lid, onder 1°, 2° en 4°, vermelde rechten kan worden uitgesproken.

Gekwalificeerde stroperij

Art. 316
1. Indien de dader van of medeplichtige aan een der in deze titel omschreven misdrijven de niet van tafel en bed of van goederen gescheiden echtgenoot is van hem tegen wie het misdrijf is gepleegd, is de strafvervolging tegen die dader of die medeplichtige uitgesloten.
2. Indien hij zijn van tafel en bed of van goederen gescheiden echtgenoot is of zijn bloed- of aanverwant, hetzij in de rechte linie, hetzij in de tweede graad van de zijlinie, heeft de vervolging, voor zover hem betreft, alleen plaats op een tegen hem gerichte klacht van degene tegen wie het misdrijf is gepleegd.
3. Indien het vorige lid van toepassing is, neemt de termijn bedoeld in artikel 66 een aanvang op de dag nadat de identiteit van de verdachte aan de tot de klacht gerechtigde bekend werd.
(Zie ook: artt. 47, 48, 64 WvSr; art. 160 WvSv; artt. 3, 168 BW Boek 1)

Diefstal tussen echtgenoten of naaste familie

Titel XXIII
Afpersing en afdreiging

Art. 317
1. Hij die, met het oogmerk om zich of een ander wederrechtelijk te bevoordelen, door geweld of bedreiging met geweld iemand dwingt hetzij tot de afgifte van enig goed dat geheel of ten dele aan deze of aan een derde toebehoort, hetzij tot het aangaan van een schuld of het teniet doen van een inschuld, hetzij tot het ter beschikking stellen van gegevens, wordt, als schuldig aan afpersing, gestraft met gevangenisstraf van ten hoogste negen jaren of geldboete van de vijfde categorie.
2. Met dezelfde straf wordt gestraft hij die de dwang, bedoeld in het eerste lid, uitoefent door de bedreiging dat gegevens die door middel van een geautomatiseerd werk zijn opgeslagen, onbruikbaar of ontoegankelijk zullen worden gemaakt of zullen worden gewist.
3. De bepalingen van het tweede en derde lid van artikel 312 zijn op dit misdrijf van toepassing.
(Zie ook: artt. 80quinquies, 80sexies, 81, 284, 319, 320 WvSr)

Afpersing

Art. 318

Afdreiging

1. Hij die, met het oogmerk om zich of een ander wederrechtelijk te bevoordelen, door bedreiging met smaad, smaadschrift of openbaring van een geheim iemand dwingt hetzij tot de afgifte van enig goed dat geheel of ten dele aan deze of aan een derde toebehoort, hetzij tot het aangaan van een schuld of het teniet doen van een inschuld, hetzij tot het ter beschikking stellen van gegevens, wordt als schuldig aan afdreiging, gestraft met gevangenisstraf van ten hoogste vier jaren of geldboete van de vijfde categorie.
2. Indien het feit wordt gepleegd met het oogmerk om een terroristisch misdrijf voor te bereiden of gemakkelijk te maken, wordt de op het feit gestelde gevangenisstraf met een derde verhoogd.
(Zie ook: artt. 64, 80 quinquies, 261, 284, 319, 320 WvSr; artt. 67, 160 WvSv)
3. Dit misdrijf wordt niet vervolgd dan op klacht van hem tegen wie het gepleegd is.

Art. 319

Gepleegd tussen echtgenoten enz.

De bepaling van artikel 316 is op de in deze titel omschreven misdrijven van toepassing.

Art. 320

Afpersing of afdreiging tussen echtgenoten of naaste familie

Bij veroordeling wegens een der in deze titel omschreven misdrijven, kan ontzetting van de in artikel 28, eerste lid, onder 1°, 2° en 4°, vermelde rechten worden uitgesproken.

Titel XXIV
Verduistering

Art. 321

Verduistering

Hij die opzettelijk enig goed dat geheel of ten dele aan een ander toebehoort en dat hij anders dan door misdrijf onder zich heeft, wederrechtelijk zich toeëigent, wordt, als schuldig aan verduistering, gestraft met gevangenisstraf van ten hoogste drie jaren of geldboete van de vijfde categorie.
(Zie ook: artt. 324, 325 WvSr; art. 67 WvSv)

Art. 322

Verduistering in functie gepleegd

Verduistering gepleegd door hem die het goed uit hoofde van zijn persoonlijke dienstbetrekking of van zijn beroep, of tegen geldelijke vergoeding onder zich heeft, wordt gestraft met gevangenisstraf van ten hoogste vier jaren of geldboete van de vijfde categorie.
(Zie ook: artt. 324, 325, 359, 361 WvSr)

Art. 322a

Strafverhoging bij verduistering

Indien een der in de artikelen 321 en 322 omschreven feiten wordt gepleegd met het oogmerk om een terroristisch misdrijf voor te bereiden of gemakkelijk te maken, wordt de op het feit gestelde gevangenisstraf met een derde verhoogd.

Art. 323

Verduistering door bepaalde personen

Verduistering gepleegd door hem wie het goed uit noodzaak in bewaring is gegeven, of door voogden, curators, bewindvoerders, executeurs van een nalatenschap, door de rechter benoemde vereffenaars van een nalatenschap of gemeenschap of beheerders van instellingen van weldadigheid of van stichtingen, ten opzichte van enig goed dat zij als zodanig onder zich hebben, wordt gestraft met gevangenisstraf van ten hoogste vijf jaren of geldboete van de vijfde categorie.
(Zie ook: artt. 324, 325, 359 WvSr)

Art. 323a

Aanwenden middelen voor andere doeleinden

Hij die opzettelijk en wederrechtelijk middelen die met een bepaald doel of vanwege de overheid dan wel door of vanwege een volkenrechtelijke organisatie zijn verstrekt, aanwendt voor andere doeleinden dan waarvoor zij zijn verstrekt, wordt gestraft met gevangenisstraf van ten hoogste vier jaren of geldboete van de vijfde categorie.

Art. 324

Verduistering tussen echtgenoten of naaste familieleden

De bepaling van artikel 316 is op de in deze titel omschreven misdrijven van toepassing.

Art. 325

Bijkomende straffen bij verduistering

1. Bij veroordeling wegens een der in deze titel omschreven misdrijven, kan de rechter de openbaarmaking van zijn uitspraak gelasten en ontzetting uitspreken van de in artikel 28, eerste lid, onder 1°, 2° en 4°, vermelde rechten.
(Zie ook: art. 36 WvSr)
2. Indien de schuldige het misdrijf in zijn beroep begaat, kan hij van de uitoefening van dat beroep worden ontzet.
(Zie ook: art. 28 WvSr)

Titel XXV
Bedrog

Art. 326
1. Hij die, met het oogmerk om zich of een ander wederrechtelijk te bevoordelen, hetzij door het aannemen van een valse naam of van een valse hoedanigheid, hetzij door listige kunstgrepen, hetzij door een samenweefsel van verdichtsels, iemand beweegt tot de afgifte van enig goed, tot het verlenen van een dienst, tot het ter beschikking stellen van gegevens, tot het aangaan van een schuld of tot het teniet doen van een inschuld, wordt, als schuldig aan oplichting, gestraft met gevangenisstraf van ten hoogste vier jaren of geldboete van de vijfde categorie.
(Zie ook: artt. 80quinquies, 329, 338, 339 WvSr; art. 67 WvSv)
2. Indien het feit wordt gepleegd met het oogmerk om een terroristisch misdrijf voor te bereiden of gemakkelijk te maken, wordt de op het feit gestelde gevangenisstraf met een derde verhoogd.

Oplichting

Art. 326a
Hij die een beroep of een gewoonte maakt van het kopen van goederen met het oogmerk om zonder volledige betaling zich of een ander de beschikking over die goederen te verzekeren, wordt gestraft met gevangenisstraf van ten hoogste vier jaren of geldboete van de vijfde categorie.
(Zie ook: artt. 338, 339 WvSr; art. 67 WvSv)

Flessentrekkerij

Art. 326bis
[Vervallen]

Art. 326b
Met gevangenisstraf van ten hoogste twee jaren of geldboete van de vijfde categorie wordt gestraft:
1°. hij die op of in een werk van letterkunde, wetenschap, kunst of nijverheid valselijk enige naam of enig teken plaatst, of de echte naam of het echte teken vervalst, met het oogmerk om daardoor aannemelijk te maken, dat dat werk zou zijn van de hand van degene wiens naam of teken hij daarop of daarin aanbracht;
2°. hij die opzettelijk een werk van letterkunde, wetenschap, kunst of nijverheid, waarop of waarin valselijk enige naam of enig teken is geplaatst, of de echte naam of het echte teken is vervalst, verkoopt, te koop aanbiedt, aflevert, ten verkoop in voorraad heeft of binnen het Rijk in Europa invoert, als ware dat werk van de hand van degene wiens naam of teken daarop of daarin valselijk is aangebracht.
(Zie ook: artt. 338, 339, 421 WvSr; art. 34 Aw)

Vervalsing van werken

Art. 326c
1. Hij die, met het oogmerk daarvoor niet volledig te betalen, door een technische ingreep of met behulp van valse signalen, gebruik maakt van een dienst die via telecommunicatie aan het publiek wordt aangeboden, wordt gestraft met gevangenisstraf van ten hoogste vier jaren of geldboete van de vijfde categorie.
2. Met gevangenisstraf van ten hoogste twee jaren of geldboete van de vierde categorie wordt gestraft hij die opzettelijk een voorwerp dat kennelijk is bestemd, of gegevens die kennelijk zijn bestemd, tot het plegen van het misdrijf, bedoeld in het eerste lid,
a. openlijk ter verspreiding aanbiedt;
b. ter verspreiding of met het oog op de invoer in Nederland voorhanden heeft of
c. uit winstbejag vervaardigt of bewaart.
3. Hij die van het plegen van misdrijven als bedoeld in het tweede lid, zijn beroep maakt of het plegen van deze misdrijven als bedrijf uitoefent wordt gestraft hetzij met gevangenisstraf van ten hoogste vier jaren en geldboete van de vijfde categorie, hetzij met één van deze straffen.
(Zie ook: artt. 80quinquies, 339 WvSr; art. 67 WvSv)

Oneigenlijk gebruik van telecommunicatie

Art. 326d
Hij die, met het oogmerk om zich of een ander wederrechtelijk te bevoordelen, enige bedrieglijke handeling pleegt tot misleiding teneinde een ander die handelt in de uitoefening van een beroep, bedrijf of organisatie te bewegen tot het doen van een betaling, wordt gestraft met een gevangenisstraf van ten hoogste twee jaren of geldboete van de vijfde categorie.

Misleiding tot doen van betaling door derden

Art. 326e
Hij die een beroep of een gewoonte maakt van het door het middel van een geautomatiseerd werk verkopen van goederen of verlenen van diensten tegen betaling met het oogmerk om zonder volledige levering zich of een ander van de betaling van die goederen of diensten te verzekeren, wordt gestraft met gevangenisstraf van ten hoogste vier jaren of geldboete van de vijfde categorie.

Online handelsfraude

Art. 327
Hij die door listige kunstgrepen de verzekeraar in dwaling brengt ten opzichte van omstandigheden tot de verzekering betrekking hebbende, zodat deze een overeenkomst sluit die hij niet of niet onder dezelfde voorwaarden zou hebben gesloten indien hij de ware staat van zaken gekend had, wordt gestraft met gevangenisstraf van ten hoogste een jaar of geldboete van de vijfde categorie.
(Zie ook: art. 339 WvSr; art. 246 WvK)

Bedrog door verzekeringnemer

C1 art. 328

Wetboek van Strafrecht

Art. 328

Schade toebrengen of diefstal van verzekerd goed

Hij die, met het oogmerk om zich of een ander, ten nadele van de verzekeraar, wederrechtelijk te bevoordelen, brand sticht of een ontploffing teweegbrengt in enig tegen brandgevaar verzekerd goed, of een vaartuig of luchtvaartuig dat verzekerd is of waarvan de zich aan boord bevindende zaken of de te verdienen vracht zijn verzekerd, doet zinken, stranden of verongelukken, vernielt, onbruikbaar maakt of beschadigt, wordt gestraft met gevangenisstraf van ten hoogste vier jaren of geldboete van de vijfde categorie.
(Zie ook: artt. 86, 86a, 157, 168, 339, 352 WvSr; art. 246 WvK)

Art. 328bis

Oneerlijke mededinging

Hij die, om het handels- of bedrijfsdebiet van zichzelf of van een ander te vestigen, te behouden of uit te breiden, enige bedrieglijke handeling pleegt tot misleiding van het publiek of van een bepaald persoon, wordt, indien daaruit enig nadeel voor concurrenten van hem of van die ander kan ontstaan, als schuldig aan oneerlijke mededinging, gestraft met gevangenisstraf van ten hoogste een jaar of geldboete van de vijfde categorie.
(Zie ook: artt. 338, 339 WvSr)

Art. 328ter

Steekpenningen

1. Hij die, anders dan als ambtenaar, werkzaam zijnde in dienstbetrekking of optredend als lasthebber, naar aanleiding van hetgeen hij in strijd met zijn plicht in zijn betrekking of bij de uitvoering van zijn last heeft gedaan of nagelaten dan wel zal doen of nalaten, een gift, belofte of dienst aanneemt dan wel vraagt, wordt gestraft met gevangenisstraf van ten hoogste vier jaren of geldboete van de vijfde categorie.
2. Met gelijke straf wordt gestraft hij die aan iemand die, anders dan als ambtenaar, werkzaam is in dienstbetrekking of optreedt als lasthebber, naar aanleiding van hetgeen deze in zijn betrekking of bij de uitvoering van zijn last heeft gedaan of nagelaten dan wel zal doen of nalaten, een gift of belofte doet dan wel een dienst verleent of aanbiedt van die aard of onder zodanige omstandigheden, dat hij redelijkerwijs moet aannemen dat deze handelt in strijd met zijn plicht.
3. Onder handelen in strijd met zijn plicht als bedoeld in de voorgaande leden wordt in elk geval begrepen het in strijd met de goede trouw tegenover de werkgever of lastgever verzwijgen van het aannemen dan wel vragen van een gift, belofte of dienst.
4. Met gelijke straf wordt gestraft hij die het vooruitzicht van zijn dienstbetrekking of optreden als lasthebber, indien de dienstbetrekking of het optreden als lasthebber is gevolgd, een feit begaat als in het eerste lid omschreven alsmede hij die dit feit begaat na zijn dienstbetrekking of optreden als lasthebber.
5. Met gelijke straf wordt gestraft hij die een feit als in het tweede lid omschreven begaat jegens een persoon in het vooruitzicht van een dienstbetrekking of het optreden als lasthebber, indien deze dienstbetrekking of dit optreden als lasthebber is gevolgd alsmede hij die dit feit begaat jegens een persoon na diens dienstbetrekking of optreden als lasthebber.

Art. 328quater

Steekpenningen en telecommunicatie

1. Met gevangenisstraf van ten hoogste vier jaren of geldboete van de vijfde categorie wordt gestraft hij die een gift of een belofte aanneemt naar aanleiding van hetgeen hij heeft gedaan of nagelaten dan wel zal doen of nalaten in verband met een op hem of op de persoon bij wie hij in dienst is, rustende wettelijke plicht tot
   a. het verstrekken van inlichtingen betreffende telecommunicatie aan de ambtenaren van de justitie of politie, dan wel
   b. het verlenen van medewerking aan het aftappen of opnemen van telecommunicatie.
2. Met gelijke straf wordt gestraft hij die een ander een gift of een belofte doet naar aanleiding van hetgeen deze heeft gedaan of nagelaten dan wel zal doen of nalaten in verband met een op hem of op de persoon bij wie hij in dienst is, rustende wettelijke plicht als bedoeld in het eerste lid.
(Zie ook: art. 339 WvSr; artt. 126m, 126n, 126t, 126u WvSv)

Art. 329

Bedrog door de verkoper

Met gevangenisstraf van ten hoogste een jaar of geldboete van de vijfde categorie wordt gestraft de verkoper die de koper bedriegt:
1°. door hem die een bepaald aangewezen voorwerp kocht, opzettelijk iets anders daarvoor in de plaats te leveren;
2°. ten opzichte van de aard, de hoedanigheid of de hoeveelheid van het geleverde, door het aanwenden van listige kunstgrepen.
(Zie ook: artt. 338, 339 WvSr; art. 44 BW Boek 3; art. 17 BW Boek 7)

Art. 329bis

Zwendel met cognossementen

De houder van een cognossement die opzettelijk over verschillende exemplaren daarvan onder bezwarende titel beschikt ten behoeve van verschillende verkrijgers, wordt gestraft met gevangenisstraf van ten hoogste twee jaren of geldboete van de vijfde categorie.
(Zie ook: art. 339 WvSr; artt. 399, 413 BW Boek 8)

Wetboek van Strafrecht — C1 art. 337

Art. 330
1. Hij die eet- of drinkwaren of geneesmiddelen verkoopt, te koop aanbiedt of aflevert, wetende dat zij vervalst zijn en die vervalsing verzwijgende, wordt gestraft met gevangenisstraf van ten hoogste drie jaren of geldboete van de vijfde categorie.
2. Eet- of drinkwaren of geneesmiddelen zijn vervalst wanneer door bijmenging van vreemde bestanddelen hun waarde of hun bruikbaarheid verminderd is.
(Zie ook: artt. 174, 339 WvSr)

Verkoop van vervalste voedingsmiddelen of geneesmiddelen

Art. 331
1. Met gevangenisstraf van ten hoogste zes jaren of geldboete van de vijfde categorie wordt gestraft de aannemer of de bouwmeester van enig werk of de verkoper van bouwmaterialen die bij de uitvoering van het werk of de levering van de materialen enige bedrieglijke handeling pleegt, ten gevolge waarvan de veiligheid van personen of goederen of de veiligheid van de staat in tijd van oorlog kan worden in gevaar gebracht.
2. Met dezelfde straf wordt gestraft hij die, met het opzicht over het werk of over de levering van de materialen belast, de bedrieglijke handeling opzettelijk toelaat.
(Zie ook: artt. 87, 338, 339 WvSr)

Bedrog bij bouw

Art. 332
1. Hij die, bij levering van benodigdheden ten dienste van de vloot of het leger, enige bedrieglijke handeling pleegt, ten gevolge waarvan de veiligheid van de staat in tijd van oorlog kan worden in gevaar gebracht, wordt gestraft met gevangenisstraf van ten hoogste zes jaren of geldboete van de vijfde categorie.
2. Met dezelfde straf wordt gestraft hij die, met het opzicht over de levering van de goederen belast, de bedrieglijke handeling opzettelijk toelaat.
(Zie ook: artt. 87, 105, 338, 339 WvSr)

Bedrog met militaire leveranties

Art. 333
Hij die, met het oogmerk om zich of een ander wederrechtelijk te bevoordelen, hetgeen tot afbakening van de grenzen van erven dient vernielt, verplaatst, verwijdert of onbruikbaar maakt, wordt gestraft met gevangenisstraf van ten hoogste twee jaren of geldboete van de vijfde categorie.
(Zie ook: artt. 338, 339 WvSr)

Bedrieglijke grensverplaatsing

Art. 334
Hij die, met het oogmerk om zich of een ander wederrechtelijk te bevoordelen, door het verspreiden van een leugenachtig bericht de prijs van koopwaren, fondsen of geldswaardig papier doet stijgen of dalen, wordt gestraft met gevangenisstraf van ten hoogste twee jaren of geldboete van de vijfde categorie.
(Zie ook: artt. 338, 339 WvSr)

Leugenachtige berichtgeving

Art. 335
[Vervallen]

Art. 336
De koopman, de bestuurder, beherende vennoot of commissaris van een rechtspersoon of vennootschap, die opzettelijk een onware staat of een onware balans, winst- en verliesrekening, staat van baten en lasten of toelichting op een van die stukken openbaar maakt of zodanige openbaarmaking opzettelijk toelaat, wordt gestraft met gevangenisstraf van ten hoogste zes jaren of geldboete van de vijfde categorie.
(Zie ook: artt. 84bis, 338, 339 WvSr; art. 360 bk 2 BW)

Bedrog bij jaarstukken van vennootschappen

Art. 336a
[Vervallen]

Art. 337
1. Hij die opzettelijk:
a. valse, vervalste of wederrechtelijk vervaardigde merken,
b. waren, die of hun verpakking valselijk zijn voorzien van de handelsnaam van een ander of van het merk waarop een ander recht heeft,
c. waren, die ter aanduiding van herkomst, valselijk van de naam van een bepaalde plaats, met bijvoeging van een verdichte handelsnaam, zijn voorzien,
d. waren, waarop of op de verpakking waarvan een handelsnaam van een ander of een merk waarop een ander recht heeft, zij het dan ook met een geringe afwijking, is nagebootst of
e. waren of onderdelen daarvan die valselijk hetzelfde uiterlijk vertonen als een tekening of model waarop een ander recht heeft, dan wel daarmede slechts ondergeschikte verschillen vertonen,
invoert, doorvoert of uitvoert, verkoopt, te koop aanbiedt, aflevert, uitdeelt of in voorraad heeft, wordt gestraft met gevangenisstraf van ten hoogste één jaar of geldboete van de vijfde categorie.
2. Niet strafbaar is hij die enkele waren, onderdelen daarvan of merken als omschreven in het eerste lid in voorraad heeft uitsluitend voor eigen gebruik.

Bedrog met handelsnaam, merk of model

C1 art. 338 — Wetboek van Strafrecht

3. Indien de schuldige van het plegen van het misdrijf, genoemd in het eerste lid, zijn beroep maakt of het plegen van dit misdrijf als bedrijf uitoefent, wordt hij gestraft met gevangenisstraf van ten hoogste vier jaren of geldboete van de vijfde categorie.

4. Indien door het plegen van het misdrijf, genoemd in het eerste lid, gemeen gevaar voor personen of goederen te duchten is, wordt de schuldige gestraft met gevangenisstraf van ten hoogste vier jaren of geldboete van de vijfde categorie.
(Zie ook: art. 339 WvSr; art. 1 Hnw)

Bedrog tussen echtgenoten en naaste familieleden

Art. 338
De bepaling van artikel 316 is op de in deze titel omschreven misdrijven van toepassing.

Bijkomende straffen bij bedrog

Art. 339
1. Bij veroordeling wegens een der in deze titel omschreven misdrijven, kan de rechter de openbaarmaking van zijn uitspraak gelasten en de schuldige worden ontzet van de uitoefening van het beroep waarin hij het misdrijf begaan heeft.
(Zie ook: artt. 28, 36 WvSr)
2. Bij veroordeling wegens een der in de artikelen 326, 328, 331 en 332 omschreven misdrijven kan ontzetting van de in artikel 28, eerste lid, onder 1°, 2° en 4°, vermelde rechten worden uitgesproken.

Titel XXVI
Benadeling van schuldeisers of rechthebbenden

Eenvoudige bankbreuk

Art. 340
Hij die in staat van faillissement is verklaard wordt gestraft met gevangenisstraf van ten hoogste twee jaren of geldboete van de vijfde categorie, indien hij voor de intreding van het faillissement buitensporige uitgaven heeft gedaan, ten gevolge waarvan een of meer schuldeisers in hun verhaalsmogelijkheden zijn benadeeld.

Bedrieglijke bankbreuk

Art. 341
1. Hij die in staat van faillissement is verklaard wordt gestraft met gevangenisstraf van ten hoogste zes jaren of geldboete van de vijfde categorie, indien hij, wetende dat hierdoor een of meer schuldeisers in hun verhaalsmogelijkheden worden benadeeld:
1°. voor of tijdens het faillissement enig goed aan de boedel heeft onttrokken of onttrekt;
2°. voor of tijdens het faillissement een van zijn schuldeisers op enige wijze wederrechtelijk heeft bevoordeeld of bevoordeelt.
2. Met dezelfde straf wordt gestraft hij ten aanzien van wie de schuldsaneringsregeling natuurlijke personen van toepassing is verklaard, indien hij wetende dat hierdoor een of meer schuldeisers in hun verhaalsmogelijkheden worden benadeeld:
1°. voor of tijdens de toepassing van de schuldsaneringsregeling enig goed aan de boedel heeft onttrokken of onttrekt;
2°. voor of tijdens de toepassing van de schuldsaneringsregeling een van zijn schuldeisers op enige wijze wederrechtelijk heeft bevoordeeld of bevoordeelt.

Eenvoudige bankbreuk door bestuurder of commissaris van rechtspersoon

Art. 342
Met gevangenisstraf van ten hoogste twee jaren of geldboete van de vijfde categorie wordt gestraft de bestuurder of commissaris van een rechtspersoon die voor de intreding van het faillissement, indien dit is gevolgd, buitensporig middelen van de rechtspersoon heeft verbruikt, uitgegeven of vervreemd, dan wel hieraan heeft meegewerkt of daarvoor zijn toestemming heeft gegeven, ten gevolge waarvan een of meer schuldeisers in hun verhaalsmogelijkheden zijn benadeeld.

Bedrieglijke bankbreuk door bestuurder of commissaris van rechtspersoon

Art. 343
Met gevangenisstraf van ten hoogste zes jaren of geldboete van de vijfde categorie wordt gestraft de bestuurder of commissaris van een rechtspersoon die wetende dat hierdoor een of meer schuldeisers van de rechtspersoon in hun verhaalsmogelijkheden worden benadeeld:
1°. voor de intreding van het faillissement, indien dit is gevolgd, of tijdens het faillissement enig goed aan de boedel heeft onttrokken of onttrekt;
2°. voor de intreding van het faillissement, indien dit is gevolgd, buitensporig middelen van de rechtspersoon heeft verbruikt, uitgegeven of vervreemd, dan wel hieraan heeft meegewerkt of daarvoor zijn toestemming heeft gegeven;
3°. voor de intreding van het faillissement, indien dit is gevolgd, of tijdens het faillissement een van de schuldeisers van de rechtspersoon op enige wijze wederrechtelijk heeft bevoordeeld of bevoordeelt.

Eenvoudige bankbreuk door derden

Art. 344
1. Met gevangenisstraf van ten hoogste vier jaren en zes maanden of geldboete van de vijfde categorie wordt gestraft hij die in geval van een faillissement van een ander, of daaraan voorafgaand het faillissement is gevolgd, wetende dat hierdoor een of meer schuldeisers in hun verhaalsmogelijkheden worden benadeeld:
1°. enig goed aan de boedel onttrekt of heeft onttrokken;

2°. zich wederrechtelijk bevoordeelt of laat bevoordelen, dan wel zich wederrechtelijk heeft bevoordeeld of heeft laten bevoordelen.
2. Met dezelfde straf wordt gestraft hij die in geval de schuldsaneringsregeling natuurlijke personen op een ander van toepassing is verklaard, of daaraan voorafgaand indien de toepassing wordt uitgesproken, wetende dat hierdoor een of meer schuldeisers in hun verhaalsmogelijkheden worden benadeeld:
1°. enig goed aan de boedel onttrekt of heeft onttrokken;
2°. zich wederrechtelijk bevoordeelt of laat bevoordelen, dan wel zich wederrechtelijk heeft bevoordeeld of zich heeft laten bevoordelen.

Art. 344a
1. Hij die in staat van faillissement is verklaard, wordt gestraft met gevangenisstraf van ten hoogste vier jaren of geldboete van de vijfde categorie:
1°. indien hij desgevraagd opzettelijk niet terstond, overeenkomstig de op hem rustende wettelijke verplichtingen ter zake, een ingevolge de wettelijke verplichtingen gevoerde en bewaarde administratie en de daartoe behorende boeken, bescheiden en andere gegevensdragers in ongeschonden vorm, zo nodig met de hulpmiddelen om de inhoud binnen redelijke termijn leesbaar te maken, aan de curator verstrekt;
2°. indien hij voor of tijdens het faillissement opzettelijk niet heeft voldaan aan de wettelijke verplichtingen tot het voeren van een administratie en het bewaren van de daartoe behorende boeken, bescheiden en andere gegevensdragers, ten gevolge waarvan de afhandeling wordt bemoeilijkt.
2. Met dezelfde straf wordt gestraft de bestuurder of commissaris van een rechtspersoon, indien:
1°. hij tijdens het faillissement van de rechtspersoon desgevraagd opzettelijk niet terstond, overeenkomstig de op hem rustende wettelijke verplichtingen ter zake, een ingevolge de wettelijke verplichtingen gevoerde en bewaarde administratie en de daartoe behorende boeken, bescheiden en andere gegevensdragers in ongeschonden vorm, zo nodig met de hulpmiddelen om de inhoud binnen redelijke termijn leesbaar te maken, aan de curator verstrekt;
2°. hij tijdens het faillissement van de rechtspersoon, of voor het faillissement indien dit is gevolgd, opzettelijk niet heeft voldaan aan of heeft bewerkstelligd dat werd voldaan aan de wettelijke verplichtingen tot het voeren van een administratie en het bewaren van de daartoe behorende boeken, bescheiden en andere gegevensdragers, ten gevolge waarvan de afhandeling wordt bemoeilijkt.
3. Hij ten aanzien van wie de schuldsaneringsregeling natuurlijke personen van toepassing is verklaard wordt gestraft met gevangenisstraf van ten hoogste vier jaren of geldboete van de vijfde categorie, indien:
1°. hij desgevraagd opzettelijk niet terstond, overeenkomstig de op hem rustende wettelijke verplichtingen ter zake, een ingevolge de wettelijke verplichtingen gevoerde en bewaarde administratie en de daartoe behorende boeken, bescheiden en andere gegevensdragers in ongeschonden vorm, zo nodig met de hulpmiddelen om de inhoud binnen redelijke termijn leesbaar te maken, aan de bewindvoerder verstrekt;
2°. hij voor of tijdens de toepassing van de schuldsaneringsregeling opzettelijk niet heeft voldaan aan de wettelijke verplichtingen tot het voeren van een administratie en het bewaren van de daartoe behorende boeken, bescheiden en andere gegevensdragers, ten gevolge waarvan de schuldsanering wordt bemoeilijkt.

Art. 344b
1. Hij die in staat van faillissement is verklaard aan wiens schuld het te wijten is dat voor of tijdens het faillissement niet is voldaan aan de wettelijke verplichtingen tot het voeren van een administratie en het bewaren van de daartoe behorende boeken, bescheiden en andere gegevensdragers, ten gevolge waarvan de afhandeling wordt bemoeilijkt, wordt gestraft met gevangenisstraf van ten hoogste een jaar of geldboete van de vierde categorie.
2. De bestuurder of de commissaris van een rechtspersoon aan wiens schuld het te wijten is dat tijdens het faillissement van de rechtspersoon, of voor het faillissement indien het faillissement is gevolgd, niet is voldaan aan de wettelijke verplichtingen tot het voeren van een administratie en het bewaren van de daartoe behorende boeken, bescheiden en andere gegevensdragers, ten gevolge waarvan de afhandeling wordt bemoeilijkt, wordt gestraft met gevangenisstraf van ten hoogste een jaar of geldboete van de vierde categorie.
3. Hij ten aanzien van wie de schuldsaneringsregeling natuurlijke personen van toepassing is verklaard wordt gestraft met gevangenisstraf van ten hoogste een jaar of geldboete van de vierde categorie, indien het aan zijn schuld te wijten is dat voor of tijdens de toepassing van de schuldsaneringsregeling niet is voldaan aan de wettelijke verplichtingen tot het voeren van een administratie en het bewaren van de daartoe behorende boeken, bescheiden en andere gegevensdragers, ten gevolge waarvan de schuldsanering wordt bemoeilijkt.

Margin notes:
- Niet verstrekken van administratie aan curator bij faillissement
- Niet verstrekken van administratie aan curator bij faillissement rechtspersoon
- Niet verstrekken van administratie aan bewindspersoon bij schuldsaneringsregeling
- Niet voldoen aan administratieplicht bij faillissement
- Niet voldoen aan administratieplicht bij faillissement rechtspersoon
- Niet voldoen aan administratieplicht bij schuldsaneringsregeling

Wetboek van Strafrecht

Art. 345

Toetreding tot een akkoord met bijzondere voordelen

1. De schuldeiser die tot een aangeboden gerechtelijk akkoord toetreedt ten gevolge van een overeenkomst hetzij met de schuldenaar, hetzij met een derde, waarbij hij bijzondere voordelen heeft bedongen, wordt, in geval van aanneming van het akkoord, gestraft met gevangenisstraf van ten hoogste een jaar of geldboete van de vijfde categorie.
2. Gelijke straf wordt in hetzelfde geval toegepast op de schuldenaar of, indien deze een rechtspersoon is, op de bestuurder of commissaris, die zodanige overeenkomst sluit.

(Zie ook: artt. 51, 349 WvSr)

Art. 346

[Vervallen]

Art. 347

Ernstig benadelen rechtspersoon door bestuurder of commissaris

1. De bestuurder of commissaris van een rechtspersoon die, buiten het geval van de artikelen 342 en 343, buitensporig middelen van de rechtspersoon heeft verbruikt, uitgegeven of vervreemd, dan wel hieraan zijn medewerking heeft verleend of daarvoor zijn toestemming heeft gegeven, ten gevolge waarvan de rechtspersoon ernstig nadeel ondervindt en het voortbestaan in gevaar komt, wordt gestraft met gevangenisstraf van ten hoogste twee jaren of geldboete van de vijfde categorie.
2. Met gevangenisstraf van ten hoogste vier jaren of geldboete van de vijfde categorie wordt gestraft de bestuurder of commissaris van een rechtspersoon die, buiten het geval van de artikelen 342 en 343, buitensporig middelen van de rechtspersoon verbruikt, uitgeeft of vervreemdt, dan wel hieraan medewerkt of daaraan zijn toestemming geeft, met het oogmerk zichzelf of een ander te bevoordelen, ten gevolge waarvan de rechtspersoon ernstig nadeel ondervindt en het voortbestaan in gevaar komt.

Art. 348

Onttrekking van goed aan pandhouder enz.

[1.] Hij die opzettelijk zijn eigen goed of, ten behoeve van degene aan wie het toebehoort, een hem niet toebehorend goed onttrekt aan een pandrecht, een retentierecht of een recht van vruchtgebruik of gebruik van een ander, wordt gestraft met een gevangenisstraf van ten hoogste een jaar en zes maanden.
[2.] Met dezelfde straf wordt gestraft hij die opzettelijk een goed dat is onderworpen aan een pandrecht, een retentierecht of een recht van vruchtgebruik of gebruik van een ander, vernielt, beschadigt of onbruikbaar maakt.

Schakelbepaling

[3.] De bepaling van artikel 316 is op deze misdrijven van toepassing.

(Zie ook: artt. 201, 227, 233, 237, 290 BW Boek 3)

Art. 348a

Begripsbepalingen

1. Onder bestuurder van een rechtspersoon worden voor de toepassing van de bepalingen in deze Titel mede begrepen zij die feitelijk optreden als bestuurder van een rechtspersoon.
2. Voor de toepassing van de bepalingen in deze Titel worden onder bestuurders van een rechtspersoon tevens begrepen de bestuurders van een vennootschap onder firma en van een commanditaire vennootschap.

Art. 349

Ontzetting van uitoefening beroep
Ontzetting van rechten bij benadeling van schuldeisers of derden
Openbaarmaking rechterlijke uitspraak

1. Bij veroordeling wegens een der in deze titel omschreven misdrijven, kan de schuldige worden ontzet van de uitoefening van het beroep waarin hij het misdrijf begaan heeft.
2. Bij veroordeling wegens een der in de artikelen 341, 343 en 344 omschreven misdrijven, kan de schuldige worden ontzet van de in artikel 28, eerste lid, onder 1°, 2° en 4°, vermelde rechten.
3. Bij veroordeling wegens een der in de artikelen 340-345 omschreven misdrijven, kan openbaarmaking van de rechterlijke uitspraak worden gelast.

(Zie ook: art. 36 WvSr)

Art. 349bis-349quater

[Vervallen]

Titel XXVII
Vernieling of beschadiging

Art. 350

Vernieling of beschadiging

1. Hij die opzettelijk en wederrechtelijk enig goed dat geheel of ten dele aan een ander toebehoort, vernielt, beschadigt, onbruikbaar maakt of wegmaakt, wordt gestraft met gevangenisstraf van ten hoogste twee jaren of geldboete van de vierde categorie.

Beschadigen van een dier

2. Met gevangenisstraf van ten hoogste drie jaren of een geldboete van de vierde categorie wordt gestraft hij die opzettelijk en wederrechtelijk een dier dat geheel of ten dele aan een ander toebehoort, doodt, beschadigt, onbruikbaar maakt of wegmaakt.

(Zie ook: art. 408 WvSr)

Art. 350a

Wissen of wijzigen computergegevens

1. Hij die opzettelijk en wederrechtelijk gegevens die door middel van een geautomatiseerd werk of door middel van telecommunicatie zijn opgeslagen, worden verwerkt of overgedragen,

Wetboek van Strafrecht

C1 art. 353

verandert, wist, onbruikbaar of ontoegankelijk maakt, dan wel andere gegevens daaraan toevoegt, wordt gestraft met gevangenisstraf van ten hoogste twee jaren of geldboete van de vierde categorie.
2. Artikel 138b, tweede en derde lid, is van overeenkomstige toepassing.
3. Hij die opzettelijk en wederrechtelijk gegevens ter beschikking stelt of verspreidt die zijn bestemd om schade aan te richten in een geautomatiseerd werk, wordt gestraft met gevangenisstraf van ten hoogste vier jaren of geldboete van de vijfde categorie.
4. Niet strafbaar is degene die het feit, bedoeld in het derde lid, pleegt met het oogmerk om schade als gevolg van deze gegevens te beperken.
(Zie ook: artt. 80quinquies, 80sexies, 138a, 354 WvSr)

Art. 350b
1. Hij aan wiens schuld te wijten is dat gegevens die door middel van een geautomatiseerd werk of door middel van telecommunicatie zijn opgeslagen, worden verwerkt of overgedragen, wederrechtelijk worden veranderd, gewist, onbruikbaar of ontoegankelijk gemaakt, dan wel dat andere gegevens daaraan worden toegevoegd, wordt, indien daardoor ernstige schade met betrekking tot die gegevens wordt veroorzaakt, gestraft met gevangenisstraf of hechtenis van ten hoogste een maand of geldboete van de tweede categorie. — *Wissen of wijzigen computergegevens door schuld*
2. Hij aan wiens schuld te wijten is dat gegevens wederrechtelijk ter beschikking gesteld of verspreid worden die zijn bestemd om schade aan te richten in een geautomatiseerd werk, wordt gestraft met gevangenisstraf of hechtenis van ten hoogste een maand of geldboete van de tweede categorie.
(Zie ook: artt. 80quinquies, 80sexies, 138a, 354 WvSr)

Art. 350c
1. Hij die opzettelijk enig geautomatiseerd werk of enig werk voor telecommunicatie vernielt, beschadigt of onbruikbaar maakt, stoornis in de gang of in de werking van zodanig werk veroorzaakt, of een ten opzichte van zodanig werk genomen veiligheidsmaatregel verijdelt, wordt gestraft met gevangenisstraf van ten hoogste twee jaren of geldboete van de vierde categorie, indien daardoor wederrechtelijk verhindering of bemoeilijking van de opslag, verwerking of overdracht van gegevens of stoornis in een telecommunicatienetwerk of in de uitvoering van een telecommunicatiedienst, ontstaat. — *Vernielen computergegevens*
2. Artikel 138b, tweede en derde lid, is van overeenkomstige toepassing. — *Schakelbepaling*

Art. 350d
Met gevangenisstraf van ten hoogste twee jaren of geldboete van de vierde categorie wordt gestraft hij die, met het oogmerk dat daarmee een misdrijf als bedoeld in artikel 350a, eerste lid, of 350c wordt gepleegd: — *Verspreiden technisch hulpmiddel of computerwachtwoord*
a. een technisch hulpmiddel dat hoofdzakelijk geschikt gemaakt of ontworpen is tot het plegen van een zodanig misdrijf, vervaardigt, ontvangt, zich verschaft, overdraagt, verkoopt, verwerft, vervoert, invoert, uitvoert, verspreidt of anderszins ter beschikking stelt of voorhanden heeft, of
b. een computerwachtwoord, toegangscode of daarmee vergelijkbaar gegeven waardoor toegang kan worden verkregen tot een geautomatiseerd werk of een deel daarvan, vervaardigt, verkoopt, verwerft, invoert, verspreidt of anderszins ter beschikking stelt of voorhanden heeft.

Art. 351
Hij die spoorweg- of elektriciteitswerken, geautomatiseerde werken of werken voor telecommunicatie, werken dienend tot waterkering, waterlozing, gas- of waterleiding of riolering, voor zover deze werken ten algemenen nutte gebezigd worden, dan wel goederen of werken ten behoeve van de landsverdediging, opzettelijk en wederrechtelijk vernielt, beschadigt, onbruikbaar maakt, onklaar maakt of weg maakt, wordt gestraft met gevangenisstraf van ten hoogste drie jaren of geldboete van de vierde categorie. — *Beschadiging van zaken van algemeen nut*
(Zie ook: artt. 80quinquies, 80sexies, 90ter, 354 WvSr)

Art. 351bis
Hij aan wiens schuld te wijten is dat enig in het vorig artikel bedoeld goed of werk, vernield, beschadigd, onbruikbaar gemaakt, onklaar gemaakt of weggemaakt wordt, wordt gestraft met hechtenis van ten hoogste een maand of geldboete van de tweede categorie. — *Beschadiging van zaken van algemeen nut door schuld*
(Zie ook: art. 354 WvSr)

Art. 352
Hij die opzettelijk en wederrechtelijk enig gebouw, vaartuig of zijn lading, installatie ter zee of luchtvaartuig dat geheel of ten dele aan een ander toebehoort, vernielt, beschadigt, onbruikbaar maakt of onklaar maakt, wordt gestraft met gevangenisstraf van ten hoogste vier jaren of geldboete van de vierde categorie. — *Vernieling van (lucht)vaartuigen*
(Zie ook: artt. 85, 86a, 354, 408 WvSr)

Art. 353
De bepaling van artikel 316 is op de in deze titel omschreven misdrijven van toepassing. — *Vernieling of beschadiging tussen echtgenoten of naaste familieleden*

Art. 354

Strafvervolging bij vernieling of beschadiging

Indien een der in deze titel omschreven misdrijven arglistig gepleegd wordt, of daarvan levensgevaar voor een ander is te duchten, kan de gevangenisstraf met een derde worden verhoogd.

Art. 354a

Strafverhoging bij vernieling of beschadiging met terroristisch oogmerk

1. Indien een der in de artikelen 350, 350a, 350c, 351, 352 en 354 omschreven feiten wordt gepleegd met het oogmerk om een terroristisch misdrijf voor te bereiden of gemakkelijk te maken, wordt de op het feit gestelde gevangenisstraf met een derde verhoogd.
2. Indien een feit strafbaar gesteld in de artikelen 350, 350a, 350c, 351, 352 of 354 is begaan met een terroristisch oogmerk, wordt de op het feit gestelde gevangenisstraf met de helft verhoogd.

Art. 354b

Ontzegging stemrecht bij veroordeling o.g.v. Titel XXIX Sr

Bij veroordeling wegens een der misdrijven omschreven in de artikelen 350, 350a, 350c, 351, 352, 354, begaan met een terroristisch oogmerk, kan ontzetting van het in artikel 28, eerste lid, onder 3°, vermelde recht worden uitgesproken.

Titel XXVIII
Ambtsmisdrijven

Art. 355

Misdrijven door ministers of staatssecretarissen

Met gevangenisstraf van ten hoogste drie jaren of geldboete van de vierde categorie, worden gestraft de ministers of staatssecretarissen:

1°. die hun medeondertekening verlenen aan koninklijke besluiten, wetende dat daardoor de Grondwet of andere wetten of algemene maatregelen van bestuur worden geschonden;

2°. die uitvoering geven aan koninklijke besluiten, wetende dat deze niet van de vereiste medeondertekening van een minister of staatssecretaris zijn voorzien;

3°. die beschikkingen nemen of bevelen geven of bestaande beschikkingen of bevelen handhaven, wetende dat daardoor de Grondwet of andere wetten of algemene maatregelen van bestuur worden geschonden;

4°. die opzettelijk nalaten uitvoering te geven aan de bepalingen van de Grondwet of andere wetten of algemene maatregelen van bestuur, voor zover die uitvoering wegens de aard van het onderwerp tot hun taak behoort of uitdrukkelijk hun is opgedragen.

(Zie ook: artt. 29, 380 WvSr; art. 483 WvSv; art. 42 GW; art. 76 Wet RO)

Art. 356

Straf voor ministers en staatssecretarissen bij niet-uitvoering van wetgeving]

Met hechtenis van ten hoogste zes maanden of geldboete van de derde categorie worden gestraft de ministers en staatssecretarissen aan wier grove schuld te wijten is dat de in artikel 355, onder 4°, omschreven uitvoering wordt nagelaten.

(Zie ook: art. 29 WvSr; art. 483 WvSv)

Art. 357

Weigering van militaire bijstand

De bevelhebber van de gewapende macht die weigert of opzettelijk nalaat op de wettige vordering van het bevoegde burgerlijk gezag de onder zijn bevel staande macht aan te wenden, wordt gestraft met gevangenisstraf van ten hoogste drie jaren of geldboete van de vierde categorie.

(Zie ook: artt. 29, 380 WvSr; art. 556 WvSv)

Art. 358

Inroepen van militaire bijstand tegen wettige bevelen

1. De ambtenaar die opzettelijk de bijstand van de gewapende macht inroept tegen de uitvoering van wettelijke voorschriften, van wettige bevelen van het openbaar gezag of van rechterlijke uitspraken of bevelschriften, wordt gestraft met gevangenisstraf van ten hoogste zes jaren of geldboete van de vierde categorie.
2. Indien die uitvoering daardoor wordt verhinderd, wordt de schuldige gestraft met gevangenisstraf van ten hoogste negen jaren of geldboete van de vijfde categorie.

(Zie ook: artt. 29, 84, 380 WvSr)

Art. 358bis-358quater

[Vervallen]

Art. 359

Verduistering door ambtenaar

De ambtenaar of een ander met enige openbare dienst voortdurend of tijdelijk belast persoon, die opzettelijk geld of geldswaardig papier dat hij in zijn bediening onder zich heeft, verduistert of toelaat dat het door een ander weggenomen of verduisterd wordt, of die ander daarbij als medeplichtige ter zijde staat, wordt gestraft met gevangenisstraf van ten hoogste zes jaren of geldboete van de vijfde categorie.

(Zie ook: artt. 29, 84, 321, 361, 380 WvSr)

Art. 360

Vervalsing van boeken door ambtenaar

De ambtenaar of een ander met enige openbare dienst voortdurend of tijdelijk belast persoon, die opzettelijk boeken of registers, uitsluitend bestemd tot controle van de administratie, valselijk opmaakt of vervalst, wordt gestraft met gevangenisstraf van ten hoogste drie jaren of geldboete van de vijfde categorie.

(Zie ook: artt. 29, 84, 225 WvSr)

Wetboek van Strafrecht

Art. 361

1. De ambtenaar of een ander met enige openbare dienst voortdurend of tijdelijk belast persoon, die opzettelijk zaken bestemd om voor de bevoegde macht tot overtuiging of bewijs te dienen, akten, bescheiden of registers, welke hij in zijn bediening onder zich heeft verduistert, vernielt, beschadigt of onbruikbaar maakt, of toelaat dat zij door een ander worden weggemaakt, vernield, beschadigd of onbruikbaar gemaakt, of die ander daarbij als medeplichtige ter zijde staat, wordt gestraft met gevangenisstraf van ten hoogste vier jaren en zes maanden of geldboete van de vijfde categorie.
2. Onder bevoegde macht wordt mede verstaan: een internationaal gerecht dat zijn rechtsmacht ontleent aan een verdrag waarbij het Koninkrijk partij is.
(Zie ook: artt. 29, 84, 200 WvSr)

Verduistering van bewijsstukken door ambtenaar

Art. 362
[Vervallen]

Art. 363

1. Met gevangenisstraf van ten hoogste zes jaren of geldboete van de vijfde categorie wordt gestraft de ambtenaar:
1°. die een gift of belofte dan wel een dienst aanneemt, wetende of redelijkerwijs vermoedende dat deze hem gedaan, verleend of aangeboden wordt teneinde hem te bewegen om in zijn bediening iets te doen of na te laten;
2°. die een gift of belofte dan wel een dienst aanneemt, wetende of redelijkerwijs vermoedende dat deze hem gedaan, verleend of aangeboden wordt ten gevolge of naar aanleiding van hetgeen door hem in zijn huidige of vroegere bediening is gedaan of nagelaten;
3°. die een gift of belofte dan wel een dienst vraagt teneinde hem te bewegen om in zijn bediening iets te doen of na te laten;
4°. die een gift of belofte dan wel een dienst vraagt ten gevolge of naar aanleiding van hetgeen door hem in zijn huidige of vroegere bediening is gedaan of nagelaten.
2. Met dezelfde straf wordt gestraft hij die in het vooruitzicht van een dienstbetrekking bij een overheidswerkgever, indien de dienstbetrekking bij een overheidswerkgever is gevolgd, een feit begaat als in het eerste lid, onder 1° en 3°, omschreven.
3. Hij die een feit als omschreven in het eerste lid begaat in verband met zijn hoedanigheid van minister, staatssecretaris, commissaris van de Koning, gedeputeerde, burgemeester, wethouder of lid van een algemeen vertegenwoordigend orgaan, wordt gestraft met gevangenisstraf van ten hoogste acht jaren of geldboete van de vijfde categorie.
(Zie ook: artt. 29, 84, 177, 328ter, 380 WvSr)

Aannemen van steekpenningen door ambtenaar

Art. 364

1. De rechter die een gift, belofte of dienst aanneemt, wetende of redelijkerwijs vermoedende dat deze hem gedaan, verleend of aangeboden wordt teneinde invloed uit te oefenen op de beslissing van een aan zijn oordeel onderworpen zaak, wordt gestraft met gevangenisstraf van ten hoogste negen jaren of geldboete van de vijfde categorie.
2. De rechter die een gift, belofte of dienst vraagt teneinde hem te bewegen om invloed uit te oefenen op de beslissing van een aan zijn oordeel onderworpen zaak, wordt gestraft met gevangenisstraf van ten hoogste negen jaren of geldboete van de vijfde categorie.
3. Indien de gift, belofte of dienst wordt aangenomen, wetende of redelijkerwijs vermoedende dat deze gedaan, verleend of aangeboden wordt om een veroordeling in een strafzaak te verkrijgen, wordt de rechter gestraft met gevangenisstraf van ten hoogste twaalf jaren of geldboete van de vijfde categorie.
4. Indien de gift, belofte of dienst wordt gevraagd teneinde hem te bewegen om een veroordeling in een strafzaak te verkrijgen, wordt de rechter gestraft met een gevangenisstraf van ten hoogste twaalf jaren of geldboete van de vijfde categorie.
(Zie ook: artt. 84, 178, 380 WvSr; art. 512 WvSv; art. 12 Wet RO)

Aanneming van steekpenningen door rechter

Art. 364a

1. Met ambtenaren worden ten aanzien van de artikelen 361, 363, 365 tot en met 368 en 376 gelijkgesteld personen in de openbare dienst van een vreemde staat of van een volkenrechtelijke organisatie.
2. Met ambtenaren worden ten aanzien van artikel 363, onder 2° en 4°, voormalige ambtenaren gelijkgesteld.
3. Met rechter wordt ten aanzien van artikel 364 gelijkgesteld de rechter van een vreemde staat of van een volkenrechtelijke organisatie.

Gelijkstelling aan ambtenaren in geval van 361 t/m 363, 365 t/m 368 en 376 Sr.

Art. 365
De ambtenaar die door misbruik van gezag iemand dwingt iets te doen, niet te doen of te dulden, wordt gestraft met gevangenisstraf van ten hoogste twee jaren of geldboete van de vierde categorie.
(Zie ook: artt. 29, 84, 284 WvSr)

Dwang door ambtenaar

C1 art. 366 — Wetboek van Strafrecht

Knevelarij

Art. 366
De ambtenaar die in de uitoefening van zijn bediening, als verschuldigd aan hemzelf, aan een ander ambtenaar of aan enige openbare kas, vordert of ontvangt of bij een uitbetaling terughoudt hetgeen hij weet dat niet verschuldigd is, wordt, als schuldig aan knevelarij, gestraft met gevangenisstraf van ten hoogste zes jaren of geldboete van de vijfde categorie.
(Zie ook: artt. 29, 84, 380 WvSr)

Laten ontsnappen van gedetineerde door ambtenaar

Art. 367
1. De ambtenaar die, belast met de bewaking van iemand die op openbaar gezag of krachtens rechterlijke uitspraak of beschikking van de vrijheid is beroofd, hem opzettelijk laat ontsnappen of bevrijdt of bij zijn bevrijding of zelfbevrijding behulpzaam is, wordt gestraft met gevangenisstraf van ten hoogste drie jaren of geldboete van de vierde categorie.
2. Indien de ontsnapping, bevrijding of zelfbevrijding aan zijn schuld te wijten is, wordt hij gestraft met hechtenis van ten hoogste twee maanden of geldboete van de tweede categorie.
(Zie ook: artt. 29, 84, 191 WvSr)

Vrijheidsberoving door ambtenaar

Art. 368
1. Met gevangenisstraf van ten hoogste drie jaren of geldboete van de vierde categorie wordt gestraft:
1°. de ambtenaar, met het opsporen van strafbare feiten belast, die opzettelijk niet voldoet aan de vordering om van een wederrechtelijke vrijheidsberoving te doen blijken of daarvan aan de hogere macht opzettelijk niet onverwijld kennis geeft;
(Zie ook: artt. 141, 162 WvSv)
2°. de ambtenaar die, na in de uitoefening van zijn bediening kennis te hebben bekomen dat iemand op onwettige wijze van de vrijheid is beroofd, opzettelijk nalaat daarvan onverwijld kennis te geven aan een ambtenaar met het opsporen van strafbare feiten belast.
2. De ambtenaar aan wiens schuld enig in dit artikel omschreven verzuim te wijten is, wordt gestraft met hechtenis van ten hoogste drie maanden of geldboete van de tweede categorie.
(Zie ook: artt. 29, 84 WvSr; art. 160 WvSv)

Art. 369
[Vervallen]

Onbevoegd betreden van woning of erf door ambtenaar

Art. 370
1. De ambtenaar die, met overschrijding van zijn bevoegdheid of zonder inachtneming van de bij de wet bepaalde vormen, in de woning of het besloten lokaal of erf, bij een ander in gebruik, diens ondanks binnentreedt of, wederrechtelijk aldaar vertoevende, zich niet op de vordering van of vanwege de rechthebbende aanstonds verwijdert, wordt gestraft met gevangenisstraf van ten hoogste een jaar of geldboete van de derde categorie.
2. Met gelijke straf wordt gestraft de ambtenaar die ter gelegenheid van het doorzoeken van plaatsen met overschrijding van zijn bevoegdheid of zonder inachtneming van de bij de wet bepaalde vormen, geschriften, boeken of andere papieren onderzoekt of in beslag neemt.
(Zie ook: artt. 29, 84, 138 WvSr; artt. 55, 96, 110, 150, 192, 202, 212, 318 WvSv; art. 12 GW; art. 1 Awob)

Schending van briefgeheim door ambtenaar

Art. 371
1. De ambtenaar die, met overschrijding van zijn bevoegdheid, zich doet overleggen of in beslag neemt een aan enige openbare instelling van vervoer toevertrouwde brief, briefkaart, stuk of pakket, of een telegrafisch bericht dat zich in handen bevindt van een persoon belast met de dienst van een ten algemene nutte gebezigde telegraafinrichting, wordt gestraft met gevangenisstraf van ten hoogste twee jaren of geldboete van de vierde categorie.
(Zie ook: artt. 100, 114 WvSv; art. 273a WvSr)
2. Met dezelfde straf wordt gestraft de ambtenaar die, met overschrijding van zijn bevoegdheid, zich door een persoon werkzaam bij een aanbieder van een openbaar telecommunicatienetwerk of een openbare telecommunicatiedienst doet inlichten ter zake van enig verkeer dat over dat netwerk dan wel met gebruikmaking van die dienst is geschied.
(Zie ook: artt. 126n, 126u WvSv; artt. 29, 84, 273d WvSr; art. 13 GW)

Art. 372-375
[Vervallen]

Deelneming aan leveranties of aannemingen door ambtenaar

Art. 376
Met gevangenisstraf van ten hoogste zes maanden of geldboete van de vijfde categorie wordt gestraft de ambtenaar die opzettelijk deelneemt, middellijk of onmiddellijk, aan aannemingen of leveranties waarover hem op het tijdstip van de handeling geheel of ten dele het bestuur of toezicht is opgedragen.
(Zie ook: artt. 29, 84 WvSr)

Handelen in edele metalen door ambtenaar van het muntwezen

Art. 377
De ambtenaar van het muntwezen, behalve de muntmeester, of degene, in dienst van een waarborginstelling als bedoeld in artikel 4 van de Waarborgwet 2019, die handel drijft in edele metalen of daarvan vervaardigde voorwerpen, of opzettelijk aan zodanige handel middellijk of

onmiddellijk deelneemt, wordt gestraft met gevangenisstraf van ten hoogste zes maanden of geldboete van de derde categorie.
(Zie ook: artt. 29, 84 WvSr)

Art. 378
Degene, in dienst van een waarborginstelling als bedoeld in artikel 4 van de Waarborgwet 2019, die een aan die waarborginstelling aangeboden palladium, platina, gouden of zilveren voorwerp afdrukt of natrekt of daarvan een beschrijving geeft aan een ander dan die van ambtswege bevoegd is haar te vorderen, wordt gestraft met geldboete van de tweede categorie. — Onwettig afdrukken van goud- of zilverwerk door ambtenaar waarborginstelling
(Zie ook: art. 272 WvSr)

Art. 379
1. De ambtenaar van de burgerlijke stand die meewerkt aan iemands huwelijksvoltrekking, wetende dat deze daardoor een dubbel huwelijk aangaat, wordt gestraft met gevangenisstraf van ten hoogste zes jaren of geldboete van de vierde categorie. — Onwettige huwelijksvoltrekking door ambtenaar burgerlijke stand
(Zie ook: art. 380 WvSr)
2. De ambtenaar van de burgerlijke stand die meewerkt aan iemands huwelijksvoltrekking, wetende dat daartegen enig ander wettig beletsel bestaat, wordt gestraft met gevangenisstraf van ten hoogste twee jaren of geldboete van de vierde categorie.
(Zie ook: artt. 29, 84, 237, 465 WvSr; art. 31 bBW Boek 1)

Art. 380
1. Bij veroordeling wegens een der in de artikelen 355, 357 en 358 omschreven misdrijven kan ontzetting van het in artikel 28, eerste lid, onder 3°, vermelde recht worden uitgesproken. — Ontzetting van rechten van ambtenaren
2. Bij veroordeling wegens een der in de artikelen 359, 363, 364, 366 en 379, eerste lid, omschreven misdrijven kan ontzetting van het in artikel 28, eerste lid, onder 4°, vermelde recht worden uitgesproken.

Titel XXIX
Scheepvaart- en luchtvaartmisdrijven

Art. 381
1. Als schuldig aan zeeroof wordt gestraft: — Zeeroof
1°. met gevangenisstraf van ten hoogste twaalf jaren of geldboete van de vijfde categorie, hij die als schipper dienst neemt of dienst doet op een vaartuig, wetende dat het bestemd is of het gebruikende om in open zee daden van geweld te plegen tegen andere vaartuigen of tegen zich daarop bevindende personen of goederen, zonder door een oorlogvoerende mogendheid daartoe te zijn gemachtigd of tot de oorlogsmarine van een erkende mogendheid te behoren;
2°. met gevangenisstraf van ten hoogste negen jaren of geldboete van de vijfde categorie, hij die, bekend met deze bestemming of dit gebruik, als schepeling dienst neemt op zodanig vaartuig of vrijwillig in dienst blijft na daarmede bekend te zijn geworden.
2. Met het gemis van machtiging wordt gelijkgesteld het overschrijden van de machtiging alsmede het voorzien zijn van machtigingen afkomstig van tegen elkander oorlog voerende mogendheden.
3. Artikel 81 blijft buiten toepassing.
4. Het in de vorige leden ten aanzien van de schipper en de schepeling bepaalde is van overeenkomstige toepassing ten aanzien van de gezagvoerder onderscheidenlijk het lid van de bemanning van een luchtvaartuig. Onder vaartuig wordt in de vorige leden luchtvaartuig begrepen en onder open zee het luchtruim daarboven. — Toepasselijkheid op luchtvaartuigen
(Zie ook: artt. 4, 81, 85, 86, 86a, 87, 275, 381, 415 WvSr; art. 539a WvSv)

Art. 382
Indien de in artikel 381 omschreven daden van geweld de dood van een der zich op het aangevallen vaartuig of luchtvaartuig bevindende personen ten gevolge hebben, wordt de schipper of de gezagvoerder van het luchtvaartuig en worden zij die aan de daden van geweld hebben deelgenomen, met gevangenisstraf van ten hoogste vijftien jaren of geldboete van de vijfde categorie gestraft. — Strafverzwaring bij zeeroof
(Zie ook: artt. 4, 81, 85, 86, 86a, 415 WvSr; art. 539a WvSv)

Art. 383
Hij die voor eigen of vreemde rekening een vaartuig of luchtvaartuig uitrust met de in artikel 381 omschreven bestemming, wordt gestraft met gevangenisstraf van ten hoogste twaalf jaren of geldboete van de vijfde categorie. — Uitrusten van (lucht)vaartuig voor zeeroof
(Zie ook: artt. 4, 85, 86, 86a, 415 WvSr; art. 539a WvSv)

Art. 384
Hij die voor eigen of vreemde rekening middellijk of onmiddellijk medewerkt tot het verhuren, vervrachten of verzekeren van een vaartuig of luchtvaartuig, wetende dat het in artikel 381 omschreven bestemming heeft, wordt gestraft met gevangenisstraf van ten hoogste acht jaren of geldboete van de vijfde categorie. — Verhuren van (lucht)vaartuig voor zeeroof
(Zie ook: artt. 4, 85, 86, 86a, 415 WvSr; art. 539a WvSv)

C1 art. 385 — Wetboek van Strafrecht

Art. 385

Vaartuig in macht brengen van zeerovers

Hij die een Nederlands vaartuig opzettelijk in de macht van zeerovers brengt, wordt gestraft:
1°. indien hij de schipper is met gevangenisstraf van ten hoogste twaalf jaren of geldboete van de vijfde categorie;
2°. in alle andere gevallen met gevangenisstraf van ten hoogste negen jaren of geldboete van de vijfde categorie.
(Zie ook: artt. 4, 85, 86, 415 WvSr; art. 539a WvSv)

Art. 385a

Kaping van een luchtvaartuig

1. Hij die een luchtvaartuig door geweld, bedreiging met geweld of vreesaanjaging in zijn macht brengt of houdt dan wel van zijn route doet afwijken, wordt gestraft met gevangenisstraf van ten hoogste twaalf jaren of geldboete van de vijfde categorie.
2. Indien twee of meer personen gezamenlijk of ten gevolge van samenspanning het feit plegen, of indien het feit zwaar lichamelijk letsel ten gevolge heeft, dan wel het feit is gepleegd met het oogmerk iemand wederrechtelijk van zijn vrijheid te beroven of beroofd te houden, wordt gevangenisstraf van ten hoogste vijftien jaren of geldboete van de vijfde categorie opgelegd.
(Zie ook: art. 80 WvSr)
3. Indien het feit de dood ten gevolge heeft, wordt levenslange gevangenisstraf of tijdelijke van ten hoogste dertig jaren of geldboete van de vijfde categorie opgelegd.
4. De straffen in het eerste lid bepaald, zijn toepasselijk op degene die de in dit lid omschreven misdrijven pleegt ten aanzien van een vaartuig, een installatie ter zee, een autobus, een trein of een ander middel van openbaar vervoer dan wel een vrachtwagen met een gevaarlijke lading.
(Zie ook: artt. 8, 80, 81, 82, 85, 86a, 415 WvSr; art. 539a WvSv)

Art. 385b

Gemeengevaarlijke stoffen of geweld plegen tegen inzittenden luchtvaartuig

1. Hij die opzettelijk een ontplofbare of anderszins gemeengevaarlijke stof, of enig ander gemeengevaarlijk voorwerp aan boord van een luchtvaartuig brengt of een daad van geweld begaat tegen iemand die zich aan boord van een luchtvaartuig in vlucht bevindt, wordt gestraft:
1°. met gevangenisstraf van ten hoogste negen jaren of geldboete van de vijfde categorie, indien daarvan gevaar voor de veiligheid van het luchtvaartuig te duchten is;
2°. met gevangenisstraf van ten hoogste twaalf jaren of geldboete van de vijfde categorie, indien daarvan gevaar voor de veiligheid van het luchtvaartuig te duchten is en het feit zwaar lichamelijk letsel voor een ander ten gevolge heeft;
3°. met gevangenisstraf van ten hoogste vijftien jaren of geldboete van de vijfde categorie, indien daarvan gevaar voor de veiligheid van het luchtvaartuig te duchten is en het feit iemands dood ten gevolge heeft.

Toepasselijkheid vaartuig en installatie ter zee

2. De straffen in het eerste lid bepaald, zijn toepasselijk op degene die de in dit lid omschreven misdrijven pleegt ten aanzien van een vaartuig en een installatie ter zee. Onder gevaar voor de veiligheid van het luchtvaartuig wordt in het eerste lid tevens begrepen gevaar voor de veilige vaart van het vaartuig.
(Zie ook: art. 539a WvSv; artt. 81, 82, 86, 86a, 415 WvSr)

Art. 385c

Doorgeven van valse (lucht)vaartuiggegevens

Hij die opzettelijk gegevens doorgeeft waarvan hij weet of ernstige reden heeft om te vermoeden dat zij onjuist zijn, wordt, indien daarvan gevaar voor een luchtvaartuig in vlucht of voor de veilige vaart van een vaartuig te duchten is, gestraft met gevangenisstraf van ten hoogste vier jaren of geldboete van de vierde categorie.
(Zie ook: artt. 80quinquies, 86, 86a, 415 WvSr; art. 539a WvSv)

Art. 385d

Opzettelijke geweldpleging tegen persoon op luchthaven

Hij die opzettelijk een daad van geweld begaat tegen iemand die zich op een luchthaven bevindt, wordt gestraft:
1°. met gevangenisstraf van ten hoogste negen jaren of geldboete van de vijfde categorie, indien daardoor levensgevaar of gevaar voor zwaar lichamelijk letsel voor anderen op de luchthaven te duchten valt;
2°. met gevangenisstraf van ten hoogste twaalf jaren of geldboete van de vijfde categorie, indien daardoor levensgevaar of gevaar voor zwaar lichamelijk letsel voor anderen op de luchthaven te duchten valt en het feit zwaar lichamelijk letsel voor een ander ten gevolge heeft;
3°. met gevangenisstraf van ten hoogste vijftien jaren of geldboete van de vijfde categorie, indien daardoor levensgevaar voor anderen op de luchthaven te duchten valt en het feit iemands dood ten gevolge heeft.
(Zie ook: artt. 81, 82 WvSr)

Art. 386

Kapen van Nederlands schip door opvarende

De opvarende van een Nederlands schip die zich wederrechtelijk van het schip meester maakt, wordt gestraft met gevangenisstraf van ten hoogste zes jaren of geldboete van de vierde categorie.
(Zie ook: artt. 85, 86, 401, 415 WvSr; art. 539a WvSv)

Wetboek van Strafrecht

Art. 387
De schipper van een Nederlands schip die het schip aan de eigenaar of de rederij onttrekt en ten eigen bate gebruikt, wordt gestraft met gevangenisstraf van ten hoogste zeven jaren en zes maanden of geldboete van de vijfde categorie.
(Zie ook: artt. 85, 86, 415 WvSr; art. 539a WvSv)

Art. 388-389
[Vervallen]

Art. 389bis
1. De schipper van een Nederlands vaartuig die een scheepsverklaring doet opmaken waarvan hij weet dat de inhoud in strijd is met de waarheid, wordt gestraft met gevangenisstraf van ten hoogste vier jaren of geldboete van de vierde categorie.
2. De schepelingen die medewerken tot het doen opmaken van een scheepsverklaring waarvan zij weten dat de inhoud in strijd is met de waarheid, worden gestraft met gevangenisstraf van ten hoogste twee jaren of geldboete van de vierde categorie.
(Zie ook: artt. 85, 86 WvSr; art. 353 WvK)

Art. 389ter
Hij die ter voldoening aan het voorschrift van het vierde lid van artikel 194, van het vijfde lid van artikel 784, van het eerste lid onder a ten derde van artikel 786 of van het vierde lid van artikel 1303 van Boek 8 van het Burgerlijk Wetboek een schriftelijke verklaring overlegt van welke hij weet dat de inhoud in strijd is met de waarheid, wordt gestraft met gevangenisstraf van ten hoogste vier jaren of geldboete van de vierde categorie.
(Zie ook: art. 447a WvSr)

Art. 390
De schipper van een Nederlands vaartuig die gedurende de reis zich opzettelijk aan het voeren van het vaartuig onttrekt, wordt, indien die gedraging de veiligheid van de opvarenden, het vaartuig of de zaken aan boord daarvan in gevaar brengt, gestraft met gevangenisstraf van ten hoogste een jaar of geldboete van de derde categorie.
(Zie ook: artt. 85, 86 WvSr; art. 341 WvK; art. 539a WvSv)

Art. 391-394bis
[Vervallen]

Art. 395
1. De opvarende van een Nederlands schip of zeevissersschip die aan boord de schipper, of de schepeling die aan boord of in dienst een meerdere in rang feitelijk aanrandt, zich met geweld of bedreiging met geweld tegen hem verzet of hem opzettelijk van zijn vrijheid van handelen berooft, wordt, als schuldig aan insubordinatie, gestraft met gevangenisstraf van ten hoogste twee jaren of geldboete van de vierde categorie.
2. De schuldige wordt gestraft:
1°. met gevangenisstraf van ten hoogste drie jaren of geldboete van de vierde categorie, indien het misdrijf of de daarmede gepaard gaande feitelijkheden enig lichamelijk letsel ten gevolge hebben;
2°. met gevangenisstraf van ten hoogste zeven jaren en zes maanden of geldboete van de vijfde categorie, indien zij zwaar lichamelijk letsel ten gevolge hebben;
3°. met gevangenisstraf van ten hoogste twaalf jaren of geldboete van de vijfde categorie, indien zij de dood ten gevolge hebben.
(Zie ook: artt. 81, 82, 85, 86, 401 WvSr; artt. 67, 539a WvSv)

Art. 396
1. Insubordinatie gepleegd door twee of meer verenigde personen, wordt, als muiterij, gestraft met gevangenisstraf van ten hoogste zes jaren of geldboete van de vierde categorie.
2. De schuldige wordt gestraft:
1°. met gevangenisstraf van ten hoogste zeven jaren en zes maanden of geldboete van de vijfde categorie, indien het door hem gepleegde misdrijf of de daarbij door hem gepleegde feitelijkheden enig lichamelijk letsel ten gevolge hebben;
2°. met gevangenisstraf van ten hoogste twaalf jaren of geldboete van de vijfde categorie, indien zij zwaar lichamelijk letsel ten gevolge hebben;
3°. met gevangenisstraf van ten hoogste vijftien jaren of geldboete van de vijfde categorie, indien zij de dood ten gevolge hebben.
(Zie ook: artt. 82, 401 WvSr)

Art. 397
Hij die aan boord van een Nederlands schip of zeevissersschip tot muiterij op dat schip of vaartuig opruit, wordt gestraft met gevangenisstraf van ten hoogste vijf jaren of geldboete van de vierde categorie.
(Zie ook: artt. 86, 131, 401 WvSr; art. 539a WvSv)

Art. 398-399
[Vervallen]

C1 art. 400 — Wetboek van Strafrecht

Art. 400

Dienstweigering door opvarende Nederlands vaartuig

1. Met gevangenisstraf van ten hoogste zes maanden of geldboete van de derde categorie wordt gestraft:
1°. de opvarende van een Nederlands vaartuig die opzettelijk niet gehoorzaamt aan enig bevel van de schipper in het belang van de veiligheid aan boord gegeven;
2°. de opvarende van een Nederlands vaartuig, die, wetende dat de schipper van zijn vrijheid van handelen beroofd is, hem niet naar vermogen te hulp komt;
3°. de opvarende van een Nederlands vaartuig die, kennis dragende van een voornemen tot het plegen van insubordinatie, opzettelijk nalaat daarvan tijdig aan de schipper kennis te geven;
4°. de opvarende, niet zijnde schepeling, van een Nederlands vaartuig die opzettelijk niet gehoorzaamt aan enig bevel van de schipper tot handhaving van de orde en tucht aan boord gegeven.
2. De onder 3° vermelde bepaling is niet van toepassing indien de insubordinatie niet is gevolgd.
(Zie ook: artt. 85, 86, 401 WvSr; art. 539a WvSv)

Art. 401

Strafverzwaring voor scheepsofficieren

De in de artikelen 386, 395-397 en 400 bepaalde gevangenisstraffen kunnen met een derde worden verhoogd, indien de schuldige aan een der in die artikelen omschreven misdrijven scheepsofficier is.
(Zie ook: art. 85 WvSr; art. 393 WvK)

Art. 402

Wederrechtelijk handelen door schipper

De schipper van een Nederlands schip die, met het oogmerk om zich of een ander wederrechtelijk te bevoordelen of zodanige bevoordeling te bedekken, hetzij het schip verkoopt, hetzij geld opneemt op het schip, het scheepstoebehoren of de scheepsvoorraad, hetzij zaken aan boord van het schip of zaken van de scheepsvoorraad verkoopt of verpandt, hetzij verdichte schaden of uitgaven in rekening brengt, hetzij niet zorgt dat aan boord de vereiste dagboeken overeenkomstig de wettelijke voorschriften worden gehouden, hetzij bij het verlaten van het schip niet zorgt voor het behoud van de scheepspapieren, wordt gestraft met gevangenisstraf van ten hoogste zes jaren of geldboete van de vierde categorie.
(Zie ook: artt. 85, 86, 415 WvSr; artt. 347, 348, 357 WvK; art. 539a WvSv)

Art. 403

Wederrechtelijk handelen door schipper door verandering van koers

De schipper van een Nederlands schip die, met het oogmerk om zich of een ander wederrechtelijk te bevoordelen of zodanige bevoordeling te bedekken, van koers verandert, wordt gestraft met gevangenisstraf van ten hoogste drie jaren of geldboete van de vierde categorie.
(Zie ook: artt. 85, 86, 415 WvSr; artt. 370, 638 WvK; art. 539a WvSv)

Art. 404

[Vervallen]

Art. 405

Blootstellen Nederlands vaartuig aan opbrenging, aanhouding of ophouding

1. De schipper van een Nederlands vaartuig die, buiten noodzaak en buiten voorkennis van de eigenaar of de rederij, handelingen pleegt of gedoogt, wetende dat deze het vaartuig of de zaken aan boord daarvan aan opbrenging, aanhouding of ophouding kunnen blootstellen, wordt gestraft met gevangenisstraf van ten hoogste een jaar of geldboete van de derde categorie.
2. De opvarende die, buiten noodzaak en buiten voorkennis van de schipper, met gelijke wetenschap gelijke handelingen pleegt, wordt gestraft met gevangenisstraf van ten hoogste negen maanden of geldboete van de derde categorie.
(Zie ook: artt. 85, 86 WvSr; art. 367 WvK; art. 539a WvSv)

Art. 406

Onnodig gebrek aan verzorging opvarenden

De schipper van een Nederlands schip die opzettelijk buiten noodzaak aan een opvarende niet verschaft datgene wat hij verplicht is hem te verschaffen, wordt gestraft met gevangenisstraf van ten hoogste twee jaren of geldboete van de vierde categorie.
(Zie ook: art. 85, 86 WvSr; art. 407 WvK; art. 539a WvSv)

Art. 407

Werpen van goederen door schipper

De schipper van een Nederlands schip die opzettelijk buiten noodzaak of in strijd met enig wettelijk voorschrift goederen werpt, wordt gestraft met gevangenisstraf van ten hoogste twee jaren of geldboete van de vierde categorie.
(Zie ook: art. 539a WvSv; artt. 85, 86 WvSr)

Art. 408

Vernieling van zaken aan boord van een vaartuig

Hij die zaken aan boord van een vaartuig, opzettelijk en wederrechtelijk vernielt, beschadigt of onbruikbaar maakt, wordt gestraft met gevangenisstraf van ten hoogste twee jaren of geldboete van de vierde categorie.
(Zie ook: art. 350 WvSr; art. 539a WvSv)

Art. 409

Voeren van een valse vlag door schipper

De schipper die de Nederlandse vlag voert, wetende dat hij daartoe niet gerechtigd is, wordt gestraft met gevangenisstraf van ten hoogste een jaar of geldboete van de derde categorie.
(Zie ook: art. 85 WvSr; art. 539a WvSv)

Wetboek van Strafrecht

C1 art. 416

Art. 410
De schipper die opzettelijk door het voeren van enig onderscheidingsteken aan zijn vaartuig de schijn geeft alsof het een Nederlands oorlogsvaartuig ware, of een loodsvaartuig in Nederlandse wateren of zeegaten dienst doende, wordt gestraft met gevangenisstraf van ten hoogste drie maanden of geldboete van de tweede categorie.
(Zie ook: art. 85 WvSr; art. 539a WvSv)

Schijn wekken van Nederlands oorlogsvaartuig door schipper

Art. 411
Hij die buiten noodzaak op een Nederlands vaartuig optreedt als schipper, stuurman of machinist, wetende dat hij ingevolge wettelijk voorschrift daartoe onbevoegd is, wordt gestraft met gevangenisstraf van ten hoogste zes maanden of geldboete van de derde categorie.
(Zie ook: artt. 85, 86 WvSr; art. 539a WvSv)

Onbevoegd optreden als schipper, stuurman of machinist

Art. 412
De schipper van een Nederlands schip die zonder geldige reden weigert te voldoen aan een wettelijke vordering om een beklaagde of veroordeelde benevens de tot zijn zaak betrekkelijke stukken aan boord te nemen, wordt gestraft met een gevangenisstraf van ten hoogste drie maanden of geldboete van de tweede categorie.
(Zie ook: artt. 85, 86 WvSr; art. 539a WvSv)

Weigeren van meenemen veroordeelde door schipper

Art. 413
1. De schipper van een Nederlands schip die een beklaagde of veroordeelde die hij op een wettelijke vordering aan boord genomen heeft, opzettelijk laat ontsnappen of bevrijdt, of bij zijn bevrijding of zelfbevrijding behulpzaam is, wordt gestraft met gevangenisstraf van ten hoogste drie jaren of geldboete van de vierde categorie.
2. Indien de ontsnapping, bevrijding of zelfbevrijding aan zijn schuld is te wijten, wordt hij gestraft met hechtenis van ten hoogste twee maanden of geldboete van de tweede categorie.
(Zie ook: artt. 85, 86, 191, 367 WvSr; art. 539a WvSv)

Laten ontsnappen van veroordeelde door schipper

Art. 414
De schipper die de krachtens het eerste lid van artikel 358a of van artikel 785 van het Wetboek van Koophandel op hem rustende verplichting tot hulpverlening, opzettelijk niet nakomt, wordt gestraft met gevangenisstraf van ten hoogste drie jaren of geldboete van de vierde categorie.
(Zie ook: art. 85 WvSr; art. 539a WvSv)

Verzaken hulpverleningsplicht door schipper

Art. 415
Bij veroordeling wegens een der in de artikelen 381-387, 402 en 403 omschreven misdrijven kan ontzetting van de in artikel 28, eerste lid, onder 1°, 2° en 4°, vermelde rechten worden uitgesproken.

Ontzetting van rechten van schipper

Art. 415a
Indien een misdrijf, strafbaar gesteld in een der artikelen 385a tot en met 385d, is begaan met een terroristisch oogmerk, wordt de in dat artikel bepaalde tijdelijke gevangenisstraf met de helft verhoogd en wordt, indien op het misdrijf een tijdelijke gevangenisstraf van ten hoogste vijftien jaren is gesteld, levenslange gevangenisstraf of tijdelijke van ten hoogste dertig jaren opgelegd.
(Zie ook: artt. 83, 83a WvSr)

Strafverhoging bij terroristisch oogmerk in geval van artt. 385a t/m 385d Sr.

Art. 415b
1. De samenspanning tot de in de artikelen 385a, 385b en 385d omschreven misdrijven, te begaan met een terroristisch oogmerk, wordt gestraft met gevangenisstraf van ten hoogste tien jaren of geldboete van de vijfde categorie.
2. Artikel 96, tweede lid, is van overeenkomstige toepassing.
(Zie ook: artt. 80, 83a WvSr)

Samenspanning met terroristisch oogmerk in geval van artt. 385a, 385b en 385d Sr.

Art. 415c
Bij veroordeling wegens een der misdrijven omschreven in de artikelen 385a tot en met 385d, begaan met een terroristisch oogmerk, alsmede bij veroordeling wegens een der misdrijven omschreven in artikel 415b, kan ontzetting van het in artikel 28, eerste lid, onder 3°, vermelde recht worden uitgesproken.

Ontzegging stemrecht bij veroordeling o.g.v. Titel XXIV Sr

Titel XXX
Begunstiging

Art. 416
1. Als schuldig aan opzetheling wordt gestraft met gevangenisstraf van ten hoogste vier jaren of geldboete van de vijfde categorie:
   a. hij die een goed verwerft, voorhanden heeft of overdraagt, dan wel een persoonlijk recht op of een zakelijk recht ten aanzien van een goed vestigt of overdraagt, terwijl hij ten tijde van de verwerving of het voorhanden krijgen van het goed dan wel het vestigen van het recht wist dat het een door misdrijf verkregen goed betrof;

Opzetheling

Sdu

C1 art. 417   Wetboek van Strafrecht

b. hij die opzettelijk uit winstbejag een door misdrijf verkregen goed voorhanden heeft of overdraagt, dan wel een persoonlijk recht op of zakelijk recht ten aanzien van een door misdrijf verkregen goed overdraagt.

2. Met dezelfde straf wordt gestraft hij die opzettelijk uit de opbrengst van enig door misdrijf verkregen goed voordeel trekt.

(Zie ook: artt. 417ter, 437 WvSr; art. 552 WvSv)

Art. 417

Opzetheling als gewoonte

Hij die van het plegen van opzetheling een gewoonte maakt, wordt gestraft met gevangenisstraf van ten hoogste zes jaren of geldboete van de vijfde categorie.

(Zie ook: artt. 90bis, 417ter, 437 WvSr; art. 552 WvSv)

Art. 417bis

Schuldheling

1. Als schuldig aan schuldheling wordt gestraft met gevangenisstraf van ten hoogste een jaar of geldboete van de vijfde categorie:

a. hij die een goed verwerft, voorhanden heeft of overdraagt, dan wel een persoonlijk recht op of zakelijk recht ten aanzien van een goed vestigt of overdraagt, terwijl hij ten tijde van de verwerving of het voorhanden krijgen van het goed dan wel het vestigen van het recht redelijkerwijs had moeten vermoeden dat het een door misdrijf verkregen goed betrof;

b. hij die uit winstbejag een goed voorhanden heeft of overdraagt dan wel een persoonlijk recht op of zakelijk recht ten aanzien van een goed overdraagt, terwijl hij redelijkerwijs moet vermoeden dat het een door misdrijf verkregen goed betreft.

2. Met dezelfde straf wordt gestraft hij die uit de opbrengst van enig goed voordeel trekt, terwijl hij redelijkerwijs moet vermoeden dat het een door misdrijf verkregen goed betreft.

(Zie ook: artt. 90bis, 417ter WvSr; art. 67 WvSv)

Art. 417ter

Ontzetting van rechten in geval van heling

Bij veroordeling wegens een der in de artikelen 416-417bis omschreven misdrijven kan ontzetting van de in artikel 28, eerste lid, onder 1°, 2° en 4°, vermelde rechten worden uitgesproken en kan de schuldige worden ontzet van de uitoefening van het beroep waarin hij het misdrijf begaan heeft.

Art. 418

Uitgeven stukken van strafbare aard

Hij die enig geschrift of enige afbeelding uitgeeft van strafbare aard, wordt gestraft met gevangenisstraf of hechtenis van ten hoogste een jaar of geldboete van de derde categorie, indien:

1°. de dader noch bekend is, noch op de eerste aanmaning van de rechter-commissaris, is bekendgemaakt;

2°. de uitgever wist of moest verwachten dat de dader op het tijdstip van de uitgave strafrechtelijk niet vervolgbaar of buiten het Rijk in Europa gevestigd zou zijn.

(Zie ook: artt. 53, 113, 119, 131, 134, 137c, 147a, 240, 261, 266, 271, 285, 420 WvSr)

Art. 419

Drukken van stukken van strafbare aard

Hij die enig geschrift of enige afbeelding drukt van strafbare aard, wordt gestraft met gevangenisstraf of hechtenis van ten hoogste een jaar of geldboete van de derde categorie, indien:

1°. de persoon op wiens last het stuk gedrukt is noch bekend is, noch op de eerste aanmaning van de rechter-commissaris, is bekendgemaakt;

2°. de drukker wist of moest verwachten dat de persoon op wiens last het stuk gedrukt is, op het tijdstip van de uitgave strafrechtelijk niet vervolgbaar of buiten het Rijk in Europa gevestigd zou zijn.

(Zie ook: artt. 54, 113, 119, 131, 134, 137c, 147a, 240, 261, 266, 271, 285, 420 WvSr)

Art. 420

Vervolging op klacht

Indien de aard van het geschrift of de afbeelding een misdrijf oplevert dat alleen op klacht vervolgbaar is, kan de uitgever of drukker in de gevallen der beide voorgaande artikelen alleen vervolgd worden op klacht van hem tegen wie dat misdrijf gepleegd is.

Titel XXXA
Witwassen

Art. 420bis

Witwassen

1. Als schuldig aan witwassen wordt gestraft met gevangenisstraf van ten hoogste zes jaren of geldboete van de vijfde categorie:

a. hij die van een voorwerp de werkelijke aard, de herkomst, de vindplaats, de vervreemding of de verplaatsing verbergt of verhult, dan wel verbergt of verhult wie de rechthebbende op een voorwerp is of het voorhanden heeft, terwijl hij weet dat het voorwerp – onmiddellijk of middellijk – afkomstig is uit enig misdrijf;

b. hij die een voorwerp verwerft, voorhanden heeft, overdraagt of omzet of van een voorwerp gebruik maakt, terwijl hij weet dat het voorwerp – onmiddellijk of middellijk – afkomstig is uit enig misdrijf.

2. Onder voorwerpen worden verstaan alle zaken en alle vermogensrechten.

(Zie ook: art. 416 WvSr)

Wetboek van Strafrecht

Art. 420bis.1

Witwassen dat enkel bestaat uit het verwerven of voorhanden hebben van een voorwerp dat onmiddellijk afkomstig is uit enig eigen misdrijf wordt als eenvoudig witwassen gestraft met een gevangenisstraf van ten hoogste zes maanden of geldboete van de vierde categorie.

Witwassen, eenvoudig

Art. 420ter

1. Hij die van het plegen van witwassen een gewoonte maakt, wordt gestraft met gevangenisstraf van ten hoogste acht jaren of geldboete van de vijfde categorie.
2. Met dezelfde straf wordt gestraft hij die zich schuldig maakt aan witwassen in de uitoefening van zijn beroep of bedrijf.

Witwassen als gewoonte

Witwassen in uitoefening beroep of bedrijf

Art. 420quater

1. Als schuldig aan schuldwitwassen wordt gestraft met gevangenisstraf van ten hoogste twee jaren of geldboete van de vijfde categorie:
   a. hij die van een voorwerp de werkelijke aard, de herkomst, de vindplaats, de vervreemding of de verplaatsing verbergt of verhult, dan wel verbergt of verhult wie de rechthebbende op een voorwerp is of het voorhanden heeft, terwijl hij redelijkerwijs moet vermoeden dat het voorwerp – onmiddellijk of middellijk – afkomstig is uit enig misdrijf;
   b. hij die een voorwerp verwerft, voorhanden heeft, overdraagt of omzet of van een voorwerp gebruik maakt, terwijl hij redelijkerwijs moet vermoeden dat het voorwerp – onmiddellijk of middellijk – afkomstig is uit enig misdrijf.
2. Onder voorwerpen worden verstaan alle zaken en alle vermogensrechten.

(Zie ook: art. 417bis WvSr)

Schuldwitwassen

Art. 420quater.1

Schuldwitwassen dat enkel bestaat uit het verwerven of voorhanden hebben van een voorwerp dat onmiddellijk afkomstig is uit enig eigen misdrijf wordt als eenvoudig schuldwitwassen gestraft met een gevangenisstraf van ten hoogste drie maanden of geldboete van de vierde categorie.

Schuldwitwassen, eenvoudig

Art. 420quinquies

Bij veroordeling wegens een der in de artikelen 420bis tot en met 420quater.1 omschreven misdrijven kan ontzetting van de in artikel 28, eerste lid, onder 1°, 2° en 4°, vermelde rechten worden uitgesproken en kan de schuldige worden ontzet van de uitoefening van het beroep waarin hij het misdrijf heeft begaan.

Ontzetting van rechten in geval van witwassen

Titel XXXI
Financieren van terrorisme

Art. 421

1. Als schuldig aan het financieren van terrorisme wordt gestraft met een gevangenisstraf van ten hoogste acht jaren of geldboete van de vijfde categorie:
   a. hij die zich of een ander opzettelijk middelen of inlichtingen verschaft dan wel opzettelijk voorwerpen verzamelt, verwerft, voorhanden heeft of aan een ander verschaft, die geheel of gedeeltelijk, onmiddellijk of middellijk, dienen om geldelijke steun te verlenen aan het plegen van een terroristisch misdrijf of een misdrijf ter voorbereiding of vergemakkelijking van een terroristisch misdrijf;
   b. hij die zich of een ander opzettelijk middelen of inlichtingen verschaft dan wel opzettelijk voorwerpen verzamelt, verwerft, voorhanden heeft of aan een ander verschaft, die geheel of gedeeltelijk, onmiddellijk of middellijk, dienen om geldelijke steun te verlenen aan het plegen van een van de misdrijven omschreven in:
   – de artikelen 117 tot en met 117b alsmede artikel 285, indien dat misdrijf is gericht tegen een internationaal beschermd persoon of diens beschermde goederen;
   – de artikelen 79 en 80 van de Kernenergiewet, de artikelen 161quater, 173a en 284a alsmede de artikelen 140, 157, 225, 310 tot en met 312, 317, 318, 321, 322 en 326, indien het feit opzettelijk wederrechtelijk handelen betreft met betrekking tot kernmateriaal;
   – de artikelen 162, 162a, 166, 168, 282a, 352, 385a tot en met 385d;
   – de artikelen 92 tot en met 96, 108, 115, 121 tot en met 123, 140, 157, 161, 161bis, 161sexies, 164, 170, 172, 287, 288 en 289, indien het feiten betreft die worden gepleegd door middel van het opzettelijk wederrechtelijk tot ontlading of ontploffing brengen van een springstof of ander voorwerp, of het laten vrijkomen, verspreiden of inwerken van een voorwerp, waardoor levensgevaar, gevaar voor zwaar lichamelijk letsel voor een ander of aanzienlijke materiële schade te duchten is.
2. Onder voorwerpen worden verstaan alle zaken en alle vermogensrechten.

Financieren van terrorisme

Art. 422-423

[Vervallen]

Wetboek van Strafrecht

Derde Boek
Overtredingen

Titel I
Overtredingen betreffende de algemene veiligheid van personen en goederen

Art. 424

Straatschenderij
1. Hij die op of aan de openbare weg of op enige voor het publiek toegankelijke plaats tegen personen of goederen enige baldadigheid pleegt waardoor gevaar of nadeel kan worden teweeggebracht, wordt, als schuldig aan straatschenderij, gestraft met geldboete van de eerste categorie.
2. Indien tijdens het plegen van de overtreding nog geen jaar is verlopen sedert een vroegere veroordeling van de schuldige wegens gelijke overtreding onherroepelijk is geworden, kan hechtenis van ten hoogste drie dagen of geldboete van de eerste categorie worden opgelegd.

Art. 425

Ophitsing van dieren
Met hechtenis van ten hoogste zes maanden of geldboete van de derde categorie wordt gestraft:
1°. hij die een dier op een mens aanhitst of een onder zijn hoede staand dier, wanneer het een mens aanvalt, niet terughoudt;
2°. hij die geen voldoende zorg draagt voor het onschadelijk houden van een onder zijn hoede staand gevaarlijk dier.

Art. 426

Ordeverstoring door dronkenschap
1. Hij die, terwijl hij in staat van dronkenschap verkeert, hetzij in het openbaar het verkeer belemmert of de orde verstoort, hetzij eens anders veiligheid bedreigt, hetzij enige handeling verricht waarbij, tot voorkoming van gevaar voor leven of gezondheid van derden, bijzondere omzichtigheid of voorzorgen worden vereist, wordt gestraft met hechtenis van ten hoogste zes dagen of geldboete van de eerste categorie.
2. Indien tijdens het plegen van de overtreding nog geen jaar is verlopen sedert een vroegere veroordeling van de schuldige wegens gelijke de of de in artikel 453 omschreven overtreding onherroepelijk is geworden, wordt hij gestraft met hechtenis van ten hoogste twee weken of geldboete van de tweede categorie.
(Zie ook: art. 453 WvSr)

Art. 426bis

Hinderlijk volgen
Hij die wederrechtelijk op de openbare weg een ander in zijn vrijheid van beweging belemmert of met een of meer anderen zich aan een ander tegen diens uitdrukkelijk verklaarde wil blijft opdringen of hem op hinderlijke wijze blijft volgen, wordt gestraft met hechtenis van ten hoogste een maand of geldboete van de tweede categorie.
(Zie ook: art. 284 WvSr)

Art. 426ter

Hinderen hulpverleners
Hij die wederrechtelijk een hulpverlener gedurende de uitoefening van zijn beroep in zijn vrijheid van beweging belemmert of met een of meer anderen zich aan hem tegen zijn uitdrukkelijk verklaarde wil blijft opdringen of hem op hinderlijke wijze blijft volgen wordt gestraft met hechtenis van ten hoogste drie maanden of geldboete van de derde categorie.

Art. 427

Veiligheid belemmeren bij openbare wegen
Met geldboete van de eerste categorie wordt gestraft:
1°. de eigenaar of gebruiker die ten opzichte van toegangen tot of openingen van kluizen, kelders, onderaardse lokalen en ruimten, waar die op de openbare weg uitkomen, niet de nodige voorzorgsmaatregelen neemt ten behoeve van de veiligheid van de voorbijgangers;
2°. hij die niet zorgt dat een door hem of op zijn last op een openbare weg gedane op- of uitgraving of een door hem of op zijn last op de openbare weg geplaatst voorwerp behoorlijk verlicht en van de gebruikelijke tekens voorzien is;
3°. hij die bij een verrichting op of aan de openbare weg niet de nodige maatregelen neemt om voorbijgangers tegen mogelijk gevaar te waarschuwen;
4°. hij die iets plaatst op of aan, of werpt of uitgiet uit een gebouw, op zodanige wijze dat door of ten gevolge daarvan iemand die van de openbare weg gebruik maakt, nadeel kan ondervinden;
5°. hij die op de openbare weg een rij-, trek- of lastdier laat staan, zonder de nodige voorzorgsmaatregelen tegen het aanrichten van schade te hebben genomen;
6°. hij die zonder verlof van het bevoegd gezag, enige openbare land- of waterweg verspert of het verkeer daarop belemmert.
(Zie ook: art. 162 WvSr)

Art. 428

Brandstichting zonder verlof
Hij die, zonder verlof van de burgemeester, dan wel, in geval van een situatie als bedoeld in artikel 39 van de Wet veiligheidsregio's, de voorzitter van de veiligheidsregio van de door deze aangewezen ambtenaar, een of meer eigen onroerende zaken in brand steekt, wordt gestraft met geldboete van de eerste categorie.
(Zie ook: artt. 157, 158 WvSr)

Wetboek van Strafrecht

Art. 429
Met hechtenis van ten hoogste veertien dagen of geldboete van de tweede categorie wordt gestraft:

1°. hij die een vuurwapen afschiet, een vuurwerk ontsteekt of een vuur aanlegt, voedt of onderhoudt op zo korte afstand van gebouwen of goederen, dat daardoor brandgevaar kan ontstaan;
2°. hij die, anders dan in de gevallen toegelaten bij of krachtens de Wet luchtvaart, een ballon oplaat waaraan brandende stoffen gehecht zijn;
3°. hij die door gebrek aan de nodige omzichtigheid of voorzorg gevaar voor bos-, heide-, helm-, gras- of veenbrand doet ontstaan;
4°. hij die wederrechtelijk in oppervlaktewateren enige stof aanbrengt waardoor nadeel kan ontstaan in verband met het gebruik dat gewoonlijk van die wateren wordt gemaakt;
5°. hij die een vlieger oplaat of in de lucht heeft aan een lijn die zich geheel of ten dele bevindt binnen een afstand van vijfhonderd meter van een bovengrondse elektrische hoogspanningsleiding;
(Zie ook: artt. 157, 161bis, 161ter, 173 WvSr)
6°. hij die zich zodanig gedraagt dat gevaar voor het luchtverkeer wordt veroorzaakt of kan worden veroorzaakt of dat het verkeer in de lucht wordt gehinderd of kan worden gehinderd.

Brandgevaar veroorzaken

Art. 429a
1. Hij die voorwerpen binnen een inrichting, een instelling of een afdeling daarvan waarop de Penitentiaire beginselenwet, de Beginselenwet verpleging ter beschikking gestelden dan wel de Beginselenwet justitiële jeugdinrichtingen van toepassing is, brengt of tracht te brengen waarvan het bezit binnen die inrichting, instelling of afdeling verboden is, wordt gestraft met hechtenis van ten hoogste zes maanden of geldboete van de derde categorie.
2. Met dezelfde straf wordt gestraft hij die niet overeenkomstig de daarvoor geldende regels voorwerpen binnen een inrichting, instelling of afdeling als bedoeld in het eerste lid brengt of tracht te brengen.

Verboden voorwerpen justitiële inrichting binnenbrengen

Titel II
Overtredingen betreffende de openbare orde

Art. 429bis-429ter
[Vervallen]

Art. 429quater
1. Hij die in de uitoefening van een ambt, beroep of bedrijf personen discrimineert wegens hun ras, hun godsdienst, hun levensovertuiging, hun geslacht of hun hetero- of homoseksuele gerichtheid wordt gestraft met hechtenis van ten hoogste twee maanden of geldboete van de derde categorie.
(Zie ook: artt. 90quater, 137g WvSr)
2. Met dezelfde straf wordt gestraft hij wiens handelen of nalaten in de uitoefening van een ambt, beroep of bedrijf zonder redelijke grond, ten doel heeft of ten gevolge kan hebben dat ten aanzien van personen met een lichamelijke, psychische of verstandelijke handicap de erkenning, het genot of de uitoefening op voet van gelijkheid van de rechten van de mens en de fundamentele vrijheden op politiek, economisch, sociaal of cultureel terrein of op andere terreinen van het maatschappelijk leven, wordt teniet gedaan of aangetast.

Discriminatie in beroep of bedrijf

Art. 429quinquies
Hij die zonder daartoe gerechtigd te zijn zich op een verboden plaats bevindt, wordt gestraft met hechtenis van ten hoogste zes maanden of geldboete van de derde categorie.
(Zie ook: art. 80ter WvSr)

Onbevoegd bevinden op verboden plaats

Art. 429sexies
[Vervallen]

Art. 430
Hij die zonder verlof van het bevoegd gezag een opneming doet, een tekening of beschrijving maakt van enig militair werk, of die openbaar maakt, wordt gestraft met hechtenis van ten hoogste twee maanden of geldboete van de derde categorie.
(Zie ook: art. 98 WvSr)

Onbevoegd opnemen van militaire werken

Art. 430a
Hij die zich buiten een door de gemeenteraad als geschikt voor ongeklede openbare recreatie aangewezen plaats, ongekleed bevindt op of aan een voor het openbaar verkeer bestemde plaats die voor ongeklede recreatie niet geschikt is, wordt gestraft met geldboete van de eerste categorie.

Onbevoegd ongekleed zijn

Art. 431
Met geldboete van de eerste categorie wordt gestraft hij die rumoer of burengerucht verwekt waardoor de nachtrust kan worden verstoord.
(Zie ook: artt. 142, 426 WvSr)

Burengerucht

Art. 432-434
[Vervallen]

Art. 435

Onbevoegd voeren van titels en namen

Met geldboete van de tweede categorie wordt gestraft:

1°. hij die zonder daartoe gerechtigd te zijn een Nederlandse adellijke titel voert of een Nederlands ordeteken draagt;

2°. hij die zonder 's Konings verlof waar dit vereist wordt, een vreemd ordeteken, titel, rang of waardigheid aanneemt;

3°. hij die zonder daartoe gerechtigd te zijn de titel van advocaat of gerechtsdeurwaarder voert, dan wel een titel of graad in de zin van de Wet op het hoger onderwijs en wetenschappelijk onderzoek;

4°. hij die, door het bevoegd gezag naar zijn identificerende persoonsgegevens gevraagd, een valse naam, voornaam, geboortedatum, geboorteplaats, adres waarop hij in de basisregistratie personen als ingezetene staat ingeschreven of woon- of verblijfplaats opgeeft.

(Zie ook: artt. 52, 61, 539g WvSv)

Art. 435a

Uitdrukken van staatkundig streven

Hij die in het openbaar kledingstukken of opzichtige onderscheidingstekens draagt of voert, welke uitdrukking zijn van een bepaald staatkundig streven, wordt gestraft met hechtenis van ten hoogste twaalf dagen of geldboete van de tweede categorie.

Art. 435b

Onbevoegd indruk wekken van officiële steun

1. Hij die, zonder daartoe gerechtigd te zijn, gebruik maakt van woorden, uitdrukkingen of kentekens, die aanduiden of de indruk kunnen wekken dat zijn optreden is bevorderd dan wel de steun of de erkenning geniet van rijkswege, vanwege Aruba, Curaçao, Sint Maarten of een buitenlandse mogendheid dan wel vanwege een volkenrechtelijke organisatie, wordt gestraft met hechtenis van ten hoogste een maand of geldboete van de tweede categorie.
2. [Vervallen.]
3. Bij veroordeling wegens de in het eerste lid omschreven overtreding, kan openbaarmaking van de rechterlijke uitspraak worden gelast.

(Zie ook: art. 36 WvSr)

Art. 435c

Onbevoegd gebruik maken van Rode-Kruistekens

Hij die, zonder daartoe gerechtigd te zijn, gebruik maakt van het rode-kruisteken of van de woorden "Rode Kruis" of "Kruis van Genève", of van daarmede door de wetten en gebruiken van de oorlog gelijkgestelde tekens of woorden, dan wel van tekens of woorden die daarvan een nabootsing zijn, wordt gestraft met hechtenis van ten hoogste een maand of geldboete van de tweede categorie.

(Zie ook: art. 328bis WvSr)

Art. 435d

Onbevoegd gebruik maken van Zwitsers wapen

Met hechtenis van ten hoogste een maand of geldboete van de tweede categorie wordt gestraft hij die het wapen van het Zwitserse Eedgenootschap of een teken hetwelk een nabootsing daarvan vormt, gebruikt:

1°. hetzij als fabrieks- of handelsmerk of als onderdeel van zulk een merk;

2°. hetzij met een doel, strijdig met de eerlijkheid in de handel;

3°. hetzij onder omstandigheden die het Zwitserse nationale gevoel zouden kunnen krenken.

(Zie ook: art. 328bis WvSr)

Art. 435e

Onbevoegde telefonische colportage voor liefdadig doel

Hij die, anders dan in besloten kring, door tussenkomst van een ten algemenen nutte of mede ten algemenen nutte gebezigde telefooninrichting, goederen of diensten tegen betaling aanbiedt, daarbij te kennen gevende of de indruk wekkend dat de opbrengst geheel of ten dele voor een liefdadig of ideëel doel is bestemd, wordt gestraft met geldboete van de derde categorie.

Art. 435f-435g

[Vervallen]

Art. 436

Onbevoegde uitoefening beroep

1. Hij die, niet toegelaten tot de uitoefening van een beroep waartoe de wet een toelating vordert, buiten noodzaak dat beroep uitoefent, wordt gestraft met geldboete van de tweede categorie.
2. Hij die, toegelaten tot de uitoefening van een beroep waartoe de wet een toelating vordert, buiten noodzaak in de uitoefening van dat beroep de grenzen van zijn bevoegdheid overschrijdt, wordt gestraft met geldboete van de tweede categorie.
3. Indien tijdens het plegen van de overtreding nog geen twee jaren zijn verlopen sedert een vroegere veroordeling van de schuldige wegens gelijke overtreding onherroepelijk is geworden, kan in het geval van het eerste lid hechtenis van ten hoogste twee maanden of geldboete van de derde categorie, in het geval van het tweede lid hechtenis van ten hoogste een maand of geldboete van de derde categorie worden opgelegd.

Art. 436a

[Vervallen]

Wetboek van Strafrecht **C1** art. 437quater

Art. 437

1. Met hechtenis van ten hoogste zes maanden of geldboete van de derde categorie wordt gestraft de bij algemene maatregel van bestuur aangewezen handelaar die in de uitoefening van zijn beroep of bedrijf:

a. niet met inachtneming van de bij algemene maatregel van bestuur te stellen regels aantekening houdt van alle gebruikte of ongeregelde goederen die hij heeft verworven dan wel voorhanden heeft;

b. een gebruikt of ongeregeld goed verwerft van iemand, zonder dat diegene zijn identificerende persoonsgegevens heeft opgegeven of zonder dat hij die gegevens in zijn administratie heeft aangetekend;

c. nalaat zijn administratie op eerste aanvraag ter inzage te geven aan een ambtenaar als bedoeld in artikel 552 van het Wetboek van Strafvordering;

d. nalaat een gebruikt of ongeregeld goed dat hij heeft verworven of voorhanden heeft, op eerste vordering van een ambtenaar als bedoeld in onderdeel *c*, ter bezichtiging af te staan en deze te laten zien waar dit goed in zijn administratie staat ingeschreven;

e. een goed dat bij hem door of vanwege de politie met een duidelijke schriftelijke omschrijving als door misdrijf aan de rechthebbende is onttrokken of als verloren is aangegeven, verwerft of voorhanden heeft;

f. aan een hem schriftelijk uitgereikt last van een ambtenaar, zoals bedoeld in onderdeel *c*, tot het gedurende een daarbij aangegeven tijd, veertien dagen niet te boven gaande, bewaren of in bewaring geven van een goed dat hij voorhanden heeft, of aan een hem bij die last gegeven aanwijzing, geen gevolg geeft, of

g. nalaat de van hem bij schriftelijke vordering van een ambtenaar, zoals bedoeld in onderdeel *c*, gevraagde opgaven betreffende door hem verworven of bij hem voorhanden zijnde goederen binnen de termijn, bij de vordering gesteld, naar waarheid te verschaffen.

(Zie ook: art. 1 Uitv.besl.art. 437 WvSr)

2. Met dezelfde straf wordt gestraft de voor de handelaar uit het eerste lid optredende persoon die een feit begaat als in dit lid onder *a* tot en met *g* omschreven;

3. De schuldige kan worden ontzet van de uitoefening van het beroep waarin hij de overtreding begaat.

(Zie ook: art. 28 lid 1, onder 5 WvSr)

4. Onder ongeregelde goederen worden verstaan goederen die wegens hun aard of uitvoering, hun herkomst of de staat waarin zij verkeren, niet tot de algemeen gangbare goederen kunnen worden gerekend.

(Zie ook: artt. 90bis, 416, 439 WvSr; art. 552 WvSv)

Niet naleven van administratieplicht

Art. 437bis

1. Met hechtenis van ten hoogste zes maanden of geldboete van de derde categorie wordt gestraft de handelaar die op grond van artikel 437 bij algemene maatregel van bestuur is aangewezen en in de oefening van zijn beroep of bedrijf:

a. een goed van een minderjarige verwerft, of

b. een goed van iemand van wie hij weet of redelijkwijs moet vermoeden dat hij is opgenomen in een strafinrichting, rijksinrichting voor kinderbescherming of psychiatrisch ziekenhuis, verwerft.

2. Met dezelfde straf wordt gestraft de voor de handelaar uit het eerste lid optredende persoon die een feit begaat als in dit lid onder *a* en *b* omschreven.

3. De schuldige kan worden ontzet van de uitoefening van het beroep waarin hij de overtreding heeft begaan.

(Zie ook: artt. 28 lid 1, onder 5, 437 WvSr; art. 552 WvSv)

Verwerven van goed van minderjarige of wilsonbekwame

Art. 437ter

1. De handelaar aangewezen bij algemene maatregel van bestuur op grond van artikel 437, die een verordening door de raad van een gemeente ter bestrijding van heling uitgevaardigd en afgekondigd, overtreedt, wordt gestraft met hechtenis van ten hoogste drie maanden of geldboete van de derde categorie.

2. Met dezelfde straf wordt gestraft hij die van opkopen een beroep of gewoonte maakt, zonder daarvan te voren de burgemeester of een door die burgemeester aangewezen ambtenaar schriftelijk in kennis te hebben gesteld.

(Zie ook: artt. 90bis, 416 WvSr; art. 552 WvSv)

Handel drijven door heling

Art. 437quater

Hij die enig schriftelijk ter voorkoming van gevaar voor begunstiging van misdrijven, bij algemene maatregel van bestuur met betrekking tot het verkeer op bepaalde daarbij aan te wijzen watergebieden vastgesteld, overtreedt, wordt gestraft met hechtenis van ten hoogste drie maanden of geldboete van de derde categorie.

(Zie ook: art. 416 WvSr; art. 552 WvSv; art. 1 Bthtw)

Overtreden voorschriften watergebieden

Art. 438

Overtreden voorschriften voor houden van nachtverblijf

1. Hij die er zijn beroep van maakt aan personen nachtverblijf te verschaffen wordt gestraft met hechtenis van ten hoogste een maand of geldboete van de tweede categorie indien hij:
   1e. nalaat zich onverwijld bij aankomst van de persoon die in de door hem gehouden inrichting de nacht zal doorbrengen een geldig reisdocument of een identiteitsbewijs als bedoeld in artikel 1 van de Wet op de identificatieplicht te doen overleggen;
   2e. geen doorlopend register houdt of nalaat daarin onverwijld bij de aankomst van die persoon zijn naam, woonplaats en dag van aankomst aan te tekenen of te doen aantekenen alsmede zelf daarin aantekening te houden of te doen houden van de aard van het overgelegde document, en, bij het vertrek, de dag van het vertrek;
   3e. nalaat dat register op aanvraag te vertonen aan de burgemeester dan wel aan de door deze aangewezen ambtenaar.
2. Met dezelfde straf wordt de gelijke nalatigheid gestraft van degene die er zijn beroep of een gewoonte van maakt aan meerderjarige personen een terrein, daaronder begrepen iedere binnenhaven of elk binnenwater ingericht tot het afmeren van pleziervaartuigen, al of niet met daarbij behorende voorzieningen, ter beschikking te stellen voor het houden van nachtverblijf of voor het plaatsen dan wel gebruiken van kampeermiddelen of daartoe enig bouwwerk, niet zijnde een inrichting als bedoeld in het eerste lid, ter beschikking stelt.
3. Op nachtverblijf, verschaft aan meereizende echtgenoten, minderjarige kinderen of aan reisgezelschappen, is het voorgaande niet van toepassing.

Art. 439

Aanwending kleding en wapens van militairen

1. Met hechtenis van ten hoogste een maand of geldboete van de tweede categorie wordt gestraft:
   1°. hij die van een krijgsman beneden de rang van officier goederen behorende tot de kleding, uitrusting of bewapening koopt, inruilt, als geschenk aanneemt, in pand, gebruik of bewaring neemt, of zodanige goederen voor een krijgsman beneden de rang van officier verkoopt, ruilt, ten geschenke, in pand, gebruik of bewaring geeft, zonder schriftelijke vergunning door of vanwege de bevelvoerende officier afgegeven;
   2°. hij die, een gewoonte makende van het kopen van zodanige goederen, de bij algemene maatregel van inwendig bestuur gegeven voorschriften omtrent het daarvan te houden register niet naleeft.
2. Indien tijdens het plegen van de overtreding nog geen twee jaren zijn verlopen sedert een vroegere veroordeling van de schuldige wegens een van deze overtredingen onherroepelijk is geworden, kan de straf van hechtenis worden verdubbeld.

Art. 440

Verbod nabootsen wettelijke merken op drukwerken of andere voorwerpen

Hij die drukwerken of andere voorwerpen in een vorm die ze op munt- of bankbiljetten, op muntspeciën, op van wettelijke merken voorziene palladium, platina, gouden of zilveren voorwerpen, op postzegels of op reisdocumenten, identiteitsbewijzen als bedoeld in artikel 1 van de Wet op de identificatieplicht of of andere identiteitsbewijzen die afgegeven zijn door een dienst of organisatie van vitaal of nationaal belang of Nederlandse identiteitskaarten doet gelijken, vervaardigt, ontvangt, zich verschaft, in voorraad heeft, vervoert, invoert, doorvoert of uitvoert, wordt gestraft met geldboete van de tweede categorie.
(Zie ook: artt. 84ter, 208, 217, 231 WvSr)

Art. 441

Doorgeven telegrafische berichten

Met hechtenis van ten hoogste drie maanden of geldboete van de derde categorie wordt gestraft hij die de inhoud of de strekking van hetgeen door middel van een onder zijn beheer staande of door hem gebruikt radio-ontvangapparaat is ontvangen, niet voor hem of mede voor hem bestemd is, hetzij aan een ander meedeelt, indien hij redelijkerwijs moet vermoeden, dat dan openlijke bekendmaking van de inhoud of de strekking volgen zal en zodanige bekendmaking volgt, hetzij openlijk bekend maakt.
(Zie ook: art. 139a WvSr)

Art. 441a

Aanprijzen afluisterapparatuur

Hij die openlijk of door verspreiding van enig geschrift ongevraagd een voorwerp als verkrijgbaar dan wel als bij hem voorhanden aanwijst en daarbij de aandacht vestigt op de geschiktheid daarvan als technisch hulpmiddel voor het heimelijk afluisteren, aftappen of opnemen van gesprekken, telecommunicatie of andere gegevensoverdracht door een geautomatiseerd werk of als onderdeel van zulk een hulpmiddel, wordt gestraft met hechtenis van ten hoogste twee maanden of geldboete van de derde categorie.
(Zie ook: art. 139a WvSr)

Art. 441b

Heimelijk fotograferen op toegankelijke plekken

Met hechtenis van ten hoogste twee maanden of geldboete van de derde categorie wordt gestraft hij die, gebruik makende van een daartoe aangebracht technisch hulpmiddel waarvan de aanwezigheid niet op duidelijke wijze kenbaar is gemaakt, van een persoon, aanwezig op een voor het publiek toegankelijke plaats, wederrechtelijk een afbeelding vervaardigt.
(Zie ook: art. 139f WvSr)

Art. 442
Met hechtenis van ten hoogste drie maanden of geldboete van de derde categorie wordt gestraft: *Handelen zonder medewerking van bewindvoerder*
1°. hij die, surséance van betaling verkregen hebbende, eigenmachtig daden verricht waartoe de medewerking van bewindvoerders door de wet wordt gevorderd;
2°. de bestuurder of commissaris van een rechtspersoon welke surséance van betaling verkregen heeft, die eigenmachtig daden verricht waartoe de medewerking van bewindvoerders door de wet wordt gevorderd.
(Zie ook: artt. 213, 228 FW)

Art. 442a
Hij die zonder voorafgaande schriftelijke toestemming van de raad voor de kinderbescherming een kind beneden de leeftijd van zes maanden hetwelk niet onder voogdij van een rechtspersoon staat als pleegkind opneemt, wordt gestraft met hechtenis van ten hoogste drie weken of geldboete van de tweede categorie. *Onbevoegd opnemen pleegkind*
(Zie ook: art. 151a WvSr; artt. 227, 238, 302 BW Boek 1)

Titel III
Overtredingen betreffende het openbaar gezag

Art. 443
Hij die een algemeen voorschrift van politie, krachtens de Gemeentewet in buitengewone omstandigheden door de burgemeester, de voorzitter van de veiligheidsregio of de commissaris van de Koning in de provincie uitgevaardigd en afgekondigd, overtreedt, wordt gestraft met hechtenis van ten hoogste drie maanden of geldboete van de tweede categorie. *Overtreden noodverordening*
(Zie ook: art. 176 Gemw)

Art. 444
Hij die, wettelijk als getuige, als deskundige of als tolk opgeroepen, wederrechtelijk wegblijft, wordt gestraft met geldboete van de eerste categorie. *Wegblijven als getuige, deskundige of tolk*
(Zie ook: art. 192 WvSr)

Art. 445
Hij die in zaken van minderjarigen of van onder curatele te stellen of gestelde personen, of van hen die in een psychiatrisch ziekenhuis zijn opgenomen, als bloedverwant, aangehuwde, echtgenoot, voogd, curator, voor de rechter geroepen om te worden gehoord, noch in persoon noch, waar dit is toegelaten, door tussenkomst van een gemachtigde verschijnt, zonder geldige reden van verschoning, wordt gestraft met geldboete van de eerste categorie. *Wegblijven van een rechterlijk horen van verwanten*
(Zie ook: artt. 3, 280, 383 BW Boek 1)

Art. 446
Hij die, bij het bestaan van gevaar voor de algemene veiligheid van personen of goederen of bij ontdekking van een misdrijf op heterdaad, het hulpbetoon weigert dat de openbare macht van hem vordert en waartoe hij, zonder zich aan dadelijk gevaar bloot te stellen, in staat is, wordt gestraft met geldboete van de eerste categorie. *Weigeren van gevorderd hulpbetoon*
(Zie ook: art. 53 WvSv)

Art. 446a
Met een hechtenis van ten hoogste drie maanden of geldboete van de tweede categorie wordt gestraft hij die, *Nalatigheid in taakvervulling buiten rechtsgebied*
1°. nadat hij een bevoegdheid als bedoeld in artikel 539b, eerste lid, van het Wetboek van Strafvordering heeft uitgeoefend, dan wel
2°. nadat hem buiten het rechtsgebied van een rechtbank een aangehouden verdachte of een in beslag genomen voorwerp is overgeleverd, dan wel
3°. nadat hij buiten het rechtsgebied van een rechtbank op last van het openbaar ministerie een persoon heeft aangehouden,
(Zie ook: art. 183 WvSr; art. 539a WvSv)
niet onverwijld en op de snelst mogelijke wijze aan een bevoegde officier van justitie kennis geeft van de gegevens, bedoeld in artikel 539b, tweede en derde lid, van het Wetboek van Strafvordering, of nalaat te trachten ten spoedigste aanwijzingen van de officier van justitie te verkrijgen als bedoeld in het derde lid van dat artikel.

Art. 447
Hij die een bekendmaking, vanwege het bevoegd gezag in het openbaar gedaan, wederrechtelijk afscheurt, onleesbaar maakt of beschadigt, wordt gestraft met geldboete van de eerste categorie. *Vernielen openbare bekendmaking*
(Zie ook: artt. 187, 350 WvSr)

Art. 447a
Met geldboete van de tweede categorie wordt gestraft: *Veranderen of verwijderen gegevens teboekstaand schip of luchtvaartuig*
1°. hij die niet of niet behoorlijk voldoet aan enige verplichting, opgelegd in artikel 195 van Boek 8 van het Burgerlijk Wetboek in verband met de artikelen 192 en 178 derde lid van Boek 8 van het Burgerlijk Wetboek, of opgelegd in de artikelen 785 en 786 van Boek 8 van het Burgerlijk Wetboek in verband met de artikelen 782 en 178 derde lid, naast artikel 771 van Boek

8 van dat Wetboek of in de algemene maatregelen van bestuur bedoeld in de artikelen 231 en 841 van Boek 8 van het Burgerlijk Wetboek;

2°. hij die het brandmerk, de benaming of kentekens op een teboekstaand schip, voorgeschreven in de onder 1° genoemde algemene maatregel van bestuur, verwijdert, verandert dan wel onduidelijk of onzichtbaar maakt op een andere wijze dan volgens die algemene maatregel van bestuur geoorloofd is;

3°. hij die niet of niet behoorlijk voldoet aan de verplichting, opgelegd in artikel 1304, tweede lid, van Boek 8 van het Burgerlijk Wetboek, of aan enige verplichting, opgelegd in een algemene maatregel van bestuur, uitgevaardigd krachtens artikel 1321 van Boek 8 van het Burgerlijk Wetboek.

(Zie ook: art. 389ter WvSr)

Art. 447b

Onbevoegd bezit reisdocument of identiteitsbewijs

Hij die een reisdocument, een identiteitsbewijs als bedoeld in artikel 1 van de Wet op de identificatieplicht of een ander identiteitsbewijs dat afgegeven is door een dienst of organisatie van vitaal of nationaal belang, dat hij voorhanden heeft, waarvan hij niet de houder is, of dat ingevolge een wettelijke bepaling moet worden ingeleverd, niet terstond wanneer hem dit mondeling door een daartoe bevoegde ambtenaar is bevolen, dan wel binnen veertien dagen, nadat hem dit bij aangetekend schrijven in persoon is medegedeeld inlevert, wordt gestraft met geldboete van de tweede categorie.

(Zie ook: art. 231 WvSr)

Art. 447c

Verstrekken onjuiste gegevens

Hij die, anders dan door valsheid in geschrift, aan degene door wie of door wiens tussenkomst enige verstrekking of tegemoetkoming wordt verleend, gegevens verstrekt die naar hij weet of redelijkerwijze moet vermoeden niet met de waarheid in overeenstemming zijn, wordt, indien deze gegevens van belang zijn voor de vaststelling van zijn of eens anders recht op die verstrekking of tegemoetkoming dan wel voor de hoogte of de duur van een dergelijke verstrekking of tegemoetkoming, gestraft met hechtenis van ten hoogste zes maanden of geldboete van de derde categorie.

(Zie ook: artt. 80quinquies, 225 WvSr)

Art. 447d

Nalaten verstrekken gegevens

Hij die, in strijd met een hem bij of krachtens wettelijk voorschrift opgelegde verplichting, nalaat tijdig de benodigde gegevens te verstrekken, wordt, indien deze gegevens van belang zijn voor de vaststelling van zijn of eens anders recht op een verstrekking of tegemoetkoming dan wel voor de hoogte of de duur van een dergelijke verstrekking of tegemoetkoming, gestraft met hechtenis van ten hoogste zes maanden of geldboete van de derde categorie.

(Zie ook: art. 80quinquies WvSr)

Art. 447e

Nalaten identificatieplicht

Hij die niet voldoet aan de verplichting om een identiteitsbewijs ter inzage aan te bieden of medewerking te verlenen aan het nemen van een of meer vingerafdrukken, hem opgelegd krachtens de Wet op de identificatieplicht, het Wetboek van Strafvordering, het Wetboek van Strafrecht, de Overleveringswet, de Uitleveringswet, de Wet overdracht tenuitvoerlegging strafvonnissen, de Penitentiaire beginselenwet, de Beginselenwet verpleging ter beschikking gestelden, de Beginselenwet justitiële jeugdinrichtingen, de Wet verplichte geestelijke gezondheidszorg of de Wet zorg en dwang psychogeriatrische en verstandelijk gehandicapte cliënten, wordt gestraft met geldboete van de tweede categorie.

Titel IV
Overtredingen betreffende de burgerlijke staat

Art. 448

Nalaten aangifteplicht bij geboorte of overlijden

Hij die niet voldoet aan een wettelijke verplichting tot aangifte aan de ambtenaar van de burgerlijke stand voor de registers van geboorte of overlijden, wordt gestraft met geldboete van de eerste categorie.

(Zie ook: artt. 18, 24 BW Boek 1)

Art. 449

Doen voorgaan van kerkelijk huwelijk

1. De bedienaar van de godsdienst die, voordat partijen hem hebben doen blijken dat hun huwelijk ten overstaan van de ambtenaar van de burgerlijke stand is voltrokken, enige godsdienstige plechtigheid daartoe betrekkelijk verricht, wordt gestraft met geldboete van de tweede categorie.

2. Indien tijdens het plegen van de overtreding nog geen twee jaren zijn verlopen sedert een vroegere veroordeling van de schuldige wegens gelijke overtreding onherroepelijk is geworden, kan hechtenis van ten hoogste twee maanden of geldboete van de tweede categorie worden opgelegd.

(Zie ook: art. 68 BW Boek 1)

Titel V
Overtreding betreffende hulpbehoevenden

Art. 450
Hij die, getuige van het ogenblikkelijk levensgevaar waarin een ander verkeert, nalaat deze de hulp te verlenen of te verschaffen die hij hem, zonder gevaar voor zichzelf of anderen redelijkerwijs te kunnen duchten, verlenen of verschaffen kan, wordt, indien de dood van de hulpbehoevende volgt, gestraft met hechtenis van ten hoogste drie maanden of geldboete van de tweede categorie.
(Zie ook: artt. 255, 446 WvSr)

Nalaten van hulp verlenen aan in levensgevaar verkerende persoon

Titel VI
Overtredingen betreffende de zeden

Art. 451-452
[Vervallen]

Art. 453
Hij die zich in kennelijke staat van dronkenschap op de openbare weg bevindt, wordt gestraft met hechtenis van ten hoogste twaalf dagen of geldboete van de eerste categorie.
(Zie ook: art. 431 WvSr)

Openbare dronkenschap

Art. 454-457
[Vervallen]

Titel VII
Overtredingen betreffende de veldpolitie

Art. 458
Hij die, zonder daartoe gerechtigd te zijn, zijn niet uitvliegend pluimgedierte laat lopen in tuinen of op enige grond die bezaaid, bepoot of beplant is, wordt gestraft met geldboete van de eerste categorie.

Onbevoegd laten lopen van niet vliegend pluimgedierte

Art. 459
Hij die, zonder daartoe gerechtigd te zijn, vee laat lopen in tuinen, hakbossen of rijswaarden, op enig wei- of hooiland of op enige grond die bezaaid, bepoot of beplant is, of die ter bezaaiing, bepoting of beplanting is gereedgemaakt, wordt gestraft met geldboete van de eerste categorie.

Onbevoegd laten lopen van vee

Art. 460
Hij die zich, zonder daartoe gerechtigd te zijn, bevindt op enige grond die bezaaid, bepoot of beplant is, of die ter bezaaiing, bepoting of beplanting is gereedgemaakt, of gedurende de maanden mei tot en met oktober op enig wei- of hooiland, wordt gestraft met geldboete van de eerste categorie.

Onbevoegd betreden beplant perceel

Art. 461
Hij die, zonder daartoe gerechtigd te zijn, zich op eens anders grond waarvan de toegang op een voor hem blijkbare wijze door de rechthebbende is verboden, bevindt of daar vee laat lopen, wordt gestraft met geldboete van de eerste categorie.

Betreden van verboden plaats door mens of vee

Titel VIII
Ambtsovertredingen

Art. 462
De ambtenaar, bevoegd tot de uitgifte van afschriften of uittreksels van vonnissen, die zodanig afschrift of uittreksel uitgeeft alvorens het vonnis behoorlijk is ondertekend, wordt gestraft met geldboete van de eerste categorie.
(Zie ook: art. 365 WvSv)

Afschrift van vonnissen zonder behoorlijke ondertekening door ambtenaar

Art. 463
De ambtenaar die zonder verlof van het bevoegd gezag afschrift maakt of uittreksel neemt van geheime regeringsbescheiden of die openbaar maakt, wordt gestraft met hechtenis van ten hoogste twee maanden of geldboete van de tweede categorie.
(Zie ook: artt. 272, 371 WvSr)

Openbaar maken geheime stukken door ambtenaar

Art. 464
Het hoofd van een gesticht, bestemd tot opsluiting van veroordeelden, voorlopig aangehouden of gegijzelden, of van een rijksinrichting voor kinderbescherming of psychiatrisch ziekenhuis, die iemand in het gesticht of ziekenhuis opneemt of houdt zonder zich het bevel van de bevoegde macht of de rechterlijke uitspraak te hebben laten vertonen, of die nalaat van deze opneming en van het bevel of de uitspraak op grond waarvan zij geschiedt, in zijn registers de vereiste

Veroordeelden opnemen zonder vertoon van vonnis

C1 art. 465

Wetboek van Strafrecht

inschrijving te doen, wordt gestraft met hechtenis van ten hoogste een maand of geldboete van de tweede categorie.
(Zie ook: art. 369 WvSr; art. 566 WvSv)

Huwelijksvoltrekking door ambtenaar zonder de benodigde stukken

Art. 465
De ambtenaar van de burgerlijke stand die nalaat vóór de voltrekking van een huwelijk zich de bewijsstukken of verklaringen te laten geven die door enig wettelijk voorschrift worden gevorderd, wordt gestraft met geldboete van de tweede categorie.
(Zie ook: artt. 71, 379 WvSr; art. 382 WvSv; art. 68 BW Boek 1)

Overtreden van voorschriften van burgerlijke stand door ambtenaar

Art. 466
De ambtenaar van de burgerlijke stand die in strijd handelt met enig wettelijk voorschrift omtrent de registers of de akten van de burgerlijke stand of omtrent de formaliteiten vóór of de voltrekking van een huwelijk, wordt gestraft met geldboete van de eerste categorie.
(Zie ook: artt. 71, 379, 468a WvSr; art. 382 WvSv)

Verzuim akte inschrijven door ambtenaar

Art. 467
De ambtenaar van de burgerlijke stand die nalaat een akte in de registers op te nemen, wordt gestraft met geldboete van de tweede categorie.
(Zie ook: artt. 71, 468a WvSr; art. 382 WvSv)

Nalaten van doen van opgaven door ambtenaar

Art. 468
Met geldboete van de eerste categorie wordt gestraft:
1°. de ambtenaar van de burgerlijke stand die nalaat aan het bevoegd gezag de opgaven te doen die enig wettelijk voorschrift van hem vordert;
(Zie ook: art. 382 WvSv)
2°. de ambtenaar die nalaat aan de ambtenaar van de burgerlijke stand de opgaven te doen die enig wettelijk voorschrift van hem vordert.
(Zie ook: art. 468a WvSr)

Bewaarder van registers

Art. 468a
Onder ambtenaar van de burgerlijke stand wordt ten aanzien van de artikelen 466-468 verstaan een ieder die ingevolge enig wettelijk voorschrift met de bewaring van een register van de burgerlijke stand is belast.

Titel IX
Scheepvaartovertredingen

Art. 469
[Vervallen]

Schipper zonder scheepspapieren

Art. 470
De schipper die niet alle door of krachtens wettelijke bepalingen gevorderde scheepspapieren, boeken, bescheiden of andere gegevensdragers aan boord heeft, wordt gestraft met geldboete van de eerste categorie.
(Zie ook: artt. 80quinquies, 85 WvSr; art. 347 WvK)

Art. 470a
[Vervallen]

Verzuim bijhouden dagboeken door schipper

Art. 471
1. Met geldboete van de tweede categorie wordt gestraft:
1°. de schipper van een Nederlands vaartuig die niet zorgt dat aan boord van zijn vaartuig de bij de wet vereiste dagboeken overeenkomstig de wettelijke voorschriften worden gehouden of die dagboeken niet vertoont wanneer de wet dit vordert;
2°. de schipper van een Nederlands schip die het register van strafbare feiten, bedoeld in artikel 539u van het Wetboek van Strafvordering, niet overeenkomstig de wettelijke voorschriften houdt of niet vertoont wanneer de wet dit vordert;
3°. [vervallen;]
4°. de eigenaar, de rompbevrachter, de boekhouder of schipper van een Nederlands vaartuig die weigert aan belanghebbenden op hun aanvraag inzage of, tegen betaling van de kosten, afschrift te verstrekken van de aan boord van het vaartuig gehouden dagboeken.
2. Indien tijdens het plegen van de overtreding nog geen twee jaren zijn verlopen sedert een vroegere veroordeling van de schuldige wegens een van deze overtredingen onherroepelijk is geworden, kan hechtenis van ten hoogste twee maanden of geldboete van de tweede categorie worden opgelegd.
(Zie ook: artt. 85, 86 WvSr)

Verzuim kennisgeving van misdrijven in geval van art. 539u Sv.

Art. 471a
Hij die het bepaalde bij artikel 539u van het Wetboek van Strafvordering overtreedt wordt gestraft met hechtenis van ten hoogste drie maanden of geldboete van de tweede categorie.

Art. 472
De schipper van een Nederlands vaartuig die niet voldoet aan zijn wettelijke verplichting betreffende de inschrijving en kennisgeving van geboorten of sterfgevallen die gedurende een zeereis plaats hebben, wordt gestraft met geldboete van de eerste categorie. *Verzuim inschrijving geboorten en sterfgevallen door schipper*
(Zie ook: artt. 85, 86 WvSr)

Art. 473-473a
[Vervallen]

Art. 474
De schipper die niet voldoet aan de verplichtingen bedoeld in het tweede lid van artikel 358a of van artikel 785 van het Wetboek van Koophandel, wordt gestraft met hechtenis van ten hoogste drie maanden of geldboete van de tweede categorie. *Verzuim hulpverlening door schipper*
(Zie ook: art. 85 WvSr)

Art. 475
Degene die in strijd handelt met de hem in artikel 38a Wet zeevarenden opgelegde verplichtingen, wordt gestraft met een geldboete van de tweede categorie. *Handelen in strijd met art. 38a Wet zeevarenden*

Art. 476-478
[Vervallen]

Algemene slotbepaling

Art. 479
Het in werking treden van dit wetboek wordt nader bij de wet geregeld. *Inwerkingtreding*

Strafvordering c.s.

Wetboek van Strafvordering

Inhoudsopgave

Eerste Boek	Algemeene bepalingen	Art. 1
Titel I	Strafvordering in het algemeen	Art. 1
Eerste afdeeling	Inleidende bepaling	Art. 1
Tweede afdeeling	Relatieve bevoegdheid van de rechtbanken tot kennisneming van strafbare feiten	Art. 2
Derde afdeeling	Vervolging van strafbare feiten	Art. 7
Vierde afdeeling	Beklag over het niet vervolgen van strafbare feiten	Art. 12
Vijfde afdeeling	Schorsing der vervolging	Art. 14
Zesde afdeeling	Behandeling door de raadkamer	Art. 21
Titel II	De verdachte	Art. 27
Titel IIa	Kennisneming van processtukken	Art. 30
Titel IIb	Kennisgeving van gerechtelijke mededelingen	Art. 36a
Titel III	De raadsman	Art. 37
Eerste afdeling	Optreden raadsman	Art. 37
Tweede afdeling	Bevoegdheden van de raadsman betreffende het verkeer met de verdachte en de kennisneming van processtukken	Art. 45
Derde afdeeling	[Vervallen]	Art. 49-51
Titel IIIA	Het slachtoffer	Art. 51a
Eerste afdeling	Definities	Art. 51a
Tweede afdeling	Rechten van het slachtoffer	Art. 51aa
Derde afdeling	Schadevergoeding	Art. 51f
Titel IIIC	: De deskundige	Art. 51i
Titel IV	Eenige bijzondere dwangmiddelen	Art. 52
Eerste afdeling	Aanhouding en inverzekeringstelling	Art. 52
Tweede afdeeling	Voorloopige hechtenis	Art. 63
§ 1	Bevelen tot voorloopige hechtenis	Art. 63
§ 2	Het hooren van den in voorloopige hechtenis gestelden verdachte	Art. 77
§ 3	Inhoud der bevelen en hunne beteekening	Art. 78
§ 4	Schorsing der voorloopige hechtenis	Art. 80
Tweede afdeling A	[Vervallen]	Art. 89-93
Derde afdeeling	Inbeslagneming	Art. 94
§ 1	Algemene bepalingen	Art. 94
§ 2	Inbeslagneming door opsporingsambtenaren of bijzondere personen	Art. 95
§ 2a	Inbeslagneming op grond van artikel 94a	Art. 103
§ 3	Inbeslagneming door den rechter-commissaris	Art. 104
§ 4	Teruggave en bewaring van inbeslaggenomen voorwerpen	Art. 116
Vierde afdeeling	Handhaving der orde ter gelegenheid van ambtsverrichtingen	Art. 124
Vijfde afdeling	Maatregelen ter gelegenheid van een schouw of een doorzoeking	Art. 125
Zesde afdeling		Art. 125f-125h
Zevende afdeling	Doorzoeking ter vastlegging van gegevens	Art. 125i
Negende afdeling	strafrechtelijk financieel onderzoek	Art. 126
Titel IVA	Bijzondere bevoegdheden tot opsporing	Art. 126g
Eerste afdeling	Stelselmatige observatie	Art. 126g
Tweede afdeling	Infiltratie	Art. 126h
Derde afdeling	Pseudo-koop of -dienstverlening	Art. 126i
Vierde afdeling	Stelselmatige inwinning van informatie	Art. 126j
Vijfde afdeling	Bevoegdheden in een besloten plaats	Art. 126k
Zesde afdeling	Opnemen van vertrouwelijke communicatie met een technisch hulpmiddel	Art. 126l
Zevende afdeling	Onderzoek van communicatie door middel van geautomatiseerde werken	Art. 126la
Achtste afdeling	Onderzoek in een geautomatiseerd werk	Art. 126nba
Negende afdeling	Vorderen van gegevens	Art. 126nc

Titel V	Bijzondere bevoegdheden tot opsporing voor het onderzoek naar het beramen of plegen van ernstige misdrijven in georganiseerd verband	Art. 126o
Titel VA	Bijstand aan opsporing door burgers	Art. 126v
Eerste afdeling	Verzoek informatie in te winnen	Art. 126v
Tweede afdeling	Burgerinfiltratie	Art. 126w
Derde afdeling	Burgerpseudo-koop of -dienstverlening	Art. 126ij
Titel VB	Bijzondere bevoegdheden tot opsporing van terroristische misdrijven	Art. 126za
Eerste afdeling	Algemene bepalingen	Art. 126za
Tweede afdeling	Stelselmatige observatie, pseudo-koop of -dienstverlening, stelselmatige inwinning van informatie, bevoegdheden in een besloten plaats en infiltratie	Art. 126zd
Derde afdeling	Opnemen en onderzoek communicatie	Art. 126zf
Derde afdeling A	Vorderen van gegevens	Art. 126zk
Derde afdeling B	Onderzoek in een geautomatiseerd werk	Art. 126zpa
Vierde afdeling	Onderzoek van voorwerpen, vervoermiddelen en kleding	Art. 126zq
Vijfde afdeling	Onderzoek aan het lichaam en DNA-onderzoek	Art. 126zsa
Titel VC	Bijstand aan opsporing van terroristische misdrijven door burgers	Art. 126zt
Titel VD	Algemene regels betreffende de bevoegdheden in de titels IVA tot en met VC	Art. 126aa
Eerste afdeling	Voeging bij de processtukken	Art. 126aa
Tweede afdeling	Kennisgeving aan betrokkene	Art. 126bb
Derde afdeling	De bewaring en de vernietiging van processen-verbaal en andere voorwerpen, het gebruik van gegevens voor een ander doel en de ontoegankelijkmaking en vernietiging van gegevens	Art. 126cc
Vierde afdeling	Technische hulpmiddelen	Art. 126ee
Vijfde afdeling	Verbod op doorlaten	Art. 126ff
Zesde afdeling	Uitstel melding onbekende kwetsbaarheden	Art. 126ffa
Titel VE	Verkennend onderzoek	Art. 126gg
Titel VF	Vastleggen en bewaren van kentekengegevens	Art. 126jj
Titel VI	Beteekenis van sommige in het wetboek voorkomende uitdrukkingen	Art. 127
Tweede Boek	Strafvordering in eersten aanleg	Art. 139
Titel I	Het opsporingsonderzoek	Art. 139
Eerste afdeeling	Algemeene bepalingen	Art. 139
Tweede afdeeling	De officieren van justitie	Art. 148
Derde afdeling	Verslaglegging door opsporingsambtenaren	Art. 152
Vierde afdeeling	Aangiften en klachten	Art. 160
Vijfde afdeeling	Beslissingen omtrent vervolging	Art. 167
Titel II	De rechter-commissaris belast met de behandeling van strafzaken	Art. 168-169
Titel III	Onderzoek door de rechter-commissaris	Art. 181
Eerste afdeling	Aanleiding tot het verrichten van onderzoekshandelingen	Art. 181
Tweede afdeling	Het verrichten van onderzoekshandelingen door de rechter-commissaris	Art. 185
Derde afdeeling	Het verhoor van den verdachte	Art. 200
Vierde afdeeling	Het verhoor van den getuige	Art. 210
Vierde Afdeling A	Bedreigde getuigen	Art. 226a
Vierde afdeling B	Toezeggingen aan getuigen die tevens verdachte zijn	Art. 226g
Vierde afdeling C	Toezeggingen aan getuigen die reeds veroordeeld zijn	Art. 226k
Vierde afdeling D	Maatregelen tot bescherming van getuigen	Art. 226l
Vierde afdeling E	Afgeschermde getuigen	Art. 226m
Vijfde afdeeling	Deskundigen	Art. 227

Wetboek van Strafvordering

Zesde afdeling	Beëindiging van het onderzoek	Art. 237
Zevende afdeling	Bevoegdheden van de raadsman	Art. 241b
Achtste afdeling	Geen beroep in cassatie voor het openbaar ministerie	Art. 241c
Titel IV	Beslissingen omtrent verdere vervolging	Art. 242
	Slotbepalingen betreffende het voorbereidend onderzoek	Art. 256
Titel IVa	Vervolging door een strafbeschikking	Art. 257a
Eerste afdeling	De strafbeschikking	Art. 257a
Tweede afdeling	Oplegging door opsporingsambtenaren en lichamen of personen, met een publieke taak belast	Art. 257b
Derde afdeling	Waarborgen bij de oplegging	Art. 257c
Vierde afdeling	Uitreiken en toezenden van de strafbeschikking	Art. 257d
Vijfde afdeling	Het doen van verzet	Art. 257e
Zesde afdeling	De behandeling van het verzet	Art. 257f
Zevende afdeling	Openbaarheid	Art. 257g
Titel V	Aanhangig maken der zaak ter terechtzitting	Art. 258
Titel VI	Behandeling van de zaak door de rechtbank	Art. 268
Eerste afdeling	Onderzoek op de terechtzitting	Art. 268
Tweede afdeeling	Onderzoek van de vordering van de benadeelde partij op de terechtzitting	Art. 332
Tweede Afdeling A	[Vervallen]	Art. 336-337
Derde afdeeling	Bewijs	Art. 338
Vierde afdeeling	Beraadslaging en uitspraak	Art. 345
Titel VII	Bijzondere bepalingen voor het rechtsgeding voor de politierechter	Art. 367
Titel VIII	Bijzondere bepalingen voor het rechtsgeding voor de kantonrechter	Art. 382
Derde Boek	Rechtsmiddelen	Art. 399-403
A	Gewone rechtsmiddelen	Art. 399-403
Titel I	[Vervallen]	Art. 399-403
Titel II	Hooger beroep van uitspraken	Art. 404
Titel III	Beroep in cassatie van uitspraken	Art. 427
Titel IV	Hooger beroep en beroep in cassatie van beschikkingen. Bezwaarschriften	Art. 445
Titel V	Aanwenden van gewone rechtsmiddelen	Art. 449
Titel VI	Intrekking en afstand van gewone rechtsmiddelen	Art. 453
B	Buitengewone rechtsmiddelen	Art. 456
Titel VII	Cassatie "in het belang der wet"	Art. 456
Titel VIII	Herziening van arresten en vonnissen	Art. 457
Eerste Afdeling	Herziening ten voordele van de gewezen verdachte	Art. 457
Tweede Afdeling	Herziening ten nadele van de gewezen verdachte	Art. 482a
Vierde Boek	Eenige rechtsplegingen van bijzonderen aard	Art. 483
Titel I	Strafvordering ter zake van strafbare feiten waarvan de Hooge Raad in eersten aanleg kennis neemt	Art. 483
Titel II	Strafvordering in zaken betreffende jeugdige personen	Art. 486
Eerste afdeling	Algemene bepalingen	Art. 486
Tweede afdeling	Strafvordering in zaken betreffende personen die de leeftijd van achttien jaren nog niet hebben bereikt	Art. 488
Titel IIA	Berechting van verdachten bij wie een psychische stoornis, psychogeriatrische aandoening of verstandelijke handicap wordt vermoed	Art. 509a
Titel IIB	Rechtsplegingen in verband met de terbeschikkingstelling en de plaatsing in een psychiatrisch ziekenhuis	Art. 509f
Eerste afdeling	Inleidende bepalingen	Art. 509f
Tweede afdeling	[Vervallen]	Art. 509j-509n
Derde afdeling	[Vervallen]	Art. 509o-509u bis
Vierde afdeling	[Vervallen]	Art. 509v-509x
TITEL IIC	[Vervallen]	Art. 509y-509gg
Titel IID	Gedragsaanwijzing ter beëindiging van ernstige overlast	Art. 509hh

Sdu

Wetboek van Strafvordering

Titel III		Vervolging en berechting van rechterlijke ambtenaren	Art. 510
Titel IIIA		[Vervallen]	Art. 511a
Titel IIIb		Strafvordering ter zake van ontneming van wederrechtelijk verkregen voordeel	Art. 511b
Titel IV		Wraking en verschoning van rechters	Art. 512
Titel V		Geschillen over rechtsmacht	Art. 525
Titel VI		Vervolging en berechting van rechtspersonen	Art. 528
Titel VIa		Schadevergoeding en andere bijzondere kosten	Art. 529
Titel VIb		Strafvordering buiten het rechtsgebied van een rechtbank	Art. 539a
	Eerste afdeling	Algemeen	Art. 539a
	Tweede afdeling	Toepassing van enige bijzondere dwangmiddelen	Art. 539g
	Derde afdeling	Verplichtingen van de schipper	Art. 539u
Titel VII		Rechterlijke bevelen tot handhaving der openbare orde	Art. 540
Titel VIII		Bijzondere bepalingen omtrent opsporing van feiten, strafbaar gesteld bij het Wetboek van Strafrecht	Art. 551
Titel IX		Beklag	Art. 552a
Titel X		Internationale rechtshulp	Art. 552h-552q
	Eerste afdeling	Algemene bepalingen	Art. 552h-552q
	Eerste afdeling A	Internationale gemeenschappelijke onderzoeksteams	Art. 552qa-552qe
	Tweede afdeling	Feiten begaan aan boord van luchtvaartuigen	Art. 552r-552s
	Derde afdeling	Overdracht en overname van strafvervolging	Art. 552t-552w
	§ 1	Overdracht van strafvervolging door Onze Minister van Justitie	Art. 552t-552w
	§ 1a	Overdracht van strafvervolging door de officier van justitie	Art. 552wa
	§ 2	Overname van strafvervolging door Onze Minister van Justitie	Art. 552x-552hh
	§ 2a	Overname van strafvervolging door de officier van justitie	Art. 552ii
	§ 2b	Overname van strafvervolging van een internationaal gerecht	Art. 552iia-552iie
Titel XI		Wederzijdse erkenning	Art. 552jj-552qq
	Eerste afdeling	Bevriezingsbevel	Art. 552jj-552qq
	§ 1	Bevelen uitgevaardigd door een andere lidstaat van de Europese Unie	Art. 552jj-552qq
	§ 2	Bevelen uitgevaardigd door Nederland	Art. 552rr-552vv
	Tweede afdeling	Europees bewijsverkrijgingsbevel	Art. 552ww-552ccc
	§ 1	Europees bewijsverkrijgingsbevel uitgevaardigd door een andere lidstaat van de Europese Unie	Art. 552ww-552ccc
	§ 2	Europees bewijsverkrijgingsbevel uitgevaardigd door Nederland	Art. 552ddd-552hhh
Vijfde Boek		Internationale en Europese strafrechtelijke samenwerking	Art. 5.1.1
Titel 1		Internationale rechtshulp in strafzaken	Art. 5.1.1
	Eerste afdeling	Verzoeken om internationale rechtshulp in strafzaken	Art. 5.1.1
	Tweede afdeling	Verzoeken tot rechtshulp gericht aan het buitenland	Art. 5.1.2
	Derde afdeling	Verzoeken tot rechtshulp gericht aan Nederland	Art. 5.1.4
	Vierde afdeling	Feiten begaan aan boord van luchtvaartuigen	Art. 5.1.15
Titel 2		Internationale gemeenschappelijke onderzoeksteams	Art. 5.2.1
Titel 3		Overdracht en overname van strafvervolging	Art. 5.3.1
	Eerste afdeling	Overdracht van strafvervolging	Art. 5.3.1
	§ 1	Overdracht van strafvervolging door Onze Minister van Veiligheid en Justitie	Art. 5.3.1
	§ 2	Overdracht van strafvervolging door de officier van justitie	Art. 5.3.5
	Tweede afdeling	Overname van strafvervolging	Art. 5.3.6
	§ 1	Overname van strafvervolging door Onze Minister van Veiligheid en Justitie	Art. 5.3.6
	§ 2	Overname van strafvervolging door de officier van justitie	Art. 5.3.17

Wetboek van Strafvordering

§ 3	Overname van strafvervolging van een internationaal gerecht	Art. 5.3.18
Titel 4	Europees onderzoeksbevel	Art. 5.4.1
Eerste afdeling	Het Europees onderzoeksbevel	Art. 5.4.1
Tweede afdeling	Uitvoering van een Europees onderzoeksbevel	Art. 5.4.2
Derde afdeling	Nadere regeling van de uitvoering van enkele onderzoeksbevoegdheden	Art. 5.4.13
Vierde afdeling	Uitvaardiging van een Europees onderzoeksbevel	Art. 5.4.21
Titel 5	Europees bevriezingsbevel	Art. 5.5.1
Eerste afdeling	Bevelen uitgevaardigd door een andere lidstaat van de Europese Unie	Art. 5.5.1
Tweede afdeling	Bevelen uitgevaardigd door Nederland	Art. 5.5.9
Derde afdeling	Bevriezingsbevelen op grond van Verordening 2018/1805	Art. 5.5.14
Titel 6		Art.
Titel 7	Wederzijdse erkenning en tenuitvoerlegging van bevelen betreffende de voorlopige hechtenis tussen de lidstaten van de Europese Unie	Art. 5.7.1
Eerste afdeling	Algemene bepalingen	Art. 5.7.1
Tweede afdeling	Erkenning en tenuitvoerlegging van buitenlandse toezichtbeslissingen in Nederland	Art. 5.7.5
Derde afdeling	Erkenning en tenuitvoerlegging van Nederlandse bevelen tot schorsing van de voorlopige hechtenis in het buitenland	Art. 5.7.16
Titel 8	Europees beschermingsbevel	Art. 5.8.1
Eerste afdeling	Algemene bepalingen	Art. 5.8.1
Tweede afdeling	Europees beschermingsbevel uitgevaardigd door de bevoegde autoriteit van een andere lidstaat van de Europese Unie	Art. 5.8.3
Derde afdeling	Europees beschermingsbevel uitgevaardigd door de bevoegde autoriteit van Nederland	Art. 5.8.10
Boek 6	Tenuitvoerlegging	Art. 6:1:1
Hoofdstuk 1	Algemene bepalingen	Art. 6:1:1
Eerste titel	Taken en bevoegdheden	Art. 6:1:1
Tweede titel	Aanvang, schorsing, beëindiging en tenuitvoerleggingstermijn	Art. 6:1:16
Derde titel	Toezicht op de tenuitvoerlegging	Art. 6:1:25
Hoofdstuk 2	Vrijheidsbenemende straffen en maatregelen	Art. 6:2:1
Eerste titel	Opneming, aanvang, onderbreking en invrijheidstelling	Art. 6:2:1
Tweede titel	Voorwaardelijke invrijheidstelling	Art. 6:2:10
Derde titel	Verpleging van overheidswege en terbeschikkingstelling	Art. 6:2:15
Vierde titel	Inrichting voor stelselmatige daders	Art. 6:2:19
Vijfde titel	Maatregel van plaatsing in een inrichting voor jeugdigen	Art. 6:2:22
Hoofdstuk 3	Vrijheidsbeperkende straffen, maatregelen en voorwaarden	Art. 6:3:1
Eerste titel	Taakstraffen	Art. 6:3:1
Tweede titel	Gedragsaanwijzingen	Art. 6:3:7
Derde titel	Jeugd – taakstraf en gedragsbeïnvloedende maatregel	Art. 6:3:8
Vierde titel	Toezicht en aanhouding	Art. 6:3:14
Hoofdstuk 4	Geldelijke straffen en maatregelen	Art. 6:4:1
Eerste titel	Inning van geldboetes en schadevergoedingsmaatregelen	Art. 6:4:1
Tweede titel	Ontneming van wederrechtelijk verkregen voordeel	Art. 6:4:9
Derde titel	Bevel gijzeling	Art. 6:4:20
Vierde titel	Storting waarborgsom	Art. 6:4:21
Hoofdstuk 5	Bijkomende straffen	Art. 6:5:1
Hoofdstuk 6	Rechterlijke beslissingen inzake de tenuitvoerlegging	Art. 6:6:1
Eerste titel	Algemeen	Art. 6:6:1
Tweede titel	Vrijheidsbenemende straffen en maatregelen	Art. 6:6:8
Derde titel	Vrijheidsbeperkende straffen, maatregelen en voorwaarden	Art. 6:6:19
Vierde titel	Geldelijke straffen en maatregelen	Art. 6:6:25
Vijfde titel	Jeugd	Art. 6:6:28

C2 Wetboek van Strafvordering

Hoofdstuk 7   Gratie   Art. 6:7:1

Wetboek van Strafvordering[1]

Wet van 15 januari 1921

Wij WILHELMINA, bij de gratie Gods, Koningin der Nederlanden, Prinses van Oranje Nassau, enz., enz., enz..
Allen, die deze zullen zien of hooren lezen, salut! doen te weten:
Alzoo Wij in overweging genomen hebben, dat het noodzakelijk is een nieuw Wetboek van Strafvordering vast te stellen;
Zoo is het, dat Wij, den Raad van State gehoord, en met gemeen overleg der Staten Generaal, hebben goedgevonden en verstaan, gelijk Wij goedvinden en verstaan bij deze:
Artikel I
Worden vastgesteld de navolgende bepalingen welke zullen uitmaken het Wetboek van Strafvordering

Eerste Boek
Algemeene bepalingen

Titel I
Strafvordering in het algemeen

Eerste afdeeling
Inleidende bepaling

Art. 1
Strafvordering heeft alleen plaats op de wijze bij de wet voorzien.
(Zie ook: art. 1 WvSr; artt. 81, 107 GW)

Legaliteitsbeginsel

Tweede afdeeling
Relatieve bevoegdheid van de rechtbanken tot kennisneming van strafbare feiten

Art. 2
[1.] Van de rechtbanken zijn gelijkelijk bevoegd:
die binnen welker rechtsgebied het feit is begaan;
die binnen welker rechtsgebied de verdachte woon- of verblijfplaats heeft;
die binnen welker rechtsgebied de verdachte zich bevindt;
die binnen welker rechtsgebied de verdachte zijne laatst bekende woon- of verblijfplaats heeft gehad;
die bij welke tegen de verdachte een vervolging ter zake van een ander feit is aangevangen;
die welker rechtsgebied grenst aan de territoriale zee alsmede de rechtbank Amsterdam, indien het feit is begaan ter zee buiten het rechtsgebied van een rechtbank of aan boord van een vaartuig dat buitengaats wordt gebracht;
de rechtbank Amsterdam, de rechtbank Oost-Brabant, de rechtbank Overijssel en de rechtbank Rotterdam, indien de officier van justitie bij het landelijk parket met de vervolging van het strafbare feit is belast;
de rechtbank Amsterdam, de rechtbank Oost-Brabant, de rechtbank Overijssel en de rechtbank Rotterdam ten aanzien van bij algemene maatregel van bestuur aan te wijzen strafbare feiten met de vervolging waarvan de officier van justitie bij het functioneel parket is belast.
(Zie ook: art. 539a WvSv)
[2.] In geval van gelijktijdige vervolging bij meer dan ééne rechtbank blijft uitsluitend bevoegd de rechtbank die in deze rangschikking eerder is geplaatst, of, indien het rechtbanken betreft, welke in deze rangschikking dezelfde plaats innemen, de rechtbank waarbij de vervolging het eerst is ingesteld.
(Zie ook: artt. 6, 419, 510, 525 WvSv)
3. De bevoegdheid tot kennisneming in eerste aanleg van strafbare feiten die op grond van de Verordening (EU) 2017/1939 van de Raad van 12 oktober 2017 betreffende nauwere samenwerking bij de instelling van het Europees Openbaar Ministerie («EOM») (PbEU 2017, L 283) worden vervolgd, berust bij de rechtbank Amsterdam, de rechtbank Oost-Brabant, de rechtbank Overijssel en de rechtbank Rotterdam.

Relatieve competentie van rechtbanken

---

1   Inwerkingtredingsdatum: 01-01-1926; zoals laatstelijk gewijzigd bij: Stb. 2021, 155.

Art. 3
[Vervallen]

Art. 4

Strafbaar feit aan boord van Nederlands (lucht)vaartuig

Strafbare feiten buiten het rechtsgebied van een rechtbank aan boord van een Nederlandsch vaartuig of luchtvaartuig begaan, worden, ter bepaling van de bevoegdheid des rechters, geacht te zijn begaan binnen het rijk ter plaatse waar de eigenaar van het vaartuig of luchtvaartuig woont of de zetel van het bedrijf is gevestigd dan wel het vaartuig teboekstaat.
(Zie ook: artt. 3, 86, 86a WvSr; art. 136b WvSv)

Art. 5

Bevoegdheid rechtbank Amsterdam

Indien de voorgaande artikelen niet een bevoegde rechter aanwijzen, is de rechtbank Amsterdam bevoegd.
(Zie ook: art. 2 WvSr)

Art. 6

Bevoegdheid bij deelneming van meer dan één persoon

[1.] Bij deelneming van meer dan één persoon aan hetzelfde strafbare feit brengt de bevoegdheid ten aanzien van één der als daders of medeplichtigen aansprakelijke personen de bevoegdheid mede ten aanzien van de andere.
(Zie ook: art. 510 WvSv)
[2.] In geval van gelijktijdige vervolging bij onderscheidene bevoegde rechtbanken blijft uitsluitend bevoegd de rechter voor wien de als daders aansprakelijke personen worden vervolgd. Worden zoodanige personen niet voor hetzelfde gerecht vervolgd, dan blijft uitsluitend bevoegd de rechter bij wien de vervolging tegen één hunner het eerst is aangevangen.
[3.] Indien door meer dan één persoon, al dan niet tezamen, verschillende strafbare feiten zijn begaan, die in zodanig verband tot elkaar staan, dat de behandeling voor één rechtbank gewenst moet worden geacht, worden deze feiten voor de toepassing van het eerste lid van dit artikel geacht in deelneming te zijn begaan.
(Zie ook: art. 485 WvSv; art. 47 WvSr)

Derde afdeeling
Vervolging van strafbare feiten

Art. 7

Taak procureur-generaal Hoge Raad

De procureur-generaal bij den Hoogen Raad is belast met de vervolging van die strafbare feiten waarvan de Hooge Raad in eersten aanleg kennis neemt.
(Zie ook: art. 483 WvSv; art. 111 Wet RO)

Art. 8

Taak College procureurs-generaal

Het College van procureurs-generaal waakt voor de richtige vervolging van de strafbare feiten waarvan, de rechtbanken en de gerechtshoven kennisnemen. Het geeft daartoe de nodige bevelen aan de hoofden van de parketten.
(Zie ook: art. 140 WvSv; art. 130 Wet RO)

Art. 9

Werkterrein OvJ bij arrondissementsparket
Werkterrein OvJ bij landelijk parket
Werkterrein OvJ bij functioneel parket

1. De officier van justitie bij het arrondissementsparket is belast met de vervolging van strafbare feiten waarvan de rechtbank in het arrondissement kennisneemt.
2. De officier van justitie bij het landelijk parket is belast met de vervolging van de strafbare feiten ten aanzien waarvan dat bij algemene maatregel van bestuur is bepaald.
3. De officier van justitie bij het functioneel parket is belast met de vervolging van strafbare feiten waarvan de opsporing ingevolge artikel 3 van de Wet op de bijzondere opsporingsdiensten tot de taken van een bijzondere opsporingsdienst behoort.

Werkterrein OvJ bij Parket Centrale Verwerking Openbaar Ministerie

4. De officier van justitie van het Parket Centrale Verwerking Openbaar Ministerie is belast met de vervolging van strafbare feiten ten aanzien waarvan dat bij algemene maatregel van bestuur is bepaald.
(Zie ook: artt. 167, 242 WvSv; artt. 124, 136, 137, 138 Wet RO)

Werkterrein advocaat-generaal bij ressortsparket

5. De advocaat-generaal bij het ressortsparket is belast met de vervolging van strafbare feiten waarvan het gerechtshof kennis neemt.

Art. 10

Bevoegdheid OvJ buiten rechtsgebied eigen rechtbank

1. De officier van justitie, bevoegd tot het doen van enig onderzoek, kan een bepaalde onderzoekshandeling ook binnen het rechtsgebied van een andere rechtbank dan die waarbij hij is geplaatst verrichten of doen verrichten. Hij brengt in dat geval zijn ambtgenoot hiervan tijdig op de hoogte.
2. Bij dringende noodzakelijkheid kan de officier van justitie een bepaalde onderzoekshandeling overdragen aan de officier van justitie die is geplaatst bij de rechtbank binnen welker rechtsgebied de onderzoekshandeling moet plaatshebben.
3. De officier van justitie, bevoegd tot het bijwonen van enig onderzoek door een rechterlijke instantie, kan als zodanig ook binnen het rechtsgebied van een andere rechtbank dan die waarbij hij is geplaatst optreden, indien dit onderzoek aldaar plaatsvindt.
(Zie ook: artt. 141, 146 WvSv)

Wetboek van Strafvordering

Art. 11
[Vervallen.]

Vierde afdeeling
Beklag over het niet vervolgen van strafbare feiten

Art. 12
1. Wordt een strafbaar feit niet vervolgd, de vervolging niet voortgezet, of vindt de vervolging plaats door het uitvaardigen van een strafbeschikking, dan kan de rechtstreeks belanghebbende daarover schriftelijk beklag doen bij het gerechtshof, binnen het rechtsgebied waarvan de beslissing tot niet vervolging of niet verdere vervolging is genomen, dan wel de strafbeschikking is uitgevaardigd. Indien de beslissing is genomen door een officier van justitie bij het landelijk parket of bij het functioneel parket, is het gerechtshof Den Haag bevoegd. Indien de beslissing is genomen door een officier van justitie bij het parket centrale verwerking openbaar ministerie, is bevoegd het gerechtshof in het ressort waar de klager woon- of verblijfplaats heeft. Bij gebreke daaraan is het gerechtshof Arnhem-Leeuwarden bevoegd.
(Zie ook: artt. 134, 137a Wet RO; art. 257a WvSv)

2. Onder rechtstreeks belanghebbende wordt mede verstaan een rechtspersoon die krachtens zijn doelstelling en blijkens zijn feitelijke werkzaamheden een belang behartigt dat door de beslissing tot niet vervolging of niet verdere vervolging rechtstreeks wordt getroffen.
(Zie ook: artt. 21, 167, 240, 242, 246 WvSv)

3. Geen beklag is mogelijk indien er sprake is van een onherroepelijke einduitspraak als bedoeld in artikel 482a.

4. Het klaagschrift kan langs elektronische weg worden overgedragen met behulp van een bij algemene maatregel van bestuur aangewezen elektronische voorziening.

Beklag over niet-vervolging

Art. 12a
1. De griffier van het gerechtshof, dat het klaagschrift heeft ontvangen, geeft de klager schriftelijk bericht van de ontvangst.
2. Na ontvangst van het klaagschrift draagt het gerechtshof de advocaat-generaal op te dien aanzien schriftelijk verslag te doen.

Taak griffier in geval van art. 12 Sv.

Art. 12b
Indien het beklag niet tot de kennisneming van het gerechtshof behoort, verklaart het gerechtshof zich onbevoegd. Is het gerechtshof van oordeel dat een ander gerechtshof dan wel, in geval van artikel 13a, de Hoge Raad bevoegd is, dan verwijst het klaagschrift naar het bevoegd geachte college onder gelijktijdige toezending van het klaagschrift en een afschrift van de beschikking.

Onbevoegd gerechtshof in geval van art. 12 Sv.

Art. 12c
Is de klager kennelijk niet ontvankelijk of het beklag kennelijk ongegrond, dan kan het gerechtshof zonder nader onderzoek de klager niet ontvankelijk of het beklag ongegrond verklaren.

Niet-ontvankelijke klager of ongegrond beklag in geval van art. 12 Sv.

Art. 12d
1. Het gerechtshof beslist niet alvorens de klager te hebben gehoord, althans behoorlijk daartoe te hebben opgeroepen, behoudens in de gevallen bedoeld in de artikelen 12b en 12c.
2. Het oproepen van de klager kan ook achterwege blijven wanneer door hem terzake van hetzelfde feit reeds eerder beklag is gedaan, tenzij door de klager nieuwe omstandigheden zijn aangevoerd die, waren zij het gerechtshof bekend geweest, tot een andere beslissing op dat eerdere beklag hadden kunnen leiden.
3. Indien beklag is gedaan door meer dan twee personen, kan het gerechtshof volstaan met het oproepen van de twee personen, wier namen en adressen als eerste in het klaagschrift zijn vermeld.

Horen van de klager in geval van art. 12 Sv.

Art. 12e
1. Het gerechtshof kan de persoon wiens vervolging wordt verlangd oproepen ten einde hem in de gelegenheid te stellen opmerkingen te maken over het in het beklag gedane verzoek en de gronden waarop dat berust. De oproeping gaat vergezeld van een afschrift van het klaagschrift of bevat een aanduiding van het feit waarop het beklag betrekking heeft.
2. Een bevel als bedoeld in artikel 12i, eerste lid, wordt niet gegeven dan nadat de persoon wiens vervolging wordt verlangd door het gerechtshof is gehoord, althans behoorlijk daartoe is opgeroepen. Artikel 273, eerste lid, is van overeenkomstige toepassing.

Wederhoor in geval van art. 12 Sv.

Art. 12f
1. De klager en de persoon wiens vervolging wordt verlangd kunnen zich in raadkamer doen bijstaan. Zij kunnen zich doen vertegenwoordigen door een advocaat, indien deze verklaart daartoe bepaaldelijk gevolmachtigd te zijn, of door een daartoe bij bijzondere volmacht schriftelijk gemachtigde. Van deze bevoegdheid, alsmede van de mogelijkheid om toevoeging van een advocaat te verzoeken, wordt hun in de oproeping mededeling gedaan.

Bijstand in raadkamer door advocaat in geval van art. 12 Sv.

C2 art. 12g

Kennisneming processtukken

2. De voorzitter van het gerechtshof staat, behoudens in de gevallen bedoeld in de artikelen 12b en 12c, de klager en de persoon wiens vervolging wordt verlangd, alsmede hun advocaten of gemachtigden toe van de op de zaak betrekking hebbende stukken kennis te nemen indien daarom wordt verzocht. Kennisneming geschiedt op de wijze door de voorzitter te bepalen. De voorzitter kan, ambtshalve of op vordering van de advocaat-generaal, bepaalde stukken van kennisneming uitzonderen in het belang van de bescherming van de persoonlijke levenssfeer, de opsporing of vervolging van strafbare feiten of op zwaarwichtige gronden aan het algemeen belang ontleend.

3. De voorzitter kan, ambtshalve of op vordering van de advocaat-generaal, bepalen dat in het belang van de bescherming van de persoonlijke levenssfeer, de opsporing en vervolging van strafbare feiten of op zwaarwichtige gronden aan het algemeen belang ontleend, van bepaalde stukken of gedeelten daarvan geen afschrift wordt verstrekt.

4. De klager of de persoon wiens vervolging wordt verlangd wordt in het geval, bedoeld in het derde lid, schriftelijk medegedeeld dat hem van bepaalde stukken of gedeelten daarvan geen afschrift wordt verstrekt.

Art. 12g

Geen plicht tot antwoorden in geval van art. 12 Sv.

De persoon wiens vervolging wordt verlangd is niet verplicht op de vragen, hem in raadkamer gesteld, te antwoorden. Hiervan wordt hem, voordat hij wordt gehoord, mededeling gedaan. De mededeling wordt in het proces-verbaal opgenomen.
(Zie ook: art. 29 WvSv)

Art. 12h

Horen door gerechtshof in geval van art. 12 Sv.

Het horen van de klager en de persoon wiens vervolging wordt verlangd kan ook aan één der leden van het gerechtshof worden opgedragen.

Art. 12i

Gegrond beklag in geval van art. 12 Sv.

1. Indien het beklag tot de kennisneming van het gerechtshof behoort, de klager ontvankelijk is en het gerechtshof van oordeel is dat vervolging of verdere vervolging had moeten plaats hebben, beveelt het gerechtshof dat de vervolging zal worden ingesteld of voortgezet ter zake van het feit waarop het beklag betrekking heeft. Tenzij het gerechtshof anders bepaalt, kan de vervolging niet worden ingesteld of voortgezet door het uitvaardigen van een strafbeschikking.
(Zie ook: artt. 240, 246, 257a WvSv)

2. Het gerechtshof kan het geven van zodanig bevel ook weigeren op gronden aan het algemeen belang ontleend.
(Zie ook: artt. 167, 242 WvSv)

3. Het bevel kan tevens de last bevatten, dat door de officier van justitie de vordering zal worden gedaan bedoeld in artikel 181 teneinde de rechter-commissaris bepaalde onderzoekshandelingen te laten verrichten, of dat de persoon wiens vervolging wordt verlangd ter terechtzitting wordt gedagvaard.

4. In alle andere gevallen wijst het gerechtshof, behoudens het bepaalde in artikel 12b, het beklag af.
(Zie ook: artt. 12e, 244, 255 WvSv)

Art. 12j

Onpartijdigheid rechter

De leden van het gerechtshof die over het beklag hebben geoordeeld, nemen bij voorkeur geen deel aan de berechting.
(Zie ook: artt. 21, 268 WvSv; art. 6 EVRM)

Art. 12k

Beklagtermijn in geval van art. 12 Sv.

1. Indien een strafbeschikking is uitgevaardigd moet het beklag worden gedaan binnen drie maanden na de datum waarop de rechtstreeks belanghebbende daarmee bekend is geworden.
(Zie ook: art. 257a WvSv)

2. Het beklag kan ook na deze termijn worden gedaan, indien de strafbeschikking niet volledig ten uitvoer wordt gelegd.

Art. 12l

Niet toegelaten beklag in geval van art. 12 Sv.

1. Beklag is niet toegelaten terzake van strafbare feiten waarvoor de verdachte buiten vervolging is gesteld of een beschikking waarin verklaard wordt dat de zaak is geëindigd aan hem is betekend.

2. Betreft het beklag een strafbaar feit waarvoor aan de verdachte een kennisgeving van niet verdere vervolging is betekend, dan moet het beklag worden gedaan binnen drie maanden nadat zich een omstandigheid heeft voorgedaan waaruit voortvloeit dat de rechtstreeks belanghebbende met de kennisgeving bekend is geworden.
(Zie ook: artt. 36, 245a, 250 WvSv)

Art. 12m-12p

[Vervallen]

Art. 13

Beklag bij nalaten indienen verzoekschrift als bedoeld in art. 510 Sv.

[1.] Wordt een verzoekschrift als bedoeld in artikel 510 niet ingediend, dan kan de rechtstreeks belanghebbende daarover beklag doen bij het gerechtshof binnen het rechtsgebied waarvan de

Wetboek van Strafvordering

C2 art. 20

indiening zou behoren te geschieden. Het gerechtshof kan de advocaat-generaal opdragen te dien aanzien verslag te doen en kan voorts de indiening van het verzoekschrift bevelen.
(Zie ook: artt. 240, 246 WvSv)
[2.] Het gerechtshof kan het geven van zodanig bevel ook weigeren op gronden aan het algemeen belang ontleend.
(Zie ook: artt. 167, 242 WvSv)
3. De behandeling van het beklag vindt plaats overeenkomstig de artikelen 12a tot en met 12l.
(Zie ook: art. 21 WvSv)

Art. 13a
Betreft het beklag een strafbaar feit waarvan de Hooge Raad in eersten aanleg kennis neemt, dan geldt hetgeen in de artikel 12-12j ten aanzien van het gerechtshof, de leden en de advocaat-generaal voorkomt, ten aanzien van den Hoogen Raad, de leden en den procureur-generaal bij dien Raad.
(Zie ook: artt. 7, 483 WvSv; art. 111 Wet RO)

<small>Beklag betreffende strafbaar feit voorgelegd aan Hoge Raad in geval van art. 12 Sv.</small>

Vijfde afdeeling
Schorsing der vervolging

Art. 14
[1.] Indien de waardeering van het te laste gelegde feit afhangt van de beoordeeling van een geschilpunt van burgerlijk recht, kan de rechter, in welken stand der vervolging ook, de vervolging voor een bepaalden tijd schorsen, ten einde de uitspraak van den burgerlijken rechter over het geschilpunt af te wachten.
[2.] De schorsing kan telkens voor een bepaalden tijd worden verlengd en te allen tijde worden opgeheven.
(Zie ook: artt. 348, 360, 526 WvSv; artt. 73, 236 WvSr)

<small>Schorsing vervolging wegens prejudicieel geschil</small>

Art. 14a
In zaken betreffende minderjarige verdachten kan de vervolging worden geschorst, indien, gelijktijdig met de vervolging, ten aanzien van beide of een der ouders, onderscheidenlijk de voogd, een verzoek tot beëindiging van het gezag, onderscheidenlijk beëindiging van de voogdij, over de verdachte dan wel een verzoek of een vordering tot ondertoezichtstelling aanhangig is, en wel totdat de beslissing daarop onherroepelijk zal zijn geworden.
(Zie ook: art. 77a WvSr; artt. 131, 488 WvSv; artt. 233, 254, 266, 327 BW Boek 1)

<small>Schorsing vervolging bij minderjarige verdachten</small>

Art. 15
Na de kennisgeving van verdere vervolging of, indien deze niet heeft plaats gehad, na het uitbrengen van de dagvaarding ter terechtzitting kan de verdachte de schorsing wegens het bestaan van een geschilpunt van burgerlijk recht enkel verzoeken, hetzij bij het bezwaarschrift hetwelk tegen die kennisgeving of dagvaarding kan worden ingediend, hetzij op de terechtzitting.
(Zie ook: artt. 244, 250, 262 WvSv)

<small>Verzoek tot schorsing vervolging na prejudicieel geschil</small>

Art. 16
1. Indien de verdachte aan een zodanige psychische stoornis, psychogeriatrische aandoening of verstandelijke handicap lijdt, dat hij niet in staat is de strekking van de tegen hem ingestelde vervolging te begrijpen, schorst de rechter de vervolging, in welke stand zij zich ook bevindt.
(Zie ook: art. 378 BW Boek 1)
[2.] Zoodra van het herstel van den verdachte is gebleken, wordt de schorsing opgeheven.
(Zie ook: artt. 348, 509a WvSv)

<small>Schorsing vervolging wegens geestelijke stoornis</small>

<small>Opheffing schorsing</small>

Art. 17
[1.] In geval van schorsing der vervolging kan de rechter niettemin spoedeischende maatregelen bevelen.
[2.] Hij kan gelasten dat de schorsing zich niet zal uitstrekken tot hetgeen de voorloopige hechtenis betreft.
(Zie ook: artt. 72, 133, 526 WvSv)

<small>Spoedmaatregelen bij schorsing vervolging</small>
<small>Voorlopige hechtenis bij schorsing vervolging</small>

Art. 18
[Vervallen]

Art. 19
1. De beslissingen omtrent de schorsing worden genomen hetzij ambtshalve, hetzij op de vordering van het openbaar ministerie, hetzij op het verzoek van den verdachte of zijn raadsman. Zij worden gegeven door het gerecht in feitelijken aanleg, waarvoor de zaak wordt vervolgd of anders het laatst werd vervolgd.
2. Alle beschikkingen worden onverwijld aan den verdachte beteekend.
(Zie ook: artt. 21, 138, 330, 348, 504, 585 WvSv)

<small>Beslissingen omtrent schorsing vervolging</small>

<small>Betekening aan verdachte</small>

Art. 20
[1.] Tegen beschikkingen omtrent de schorsing staat het openbaar ministerie binnen veertien dagen daarna en den verdachte binnen veertien dagen na de beteekening hooger beroep open. Is echter de hoofdzaak niet voor hooger beroep vatbaar, dan is binnen gelijken termijn alleen

<small>Beroep tegen beschikking omtrent schorsing vervolging</small>

Sdu

beroep in cassatie toegelaten. Tegen beschikkingen in hooger beroep gegeven, staat binnen gelijken termijn beroep in cassatie open.
(Zie ook: artt. 130, 138, 445 WvSv)
[2.] De Hooge Raad, het gerechtshof of de rechtbank beslist zoo spoedig mogelijk. Artikel 19, laatste lid, is van toepassing.

Zesde afdeeling
Behandeling door de raadkamer

Art. 21

Terechtzitting of behandeling in raadkamer

[1.] In alle gevallen waarin niet de beslissing door het rechterlijk college op de terechtzitting is voorgeschreven of aldaar ambtshalve wordt genomen, geschiedt de behandeling door de raadkamer. Echter geschieden op de terechtzitting onderzoek en beslissing omtrent alle vorderingen, verzoeken of voordrachten, aldaar gedaan.

Samenstelling raadkamer

[2.] De raadkamer is als volgt samengesteld:
a. bij de rechtbanken uit drie leden of, indien het vijfde lid, eerste volzin van toepassing is, uit één lid;
b. bij de gerechtshoven uit drie leden of, indien het zesde lid van toepassing is, uit één lid;
c. bij de Hoge Raad uit vijf leden of, overeenkomstig artikel 75, derde lid, van de Wet op de rechterlijke organisatie, uit drie leden.
[3.] Indien door de raadkamer eene beslissing moet worden gegeven na den aanvang van het onderzoek op de terechtzitting, is zij zooveel mogelijk samengesteld uit de leden die op de terechtzitting over de zaak hebben gezeten.
(Zie ook: artt. 89, 226b WvSv)
[4.] Het lid of plaatsvervangend lid dat als rechter- of raadsheer-commissaris eenig onderzoek in de zaak heeft verricht, neemt, op straffe van nietigheid, aan de behandeling door de raadkamer geen deel, tenzij het onderzoek uitsluitend heeft plaatsgevonden op grond van artikel 316, tweede lid, en de rechter- of raadsheer-commissaris ook aan het verdere onderzoek ter terechtzitting kan deelnemen.
(Zie ook: artt. 268, 316, 420, 480 WvSv)

Enkelvoudige kamer bij rechtbank

5. Behandeling door een enkelvoudige kamer van de rechtbank kan geschieden indien de zaak van eenvoudige aard is. Behandeling door een enkelvoudige kamer vindt in elk geval plaats, indien de kantonrechter de zaak behandelt en beslist. Behandeling door een meervoudige kamer vindt in elk geval plaats, indien het betreft de behandeling van beroep tegen een beschikking van de rechter-commissaris, alsmede van de vordering van het openbaar ministerie tot gevangenhouding of gevangenneming als bedoeld in artikel 65, 66, derde lid, laatste volzin, of 66a.

Enkelvoudige kamer bij hof

6. Behandeling door een enkelvoudige kamer van het gerechtshof kan geschieden indien de behandeling verband houdt met een zaak als bedoeld in artikel 411, tweede lid, alsmede indien het betreft de behandeling van een vordering tot verlenging van de gevangenhouding als bedoeld in artikel 75, eerste lid.

Verwijzing naar meervoudige kamer

7. Indien het lid van de rechtbank als bedoeld in het vijfde lid of het lid van het gerechtshof als bedoeld in het zesde lid, oordeelt dat de zaak door een meervoudige kamer moet worden behandeld verwijst hij de zaak daarheen. De verwijzing kan geschieden in elke stand van de behandeling. De verwezen zaak wordt voortgezet in de stand waarin zij zich bevond. Bij de beoordeling van de zaak kan hetgeen voor de verwijzing bij de behandeling in raadkamer heeft plaatsgevonden worden betrokken.
(Zie ook: art. 6 Wet RO; artt. 36, 69, 80, 221, 226a, 509a, 509w, 552ab WvSv)

Art. 22

Gesloten behandeling door raadkamer

1. De behandeling door de raadkamer vindt, tenzij anders is voorgeschreven, niet in het openbaar plaats.
2. Indien behandeling in het openbaar is voorgeschreven, kan de raadkamer gehele of gedeeltelijke behandeling met gesloten deuren bevelen. Dit bevel kan worden gegeven in het belang van de goede zeden, de openbare orde, de veiligheid van de staat, alsmede indien de belangen van minderjarigen, of de eerbiediging van de persoonlijke levenssfeer van de verdachte, andere procesdeelnemers of anderszins bij de zaak betrokkenen het eisen. Een dergelijk bevel kan ook worden gegeven indien openbaarheid naar het oordeel van de rechtbank het belang van een goede rechtspleging ernstig zou schaden.
3. Een bevel als bedoeld in het tweede lid wordt door de raadkamer ambtshalve, op vordering van het openbaar ministerie, dan wel op het verzoek van de verdachte of andere procesdeelnemers gegeven. De raadkamer geeft het bevel niet dan na het openbaar ministerie, de verdachte alsmede andere procesdeelnemers, zonodig met gesloten deuren, hieromtrent te hebben gehoord.
4. De raadkamer is bevoegd de identiteit van de verdachte vast te stellen op de wijze, bedoeld in artikel 27a, eerste lid, eerste volzin, en tweede lid, en van de getuige op de wijze, bedoeld in artikel 27a, eerste lid, eerste en tweede volzin, indien over de identiteit van de verdachte of ge-

Wetboek van Strafvordering

C2 art. 27

tuige twijfel bestaat. Artikel 29c, tweede lid, is ten aanzien van de getuige van overeenkomstige toepassing.
5. Tot bijwoning van de niet openbare behandeling kan de voorzitter bijzondere toegang verlenen.

Art. 23
1. De raadkamer is bevoegd de noodige bevelen te geven, opdat het onderzoek hetwelk aan hare beslissing moet voorafgaan, overeenkomstig de bepalingen van dit wetboek zal plaats vinden.
       Bevelen door raadkamer
2. Door de raadkamer worden het openbaar ministerie, de verdachte en andere procesdeelnemers gehoord, althans hiertoe opgeroepen, tenzij anders is voorgeschreven. Artikel 22, vierde lid, is van overeenkomstige toepassing.
       Horen door raadkamer
3. De verdachte en andere procesdeelnemers kunnen zich bij de behandeling door de raadkamer door een raadsman of advocaat doen bijstaan.
       Bijstand verdachte in raadkamer
(Zie ook: artt. 12f, 28, 38, 40, 63, 591 WvSv)
4. Indien de verdachte de Nederlandse taal niet of onvoldoende beheerst, wordt de bijstand van een tolk ingeroepen. Het openbaar ministerie roept de tolk op. Artikel 276, derde lid, is van overeenkomstige toepassing.
       Bijstand van tolk bij verdachte in raadkamer
5. Het openbaar ministerie legt aan de raadkamer de op de zaak betrekking hebbende stukken over. De verdachte en andere procesdeelnemers zijn, evenals hun raadsman of advocaat, bevoegd van de inhoud van deze stukken kennis te nemen.
       Overleg van stukken door OM bij raadkamer
6. Het tweede tot en met vijfde lid zijn niet van toepassing, voor zover het belang van het onderzoek hierdoor ernstig wordt geschaad.

Art. 24
1. De beschikking van de raadkamer is met redenen omkleed. Indien openbare behandeling door de raadkamer is voorgeschreven, wordt zij in het openbaar uitgesproken.
       Beschikking raadkamer
(Zie ook: art. 4 Wet RO; artt. 509m, 552a, 552ab, 552b, 552f WvSv; artt. 14i, 15b WvSr)
2. De beschikking vermeldt de namen van de leden van het college, door wie en de dag waarop zij is gewezen. Zij wordt ondertekend door de voorzitter en de griffier die bij de behandeling tegenwoordig is geweest.
3. Bij ontstentenis van de voorzitter tekent een lid van de raadkamer. Indien de griffier niet tot ondertekening in staat is wordt daarvan in de beschikking melding gemaakt.
4. De beschikking wordt, tenzij anders is voorgeschreven, onverwijld toegezonden aan de verdachte en andere procesdeelnemers.
5. Het vereiste van de onverwijlde toezending, bedoeld in het vierde lid geldt niet, indien op grond van artikel 23, zesde lid, van het oproepen van de verdachte of andere procesdeelnemers is afgezien. Toezending vindt plaats, zodra het belang van het onderzoek dat toelaat.

Art. 25
[1.] Van het onderzoek der raadkamer wordt door den griffier een proces-verbaal opgemaakt, behelzende den zakelijken inhoud van de afgelegde verklaringen en van hetgeen verder bij dat onderzoek is voorgevallen.
    Proces-verbaal van het onderzoek in raadkamer
[2.] Indien een verdachte, getuige of deskundige of de raadsman of de advocaat verlangt dat eenige opgave in de eigen woorden zal worden opgenomen, geschiedt dat, voor zoover de opgave redelijke grenzen niet overschrijdt, zooveel mogelijk.
(Zie ook: art. 29 WvSv)
[3.] Het proces-verbaal wordt door den voorzitter of door een der andere leden van de raadkamer en den griffier vastgesteld en zoo spoedig mogelijk na den afloop van het onderzoek onderteekend. Voor zoover de griffier tot een en ander buiten staat is, geschiedt dit zonder zijne medewerking en wordt van zijne verhindering aan het slot van het proces-verbaal melding gemaakt.
(Zie ook: art. 327 WvSv)
[4.] Het wordt met de beschikking en de verdere tijdens het onderzoek in de raadkamer in het geding gebrachte stukken bij de processtukken gevoegd.
(Zie ook: artt. 31, 172, 344 WvSv)

Art. 26
[Vervallen]

Titel II
De verdachte

Art. 27
[1.] Als verdachte wordt vóórdat de vervolging is aangevangen, aangemerkt degene te wiens aanzien uit feiten of omstandigheden een redelijk vermoeden van schuld aan een strafbaar feit voortvloeit.
    Verdachte

Sdu

[2.] Daarna wordt als verdachte aangemerkt degene tegen wie de vervolging is gericht.
(Zie ook: artt. 63, 167, 181 WvSv)
3. De aan de verdachte toekomende rechten komen tevens toe aan de veroordeelde tegen wie een strafrechtelijk financieel onderzoek is ingesteld of te wiens aanzien op een vordering van het openbaar ministerie als bedoeld in artikel 36e van het Wetboek van Strafrecht niet onherroepelijk is beslist.
(Zie ook: artt. 126, 511b WvSv)

Bijstand verdachte door tolk bij vervolging
4. De verdachte die de Nederlandse taal niet of onvoldoende beheerst, is bevoegd zich te laten bijstaan door een tolk.

Art. 27a

Identificatie verdachte
1. De verdachte wordt ten behoeve van het vaststellen van zijn identiteit gevraagd naar zijn naam, voornamen, geboorteplaats en geboortedatum, het adres waarop hij in de basisregistratie personen is ingeschreven en het adres van zijn feitelijke verblijfplaats. Het vaststellen van zijn identiteit omvat tevens een onderzoek van een identiteitsbewijs als bedoeld in artikel 1 van de Wet op de identificatieplicht. In de gevallen, bedoeld in artikel 55c, tweede en derde lid, omvat het vaststellen van zijn identiteit tevens het nemen van een of meer foto's en vingerafdrukken.
2. In de gevallen waarin van de verdachte overeenkomstig dit wetboek vingerafdrukken zijn genomen en verwerkt, omvat het vaststellen van zijn identiteit ter verificatie het nemen van zijn vingerafdrukken en het vergelijken van die vingerafdrukken met de van hem verwerkte vingerafdrukken. In de andere gevallen omvat het vaststellen van zijn identiteit een onderzoek van een identiteitsbewijs als bedoeld in artikel 1 van de Wet op de identificatieplicht.

Art. 27b

Toekennen strafrechtsketennummer
1. Onze Minister van Veiligheid en Justitie kent aan de verdachte na de vaststelling van zijn identiteit een strafrechtsketennummer toe, tenzij aan hem reeds een strafrechtsketennummer is toegekend. Het strafrechtsketennummer bevat geen informatie over de verdachte.
2. Het strafrechtsketennummer mag slechts worden gebruikt ten behoeve van het uitwisselen van persoonsgegevens van verdachten en veroordeelden ten behoeve van de toepassing van het strafrecht en de uitvoering van de Vreemdelingenwet 2000 in bij algemene maatregel van bestuur te bepalen gevallen.
3. De functionarissen en organen die met de toepassing van het strafrecht zijn belast, gebruiken bij het onderling uitwisselen van persoonsgegevens over verdachten en veroordeelden het strafrechtsketennummer, evenals bij het uitwisselen van deze persoonsgegevens met de functionarissen die met de uitvoering van de Vreemdelingenwet 2000 zijn belast. Bij het uitwisselen van deze persoonsgegevens met andere gebruikers als bedoeld in artikel 1, onder d, van de Wet algemene bepalingen burgerservicenummer gebruiken zij het burgerservicenummer om te waarborgen dat deze persoonsgegevens betrekking hebben op de juiste verdachte of veroordeelde.
4. Het strafrechtsketennummer en de andere gegevens die noodzakelijk zijn voor de vaststelling van de identiteit van verdachten en veroordeelden en die bij algemene maatregel van bestuur zijn aangewezen, worden in de strafrechtsketendatabank verwerkt.
5. De artikelen 1, onderdelen i, j, l tot en met z, 3, 7 tot en met 7b, 7d tot en met 7f, 15, 16, 16a, 17a, 17b, 18, 20 en 22 tot en met 26h en 27, van de Wet justitiële en strafvorderlijke gegevens zijn van overeenkomstige toepassing op de verwerking van de gegevens, bedoeld in het derde lid. Onze Minister van Justitie en Veiligheid is verwerkingsverantwoordelijke in de zin van die wet voor de databank, bedoeld in het derde lid.
6. Bij of krachtens algemene maatregel van bestuur worden regels gesteld voor het verwerken van de gegevens, bedoeld in het vierde lid.

Art. 27c

Mededeling strafbaar feit aan verdachte
1. Aan de verdachte wordt bij zijn staandehouding of aanhouding medegedeeld ter zake van welk strafbaar feit hij als verdachte is aangemerkt. Buiten gevallen van staandehouding of aanhouding wordt de verdachte deze mededeling uiterlijk voorafgaand aan het eerste verhoor gedaan.

Mededeling rechten aan verdachte
2. Aan de verdachte die niet is aangehouden, wordt voorafgaand aan zijn eerste verhoor, onverminderd artikel 29, tweede lid, mededeling gedaan van het recht op rechtsbijstand, bedoeld in artikel 28, eerste lid, en, indien van toepassing, het recht op vertolking en vertaling, bedoeld in artikel 27, vierde lid.
3. Aan de aangehouden verdachte wordt onverwijld na zijn aanhouding en in ieder geval voorafgaand aan zijn eerste verhoor schriftelijk mededeling gedaan van:
a. het recht om de in het eerste lid bedoelde informatie te ontvangen;
b. de in het tweede lid bedoelde rechten;
c. het bepaalde in artikel 29, tweede lid;
d. het recht op kennisneming van de processtukken op de wijze bepaald in de artikelen 30 tot en met 34;
e. de termijn waarbinnen de verdachte, voor zover hij niet in vrijheid is gesteld, krachtens dit wetboek voor de rechter-commissaris wordt geleid;

Wetboek van Strafvordering

C2 art. 28

f. de mogelijkheden om krachtens dit wetboek om opheffing of schorsing van de voorlopige hechtenis te verzoeken;
g. het recht om een persoon in kennis te doen stellen van zijn vrijheidsbeneming, bedoeld in artikel 27e, eerste lid;
h. het recht om de consulaire post in kennis te doen stellen van zijn vrijheidsbeneming, bedoeld in artikel 27e, tweede lid;
i. de bij algemene maatregel van bestuur aangewezen rechten.
4. Aan een verdachte die de Nederlandse taal niet of onvoldoende beheerst, wordt de mededeling van rechten in een voor hem begrijpelijke taal gedaan.
5. In het proces-verbaal wordt melding gemaakt van de mededeling van rechten.

Art. 27ca
1. Onverminderd het bepaalde in artikel 27c wordt de verdachte van zijn recht op rechtsbijstand, bedoeld in artikel 28, eerste lid, mededeling gedaan: | Mededeling rechten aan verdachte, moment van
a. voor de inverzekeringstelling en voor de vordering tot inbewaringstelling door de hulpofficier van justitie of de officier van justitie,
b. bij het eerste verhoor in geval van enig onderzoek verricht door de rechter-commissaris op grond van de artikelen 181 tot en met 183, door deze of door degene die in opdracht van de rechter-commissaris met het verhoor is belast;
c. in geval van aantekening van hoger beroep of van beroep in cassatie, door de griffier.
2. Van het recht, bedoeld in het eerste lid, wordt bovendien schriftelijk mededeling gedaan bij de betekening van:
a. de dagvaarding ter terechtzitting,
b. de oproeping, bedoeld in artikel 257f, eerste lid,
c. een door het openbaar ministerie ingesteld hoger beroep of beroep in cassatie, en
d. de kennisgeving van de dag van de behandeling in cassatie, vermeld in het gerechtelijk schrijven door uitreiking waarvan de betekening geschiedt.

Art. 27cb
Het verhoor van een aangehouden verdachte vindt zoveel mogelijk plaats op een plaats die is bestemd voor het verhoren van verdachten of op een andere door de hulpofficier van justitie of de officier van justitie aangewezen plaats van verhoor. | Verhoren verdachte op daartoe bestemde plaats

Art. 27d
1. De opsporingsambtenaar die een persoon uitnodigt om een verklaring af te leggen, deelt daarbij mee of deze als getuige of als verdachte wordt gehoord. | Mededeling over horen als getuige of als verdachte
2. Indien ten aanzien van een als getuige gehoorde persoon gedurende het verhoor een redelijk vermoeden van schuld aan een strafbaar feit ontstaat als bedoeld in artikel 27, eerste lid, doet de verhorende opsporingsambtenaar, indien deze het verhoor wil voortzetten, aan deze persoon de in artikel 27c, eerste en tweede lid, genoemde mededelingen.

Art. 27e
1. Op verzoek van de aangehouden verdachte geeft de hulpofficier van justitie die bij de voorgeleiding beveelt dat de verdachte wordt opgehouden voor onderzoek, onverwijld kennis van diens vrijheidsbeneming aan ten minste een door de verdachte aangeduide persoon. | Kennisgeving aan derde over aanhouden verdachte
2. Op verzoek van de aangehouden verdachte die niet de Nederlandse nationaliteit heeft, geeft de hulpofficier van justitie die bij de voorgeleiding beslist om de verdachte op te houden voor onderzoek, onverwijld kennis van diens vrijheidsbeneming aan de consulaire post van de staat waarvan de verdachte de nationaliteit heeft.
3. De hulpofficier van justitie kan de in het eerste lid bedoelde kennisgeving uitstellen voor zover en voor zolang als dit wordt gerechtvaardigd door een dringende noodzaak om:
a. ernstige negatieve gevolgen voor het leven, de vrijheid of de fysieke integriteit van een persoon te voorkomen of
b. te voorkomen dat aanzienlijke schade aan het onderzoek kan worden toegebracht.
4. De in het derde lid bedoelde beslissing en de gronden waarop deze berust, worden in het proces-verbaal vermeld.

Art. 28
1. De verdachte heeft het recht om zich, overeenkomstig de bepalingen van dit wetboek, te doen bijstaan door een raadsman. | Bijstand door raadsman
2. Aan de verdachte wordt overeenkomstig de wijze bij de wet bepaald door een aangewezen of gekozen raadsman rechtsbijstand verleend.
3. In bijzondere gevallen kan op gemotiveerd verzoek van de verdachte meer dan een raadsman worden aangewezen.
4. De verdachte wordt, telkens wanneer hij dit verzoekt, zo veel mogelijk de gelegenheid verschaft om zich met zijn raadsman in verbinding te stellen.
5. De verdachte die de Nederlandse taal niet of onvoldoende beheerst kan ten behoeve van zijn contacten met zijn raadsman een beroep doen op bijstand van een tolk. De raadsman is verantwoordelijk voor het oproepen van een tolk.

Wetboek van Strafvordering

Art. 28a

Afstand van rechtsbijstand

1. De verdachte kan vrijwillig en ondubbelzinnig afstand doen van het recht op rechtsbijstand, bedoeld in artikel 28, eerste lid, tenzij in dit wetboek anders is bepaald.
2. Wanneer de rechter of opsporingsambtenaar blijkt dat de verdachte de in het eerste lid bedoelde afstand van recht wil doen, licht deze hem in over de gevolgen daarvan en deelt deze hem mee dat hij van zijn beslissing kan terugkomen. Hiervan wordt proces-verbaal opgemaakt.

Art. 28ab

Bijstand door raadsman, toepasselijkheidsbepaling

Artikel 28, eerste lid, is niet van toepassing bij het verhoor ter plaatse van de staande gehouden verdachte van een bij of krachtens algemene maatregel van bestuur aangewezen overtreding waarvoor een strafbeschikking zal worden uitgevaardigd.

Art. 28b

Aanwijzing raadsman

1. Indien en kwetsbare verdachte of een verdachte van een misdrijf waarop naar de wettelijke omschrijving gevangenisstraf van twaalf jaren of meer is gesteld, is aangehouden, stelt de hulpofficier van justitie die bij de voorgeleiding beveelt dat de verdachte wordt opgehouden voor onderzoek, het bestuur van de raad voor rechtsbijstand onverwijld van zijn aanhouding in kennis, opdat het bestuur een raadsman aanwijst. Deze kennisgeving kan achterwege blijven indien de verdachte een raadsman heeft gekozen en deze of een vervangende raadsman tijdig beschikbaar zal zijn.
2. Indien een verdachte die is aangehouden voor een strafbaar feit waarvoor voorlopige hechtenis is toegelaten, desgevraagd rechtsbijstand wenst, stelt de hulpofficier van justitie die bij de voorgeleiding beveelt dat de verdachte wordt opgehouden voor onderzoek, het bestuur van de raad voor rechtsbijstand hiervan onverwijld in kennis, opdat het bestuur een raadsman aanwijst. De tweede volzin van het eerste lid is van overeenkomstige toepassing.
3. Indien de verdachte is aangehouden voor een strafbaar feit waarvoor geen voorlopige hechtenis is toegelaten, en hij desgevraagd rechtsbijstand wenst, wordt hij in de gelegenheid gesteld contact op te nemen met een door hem gekozen raadsman.
4. Indien de aangewezen raadsman niet binnen twee uur na de kennisgeving, bedoeld in het eerste en tweede lid, beschikbaar is, en indien de gekozen raadsman niet binnen twee uur na het contact, bedoeld in het eerste, tweede of derde lid, beschikbaar is, kan de hulpofficier van justitie, wanneer de verdachte alsnog afstand doet van zijn recht op rechtsbijstand in verband met het verhoor, beslissen dat met het verhoor van de verdachte wordt begonnen.

Art. 28c

Consultatiebijstand

1. De aangehouden verdachte voor wie ingevolge artikel 28b een raadsman beschikbaar is, wordt de gelegenheid verschaft om voorafgaand aan het eerste verhoor gedurende een termijn van ten hoogste een half uur met hem een onderhoud te hebben. De hulpofficier van justitie kan deze termijn, indien deze ontoereikend blijkt, op verzoek van de verdachte of zijn raadsman met ten hoogste een half uur verlengen, tenzij het belang van het onderzoek zich daartegen verzet. Het onderhoud kan ook door middel van telecommunicatie plaatsvinden.
2. De verdachte, bedoeld in artikel 28b, eerste lid, kan slechts afstand doen van het in het eerste lid bedoelde onderhoud, nadat hij door een raadsman over de gevolgen daarvan is ingelicht.

Art. 28d

Verhoorbijstand

1. Op verzoek van de aangehouden verdachte en de verdachte die is uitgenodigd om op een plaats van verhoor te verschijnen om te worden verhoord, kan de raadsman het verhoor bijwonen en daaraan deelnemen. Het verzoek wordt gericht aan de verhorende ambtenaar of de hulpofficier van justitie. De verhorende ambtenaar kan een verzoek van de verdachte of diens raadsman tot onderbreking van het verhoor voor onderling overleg afwijzen, indien door het voldoen aan herhaalde verzoeken de orde of de voortgang van het verhoor zou worden verstoord.
2. De verdachte kan tijdens het verhoor dat niet door een raadsman wordt bijgewoond, verzoeken dat het wordt onderbroken voor overleg met een raadsman. De verhorende ambtenaar stelt hem daartoe zo veel mogelijk in de gelegenheid, tenzij door het voldoen aan herhaalde verzoeken de orde of de voortgang van het verhoor zou worden verstoord.
3. De beslissing tot afwijzing van het in het eerste of tweede lid bedoelde verzoek geldt voor de duur van het desbetreffende verhoor en wordt onder opgave van de gronden waarop deze berust vermeld in het proces-verbaal van verhoor.
4. Bij algemene maatregel van bestuur kunnen nadere regels worden gesteld omtrent de inrichting van en de orde tijdens het verhoor waaraan ook de raadsman deelneemt.

Art. 28e

Consultatiebijstand en/of verhoorbijstand, weigering

1. De hulpofficier van justitie kan beslissen dat:
   a. de aangehouden verdachte, zonder dat deze in de gelegenheid wordt gesteld zijn in artikel 28, eerste lid, bedoelde recht uit te oefenen, terstond na zijn aanhouding ter plaatse wordt verhoord,
   b. met het in artikel 28d, eerste lid, bedoelde verhoor wordt begonnen zonder dat een raadsman beschikbaar is,

Wetboek van Strafvordering

C2 art. 29e

c. met het in artikel 28d, eerste lid, bedoelde verhoor wordt begonnen of dit verhoor wordt voortgezet zonder dat de aangehouden verdachte gelegenheid wordt geboden voor het in artikel 28c, eerste lid, bedoelde onderhoud, of
d. de raadsman niet tot het in artikel 28d, eerste lid, bedoelde verhoor wordt toegelaten.
2. De in het eerste lid bedoelde beslissingen kunnen alleen worden genomen voor zover en voor zolang als deze worden gerechtvaardigd door de dringende noodzaak om:
a. ernstige negatieve gevolgen voor het leven, de vrijheid of de fysieke integriteit van een persoon te voorkomen of
b. te voorkomen dat aanzienlijke schade aan het onderzoek wordt toegebracht.
3. De beslissing, bedoeld in het eerste lid, onder b, c of d, kan door de hulpofficier van justitie alleen met toestemming van de officier van justitie worden genomen.
4. De beslissing en de gronden waarop deze berust, worden in het proces-verbaal van het verhoor vermeld.

Art. 29
1. In alle gevallen waarin iemand als verdachte wordt gehoord, onthoudt de verhorende rechter of ambtenaar zich van alles wat de strekking heeft een verklaring te verkrijgen waarvan niet kan worden gezegd dat zij in vrijheid is afgelegd.   *Verhoor van verdachte*
2. De verdachte is niet tot antwoorden verplicht. Voor de aanvang van het verhoor wordt de verdachte medegedeeld dat hij niet tot antwoorden is verplicht. Deze mededeling wordt in het proces-verbaal opgenomen.

Art. 29a
1. Het proces-verbaal van verhoor vermeldt het tijdstip waarop het verhoor van de verdachte is aangevangen, eventueel wordt onderbroken en hervat, en waarop het is beëindigd. Het bevat de redenen voor het onderbreken van het verhoor; het vermeldt voorts de identiteit van de personen die bij het verhoor aanwezig zijn en die daaraan deelnemen. Aangetekend wordt of geluids- of beeldopnamen van het verhoor zijn gemaakt.   *Verhoor, regeling en weergave van het*
2. De verklaringen van de verdachte, in het bijzonder die welke een bekentenis van schuld inhouden, worden in het proces-verbaal van het verhoor zo veel mogelijk in zijn eigen woorden opgenomen. De verklaring van de verdachte, wordt zo volledig mogelijk weergegeven en voor zo veel mogelijk in vraag- en antwoordvorm.
3. Aan de verdachte en, voor zover deze het verhoor heeft bijgewoond, aan de raadsman wordt de gelegenheid geboden om opmerkingen te maken over de weergave van het verhoor in het proces-verbaal. Deze opmerkingen worden onverwijld aan de verhorende ambtenaar verstrekt en worden, voor zover zij niet worden overgenomen, in het proces-verbaal vermeld. Indien de verdachte met de weergave van zijn verklaring instemt, ondertekent hij deze.

Art. 29b
1. In alle gevallen waarin een verdachte die de Nederlandse taal niet of onvoldoende beheerst wordt gehoord, wordt de bijstand van een tolk ingeroepen.   *Bijstand tolk bij verhoor*
2. De tolk wordt opgeroepen door de verhorende ambtenaar, tenzij anders bij wet bepaald. Tijdens het voorbereidende onderzoek kan de tolk mondeling worden opgeroepen. In alle andere gevallen geschiedt de oproeping schriftelijk.
3. Van de bijstand van een tolk wordt mededeling gedaan in het proces-verbaal.

Art. 29c
1. In alle gevallen waarin de verdachte wordt gehoord of een verhoor bijwoont, stelt de rechterlijk ambtenaar de identiteit van de verdachte vast op de wijze, bedoeld in artikel 27a, eerste lid, eerste volzin. De rechterlijk ambtenaar is tevens bevoegd de identiteit van de verdachte vast te stellen op de wijze, bedoeld in artikel 27a, tweede lid, indien over zijn identiteit twijfel bestaat.   *Vaststellen identiteit van verdachte bij verhoor*
2. De verdachte is verplicht op bevel van een rechterlijk ambtenaar een identiteitsbewijs als bedoeld in artikel 1 van de Wet op de identificatieplicht ter inzage aan te bieden en zijn medewerking te verlenen aan het nemen van zijn vingerafdrukken.

Art. 29d
De taken en bevoegdheden die in deze titel aan de hulpofficier van justitie zijn toegekend, kunnen ook door de officier van justitie worden uitgeoefend.   *Overdracht taken en bevoegdheden hulpofficier aan officier van justitie*

Art. 29e
[1.] Het gerecht dat tot eenige beslissing in de zaak is geroepen, is bevoegd den verdachte in de gelegenheid te stellen om te worden gehoord.   *Bevoegdheid tot verhoor*
(Zie ook: art. 138 WvSv)
[2.] Aan een daartoe strekkend verzoek van den verdachte wordt gevolg gegeven, tenzij het belang van het onderzoek dit verbiedt.   *Recht op verhoor*
[3.] Artikel 23, vijfde lid, is van toepassing.   *Schakelbepaling*
(Zie ook: artt. 24, 29, 57, 65, 77, 330 WvSv)

Art. 29f

Verklaring omtrent beëindiging vervolging

[1.] Wordt eene vervolging niet voortgezet, dan kan het gerecht in feitelijken aanleg, voor hetwelk de zaak het laatst werd vervolgd, op het verzoek van den verdachte of op voordracht van de rechter-commissaris op de voet van artikel 180, verklaren dat de zaak geëindigd is.
[2.] Het gerecht is bevoegd, de beslissing op het verzoek telkens gedurende een bepaalden tijd aan te houden, indien het openbaar ministerie aannemelijk maakt dat alsnog verdere vervolging zal plaats vinden.
3. Alvorens het gerecht zijn beslissing neemt, roept het de rechtstreeks belanghebbende die hem bekend is op om te worden gehoord over het verzoek van de verdachte.
4. De beschikking wordt onverwijld aan den verdachte beteekend.
(Zie ook: artt. 12, 21, 135, 167, 246, 255 WvSv)

Titel IIa
Kennisneming van processtukken

Art. 30

Kennisgeving van processtukken

1. De kennisneming van de processtukken wordt de verdachte op diens verzoek tijdens het voorbereidende onderzoek verleend door de officier van justitie. De kennisneming wordt de verdachte in elk geval toegestaan vanaf het eerste verhoor na aanhouding.
2. Indien de officier van justitie in gebreke blijft de kennisneming te verlenen, kan hem op verzoek van de verdachte door de rechter-commissaris een termijn worden gesteld binnen welke de kennisneming van processtukken wordt verleend. Alvorens op het verzoek te beslissen, hoort de rechter-commissaris de officier van justitie.
3. Niettemin kan de officier van justitie, indien het belang van het onderzoek dit vordert, de verdachte de kennisneming van bepaalde processtukken onthouden.
4. De verdachte wordt in het geval, bedoeld in het derde lid, schriftelijk medegedeeld dat de hem ter inzage gegeven stukken niet volledig zijn. De verdachte kan binnen veertien dagen na dagtekening van de mededeling, bedoeld in de vorige volzin, en daarna telkens na periodes van dertig dagen, een bezwaarschrift indienen bij de rechter-commissaris. Alvorens te beslissen, hoort de rechter-commissaris de officier van justitie en stelt hij de verdachte in de gelegenheid om opmerkingen te maken.

Art. 31

Kennisgeving van processen-verbaal van verhoren verdachte

Aan de verdachte mag niet worden onthouden de volledige kennisneming van:
a. de processen-verbaal van zijn verhoren;
b. de processen-verbaal betreffende verhoren of handelingen van onderzoek, waarbij hij of zijn raadsman de bevoegdheid heeft gehad tegenwoordig te zijn, tenzij en voor zover uit een proces-verbaal blijkt van een omstandigheid waarvan hij in het belang van het onderzoek tijdelijk onkundig moet blijven, en in verband daarmee een bevel als bedoeld in artikel 46, eerste lid, is gegeven;
c. de processen-verbaal van verhoren, waarvan hem de volledige inhoud mondeling is medegedeeld.

Art. 32

Verstrekken van afschrift processtukken aan verdachte

1. De verdachte kan van de stukken waarvan hem de kennisneming is toegestaan, ten parkette of ter griffie afschrift krijgen; doch het onderzoek mag daardoor niet worden opgehouden.

2. In het belang van de bescherming van de persoonlijke levenssfeer, de opsporing en vervolging van strafbare feiten of op zwaarwichtige gronden aan het algemeen belang ontleend, kan de officier van justitie bepalen dat van bepaalde stukken of gedeelten daarvan geen afschrift wordt verstrekt. Indien tijdens het onderzoek ter terechtzitting nog stukken bij de processtukken worden gevoegd, kan het gerecht in feitelijke aanleg waarvoor de zaak wordt vervolgd ambtshalve, op vordering van de officier van justitie, op verzoek van de verdachte of van de benadeelde partij overeenkomstig de voorgaande volzin beslissen.
3. De verdachte wordt in het geval, bedoeld in het tweede lid, eerste volzin, schriftelijk medegedeeld dat hem van bepaalde stukken of gedeelten daarvan geen afschrift wordt verstrekt.

Indienen bezwaarschrift door verdachte

4. De verdachte kan binnen veertien dagen na dagtekening van de mededeling, bedoeld in het derde lid, daartegen een bezwaarschrift indienen bij de rechter-commissaris. Alvorens te beslissen, hoort de rechter-commissaris de officier van justitie.

Nadere regels

5. Bij algemene maatregel van bestuur kunnen regels worden gesteld over het verstrekken van afschriften en uittreksels en over de wijze waarop kennisneming van processtukken plaatsvindt.

Art. 32a

Vertalen processtukken

1. De verdachte die de Nederlandse taal niet of onvoldoende beheerst, kan verzoeken processtukken waarvan hem de kennisneming is toegestaan en die hij noodzakelijk acht voor zijn verdediging geheel of gedeeltelijk schriftelijk te laten vertalen in een voor hem begrijpelijke

taal. Het verzoek wordt schriftelijk gedaan, omschrijft zo duidelijk mogelijk de processtukken of gedeelten daarvan waarop het verzoek betrekking heeft en is met redenen omkleed.
2. Tijdens het voorbereidend onderzoek wordt het verzoek, bedoeld in het eerste lid, gericht aan de officier van justitie; tijdens het onderzoek ter terechtzitting wordt het verzoek gericht aan het gerecht in feitelijke aanleg waarvoor de zaak wordt vervolgd.
3. Indien de officier van justitie het verzoek, bedoeld in het eerste lid, afwijst, wordt de verdachte daarvan schriftelijk mededeling gedaan. De verdachte kan binnen veertien dagen na dagtekening van de mededeling daartegen een bezwaarschrift indienen bij de rechter-commissaris. Alvorens te beslissen, hoort de rechter-commissaris de verdachte en de officier van justitie.

Art. 33
De kennisneming van alle processtukken in het oorspronkelijk of in afschrift mag, behoudens het bepaalde in artikel 149b, de verdachte niet worden onthouden zodra de dagvaarding ter terechtzitting in eerste aanleg aan hem is betekend dan wel een strafbeschikking is uitgevaardigd.

Kennisgeving processtukken na dagvaarding

Art. 34
1. De verdachte kan de officier van justitie verzoeken specifiek omschreven stukken die hij van belang acht voor de beoordeling van de zaak bij de processtukken te voegen. Het verzoek wordt schriftelijk gedaan en is met redenen omkleed.
2. Met het oog op de onderbouwing van zijn verzoek kan de verdachte de officier van justitie toestemming verzoeken om kennis te nemen van de stukken, bedoeld in het eerste lid.
3. Indien de officier van justitie in gebreke blijft te beslissen over het voegen van de stukken onderscheidenlijk de kennisneming daarvan, kan hem op verzoek van de verdachte door de rechter-commissaris een termijn worden gesteld binnen welke een beslissing wordt genomen. Alvorens op het verzoek te beslissen, hoort de rechter-commissaris de officier van justitie en de verdachte.
4. De officier van justitie kan het voegen van de stukken onderscheidenlijk de kennisneming daarvan weigeren indien hij van oordeel is dat de stukken niet als processtukken kunnen worden aangemerkt dan wel indien hij dit onverenigbaar acht met een van de in artikel 187d, eerste lid, vermelde belangen. Hij behoeft daartoe een schriftelijke machtiging, op diens vordering te verlenen door de rechter-commissaris.

Verzoek tot bijvoegen processtukken

Verzoek tot kennisneming

Titel IIb
Kennisgeving van gerechtelijke mededelingen

Art. 36a
1. Indien op grond van dit wetboek een betekening, dagvaarding, oproeping, kennisgeving, aanzegging of andere mededeling is voorgeschreven, geschiedt deze op last van het openbaar ministerie dat de zaak opspoort, vervolgt of het laatst heeft vervolgd, tenzij de wet anders bepaalt. Het openbaar ministerie kan van een ieder vorderen de inlichtingen te verstrekken die redelijkerwijs noodzakelijk zijn voor de kennisgeving van gerechtelijke mededelingen. Artikel 96a, derde lid, is van overeenkomstige toepassing.
2. Waar deze wet voorziet in de mogelijkheid van een verzoek van de verdachte, kan een schriftelijk verzoek langs elektronische weg worden overgedragen, met behulp van een bij algemene maatregel van bestuur aangewezen elektronische voorziening.

Schriftelijk verzoek van verdachte via elektronische weg

Art. 36b
1. De kennisgeving van gerechtelijke mededelingen aan natuurlijke personen, als voorzien in dit wetboek en het Wetboek van Strafrecht, geschiedt door:
a. betekening;
b. toezending;
c. mondelinge mededeling.
2. Betekening van een kennisgeving geschiedt door middel van uitreiking of elektronische overdracht, op de bij de wet voorziene wijze. Indien betekening door elektronische overdracht niet of niet binnen een redelijke termijn mogelijk is, geschiedt betekening door uitreiking.
3. Toezending geschiedt door aflevering van een gewone of aangetekende brief door een postvervoerbedrijf als bedoeld in de Postwet 2009 dan wel door een hiertoe bij of krachtens algemene maatregel van bestuur aangewezen dienst of andere instelling van vervoer, dan wel door elektronische overdracht, op een bij of krachtens algemene maatregel van bestuur bepaalde wijze.
4. Een mondelinge mededeling wordt zo spoedig mogelijk in een proces-verbaal of op andere wijze schriftelijk vastgelegd.

Gerechtelijke mededeling, wijzen van kennisgeving

Art. 36c
1. De kennisgeving van gerechtelijke mededelingen behoeft alleen door betekening te geschieden in de bij de wet bepaalde gevallen. Dagvaardingen en aanzeggingen die aan het openbaar ministerie of de procureur-generaal bij de Hoge Raad zijn opgedragen, worden steeds betekend, tenzij de wet anders bepaalt.

Gerechtelijke mededeling, kennisgeving door betekening

2. De kennisgeving van gerechtelijke mededelingen geschiedt in andere gevallen door toezending van een gerechtelijke mededeling, tenzij de wet bepaalt dat de kennisgeving mondeling wordt gedaan.

Art. 36d

Gerechtelijke mededeling, fysieke of digitale uitreiking]

1. De uitreiking van de gerechtelijke mededeling, bedoeld in artikel 36b, tweede lid, geschiedt door een postvervoerbedrijf als bedoeld in de Postwet 2009 dan wel door een hiertoe bij of krachtens algemene maatregel van bestuur aangewezen dienst of andere instelling van vervoer.
2. De elektronische overdracht van een gerechtelijke mededeling, bedoeld in artikel 36b, tweede lid, geschiedt met behulp van een hiertoe bij algemene maatregel van bestuur aangewezen elektronische voorziening.
3. Het openbaar ministerie kan indien dit wenselijk is de uitreiking opdragen aan een ambtenaar van politie, aangesteld voor de uitvoering van de politietaak, dan wel aan een andere ambtenaar of functionaris, voor zover die ambtenaar of functionaris daartoe bij ministeriële regeling is aangewezen.

Art. 36e

Gerechtelijke mededeling, uitreiking aan persoon of adres

1. De uitreiking van de gerechtelijke mededeling, bedoeld in artikel 36b, tweede lid, geschiedt:
a. aan hem wie in Nederland in verband met de strafzaak waarop de uit te reiken gerechtelijke mededeling betrekking heeft rechtens zijn vrijheid is ontnomen en aan hem wie in Nederland in andere bij of krachtens algemene maatregel van bestuur bepaalde gevallen rechtens zijn vrijheid is ontnomen: in persoon;
b. aan alle anderen: in persoon of indien betekening in persoon niet is voorgeschreven of de mededeling in Nederland wordt aangeboden:
1°. aan het adres waar de geadresseerde als ingezetene is ingeschreven in de basisregistratie personen, dan wel,
2°. indien de geadresseerde niet als ingezetene is ingeschreven in de basisregistratie personen, aan de woon- of verblijfplaats van de geadresseerde.
2. Indien in het geval bedoeld in het eerste lid, onderdeel b,
a. de geadresseerde niet wordt aangetroffen, geschiedt de uitreiking aan degene die zich op dat adres bevindt en die zich bereid verklaart het stuk onverwijld aan de geadresseerde te doen toekomen;
b. geen uitreiking heeft kunnen geschieden, wordt de gerechtelijke mededeling uitgereikt aan de autoriteit van welke zij is uitgegaan. Indien vervolgens blijkt dat de geadresseerde op de dag van aanbieding en ten minste vijf dagen nadien als ingezetene in de basisregistratie personen was ingeschreven op het in de mededeling vermelde adres, wordt alsdan een afschrift van de gerechtelijke mededeling onverwijld toegezonden aan dat adres, alsmede aan het adres in Nederland dat de verdachte heeft opgegeven waaraan mededelingen over de strafzaak kunnen worden toegezonden. In de in dit onderdeel bedoelde gevallen wordt een akte van uitreiking als bedoeld in artikel 36h opgemaakt. Op de akte wordt aantekening gedaan van deze uitreiking en, indien daarvan sprake is, van deze toezending.
3. De uitreiking aan de geadresseerde van wie de woon- of verblijfplaats in het buitenland bekend is, geschiedt door toezending van de mededeling, hetzij rechtstreeks, hetzij door tussenkomst van de bevoegde buitenlandse autoriteit of instantie en, voor zover een verdrag van toepassing is, met inachtneming van dat verdrag. Dagvaardingen worden vertaald in de taal of een van de talen van het land waar de geadresseerde verblijft dan wel, voor zover aannemelijk is dat hij slechts een andere taal machtig is, in die taal. Met betrekking tot andere gerechtelijke mededelingen kan worden volstaan met een vertaling van de essentiële onderdelen daarvan. Indien de bevoegde buitenlandse autoriteit of instantie bericht dat de mededeling aan de geadresseerde is uitgereikt, geldt deze uitreiking als betekening in persoon, zonder dat dit nog uit een afzonderlijke akte hoeft te blijken.
4. In het belang van een goede uitvoering van dit artikel kunnen bij of krachtens algemene maatregel van bestuur nadere regels worden gesteld.

Art. 36f

Gerechtelijke mededeling, elektronische overdracht

1. Voor de elektronische overdracht, bedoeld in artikel 36b, tweede lid, wordt een bericht gezonden aan degene voor wie de gerechtelijke mededeling is bestemd.
2. Betekening door elektronische overdracht geldt als betekening in persoon als degene voor wie de gerechtelijke mededeling bestemd is, zich toegang verschaft tot de elektronische voorziening, bedoeld in artikel 36d, tweede lid.
3. Bij of krachtens algemene maatregel van bestuur kunnen nadere regels worden gesteld met betrekking tot de toepassing van dit artikel.

Art. 36g

Dagvaarding of oproeping naar laatste door verdachte opgegeven adres

1. In de volgende gevallen wordt een afschrift van de dagvaarding of oproeping van de verdachte om op de terechtzitting of nadere terechtzitting te verschijnen toegezonden aan het laatste door de verdachte opgegeven adres:

a. indien de verdachte bij zijn eerste verhoor in de desbetreffende strafzaak aan de verhorende ambtenaar een adres in Nederland heeft opgegeven waaraan mededelingen over de strafzaak kunnen worden toegezonden;
b. indien de verdachte bij het onderzoek op de terechtzitting in eerste aanleg een adres in Nederland heeft opgegeven waaraan mededelingen over de strafzaak kunnen worden toegezonden;
c. indien door of namens de verdachte bij het instellen van een gewoon rechtsmiddel in de betrokken zaak een adres in Nederland is opgegeven waaraan mededelingen over de strafzaak kunnen worden toegezonden.
2. De verdachte kan het adres, bedoeld in het eerste lid, wijzigen.
3. Verzending van een afschrift als bedoeld in het eerste lid kan achterwege blijven indien:
a. het opgegeven adres gelijk is aan het adres waaraan de dagvaarding of oproeping ingevolge artikel 36e wordt uitgereikt;
b. de verdachte, nadat hij bij een eerdere gelegenheid als bedoeld in het eerste lid een adres heeft opgegeven waaraan mededelingen over de strafzaak kunnen worden toegezonden, bij een volgende gelegenheid uitdrukkelijk te kennen geeft dit adres niet te willen handhaven;
c. de geadresseerde nadat hij een adres als bedoeld in het eerste lid heeft opgegeven, het adres waar hij als ingezetene is ingeschreven in de basisregistratie personen wijzigt;
d. de dagvaarding of oproeping inmiddels aan de verdachte in persoon is uitgereikt.
4. Bij de verzending, bedoeld in het eerste lid, wordt de voor de dagvaarding of oproeping geldende termijn in acht genomen.
5. Bij of krachtens algemene maatregel van bestuur kunnen nadere regels worden gesteld met betrekking tot de toepassing van dit artikel.

Art. 36h
1. Van iedere uitreiking als bedoeld in artikel 36b, tweede lid, wordt een akte opgemaakt, waarin zijn vermeld: *Akte van uitreiking*
a. de autoriteit van welke de gerechtelijke mededeling uitgaat;
b. het nummer van de gerechtelijke mededeling;
c. de persoon voor wie de gerechtelijke mededeling bestemd is;
d. de persoon aan wie de gerechtelijke mededeling is uitgereikt;
e. de plaats van uitreiking;
f. de dag en het uur van uitreiking.
2. Wordt de gerechtelijke mededeling gehandeld overeenkomstig de tweede volzin van artikel 36e, tweede lid, aanhef en onder b, dan vermeldt de akte de dag van aanbieding van het stuk aan het adres van degene voor wie het is bestemd.
3. De akte wordt door hen die met de uitreiking zijn belast, ieder voor zover het zijn bevindingen en handelingen betreft, van die bevindingen en handelingen naar waarheid opgemaakt en ondertekend. Zo mogelijk wordt de identiteit van de persoon, bedoeld in het eerste lid, onder *d*, vastgesteld aan de hand van een identiteitsbewijs als bedoeld in artikel 1 van de Wet op de identificatieplicht.
4. De vastlegging in een proces-verbaal van de mondelinge mededeling, bedoeld in artikel 36b, vierde lid, vermeldt in elk geval de in het eerste lid bedoelde gegevens.
5. Het model van de akte wordt bij ministeriële regeling vastgesteld. Hierbij kunnen in het belang van een goede uitvoering van dit artikel nadere voorschriften worden gegeven.

Art. 36i
1. Van iedere elektronische overdracht als bedoeld in artikel 36b, tweede lid, wordt langs elektronische weg vastgelegd: *Elektronische overdracht, vastlegging*
a. de autoriteit van welke de gerechtelijke mededeling uitgaat;
b. het nummer van de gerechtelijke mededeling;
c. de persoon voor wie de gerechtelijke mededeling bestemd is;
d. de wijze, de dag en het uur waarop de persoon voor wie de gerechtelijke mededeling is bestemd, zich toegang tot de elektronische voorziening heeft verschaft.
2. De eisen waaraan de vastlegging van de elektronische overdracht moet voldoen, worden bij ministeriële regeling vastgesteld. Hierbij kunnen in het belang van een goede uitvoering van dit artikel nadere voorschriften worden gegeven.

Art. 36j
1. De kennisgeving van gerechtelijke mededelingen aan een rechtspersoon, als voorzien in dit wetboek en het Wetboek van Strafrecht, geschiedt aan: *Gerechtelijke mededeling, wijzen van kennisgeven aan rechtspersoon*
a. de woonplaats van de rechtspersoon, dan wel
b. de plaats van het kantoor van de rechtspersoon, dan wel
c. de woonplaats van een van de bestuurders.
2. Betekening van een gerechtelijke mededeling geschiedt door uitreiking aan een van de bestuurders, dan wel aan een persoon die door de rechtspersoon is gemachtigd het stuk in ontvangst te nemen. De uitreiking geldt in deze gevallen als betekening in persoon. Uitreiking aan deze personen kan geschieden op een andere plaats dan bedoeld in het eerste lid.

C2 art. 36k

Wetboek van Strafvordering

3. De uitreiking van een gerechtelijke mededeling als bedoeld in het tweede lid kan eveneens geschieden op een van de plaatsen omschreven in het eerste lid, aan ieder die in dienstbetrekking is van de rechtspersoon en die zich bereid verklaart de gerechtelijke mededeling te bezorgen.

Art. 36k

Gerechtelijke mededeling, wijzen van kennisgeven aan personenvennootschap

1. De kennisgeving van gerechtelijke mededelingen aan een maatschap of vennootschap zonder rechtspersoonlijkheid, als voorzien in dit wetboek en het Wetboek van Strafrecht, geschiedt aan:
a. de plaats van het kantoor van de maatschap of vennootschap, dan wel
b. de woonplaats van een van de aansprakelijke vennoten.
2. Betekening van een gerechtelijke mededeling geschiedt door uitreiking aan een van de aansprakelijke vennoten dan wel aan een persoon die door een of meer van hen is gemachtigd het stuk in ontvangst te nemen. De uitreiking geldt in deze gevallen als betekening in persoon. Uitreiking aan deze personen kan geschieden op een andere plaats dan bedoeld in het eerste lid.
3. De uitreiking van een gerechtelijke mededeling als bedoeld in het tweede lid kan eveneens geschieden op een van de plaatsen, omschreven in het eerste lid, aan ieder die in dienstbetrekking is van de maatschap of vennootschap of van een aansprakelijke vennoot en die zich bereid verklaart de gerechtelijke mededeling te bezorgen.
4. Het eerste tot en met het derde lid zijn van overeenkomstige toepassing bij de vervolging van een doelvermogen of rederij. In dit geval treden de bestuurders dan wel de boekhouder en de leden van de rederij in de plaats van de aansprakelijke vennoten.

Art. 36l

Gerechtelijke mededeling, uitreiking aan autoriteit van welke deze is uitgegaan

Heeft de uitreiking niet overeenkomstig artikel 36j, tweede of derde lid, of artikel 36k, tweede of derde lid, kunnen geschieden, dan wordt de gerechtelijke mededeling uitgereikt aan de autoriteit van welke zij is uitgegaan. Deze autoriteit zendt alsdan een afschrift van de mededeling onverwijld toe aan het in de mededeling vermelde adres, van welk feit aantekening wordt gedaan op de akte van uitreiking.

Art. 36m

Schakelbepaling

Op de kennisgeving van gerechtelijke mededelingen aan een rechtspersoon, maatschap of vennootschap zonder rechtspersoonlijkheid, een doelvermogen of rederij zijn de artikelen 36b, 36c, 36d, 36e, tweede en vierde lid, 36f, 36g, 36h, eerste, derde en vijfde lid, 36i, 36n, eerste en derde lid, van overeenkomstige toepassing.

Art. 36n

Gebrekkig uitreiking gerechtelijke mededeling

1. De rechter kan, indien de uitreiking niet is geschied overeenkomstig het bepaalde in deze afdeling, de betekening nietig verklaren.
2. Indien de geadresseerde als ingezetene is ingeschreven in de basisregistratie personen, doch ter terechtzitting blijkt dat hij feitelijk op een ander adres verblijft, kan de rechter de oproeping van de niet verschenen verdachte bevelen.
3. Indien aan de verzendplicht ingevolge artikel 36g niet of niet tijdig is voldaan, beveelt de rechter de schorsing van het onderzoek ter terechtzitting tenzij:
a. zich een omstandigheid heeft voorgedaan waaruit voortvloeit dat de dag van de terechtzitting of nadere terechtzitting de verdachte tevoren bekend was, dan wel
b. zich anderszins een omstandigheid heeft voorgedaan waaruit voortvloeit dat de verdachte kennelijk geen prijs stelt op berechting in zijn tegenwoordigheid.

Titel III
De raadsman

Eerste afdeling
Optreden raadsman

Art. 37

Raadslieden

1. Als raadslieden worden toegelaten in Nederland op het tableau van de Nederlandse orde van advocaten ingeschreven advocaten.
(Zie ook: art. 1 Advw)
2. Voorts worden toegelaten de personen bedoeld in artikel 16b dan wel 16h van de Advocatenwet, indien zij samenwerken met een in Nederland ingeschreven advocaat overeenkomstig het bepaalde in de artikelen 16e respectievelijk 16j van de Advocatenwet.

Art. 38

Keuze raadsman

1. De verdachte is te allen tijde bevoegd een of meer raadslieden te kiezen.
2. Tot de keuze van een of meer raadslieden is ook de wettige vertegenwoordiger van de verdachte bevoegd.
3. Is de verdachte verhinderd van zijn wil te doen blijken en heeft hij geen wettige vertegenwoordiger, dan is zijn echtgenoot of geregistreerde partner of de meest gerede der bloed- of aanverwanten, tot de vierde graad ingesloten, tot die keuze bevoegd.

4. De ingevolge het tweede of het derde lid gekozen raadsman treedt terug, zodra de verdachte zelf een raadsman heeft gekozen.
5. De gekozen raadsman geeft kennis van zijn optreden voor de verdachte aan de hulpofficier van justitie, de officier van justitie en in geval deze uit hoofde van de artikelen 181 tot en met 183 onderzoekshandelingen verricht, tevens aan de rechter-commissaris.
6. Indien de gekozen raadsman een eerder gekozen of aangewezen raadsman vervangt, geeft hij daarvan ook kennis aan het bestuur van de raad voor rechtsbijstand; hij verwittigt ook de in het vijfde lid genoemde functionarissen en de vervangen raadsman.
7. Door de kennisgeving aan het bestuur van de raad voor rechtsbijstand eindigen de werkzaamheden van de vervangen raadsman.

Art. 39
1. Het bestuur van de raad voor rechtsbijstand wijst na de kennisgeving, bedoeld in artikel 28b, eerste en tweede lid, of na de mededeling dat een verdachte in verzekering is gesteld voor wie niet eerder een raadsman is aangewezen, een raadsman aan. Kennisgeving van optreden door raadsman
2. De verdachte kan een voorkeur voor een bepaalde raadsman kenbaar maken.
3. De krachtens het eerste lid aangewezen raadsman treedt ook op als raadsman voor de verdachte tijdens de behandeling door de rechtbank van het hoger beroep van de officier van justitie als bedoeld in artikel 59c.
4. De aanwijzing eindigt met het aflopen van het ophouden voor onderzoek, dan wel van de inverzekeringstelling en de eventuele verlenging.

Art. 40
1. Voor de verdachte die geen raadsman heeft, wordt door het bestuur van de raad voor rechtsbijstand een raadsman aangewezen na mededeling door het openbaar ministerie dat: Ambtshalve toevoeging raadsman
a. ten aanzien van hem de bewaring of gevangenneming is bevolen, dan wel, indien de verdachte niet in verzekering is gesteld, ten aanzien van hem de bewaring of gevangenneming is gevorderd;
b. hoger beroep is ingesteld tegen het eindvonnis in eerste aanleg en het een zaak betreft waarin zijn voorlopige hechtenis is bevolen.
2. De aangewezen raadsman geeft kennis van zijn optreden voor de verdachte aan de hulpofficier van justitie, de officier van justitie en in geval deze uit hoofde van de artikelen 181 tot en met 183 onderzoekshandelingen verricht, tevens aan de rechter-commissaris.

Art. 41
1. Het bestuur van de raad voor rechtsbijstand wijst op verzoek van de verdachte voor hem een raadsman aan, indien hij anders dan krachtens een bevel tot inverzekeringstelling rechtens van zijn vrijheid is beroofd en vervolging tegen hem is aangevangen, tenzij hij door de duur van zijn vrijheidsberoving niet in zijn verdediging kan zijn of worden geschaad. Toevoeging raadsman op verzoek verdachte
2. Indien de voorzitter van het gerecht van oordeel is dat aan een verdachte die zich in vrijheid bevindt en die geen raadsman heeft, in het belang van zijn verdediging rechtsbijstand moet worden verleend nadat de zaak op de terechtzitting aanhangig is gemaakt, geeft hij last aan het bestuur van de raad voor rechtsbijstand om een raadsman aan te wijzen.

Art. 42
1. De aanwijzing van een raadsman op grond van de artikelen 40 en 41 geschiedt voor de duur van de gehele aanleg waarin deze heeft plaatsgehad. Toevoeging raadsman gehele aanleg
2. Bij of krachtens algemene maatregel van bestuur kunnen nadere regels worden gesteld over de uitvoering van de aanwijzing op grond van de artikelen 40 en 41.

Art. 43
1. Van elke door het bestuur van de raad voor rechtsbijstand gedane aanwijzing wordt onverwijld, op de door Onze Minister te bepalen wijze, kennis gegeven aan de hulpofficier van justitie, het openbaar ministerie, de raadsman, de verdachte en in geval deze uit hoofde van de artikelen 181 tot en met 183 onderzoekshandelingen verricht, tevens aan de rechter-commissaris. Kennisgeving over aanwijzingen raad voor rechtsbijstand
2. De aangewezen raadsman kan de waarneming van bepaalde verrichtingen namens hem door een andere raadsman doen geschieden.
3. Indien de aangewezen raadsman de zaak van de verdachte aan een andere raadsman voor verdere behandeling overdraagt, doet hij daarvan mededeling overeenkomstig het bepaalde in het eerste lid. Hij doet voorts mededeling van zijn overdracht aan het bestuur van de raad voor rechtsbijstand.

Art. 44
1. Bij verhindering of ontstentenis van de aangewezen raadsman treft deze een voorziening voor zijn waarneming; indien blijkt dat dit niet is geschied, wordt zo nodig voor de verdachte onverwijld een andere raadsman aangewezen. Waarneming aangewezen raadsman
2. Blijkt van de verhindering of ontstentenis van de aangewezen raadsman pas op de terechtzitting, dan geeft de voorzitter last tot aanwijzing van een andere raadsman.
3. Op verzoek van de aangewezen raadsman of van de verdachte kan een andere raadsman worden aangewezen.
4. Aanwijzing van een andere raadsman geschiedt door het bestuur van de raad voor rechtsbijstand die de te vervangen raadsman heeft aangewezen. In geval de raadsman is aangewezen

op last van een rechterlijke autoriteit, geschiedt de vervanging door het bestuur van de raad voor rechtsbijstand met een afschrift van die vervanging aan de autoriteit die de last gaf.

Tweede afdeling
Bevoegdheden van de raadsman betreffende het verkeer met de verdachte en de kennisneming van processtukken

Art. 45

Vrij verkeer tussen raadsman en verdachte

De raadsman heeft vrije toegang tot de verdachte die rechtens van zijn vrijheid is beroofd, kan hem alleen spreken en met hem brieven wisselen zonder dat van de inhoud door anderen wordt kennis genomen, een en ander onder het vereiste toezicht, met inachtneming van de huishoudelijke reglementen, en zonder dat het onderzoek daardoor mag worden opgehouden.

Art. 46

Beperking vrije toegang tot verdachte

1. Indien uit bepaalde omstandigheden een ernstig vermoeden voortvloeit dat het vrije verkeer tussen raadsman en verdachte hetzij zal strekken om de verdachte bekend te maken met enige omstandigheid waarvan hij in het belang van het onderzoek tijdelijk onkundig moet blijven, hetzij wordt misbruikt voor pogingen om de opsporing der waarheid te belemmeren, kan tijdens het voorbereidend onderzoek de officier van justitie, telkens bevelen dat de raadsman geen toegang tot de verdachte zal hebben of deze niet alleen zal mogen spreken en dat brieven of andere stukken, tussen raadsman en verdachte gewisseld, niet zullen worden uitgereikt.
2. Het bevel omschrijft de bepaalde omstandigheden bedoeld in het eerste lid; het beperkt de vrijheid van verkeer tussen raadsman en verdachte niet meer en wordt voor niet langer gegeven, dan door die omstandigheden wordt gevorderd, en is in elk geval slechts gedurende ten hoogste zes dagen van kracht. Van het bevel geschiedt schriftelijke mededeling aan de raadsman en aan de verdachte.
3. De officier van justitie onderwerpt het bevel onverwijld aan het oordeel van de rechtbank, in het arrondissement waarin hij is aangesteld. De rechtbank beslist zo spoedig mogelijk na de raadsman te hebben gehoord, althans schriftelijk opgeroepen. De rechtbank kan bij haar beslissing het bevel opheffen, wijzigen of aanvullen.
4. Alle belemmeringen van het vrij verkeer tussen raadsman en verdachte, die op grond van het tweede en derde lid zijn bevolen, nemen een einde zodra de dagvaarding ter terechtzitting in eerste aanleg aan de verdachte is betekend.

Art. 47

Toevoeging andere raadsman

1. Ingeval een bevel als bedoeld in artikel 46 is gegeven, brengt de officier van justitie dit onverwijld ter kennis van de voorzitter van de rechtbank. Deze wijst onverwijld een raadsman aan.
(Zie ook: artt. 39, 181, 589 WvSv; art. 10 WRB; art. 1 Baa)
2. De krachtens het eerste lid aangewezen raadsman treedt, zolang het bevel van kracht is en voor zover het vrije verkeer tussen raadsman en verdachte daardoor wordt beperkt, als zodanig op.

Art. 48

Kennisneming processtukken door raadsman

Ten aanzien van de bevoegdheid van de raadsman tot de kennisneming van processtukken en het verkrijgen van afschrift daarvan vinden de artikelen 30 tot en met 34 overeenkomstige toepassing. Van alle stukken die ingevolge dit wetboek ter kennis van de verdachte worden gebracht, ontvangt de raadsman, behoudens het bepaalde in artikel 32, tweede lid, onverwijld afschrift.
(Zie ook: art. 1 BVRB 2000)

Derde afdeeling
[Vervallen]

Art. 49-51
[Vervallen]

Titel IIIA
Het slachtoffer

Eerste afdeling
Definities

Art. 51a

Slachtoffer, definitie

1. In deze titel wordt verstaan onder:
a. *Slachtoffer:*

Wetboek van Strafvordering

C2 art. 51ac

1°. degene die als rechtstreeks gevolg van een strafbaar feit vermogensschade of ander nadeel heeft ondervonden. Met het slachtoffer wordt gelijkgesteld de rechtspersoon die als rechtstreeks gevolg van een strafbaar feit vermogensschade of ander nadeel heeft ondervonden;
2°. nabestaande: familieleden van een persoon wiens overlijden rechtstreeks veroorzaakt is door een strafbaar feit.
b. Familieleden: de echtgenoot, de geregistreerde partner dan wel een andere levensgezel van het slachtoffer, de bloedverwanten in rechte lijn de bloedverwanten in de zijlijn tot en met de vierde graad en de personen die van het slachtoffer afhankelijk zijn;
c. Minderjarig slachtoffer: elk slachtoffer dat jonger is dan achttien jaar;
d. Herstelrecht: het in staat stellen van het slachtoffer en de verdachte of de veroordeelde, indien zij er vrijwillig mee instemmen, actief deel te nemen aan een proces dat gericht is op het oplossen van de gevolgen van het strafbaar feit, met de hulp van een onpartijdige derde.
2. Bij algemene maatregel van bestuur kunnen in het belang van een goede procesorde regels worden gesteld betreffende:
a. het beperken van het aantal familieleden, dat aanspraak kan maken op de in deze titel opgenomen rechten, daarbij telkens rekening houdend met de specifieke omstandigheden, en
b. het bepalen welke nabestaanden voorrang krijgen bij de uitoefening van de in deze titel opgenomen rechten.

Tweede afdeling
Rechten van het slachtoffer

Art. 51aa
1. De officier van justitie draagt zorg voor een correcte bejegening van het slachtoffer.

Slachtoffer, recht op correcte bejegening

2. De ambtenaar van politie, de officier van justitie of andere opsporingsambtenaren dragen zorg voor verwijzing van het slachtoffer naar een instelling voor slachtofferhulp waar zij toegang hebben tot informatie, advies en ondersteuning.
3. Bij of krachtens algemene maatregel van bestuur worden voorschriften gegeven betreffende:
a. de toegang van slachtoffers en hun familieleden tot instellingen voor slachtofferhulp, de voorwaarden voor deze toegang, alsmede de financiering, organisatie en werkzaamheden van instellingen voor slachtofferhulp;
b. een individuele beoordeling waaraan het slachtoffer tijdig wordt onderworpen om specifieke beschermingsbehoeften te onderkennen en om te bepalen of en in welke mate het slachtoffer, in het bijzonder tijdens het voorbereidend onderzoek en het onderzoek ter terechtzitting, van bijzondere maatregelen gebruik moet kunnen maken;
c. maatregelen tot bescherming van slachtoffers, waaronder in het bijzonder minderjarige slachtoffers, en hun familieleden.
4. De in het derde lid bedoelde voorschriften omvatten de plicht om het kind of zijn wettelijk vertegenwoordiger te informeren over alle rechten en maatregelen die specifiek verband houden met het kind.

Art. 51ab
1. De ambtenaar van politie, de officier van justitie of de andere opsporingsambtenaar dragen er zorg voor dat het slachtoffer bij zijn eerste contact met de betrokken opsporingsambtenaar onverwijld informatie wordt verstrekt teneinde hem in staat te stellen toegang te krijgen tot de rechten die hem toekomen.

Slachtoffer, recht op informatie

2. Bij of krachtens algemene maatregel van bestuur worden nadere regels gesteld betreffende de inhoud, het aanbieden en verstrekken van informatie, als bedoeld in het eerste lid.

Art. 51ac
1. De officier van justitie draagt er zorg voor dat het slachtoffer onverwijld in kennis wordt gesteld van zijn recht om voldoende informatie te ontvangen over de aanvang en voortgang van de zaak, naar aanleiding van een tegen het slachtoffer begaan strafbaar feit. Het slachtoffer wordt in het bijzonder in kennis gesteld van zijn recht om informatie te ontvangen over:
a. het afzien van een opsporingsonderzoek of het beëindigen daarvan;
b. het niet vervolgen van een strafbaar feit;
c. het inzenden van een proces-verbaal tegen een verdachte;
d. de aanvang en voortzetting van de vervolging, waaronder de uitvaardiging van een strafbeschikking;
e. de aard van het aan de verdachte ten laste gelegde;
f. de plaats, de datum en het tijdstip van de terechtzitting;
g. de einduitspraak in de strafzaak tegen de verdachte;
h. het instellen of uitblijven van hoger beroep;
i. de afzonderlijke beslissing waarbij met toepassing van artikel 2.3 van de Wet forensische zorg een zorgmachtiging krachtens de Wet verplichte geestelijke gezondheidszorg of een

rechterlijke machtiging voor onvrijwillige opname krachtens de Wet zorg en dwang psychogeriatrische en verstandelijk gehandicapte cliënten wordt afgegeven.

2. Aan het slachtoffer dat daarom verzoekt wordt mededeling gedaan van de aanvang en voortgang in de zaak als bedoeld in het eerste lid. In het bijzonder wordt door de ambtenaar van politie, of de andere opsporingsambtenaar als bedoeld in artikel 141 onder c en d, ten minste mededeling gedaan van de informatie als bedoeld onder a en wordt door de officier van justitie ten minste mededeling gedaan van de informatie als bedoeld onder b tot en met i van het eerste lid.

3. Het slachtoffer ontvangt op zijn verzoek als bedoeld in het tweede lid voldoende informatie om te beslissen of hij beklag zal doen bij het gerechtshof als bedoeld in artikel 12. De mededelingen betreffende de informatie als bedoeld in het eerste lid, onder a en b omvatten naast de beslissing ten minste de motivering of een samenvatting van de motivering van de betrokken beslissing.

4. De officier van justitie doet het slachtoffer op zijn verzoek onverwijld mededeling van de invrijheidstelling of ontsnapping van de verdachte, die zich in voorlopige hechtenis bevindt, of van de veroordeelde.

5. De officier van justitie doet het slachtoffer op zijn verzoek mededeling van de maatregelen die voor zijn bescherming zijn genomen indien de verdachte, die zich in voorlopige hechtenis bevindt, of de veroordeelde in vrijheid wordt gesteld of is ontsnapt.

6. Indien een aanwijsbaar risico bestaat dat de verdachte of de veroordeelde als gevolg van de mededeling als bedoeld in het vierde en vijfde lid schade wordt berokkend, dan blijft elke mededeling achterwege.

7. Bij ministeriële regeling kunnen regels worden gesteld inzake het recht van het slachtoffer om informatie te ontvangen over de zaak en inzake het doen van mededeling aan het slachtoffer over de zaak.

8. Waar deze wet voorziet in een verzoek van een slachtoffer, kan een schriftelijk verzoek langs elektronische weg worden overgedragen met behulp van een bij algemene maatregel van bestuur aangewezen elektronische voorziening.

Art. 51b

Kennisneming van processtukken door slachtoffer

1. Op verzoek van het slachtoffer wordt door de officier van justitie toestemming verleend om kennis te nemen van de processtukken die voor het slachtoffer van belang zijn. Tijdens het onderzoek op de terechtzitting wordt deze toestemming verleend door het gerecht in feitelijke aanleg, waarvoor de zaak wordt vervolgd en overigens door de officier van justitie.

2. Het slachtoffer kan aan de officier van justitie verzoeken stukken die hij relevant acht voor de beoordeling van de zaak tegen de verdachte of van zijn vordering op de verdachte aan het dossier toe te voegen.

3. De officier van justitie kan het voegen van stukken onderscheidenlijk de kennisneming daarvan weigeren indien hij van oordeel is dat de stukken niet als processtukken kunnen worden aangemerkt dan wel indien hij dit onverenigbaar acht met een van de in artikel 187d, eerste lid, vermelde belangen.

4. Voor de toepassing van het derde lid behoeft de officier van justitie een schriftelijke machtiging, op diens vordering te verlenen door de rechter-commissaris. De officier van justitie doet schriftelijk mededeling van zijn beslissing aan het slachtoffer.

5. De wijze waarop de kennisneming van de processtukken geschiedt, kan worden geregeld bij algemene maatregel van bestuur.

6. Het slachtoffer kan van de stukken waarvan hem de kennisneming is toegestaan, ter griffie afschrift krijgen overeenkomstig het bij of krachtens artikel 17 van de Wet tarieven in strafzaken bepaalde. Artikel 32, tweede tot met het vierde lid, is van overeenkomstige toepassing.

Art. 51c

Slachtoffer, rechtsbijstand

1. Het slachtoffer kan zich doen bijstaan tijdens het voorbereidende onderzoek en op de terechtzitting.

2. Het slachtoffer kan zich doen bijstaan door een advocaat, door zijn wettelijk vertegenwoordiger en tevens door een persoon naar keuze.

3. Het slachtoffer kan zich op de terechtzitting doen vertegenwoordigen door een advocaat, indien deze verklaart daartoe uitdrukkelijk gevolmachtigd te zijn, of door een gemachtigde die daartoe een bijzondere en schriftelijke volmacht heeft.

4. De politie, de officier van justitie, de rechter-commissaris of de rechter kan de bijstand aan een slachtoffer door zijn wettelijk vertegenwoordiger of door een persoon naar keuze, dan wel de vertegenwoordiging van het slachtoffer door een wettelijk vertegenwoordiger of gemachtigde, weigeren in het belang van het onderzoek of het belang van het slachtoffer. Deze weigering wordt gemotiveerd.

5. Indien het slachtoffer de Nederlandse taal niet of niet voldoende beheerst, kan hij zich laten bijstaan door een tolk.

Wetboek van Strafvordering

C2 art. 51e

6. Bij ministeriële regeling kunnen nadere regels worden gesteld inzake de bijstand door een tolk, alsmede inzake de ondersteuning van het slachtoffer bij het begrijpen en bij het zelf worden begrepen bij zijn noodzakelijke contacten met de politie, het openbaar ministerie en de rechter.

Art. 51ca

1. Het slachtoffer dat de Nederlandse taal niet of onvoldoende begrijpt kan verzoeken schriftelijke informatie waarop hij overeenkomstig artikel 51ac, tweede of derde lid, recht heeft, te laten vertalen in een voor hem begrijpelijke taal, indien en voor zover hij deze informatie noodzakelijk acht om zijn rechten in het strafproces te kunnen uitoefenen.
2. De vertaling die aan het slachtoffer wordt verstrekt omvat, voor zover zijn verzoek hierop betrekking heeft, ten minste de schriftelijke informatie, bedoeld in artikel 51ac, eerste lid, onder a, b, d, f en g, voor zover deze informatie noodzakelijk is om zijn rechten in het strafproces te kunnen uitoefenen.
3. Het slachtoffer dat de Nederlandse taal niet of onvoldoende beheerst:
   a. kan verzoeken afschriften van processtukken waarvan hem de kennisneming is toegestaan overeenkomstig artikel 51b, schriftelijk te laten vertalen in een voor hem begrijpelijke taal, indien en voor zover hij deze processtukken noodzakelijk acht om zijn rechten te kunnen uitoefenen.
   b. kan de bijstand van een tolk verzoeken bij de kennisneming van processtukken waarvan hem de kennisneming is toegestaan overeenkomstig artikel 51b, ten behoeve van mondelinge vertaling in een voor hem begrijpelijke taal, indien en voor zover hij deze processtukken noodzakelijk acht om zijn rechten te kunnen uitoefenen.
4. Het verzoek, bedoeld in het eerste of derde lid, onder a, wordt schriftelijk gedaan, omschrijft zo duidelijk mogelijk de schriftelijke informatie, de processtukken of gedeelten daarvan waarop het verzoek betrekking heeft en is met redenen omkleed.
5. Tijdens het voorbereidend onderzoek wordt het verzoek, bedoeld in het eerste en derde lid, gericht aan de officier van justitie. Tijdens het onderzoek ter terechtzitting wordt het verzoek gericht aan het gerecht in feitelijke aanleg waarvoor de zaak wordt vervolgd en na sluiting van het onderzoek ter terechtzitting aan de officier van justitie.
6. Indien de officier van justitie het verzoek, bedoeld in het eerste of derde lid, afwijst, deelt hij dit schriftelijk mee aan het slachtoffer. Het slachtoffer kan binnen veertien dagen na dagtekening van de mededeling daartegen een bezwaarschrift indienen bij de rechter-commissaris. Alvorens te beslissen, hoort de rechter-commissaris het slachtoffer en de officier van justitie.
7. Indien het gerecht, bedoeld in het vijfde lid, het verzoek, bedoeld in het eerste of derde lid, afwijst, doet dit gerecht het slachtoffer daarvan op zijn verzoek schriftelijk mededeling.
8. Onverminderd het eerste, tweede en derde lid, kan in plaats van een schriftelijke vertaling, bij wijze van uitzondering een mondelinge vertaling of samenvatting worden verstrekt van de schriftelijke informatie of processtukken die voor het slachtoffer noodzakelijk zijn om zijn rechten te kunnen uitoefenen, op voorwaarde dat de mondelinge vertaling of samenvatting de eerlijke procesvoering onverlet laat.
9. Bij ministeriële regeling kunnen nadere regels worden gesteld inzake vertaling van schriftelijke informatie en processtukken die aan het slachtoffer op zijn verzoek ter beschikking wordt gesteld.

Art. 51d

De artikelen 51a tot en met 51ca, met uitzondering van artikel 51aa, derde lid, onder b, zijn van overeenkomstige toepassing op personen, bedoeld in artikel 51f, tweede lid.

Art. 51e

1. Het spreekrecht kan worden uitgeoefend indien het tenlastegelegde feit een misdrijf betreft waarop naar de wettelijke omschrijving een gevangenisstraf van acht jaar of meer is gesteld, dan wel een van de misdrijven genoemd in de artikelen 240b, 247, 248a, 248b, 249, 250, 285, 285b, 300, tweede en derde lid, 301, tweede en derde lid, 306 tot en met 308 en 318 van het Wetboek van Strafrecht en artikel 6 van de Wegenverkeerswet 1994. Van het voornemen tot het uitoefenen van het spreekrecht geven degenen die daartoe gerechtigd zijn, voor de aanvang van de terechtzitting schriftelijk kennis aan de officier van justitie opdat deze hen tijdig kan oproepen.
2. Het slachtoffer kan op de terechtzitting een verklaring afleggen.
3. Het spreekrecht bedoeld in het tweede lid kan ook worden uitgeoefend door de vader of moeder van een minderjarig slachtoffer die een nauwe band met het slachtoffer heeft of door een persoon die dat slachtoffer als behorende tot zijn gezin, verzorgt en opvoedt en in een nauwe persoonlijke betrekking tot het kind staat. Van het spreekrecht kan gezamenlijk of elk afzonderlijk gebruik worden gemaakt. De voorzitter kan het spreekrecht ambtshalve of op vordering van de officier van justitie beperken of ontzeggen wegens strijd met het belang van het minderjarig slachtoffer.
4. Indien meer dan drie nabestaanden hebben meegedeeld dat zij van hun spreekrecht gebruik willen maken, en zij het onderling niet eens kunnen worden over wie van hen het woord zal voeren, beslist de voorzitter welke drie personen van het spreekrecht gebruik kunnen maken.

Marginalia:
Slachtoffer, recht op vertaling informatie

Schakelbepaling

Spreekrecht van slachtoffer

Sdu 139

De beslissing van de voorzitter laat onverlet dat de echtgenoot, geregistreerde partner of een andere levensgezel het woord kunnen voeren ter uitoefening van het spreekrecht.
5. Tot de slachtoffers die van het spreekrecht gebruik kunnen maken, behoort de minderjarige die de leeftijd van twaalf jaar heeft bereikt. Dit geldt ook voor de minderjarige die de leeftijd nog niet heeft bereikt en die in staat kan worden geacht tot een redelijke waardering van zijn belangen ter zake.
6. Indien het slachtoffer de leeftijd van twaalf jaren nog niet heeft bereikt, kan het spreekrecht worden uitgeoefend door zijn wettelijke vertegenwoordigers voor zover deze vertegenwoordiging niet in strijd is met het belang van de minderjarige. De wettelijke vertegenwoordigers kunnen tevens gezamenlijk of elk afzonderlijk, op de terechtzitting een verklaring afleggen over de gevolgen die de strafbare feiten genoemd in het eerste lid, bij hen teweeg hebben gebracht. De voorzitter kan, ambtshalve of op vordering van de officier van justitie, beslissen dat het spreekrecht niet wordt uitgeoefend door de wettelijke vertegenwoordiger wegens strijd met het belang van de minderjarige.
7. Voor het slachtoffer dat feitelijk niet bij machte is het spreekrecht uit te oefenen, kan het spreekrecht over de gevolgen van het strafbaar feit door welke deze is getroffen, worden uitgeoefend door de echtgenoot, de geregistreerde partner of een andere levensgezel en één van de familieleden van het slachtoffer als bedoeld in artikel 51a, eerste lid, onder b.

Derde afdeling
Schadevergoeding

Art. 51f

Schadevergoeding voor slachtoffer

1. Degene die rechtstreeks schade heeft geleden door een strafbaar feit, kan zich terzake van zijn vordering tot schadevergoeding als benadeelde partij voegen in het strafproces.
2. Indien de in het eerste lid genoemde persoon ten gevolge van het strafbare feit is overleden, kunnen zich voegen diens erfgenamen ter zake van hun onder algemene titel verkregen vordering en de personen, bedoeld in artikel 108, eerste tot en met vierde lid, van Boek 6 van het Burgerlijk Wetboek ter zake van de daar bedoelde vorderingen. Indien de in het eerste lid genoemde persoon ten gevolge van het strafbare feit letsel heeft, kunnen zich voegen de personen, bedoeld in artikel 107, eerste lid, onder a en b, van Boek 6 van het Burgerlijk Wetboek ter zake van de daar bedoelde vorderingen.
3. De in het eerste en tweede lid bedoelde personen kunnen zich eveneens voor een deel van hun vordering voegen.
4. Zij die om in een burgerlijk geding in rechte te verschijnen, bijstand behoeven of vertegenwoordigd moeten worden, hebben om zich overeenkomstig het eerste lid te voegen, in het strafproces de bijstand of vertegenwoordiging eveneens nodig. Een machtiging van de kantonrechter, als bedoeld in artikel 349, lid 1, Boek 1, van het Burgerlijk Wetboek, is voor die vertegenwoordiger niet vereist. Ten aanzien van de verdachte zijn de bepalingen betreffende bijstand of vertegenwoordiging, nodig in burgerlijke zaken, niet van toepassing.
5. Indien de officier van justitie een vervolging instelt of voortzet, doet hij de benadeelde partij daarvan zo spoedig mogelijk schriftelijk mededeling. Indien de zaak ter terechtzitting zal worden behandeld, deelt de officier van justitie de benadeelde partij zo spoedig mogelijk het tijdstip van behandeling mee.

Art. 51g

Slachtoffer, voeging

1. Bij de mededeling op grond van artikel 51ac, tweede lid, dat vervolging tegen een verdachte wordt ingesteld, zendt de officier van justitie een formulier voor voeging toe. Voor de aanvang van de terechtzitting geschiedt de voeging door een opgave van de inhoud van de vordering en van de gronden waarop deze berust, bij de officier van justitie die met de vervolging van het strafbare feit is belast. Deze opgave vindt plaats door middel van een door Onze Minister van Veiligheid en Justitie vastgesteld formulier of een elektronische voorziening, als bedoeld in artikel 51ac, achtste lid.
2. De officier van justitie doet van de voeging zo spoedig mogelijk schriftelijk mededeling aan de verdachte en, in het in het vierde lid bedoelde geval, aan diens ouders of voogd.
3. Ter terechtzitting geschiedt de voeging door de opgave, bedoeld in het eerste lid, bij de rechter uiterlijk voordat de officier van justitie in de gelegenheid is gesteld overeenkomstig artikel 311 het woord te voeren. Deze opgave kan ook mondeling worden gedaan.
4. Indien de vordering van de benadeelde partij betrekking heeft op een als te beschouwen gedraging van een verdachte die de leeftijd van veertien jaren nog niet heeft bereikt en aan wie deze gedraging als een onrechtmatige daad zou kunnen worden toegerekend als zijn leeftijd daaraan niet in de weg zou staan, wordt zij geacht te zijn gericht tegen diens ouders of voogd.

Art. 51h

Bemiddeling slachtoffer en verdachte

1. Het openbaar ministerie bevordert dat de politie in een zo vroeg mogelijk stadium het slachtoffer en de verdachte mededeling doet van de mogelijkheden tot herstelrechtvoorzieningen waaronder bemiddeling.

Wetboek van Strafvordering

C2 art. 51m

2. Indien een bemiddeling tussen het slachtoffer en de verdachte tot een overeenkomst heeft geleid, houdt de rechter, indien hij een straf en maatregel oplegt, daarmee rekening.
3. Het openbaar ministerie bevordert bemiddeling tussen het slachtoffer en de verdachte of veroordeelde, nadat het zich ervan heeft vergewist dat dit de instemming heeft van het slachtoffer.
4. Bij of krachtens algemene maatregel van bestuur worden nadere regels gesteld betreffende herstelrechtvoorzieningen waaronder bemiddeling tussen het slachtoffer en de verdachte of tussen het slachtoffer en de veroordeelde.

Nadere regels

Titel IIIC
: De deskundige

Art. 51i
1. Op de wijze bij de wet bepaald wordt een deskundige benoemd met een opdracht tot het geven van informatie over of het doen van onderzoek op een terrein, waarvan hij specifieke of bijzondere kennis bezit.
2. Bij de benoeming worden de opdracht die ten behoeve van het onderzoek in de strafzaak moet worden vervuld en de termijn binnen welke de deskundige het schriftelijk verslag uitbrengt, vermeld.
3. Aan de deskundige wordt tevens opgedragen naar waarheid, volledig en naar beste inzicht verslag uit te brengen.
4. Bij algemene maatregel van bestuur kunnen regels worden gesteld ten aanzien van de kwalificaties waarover bepaalde deskundigen moeten beschikken en over de wijze waarop in de overige gevallen de specifieke deskundigheid van personen kan worden bepaald of getoetst.

Benoemen gerechtelijk deskundige

Nadere regels

Art. 51j
1. Ieder die tot deskundige is benoemd, is verplicht de door de rechter opgedragen diensten te bewijzen.
2. De rechter kan de deskundige geheimhouding opleggen.
3. De deskundige kan zich verschonen in de gevallen bedoeld in de artikelen 217 tot en met 219a.
4. De deskundige ontvangt uit 's rijks kas een vergoeding op de wijze bij de wet bepaald. De rechter-commissaris kan, onverminderd artikel 529, beslissen dat een deskundige die onderzoek op verzoek van de verdachte heeft uitgevoerd dat in het belang van het onderzoek is gebleken, uit 's rijks kas een vergoeding ontvangt. Deze vergoeding bedraagt niet meer dan die welke de op vordering van de officier van justitie benoemde deskundige ontvangt.

Deskundige in dienst van rechter

Art. 51k
1. Er is een landelijk openbaar register van gerechtelijke deskundigen, dat wordt beheerd op bij algemene maatregel van bestuur te bepalen wijze. Bij deze algemene maatregel van bestuur wordt het orgaan ingesteld dat met deze taak wordt belast.
2. Bij benoeming van een deskundige die niet is opgenomen in het register, bedoeld in het eerste lid, wordt gemotiveerd op grond waarvan hij als deskundige wordt aangemerkt.

Openbaar register gerechtelijke deskundigen

Art. 51l
1. De deskundige brengt aan zijn opdrachtgever een met redenen omkleed verslag uit. Hij geeft daarbij zo mogelijk aan welke methode hij heeft toegepast, in welke mate deze methode en de resultaten daarvan betrouwbaar kunnen worden geacht en welke bekwaamheid hij heeft bij de toepassing van de methode.
2. Het verslag wordt schriftelijk uitgebracht, tenzij de rechter bepaalt dat dit mondeling kan geschieden.
3. De deskundige verklaart het verslag naar waarheid, volledig en naar beste inzicht te hebben opgesteld. Het verslag is gebaseerd op wat zijn wetenschap en kennis hem leren omtrent datgene wat aan zijn oordeel onderworpen is.

Verslaglegging door gerechtelijke deskundige

Art. 51m
1. De rechter kan de deskundige ambtshalve horen, op vordering van de officier van justitie of op verzoek van de verdachte. De rechter kan zijn dagvaarding bevelen. Ten aanzien van de deskundige en zijn verhoor vinden de artikelen 211 tot en met 213 overeenkomstige toepassing.
2. De deskundige wordt bij zijn verhoor op de terechtzitting beëdigd dat hij naar waarheid en zijn geweten zal verklaren.
3. Ten aanzien van de deskundige wordt geen bevel tot gijzeling verleend.

Verhoor van gerechtelijke deskundige

Sdu 141

Titel IV
Eenige bijzondere dwangmiddelen

Eerste afdeeling
Aanhouding en inverzekeringstelling

Art. 52
Staande houden
Iedere opsporingsambtenaar is bevoegd de identiteit van de verdachte vast te stellen op de wijze, bedoeld in artikel 27a, eerste lid, eerste volzin, en hem daartoe staande te houden.

Art. 53
Aanhouding bij heterdaad
1. In geval van ontdekking op heterdaad van een strafbaar feit is een ieder bevoegd de verdachte aan te houden.
2. De opsporingsambtenaar die een verdachte bij ontdekking op heterdaad aanhoudt, brengt deze ten spoedigste over naar de plaats voor verhoor ter voorgeleiding aan de hulpofficier van justitie of de officier van justitie.
3. Geschiedt de aanhouding door een ander dan een opsporingsambtenaar, dan levert deze de aangehoudene onverwijld aan een opsporingsambtenaar over, onder afgifte aan deze van bij de verdachte aangetroffen voorwerpen. De opsporingsambtenaar handelt overeenkomstig de bepaling van het tweede lid en maakt zo nodig een kennisgeving van inbeslagneming op.
4. Bij de voorgeleiding van de verdachte aan de hulpofficier van justitie of de officier van justitie beoordeelt deze de noodzaak van verdere vrijheidsbeneming op grond van artikel 56a.

Art. 54
Aanhouding buiten heterdaad
1. Buiten het geval van ontdekking op heterdaad is de opsporingsambtenaar op bevel van de officier van justitie bevoegd de verdachte van een misdrijf waarvoor voorlopige hechtenis is toegelaten, aan te houden teneinde hem ten spoedigste voor te geleiden aan de hulpofficier van justitie of de officier van justitie.
(Zie ook: art. 67 WvSv)
2. Het bevel tot aanhouding kan door de officier van justitie mondeling of schriftelijk worden gegeven. Indien het mondeling wordt gegeven, wordt het nadien in het proces-verbaal vermeld.
3. Indien het bevel van de officier van justitie niet kan worden afgewacht, komt de in het eerste lid bedoelde bevoegdheid toe aan de hulpofficier van justitie. De hulpofficier van justitie geeft van de aanhouding onverwijld schriftelijk of mondeling kennis aan de officier van justitie. Het tweede lid is van overeenkomstige toepassing.
4. Indien het bevel van de officier van justitie of de hulpofficier van justitie niet kan worden afgewacht, is de opsporingsambtenaar bevoegd de verdachte aan te houden teneinde hem ten spoedigste voor te geleiden aan de hulpofficier van justitie of de officier van justitie.
5. Een bevoegdheid tot aanhouding buiten het geval van ontdekking op heterdaad komt toe aan een persoon in de openbare dienst van een vreemde staat die op door het volkenrecht toegelaten wijze grensoverschrijdend het achtervolgingsrecht in Nederland uitoefent, onder de verplichting ten aanzien van de aangehoudene te handelen overeenkomstig artikel 53, tweede lid.

Art. 55
Betreden plaatsen ter aanhouding
[1.] In geval van ontdekking op heeter daad van een misdrijf kan ieder, ter aanhouding van den verdachte, elke plaats betreden, met uitzondering van een woning zonder toestemming van de bewoner en van de plaatsen, genoemd in artikel 12 van de Algemene wet op het binnentreden (*Stb.* 1994, 572).
(Zie ook: art. 12 GW; artt. 53, 128 WvSv)
[2.] Zoowel in geval van ontdekking op heeter daad als buiten dat geval kan iedere opsporingsambtenaar, ter aanhouding van den verdachte, elke plaats betreden.
(Zie ook: artt. 53, 54, 96, 127, 128, 129 WvSv; artt. 138, 370 WvSr)

Art. 55a
Doorzoeking ter aanhouding
1. In geval van ontdekking op heterdaad van een strafbaar feit of in geval van verdenking van een misdrijf als omschreven in artikel 67, eerste lid, kan iedere opsporingsambtenaar ter aanhouding van de verdachte elke plaats doorzoeken. Hij behoeft daartoe de machtiging van de officier van justitie, behoudens het geval van dringende noodzakelijkheid. In het laatste geval wordt de officier van justitie onverwijld van de doorzoeking op de hoogte gesteld.
2. Indien de officier van justitie aan een opsporingsambtenaar een machtiging heeft verleend ter aanhouding van de verdachte een woning zonder toestemming van de bewoner te doorzoeken, is voor het binnentreden in die woning door de betrokken opsporingsambtenaar geen machtiging als bedoeld in artikel 2 van de Algemene wet op het binnentreden vereist.
(Zie ook: artt. 53, 54, 127, 128, 487 WvSv; art. 12 GW)

Art. 55b
Bevoegdheden ter vaststelling identiteit
1. De bij of krachtens artikel 141 aangewezen ambtenaren alsmede bepaalde door Onze Minister van Veiligheid en Justitie aangewezen categorieën van andere personen, belast met de opsporing van strafbare feiten, zijn bevoegd een staande gehouden of aangehouden verdachte aan zijn

Wetboek van Strafvordering

C2 art. 55e

kleding te onderzoeken, alsmede voorwerpen die hij bij zich draagt of met zich mee voert te onderzoeken, een en ander voor zover zulks noodzakelijk is voor de vaststelling van zijn identiteit.
(Zie ook: art. 1 Racpsf)
2. De ambtenaren, bedoeld in het eerste lid, oefenen de bevoegdheden, bedoeld in het eerste lid, alleen dan in het openbaar uit, indien dit redelijkerwijs noodzakelijk is om wegmaking of beschadiging van voorwerpen waaruit de identiteit van die verdachte zou kunnen blijken, te voorkomen.
3. Van de uitoefening van de bevoegdheden, bedoeld in het tweede lid, maken zij proces-verbaal op, dat aan de officier van justitie ter beschikking wordt gesteld.

Art. 55c

1. De ambtenaren, bedoeld in artikel 141, en de ambtenaren van politie, bedoeld in artikel 2, onder b, van de Politiewet 2012 en de ambtenaren van politie, bedoeld in artikel 2, onder c, van die wet, voor zover zij zijn aangesteld voor de uitvoering van technische, administratieve en andere taken ten dienste van de politie en zij tevens buitengewoon opsporingsambtenaar als bedoeld in artikel 142 zijn, stellen de identiteit van de aangehouden verdachte vast op de wijze, bedoeld in artikel 27a, eerste lid, eerste en tweede volzin. — *Identificatie verdachte*
2. De ambtenaren, bedoeld in het eerste lid, nemen met het oog op het vaststellen van de identiteit van een verdachte die is aangehouden wegens een misdrijf als omschreven in artikel 67, eerste lid, of die wordt verhoord wegens een misdrijf als omschreven in artikel 67, eerste lid, zonder dat hij is aangehouden, een of meer foto's en vingerafdrukken. De vingerafdrukken worden vergeleken met de van verdachten overeenkomstig dit wetboek verwerkte vingerafdrukken en, indien vermoed wordt dat de verdachte een vreemdeling is, met de overeenkomstig de Vreemdelingenwet 2000 verwerkte vingerafdrukken.
3. De officier van justitie of de hulpofficier beveelt dat van iedere andere verdachte dan de verdachte, bedoeld in het tweede lid, over wiens identiteit twijfel bestaat, een of meer foto's en vingerafdrukken worden genomen. Het tweede lid, laatste volzin, is van overeenkomstige toepassing.
4. De foto's en vingerafdrukken, bedoeld in het tweede en derde lid, kunnen ook worden verwerkt voor het voorkomen, opsporen, vervolgen en berechten van strafbare feiten en het vaststellen van de identiteit van een lijk.
5. Bij of krachtens algemene maatregel van bestuur worden regels gesteld over de uitvoering van het nemen van de foto's en vingerafdrukken, bedoeld in het tweede en derde lid, en voor het verwerken van de resultaten daarvan. — *Nadere regels*

Art. 55d

1. De opsporingsambtenaren, bedoeld in artikel 141, onder a tot en met c, kunnen in het belang van het onderzoek bevelen dat een aangehouden verdachte van een geweldsmisdrijf waarvoor voorlopige hechtenis is toegelaten en dat bij algemene maatregel van bestuur is aangewezen of een aangehouden verdachte van een misdrijf als bedoeld in de artikelen 307, eerste lid, en 308, eerste en tweede lid, van het Wetboek van Strafrecht, medewerking verleent aan: — *Voorlopig middelenonderzoek*
a. een voorlopig onderzoek van uitgeademde lucht of een onderzoek naar de psychomotorische functies en de oog- en spraakfuncties ter vaststelling van het gebruik van alcohol;
b. een onderzoek van speeksel of een onderzoek naar de psychomotorische functies en de oog- en spraakfuncties ter vaststelling van het gebruik van andere middelen als bedoeld in het vierde lid dan alcohol.
2. Het bevel, bedoeld in het eerste lid, wordt alleen gegeven indien uit aanwijzingen blijkt dat de verdachte het geweldsmisdrijf, bedoeld in het eerste lid, onder invloed van alcohol of andere middelen als bedoeld in het vierde lid heeft gepleegd.
3. Het bevel, bedoeld in het eerste lid, onder a, wordt niet gericht tegen de verdachte van wie aannemelijk is dat het verlenen van medewerking aan een ademonderzoek voor hem om bijzondere geneeskundige redenen onwenselijk is.
4. Bij algemene maatregel van bestuur worden de andere middelen dan alcohol aangewezen die tot welddadig gedrag kunnen leiden en de grenswaarden voor die middelen en alcohol vastgesteld. Bij of krachtens algemene maatregel van bestuur worden regels gesteld over de uitvoering van het onderzoek, bedoeld in het eerste lid.

Art. 55e

1. Indien op grond van een onderzoek als bedoeld in artikel 55d, eerste lid, onder a, ten aanzien van de verdachte bij wie dat onderzoek is uitgevoerd, het vermoeden bestaat dat hij alcohol heeft gebruikt boven de grenswaarde, bedoeld in artikel 55d, vierde lid, of op andere wijze dat vermoeden ten aanzien van hem is ontstaan, kan de opsporingsambtenaar hem bevelen medewerking te verlenen aan een nader onderzoek van uitgeademde lucht. — *Nader middelenonderzoek*
2. Het bevel, bedoeld in het eerste lid, wordt niet ten uitvoer gelegd bij de verdachte van wie aannemelijk is dat het verlenen van medewerking aan een nader ademonderzoek voor hem om bijzondere geneeskundige redenen onwenselijk is.

3. In het geval, bedoeld in het tweede lid, of indien de medewerking van de verdachte niet heeft geleid tot een voltooid nader ademonderzoek of indien op grond van een onderzoek als bedoeld in artikel 55d, eerste lid, onder b, het vermoeden bestaat dat de verdachte onder invloed verkeert van een of meer andere middelen als bedoeld in artikel 55d, vierde lid, dan alcohol of een combinatie van die middelen met alcohol, kan de officier van justitie of, indien zijn optreden niet kan worden afgewacht, de hulpofficier van justitie de verdachte bevelen medewerking te verlenen aan een bloedonderzoek.
4. Een arts of een verpleegkundige neemt van de verdachte zoveel bloed af als voor het onderzoek, bedoeld in het derde lid, noodzakelijk is.
5. Bij of krachtens algemene maatregel van bestuur worden regels gesteld over de uitvoering van de onderzoeken, bedoeld in het eerste en derde lid, en het tegenonderzoek.

Art. 56

Onderzoek aan lichaam of kleding
1. De officier van justitie of de hulpofficier voor wie de verdachte wordt geleid of die zelf de verdachte heeft aangehouden, kan, bij het bestaan van ernstige bezwaren tegen deze, in het belang van het onderzoek bepalen dat deze aan zijn lichaam of kleding zal worden onderzocht.

Onderzoek in lichaam
2. De officier van justitie kan bij het bestaan van ernstige bezwaren tegen de verdachte, in het belang van het onderzoek bepalen dat deze in zijn lichaam wordt onderzocht. Onder onderzoek in het lichaam wordt verstaan: het uitwendig schouwen van de openingen en holten van het onderlichaam, röntgenonderzoek, echografie en het inwendig manueel onderzoek van de openingen en holten van het lichaam. Het onderzoek in het lichaam wordt verricht door een arts. Het onderzoek wordt niet ten uitvoer gelegd indien zulks om bijzondere geneeskundige redenen onwenselijk is.
3. De in het eerste en tweede lid bedoelde onderzoeken worden op een besloten plaats en voor zover mogelijk door personen van hetzelfde geslacht als de verdachte verricht.
[4.] De overige opsporingsambtenaren zijn bevoegd den aangehoudene tegen wien ernstige bezwaren bestaan, aan zijne kleeding te onderzoeken.

Art. 56a

Vervolgonderzoek
1. Nadat de aangehouden verdachte aan de hulpofficier van justitie of de officier van justitie is voorgeleid, kan deze bevelen dat de verdachte wordt opgehouden voor onderzoek dan wel in vrijheid wordt gesteld. De hulpofficier van justitie kan voorts beslissen om de verdachte onverwijld voor te geleiden aan de officier van justitie.
2. De verdachte van een misdrijf waarvoor voorlopige hechtenis is toegelaten kan ten hoogste negen uur worden opgehouden voor onderzoek; de verdachte van een strafbaar feit waarvoor voorlopige hechtenis niet is toegelaten ten hoogste zes uur. De tijd tussen middernacht en negen uur 's morgens wordt voor de berekening van deze termijnen niet meegerekend. De ophouding vindt plaats in het belang van het onderzoek.
3. Voor het einde van de periode, bedoeld in het tweede lid, of zoveel eerder als het onderzoek dat toelaat, wordt de verdachte in vrijheid gesteld of in verzekering gesteld.
4. Het onderzoek, bedoeld in het eerste lid, omvat mede de identificatie van de verdachte, de voorbereidingen voor het verhoor, het verhoor en het uitreiken van mededelingen in persoon over het vervolg van de strafzaak.
5. Tijdens het ophouden voor onderzoek wordt de verdachte verhoord op de wijze bepaald in de artikelen 29 en 29a.

Art. 56b

Vervolgonderzoek, verlenging termijn
1. Indien de identificatie van de aangehouden verdachte van een strafbaar feit waarvoor voorlopige hechtenis niet is toegelaten, niet binnen de in artikel 56a, tweede lid, bedoelde termijn kan worden afgerond, kan die termijn op bevel van de hulpofficier van justitie of de officier van justitie voor wie de verdachte is geleid eenmaal met ten hoogste zes uur worden verlengd.
2. Het bevel tot verlenging op grond van het eerste lid is gedagtekend en ondertekend. Het bevat een korte omschrijving van het strafbare feit ten aanzien waarvan een verdenking bestaat en de feiten of omstandigheden waarop de verdenking is gegrond.
3. De verdachte wordt in het bevel met name of, wanneer zijn naam onbekend is, zo duidelijk mogelijk aangewezen. Een afschrift van het bevel wordt hem onverwijld uitgereikt. Indien de verdachte de Nederlandse taal niet of onvoldoende beheerst, wordt hem de inhoud van het bevel mondeling in een voor hem begrijpelijke taal medegedeeld.

Art. 57

Inverzekeringstelling
[1.] De officier van justitie of de hulpofficier voor wie de verdachte wordt geleid, of die zelf de verdachte heeft aangehouden, kan, na hem verhoord te hebben, bevelen dat hij tijdens het onderzoek ter beschikking van de justitie zal blijven en daarvoor op een in het bevel aangeduide plaats in verzekering zal worden gesteld. Inverzekeringstelling vindt plaats in het belang van het onderzoek, waaronder mede wordt verstaan het belang van het aan de verdachte in persoon uitreiken van mededelingen over de strafzaak.
(Zie ook: artt. 53, 54, 62, 206, 214 WvSv; art. 15 GW)

Wetboek van Strafvordering   **C2 art. 59a**

[2.] De verdachte is bevoegd zich bij het verhoor door een raadsman te doen bijstaan. De raadsman wordt bij het verhoor in de gelegenheid gesteld de nodige opmerkingen te maken.
(Zie ook: artt. 28, 29, 38, 40, 50 WvSv; art. 6 EVRM)
[3.] Van het verhoor wordt proces-verbaal opgemaakt door de officier of de hulpofficier die het bevel verleent. Dit proces-verbaal wordt bij de processtukken gevoegd.
[4.] De hulpofficier geeft van zijn bevel onverwijld kennis aan de officier van justitie.
[5.] Zodra het belang van het onderzoek dit toelaat, gelast de officier van justitie de invrijheidstelling van de verdachte. Indien het onderzoeksbelang nog slechts bestaat uit het uitreiken aan de verdachte in persoon van een mededeling over de strafzaak, wordt deze mededeling zo spoedig mogelijk uitgereikt en de verdachte daarna in vrijheid gesteld.
(Zie ook: artt. 61, 588 WvSv)

Art. 58
1. Het bevel tot inverzekeringstelling wordt slechts verleend in geval van een strafbaar feit waarvoor voorloopige hechtenis is toegelaten.   **Bevel tot inverzekeringstelling**
(Zie ook: artt. 67, 133 WvSv)
2. Het bevel tot inverzekeringstelling is slechts gedurende ten hoogste drie dagen van kracht. Bij dringende noodzakelijkheid kan het bevel door de officier van justitie eenmaal voor ten hoogste drie dagen worden verlengd.   **Geldigheid termijn bevel tot inverzekeringstelling**
(Zie ook: artt. 59a, 136 WvSv)
3. Zodra het belang van het onderzoek dit toelaat, gelast de hulpofficier de invrijheidstelling van de verdachte. In het andere geval stelt hij de officier van justitie voor de inverzekeringstelling te verlengen. De officier van justitie kan bevelen dat de verdachte ten einde te worden gehoord voor hem wordt geleid.   **Invrijheidstelling of verlenging inverzekeringstelling**

Art. 59
1. Het bevel tot inverzekeringstelling of tot verlenging daarvan is gedagteekend en onderteekend. De ondertekening van het bevel kan in opdracht van de officier van justitie, die het bevel heeft gegeven, namens deze ook geschieden door een hulpofficier.   **Inhoud bevel tot inverzekeringstelling**
2. Het omschrijft zoo nauwkeurig mogelijk het strafbare feit, den grond der uitvaardiging en de bepaalde omstandigheden welke tot het aannemen van dien grond hebben geleid.
(Zie ook: art. 564 WvSv)
3. De verdachte wordt in het bevel met name, of wanneer zijn naam onbekend is, zoo duidelijk mogelijk aangewezen.
4. Een afschrift van het bevel wordt hem onverwijld uitgereikt.
5. De directeur van de stichting reclassering wordt onverwijld van het bevel tot inverzekeringstelling in kennis gesteld.   **Kennisgeving bevel tot inverzekeringstelling aan reclasseringsraad**
(Zie ook: artt. 62, 491 WvSv)
6. Het politiebureau is bestemd voor het ondergaan van de inverzekeringstelling. In bijzondere gevallen kan de officier van justitie gelasten dat de inverzekeringstelling in een huis van bewaring wordt ondergaan.   **Locatie ondergaan inverzekeringstelling**
(Zie ook: art. 9 PBW)
7. Indien de verdachte de Nederlandse taal niet of onvoldoende beheerst, wordt hem zo spoedig mogelijk in een voor hem begrijpelijke taal schriftelijk mededeling gedaan van het strafbare feit ten aanzien waarvan de verdenking is gerezen, de grond voor uitvaardiging en de geldigheidsduur van het bevel.   **Vertaling van strafbaar feit**

Art. 59a
1. Uiterlijk binnen drie dagen en achttien uur, te rekenen vanaf het tijdstip van de aanhouding, wordt de verdachte ten einde te worden gehoord voor de rechter-commissaris geleid.   **Voorgeleiding voor rechter-commissaris**
(Zie ook: art. 58 WvSv; art. 5 EVRM)
2. De rechter-commissaris bepaalt, na daartoe van de officier van justitie een verzoek te hebben ontvangen, onverwijld tijd en plaats van het verhoor en geeft hiervan kennis aan de officier van justitie, de verdachte en de raadsman.
3. De verdachte is bevoegd zich bij het verhoor door een raadsman te doen bijstaan. De raadsman wordt bij het verhoor in de gelegenheid gesteld de nodige opmerkingen te maken. De officier van justitie is bevoegd het verhoor bij te wonen en daarbij de nodige opmerkingen te maken.   **Bijstand door raadsman bij verhoor verdachte**
4. De verdachte kan bij zijn verhoor de rechter-commissaris zijn invrijheidstelling verzoeken.   **Verzoek tot invrijheidstelling door verdachte**
5. Indien de rechter-commissaris de inverzekeringstelling onrechtmatig oordeelt, beveelt hij de onmiddellijke invrijheidstelling van de verdachte. In het andere geval tekent de rechter-commissaris zijn beslissing in het proces-verbaal van het verhoor aan of, ingeval de verdachte een verzoek tot invrijheidstelling heeft gedaan, wijst de rechter-commissaris het verzoek af. De aantekening wordt door de rechter-commissaris gewaarmerkt.   **Besluit van rechter-commissaris inzake invrijheidstelling**
(Zie ook: art. 15 GW)
6. De beschikking is gedagtekend, ondertekend en met redenen omkleed. De rechter-commissaris doet deze onverwijld toekomen aan de officier van justitie en de verdachte.

Sdu   145

C2 art. 59b

Wetboek van Strafvordering

Art. 59b
Toepasselijkheidsbepaling

Zodra de verdachte door de officier van justitie of de hulpofficier overeenkomstig artikel 57, vijfde lid, onderscheidenlijk artikel 58, derde lid, in vrijheid is gesteld, vindt artikel 59a geen toepassing meer.

Art. 59c
Beroep OvJ tegen onmiddellijke invrijheidstelling

1. Tegen een beschikking van de rechter-commissaris tot onmiddellijke invrijheidstelling van de verdachte op de voet van artikel 59a, vijfde lid, staat voor de officier van justitie binnen veertien dagen daarna bij de rechtbank hoger beroep open.
2. De verdachte wordt, tenzij de rechtbank reeds aanstonds tot afwijzing van het hoger beroep besluit, gehoord althans behoorlijk opgeroepen. De rechtbank kan diens medebrenging gelasten.
3. De rechtbank beslist zo spoedig mogelijk. De beschikking is met redenen omkleed en wordt schriftelijk ter kennis van de officier van justitie en de verdachte gebracht.

(Zie ook: artt. 21, 130 WvSv)

Art. 60
Voorgeleiding voor rechter-commissaris door OvJ

De officier van justitie voor wien de verdachte wordt geleid of die zelf den verdachte heeft aangehouden, doet hem, ingeval hij diens bewaring noodig oordeelt, onverwijld geleiden voor den rechter-commissaris.

(Zie ook: artt. 53, 54, 63 WvSv)

Art. 61
[Vervallen]

Art. 61a
Maatregelen in belang van onderzoek

1. Tegen de voor onderzoek opgehouden verdachte kunnen maatregelen in het belang van het onderzoek worden bevolen. Als zodanige maatregelen kunnen onder meer worden aangemerkt:
   a. het maken van foto's en video-opnamen;
   b. het nemen van lichaamsmaten en handpalm-, voet-, teen-, oor- en schoenzoolafdrukken;
   c. de toepassing van een confrontatie;
   d. de toepassing van een geuridentificatieproef;
   e. het afscheren, knippen of laten groeien van snor, baard of hoofdhaar;
   f. het dragen van bepaalde kleding of bepaalde attributen ten behoeve van een confrontatie;
   g. plaatsing in een observatiecel;
   h. onderzoek naar schotresten op het lichaam.

Maatregelen ter identificatie verdachte

2. In het eerste lid bedoelde maatregelen kunnen alleen worden bevolen in geval van verdenking van een misdrijf als omschreven in artikel 67, eerste lid.

Nadere regels

3. Bij of krachtens algemene maatregel van bestuur kunnen nadere regels worden gesteld over de uitvoering van de maatregelen in het belang van het onderzoek en voor het verwerken van de resultaten daarvan.

(Zie ook: art. 1 Btmbo)

Art. 61b-61c
[Vervallen]

Art. 62
Onderwerpen van verdachte aan beperkingen
Maatregelen tegen inverzekeringgestelden

1. De in verzekering gestelde verdachte wordt aan geen andere beperkingen onderworpen dan die in het belang van het onderzoek of in het belang der orde volstrekt noodzakelijk zijn.
2. Onverminderd het bepaalde in artikel 45, kunnen tegen de in het eerste lid bedoelde verdachte maatregelen in het belang van het onderzoek worden bevolen. Als zodanige maatregelen kunnen, naast de in artikel 61a, eerste lid, onderdeel a tot en met h, genoemde maatregelen, onder meer worden aangemerkt:
   a. beperkingen met betrekking tot het ontvangen van bezoek, telefoonverkeer, briefwisseling en de uitreiking van kranten, lectuur of andere gegevensdragers, dan wel andere maatregelen betrekking hebbend op het verblijf in het kader van de vrijheidsbeneming;
   b. de overbrenging naar een ziekenhuis, of een andere instelling waar medisch toezicht is gewaarborgd, of verblijf in een daartoe ingerichte cel onder medisch toezicht.

Nadere regels

3. De behandeling van de in verzekering gestelde verdachten en de eisen waaraan de voor de inverzekeringstelling bestemde plaatsen moeten voldoen, worden, naar beginselen bij of krachtens de wet te stellen, geregeld bij algemene maatregel van bestuur.

Rapport reclasseringsraad

4. Indien naar aanleiding van de in artikel 59, vijfde lid, genoemde kennisgeving een rapport is opgesteld, neemt de officier van justitie van dat rapport kennis alvorens een vordering tot bewaring te doen.

Bezwaarmogelijkheid bij toepassing maatregelen

5. De verdachte zal bij de toepassing van de maatregelen, bedoeld in het tweede lid, onderdeel a, worden gewezen op de bezwaarmogelijkheid die in artikel 62a, vierde lid, is opgenomen.

(Zie ook: art. 76 WvSv; art. 218 WvSv; art. 15 GW)

Art. 62a
Maatregel in belang der onderzoek op bevel van officier van justitie

1. Maatregelen in het belang van het onderzoek kunnen door de officier van justitie worden bevolen.

(Zie ook: art. 181 WvSv)

Wetboek van Strafvordering C2 art. 65

2. De bevoegdheid bedoeld in het eerste lid komt, uitgezonderd de bevoegdheid tot het geven van een bevel tot de maatregel bedoeld in artikel 61a, eerste lid, onder e, gedurende de ophouding voor onderzoek en de inverzekeringstelling indien het optreden van de officier van justitie niet kan worden afgewacht, toe aan de hulpofficier van justitie die de ophouding voor onderzoek dan wel de inverzekeringstelling heeft gelast.
3. De directeur van het huis van bewaring, indien de vrijheidsbeneming aldaar wordt ondergaan, en anders de bij het bevel aan te wijzen persoon, draagt zorg voor de uitvoering van het bevel.
(Zie ook: art. 1 PBW)
4. De verdachte kan tegen het bevel als bedoeld in artikel 62, tweede lid, onder a, een bezwaarschrift indienen bij de rechtbank of, indien het bevel is gegeven in het kader van de voorlopige hechtenis, bij het rechterlijk college dat oordeelt omtrent de voortzetting van de voorlopige hechtenis. Het bevel wordt in afwachting van de rechterlijke beslissing niet uitgevoerd, tenzij degene die het bevel heeft gegeven een onverwijlde uitvoering in het belang van het onderzoek volstrekt noodzakelijk acht.
(Zie ook: art. 133 WvSv)

Tweede afdeeling
Voorloopige hechtenis

§ 1
Bevelen tot voorloopige hechtenis

Art. 63
[1.] De rechter-commissaris kan, op de vordering van den officier van justitie, een bevel tot bewaring van den verdachte verleenen. De officier van justitie geeft van de vordering onverwijld mondeling of schriftelijk kennis aan de raadsman.   *Bevel tot bewaring*
[2.] Indien de rechter-commissaris reeds aanstonds van oordeel is dat voor het verleenen van zoodanig bevel geen grond bestaat, wijst hij de vordering af.
[3.] In het andere geval hoort hij, tenzij het voorafgaand verhoor van den verdachte niet kan worden afgewacht, alvorens te beslissen, dezen omtrent de vordering van den officier van justitie en kan hij te dien einde, zoo noodig onder bijvoeging van een bevel tot medebrenging, diens dagvaarding gelasten.
[4.] De verdachte is bevoegd zich bij het verhoor door een raadsman te doen bijstaan. De raadsman wordt bij het verhoor en in de gelegenheid gesteld de nodige opmerkingen te maken.
(Zie ook: artt. 27, 38, 40, 50, 60, 67, 67a, 69, 73, 77, 87, 178, 445, 446 WvSv)
5. Wanneer de verdachte ten tijde van het plegen van het misdrijf waarvan hij wordt verdacht de leeftijd van achttien wel maar nog niet de leeftijd van drieëntwintig jaar heeft bereikt, kan de officier van justitie in zijn vordering aangeven of hij voornemens is te vorderen dat het recht zal worden gedaan overeenkomstig artikel 77c van het Wetboek van Strafrecht. Artikel 493 is van overeenkomstige toepassing.   *Schakelbepaling*
6. De officier van justitie vraagt de directeur van de reclassering hierover van advies te dienen. De reclassering kan ten behoeve van het advies inlichtingen inwinnen bij de raad voor de kinderbescherming.

Art. 64
1. Het bevel tot bewaring is van kracht gedurende een door de rechter-commissaris te bepalen termijn van ten hoogste veertien dagen, welke ingaat op het ogenblik der tenuitvoerlegging.   *Termijn van bewaring*
(Zie ook: artt. 68, 78, 136 WvSv)
2. Zodra de rechter-commissaris of de officier van justitie van oordeel is, dat de gronden zijn vervallen waarop het bevel tot bewaring is verleend, gelast hij de invrijheidstelling van de verdachte.
(Zie ook: artt. 69, 79, 130 WvSv)
3. Tegen een beschikking van de rechter-commissaris tot invrijheidstelling van de verdachte op de voet van het tweede lid, staat voor de officier van justitie binnen veertien dagen daarna bij de rechtbank hoger beroep open.
(Zie ook: artt. 130, 136, 196 WvSv)

Art. 65
[1.] De rechtbank kan, op vordering van de officier van justitie, de gevangenhouding bevelen van de verdachte die zich in bewaring bevindt. De verdachte wordt voorafgaand aan het bevel gehoord, tenzij hij schriftelijk heeft verklaard afstand te doen van het recht te worden gehoord. De rechtbank of de voorzitter kan, niettegenstaande een dergelijke verklaring, de medebrenging van de verdachte bevelen.   *Bevel tot gevangenhouding of gevangenneming*
2. Behoudens het geval van artikel 66a, eerste lid, kan de rechtbank, ambtshalve of op de vordering van de officier van justitie, na de aanvang van het onderzoek ter zitting de gevangenneming van de verdachte bevelen. Desgeraden hoort de rechtbank deze vooraf; zij is bevoegd te

Sdu   147

dien einde zijn dagvaarding te gelasten, zo nodig onder bijvoeging van een bevel tot medebrenging.
3. De rechtbank kan eveneens een bevel tot gevangenneming geven, indien dit nodig is om de uitlevering van de verdachte te verkrijgen.
(Zie ook: artt. 21, 73, 77, 329, 445, 446, 564 WvSv)

Art. 66

Termijn bevel tot gevangenneming of gevangenhouding

[1.] Het bevel tot gevangenneming of gevangenhouding is van kracht gedurende een door de rechtbank te bepalen termijn van ten hoogste negentig dagen, welke ingaat op het ogenblik der tenuitvoerlegging.
(Zie ook: art. 68 WvSv)
2. Wanneer het bevel is gegeven op de terechtzitting, dan wel binnen de krachtens het eerste lid bepaalde termijn het onderzoek is aangevangen, blijft het bevel van kracht totdat zestig dagen na de dag van de einduitspraak zijn verstreken.
[3.] De termijn gedurende welke het bevel van kracht is, kan door de rechtbank, op de vordering van de officier van justitie, vóór de aanvang van het onderzoek op de terechtzitting ten hoogste tweemaal worden verlengd, met dien verstande dat de duur van het bevel tot gevangenneming of gevangenhouding en de verlengingen daarvan tezamen een periode van negentig dagen niet te boven gaan. De verdachte wordt in de gelegenheid gesteld op de vordering te worden gehoord.
In het geval de verdenking een terroristisch misdrijf betreft kan de duur van het bevel tot gevangenneming of gevangenhouding na negentig dagen gedurende ten hoogste twee jaren worden verlengd met perioden die een termijn van negentig dagen niet te boven gaan. De behandeling van een vordering tot verlenging vindt in dat geval in het openbaar plaats.
(Zie ook: art. 258 WvSv)
[4.] Op bevelen tot verlenging, overeenkomstig het voorgaande lid, zijn de eerste drie leden van dit artikel van overeenkomstige toepassing.
(Zie ook: artt. 22, 75, 78, 130, 136, 196, 317 WvSv; art. 83 WvSr)

Art. 66a

Verlengen gevangenhouding of gevangenlegging

1. Wanneer de geldigheidsduur van het bevel tot gevangenhouding of gevangenneming is verstreken, kan de officier van justitie ook voor de aanvang van het onderzoek ter terechtzitting ten spoedigste de gevangenneming van de nog niet in vrijheid gestelde verdachte vorderen, indien
a. de officier van justitie heeft verzuimd tijdig de vordering tot verlenging in te dienen,
b. de voorwaarden voor toepassing van voorlopige hechtenis nog bestaan, en
c. het bevel tot voorlopige hechtenis was gegeven terzake van verdenking van een misdrijf waarop naar de wettelijke omschrijving een gevangenisstraf van acht jaar of meer is gesteld.
2. De rechtbank stelt de verdachte die op de terechtzitting aanwezig is, in de gelegenheid op de vordering te worden gehoord.
3. Aan de verdachte die niet op de terechtzitting aanwezig is, wordt de vordering tot gevangenneming onverwijld in persoon betekend. De rechtbank beslist niet dan na de verdachte te hebben gehoord, althans behoorlijk te hebben opgeroepen. Zij kan de medebrenging van de verdachte gelasten.
4. De rechtbank beslist op de vordering binnen 24 uur na de indiening daarvan. De verdachte wordt in afwachting van de beslissing op de vordering tot gevangenneming niet in vrijheid gesteld.
5. Indien nog geen dagvaarding is uitgebracht, worden de bepalingen in het tweede tot en met het vierde lid toegepast door de raadkamer.
6. De termijnen, bedoeld in de artikelen 75, derde lid, en 282 zijn van overeenkomstige toepassing.

Art. 67

Gevallen van voorlopige hechtenis

[1.] Een bevel tot voorlopige hechtenis kan worden gegeven in geval van verdenking van:
a. een misdrijf waarop naar de wettelijke omschrijving een gevangenisstraf van vier jaren of meer is gesteld;
b. een der misdrijven omschreven in de artikelen 132, 138a, 138ab, 138b, 138c, 139c, 139d, eerste en tweede lid, artikel 139h, eerste en tweede lid, 139g, 141a, 137c, tweede lid, 137d, eerste lid, 137e, tweede lid, 137g, tweede lid, 151, 184a, 254a, 248d, 248e, 272, 284, eerste lid, 285, eerste lid, 285b, 285c, 300, eerste lid, 321, 326c, tweede lid, 326d, 340, 342, 344a, 344b, 347, eerste lid, 350, 350a, 350c, 350d 351, 395, 417bis, 420bis.1, 420quater en 420quater.1 van het Wetboek van Strafrecht;
c. een der misdrijven omschreven in:
artikel 86i, eerste lid, van de Elektriciteitswet 1998;
artikel 66h, eerste lid, van de Gaswet;
artikel 8.12, eerste en tweede lid, van de Wet dieren;
de artikelen 175, tweede lid, onderdeel b, of derde lid in verbinding met het eerste lid, onderdeel b en 176, tweede lid, voor zover dit betreft artikel 7, eerste lid, onderdelen a en c, van de Wegenverkeerswet 1994;

Wetboek van Strafvordering C2 art. 67a

artikel 30, tweede lid, van de Wet buitengewone bevoegdheden burgerlijk gezag;
de artikelen 52, 53, eerste lid en 54 van de Wet gewetensbezwaren militaire dienst;
artikel 36 van de Wet op de kansspelen;
de artikelen 11, tweede lid, en 11a van de Opiumwet;
artikel 55, tweede lid, van de Wet wapens en munitie;
artikel 11 van de Wet tijdelijk huisverbod;
artikel 8 van de Tijdelijke wet bestuurlijke maatregelen terrorismebestrijding.
(Zie ook: artt. 129, 133 WvSv)
2. Het bevel kan voorts worden gegeven indien geen vaste woon- of verblijfplaats in Nederland van de verdachte kan worden vastgesteld en hij verdacht wordt van een misdrijf waarvan de rechtbanken kennis nemen en waarop, naar de wettelijke omschrijving gevangenisstraf is gesteld.
(Zie ook: art. 45 Wet RO)
[3.] De voorgaande leden van dit artikel vinden alleen toepassing wanneer uit feiten of omstandigheden blijkt van ernstige bezwaren tegen de verdachte. — Ernstige bezwaren
4. In afwijking van het derde lid zijn bij verdenking van een terroristisch misdrijf ernstige bezwaren niet vereist voor een bevel tot bewaring. Bij verdenking van een van de misdrijven omschreven in de artikelen 114b, 120b, 140a, 176b, 289a, 304b en 415b, van het Wetboek van Strafrecht kan tevens een bevel tot gevangenhouding van de verdachte worden gegeven voor een duur van telkens ten hoogste tien dagen zonder dat ten aanzien van de verdachte ernstige bezwaren bestaan, waarbij de duur van de bevelen tot gevangenhouding zonder ernstige bezwaren tezamen een periode van dertig dagen niet te boven gaat. — Terroristisch misdrijf, ernstige bezwaren niet vereist
(Zie ook: art. 83 WvSr)

Art. 67a
[1.] Een op artikel 67 gegrond bevel kan slechts worden gegeven: — Gronden voor voorlopige hechtenis
a. indien uit bepaalde gedragingen van de verdachte, of uit bepaalde, hem persoonlijk betreffende omstandigheden, blijkt van ernstig gevaar voor vlucht;
b. indien uit bepaalde omstandigheden blijkt van een gewichtige reden van maatschappelijke veiligheid, welke de onverwijlde vrijheidsbeneming vordert.
2. Een gewichtige reden van maatschappelijke veiligheid kan voor de toepassing van het vorige lid slechts in aanmerking worden genomen:
1°. indien er sprake is van verdenking van een feit waarop naar de wettelijke omschrijving een gevangenisstraf van twaalf jaren of meer is gesteld en de rechtsorde ernstig door dat feit is geschokt;
2°. indien er ernstig rekening mede moet worden gehouden, dat de verdachte een misdrijf zal begaan:
waarop naar de wettelijke omschrijving een gevangenisstraf van zes jaren of meer is gesteld of waardoor de veiligheid van de staat of de gezondheid of veiligheid van personen in gevaar kan worden gebracht, dan wel algemeen gevaar voor goederen kan ontstaan;
3°. indien er sprake is van verdenking van een der misdrijven omschreven in de artikelen 285, 300, 310, 311, 321, 322, 323a, 326, 326a, 326e, 350, 416, 417bis, 420bis of 420quater van het Wetboek van Strafrecht, terwijl nog geen vijf jaren zijn verlopen sedert de dag waarop de verdachte wegens een van deze misdrijven onherroepelijk tot een vrijheidsbenemende straf of maatregel, een vrijheidsbeperkende maatregel of een taakstraf is veroordeeld dan wel bij onherroepelijke strafbeschikking een taakstraf is opgelegd en voorts er ernstig rekening mede moet worden gehouden dat de verdachte wederom een van die misdrijven zal begaan;
4°. indien er sprake is van verdenking van een van de misdrijven omschreven in de artikelen 141, 157, 285, 300 tot en met 303 of 350 van het Wetboek van Strafrecht, begaan op een voor het publiek toegankelijke plaats, dan wel gericht tegen personen met een publieke taak, waardoor maatschappelijke onrust is ontstaan en de berechting van het misdrijf uiterlijk binnen een termijn van zeventien dagen en achttien uur na aanhouding van de verdachte zal plaatsvinden;
5°. indien de voorlopige hechtenis in redelijkheid noodzakelijk is voor het, anders dan door verklaringen van de verdachte, aan de dag brengen van de waarheid.
[3.] Een bevel tot voorlopige hechtenis blijft achterwege, wanneer ernstig rekening moet worden gehouden met de mogelijkheid dat aan de verdachte in geval van veroordeling geen onvoorwaardelijke vrijheidsstraf of tot vrijheidsbeneming strekkende maatregel zal worden opgelegd, dan wel dat hij bij tenuitvoerlegging van het bevel langere tijd van zijn vrijheid beroofd zou blijven dan de duur van de straf of maatregel. — Uitzonderingen bevel tot voorlopige hechtenis
(Zie ook: artt. 63, 470 WvSv)
4. Onder onherroepelijke veroordeling als bedoeld in het tweede lid, onder 3°, wordt mede verstaan een onherroepelijke veroordeling door een strafrechter in een andere lidstaat van de Europese Unie wegens soortgelijke feiten.
5. Onder personen met een publieke taak zijn begrepen: personen die ten behoeve van het publiek en in het algemeen belang een hulp- of dienstverlenende taak vervullen.

Art. 67b

Wijzigen grondslag voor voorlopige hechtenis

1. Indien tijdens de ten uitvoerlegging van de voorlopige hechtenis de officier van justitie overgaat tot vervolging of verdere vervolging ter zake van nog een ander feit dan hetwelk in het bevel tot voorlopige hechtenis is omschreven ofwel uitsluitend voor een met het in dat bevel omschreven feit samenhangend feit en voor dit andere feit voorlopige hechtenis kan worden bevolen kan hij bij de vordering tot gevangenhouding of de verlenging daarvan vorderen dat de voorlopige hechtenis mede onderscheidenlijk alleen voor dat andere feit wordt bevolen.
2. Indien de in het eerste lid bedoelde vordering wordt toegewezen, wordt het andere feit geacht te zijn opgenomen in de omschrijving bedoeld in het tweede lid van artikel 78.
3. Na betekening van de dagvaarding in eerste aanleg worden geen andere feiten in de omschrijving opgenomen.
4. De artikelen 77 en 78 zijn van overeenkomstige toepassing.

Art. 68

Onderbreken termijn van voorlopige hechtenis

1. De termijn gedurende welke een bevel tot voorlopige hechtenis van kracht is, loopt niet gedurende de tijd dat de verdachte zich aan de verdere tenuitvoerlegging van het bevel heeft onttrokken of uit anderen hoofde rechtens van zijn vrijheid is beroofd. Ondergaat evenwel de verdachte op het tijdstip dat het bevel tot voorlopige hechtenis wordt gegeven een vrijheidsstraf, dan wordt de tenuitvoerlegging van de straf van rechtswege geschorst zolang het bevel van kracht is. De in voorlopige hechtenis doorgebrachte tijd wordt in dat geval zoveel mogelijk in mindering gebracht op die straf.
2. Wanneer binnen de in het eerste lid, eerste volzin, bedoelde termijn een bezwaarschrift overeenkomstig artikel 262 is ingediend, blijft het bevel, – onverminderd het bepaalde in artikel 66, tweede lid, – van kracht totdat dertig dagen zijn verstreken sedert de dag waarop onherroepelijk op het bezwaarschrift is beslist.
3. Ingeval de rechtbank overeenkomstig het bepaalde in artikel 262 de aanvang van het onderzoek op de terechtzitting heeft uitgesteld, kan de rechtbank op vordering van de officier van justitie bepalen dat het bevel tot voorlopige hechtenis van kracht blijft gedurende een door haar te bepalen termijn van ten hoogste dertig dagen, ingaande op de dag waarop de geldigheidsduur van het bevel tot gevangenneming of gevangenhouding is verstreken.
4. Indien na het uitstel van de aanvang van het onderzoek op de terechtzitting alsnog overeenkomstig het bepaalde in artikel 262, eerste lid, tegen de dagvaarding een bezwaarschrift wordt ingediend, vindt het tweede lid overeenkomstige toepassing.

(Zie ook: artt. 64, 66, 73, 133 WvSv; art. 27 WvSr)

Art. 69

Opheffen bevel tot voorlopige hechtenis

[1.] Het bevel tot voorlopige hechtenis kan door de rechtbank worden opgeheven. Zij kan dit doen ambtshalve of op het verzoek van de verdachte, dan wel - voor zover het een bevel tot gevangenneming of gevangenhouding betreft - op de voordracht van de rechter-commissaris of op de vordering van de officier van justitie.
[2.] De verdachte die voor de eerste maal opheffing verzoekt, wordt, tenzij de rechtbank reeds aanstonds tot inwilliging besluit, op het verzoek gehoord, althans opgeroepen.
[3.] In afwachting van de beslissing van de rechtbank op een verzoek, een voordracht of een vordering tot het opheffen van een bevel tot gevangenneming of gevangenhouding, kan de officier van justitie de invrijheidstelling van de verdachte gelasten. Beslist de rechtbank afwijzend, dan wordt het bevel onverwijld verder ten uitvoer gelegd.

(Zie ook: artt. 21, 79, 133 WvSv)

Art. 70

Opheffing van voorlopige hechtenis van rechtswege

[1.] Ingeval de officier van justitie den verdachte kennis geeft dat hij hem ter zake van een feit waarvoor voorloopige hechtenis is toegepast, niet verder zal vervolgen, wordt daardoor elk bevel tot voorloopige hechtenis van rechtswege opgeheven en daarvan in de kennisgeving melding gemaakt. De kennisgeving wordt aan de verdachte betekend.

Van kracht blijven van bevel

[2.] Geschiedt de kennisgeving uitsluitend op grond dat de officier van justitie de rechtbank onbevoegd acht en is naar zijne meening een ander college wel bevoegd, dan kan hij bepalen dat het bevel nog gedurende drie dagen na die kennisgeving van kracht zal blijven. In de kennisgeving wordt daarvan melding gemaakt.

(Zie ook: artt. 130, 133, 136, 243, 253, 266, 585 WvSv)

Art. 71

Hoger beroep tegen bevel tot gevangenneming of gevangenhouding

1. Uiterlijk drie dagen na de tenuitvoerlegging kan de verdachte van de beslissing van de rechtbank, houdende een bevel tot gevangenneming of gevangenhouding bij het gerechtshof in hoger beroep komen. De termijn bedoeld in artikel 408, eerste lid, is niet van toepassing.
2. Binnen dezelfde termijn kan de verdachte in beroep komen van een bevel tot verlenging der gevangenhouding, doch slechts wanneer door hem geen hoger beroep werd ingesteld tegen het bevel tot gevangenhouding en ook niet tegen een eerder bevel tot verlenging. Deze beperking is niet van toepassing indien bij de verlenging van het bevel tot gevangenhouding het in het bevel omschreven feit is aangevuld dan wel gewijzigd overeenkomstig het bepaalde in artikel 67 b, eerste lid.

Wetboek van Strafvordering
C2 art. 75

3. Ingeval de rechtbank anders dan op vordering van de officier van justitie het bevel tot voorlopige hechtenis heeft opgeheven, staat tegen deze beschikking voor de officier van justitie uiterlijk veertien dagen daarna hoger beroep bij het gerechtshof open.
4. Het gerechtshof beslist zoo spoedig mogelijk. De verdachte wordt gehoord, althans opgeroepen.
(Zie ook: artt. 21, 65, 66, 66a, 130, 133, 136, 445, 446 WvSv)

Art. 72
1. Bij beschikkingen van onbevoegdverklaring en van buitenvervolgingstelling wordt het bevel tot voorlopige hechtenis opgeheven.

Opheffen bevel tot voorlopige hechtenis bij beschikking van onbevoegdverklaring en buitenvervolgingstelling

2. In geval van onbevoegdverklaring kan de rechter, indien naar zijn mening een ander college wel bevoegd is van het feit kennis te nemen, bepalen dat het bevel nog zes dagen na het onherroepelijk worden van zijn beslissing van kracht zal blijven.
3. Bij alle einduitspraken wordt - behoudens het bepaalde in het zesde lid en artikel 17, tweede lid - het bevel tot voorlopige hechtenis opgeheven, indien, ter zake van het feit waarvoor dat bevel is verleend, aan de verdachte noch een vrijheidsstraf van langere duur dan de reeds door hem in voorlopige hechtenis doorgebrachte tijd, noch een maatregel welke vrijheidsbeneming medebrengt of kan medebrengen, onvoorwaardelijk is opgelegd.

Opheffing bij einduitspraken

4. Indien de duur van de onvoorwaardelijk opgelegde vrijheidsstraf die van de reeds ondergane voorlopige hechtenis met minder dan zestig dagen overtreft en geen maatregel welke vrijheidsbeneming medebrengt of kan medebrengen onvoorwaardelijk is opgelegd, wordt, onverminderd het bepaalde in artikel 69, bij de einduitspraak het bevel tot voorlopige hechtenis opgeheven met ingang van het tijdstip waarop de duur van deze hechtenis gelijk wordt aan die van de straf.
5. Voor de toepassing van het derde en vierde lid van dit artikel wordt onder de in voorlopige hechtenis doorgebrachte tijd begrepen: de tijd gedurende welke de verdachte in verzekering was gesteld.
6. De rechter kan bij zijn einduitspraak, houdende nietigverklaring van de dagvaarding, bepalen dat dit bevel van kracht blijft gedurende een door hem te bepalen termijn van ten hoogste dertig dagen, ingaande op de dag van de einduitspraak, indien dat bevel is gegeven in geval van verdenking van een misdrijf waarop naar de wettelijke omschrijving een gevangenisstraf van acht jaar of meer is gesteld. Indien beroep wordt ingesteld tegen de einduitspraak, blijft het bevel van kracht totdat dertig dagen zijn verstreken sedert de dag waarop onherroepelijk op het beroep is beslist. De artikelen 66, tweede lid, en 67a, derde lid, zijn van overeenkomstige toepassing.
(Zie ook: artt. 27, 79, 129, 133, 136, 138, 250, 262, 349 WvSv)

Art. 72a
1. Uiterlijk drie dagen na de uitspraak kan de verdachte van de beslissing van de rechtbank, bedoeld in artikel 72, zesde lid, bij het gerechtshof in hoger beroep komen.

Hoger beroep tegen uitspraak tot handhaven voorlopige hechtenis

2. Het gerechtshof beslist zo spoedig mogelijk. De verdachte wordt gehoord, althans opgeroepen.
(Zie ook: artt. 21, 72, 133, 445 WvSv)

Art. 73
1. Behoudens het bepaalde in artikel 72, vierde lid, zijn bevelen tot voorlopige hechtenis en die tot opheffing daarvan dadelijk uitvoerbaar.

Onmiddellijke uitvoerbaarheid bevel tot opheffing voorlopige hechtenis

2. Een bevel tot voorlopige hechtenis gaat in op het ogenblik waarop de verdachte ter tenuitvoerlegging van dat bevel wordt aangehouden dan wel op het tijdstip waarop de tenuitvoerlegging van een ander bevel tot vrijheidsbeneming, in dezelfde zaak gegeven, eindigt.
(Zie ook: artt. 133, 470 WvSv)

Art. 74
Indien het gerechtshof of de Hooge Raad tot het geven van eenige beslissing is geroepen, vóórdat beroep van de einduitspraak is aangeteekend, wordt daarbij de opheffing van het bevel tot voorloopige hechtenis gelast, indien dit uit de beslissing voortvloeit.

Opheffen voorlopige hechtenis vóór beroep tegen einduitspraak

(Zie ook: artt. 133, 138, 445 WvSv)

Art. 75
1. Na de aantekening van beroep van de einduitspraak worden de bevelen tot gevangenneming, gevangenhouding dan wel verlenging daarvan gegeven door de rechter in hoogste feitelijke aanleg. De artikelen 65, tweede lid, 66, tweede lid, en 67 tot en met 69, zijn op deze bevelen van overeenkomstige toepassing. Een op artikel 67 gegrond bevel kan ook worden gegeven of verlengd op de grond dat in het bestreden vonnis een vrijheidsbenemende straf of maatregel is opgelegd van ten minste even lange duur als de door de verdachte in voorlopige hechtenis doorgebrachte tijd na verlenging.

Gevangenneming en gevangenhouding bevelen na beroep tegen einduitspraak

2. Behoudens de gevallen bedoeld in artikel 66a, eerste lid, kunnen bevelen tot gevangenneming voor de aanvang van het onderzoek op de terechtzitting slechts worden gegeven indien alsnog ernstige bezwaren tegen de verdachte zijn gerezen. Onder ernstige bezwaren kan tevens een veroordelend vonnis in de vorige feitelijke aanleg worden begrepen.
3. Een bevel dat ingevolge artikel 66, tweede lid, voortduurt, kan door de rechter in hoogste feitelijke aanleg, vóór de aanvang van het onderzoek op de terechtzitting in hoger beroep, op vordering van het openbaar ministerie worden verlengd met ten hoogste honderdtwintig dagen. De geldigheidsduur van een dergelijk bevel kan tweemaal worden verlengd, met dien verstande dat de duur van het bevel tot gevangenneming of gevangenhouding en de verlengingen daarvan tezamen een periode van honderdtachtig dagen, te rekenen vanaf de datum van de einduitspraak in eerste aanleg, niet te boven gaan. De verdachte wordt in de gelegenheid gesteld op de vordering te worden gehoord.
(Zie ook: art. 66a WvSv)
[4.] Zolang het onderzoek op de terechtzitting in hoogste feitelijke aanleg nog niet is aangevangen, kan de voorlopige hechtenis slechts worden verlengd, indien in vorige feitelijke aanleg een onvoorwaardelijke vrijheidsstraf is opgelegd van welke de tenuitvoerlegging ten minste even lang duurt als de door de verdachte in voorlopige hechtenis doorgebrachte tijd na verlenging, dan wel indien een maatregel welke vrijheidsbeneming medebrengt of kan medebrengen onvoorwaardelijk is opgelegd. De voorlopige hechtenis kan evenwel worden verlengd, wanneer beroep is ingesteld tegen een einduitspraak, houdende onbevoegdverklaring waarbij is bepaald dat het bevel tot voorlopige hechtenis van kracht blijft.
[5.] Na de einduitspraak in hoogste feitelijke aanleg blijft, onverminderd het bepaalde in het laatste lid van dit artikel, het bevel van kracht totdat de uitspraak in kracht van gewijsde is gegaan. In geval een einduitspraak als bedoeld in het vierde lid, laatste volzin, wordt vernietigd, kan de rechter bepalen dat het bevel van kracht blijft overeenkomstig artikel 72, zesde lid.

Opheffing bevel
[6.] Buiten de gevallen voorzien in artikel 72, heft de rechter in hoogste feitelijke aanleg het bevel op met ingang van het tijdstip waarop de duur van de ondergane voorlopige hechtenis gelijk wordt aan de duur van de tenuitvoerlegging van de onvoorwaardelijk opgelegde vrijheidsstraf, tenzij een maatregel die vrijheidsbeneming medebrengt of kan medebrengen onvoorwaardelijk is opgelegd.

Tijd inverzekeringstelling
[7.] Voor de toepassing van het vierde en zesde lid van dit artikel wordt onder de in voorlopige hechtenis doorgebrachte tijd begrepen: de tijd gedurende welke de verdachte in verzekering was gesteld.

Duur na verwijzing door Hoge Raad
[8.] Indien de Hoge Raad de zaak overeenkomstig artikel 440, tweede lid, terugwijst of verwijst, blijft, onverminderd het bepaalde in het zesde lid, het bevel gedurende dertig dagen daarna van kracht.

Behandeling in voorlopige hechtenis
Art. 76
In geval van voorlopige hechtenis zijn de artikelen 62 en 62a van overeenkomstige toepassing.
(Zie ook: art. 133 WvSv)

§ 2
Het hooren van den in voorloopige hechtenis gestelden verdachte

Art. 77
Horen van verdachte in voorlopige hechtenis
[1.] Tenzij den verdachte ter gelegenheid van zijn verhoor mondeling is medegedeeld dat een bevel tot voorlopige hechtenis tegen hem zal worden uitgevaardigd, wordt hij binnen vier en twintig uren na zijne opneming in de plaats waarin de voorloopige hechtenis zal worden ondergaan, gehoord.
[2.] Dit verhoor geschiedt gedurende het voorbereidende onderzoek door den rechter-commissaris; na den aanvang van het onderzoek op de terechtzitting in eersten aanleg door een lid der rechtbank door deze aan te wijzen; na de aanteekening van beroep van de einduitspraak door een lid van het rechterlijk college in hoogsten feitelijken aanleg, door dit college aan te wijzen.
[3.] Van het verhoor wordt, ook indien dit door het daartoe aangewezen lid der rechtbank of van het gerechtshof wordt afgenomen, met overeenkomstige toepassing van de artikelen 171-176, proces-verbaal opgemaakt.
(Zie ook: artt. 29, 40, 63, 65, 132, 470 WvSv)

§ 3
Inhoud der bevelen en hunne beteekening

Art. 78
Inhoud bevel tot voorlopige hechtenis
[1.] Het bevel tot voorlopige hechtenis of tot verlenging van de geldigheidsduur daarvan is gedagtekend en ondertekend.

Wetboek van Strafvordering C2 art. 82

[2.] Het omschrijft zo nauwkeurig mogelijk het strafbare feit ten aanzien waarvan de verdenking is gerezen en de feiten of omstandigheden waarop de ernstige bezwaren tegen de verdachte zijn gegrond, alsmede de gedragingen, feiten of omstandigheden waaruit blijkt dat de in artikel 67a gestelde voorwaarden zijn vervuld.
[3.] De verdachte wordt in het bevel met name - of, wanneer zijn naam onbekend is, zo duidelijk mogelijk - aangewezen.
[4.] Het bevel kan voorts in verband met bijzondere persoonlijke omstandigheden van de verdachte de plaats vermelden waarin de voorlopige hechtenis zal worden ondergaan.
[5.] Het wordt voor of bij de tenuitvoerlegging aan de verdachte betekend. — Betekening bevel tot voorlopige hechtenis
(Zie ook: artt. 63, 133, 470, 564, 585 WvSv)
6. Indien de verdachte de Nederlandse taal niet of onvoldoende beheerst wordt hem zo spoedig mogelijk in een voor hem begrijpelijke taal schriftelijk mededeling gedaan van het strafbare feit ten aanzien waarvan de verdenking is gerezen, de grond voor uitvaardiging en de geldigheidsduur van het bevel. — Vertaling strafbaar feit

Art. 79
De bevelen tot opheffing van een bevel tot voorlopige hechtenis en de beslissing waarbij zodanige opheffing wordt geweigerd, worden onverwijld aan de verdachte betekend. — Onverwijlde betekening van bevel tot voorlopige hechtenis
(Zie ook: artt. 63, 69, 72, 470, 585 WvSv)

§ 4
Schorsing der voorloopige hechtenis

Art. 80
1. De rechter kan - ambtshalve, op de vordering van het openbaar ministerie of op het verzoek van de verdachte - bevelen dat de voorlopige hechtenis zal worden geschorst, zodra de verdachte al of niet onder zekerheidstelling zich, in de vorm door de rechter te bepalen, bereid heeft verklaard tot nakoming van de aan de schorsing te verbinden voorwaarden. De vordering onderscheidenlijk het verzoek zijn met redenen omkleed. — Voorlopige hechtenis schorsen
2. Onder de voorwaarden der schorsing wordt steeds opgenomen: — Voorwaarden
1°. dat de verdachte, indien de opheffing der schorsing mocht worden bevolen, zich aan de tenuitvoerlegging van het bevel tot voorloopige hechtenis niet zal onttrekken;
2°. dat de verdachte, ingeval hij wegens het feit, waarvoor de voorloopige hechtenis is bevolen, tot andere dan vervangende vrijheidsstraf mocht worden veroordeeld, zich aan de tenuitvoerlegging daarvan niet zal onttrekken;
3°. dat de verdachte, voor zover aan de schorsing voorwaarden zijn verbonden betreffende het gedrag van de verdachte, ten behoeve van het vaststellen van zijn identiteit medewerking verleent aan het nemen van een of meer vingerafdrukken of een identiteitsbewijs als bedoeld in artikel 1 van de Wet op de identificatieplicht ter inzage aanbiedt.
3. De zekerheidstelling voor de nakoming der voorwaarden bestaat hetzij in de storting van geldswaarden door den verdachte of een derde, hetzij in de verbintenis van een derde als waarborg. In het laatste geval wordt bij het verzoek overgelegd eene schriftelijke bereidverklaring van den waarborg. — Zekerheidstelling
4. De verdachte en de waarborg worden in de gelegenheid gesteld op het verzoek als bedoeld in het eerste lid, te worden gehoord. Van het horen kan worden afgezien, indien het verzoek niet met redenen is omkleed. Van het horen kan voorts worden afgezien indien de verdachte reeds eerder op een verzoek tot schorsing is gehoord.
5. De rechter bepaalt in zijne beslissing het bedrag waarvoor en de wijze waarop zekerheid zal zijn te stellen.
(Zie ook: artt. 86, 87, 88, 133, 470 WvSv)
6. Bij het begeleiden bij de naleving van de voorwaarden betreffende het gedrag van de verdachte wordt de identiteit van de verdachte vastgesteld op de wijze, bedoeld in artikel 27a, eerste lid, eerste volzin, en tweede lid.
7. In de gevallen waarin verlof kan worden verleend op grond van het bepaalde bij of krachtens de Penitentiaire beginselenwet, blijft deze paragraaf buiten toepassing. — Uitzondering
(Zie ook: art. 26 PBW)

Art. 81
1. De rechter kan ambtshalve, op de vordering van het openbaar ministerie of op het verzoek van de verdachte, in de beslissing tot schorsing wijziging brengen. — Wijziging beslissing tot schorsing voorlopige hechtenis

2. Wordt een nieuwe waarborg voorgesteld, dan wordt bij het verzoek een schriftelijke bereidverklaring van deze overgelegd.
(Zie ook: artt. 87, 88, 470 WvSv)

Art. 82
[1.] De rechter kan ambtshalve of op de vordering van het openbaar ministerie te allen tijde de opheffing der schorsing bevelen. — Opheffen schorsing voorlopige hechtenis

Sdu 153

[2.] Alvorens daartoe over te gaan, hoort de rechter zoo mogelijk den verdachte en kan hij te dien einde, zoo noodig onder bijvoeging van een bevel tot medebrenging, diens dagvaarding gelasten.
(Zie ook: artt. 28, 86, 87, 88, 470, 553 WvSv)

Art. 83

Vervallenverklaring zekerheid bij opheffing schorsing voorlopige hechtenis

[1.] Geschiedt de opheffing wegens het niet nakomen van voorwaarden, dan kan bij de beslissing tot opheffing tevens de zekerheid worden vervallen verklaard aan den Staat. Bestaat de zekerheid in eene verbintenis van een in de wet van zes maanden te boven, behoudens hervatting, indien de waarborg, dan wordt deze alsdan bij die beslissing veroordeeld tot betaling van het als zekerheid gestelde bedrag aan den Staat, ook bij lijfsdwang op hem te verhalen.
(Zie ook: art. 585 Rv)
[2.] De beslissing geldt als eene onherroepelijke uitspraak van den burgerlijken rechter en wordt als zoodanig ten uitvoer gelegd.
(Zie ook: art. 430 Rv)
[3.] De langste duur van den lijfsdwang wordt bij de beslissing bepaald en gaat bij gebleken onvermogen nimmer een tijd van zes maanden te boven, behoudens hervatting, indien de veroordeelde later in staat geraakt het door hem verschuldigde te voldoen.
[4.] Indien de verdachte na de opheffing der schorsing zich aan de tenuitvoerlegging van het bevel tot voorloopige hechtenis onttrekt, wordt, indien dit nog niet mocht zijn geschied, de zekerheid vervallen verklaard aan den Staat. De zekerheid wordt eveneens, ook zonder dat de opheffing der schorsing mocht zijn bevolen, vervallen verklaard aan den Staat, indien de verdachte de voorwaarde bedoeld in artikel 80, tweede lid, n°. 2, niet nakomt. De beslissing wordt gegeven ambtshalve of op de vordering van het openbaar ministerie. De voorgaande leden zijn van toepassing.
(Zie ook: artt. 470, 548 WvSv)

Art. 84

Bevel tot aanhouding verdachte

[1.] Indien de verdachte de voorwaarden niet naleeft, of indien uit bepaalde omstandigheden blijkt van het bestaan van gevaar voor vlucht, kan zijne aanhouding worden bevolen door het openbaar ministerie, tot het vorderen van de opheffing der schorsing bevoegd en door den officier van justitie van het arrondissement waartoe de plaats behoort waar de verdachte zich bevindt, onder verplichting, wat de laatstgenoemde ambtenaar betreft, tot onverwijlde schriftelijke kennisgeving aan eerstgenoemd openbaar ministerie.

Vordering opheffing schorsing

[2.] Indien de gedane aanhouding noodzakelijk blijft achten, dient het onverwijld zijne vordering bij den rechter in, die binnen tweemaal vier en twintig uren daarna beslist.
(Zie ook: artt. 54, 470 WvSv)

Art. 85

Voortduren zekerheid niet langer noodzakelijk

Indien het voortduren der zekerheid niet langer noodzakelijk is, beveelt de rechter, zoo noodig na verhoor van den verdachte en diens waarborg, ambtshalve, op de vordering van het openbaar ministerie, of op het verzoek van den verdachte of diens waarborg, dat de gestorte geldswaarden aan dengene die de zekerheid heeft gesteld, zullen worden teruggegeven, of dat diens verbintenis zal worden opgeheven.
(Zie ook: art. 470 WvSv)

Art. 86

Voorlopige hechtenis door rechterlijke beslissing

1. Alle rechterlijke beslissingen ingevolge deze paragraaf worden genomen door de rechter die - hetzij in eerste aanleg, hetzij in hoger beroep - bevoegd is de voorlopige hechtenis te bevelen of op te heffen, dan wel over het verlengen van de duur daarvan te beslissen.
(Zie ook: art. 133 WvSv)

Bijstand raadsman

2. De verdachte is bevoegd zich bij zijn verhoor door de rechter-commissaris te doen bijstaan door een raadsman. De raadsman wordt bij het verhoor in de gelegenheid gesteld de nodige opmerkingen te maken.
(Zie ook: art. 41 WvSv)

Teruggeven zekerheid

3. In geval van opheffing van het bevel tot voorlopige hechtenis beveelt de rechter tevens, dat de gestorte geldswaarden zullen worden teruggegeven aan degene die de zekerheid heeft gesteld, of dat diens verbintenis zal worden opgeheven.

Betekening
Dadelijke uitvoerbaarheid

4. De beslissingen worden onverwijld betekend aan de verdachte en aan diens waarborg.
5. De beslissingen tot schorsing, tot opheffing daarvan en die tot wijziging van beslissingen tot schorsing zijn dadelijk uitvoerbaar.
(Zie ook: artt. 21, 80, 470, 585 WvSv)

Art. 87

Hoger beroep tegen beschikkingen van rechter-commissaris

[1.] Tegen de beschikkingen van de rechter-commissaris of van de rechtbank tot schorsing, of tot wijziging van een beslissing tot schorsing, staat voor de officier van justitie uiterlijk veertien dagen daarna hoger beroep bij de rechtbank, onderscheidenlijk het gerechtshof, open.
[2.] De verdachte die aan de rechtbank schorsing of opheffing van de voorlopige hechtenis heeft verzocht, kan eenmaal van een afwijzende beslissing op dat verzoek bij het gerechtshof in hoger beroep komen, uiterlijk drie dagen na de betekening. De verdachte die in hoger beroep

Wetboek van Strafvordering

C2 art. 94b

is gekomen van een afwijzende beslissing op een verzoek om schorsing, kan niet daarna van een afwijzing van een verzoek om opheffing in hoger beroep komen. De verdachte die in hoger beroep is gekomen van een afwijzende beslissing op een verzoek om opheffing kan niet daarna van een afwijzing van een verzoek om schorsing in hoger beroep komen.
[3.] Op het hoger beroep wordt zo spoedig mogelijk beslist.
(Zie ook: artt. 69, 80, 88, 130, 133, 136 WvSv)

Art. 88
Waar in deze paragraaf wordt gesproken van schorsing, wordt daaronder begrepen opschorting.   Opschorting

Tweede afdeling A
[Vervallen]

Art. 89-93
[Vervallen]

Derde afdeeling
Inbeslagneming

§ 1
Algemene bepalingen

Art. 94
1. Vatbaar voor inbeslagneming zijn alle voorwerpen die kunnen dienen om de waarheid aan de dag te brengen of om wederrechtelijk verkregen voordeel, als bedoeld in artikel 36e van het Wetboek van Strafrecht, aan te tonen.   Voorwerpen vatbaar voor inbeslagneming
2. Voorts zijn vatbaar voor inbeslagneming alle voorwerpen welker verbeurdverklaring of onttrekking aan het verkeer kan worden bevolen.
3. Van de inbeslagneming van een voorwerp wordt, ook in geval de bevoegdheid tot inbeslagneming toekomt aan de rechter-commissaris of de officier van justitie, door de opsporingsambtenaar een kennisgeving van inbeslagneming opgemaakt. Zoveel mogelijk wordt aan degene bij wie een voorwerp is inbeslaggenomen, een bewijs van ontvangst afgegeven. De opsporingsambtenaar stelt de kennisgeving zo spoedig mogelijk in handen van de hulpofficier van justitie teneinde te doen beoordelen of het beslag moet worden gehandhaafd.   Kennisgeving inbeslagneming voorwerpen
(Zie ook: artt. 116, 127, 134, 309, 353, 551, 552a WvSv; artt. 33a, 36b WvSr; art. 18 WED)

Art. 94a
1. In geval van verdenking van een misdrijf, waarvoor een geldboete van de vijfde categorie kan worden opgelegd, kunnen voorwerpen inbeslaggenomen worden tot bewaring van het recht tot verhaal voor een ter zake van dat misdrijf op te leggen geldboete.   Inbeslagneming ten behoeve van recht op verhaal
(Zie ook: art. 126b, 573 WvSv)
2. In geval van verdenking van of veroordeling wegens een misdrijf, waarvoor een geldboete van de vijfde categorie kan worden opgelegd, kunnen voorwerpen in beslag genomen worden tot bewaring van het recht tot verhaal voor een naar aanleiding van dat misdrijf op te leggen verplichting tot betaling van een geldbedrag aan de staat ter ontneming van wederrechtelijk verkregen voordeel.
(Zie ook: art. 129 WvSv; art. 36e WvSr)
3. Ingeval van verdenking van een misdrijf, waarvoor een geldboete van de vierde categorie kan worden opgelegd, kunnen voorwerpen in beslaggenomen worden tot bewaring van het recht tot verhaal voor een ter zake van dat misdrijf op te leggen maatregel als bedoeld in artikel 36f van het Wetboek van Strafrecht.
4. Voorwerpen die toebehoren aan een ander dan degene aan wie, in het in het eerste lid bedoelde geval, de geldboete kan worden opgelegd of degene aan wie, in het in het tweede lid bedoelde geval, het wederrechtelijk verkregen voordeel kan worden ontnomen, of degene aan wie, in het in het derde lid bedoelde geval, de maatregel als bedoeld in artikel 36f van het Wetboek van Strafrecht kan worden opgelegd, kunnen in beslag worden genomen indien voldoende aanwijzingen bestaan dat deze voorwerpen geheel of ten dele aan die ander zijn gaan toebehoren met het kennelijke doel de uitwinning van voorwerpen te bemoeilijken of te verhinderen, en die ander dit wist of redelijkerwijze kon vermoeden.   Inbeslagneming voorwerpen van derden
5. In het geval, bedoeld in het vierde lid, kunnen tevens andere aan de betrokken persoon toebehorende voorwerpen in beslag worden genomen, tot ten hoogste de waarde van de in het vierde lid bedoelde voorwerpen.
6. Onder voorwerpen worden verstaan alle zaken en alle vermogensrechten.
(Zie ook: art. 1 bk 3 BW)

Art. 94b
Voor de toepassing van de artikelen 94 en 94a geldt: Vormvereisten bij inbeslagneming

C2 art. 94c — Wetboek van Strafvordering

1°. dat beslag op vorderingen wordt gelegd en beëindigd door een schriftelijke kennisgeving aan de schuldenaar;
2°. dat beslag op rechten aan toonder of order geschiedt door beslag op het papier;
3°. dat bij het leggen van beslag op aandelen en effecten op naam en bij het leggen en beëindigen van beslag op onroerende registergoederen de tussenkomst van de gerechtsdeurwaarder wordt ingeroepen en formaliteiten in acht genomen worden welke ingevolge het Wetboek van Burgerlijke Rechtsvordering gelden ten aanzien van de mededeling of aanzegging van de inbeslagneming, dan wel de betekening van het proces-verbaal van inbeslagneming, de aantekening, inschrijving of doorhaling in registers en de betekening daarvan aan derden;
4°. dat bij het leggen en beëindigen van beslag op schepen en luchtvaartuigen formaliteiten in acht genomen worden welke ingevolge het Wetboek van Burgerlijke Rechtsvordering gelden ten aanzien van de betekening van het proces-verbaal van inbeslagneming, en ingevolge enige regeling inzake teboekgestelde schepen, onderscheidenlijk luchtvaartuigen ten aanzien van de inschrijving en doorhaling daarvan in registers.
(Zie ook: art. 134 WvSv; art. 700 Rv)

Art. 94c

Toepasselijkheid Rv bij inbeslagneming

Op het beslag, bedoeld in artikel 94a, is de vierde Titel van het Derde Boek van het Wetboek van Burgerlijke Rechtsvordering van overeenkomstige toepassing, behoudens dat:
a. voor het leggen van het beslag geen verlof van de voorzieningenrechter van de rechtbank vereist is, noch vrees voor verduistering behoeft te bestaan;
b. een maximum bedrag waarvoor het recht tot verhaal zal worden uitgeoefend in het proces-verbaal van inbeslagneming of het beslagexploit dient te worden vermeld;
c. geen overeenkomstige toepassing toekomt aan voorschriften omtrent termijnen waarbinnen na het beslag de eis in de hoofdzaak dient te zijn ingesteld;
d. voor roerende zaken die geen registergoederen zijn en rechten aan toonder of order ook volstaan kan worden met het door een opsporingsambtenaar opmaken van een proces-verbaal van inbeslagneming en het afgeven van een bewijs van ontvangst aan degene bij wie de voorwerpen in beslag zijn genomen;
e. het niet in acht nemen van termijnen waarbinnen betekening van het beslag moet plaatsvinden, buiten de gevallen van artikel 94b, onder 3°, geen nietigheid van het beslag meebrengt;
f. geen overeenkomstige toepassing toekomt aan artikel 721 van het Wetboek van Burgerlijke Rechtsvordering; de officier van justitie geeft, zo de hoofdzaak na beslag ter terechtzitting aanhangig wordt gemaakt, daarvan zo spoedig mogelijk aan de derde schriftelijk kennis;
g. geen overeenkomstige toepassing toekomt aan artikel 722 van het Wetboek van Burgerlijke Rechtsvordering;
h. op in beslag genomen roerende zaken die in bewaring worden genomen de artikelen 117 en 118 toepasselijk zijn;
i. de beëindiging van het beslag met inachtneming van de bepalingen van dit Wetboek geschiedt.
(Zie ook: art. 700 Rv)

Art. 94d

Uitoefenen bevoegdheden BW en Rv

1. Tot bewaring van het recht tot verhaal kan de officier van justitie namens de staat de bevoegdheden uitoefenen, welke in het Burgerlijk Wetboek en in het Wetboek van Burgerlijke Rechtsvordering zijn toegekend aan een schuldeiser die in zijn verhaalsmogelijkheden is benadeeld als gevolg van een onverplicht door de schuldenaar verrichte rechtshandeling. Artikel 94c, onder c en e, is van overeenkomstige toepassing.
(Zie ook: art. 45 BW Boek 3)
2. Voor de toepassing van de artikelen 46 en 47, Boek 3, van het Burgerlijk Wetboek geldt het in die artikelen bedoelde vermoeden van wetenschap voor rechtshandelingen welke door de verdachte of veroordeelde zijn verricht binnen één jaar vóór het tijdstip waarop de vervolging tegen hem is aangevangen.
3. De officier van justitie heeft voorts tot bewaring van het recht tot verhaal de bevoegdheid namens de staat als schuldeiser in het faillissement van de verdachte of veroordeelde op te komen. Zolang het bedrag van de boete of van het te ontnemen wederrechtelijk verkregen voordeel nog niet vaststaat wordt hij geacht voor een voorwaardelijke vordering op te komen.
4. De officier van justitie behoudt de in de eerste twee leden bedoelde bevoegdheden ondanks faillissement, voor zover de voorwerpen waarop de onverplichte rechtshandelingen betrekking hebben, niet door de curator op grond van de artikelen 42 tot en met 51 van de Faillissementswet worden opgevorderd.

Wetboek van Strafvordering C2 art. 96c

§ 2
Inbeslagneming door opsporingsambtenaren of bijzondere personen

Art. 95
1. De opsporingsambtenaar die de verdachte staande houdt of aanhoudt, kan de voor inbeslagneming vatbare voorwerpen die de verdachte met zich voert, in beslag nemen.
(Zie ook: artt. 52, 94, 94a, 134 WvSv)
2. Met betrekking tot het onderzoek aan of in het lichaam of het onderzoek aan de kleding van de aangehouden verdachte geldt artikel 56.
(Zie ook: art. 195 WvSv; artt. 198, 200 WvSr)

Inbeslagneming bij aanhouden en staande houden

Art. 96
1. In geval van ontdekking op heterdaad van een strafbaar feit of in geval van verdenking van een misdrijf als omschreven in artikel 67, eerste lid, is de opsporingsambtenaar bevoegd de daarvoor vatbare voorwerpen in beslag te nemen en daartoe elke plaats te betreden.
2. De opsporingsambtenaar kan, in afwachting van de komst van de rechter of ambtenaar die bevoegd is ter inbeslagneming de plaats te doorzoeken, de maatregelen nemen die redelijkerwijs nodig zijn om wegmaking, onbruikbaarmaking, onklaarmaking of beschadiging van voor inbeslagneming vatbare voorwerpen te voorkomen. Deze maatregelen kunnen de vrijheid van personen die zich ter plaatse bevinden beperken.
(Zie ook: artt. 55, 94, 94a, 127, 128, 134, 551 WvSv; art. 12 GW; art. 1 Awob; art. 20 WED)

Bevoegdheid opsporingsambtenaar ter inbeslagneming

Art. 96a
1. In geval van verdenking van een misdrijf als omschreven in artikel 67, eerste lid, kan de opsporingsambtenaar een persoon die redelijkerwijs moet worden vermoed houder te zijn van een voor inbeslagneming vatbaar voorwerp bevelen dat hij dit ter inbeslagneming zal uitleveren.
2. Het bevel wordt niet gegeven aan de verdachte.
(Zie ook: art. 27 WvSv)
3. Op grond van hun bevoegdheid tot verschoning zijn niet verplicht aan het bevel te voldoen:
a. de personen bedoeld bij artikel 217;
b. de personen bedoeld bij de artikelen 218 en 218a, voorzover de uitlevering met hun plicht tot geheimhouding in strijd zou zijn;
c. de personen bedoeld bij artikel 219, voorzover de uitlevering hen of een hunner daarin genoemde betrekkingen aan het gevaar van een strafrechtelijke vervolging zou blootstellen.
4. Ten aanzien van brieven kan het bevel alleen worden gegeven, indien deze van de verdachte afkomstig zijn, voor hem bestemd zijn of op hem betrekking hebben, of wel indien zij het voorwerp van het strafbare feit uitmaken of tot het begaan daarvan gediend hebben.
5. Het eerste lid vindt geen toepassing ten aanzien van pakketten, brieven, stukken en andere berichten, welke aan een postvervoerbedrijf als bedoeld in de Postwet 2009 of een geregistreerde ingevolge artikel 2.1, vierde lid, van de Telecommunicatiewet dan wel aan een andere instelling van vervoer zijn toevertrouwd.
(Zie ook: artt. 94, 94a, 100, 105 WvSv; art. 13 GW)

Bevel uitlevering voor inbeslagneming vatbare voorwerpen

Art. 96b
1. In geval van ontdekking op heterdaad van een strafbaar feit of in geval van verdenking van een misdrijf als omschreven in artikel 67, eerste lid, is de opsporingsambtenaar bevoegd ter inbeslagneming een vervoermiddel, met uitzondering van het woongedeelte zonder toestemming van de bewoner, te doorzoeken en zich daartoe de toegang tot dit vervoermiddel te verschaffen.
2. Indien zulks met het oog op de uitoefening van de in het eerste lid verleende bevoegdheid noodzakelijk is, kan de opsporingsambtenaar:
a. van de bestuurder van het vervoermiddel vorderen dat hij het vervoermiddel tot stilstand brengt, en
b. het vervoermiddel vervolgens naar een daartoe door hem aangewezen plaats overbrengen of door de bestuurder laten overbrengen.
(Zie ook: artt. 99a, 110, 127, 128, 134 WvSv)

Bevoegdheid tot doorzoeken vervoermiddel

Art. 96c
1. In geval van ontdekking op heterdaad van een strafbaar feit of in geval van verdenking van een misdrijf als omschreven in artikel 67, eerste lid, kan de officier van justitie ter inbeslagneming elke plaats, met uitzondering van een woning zonder toestemming van de bewoner en een kantoor van een persoon met bevoegdheid tot verschoning als bedoeld in de artikelen 218 en 218a, doorzoeken.
2. Bij dringende noodzakelijkheid en indien het optreden van de officier van justitie niet kan worden afgewacht, kan een hulpofficier deze bevoegdheid uitoefenen. Hij behoeft daartoe de machtiging van de officier van justitie. Indien vanwege de vereiste spoed of de onbereikbaarheid van de officier van justitie de machtiging niet tijdig kan worden gevraagd, kan de machtiging binnen drie dagen na de doorzoeking door de officier van justitie worden verleend. Weigert de officier van justitie de machtiging, dan draagt hij zorg dat de gevolgen van de doorzoeking zoveel mogelijk ongedaan worden gemaakt.

Bevoegdheid tot doorzoeken van plaatsen

C2 art. 97 — Wetboek van Strafvordering

3. Het doorzoeken van plaatsen overeenkomstig het bepaalde in het eerste lid geschiedt onder leiding van de officier van justitie of, in geval van toepassing van het tweede lid, onder leiding van de hulpofficier.
4. Artikel 96, tweede lid, is van overeenkomstige toepassing.
(Zie ook: artt. 99a, 128, 130, 134, 136, 154 WvSv)

Art. 97

Bevoegdheid doorzoeken OvJ ter inbeslagneming

1. In geval van ontdekking op heterdaad van een strafbaar feit of in geval van verdenking van een misdrijf als omschreven in artikel 67, eerste lid, kan de officier van justitie, bij dringende noodzakelijkheid en indien het optreden van de rechter-commissaris niet kan worden afgewacht, ter inbeslagneming een woning zonder toestemming van de bewoner doorzoeken.
(Zie ook: art. 370 WvSr)

Machtiging rechter-commissaris
Bevoegdheid doorzoeken hulpofficier

2. Voor een doorzoeking als bedoeld in het eerste lid behoeft de officier van justitie de machtiging van de rechter-commissaris. Deze machtiging is met redenen omkleed.
3. Kan ook het optreden van de officier van justitie niet worden afgewacht, dan komt de bevoegdheid tot doorzoeking toe aan de hulpofficier. Het eerste en het tweede lid zijn van overeenkomstige toepassing. De machtiging van de rechter-commissaris wordt zo mogelijk door tussenkomst van de officier van justitie gevraagd.
(Zie ook: art. 154 WvSr)
4. Indien de rechter-commissaris aan een hulpofficier van justitie machtiging heeft verleend ter inbeslagneming een woning zonder toestemming van de bewoner te doorzoeken, is voor het binnentreden in die woning door de betrokken hulpofficier van justitie geen machtiging als bedoeld in artikel 2 van de Algemene wet op het binnentreden vereist.
5. Artikel 96, tweede lid, is van overeenkomstige toepassing.
(Zie ook: artt. 94, 94a, 99a, 128, 134 WvSv; art. 1 Awob; art. 12 GW; art. 8 EVRM)

Art. 98

Inbeslagneming bij geheimhouders

1. Bij personen met bevoegdheid tot verschooning, als bedoeld bij de artikelen 218 en 218a, worden, tenzij met hunne toestemming, niet in beslag genomen brieven of andere geschriften, tot welke hun plicht tot geheimhouding zich uitstrekt. De rechter-commissaris is bevoegd ter zake te beslissen.
2. Indien de persoon met bevoegdheid tot verschoning bezwaar maakt tegen de inbeslagneming van brieven of andere geschriften omdat zijn plicht tot geheimhouding zich daartoe uitstrekt, wordt niet tot kennisneming overgegaan dan nadat de rechter-commissaris daarover heeft bepaald.
3. De rechter-commissaris die beslist dat inbeslagneming is toegestaan, deelt de persoon met bevoegdheid tot verschoning mede dat tegen zijn beslissing beklag open staat bij het gerecht in feitelijke aanleg waarvoor de zaak wordt vervolgd en tevens dat niet tot kennisneming wordt overgegaan dan nadat onherroepelijk over het beklag is beslist.
4. Tegen de beschikking van de rechter-commissaris kan de persoon met bevoegdheid tot verschoning binnen veertien dagen na de betekening daarvan een klaagschrift indienen bij het gerecht in feitelijke aanleg waarvoor de zaak wordt vervolgd. Artikel 552a is van toepassing.

Doorzoeking

5. Een doorzoeking vindt bij zodanige personen, tenzij met hun toestemming, alleen plaats voor zover het zonder schending van het stands-, beroeps- of ambtsgeheim kan geschieden, en strekt zich niet uit tot andere brieven of geschriften dan die welke het voorwerp van het strafbare feit uitmaken of tot het begaan daarvan gediend hebben.
(Zie ook: artt. 99a, 110 WvSv; art. 272 WvSr; art. 19 WED; art. 13 GW; art. 8 EVRM)
6. De rechter-commissaris kan zich bij de beoordeling van de aannemelijkheid van het beroep van de verschoningsgerechtigde op zijn geheimhoudingsplicht laten voorlichten door een vertegenwoordiger van de beroepsgroep waartoe de verschoningsgerechtigde behoort.

Art. 99

Inbeslagneming in een woning

1. Tenzij het belang van het onderzoek dit vordert, wordt tot inbeslagneming in eene woning niet overgegaan dan nadat de bewoner of, indien hij afwezig is, een zijner aanwezige huisgenoten is gehoord en vruchteloos uitgenodigd het voorwerp vrijwillig af te geven ter inbeslagneming.
2. Voorzoover het belang van het onderzoek zich daartegen niet verzet, stelt de opsporende ambtenaar den bewoner of, indien deze afwezig is, een zijner aanwezige huisgenoten in de gelegenheid, zich omtrent de ter plaatse inbeslaggenomen voorwerpen te verklaren. Hetzelfde geldt ten aanzien van den verdachte, indien deze tegenwoordig is.
(Zie ook: artt. 96a, 105, 126b, 134, 551 WvSv; art. 12 GW; art. 20 WED)

Art. 99a

Bijstand raadsman bij doorzoeking

De verdachte is bevoegd zich tijdens het doorzoeken van plaatsen door zijn raadsman te doen bijstaan, zonder dat de doorzoeking daardoor mag worden opgehouden.
(Zie ook: artt. 28, 96b, 96c, 97, 110 WvSv)

Art. 100

Bevel uitlevering poststukken ter inbeslagneming

1. In geval van ontdekking op heterdaad van een strafbaar feit of in geval van verdenking van een misdrijf als omschreven in artikel 67, eerste lid, kan de officier van justitie ter inbeslagneming de uitlevering tegen ontvangstbewijs bevelen van de pakketten, brieven, stukken en andere

berichten, welke aan een postvervoerbedrijf als bedoeld in de Postwet 2009 of een geregistreerde ingevolge artikel 2.1, vierde lid, van de Telecommunicatiewet dan wel aan een andere instelling van vervoer zijn toevertrouwd; een en ander voor zover zij klaarblijkelijk van de verdachte afkomstig zijn, voor hem bestemd zijn of op hem betrekking hebben, of wel indien zij klaarblijkelijk het voorwerp van het strafbare feit uitmaken of tot het begaan daarvan gediend hebben.
2. Ieder die ten behoeve van dat vervoer zoodanige zaken onder zich heeft of krijgt, geeft dienaangaande aan den officier van justitie op diens vordering de door dezen gewenschte inlichtingen. De artikelen 217-219 zijn van overeenkomstige toepassing.
(Zie ook: artt. 27, 94, 94a, 96a, 102, 114, 128, 134, 552a WvSv; art. 371 WvSr; art. 13 GW)

Art. 101
1. De officier van justitie geeft inbeslaggenomen pakketten, brieven, stukken en andere berichten, welke aan een postvervoerbedrijf als bedoeld in de Postwet 2009 of een geregistreerde ingevolge artikel 2.1, vierde lid, van de Telecommunicatiewet dan wel aan een andere instelling van vervoer waren toevertrouwd en welker inbeslagneming niet wordt gehandhaafd onverwijld aan de vervoerder ter verzending terug.
2. Tot de kennisneming van de inhoud der overige zaken, voor zover deze gesloten zijn, gaat de officier van justitie niet over dan na daartoe door de rechter-commissaris te zijn gemachtigd.
3. De machtiging kan zowel mondeling als schriftelijk worden gevorderd en verleend.
4. Wordt de machtiging geweigerd, dan geeft de officier van justitie de inbeslaggenomen zaken onverwijld aan de vervoerder ter verzending terug.
(Zie ook: artt. 116, 552a WvSv)

Teruggave inbeslaggenomen poststukken

Machtiging rechter-commissaris tot kennisneming inhoud overige zaken

Art. 102
[1.] Blijken de zaken na opening van belang voor het onderzoek, dan voegt de officier van justitie deze bij de processtukken of de stukken van overtuiging. In het tegenovergestelde geval worden zij, na door den officier van justitie te zijn gesloten, door dezen onverwijld naar hunne bestemming verzonden.
[2.] Voorzoover het belang van het onderzoek dit niet verbiedt, worden zij vooraf door den officier van justitie gewaarmerkt.
[3.] De inhoud van de door den officier van justitie geopende zaken, voorzoover deze niet bij de processtukken of de stukken van overtuiging zijn gevoegd, wordt door hem geheim gehouden. Gelijke geheimhouding wordt door hem en door den hulpofficier van justitie in acht genomen ter zake van de inlichtingen in artikel 100, tweede lid, vermeld, voor zoover daarvan niet uit de processtukken blijkt.
[4.] Van de inbeslagneming, de teruggave, de opening en de verzending wordt door den officier van justitie proces-verbaal opgemaakt dat bij de processtukken wordt gevoegd.
(Zie ook: artt. 94, 114, 116, 134, 353, 487 WvSv; art. 272 WvSr; art. 13 GW)

Voeging bij processtukken of verzending naar bestemming

Geheimhouding geopende zaken

Proces-verbaal van inbeslagneming

Art. 102a
1. De hulpofficier van justitie of de opsporingsambtenaar stelt inbeslaggenomen gesloten brieven onverwijld ter beschikking van de officier van justitie.
2. De officier van justitie geeft de gesloten brieven, welker inbeslagneming niet wordt gehandhaafd, onverwijld terug aan degene bij wie zij inbeslaggenomen zijn.
3. De artikelen 101, tweede, derde en vierde lid, en 102 zijn van overeenkomstige toepassing, met dien verstande dat de brieven die niet bij de processtukken of de stukken van overtuiging worden gevoegd, worden teruggegeven aan degene bij wie zij inbeslaggenomen zijn.
(Zie ook: art. 116 WvSv; art. 13 GW)

Inbeslaggenomen gesloten brieven

Schakelbepaling

§ 2a
Inbeslagneming op grond van artikel 94a

Art. 103
1. Beslag kan op grond van artikel 94a slechts worden gelegd of gehandhaafd krachtens schriftelijke machtiging op vordering van de officier van justitie te verlenen door de rechter-commissaris.
2. De machtiging wordt door de officier van justitie zo spoedig mogelijk aan de verdachte of veroordeelde, en zo het beslag onder een derde is gelegd, ook aan deze betekend op de wijze zoals voorzien bij dit wetboek of door de gerechtsdeurwaarder overeenkomstig de wijze van betekening van het verlof, bedoeld in artikel 702, tweede lid, van het Wetboek van Burgerlijke Rechtsvordering.
(Zie ook: art. 585 WvSv)
3. Beslag op grond van artikel 94a kan in geval van ontdekking op heterdaad op vordering van de officier van justitie ook worden gelegd krachtens mondelinge machtiging van de rechter-commissaris. Door de opsporingsambtenaar wordt een proces-verbaal van de inbeslagneming opgemaakt. Aan de verdachte of veroordeelde wordt een bewijs van ontvangst afgegeven. Zo het beslag onder een derde is gelegd wordt ook aan deze een bewijs van ontvangst afgegeven.

Machtiging rechter-commissaris vereist in geval van art. 94a Sv.

De rechter-commissaris stelt de mondeling gegeven machtiging achteraf op schrift. Het tweede lid is van overeenkomstige toepassing.
4. Het in het derde lid bepaalde is niet van toepassing ten aanzien van voorwerpen als bedoeld in artikel 94b.
5. Het openbaar ministerie kan voor inbeslagneming op grond van artikel 94a de nodige bijzondere lasten geven aan de gerechtsdeurwaarders en aan opsporingsambtenaren. Voor de tenuitvoerlegging van bevelen tot inbeslagneming van aandelen en effecten op naam en tot inbeslagneming en teruggave van onroerende registergoederen wordt de bijzondere last gericht tot de gerechtsdeurwaarder.

§ 3
Inbeslagneming door den rechter-commissaris

Art. 104

Inbeslagneming door rechter-commissaris

[1.] De rechter-commissaris is tot inbeslagneming van alle daarvoor vatbare voorwerpen bevoegd. Buiten het geval hij uit hoofde van de artikelen 181 tot en met 183 onderzoekshandelingen verricht, vindt inbeslagneming door de rechter-commissaris slechts plaats op vordering van de officier van justitie.

Schakelbepaling

[2.] Artikel 98, eerste lid, is van toepassing.
(Zie ook: artt. 94, 94a, 134, 181 WvSv)

Art. 105

Bevel tot uitlevering van voorwerpen aan derden

1. De rechter-commissaris kan, op vordering van de officier van justitie en indien hij uit hoofde van de artikelen 181 tot en met 183 onderzoekshandelingen verricht tevens ambtshalve, bevelen dat hij die redelijkerwijs moet worden vermoed houder te zijn van een voor inbeslagneming vatbaar voorwerp, dit ter inbeslagneming aan hem zal uitleveren of op de griffie van de rechtbank overbrengen, een en ander binnen de termijn en op de wijze bij het bevel te bepalen. De vordering vermeldt het strafbare feit en indien bekend de naam of anders een zo nauwkeurig mogelijke omschrijving van de verdachte, alsmede de feiten of omstandigheden waaruit blijkt dat de wettelijke voorwaarden voor uitoefening van de bevoegdheid zijn vervuld.
(Zie ook: artt. 78, 94, 94a, 181, 446, 551, 585, 592 WvSv)

Schakelbepaling

2. Het bevel wordt mondeling of schriftelijk gegeven. In het laatste geval wordt het beteekend.
3. Artikel 96a, tweede, derde en vierde lid, is van overeenkomstige toepassing.

Art. 106-107

[Vervallen]

Art. 108

Bevel tot afschrift uitgeleverde of overgebrachte brieven

[1.] De rechter-commissaris kan op verzoek van den belanghebbende bevelen dat dezen door den griffier kosteloos een gewaarmerkt afschrift der uitgeleverde of overgebrachte brieven of geschriften zal worden gegeven.
[2.] Betreft het een authentiek stuk onder bewaring van een openbaren bewaarder, dan kan het afschrift in de plaats van het oorspronkelijke stuk strekken, zoolang dit niet is terug ontvangen.

Art. 109

Overbrengen register ter inzage

Indien het over te brengen stuk een gedeelte uitmaakt van een register, waarvan het niet kan worden afgescheiden, kan de rechter-commissaris bevelen dat het register, voor de tijd bij het bevel te bepalen, ter inzage of voor het maken van een afschrift zal worden overgebracht.
(Zie ook: art. 592 WvSv)

Art. 110

Onderzoek ter inbeslagneming op elke plaats

1. De rechter-commissaris kan, op vordering van de officier van justitie en indien hij uit hoofde van de artikelen 181 tot en met 183 onderzoekshandelingen verricht tevens ambtshalve, ter inbeslagneming elke plaats doorzoeken. Hij kan zich daarbij doen vergezellen van bepaalde door hem aangewezen personen. De vordering vermeldt het strafbare feit en indien bekend de naam of anders een zo nauwkeurig mogelijke omschrijving van de verdachte, alsmede de feiten of omstandigheden waaruit blijkt dat de wettelijke voorwaarden voor uitoefening van de bevoegdheid zijn vervuld.
(Zie ook: artt. 78, 105, 181 WvSv)

2. Het doorzoeken van plaatsen overeenkomstig het bepaalde in het eerste lid geschiedt onder leiding van de rechter-commissaris in tegenwoordigheid van de officier van justitie of, in geval van diens verhindering, van een hulpofficier van justitie.

Schakelbepaling

3. De artikelen 98, 99 en 99a zijn van overeenkomstige toepassing.
(Zie ook: artt. 134, 446, 551 WvSv; art. 370 WvSr; art. 12 GW; art. 1 Awob)

Art. 111-113

[Vervallen]

Wetboek van Strafvordering

Art. 114
1. De artikelen 100 tot en met 102 zijn van overeenkomstige toepassing op de rechter-commissaris die uit hoofde van de artikelen 181 tot en met 183 onderzoekshandelingen verricht.
(Zie ook: art. 181 WvSv)

2. De rechter-commissaris is bevoegd te bepalen dat van de inhoud van inbeslaggenomen gesloten pakketten, brieven, stukken en andere berichten, welke aan een postvervoerbedrijf als bedoeld in de Postwet 2009 of een geregistreerde ingevolge artikel 2.1, eerste lid, van de Telecommunicatiewet dan wel aan een andere instelling van vervoer waren toevertrouwd, zal worden kennis genomen, voor zover zij klaarblijkelijk van de verdachte afkomstig zijn, voor hem bestemd zijn of op hem betrekking hebben, of wel indien zij klaarblijkelijk het voorwerp van het strafbare feit uitmaken of tot het begaan daarvan gediend hebben.
(Zie ook: art. 552a WvSv; art. 371 WvSr; art. 13 GW)

Schakelbepaling

Bevoegdheden rechter-commissaris t.a.v. poststukken

Art. 115
[Vervallen]

§ 4
Teruggave en bewaring van inbeslaggenomen voorwerpen

Art. 116
1. De hulpofficier van justitie of de officier van justitie die op grond van artikel 94, derde lid, in kennis is gesteld van de kennisgeving van inbeslagneming, beslist over het voortduren van het beslag in het belang van de strafvordering. Indien dit belang niet of niet meer aanwezig is, beëindigt hij het beslag en doet hij het voorwerp onverwijld teruggeven aan degene bij wie het voorwerp in beslag is genomen. De hulpofficier van justitie pleegt desgeraden overleg met de officier van justitie voordat hij de beslissing neemt.
2. Indien degene bij wie het voorwerp in beslag is genomen ten overstaan van de rechter-commissaris, de officier van justitie of een opsporingsambtenaar schriftelijk verklaart afstand te doen van het voorwerp, kan de hulpofficier van justitie of het openbaar ministerie:
a. het voorwerp doen teruggeven aan degene die redelijkerwijs als rechthebbende kan worden aangemerkt;
b. gelasten dat het voorwerp ten behoeve van de rechthebbende in bewaring zal blijven, indien teruggave aan degene die redelijkerwijs als rechthebbende kan worden aangemerkt, nog niet mogelijk is;
c. in geval degene bij wie het voorwerp in beslag genomen verklaart dat het hem toebehoort, gelasten dat daarmee wordt gehandeld als ware het verbeurd verklaard of onttrokken aan het verkeer.
(Zie ook: artt. 94, 94a, 127, 552a, 552g, 592 WvSv; artt. 198, 200 WvSr)
3. Wordt een verklaring als bedoeld in het tweede lid niet afgelegd, dan kan het openbaar ministerie de beslissing onder a of b alsnog nemen, indien degene bij wie het voorwerp in beslag is genomen, zich niet binnen veertien dagen nadat het openbaar ministerie hem schriftelijk kennis heeft gegeven van het voornemen tot zodanige beslissing, daarover heeft beklaagd of het door hem ingestelde beklag ongegrond is verklaard. Op het beklag is titel IX van het Vierde Boek van overeenkomstige toepassing.
4. Indien een verklaring als bedoeld in het tweede lid niet wordt afgelegd en het openbaar ministerie voornemens is het voorwerp terug te geven aan degene die redelijkerwijs als rechthebbende kan worden aangemerkt, is het bevoegd het voorwerp reeds aanstonds, in afwachting van de mogelijkheid tot teruggave, aan deze in bewaring te geven, indien degene bij wie het voorwerp is inbeslaggenomen, dit kennelijk door middel van een strafbaar feit aan die rechthebbende heeft onttrokken of onttrokken hield. Degene aan wie het voorwerp is afgegeven, is in dat geval bevoegd het voorwerp te gebruiken.
5. Indien het openbaar ministerie overeenkomstig het tweede of vierde lid of de rechtbank overeenkomstig artikel 353, tweede lid, de bewaring van het voorwerp heeft gelast, doet het openbaar ministerie dit voorwerp na het bekend worden van de rechthebbende aan deze teruggeven.
6. De in dit artikel bedoelde beslissingen laten ieders rechten ten aanzien van het voorwerp onverlet.

Teruggave van inbeslaggenomen voorwerpen

Bewaring van inbeslaggenomen voorwerpen

Art. 117
1. De inbeslaggenomen voorwerpen worden niet vervreemd, vernietigd, prijsgegeven of tot een ander doel dan het onderzoek bestemd, tenzij na verkregen machtiging.
2. De in het eerste lid bedoelde machtiging kan door het openbaar ministerie worden verleend ten aanzien van voorwerpen
a. die niet geschikt zijn voor opslag;
b. waarvan de kosten van de bewaring niet in een redelijke verhouding staan tot hun waarde;
c. die vervangbaar zijn en waarvan de tegenwaarde op eenvoudige wijze kan worden bepaald.

Machtiging tot vervreemding inbeslaggenomen voorwerpen

Ten aanzien van inbeslaggenomen voorwerpen die van zodanige aard zijn dat het ongecontroleerde bezit daarvan in strijd is met de wet of het algemeen belang, wordt slechts machtiging tot vernietiging verleend.
(Zie ook: art. 118 WvSv)
3. De in het eerste lid bedoelde machtiging is gericht tot de bewaarder of aan de ambtenaar die de voorwerpen in afwachting van hun vervoer naar de bewaarder onder zich heeft. Degene aan wie de machtiging is gericht, draagt zorg voor de bepaling van de waarde die het voorwerp op dat moment bij verkoop redelijkerwijs zou hebben opgebracht.
4. Indien inbeslaggenomen voorwerpen op grond van de machtiging van het openbaar ministerie tegen baat worden vervreemd, blijft het beslag, onverminderd het bepaalde in artikel 116, rusten op de verkregen opbrengst.
5. Indien het openbaar ministerie op het schriftelijk verzoek van de bewaarder hem de machtiging te verlenen als bedoeld in het eerste lid, niet binnen zes weken een beslissing heeft genomen, is de bewaarder bevoegd te handelen overeenkomstig het eerste lid.
(Zie ook: art. 552g WvSv)

Mededeling aan rechter-commissaris

Art. 117a
Indien het openbaar ministerie een van de beslissingen bedoeld in de artikelen 116 en 117 neemt terwijl de rechter-commissaris uit hoofde van de artikelen 181 tot en met 183 onderzoekshandelingen verricht, doet het daarvan mededeling aan de rechter-commissaris.

Art. 118

Taken en bevoegdheden bewaarder van inbeslaggenomen voorwerpen

1. Bij toepassing van artikel 116, tweede lid, onder b, of indien het belang van de strafvordering zich verzet tegen teruggave en geen machtiging als bedoeld in artikel 117, eerste lid, is verleend, worden de inbeslaggenomen voorwerpen, zodra het belang van het onderzoek het toelaat, in opdracht van het openbaar ministerie, gesteld onder de hoede van een bij algemene maatregel van bestuur aangewezen bewaarder. De artikelen 116 en 117 zijn toepassing.
2. Inbeslaggenomen voorwerpen kunnen ook aan een andere door het openbaar ministerie aangewezen bewaarder in gerechtelijke bewaring worden gegeven, indien dit voor het behoud, de bestemming of de beveiliging van deze voorwerpen redelijkerwijs noodzakelijk is.
3. De bewaarder is bevoegd de bewaring van inbeslaggenomen voorwerpen, voor zover het andere roerende zaken dan geld betreft, te beëindigen na een tijdsverloop van twee jaren te rekenen vanaf de datum van inbeslagneming. In dat geval handelt hij met het voorwerp overeenkomstig artikel 117, eerste lid.
4. Indien het inbeslaggenomen voorwerp wordt bewaard op grond van de last als bedoeld in artikel 353, tweede lid, onder c, kan de bewaarder de hem in het derde lid toegekende bevoegdheid tot beëindiging van de bewaring niet uitoefenen voordat drie maanden zijn verstreken nadat de einduitspraak onherroepelijk is geworden.
5. De bewaarder oefent de bevoegdheid, bedoeld in het derde of vierde lid, niet uit, indien het openbaar ministerie binnen veertien dagen nadat de bewaarder van het bestaan van de bevoegdheid schriftelijk heeft kennis gegeven, meedeelt tegen uitoefening daarvan bezwaar te hebben.
(Zie ook: artt. 487, 552a, 552g WvSv; art. 1 B.inbesl. voorw.)

Art. 118a

Teruggave inbeslaggenomen voorwerpen onder zekerheidstelling

1. Het openbaar ministerie kan ambtshalve of op verzoek van de beslagene of van een andere belanghebbende een voorwerp dat op grond van artikel 94a in beslag is genomen onder zekerheidsstelling doen teruggeven.
2. De zekerheid bestaat in de storting van geldswaarden door de beslagene of een derde, of in de verbintenis van een derde als waarborg, voor een bedrag en op een wijze als door het openbaar ministerie wordt aanvaard.
(Zie ook: art. 552a WvSv)

Art. 118b
[Vervallen]

Art. 119

Last tot teruggave van inbeslaggenomen voorwerpen

1. Een last tot teruggave van een inbeslaggenomen voorwerp dat in bewaring is gegeven, is gericht tot de bewaarder.

2. Indien de bewaarder niet aan de last tot teruggave kan voldoen, omdat de bewaring van het voorwerp overeenkomstig de machtiging, bedoeld in artikel 117, tweede lid, dan wel op de wijze voorzien in artikel 118, derde lid, is beëindigd, gaat de bewaarder over tot uitbetaling van de prijs, die het voorwerp bij verkoop door hem heeft opgebracht of redelijkerwijze zou hebben opgebracht.
3. Indien de bewaarder, buiten de gevallen in het tweede lid bedoeld, niet in staat is aan de last tot teruggave te voldoen, houdt de bewaarder het voorwerp ter beschikking van de rechthebbende totdat hem in gevolge artikel 118, derde lid, de bevoegdheid toekomt de bewaring te beëindigen. In het geval als bedoeld in artikel 353, tweede lid, onder b of c houdt de bewaarder, indien hem evenbedoelde bevoegdheid zou toekomen, het voorwerp niettemin ter beschikking

van de rechthebbende gedurende tenminste drie maanden nadat de einduitspraak onherroepelijk is geworden.
4. De bewaarder geeft het voorwerp niet terug zolang er een beslag op rust, door een derde gelegd ingevolge Boek II, titels 2, 3 en 4, en Boek III, titel 4, van het Wetboek van Burgerlijke Rechtsvordering, tenzij degene door wie de last tot teruggave is gegeven uitdrukkelijk anders bepaalt.
(Zie ook: artt. 117, 353, 487, 552a WvSv; artt. 439, 700, 730 Rv)

Art. 119a
Bij of krachtens algemene maatregel van bestuur worden voorschriften gegeven met betrekking tot de toepassing van artikel 117, eerste tot en met het derde lid, 118, tweede lid, en 118a omtrent de wijze waarop de inbeslaggenomen voorwerpen worden aangeboden aan de bewaarder, de wijze waarop deze worden bewaard en ter beschikking van het onderzoek gehouden.
(Zie ook: art. 1 B.inbesl. voorw.; art. 1 Bbaw)

Nadere regels

Art. 120-123
[Vervallen]

Vierde afdeeling
Handhaving der orde ter gelegenheid van ambtsverrichtingen

Art. 124
[1.] Voor de handhaving der orde ter gelegenheid van ambtsverrichtingen draagt zorg de voorzitter van het college, of de rechter of ambtenaar, die met de leiding dier verrichtingen is belast.
[2.] Deze neemt de noodige maatregelen opdat die ambtsverrichtingen zonder stoornis zullen kunnen plaats vinden.
[3.] Indien daarbij iemand de orde verstoort of op eenigerlei wijze hinderlijk is, kan de betrokken voorzitter, rechter of ambtenaar, na hem zoo noodig te hebben gewaarschuwd, bevelen dat hij zal vertrekken en, ingeval van weigering, hem doen verwijderen en tot den afloop der ambtsverrichtingen in verzekering doen houden.
[4.] Van een en ander wordt een proces-verbaal opgemaakt, dat bij de processtukken wordt gevoegd.
(Zie ook: artt. 125, 273 WvSv; artt. 184, 185 WvSr)
5. Met de dienst der gerechten zijn belast ambtenaren van politie, aangesteld voor de uitvoering van de politietaak, dan wel andere ambtenaren of functionarissen, voor zover die ambtenaren of functionarissen door Onze Minister van Veiligheid en Justitie zijn aangewezen. Deze ambtenaren of functionarissen nemen de aanwijzingen in acht van de voorzitter van het college, de rechter of de ambtenaar, bedoeld in het eerste lid.
(Zie ook: art. 2 PolW; art. 1 Aanw.besl. aaA)

Last tot teruggave van inbeslaggenomen voorwerpen

Vijfde afdeling
Maatregelen ter gelegenheid van een schouw of een doorzoeking

Art. 125
1. In geval van een schouw of het doorzoeken van plaatsen kan de daarmede belaste rechter of ambtenaar de nodige maatregelen nemen ter afsluiting nemen of doen nemen en bevelen dat niemand zich, zonder zijn uitdrukkelijke bewilliging, van de plaats van onderzoek zal verwijderen of gebruik zal maken van de zich op de plaats van onderzoek bevindende telecommunicatievoorzieningen zolang het onderzoek aldaar niet is afgelopen.
2. Hij kan de overtreders van het bevel doen vatten en tot den afloop doen aanhouden.
(Zie ook: artt. 96b, 96c, 97, 110, 150, 192 WvSv; art. 184 WvSr)

Maatregelen bij schouw of doorzoeking

Art. 125a-125e
[Vervallen]

Zesde afdeling

Art. 125f-125h
[Vervallen]

Zevende afdeling
Doorzoeking ter vastlegging van gegevens

Art. 125i

Bevoegdheid tot doorzoeken plaats ter vastlegging gegevens van gegevensdrager

Aan de rechter-commissaris, de officier van justitie, de hulpofficier van justitie en de opsporingsambtenaar komt onder dezelfde voorwaarden als bedoeld in de artikelen 96b, 96c, eerste, tweede en derde lid, 97, eerste tot en met vierde lid, en 110, eerste en tweede lid, de bevoegdheid toe tot het doorzoeken van een plaats ter vastlegging van gegevens die op deze plaats op een gegevensdrager zijn opgeslagen of vastgelegd. In het belang van het onderzoek kunnen zij deze gegevens vastleggen. De artikelen 96, tweede lid, 98, 99 en 99a zijn van overeenkomstige toepassing.
(Zie ook: art. 80 quinquies WvSr; artt. 125n, 141, 142, 154 WvSv)

Art. 125j

Onderzoek naar opgeslagen gegevens

1. In geval van een doorzoeking kan vanaf de plaats waar de doorzoeking plaatsvindt, in een elders aanwezig geautomatiseerd werk onderzoek worden gedaan naar in dat werk opgeslagen gegevens die redelijkerwijs nodig zijn om de waarheid aan de dag te brengen. Worden dergelijke gegevens aangetroffen, dan kunnen zij worden vastgelegd.
2. Het onderzoek reikt niet verder dan voor zover de personen die plegen te werken of te verblijven op de plaats waar de doorzoeking plaatsvindt, vanaf die plaats, met toestemming van de rechthebbende tot het geautomatiseerde werk, daartoe toegang hebben.
(Zie ook: artt. 96b, 96c, 97, 110, 552 WvSv; artt. 80quinquies, 80sexies WvSr)

Art. 125k

Onderzoek van beveiligde bestanden

1. Voor zover het belang van het onderzoek dit bepaaldelijk vordert, kan indien toepassing is gegeven aan artikel 125i of artikel 125j tot degene van wie redelijkerwijs kan worden vermoed dat hij kennis draagt van de wijze van beveiliging van een geautomatiseerd werk, het bevel worden gericht toegang te verschaffen tot de aanwezige geautomatiseerde werken of delen daarvan. Degene tot wie het bevel is gericht, dient desgevraagd hieraan gevolg te geven door de kennis omtrent de beveiliging ter beschikking te stellen.
2. Het eerste lid is van overeenkomstige toepassing indien in een geautomatiseerd werk versleutelde gegevens worden aangetroffen. Het bevel richt zich tot degene van wie redelijkerwijs kan worden vermoed dat hij kennis draagt van de wijze van versleuteling van deze gegevens.
(Zie ook: artt. 96b, 96c, 97, 110, 125m WvSv; artt. 80quinquies, 80sexies, 184 WvSr)
3. Het bevel, bedoeld in het eerste lid, wordt niet gegeven aan de verdachte. Artikel 96a, derde lid, is van overeenkomstige toepassing.

Art. 125l

Geheimhoudingsplicht bij onderzoek van gegevens

Naar gegevens die zijn ingevoerd door of vanwege personen met bevoegdheid tot verschoning als bedoeld in de artikelen 218 en 218a, vindt, tenzij met hun toestemming, geen onderzoek plaats voor zover daartoe hun plicht tot geheimhouding zich uitstrekt. Een onderzoek in een geautomatiseerd werk waarin zodanige gegevens zijn opgeslagen, vindt, tenzij met hun toestemming, slechts plaats, voor zover dit zonder schending van het stands-, beroeps- of ambtsgeheim kan geschieden.
(Zie ook: art. 98 WvSv)

Art. 125la

Onderzoek gegevens bij telecommunicatiebedrijven

Indien bij een doorzoeking ter vastlegging van gegevens bij een aanbieder van een openbaar telecommunicatienetwerk of een openbare telecommunicatiedienst gegevens worden aangetroffen die niet voor deze bestemd of van deze afkomstig zijn, is de officier van justitie slechts bevoegd te bepalen dat van deze gegevens wordt kennisgenomen en dat deze worden vastgelegd, voor zover zij klaarblijkelijk van de verdachte afkomstig zijn, voor hem bestemd zijn, op hem betrekking hebben of tot het begaan van het strafbare feit hebben gediend, ofwel klaarblijkelijk met betrekking tot die gegevens het strafbare feit is gepleegd. De officier van justitie behoeft hiervoor een voorafgaande schriftelijke machtiging, op zijn vordering te verlenen door de rechter-commissaris.
(Zie ook: art. 80 quinquies WvSr; art. 125n WvSv)

Art. 125m

Mededeling aan betrokkenen bij onderzoek gegevens

1. Leidt een doorzoeking tot vastlegging of ontoegankelijkmaking van gegevens, dan wordt zo spoedig mogelijk aan de betrokkenen schriftelijk mededeling gedaan van deze vastlegging of ontoegankelijkmaking en van de aard van de vastgelegde of ontoegankelijk gemaakte gegevens. De mededeling blijft achterwege, indien uitreiking van de mededeling redelijkerwijs niet mogelijk is.
2. De officier van justitie dan wel, indien de rechter-commissaris de bevoegdheid tot doorzoeking heeft toegepast, de rechter-commissaris kan bepalen dat de in het eerste lid bedoelde mededeling aan een betrokkene wordt uitgesteld zolang het belang van het onderzoek zich tegen mededeling aan deze betrokkene verzet.
3. Als betrokkene in de zin van dit artikel worden aangemerkt:
a. de verdachte;

b. de verwerkingsverantwoordelijke voor de gegevens;
c. de rechthebbende van een plaats waar een doorzoeking heeft plaatsgevonden.
4. Indien de betrokkene de verdachte is, kan mededeling achterwege blijven, indien hij door opneming in de processtukken van de vastlegging van gegevens en van de aard van de vastgelegde gegevens op de hoogte komt.
(Zie ook: artt. 30, 125n, 585, 125o WvSv)
5. Degene tot wie een bevel, als bedoeld in artikel 125k, eerste lid, is gericht neemt in het belang van het onderzoek geheimhouding in acht omtrent al hetgeen hem terzake van de vordering bekend is.

Art. 125n

1. Zodra blijkt dat de gegevens die zijn vastgelegd tijdens een doorzoeking, van geen betekenis zijn voor het onderzoek, worden zij vernietigd.

Vernietiging gegevens welke zijn vastgelegd tijdens doorzoeking

2. De vernietiging vindt plaats door of op last van degeen die de gegevens heeft opgenomen. Van de vernietiging wordt proces-verbaal opgemaakt, dat wordt toegevoegd aan de processtukken.
3. De officier van justitie kan bepalen dat gegevens, vastgelegd tijdens een doorzoeking, kunnen worden gebruikt voor:
a. een ander strafrechtelijk onderzoek dan waartoe de bevoegdheid is uitgeoefend;
b. verwerking met het oog op het verkrijgen van inzicht in de betrokkenheid van personen bij misdrijven en handelingen als bedoeld in artikel 10, eerste lid, onderdelen a en b, van de Wet politiegegevens.
4. Indien toepassing is gegeven aan het derde lid, onderdeel a, behoeven de gegevens, in afwijking van het eerste lid, niet te worden vernietigd totdat het andere onderzoek is geëindigd. Is toepassing gegeven aan het derde lid, onderdeel b, dan behoeven de gegevens niet te worden vernietigd, totdat de Wet politiegegevens opslag van de gegevens niet meer toestaat.
(Zie ook: art. 126dd WvSv)

Art. 125o

1. Indien bij een doorzoeking in een geautomatiseerd werk gegevens worden aangetroffen met betrekking tot welke of met behulp waarvan het strafbare feit is gepleegd, kan de officier van justitie dan wel indien deze de doorzoeking verricht, de rechter-commissaris bepalen dat die gegevens ontoegankelijk worden gemaakt voor zover dit noodzakelijk is ter beëindiging van het strafbare feit of ter voorkoming van nieuwe strafbare feiten.

Ontoegankelijk maken van gegevens

2. Onder ontoegankelijkmaking van gegevens wordt verstaan het treffen van maatregelen om te voorkomen dat de beheerder van het in het eerste lid bedoelde geautomatiseerde werk of derden verder van die gegevens kennisnemen of gebruikmaken, alsmede ter voorkoming van de verdere verspreiding van die gegevens. Onder ontoegankelijkmaking wordt mede verstaan het verwijderen van de gegevens uit het geautomatiseerde werk, met behoud van de gegevens ten behoeve van de strafvordering.
3. Zodra het belang van de strafvordering zich niet meer verzet tegen opheffing van de maatregelen, bedoeld in het tweede lid, bepaalt de officier van justitie dan wel, indien deze de doorzoeking heeft verricht, de rechter-commissaris dat de gegevens weer ter beschikking van de beheerder van het geautomatiseerde werk worden gesteld.
(Zie ook: artt. 80quinquies, 80sexies WvSr; art. 125m WvSv)

Art. 125p

1. In geval van verdenking van een misdrijf als omschreven in artikel 67, eerste lid, kan de officier van justitie aan een aanbieder van een communicatiedienst als bedoeld in artikel 138g het bevel richten om terstond alle maatregelen te nemen die redelijkerwijs van hem kunnen worden gevergd om bepaalde gegevens die worden opgeslagen of doorgegeven, ontoegankelijk te maken, voor zover dit noodzakelijk is ter beëindiging van een strafbaar feit of ter voorkoming van nieuwe strafbare feiten.

Terstond ontoegankelijk maken van gegevens

2. Het bevel, bedoeld in het eerste lid, is schriftelijk en vermeldt:
a. het strafbare feit;
b. de feiten en omstandigheden waaruit blijkt dat ontoegankelijkmaking van de gegevens noodzakelijk is om het strafbare feit te beëindigen of nieuwe strafbare feiten te voorkomen;
c. welke gegevens ontoegankelijk moeten worden gemaakt.
3. Artikel 125o, tweede en derde lid, zijn van overeenkomstige toepassing.
4. Het bevel, bedoeld in het eerste lid, kan slechts worden gegeven na voorafgaande schriftelijke machtiging, op vordering van de officier van justitie te verlenen door de rechter-commissaris. De rechter-commissaris stelt de aanbieder tot wie het bevel is gericht in de gelegenheid te worden gehoord. De aanbieder is bevoegd zich bij het horen door een raadsman te doen bijstaan.

Negende afdeling
strafrechtelijk financieel onderzoek

Art. 126

Strafrechtelijk financieel onderzoek

1. In geval van verdenking van een misdrijf, waarvoor een geldboete van de vijfde categorie kan worden opgelegd en waardoor op geld waardeerbaar voordeel van enig belang kan zijn verkregen, kan overeenkomstig de bepalingen van deze afdeling een strafrechtelijk financieel onderzoek worden ingesteld.
(Zie ook: art. 27 WvSv; art. 23 WvSr)
2. Een strafrechtelijk financieel onderzoek is gericht op de bepaling van het door de verdachte wederrechtelijk verkregen voordeel, met het oog op de ontneming daarvan op grond van artikel 36e van het Wetboek van Strafrecht.

Machtiging rechter-commissaris voor instellen strafrechtelijk financieel onderzoek

3. Het strafrechtelijk financieel onderzoek wordt ingesteld krachtens een met redenen omklede machtiging van de rechter-commissaris, op vordering van de officier van justitie die met de opsporing van het strafbare feit is belast, verleend.
(Zie ook: art. 445 WvSv)
4. De vordering van de officier van justitie is met redenen omkleed. Bij de vordering wordt een lijst van voorwerpen overgelegd die reeds op grond van artikel 94a, tweede, vierde en vijfde lid, in beslag zijn genomen.
5. De officier van justitie informeert periodiek uit eigen beweging of op diens verzoek de rechter-commissaris over de voortgang van het strafrechtelijk financieel onderzoek. De rechter-commissaris licht de rechtbank in, indien hij zulks met het oog op artikel 126e, eerste lid, nodig oordeelt. De rechter-commissaris doet hiervan mededeling aan de officier van justitie.

Art. 126a

Bevoegdheden opsporingsambtenaar bij strafrechtelijk financieel onderzoek

1. Krachtens de ingevolge artikel 126 gegeven machtiging is een met het strafrechtelijk financieel onderzoek belaste opsporingsambtenaar op vertoon van een afschrift van de machtiging bevoegd, ten einde inzicht te verkrijgen in de vermogenspositie van degene tegen wie het onderzoek is gericht, aan een ieder te bevelen hem op de eerste vordering:
a. opgave te doen of inzage of afschrift te geven van bescheiden of van gegevens, niet zijnde gegevens als bedoeld in artikel 126nd, tweede lid, derde volzin;
b. op te geven of, en zo ja welke, vermogensbestanddelen hij onder zich heeft of heeft gehad, welke toebehoren of hebben toebehoord aan degene tegen wie het onderzoek is gericht;
en aldus verstrekte schriftelijke bescheiden in beslag te nemen.
2. Het bevel wordt niet gericht aan degene tegen wie het onderzoek is gericht.
3. Artikel 96a, derde lid, is van overeenkomstige toepassing.
4. Ter gelegenheid van het eerste verhoor van degene tegen wie het onderzoek is gericht wordt hem door de verhorende rechter of ambtenaar een afschrift van de in artikel 126 bedoelde vordering en machtiging ter hand gesteld.
(Zie ook: artt. 127, 311 WvSv; art. 80 quinquies WvSr)
5. Degene tot wie een vordering als bedoeld in het eerste lid is gericht, neemt in het belang van het onderzoek geheimhouding in acht omtrent al hetgeen hem terzake van de vordering bekend is.

Art. 126b

Inbeslagneming voorwerpen tijdens strafrechtelijk financieel onderzoek

1. Tijdens het strafrechtelijk financieel onderzoek is de officier van justitie bevoegd zonder verdere rechterlijke machtiging te gelasten dat voorwerpen op grond van artikel 94a, tweede lid, in beslag worden genomen.
2. Indien de officier van justitie zulks in het belang van het strafrechtelijk financieel onderzoek noodzakelijk acht, vordert hij dat de rechter-commissaris ter inbeslagneming een plaats doorzoekt dan wel andere hem krachtens het derde lid toekomende bevoegdheden uitoefent.
3. Aan de rechter-commissaris komen tijdens het strafrechtelijk financieel onderzoek dezelfde bevoegdheden toe als in het geval hij in een zaak onderzoekshandelingen verricht uit hoofde van artikel 181, met dien verstande dat:
a. hij ook bevoegd is de uitlevering ter inbeslagneming te bevelen van brieven welke kunnen dienen om door degene tegen wie het onderzoek is gericht, verkregen wederrechtelijk voordeel aan te tonen;
b. hij niet gehouden is degene tegen wie het onderzoek is gericht of diens raadsman tot bijwoning van enige door hem te verrichten onderzoekshandeling toe te laten.
(Zie ook: artt. 99a, 114, 134 WvSv; art. 184 WvSr)

Art. 126c

Doorzoeken van plaatsen bij strafrechtelijk financieel onderzoek

1. De officier van justitie kan bij dringende noodzakelijkheid ter inbeslagneming elke plaats, alsmede een woning zonder toestemming van de bewoner doorzoeken indien zich daar vermoedelijk bescheiden of gegevens als bedoeld in artikel 126a of voorwerpen als bedoeld in artikel 94a bevinden.

Schakelbepaling

2. Artikel 97, tweede, derde en vierde lid, is van overeenkomstige toepassing.
(Zie ook: art. 134 WvSv; art. 1 Awob)

Art. 126d
De artikelen 98, 99 en 99a zijn van overeenkomstige toepassing, met dien verstande dat de in artikel 98, vijfde lid, bedoelde doorzoeking zich ten aanzien van brieven en geschriften mede uitstrekt tot die welke kunnen dienen om wederrechtelijk voordeel aan te tonen dat is verkregen door degene tegen wie het onderzoek is gericht.

Toepasselijkheid artt. 98, 99 en 99a Sv bij strafrechtelijk financieel onderzoek

Art. 126e
1. De rechtbank waakt tegen nodeloze vertraging van het strafrechtelijk financieel onderzoek.
2. Zij kan op verzoek van de onderzochte persoon zich de stukken van het onderzoek doen overleggen en onverwijlde of spoedige beëindiging van het onderzoek bevelen.
(Zie ook: art. 180 WvSv)
3. Artikel 36a, tweede lid, is van overeenkomstige toepassing.

Geen nodeloze vertraging bij strafrechtelijk financieel onderzoek

Art. 126f
1. Zodra de officier van justitie oordeelt dat het strafrechtelijk financieel onderzoek is voltooid of dat voor de voortzetting daarvan geen grond bestaat, sluit hij het onderzoek bij schriftelijke gedagtekende beschikking.
2. Indien de verdachte bij de einduitspraak terzake van het strafbare feit of het misdrijf, bedoeld in artikel 36e, eerste onderscheidenlijk derde lid, van het Wetboek van Strafrecht, niet wordt veroordeeld, sluit de officier het strafrechtelijk financieel onderzoek evenzo. In dat geval is de officier bevoegd van de rechter-commissaris heropening van het strafrechtelijk financieel onderzoek te vorderen, zodra de verdachte alsnog terzake van het tenlastegelegde feit wordt veroordeeld.
3. De officier zendt een afschrift van zijn beschikking tot sluiting van het strafrechtelijk financieel onderzoek aan de rechter-commissaris en doet een afschrift van zijn beschikking tot sluiting en degene tegen wie het is gericht betekenen, onder mededeling van het recht tot kennisneming van de stukken van het onderzoek.
4. Onverminderd het bepaalde in het tweede lid, de artikelen 511d, tweede en derde lid, 511e, tweede lid, en 511g, tweede lid, onder c, kan een gesloten strafrechtelijk financieel onderzoek worden heropend krachtens een nadere machtiging van de rechter-commissaris, op vordering van de officier van justitie verleend. Het vierde lid van artikel 126 is van toepassing.
5. Een nadere machtiging wordt zo spoedig mogelijk met de vordering waarop zij rust aan degene tegen wie het onderzoek is gericht betekenen. De voorgaande leden zijn van toepassing.

Afsluiten strafrechtelijk financieel onderzoek

Art. 126fa
1. Behoudens in de gevallen, bedoeld in artikel 126f, vierde lid, kan op vordering van de officier van justitie een strafrechtelijk financieel onderzoek worden ingesteld of heropend, indien een einduitspraak op de vordering als bedoeld in artikel 36e van het Wetboek van Strafrecht is gedaan.
2. De officier van justitie sluit het onderzoek zodra de uitspraak in kracht van gewijsde gaat.

Instellen of heropenen strafrechtelijk financieel onderzoek na einduitspraak op vordering

Afsluiten heropend strafrechtelijk onderzoek

Titel IVA
Bijzondere bevoegdheden tot opsporing

Eerste afdeling
Stelselmatige observatie

Art. 126g
1. In geval van verdenking van een misdrijf, kan de officier van justitie in het belang van het onderzoek bevelen dat een opsporingsambtenaar stelselmatig een persoon volgt of stelselmatig diens aanwezigheid of gedrag waarneemt.
2. Indien de verdenking een misdrijf betreft als omschreven in artikel 67, eerste lid, dat gezien zijn aard of de samenhang met andere door de verdachte begane misdrijven een ernstige inbreuk op de rechtsorde oplevert, kan de officier van justitie in het belang van het onderzoek bepalen dat ter uitvoering van het bevel een besloten plaats, niet zijnde een woning, wordt betreden zonder toestemming van de rechthebbende.
3. De officier van justitie kan bepalen dat ter uitvoering van het bevel een technisch hulpmiddel wordt aangewend, voor zover daarmee geen vertrouwelijke communicatie wordt opgenomen. Een technisch hulpmiddel wordt niet op een persoon bevestigd, tenzij met diens toestemming dan wel in het geval, bedoeld in artikel 126nba, eerste lid, onder c.
4. Het bevel wordt gegeven voor een periode van ten hoogste drie maanden. Het kan telkens voor een termijn van ten hoogste drie maanden worden verlengd.
5. Het bevel tot observatie is schriftelijk en vermeldt:
a. het misdrijf en indien bekend de naam of anders een zo nauwkeurig mogelijke aanduiding van de verdachte;

Bevel tot stelselmatige observatie persoon

Binnentreden besloten plaats

Aanwenden technisch hulpmiddel

Duur observatie

Inhoud bevel tot observatie

C2 art. 126h

    b. de feiten of omstandigheden waaruit blijkt dat de voorwaarden, bedoeld in het eerste lid, zijn vervuld;
    c. de naam of een zo nauwkeurig mogelijke aanduiding van de in het eerste lid bedoelde persoon;
    d. bij toepassing van het tweede lid, de feiten of omstandigheden waaruit blijkt dat de voorwaarden, bedoeld in dat lid, zijn vervuld, alsmede de plaats die zal worden betreden;
    e. de wijze waarop aan het bevel uitvoering wordt gegeven, en
    f. de geldigheidsduur van het bevel.

Beëindiging uitvoering bevel
6. Bij dringende noodzaak kan het bevel mondeling worden gegeven. De officier van justitie stelt in dat geval het bevel binnen drie dagen op schrift.

7. Zodra niet meer wordt voldaan aan de voorwaarden, bedoeld in het eerste lid, bepaalt de officier van justitie dat de uitvoering van het bevel wordt beëindigd.

Wijziging bevel
8. Het bevel kan schriftelijk en met redenen omkleed worden gewijzigd, aangevuld, verlengd of beëindigd. Bij dringende noodzaak kan de beslissing mondeling worden gegeven. De officier van justitie stelt deze in dat geval binnen drie dagen op schrift.

Bevel tot stelselmatige observatie persoon aan buitenlandse opsporingsambtenaar
9. Een bevel als bedoeld in het eerste lid kan ook worden gegeven aan een persoon in de openbare dienst van een vreemde staat. Bij algemene maatregel van bestuur kunnen eisen worden gesteld aan deze personen. Het tweede tot en met achtste lid zijn van overeenkomstige toepassing.
(Zie ook: artt. 126o, 126ee, 127, 129, 130, 136 WvSv; art. 2 PolW; art. 12 GW; art. 1 Sbbob)

    Tweede afdeling
    Infiltratie

Art. 126h

Infiltratie in criminele organisatie
1. In geval van verdenking van een misdrijf als omschreven in artikel 67, eerste lid, dat gezien zijn aard of de samenhang met andere door de verdachte begane misdrijven een ernstige inbreuk op de rechtsorde oplevert, kan de officier van justitie, indien het onderzoek dit dringend vordert, bevelen dat een opsporingsambtenaar als bedoeld in de artikelen 141, onderdelen, b, c en d, en 142, deelneemt of medewerking verleent aan een groep van personen waarbinnen naar redelijkerwijs kan worden vermoed misdrijven worden beraamd of gepleegd.

Verbod op uitlokken strafbare feiten/Tallon-criterium bij infiltratie
2. De opsporingsambtenaar mag bij de tenuitvoerlegging van het bevel een persoon niet brengen tot andere strafbare feiten dan waarop diens opzet reeds tevoren was gericht.

Inhoud bevel tot infiltratie
3. Het bevel tot infiltratie is schriftelijk en vermeldt:
    a. het misdrijf en indien bekend de naam of anders een zo nauwkeurig mogelijke omschrijving van de verdachte;
    b. een omschrijving van de groep van personen;
    c. de feiten of omstandigheden waaruit blijkt dat de voorwaarden, bedoeld in het eerste lid, zijn vervuld;
    d. de wijze waarop aan het bevel uitvoering wordt gegeven, daaronder begrepen strafbaar gesteld handelen, voor zover bij het geven van het bevel te voorzien, en
    e. de geldigheidsduur van het bevel.

Opsporingsambtenaar, eisen waaraan deze moet voldoen
4. Bij algemene maatregel van bestuur worden regels gesteld ten aanzien van de eisen van bekwaamheid waaraan de opsporingsambtenaar moet voldoen. Voorts worden bij algemene maatregel van bestuur regels gesteld ten aanzien van de wijze waarop de bevoegdheid, bedoeld in het eerste lid, wordt uitgeoefend.
(Zie ook: art. 1 Sbbob)

5. Een bevel als bedoeld in het eerste lid kan ook worden gegeven aan een persoon in de openbare dienst van een vreemde staat, die voldoet aan bij algemene maatregel van bestuur te stellen eisen. Het tweede en derde lid zijn van overeenkomstige toepassing.

Schakelbepaling
6. Artikel 126g, zevende en achtste lid, is van overeenkomstige toepassing, met dien verstande dat verlenging van een bevel tot infiltratie niet mondeling kan plaatsvinden.
(Zie ook: artt. 126p, 126w, 126x, 129 WvSv)

    Derde afdeling
    Pseudo-koop of -dienstverlening

Art. 126i

Bevel tot pseudo-koop of pseudo-dienstverlening
1. In geval van verdenking van een misdrijf als omschreven in artikel 67, eerste lid, kan de officier van justitie in het belang van het onderzoek bevelen dat een opsporingsambtenaar:
    a. goederen afneemt van de verdachte,
    b. gegevens die zijn opgeslagen, worden verwerkt of overgedragen door middel van een geautomatiseerd werk, door tussenkomst van een openbaar telecommunicatienetwerk afneemt van de verdachte, of

Wetboek van Strafvordering
C2 art. 126k

c. diensten verleent aan de verdachte.
(Zie ook: artt. 80quinquies, 80sexies WvSr)

2. De opsporingsambtenaar mag bij de tenuitvoerlegging van het bevel een verdachte niet brengen tot andere strafbare feiten dan waarop diens opzet reeds tevoren was gericht.

| | Geen uitlokking bij pseudo-koop of -dienstverlening/Tallon-criterium bij pseudo-koop of -dienstverlening |

3. Het bevel tot pseudo-koop of -dienstverlening is schriftelijk en vermeldt:
   a. het misdrijf en indien bekend de naam of anders een zo nauwkeurig mogelijke omschrijving van de verdachte;
   b. de feiten of omstandigheden waaruit blijkt dat de voorwaarden, bedoeld in het eerste lid, zijn vervuld;
   c. de aard van de goederen, gegevens of diensten;
   d. de wijze waarop aan het bevel uitvoering wordt gegeven, daaronder begrepen strafbaar gesteld handelen, en
   e. het tijdstip waarop, of de periode waarbinnen aan het bevel uitvoering wordt gegeven.

4. Onder een opsporingsambtenaar als bedoeld in het eerste lid wordt mede verstaan een persoon in de openbare dienst van een vreemde staat, die voldoet aan bij algemene maatregel van bestuur te stellen eisen.

5. Artikel 126g, zesde tot en met achtste lid, is van overeenkomstige toepassing.
(Zie ook: artt. 27, 126q, 126ij, 126z, 127, 129 WvSv; art. 1 Sbbob)

Inhoud bevel tot pseudo-koop of -dienstverlening

Uitbreiding kring van opsporingsambtenaren

Schakelbepaling

Vierde afdeling
Stelselmatige inwinning van informatie

Art. 126j

1. In geval van verdenking van een misdrijf kan de officier van justitie in het belang van het onderzoek bevelen dat een opsporingsambtenaar als bedoeld in de artikelen 141, onderdelen, b, c en d, en 142, zonder dat kenbaar is dat hij optreedt als opsporingsambtenaar, stelselmatig informatie inwint over de verdachte.

2. Het bevel wordt gegeven voor een periode van ten hoogste drie maanden. De geldigheidsduur kan telkens voor een periode van ten hoogste drie maanden worden verlengd.

3. Het bevel tot het inwinnen van informatie is schriftelijk en vermeldt:
   a. het misdrijf en indien bekend de naam of anders een zo nauwkeurig mogelijke omschrijving van de verdachte;
   b. de feiten of omstandigheden waaruit blijkt dat de voorwaarden, bedoeld in het eerste lid, zijn vervuld;
   c. de wijze waarop aan het bevel uitvoering wordt gegeven, en
   d. de geldigheidsduur van het bevel.

4. Bij algemene maatregel van bestuur worden regels gesteld ten aanzien van de eisen van bekwaamheid waaraan de opsporingsambtenaar moet voldoen. Voorts worden bij algemene maatregel van bestuur regels gesteld ten aanzien van de wijze waarop de bevoegdheid, bedoeld in het eerste lid, wordt uitgeoefend.

5. Een bevel als bedoeld in het eerste lid kan ook worden gegeven aan een persoon in de openbare dienst van een vreemde staat, die voldoet aan bij algemene maatregel van bestuur te stellen eisen. Het tweede en derde lid zijn van overeenkomstige toepassing.

6. Artikel 126g, zesde tot en met achtste lid, is van overeenkomstige toepassing.
(Zie ook: artt. 27, 126qa, 126v, 129, 136 WvSv; art. 2 PolW; art. 1 Sbbob)

Bevel tot stelselmatig inwinnen van informatie over verdachte

Duur bevel tot stelselmatig inwinnen van informatie

Inhoud bevel tot stelselmatig inwinnen van informatie

Uitbreiding kring van opsporingsambtenaren

Schakelbepaling

Vijfde afdeling
Bevoegdheden in een besloten plaats

Art. 126k

1. In geval van verdenking van een misdrijf als omschreven in artikel 67, eerste lid, kan de officier van justitie in het belang van het onderzoek bevelen dat een opsporingsambtenaar zonder toestemming van de rechthebbende een besloten plaats, niet zijnde een woning, betreedt, dan wel een technisch hulpmiddel aanwendt, teneinde:
   a. die plaats op te nemen,
   b. aldaar sporen veilig te stellen, of
   c. aldaar een technisch hulpmiddel te plaatsen, teneinde de aanwezigheid of verplaatsing van een goed vast te kunnen stellen.

2. Een bevel als bedoeld in het eerste lid is schriftelijk en vermeldt:
   a. het misdrijf en indien bekend de naam of anders een zo nauwkeurig mogelijke aanduiding van de verdachte;

Bevel tot betreden besloten plaats of aanwenden technisch hulpmiddel

Inhoud bevel tot betreden besloten plaats of aanwenden technisch hulpmiddel

Wetboek van Strafvordering

C2 art. 126l

b. de feiten of omstandigheden waaruit blijkt dat de voorwaarden, bedoeld in het eerste lid, zijn vervuld;
c. de plaats waarop het bevel betrekking heeft;
d. de wijze waarop aan het bevel uitvoering wordt gegeven, en
e. het tijdstip waarop, of de periode waarbinnen aan het bevel uitvoering wordt gegeven.

Schakelbepaling
3. Artikel 126g, zesde tot en met achtste lid, is van overeenkomstige toepassing.
(Zie ook: artt. 96, 126r, 127, 129 WvSv; art. 9 Opw; art. 12 GW)

Zesde afdeling
Opnemen van vertrouwelijke communicatie met een technisch hulpmiddel

Art. 126l

Bevel tot opnemen vertrouwelijke communicatie
1. In geval van verdenking van een misdrijf als omschreven in artikel 67, eerste lid, dat gezien zijn aard of de samenhang met andere door de verdachte begane misdrijven een ernstige inbreuk op de rechtsorde oplevert, kan de officier van justitie, indien het onderzoek dit dringend vordert, bevelen dat een opsporingsambtenaar als bedoeld in artikel 141, onderdelen b, c en d, vertrouwelijke communicatie opneemt met een technisch hulpmiddel.

Binnentreden woning of besloten plaats
2. De officier van justitie kan in het belang van het onderzoek bepalen dat ter uitvoering van het bevel een besloten plaats, niet zijnde een woning, wordt betreden zonder toestemming van de rechthebbende. Hij kan bepalen dat ter uitvoering van het bevel een woning zonder toestemming van de rechthebbende wordt betreden, indien het onderzoek dit dringend vordert en de verdenking een misdrijf betreft waarop naar de wettelijke omschrijving een gevangenisstraf van acht jaren of meer is gesteld. Artikel 2, eerste lid, laatste volzin van de Algemene wet op het binnentreden is niet van toepassing.

Inhoud bevel tot opnemen vertrouwelijke communicatie
3. Het bevel tot het opnemen van vertrouwelijke communicatie is schriftelijk en vermeldt:
a. het misdrijf en indien bekend de naam of anders een zo nauwkeurig mogelijke aanduiding van de verdachte;
b. de feiten of omstandigheden waaruit blijkt dat de voorwaarden, bedoeld in het eerste lid en, in geval van toepassing van de tweede volzin van het tweede lid, de voorwaarden bedoeld in het tweede lid, zijn vervuld;
c. ten minste een van de personen die aan de communicatie deelnemen, dan wel, indien het bevel communicatie betreft op een besloten plaats of in een vervoermiddel, een van de personen die aan de communicatie deelnemen of een zo nauwkeurig mogelijke omschrijving van die plaats of dat vervoermiddel;
d. bij toepassing van het tweede lid, de plaats die zal worden betreden;
e. de wijze waarop aan het bevel uitvoering wordt gegeven, en
f. de geldigheidsduur van het bevel.

Machtiging rechter-commissaris tot bevel opnemen vertrouwelijke communicatie
4. Het bevel kan slechts worden gegeven na schriftelijke machtiging, op vordering van de officier van justitie te verlenen door de rechter-commissaris. De machtiging betreft alle onderdelen van het bevel. Indien ter uitvoering van het bevel een woning mag worden betreden, wordt dat uitdrukkelijk in de machtiging vermeld.

Duur bevel tot opnemen vertrouwelijke communicatie
5. Het bevel wordt gegeven voor een periode van ten hoogste vier weken. De geldigheidsduur kan telkens voor een termijn van ten hoogste vier weken worden verlengd.

6. Artikel 126g, zesde tot en met achtste lid, is van overeenkomstige toepassing, met dien verstande dat de officier van justitie voor wijziging, aanvulling of verlenging een machtiging van de rechter-commissaris behoeft. Indien de officier van justitie bepaalt dat ter uitvoering van het bevel een woning wordt betreden, kan het bevel niet mondeling worden gegeven. Zodra niet meer wordt voldaan aan de voorwaarden, bedoeld in de tweede volzin van het tweede lid, bepaalt de officier van justitie dat de uitvoering van het bevel wordt beëindigd.
7. Bij dringende noodzaak kan de machtiging van de rechter-commissaris, bedoeld in het vierde en zesde lid, mondeling worden gegeven, tenzij toepassing wordt gegeven aan de tweede volzin van het tweede lid. De rechter-commissaris stelt in dat geval de machtiging binnen drie dagen op schrift.
8. Van het opnemen wordt binnen drie dagen proces-verbaal opgemaakt.
(Zie ook: artt. 126s, 126ee, 129, 130, 136, 445 WvSv; art. 1 Awob)

Zevende afdeling
Onderzoek van communicatie door middel van geautomatiseerde werken

Art. 126la

[Vervallen]

Wetboek van Strafvordering C2 art. 126ma

Art. 126m

1. In geval van verdenking van een misdrijf als omschreven in artikel 67, eerste lid, dat gezien zijn aard of de samenhang met andere door de verdachte begane misdrijven een ernstige inbreuk op de rechtsorde oplevert, kan de officier van justitie, indien het onderzoek dit dringend vordert, aan een opsporingsambtenaar bevelen dat met een technisch hulpmiddel niet voor het publiek bestemde communicatie die plaatsvindt met gebruikmaking van de diensten van een aanbieder van een communicatiedienst, wordt opgenomen. *Bevel tot aftappen communicatie via communicatiedienst*

2. Het bevel is schriftelijk en vermeldt: *Inhoud bevel tot aftappen communicatie via communicatiedienst*
   a. het misdrijf en indien bekend de naam of anders een zo nauwkeurig mogelijke aanduiding van de verdachte;
   b. de feiten of omstandigheden waaruit blijkt dat de voorwaarden, bedoeld in het eerste lid, zijn vervuld;
   c. het nummer of een andere aanduiding waarmee de individuele gebruiker van de communicatiedienst wordt geïdentificeerd of de naam en, voor zover bekend, het adres van de gebruiker;
   d. de geldigheidsduur van het bevel;
   e. een aanduiding van de aard van het technisch hulpmiddel of de technische hulpmiddelen waarmee de communicatie wordt opgenomen.

3. Indien het bevel betrekking heeft op communicatie die plaatsvindt via een openbaar telecommunicatienetwerk of met gebruikmaking van een openbare telecommunicatiedienst in de zin van de Telecommunicatiewet, wordt – tenzij zulks niet mogelijk is of het belang van strafvordering zich daartegen verzet – het bevel ten uitvoer gelegd met medewerking van de aanbieder van het openbare telecommunicatienetwerk of de openbare telecommunicatiedienst en gaat het bevel vergezeld van de vordering van de officier van justitie aan de aanbieder om medewerking te verlenen. *Tenuitvoerlegging bevel tot aftappen communicatie via communicatiedienst*

4. Indien het bevel betrekking heeft op andere communicatie dan bedoeld in het derde lid, wordt – tenzij zulks niet mogelijk is of het belang van strafvordering zich daartegen verzet – de aanbieder in de gelegenheid gesteld medewerking te verlenen bij de tenuitvoerlegging van het bevel.

5. Het bevel, bedoeld in het eerste lid, kan slechts worden gegeven na schriftelijke machtiging, op vordering van de officier van justitie te verlenen door de rechter-commissaris. De rechter-commissaris kan, op vordering van de officier van justitie, in zijn machtiging bepalen dat deze geldt voor alle nummers of andere aanduidingen als bedoeld in het tweede lid, onder c, die gedurende de geldigheidsduur van de machtiging bij de gebruiker in gebruik zijn. Artikel 126l, vijfde tot en met achtste lid, is van overeenkomstige toepassing. *Machtiging rechter-commissaris bevel tot aftappen communicatie via communicatiedienst*

6. Voor zover het belang van het onderzoek dit bepaaldelijk vordert, kan indien toepassing is gegeven aan het eerste lid tot degene van wie redelijkerwijs kan worden vermoed dat hij kennis draagt van de wijze van versleuteling van de communicatie, de vordering worden gericht medewerking te verlenen aan het ontsleutelen van de gegevens door hetzij deze kennis ter beschikking te stellen, hetzij de versleuteling ongedaan te maken. *Vordering medewerking ontsleutelen gegevens*

7. De in het zesde lid bedoelde vordering wordt niet gericht tot de verdachte.

8. Op de in het zesde lid bedoelde vordering zijn artikel 96a, derde lid, en artikel 126l, vierde, zesde en zevende lid, van overeenkomstige toepassing. *Schakelbepaling*

9. Bij of krachtens algemene maatregel van bestuur kunnen regels worden gesteld over de wijze waarop het in het eerste lid bedoelde bevel en de in het derde en zesde lid bedoelde vorderingen kunnen worden gegeven en over de wijze waarop daaraan wordt voldaan. *Nadere regels*

(Zie ook: art. 126t WvSv)

Art. 126ma

1. Indien bij de afgifte van een bevel als bedoeld in artikel 126m, derde lid, bekend is dat de gebruiker van het nummer, bedoeld in artikel 126m, tweede lid, onderdeel c, zich op het grondgebied van een andere staat bevindt, wordt, voor zover een verdrag dit voorschrijft en met toepassing van dat verdrag, die andere staat van het voornemen tot het opnemen van telecommunicatie in kennis gesteld en de instemming van die staat verworven voordat het bevel ten uitvoer wordt gelegd. *Bevel tot aftappen van gebruiker in buitenland*

2. Indien na aanvang van het opnemen van de telecommunicatie op grond van het bevel bekend wordt dat de gebruiker zich op het grondgebied van een andere staat bevindt, wordt, voor zover een verdrag dit voorschrijft en met toepassing van dat verdrag, die andere staat van het opnemen van telecommunicatie in kennis gesteld en de instemming van die staat verworven.

3. De officier van justitie kan een bevel als bedoeld in artikel 126m, derde lid, eveneens geven, indien het bestaan van het bevel noodzakelijk is om een andere staat te kunnen verzoeken telecommunicatie met een technisch hulpmiddel op te nemen of telecommunicatie af te tappen en rechtstreeks naar Nederland door te geleiden ter fine van opname met een technisch hulpmiddel in Nederland.

(Zie ook: art. 126ta WvSv)

Art. 126n

Vordering gegevens gebruiker communicatiedienst

1. In geval van verdenking van een misdrijf als omschreven in artikel 67, eerste lid, kan de officier van justitie in het belang van het onderzoek een vordering doen gegevens te verstrekken over een gebruiker van een communicatiedienst en het communicatieverkeer met betrekking tot die gebruiker. De vordering kan slechts betrekking hebben op gegevens die bij algemene maatregel van bestuur zijn aangewezen en kan gegevens betreffen die:
   a. ten tijde van de vordering zijn verwerkt, dan wel
   b. na het tijdstip van de vordering worden verwerkt.
2. De vordering, bedoeld in het eerste lid, kan worden gericht tot iedere aanbieder van een communicatiedienst. Artikel 96a, derde lid, is van overeenkomstige toepassing. Indien de vordering, bedoeld in het eerste lid, betrekking heeft op een persoon die aanspraak kan maken op bronbescherming, kan deze slechts worden gedaan na schriftelijke machtiging, op vordering van de officier van justitie te verlenen door de rechter-commissaris. Artikel 218a, tweede lid, is van overeenkomstige toepassing.
3. Indien de vordering gegevens betreft als bedoeld in het eerste lid, tweede volzin, onder b, wordt de vordering gedaan voor een periode van ten hoogste drie maanden.
4. De officier van justitie doet van de vordering proces-verbaal opmaken, waarin worden vermeld:
   a. het misdrijf en, indien bekend, de naam of anders een zo nauwkeurig mogelijke aanduiding van de verdachte;
   b. de feiten of omstandigheden waaruit blijkt dat de voorwaarden, bedoeld in het eerste lid, eerste volzin, zijn vervuld;
   c. indien bekend, de naam of anders een zo nauwkeurig mogelijke aanduiding van de persoon omtrent wie gegevens worden gevorderd;
   d. de gegevens die worden gevorderd;
   e. indien de vordering gegevens betreft als bedoeld in het eerste lid, tweede volzin, onder b, de periode waarover de vordering zich uitstrekt.
5. Indien de vordering gegevens betreft als bedoeld in het eerste lid, tweede volzin, onder b, wordt de vordering beëindigd zodra niet meer wordt voldaan aan de voorwaarden, bedoeld in het eerste lid, eerste volzin. Van een wijziging, aanvulling, verlenging of beëindiging van de vordering doet de officier van justitie proces-verbaal opmaken.

Nadere regels

6. Bij of krachtens algemene maatregel van bestuur kunnen regels worden gesteld met betrekking tot de wijze waarop de gegevens door de officier van justitie worden gevorderd.

(Zie ook: art. 126u WvSv)

Art. 126na

Inhoud te verstrekken gegevens gebruiker communicatiedienst

1. In geval van verdenking van een misdrijf kan de opsporingsambtenaar in het belang van het onderzoek een vordering doen gegevens te verstrekken terzake van naam, adres, postcode, woonplaats, nummer en soort dienst van een gebruiker van een communicatiedienst. Artikel 126n, tweede lid, is van toepassing.
2. Indien de gegevens, bedoeld in het eerste lid, bij de aanbieder niet bekend zijn en zij nodig zijn voor de toepassing van artikel 126m of artikel 126n kan de officier van justitie in het belang van het onderzoek vorderen dat de aanbieder de gevorderde gegevens op bij algemene maatregel van bestuur te bepalen wijze achterhaalt en verstrekt.
3. In geval van een vordering als bedoeld in het eerste of tweede lid is artikel 126n, vierde lid, onder a, b, c en d, van overeenkomstige toepassing en blijft artikel 126bb buiten toepassing.

Nadere regels

4. Bij of krachtens algemene maatregel van bestuur kunnen regels worden gesteld met betrekking tot de wijze waarop de gegevens door de opsporingsambtenaar of de officier van justitie worden gevorderd.

(Zie ook: art. 126ua WvSv; art. 184 WvSr; art. 1 Bvergt)

Art. 126nb

Bevel tot nummeridentificatie

1. Teneinde toepassing te kunnen geven aan artikel 126m of artikel 126n kan de officier van justitie met inachtneming van artikel 3.22 eerste en vierde lid, van de Telecommunicatiewet bevelen dat het behulp van in dat artikel bedoelde apparatuur het nummer waarmee de gebruiker van een communicatiedienst kan worden geïdentificeerd, wordt verkregen.
2. Het bevel wordt gegeven aan een ambtenaar als bedoeld in artikel 3.22, vierde lid, van de Telecommunicatiewet en is schriftelijk. Bij dringende noodzaak kan het bevel mondeling worden gegeven. In dat geval stelt de officier van justitie het bevel binnen drie dagen op schrift.
3. Het bevel wordt gegeven voor een periode van ten hoogste een week en vermeldt:
   a. de feiten of omstandigheden waaruit blijkt dat voldaan is aan de voorwaarden voor toepassing van artikel 126m of artikel 126n en
   b. de naam van een zo nauwkeurig mogelijke aanduiding van de gebruiker van een communicatiedienst van wie het nummer moet worden verkregen.
4. De officier van justitie doet te zijnen overstaan de processen-verbaal of andere voorwerpen, waaraan een gegeven kan worden ontleend dat is verkregen door toepassing van het eerste lid

vernietigen indien dat gegeven niet gebruikt wordt voor de toepassing van artikel 126m of artikel 126n.
(Zie ook: art. 126ub WvSv)

Achtste afdeling
Onderzoek in een geautomatiseerd werk

Art. 126nba
1. In geval van verdenking van een misdrijf als omschreven in artikel 67, eerste lid, dat gezien zijn aard of de samenhang met andere door de verdachte begane misdrijven een ernstige inbreuk op de rechtsorde oplevert, kan de officier van justitie, indien het onderzoek dit dringend vordert, bevelen dat een daartoe aangewezen opsporingsambtenaar binnendringt in een geautomatiseerd werk dat bij de verdachte in gebruik is en, al dan niet met een technisch hulpmiddel, onderzoek doet met het oog op:

<small>Bevel tot binnendringing geautomatiseerd werk</small>

a. de vaststelling van bepaalde kenmerken van het geautomatiseerde werk of de gebruiker, zoals de identiteit of locatie, en de vastlegging daarvan;
b. de uitvoering van een bevel als bedoeld in de artikelen 126l of 126m;
c. de uitvoering van een bevel als bedoeld in artikel 126g, waarbij de officier van justitie kan bepalen dat ter uitvoering van het bevel een technisch hulpmiddel op een persoon wordt bevestigd;
en, ingeval van een misdrijf, waarop naar de wettelijke omschrijving een gevangenisstraf van acht jaren of meer is gesteld, dan wel een misdrijf dat bij algemene maatregel van bestuur is aangewezen;
d. de vastlegging van gegevens die in het geautomatiseerde werk zijn opgeslagen, of die eerst na het tijdstip van afgifte van het bevel worden opgeslagen, voor zover redelijkerwijs nodig om de waarheid aan de dag te brengen;
e. de ontoegankelijkmaking van gegevens, bedoeld in artikel 126cc, vijfde lid. Artikel 11.7a van de Telecommunicatiewet is niet van toepassing op handelingen ter uitvoering van een bevel als bedoeld in de eerste volzin.
2. Het bevel, bedoeld in het eerste lid, is schriftelijk en vermeldt:
a. het misdrijf en indien bekend de naam of anders een zo nauwkeurig mogelijke aanduiding van de verdachte;
b. zo mogelijk een nummer of een andere aanduiding waarmee het geautomatiseerde werk kan worden geïdentificeerd en, indien bekend, dat de gegevens niet in Nederland zijn opgeslagen;
c. de feiten of omstandigheden waaruit blijkt dat de voorwaarden, bedoeld in het eerste lid, zijn vervuld;
d. een aanduiding van de aard en functionaliteit van het technische hulpmiddel, bedoeld in het eerste lid, dat wordt gebruikt voor de uitvoering van het bevel;
e. het onderdeel of de onderdelen, genoemd in het eerste lid, met het oog waarop het bevel wordt gegeven en, als dit het onderdeel a, d of e betreft, een duidelijke omschrijving van de te verrichten handelingen;
f. ten aanzien van welk deel van het geautomatiseerde werk en welke categorie van gegevens aan het bevel uitvoering wordt gegeven;
g. het tijdstip waarop, of de periode waarbinnen aan het bevel uitvoering wordt gegeven;
h. in het geval het een bevel, bedoeld in het eerste lid, onderdeel c, betreft, een melding van het voornemen om een technisch hulpmiddel op een persoon te bevestigen.
3. Het bevel, bedoeld in het eerste lid, wordt gegeven voor een periode van ten hoogste vier weken. Het kan telkens voor een periode van ten hoogste vier weken worden verlengd.
4. Het bevel, bedoeld in het eerste lid, kan slechts worden gegeven na schriftelijke machtiging op vordering van de officier van justitie te verlenen door de rechter-commissaris. De machtiging vermeldt de onderdelen van het bevel en de periode waarvoor de machtiging van kracht is.
5. Het bevel, bedoeld in het eerste lid, kan schriftelijk en met redenen omkleed worden gewijzigd, aangevuld, verlengd of beëindigd, met dien verstande dat de officier van justitie voor wijziging, aanvulling of verlenging een machtiging van de rechter-commissaris behoeft. Bij dringende noodzaak kunnen de beslissing van de officier van justitie en de machtiging van de rechter-commissaris mondeling worden gegeven. De officier van justitie en de rechter-commissaris stellen deze in dat geval binnen drie dagen op schrift.
6. Nadat het onderzoek is beëindigd wordt het technische hulpmiddel verwijderd. Indien het technische hulpmiddel niet of niet volledig kan worden verwijderd en dit risico's oplevert voor het functioneren van het geautomatiseerde werk stelt de officier van justitie de beheerder van het geautomatiseerde werk daarvan in kennis en stelt de nodige informatie ter beschikking ten behoeve van de volledige verwijdering. Het bepaalde in artikel 126cc, eerste lid, is van overeenkomstige toepassing.
7. Het toezicht op de uitvoering van het bevel, bedoeld in het eerste lid, door de ambtenaren, bedoeld in artikel 141, onderdeel d, en de personen, bedoeld in artikel 142, eerste lid, onderdeel

C2 art. 126nc Wetboek van Strafvordering

b, wordt uitgeoefend door de inspectie, bedoeld in artikel 65 van de Politiewet 2012, overeenkomstig het bepaalde in hoofdstuk 6 van de Politiewet 2012.

8. Bij of krachtens algemene maatregel van bestuur worden regels gesteld omtrent:
a. de autorisatie en deskundigheid van de opsporingsambtenaren die kunnen worden belast met het binnendringen en het onderzoek, bedoeld in het eerste lid, en de samenwerking met andere opsporingsambtenaren;
b. de geautomatiseerde vastlegging van gegevens over de uitvoering van het bevel, bedoeld in het eerste lid.

9. Bij algemene maatregel van bestuur kunnen regels worden gesteld over de toepassing van de bevoegdheid, bedoeld in het eerste lid, in de gevallen waarin niet bekend is waar de gegevens zijn opgeslagen.

Negende afdeling
Vorderen van gegevens

Art. 126nc

Vordering identificerende gegevens door opsporingsambtenaar

1. In geval van verdenking van een misdrijf kan de opsporingsambtenaar in het belang van het onderzoek van degene die daarvoor redelijkerwijs in aanmerking komt en die anders dan ten behoeve van persoonlijk gebruik gegevens verwerkt, vorderen bepaalde opgeslagen of vastgelegde identificerende gegevens van een persoon te verstrekken.
(Zie ook: artt. 141, 142 WvSv; art. 184 WvSr)

Begripsbepalingen

2. Onder identificerende gegevens wordt verstaan:
a. naam, adres, woonplaats en postadres;
b. geboortedatum en geslacht;
c. administratieve kenmerken;
d. in geval van een rechtspersoon, in plaats van de gegevens, bedoeld onder a en b: naam, adres, postadres, rechtsvorm en vestigingsplaats.

3. Een vordering als bedoeld in het eerste lid kan niet worden gericht tot de verdachte. Artikel 96a, derde lid, is van overeenkomstige toepassing. De vordering kan geen betrekking hebben op persoonsgegevens betreffende iemands godsdienst of levensovertuiging, ras, politieke gezindheid, gezondheid, seksuele leven of lidmaatschap van een vakvereniging.

Inhoud vordering identificerende gegevens

4. Een vordering als bedoeld in het eerste lid is schriftelijk en vermeldt:
a. een aanduiding van de persoon op wiens identificerende gegevens de vordering betrekking heeft;
b. de identificerende gegevens die worden gevorderd;
c. de termijn waarbinnen en de wijze waarop de gegevens dienen te worden verstrekt;
d. de titel van de vordering.

5. Bij dringende noodzaak kan een vordering als bedoeld het eerste lid mondeling worden gegeven. De opsporingsambtenaar stelt de vordering in dat geval achteraf op schrift en verstrekt deze binnen drie dagen nadat de vordering is gedaan aan degene tot wie de vordering is gericht.

6. Van de verstrekking van identificerende gegevens maakt de opsporingsambtenaar proces-verbaal op, waarin hij vermeldt:
a. de gegevens, bedoeld in het vierde lid;
b. de verstrekte gegevens;
c. het misdrijf en indien bekend de naam of anders een zo nauwkeurig mogelijke aanduiding van de verdachte;
d. de feiten of omstandigheden waaruit blijkt dat de voorwaarden, bedoeld in het eerste lid, zijn vervuld.

Nadere regels

7. Bij of krachtens algemene maatregel van bestuur kunnen regels worden gesteld met betrekking tot de opsporingsambtenaar die de gegevens vordert en de wijze waarop de gegevens worden gevorderd en verstrekt.

Art. 126nd

Vordering tot verstrekken van gegevens door officier van justitie

1. In geval van verdenking van een misdrijf als omschreven in artikel 67, eerste lid, kan de officier van justitie in het belang van het onderzoek van degene van wie redelijkerwijs kan worden vermoed dat hij toegang heeft tot bepaalde opgeslagen of vastgelegde gegevens, vorderen deze gegevens te verstrekken.

2. Een vordering als bedoeld in het eerste lid kan niet worden gericht tot de verdachte. Artikel 96a, derde lid, is van overeenkomstige toepassing. De vordering kan niet betrekking hebben op persoonsgegevens betreffende iemands godsdienst of levensovertuiging, ras, politieke gezindheid, gezondheid, seksuele leven of lidmaatschap van een vakvereniging. Indien de vordering, bedoeld in het eerste lid, betrekking heeft op een persoon die aanspraak kan maken op bronbescherming, kan deze slechts worden gedaan na schriftelijke machtiging, op vordering van de officier van justitie te verlenen door de rechter-commissaris. Artikel 218a, tweede lid, is van overeenkomstige toepassing.

3. Een vordering als bedoeld in het eerste lid is schriftelijk en vermeldt:

a. indien bekend, de naam of anders een zo nauwkeurig mogelijke aanduiding van de persoon of de personen over wie gegevens worden gevorderd;
b. een zo nauwkeurig mogelijke aanduiding van de gegevens die worden gevorderd en de termijn waarbinnen, alsmede de wijze waarop deze dienen te worden verstrekt;
c. de titel van de vordering.
4. Bij dringende noodzaak kan de vordering mondeling worden gegeven. De officier van justitie stelt de vordering in dat geval achteraf op schrift en verstrekt deze binnen drie dagen nadat de vordering is gedaan aan degene tot wie de vordering is gericht.
5. De officier van justitie doet van de verstrekking van gegevens proces-verbaal opmaken, waarin worden vermeld:
a. de gegevens, bedoeld in het derde lid;
b. de verstrekte gegevens;
c. het misdrijf en indien bekend de naam of anders een zo nauwkeurig mogelijke aanduiding van de verdachte;
d. de feiten of omstandigheden waaruit blijkt dat de voorwaarden, bedoeld in het eerste lid, zijn vervuld;
e. de reden waarom de gegevens in het belang van het onderzoek worden gevorderd.
6. In geval van verdenking van een ander strafbaar feit dan bedoeld in het eerste lid, kan de officier van justitie in het belang van het onderzoek een vordering als bedoeld in dat lid doen met voorafgaande schriftelijke machtiging van de rechter-commissaris. De rechter-commissaris verleent de machtiging op vordering van de officier van justitie. Het tweede tot en met vijfde lid zijn van overeenkomstige toepassing. Artikel 126l, zevende lid, is van overeenkomstige toepassing.
7. Bij of krachtens algemene maatregel van bestuur kunnen regels worden gesteld met betrekking tot de wijze waarop de gegevens worden gevorderd en verstrekt.
(Zie ook: art. 184 WvSr)

Art. 126nda

1. In geval van verdenking van een misdrijf als omschreven in artikel 67, eerste lid, kan de opsporingsambtenaar in het belang van het onderzoek van degene van wie redelijkerwijs kan worden vermoed dat hij toegang heeft tot beelden gemaakt met camera's voor de beveiliging van goederen, gebouwen of personen, vorderen deze gegevens te verstrekken.

<small>Vorderen van camerabeelden door opsporingsambtenaar</small>

2. Een vordering als bedoeld in het eerste lid kan niet worden gericht tot de verdachte. Artikel 96a, derde lid, is van overeenkomstige toepassing. De vordering kan geen betrekking hebben op persoonsgegevens betreffende iemands godsdienst of levensovertuiging, ras, politieke gezindheid, gezondheid, seksuele leven of lidmaatschap van een vakvereniging. Indien de vordering, bedoeld in het eerste lid, betrekking heeft op een persoon die aanspraak kan maken op bronbescherming, kan deze slechts worden gedaan na schriftelijke machtiging, op vordering van de officier van justitie te verlenen door de rechter-commissaris. Artikel 218a, tweede lid, is van overeenkomstige toepassing.
3. De vordering kan mondeling worden gegeven. De vordering bevat een zo nauwkeurig mogelijke aanduiding van de gegevens die worden gevorderd en de titel van de vordering. De opsporingsambtenaar stelt de vordering in het geval deze mondeling is gegeven achteraf op schrift en verstrekt deze binnen drie dagen nadat de vordering is gedaan aan degene tot wie de vordering is gericht.
4. De opsporingsambtenaar maakt van de vordering en de verstrekking van gegevens proces-verbaal op, waarin wordt vermeld:
a. de titel van de vordering;
b. de verstrekte gegevens;
c. het misdrijf en indien bekend de naam van de verdachte;
d. de feiten of omstandigheden waaruit blijkt dat de voorwaarden, bedoeld in het eerste lid, zijn vervuld.

Art. 126ne

1. De officier van justitie kan in het belang van het onderzoek bepalen dat een vordering als bedoeld in artikel 126nd, eerste lid, van degene die anders dan ten behoeve van persoonlijk gebruik gegevens verwerkt, betrekking kan hebben op gegevens die eerst na het tijdstip van de vordering worden verwerkt. De periode waarover de vordering zich uitstrekt is maximaal vier weken en kan telkens met maximaal vier weken worden verlengd. De officier van justitie vermeldt deze periode in de vordering. Artikel 126nd, tweede tot en met vijfde en zevende lid, is van overeenkomstige toepassing.

<small>Verstrekking van nieuwe gegevens vorderen door officier van justitie</small>

2. In een geval als bedoeld in het eerste lid bepaalt de officier van justitie dat de uitvoering van de vordering wordt beëindigd zodra niet meer wordt voldaan aan de voorwaarden, bedoeld in artikel 126nd, eerste lid. Een wijziging, aanvulling, verlenging of beëindiging van de vordering vindt schriftelijk plaats. Artikel 126nd, vierde lid, is van overeenkomstige toepassing.
3. Indien het belang van het onderzoek dit dringend vordert, kan de officier van justitie in een geval als bedoeld in het eerste lid in de vordering bepalen dat degene tot wie de vordering is

gericht de gegevens direct na de verwerking verstrekt, dan wel telkens binnen een bepaalde periode na de verwerking verstrekt. De officier van justitie behoeft hiervoor een voorafgaande schriftelijke machtiging, op zijn vordering te verlenen door de rechter-commissaris, evenals voor een wijziging, aanvulling of verlenging van de vordering. Artikel 126l, zevende lid, is van overeenkomstige toepassing.
(Zie ook: artt. 80 quinquies, 184 WvSr)

Art. 126nf

Verstrekking gevoelige gegevens bij inbreuk op rechtsorde

1. In geval van verdenking van een misdrijf als omschreven in artikel 67, eerste lid, dat gezien zijn aard of de samenhang met andere door de verdachte begane misdrijven een ernstige inbreuk op de rechtsorde oplevert, kan de officier van justitie, indien het belang van het onderzoek dit dringend vordert, van degene van wie redelijkerwijs kan worden vermoed dat hij toegang heeft tot gegevens als bedoeld in artikel 126nd, tweede lid, derde volzin, deze gegevens vorderen.
2. Een vordering als bedoeld in het eerste lid kan niet worden gericht tot de verdachte. Artikel 96a, derde lid, is van overeenkomstige toepassing.
3. Een vordering als bedoeld in het eerste lid kan slechts worden gedaan na voorafgaande schriftelijke machtiging, op vordering van de officier van justitie te verlenen door de rechter-commissaris. Artikel 126l, zevende lid, is van overeenkomstige toepassing.
4. Artikel 126nd, derde tot en met vijfde en zevende lid, is van overeenkomstige toepassing.
(Zie ook: artt. 80 quinquies, 184 WvSr)

Art. 126ng

Verstrekking van gegevens vorderen bij communicatiediensten

1. Een vordering als bedoeld in artikel 126nc, eerste lid, 126nd, eerste lid, of 126ne, eerste en derde lid, en artikel 126nf, eerste lid kan worden gericht tot de aanbieder van een communicatiedienst in de zin van artikel 138g, voor zover de vordering betrekking heeft op andere gegevens dan die welke gevorderd kunnen worden door toepassing van de artikelen 126n en 126na. De vordering kan geen betrekking hebben op gegevens die zijn opgeslagen in het geautomatiseerde werk van de aanbieder en niet voor deze bestemd of van deze afkomstig zijn.
2. In geval van verdenking van een misdrijf als omschreven in artikel 67, eerste lid, dat gezien zijn aard of de samenhang met andere door de verdachte begane misdrijven een ernstige inbreuk op de rechtsorde oplevert, kan de officier van justitie, indien het belang van het onderzoek dit dringend vordert, van de aanbieder van wie redelijkerwijs kan worden vermoed dat hij toegang heeft tot gegevens als bedoeld in de laatste volzin van het eerste lid, deze gegevens vorderen, voor zover zij klaarblijkelijk van de verdachte afkomstig zijn, voor hem bestemd zijn, op hem betrekking hebben of tot het begaan van het strafbare feit hebben gediend, of klaarblijkelijk met betrekking tot die gegevens het strafbare feit is gepleegd.
3. Een vordering als bedoeld in het tweede lid kan niet worden gericht tot de verdachte. Artikel 96a, derde lid, is van overeenkomstige toepassing.
4. Een vordering als bedoeld in het tweede lid kan slechts worden gedaan na voorafgaande schriftelijke machtiging, op vordering van de officier van justitie te verlenen door de rechter-commissaris. Artikel 126l, zevende lid, is van overeenkomstige toepassing.
5. Artikel 126nd, derde tot en met vijfde en zevende lid, is van overeenkomstige toepassing.

Art. 126nh

Ontsleutelen van gegevens

1. De officier van justitie kan, indien het belang van het onderzoek dit vordert, bij of terstond na de toepassing van artikel 126nd, eerste lid, 126ne, eerste of derde lid, of 126nf, eerste lid, degene van wie redelijkerwijs kan worden vermoed dat hij kennis draagt van de wijze van versleuteling van de in deze artikelen bedoelde gegevens, bevelen medewerking te verlenen aan het ontsleutelen van de gegevens door de versleuteling ongedaan te maken, dan wel deze kennis ter beschikking te stellen.
2. Het bevel wordt niet gegeven aan de verdachte. Artikel 96a, derde lid, is van overeenkomstige toepassing.

Art. 126ni

Bewaren en beschikbaar houden van verstrekte gegevens en bestanden

1. In geval van verdenking van een misdrijf als omschreven in artikel 67, eerste lid, dat gezien zijn aard of de samenhang met andere door de verdachte begane misdrijven een ernstige inbreuk op de rechtsorde oplevert, kan de officier van justitie, indien het belang van het onderzoek dit dringend vordert, van degene van wie redelijkerwijs kan worden vermoed dat hij toegang heeft tot bepaalde gegevens die ten tijde van de vordering zijn opgeslagen in een geautomatiseerd werk en waarvan redelijkerwijs kan worden aangenomen dat zij in het bijzonder vatbaar zijn voor verlies of wijziging, vorderen dat deze gegevens gedurende een periode van ten hoogste negentig dagen worden bewaard en beschikbaar gehouden. De vordering kan niet worden gericht tot de verdachte.
2. Indien de vordering is gericht tot de aanbieder van een communicatiedienst in de zin van artikel 138g en de vordering betrekking of mede betrekking heeft op gegevens als bedoeld in artikel 126n, eerste lid, is de aanbieder verplicht zo spoedig mogelijk de gegevens te verschaffen die nodig zijn om de identiteit te achterhalen van andere aanbieders van wier dienst bij de communicatie gebruik is gemaakt.

3. De vordering wordt schriftelijk of mondeling gedaan. Indien de vordering mondeling wordt gedaan, doet de officier van justitie de vordering zo spoedig mogelijk op schrift stellen en doet hij binnen drie dagen nadat de vordering mondeling is gedaan, een gewaarmerkt afschrift daarvan verstrekken aan degene tot wie de vordering is gericht. Bij de vordering en bij het op schrift stellen daarvan worden vermeld:
a. een zo nauwkeurig mogelijke omschrijving van de gegevens die beschikbaar moeten worden gehouden;
b. het tijdstip van de vordering;
c. de titel van de vordering;
d. de periode gedurende de welke de gegevens beschikbaar moeten blijven, en
e. of het tweede lid van toepassing is.
4. De officier van justitie doet van de vordering en, indien deze mondeling plaatsvond, van de schriftelijke vastlegging daarvan een proces-verbaal opmaken, waarin worden vermeld:
a. de gegevens, bedoeld in het derde lid;
b. het misdrijf en indien bekend de naam of anders een zo nauwkeurig mogelijke aanduiding van de verdachte; en
c. de feiten of omstandigheden waaruit blijkt dat is voldaan aan de voorwaarden, bedoeld in het eerste lid.
5. De vordering kan ten hoogste eenmaal worden verlengd voor een periode van ten hoogste negentig dagen. Het tweede, derde en vierde lid zijn van overeenkomstige toepassing.
(Zie ook: art. 126 ui WvSv)

Titel V
Bijzondere bevoegdheden tot opsporing voor het onderzoek naar het beramen of plegen van ernstige misdrijven in georganiseerd verband

Art. 126o
1. Indien uit feiten of omstandigheden een redelijk vermoeden voortvloeit dat in georganiseerd verband misdrijven als omschreven in artikel 67, eerste lid, worden beraamd of gepleegd die gezien hun aard of de samenhang met andere misdrijven die in dat georganiseerd verband worden beraamd of gepleegd een ernstige inbreuk op de rechtsorde opleveren, kan de officier van justitie in het belang van het onderzoek bevelen dat een opsporingsambtenaar stelselmatig een persoon volgt of stelselmatig diens aanwezigheid of gedrag waarneemt. — *Stelselmatige observatie in geval van vroegsporing*
2. De officier van justitie kan in het belang van het onderzoek bepalen dat ter uitvoering van het bevel een besloten plaats, niet zijnde een woning, wordt betreden zonder toestemming van de rechthebbende. — *Besloten plaats betreden*
3. De officier van justitie kan bepalen dat ter uitvoering van het bevel een technisch hulpmiddel wordt aangewend, voor zover daarmee geen vertrouwelijke communicatie wordt opgenomen. Een technisch hulpmiddel wordt niet op een persoon bevestigd, tenzij met diens toestemming dan wel in het geval, bedoeld in artikel 126uba, eerste lid, onder c. — *Technisch hulpmiddel*
4. Het bevel tot observatie is schriftelijk en vermeldt: — *Bevel*
a. een omschrijving van het georganiseerd verband;
b. de feiten of omstandigheden waaruit blijkt dat de voorwaarden, bedoeld in het eerste lid, zijn vervuld;
c. de naam of een zo nauwkeurig mogelijke omschrijving van de persoon, bedoeld in het eerste lid;
d. bij toepassing van het tweede lid, de plaats die zal worden betreden;
e. de wijze waarop aan het bevel uitvoering wordt gegeven, en
f. de geldigheidsduur van het bevel.
5. Artikel 126g, vierde en zesde tot en met achtste lid, is van overeenkomstige toepassing.
6. Een bevel als bedoeld in het eerste lid kan ook worden gegeven aan een persoon in de openbare dienst van een vreemde staat. Bij algemene maatregel van bestuur kunnen eisen worden gesteld aan deze personen. Het tweede tot en met vijfde lid zijn van overeenkomstige toepassing.
(Zie ook: artt. 126g, 126ee, 127, 129 WvSv; art. 184 WvSr; art. 12 GW; art. 1 Sbbob)

Art. 126p
1. In een geval als bedoeld in artikel 126o, eerste lid, kan de officier van justitie, indien het onderzoek dit dringend vordert, bevelen dat een opsporingsambtenaar als bedoeld in de artikelen 141, onderdelen, b, c en d, en 142, aan het georganiseerd verband deelneemt of medewerking verleent. — *Infiltratie in geval van vroegsporing*
2. De opsporingsambtenaar mag bij de tenuitvoerlegging van het bevel een persoon niet brengen tot andere strafbare feiten dan waarop diens opzet reeds tevoren was gericht. — *Tallon-criterium*
3. Het bevel tot infiltratie is schriftelijk en vermeldt: — *Bevel*
a. een omschrijving van het georganiseerd verband;

b. de feiten of omstandigheden waaruit blijkt dat de voorwaarden, bedoeld in het eerste lid, zijn vervuld;
c. de wijze waarop aan het bevel uitvoering wordt gegeven, daaronder begrepen strafbaar gesteld handelen, voor zover bij het geven van het bevel te voorzien, en
d. de geldigheidsduur van het bevel.
4. Artikel 126h, vierde en vijfde lid, is van overeenkomstige toepassing.
5. Artikel 126g, zevende en achtste lid, is van overeenkomstige toepassing, met dien verstande dat verlenging van een bevel tot infiltratie niet mondeling kan plaatsvinden.
(Zie ook: artt. 126h, 126w, 126x, 127 WvSv; art. 1 Sbbob)

Art. 126q

Pseudokoop of -dienstverlening in geval van vroegsporing

1. In een geval als bedoeld in artikel 126o, eerste lid, kan de officier van justitie in het belang van het onderzoek bevelen dat een opsporingsambtenaar:
a. goederen afneemt van een persoon ten aanzien van wie uit feiten of omstandigheden een redelijk vermoeden voortvloeit dat deze betrokken is bij het in het georganiseerd verband beramen of plegen van misdrijven,
b. gegevens die zijn opgeslagen, worden verwerkt of overgedragen door middel van een geautomatiseerd werk, door tussenkomst van een openbaar telecommunicatienetwerk afneemt van zodanig persoon, of
c. diensten verleent aan zodanig persoon.

Tallon-criterium

2. De opsporingsambtenaar mag bij de tenuitvoerlegging van het bevel een persoon niet brengen tot het plegen of beramen van andere strafbare feiten dan waarop diens opzet reeds tevoren was gericht.

Bevel

3. Het bevel tot pseudo-koop of -dienstverlening is schriftelijk en vermeldt:
a. een omschrijving van het georganiseerd verband;
b. de feiten of omstandigheden waaruit blijkt dat de voorwaarden, bedoeld in het eerste lid, zijn vervuld;
c. de aard van de goederen, gegevens of diensten;
d. de wijze waarop aan het bevel uitvoering wordt gegeven, daaronder begrepen strafbaar gesteld handelen, en
e. het tijdstip waarop, of de periode waarbinnen aan het bevel uitvoering wordt gegeven.

Bevoegde opsporingsambtenaren

4. Onder een opsporingsambtenaar als bedoeld in het eerste lid, wordt mede verstaan een persoon in de openbare dienst van een vreemde staat, die voldoet aan bij algemene maatregel van bestuur te stellen eisen.
5. Artikel 126g, zesde tot en met achtste lid, is van overeenkomstige toepassing.
(Zie ook: artt. 27, 126i, 126ij, 126z, 127, 129 WvSv; art. 1 Sbbob; artt. 80quinquies, 80sexies WvSr)

Art. 126qa

Stelselmatig inwinnen van informatie in geval van vroegsporing

1. In een geval als bedoeld in artikel 126o, eerste lid, kan de officier van justitie in het belang van het onderzoek bevelen dat een opsporingsambtenaar als bedoeld in de artikelen 141, onderdelen b, c en d, en 142, zonder dat kenbaar is dat hij optreedt als opsporingsambtenaar, stelselmatig informatie inwint over een persoon ten aanzien van wie uit feiten of omstandigheden een redelijk vermoeden voortvloeit dat deze betrokken is bij het in het georganiseerd verband beramen of plegen van misdrijven.

Duur

2. Het bevel wordt gegeven voor een periode van ten hoogste drie maanden. De geldigheidsduur kan telkens voor een periode van ten hoogste drie maanden worden verlengd.

Bevel

3. Het bevel tot het inwinnen van informatie is schriftelijk en vermeldt:
a. een omschrijving van het georganiseerd verband;
b. de feiten of omstandigheden waaruit blijkt dat de voorwaarden, bedoeld in het eerste lid, zijn vervuld;
c. indien bekend de naam of anders een zo nauwkeurig mogelijke omschrijving van de persoon, bedoeld in het eerste lid;
d. de wijze waarop aan het bevel uitvoering wordt gegeven, en
e. de geldigheidsduur van het bevel.
4. Artikel 126h, vierde en vijfde lid, is van overeenkomstige toepassing.
5. Artikel 126g, zesde tot en met achtste lid, is van overeenkomstige toepassing.
(Zie ook: artt. 126j, 126v, 129, 136 WvSv; art. 1 Sbbob)

Art. 126r

Besloten plaats betreden of technisch hulpmiddel aanwenden in geval van vroegsporing

1. In een geval als bedoeld in artikel 126o, eerste lid, kan de officier van justitie in het belang van het onderzoek bevelen dat een opsporingsambtenaar zonder toestemming van de rechthebbende een besloten plaats, niet zijnde een woning, betreedt, dan wel een technisch hulpmiddel aanwendt, teneinde:
a. die plaats op te nemen,
b. aldaar sporen veilig te stellen, of
c. aldaar een technisch hulpmiddel te plaatsen teneinde de aanwezigheid of verplaatsingen van een goed vast te kunnen stellen.

Bevel

2. Een bevel als bedoeld in het eerste lid is schriftelijk en vermeldt:

Wetboek van Strafvordering

C2 art. 126t

a. een omschrijving van het georganiseerd verband;
b. de feiten of omstandigheden waaruit blijkt dat de voorwaarden, bedoeld in het eerste lid, zijn vervuld;
c. de plaats waarop het bevel betrekking heeft;
d. de wijze waarop aan het bevel uitvoering wordt gegeven, en
e. het tijdstip waarop, of de periode waarbinnen aan het bevel uitvoering wordt gegeven.
3. Artikel 126g, zesde tot en met achtste lid, is van overeenkomstige toepassing.
(Zie ook: artt. 96, 126k, 127 WvSv; art. 112 GW)

Art. 126s

1. In een geval als bedoeld in artikel 126o, eerste lid, kan de officier van justitie, indien het onderzoek dit dringend vordert, bevelen dat een opsporingsambtenaar als bedoeld in artikel 141, onderdelen b, c en d, met een technisch hulpmiddel vertrouwelijke communicatie opneemt waaraan een persoon deelneemt ten aanzien van wie uit feiten of omstandigheden een redelijk vermoeden voortvloeit dat deze betrokken is bij het in het georganiseerd verband beramen of plegen van misdrijven. — Afluisteren en opnemen van gesprekken in geval van vroegsporing

2. De officier van justitie kan in het belang van het onderzoek bepalen dat ter uitvoering van het bevel een besloten plaats, niet zijnde een woning, wordt betreden zonder toestemming van de rechthebbende. Hij kan bepalen dat ter uitvoering van het bevel een woning zonder toestemming van de rechthebbende wordt betreden, indien het onderzoek dit dringend vordert en in het georganiseerd verband misdrijven worden beraamd of gepleegd waarop naar de wettelijke omschrijving een gevangenisstraf van zes jaren of meer is gesteld. Artikel 2, eerste lid, laatste volzin van de Algemene wet op het binnentreden is niet van toepassing. — Woning of besloten plaats betreden

3. Het bevel tot het opnemen van vertrouwelijke communicatie is schriftelijk en vermeldt: — Bevel
a. een omschrijving van het georganiseerd verband;
b. de feiten of omstandigheden waaruit blijkt dat de voorwaarden, bedoeld in het eerste lid en, in geval van toepassing van de tweede volzin van het tweede lid, de voorwaarden bedoeld in het tweede lid, zijn vervuld;
c. de persoon, bedoeld in het eerste lid en, indien bekend, andere deelnemers aan de communicatie;
d. bij toepassing van het tweede lid, de plaats die zal worden betreden;
e. de wijze waarop aan het bevel uitvoering zal worden gegeven, en
f. de geldigheidsduur van het bevel.

4. Het bevel kan slechts worden gegeven na schriftelijke machtiging, op vordering van de officier van justitie te verlenen door de rechter-commissaris. De machtiging betreft alle onderdelen van het bevel. Indien ter uitvoering van het bevel een woning mag worden betreden, wordt dat uitdrukkelijk in de machtiging vermeld. — Machtiging rechter-commissaris
(Zie ook: artt. 126l, 126nd, 126ne, 126nf WvSv)

5. Het bevel wordt gegeven voor een periode van ten hoogste vier weken. De geldigheidsduur kan telkens voor een termijn van ten hoogste vier weken worden verlengd. — Duur
(Zie ook: artt. 27, 126l, 126ee, 127, 130, 136, 445 WvSv; art. 1 Awob)

6. Artikel 126g, zesde tot en met achtste lid, is van overeenkomstige toepassing, met dien verstande dat de officier van justitie voor wijziging, aanvulling of verlenging een machtiging van de rechter-commissaris behoeft. Indien de officier van justitie bepaalt dat ter uitvoering van het bevel een woning wordt betreden, kan het bevel niet mondeling worden gegeven. Zodra niet meer wordt voldaan aan de voorwaarden, bedoeld in de tweede volzin van het tweede lid, bepaalt de officier van justitie dat de uitvoering van het bevel wordt beëindigd.

7. Bij dringende noodzaak kan de machtiging van de rechter-commissaris, bedoeld in het vierde en zesde lid, mondeling worden gegeven, tenzij toepassing wordt gegeven aan de tweede volzin van het tweede lid. De rechter-commissaris stelt in dat geval de machtiging binnen drie dagen op schrift.

8. Van het opnemen wordt binnen drie dagen proces-verbaal opgemaakt.

Art. 126t

1. In een geval als bedoeld in artikel 126o, eerste lid, kan de officier van justitie, indien het onderzoek dit dringend vordert, aan een opsporingsambtenaar bevelen dat met een technisch hulpmiddel niet voor het publiek bestemde communicatie die plaatsvindt met gebruikmaking van de diensten van een aanbieder van een communicatiedienst in de zin van artikel 138g, en waaraan een persoon deelneemt ten aanzien van wie uit feiten of omstandigheden een redelijk vermoeden voortvloeit dat deze betrokken is bij het in het georganiseerd verband beramen of plegen van misdrijven, wordt opgenomen. — Opnemen van communicatie in geval van vroegsporing

2. Het bevel is schriftelijk en vermeldt: — Bevel
a. een omschrijving van het georganiseerd verband;
b. de feiten en omstandigheden waaruit blijkt dat de voorwaarden, bedoeld in het eerste lid, zijn vervuld;
c. het nummer of een andere aanduiding waarmee de individuele gebruiker van de communicatiedienst wordt geïdentificeerd of de naam en, voor zover bekend, het adres van de gebruiker;

d. de naam van de persoon, genoemd in het eerste lid, wanneer deze niet de houder is;
e. de geldigheidsduur van het bevel; en
f. een aanduiding van de aard van het technisch hulpmiddel of de technische hulpmiddelen waarmee de communicatie wordt opgenomen.
3. Indien het bevel betrekking heeft op communicatie die plaatsvindt via een openbaar telecommunicatienetwerk of met gebruikmaking van een openbare telecommunicatiedienst in de zin van de Telecommunicatiewet, wordt – tenzij zulks niet mogelijk is of het belang van strafvordering zich daartegen verzet – het bevel ten uitvoer gelegd met medewerking van de aanbieder van het openbare telecommunicatienetwerk of de openbare telecommunicatiedienst en gaat het bevel vergezeld van een vordering aan de aanbieder om medewerking te verlenen.
4. Indien het bevel betrekking heeft op andere communicatie dan bedoeld in het derde lid, wordt – tenzij zulks niet mogelijk is of het belang van strafvordering zich daartegen verzet – de aanbieder in de gelegenheid gesteld medewerking te verlenen bij de tenuitvoerlegging van het bevel.
5. Het bevel, bedoeld in het eerste lid, kan slechts worden gegeven na schriftelijke machtiging, op vordering van de officier van justitie te verlenen door de rechter-commissaris. De rechter-commissaris kan, op vordering van de officier van justitie, in zijn machtiging bepalen dat deze geldt voor alle nummers of andere aanduidingen als bedoeld in het tweede lid, onder c, die gedurende de geldigheidsduur van de machtiging bij de gebruiker in gebruik zijn. Artikel 126l, vijfde tot en met achtste lid, is van overeenkomstige toepassing.
6. Voor zover het belang van het onderzoek dit bepaaldelijk vordert, kan bij of terstond na de toepassing van het eerste lid tot degene van wie redelijkerwijs kan worden vermoed dat hij kennis draagt van de wijze van versleuteling van de communicatie, de vordering worden gericht medewerking te verlenen aan het ontsleutelen van de gegevens door hetzij deze kennis ter beschikking te stellen, hetzij de versleuteling ongedaan te maken.
7. De in het zesde lid bedoelde vordering wordt niet gericht tot de verdachte.
8. Op de in het zesde lid bedoelde vordering zijn artikel 96a, derde lid, en artikel 126s, vierde, zesde en zevende lid, van overeenkomstige toepassing.
9. Bij of krachtens algemene maatregel van bestuur kunnen regels worden gesteld over de wijze waarop het in het eerste lid bedoelde bevel en de in het derde en zesde lid bedoelde vorderingen worden gegeven en over de wijze waarop daaraan wordt voldaan.
(Zie ook: art. 126m WvSv)

Art. 126ta

Communicatie van gebruiker in het buitenland opnemen in geval van vroegsporing

1. Indien bij de afgifte van een bevel als bedoeld in artikel 126t, derde lid, bekend is dat de gebruiker van het nummer, bedoeld in artikel 126t, tweede lid, onderdeel c, zich op het grondgebied van een andere staat bevindt, wordt, voor zover een verdrag dit voorschrijft en met toepassing van dat verdrag, die andere staat van het voornemen tot het opnemen van telecommunicatie in kennis gesteld en de instemming van die staat verworven voordat het bevel ten uitvoer wordt gelegd.
2. Indien na aanvang van het opnemen van de telecommunicatie op grond van het bevel bekend wordt dat de gebruiker zich op het grondgebied van een andere staat bevindt, wordt, voor zover een verdrag dit voorschrijft en met toepassing van dat verdrag, die andere staat van het opnemen van telecommunicatie in kennis gesteld en de instemming van die staat verworven.
3. De officier van justitie kan een bevel als bedoeld in artikel 126t, derde lid, eveneens geven, indien het bestaan van het bevel noodzakelijk is om een andere staat te kunnen verzoeken telecommunicatie met een technisch hulpmiddel op te nemen of telecommunicatie af te tappen en rechtstreeks naar Nederland door te geleiden ter fine van opname met een technisch hulpmiddel in Nederland.
(Zie ook: art. 126ma WvSv)

Art. 126u

Informatieplicht van communicatiediensten in geval van vroegsporing

1. In een geval als bedoeld in artikel 126o, eerste lid, kan de officier van justitie in het belang van het onderzoek een vordering doen gegevens te verstrekken over een gebruiker van een communicatiedienst in de zin van artikel 126la en het communicatieverkeer met betrekking tot die gebruiker. De vordering kan slechts betrekking hebben op gegevens die bij algemene maatregel van bestuur zijn aangewezen en kan gegevens betreffen die:
a. ten tijde van de vordering zijn verwerkt, dan wel
b. na het tijdstip van de vordering worden verwerkt.
2. De vordering, bedoeld in het eerste lid, kan worden gericht tot iedere aanbieder van een communicatiedienst. Artikel 96a, derde lid, is van overeenkomstige toepassing. Indien de vordering, bedoeld in het eerste lid, betrekking heeft op een persoon die aanspraak kan maken op bronbescherming, kan deze slechts worden gedaan na schriftelijke machtiging, op vordering van de officier van justitie te verlenen door de rechter-commissaris. Artikel 218a, tweede lid, is van overeenkomstige toepassing.
3. Indien de vordering gegevens betreft als bedoeld in het eerste lid, tweede volzin, onder b, wordt de vordering gedaan voor een periode van ten hoogste drie maanden.

C2 art. 126uba

4. De officier van justitie doet van de vordering proces-verbaal opmaken, waarin worden vermeld:
a. een omschrijving van het georganiseerd verband;
b. de feiten of omstandigheden waaruit blijkt dat de voorwaarden, bedoeld in het eerste lid, zijn vervuld;
c. indien bekend, de naam of anders een zo nauwkeurig mogelijke aanduiding van de persoon omtrent wie gegevens worden gevorderd;
d. de gegevens die worden gevorderd;
e. indien de vordering gegevens betreft als bedoeld in het eerste lid, tweede volzin, onder b, de periode waarover de vordering zich uitstrekt.
5. Indien de vordering gegevens betreft als bedoeld in het eerste lid, tweede volzin, onder b, wordt de vordering beëindigd zodra niet meer wordt voldaan aan de voorwaarden, bedoeld in het eerste lid, eerste volzin. Van een wijziging, aanvulling, verlenging of beëindiging van de vordering doet de officier van justitie proces-verbaal opmaken.
6. Bij of krachtens algemene maatregel van bestuur kunnen regels worden gesteld met betrekking tot de wijze waarop de gegevens door de officier van justitie worden gevorderd.
(Zie ook: art. 126n WvSv)

Art. 126ua

1. In een geval als bedoeld in artikel 126o, eerste lid, kan de opsporingsambtenaar in het belang van het onderzoek een vordering doen gegevens te verstrekken terzake van naam, adres, postcode, woonplaats, nummer en soort dienst van een gebruiker van een communicatiedienst in de zin van artikel 126la. Artikel 126u, tweede lid, is van toepassing. *[Vordering tot verstrekken gegevens in geval van vroegsporing]*
2. Indien de gegevens, bedoeld in het eerste lid, bij de aanbieder niet bekend zijn en zij nodig zijn voor de toepassing van artikel 126t of artikel 126u, kan de officier van justitie in het belang van het onderzoek vorderen dat de aanbieder de gevorderde gegevens op bij algemene maatregel van bestuur te bepalen wijze achterhaalt en verstrekt.
3. In geval van een vordering als bedoeld in het eerste of tweede lid is artikel 126u, vierde lid, onder a, b, c en d, van overeenkomstige toepassing en blijft artikel 126bb buiten toepassing.
4. Bij of krachtens algemene maatregel van bestuur kunnen regels worden gesteld met betrekking tot de wijze waarop de gegevens door de opsporingsambtenaar of de officier van justitie worden gevorderd.
(Zie ook: artt. 126na, 127 WvSv; art. 184 WvSr; art. 1 Bvergt)

Art. 126ub

Teneinde toepassing te kunnen geven aan artikel 126t of artikel 126u kan de officier van justitie met inachtneming van artikel 3.22, eerste lid, van de Telecommunicatiewet bevelen dat met behulp van in dat artikel bedoelde apparatuur het nummer waarmee een gebruiker van een communicatiedienst kan worden geïdentificeerd, wordt verkregen. Artikel 126nb, tweede tot en met vierde lid, is van overeenkomstige toepassing. *[Nummeridentificatie in geval van vroegsporing]*
(Zie ook: art. 126nb WvSv)

Art. 126uba

1. In een geval als bedoeld in artikel 126o, eerste lid, kan de officier van justitie, indien het belang van het onderzoek dit dringend vordert, bevelen dat een daartoe aangewezen opsporingsambtenaar binnendringt in een geautomatiseerd werk dat in gebruik is bij een persoon ten aanzien van wie uit feiten of omstandigheden een redelijk vermoeden voortvloeit dat hij betrokken is bij het in georganiseerd verband beramen of plegen van misdrijven en, al dan niet met een technisch hulpmiddel, onderzoek doet met het oog op: *[Bevel tot binnendringing geautomatiseerd werk]*
a. de vaststelling van bepaalde kenmerken van het geautomatiseerde werk of de gebruiker, zoals de identiteit of locatie, en de vastlegging daarvan;
b. de uitvoering van een bevel als bedoeld in de artikelen 126s en 126t;
c. de uitvoering van een bevel als bedoeld in artikel 126o waarbij de officier van justitie kan bepalen dat ter uitvoering van het bevel een technisch hulpmiddel op een persoon wordt bevestigd;
en, ingeval van een misdrijf, waarop naar de wettelijke omschrijving een gevangenisstraf van acht jaren of meer is gesteld, dan wel een misdrijf dat bij algemene maatregel van bestuur is aangewezen:
d. de vastlegging van gegevens die in het geautomatiseerde werk zijn opgeslagen, of eerst na het tijdstip van afgifte van het bevel worden opgeslagen, voor zover redelijkerwijs nodig om de waarheid aan de dag te brengen;
e. de ontoegankelijkmaking van gegevens, bedoeld in artikel 126cc, vijfde lid. Artikel 11.7a van de Telecommunicatiewet is niet van toepassing op handelingen ter uitvoering van een bevel als bedoeld in de eerste volzin.
2. Het bevel, bedoeld in het eerste lid, is schriftelijk en vermeldt:
a. een omschrijving van het georganiseerd verband en indien bekend de naam of anders een zo nauwkeurig mogelijke aanduiding van de persoon ten aanzien van wie uit feiten en omstan-

digheden een redelijk vermoeden voortvloeit dat deze betrokken is bij het in georganiseerd verband beramen of plegen van misdrijven;
b. zo mogelijk een nummer of een andere aanduiding waarmee het geautomatiseerde werk kan worden geïdentificeerd en, indien bekend, dat de gegevens niet in Nederland zijn opgeslagen;
c. de feiten of omstandigheden waaruit blijkt dat de voorwaarden, bedoeld in het eerste lid, zijn vervuld;
d. een aanduiding van de aard en functionaliteit van het technische hulpmiddel, bedoeld in het eerste lid, dat wordt gebruikt voor de uitvoering van het bevel;
e. het onderdeel of de onderdelen, genoemd in het eerste lid, met het oog waarop het bevel wordt gegeven en, als dit het onderdeel a, d of e betreft, een duidelijke omschrijving van de te verrichten handelingen;
f. ten aanzien van welk deel van het geautomatiseerde werk en welke categorie van gegevens aan het bevel uitvoering wordt gegeven;
g. het tijdstip waarop, of de periode waarbinnen aan het bevel uitvoering wordt gegeven;
h. in het geval het een bevel, bedoeld in het eerste lid, onderdeel c, betreft, een melding van het voornemen om een technisch hulpmiddel op een persoon te bevestigen.
3. Artikel 126nba, derde tot en met negende lid, is van overeenkomstige toepassing.

Art. 126uc

Identificerende gegevens vorderen in geval van vroegsporing

1. In een geval als bedoeld in artikel 126o, eerste lid, kan de opsporingsambtenaar in het belang van het onderzoek van degene die daarvoor redelijkerwijs in aanmerking komt en die anders dan ten behoeve van persoonlijk gebruik gegevens verwerkt, vorderen bepaalde opgeslagen of vastgelegde identificerende gegevens van een persoon te verstrekken.
2. Artikel 126nc, tweede tot en met vijfde en zevende lid, is van overeenkomstige toepassing.
3. Van de verstrekking van identificerende gegevens maakt de opsporingsambtenaar proces-verbaal op, waarin hij vermeldt:
a. de gegevens, bedoeld in artikel 126nc, vierde lid;
b. de verstrekte gegevens;
c. een omschrijving van het georganiseerd verband;
d. de feiten of omstandigheden waaruit blijkt dat de voorwaarden, bedoeld in het eerste lid, zijn vervuld.
(Zie ook: artt. 80 quinquies, 141, 142 WvSv; art. 184 WvSr)

Art. 126ud

Vordering tot het verstrekken van gegevens door officier van justitie in geval van vroegsporing

1. In een geval als bedoeld in artikel 126o, eerste lid, kan de officier van justitie in het belang van het onderzoek van degene van wie redelijkerwijs kan worden vermoed dat hij toegang heeft tot bepaalde opgeslagen of vastgelegde gegevens, vorderen deze gegevens te verstrekken.
2. Artikel 126nd, tweede tot en met vierde en zevende lid, is van overeenkomstige toepassing. Indien de vordering, bedoeld in het eerste lid, betrekking heeft op een persoon die aanspraak kan maken op bronbescherming, kan deze slechts worden gedaan na schriftelijke machtiging, op vordering van de officier van justitie te verlenen door de rechter-commissaris. Artikel 218a, tweede lid, is van overeenkomstige toepassing.
3. De officier van justitie doet van de verstrekking van gegevens proces-verbaal opmaken, waarin worden vermeld:
a. de gegevens, bedoeld in artikel 126nd, derde lid;
b. de verstrekte gegevens;
c. een omschrijving van het georganiseerd verband;
d. de feiten of omstandigheden waaruit blijkt dat de voorwaarden, bedoeld in het eerste lid, zijn vervuld;
e. de reden waarom de gegevens in het belang van het onderzoek worden gevorderd.
(Zie ook: artt. 80 quinquies, 184 WvSr)

Art. 126ue

Vordering tot het verstrekken van nieuwe gegevens in geval van vroegsporing

1. In een geval als bedoeld in artikel 126o, eerste lid, kan de officier van justitie in het belang van het onderzoek bepalen dat een vordering als bedoeld in artikel 126ud, eerste lid, van degene die anders dan ten behoeve van persoonlijk gebruik gegevens verwerkt, betrekking kan hebben op gegevens die eerst na het tijdstip van de vordering worden verwerkt. De periode waarover de vordering zich uitstrekt is maximaal vier weken en kan telkens met maximaal vier weken worden verlengd. De officier van justitie vermeldt deze periode in de vordering. De artikelen 126nd, tweede tot en met vierde lid en zevende lid, en 126ud, derde lid, zijn van overeenkomstige toepassing.
2. In een geval als bedoeld in het eerste lid bepaalt de officier van justitie dat de uitvoering van de vordering wordt beëindigd zodra niet meer wordt voldaan aan de voorwaarden, bedoeld in artikel 126ud, eerste lid. Een wijziging, aanvulling, verlenging of beëindiging van de vordering vindt schriftelijk plaats. Artikel 126nd, vierde lid, is van overeenkomstige toepassing.
3. Indien het belang van het onderzoek dit dringend vordert, kan de officier van justitie in een geval als bedoeld in het eerste lid in de vordering bepalen dat degene tot wie de vordering is

Wetboek van Strafvordering

C2 art. 126ui

gericht de gegevens direct na de verwerking verstrekt, dan wel telkens binnen een bepaalde periode na de verwerking verstrekt. De officier van justitie behoeft hiervoor een voorafgaande schriftelijke machtiging, op zijn vordering te verlenen door de rechter-commissaris, evenals voor een wijziging, aanvulling of verlenging van de vordering. Artikel 126l, zevende lid, is van overeenkomstige toepassing.
(Zie ook: artt. 80 quinquies, 184 WvSr)

Art. 126uf

1. In een geval als bedoeld in artikel 126o, eerste lid, kan de officier van justitie indien het belang van het onderzoek dit dringend vordert, van degene van wie redelijkerwijs kan worden vermoed dat hij toegang heeft tot gegevens als bedoeld in artikel 126nd, tweede lid, derde volzin, deze gegevens vorderen.
2. De artikelen 126nf, tweede en derde lid, en 126nd, derde, vierde en zevende lid, zijn van overeenkomstige toepassing.
3. De officier van justitie doet van de verstrekking van gegevens proces-verbaal opmaken, waarin worden vermeld:
   a. de gegevens, bedoeld in artikel 126nd, derde lid;
   b. de verstrekte gegevens;
   c. een omschrijving van het georganiseerd verband;
   d. de feiten of omstandigheden waaruit blijkt dat de voorwaarden, bedoeld in het eerste lid, zijn vervuld;
   e. de reden waarom de gegevens in het belang van het onderzoek worden gevorderd.

(Zie ook: artt. 80 quinquies, 184 WvSr)

Vordering tot toegang gegevens door officier van justitie in geval van vroegsporing

Art. 126ug

1. Een vordering als bedoeld in artikel 126uc, eerste lid, 126ud, eerste lid, of 126ue, eerste en derde lid, 126uf, eerste lid kan worden gericht tot de aanbieder van een openbaar of een niet-openbaar telecommunicatienetwerk, onderscheidenlijk de aanbieder van een openbare of een niet-openbare telecommunicatiedienst, voor zover de vordering betrekking heeft op andere gegevens dan die welke gevorderd kunnen worden door toepassing van de artikelen 126u en 126ua. De vordering kan geen betrekking hebben op gegevens die zijn opgeslagen in het geautomatiseerde werk van de aanbieder en niet voor deze bestemd of van deze afkomstig zijn.
(Zie ook: art. 80 sexies WvSr)
2. In een geval als bedoeld in artikel 126o, eerste lid, kan de officier van justitie, indien het belang van het onderzoek dit dringend vordert, van de aanbieder van wie redelijkerwijs kan worden vermoed dat hij toegang heeft tot gegevens als bedoeld in de laatste volzin van het eerste lid, deze gegevens vorderen, voor zover zij klaarblijkelijk afkomstig zijn van een persoon ten aanzien van wie uit feiten of omstandigheden een redelijk vermoeden voortvloeit dat deze betrokken is bij het in georganiseerd verband beramen of plegen van misdrijven, voor hem bestemd zijn, op hem betrekking hebben of hebben gediend tot het in dat georganiseerd verband beramen of plegen van een misdrijf, of klaarblijkelijk met betrekking tot die gegevens in dat georganiseerd verband een misdrijf wordt beraamd of gepleegd.
3. Een vordering als bedoeld in het tweede lid kan niet worden gericht tot de verdachte. Artikel 96a, derde lid, is van overeenkomstige toepassing.
4. Een vordering als bedoeld in het tweede lid kan slechts worden gedaan na voorafgaande schriftelijke machtiging, op vordering van de officier van justitie te verlenen door de rechter-commissaris. Artikel 126l, zevende lid, is van overeenkomstige toepassing.
5. Artikel 126nd, derde tot en met vijfde en zevende lid, is van overeenkomstige toepassing.

Vorderen van gegevens van telecommunicatiebedrijven in geval van vroegsporing

Art. 126uh

1. De officier van justitie kan, indien het belang van het onderzoek dit vordert, bij of terstond na de toepassing van artikel 126ud, eerste lid, 126ue, eerste of derde lid, of 126uf, eerste lid, degene van wie redelijkerwijs kan worden vermoed dat hij kennis draagt van de wijze van versleuteling van de in deze artikelen bedoelde gegevens, bevelen medewerking te verlenen aan het ontsleutelen van de gegevens door de versleuteling ongedaan te maken, dan wel deze kennis ter beschikking te stellen.
2. Het bevel wordt niet gegeven aan de verdachte. Artikel 96a, derde lid, is van overeenkomstige toepassing.

Ontsleutelen van gegevens in geval van vroegsporing

Art. 126ui

1. In een geval als bedoeld in artikel 126o, eerste lid, kan de officier van justitie, indien het belang van het onderzoek dit dringend vordert, van degene van wie redelijkerwijs kan worden vermoed dat hij toegang heeft tot bepaalde gegevens die ten tijde van de vordering zijn opgeslagen in een geautomatiseerd werk en waarvan redelijkerwijs kan worden aangenomen dat zij in het bijzonder vatbaar zijn voor verlies of wijziging, vorderen dat deze gegevens gedurende een periode van ten hoogste negentig dagen worden bewaard en beschikbaar gehouden. De vordering kan niet worden gericht tot de verdachte.

Bestanden bewaren en beschikbaar houden in geval van vroegsporing

2. Artikel 126ni, tweede tot en met vijfde lid, is van overeenkomstige toepassing, met dien verstande dat bij de in artikel 126ni, vierde lid, onderdeel c, bedoelde feiten en omstandigheden ook een omschrijving van het in artikel 126o, eerste lid, bedoelde georganiseerde verband wordt opgenomen.
(Zie ook: art. 126ni WvSv)

Titel VA
Bijstand aan opsporing door burgers

Eerste afdeling
Verzoek informatie in te winnen

Art. 126v

Stelselmatig inwinnen van informatie door burger

1. In geval van verdenking van een misdrijf, dan wel in een geval als bedoeld in artikel 126o, eerste lid, kan de officier van justitie in het belang van het onderzoek bevelen dat een opsporingsambtenaar met een persoon die geen opsporingsambtenaar is, overeenkomt dat deze voor de duur van het bevel bijstand verleent aan de opsporing door stelselmatig informatie in te winnen omtrent een verdachte, onderscheidenlijk een persoon ten aanzien van wie een redelijk vermoeden bestaat dat deze is betrokken bij het in het georganiseerd verband beramen of plegen van misdrijven.

Bevel

2. Het bevel, bedoeld in het eerste lid, is schriftelijk en vermeldt:
a. bij verdenking van een misdrijf, het misdrijf en indien bekend de naam of anders een zo nauwkeurig mogelijke aanduiding van de verdachte;
b. in een geval als bedoeld in artikel 126o, eerste lid: een omschrijving van het georganiseerd verband;
c. de feiten en omstandigheden waaruit blijkt dat de voorwaarden, bedoeld in het eerste lid, zijn vervuld;
d. een zo nauwkeurig mogelijke aanduiding van de persoon omtrent wie informatie wordt ingewonnen en
e. de geldigheidsduur van het bevel.

Overeenkomst

3. De overeenkomst tot het stelselmatig inwinnen van informatie is schriftelijk en vermeldt:
a. de rechten en plichten van de persoon die bijstand verleent aan de opsporing, alsmede de wijze waarop aan de overeenkomst uitvoering wordt gegeven, en
b. de geldigheidsduur van de overeenkomst.
4. Op het bevel is artikel 126g, vierde en zesde tot en met achtste lid, van overeenkomstige toepassing.
(Zie ook: artt. 27, 129, 141 WvSv)

Tweede afdeling
Burgerinfiltratie

Art. 126w

Burgerinfiltratie

1. In een geval als bedoeld in artikel 126h, eerste lid, kan de officier van justitie, indien het onderzoek dit dringend vordert, met een persoon die geen opsporingsambtenaar is, overeenkomen dat deze bijstand verleent aan de opsporing door deel te nemen aan of medewerking te verlenen aan een groep van personen waarbinnen naar redelijkerwijs kan worden vermoed misdrijven worden beraamd of gepleegd.
2. Toepassing van het eerste lid vindt alleen plaats indien de officier van justitie van oordeel is dat geen bevel als bedoeld in artikel 126h, eerste lid, kan worden gegeven.

Tallon-criterium

3. De persoon die op grond van het eerste lid bijstand verleent aan de opsporing, mag bij de uitvoering daarvan een persoon niet brengen tot andere strafbare feiten dan waarop diens opzet reeds tevoren was gericht.

Schriftelijke vastlegging

4. Bij de toepassing van het eerste lid legt de officier van justitie schriftelijk vast:
a. het misdrijf en indien bekend de naam of anders een zo nauwkeurig mogelijke omschrijving van de verdachte;
b. een omschrijving van de groep van personen;
c. de feiten of omstandigheden waaruit blijkt dat de voorwaarden, bedoeld in het eerste en tweede lid, zijn vervuld.

Overeenkomst

5. De overeenkomst tot infiltratie is schriftelijk en vermeldt:
a. de rechten en plichten van de persoon die op grond van het eerste lid bijstand verleent aan de opsporing, alsmede de wijze waarop aan de overeenkomst uitvoering wordt gegeven, en
b. de geldigheidsduur van de overeenkomst.

Strafbare handelingen door infiltrant

6. De persoon die op grond van het eerste lid bijstand verleent aan de opsporing, mag bij de uitvoering daarvan geen strafbare handelingen verrichten, tenzij vooraf schriftelijk toestemming door de officier van justitie is gegeven om dergelijke handelingen te verrichten. Bij dringende

Wetboek van Strafvordering

C2 art. 126z

noodzaak kan de toestemming mondeling worden gegeven. De officier van justitie stelt in dat geval de toestemming binnen drie dagen op schrift.

7. Zodra niet meer wordt voldaan aan de voorwaarden, bedoeld in het eerste lid, bepaalt de officier van justitie dat de uitvoering van de overeenkomst wordt beëindigd. — *Overeenkomst beëindigen*

8. De overeenkomst kan schriftelijk worden gewijzigd, aangevuld, verlengd of beëindigd. De officier van justitie legt de redenen daarvan uiterlijk binnen drie dagen schriftelijk vast. — *Overeenkomst veranderen*

(Zie ook: artt. 126h, 126p, 126x WvSv)

Art. 126x

1. In een geval als bedoeld in artikel 126o, eerste lid, kan de officier van justitie, indien het onderzoek dit dringend vordert, met een persoon die geen opsporingsambtenaar is, overeenkomen dat deze bijstand verleent aan de opsporing door deel te nemen of medewerking te verlenen aan het georganiseerd verband. — *Burgerinfiltratie in criminele organisatie*

2. Toepassing van het eerste lid vindt alleen plaats indien de officier van justitie van oordeel is dat geen bevel als bedoeld in artikel 126p, eerste lid, kan worden gegeven.

3. De persoon die op grond van het eerste lid bijstand verleent aan de opsporing, mag bij de uitvoering daarvan een persoon niet brengen tot andere strafbare feiten dan waarop diens opzet reeds tevoren was gericht. — *Tallon-criterium*

4. Artikel 126w, vierde tot en met achtste lid, is van overeenkomstige toepassing.

(Zie ook: artt. 126h, 126p, 126w WvSv)

Derde afdeling
Burgerpseudo-koop of -dienstverlening

Art. 126ij

1. In een geval als bedoeld in artikel 126i, eerste lid, kan de officier van justitie in het belang van het onderzoek met een persoon die geen opsporingsambtenaar is, overeenkomen dat deze bijstand verleent aan de opsporing door: — *Pseudokoop of -dienstverlening door burger*
   a. goederen af te nemen van de verdachte,
   b. gegevens die zijn opgeslagen, worden verwerkt of overgedragen door middel van een geautomatiseerd werk, door tussenkomst van een openbaar telecommunicatienetwerk af te nemen van de verdachte, of
   c. diensten te verlenen aan de verdachte.

2. Toepassing van het eerste lid vindt alleen plaats indien de officier van justitie van oordeel is dat geen bevel als bedoeld in artikel 126i, eerste lid, kan worden gegeven.

3. De persoon die op grond van het eerste lid bijstand verleent aan de opsporing, mag bij de uitvoering daarvan een persoon niet brengen tot andere strafbare feiten dan waarop diens opzet reeds tevoren was gericht. — *Tallon-criterium*

4. Bij de toepassing van het eerste lid legt de officier van justitie schriftelijk vast: — *Schriftelijke vastlegging*
   a. het misdrijf en indien bekend de naam of anders een zo nauwkeurig mogelijke omschrijving van de verdachte;
   b. de feiten of omstandigheden waaruit blijkt dat de voorwaarden, bedoeld in het eerste en tweede lid, zijn vervuld;
   c. de aard van de goederen, gegevens of diensten;

5. De overeenkomst tot pseudo-koop of -dienstverlening is schriftelijk en vermeldt: — *Overeenkomst*
   a. de rechten en plichten van de persoon die op grond van het eerste lid bijstand verleent aan de opsporing, alsmede de wijze waarop aan de overeenkomst uitvoering wordt gegeven, daaronder begrepen strafbaar handelen, en
   b. het tijdstip waarop, of de periode waarbinnen aan de overeenkomst uitvoering wordt gegeven.

6. Artikel 126w, zevende en achtste lid, is van overeenkomstige toepassing.

(Zie ook: artt. 126i, 126q, 126z WvSv; artt. 80quinquies, 80sexies WvSr)

Art. 126z

1. In een geval als bedoeld in artikel 126o, eerste lid, kan de officier van justitie in het belang van het onderzoek met een persoon die geen opsporingsambtenaar is, overeenkomen dat deze bijstand verleent aan de opsporing door goederen af te nemen van of diensten te leveren aan een persoon ten aanzien van wie uit feiten of omstandigheden een redelijk vermoeden voortvloeit dat hij betrokken is bij het in het georganiseerd verband beramen of plegen van misdrijven. — *Pseudokoop of -dienstverlening door burger bij criminele organisatie*

2. Toepassing van het eerste lid vindt alleen plaats indien de officier van justitie van oordeel is dat geen bevel als bedoeld in artikel 126q, eerste lid, kan worden gegeven.

3. De persoon die op grond van het eerste lid bijstand verleent aan de opsporing, mag bij de uitvoering daarvan een persoon niet brengen tot andere strafbare feiten dan waarop diens opzet reeds tevoren was gericht. — *Tallon-criterium*

4. Artikel 126ij, vierde tot en met het zesde lid, is van overeenkomstige toepassing.

(Zie ook: artt. 126i, 126q, 126ij WvSv)

Titel VB
Bijzondere bevoegdheden tot opsporing van terroristische misdrijven

Eerste afdeling
Algemene bepalingen

Art. 126za

Schriftelijk bevel voor bijzondere bevoegdheid tot opsporing in geval van terroristische misdrijven

1. Bevelen tot toepassing van een bevoegdheid als bedoeld in deze titel alsmede een wijziging, aanvulling, verlenging of intrekking daarvan worden, behoudens uitzonderingen bij de wet bepaald, schriftelijk gegeven. Aan een schriftelijk bevel staat gelijk een mondeling bevel dat onverwijld op schrift is gesteld.
2. Een schriftelijk bevel vermeldt het terroristisch misdrijf en de feiten en omstandigheden waaruit blijkt dat de wettelijke voorwaarden voor uitoefening van de bevoegdheid zijn vervuld. In het bevel kan worden vermeld op welke wijze aan het bevel uitvoering dient te worden gegeven.
3. In het geval de wet bepaalt dat een bevel mondeling kan worden gegeven, wordt het bevel alsmede een wijziging, aanvulling, verlenging of intrekking daarvan die niet op schrift is gesteld, aangetekend in het proces-verbaal van de opsporingsambtenaar die het bevel uitvoert.
4. Bij algemene maatregel van bestuur kunnen nadere regels worden gesteld omtrent de in een schriftelijk bevel dan wel, bij een mondeling bevel, in het proces-verbaal te vermelden gegevens.
5. Elk bevel kan worden gewijzigd, aangevuld, verlengd of ingetrokken.

Art. 126zb

Machtiging rechter-commissaris in geval van terroristische misdrijven

1. Een machtiging van de rechter-commissaris als bedoeld in deze titel is schriftelijk of wordt onverwijld op schrift gesteld.
2. De machtiging en de vordering daartoe vermelden het terroristisch misdrijf en de feiten en omstandigheden waaruit blijkt dat de wettelijke voorwaarden voor uitoefening van de bevoegdheid zijn vervuld.
3. Indien voor een bevel van de officier van justitie een machtiging van de rechter-commissaris is vereist, is ook voor een wijziging, aanvulling of verlenging van dat bevel een machtiging vereist.

Art. 126zc

Personen van een vreemde staat aanwijzen bij terroristische misdrijven

Bij algemene maatregel van bestuur kunnen personen in de openbare dienst van een vreemde staat die voldoen aan daarin te stellen eisen voor de toepassing van de bevoegdheden van artikel 126zd, eerste lid, onder a, b en c, en artikel 126ze met een opsporingsambtenaar gelijk worden gesteld.

Tweede afdeling
Stelselmatige observatie, pseudo-koop of -dienstverlening, stelselmatige inwinning van informatie, bevoegdheden in een besloten plaats en infiltratie

Art. 126zd

Bevoegdheden opsporingsambtenaar bij terroristisch misdrijf

1. In geval van aanwijzingen van een terroristisch misdrijf is de opsporingsambtenaar, bij bevel daartoe van de officier van justitie, bevoegd in het belang van het onderzoek:
a. een persoon stelselmatig te volgen of stelselmatig de aanwezigheid of het gedrag van een persoon waar te nemen,
b. goederen af te nemen van of diensten te verlenen aan een persoon of gegevens die zijn opgeslagen, worden verwerkt of overgedragen door middel van een geautomatiseerd werk, door tussenkomst van een openbaar telecommunicatienetwerk af te nemen van een persoon,
c. zonder dat kenbaar is dat hij optreedt als opsporingsambtenaar, stelselmatig informatie in te winnen over een persoon,
d. zonder toestemming van de rechthebbende een besloten plaats, niet zijnde een woning, te betreden dan wel een technisch hulpmiddel aan te wenden teneinde de plaats op te nemen, aldaar sporen veilig te stellen of aldaar een technisch hulpmiddel te plaatsen teneinde de aanwezigheid of verplaatsing van een goed vast te kunnen stellen.
(Zie ook: artt. 126g, 126i, 126j, 126k, 126o, 126q, 126qa, 126r, 126v, 126ij, 126z WvSv)
2. De opsporingsambtenaar mag bij de uitoefening van de bevoegdheden, bedoeld in het eerste lid, onder b, een persoon niet brengen tot andere strafbare feiten dan waarop diens opzet reeds tevoren was gericht.
3. De officier van justitie kan in het belang van het onderzoek bepalen dat bij de uitoefening van de bevoegdheid, bedoeld in het eerste lid, onder a, een besloten plaats, niet zijnde een woning, kan worden betreden zonder toestemming van de rechthebbende.
4. De officier van justitie kan voorts bepalen dat bij de uitoefening van de bevoegdheid, bedoeld in het eerste lid, onder a, een technisch hulpmiddel kan worden aangewend, voor zover daarmee

Wetboek van Strafvordering **C2** art. 126zg

geen vertrouwelijke communicatie wordt opgenomen. Een technisch hulpmiddel wordt niet op een persoon bevestigd, tenzij met diens toestemming dan wel in het geval, bedoeld in artikel 126zpa, eerste lid, onder c.
(Zie ook: artt. 126l, 126s WvSv)
5. Het bevel tot uitoefening van de bevoegdheden, bedoeld in het eerste lid, onder a of c, wordt gegeven voor een periode van ten hoogste drie maanden. De geldigheidsduur kan telkens voor een periode van drie maanden worden verlengd.

Art. 126ze
1. In geval van aanwijzingen van een terroristisch misdrijf kan de officier van justitie, indien het onderzoek dit dringend vordert, bevelen dat een opsporingsambtenaar deelneemt of medewerking verleent aan een groep van personen ten aanzien waarvan aanwijzingen bestaan dat daarbinnen een terroristisch misdrijf wordt beraamd of gepleegd.

Deelnemen of medewerking verlenen aan terroristische groep

(Zie ook: art. 83 WvSr)
2. Artikel 126h, tweede lid, is van overeenkomstige toepassing.
3. Het bevel vermeldt, behalve de gegevens, bedoeld in artikel 126za, tevens:
a. een omschrijving van de groep van personen;
b. de wijze waarop aan het bevel uitvoering wordt gegeven, daaronder begrepen strafbaar gesteld handelen, voor zover bij het geven van het bevel te voorzien, alsmede
c. de geldigheidsduur van het bevel.

Derde afdeling
Opnemen en onderzoek communicatie

Art. 126zf
1. In geval van aanwijzingen van een terroristisch misdrijf kan de officier van justitie, indien het onderzoek dit dringend vordert, na op zijn vordering door de rechter-commissaris verleende machtiging, bevelen dat een opsporingsambtenaar met een technisch hulpmiddel vertrouwelijke communicatie opneemt.
2. De officier van justitie kan in het belang van het onderzoek bepalen dat ter uitvoering van het bevel een besloten plaats, niet zijnde een woning, wordt betreden zonder toestemming van de rechthebbende. Hij kan, na uitdrukkelijke op zijn vordering door de rechter-commissaris verleende machtiging, bepalen dat ter uitvoering van het bevel een woning zonder toestemming van de rechthebbende wordt betreden, indien het onderzoek dit dringend vordert. Artikel 2, eerste lid, laatste volzin, van de Algemene wet op het binnentreden is niet van toepassing.
3. Het bevel vermeldt, behalve de gegevens, bedoeld in artikel 126za, tevens:
a. ten minste een van de personen die aan de communicatie deelnemen dan wel, indien het bevel communicatie betreft op een besloten plaats of in een vervoermiddel, een van de personen die aan de communicatie deelnemen of een zo nauwkeurig mogelijke omschrijving van die plaats of dat vervoermiddel;
b. bij toepassing van het tweede lid, de plaats die kan worden betreden;
c. de geldigheidsduur van het bevel.
4. Het bevel wordt gegeven voor een periode van ten hoogste vier weken. De geldigheidsduur kan telkens voor een termijn van ten hoogste vier weken worden verlengd.
5. Van het opnemen wordt binnen drie dagen proces-verbaal opgemaakt.
(Zie ook: artt. 126l, 126s WvSv)

Opnemen van vertrouwelijke communicatie in geval van terroristische misdrijven

Art. 126zg
1. In geval van aanwijzingen van een terroristisch misdrijf kan de officier van justitie, indien het onderzoek dit dringend vordert, aan een opsporingsambtenaar bevelen dat met een technisch hulpmiddel niet voor het publiek bestemde communicatie die plaatsvindt met gebruikmaking van diensten van een aanbieder van een communicatie in de zin van artikel 138g, wordt opgenomen.

Opnemen van communicatie via telecommunicatiebedrijf bij terroristische misdrijven

(Zie ook: artt. 126m, 126t WvSv; art. 83 WvSr)
2. Het bevel vermeldt, behalve de gegevens, bedoeld in artikel 126za, tevens:
a. het nummer of een andere aanduiding waarmee de individuele gebruiker van de communicatiedienst wordt geïdentificeerd of de naam en, voor zover bekend, het adres van de gebruiker;
b. de geldigheidsduur van het bevel; en
c. een aanduiding van de aard van het technisch hulpmiddel of de technische hulpmiddelen waarmee de communicatie wordt opgenomen.
3. Indien het bevel betrekking heeft op communicatie die plaatsvindt via een openbaar telecommunicatienetwerk of met gebruikmaking van een openbare telecommunicatiedienst in de zin van de Telecommunicatiewet, wordt – tenzij zulks niet mogelijk is of het belang van strafvordering zich daartegen verzet – het bevel ten uitvoer gelegd met medewerking van de aanbieder van het openbare telecommunicatienetwerk of van de openbare telecommunicatiedienst en gaat het bevel vergezeld van een vordering van de officier van justitie aan de aanbieder om medewerking te verlenen.

Sdu

4. Indien het bevel betrekking heeft op andere communicatie dan bedoeld in het derde lid, wordt – tenzij zulks niet mogelijk is of het belang van strafvordering zich daartegen verzet – de aanbieder in de gelegenheid gesteld medewerking te verlenen bij de tenuitvoerlegging van het bevel.
5. Artikel 126m, vijfde tot en met negende lid, is van overeenkomstige toepassing.

Art. 126zga

Informeren van andere staat bij opnemen van communicatie in geval van terroristische misdrijven

1. Indien bij de afgifte van een bevel als bedoel in artikel 126zg, derde lid, bekend is dat de gebruiker van het nummer, bedoeld in artikel 126zg, tweede lid, onder a, zich op het grondgebied van een andere staat bevindt, wordt voor zover een verdrag dit voorschrijft en met toepassing van dat verdrag, die andere staat van het voornemen tot het opnemen van telecommunicatie in kennis gesteld en de instemming van die staat verworven voordat het bevel ten uitvoer wordt gelegd.
2. Indien na aanvang van het opnemen van de telecommunicatie op grond van het bevel bekend wordt dat de gebruiker zich op het grondgebied van een andere staat bevindt, wordt, voor zover een verdrag dit voorschrijft en met toepassing van dat verdrag, die andere staat van het opnemen van telecommunicatie in kennis gesteld en de instemming van die staat verworven.

Verzoek aan andere staat

3. De officier van justitie kan een bevel als bedoeld in artikel 126zg, derde lid, eveneens geven, indien het bestaan van het bevel noodzakelijk is om een andere staat te kunnen verzoeken telecommunicatie met een technisch hulpmiddel op te nemen of telecommunicatie af te tappen en rechtstreeks naar Nederland door te geleiden ter fine van opname met een technisch hulpmiddel in Nederland.

Art. 126zh

Vorderen gegevens communicatieverkeer van telecommunicatiebedrijf in geval van terroristische misdrijven

1. In geval van aanwijzingen van een terroristisch misdrijf kan de officier van justitie in het belang van het onderzoek een vordering doen gegevens te verstrekken over een gebruiker van een communicatiedienst in de zin van artikel 126la en het communicatieverkeer met betrekking tot die gebruiker. De vordering kan slechts betrekking hebben op gegevens die bij algemene maatregel van bestuur zijn aangewezen en kan gegevens betreffen die:
a. ten tijde van de vordering zijn verwerkt, dan wel
b. na het tijdstip van de vordering worden verwerkt.
(Zie ook: artt. 126n, 126u WvSv)
2. Artikel 126n, tweede tot en met zesde lid, is van overeenkomstige toepassing.

Art. 126zi

Vorderen persoonsgegevens van telecommunicatiebedrijf bij terroristische misdrijven

1. In geval van aanwijzingen van een terroristisch misdrijf kan de opsporingsambtenaar in het belang van het onderzoek een vordering doen gegevens te verstrekken terzake van naam, adres, postcode, woonplaats, nummer en soort dienst van een gebruiker van een communicatiedienst in de zin van artikel 138h. Artikel 126n, tweede lid, is van toepassing.
2. Indien de gegevens, bedoeld in het eerste lid, bij de aanbieder niet bekend zijn en zij nodig zijn voor de toepassing van artikel 126zf of artikel 126zg kan de officier van justitie in het belang van het onderzoek vorderen dat de aanbieder de gevorderde gegevens op bij algemene maatregel van bestuur te bepalen wijze achterhaalt en verstrekt.
3. Artikel 126na, derde en vierde lid, is van overeenkomstige toepassing.
(Zie ook: artt. 126na, 126ua WvSv)

Art. 126zj

Vorderen telefoonnummer van telecommunicatiebedrijf bij terroristische misdrijven

Teneinde toepassing te kunnen geven aan artikel 126zg of artikel 126zh kan de officier van justitie met inachtneming van artikel 3.22, eerste lid, van de Telecommunicatiewet bevelen dat met behulp van in dat artikel bedoelde apparatuur het nummer waarmee de gebruiker van een communicatiedienst kan worden geïdentificeerd, wordt verkregen. Artikel 126nb, tweede tot en met vierde lid, is van overeenkomstige toepassing.
(Zie ook: artt. 126nb, 126ub WvSv)

Art. 126zja

Communicatiegegevens bewaren en beschikbaar houden in geval van terroristische misdrijven

1. In geval van aanwijzingen van een terroristisch misdrijf kan de officier van justitie, indien het belang van het onderzoek dit dringend vordert, van degene van wie redelijkerwijs kan worden vermoed dat hij toegang heeft tot bepaalde gegevens die ten tijde van de vordering zijn opgeslagen in een geautomatiseerd werk en waarvan redelijkerwijs kan worden aangenomen dat zij in het bijzonder vatbaar zijn voor verlies of wijziging, vorderen dat deze gegevens gedurende een periode van ten hoogste negentig dagen worden bewaard en beschikbaar gehouden. De vordering kan niet worden gericht tot de verdachte.
2. Artikel 126ni, tweede tot en met vijfde lid, is van overeenkomstige toepassing.
(Zie ook: art. 83 WvSv)

Wetboek van Strafvordering **C2 art. 126zp**

Derde afdeling A
Vorderen van gegevens

Art. 126zk
1. In geval van aanwijzingen van een terroristisch misdrijf kan de opsporingsambtenaar in het belang van het onderzoek van degene die daarvoor redelijkerwijs in aanmerking komt en die anders dan ten behoeve van persoonlijk gebruik gegevens verwerkt, vorderen bepaalde opgeslagen gegevens of vastgelegde identificerende gegevens van een persoon te verstrekken.
2. Artikel 126nc, tweede tot en met zevende lid, is van overeenkomstige toepassing.
(Zie ook: artt. 126nd, 126uc, 126ud WvSv; art. 83 WvSr)

Vorderen opgeslagen gegevens of vastgelegde identificerende gegevens in geval van terroristische misdrijven

Art. 126zl
1. In geval van aanwijzingen van een terroristisch misdrijf kan de officier van justitie in het belang van het onderzoek van degene van wie redelijkerwijs kan worden vermoed dat hij toegang heeft tot bepaalde opgeslagen gegevens of vastgelegde gegevens, vorderen deze gegevens te verstrekken.
2. Artikel 126nd, tweede tot en met vijfde en zevende lid, is van overeenkomstige toepassing.
(Zie ook: art. 83 WvSr)

Toegang tot opgeslagen of vastgelegde identificerende gegevens bij terroristische misdrijven

Art. 126zm
1. In geval van aanwijzingen van een terroristisch misdrijf kan de officier van justitie in het belang van het onderzoek bepalen dat een vordering als bedoeld in artikel 126zl, eerste lid, aan degene die anders dan ten behoeve van persoonlijk gebruik gegevens verwerkt, betrekking kan hebben op gegevens die eerst na het tijdstip van de vordering worden verwerkt. De periode waarover de vordering zich uitstrekt is maximaal vier weken en kan telkens met maximaal vier weken worden verlengd. De officier van justitie vermeldt deze periode in de vordering. Artikel 126nd, tweede tot en met vijfde en zevende lid, is van overeenkomstige toepassing.
2. In een geval als bedoeld in het eerste lid bepaalt de officier van justitie dat de uitvoering van de vordering wordt beëindigd zodra niet meer wordt voldaan aan de voorwaarden, bedoeld in artikel 126zl, eerste lid. Van een wijziging, aanvulling, verlenging of beëindiging van de vordering doet de officier van justitie proces-verbaal opmaken.
3. Indien het belang van het onderzoek dit dringend vordert, kan de officier van justitie in een geval als bedoeld in het eerste lid bepalen dat degene tot wie de vordering is gericht de gegevens direct na de verwerking verstrekt, dan wel telkens binnen een bepaalde periode na de verwerking verstrekt. De officier van justitie behoeft hiervoor een voorafgaande schriftelijke machtiging, op zijn vordering te verlenen door de rechter-commissaris.
(Zie ook: artt. 126ne, 126ue WvSv; art. 83 WvSr)

Vorderen van toekomstige gegevens bij de opsporing van terroristische misdrijven

Periodiek vorderen van gegevens

Art. 126zn
1. In geval van aanwijzingen van een terroristisch misdrijf kan de officier van justitie, indien het belang van het onderzoek dit dringend vordert, van degene van wie redelijkerwijs kan worden vermoed dat hij toegang heeft tot gegevens als bedoeld in artikel 126nd, tweede lid, derde volzin, deze gegevens vorderen.
2. Artikel 126nd, derde tot en met vijfde en zevende lid, en 126nf, tweede en derde lid, zijn van overeenkomstige toepassing.
(Zie ook: art. 126uf WvSv; art. 83 WvSr)

Vorderen van gevoelige gegevens bij de opsporing van terroristische misdrijven

Art. 126zo
1. Een vordering als bedoeld in artikel 126zk, eerste lid, 126zl, eerste lid, of 126zm, eerste lid, kan worden gericht tot de aanbieder van een communicatiedienst in de zin van artikel 138g, voor zover de vordering betrekking heeft op andere gegevens dan die welke gevorderd kunnen worden door toepassing van de artikelen 126zh en 126zi. De vordering kan geen betrekking hebben op gegevens die zijn opgeslagen in het geautomatiseerde werk van de aanbieder en niet voor deze bestemd of van deze afkomstig zijn.
2. Indien het belang van het onderzoek dit dringend vordert, kan de officier van justitie van de aanbieder van wie redelijkerwijs kan worden vermoed dat hij toegang heeft tot gegevens als bedoeld in het eerste lid, laatste volzin, deze gegevens vorderen.
3. Artikel 126nd, derde tot en met vijfde en zevende lid, en 126nf, tweede en derde lid, zijn van overeenkomstige toepassing.
(Zie ook: artt. 126ng, 126ug WvSv)

Vorderen van overige gegevens van telecommunicatiebedrijf bij terroristische misdrijven

Art. 126zp
1. De officier van justitie kan, indien het belang van het onderzoek dit vordert, bij of terstond na de toepassing van artikel 126zl, eerste lid, 126zm, eerste of derde lid, of 126zn, eerste lid, degene van wie redelijkerwijs kan worden vermoed dat hij kennis draagt van de wijze van versleuteling van de in deze artikelen bedoelde gegevens, bevelen medewerking te verlenen aan het ontsleutelen van de gegevens door de versleuteling ongedaan te maken, dan wel deze kennis ter beschikking te stellen.

Ontsleutelen van gegevens in geval van terroristische misdrijven

Sdu 189

2. Artikel 126nh, tweede lid, is van overeenkomstige toepassing.
(Zie ook: art. 126uh WvSv)

Derde afdeling B
Onderzoek in een geautomatiseerd werk

Art. 126zpa

Bevel tot binnendringing automatisch netwerk bij aanwijzingen terroristisch misdrijf

1. In geval van aanwijzingen van een terroristisch misdrijf kan de officier van justitie, indien het belang van het onderzoek dit dringend vordert, bevelen dat een daartoe aangewezen opsporingsambtenaar binnendringt in een geautomatiseerd werk dat in gebruik is bij een persoon en, al dan niet met een technisch hulpmiddel, onderzoek doet met het oog op:
    a. de vaststelling van bepaalde kenmerken van het geautomatiseerde werk of de gebruiker, zoals de identiteit of locatie, en de vastlegging daarvan;
    b. een bevel als bedoeld in de artikel 126zg;
    c. een bevel als bedoeld in artikel 126zd, eerste lid, onder a, waarbij de officier van justitie kan bepalen dat ter uitvoering van het bevel een technisch hulpmiddel op een persoon wordt bevestigd;
    en, ingeval van een misdrijf, waarop naar de wettelijke omschrijving een gevangenisstraf van acht jaren of meer is gesteld, dan wel een misdrijf dat bij algemene maatregel van bestuur is aangewezen;
    d. de vastlegging van gegevens die in het geautomatiseerde werk zijn opgeslagen, of die eerst na het tijdstip van afgifte van het bevel worden opgeslagen, voor zover redelijkerwijs nodig om de waarheid aan de dag te brengen;
    e. de ontoegankelijkmaking van gegevens, bedoeld in artikel 126cc, vijfde lid. Artikel 11.7a van de Telecommunicatiewet is niet van toepassing op handelingen ter uitvoering van een bevel als bedoeld in de eerste volzin.
2. Het bevel vermeldt, behalve de gegevens, bedoeld in artikel 126za, tevens:
    a. zo mogelijk een nummer of een andere aanduiding waarmee het geautomatiseerde werk kan worden geïdentificeerd en, indien bekend, dat de gegevens niet in Nederland zijn opgeslagen;
    b. een aanduiding van de aard en functionaliteit van het technische hulpmiddel, bedoeld in het eerste lid, dat wordt gebruikt voor de uitvoering van het bevel;
    c. het onderdeel of de onderdelen, genoemd in het eerste lid, met het oog waarop het bevel wordt gegeven en, als dit het onderdeel a, d of e betreft, een duidelijke omschrijving van de te verrichten handelingen;
    d. ten aanzien van welk deel van het geautomatiseerde werk en welke categorie van gegevens aan het bevel uitvoering wordt gegeven;
    e. het tijdstip waarop, of de periode waarbinnen aan het bevel uitvoering wordt gegeven;
    f. in het geval het een bevel, bedoeld in het eerste lid, onderdeel c, betreft, een melding van het voornemen om een technisch hulpmiddel op een persoon te bevestigen.
3. Artikel 126nba, derde tot en met negende lid, is van overeenkomstige toepassing.

Vierde afdeling
Onderzoek van voorwerpen, vervoermiddelen en kleding

Art. 126zq

Voorwerpen onderzoeken in geval van terroristische misdrijven

1. In geval van aanwijzingen van een terroristisch misdrijf is de opsporingsambtenaar, bij bevel daartoe van de officier van justitie, bevoegd in het belang van het onderzoek voorwerpen te onderzoeken en aan opneming te onderwerpen en daarvan monsters te nemen. Hij is bevoegd daartoe verpakkingen te openen.
2. Indien het onderzoek, de opneming of de monsterneming niet ter plaatse kan geschieden, is de opsporingsambtenaar bevoegd de voorwerpen voor dat doel voor korte tijd mee te nemen tegen een door hem, zoveel mogelijk, af te geven schriftelijk bewijs.
3. Het bevel kan mondeling worden gegeven. Het wordt gegeven voor een periode van ten hoogste twaalf uren, voor een daarbij omschreven gebied. De geldigheidsduur kan telkens met ten hoogste twaalf uren worden verlengd.
4. In bij algemene maatregel van bestuur aangewezen veiligheidsrisicogebieden kan voor de uitoefening van een in dit artikel bedoelde bevoegdheid onder bij die algemene maatregel van bestuur gestelde voorwaarden een bevel van de officier van justitie achterwege blijven.
(Zie ook: art. 83 WvSr)

Art. 126zr

Onderzoek van vervoermiddelen in geval van terroristische misdrijven

1. In geval van aanwijzingen van een terroristisch misdrijf is de opsporingsambtenaar, bij bevel daartoe van de officier van justitie, bevoegd in het belang van het onderzoek vervoermiddelen te onderzoeken.
2. De opsporingsambtenaar is bij een dergelijk bevel voorts bevoegd:
    a. vervoermiddelen op hun lading te onderzoeken;

Wetboek van Strafvordering

C2 art. 126zu

b. van de bestuurder van een vervoermiddel inzage te vorderen van de wettelijk voorgeschreven bescheiden met betrekking tot de lading;
c. van de bestuurder van een voertuig of van de schipper van een vaartuig te vorderen dat deze zijn vervoermiddel stilhoudt en naar een door hem aangewezen plaats overbrengt.
3. Artikel 126zq, derde en vierde lid, is van overeenkomstige toepassing.
(Zie ook: art. 96b WvSv; art. 83 WvSr)

Art. 126zs
1. In geval van aanwijzingen van een terroristisch misdrijf is de opsporingsambtenaar, bij bevel daartoe van de officier van justitie, bevoegd in het belang van het onderzoek personen aan de kleding te onderzoeken.
2. De opsporingsambtenaar is bij een dergelijk bevel voorts bevoegd gebruik te maken van detectieapparatuur of andere hulpmiddelen.
3. Artikel 126zq, derde en vierde lid, is van overeenkomstige toepassing.
4. Bij of krachtens algemene maatregel van bestuur kunnen nadere regels worden gesteld omtrent de wijze van uitvoering van het onderzoek, bedoeld in het eerste lid.
(Zie ook: art. 56 WvSv; art. 83 WvSr)

Onderzoek van kleding in geval van terroristische misdrijven

Vijfde afdeling
Onderzoek aan het lichaam en DNA-onderzoek

Art. 126zsa
Bij toepassing van de bevoegdheden van de artikelen 151b, eerste lid, en 195d, eerste lid, zijn ernstige bezwaren niet vereist bij een verdachte die wegens verdenking van een terroristisch misdrijf in verzekering is gesteld.

Afname celmateriaal verdachte terroristisch misdrijf

Titel VC
Bijstand aan opsporing van terroristische misdrijven door burgers

Art. 126zt
1. In geval van aanwijzingen van een terroristisch misdrijf kan een opsporingsambtenaar, bij bevel daartoe van de officier van justitie, in het belang van het onderzoek met een persoon die geen opsporingsambtenaar is overeenkomen dat deze voor de duur van het bevel bijstand verleent aan de opsporing door:
a. goederen af te nemen van of diensten te verlenen aan een persoon of gegevens die zijn opgeslagen, worden verwerkt of overgedragen door middel van een geautomatiseerd werk, door tussenkomst van een openbaar telecommunicatienetwerk af te nemen van een persoon;
b. stelselmatig informatie in te winnen omtrent een persoon.
2. De artikelen 126za en 126zd, vijfde lid, zijn van overeenkomstige toepassing, alsmede artikel 126ij, derde lid, voor zover het eerste lid, onder a, toepassing vindt. Toepassing van het eerste lid, onder a, vindt alleen plaats indien geen bevel als bedoeld in artikel 126zd, eerste lid, onder b, kan worden gegeven.
3. De overeenkomst is schriftelijk en vermeldt de rechten en plichten van de persoon die bijstand verleent aan de opsporing, de wijze waarop aan de overeenkomst uitvoering dient te worden gegeven, alsmede de geldigheidsduur van de overeenkomst. De overeenkomst kan schriftelijk worden gewijzigd, aangevuld, verlengd of beëindigd.
(Zie ook: artt. 126v, 126ij, 126z WvSv; art. 83 WvSr)

Bijstand aan opsporing door burgers in geval van terroristische misdrijven

Art. 126zu
1. In geval van aanwijzingen van een terroristisch misdrijf kan de officier van justitie, indien het belang van het onderzoek dit dringend vordert en geen bevel als bedoeld in artikel 126ze, eerste lid, kan worden gegeven, met een persoon die geen opsporingsambtenaar is, overeenkomen dat deze bijstand verleent aan de opsporing door deel te nemen aan of medewerking te verlenen aan een groep van personen ten aanzien waarvan aanwijzingen bestaan dat daarbinnen een terroristisch misdrijf wordt beraamd of gepleegd.
2. De artikelen 126zt, derde lid, en 126w, derde, vierde en zesde lid zijn overeenkomstige toepassing.
(Zie ook: art. 126w WvSv; art. 83 WvSr)

Deelname aan verdachte groep door burger in geval van terroristische misdrijven

Wetboek van Strafvordering

Titel VD
Algemene regels betreffende de bevoegdheden in de titels IVA tot en met VC

Eerste afdeling
Voeging bij de processtukken

Art. 126aa

Voeging van processen-verbaal en andere voorwerpen bij processtukken

1. De officier van justitie voegt de processen-verbaal en andere voorwerpen waaraan gegevens kunnen worden ontleend die zijn verkregen door de uitoefening van een van de bevoegdheden, genoemd in de titels IVa tot en met Vc, dan wel door de toepassing van artikel 126ff, voorzover die voor het onderzoek in de zaak van betekenis zijn, bij de processtukken.
2. Voor zover de processen-verbaal of andere voorwerpen mededelingen behelzen gedaan door of aan een persoon die zich op grond van de artikelen 218 en 218a zou kunnen verschonen indien hem als getuige naar de inhoud van die mededelingen zou worden gevraagd, worden deze processen-verbaal en andere voorwerpen vernietigd. Bij algemene maatregel van bestuur worden hieromtrent voorschriften gegeven. Voor zover de processen-verbaal of andere voorwerpen andere mededelingen dan bedoeld in de eerste volzin behelzen gedaan door of aan een in die volzin bedoelde persoon, worden zij niet bij de processtukken gevoegd dan na voorafgaande machtiging door de rechter-commissaris.
3. De voeging bij de processtukken vindt plaats zodra het belang van het onderzoek het toelaat.
4. Indien geen processen-verbaal van de uitoefening van een van de bevoegdheden, bedoeld in de titels IVa tot en met Vc, dan wel van de toepassing van artikel 126ff, bij de processtukken zijn gevoegd, wordt van het gebruik van deze bevoegdheid in de processtukken melding gemaakt. De eerste volzin is niet van toepassing indien voeging van de melding op grond van artikel 149b achterwege wordt gelaten.
5. De verdachte of diens raadsman kan de officier van justitie schriftelijk verzoeken bepaalde door hem aangeduide processen-verbaal of andere voorwerpen bij de processtukken te voegen.
(Zie ook: artt. 30, 126ee, 152 WvSv; art. 1 Bbvs)

Tweede afdeling
Kennisgeving aan betrokkene

Art. 126bb

Kennisgeving aan betrokkene van de uitoefening van bevoegdheden door officier van justitie

1. De officier van justitie doet aan betrokkene schriftelijk mededeling van de uitoefening van de bevoegdheden, genoemd in de titels IVa tot en met Vc, zodra het belang van het onderzoek dat toelaat. De mededeling blijft achterwege, indien uitreiking van de mededeling redelijkerwijs niet mogelijk is.
2. Als betrokkenen in de zin van het eerste lid worden aangemerkt:
   a. de persoon ten aanzien van wie een van de bevoegdheden van titel IVa, V, Va, Vb of Vc is uitgeoefend;
   b. de gebruiker van telecommunicatie of de technische hulpmiddelen waarmee de telecommunicatie plaatsvindt, bedoeld in artikel 126m, tweede lid, onderdeel c, artikel 126t, tweede lid, onderdeel c, en artikel 126zg, tweede lid, onderdeel a;
   c. de rechthebbende van een besloten plaats als bedoeld in de artikelen 126g, tweede lid, 126k, 126l, tweede lid, 126o, tweede lid, 126r, 126s, tweede lid, en 126zd, derde lid.
3. Indien de betrokkene de verdachte is, kan mededeling achterwege blijven, indien hij op grond van artikel 126aa, eerste of vierde lid, met de bevoegdheidstoepassing op de hoogte komt.
4. Het eerste lid is niet van toepassing op de uitoefening van de bevoegdheid, bedoeld in de artikelen 126na, 126ua, 126nc, 126uc, 126zi, 126zk en 126zq tot en met 126zs, en indien toepassing wordt gegeven aan artikel 126aa, vierde lid, tweede volzin.

Geheimhoudingsplicht

5. Degene tot wie een vordering als bedoeld in de artikelen 126nc tot en met 126ni, 126uc tot en met 126ui en 126zja tot en met 126zp is gericht neemt in het belang van het onderzoek geheimhouding in acht omtrent al hetgeen hem terzake van de vordering bekend is.

Derde afdeling
De bewaring en de vernietiging van processen-verbaal en andere voorwerpen, het gebruik van gegevens voor een ander doel en de ontoegankelijkmaking en vernietiging van gegevens

Art. 126cc

Bewaring van bepaalde stukken en voorwerpen door officier van justitie

1. Zolang de zaak niet is geëindigd, bewaart de officier van justitie de processen-verbaal en andere voorwerpen, waaraan gegevens kunnen worden ontleend die zijn verkregen door observatie met behulp van een technisch hulpmiddel dat signalen registreert, het opnemen van vertrouwelijke communicatie, het opnemen van telecommunicatie of het vorderen van gegevens

Wetboek van Strafvordering

C2 art. 126ee

over een gebruiker en het telecommunicatieverkeer met betrekking tot die gebruiker, voor zover die niet bij de processtukken zijn gevoegd, en houdt deze ter beschikking van het onderzoek.

2. Zodra twee maanden verstreken zijn nadat de zaak geëindigd is en de laatste mededeling, bedoeld in artikel 126bb, is gedaan, doet de officier van justitie de processen-verbaal en andere voorwerpen, bedoeld in het eerste lid, vernietigen. Van de vernietiging wordt proces-verbaal opgemaakt.

Vernietiging

3. Met een zaak die geëindigd is, wordt bij de toepassing van het vorige lid gelijkgesteld een voorbereidend onderzoek dat naar redelijke verwachting niet tot een zaak zal leiden.

4. Bij algemene maatregel van bestuur worden voorschriften gegeven omtrent de wijze waarop de processen-verbaal en andere voorwerpen, bedoeld in het eerste lid, worden bewaard en vernietigd.

(Zie ook: artt. 36, 126g, 126m, 126n, 126o, 126t, 126u, 136, 243, 250, 255, 348, 350 WvSv; art. 1 Bbvs)

5. Indien bij een onderzoek in een geautomatiseerd werk gegevens worden aangetroffen met betrekking tot welke of met behulp waarvan het strafbare feit is gepleegd, kan de officier van justitie bepalen dat die gegevens ontoegankelijk worden gemaakt voor zover dit noodzakelijk is ter beëindiging van het strafbare feit of ter voorkoming van nieuwe strafbare feiten. Het bepaalde in artikel 125o, tweede en derde lid, is van overeenkomstige toepassing.

6. Zodra blijkt dat gegevens die zijn vastgelegd tijdens een onderzoek in een geautomatiseerd werk van geen betekenis zijn voor het onderzoek, worden zij vernietigd. Artikel 125n, tweede lid, is van toepassing.

Art. 126dd

1. De officier van justitie kan bepalen dat gegevens die zijn verkregen door observatie met behulp van een technisch hulpmiddel dat signalen registreert, het opnemen van vertrouwelijke communicatie, het opnemen van telecommunicatie of het vorderen van gegevens over een gebruiker en het telecommunicatieverkeer met betrekking tot die gebruiker kunnen worden gebruikt voor:

Gegevens voor ander onderzoek gebruiken door officier van justitie

a. een ander strafrechtelijk onderzoek dan waartoe de bevoegdheid is uitgeoefend;
b. verwerking met het oog op het verkrijgen van inzicht in de betrokkenheid van personen bij misdrijven en handelingen als bedoeld in artikel 10, eerste lid, onderdelen a en b, van de Wet politiegegevens.

2. Indien toepassing is gegeven aan het eerste lid, onderdeel a, behoeven de gegevens, in afwijking van artikel 126cc, tweede lid, niet te worden vernietigd, totdat het andere onderzoek is geëindigd. Is toepassing gegeven aan het eerste lid, onderdeel b, dan behoeven de gegevens niet te worden vernietigd, totdat de Wet politiegegevens opslag van de gegevens niet meer toestaat.

(Zie ook: artt. 125n, 126g, 126m, 126n, 126o, 126t, 126u WvSv)

Vierde afdeling
Technische hulpmiddelen

Art. 126ee

Bij algemene maatregel van bestuur worden regels gesteld omtrent:

Technische hulpmiddelen

a. De opslag, verstrekking, plaatsing en verwijdering van de technische hulpmiddelen, bedoeld in de artikelen 126g, derde lid, 126l, eerste lid, 126nba, eerste lid, 126o, derde lid, 126s, eerste lid, 126uba, eerste lid, 126zd, eerste lid, 126zf, eerste lid, en 126zpa, eerste lid, alsmede de technische hulpmiddelen bedoeld in de artikelen 126m, eerste lid, 126t, eerste lid, en 126zg, eerste lid, voor zover het bevel, bedoeld in artikel 126m, derde of vierde lid, onderscheidenlijk de artikelen 126t, derde of vierde lid en 126zg, derde of vierde lid, ten uitvoer wordt gelegd zonder medewerking van de betrokken aanbieder;
b. de technische eisen waaraan de hulpmiddelen voldoen, onder meer met het oog op de onschendbaarheid van de vastgelegde waarnemingen of, in geval van toepassing van artikel 126nba, 126uba of 126zpa, de vastgelegde gegevens, en met het oog op het voorkomen van misbruik door derden;
c. de controle op de naleving van de eisen, bedoeld onder b;
d. de instellingen die de registratie van signalen aan een technische bewerking onderwerpen;
e. de wijze waarop de bewerking, bedoeld onder d, plaatsvindt met het oog op de controleerbaarheid achteraf, dan wel de waarborgen waarmee deze is omgeven en de mogelijkheden voor een tegenonderzoek.

(Zie ook: art. 1 Bthbo)

Vijfde afdeling
Verbod op doorlaten

Art. 126ff

Inbeslagneming door opsporingsambtenaar

1. De opsporingsambtenaar die handelt ter uitvoering van een bevel als omschreven in de titels IVa tot en met V en Vb, is verplicht van de hem in de wet verleende inbeslagnemingsbevoegdheden gebruik te maken, indien hij door de uitvoering van het bevel de vindplaats weet van voorwerpen waarvan het aanwezig hebben of voorhanden hebben ingevolge de wet verboden is vanwege hun schadelijkheid voor de volksgezondheid of hun gevaar voor de veiligheid. De inbeslagneming mag slechts in het belang van het onderzoek worden uitgesteld met het oogmerk om op een later tijdstip daartoe over te gaan.
2. De verplichting tot inbeslagneming, bedoeld in het eerste lid, geldt niet in het geval de officier van justitie op grond van een zwaarwegend opsporingsbelang anders beveelt.
3. Een bevel als omschreven in het tweede lid is schriftelijk en vermeldt:
   a. de voorwerpen waar het betrekking op heeft,
   b. het zwaarwegend opsporingsbelang en
   c. het tijdstip waarop of de periode gedurende welke de verplichting tot inbeslagneming niet geldt.
4. Het eerste, tweede en derde lid zijn van overeenkomstige toepassing indien de opsporingsambtenaar of de officier van justitie door de toepassing van een bevoegdheid als omschreven in titel Va of titel Vc de vindplaats weet van voorwerpen als bedoeld in de eerste volzin van het eerste lid.

(Zie ook: artt. 95, 127, 132a WvSv; art. 9 Opw)

Zesde afdeling
Uitstel melding onbekende kwetsbaarheden

Art. 126ffa

Uitstel binnendringen geautomatiseerd werk bij zwaarwegend opsporingsbelang

1. De officier van justitie kan op grond van een zwaarwegend opsporingsbelang bevelen dat het bekend maken aan de producent van een onbekende kwetsbaarheid voor het binnendringen in een geautomatiseerd werk, bedoeld in de artikelen 126nba, 126uba en 126zpa, wordt uitgesteld.
2. Een bevel als bedoeld in het eerste lid is schriftelijk en vermeldt:
   a. de kwetsbaarheid en
   b. het zwaarwegend opsporingsbelang.
3. Het bevel, bedoeld in het eerste lid, kan slechts worden gegeven na voorafgaande schriftelijke machtiging, op vordering van de officier van justitie te verlenen door de rechter-commissaris.
4. Onder onbekende kwetsbaarheid als bedoeld in het eerste lid wordt verstaan een kwetsbaarheid in een geautomatiseerd werk waarvan aannemelijk is dat die niet bekend is of kan worden verondersteld niet bekend te zijn bij de producent van het apparaat of van het programma op basis waarvan automatisch computergegevens worden verwerkt, en die kan worden gebruikt om dat geautomatiseerde werk binnen te dringen.

Titel VE
Verkennend onderzoek

Art. 126gg

Verkennend onderzoek door opsporingsambtenaren

1. Indien uit feiten of omstandigheden aanwijzingen voortvloeien dat binnen verzamelingen van personen misdrijven worden beraamd of gepleegd als omschreven in artikel 67, eerste lid, die gezien hun aard of de samenhang met andere misdrijven die binnen die verzamelingen van personen worden beraamd of gepleegd een ernstige inbreuk op de rechtsorde opleveren, kan de officier van justitie bevelen dat opsporingsambtenaren daarnaar een onderzoek instellen met als doel de voorbereiding van opsporing.

(Zie ook: artt. 127, 132a WvSv)

2. Indien dit noodzakelijk is voor de uitvoering van het onderzoek kan de officier van justitie bepalen dat artikel 5, eerste lid, aanhef en onder b, van de Algemene verordening gegevensbescherming met betrekking tot het onderzoek niet van toepassing is op daarbij nader aan te geven openbare registers die bij wet zijn ingesteld.

Art. 126hh

Vordering tot verstrekken van gegevens bij terroristische misdrijven

1. Indien een onderzoek als bedoeld in artikel 126gg de voorbereiding van de opsporing van terroristische misdrijven tot doel heeft, kan de officier van justitie na voorafgaande schriftelijke machtiging, op zijn vordering te verlenen door de rechter-commissaris, in het belang van het onderzoek van degene van wie redelijkerwijs kan worden vermoed dat hij toegang heeft tot een geautomatiseerd gegevensbestand schriftelijk vorderen dit bestand, of delen daarvan, te verstrekken, teneinde de hierin opgenomen gegevens te doen bewerken. De personen, bedoeld

Wetboek van Strafvordering

C2 art. 126jj

in de artikelen 218 en 218a, zijn niet verplicht aan de vordering te voldoen, voor zover de uitlevering met hun plicht tot geheimhouding in strijd zou zijn.

2. De bewerking kan bestaan uit het onderling vergelijken dan wel het in combinatie met elkaar verwerken van de gegevens uit het verstrekte bestand, gegevens uit de politieregisters en gegevens uit andere bestanden. Beperkingen gesteld bij of krachtens de Wet politiegegevens blijven buiten toepassing. De officier van justitie stelt de wijze waarop de bewerking wordt uitgevoerd vast.

3. De bewerking wordt op een zodanige wijze uitgevoerd dat de bescherming van de persoonlijke levenssfeer van personen zo veel mogelijk wordt gewaarborgd.

4. De officier van justitie doet van de bewerking proces-verbaal opmaken, waarin worden vermeld:
   a. een aanduiding van de gegevens waarop de bewerking is uitgevoerd;
   b. een beschrijving van de wijze waarop de bewerking is uitgevoerd;
   c. de feiten en omstandigheden waaruit blijkt dat de voorwaarden, bedoeld in het eerste lid, zijn vervuld.

5. De officier van justitie ziet er op toe dat zodra de bewerking is voltooid:
   a. uitsluitend de gegevens die het resultaat zijn van de bewerking en van betekenis zijn voor het onderzoek, voor het onderzoek verder worden verwerkt;
   b. de gegevens die het resultaat zijn van de bewerking en niet van betekenis zijn voor het onderzoek en de gegevens die op grond van het eerste lid zijn verkregen en geen deel uitmaken van het resultaat van de bewerking worden vernietigd.

6. Gegevens als bedoeld in het vijfde lid, onder a, mogen worden verwerkt voor de opsporing van terroristische misdrijven.

7. De officier van justitie kan in afwijking van het vijfde lid, onder b, bepalen dat de in dat onderdeel bedoelde gegevens niet worden vernietigd voor zover en voor zolang de gegevens nodig zijn om de bewerking achteraf te controleren. Indien de gegevens niet worden vernietigd, worden zij uitsluitend verwerkt om de bewerking achteraf te controleren.

(Zie ook: artt. 125k, 125l WvSv; art. 83 WvSr)

Art. 126ii

1. Indien een onderzoek als bedoeld in artikel 126gg de voorbereiding van de opsporing van terroristische misdrijven tot doel heeft, kan de officier van justitie in het belang van het onderzoek van degene die daarvoor redelijkerwijs in aanmerking komt en die anders dan ten behoeve van persoonlijk gebruik gegevens verwerkt, vorderen bepaalde opgeslagen of vastgelegde identificerende gegevens van een persoon te verstrekken. Artikel 126nc, tweede tot en met vijfde en zevende lid, is van overeenkomstige toepassing.

Verstrekken van bepaalde identificerende gegevens bij terroristische misdrijven

2. In geval van een onderzoek als bedoeld in het eerste lid kan de officier van justitie in het belang van het onderzoek jegens een aanbieder van een openbaar telecommunicatienetwerk of of een openbare telecommunicatiedienst een vordering doen gegevens te verstrekken terzake van naam, adres, postcode, woonplaats, nummer en soort dienst van een gebruiker van telecommunicatie. Artikel 126n, tweede lid en vierde lid, en 126na, vierde lid, zijn van overeenkomstige toepassing. Artikel 126bb blijft buiten toepassing.

3. Van de verstrekking van identificerende gegevens of gegevens als bedoeld in het tweede lid doet de officier van justitie proces-verbaal opmaken, waarin worden vermeld:
   a. de verstrekte gegevens;
   b. de reden waarom de gegevens in het belang van het onderzoek worden gevorderd.

Titel VF
Vastleggen en bewaren van kentekengegevens

Art. 126jj

1. Een opsporingsambtenaar als bedoeld in artikel 141, onder b en c, is bevoegd op of aan de openbare weg kentekengegevens van voertuigen als bedoeld in het tweede lid met behulp van een technisch hulpmiddel vast te leggen, teneinde deze gegevens met toepassing van het derde lid te kunnen raadplegen. De aanwezigheid van het technisch hulpmiddel wordt op duidelijke wijze kenbaar gemaakt.

Kentekengegevens

2. Het kenteken, de locatie en het tijdstip van vastlegging, en de foto-opname van het voertuig worden vier weken na de datum van vastlegging vernietigd.

3. De gegevens, bedoeld in het tweede lid, kunnen, bij bevel daartoe van de officier van justitie, door een daartoe door Onze Minister van Veiligheid en Justitie geautoriseerde opsporingsambtenaar worden geraadpleegd uitsluitend:
   a. in geval van verdenking van een misdrijf als omschreven in artikel 67, eerste lid, ten behoeve van de opsporing van dat misdrijf;
   b. in geval van een voortvluchtige persoon als bedoeld in artikel 6:1:6 ter aanhouding van deze persoon.

De raadpleging vindt slechts plaats door politiegegevens die voor één van deze doelen worden verwerkt, geautomatiseerd te vergelijken met de gegevens, bedoeld in het tweede lid, teneinde vast te stellen of de gegevens overeenkomen. Als de gegevens overeenkomen kunnen ze voor het desbetreffende doel verder worden verwerkt.

4. Het bevel is schriftelijk en vermeldt:
   a. het doel waarvoor de gegevens worden geraadpleegd;
   b. in het kader van welk opsporingsonderzoek dan wel ten behoeve van welke voortvluchtige de raadpleging plaatsvindt;
   c. het misdrijf en indien bekend de naam of anders een zo nauwkeurig mogelijke aanduiding van de verdachte dan wel de voortvluchtige;
   d. de feiten of omstandigheden waaruit blijkt dat de raadpleging noodzakelijk is voor het doel, bedoeld in het derde lid, onder a dan wel b;
   e. het tijdstip, de locatie en, voor zover bekend, het kenteken of anders een zo nauwkeurig mogelijke aanduiding van het voertuig waarvan de gegevens worden geraadpleegd.

   Bij dringende noodzaak kan het bevel mondeling worden gegeven. De officier van justitie stelt in dat geval het bevel binnen drie dagen op schrift.

5. Paragraaf 2, met uitzondering van artikel 8, eerste lid, paragraaf 3, met uitzondering van de artikelen 17 en 17a en paragraaf 5a van de Wet politiegegevens zijn niet van toepassing op de gegevens, bedoeld in het tweede lid.

6. Bij of krachtens algemene maatregel van bestuur worden regels gesteld over de inzet van een technisch hulpmiddel, bedoeld in het eerste lid, de vastlegging van de gegevens en de wijze waarop de gegevens worden geraadpleegd.

7. De voordracht voor een krachtens het zesde lid vast te stellen algemene maatregel van bestuur wordt niet eerder gedaan dan vier weken nadat het ontwerp aan beide kamers der Staten-Generaal is overgelegd.

Titel VI
Beteekenis van sommige in het wetboek voorkomende uitdrukkingen

Art. 127

Opsporingsambtenaren
Onder opsporingsambtenaren worden verstaan alle personen met de opsporing van het strafbare feit belast.
(Zie ook: artt. 141, 142 WvSv)

Art. 127a

Onder Onze Minister wordt verstaan Onze Minister van Justitie en Veiligheid.

Art. 128

Ontdekking op heterdaad
[1.] Ontdekking op heeter daad heeft plaats, wanneer het strafbare feit ontdekt wordt, terwijl het begaan wordt of terstond nadat het begaan is.

Geval van ontdekking op heterdaad
[2.] Het geval van ontdekking op heeter daad wordt niet langer aanwezig geacht dan kort na het feit dier ontdekking.

Art. 129

Misdrijf
Waar van misdrijf in het algemeen of van enig misdrijf in het bijzonder gesproken wordt, wordt daaronder medeplichtigheid aan, poging tot en voorbereiding van dat misdrijf begrepen, voorzover niet uit enige bepaling het tegendeel volgt.
(Zie ook: artt. 45, 46, 48, 78 WvSr; art. 4 WED)

Art. 130

Termijn in dagen
Waar een termijn in dagen is uitgedrukt, worden daaronder verstaan vrije dagen, voor zoover niet uit eenige bepaling het tegendeel volgt.
(Zie ook: art. 136 WvSv; art. 1 Atw)

Art. 131

Ouders van minderjarige
Onder ouders van een minderjarige worden verstaan de ouders die het gezag over de minderjarige uitoefenen.
(Zie ook: art. 245 BW Boek 1)

Art. 131a

Horen, verhoren of ondervragen van personen
1. Waar in dit wetboek de bevoegdheid wordt gegeven tot het horen, verhoren of ondervragen van personen, wordt daaronder, met uitzondering van bij algemene maatregel van bestuur te bepalen gevallen, mede begrepen horen, verhoren of ondervragen per videoconferentie, waarbij een directe beeld- en geluidsverbinding totstandkomt tussen de betrokken personen.

2. De voorzitter van het college, de rechter, de rechter-commissaris of ambtenaar die met de leiding over het horen is belast, beslist of van videoconferentie gebruik gemaakt wordt, waarbij het belang van het onderzoek in aanmerking wordt genomen. Alvorens te beslissen wordt de te horen persoon of diens raadsman en in voorkomende gevallen de officier van justitie, in de gelegenheid gesteld hun mening kenbaar te maken over de toepassing van videoconferentie. Bij algemene maatregel van bestuur kunnen hierover nadere regels worden gesteld.

Wetboek van Strafvordering

3. Tegen de beslissing om van videoconferentie gebruik te maken staat geen afzonderlijk rechtsmiddel open.
4. Bij of krachtens algemene maatregel van bestuur worden regels gesteld omtrent:
a. de eisen waaraan de techniek van videoconferentie dient te voldoen, onder meer met het oog op de onschendbaarheid van vastgelegde waarnemingen;
b. de controle op de naleving van de eisen, bedoeld onder a.

Art. 131b
Waar wordt gesproken van bijstand van een tolk aan een verdachte die de Nederlandse taal niet of onvoldoende beheerst, wordt daaronder mede begrepen bijstand van een daartoe geschikte persoon als tolk aan een verdachte die niet of slechts zeer gebrekkig kan horen of spreken.   *Bijstand van een tolk*

Art. 132
Onder het voorbereidende onderzoek wordt verstaan het onderzoek hetwelk aan de behandeling ter terechtzitting voorafgaat.   *Voorbereidend onderzoek*

Art. 132a
Onder opsporing wordt verstaan het onderzoek in verband met strafbare feiten onder gezag van de officier van justitie met als doel het nemen van strafvorderlijke beslissingen.   *Opsporingsonderzoek*
(Zie ook: art. 140 WvSv)

Art. 133
Onder voorloopige hechtenis wordt verstaan de vrijheidsbeneming ingevolge eenig bevel van bewaring, gevangenneming of gevangenhouding.   *Voorlopige hechtenis*
(Zie ook: artt. 63, 65 WvSv)

Art. 134
1. Onder inbeslagneming van eenig voorwerp wordt verstaan het onder zich nemen of gaan houden van dat voorwerp ten behoeve van de strafvordering.   *Inbeslagneming*
2. Het beslag wordt beëindigd doordat hetzij
a. het inbeslaggenomen voorwerp wordt teruggegeven, dan wel de waarde daarvan wordt uitbetaald;
b. het openbaar ministerie de last geeft als bedoeld in artikel 116, tweede lid, onder c;
c. de machtiging als bedoeld in artikel 117 is verleend en het voorwerp niet om baat is vervreemd;
d. de bewaring ingevolge artikel 118, derde lid, door tijdsverloop is beëindigd en het voorwerp niet om baat is vervreemd.
3. Onder teruggave van inbeslaggenomen voorwerpen wordt begrepen het verrichten van de in verband met de beëindiging van het beslag vereiste formaliteiten.
(Zie ook: art. 94 WvSv)

Art. 135
Bij de beantwoording der vraag of eene zaak al dan niet is geëindigd, wordt het rechtsgevolg, bij artikel 255 aan het bekend worden van nieuwe bezwaren verbonden, buiten beschouwing gelaten.   *Einde van een zaak*
(Zie ook: art. 36 WvSv)

Art. 135a
[1.] De Algemene termijnenwet is niet van toepassing op de termijnen, gesteld in de artikelen 46, eerste lid, tweede volzin, 345, 379 en 396.   *Algemene termijnenwet*
[2.] Voor de toepassing van de Algemene termijnenwet worden de termijnen, gesteld in de artikelen 265, eerste lid, 370, eerste lid, en 398, sub 1°, als termijnen in de zin van artikel 1, tweede lid, van die wet aangemerkt.

Art. 136
1. Onder maand wordt verstaan een tijd van dertig dagen, onder dag, behoudens voor de toepassing van de Algemene termijnenwet, een tijd van vierentwintig uren.   *Maand en dag*
2. Onder algemeen erkende feestdagen worden verstaan de in artikel 3 van de Algemene termijnenwet als zodanig genoemde en de bij of krachtens dat artikel daarmede gelijkgestelde dagen.   *Algemeen erkende feestdagen*
(Zie ook: art. 1 Atw; art. 593 WvSv; art. 88 WvSr)

Art. 136a
1. Wordt verstaan:
onder schipper: elke gezagvoerder van een Nederlands schip of zeevissersschip of degene die deze vervangt;   *Schipper*
onder opvarende: ieder ander die zich aan boord van een Nederlands schip of zeevissersschip bevindt; opvarende blijft wie buiten het rijk in Europa het vaartuig gedurende de reis tijdelijk verlaat;   *Opvarende*
onder schepeling: ieder die zich als scheepsofficier of scheepsgezel aan boord van een Nederlands schip of zeevissersschip bevindt;   *Schepeling*
onder gezagvoerder van een luchtvaartuig: elke gezagvoerder van een Nederlands burgerlijk luchtvaartuig of degene die deze vervangt.   *Gezagvoerder*
2. Wordt begrepen:
onder schipper: hij die de leiding heeft op een door Ons aangewezen installatie ter zee;   *Schipper*

C2 art. 136b — Wetboek van Strafvordering

Opvarende — onder opvarende: ieder ander die zich op zulk een installatie bevindt.
3. Het in de voorgaande leden bepaalde geldt niet, wanneer uit enige bepaling een andere betekenis blijkt.

Commandant — 4. Onder commandant wordt verstaan de bevelhebber van een Nederlands oorlogsschip of een Nederlands militair luchtvaartuig.
(Zie ook: art. 85 WvSr)

Art. 136b

Nederlands schip — 1. Onder Nederlands schip wordt verstaan hetgeen daaronder wordt verstaan in artikel 86 van het Wetboek van Strafrecht.

Installatie ter zee — 2. Onder installatie ter zee wordt verstaan elke installatie buiten het rechtsgebied van een rechtbank opgericht op de bodem van de territoriale zee of op dat deel van de Noordzee waarvan de grenzen samenvallen met die van het aan Nederland toekomende gedeelte van het continentale plat.
(Zie ook: art. 86 WvSr)

Art. 136c

Bedreigde getuige — Onder bedreigde getuige wordt verstaan een getuige ten aanzien van wie door de rechter op grond van artikel 226a bevel is gegeven dat ter gelegenheid van het verhoor zijn identiteit verborgen wordt gehouden.
(Zie ook: art. 226a WvSv)

Art. 136d

Afgeschermde getuige — Onder afgeschermde getuige wordt verstaan een getuige die door de rechter op grond van artikel 226m als zodanig is aangemerkt.

Art. 137

Kennisneming van processtukken — Onder de bevoegdheid tot kennisneming van processtukken wordt begrepen die tot kennisneming van stukken die op gegevensdragers zijn opgenomen en vastgelegd.

Art. 138

Worden verstaan:

Beschikkingen en beslissingen — onder beschikkingen de niet op de terechtzitting gegeven beslissingen;

onder rechterlijke beslissingen zowel de beschikkingen van een rechter als de uitspraken;

Einduitspraken — onder uitspraken de op de terechtzitting gegeven beslissingen;
onder einduitspraken de uitspraken tot schorsing der vervolging of tot verklaring van onbevoegdheid, niet-ontvankelijkheid of nietigheid van dagvaarding, en die welke na afloop van het geheele onderzoek op de terechtzitting over de zaak worden gedaan.

Art. 138a

DNA-onderzoek — Onder DNA-onderzoek wordt verstaan het onderzoek van celmateriaal dat slechts gericht is op het vergelijken van DNA-profielen, het vaststellen van uiterlijk waarneembare persoonskenmerken van de onbekende verdachte of het onbekende slachtoffer of het vaststellen van verwantschap.

Art. 138b

Verkort vonnis — Onder een verkort vonnis wordt verstaan een vonnis waarin geen bewijsmiddelen zijn opgenomen, noch een opgave daarvan.

Art. 138c

Verkort proces-verbaal — Onder een verkort proces-verbaal wordt verstaan een proces-verbaal dat uitsluitend bevat de uitspraken, die niet in het vonnis zijn opgenomen, en de aantekeningen, waarvan opneming door de wet, anders dan door artikel 326, eerste of tweede lid, wordt verlangd.

Art. 138d

Terroristisch misdrijf — Onder terroristisch misdrijf wordt verstaan hetgeen daaronder wordt verstaan in artikel 83 van het Wetboek van Strafrecht.

Art. 138e

Elektronische handtekening — Onder een elektronische handtekening wordt verstaan een handtekening die bestaat uit elektronische gegevens die gehecht zijn aan of logisch verbonden zijn met andere elektronische gegevens en die worden gebruikt door de ondertekenaar om te ondertekenen.

Art. 138f

Ondertekening/waarmerking — Onder getekend of ondertekend respectievelijk waarmerken of gewaarmerkt wordt mede verstaan een ondertekening respectievelijk waarmerking met een elektronische handtekening die voldoet aan de bij of krachtens algemene maatregel van bestuur te stellen eisen ten aanzien van in elk geval het betrouwbaarheidsniveau van authenticatie.

Art. 138g

Aanbieder communicatiedienst — Onder aanbieder van een communicatiedienst wordt verstaan de natuurlijke persoon of rechtspersoon die in de uitoefening van een beroep of bedrijf aan de gebruikers van zijn dienst de mogelijkheid biedt te communiceren met behulp van een geautomatiseerd werk, of gegevens verwerkt of opslaat ten behoeve van een zodanige dienst of de gebruikers van die dienst.

Wetboek van Strafvordering

Art. 138h
Onder gebruiker van een communicatiedienst wordt verstaan de natuurlijke persoon of rechtspersoon die met de aanbieder van een communicatiedienst een overeenkomst is aangegaan met betrekking tot het gebruik van die dienst of die feitelijk gebruik maakt van een zodanige dienst.

Gebruiker communicatiedienst

Tweede Boek
Strafvordering in eersten aanleg

Titel I
Het opsporingsonderzoek

Eerste afdeeling
Algemeene bepalingen

Art. 139
[Vervallen]

Art. 140
Het College van procureurs-generaal waakt voor de richtige opsporing van de strafbare feiten waarvan de rechtbanken en de gerechtshoven kennis nemen. Het geeft daartoe de nodige bevelen aan de hoofden van de parketten.
(Zie ook: art. 8 WvSv; artt. 130, 139 Wet RO)

College van procureurs-generaal bij opsporing

Art. 140a
Het College van procureurs-generaal stemt vooraf en schriftelijk in met een bevel als bedoeld in artikel 126ff, onderscheidenlijk een overeenkomst als bedoeld in de tweede afdeling van titel Va van het Eerste Boek en als bedoeld in artikel 126zu, een wijziging of een verlenging daarvan.
(Zie ook: artt. 126w, 126x WvSv; art. 130 Wet RO)

Goedkeuring door College van procureurs-generaal voor opsporing

Art. 141
Met de opsporing van strafbare feiten zijn belast:
a. de officieren van justitie;
(Zie ook: art. 148 WvSv)
b. de ambtenaren van politie, bedoeld in artikel 2, onder a, van de Politiewet 2012, en de ambtenaren van politie, bedoeld in artikel 2, onder c en d, van die wet, voor zover zij zijn aangesteld voor de uitvoering van de politietaak;
(Zie ook: art. 3 PolW)
c. de door Onze Minister van Veiligheid en Justitie in overeenstemming met Onze Minister van Defensie aangewezen militairen van de Koninklijke marechaussee;
(Zie ook: artt. 127, 146, 152, 177 WSv; artt. 6, 7 PolW)
d. de opsporingsambtenaren van de bijzondere opsporingsdiensten, bedoeld in artikel 2 van de Wet op de bijzondere opsporingsdiensten.

Algemene opsporingsambtenaren

Art. 142
1. Met de opsporing van strafbare feiten zijn als buitengewoon opsporingsambtenaar belast:
a. de personen aan wie door Onze Minister van Veiligheid en Justitie, onderscheidenlijk het College van procureurs-generaal een akte van opsporingsbevoegdheid is verleend;
b. de meerderjarige personen, behorend tot door Onze Minister van Veiligheid en Justitie aangewezen categorieën of eenheden;
c. de personen die bij of krachtens bijzondere wetten met de opsporing van de daarin bedoelde strafbare feiten worden belast, met uitzondering van de opsporingsambtenaren van de bijzondere opsporingsdiensten als bedoeld in artikel 2 van de Wet op de bijzondere opsporingsdiensten, of die bij of krachtens verordeningen zijn belast met het toezicht op de naleving daarvan, een en ander voor zover het die feiten betreft en de personen zijn beëdigd.
2. De opsporingsbevoegdheid, bedoeld in het eerste lid, onder a en b, strekt zich uit tot de in de akte of aanwijzing aangeduide strafbare feiten. De akte van aanwijzing kan daartoe verwijzen naar een bij regeling van Onze Minister van Justitie en Veiligheid vastgesteld domein. Een domein kan alle strafbare feiten omvatten.
3. Onze Minister van Veiligheid en Justitie kan bepalen dat voor door hem aan te wijzen categorieën of eenheden van de in het eerste lid, onder c, genoemde buitengewone opsporingsambtenaren, de opsporingsbevoegdheid zich mede uitstrekt over andere strafbare feiten; het tweede lid is van overeenkomstige toepassing.
4. Bij of krachtens algemene maatregel van bestuur worden regels gegeven omtrent de verlening van de akte en het doen van de aanwijzing, het grondgebied waarvoor de opsporingsbevoegdheid geldt, de beëdiging en de instructie van de buitengewoon opsporingsambtenaren, het toezicht waaraan zij zijn onderworpen en de wijze waarop Onze Minister van Veiligheid en Justitie de opsporingsbevoegdheid van afzonderlijke personen kan beëindigen. Voorts kunnen regels

Buitengewone opsporingsambtenaren

Omvang opsporingsbevoegdheid

Bijzondere opsporingsambtenaren bij algemene maatregel van bestuur

worden gegeven over de eisen van bekwaamheid en betrouwbaarheid waaraan zij moeten voldoen.
5. Van een besluit als bedoeld in het eerste lid, onder *b*, of derde lid, wordt mededeling gedaan door plaatsing in de *Staatscourant*.
(Zie ook: artt. 127, 152, 539d WvSv; art. 11 PolW)

Art. 143-145
[Vervallen]

Art. 146

Territoriale beperking van bevoegdheid tot opsporing
1. De bevoegdheid van ambtenaren met de opsporing van strafbare feiten belast, is beperkt tot het grondgebied waarvoor zij zijn aangesteld of waar zij in overeenstemming met de bepalingen van de Politiewet 2012 buiten dat grondgebied hun taak vervullen.
(Zie ook: art. 539a WvSv; artt. 7, 10 PolW)

Hulp van politie en de Koninklijke marechaussee
2. Zij hebben het recht in de uitoefening hunner ambtsverrichtingen de hulp in te roepen van de politie en de Koninklijke marechaussee.

Art. 146a

Hulpofficier van justitie
Ter plaatse waar en binnen de grenzen binnen welke zij bevoegd zijn tot opsporing, zijn hulpofficier van justitie:
a. de door Onze Minister van Veiligheid en Justitie aangewezen ambtenaren van politie, aangesteld voor de uitvoering van de politietaak;
b. de officieren van de Koninklijke marechaussee;
c. de door Onze Minister van Veiligheid en Justitie in overeenstemming met Onze Minister van Defensie aangewezen onderofficieren van de Koninklijke marechaussee;
d. de door Onze Minister van Veiligheid en Justitie aangewezen opsporingsambtenaren van de bijzondere opsporingsdiensten, bedoeld in artikel 2 van de Wet op de bijzondere opsporingsdiensten en buitengewone opsporingsambtenaren.

Art. 147

Reclassering
1. Naar regelen, te stellen bij algemeenen maatregel van bestuur, kan het openbaar ministerie in het belang van het onderzoek in strafzaken de medewerking inroepen van personen en lichamen, welke op het gebied der reclasseering of op dergelijk gebied werkzaam zijn, en aan deze de noodige opdrachten geven.
(Zie ook: artt. 177, 310 WvSv; art. 1 RR 1995)
2. De personen of lichamen, belast met de uitvoering van de opdrachten, stellen de identiteit van de verdachte vast op de wijze, bedoeld in artikel 27a, eerste lid, eerste volzin, en tweede lid, tenzij de opdrachten in een inrichting worden uitgevoerd.

Tweede afdeeling
De officieren van justitie

Art. 148

Taak van officier van justitie bij opsporing
[1.] De officier van justitie is belast met de opsporing van de strafbare feiten waarvan de rechtbank in het arrondissement waarin hij is aangesteld, kennisneemt, alsmede met de opsporing binnen het rechtsgebied van die rechtbank van de strafbare feiten waarvan andere rechtbanken kennisnemen.
[2.] Hij geeft daartoe bevelen aan de overige personen met de opsporing belast.
[3.] Zoo de opsporing door hem persoonlijk geschiedt, doet hij van zijne bevinding blijken bij proces-verbaal opgemaakt op zijn ambtseed; daarbij moeten tevens zooveel mogelijk uitdrukkelijk worden opgegeven de redenen van wetenschap.
(Zie ook: artt. 132a, 141, 153 WvSv; art. 124 WED)

Art. 148a

Taak van officier van justitie bij landelijk parket
1. De officier van justitie bij het landelijk parket is belast met de opsporing van de strafbare feiten, bedoeld in artikel 9, tweede lid.
2. Artikel 148, tweede en derde lid, is van toepassing.
(Zie ook: art. 132a WvSv; art. 137 Wet RO)

Art. 148b

Taak van officier van justitie bij functioneel parket
1. De officier van justitie bij het functioneel parket is belast met de opsporing van de strafbare feiten als bedoeld in artikel 9, derde lid.
(Zie ook: artt. 134, 137a Wet RO)
2. Artikel 148, tweede en derde lid, is van toepassing.

Art. 148ba

Taak officier van justitie bij Parket Centrale Verwerking Openbaar Ministerie
1. De officier van justitie bij het Parket Centrale Verwerking Openbaar Ministerie is belast met de opsporing van de strafbare feiten, bedoeld in artikel 9, vierde lid.
2. Artikel 148, tweede en derde lid, is van toepassing.

Art. 148c
De officier van justitie verleent de advocaat-generaal op diens verzoek de nodige bijstand bij het opsporingsonderzoek in zaken die in hoger beroep bij het gerechtshof aanhangig zijn.
(Zie ook: art. 132a WvSv; art. 138 Wet RO)

Bijstand door officier van justitie aan advocaat-generaal

Art. 149
Wanneer de officier van justitie kennis heeft gekregen van een strafbaar feit met welks vervolging hij is belast, stelt hij het noodige opsporingsonderzoek in.
(Zie ook: artt. 132a, 167, 181 WvSv)

Opsporingsonderzoek instellen

Art. 149a
1. De officier van justitie is tijdens het opsporingsonderzoek verantwoordelijk voor de samenstelling van de processtukken.
2. Tot de processtukken behoren alle stukken die voor de ter terechtzitting door de rechter te nemen beslissingen redelijkerwijs van belang kunnen zijn, behoudens het bepaalde in artikel 149b.
3. Van een processtuk in elektronische vorm kan de integriteit worden nagegaan doordat iedere wijziging daarvan kan worden vastgesteld.
4. Bij algemene maatregel van bestuur kunnen voorschriften worden gesteld over de wijze waarop de processtukken worden samengesteld en ingericht.

Processtukken, samenstelling

Nadere regels

Art. 149b
1. De officier van justitie is bevoegd, indien hij dit met het oog op de in artikel 187d, eerste lid, vermelde belangen noodzakelijk acht, de voeging van bepaalde stukken of gedeelten daarvan bij de processtukken achterwege te laten. Hij behoeft daartoe een schriftelijke machtiging, op diens vordering te verlenen door de rechter-commissaris. De vordering en de beschikking worden bij de processtukken gevoegd.
2. De officier van justitie doet van de toepassing van het eerste lid en, voor zover de in artikel 187d, eerste lid, vermelde belangen dat toelaten, de redenen waarom, proces-verbaal opmaken. Dit proces-verbaal wordt bij de processtukken gevoegd.
3. Zolang de zaak niet is geëindigd, bewaart de officier van justitie de in het eerste lid bedoelde stukken.

Voeging bij processtukken door officier van justitie in geval van opsporing

Art. 150
1. De officier van justitie kan in het belang van het onderzoek ambtshalve of op het verzoek van de verdachte een deskundige die als deskundige is geregistreerd in het register, bedoeld in artikel 51k, benoemen.
2. De bevoegdheid, bedoeld in het eerste lid, komt ook toe aan de hulpofficier voor zover het technisch onderzoek betreft, met uitzondering van de gevallen waarin de wet anders bepaalt. Bij of krachtens algemene maatregel van bestuur kunnen nadere regels worden gesteld over de aard van het technisch onderzoek dat kan worden opgedragen.

Deskundige benoemen door officier van justitie in geval van opsporing

Art. 150a
1. De officier van justitie geeft aan de verdachte schriftelijk kennis van de aan de deskundige verleende opdracht en van tijd en plaats van het onderzoek, tenzij het belang van het onderzoek zich daartegen verzet. De verdachte kan verzoeken tot het doen van aanvullend onderzoek of of het geven van aanwijzingen omtrent het uit te voeren onderzoek.
2. Van de uitslag van het onderzoek geschiedt tevens kennisgeving aan de verdachte. Zodra het belang van het onderzoek zich niet meer verzet tegen de mededeling bedoeld in het eerste lid, geeft de officier van justitie kennis van het verleenen van de opdracht en de uitslag daarvan.
3. De verdachte kan naar aanleiding van de uitslag binnen twee weken na kennisgeving daarvan om een tegenonderzoek verzoeken. Hij geeft daarbij aan om welke redenen hij het doen verrichten van een tegenonderzoek aangewezen acht. Hij geeft voorts aan welke deskundige het onderzoek, dat gelijkwaardig moet zijn aan het eerste onderzoek, zou moeten uitvoeren.
4. Geen uitstel van kennisgeving van de uitslag vindt plaats van onderzoek dat is uitgevoerd op verzoek van de verdachte.

Informatieplicht van officier van justitie

Art. 150b
1. Indien de officier van justitie een verzoek van de verdachte tot benoeming van een deskundige of tot het doen verrichten van een tegenonderzoek, aanvullend of volgens bepaalde aanwijzingen uit te voeren onderzoek weigert, geeft hij daarvan gemotiveerd kennis aan de verdachte.
2. De verdachte kan na deze weigering binnen twee weken na de kennisgeving, bedoeld in het eerste lid, de rechter-commissaris verzoeken alsnog tot benoeming van een deskundige of uitbreiding van het onderzoek over te gaan.
3. De rechter-commissaris beslist zo spoedig mogelijk op dit verzoek en geeft daarvan kennis aan de verdachte en de officier van justitie.

Tegenonderzoek door de verdachte

Art. 150c
1. Indien de officier van justitie op grond van artikel 150a, derde lid, of de rechter-commissaris op grond van artikel 150b, derde lid, een tegenonderzoek gelast, verleent hij daartoe opdracht aan een deskundige. Hij doet daarvan schriftelijk mededeling aan de verdachte.

Tegenonderzoek uitvoeren door officier van justitie

Wetboek van Strafvordering

2. De deskundige die het tegenonderzoek verricht, wordt in staat gesteld dit uit te voeren; hij verkrijgt daartoe toegang tot het onderzoeksmateriaal en de desbetreffende gegevens uit het eerste onderzoek.

Uitvoering van het onderzoek bij algemene maatregel van bestuur

3. Bij of krachtens algemene maatregel van bestuur kunnen nadere regels worden gesteld omtrent de uitvoering van het onderzoek bedoeld in het eerste lid.

Art. 151

Schouw

1. De officier van justitie of de hulpofficier is bevoegd teneinde enige plaatselijke toestand of enig voorwerp te schouwen, met de personen door hem aangewezen, elke plaats te betreden. *(Zie ook: artt. 96, 125, 192, 318 WvSv; art. 12 GW; art. 1 Awob)*
2. De officier van justitie geeft, voorzover het belang van het onderzoek dit niet verbiedt, tijdig schriftelijk kennis van de voorgenomen schouw aan de verdachte en diens raadsman. De hulpofficier van justitie geeft voorts tijdig schriftelijk kennis van de voorgenomen schouw aan de officier van justitie.
3. De verdachte en diens raadsman worden, voorzover het belang van het onderzoek dit niet verbiedt, door de officier van justitie of de hulpofficier toegelaten de schouw geheel of gedeeltelijk bij te wonen; zij kunnen verzoeken dat zij aanwijzingen mogen doen of inlichtingen mogen geven of dat bepaalde opmerkingen in het proces-verbaal zullen worden vermeld.

Art. 151a

DNA-onderzoek

1. De officier van justitie kan ambtshalve of op verzoek van de verdachte of diens raadsman in het belang van het onderzoek een DNA-onderzoek, dat gericht is op het vergelijken van DNA-profielen, laten verrichten. Hij kan ten behoeve van het DNA-onderzoek de verdachte of een derde verzoeken celmateriaal af te staan. Celmateriaal kan, behoudens in geval van toepassing van artikel 151b of vermissing als bedoeld in de laatste volzin, slechts met schriftelijke toestemming van de verdachte of de derde worden afgenomen. Celmateriaal wordt slechts van de verdachte afgenomen, nadat van hem één of meer vingerafdrukken overeenkomstig dit wetboek zijn genomen en verwerkt en zijn identiteit is vastgesteld op de wijze, bedoeld in artikel 27a, eerste lid, eerste volzin, en tweede lid. Aan een groep van ten minste vijftien derden of meer kan slechts na schriftelijke machtiging van de rechter-commissaris op vordering van de officier van justitie worden verzocht celmateriaal af te staan. Ingeval de derde vermist is als gevolg van een misdrijf, kan het DNA-onderzoek worden verricht aan celmateriaal op voorwerpen, die van hem in beslag genomen zijn, of aan celmateriaal, dat op andere wijze verkregen is.
2. De officier van justitie benoemt een deskundige, die verbonden is aan één van de bij algemene maatregel van bestuur aan te wijzen laboratoria, met de opdracht het DNA-onderzoek te verrichten. De deskundige brengt aan de officier van justitie een met redenen omkleed verslag uit.
3. De bevoegdheden, bedoeld in het eerste lid, eerste volzin, en tweede lid, komen tevens aan de hulpofficier van justitie toe indien het DNA-onderzoek verricht wordt aan celmateriaal van een onbekende verdachte. De bevoegdheden zijn beperkt tot bij algemene maatregel van bestuur aan te wijzen misdrijven.
4. Indien onvoldoende celmateriaal voor een tegenonderzoek als bedoeld in het zesde lid beschikbaar is, stelt de officier van justitie de verdachte, indien slechts één verdachte bekend is, in de gelegenheid een deskundige, verbonden aan één van de aangewezen laboratoria, aan te wijzen die het onderzoek verricht. Het zesde lid blijft buiten toepassing.
5. De officier van justitie geeft, ingeval het onderzoek heeft plaatsgevonden aan afgenomen celmateriaal, de onderzochte persoon zo spoedig mogelijk schriftelijk kennis van de uitslag van het onderzoek. Indien het onderzoek heeft plaatsgevonden aan ander celmateriaal geeft hij de verdachte, indien deze bekend is, zodra het belang van het onderzoek dat toelaat schriftelijk kennis van de uitslag van het onderzoek. Buiten het geval, bedoeld in het vierde lid, wijst hij de verdachte daarbij op het bepaalde in het zesde en zevende lid.
6. De verdachte kan binnen veertien dagen nadat hem van de uitslag van het DNA-onderzoek schriftelijk is kennisgegeven, de officier van justitie verzoeken een andere door hem aangewezen deskundige, verbonden aan één van de bij algemene maatregel van bestuur aan te wijzen laboratoria, te benoemen met de opdracht een DNA-onderzoek te verrichten. De officier van justitie willigt het verzoek in als daarvoor voldoende celmateriaal beschikbaar is. De deskundige brengt aan de officier van justitie een met redenen omkleed verslag uit. De eerste zin van het vijfde lid is van overeenkomstige toepassing.
7. In geval van toepassing van het zesde lid, wordt de verdachte een deel van de kosten van het onderzoek, waarvan de hoogte bij algemene maatregel van bestuur wordt vastgesteld, in rekening gebracht indien dit onderzoek het in opdracht van de officier van justitie verrichte onderzoek bevestigt.
8. DNA-profielen worden slechts verwerkt voor het voorkomen, opsporen, vervolgen en berechten van strafbare feiten en het vaststellen van de identiteit van een lijk. Bij of krachtens algemene maatregel van bestuur worden regels gesteld voor het verwerken van DNA-profielen en celmateriaal.

Wetboek van Strafvordering   C2 art. 151da

9. De bepalingen van de vijfde afdeling van de derde titel van het Tweede Boek zijn van overeenkomstige toepassing, behoudens voor zover daarvan in het eerste tot en met achtste lid is afgeweken.
10. Bij toepassing van artikel 232 blijft het zesde lid buiten toepassing.
11. Bij of krachtens algemene maatregel van bestuur worden nadere regels omtrent de wijze van uitvoering van dit artikel gegeven. De voordracht voor een krachtens de eerste volzin vast te stellen algemene maatregel van bestuur wordt niet eerder gedaan dan vier weken nadat het ontwerp aan beide kamers van de Staten-Generaal is overgelegd.
(Zie ook: art. 138a WvSv; art. 1 Bdos)

Art. 151b

1. De officier van justitie kan in het belang van het onderzoek bevelen dat van de verdachte van een misdrijf als omschreven in artikel 67, eerste lid, tegen wie ernstige bezwaren bestaan, celmateriaal wordt afgenomen ten behoeve van een DNA-onderzoek als bedoeld in artikel 151a, eerste lid, indien hij zijn schriftelijke toestemming weigert. Artikel 151a, tweede en vierde tot en met tiende lid, is van overeenkomstige toepassing.   *Afstaan van celmateriaal voor DNA-onderzoek*
2. De officier van justitie geeft het bevel niet dan nadat de verdachte in de gelegenheid is gesteld, te worden gehoord. De verdachte is bevoegd zich bij het horen door een raadsman te doen bijstaan.
3. Het bevel wordt ten uitvoer gelegd door afname van wangslijmvlies. Indien afname van wangslijmvlies om bijzondere geneeskundige redenen of vanwege het verzet van de verdachte onwenselijk is dan wel geen geschikt celmateriaal oplevert, wordt bloed afgenomen of worden haarwortels afgenomen, zo nodig met behulp van de sterke arm. Het celmateriaal wordt door een arts of een verpleegkundige afgenomen. In bij algemene maatregel van bestuur te bepalen gevallen kan het celmateriaal worden afgenomen door een persoon die voldoet aan bij of krachtens algemene maatregel van bestuur te stellen eisen.
4. Het bevel, onderscheidenlijk de tenuitvoerlegging dan wel de verdere tenuitvoerlegging daarvan kan achterwege blijven indien zich naar het oordeel van de officier van justitie zwaarwegende redenen voordoen om het DNA-onderzoek aan ander celmateriaal te laten plaatsvinden, dan wel de verdachte schriftelijk toestemt in de afname van celmateriaal. In geval van zwaarwegende redenen kan het DNA-onderzoek worden verricht aan celmateriaal op voorwerpen, die van de verdachte in beslag genomen zijn, of aan celmateriaal, dat op andere wijze verkregen is.
5. Bij of krachtens algemene maatregel van bestuur worden nadere regels omtrent de wijze van uitvoering van dit artikel gegeven. De voordracht voor een krachtens de eerste volzin vast te stellen algemene maatregel van bestuur wordt niet eerder gedaan dan vier weken nadat het ontwerp aan beide kamers van de Staten-Generaal is overgelegd.
(Zie ook: art. 1 Bdos)

Art. 151c
[Vervallen]

Art. 151d

1. De officier van justitie kan in het belang van het onderzoek bevelen dat een DNA-onderzoek plaatsvindt dat gericht is op het vaststellen van uiterlijk waarneembare persoonskenmerken van de onbekende verdachte of het onbekende slachtoffer. Artikel 151a, tweede lid, is van overeenkomstige toepassing.   *DNA-onderzoek voor vaststellen persoonskenmerken*
2. Het DNA-onderzoek kan slechts gericht zijn op het vaststellen van het geslacht, het ras of andere bij algemene maatregel van bestuur aangewezen uiterlijk waarneembare persoonskenmerken.
3. De voordracht voor een krachtens het tweede lid vast te stellen algemene maatregel van bestuur wordt niet eerder gedaan dan vier weken nadat het ontwerp aan beide kamers der Staten-Generaal is overgelegd.
4. Het DNA-onderzoek kan slechts worden bevolen in geval van verdenking van een misdrijf als omschreven in artikel 67, eerste lid.
5. Bij algemene maatregel van bestuur kunnen nadere regels worden gesteld over de wijze van uitvoering van het DNA-onderzoek.

Art. 151da

1. Het verbod om genetische gegevens te verwerken is niet van toepassing, indien in het belang van het onderzoek een DNA-onderzoek wordt verricht dat gericht is op het vaststellen van verwantschap. De officier van justitie kan bevelen dat een zodanig DNA-onderzoek wordt verricht. Ingeval het DNA-onderzoek verricht wordt met behulp van de DNA-profielen, die overeenkomstig dit wetboek of een andere wet verwerkt zijn, kan het bevel slechts worden gegeven na schriftelijke machtiging van de rechter-commissaris op vordering van de officier van justitie. Artikel 151a, tweede lid, is van overeenkomstige toepassing.   *DNA-onderzoek voor vaststellen verwantschap*
2. Celmateriaal dat ingevolge dit wetboek, of een andere wet is afgenomen ten behoeve van het bepalen en verwerken van een DNA-profiel, mag worden gebruikt voor het vaststellen van verwantschap. Celmateriaal van een derde kan, behoudens het geval, bedoeld in de volgende

volzin, slechts met zijn schriftelijke toestemming worden afgenomen en gebruikt voor het vaststellen van verwantschap. Ingeval een derde minderjarig is en vermoed wordt dat hij voorwerp is van een misdrijf als omschreven in artikel 197a, 242, 243, 244, 245, 246, 247, 248, 248a, 248b, 249, 256, 273f, 278, 287, 289, 290 of 291 van het Wetboek van Strafrecht, kan in het belang van het onderzoek celmateriaal bij de derde op bevel van de officier van justitie na schriftelijke machtiging van de rechter-commissaris worden afgenomen en gebruikt voor het vaststellen van verwantschap.
3. Het DNA-onderzoek kan slechts worden verricht in geval van een verdenking van een misdrijf waarop naar de wettelijke omschrijving een gevangenisstraf van acht jaar of meer is gesteld en een van de misdrijven omschreven in de artikelen 109, 110, 141, tweede lid, onder 1°, 181, onder 2°, 182, 247, 248a, 248b, 249, 281, eerste lid, onder 1°, 290, 300, tweede en derde lid, en 301, tweede lid, van het Wetboek van Strafrecht. Indien een DNA-onderzoek als bedoeld in artikel 151a, eerste lid, leidt tot het vaststellen van verwantschap, kan de officier van justitie dit resultaat in het opsporingsonderzoek gebruiken.

Uitvoering van het onderzoek bij algemene maatregel van bestuur

4. Bij algemene maatregel van bestuur kunnen nadere regels worden gesteld over de wijze van uitvoering van het DNA-onderzoek.

Art. 151e

Besmetting met ernstige ziekte bij misdrijf

1. In geval van een misdrijf waarbij uit aanwijzingen blijkt dat besmetting van een slachtoffer met een bij algemene maatregel van bestuur aangewezen ernstige ziekte kan hebben plaatsgevonden, kan de officier van justitie aan de verdachte verzoeken celmateriaal af te staan ten behoeve van een onderzoek dat tot doel heeft vast te stellen of hij drager is van een dergelijke ziekte. De officier van justitie kan dit verzoek tevens richten aan een ander dan de verdachte, indien uit zodanige aanwijzingen blijkt dat besmetting door misdrijf met behulp van het celmateriaal van die ander is overgebracht op een slachtoffer. De verdachte en de derde tot wie de officier van justitie zich heeft gericht, kunnen van hun instemming met het verzoek om mee te werken aan het afnemen van celmateriaal alleen schriftelijk doen blijken.
2. Indien degene aan wie het verzoek is gericht, medewerking weigert, kan de officier van justitie in het belang van het onderzoek bevelen dat van hem celmateriaal wordt afgenomen ten behoeve van een onderzoek als bedoeld in het eerste lid. Het bevel kan slechts worden gegeven na schriftelijke machtiging van de rechter-commissaris op vordering van de officier van justitie.
3. Het onderzoek, bedoeld in het eerste of tweede lid, wordt uitgevoerd door afname van een hoeveelheid bloed door een arts of een verpleegkundige, tenzij aannemelijk is dat afname van bloed om bijzondere geneeskundige redenen onwenselijk is. In dat geval wordt ander celmateriaal, dat geschikt is voor het onderzoek, afgenomen.
4. Door een arts of een verpleegkundige wordt zoveel celmateriaal afgenomen als voor het onderzoek, bedoeld in het eerste of tweede lid, noodzakelijk is. Zo nodig wordt het bevel, bedoeld in het tweede lid, met behulp van de sterke arm ten uitvoer gelegd.
5. De officier van justitie kan opdracht geven aan celmateriaal dat is aangetroffen ter zake van een misdrijf als bedoeld in het eerste lid, een onderzoek als bedoeld in het eerste lid te verrichten. De officier van justitie kan, indien hij van oordeel is dat zich daarvoor zwaarwegende redenen voordoen en er sprake is van een bekende verdachte opdracht geven het onderzoek te verrichten aan ander celmateriaal dan op grond van het eerste of tweede lid is afgenomen of in de vorige volzin bedoeld is. Deze opdracht kan niet worden gegeven bij een bekende persoon die niet wordt verdacht van een misdrijf, bedoeld in het eerste lid.
6. Bij of krachtens algemene maatregel van bestuur worden nadere regels omtrent de uitvoering van dit artikel gegeven.

Art. 151f

Deskundigenonderzoek

1. Het onderzoek, bedoeld in artikel 151e, eerste, tweede, en vijfde lid, wordt door de officier van justitie opgedragen aan een deskundige, verbonden aan een laboratorium, dat op grond van het vijfde lid is aangewezen. De deskundige brengt zo spoedig mogelijk een met redenen omkleed verslag van zijn onderzoek uit aan de officier van justitie.
2. De officier van justitie geeft degene wiens celmateriaal is onderzocht en het slachtoffer zo spoedig mogelijk kennis van de uitslag van het onderzoek, bedoeld in artikel 151e, eerste lid. Hij doet tevens mededeling van de uitslag van het onderzoek, bedoeld in artikel 151e, vijfde lid, aan het slachtoffer, en aan de verdachte indien diens identiteit bekend is. Hij doet beide mededelingen alleen aan de betrokkene die daarom heeft verzocht. Hij wijst voorts de verdachte op de mogelijkheid van het doen verrichten van een tegenonderzoek.
3. De verdachte kan binnen veertien dagen nadat hem de uitslag is medegedeeld de officier van justitie verzoeken een andere door hem aangewezen deskundige, verbonden aan een van de aangewezen laboratoria, te benoemen met de opdracht tot het verrichten van dit onderzoek. De deskundige brengt aan de officier van justitie een met redenen omkleed verslag uit. De officier van justitie doet mededeling van de uitslag aan de verdachte en aan het slachtoffer dat daarom heeft verzocht.

Wetboek van Strafvordering   **C2 art. 156**

4. In geval van toepassing van het derde lid wordt de verdachte een deel van de kosten van het tegenonderzoek, waarvan de hoogte bij algemene maatregel van bestuur wordt vastgesteld, in rekening gebracht indien dit onderzoek het in opdracht van de officier van justitie verrichte onderzoek bevestigt.
5. Bij of krachtens algemene maatregel van bestuur worden nadere regels omtrent de uitvoering van dit artikel gegeven.   *Uitvoering bij algemene maatregel van bestuur*

Art. 151g
1. Het slachtoffer van een misdrijf als bedoeld in artikel 151e, eerste lid, kan de officier van justitie verzoeken het onderzoek bedoeld in artikel 151e, eerste lid, artikel 151h, eerste lid, en artikel 151i, eerste lid, te bevelen.   *DNA-onderzoek op verzoek van slachtoffer*
2. De officier van justitie doet mededeling van zijn gemotiveerde beslissing op het verzoek binnen twaalf uur nadat hij het verzoek heeft ontvangen.
3. Indien de officier van justitie weigert aan het verzoek te voldoen, kan het slachtoffer het verzoek indienen bij de rechter-commissaris.

Art. 151h
1. Indien de uitslag van het onderzoek als bedoeld in artikel 151e, eerste lid, negatief is, kan de officier van justitie in het belang van het onderzoek na een periode van drie tot zes maanden na de eerste test opnieuw aan de verdachte verzoeken celmateriaal af te staan. Als de verdachte zijn medewerking weigert, kan het bevel tot medewerking slechts worden gegeven na schriftelijke machtiging van de rechter-commissaris op vordering van de officier van justitie.   *DNA-onderzoek na negatieve uitslag*
2. Indien de verdachte zijn medewerking aan dit onderzoek weigert, kan de officier van justitie zijn aanhouding bevelen. Artikel 55, tweede lid, en artikel 151e, derde en vierde lid, zijn van overeenkomstige toepassing. Zodra het monster is afgenomen, maar uiterlijk binnen zes uur na aanhouding, wordt de verdachte in vrijheid gesteld.
3. Artikel 151f, tweede tot en met vierde lid, is van overeenkomstige toepassing.   *Schakelbepaling*
4. Bij of krachtens algemene maatregel van bestuur worden nadere regels omtrent de uitvoering van dit artikel gegeven.   *Uitvoering bij algemene maatregel van bestuur*

Art. 151i
1. Indien de uitslag van het in artikel 151e, eerste of vijfde lid, of artikel 151h, eerste lid, bedoelde onderzoek positief is en nadien blijkt dat het slachtoffer met dezelfde ziekte is besmet, kan de officier van justitie een deskundige, verbonden aan een ingevolge het derde lid aangewezen laboratorium, benoemen met de opdracht om het bewaarde celmateriaal te onderzoeken teneinde vast te stellen of de besmetting daadwerkelijk is overgedragen, en hem een met redenen omkleed verslag uit te brengen.   *DNA-onderzoek bij positieve uitslag*
2. Artikel 151f, tweede tot en met vierde lid, is van overeenkomstige toepassing.   *Schakelbepaling*
3. Bij of krachtens algemene maatregel van bestuur worden nadere regels omtrent de uitvoering van dit artikel gegeven.   *Uitvoering bij algemene maatregel van bestuur*

Derde afdeling
Verslaglegging door opsporingsambtenaren

Art. 152
1. De ambtenaren, met de opsporing van strafbare feiten belast, maken ten spoedigste proces-verbaal op van het door hen opgespoorde strafbare feit of van hetgeen door hen tot opsporing is verricht of bevonden.   *Verbaliseringsplicht van opsporingsambtenaren*
2. Het opmaken van proces-verbaal kan onder verantwoordelijkheid van het openbaar ministerie achterwege worden gelaten.

Art. 153
[**1.**] Het proces-verbaal wordt door hen opgemaakt op hun ambtseed of, voor zover zij dien niet hebben afgelegd, door hen binnen tweemaal vier en twintig uren beëedigd voor een hulpofficier van justitie die daarvan een verklaring op het proces-verbaal stelt.   *Ambtseed*
[**2.**] Het wordt door hen persoonlijk opgemaakt, gedagtekend en ondertekend; daarbij moeten tevens zoveel mogelijk uitdrukkelijk worden opgegeven de redenen van wetenschap.   *Ondertekening*
(Zie ook: art. 148 WvSv)

Art. 154-155
[Vervallen]

Art. 156
1. Ambtenaren, met de opsporing van strafbare feiten belast, die geen hulpofficier van justitie zijn, doen door hen opgemaakte processen-verbaal, alsmede bij hen binnengekomen aangiften of berichten ter zake van strafbare feiten, met de inbeslaggenomen voorwerpen, onverwijld toekomen aan de hulpofficier van justitie onder wiens rechtstreeks bevel of toezicht zij staan dan wel aan de officier van justitie, indien een richtlijn van het openbaar ministerie dat voorschrijft of de officier van justitie zulks beveelt.   *Toezending van proces-verbaal door opsporingsambtenaar*

C2 art. 159 — Wetboek van Strafvordering

Toezending door hulpofficier van justitie
2. De hulpofficieren van justitie doen de processen-verbaal, bij hen binnengekomen of door hen opgemaakt, de aangiften, berichten en inbeslaggenomen voorwerpen onverwijld toekomen aan de officier van justitie.
3. Toezending kan met instemming van de officier van justitie achterwege worden gelaten.

Art. 157-158
[Vervallen]

Art. 159

Voortzetten onderzoek door hulpofficier van justitie en opsporingsambtenaren na nadere bevelen
Na overeenkomstig artikel 156 te hebben gehandeld, wachten de hulpofficieren van justitie en de overige opsporingsambtenaren de nadere bevelen van de officier van justitie af; gedoogt het belang van het onderzoek zodanig afwachten niet, dan zetten zij het onderzoek inmiddels voort en winnen zij de narichten in, die de zaak tot meer klaarheid kunnen brengen. Van dit onderzoek en de ingewonnen narichten doen zij blijken bij proces-verbaal, waarmede zij handelen overeenkomstig artikel 156.
(Zie ook: art. 127 WvSv)

Vierde afdeeling
Aangiften en klachten

Art. 160

Aangifteplicht van misdrijven
[1.] Ieder die kennis draagt van een der misdrijven omschreven in de artikelen 92-110 van het Wetboek van Strafrecht, in Titel VII van het Tweede Boek van dat Wetboek, voor zoover daardoor levensgevaar is veroorzaakt, of in de artikelen 287 tot en met 294 en 296 van dat wetboek, van menschenroof of van verkrachting, is verplicht daarvan onverwijld aangifte te doen bij een opsporingsambtenaar. Gelijke verplichting geldt ten aanzien van een ieder die kennis draagt van een terroristisch misdrijf.
(Zie ook: art. 127 WvSv; artt. 135, 136 WvSr)

Verschoning
[2.] De bepaling van het eerste lid is niet van toepassing op hem die door de aangifte gevaar zou doen ontstaan voor eene vervolging van zichzelven of van iemand bij wiens vervolging hij zich van het afleggen van getuigenis zou kunnen verschoonen.
(Zie ook: art. 162 WvSv; art. 137 WvSr)

Aangifteplicht bij gevangenhouding op niet-wettige plaats
[3.] Evenzoo is ieder die kennis draagt dat iemand gevangen gehouden wordt op eene plaats die niet wettig daarvoor bestemd is, verplicht daarvan onverwijld aangifte te doen bij een opsporingsambtenaar.
(Zie ook: art. 219 WvSv; art. 368 WvSr)

Art. 161

Aangiftebevoegdheid
Ieder die kennis draagt van een begaan strafbaar feit is bevoegd daarvan aangifte of klachte te doen.
(Zie ook: artt. 188, 268 WvSr)

Art. 162

Aangifteplicht van openbare colleges en ambtenaren
1. Openbare colleges en ambtenaren die in de uitoefening van hun bediening kennis krijgen van een misdrijf met de opsporing waarvan zij niet zijn belast, zijn verplicht daarvan onverwijld aangifte te doen, met afgifte van de tot de zaak betrekkelijke stukken, aan de officier van justitie of aan een van zijn hulpofficieren,
a. indien het misdrijf is een ambtsmisdrijf als bedoeld in titel XXVIII van het Tweede Boek van het Wetboek van Strafrecht, dan wel
(Zie ook: art. 355 WvSr)
b. indien het misdrijf is begaan door een ambtenaar die daarbij een bijzondere ambtsplicht heeft geschonden of daarbij gebruik heeft gemaakt van macht, gelegenheid of middel hem door zijn ambt geschonken, dan wel
(Zie ook: art. 44 WvSr)
c. indien door het misdrijf inbreuk op of onrechtmatig gebruik wordt gemaakt van een regeling waarvan de uitvoering of de zorg voor de naleving aan hen is opgedragen.
2. Zij verschaffen de officier van justitie of de door deze aangewezen hulpofficier desgevraagd alle inlichtingen omtrent strafbare feiten met de opsporing waarvan zij niet zijn belast en die in de uitoefening van hun bediening te hunner kennis zijn gekomen.
3. De bepalingen van het eerste en tweede lid zijn niet van toepassing op de ambtenaar die door het doen van aangifte of het verschaffen van inlichtingen gevaar zou doen ontstaan voor een vervolging van zich zelf of van iemand bij wiens vervolging hij zich van het afleggen van getuigenis zou kunnen verschonen.
(Zie ook: art. 219 WvSv)
4. Gelijke verplichtingen rusten op rechtspersonen of organen van rechtspersonen wier taken en bevoegdheden zijn omschreven bij of krachtens de wet, voor zover daartoe bij algemene maatregel van bestuur aangewezen.
5. Bij of krachtens algemene maatregel van bestuur kunnen voorschriften worden gegeven in het belang van een goede uitvoering van dit artikel.

6. De aangifte van misdrijven, bedoeld in het eerste lid onder c, kan in overleg met de officier van justitie en met inachtneming van de voorschriften, als bedoeld in het vorige lid, nader worden beperkt.
7. De voordracht voor een algemene maatregel van bestuur als bedoeld in het vierde of vijfde lid, wordt niet gedaan dan nadat het ontwerp in de *Nederlandse Staatscourant* is bekend gemaakt en sedert de dag waarop de bekendmaking is geschied twee maanden verstreken zijn.
(Zie ook: art. 129 WvSv; art. 84 WvSr; art. 1 Besl.art. 162 WvS)

Art. 163
[1.] De aangifte van eenig strafbaar feit geschiedt mondeling of schriftelijk bij den bevoegden ambtenaar, hetzij door den aangever in persoon, hetzij door een ander, daartoe door hem van eene bijzondere schriftelijke volmacht voorzien. *Wijze van aangifte*
[2.] De mondelinge aangifte wordt door den ambtenaar die haar ontvangt, in geschrifte gesteld en na voorlezing door hem met den aangever of diens gemachtigde onderteekend. Indien deze niet kan teekenen, wordt de reden van het beletsel vermeld.
3. Indien de aangever of diens gemachtigde de Nederlandse taal niet of onvoldoende begrijpt of spreekt, wordt hij in staat gesteld aangifte te doen in een taal die hij begrijpt of spreekt of ontvangt hij de nodige taalkundige bijstand.
4. De schriftelijke aangifte wordt door de aangever of diens gemachtigde ondertekend. De aangifte kan langs elektronische weg worden overgedragen met behulp van een bij algemene maatregel van bestuur aangewezen elektronische voorziening, voor de in die voorziening toegestane feiten.
5. De aangever ontvangt een kopie van de aangifte dan wel een kopie van het proces-verbaal van aangifte.
6. Indien het belang van het onderzoek dit vergt ontvangt de aangever een schriftelijke bevestiging van zijn aangifte, in afwijking van het bepaalde in het vijfde lid.
7. De aangever ontvangt, indien hij de Nederlandse taal niet of onvoldoende begrijpt of spreekt, op zijn verzoek een vertaling van een schriftelijke bevestiging van de aangifte, in een taal die hij begrijpt.
8. De schriftelijke volmacht, of, zoo zij voor een notaris in minuut is verleden, een authentiek afschrift daarvan, wordt aan de akte gehecht.
9. Tot het ontvangen van de aangiften bedoeld in de artikelen 160 en 161, zijn de opsporingsambtenaren, en tot het ontvangen van de aangiften bedoeld in artikel 162, de daarbij genoemde ambtenaren verplicht. *Verplichting ontvangen van aangifte*
10. Artikel 156 is van toepassing.
(Zie ook: art. 127 WvSv)

Art. 164
[1.] Bij strafbare feiten alleen op klachte vervolgbaar, geschiedt deze klachte mondeling of schriftelijk bij den bevoegden ambtenaar, hetzij door den tot de klachte gerechtigde in persoon, hetzij door een ander, daartoe door hem van eene bijzondere schriftelijke volmacht voorzien. De klachte bestaat in eene aangifte met verzoek tot vervolging. *Op klachte vervolgbare strafbare feiten*
2. Artikel 163, tweede lid, derde lid en vijfde lid, is van overeenkomstige toepassing.
(Zie ook: artt. 64, 188, 268 WvSr)

Art. 165
[1.] Tot het ontvangen der klachte is elke officier van justitie en elke hulpofficier van justitie bevoegd en verplicht. *Ontvangen van klachten*
[2.] Artikel 156 is van toepassing.

Art. 165a
Indien de klacht krachtens artikel 65, eerste lid, van het Wetboek van Strafrecht door de wettige vertegenwoordiger van een minderjarige die twaalf jaren of ouder is of van een onder curatele gestelde is geschied, gaat het openbaar ministerie niet tot vervolging over dan na de vertegenwoordigde persoon, zo deze in Nederland verblijft, in de gelegenheid te hebben gesteld zijn mening omtrent de wenselijkheid van vervolging kenbaar te maken, althans na deze daartoe behoorlijk te hebben opgeroepen, tenzij dit in verband met de lichamelijke of geestelijke toestand van de minderjarige of de onder curatele gestelde niet mogelijk of niet wenselijk is. *Vervolging na klacht ingesteld door vertegenwoordiger*

Art. 166
[1.] De intrekking der klachte geschiedt bij de ambtenaren, op de wijze en in den vorm voor het doen der klachte bij de artikelen 163, 164 en 165 bepaald. *Klacht intrekken*
[2.] Artikel 156 is van toepassing.
(Zie ook: art. 67 WvSr)

Art. 166a
[1.] Is de tot de klachte gerechtigde het hoofd of een lid van de regering van een bevriende staat in de zin van artikel 87a van het Wetboek van Strafrecht, of iemand die krachtens artikel 65 van dat wetboek in zijn plaats treedt, dan kan de klachte geschieden in de vorm van een door die staat langs de diplomatieke weg gedaan verzoek om strafvervolging. *Klacht indienen via diplomatieke weg*

C2 art. 167 — Wetboek van Strafvordering

Klacht intrekken
[2.] Wanneer de diplomatieke weg overeenkomstig het voorgaande lid is gevolgd, kan de klachte langs dezelfde weg worden ingetrokken, zulks - in afwijking van artikel 67 van het Wetboek van Strafrecht - binnen dertig dagen na de indiening.

Persoonlijke instemming
[3.] Voor de geldigheid van de indiening en van de intrekking, overeenkomstig de voorgaande leden van dit artikel, is niet vereist dat de tot de klachte gerechtigde daarmede persoonlijk instemt.

Ontvangst van klacht
[4.] De dag waarop het verzoek om strafvervolging, dan wel de intrekking van dat verzoek, ter kennis van de Nederlandse regering is gebracht, geldt als datum van ontvangst van de klachte, onderscheidenlijk van de intrekking daarvan.

Vijfde afdeeling
Beslissingen omtrent vervolging

Art. 167

Vervolging door openbaar ministerie
[1.] Indien naar aanleiding van het ingestelde opsporingsonderzoek het openbaar ministerie van oordeel is dat vervolging moet plaats hebben, door het uitvaardigen van een strafbeschikking of anderszins, gaat het daartoe zoo spoedig mogelijk over.
(Zie ook: art. 257a WvSv)

Opportuniteitsbeginsel
[2.] Van vervolging kan worden afgezien op gronden aan het algemeen belang ontleend. Het openbaar ministerie kan, onder het stellen van bepaalde voorwaarden, de beslissing of vervolging plaats moet hebben voor een daarbij te bepalen termijn uitstellen.

Art. 167a

Horen van minderjarige
Terzake van een misdrijf, omschreven in artikel 245, 247, 248a, 248d of 248e van het Wetboek van Strafrecht en gepleegd ten aanzien van een minderjarige die twaalf jaren of ouder is, stelt het openbaar ministerie de minderjarige zo mogelijk in de gelegenheid zijn mening over het gepleegde feit kenbaar te maken.

Titel II
De rechter-commissaris belast met de behandeling van strafzaken

Art. 168-169
[Vervallen]

Art. 170

Rechter-commissaris aanwezig in elke rechtbank
1. In elke rechtbank zijn rechters-commissarissen, belast met de behandeling van strafzaken.
(Zie ook: art. 46 Wet RO)

2. De rechter-commissaris is in het bijzonder belast met de uitoefening van toezichthoudende bevoegdheden met betrekking tot het opsporingsonderzoek, ambtshalve in door de wet bepaalde gevallen en voorts op vordering van de officier van justitie of op verzoek van de verdachte of diens raadsman.

Art. 171

Griffier
[1.] De rechter-commissaris wordt bij zijne verrichtingen bijgestaan door den griffier.
(Zie ook: art. 77 WvSv)

[2.] Bij verhindering of ontstentenis van dezen kan de rechter-commissaris in dringende gevallen een persoon aanwijzen, ten einde voor bepaald aan te wijzen verrichtingen als griffier op te treden. Deze plaatsvervangende griffier wordt vóór den aanvang zijner werkzaamheden door den rechter-commissaris beëedigd dat hij zijne taak naar behooren zal vervullen.

Art. 172

Proces-verbaal door griffier
[1.] De rechter-commissaris doet door den griffier een nauwkeurig proces-verbaal opmaken van hetgeen bij het onderzoek is verklaard, verricht en voorgevallen of door hem is waargenomen; daarbij moeten tevens zooveel mogelijk uitdrukkelijk worden opgegeven de redenen van wetenschap.
(Zie ook: artt. 31, 344 WvSv)

[2.] Indien dit tot recht verstand van eene verklaring of om andere redenen gewenscht is, of indien de verdachte, getuige of deskundige of de raadsman dit verlangt, doet hij ook de vraag naar aanleiding waarvan de verklaring is afgelegd, in het proces-verbaal opnemen.

[3.] Indien de verdachte, getuige of deskundige of de raadsman verlangt dat eenige opgave in de eigen woorden zal worden opgenomen, geschiedt dat, voor zoover de opgave redelijke grenzen niet overschrijdt, zooveel mogelijk.
(Zie ook: art. 77 WvSv)

Art. 173

Verhoor in vrijheid
Geene vragen worden gedaan welke de strekking hebben verklaringen te verkrijgen, waarvan niet gezegd kan worden dat zij in vrijheid zijn afgelegd.
(Zie ook: artt. 29, 77 WvSv)

Wetboek van Strafvordering

Art. 174
[1.] Iedere getuige, deskundige of verdachte onderteekent zijne verklaring, nadat die hem is voorgelezen of door hem is gelezen, en hij verklaard heeft daarbij te volharden.
(Zie ook: art. 77 WvSv)
[2.] Bij gebreke van onderteekening wordt de weigering of de oorzaak van het beletsel vermeld.

Verklaring ondertekenen

Art. 175
1. Tusschen de regels van het proces-verbaal wordt niet geschreven.
(Zie ook: art. 77 WvSv)
2. De doorhalingen en verwijzingen worden onderteekend of gewaarmerkt door den rechter-commissaris en den griffier, en door hem op wiens verklaring de doorhaling of verwijzing betrekking heeft. Bij gebreke van onderteekening of waarmerking wordt de weigering of de oorzaak van het beletsel vermeld.
3. Hetgeen in strijd met dit artikel in het proces-verbaal is opgenomen, is van onwaarde.
4. Het proces-verbaal wordt door de rechter-commissaris en de griffier ondertekend.

Formaliteiten bij proces-verbaal

Art. 176
De rechter-commissaris kan ambtshalve, op vordering van de officier van justitie of verzoek van de verdachte, een of meer deskundigen benoemen op de wijze bepaald in artikelen 227 tot en met 232. Het verzoek van de verdachte om benoeming van een deskundige geldt als een verzoek op grond van artikel 182.

Deskundige benoemen door rechter-commissaris

Art. 177
1. De rechter-commissaris kan, zoveel mogelijk door tussenkomst van de officier van justitie, in het belang van het onderzoek, het doen van nasporingen opdragen en bevelen geven aan de ambtenaren genoemd in artikel 141 onder b,c en d en aan de personen genoemd in artikel 142, eerste lid.
2. De rechter-commissaris heeft gelijke bevoegdheid als in artikel 147 aan het openbaar ministerie is toegekend. Artikel 147, tweede lid, is van overeenkomstige toepassing.
(Zie ook: art. 310 WvSv; art. 1 RR 1995)

Nasporing opdragen door rechter-commissaris

Reclassering

Art. 177a
De officier van justitie draagt er zorg voor dat de rechter-commissaris tot wie hij een vordering richt, tijdig alle relevante stukken ontvangt en voorziet de rechter-commissaris van de inlichtingen die nodig zijn voor een goede uitoefening van diens taak.

Waarborgen goede informatiepositie rechter-commissaris

Art. 177b
1. Het slachtoffer van een misdrijf als bedoeld in artikel 151e, eerste lid, kan aan de rechter-commissaris schriftelijk verzoeken om een onderzoek als bedoeld in artikel 151e, eerste of vijfde lid, artikel 151h, eerste lid, of artikel 151i, eerste lid, nadat dit door de officier van justitie is geweigerd.
2. De rechter-commissaris stelt de officier van justitie, het slachtoffer en degene ten aanzien van wie onderzoek wordt verlangd in de gelegenheid te worden gehoord.
3. Het slachtoffer kan zich doen bijstaan of zich doen vertegenwoordigen door een advocaat indien deze verklaart daartoe bepaaldelijk te zijn gevolmachtigd.
4. De rechter-commissaris beslist zo spoedig mogelijk; hij weigert het verzoek van het slachtoffer of wijst het toe en beveelt het onderzoek bedoeld in artikel 151e, eerste of vijfde lid, artikel 151h, eerste lid, of artikel 151i, eerste lid.
5. Artikel 151f is van overeenkomstige toepassing nadat het bevel is gegeven.

Verzoek van slachtoffer om onderzoek naar misdrijf

Art. 178
Indien bij afwezigheid van den officier van justitie gedurende het onderzoek eenig strafbaar feit wordt begaan, doet de rechter-commissaris daarvan een proces-verbaal opmaken en dat toekomen aan het bevoegde openbaar ministerie. Hij kan tevens, in de gevallen en op de gronden in de artikelen 67 en 67a vermeld, ambtshalve een bevel van bewaring tegen den verdachte uitvaardigen. De bepalingen van de tweede afdeeling van den Vierden Titel van het Eerste Boek zijn dan van toepassing.
(Zie ook: artt. 63, 344 WvSv)

Strafbaar feit tijdens onderzoek

Art. 178a
1. De rechter-commissaris, bevoegd tot het doen van enig onderzoek, kan een bepaalde onderzoekshandeling ook binnen het rechtsgebied van een andere rechtbank verrichten of doen verrichten. Hij brengt in dat geval zijn ambtgenoot hiervan tijdig op de hoogte.
2. Bij dringende noodzakelijkheid kan de rechter-commissaris een bepaalde onderzoekshandeling overdragen aan de rechter-commissaris bij de rechtbank binnen welker rechtsgebied zij moet plaatshebben.
3. De rechter-commissaris in de rechtbank Rotterdam is bij uitsluiting bevoegd tot het geven van bevelen en het verrichten of doen verrichten van onderzoekshandelingen als omschreven in de artikelen 226m tot en met 226s, ook binnen het rechtsgebied van een andere rechtbank.

Onderzoekshandeling door rechter-commissaris binnen ander rechtsgebied

Overdracht onderzoekshandeling

Rechter-commissaris van rechtbank Rotterdam

4. Ten aanzien van een onderzoekshandeling bedoeld in het tweede en derde lid vinden de bepalingen van de tweede tot en met de vijfde en de achtste afdeling van de Derde Titel van dit Boek overeenkomstige toepassing.
(Zie ook: artt. 203, 211 WvSv)

Art. 179

Onbevoegde rechter-commissaris

Indien gedurende of na de door hem verrichte onderzoekshandelingen de rechter-commissaris onbevoegd blijkt te zijn, blijft niettemin het gevoerde onderzoek van kracht.
(Zie ook: artt. 2, 72 WvSv)

Art. 180

Nodeloze vertraging van onderzoek voorkomen

1. De rechter-commissaris waakt tegen nodeloze vertraging van het opsporingsonderzoek.
2. De rechter-commissaris kan op verzoek van de verdachte of diens raadsman, en indien hij uit hoofde van de artikelen 181 tot en met 183 onderzoekshandelingen verricht tevens ambtshalve, de voortgang van het opsporingsonderzoek beoordelen. De rechter-commissaris kan zich daartoe de processtukken doen overleggen. Indien hij dit nodig acht hoort de rechter-commissaris de officier van justitie en de verdachte of diens raadsman.
(Zie ook: artt. 245, 253 WvSv)
3. De rechter-commissaris kan de officier van justitie een termijn stellen voor beëindiging van het opsporingsonderzoek. De rechter-commissaris kan de zaak tevens voorleggen aan de rechtbank, met het oog op toepassing van artikel 29f.

Titel III
Onderzoek door de rechter-commissaris

Eerste afdeling
Aanleiding tot het verrichten van onderzoekshandelingen

Art. 181

Vordering van onderzoek door rechter-commissaris

1. De officier van justitie kan vorderen dat de rechter-commissaris met het oog op de opsporing van een strafbaar feit onderzoekshandelingen verricht. Hij geeft daarbij een omschrijving van het feit waarop het onderzoek betrekking dient te hebben en van de door hem gewenste onderzoekshandelingen. De vordering wijst indien deze bekend is de verdachte aan.
2. De rechter-commissaris beslist bij een met redenen omklede beschikking.
3. De rechter-commissaris doet de vordering van de officier van justitie en zijn beslissing daaromtrent, indien deze bekend is aan de verdachte toekomen, tenzij het belang van het onderzoek zich daartegen verzet.

Art. 182

Verzoek van onderzoek door rechter-commissaris

1. Een persoon die als verdachte van een strafbaar feit is verhoord, of die reeds terzake van een strafbaar feit wordt vervolgd, kan de rechter-commissaris verzoeken dienaangaande onderzoekshandelingen te verrichten.
2. Het verzoek wordt schriftelijk gedaan en gericht aan de rechter-commissaris in wiens rechtsgebied de vervolging plaatsvindt of waar het verhoor heeft plaatsgevonden.
3. Het verzoek behelst een opgave van het feit en van de onderzoekshandelingen die door de rechter-commissaris dienen te worden verricht, en is met redenen omkleed. De rechter-commissaris zendt de officier van justitie onverwijld een afschrift van het verzoek. De officier van justitie kan schriftelijk zijn zienswijze mededelen omtrent het verzoek.
4. De rechter-commissaris kan de verdachte horen omtrent het verzoek. De verdachte kan zich daarbij door een raadsman doen bijstaan. De rechter-commissaris stelt de officier van justitie op de hoogte van de tijd en plaats van het horen. De officier van justitie is bevoegd bij het horen aanwezig te zijn en de nodige opmerkingen te maken.
5. De rechter-commissaris beslist zo spoedig mogelijk over het verzoek. De beschikking is met redenen omkleed en wordt schriftelijk ter kennis van de verdachte en de officier van justitie gebracht. In geval van toewijzing van het verzoek, vermeldt de beschikking het feit waarop het onderzoek betrekking heeft en verricht de rechter-commissaris zo spoedig mogelijk de verzochte onderzoekshandelingen.
6. Indien de rechter-commissaris weigert de door de verdachte gewenste onderzoekshandelingen te verrichten, kan de verdachte binnen veertien dagen een bezwaarschrift indienen bij de rechtbank.
7. Indien de verdachte in voorlopige hechtenis is gesteld, kan de rechter-commissaris indien hij dit noodzakelijk acht, ten aanzien van het feit waarvoor de voorlopige hechtenis is bevolen, ambtshalve onderzoekshandelingen verrichten. Hij doet van zijn beslissing om onderzoekshandelingen te verrichten onverwijld mededeling aan de officier van justitie en aan de verdachte, onder vermelding van de betreffende onderzoekshandelingen en het feit waarop deze betrekking hebben.

Art. 183
1. In het kader van een uit hoofde van de artikelen 181 of 182, zevende lid, ingesteld onderzoek, kan de verdachte schriftelijk wensen tot onderzoek kenbaar maken aan de rechter-commissaris. De rechter-commissaris doet de officier van justitie een afschrift van het verzoek toekomen.
2. De rechter-commissaris beslist bij een met redenen omklede schriftelijke beschikking die hij doet toekomen aan de verdachte en tevens in afschrift aan de officier van justitie.
3. Indien de rechter-commissaris weigert de door de verdachte gewenste onderzoekshandelingen te verrichten, kan de verdachte binnen veertien dagen een bezwaarschrift indienen bij de rechtbank.

Kennisgeving van onderzoek door rechter-commissaris aan verdachte

Art. 184
1. Indien de rechter-commissaris van zijn beslissing mededeling doet om in een zaak op grond van de artikelen 181 tot en met 183 onderzoekshandelingen te verrichten, doet de officier van justitie hem zo spoedig mogelijk een afschrift van de processtukken toekomen. De officier van justitie informeert de rechter-commissaris die onderzoekshandelingen verricht, uit eigen beweging of op diens verzoek, over het verloop van het opsporingsonderzoek.
2. De rechter-commissaris verstrekt de officier van justitie op diens verzoek, of ambtshalve, schriftelijk inlichtingen over de door hem verrichte of te verrichten onderzoekshandelingen. Op diens verzoek, of ambtshalve, verstrekt de rechter-commissaris tevens schriftelijk inlichtingen aan de verdachte, tenzij het belang van het onderzoek zich hiertegen verzet.

Afschrift van processtukken aan rechter-commissaris

Inlichtingen aan officier van justitie

Tweede afdeling
Het verrichten van onderzoekshandelingen door de rechter-commissaris

Art. 185
1. Indien de rechter-commissaris dit voor het goede verloop van het onderzoek noodzakelijk acht, roept hij de officier van justitie en de verdachte op voor hem te verschijnen, teneinde de stand van zaken in het onderzoek te bespreken.
2. De rechter-commissaris kan ten behoeve van het goede verloop van het onderzoek, bij gelegenheid van of in aansluiting op de regiebijeenkomst bedoeld in het eerste lid, de officier van justitie en de verdachte een termijn stellen voor het indienen van een vordering of verzoek tot verrichten van onderzoekshandelingen, of voor de onderbouwing daarvan.

Onderzoekshandelingen door rechter-commissaris

Art. 186
1. De officier van justitie is bevoegd de verhoren van de rechter-commissaris bij te wonen.
(Zie ook: artt. 31, 187 WvSv)
2. De rechter-commissaris stelt de officier van justitie in de gelegenheid bij de verhoren tegenwoordig te zijn, zonder dat het onderzoek daardoor mag worden opgehouden.
3. De officier van justitie kan de vragen opgeven die hij gesteld wenst te zien.
(Zie ook: artt. 185, 226d WvSv)

Bijwonen verhoren van rechter-commissaris door officier van justitie

Art. 186a
1. De raadsman is bevoegd de verhoren van de rechter-commissaris bij te wonen, tenzij het belang van het onderzoek dit verbiedt.
2. De rechter-commissaris kan, indien hij dit in het belang van het onderzoek wenselijk acht, ook de verdachte in de gelegenheid stellen het verhoor van een getuige of deskundige bij te wonen.
3. Artikel 186, tweede en derde lid, is ten aanzien van de raadsman en de verdachte van overeenkomstige toepassing.
(Zie ook: artt. 31, 200, 210, 226d, 227 WvSv)

Bijwonen verhoren van rechter-commissaris door raadsman

Art. 187
1. Indien gegrond vermoeden bestaat dat de getuige of deskundige niet ter terechtzitting zal kunnen verschijnen of dat de gezondheid of het welzijn van de getuige of deskundige door het afleggen van een verklaring ter terechtzitting in gevaar wordt gebracht, en het voorkomen van dit gevaar zwaarder weegt dan het belang om de getuige of deskundige ter terechtzitting te kunnen ondervragen, nodigt de rechter-commissaris de officier van justitie en de verdachte tot bijwoning van het verhoor uit, tenzij het belang van het onderzoek geen uitstel van het verhoor gedoogt.
2. De rechter-commissaris kan bevelen dat de verdachte de plaats van verhoor zal verlaten, opdat een getuige of deskundige buiten zijn tegenwoordigheid zal worden ondervraagd. Hij kan bepalen dat de verdachte en diens raadsman het verhoor van de getuige niet mogen bijwonen voor zover dit met het oog op de in artikel 187d, eerste lid, vermelde belangen strikt noodzakelijk is. In het laatste geval is ook de officier van justitie niet bevoegd daarbij tegenwoordig te zijn.
3. De officier van justitie, de verdachte en diens raadsman worden, indien de getuige of deskundige buiten hun aanwezigheid is ondervraagd, zo spoedig mogelijk onderricht over hetgeen

Uitnodiging van officier van justitie en verdachte voor getuigenverhoor door rechter-commissaris

de getuige of deskundige heeft verklaard, voorzover dit met de bescherming van de in artikel 187d, eerste lid, vermelde belangen verenigbaar is.
(Zie ook: artt. 216, 360 WvSv)

Art. 187a

Toevoegen raadsman door rechter-commissaris

Voor de verdachte die geen raadsman heeft, wordt op last van de rechter-commissaris door het bestuur van de raad voor rechtsbijstand een raadsman aangewezen, indien die raadsman op grond van artikel 186a, eerste lid, of 187 bevoegd zou zijn enig verhoor bij te wonen.
(Zie ook: art. 40 WvSv)

Art. 187b

Beletten van vragen door rechter-commissaris

1. De rechter-commissaris kan ambtshalve, op vordering van de officier van justitie of op verzoek van de verdachte beletten dat aan enige vraag door de officier van justitie, de verdachte of diens raadsman gedaan, gevolg wordt gegeven.
2. Van de omstandigheid dat het gevolg geven aan een bepaalde vraag door de rechter-commissaris is belet, wordt in het proces-verbaal van het verhoor melding gemaakt.
(Zie ook: artt. 241b, 293 WvSv)

Art. 187c

Verlenen bijzondere toegang tot verhoor door rechter-commissaris

Tot bijwoning van het verhoor van een getuige of deskundige kan de rechter-commissaris bijzondere toegang verlenen.

Art. 187d

Beletten kennis te nemen van antwoorden ter bescherming van getuige door rechter-commissaris

1. De rechter-commissaris kan hetzij ambtshalve, hetzij op de vordering van de officier van justitie of het verzoek van de verdachte of diens raadsman of de getuige beletten dat antwoorden op vragen betreffende een bepaald gegeven ter kennis komen van de officier van justitie, de verdachte en diens raadsman, indien er gegrond vermoeden bestaat dat door de openbaarmaking van dit gegeven:
   a. de getuige ernstige overlast zal ondervinden of in de uitoefening van zijn ambt of beroep ernstig zal worden belemmerd,
   b. een zwaarwegend opsporingsbelang wordt geschaad, of
   c. het belang van de staatsveiligheid wordt geschaad.
2. De rechter-commissaris maakt in zijn proces-verbaal melding van de redenen waarom het bepaalde in het eerste lid toepassing heeft gevonden.
3. De rechter-commissaris neemt de maatregelen die redelijkerwijs nodig zijn om onthulling van een gegeven als in het eerste lid bedoeld, te voorkomen. Hij is daartoe bevoegd gegevens in processtukken onvermeld te laten.
4. Ingeval de rechter-commissaris belet dat een antwoord ter kennis komt van de officier van justitie, de verdachte of diens raadsman, doet hij in het proces-verbaal opnemen dat de gestelde vraag is beantwoord.
5. Hoger beroep of beroep in cassatie is tegen een beslissing op grond van het eerste lid niet toegelaten.
(Zie ook: artt. 190, 290 WvSv)

Art. 188

Ruggespraak voorkomen door rechter-commissaris

De rechter-commissaris neemt de noodige maatregelen om te beletten dat de ten verhoore verschenen verdachten, getuigen en deskundigen zich vóór of tijdens hun verhoor met elkander onderhouden.

Art. 189

Afzonderlijk verhoor Verhoor door rechter-commissaris

1. De verdachten, getuigen en deskundigen worden ieder afzonderlijk verhoord.
2. De rechter-commissaris kan hen echter, hetzij ambtshalve, hetzij op de vordering van den officier van justitie of op het verzoek van den verdachte, tegenover elkander stellen of in elkanders tegenwoordigheid verhooren.
(Zie ook: artt. 200, 210, 227, 241b WvSv)

Art. 190

Vaststellen identiteit door rechter-commissaris

1. De rechter-commissaris stelt de identiteit van de verdachten, getuigen en deskundigen vast op de wijze, bedoeld in artikel 27a, eerste lid, eerste volzin. De rechter-commissaris is tevens bevoegd de identiteit van de verdachten vast te stellen op de wijze, bedoeld in artikel 27a, tweede lid, en van de getuigen op de wijze, bedoeld in artikel 27a, eerste lid, tweede volzin, indien over hun identiteit twijfel bestaat. Artikel 29c, tweede lid, is ten aanzien van de getuigen van overeenkomstige toepassing.
2. Indien de verdachte bekend is, vraagt de rechter-commissaris de getuigen en deskundigen, of zij bloed- of aanverwant zijn van de verdachte en zo ja, in welke graad.

Overlast en belemmering

3. De rechter-commissaris kan hetzij ambtshalve, hetzij op de vordering van de officier van justitie of op het verzoek van de verdachte of van de getuige, bepalen dat het vragen naar een gegeven als bedoeld in het eerste of tweede lid, achterwege zal worden gelaten, indien er gegrond vermoeden bestaat dat de getuige in verband met het afleggen van zijn verklaring overlast zal ondervinden of in de uitoefening van zijn beroep zal worden belemmerd. De rechter-commis-

Wetboek van Strafvordering C2 art. 195a

saris neemt de maatregelen die redelijkerwijs nodig zijn om onthulling van dit gegeven te voorkomen.
4. De rechter-commissaris maakt in zijn proces-verbaal melding van de redenen waarom het bepaalde in het derde lid toepassing heeft gevonden. — *Proces-verbaal*
5. In geval van een verhoor van een bedreigde getuige vinden het eerste en tweede lid geen toepassing. — *Bedreigde getuige*
6. In geval van een verhoor van een afgeschermde getuige wiens identiteit verborgen wordt gehouden, blijven het eerste en tweede lid buiten toepassing. — *Afgeschermde getuige*
(Zie ook: artt. 136c, 136d, 226a, 226m, 290 WvSv)

Art. 191
1. Indien een verdachte, getuige of deskundige de Nederlandse taal niet of onvoldoende beheerst, kan de rechter-commissaris een tolk oproepen. — *Tolk oproepen door rechter-commissaris*
2. Indien een verdachte of getuige niet of slechts zeer gebrekkig kan horen of spreken, bepaalt de rechter-commissaris dat de bijstand van een daartoe geschikte persoon als tolk wordt ingeroepen dan wel dat de vragen of de antwoorden schriftelijk zullen geschieden.
3. Indien de tolk geen beëdigde tolk in de zin van de Wet beëdigde tolken en vertalers is, beëdigt de rechter-commissaris de tolk dat hij zijn taak naar zijn geweten zal vervullen alvorens de tolk zijn werkzaamheden aanvangt. — *Beëdiging tolk*

Art. 192
1. De rechter-commissaris kan, ambtshalve, op de vordering van de officier van justitie of op het verzoek van de verdachte, de bevoegdheid omschreven in artikel 151 uitoefenen. — *Schouw door rechter-commissaris*
2. De rechter-commissaris kan bepalen dat de verdachte, de getuigen en deskundigen op de plaats zullen worden verhoord.
3. Van het binnentreden in een woning waarvan de toegang door de bewoner wordt geweigerd wordt binnen tweemaal vier en twintig uur proces-verbaal opgemaakt.
(Zie ook: artt. 241b, 241c, 318, 446 WvSv; art. 370 WvSr; art. 12 GW; art. 1 Awob)

Art. 193
1. De rechter-commissaris geeft tijdig schriftelijk kennis van de voorgenomen schouw aan den officier van justitie en, voor zoover het belang van het onderzoek dit niet verbiedt, aan den verdachte. — *Kennisgeving van voorgenomen schouw door rechter-commissaris*
2. De officier van justitie kan bij iedere schouw tegenwoordig zijn. De verdachte wordt, voor zover het belang van het onderzoek dit niet verbiedt, door de rechter-commissaris toegelaten de schouw geheel of gedeeltelijk bij te wonen; hij kan verzoeken dat hij aanwijzingen mag doen of inlichtingen mag geven of dat bepaalde opmerkingen in het proces-verbaal zullen worden vermeld. — *Bijwonen schouw door officier van justitie*
(Zie ook: artt. 186a, 241b WvSv)

Art. 194
[Vervallen]

Art. 195
1. De rechter-commissaris kan, ambtshalve of op de vordering van de officier van justitie, bevelen dat de verdachte tegen wie ernstige bezwaren bestaan, in het belang van het onderzoek aan zijn lichaam of kleding zal worden onderzocht. — *Lichamelijk onderzoek door rechter-commissaris*
2. De rechter-commissaris kan, ambtshalve of op de vordering van de officier van justitie, bevelen dat de verdachte tegen wie ernstige bezwaren bestaan, in het belang van het onderzoek in zijn lichaam zal worden onderzocht. Onder onderzoek in het lichaam wordt verstaan: het uitwendig schouwen van de openingen en holten van het onderlichaam, röntgenonderzoek, echografie en het inwendig manueel onderzoek van de openingen en holten van het lichaam. Het onderzoek in het lichaam wordt verricht door een arts. Het onderzoek wordt niet ten uitvoer gelegd indien zulks om bijzondere geneeskundige redenen onwenselijk is. — *Onderzoek in lichaam*
3. In geval van dringende noodzakelijkheid kan de rechter-commissaris het in het eerste lid bedoelde bevel ook geven ten aanzien van degenen van wie wordt vermoed dat zij sporen van het strafbare feit aan het lichaam of de kleding dragen.
4. De in het eerste tot en met derde lid bedoelde onderzoeken worden op een besloten plaats en, voor zover mogelijk, door personen van hetzelfde geslacht als de te onderzoeken persoon verricht.
5. Het bevel wordt niet gegeven dan nadat de betrokken persoon daarover is gehoord.
(Zie ook: artt. 241c, 446 WvSv)

Art. 195a
1. De rechter-commissaris kan ambtshalve, op vordering van de officier van justitie of op verzoek van de verdachte of diens raadsman in het belang van het onderzoek een DNA-onderzoek, dat gericht is op het vergelijken van DNA-profielen, laten verrichten. Hij kan ten behoeve van het DNA-onderzoek de verdachte of een derde celmateriaal af te staan. Celmateriaal kan, behoudens in geval van toepassing van artikel 195d of vermissing als bedoeld in de laatste volzin, slechts met schriftelijke toestemming van de verdachte of de derde worden afgenomen. Celmateriaal wordt slechts van de verdachte afgenomen, nadat van hem één of meer — *DNA-onderzoek door rechter-commissaris*

Sdu

vingerafdrukken overeenkomstig dit wetboek zijn genomen en verwerkt en zijn identiteit is vastgesteld op de wijze, bedoeld in artikel 27a, eerste lid, eerste volzin, en tweede lid. Ingeval de derde vermist is als gevolg van een misdrijf, kan het DNA-onderzoek worden verricht aan celmateriaal op voorwerpen, die van hem in beslag genomen zijn, of aan celmateriaal, dat op andere wijze verkregen is.

2. De rechter-commissaris benoemt een deskundige, die verbonden is aan één van de bij algemene maatregel van bestuur aan te wijzen laboratoria, met de opdracht het DNA-onderzoek te verrichten. De deskundige brengt aan de rechter-commissaris een met redenen omkleed verslag uit.

3. Indien onvoldoende celmateriaal voor een tegenonderzoek als bedoeld in artikel 195b, eerste lid, beschikbaar is, stelt de rechter-commissaris de verdachte, indien slechts één verdachte bekend is, in de gelegenheid een deskundige, verbonden aan één van de aangewezen laboratoria, aan te wijzen die het onderzoek verricht. Artikel 195b blijft buiten toepassing.

4. De rechter-commissaris geeft, ingeval het onderzoek heeft plaatsgevonden aan afgenomen celmateriaal, de onderzochte persoon zo spoedig mogelijk schriftelijk kennis van de uitslag van het onderzoek. Indien het onderzoek heeft plaatsgevonden aan ander celmateriaal, geeft hij de verdachte, indien deze bekend is, zodra het belang van het onderzoek dat toelaat schriftelijk kennis van de uitslag van het onderzoek. Buiten het geval, bedoeld in het derde lid, wijst hij de verdachte daarbij op het bepaalde in artikel 195b.

5. DNA-profielen worden slechts verwerkt voor het voorkomen, opsporen, vervolgen en berechten van strafbare feiten en het vaststellen van de identiteit van een lijk. Bij of krachtens algemene maatregel van bestuur worden regels gesteld voor het verwerken van DNA-profielen en celmateriaal.

6. Bij of krachtens algemene maatregel van bestuur worden nadere regels omtrent de wijze van uitvoering van dit artikel gegeven.

(Zie ook: artt. 138a, 151a, 241c, 446 WvSv; art. 1 Bdos)

Art. 195b

Tegenonderzoek door verdachte na DNA-onderzoek door rechter-commissaris

1. De verdachte kan binnen veertien dagen nadat hem de uitslag van het DNA-onderzoek schriftelijk is kennisgegeven, de rechter-commissaris verzoeken een andere door hem aangewezen deskundige, verbonden aan één van de bij algemene maatregel van bestuur aangewezen laboratoria, te benoemen met de opdracht een DNA-onderzoek te verrichten. Indien daartoe voldoende celmateriaal beschikbaar is, willigt de rechter-commissaris het verzoek in. De deskundige brengt aan de rechter-commissaris een met redenen omkleed verslag uit. Artikel 195a, vierde lid, eerste volzin, vijfde en zesde lid, is van overeenkomstige toepassing.

2. In geval van toepassing van het eerste lid, wordt de verdachte een deel van de kosten van het onderzoek, waarvan de hoogte bij algemene maatregel van bestuur wordt vastgesteld, in rekening gebracht, indien dit onderzoek het in opdracht van de rechter-commissaris verrichte onderzoek bevestigt.

3. Bij toepassing van artikel 228, vierde lid, blijft het eerste lid buiten toepassing.

(Zie ook: art. 241b WvSv; art. 1 Bdos)

Art. 195c

Deskundigenonderzoek door rechter-commissaris

Ten aanzien van het onderzoek door deskundigen als bedoeld in de artikelen 195a en 195b, zijn de bepalingen van de vijfde afdeling van de derde Titel van het Tweede Boek van overeenkomstige toepassing, behoudens voor zover daarvan in de artikelen 195a en 195b wordt afgeweken.

(Zie ook: art. 227 WvSv)

Art. 195d

Verplichting tot medewerking DNA-onderzoek door rechter-commissaris

1. De rechter-commissaris kan, ambtshalve of op vordering van de officier van justitie, in het belang van het onderzoek bevelen dat van de verdachte van een misdrijf als omschreven in artikel 67, eerste lid, tegen wie ernstige bezwaren bestaan, celmateriaal wordt afgenomen ten behoeve van een DNA-onderzoek als bedoeld in artikel 195a, eerste lid, indien hij zijn schriftelijke toestemming weigert. De artikelen 195a, tweede tot en met vijfde lid, 195b en 195c zijn van overeenkomstige toepassing.

2. De rechter-commissaris geeft het bevel niet dan nadat de verdachte in de gelegenheid is gesteld, te worden gehoord. De verdachte is bevoegd zich bij het horen door een raadsman te doen bijstaan.

3. Het bevel wordt ten uitvoer gelegd door afname van wangslijmvlies. Indien afname van wangslijmvlies om bijzondere geneeskundige redenen of vanwege het verzet van de verdachte onwenselijk is dan wel geen geschikt celmateriaal oplevert, wordt bloed afgenomen of worden haarwortels afgenomen, zo nodig met behulp van de sterke arm. Het celmateriaal wordt door een arts of een verpleegkundige afgenomen. In bij algemene maatregel van bestuur te bepalen gevallen kan het celmateriaal worden afgenomen door een persoon die voldoet aan bij of krachtens algemene maatregel van bestuur te stellen eisen.

(Zie ook: art. 151b WvSv)

4. Het bevel, onderscheidenlijk de tenuitvoerlegging dan wel de verdere tenuitvoerlegging daarvan kan achterwege blijven indien zich naar het oordeel van de rechter-commissaris zwaarwegende redenen voordoen om het DNA-onderzoek aan ander celmateriaal te laten plaatsvinden, dan wel de verdachte schriftelijk toestemt in de afname van celmateriaal. In geval van zwaarwegende redenen kan het DNA-onderzoek worden verricht aan celmateriaal op voorwerpen, die van de verdachte in beslag genomen zijn, of aan celmateriaal, dat op andere wijze verkregen is.
5. Bij of krachtens algemene maatregel van bestuur worden nadere regels omtrent de wijze van uitvoering van dit artikel gegeven. De voordracht voor een krachtens de eerste volzin vast te stellen algemene maatregel van bestuur wordt niet eerder gedaan dan vier weken nadat het ontwerp aan beide kamers van de Staten-Generaal is overgelegd.
(Zie ook: artt. 241c, 446 WvSv; art. 1 Bdos)

Art. 195e
[Vervallen]

Art. 195f
1. De rechter-commissaris kan in het belang van het onderzoek bevelen dat een DNA-onderzoek plaatsvindt dat gericht is op het vaststellen van uiterlijk waarneembare persoonskenmerken van de onbekende verdachte of het onbekende slachtoffer. Artikel 195a, tweede lid, is van overeenkomstige toepassing.
2. Het DNA-onderzoek kan slechts gericht zijn op het vaststellen van het geslacht, het ras of andere bij algemene maatregel van bestuur aangewezen uiterlijk waarneembare persoonskenmerken.
3. De voordracht voor een krachtens het tweede lid vast te stellen algemene maatregel van bestuur wordt niet eerder gedaan dan vier weken nadat het ontwerp aan beide kamers der Staten-Generaal is overgelegd.
4. Het DNA-onderzoek kan slechts worden bevolen in geval van verdenking van een misdrijf als omschreven in artikel 67, eerste lid.
5. Bij algemene maatregel van bestuur kunnen nadere regels worden gesteld over de wijze van uitvoering van het DNA-onderzoek.
(Zie ook: art. 138a WvSv)

DNA-onderzoek ter identificatie door rechter-commissaris

Art. 195g
1. Het verbod om genetische gegevens te verwerken is niet van toepassing, indien in het belang van het onderzoek een DNA-onderzoek wordt verricht dat gericht is op het vaststellen van verwantschap. De rechter-commissaris kan bevelen dat een zodanig DNA-onderzoek wordt verricht. Artikel 195a, tweede lid, is van overeenkomstige toepassing.
2. Celmateriaal dat ingevolge dit wetboek, of een andere wet is afgenomen ten behoeve van het bepalen en verwerken van een DNA-profiel, mag worden gebruikt voor het vaststellen van verwantschap. Celmateriaal van een derde kan, behoudens het geval, bedoeld in de volgende volzin, slechts met zijn schriftelijke toestemming worden afgenomen en gebruikt voor het vaststellen van verwantschap. Ingeval een derde minderjarig is en vermoed wordt dat hij voorwerp is van een misdrijf als omschreven in artikel 197a, 242, 243, 244, 245, 246, 247, 248, 248a, 248b, 249, 256, 273f, 278, 287, 289, 290 of 291 van het Wetboek van Strafrecht, kan in het belang van het onderzoek celmateriaal bij de derde op bevel van de rechter-commissaris worden afgenomen en gebruikt voor het vaststellen van verwantschap.
3. Het DNA-onderzoek kan slechts worden verricht in geval van verdenking van een misdrijf waarop naar de wettelijke omschrijving een gevangenisstraf van acht jaar of meer is gesteld en een van de misdrijven omschreven in de artikelen 109, 110, 141, tweede lid, onder 1°, 181, onder 2°, 182, 247, 248a, 248b, 249, 281, eerste lid, onder 1°, 290, 300, tweede en derde lid, en 301, tweede lid, van het Wetboek van Strafrecht. Indien een DNA-onderzoek als bedoeld in artikel 195a, eerste lid, leidt tot het vaststellen van verwantschap, kan de rechter-commissaris dit resultaat gebruiken bij onderzoekshandelingen die hij uit hoofde van de artikelen 181 tot en met 183 verricht.
4. Bij algemene maatregel van bestuur kunnen nadere regels worden gesteld over de wijze van uitvoering van het DNA-onderzoek.

DNA-onderzoek voor vaststellen verwantschap door rechter-commissaris

Nadere regels

Art. 196
Indien het noodzakelijk is dat een onderzoek naar de geestvermogens van de verdachte tegen wie voorlopige hechtenis is bevolen, zal worden ingesteld en dit niet voldoende op een andere wijze kan plaatsvinden, beveelt de rechter-commissaris hetzij ambtshalve, hetzij op vordering van de officier van justitie of op verzoek van de verdachte, dat de verdachte ter observatie zal worden overgebracht naar een in het bevel aan te duiden psychiatrisch ziekenhuis, bedoeld in artikel 509f, of een instelling tot klinische observatie bestemd.
(Zie ook: artt. 90sexies, 133, 241b, 317, 446 WvSv; art. 37 WvSr; art. 77 PBW)

Overbrengen van de verdachte ter observatie door rechter-commissaris

Art. 197

Deskundigenoordeel in geval van art. 196 Sv door rechter-commissaris

1. Het bevel, bedoeld bij artikel 196, is met redenen omkleed en wordt niet gegeven dan nadat het oordeel van een of meer deskundigen is ingewonnen en de verdachte ter zake is gehoord of behoorlijk opgeroepen. De rechter-commissaris nodigt de officier van justitie uit bij het verhoor tegenwoordig te zijn.
2. Het bevel houdende last tot overbrenging, en dat waarbij een daartoe strekkend verzoek van den verdachte is afgewezen, worden dezen onverwijld beteekend.

Hoger beroep

3. De verdachte kan van die bevelen binnen drie dagen na de beteekening in hooger beroep komen bij de rechtbank die zoo spoedig mogelijk beslist.
4. De rechtbank kan, ook in geval van hooger beroep van den officier van justitie, alvorens te beslissen, door den rechter-commissaris een nader onderzoek doen instellen en zich daartoe betrekkelijke stukken doen overleggen.

(Zie ook: artt. 21, 130, 136, 227, 241b, 445, 585 WvSv)

Art. 198

Termijn voor verblijf in instelling

1. Het verblijf in de instelling geldt als voorloopige hechtenis, mag den termijn van zeven weken niet te boven gaan, en eindigt zoodra de verdachte in vrijheid moet worden gesteld.

(Zie ook: artt. 64, 66, 133 WvSv)

2. De rechter-commissaris kan hetzij ambtshalve, hetzij op vordering van de officier van justitie of op verzoek van de verdachte, het bevel, bedoeld bij artikel 196 eenmaal met ten hoogste zeven weken verlengen.
3. Op het bevel tot verlenging, overeenkomstig het voorgaande lid, is artikel 197 van overeenkomstige toepassing, met dien verstande dat het oordeel van een of meer deskundigen achterwege kan blijven.

Bevel tot beëindiging verblijf

4. De rechter-commissaris kan, hetzij ambtshalve, hetzij op de vordering van den officier van justitie of op het verzoek van den verdachte, te allen tijde bevelen dat het verblijf in de instelling een einde zal nemen.

Aanwijzingen inrichtingen

5. Onze Minister van Veiligheid en Justitie wijst de instellingen aan naar welke verdachten krachtens een bevel bedoeld bij artikel 197 kunnen worden overgebracht.

(Zie ook: artt. 241b, 446 WvSv; art. 77 PBW; art. 1 Aanw. als iog v. verd. in vh. ; art. 1 Aanw. als ivong v. verd. ; art. 1 Aanw. als ivpo verd. In vh. ; art. 1 Aanw. tot oi voor prev. ged.)

Art. 199

Vormverzuim herstellen in opsporingsonderzoek

Indien de rechter-commissaris blijkt dat in het opsporingsonderzoek vormen zijn verzuimd, beveelt hij, hetzij ambtshalve, hetzij op de vordering van de officier van justitie of op het verzoek van de verdachte, zo mogelijk het herstel van het verzuim, onder aanwijzing van de verrichtingen welke daartoe opnieuw zullen geschieden.

Derde afdeeling
Het verhoor van den verdachte

Art. 200

Verdachte verhoor door rechter-commissaris

De rechter-commissaris doet, indien hij dit nodig acht, de verdachte voor zich verschijnen. Hij kan de dagvaarding bevelen van de verdachte die in vrijheid is.

Art. 201

[Vervallen]

Art. 202

Verdachte verhinderd te verschijnen voor verhoor

1. Indien de verdachte verhinderd is te verschijnen, kan zijn verhoor geschieden op de plaats waar hij zich ophoudt.
2. De rechter-commissaris kan daartoe met de personen door hem aangewezen elke plaats betreden.

(Zie ook: art. 370 WvSr; art. 1 Awob)

Art. 203

Verdachte verhoor in andere rijksdelen

Indien de verdachte zich ophoudt in Aruba, Curaçao of Sint Maarten dan wel in de openbare lichamen Bonaire, Sint Eustatius en Saba, kan de rechter-commissaris het verhoor opdragen aan den bevoegden rechterlijken ambtenaar aldaar.

(Zie ook: art. 211 WvSv)

Art. 204

Toezenden van proces-verbaal van verdachte verhoor elders

Het proces-verbaal van een verhoor van den verdachte, hetwelk in opdracht van den rechter-commissaris heeft plaats gevonden, wordt dezen gesloten en verzegeld toegezonden.

(Zie ook: art. 211 WvSv)

Art. 205

Hernieuwde dagvaarding met bevel tot medebrenging door rechter-commissaris

Indien de verdachte in vrijheid is en niet op de dagvaarding verschijnt, kan de rechter-commissaris hem andermaal doen dagvaarden en daarbij voegen een bevel tot medebrenging of zoodanig bevel later uitvaardigen.

(Zie ook: art. 278 WvSv)

Art. 206
[1.] Indien dit in het belang van het onderzoek dringend noodzakelijk is, kan de rechter-commissaris bevelen dat de overeenkomstig het voorgaande artikel medegebrachte verdachte gedurende ten hoogste vier en twintig uren in eene door hem aan te wijzen plaats in verzekering zal worden gesteld.
[2.] Het bevel vermeldt de redenen welke tot de inverzekeringstelling hebben geleid.
(Zie ook: art. 57 WvSv; art. 15 GW)

Bevel tot inverzekeringstelling door rechter-commissaris

Art. 207-208
[Vervallen]

Art. 209
Den verdachte wordt bij zijn verhoor mondeling mededeeling gedaan van de verklaringen van getuigen en deskundigen, die buiten zijne tegenwoordigheid zijn gehoord, voor zoover naar het oordeel van den rechter-commissaris het belang van het onderzoek dit niet verbiedt. Wordt den verdachte de wetenschap van bepaalde opgaven onthouden, dan geeft de rechter-commissaris hem dit mondeling te kennen.
(Zie ook: art. 30 WvSv)

Afwezigheid van verdachte bij verhoor

Vierde afdeeling
Het verhoor van den getuige

Art. 210
1. De rechter-commissaris verhoort den getuige, wiens verhoor door hem wenschelijk wordt geoordeeld, door den rechter wordt bevolen of door den officier van justitie wordt gevorderd. Hij kan diens dagvaarding bevelen.
(Zie ook: art. 185 WvSv)
2. De officier van justitie kan bij met redenen omklede beslissing weigeren een bevel van de rechter-commissaris tot dagvaarding als bedoeld in het eerste lid ten uitvoer te leggen, indien de officier van justitie de getuige heeft toegezegd dat hij op geen andere wijze dan als bedreigde getuige of als afgeschermde getuige wiens identiteit verborgen wordt gehouden, zal worden gehoord. Na de weigering onverwijld en schriftelijk ter kennis van de rechter-commissaris en de verdachte te hebben gebracht, dient de officier van justitie, indien hij zulks nog niet heeft gedaan, de vordering, bedoeld in artikel 226a, eerste lid, of artikel 226m, eerste lid, in.
3. Het tweede lid blijft buiten toepassing in geval van dagvaarding van de getuige als bedreigde getuige of als afgeschermde getuige wiens identiteit verborgen wordt gehouden.
(Zie ook: artt. 136c, 446 WvSv)

Verhoor van getuige door rechter-commissaris

Art. 211
De artikelen 203 en 204 vinden ten aanzien van het verhoor van getuigen, die zich in Aruba, Curaçao of Sint Maarten dan wel in de openbare lichamen Bonaire, Sint Eustatius en Saba ophouden, overeenkomstige toepassing.
(Zie ook: art. 234 WvSv)

Verhoor van getuige in andere rijksdelen

Art. 212
1. Indien de getuige verhinderd is te verschijnen, kan zijn verhoor geschieden op de plaats waar hij zich ophoudt.
2. De rechter-commissaris kan daartoe met de personen door hem aangewezen elke plaats betreden.
(Zie ook: art. 234 WvSv; art. 370 WvSr; art. 1 Awob)

Getuige verhinderd te verschijnen voor verhoor

Art. 213
[1.] Ieder die als getuige is gedagvaard, is verplicht voor den rechter-commissaris te verschijnen.

[2.] Indien de getuige niet op de dagvaarding verschijnt, kan de rechter-commissaris hem andermaal doen dagvaarden en daarbij voegen een bevel tot medebrenging of zoodanig bevel later uitvaardigen.
(Zie ook: artt. 205, 234, 287, 585 WvSv; artt. 192, 444 WvSr)

Verschijnplicht van getuige voor rechter-commissaris

Hernieuwde dagvaarding met bevel tot medebrenging van getuige door rechter-commissaris

Art. 214
[1.] Indien dit in het belang van het onderzoek dringend noodzakelijk is, kan de rechter-commissaris bevelen dat de overeenkomstig het voorgaande artikel medegebrachte getuige gedurende ten hoogste vier en twintig uren in eene door hem aan te wijzen plaats in verzekering zal worden gesteld.
[2.] Het bevel vermeldt de redenen die tot de inverzekeringstelling hebben geleid.
(Zie ook: art. 206 WvSv; art. 15 GW)

Inverzekeringstelling van getuige door rechter-commissaris

Art. 215
De getuige verklaart de geheele waarheid en niets dan de waarheid te zullen zeggen. De deskundige verklaart naar waarheid en zijn geweten te verklaren.
(Zie ook: artt. 221, 290 WvSv)

Verklaring van getuige door rechter-commissaris

Art. 216

Beëdiging van getuige of deskundige door rechter-commissaris

1. De rechter-commissaris beëdigt de getuige of deskundige indien:
   a. er naar zijn oordeel gegrond vermoeden bestaat dat deze niet op de terechtzitting zal kunnen verschijnen of dat diens gezondheid of welzijn door het afleggen van een verklaring ter terechtzitting in gevaar wordt gebracht, en het voorkomen van dit gevaar zwaarder weegt dan het belang om hem ter terechtzitting te ondervragen,
   b. de overlegging van beëdigde verklaringen noodzakelijk is om de uitlevering van de verdachte te verkrijgen;
   c. een afspraak ingevolge artikel 226h, derde lid, of artikel 226k, eerste lid, rechtmatig is geoordeeld.
2. Onverminderd de beëdiging van een getuige op grond van het eerste lid en de artikelen 226c, tweede lid, en 226n, tweede lid, kan de rechter-commissaris, indien hij dat noodzakelijk acht in verband met de betrouwbaarheid van de door de getuige af te leggen verklaring, overgaan tot beëdiging.
3. Indien de rechter-commissaris dit buiten de gevallen bedoeld in het eerste lid, onder a en b, noodzakelijk oordeelt, kan hij de deskundige bij zijn verhoor beëdigen.

Art. 216a

Inhoud beëdiging van getuige door rechter-commissaris

1. De rechter-commissaris beëdigt de getuige dat hij de gehele waarheid en niets dan de waarheid zal zeggen.

2. Indien een getuige met een psychische stoornis, psychogeriatrische aandoening of verstandelijke handicap naar het oordeel van de rechter-commissaris, de betekenis van de eed niet voldoende beseft, of indien de getuige de leeftijd van zestien jaar nog niet heeft bereikt, wordt hij niet beëdigd, maar aangemaand de gehele waarheid en niets dan de waarheid te zeggen.
3. De rechter-commissaris beëdigt de deskundige dat hij naar waarheid en zijn geweten zal verklaren.
4. De reden van beëdiging of aanmaning wordt in het proces-verbaal vermeld.

Art. 217

Verschoningsrecht van getuigen

Van het geven van getuigenis of van het beantwoorden van bepaalde vragen kunnen zich verschoonen:
1°. des verdachten of mede-verdachten bloed- of aanverwanten in de rechte lijn;
2°. des verdachten of mede-verdachten bloed- of aanverwanten in de zijlijn tot den derden graad ingesloten;
3°. des verdachten of mede-verdachten echtgenoot of eerdere echtgenoot dan wel geregistreerde partner of eerdere geregistreerde partner.
(Zie ook: art. 90 octies WvSr; art. 3 BW Boek 1)

Art. 218

Verschoning vanwege geheimhoudingsplicht van getuigen

Van het geven van getuigenis of van het beantwoorden van bepaalde vragen kunnen zich ook verschoonen zij die uit hoofde van hun stand, hun beroep of hun ambt tot geheimhouding verplicht zijn, doch alleen omtrent hetgeen waarvan de wetenschap aan hen als zoodanig is toevertrouwd.
(Zie ook: art. 272 WvSr)

Art. 218a

Verschoningsrecht journalist/publicist

1. Getuigen die als journalist of publicist in het kader van nieuwsgaring, beschikken over gegevens van personen die deze gegevens ter openbaarmaking hebben verstrekt, kunnen zich verschonen het beantwoorden van vragen over de herkomst van die gegevens.
2. De rechter-commissaris kan het beroep van de getuige, bedoeld in het eerste lid, afwijzen indien hij oordeelt dat bij het onbeantwoord blijven van vragen aan een zwaarder wegend maatschappelijk belang een onevenredig grote schade zou worden toegebracht.

Art. 219

Verschoningsrecht getuige in geval van familiebanden

De getuige kan zich verschoonen van het beantwoorden eener hem gestelde vraag, indien hij daardoor of zichzelf of een zijner bloed- of aanverwanten in de rechte lijn of in de zijlijn in den tweeden of derden graad of zijn echtgenoot of eerdere echtgenoot dan wel geregistreerde partner of eerdere geregistreerde partner aan het gevaar eener strafrechtelijke veroordeeling zou blootstellen.
(Zie ook: art. 341 WvSv; artt. 137, 189 WvSr; art. 3 BW Boek 1)

Art. 219a

Verschoning vanwege identiteit bedreigde getuige

De getuige die uit hoofde van zijn ambt of beroep betrokken is bij het verhoor van een bedreigde getuige of een verhoor waarbij artikel 187d is toegepast, dan wel een daaraan voorafgaand verhoor, kan zich verschonen van het beantwoorden van een hem gestelde vraag, voor zover zulks ter bescherming van de in artikel 187d, eerste lid, of artikel 226a, eerste lid, genoemde belangen noodzakelijk is.
(Zie ook: art. 136c WvSv)

Wetboek van Strafvordering

Art. 219b
De getuige die uit hoofde van zijn ambt of beroep betrokken is bij het verhoor van een afgeschermde getuige, verschoont zich van het beantwoorden van een te dien aanzien gestelde vraag.
(Zie ook: artt. 136d, 226m WvSv)

Verschoning vanwege afgeschermde getuige

Art. 220
[1.] De getuige legt zijne verklaring af, zonder zich van een schriftelijk opstel te mogen bedienen.

[2.] De rechter-commissaris kan echter om bijzondere redenen den getuige toestaan, bij zijne verklaring zoodanig gebruik te maken van geschriften of schriftelijke aanteekeningen als hij veroorloven zal.

Verklaring van getuige in schriftelijk opstel
Gebruik van geschriften door rechter-commissaris

Art. 221
[1.] Indien de getuige bij zijn verhoor zonder wettigen grond weigert op de gestelde vragen te antwoorden of de van hem gevorderde verklaring, eed of belofte af te leggen, beveelt de rechter-commissaris, zoo dit in het belang van het onderzoek dringend noodzakelijk is, hetzij ambtshalve, hetzij op de vordering van den officier van justitie of op het verzoek van den verdachte, dat de getuige in gijzeling zal worden gesteld totdat de rechtbank daaromtrent zal hebben beslist.
(Zie ook: art. 226a WvSv)

Gijzeling bij weigerachtige getuige door rechter-commissaris

[2.] De rechter-commissaris doet binnen vier en twintig uren nadat de gijzeling is aangevangen, verslag aan de rechtbank, tenzij de getuige reeds eerder uit de gijzeling mocht zijn ontslagen. De rechtbank beveelt binnen tweemaal vier en twintig uren daarna, na verhoor van den getuige, dat deze in gijzeling zal worden gehouden of daaruit zal worden ontslagen.
(Zie ook: artt. 225, 241b, 241c, 294, 446 WvSv; artt. 192, 444 WvSr)

Art. 222
1. De rechtbank beveelt de gijzeling van de getuige voor ten hoogste twaalf dagen indien dit in het belang van het onderzoek dringend noodzakelijk is. Zij bepaalt daarbij het tijdstip waarop de getuige wederom aan haar wordt voorgeleid teneinde te worden gehoord.

2. De rechtbank kan op verslag van de rechter-commissaris, op vordering van de officier van justitie, of op verzoek van de verdachte bevelen dat de gijzeling van de getuige die bij zijn verhoor te kennen heeft gegeven te blijven bij zijn weigering aan zijn verplichting tot antwoorden te voldoen en daarvoor geen wettige grond heeft, telkens met ten hoogste twaalf dagen wordt verlengd. Zij bepaalt daarbij telkens een tijdstip van voorgeleiding.

3. De rechtbank kan zich voorafgaand aan de beslissing tot het verlenen van het bevel tot gijzeling of de verlenging daarvan laten voorlichten door een vertegenwoordiger van de beroepsgroep, waartoe de getuige, bedoeld in artikelen 218 tot en met 219b, behoort.

Gijzeling getuige, duur

Art. 223
1. De rechter-commissaris beveelt het ontslag van den getuige uit de gijzeling, zoodra deze aan zijne verplichting heeft voldaan of zijne getuigenis niet meer noodig is.

2. De rechtbank kan te allen tijde, hetzij ambtshalve, hetzij op het verslag van den rechter-commissaris, op de vordering van den officier van justitie of op het verzoek van den getuige, diens ontslag uit de gijzeling bevelen. De getuige wordt gehoord, althans opgeroepen.

3. Ingeval zijn verzoek tot ontslag uit de gijzeling wordt afgewezen, staat den getuige binnen drie dagen na de beteekening der beschikking hooger beroep, en na afwijzing in hooger beroep, binnen gelijken termijn beroep in cassatie open. De artikelen 447-455 zijn van overeenkomstige toepassing.

4. In ieder geval gelast de officier van justitie het ontslag uit de gijzeling zodra het onderzoek door de rechter-commissaris is beëindigd.
(Zie ook: artt. 21, 130, 136, 241c, 445 WvSv)

Gijzeling getuige, ontslag

Art. 224
Alle beschikkingen waarbij gijzeling wordt bevolen of verlengd, of waarbij een verzoek van de getuige tot ontslag uit gijzeling wordt afgewezen, worden binnen vierentwintig uur aan de getuige betekend.
(Zie ook: art. 585 WvSv)

Gemotiveerde beschikking bij gijzeling van getuige

Art. 225
[1.] Gedurende de gijzeling kan de getuige zich beraden met een advocaat binnen het rijk de praktijk uitoefenende.

[2.] Deze heeft vrijen toegang tot den getuige, kan hem alleen spreken en met hem brieven wisselen zonder dat van den inhoud door anderen wordt kennisgenomen, een en ander onder het vereischte toezicht, met inachtneming van de huishoudelijke reglementen, en zonder dat het onderzoek daardoor mag worden opgehouden.

[3.] De rechter-commissaris staat den advocaat op diens verzoek toe van de processen-verbaal betreffende de verhooren van den getuige kennis te nemen.

Bijstand van advocaat gedurende de gijzeling
Verkeer met advocaat

Kennisneming van stukken

Wetboek van Strafvordering

[4.] Hij kan, voor zoover het belang van het onderzoek dit niet verbiedt, den advocaat op diens verzoek toestaan ook van de overige processtukken kennis te nemen.
(Zie ook: art. 137 WvSv; art. 43 WRB)

Art. 226

Verhoor van leden van het Koninklijk Huis

[1.] Tenzij zij bij Koninklijk besluit tot het afleggen van getuigenis zijn gemachtigd, worden niet als getuigen gehoord de Koning, de vermoedelijke opvolger van de Koning, hun echtgenoten, en de Regent.
[2.] Eene regeling van vormen welke bij het verhoor zijn in acht te nemen, wordt bij het besluit gegeven.

Vierde Afdeling A
Bedreigde getuigen

Art. 226a

Omstandigheden voor het verbergen van de identiteit van een getuige

1. De rechter-commissaris beveelt hetzij ambtshalve, hetzij op de vordering van de officier van justitie of op het verzoek van de verdachte of van de getuige, dat ter gelegenheid van het verhoor van die getuige diens identiteit verborgen wordt gehouden, indien:
a. de getuige of een andere persoon, met het oog op de door de getuige af te leggen verklaring, zich zodanig bedreigd kan achten dat, naar redelijkerwijze moet worden aangenomen, voor het leven, de gezondheid of de veiligheid dan wel de ontwrichting van het gezinsleven of het sociaal-economisch bestaan van die getuige of die andere persoon moet worden gevreesd, en
b. de getuige te kennen heeft gegeven wegens deze bedreiging geen verklaring te willen afleggen.
In het andere geval wijst hij de vordering of het verzoek af.

Verhoor van betrokkenen

2. De officier van justitie, de verdachte, en de getuige worden in de gelegenheid gesteld daaromtrent te worden gehoord. Aan de getuige die nog geen rechtsbijstand heeft, wordt een advocaat toegevoegd. De toevoeging geschiedt op last van de rechter-commissaris door het bestuur van de raad voor rechtsbijstand.

Verhoor getuige na onherroepelijke beschikking

3. De rechter-commissaris gaat niet over tot het verhoor van de getuige, zolang tegen zijn beschikking nog hoger beroep openstaat en, zo dit is ingesteld, totdat het is ingetrokken of daarop is beslist, tenzij het belang van het onderzoek geen uitstel van het verhoor gedoogt. In dat geval houdt de rechter-commissaris het proces-verbaal van verhoor van de getuige onder zich totdat op het hoger beroep is beslist.
(Zie ook: artt. 136c, 138, 264, 285a WvSv)

Art. 226b

Inhoud en betekening van de beschikking door rechter-commissaris

1. De ingevolge artikel 226a, eerste lid, gegeven beschikking van de rechter-commissaris is met redenen omkleed, gedagtekend en ondertekend en wordt onverwijld schriftelijk ter kennis gebracht van de officier van justitie en betekend aan de verdachte en de getuige, met vermelding van de termijn waarbinnen en de wijze waarop het rechtsmiddel, dat tegen de beschikking openstaat, moet worden ingesteld.
2. Tegen de beschikking staat voor de officier van justitie binnen veertien dagen na de dagtekening van de beschikking en voor de verdachte en de getuige binnen veertien dagen na de betekening daarvan hoger beroep open bij het gerecht in feitelijke aanleg, waarvoor de zaak wordt vervolgd.
(Zie ook: artt. 451b, 585 WvSv)

Snelle uitspraak

3. Het gerecht beslist zo spoedig mogelijk. Indien het hoger beroep tegen een overeenkomstig artikel 226a, eerste lid, gegeven bevel gegrond wordt geoordeeld en de rechter-commissaris de getuige reeds met inachtneming van de artikelen 226c-226f heeft verhoord, draagt de rechter-commissaris zorg dat het proces-verbaal van verhoor van de getuige wordt vernietigd. De rechter-commissaris maakt hiervan proces-verbaal op. Artikel 226f is van overeenkomstige toepassing.

Cassatie niet mogelijk

4. Tegen de beschikking van het gerecht is beroep in cassatie niet toegelaten.
(Zie ook: art. 445 WvSv)
5. Indien in hoger beroep onherroepelijk is beslist dat de getuige een bedreigde getuige is, nemen de leden van het gerecht, op straffe van nietigheid, niet aan het onderzoek ter terechtzitting deel. Artikel 21, derde lid, blijft buiten toepassing.
(Zie ook: artt. 210, 268 WvSv)

Art. 226c

Kennis van identiteit bedreigde getuige door rechter-commissaris

1. Voorafgaand aan het verhoor van een bedreigde getuige stelt de rechter-commissaris zich op de hoogte van diens identiteit en vermeldt in het proces-verbaal dit te hebben gedaan.

Beëdiging

2. De getuige wordt overeenkomstig het bepaalde in artikel 216 beëdigd of aangemaand.

Wijze van verhoor

3. De rechter-commissaris verhoort de bedreigde getuige op een zodanige wijze dat zijn identiteit verborgen blijft.
(Zie ook: art. 342 WvSv)

Wetboek van Strafvordering

Art. 226d
1. Indien het belang van het verborgen blijven van de identiteit van de bedreigde getuige zulks vordert, kan de rechter-commissaris bepalen dat de verdachte of diens raadsman dan wel beiden het verhoor van de bedreigde getuige niet mogen bijwonen. In het laatste geval is ook de officier van justitie niet bevoegd daarbij tegenwoordig te zijn.

Aanwezigheid van verdachte, raadsman en officier van justitie bij verhoor van bedreigde getuige

2. De rechter-commissaris stelt de officier van justitie, de verdachte of diens raadsman, indien hij het verhoor van de getuige niet heeft bijgewoond, zo spoedig mogelijk in kennis van de inhoud van de door de getuige afgelegde verklaring, hem de gelegenheid biedende door middel van telecommunicatie of, indien het belang van het verborgen blijven van de identiteit van de bedreigde getuige zulks niet verdraagt, schriftelijk de vragen op te geven, die hij gesteld wenst te zien. Tenzij het belang van het onderzoek geen uitstel van het verhoor gedoogt, kunnen vragen reeds vóór de aanvang van het verhoor worden opgegeven.

Reactie op verklaring door verdachte of raadsman

3. Ingeval de rechter-commissaris belet dat een door de bedreigde getuige gegeven antwoord ter kennis komt van de officier van justitie, de verdachte of diens raadsman, doet de rechter-commissaris in het proces-verbaal opnemen dat de gestelde vraag door de bedreigde getuige is beantwoord.

Geheimhouding antwoord

(Zie ook: artt. 30, 186a, 264 WvSv)

Art. 226e
Tijdens het verhoor onderzoekt de rechter-commissaris de betrouwbaarheid van de bedreigde getuige en legt daaromtrent in het proces-verbaal rekenschap af.

Betrouwbaarheid van bedreigde getuige

Art. 226f
1. De rechter-commissaris neemt, zoveel mogelijk in overleg met de officier van justitie, de maatregelen die redelijkerwijs nodig zijn om de identiteit van de bedreigde getuige en de getuige, ten aanzien van wie een verzoek of vordering als bedoeld in artikel 226a, eerste lid, is ingediend zolang daaromtrent nog niet onherroepelijk is beslist, verborgen te houden.

Maatregelen ter bescherming van identiteit bedreigde getuige door rechter-commissaris

2. Hij is bevoegd voor dat doel in processtukken gegevens betreffende de identiteit van de getuige onvermeld te laten of processtukken te anonimiseren.
3. De anonimisering wordt door de rechter-commissaris en de griffier ondertekend of gewaarmerkt.

(Zie ook: artt. 172, 175 WvSv)

Vierde afdeling B
Toezeggingen aan getuigen die tevens verdachte zijn

Art. 226g
1. De officier van justitie geeft aan de rechter-commissaris kennis van de afspraak die hij voornemens is te maken met een verdachte die bereid is een getuigenverklaring af te leggen in de strafzaak tegen een andere verdachte in ruil voor de toezegging dat bij de vervolging in zijn eigen strafzaak strafvermindering met toepassing van artikel 44a van het Wetboek van Strafrecht zal worden gevorderd. De afspraak heeft uitsluitend betrekking op het afleggen van een getuigenverklaring in het kader van een opsporingsonderzoek naar misdrijven, als omschreven in artikel 67, eerste lid, van het Wetboek van Strafvordering die gepleegd zijn in georganiseerd verband en gezien hun aard of de samenhang met andere door de verdachte begane misdrijven een ernstige inbreuk op de rechtsorde opleveren of naar misdrijven waarop naar de wettelijke omschrijving een gevangenisstraf van acht jaren of meer is gesteld. De afspraak heeft uitsluitend betrekking op strafvermindering als bedoeld in artikel 44a, tweede lid.

Kennisgeving aan rechter-commissaris van afspraak tussen getuige of verdachte en officier van justitie

2. De voorgenomen afspraak is op schrift gesteld en bevat een zo nauwkeurig mogelijke omschrijving van:
a. de misdrijven waarover en ten aanzien van mogelijk de verdachte tegen wie de getuige, bedoeld in het eerste lid, bereid is een getuigenverklaring af te leggen;
b. de strafbare feiten waarvoor de getuige in de zaak waarin hij zelf verdachte is, zal worden vervolgd en op welke die toezegging betrekking heeft;
c. de voorwaarden die aan de getuige, tevens verdachte, worden gesteld en waaraan deze bereid is te voldoen;
d. de inhoud van de toezegging van de officier van justitie.
3. Op vordering van de officier van justitie toetst de rechter-commissaris de rechtmatigheid van de in het tweede lid bedoelde afspraak. De officier van justitie verschaft de rechter-commissaris de gegevens die hij voor de beoordeling daarvan behoeft.
4. Van afspraken die niet worden aangemerkt als een afspraak, bedoeld in het eerste lid, en die voor het onderzoek in de zaak van betekenis kunnen zijn, wordt proces-verbaal opgemaakt. Dit proces-verbaal wordt door de officier van justitie ten spoedigste bij de processtukken gevoegd.

(Zie ook: art. 344a WvSv; art. 192 WvSr)

C2 art. 226h — Wetboek van Strafvordering

Art. 226h

Overleg tussen officier van justitie en getuige

1. De getuige die met de officier van justitie overlegt over het maken van een afspraak op de voet van artikel 226g, kan zich laten bijstaan door een advocaat. Aan de getuige die nog geen rechtsbijstand heeft, wordt een advocaat toegevoegd. De toevoeging geschiedt op last van de rechter-commissaris door het bestuur van de raad voor rechtsbijstand.
2. De rechter-commissaris hoort de getuige, bedoeld in artikel 226g, eerste lid, over de voorgenomen afspraak.
3. De rechter-commissaris beoordeelt de rechtmatigheid van de afspraak; hij houdt daarbij rekening met de dringende noodzaak en met het belang van het verkrijgen van de door de getuige af te leggen verklaring. Hij geeft tevens een oordeel over de betrouwbaarheid van de getuige. Hij legt zijn oordeel neer in een beschikking. Indien hij de afspraak rechtmatig oordeelt, komt deze tot stand.
4. De officier van justitie voegt de processen-verbaal en andere voorwerpen waaraan gegevens kunnen worden ontleend die zijn verkregen door het maken van een afspraak als bedoeld in artikel 226g niet bij de processtukken voordat de rechter-commissaris de afspraak rechtmatig heeft geoordeeld.

(Zie ook: art. 344a WvSv; art. 192 WvSr)

Art. 226i

Beschikking in geval van art. 226h Sv.

1. De beschikking van de rechter-commissaris op grond van artikel 226h, derde lid, is met redenen omkleed, gedagtekend en ondertekend en wordt onverwijld schriftelijk ter kennis gebracht van de officier van justitie en de getuige.
2. Tegen de beschikking van de rechter-commissaris waarin de voorgenomen afspraak niet rechtmatig wordt geoordeeld, staat voor de officier van justitie binnen veertien dagen na dagtekening van de beschikking hoger beroep open bij de rechtbank. De rechtbank beslist zo spoedig mogelijk.
3. Tegen de beschikking van de rechtbank is geen beroep in cassatie toegelaten.

Art. 226j

Rechtmatig oordelen van afspraak tussen getuige en officier van justitie

1. Nadat de afspraak rechtmatig is geoordeeld wordt de getuige bedoeld in artikel 226g, eerste lid, door de rechter-commissaris gehoord.
2. Deze getuige kan niet worden gehoord met toepassing van de artikelen 226a tot en met 226f.
3. Zodra het belang van het onderzoek dat toelaat, geeft de rechter-commissaris van het totstandkomen van de afspraak en de inhoud daarvan kennis aan de verdachte, te wiens laste de verklaring is afgelegd, met dien verstande dat geen mededeling behoeft te worden gedaan van de maatregelen, bedoeld in artikel 226l.
4. De rechter-commissaris kan in het belang van het onderzoek ambtshalve, op vordering van de officier van justitie of op verzoek van de getuige bevelen dat de identiteit van de getuige voor een bepaalde termijn voor de verdachte verborgen wordt gehouden. Het bevel wordt voor de beëindiging van het onderzoek door de rechter-commissaris opgeheven.

Vierde afdeling C
Toezeggingen aan getuigen die reeds veroordeeld zijn

Art. 226k

Toezeggingen aan veroordeelde getuige

1. De artikelen 226g tot en met 226j zijn van overeenkomstige toepassing indien de officier van justitie voornemens is een afspraak te maken met een veroordeelde die bereid is een getuigenverklaring af te leggen, in ruil voor de toezegging van de officier van justitie dat deze bij de indiening van een verzoekschrift om gratie een positief advies tot vermindering van de opgelegde straf met maximaal de helft zal uitbrengen. De voorwaarden voor het uitbrengen van een positief advies zijn dezelfde als genoemd in artikel 44a van het Wetboek van Strafrecht voor het vorderen en toepassen van strafvermindering.
2. Bij het op schrift stellen van de voorgenomen afspraak geldt niet het vereiste genoemd in artikel 226g, tweede lid, onder b.

(Zie ook: art. 344a WvSV; art. 192 WvSr)

Vierde afdeling D
Maatregelen tot bescherming van getuigen

Art. 226l

Maatregelen tot bescherming van getuigen

1. Onze Minister van Veiligheid en Justitie kan op bij algemene maatregel van bestuur te bepalen wijze specifieke maatregelen treffen voor de feitelijke bescherming van getuigen, bedoeld in de artikelen 226a, 226g, 226k en 226m.
2. Het eerste lid is van overeenkomstige toepassing op een persoon die medewerking heeft verleend aan de met opsporing en vervolging van strafbare feiten belaste autoriteiten, voor zover

daartoe een dringende noodzaak is ontstaan als gevolg van die medewerking en daarmee verband houdend overheidsoptreden.
3. Onze Minister van Veiligheid en Justitie kan ambtenaren belast met de opsporing van strafbare feiten aanwijzen. Die ambtenaren zijn, ter uitvoering van het krachtens het eerste en tweede lid bepaalde, bevoegd zich voor medewerking bij de te verlenen feitelijke bescherming te wenden tot een ieder.
4. Indien de in het derde lid bedoelde medewerking niet wordt verleend, kan de officier van justitie in het belang van de feitelijke bescherming van de getuige, deze medewerking vorderen.
5. De geldende wettelijke voorschriften ter zake van de in het derde en vierde lid bedoelde medewerking blijven, voor zover deze in de weg staan aan het verlenen van de medewerking, buiten toepassing.
6. Degene tot wie een verzoek tot medewerking als bedoeld in het derde lid of een vordering als bedoeld in het vierde lid is gericht, neemt in belang van de feitelijke bescherming van de getuige geheimhouding in acht over al hetgeen hem bekend is ten aanzien van het verzoek tot medewerking of de vordering.
7. Een vordering als bedoeld in het vierde lid kan niet worden gericht tot de verdachte. Artikel 96a, derde lid, is van overeenkomstige toepassing.

Vierde afdeling E
Afgeschermde getuigen

Art. 226m
1. De rechter-commissaris beveelt hetzij ambtshalve, hetzij op de vordering van de officier van justitie of op het verzoek van de verdachte of van de getuige, dat een getuige als afgeschermde getuige wordt gehoord indien, naar redelijkerwijze moet worden aangenomen, het belang van de staatsveiligheid dat eist.
2. De officier van justitie, de verdachte en de getuige worden in de gelegenheid gesteld daaromtrent te worden gehoord.
3. De rechter-commissaris maakt in zijn proces-verbaal melding van de redenen waarom het eerste lid toepassing heeft gevonden.
4. Hoger beroep of beroep in cassatie is tegen een beslissing op grond van het eerste lid niet toegelaten.
(Zie ook: artt. 136d, 190, 219b WvSv)

Aanwijzing van een afgeschermde getuige

Art. 226n
1. De rechter-commissaris beveelt hetzij ambtshalve, hetzij op de vordering van de officier van justitie of op het verzoek van de verdachte of van de getuige, dat ter gelegenheid van het verhoor van de afgeschermde getuige diens identiteit verborgen wordt gehouden, indien een zwaarwegend belang van de getuige of een ander dan wel het belang van de staatsveiligheid dat vereist. In dat geval stelt hij zich voorafgaand aan het verhoor van de afgeschermde getuige op de hoogte van diens identiteit en vermeldt hij in het proces-verbaal dit te hebben gedaan.
2. De getuige wordt overeenkomstig artikel 216 beëdigd of aangemaand.
3. Indien de rechter-commissaris in het eerste lid omschreven bevel geeft, hoort hij de afgeschermde getuige op een zodanige wijze dat zijn identiteit verborgen blijft.
(Zie ook: artt. 136d, 190, 219b WvSv)

Identiteit afgeschermde getuige verbergen

Art. 226o
Tot bijwoning van het verhoor van een afgeschermde getuige kan de rechter-commissaris bijzondere toegang verlenen.
(Zie ook: artt. 136d, 190, 219b WvSv)

Bijzondere toegang tot verhoor van afgeschermde getuige

Art. 226p
1. De rechter-commissaris beveelt, indien de getuige daarmee instemt, het proces-verbaal aan de officier van justitie, de verdachte alsmede diens raadsman. De getuige kan zijn instemming slechts onthouden indien het belang van de staatsveiligheid dit vereist. In geval de getuige zijn instemming onthoudt, draagt de rechter-commissaris er zorg voor dat het proces-verbaal van verhoor en alle andere gegevens betreffende het verhoor onverwijld worden vernietigd. De rechter-commissaris maakt hiervan proces-verbaal op.
2. De rechter-commissaris draagt er zorg voor dat het proces-verbaal van verhoor van de afgeschermde getuige geen verklaring bevat die strijdig is met een belang als bedoeld in artikel 226n, eerste lid.
3. De rechter-commissaris verstrekt, indien de getuige daarmee instemt, het proces-verbaal aan de officier van justitie, de verdachte alsmede diens raadsman. De getuige kan zijn instemming slechts onthouden indien het belang van de staatsveiligheid dit vereist. In geval de getuige zijn instemming onthoudt, draagt de rechter-commissaris er zorg voor dat het proces-verbaal van verhoor en alle andere gegevens betreffende het verhoor onverwijld worden vernietigd. De rechter-commissaris maakt hiervan proces-verbaal op.
4. De rechter-commissaris biedt de officier van justitie, de verdachte of diens raadsman, indien deze het verhoor van de getuige niet heeft bijgewoond, de gelegenheid door middel van telecommunicatie of, indien zulks zich niet verdraagt met een belang als bedoeld in het eerste lid,

Afwezigheid verdachte bij verhoor van afgeschermde getuige

schriftelijk de vragen op te geven, die hij gesteld wenst te zien. Tenzij het belang van het onderzoek geen uitstel van het verhoor gedoogt, kunnen vragen reeds voor de aanvang van het verhoor worden opgegeven.
5. Artikel 226d, derde lid, is van overeenkomstige toepassing.
(Zie ook: artt. 136d, 190, 219b WvSv)

Art. 226q

Verklaring van afgeschermde getuige toetsen

Tijdens het verhoor van de afgeschermde getuige onderzoekt de rechter-commissaris de betrouwbaarheid van de verklaring van de afgeschermde getuige en hij legt daarover in het proces-verbaal rekenschap af.
(Zie ook: artt. 136d, 190, 219b WvSv)

Art. 226r

Maatregelen ter geheimhouding van identiteit afgeschermde getuige

1. De rechter-commissaris neemt, indien hij het in artikel 226n, eerste lid, omschreven bevel geeft, hetzij ambtshalve, hetzij op vordering van de officier van justitie, de maatregelen die redelijkerwijs nodig zijn om de identiteit van de afgeschermde getuige en de persoon ten aanzien van wie een verzoek of een vordering als bedoeld in artikel 226n, eerste lid, wordt gedaan, verborgen te houden.
2. Artikel 226f, tweede en derde lid, is van overeenkomstige toepassing.
(Zie ook: artt. 136d, 190, 219b WvSv)

Art. 226s

Proces-verbaal van verhoor afgeschermde getuige

1. De rechter-commissaris voegt, indien de afgeschermde getuige daarmee instemt, het proces-verbaal van verhoor bij de processtukken.

2. Artikel 226p, derde lid, is, behoudens de eerste volzin, van overeenkomstige toepassing.
(Zie ook: artt. 136d, 190, 219b WvSv)

Vijfde afdeeling
Deskundigen

Art. 227

Deskundige benoemen door rechter-commissaris

1. De rechter-commissaris kan in het belang van het onderzoek ambtshalve, op vordering van de officier van justitie of op verzoek van de verdachte, een of meer deskundigen benoemen.
2. Bij het verzoek van de verdachte om een deskundige te benoemen kan hij een of meer personen als deskundige aanbevelen. Tenzij het belang van het onderzoek zich hiertegen verzet, kiest de rechter-commissaris een of meer der deskundigen uit de door de verdachte aanbevolen personen. Artikel 51k, tweede lid, is van overeenkomstige toepassing.

Art. 228

Kennisgeving benoeming deskundige door rechter-commissaris

1. De rechter-commissaris geeft kennis van zijn beslissing tot benoeming van een deskundige aan de officier van justitie en de verdachte en van de opdracht die aan de deskundige is verstrekt.
2. In het belang van het onderzoek kan de rechter-commissaris ambtshalve of op vordering van de officier van justitie de kennisgeving, bedoeld in het eerste lid, uitstellen, totdat het belang van het onderzoek zich daartegen niet meer verzet.
3. Op vordering van de officier van justitie of op verzoek van de verdachte kan de rechter-commissaris aanvullend onderzoek bevelen. De rechter-commissaris doet daarvan mededeling aan de deskundige, de officier van justitie en de verdachte.
4. De verdachte aan wie van de opdracht aan de deskundige kennis is gegeven, is bevoegd zijnerzijds een deskundige aan te wijzen, die het recht heeft bij het onderzoek van de deskundige tegenwoordig te zijn, daarbij de nodige aanwijzingen te doen en opmerkingen te maken. Hij doet daarvan binnen een week na de dagtekening van de mededeling op grond van het eerste lid, opgave aan de rechter-commissaris en de officier van justitie.

Art. 229

Deskundigenrapport

1. De deskundige kan zich voor het uitbrengen van zijn rapport ter verheldering van zijn opdracht wenden tot de rechter-commissaris. Van zijn antwoord daarop doet de rechter-commissaris mededeling aan de officier van justitie en de verdachte. De rechter-commissaris kan eveneens een mondeling onderhoud gelasten met de deskundige. Hij stelt de officier van justitie en de verdachte in de gelegenheid daarbij tegenwoordig te zijn.
2. In het belang van het onderzoek kan de mededeling aan de verdachte bedoeld in het eerste lid, worden uitgesteld; om dezelfde reden kan de rechter-commissaris afzien van de mogelijkheid van aanwezigheid van officier van justitie en verdachte bij het onderhoud met de deskundige.

Art. 230

Kopie van deskundigenrapport

1. Nadat de deskundige zijn rapport aan de rechter-commissaris heeft ingezonden, doet de rechter-commissaris daarvan een kopie toekomen aan de officier van justitie en de verdachte. Artikel 228, tweede lid, is van overeenkomstige toepassing.
2. De verdachte aan wie van de uitslag van het onderzoek is kennis gegeven, is bevoegd een deskundige aan te wijzen, die het recht heeft het toegezonden verslag te onderzoeken.

Wetboek van Strafvordering

C2 art. 242

Art. 231
1. Ingeval het rapport van de deskundige daartoe aanleiding geeft, kan de rechter-commissaris, ambtshalve, op de vordering van de officier van justitie of op het verzoek van de verdachte, nader onderzoek opdragen aan dezelfde deskundige dan wel onderzoek aan een of meer andere deskundigen opdragen. De artikelen 229 en 230 zijn van overeenkomstige toepassing.

2. De rechter-commissaris verstrekt aan de op grond van het eerste lid benoemde nieuwe deskundige een kopie van het verslag.

Nader onderzoek na deskundigenrapport

Art. 232
De rechter-commissaris kan de deskundige ambtshalve, op vordering van de officier van justitie of op verzoek van de verdachte horen. De rechter-commissaris kan zijn dagvaarding bevelen. Ten aanzien van de deskundige en zijn verhoor vinden de artikelen 211 tot en met 213 overeenkomstige toepassing.

Verhoor verdachte na deskundigenrapport

Art. 233-235
[Vervallen]

Art. 236
De rechter-commissaris kan den deskundigen geheimhouding opleggen.
(Zie ook: artt. 184, 272 WvSr)

Geheimhouding opleggen aan deskundigen

Zesde afdeling
Beëindiging van het onderzoek

Art. 237
Indien de rechter-commissaris de onderzoekshandelingen heeft voltooid, of indien tot voorzetting van het onderzoek geen grond bestaat, beëindigt hij het onderzoek. Hij zendt de daarop betrekking hebbende stukken aan de officier van justitie en in afschrift tevens aan de verdachte.

Voltooiing onderzoekshandelingen door rechter-commissaris

Art. 238
1. Indien de officier van justitie de rechter-commissaris schriftelijk mededeelt dat hij van verdere vervolging afziet, beëindigt de rechter-commissaris het onderzoek.
2. De officier van justitie die voornemens is de verdachte te dagvaarden terwijl de rechter-commissaris nog onderzoekshandelingen verricht, stelt de rechter-commissaris hiervan zo spoedig mogelijk in kennis. De rechter-commissaris kan, zonodig na de officier van justitie en de verdachte of diens raadsman te hebben gehoord, het onderzoek beëindigen. Indien hij zijn onderzoek voortzet, doet hij een proces-verbaal in het dossier opnemen met de mededeling dat het onderzoek uit hoofde van deze Titel nog niet is afgerond.

Beëindiging onderzoek door rechter-commissaris

Art. 239-241a
[Vervallen]

Zevende afdeling
Bevoegdheden van de raadsman

Art. 241b
Elke bevoegdheid aan de verdachte bij deze Titel toegekend komt mede toe aan diens raadsman.
(Zie ook: artt. 38, 51, 316 WvSv)

Bevoegdheden van raadsman

Achtste afdeling
Geen beroep in cassatie voor het openbaar ministerie

Art. 241c
In afwijking van artikel 446, tweede lid, staat voor het openbaar ministerie tegen een beschikking van de rechtbank, gegeven in hoger beroep ingesteld tegen een beschikking van de rechter-commissaris, waarbij een krachtens deze Titel genomen vordering niet is toegewezen, geen beroep in cassatie open.

Cassatie door openbaar ministerie tegen beschikking van de rechtbank

Titel IV
Beslissingen omtrent verdere vervolging

Art. 242
[1.] Indien naar aanleiding van het ingestelde voorbereidende onderzoek het openbaar ministerie van oordeel is dat verdere vervolging moet plaats hebben, door het uitvaardigen van een strafbeschikking of anderszins, gaat het daartoe zoo spoedig mogelijk over.
(Zie ook: art. 257a WvSv)
[2.] Zoolang het onderzoek op de terechtzitting nog niet is aangevangen, kan van verdere vervolging worden afgezien, ook op gronden aan het algemeen belang ontleend. Het openbaar

Verdere vervolging door openbaar ministerie

Opportuniteitsbeginsel

ministerie kan, onder het stellen van bepaalde voorwaarden, de beslissing of verdere vervolging plaats moet hebben voor een daarbij te bepalen termijn uitstellen.
(*Zie ook: artt. 132, 167, 253, 258 WvSv*)

3. Indien de officier van justitie voorwaarden stelt betreffende het gedrag van de verdachte, stelt hij tevens als voorwaarde dat de verdachte ten behoeve van het vaststellen van zijn identiteit medewerking verleent aan het nemen van een of meer vingerafdrukken of een identiteitsbewijs als bedoeld in artikel 1 van de Wet op de identificatieplicht ter inzage aanbiedt, voor zover dit nog niet is geschied. Ten behoeve van de naleving van de voorwaarden wordt bij de uitvoering daarvan de identiteit van de verdachte vastgesteld op de wijze, bedoeld in artikel 27a, eerste lid, eerste volzin, en tweede lid.

Art. 243

Kennisgeving niet-verdere vervolging door openbaar ministerie

1. Indien de officier van justitie afziet van verdere vervolging, doet hij de verdachte daarvan onverwijld schriftelijk mededeling.

2. Indien terzake van het feit aan de verdachte een bestuurlijke boete is opgelegd, dan wel een mededeling als bedoeld in artikel 5:50, tweede lid, onderdeel a, van de Algemene wet bestuursrecht is verzonden, heeft dit dezelfde rechtsgevolgen als een kennisgeving van niet verdere vervolging.

3. De kennisgeving van niet verdere vervolging wordt aan de verdachte betekend.

4. De officier van justitie doet in geval van vervolging wegens een misdrijf aan de rechtstreeks belanghebbende die hem bekend is, onverwijld schriftelijk mededeling van de kennisgeving van niet verdere vervolging.

5. Indien in de zaak een bevel krachtens de artikelen 12 of 13 is gevraagd of gegeven, doet de officier van justitie een mededeling dat van verdere vervolging wordt afgezien niet dan nadat daarin is bewilligd door het gerechtshof binnen wiens rechtsgebied de vervolging is ingesteld. De officier van justitie doet te dien einde de processtukken, vergezeld van een verslag houdende de gronden voor de mededeling dat van verdere vervolging wordt afgezien, toekomen aan het gerechtshof.

Art. 244-245a
[Vervallen]

Art. 246

Einde van de vervolging Voortzetting voor ander gerecht

1. Door eene kennisgeving van niet verdere vervolging eindigt de zaak.

2. Ingeval van onbevoegdheid der rechtbank kan het onderzoek echter voor een ander gerecht worden voortgezet. Zulks is eveneens mogelijk indien de zaak wordt verenigd met een strafzaak welke voor een andere rechtbank in onderzoek is.

Art. 247

Vermelding van de grond voor niet-verdere vervolging

Indien de zaak niet verder wordt vervolgd op grond van:
a. onbevoegdheid van de rechtbank tot kennisneming van het feit,
b. vereniging met een strafzaak welke voor een andere rechtbank in onderzoek is,
c. niet-ontvankelijkheid van de officier van justitie,
d. niet-strafbaarheid van het feit of van de verdachte,
e. onvoldoende aanwijzing van schuld,
wordt van die grond in de kennisgeving melding gemaakt.

Art. 248-254
[Vervallen]

Art. 255

Uitzondering op beëindiging van de zaak

1. De verdachte kan na zijn buitenvervolgingstelling, na de hem betekende beschikking, houdende verklaring dat de zaak geëindigd is, of na de hem betekende kennisgeving van niet verdere vervolging, in het laatste geval behoudens artikel 12i of artikel 246, ter zake van hetzelfde feit niet opnieuw in rechten worden betrokken tenzij nieuwe bezwaren bekend zijn geworden.

2. Als nieuwe bezwaren kunnen enkel worden aangemerkt verklaringen van getuigen of van den verdachte en stukken, bescheiden en processen-verbaal, welke later zijn bekend geworden of niet zijn onderzocht.

3. In dat geval kan de verdachte niet ter terechtzitting van de rechtbank worden gedagvaard, dan na een ter zake van deze nieuwe bezwaren ingesteld opsporingsonderzoek.

4. Tot de instelling van een opsporingsonderzoek als bedoeld in het derde lid wordt niet overgegaan dan na machtiging door de rechter-commissaris, verleend op vordering van de officier van justitie die met de opsporing van het strafbare feit is belast.

Art. 255a

Ne bis in idem

1. Indien tegen de verdachte een strafbeschikking is uitgevaardigd die volledig ten uitvoer is gelegd, kan hij, behoudens het bepaalde bij artikel 12i, ter zake van hetzelfde feit niet opnieuw in rechten worden betrokken.

2. Het eerste lid is van overeenkomstige toepassing indien de officier van justitie een strafbeschikking intrekt.

Wetboek van Strafvordering

C2 art. 257a

3. Indien de verdachte wegens een in een strafbeschikking vermeld feit wordt gedagvaard, is de strafbeschikking niet meer voor tenuitvoerlegging vatbaar. De tenuitvoerlegging die reeds is aangevangen, wordt geschorst of opgeschort.
(Zie ook: art. 257a WvSv; art. 68 WvSr)

Slotbepalingen betreffende het voorbereidend onderzoek

Art. 256

[1.] Indien de rechtbank blijkt dat bij het voorbereidend onderzoek vormen zijn verzuimd of verzuim of nietigheid van eene wettelijke voorgeschreven beteekening heeft plaats gehad, is artikel 199 van overeenkomstige toepassing. — **Vormverzuim in voorbereidend onderzoek**

[2.] Is het onderzoek op de terechtzitting aangevangen, dan kan, verzuim van vormen bij het voorbereidende onderzoek niet meer tot nietigheid leiden.
(Zie ook: artt. 132, 270 WvSv; art. 79 Wet RO)

Art. 257

[Vervallen]

Titel IVa
Vervolging door een strafbeschikking

Eerste afdeling
De strafbeschikking

Art. 257a

1. De officier van justitie kan, indien hij vaststelt dat een overtreding is begaan dan wel een misdrijf waarop naar de wettelijke omschrijving gevangenisstraf is gesteld van niet meer dan zes jaar, een strafbeschikking uitvaardigen. — **Strafbeschikking door het openbaar ministerie**

2. De volgende straffen en maatregelen kunnen worden opgelegd: — **Straffen en maatregelen**
   a. een taakstraf van ten hoogste honderdtachtig uren;
   b. een geldboete;
   c. onttrekking aan het verkeer;
   d. de verplichting tot betaling aan de staat van een som gelds ten behoeve van het slachtoffer;
   e. ontzegging van de bevoegdheid tot het besturen van motorrijtuigen voor ten hoogste zes maanden.
(Zie ook: artt. 22c, 23, 36b, 36f WvSr; art. 179 WVW 1994)

3. Voorts kan de strafbeschikking aanwijzingen bevatten waaraan de verdachte moet voldoen. Zij kunnen inhouden: — **Aanwijzingen voor verdachte**
   a. afstand van voorwerpen die in beslag zijn genomen en vatbaar zijn voor verbeurdverklaring of onttrekking aan het verkeer;
   b. uitlevering, of voldoening aan de staat van de geschatte waarde, van voorwerpen die vatbaar zijn voor verbeurdverklaring;
   c. voldoening aan de staat van een geldbedrag of overdracht van in beslag genomen voorwerpen ter gehele of gedeeltelijke ontneming van het ingevolge artikel 36e van het Wetboek van Strafrecht voor ontneming vatbare wederrechtelijk verkregen voordeel;
   d. storting van een vast te stellen som gelds in het schadefonds geweldsmisdrijven of ten gunste van een instelling die zich ten doel stelt belangen van slachtoffers van strafbare feiten te behartigen, waarbij het bedrag niet hoger kan zijn dan de geldboete die ten hoogste voor het feit kan worden opgelegd;
   e. andere aanwijzingen, het gedrag van de verdachte betreffend, waaraan deze gedurende een bij de strafbeschikking te bepalen proeftijd van ten hoogste een jaar heeft te voldoen.

4. Bij het opleggen van een taakstraf en het geven van aanwijzingen als bedoeld in het derde lid, onder e, geldt als voorwaarde dat de verdachte ten behoeve van het vaststellen van zijn identiteit medewerking verleent aan het nemen van een of meer vingerafdrukken of een identiteitsbewijs als bedoeld in artikel 1 van de Wet op de identificatieplicht ter inzage aanbiedt.

5. Bij de tenuitvoerlegging van de taakstraf en de begeleiding bij de naleving van de aanwijzingen, bedoeld in het derde lid, onder e, wordt de identiteit van de verdachte vastgesteld.

6. De strafbeschikking is schriftelijk en vermeldt: — **Inhoud beschikking**
   a. de naam en het van de verdachte bekende adres;
   b. een opgave van het feit als bedoeld in artikel 261, eerste en tweede lid, dan wel een korte omschrijving van de gedraging ter zake waarvan de strafbeschikking wordt uitgevaardigd, alsmede de tijd waarop en de plaats waar deze gedraging werd verricht;
   c. het strafbare feit dat deze gedraging oplevert;
   d. de opgelegde straffen, maatregelen en aanwijzingen;
   e. de dag waarop zij is uitgevaardigd;
   f. de wijze waarop verzet kan worden ingesteld;

g. de wijze van tenuitvoerlegging.
(Zie ook: art. 255a WvSv)

Vertaling

7. Indien blijkt dat de verdachte de Nederlandse taal niet of onvoldoende beheerst en de strafbeschikking is uitgevaardigd wegens een misdrijf, wordt de strafbeschikking of in ieder geval de in het zesde lid bedoelde onderdelen daarvan vertaald in een voor de verdachte begrijpelijke taal. De verdachte die de Nederlandse taal niet of onvoldoende beheerst, kan verzoeken dat de strafbeschikking in een voor hem begrijpelijke taal wordt vertaald.

8. Ten aanzien van de jongvolwassene, die ten tijde van het begaan van de overtreding dan wel het misdrijf als bedoeld in het eerste lid, de leeftijd van achttien wel, maar nog niet die van drieëntwintig jaar heeft bereikt, kan de strafbeschikking naast de in het derde lid genoemde aanwijzingen, de aanwijzing bevatten dat de jongvolwassene zich richt naar de aanwijzingen van een reclasseringsinstelling als bedoeld in artikel 14c, zesde lid, van het Wetboek van Strafrecht. Het vierde lid is van overeenkomstige toepassing.

Tweede afdeling
Oplegging door opsporingsambtenaren en lichamen of personen, met een publieke taak belast

Art. 257b

Strafbeschikking door opsporingsambtenaar

1. Bij algemene maatregel van bestuur kan aan daartoe aan te wijzen opsporingsambtenaren in bij die algemene maatregel van bestuur aangewezen zaken betreffende overtredingen tot wederopzeggens de bevoegdheid worden verleend een strafbeschikking uit te vaardigen waarin een geldboete wordt opgelegd.
2. Voorts kan bij algemene maatregel van bestuur aan daartoe aan te wijzen opsporingsambtenaren in bij die algemene maatregel van bestuur aangewezen zaken betreffende misdrijven waarop naar de wettelijke omschrijving gevangenisstraf is gesteld van niet meer dan zes jaar, welke van eenvoudige aard zijn, begaan door personen die de leeftijd van achttien jaren hebben bereikt, tot wederopzeggens de bevoegdheid worden verleend een strafbeschikking uit te vaardigen waarin een geldboete van ten hoogste € 350 wordt opgelegd.
3. De ambtenaren bekleed met de bevoegdheid, bedoeld in het eerste en tweede lid, maken hiervan gebruik volgens richtlijnen, vast te stellen door het College van procureurs-generaal. Bij of krachtens algemene maatregel van bestuur worden voorschriften gegeven met betrekking tot de aanwijzing van opsporingsambtenaren, het toezicht op de wijze waarop zij van de hun verleende bevoegdheden gebruik maken alsmede de intrekking van de aanwijzing van een opsporingsambtenaar.

(Zie ook: art. 255a WvSv)

Art. 257ba

Strafbeschikking door lichamen en personen belast met een publieke taak

1. Bij algemene maatregel van bestuur kan aan daartoe aan te wijzen lichamen of personen, met een publieke taak belast, binnen daarbij gestelde grenzen de bevoegdheid worden verleend een strafbeschikking uit te vaardigen.
2. De lichamen en personen bekleed met de bevoegdheid, bedoeld in het eerste lid, maken hiervan gebruik onder toezicht van en volgens richtlijnen vast te stellen door het College van procureurs-generaal. Bij algemene maatregel van bestuur worden voorschriften gegeven met betrekking tot het toezicht op de wijze waarop zij van de hun verleende bevoegdheid gebruik maken alsmede de intrekking van een verleende bevoegdheid door het College van procureurs-generaal.
3. Het College van procureurs-generaal stelt richtlijnen als in het tweede lid bedoeld vast na overleg met de lichamen en personen, met een publieke taak belast, op wier gebruik van de bevoegdheid een strafbeschikking uit te vaardigen de richtlijn van invloed is, dan wel met organen die deze lichamen vertegenwoordigen.

(Zie ook: art. 255a WvSv)

Derde afdeling
Waarborgen bij de oplegging

Art. 257c

Strafbeschikking uitvaardigen door officier van justitie

1. Een strafbeschikking houdende een taakstraf, een ontzegging van de bevoegdheid motorrijtuigen te besturen, dan wel een aanwijzing het gedrag van de verdachte betreffend, wordt slechts uitgevaardigd indien de verdachte door de officier van justitie is gehoord en daarbij heeft verklaard bereid te zijn de straf te voldoen dan wel zich aan de aanwijzing te houden. De verdachte wordt uiterlijk bij de aanvang van het horen gewezen op de mogelijkheid om toevoeging van een raadsman te verzoeken.
2. Een strafbeschikking houdende betalingsverplichtingen uit hoofde van geldboete en schadevergoedingsmaatregel, die afzonderlijk of gezamenlijk meer belopen dan € 2000, wordt slechts

Wetboek van Strafvordering

C2 art. 257e

uitgevaardigd indien de verdachte, bijgestaan door een raadsman, daaraan voorafgaand is gehoord door de officier van justitie die de strafbeschikking uitvaardigt.
3. Van het horen van de verdachte overeenkomstig het eerste of tweede lid wordt een schriftelijk verslag opgemaakt. Indien de strafbeschikking afwijkt van door de verdachte uitdrukkelijk onderbouwde standpunten, worden de redenen die tot afwijken hebben geleid aan dit verslag toegevoegd, voor zover deze redenen niet reeds mondeling zijn opgegeven.
4. In het geval een strafbeschikking zal worden uitgevaardigd tegen de verdachte, kan de opsporingsambtenaar de verdachte een aankondiging van de strafbeschikking uitreiken. Deze aankondiging kan bij verdenking van een overtreding die met een motorrijtuig is begaan, ook worden achtergelaten in of aan het motorrijtuig. Het model van de aankondiging wordt bij ministeriële regeling vastgesteld.
5. Bij algemene maatregel van bestuur kunnen aan het opleggen en ten uitvoer leggen van straffen, maatregelen en aanwijzingen in een strafbeschikking nadere voorwaarden worden gesteld.
(Zie ook: art. 255a WvSv)

Nadere regels

Vierde afdeling
Uitreiken en toezenden van de strafbeschikking

Art. 257d
1. Een afschrift van de strafbeschikking wordt zo veel mogelijk in persoon aan de verdachte uitgereikt. Met een uitreiking in persoon wordt gelijkgesteld de weigering van de verdachte om het afschrift in ontvangst te nemen.
2. Indien uitreiking van het afschrift niet in persoon plaatsvindt, wordt het afschrift toegezonden aan het in de basisregistratie personen vermelde adres van de verdachte dan wel, indien deze niet als ingezetene is ingeschreven in de basisregistratie personen, aan de woon- of verblijfplaats van de verdachte. Toezending van het afschrift kan tevens plaatsvinden door een elektronische overdracht als bedoeld in artikel 36b, derde lid. Indien de verdachte bij zijn eerste verhoor in de desbetreffende strafzaak aan de verhorende ambtenaar een ander adres in Nederland heeft opgegeven waaraan mededelingen over de strafzaak kunnen worden toegezonden, wordt tevens een afschrift aan dat adres toegezonden.
3. Indien de verdachte een rechtspersoon, een maatschap of vennootschap zonder rechtspersoonlijkheid, een doelvermogen of een rederij is, kan het afschrift worden uitgereikt aan onderscheidenlijk een bestuurder van de rechtspersoon, een aansprakelijke vennoot, een bestuurder van het doelvermogen, de boekhouder van een lid van de rederij, dan wel aan een persoon die gemachtigd is het afschrift in ontvangst te nemen. Het afschrift wordt in deze gevallen geacht in persoon aan de verdachte uitgereikt te zijn. Indien uitreiking van het afschrift niet op deze wijze plaatsvindt, wordt het toegezonden aan een van de verdachte bekend adres. Als zodanig worden aangemerkt de woonplaats van de rechtspersoon, de plaats van het kantoor van de rechtspersoon, de maatschap of vennootschap zonder rechtspersoonlijkheid, het doelvermogen of de rederij, alsmede het in de basisregistratie personen vermelde adres van elk der bestuurders, aansprakelijke vennoten of de boekhouder en elk der leden van de rederij. Indien een bestuurder, aansprakelijke vennoot of de boekhouder van een lid van de rederij bij zijn eerste verhoor in de desbetreffende strafzaak aan de verhorende ambtenaar een ander adres in Nederland heeft opgegeven waaraan mededelingen over de strafzaak kunnen worden toegezonden, wordt tevens een afschrift aan dat adres toegezonden.
(Zie ook: art. 51 WvSr; art. 585 WvSv)
4. Toezending vindt plaats door elektronische overdracht of bij brief. Toezending van strafbeschikkingen houdende betalingsverplichtingen uit hoofde van geldboete en schadevergoedingsmaatregel die afzonderlijk of gezamenlijk meer belopen dan € 2000, geschiedt door elektronische overdracht of bij aangetekende brief. Van elke uitreiking of toezending wordt aantekening gehouden op de wijze, bij algemene maatregel van bestuur bepaald.
5. Indien bij de officier van justitie een verzoek als bedoeld in artikel 51ac, tweede lid en eerste lid, onder d, is gedaan, wordt aan het slachtoffer een afschrift van de strafbeschikking toegezonden. Voorts wordt een afschrift toegezonden aan de rechtstreeks belanghebbende die de officier van justitie bekend is.

Afschrift van strafbeschikking uitreiken aan verdachte

Vijfde afdeling
Het doen van verzet

Art. 257e
1. Tegen een strafbeschikking kan de verdachte verzet doen binnen veertien dagen nadat het afschrift in persoon aan hem is uitgereikt, dan wel zich anderszins een omstandigheid heeft voorgedaan waaruit voortvloeit dat de strafbeschikking hem bekend is. Onverminderd de vorige zin kan tegen een strafbeschikking waarin een geldboete van niet meer dan € 340 is opgelegd,

Verzet tegen strafbeschikking

Sdu 229

wegens een overtreding welke ten hoogste vier maanden voor toezending is gepleegd, verzet worden gedaan tot uiterlijk zes weken na toezending. Verzet kan niet worden gedaan indien de verdachte afstand heeft gedaan van de bevoegdheid daartoe door vrijwillig aan de strafbeschikking te voldoen. Verzet kan voorts niet worden gedaan indien de verdachte, bijgestaan door een raadsman, schriftelijk afstand heeft gedaan van de bevoegdheid daartoe.

2. Het verzet wordt gedaan bij het parket dat in de strafbeschikking vermeld wordt. Wordt het verzet gedaan bij een ander parket, dan wordt het doorgeleid naar een officier van justitie die het verzet bij een bevoegde rechter aanhangig kan maken.

3. Het verzet kan door de verdachte, een advocaat die verklaart bepaaldelijk door hem te zijn gevolmachtigd, alsmede een bij bijzondere volmacht schriftelijk gemachtigde in persoon op het parket worden gedaan. In dat geval kan aanstonds een oproeping van de verdachte worden betekend om tegen een bepaalde datum ter terechtzitting te verschijnen voor de behandeling van het verzet. De verdachte alsmede een advocaat die verklaart bepaaldelijk door hem te zijn gevolmachtigd kunnen schriftelijk verzet doen bij een aan de officier van justitie gerichte, ondertekende brief. Op de brief wordt onverwijld dag en uur van ontvangst aangetekend. Zij wordt bij de processtukken gevoegd.

4. Het schriftelijk verzet bij een aan de officier van justitie gerichte, ondertekende brief, bedoeld in het derde lid, kan langs elektronische weg worden ingediend met behulp van een bij algemene maatregel van bestuur aangewezen elektronische voorziening. De ontvangst van het verzet wordt bevestigd. Als de dag en het tijdstip waarop het verzet door de officier van justitie langs elektronische weg is ontvangen gelden de dag en het tijdstip waarop het verzet via de aangewezen elektronische voorziening de officier van justitie heeft bereikt. Het bericht wordt bij de processtukken gevoegd. Bij of krachtens algemene maatregel van bestuur worden nadere regels gesteld over het gebruik van de elektronische voorziening.

5. Bij het verzet worden opgegeven de naam van de verdachte, alsmede een nauwkeurige aanduiding of kopie van de strafbeschikking waartegen het verzet zich richt. De verdachte kan een adres in Nederland opgeven waaraan mededelingen over de strafzaak kunnen worden toegezonden. Bij het verzet kunnen schriftelijk bezwaren tegen de strafbeschikking worden opgegeven.

6. Van het doen van verzet wordt door het openbaar ministerie een akte opgemaakt. Indien het verzet in persoon wordt gedaan, wordt de akte mede ondertekend door degene die het doet. Indien deze niet kan tekenen, wordt de oorzaak van het beletsel vermeld. De bijzondere volmacht, in het derde lid vermeld, wordt aan de akte gehecht. De akte wordt bij de processtukken gevoegd.

7. Van ieder verzet wordt dadelijk aantekening gedaan in een daartoe bestemd register hetwelk door belanghebbenden kan worden ingezien. Indien het verzet in persoon wordt gedaan, wordt desgevraagd terstond een kopie van de akte uitgereikt.

8. Uiterlijk tot de aanvang van de behandeling van het verzet ter terechtzitting kan degene die het heeft gedaan, dat intrekken. Deze intrekking brengt mede afstand van de bevoegdheid om het rechtsmiddel opnieuw aan te wenden. Intrekking geschiedt met overeenkomstige toepassing van het tweede tot en met zevende lid.

9. De strafbeschikking kan schriftelijk worden ingetrokken of gewijzigd door een officier van justitie die bevoegd is om een daartegen gedaan verzet ter kennis van de rechtbank of de kantonrechter te brengen, ook in de gevallen waarin geen verzet is gedaan. Een wijziging waardoor de feitsomschrijving niet langer hetzelfde feit, in de zin van artikel 68 van het Wetboek van Strafrecht, zou inhouden, is niet toegestaan. Een afschrift van de beschikking waarbij de strafbeschikking wordt ingetrokken of gewijzigd wordt aan de verdachte uitgereikt of aan hem toegezonden met overeenkomstige toepassing van artikel 257d, tweede en derde lid. Indien de verdachte bij het doen van verzet een ander adres heeft opgegeven, wordt een afschrift aan dat adres toegezonden en blijft toezending aan het bij het eerste verhoor opgegeven adres achterwege. Tegen een gewijzigde strafbeschikking kan verzet worden gedaan met overeenkomstige toepassing van het tweede tot en met zevende lid. Een reeds gedaan verzet wordt geacht te zijn gericht tegen de gewijzigde strafbeschikking, tenzij vrijwillig aan de gewijzigde strafbeschikking wordt voldaan.

Zesde afdeling
De behandeling van het verzet

Art. 257f

Behandeling van het verzet tegen strafbeschikking ter terechtzitting

1. De officier van justitie brengt, tenzij hij de strafbeschikking intrekt, het verzet en de processtukken ter kennis van de rechtbank. Hij roept de verdachte voor de terechtzitting op; tussen de dag waarop de oproeping aan de verdachte is betekend en die der terechtzitting moeten ten minste tien dagen verlopen. De artikelen 260, vijfde lid, en 265, tweede lid, zijn van overeenkomstige toepassing. Indien bij het verzet een adres in Nederland is opgegeven wordt afwijkt van het adres waar de verdachte als ingezetene is ingeschreven in de basisregistratie personen, wordt

een afschrift van de oproeping aan het opgegeven adres toegezonden, tenzij de oproeping inmiddels aan de verdachte in persoon is uitgereikt.
2. Bij gebreke van een betekening overeenkomstig het eerste lid, wordt door de rechter de oproeping tegen een nieuwe rechtsdag bevolen, tenzij de verdachte is verschenen. In dit laatste geval wordt, indien de verdachte in het belang van zijn verdediging uitstel verzoekt, het onderzoek voor bepaalde tijd geschorst.
3. De behandeling der zaak vindt plaats overeenkomstig de zesde, zevende of achtste titel van het Tweede Boek. De omschrijving van de gedraging in de oproeping wordt daarbij als tenlastelegging aangemerkt. Deze is gelijk aan de korte omschrijving van de gedraging in de strafbeschikking of betreft een opgave van hetzelfde feit die aan de eisen van artikel 261, eerste en tweede lid, beantwoordt. In afwijking in zoverre van artikel 349, eerste lid, kan de nietigheid van de oproeping worden uitgesproken.
4. Indien het verzet niet tijdig of onbevoegdelijk is gedaan dan wel niet aan de vereisten van artikel 257e, vierde lid, is voldaan, wordt het niet ontvankelijk verklaard. Indien de rechter de niet-ontvankelijkheid van het openbaar ministerie uitspreekt, dan wel de verdachte vrijspreekt, ontslaat van alle rechtsvervolging of veroordeelt, vernietigt hij de strafbeschikking.

Zevende afdeling
Openbaarheid

Art. 257g
[Vervallen]

Art. 257h
1. Bij algemene maatregel van bestuur kunnen categorieën strafbeschikkingen ter zake van misdrijven worden aangewezen die op daarbij te bepalen wijze openbaar worden gemaakt. *(Zie ook: art. 36 WvSr)*

Openbaarmaking van strafbeschikking

2. De officier van justitie verstrekt desgevraagd een afschrift van een strafbeschikking aan ieder ander dan de verdachte of zijn raadsman, tenzij verstrekking naar het oordeel van de officier van justitie ter bescherming van de belangen van degene ten aanzien van wie de strafbeschikking is uitgevaardigd of van de derden die in de strafbeschikking worden genoemd, geheel of gedeeltelijk dient te worden geweigerd. In het laatste geval kan de officier van justitie een geanonimiseerd afschrift van de strafbeschikking verstrekken.
3. Indien binnen veertien dagen geen afschrift dan wel een geanonimiseerd afschrift wordt verstrekt, kan de verzoeker een klaagschrift indienen bij de officier van justitie, die het klaagschrift en de processtukken onverwijld ter kennis brengt van de rechtbank. De procesdeelnemers zijn, in afwijking van artikel 23, vijfde lid, niet bevoegd van de inhoud van de processtukken kennis te nemen dan voorzover de rechtbank zulks toestaat.

Titel V
Aanhangig maken der zaak ter terechtzitting

Art. 258
1. De zaak wordt ter terechtzitting aanhangig gemaakt door eene dagvaarding vanwege den officier van justitie aan den verdachte beteekend; het rechtsgeding neemt hierdoor een aanvang. *(Zie ook: artt. 33, 44, 50, 262, 585 WvSv)*

Dagvaarding van verdachte door officier van justitie

2. De voorzitter der rechtbank bepaalt, op het verzoek en de voordracht van den officier van justitie, den dag der terechtzitting. Hij kan, bij het bepalen van de dag der terechtzitting of nadien, bevelen dat de verdachte in persoon zal verschijnen; hij kan daartoe tevens zijn medebrenging gelasten. De voorzitter kan ook de medebrenging gelasten van de getuige van wie op grond van feiten en omstandigheden aannemelijk is dat hij niet voornemens is gevolg te geven aan een oproep om ter terechtzitting te verschijnen. Voorts kan de voorzitter van de rechtbank de officier van justitie bevelen, nader omschreven onderzoek te verrichten of doen verrichten, alsmede gegevensdragers en stukken bij de processtukken te voegen dan wel stukken van overtuiging over te leggen.
(Zie ook: artt. 205, 213, 266, 383 WvSv)
3. De personen, bedoeld in artikel 51e, tweede lid, eerste volzin, derde, vijfde of zesde lid, kunnen de voorzitter verzoeken of het hen toegekende spreekrecht mag worden uitgeoefend door hun raadsman of een daartoe bijzondere gemachtigde. Indien meer dan drie nabestaanden bedoeld onder 51e, vierde lid, onder b, hebben meegedeeld dat zij van hun spreekrecht gebruik willen maken, en zij het onderling niet eens kunnen worden over wie van hen het woord zal voeren, beslist de voorzitter welke drie personen van het spreekrecht gebruik kunnen maken.

Art. 258a
1. De verdachte is verplicht in persoon op de terechtzitting te verschijnen indien hij zich in voorlopige hechtenis bevindt in verband met de zaak en het bevel voorlopige hechtenis niet is geschorst of indien hij zich in detentie bevindt in verband met een andere zaak dan die op de

Aanwezigheid in persoon ter terechtzitting

terechtzitting wordt behandeld. Deze verplichting betreft alleen de terechtzitting waarop de zaak inhoudelijk wordt behandeld en voor zover het een misdrijf betreft:
a. dat wordt genoemd in artikel 51e, eerste lid, of
b. dat wordt genoemd in de artikelen 141, eerste lid en tweede lid, onder 1°,181, eerste en tweede lid, 182, eerste lid en tweede lid, onder 1°, 248c, 252, tweede lid, 290, 296, eerste en tweede lid of 301, eerste lid, van het Wetboek van Strafrecht.

2. De voorzitter van de rechtbank kan ambtshalve, op vordering van de officier van justitie, op verzoek van de verdachte of van het slachtoffer beslissen dat de verplichte verschijning van de verdachte achterwege blijft in verband met zwaarwegende belangen van de verdachte, het slachtoffer of een van de andere procesdeelnemers dan wel in het geval geen van de procesdeelnemers de verplichte verschijning wenselijk of noodzakelijk vindt.

Art. 259

Voeging van strafbare feiten

Strafbare feiten welke op dezelfde terechtzitting worden aangebracht en waartusschen verband bestaat of welke door denzelfden persoon zijn begaan, worden gevoegd aan de kennisneming van de rechtbank onderworpen, indien dit in het belang van het onderzoek is.
(Zie ook: artt. 6, 285, 407 WvSv)

Art. 260

Oproeping getuigen, slachtoffers, nabestaanden, tolk en deskundigen door officier van justitie
Spreekrecht

1. De officier van justitie is bevoegd getuigen, slachtoffers of hun nabestaanden, deskundigen en tolken ter terechtzitting schriftelijk te doen oproepen. Een tolk wordt in ieder geval opgeroepen, indien de verdachte de Nederlandse taal niet of onvoldoende beheerst.

2. Indien de personen, bedoeld in artikel 51e, tweede lid, eerste volzin, of een nabestaande als bedoeld in artikel 51e, derde en vierde lid, en degenen die te kennen hebben gegeven gebruik te willen maken van het spreekrecht op grond van artikel 51e, zesde en zevende lid, schriftelijk verzoeken om oproeping voor de uitoefening van het spreekrecht, geeft de officier van justitie daaraan gehoor.

3. Bij de dagvaarding van de verdachte wordt opgave gedaan van de naam, het beroep en de woon- of verblijfplaats, of bij onbekendheid daarvan de aanduiding van de getuigen en deskundigen die door de officier van justitie zijn opgeroepen. Ook van de oproeping van een persoon die bevoegd is het spreekrecht uit te oefenen, van de benadeelde partij voor zover dit niet eerder op grond van artikel 51g is geschied, en van een tolk wordt opgave gedaan.

4. Aan de verdachte wordt daarbij kenbaar gemaakt dat hij het recht heeft getuigen en deskundigen schriftelijk te doen oproepen of op de terechtzitting mede te brengen; hij wordt daarbij tevens opmerkzaam gemaakt op de voorschriften van de artikelen 262, eerste lid, 263, eerste, tweede en derde lid, en 278, tweede lid.
(Zie ook: artt. 208, 262, 263, 287, 288, 302, 303, 321, 336, 337 WvSv)

Vertaling

5. Indien de verdachte de Nederlandse taal niet of onvoldoende beheerst, wordt hem onverwijld een schriftelijke vertaling van de dagvaarding verstrekt dan wel wordt hem in een voor hem begrijpelijke taal schriftelijk mededeling gedaan van de plaats, datum en het tijdstip waarop de verdachte ter terechtzitting moet verschijnen alsmede een korte omschrijving van het feit en de mededelingen, bedoeld in het derde lid, tweede volzin, en het vierde lid.

6. Wanneer de verdachte ten tijde van het plegen van het misdrijf waarvan hij wordt verdacht de leeftijd van achttien wel maar nog niet de leeftijd van drieëntwintig jaar heeft bereikt en de officier van justitie voornemens is te vorderen dat recht zal worden gedaan overeenkomstig artikel 77c van het Wetboek van Strafrecht, maakt hij dit aan de verdachte kenbaar. In dat geval is de verdachte verplicht in persoon te verschijnen. Bij de dagvaarding wordt hem kennis gegeven dat, indien hij niet aan deze verplichting voldoet, het gerecht zijn medebrenging kan gelasten.

Art. 261

Dagvaarding, inhoud

[1.] De dagvaarding behelst een opgave van het feit dat ten laste wordt gelegd, met vermelding omstreeks welke tijd en waar ter plaatse het begaan zou zijn; verder vermeldt zij de wettelijke voorschriften waarbij het feit is strafbaar gesteld.
[2.] Zij behelst tevens de vermelding van de omstandigheden waaronder het feit zou zijn begaan.
[3.] Wanneer verdachte zich in voorlopige hechtenis bevindt krachtens een bevel tot gevangenneming of gevangenhouding waarvan de geldigheidsduur niet meer kan worden verlengd op grond van artikel 66, derde lid, kan voor de opgave van het feit worden volstaan met de omschrijving die in dat bevel is gegeven.
(Zie ook: artt. 66, 78, 258, 312, 348, 386 WvSv; art. 6 EVRM; art. 47 WED)

Art. 262

Bezwaarschrift tegen dagvaarding

1. Tegen de dagvaarding kan de verdachte binnen acht dagen na de betekening een bezwaarschrift indienen bij de rechtbank.
2. Zolang de in het eerste lid gestelde termijn niet is verstreken, kan de rechtbank alleen met toestemming van de verdachte het onderzoek op de terechtzitting een aanvang doen nemen. Door het geven van toestemming doet de verdachte tevens afstand van het recht om een bezwaarschrift in te dienen. In het andere geval stelt de rechtbank de aanvang van het onderzoek op de terechtzitting voor bepaalde of onbepaalde tijd uit. Behoudens ingeval de verdachte ten

Wetboek van Strafvordering   C2 art. 264

aanzien van de gehele tenlastelegging buiten vervolging is gesteld, wordt de verdachte, met verwijzing naar de inhoud van de dagvaarding, opgeroepen en worden de getuigen, deskundigen en tolken opnieuw gedagvaard of opgeroepen voor de dag van de terechtzitting bepaald, zodra op het gehele bezwaarschrift onherroepelijk is beslist. De artikelen 263 en 265 zijn van overeenkomstige toepassing.

3. De rechtbank kan, alvorens te beslissen, door de rechter-commissaris een onderzoek doen instellen en zich de daartoe betrekkelijke stukken doen overleggen. Dit onderzoek wordt overeenkomstig de bepalingen van de tweede tot en met de vijfde en zevende afdeling van de Derde Titel van dit Boek gevoerd.

4. Indien het feit niet tot de kennisneming der rechtbank behoort, verklaart zij zich onbevoegd.

5. Is de officier van justitie niet ontvankelijk, het feit waarop de kennisgeving van verdere vervolging betrekking had, of de verdachte niet strafbaar, of onvoldoende aanwijzing van schuld aanwezig, dan stelt zij de verdachte ten aanzien van de gehele tenlastelegging of voor een bij de beschikking nader aan te duiden gedeelte van de tenlastelegging buiten vervolging.

6. In alle andere gevallen verklaart de rechtbank hetzij de verdachte niet-ontvankelijk hetzij het bezwaarschrift ongegrond, zo nodig onder aanduiding van de wijzigingen die in de tenlastelegging moeten worden aangebracht.

7. Indien de beschikking tot onbevoegdverklaring of buitenvervolgingstelling ten aanzien van de gehele tenlastelegging onherroepelijk is geworden, vervalt een reeds uitgebrachte dagvaarding. Indien de beschikking tot onbevoegdverklaring of buitenvervolgingstelling ten aanzien van een gedeelte van de tenlastelegging onherroepelijk is geworden, moet de tenlastelegging in overeenstemming met die beschikking worden gebracht.

Art. 262a

1. In geval van onbevoegdverklaring of buitenvervolgingstelling staat voor het openbaar ministerie binnen veertien dagen na de beschikking hoger beroep bij het gerechtshof en daarna beroep in cassatie open.   *Hoger beroep en beroep in cassatie door openbaar ministerie*

2. Tegen de beschikking van het gerechtshof staat voor de verdachte binnen veertien dagen na de betekening van die beschikking beroep in cassatie open.   *Hoger beroep en beroep in cassatie door verdachte*

3. Het gerechtshof en de Hoge Raad beslissen zo spoedig mogelijk.

Art. 263

1. De verdachte is bevoegd getuigen en deskundigen ter terechtzitting te doen oproepen. De verdachte die de Nederlandse taal niet of onvoldoende beheerst, kan de officier van justitie verzoeken om bijstand van een tolk op de terechtzitting.   *Getuigen en deskundigen oproepen door verdachte*

2. Hij geeft deze daartoe, indien sinds de dag waarop de dagvaarding aan de verdachte is betekend en die der terechtzitting ten minste veertien dagen verlopen, ten minste tien dagen voor de terechtzitting aan de officier van justitie op. Indien de dagvaarding later dan op de veertiende dag voor de terechtzitting wordt betekend, eindigt de termijn op de vierde dag na die der betekening, doch uiterlijk op de derde dag voor de terechtzitting.

3. Opgave geschiedt in persoon ten parkette van de officier van justitie of schriftelijk. Schriftelijke opgave is gericht aan de officier van justitie. Bij schriftelijke opgave anders dan bij aangetekende brief verzekert de verdachte zich ervan dat deze de opgave tijdig heeft ontvangen. Hij vermeldt de namen, het beroep en de woon- of verblijfplaats, of, bij onbekendheid van een of ander, duidt hij hen zo nauwkeurig mogelijk aan. Bij schriftelijke opgave geldt de dag van ontvangst van de brief, welke onverwijld daarop wordt aangetekend, als dag van opgave.

4. De voorzitter der rechtbank kan de officier van justitie bevelen getuigen en deskundigen ter terechtzitting te doen oproepen. De opgave geschiedt schriftelijk, onder vermelding van de namen, het beroep en de woon- of verblijfplaats, of, bij onbekendheid van een of ander, een zo nauwkeurig mogelijke aanduiding van de getuige of deskundige.
(Zie ook: artt. 260, 321 WvSv)

5. De officier van justitie doet de getuigen of deskundigen, opgegeven met inachtneming van de voorgaande leden, onverwijld oproepen. De oproeping wordt onverwijld schriftelijk ter kennis gebracht van de rechtbank en de verdachte.
(Zie ook: art. 585 WvSv)

Art. 264

1. De officier van justitie kan bij een met redenen omklede beslissing een door de verdachte of de voorzitter der rechtbank opgegeven getuige of deskundige weigeren te doen oproepen, indien hij: *Oproep tot getuigen en deskundigen weigeren door officier van justitie*

a. het onaannemelijk acht dat de getuige of de deskundige binnen een aanvaardbare termijn ter terechtzitting zal verschijnen;

b. van oordeel is dat de gezondheid of het welzijn van de getuige of deskundige door het afleggen van een verklaring ter terechtzitting in gevaar wordt gebracht, en het voorkomen van dit gevaar zwaarder weegt dan het belang om de getuige of deskundige ter terechtzitting te kunnen ondervragen;

c. van oordeel is dat daardoor redelijkerwijs de verdachte niet in zijn verdediging wordt geschaad.

2. De officier van justitie kan bij een met redenen omklede beslissing een door de verdachte of de voorzitter der rechtbank opgegeven getuige of deskundige weigeren te doen oproepen of weigeren een door de rechtbank gegeven bevel tot oproeping van de getuige ten uitvoer te leggen:
a. indien de getuige een bedreigde getuige is of een afgeschermde getuige wiens identiteit verborgen is gehouden, dan wel
b. indien de officier van justitie de getuige heeft toegezegd dat hij op geen andere wijze zal worden gehoord dan als bedreigde getuige of als afgeschermde getuige wiens identiteit verborgen wordt gehouden.
3. De weigering wordt onverwijld schriftelijk ter kennis gebracht van de rechtbank en de verdachte.
(Zie ook: artt. 136c, 226a, 226m, 260, 263, 287, 288, 321, 349, 410, 418 WvSv)

Art. 265

Dagvaardingstermijn

1. Tussen de dag waarop de dagvaarding aan de verdachte is betekend en die der terechtzitting moet een termijn van ten minste tien dagen verlopen. Ingeval door de rechter-commissaris overeenkomstig de Zevende Titel van het Vierde Boek bevelen tot handhaving van de openbare orde zijn gegeven moet een termijn van ten minste vier dagen verlopen.
2. Geschiedt de betekening van de dagvaarding op de wijze als is voorzien in artikel 36d, derde lid, dan kan de verdachte in de akte van uitreiking een verklaring, houdende zijn toestemming tot verkorting van deze termijnen, doen opnemen; hij moet de verklaring tekenen; indien hij niet kan tekenen wordt de oorzaak van het beletsel in de akte vermeld.
3. Bij gebreke van het een of ander schorst de rechtbank het onderzoek, tenzij de verdachte is verschenen. Is dit laatste het geval en verzoekt de verdachte in het belang van zijn verdediging uitstel, dan schorst de rechtbank het onderzoek voor bepaalde tijd, tenzij zij bij met redenen omklede beslissing van oordeel is dat de verdachte redelijkerwijs niet in zijn verdediging kan worden geschaad wanneer het onderzoek wordt voortgezet.
(Zie ook: artt. 130, 278, 319, 320, 370, 540 WvSv)

Art. 266

Dagvaarding intrekken

[1.] Zolang het onderzoek op de terechtzitting nog niet is aangevangen, kan de officier van justitie de dagvaarding intrekken. Hij doet daarvan schriftelijk mededeling aan de verdachte en aan de benadeelde partij.
[2.] De officier van justitie draagt zorg dat de gedagvaarde getuigen en deskundigen tijdig schriftelijk met de intrekking worden bekend gemaakt.

Kennisgeving van niet-verdere vervolging door officier van justitie

[3.] Wordt bij of na de intrekking der dagvaarding van verdere vervolging afgezien, dan doet de officier van justitie den verdachte onverwijld kennis geven dat hij hem ter zake van het feit waarop de dagvaarding betrekking had, niet verder zal vervolgen. De artikelen 246, 247 en 255 zijn van toepassing.
(Zie ook: artt. 12, 36, 51f, 70, 270 WvSv)

Art. 267

Termijn voor officier van justitie in geval van art. 266 Sv.

1. Indien de dagvaarding is ingetrokken, zonder dat den verdachte eene kennisgeving van niet verdere vervolging is beteekend, stelt de rechtbank, op het verzoek van den verdachte, den officier van justitie een termijn binnen welken hetzij tot dagvaarding, hetzij tot kennisgeving van niet verdere vervolging moet worden overgegaan. Artikel 255, vierde lid, is van toepassing.
2. De termijn kan op de vordering van den officier van justitie door de rechtbank telkens voor een bepaalden tijd worden verlengd.
(Zie ook: artt. 21, 244, 253 WvSv)

Titel VI
Behandeling van de zaak door de rechtbank

Eerste afdeling
Onderzoek op de terechtzitting

Art. 268

Meervoudige kamer

1. Strafzaken worden behandeld en beslist door een meervoudige kamer, behoudens in de wet genoemde uitzonderingen.
2. De rechter die als rechter-commissaris enig onderzoek in de zaak heeft verricht, neemt, behoudens bij toepassing van artikel 316, tweede lid, op straffe van nietigheid aan het onderzoek op de terechtzitting geen deel.
3. Behalve de rechters en de griffier neemt aan de tafel der rechtbank niemand plaats.
(Zie ook: art. 6 EVRM)

Art. 269

Openbaar onderzoek op de terechtzitting

1. Het onderzoek ter terechtzitting geschiedt in het openbaar. Vanaf het uitroepen van de zaak kan de rechtbank gehele of gedeeltelijke behandeling met gesloten deuren bevelen. Dit bevel kan worden gegeven in het belang van de goede zeden, de openbare orde, de veiligheid van de staat, alsmede indien de belangen van minderjarigen, of de eerbiediging van de persoonlijke

Wetboek van Strafvordering **C2 art. 275**

levenssfeer van de verdachte, andere procesdeelnemers of anderszins bij de zaak betrokkenen dit eisen. Een dergelijk bevel kan ook worden gegeven, indien de openbaarheid naar het oordeel van de rechtbank het belang van een goede rechtspleging ernstig zou schaden.
2. Een bevel als bedoeld in het eerste lid, wordt door de rechtbank ambtshalve, op vordering van het openbaar ministerie of op het verzoek van de verdachte of andere procesdeelnemers gegeven. De rechtbank geeft het bevel niet dan na het openbaar ministerie, de verdachte en andere procesdeelnemers, zo nodig met gesloten deuren, hieromtrent te hebben gehoord. Artikel 22, vierde lid, is van overeenkomstige toepassing.
3. De beslissing tot het geven van het bevel, bedoeld in het eerste lid, wordt met redenen omkleed in het proces-verbaal van de terechtzitting vermeld.
4. Tot bijwoning van de niet openbare terechtzitting kan de voorzitter bijzondere toegang verlenen.
5. Tot bijwoning van een openbare terechtzitting worden, tenzij in bijzondere gevallen ter beoordeling van de voorzitter, als toehoorders niet toegelaten personen die de leeftijd van twaalf jaar nog niet hebben bereikt. De voorzitter heeft de bevoegdheid om toehoorders niet toe te laten, indien deze de leeftijd van achttien jaar nog niet hebben bereikt, met uitzondering van slachtoffers van twaalf tot achttien jaar van het tenlastegelegde feit als bedoeld in artikel 51e, eerste lid, die de terechtzitting wensen bij te wonen.
(Zie ook: artt. 331, 362 WvSv; art. 121 GW; art. 4 Wet RO)

Art. 270
De voorzitter begint het onderzoek door het doen uitroepen van de zaak tegen de verdachte.

Uitroepen van de zaak door voorzitter

Art. 271
1. De voorzitter draagt zorg dat geen vragen worden gesteld, welke de strekking hebben verklaringen te verkrijgen, waarvan niet kan worden gezegd dat zij in vrijheid zijn afgelegd.
(Zie ook: artt. 29, 173 WvSv)
2. Noch de voorzitter, noch een der rechters geeft op de terechtzitting blijk van enige overtuiging omtrent schuld of onschuld van de verdachte.

Pressieverbod

Art. 272
1. De voorzitter heeft de leiding van het onderzoek op de terechtzitting en geeft daartoe de nodige bevelen.
2. De voorzitter kan op grond van klemmende redenen, ambtshalve of op vordering van de officier van justitie of op verzoek van de verdachte, bevelen dat een vraag, die de verdachte of diens raadsman of de officier van justitie wenst te stellen, door zijn tussenkomst wordt gesteld.
3. De voorzitter kan een door hem aangewezen lid van de meervoudige kamer in zijn plaats belasten met de leiding van het onderzoek. Dit lid oefent de taken en bevoegdheden uit die aan de voorzitter zijn toegekend.
(Zie ook: art. 124 WvSv)

Leiding van het onderzoek door voorzitter

Art. 273
1. De voorzitter begint het onderzoek tegen de verdachte door de identiteit van de verdachte vast te stellen op de wijze, bedoeld in artikel 27a, eerste lid, eerste volzin. De voorzitter is tevens bevoegd de identiteit van de verdachte vast te stellen op de wijze, bedoeld in artikel 27a, tweede lid, indien over zijn identiteit twijfel bestaat.
2. De voorzitter vermaant de verdachte oplettend te zijn op hetgeen hij zal horen en deelt hem mee dat hij niet tot antwoorden verplicht is.
3. Indien de verdachte de orde op de terechtzitting verstoort en vruchteloos door de voorzitter is gewaarschuwd, kan de voorzitter zijn verwijdering uit de zittingzaal bevelen en, zo nodig, bepalen dat hij gedurende het geheel of een gedeelte van de zitting in verzekering wordt gesteld. De behandeling van de zaak wordt op tegenspraak voortgezet. Artikel 124, vierde lid, is van toepassing.
(Zie ook: artt. 29, 257, 283, 328 WvSv; art. 185 WvSr)

Identiteit verdachte vaststellen ter terechtzitting

Art. 274
1. Indien de verdachte niet of slechts zeer gebrekkig kan horen, wordt hij bijgestaan door een daartoe geschikte persoon als tolk.
2. Indien de verdachte niet of slechts zeer gebrekkig kan spreken, wordt hij bijgestaan door een daartoe geschikte persoon als tolk dan wel geschieden de antwoorden schriftelijk. In het laatstgenoemde geval deelt de voorzitter de schriftelijke antwoorden mondeling mee.
3. De artikelen 275 en 276 zijn van overeenkomstige toepassing.

Tolk op terechtzitting

Art. 275
1. Indien een verdachte de Nederlandse taal niet of onvoldoende beheerst, wordt het onderzoek niet voortgezet zonder de bijstand van een tolk.
2. In de gevallen waarin de bijstand van een tolk wordt gevorderd, wordt ten bezware van de verdachte geen acht geslagen op hetgeen ter terechtzitting is gesproken of voorgelezen, zonder dat dit voor hem vertolkt is.
(Zie ook: artt. 287, 325, 334 WvSv; art. 6 EVRM)

Bijstand door tolk op terechtzitting

Art. 276

Oproeping van tolk voor terechtzitting
1. Indien op de terechtzitting blijkt dat de bijstand van een tolk nodig is en deze niet aanwezig is, beveelt de rechtbank de oproeping van een tolk.
2. Als tolk wordt slechts toegelaten degene die niet reeds in een andere kwaliteit aan het onderzoek deelneemt.

Beëdiging
3. Indien de tolk geen beëdigde tolk in de zin van de Wet beëdigde tolken en vertalers is, beëdigt de voorzitter de tolk dat hij zijn taak naar zijn geweten zal vervullen alvorens de tolk zijn werkzaamheden aanvangt.

Wraking
4. De verdachte die daarvoor redenen aanvoert, kan de tolk wraken. De rechtbank doet daarover zo spoedig mogelijk uitspraak.

Art. 277

Onafgebroken voortzetting van onderzoek ter terechtzitting
1. Het onderzoek wordt onafgebroken voortgezet.

Onderbreking
2. Onderbrekingen van het onderzoek kunnen echter wegens de uitgebreidheid of de duur daarvan of voor het nemen van rust door de rechtbank worden bevolen.
(Zie ook: artt. 281, 319, 328 WvSv)

Art. 277a
[Vervallen]

Art. 278

Geldigheid van de dagvaarding
1. De rechtbank onderzoekt de geldigheid van de uitreiking van de dagvaarding aan de niet verschenen verdachte. Indien blijkt dat deze niet op geldige wijze is uitgereikt, spreekt zij de nietigheid van de dagvaarding uit.
(Zie ook: artt. 349, 588, 590 WvSv)

Persoonlijke verschijning van verdachte
2. In geval de rechtbank het wenselijk acht dat de verdachte bij de behandeling van de zaak ter terechtzitting aanwezig is, beveelt zij dat de verdachte in persoon zal verschijnen; zij kan daartoe tevens zijn medebrenging gelasten. In het geval, bedoeld in artikel 260, zesde lid, is artikel 495a, tweede en derde lid, van overeenkomstige toepassing.
(Zie ook: art. 279 WvSv)

Verzoek om uitstel
3. Indien de verdachte heeft meegedeeld dat hij zijn verdediging in persoon wil voeren en hij om uitstel van de behandeling van zijn zaak heeft verzocht, beslist de rechtbank op het verzoek om uitstel. De rechtbank willigt het verzoek om uitstel in of wijst het af, waarna in het laatste geval het onderzoek met inachtneming van artikel 280, eerste lid, wordt voortgezet.

Schorsing van het onderzoek
4. Bij toepassing van het tweede lid of inwilliging van het verzoek, bedoeld in het derde lid, beveelt de rechtbank de schorsing van het onderzoek en de oproeping van de verdachte tegen het tijdstip van hervatting van het onderzoek.
(Zie ook: artt. 205, 281, 328 WvSv)

Art. 279

Verdediging door advocaat als gemachtigde
1. De verdachte die niet is verschenen, kan zich ter terechtzitting laten verdedigen door een advocaat die verklaart daartoe uitdrukkelijk te zijn gemachtigd. De rechtbank stemt daarmee in, onverminderd het bepaalde in artikel 278, tweede lid.
2. De behandeling van de zaak tegen de verdachte die zijn advocaat tot zijn verdediging heeft gemachtigd, geldt als een procedure op tegenspraak.
(Zie ook: artt. 314, 331 WvSv)

Art. 280

Verstekverlening aan verdachte
1. In het geval dat de verdachte niet op de terechtzitting verschijnt en de rechtbank geen aanleiding ziet voor
a. het nietig verklaren van de dagvaarding op grond van artikel 278, eerste lid of
b. het verlenen van een bevel tot medebrenging van de verdachte, bedoeld in artikel 278, tweede lid,
beveelt zij dat tegen de verdachte verstek wordt verleend en dat de behandeling van de zaak buiten zijn aanwezigheid wordt voortgezet, tenzij zij heeft ingestemd met verdediging op de voet van artikel 279.
2. De rechtbank verklaart het verstek vervallen, indien de verdachte alsnog op de terechtzitting of na de hervatting daarvan in persoon verschijnt of zich alsnog laat verdedigen met inachtneming van artikel 279, eerste lid.
3. Bij toepassing van het tweede lid, wordt het onderzoek opnieuw aangevangen, met dien verstande dat de rechtbank kan bepalen dat bepaalde onderzoekshandelingen niet opnieuw zullen plaats vinden.
(Zie ook: artt. 322, 328, 366, 392 WvSv)

Art. 280a
[Vervallen]

Art. 281

Schorsing van het onderzoek
1. Indien het belang van het onderzoek dit vordert, beveelt de rechtbank de schorsing van het onderzoek voor bepaalde of onbepaalde tijd.

Wetboek van Strafvordering

C2 art. 284

2. De schorsing voor bepaalde tijd kan zo nodig telkens tot een nader te bepalen tijdstip worden verlengd.
3. De redenen voor schorsing worden in het proces-verbaal van de terechtzitting vermeld.
4. In geval van schorsing wordt er een proces-verbaal opgemaakt dat aan de eisen van artikel 326 voldoet.
5. Bij hervatting van het onderzoek zijn de artikelen 319 tot en met 322 van toepassing.
(Zie ook: artt. 278, 282, 314, 316, 318, 328, 346, 347 WvSv)

Art. 282

1. Bevindt de verdachte zich in voorlopige hechtenis, dan zijn de volgende leden van dit artikel van toepassing.
2. Indien de rechtbank het onderzoek op de terechtzitting voor een bepaalde tijd schorst, stelt zij de termijn van de schorsing in de regel op niet meer dan een maand. Om klemmende redenen kan zij echter een langere termijn stellen, doch in geen geval langer dan drie maanden.
3. Schorst de rechtbank het onderzoek op de terechtzitting voor onbepaalde tijd, dan stelt zij met overeenkomstige toepassing van het tweede lid, een uiterste termijn, waarbinnen het onderzoek moet worden hervat.
4. Wanneer de verdachte zich in voorlopige hechtenis bevindt krachtens een bevel tot gevangenneming of gevangenhouding waarvan de geldigheidsduur niet meer kan worden verlengd op grond van artikel 66, derde lid, kan de officier van justitie schorsing van het onderzoek op de terechtzitting vorderen, mits hij het voornemen daartoe aan de verdachte kenbaar heeft gemaakt bij de dagvaarding.
(Zie ook: artt. 66, 66a, 133, 258 WvSv)

Schorsing in geval van voorlopige hechtenis

Art. 282a

1. De rechtbank kan, de officier van justitie gehoord, de zaak naar de politierechter verwijzen. De zaak wordt in dat geval onder aanzegging van het tijdstip op dezelfde dag verder behandeld dan wel voor bepaalde of onbepaalde tijd geschorst en op de bestaande telastlegging voor de politierechter aanhangig gemaakt door aanzegging of oproeping van de verdachte vanwege de officier van justitie tegen de dag van de nadere terechtzitting. De artikelen 260, tweede lid, 263, 265, tweede en derde lid, alsmede 370 zijn van toepassing.
2. De zaak wordt op de gewone wijze voortgezet, met dien verstande dat de beraadslaging bedoeld in de artikelen 348 en 350 mede geschiedt naar aanleiding van het onderzoek op de terechtzitting door de meervoudige kamer, zoals dit volgens het proces-verbaal van die terechtzitting heeft plaatsgehad. Artikel 322, vierde lid, is van overeenkomstige toepassing.
3. Indien de politierechter deel uitmaakte van de meervoudige kamer op het moment van de verwijzing, wordt het onderzoek hervat alsof geen wijziging van samenstelling van de rechtbank heeft plaatsgevonden. In het andere geval beveelt de politierechter dat het onderzoek op de terechtzitting opnieuw wordt aangevangen, tenzij de officier van justitie en de verdachte instemmen met hervatting in de stand waarin het onderzoek zich op het tijdstip van de verwijzing bevond.
(Zie ook: artt. 320 t/m 322, 369 WvSv)

Verwijzing naar politierechter

Art. 283

1. In de gevallen waarin van nietigheid van de dagvaarding, onbevoegdheid van de rechtbank of niet-ontvankelijkheid van de officier van justitie zonder onderzoek van de zaak zelf kan blijken, is de verdachte bevoegd dit verweer reeds dadelijk na de ondervraging bedoeld in artikel 273, voor te dragen en toe te lichten.
2. De officier van justitie kan daarop antwoorden.
3. De verdachte kan andermaal en, als de officier van justitie daarna weer het woord voert, nogmaals het woord voeren.
4. De rechtbank gaat tot beraadslaging over en doet uitspraak over het gevoerde verweer.
(Zie ook: art. 348 WvSv)
5. Wordt het verweer ontijdig of ongegrond bevonden, dan wordt het onderzoek in de zaak zelf onmiddellijk voortgezet.
6. Ook ambtshalve kan de rechtbank zonder onderzoek in de zaak de nietigheid van de dagvaarding, haar onbevoegdheid of de niet-ontvankelijkheid van de officier van justitie uitspreken, nadat zij de officier van justitie en de verdachte heeft gehoord.
(Zie ook: artt. 331, 333 WvSv)

Verweer omtrent nietigheid van de dagvaarding, onbevoegdheid van de rechtbank of niet-ontvankelijkheid van het openbaar ministerie

Art. 284

1. De officier van justitie draagt de zaak voor.

2. Indien de officier van justitie, hetzij naar aanleiding van een verweer bedoeld in artikel 283, eerste lid, hetzij gehoord door de rechtbank ingevolge artikel 283, zesde lid, van oordeel is dat de telastlegging behoort te worden gewijzigd, zijn de artikelen 313 en 314 van toepassing.

Voordracht van de zaak door officier van justitie
Tenlastelegging wijzigen

Wetboek van Strafvordering

Art. 285

Voeging van strafbare feiten

1. Worden strafbare feiten waarvan de voeging had behoren te geschieden, op dezelfde terechtzitting afzonderlijk aangebracht, dan beveelt de rechtbank dat de voeging alsnog zal plaats vinden.

2. Indien strafbare feiten waartussen verband bestaat of welke door dezelfde persoon zijn begaan op verschillende terechtzittingen zijn aangebracht, maar de behandeling op dezelfde terechtzitting wordt hervat of aangevangen, beveelt de rechtbank eveneens de voeging, indien dit in het belang van het onderzoek is.

Splitsing

3. De rechtbank beveelt de splitsing van gevoegde zaken, indien haar blijkt dat geen verband tussen die zaken bestaat of dat de voeging niet in het belang van het onderzoek is.
(Zie ook: artt. 259, 328 WvSv)

Art. 286

Ondervraging verdachte door voorzitter

1. De voorzitter ondervraagt de verdachte.

2. Is er meer dan één verdachte, dan bepaalt de voorzitter in welke volgorde de verdachten worden ondervraagd.

3. De voorzitter kan bepalen dat de verdachte buiten tegenwoordigheid van een of meer medeverdachten of getuigen zal worden ondervraagd.

4. Gedurende de verdere loop van het onderzoek kunnen aan de verdachte door de voorzitter, de rechters, de officier van justitie, de raadsman en de medeverdachte vragen worden gesteld.

5. Artikel 293 is van overeenkomstige toepassing.

6. Bij het verhoor van de verdachte wordt zo veel mogelijk onderzocht, of zijn verklaring op eigen wetenschap berust.
(Zie ook: art. 341 WvSv)

Art. 287

Verschenen getuigen op terechtzitting

1. De voorzitter stelt vast welke personen, al dan niet daartoe opgeroepen, als getuige ter terechtzitting zijn verschenen.

2. De verschenen getuigen worden gehoord, tenzij daarvan wordt afgezien met toestemming van de officier van justitie en van de verdachte dan wel op de gronden genoemd in artikel 288, eerste lid, onder b en c.

Niet-verschenen getuigen

3. Ten aanzien van de niet verschenen getuigen beveelt de rechtbank:
a. de oproeping, indien de oproeping door de officier van justitie is verzuimd of op de voet van artikel 264, eerste lid, is geweigerd en de verdachte hierom verzoekt of de rechtbank oproeping wenselijk oordeelt;
b. de hernieuwde oproeping, indien de getuige aan de eerdere oproeping geen gevolg heeft gegeven. De rechtbank kan daarbij tevens zijn medebrenging gelasten.

4. Bij het horen van getuigen zijn de artikelen 274 tot en met 276, derde lid, van overeenkomstige toepassing.
(Zie ook: artt. 260, 263, 315, 328, 585 WvSv)

Art. 288

Afzien van oproeping niet-verschenen getuigen door rechtbank

1. De rechtbank kan van de oproeping van niet verschenen getuigen als bedoeld in artikel 287, derde lid, bij met redenen omklede beslissing afzien, indien zij van oordeel is dat:
a. het onaannemelijk is dat de getuige binnen een aanvaardbare termijn ter terechtzitting zal verschijnen;
b. het gegronde vermoeden bestaat dat de gezondheid of het welzijn van de getuige of deskundige door het afleggen van een verklaring ter terechtzitting in gevaar wordt gebracht, en het voorkomen van dit gevaar zwaarder weegt dan het belang om de getuige of deskundige ter terechtzitting te kunnen ondervragen;
c. redelijkerwijs valt aan te nemen dat daardoor het openbaar ministerie niet in zijn vervolging of de verdachte in zijn verdediging wordt geschaad.

2. Indien de officier van justitie op grond van artikel 264, tweede lid, onder b, heeft geweigerd een door de verdachte opgegeven getuige te doen oproepen of een door de rechtbank gegeven bevel tot oproeping van een getuige ten uitvoer te leggen en ten aanzien van die getuige geen beschikking op grond van artikel 226a, eerste lid, of 226n, eerste lid, is gegeven, stelt de rechtbank de stukken in handen van de rechter-commissaris teneinde de getuige te doen verhoren. In geval van een door de verdachte opgegeven getuige blijft de vorige volzin buiten toepassing, indien de rechtbank bij met redenen omklede beslissing van oordeel is dat door het achterwege blijven van het verhoor de verdachte redelijkerwijs niet in zijn verdediging is geschaad. De officier van justitie dient onmiddellijk nadat de stukken in handen van de rechter-commissaris zijn gesteld, de vordering, bedoeld in artikel 226a, eerste lid, of artikel 226m, eerste lid, in. Artikel 316 is van overeenkomstige toepassing.

3. De rechtbank kan voorts van de oproeping of hernieuwde oproeping van niet verschenen getuigen afzien, indien de officier van justitie en de verdachte daarmee uitdrukkelijk instemmen of hebben ingestemd.

Wetboek van Strafvordering

C2 art. 293

4. Artikel 226 is van overeenkomstige toepassing.
(Zie ook: artt. 264, 328, 410, 418 WvSv)

Art. 288a

1. De voorzitter bepaalt in welke volgorde hij de verschenen getuigen, deskundigen en het slachtoffer, zal horen. Indien hij daartoe aanleiding ziet, neemt hij maatregelen dat de verschillende procesdeelnemers naar afzonderlijke ruimten worden geleid.

2. De voorzitter draagt zorg voor een correcte bejegening van het slachtoffer of diens vertegenwoordiger als bedoeld in artikel 51e, zesde of zevende lid.

Volgorde van verhoren op terechtzitting

Art. 289

1. De voorzitter beveelt dat de getuigen zich zullen begeven naar het voor hen bestemde vertrek, met uitzondering van de eerste getuige die zal worden gehoord.

2. Hij kan, gehoord de officier van justitie en de verdachte, de getuige toestaan zich voor het afleggen van zijn verklaring en tot een bepaald tijdstip te verwijderen.

3. Hij neemt zo nodig maatregelen om de getuigen te beletten dat zij voor het afleggen van hun verklaring op de terechtzitting
   a. zich met elkaar onderhouden dan wel
   b. kennis nemen van eerder ter terechtzitting afgelegde verklaringen van andere getuigen en de verdachte.

(Zie ook: art. 188 WvSv)

4. De voorzitter bepaalt met inachtneming van artikel 292, vierde lid, in welke volgorde de getuigen worden gehoord.
(Zie ook: art. 328 WvSv)

Vertrek voor getuigen

Volgorde getuigenverhoren

Art. 290

1. De voorzitter stelt voorafgaand aan het verhoor de identiteit van de getuige vast op de wijze, bedoeld in artikel 27a, eerste lid, eerste volzin. De voorzitter is tevens bevoegd de identiteit van de getuige vast te stellen op de wijze, bedoeld in artikel 27a, eerste lid, tweede volzin, indien over zijn identiteit twijfel bestaat. Artikel 29c, tweede lid, is ten aanzien van de getuige van overeenkomstige toepassing.

2. De voorzitter vraagt de getuige naar zijn beroep en of hij bloed- of aanverwant is van de verdachte en zo ja, in welke graad.

3. Indien er gegrond vermoeden bestaat dat de getuige in verband met het afleggen van zijn verklaring overlast zal ondervinden of in de uitoefening van zijn beroep zal worden belemmerd, kan de rechtbank bepalen dat het vragen naar een gegeven als bedoeld in het eerste of tweede lid, door de voorzitter achterwege zal worden gelaten. De rechtbank neemt de maatregelen die redelijkerwijs nodig zijn om de onthulling van dit gegeven te voorkomen.

4. De voorzitter beëdigt daarna de getuige dat hij de gehele waarheid en niets dan de waarheid zal zeggen. Artikel 216a, tweede lid betreffende de vervanging van de beëdiging door een aanmaning is van overeenkomstige toepassing.

5. De artikelen 217 tot en met 220 zijn van overeenkomstige toepassing.
(Zie ook: artt. 293, 360 WvSv; art. 207 WvSr)

Identiteit getuige vaststellen op terechtzitting

Beëdiging

Art. 291

De getuige moet bij zijn verklaring zo veel mogelijk uitdrukkelijk opgeven wat hij heeft waargenomen en ondervonden en wat zijn redenen van wetenschap zijn.
(Zie ook: art. 342 WvSv)

Inhoud getuigenverklaring

Art. 292

1. De voorzitter ondervraagt de getuige.

2. Hij geeft daarna de rechters en de officier van justitie de gelegenheid tot het stellen van vragen aan de getuige.

3. Hij stelt de verdachte in de gelegenheid om de getuige te ondervragen en naar aanleiding daarvan tegen de verklaring van de getuige in te brengen wat tot zijn verdediging kan dienen.

4. Indien echter de getuige tijdens het voorbereidende onderzoek nog niet is gehoord en op verzoek van de verdachte is opgeroepen of ter terechtzitting verschenen, wordt hij eerst door de verdachte en daarna door de voorzitter ondervraagd. Het tweede lid is van toepassing.

5. De voorzitter stelt de officier van justitie in de gelegenheid tot het maken van opmerkingen over de ondervraging bedoeld in het vierde lid.
(Zie ook: art. 331 WvSv)

Getuige ondervragen ter terechtzitting

Art. 293

1. De rechtbank kan ambtshalve of op vordering van de officier van justitie of op verzoek van de verdachte beletten dat aan enige vraag, gesteld door de verdachte of diens raadsman of door de officier van justitie, gevolg wordt gegeven.

2. De officier van justitie en de verdachte zijn bevoegd met betrekking tot enige vraag opmerkingen te maken, voordat deze wordt beantwoord.
(Zie ook: artt. 271, 290, 331 WvSv)

Beantwoording op een vraag beletten door rechtbank

Sdu

Art. 294

Gijzeling weigerachtige getuige

1. Indien de getuige bij zijn verhoor zonder wettige grond weigert de gestelde vragen te beantwoorden, ofwel de gevorderde eed of belofte af te leggen, kan de rechtbank indien dit dringend noodzakelijk is voor het onderzoek, diens gijzeling bevelen voor ten hoogste dertig dagen. De rechtbank beveelt op welk tijdstip, maar in ieder geval uiterlijk binnen veertien dagen nadat het bevel tot gijzeling is gegeven, dat de getuige aan haar wordt voorgeleid.
2. Voordat het bevel tot gijzeling wordt gegeven worden de getuige en diens advocaat gehoord over de reden van diens weigering. Tegen dit bevel staat geen rechtsmiddel open.
3. De rechtbank gelast het ontslag van de getuige uit de gijzeling, zodra hij aan zijn verplichtingen heeft voldaan of het onderzoek op de terechtzitting is gesloten. Zij is echter bevoegd het ontslag van de getuige uit de gijzeling in elke stand van het onderzoek te bevelen, ook op verzoek van de getuige.
4. De artikelen 222, derde lid, 223, tweede en derde lid, 224 en 225 zijn van overeenkomstige toepassing.

Art. 295

Meineed

1. Indien een getuige verdacht wordt zich op de terechtzitting aan het misdrijf van meineed schuldig te hebben gemaakt, kan de rechtbank dienaangaande onderzoek bevelen.
2. In dat geval maakt de griffier dadelijk proces-verbaal op, dat door de voorzitter, de rechters en hemzelf wordt ondertekend. Het proces-verbaal bevat de verklaring van de getuige.
3. De verklaring van de getuige wordt hem voorgelezen; daarna wordt hem gevraagd of hij bij zijn verklaring volhardt en zo ja, of hij deze wil ondertekenen. Bij gebreke van ondertekening vermeldt het proces-verbaal de weigering of de reden van verhindering.
4. De rechtbank kan tevens bevelen dat door de officier van justitie de vordering zal worden gedaan als bedoeld in artikel 181, teneinde de rechter-commissaris bepaalde onderzoekshandelingen te laten verrichten.
5. Het proces-verbaal wordt door de rechtbank in handen gesteld van de officier van justitie.
(Zie ook: artt. 157, 328, 344 WvSv; art. 207 WvSr)

Art. 296

Aanwezigheid getuige in zittingszaal

1. Na het afleggen van zijn verklaring blijft de getuige in de zittingszaal, tenzij de rechtbank, met toestemming van de officier van justitie en de verdachte, hem vergunt zich te verwijderen, zo nodig met het bevel op een te bepalen tijdstip opnieuw aanwezig te zijn.
(Zie ook: artt. 319, 331 WvSv)
2. In afwijking van het bepaalde in het eerste lid, is de toestemming van de verdachte niet vereist indien ten aanzien van de getuige het vermoeden bestaat, bedoeld in artikel 290, derde lid.
(Zie ook: artt. 289, 328 WvSv)

Art. 297

Confrontaties tussen getuigen

1. De rechtbank kan ambtshalve of op vordering van de officier van justitie of op verzoek van de verdachte getuigen tegenover elkaar stellen.
2. De voorzitter kan, in afwijking van artikel 296, eerste lid, bevelen dat na een afgelegde getuigenis een of meer getuigen de zittingszaal zullen verlaten en dat een of meer van hen opnieuw zullen worden binnengelaten teneinde hetzij afzonderlijk, hetzij in elkaars bijzijn, nogmaals te worden gehoord.
3. De voorzitter kan bevelen dat op gelijke wijze als bedoeld in het tweede lid een of meer verdachten de zittingszaal zullen verlaten, opdat een getuige buiten hun tegenwoordigheid zal worden ondervraagd.
4. In dat geval wordt aan de verdachte onmiddellijk meegedeeld wat buiten zijn aanwezigheid is voorgevallen, waarna het onderzoek kan worden voortgezet.
(Zie ook: artt. 289, 328, 331 WvSv)

Art. 298

[Vervallen]

Art. 299

Toepasselijkheid van de bepalingen over getuigen op deskundigen

Onverminderd artikel 51m, zijn alle bepalingen in deze titel betreffende getuigen en hun verklaringen ook van toepassing ten aanzien van deskundigen en hun verklaringen.

Art. 300

Vragen over geestvermogens van de verdachte

1. De voorzitter kan ambtshalve of op vordering van de officier van justitie of op verzoek van de verdachte bepalen dat de vragen met betrekking tot de geestvermogens van de verdachte buiten diens tegenwoordigheid zullen worden gesteld en behandeld, en voorts dat de officier van justitie of de raadsman buiten de tegenwoordigheid van de verdachte betreffende diens geestvermogens het woord zal voeren.
2. Na terugkeer van de verdachte in de zittingszaal wordt hem mededeling gedaan van wat tijdens zijn afwezigheid is voorgevallen.
(Zie ook: artt. 297, 497 WvSv)

Wetboek van Strafvordering

Art. 301
1. Processen-verbaal, verslagen van deskundigen of andere stukken worden op last van de voorzitter, wanneer een van de rechters of de officier van justitie dit verlangt, voorgelezen.
2. Voorlezing heeft ook plaats op verzoek van de verdachte, tenzij de rechtbank ambtshalve of op vordering van de officier van justitie anders beveelt.
3. De voorlezing van de stukken kan, tenzij de officier van justitie of de verdachte zich daar op redelijke gronden tegen verzet, worden vervangen door een mondelinge mededeling van de korte inhoud door de voorzitter.
4. Ten bezware van de verdachte wordt geen acht geslagen op stukken, die niet zijn voorgelezen of waarvan de korte inhoud niet overeenkomstig het derde lid is meegedeeld.
(Zie ook: artt. 275, 328, 331, 338 WvSv)

Voorlezing van de stukken door voorzitter op terechtzitting

Art. 302
De voorzitter en de rechters kunnen de spreekgerechtigde vragen over zijn verklaring stellen. Nadere vragen van de officier van justitie en de verdachte worden door tussenkomst van de voorzitter gesteld.

Spreekgerechtigde, vragen

Art. 303
1. Artikel 258, derde lid, is na de aanvang van de terechtzitting van overeenkomstige toepassing.
(Zie ook: artt. 51a, 260, 302, 336, 337, 413, 414 WvSv)
2. De rechtbank kan bevelen dat het slachtoffer, diens vertegenwoordiger op grond van artikel 51e, zesde of zevende lid, of diens nabestaande, indien deze na oproeping niet op de terechtzitting is verschenen, zal worden opgeroepen om op een nader te bepalen tijdstip op de terechtzitting te verschijnen. Indien deze ten tweede male niet op de terechtzitting verschijnt, kan de rechtbank van het horen van het slachtoffer diens vertegenwoordiger op grond van artikel 51e, zesde of zevende lid, of de nabestaande afzien.

Horen van slachtoffers

Art. 304-308
[Vervallen]

Art. 309
1. De officier van justitie legt een lijst met op grond van artikel 94 inbeslaggenomen, nog niet teruggegeven voorwerpen over. Hij doet voorts mededeling van de opbrengst van de voorwerpen ten aanzien waarvan een machtiging op grond van artikel 117, tweede lid, is verleend.
2. De voorzitter toont zo nodig de voorwerpen die als stukken van overtuiging dienen, aan de verdachte en de getuigen en hoort hen daaromtrent.
(Zie ook: artt. 116, 134, 340, 353 WvSv)

Lijst van inbeslaggenomen voorwerpen

Stukken van overtuiging

Art. 310
De rechtbank heeft gelijke bevoegdheid als in artikel 147 aan het openbaar ministerie is toegekend. Zij oefent die uit hetzij ambtshalve, hetzij op vordering van den officier van justitie of op verzoek van den verdachte. Artikel 147, tweede lid, is van overeenkomstige toepassing.
(Zie ook: art. 331 WvSv; art. 1 RR 1995)

Medewerking reclassering vragen door rechtbank

Art. 311
1. Nadat de ondervraging van de verdachte heeft plaatsgehad en de aanwezige getuigen en deskundigen zijn gehoord, kan de officier van justitie het woord voeren; hij legt zijn vordering na voorlezing aan de rechtbank over. De vordering omschrijft de straf en maatregel, indien oplegging daarvan wordt geëist; zij vermeldt in dat geval tevens welk strafbaar feit zou zijn begaan. De officier van justitie maakt, voor zover zulks aan de verdachte niet reeds eerder was gebleken, kenbaar of hij voornemens is een vordering als bedoeld in artikel 36e van het Wetboek van Strafrecht aanhangig te maken, alsmede of daartoe een strafrechtelijk financieel onderzoek, als bedoeld in artikel 126 is ingesteld. Van deze mededeling van de officier van justitie wordt in het proces-verbaal van de terechtzitting aantekening gemaakt.
2. De verdachte kan hierop antwoorden.
3. De officier van justitie kan daarna andermaal het woord voeren.
4. Aan de verdachte wordt op straffe van nietigheid het recht gelaten om het laatst te spreken.
5. De voorzitter kan bepalen dat aan de verdachte, getuigen en deskundigen nieuwe vragen worden gesteld en dat stukken worden voorgelezen. In dat geval kunnen de officier van justitie en de verdachte op de hiervoor vermelde voet, het woord voeren.
(Zie ook: artt. 331, 334 WvSv)

Requisitoir van officier van justitie

Pleidooi

Laatste woord
Nader onderzoek

Art. 312
Indien uit het onderzoek omstandigheden zijn bekend geworden die, niet in de dagvaarding vermeld, volgens de wet tot verzwaring van straf grond opleveren, is de officier van justitie bevoegd deze alsnog mondeling ten laste te leggen.
(Zie ook: artt. 261, 375, 376 WvSv)

Tenlastelegging mondeling aanvullen door officier van justitie

Art. 313
[1.] Indien buiten het geval van het voorgaande artikel de officier van justitie oordeelt dat de telastlegging behoort te worden gewijzigd, legt hij den inhoud van de door hem noodzakelijk

Tenlastelegging wijzigen door officier van justitie

geachte wijzigingen schriftelijk aan de rechtbank over met vordering dat die wijzigingen zullen worden toegelaten.
[2.] Indien de rechtbank de vordering toewijst, doet zij den inhoud van de aangebrachte wijzigingen in het proces-verbaal ter terechtzitting opnemen. In geen geval worden wijzigingen toegelaten, als een gevolg waarvan de telastlegging niet langer hetzelfde feit, in den zin van artikel 68 van het Wetboek van Strafrecht zou inhouden.
(Zie ook: artt. 261, 314a, 329 WvSv)

Art. 314

Afschrift van de tenlastelegging

1. Indien de telastlegging overeenkomstig artikel 313 is gewijzigd, wordt aan de verdachte door de griffier een gewaarmerkt afschrift van de gewijzigde telastlegging op de terechtzitting verstrekt, tenzij de rechtbank oordeelt dat met de uitreiking van een door de griffier gewaarmerkt afschrift van de wijzigingen kan worden volstaan. Is tegen de verdachte verstek verleend, dan wordt het onderzoek op de gewijzigde telastlegging aanstonds voortgezet indien de verdachte door het achterwege laten van kennisgeving van de wijziging redelijkerwijze niet in zijn verdediging wordt geschaad. In het andere geval wordt de gewijzigde telastlegging hem zo spoedig mogelijk betekend. Indien de verdachte de Nederlandse taal niet of onvoldoende beheerst, wordt hem in het laatstgenoemde geval tevens onverwijld een vertaling van de gewijzigde tenlastelegging verstrekt.

Schorsing van het onderzoek

2. De rechtbank schorst het onderzoek zo nodig voor een bepaalde tijd; met toestemming van de verdachte of de raadsman die op grond van artikel 279, eerste lid, tot de verdediging is toegelaten, kan het onderzoek echter aanstonds of na een korte onderbreking worden voortgezet.
(Zie ook: artt. 280, 319, 331, 585 WvSv)

Art. 314a

Tenlastelegging wijzigen ten aanzien van omschrijving strafbare feit

[1.] Indien in de telastlegging voor de opgave van het feit is volstaan met een omschrijving als bedoeld in artikel 257a, zesde lid, of artikel 261, derde lid, wordt de opgave alsnog in overeenstemming gebracht met de in het eerste en tweede lid van artikel 261 gestelde eisen.
[2.] De artikelen 313, met uitzondering van de laatste volzin, en 314 vinden overeenkomstige toepassing.

Art. 315

Oproeping van nieuwe getuigen en deskundigen door rechtbank

1. Indien aan de rechtbank de noodzakelijkheid blijkt van het verhoor van op de terechtzitting nog niet gehoorde getuigen of van de overlegging van bescheiden of stukken van overtuiging, die niet op de terechtzitting aanwezig zijn, beveelt zij, zoo nodig onder bijvoeging van een bevel tot medebrenging, tegen een door haar te bepalen tijdstip de dagvaarding of schriftelijke oproeping dier getuigen of de overlegging van de bescheiden of die stukken van overtuiging.
2. Artikel 288, tweede lid, is van overeenkomstige toepassing op het bevel tot oproeping van getuigen, als bedoeld in het eerste lid en het daarbij gevoegde bevel tot medebrenging.
(Zie ook: artt. 287, 319, 328, 585 WvSv)
3. Indien de rechtbank het noodzakelijk acht een nog niet op de terechtzitting gehoorde deskundige omtrent door hem uitgebrachte rapportage te horen, beveelt zij diens oproeping overeenkomstig het bepaalde in het eerste lid. Indien de rechtbank een nieuwe deskundige onderzoek wenst op te dragen, benoemt zij, gehoord de officier van justitie en de verdachte, een deskundige en verleent zij hem de opdracht tot het uitbrengen van een schriftelijk verslag. De rechtbank kan de zaak, al dan niet met toepassing van artikel 316, tweede lid, voorts in handen stellen van de rechter-commissaris.

Art. 316

Nader onderzoek door rechter-commissaris

1. Indien enig onderzoek door de rechter-commissaris noodzakelijk blijkt, stelt de rechtbank met schorsing van het onderzoek ter terechtzitting onder aanduiding van het onderwerp van het onderzoek en, zo nodig, van de wijze waarop dit zal zijn in te stellen, de stukken in handen van de rechter-commissaris.
2. In het geval het onderzoek uitsluitend zal bestaan in het horen van getuigen of het verlenen van een opdracht aan, het benoemen en horen van een deskundige kan de rechtbank de zaak verwijzen naar de rechter-commissaris dan wel, indien de officier van justitie en de verdachte daarmee instemmen, de voorzitter of een der rechters die over de zaak oordelen als rechter-commissaris aanwijzen. Deze rechter kan aan het verdere onderzoek ter terechtzitting deelnemen, tenzij bij het horen van getuigen of deskundigen is bepaald dat de verdachte of diens raadsman daar niet bij tegenwoordig mag zijn.
3. Het onderzoek wordt overeenkomstig de bepalingen van de tweede tot en met de vijfde en zevende afdeling van de Derde Titel van dit Boek gevoerd.
(Zie ook: artt. 185, 241b, 319, 347 WvSv)

Art. 317

Onderzoek naar geestesvermogens van verdachte door rechtbank

1. Indien het noodzakelijk is dat een onderzoek naar de geestvermogens van de verdachte tegen wie voorlopige hechtenis is bevolen, wordt ingesteld en dit niet voldoende op een andere wijze kan plaatsvinden, beveelt de rechtbank bij een met redenen omklede beslissing dat de verdachte

Wetboek van Strafvordering

ter observatie zal worden overgebracht naar een in het bevel aan te duiden psychiatrisch ziekenhuis, bedoeld in artikel 509f, of een instelling tot klinische observatie bestemd.
(Zie ook: art. 77 PBW; art. 90sexies WvSr)
2. Het bevel wordt niet gegeven dan nadat het oordeel van een of meer deskundigen is ingewonnen en de officier van justitie, de verdachte en zijn raadsman in de gelegenheid zijn gesteld om ter zake te worden gehoord.
3. Artikel 198 is van overeenkomstige toepassing.
(Zie ook: artt. 66, 89, 133, 328 WvSv; artt. 37, 37a WvSr)

Art. 318
[1.] Indien de rechtbank het houden van eene schouw of het hooren van getuigen of verdachten elders dan in de gehoorzaal noodzakelijk acht, kan zij te dien einde, met schorsing der zaak, bevelen dat de terechtzitting tijdelijk zal worden verplaatst. — *Schouw en horen van getuigen of verdachten buiten rechtbank*
[2.] De rechtbank is bevoegd daartoe met de personen door haar aangewezen elke plaats te betreden. Artikel 146, tweede lid, is te haren aanzien van toepassing.
[3.] De rechtbank is bevoegd, naar aanleiding van de gesteldheid der plaats waar de tijdelijke terechtzitting zal worden gehouden, de noodige voorschriften te geven voor de wijze van behandeling der zaak op die terechtzitting.
(Zie ook: artt. 150, 192, 212, 328, 340 WvSv; art. 370 WvSr; art. 12 GW)

Art. 319
1. In alle gevallen waarin het onderzoek wordt onderbroken of voor een bepaalde tijd geschorst, wordt door de voorzitter aan de verdachte, diens raadsman, het slachtoffer, diens vertegenwoordiger op grond van artikel 51e, zesde of zevende lid, of de nabestaande, en aan de tolken, getuigen en deskundigen voor zover zij nog niet op de terechtzitting zijn gehoord, het tijdstip aangezegd, waarop zij bij de hervatting van het onderzoek op de terechtzitting aanwezig moeten zijn. Aan de aanwezige benadeelde partij wordt door de voorzitter het tijdstip aangezegd waarop het onderzoek ter terechtzitting zal worden hervat. De aanzegging geldt als oproeping. — *Onderbreking van onderzoek ter terechtzitting of schorsing voor bepaalde tijd*
2. De verdachte, raadsman, het slachtoffer, diens vertegenwoordiger op grond van artikel 51e, zesde of zevende lid, of de nabestaande, getuigen, deskundigen en tolken die bij de in het eerste lid bedoelde aanzegging niet op de terechtzitting aanwezig zijn, worden, in het geval van schorsing voor de nadere terechtzitting opnieuw opgeroepen. De benadeelde partij die niet bij de aanzegging aanwezig is, wordt eveneens opgeroepen indien de rechtbank daartoe termen aanwezig acht.
3. De rechtbank kan ambtshalve, op vordering van de officier van justitie of op verzoek van de verdachte, getuigen en deskundigen die reeds op de terechtzitting zijn gehoord, en tolken aanwijzen wier tegenwoordigheid bij de nadere behandeling wordt vereist. De rechtbank wijst de vordering van de officier van justitie, gehoord de verdachte, toe en willigt het verzoek van de verdachte, gehoord de officier van justitie, in, tenzij zij van oordeel is dat door het afwijzen van de vordering of het niet inwilligen van het verzoek redelijkerwijs noch het openbaar ministerie in de vervolging, noch de verdachte in zijn verdediging wordt geschaad.
(Zie ook: artt. 51a, 281, 314, 324, 331 WvSv)

Art. 320
1. In alle gevallen waarin het onderzoek voor een onbepaalde tijd is geschorst, worden, zodra de oorzaak der schorsing is vervallen, de verdachte, het slachtoffer, diens vertegenwoordiger op grond van artikel 51e, zesde of zevende lid, of de nabestaande, de getuigen, deskundigen en tolken, voor zover zij nog niet ter terechtzitting zijn gehoord, opnieuw opgeroepen. De ter terechtzitting verschenen benadeelde partij wordt eveneens opgeroepen indien de rechtbank daartoe termen aanwezig acht. — *Schorsing voor onbepaalde tijd van onderzoek ter terechtzitting*
2. Artikel 319, derde lid, is van toepassing.
3. Met betrekking tot de oproeping van de verdachte is artikel 265 van overeenkomstige toepassing.
(Zie ook: artt. 51a, 324, 585 WvSv)

Art. 321
[Vervallen]

Art. 322
1. Onverminderd het bepaalde in artikel 280, tweede en derde lid, wordt in alle gevallen waarin de schorsing van het onderzoek is bevolen, het onderzoek in de zaak op de nadere terechtzitting hervat in de stand waarin het zich op het tijdstip der schorsing bevond. — *Hervatting van onderzoek ter terechtzitting*
2. De rechtbank is ook bij toepassing van het eerste lid bevoegd te bevelen dat het onderzoek op de terechtzitting opnieuw wordt aangevangen. — *Nieuwe aanvang*
3. De rechtbank beveelt dat het onderzoek op de terechtzitting opnieuw wordt aangevangen in het geval de samenstelling van de rechtbank bij de hervatting gewijzigd is, tenzij de officier van justitie en de verdachte instemmen met hervatting in de stand waarin het onderzoek zich op het tijdstip van de schorsing bevond.
(Zie ook: artt. 281, 282a, 301, 418 WvSv)

4. Ook in het geval het onderzoek ter terechtzitting opnieuw wordt aangevangen blijven beslissingen van de rechtbank inzake de geldigheid van de uitreiking van de dagvaarding uit hoofde van artikel 278, eerste lid, beslissingen op verweren van de verdachte uit hoofde van artikel 283, eerste lid, beslissingen op vorderingen tot wijziging van de telastlegging alsmede beslissingen inzake het horen of de oproeping van getuigen of deskundigen ter terechtzitting uit hoofde van artikel 287 of artikel 288 in stand.

Art. 323
[Vervallen]

Art. 324

Heropening van onderzoek na schorsing voor spoedmaatregelen

[1.] Niettegenstaande de schorsing is de rechtbank bevoegd te allen tijde het onderzoek op de terechtzitting voor bepaalde spoedeischende maatregelen tijdelijk te heropenen.

[2.] De artikelen 320 en 322 zijn van toepassing.
(Zie ook: art. 328 WvSv)

Art. 325

Oproeping tolk voor uitspraak ter terechtzitting

Voor de sluiting van het onderzoek vraagt de voorzitter aan de verdachte die op de terechtzitting door een tolk is bijgestaan of hij bij de uitspraak die niet aanstonds wordt gedaan, aanwezig zal zijn. Indien de verdachte verklaart niet aanwezig te zullen zijn, blijft de oproeping van de tolk voor de uitspraak achterwege. Indien de verdachte verklaart wel aanwezig te zullen zijn, zegt de voorzitter de tolk de datum en het tijdstip van de uitspraak aan; de aanzegging geldt als oproeping.
(Zie ook: art. 275 WvSv)

Art. 326

Proces-verbaal der terechtzitting door griffier

[1.] De griffier houdt het proces-verbaal der terechtzitting, waarin achtereenvolgens aanteekening geschiedt van de in acht genomen vormen en van al hetgeen met betrekking tot de zaak op de terechtzitting voorvalt.
[2.] Het behelst tevens den zakelijken inhoud van de verklaringen der getuigen, deskundigen en verdachten. Indien de officier van justitie vordert of de verdachte verzoekt dat eenige verklaring woordelijk zal worden opgenomen, wordt daaraan, voor zoover de verklaring redelijke grenzen niet overschrijdt, op last van den voorzitter zooveel mogelijk voldaan en daarvan voorlezing gedaan. Acht de officier van justitie of de verdachte de verklaring niet voldoende weergegeven, dan beslist de rechtbank.
[3.] De voorzitter kan gelasten dat in het proces-verbaal van eenige bepaalde omstandigheid, verklaring of opgave aanteekening zal worden gedaan.
4. Gelijke aanteekening geschiedt, wanneer een der rechters het verlangt, of op vordering van de officier van justitie of op verzoek van de verdachte of de benadeelde partij.
(Zie ook: artt. 313, 328, 378, 381, 395 WvSv)

Art. 327

Vaststelling en ondertekening van proces-verbaal

Het proces-verbaal wordt door den voorzitter of door een der rechters, die over de zaak heeft geoordeeld, en den griffier vastgesteld en zoo spoedig mogelijk na de sluiting van het onderzoek ter terechtzitting en in elk geval binnen den in het eerste lid van artikel 365 vermelden termijn onderteekend. Voor zoover de griffier tot een en ander buiten staat is, geschiedt dit zonder zijne medewerking en wordt van zijne verhindering aan het slot van het proces-verbaal melding gemaakt.

Art. 327a

Kop-staart vonnis en proces-verbaal

1. Behoudens in het geval omschreven in het tweede lid, kan een verkort proces-verbaal worden opgemaakt.
2. Indien het vonnis bij verstek is gewezen en de dagvaarding niet in persoon is betekend en zich geen omstandigheid heeft voorgedaan waaruit voortvloeit dat de dag van de terechtzitting of nadere terechtzitting aan de verdachte bekend was, terwijl op de terechtzitting getuigen of deskundigen zijn gehoord dan wel een benadeelde partij zich in het strafproces heeft gevoegd, wordt, in afwijking van het eerste lid, een proces-verbaal opgemaakt dat aan de eisen van artikel 326 voldoet.
3. Indien tegen het vonnis een gewoon rechtsmiddel wordt aangewend of aan een vordering of verzoek als omschreven in artikel 365c gevolg wordt gegeven, wordt het verkorte proces-verbaal zodanig aangevuld, dat het voldoet aan de in artikel 326 gestelde eisen. De aanvulling vindt plaats binnen de in artikel 365a, derde lid, bepaalde termijnen.
4. Artikel 365, derde tot en met vijfde lid, is van overeenkomstige toepassing.
(Zie ook: artt. 138b, 138c, 365 WvSv)

Art. 328

Rechterlijke beslissing op vordering van officier van justitie of verzoek van verdachte

Tot het nemen van elke rechterlijke beslissing op grond van de bepalingen van dezen Titel kan door den officier van justitie eene vordering en door den verdachte een verzoek tot de rechtbank worden gedaan, tenzij uit eenige bepaling het tegendeel volgt.
(Zie ook: artt. 329, 331 WvSv)

Wetboek van Strafvordering

Art. 329
Alvorens te beslissen op eenig verzoek of verzet van den verdachte, hoort de rechtbank den officier van justitie. Alvorens te beslissen op eenige vordering of op eenig verzet van den officier van justitie, stelt de rechtbank den verdachte, indien deze tegenwoordig is, of diens raadsman in de gelegenheid het woord te voeren.
(Zie ook: art. 279 WvSv)

Horen van officier van justitie door rechtbank

Art. 330
Weigering of verzuim om te beslissen over eene vordering of een verzet van den officier van justitie of een verzoek of verzet van den verdachte, strekkende om gebruik te maken van eene bevoegdheid of van een recht door de wet toegekend, heeft nietigheid ten gevolge.

Weigering of verzuim door rechter ten aanzien van beslissing

Art. 331
1. Elke bevoegdheid van de verdachte die bij deze Titel is toegekend, komt ook toe aan de raadsman die de ter terechtzitting aanwezige verdachte bijstaat ofwel op grond van artikel 279, eerste lid, tot verdediging van de afwezige verdachte is toegelaten.
2. In alle gevallen waarin bij deze Titel de toestemming of het horen van de verdachte of diens raadsman wordt gevorderd, geldt dit alleen ten opzichte van de op de terechtzitting aanwezige verdachte of diens raadsman.
(Zie ook: art. 279 WvSv)

Bevoegdheid raadsman gelijkstelling met verdachte

Plicht tot horen van verdachte of raadsman

Tweede afdeeling
Onderzoek van de vordering van de benadeelde partij op de terechtzitting

Art. 332
De rechtbank kan bevelen dat de benadeelde partij, die niet in persoon of bij vertegenwoordiger ter terechtzitting is verschenen, zal worden opgeroepen om op een nader door de rechtbank te bepalen tijdstip ter terechtzitting te verschijnen.
(Zie ook: artt. 51a, 319, 361 WvSv)

Oproeping van benadeelde partij bij niet-verschijnen

Art. 333
Indien naar het oordeel van de rechtbank de benadeelde partij kennelijk niet ontvankelijk is, kan zij zonder nader onderzoek van de zaak de niet ontvankelijkheid van de benadeelde partij uitspreken.
(Zie ook: artt. 361, 592a WvSv)

Niet-ontvankelijkheid van benadeelde partij

Art. 334
1. De benadeelde partij kan ter terechtzitting tot het bewijs van de ten gevolge van het strafbare feit geleden schade stukken overleggen, doch geen getuigen of deskundigen aanbrengen.
2. De benadeelde partij of degene die haar bijstaat kan aan de getuigen en deskundigen vragen stellen, doch alleen betreffende haar vordering tot schadevergoeding.
3. De benadeelde partij kan haar vordering, nadat de officier van justitie overeenkomstig artikel 311 het woord heeft gevoerd, toelichten of doen toelichten. Zij kan andermaal het woord voeren telkens wanneer de officier van justitie het woord heeft gevoerd, dan wel tot het voeren daarvan in de gelegenheid is gesteld.

Bewijsvoering van benadeelde partij

Art. 335
Behoudens toepassing van artikel 333, doet de rechtbank over de vordering van de benadeelde partij uitspraak gelijktijdig met de einduitspraak in de strafzaak.
(Zie ook: artt. 361, 592a WvSv)

Uitspraak ten aanzien van benadeelde partij

Tweede Afdeling A
[Vervallen]

Art. 336-337
[Vervallen]

Derde afdeeling
Bewijs

Art. 338
Het bewijs dat de verdachte het telastegelegde feit heeft begaan, kan door den rechter slechts worden aangenomen, indien hij daarvan uit het onderzoek op de terechtzitting door den inhoud van wettige bewijsmiddelen de overtuiging heeft bekomen.
(Zie ook: artt. 350, 359 WvSv)

Wettig en overtuigend bewijs

Art. 339
[1.] Als wettige bewijsmiddelen worden alleen erkend:
1°. eigen waarneming van den rechter;
2°. verklaringen van den verdachte;
3°. verklaringen van een getuige;

Wettige bewijsmiddelen

C2 art. 340 — Wetboek van Strafvordering

4°. verklaringen van een deskundige;
5°. schriftelijke bescheiden.

Feiten van algemene bekendheid
[2.] Feiten of omstandigheden van algemeene bekendheid behoeven geen bewijs.
(Zie ook: art. 511f WvSv)

Art. 340

Eigen waarneming van rechter
Onder eigen waarneming van den rechter wordt verstaan die welke bij het onderzoek op de terechtzitting door hem persoonlijk is geschied.

Art. 341

Verklaring van verdachte
[1.] Onder verklaring van den verdachte wordt verstaan zijne bij het onderzoek op de terechtzitting gedane opgave van feiten of omstandigheden, hem uit eigen wetenschap bekend.
[2.] Zoodanige opgave, elders dan ter terechtzitting gedaan, kan tot het bewijs, dat de verdachte het telastegelegde feit begaan heeft, medewerken, indien daarvan uit eenig wettig bewijsmiddel blijkt.
[3.] Zijne opgaven kunnen alleen te zijnen aanzien gelden.

Onvoldoende voor aanneming van rechter
[4.] Het bewijs dat de verdachte het telastegelegde feit heeft begaan, kan door den rechter niet uitsluitend worden aangenomen op de opgaven van den verdachte.
(Zie ook: artt. 29, 286 WvSv)

Art. 342

Verklaring van getuige
1. Onder verklaring van een getuige wordt verstaan zijne bij het onderzoek op de terechtzitting gedane mededeeling van feiten of omstandigheden, welke hij zelf waargenomen of ondervonden heeft.

Eén getuige is geen getuige
2. Het bewijs dat de verdachte het telastegelegde feit heeft begaan, kan door den rechter niet uitsluitend worden aangenomen op de verklaring van één getuige.
(Zie ook: artt. 291, 322 WvSv)

Art. 343

Verklaring van deskundige
Onder verklaring van een deskundige wordt verstaan zijn bij het onderzoek op de terechtzitting afgelegde verklaring over wat zijn wetenschap en kennis hem leren omtrent datgene wat aan zijn oordeel onderworpen is, al dan niet naar aanleiding van een door hem in opdracht uitgebracht deskundigenverslag.

Art. 344

Schriftelijke bescheiden
1. Onder schriftelijke bescheiden worden verstaan:
1°. beslissingen in den wettelijken vorm opgemaakt door colleges of personen met rechtspraak belast, alsmede in de wettelijke vorm opgemaakte strafbeschikkingen;
(Zie ook: art. 138 WvSv)
2°. processen-verbaal en andere geschriften, in den wettelijken vorm opgemaakt door colleges en personen, die daartoe bevoegd zijn, en behelzende hunne mededeeling van feiten of omstandigheden, door hen zelf waargenomen of ondervonden;
3°. geschriften opgemaakt door openbare colleges of ambtenaren, betreffende onderwerpen behoorende tot den onder hun beheer gestelden dienst, alsmede geschriften, opgemaakt door een persoon in de openbare dienst van een vreemde staat of van een volkenrechtelijke organisatie;
4°. verslagen van deskundigen met het antwoord op de opdracht die aan hen is verleend tot het verstrekken van informatie of het doen van onderzoek, gebaseerd op wat hun wetenschap en kennis hen leren omtrent datgene wat aan hun oordeel onderworpen is.
(Zie ook: art. 227 WvSv)
5°. alle andere geschriften; doch deze kunnen alleen gelden in verband met den inhoud van andere bewijsmiddelen.
(Zie ook: art. 257a WvSv)

Proces-verbaal van opsporingsambtenaar
2. Het bewijs dat de verdachte het telastegelegde feit heeft gepleegd, kan door den rechter worden aangenomen op het proces-verbaal van een opsporingsambtenaar.
(Zie ook: art. 152 WvSv)

Art. 344a

Verklaring van anonieme getuige onvoldoende
1. Het bewijs dat de verdachte het ten laste gelegde feit heeft begaan, kan door de rechter niet uitsluitend of in beslissende mate worden gegrond op schriftelijke bescheiden houdende verklaringen van personen wier identiteit niet blijkt.

Verklaring bedreigde getuige voor bewijs gebruiken
2. Een proces-verbaal van een verhoor bij de rechter-commissaris, houdende de verklaring van een persoon die als bedreigde getuige is aangemerkt, dan wel de verklaring van een persoon die als afgeschermde getuige is aangemerkt en wiens identiteit verborgen is gehouden, kan alleen meewerken tot het bewijs dat de verdachte het ten laste gelegde feit heeft begaan, indien ten minste aan de volgende voorwaarden is voldaan:
a. de getuige is een bedreigde getuige of een afgeschermde getuige en is als zodanig door de rechter-commissaris gehoord, en
b. het ten laste gelegde feit, voor zover bewezen, betreft een misdrijf als omschreven in artikel 67, eerste lid, en levert gezien zijn aard, het georganiseerd verband waarin het is begaan, of de

samenhang met andere door de verdachte begane misdrijven, een ernstige inbreuk op de rechtsorde op.
3. Een schriftelijk bescheid houdende de verklaring van een persoon wiens identiteit niet blijkt, kan, buiten het geval omschreven in het tweede lid, alleen meewerken tot het bewijs dat de verdachte het ten laste gelegde feit heeft begaan, indien ten minste aan de volgende voorwaarden is voldaan:
  a. de bewezenverklaring vindt in belangrijke mate steun in andersoortig bewijsmateriaal, en
  b. door of namens de verdachte is niet op enig moment in het geding de wens te kennen gegeven om de in de aanhef bedoelde persoon te ondervragen of te doen ondervragen.
(Zie ook: artt. 190, 226a, 290, 360 WvSv)
4. Het bewijs dat de verdachte het telastegelegde feit heeft begaan, kan door de rechter niet uitsluitend worden aangenomen op grond van verklaringen van getuigen met wie op grond van artikel 226h, derde lid, of 226k een afspraak is gemaakt.
(Zie ook: artt. 44a, 192 WvSr; art. 226m WvSv)

Vierde afdeeling
Beraadslaging en uitspraak

Art. 345
[1.] Na afloop van het onderzoek wordt dit door den voorzitter gesloten verklaard en wordt hetzij aanstonds de uitspraak gedaan, hetzij door den voorzitter mondeling medegedeeld, wanneer zij, volgens de bepaling der rechtbank zal plaats vinden. — *Uitspraak na afloop onderzoek*
[2.] Te bepaalden tijde kan de uitspraak mondeling tot een naderen dag worden uitgesteld. De uitspraak kan niet vervroegd worden, tenzij zij gedaan wordt in tegenwoordigheid van den verdachte.
[3.] In geen geval mag de uitspraak later plaats vinden dan op den veertienden dag na de sluiting van het onderzoek. Daarbij kan volstaan worden met het uitspreken van een verkort vonnis.
(Zie ook: art. 138c WvSv)
[4.] Heeft de uitspraak alsdan niet plaats gehad, dan wordt de zaak op de bestaande telastelegging door hetzelfde college opnieuw onderzocht.
(Zie ook: artt. 362, 364, 365a, 593 WvSv)

Art. 346
[1.] Ingeval onder de beraadslaging blijkt dat het onderzoek niet volledig is geweest, kan de rechtbank op de terechtzitting bevelen dat op eene door haar te bepalen terechtzitting het onderzoek worde hervat. — *Hervatting onderzoek wegens onvolledigheid*
2. Bij het bevel worden tevens aangewezen de getuigen, deskundigen, tolken en benadeelde partij wier verhoor of tegenwoordigheid, of de bescheiden of stukken van overtuiging welker inzage of bezichtiging de rechtbank nodig acht.
3. In dit geval wordt gehandeld als ware het onderzoek voor onbepaalde tijd geschorst, met dien verstande dat de verplichte oproeping alleen betreft de verdachte, alsmede de in het bevel aangewezen getuigen, deskundigen, tolken en benadeelde partij.
(Zie ook: artt. 315, 320 WvSv)

Art. 347
[1.] Ook kan, in het geval bij het eerste lid van het voorgaande artikel bedoeld, de rechtbank overeenkomstig de bepalingen van artikel 316 een onderzoek door den rechter-commissaris doen plaats vinden. — *Onderzoek door rechter-commissaris in geval van art. 316 Sv.*
[2.] In dit geval wordt gehandeld als ware het onderzoek voor onbepaalden tijd geschorst.
(Zie ook: art. 320 WvSv)

Art. 348
De rechtbank onderzoekt op den grondslag der telastlegging en naar aanleiding van het onderzoek op de terechtzitting de geldigheid der dagvaarding, hare bevoegdheid tot kennisneming van het telastegelegde feit en de ontvankelijkheid van den officier van justitie en of er redenen zijn voor schorsing der vervolging. — *Formele vragen rechtbank*
(Zie ook: artt. 2, 14, 257, 261, 265, 283, 350, 382, 422a, 474 WvSv; artt. 64, 68 WvSr; art. 45 Wet RO)

Art. 349
1. Indien het onderzoek in het voorgaande artikel bedoeld, daartoe aanleiding geeft, spreekt de rechtbank uit de nietigheid der dagvaarding, hare onbevoegdheid, de niet-ontvankelijkheid van den officier van justitie of de schorsing der vervolging. — *Uitspraak na onderzoek ten aanzien van formele vragen*
2. Indien een feit dat ingevolge artikel 382 voor de kantonrechter moet worden vervolgd, bij een andere kamer van de rechtbank aanhangig is gemaakt, kan het feit op verzoek van de verdachte of ambtshalve worden verwezen naar de kantonrechter. Zodanige verwijzing is niet mogelijk, indien primair een feit ten laste gelegd dat ingevolge artikel 382 niet voor de kantonrechter wordt vervolgd.

Sdu

C2 art. 350 — Wetboek van Strafvordering

Niet-ontvankelijkheid van officier van justitie

3. Ingeval de officier van justitie op grond van artikel 264, tweede lid, onder b, weigert een door de rechter gegeven bevel tot dagvaarding of oproeping van een getuige ten uitvoer te leggen, terwijl die getuige ingevolge een onherroepelijke rechterlijke beslissing geen bedreigde getuige of afgeschermde getuige wiens identiteit verborgen wordt gehouden is, spreekt de rechtbank de niet-ontvankelijkheid van de officier van justitie in zijn vervolging uit.
(Zie ook: artt. 136c, 226a, 226m, 358, 366, 382 WvSv; art. 45 Wet RO)

Art. 350

Materiële vragen rechtbank

Indien het onderzoek in artikel 348 bedoeld, niet leidt tot toepassing van artikel 349, eerste lid, beraadslaagt de rechtbank op den grondslag der telastlegging en naar aanleiding van het onderzoek op de terechtzitting over de vraag of bewezen is dat het feit door den verdachte is begaan, en, zoo ja, welk strafbaar feit het bewezen verklaarde volgens de wet oplevert; indien wordt aangenomen dat het feit bewezen en strafbaar is, dan beraadslaagt de rechtbank over de strafbaarheid van den verdachte en over de oplegging van straf of maatregel, bij de wet bepaald.
(Zie ook: artt. 338, 358, 366, 382 WvSv; art. 39 WvSr; art. 45 Wet RO)

Art. 351

Oplegging straf of maatregel door rechtbank

Acht de rechtbank het telastegelegde feit bewezen, het te zijn een strafbaar feit en den verdachte deswege strafbaar, dan legt zij op de straf of den maatregel, op het feit gesteld.
(Zie ook: artt. 358, 359 WvSv; artt. 9, 36a, 37 WvSr; art. 5 WED)

Art. 352

Vrijspraak van verdachte

[1.] Acht de rechtbank niet bewezen dat de verdachte het hem telastegelegde feit heeft begaan, dan spreekt zij hem vrij.

Ontslag van alle rechtsvervolging

[2.] Acht de rechtbank het feit bewezen, doch dit niet te zijn een strafbaar feit of den verdachte deswege niet strafbaar, dan ontslaat zij hem van alle rechtsvervolging te dier zake. In het geval, bedoeld in artikel 39 van het Wetboek van Strafrecht, kan zij tevens een maatregel opleggen als voorzien in artikel 37, 37a, 37b of 77s van het Wetboek van Strafrecht, indien de wettelijke voorwaarden daarvoor zijn vervuld.
(Zie ook: artt. 72, 89, 338, 415, 591a WvSv)

Art. 353

Beslissing ten aanzien van in beslag genomen voorwerpen

1. In het geval van toepassing van artikel 9a van het Wetboek van Strafrecht, van oplegging van straf of maatregel, van vrijspraak of ontslag van alle rechtsvervolging neemt de rechtbank een beslissing over de met toepassing van artikel 94 inbeslaggenomen voorwerpen ten aanzien waarvan nog geen last tot teruggave is gegeven. Deze beslissing laat ieders rechten ten aanzien van het voorwerp onverlet.
2. De rechtbank gelast, onverminderd artikel 351,
a. de teruggave van het voorwerp aan degene bij wie het in beslag is genomen;
b. de teruggave van het voorwerp aan degene die redelijkerwijs als rechthebbende kan worden aangemerkt; of
c. indien geen persoon als rechthebbende kan worden aangemerkt, de bewaring van het voorwerp ten behoeve van de rechthebbende.
3. Op een last als bedoeld in het tweede lid is artikel 119 van overeenkomstige toepassing.
4. De rechtbank kan de teruggave van inbeslaggenomen voorwerpen onder zekerheidstelling gelasten. Artikel 118a is van overeenkomstige toepassing.
(Zie ook: artt. 94, 116, 134, 552a WvSv)

Art. 354

Beslissing ten aanzien van ontoegankelijk gemaakte gegevens

1. In de gevallen, bedoeld in artikel 353, eerste lid, neemt de rechtbank tevens een beslissing over de met toepassing van de artikelen 125o of 126cc, vijfde lid, ontoegankelijk gemaakte gegevens indien de desbetreffende maatregelen nog niet zijn opgeheven.
(Zie ook: art. 255a WvSv)
2. De rechtbank kan gelasten dat de gegevens worden vernietigd indien het gegevens betreft met betrekking tot welke of met behulp waarvan een strafbaar feit is begaan, voor zover de vernietiging noodzakelijk is ter voorkoming van nieuwe strafbare feiten. In alle andere gevallen gelast zij dat de gegevens weer ter beschikking van de beheerder van het geautomatiseerd werk worden gesteld.
(Zie ook: artt. 80quinquies, 80sexies WvSr)
3. In de gevallen, bedoeld in artikel 353, eerste lid, neemt de rechtbank tevens een beslissing over het bevel, bedoeld in artikel 125p, indien een dergelijk bevel nog niet is opgeheven.

Art. 354a

Strafbeschikking vernietigen

1. Indien ter zake van hetzelfde feit een strafbeschikking is voorafgegaan, doch geen verzet is gedaan, vernietigt de rechter de strafbeschikking indien hij de verdachte vrijspreekt, ontslaat van alle rechtsvervolging of veroordeelt. Indien de rechter de niet-ontvankelijkheid van het openbaar ministerie uitspreekt, kan hij de strafbeschikking vernietigen.
(Zie ook: art. 255a WvSv)
2. Indien de strafbeschikking reeds geheel of ten dele ten uitvoer is gelegd, dan houdt de rechtbank daar bij het bepalen van de op te leggen straf of maatregel rekening mee.
(Zie ook: art. 257a WvSv)

Art. 355
[1.] Indien eene uitspraak bij verstek is gedaan, kan, nadat deze uitvoerbaar is geworden, de beslissing der rechtbank ten aanzien van de stukken van overtuiging worden uitgevoerd, nadat van die stukken, indien de uitspraak nog niet in kracht van gewijsde is gegaan, eene nauwkeurige beschrijving door den griffier is opgemaakt en op de griffie nedergelegd.
(Zie ook: artt. 366, 399 WvSv)
[2.] De rechtbank kan van de teruggave of vernietiging overeenkomstig het voorgaande lid uitzonderen zoodanige voorwerpen, als zij noodig vindt.
(Zie ook: artt. 280, 340 WvSv)

Uitvoering beslissing ten aanzien van stukken van overtuiging

Art. 356
[1.] Indien de rechtbank valschheid in authentiek geschrift aanneemt, verklaart zij bij de uitspraak het geheele stuk valsch, of wijst zij aan waarin de valschheid bestaat.
(Zie ook: art. 226 WvSv)
[2.] Zoodra het vonnis in kracht van gewijsde is gegaan, stelt de griffier eene door hem onderteekende aanteekening op het stuk, houdende dat dit geheel of gedeeltelijk is valsch verklaard en vermeldende het vonnis waarbij dit is geschied. Het in de vorige zin bepaalde is niet van toepassing op akten, voorkomende in een register van de burgerlijke stand.
(Zie ook: art. 16 BW Boek 1)
[3.] Grossen, afschriften of uittreksels van het stuk worden niet uitgegeven, dan met bijvoeging van de daarop gestelde aanteekening.
(Zie ook: art. 108 WvSv; art. 430 Rv)

Valsheid in authentiek geschrift

Art. 357
[1.] Het vonnis behelst voor zooveel mogelijk naam en voornamen, leeftijd, geboorteplaats, beroep en woon- of verblijfplaats van den verdachte.
[2.] Het bevat voorts de namen der rechters door wie het is gewezen en den dag van de uitspraak.
(Zie ook: artt. 273, 365 WvSv)

Inhoud vonnis

Art. 358
[1.] In de gevallen van artikel 349, eerste lid, bevat het vonnis de daarbij vermelde beslissingen.
[2.] In de andere gevallen bevat het vonnis de beslissing der rechtbank over de punten, bij artikel 350 vermeld.
[3.] Wordt, in strijd met het te dien aanzien door den verdachte uitdrukkelijk voorgedragen verweer, artikel 349, eerste lid, niet toegepast of aangenomen dat het bewezen verklaarde een bepaald strafbaar feit oplevert of dat een bepaalde strafverminderings- of strafuitsluitingsgrond niet aanwezig is, dan geeft het vonnis daaromtrent bepaaldelijk eene beslissing.
[4.] Het vonnis vermeldt verder, in geval van oplegging van straf of maatregel, de wettelijke voorschriften waarop deze is gegrond.
[5.] Alles op straffe van nietigheid.
(Zie ook: art. 359 WvSv; art. 80 Wet RO)

Inhoud vonnis

Art. 359
1. Het vonnis bevat het ten laste gelegde alsmede de vordering van de officier van justitie.
(Zie ook: artt. 138b, 338, 365a WvSv)
2. De beslissingen vermeld in de artikelen 349, eerste lid, en 358, tweede en derde lid, zijn met redenen omkleed. Het vonnis geeft, indien de beslissing afwijkt van door de verdachte dan wel door de officier van justitie uitdrukkelijk onderbouwde standpunten, in het bijzonder de redenen op die daartoe hebben geleid.
3. De beslissing dat het feit door de verdachte is begaan, moet steunen op de inhoud van in het vonnis opgenomen bewijsmiddelen, houdende daartoe redengevende feiten en omstandigheden. Voor zover de verdachte het bewezen verklaarde heeft bekend, kan een opgave van bewijsmiddelen volstaan, tenzij hij nadien anders heeft verklaard dan wel hij of zijn raadsman vrijspraak heeft bepleit.
(Zie ook: artt. 339, 360 WvSv)
4. Bij toepassing van artikel 9a of artikel 44a van het Wetboek van Strafrecht geeft het vonnis in het bijzonder redenen op die tot de beslissing hebben geleid.
5. Het vonnis geeft in het bijzonder de redenen op, die de straf hebben bepaald of tot de maatregel hebben geleid.
6. Bij de oplegging van een straf of maatregel die vrijheidsbeneming medebrengt, geeft het vonnis in het bijzonder de redenen op die tot de keuze van deze strafsoort, dan wel tot deze soort maatregel hebben geleid. Het vonnis geeft voorts zooveel mogelijk de omstandigheden aan, waarop bij de vaststelling van de duur van de straf is gelet.
7. Als de maatregel van terbeschikkingstelling met verpleging is opgelegd ter zake van een misdrijf dat gericht is tegen of gevaar veroorzaakt voor de onaantastbaarheid van het lichaam van een of meer personen, geeft het vonnis dit onder opgave van redenen aan.
(Zie ook: art. 37b WvSr)

Inhoud en motivering vonnis

C2 art. 359a

Bepalingen als gevolg van vormverzuim

8. Alles op straffe van nietigheid.
(Zie ook: artt. 79, 80 Wet RO)

Art. 359a

1. De rechtbank kan, indien blijkt dat bij het voorbereidend onderzoek vormen zijn verzuimd die niet meer kunnen worden hersteld en de rechtsgevolgen hiervan niet uit de wet blijken, bepalen dat:
   a. de hoogte van de straf in verhouding tot de ernst van het verzuim, zal worden verlaagd, indien het door het verzuim veroorzaakte nadeel langs deze weg kan worden gecompenseerd;
   b. de resultaten van het onderzoek die door het verzuim zijn verkregen, niet mogen bijdragen aan het bewijs van het telastegelegde feit;
   c. het openbaar ministerie niet ontvankelijk is, indien door het verzuim geen sprake kan zijn van een behandeling van de zaak die aan de beginselen van een behoorlijke procesorde voldoet.
2. Bij de toepassing van het eerste lid, houdt de rechtbank rekening met het belang dat het geschonden voorschrift dient, de ernst van het verzuim en het nadeel dat daardoor wordt veroorzaakt.
3. Het vonnis bevat de beslissingen vermeld in het eerste lid. Deze zijn met redenen omkleed.
(Zie ook: artt. 132, 199, 256, 257 WvSv; art. 79 Wet RO)

Bijzondere motiveringsplicht

Art. 360

1. Van het gebruik als bewijsmiddel van het proces-verbaal van een verhoor bij de rechter-commissaris of rechtbank, houdende de verklaring
- van de getuige, bedoeld in artikel 216a, tweede lid of
- van de bedreigde of afgeschermde getuige, of
- van de getuige verhoord op de wijze als voorzien in de artikelen 190, derde lid, en 290, derde lid,
of van schriftelijke bescheiden als bedoeld in artikel 344a, derde lid, geeft het vonnis in het bijzonder reden.
2. Indien het bewijs mede wordt aangenomen op de verklaring van een getuige met wie op grond van artikel 226h, derde lid, of 226k door de officier van justitie een afspraak is gemaakt, geeft het vonnis daarvan in het bijzonder reden.
(Zie ook: artt. 44a, 192 WvSr)
3. Indien na schorsing der vervolging wegens een geschilpunt van burgerlijk recht van de uitspraak van den burgerlijken rechter wordt afgeweken, geeft het vonnis ook daarvan in het bijzonder reden.
4. Alles op straffe van nietigheid.
(Zie ook: artt. 14, 136c, 226a, 226m WvSv)

Vordering benadeelde partij gelijktijdig met strafzaak

Art. 361

1. Indien over de vordering van de benadeelde partij gelijktijdig met de strafzaak uitspraak dient te worden gedaan, beraadslaagt de rechtbank mede over de ontvankelijkheid van de benadeelde partij, over de gegrondheid van haar vordering en over de verwijzing in de kosten door die partij, de verdachte en, in het in artikel 51g, vierde lid bedoelde geval, diens ouders of voogd gemaakt. De beraadslaging over de verwijzing in de kosten vindt ook plaats indien artikel 333 toepassing heeft gevonden.
2. De benadeelde partij zal alleen ontvankelijk zijn in haar vordering indien:
   a. de verdachte enige straf of maatregel wordt opgelegd, dan wel in geval van toepassing van artikel 9a van het Wetboek van Strafrecht en
   b. aan haar rechtstreeks schade is toegebracht door het bewezen verklaarde feit of door een strafbaar feit, waarvan in de dagvaarding is meegedeeld dat het door de verdachte is erkend en ter kennis van de rechtbank wordt gebracht, en waarmee door de rechtbank bij de strafoplegging rekening is gehouden.
3. Indien behandeling van de vordering van de benadeelde partij naar het oordeel van de rechtbank een onevenredige belasting van het strafgeding oplevert, kan de rechtbank op verzoek van de verdachte of op vordering van de officier van justitie dan wel ambtshalve, bepalen dat de vordering in het geheel of ten dele niet ontvankelijk is en dat de benadeelde partij haar vordering, of het deel van de vordering dat niet ontvankelijk is, slechts bij de burgerlijke rechter kan aanbrengen.
4. Het vonnis houdt, tenzij de rechtbank met toepassing van artikel 333 zonder nader onderzoek van de zaak de niet-ontvankelijkheid van de benadeelde partij heeft uitgesproken, ook in de beslissing van de rechtbank over de vordering van de benadeelde partij. Deze beslissing is met redenen omkleed.
5. Indien de rechtbank de in artikel 51g, vierde lid, bedoelde vordering van de benadeelde partij gegrond oordeelt, dan wijst zij de vordering toe ten laste van de ouders of de voogd en veroordeelt zij hen om de schade te vergoeden.

Wetboek van Strafvordering

C2 art. 365

6. Voorts bevat het vonnis de beslissing van de rechtbank over de verwijzing in de kosten door de benadeelde partij, de verdachte en, in het in artikel 51g, vierde lid bedoelde geval, diens ouders of voogd gemaakt.
(Zie ook: artt. 51a, 332, 554, 592a WvSv; art. 45 Wet RO)

Art. 361a
Heeft de officier van justitie tevens een vordering ingediend tot het gelasten van gehele of gedeeltelijke tenuitvoerlegging van een met toepassing van artikel 14a van het Wetboek van Strafrecht opgelegde straf of een vordering als bedoeld in artikel 6:6:21, eerste lid, dan beraadslaagt de rechtbank mede over haar bevoegdheid om over de vordering te oordelen, over de ontvankelijkheid van de officier van justitie en over de gegrondheid van de vordering. Het vonnis houdt alsdan, tenzij onbevoegdheid van de rechtbank om over de vordering te oordelen of niet-ontvankelijkheid van de officier van justitie wordt uitgesproken, ook de beslissing van de rechtbank over de vordering in. — *Beslissing over vordering tot tenuitvoerlegging*

Art. 362
1. Het vonnis wordt uitgesproken in een openbare zitting der rechtbank. De officier van justitie en de griffier zijn hierbij aanwezig. — *Uitspraak in het openbaar*
[2.] De uitspraak geschiedt zo mogelijk door de voorzitter of door een der rechters die over de zaak heeft geoordeeld.
3. Voor de verdachte die zich tijdens het onderzoek ter terechtzitting door een tolk heeft laten bijstaan en die bij de uitspraak aanwezig is, wordt de uitspraak vertolkt. — *Vertolking van uitspraak*
(Zie ook: artt. 269, 275, 345 WvSv; art. 4 Wet RO; art. 121 GW)

Art. 363
[1.] De verdachte die zich ter zake van het ter terechtzitting onderzochte feit in voorloopige hechtenis bevindt, is bij de uitspraak tegenwoordig, tenzij hij daartoe buiten staat is of hij mondeling of schriftelijk te kennen heeft gegeven weg te willen blijven. — *Bijwonen uitspraak door verdachte*
[2.] Is zoodanige verdachte tot het bijwonen der uitspraak buiten staat, dan wordt ten spoedigste het vonnis hem ter plaatse waar hij wordt gevangen gehouden, door den griffier voorgelezen, met de kennisgeving in het volgende artikel voor den voorzitter voorgeschreven. Van een en ander wordt door den griffier op het vonnis melding gemaakt.
[3.] Indien de verdachte gevangen wordt gehouden in een ander arrondissement dan dat waar het rechtsgeding heeft plaatsgevonden, kan de voorlezing bedoeld in het vorige lid geschieden door de griffier van de rechtbank in het arrondissement waar de verdachte wordt gevangen gehouden.
(Zie ook: art. 133 WvSv)

Art. 364
1. Indien de verdachte bij het uitspreken van het vonnis tegenwoordig is, geeft de voorzitter hem mondeling kennis van het rechtsmiddel dat tegen het vonnis openstaat, en van de termijn, waarbinnen dat rechtsmiddel kan worden aangewend. — *Mededeling van openstaande rechtsmiddelen*
2. De verdachte die niet op de terechtzitting aanwezig is, kan na kennisneming van de uitspraak zijn raadsman machtigen af te zien van het instellen van een rechtsmiddel. — *Afzien van rechtsmiddel*
(Zie ook: artt. 381, 397a, 408 WvSv)

Art. 365
[1.] Het vonnis wordt binnen tweemaal vier en twintig uren na de uitspraak onderteekend door de rechters die over de zaak hebben geoordeeld, en door den griffier die bij de beraadslaging tegenwoordig is geweest. — *Ondertekening van vonnis*
[2.] Zoo één of meer hunner daartoe buiten staat zijn, wordt hiervan aan het slot van het vonnis melding gemaakt.
[3.] Zoodra het vonnis is geteekend en in ieder geval na afloop van den termijn in het eerste lid vermeld, kan de verdachte, zijn raadsman of de benadeelde partij daarvan en van het proces-verbaal der terechtzitting kennis nemen. De voorzitter verstrekt desgevraagd een afschrift van het vonnis en het proces-verbaal aan de verdachte, zijn raadsman en de benadeelde partij. — *Kennisneming door verdachte of raadsman*
(Zie ook: artt. 137, 327, 357 WvSv; art. 5 Wet RO)
4. De voorzitter verstrekt desgevraagd een afschrift van het vonnis en het proces-verbaal der terechtzitting aan ieder ander dan de verdachte of zijn raadsman, tenzij verstrekking naar het oordeel van de voorzitter ter bescherming van de belangen van degene ten aanzien van wie het vonnis is gewezen of van de derden die in het vonnis of in het proces-verbaal worden genoemd, geheel of gedeeltelijk dient te worden geweigerd. In het laatste geval kan de voorzitter een geanonimiseerd afschrift of een uittreksel van het vonnis en het proces-verbaal verstrekken. — *Afschrift vonnis aan derden*
5. Onder het vonnis zijn begrepen de stukken die aan de uitspraak zijn gehecht. Van andere tot het strafdossier behorende stukken wordt geen afschrift of uittreksel verstrekt.
(Zie ook: artt. 378, 378a, 395, 395a, 425, 426 WvSv)
6. De verdachte die de Nederlandse taal niet of onvoldoende beheerst en overeenkomstig het derde lid om een afschrift van het vonnis verzoekt, wordt in een voor hem begrijpelijke taal schriftelijk mededeling gedaan van: — *Schriftelijke vertaling van vonnis door tolk*

Sdu

C2 art. 365a

Wetboek van Strafvordering

a. de beslissing op grond van artikel 349 dan wel de beslissing tot veroordeling, vrijspraak of ontslag van alle rechtsvervolging;
b. indien een veroordeling of ontslag van alle rechtsvervolging is uitgesproken, de benaming van het strafbare feit dat het bewezenverklaarde oplevert met vermelding van de plaats waar en het tijdstip waarop het is begaan;
c. indien een straf of maatregel is opgelegd, de opgelegde straf of maatregel, alsmede de wettelijke voorschriften waarop deze is gegrond.

De schriftelijke mededeling blijft achterwege indien de verdachte bij de uitspraak aanwezig was en deze op grond van artikel 362, derde lid, voor hem is vertolkt dan wel indien de verdachte op grond van artikel 366, vierde lid, in een voor hem begrijpelijke taal mededeling van het vonnis is gedaan.

7. Het ondertekende vonnis wordt binnen veertien dagen na de uitspraak verstrekt aan het openbaar ministerie.

Art. 365a

Gevolgen rechtsmiddel tegen kop-staart vonnis

1. Zolang geen gewoon rechtsmiddel is aangewend kan worden volstaan met het wijzen van een verkort vonnis.
2. Een verkort vonnis waartegen een gewoon rechtsmiddel is aangewend wordt aangevuld met de bewijsmiddelen bedoeld in artikel 359, derde lid, dan wel, voor zover artikel 359, derde lid, tweede volzin, wordt toegepast, een opgave van bewijsmiddelen tenzij het rechtsmiddel meer dan drie maanden na de uitspraak is aangewend of sprake is van een vonnis als bedoeld in artikel 410a, eerste lid.
3. Aanvulling geschiedt binnen vier maanden na het aanwenden van het rechtsmiddel, of indien de verdachte zich alsdan terzake van het ter terechtzitting onderzochte feit in voorlopige hechtenis bevindt, binnen drie maanden, na het aanwenden van het rechtsmiddel.

(Zie ook: artt. 138b, 327a, 339, 399, 404, 427 WvSv)

Art. 365b

Aanvulling vonnis als bedoeld in art. 356a lid 2 Sv.

1. De aanvulling bedoeld in artikel 365a, tweede lid, wordt ondertekend door een van de rechters die het verkorte vonnis hebben gewezen of bij hun ontstentenis door de voorzitter van het gerecht.
2. Artikel 365, derde tot en met vijfde lid, is van overeenkomstige toepassing.

Art. 365c

Vordering of verzoek tot aanvulling van vonnis

1. Aan een vordering van de officier van justitie of een verzoek van de verdachte of diens raadsman, strekkende om een verkort vonnis aan te vullen, wordt gevolg gegeven, indien de vordering of het verzoek binnen drie maanden na de uitspraak is gedaan.
2. Aan een zodanig verzoek van de benadeelde partij wordt gevolg gegeven, tenzij daarmee geen redelijk belang is gediend.
3. Artikel 365b is van overeenkomstige toepassing.

(Zie ook: artt. 51a, 361 WvSv)

Art. 366

Mededeling bij voorwaardelijke veroordeling van verdachte

1. De officier van justitie doet de mededeling van het vonnis dat de beslissing van de rechtbank op grond van artikel 349, 351 of 352, tweede lid, bevat en dat buiten de aanwezigheid van de verdachte is uitgesproken, zo spoedig mogelijk aan hem betekenen.
2. Deze mededeling wordt niet gedaan
a. aan de verdachte aan wie de dagvaarding of aan wie de oproeping voor de nadere terechtzitting na schorsing van het onderzoek voor onbepaalde tijd, in persoon is betekend;
b. aan de verdachte die op de terechtzitting of op de nadere terechtzitting aanwezig is geweest;
c. indien zich anderszins een omstandigheid heeft voorgedaan waaruit voortvloeit dat de dag van de terechtzitting dan wel die van de nadere terechtzitting de verdachte tevoren bekend was.
3. De mededeling vermeldt de rechter die het vonnis heeft gewezen, de dagtekening van het vonnis, de benaming van het strafbaar feit met vermelding van de plaats en het tijdstip waarop het zou zijn begaan, en voor zoveel in het vonnis vermeld, naam en voornamen, geboortedatum en -plaats, en de woon- of verblijfplaats van de verdachte.

Vertaling mededeling vonnis

4. Indien de verdachte de Nederlandse taal niet of onvoldoende beheerst, wordt hem tevens een schriftelijke vertaling van de mededeling in een voor hem begrijpelijke taal verstrekt.

Art. 366a

Mededeling bij voorwaardelijke veroordeling

1. In geval artikel 14a, 38v, 38z of 77x van het Wetboek van Strafrecht is toegepast, kan vanwege het openbaar ministerie aan de verdachte aanstonds na de uitspraak op de terechtzitting een mededeling in persoon worden uitgereikt. De mededeling houdt in de straf of maatregel waartoe de verdachte is veroordeeld en alle beslissingen die betrekking hebben op de in artikel 14c, 38v, 38z of 77z van het Wetboek van Strafrecht bedoelde algemene en bijzondere voorwaarden of vrijheidsbeperkende maatregel. De mededeling houdt daarnaast de datum van ingang van de proeftijd dan wel de maatregel in, indien de verdachte afziet van een rechtsmiddel of indien de rechter bevestigt dat de maatregel dadelijk uitvoerbaar is.
2. Indien van het vonnis op grond van artikel 366, tweede lid, geen mededeling behoeft te worden gedaan en indien artikel 14a, 38v, 38z of 77x van het Wetboek van Strafrecht is toegepast,

Wetboek van Strafvordering

C2 art. 370a

wordt de mededeling bedoeld in het eerste lid, aan de niet op de terechtzitting waarop de uitspraak wordt gedaan verschenen verdachte toegezonden. Deze toezending geschiedt ook indien de uitreiking in persoon, bedoeld in het eerste lid, niet heeft plaats gevonden.

3. In alle overige gevallen wordt de mededeling, bedoeld in het eerste lid, aan de verdachte in persoon betekend. Deze mededeling bevat tevens die in artikel 366, eerste en derde lid, genoemde gegevens.

4. Het eerste tot en met derde lid is van overeenkomstige toepassing ingeval artikel 22c of 77m van het Wetboek van Strafrecht is toegepast.

(Zie ook: artt. 364, 585 WvSv)

Art. 366b

1. De griffier verstrekt uit eigen beweging kosteloos een afschrift van het onherroepelijke vonnis of arrest aan de benadeelde partij die zich in het geding over de strafzaak heeft gevoegd. De benadeelde partij doet zelf het vonnis of arrest, voor zover dit haar vordering aangaat, en uitvoer leggen op de wijze bepaald voor vonnissen in burgerlijke zaken. Indien het een mondeling vonnis geldt, geschiedt de tenuitvoerlegging uit kracht van een mededeling van de griffier, houdende afschrift van de aantekening van het vonnis, vermeldende de benadeelde partij, degene tegen wie en de rechter door wie het vonnis is gewezen, met aan het hoofd de woorden: «In naam van de Koning».

2. Het eerste lid is van overeenkomstige toepassing indien de rechter de schadevergoedingsmaatregel, bedoeld in artikel 36f van het Wetboek van Strafrecht, heeft opgelegd en er bij gebreke aan voldoening van het verschuldigde bedrag gijzeling is toegepast terwijl de staat het resterende bedrag of een deel daarvan niet heeft uitgekeerd aan het slachtoffer dat geen rechtspersoon is.

Titel VII
Bijzondere bepalingen voor het rechtsgeding voor de politierechter

Art. 367

Op het rechtsgeding voor de politierechter, bedoeld in artikel 51 van de Wet op de rechterlijke organisatie, vinden titels V en VI van Boek II en titel IIIb van boek IV overeenkomstige toepassing, voor zover in deze Titel niet anders is bepaald, en met dien verstande dat de politierechter de bevoegdheden bezit die aan de voorzitter van de meervoudige kamer toekomen.

(Zie ook: artt. 258, 268, 511b WvSv; art. 51 Wet RO; artt. 39, 48 WED)

Politierechter

Art. 368

Het rechtsgeding wordt voor de politierechter vervolgd indien naar zijn aanvankelijk oordeel van het openbaar ministerie de zaak van eenvoudige aard is, in het bijzonder ook ten aanzien van het bewijs en de toepassing van de wet, terwijl de te requireren gevangenisstraf niet meer dan een jaar mag bedragen.

(Zie ook: art. 282a WvSv)

Zaken voor de politierechter

Art. 369

1. De politierechter is niet bevoegd tot oplegging van een gevangenisstraf van meer dan een jaar.

2. Indien de politierechter oordeelt dat de zaak door een meervoudige kamer van de rechtbank moet worden behandeld, verwijst hij de zaak daarheen. Dit geschiedt in elk geval indien naar het oordeel van de politierechter de toepassing van artikel 37a, eerste lid, of artikel 38m van het Wetboek van Strafrecht in overweging behoort te worden genomen.

(Zie ook: art. 328 WvSv)

Gevangenisstraf door politierechter

Verwijzing naar meervoudige kamer

Art. 370

1. De termijn van dagvaarding is ten minste drie dagen.

2. Ingeval de termijn van dagvaarding korter is dan acht dagen moet het bezwaarschrift, bedoeld in artikel 262, eerste lid, worden ingediend voor het tijdstip van de terechtzitting dat in de dagvaarding staat vermeld.

(Zie ook: artt. 265, 375 WvSv)

Dagvaardingstermijn voor de politierechter

Art. 370a

1. Aan de verdachte die is aangehouden voor een strafbaar feit dat voor de politierechter wordt vervolgd, kan een verkorte dagvaarding worden uitgereikt. Artikel 260, vijfde lid, is van overeenkomstige toepassing.

2. De verkorte dagvaarding bevat:

a. een oproeping om op bepaalde dag en uur op de terechtzitting voor de politierechter te verschijnen terzake van een kort omschreven feit;

b. de mededeling van de rechten en bevoegdheden, op welke de verdachte ingevolge artikel 260, derde lid, opmerkzaam moet worden gemaakt;

c. de aankondiging dat de verkorte dagvaarding zal worden aangevuld en een mededeling over de rechtsgevolgen die zijn verbonden aan het al dan niet verschijnen op de terechtzitting.

Verkorte dagvaarding voor de politierechter

Sdu 253

C2 art. 371 — Wetboek van Strafvordering

Tenlastelegging aanvullen

3. De verkorte dagvaarding wordt voor de terechtzitting aangevuld met een telastlegging die voldoet aan de eisen van artikel 261, eerste lid; deze aanvulling wordt ten minste drie dagen voor de terechtzitting toegezonden aan het door de verdachte opgegeven adres.

Art. 371

Politierechter als raadkamer

In geval de verdachte is gedagvaard om voor de politierechter te verschijnen, kan de politierechter optreden als raadkamer met betrekking tot:
a. de beslissing tot uitstel van het onderzoek op de terechtzitting, bedoeld in artikel 262, tweede lid;
b. de behandeling van de vordering van de officier van justitie, bedoeld in artikel 68, derde lid;
c. de behandeling van het bezwaarschrift tegen de dagvaarding.
(Zie ook: art. 21 WvSv)

Art. 372

Schorsing van het onderzoek door politierechter

Wanneer de verdachte bij zijn eerste verschijning op de terechtzitting in het belang van zijn verdediging uitstel verzoekt, schorst de politierechter het onderzoek voor bepaalde tijd, indien het verzoek hem gegrond voorkomt.
(Zie ook: artt. 278, 319, 328, 331 WvSv)

Art. 373

Getuigen, deskundigen en tolken oproepen voor de politierechter

De officier van justitie is bevoegd getuigen, deskundigen en tolken mondeling op te roepen of te doen oproepen om voor de politierechter te verschijnen. In het laatste geval geschiedt de oproeping door ambtenaren of functionarissen die Onze Minister van Veiligheid en Justitie daartoe heeft aangewezen.
(Zie ook: art. 1 Raa v. pol en f.)

Art. 374

Aantekening van niet voorgelezen stukken door politierechter

1. Tenzij de ter terechtzitting verschenen verdachte of zijn aldaar aanwezige raadsman voorlezing of mededeling van de korte inhoud van bepaald aangeduide stukken verlangt, kan de politierechter in plaats van de voorlezing van de processen-verbaal, de verslagen van deskundigen of andere stukken vermeld in artikel 301, gelasten dat in het proces-verbaal van de terechtzitting wordt aangetekend dat die stukken zijn overgelegd; daarop mag ook ten bezware van de verdachte acht worden geslagen.
2. De politierechter die tegen de niet verschenen verdachte verstek heeft verleend, kan afzien van het afzonderlijk melding maken van de in het eerste lid bedoelde stukken, dan wel afzien van het geven van de in het eerste lid bedoelde last.
(Zie ook: art. 280 WvSv)

Art. 375

Verkorte dagvaarding voor de politierechter

1. Indien de verdachte overeenkomstig artikel 53 is aangehouden en aan de officier van justitie is voorgeleid, kan hij worden gedagvaard om voor de politierechter te verschijnen en nog diezelfde dag ter terechtzitting worden geleid. Artikel 279 en de termijn bedoeld in artikel 370 blijven in dit geval buiten toepassing.
2. Na aanhouding van de verdachte ingevolge artikel 53 door een opsporingsambtenaar, kunnen door die ambtenaar mondeling getuigen worden uitgenodigd om te verschijnen voor de officier van justitie of de hulpofficier van justitie, aan wie de verdachte wordt voorgeleid.

Verkorte aanduiding van het feit

3. Indien de verdachte op de wijze bedoeld in het eerste lid is gedagvaard, kan de dagvaarding, in afwijking van artikel 261, eerste lid, bestaan in een korte aanduiding van het telastegelegde feit.
(Zie ook: art. 373 WvSv)

Art. 376

Nadere opgave van het feit door officier van justitie

1. Indien de dagvaarding overeenkomstig artikel 375, derde lid heeft bestaan in een korte aanduiding van het telastegelegde feit, doet de officier van justitie ter terechtzitting bij de voordracht van de zaak mondeling en na voorlezing, schriftelijk nadere opgave van het feit.
2. De nadere opgave voldoet aan de eisen van artikel 261, eerste lid; zij geldt voor wat betreft de grondslag van de verdere vervolging als dagvaarding.
(Zie ook: art. 370a WvSv)

Art. 377

Behandeling door meervoudige kamer na politierechter

1. Bij toepassing van artikel 369, tweede lid, wordt de zaak op de bestaande telastlegging voor de meervoudige kamer aanhangig gemaakt door aanzegging of oproeping van de verdachte vanwege de officier van justitie tegen de dag van de nadere terechtzitting. De artikelen 260, tweede lid, 263 en 265 zijn van toepassing.
2. De zaak wordt op de gewone wijze voortgezet, met dien verstande dat de beraadslaging bedoeld in de artikelen 348 en 350, mede geschiedt naar aanleiding van het onderzoek op de terechtzitting voor de politierechter, zoals dit volgens het proces-verbaal van die terechtzitting heeft plaats gehad. Artikel 322, vierde lid, is van overeenkomstige toepassing.
3. De rechtbank beveelt dat het onderzoek op de terechtzitting opnieuw wordt aangevangen, tenzij de officier van justitie en de verdachte instemmen met hervatting in de stand waarin het onderzoek zich op het tijdstip van de verwijzing bevond.
(Zie ook: artt. 282a, 320 t/m 322 WvSv)

Wetboek van Strafvordering C2 art. 381

Art. 378
[1.] De politierechter geeft na de sluiting van het onderzoek op de terechtzitting hetzij onmiddellijk hetzij diezelfde dag op een door hem bij de sluiting van het onderzoek te bepalen uur mondeling vonnis. *(Mondeling vonnis door politierechter)*

[2.] Het vonnis wordt in het proces-verbaal der terechtzitting aangetekend op de wijze door Onze Minister van Veiligheid en Justitie te bepalen *(Aantekening vonnis)*
 a. indien de politierechter dit ambtshalve, op de vordering van de officier van justitie of op het verzoek van de verdachte of zijn raadsman, bij de uitspraak bepaalt;
 b. indien de officier van justitie, de verdachte of zijn raadsman, dan wel de benadeelde partij uiterlijk drie maanden na de uitspraak daartoe een vordering indient of het verzoek doet;
 c. indien een gewoon rechtsmiddel tegen het vonnis is aangewend, tenzij het aanwenden van het rechtsmiddel meer dan drie maanden na de uitspraak is geschied of sprake is van een vonnis als bedoeld in artikel 410a, eerste lid;
 d. indien het vonnis bij verstek is gewezen en de dagvaarding niet in persoon is betekend en zich geen omstandigheid heeft voorgedaan waaruit voortvloeit dat de dag van de terechtzitting of nadere terechtzitting aan de verdachte bekend was, terwijl op de terechtzitting getuigen of deskundigen zijn gehoord dan wel een benadeelde partij zich in het strafproces heeft gevoegd, tenzij sprake is van een vonnis als bedoeld in artikel 410a, eerste lid.

[3.] Zodra het proces-verbaal der terechtzitting is getekend, kunnen de verdachte, zijn raadsman of de benadeelde partij daarvan kennis nemen. De politierechter verstrekt desgevraagd een afschrift van het proces-verbaal aan de verdachte, zijn raadsman of de benadeelde partij.
(Zie ook: artt. 137, 280, 326, 365, 365a, 378a, 395, 395a, 425, 426 WvSv)
4. Artikel 365, vierde en vijfde lid, is van overeenkomstige toepassing.

Art. 378a
[1.] Behoudens het bepaalde in artikel 378, tweede lid, en indien schriftelijk vonnis wordt gewezen, blijft het opmaken van het proces-verbaal der terechtzitting achterwege en wordt de uitspraak binnen tweemaal vier en twintig uur op een aan de kopie van de dagvaarding te hechten stuk aangetekend. De aantekening wordt door de politierechter gewaarmerkt. *(Stempelvonnis door politierechter)*

[2.] De gegevens die de aantekening, bedoeld in het vorige lid, moet bevatten, worden, onverminderd het bepaalde in artikel 381, derde lid, vastgesteld door Onze Minister van Veiligheid en Justitie. De aantekening vermeldt in ieder geval:
 1°. de naam van de politierechter, de dag van de uitspraak en de omstandigheid of de uitspraak bij verstek of op tegenspraak is gedaan;
 2°. indien een veroordeling is uitgesproken, het strafbare feit dat het bewezenverklaarde oplevert;
 3°. de opgelegde straf of maatregel, alsmede de wettelijke voorschriften waarop deze is gegrond.
3. Indien de aanduiding van het feit in de dagvaarding bij de nadere opgave van het feit op grond van artikel 376, eerste lid, is verbeterd of aangevuld, geschiedt de aantekening nadat de verbetering of aanvulling in het dubbel is verwerkt en door de politierechter is gewaarmerkt.
[4.] Zodra de aantekening is gewaarmerkt, kunnen de verdachte en zijn raadsman daarvan kennis nemen. De politierechter verstrekt desgevraagd een afschrift van de aantekening aan de verdachte en zijn raadsman.
[5.] Wordt alsnog aan artikel 378, tweede lid, onder b of c, toepassing gegeven, dan komt de in de vorige leden van dit artikel bedoelde aantekening te vervallen. De griffier haalt alsdan de aantekening door.
(Zie ook: artt. 365, 378, 379, 395, 395a, 403, 422, 425, 426 WvSv; art. 1 Rbhs)

Art. 379
1. De politierechter is bevoegd een schriftelijk vonnis te wijzen. Op vordering van de officier van justitie of op verzoek van de verdachte of zijn raadsman of van de benadeelde partij is hij daartoe verplicht, tenzij naar zijn oordeel daarmee geen redelijk belang is gediend. *(Schriftelijk vonnis door politierechter)*
2. De uitspraak mag alsdan in geen geval later plaatsvinden dan op de veertiende dag na sluiting van het onderzoek.
3. Artikel 345, laatste lid, is van overeenkomstige toepassing.
(Zie ook: artt. 51a, 593 WvSv)

Art. 380
Indien de politierechter of de plaatsvervanger die over de zaak geoordeeld heeft, tot de uitspraak van het schriftelijk vonnis buiten staat is, geschiedt zij, in het eerste geval door een plaatsvervanger en, in het tweede geval, door den politierechter of een andere plaatsvervanger. *(Uitspraak door vervanger van de politierechter)*
(Zie ook: artt. 362, 397 WvSv)

Art. 381
[1.] Zowel de officier van justitie als de verdachte kunnen na de mededeling betreffende het rechtsmiddel dat tegen het vonnis openstaat, ter terechtzitting afstand doen van de bevoegdheid om dat rechtsmiddel aan te wenden. Op zijn recht daartoe wordt de verdachte opmerkzaam gemaakt. *(Rechtsmiddel door officier van justitie of verdachte)*
[2.] Afstand ter terechtzitting van rechtsmiddelen wordt in het proces-verbaal dier terechtzitting vermeld.

Sdu 255

[3.] Indien het opmaken van het proces-verbaal van de terechtzitting achterwege is gebleven, geschiedt de vermelding, dat afstand van rechtsmiddelen is gedaan, in de aantekening, bedoeld in artikel 378a, eerste lid.
(Zie ook: artt. 326, 364, 397a, 453 WvSv)

Titel VIII
Bijzondere bepalingen voor het rechtsgeding voor de kantonrechter

Art. 382

Kantonrechter

Voor de kantonrechter worden vervolgd, rechtsgedingen inzake:
a. misdrijven, bedoeld in artikel 314 van het Wetboek van Strafrecht, voorzover de verdachte op het tijdstip waarop de vervolging tegen hem is aangevangen de leeftijd van achttien jaren heeft bereikt;
b. overtredingen, met uitzondering van:
1°. overtredingen, bedoeld in de artikelen 447c, 447d, 465–467 en 468, onder 1°, van het Wetboek van Strafrecht;
2°. overtredingen inzake belastingen, tenzij het betreft een overtreding van voorschriften met betrekking tot parkeren als bedoeld in artikel 225 van de Gemeentewet;
3°. overtredingen, bedoeld in artikelen 10, eerste lid, en 11, eerste lid, van de Opiumwet;
4°. overtredingen, bedoeld in artikel 19 van de Wet afbreking zwangerschap;
5°. overtredingen, waarvan de kennisneming bij wet aan een andere rechter dan de kantonrechter is opgedragen;
6°. overtredingen, begaan door personen die op het tijdstip waarop de vervolging tegen hen is aangevangen de leeftijd van achttien jaren nog niet hebben bereikt, indien het feit samenhangt met een misdrijf of een overtreding als bedoeld onder 1° tot en met 5°.
(Zie ook: art. 47 Wet RO)

Art. 383

Aanhangig maken van een zaak voor de kantonrechter

De zaak wordt bij de kantonrechter vanwege het openbaar ministerie ter terechtzitting aanhangig gemaakt:

hetzij door oproeping;
hetzij door dagvaarding.
(Zie ook: artt. 258, 385 WvSv)

Art. 384

Aanhangig maken van een zaak voor de kantonrechter door oproeping

[1.] Het aanhangig maken door oproeping kan geschieden bij alle strafbare feiten waarbij dit niet uitdrukkelijk is uitgesloten. De uitsluiting geschiedt, gehoord het openbaar ministerie, bij algemene maatregel van bestuur.
[2.] Het openbaar ministerie bij de rechtbank kan ten aanzien van het al of niet aanhangig maken door oproeping, van zaken die voor de kantonrechter worden gebracht aan de opsporingsambtenaren de nodige algemene of bijzondere voorschriften geven.
(Zie ook: artt. 127, 388, 392 WvSv; art. 1 Buop)

Art. 385

Oproeping voor de kantonrechter

1. Het aanhangig maken van de zaak door oproeping kan enkel plaatsvinden in geval van ontdekking op heter daad door een opsporingsambtenaar. Het aanhangig maken geschiedt doordat de opsporingsambtenaar een door hem gedagtekende en ondertekende oproeping aan de verdachte uitreikt.
2. Bij de uitreiking worden inhoud en strekking van de oproeping aan de verdachte, zo mogelijk, mondeling kort toegelicht.
3. Wordt een oproeping door de verdachte niet aangenomen, dan geldt het tijdstip van de weigering van de verdachte als tijdstip van uitreiking.
4. Van de inhoud en van het uitreiken van de oproeping dan wel van het aanbieden en weigeren van de oproeping en de reden van weigering maakt de opsporingsambtenaar in zijn proces-verbaal melding.
5. In geval van aanhouding van de verdachte overeenkomstig artikel 53, kan hem onverwijld een oproeping worden uitgereikt teneinde nog op diezelfde dag ter terechtzitting van de kantonrechter te verschijnen. De verdachte wordt eerst voor het bevoegde openbaar ministerie en vervolgens voor de kantonrechter geleid. Artikelen 386, tweede en derde lid, en 398, onder 2°, blijven in dit geval buiten toepassing.
(Zie ook: artt. 127, 128, 388, 392 WvSv)

Art. 386

Vereisten voor oproeping voor de kantonrechter

1. De oproeping voldoet aan de eisen die in artikel 261, eerste lid, aan de dagvaarding zijn gesteld, met dien verstande dat met een korte aanduiding van het feit kan worden volstaan. Artikel 260, vijfde lid, is van overeenkomstige toepassing.
2. Bij de oproeping wordt vermeld dat de korte aanduiding van het feit bij de aanvang van het onderzoek op de zitting zal worden aangevuld of verbeterd. De schriftelijke aanvulling of ver-

Wetboek van Strafvordering

C2 art. 395

betering kan tien dagen voor de aanvang van de terechtzitting op de griffie van de rechtbank worden ingezien.

3. De aanvulling of verbetering bedoeld in het tweede lid wordt toegezonden aan het door de verdachte opgegeven adres.
(Zie ook: artt. 388, 393 WvSv)

Art. 387
De officier van justitie kan voor de aanvang van de terechtzitting aan de verdachte schriftelijk of mondeling mededeling doen van de intrekking van de oproeping.

Intrekking van de oproeping voor de kantonrechter

Art. 388
1. De vereisten, waaraan het formulier van de oproeping van de verdachte om ter terechtzitting te verschijnen moet voldoen, worden vastgesteld door Onze Minister van Veiligheid en Justitie.
2. Onze Minister van Veiligheid en Justitie is bevoegd nadere voorschriften te geven ter uitvoering van de artikelen 384-387.
(Zie ook: art. 1 Reg. mod. en form. tbv. verkh. jus.)

Formulier voor oproeping voor de kantonrechter

Art. 389
[Vervallen]

Art. 390
[1.] In zaken, welke door oproeping op den dag zelven ter terechtzitting aanhangig zijn gemaakt, kunnen getuigen door den ambtenaar, die het feit heeft opgespoord, worden uitgenoodigd om ter terechtzitting van den kantonrechter te verschijnen. De uitnoodiging wordt op de wijze als is voorzien in artikel 36d, derde lid, uitgereikt aan den persoon van den getuige of te zijner woon- of verblijfplaats aan een zijner huisgenooten.
[2.] Een kopie van de uitnodiging wordt bij de processtukken gevoegd.
[3.] Indien het openbaar ministerie de oproeping van den verdachte intrekt of oordeelt, dat de zaak op eene latere terechtzitting moet worden aangebracht, geeft het onverwijld, op de wijze door het openbaar ministerie te bepalen, aan de ingevolge dit artikel uitgenoodigde getuigen kennis, dat hunne uitnoodiging wordt ingetrokken. Het formulier der uitnoodigingen, in dit artikel bedoeld, wordt vastgesteld door Onze Minister van Veiligheid en Justitie. Deze is bevoegd nadere voorschriften te geven ter uitvoering van dit artikel.
(Zie ook: artt. 260, 373 WvSv)

Uitnodiging van getuigen voor de kantonrechter

Uitnodiging intrekken

Art. 391
Het openbaar ministerie is in zaken die voor de kantonrechter worden gebracht, bevoegd getuigen, deskundigen en tolken mondeling op te roepen of door een ambtenaar van politie, aangesteld voor de uitvoering van de politietaak, dan wel een andere ambtenaar of functionaris, voor zover die ambtenaar of functionaris door Onze Minister van Veiligheid en Justitie daartoe is aangewezen, mondeling te doen oproepen om ter terechtzitting van de kantonrechter te verschijnen.
(Zie ook: artt. 192, 444 WvSr; art. 260 WvSv; art. 1 Raa v. pol en f.)

Mondelinge oproeping van getuigen, deskundigen en tolken voor de kantonrechter

Art. 392
[1.] Indien de zaak aanhangig is gemaakt door oproeping, is artikel 280, eerste lid, betreffende het verstek van toepassing.
(Zie ook: art. 398 WvSv)
2. De artikelen 366 en 408 met betrekking tot een dagvaarding om ter terechtzitting te verschijnen, welke aan de verdachte in persoon is betekend, zijn van overeenkomstige toepassing op een oproeping die aan de verdachte in persoon is uitgereikt.
(Zie ook: artt. 385, 395, 398 WvSv)

Verstekverlening voor de kantonrechter

Dagvaarding in persoon

Art. 393
1. Indien de zaak aanhangig is gemaakt door een oproeping die een korte aanduiding van het telastegelegde feit bevat, legt het openbaar ministerie bij de aanvang van het onderzoek ter terechtzitting de schriftelijk nadere opgave van het telastegelegde feit over aan de kantonrechter en aan de verdachte op diens verzoek.
2. De nadere opgave geldt voor wat betreft de grondslag voor de verdere vervolging als dagvaarding.
(Zie ook: artt. 261, 376 WvSv)

Nadere opgave van het feit voor de kantonrechter

Art. 394
Wanneer de verdachte bij zijn eerste verschijning op de terechtzitting in het belang van zijn verdediging uitstel verzoekt, schorst de kantonrechter het onderzoek voor een bepaalde tijd, indien dit verzoek hem gegrond voorkomt.
(Zie ook: artt. 319, 372 WvSv)

Verzoek tot uitstel voor de kantonrechter

Art. 395
1. De kantonrechter geeft na de sluiting van het onderzoek op de terechtzitting hetzij onmiddellijk hetzij diezelfde dag op een door hem bij de sluiting van het onderzoek te bepalen uur mondeling vonnis. De artikelen 357 en 359, derde en vijfde lid, blijven buiten toepassing.

Mondeling vonnis door de kantonrechter

C2 art. 395a Wetboek van Strafvordering

Aantekening vonnis in proces-verbaal terechtzitting

2. Het vonnis wordt in het proces-verbaal der terechtzitting aangetekend op de wijze door Onze Minister van Veiligheid en Justitie te bepalen
   a. indien de kantonrechter dit ambtshalve, op de vordering van de officier van justitie of op het verzoek van de verdachte of zijn raadsman, bij de uitspraak bepaalt;
   b. indien de officier van justitie, de verdachte of zijn raadsman dan wel de benadeelde partij uiterlijk drie maanden na de uitspraak daartoe een vordering indient of het verzoek doet;
   c. indien een gewoon rechtsmiddel tegen het vonnis is aangewend, tenzij het aanwenden van het rechtsmiddel meer dan drie maanden na de uitspraak is geschied of sprake is van een vonnis als bedoeld in artikel 410a, eerste lid;
   d. indien het vonnis bij verstek is gewezen en de dagvaarding niet in persoon is betekend en zich geen omstandigheid heeft voorgedaan waaruit voortvloeit dat de dag van de terechtzitting of nadere terechtzitting aan de verdachte bekend was, terwijl op de terechtzitting getuigen of deskundigen zijn gehoord dan wel een benadeelde partij zich in het strafproces heeft gevoegd, tenzij sprake is van een vonnis als bedoeld in artikel 410a, eerste lid.
3. Zodra het proces-verbaal der terechtzitting is getekend, kunnen de verdachte, zijn raadsman of de benadeelde partij daarvan kennis nemen. De kantonrechter verstrekt desgevraagd een afschrift van het proces-verbaal aan de verdachte, zijn raadsman of de benadeelde partij.
(Zie ook: artt. 137, 326, 345, 365, 378, 395, 395a, 425, 426, 444 WvSv)
4. Artikel 365, vierde en vijfde lid, is van overeenkomstige toepassing.

Art. 395a

Stempelvonnis door de kantonrechter

[1.] Behoudens het bepaalde in artikel 395, tweede lid, en indien schriftelijk vonnis wordt gewezen, blijft het opmaken van het proces-verbaal der terechtzitting achterwege en wordt de uitspraak binnen tweemaal vier en twintig uur op een aan de kopie van de dagvaarding te hechten stuk aangetekend. De aantekening wordt door de kantonrechter gewaarmerkt.
[2.] De gegevens die de aantekening, bedoeld in het vorige lid, moet bevatten, worden, onverminderd het bepaalde in artikel 397, derde lid, vastgesteld door Onze Minister van Veiligheid en Justitie. De aantekening vermeldt in ieder geval:
1°. de naam van de kantonrechter, de dag van de uitspraak en de omstandigheid of de uitspraak bij verstek of op tegenspraak is gedaan;
2°. indien een veroordeling is uitgesproken, het strafbare feit dat het bewezenverklaarde oplevert;
3°. de opgelegde straf of maatregel.
3. Zodra de aantekening is gewaarmerkt, kunnen de verdachte en zijn raadsman daarvan kennis nemen. De kantonrechter verstrekt desgevraagd een afschrift van de aantekening aan de verdachte en zijn raadsman.
4. Wordt alsnog aan artikel 395, tweede lid, onder b of c, toepassing gegeven, dan komt de in de vorige leden van dit artikel bedoelde aantekening te vervallen. De griffier haalt alsdan de aantekening door.
(Zie ook: artt. 365, 378, 378a, 395, 403, 425, 426, 444 WvSv; art. 1 Rbhs)

Art. 396

Schriftelijk vonnis door de kantonrechter

1. De kantonrechter is bevoegd een schriftelijk vonnis te wijzen. Op vordering van de officier van justitie of op verzoek van de verdachte of zijn raadsman of van de benadeelde partij is hij daartoe verplicht, tenzij naar zijn oordeel daarmee geen redelijk belang is gediend.
2. De uitspraak mag alsdan in geen geval later plaatsvinden dan op de veertiende dag na sluiting van het onderzoek.
3. Artikel 345, laatste lid, is van overeenkomstige toepassing.
(Zie ook: artt. 379, 593 WvSv)

Art. 397

Uitspraak door vervanger van de kantonrechter

Indien de kantonrechter die over de zaak heeft geoordeeld, tot de uitspraak van het schriftelijk vonnis buiten staat is, geschiedt zij door een andere kantonrechter van dezelfde rechtbank.
(Zie ook: artt. 362, 380 WvSv)

Art. 397a

Afstand van rechtsmiddel na vonnis kantonrechter

[1.] Zowel de officier van justitie als de verdachte kunnen na de mededeling betreffende het rechtsmiddel dat tegen het vonnis openstaat, ter terechtzitting afstand doen van de bevoegdheid om dat rechtsmiddel aan te wenden. Op zijn recht daartoe wordt de verdachte opmerkzaam gemaakt.
[2.] Afstand ter terechtzitting van rechtsmiddelen wordt in het proces-verbaal dier terechtzitting vermeld.
[3.] Indien het opmaken van het proces-verbaal van de terechtzitting achterwege is gebleven, geschiedt de vermelding, dat afstand van rechtsmiddelen is gedaan, in de aantekening, bedoeld in artikel 395a, eerste lid.
(Zie ook: artt. 364, 381, 453 WvSv)

Art. 398

Procedure bij kantonrechter

Op het rechtsgeding bij de kantonrechter zijn overigens de Vijfde Titel en de Zesde Titel van dit Boek van overeenkomstige toepassing, behoudens de navolgende uitzonderingen:

Wetboek van Strafvordering   C2 art. 404

1°. Indien door de rechter-commissaris overeenkomstig de Zevende Titel van het Vierde Boek bevelen tot handhaving der openbare orde zijn gegeven, is de termijn van dagvaarding ten minste twee dagen. Deze termijn wordt, zo nodig, zoveel verlengd, dat daarin ten minste één dag voorkomt, die niet een zaterdag, zondag of algemeen erkende feestdag is.
2°. De verdachte kan, tenzij hij vervolgd wordt ter zake van misdrijf of de kantonrechter beveelt dat hij in persoon zal verschijnen, zich op de terechtzitting doen vertegenwoordigen door een advocaat, indien deze aldaar verklaart daartoe bepaaldelijk gevolmachtigd te zijn, of wel door een daartoe bij bijzondere volmacht schriftelijk gemachtigde.
(Zie ook: artt. 129, 279 WvSv)
3°. De bepalingen betrekkelijk de voordracht van de zaak door het openbaar ministerie, de voorlopige hechtenis en het bezwaarschrift tegen de dagvaarding zijn niet van toepassing.
(Zie ook: artt. 262, 284, 321 WvSv)
4°. In geval van artikel 295 worden de stukken toegezonden aan de officier van justitie in het arrondissement waarin de rechtbank is gelegen die bevoegd is tot kennisneming van het misdrijf.
5°. Tenzij de ter terechtzitting verschenen verdachte of zijn aldaar aanwezige raadsman voorlezing of mededeling van de korte inhoud van bepaald aangeduide stukken verlangt, kan de kantonrechter in plaats van de voorlezing van de processen-verbaal, de verslagen van deskundigen of andere stukken vermeld in artikel 301, gelasten dat in het proces-verbaal van de terechtzitting wordt aangetekend dat die stukken zijn overgelegd; daarop mag ook ten bezware van de verdachte acht worden geslagen.
(Zie ook: artt. 280, 374 WvSv)
6°. [Vervallen.]
7°. [Vervallen.]
8°. [Vervallen.]
9°. [Vervallen.]
10°. De ambtenaar van het openbaar ministerie behoeft bij de uitspraak van het vonnis niet tegenwoordig te zijn.
11°. [Vervallen.]
12°. [Vervallen.]
13°. [Vervallen.]
14°. De in artikel 366 bedoelde mededeling behoeft niet te geschieden tenzij:
a. ten aanzien van de verdachte artikel 14a van het Wetboek van Strafrecht is toegepast, dan wel,
b. een vrijheidsstraf is opgelegd, vervangende vrijheidsstraf daaronder niet begrepen, dan wel,
c. een bijkomende straf is opgelegd, waarbij de ontzetting van bepaalde rechten of de ontzegging van bepaalde bevoegdheden is uitgesproken.
(Zie ook: artt. 18, 28 WvSr)

Derde Boek
Rechtsmiddelen

A
Gewone rechtsmiddelen

Titel I
[Vervallen]

Art. 399-403
[Vervallen]

Titel II
Hooger beroep van uitspraken

Art. 404
1. Tegen de vonnissen betreffende misdrijven, door de rechtbank als einduitspraak of in de loop van het onderzoek ter terechtzitting gegeven, staat hoger beroep open voor de officier van justitie bij het gerecht dat het vonnis heeft gewezen, en voor de verdachte die niet van de gehele telastlegging is vrijgesproken.   **Hoger beroep**
(Zie ook: artt. 138, 449, 453 WvSv; art. 60 Wet RO)
2. Tegen de vonnissen betreffende overtredingen, door de rechtbank alseinduitspraak of in   **Beperking**
de loop van het onderzoek gegeven, staat hoger beroep open voor de officier van justitie bij het gerecht dat het vonnis heeft gewezen, en voor de verdachte die niet van de gehele telastlegging is vrijgesproken, tenzij terzake in de einduitspraak:
a. met toepassing van artikel 9a van het Wetboek van Strafrecht geen straf of maatregel werd opgelegd, of

Sdu   259

b. geen andere straf of maatregel werd opgelegd dan een geldboete tot een maximum – of, wanneer bij het vonnis twee of meer geldboetes werden opgelegd, geldboetes tot een gezamenlijk maximum – van € 50.
(Zie ook: art. 23 WvSr)
(Zie ook: art. 280 WvSv)
3. In afwijking van het tweede lid staat voor de verdachte hoger beroep open tegen een bij verstek gewezen vonnis als bedoeld in het tweede lid, onder a en b, indien de dagvaarding of oproeping om op de terechtzitting in eerste aanleg te verschijnen of de aanzegging of oproeping voor de nadere terechtzitting aan de verdachte niet in persoon is gedaan of betekend en zich geen andere omstandigheid heeft voorgedaan waaruit voortvloeit dat de dag van de terechtzitting of van de nadere terechtzitting de verdachte tevoren bekend was. De vorige zin is niet van toepassing in geval de dagvaarding of oproeping binnen zes weken nadat door de verdachte op de voet van artikel 257e verzet is gedaan, rechtsgeldig aan de verdachte is betekend met inachtneming van artikel 36g.
4. Tegen de in het tweede lid, onder a en b, bedoelde vonnissen waartegen geen hoger beroep openstaat, staat evenmin beroep in cassatie open, tenzij zij een overtreding betreffen van een verordening van een provincie, een gemeente, een waterschap of een met toepassing van de Wet gemeenschappelijke regelingen ingesteld openbaar lichaam.
5. Zijn in eerste aanleg strafbare feiten gevoegd aan het oordeel van de rechtbank onderworpen, dan kan de verdachte alleen hoger beroep instellen van die gevoegde zaken waarin hij niet van de gehele telastlegging is vrijgesproken.
(Zie ook: artt. 259, 501, 503 WvSv)

Art. 405
[Vervallen]

Art. 406

Gelijktijdig hoger beroep

1. Tegen vonnissen die geen einduitspraken zijn, is het hoger beroep slechts gelijktijdig met dat tegen de einduitspraak toegelaten.
2. Het eerste lid is niet van toepassing in het geval dat hoger beroep wordt aangetekend tegen het bevel tot gevangenhouding of gevangenneming en tegen de afwijzing van een verzoek tot opheffing van het bevel tot gevangenhouding of gevangenneming.
(Zie ook: artt. 65, 69, 72, 138 WvSv)

Art. 407

Hoger beroep tegen vonnis als geheel
Voeging

[1.] Het hooger beroep kan slechts tegen het vonnis in zijn geheel worden ingesteld.
[2.] Zijn echter in eersten aanleg strafbare feiten gevoegd aan het oordeel van de rechtbank onderworpen, dan kan het hooger beroep tot het vonnis voor zoover dit eene of meer der gevoegde zaken betreft, worden beperkt.
(Zie ook: artt. 259, 285, 423 WvSv)

Art. 408

Termijn voor instellen van hoger beroep

1. Het hoger beroep moet binnen veertien dagen na de einduitspraak worden ingesteld indien:
a. de dagvaarding of oproeping om op de terechtzitting te verschijnen of de aanzegging of oproeping voor de nadere terechtzitting aan de verdachte in persoon is gedaan of betekend;
b. de verdachte op de terechtzitting of nadere terechtzitting is verschenen;
c. zich anderszins een omstandigheid heeft voorgedaan waaruit voortvloeit dat de dag van de terechtzitting of van de nadere terechtzitting de verdachte tevoren bekend was;
d. de dagvaarding of oproeping binnen zes weken nadat door de verdachte op de voet van artikel 257e verzet is gedaan, rechtsgeldig aan de verdachte is betekend met inachtneming van artikel 36g en in eerste aanleg geen onvoorwaardelijke straf of maatregel is opgelegd die vrijheidsbeneming van langere duur meebrengt dan zes maanden.
2. In andere gevallen dan de in het eerste lid genoemde moet het hoger beroep worden ingesteld binnen veertien dagen nadat zich een omstandigheid heeft voorgedaan waaruit voortvloeit dat de einduitspraak de verdachte bekend is.
3. Het tweede lid is niet van toepassing in geval van een verstrekking van een afschrift van het vonnis, als bedoeld in artikel 45b van de Overleveringswet.
(Zie ook: artt. 130, 136, 320, 363, 399, 449, 585 WvSv)
4. Indien het onderzoek op de terechtzitting voor onbepaalde tijd is geschorst en de aanzegging of oproeping voor de nadere terechtzitting niet in persoon is gedaan of betekend, dan is de termijn bedoeld in het tweede lid van toepassing, tenzij
a. de verdachte ter nadere terechtzitting is verschenen of
b. zich anderszins een omstandigheid heeft voorgedaan waaruit voortvloeit dat de dag van de nadere terechtzitting de verdachte tevoren bekend was.
Indien een van deze twee uitzonderingen zich voordoet, is de termijn genoemd in de aanhef van het eerste lid van toepassing.

Art. 408a

Indien het hoger beroep is ingesteld door de verdachte in persoon of door een gemachtigde ingevolge artikel 450, eerste en tweede lid, kan aanstonds een oproeping van de verdachte worden betekend om tegen een bepaalde datum ter terechtzitting te verschijnen, ten einde terecht te staan ter zake van een of meer van de feiten hem in eerste aanleg telastegelegd.

Oproeping van verdachte in hoger beroep

(Zie ook: artt. 412, 585 WvSv)

Art. 409

1. Nadat hoger beroep is ingesteld, zendt de griffier van de rechtbank de stukken van het geding zoo spoedig mogelijk aan den griffier van het gerechtshof.
2. Indien hoger beroep alleen door de officier van justitie is ingesteld, geschiedt de inzending niet of wordt niet aan haar, heeft zij ten onrechte plaatsgehad, geen gevolg gegeven, dan nadat het beroep aan de verdachte is betekend.
3. Is het hoger beroep door de officier van justitie de verdachte niet in persoon betekend, dan vindt het tweede lid overeenkomstige toepassing, zolang de termijn voor het instellen van hoger beroep voor de verdachte niet is verstreken dan wel, indien de verdachte inmiddels hoger beroep heeft ingesteld, zolang de termijn voor het indienen van een schriftuur als bedoeld in artikel 410 niet is verstreken.

Toezending stukken na instellen hoger beroep Bekendheid verdachte met hoger beroep

(Zie ook: artt. 44, 434, 585 WvSv)

4. Indien de officier van justitie hoger beroep heeft ingesteld tegen een vonnis waarbij de verdachte van de gehele telastlegging is vrijgesproken, terwijl het vonnis is gewezen nadat de dagvaarding of oproeping om op de terechtzitting in eerste aanleg te verschijnen of de aanzegging of oproeping voor de nadere terechtzitting aan de verdachte niet in persoon is gedaan of betekend en zich geen andere omstandigheid heeft voorgedaan waaruit voortvloeit dat de dag van de terechtzitting of van de nadere terechtzitting de verdachte tevoren bekend was, geschiedt de inzending niet of wordt niet aan haar, heeft zij ten onrechte plaatsgehad, geen gevolg gegeven, dan nadat het hoger beroep aan de verdachte in persoon is betekend.

Art. 410

1. De officier van justitie dient binnen veertien dagen na het instellen van hoger beroep een schriftuur, houdende grieven, in op de griffie van het gerecht dat het vonnis heeft gewezen. De verdachte kan aldaar binnen veertien dagen na de instelling van het hoger beroep een schriftuur, houdende grieven, indienen. De schriftuur van de verdachte kan langs elektronische weg worden ingediend met behulp van een bij algemene maatregel van bestuur aangewezen elektronische voorziening. Bij of krachtens algemene maatregel van bestuur worden nadere regels gesteld over het gebruik van de elektronische voorziening.
2. De schriftuur wordt onverwijld bij de processtukken gevoegd.

Indienen schriftuur

(Zie ook: art. 452 WvSv)

3. De verdachte kan, onverminderd artikel 414, in de schriftuur opgeven welke getuigen en deskundigen hij ter terechtzitting wil doen oproepen. Deze opgave wordt als een opgave in de zin van artikel 263, tweede lid, aangemerkt. Artikel 264 is van overeenkomstige toepassing. De advocaat-generaal kan, in het geval de berechting in eerste aanleg op tegenspraak heeft plaatsgevonden, oproeping voorts weigeren indien de getuige of deskundige ter terechtzitting in eerste aanleg dan wel door de rechter-commissaris is gehoord en horen ter terechtzitting niet noodzakelijk is te achten.

(Zie ook: artt. 264, 288, 418 WvSv)

4. Ingeval door de verdachte geen schriftuur als bedoeld in het eerste lid wordt ingediend, dient hij binnen veertien dagen na het instellen van het hoger beroep tegen een vonnis van de rechtbank als bedoeld in artikel 410a, eerste lid, een schriftuur in op de griffie van het gerecht dat het vonnis heeft gewezen, met een opgave van de redenen voor het instellen van het hoger beroep. Deze verplichting geldt niet in het geval, omschreven in artikel 410a, tweede lid.

Art. 410a

1. Ingeval hoger beroep openstaat en is ingesteld tegen een vonnis betreffende uitsluitend een of meer overtredingen of misdrijven waarop naar de wettelijke omschrijving een gevangenisstraf van niet meer dan vier jaren is gesteld, waarbij geen andere straf of maatregel is opgelegd dan een geldboete tot een maximum – of, wanneer bij het vonnis twee of meer geldboetes werden opgelegd, geldboetes tot een gezamenlijk maximum – van € 500, wordt het ingestelde hoger beroep slechts ter terechtzitting aanhangig gemaakt en behandeld indien zulks naar het oordeel van de voorzitter in het belang van een goede rechtsbedeling is vereist.

Behandeling van hoger beroep ter terechtzitting

2. De behandeling ter terechtzitting van een ingesteld hoger beroep tegen een bij verstek gewezen vonnis van de rechtbank, niet zijnde de kantonrechter, is in ieder geval in het belang van een goede rechtsbedeling vereist indien de dagvaarding of oproeping om op de terechtzitting in eerste aanleg te verschijnen of de aanzegging of oproeping voor de nadere terechtzitting aan de verdachte niet in persoon is gedaan of betekend en zich geen andere omstandigheid heeft voorgedaan waaruit voortvloeit dat de dag van de terechtzitting of van de nadere terechtzitting de verdachte tevoren bekend was. De vorige zin is niet van toepassing in geval de dagvaarding

of oproeping binnen zes weken nadat door de verdachte op de voet van artikel 257e verzet is gedaan, rechtsgeldig aan de verdachte is betekend met inachtneming van artikel 36g.
(Zie ook: art. 280 WvSv)
3. Indien de voorzitter op grond van de ingediende schriftuur en de stukken van het geding, waaronder het verkorte vonnis of de aantekening van het vonnis, oordeelt dat in het belang van een goede rechtsbedeling behandeling in hoger beroep vereist is, beveelt deze dat de zaak op de voet van artikel 412 in hoger beroep ter terechtzitting aanhangig wordt gemaakt.
4. In het andere geval beslist de voorzitter bij een met redenen omklede beschikking dat het hoger beroep buiten behandeling wordt gelaten. Deze beschikking geldt als een beslissing op het rechtsmiddel als bedoeld in artikel 6:1:16, eerste lid.
5. Indien de verdachte ingevolge artikel 408a in de zaak is opgeroepen om tegen een bepaalde datum ter terechtzitting te verschijnen geldt de oproeping als ingetrokken door de in het vierde lid bedoelde beschikking.
6. Een beschikking als bedoeld in het derde en vierde lid wordt aan de verdachte betekend.
7. In het geval, bedoeld in het vierde lid, staat tegen het vonnis waarop de beschikking van de voorzitter betrekking heeft, geen beroep in cassatie open.

Art. 411

Behandeling van hoger beroep door meervoudige kamer

1. Bij het gerechtshof worden strafzaken, behoudens in de wet genoemde uitzonderingen, behandeld en beslist door een meervoudige kamer.

Behandeling van hoger beroep door enkelvoudige kamer

2. Een zaak kan in hoger beroep door een enkelvoudige kamer worden behandeld, indien:
a. de zaak naar het aanvankelijk oordeel van het openbaar ministerie van eenvoudige aard is en de verdachte ter zake van hetgeen in eerste aanleg te zijnen laste is bewezen verklaard, een straf of maatregel is opgelegd, en tevens
b. de zaak in eerste aanleg door de kantonrechter of de politierechter is behandeld, en daarbij niet een gevangenisstraf van meer dan zes maanden is opgelegd.

Verwijzing naar meervoudige kamer

3. Indien de zaak naar het oordeel van de enkelvoudige kamer ongeschikt is voor behandeling en beslissing door de enkelvoudige kamer, verwijst zij deze naar de meervoudige kamer.
4. De zaak wordt bij verwijzing op de bestaande telastlegging aanhangig gemaakt door aanzegging aan de verdachte, vanwege het openbaar ministerie, van de dag van de nadere terechtzitting. Op deze aanzegging zijn de artikelen 412, derde lid, en 413 van overeenkomstige toepassing. Op de behandeling voor de meervoudige kamer is artikel 377, tweede, derde en vierde lid, mede van overeenkomstige toepassing.
(Zie ook: artt. 369, 425 WvSv)

Art. 411a

Onderzoek door rechter-commissaris na instellen hoger beroep

1. Indien tegen het vonnis in eerste aanleg hoger beroep is ingesteld, doch het onderzoek op de terechtzitting in hoger beroep nog niet is aangevangen, kan de rechter-commissaris behorende bij de rechtbank die in eerste aanleg heeft gevonnist of de raadsheer-commissaris behorende bij het gerechtshof, op de vordering van het openbaar ministerie of op het verzoek van de verdachte of diens raadsman, nader onderzoek verrichten.
2. Het onderzoek door de rechter-commissaris of raadsheer-commissaris vindt plaats overeenkomstig de tweede tot en met vijfde en zevende afdeling van de Derde Titel van het Tweede Boek.

Art. 412

Datum voor terechtzitting van hoger beroep

1. Zo mogelijk binnen acht dagen nadat de stukken op de griffie zijn overgebracht, bepaalt de voorzitter op voordracht van de advocaat-generaal, de dag van de terechtzitting, behoudens in geval van toepassing van artikel 408a. Artikel 258, tweede lid, tweede tot en met vierde volzin, is van overeenkomstige toepassing.
(Zie ook: art. 258 WvSv)

Dagvaarding of oproeping van verdachte

2. De zaak wordt in hoger beroep ter terechtzitting aanhangig gemaakt door een oproeping of dagvaarding vanwege de advocaat-generaal aan de verdachte betekend, ten einde terecht te staan ter zake van een of meer van de feiten hem in eerste aanleg telastegelegd.
[3.] Ten aanzien van die dagvaarding is artikel 260 van toepassing, behoudens dat daarbij de verdachte, in plaats van op de voorschriften van artikel 262, eerste lid, op die van artikel 414 wordt opmerkzaam gemaakt.
[4.] Op de gronden in artikel 259 vermeld, kunnen verschillende zaken gevoegd aanhangig worden gemaakt.
(Zie ook: artt. 258, 259, 585 WvSv)

Art. 413

Dagvaardingstermijn in hoger beroep

1. Tussen de dag waarop de dagvaarding aan de verdachte is betekend en die der terechtzitting moet een termijn van tenminste tien dagen verlopen. Artikel 265, tweede en derde lid, is van overeenkomstige toepassing.
(Zie ook: artt. 130, 136, 265 WvSv)

2. Aan de benadeelde partij die zich in eerste aanleg in het geding heeft gevoegd en aan het slachtoffer dat daarom verzoekt wordt door de advocaat-generaal mededeling gedaan van de plaats, de datum en het tijdstip van de terechtzitting
(Zie ook: artt. 51a, 332, 421, 455, 473 WvSv)

Mededeling aan benadeelde partij

Art. 414
1. De advocaat-generaal en de verdachte kunnen zoowel ter terechtzitting in eersten aanleg gehoorde als nieuwe getuigen en deskundigen doen dagvaarden of schriftelijk doen oproepen. Zij kunnen ook nieuwe bescheiden of stukken van overtuiging overleggen.
2. De artikelen 263, tweede tot en met vijfde lid, en 264 zijn van overeenkomstige toepassing. Indien de verdachte hoger beroep heeft ingesteld kan de advocaat-generaal bij een met redenen omklede beslissing een niet bij schriftuur door de verdachte opgegeven getuige of deskundige weigeren te doen oproepen, indien horen ter terechtzitting niet noodzakelijk is te achten.
(Zie ook: artt. 260, 264, 321, 473 WvSv)
3. Het slachtoffer of de nabestaande die in eerste aanleg geen gebruik heeft gemaakt van zijn recht om te verklaren op grond van artikel 51e, kan van zijn voornemen daartoe schriftelijk kennis geven aan de advocaat-generaal of het gerechtshof. Artikel 260, tweede lid, is van overeenkomstige toepassing.
(Zie ook: artt. 51a, 260, 302, 303, 336, 337 WvSv)

Bewijsmiddelen bij hoger beroep

Spreekrecht van slachtoffer of nabestaande

Art. 415
1. Behoudens de volgende artikelen van deze titel, zijn de artikelen 268 tot en met 314, 315 tot en met 353 en 356 tot en met 366a op het rechtsgeding voor het gerechtshof van overeenkomstige toepassing, met dien verstande dat in afwijking van het tweede lid van artikel 365a aanvulling ook plaats vindt indien het cassatieberoep meer dan drie maanden na de dag van de uitspraak is ingesteld of sprake is van een hoger beroep als bedoeld in artikel 410a, eerste lid.
2. Het gerechtshof richt het onderzoek ter terechtzitting op de bezwaren die door de verdachte en het openbaar ministerie worden ingebracht tegen het vonnis, in eerste aanleg gewezen, en op hetgeen overigens nodig is.
(Zie ook: art. 410 WvSv)
3. De artikelen 51a, 51aa, eerste lid, 51ac, tweede en vierde tot en met zesde lid, 51b, 51c, 51ca, 51d en 51h, 258, zesde lid en 260, eerste en tweede lid, zijn op het rechtsgeding voor het gerechtshof van overeenkomstige toepassing.

Schakelbepaling

Onderzoek ter terechtzitting

Schakelbepaling

Art. 416
1. Ingeval hoger beroep is ingesteld door de officier van justitie, geeft de advocaat-generaal bij gelegenheid van de voordracht der zaak mondeling een toelichting op de bezwaren tegen het vonnis. De advocaat-generaal geeft in voorkomende gevallen tevens op waarom door de officier van justitie geen schriftuur houdende grieven is ingediend. Na de voordracht van de advocaat-generaal wordt de verdachte die het hoger beroep heeft ingesteld, in de gelegenheid gesteld zijn bezwaren tegen het vonnis op te geven.
2. Indien de verdachte geen schriftuur houdende grieven heeft ingediend noch mondeling bezwaren tegen het vonnis opgeeft, kan het door de verdachte ingestelde hoger beroep zonder onderzoek van de zaak zelf niet-ontvankelijk worden verklaard.
3. Indien van de zijde van het openbaar ministerie geen schriftuur houdende grieven, als bedoeld in artikel 410, eerste lid, is ingediend, kan het door de officier van justitie ingestelde hoger beroep zonder onderzoek van de zaak zelf niet-ontvankelijk worden verklaard.
(Zie ook: art. 410 WvSv)

Toelichting van advocaat-generaal bij hoger beroep

Niet-ontvankelijkverklaring

Art. 417
[1.] Processen-verbaal, verslagen van deskundigen of andere stukken, welke in eersten aanleg zijn voorgelezen, mogen ook voor de behandeling in hooger beroep als voorgelezen worden aangemerkt.
[2.] Indien de verdachte verzoekt dat bepaalde stukken opnieuw zullen worden voorgelezen, wordt aan dat verzoek gevolg gegeven, voor zoover het gerechtshof oordeelt dat daardoor redelijke grenzen niet worden overschreden.
(Zie ook: artt. 301, 473 WvSv)

Stukken uit eerste aanleg voorlezen in hoger beroep

Art. 418
1. De oproeping van niet verschenen getuigen kan worden geweigerd in de gevallen, genoemd in artikel 288.
2. In het geval de berechting in eerste aanleg op tegenspraak heeft plaatsgevonden, kan oproeping ook worden geweigerd indien de getuige of deskundige ter terechtzitting in eerste aanleg dan wel door de rechter-commissaris is gehoord en het gerechtshof horen ter terechtzitting niet noodzakelijk oordeelt.

Weigering van oproeping getuige en deskundige bij hoger beroep

3. Indien de verdachte hoger beroep heeft ingesteld kan oproeping van een niet bij schriftuur door de verdachte opgegeven getuige of deskundige worden geweigerd indien horen ter terechtzitting niet noodzakelijk is te achten.
(Zie ook: artt. 264, 288, 410 WvSv)

Meineed bij hoger beroep

Art. 419
In geval van artikel 295 wordt het proces-verbaal met de andere processtukken door den advocaat-generaal toegezonden aan de officier van justitie in het arrondissement waarin de rechtbank is gelegen die in eerste aanleg heeft gevonnist, en is alleen die rechtbank bevoegd van het misdrijf kennis te nemen.
(Zie ook: art. 473 WvSv; art. 207 WvSr)

Nader onderzoek door rechter-commissaris in hoger beroep

Art. 420
1. In de gevallen van de artikelen 295, 316 en 347 wordt het onderzoek gevoerd door een rechter-commissaris in de rechtbank die in eerste aanleg heeft gevonnist dan wel een raadsheer-commissaris bij het gerechtshof waar de zaak aanhangig is.
2. Het onderzoek door rechter- of raadsheer-commissaris, bedoeld in het eerste lid wordt overeenkomstig de tweede tot en met de vijfde en de zevende afdeling van de Derde Titel van het Tweede Boek gevoerd. Bij het onderzoek door de raadsheer-commissaris is de Tweede Titel van het Tweede Boek van overeenkomstige toepassing.
3. Indien het onderzoek geschiedt door een raadsheer-commissaris, geldt al hetgeen bepaald is omtrent de rechtbank, de rechter-commissaris, de officier van justitie en de griffier, ten aanzien van het gerechtshof, de raadsheer-commissaris, de advocaat-generaal en de griffier van het gerechtshof.
4. Na afloop van het onderzoek doet de rechter- of raadsheer-commissaris de stukken aan het gerechtshof toekomen.
(Zie ook: artt. 185, 241b, 268, 411a WvSv)

Voeging van de benadeelde partij in hoger beroep

Art. 421
1. De benadeelde partij die zich niet overeenkomstig artikel 51g, eerste of derde lid, in het geding in eerste aanleg heeft gevoegd, is daartoe onbevoegd in het geding in hoger beroep.
2. Heeft de voeging in eerste aanleg plaats gehad, dan duurt zij, voor zover de gevorderde schadevergoeding is toegewezen, van rechtswege voort in hoger beroep.
3. Voor zover de gevorderde schadevergoeding niet is toegewezen kan de benadeelde partij zich binnen de grenzen van haar eerste vordering in hoger beroep voegen. Titel IIIa van het Eerste Boek is, met uitzondering van artikel 51f, eerste tot en met derde lid, van overeenkomstige toepassing, met dien verstande dat voor de ingevolge artikel 51g vereiste opgave kan worden volstaan met een verwijzing naar de opgave van de eerste vordering, indien deze ongewijzigd is gebleven.

Hoger beroep voor de benadeelde partij

4. Indien geen hoger beroep is ingesteld, kan de benadeelde partij tegen het deel van het vonnis waarbij haar vordering is afgewezen, tegen deze afwijzing in hoger beroep komen bij het gerechtshof. De tweede afdeling van de Zesde Titel van Boek II is niet van toepassing. De bepalingen van het Wetboek van Burgerlijke Rechtsvordering inzake het rechtsgeding in hoger beroep en cassatie zijn van overeenkomstige toepassing. Voor het geding wordt geen griffierecht geheven.
(Zie ook: artt. 51a, 332, 361 WvSv; artt. 343, 407 Rv)
5. Indien geen hoger beroep is ingesteld en tegen de vordering op de voet van artikel 51g, vierde lid, verweer is gevoerd door de ouders of voogd van de veroordeelde, kunnen deze tegen de toewijzing van de vordering in hoger beroep komen bij het gerechtshof. De tweede afdeling van de Zesde Titel van Boek II is niet van toepassing. De bepalingen van het Wetboek van Burgerlijke Rechtsvordering inzake het rechtsgeding in hoger beroep zijn van overeenkomstige toepassing. Voor het geding wordt geen griffierecht geheven.

Geldigheid dagvaarding bij hoger beroep

Art. 422
1. Na sluiting van het onderzoek op de terechtzitting in hoger beroep stelt het gerechtshof naar aanleiding van het onderzoek op de terechtzitting vast of de uitreiking van de dagvaarding of oproeping in hoger beroep geldig is alsmede of het hoger beroep is ingesteld overeenkomstig de eisen die dit wetboek daaraan stelt.
2. Indien de uitreiking van de dagvaarding of oproeping in hoger beroep geldig is en het hoger beroep overeenkomstig de eisen van dit wetboek is ingesteld, geschiedt de beraadslaging in hoger beroep, bedoeld in de artikelen 348 en 350, naar aanleiding van het onderzoek op de terechtzitting in hoger beroep. De beraadslaging geschiedt voorts naar aanleiding van het onderzoek in eerste aanleg, zoals dit volgens het proces-verbaal van die terechtzitting heeft plaatsgehad, tenzij artikel 378a of artikel 395a in eerste aanleg is toegepast.
(Zie ook: artt. 404, 585 WvSv)

Nietigverklaring dagvaarding bij hoger beroep

Art. 422a
1. Indien het gerechtshof van oordeel is dat de dagvaarding in eerste aanleg op een andere grond dan wegens een aan de telastlegging klevend gebrek nietig had behoren te worden ver-

klaard, doet het gerechtshof de zaak zelf af, tenzij terugwijzing naar dezelfde rechtbank door de advocaat-generaal of de verdachte ter terechtzitting is verlangd. Terugwijzing vindt ook zonder uitdrukkelijk gebleken verlangen van de verdachte plaats indien de verdachte niet ter terechtzitting aanwezig is en de dagvaarding om op de terechtzitting in hoger beroep te verschijnen of de aanzegging of oproeping voor de nadere terechtzitting aan de verdachte niet in persoon is gedaan of betekend en zich geen andere omstandigheid heeft voorgedaan waaruit voortvloeit dat de dag van de terechtzitting of van de nadere terechtzitting de verdachte tevoren bekend was.
2. Het eerste lid is van overeenkomstige toepassing, indien de oproeping of aanzegging om op de nadere terechtzitting in eerste aanleg te verschijnen nietig had behoren te worden verklaard.
(Zie ook: artt. 261, 349, 585 WvSv)

Art. 423
1. Het gerechtshof kan het vonnis hetzij geheel bevestigen, hetzij gedeeltelijk bevestigen en gedeeltelijk vernietigen, hetzij geheel vernietigen. Het gerechtshof bevestigt het vonnis geheel hetzij met gehele of gedeeltelijke overneming hetzij met aanvulling of verbetering van gronden. Ingeval het vonnis geheel of gedeeltelijk wordt vernietigd, doet het gerechtshof wat de rechtbank had behoren te doen, behoudens terugwijzing op grond van het tweede lid.

Bevestiging of vernietiging van vonnis bij hoger beroep

2. Indien de hoofdzaak niet door de rechtbank is beslist en het onderzoek daarvan gevolg moet zijn van de vernietiging van het vonnis, doet het gerechtshof de zaak zelf af, tenzij terugwijzing naar dezelfde rechtbank door de advocaat-generaal of de verdachte ter terechtzitting is verlangd. Terugwijzing vindt ook zonder uitdrukkelijk gebleken verlangen van de verdachte plaats indien de verdachte niet ter terechtzitting aanwezig is en de dagvaarding om op de terechtzitting in hoger beroep te verschijnen of de aanzegging of oproeping voor de nadere terechtzitting aan de verdachte niet in persoon is gedaan of betekend en zich geen andere omstandigheid heeft voorgedaan waaruit voortvloeit dat de dag van de terechtzitting of van de nadere terechtzitting de verdachte tevoren bekend was. In geval van terugwijzing doet de rechtbank recht met inachtneming van 's hofs arrest.
3. In geval van vernietiging van het vonnis is het gerechtshof niettemin bevoegd bepaalde gedeelten daarvan in zijn arrest over te nemen.
[4.] Indien bij samenloop van meerdere feiten ééne hoofdstraf is uitgesproken en het hooger beroep slechts ingesteld is ten aanzien van een of meer dier feiten, wordt, in geval van vernietiging ten aanzien van de straf, bij het arrest de straf voor het andere feit of de andere feiten bepaald.

Art. 423a-424
[Vervallen]

Art. 425
1. Degene die zitting heeft in een enkelvoudige kamer als bedoeld in artikel 411, tweede lid, heeft de bevoegdheden die aan de voorzitter van de meervoudige kamer toekomen.

Enkelvoudige kamer bij hoger beroep

2. De enkelvoudige kamer geeft na sluiting van het onderzoek op de terechtzitting hetzij onmiddellijk hetzij diezelfde dag op een door haar bij de sluiting van het onderzoek te bepalen uur mondeling arrest.
3. Het arrest wordt in het proces-verbaal van de terechtzitting aangetekend op de wijze door Onze Minister van Veiligheid en Justitie te bepalen:
a. indien de enkelvoudige kamer dit ambtshalve, op vordering van de advocaat-generaal of op verzoek van de verdachte of zijn raadsman, bij de uitspraak bepaalt;
b. indien het openbaar ministerie, de verdachte of zijn raadsman, dan wel de benadeelde partij uiterlijk drie maanden na de uitspraak daartoe een vordering indient of het verzoek doet;
c. indien een gewoon rechtsmiddel tegen het arrest wordt aangewend;
d. indien het arrest bij verstek is gewezen en de dagvaarding niet in persoon is betekend en zich geen omstandigheid heeft voorgedaan waaruit voortvloeit dat de dag van de terechtzitting aan de verdachte bekend was, terwijl op de terechtzitting getuigen of deskundigen zijn gehoord dan wel de benadeelde partij zich in het strafproces heeft gevoegd.
4. Zodra het proces-verbaal van de terechtzitting is getekend, kunnen de verdachte en zijn raadsman daarvan kennis nemen. De enkelvoudige kamer verstrekt desgevraagd een afschrift van het proces-verbaal aan de verdachte en zijn raadsman.
5. De artikelen 365, vierde en vijfde lid, 381, eerste en tweede lid, en 397a, eerste tot en met derde lid, zijn van overeenkomstige toepassing.
(Zie ook: artt. 137, 326, 365, 378, 378a, 395, 395a, 426, 444 WvSv)

Art. 426
1. Behoudens artikel 425, derde lid, en indien er schriftelijk arrest wordt gewezen, blijft het opmaken van een proces-verbaal van de terechtzitting achterwege en wordt de uitspraak binnen twee maal vier en twintig uur op een aan de kopie van de dagvaarding te hechten stuk aangetekend. De aantekening wordt door de enkelvoudige kamer gewaarmerkt.

Arrest aantekenen bij hoger beroep

2. De gegevens die de aantekening, bedoeld in het eerste lid, moet bevatten, worden vastgesteld door Onze Minister van Veiligheid en Justitie. De aantekening vermeldt in elk geval:
a. de naam van de rechter, de dag van de uitspraak en de omstandigheid of de uitspraak bij verstek of op tegenspraak is gedaan;
b. indien een bewezen verklaring is uitgesproken, het strafbare feit dat het bewezen verklaarde oplevert;
c. de opgelegde straf of maatregel, alsmede de wettelijke voorschriften waarop deze is gegrond.
3. Zodra de aantekening is gewaarmerkt, kunnen de verdachte en zijn raadsman daarvan kennisnemen. De enkelvoudige kamer verstrekt desgevraagd een afschrift van de aantekening aan de verdachte en zijn raadsman.
(Zie ook: artt. 365, 378, 378a, 395, 395a, 425, 444 WvSv; art. 1 Ramv. door)
4. Wordt alsnog aan artikel 425, derde lid, onder b of c toepassing gegeven, dan komt de in het eerste lid bedoelde aantekening te vervallen. De griffier haalt alsdan de aantekening door.
5. De enkelvoudige kamer is bevoegd een schriftelijk arrest te wijzen. Op vordering van de advocaat-generaal of op verzoek van de verdachte of zijn raadsman of van de benadeelde partij is zij daartoe verplicht, tenzij naar haar oordeel daarmee geen redelijk belang is gediend. De uitspraak mag alsdan in geen geval later plaatsvinden dan op de veertiende dag na sluiting van het onderzoek. De uitspraak geschiedt zo veel mogelijk door de rechter die over de zaak heeft geoordeeld.
(Zie ook: art. 345 WvSv)

Titel III
Beroep in cassatie van uitspraken

Art. 427

Beroep in cassatie

1. Tegen de arresten van de gerechtshoven, als uitspraak gegeven, betreffende misdrijven staat beroep in cassatie open voor het openbaar ministerie bij het gerecht dat de uitspraak heeft gedaan, en de verdachte.
2. Tegen arresten van de gerechtshoven, als uitspraak gegeven, betreffende overtredingen staat beroep in cassatie open voor het openbaar ministerie bij het gerecht dat het arrest heeft gewezen, en de verdachte, tenzij terzake in de einduitspraak:
a. met toepassing van artikel 9a van het Wetboek van Strafrecht geen straf of maatregel werd opgelegd, of
b. geen andere straf of maatregel werd opgelegd dan een geldboete tot een maximum – of, wanneer bij het arrest twee of meer geldboetes werden opgelegd, geldboetes tot een gezamenlijk maximum – van EUR 250.
3. Tegen de arresten, bedoeld in het tweede lid, onder a en b, staat niettemin beroep in cassatie open indien zij een overtreding betreffen van een verordening van een provincie, een gemeente, een waterschap of een met toepassing van de Wet gemeenschappelijke regelingen ingesteld openbaar lichaam.
4. Hoger beroep schorst de rechtsgevolgen van beroep in cassatie; indien in de lagere aanleg een uitspraak wordt gegeven over een of meer van de vragen, bedoeld in de artikelen 351 en 352 vervalt het ingestelde beroep in cassatie.
(Zie ook: artt. 138, 404 WvSv; artt. 78, 80 Wet RO)

Art. 428

Gelijktijdig beroep in cassatie

Tegen vonnissen of arresten die geen einduitspraken zijn, is het beroep in cassatie slechts gelijktijdig met dat tegen de einduitspraak toegelaten.
(Zie ook: art. 138 WvSv)

Art. 429

Partieel cassatieberoep

Het beroep in cassatie kan ook tegen een gedeelte van het vonnis of arrest worden ingesteld.
(Zie ook: art. 407 WvSv)

Art. 430

[Vervallen]

Art. 431

Vormverzuimen bij beroep in cassatie

Verzuim van vormen op straffe van nietigheid voorgeschreven, geeft grond tot vernietiging, zowel wanneer dat verzuim heeft plaats gehad in het vonnis of arrest zelf, als wanneer het heeft plaats gehad in de loop van het rechtsgeding.
(Zie ook: art. 79 Wet RO)

Art. 432

Termijn voor instellen beroep in cassatie

1. Het beroep in cassatie moet binnen veertien dagen na de einduitspraak worden ingesteld indien:
a. de dagvaarding of oproeping om op de terechtzitting te verschijnen of de aanzegging van oproeping voor de nadere terechtzitting aan de verdachte in persoon is gedaan of betekend;
b. de verdachte op de terechtzitting of nadere terechtzitting is verschenen;

Wetboek van Strafvordering   **C2** art. 436

c. zich anderszins een omstandigheid heeft voorgedaan waaruit voortvloeit dat de dag van de terechtzitting of van de nadere terechtzitting de verdachte tevoren bekend was;
d. de dagvaarding of oproeping binnen zes weken nadat door de verdachte hoger beroep is ingesteld, rechtsgeldig aan de verdachte is betekend met inachtneming van artikel 36g en in hoger beroep geen onvoorwaardelijke straf of maatregel is opgelegd die vrijheidsbeneming van langere duur meebrengt dan zes maanden.
2. In andere gevallen dan de in het eerste lid genoemde moet cassatie worden ingesteld binnen veertien dagen nadat zich een omstandigheid heeft voorgedaan waaruit voortvloeit dat het vonnis of arrest der verdachte bekend is.
3. Indien het onderzoek op de terechtzitting voor onbepaalde tijd is geschorst en de aanzegging of oproeping voor de nadere terechtzitting niet in persoon is gedaan of betekend, is de termijn bedoeld in het tweede lid van toepassing, tenzij
a. de verdachte op de nadere terechtzitting is verschenen of
b. zich anderszins een omstandigheid heeft voorgedaan waaruit voortvloeit dat de dag van de nadere terechtzitting de verdachte tevoren bekend was.
Indien een van deze twee uitzonderingen zich voordoet, is de termijn genoemd in de aanhef van het eerste lid van toepassing.
(Zie ook: artt. 44, 130, 136, 320, 399, 408, 449, 585 WvSv)

Art. 433
1. Indien alleen het openbaar ministerie beroep in cassatie heeft ingesteld, wordt het beroep aan de verdachte in persoon aangezegd, tenzij zich een omstandigheid heeft voorgedaan waaruit voortvloeit dat het beroep de verdachte bekend is. | Aanzegging cassatieberoep aan verdachte
2. De verdachte kan binnen veertien dagen nadat aan hem de aanzegging van het beroep door het openbaar ministerie in persoon is betekend of zich enige andere omstandigheid heeft voorgedaan, waaruit voortvloeit dat het beroep hem bekend is, zijnerzijds alsnog beroep in cassatie instellen. | Aantekenen cassatieberoep door verdachte
3. Indien de benadeelde partij zich in het geding gevoegd heeft, wordt haar van elk ingesteld beroep in cassatie, binnen veertien dagen na de aantekening vanwege het openbaar ministerie bij het gerecht dat het vonnis of arrest heeft gewezen, kennis gegeven.
(Zie ook: artt. 44, 51a, 130, 136, 332, 455, 585 WvSv)
4. Van elk ingesteld beroep in cassatie wordt kennisgegeven aan het slachtoffer dat daarom verzoekt, binnen veertien dagen nadat dit beroep is ingesteld. Eveneens wordt van elke intrekking van een beroep in cassatie kennisgegeven aan het slachtoffer dat daarom verzoekt, binnen veertien dagen nadat dit beroep is ingetrokken. | Kennisgeving aan slachtoffer van beroep in cassatie of intrekking beroep

Art. 434
1. De griffier van het gerecht, dat het vonnis of arrest heeft gewezen waartegen beroep in cassatie is ingesteld, zendt de stukken van het geding zo spoedig mogelijk aan de griffier van de Hoge Raad. | Toezenden gedingstukken bij cassatieberoep
2. Indien door het openbaar ministerie beroep in cassatie is ingesteld tegen een vonnis waartegen voor de verdachte nog hoger beroep openstaat, geschiedt de in het eerste lid bedoelde inzending niet of wordt zij, heeft zij ten onrechte plaatsgehad, geacht niet eerder te hebben plaatsgevonden, dan nadat de termijn voor het hoger beroep is verstreken.
3. Indien alleen het openbaar ministerie beroep in cassatie heeft ingesteld, geschiedt de inzending niet of wordt aan haar, heeft zij ten onrechte plaats gehad, geen gevolg gegeven, dan nadat de in het eerste lid van artikel 433 bedoelde aanzegging heeft plaats gevonden of zich enige andere omstandigheid heeft voorgedaan, waaruit voortvloeit dat het beroep de verdachte bekend is. | Aanzegging cassatieberoep aan verdachte
(Zie ook: art. 404 WvSv)

Art. 435
1. Na ontvangst van de stukken van het geding door de griffier van de Hoge Raad wordt door de procureur- generaal aan de verdachte dan wel, indien door het openbaar ministerie beroep in cassatie is ingesteld, aan het openbaar ministerie en aan de verdachte aangezegd dat de stukken van het geding bij de Hoge Raad zijn ingekomen onder mededeling dat de zaak door de Hoge Raad in behandeling zal worden genomen na verloop van de in het tweede lid onderscheidenlijk eerste lid van artikel 437 bedoelde termijn. In de aanzegging wordt gewezen op artikel 437. | Ontvangst van stukken in cassatieberoep
2. Van de ontvangst van de stukken, bedoeld in het eerste lid, wordt eveneens kennis gegeven aan de benadeelde partij indien deze zich in het geding heeft gevoegd. In de kennisgeving wordt gewezen op artikel 437, derde lid.
3. In afwijking van artikel 36c, eerste lid, tweede volzin, geschiedt de aanzegging aan het openbaar ministerie door toezending.
(Zie ook: artt. 51a, 78 Wet RO)

Art. 436
1. Na de aanzegging bedoeld in artikel 435, eerste lid, bepaalt de voorzitter een rechtsdag met inachtneming van de termijnen bedoeld in artikel 437, eerste, onderscheidenlijk, tweede lid. | Datum van cassatieberoep

Sdu   267

C2 art. 437 — Wetboek van Strafvordering

Mededeling datum behandeling zaak aan verdachte

2. Aan de verdachte dan wel, indien zich bij de Hoge Raad namens de verdachte een raadsman heeft gesteld, aan de raadsman wordt mededeling gedaan van de dag voor de behandeling van de zaak bepaald.

Mededeling datum, tijdstip en plaats behandeling zaak aan slachtoffer

3. Aan het slachtoffer dat daarom verzoekt wordt mededeling gedaan van de dag, het tijdstip en de plaats van de zitting waar de zaak inhoudelijk wordt behandeld, alsmede van de zitting waar de uitspraak wordt gedaan.

Art. 437

Indienen schriftuur cassatiemiddelen

1. Indien het openbaar ministerie beroep in cassatie heeft ingesteld, is het op straffe van niet-ontvankelijkheid verplicht binnen een maand nadat de in het eerste lid van artikel 435 bedoelde aanzegging aan het openbaar ministerie is verzonden bij de Hoge Raad een schriftuur in te dienen, houdende zijn middelen van cassatie.
2. De verdachte door of namens wie beroep in cassatie is ingesteld, is op straffe van niet-ontvankelijkheid verplicht binnen twee maanden nadat de in het eerste lid van artikel 435 bedoelde aanzegging is betekend, bij de Hoge Raad door zijn raadsman een schriftuur te doen indienen, houdende zijn middelen van cassatie. Artikel 410, eerste lid, laatste twee volzinnen, zijn van overeenkomstige toepassing.
3. De benadeelde partij is bevoegd binnen een maand nadat de in het tweede lid van artikel 435 bedoelde kennisgeving is verzonden, harerzijds bij de Hoge Raad door een advocaat een schriftuur te doen indienen, houdende haar middelen over een rechtspunt hetwelk uitsluitend haar vordering betreft. Gedurende die tijd is zij bevoegd tot kennisneming van de processtukken. Artikel 410, eerste lid, laatste twee volzinnen, zijn van overeenkomstige toepassing.
(Zie ook: artt. 51d, 51e, 136, 137, 447 WvSv)

Art. 438

Enkelvoudige kamer in cassatieberoep
Meervoudige kamer

1. Alle zaken worden in behandeling genomen op een openbare terechtzitting voor strafzaken van de enkelvoudige kamer van de Hoge Raad.
2. De enkelvoudige kamer verwijst een zaak naar de meervoudige kamer:
a. wanneer de raadsman van de verdachte te kennen heeft gegeven de middelen van cassatie mondeling te willen toelichten dan wel het door het openbaar ministerie ingestelde beroep in cassatie mondeling te willen tegenspreken, en niet wordt volstaan met het overleggen van een schriftelijke toelichting;
b. wanneer de advocaat van de benadeelde partij te kennen heeft gegeven de middelen van de benadeelde partij mondeling te willen toelichten, en niet wordt volstaan met het overleggen van een schriftelijke toelichting;
c. wanneer zij de dag voor de uitspraak bepaalt, behoudens in het geval, omschreven in artikel 440, derde lid;
d. wanneer zij verwijzing wenselijk acht.

Terugverwijzing naar enkelvoudige kamer

3. De meervoudige kamer verwijst een zaak wederom naar de enkelvoudige kamer, indien zulks in enige stand van het geding nodig is.
(Zie ook: art. 75 Wet RO)

Art. 439

Conclusie van de procureur-generaal in cassatieberoep

1. Op de dienende rechtsdag of op een nadere rechtsdag neemt de procureur-generaal zijn conclusie, die hij in geschrift aan de Hoge Raad voorlegt. Hierna wordt de dag voor de uitspraak bepaald.
2. In het geval dat namens de verdachte niet tijdig een schriftuur met middelen van cassatie is ingediend, kan de procureur-generaal afzien van het nemen van een conclusie.
3. Aan de raadsman die namens de verdachte een schriftuur met middelen van cassatie heeft ingediend, wordt een afschrift van de conclusie toegezonden.
4. Desgelijks wordt gehandeld ten aanzien van de advocaat die namens de benadeelde partij een schriftuur met middelen van cassatie heeft ingediend.
(Zie ook: art. 51e WvSv)
5. De raadsman van de verdachte dan wel de advocaat van de benadeelde partij kan binnen twee weken na verzending van het afschrift van de conclusie zijn schriftelijk commentaar daarop aan de Hoge Raad doen toekomen.
(Zie ook: art. 437 WvSv)

Art. 440

Niet-ontvankelijk cassatieberoep
Zelf afdoen of terugverwijzen

1. De Hoge Raad verklaart het beroep in cassatie niet ontvankelijk, verwerpt het beroep of vernietigt het vonnis of arrest geheel of gedeeltelijk, hetzij op de aangevoerde, hetzij op andere gronden.
2. Indien de bestreden uitspraak wordt vernietigd, doet de Hoge Raad de zaak zelf af indien dit mogelijk is zonder in een nieuw onderzoek naar de feiten te treden.
De Hoge Raad kan na vernietiging van de bestreden uitspraak de zaak – teneinde met inachtneming van de uitspraak van de Hoge Raad opnieuw, dan wel verder te worden berecht en afgedaan – terugwijzen naar de rechter die haar heeft gewezen, dan wel verwijzen:
a. wanneer de vernietigde uitspraak was gedaan door een rechtbank, naar het gerechtshof van het ressort;

Wetboek van Strafvordering

b. wanneer de vernietigde uitspraak was gedaan door een gerechtshof, naar een ander gerechtshof.
3. De beslissing dat het beroep in cassatie niet ontvankelijk wordt verklaard kan in het geval niet tijdig een schriftuur is ingediend houdende middelen van cassatie door de enkelvoudige kamer worden gegeven.
(Zie ook: art. 79 Wet RO)

Art. 441
Zo de artikelen der wet waarop de oplegging van straf of maatregel berust, niet in het vonnis of arrest zijn vermeld, kan de Hoge Raad er mee volstaan, dit alleen te dien aanzien te vernietigen en te doen wat de rechter had behoren te doen.
(Zie ook: artt. 358, 431 WvSv; art. 79 Wet RO)

Partiële vernietiging van vonnis in cassatie

Art. 442
1. Het arrest wordt ondertekend door de voorzitter en de raadsheren die over de zaak hebben geoordeeld, alsmede door de griffier die bij de beraadslaging tegenwoordig is geweest.
2. Indien een of meer van diegenen die over de zaak hebben geoordeeld daartoe buiten staat zijn dan wel de griffier die bij de beraadslaging tegenwoordig is geweest daartoe buiten staat is, wordt hiervan aan het slot van het arrest melding gemaakt.
(Zie ook: artt. 365, 415 WvSv)

Ondertekening van arrest in cassatie

Art. 443
Het arrest wordt op een openbare zitting van de enkelvoudige kamer van de Hoge Raad uitgesproken in aanwezigheid van de griffier en de procureur-generaal.
(Zie ook: artt. 362, 415 WvSv)

Openbare zitting in cassatie

Art. 444
1. Een door de griffier gewaarmerkt afschrift van het arrest van de Hoge Raad wordt zo spoedig mogelijk door de procureur-generaal gezonden aan het openbaar ministerie bij het gerecht dat de uitspraak heeft gedaan.
2. De procureur-generaal geeft tevens van de beslissing kennis aan de verdachte, het slachtoffer dat daarom verzoekt en aan de benadeelde partij indien deze zich in het geding heeft gevoegd.
3. De procureur-generaal verstrekt desgevraagd een afschrift van het arrest van de Hoge Raad aan de verdachte, het slachtoffer dat daarom verzoekt en de benadeelde partij, bedoeld in het tweede lid.
4. Artikel 365, vierde en vijfde lid, is van overeenkomstige toepassing.
(Zie ook: artt. 365, 378, 378a, 395, 395a, 425, 426 WvSv)

Afschrift van het arrest in cassatie

Titel IV
Hooger beroep en beroep in cassatie van beschikkingen. Bezwaarschriften

Art. 445
Tegen beschikkingen staat hooger beroep of beroep in cassatie niet open en is een bezwaarschrift niet toegelaten, dan in de gevallen bij dit wetboek bepaald.
(Zie ook: art. 138 WvSv)

Hoger beroep of beroep in cassatie tegen beschikkingen

Art. 446
[1.] Voor zover niet bijzondere bepalingen het recht van hoger beroep van het openbaar ministerie regelen, kan dit van alle beschikkingen van de rechtbank of de rechter-commissaris waarbij een krachtens dit wetboek genomen vordering niet is toegewezen, binnen veertien dagen in hoger beroep komen bij het gerechtshof of de rechtbank. Is echter de hoofdzaak niet voor hoger beroep vatbaar dan is binnen gelijke termijn alleen beroep in cassatie toegelaten.
[2.] Tegen alle zoodanige beschikkingen in hoogsten aanleg staat het openbaar ministerie binnen veertien dagen daarna beroep in cassatie open.
[3.] De Hooge Raad, het gerechtshof of de rechtbank beslist zoo spoedig mogelijk.
(Zie ook: artt. 130, 136, 138 WvSv)

Hoger beroep tegen beschikkingen door openbaar ministerie

Art. 447
1. De partij die in hoger beroep gekomen is kan tegelijk met haar verklaring op de griffie van het gerecht door of bij hetwelk de beschikking is gegeven, een schriftuur, houdende haar grieven, indienen. Artikel 410, eerste lid, laatste twee volzinnen, zijn van overeenkomstige toepassing.
2. Indien beroep in cassatie is ingesteld zendt de griffier van het gerecht dat de beschikking heeft gewezen de stukken zo spoedig mogelijk naar de griffier van de Hoge Raad.
3. Na ontvangst van de stukken van het geding door de griffier van de Hoge Raad wordt door de procureur-generaal aan de partij die cassatie heeft ingesteld aangezegd dat de stukken van het geding bij de Hoge Raad zijn ingekomen. In de aanzegging wordt gewezen op het vierde onderscheidenlijk vijfde lid. Artikel 435, derde lid, is van overeenkomstige toepassing.
4. Het openbaar ministerie is verplicht op straffe van niet-ontvankelijkheid binnen een maand nadat de aanzegging is verzonden een schriftuur houdende middelen van cassatie in te dienen.
5. De verdachte of andere belanghebbende is op straffe van niet-ontvankelijkheid verplicht binnen een maand nadat de aanzegging is betekend, bij de Hoge Raad door zijn raadsman on-

Schriftuur bij beroep

derscheidenlijk door een advocaat een schriftuur te doen indienen, houdende zijn middelen van cassatie. Artikel 410, eerste lid, laatste twee volzinnen, zijn van overeenkomstige toepassing.
6. Artikel 439, derde en vijfde lid, is van overeenkomstige toepassing.
7. De schriftuur wordt onverwijld bij de processtukken gevoegd.
(Zie ook: artt. 91, 136, 410 WvSv)

Art. 448

Beslissing op beroep of bezwaarschrift tegen beschikkingen

[1.] De rechtbank, het gerechtshof of de Hooge Raad zullen het beroep of het bezwaarschrift afwijzen, of bevelen hetgeen overeenkomstig de bepalingen der wet behoort of had behooren te geschieden.
[2.] Indien het hooger beroep van of het bezwaarschrift tegen eene handeling of beschikking van den rechter-commissaris gegrond wordt geoordeeld, kan bij de rechterlijke beslissing voor het instellen of voortzetten van dat onderzoek een andere rechter-commissaris worden aangewezen.
(Zie ook: art. 91 WvSv)

Art. 448a
[Vervallen]

Titel V
Aanwenden van gewone rechtsmiddelen

Art. 449

Hoger beroep of beroep in cassatie door verklaring

1. Voor zover de wet niet anders bepaalt, wordt hoger beroep of beroep in cassatie ingesteld door een verklaring, af te leggen door degene die het rechtsmiddel aanwendt, op de griffie van het gerecht door of bij hetwelk de beslissing is gegeven.
(Zie ook: artt. 404, 410a, 427 WvSv)
2. In gevallen waarin de verdachte ter uitvoering van een niet onherroepelijk vonnis of arrest is aangehouden, kan hoger beroep of beroep in cassatie door hem ook geschieden bij aangetekende brief, gericht tot dezelfde griffie. Als dag van het beroep geldt in dit geval de dag van ontvangst van de brief ter griffie.
[3.] Bezwaarschriften worden ingediend op de griffie van het gerecht door of bij hetwelk de beslissing is gegeven of de handeling is verricht.

Art. 450

Aanwenden rechtsmiddelen door advocaat of gemachtigde

1. Het aanwenden van de rechtsmiddelen, bedoeld in artikel 449, kan ook geschieden door tussenkomst van:
a. een advocaat, indien deze verklaart daartoe door degene die het rechtsmiddel aanwendt, bepaaldelijk te zijn gevolmachtigd;
b. een vertegenwoordiger die daartoe persoonlijk, door degene die het rechtsmiddel aanwendt, bij bijzondere volmacht schriftelijk is gemachtigd.
2. Indien de overeenkomstig het eerste lid gemachtigde hoger beroep tegen de einduitspraak instelt, brengt de machtiging tevens mede dat de gemachtigde de oproeping van de verdachte voor de terechtzitting in hoger beroep in ontvangst neemt.
3. Aan een schriftelijke bijzondere volmacht, verleend aan een medewerker ter griffie, tot het voor de verdachte aanwenden van het rechtsmiddel wordt slechts gevolg gegeven indien de verdachte daarbij instemt met het door deze medewerker ter griffie van het gerecht waar het rechtsmiddel wordt ingesteld voor de verdachte aanstonds in ontvangst nemen van de oproeping. De verdachte geeft een adres op voor de ontvangst van een afschrift van de dagvaarding.
4. De volmacht, bedoeld in het derde lid, kan worden overgedragen met behulp van een bij algemene maatregel van bestuur aangewezen elektronische voorziening. De ontvangst van de volmacht wordt bevestigd. Als de dag en het tijdstip waarop de volmacht is ontvangen gelden de dag en het tijdstip van vastlegging van de volmacht in de aangewezen elektronische voorziening. De volmacht wordt bij de processtukken gevoegd. Bij algemene maatregel van bestuur worden nadere regels gesteld over het gebruik van de elektronische voorziening.
5. De uitreiking van de oproeping aan de gemachtigde geldt als een uitreiking in persoon aan de verdachte. Een afschrift van de dagvaarding wordt aan het door of namens de verdachte daartoe opgegeven adres toegezonden.
6. Indien de in het eerste lid bedoelde gemachtigde weigert de oproeping in ontvangst te nemen, wordt deze niettemin geacht op het tijdstip van aanbieding te zijn uitgereikt. Van de weigering wordt aantekening gemaakt in de akte van uitreiking.
(Zie ook: art. 588 WvSv)
7. Indien bij het aanwenden van het rechtsmiddel, bedoeld in het eerste lid, gebruik is gemaakt van de elektronische voorziening, bedoeld in het vierde lid, geschiedt de verdere kennisgeving van gerechtelijke mededelingen, bedoeld in titel IIb van het eerste boek, door toezending door elektronische overdracht als bedoeld in artikel 36b, derde lid. Indien de toezending door elektronische overdracht van de dagvaarding van de verdachte om tegen een bepaalde datum ter

terechtzitting te verschijnen niet binnen drie dagen na het aanwenden van het rechtsmiddel geschiedt, is de eerste volzin niet van toepassing.

Art. 451
[1.] Van iedere verklaring of inlevering, als bedoeld in de beide voorgaande artikelen, maakt de griffier eene akte op, die hij met dengene, die de verklaring aflegt of het bezwaarschrift inlevert, onderteekent. Indien deze niet kan teekenen, wordt de oorzaak van het beletsel in de akte vermeld. De griffier vraagt aan degene die de verklaring aflegt, naar het adres in Nederland waaraan de dagvaarding of oproeping voor de terechtzitting kan worden toegezonden.
[2.] De schriftelijke volmacht in het eerste lid van het voorgaande artikel bedoeld, of, zoo zij voor een notaris in minuut is verleden, een authentiek afschrift daarvan, wordt aan de akte gehecht.
[3.] Is hoger beroep of beroep in cassatie gedaan bij aangeteekende brief, zo tekent de griffier onverwijld dag en uur van ontvangst op de brief aan.
[4.] De akte of de aangeteekende brief wordt bij de processtukken gevoegd.
[5.] Van ieder aangewend rechtsmiddel wordt dadelijk aanteekening gedaan in een daartoe bestemd, op de griffie berustend register hetwelk door de belanghebbenden kan worden ingezien.
(Zie ook: artt. 91, 454 WvSv)

Akte van griffier na instellen rechtsmiddel

Register

Art. 451a
1. Is degene die een rechtsmiddel wenst aan te wenden ingesloten in een huis van bewaring, gevangenis of rijksinstelling bedoeld in artikel 1.1, onderdeel i, van de Wet forensische zorg, dan wel in een inrichting waar een vrijheidsbenemende straf of maatregel wordt ten uitvoer gelegd, als bedoeld in artikel 77h van het Wetboek van Strafrecht, dan kan hij de rechtsmiddelen bedoeld in artikel 449 ook aanwenden door middel van een schriftelijke verklaring die hij doet toekomen aan het hoofd van het gesticht.
2. Het hoofd van het gesticht doet deze verklaring onverwijld inschrijven in een daarvoor bestemd register en zendt haar vervolgens toe aan de griffie van het gerecht door of bij hetwelk de beslissing is gegeven onder kennisgeving van de datum van inschrijving in het register. Als dag waarop het rechtsmiddel is aangewend, geldt de dag van inschrijving van de verklaring in het register.
3. Onze Minister van Veiligheid en Justitie bepaalt het model van het register en kan omtrent het bijhouden daarvan nadere regels geven. Het register kan door de belanghebbenden worden ingezien.
4. De verklaring wordt na ontvangst op de griffie bij de processtukken gevoegd. Van het aanwenden van het rechtsmiddel wordt dadelijk aanteekening gedaan in het op de griffie berustend register, bedoeld in artikel 451, vijfde lid.
(Zie ook: art. 91 WvSv; art. 1 BVTG; art. 3 PBW; art. 70 VW 2000)

Rechtsmiddel door gedetineerde

Art. 451b
1. De getuige stelt het hoger beroep als bedoeld in artikel 226b, tweede lid, in door middel van een schriftelijke verklaring die hij doet toekomen aan de officier van justitie. De officier van justitie tekent dag en uur van ontvangst onverwijld op de ingekomen verklaring aan.
2. De officier van justitie doet onverwijld schriftelijk mededeling van het hoger beroep aan de griffie van het gerecht, bij hetwelk de beschikking is gegeven. De mededeling wordt na ontvangst op de griffie bij de processtukken gevoegd. Van de instelling van het hoger beroep wordt dadelijk aantekening gedaan in het op de griffie berustend register, bedoeld in artikel 451, vijfde lid.
3. Als dag van het hoger beroep geldt de dag van ontvangst van de schriftelijke verklaring door de officier van justitie.
(Zie ook: art. 91 WvSv)

Hoger beroep door getuige

Mededeling aan griffie

Art. 452
1. Artikel 450 is op de indiening van schrifturen van overeenkomstige toepassing, behoudens het bepaalde in het tweede lid.
2. In cassatie kunnen schrifturen, schriftelijke toelichtingen en het schriftelijk commentaar, bedoeld in artikel 439, vijfde lid, slechts worden ingediend door een advocaat die verklaart daartoe door degene namens wie hij optreedt, bepaaldelijk te zijn gevolmachtigd.
3. De griffier teekent dag en uur van ontvangst onverwijld op ingekomen stukken als bedoeld in het eerste en tweede lid aan.
4. Van de ontvangst wordt dadelijk aanteekening gedaan in het op de griffie berustend register.
(Zie ook: art. 91 WvSv)

Schrifturen indienen

Titel VI
Intrekking en afstand van gewone rechtsmiddelen

Art. 453
[1.] Uiterlijk tot den aanvang der behandeling van het beroep of bezwaarschrift kan degene door wien het rechtsmiddel is aangewend, dat intrekken. Deze intrekking brengt mede afstand van de bevoegdheid om het rechtsmiddel opnieuw aan te wenden.

Intrekking van rechtsmiddelen

2. In het geval de officier van justitie hoger beroep heeft ingesteld tegen een vonnis door de rechtbank als einduitspraak of in de loop van het onderzoek ter terechtzitting gegeven, is de advocaat-generaal tevens tot intrekking van het hoger beroep bevoegd. Van het gebruik van deze bevoegdheid doet de advocaat-generaal onverwijld mededeling aan de officier van justitie.
3. Eveneens kan afstand worden gedaan van de bevoegdheid om tegen eene bepaalde beslissing of handeling zeker rechtsmiddel aan te wenden.
(Zie ook: artt. 91, 270, 381, 397a WvSv)

Art. 454

Wijze van intrekking van rechtsmiddelen

1. Intrekking en afstand geschieden door eene verklaring, af te leggen op de griffie van het gerecht door of bij hetwelk de beslissing is gegeven of de handeling is verricht.
2. In het geval van artikel 453, tweede lid, wordt de verklaring afgelegd op de griffie van het gerechtshof. De griffier van het gerechtshof doet hiervan mededeling aan de griffier van het gerecht, bedoeld in het eerste lid.
3. De artikelen 450 en 451 zijn van overeenkomstige toepassing.
4. Intrekking en afstand kunnen door degene die is ingesloten in een van de in artikel 451a, eerste lid, genoemde gestichten ook geschieden door middel van een schriftelijke verklaring die hij doet toekomen aan het hoofd van het gesticht; artikel 451a, tweede, derde, en vierde lid, is van overeenkomstige toepassing.
5. Met betrekking tot de intrekking en afstand van het hoger beroep, ingesteld door een getuige op de voet van het bepaalde in artikel 226b, tweede lid, is artikel 451b van overeenkomstige toepassing.
(Zie ook: art. 91 WvSv)

Art. 455

Schriftelijke mededeling van intrekking van rechtsmiddelen

1. Van de intrekking, door het openbaar ministerie gedaan, geschiedt onverwijld schriftelijke mededeling aan de verdachte.
2. Indien aan de benadeelde partij overeenkomstig artikel 413 of 433 kennisgeving is gedaan, wordt haar van elke intrekking van het beroep kennis gegeven vanwege het openbaar ministerie bij het gerecht dat het vonnis of arrest heeft gewezen.
(Zie ook: artt. 51a, 91, 585 WvSv)

B
Buitengewone rechtsmiddelen

Titel VII
Cassatie "in het belang der wet"

Art. 456

Buitengewone rechtsmiddelen

[1.] Indien de procureur-generaal bij den Hoogen Raad beroep in cassatie "in het belang der wet" noodig oordeelt van eenige rechterlijke beslissing of handeling, waartegen eenig gewoon rechtsmiddel niet meer openstaat, doet hij zich de stukken van het geding opzenden door tusschenkomst van het openbaar ministerie en wordt hij, ten dage voor de behandeling der zaak op zijn verzoek door den voorzitter bepaald, op de terechtzitting in zijne voordracht en vordering gehoord; hij legt daarbij zijne vordering over.
2. Artikel 443 is ten deze van toepassing.

Uitspraak van de Hoge Raad

[3.] De Hooge Raad verwerpt het beroep of beslist met vernietiging van de uitspraak, in het belang der wet, het rechtspunt, zooals de rechter had behooren te doen.

Toezenden van afschrift

[4.] In geval van vernietiging wordt een afschrift als bedoeld bij artikel 444, door den procureur-generaal gezonden aan het openbaar ministerie bij het gerecht welks uitspraak is vernietigd.
(Zie ook: artt. 78, 111 Wet RO)

Titel VIII
Herziening van arresten en vonnissen

Eerste Afdeling
Herziening ten voordele van de gewezen verdachte

Art. 457

Herziening

1. Op aanvraag van de procureur-generaal of van de gewezen verdachte te wiens aanzien een vonnis of arrest onherroepelijk is geworden, kan de Hoge Raad ten voordele van de gewezen verdachte een uitspraak van de rechter in Nederland houdende een veroordeling herzien:
a. op grond van de omstandigheid dat bij onderscheidene arresten of vonnissen die onherroepelijk zijn geworden of bij verstek zijn gewezen, bewezenverklaringen zijn uitgesproken die niet zijn overeen te brengen;

b. op grond van een uitspraak van het Europees Hof voor de Rechten van de Mens waarin is vastgesteld dat het Europees Verdrag tot bescherming van de rechten van de mens en de fundamentele vrijheden of een protocol bij dit verdrag is geschonden in de procedure die tot de veroordeling of een veroordeling wegens hetzelfde feit heeft geleid, indien herziening noodzakelijk is met het oog op rechtsherstel als bedoeld in artikel 41 van dat verdrag;
c. indien er sprake is van een gegeven dat bij het onderzoek op de terechtzitting aan de rechter niet bekend was en dat op zichzelf of in verband met de vroeger geleverde bewijzen met de uitspraak niet bestaanbaar schijnt, zodanig dat het ernstige vermoeden ontstaat dat indien dit gegeven bekend zou zijn geweest, het onderzoek van de zaak zou hebben geleid, hetzij tot een vrijspraak van de gewezen verdachte, hetzij tot een ontslag van alle rechtsvervolging, hetzij tot de niet-ontvankelijkverklaring van het openbaar ministerie, hetzij tot de toepassing van een minder zware strafbepaling.
2. Waar in deze bepaling wordt gesproken van een veroordeling, is hieronder het ontslag van alle rechtsvervolging met oplegging van een vrijheidsbenemende maatregel als bedoeld in de artikelen 37 en 37a van het Wetboek van Strafrecht begrepen.

Art. 458

1. Na het overlijden van de gewezen verdachte kan de herzieningsaanvraag gedaan worden door:
a. de procureur-generaal;
b. de overlevende echtgenoot of geregistreerde partner, of bij afwezigheid dan wel niet in staat of bereid zijn van deze;
c. elke bloedverwant in de rechte lijn of bij afwezigheid dan wel niet in staat of bereid zijn van deze;
d. de bloedverwanten in de zijlijn tot en met de tweede graad.
2. Elke bevoegdheid die op grond van deze afdeling aan de gewezen verdachte is toegekend, komt ook toe aan de in het eerste lid, onder b, c en d genoemde personen die herziening hebben aangevraagd. Indien de aanvraag is gedaan door de procureur-generaal wordt door de Hoge Raad een bijzondere vertegenwoordiger benoemd.
3. De artikelen van deze afdeling zijn van overeenkomstige toepassing, met dien verstande dat er na vernietiging van de uitspraak geen straf of maatregel kan worden opgelegd.
4. Indien gedurende de behandeling van de zaak de gewezen verdachte overlijdt, wordt het geding voortgezet en door de rechter voor wie de zaak dient of moet dienen, een bijzondere vertegenwoordiger benoemd. De artikelen van deze afdeling zijn van overeenkomstige toepassing.
5. Indien de gewezen verdachte de leeftijd van zestien jaren nog niet heeft bereikt of anders dan wegens verkwisting onder curatele is gesteld, dan wel aan een zodanige psychische stoornis, psychogeriatrische aandoening of verstandelijke handicap lijdt dat hij niet in staat is te beoordelen of zijn belang gediend is met een herzieningsaanvraag, kan zijn wettelijke vertegenwoordiger in burgerlijke zaken de aanvraag doen indienen door zijn raadsman. De artikelen van deze afdeling zijn van overeenkomstige toepassing.

Art. 459

De gewezen verdachte alsmede de personen genoemd in artikel 458 hebben het recht zich door een raadsman te doen bijstaan.

Recht op bijstand door raadsman

Art. 460

1. De procureur-generaal dient de herzieningsaanvraag bij de Hoge Raad in door middel van een schriftelijke vordering.
2. De gewezen verdachte kan de herzieningsaanvraag slechts door zijn raadsman laten indienen bij de Hoge Raad. De door de raadsman ondertekende aanvraag is schriftelijk en vermeldt de gronden waarop deze berust, met bijvoeging van de bescheiden waaruit van die gronden kan blijken, alsmede van een kopie van de uitspraak waarvan herziening wordt gevraagd.

Herzieningsaanvraag door procureur-generaal

Art. 461

1. Ter voorbereiding van een herzieningsaanvraag kan een gewezen verdachte, die is veroordeeld voor een feit waarop naar de wettelijke omschrijving gevangenisstraf van twaalf jaren of meer is gesteld en waardoor de rechtsorde ernstig is geschokt, door zijn raadsman aan de procureur-generaal doen verzoeken een nader onderzoek in te stellen naar de aanwezigheid van een grond voor herziening als bedoeld in artikel 457, eerste lid, onder c.
2. Het verzoek wordt schriftelijk ingediend en door de raadsman ondertekend. Het verzoek behelst een opgave van de onderzoekshandelingen die dienen te worden verricht, met bijvoeging van een kopie van de uitspraak waarvan de gewezen verdachte herziening wil aanvragen, en is met redenen omkleed. Het verzoek kan tevens strekken tot de instelling van een onderzoeksteam als bedoeld in artikel 463.
3. Indien het verzoek niet voldoet aan de in het eerste en tweede lid genoemde voorwaarden, verklaart de procureur-generaal het niet ontvankelijk. Indien het verzoek ontvankelijk is kan de procureur-generaal het verzoek slechts afwijzen indien:

Nader onderzoek bij herziening

a. er onvoldoende aanwijzingen zijn dat er mogelijkerwijs sprake is van een grond tot herziening, of
b. het verzochte onderzoek niet noodzakelijk is.
4. De procureur-generaal beslist zo spoedig mogelijk. De beslissing is met redenen omkleed en wordt schriftelijk ter kennis gebracht van degene die het verzoek heeft ingediend. In geval van toewijzing van het verzoek vermeldt de beslissing de te verrichten onderzoekshandelingen.

Schakelbepaling 5. Artikel 457, tweede lid, is van overeenkomstige toepassing.

Art. 462

Advies over nader onderzoek bij herziening 1. In geval van een verzoek als bedoeld in artikel 461 kan de procureur-generaal ambtshalve of op verzoek van de gewezen verdachte advies inwinnen van een commissie belast met de advisering over de wenselijkheid van een nader onderzoek als bedoeld in artikel 461, eerste lid.
2. Tenzij het verzoek als bedoeld in artikel 461 naar zijn oordeel niet-ontvankelijk of kennelijk ongegrond is, dan wel voor toewijzing vatbaar is, wint de procureur-generaal in ieder geval advies in van de commissie indien de gewezen verdachte is veroordeeld tot een gevangenisstraf van zes jaren of meer.
3. Het advies van de commissie wordt schriftelijk uitgebracht en is openbaar. Indien de beslissing van de procureur-generaal over het in artikel 461, eerste lid, bedoelde verzoek afwijkt van het advies van de commissie, wordt in de beslissing de reden voor die afwijking vermeld.

Nadere regels 4. Bij algemene maatregel van bestuur worden nadere regels gesteld betreffende samenstelling, inrichting, bevoegdheden en werkwijze van de in het eerste lid bedoelde commissie. De algemene maatregel van bestuur bevat in ieder geval bepalingen over het aantal leden en de zittingsduur van deze leden, de vervulling van het secretariaat en de aan de commissie ter beschikking te stellen financiële middelen. De benoeming van de leden geschiedt door de Minister van Veiligheid en Justitie op voordracht van de procureur-generaal.

Art. 463

Nader onderzoek door procureur-generaal bij herziening 1. In geval van toewijzing van het in artikel 461 bedoelde verzoek, stelt de procureur-generaal het nader onderzoek in. Indien daarbij naar zijn oordeel enig onderzoek door de rechter-commissaris noodzakelijk is, kan hij dat onderzoek opdragen aan de rechter-commissaris belast met de behandeling van strafzaken, in een rechtbank die van de zaak nog geen kennis heeft genomen. Artikel 469, derde lid, is van overeenkomstige toepassing.
2. Indien naar zijn oordeel het belang van het nader onderzoek dit vordert, kan de procureur-generaal zich bij het verrichten daarvan laten bijstaan door een onderzoeksteam.
3. Het in het tweede lid bedoelde team wordt samengesteld uit opsporingsambtenaren die niet eerder bij de strafzaak betrokken zijn geweest. Het team kan worden aangevuld met leden van het openbaar ministerie of deskundigen, die niet eerder bij de strafzaak betrokken zijn geweest. Het College van procureurs-generaal verleent de procureur-generaal op diens verzoek de nodige bijstand bij de instelling van het onderzoeksteam en de uitvoering van het onderzoek. De leden van het onderzoeksteam worden benoemd door de procureur-generaal.
4. De werkzaamheden van het onderzoeksteam geschieden onder leiding en verantwoordelijkheid van de procureur-generaal. Artikel 111, derde lid, van de Wet op de rechterlijke organisatie is van overeenkomstige toepassing.
5. Indien tijdens het nader onderzoek getuigen of deskundigen worden gehoord, nodigt de procureur-generaal of degene die in diens opdracht met het verhoor is belast, de raadsman van gewezen verdachte tot bijwoning van het verhoor uit, voor zover dit met de bescherming van de in artikel 187d, eerste lid, vermelde belangen verenigbaar is. De gewezen verdachte kan in de gelegenheid worden gesteld het verhoor bij te wonen. De gewezen verdachte en diens raadsman kunnen de vragen opgeven die zij gesteld wensen te zien. Artikel 187, tweede en derde lid, 187b en 187d zijn van overeenkomstige toepassing.
6. Nadat de onderzoekshandelingen zijn voltooid worden de daarop betrekking hebbende stukken aan de processtukken toegevoegd en wordt aan de verzoeker een afschrift van die stukken toegezonden.

Art. 464

Schakelbepaling 1. Ten aanzien van het in artikel 463, tweede lid, bedoelde onderzoek vinden de artikelen 28 tot en met 31, 94, eerste en derde lid, 96 tot en met 102a, 104 tot en met 116, eerste lid, 124 tot en met 125o, 126n tot en met 126nd, 126nf tot en met 126ni, 126aa tot en met 126dd, 141, 142, 148, 150 tot en met 151d en 152 tot en met 157 overeenkomstige toepassing met dien verstande dat daar waar wordt gesproken van de verdachte daaronder wordt verstaan de gewezen verdachte, voorzover niet uit enige bepaling het tegendeel volgt.

Nadere regels 2. Bij of krachtens algemene maatregel van bestuur kunnen nadere regels worden gesteld over de inrichting van het onderzoek.

Art. 464a

Herzieningsaanvraag na cassatie 1. In gevallen waarin de Hoge Raad beslist op een herzieningsaanvraag die betrekking heeft op een uitspraak als bedoeld in artikel 457, eerste lid, waartegen beroep in cassatie als bedoeld in de Derde Titel van het Derde Boek is ingesteld, is hij samengesteld uit raadsheren die niet op het beroep in cassatie hebben beslist.

Wetboek van Strafvordering C2 art. 469

2. In gevallen waarin de procureur-generaal, de plaatsvervangend procureur-generaal of een advocaat-generaal met betrekking tot een uitspraak als bedoeld in artikel 457, eerste lid, eerder bevoegdheden heeft uitgeoefend die op grond van de Derde Titel van het Derde Boek aan de procureur-generaal zijn toegekend, worden de bevoegdheden die in deze Titel aan de procureur-generaal zijn toegekend bij voorkeur uitgeoefend door:
a. in geval het de procureur-generaal betreft: de plaatsvervangend procureur-generaal of een advocaat-generaal;
b. in geval het de plaatsvervangend procureur-generaal betreft: een advocaat-generaal;
c. in geval het een advocaat-generaal betreft – een andere advocaat-generaal.

Art. 465
1. De Hoge Raad verklaart de herzieningsaanvraag niet-ontvankelijk indien deze niet een onherroepelijke uitspraak van de rechter in Nederland houdende een veroordeling of een ontslag van alle rechtsvervolging als bedoeld in artikel 457, tweede lid, betreft, dan wel niet voldoet aan de voorwaarden in artikel 460 gesteld.   *Niet-ontvankelijkheid van de herzieningsaanvraag*
2. De Hoge Raad kan de herzieningsaanvraag betreffende het in artikel 457, eerste lid, onder b, vermelde geval niet-ontvankelijk verklaren indien deze niet wordt ingediend binnen drie maanden nadat zich een omstandigheid heeft voorgedaan waaruit voortvloeit dat de uitspraak van het Europees Hof voor de Rechten van de Mens de gewezen verdachte bekend is.
3. Indien de herzieningsaanvraag kennelijk ongegrond is, wijst de Hoge Raad deze af.
4. In de overige gevallen zijn de navolgende bepalingen uit deze afdeling van toepassing.
5. De Hoge Raad kan alvorens een beslissing te nemen opdracht geven tot een nader onderzoek als bedoeld in de artikelen 461 en 463 of tot het inwinnen van advies van de in artikel 462 bedoelde commissie.

Art. 466
1. De Hoge Raad beveelt de verdere behandeling op de openbare terechtzitting op een daartoe door de voorzitter te bepalen dag.   *Bevel tot behandeling van de herzieningsaanvraag*
2. Indien op de voet van artikel 463, zesde lid, een afschrift is toegezonden van de resultaten van het onderzoek, wordt de dienende rechtsdag bepaald op een datum niet eerder dan zes weken na die toezending, en kan de gewezen verdachte of zijn raadsman de herzieningsaanvraag schriftelijk nader toelichten tot uiterlijk de laatste dag voor de dienende rechtsdag.
3. De procureur-generaal doet ten minste tien dagen voor de dienende rechtsdag aan de gewezen verdachte aanzegging van die dag.

Art. 467
1. De herzieningsaanvraag wordt in behandeling genomen op een openbare terechtzitting voor strafzaken van de enkelvoudige kamer van de Hoge Raad.   *Openbare behandeling van herzieningsaanvraag*
2. De enkelvoudige kamer verwijst een zaak naar de meervoudige kamer:
a. wanneer de raadsman van de gewezen verdachte te kennen geeft de herzieningsaanvraag mondeling te willen toelichten;
b. wanneer zij de dag voor de uitspraak bepaalt;
c. wanneer zij verwijzing wenselijk acht.
3. De meervoudige kamer verwijst een zaak wederom naar de enkelvoudige kamer, indien dat in enige stand van het geding nodig is.

Art. 468
1. Op de terechtzitting van de enkelvoudige kamer, of op de terechtzitting van de meervoudige kamer wanneer de raadsman daar de herzieningsaanvraag mondeling heeft toegelicht, dan wel op een nadere terechtzitting neemt de procureur-generaal zijn conclusie, die hij aan de Hoge Raad overlegt.   *Conclusie van procureur-generaal bij herziening*
2. Voorafgaand aan zijn conclusie kan de procureur-generaal ambtshalve een nader onderzoek instellen als bedoeld in de artikelen 461 en 463 alsmede een advies inwinnen bij de commissie als bedoeld in artikel 462. De artikelen 461, 462, eerste, derde en vierde lid, 463 en 464 zijn van overeenkomstige toepassing.
3. Nadat de procureur-generaal zijn conclusie heeft genomen wordt de dag voor de uitspraak bepaald.
4. Aan de raadsman wordt een afschrift van de conclusie toegezonden.
5. De raadsman kan binnen twee weken na verzending van het afschrift van de conclusie zijn schriftelijk commentaar daarop aan de Hoge Raad doen toekomen.

Art. 469
1. Indien de Hoge Raad de noodzakelijkheid daarvan blijkt draagt hij aan de procureur-generaal op een nader onderzoek te verrichten als bedoeld in de artikelen 461 en 463, dan wel advies in te winnen van de in artikel 462 bedoelde commissie. De artikelen 463, tweede tot en met zesde lid, en 464 zijn van overeenkomstige toepassing. Nadat het onderzoek is voltooid, doet de procureur-generaal de stukken toekomen aan de Hoge Raad.   *Opdracht tot nader onderzoek bij herziening*
2. Tevens kan de Hoge Raad een nader onderzoek opdragen aan een daartoe uit zijn midden te benoemen raadsheer-commissaris, doch hij kan dit ook, indien de herziening niet betreft een door de Hoge Raad in eerste aanleg gewezen arrest, opdragen aan de rechter-commissaris

Sdu 275

belast met de behandeling van strafzaken, in een rechtbank die van de zaak nog geen kennis heeft genomen.
3. Het in het tweede lid bedoelde onderzoek wordt overeenkomstig de tweede tot en met de vijfde en de achtste afdeling van de Derde Titel van het Tweede Boek gevoerd. De getuigen worden beëdigd of wel overeenkomstig artikel 216, tweede lid, aangemaand. Indien het onderzoek geschiedt door een raadsheer-commissaris, geldt al hetgeen bepaald is over de rechtbank, de rechter-commissaris, de officier van justitie en de griffier, ten aanzien van de Hoge Raad, de raadsheer-commissaris, de procureur-generaal en de griffier van de Hoge Raad, behoudens dat de raadsheer-commissaris en de procureur-generaal zich bij het doorzoeken van plaatsen en bij een schouw kunnen doen vervangen door de rechter-commissaris en de officier van justitie in het arrondissement waarin de rechtbank is gelegen waar de doorzoeking of schouw moet plaatshebben. Artikel 172 is van overeenkomstige toepassing.
4. Na afloop van het onderzoek doet de raadsheer- of rechter-commissaris de stukken toekomen aan de Hoge Raad.
5. Aan de raadsman wordt een afschrift van de stukken van het onderzoek toegezonden.
6. Indien de procureur-generaal opnieuw een conclusie neemt is artikel 468, eerste en derde tot en met vijfde lid, van overeenkomstige toepassing.

Art. 470

Herzieningsaanvraag afwijzen

Indien de Hoge Raad de herzieningsaanvraag niet gegrond acht, wijst hij die af.

Art. 471

Vernietiging van arresten of vonnissen bij herziening

1. Indien de Hoge Raad de herzieningsaanvraag betreffende het geval in artikel 457, eerste lid, onder a, gegrond acht, vernietigt hij de arresten of vonnissen, met verwijzing van de zaken naar een gerechtshof dat daarvan nog geen kennis heeft genomen, ten einde die gelijktijdig opnieuw te onderzoeken en daarin bij een en dezelfde uitspraak recht te doen, zonder dat echter de straf de bij de vernietigde arresten of vonnissen opgelegde straffen te boven mag gaan. Hebben reeds alle gerechtshoven van de zaak kennis genomen, dan wordt niettemin één daarvan aangewezen.
2. Indien een van de onherroepelijke uitspraken door de Hoge Raad in eerste aanleg is gewezen, wordt de zaak verwezen naar de terechtzitting van de Hoge Raad samengesteld als in artikel 477 vermeld.
3. De gewezen verdachte aan wie krachtens de vernietigde uitspraak zijn vrijheid is ontnomen, is van rechtswege vrij en wordt onverwijld in vrijheid gesteld, behoudens het bepaalde in artikel 473.

Art. 472

Herziening in geval van uitspraak van het EVRM

1. Indien de Hoge Raad de herzieningsaanvraag betreffende het geval, vermeld in artikel 457, eerste lid, onder b, gegrond acht, doet hij bij wijze van herziening de zaak zelf af of beveelt hij de opschorting of schorsing van de tenuitvoerlegging van de onherroepelijke uitspraak en verwijst hij de zaak op de voet van artikel 471, teneinde - met inachtneming van het arrest van de Hoge Raad - hetzij de onherroepelijke uitspraak te handhaven hetzij met vernietiging daarvan recht te doen.

Onbekend gegeven

2. Indien de Hoge Raad de herzieningsaanvraag betreffende het geval genoemd in artikel 457, eerste lid, onder c, gegrond acht, beveelt hij de opschorting of schorsing van de tenuitvoerlegging van de onherroepelijke uitspraak en verwijst hij de zaak op de voet van artikel 471, teneinde hetzij de onherroepelijke uitspraak te handhaven, hetzij met vernietiging daarvan:
a. het openbaar ministerie niet-ontvankelijk te verklaren,
b. de verdachte vrij te spreken of
c. als niet-strafbaar te ontslaan van alle rechtsvervolging, of
d. de verdachte opnieuw te veroordelen met toepassing van de minder zware strafbepaling of met oplegging van een lagere straf.

Schakelbepaling

3. Artikel 471, derde lid, is van overeenkomstige toepassing.

Art. 473

Gevangenhouding bij herziening

1. Bij de verwijzing kan de Hoge Raad een bevel tot gevangenhouding tegen de gewezen verdachte uitvaardigen. Dit bevel is geldig voor onbepaalde termijn, doch kan door het gerechtshof worden geschorst of opgeheven. In geen geval zal deze gevangenhouding langer mogen duren dan de nog niet volbrachte vrijheidsstraf die de gewezen verdachte krachtens de onherroepelijke uitspraak dient te ondergaan. De artikelen 62, 67, 67a, 69, 73 en 77 tot en met 86 zijn van overeenkomstige toepassing.
2. Indien bij de onherroepelijke uitspraak aan de gewezen verdachte een tot vrijheidsbeneming strekkende maatregel is opgelegd, kan het in het eerste lid bedoelde bevel tot gevangenhouding ten uitvoer worden gelegd in een inrichting die ingevolge de Penitentiaire beginselenwet of de Beginselenwet verpleging ter beschikking gestelden bestemd is voor de tenuitvoerlegging van de opgelegde maatregel. Voor de gewezen verdachte blijft de rechtspositie van de Penitentiaire beginselenwet of de Beginselenwet verpleging ter beschikking gestelden onverminderd van toepassing.

3. Indien tegen de gewezen verdachte een bevel tot gevangenhouding als bedoeld in het eerste lid is uitgevaardigd, en deze geen raadsman heeft, wordt voor hem op last van de voorzitter van het gerechtshof door het bestuur van de raad voor rechtsbijstand een raadsman aangewezen.
4. Hangende de beslissing op de herzieningsaanvraag kan de Hoge Raad te allen tijde de tenuitvoerlegging van de onherroepelijke uitspraak opschorten. *Opschorting van de tenuitvoerlegging*

Art. 474
Beslissingen als bedoeld in de artikelen 465 en 470 tot en met 472 worden gegeven bij met redenen omkleed arrest. Het arrest wordt op een openbare terechtzitting uitgesproken in aanwezigheid van de griffier en de procureur-generaal. *Met redenen omklede beslissing bij herziening*

Art. 475
De beslissingen van de Hoge Raad genoemd in de artikelen 465, 470 tot en met 473 worden zodra mogelijk vanwege de procureur-generaal aan de belanghebbende schriftelijk medegedeeld en in afschrift toegezonden aan Onze Minister die is belast met de tenuitvoerlegging van de onherroepelijke uitspraak waarvan de herziening is gevraagd, of van het vernietigde arrest of vonnis. *Betekening van de beslissing bij herziening*

Art. 476
1. Het rechtsgeding in de verwezen zaak of zaken wordt bij het gerechtshof gevoerd met overeenkomstige toepassing van de artikelen 412, eerste, tweede en derde lid, 413, 414, 415, 417, 418, eerste en tweede lid, 419, 420 en 421, met dien verstande dat artikel 312 buiten toepassing blijft. *Rechtsgeding in de verwezen zaak bij herziening*
2. De raadsheer die enig onderzoek in de zaak heeft verricht, neemt op straffe van nietigheid aan het onderzoek op de terechtzitting geen deel.
3. In de gevallen bedoeld in de artikelen 316 en 347 wordt het onderzoek gevoerd door een daartoe door het gerechtshof aangewezen rechter-commissaris of raadsheer-commissaris die nog geen onderzoek in de zaak heeft verricht.
4. Het onderzoek en de beraadslaging, bedoeld in de artikelen 348 en 350, geschieden zowel naar aanleiding van het onderzoek op de terechtzitting in herziening als van het onderzoek in vorige terechtzittingen, zoals dat volgens daarvan opgemaakt proces-verbaal heeft plaats gehad.
5. Ten aanzien van de bij de verwijzing vernietigde uitspraken doet het gerechtshof opnieuw recht; ten aanzien van de bij de verwijzing niet vernietigde uitspraak handhaaft het gerechtshof deze met gehele of gedeeltelijke overneming, aanvulling of verbetering van de gronden of doet, met gehele of gedeeltelijke vernietiging van de uitspraak, opnieuw recht met inachtneming van artikel 472, eerste of tweede lid.

Art. 477
1. Indien de Hoge Raad ingevolge verwijzing op de voet van artikel 471, eerste lid, of artikel 472, eerste of tweede lid, zelf recht doet, oordeelt hij met een aantal van tien raadsheren. Bij het staken der stemmen wordt een uitspraak gewezen ten voordele van de gewezen verdachte. *Rechtsgeding Hoge Raad bij herziening*
2. Het rechtsgeding in de verwezen zaak of zaken wordt bij de Hoge Raad gevoerd op de voet van artikel 476, eerste en derde tot en met vijfde lid, met dien verstande dat in het geval van het derde lid van dat artikel het onderzoek ook kan worden opgedragen aan een daartoe door de Hoge Raad uit zijn midden aangewezen raadsheer-commissaris. Tegen de beslissingen van de Hoge Raad is geen beroep of bezwaar toegelaten.

Art. 478
1. In geen geval mag door de Hoge Raad of door het gerechtshof een straf of maatregel worden opgelegd, die zwaarder is dan die bij het vernietigde arrest of vonnis was opgelegd of een zwaardere strafbepaling worden toegepast. *Nieuwe straf of maatregel na herziening*
2. Indien bij samenloop van meerdere feiten één hoofdstraf is uitgesproken en de herziening slechts gevraagd is ten aanzien van een of meer van die feiten, wordt, in geval van vernietiging, bij de uitspraak in herziening de straf voor het andere feit of de andere feiten bepaald.
3. Bij de uitspraak wordt bepaald dat de reeds vroeger krachtens de vernietigde uitspraak ondergane straf, en de krachtens artikel 473 ondergane voorlopige hechtenis in mindering zal worden gebracht.

Art. 479
1. Indien de bij de onherroepelijke uitspraak opgelegde straf of maatregel bij wege van gratie reeds is kwijtgescholden, kan geen straf worden opgelegd. *Gratie*
2. Is de straf door gratie gewijzigd of verminderd, dan wordt geen straf opgelegd, die de gewijzigde of verminderde straf te boven gaat.

Art. 480
[Vervallen]

Art. 481
1. Indien er een herzieningsaanvraag of een verzoek tot een nader onderzoek als bedoeld in artikel 461 is ingediend, vraagt het openbaar ministerie zo mogelijk aan het slachtoffer of diens nabestaanden of hij op de hoogte wenst te worden gehouden van de voortgang van de herzieningsprocedure. *Slachtoffer informeren bij herzieningsaanvraag*

2. Op verzoek van het slachtoffer of diens nabestaanden wordt door het openbaar ministerie in ieder geval mededeling gedaan van de beslissing van de Hoge Raad over de herzieningsaanvraag en van de einduitspraak in de herzieningszaak tegen de verdachte. In daartoe aangewezen gevallen en in ieder geval indien het feit waarvoor de gewezen verdachte werd veroordeeld een misdrijf betreft waarop naar de wettelijke omschrijving gevangenisstraf van acht jaren of meer is gesteld, of een van de misdrijven genoemd in de artikelen 240b, 247, 248a, 248b, 249, 250, 273f, eerste lid, 285, 285b, 300, tweede en derde lid, 301, tweede en derde lid, 306 tot en met 308 en 318 van het Wetboek van Strafrecht en artikel 6 van de Wegenverkeerswet 1994 doet het openbaar ministerie desgevraagd tevens mededeling van de invrijheidstelling van de gewezen verdachte.

Art. 482
[Vervallen]

Tweede Afdeling
Herziening ten nadele van de gewezen verdachte

Art. 482a

Herziening ten nadele van de verdachte

1. De Hoge Raad kan op aanvraag van het College van procureurs-generaal een onherroepelijke einduitspraak van de rechter in Nederland houdende vrijspraak of ontslag van alle rechtsvervolging ten nadele van de gewezen verdachte herzien indien dit in het belang is van een goede rechtsbedeling en:
a. er sprake is van een gegeven dat aan de rechter bij het onderzoek op de terechtzitting niet bekend was en waardoor het ernstige vermoeden ontstaat dat indien dit gegeven bekend zou zijn geweest, de zaak zou zijn geëindigd in een veroordeling van de gewezen verdachte voor een opzettelijk begaan misdrijf dat de dood van een ander ten gevolge heeft;
b. de uitspraak berust op stukken waarvan de valsheid na de uitspraak is vastgesteld en het ernstige vermoeden bestaat dat indien de valsheid aan de rechter bekend zou zijn geweest, de zaak zou zijn geëindigd in een veroordeling van de gewezen verdachte;
c. het is komen vast te staan dat een getuige of deskundige zich met betrekking tot de zaak aan het in artikel 207 van het Wetboek van Strafrecht omschreven misdrijf schuldig heeft gemaakt en het ernstige vermoeden bestaat dat indien de meinedigheid aan de rechter bekend zou zijn geweest, de zaak zou zijn geëindigd in een veroordeling van de gewezen verdachte;
d. het na het onherroepelijk worden van de uitspraak is komen vast te staan dat de gewezen verdachte zich met betrekking tot zijn strafzaak schuldig heeft gemaakt aan een van de in de artikelen 177 tot en met 178, 179, 284, 284a, 285 en 285a van het Wetboek van Strafrecht omschreven misdrijven en het ernstige vermoeden bestaat dat indien de verdachte dit misdrijf niet zou hebben begaan de zaak zou zijn geëindigd in een veroordeling van de gewezen verdachte.
2. Herziening ten nadele van de gewezen verdachte van een onherroepelijke einduitspraak van de rechter in Nederland is tevens mogelijk indien is komen vast te staan dat de rechter zich met betrekking tot de aan zijn oordeel onderworpen zaak schuldig heeft gemaakt aan het in artikel 364 van het Wetboek van Strafrecht omschreven misdrijf.
3. Als een in het eerste lid, onder a, bedoeld gegeven kunnen uitsluitend worden aangemerkt:
a. verklaringen, schriftelijke bescheiden of processen-verbaal, houdende een geloofwaardige bekentenis van de gewezen verdachte of van een persoon die wegens hetzelfde feit is vrijgesproken of ontslagen van alle rechtsvervolging, dan wel
b. de resultaten van technisch onderzoek.
4. Indien de in artikel 482b, tweede lid, bedoelde bewijsmiddelen het resultaat zijn van onderzoek dat niet overeenkomstig de wettelijke voorschriften heeft plaatsgevonden en waarbij een inbreuk is gemaakt op een recht van de gewezen verdachte worden deze bewijsmiddelen niet in aanmerking genomen bij de beoordeling van de herzieningsaanvraag en niet als bewijs in de strafzaak gebruikt.
5. Onder een misdrijf als bedoeld in het eerste lid, onder a, is niet begrepen de medeplichtigheid aan, poging tot en voorbereiding van dat misdrijf.

Art. 482b

Herzieningsaanvraag ten nadele van de verdachte door College van procureurs-generaal

1. Het College van procureurs-generaal dient de herzieningsaanvraag bij de Hoge Raad in door middel van een schriftelijke vordering. Het College van procureurs-generaal kan een procureur-generaal machtigen een of meer van de in deze afdeling opgenomen bevoegdheden uit te oefenen.
2. De herzieningsaanvraag vermeldt de gronden waarop de vordering berust, met bijvoeging van de bewijsmiddelen waaruit van die gronden kan blijken, en een kopie van de uitspraak waarvan herziening wordt gevorderd.
3. De Hoge Raad verklaart de herzieningsaanvraag niet-ontvankelijk indien:
a. deze niet voldoet aan de in het eerste en tweede lid gestelde vereisten;

Wetboek van Strafvordering

C2 art. 482e

b. op het moment waarop de herzieningsaanvraag wordt ingediend het recht tot strafvordering voor het strafbare feit waarop de aanvraag betrekking heeft is vervallen door verjaring of door het overlijden van de gewezen verdachte;
c. de herzieningsaanvraag het in artikel 482a, eerste lid, onder a, vermelde geval betreft en voor hetzelfde feit reeds eerder een herziening van een onherroepelijke einduitspraak van de rechter in Nederland is gevorderd, of
d. de herzieningsaanvraag niet een onherroepelijke einduitspraak van de rechter in Nederland betreft.
4. De Hoge Raad wijst de herzieningsaanvraag af indien deze kennelijk ongegrond is.
5. In de overige gevallen zijn de artikelen 466, eerste en derde lid, 467, 468, eerste en derde tot en met vijfde lid, 470, 474 en 481 van overeenkomstige toepassing alsmede de navolgende bepalingen van deze afdeling.
6. Artikel 464a is van overeenkomstige toepassing.

Art. 482c

1. Behoudens het bepaalde in artikel 482e worden bij een onderzoek naar de aanwezigheid van een grond voor herziening als bedoeld in artikel 482a de bevoegdheden die door de wet aan opsporingsambtenaren zijn toegekend, niet tegen de gewezen verdachte uitgeoefend.
2. Ter voorbereiding van een herzieningsaanvraag kan een daartoe door het College van procureurs-generaal aangewezen officier van justitie bij de rechter-commissaris belast met de behandeling van strafzaken in een rechtbank die nog geen kennis heeft genomen van de zaak en die niet gelegen is binnen het ressort van een gerechtshof dat kennis heeft genomen van de zaak, een vordering indienen tot een nader onderzoek indien:
a. er ernstig rekening mee moet worden gehouden dat de Hoge Raad een herzieningsaanvraag gegrond zal achten en
b. dat onderzoek dringend noodzakelijk is.
3. De vordering van de officier van justitie behelst een opgave van de onderzoekshandelingen die door de rechter-commissaris dienen te worden verricht en is met redenen omkleed. De vordering behoeft voorafgaande schriftelijke instemming van het College van procureurs-generaal.
4. De officier van justitie geeft zodra het belang van het onderzoek dat toelaat schriftelijk kennis van de vordering aan de gewezen verdachte en diens raadsman.
5. De rechter-commissaris wijst de vordering af indien deze kennelijk ongegrond is.
6. In het andere geval hoort hij, alvorens te beslissen, de gewezen verdachte over de vordering van de officier van justitie, tenzij het belang van het onderzoek dringend vordert dat van het horen van de gewezen verdachte over die vordering wordt afgezien.
7. De gewezen verdachte is bevoegd zich bij het verhoor door een raadsman te doen bijstaan.

Schakelbepaling

Onderzoek na herzieningsaanvraag ten nadele van de verdachte

Art. 482d

1. De rechter-commissaris beslist zo spoedig mogelijk over de in artikel 482c, tweede lid, bedoelde vordering. De beschikking is met redenen omkleed en wordt schriftelijk ter kennis gebracht van de officier van justitie en betekend aan de gewezen verdachte, met vermelding van de termijn waarbinnen en de wijze waarop het rechtsmiddel, dat tegen de beschikking openstaat, moet worden ingesteld. Indien het belang van het onderzoek dit dringend vordert kan de rechter-commissaris betekening van de beschikking aan de gewezen verdachte uitstellen.
2. Voor de officier van justitie staat binnen veertien dagen na de beschikking en voor de gewezen verdachte binnen veertien dagen na de betekening van die beschikking hoger beroep open bij de rechtbank.
3. De rechtbank beslist zo spoedig mogelijk.

Beschikking na herzieningsaanvraag ten nadele van de verdachte

Art. 482e

1. In geval van toewijzing van de in artikel 482c, tweede lid, bedoelde vordering verricht de rechter-commissaris zo spoedig mogelijk de verzochte onderzoekshandelingen alsmede andere handelingen die hij noodzakelijk acht. De rechter-commissaris gaat niet over tot het verrichten van de onderzoekshandelingen zolang tegen zijn beschikking nog hoger beroep openstaat en zo dit is ingesteld, totdat het is ingetrokken of daarop is beslist, tenzij het belang van het onderzoek geen uitstel van de voorgenomen onderzoekshandelingen gedoogt. Indien de rechtbank het beroep tegen een beschikking tot het instellen van een onderzoek gegrond oordeelt en de rechter-commissaris reeds onderzoekshandelingen heeft verricht, draagt de rechter-commissaris zorg dat de resultaten van dit onderzoek worden vernietigd.
2. Aan de rechter-commissaris komen tijdens het nader onderzoek de aan hem krachtens dit wetboek toekomende bevoegdheden toe, met dien verstande dat hij onverminderd het bepaalde in de artikelen 63 en 64 bepaalde alleen met verlof van de rechtbank op de vordering van de officier van justitie verleend, een bevel tot bewaring van de gewezen verdachte kan verlenen indien:
a. uit bepaalde gedragingen van de verdachte of uit bepaalde, hem persoonlijk betreffende omstandigheden, blijkt van een ernstig gevaar voor vlucht of
b. de voorlopige hechtenis in redelijkheid noodzakelijk is voor het, anders dan door verklaringen van de gewezen verdachte, aan de dag brengen van de waarheid.

Nader onderzoek na herzieningsaanvraag ten nadele van de verdachte

Sdu 279

3. In afwijking van het bepaalde in artikel 66 kan de rechter-commissaris het bevel tot bewaring één keer verlengen met verlof van de rechtbank op de vordering van de officier van justitie verleend. De verdachte wordt in de gelegenheid gesteld op de vordering te worden gehoord.
4. Nadat de onderzoekshandelingen zijn voltooid, zendt de rechter-commissaris de daarop betrekking hebbende stukken aan de officier van justitie. Een afschrift zendt hij aan de gewezen verdachte en diens raadsman.
5. De rechter-commissaris geeft schriftelijk kennis aan de officier van justitie en aan de gewezen verdachte van de beëindiging van het onderzoek.

Art. 482f

Gevangenhouding of -neming tijdens herzieningsaanvraag ten nadele van de verdachte

1. Hangende de beslissing op de herzieningsaanvraag kan de Hoge Raad op schriftelijke vordering van het College van procureurs-generaal of ambtshalve een bevel tot gevangenneming of gevangenhouding tegen de gewezen verdachte uitvaardigen. Dit bevel blijft van kracht tot zestig dagen na de dag waarop een beslissing is genomen op de herzieningsaanvraag, doch kan door de Hoge Raad worden geschorst of opgeheven. De artikelen 62, 67, 67a, 69, 73 en 77 tot en met 86 zijn van overeenkomstige toepassing, met dien verstande dat het bevel tot voorlopige hechtenis slechts kan worden gegeven indien:
   a. uit bepaalde gedragingen van de verdachte of uit bepaalde, hem persoonlijk betreffende omstandigheden, blijkt van een ernstig gevaar voor vlucht of
   b. de voorlopige hechtenis in redelijkheid noodzakelijk is voor het, anders dan door verklaringen van de gewezen verdachte, aan de dag brengen van de waarheid.
2. Indien de herzieningsaanvraag niet ontvankelijk of ongegrond wordt verklaard wordt de gewezen verdachte onverwijld in vrijheid gesteld.
3. Indien de herzieningsaanvraag niet ontvankelijk of ongegrond wordt verklaard kan de Hoge Raad op verzoek van de gewezen verdachte hem een vergoeding ten laste van de Staat toekennen voor de schade welke hij ten gevolge van de krachtens het eerste lid of artikel 482d ondergane voorlopige hechtenis heeft geleden. De artikelen 533, 534 en 536 zijn van overeenkomstige toepassing.

Art. 482g

Rechtsgeding bij herziening ten nadele van de verdachte

1. Indien de Hoge Raad de herzieningsaanvraag gegrond acht, verwijst hij de zaak naar een rechtbank die daarvan nog geen kennis heeft genomen en die niet gelegen is binnen het ressort van een gerechtshof dat kennis heeft genomen van de zaak, teneinde hetzij de onherroepelijke uitspraak te handhaven hetzij met vernietiging daarvan opnieuw recht te doen.
2. Het rechtsgeding in de verwezen zaak wordt gevoerd met overeenkomstige toepassing van de Zesde Titel van het Tweede Boek, de Tweede en Derde Titel van het Derde Boek, en artikel 476, vierde lid. Het opsporingsonderzoek wordt verricht volgens de daarvoor geldende bepalingen voor zover deze afdeling geen afwijkende bepalingen bevat.
3. De rechter die enig onderzoek in de zaak heeft verricht, neemt op straffe van nietigheid aan het onderzoek op de terechtzitting geen deel.
4. In afwijking van het bepaalde in artikel 67a kan een bevel tot voorlopige hechtenis alleen worden verleend op de in artikel 482f, eerste lid, genoemde gronden.

Schadevergoeding

5. Indien na de vernietiging van de onherroepelijke uitspraak geen straf of maatregel dan wel de maatregel, bedoeld in artikel 37 van het Wetboek van Strafrecht, wordt opgelegd, kan de rechter op verzoek van de gewezen verdachte hem een vergoeding ten laste van de Staat toekennen voor de schade welke hij ten gevolge van de krachtens deze afdeling ondergane voorlopige hechtenis heeft geleden. De artikelen 533 tot en met 536 zijn van overeenkomstige toepassing.

Art. 482h

Rechtsgeding Hoge Raad bij herziening ten nadele van de verdachte

1. Indien de onherroepelijke uitspraak in eerste aanleg door de Hoge Raad is gewezen, verwijst hij de zaak, in zoverre in afwijking van 482g, eerste lid, naar de terechtzitting van de Hoge Raad.
2. De Hoge Raad voert het rechtsgeding in de verwezen zaak op de voet van artikel 482g, tweede, vierde en vijfde lid, en met een aantal van tien raadsheren. Bij het staken van de stemmen wordt een uitspraak ten voordele van de gewezen verdachte gedaan.
3. Tegen de beslissingen van de Hoge Raad is geen beroep of bezwaar toegelaten.

Art. 482i

Raadsman bij herziening ten nadele van de verdachte

1. Het bestuur van de raad voor rechtsbijstand wijst voor de gewezen verdachte die geen raadsman heeft, een raadsman aan:
   a. op last van de voorzitter van de rechtbank in het geval van een vordering als bedoeld in artikel 482c, tweede lid;
   b. op last van de voorzitter van de Hoge Raad in het geval van een herzieningsaanvraag als bedoeld in artikel 482a;
   c. op last van de voorzitter van de rechtbank, van het gerechtshof of van de Hoge Raad waar de zaak dient in het geval de zaak op de voet van artikel 482g of 482h is verwezen.
2. De in het eerste lid, onder a, bedoelde aanwijzing geschiedt voor de duur van de behandeling door de rechter-commissaris. De in het eerste lid, onder b, bedoelde aanwijzing geschiedt voor

de duur van de behandeling door de Hoge Raad van de herzieningsaanvraag. De in het eerste lid, onder c, bedoelde aanwijzing geschiedt voor de gehele aanleg waarin zij heeft plaatsgehad.

Vierde Boek
Eenige rechtsplegingen van bijzonderen aard

Titel I
Strafvordering ter zake van strafbare feiten waarvan de Hooge Raad in eersten aanleg kennis neemt

Art. 483
[Vervallen]

Art. 484

1. De strafvordering ter zake van strafbare feiten waarvan de Hooge Raad in eersten aanleg kennis neemt, vindt overigens plaats met overeenkomstige toepassing van de regelen omtrent de strafvordering in eersten aanleg van feiten waarvan de rechtbank kennis neemt, behoudens de navolgende uitzonderingen:
1°. Indien de procureur-generaal zulks vordert, wordt door den Hoogen Raad een raadsheer-commissaris uit zijne leden aangewezen.
(Zie ook: art. 466 WvSv)
2°. [Vervallen.]
3°. Niet van toepassing zijn de bepalingen betreffende de verplichtingen van den officier van justitie tegenover den procureur-generaal bij het gerechtshof en diens toezicht op de vervolging van strafbare feiten.
(Zie ook: artt. 8, 140 WvSv)
4°. In geval van een doorzoeking van plaatsen of eene schouw, kan zich de raadsheer- commissaris doen vervangen door den rechter-commissaris, de procureur-generaal bij den Hoogen Raad door de officier van justitie in het arrondissement waar de doorzoeking of de schouw moet geschieden.
(Zie ook: artt. 110, 192 WvSv)
5°. In geval van vervolging, bedoeld in de Wet ministeriële verantwoordelijkheid en ambtsdelicten leden Staten-Generaal, ministers en staatssecretarissen, zijn niet van toepassing de artikelen 237, 238, 241c tot en met 255, 262, 313 en 314, en behelst de dagvaarding een opgave van het feit in de opdracht tot vervolging uitgedrukt.
(Zie ook: art. 261 WvSv)
6°. Tegen de beslissingen van den Hoogen Raad is geen beroep of bezwaarschrift toegelaten.
(Zie ook: art. 445 WvSv)
2. Een onbevoegdverklaring wordt niet uitgesproken indien het feit een misdrijf of overtreding oplevert, waarvan een andere rechter kennisneemt, en de verdachte de verwijzing naar die rechter niet heeft verzocht.
(Zie ook: artt. 7, 348 WvSv)

Art. 485
De vervolging der mede-verdachten van dengene die voor den Hoogen Raad terechtstaat, heeft voor hetzelfde college plaats.
(Zie ook: art. 6 WvSv; art. 47 WvSr)

Titel II
Strafvordering in zaken betreffende jeugdige personen

Eerste afdeling
Algemene bepalingen

Art. 486
Niemand kan strafrechtelijk worden vervolgd wegens een feit, begaan voordat hij de leeftijd van twaalf jaren heeft bereikt.
(Zie ook: art. 77a WvSr)

Art. 487
1. In gevallen waarin uit feiten of omstandigheden een redelijk vermoeden voortvloeit dat iemand beneden de leeftijd van twaalf jaren een strafbaar feit heeft begaan, zijn uitsluitend de artikelen 52 tot en met 55b, 56, 56a, eerste tot en met derde lid, 95 tot en met 102, 118, 119, 552a en 552d tot en met 552g van toepassing. De artikelen 116 tot en met 117a zijn van overeenkomstige toepassing.
2. In afwijking van artikel 56a, tweede lid, kan de verdachte van een misdrijf waarvoor voorlopige hechtenis is toegelaten ten hoogste zes uur worden opgehouden voor onderzoek. De hulpofficier van justitie doet van de ophouding van de verdachte mededeling aan een gecertifi-

Behandeling door Hoge Raad in eerste aanleg

Berechting van mede-verdachten door Hoge Raad in eerste aanleg

Uitzondering op vervolgingsmogelijkheid ten aanzien van jeugdigen

Jeugdige verdachten

ceerde instelling als bedoeld in artikel 1.1 van de Jeugdwet. Artikel 488b is van overeenkomstige toepassing.
3. Het afleggen van een verklaring als bedoeld in artikel 116, tweede lid, en het doen van beklag als bedoeld in artikel 552a geschiedt voor de minderjarige, bedoeld in het eerste lid, door zijn wettelijke vertegenwoordiger in burgerlijke zaken.
(Zie ook: art. 245 BW Boek 1)

Tweede afdeling
Strafvordering in zaken betreffende personen die de leeftijd van achttien jaren nog niet hebben bereikt

Art. 488

Verdachte onder de achttien jaar

1. De bepalingen van dit wetboek zijn van toepassing voor zover deze afdeling geen afwijkende bepalingen bevat.
2. De bepalingen van deze afdeling zijn van toepassing op personen die ten tijde van het begaan van het feit de leeftijd van achttien jaren nog niet hebben bereikt, voor zover deze Titel geen afwijkende bepalingen bevat.
3. De bepalingen van deze afdeling die betrekking hebben op de ouders of voogd, zijn alleen van toepassing, zolang de verdachte minderjarig is.
(Zie ook: art. 131 WvSv; artt. 77a, 77b WvSr; art. 233 BW Boek 1)

Art. 488a

Inbeslagneming bij jeugdige verdachte

Artikel 94a is van overeenkomstige toepassing op personen die ten tijde van het begaan van het feit de leeftijd van achttien jaren nog niet hebben bereikt, met dien verstande dat inbeslagneming tot bewaring van het recht tot verhaal ten aanzien van jeugdigen mogelijk is in geval van verdenking van onderscheidenlijk verdenking van of veroordeling wegens een misdrijf waarvoor een geldboete van de vierde categorie kan worden opgelegd.
(Zie ook: art. 23 WvSr)

Art. 488aa

Werkterrein advocaat-generaal bij ressortsparket

1. Onverminderd de artikelen 27c en 27ca, wordt aan de verdachte direct wanneer hij is aangehouden mededeling gedaan:
a. dat de ouders of voogd in kennis worden gesteld van zijn vrijheidsbeneming, indien deze wordt bevolen;
b. van het recht vergezeld te worden door de ouders of voogd of een vertrouwenspersoon, buiten het onderzoek op de terechtzitting, bedoeld in artikel 488ab;
c. van de mogelijkheid van audiovisuele registratie van verhoren, bedoeld in artikel 488ac;
d. van het recht op een medisch onderzoek, bedoeld in artikel 489a;
e. van het recht op een advies over zijn persoonlijkheid en zijn levensomstandigheden, bedoeld in artikel 494a.

Oproeping jeugdige verdachte, mededeling

2. Bij een oproeping om te worden gehoord als bedoeld in artikel 491a, wordt mededeling gedaan van het recht om te worden vergezeld door de ouders of voogd, of een vertrouwenspersoon.
3. Bij een oproeping om te worden gehoord als bedoeld in artikel 493, vierde lid, wordt mededeling gedaan van:
a. het recht op vaststelling van een zo kort mogelijk passende duur van de voorlopige hechtenis, en de mogelijkheid van schorsing van de tenuitvoerlegging van het bevel voorlopige hechtenis, bedoeld in artikel 493, eerste lid;
b. het recht vergezeld te worden door de ouders of voogd of een vertrouwenspersoon;
c. het recht op periodieke toetsing van de voorlopige hechtenis;
d. het recht om bij het ondergaan van voorlopige hechtenis gescheiden van volwassenen te verblijven.
4. Bij de betekening van de dagvaarding wordt mededeling gedaan van:
a. de verplichting om bij het onderzoek op de terechtzitting in persoon te verschijnen, bedoeld in artikel 495a;
b. het recht op behandeling van de strafzaak achter gesloten deuren, bedoeld in artikel 495b;
c. het recht bij het onderzoek ter terechtzitting te worden vergezeld door de ouders of voogd, of een vertrouwenspersoon, bedoeld in artikel 496.
5. De mededeling van rechten wordt gedaan in voor de verdachte eenvoudige en toegankelijke bewoordingen. Indien de verdachte de Nederlandse taal niet of onvoldoende beheerst, wordt de mededeling van rechten in een voor hem begrijpelijke taal gedaan.

Art. 488ab

Verhoor jeugdige verdachte, aanwezige personen

1. Bij het verhoor door de opsporingsambtenaar heeft de verdachte het recht te worden vergezeld door de ouders of voogd of een vertrouwenspersoon.

2. De toegang van de persoon tot het verhoor kan worden geweigerd indien de hulpofficier van justitie van oordeel is dat:

a. het niet in het belang van de verdachte is dat hij door de ouder of voogd of vertrouwenspersoon wordt vergezeld, of
b. het belang van het onderzoek zich tegen die aanwezigheid verzet.
3. De beslissing, bedoeld in het tweede lid, kan door de hulpofficier van justitie alleen met toestemming van de officier van justitie worden genomen.

Art. 488ac
Een verhoor door een opsporingsambtenaar wordt audiovisueel geregistreerd wanneer de ernst van het misdrijf of de persoonlijkheid van de verdachte daartoe aanleiding geeft.

Verhoor jeugdige verdachte, audiovisuele registratie

Art. 488b
1. In afwijking van artikel 27e, eerste lid, geeft de hulpofficier van justitie die bij de voorgeleiding beveelt dat de verdachte wordt opgehouden voor onderzoek, zo spoedig mogelijk kennis van de vrijheidsbeneming en van de redenen daarvan aan de ouders of voogd. De ouders of voogd ontvangen daarbij zo spoedig mogelijk een mededeling van rechten als bedoeld in artikel 488aa.
2. De mededeling van rechten, bedoeld in het eerste lid, blijft achterwege wanneer:
a. deze in strijd is met de belangen van de verdachte;
b. de mededeling niet mogelijk is omdat de ouders of voogd na redelijke inspanning niet kunnen worden bereikt of onbekend zijn.
3. In het geval, bedoeld in het tweede lid, wordt de mededeling gedaan aan een vertrouwenspersoon. Wanneer de verdachte geen vertrouwenspersoon heeft aangewezen, wordt de mededeling gedaan aan de raad voor de kinderbescherming.
4. Indien de omstandigheden, bedoeld in het tweede lid, ophouden te bestaan, ontvangen de ouders of voogd de mededeling alsnog.

Kennisgeving aan ouders of voogd van vrijheidsbeneming jeugdige verdachte

Art. 488c
[Vervallen]

Art. 489
1. Indien de verdachte is aangehouden, stelt de officier van justitie of de hulpofficier van justitie die bij de voorgeleiding beveelt dat de verdachte wordt opgehouden voor onderzoek, het bestuur van de raad voor rechtsbijstand direct van zijn aanhouding in kennis, opdat het bestuur een raadsman aanwijst. Deze kennisgeving kan achterwege blijven indien de verdachte een raadsman heeft gekozen en deze of een vervangende raadsman tijdig beschikbaar zal zijn.
(Zie ook: art. 257a WvSv)
2. Artikel 28a is niet van toepassing.
3. Indien de verdachte in de avonduren wordt heengezonden bij gebrek aan een beschikbare raadsman, onder de gelijktijdige aanzegging dat de verdachte de volgende dag alsnog zal worden verhoord, vindt het eerste lid overeenkomstige toepassing bij dat verhoor.

Consultatiebijstand verplicht bij jeugdige verdachte

Art. 489a
1. De hulpofficier van justitie die bij de voorgeleiding beveelt dat de verdachte wordt opgehouden voor onderzoek kan ambtshalve, op verzoek van de verdachte, de raadsman, de ouder of voogd of vertrouwenspersoon bevelen dat de verdachte medisch wordt onderzocht om vast te stellen of deze in staat is een verhoor te ondergaan of te worden onderworpen aan een onderzoekshandeling. Bij een medisch onderzoek wordt de algemene geestelijke en lichamelijke gesteldheid van de verdachte beoordeeld. Het onderzoek is zo non-invasief mogelijk.
2. Een medisch onderzoek vindt plaats door een arts of onder de verantwoordelijkheid van een arts.
3. Indien de uitkomst van het medisch onderzoek daartoe aanleiding geeft, kan een verhoor van de verdachte of een onderzoekshandeling die deze moet ondergaan en die is gericht op de bewijsgaring, worden uitgesteld.
4. Van een bevel als bedoeld in het eerste lid, of een beslissing van de hulpofficier van justitie als bedoeld in het derde lid, wordt proces-verbaal opgemaakt. Indien ondanks een daartoe strekkend verzoek geen medisch onderzoek heeft plaatsgevonden, vermeldt het proces-verbaal de redenen daarvan. Indien wel een medisch onderzoek heeft plaatsgevonden, vermeldt het proces-verbaal de conclusie daarvan.

Verhoor jeugdige verdachte, medisch onderzoek

Art. 490
1. In afwijking van artikel 59, vijfde lid, wordt de raad voor de kinderbescherming onverwijld van de inverzekeringstelling van de verdachte in kennis gesteld. De raad voor de kinderbescherming rapporteert zo spoedig mogelijk.
2. Indien een rapportage van de raad voor de kinderbescherming beschikbaar is, slaat de officier van justitie daarop acht alvorens een vordering tot bewaring te doen.
3. Indien de verdachte rechtens zijn vrijheid is benomen en niet is geplaatst in een justitiële jeugdinrichting, is ten aanzien van zijn ouders of voogd artikel 45 van toepassing. Bij algemene maatregel van bestuur kunnen nadere regels worden gesteld over de beperking van contacten tussen een verdachte en zijn ouders of voogd.

Kinderbescherming bij jeugdige verdachte

Art. 490a
[Vervallen]

Art. 491

Toevoeging raadsman bij jeugdige verdachte

1. Onverminderd artikel 489, eerste lid, wijst het bestuur van de raad voor rechtsbijstand voor de verdachte die geen raadsman heeft, een raadsman aan, nadat hij er door het openbaar ministerie over in kennis is gesteld dat tegen de verdachte een vervolging, anders dan door een strafbeschikking, is aangevangen wegens een feit waarvan in eerste aanleg de rechtbank, niet zijnde de kantonrechter, kennis neemt. Artikel 40, tweede lid, is van overeenkomstige toepassing.
2. Indien de officier van justitie voornemens is om in een strafbeschikking ter zake van misdrijf een taakstraf als bedoeld in artikel 77f, tweede lid, van het Wetboek van Strafrecht op te leggen en deze meer dan tweeëndertig uren zal belopen, dan wel betalingsverplichtingen uit hoofde van geldboete en schadevergoedingsmaatregel, die afzonderlijk of gezamenlijk meer belopen dan € 200, roept deze de verdachte op om te worden gehoord. Voor de verdachte die geen raadsman heeft, wijst het bestuur van de raad voor rechtsbijstand een raadsman aan, nadat hij door het openbaar ministerie over dit voornemen is ingelicht. Bij die oproeping wordt tevens medegedeeld dat de verdachte zich door een raadsman kan laten bijstaan.
3. Voor de veroordeelde die geen raadsman heeft, wijst het bestuur van de raad voor rechtsbijstand een raadsman aan, indien de veroordeelde diens bijstand behoeft gelet op de aard van een krachtens de artikelen 6:6:3 of 6:6:37, in verband met artikel 6:6:4, derde lid, af te nemen verhoor.
4. De aanwijzing, bedoeld in het derde lid, geschiedt op last van de voorzitter van de rechtbank, onderscheidenlijk, wanneer hoger beroep is ingesteld tegen het eindvonnis in eerste aanleg, door de voorzitter van het gerechtshof.

Art. 491a

Horen jeugdige verdachte bij strafbeschikking, aanwezigheid ouders/voogd/vertrouwenspersoon

1. Wanneer de verdachte wordt gehoord als bedoeld in artikel 491, tweede lid, heeft deze het recht te worden vergezeld door de ouders of voogd of een vertrouwenspersoon die de officier van justitie geschikt acht.
2. De officier van justitie roept de ouders of voogd, op bij het horen aanwezig te zijn. Aan de verdachte wordt kennis gegeven dat hij zich bij het horen kan laten vergezellen door een vertrouwenspersoon.
3. De toegang van die persoon tot het verhoor kan worden geweigerd indien de officier van justitie van oordeel is dat:
    a. het niet in het belang van de verdachte is dat hij door die persoon wordt vergezeld, of
    b. het belang van het onderzoek of de behandeling van de zaak zich tegen aanwezigheid van die persoon verzet.

Art. 492

Kinderrechter bij jeugdige verdachte

De kinderrechter treedt inzake de toepassing van de voorlopige hechtenis op als rechter-commissaris.
(Zie ook: artt. 63, 133 WvSv; artt. 46, 53 Wet RO)

Art. 493

Voorlopige hechtenis jeugdige verdachte

1. Voorlopige hechtenis wordt voor een zo kort mogelijke passende duur bevolen. Indien de rechter de voorlopige hechtenis van de verdachte beveelt, gaat hij na of de tenuitvoerlegging van dit bevel, hetzij onmiddellijk, hetzij na een bepaald tijdsverloop, kan worden geschorst. De rechter kan daarbij een gecertificeerde instelling als bedoeld in artikel 1.1 van de Jeugdwet of, indien de verdachte inmiddels de leeftijd van zestien jaren heeft bereikt, een reclasseringsinstelling als bedoeld in artikel 14d, tweede lid, opdracht geven toezicht te houden op de naleving van voorwaarden en de verdachte ten behoeve daarvan te begeleiden.
2. In het bevel tot voorlopige hechtenis en tot schorsing daarvan worden zodanige bepalingen opgenomen als voor de juiste uitvoering daarvan nodig worden geoordeeld.
3. Tot het ondergaan van inverzekeringstelling of voorlopige hechtenis kan elke daartoe geschikte plaats worden aangewezen. Bij het bevel tot voorlopige hechtenis kan worden bepaald dat de verdachte gedurende de nacht in een inrichting als bedoeld in de Beginselenwet justitiële jeugdinrichtingen, dan wel op een andere plaats als bedoeld in de eerste volzin verblijft, en gedurende de dag in de gelegenheid wordt gesteld de inrichting of die plaats te verlaten.
(Zie ook: artt. 57, 80 WvSv; art. 9 BJJI)
4. Een bevel tot gevangenhouding of gevangenneming kan een termijn van dertig dagen niet te boven gaan indien de rechtbank de verdachte niet heeft gehoord.

Verlof

5. In de gevallen waarin verlof kan worden verleend op grond van het bepaalde bij of krachtens de Beginselenwet justitiële jeugdinrichtingen, blijft het in het eerste en tweede lid inzake schorsing bepaalde buiten toepassing.
(Zie ook: art. 28 BJJI)
6. Schorsing van de voorlopige hechtenis vindt steeds plaats onder de algemene voorwaarden, genoemd in artikel 80. De rechter kan, na advies te hebben ingewonnen van de raad voor de kinderbescherming, ook bijzondere voorwaarden aan de schorsing verbinden. De rechter verbindt slechts bijzondere voorwaarden aan de schorsing voor zover de verdachte daarmee instemt.

Wetboek van Strafvordering   C2 art. 495a

Bij algemene maatregel van bestuur wordt bepaald welke bijzondere voorwaarden aan de schorsing kunnen worden verbonden en aan welke eisen de instemming van de verdachte moet voldoen.

7. De rechter slaat acht op de leeftijd en persoonlijkheid van de verdachte en de omstandigheden waaronder het feit zou zijn begaan.

Art. 493a

1. Wanneer de verdachte wordt gehoord als bedoeld in artikel 493, vierde lid, heeft deze het recht te worden vergezeld door de ouders of voogd. De ouders of voogd worden hiertoe opgeroepen.   *Horen jeugdige verdachte bij bevel tot gevangenhouding/neming*
2. Artikel 496, tweede lid, is van overeenkomstige toepassing.

Art. 494

1. De officier van justitie wint bij de raad voor de kinderbescherming inlichtingen in omtrent de persoonlijkheid en de levensomstandigheden van de verdachte, tenzij hij aanstonds onvoorwaardelijk van vervolging afziet. Indien de officier van justitie de zaak voor de kantonrechter of bij wijze van strafbeschikking vervolgt, kan hij deze inlichtingen bij de raad inwinnen.   *Raad voor de kinderbescherming bij jeugdige verdachte*
2. Indien de verdachte zich in voorlopige hechtenis bevindt of ingevolge artikel 196 in een instelling is opgenomen, geeft de officier van justitie onverwijld bericht aan de raad.
(Zie ook: art. 133 WvSv)
3. De raad kan de officier van justitie ook uit eigen beweging adviseren.
4. De rechter-commissaris kan eveneens bij de raad de inlichtingen, bedoeld in het eerste lid, inwinnen.

Art. 494a

1. Ter uitvoering van het verzoek om inlichtingen als bedoeld in artikel 494 wordt over de verdachte een advies uitgebracht door de raad.   *Advies raad over jeugdige verdachte*
2. Bij het opstellen van het advies wordt melding gemaakt van specifieke kwetsbaarheden zo daarvan blijkt.
3. Van het opstellen van een advies kan worden afgezien indien over de verdachte in de periode van een jaar voorafgaand aan de inverzekeringstelling al een advies is opgesteld.
4. De verdachte, zijn ouders of voogd of een vertrouwenspersoon worden bij het opstellen van het advies betrokken.

Art. 494b

1. Indien over de verdachte advies is uitgebracht als bedoeld in artikel 494a geeft de strafbeschikking aan op welke wijze daarmee rekening is gehouden bij het opleggen van een straf of bij de keuze voor een aanwijzing betreffende het gedrag.   *Advies raad over jeugdige verdachte in strafbeschikking/vonnis*
2. Indien over de verdachte advies is uitgebracht als bedoeld in artikel 494a geeft het vonnis aan op welke wijze met het advies rekening is gehouden.

Art. 495

1. De zaak wordt bij de rechtbank in eerste aanleg voor de kinderrechter vervolgd.   *Kinderrechter in eerste aanleg bij jeugdige verdachte*

2. Niettemin geschiedt de behandeling van de zaak door de meervoudige kamer, indien naar het aanvankelijk oordeel van de officier van justitie
a. in de zaak een plaatsing in een inrichting voor jeugdigen dan wel een zwaardere hoofdstraf dan vrijheidsstraf van zes maanden dient te worden opgelegd;
b. wegens de ingewikkeldheid van de zaak behandeling door de meervoudige kamer de voorkeur verdient;
c. de zaak, indien deze tevens één of meer verdachten betreft die de leeftijd van achttien jaren hebben bereikt, niet voor splitsing vatbaar is.
3. In zaken welke voor een meervoudige kamer der rechtbank worden vervolgd neemt de kinderrechter aan het onderzoek der terechtzitting deel.
(Zie ook: art. 77i WvSr; art. 45 WED; art. 53 Wet RO)
4. De kinderrechter is bevoegd kennis te nemen van een strafbaar feit of strafbare feiten die zijn begaan nadat de verdachte de leeftijd van 18 jaren heeft bereikt indien de vervolging van dat feit of deze feiten gelijktijdig plaatsvindt met de vervolging van verdachte ter zake van een strafbaar feit bedoeld in artikel 488, tweede lid. Het tweede en derde lid is van overeenkomstige toepassing.   *Schakelbepaling*
5. Bij toepassing van het vierde lid kan de rechter recht doen volgens de artikelen 77g tot en met 77gg van het Wetboek van Strafrecht indien hij daartoe grond vindt in de persoonlijkheid van de dader of de omstandigheden waaronder het feit is begaan.
6. Het bepaalde in het vijfde lid is van overeenkomstige toepassing wanneer het afzonderlijke strafbare feiten betreft die op grond van artikel 263 of artikel 287 gevoegd zijn behandeld.

Art. 495a

1. De verdachte is verplicht in persoon te verschijnen. Bij de dagvaarding wordt hem kennis gegeven dat, indien hij niet aan deze verplichting voldoet, het gerecht zijn medebrenging kan gelasten.   *In persoon verschijnen door jeugdige verdachte*

2. Indien de van misdrijf verdachte in gebreke blijft op de terechtzitting te verschijnen, stelt het gerecht, tenzij aanstonds van nietigheid van de dagvaarding, niet-ontvankelijkheid van het openbaar ministerie of onbevoegdheid van het gerecht blijkt, het onderzoek tot een bepaalde dag uit en beveelt het tevens de medebrenging van de verdachte. Het gerecht kan echter indien van de verdachte geen woon- of verblijfplaats bekend is of op grond van bijzondere omstandigheden het geven van een bevel tot medebrenging achterwege laten.
3. Tegen de verdachte die in gebreke blijft op de terechtzitting te verschijnen, wordt tenzij het gerecht de medebrenging tegen een nader tijdstip gelast, verstek verleend. Het onderzoek wordt daarna voortgezet.
(Zie ook: artt. 129, 278 WvSv)

Uitzondering
4. Het eerste, tweede en derde lid zijn niet van toepassing indien ten tijde van de terechtzitting de verdachte inmiddels de leeftijd van achttien jaren heeft bereikt.

Art. 495b

Gesloten deuren bij zaak met jeugdige verdachte
1. De zaak wordt achter gesloten deuren behandeld. De voorzitter van de rechtbank kan tot bijwoning van de besloten terechtzitting bijzondere toegang verlenen. Aan het slachtoffer of de nabestaanden van het slachtoffer wordt toegang verleend, tenzij de voorzitter wegens bijzondere redenen anders beslist.
2. De voorzitter van de rechtbank gelast een openbare behandeling van de zaak indien naar zijn oordeel het belang van de openbaarheid van de zitting zwaarder moet wegen dan het belang van de bescherming van de persoonlijke levenssfeer van de verdachte, diens medeverdachte, ouders of voogd.
(Zie ook: artt. 131, 269 WvSv; artt. 47, 77ee WvSr; art. 4 Wet RO; artt. 245, 280 BW Boek 1; art. 121 GW)

Art. 496

Ouders of voogd bij zitting van jeugdige verdachte
1. De ouders of de voogd zijn verplicht tot bijwoning van de terechtzitting. Zij worden daartoe opgeroepen. Bij de oproeping wordt hun kennisgegeven, dat, indien zij niet aan deze verplichting voldoen, het gerecht hun medebrenging kan gelasten.
2. De verdachte heeft het recht te worden vergezeld door een vertrouwenspersoon die door de rechter geschikt wordt geacht, indien de rechter van oordeel is dat:
a. de aanwezigheid van de ouders of voogd in strijd is met de belangen van de verdachte;
b. na redelijke inspanning is gebleken dat de ouders of voogd niet kunnen worden bereikt of onbekend zijn;
c. de behandeling van de zaak zich tegen aanwezigheid van de ouders of voogd verzet.
3. Indien in het geval, bedoeld in het tweede lid, de verdachte geen vertrouwenspersoon heeft aangewezen of wanneer de rechter de aangewezen persoon ongeschikt acht, wordt de verdachte bijgestaan door een vertegenwoordiger van de raad voor de kinderbescherming.
4. Indien ouders of voogd op de terechtzitting zijn verschenen, worden zij, nadat de verdachte, een medeverdachte, een getuige of een deskundige zijn verklaring heeft afgelegd, in de gelegenheid gesteld daartegen in te brengen wat tot verdediging kan dienen. In het in artikel 51g, vierde lid, bedoelde geval kunnen de ouders of de voogd vragen stellen aan een getuige of deskundige, maar alleen betreffende de vordering tot schadevergoeding; zij worden in de gelegenheid gesteld verweer te voeren tegen die vordering.
5. Niettemin kan het gerecht ambtshalve, op vordering van het openbaar ministerie of op verzoek van de verdachte of diens raadsman bevelen, dat een verhoor van de verdachte, van een getuige of van een deskundige buiten tegenwoordigheid van ouders of voogd geschiedt, tenzij de zaak in het openbaar wordt behandeld. Het gerecht deelt in dat geval de zakelijke inhoud van een en ander aan de ouders of voogd mee, voor zover niet gewichtige redenen zich daartegen verzetten.

Art. 496a

Oproeping van ouders of voogd op terechtzitting van jeugdige verdachte
1. Indien de ouders of voogd van een van misdrijf verdachte minderjarige in gebreke blijven op de terechtzitting te verschijnen beveelt het gerecht de aanhouding van de zaak tegen een bepaalde dag en beveelt het tevens hun oproeping. Het gerecht stelt voorafgaand aan zijn beslissing van de verdachte, de officier van justitie en het slachtoffer dat ter terechtzitting aanwezig is, in de gelegenheid zich uit te laten over de wenselijkheid van aanhouding.
2. Het gerecht kan bij het bevel tot oproeping een bevel tot medebrenging verlenen, indien het de aanwezigheid van een of beide ouders dan wel de voogd bij de behandeling van de zaak op de terechtzitting noodzakelijk acht. Het gerecht kan dit bevel ook geven in het geval van de behandeling van de zaak van een van overtreding verdachte minderjarige.
3. Het gerecht kan slechts bevelen dat het onderzoek niet wordt aangehouden, en dat een bevel tot medebrenging niet wordt verleend indien:
a. het aanstonds een van de uitspraken bedoeld in artikel 349, eerste lid, doet,
b. de ouders of voogd geen bekende woon- of verblijfplaats in Nederland hebben, of
c. de aanwezigheid van een of beide ouders niet in het belang van de minderjarige wordt geacht.

Art. 496b-496f

[Vervallen]

Art. 497
1. Het gerecht kan ambtshalve, op vordering van het openbaar ministerie of op verzoek van de verdachte of diens raadsman bepalen, dat vragen betreffende de persoonlijkheid of de levensomstandigheden van de verdachte buiten diens tegenwoordigheid zullen worden gesteld en behandeld en dat het openbaar ministerie of de raadsman buiten tegenwoordigheid van de verdachte daarover het woord zal voeren.
2. Het tweede lid van artikel 300 is van overeenkomstige toepassing.
(Zie ook: art. 297 WvSv; art. 77ee WvSr)

Behandeling zaak buiten aanwezigheid van jeugdige verdachte

Art. 498
Indien het gerecht het noodzakelijk oordeelt dat alsnog een onderzoek naar de persoonlijkheid en de levensomstandigheden van de minderjarige verdachte wordt ingesteld, kan het nadere inlichtingen bij de raad voor de kinderbescherming inwinnen.
(Zie ook: art. 310 WvSv; art. 77ee WvSr)

Onderzoek naar de persoonlijkheid van een jeugdige verdachte

Art. 498a
[Vervallen]

Art. 499
1. Op het rechtsgeding voor de kinderrechter zijn de Vijfde Titel en de Zesde Titel van het Tweede Boek van overeenkomstige toepassing, voor zover in deze Titel niet anders wordt bepaald en met dien verstande, dat de kinderrechter tevens de bevoegdheden bezit, die aan de voorzitter van een meervoudige kamer toekomen.
2. De artikelen 370 en 376 tot en met 381 zijn van overeenkomstige toepassing, met dien verstande dat de kinderrechter de zaak tevens naar de meervoudige kamer verwijst, indien naar zijn oordeel de toepassing van artikel 77s van het Wetboek van Strafrecht in overweging behoort te worden genomen.
(Zie ook: artt. 258, 268, 495 WvSv; art. 1 Ramv. door)

Bevoegdheden kinderrechter bij jeugdige verdachte

Art. 500
1. Op het rechtsgeding voor de kantonrechter zijn de artikelen 495b, 496, 497 en 498 van overeenkomstige toepassing.
(Zie ook: art. 383 WvSv)
2. Indien de zaak door oproeping aanhangig is gemaakt, wordt in de oproeping van de ouders of de voogd het ten laste gelegde feit opgenomen. In het geval, bedoeld in de aanhef van artikel 390, is dat artikel van overeenkomstige toepassing ten aanzien van de wijze van oproeping van ouders of voogd, en zo nodig ten aanzien van de intrekking van deze oproeping.
(Zie ook: artt. 131, 386 WvSv; art. 280 BW Boek 1)

Rechtsgeding kantonrechter, schakelbepaling

Art. 501
In geval van hoger beroep bij het gerechtshof of bij de rechtbank zijn de artikelen 495a tot en met 498 van overeenkomstige toepassing.

Hoger beroep in jeugdstrafzaken

Art. 502
1. Indien de verdachte die de leeftijd van zestien jaren nog niet heeft bereikt, een raadsman heeft, komen alle bevoegdheden, hem in dit wetboek of in het Wetboek van Strafrecht toegekend, eveneens toe aan zijn raadsman.
2. Tegen het instellen, intrekken of afstand doen door de raadsman van enig rechtsmiddel kan, in het geval van het eerste lid, de verdachte of diens wettelijke vertegenwoordiger binnen drie dagen nadat de termijn voor het instellen daarvan is verstreken, een bezwaarschrift indienen bij de voorzitter van het gerecht in feitelijke aanleg, voor hetwelk de zaak wordt vervolgd of het laatst is vervolgd. De voorzitter beslist ten spoedigste. De verdachte, diens wettelijke vertegenwoordiger alsmede de raadsman worden gehoord, althans, op de wijze door de voorzitter te bepalen, opgeroepen. Indien het bezwaarschrift gegrond wordt bevonden, loopt de termijn voor het instellen of intrekken van het rechtsmiddel alsnog gedurende drie dagen.

Hoger beroep in jeugdstrafzaken, rechten raadsman en jeugdige verdachte

Art. 503
1. Voor zover niet anders is bepaald, worden alle dagvaardingen, oproepingen, kennisgevingen, aanzeggingen of andere schriftelijke mededelingen aan de minderjarige verdachte of veroordeelde tevens ter kennis gebracht van zijn ouders of voogd, alsmede van zijn raadsman.
2. Alle dagvaardingen, oproepingen, kennisgevingen, aanzeggingen of andere mededelingen aan ouders of voogd vinden enkel plaats indien deze een bekende verblijfplaats binnen Nederland hebben. Aan samenwonende ouders wordt slechts één stuk uitgereikt.

Jeugdstrafzaak, gerechtelijke mededelingen naar ouders en raadsman

Art. 503a-509
[Vervallen]

Titel IIA
Berechting van verdachten bij wie een psychische stoornis, psychogeriatrische aandoening of verstandelijke handicap wordt vermoed

Art. 509a

Verdachte met gebrekkige ontwikkeling of ziekelijke stoornis

[1.] In elken stand der zaak betreffende een verdachte die den leeftijd van achttien jaren bereikt heeft, zal de rechtbank of het gerechtshof, indien vermoed wordt dat de verdachte een psychische stoornis, psychogeriatrische aandoening of verstandelijke handicap heeft, en dat hij ten gevolge daarvan niet in staat is zijne belangen behoorlijk te behartigen, zulks bij beslissing verklaren.

[2.] De beslissing wordt gegeven, hetzij ambtshalve, hetzij op de voordracht van den rechter-commissaris, op de vordering van het openbaar ministerie of op het daartoe strekkend verzoek van den verdachte, van zijn raadsman, van zijn echtgenoot of geregistreerde partner van zijn curator of van een zijner bloed- of aanverwanten tot den derden graad ingesloten.
(Zie ook: artt. 3, 80a, 245, 378 BW Boek 1)

[3.] Voor zoover de beslissing niet in zijne tegenwoordigheid is gegeven, wordt de inhoud daarvan den verdachte onverwijld vanwege het openbaar ministerie beteekend.
(Zie ook: artt. 16, 21, 138, 317, 329, 585 WvSv; artt. 37, 37a WvSr)

Art. 509b

Nader onderzoek bij verdachte met gebrekkige ontwikkeling of ziekelijke stoornis

[1.] Het gerecht kan, alvorens te beslissen, het openbaar ministerie opdragen een nader onderzoek in te stellen en aan het gerecht daaromtrent verslag te doen.
(Zie ook: art. 185 WvSv)

Herroeping

[2.] De beslissing van het gerecht, bij het eerste lid van artikel 509a bedoeld, is niet aan eenig rechtsmiddel onderworpen, doch kan door het gerecht te allen tijde worden herroepen; ten aanzien der beslissing tot herroeping vinden de artikelen 509a en 509d overeenkomstige toepassing en al hetgeen bij of ingevolge eerstgenoemde beslissing tot de herroeping toe is verricht, blijft niettemin van kracht.

Art. 509c

Raadsman bij verdachte met gebrekkige ontwikkeling of ziekelijke stoornis

Ten spoedigste na de beslissing bedoeld in artikel 509a, geeft de voorzitter van het gerecht het bestuur van de raad voor rechtsbijstand last tot aanwijzing van een raadsman aan de verdachte.
(Zie ook: art. 40 WvSv; art. 10 WRB)

Art. 509d

Bepalingen voor verdachten met gebrekkige ontwikkeling of ziekelijke stoornis

[1.] Van het oogenblik af der beslissing, bij het eerste lid van artikel 509a bedoeld, en, behoudens herroeping, totdat de zaak door een in kracht van gewijsde gegaan arrest of vonnis is beëindigd, vinden de artikelen 14a, 490, derde lid, 493, 495a tot en met 497 en 503 overeenkomstige toepassing, met dien verstande dat de bepalingen aangaande ouders of voogd slechts overeenkomstig worden toegepast, indien de verdachte een curator heeft, en in dit geval in dier voege dat zij uitsluitend dezen betreffen.

Verstekverlening

[2.] Bij niet-verschijning in persoon, als bedoeld bij het tweede lid van artikel 495a, kan de rechtbank of het gerechtshof, hetzij ambtshalve, hetzij op de vordering van het openbaar ministerie of op het verzoek van den raadsman, indien de rechtbank of het gerechtshof van oordeel is, dat de persoonlijke verschijning van den verdachte noch noodzakelijk noch gewenscht is en de raadsman is verschenen en zich daartegen niet verzet, de bepaling van dat lid buiten toepassing laten. In zoodanig geval wordt verstek verleend en het onderzoek der zaak voortgezet; de raadsman blijft met de verdediging belast.

Bevoegdheden van raadsman

[3.] De bevoegdheden, bij dit wetboek aan den verdachte toegekend, komen na de beslissing, bij het eerste lid van artikel 509a bedoeld, steeds mede toe aan den raadsman.
(Zie ook: artt. 278, 280, 329, 331, 415 WvSv)

Art. 509e

[Vervallen]

Titel IIB
Rechtsplegingen in verband met de terbeschikkingstelling en de plaatsing in een psychiatrisch ziekenhuis

Eerste afdeling
Inleidende bepalingen

Art. 509f

Reclasseringsmedewerker, psychiatrisch ziekenhuis en psychiater

In deze titel wordt verstaan onder:

reclasseringsmedewerker: degene die door een instelling, aangewezen overeenkomstig artikel 6:3:14, is belast met het onderhouden van contact met de ter beschikking gestelde;

psychiatrisch ziekenhuis: een ziekenhuis, een inrichting of een afdeling daarvan als bedoeld in artikel 90 sexies van het Wetboek van Strafrecht;
psychiater: een arts als bedoeld in artikel 90 septies van het Wetboek van Strafrecht.

Art. 509g

1. Indien de rechter toepassing van artikel 6:6:10, eerste lid, onder e, of artikel 37 of 38c van het Wetboek van Strafrecht overweegt, kan hij bij een met redenen omklede beslissing bevel geven dat de betrokkene ter observatie zal worden overgebracht naar een in het bevel aan te wijzen psychiatrisch ziekenhuis of een instelling tot klinische observatie bestemd, door Onze Minister van Veiligheid en Justitie overeenkomstig artikel 198, vijfde lid, aangewezen. *(Zie ook: art. 77 PBW)* — **Plaatsing in psychiatrisch ziekenhuis**

2. Het bevel wordt niet gegeven dan nadat het oordeel van een of meer deskundigen is ingewonnen en het openbaar ministerie, de betrokkene en zijn raadsman zijn gehoord.

3. Indien het bevel is gegeven met het oog op een beslissing inzake toepassing van artikel 38c van het Wetboek van Strafrecht, wordt, in het geval dat de ter beschikking gestelde geen bekende verblijfplaats heeft of zich buiten Nederland ophoudt, de termijn van de terbeschikkingstelling geschorst tot het tijdstip waarop de tenuitvoerlegging van het bevel door het bekend worden van zijn verblijfplaats mogelijk is.

4. Indien toepassing wordt gegeven aan het bepaalde in artikel 37 van het Wetboek van Strafrecht geldt het verblijf in het psychiatrisch ziekenhuis of de instelling tot klinische observatie bestemd als een plaatsing in een psychiatrisch ziekenhuis als bedoeld in artikel 37, eerste lid, van dat Wetboek. Indien toepassing wordt gegeven aan het bepaalde in artikel 6:6:10, eerste lid, onder e, of artikel 37b van het Wetboek van Strafrecht geldt het verblijf in het psychiatrisch ziekenhuis of de instelling tot klinische observatie bestemd als verpleging van overheidswege. Het mag de duur van zeven weken niet te boven gaan. De rechter kan te allen tijde bevelen dat het verblijf op een vroeger tijdstip zal worden beëindigd. — **Duur**
(Zie ook: art. 196 WvSv)

Art. 509h

1. Een ter beschikking gestelde kan, indien te zijnen aanzien een bevel als bedoeld in artikel 509g is gegeven dan wel, indien zijn proefverlof is beëindigd, hervatting van zijn verpleging van overheidswege is bevolen, of met toepassing van artikel 38c van het Wetboek van Strafrecht alsnog verpleging van overheidswege is bevolen, op bevel van de officier van justitie of een hulpofficier in het arrondissement waarin hij feitelijk verblijft, worden aangehouden. — **Aanhouding van terbeschikkinggestelde**

2. Na de aanhouding wordt de ter beschikking gestelde onverwijld overgebracht naar een door Onze Minister van Veiligheid en Justitie aangewezen instelling.

Art. 509i

[Vervallen]

Art. 509i bis

Indien de rechter last geeft tot toepassing van de maatregel van terbeschikkingstelling zonder daaraan een bevel tot verpleging van overheidswege te verbinden, doet het openbaar ministerie de uitspraak, zodra deze onherroepelijk is geworden, met alle op dat bevel betrekking hebbende beslissingen aan de ter beschikking gestelde betekenen. De betekening geschiedt aan hem in persoon. — **Terbeschikkingstelling zonder verpleging van overheidswege**
(Zie ook: art. 585 WvSv)

Tweede afdeling
[Vervallen]

Art. 509j-509n
[Vervallen]

Derde afdeling
[Vervallen]

Art. 509o-509u bis
[Vervallen]

Vierde afdeling
[Vervallen]

Art. 509v-509x
[Vervallen]

TITEL IIC
[Vervallen]

Art. 509y-509gg
[Vervallen]

Titel IID
Gedragsaanwijzing ter beëindiging van ernstige overlast

Art. 509hh

Gedragsaanwijzing ter beëindiging van ernstige overlast door officier van justitie

1. De officier van justitie is bevoegd de verdachte tegen wie ernstige bezwaren bestaan een gedragsaanwijzing te geven in geval van verdenking van een strafbaar feit:
a. waardoor de openbare orde, gelet op de aard van het strafbare feit of de samenhang met andere strafbare feiten, dan wel de wijze waarop het strafbare feit is gepleegd, ernstig is verstoord, en waarbij grote vrees voor herhaling bestaat, dan wel
b. in verband waarmee vrees bestaat voor ernstig belastend gedrag van de verdachte jegens een persoon of personen, dan wel
c. in verband waarmee vrees bestaat voor gedrag van de verdachte dat herhaald gevaar voor goederen oplevert.
2. De gedragsaanwijzing kan inhouden dat de verdachte wordt bevolen:
a. zich niet op te houden in een bepaald gebied,
b. zich te onthouden van contact met een bepaalde persoon of bepaalde personen,
c. zich op bepaalde tijdstippen te melden bij de daartoe aangewezen opsporingsambtenaar,
d. zich te doen begeleiden bij hulpverlening die van invloed kan zijn op het plegen van strafbare feiten door de verdachte.
3. De gedragsaanwijzing wordt schriftelijk aan de verdachte bekend gemaakt, onder vermelding van de datum van ingang en de periode gedurende welke de gedragsaanwijzing van kracht blijft, alsmede de redenen die tot de gedragsaanwijzing hebben geleid.
4. De gedragsaanwijzing blijft maximaal 90 dagen van kracht dan wel, indien dit een kortere periode betreft, totdat het ter zake van het strafbare feit gewezen vonnis onherroepelijk is geworden. Wordt niet tijdig een onherroepelijk vonnis verkregen, dan kan de gedragsaanwijzing maximaal drie keer worden verlengd met een periode van maximaal 90 dagen. Verlenging is niet mogelijk indien tegen de verdachte geen vervolging is ingesteld. De rechter voor wie de verdachte gedagvaard is te verschijnen, kan de gedragsaanwijzing wijzigen. De rechter kan de gedragsaanwijzing opheffen indien hij van oordeel is dat niet of niet langer wordt voldaan aan de in het eerste lid gestelde voorwaarden voor het geven van de gedragsaanwijzing.
5. De verdachte kan tegen de gedragsaanwijzing en een verlenging daarvan in beroep komen bij de rechtbank, die zo spoedig mogelijk beslist. De verdachte kan zich door een raadsman laten bijstaan.
6. De officier van justitie wijzigt de gedragsaanwijzing of trekt die in indien nieuwe feiten of omstandigheden daartoe aanleiding geven.

Titel III
Vervolging en berechting van rechterlijke ambtenaren

Art. 510

Aanwijzing door Hoge Raad van een ander gerecht bij berechting van rechterlijke ambtenaren

[1.] Indien een rechterlijk ambtenaar voor zijne rechtbank, zijn gerechtshof of voor een gerecht binnen het ressort van zijne rechtbank of zijn gerechtshof zou moeten worden vervolgd en berecht, wordt, op verzoekschrift van het openbaar ministerie naar de gewone regelen met de vervolging belast, door den Hoogen Raad een ander gerecht van gelijken rang als het anders bevoegde aangewezen, voor hetwelk de vervolging en berechting der zaak zal plaats hebben.

Spoedmaatregelen

[2.] Niettemin kunnen de spoedeischende maatregelen van de vervolging die aan het rechtsgeding voorafgaat, ook bij of door het anders bevoegde gerecht worden genomen.

Medeverdachten

[3.] De aanwijzing geldt ook voor de mede-verdachten van den rechterlijken ambtenaar.
(Zie ook: art. 47 WvSr)

Overlegging van stukken

[4.] Bij het verzoekschrift worden de processtukken en, voor zoover noodig, de stukken van overtuiging overgelegd.
(Zie ook: artt. 2, 6 WvSv)

Art. 511

Kennisgeving en betekening van beschikking Hoge Raad bij vervolging en berechting van rechterlijke ambtenaren

[1.] De beschikking van den Hoogen Raad wordt vanwege den procureur-generaal aan den verdachte beteekend.

Wetboek van Strafvordering   **C2 art. 511e**

[2.] De procureur-generaal geeft van de beschikking tevens schriftelijk kennis aan den verzoeker en zendt daarvan afschrift toe aan het openbaar ministerie bij het aangewezen gerecht.
(Zie ook: art. 585 WvSv)

Titel IIIA
[Vervallen]

[Vervallen]
Art. 511a

Titel IIIb
Strafvordering ter zake van ontneming van wederrechtelijk verkregen voordeel

Art. 511b
1. Een vordering van het openbaar ministerie als bedoeld in artikel 36e van het Wetboek van Strafrecht wordt zo spoedig mogelijk doch uiterlijk twee jaren na de uitspraak in eerste aanleg bij de rechtbank aanhangig gemaakt. Indien het strafrechtelijk financieel onderzoek overeenkomstig het bepaalde in artikel 126f, tweede lid, is gesloten en heropend, wordt de periode van twee jaren verlengd met de tijd verlopen tussen deze sluiting en heropening.   *Termijnen voor vordering tot ontneming van wederrechtelijk verkregen voordeel*
2. De officier van justitie doet bij zijn vordering de stukken waarop zij berust aan de rechtbank toekomen. Artikel 258, tweede lid, is van overeenkomstige toepassing.
3. De vordering wordt aan degene op wie zij betrekking heeft betekend, onder mededeling van het recht op kennisneming van de stukken. Indien een strafrechtelijk financieel onderzoek is ingesteld wordt de vordering gelijktijdig met de sluiting van het strafrechtelijk financieel onderzoek aan degene tegen wie het is gericht betekend.
4. De vordering behelst mede de oproeping om op het daarin vermelde tijdstip ter terechtzitting te verschijnen. De artikelen 260, 263 en 265 tot en met 267 zijn van overeenkomstige toepassing.
(Zie ook: art. 585 WvSv)

Art. 511c
De officier van justitie kan, zolang het onderzoek op de terechtzitting niet is gesloten, met de verdachte of veroordeelde een schriftelijke schikking aangaan tot betaling van een geldbedrag aan de staat of tot overdracht van voorwerpen ter gehele of gedeeltelijke ontneming van het ingevolge artikel 36e van het Wetboek van Strafrecht voor ontneming vatbare wederrechtelijk verkregen voordeel.   *Schikking bij vordering tot ontneming van wederrechtelijk verkregen voordeel*
(Zie ook: art. 74 WvSr)

Art. 511d
1. Op de behandeling van een vordering van de officier van justitie zijn de bepalingen van de eerste afdeling van Titel VI van het tweede Boek van overeenkomstige toepassing. De behandeling van de vordering ter terechtzitting kan worden voorafgegaan door een schriftelijke voorbereiding op de wijze als door de rechtbank te bepalen. Bij of krachtens algemene maatregel van bestuur kunnen nadere regels worden gesteld over de schriftelijke voorbereiding.   *Behandeling vordering tot ontneming van wederrechtelijk verkregen voordeel*
2. Indien een strafrechtelijk financieel onderzoek dan wel een nader strafrechtelijk financieel onderzoek noodzakelijk blijkt, stelt de rechtbank met schorsing der zaak onder aanduiding van het onderwerp van het onderzoek en zo nodig de wijze waarop dit zal zijn in te stellen, de stukken in handen van de officier van justitie.
3. Het onderzoek geldt als een met rechterlijke machtiging ingesteld strafrechtelijk financieel onderzoek en wordt gevoerd overeenkomstig de bepalingen van de negende afdeling van de vierde Titel van het eerste Boek, met uitzondering van artikel 126f, vierde en vijfde lid.
(Zie ook: artt. 126, 268 WvSv)

Art. 511e
1. Op de beraadslaging en de uitspraak zijn de bepalingen van de vierde afdeling van Titel VI van het tweede Boek van overeenkomstige toepassing, met dien verstande dat   *Beraadslaging en uitspraak op vordering tot ontneming van wederrechtelijk verkregen voordeel*
   a. de rechtbank naar aanleiding van de vordering en van het onderzoek ter terechtzitting beraadslaagt over de vraag of de in artikel 36e van het Wetboek van Strafrecht bedoelde maatregel moet worden opgelegd en zo ja, op welk bedrag de omvang van het wederrechtelijk verkregen voordeel is te schatten; en
   b. de uitspraak in geen geval later mag plaatsvinden dan zes weken na de dag waarop het onderzoek is gesloten.
(Zie ook: art. 345 WvSv)
2. De rechtbank kan, in geval onder de beraadslaging blijkt dat het onderzoek ter terechtzitting niet volledig is geweest, overeenkomstig de bepalingen van artikel 511d, tweede en derde lid, een onderzoek door de officier van justitie doen plaats vinden. In dit geval wordt gehandeld als ware het onderzoek voor onbepaalde tijd geschorst.   *Extra onderzoek door officier van justitie*
(Zie ook: art. 320 WvSv)

Art. 511f

Wettige bewijsmiddelen bij vordering tot ontneming van wederrechtelijk verkregen voordeel

De rechter kan de schatting van het op geld waardeerbare voordeel als bedoeld in artikel 36e van het Wetboek van Strafrecht slechts ontlenen aan de inhoud van wettige bewijsmiddelen.
(Zie ook: art. 339 WvSv)

Art. 511g

Hoger beroep tegen vordering tot ontneming van wederrechtelijk verkregen voordeel

1. Tegen de uitspraak van de rechtbank kan hoger beroep worden ingesteld.

2. Titel II van het derde Boek is van overeenkomstige toepassing, met dien verstande dat:
   a. de zaak in hoger beroep aanhangig wordt gemaakt door een oproeping van de advocaat-generaal aan de verdachte of veroordeelde betekend;
   b. de behandeling van de vordering waarvan beroep is ingesteld voorafgegaan kan worden door een schriftelijke voorbereiding op de wijze als door het gerechtshof te bepalen;
   c. de artikelen 511d, tweede en derde lid, en 511e, tweede lid, van overeenkomstige toepassing zijn. In deze gevallen wordt het financieel onderzoek gevoerd door de officier van justitie in het arrondissement waarin de rechtbank is gelegen die in eerste aanleg uitspraak heeft gedaan. Na afloop van het bevolen onderzoek deelt de officier van justitie de stukken mede aan de advocaat-generaal;
   d. artikel 511e, eerste lid, onder b, van overeenkomstige toepassing is.
(Zie ook: art. 404 WvSv)

Art. 511h

Cassatie bij vordering tot ontneming van wederrechtelijk verkregen voordeel

Tegen de uitspraak in hoger beroep kan beroep in cassatie worden ingesteld. Titel III van het derde Boek is van overeenkomstige toepassing.
(Zie ook: art. 427 WvSv)

Art. 511i

Kracht van gewijsde bij vordering tot ontneming van wederrechtelijk verkregen voordeel

Een uitspraak op de vordering van het openbaar ministerie als bedoeld in artikel 36e van het Wetboek van Strafrecht vervalt van rechtswege, doordat de uitspraak als gevolg waarvan de veroordeling van de verdachte, als bedoeld in artikel 36e, eerste onderscheidenlijk derde lid, van het Wetboek van Strafrecht, achterwege blijft, in kracht van gewijsde gaat.
(Zie ook: art. 557 WvSv)

Titel IV
Wraking en verschoning van rechters

Art. 512

Wraking

Op verzoek van de verdachte of het openbaar ministerie kan elk van de rechters die een zaak behandelen, worden gewraakt op grond van feiten of omstandigheden waardoor de rechterlijke onpartijdigheid schade zou kunnen lijden.
(Zie ook: art. 12 Wet RO; art. 6 EVRM)

Art. 513

Verzoek tot wraking

1. Het verzoek wordt gedaan zodra de feiten of omstandigheden aan de verzoeker bekend zijn geworden.

Schriftelijk en gemotiveerd verzoek

2. Het verzoek geschiedt schriftelijk en is gemotiveerd. Tijdens de terechtzitting kan het ook mondeling geschieden.
3. Alle feiten of omstandigheden moeten tegelijk worden voorgedragen.
4. Een volgende verzoek om wraking van dezelfde rechter wordt niet in behandeling genomen, tenzij feiten of omstandigheden worden voorgedragen die pas na het eerdere verzoek aan de verzoeker bekend zijn geworden.

Schorsing van de terechtzitting

5. Geschiedt het verzoek ter terechtzitting, dan wordt de terechtzitting geschorst.
(Zie ook: artt. 319, 320 WvSv)

Art. 514

Berusting van gewraakte rechter

Een rechter wiens wraking is verzocht, kan in de wraking berusten.
(Zie ook: art. 518 WvSv)

Art. 515

Behandeling wrakingsverzoek door meervoudige kamer

1. Het verzoek om wraking wordt zo spoedig mogelijk behandeld door een meervoudige kamer waarin de rechter wiens wraking is verzocht, geen zitting heeft.

Partijen horen

2. De verzoeker en de rechter wiens wraking is verzocht, worden in de gelegenheid gesteld te worden gehoord. Het gerecht kan ambtshalve of op verzoek van de verzoeker of de rechter wiens wraking is verzocht, bepalen dat zij niet in elkaars aanwezigheid zullen worden gehoord.

Spoedige uitspraak

3. Het gerecht beslist zo spoedig mogelijk. De beslissing is gemotiveerd en wordt onverwijld aan de verdachte, het openbaar ministerie en de rechter wiens wraking was verzocht medegedeeld.

Wetboek van Strafvordering

4. In geval van misbruik kan het gerecht bepalen dat een volgend verzoek niet in behandeling wordt genomen. Hiervan wordt in de beslissing melding gemaakt.
5. Tegen de beslissing staat geen rechtsmiddel open. *Geen rechtsmiddel*
(Zie ook: artt. 557, 585 WvSv)

Art. 516
[Vervallen]

Art. 517
1. Op grond van feiten of omstandigheden als bedoeld in artikel 512 kan elk van de rechters die een zaak behandelen, verzoeken zich te mogen verschonen. *Verschoning door rechter bij behandeling van wrakingsverzoek*
2. Het verzoek geschiedt schriftelijk en is gemotiveerd. Tijdens de terechtzitting kan het ook mondeling geschieden. *Schriftelijk en gemotiveerd verzoek*
3. Geschiedt het verzoek ter terechtzitting, dan wordt de terechtzitting geschorst.

Art. 518
1. Het verzoek om verschoning wordt zo spoedig mogelijk behandeld door een meervoudige kamer waarin de rechter die om verschoning heeft verzocht, geen zitting heeft. *Behandeling verschoningsverzoek bij wraking door meervoudige kamer*
2. Het gerecht beslist zo spoedig mogelijk. De beslissing is gemotiveerd en wordt onverwijld aan de verdachte, het openbaar ministerie en de rechter die om verschoning had verzocht medegedeeld. *Spoedige uitspraak*
3. Tegen de beslissing staat geen rechtsmiddel open. *Geen rechtsmiddel*
(Zie ook: artt. 557, 585 WvSv)

Art. 519-524
[Vervallen]

Titel V
Geschillen over rechtsmacht

Art. 525
[1.] Een geschil over rechtsmacht is aanwezig: *Jurisdictiegeschillen*
1°. wanneer twee of meer rechters zich dezelfde zaak gelijktijdig hebben aangetrokken;
2°. wanneer twee of meer rechters zich tot onderzoek van dezelfde zaak onbevoegd verklaren en hunne uitspraken met elkander in strijd zijn.
[2.] Onder rechters zijn in dezen Titel begrepen de personen of colleges, aan welke bij bijzondere wetten rechtsmacht is opgedragen, met dien verstande dat enkel geschillen waarbij ook andere rechters betrokken zijn, overeenkomstig de bepalingen van dezen Titel worden berecht. *Rechters*
(Zie ook: art. 2 WvSv)

Art. 526
[1.] Bij het bestaan van een geschil over rechtsmacht kan bij den bevoegden rechter een met redenen omkleed, schriftelijk verzoek tot regeling van rechtsgebied door elken ambtenaar die de vervolging heeft ingesteld, en door den verdachte, worden ingediend. *Verzoek tot regeling van rechtsgebied*
[2.] Van de inlevering van het verzoekschrift wordt door den griffier onverwijld schriftelijk kennis gegeven aan de rechters tusschen wie het geschil bestaat, en, voor zoover het verzoek niet van hen is uitgegaan, aan de ambtenaren die de vervolging hebben ingesteld, en aan den verdachte. *Kennisgeving van verzoek*
[3.] Door de bij het voorgaande lid bedoelde kennisgeving wordt de vervolging geschorst. Niettemin kunnen spoedeischende maatregelen bij of door de gerechten tusschen welke het geschil bestaat, worden genomen. Ieder der rechters tusschen wie het geschil bestaat, is bevoegd tot het nemen van alle maatregelen die met betrekking tot de voorloopige hechtenis kunnen worden genomen. *Schorsing van de vervolging*
[4.] De tot kennisneming van het geschil bevoegde rechter kan bevelen dat het onderzoek dat de rechter-commissaris verricht uit hoofde van de artikelen 181 tot en met 183 zal worden voortgezet.
[5.] De schorsing der vervolging eindigt, zoodra de beschikking over het geschil onherroepelijk is geworden.
(Zie ook: artt. 14, 17, 21, 72, 133, 324 WvSv; artt. 61, 77 Wet RO)

Art. 527
1. De beschikking wordt ten spoedigste genomen. *Beschikking bij jurisdictiegeschil*
2. Bij de beschikking wordt tevens bepaald, of en in hoever de handelingen en beslissingen van den rechter aan wien het onderzoek der zaak wordt onttrokken, zullen standhouden.
3. De beschikking wordt den verdachte zo spoedig mogelijk beteekend. Zij wordt door den griffier aan de rechters tusschen wie het geschil bestaat, onverwijld schriftelijk medegedeeld. *Betekening en mededeling*

C2 art. 528 — Wetboek van Strafvordering

Beroep in cassatie

4. Tegen de beschikking der rechtbanken en gerechtshoven staat het openbaar ministerie binnen veertien dagen daarna en den verdachte binnen veertien dagen na de beteekening beroep in cassatie open. De bepaling van het voorgaande lid is op de beschikking in cassatie toepasselijk.
(Zie ook: artt. 21, 130, 136, 445, 585 WvSv)

Titel VI
Vervolging en berechting van rechtspersonen

Art. 528

Vervolging en berechting van een rechtspersoon

1. Indien een strafvervolging wordt ingesteld tegen een rechtspersoon, doelvermogen of rederij, wordt deze rechtspersoon of dit doelvermogen tijdens de vervolging vertegenwoordigd door de bestuurder of, indien er meer bestuurders zijn, door een van hen en de rederij door de boekhouder of een der leden van de rederij. De vertegenwoordiger kan bij gemachtigde verschijnen.

Aansprakelijke vennoot

2. Indien de strafvervolging wordt ingesteld tegen een maatschap of vennootschap zonder rechtspersoonlijkheid, wordt deze tijdens de vervolging vertegenwoordigd door de aansprakelijke vennoot of, indien er meer aansprakelijke vennoten zijn, door een van hen. De vertegenwoordiger kan bij gemachtigde verschijnen.

3. De rechter kan de persoonlijke verschijning van een bepaalde bestuurder of vennoot bevelen; hij kan alsdan zijn medebrenging gelasten.
(Zie ook: art. 278 WvSv; art. 51 WvSr; art. 80 Rv)

Titel VIa
Schadevergoeding en andere bijzondere kosten

Art. 529

Schadevergoeding gewezen verdachte

1. Aan de gewezen verdachte of zijn erfgenamen wordt uit 's Rijks kas een vergoeding toegekend voor de kosten, welke ingevolge het bij en krachtens de Wet tarieven in strafzaken bepaalde ten laste van de gewezen verdachte zijn gekomen, voor zover de aanwending van die kosten het belang van het onderzoek heeft gediend of door de intrekking van dagvaardingen of rechtsmiddelen door het openbaar ministerie nutteloos is geworden.

Schadevergoeding gewezen verdachte, verzoek

2. Het bedrag van de vergoeding wordt op verzoek van de gewezen verdachte of zijn erfgenamen vastgesteld. Het verzoek moet worden ingediend binnen drie maanden na het eindigen van de zaak. De vaststelling geschiedt bij het gerecht in feitelijke aanleg waarvoor de zaak tijdens de beëindiging daarvan werd vervolgd of anders het laatst werd vervolgd, en wel door de rechter of raadsheer in de enkelvoudige kamer die de zaak heeft behandeld of, indien de behandeling van de zaak plaatsvond voor een meervoudige kamer, door de voorzitter daarvan. De rechter of raadsheer geeft voor het bedrag van de vergoeding een bevelschrift van tenuitvoerlegging af.

3. De behandeling van het verzoek door de raadkamer vindt plaats in het openbaar.

4. Uitbetaling geschiedt door de griffier.

5. Een en ander vindt overeenkomstige toepassing op de behandeling van vorderingen of beroep in het kader van de tenuitvoerlegging van een terbeschikkingstelling en op de behandeling van klaagschriften als bedoeld in de artikelen 552a tot en met 552b.

Art. 530

Kennisgeving bij vervolging van maatschap of vennootschap zonder rechtspersoonlijkheid

1. Indien de zaak eindigt zonder oplegging van straf of maatregel en zonder dat toepassing is gegeven aan artikel 9a van het Wetboek van Strafrecht wordt aan de gewezen verdachte of zijn erfgenamen uit 's Rijks kas een vergoeding toegekend voor zijn ten behoeve van het onderzoek en de behandeling van de zaak gemaakte reis- en verblijfkosten, berekend op de voet van het bij en krachtens de Wet tarieven in strafzaken bepaalde.

2. Indien de zaak eindigt zonder oplegging van straf of maatregel en zonder dat toepassing is gegeven aan artikel 9a van het Wetboek van Strafrecht kan aan de gewezen verdachte of zijn erfgenamen uit 's Rijks kas een vergoeding worden toegekend voor de schade welke hij tengevolge van tijdverzuim door de vervolging en de behandeling van de zaak ter terechtzitting werkelijk heeft geleden, alsmede, behoudens voor zover artikel 44a van de Wet op de rechtsbijstand van toepassing is, in de kosten van een raadsman. Een vergoeding voor de kosten van een raadsman gedurende de verzekering en de voorlopige hechtenis is hierin begrepen. Een vergoeding voor deze kosten kan voorts worden toegekend in het geval dat de zaak eindigt met oplegging van straf of maatregel op grond van een feit, waarvoor voorlopige hechtenis niet is toegelaten.

3. Het eerste en tweede lid zijn van overeenkomstige toepassing voor ouders van een minderjarige verdachte, die zijn opgeroepen ingevolge artikel 496, eerste lid.

4. De artikelen 529, tweede tot en met vijfde lid, 534 en 535 zijn van overeenkomstige toepassing.

Wetboek van Strafvordering · C2 art. 535

5. Indien de gewezen verdachte na het indienen van zijn verzoek overleden is, geschiedt de toekenning ten behoeve van zijn erfgenamen.

Art. 531

1. De kosten van uitlevering of overbrenging van voorwerpen ingevolge een bevel van de rechter-commissaris of van de officier van justitie kunnen de betrokken persoon op de begroting van de rechter-commissaris of van de officier van justitie uit 's Rijks kas worden vergoed.

Kosten uitlevering of overbrenging voorwerpen, vergoeding

2. De kosten van het nakomen van een vordering tot het verstrekken van gegevens of tot het medewerking verlenen aan het ontsleutelen van gegevens krachtens de artikelen 125k, 126m, 126n, 126na, 126nc tot en met 126ni, 126t, 126u, 126ua, 126uc tot en met 126ui, 126zg, 126zh, 126zi en 126zja tot en met 126zp kunnen de betrokkene uit 's Rijks kas worden vergoed. Hierbij kan een lager bedrag worden vergoed voor zover degene tot wie het bevel zich richt, niet de administratie heeft gevoerd en de daartoe behorende boeken, bescheiden en andere gegevensdragers heeft bewaard als voorgeschreven in artikel 10 van boek 2 en artikel 15i van boek 3 van het Burgerlijk Wetboek.

3. De rechter-commissaris of de officier van justitie geeft een bevelschrift van tenuitvoerlegging af.

Art. 532

Indien een benadeelde partij zich in het geding heeft gevoegd, beslist de rechter die een uitspraak als bedoeld in artikel 333 of 335 doet, over de kosten door de benadeelde partij, de verdachte en, in het in artikel 51g, vierde lid bedoelde geval, diens ouders of voogd gemaakt en ten behoeve van de tenuitvoerlegging nog te maken.

Kosten benadeelde partij, vergoeding

Art. 533

1. Indien de zaak eindigt zonder oplegging van straf of maatregel of met zodanige oplegging, doch op grond van een feit waarvoor voorlopige hechtenis niet is toegelaten, kan de rechter, op verzoek van de gewezen verdachte, hem een vergoeding uit 's Rijks kas toekennen voor de schade welke hij tengevolge van ondergane inverzekeringstelling, klinische observatie of voorlopige hechtenis heeft geleden. Onder schade is begrepen het nadeel dat niet in vermogensschade bestaat.

Schadevergoeding onterechte ondergane inverzekeringstelling, klinische observatie of voorlopige hechtenis

2. Een vergoeding, als bedoeld in het eerste lid, kan ook worden toegekend voor de schade die de gewezen verdachte heeft geleden ten gevolge van vrijheidsbeneming die hij in het buitenland heeft ondergaan in verband met een door Nederlandse autoriteiten gedaan verzoek om uitlevering.

3. Het verzoek kan slechts worden ingediend binnen drie maanden na de beëindiging van de zaak. De behandeling van het verzoek door de raadkamer vindt plaats in het openbaar.

4. De raadkamer is zoveel mogelijk samengesteld uit de leden die op de terechtzitting over de zaak hebben gezeten.

5. Tot de toekenning is bevoegd het gerecht in feitelijke aanleg, waarvoor de zaak tijdens de beëindiging daarvan werd of zou worden vervolgd of anders het laatst werd vervolgd.

6. Een verzoek om vergoeding van door de gewezen verdachte geleden schade kan ook door zijn erfgenamen worden gedaan en de vergoeding kan ook aan hen worden toegekend. Bij deze toekenning blijft een vergoeding van het door de gewezen verdachte geleden nadeel dat niet in vermogensschade bestaat achterwege. Indien de gewezen verdachte na het indienen van zijn verzoek of na instelling van hoger beroep is overleden, geschiedt de toekenning ten behoeve van zijn erfgenamen.

Art. 534

1. De toekenning van een schadevergoeding heeft steeds plaats, indien en voor zover daartoe, naar het oordeel van de rechter, alle omstandigheden in aanmerking genomen, gronden van billijkheid aanwezig zijn.

Schadevergoeding, toekenning naar billijkheid

2. Bij de bepaling van het bedrag wordt ook rekening gehouden met de levensomstandigheden van de gewezen verdachte.

3. Indien de rechter beslist tot het toekennen van schadevergoeding, wordt het uit te keren bedrag verrekend met geldboeten en andere aan de staat verschuldigde geldsommen, tot betaling waarvan de verzoeker bij onherroepelijk geworden vonnis of arrest in een strafzaak is veroordeeld of tot betaling waartoe de verzoeker op grond van een jegens hem uitgevaardigde, onherroepelijk geworden strafbeschikking verplicht is, een en ander voor zover die nog niet door hem zijn voldaan.

4. In plaats van het toekennen van schadevergoeding kan de rechter beschikken dat de dagen die de gewezen verdachte op grond van een bevel tot inverzekeringstelling en voorlopige hechtenis in detentie heeft doorgebracht – geheel of gedeeltelijk – in mindering worden gebracht bij de tenuitvoerlegging van een uit anderen hoofde opgelegde onherroepelijke vrijheidsstraf.

5. De beschikking wordt onverwijld aan de gewezen verdachte of aan zijn erfgenamen betekend.

Art. 535

1. Tegen de door de rechtbank genomen beslissing staat de officier van justitie binnen veertien dagen daarna en de gewezen verdachte of zijn erfgenamen binnen een maand na de betekening hoger beroep open bij het gerechtshof.

Schadevergoedingsbeslissing, hogerberoepstermijn

Sdu

2. Ten aanzien van de gewezen verdachte of zijn erfgenamen vinden de artikelen 447 tot en met 455 overeenkomstige toepassing, met dien verstande dat hetgeen in die artikelen met betrekking tot de raadsman is bepaald, geldt voor hun advocaat.
3. Artikel 534, vijfde lid, is van toepassing.

Art. 536

Schadevergoeding, bevelschrift tenuitvoerlegging
Uitbetaling schadevergoeding

1. Voor het bedrag van de schadevergoeding wordt door de voorzitter van het college een bevelschrift van tenuitvoerlegging afgegeven.
2. Uitbetaling geschiedt door de griffier.

Art. 537

1. In de gevallen waarin een vordering tot tenuitvoerlegging, als bedoeld in artikel 6:6:20, eerste lid, of artikel 6:6:21, eerste lid, wordt afgewezen of het openbaar ministerie in zijn vordering niet ontvankelijk wordt verklaard, kan de rechter die als laatste over de vordering heeft geoordeeld op verzoek van de veroordeelde hem een vergoeding ten laste van de staat toekennen voor de schade die hij heeft geleden ten gevolge van vrijheidsbeneming die voorafgaand aan de beslissing op de vordering is ondergaan.
2. Het eerste lid is van overeenkomstige toepassing in de gevallen dat het gerechtshof in beroep de beslissing tot tenuitvoerlegging van de rechter of de rechter-commissaris vernietigt, of indien de zaak eindigt zonder oplegging van de vrijheidsbeperkende maatregel bedoeld in artikel 38v, van het Wetboek van Strafrecht.
3. De artikelen 533, eerste lid, tweede volzin, tweede lid, en zesde lid, 534 en 536 zijn van overeenkomstige toepassing.

Art. 538

Waarborgsom

1. Indien als voorwaarde een waarborgsom is gestort, kan de rechter bij de beslissing bedoeld in artikel 6:6:21, eerste lid, voorts een beslissing nemen, krachtens welke die som geheel of gedeeltelijk aan de staat vervalt.
2. Voor zover de waarborgsom niet krachtens de in het eerste lid bedoelde beslissing aan de staat is vervallen, wordt deze aan de veroordeelde teruggegeven. De teruggave geschiedt zodra vaststaat dat zodanige beslissing niet meer kan worden genomen, onverminderd de bevoegdheid van de rechter om te bevelen dat gehele of gedeeltelijke teruggave op een eerder tijdstip zal plaats hebben.
3. De aanspraak op teruggave is niet overdraagbaar.

Art. 539

Schadevergoeding gewezen verdachte na herziening

1. Indien na herziening ingevolge het Derde Boek, Titel VIII, Eerste Afdeling, de onherroepelijke uitspraak is vernietigd en geen straf of maatregel is opgelegd, wordt, op verzoek van de gewezen verdachte of van zijn erfgenamen, wat betreft de ondergane straf of vrijheidsbenemende maatregel een schadevergoeding toegekend. De toekenning heeft plaats, voor zover daartoe, naar het oordeel van de rechter, gronden van billijkheid aanwezig zijn op de voet van de artikelen 533 tot en met 536.
2. Ten aanzien van de ondergane verzekering en van de ondergane voorlopige hechtenis vinden die artikelen overeenkomstige toepassing.
3. Indien de gewezen verdachte bij het vernietigde arrest of vonnis is veroordeeld tot een vergoeding aan de benadeelde partij van de door het strafbare feit veroorzaakte schade kan bij de uitspraak in herziening worden bepaald dat reeds betaalde schadevergoedingen aan de gewezen verdachte worden vergoed. Deze kosten komen ten laste van 's Rijks kas.
4. Het derde lid is van overeenkomstige toepassing op door de gewezen verdachte aan de benadeelde partij betaalde proceskosten.

Titel VIb
Strafvordering buiten het rechtsgebied van een rechtbank

Eerste afdeling
Algemeen

Art. 539a

Strafvordering buiten het rechtsgebied van een rechtbank

1. De bevoegdheden, bij enige wetsbepaling toegekend in verband met de opsporing van strafbare feiten of in verband met het onderzoek daarnaar, anders dan ter terechtzitting, kunnen, voorzover in deze Titel niet anders is bepaald, buiten het rechtsgebied van een rechtbank worden uitgeoefend.
2. De bepalingen van de eerste en tweede afdeling van deze Titel zijn slechts van toepassing ten aanzien van de opsporing en het onderzoek buiten het rechtsgebied van een rechtbank. Voorzover zij betrekking hebben op een aangehouden persoon of een inbeslaggenomen voorwerp blijven zij, ook binnen het rechtsgebied van een rechtbank, van toepassing, totdat de aangehoudene of het voorwerp is overgeleverd aan de officier van justitie of een zijner hulpofficieren.

Wetboek van Strafvordering

C2 art. 539f

3. De bevoegdheden, in de bepalingen van deze Titel toegekend, kunnen slechts worden uitgeoefend, voorzover het volkenrecht en het interregionale recht dit toelaten.
(Zie ook: artt. 2, 53, 94, 146 WvSv)

Art. 539b
1. Anderen dan opsporingsambtenaren oefenen de bevoegdheden, in artikel 539a of in de tweede afdeling van deze Titel toegekend, niet uit dan op aanwijzing van de officier van justitie, tenzij zodanige aanwijzingen niet kunnen worden afgewacht. *Aanwijzing van officier van justitie bij strafvordering buiten het rechtsgebied van een rechtbank*
(Zie ook: art. 539g WvSv)
2. Ieder die een bevoegdheid als bedoeld in het eerste lid heeft uitgeoefend, stelt de officier van justitie onverwijld en op de snelst mogelijke wijze in kennis van: *Kennisgeving aan officier van justitie*
1°. het te zijner kennis gekomen strafbare feit;
2°. elke door hem krachtens een bevoegdheid als bedoeld in het eerste lid getroffen maatregel.
3. Bij die kennisgeving doet hij voorzover mogelijk opgave van de personalia van de verdachte en diens nationaliteit, alsmede van zijn eigen personalia en van andere terzake doende feiten. Hij tracht voorts ten spoedigste aanwijzingen van de officier van justitie te verkrijgen aangaande de wijze waarop terzake dient te worden gehandeld. Hij neemt de aanwijzingen van de officier van justitie in acht.
4. Het in de beide vorige leden bepaalde geldt ook voor degene aan wie een aangehouden verdachte of een inbeslaggenomen voorwerp wordt overgeleverd.
5. Het bepaalde in de voorgaande leden geldt niet voor leden van de rechterlijke macht ten aanzien van die verrichtingen waartoe zij als zodanig bevoegd zijn.
(Zie ook: art. 127 WvSv; art. 446a WvSr)

Art. 539c
1. De commandant kan ingeval van een strafbaar feit met inachtneming van de bepalingen van deze Titel inlichtingen en bewijzen verzamelen, die tot opheldering van de zaak kunnen dienen, tenzij de officier van justitie anders beslist. *Inlichtingen en bewijs verzamelen bij strafvordering buiten het rechtsgebied van een rechtbank*

2. Dezelfde bevoegdheid komt toe aan de schipper en aan de gezagvoerder van een luchtvaartuig aan boord van het vaartuig of luchtvaartuig waarover zij het gezag voeren. Onder vaartuig wordt een door Ons aangewezen installatie ter zee begrepen.
(Zie ook: art. 136a WvSv)

Art. 539d
Onze Minister van Veiligheid en Justitie kan, in overeenstemming met de Minister van Defensie, alle of bepaalde commandanten belasten met de opsporing buiten het rechtsgebied van een rechtbank van bepaalde door hem aangewezen strafbare feiten. *Bevoegde commandanten bij strafvordering buiten het rechtsgebied van een rechtbank*
(Zie ook: artt. 136a, 141 WvSv)

Art. 539e
1. De commandant kan een verrichting, waartoe hij op grond van een der bepalingen van deze Titel als zodanig dan wel na aanwijzing op grond van artikel 539d als opsporingsambtenaar bevoegd is, opdragen aan een onder zijn bevelen staande officier. *Delegeren van opsporingsambtenaren bij strafvordering buiten het rechtsgebied van een rechtbank*

2. De schipper kan een verrichting, waartoe hij op grond van een der bepalingen van deze Titel bevoegd is, opdragen aan een onder zijn bevelen staande scheepsofficier. De gezagvoerder van een luchtvaartuig kan een verrichting, waartoe hij op grond van een der bepalingen van deze Titel bevoegd is, opdragen aan een onder zijn bevelen staand lid van de bemanning.
(Zie ook: art. 136a WvSv; art. 446a WvSr)

Art. 539f
1. De commandant, de schipper of de gezagvoerder van een luchtvaartuig maakt, indien hij een van de bevoegdheden, in de artikelen 539a of 539c of in de tweede afdeling van deze Titel toegekend, uitoefent, persoonlijk ten spoedigste proces-verbaal op van zijn verrichtingen en bevindingen. *Proces-verbaal bij strafvordering buiten het rechtsgebied van een rechtbank*
2. De officier, de scheepsofficier of het lid van de bemanning van een luchtvaartuig handelt ingeval van toepassing van artikel 539e overeenkomstig het eerste lid.
3. Wanneer de schipper of de scheepsofficier dan wel de gezagvoerder van een luchtvaartuig of een lid van de bemanning de verdachte of getuigen verhoort, zijn daarbij zo mogelijk twee opvarenden of inzittenden aanwezig, die het proces-verbaal van verhoor mede ondertekenen.
4. Het proces-verbaal wordt gedagtekend en ondertekend door de verbalisant. Hij vermeldt zoveel mogelijk uitdrukkelijk zijn redenen van wetenschap. Het proces-verbaal van de officier, de scheepsofficier of het lid van de bemanning van een luchtvaartuig wordt mede ondertekend door de commandant, onderscheidenlijk de schipper en de gezagvoerder van het luchtvaartuig.
5. Het proces-verbaal wordt door de commandant, de schipper of de gezagvoerder van het luchtvaartuig ten spoedigste toegezonden aan de officier van justitie, tenzij deze anders beslist.
(Zie ook: artt. 136a, 152, 153, 344 WvSv)

Tweede afdeling
Toepassing van enige bijzondere dwangmiddelen

Art. 539g

Staande houden bij strafvordering buiten het rechtsgebied van een rechtbank

De bevoegdheid, omschreven in artikel 52, komt mede toe aan de commandant, de schipper en de gezagvoerder van een luchtvaartuig.
(Zie ook: art. 136a WvSv)

Art. 539h

Aanhouding bij strafvordering buiten het rechtsgebied van een rechtbank

1. De verdachte kan slechts worden aangehouden:
1°. ingeval van ontdekking op heterdaad van een misdrijf, door een ieder;
2°. ingeval van ontdekking op heterdaad van een overtreding, door een opsporingsambtenaar, een commandant, een schipper en een gezagvoerder van een luchtvaartuig;
3°. buiten het geval van ontdekking op heterdaad, indien het een misdrijf of het strafbare feit omschreven in artikel 435 onder 4°. van het Wetboek van Strafrecht betreft, door een opsporingsambtenaar, een commandant, een schipper en een gezagvoerder van een luchtvaartuig.
2. De officier van justitie kan in de gevallen, genoemd in het vorige lid, de aanhouding van de verdachte bevelen.
(Zie ook: artt. 53, 54, 127, 128, 129, 136a WvSv; art. 446a WvSr)

Art. 539i

Overlevering aangehouden verdachte bij strafvordering buiten het rechtsgebied van een rechtbank

Een aangehouden verdachte wordt onverwijld overgeleverd:
1. door een ieder aan de officier van justitie, indien deze ter plaatse aanwezig is;
2. door de commandant, de schipper en de gezagvoerder van een luchtvaartuig aan een opsporingsambtenaar, indien deze ter plaatse aanwezig is;
3. door een opvarende die geen opsporingsambtenaar is aan de schipper en door een inzittende van een luchtvaartuig die geen opsporingsambtenaar is aan de gezagvoerder van het luchtvaartuig;
4. door anderen aan een opsporingsambtenaar of aan een commandant.
(Zie ook: artt. 127, 136a WvSv; art. 446a WvSr)

Art. 539j

Verhoor verdachte bij strafvordering buiten het rechtsgebied van een rechtbank

1. De officier van justitie kan bepalen dat de aangehouden verdachte zal worden verhoord. Hij kan daartoe de overlevering van de verdachte aan een bepaalde persoon of zijn overbrenging naar een bepaalde plaats bevelen.
2. Tenzij de officier van justitie anders bepaalt, is de opsporingsambtenaar bevoegd de aangehouden verdachte te verhoren. Bij afwezigheid van een opsporingsambtenaar komt gelijke bevoegdheid toe aan de commandant, aan de schipper en aan de gezagvoerder van het luchtvaartuig.
3. Degene die bevoegd is tot verhoor van de verdachte is ook bevoegd hem naar een plaats van verhoor te geleiden.
4. In geval van verhoor door de schipper of een scheepsofficier dan wel door de gezagvoerder van een luchtvaartuig of een lid van de bemanning is artikel 29 van overeenkomstige toepassing.
(Zie ook: artt. 53, 136a WvSv)

Art. 539k

Ophouden voor verhoor bij strafvordering buiten het rechtsgebied van een rechtbank

1. De aangehouden verdachte wordt, na te zijn verhoord, dadelijk in vrijheid gesteld. Hij mag niet langer dan zes uren voor het verhoor worden opgehouden, met dien verstande dat de tijd tussen middernacht en negen uur voormiddags niet wordt medegerekend.

2. Niettemin kan de verdachte langer dan zes uren worden opgehouden:
a. wanneer een bevel tot voorlopige hechtenis tegen hem is verleend en de tenuitvoerlegging daarvan, ook buiten het rechtsgebied van een rechtbank, is gelast;
b. wanneer hij wordt verdacht van een misdrijf, waarop naar de wettelijke omschrijving een gevangenisstraf van vier jaren of meer is gesteld, en ter zake daarvan een bevel tot voorlopige hechtenis tegen hem kan worden verleend.
3. Een besluit de verdachte in het in het vorige lid onder *b* bedoelde geval langer dan zes uren op te houden wordt genomen door de officier van justitie. Kan diens optreden niet worden afgewacht, dan kan ook de opsporingsambtenaar, de commandant, de schipper of de gezagvoerder van een luchtvaartuig, in wiens handen de verdachte zich bevindt, daartoe besluiten.
(Zie ook: artt. 61, 127, 133, 136a WvSv)

Art. 539l

Bewaring bij strafvordering buiten het rechtsgebied van een rechtbank

1. Zodra de officier van justitie een besluit bedoeld in artikel 539k, derde lid, heeft genomen, stelt hij een vordering tot bewaring in bij de rechter-commissaris.
(Zie ook: art. 63 WvSv)
2. Zodra de officier van justitie verneemt dat een opsporingsambtenaar, een commandant, een schipper of een gezagvoerder van een luchtvaartuig een besluit als bedoeld in artikel 539k,

derde lid, heeft genomen, stelt hij een vordering tot bewaring in bij de rechter-commissaris of gelast hij de onmiddellijke invrijheidstelling van de verdachte.

3. Heeft het in artikel 539k, derde lid, bedoelde besluit betrekking op een verdachte die aan boord van een luchtvaartuig is aangehouden, dan gelden de volgende bepalingen:

a. in het geval, bedoeld in het eerste lid, stelt de officier van justitie een vordering tot bewaring bij de rechter-commissaris in of beveelt hij de gezagvoerder, indien deze bevoegd is de verdachte over te dragen aan de autoriteiten van de staat waar het luchtvaartuig zal landen, van deze bevoegdheid gebruik te maken;

b. in het geval, bedoeld in het tweede lid, neemt hij een van de onder *a* genoemde maatregelen of gelast hij de onmiddellijke invrijheidstelling van de verdachte.

4. De verdachte kan zich bij de verhoren, bedoeld in de artikelen 63, derde lid, en 65, tweede lid, doen vertegenwoordigen door een raadsman.

5. Indien de vordering tot bewaring wordt afgewezen, gelast de officier van justitie de onmiddellijke invrijheidstelling van de verdachte. Hij gelast die invrijheidstelling tevens, zodra geen titel tot vrijheidsbeneming meer aanwezig is of de grond tot vrijheidsbeneming is vervallen.

6. Zolang degene in wiens handen de verdachte zich bevindt geen bericht van de officier van justitie heeft ontvangen, is hij verplicht de verdachte eigener beweging in vrijheid te stellen, zodra hij meent dat de grond tot vrijheidsbeneming is vervallen; in ieder geval stelt hij de verdachte in vrijheid, indien hij niet binnen achttien dagen na de aanhouding bericht heeft ontvangen, dat een bevel tot voorlopige hechtenis is verleend, waarvan de tenuitvoerlegging, ook buiten het rechtsgebied van een rechtbank, is gelast.

(Zie ook: artt. 130, 133, 136 WvSv)

Art. 539m

1. De verdachte, ten aanzien van wie het tweede lid van artikel 539k wordt toegepast, wordt in het geval, bedoeld in dat lid onder a, zo spoedig mogelijk overgeleverd aan de officier van justitie;

kan in het geval, bedoeld in dat lid onder b, worden overgeleverd aan de officier van justitie, wanneer hij op weg was naar het rijk in Europa of wanneer het niet doenlijk is hem elders op te houden, totdat een bevel tot voorlopige hechtenis tegen hem is verleend en de tenuitvoerlegging daarvan, ook buiten het rechtsgebied van een rechtbank, is gelast.

2. Van het voornemen tot overlevering over te gaan wordt onverwijld bericht gegeven aan de officier van justitie.

(Zie ook: art. 133 WvSv)

Overlevering aan officier van justitie bij strafvordering buiten het rechtsgebied van een rechtbank

Art. 539n

1. Degene in wiens handen een aangehouden verdachte zich bevindt zorgt dat de nodige maatregelen worden genomen om te voorkomen dat het doel van de vrijheidsbeneming wordt gemist. De verdachte mag aan geen andere beperkingen worden onderworpen dan die voor dit doel volstrekt noodzakelijk zijn.

2. Aan de verdachte wordt gelegenheid gegeven zich met een raadsman in verbinding te stellen.

3. Bij algemene maatregel van bestuur worden omtrent de behandeling van aangehouden verdachten nadere regelen gegeven.

(Zie ook: artt. 37, 62 WvSv; art. 1 Besl.art. 539n WvS)

Maatregelen bij strafvordering buiten het rechtsgebied van een rechtbank

Art. 539o

1. De officier van justitie kan ten aanzien van een aangehoudene tegen wie ernstige bezwaren bestaan, een bevel geven als bedoeld in het eerste of tweede lid van artikel 56.

2. De bevoegdheid, vermeld in artikel 56, vierde lid, komt, indien ter plaatse geen opsporingsambtenaar aanwezig is, mede toe aan de commandant, de schipper en de gezagvoerder van het luchtvaartuig.

(Zie ook: artt. 127, 136a WvSv)

Onderzoek aan en in lichaam of kleding bij strafvordering buiten het rechtsgebied van een rechtbank

Art. 539p

1. Opsporingsambtenaren zijn te allen tijde bevoegd tot inbeslagneming van daarvoor vatbare voorwerpen en kunnen daartoe hun uitlevering vorderen. De officier van justitie kan de inbeslagneming van daarvoor vatbare voorwerpen bevelen.

2. In geval van een ontdekking op heterdaad komen de bevoegdheden, genoemd in de eerste volzin van het vorige lid, toe aan de commandant, aan de schipper en aan de gezagvoerder van het luchtvaartuig, voorzover ter plaatse geen opsporingsambtenaar aanwezig is.

3. Met betrekking tot de overlevering van het inbeslaggenomen voorwerp is artikel 539i van overeenkomstige toepassing.

(Zie ook: art. 94 WvSv; art. 446a WvSr)

Inbeslagneming bij strafvordering buiten het rechtsgebied van een rechtbank

Art. 539q

Teruggave van inbeslagge-nomen voorwerpen bij strafvordering buiten het rechtsgebied van een rechtbank

De officier van justitie kan een inbeslaggenomen voorwerp doen teruggeven, voordat het onder de hoede is gesteld van de bewaarder. De last tot teruggave wordt gericht tot hem die het voorwerp onder zich heeft. Deze is verplicht daaraan onmiddellijk te voldoen.
(Zie ook: art. 116 WvSv)

Art. 539r

Bescheiden inzien bij strafvordering buiten het rechtsgebied van een rechtbank

1. De opsporingsambtenaren kunnen te allen tijde inzage vorderen van de bescheiden waarvan naar hun redelijk oordeel inzage nodig is voor de vervulling van hun taak.

Geheimhouding

2. Personen die uit hoofde van hun stand, beroep of ambt tot geheimhouding verplicht zijn, kunnen de inzage weigeren van bescheiden of gedeelten daarvan, tot welke hun plicht tot geheimhouding zich uitstrekt.
(Zie ook: art. 218 WvSv)

Art. 539s

Betreden van plaatsen bij strafvordering buiten het rechtsgebied van een rechtbank

1. De opsporingsambtenaren hebben toegang tot alle plaatsen voor zover dat redelijkerwijs voor de vervulling van hun taak nodig is. De commandant en de schipper kunnen ter aanhouding van de verdachte of ter inbeslagneming alle plaatsen betreden, voor zover dat redelijkerwijs voor de vervulling van hun taak nodig is.
2. De in het eerste lid bedoelde opsporingsambtenaren zijn in afwijking van artikel 2, eerste lid, van de Algemene wet op het binnentreden (*Stb.* 1994, 572) bevoegd om zonder machtiging binnen te treden.
(Zie ook: artt. 55, 127 WvSv; art. 1 Awob)

Art. 539t

Overdragen van inzittende van een luchtvaartuig bij strafvordering buiten het rechtsgebied van een rechtbank

De gezagvoerder van een luchtvaartuig kan op de voet van artikel 9, eerste lid, van het Verdrag inzake strafbare feiten en bepaalde andere handelingen begaan aan boord van luchtvaartuigen (*Trb.* 1964, 115) aan de bevoegde autoriteiten van een vreemde staat overdragen iedere inzittende van het luchtvaartuig, van wie hij redelijkerwijs mag aannemen, dat deze aan boord een misdrijf heeft begaan, waarop naar de wettelijke omschrijving een gevangenisstraf van vier jaren of meer is gesteld.
(Zie ook: artt. 129, 136a WvSv)

Derde afdeling
Verplichtingen van de schipper

Art. 539u

Kennisgeving van misdrijf aan officier van justitie bij strafvordering buiten het rechtsgebied van een rechtbank

1. De schipper geeft onverwijld en op de snelst mogelijke wijze kennis aan de officier van justitie van elk misdrijf, aan boord begaan, waardoor de veiligheid van het vaartuig of van de opvarenden in gevaar is gebracht of waardoor iemands dood of zwaar lichamelijk letsel is veroorzaakt.

Vaartuig

2. Voor de toepassing van het vorige lid wordt onder vaartuig begrepen een overeenkomstig artikel 136a, tweede lid, aangewezen installatie en wordt onder een misdrijf, aan boord begaan, begrepen een misdrijf, begaan op of zulk een installatie.
3. Artikel 539b, derde lid, is van overeenkomstige toepassing.
(Zie ook: artt. 129, 136a WvSv; art. 471a WvSr)

Art. 539v

Register van strafbare feiten bij strafvordering buiten het rechtsgebied van een rechtbank

1. De schipper van een Nederlands schip zorgt dat aan boord een register van strafbare feiten aanwezig is, dat blad voor blad is genummerd.

2. Hij zorgt dat in het register onverwijld wordt vermeld:
1°. elk te zijner kennis gekomen misdrijf als bedoeld in het vorige artikel;
2°. elk strafbaar feit ten aanzien waarvan hij van een bevoegdheid als bedoeld in artikel 539b, eerste lid, gebruik heeft gemaakt;
3°. elk strafbaar feit, aan boord van zijn schip door een opvarende begaan, waarvan door een opvarende vermelding in het register wordt verlangd of waarvan hij zelf de vermelding wenselijk acht.
3. Bij toepassing van het vorige lid worden vermeld: de plaats waar en het tijdstip waarop het feit is begaan, de personalia en nationaliteit van de verdachte en van de getuigen, alsmede de maatregelen ingevolge de bepalingen van deze Titel genomen door de schipper of op zijn aanwijzing door de scheepsofficier.
4. De vermeldingen worden gedagtekend en door de schipper ondertekend.

Wetboek van Strafvordering

C2 art. 543

5. De schipper geeft het register op eerste vordering van een opsporingsambtenaar aan deze ter inzage.
(Zie ook: artt. 127, 136a WvSv)

Art. 539w
1. De schipper van enig vaartuig geeft aan de ambtenaar, die krachtens enige wetsbepaling toegang heeft tot zijn vaartuig, op diens eerste vordering gelegenheid zich aan of van boord te begeven.
2. De ambtenaar is in de rechtmatige uitoefening van zijn bediening niet onderworpen aan het gezag van de schipper van een vaartuig over de opvarenden.
(Zie ook: art. 136a WvSv; art. 180 WvSr)

Bewegingsvrijheid bij strafvordering buiten het rechtsgebied van een rechtbank

Titel VII
Rechterlijke bevelen tot handhaving der openbare orde

Art. 540
1. In het geval van ontdekking op heeterdaad van eenig strafbaar feit waardoor de openbare orde ernstig is aangerand, kunnen de maatregelen in de navolgende bepalingen omschreven, worden toegepast, indien tegen den verdachte gewichtige bezwaren bestaan en er groot gevaar is voor herhaling of voortzetting van dat feit.
2. Het geval van ontdekking op heeter daad wordt bij toepassing van de maatregelen die in deze titel worden omschreven, aanhouding inbegrepen, aanwezig geacht indien:
a. de vrijheidsbeneming omschreven in de 240, artikelen 154a en 176a van de Gemeentewet kort na die ontdekking heeft plaatsgevonden en
b. bij aansluitende aanhouding en inverzekeringstelling de toepasselijke termijnen in acht zijn genomen.
(Zie ook: artt. 128, 133 WvSv)

Handhaving van de openbare orde

Art. 541
[1.] De officier van justitie van de plaats waar het feit is gepleegd, is bevoegd den verdachte te doen aanhouden en hem onverwijld te doen geleiden voor den rechter-commissaris.
(Zie ook: art. 53 WvSv)
[2.] De officier van justitie is eveneens bevoegd getuigen, deskundigen en tolken te doen oproepen om te verschijnen voor den rechter-commissaris. De oproeping kan ook mondeling door een ambtenaar van politie, aangesteld voor de uitvoering van de politietaak, dan wel een andere ambtenaar of functionaris, voor zover die ambtenaar of functionaris door Onze Minister van Veiligheid en Justitie daartoe is aangewezen of schriftelijk geschieden; de officier kan ook zelf mondeling oproepen.
(Zie ook: art. 260 WvSv; art. 1 Raa v. pol en f.)
[3.] De verdachte wordt gedurende ten hoogste twee dagen of, indien het onderzoek binnen die termijn eindigt, tot het einde van het onderzoek op last van den officier van justitie in verzekering gesteld.
(Zie ook: artt. 57, 62, 550 WvSv)

Aanhouding en voorgeleiding ter handhaving van de openbare orde
Getuigen oproepen

Inverzekeringstelling

Art. 542
1. De officier van justitie is bij het onderzoek door den rechter-commissaris tegenwoordig en doet, na de zaak te hebben voorgedragen, de vorderingen welke hij in verband met de bepalingen van dezen Titel noodig oordeelt.
2. De rechter-commissaris onderzoekt aanstonds de zaak. Het onderzoek wordt overeenkomstig de bepalingen van de tweede tot en met de vijfde en de zevende afdeling van den Derden Titel van het Tweede Boek gevoerd.
3. De rechter-commissaris is bevoegd, zoo noodig onder bijvoeging van een bevel tot medebrenging, te gelasten dat door hem aangewezen getuigen, deskundigen en tolken voor hem zullen verschijnen. De oproeping geschiedt overeenkomstig het tweede lid van het voorgaande artikel.
4. In dat geval kan de rechter-commissaris het onderzoek voor ten hoogste vier en twintig uren schorsen en kan hij bepalen dat de inverzekeringstelling met de duur van de schorsing verlengd wordt.
(Zie ook: artt. 185, 200, 210, 227, 241b WvSv)

Onderzoek door rechter-commissaris ter handhaving van de openbare orde

Art. 543
[1.] Indien de rechter-commissaris geen termen vindt tot toepassing van eenigen maatregel op grond van artikel 540, beveelt hij de onmiddellijke invrijheidstelling van den verdachte.
(Zie ook: artt. 546, 548, 570 WvSv)
[2.] Indien hij daartoe termen aanwezig acht, geeft de rechter-commissaris den verdachte voor een bepaalden termijn de noodige bevelen ter voorkoming van herhaling of voortzetting van het feit en vordert van hem eene bereidverklaring tot nakoming van die bevelen. De termijn

Invrijheidstelling bij handhaving van de openbare orde
Termijn

C2 art. 544 — Wetboek van Strafvordering

eindigt van rechtswege op het oogenblik dat het ter zake van het strafbare feit gewezen vonnis in kracht van gewijsde is gegaan, of, indien daarbij straf of maatregel is opgelegd, zoodra het vonnis kan worden tenuitvoergelegd.
(Zie ook: art. 557 WvSv)

Zekerheidstelling
[3.] De rechter-commissaris kan tevens verlangen dat voor de nakoming van de bevelen, in den vorm door hem te bepalen, zekerheid zal worden gesteld.
[4.] Omtrent de zekerheidstelling gelden de bepalingen van artikel 80, derde en vierde lid.

Inhoud bevelen
[5.] De bevelen mogen de vrijheid van godsdienst of levensovertuiging dan wel de staatkundige vrijheid niet beperken.
(Zie ook: art. 6 EVRM)

Art. 544

Invrijheidstelling na bereidverklaring bij handhaving van de openbare orde
Indien de bereidverklaring wordt afgelegd en de verlangde zekerheid gesteld, beveelt de rechter-commissaris de onmiddellijke invrijheidstelling van den verdachte.
(Zie ook: artt. 546, 548, 570 WvSv)

Art. 545

Inverzekeringstelling ter handhaving van de openbare orde
1. Indien de bereidverklaring niet wordt afgelegd, of de verlangde zekerheid niet gesteld, beveelt de rechter-commissaris dat de verdachte in verzekering zal worden gesteld. Eenzelfde bevel kan de rechter-commissaris bij verdenking van misdrijf geven indien hij van oordeel is dat het voorkomen van herhaling of voortzetting van het strafbare feit niet afdoende door bevelen als bedoeld in artikel 543, tweede lid, kan worden verzekerd en de handhaving van de openbare orde de inverzekeringstelling dringend vordert. Het bevel tot inverzekeringstelling kan slechts worden gegeven indien aan de verdachte een dagvaarding is uitgereikt om binnen de periode van inverzekeringstelling voor de rechter te verschijnen.
(Zie ook: artt. 57, 541, 564 WvSv)

Termijn
2. De verzekering is van kracht gedurende een termijn van zeven dagen welke ingaat op den dag der tenuitvoerlegging. Artikel 68, eerste lid, is van overeenkomstige toepassing. Het bevel tot inverzekeringstelling is dadelijk uitvoerbaar.
(Zie ook: artt. 73, 557 WvSv)

3. De rechter-commissaris beslist met inachtneming van het eerste lid zoomede van de artikelen 543 en 544.
(Zie ook: art. 549 WvSv)

Hoger beroep
4. De verdachte kan van het bevel tot inverzekeringstelling binnen drie dagen na de tenuitvoerlegging in hooger beroep komen bij de rechtbank die zoo spoedig mogelijk doch uiterlijk op de terechtzitting beslist.
(Zie ook: artt. 21, 130, 136 WvSv)

5. Ten aanzien van de verdachte die op grond van dit artikel in verzekering is gesteld, kan geen bevel tot bewaring worden gegeven.

Art. 546

Invrijheidstelling na wijken van gevaar bij handhaving van de openbare orde
[1.] Zoodra het groote gevaar voor herhaling of voortzetting van het feit is geweken, beveelt de officier van justitie de onmiddellijke invrijheidstelling van den verdachte.
(Zie ook: artt. 543, 548 WvSv)

[2.] De rechter-commissaris kan te allen tijde, hetzij ambtshalve, hetzij op de vordering van den officier van justitie of op het verzoek van den verdachte de invrijheidstelling van den verdachte bevelen. Artikel 544 is van toepassing.
(Zie ook: art. 549 WvSv)

[3.] De rechtbank kan, ambtshalve of op het verzoek van den verdachte, het bevel tot inverzekeringstelling opheffen. Artikel 69, tweede lid, is van toepassing.

[4.] Het bevel kan mede worden opgeheven bij de uitspraak van het vonnis ter zake van het in artikel 540 bedoelde feit gewezen. De opheffing wordt daarbij steeds bevolen, indien straf of maatregel ter zake van dat feit niet wordt opgelegd.
(Zie ook: art. 570 WvSv)

Art. 547

Aanhouding ter handhaving van de openbare orde
1. Indien de verdachte de hem gegeven bevelen niet nakomt, is iedere opsporingsambtenaar bevoegd hem aan te houden en onverwijld opnieuw te geleiden voor den officier van justitie. De opsporingsambtenaar kan, ter aanhouding van den verdachte, elke plaats betreden en doorzoeken.
(Zie ook: artt. 55a, 84, 127 WvSv; art. 370 WvSr; art. 1 Awob; art. 12 GW)

Onderzoek door rechter-commissaris
2. In dit geval of indien de verdachte niet kon worden aangehouden, vordert de officier van justitie onverwijld dat de rechter-commissaris ter zake een onderzoek zal instellen. Deze geeft daaraan zoo spoedig mogelijk gevolg.

3. Ten aanzien van het onderzoek en het oproepen van getuigen gelden de voorgaande bepalingen van dezen Titel.
(Zie ook: art. 55a WvSv)

Art. 548
[1.] Indien de rechter-commissaris op grond van het onderzoek bedoeld in het voorgaande artikel, daartoe termen vindt, beveelt hij de onmiddellijke invrijheidstelling van den verdachte.
(Zie ook: artt. 543, 570 WvSv)
[2.] In het andere geval beveelt de rechter-commissaris, indien de verdachte zich aan overtreding der hem gegeven bevelen heeft schuldig gemaakt, dat deze in verzekering zal worden gesteld. De artikelen 545, tweede, vierde en vijfde lid, en 546, met uitzondering van den tweeden zin van het tweede lid, zijn van toepassing.
[3.] In elk geval kan de rechter-commissaris, indien hem blijkt dat de verdachte de hem gegeven bevelen niet is nagekomen, bij het bevel, bedoeld in het eerste of tweede lid, tevens de zekerheid vervallen verklaren aan den Staat.
[4.] Artikel 83 is van overeenkomstige toepassing.

Onmiddellijke invrijheidstelling bij handhaving van de openbare orde
Inverzekeringstelling
Vervallenverklaring van de zekerheid

Art. 549
Tegen de beslissing tot afwijzing van eene door den officier van justitie krachtens de bepalingen van dezen Titel genomen vordering staat geen beroep open.
(Zie ook: art. 446 WvSv)

Beroep na handhaven van de openbare orde

Art. 550
Artikel 39 vindt ten aanzien van inverzekeringstelling door de officier van justitie en de rechter-commissaris uit hoofde van deze titel overeenkomstige toepassing.

Schadevergoeding na handhaven van de openbare orde

Titel VIII
Bijzondere bepalingen omtrent opsporing van feiten, strafbaar gesteld bij het Wetboek van Strafrecht

Art. 551
1. In geval van verdenking van een strafbaar feit als omschreven in de artikelen 92 tot en met 96, 97a tot en met 98c, 240, 240a, 240b, 248a, 250 en 273f van het Wetboek van Strafrecht zijn de in artikel 141 bedoelde ambtenaren bevoegd ter inbeslagneming de uitlevering te vorderen van alle voor inbeslagneming vatbare voorwerpen, voor zover de vordering tot uitlevering ertoe strekt om hun verbeurdverklaring of onttrekking aan het verkeer mogelijk te maken, en die voorwerpen na uitlevering in beslag te nemen. Artikel 96a, vierde lid, is van overeenkomstige toepassing.
(Zie ook: artt. 94, 100, 105, 134, 192 WvSv; artt. 33, 36b WvSv)
2. Zij hebben toegang tot alle plaatsen, waar redelijkerwijs vermoed kan worden, dat een zodanig strafbaar feit wordt begaan.
(Zie ook: art. 12 GW; art. 1 Awob)

Uitlevering ter inbeslagneming
Toegang tot plaatsen

Art. 551a
In geval van verdenking van een misdrijf als omschreven in de artikelen 138, 138a en 139 van het Wetboek van Strafrecht kan iedere opsporingsambtenaar de desbetreffende plaats betreden. De opsporingsambtenaar is bevoegd alle personen die daar wederrechtelijk vertoeven, alsmede alle voorwerpen die daar ter plaatse worden aangetroffen, te verwijderen of te doen verwijderen.

Betreden van de plaats van het misdrijf in geval van artt. 138, 138a en 139 Sr.

Art. 552
De in artikel 141 bedoelde ambtenaren en de ambtenaren die krachtens artikel 142 zijn belast met de opsporing van de bij artikel 437, 437bis of 437ter van het Wetboek van Strafrecht strafbaar gestelde feiten, hebben toegang tot elke plaats waarvan redelijkerwijs kan worden vermoed dat zij wordt gebruikt door een handelaar als bedoeld in laatstgenoemde artikelen. Artikel 90bis van het Wetboek van Strafrecht is van toepassing.
(Zie ook: art. 95 WvSv; artt. 370, 417, 437 WvSv)

Toegang tot plaatsen in geval van artt. 437, 437bis en 437ter Sr.

Titel IX
Beklag

Art. 552a
1. De belanghebbenden kunnen zich schriftelijk beklagen over inbeslagneming, over het gebruik van in beslag genomen voorwerpen, over het uitblijven van een last tot teruggave, over het al dan niet toepassen van de in artikel 116, vierde lid, neergelegde bevoegdheid, over de vordering van gegevens, over het bevel toegang te verschaffen tot een geautomatiseerd werk of delen daarvan, tot een gegevensdrager of tot versleutelde gegevens dan wel kennis omtrent de beveiliging daarvan ter beschikking te stellen, over de kennisneming of het gebruik van gegevens, vastgelegd tijdens een doorzoeking of op vordering verstrekt, over de kennisneming van het gebruik van gegevens, opgeslagen, verwerkt of overgedragen door middel van een geautomatiseerd werk en vastgelegd bij een onderzoek in zodanig werk, over de kennisneming van het gebruik van gegevens als bedoeld in de artikelen 100, 101 en 114, over de vordering gegevens te bewaren en beschikbaar te houden, alsmede over de ontoegankelijkmaking van gegevens, aangetroffen

Beklag over inbeslagneming, enz.

Wetboek van Strafvordering

C2 art. 552ab

in een geautomatiseerd werk, bedoeld in de artikelen 125o en 126cc, vijfde lid, de opheffing van de desbetreffende maatregelen of het uitblijven van een last tot zodanige opheffing. De belanghebbenden kunnen zich voorts schriftelijk beklagen over een bevel tot het ontoegankelijk maken van gegevens, bedoeld in artikel 125p. Over het beklag, bedoeld in de vorige volzin, beslist het gerecht zo spoedig mogelijk.

2. De belanghebbenden kunnen schriftelijk verzoeken om vernietiging van gegevens, vastgelegd tijdens een doorzoeking of op vordering verstrekt.

3. Het klaagschrift of het verzoek wordt zo spoedig mogelijk na de inbeslagneming van de voorwerpen of de kennisneming of ontoegankelijkmaking van de gegevens of het bevel, bedoeld in de artikelen 125k en 125p, ingediend ter griffie van het gerecht in feitelijke aanleg, waarvoor de zaak wordt vervolgd of het laatst werd vervolgd. Het klaagschrift of het verzoek is niet ontvankelijk indien het is ingediend op een tijdstip waarop drie maanden zijn verstreken sedert de vervolgde zaak tot een einde is gekomen.

4. Indien een vervolging niet of nog niet is ingesteld wordt het klaagschrift of het verzoek zo spoedig mogelijk, doch uiterlijk binnen twee jaren na de inbeslagneming, kennisneming of ontoegankelijkmaking ingediend ter griffie van de rechtbank van het arrondissement, binnen hetwelk de inbeslagneming, kennisneming of ontoegankelijkmaking is geschied of het bevel, bedoeld in de artikelen 125k en 125p, is gegeven. De rechtbank is bevoegd tot afdoening tenzij de vervolging mocht zijn aangevangen voordat met de behandeling van het klaagschrift of het verzoek een aanvang kon worden gemaakt. In dat geval zendt de griffier het klaagschrift of het verzoek ter afdoening aan het gerecht, bedoeld in het vorige lid.

5. De griffier van het gerecht dat tot afdoening bevoegd is, zendt aan degene bij wie het voorwerp is in beslag genomen, indien hij noch de klager is, noch afstand van het voorwerp heeft gedaan, en zijn adres bekend is, onverwijld een afschrift van het klaagschrift en deelt hem mee dat hij zijnerzijds een klaagschrift kan indienen. Op last van de voorzitter van het gerecht stelt de griffier tevens andere belanghebbenden van het klaagschrift in kennis, hun de gelegenheid biedende hetzij zelf binnen een in de kennisgeving te vermelden termijn een klaagschrift in te dienen, betrekking hebbend op hetzelfde voorwerp of dezelfde gegevens, hetzij tijdens de behandeling van het klaagschrift te worden gehoord. In het laatste geval geldt de kennisgeving als oproeping.

6. Het klaagschrift van de belanghebbenden, anderen dan de verdachte, gewezen verdachte of veroordeelde, kan langs elektronische weg worden overgedragen met behulp van een bij algemene maatregel van bestuur aangewezen elektronische voorziening.

7. De behandeling van het klaagschrift of het verzoek door de raadkamer vindt plaats in het openbaar.

8. Indien het klaagschrift is ingediend door een persoon met de bevoegdheid tot verschoning als bedoeld in artikel 218 beslist het gerecht binnen dertig dagen na ontvangst van het klaagschrift.

9. Indien het beklag, bedoeld in het eerste lid, betrekking heeft op de uitvoering van een verzoek om rechtshulp van een vreemde staat, beslist het gerecht binnen dertig dagen na ontvangst van het klaagschrift.

10. Acht het gerecht het beklag of het verzoek gegrond, dan geeft het de daarmede overeenkomende last.

10. Acht het gerecht het beklag, bedoeld in het eerste lid, tweede volzin, gegrond, dan kan het het bevel geheel of gedeeltelijk opheffen.

Art. 552ab

Beklag over de oplegging van voorwaarden of schikking

1. De belanghebbenden, anderen dan de verdachte, gewezen verdachte of veroordeelde, kunnen zich schriftelijk beklagen over het uitvaardigen van een strafbeschikking houdende aanwijzingen als bedoeld in artikel 257a, derde lid, onder a, b of c en over een schikking als bedoeld in artikel 511c op de grond dat deze betrekking hebben op hun toekomende voorwerpen en de officier van justitie die de aanwijzingen heeft gegeven, onderscheidenlijk de schikking is aangegaan, niet bereid is gebleken die voorwerpen terug te geven of de waarde die zij bij verkoop redelijkerwijs hadden moeten opbrengen te vergoeden.

2. Het klaagschrift wordt, niet later dan drie maanden nadat de verdachte, gewezen verdachte of veroordeelde aan de gegeven aanwijzingen of aan de termen van de schikking heeft voldaan, dan wel de klager daarmee bekend is geworden, ingediend ter griffie van de rechtbank waarbij de in het eerste lid bedoelde officier van justitie is geplaatst. Het klaagschrift kan langs elektronische weg worden overgedragen met behulp van een bij algemene maatregel van bestuur aangewezen elektronische voorziening.

3. De behandeling van het klaagschrift door de raadkamer vindt plaats in het openbaar.

4. Tijdens de behandeling van het klaagschrift worden de klager en de officier van justitie in de gelegenheid gesteld te worden gehoord. De rechtbank doet tevens de verdachte, gewezen verdachte of veroordeelde oproepen ten einde hem in de gelegenheid te stellen terzake van het klaagschrift te worden gehoord. Deze kan zich doen bijstaan door een advocaat welke in de gelegenheid wordt gesteld de nodige opmerkingen te maken. De beschikking van de rechtbank

is met redenen omkleed en wordt in het openbaar uitgesproken. Aan de klager en aan de verdachte, gewezen verdachte of veroordeelde die voor de behandeling is verschenen wordt door de griffier tijdig te voren schriftelijk mededeling van de dag der uitspraak gedaan. Acht de rechtbank het beklag gegrond, dan verklaart zij de voorwaarden, onderscheidenlijk de schikking, bedoeld in het eerste lid, vervallen.
(Zie ook: art. 21 WvSv)

Art. 552b
1. De belanghebbenden, andere dan de verdachte of veroordeelde, kunnen schriftelijk zich beklagen over de verbeurdverklaring van hun toekomende voorwerpen of over de onttrekking van zodanige voorwerpen aan het verkeer. Geen beklag staat open, indien het bedrag, waarop de verbeurdverklaarde voorwerpen bij de uitspraak zijn geschat, is betaald of ingevorderd, dan wel vervangende vrijheidsstraf is toegepast. *(Beklag over verbeurdverklaring of onttrekking aan het verkeer)*
2. Het klaagschrift wordt, binnen drie maanden nadat de beslissing uitvoerbaar is geworden, ingediend ter griffie van het gerecht dat in hoogste feitelijke aanleg de beslissing heeft genomen. Het klaagschrift kan langs elektronische weg worden overgedragen met behulp van een bij algemene maatregel van bestuur aangewezen elektronische voorziening.
3. De behandeling van het klaagschrift door de raadkamer vindt plaats in het openbaar.
4. Acht het gerecht het beklag gegrond, dan herroept het de verbeurdverklaring of de onttrekking aan het verkeer en geeft een last als bedoeld in artikel 353, tweede lid, onderdeel a of b.
5. Bij de herroeping van een verbeurdverklaring kan het gerecht de voorwerpen aan het verkeer onttrokken verklaren, indien zij daarvoor vatbaar zijn. De artikelen 33b, 33c en 35, tweede lid, van het Wetboek van Strafrecht zijn van overeenkomstige toepassing.
(Zie ook: art. 21 WvSv; artt. 33, 36b WvSr)

Art. 552c
Tot kennisneming van geschillen over de toepassing door het openbaar ministerie van zijn bevoegdheden uit hoofde van artikel 94d is de burgerlijke rechter bevoegd. *(Kennisgeving door openbaar ministerie over beklaggeschillen)*

Art. 552ca
1. Zodra het openbaar ministerie reden heeft om aan te nemen dat een inbeslaggenomen voorwerp niet uitsluitend aan de verdachte toebehoort, doet het de nodige naspeuringen naar degene die als rechthebbende zou kunnen gelden en stelt het, wanneer het toepassing wil geven aan het bepaalde in artikel 116, derde lid, degene bij wie het voorwerp in beslag is genomen in kennis van de bevoegdheden die deze heeft ingevolge artikel 552a. *(Onderzoek naar rechthebbende van in beslag genomen voorwerp)*
2. Indien een ander dan de beslagene het openbaar ministerie verzoekt om toepassing te geven aan het bepaalde in artikel 116, derde lid, stelt het deze ander, wanneer het zich daartoe buiten staat acht, in kennis van de bevoegdheden die deze heeft ingevolge de artikelen 552a tot en met 552c.
3. De officier van justitie die van de griffier bericht ontvangt dat een klacht is ingediend ingevolge artikel 552a, deelt de voorzitter van het gerecht mede wie naar zijn oordeel als rechthebbende op het inbeslaggenomen voorwerp waarop de klacht betrekking heeft, kan gelden.

Art. 552d
1. Een beschikking ingevolge artikel 552a, 552ab of 552b wordt onverwijld aan de klager betekend. *(Betekening van beschikking over beslag aan aanklager)*

[2.] Beroep in cassatie kan door het openbaar ministerie worden ingesteld binnen veertien dagen na de dagtekening der beschikking, en door de klager binnen veertien dagen na de betekening. *(Beroep in cassatie)*
(Zie ook: artt. 130, 136, 445, 487, 585 WvSv)
3. Indien het klaagschrift is ingediend door een persoon met de bevoegdheid tot verschoning als bedoeld in artikel 218 beslist de Hoge Raad binnen negentig dagen na indiening van de schriftuur. Artikel 447 is van overeenkomstige toepassing, met dien verstande dat de termijn voor indiening van middelen van cassatie veertien dagen bedraagt.
4. Indien het beklag ingevolge artikel 552a betrekking heeft op de uitvoering van een verzoek om rechtshulp van een vreemde staat, beslist de Hoge Raad binnen negentig dagen na indiening van de schriftuur. Artikel 447 is van overeenkomstige toepassing, met dien verstande dat de termijn voor indiening van middelen van cassatie veertien dagen bedraagt.

Art. 552e
1. Op een last, ingevolge deze titel gegeven met betrekking tot een voorwerp, is artikel 119 van overeenkomstige toepassing. *(Last tot teruggave van een voorwerp)*
2. Aan een last tot teruggave van een voorwerp, dat verbeurd verklaard of aan het verkeer onttrokken verklaard was met verlening van een geldelijke tegemoetkoming, wordt niet voldaan zolang het bedrag niet aan de Staat is terugbetaald.
(Zie ook: artt. 33c, 36b, 487 WvSv)

Art. 552f

Bevoegdheid tot beschikkingen van beklag

1. Bevoegd tot het geven van beschikkingen als bedoeld in artikel 36b, eerste lid, onder 4°, van het Wetboek van Strafrecht is het gerecht waarvoor de zaak in eerste aanleg zal worden vervolgd, is vervolgd of had kunnen worden vervolgd.
2. De beschikking wordt niet gegeven dan op een met redenen omklede vordering van de officier van justitie.
3. Is bekend aan wie de voorwerpen toebehoren waarvan de onttrekking aan het verkeer wordt gevorderd, dan wordt hem een afschrift van de vordering betekend.
4. De behandeling van de vordering door de raadkamer vindt plaats in het openbaar.
(Zie ook: art. 21 WvSv)
5. De beschikking wordt onverwijld aan de belanghebbende, zo deze bekend is, betekend.
6. De officier van justitie kan binnen veertien dagen na dagtekening van de beschikking beroep in cassatie instellen en de belanghebbende binnen veertien dagen na de betekening.
7. De belanghebbende die beroep in cassatie heeft ingesteld of ingevolge het vierde lid van dit artikel is gehoord, kan geen beklag doen overeenkomstig artikel 552b.
(Zie ook: artt. 130, 136, 353, 445, 487, 585 WvSr)

Art. 552fa

Vernietiging van ontoegankelijk gemaakte gegevens door officier van justitie

1. Bij een afzonderlijke rechterlijke beschikking op vordering van de officier van justitie kan worden gelast dat de met toepassing van de artikelen 125o of 126cc, vijfde lid, ontoegankelijk gemaakte gegevens worden vernietigd indien het gegevens betreft met betrekking tot welke of met behulp waarvan een strafbaar feit is begaan, voor zover de vernietiging noodzakelijk is ter voorkoming van nieuwe strafbare feiten.
2. Aan de beheerder van het geautomatiseerd werk waarin de gegevens zijn of waren opgeslagen wordt een afschrift van de vordering betekend.
3. Artikel 552f, eerste, vierde, vijfde en zesde lid, is van overeenkomstige toepassing.
4. Indien het gerecht de vordering afwijst, gelast het dat de gegevens weer ter beschikking van de beheerder van het geautomatiseerd werk worden gesteld.
(Zie ook: artt. 80quinquies, 80sexies WvSr)

Art. 552g

Bewaring van verbeurdverklaarde voorwerpen

Met hetgeen onder de staat berust als verbeurdverklaarde of aan het verkeer onttrokken verklaarde voorwerpen, wordt, zolang de mogelijkheid van herroeping van de straf of maatregel bestaat, gehandeld naar de artikelen 117 en 118.
(Zie ook: art. 487 WvSv; artt. 33, 36b WvSr)

Titel X
Internationale rechtshulp

Eerste afdeling
Algemene bepalingen

Art. 552h-552q

[Vervallen]

Eerste afdeling A
Internationale gemeenschappelijke onderzoeksteams

Art. 552qa-552qe

[Vervallen]

Tweede afdeling
Feiten begaan aan boord van luchtvaartuigen

Art. 552r-552s

[Vervallen]

Derde afdeling
Overdracht en overname van strafvervolging

§ 1
Overdracht van strafvervolging door Onze Minister van Justitie

Art. 552t-552w

[Vervallen]

Wetboek van Strafvordering

C2 art. 552g

§ 1a
Overdracht van strafvervolging door de officier van justitie

[Vervallen]
Art. 552wa

§ 2
Overname van strafvervolging door Onze Minister van Justitie

[Vervallen]
Art. 552x-552hh

§ 2a
Overname van strafvervolging door de officier van justitie

[Vervallen]
Art. 552ii

§ 2b
Overname van strafvervolging van een internationaal gerecht

[Vervallen]
Art. 552iia-552iie

Titel XI
Wederzijdse erkenning

Eerste afdeling
Bevriezingsbevel

§ 1
Bevelen uitgevaardigd door een andere lidstaat van de Europese Unie

[Vervallen]
Art. 552jj-552qq

§ 2
Bevelen uitgevaardigd door Nederland

[Vervallen]
Art. 552rr-552vv

Tweede afdeling
Europees bewijsverkrijgingsbevel

§ 1
Europees bewijsverkrijgingsbevel uitgevaardigd door een andere lidstaat van de Europese Unie

[Vervallen]
Art. 552ww-552ccc

§ 2
Europees bewijsverkrijgingsbevel uitgevaardigd door Nederland

[Vervallen]
Art. 552ddd-552hhh

Vijfde Boek
Internationale en Europese strafrechtelijke samenwerking

Titel 1
Internationale rechtshulp in strafzaken

Eerste afdeling
Verzoeken om internationale rechtshulp in strafzaken

Art. 5.1.1 (verzoeken om rechtshulp)

Verzoek om rechtshulp

1. De bepalingen van deze titel zijn van toepassing op verzoeken om rechtshulp in het kader van de opsporing, vervolging, berechting van strafbare feiten of de tenuitvoerlegging van straffen aan de autoriteiten van een vreemde staat en op verzoeken door autoriteiten van een vreemde staat dienaangaande aan Nederland, voor zover in de afdoening niet is voorzien in het bepaalde bij of krachtens andere wetten.
2. Als verzoeken om rechtshulp worden aangemerkt verzoeken van daartoe bevoegde autoriteiten van een staat aan de bevoegde autoriteiten van een andere staat tot het al dan niet gezamenlijk verrichten van handelingen van onderzoek of het verlenen van medewerking daaraan, verzoeken ter bepaling van de aanwezigheid van wederrechtelijk verkregen voordeel, het toezenden van documenten, dossiers of stukken, of het geven van inlichtingen, dan wel het betekenen of uitreiken van stukken of het doen van aanzeggingen of mededelingen aan derden.
3. Een verzoek om rechtshulp kan tevens worden gericht aan een internationaal gerecht. Een verzoek om rechtshulp van een internationaal gerecht kan worden uitgevoerd indien zulks voortvloeit uit een verdrag of uit ander volkenrechtelijk instrument, en daartoe geen bijzondere wettelijke regeling is getroffen. De bepalingen van deze Titel zijn van overeenkomstige toepassing.
4. Bij of krachtens algemene maatregel van bestuur kunnen nadere regels worden gesteld met betrekking tot de inwilliging en uitvoering van verzoeken om rechtshulp.

Tweede afdeling
Verzoeken tot rechtshulp gericht aan het buitenland

Art. 5.1.2 (verzoek om rechtshulp aan het buitenland)

Verzoek om rechtshulp aan buitenland

1. Bevoegd tot het richten van een verzoek om rechtshulp aan de autoriteiten van een vreemde staat zijn de officier van justitie, de rechter-commissaris en het gerecht in feitelijke aanleg dat een strafzaak behandelt.
2. Indien het verzoek uitsluitend is gericht op het verkrijgen van inlichtingen van buitenlandse opsporingsambtenaren, kan het verzoek worden gedaan door een opsporingsambtenaar onder gezag van de officier van justitie. Door de officier van justitie gegeven algemene en bijzondere aanwijzingen worden in acht genomen.
3. Tenzij een toepasselijk verdrag anders bepaalt geschiedt verzending van het verzoek om rechtshulp door Onze Minister van Veiligheid en Justitie. Verzending van verzoeken als bedoeld in het tweede lid kan ook door een opsporingsambtenaar geschieden.

Art. 5.1.3 (vereisten verzoek om rechtshulp aan het buitenland)

Verzoek om rechtshulp aan buitenland, vereisten

Een verzoek om rechtshulp kan slechts aan de autoriteiten van een vreemde staat worden gericht indien is voldaan aan de vereisten die op grond van het wetboek gelden voor toepassing van de in het verzoek om rechtshulp gevraagde bevoegdheden in een nationaal onderzoek naar deze strafbare feiten, alsmede hetgeen van toepassing is bij of krachtens de Wet politiegegevens.

Art. 5.1.3a

Verzoek om rechtshulp aan buitenland, getuige/deskundige/verdachte

1. Een verzoek om rechtshulp kan worden uitgevaardigd om een getuige of deskundige die zich op het grondgebied van de vreemde staat bevindt per videoconferentie te doen verhoren door de rechter-commissaris of een gerecht. Een verzoek kan tevens worden uitgevaardigd voor het verhoren van een verdachte per videoconferentie.
2. Tenzij een toepasselijk verdrag anders bepaalt, zijn de bepalingen in dit wetboek inzake een verzoek tot verhoor van een verdachte, getuige of deskundige door de rechter-commissaris van overeenkomstige toepassing op de uitvoering van het verzoek tot verhoor per videoconferentie.
3. De praktische regeling voor toepassing van de videoconferentie wordt overeengekomen tussen de rechter-commissaris of het gerecht dat het verzoek heeft uitgevaardigd en de uitvoerende autoriteit van de vreemde staat.
4. Indien de uitvoerende autoriteit van de vreemde staat niet over de technische middelen voor een verhoor per videoconferentie beschikt, kunnen deze na overleg ter beschikking worden gesteld.

C2 art. 5.1.5

Derde afdeling
Verzoeken tot rechtshulp gericht aan Nederland

Art. 5.1.4 (inwilliging van een verzoek tot rechtshulp)

1. Tenzij Onze Minister van Veiligheid en Justitie aanstonds van oordeel is dat het verzoek om rechtshulp van een vreemde staat niet kan worden ingewilligd, stelt hij het verzoek en de daarbij behorende stukken in handen van de officier van justitie.
2. Voor zover het verzoek om rechtshulp van een vreemde staat is gegrond op een verdrag wordt daaraan zoveel mogelijk het verlangde gevolg gegeven.
3. In gevallen waarin het betreft een verzoek dat niet op een verdrag is gegrond, alsmede in gevallen waarin het toepasselijke verdrag niet tot inwilliging verplicht, kan een verzoek om rechtshulp van een bevoegde autoriteit van een vreemde staat worden ingewilligd indien de inwilliging niet in strijd is met een wettelijk voorschrift of dient te worden geweigerd in het kader van het algemeen belang.
4. Wanneer een verdrag voorziet in rechtstreekse toezending van verzoeken aan justitiële autoriteiten, is de officier van justitie in het arrondissement waarin de in het verzoek gevraagde handeling moet worden verricht, dan wel een officier van justitie bij het landelijk parket of bij het functioneel parket, zelfstandig bevoegd tot inwilliging van het verzoek, tenzij de inwilliging op grond van artikel 5.1.5 een beslissing van Onze Minister van Veiligheid en Justitie verlangt. Indien het verzoek niet tot die officier van justitie is gericht, wordt het door de geadresseerde onverwijld aan hem doorgezonden.
5. Indien het verzoek niet kan worden ingewilligd, worden de autoriteiten van de verzoekende staat daarvan zo spoedig mogelijk op de hoogte gesteld. In geval het verzoek niet kan worden ingewilligd omdat het onvolledig is, wordt de autoriteiten van de verzoekende staat eerst in de gelegenheid gesteld om het verzoek aan te vullen.

Verzoek om rechtshulp aan Nederland, inwilliging van

Art. 5.1.5 (weigeringsgronden)

1. Aan het verzoek wordt geen gevolg gegeven in gevallen waarin na overleg met de autoriteiten van de verzoekende staat moet worden vastgesteld dat inwilliging zou strekken tot het verlenen van medewerking aan een vervolging of berechting die zou leiden tot schending van het beginsel van ne bis in idem.
2. Aan het verzoek wordt geen gevolg gegeven indien het is gedaan ten behoeve van een onderzoek naar feiten terzake waarvan de verdachte in Nederland wordt vervolgd en tevens uit overleg met de autoriteiten van de verzoekende staat is gebleken dat inwilliging van het verzoek niet verenigbaar zou zijn met de Nederlandse belangen bij de strafvervolging dan wel zou leiden tot schending van het beginsel ne bis in idem.
3. Aan het verzoek wordt geen gevolg gegeven indien een op feiten en omstandigheden gebaseerd gegrond vermoeden bestaat, dat inwilliging van het verzoek zou leiden tot flagrante schending van de fundamentele rechten van de betrokken persoon, zoals die worden gewaarborgd door het op 4 november 1950 te Rome tot stand gekomen Europees Verdrag tot bescherming van de rechten van de mens en de fundamentele vrijheden.
4. Aan het verzoek wordt geen gevolg gegeven in gevallen waarin grond bestaat voor het vermoeden dat het is gedaan ten behoeve van een onderzoek, ingesteld met het oogmerk de verdachte te vervolgen, te straffen of op andere wijze te treffen in verband met zijn godsdienstige, levensbeschouwelijke dan wel staatkundige overtuiging, zijn nationaliteit, zijn ras of de groep van de bevolking waartoe hij behoort. Onze Minister van Veiligheid en Justitie is ter zake bevoegd te beslissen.
5. Aan verzoeken ten behoeve van een onderzoek naar strafbare feiten van politieke aard of daarmede verband houdende feiten, wordt niet voldaan dan krachtens een machtiging van Onze Minister van Veiligheid en Justitie. Die machtiging kan alleen worden gegeven voor verzoeken die op een verdrag zijn gegrond en slechts na overleg met de Minister van Buitenlandse Zaken. De beslissing op het verzoek wordt langs diplomatieke weg ter kennis van de autoriteiten van de verzoekende staat gebracht.
6. Het vijfde lid is niet van toepassing, indien het verzoek is gebaseerd op een verdrag waarin ten aanzien van bepaalde strafbare feiten is bepaald dat deze in het kader van strafrechtelijke samenwerking niet worden aangemerkt als strafbare feiten van politieke aard of daarmee verband houdende feiten.
7. Tenzij een toepasselijk verdrag anders bepaalt, wordt aan verzoeken die zijn gedaan ten behoeve van een onderzoek naar strafbare feiten met betrekking tot retributies, belastingen, douane, deviezen, of daarmee verband houdende feiten, en waarvan de inwilliging van belang kan zijn voor 's Rijksbelastingdienst, dan wel aan verzoeken betrekking hebbende op gegevens welke onder 's Rijksbelastingdienst berusten of aan ambtenaren van deze dienst in de uitoefening van hun bediening zijn bekend geworden, niet voldaan dan krachtens machtiging van Onze Minister van Veiligheid en Justitie. Die machtiging kan alleen worden gegeven na overleg met de Minister van Financiën.

Verzoek om rechtshulp aan Nederland, weigeringsgronden

Art. 5.1.6 (uitvoering van een verzoek tot rechtshulp)

Verzoek om rechtshulp aan Nederland, uitvoering

1. De officier van justitie draagt zorg voor de spoedige uitvoering van een voor inwilliging vatbaar verzoek om rechtshulp.
2. De officier van justitie stelt de autoriteiten van de verzoekende staat van de behandeling van het verzoek terstond in kennis, en treedt zo nodig in overleg over de wijze van uitvoering van het verzoek.
3. Bij de uitvoering van het verzoek worden, binnen de mogelijkheden die het van toepassing zijnde verdrag en de wet daartoe bieden, zoveel mogelijk de door de verzoekende staat aangegeven formaliteiten en procedures in acht genomen.

Art. 5.1.7 (zelfstandige inwilliging en uitvoering door opsporingsambtenaren)

Verzoek om rechtshulp aan Nederland, inwilliging/uitvoering door opsporingsambtenaren

1. Indien in het verzoek om rechtshulp uitsluitend om inlichtingen is gevraagd en voor het verkrijgen daarvan geen dwangmiddelen of bevoegdheden als bedoeld in de artikelen 126g tot en met 126z, 126zd tot en met 126zu en 126gg dan wel toepassing van artikel 126ff nodig zijn, kan de inwilliging en de uitvoering van het verzoek geschieden door een opsporingsambtenaar.
2. Uitvoering van verzoeken om rechtshulp krachtens het eerste lid vindt plaats onder gezag van de officier van justitie. Bij de afdoening van het verzoek worden de door de officier van justitie gegeven algemene en bijzondere aanwijzingen in acht genomen.
3. Van elke inwilliging van een verzoek om rechtshulp overeenkomstig het eerste lid wordt aantekening gehouden in een register waarvan het model door Onze Minister van Veiligheid en Justitie wordt vastgesteld. In de aantekening worden in ieder geval de aard van het verzoek, de hoedanigheid van de verzoeker en het gevolg dat aan het verzoek gegeven is opgenomen.

Art. 5.1.8 (inzet van opsporingsbevoegdheden en dwangmiddelen)

Verzoek om rechtshulp aan Nederland, inzet opsporingsbevoegdheden/dwangmiddelen

1. Ter uitvoering van een daartoe strekkend verzoek om rechtshulp van een vreemde staat kunnen opsporingsbevoegdheden worden toegepast, voor zover deze eveneens zouden kunnen worden toegepast in een Nederlands onderzoek naar dezelfde feiten op grond van dit wetboek. Daarbij worden, indien het verzoek op een verdrag is gebaseerd, eisen die worden gesteld in verband met de proportionaliteit, alsmede een beoordeling van het onderzoeksbelang buiten beschouwing gelaten.
2. Indien meerdere opsporingsbevoegdheden zich lenen voor uitvoering van het verzoek om rechtshulp, wordt gekozen voor toepassing van de voor betrokkenen minst ingrijpende bevoegdheid, tenzij uit het verzoek om rechtshulp of uit overleg met de autoriteiten van de verzoekende staat blijkt dat toepassing van een andere bevoegdheid is aangewezen.
3. Bevoegdheden die op grond van dit wetboek slechts kunnen worden toegepast door of na machtiging van de rechter-commissaris, kunnen enkel worden toegepast ter uitvoering van een verzoek dat afkomstig is van rechterlijke autoriteiten van een vreemde staat.
4. Indien zulks voor uitvoering van het verzoek noodzakelijk of gewenst is, stelt de officier van justitie het verzoek, voor zover nodig met toepassing van artikel 181, in handen van de rechter-commissaris. De officier van justitie omschrijft in de vordering welke verrichtingen van de rechter-commissaris worden verlangd. De vordering kan te allen tijde worden ingetrokken.
5. De rechter-commissaris stelt de door hem ter uitvoering van het verzoek om rechtshulp vergaarde voorwerpen, stukken en gegevens onverwijld ter beschikking aan de officier van justitie.
6. De artikelen 126aa, tweede lid, alsmede 126bb tot en met 126dd zijn van overeenkomstige toepassing. Artikel 126cc is slechts van toepassing voor zover de betreffende processen-verbaal en andere voorwerpen niet aan de buitenlandse autoriteiten zijn afgegeven. De officier van justitie draagt er zorg voor dat een betrokkene de processen-verbaal en andere voorwerpen die op hem betrekking hebben op enig moment kan inzien.

Art. 5.1.9 (videoconferentie)

Verzoek om rechtshulp aan Nederland, videoconferentie

1. De rechter-commissaris kan, op vordering van de officier van justitie uitvoering geven aan een verzoek tot verhoor per videoconferentie door bevoegde buitenlandse autoriteiten, onder zijn leiding, van een getuige of deskundige. Tevens kan uitvoering worden gegeven aan een verzoek om in het kader van de opsporing en vervolging van strafbare feiten een verdachte per videoconferentie te verhoren.
2. Tenzij een toepasselijk verdrag anders bepaalt, zijn de bepalingen in dit wetboek inzake een verzoek tot verhoor van een verdachte, getuige of deskundige door de rechter-commissaris van overeenkomstige toepassing op de uitvoering van het verzoek tot verhoor per videoconferentie.
3. De praktische regeling voor toepassing van de videoconferentie wordt overeengekomen tussen de rechter-commissaris en de autoriteit die het verzoek heeft uitgevaardigd.

Art. 5.1.10 (overdracht resultaten uitvoering rechtshulpverzoek aan het buitenland)

Verzoek om rechtshulp aan Nederland, overdracht resultaten

1. De officier van justitie is bevoegd, zo nodig door tussenkomst van Onze Minister van Veiligheid en Justitie, om de resultaten van de uitvoering van een verzoek om rechtshulp ter beschikking te stellen aan de autoriteiten van de verzoekende staat. Indien overeenkomstig artikel 5.1.11 een klaagschrift is ingediend of nog kan worden ingediend, dan wel op grond van het

derde lid verlof van de rechtbank is vereist, vindt de overdracht van de resultaten eerst plaats nadat onherroepelijk is beslist op het klaagschrift of het verlof is verleend.
2. Tenzij aannemelijk is dat de rechthebbende op de in beslag genomen voorwerpen niet in Nederland verblijf houdt, wordt door de officier van justitie bij de afgifte aan de autoriteiten van de vreemde staat bedongen, dat de voorwerpen zullen worden teruggezonden zodra daarvan het voor de strafvordering nodige gebruik is gemaakt.
3. Indien de kennisgeving van artikel 5.1.11, eerste lid, omwille van het belang van geheimhouding van het verzoek om rechtshulp niet heeft plaatsgevonden, kunnen voorwerpen die in beslag zijn genomen of stukken of gegevens die zijn vergaard met toepassing van de artikelen 126l, 126m, 126nd, zesde lid, 126ne, derde lid, 126nf, 126ng, 126s, 126t, 126ue, derde lid, 126uf en 126ug omschreven bevoegdheden, slechts worden overgedragen nadat de rechtbank daartoe verlof heeft verleend.
4. De artikelen 116 tot en met 119, 552a, achtste lid, en 552d, vierde lid zijn van overeenkomstige toepassing. Artikel 23, zesde lid, is van overeenkomstige toepassing, met dien verstande dat indien door de autoriteiten van de verzoekende staat om geheimhouding is verzocht, dan wel uit de aard van het verzoek blijkt dat geheimhouding van het verzoek om rechtshulp is geboden, wordt verondersteld dat het belang van het onderzoek ernstig wordt geschaad door toepassing van artikel 23, tweede tot en met vijfde lid.

Art. 5.1.11 (rechtsmiddel tegen inbeslagneming ter uitvoering van een rechtshulpverzoek en overdracht stukken en voorwerpen)

1. De betrokkene bij wie in het kader van uitvoering van een verzoek om rechtshulp voorwerpen in beslag zijn genomen dan wel gegevens zijn gevorderd, of bij wie gegevens zijn vastgelegd tijdens een doorzoeking of onderzoek in een geautomatiseerd werk, aan wie een vordering medewerking te verlenen aan het ontsleutelen van gegevens is gedaan, of die een vordering heeft ontvangen om gegevens te bewaren en beschikbaar te houden, alsmede de betrokkene bij wie ontoegankelijkmaking van gegevens, aangetroffen in een geautomatiseerd werk, als bedoeld in artikel 125o, heeft plaatsgevonden wordt, indien de geheimhouding van het onderzoek daardoor niet in het gedrang komt, in kennis gesteld van zijn bevoegdheid om binnen veertien dagen na kennisgeving een klaagschrift ingevolge artikel 552a in te dienen bij de rechtbank.

Verzoek om rechtshulp aan Nederland, klachtrecht tegen inbeslagneming

2. Indien de officier van justitie redenen heeft om aan te nemen dat een inbeslaggenomen voorwerp niet uitsluitend aan de beslagene toebehoort of gevorderde gegevens in overwegende mate betrekking hebben op andere personen dan bij wie deze zijn gevorderd, doet hij de nodige naspeuringen naar deze directe belanghebbenden in Nederland teneinde hen een kennisgeving bedoeld in het eerste lid te doen toekomen.
3. De artikelen 552a, 552d, eerste en tweede lid, en 552e, eerste lid, zijn van overeenkomstige toepassing, met dien verstande dat de rechter geen onderzoek doet naar de gronden voor het uitvaardigen van het rechtshulpverzoek, waarvan de uitvoering heeft geleid tot indiening van het klaagschrift.
4. Indien een klaagschrift is ingediend, stelt de officier van justitie de autoriteiten van de verzoekende staat, zo nodig door tussenkomst van Onze Minister van Veiligheid en Justitie, daarvan in kennis. De autoriteiten van de verzoekende staat worden op dezelfde wijze van de beslissing op het klaagschrift in kennis gesteld.

Art. 5.1.12 (directe doorgeleiding telecommunicatie)

1. Voor zover een verdrag daarin voorziet, kan op verzoek van een buitenlandse autoriteit telecommunicatie worden opgenomen met het oog op de rechtstreekse doorgeleiding naar het buitenland. De artikelen 126m en 126t zijn van overeenkomstige toepassing.

Verzoek om rechtshulp aan Nederland, doorgeleiding telecommunicatie

2. Indien de opgenomen en rechtstreeks doorgeleide telecommunicatie betrekking heeft op een gebruiker van telecommunicatie die zich op Nederlands grondgebied bevindt, worden aan de doorgeleiding de voorwaarden verbonden, dat de gegevens verkregen door het aftappen van de telecommunicatie:
   a. voor zover deze mededelingen bevatten, gedaan door of aan een persoon die zich op grond van de artikelen 218 en 218a zou kunnen verschonen indien hij als getuige naar de inhoud van die mededelingen zou worden gevraagd, niet mogen worden gebruikt en dienen te worden vernietigd; en
   b. alleen mogen worden gebruikt voor het strafrechtelijk onderzoek in het kader waarvan het rechtshulpverzoek is gedaan en dat voor het gebruik voor enig ander doel voorafgaand toestemming dient te worden gevraagd en te zijn verkregen.
3. Artikel 126bb is van overeenkomstige toepassing.

Art. 5.1.13 (opnemen telecommunicatie van gebruiker die zich op Nederlands grondgebied bevindt)

1. Een kennisgeving, op basis van een verdrag, van de bevoegde autoriteiten van een andere staat over het voornemen tot aftappen of het opnemen van telecommunicatie van een gebruiker die zich op Nederlands grondgebied bevindt, wordt onverwijld doorgezonden aan de door het College van procureurs-generaal daartoe aangewezen officier van justitie.

Verzoek om rechtshulp aan Nederland, opnemen telecommunicatie

2. De officier van justitie stelt de kennisgeving onverwijld in handen van de rechter-commissaris bij een schriftelijke vordering waarin, binnen de in het toepasselijke verdrag gestelde termijn, machtiging tot het verlenen van instemming met het voornemen tot opnemen of het opnemen door de bevoegde buitenlandse autoriteiten wordt verlangd.
3. De rechter-commissaris neemt een beslissing op de vordering met inachtneming van het bepaalde in het toepasselijke verdrag en het bepaalde bij of krachtens artikel 126m of 126t.
4. Indien de machtiging wordt verleend, deelt de officier van justitie de autoriteiten van wie de kennisgeving afkomstig is, binnen de in het toepasselijke verdrag gestelde termijn, mede dat met het voornemen tot opnemen of het opnemen van telecommunicatie van een gebruiker die zich op Nederlands grondgebied bevindt, wordt ingestemd. Hij verbindt daaraan de voorwaarden die de rechter-commissaris heeft gesteld, alsmede de voorwaarden, dat de gegevens verkregen door het opnemen van de telecommunicatie van de gebruiker tijdens diens verblijf op Nederlands grondgebied:
a. voor zover deze mededelingen bevatten, gedaan door of aan een persoon die zich op grond van de artikelen 218 en 218a kan verschonen indien hij als getuige naar de inhoud van die mededelingen zou worden gevraagd, niet mogen worden gebruikt en dienen te worden vernietigd, en
b. alleen mogen worden gebruikt voor het strafrechtelijk onderzoek in het kader waarvan de kennisgeving is gedaan en dat voor het gebruik voor enig ander doel voorafgaand toestemming dient te worden gevraagd en te zijn verkregen.
5. Indien de machtiging wordt verleend, is artikel 126bb van overeenkomstige toepassing.
6. Indien de machtiging niet wordt verleend, deelt de officier van justitie de autoriteiten van wie de kennisgeving afkomstig is, binnen de in het toepasselijke verdrag gestelde termijn, mede dat niet wordt ingestemd met het voornemen tot aftappen of het aftappen en eist hij, voor zover nodig, dat het aftappen onmiddellijk wordt stopgezet.
7. In een mededeling als bedoeld in het zesde lid die betrekking heeft op opnemen dat reeds een aanvang heeft genomen, wordt tevens opgenomen dat de gegevens, verkregen door het opnemen van telecommunicatie van de gebruiker tijdens diens verblijf op Nederlands grondgebied, niet mogen worden gebruikt en dienen te worden vernietigd, tenzij, met inachtneming van het toepasselijke verdrag, naar aanleiding van een daartoe strekkend nieuw verzoek in bijzondere gevallen en onder nadere voorwaarden enig gebruik wordt toegestaan door Onze Minister van Veiligheid en Justitie.

Art. 5.1.14 (uitreiking van stukken)

Verzoek om rechtshulp aan Nederland, betekenen/uitreiken stukken

1. Het betekenen en uitreiken van stukken aan derden, ter voldoening aan een verzoek om rechtshulp, geschiedt met overeenkomstige toepassing van de wettelijke voorschriften betreffende het betekenen en uitreiken van Nederlandse stukken van vergelijkbare strekking.
2. Is bij een voor inwilliging vatbaar verzoek uitdrukkelijk de voorkeur gegeven aan betekening of uitreiking aan de geadresseerde in persoon, dan wordt zoveel mogelijk dienovereenkomstig gehandeld.

Vierde afdeling
Feiten begaan aan boord van luchtvaartuigen

Art. 5.1.15 (toepasselijke bepalingen onderzoek)

Luchtvaartuig, onderzoek strafbare feiten aan boord van vreemd

1. Wanneer het onderzoek, dat na de landing van een vreemd luchtvaartuig in Nederland ingevolge artikel 13, vierde lid, van het Verdrag inzake strafbare feiten en bepaalde andere handelingen begaan aan boord van luchtvaartuigen (Trb. 1964, 115) moet worden ingesteld naar hetgeen aan boord van het luchtvaartuig is voorgevallen, betrekking heeft op een feit ten aanzien waarvan de Nederlandse strafwet niet toepasselijk is, wordt het ingesteld overeenkomstig de bepalingen die gelden voor een opsporingsonderzoek met betrekking tot andere misdrijven dan die welke in artikel 67, eerste lid, zijn omschreven. Voor de toepassing van artikel 146 wordt het feit geacht te zijn begaan ter plaatse waar het luchtvaartuig is geland.
2. De opsporingsambtenaren die het onderzoek verrichten kunnen behalve de in artikel 94 bedoelde voorwerpen in beslag nemen de voorwerpen die de gezagvoerder van het vreemde luchtvaartuig ingevolge artikel 9, derde lid, van het Verdrag na de landing overlevert.
3. Het bepaalde bij en krachtens de artikelen 116 tot en met 118, 119, 552a en 552ca tot en met 552e is van overeenkomstige toepassing. In de plaats van het volgens artikel 117, derde lid, bevoegde gerecht treedt de rechtbank binnen welks rechtsgebied het luchtvaartuig is geland.

Art. 5.1.16 (weigeringsgronden)

Luchtvaartuig, weigering onderzoek strafbare feiten aan boord van vreemd

1. In gevallen waarin grond bestaat voor het vermoeden, dat de handeling van een inzittende van een luchtvaartuig, naar aanleiding waarvan deze na de landing van het luchtvaartuig in Nederland ingevolge artikel 9, eerste lid, van het Verdrag is overgedragen, een overtreding vormt van een strafbepaling die op discriminatie naar ras, godsdienst of levensovertuiging berust, wordt geen onderzoek ingesteld.

Wetboek van Strafvordering   C2 art. 5.2.5

2. In gevallen waarin grond bestaat voor het vermoeden dat de in het eerste lid bedoelde handeling een overtreding vormt van een strafbepaling van politieke aard wordt geen onderzoek ingesteld dan krachtens een machtiging van Onze Minister van Veiligheid en Justitie. Die machtiging kan slechts worden gegeven na overleg met de Minister van Buitenlandse Zaken.

Titel 2
Internationale gemeenschappelijke onderzoeksteams

Art. 5.2.1 (instelling gemeenschappelijk onderzoeksteam)
1. Voor zover een verdrag daarin voorziet of ter uitvoering van een kaderbesluit van de Raad van de Europese Unie, kan de officier van justitie voor een beperkte periode, ten behoeve van het gezamenlijk uitvoeren van strafrechtelijke onderzoeken, tezamen met de bevoegde autoriteiten van andere landen een gemeenschappelijk onderzoeksteam instellen.
Internationaal gemeenschappelijk onderzoeksteam, instelling

2. De instelling van een gemeenschappelijk onderzoeksteam wordt door de officier van justitie met de bevoegde autoriteiten van de betrokken landen schriftelijk overeengekomen.
3. In de overeenkomst, bedoeld in het tweede lid, worden in elk geval het doel, de bestaansperiode, de plaats van vestiging en de samenstelling van het gemeenschappelijke onderzoeksteam, de door Nederlandse ambtenaren op buitenlands grondgebied en de door buitenlandse opsporingsambtenaren op Nederlands grondgebied uit te oefenen opsporingsbevoegdheden alsmede de verplichting voor buitenlandse opsporingsambtenaren om gehoor te geven aan een dagvaarding als bedoeld in artikel 210 of een oproeping als bedoeld in de artikel 260, vastgelegd.

Art. 5.2.2 (uitoefening bevoegdheden)
De uitoefening van opsporingsbevoegdheden op Nederlands grondgebied ten behoeve van het onderzoek van het gemeenschappelijk onderzoeksteam, bedoeld in artikel 5.2.1, geschiedt met inachtneming van het bepaalde bij en krachtens dit wetboek en de tussen de bij het gemeenschappelijke onderzoeksteam betrokken landen geldende verdragen.
Internationaal gemeenschappelijk onderzoeksteam, uitoefening bevoegdheden

Art. 5.2.3 (bewijskracht)
Stukken die buitenlandse leden van het gemeenschappelijk onderzoeksteam, bedoeld in artikel 5.2.1, hebben opgesteld betreffende ambtshandelingen ter zake van opsporing en vervolging die zij in het kader van het onderzoek van het onderzoeksteam in het buitenland hebben verricht, hebben in Nederland de bewijskracht die toekomt aan stukken betreffende overeenkomstige, door Nederlandse ambtenaren in Nederland verrichte handelingen, met dien verstande dat hun bewijskracht niet uitgaat boven die welke zij naar het recht van de staat waaruit de buitenlandse leden afkomstig zijn, hebben.
Internationaal gemeenschappelijk onderzoeksteam, bewijskracht

Art. 5.2.4 (overdracht resultaten onderzoek)
1. Stukken, voorwerpen en gegevens die in Nederland zijn vergaard met gebruikmaking van enige strafvorderlijke bevoegdheid ten behoeve van het onderzoek van het gemeenschappelijk onderzoeksteam, bedoeld in artikel 5.2.1, dat buiten Nederland is gevestigd, kunnen onmiddellijk voorlopig ter beschikking worden gesteld van het onderzoeksteam.
Internationaal gemeenschappelijk onderzoeksteam, overdracht resultaten onderzoek

2. De officier van justitie die betrokken is bij het gemeenschappelijk onderzoeksteam verbindt aan de voorlopige terbeschikkingstelling, bedoeld in het eerste lid, de voorwaarden dat het Nederlandse recht onverkort blijft gelden ten aanzien van die stukken, voorwerpen en gegevens en dat het gebruik daarvan als bewijsmiddel pas mogelijk is, nadat deze definitief ter beschikking worden gesteld.
3. De officier van justitie kan de stukken, voorwerpen en gegevens, bedoeld in het eerste lid, definitief ter beschikking stellen van het gemeenschappelijk onderzoeksteam dat in het buitenland is gevestigd, voor zover en indien van toepassing, de rechtbank daartoe verlof heeft verleend.

Art. 5.2.5 (rechtstreeks doorgeleiden telecommunicatie)
1. De officier van justitie die betrokken is bij het gemeenschappelijk onderzoeksteam, bedoeld in artikel 5.2.1, dat buiten Nederland is gevestigd, kan een bevel als bedoeld in artikel 126m, eerste lid, of artikel 126t, eerste lid, eveneens geven met het oog op het rechtstreeks doorgeleiden aan en het opnemen van telecommunicatie met een technisch hulpmiddel door het gemeenschappelijk onderzoeksteam.
Internationaal gemeenschappelijk onderzoeksteam, rechtstreeks doorgeleiden telecommunicatie

2. Indien de telecommunicatie betrekking heeft op een gebruiker van telecommunicatie die zich op Nederlands grondgebied bevindt, worden aan het bevel bedoeld in het eerste lid, de voorwaarden verbonden, dat de gegevens verkregen door het aftappen van de telecommunicatie:
a. voor zover deze mededelingen bevatten, gedaan door of aan een persoon die zich op grond van de artikelen 218 en 218a zou kunnen verschonen indien hij als getuige naar de inhoud van die mededelingen zou worden gevraagd, niet mogen worden gebruikt en dienen te worden vernietigd, en
b. alleen mogen worden gebruikt voor het onderzoek van het onderzoeksteam en dat voor het gebruik voor enig ander doel voorafgaand toestemming dient te worden gevraagd en te zijn verkregen.

3. Artikel 126bb is van overeenkomstige toepassing.

Sdu

Titel 3
Overdracht en overname van strafvervolging

Eerste afdeling
Overdracht van strafvervolging

§ 1
Overdracht van strafvervolging door Onze Minister van Veiligheid en Justitie

Art. 5.3.1 (voorstel tot overdracht strafvervolging aan Minister)

Overdracht van strafvervolging, voorstel aan Minister

1. Indien de officier van justitie het in het belang van een goede rechtsbedeling gewenst acht, dat een vreemde staat een strafvervolging instelt tegen een verdachte terzake van een feit met de opsporing waarvan hij is belast, doet hij, onder overlegging – zo mogelijk – van het strafdossier, aan Onze Minister van Veiligheid en Justitie een met redenen omkleed voorstel tot het uitlokken van een strafvervolging in die staat.
2. Indien voorlopige hechtenis is toegepast en de officier van justitie een voorstel doet ingevolge het eerste lid, doet hij de verdachte die zich in Nederland bevindt of die een bekende woon- of verblijfplaats buiten Nederland heeft, kennis geven dat hij de vervolging waarop het opsporingsonderzoek betrekking had voor overdracht aan een vreemde staat heeft voorgedragen. Deze kennisgeving wordt aan de verdachte betekend.
3. In geval van een kennisgeving als bedoeld in het vorige lid blijft een kennisgeving van niet verdere vervolging achterwege.
4. Indien de benadeelde partij te kennen heeft gegeven zich in het geding te willen voegen, kan een voorstel als bedoeld in het eerste lid slechts worden gedaan met haar schriftelijke instemming, of indien die instemming niet wordt verkregen, met machtiging van de bevoegde rechter. De machtiging wordt verleend op vordering van de officier van justitie.
5. Tegen een kennisgeving, bedoeld in het tweede lid, kan de verdachte binnen veertien dagen schriftelijk beklag doen bij het gerechtshof. De artikelen 12b, 12c, 12e, tweede lid, 12f en 12h tot en met 12l zijn van overeenkomstige toepassing, met dien verstande, dat waar in die artikelen wordt gesproken van de klager of de persoon wiens vervolging wordt verlangd, daaronder voor de toepassing van deze bepaling de verdachte dient te worden verstaan.
6. Een voorstel als bedoeld in het eerste lid kan beperkt zijn tot het uitlokken van een strafvervolging in de vreemde staat ten behoeve van de oplegging van een sanctie strekkende tot ontneming van wederrechtelijk verkregen voordeel en de tenuitvoerlegging daarvan.
7. Bij toepassing van het eerste lid voegt de officier van justitie na de beëindiging van het onderzoek van telecommunicatie zo spoedig mogelijk en, ingeval een kennisgeving als bedoeld in het tweede lid verplicht is, uiterlijk op het tijdstip dat hij deze kennisgeving doet betekening aan de verdachte heeft doen uitgaan, de processen-verbaal of andere voorwerpen, bedoeld in artikel 126aa, eerste lid, voor zover hij die voor het onderzoek in de zaak van betekenis acht, bij het strafdossier.

Art. 5.3.2 (beslissing Minister over overdracht)

Overdracht van strafvervolging, beslissing Minister

1. Zo spoedig mogelijk na de ontvangst van een voorstel als bedoeld in artikel 5.3.1 beslist Onze Minister van Veiligheid en Justitie omtrent het daaraan te geven gevolg. Daarbij neemt hij, indien het verzoek tot strafvervolging aan de autoriteiten van de vreemde staat op een verdrag kan worden gegrond, de bepalingen van dat verdrag in acht.
2. Behoudens de gevallen waarin een toepasselijk verdrag anders bepaalt, wordt een verzoek tot strafvervolging aan de autoriteiten van een vreemde staat door tussenkomst van de Minister van Buitenlandse Zaken gedaan.
3. Een aan de autoriteiten van een vreemde staat gedaan verzoek tot strafvervolging kan uiterlijk tot de ontvangst van een kennisgeving omtrent de daarop in die staat genomen beslissing worden ingetrokken. Een dergelijk verzoek wordt ingetrokken wanneer het gerechtshof ingevolge artikel 5.3.1, vijfde lid, beveelt dat de vervolging in Nederland zal worden voortgezet.

Art. 5.3.3 (voorzetting zaak na voorstel tot overdracht)

Overdracht van strafvervolging, voorzetting zaak naar voorstel tot

1. Nadat bij een voorstel als bedoeld in artikel 5.3.1 heeft gedaan, kan de officier van justitie de strafzaak tegen de verdachte niet ter terechtzitting aanhangig maken noch overgaan tot tenuitvoerlegging van een in de zaak tegen de verdachte gewezen vonnis, behoudens in geval van:
   a. afwijzing van het voorstel,
   b. intrekking van het verzoek tot strafvervolging aan de autoriteiten van de vreemde staat, of
   c. kennisgeving door de autoriteiten dat afwijzend op het verzoek is beslist dan wel een naar aanleiding van het verzoek ingestelde strafvervolging is gestaakt.
2. In dat geval trekt de officier van justitie een kennisgeving als bedoeld in artikel 5.3.1, tweede lid, in. Van de intrekking doet hij mededeling aan de verdachte.

Art. 5.3.4 (kennisgeving aan de officier van justitie)
Onze Minister van Veiligheid en Justitie geeft de officier van justitie, die een voorstel als bedoeld in artikel 5.3.1 heeft gedaan, schriftelijk kennis van de beslissing die hij terzake heeft genomen alsmede van door hem ontvangen mededelingen omtrent beslissingen van de autoriteiten van de vreemde staat naar aanleiding van het verzoek tot strafvervolging dat op voorstel van de officier van justitie is gedaan.

Overdracht van strafvervolging, kennisgeving aan officier van justitie

§ 2
Overdracht van strafvervolging door de officier van justitie

Art. 5.3.5 (rechtstreeks verzoek aan buitenlandse autoriteit)
Voor zover het toepasselijke verdrag uitdrukkelijk voorziet in de rechtstreekse toezending door justitiële autoriteiten van verzoeken tot strafvervolging, is de officier van justitie bevoegd, indien hij het in het belang van een goede rechtsbedeling gewenst acht dat een vreemde staat een strafvervolging instelt tegen een verdachte ter zake van een strafbaar feit met de opsporing waarvan hij is belast, aan buitenlandse justitiële autoriteiten verzoeken tot strafvervolging te doen. De artikelen 5.3.1, tweede tot en met zevende lid, 5.3.2, derde lid, en 5.3.3 zijn van overeenkomstige toepassing.

Overdracht van strafvervolging, rechtstreeks verzoek aan buitenlandse autoriteit

Tweede afdeling
Overname van strafvervolging

§ 1
Overname van strafvervolging door Onze Minister van Veiligheid en Justitie

Art. 5.3.6 (doorsturen verzoek aan Minister)
De officier van justitie die rechtstreeks van een buitenlandse autoriteit een verzoek ontvangt tot het instellen van een strafvervolging, brengt, voor zover het toepasselijke verdrag niet reeds uitdrukkelijk in die wijze van toezending voorziet, dat verzoek met de daarbij gevoegde stukken, onder overlegging van zijn advies, ter kennis van Onze Minister van Veiligheid en Justitie.

Overname strafvervolging, verzoek aan Minister

Art. 5.3.7 (afwijzing verzoek tot overname)
1. Onze Minister van Veiligheid en Justitie wijst een verzoek van een buitenlandse autoriteit tot het instellen van een strafvervolging aanstonds af, indien onmiddellijk kan worden vastgesteld dat:
a. het feit waarvoor de strafvervolging wordt verzocht:
1°. naar Nederlands recht niet strafbaar is;
2°. van politieke aard is of met een strafbaar feit van politieke aard samenhangt;
3°. een militair delict is;
b. het recht tot strafvordering wegens het feit waarvoor de strafvervolging wordt verzocht naar Nederlands recht of dat van de staat waarvan het verzoek is uitgegaan door verjaring is vervallen;
c. het verzoek tot strafvervolging dient om degene op wie het betrekking heeft te treffen in verband met zijn godsdienstige, levensbeschouwelijke of politieke overtuiging, zijn nationaliteit, zijn ras of de groep van de bevolking waartoe hij behoort; of
d. strafvervolging in Nederland in strijd zou zijn met het bepaalde in artikel 68 van het Wetboek van Strafrecht.
2. Onze Minister van Veiligheid en Justitie kan een verzoek van een buitenlandse autoriteit tot het instellen van een strafvervolging afwijzen indien het betrekking heeft op een vreemdeling die zijn vaste woon- of verblijfplaats buiten Nederland heeft.
3. Inwilliging van een verzoek dat strekt tot strafvordering ter zake van ontneming van wederrechtelijk verkregen voordeel, als bedoeld in Titel IIIb van het Vierde Boek, vindt plaats onafhankelijk van de vraag of de persoon op wie het verzoek betrekking heeft, zijn vaste woon- of verblijfplaats binnen Nederland heeft.

Overname strafvervolging, afwijzing verzoek

Art. 5.3.8 (toezending verzoek tot overname aan officier van justitie)
1. Buiten het in artikel 5.3.7 bedoelde geval zendt Onze Minister van Veiligheid en Justitie het verzoek tot strafvervolging met de daarbij gevoegde stukken aan de officier van justitie in het arrondissement waar degene op wie het verzoek betrekking heeft zijn vaste woon- of verblijfplaats heeft. Indien degene op wie het verzoek betrekking heeft geen vaste woon- of verblijfplaats in Nederland heeft, wordt het verzoek tot strafvervolging met de daarbij gevoegde stukken toegezonden aan de officier van justitie bij het landelijk parket. Deze toezending blijft achterwege, indien die officier van justitie reeds overeenkomstig het bepaalde in artikel 5.3.6 zijn advies aan Onze Minister van Veiligheid en Justitie heeft uitgebracht.
2. In geval van een verzoek als bedoeld in artikel 5.3.7, derde lid, dat betrekking heeft op een vreemdeling die zijn vaste woon- of verblijfplaats buiten Nederland heeft, zendt Onze Minister van Veiligheid en Justitie het verzoek met de daarbij gevoegde stukken aan de officier van jus-

Overname strafvervolging, toezending verzoek aan officier van justitie

titie in het arrondissement waarbinnen voorwerpen aanwezig zijn waarop de maatregel van ontneming van wederrechtelijk verkregen voordeel ten uitvoer kan worden gelegd.

Art. 5.3.9 (advies van officier van justitie)

1. De officier van justitie aan wie het verzoek tot strafvervolging overeenkomstig het bepaalde in artikel 5.3.8 is toegezonden brengt zijn advies terzake ter kennis van Onze Minister van Veiligheid en Justitie.
2. Degene op wie het verzoek betrekking heeft wordt daaromtrent door de officier van justitie gehoord, althans daartoe behoorlijk opgeroepen, indien het verzoek op een verdrag is gegrond en de bevoegdheid tot strafvervolging voor Nederland uit dat verdrag volgt. Artikel 273, eerste lid, is van overeenkomstige toepassing.

Art. 5.3.10 (beslissing van Minister van Veiligheid en Justitie)

1. Zo spoedig mogelijk na de ontvangst van het advies van de officier van justitie neemt Onze Minister van Veiligheid en Justitie een beslissing, waarbij het verzoek tot strafvervolging wordt ingewilligd dan wel afgewezen.
2. Onze Minister van Veiligheid en Justitie wijst een verzoek in elk geval af, indien een van de in artikel 5.3.7 genoemde gronden blijkt te bestaan.
3. Onze Minister van Veiligheid en Justitie wijst voorts een niet op een verdrag gegrond verzoek af, indien tegen degene op wie het betrekking heeft naar het oordeel van het openbaar ministerie in Nederland geen strafvervolging kan plaats hebben wegens het ten laste gelegde feit.
4. Is het verzoek op een verdrag gegrond, dan neemt Onze Minister van Veiligheid en Justitie de daarin genoemde gronden voor afwijzing van een verzoek tot strafvervolging in acht.

Art. 5.3.11 (verzoek om nadere informatie)

Alvorens zijn beslissing omtrent het verzoek tot strafvervolging te nemen, kan Onze Minister van Veiligheid en Justitie de autoriteiten van de staat waarvan het verzoek is uitgegaan uitnodigen binnen een door hem te stellen termijn nadere inlichtingen te verschaffen, indien daaraan met het oog op de beslissing omtrent het verzoek behoefte bestaat.

Art. 5.3.12 (intrekking inwilliging)

1. Zolang het onderzoek op de terechtzitting nog niet is aangevangen, kan Onze Minister van Veiligheid en Justitie de inwilliging van het verzoek tot strafvervolging intrekken, indien uit het vooronderzoek of andersjzins blijkt van omstandigheden die, waren zij bekend geweest ten tijde van de beslissing op het verzoek, tot afwijzing daarvan zouden hebben geleid.
2. De inwilliging van een verzoek tot strafvervolging kan eveneens worden ingetrokken, indien de straf waartoe de verdachte is veroordeeld niet voor of niet ten uitvoer kan worden gelegd.

Art. 5.3.13 (kennisgeving aan officier van justitie)

1. Onze Minister van Veiligheid en Justitie geeft van zijn beslissing op het verzoek tot strafvervolging kennis aan de officier van justitie en de autoriteiten van de staat waarvan het verzoek is uitgegaan.
2. Hij stelt die autoriteiten ook in kennis van de uitkomst van de strafvervolging die naar aanleiding van het verzoek is ingesteld.

Art. 5.3.14 (geen bevoegdheid tot strafvervolging)

Een persoon te wiens aanzien in Nederland geen bevoegdheid tot strafvervolging bestaat, kan niettemin worden aangehouden, voor zover een verdrag zulks toestaat. De artikelen 52 tot en met 88 en 533 tot en met 536 zijn van overeenkomstige toepassing.

Art. 5.3.15 (bewijskracht buitenlandse stukken)

1. De stukken betreffende ambtshandelingen terzake van opsporing en vervolging, die de autoriteiten van de staat waarvan het verzoek tot strafvervolging is uitgegaan naar aanleiding van hun verzoek overleggen, hebben de bewijskracht die toekomt aan stukken betreffende overeenkomstige door Nederlandse ambtenaren verrichte handelingen, met dien verstande dat hun bewijskracht niet uitgaat boven die welke zij in de vreemde staat hebben.
2. In geval van inwilliging van een verzoek als bedoeld in artikel 5.3.7, derde lid, kan een strafrechtelijk financieel onderzoek worden ingesteld, overeenkomstig het bepaalde in de negende afdeling van Titel IV van het Eerste Boek.

Art. 5.3.16 (overname strafvervolging bij terrorisme)

1. Een verzoek tot uitlevering van een zich hier te lande bevindende persoon, die wordt verdacht van of is veroordeeld wegens een strafbaar feit, bedoeld in een van de in het tweede lid genoemde bepalingen van verdragen, wordt, indien dat verzoek afkomstig is van een staat die gebonden is aan de bepalingen van het desbetreffende verdrag en indien de uitlevering bij rechterlijke uitspraak ontoelaatbaar is verklaard of het verzoek bij ministeriële beschikking wordt afgewezen, beschouwd als een ingewilligd verzoek tot strafvervolging.
2. Het eerste lid heeft betrekking op strafbare feiten, bedoeld in:
- artikel 1 van het Europees Verdrag tot bestrijding van terrorisme (*Trb.* 1977, 63);
- artikel 2 van het Verdrag ter bestrijding van terroristische bomaanslagen (*Trb.* 1999, 161);
- artikel 2 van het Verdrag ter bestrijding van de financiering van terrorisme (*Trb.* 2000, 12);
- de artikelen 5, 6, 7 en 9 van het Europees Verdrag ter voorkoming van terrorisme (*Trb.* 2006, 34);

Wetboek van Strafvordering   C2 art. 5.3.22

- de artikelen 2 tot en met 6 van het Aanvullend Protocol bij het Verdrag van de Raad van Europa ter voorkoming van terrorisme (*Trb.* 2016, 180).
3. Op een verzoek als bedoeld in de laatste zinsnede van het eerste lid is het bepaalde in artikel 5.3.7, eerste lid, aanhef en onder a, niet van toepassing.
4. Voorts is het bepaalde in artikel 5.3.7, eerste lid, aanhef en onderdeel a, onder 2°, niet van toepassing op verzoeken gegrond op het Europees Verdrag tot bestrijding van terrorisme en op de Overeenkomst betreffende de toepassing van dat Verdrag tussen de Lid-Staten van de Europese Gemeenschappen (*Trb.* 1980, 14), op het Verdrag ter bestrijding van terroristische bomaanslagen, op het Verdrag ter bestrijding van de financiering van terrorisme, op het Europees Verdrag ter voorkoming van terrorisme en op het Aanvullend Protocol bij het Verdrag van de Raad van Europa ter voorkoming van terrorisme (Trb. 2016, 180).

§ 2
Overname van strafvervolging door de officier van justitie

Art. 5.3.17 (zelfstandige bevoegdheid tot overname officier van justitie)
1. Voor zover het toepasselijke verdrag uitdrukkelijk voorziet in rechtstreekse toezending van verzoeken tot overname van de strafvervolging door justitiële autoriteiten, is de officier van justitie bevoegd zelfstandig op een verzoek om overname van de strafvervolging van een buitenlandse justitiële autoriteit te beslissen. De artikelen 5.3.7, 5.3.9, tweede lid, 5.3.10, tweede en vierde lid, en 5.3.11 tot en met 5.3.15 zijn van overeenkomstige toepassing.
2. Voor zover het toepasselijke verdrag uitdrukkelijk voorziet in rechtstreekse toezending van verzoeken tot overname van de strafvervolging door justitiële autoriteiten, wordt het verzoek, zo het is gericht tot een andere officier van justitie dan bedoeld in artikel 5.3.8, eerste of tweede lid, onverwijld aan die officier van justitie doorgezonden.

Overname strafvervolging, zelfstandige bevoegdheid officier van justitie

§ 3
Overname van strafvervolging van een internationaal gerecht

Art. 5.3.18 (verzoek tot instellen strafvervolging)
1. Onze Minister van Veiligheid en Justitie beslist over een van een internationaal gerecht afkomstig verzoek tot het instellen van een strafvervolging.
2. De officier van justitie die rechtstreeks van een internationaal gerecht een verzoek ontvangt tot het instellen van een strafvervolging, zendt dat verzoek met de daarbij gevoegde stukken aan Onze Minister van Veiligheid en Justitie.

Overname strafvervolging, verzoek van internationaal gerecht

Art. 5.3.19 (verzoek om nadere informatie)
Alvorens zijn beslissing omtrent het verzoek tot strafvervolging te nemen, kan Onze Minister van Veiligheid en Justitie het internationaal gerecht waarvan het verzoek is uitgegaan in de gelegenheid stellen tot het verschaffen van nadere inlichtingen binnen een door hem te stellen termijn.

Overname strafvervolging, verzoek om nadere informatie door internationaal gerecht

Art. 5.3.20 (advies van officier van justitie)
Tenzij Onze Minister van Veiligheid en Justitie reeds aanstonds van oordeel is dat het verzoek tot strafvervolging niet voor inwilliging in aanmerking komt, zendt hij het verzoek met de daarbij gevoegde stukken voor advies aan de officier van justitie bij het landelijk parket.

Overname strafvervolging, advies officier van justitie

Art. 5.3.21 (beslissing Minister van Veiligheid en Justitie)
1. Zo spoedig mogelijk na de ontvangst van het advies van de officier van justitie neemt Onze Minister van Veiligheid en Justitie een beslissing, waarbij het verzoek tot het instellen van een strafvervolging wordt ingewilligd dan wel afgewezen.
2. Hij geeft van zijn beslissing kennis aan het internationaal gerecht waarvan het verzoek is uitgegaan en aan de officier van justitie.
3. Hij stelt het internationaal gerecht ook in kennis van de uitkomst van de strafvervolging die naar aanleiding van het verzoek is ingesteld.

Overname strafvervolging, beslissing minister

Art. 5.3.22 (schakelbepaling)
De artikelen 5.3.12 en 5.3.15, eerste lid, zijn van overeenkomstige toepassing bij de overname van strafvervolging van een internationaal gerecht.

Schakelbepaling, overname strafvervolging door internationaal gerecht

Titel 4
Europees onderzoeksbevel

Eerste afdeling
Het Europees onderzoeksbevel

Art. 5.4.1 (Europees onderzoeksbevel)

Europees onderzoeksbevel, definitie

1. Een Europees onderzoeksbevel is een beslissing afkomstig van een rechterlijke autoriteit van een lidstaat van de Europese Unie, met uitzondering van Denemarken en Ierland, die ertoe strekt in een andere lidstaat één of meer bevoegdheden toe te passen met het oog op het verkrijgen van bewijsmateriaal in een strafzaak. Een Europees onderzoeksbevel kan tevens worden uitgevaardigd om bewijsmateriaal te verkrijgen dat reeds in het bezit is van de bevoegde autoriteiten van de uitvoerende staat.
2. Een Europees onderzoeksbevel kan tevens worden uitgevaardigd in een procedure die door een bestuurlijke of rechterlijke autoriteit is ingesteld in verband met feiten die volgens het nationale recht van de uitvaardigende staat strafbaar zijn, mits tegen de beslissing beroep mogelijk is bij een in het bijzonder in strafzaken bevoegde rechter.
3. Een Europees onderzoeksbevel kan niet worden gebruikt voor de instelling van een gemeenschappelijk onderzoeksteam als bedoeld in artikel 5.2.1.
4. Het Europees onderzoeksbevel wordt opgesteld conform het formulier in bijlage A bij richtlijn 2014/41/EU van het Europees Parlement en de Raad van 3 april 2014 betreffende het Europees onderzoeksbevel in strafzaken.

Tweede afdeling
Uitvoering van een Europees onderzoeksbevel

Art. 5.4.2 (Ontvangst, erkenning en uitvoering van het bevel)

Europees onderzoeksbevel, ontvangst, erkenning en uitvoering

1. De officier van justitie is bevoegd tot erkenning en uitvoering van een Europees onderzoeksbevel.
2. De officier van justitie stelt de uitvaardigende autoriteit onverwijld, en in ieder geval binnen een week, in kennis van de ontvangst van het bevel, door toezending van het formulier opgenomen in bijlage B bij richtlijn 2014/41/EU.
3. Indien een andere Nederlandse autoriteit dan de officier van justitie een bevel ontvangt, zendt zij het bevel onverwijld door aan de officier van justitie en stelt zij de uitvaardigende autoriteit hiervan in kennis.
4. De officier van justitie beslist zo spoedig mogelijk en uiterlijk binnen dertig dagen na de ontvangst van het bevel, over de erkenning en uitvoering van het bevel.
5. Indien het bij uitzondering niet mogelijk is om binnen dertig dagen te beslissen, stelt de officier van justitie de bevoegde autoriteit van de uitvaardigende staat hiervan onverwijld in kennis, met opgave van de redenen voor de vertraging en van de voor het nemen van de beslissing nodig geachte tijd. In dat geval kan de termijn voor de beslissing tot erkenning en uitvoering met ten hoogste dertig dagen worden verlengd.
6. De officier van justitie stelt de bevoegde autoriteit van de uitvaardigende lidstaat tevens onverwijld op de hoogte van het feit dat het niet mogelijk is om het bevel uit te voeren op de door de uitvaardigende autoriteit aangegeven specifieke datum.

Art. 5.4.3 (Vatbaarheid voor erkenning)

Erkenning Europees onderzoeksbevel

1. Vatbaar voor erkenning is een Europees onderzoeksbevel dat ten minste de volgende informatie bevat:
   a. gegevens over de uitvaardigende autoriteit en, indien van toepassing, de valliderende autoriteit;
   b. het onderwerp en de redenen van het bevel;
   c. de beschikbare noodzakelijke informatie over de betrokken(n);
   d. een beschrijving van het strafbare feit dat het voorwerp vormt van het onderzoek of de strafzaak, alsmede de wettelijke kwalificatie van het feit naar het recht van de uitvaardigende staat;
   e. een beschrijving van de gevraagde bevoegdheid en het te verkrijgen bewijsmateriaal.
2. Het bevel dient te zijn opgesteld in de Nederlandse of Engelse taal.
3. De officier van justitie zendt het bevel terug indien het bevel is verzonden door een onbevoegde buitenlandse autoriteit.
4. Indien het niet mogelijk is om een beslissing te nemen over erkenning of uitvoering van het bevel omdat het formulier in bijlage A bij richtlijn 2014/41/EU onvolledig of onjuist is ingevuld, deelt de officier van justitie dit mede aan de uitvaardigende autoriteit.
5. Indien de officier van justitie redenen heeft om aan te nemen dat het bevel niet noodzakelijk is voor, noch in verhouding staat tot het doel van het in artikel 5.4.1 genoemde onderzoek in de uitvaardigende staat, daarbij rekening houdend met de rechten van de verdachte, danwel

dat de in het bevel gevraagde onderzoeksbevoegdheden niet onder dezelfde omstandigheden in een vergelijkbare zaak in de uitvaardigende staat zouden kunnen worden toegepast, kan hij in overleg treden met de uitvaardigende autoriteit over het belang van uitvoering van het bevel.
6. De voorgaande leden zijn van overeenkomstige toepassing op een bevel dat ter aanvulling dient van een eerder uitgevaardigd Europees onderzoeksbevel.

Art. 5.4.4 (Weigeringsgronden)

1. De erkenning of uitvoering van een Europees onderzoeksbevel wordt geweigerd, wanneer na overleg met de uitvaardigende staat en nadat indien nodig de uitvaardigende autoriteit is verzocht om onverwijld aanvullende gegevens te verstrekken, moet worden vastgesteld dat:

Europees onderzoeksbevel, weigeringsgronden

a. de uitvoering van het bevel onverenigbaar is met een krachtens Nederlands recht geldend voorrecht of immuniteit, waaronder mede wordt verstaan een verschoningsrecht, danwel onverenigbaar is met regels ter vaststelling en beperking van strafrechtelijke aansprakelijkheid in verband met de persvrijheid en de vrijheid van meningsuiting in andere media;

b. door de uitvoering van het bevel wezenlijke belangen van nationale veiligheid worden geschaad of de bron van informatie in gevaar wordt gebracht dan wel het bevel strekt tot verstrekking van gegevens van inlichtingendiensten die als geclassificeerd zijn aangemerkt;

c. het bevel is uitgevaardigd in een procedure als bedoeld in artikel 5.4.1, tweede lid, en de verlangde bevoegdheid naar Nederlands recht in een vergelijkbare binnenlandse zaak niet zou worden toegestaan;

d. uitvoering van het bevel zou strekken tot het verlenen van medewerking aan een vervolging of berechting die een schending zou opleveren van het beginsel van ne bis in idem;

e. het bevel betrekking heeft op een strafbaar feit dat buiten het grondgebied van de uitvaardigende staat is gepleegd en geheel of gedeeltelijk op het Nederlandse grondgebied is gepleegd, en dat naar Nederlands recht niet strafbaar is;

f. er gegronde redenen zijn om aan te nemen dat de uitvoering van het bevel niet verenigbaar zou zijn met de verplichtingen die overeenkomstig artikel 6 VEU en het Handvest op Nederland als uitvoerende staat rusten.

2. De uitvoering van het bevel wordt tevens geweigerd, indien:

a. het feit waarvoor het bevel is uitgevaardigd naar Nederlands recht niet strafbaar is, tenzij het een strafbaar feit betreft vermeld in bijlage D bij richtlijn 2014/41/EU dat in de uitvaardigende staat wordt bedreigd met een vrijheidsstraf of een tot vrijheidsbeneming strekkende maatregel met een maximum van ten minste drie jaar;

b. de toepassing van de in het bevel aangegeven bevoegdheid naar Nederlands recht is beperkt tot een lijst of categorie strafbare feiten of tot feiten die bedreigd worden met een straf van tenminste een bepaalde hoogte, waartoe het strafbaar feit waarop het bevel betrekking heeft niet behoort.

3. Het tweede lid is niet van toepassing op een bevel dat strekt tot toepassing van de bevoegdheden omschreven in artikel 5.4.7, derde lid.

4. Indien het bevel een strafbaar feit betreft in verband met belastingen of heffingen, douane en deviezen, wordt de erkenning of uitvoering niet geweigerd op grond van het feit dat het Nederlandse recht niet voorziet in dezelfde soort belasting of heffing, danwel niet dezelfde soort regeling inzake belastingen, heffingen, douane en deviezen kent als het recht van de uitvaardigende staat.

5. Indien een Nederlandse autoriteit bevoegd is tot het opheffen van een voorrecht of immuniteit, wordt die autoriteit in het eerste lid, onderdeel a, bedoelde geval zo spoedig mogelijk door de officier van justitie om opheffing verzocht.

6. Van de weigering van erkenning en uitvoering stelt de officier van justitie de uitvaardigende autoriteit onmiddellijk in kennis, op een wijze die schriftelijke vastlegging mogelijk maakt.

Art. 5.4.5 (Uitvoering van het bevel)

1. De officier van justitie draagt zorg voor spoedige uitvoering van een voor erkenning en uitvoering vatbaar Europees onderzoeksbevel, met dezelfde snelheid en prioriteit als ware het een vergelijkbare binnenlandse zaak. Indien nodig treedt hij over de uitvoering van het bevel en de verwachte duur van de uitvoering in overleg met de uitvaardigende autoriteit.

Uitvoering Europees onderzoeksbevel

2. Bij de uitvoering van het verzoek worden de door de uitvaardigende autoriteit aangegeven vormvoorschriften en procedures in acht genomen, tenzij dit strijd oplevert met de grondbeginselen van het Nederlandse recht. Indien dit laatste het geval is, deelt de officier van justitie dit mede aan de uitvaardigende autoriteit.

3. Indien de uitvaardigende autoriteit in het bevel heeft aangegeven dat wegens proceduretermijnen, danwel de ernst van het strafbaar feit of andere bijzonder dringende omstandigheden, een kortere doorlooptermijn voor uitvoering van het bevel nodig is dan die welke in dit artikel wordt gegeven, of dat het bevel op een bepaalde datum ten uitvoer dient te worden gelegd, wordt daarmee zoveel mogelijk rekening gehouden.

4. Op verzoek van de uitvaardigende autoriteit mogen autoriteiten van de uitvaardigende staat bijstand verlenen bij de uitvoering van het bevel, op de wijze die is overeengekomen tussen de uitvaardigende autoriteit en de officier van justitie, tenzij dit strijd oplevert met grondbeginselen

van het Nederlandse recht of met de nationale veiligheid. De autoriteiten van de uitvaardigende staat zijn gebonden aan het Nederlandse recht en volgen de aanwijzingen van de officier van justitie op.
5. Tenzij er op grond van artikel 5.4.6 redenen tot uitstel bestaan of indien het in het bevel verlangde reeds voorhanden is, wordt de bevoegdheid door de uitvoerende autoriteit onverwijld en, onverminderd het derde lid, binnen negentig dagen na het nemen van de in artikel 5.4.2, vierde lid, bedoelde beslissing uitgevoerd.
6. Indien het niet mogelijk is de in het vijfde lid genoemde termijn na te leven, danwel te voldoen aan de specifieke termijn of datum voor de uitvoering aangegeven door de uitvaardigende autoriteit, stelt de officier van justitie de bevoegde autoriteit van de uitvaardigende staat hiervan onverwijld in kennis, met opgave van de redenen voor de vertraging, en overlegt hij met de uitvaardigende autoriteit over een passend tijdschema voor de uitvoering van het bevel.
7. Tijdens de uitvoering van een bevel kunnen, teneinde het onderzoek in de uitvaardigende lidstaat te bevorderen, ook bevoegdheden worden uitgeoefend die door de uitvaardigende autoriteit niet zijn voorzien in het bevel of die ten tijde van het uitvaardigen van het bevel niet konden worden bepaald. De officier van justitie stelt de uitvaardigende autoriteit hiervan onverwijld op de hoogte.

Art. 5.4.6 (Opschorting van erkenning en uitvoering)

Opschorting erkenning en uitvoering Europees onderzoeksbevel

1. De officier van justitie kan de erkenning en uitvoering van het Europees onderzoeksbevel opschorten, indien:
a. het belang van een in Nederland lopend strafrechtelijk onderzoek zich verzet tegen de uitvoering van het bevel;
b. de stukken, voorwerpen of gegevens waarop het bevel ziet reeds gebruikt worden in een andere gerechtelijke procedure.
2. Indien de officier van justitie de uitvoering van het bevel opschort, geeft hij hiervan onverwijld schriftelijk kennis aan de autoriteiten van de uitvaardigende staat, onder vermelding van de gronden en zo mogelijk van de verwachte duur van de opschorting.
3. Zodra de gronden voor opschorting zijn vervallen, wordt het bevel alsnog uitgevoerd. De officier van justitie stelt de autoriteiten van de uitvaardigende lidstaat hiervan onverwijld schriftelijk in kennis.

Art. 5.4.7 (Toepassing bevoegdheden ter uitvoering van Europees onderzoeksbevel)

Europees onderzoeksbevel, bevoegdheden

1. Ter uitvoering van een Europees onderzoeksbevel kunnen opsporingsbevoegdheden worden toegepast, onder dezelfde voorwaarden waaronder deze kunnen worden toegepast in een Nederlands onderzoek naar dezelfde feiten op grond van dit wetboek. Daarbij worden eisen die worden gesteld in verband met de proportionaliteit, alsmede een beoordeling van het onderzoeksbelang buiten beschouwing gelaten.
2. De officier van justitie past, indien mogelijk, een andere bevoegdheid toe dan die welke is genoemd in het bevel, indien de in het bevel genoemde bevoegdheid naar Nederlands recht niet bestaat, dan wel in een vergelijkbare Nederlandse zaak niet zou kunnen worden toegepast. Indien er naar Nederlands recht geen bevoegdheid voorhanden is die tot hetzelfde resultaat zou leiden als de in het bevel genoemde bevoegdheid, stelt de officier van justitie de uitvaardigende autoriteit ervan in kennis dat de gevraagde bijstand niet kan worden verleend.
3. In afwijking van het eerste en tweede lid, wordt een bevel altijd uitgevoerd indien dat ziet op:
a. het verkrijgen van reeds uit andere hoofde vergaard bewijsmateriaal, dat conform het Nederlandse recht in het kader van een strafprocedure of voor de doeleinden van het bevel had kunnen worden verkregen;
b. het verstrekken van politiegegevens of strafvorderlijke gegevens;
c. het horen van een getuige, deskundige, slachtoffer, verdachte of derde in Nederland;
d. de identificatie van personen die zijn aangesloten op een bepaald telefoonnummer of IP-adres als bedoeld in de artikelen 126na, 126ua en 126zh;
e. andere bevoegdheden, met uitzondering van dwangmiddelen en met uitzondering van de bevoegdheden als bedoeld in de artikelen 126g tot en met 126n, 126nb tot en met 126u, 126ub tot en met 126z, 126zd tot en met 126zg en 126zi tot en met 126zu en artikel 126gg.
4. De officier van justitie kan besluiten een andere opsporingsbevoegdheid dan aangegeven in het bevel toe te passen, indien daardoor met minder indringende middelen hetzelfde resultaat kan worden bereikt.
5. Indien de officier van justitie voornemens is uitvoering te geven aan het bevel met toepassing van het tweede of vierde lid, meldt hij dit eerst aan de uitvaardigende autoriteit die kan besluiten het bevel in te trekken of aan te vullen.

Art. 5.4.8 (Rechter-commissaris)

Europees onderzoeksbevel in handen van rechter-commissaris

1. Indien zulks voor de uitvoering van het bevel noodzakelijk of gewenst is, stelt de officier van justitie het Europees onderzoeksbevel, voor zover nodig met toepassing van artikel 181, in handen van de rechter-commissaris. De officier van justitie omschrijft in een schriftelijke vor-

dering welke verrichtingen van de rechter-commissaris worden verlangd. De vordering kan te allen tijde worden ingetrokken.
2. De rechter-commissaris stelt de door hem ter uitvoering van het bevel vergaarde voorwerpen, stukken en gegevens zo spoedig mogelijk ter beschikking aan de officier van justitie.

Art. 5.4.9 (Overdracht resultaten)
1. De officier van justitie stelt de resultaten van de uitvoering van het Europees onderzoeksbevel zo spoedig mogelijk ter beschikking aan de uitvaardigende autoriteit. Indien overeenkomstig artikel 5.4.10 een klaagschrift is ingediend of nog kan worden ingediend, vindt de overdracht van de resultaten eerst plaats nadat onherroepelijk is beslist op het klaagschrift.

Europees onderzoeksbevel, overdracht resultaten

2. De officier van justitie kan bij de afgifte aan de uitvaardigende autoriteit bedingen, dat over te dragen bewijsmateriaal zal worden teruggezonden zodra daarvan het voor de strafvordering nodige gebruik is gemaakt.
3. In afwijking van het eerste lid, kan indien de uitvaardigende autoriteit voldoende heeft gemotiveerd dat een onmiddellijke overdracht essentieel is voor het goede verloop van het onderzoek of voor de bescherming van de individuele rechten, aan de uitvaardigende autoriteit bewijsmateriaal vergaard ter uitvoering van het bevel voorlopig ter beschikking worden gesteld, indien en voor zover dit geen ernstige en onomkeerbare schade toebrengt aan de belangen van de belanghebbende. De voorlopige terbeschikkingstelling vindt plaats onder de voorwaarden dat het Nederlandse recht onverkort blijft gelden ten aanzien van de overhandigde resultaten en dat het gebruik daarvan als bewijsmiddel pas mogelijk is nadat deze definitief ter beschikking worden gesteld.
4. Indien de over te dragen resultaten van de uitvoering van het bevel van belang zijn voor andere procedures, kan de officier van justitie op uitdrukkelijk verzoek van en na overleg met de uitvaardigende autoriteit, bewijsmateriaal ter beschikking stellen aan de uitvaardigende autoriteit onder de voorwaarde dat het wordt teruggezonden wanneer de uitvaardigende autoriteit dat niet meer nodig heeft, dan wel op een ander door de bevoegde autoriteiten afgesproken tijdstip.

Art. 5.4.10 (Kennisgeving rechtsmiddelen)
1. De betrokkene bij wie in het kader van de uitvoering van een Europees onderzoeksbevel voorwerpen in beslag zijn genomen danwel gegevens zijn gevorderd, of bij wie gegevens zijn vastgelegd tijdens een doorzoeking of onderzoek in een geautomatiseerd werk, aan wie een vordering medewerking te verlenen aan het ontsleutelen van gegevens is gedaan, of die een vordering heeft ontvangen om gegevens te bewaren en beschikbaar te houden, alsmede de betrokkene bij wie ontoegankelijkmaking van gegevens, aangetroffen in een geautomatiseerd werk, als bedoeld in artikel 125o, heeft plaatsgevonden wordt, indien de geheimhouding van het onderzoek daardoor niet in het gedrang komt, in kennis gesteld van zijn bevoegdheid om binnen veertien dagen na kennisgeving een klaagschrift ingevolge artikel 552a in te dienen bij de rechtbank.

Europees onderzoeksbevel, kennisgeving rechtsmiddelen

2. Indien de officier van justitie redenen heeft om aan te nemen dat een inbeslaggenomen voorwerp niet uitsluitend aan de beslagene toebehoort of gevorderde of vastgelegde gegevens in overwegende mate betrekking hebben op een ander persoon dan bij wie deze zijn gevorderd, doet hij de nodige naspeuringen naar deze directe belanghebbende in Nederland teneinde hem een kennisgeving bedoeld in het eerste lid te doen toekomen.
3. De artikelen 552a, eerste tot en met zesde lid, 552d, eerste en tweede lid, en 552e, eerste lid, zijn van overeenkomstige toepassing, met dien verstande dat de rechter geen onderzoek doet naar de gronden voor het uitvaardigen van het bevel, waarvan de uitvoering heeft geleid tot indiening van het klaagschrift.
4. De rechtbank beslist binnen dertig dagen na ontvangst van het klaagschrift. Indien beroep in cassatie wordt ingesteld, beslist de Hoge Raad binnen negentig dagen na indiening van het schriftuur. Artikel 447 is van overeenkomstige toepassing, met dien verstande dat de termijn voor indiening van middelen van cassatie veertien dagen bedraagt.
5. Indien een klaagschrift is ingediend, stelt de officier van justitie de uitvaardigende autoriteit daarvan onverwijld in kennis, onder vermelding van de gronden van het klaagschrift. De uitvaardigende autoriteiten worden op dezelfde wijze van de beslissing op het klaagschrift in kennis gesteld.

Art. 5.4.11 (Aansprakelijkheid)
1. Ambtenaren van de uitvaardigende staat die in het kader van de uitvoering van een Europees onderzoeksbevel aanwezig zijn in Nederland, worden met betrekking tot tegen of door hen gepleegde misdrijven beschouwd als Nederlandse ambtenaren.

Europees onderzoeksbevel, aansprakelijkheid ambtenaren

2. Indien in het kader van de uitvoering van het bevel schade wordt veroorzaakt door ambtenaren van een andere lidstaat die aanwezig zijn op Nederlands grondgebied, is het Nederlandse recht van toepassing op die schade. De uitvaardigende lidstaat is aansprakelijk voor de aangerichte schade.
3. De Nederlandse staat draagt zorg voor vergoeding van de schade die ambtenaren van een andere lidstaat hebben veroorzaakt.

Art. 5.4.12 (Kosten)

Europees onderzoeksbevel, kosten

1. Indien de officier van justitie van oordeel is dat de kosten voor de uitvoering van een Europees onderzoeksbevel als uitzonderlijk hoog kunnen worden beschouwd, kan hij in overleg met de uitvaardigende autoriteit nagaan of en hoe de kosten kunnen worden gedeeld, dan wel of het bevel kan worden gewijzigd. De officier van justitie verstrekt de uitvaardigende autoriteit voorafgaand aan het overleg een gespecificeerde opgave van het deel van de kosten dat uitzonderlijk hoog wordt geacht.
2. In gevallen waarin geen overeenstemming kan worden bereikt over kosten als bedoeld in het eerste lid, kan de uitvaardigende autoriteit besluiten:
   a. het Europees onderzoeksbevel geheel of gedeeltelijk in te trekken, of
   b. het Europees onderzoeksbevel te handhaven en het deel van de kosten te dragen dat uitzonderlijk hoog wordt geacht.

Derde afdeling
Nadere regeling van de uitvoering van enkele onderzoeksbevoegdheden

Art. 5.4.13 (Verhoor per videoconferentie of met andere audiovisuele transmissiemiddelen)

Europees onderzoeksbevel, verhoor met audiovisuele middelen

1. De rechter-commissaris is bevoegd een Europees onderzoeksbevel uit te voeren dat ertoe strekt een getuige of deskundige die zich op het grondgebied van de uitvoerende staat bevindt, overeenkomstig het vierde tot en met zesde lid, per videoconferentie of andere audiovisuele transmissie, te doen verhoren. De officier van justitie stelt het bevel daartoe, met toepassing van artikel 181, in handen van de rechter-commissaris. Het bevel kan tevens betrekking hebben op het verhoren van een verdachte per videoconferentie of met andere audiovisuele transmissiemiddelen.
2. In aanvulling op de in artikel 5.4.4 genoemde gronden voor weigering van de erkenning of uitvoering, kan de uitvoering van het bevel worden geweigerd, indien:
   a. de verdachte die moet worden verhoord daarin niet toestemt, of
   b. de uitvoering in een concrete zaak strijdig is met de grondbeginselen van het Nederlandse recht.
3. De praktische regeling voor toepassing van de videoconferentie wordt door de rechter-commissaris overeengekomen met de uitvaardigende autoriteit. De rechter-commissaris draagt in dit kader, met toepassing van de bepalingen die op grond van dit wetboek gelden voor verhoor van een verdachte, getuige of deskundige door de rechter-commissaris, zorg voor:
   a. het oproepen van de getuige of deskundige;
   b. het oproepen van de verdachte, waarbij de verdachte wordt gewezen op zijn rechten volgens het recht van de uitvaardigende staat, op een tijdstip dat het hem mogelijk maakt zijn rechten op verdediging daadwerkelijk uit te oefenen;
   c. de vaststelling van de identiteit van de persoon die moet worden verhoord.
4. Met betrekking tot verhoor per videoconferentie of met andere audiovisuele transmissiemiddelen gelden de volgende voorschriften:
   a. de rechter-commissaris is aanwezig tijdens het verhoor, indien nodig bijgestaan door een tolk, en heeft tot taak de identiteit van de te verhoren persoon te laten vaststellen en erop toe te zien dat de grondbeginselen van het Nederlandse recht in acht worden genomen. Indien de rechter-commissaris van oordeel is dat die beginselen tijdens het verhoor worden geschonden, treft hij onverwijld de nodige maatregelen opdat het verhoor verder met inachtneming van deze beginselen verloopt;
   b. de bevoegde autoriteiten van de uitvaardigende staat en de rechter-commissaris komen indien nodig maatregelen ter bescherming van de te verhoren persoon overeen;
   c. het verhoor wordt rechtstreeks door of onder leiding van de bevoegde autoriteit van de uitvaardigende staat overeenkomstig het recht van die staat afgenomen;
   d. op verzoek van de uitvaardigende staat of van de te verhoren persoon wordt die persoon bijgestaan door een tolk;
   e. de verdachte wordt voorafgaand aan het verhoor op de hoogte gesteld van zijn rechten die hem naar Nederlands recht en naar het recht van de uitvaardigende staat toekomen. Getuigen en deskundigen kunnen zich beroepen op het verschoningsrecht neergelegd in de artikelen 217 tot en met 219b, of het verschoningsrecht dat hen toekomt op basis van het recht van de uitvaardigende staat, en worden daarvan voorafgaand aan het verhoor in kennis gesteld.
5. Met inachtneming van de maatregelen die ter bescherming van personen zijn overeengekomen, stelt de rechter-commissaris na afloop van het verhoor een proces-verbaal op, waarin worden vermeld de datum en de plaats van het verhoor, de identiteit van de verhoorde persoon, de identiteit en de hoedanigheid van alle andere personen die in de uitvoerende staat aan het verhoor hebben deelgenomen, eventuele beëdigingen en de technische omstandigheden waaronder het verhoor heeft plaatsgevonden.

Wetboek van Strafvordering   **C2 art. 5.4.16**

6. De artikelen 213, 215, 216, 216a, 221 tot en met 225 zijn van overeenkomstige toepassing.   *Europees onderzoeksbevel, schakelbepaling*

Art. 5.4.14 (Tijdelijke overbrenging van een Nederlandse gedetineerde naar de uitvaardigende staat ter uitvoering van een bevoegdheid)

1. De officier van justitie is bevoegd een Europees onderzoeksbevel uit te voeren dat ziet op de tijdelijke overbrenging van een persoon die in Nederland rechtens van zijn vrijheid is beroofd, ter uitvoering van een opsporingsbevoegdheid voor het verzamelen van bewijs, waarvoor de aanwezigheid van die persoon op het grondgebied van de uitvaardigende staat is vereist. De officier van justitie bepaalt de termijn waarbinnen de persoon dient te worden teruggezonden.
2. Behalve op de in artikel 5.4.4 gegeven gronden, kan de uitvoering van het bevel worden geweigerd indien:
   a. de tijdelijk ter beschikking te stellen persoon er niet in toestemt, of
   b. de overbrenging van de vrijheidsbeneming van de persoon kan verlengen.
3. Onverminderd het tweede lid, onderdeel a, wordt, indien de officier van justitie het in verband met de leeftijd of de lichamelijke en geestelijke gesteldheid van de ter beschikking te stellen persoon nodig acht, aan diens wettelijk vertegenwoordiger de mogelijkheid geboden zijn oordeel te geven over de tijdelijke overbrenging.
4. De praktische regeling voor de tijdelijke overbrenging van de betrokkene met inbegrip van de specifieke voorwaarden waaronder hij in de uitvaardigende staat zal worden gedetineerd en de termijnen waarbinnen hij uit Nederland moet worden overgebracht en naar Nederland moet worden teruggebracht, wordt door de officier van justitie en de autoriteiten van de uitvaardigende staat overeengekomen, met inachtneming van de lichamelijke en geestelijke gesteldheid van de betrokkene en het in de uitvaardigende staat vereiste beveiligingsniveau.
5. De overgebrachte persoon blijft op het grondgebied van de uitvaardigende staat en, in voorkomend geval, van de lidstaat van doortocht, in hechtenis wegens de feiten ten aanzien waarvan hij in Nederland van zijn vrijheid is beroofd, tenzij de officier van justitie om zijn vrijlating verzoekt.
6. De hechtenis op het grondgebied van de uitvaardigende staat wordt in mindering gebracht op de duur van de vrijheidsbeneming die de betrokkene in Nederland ondergaat of zal moeten ondergaan.
7. De kosten die voortvloeien uit de overbrenging van de betrokkene naar en van de uitvaardigende staat, worden door die staat gedragen.

Art. 5.4.15 (Tijdelijke overbrenging van een buitenlandse gedetineerde naar Nederland ter uitvoering van een bevoegdheid ten behoeve van de buitenlandse autoriteit)

1. De officier van justitie is bevoegd een Europees onderzoeksbevel uit te voeren dat ziet op de tijdelijke overbrenging van een persoon in hechtenis in de uitvaardigende staat naar Nederland, met het oog op de uitvoering van een bevoegdheid voor het verzamelen van bewijs waarvoor zijn aanwezigheid in Nederland is vereist.   *Europees onderzoeksbevel, buitenlandse gedetineerde*
2. Artikel 5.4.14, tweede lid, onderdeel a, en vierde lid, zijn van overeenkomstige toepassing op de tijdelijke overbrenging volgens onderhavig artikel.
3. In het geval waarin een persoon, die in de uitvaardigende staat rechtens van zijn vrijheid is beroofd, tijdelijk ter beschikking wordt gesteld aan Nederland wordt hij gedurende zijn verblijf hier te lande op bevel van de officier van justitie in verzekering gesteld. De artikelen 57 tot en met 59c zijn van overeenkomstige toepassing.
4. De inverzekeringstelling wordt onmiddellijk opgeheven indien de officier van justitie bericht ontvangt dat de gronden voor vrijheidsbeneming in de uitvaardigende staat niet langer bestaan.
5. Onverminderd het derde lid wordt de overgebrachte persoon in Nederland niet vervolgd, in hechtenis genomen of anderszins aan een beperking van de persoonlijke vrijheid onderworpen wegens feiten die zijn gepleegd of veroordelingen die zijn uitgesproken voordat hij de uitvaardigende staat heeft verlaten en die niet in het bevel zijn vermeld.
6. De in het vijfde lid bedoelde onschendbaarheid eindigt indien de overgebrachte persoon gedurende een termijn van vijftien opeenvolgende dagen vanaf de datum waarop zijn aanwezigheid niet langer door Nederland was vereist, de gelegenheid heeft gehad Nederland te verlaten, maar:
   a. niettemin is gebleven, of
   b. na Nederland te hebben verlaten, is teruggekeerd.
7. De kosten die voortvloeien uit de overbrenging van de betrokkene naar en van Nederland worden door de uitvaardigende staat gedragen.

Art. 5.4.16 (Doortocht)

De officier van justitie kan toestemming geven om een persoon die in een andere lidstaat van zijn vrijheid is beroofd en ter uitvoering van een Europees onderzoeksbevel wordt overgebracht naar een derde lidstaat, over Nederlands grondgebied te vervoeren. De artikelen 51 en 52 van de Overleveringswet zijn van overeenkomstige toepassing.   *Europees onderzoeksbevel, doortocht door lidstaten*

Art. 5.4.17 (Opnemen van telecommunicatie)

1. Een Europees onderzoeksbevel dat strekt tot het opnemen van telecommunicatie kan in aanvulling op artikel 5.4.4 worden geweigerd indien in een soortgelijke Nederlandse strafzaak het opnemen van telecommunicatie niet zou worden toegestaan.
2. Het bevel kan – in overleg met de uitvaardigende autoriteit – worden uitgevoerd door:
   a. onmiddellijke doorzending van telecommunicatie naar de uitvaardigende staat, of
   b. interceptie, opname en vervolgens toezending van het resultaat van de interceptie van de telecommunicatie aan de uitvaardigende staat.
3. De uitvaardigende autoriteit kan, indien zij daarvoor bijzondere redenen heeft, verzoeken om een transcriptie, decodering of ontsleuteling van de opname. De officier van justitie beslist over inwilliging van dit verzoek. Kosten die voortvloeien uit de transcriptie, decodering of ontsleuteling van de opgenomen telecommunicatie komen voor rekening van de uitvaardigende staat.

Art. 5.4.18 (Kennisgeving aan de lidstaat waar de persoon op wie het opnemen van telecommunicatie betrekking heeft, zich bevindt wanneer geen technische bijstand is vereist)

Europees onderzoeksbevel, kennisgeving opnemen telecommunicatie

1. Indien de officier van justitie door middel van het formulier in bijlage C bij richtlijn 2014/41/EU een kennisgeving inzake opnemen van telecommunicatie ontvangt, stelt hij de kennisgeving onverwijld in handen van de rechter-commissaris. De kennisgeving dient te zijn opgesteld in de Nederlandse of Engelse taal.
2. De rechter-commissaris beslist binnen 48 uur nadat hij kennisgeving heeft ontvangen, met inachtneming van het bepaalde bij of krachtens de artikelen 126m en 126t, of met het opnemen kan worden ingestemd. De instemming kan worden geweigerd indien in een soortgelijke Nederlandse strafzaak het opnemen van telecommunicatie niet zou worden toegestaan.
3. Binnen 96 uur nadat hij de kennisgeving van de uitvaardigende autoriteit heeft ontvangen, deelt de officier van justitie aan de uitvaardigende autoriteit mede of wordt ingestemd met het opnemen van de telecommunicatie.
4. Indien instemming wordt verleend, verbindt de officier van justitie daaraan, onder opgave van redenen, de voorwaarden die de rechter-commissaris heeft gesteld, alsmede de voorwaarden, dat de gegevens verkregen door het aftappen van de telecommunicatie van de gebruiker tijdens diens verblijf op Nederlands grondgebied:
   a. voor zover deze mededelingen bevatten, gedaan door of aan een persoon die zich op grond van artikel 218 kan verschonen indien hij als getuige naar de inhoud van die mededelingen zou worden gevraagd, niet mogen worden gebruikt en dienen te worden vernietigd, en
   b. alleen mogen worden gebruikt voor het strafrechtelijk onderzoek in het kader waarvan de kennisgeving is gedaan en dat voor het gebruik voor enig ander doel voorafgaand toestemming dient te worden gevraagd en te zijn verkregen.
5. Indien de instemming wordt verleend, is artikel 126bb van overeenkomstige toepassing.

Art. 5.4.19 (Vordering verstrekking toekomstige gegevens, gecontroleerde aflevering, infiltratie)

Europees onderzoeksbevel, vordering gegevens

1. Een Europees onderzoeksbevel dat ziet op het vorderen van toekomstige gegevens, gecontroleerde aflevering of infiltratie kan in aanvulling op artikel 5.4.4 ook worden geweigerd indien in een soortgelijke Nederlandse strafzaak toepassing van bevoegdheden tot vorderen van verstrekking van toekomstige gegevens, gecontroleerde aflevering en infiltratie niet zou worden toegestaan.
2. De uitvoering van de vordering van toekomstige gegevens en een gecontroleerde aflevering vindt plaats onder gezag van de officier van justitie. De praktische uitvoering van een bevel tot gecontroleerde aflevering wordt in onderling overleg tussen de officier van justitie en de uitvaardigende autoriteit bepaald.
3. De duur van de infiltratieoperaties, de nadere voorwaarden en de rechtspositie van de betrokken functionarissen tijdens infiltratieoperaties worden door de officier van justitie in overleg met de autoriteiten van de uitvaardigende staat en de uitvoerende staat overeengekomen, overeenkomstig regelgeving bij en krachtens dit wetboek. Indien dit overleg niet tot overeenstemming leidt, kan de officier van justitie de uitvoering van het bevel weigeren.

Art. 5.4.20 (Bevriezing)

Termijn erkenning en uitvoering Europees onderzoeksbevel

1. De officier van justitie beslist zo snel mogelijk, en in ieder geval binnen 24 uur na ontvangst, over de erkenning en uitvoering van een Europees onderzoeksbevel dat strekt tot het voorkomen van de vernietiging, omzetting, verplaatsing, overdracht of vervreemding van voorwerpen en gegevens die als bewijsstuk kunnen worden gebruikt. De beslissing wordt onverwijld medegedeeld aan de uitvaardigende autoriteit.
2. De officier van justitie kan na overleg met de uitvoerende autoriteit, naargelang de omstandigheden, passende voorwaarden stellen om de duur van de in het eerste lid bedoelde voorlopige maatregel te beperken. Indien de officier van justitie, overeenkomstig deze voorwaarden, overweegt om de voorlopige maatregel op te heffen, stelt hij de uitvaardigende autoriteit daarvan

in kennis en geeft hij haar de gelegenheid opmerkingen te maken alvorens tot opheffing over te gaan.

Vierde afdeling
Uitvaardiging van een Europees onderzoeksbevel

Art. 5.4.21 (Uitvaardiging Europees onderzoeksbevel)
1. De officier van justitie, rechter-commissaris of een gerecht kan als uitvaardigende autoriteit een Europees onderzoeksbevel uitvaardigen tot toepassing van onderzoeksbevoegdheden in een andere lidstaat, met uitzondering van Denemarken en Ierland.
2. Uitvaardiging van een bevel kan enkel geschieden nadat is vastgesteld dat:
a. het uitvaardigen van het bevel voor het onderzoek noodzakelijk is en in verhouding staat tot het doel van het onderzoek, daarbij rekening houdend met de rechten van de verdachte of beschuldigde persoon, en
b. voldaan is aan de vereisten die op grond van het wetboek gelden voor toepassing van de in het bevel aangegeven bevoegdheden in een nationaal onderzoek naar deze strafbare feiten.

Art. 5.4.22 (Inhoud en taal uitgevaardigd Europees onderzoeksbevel)
1. De uitvaardigende autoriteit vult het Europees onderzoeksbevel in bijlage A bij richtlijn 2014/41/EU in.
2. Het bevel bevat tenminste de in artikel 5.4.3, eerste lid, genoemde informatie.
3. De uitvaardigende autoriteit kan in het bevel vormvereisten opnemen die de uitvoerende autoriteit van de uitvoerende staat bij de uitvoering van het bevel zo veel mogelijk in acht moet nemen. Dit kan mede omvatten het verzoek om bij de uitvoering van het bevel aanwezig te zijn.
4. Indien een uitvaardigende autoriteit een bevel uitvaardigt ter aanvulling van een eerder bevel, wordt dit vermeld in onderdeel D van bijlage A. Artikel 5.4.21, tweede lid, is van overeenkomstige toepassing. Indien de uitvaardigende autoriteit het aanvullend bevel opstelt terwijl zij bijstand verleent bij de uitvoering van het oorspronkelijke bevel in de uitvoerende staat kan zij het aanvullende bevel rechtstreeks aan de uitvoerende autoriteit richten terwijl zij in die staat aanwezig is.
5. Indien het bevel betrekking heeft op infiltratie, gecontroleerde aflevering, of het vorderen van gegevens bedoeld in de artikelen 126nc, 126nd en 126ne, geeft de uitvaardigende autoriteit de redenen aan waarom zij toepassing van de bevoegdheid van belang acht voor de strafzaak. In een bevel dat strekt tot het vorderen van gegevens als bedoeld in artikel 126nc, wordt informatie verschaft die de uitvoering kan vergemakkelijken.
6. De uitvaardigende autoriteit vertaalt het bevel zoals is beschreven in bijlage A en het formulier in bijlage C in overeenstemming in een officiële taal van de uitvoerende staat of in een andere, door de uitvoerende staat aangegeven taal.

Art. 5.4.23 (Toezending aan de buitenlandse uitvoerende autoriteit)
1. De uitvaardigende autoriteit zendt het overeenkomstig de artikelen 5.4.21 en 5.4.22 ingevulde Europees onderzoeksbevel rechtstreeks toe aan de tot erkenning en uitvoering bevoegde autoriteit van de uitvoerende staat, op zodanige wijze dat dit schriftelijk kan worden vastgelegd en de uitvoerende staat de echtheid ervan kan vaststellen.
2. Alle verdere officiële communicatie geschiedt rechtstreeks tussen de uitvaardigende autoriteit en de uitvoerende autoriteit.

Art. 5.4.24 (Uitvaardiging Europees onderzoeksbevel inzake bevriezing)
1. Indien een Europees onderzoeksbevel betrekking heeft op bevriezing van bewijsmateriaal door buitenlandse autoriteiten, wordt vermeld of het bewijsmateriaal aan de Nederlandse autoriteit dient te worden overgedragen dan wel in de uitvoerende staat blijft. Indien het bewijsmateriaal in de uitvoerende staat moet blijven, wordt vermeld op welke datum de voorlopige maatregel wordt ingetrokken, of op welke datum het verzoek tot overdracht van het bewijsmateriaal aan de uitvaardigende staat vermoedelijk zal worden gedaan.
2. De buitenlandse uitvoerende autoriteit wordt onmiddellijk in kennis gesteld van de beslissing tot opheffing van het in het eerste lid bedoelde beslag.

Art. 5.4.25 (Uitvaardiging Europees onderzoeksbevel ter zake van verhoor per videoconferentie)
1. Een Europees onderzoeksbevel kan worden uitgevaardigd om een getuige of deskundige die zich op het grondgebied van de uitvoerende staat bevindt per videoconferentie of andere audiovisuele transmissie te doen verhoren door de rechter-commissaris of een gerecht. Het bevel kan tevens worden uitgevaardigd voor het verhoren van een verdachte per videoconferentie of met andere audiovisuele transmissiemiddelen.
2. De praktische regeling voor toepassing van de videoconferentie wordt overeengekomen tussen de rechter-commissaris of het gerecht dat het bevel heeft uitgevaardigd en de uitvoerende autoriteit.

Marginalia:
- Uitvaardiging Europees onderzoeksbevel
- Europees onderzoeksbevel, inhoud en taal
- Europees onderzoeksbevel, toezending aan buitenlandse uitvoerende autoriteit
- Europees onderzoeksbevel inzake bevriezing bewijsmateriaal
- Europees onderzoeksbevel, verhoor per videoconferentie

C2 art. 5.4.26   Wetboek van Strafvordering

3. Op de inhoud van het bevel alsmede op de uitvoering daarvan zijn de bepalingen die in dit wetboek zijn opgenomen voor het horen van getuigen en het verhoor van de verdachte door de rechter-commissaris of het gerecht van toepassing.
4. Indien de uitvoerende autoriteit niet over de technische middelen voor een verhoor per videoconferentie beschikt, kunnen deze na overleg ter beschikking worden gesteld.

Art. 5.4.26 (Tijdelijke terbeschikkingstelling van een buitenlandse gedetineerde aan Nederland)

Europees onderzoeksbevel, buitenlandse gedetineerde naar Nederland

1. Een Europees onderzoeksbevel kan worden uitgevaardigd met het oog op de terbeschikkingstelling door de uitvoerende lidstaat van een aldaar rechtens van zijn vrijheid beroofde persoon.
2. De praktische regeling voor de tijdelijke overbrenging van de betrokkene met inbegrip van de specifieke voorwaarden waaronder hij in Nederland zal worden gedetineerd en de termijnen waarbinnen hij uit de uitvoerende staat moet worden overgebracht en daarheen moet worden teruggebracht, wordt door Nederland en de uitvoerende staat overeengekomen, met inachtneming van de lichamelijke en geestelijke gesteldheid van de betrokkene en het in de uitvaardigende staat vereiste beveiligingsniveau.
3. Indien nodig verzoekt de officier van justitie de autoriteiten van een andere staat om doortocht.
4. In de gevallen dat een persoon, die in een andere lidstaat rechtens van zijn vrijheid is beroofd, tijdelijk ter beschikking wordt gesteld aan Nederland wordt hij gedurende zijn verblijf hier te lande op bevel van de officier van justitie in verzekering gesteld. De artikelen 54 en 56, eerste lid, zijn, voor zover nodig, van overeenkomstige toepassing.
5. De inverzekeringstelling wordt opgeheven zodra de officier van justitie bericht ontvangt, dat de gronden voor vrijheidsberoving in de uitvaardigende staat niet langer bestaan.
6. Onverminderd het vierde lid wordt de overgebrachte persoon in Nederland niet vervolgd, in hechtenis genomen of anderszins aan een beperking van de persoonlijke vrijheid onderworpen wegens feiten die zijn gepleegd of veroordelingen die zijn uitgesproken voordat hij de uitvoerende staat heeft verlaten en die niet in het bevel zijn vermeld.
7. De in het zesde lid bedoelde onschendbaarheid eindigt indien de overgebrachte persoon gedurende een termijn van vijftien opeenvolgende dagen vanaf de datum waarop zijn aanwezigheid niet langer door Nederland was vereist, de gelegenheid heeft gehad Nederland te verlaten, maar:
a. niettemin is gebleven, of
b. na Nederland te hebben verlaten, is teruggekeerd.
8. De kosten die voortvloeien uit de overbrenging van de betrokkene naar en van Nederland, worden door de Nederlandse autoriteiten gedragen.

Art. 5.4.27 (Tijdelijke terbeschikkingstelling van gedetineerde aan buitenland ten behoeve van uitvoering Europees onderzoeksbevel uitgevaardigd door Nederland)

Europees onderzoeksbevel, in Nederland gedetineerde naar buitenland

1. Een Europees onderzoeksbevel kan worden uitgevaardigd voor de tijdelijke overbrenging van een persoon die in Nederland van zijn vrijheid is beroofd naar de uitvoerende staat, met het oog op de uitvoering van een bevoegdheid waarvoor zijn aanwezigheid in de uitvoerende staat is vereist.
2. De uitvaardiging van het bevel vindt slechts plaats, indien:
a. de tijdelijk ter beschikking te stellen persoon er in toestemt, en
b. de overbrenging de vrijheidsbeneming van de persoon niet verlengt.
3. Onverminderd het tweede lid, onderdeel a, wordt, indien de officier van justitie het in verband met de leeftijd of de lichamelijke en geestelijke gesteldheid van de ter beschikking te stellen persoon nodig acht, aan diens wettelijk vertegenwoordiger de mogelijkheid geboden zijn oordeel te geven over de tijdelijke overbrenging.
4. Indien nodig verzoekt de officier van justitie de autoriteiten van een andere staat om doortocht.
5. De overgebrachte persoon blijft op het grondgebied van de uitvaardigende staat en, in voorkomend geval, van de lidstaat van doortocht, in hechtenis wegens de feiten ten aanzien waarvan hij in Nederland van zijn vrijheid is beroofd, tenzij de officier van justitie om zijn vrijlating verzoekt.
6. De hechtenis op het grondgebied van de uitvaardigende staat wordt in mindering gebracht op de duur van de vrijheidsbeneming die de betrokkene in Nederland moet of zal moeten ondergaan.
7. De kosten die voortvloeien uit de overbrenging van de betrokkene naar en van Nederland, worden door de Nederlandse autoriteiten gedragen.

Wetboek van Strafvordering

C2 art. 5.5.1

Art. 5.4.28 (Uitvaardiging Europees onderzoeksbevel tot opnemen van telecommunicatie)

1. Een Europees onderzoeksbevel kan worden uitgevaardigd strekkende tot het opnemen van telecommunicatie op grond van de artikelen 126m of 126t. Indien het bevel naar meerdere lidstaten kan worden gestuurd, geniet het voorrang het bevel te richten aan de lidstaat waar de persoon op wie het opnemen betrekking heeft zich bevindt of zal bevinden.

2. Het bevel bevat de volgende informatie:
   a. informatie aan de hand waarvan de identiteit van de persoon op wie het opnemen van telecommunicatie betrekking heeft, kan worden vastgesteld;
   b. de gewenste duur van het opnemen, en
   c. voldoende technische gegevens, in het bijzonder ter bepaling van het doelwit van het opnemen, met het oog op de tenuitvoerlegging van het bevel.

3. In het bevel wordt aangegeven waarom het opnemen van telecommunicatie van belang wordt geacht voor de strafzaak.

4. De uitvaardigende autoriteit kan, indien zij daarvoor een bijzondere reden heeft, verzoeken om een transcriptie, decodering of ontsleuteling van de opname. Indien de uitvoerende autoriteit hierin toestemt, komen de kosten die voortvloeien uit de transcriptie, decodering of ontsleuteling van de opgenomen telecommunicatie voor rekening van de uitvaardigende autoriteit.

Europees onderzoeksbevel, opneming telecommunicatie

Art. 5.4.29 (Opnemen van telecommunicatie zonder bijstand buitenlandse autoriteiten)

1. De officier van justitie zendt de bevoegde autoriteit van een andere lidstaat het formulier in bijlage C bij richtlijn 2014/41/EU toe, indien een bevel tot het opnemen van telecommunicatie op grond van de artikelen 126m of 126t betrekking heeft op een communicatieadres van een in het bevel genoemde persoon, dat in gebruik is op het grondgebied van de andere lidstaat en het opnemen van de telecommunicatie kan worden uitgevoerd zonder de technische bijstand van die andere lidstaat. Dit geschiedt:
   a. voorafgaand aan het opnemen van telecommunicatie ingeval de officier van justitie weet dat de persoon op wie de beslissing tot het opnemen van telecommunicatie betrekking heeft, zich op het grondgebied van de andere lidstaat bevindt of zal bevinden;
   b. tijdens of na het opnemen van telecommunicatie, zodra de officier van justitie weet dat de persoon op wie de beslissing tot het opnemen van telecommunicatie betrekking heeft, zich tijdens het opnemen op het grondgebied van de andere lidstaat bevindt of heeft bevonden.

2. Aan de beslissing van de bevoegde autoriteit van de andere lidstaat wordt onverwijld uitvoering gegeven.

Europees onderzoeksbevel, opneming telecommunicatie zonder bijstand andere lidstaat

Art. 5.4.30 (Algemene maatregel van bestuur)

Bij of krachtens algemene maatregel van bestuur kunnen nadere regels worden gesteld met betrekking tot de uitvaardiging, erkenning en uitvoering van Europese onderzoeksbevelen.

Europees onderzoeksbevel, nadere regelgeving bij AMvB

Art. 5.4.31 (Ministeriële regeling)

Bij ministeriële regeling kunnen regels worden vastgesteld over het verzamelen en verstrekken van gegevens over de uitvoering van de bepalingen van deze Titel.

Europees onderzoeksbevel, nadere regelgeving bij ministeriële regeling

Titel 5
Europees bevriezingsbevel

Eerste afdeling
Bevelen uitgevaardigd door een andere lidstaat van de Europese Unie

Art. 5.5.1 (buitenlands bevel tot beslag)

1. Deze afdeling is van toepassing op een bevel als bedoeld in het derde lid, uitgevaardigd door een bevoegde justitiële autoriteit van een andere lidstaat van de Europese Unie die niet is gebonden door Verordening (EU) nr. 2018/1805 van het Europees Parlement en de Raad van 14 november 2018 inzake de wederzijdse erkenning van bevriezingsbevelen en confiscatiebevelen (PbEU 2018, L 303/1).

2. Bevelen als bedoeld in het derde lid, uitgevaardigd door een bevoegde justitiële autoriteit van een andere lidstaat van de Europese Unie, kunnen in Nederland worden erkend en ten uitvoer gelegd.

3. Vatbaar voor erkenning en tenuitvoerlegging zijn bevelen tot inbeslagneming van voorwerpen die zich op Nederlands grondgebied bevinden en naar het recht van de uitvaardigende lidstaat:
   a. kunnen dienen om de waarheid aan de dag te brengen of wederrechtelijk verkregen voordeel aan te tonen;
   b. kunnen worden verbeurd verklaard of onttrokken aan het verkeer;
   c. kunnen dienen tot bewaring van het recht tot verhaal voor een tot ontneming van wederrechtelijk verkregen voordeel strekkende sanctie.

Buitenlands bevel tot beslag

Wetboek van Strafvordering

Art. 5.5.2 (bijbehorend certificaat)

Buitenlands bevel tot beslag, bijbehorend certificaat

1. Een bevel afkomstig van de autoriteiten van de uitvaardigende lidstaat gaat vergezeld van een bijbehorend ingevuld certificaat dat is opgesteld overeenkomstig het daartoe bij algemene maatregel van bestuur vastgestelde model.
2. Het bevel gaat voorts vergezeld van een rechtshulpverzoek strekkende tot:
   a. afgifte van het voorwerp waarop het bevel tot inbeslagneming betrekking heeft aan de autoriteiten van de uitvaardigende lidstaat, voorzover de inbeslagneming is bevolen met het oog op waarheidsvinding;
   b. verbeurdverklaring of onttrekking aan het verkeer van het voorwerp waarop het bevel tot inbeslagneming betrekking heeft;
   c. ontneming van wederrechtelijk verkregen voordeel in verband waarmee het bevel tot inbeslagneming is uitgevaardigd.
3. In afwijking van het tweede lid, kunnen de autoriteiten van de uitvaardigende lidstaat in het certificaat aangeven dat de in beslag genomen voorwerpen in Nederland in bewaring zullen blijven in afwachting van een verzoek als bedoeld in het tweede lid, onder vermelding van het tijdstip waarop naar verwachting het verzoek zal worden ingediend.
4. Indien het certificaat niet is overgelegd, onvolledig is of kennelijk niet in overeenstemming is met het bevel, stelt de officier van justitie de autoriteiten van de uitvaardigende lidstaat in de gelegenheid binnen een door hem te stellen redelijke termijn het certificaat alsnog te overleggen, aan te vullen of te verbeteren. De officier van justitie kan bepalen dat het certificaat wordt vervangen door een gelijkwaardig document. Indien de voor de tenuitvoerlegging van het bevel noodzakelijke informatie op andere wijze is verkregen, kan de officier van justitie bepalen dat het certificaat niet meer behoeft te worden overgelegd.
5. Het bevel en de daarbij behorende documenten worden, zo deze niet aan een officier van justitie zijn gezonden, door de geadresseerde onverwijld doorgezonden aan de officier van justitie. De geadresseerde stelt de bevoegde autoriteiten van de uitvaardigende lidstaat in kennis van de doorzending.

Art. 5.5.3 (erkenning en tenuitvoerlegging)

Buitenlands bevel tot beslag, erkenning en tenuitvoerlegging

1. Een voor erkenning en tenuitvoerlegging vatbaar bevel wordt door de officier van justitie erkend en ten uitvoer gelegd overeenkomstig het bepaalde in artikel 5.5.
2. De officier van justitie kan de tenuitvoerlegging slechts weigeren indien:
   a. na verloop van de termijn, bedoeld in artikel 5.5.2, vierde lid, het certificaat niet is overgelegd, onvolledig is of kennelijk niet in overeenstemming is met het bevel;
   b. de erkenning en tenuitvoerlegging van het bevel onverenigbaar is met een krachtens Nederlands recht geldend voorrecht of immuniteit;
   c. de inwilliging van een verzoek als bedoeld in artikel 5.5.2, tweede lid, zou strekken tot het verlenen van medewerking aan een vervolging of berechting welke onverenigbaar is met het aan artikel 68 van het Wetboek van Strafrecht en artikel 255, eerste lid, van dit wetboek ten grondslag liggende beginsel;
   d. het bevel is gegeven ten behoeve van een onderzoek, ingesteld met betrekking tot een feit dat, indien het in Nederland was begaan, naar Nederlands recht niet strafbaar zou zijn;
   e. aanstonds blijkt dat aan een verzoek als bedoeld in artikel 5.5.2, tweede lid, geen gevolg kan worden gegeven.
3. De tenuitvoerlegging van een bevel wordt niet geweigerd op grond van het tweede lid, onderdeel d, indien het feit dat ten grondslag ligt aan het bevel, is vermeld op of valt onder de daartoe bij algemene maatregel van bestuur vastgestelde lijst met feiten en soorten van feiten en dat feit naar het recht van de uitvaardigende lidstaat wordt bedreigd met een maximale vrijheidsstraf van ten minste drie jaren.
4. De officier van justitie beslist onverwijld en zo mogelijk binnen 24 uur na ontvangst van het bevel, over de erkenning en tenuitvoerlegging ervan. Hij stelt de autoriteiten van de uitvaardigende lidstaat onverwijld van zijn beslissing in kennis. De kennisgeving geschiedt in ieder geval schriftelijk en met redenen omkleed, indien de officier van justitie op grond van het tweede lid de tenuitvoerlegging van het bevel weigert.

Art. 5.5.4 (opschorting tenuitvoerlegging)

Buitenlands bevel tot beslag, opschorting en tenuitvoerlegging

1. De officier van justitie kan de tenuitvoerlegging van het bevel opschorten, indien:
   a. het belang van een lopend strafrechtelijk onderzoek zich verzet tegen de tenuitvoerlegging van het bevel;
   b. in het kader van een strafrechtelijk onderzoek reeds een beslissing is genomen tot inbeslagneming van het voorwerp waarop het bevel betrekking heeft;
   c. het een bevel als bedoeld in artikel 5.5.1, derde lid, onderdeel b of c betreft en in een ander kader dan bedoeld in onderdeel b reeds een beslissing is genomen tot inbeslagneming van het voorwerp waarop het bevel betrekking heeft en deze beslissing naar Nederlands recht voorrang heeft boven inbeslagneming in het kader van een strafrechtelijk onderzoek.

Wetboek van Strafvordering C2 art. 5.5.8

2. Indien de officier van justitie de tenuitvoerlegging opschort, geeft hij hiervan onverwijld schriftelijk kennis aan de autoriteiten van de uitvaardigende lidstaat, onder vermelding van de gronden en zo mogelijk van de verwachte duur van de opschorting.
3. Zodra de gronden voor opschorting zijn vervallen, wordt de beslissing alsnog ten uitvoer gelegd. De autoriteiten van de uitvaardigende lidstaat worden hiervan onverwijld schriftelijk in kennis gesteld.
4. De officier van justitie stelt de autoriteiten van de uitvaardigende lidstaat in kennis van alle beperkende maatregelen die zijn getroffen ten aanzien van het in beslag te nemen voorwerp.

Art. 5.5.5 (schakelbepaling)

1. De tenuitvoerlegging van het bevel tot inbeslagneming geschiedt in opdracht van de officier van justitie of de rechter-commissaris met overeenkomstige toepassing van de derde afdeling van titel IV van het Eerste Boek, tenzij in deze titel anders is bepaald.
Buitenlands bevel tot beslag, schakelbepaling
2. De officier van justitie neemt bij de tenuitvoerlegging van het bevel zo veel mogelijk de door de autoriteiten van de uitvaardigende lidstaat in het bevel aangegeven vormvereisten in acht, zulks voorzover niet strijdig met de grondbeginselen van het Nederlandse recht.
3. Indien de autoriteiten van de uitvaardigende lidstaat de plaats waar het in beslag te nemen voorwerp zich bevindt onvoldoende nauwkeurig hebben aangegeven, verzoekt de officier van justitie deze autoriteiten om aanvullende inlichtingen.
4. Indien voor de uitvoering van het bevel gebruikmaking van andere strafvorderlijke bevoegdheden is vereist, kunnen deze bevoegdheden niet worden toegepast anders dan overeenkomstig artikel 5.1.8, onderscheidenlijk artikel 13a van de Wet overdracht tenuitvoerlegging strafvonnissen.
5. Artikel 117, eerste tot en met vierde lid, is van overeenkomstige toepassing, met dien verstande dat de machtiging, bedoeld in het eerste lid, niet wordt verleend dan na overleg met de autoriteiten van de uitvaardigende lidstaat.
6. De officier van justitie zendt de autoriteiten van de uitvaardigende lidstaat onverwijld een schriftelijke kennisgeving, indien:
   a. het bevel ten uitvoer is gelegd;
   b. voor tenuitvoerlegging van het bevel gebruikmaking van andere strafvorderlijke bevoegdheden is vereist;
   c. het bevel niet ten uitvoer kan worden gelegd omdat het in beslag te nemen voorwerp is vernietigd of niet wordt aangetroffen op de door de autoriteiten van de uitvaardigende lidstaat aangegeven plaats, dan wel de plaats waar het in beslag te nemen voorwerp zich bevindt, ondanks de inlichtingen, bedoeld in het derde lid, door de autoriteiten van de uitvaardigende lidstaat onvoldoende nauwkeurig is aangegeven.

Art. 5.5.6 (schakelbepaling)

1. De artikelen 552a, 552c tot en met 552d, eerste lid en 552e, eerste lid, zijn van overeenkomstige toepassing, met dien verstande dat de rechter niet treedt in een onderzoek naar de grondslag van het bevel.
Buitenlands bevel tot beslag, tenuitvoerlegging
2. Indien een klaagschrift is ingediend of een rechtsgeding aanhangig is gemaakt, stelt de officier van justitie de autoriteiten van de uitvaardigende lidstaat hiervan onverwijld in kennis, onder vermelding van de gronden van het klaagschrift onderscheidenlijk het rechtsgeding. Zodra de rechter op het klaagschrift onderscheidenlijk het rechtsgeding heeft beslist, worden de autoriteiten van de uitvaardigende lidstaat van de beslissing in kennis gesteld.

Art. 5.5.7 (voortduring beslag)

1. Het beslag duurt ten minste voort totdat een beslissing is genomen op het verzoek, bedoeld in artikel 5.5.2, tweede lid, en deze beslissing is uitgevoerd, tenzij
Buitenlands bevel tot beslag, voortduring beslag
   a. het beslag reeds is beëindigd als gevolg van een door de rechter gegeven last;
   b. de autoriteiten van de uitvaardigende lidstaat hebben aangegeven het bevel in te trekken.
2. In het geval van het eerste lid, onderdeel b, gelast de officier van justitie onverwijld de teruggave van het in beslag genomen voorwerp.
3. Na overleg met de autoriteiten van de uitvaardigende lidstaat, kan de officier van justitie voorwaarden stellen teneinde de duur van het beslag te beperken. Alvorens hij het beslag overeenkomstig de gestelde voorwaarden beëindigt, stelt hij de autoriteiten van de uitvaardigende lidstaat in de gelegenheid over dit voornemen opmerkingen te maken.

Art. 5.5.8 (overdracht inbeslaggenomen voorwerpen)

De officier van justitie is bevoegd uitvoering te geven aan een verzoek als bedoeld in artikel 5.5.2, tweede lid, onderdeel a, en met toepassing van de artikelen 5.1.10 en 5.1.11 in beslag genomen voorwerpen over te dragen aan de autoriteiten van de uitvaardigende lidstaat. Artikel 5.5.3, derde lid, is van overeenkomstige toepassing.
Buitenlands bevel tot beslag, overdracht inbeslaggenomen voorwerpen

C2 art. 5.5.9   Wetboek van Strafvordering

Tweede afdeling
Bevelen uitgevaardigd door Nederland

Art. 5.5.9 (bevel tot inbeslagneming)

Bevel tot inbeslagneming

1. Deze afdeling is van toepassing op een bevel als bedoeld in het tweede lid aan een autoriteit van een andere lidstaat van de Europese Unie die niet is gebonden door Verordening (EU) nr. 2018/1805 van het Europees Parlement en de Raad van 14 november 2018 inzake de wederzijdse erkenning van bevriezingsbevelen en confiscatiebevelen (PbEU 2018, L 303/1).
2. De officier van justitie kan een bevel uitvaardigen strekkende tot inbeslagneming als bedoeld in artikel 94, eerste of tweede lid, of artikel 94a, tweede lid, van voorwerpen welke zich bevinden op het grondgebied van een andere lidstaat van de Europese Unie, en dit bevel zenden aan de autoriteiten van die andere lidstaat met het oog op de erkenning en tenuitvoerlegging ervan in die lidstaat.
3. Het tweede lid is tevens van toepassing op een bevel tot inbeslagneming van voorwerpen als bedoeld in artikel 94a, vierde en vijfde lid, voor zover het bevel ziet op voorwerpen die toebehoren aan een ander dan degene wie, in het in artikel 94a, tweede lid, bedoelde geval, het wederrechtelijk verkregen voordeel kan worden ontnomen.

Art. 5.5.10 (certificaat)

Bevel tot inbeslagneming in andere lidstaat, certificaat

1. Met het bevel wordt meegezonden een ingevuld certificaat dat is opgesteld overeenkomstig het daartoe bij algemene maatregel van bestuur vastgestelde model.
2. De officier van justitie kan in het bevel vormvereisten opnemen welke de autoriteiten van de uitvoerende lidstaat bij de tenuitvoerlegging zo veel mogelijk in acht nemen.
3. Het bevel en het certificaat gaan vergezeld van een rechtshulpverzoek strekkend tot:
a. afgifte van het voorwerp waarop het bevel tot inbeslagneming betrekking heeft aan de Nederlandse autoriteiten, voorzover de inbeslagneming is bevolen met het oog op de waarheidsvinding;
b. verbeurdverklaring of onttrekking aan het verkeer van het voorwerp waarop het bevel tot inbeslagneming betrekking heeft; of
c. ontneming van wederrechtelijk verkregen voordeel in verband waarmee het bevel tot inbeslagneming is uitgevaardigd.
4. Indien het indienen van een verzoek als bedoeld in het derde lid nog niet mogelijk is, verzoekt de officier van justitie de autoriteiten van de uitvoerende lidstaat de in beslag te nemen voorwerpen in bewaring te houden totdat het verzoek is ingediend en hierop is beslist, onder vermelding van het tijdstip waarop naar verwachting het verzoek zal worden ingediend.

Art. 5.5.11 (toezending aan andere lidstaat)

Bevel tot inbeslagneming in andere lidstaat, toezending certificaat en

1. De officier van justitie zendt het bevel en het certificaat rechtstreeks aan de autoriteiten van de uitvoerende lidstaat die bevoegd zijn het bevel te erkennen en ten uitvoer te leggen.
2. Indien niet bekend is welke autoriteiten in de uitvoerende lidstaat bevoegd zijn tot erkenning en tenuitvoerlegging van het bevel, verzoekt de officier van justitie hieromtrent om inlichtingen.
3. De toezending kan plaatsvinden per gewone post, telefax of elektronische post, mits de echtheid van het toegezonden bevel en het certificaat door de autoriteiten van de uitvoerende lidstaat kan worden vastgesteld.

Art. 5.5.12 (mogelijkheid tot beklag)

Bevel tot inbeslagneming in andere lidstaat, klachtrecht

1. De belanghebbenden kunnen zich schriftelijk beklagen over het uitvaardigen van het bevel. De artikelen 552a en 552d zijn van overeenkomstige toepassing, met dien verstande dat het klaagschrift wordt ingediend bij de griffie van de rechtbank in het arrondissement, binnen hetwelk de officier van justitie het bevel heeft uitgevaardigd.
2. Indien de rechter het beklag gegrond acht, trekt de officier van justitie het bevel onmiddellijk in en stelt deze de autoriteiten van de uitvoerende lidstaat hiervan onverwijld in kennis.
3. Indien in de uitvoerende lidstaat een belanghebbende zich beklaagt over de erkenning en de tenuitvoerlegging van het bevel en de officier van justitie hiervan door de autoriteiten van de uitvoerende lidstaat in kennis wordt gesteld, kan hij deze autoriteiten de nodige inlichtingen omtrent het bevel verschaffen.

Art. 5.5.13 (intrekking bevel)

Bevel tot inbeslagneming in andere lidstaat, intrekking

De officier van justitie kan het bevel te allen tijde intrekken. Indien hij een bevel intrekt, stelt hij de autoriteiten van de uitvoerende lidstaat hiervan onverwijld in kennis.

Wetboek van Strafvordering

C2 art. 5.7.1

Derde afdeling
Bevriezingsbevelen op grond van Verordening 2018/1805

Art. 5.5.14 (begripsbepalingen)
In deze afdeling wordt verstaan onder:
a. *Bevriezingsbevel:* bevel als bedoeld in artikel 2, onderdeel 1, van Verordening 2018/1805;
b. *Uitvaardigende autoriteit:* de autoriteit, bedoeld in artikel 2, onderdeel 8, subonderdeel a, van Verordening 2018/1805;
c. *Uitvoerende autoriteit:* de autoriteit, bedoeld in artikel 2, onderdeel 9, van Verordening 2018/1805;
d. *Verordening 2018/1805:* Verordening (EU) nr. 2018/1805 van het Europees Parlement en de Raad van 14 november 2018 inzake de wederzijdse erkenning van bevriezingsbevelen en confiscatiebevelen (PbEU 2018, L 303/1).

Bevriezingsbevelen, begripsbepalingen

Art. 5.5.15 (inkomend bevriezingsbevel)
1. Een bevriezingsbevel van een uitvaardigende autoriteit van een lidstaat van de Europese Unie die door Verordening 2018/1805 is gebonden, wordt door de officier van justitie erkend en tenuitvoergelegd overeenkomstig die verordening.
2. Het bevriezingsbevel wordt ten uitvoer gelegd door inbeslagneming van voorwerpen, met overeenkomstige toepassing van de derde afdeling van titel IV van het Eerste Boek, tenzij in deze titel anders is bepaald.

Inkomend bevriezingsbevel

Art. 5.5.16 (weigeringsgronden)
De officier van justitie kan de erkenning of de tenuitvoerlegging van een bevriezingsbevel weigeren als één van de gronden, bedoeld in artikel 8, eerste lid, van Verordening 2018/1805, van toepassing is.

Inkomend bevriezingsbevel, weigeringsgronden

Art. 5.5.17 (prioritering)
Indien de officier van justitie twee of meer bevelen tot bevriezing of confiscatie uit verschillende lidstaten ontvangt die zijn uitgevaardigd tegen dezelfde persoon of betrekking hebben op hetzelfde voorwerp, beslist de officier van justitie welk van de bevelen ten uitvoer moet worden gelegd, overeenkomstig het bepaalde in artikel 26 van Verordening 2018/1805.

Inkomend bevriezingsbevel, prioritering

Art. 5.5.18 (rechtsmiddelen)
Belanghebbenden kunnen zich schriftelijk beklagen over de beslissing van de officier van justitie tot erkenning en tenuitvoerlegging van een bevriezingsbevel. De artikelen 552a, 552c tot en met 552d, eerste lid en 552e, eerste lid, zijn van overeenkomstige toepassing, met dien verstande dat de rechter niet treedt in een onderzoek naar de grondslag van het bevriezingsbevel. Het beklag heeft geen schorsende werking.

Inkomend bevriezingsbevel, rechsmiddelen

Art. 5.5.19 (uitgaand bevriezingsbevel)
1. De officier van justitie kan een bevel tot inbeslagneming van voorwerpen als bedoeld in artikel 94, eerste of tweede lid of artikel 94a, tweede lid, overeenkomstig Verordening 2018/1805 toezenden aan de uitvoerende autoriteit van een andere lidstaat van de Europese Unie die door deze verordening is gebonden, met het oog op de erkenning en tenuitvoerlegging van dat bevel.
2. Het eerste lid is tevens van toepassing op een bevel tot inbeslagneming van voorwerpen als bedoeld in artikel 94a, vierde en vijfde lid, voor zover het bevel ziet op voorwerpen die toebehoren aan een ander dan degene aan wie, in het in artikel 94a, tweede lid, bedoelde geval, het wederrechtelijk verkregen voordeel kan worden ontnomen.

Uitgaand bevriezingsbevel

Titel 6

(Gereserveerd)

Titel 7
Wederzijdse erkenning en tenuitvoerlegging van bevelen betreffende de voorlopige hechtenis tussen de lidstaten van de Europese Unie

Eerste afdeling
Algemene bepalingen

Art. 5.7.1
In deze titel en de daarop rustende bepalingen wordt verstaan onder:
a. kaderbesluit: kaderbesluit 2009/829/JBZ van de Raad van de Europese Unie van 23 oktober 2009 inzake de toepassing, tussen de lidstaten van de Europese Unie, van het beginsel van wederzijdse erkenning op beslissingen inzake toezichtmaatregelen als alternatief voor voorlopige hechtenis (PbEU L 294);
b. toezichtbeslissing: een uitvoerbare beslissing van een bevoegde autoriteit, genomen in het kader van een strafrechtelijke procedure, waarbij aan een natuurlijke persoon als alternatief

Kaderbesluit, toezichtbeslissing, toezichtmaatregel, uitvaardigende lidstaat en uitvoerende lidstaat

Sdu

voor voorlopige hechtenis of als voorwaarde van de schorsing van de voorlopige hechtenis, een of meer toezichtmaatregelen zijn opgelegd;
c. toezichtmaatregel: een verplichting als bedoeld in artikel 5.7.3 die overeenkomstig het recht van de uitvaardigende lidstaat is opgelegd;
d. uitvaardigende lidstaat: lidstaat van de Europese Unie waarin een toezichtbeslissing is genomen, die met het oog op tenuitvoerlegging daarvan aan een andere lidstaat is of wordt toegezonden;
e. uitvoerende lidstaat: lidstaat van de Europese Unie waaraan een in een andere lidstaat genomen toezichtbeslissing met het oog op tenuitvoerlegging daarvan is of wordt toegezonden.

Art. 5.7.2

Toezichtbeslissing door een andere lidstaat van de EU

1. Toezichtbeslissingen genomen in een andere lidstaat van de Europese Unie en aan Nederland gezonden worden overeenkomstig de bepalingen van deze titel erkend en ten uitvoer gelegd.

2. In Nederland genomen toezichtbeslissingen kunnen overeenkomstig de bepalingen van deze titel worden gezonden aan een andere lidstaat van de Europese Unie met het oog op de tenuitvoerlegging aldaar.

Art. 5.7.3

Toezichtmaatregelen bij toezichtbeslissing door een andere lidstaat van de EU

1. Vatbaar voor erkenning en tenuitvoerlegging in Nederland dan wel toezending aan een andere lidstaat van de Europese Unie zijn toezichtbeslissingen, voor zover daarbij een of meer van de volgende toezichtmaatregelen zijn opgelegd:
a. het gebod een bepaalde autoriteit in kennis te stellen van elke wijziging van woon- of verblijfplaats;
b. het verbod bepaalde locaties, plaatsen of afgebakende gebieden te betreden;
c. het gebod op bepaalde tijdstippen of gedurende een bepaalde periode op een bepaalde locatie aanwezig te zijn;
d. de beperking van het recht om de uitvoerende lidstaat te verlaten;
e. het gebod zich op bepaalde tijdstippen bij een bepaalde instantie te melden;
f. het verbod contact te leggen of te laten leggen met bepaalde personen of instellingen;
g. andere toezichtmaatregelen op de naleving waarvan de uitvoerende lidstaat bereid is toe te zien.

2. Bij algemene maatregel van bestuur kunnen toezichtmaatregelen als bedoeld in het eerste lid, onder g, worden aangewezen, voor zover het Nederland als uitvoerende lidstaat betreft.

Art. 5.7.4

Erkenning van toezichtbeslissing door een andere lidstaat van de EU door openbaar ministerie

1. Het openbaar ministerie is bevoegd te beslissen over de erkenning van een van de uitvaardigende lidstaat ontvangen toezichtbeslissing met het oog op tenuitvoerlegging in Nederland.

2. Het openbaar ministerie is bevoegd tot toezending van een Nederlandse toezichtbeslissing aan de uitvoerende lidstaat met het oog op de erkenning en tenuitvoerlegging aldaar.

3. Telkens wanneer dit nodig wordt geacht, pleegt het openbaar ministerie overleg met de bevoegde autoriteiten in de uitvaardigende of uitvoerende lidstaat ten behoeve van een vlotte en efficiënte uitvoering van de bepalingen in deze titel.

Tweede afdeling
Erkenning en tenuitvoerlegging van buitenlandse toezichtbeslissingen in Nederland

Art. 5.7.5

Tenuitvoerlegging van toezichtbeslissing van andere lidstaat van de EU door Nederland

1. Een in de uitvaardigende lidstaat genomen toezichtbeslissing kan worden erkend en ten uitvoer gelegd in Nederland indien de betrokkene zijn vaste woon- of verblijfplaats in Nederland heeft en, na van de toezichtmaatregelen op de hoogte te zijn gesteld, ermee heeft ingestemd naar Nederland terug te keren.

2. Het openbaar ministerie kan, in andere gevallen dan bedoeld in het eerste lid, instemmen met de toezending van een in een lidstaat van de Europese Unie genomen toezichtbeslissing met het oog op de erkenning en tenuitvoerlegging daarvan in Nederland, indien de betrokkene om de toezending heeft verzocht en er sprake is van een aantoonbare en voldoende binding met Nederland.

Art. 5.7.6

Toezending van toezichtbeslissing door een andere lidstaat van de EU

1. De toezichtbeslissing wordt vergezeld van een ingevuld certificaat aan het openbaar ministerie gezonden. Het certificaat is opgesteld overeenkomstig het in bijlage I van het kaderbesluit opgenomen model.

2. De toezending kan plaatsvinden per gewone post, telefax of elektronische post, mits de echtheid van de toegezonden documenten door het openbaar ministerie kan worden vastgesteld.

3. Indien het certificaat en de toezichtbeslissing niet aan het openbaar ministerie zijn gezonden, worden ze door de geadresseerde onverwijld aan het openbaar ministerie doorgezonden. De geadresseerde stelt de bevoegde autoriteit van de uitvaardigende lidstaat hiervan onverwijld

schriftelijk in kennis. Het openbaar ministerie bevestigt de ontvangst van de aan hem doorgezonden documenten aan de bevoegde autoriteit van de uitvaardigende lidstaat.

Art. 5.7.7
1. Het openbaar ministerie neemt het certificaat en de toezichtbeslissing in behandeling.

In behandeling nemen van toezichtbeslissing door een andere lidstaat van de EU

2. Het openbaar ministerie kan de bevoegde autoriteit in de uitvaardigende lidstaat verzoeken het origineel van het certificaat over te leggen of een gewaarmerkt afschrift van de toezichtbeslissing.
3. Indien het certificaat niet is gesteld in de Nederlandse taal of, indien Nederland zulks heeft medegedeeld in een bij het secretariaat-generaal van de Raad van de Europese Unie neergelegde verklaring, in een van de in die verklaring genoemde talen, verzoekt het openbaar ministerie de bevoegde autoriteit in de uitvaardigende lidstaat het certificaat alsnog te vertalen.
4. Indien het certificaat ontbreekt, onvolledig is of kennelijk niet in overeenstemming is met de toezichtbeslissing, verzoekt het openbaar ministerie de bevoegde autoriteit in de uitvaardigende lidstaat het certificaat alsnog te overleggen, aan te vullen of te verbeteren.

Art. 5.7.8
1. Het openbaar ministerie beslist binnen een termijn van achtentwintig dagen na ontvangst van het certificaat over de erkenning van de toezichtbeslissing. Het openbaar ministerie stelt de bevoegde autoriteit van de uitvaardigende lidstaat onverwijld schriftelijk en met redenen omkleed in kennis van zijn beslissing.

Erkenning van toezichtbeslissing door een andere lidstaat van de EU

2. De beslissing van het openbaar ministerie kan slechts worden uitgesteld:
   a. totdat een vertaling beschikbaar is als bedoeld in artikel 5.7.7, derde lid;
   b. totdat binnen redelijke termijn is voldaan aan het verzoek, bedoeld in artikel 5.7.7, vierde lid;
   c. indien het vanwege uitzonderlijke omstandigheden niet mogelijk is de termijn, bedoeld in het eerste lid, te halen.
3. Het openbaar ministerie stelt de bevoegde autoriteit van de uitvaardigende lidstaat onverwijld in kennis van de uitzonderlijke omstandigheden, bedoeld in het tweede lid, onder c, en van de tijd die benodigd is om een beslissing te nemen.

Art. 5.7.9
1. Indien de aard van de aan de betrokkene opgelegde toezichtmaatregel onverenigbaar is met het Nederlandse recht, past het openbaar ministerie deze zodanig aan, dat tenuitvoerlegging naar Nederlands recht mogelijk is op een wijze die zoveel mogelijk overeenstemt met de in de uitvaardigende lidstaat opgelegde toezichtmaatregel.

Aanpassing van toezichtbeslissing door een andere lidstaat van de EU aan Nederlands recht

2. De aanpassing, bedoeld in het eerste lid, houdt in geen geval een verzwaring van de in de uitvaardigende lidstaat opgelegde toezichtmaatregel in.

Art. 5.7.10
1. Het openbaar ministerie weigert de erkenning van de toezichtbeslissing, indien:
   a. het certificaat niet is overgelegd, onvolledig is of kennelijk niet in overeenstemming is met de toezichtbeslissing en niet binnen redelijke termijn aan het verzoek, bedoeld in artikel 5.7.7, vierde lid, is voldaan;
   b. niet is voldaan aan de voorwaarden voor erkenning, bedoeld in de artikelen 5.7.3 en 5.7.5;
   c. de tenuitvoerlegging van de toezichtbeslissing onverenigbaar is met het aan artikel 68 van het Wetboek van Strafrecht en artikel 255, eerste lid, van dit Wetboek ten grondslag liggende beginsel;
   d. behoudens het bepaalde in het derde lid, het feit waarop de toezichtbeslissing betrekking heeft, indien het in Nederland was begaan, naar Nederlands recht niet strafbaar zou zijn;
   e. over het feit waarop de toezichtbeslissing betrekking heeft naar Nederlands recht rechtsmacht kon worden uitgeoefend en het recht tot strafvordering naar Nederlands recht zou zijn verjaard;
   f. de tenuitvoerlegging van de toezichtbeslissing onverenigbaar is met een naar Nederlands recht geldende immuniteit;
   g. de betrokkene ten tijde van het begaan van het feit de leeftijd van twaalf jaren nog niet had bereikt;
   h. het aannemelijk is dat de overlevering van de betrokkene zal worden geweigerd op grond van de Overleveringswet, in het geval dat hij een toezichtmaatregel niet naleeft.

Erkenning van toezichtbeslissing door een andere lidstaat van de EU weigeren

2. Het openbaar ministerie weigert de erkenning van de toezichtbeslissing niet op grond van het eerste lid, onderdelen a, b en c, dan nadat de bevoegde autoriteit van de uitvaardigende lidstaat in de gelegenheid is gesteld hieromtrent inlichtingen te verschaffen.
3. Het openbaar ministerie weigert de erkenning van de toezichtbeslissing niet op grond van het eerste lid, onderdeel d, indien het feit waarop de toezichtbeslissing betrekking heeft, is vermeld op of valt onder de bij algemene maatregel van bestuur vastgestelde lijst met feiten en soorten van feiten.

4. Het openbaar ministerie kan afzien van de weigering van de erkenning van de toezichtbeslissing op grond van het eerste lid, onderdeel h, indien de bevoegde autoriteit van de uitvaardigende lidstaat in kennis is gesteld van de mogelijke weigering van de overlevering en zij het certificaat niet intrekt.

Art. 5.7.11

Toezichtbeslissing door een andere lidstaat van de EU tenuitvoerleggen

1. Nadat de toezichtbeslissing is erkend en de bevoegde autoriteit in de uitvaardigende lidstaat niet binnen tien dagen na de kennisgeving, bedoeld in 5.7.8, eerste lid, het certificaat heeft ingetrokken, draagt het openbaar ministerie er zorg voor dat de toezichtbeslissing zo spoedig mogelijk, overeenkomstig het Nederlandse recht en met inachtneming van de erkenningsbeslissing, ten uitvoer wordt gelegd.
2. Het openbaar ministerie geeft aan een krachtens algemene maatregel van bestuur aangewezen reclasseringsinstelling opdracht toezicht te houden op de naleving van de aan de betrokkene opgelegde toezichtmaatregelen en hem ten behoeve daarvan te begeleiden. De betrokkene is verplicht zijn medewerking te verlenen aan het reclasseringstoezicht, de medewerking aan huisbezoeken daaronder begrepen.
3. Bij het houden van toezicht op de naleving van de toezichtmaatregelen stelt de reclasseringsinstelling de identiteit van de betrokkene vast op de wijze, bedoeld in artikel 27a, eerste lid, eerste volzin, en tweede lid.
4. Indien een toezichtmaatregel niet wordt nageleefd, doet de reclasseringsinstelling daarvan onverwijld melding aan het openbaar ministerie.

Art. 5.7.12

Informatieplicht bij toezichtbeslissing door een andere lidstaat van de EU

1. Het openbaar ministerie stelt de bevoegde autoriteit van de uitvaardigende lidstaat onverwijld in een vorm die toelaat dat het schriftelijk wordt vastgelegd, in kennis van:
a. iedere wijziging van de woon- of verblijfplaats van de betrokkene;
b. het feit dat het onmogelijk is om toezicht te houden op de naleving van de toezichtmaatregelen, omdat de betrokkene niet in Nederland kan worden gevonden.
2. Het openbaar ministerie stelt de bevoegde autoriteit van de uitvaardigende lidstaat onverwijld door middel van het formulier dat is opgesteld overeenkomstig het in bijlage II van het kaderbesluit opgenomen model, in kennis van:
a. zijn oordeel dat de betrokkene een toezichtmaatregel niet naleeft;
b. alle overige feiten en omstandigheden die tot gevolg zouden kunnen hebben dat in de uitvaardigende lidstaat een beslissing wordt genomen omtrent het voortduren, wijzigen of beëindigen van de toezichtmaatregelen.

Art. 5.7.13

Informatieverzoek bij toezichtbeslissing door een andere lidstaat van de EU

Het openbaar ministerie kan te allen tijde de bevoegde autoriteit van de uitvaardigende lidstaat verzoeken om informatie te verschaffen over de noodzaak van het voortduren van het toezicht op de naleving van de toezichtmaatregelen.

Art. 5.7.14

Wijziging van de toezichtmaatregel bij toezichtbeslissing door een andere lidstaat van de EU

1. Indien de bevoegde autoriteit van de uitvaardigende lidstaat het openbaar ministerie in kennis stelt van een wijziging van de toezichtmaatregelen, erkent het openbaar ministerie deze wijziging, voor zover de gewijzigde toezichtmaatregel op grond van artikel 5.7.3 in Nederland ten uitvoer kan worden gelegd, zo nodig onder toepassing van artikel 5.7.9.
2. Het openbaar ministerie erkent de wijziging van de toezichtmaatregelen niet dan nadat een afschrift van de wijzigingsbeslissing waarvan de echtheid kan worden vastgesteld, is ontvangen.
3. Het openbaar ministerie draagt er zorg voor dat de gewijzigde toezichtmaatregel zo spoedig mogelijk ten uitvoer wordt gelegd.

Art. 5.7.15

Beëindiging van toezicht na toezichtbeslissing door een andere lidstaat van de EU

1. Het openbaar ministerie beëindigt het toezicht op de naleving van de aan de betrokkene opgelegde toezichtmaatregelen:
a. indien meermalen een kennisgeving als bedoeld in artikel 5.7.12, tweede lid, aan de bevoegde autoriteit van de uitvaardigende lidstaat is verzonden en naar aanleiding daarvan binnen redelijke termijn geen beslissing is genomen omtrent de toezichtmaatregelen;
b. zodra een kennisgeving van de bevoegde autoriteit in de uitvaardigende lidstaat is ontvangen dat de toezichtmaatregelen zijn beëindigd;
c. indien de betrokkene niet langer zijn vaste woon- of verblijfplaats in Nederland heeft;
d. indien de betrokkene niet in Nederland kan worden gevonden.
2. Het openbaar ministerie stelt de bevoegde autoriteit van de uitvaardigende lidstaat onverwijld in een vorm die toelaat dat het schriftelijk wordt vastgelegd, in kennis van de beëindiging van het toezicht. Het openbaar ministerie stelt eveneens de reclasseringsinstelling, belast met het toezicht, en zo mogelijk de betrokkene in kennis van de beëindiging van het toezicht.

Wetboek van Strafvordering

C2 art. 5.7.20

Derde afdeling
Erkenning en tenuitvoerlegging van Nederlandse bevelen tot schorsing van de voorlopige hechtenis in het buitenland

Art. 5.7.16
1. Een bevel tot schorsing van de voorlopige hechtenis als bedoeld in artikel 80 kan door het openbaar ministerie worden toegezonden aan de lidstaat van de Europese Unie waar de verdachte zijn vaste woon- of verblijfplaats heeft, indien hij ermee instemt naar die staat terug te keren.
2. Op verzoek van de verdachte kan het openbaar ministerie het bevel tot schorsing van de voorlopige hechtenis toezenden aan een andere lidstaat dan de lidstaat, bedoeld in het eerste lid, indien de bevoegde autoriteit van die lidstaat daarmee instemt.
3. Het openbaar ministerie geeft geen toepassing aan het eerste of tweede lid, dan nadat de rechter, bedoeld in artikel 86, eerste lid, daartoe de opdracht heeft gegeven.

Schorsen van voorlopige hechtenis toezenden aan andere lidstaat van de EU

Art. 5.7.17
1. Het openbaar ministerie zendt het bevel tot schorsing, vergezeld van een ingevuld certificaat rechtstreeks aan de bevoegde autoriteit van de uitvoerende lidstaat. Het certificaat is opgesteld overeenkomstig het in bijlage I van het kaderbesluit opgenomen model.
2. Het certificaat is gesteld in de officiële taal of een van de officiële talen van de uitvoerende lidstaat dan wel, indien die staat zulks heeft medegedeeld in een bij het secretariaat-generaal van de Raad van de Europese Unie neergelegde verklaring, in een van de in die verklaring genoemde talen.
3. Indien niet bekend is welke autoriteit in de uitvoerende lidstaat bevoegd is tot erkenning van de rechterlijke uitspraak, verzoekt het openbaar ministerie hieromtrent om inlichtingen.
4. Het bevel tot schorsing wordt niet aan twee of meer lidstaten tegelijkertijd toegezonden.
5. De toezending kan plaatsvinden per gewone post, telefax of elektronische post, mits de echtheid van de toegezonden documenten door de bevoegde autoriteit van de uitvoerende lidstaat kan worden vastgesteld.
6. Op verzoek van de bevoegde autoriteit van de uitvoerende lidstaat stuurt het openbaar ministerie deze een gewaarmerkt afschrift van het bevel tot schorsing dan wel het origineel van het certificaat toe.

Certificaat van schorsing van voorlopige hechtenis opgelegd door andere lidstaat van de EU

Art. 5.7.18
1. Het openbaar ministerie kan het certificaat intrekken in opdracht van de rechter, bedoeld in artikel 5.7.16, derde lid, naar aanleiding van:
a. de kennisgeving betreffende de maximumtermijn gedurende welke in de uitvoerende lidstaat toezicht kan worden gehouden op de naleving van de aan de schorsing van de voorlopige hechtenis verbonden voorwaarden;
b. de kennisgeving betreffende de beslissing van de bevoegde autoriteit van de uitvoerende lidstaat tot aanpassing van de aan de schorsing van de voorlopige hechtenis verbonden voorwaarden.
2. Het openbaar ministerie beslist over de intrekking van het certificaat binnen een termijn van tien dagen na ontvangst van de kennisgeving, bedoeld in het eerste lid. Het openbaar ministerie stelt de bevoegde autoriteit van de uitvoerende lidstaat en de verdachte onverwijld schriftelijk en met redenen omkleed in kennis van de beslissing om het certificaat in te trekken.

Intrekken van certificaat van schorsing van voorlopige hechtenis door andere lidstaat van de EU

Art. 5.7.19
1. Het houden van toezicht op de naleving van de aan de schorsing van de voorlopige hechtenis verbonden voorwaarden wordt opgeschort gedurende de periode dat in de uitvoerende lidstaat daarop toezicht wordt gehouden.
2. Tot het houden van toezicht in Nederland kan worden overgegaan:
a. zodra van de bevoegde autoriteit van de uitvoerende lidstaat bericht is ontvangen dat het toezicht is beëindigd;
b. indien de verdachte niet langer zijn vaste woon- of verblijfplaats in de uitvoerende lidstaat heeft;
c. indien de verdachte zich in Nederland bevindt.

Toezicht op schorsingsvoorwaarden van voorlopige hechtenis door andere lidstaat van EU

Art. 5.7.20
1. Het openbaar ministerie kan de bevoegde autoriteit in de uitvoerende lidstaat verzoeken om verlenging van de termijn gedurende welke in de uitvoerende lidstaat toezicht kan worden gehouden op de naleving van de aan de schorsing van de voorlopige hechtenis verbonden voorwaarden.
2. Het openbaar ministerie stelt de bevoegde autoriteit van de uitvoerende lidstaat onverwijld in een vorm die het toelaat dat het schriftelijk wordt vastgelegd, in kennis van:
a. een wijziging van het bevel tot schorsing;
b. een beslissing die strekt tot beëindiging van het toezicht op de naleving van de aan de schorsing van de voorlopige hechtenis verbonden voorwaarden;

Verzoek tot verlenging van toezichttermijn van voorlopige hechtenis door andere lidstaat van de EU Informatieplicht

c. informatie over de noodzaak van het voortduren van het toezicht op de naleving van de aan de schorsing van de voorlopige hechtenis verbonden voorwaarden, indien de bevoegde autoriteit van de uitvoerende lidstaat daarom heeft verzocht.

Titel 8
Europees beschermingsbevel

Eerste afdeling
Algemene bepalingen

Art. 5.8.1

Europees beschermingsbevel, begripsbepalingen

In de bepalingen van deze titel wordt verstaan onder:
a. *Europees beschermingsbevel:* een uitvoerbare beslissing van een bevoegde rechterlijke of daarmee gelijkgestelde autoriteit van een lidstaat van de Europese Unie, betreffende een maatregel om een persoon te beschermen, op grond waarvan een rechterlijke of daarmee gelijkgestelde autoriteit van een andere lidstaat een volgens haar eigen nationale recht passende maatregel ter verdere bescherming van de betrokkene neemt;
b. *beschermingsmaatregel:* een volgens het nationale recht in de uitvaardigende lidstaat genomen beslissing in strafzaken die strekt tot bescherming van de persoon, bedoeld onder c, tegen een strafbare handeling die zijn leven, fysieke of psychologische integriteit, waardigheid, persoonlijke vrijheid of seksuele integriteit in gevaar kan brengen en waarbij een of meer van de in artikel 5.8.3, onder a, bedoelde verboden of beperkingen worden opgelegd aan de persoon bedoeld onder d;
c. *beschermde persoon:* een natuurlijke persoon die wordt beschermd op grond van een beschermingsmaatregel die is getroffen in de uitvaardigende lidstaat;
d. *persoon die gevaar veroorzaakt:* de natuurlijke persoon aan wie een of meer van de in artikel 5.8.3, onder a, bedoelde verboden of beperkingen zijn opgelegd;
e. *uitvaardigende lidstaat:* lidstaat van de Europese Unie waarin een beschermingsmaatregel is genomen die de grondslag is voor een Europees beschermingsbevel;
f. *uitvoerende lidstaat:* lidstaat van de Europese Unie waaraan een Europees beschermingsbevel met het oog op erkenning en ten uitvoerlegging daarvan is toegezonden.
g. *kaderbesluit 2008/947/JBZ:* het kaderbesluit van de Raad van 27 november 2008 inzake de toepassing van het beginsel van de wederzijdse erkenning op vonnissen en proeftijdbeslissingen met het oog op het toezicht op proeftijdvoorwaarden en alternatieve straffen (Publicatieblad EU, L 337 van 16 december 2008);
h. *kaderbesluit 2009/829/JBZ:* het kaderbesluit van de Raad van 23 oktober 2009 inzake de toepassing, tussen de lidstaten van de Europese Unie van het beginsel van wederzijdse erkenning op beslissingen inzake toezichtmaatregelen als alternatief voor voorlopige hechtenis (Publicatieblad EU, L 294 van 11 november 2009);
i. *richtlijn 2011/99/EU:* de richtlijn van het Europees Parlement en de Raad van 13 december 2011 betreffende het Europees beschermingsbevel (Publicatieblad EU, L 338 van 21 december 2011);
j. *toezichtsstaat:*
– de lidstaat waaraan een vonnis in de zin van artikel 2 van het Kaderbesluit 2008/947/JBZ is overgedragen of
– de lidstaat waaraan een beslissing inzake toezichtmaatregelen in de zin van artikel 4 van Kaderbesluit 2009/829/JBZ is overgedragen.

Art. 5.8.2

Kennisgeving van mededelingen aan autoriteiten

1. De kennisgeving van mededelingen aan de autoriteit van de uitvaardigende lidstaat of van de uitvoerende lidstaat, aan de beschermde persoon of aan de persoon die gevaar veroorzaakt geschiedt door middel van toezending van een gewone of aangetekende brief over de post, via telefax of elektronische post. Van deze wijze van kennisgeving kan worden afgeweken als zulks uitdrukkelijk is bepaald.
2. Kennisgeving van mededelingen aan de autoriteit van de beslissingstaat of uitvoerende lidstaat geschiedt op zodanige wijze dat de echtheid van de mededeling door de bevoegde autoriteit kan worden vastgesteld.
3. De beschermde persoon en de persoon die gevaar veroorzaakt stellen de bevoegde autoriteiten van de uitvaardigende lidstaat en de uitvoerende lidstaat op de hoogte van het adres waaraan deze autoriteiten kennisgevingen dienen te richten. De kennisgeving van mededelingen aan de beschermde persoon en aan de persoon die gevaar veroorzaakt, geschiedt aan het laatste door deze persoon opgegeven adres.

Tweede afdeling
Europees beschermingsbevel uitgevaardigd door de bevoegde autoriteit van een andere lidstaat van de Europese Unie

Art. 5.8.3
Een Europees beschermingsbevel is vatbaar voor erkenning en tenuitvoerlegging in Nederland indien het
a. een of meer van de volgende verboden of beperkingen omvat:
1°. een verbod tot het betreden van bepaalde locaties, plaatsen of omschreven gebieden waar de beschermde persoon verblijft of die door hem worden bezocht;
2°. een verbod op of een regeling omtrent enige vorm van contact met de beschermde persoon, inclusief per telefoon, elektronische of gewone post, fax of enige andere wijze, of
3°. een verbod de beschermde persoon tot binnen een bepaalde afstand te benaderen, of een regeling ter zake; en
b. is uitgevaardigd in de vorm van het formulier dat als bijlage I is toegevoegd aan Richtlijn 2011/99/EU en alle daarin voorziene informatie bevat.

Europees beschermingsbevel, erkenning/tenuitvoerlegging in Nederland

Art. 5.8.4
1. De officier van justitie is belast met de tenuitvoerlegging van een Europees beschermingsbevel en beveelt daartoe strekkende maatregelen.
2. De officier van justitie erkent een Europees beschermingsbevel binnen achtentwintig dagen na ontvangst hiervan, tenzij het vierde of vijfde lid van toepassing is.
3. Indien de officier van justitie de in het tweede lid genoemde termijn niet kan naleven stelt hij de bevoegde autoriteit van de uitvaardigende lidstaat onverwijld in kennis, onder vermelding van de redenen voor de vertraging en van de tijd die hij nog voor het nemen van een definitief besluit nodig zal hebben.
4. Indien de officier van justitie de bij het Europees beschermingsbevel verstrekte gegevens onvolledig acht, stelt hij de bevoegde autoriteit van de uitvaardigende lidstaat hiervan onverwijld in kennis. Hij stelt hierbij een redelijke termijn van ten hoogste achtentwintig dagen waarbinnen de ontbrekende gegevens door die autoriteiten moeten worden verstrekt. De officier van justitie doet deze kennisgeving in een vorm die voorziet in schriftelijke vastlegging hiervan.
5. Indien het Europees beschermingsbevel niet is gesteld in de Nederlandse taal of, indien Nederland zulks heeft medegedeeld in een bij de Europese Commissie neergelegde verklaring, in een van de in die verklaring genoemde talen, kan de officier van justitie de bevoegde autoriteit in de uitvaardigende lidstaat verzoeken het Europees beschermingsbevel alsnog te vertalen. Hij stelt hierbij een redelijke termijn van ten hoogste achtentwintig dagen waarbinnen de vertaling moet worden verstrekt. De officier van justitie doet deze kennisgeving in een vorm die voorziet in schriftelijke vastlegging hiervan.
6. Indien het Europees beschermingsbevel niet aan de officier van justitie is gezonden, wordt dit door de geadresseerde autoriteit onverwijld doorgezonden aan de officier van justitie. De geadresseerde stelt de bevoegde autoriteit van de uitvaardigende lidstaat hiervan onverwijld in kennis in een vorm die voorziet in schriftelijke vastlegging.
7. Indien de bevoegde autoriteit van de uitvaardigende lidstaat niet bekend is, wint de officier van justitie de nodige inlichtingen in langs alle beschikbare kanalen, waaronder de contactpunten van het Europees Justitieel Netwerk, het nationaal lid van Eurojust of het nationaal systeem van Nederland voor de coördinatie van Eurojust.

Europees beschermingsbevel, tenuitvoerlegging door officier van justitie

Art. 5.8.5
1. De officier van justitie kan de erkenning weigeren indien:
a. het Europees Beschermingsbevel onvolledig is of niet vervolledigd is binnen de door de door de officier van justitie vastgestelde termijn;
b. niet is voldaan aan de voorwaarden van artikel 5.8.3;
c. het feit waarvoor de beschermingsmaatregel is opgelegd, indien het in Nederland zou zijn begaan, naar Nederlands recht niet strafbaar zou zijn;
d. de gevaar veroorzakende persoon in Nederland onschendbaarheid geniet, zodat geen maatregelen op grond van een Europees beschermingsbevel kunnen worden genomen;
e. het recht om de gevaar veroorzakende persoon strafrechtelijk te vervolgen wegens de handeling of gedraging met betrekking waartoe de beschermingsmaatregel is genomen, volgens de Nederlandse wet verjaard is, indien over de handeling of gedraging waarvoor de beschermingsmaatregel is opgelegd volgens Nederlands recht rechtsmacht kon worden uitgeoefend;
f. tenuitvoerlegging van het Europees beschermingsbevel onverenigbaar is met het aan artikel 68 van het Wetboek van Strafrecht en artikel 255, eerste lid, van dit wetboek ten grondslag liggende beginsel;
g. de gevaar veroorzakende persoon volgens Nederlands recht vanwege zijn leeftijd niet strafrechtelijk aansprakelijk kan worden gesteld voor de handelingen of gedragingen met betrekking waartoe de beschermingsmaatregel is genomen;

Europees beschermingsbevel, weigering erkenning in Nederland

C2 art. 5.8.6 — Wetboek van Strafvordering

h. de beschermingsmaatregel betrekking heeft op een strafbaar feit dat krachtens het Nederlands recht wordt beschouwd als zijnde volledig, dan wel voor een groot of zeer belangrijk deel op Nederlands grondgebied gepleegd.

2. Indien de officier van justitie het Europees beschermingsbevel weigert te erkennen op grond van een van de in het eerste lid bedoelde gronden dan:

a. doet hij onverwijld mededeling aan de autoriteit van de uitvaardigende lidstaat en aan de beschermde persoon van het besluit tot weigering en van de redenen hiervoor;

b. stelt hij in voorkomend geval de beschermde persoon in kennis van de mogelijkheid een beschermingsmaatregel te verkrijgen op grond van het Nederlandse recht.

Art. 5.8.6

Europees beschermingsbevel, maatregelen na erkenning in Nederland

1. Als de officier van justitie het Europees beschermingsbevel erkent, dan beveelt hij overeenkomstig het Europees beschermingsbevel een of meer van de volgende maatregelen ten aanzien van de persoon die gevaar veroorzaakt:

a. een verbod tot het betreden van bepaalde locaties, plaatsen of gebieden waar de beschermde persoon verblijft of die door hem worden bezocht;

b. een verbod op of een regeling omtrent enige vorm van contact met de beschermde persoon;

c. een verbod om de beschermde persoon tot binnen een bepaalde afstand te benaderen of een regeling ter zake.

2. Indien de bescherming van betrokkene, de aard van het Europees beschermingsbevel of de uitvoerbaarheid in Nederland dit vereist, past hij de in het eerste lid genoemde maatregelen aan. De aangepaste maatregelen stemmen zo veel mogelijk overeen met de beschermingsmaatregelen die in de uitvaardigende lidstaat werd getroffen en waarop het Europees beschermingsbevel werd gegrond.

3. Het in het eerste lid bedoelde bevel geldt voor de termijn van de beschermingsmaatregel die door de autoriteit van de uitvaardigende lidstaat is opgenomen in het formulier als bedoeld in artikel 5.8.3, onder b, met een maximum van een jaar.

4. De officier van justitie doet mededeling aan de persoon die gevaar veroorzaakt, aan de beschermde persoon en aan de bevoegde autoriteit van de uitvaardigende lidstaat van alle overeenkomstig het eerste lid bevolen maatregelen, alsmede van de mogelijke gevolgen van overtreding van deze maatregelen. De mededeling aan de persoon die gevaar veroorzaakt, geschiedt door middel van betekening op de wijze als bepaald in artikel 36e van dit wetboek.

5. De officier van justitie gelast de tenuitvoerlegging van de maatregelen twee weken na de verzending van de mededeling van de beslissing als bedoeld in het eerste lid.

6. De officier van justitie verstrekt het adres of andere contactgegevens van de beschermde persoon niet aan de persoon die gevaar veroorzaakt, tenzij dat noodzakelijk is met het oog op de tenuitvoerlegging van de maatregel die hij heeft bevolen op grond van het eerste lid.

Art. 5.8.7

Europees beschermingsbevel, bevoegdheden bij maatregelen na erkenning in Nederland

1. De ambtenaren van politie, bedoeld in artikel 2, onder a van de Politiewet 2012, zijn bevoegd om in geval van een overtreding of dreigende overtreding van de maatregelen, bedoeld in artikel 5.8.6, eerste lid, de persoon die gevaar veroorzaakt, te bevelen de desbetreffende maatregel of maatregelen na te leven.

2. De officier van justitie doet mededeling aan de volgende autoriteiten van elke overtreding van een op grond van het Europees beschermingsbevel genomen maatregel:

a. de bevoegde autoriteit van de uitvaardigende lidstaat;

b. de bevoegde autoriteit van de lidstaat die een rechterlijke uitspraak in de zin van artikel 2 van Kaderbesluit 2008/947/JBZ heeft toegezonden met het oog op erkenning en tenuitvoerlegging daarvan in Nederland;

c. de bevoegde autoriteit van de lidstaat die een beslissing inzake toezichtmaatregelen in de zin van artikel 4 van Kaderbesluit 2009/829/JBZ heeft toegezonden met het oog op erkenning en tenuitvoerlegging daarvan in Nederland.

3. De in het tweede lid bedoelde kennisgeving geschiedt in de vorm van het formulier dat als bijlage II is toegevoegd aan Richtlijn 2011/99/EU.

4. De officier van justitie draagt zorg voor vertaling van het in het derde lid bedoelde formulier in de officiële taal of een van de officiële talen van de uitvaardigende lidstaat of in een of meer andere officiële talen die deze lidstaat aanvaardt, blijkens een door hem bij de Europese Commissie neergelegde verklaring.

Art. 5.8.8

Verlenging/wijziging Europees beschermingsbevel, gevolgen voor Nederland

1. Indien de bevoegde autoriteit van de uitvaardigende lidstaat de beschermingsmaatregel verlengt, of wijzigt, dan past de officier van justitie de door hem bevolen maatregel dienovereenkomstig aan, zodra hij door de bevoegde autoriteit van de uitvaardigende lidstaat naar behoren in kennis is gesteld van de verlenging of wijziging. De officier van justitie kan de termijn van de door hem bevolen maatregel verlengen tot in het geheel ten hoogste een jaar.

2. Indien de bevoegde autoriteit van de uitvaardigende lidstaat het Europees beschermingsbevel heeft gewijzigd, en het gewijzigde verbod of de gewijzigde beperking ressorteren niet onder de in artikel 5.8.3, onder a, bedoelde verboden of beperkingen, of indien met het Europees bescher-

Wetboek van Strafvordering

mingsbevel overeenkomstig artikel 5.8.3, onder b, verstrekte informatie onvolledig is of niet binnen de door de officier van justitie overeenkomstig artikel 5.8.4, vierde lid, gestelde termijn is aangevuld, dan weigert de officier van justitie voor zover nodig dit verbod of deze beperking te handhaven.

3. Indien de bevoegde autoriteit van de uitvaardigende lidstaat het erkende en ten uitvoer gelegde Europees beschermingsbevel intrekt, dan trekt de officier van justitie de in artikel 5.8.6, eerste lid bedoelde maatregelen in, zodra hij door de bevoegde autoriteit van de uitvaardigende lidstaat naar behoren in kennis is gesteld van de intrekking.

4. De officier van justitie doet mededeling aan de persoon die gevaar veroorzaakt, aan de beschermde persoon en aan de bevoegde autoriteit van de uitvaardigende lidstaat van de verlenging of wijziging van de door hem bevolen maatregel als bedoeld in het eerste lid, van de weigering als bedoeld in het tweede lid of van de intrekking als bedoeld in het derde lid.

Art. 5.8.9

1. De officier van justitie kan de ter uitvoering van het Europees beschermingsbevel bevolen maatregelen intrekken:
   a. indien er duidelijke aanwijzingen zijn dat de beschermde persoon niet meer op het grondgebied van Nederland woont of verblijft of dat hij het grondgebied definitief heeft verlaten;
   b. indien de maximale duur is verstreken van het bevel tot maatregelen, als bedoeld in artikel 5.8.6, derde lid;
   c. indien artikel 5.8.8, tweede lid, van toepassing is.
   d. indien, na de erkenning van het Europees beschermingsbevel, een vonnis in de zin van artikel 2 van Kaderbesluit 2008/947/JBZ of een beslissing inzake toezichtmaatregelen in de zin van artikel 4 van Kaderbesluit 2009/829/JBZ aan Nederland als de uitvoerende lidstaat is overgedragen.

2. Voordat de officier van justitie besluit tot intrekking als bedoeld in het eerste lid, onder b, kan hij bij de bevoegde autoriteit van de uitvaardigende lidstaat inlichtingen inwinnen omtrent de vraag of de bij het Europees beschermingsbevel geboden bescherming in de gegeven omstandigheden noodzakelijk blijft.

3. De officier van justitie doet onmiddellijk mededeling van zijn besluit tot intrekking, als bedoeld in het eerste lid, aan de bevoegde autoriteit van de uitvaardigende lidstaat en indien mogelijk aan de beschermde persoon en de persoon die gevaar veroorzaakt.

Europees beschermingsbevel, intrekking maatregelen na erkenning in Nederland

Derde afdeling
Europees beschermingsbevel uitgevaardigd door de bevoegde autoriteit van Nederland

Art. 5.8.10

1. De persoon die beschermd wordt door een beschermingsmaatregel op grond van het Nederlandse recht, kan een verzoek tot het uitvaardigen van een Europees beschermingsbevel richten aan de officier van justitie of aan de bevoegde autoriteit van de uitvoerende lidstaat.

2. Indien een persoon die beschermd wordt door een beschermingsmaatregel, die is genomen op grond van het nationale recht van een andere lidstaat, een verzoek doet aan de officier van justitie tot uitvaardiging van een Europees beschermingsbevel, dan doet de officier van justitie hiervan mededeling aan de bevoegde autoriteit van de uitvaardigende lidstaat en draagt hij dit verzoek ter behandeling over. Hiertoe zendt de officier van justitie dit verzoek zo spoedig mogelijk toe aan de bevoegde autoriteit van de desbetreffende lidstaat.

3. Indien de beschermde persoon een wettelijk vertegenwoordiger heeft, kan deze het verzoek, bedoeld in het eerste en tweede lid, indienen namens de beschermde persoon.

Europees beschermingsbevel, uitvaardiging door bevoegde autoriteit in Nederland

Art. 5.8.11

1. De officier van justitie kan op verzoek van een beschermde persoon een Europees beschermingsbevel uitvaardigen indien:
   a. in Nederland op grond van het Nederlandse recht in strafzaken reeds een beschermingsmaatregel is vastgesteld en
   b. door deze beschermingsmaatregel een of meer van de in artikel 5.8.3, onder a, bedoelde verboden of beperkingen worden opgelegd aan een persoon die gevaar veroorzaakt en
   c. de beschermde persoon besluit in een andere Europese lidstaat te gaan wonen of er reeds woont, dan wel besluit in een andere lidstaat te gaan verblijven of er reeds verblijft.

2. De officier van justitie die de uitvaardiging van een Europees beschermingsbevel overweegt, houdt onder meer rekening met de duur van de periode dat of perioden die de beschermde persoon in de uitvoerende lidstaat wil verblijven en met de ernst van de behoefte aan bescherming.

3. De officier van justitie doet mededeling van de behandeling van het verzoek om een Europees beschermingsbevel uit te vaardigen aan de beschermde persoon en aan de persoon die gevaar veroorzaakt.

Europees beschermingsbevel, nadere regels uitvaardiging

C2 art. 5.8.12

Europees beschermingsbevel, horen persoon die gevaar veroorzaakt

Art. 5.8.12

1. De officier van justitie stelt de persoon die gevaar veroorzaakt in de gelegenheid te worden gehoord ten aanzien van de behandeling van een verzoek tot uitvaardiging van een Europees beschermingsbevel als bedoeld in artikel 5.8.11, eerste lid, indien aan deze persoon het recht om te worden gehoord, niet is verleend in de procedure die tot het nemen van de beschermingsmaatregel heeft geleid.
2. Indien de persoon die gevaar veroorzaakt, is gehoord in de procedure die tot het nemen van de beschermingsmaatregel heeft geleid, kan de officier van justitie deze persoon in de gelegenheid stellen te worden gehoord bij de behandeling van het verzoek als bedoeld in artikel 5.8.11, eerste lid, indien de officier van justitie dit voor het nemen van een beslissing noodzakelijk acht.
3. De officier van justitie kan de beschermde persoon in de gelegenheid stellen te worden gehoord bij de behandeling van het verzoek als bedoeld in artikel 5.8.11, eerste lid.
4. Van het horen van de personen overeenkomstig het eerste, tweede of derde lid, wordt een schriftelijk verslag opgemaakt.

Europees beschermingsbevel, mededeling besluit op uitvaardigingsverzoek

Art. 5.8.13

1. De officier van justitie doet mededeling van zijn besluit om een Europees beschermingsbevel uit te vaardigen aan de beschermde persoon en aan de persoon die gevaar veroorzaakt. Het besluit van de officier van justitie is met redenen omkleed.
2. Indien de officier van justitie een verzoek tot uitvaardiging van een Europees beschermingsbevel afwijst, doet hij hiervan mededeling aan de beschermde persoon en aan de persoon die gevaar veroorzaakt. Het besluit van de officier van justitie is met redenen omkleed.

Europees beschermingsbevel, vastlegging

Art. 5.8.14

1. De officier van justitie legt een Europees beschermingsbevel vast in de vorm van een formulier dat als bijlage I is toegevoegd aan Richtlijn 2011/99/EU.
2. De officier van justitie zendt het Europees beschermingsbevel in schriftelijke vorm toe aan de bevoegde autoriteit van de uitvoerende lidstaat.
3. Indien de bevoegde autoriteit van de uitvoerende lidstaat niet bekend is, wint de officier van justitie de nodige inlichtingen in langs alle beschikbare kanalen, waaronder de contactpunten van het Europees Justitieel Netwerk, het nationaal lid van Eurojust of het nationaal systeem van Nederland voor de coördinatie van Eurojust.
4. De officier van justitie draagt zorg voor vertaling van het Europees beschermingsbevel in de officiële taal of een van de officiële talen van de uitvoerende lidstaat, dan wel voor vertaling in een of meer andere officiële talen van de Europese Unie, die deze lidstaat aanvaardt blijkens een door hem bij de Europese Commissie neergelegde verklaring.

Europees beschermingsbevel, voorlichting over verzoek uitvaardiging

Art. 5.8.15

Indien de rechter of officier van justitie een beschermingsmaatregel oplegt die een of meer van de in artikel 5.8.3 bedoelde verboden of beperkingen omvat, doet de officier van justitie mondeling of schriftelijk mededeling aan de beschermde persoon over de mogelijkheid om een Europees beschermingsbevel te verzoeken voor het geval deze persoon besluit zich naar een andere lidstaat te begeven, alsmede over de hoofdzaken van de voorwaarden die gelden voor een dergelijk verzoek. De officier van justitie geeft bij deze mededeling de beschermde persoon in overweging om het bedoelde verzoek in te dienen voordat deze persoon het grondgebied van Nederland verlaat.

Europees beschermingsbevel, wijziging/intrekking overeenkomstig Nederlands recht

Art. 5.8.16

1. Indien de officier van justitie of rechter overeenkomstig Nederlands recht besluit tot wijziging of intrekking van een beschermingsmaatregel, dan kan de officier van justitie het hierop berustende Europees beschermingsbevel wijzigen of intrekken.
2. Het eerste lid is niet van toepassing indien de bevoegdheid tot wijziging of intrekking van een beschermingsmaatregel berust bij de bevoegde autoriteit van de uitvoerende lidstaat op basis van Kaderbesluit 2008/947/JBZ of van Kaderbesluit 2009/829/JBZ en van de op deze kaderbesluiten gebaseerde wettelijke bepalingen.
3. Indien een beslissing in de zin van artikel 2 van Kaderbesluit 2008/947/JBZ of van artikel 4 van Kaderbesluit 2009/829/JBZ reeds aan een andere lidstaat is toegezonden of na de uitvaardiging van het Europees beschermingsbevel wordt toegezonden, worden de bij die kaderbesluiten bepaalde vervolgbeslissingen genomen overeenkomstig de toepasselijke bepalingen van die kaderbesluiten en de hierop gebaseerde wettelijke bepalingen.
4. De officier van justitie doet de bevoegde autoriteit van de uitvoerende lidstaat, de beschermde persoon en de persoon die gevaar veroorzaakt mededeling van elke genomen beslissing die strekt tot wijziging of intrekking van het Europees beschermingsbevel.

Europees beschermingsbevel, nadere regels

Art. 5.8.17

Bij ministeriële regeling kunnen regels worden vastgesteld voor het verzamelen en verstrekken van gegevens over de uitvoering van de bepalingen van deze titel.

Boek 6
Tenuitvoerlegging

Hoofdstuk 1
Algemene bepalingen

Eerste titel
Taken en bevoegdheden

Art. 6:1:1
1. De tenuitvoerlegging van rechterlijke beslissingen en strafbeschikkingen geschiedt door Onze Minister.
2. Het openbaar ministerie verstrekt daartoe de beslissing aan Onze Minister, uiterlijk veertien dagen nadat deze voor tenuitvoerlegging vatbaar is geworden.
3. Het openbaar ministerie voegt daarbij, in voorkomende gevallen, het advies van de rechter omtrent de tenuitvoerlegging.

Art. 6:1:2
Voor zover de tenuitvoerlegging is toegelaten, wordt de beslissing zo spoedig mogelijk ten uitvoer gelegd.

Art. 6:1:3
Bij de tenuitvoerlegging wordt rekening gehouden met alle in aanmerking komende belangen, waaronder de veiligheid van de samenleving, de belangen van slachtoffers en nabestaanden en de resocialisatie van de veroordeelde.

Art. 6:1:4
1. De uitoefening van een of meer bevoegdheden van Onze Minister kan schriftelijk door Onze Minister worden opgedragen aan een ambtenaar die werkzaam is onder zijn verantwoordelijkheid.
2. De opgedragen bevoegdheid wordt in naam en onder verantwoordelijkheid van Onze Minister uitgeoefend.
3. Afdeling 10.1.1 van de Algemene wet bestuursrecht is van toepassing.

Art. 6:1:5
1. Onze Minister kan voor de tenuitvoerlegging de nodige algemene of bijzondere lasten geven aan de gerechtsdeurwaarders en aan de ambtenaren van politie, aangesteld voor de uitvoering van de politietaak, de militairen van de Koninklijke marechaussee, dan wel aan andere ambtenaren of functionarissen, voor zover zij door Onze Minister daartoe zijn aangewezen.
2. Voor de tenuitvoerlegging aan boord van een Nederlands schip of zeevissersvaartuig dan wel op een overeenkomstig artikel 136a, tweede lid, aangewezen installatie kan de in het eerste lid bedoelde bijzondere last worden gegeven aan de schipper.
3. Voor de tenuitvoerlegging van bevelen tot inbeslagneming van aandelen en effecten op naam en tot inbeslagneming en teruggave van onroerende registergoederen wordt de in het eerste lid bedoelde bijzondere last gericht tot de gerechtsdeurwaarder.
4. Artikel 146, tweede lid, is van toepassing ten aanzien van alle ambtenaren die de last geven en ten aanzien van alle ambtenaren die de gegeven last uitvoeren.

Art. 6:1:6
1. Een door Onze Minister gegeven last tot tenuitvoerlegging die strekt tot aanhouding van een verdachte of veroordeelde bevat:
a. een zo nauwkeurig mogelijke aanduiding van de aan te houden persoon;
b. een opgave van de beslissing of het bevel waarop de aanhouding steunt;
c. een vermelding van de plaats waarheen de aangehouden persoon moet worden overgebracht, of van de rechter of ambtenaar voor wie hij moet worden geleid.
2. Degene die overeenkomstig de last een persoon heeft aangehouden, geleidt de aangehouden persoon onverwijld naar de plaats of voor de rechter of ambtenaar, in de last vermeld.
3. Onze Minister wordt door degene die de aanhouding heeft verricht onverwijld in kennis gesteld van de aanhouding. Indien de aangehouden persoon beweert niet de persoon te zijn tegen wie het bevel is gericht, zorgt Onze Minister voor eenduidige vaststelling van de identiteit van de persoon.
4. De aan te houden persoon kan buiten het rechtsgebied van een rechtbank worden aangehouden. De artikelen 539n en 539o zijn van overeenkomstige toepassing.

Art. 6:1:7
1. De met de tenuitvoerlegging belaste ambtenaar kan ter aanhouding elke plaats betreden en doorzoeken.
2. Met het oog op de vaststelling van de verblijfplaats van de aan te houden persoon kan de officier van justitie, of, indien de artikelen de hulpofficier of de opsporingsambtenaar als bevoegd aanwijzen, deze ambtenaar, de in de artikelen 96 tot en met 102a, 125i tot en met 125m, 126g, 126j tot en met 126ni en 126ui bedoelde bevoegdheden toepassen, en kan de rechter-commis-

saris op vordering van de officier van justitie de bevoegdheden van artikel 110 toepassen, met dien verstande dat:
a. een bevoegdheid slechts met het oog op de vaststelling van de verblijfplaats van de aan te houden persoon wordt toegepast in geval de aan te houden persoon wordt vervolgd of is veroordeeld tot een vrijheidsstraf dan wel hem een vrijheidsbenemende maatregel is opgelegd voor een misdrijf van dezelfde ernst als waarvoor de bevoegdheid ingevolge het desbetreffende artikel mag worden toegepast;
b. een bevoegdheid die ingevolge het desbetreffende artikel alleen na een machtiging door de rechter-commissaris kan worden toegepast, met het oog op de vaststelling van de verblijfplaats van de aan te houden persoon eveneens slechts na schriftelijke machtiging, op vordering van de officier van justitie te verlenen door de rechter-commissaris, wordt toegepast;
c. indien voor de toepassing van een bevoegdheid ingevolge het desbetreffende artikel een bevel of vordering is vereist, in geval van toepassing met het oog op de vaststelling van de verblijfplaats van de aan te houden persoon het bevel of de vordering, voor zover relevant de gegevens bevat die daarin volgens de desbetreffende wetsartikelen moeten zijn opgenomen.

Art. 6:1:8
De ambtenaar die is belast met de aanhouding van een persoon of met de tenuitvoerlegging van een straf of maatregel, stelt na aanhouding de identiteit van de persoon vast op de wijze bedoeld in artikel 27a.

Art. 6:1:9
Onze Minister kan van een ieder vorderen de inlichtingen te verstrekken die redelijkerwijs noodzakelijk zijn voor de tenuitvoerlegging van een vonnis, een arrest of een strafbeschikking. Artikel 96a, derde lid, is van overeenkomstige toepassing.

Art. 6:1:10
1. Het openbaar ministerie kan bij of onverwijld na het verstrekken van een beslissing als bedoeld in artikel 6:1:1, tweede lid, advies geven aan Onze Minister over tijdens de tenuitvoerlegging te nemen besluiten. Het advies wordt uitgebracht vanwege het belang van de resocialisatie van de veroordeelde, de belangen van het slachtoffer en zijn nabestaanden, de veiligheid van de samenleving of een ander zwaarwegend algemeen belang.
2. Indien omstandigheden tijdens de tenuitvoerlegging daartoe aanleiding geven, kan het openbaar ministerie ambtshalve of op verzoek van Onze Minister een advies als bedoeld in het eerste lid alsnog uitbrengen of een uitgebracht advies aanvullen.

Art. 6:1:11
1. Onze Minister is bevoegd de tenuitvoerlegging van geldboeten waarvoor geen gratie kan worden verleend te beëindigen indien hij van oordeel is dat met de voortzetting daarvan geen redelijk doel wordt gediend.
2. Indien Onze Minister hiertoe besluit wordt dit schriftelijk medegedeeld aan de veroordeelde.

Art. 6:1:12
1. Alle kosten van de tenuitvoerlegging komen ten laste van de staat, voor zover niet bij of krachtens enige wet anders is bepaald.
2. Al hetgeen door de tenuitvoerlegging wordt verkregen, komt ten bate van de staat, met uitzondering van hetgeen door de tenuitvoerlegging van de maatregel, genoemd in artikel 36f van het Wetboek van Strafrecht, wordt verkregen.

Art. 6:1:13
1. Onze Minister verrekent een aan een verdachte of veroordeelde uit te keren bedrag met aan de staat dan wel aan het slachtoffer of diens nabestaanden verschuldigde geldsommen, tot betaling waarvan de veroordeelde bij onherroepelijk geworden vonnis of arrest in een strafzaak is veroordeeld of tot betaling waartoe de veroordeelde op grond van een jegens hem uitgevaardigde, onherroepelijk geworden strafbeschikking verplicht is, een en ander voor zover die nog niet door hem zijn voldaan.
2. Indien Onze Minister toepassing geeft aan het bepaalde in het eerste lid, stelt hij de veroordeelde hiervan in kennis.

Art. 6:1:14
1. Voor zover niet bij of krachtens de wet anders is bepaald zijn de bepalingen uit dit boek van overeenkomstige toepassing op de tenuitvoerlegging van rechterlijke beslissingen en strafbeschikkingen die op grond van titel VIII A van het eerste boek van het Wetboek van Strafrecht zijn opgelegd aan jeugdige personen.
2. Onze Minister kan voor de tenuitvoerlegging van de in het eerste lid bedoelde beslissingen het advies van de raad voor de kinderbescherming inwinnen omtrent de plaats van de tenuitvoerlegging.

Art. 6:1:15
1. Bij of krachtens algemene maatregel van bestuur worden nadere regels gesteld over het bepaalde in deze titel. Deze nadere regels zien in elk geval op:
a. het geven van een last tot aanhouding;
b. het uit te oefenen toezicht op de naleving;

c. het advies van het openbaar ministerie over tijdens de tenuitvoerlegging te nemen besluiten.
2. Bij algemene maatregel van bestuur kunnen regels worden gesteld omtrent de toepassing van bevoegdheden die door Onze Minister zijn opgedragen aan ambtenaren die werkzaam zijn onder zijn verantwoordelijkheid.
3. Bij of krachtens algemene maatregel van bestuur worden voorschriften tot nadere regeling van de werkzaamheden van reclasseringsinstellingen met betrekking tot de naleving van bij of krachtens de wet aan verdachten en veroordeelden opgelegde voorwaarden vastgesteld.
4. Bij algemene maatregel van bestuur kan worden bepaald dat de staat geldbedragen, verkregen uit de tenuitvoerlegging van geldboetes, op een daarbij vast te stellen grondslag en naar daarbij vast te stellen regelen ten goede laat komen aan een rechtspersoon die krachtens het publiekrecht is ingesteld.

Tweede titel
Aanvang, schorsing, beëindiging en tenuitvoerleggingstermijn

Art. 6:1:16
1. Voor zover niet anders is bepaald, mag geen rechterlijke beslissing ten uitvoer worden gelegd, zolang daartegen nog enig gewoon rechtsmiddel openstaat en, zo dit is aangewend, totdat het is ingetrokken of daarop is beslist.
2. Een uitspraak op de vordering van het openbaar ministerie tot oplegging van de verplichting een geldbedrag aan de staat te betalen ter ontneming van wederrechtelijk verkregen voordeel, kan ten uitvoer worden gelegd nadat de veroordeling, als bedoeld in artikel 36e, eerste onderscheidenlijk derde lid, van het Wetboek van Strafrecht, onherroepelijk is geworden.
3. Is een mededeling als bedoeld in artikel 366 voorgeschreven, dan kan de tenuitvoerlegging van het vonnis of arrest geschieden na de betekening van die mededeling. Bij vonnissen of arresten bij verstek gewezen, waarbij zodanige mededeling niet behoeft te geschieden, kan de tenuitvoerlegging geschieden na de uitspraak. Door hoger beroep of beroep in cassatie wordt de tenuitvoerlegging geschorst of opgeschort.
4. De laatste volzin van het derde lid geldt niet:
a. voor bevelen bij het vonnis of arrest verleend die dadelijk uitvoerbaar zijn;
b. indien naar het oordeel van het openbaar ministerie vaststaat dat het rechtsmiddel na het verstrijken van de daarvoor gestelde termijn is aangewend, tenzij op verzoek van degene die het middel heeft aangewend, en na zijn verhoor, indien hij dit bij het verzoek heeft gevraagd, de voorzieningenrechter van het gerechtshof of de rechtbank anders bepaalt.

Art. 6:1:17
1. De tenuitvoerlegging van de strafbeschikking kan pas geschieden veertien dagen na de uitreiking in persoon of toezending van het afschrift van de strafbeschikking, tenzij afstand wordt gedaan van de bevoegdheid verzet te doen.
2. Door verzet tegen de strafbeschikking wordt de tenuitvoerlegging geschorst of opgeschort, tenzij naar het oordeel van het openbaar ministerie vaststaat dat het verzet na het verstrijken van de daarvoor gestelde termijn is gedaan. Bij de behandeling van het verzet kan de rechter op verzoek van de verdachte bepalen dat de tenuitvoerlegging van de strafbeschikking wordt geschorst of opgeschort. De schorsing of opschorting van de tenuitvoerlegging neemt een einde indien het verzet niet ontvankelijk wordt verklaard.
3. De proeftijd van een aanwijzing het gedrag van de verdachte betreffend loopt niet gedurende de tijd dat degene rechtens zijn vrijheid is ontnomen.

Art. 6:1:18
1. De proeftijd van een voorwaarde bij een veroordeling waarbij de rechter heeft bepaald dat een door hem opgelegde straf geheel of gedeeltelijk niet zal worden tenuitvoergelegd, begint op de dag dat het vonnis of arrest onherroepelijk is geworden danwel op de dag dat de uitspraak indien de rechter dadelijke uitvoerbaarheid beveelt. Indien de veroordeelde en het openbaar ministerie voor de dag dat het vonnis of arrest onherroepelijk is geworden aangeven af te zien van aanwending van een rechtsmiddel, gaat de proeftijd in op de vijftiende dag nadat de uitspraak is gedaan.
2. De proeftijd van een voorwaarde bij een voorwaardelijke invrijheidstelling gaat in op de dag van de voorwaardelijke invrijheidstelling. De proeftijd is gelijk aan de periode waarover voorwaardelijke invrijheidstelling wordt verleend, maar bedraagt ten minste een jaar. Op vordering van het openbaar ministerie kan de rechter de proeftijd met ten hoogste twee jaren verlengen. Indien er ernstig rekening mee moet worden gehouden dat de veroordeelde, bedoeld in artikel 38z, eerste lid, aanhef en onder b en c, van het Wetboek van Strafrecht, wederom een misdrijf zal begaan dat gericht is tegen of gevaar veroorzaakt voor de onaantastbaarheid van het lichaam van een of meer personen of indien dit ter voorkoming van ernstig belastend gedrag jegens slachtoffers of getuigen noodzakelijk is, kan de rechter, op vordering van het openbaar ministerie, de proeftijd telkens met ten hoogste twee jaren verlengen.

3. De in het eerste en tweede lid bedoelde proeftijden lopen niet gedurende de tijd dat de veroordeelde rechtens zijn vrijheid is ontnomen.

Art. 6:1:19
1. De termijn van de terbeschikkingstelling loopt niet gedurende de tijd dat:
   a. de ter beschikking gestelde die van overheidswege wordt verpleegd uit anderen hoofde rechtens zijn vrijheid is ontnomen en gedurende de tijd dat hij uit zodanige vrijheidsontneming ongeoorloofd afwezig is;
   b. de ter beschikking gestelde met voorwaarden rechtens zijn vrijheid is ontnomen en gedurende de tijd dat hij uit zodanige vrijheidsontneming ongeoorloofd afwezig is;
   c. de ter beschikking gestelde die van overheidswege wordt verpleegd, langer dan een week achtereen ongeoorloofd afwezig is uit de instelling voor verpleging van ter beschikking gestelden;
   d. de ter beschikking gestelde met voorwaarden langer dan een week achtereen ongeoorloofd afwezig is uit de instelling waarin hij krachtens de voorwaarde is opgenomen;
   e. de ter beschikking gestelde waarvan de verpleging van overheidswege voorwaardelijk is beëindigd, rechtens zijn vrijheid is ontnomen en gedurende de tijd dat hij uit zodanige vrijheidsontneming ongeoorloofd afwezig is;
   f. de ter beschikking gestelde waarvan de verpleging van overheidswege voorwaardelijk is beëindigd langer dan een week achtereen ongeoorloofd afwezig is uit de instelling waarin hij krachtens de voorwaarde is opgenomen.
2. In afwijking van het eerste lid, onder a, loopt de termijn van de terbeschikkingstelling wel indien de ter beschikking gestelde:
   a. krachtens een last als bedoeld in artikel 6:2:8 of ingevolge het bepaalde bij of krachtens de Penitentiaire beginselenwet in een instelling voor verpleging van ter beschikking gestelden of in een ander psychiatrisch ziekenhuis is opgenomen, tenzij hij langer dan een week ongeoorloofd afwezig is uit die instelling of dat ziekenhuis;
   b. nadat de termijn van de terbeschikkingstelling een aanvang heeft genomen, in een psychiatrisch ziekenhuis is opgenomen, tenzij hij langer dan een week ongeoorloofd afwezig is uit dat ziekenhuis.

Art. 6:1:20
De termijn van de maatregel plaatsing in een inrichting voor stelselmatige daders loopt niet:
a. gedurende de tijd dat aan degene aan wie deze is opgelegd, uit anderen hoofde zijn vrijheid is ontnomen en gedurende de tijd dat hij ongeoorloofd afwezig is;
b. zodra degene die in een inrichting geplaatst is, langer dan een dag ongeoorloofd afwezig is.

Art. 6:1:21
Een straf of maatregel wordt niet ten uitvoer gelegd na de dood van de veroordeelde, met uitzondering van de maatregel tot ontneming van wederrechtelijk verkregen voordeel.

Art. 6:1:22
1. Na het verstrijken van de tenuitvoerleggingstermijn wordt de straf of maatregel niet ten uitvoer gelegd.
2. De tenuitvoerleggingstermijn is een derde langer dan de termijn van verjaring van het recht tot strafvordering.

Art. 6:1:23
1. De tenuitvoerleggingstermijn gaat in op de dag na die waarop de rechterlijke uitspraak of de strafbeschikking ten uitvoer kan worden gelegd.
2. Bij ongeoorloofde afwezigheid van een veroordeelde die zijn straf in een inrichting of instelling ondergaat, begint een nieuwe tenuitvoerleggingstermijn op de dag na die waarop de ongeoorloofde afwezigheid aanving. Bij herroeping van een voorwaardelijke invrijheidstelling begint een nieuwe tenuitvoerleggingstermijn op de dag na die van de herroeping.
3. De tenuitvoerleggingstermijn loopt niet gedurende de bij de wet bevolen schorsing of opschorting van de tenuitvoerlegging, noch gedurende de tijd dat de veroordeelde, zij het ook ter zake van een andere strafrechtelijke beslissing, rechtens zijn vrijheid is ontnomen, noch gedurende de tijd dat hij ongeoorloofd afwezig is.
4. Indien een geldboete wegens een overtreding is opgelegd en in de uitspraak dan wel de strafbeschikking is bepaald dat het bedrag daarvan in gedeelten mag worden voldaan, dan wel Onze Minister aan de veroordeelde op diens verzoek uitstel van betaling heeft verleend of betaling in termijnen heeft toegestaan, wordt de tenuitvoerleggingstermijn voor deze geldboete verlengd met twee jaren.
5. De tenuitvoerleggingstermijn loopt niet gedurende de tijd dat de tenuitvoerlegging aan een vreemde staat is overgedragen, zolang Onze Minister van de autoriteiten van die staat geen mededeling, houdende een beslissing omtrent de overname van de tenuitvoerlegging, heeft ontvangen.
6. Indien, nadat de tenuitvoerlegging door een vreemde staat is overgenomen, die staat afstand doet van zijn recht tot tenuitvoerlegging ten behoeve van Nederland, begint een nieuwe tenuitvoerleggingstermijn op de dag waarop Onze Minister de mededeling van de autoriteiten van die staat omtrent de afstand heeft ontvangen.

Wetboek van Strafvordering

7. De tenuitvoerleggingstermijn loopt ten aanzien van veroordelingen tot betaling als bedoeld in artikel 358, vierde lid, onder a tot en met c, van de Faillissementswet niet gedurende de tijd dat de schuldsaneringsregeling natuurlijke personen op de veroordeelde van toepassing is.
8. De tenuitvoerleggingstermijn loopt ten aanzien van geldsommen, tot betaling waarvan de veroordeelde op grond van een vonnis, arrest of strafbeschikking verplicht is, niet gedurende de tijd dat op grond van artikel 5 van de Wet gemeentelijke schuldhulpverlening een afkoelingsperiode is afgekondigd voor de veroordeelde.

Art. 6:1:24
Een straf of maatregel mag niet ten uitvoer worden gelegd na overdracht van de strafvervolging aan een vreemde staat overeenkomstig de bepalingen van Titel 3 van het Vijfde Boek, tenzij de autoriteiten van de staat die de strafvervolging had overgenomen op die beslissing terugkomen of mededelen dat geen strafvervolging wordt ingesteld dan wel een ingestelde vervolging is gestaakt.

Derde titel
Toezicht op de tenuitvoerlegging

Art. 6:1:25
1. De raad voor de kinderbescherming heeft tot taak toezicht te houden op de uitvoering van reclasseringswerkzaamheden met betrekking tot jeugdigen, en is in dat kader bevoegd de gecertificeerde instelling als bedoeld in artikel 1.1 van de Jeugdwet danwel, indien het minderjarigen betreft, een reclasseringsinstelling als bedoeld in artikel 14c, zesde lid, van het Wetboek van Strafrecht aanwijzingen te geven.
2. In door Onze Minister aan te wijzen gevallen kan de raad voor de kinderbescherming de gecertificeerde instelling inschakelen voor vrijwillige begeleiding van een jeugdige of de jong-volwassene die ten tijde van het begaan van het strafbaar feit waar hij van verdacht wordt, de leeftijd van achttien jaren maar nog niet die van drieëntwintig jaren heeft bereikt.

Hoofdstuk 2
Vrijheidsbenemende straffen en maatregelen

Eerste titel
Opneming, aanvang, onderbreking en invrijheidstelling

Art. 6:2:1
1. De opneming van een persoon tegen wie een bevel tot vrijheidsbeneming of een veroordelend vonnis of arrest ten uitvoer wordt gelegd, in een daartoe bestemde inrichting of instelling als bedoeld in artikel 1 van de Penitentiaire beginselenwet, artikel 1.1 van de Wet forensische zorg danwel artikel 1 van de Beginselenwet justitiële jeugdinrichtingen geschiedt op grond van:
a. hetzij het bevel tot aanhouding, inverzekeringstelling of voorlopige hechtenis;
b. hetzij het veroordelend vonnis of arrest of een uittreksel daarvan;
c. hetzij de last tot tenuitvoerlegging van Onze Minister.
2. In het geval, bedoeld in het eerste lid, onder c, doet de ambtenaar, die de last heeft gegeven, het bevel tot voorlopige hechtenis of inverzekeringstelling of, ingeval van tenuitvoerlegging van vrijheidsstraf, het veroordelend vonnis of arrest of een uittreksel daarvan ten spoedigste toekomen aan het hoofd of de directeur van de in het eerste lid bedoelde inrichting of instelling.
3. In geval van tenuitvoerlegging van een vrijheidsstraf, opgelegd bij een mondeling vonnis, geschiedt de in het eerste lid bedoelde opneming op grond van:
a. hetzij het proces-verbaal van de terechtzitting, dan wel een afschrift daarvan of uittreksel daaruit;
b. hetzij het aan de kopie van de dagvaarding of de oproeping gehechte stuk, dan wel een afschrift daarvan, houdende aantekening van het mondelinge vonnis;
c. hetzij de last tot tenuitvoerlegging van Onze Minister, dan wel een afschrift daarvan.
4. In het geval, bedoeld in het derde lid, onder c, doet de ambtenaar die de last heeft gegeven, hetzij het proces-verbaal van de terechtzitting, dan wel een afschrift daarvan of uittreksel daaruit, hetzij het aan de kopie van de dagvaarding of oproeping gehechte stuk, dan wel een afschrift daarvan, houdende aantekening van het mondelinge vonnis, ten spoedigste toekomen aan het hoofd of de directeur van de inrichting of instelling.

Art. 6:2:2
De gevangenisstraf en de hechtenis gaan in:
a. ten aanzien van veroordeelden die zich in voorlopige hechtenis bevinden ter zake van het feit waarvoor zij veroordeeld zijn, op de dag waarop de rechterlijke beslissing onherroepelijk is geworden;
b. ten aanzien van andere veroordeelden, op de dag van de tenuitvoerlegging van de rechterlijke uitspraak.

Art. 6:2:3

1. Indien na de einduitspraak maar voor de tenuitvoerlegging van een onherroepelijk geworden vonnis of arrest, houdende veroordeling tot vrijheidsstraf, de veroordeelde is gaan lijden aan een psychische stoornis, kan het gerecht opschorting van de tenuitvoerlegging bevelen.
2. De opschorting wordt bevolen, hetzij op de vordering van het openbaar ministerie, hetzij op het verzoekschrift van de raadsman van de veroordeelde. Ten aanzien van de raadsman gelden de bepalingen van de derde titel van het eerste boek.
3. Na het herstel van de veroordeelde wordt op vordering van het openbaar ministerie het bevel tot opschorting door hetzelfde gerecht ingetrokken.
4. Indien, ondanks de psychische stoornis van de veroordeelde, de tenuitvoerlegging van een andere straf mogelijk is, wordt de curator op de gewone wijze tot voldoening aan het vonnis of arrest uitgenodigd. Indien de veroordeelde nog geen curator heeft, wordt deze zo nodig voor dit doel benoemd op vordering van het openbaar ministerie.
5. Ten aanzien van de vervangende straf zijn het eerste tot en met derde lid van toepassing.

Art. 6:2:4

1. Onze Minister kan in uitzonderlijke gevallen op verzoek van de betrokkene, het openbaar ministerie of ambtshalve de tenuitvoerlegging van een vrijheidsstraf tijdelijk onderbreken. Deze onderbreking duurt niet langer dan noodzakelijk. Aan vreemdelingen die op grond van artikel 6:2:10, derde lid, onder c, niet in aanmerking komen voor voorwaardelijke invrijheidstelling, kan strafonderbreking voor onbepaalde tijd worden verleend.
2. Ten aanzien van de beslissingen omtrent de onderbreking van de tenuitvoerlegging van een vrijheidsstraf is hoofdstuk XIII van de Penitentiaire beginselenwet van toepassing. Ten aanzien van de beslissingen omtrent de onderbreking van de tenuitvoerlegging van jeugddetentie is hoofdstuk XV van de Beginselenwet justitiële jeugdinrichtingen van toepassing.

Art. 6:2:5

1. De invrijheidstelling geschiedt door de directeur van de inrichting:
a. op de laatste dag van de straftijd;
b. zodra de geldigheid van het bevel tot vrijheidsbeneming ophoudt;
c. op bevel tot invrijheidstelling van Onze Minister.
2. Behoudens het bepaalde in het vierde lid vindt de invrijheidstelling in alle gevallen uiterlijk plaats op het ogenblik waarop de straftijd verstrijkt.
3. Voor de toepassing van het eerste en het tweede lid wordt, in gevallen waarin ten aanzien van een gedeelte van de straf door de rechter is bepaald dat deze geheel of gedeeltelijk niet zal worden tenuitvoergelegd, met dat gedeelte alleen rekening gehouden voor zover de tenuitvoerlegging daarvan door de rechter is gelast.
4. Invrijheidstelling geschiedt binnen drie uur na het tijdstip waarop het bevel van Onze Minister tot invrijheidstelling de directeur van de inrichting heeft bereikt. Indien de verdachte of veroordeelde op dat tijdstip nog niet in de penitentiaire inrichting is teruggekeerd, begint de termijn van drie uur te lopen vanaf het moment van terugkeer in de penitentiaire inrichting.

Art. 6:2:6

Indien de veroordeelde meer dan één straf achtereenvolgens moet ondergaan, worden deze straffen zo enigszins mogelijk aaneensluitend ten uitvoer gelegd. In het geval meerdere straffen aaneensluitend ten uitvoer worden gelegd:
a. worden zij als één straf aangemerkt voor de toepassing van artikel 6:2:5, eerste lid;
b. worden geheel onvoorwaardelijk ten uitvoer te leggen vrijheidsstraffen gezamenlijk, met uitzondering van vervangende hechtenis die moet worden ondergaan, als één vrijheidsstraf aangemerkt voor de toepassing van artikel 6:2:10.

Art. 6:2:7

1. De tijd die door de tot gevangenisstraf of hechtenis veroordeelde in het buitenland in verzekering, in voorlopige hechtenis of in detentie is doorgebracht ingevolge een Nederlands verzoek om overlevering of uitlevering ten behoeve van de tenuitvoerlegging of verdere tenuitvoerlegging van deze straf, komt in mindering op de ten uitvoer te leggen straf.
2. Het eerste lid is van overeenkomstige toepassing op een voorwaardelijke invrijheidstelling, tenzij die tijd, met toepassing van artikel 68, eerste lid, laatste volzin, reeds in mindering is gebracht op een andere straf die de veroordeelde heeft ondergaan.

Art. 6:2:8

1. Een veroordeelde tot gevangenisstraf die wegens een psychische stoornis, psychogeriatrische aandoening of verstandelijke handicap daarvoor in aanmerking komt, kan worden geplaatst in een instelling voor verpleging van ter beschikking gestelden. In dat geval is artikel 6:2:16 van overeenkomstige toepassing.
2. Indien een veroordeelde tot gevangenisstraf tevens de maatregel van terbeschikkingstelling met bevel tot verpleging van overheidswege is opgelegd, wordt op regelmatige tijdstippen beoordeeld of de veroordeelde dient te worden geplaatst in een instelling voor verpleging van ter beschikking gestelden.
3. De plaatsing, bedoeld in het eerste lid, gebeurt overeenkomstig de Wet forensische zorg.

4. Tegen de beslissing tot plaatsing, de beslissing tot beëindiging daarvan en de beslissing tot niet plaatsing in afwijking van het advies van de rechter overeenkomstig het bepaalde in artikel 37b, tweede lid, van het Wetboek van Strafrecht kan de veroordeelde binnen vier weken nadat die beslissing aan hem is medegedeeld beroep instellen bij de Raad voor strafrechtstoepassing en jeugdbescherming. Hoofdstuk XVI van de Beginselenwet verpleging ter beschikking gestelden is van overeenkomstige toepassing.
5. De overplaatsing en het beroep daartegen van de veroordeelden geschieden overeenkomstig de regels die van toepassing zijn op de overplaatsing en het beroep daartegen van ter beschikking gestelden ten aanzien van wie een bevel tot verpleging van overheidswege is gegeven.
6. Dit artikel is van overeenkomstige toepassing op de tot hechtenis of vervangende hechtenis veroordeelde.

Art. 6:2:9
1. Bij of krachtens algemene maatregel van bestuur worden nadere regels gesteld over het bepaalde in deze titel.
2. Bij algemene maatregel van bestuur worden regels gesteld over het op last van Onze Minister plaatsen van een veroordeelde tot gevangenisstraf in een instelling voor verpleging van ter beschikking gestelden, indien deze wegens een psychische stoornis, psychogeriatrische aandoening of verstandelijke handicap daarvoor in aanmerking komt, en de beëindiging daarvan.
3. De in het eerste lid bedoelde nadere regels die worden gesteld met betrekking tot het onderbreken van de tenuitvoerlegging betreffen in elk geval de voorwaarden waaraan een betrokkene moet voldoen om hiervoor in aanmerking te komen, de bevoegdheid tot en de wijze van verlening alsmede de voorwaarden die hieraan kunnen worden verbonden.
4. De in het eerste lid bedoelde nadere regels die worden gesteld met betrekking tot de beoordeling van een veroordeelde tot gevangenisstraf alsmede tot de maatregel van ter beschikking stelling met bevel tot verpleging van overheidswege dient te worden geplaatst in een instelling voor verpleging van ter beschikking gestelden betreffen in elk geval de frequentie van de beoordelingen, de te volgen procedure, waaronder de advisering door gedragsdeskundigen, en de wijze waarop de beoordelingen dienen plaats te vinden.

Tweede titel
Voorwaardelijke invrijheidstelling

Art. 6:2:10
1. De veroordeelde tot vrijheidsstraf van meer dan een jaar en ten hoogste twee jaren, wordt voorwaardelijk in vrijheid gesteld wanneer de vrijheidsbeneming ten minste een jaar heeft geduurd en van het alsdan nog ten uitvoer te leggen gedeelte van de straf eenderde deel is ondergaan.
2. De veroordeelde tot tijdelijke gevangenisstraf van meer dan twee jaren wordt voorwaardelijk in vrijheid gesteld wanneer hij tweederde deel daarvan heeft ondergaan.
3. Het eerste en het tweede lid zijn niet van toepassing indien:
a. de rechter heeft bepaald dat een gedeelte van de vrijheidsstraf niet ten uitvoer zal worden gelegd;
b. de rechter heeft gelast dat de niet ten uitvoer gelegde straf of een gedeelte daarvan alsnog ten uitvoer wordt gelegd omdat enige gestelde voorwaarde niet is nageleefd;
c. de veroordeelde een vreemdeling is die geen rechtmatig verblijf heeft in Nederland in de zin van artikel 8, onder a tot en met e en l, van de Vreemdelingenwet 2000.
4. In afwijking van het eerste en het tweede lid kan Onze Minister bepalen dat de voorwaardelijke invrijheidstelling op een eerder tijdstip plaatsvindt in het geval van de tenuitvoerlegging van een in het buitenland opgelegde vrijheidsstraf in Nederland, indien de veroordeelde op dat eerdere tijdstip voorwaardelijk in vrijheid zou zijn gesteld, als de tenuitvoerlegging niet aan Nederland zou zijn overgedragen.
5. Artikel 6:2:5 is van overeenkomstige toepassing op een voorwaardelijke invrijheidstelling.

Art. 6:2:11
1. De voorwaardelijke invrijheidstelling geschiedt onder de algemene voorwaarde dat de veroordeelde zich voor het einde van de proeftijd niet schuldig maakt aan een strafbaar feit.
2. Aan de voorwaardelijke invrijheidstelling kunnen daarnaast bijzondere voorwaarden betreffende het gedrag van de veroordeelde worden gesteld. Indien aan de voorwaardelijke invrijheidstelling een bijzondere voorwaarde is gesteld, zijn daaraan van rechtswege de voorwaarden verbonden dat de veroordeelde:
a. ten behoeve van het vaststellen van zijn identiteit medewerking verleent aan het nemen van een of meer vingerafdrukken of een identiteitsbewijs als bedoeld in artikel 1 van de Wet op de identificatieplicht ter inzage aanbiedt; en
b. medewerking verleent aan het reclasseringstoezicht, daaronder begrepen de medewerking aan huisbezoeken en het zich melden bij de reclasseringsinstelling zo vaak en zolang als de reclasseringsinstelling dit noodzakelijk acht.

3. De bijzondere voorwaarden kunnen inhouden:
a. een verbod contact te leggen of te laten leggen met bepaalde personen of instellingen;
b. een verbod zich op of in de directe omgeving van een bepaalde locatie te bevinden;
c. een verplichting op bepaalde tijdstippen of gedurende een bepaalde periode op een bepaalde locatie aanwezig te zijn;
d. een verplichting zich op bepaalde tijdstippen te melden bij een bepaalde instantie;
e. een verbod op het gebruik van verdovende middelen of alcohol en de verplichting ten behoeve van de naleving van dit verbod mee te werken aan bloedonderzoek of urineonderzoek;
f. opneming van de veroordeelde in een zorginstelling gedurende een bepaalde termijn, ten hoogste gelijk aan de proeftijd;
g. een verplichting zich onder behandeling te stellen van een deskundige of zorginstelling gedurende een bepaalde termijn, ten hoogste gelijk aan de proeftijd;
h. het verblijven in een instelling voor begeleid wonen of maatschappelijke opvang gedurende een bepaalde termijn, ten hoogste gelijk aan de proeftijd;
i. het deelnemen aan een gedragsinterventie;
j. andere voorwaarden, het gedrag van de veroordeelde betreffende, waaraan deze gedurende de proeftijd heeft te voldoen.
4. Aan een bijzondere voorwaarde kan elektronisch toezicht worden verbonden.
5. Het openbaar ministerie neemt de beslissing omtrent het stellen van bijzondere voorwaarden.
6. De directeur van de penitentiaire inrichting en de reclasseringsinstelling adviseren omtrent de te stellen bijzondere voorwaarden. Het advies dat het openbaar ministerie op grond van artikel 6:1:10 heeft gegeven over tijdens de tenuitvoerlegging te nemen besluiten dient als advies omtrent de te stellen bijzondere voorwaarden.
7. Het openbaar ministerie kan de gestelde bijzondere voorwaarden aanvullen, wijzigen of opheffen. Zodanige wijziging wordt de veroordeelde terstond schriftelijk medegedeeld.

Art. 6:2:12
1. Voorwaardelijke invrijheidstelling kan worden uitgesteld of achterwege blijven indien:
a. de veroordeelde op grond van een psychische stoornis, psychogeriatrische aandoening of verstandelijke handicap is geplaatst in een instelling voor verpleging van ter beschikking gestelden en zijn verpleging voortzetting behoeft;
b. is gebleken dat de veroordeelde zich na de aanvang van de tenuitvoerlegging van zijn straf ernstig heeft misdragen, welke misdraging kan blijken uit:
1°. ernstige bezwaren of een veroordeling ter zake van een misdrijf;
2°. gedrag dat tijdens de tenuitvoerlegging van de straf meermalen heeft geleid tot het opleggen van een disciplinaire straf;
c. de veroordeelde na de aanvang van de tenuitvoerlegging van zijn straf zich hieraan onttrekt of hiertoe een poging doet;
d. door het stellen van voorwaarden het recidiverisico voor misdrijven onvoldoende kan worden ingeperkt dan wel indien de veroordeelde zich niet bereid verklaart de voorwaarden na te leven;
e. de vrijheidsstraf die ten uitvoer wordt gelegd, voortvloeit uit een onherroepelijke veroordeling door een buitenlandse rechter en de tenuitvoerlegging overeenkomstig het toepasselijke verdrag is overgenomen, voor zover de mogelijkheid van uitstel of achterwege blijven van voorwaardelijke invrijheidstelling de instemming van de buitenlandse autoriteit met de overbrenging heeft bevorderd.
2. Voorwaardelijke invrijheidstelling kan tevens worden uitgesteld of achterwege blijven, indien de feiten of omstandigheden als genoemd in het eerste lid, onder b, c of d, zich hebben voorgedaan gedurende de periode die ingevolge artikel 27, eerste lid, van het Wetboek van Strafrecht, op de vrijheidsstraf in mindering wordt gebracht.

Art. 6:2:13
Voorwaardelijke invrijheidstelling kan geheel of gedeeltelijk worden herroepen indien de veroordeelde een daaraan verbonden voorwaarde niet heeft nageleefd. Indien de voorwaardelijke invrijheidstelling gedeeltelijk is herroepen, wordt de veroordeelde, nadat hij het alsnog ten uitvoer te leggen gedeelte van de vrijheidsstraf heeft ondergaan, opnieuw voorwaardelijk in vrijheid gesteld.

Art. 6:2:13a
Deze titel is niet van toepassing op een persoon ten aanzien van wie recht is gedaan overeenkomstig de artikelen 77g tot en met 77gg van het Wetboek van Strafrecht.

Art. 6:2:14
Bij of krachtens algemene maatregel van bestuur worden nadere regels gesteld over het bepaalde in deze titel. Deze nadere regels betreffen in elk geval de totstandkoming van de beslissingen omtrent het stellen, aanvullen, wijzigen of opheffen van bijzondere voorwaarden.

Derde titel
Verpleging van overheidswege en terbeschikkingstelling

Art. 6:2:15
1. Ter beschikking gestelden kunnen worden verpleegd in door Onze Minister aangewezen particuliere instellingen, in beheer bij een in Nederland gevestigde rechtspersoon, danwel rijksinstellingen.
2. De verpleging geschiedt bij voorkeur in een particuliere instelling.

Locatie verplegen ter beschikking gestelden

Art. 6:2:16
Onze Minister ziet erop toe dat de ter beschikking gestelde die van overheidswege wordt verpleegd de nodige behandeling krijgt; de veiligheid van de samenleving in acht wordt genomen en de belangen van slachtoffers worden gediend. Hij kan met betrekking tot bepaalde verpleegden aan het hoofd van de instelling bijzondere aanwijzingen geven in het belang van de veiligheid van anderen of de algemene veiligheid van personen of goederen of het belang van de slachtoffers.

Art. 6:2:17
1. Beëindiging door de rechter van de maatregel van terbeschikkingstelling met bevel tot verpleging van overheidswege vindt niet plaats dan nadat de verpleging van overheidswege gedurende minimaal een jaar voorwaardelijk beëindigd is geweest.
2. Het eerste lid is niet van toepassing indien de rechter bij de beslissing de maatregel van terbeschikkingstelling niet te verlengen met toepassing van artikel 2.3 van de Wet forensische zorg een zorgmachtiging als bedoeld in artikel 6:5, aanhef en onderdeel a, van de Wet verplichte geestelijke gezondheidszorg, dan wel een rechterlijke machtiging voor opname en verblijf als bedoeld in artikel 24 van de Wet zorg en dwang psychogeriatrische en verstandelijk gehandicapte cliënten afgeeft.
3. Een terbeschikkingstelling vervalt bij het onherroepelijk worden van een rechterlijke uitspraak waarbij dezelfde persoon wederom ter beschikking wordt gesteld.

Art. 6:2:18
1. Onze Minister kan de terbeschikkingstelling met bevel tot verpleging van overheidswege beëindigen ten aanzien van de vreemdeling die geen rechtmatig verblijf heeft in Nederland in de zin van artikel 8 van de Vreemdelingenwet 2000.
2. Toepassing van het eerste lid kan slechts geschieden ten aanzien van een vreemdeling voor wie door Onze Minister een passende voorziening in het land van herkomst is geregeld, gericht op in ieder geval vermindering van de stoornis en het daarmee samenhangende recidivegevaar en die daadwerkelijk uit Nederland is uitgezet.
3. Aan de beëindiging wordt de voorwaarde verbonden dat de vreemdeling Nederland verlaat en niet naar Nederland terugkeert.
4. Indien Onze Minister het voornemen heeft om toepassing te geven aan het bepaalde in het eerste lid, stelt hij de veroordeelde van dit voornemen in kennis. Onze Minister kan over het voornemen tot toepassing van het eerste lid advies vragen aan het openbaar ministerie. In dat geval wordt het advies gevoegd bij de kennisgeving van het voornemen aan de veroordeelde.
5. Tegen het voornemen van Onze Minister bedoeld in het vierde lid, kan de veroordeelde binnen veertien dagen na ontvangst van de kennisgeving hiervan een bezwaarschrift indienen bij het gerecht, dat in hoogste feitelijke instantie de tot vrijheidsbeneming strekkende sanctie heeft opgelegd.
6. Het in het vijfde lid bedoelde gerecht onderzoekt zo spoedig mogelijk na ontvangst van een tijdig ingediend bezwaarschrift of Onze Minister bij afweging van de betrokken belangen in redelijkheid tot de voorgenomen beslissing kan komen. De veroordeelde wordt bij het onderzoek gehoord, althans opgeroepen. Indien de veroordeelde geen raadsman heeft, geeft de voorzitter aan het bestuur van de raad voor rechtsbijstand last tot aanwijzing van een raadsman. De artikelen 21 tot en met 25 zijn van overeenkomstige toepassing. Van zijn beslissing stelt het gerecht Onze Minister en de veroordeelde schriftelijk in kennis.

Vierde titel
Inrichting voor stelselmatige daders

Art. 6:2:19
1. Plaatsing van degene aan wie de maatregel tot plaatsing in een inrichting voor stelselmatige daders is opgelegd, geschiedt in een door Onze Minister aangewezen inrichting voor stelselmatige daders.
2. De kosten van de tenuitvoerlegging van de laatste fase van de maatregel komen ten laste van gemeenten die deelnemen aan de tenuitvoerlegging daarvan.

Art. 6:2:20
Onze Minister kan de maatregel tot plaatsing in een inrichting voor stelselmatige daders te allen tijde beëindigen.

Art. 6:2:21

Bij of krachtens algemene maatregel van bestuur worden nadere regels gesteld over het bepaalde in deze titel. Deze nadere regels zien in elk geval op de kosten van de tenuitvoerlegging van de maatregel die ten laste van de gemeenten komen.

Vijfde titel
Maatregel van plaatsing in een inrichting voor jeugdigen

Art. 6:2:22

1. De maatregel van plaatsing in een inrichting voor jeugdigen eindigt voorwaardelijk na twee jaar, tenzij de maatregel wordt verlengd op de wijze als bedoeld in artikel 6:6:31. De termijn gaat in nadat de rechterlijke uitspraak onherroepelijk is geworden. De maatregel vervalt bij het onherroepelijk worden van een rechterlijke uitspraak waarbij aan de betrokkene wederom de maatregel of de maatregel, bedoeld in artikel 37a van het Wetboek van Strafrecht, wordt opgelegd.
2. De termijn van de maatregel loopt niet:
   a. gedurende de tijd dat aan de veroordeelde uit anderen hoofde rechtens zijn vrijheid is ontnomen en gedurende de tijd dat hij uit zodanige vrijheidsontneming ongeoorloofd afwezig is;
   b. wanneer de veroordeelde langer dan een week ongeoorloofd afwezig is uit de plaats die voor de tenuitvoerlegging van de maatregel is aangewezen;
   c. wanneer de maatregel voorwaardelijk is geëindigd als bedoeld in het eerste lid en artikel 6:6:31.
3. Onverminderd het bepaalde in het tweede lid, kan Onze Minister de maatregel te allen tijde, na advies te hebben ingewonnen van de raad voor de kinderbescherming, voorwaardelijk of onvoorwaardelijk beëindigen.

Hoofdstuk 3
Vrijheidsbeperkende straffen, maatregelen en voorwaarden

Eerste titel
Taakstraffen

Art. 6:3:1

1. De termijn binnen welke de taakstraf moet worden voltooid bedraagt achttien maanden na het onherroepelijk worden van het vonnis dan wel negen maanden na het onherroepelijk worden van de strafbeschikking.
2. De termijn binnen welke de taakstraf moet worden verricht, wordt verlengd met de tijd dat de veroordeelde rechtens zijn vrijheid is ontnomen alsmede met de tijd dat hij ongeoorloofd afwezig is.

Art. 6:3:2

1. Het openbaar ministerie kan de opgelegde straf wijzigen wat betreft de aard van de te verrichten werkzaamheden, bedoeld in artikel 22c, eerste lid, derde volzin, van het Wetboek van Strafrecht, indien het van oordeel is dat de veroordeelde de taakstraf niet geheel overeenkomstig de opgelegde straf kan of heeft kunnen verrichten. Het openbaar ministerie benadert daarbij zo veel mogelijk de opgelegde straf. Het openbaar ministerie geeft hiervan kennis aan de veroordeelde.
2. Het openbaar ministerie doet deze kennisgeving zo spoedig mogelijk aan de veroordeelde betekenen. De kennisgeving behelst het aantal uren taakstraf dat naar het oordeel van het openbaar ministerie is verricht, alsmede de straf zoals deze voor het overige nader is vastgesteld.

Art. 6:3:3

1. Indien de tot een taakstraf veroordeelde niet aanvangt met de taakstraf, geen medewerking verleent aan het vaststellen van zijn identiteit of het openbaar ministerie van oordeel is dat de veroordeelde de opgelegde taakstraf niet naar behoren verricht of heeft verricht, wordt vervangende hechtenis toegepast, tenzij dit wegens uitzonderlijke omstandigheden die zich na het opleggen van de taakstraf hebben voorgedaan, zou leiden tot een onbillijkheid van zwaarwegende aard.
2. Indien een gedeelte van de te verrichten taakstraf is voldaan, vermindert de duur van de vervangende hechtenis naar evenredigheid. Heeft deze vermindering tot gevolg dat voor een gedeelte van een dag vervangende hechtenis zou moeten worden ondergaan, dan vindt afronding naar boven plaats tot het naaste aantal gehele dagen.
3. Het openbaar ministerie geeft kennis aan de veroordeelde dat vervangende hechtenis wordt toegepast. Deze kennisgeving wordt zo spoedig mogelijk aan de veroordeelde betekend. De kennisgeving behelst het aantal uren taakstraf dat naar het oordeel van het openbaar ministerie is verricht, alsmede het aantal dagen vervangende hechtenis.

Art. 6:3:4
Een beslissing als bedoeld in de artikelen 6:3:2 en 6:3:3, eerste lid, kan worden genomen tot drie maanden na afloop van de termijn waarbinnen de taakstraf op grond van artikel 6:3:1 dan wel artikel 6:6:23, tweede lid, moet zijn voltooid.

Art. 6:3:5
Indien naar het oordeel van Onze Minister de opgelegde taak naar behoren is verricht, stelt Onze Minister de veroordeelde hiervan zo spoedig mogelijk in kennis.

Art. 6:3:6
Bij of krachtens algemene maatregel van bestuur worden nadere regels gesteld over het bepaalde in deze titel. Deze nadere regels betreffen in elk geval de inhoud van de taakstraf, de tenuitvoerlegging van de taakstraf en de rechten en plichten van degene die een taakstraf moet verrichten.

Tweede titel
Gedragsaanwijzingen

Art. 6:3:7
1. Het openbaar ministerie kan de termijn verlengen die is gesteld bij een overeenkomstig artikel 257a gegeven aanwijzing.
2. Indien binnen drie jaren na voldoening van een bedrag of overdracht van voorwerpen, als bedoeld in artikel 257a, derde lid, onder c, of in artikel 511c blijkt dat dit een hogere waarde vertegenwoordigt dan de som van het werkelijke voordeel verkregen door middel of uit de baten van het strafbare feit of soortgelijke feiten, beveelt Onze Minister – hetzij ambtshalve, hetzij op verzoek van de gewezen verdachte of veroordeelde – de teruggave van een geldbedrag gelijk aan het verschil.

Derde titel
Jeugd – taakstraf en gedragsbeïnvloedende maatregel

Art. 6:3:8
1. De termijn binnen welke de in de taakstraf opgelegde arbeid moet zijn verricht bedraagt ten hoogste negen maanden indien niet meer dan honderd uren is opgelegd en overigens ten hoogste achttien maanden.
2. De termijn binnen welke een in de taakstraf opgelegd leerproject plaatsvindt bedraagt ten hoogste negen maanden indien niet meer dan honderd uren is opgelegd en overigens ten hoogste achttien maanden.

Art. 6:3:9
1. De raad voor de kinderbescherming heeft tot taak de voorbereiding en de ondersteuning van de tenuitvoerlegging van taakstraffen. Over de wijze waarop de veroordeelde de taakstraf uitvoert, kan het openbaar ministerie inlichtingen inwinnen bij de raad voor de kinderbescherming. Het openbaar ministerie kan diens medewerking inroepen en hem de nodige opdrachten geven. De raad voor de kinderbescherming is bevoegd aanwijzingen te geven aan de gecertificeerde instelling als bedoeld in artikel 1.1 van de Jeugdwet, wanneer het de tenuitvoerlegging van een taakstraf door de gecertificeerde instelling betreft.
2. Artikel 6:3:2 is van overeenkomstige toepassing, met dien verstande dat de wijziging niet geschiedt dan nadat de raad voor de kinderbescherming en de veroordeelde zijn gehoord.

Art. 6:3:10
1. Indien de tot een taakstraf veroordeelde niet aanvangt met de taakstraf, geen medewerking verleent aan het vaststellen van zijn identiteit of het openbaar ministerie van oordeel is dat de veroordeelde de opgelegde taakstraf niet naar behoren verricht of heeft verricht, wordt vervangende jeugddetentie of hechtenis toegepast, tenzij dit wegens uitzonderlijke omstandigheden die zich na het opleggen van de taakstraf hebben voorgedaan, zou leiden tot een onbillijkheid van zwaarwegende aard. Het openbaar ministerie geeft hiervan kennis aan de veroordeelde en de raad voor de kinderbescherming.
2. Indien een gedeelte van de te verrichten taakstraf is voldaan, vermindert de duur van de vervangende jeugddetentie naar evenredigheid. Heeft deze vermindering tot gevolg dat voor een gedeelte van een dag vervangende jeugddetentie zou moeten worden ondergaan, dan vindt afronding naar boven plaats tot het naaste aantal gehele dagen.
3. Indien de veroordeelde bij aanvang van de tenuitvoerlegging de leeftijd van achttien jaren heeft bereikt, kan de vervangende jeugddetentie worden ten uitvoer gelegd als vervangende hechtenis, indien het vonnis dit bepaalt.
4. De kennisgeving, bedoeld in het eerste lid, wordt zo spoedig mogelijk aan de veroordeelde betekend. De kennisgeving behelst het aantal uren taakstraf dat naar het oordeel van het openbaar ministerie is verricht, alsmede het aantal dagen vervangende jeugddetentie.

Art. 6:3:11
Een beslissing of een bevel krachtens artikel 6:3:2, eerste lid, onderscheidenlijk artikel 6:3:10, eerste lid, kan slechts worden genomen of gegeven binnen drie maanden na afloop van de termijn waarbinnen de arbeid moet zijn verricht of waarbinnen het leerproject moet zijn gevolgd.

Art. 6:3:12
1. De termijn van de maatregel betreffende het gedrag van de jeugdige gaat in nadat de rechterlijke uitspraak voor tenuitvoerlegging vatbaar is geworden.
2. De instellingen of organisaties, bedoeld in het derde lid van artikel 77w, van het Wetboek van Strafrecht, stellen voor de uitvoering van het programma een plan vast dat is afgestemd op de problematiek van de veroordeelde.
3. De gecertificeerde instelling als bedoeld in artikel 1.1 van de Jeugdwet, heeft tot taak de voorbereiding en de ondersteuning van de tenuitvoerlegging van de maatregel. Bij de tenuitvoerlegging van de maatregel stelt de gecertificeerde instelling de identiteit van de veroordeelde vast op de wijze, bedoeld in artikel 27a, eerste lid, eerste volzin, en tweede lid. Over de wijze waarop de veroordeelde de maatregel uitvoert, kan Onze Minister inlichtingen inwinnen bij de gecertificeerde instelling. Indien de jeugdige ten tijde van de tenuitvoerlegging van de maatregel de leeftijd van zestien jaren bereikt of heeft bereikt, kan de rechter bepalen dat de ondersteuning van de tenuitvoerlegging van de maatregel geschiedt door een reclasseringsinstelling als bedoeld in artikel 6:3:14.
4. De termijn van de maatregel loopt niet gedurende de tijd dat aan de veroordeelde uit anderen hoofde rechtens zijn vrijheid is ontnomen en gedurende de tijd dat hij uit zodanige vrijheidsontneming ongeoorloofd afwezig is.

Art. 6:3:13
1. Bij algemene maatregel van bestuur kunnen regels worden gesteld voor de verstrekking van rijkswege van een bijdrage in de bekostiging van de voorbereiding en uitvoering van:
   a. projecten als bedoeld in de artikelen 77e en 77f, eerste lid, onder b, van het Wetboek van Strafrecht,
   b. taakstraffen als bedoeld in artikel 77h, tweede lid, van het Wetboek van Strafrecht, en
   c. maatregelen betreffende het gedrag van de jeugdige als bedoeld in artikel 77h, vierde lid, onderdeel b van het Wetboek van Strafrecht.
2. Bij of krachtens algemene maatregel van bestuur worden nadere regels gesteld over het bepaalde in deze titel. Deze nadere regels zien in elk geval op:
   a. de inhoud van de taakstraf, de tenuitvoerlegging van de taakstraf en de rechten en plichten van de tot een taakstraf veroordeelde. Daarbij kan van het aantal uren dat een leerproject kan duren, genoemd in artikel 77m, vierde lid, van het Wetboek van Strafrecht worden afgeweken indien de aard van het leerproject daartoe aanleiding geeft.
   b. de eisen waaraan bij de tenuitvoerlegging van de maatregel betreffende het gedrag van de jeugdige het plan, de programma's en de instellingen of organisaties belast met de voorbereiding en de ondersteuning van de maatregel moeten voldoen, alsmede op de werkwijze van deze instellingen of organisaties.
   c. de tenuitvoerlegging van een straf of maatregel waarvan de rechter heeft gelast dat deze geheel of gedeeltelijk niet ten uitvoer wordt gelegd.

Vierde titel
Toezicht en aanhouding

Art. 6:3:14
1. Het openbaar ministerie is belast met het toezicht op de naleving van:
   a. voorwaarden die zijn gesteld bij:
   1°. uitstel van de beslissing of vervolging plaats moet hebben;
   2°. een kennisgeving van niet verdere vervolging;
   3°. schorsing van de voorlopige hechtenis;
   4°. een veroordeling waarin de rechter heeft bepaald dat de straf of maatregel of een gedeelte daarvan niet zal worden tenuitvoergelegd;
   5°. onderbreking of voorwaardelijke beëindiging van de tenuitvoerlegging van een vrijheidsbenemende straf of maatregel;
   6°. de last tot terbeschikkingstelling;
   7°. verlening van gratie.
   b. maatregelen en aanwijzingen die het gedrag van de verdachte of de veroordeelde betreffen of diens vrijheid beperken;
   c. de bijkomende straf van ontzetting van het recht om ambten of bepaalde ambten te bekleden en het recht om bepaalde beroepen uit te oefenen, indien de rechter opdracht tot het houden van toezicht heeft gegeven.
2. Indien de rechter reclasseringstoezicht heeft bevolen, geeft Onze Minister een krachtens algemene maatregel van bestuur aangewezen stichting, gecertificeerde instelling of reclasserings-

instelling opdracht het toezicht op de naleving te houden en de verdachte of de veroordeelde ten behoeve daarvan te begeleiden. Het openbaar ministerie en Onze Minister kunnen ambtshalve een opdracht als bedoeld in de eerste volzin geven of, indien daartoe aanleiding is, de opdracht aan een andere aangewezen stichting, gecertificeerde instelling of reclasseringsinstelling geven.
3. De onder toezicht gestelde is verplicht medewerking te verlenen aan het reclasseringstoezicht, daaronder begrepen de medewerking aan huisbezoeken en het zich melden bij de reclasseringsinstelling zo vaak en zolang als de reclasseringsinstelling dit noodzakelijk acht. Bij het houden van toezicht stelt de gecertificeerde instelling die jeugdreclassering uitvoert of de reclasseringsinstelling de identiteit van de veroordeelde vast op de wijze, bedoeld in artikel 27a, eerste lid, eerste volzin, en tweede lid.
4. De stichting, gecertificeerde instelling of reclasseringsinstelling licht het openbaar ministerie in over het gehouden toezicht. Indien blijkt dat de verdachte of de veroordeelde een in het eerste lid bedoelde voorwaarde, straf, maatregel of aanwijzing niet naleeft, niet meewerkt aan het toezicht, of anderszins het belang van de veiligheid van anderen dan wel de algemene veiligheid van personen of goederen zulks eist, doet de reclasseringsinstelling daarvan onverwijld melding aan het openbaar ministerie en Onze Minister.
5. De officier van justitie kan van een ieder vorderen de inlichtingen te verstrekken die redelijkerwijs noodzakelijk zijn voor het toezicht op de naleving, bedoeld in het eerste lid. Artikel 96a, derde lid, is van overeenkomstige toepassing.

Art. 6:3:15
1. Indien ernstige redenen bestaan voor het vermoeden dat een voorwaarde, maatregel of aanwijzing als bedoeld in artikel 6:3:14 niet wordt nageleefd of anderszins het belang van de veiligheid van anderen dan wel de algemene veiligheid van personen of goederen zulks eist en aannemelijk is dat de rechter een vrijheidsbeneming zal bevelen, kan het openbaar ministerie de aanhouding van de verdachte of veroordeelde bevelen.
2. Indien het bevel van het openbaar ministerie niet kan worden afgewacht, kan de hulpofficier de aanhouding bevelen. De hulpofficier geeft van de aanhouding onverwijld schriftelijk of mondeling kennis aan het openbaar ministerie.
3. Indien Onze Minister van oordeel is dat ernstige redenen bestaan voor het vermoeden dat een voorwaarde, maatregel of aanwijzing als bedoeld in artikel 6:3:14 niet wordt nageleefd, informeert Onze Minister het openbaar ministerie hierover.
4. Van de aanhouding wordt onverwijld kennis gegeven aan Onze Minister. Indien het de aanhouding betreft van een ter beschikking gestelde aan wie proefverlof is verleend, beslist Onze Minister zo spoedig mogelijk omtrent de vrijlating, dan wel de beëindiging van het proefverlof.

Hoofdstuk 4
Geldelijke straffen en maatregelen

Eerste titel
Inning van geldboetes en schadevergoedingsmaatregelen

Art. 6:4:1
1. Onze Minister bepaalt de dag of – in geval van toepassing van artikel 24a van het Wetboek van Strafrecht – de dagen waarop de betaling van een geldboete of een maatregel als bedoeld in artikel 36f van het Wetboek van Strafrecht, en de administratiekosten uiterlijk moet geschieden. Onze Minister licht de veroordeelde hierover tijdig in. De verdachte behoeft niet nader te worden ingelicht indien in de strafbeschikking is vermeld op welke dag of dagen de betaling uiterlijk moet geschieden.
2. Onze Minister kan uitstel van betaling verlenen of betaling in termijnen toestaan. Indien artikel 24a van het Wetboek van Strafrecht is toegepast, kan Onze Minister op verzoek van de veroordeelde schriftelijk een voor hem gunstiger regeling van de betaling toestaan.

Art. 6:4:2
1. Onze Minister maant de veroordeelde schriftelijk aan tot betaling indien het bedrag dat moet worden betaald ingevolge een voor tenuitvoerlegging vatbare geldboete of maatregel als bedoeld in artikel 36f van het Wetboek van Strafrecht, en de administratiekosten niet in zijn geheel binnen de daarvoor gestelde termijn is voldaan. Het bedrag wordt daarbij, in het geval de veroordeling of strafbeschikking onherroepelijk is geworden, van rechtswege verhoogd met € 20. Onze Minister wijst de veroordeelde op het bepaalde in het tweede lid.
2. Is het overeenkomstig het eerste lid verhoogde bedrag na verloop van de bij de aanmaning gestelde termijn geheel of ten dele onbetaald gebleven, dan wordt het bedrag, dan wel het nog verschuldigde gedeelte daarvan, van rechtswege verder verhoogd met een vijfde, doch ten minste met € 40.

3. Zodra een verhoging krachtens het eerste lid is ingetreden, wordt het bedrag dat in termijnen of gedeelten mocht worden betaald onmiddellijk in zijn geheel opeisbaar.
4. In gevallen waarin Onze Minister, nadat de veroordeelde niet verwijtbaar in verzuim was, alsnog uitstel van betaling heeft verleend, dan wel betaling in termijnen heeft toegestaan, vinden het eerste tot en met derde lid geen toepassing, zolang de veroordeelde zijn verplichtingen volgens de getroffen nadere regeling nakomt.
5. Betalingen door de veroordeelde aan de staat gedaan ter zake van een maatregel als bedoeld in artikel 36f van het Wetboek van Strafrecht, worden geacht in de eerste plaats te strekken tot voldoening van de hoofdsom, vervolgens tot de in rekening gebrachte administratiekosten en ten slotte tot de krachtens het eerste en tweede lid ingetreden verhogingen.
6. Betalingen door de veroordeelde aan de staat gedaan ter zake van een andere geldelijke sanctie, worden geacht in de eerste plaats te strekken tot voldoening van de in rekening gebrachte administratiekosten, vervolgens tot de krachtens het eerste of tweede lid ingetreden verhogingen en ten slotte tot de geldelijke sanctie.
7. De verhoging op grond van het eerste of tweede lid van het ingevolge de maatregel bedoeld in artikel 36f van het Wetboek van Strafrecht verschuldigde bedrag vervalt aan de staat. Indien de veroordeelde voor een misdrijf niet of niet volledig binnen acht maanden na de dag waarop het vonnis of arrest, waarbij deze maatregel is opgelegd, onherroepelijk is geworden, aan zijn verplichting heeft voldaan, keert de staat het resterende bedrag uit aan het slachtoffer of de personen genoemd in artikel 51f, tweede lid. De staat verhaalt het uitgekeerde bedrag, alsmede de krachtens het eerste lid ingetreden verhogingen, op de veroordeelde.

Art. 6:4:3
1. Bij gebreke van volledige betaling binnen de ingevolge artikel 6:4:1 bepaalde termijn wordt het verschuldigde bedrag, vermeerderd met de verhogingen voorzien in artikel 6:4:2, en de administratiekosten, na voorgaande schriftelijke waarschuwing, op de voorwerpen van de veroordeelde verhaald. In verband met het verhaal kan woonplaats worden gekozen bij Onze Minister.
2. Onze Minister kan afzien van het nemen van verhaal.
3. Is volledig verhaal onmogelijk gebleken of daarvan met toepassing van het tweede lid afgezien, dan wordt, na voorgaande schriftelijke waarschuwing, de vervangende vrijheidsstraf ten uitvoer gelegd.
4. Tenzij de veroordeelde hier te lande geen bekende woon- of verblijfplaats heeft, wordt tot tenuitvoerlegging van vervangende vrijheidsstraf niet overgegaan dan nadat veertien dagen zijn verstreken sedert de dag waarop de in het derde lid bedoelde waarschuwing aan hem is verzonden.
5. Degene te wiens laste verhaal plaatsvindt is de kosten daarvan verschuldigd, ook indien de strafbeschikking, het vonnis of het arrest na het instellen van verzet, hoger beroep of beroep in cassatie daartegen wordt vernietigd.

Art. 6:4:4
1. Op voorwerpen, inbeslaggenomen op grond van artikel 94a, geschiedt verhaal op de wijze voorzien in het Wetboek van Burgerlijke Rechtsvordering krachtens het onherroepelijke vonnis of arrest of de onherroepelijke strafbeschikking waarbij de geldboete, de verplichting tot betaling van een geldbedrag aan de staat ter ontneming van wederrechtelijk verkregen voordeel als bedoeld in artikel 36e van het Wetboek van Strafrecht en de verplichting tot betaling aan de staat van een som gelds ten behoeve van het slachtoffer als bedoeld in artikel 36f van het Wetboek van Strafrecht is opgelegd.
2. Dit vonnis of arrest of deze strafbeschikking geldt als de titel bedoeld in artikel 704, eerste lid, van het Wetboek van Burgerlijke Rechtsvordering. Betekening van deze titel aan de veroordeelde en, zo het beslag onder een derde is gelegd, ook aan deze, kan plaatsvinden door betekening van een kennisgeving inhoudende de bij het vonnis of arrest dan wel de strafbeschikking opgelegde straf, voor zover voor het nemen van verhaal van belang.
3. Ten aanzien van derden die geheel of gedeeltelijk recht menen te hebben op de inbeslaggenomen voorwerpen zijn de bepalingen van het Wetboek van Burgerlijke Rechtsvordering van toepassing.

Art. 6:4:5
1. Op voorwerpen van de veroordeelde die niet op grond van artikel 94a in beslag zijn genomen geschiedt verhaal krachtens een dwangbevel, medebrengende het recht om die goederen zonder vonnis aan te tasten. Verhaal kan mede worden genomen op voorwerpen als bedoeld in artikel 94a, vierde en vijfde lid, die niet reeds voor het onherroepelijk worden van het vonnis, het arrest of de strafbeschikking in beslag zijn genomen.
2. Het dwangbevel wordt in naam van de Koning uitgevaardigd door Onze Minister. Het wordt ten uitvoer gelegd als een vonnis van de burgerlijke rechter.
3. De tenuitvoerlegging van het dwangbevel kan niet worden geschorst dan door een verzet, hetwelk evenwel nimmer gericht zal kunnen zijn tegen het vonnis, het arrest of de strafbeschikking, waarbij de geldboete of de maatregel van artikel 36f van het Wetboek van Strafrecht werd

opgelegd. Verzet wordt gedaan bij een met redenen omkleed verzetschrift. Het verzetschrift wordt binnen twee weken na de betekening van het dwangbevel ingediend bij de rechtbank van het arrondissement, waartoe de rechter behoort, die de straf heeft opgelegd. In geval van een strafbeschikking wordt het bezwaarschrift ingediend bij het gerecht dat van het daartegen gerichte verzet kennis heeft genomen of, indien verzet zou zijn gedaan, daarvan kennis had kunnen nemen. De behandeling van het verzet door de raadkamer vindt plaats in het openbaar. De beschikking van de raadkamer wordt onverwijld aan de veroordeelde betekend. Tegen de beschikking kan door Onze Minister binnen veertien dagen daarna en door de veroordeelde binnen veertien dagen na de betekening, beroep in cassatie worden ingesteld. De veroordeelde is in zijn beroep slechts ontvankelijk na voorafgaande consignatie van het nog verschuldigde bedrag en van al de kosten ter griffie van het gerecht, dat de beschikking heeft gegeven, of tot hetwelk de rechter, van wie de beschikking afkomstig is, behoort. De Hoge Raad beslist zo spoedig mogelijk.
4. Ten aanzien van derden, die bij een inbeslagneming van voorwerpen daarop geheel of gedeeltelijk recht menen te hebben, zijn de bepalingen van het Wetboek van Burgerlijke Rechtsvordering van toepassing.
5. De kosten van verhaal krachtens dit artikel worden op gelijke voet als de geldboete, onderscheidenlijk de maatregel van artikel 36f van het Wetboek van Strafrecht, verhaald op de veroordeelde. Onder de kosten van verhaal zijn begrepen de invorderingskosten.

Art. 6:4:6
1. Verhaal kan zonder dwangbevel worden genomen op:
a. inkomsten in geld uit arbeid van de veroordeelde;
b. pensioenen, wachtgelden en andere uitkeringen waarop de veroordeelde aanspraak heeft;
c. het tegoed van een rekening bij een bank als bedoeld in artikel 1:1 van de Wet op het financieel toezicht, waarover de veroordeelde te eigen bate mag beschikken, alsmede, indien de bank en de veroordeelde in samenhang met die rekening een overeenkomst inzake krediet zijn aangegaan, op uit het ingevolge die overeenkomst verstrekte krediet.
2. Verhaal met toepassing van het eerste lid geschiedt door middel van een schriftelijke kennisgeving van Onze Minister. De kennisgeving bevat een voor de uitoefening van verhaal voldoende aanduiding van de persoon van de veroordeelde, en vermeldt welk bedrag uit hoofde van de veroordeling nog verschuldigd is, bij welke rechterlijke uitspraak of strafbeschikking de geldboete of de maatregel van artikel 36f van het Wetboek van Strafrecht is opgelegd, alsmede de plaats waar de betaling moet geschieden. Zij wordt verstrekt aan degene onder wie verhaal wordt genomen, en nadat verhaal is genomen toegezonden aan het adres dat de veroordeelde heeft opgegeven. Indien de brief onbestelbaar blijkt te zijn, wordt de kennisgeving gezonden naar het in de basisregistratie personen vermelde adres. Indien de brief ook op het in de basisregistratie personen opgenomen adres onbestelbaar blijkt te zijn, wordt de kennisgeving geacht aan de veroordeelde bekend te zijn.
3. Door de verstrekking van de kennisgeving is degene onder wie verhaal wordt genomen, verplicht tot betaling aan de staat van het in de kennisgeving bedoelde bedrag voor zover de veroordeelde op hem een opeisbare vordering heeft of verkrijgt. Onze Minister bepaalt de termijn waarbinnen de betaling moet geschieden. De verplichting tot betaling vervalt zodra het uit hoofde van de veroordeling verschuldigde bedrag is betaald of verhaald en uiterlijk wanneer twee jaren na de dag van de verstrekking van de kennisgeving zijn verstreken.
4. Degene onder wie verhaal wordt genomen kan zich niet ten nadele van de staat beroepen op het tenietgaan of de vermindering van zijn schuld door betaling of door verrekening met een tegenvordering dan in de gevallen waarin hij daartoe ook bevoegd zou zijn geweest bij een op het tijdstip van de betekening overeenkomstig het Wetboek van Burgerlijke Rechtsvordering gelegd beslag onder derden. Indien een andere schuldeiser op de vordering waarop verhaal wordt genomen, beslag heeft gelegd, is artikel 478 van het Wetboek van Burgerlijke Rechtsvordering van overeenkomstige toepassing. Het verhaal wordt voor de toepassing van de artikelen 33 en 301 van de Faillissementswet met een beslag onder derden gelijkgesteld.
5. Indien verhaal is genomen op vordering van de veroordeelde tot periodieke betalingen als bedoeld in het eerste lid, onder a en b, zijn de artikelen 475a tot en met 475g en 475i, tweede tot en met vijfde lid, van het Wetboek van Burgerlijke Rechtsvordering van overeenkomstige toepassing.
6. Iedere belanghebbende kan zich binnen zes weken na de toezending aan de veroordeelde van de in het tweede lid van dit artikel bedoelde kennisgeving bij met redenen omkleed bezwaarschrift verzetten tegen het verhaal. Artikel 6:4:5, derde lid, is op dit verzet van overeenkomstige toepassing.
7. De kosten van verhaal krachtens dit artikel worden op gelijke voet als de geldboete, onderscheidenlijk de maatregel van artikel 36f van het Wetboek van Strafrecht, verhaald op de veroordeelde. Onder de kosten van verhaal zijn begrepen de invorderingskosten.
8. Verhaal zonder dwangbevel kan niet worden genomen als de veroordeelde valt onder de schuldsaneringsregeling natuurlijke personen, bedoeld in titel III van de Faillissementswet.

Art. 6:4:7

1. Indien vervangende hechtenis wordt toegepast in het geval dat het ingevolge een voor tenuitvoerlegging vatbare geldboete verschuldigde bedrag noch volledig is betaald, noch volledig is verhaald, vermindert de duur van de vervangende hechtenis naar evenredigheid met het gedeelte van het verschuldigde bedrag dat is voldaan. Heeft deze vermindering tot gevolg dat voor een gedeelte van een dag vervangende hechtenis zou moeten worden ondergaan, dan vindt afronding naar boven plaats tot het naaste aantal gehele dagen.
2. Het eerste lid is ook van toepassing in gevallen waarin de betaling geschiedt nadat reeds een deel van de vervangende hechtenis ten uitvoer is gelegd.
3. Indien ter zake van het strafbare feit waarvoor de vervangende hechtenis wordt bepaald of ten uitvoer gelegd tevens gijzeling is toegepast, wordt de tijd die in gijzeling is doorgebracht in mindering gebracht op de vervangende hechtenis.

Art. 6:4:8

1. Bij of krachtens algemene maatregel van bestuur worden voorschriften gegeven omtrent de tenuitvoerlegging van een geldboete of een maatregel als bedoeld in artikel 36f van het Wetboek van Strafrecht. Deze voorschriften hebben in ieder geval betrekking op de plaats en wijze van betaling, de termijn waarbinnen die betaling moet zijn geschied, de verantwoording van de ontvangen geldbedragen, alsmede op de kosten van verhaal, de invorderingskosten daaronder begrepen.
2. De in het eerste lid bedoelde voorschriften hebben wat betreft de tenuitvoerlegging van strafbeschikkingen, vonnissen of arresten, houdende oplegging van een geldboete, voorts betrekking op de administratiekosten.
3. Bij algemene maatregel van bestuur kan worden bepaald dat de uitkering van een som gelds ten behoeve van het slachtoffer of diens nabestaanden, door de staat aan het slachtoffer dat geen rechtspersoon is gedurende een in deze algemene maatregel van bestuur te bepalen tijd wordt beperkt tot slachtoffers van gewelds- en zedenmisdrijven. Bij algemene maatregel van bestuur kan tevens worden bepaald dat aan de uit te keren bedragen een bovengrens van € 5 000 of hoger wordt gesteld met dien verstande dat deze bovengrens niet geldt voor de uitkering aan slachtoffers van een gewelds- of zedenmisdrijf.

Tweede titel
Ontneming van wederrechtelijk verkregen voordeel

Art. 6:4:9

1. Indien een maatregel als bedoeld in artikel 36e van het Wetboek van Strafrecht is opgelegd, vinden de artikelen 6:4:1, 6:4:3, eerste en tweede lid, 6:4:4 tot en met 6:4:6, en 6:4:8, overeenkomstige toepassing.
2. Bij gebreke van volledige betaling binnen de ingevolge artikel 6:4:1, tweede lid, bedoelde termijn kan de opsporingsambtenaar in afwachting van de komst van de deurwaarder de maatregelen nemen die redelijkerwijs nodig zijn om voor verhaal vatbare voorwerpen veilig te stellen. Deze maatregelen kunnen de vrijheid van personen die zich ter plaatse bevinden beperken.

Art. 6:4:10

In geval van een onderzoek als bedoeld in artikel 6:4:11, eerste lid, kan de officier van justitie vorderen dat de rechter-commissaris een plaats doorzoekt met het oog op het veiligstellen van voorwerpen op de wijze als bedoeld in artikel 6:4:9, tweede lid. Hij kan zich daarbij doen vergezellen van bepaalde door hem aangewezen personen.

Art. 6:4:11

1. Bij gebreke van volledige betaling binnen de ingevolge artikel 6:4:1, tweede lid, bedoelde termijn kan krachtens een met redenen omklede machtiging van de rechter-commissaris, op vordering van de officier van justitie, een onderzoek worden ingesteld naar het vermogen van de veroordeelde.
2. Het onderzoek is gericht op de vaststelling van de omvang van het vermogen van de veroordeelde waarop verhaal kan worden genomen ten behoeve van de tenuitvoerlegging van de maatregel, bedoeld in artikel 36e van het Wetboek van Strafrecht.
3. De vordering is met redenen omkleed en vermeldt de hoogte van de opgelegde betalingsverplichting, het bedrag dat de veroordeelde ter voldoening daarvan reeds heeft betaald en of er een vordering als bedoeld in artikel 6:6:26, eerste lid, is gedaan.
4. De rechter-commissaris verleent de machtiging, bedoeld in het eerste lid, indien:
a. de hoogte van de resterende betalingsverplichting van aanzienlijk belang is, en;
b. er aanwijzingen bestaan dat aan de veroordeelde voorwerpen toebehoren waarop krachtens artikel 6:4:9 verhaal kan worden genomen.
5. De machtiging geldt voor ten hoogste zes maanden en kan op vordering van de officier van justitie telkens met een zelfde duur worden verlengd, totdat de maximale duur van twee jaren is bereikt.

6. De rechter-commissaris waakt tegen nodeloze vertraging van het onderzoek. De officier van justitie verschaft eigener beweging of op verzoek van de rechter-commissaris de benodigde inlichtingen.
7. Op vordering van de officier van justitie kan het onderzoek krachtens een machtiging van de rechter-commissaris worden onderbroken en hervat. De onderbreking schorst de duur van de machtiging bedoeld in het vijfde lid.
8. Indien de officier van justitie oordeelt dat het onderzoek is voltooid of dat er voor de voortzetting daarvan geen grond bestaat, sluit hij het onderzoek bij schriftelijk gedagtekende beschikking. Een afschrift van de beschikking wordt aan de veroordeelde tegen wie het onderzoek was gericht betekend. De officier van justitie stelt de rechter-commissaris van het eindigen van het onderzoek op de hoogte.
9. Het onderzoek naar het vermogen van de veroordeelde eindigt voorts:
a. indien de geldigheidsduur van een ingevolge het eerste lid verleende machtiging is verstreken;
b. indien de veroordeelde alsnog aan diens betalingsverplichting heeft voldaan.

Art. 6:4:12

1. Ten behoeve van het onderzoek naar het vermogen van de veroordeelde is de opsporingsambtenaar bevoegd, bij bevel daartoe van de officier van justitie, in het belang van het onderzoek:
a. van eenieder te vorderen op te geven of, en zo ja welke, vermogensbestanddelen hij onder zich heeft of heeft gehad, die toebehoren of hebben toebehoord aan degene tegen wie het onderzoek is gericht;
b. van degene die daarvoor redelijkerwijs in aanmerking komt en die anders dan ten behoeve van persoonlijk gebruik gegevens verwerkt, te vorderen bepaalde opgeslagen of vastgelegde identificerende gegevens, in de zin van artikel 126nc, tweede lid, van een persoon te verstrekken;
c. aan iedere aanbieder van een communicatiedienst een vordering te doen gegevens te verstrekken ter zake van naam, adres, postcode, woonplaats, nummer en soort dienst van een gebruiker van een communicatiedienst in de zin van artikel 138g;
d. een persoon stelselmatig te volgen of stelselmatig de aanwezigheid of het gedrag van een persoon waar te nemen;
e. zonder toestemming van de rechthebbende een besloten plaats, niet zijnde een woning, te betreden dan wel een technisch hulpmiddel aan te wenden teneinde die plaats op te nemen, aldaar sporen veilig te stellen of aldaar een technisch hulpmiddel te plaatsen teneinde de aanwezigheid of verplaatsing van een goed vast te kunnen stellen.
2. Op de vordering bedoeld in het eerste lid, onderdeel a, is artikel 126a, derde en vijfde lid, van overeenkomstige toepassing.
3. Op de vordering bedoeld in het eerste lid, onderdeel b, is artikel 126nc, derde tot en met vijfde en zevende lid, van overeenkomstige toepassing.
4. De officier van justitie kan in het belang van het onderzoek bepalen dat bij de uitoefening van de bevoegdheid, bedoeld in het eerste lid, onder d, een technisch hulpmiddel kan worden aangewend, voor zover daarmee geen vertrouwelijke communicatie wordt opgenomen. Een technisch hulpmiddel wordt niet op een persoon bevestigd, tenzij met diens toestemming.
5. De officier van justitie kan in het belang van het onderzoek bepalen dat bij de uitoefening van de bevoegdheid, bedoeld in het eerste lid, onder d, een besloten plaats, niet zijnde een woning, kan worden betreden zonder toestemming van de rechthebbende.
6. Op het bevel, bedoeld in het eerste lid, onderdeel d, is artikel 126g, vierde lid, van overeenkomstige toepassing.

Art. 6:4:13

1. Een bevel van de officier van justitie als bedoeld in artikel 6:4:12, alsmede een wijziging, aanvulling, verlenging of intrekking daarvan, wordt schriftelijk gegeven. Aan een schriftelijk bevel staat gelijk een mondeling bevel dat onverwijld op schrift is gesteld.
2. Een bevel kan worden gewijzigd, aangevuld, verlengd of ingetrokken.
3. Het bevel vermeldt:
a. de naam van de veroordeelde;
b. de geldigheidsduur van het bevel;
c. voor zover nodig, de wijze waarop aan het bevel toepassing wordt gegeven.
4. Indien een besloten plaats wordt betreden, vermeldt het bevel voorts:
a. de plaats waarop het bevel betrekking heeft;
b. bij toepassing van artikel 6:4:12, eerste lid, onderdeel e, voorts het tijdstip waarop of de periode waarbinnen aan het bevel uitvoering wordt gegeven.
5. De opsporingsambtenaar maakt van de uitvoering van het bevel proces-verbaal op. Het proces-verbaal vermeldt:
a. de gegevens, bedoeld in het derde en vierde lid;
b. de wijze waarop aan het bevel uitvoering is gegeven;
c. de gegevens die naar aanleiding van een bevel of op een vordering zijn verstrekt;
d. de feiten en omstandigheden waaruit blijkt dat aan de voorwaarden genoemd in artikel 6:4:12 is voldaan.

6. Indien een bevel mondeling is gegeven en een wijziging, aanvulling, verlenging of intrekking van een bevel, als bedoeld in het tweede lid, niet op schrift is gesteld, wordt daarvan melding gemaakt in het proces-verbaal.

Art. 6:4:14

1. De officier van justitie kan in het belang van het onderzoek, bedoeld in artikel 6:4:12, eerste lid, van degene van wie redelijkerwijs kan worden vermoed dat hij toegang heeft tot bepaalde opgeslagen of vastgelegde gegevens, vorderen deze gegevens te verstrekken.
2. Artikel 126nd, tweede tot en met vierde lid en zevende lid, is van overeenkomstige toepassing.
3. De officier van justitie doet van de verstrekking van gegevens proces-verbaal opmaken, waarin worden vermeld:
a. de gegevens bedoeld in artikel 126nd, derde lid;
b. de naar aanleiding van de vordering verstrekte gegevens;
c. de reden waarom de gegevens in het belang van het onderzoek worden gevorderd.
4. De officier van justitie kan in het belang van het onderzoek bepalen dat een vordering als bedoeld in het eerste lid, betrekking kan hebben op gegevens die pas na het tijdstip van de vordering worden verwerkt. De periode waarover de vordering zich uitstrekt is maximaal vier weken en kan telkens met maximaal vier weken worden verlengd. De officier van justitie vermeldt deze periode in de vordering. Het tweede en derde lid zijn van overeenkomstige toepassing.
5. Indien een vordering betrekking heeft op gegevens die na het tijdstip van de vordering worden verwerkt, wordt de vordering beëindigd zodra de verwerking niet meer in het belang van het onderzoek is. Van een wijziging, aanvulling, verlenging of beëindiging van de vordering doet de officier van justitie proces-verbaal opmaken.
6. De officier van justitie kan indien het belang van het onderzoek dit dringend vordert bepalen dat degene tot wie de vordering is gericht de gegevens direct na de verwerking verstrekt, dan wel telkens binnen een bepaalde periode na de verwerking verstrekt. De officier van justitie behoeft hiervoor voorafgaande schriftelijke machtiging van de rechter-commissaris.
7. De officier van justitie kan indien het belang van het onderzoek dit vordert bij of terstond na de toepassing van het eerste of het vierde lid, degene van wie redelijkerwijs kan worden vermoed dat hij kennis draagt van de wijze van versleuteling van de in het eerste en vierde lid bedoelde gegevens, bevelen medewerking te verlenen aan het ontsleutelen van de gegevens door de versleuteling ongedaan te maken dan wel deze kennis ter beschikking te stellen. Dit bevel wordt niet gegeven aan de veroordeelde. Artikel 96a, derde lid, is van overeenkomstige toepassing.

Art. 6:4:15

1. De officier van justitie kan in het belang van het onderzoek een vordering doen gegevens te verstrekken over een gebruiker van een communicatiedienst en het communicatieverkeer met betrekking tot die gebruiker in de zin van artikel 138h.
2. Artikel 126n, eerste lid, tweede volzin, tweede en derde lid, is van overeenkomstige toepassing.
3. De officier van justitie doet van de vordering, bedoeld in het eerste lid, proces-verbaal opmaken, waarin worden vermeld:
a. de naam van de veroordeelde;
b. indien bekend, de naam of anders een zo nauwkeurig mogelijke aanduiding van de persoon omtrent wie gegevens worden gevorderd;
c. de gegevens die worden gevorderd;
d. indien de vordering betrekking heeft op gegevens die na het tijdstip van de vordering worden verwerkt, de periode waarover de vordering zich uitstrekt.
4. Artikel 126n, zesde lid, is van overeenkomstige toepassing.

Art. 6:4:16

1. De officier van justitie kan in het belang van het onderzoek aan een opsporingsambtenaar bevelen dat met een technisch hulpmiddel niet voor het publiek bestemde communicatie die plaatsvindt met gebruikmaking van de diensten van een aanbieder van een communicatiedienst, in de zin van artikel 138g, wordt opgenomen.
2. Het bevel, bedoeld in het eerste lid, kan slechts worden gegeven na voorafgaande schriftelijke machtiging van de rechter-commissaris. De artikelen 126m, derde en vierde lid, en 126ma zijn van overeenkomstige toepassing.
3. Het bevel wordt gegeven voor een duur van ten hoogste vier weken. Naast de gegevens bedoeld in artikel 6:4:13, derde lid, vermeldt het bevel:
a. zo mogelijk het nummer of een andere aanduiding waarmee de individuele gebruiker van de communicatiedienst wordt geïdentificeerd, en;
b. voor zover bekend, de naam en het adres van de gebruiker, en;
c. de aard van het technisch hulpmiddel of de technische hulpmiddelen waarmee de communicatie wordt opgenomen.
4. De officier van justitie kan, indien de in het eerste lid bedoelde communicatie wordt opgenomen, indien het belang van het onderzoek dit vordert, tot degene van wie redelijkerwijs kan worden vermoed dat hij kennis draagt van de wijze van versleuteling van de communicatie, de

vordering richten medewerking te verlenen aan het ontsleutelen van de gegevens door hetzij deze kennis ter beschikking te stellen, hetzij de versleuteling ongedaan te maken. De vordering wordt niet gericht tot de veroordeelde. Artikel 96a, derde lid, is van overeenkomstige toepassing.
5. De vordering, bedoeld in het vierde lid, kan slechts worden gedaan na voorafgaande schriftelijke machtiging van de rechter-commissaris.
6. Artikel 6:4:13, vijfde lid, is van overeenkomstige toepassing.

Art. 6:4:17
1. Indien het onderzoek naar het vermogen van de veroordeelde is geëindigd, zijn de artikelen 126bb en 126dd van overeenkomstige toepassing.
2. Zodra twee maanden zijn verstreken nadat het onderzoek is geëindigd en aan de betrokkenen mededeling, bedoeld in artikel 126bb is gedaan, draagt de officier van justitie ervoor zorg dat processen-verbaal en voorwerpen waaraan gegevens kunnen worden ontleend en die zijn verkregen met toepassing van de in de artikelen 6:4:11 tot en met 6:4:16 genoemde bevoegdheden, worden vernietigd. Van de vernietiging wordt proces-verbaal opgemaakt.

Art. 6:4:18
1. Indien het openbaar ministerie overeenkomstig artikel 511c een schikking met de verdachte of veroordeelde aangaat, bepaalt het de termijn waarbinnen aan de termen van die schikking moet worden voldaan. Tot dat tijdstip is de termijn waarbinnen ingevolge artikel 511b, eerste lid, een vordering aanhangig moet zijn gemaakt geschorst. Door voldoening aan die termen vervalt het recht tot indiening van de vordering of is, indien die vordering reeds is ingediend, de zaak van rechtswege geëindigd.
2. Indien na voldoening aan die termen blijkt van omstandigheden die de toepasselijkheid van de maatregel, bedoeld in artikel 36e van het Wetboek van Strafrecht, zouden hebben uitgesloten, kan de gewezen verdachte of veroordeelde het openbaar ministerie verzoeken om teruggave van betaalde geldbedragen of overgedragen voorwerpen.
3. Het verzoek, bedoeld in het tweede lid, kan niet meer worden gedaan nadat drie jaren zijn verstreken sedert de dag waarop het bedrag of het laatste gedeelte daarvan, is betaald.

Art. 6:4:19
Bij of krachtens algemene maatregel van bestuur kunnen nadere regels worden gesteld over het bepaalde in deze titel.

Derde titel
Bevel gijzeling

Art. 6:4:20
1. Het openbaar ministerie beslist over toepassing van het dwangmiddel gijzeling jegens de veroordeelde indien volledig verhaal overeenkomstig de artikelen 6:4:4, 6:4:5 en 6:4:6 niet mogelijk blijkt bij een verplichting tot betaling van een geldbedrag aan de staat ten behoeve van het slachtoffer of diens nabestaanden.
2. Het openbaar ministerie neemt bij het bepalen van de duur van de toe te passen gijzeling hetgeen door de rechter is bepaald in acht en houdt rekening met gedeeltelijke betalingen die door de veroordeelde zijn verricht en met verhaal dat reeds ingevolge de artikelen 6:4:4, 6:4:5 en 6:4:6 is genomen.
3. Gijzeling wordt niet toegepast indien de veroordeelde aannemelijk maakt dat hij buiten staat is te voldoen aan de verplichting tot betaling.
4. De gijzeling eindigt indien de veroordeelde alsnog het verschuldigde bedrag volledig voldoet. De gijzeling kan te allen tijde worden beëindigd door Onze Minister.
5. De toepassing van gijzeling heft de verschuldigdheid niet op.

Vierde titel
Storting waarborgsom

Art. 6:4:21
1. Indien bij een bevel als bedoeld in artikel 14a van het Wetboek van Strafrecht storting van een waarborgsom als bijzondere voorwaarde is gesteld, vinden de artikelen 6:1:1, 6:4:1, eerste lid en tweede lid, eerste zin, 6:4:3, vijfde lid, en 6:4:8 overeenkomstige toepassing.
2. Voor de storting wordt in geen geval een langere termijn gesteld dan drie maanden, te rekenen van de dag waarop het vonnis of het arrest voor tenuitvoerlegging vatbaar is geworden.
3. Teruggave van de waarborgsom geschiedt op aanwijzing van Onze Minister.

Hoofdstuk 5
Bijkomende straffen

Art. 6:5:1
1. Indien niet in beslag genomen voorwerpen verbeurd zijn verklaard, dan wel openbaarmaking van de uitspraak op kosten van de veroordeelde is bevolen, vinden de artikelen 6:1:1, 6:4:1 en 6:4:3, vijfde lid, overeenkomstige toepassing.
2. Indien binnen de daarvoor bepaalde termijn noch uitlevering van de voorwerpen noch betaling van de geschatte waarde plaats heeft, dan wel de kosten van openbaarmaking niet worden betaald, vinden de artikelen 6:4:3, 6:4:5 en 6:4:6 overeenkomstige toepassing.
3. Verbeurdverklaring van vorderingen wordt ten uitvoer gelegd door betekening van de uitspraak aan de schuldenaar.

Art. 6:5:2
Op de betaling van de in artikel 36, tweede lid, van het Wetboek van Strafrecht, bedoelde kosten voor de openbaarmaking van een uitspraak zijn artikel 24c van dat wetboek en de artikelen 6:4:2 en 6:4:7 van overeenkomstige toepassing.

Art. 6:5:3
Bij of krachtens algemene maatregel van bestuur kunnen nadere regels worden gesteld over het bepaalde in dit hoofdstuk.

Hoofdstuk 6
Rechterlijke beslissingen inzake de tenuitvoerlegging

Eerste titel
Algemeen

Art. 6:6:1
1. Indien een rechter overeenkomstig de bepalingen van dit boek een beslissing kan nemen inzake de tenuitvoerlegging, is – tenzij in dit hoofdstuk anders is bepaald – tot het nemen van deze beslissing bevoegd het gerecht dat in eerste aanleg kennis heeft genomen van het strafbare feit waarvoor de sanctie is opgelegd waarop de beslissing ziet. Tenzij anders is bepaald kan de rechter deze beslissing ambtshalve, op vordering van het openbaar ministerie, dan wel op verzoek van de veroordeelde nemen.
2. In de gevallen waarin de veroordeelde wordt vervolgd wegens een strafbaar feit en de behandeling van een beslissing als bedoeld in het eerste lid op vordering van het openbaar ministerie gelijktijdig geschiedt met de behandeling van het feit waarvoor de veroordeelde wordt vervolgd, is het gerecht bevoegd dat kennis neemt van dat feit.
3. In het geval van de tenuitvoerlegging van een buitenlandse rechterlijke beslissing is tot het nemen van een beslissing als bedoeld in het eerste lid tevens het gerecht bevoegd dat het verlof tot tenuitvoerlegging, bedoeld in artikel 31, eerste lid, van de Wet overdracht tenuitvoerlegging strafvonnissen, heeft verleend, danwel het gerecht in het arrondissement waar toezicht wordt gehouden op de naleving van de aan de veroordeelde opgelegde verplichtingen.
4. Indien het gerecht dat kennis neemt van de zaak zich onbevoegd acht of van oordeel is dat een goede rechtsbedeling dit vereist, verwijst het de zaak naar het gerecht dat deze naar zijn oordeel behoort te berechten.
5. Indien het gerecht beslist op een verzoek van de veroordeelde, wordt dit verzoek door de griffier ter kennis gebracht van het openbaar ministerie, dat daarop zo spoedig mogelijk een conclusie neemt.
6. Onze Minister kan het openbaar ministerie informeren over omstandigheden die aanleiding kunnen geven een vordering bedoeld in het eerste lid in te dienen. Het openbaar ministerie informeert Onze Minister in deze gevallen of een vordering is ingediend.
7.
a. De zaak wordt behandeld en beslist door een enkelvoudige kamer.
b. In afwijking van het bepaalde onder a, wordt de zaak behandeld en beslist door een meervoudige kamer indien:
1°. de vordering van het openbaar ministerie strekt tot vrijheidsbeneming van een jaar of meer, dan wel een half jaar of meer in geval van een jeugdige;
2°. de rechter die kennisneemt van de zaak aanstonds oordeelt dat deze door een meervoudige kamer moet worden behandeld;
3°. de zaak op grond van het tweede lid wordt behandeld door een meervoudige kamer.
c. De rechter-commissaris neemt spoedeisende, tijdelijke en voorlopige beslissingen in het kader van de tenuitvoerlegging.

Art. 6:6:2
Elke bevoegdheid die in dit hoofdstuk wordt toegekend aan de veroordeelde, komt mede toe aan diens raadsman.

Art. 6:6:3
1. Het openbaar ministerie zendt de op de zaak betrekking hebbende stukken aan het gerecht toe. De rechter bepaalt daarop onverwijld een dag voor het onderzoek van de zaak, tenzij de summiere kennisneming van de stukken de rechter aanleiding geeft de vordering of het verzoek zonder behandeling niet-ontvankelijk te verklaren.
2. Het openbaar ministerie doet de veroordeelde en, indien daartoe aanleiding is, degene die met reclasseringstoezicht is belast, tot bijwoning van de zitting oproepen, onder betekening van de vordering of de conclusie aan de veroordeelde.
3. Indien niet blijkt dat de veroordeelde een raadsman heeft, en het openbaar ministerie vordert dat de beslissing zal worden genomen, geeft het openbaar ministerie kennis van deze vordering aan het bestuur van de raad voor rechtsbijstand dat voor de veroordeelde een raadsman aanwijst. In geval van een beslissing die niet op vordering van het openbaar ministerie zal worden genomen, geeft de rechter, indien niet blijkt dat de veroordeelde een raadsman heeft, voorafgaand aan het onderzoek aan het bestuur van de raad voor rechtsbijstand last tot aanwijzing van een raadsman. De artikelen 38, 43 tot en met 46 zijn van overeenkomstige toepassing.
4. De veroordeelde en degene die met reclasseringstoezicht is belast, kunnen vóór de aanvang van het onderzoek kennisnemen van de stukken. Indien de zaak bij de kantonrechter wordt behandeld, geldt hetzelfde ten aanzien van een bijzonder daartoe door de veroordeelde gemachtigde. Het bepaalde bij en krachtens artikel 32 is van overeenkomstige toepassing.
5. Zowel het openbaar ministerie als de veroordeelde zijn bevoegd getuigen en deskundigen te doen dagvaarden of schriftelijk te doen oproepen om bij het onderzoek tegenwoordig te zijn. De artikelen 260, 263 en 264 zijn van overeenkomstige toepassing.
6. Indien de veroordeelde op het tijdstip dat de zaak dient, de leeftijd van achttien jaren nog niet heeft bereikt, zijn de artikelen 495b tot en met 498 en 503, van overeenkomstige toepassing.

Art. 6:6:4
1. Voor zover niet in dit wetboek anders is bepaald, vindt het onderzoek ter openbare terechtzitting plaats, overeenkomstig het bepaalde in artikel 269.
2. Het openbaar ministerie is bij het onderzoek tegenwoordig en wordt ter zake gehoord.
3. De veroordeelde en, indien daarvan sprake is, degene die met reclasseringstoezicht is belast kunnen bij het onderzoek tegenwoordig zijn en worden alsdan gehoord. De veroordeelde kan zich door een raadsman of, indien de zaak bij de kantonrechter wordt behandeld, door een bijzonder daartoe door de veroordeelde gemachtigde, doen bijstaan.
4. In gevallen waarin de behandeling van de zaak niet gelijktijdig geschiedt met de behandeling van een feit waarvoor de veroordeelde wordt vervolgd, vinden de artikelen 268, tweede en derde lid, 270 tot en met 277, 278, tweede lid, 281, 284, eerste lid, 286 tot en met 297, 299 tot en met 301, 309 tot en met 311, 315, 316, 318, 319, 320, eerste en tweede lid, 322, 324, 325 tot en met 330, 345, eerste en derde lid, en 346 overeenkomstige toepassing.
5. De in het vierde lid genoemde artikelen vinden geen toepassing voor zover deze betrekking hebben op een getuige wiens identiteit niet of slechts ten dele blijkt.
6. Het openbaar ministerie en de veroordeelde zijn bevoegd gedurende het onderzoek wijziging te brengen in de vordering of de conclusie, onderscheidenlijk het verzoek.

Art. 6:6:5
1. De rechterlijke beslissingen op grond van dit hoofdstuk zijn met redenen omkleed en worden in het openbaar uitgesproken.
2. De inhoud van de in het eerste lid bedoelde beslissingen worden onverwijld vanwege het openbaar ministerie schriftelijk medegedeeld aan de veroordeelde. Indien de beslissing een wijziging van gestelde bijzondere voorwaarden bevat of indien bij de beslissing alsnog bijzondere voorwaarden worden gesteld, bevat de kennisgeving tevens de gestelde voorwaarden, alsmede de datum van ingang van de voorwaarden. Indien daarvan sprake is, wordt de mededeling tevens gedaan aan degene die met reclasseringstoezicht is belast dan wel bij de beslissing daarvan wordt ontheven, en aan het hoofd van de instelling waar een ter beschikking gestelde van overheidswege wordt verpleegd.
3. In afwijking van het tweede lid wordt de mededeling van beslissingen waartegen een rechtsmiddel openstaat, aan de veroordeelde betekend. Daarbij wordt kennis gegeven van het rechtsmiddel dat tegen de beslissing openstaat en van de termijn waarbinnen dat rechtsmiddel kan worden aangewend.

Art. 6:6:6
De rechter die kennisneemt van het beroep kan, gehoord het openbaar ministerie, een bevel tot dadelijke uitvoerbaarheid van een straf of maatregel opheffen of schorsen.

Art. 6:6:7
Een rechterlijke beslissing als bedoeld in deze titel is niet aan enig gewoon rechtsmiddel onderworpen, voor zover in dit hoofdstuk niet anders is bepaald.

Tweede titel
Vrijheidsbenemende straffen en maatregelen

Art. 6:6:8
1. Indien het openbaar ministerie van oordeel is dat er op een van de gronden genoemd in artikel 6:2:12 reden is de voorwaardelijke invrijheidstelling met een bepaalde termijn uit te stellen of achterwege te laten, dient het onverwijld een daartoe strekkende schriftelijke vordering in.
2. In de gevallen, bedoeld in artikel 6:2:6 is tot kennisneming van de vordering bevoegd het gerecht dat in eerste aanleg heeft geoordeeld ter zake van het feit waarvoor de langste onvoorwaardelijke vrijheidsstraf is opgelegd. Bij straffen van gelijke lengte zijn rechtbanken gelijkelijk bevoegd.
3. De vordering, bedoeld in het eerste lid, dient uiterlijk dertig dagen vóór het tijdstip van voorwaardelijke invrijheidstelling te zijn ontvangen op de griffie van het gerecht. Het openbaar ministerie is in een later ingediende vordering ontvankelijk, indien het aannemelijk maakt dat een omstandigheid als bedoeld in het eerste lid, zich pas nadien heeft voorgedaan.
4. De voorwaardelijke invrijheidstelling kan telkens opnieuw met een bepaalde termijn worden uitgesteld dan wel, nadat zij is uitgesteld, achterwege blijven. Het eerste tot en met derde lid zijn van overeenkomstige toepassing.
5. Hangende de beslissing van het gerecht wordt de veroordeelde niet in vrijheid gesteld.

Art. 6:6:9
1. Indien het gerecht de vordering van het openbaar ministerie, bedoeld in artikel 6:6:8 toewijst, bepaalt hij, indien de voorwaardelijke invrijheidstelling met een bepaalde termijn wordt uitgesteld, de periode waarvoor uitstel wordt verleend.
2. Indien het gerecht de vordering geheel of gedeeltelijk afwijst, bepaalt hij op welk tijdstip de veroordeelde voorwaardelijk in vrijheid zal worden gesteld.
3. Het gerecht kan in zijn beslissing over de vordering adviseren omtrent aan de voorwaardelijke invrijheidstelling te verbinden bijzondere voorwaarden.

Art. 6:6:10
1. Indien de ter beschikking gestelde een gestelde voorwaarde niet heeft nageleefd of anderszins het belang van de veiligheid van anderen dan wel de algemene veiligheid van personen of goederen zulks eist, is de rechter met inachtneming van de bepalingen van de tweede afdeling van titel IIA van het eerste boek van het Wetboek van Strafrecht bevoegd te beslissen:
a. tot verlenging van de terbeschikkingstelling met voorwaarden met een jaar of twee jaren al dan niet onder wijziging, aanvulling of opheffing van een voorwaarde;
b. tot verlenging van de terbeschikkingstelling met verpleging van overheidswege met een jaar of twee jaren;
c. tot verlenging van de terbeschikkingstelling met een jaar of twee jaren en tot voorwaardelijke beëindiging van de verpleging van overheidswege, al dan niet onder wijziging, aanvulling of opheffing van een voorwaarde;
d. gedurende de looptijd van de terbeschikkingstelling: dat de verpleging van overheidswege wordt hervat;
e. gedurende de looptijd van de terbeschikkingstelling: dat de ter beschikking gestelde alsnog van overheidswege zal worden verpleegd;
f. gedurende de looptijd van de terbeschikkingstelling: de voorwaarden te wijzigen, aan te vullen of op te heffen.
2. De rechter die de verpleging van overheidswege voorwaardelijk beëindigt, stelt ter bescherming van de veiligheid van anderen dan wel de algemene veiligheid van personen en goederen voorwaarden betreffende het gedrag van de ter beschikking gestelde. De artikelen 38, tweede en vijfde lid, en 38a van het Wetboek van Strafrecht zijn van overeenkomstige toepassing.
3. Indien het proefverlof van een ter beschikking gestelde ten minste twaalf maanden onafgebroken heeft voortgeduurd, zonder dat in deze periode de terbeschikkingstelling is verlengd, kan de rechter de verpleging van overheidswege voorwaardelijk beëindigen.

Art. 6:6:10a
1. Indien de ter beschikking gestelde een gestelde voorwaarde niet heeft nageleefd of anderszins het belang van de veiligheid van anderen dan wel de algemene veiligheid van personen of goederen zulks eist, kan de rechter-commissaris op vordering van het openbaar ministerie een bevel tot tijdelijke opname van de ter beschikking gestelde geven voor de duur van maximaal zeven weken in een door de rechter aangewezen instelling.
2. De tijdelijke opname kan door de rechter-commissaris op vordering van het openbaar ministerie met ten hoogste zeven weken worden verlengd.
3. De rechter-commissaris beslist binnen driemaal vierentwintig uur na de indiening van de vordering, bedoeld in het eerste of tweede lid. De beslissing van de rechter-commissaris is dadelijk uitvoerbaar.

4. De tijdelijke opname kan plaatsvinden zonder bereidverklaring van de ter beschikking gestelde.

Art. 6:6:10b

1. De rechter kan in afwijking van artikel 6:2:17, eerste lid, ten aanzien van een vreemdeling die geen rechtmatig verblijf heeft in Nederland in de zin van artikel 8, onder a tot en met e en l, van de Vreemdelingenwet 2000, de terbeschikkingstelling met verpleging van overheidswege beëindigen onder de voorwaarde dat de vreemdeling Nederland verlaat en niet naar Nederland terugkeert.

2. De terbeschikkingstelling herleeft, indien de vreemdeling de voorwaarde niet naar Nederland terug te keren, bedoeld in het eerste lid en artikel 6:2:18, derde lid, niet naleeft. In dat geval kan de rechter een last tot hervatting van de verpleging van overheidswege geven. De termijn van de terbeschikkingstelling begint te lopen op het tijdstip waarop de vreemdeling is aangehouden. Indien tussen de datum van uitzetting van de veroordeelde en de datum van indiening van de vordering door het openbaar ministerie een periode van drie jaar of meer is gelegen, is artikel 37a, derde lid, van het Wetboek van Strafrecht van overeenkomstige toepassing.

3. De terbeschikkingstelling die op grond van het tweede lid is herleefd, eindigt van rechtswege indien de officier van justitie een vordering als bedoeld in het tweede lid heeft ingediend en de rechter deze heeft afgewezen.

Art. 6:6:11

1. Een vordering tot verlenging van de terbeschikkingstelling kan niet eerder dan twee maanden en niet later dan één maand vóór het tijdstip waarop de terbeschikkingstelling door tijdsverloop zal eindigen, worden ingediend.

2. De vordering tot verlenging van de terbeschikkingstelling kan eveneens worden ingediend indien het openbaar ministerie binnen vier maanden voor het tijdstip waarop de terbeschikkingstelling door tijdsverloop zal eindigen, een vordering indient die strekt tot het alsnog van overheidswege verplegen van de ter beschikking gestelde dan wel de hervatting daarvan.

3. Een vordering tot verlenging van de terbeschikkingstelling die later dan één maand vóór het tijdstip waarop de terbeschikkingstelling door tijdsverloop zal eindigen, doch binnen een redelijke termijn is ingediend, is niettemin ontvankelijk, indien er bijzondere omstandigheden aanwezig zijn waardoor de veiligheid van anderen dan wel de algemene veiligheid van personen of goederen, ondanks het belang van de ter beschikking gestelde, verlenging van de terbeschikkingstelling eist.

4. Zolang niet onherroepelijk is beslist, blijft de terbeschikkingstelling van kracht. In het geval dat een vordering tot verlenging wordt toegewezen na de dag waarop de terbeschikkingstelling door tijdsverloop zou zijn geëindigd indien geen vordering tot verlenging was ingediend, gaat de nieuwe termijn niettemin op die dag in. Het voorgaande is van overeenkomstige toepassing indien gelijktijdig met de vordering tot verlenging van de terbeschikkingstelling, een vordering tot verlenging van de voorwaardelijke beëindiging van de verpleging van overheidswege aanhangig is.

5. In het geval, bedoeld in het derde lid, dient het openbaar ministerie, wanneer van het verzuim is gebleken na het tijdstip waarop de terbeschikkingstelling door tijdsverloop is geëindigd, naast de vordering tot verlenging van de terbeschikkingstelling, onverwijld een vordering tot voorlopige voortzetting van de terbeschikkingstelling in bij de rechter-commissaris.

6. Indien de veroordeelde is aangehouden op grond van artikel 6:3:15, dient het openbaar ministerie, naast een vordering strekkende tot het alsnog van overheidswege verplegen van de ter beschikking gestelde dan wel een vordering tot hervatting van de verpleging van overheidswege, onverwijld een vordering tot het voorlopig alsnog van overheidswege verplegen dan wel een vordering tot voorlopige hervatting van de verpleging van overheidswege in bij de rechter-commissaris.

7. De rechter-commissaris beslist binnen driemaal vierentwintig uur na de indiening van de vordering, bedoeld in het vijfde of zesde lid. In afwachting van de beslissing wordt de ter beschikking gestelde niet in vrijheid gesteld.

8. De ter beschikking gestelde wordt zo mogelijk, maar in elk geval achteraf door de rechter-commissaris gehoord.

9. De beslissing van de rechter-commissaris is dadelijk uitvoerbaar.

Art. 6:6:12

1. Indien de ter beschikking gestelde van overheidswege wordt verpleegd, worden bij de vordering tot verlenging overgelegd:
a. een recent opgemaakt, met redenen omkleed en ondertekend advies afkomstig van het hoofd of de directeur van de instelling;
b. een afschrift van de aantekeningen omtrent de lichamelijke en geestelijke gesteldheid van de ter beschikking gestelde.

2. Indien de ter beschikking gestelde niet van overheidswege wordt verpleegd, wordt bij de vordering overgelegd een recent opgemaakt, met redenen omkleed, gedagtekend en ondertekend

advies van de reclassering en van een psychiater, die zelf de ter beschikking gestelde heeft onderzocht.
3. Indien het openbaar ministerie een verlenging vordert waardoor de totale duur van de terbeschikkingstelling met bevel tot verpleging van overheidswege een periode van vier jaar of van een veelvoud van vier jaar te boven gaat, legt het bij de vordering tevens over een recent opgemaakt advies van twee gedragsdeskundigen van verschillende disciplines – waaronder een psychiater – gezamenlijk, dan wel adviezen van ieder van hen afzonderlijk. Deze gedragsdeskundigen mogen op het ogenblik waarop zij het advies uitbrengen en ten tijde van het onderzoek dat zij daarvoor verrichten niet verbonden zijn aan de instelling waarin de ter beschikking gestelde wordt verpleegd. Het voorgaande vindt geen toepassing indien de ter beschikking gestelde weigert medewerking te verlenen aan het onderzoek dat ten behoeve van het advies moet worden verricht. Voor zover mogelijk maken de gedragsdeskundigen gezamenlijk dan wel ieder van hen afzonderlijk over de reden van de weigering rapport op. Het openbaar ministerie legt zo mogelijk een ander advies of rapport omtrent de wenselijkheid of noodzakelijkheid van een verlenging van de terbeschikkingstelling, aan de totstandkoming waarvan de betrokkene wel bereid is om medewerking te verlenen, over.
4. De ter beschikking gestelde kan in het geval, bedoeld in het derde lid, op last van Onze Minister, voor een periode van ten hoogste zeven weken ter observatie worden overgebracht naar een psychiatrisch ziekenhuis of een instelling tot klinische observatie bestemd. Het verblijf in de instelling geldt als verpleging van overheidswege. De last tot overbrenging wordt niet gegeven dan nadat de ter beschikking gestelde en zijn raadsman ter zake zijn gehoord althans daartoe in de gelegenheid zijn gesteld. Artikel 273, eerste lid, is van overeenkomstige toepassing.
5. Het derde en vierde lid zijn van overeenkomstige toepassing indien de last tot hervatting van de verpleging van overheidswege betrekking heeft op een vreemdeling die geen rechtmatig verblijf heeft in Nederland in de zin van artikel 8 van de Vreemdelingenwet 2000, en tussen de datum van uitzetting van de veroordeelde en de datum van indiening van de vordering door het openbaar ministerie een periode van drie jaar of meer is gelegen.
6. Indien de vordering tot verlenging wordt ingediend binnen twee maanden na de beslissing in beroep op de beslissing waarbij de terbeschikkingstelling met een jaar is verlengd, behoeft bij de vordering geen advies als bedoeld in het eerste lid, onder a, te worden overgelegd.

Art. 6:6:13
1. Voor de beslissingen bedoeld in de artikelen 6:6:11 en 6:6:12 vindt het onderzoek van de zaak door de rechter zo spoedig mogelijk plaats, in elk geval binnen twee maanden na ontvangst van de vordering dan wel de conclusie van het openbaar ministerie. Voor de beslissingen als bedoeld in artikel 6:6:10, eerste lid, onder d, e en f, en derde lid, of bij een bevel tot voorlopige verpleging dan wel een bevel tot voorlopige hervatting van de verpleging, vindt het onderzoek in elk geval plaats binnen een maand na ontvangst van de vordering.
2. De rechter kan indien hij ernstig gevaar voor de geestelijke gezondheid van de ter beschikking gestelde vreest, bepalen dat het inzien van geneeskundige en psychologische rapporten de ter beschikking gestelde persoonlijk niet is toegestaan. De ter beschikking gestelde kan een reclasseringsmedewerker, arts of advocaat, dan wel iemand die van de rechter bijzondere toestemming heeft verkregen, machtigen om die rapporten in te zien.
3. De rechter hoort de ter beschikking gestelde en zijn raadsman, alvorens te beslissen. Indien de ter beschikking gestelde niet in staat is voor het onderzoek te verschijnen, zal een van de rechters vergezeld door de griffier hem op zijn verblijfplaats horen. Indien de ter beschikking gestelde zich ophoudt in een ander arrondissement, kan de rechter het gehoor overdragen aan een rechter in dat arrondissement.
4. Indien zich na de indiening van de vordering tot verlenging van de terbeschikkingstelling een omstandigheid heeft voorgedaan waaruit voortvloeit dat de rechter niet binnen een redelijke termijn kan voldoen aan de voorgeschreven hoorplicht, wordt op de vordering tot verlenging besloten binnen twee maanden nadat het beletsel om aan de hoorplicht te voldoen, is weggevallen.
5. Indien de rechter in geval van een verlenging van de terbeschikkingstelling voorwaardelijke beëindiging van de verpleging overweegt en hij het voor de vorming van zijn eindoordeel noodzakelijk acht zich nader te doen voorlichten omtrent de wijze waarop en de voorwaarden waaronder de terugkeer van de ter beschikking gestelde in het maatschappelijk verkeer zou kunnen geschieden, kan hij met gelijktijdige verlenging van de verpleging zijn beslissing voor ten hoogste drie maanden aanhouden.
6. Indien de rechter toepassing van artikel 2.3 van de Wet forensische zorg overweegt en hij het voor de vorming van zijn eindoordeel noodzakelijk acht zich nader te doen voorlichten omtrent de wijze waarop en de voorwaarden waaronder de terugkeer van de ter beschikking gestelde in het maatschappelijk verkeer zou geschieden, kan hij zijn beslissing voor ten hoogste drie maanden aanhouden.

Art. 6:6:14
1. Indien de rechter bij het opleggen van de maatregel van plaatsing in een inrichting voor stelselmatige daders niet beslist tot een tussentijdse beoordeling dan wel beslist tot een beoordeling na een jaar na aanvang van de tenuitvoerlegging van de maatregel, kan de veroordeelde na zes maanden na aanvang van de tenuitvoerlegging van de maatregel verzoeken om een tussentijdse beoordeling. In de overige gevallen kan een verzoek worden gedaan na zes maanden na het onherroepelijk worden van de beslissing om niet tussentijds te beoordelen of van de beslissing dat voortzetting van de tenuitvoerlegging van de maatregel is vereist.
2. Het openbaar ministerie bericht de rechter binnen de door de rechter bepaalde termijn over de noodzaak van de voortzetting van de tenuitvoerlegging van de maatregel. Bij het bericht is gevoegd een verklaring van de directeur van de inrichting omtrent de stand van de uitvoering van het verblijfsplan van de veroordeelde.
3. Indien de rechter naar aanleiding van de in het derde lid bedoelde inlichtingen beslist dat de voortzetting van de tenuitvoerlegging van de maatregel niet langer is vereist, beëindigt hij deze met ingang van een door hem te bepalen tijdstip. De maatregel blijft van kracht zolang de beslissing niet onherroepelijk is.

Art. 6:6:15
1. Het openbaar ministerie en de veroordeelde kunnen beroep instellen bij het gerechtshof Arnhem-Leeuwarden tegen:
a. de beslissing ter zake van verlenging van de terbeschikkingstelling;
b. de beslissing ter zake van voorwaardelijke beëindiging van de verpleging van overheidswege;
c. de beslissing ter zake van hervatting van de verpleging van overheidswege;
d. het bevel dat de ter beschikking gestelde alsnog van overheidswege wordt verpleegd;
e. de beslissing ter zake van voortzetting of beëindiging van de maatregel tot plaatsing in een inrichting voor stelselmatige daders.
2. Het openbaar ministerie kan beroep instellen binnen veertien dagen na de beslissing van de rechter en de veroordeelde binnen veertien dagen na de betekening van de beslissing van de rechter.
3. Indien de vordering tot verlenging van de terbeschikkingstelling is toegewezen, doch artikel 6:6:13, vijfde lid, is toegepast, kan tegen de beslissing ter zake van verlenging slechts gelijktijdig met de beslissing omtrent de voorwaardelijke beëindiging van de verpleging van overheidswege beroep worden ingesteld.
4. De artikelen 409, eerste lid, 410, 449, eerste lid, 450 tot en met 454 en 455, eerste lid, zijn van overeenkomstige toepassing.

Art. 6:6:16
1. Indien het gerechtshof, na kennisneming van de stukken van het geding, van oordeel is, dat het beroep kennelijk niet ontvankelijk of ongegrond is, kan het gerechtshof, nadat het de advocaat-generaal, de ter beschikking gestelde en diens raadsman heeft gehoord, zonder nader onderzoek op het beroep beslissen.
2. De voorzitter kan, hangende de beslissing, de verpleging van overheidswege voorlopig beëindigen of de maatregel tot plaatsing in een inrichting voor stelselmatige daders beëindigen wanneer de vordering tot verlenging of de vordering tot voortzetting door de rechtbank is afgewezen.

Art. 6:6:17
Het gerechtshof beslist zo spoedig mogelijk. Het bevestigt de beslissing van de rechter of doet, met vernietiging daarvan, wat de rechter had behoren te doen.

Art. 6:6:18
Bij algemene maatregel van bestuur kunnen nadere regels worden gesteld over het bepaalde in deze titel. Deze nadere regels zien in elk geval op:
a. de procedure van verlenging van de terbeschikkingstelling;
b. de procedure van de voorwaardelijke beëindiging van het bevel tot verpleging.

Derde titel
Vrijheidsbeperkende straffen, maatregelen en voorwaarden

Art. 6:6:19
1. Indien op grond van het Wetboek van Strafrecht of dit wetboek een proeftijd is verbonden aan een opgelegde straf of maatregel, of de tenuitvoerlegging daarvan, kan de rechter:
a. de proeftijd verkorten of verlengen;
b. gedurende de proeftijd of gedurende de tijd dat deze is geschorst in de gestelde bijzondere voorwaarden of in de termijn waartoe deze voorwaarden in haar werking binnen de proeftijd zijn beperkt wijziging brengen, deze voorwaarden opheffen of alsnog bijzondere voorwaarden stellen;

c. de opdracht aan een reclasseringsinstelling om toezicht te houden op de naleving van de voorwaarden en de veroordeelde ten behoeve daarvan te begeleiden geven, alsnog geven, wijzigen of opheffen.

2. De verlenging van de proeftijd, bedoeld in het eerste lid, onder a, bedraagt bij voorwaarden bij een veroordeling tot een straf of maatregel waarvan de rechter heeft bepaald dat deze geheel of gedeeltelijk niet zal worden tenuitvoergelegd, ten hoogste de termijn die maximaal aan de proeftijd kan worden verbonden en ten hoogste eenmaal één jaar indien de bijzondere bepalingen voor jeugdige personen zijn toegepast.

3. Het eerste lid, onder b en c, is van overeenkomstige toepassing op de looptijd van voorwaarden gesteld bij een terbeschikkingstelling onder voorwaarden en een terbeschikkingstelling met voorwaardelijke beëindiging van bevel tot verpleging.

4. In het geval, bedoeld in artikel 38, vierde lid, van het Wetboek van Strafrecht, kan de rechter de voorwaarden zo nodig opnieuw vaststellen in de zes maanden voorafgaand aan het ontslag uit detentie. Artikel 38, vijfde lid, van het Wetboek van Strafrecht is van toepassing.

Art. 6:6:20

1. De rechter-commissaris is bevoegd tot het op vordering van het openbaar ministerie nemen van spoedeisende, tijdelijke en voorlopige beslissingen in het kader van de tenuitvoerlegging van voorwaardelijke en vrijheidsbeperkende straffen en maatregelen. Dit betreft de beslissingen tot:
a. de voorlopige tenuitvoerlegging van de niet ten uitvoer gelegde vrijheidsstraf of maatregel;
b. schorsing van de voorwaardelijke invrijheidsstelling;
c. de gehele of gedeeltelijke tenuitvoerlegging van de in het vonnis bepaalde vervangende hechtenis die ten uitvoer wordt gelegd iedere keer dat de veroordeelde zich niet houdt aan de vrijheidsbeperkende maatregel;
d. de gehele of gedeeltelijke tenuitvoerlegging van de in het vonnis bepaalde vervangende jeugddetentie of hechtenis voor het geval dat de veroordeelde zich niet houdt aan de maatregel betreffende het gedrag van de jeugdige.

2. Een vordering als bedoeld in het eerste lid wordt onverwijld ingediend indien de veroordeelde is aangehouden op grond van artikel 6:3:15. Tegelijk met de vordering, bedoeld in het eerste lid, onder a of b, wordt een vordering ingediend als bedoeld in artikel 6:6:21, eerste lid.

3. De rechter-commissaris beslist binnen driemaal vierentwintig uur na de indiening van de vordering. De veroordeelde wordt zo mogelijk door de rechter-commissaris gehoord. De artikelen 39 en 191 zijn van overeenkomstige toepassing.

4. Hangende de beslissing van de rechter-commissaris wordt de veroordeelde niet in vrijheid gesteld.

5. De beslissing van de rechter-commissaris is dadelijk uitvoerbaar.

6. Indien de rechter-commissaris de vordering afwijst, beveelt hij de invrijheidstelling van de aangehouden veroordeelde, dan wel de hervatting van zijn voorwaardelijke invrijheidstelling.

7. Indien vervangende hechtenis of vervangende jeugddetentie wordt bevolen, wordt de vrijheidsbeneming hangende de beslissing van de rechter-commissaris geheel in mindering gebracht op de tenuitvoerlegging van de vervangende hechtenis of vervangende jeugddetentie.

Art. 6:6:21

1. De rechter is bevoegd tot het op vordering van het openbaar ministerie bevelen van:
a. de tenuitvoerlegging van de voorwaardelijk niet ten uitvoer gelegde straf of maatregel, of een gedeelte daarvan, al of niet onder instandhouding of wijziging van de voorwaarden;
b. het alsnog geheel of gedeeltelijk moeten ondergaan van het gedeelte van de vrijheidsstraf dat als gevolg van de toepassing van de regeling van voorwaardelijke invrijheidstelling niet ten uitvoer is gelegd.

2. In plaats van het op grond van het eerste lid, onder a, bevelen van de tenuitvoerlegging van een vrijheidsstraf, kan de rechter de tenuitvoerlegging van een taakstraf gelasten. Artikel 22b van het Wetboek van Strafrecht en de artikelen 6:1:15, 6:3:1 tot en met 6:3:6, 6:3:14 en 6:6:23 van dit wetboek zijn van overeenkomstige toepassing.

3. Een vordering als bedoeld in het eerste lid, kan worden ingediend indien het openbaar ministerie oordeelt dat de veroordeelde een gestelde voorwaarde of opgelegde maatregel niet naleeft of niet heeft nageleefd, en er niet met een waarschuwing kan worden volstaan.

4. Het onderzoek vindt zo spoedig mogelijk plaats. Indien de rechter-commissaris op grond van artikel 6:6:20, eerste lid, een beslissing heeft genomen, vindt het onderzoek in elk geval plaats binnen een maand na ontvangst van de in het eerste lid bedoelde vordering.

5. Indien het onderzoek volgt op een aanhouding, hoort de rechter de veroordeelde alvorens te beslissen. De artikelen 39 en 191 zijn van overeenkomstige toepassing.

6. De rechter kan het bevel tot voorlopige tenuitvoerlegging en het bevel tot schorsing van de voorwaardelijke invrijheidstelling, verleend door de rechter-commissaris, opheffen.

7. Bij toepassing van het eerste lid, onder a, of het tweede lid beveelt de rechter dat de vrijheidsbeneming ondergaan uit hoofde van artikel 6:6:20, eerste lid, onder a, geheel in mindering zal

worden gebracht bij de tenuitvoerlegging van de straf. Indien hij dit bevel geeft ter zake van een taakstraf, bepaalt hij in zijn uitspraak volgens welke maatstaf de aftrek zal geschieden.
8. In het geval dat de voorwaardelijke invrijheidstelling wordt herroepen nadat zij is geschorst, wordt de tenuitvoerlegging van de vrijheidsstraf geacht te zijn hervat op de dag van de aanhouding, bedoeld in artikel 6:3:15.

Art. 6:6:22
1. Het openbaar ministerie en de veroordeelde kunnen beroep instellen tegen:
a. de beslissingen, bedoeld in artikel 6:6:20, eerste lid, onder c en d;
b. de beslissingen, bedoeld in artikel 6:6:21, eerste lid, voor zover deze deel uitmaken van een uitspraak ter zake van een ander strafbaar feit.
2. De voorzitter kan hangende de beslissing het bevel tot tenuitvoerlegging ambtshalve, op verzoek van de veroordeelde of op vordering van het openbaar ministerie, opheffen.
3. De artikelen 6:6:15, tweede en vierde lid, 6:6:16, eerste lid, en 6:6:17 zijn van overeenkomstige toepassing.

Art. 6:6:22a
1. Het openbaar ministerie en de veroordeelde kunnen beroep in cassatie instellen tegen de beslissing van het gerechtshof, genomen op grond van artikel 6:6:22, eerste lid, onder b, voor zover deze deel uitmaakt van een uitspraak ter zake van een ander strafbaar feit.
2. De artikelen 6:6:15, vierde lid, 6:6:16, eerste lid, en 6:6:17 zijn van overeenkomstige toepassing.

Art. 6:6:23
1. Tegen de kennisgevingen, gegeven krachtens de artikelen 6:3:3, 6:3:9 en 6:3:10, kan de veroordeelde binnen veertien dagen na de betekening daarvan een bezwaarschrift indienen bij de rechter.
2. De rechter kan de beslissing van het openbaar ministerie wijzigen. Indien de rechter het bezwaarschrift gegrond verklaart, geeft hij in zijn beslissing het aantal uren taakstraf aan dat nog moet worden verricht en binnen welke termijn de taakstraf moet worden voltooid.

Art. 6:6:23a
1. De maatregel strekkende tot gedragsbeïnvloeding of vrijheidsbeperking kan niet ten uitvoer worden gelegd, tenzij het openbaar ministerie een vordering tot tenuitvoerlegging indient bij de rechter die in eerste aanleg heeft kennisgenomen van het misdrijf ter zake waarvan de maatregel is opgelegd.
2. De vordering moet worden ingediend uiterlijk dertig dagen voor de beëindiging van de terbeschikkingstelling dan wel dertig dagen voor ommekomst van de termijn, bedoeld in artikel 6:1:18, dan wel dertig dagen voordat de tenuitvoerlegging van de vrijheidsstraf wordt beëindigd. Het openbaar ministerie is in een later ingediende vordering niettemin ontvankelijk indien het aannemelijk maakt dat de grond, bedoeld in artikel 6:6:23b, eerste lid, zich eerst nadien heeft voorgedaan.
3. Bij de vordering legt het openbaar ministerie een recent opgemaakt, met redenen omkleed en ondertekend advies over van een reclasseringsinstelling. Indien de gevorderde voorwaarde betrekking heeft op behandeling of opname in een zorginstelling, wordt tevens een medische verklaring overgelegd waaruit de noodzaak van behandeling of opname blijkt.
4. Indien de vordering achterwege blijft, vervalt de maatregel van rechtswege op het moment van beëindiging van de terbeschikkingstelling dan wel bij ommekomst van de termijn, bedoeld in artikel 6:1:18, dan wel indien voorwaardelijke invrijheidstelling niet heeft plaatsgevonden op het moment dat de tenuitvoerlegging van de vrijheidsstraf wordt beëindigd.

Art. 6:6:23b
1. De rechter kan de tenuitvoerlegging van de maatregel strekkende tot gedragsbeïnvloeding of vrijheidsbeperking gelasten indien:
a. er ernstig rekening mee moet worden gehouden dat de veroordeelde wederom een misdrijf zal begaan waarvoor de rechter een maatregel strekkende tot gedragsbeïnvloeding of vrijheidsbeperking kan opleggen; of
b. dit noodzakelijk is ter voorkoming van ernstig belastend gedrag jegens slachtoffers of getuigen.
2. De rechter kan bij de last één of meer van de volgende voorwaarden opnemen:
a. een verbod op het gebruik van verdovende middelen of alcohol en de verplichting ten behoeve van de naleving van dit verbod mee te werken aan bloedonderzoek of urineonderzoek;
b. opneming van de veroordeelde in een zorginstelling;
c. een verplichting zich onder behandeling te stellen van een deskundige of zorginstelling;
d. het verblijven in een instelling voor begeleid wonen of maatschappelijke opvang;
e. het deelnemen aan een gedragsinterventie;
f. een verbod vrijwilligerswerk van een bepaalde aard te verrichten;
g. andere voorwaarden, het gedrag van de veroordeelde betreffende;
h. een verbod zich op of in de directe omgeving van een bepaalde locatie te bevinden;
i. een verbod contact te leggen of te laten leggen met bepaalde personen of instellingen;
j. een verplichting op bepaalde tijdstippen of gedurende een bepaalde periode op een bepaalde locatie aanwezig te zijn;

k. een verplichting zich op bepaalde tijdstippen te melden bij een bepaalde instantie;
l. een beperking van het recht om Nederland te verlaten;
m. een verbod zich te vestigen in een bepaald gebied;
n. de plicht te verhuizen uit een bepaald gebied.
3. Indien de rechter een bijzondere voorwaarde opneemt, zijn daaraan van rechtswege de voorwaarden verbonden dat de veroordeelde:
a. ten behoeve van het vaststellen van zijn identiteit medewerking verleent aan het nemen van een of meer vingerafdrukken of een identiteitsbewijs als bedoeld in artikel 1 van de Wet op de identificatieplicht ter inzage aanbiedt; en
b. medewerking verleent aan het reclasseringstoezicht, bedoeld in artikel 6:3:14, de medewerking aan huisbezoeken daaronder begrepen.
4. Aan de voorwaarden, bedoeld in het tweede lid, kan elektronisch toezicht worden verbonden.
5. De rechter kan de tenuitvoerlegging gelasten voor een periode van twee, drie, vier of vijf jaren. De termijn vangt aan op de dag waarop de rechter de tenuitvoerlegging heeft gelast.
6. Bij de tenuitvoerlegging zijn artikel 38w van het Wetboek van Strafrecht en de artikelen 537, 6:3:15, 6:6:20 en 6:6:22 van overeenkomstige toepassing.

Art. 6:6:23c
1. De termijn van de maatregel strekkende tot gedragsbeïnvloeding of vrijheidsbeperking kan telkens op vordering van het openbaar ministerie met twee, drie, vier of vijf jaren worden verlengd indien:
a. er ernstig rekening mee moet worden gehouden dat de veroordeelde wederom een misdrijf zal begaan waarvoor de rechter een maatregel strekkende tot gedragsbeïnvloeding of vrijheidsbeperking kan opleggen; of
b. dit noodzakelijk is ter voorkoming van ernstig belastend gedrag jegens slachtoffers of getuigen.
2. De vordering moet uiterlijk dertig dagen voor het tijdstip waarop de maatregel door tijdsverloop zal eindigen worden ingediend bij de rechter, bedoeld in artikel 6:6:23a, eerste lid. Het openbaar ministerie is in een later ingediende vordering niettemin ontvankelijk indien het aannemelijk maakt dat de grond, bedoeld in het eerste lid, zich eerst nadien heeft voorgedaan.
3. Bij de vordering legt de officier van justitie een recent opgemaakt, met redenen omkleed en ondertekend advies over van een reclasseringsinstelling. Indien de gevorderde voorwaarde betrekking heeft op behandeling of opname in een zorginstelling, wordt tevens een medische verklaring overgelegd waaruit de noodzaak van die behandeling of opname blijkt.
4. De termijn loopt niet gedurende de tijd dat de veroordeelde rechtens zijn vrijheid is ontnomen en gedurende de tijd dat hij uit zodanige vrijheidsontneming ongeoorloofd afwezig was.

Art. 6:6:23d
De maatregel strekkende tot gedragsbeïnvloeding of vrijheidsbeperking of de voorwaarden daarbij kunnen door de rechter, bedoeld in artikel 6:6:23a, eerste lid, ambtshalve, op verzoek van de veroordeelde of op vordering van het openbaar ministerie worden gewijzigd of opgeheven.

Art. 6:6:23e
1. De maatregel strekkende tot gedragsbeïnvloeding of vrijheidsbeperking vervalt bij het onherroepelijk worden van een rechterlijke uitspraak waarbij:
a. dezelfde persoon ter beschikking wordt gesteld; of
b. dezelfde persoon wordt veroordeeld tot een gevangenisstraf en in de rechterlijke uitspraak een maatregel strekkende tot gedragsbeïnvloeding of vrijheidsbeperking is opgelegd.
2. Indien de maatregel van rechtswege eindigt, wordt dit zo spoedig mogelijk ter kennis gebracht aan de betrokkene.

Art. 6:6:23f
1. Het openbaar ministerie en de veroordeelde kunnen beroep instellen bij het gerechtshof Arnhem-Leeuwarden tegen:
a. de beslissing ter zake van tenuitvoerlegging van de maatregel;
b. de beslissing ter zake van verlenging van de termijn van de maatregel; en
c. de beslissing ter zake van opheffing of wijziging van de maatregel of de voorwaarden daarbij.
2. De artikelen 6:6:15, tweede en vierde lid, 6:6:16, eerste lid, en 6:6:17 zijn van overeenkomstige toepassing.
3. De beslissingen, bedoeld in het eerste lid, zijn dadelijk uitvoerbaar.

Art. 6:6:24
1. Binnen veertien dagen nadat de gewezen verdachte of veroordeelde kennis heeft gekregen van de beslissing op een overeenkomstig artikel 6:3:7, tweede lid, gedaan verzoek, kan hij een bezwaarschrift indienen bij het gerecht ter griffie waarvan het bedrag is voldaan of het voorwerp is overgedragen.
2. Het bezwaarschrift kan ook worden ingediend nadat dertig dagen zijn verstreken sedert de indiening van het verzoek, waarop nog niet is beslist.
3. Indien de rechter het bezwaarschrift gegrond acht, beveelt hij de teruggave van het verschil bedoeld in artikel 6:3:7, tweede lid. Indien het te betalen bedrag was verhoogd omdat het bedrag

niet binnen de daarvoor gestelde termijn geheel was voldaan, vervalt deze verhoging van rechtswege.

Vierde titel
Geldelijke straffen en maatregelen

Art. 6:6:25
1. Het openbaar ministerie kan een vordering instellen om te worden gemachtigd het dwangmiddel gijzeling jegens de veroordeelde toe te passen indien volledig verhaal overeenkomstig de artikelen 6:4:4, 6:4:5 en 6:4:6 niet mogelijk blijkt bij:
a. een in een strafbeschikking opgelegde geldboete;
b. een verplichting tot betaling van een geldbedrag aan de staat ter ontneming van wederrechtelijk verkregen voordeel.
2. De vordering bedoeld in het eerste lid, onder a, wordt ingesteld bij de kantonrechter in het arrondissement waar het adres is van degene aan wie in een strafbeschikking de geldboete is opgelegd, waarvoor verhaal is gezocht. Als het adres van degene aan wie de geldboete is opgelegd, wordt aangemerkt het in de basisregistratie personen vermelde adres alsmede het adres dat de verdachte bij het doen van verzet tegen verhaal overeenkomstig de artikelen 6:4:5 en 6:4:6 heeft opgegeven. Indien degene aan wie de geldboete is opgelegd niet als ingezetene staat ingeschreven in de basisregistratie personen, kan de vordering tevens worden ingesteld bij de rechtbank Noord-Nederland.
3. Indien de veroordeelde bekend is met de vervolging wordt de oproeping in afwijking van artikel 6:6:3, tweede lid, toegezonden aan het in de basisregistratie personen vermelde adres. Indien degene niet staat ingeschreven in de basisregistratie personen en geen adres heeft opgegeven bij het doen van verzet tegen verhaal overeenkomstig de artikelen 6:4:5 en 6:4:6, vindt de oproeping plaats in de Staatscourant.
4. De rechter bepaalt de duur van de gijzeling, die ten minste één dag beloopt. Bij een vordering bedoeld in het eerste lid, onder a, is de duur ten hoogste een week per strafbaar feit. Bij een vordering bedoeld in het eerste lid, onder b, is de duur ten hoogste hetgeen door de rechter is bepaald bij het opleggen van de maatregel. Voor elke volle € 25 van het bedrag waarvoor verhaal is gezocht, wordt niet meer dan één dag opgelegd.
5. Bij de beoordeling van de vordering houdt de rechter rekening met gedeeltelijke betalingen die door de veroordeelde zijn verricht en verhaal dat reeds ingevolge de artikelen 6:4:4, 6:4:5 en 6:4:6 is genomen.
6. De vordering wordt niet toegewezen indien de veroordeelde aannemelijk maakt dat hij buiten staat is te voldoen aan de verplichting tot betaling.
7. De gijzeling eindigt indien de veroordeelde alsnog het verschuldigde bedrag volledig voldoet. De gijzeling kan te allen tijde worden beëindigd door Onze Minister.
8. De toepassing van gijzeling heft de verschuldigdheid niet op.

Art. 6:6:26
1. De rechter kan op vordering van het openbaar ministerie, of op schriftelijk en gemotiveerd verzoek van de veroordeelde of van een benadeelde derde, het in de opgelegde verplichting tot betaling van een geldbedrag aan de staat ter ontneming van wederrechtelijk verkregen voordeel vastgestelde bedrag verminderen of kwijtschelden. Is het bedrag reeds betaald of verhaald, dan kan de rechter bevelen dat het geheel of gedeeltelijk zal worden teruggegeven of aan een door hem aangewezen derde zal worden uitgekeerd. Het bevel laat ieders recht op het teruggegeven of uitgekeerde bedrag onverlet.
2. Indien blijkt dat een hoger bedrag is vastgesteld dan de som van het werkelijke voordeel, geeft de rechter een beschikking strekkende tot vermindering of teruggave, ten minste gelijk aan het verschil.
3. Het openbaar ministerie en de verdachte onderscheidenlijk de benadeelde derde worden gehoord, althans hiertoe opgeroepen, tenzij – bij een tweede of volgende verzoek van de verdachte onderscheidenlijk de benadeelde derde – dit verzoek kennelijk ongegrond is.
4. De vordering en het verzoek, bedoeld in het eerste lid, kunnen niet meer worden gedaan nadat drie jaren zijn verstreken sedert de dag waarop het bedrag, of het laatste gedeelte daarvan, is betaald of verhaald.
5. De rechter kan ambtshalve bevelen dat de maatregel, hangende zijn beslissing, niet ten uitvoer zal worden gelegd. Het bevel wordt onverwijld ter kennis gebracht van Onze Minister.

Art. 6:6:27
1. Binnen veertien dagen nadat de gewezen verdachte of veroordeelde kennis heeft gekregen van de beslissing op een overeenkomstig artikel 6:4:18, tweede lid gedaan verzoek, kan hij een bezwaarschrift indienen bij de rechtbank waarbij de officier van justitie is geplaatst.
2. Het bezwaarschrift kan ook worden ingediend wanneer dertig dagen zijn verstreken sedert de indiening van het verzoek en inmiddels daarop niet is beslist.

3. Acht de rechtbank het bezwaarschrift gegrond, dan beveelt zij de teruggave van betaalde geldbedragen of overgedragen voorwerpen naar maatstaven van redelijkheid en billijkheid.
4. De behandeling van het bezwaarschrift vindt plaats in het openbaar.

Vijfde titel
Jeugd

Art. 6:6:28
1. De rechter die de straf heeft opgelegd kan te allen tijde de veroordeelde aan wie een jeugddetentie is opgelegd, voorwaardelijk in vrijheid stellen.
2. In geval van een voorwaardelijke invrijheidstelling wordt een proeftijd bepaald van ten hoogste twee jaren. De duur van de proeftijd en de gestelde voorwaarden worden de veroordeelde in persoon betekend. Artikel 77z van het Wetboek van Strafrecht en de artikelen 6:1:18, derde lid, 6:3:14, 6:3:19 en 6:3:21 van dit wetboek zijn van overeenkomstige toepassing.

Art. 6:6:29
De straf van jeugddetentie kan door de rechter geheel of gedeeltelijk worden vervangen door een van de straffen genoemd in artikel 9, eerste lid, van het Wetboek van Strafrecht indien de tenuitvoerlegging van de opgelegde straf geheel of gedeeltelijk zou moeten plaatsvinden nadat de veroordeelde de leeftijd van achttien jaren heeft bereikt en deze naar het oordeel van de rechter niet meer voor een zodanige straf in aanmerking komt.

Art. 6:6:30
1. Indien geen of geen volledige betaling van het bedrag van een geldboete heeft plaatsgevonden en geen of geen volledig verhaal mogelijk is, kan de rechter die de straf heeft opgelegd het nog te betalen bedrag op vordering van het openbaar ministerie vervangen door jeugddetentie of op verzoek van de veroordeelde vervangen door een taakstraf. Indien de rechter gebruik heeft gemaakt van de bevoegdheid van het tweede lid van artikel 77l van het Wetboek van Strafrecht, kan hij de duur van de eerder opgelegde vervangende jeugddetentie ook wijzigen, tenzij deze reeds is aangevangen.
2. De taakstraf, bedoeld in het eerste lid, wordt opgelegd in evenredigheid met het nog verschuldigde bedrag. De artikelen 6:3:2, 6:3:5, 6:3:8 tot en met 6:3:11 en 6:3:13, tweede lid, zijn van overeenkomstige toepassing. De straf kan slechts worden opgelegd zolang de veroordeelde de leeftijd van achttien jaren niet heeft bereikt.
3. Indien de veroordeelde bij aanvang van de tenuitvoerlegging van de vervangende jeugddetentie de leeftijd van achttien jaren heeft bereikt, kan deze worden ten uitvoer gelegd als vervangende hechtenis, indien het vonnis of de beslissing op grond van het eerste lid dit bepaalt.
4. De duur van de vervangende jeugddetentie of vervangende hechtenis is ten minste één dag en ten hoogste drie maanden. Voor elke volle € 15 van de nog te betalen geldboete wordt niet meer dan één dag opgelegd. Door betaling van het nog te betalen bedrag vervalt de vervangende jeugddetentie of de vervangende hechtenis. Artikel 6:4:7, eerste lid, is van overeenkomstige toepassing.
5. Artikel 27, derde en vierde lid, van het Wetboek van Strafrecht is bij veroordeling tot een geldboete van overeenkomstige toepassing.

Art. 6:6:31
1. De rechter die in eerste aanleg kennis heeft genomen van het misdrijf ter zake waarvan de maatregel van plaatsing in een inrichting voor jeugdigen is opgelegd, kan op vordering van het openbaar ministerie de termijn, bedoeld in artikel 6:2:22, eerste lid, telkens met ten hoogste twee jaren verlengen. Niet eerder dan twee maanden en niet later dan één maand voor het tijdstip waarop de maatregel voorwaardelijk eindigt, kan het openbaar ministerie een vordering indienen tot verlenging van de maatregel. Artikel 6:6:11 is van overeenkomstige toepassing.
2. Verlenging van de termijn van de maatregel is slechts mogelijk voor zover de maatregel daardoor de duur van zeven jaar niet te boven gaat. In de gevallen waarin de maatregel is verlengd, eindigt de maatregel voorwaardelijk een jaar voordat de maximale duur van de maatregel wordt bereikt. De rechter geeft in de beslissing tot verlenging van de maatregel aan wanneer de maatregel, behoudens verdere verlenging, onvoorwaardelijk eindigt. Artikel 6:2:22, tweede lid, is van overeenkomstige toepassing. Op de beslissing tot verlenging van de maatregel waarbij de maximale duur van de maatregel zal worden bereikt, is artikel 77s, tweede en vijfde lid, van het Wetboek van Strafrecht van overeenkomstige toepassing.
3. De verlenging is slechts mogelijk, indien de maatregel is opgelegd ter zake van een misdrijf dat gericht is tegen of gevaar veroorzaakt voor de onaantastbaarheid van het lichaam van één of meer personen. Artikel 77s, eerste lid, onder b en c, van het Wetboek van Strafrecht is van overeenkomstige toepassing.
4. Een vordering tot verlenging van de maatregel van plaatsing in een inrichting voor jeugdigen wordt bij de rechtbank behandeld door de meervoudige kamer.
5. Bij de vordering worden overgelegd:

a. een recent opgemaakt, met redenen omkleed en ondertekend advies afkomstig van het hoofd of de directeur van de inrichting, en
b. een afschrift van de aantekeningen omtrent de lichamelijke en geestelijke gesteldheid van de veroordeelde.
6. De maatregel kan zonder advies, bedoeld in het vijfde lid, onder a, worden verlengd indien dit advies door gebrek aan medewerking van de veroordeelde niet kan worden uitgebracht.
7. Artikel 6:1:1, derde lid, is van overeenkomstige toepassing.

Art. 6:6:32

1. De voorwaardelijke beëindiging van de maatregel van plaatsing in een inrichting voor jeugdigen kan door de rechter die in eerste aanleg kennis heeft genomen van het misdrijf ter zake waarvan de maatregel is opgelegd, ambtshalve, of op vordering van het openbaar ministerie, worden verlengd. De rechter bepaalt de duur van de verlenging.
2. De totale duur van de voorwaardelijke beëindiging van de maatregel bedraagt ten hoogste twee jaar. De termijn van de voorwaardelijke beëindiging loopt niet wanneer de veroordeelde zich langer dan een week onttrekt aan het toezicht.
3. Tijdens de voorwaardelijke beëindiging van de maatregel kan de in het eerste lid bedoelde rechter ambtshalve, op vordering van het openbaar ministerie of op verzoek van de veroordeelde:
a. bijzondere voorwaarden stellen die het gedrag van de veroordeelde betreffen;
b. aan een andere instelling dan die welke daarmee tevoren was belast, de begeleiding van de veroordeelde opdragen;
c. indien de veroordeelde zich niet heeft gedragen naar de aanwijzingen bedoeld in artikel 77ta, eerste lid, onderdeel b, van het Wetboek van Strafrecht bevelen dat de veroordeelde tijdens de voorwaardelijke beëindiging wordt teruggeplaatst in een inrichting als bedoeld in artikel 1, onderdeel b, van de Beginselenwet justitiële jeugdinrichtingen, dan wel, indien de veroordeelde inmiddels de leeftijd van achttien jaar heeft bereikt, in een penitentiaire inrichting als bedoeld in artikel 1, onderdeel b, van de Penitentiaire beginselenwet dan wel een inrichting als bedoeld in artikel 1, onderdeel b, van de Beginselenwet verpleging ter beschikking gestelden.
4. De rechter bepaalt de duur van een terugplaatsing als bedoeld in het derde lid, onderdeel c. Deze duur kan de duur van de voorwaardelijke beëindiging niet overschrijden en bedraagt ten hoogste een jaar. Bij herhaalde terugplaatsing kan de totale duur van de terugplaatsingen de maximale duur van een jaar niet overstijgen. Een terugplaatsing kan maximaal twee keer worden toegepast.
5. Indien de rechter bijzondere voorwaarden stelt, als bedoeld in het derde lid, onderdeel a, is artikel 77z van het Wetboek van Strafrecht van overeenkomstige toepassing, met dien verstande dat de rechter de werking van de bijzondere voorwaarden kan beperken tot een in de beslissing te bepalen tijdsduur binnen de termijn waarmee de voorwaardelijke beëindiging wordt verlengd.
6. De rechter die voorwaarden heeft gesteld in het verband van een voorwaardelijk opgelegde maatregel plaatsing in een inrichting voor jeugdigen, kan op vordering van het openbaar ministerie, indien een gestelde voorwaarde niet wordt nageleefd of anderszins het belang van de veiligheid van anderen dan wel de algemene veiligheid van personen of goederen zulks eist, alsnog de tenuitvoerlegging van de maatregel bevelen.
7. Indien ten aanzien van de veroordeelde een rechterlijke machtiging op grond van de Wet zorg en dwang psychogeriatrische en verstandelijk gehandicapte cliënten of een machtiging tot voortzetting van de crisismaatregel of een zorgmachtiging op grond van de Wet verplichte geestelijke gezondheidszorg is gegeven, eindigt de maatregel onvoorwaardelijk.
8. De artikelen 6:6:15, 6:6:20, 6:6:21 en 6:6:22 zijn van overeenkomstige toepassing. Indien het openbaar ministerie de aanhouding noodzakelijk blijft vinden, dient het onverwijld een vordering tot voorlopige tenuitvoerlegging in bij de rechter-commissaris en een vordering als bedoeld in het derde lid, bij de rechter.

Art. 6:6:33

1. De maatregel tot plaatsing in een inrichting voor jeugdigen die is verlengd tot de in artikel 6:6:31, tweede lid, bedoelde duur van zeven jaren, kan door de rechter ambtshalve of op vordering van het openbaar ministerie worden omgezet in de maatregel, bedoeld in artikel 37a, van het Wetboek van Strafrecht, indien de veiligheid van anderen, dan wel de algemene veiligheid van personen of goederen de omzetting in die maatregel eist.
2. De beslissing tot omzetting geldt als een last als bedoeld in artikel 37a van het Wetboek van Strafrecht. De rechter geeft daarbij het bevel, bedoeld in artikel 37b van het Wetboek van Strafrecht. Artikel 37a, eerste, derde en vierde lid, van het Wetboek van Strafrecht is van overeenkomstige toepassing.
3. Met de omzetting eindigt de maatregel tot plaatsing in een inrichting voor jeugdigen onvoorwaardelijk.
4. De beslissing, bedoeld in het eerste lid, wordt genomen:
a. voordat de maatregel voorwaardelijk eindigt op de wijze, bedoeld in artikel 6:6:31, tweede lid;

b. tijdens de voorwaardelijke beëindiging, bedoeld in artikel 6:6:32, eerste en tweede lid.
5. Bij de beslissing betrekt de rechter:
a. een recent opgemaakt, met redenen omkleed en ondertekend advies afkomstig van het hoofd of de directeur van de inrichting, en
b. een afschrift van de aantekeningen omtrent de lichamelijke en geestelijke gesteldheid van de veroordeelde.

Art. 6:6:34
1. Indien het gedrag van de veroordeelde daartoe aanleiding geeft of wijziging van de maatregel betreffende het gedrag van de jeugdige in het belang is van de ontwikkeling van de veroordeelde, kan de rechter, op vordering van het openbaar ministerie, beslissen dat de maatregel een andere invulling krijgt.
2. De rechter beslist slechts tot een andere invulling van de maatregel, nadat hij zich een met redenen omkleed, gedagtekend en ondertekend advies heeft doen overleggen van de raad voor de kinderbescherming.
3. Artikel 77w, tweede lid, eerste volzin, en derde tot en met achtste lid, van het Wetboek van Strafrecht is van overeenkomstige toepassing op de beslissing tot wijziging van de maatregel, met dien verstande dat in het in artikel 77w, tweede lid, derde volzin, van dat wetboek bedoelde geval, voor de andere invulling van de maatregel advies wordt gevraagd van een gedragsdeskundige of van de reclasseringsinstelling die met de uitvoering van de maatregel is belast.

Art. 6:6:35
1. Indien op grond van artikel 77wc van het Wetboek van Strafrecht vervangende jeugddetentie wordt toegepast en reeds een gedeelte van de maatregel ten uitvoer is gelegd, vermindert de duur van de vervangende jeugddetentie naar evenredigheid.
2. De artikelen 6:3:10 en 6:6:23 zijn van overeenkomstige toepassing.
3. De artikelen 6:3:15 en 6:6:20 zijn van overeenkomstige toepassing.
4. Onverminderd het bepaalde in het tweede lid kan de rechter op vordering van de officier van justitie de tijdelijke opneming in een justitiële jeugdinrichting bevelen in het geval de veroordeelde niet naar behoren aan de tenuitvoerlegging van de maatregel meewerkt.
5. De tenuitvoerlegging van de tijdelijke opneming schorst de termijn van de maatregel. De maximale aaneengesloten duur van de tijdelijke opneming in de jeugdinrichting bedraagt vier weken. De tijdelijke opneming kan ten hoogste tweemaal tijdens de looptijd van de maatregel worden bevolen, ook in het geval waarin de maatregel is verlengd.

Art. 6:6:36
1. Indien het gedrag van de veroordeelde daartoe aanleiding geeft en verlenging in het belang is van de ontwikkeling van de veroordeelde, kan de rechter de termijn van de maatregel betreffende het gedrag van de jeugdige, op vordering van het openbaar ministerie, eenmaal verlengen voor ten hoogste dezelfde tijd als waarvoor de maatregel was opgelegd. Niet eerder dan twee maanden en niet later dan één maand voor het tijdstip waarop de maatregel door tijdsverloop zal eindigen, kan het openbaar ministerie een vordering indienen tot verlenging van de maatregel.
2. Een vordering als bedoeld in het eerste lid, die later dan één maand voor het tijdstip waarop de maatregel door tijdsverloop zal eindigen, doch binnen een redelijke termijn is ingediend, is niettemin ontvankelijk, indien er bijzondere omstandigheden zijn waardoor de verdere ontwikkeling van de veroordeelde de verlenging van de maatregel eist.
3. Bij de vordering worden overgelegd:
a. een recent opgemaakt, met redenen omkleed advies, afkomstig van de raad voor de kinderbescherming;
b. een afschrift van de aantekeningen omtrent het gedrag van de veroordeelde, afkomstig van de instelling of organisatie die belast is met de uitvoering van de maatregel.
4. In de beslissing omtrent de verlenging geeft de rechter aan waaruit de verlenging van de maatregel bestaat. De verlenging kan inhouden dat het programma waaraan de veroordeelde deelneemt wordt verlengd. De verlenging kan ook inhouden dat de veroordeelde deelneemt aan een door de rechter aan te wijzen programma in een daarbij na te wijzen inrichting of dat de veroordeelde een door de rechter aan te wijzen ambulant programma zal volgen onder begeleiding van een in de beslissing aangewezen organisatie.
5. Artikel 77wa van het Wetboek van Strafrecht en de artikelen 6:6:34 en 6:6:35 zijn van overeenkomstige toepassing.

Art. 6:6:37
1. De volgende beslissingen worden bij beschikking genomen, nadat de veroordeelde en indien deze minderjarig is, ook degenen die het gezag over hem uitoefenen, zijn gehoord of behoorlijk opgeroepen:
a. de beslissing ter zake van verlenging van de maatregel van plaatsing in een inrichting voor jeugdigen;
b. de beslissing ter zake van verlenging van de voorwaardelijke beëindiging van de maatregel van plaatsing in een inrichting voor jeugdigen;

c. de beslissing ter zake van tijdelijke opneming in een justitiële jeugdinrichting;
d. de beslissing ter zake van verlenging van de termijn van de maatregel betreffende het gedrag van de jeugdige.
2. Het openbaar ministerie en de veroordeelde kunnen beroep instellen bij het gerechtshof Arnhem-Leeuwarden tegen:
a. de beslissingen, bedoeld in het eerste lid, onder a, b en d;
b. de beslissing ter zake van terugplaatsing in een inrichting;
c. de beslissing ter zake van omzetting van de maatregel tot plaatsing in een inrichting voor jeugdigen in de maatregel tot terbeschikkingstelling.
3. De artikelen 6:6:11, zevende lid, tweede volzin, en 6:6:15 tot en met 6:6:17 zijn van overeenkomstige toepassing.

Hoofdstuk 7
Gratie

Art. 6:7:1
1. Gratie kan worden verzocht en verleend ter zake van door de Nederlandse strafrechter onherroepelijk opgelegde:
a. hoofdstraffen en bijkomende straffen;
b. maatregelen van onttrekking aan het verkeer, ontneming van het wederrechtelijk verkregen voordeel, terbeschikkingstelling met verpleging van overheidswege, plaatsing in een inrichting voor stelselmatige daders en vrijheidsbeperking.
2. Gratie kan voorts worden verzocht en verleend ter zake van:
a. een gevangenisstraf die door het Internationaal Strafhof is opgelegd wegens een misdrijf gericht tegen de rechtspleging van het Strafhof en waarvan de tenuitvoerlegging in Nederland geschiedt overeenkomstig artikel 67 of 68 van de Uitvoeringswet Internationaal Strafhof;
b. een gevangenisstraf die krachtens een rechterlijke beslissing in een vreemde staat is opgelegd, en in Nederland ten uitvoer te leggen met toepassing van artikel 43 van de Wet overdracht tenuitvoerlegging strafvonnissen of na ongegrondverklaring van een bezwaarschrift ingediend krachtens artikel 35 van die wet;
c. sancties opgelegd in een andere lidstaat van de Europese Unie en in Nederland ten uitvoer te leggen met toepassing van de Wet wederzijdse erkenning en tenuitvoerlegging geldelijke sancties en beslissingen tot confiscatie en van de Wet wederzijdse erkenning en tenuitvoerlegging vrijheidsbenemende en voorwaardelijke sancties.
3. Geen gratie kan worden verleend van onvoorwaardelijke geldboeten tot en met een bedrag van € 340.

Art. 6:7:2
1. Een verzoekschrift om gratie schort de tenuitvoerlegging of ingang van de straf waarvan gratie wordt verzocht en waarvan de tenuitvoerlegging nog niet is aangevangen, op in de gevallen, waarin het verzoek betrekking heeft op een onherroepelijk vonnis of arrest met een veroordeling tot:
a. een vrijheidsstraf van zes maanden of minder;
b. een vrijheidsstraf van zes maanden of minder die voorwaardelijk is opgelegd en waarvan de tenuitvoerlegging is bevolen ingevolge het niet naleven van een gestelde voorwaarde;
c. een taakstraf.
2. Een verzoekschrift om gratie schort voorts de tenuitvoerlegging van de straf of maatregel op in de gevallen, waarin een jaar na het onherroepelijk worden van de rechterlijke beslissing waarvan gratie wordt verzocht, de tenuitvoerlegging, anders dan op verzoek van de veroordeelde, nog niet is aangevangen.

Art. 6:7:3
Artikel 6:7:2 blijft buiten toepassing indien:
a. de veroordeelde ongeoorloofd afwezig is;
b. de veroordeelde rechtens zijn vrijheid is ontnomen, hetzij uit hoofde van de rechterlijke beslissing waarbij de vrijheidsstraf waarvan gratie wordt verzocht werd opgelegd, hetzij uit anderen hoofde krachtens rechterlijke beslissing in Nederland of in een vreemde staat;
c. het verzoekschrift om gratie betrekking heeft op een of meer straffen of maatregelen ten aanzien waarvan reeds eerder op een verzoekschrift om gratie is beschikt;
d. het verzoekschrift wordt ingediend op het tijdstip dat de veroordeelde tot een vrijheidsstraf of vrijheidsbenemende maatregel zich bevindt op het grondgebied van een vreemde staat welke een Nederlands verzoek om zijn uitlevering in behandeling heeft genomen of met het oog daarop zijn voorlopige aanhouding heeft gelast;
e. het verzoek betrekking heeft op straffen of maatregelen, waarvan de tenuitvoerlegging aan een vreemde staat is overgedragen.

Art. 6:7:4

1. Onze Minister doet mededeling aan de veroordeelde van het ingaan van de opschorting van de tenuitvoerlegging die is verbonden aan het indienen van een verzoekschrift.
2. Indien een verzoekschrift om gratie van een vrijheidsstraf, van de maatregel van terbeschikkingstelling met verpleging van overheidswege of van de maatregel van plaatsing in een inrichting voor stelselmatige daders is ingediend, zonder dat de wet daaraan de opschorting van de tenuitvoerlegging verbindt, kan Onze Minister niettemin bepalen dat de tenuitvoerlegging wordt opgeschort of geschorst zolang op het verzoek niet is beschikt. Hij doet daarvan mededeling aan de veroordeelde.
3. De opschorting of schorsing gaat in op het moment dat de veroordeelde kennis heeft gekregen van de mededeling, bedoeld in het eerste of het tweede lid. De opschorting of schorsing duurt totdat op het verzoekschrift is beslist.
4. Onze Minister draagt na de mededeling, bedoeld in het eerste of tweede lid, zorg dat de tenuitvoerlegging van de straf of maatregel waarvan gratie is verzocht, wordt opgeschort of geschorst overeenkomstig de te dien aanzien geldende wettelijke voorschriften.

Art. 6:7:5

Een verzoekschrift om gratie dat van een derde afkomstig is wordt buiten verdere behandeling gelaten, indien blijkt dat degene aan wie de straf of maatregel is opgelegd, niet met het verzoek instemt. Deze instemming is niet vereist voor een ambtshalve door het openbaar ministerie ingediend verzoekschrift om gratie.

Art. 6:7:6

Verzoeken strekkende tot vermindering, verandering of kwijtschelding van andere door de Nederlandse strafrechter opgelegde maatregelen dan genoemd in artikel 6:7:1, eerste lid, onderdeel b, worden in handen gesteld van de autoriteit, die wettelijk bevoegd is de tenuitvoerlegging van die maatregelen te beëindigen of de daarbij opgelegde verplichtingen te wijzigen of te niet te doen, ten einde daarop te beslissen.

Art. 6:7:7

1. Indien gunstig wordt beschikt op een verzoekschrift om gratie ter zake van een straf of maatregel, waarvan de tenuitvoerlegging reeds is aangevangen of voltooid, wordt het bedrag van de betaalde geldboete of van het reeds betaalde gedeelte van het door de rechter vastgestelde bedrag van het wederrechtelijk verkregen voordeel teruggegeven.
2. Voorwerpen die verbeurd zijn verklaard of aan het verkeer zijn onttrokken, worden na een gunstige beslissing op een verzoekschrift om gratie van die straf of maatregel door de bewaarder teruggegeven. Artikel 119, tweede lid, is van overeenkomstige toepassing.

Art. 6:7:8

Bij algemene maatregel van bestuur worden nadere regels gesteld over het bepaalde in dit hoofdstuk. Deze nadere regels zien in elk geval op het tijdstip van de aanvang van de tenuitvoerlegging, bedoeld in artikel 6:7:2.

Wet DNA-onderzoek bij veroordeelden[1]

Wet van 16 september 2004, houdende regeling van DNA-onderzoek bij veroordeelden (Wet DNA-onderzoek bij veroordeelden)

Wij Beatrix, bij de gratie Gods, Koningin der Nederlanden, Prinses van Oranje-Nassau, enz. enz. enz.
Allen, die deze zullen zien of horen lezen, saluut! doen te weten:
Alzo Wij in overweging genomen hebben, dat het wenselijk is te regelen dat DNA-onderzoek plaatsvindt bij personen die zijn veroordeeld wegens bepaalde misdrijven, teneinde bij te dragen aan de voorkoming, opsporing, vervolging en berechting van strafbare feiten van deze personen;
Zo is het, dat Wij, de Raad van State gehoord, en met gemeen overleg der Staten-Generaal, hebben goedgevonden en verstaan, gelijk Wij goedvinden en verstaan bij deze:

Art. 1

1. In deze wet wordt verstaan onder:

Begripsbepalingen

a. DNA-onderzoek: onderzoek van celmateriaal dat slechts is gericht op het vergelijken van DNA-profielen;
b. verwerking: hetgeen daaronder wordt verstaan in artikel 4, aanhef en onder 2, van de Algemene verordening gegevensbescherming;
c. veroordeelde: een persoon die al dan niet onherroepelijk is veroordeeld tot een straf als bedoeld in artikel 9, eerste lid, onder a, onderdeel 1° of 3°, van het Wetboek van Strafrecht, een straf als bedoeld in artikel 77h, eerste lid, onder a, van dat wetboek, voorzover het de jeugddetentie of taakstraf betreft, of een straf als bedoeld in artikel 6, onder a, van het Wetboek van Militair Strafrecht dan wel tot een maatregel als bedoeld in artikel 37, 37a juncto 37b of 38, 38m of 77s van het Wetboek van Strafrecht;
d. opsporingsambtenaar:
1°. een ambtenaar van politie als bedoeld in artikel 2, onder a, van de Politiewet 2012;
2°. een ambtenaar van politie als bedoeld in artikel 2, onder c, van die wet, voor zover hij is aangesteld voor de uitvoering van de politietaak;
3°. een ambtenaar van politie als bedoeld in artikel 2, onder b of c, van die wet, voor zover hij is aangesteld voor de uitvoering van taken op het terrein van de technische recherche, of
4°. een militair van de Koninklijke marechaussee als bedoeld in artikel 141, onder c, van het Wetboek van Strafvordering.
2. Met een veroordeelde als bedoeld in het eerste lid, onder c, wordt voor de toepassing van deze wet gelijkgesteld een persoon die op grond van artikel 39 van het Wetboek van Strafrecht is ontslagen van alle rechtsvervolging en aan wie tevens een maatregel als voorzien in artikel 37, 37a juncto 37b of 38, 38m of 77s van het Wetboek van Strafrecht is opgelegd, alsmede een persoon aan wie bij onherroepelijke strafbeschikking een taakstraf is opgelegd.

Art. 2

1. De officier van justitie in het arrondissement waarin de rechtbank is gelegen die in eerste aanleg vonnis heeft gewezen, dan wel de officier van justitie die de strafbeschikking heeft uitgevaardigd, beveelt dat van een veroordeelde wegens een misdrijf als omschreven in artikel 67, eerste lid, van het Wetboek van Strafvordering, celmateriaal zal worden afgenomen ten behoeve van het bepalen en verwerken van zijn DNA-profiel, tenzij:

DNA-onderzoek bij veroordeelden, procedure afnemen celmateriaal

a. van deze persoon reeds een DNA-profiel is verwerkt overeenkomstig het Wetboek van Strafvordering of de Algemene verordening gegevensbescherming;
b. redelijkerwijs aannemelijk is dat het bepalen en verwerken van zijn DNA-profiel gelet op de aard van het misdrijf of de bijzondere omstandigheden waaronder het misdrijf is gepleegd niet van betekenis zal kunnen zijn voor de voorkoming, opsporing, vervolging en berechting van strafbare feiten van de veroordeelde.
2. Indien het DNA-profiel van een persoon dat is verwerkt overeenkomstig het Wetboek van Strafvordering, zou moeten worden vernietigd, blijft het niettemin verwerkt op grond van het eerste lid, aanhef, indien de persoon is veroordeeld wegens een misdrijf als omschreven in artikel 67, eerste lid, van dat wetboek en de officier van justitie heeft geoordeeld dat het redelijkerwijs aannemelijk is dat het verwerken van zijn DNA-profiel van betekenis kan zijn voor de voorkoming, opsporing, vervolging en berechting van strafbare feiten van de veroordeelde. Het bevel van de officier van justitie, bedoeld in het eerste lid, aanhef, blijft in dat geval achterwege.

---

1 Inwerkingtredingsdatum: 01-02-2005; zoals laatstelijk gewijzigd bij: Stb. 2018, 37.

C3 art. 3 — Wet DNA-onderzoek bij veroordeelden

3. Het bevel, de tenuitvoerlegging dan wel de verdere tenuitvoerlegging van het bevel kan achterwege blijven indien zich naar het oordeel van de officier van justitie zwaarwegende redenen voordoen het DNA-onderzoek aan ander celmateriaal van de veroordeelde dan afgenomen celmateriaal te laten plaatsvinden.

4. De officier van justitie die het bevel heeft gegeven, benoemt een deskundige, verbonden aan een van de bij algemene maatregel van bestuur aangewezen laboratoria, met de opdracht een DNA-onderzoek te verrichten en hem een met redenen omkleed verslag uit te brengen.

5. De officier van justitie geeft de veroordeelde schriftelijk kennis van de uitslag van het DNA-onderzoek indien zijn DNA-profiel overeenkomt met een ander verwerkt DNA-profiel en het belang van het onderzoek dat toelaat.

Nadere regels

6. DNA-profielen worden slechts verwerkt voor de voorkoming, opsporing, vervolging en berechting van strafbare feiten en de vaststelling van de identiteit van een lijk. Bij of krachtens algemene maatregel van bestuur worden regels gesteld voor het verwerken van DNA-profielen en celmateriaal.

7. Bij of krachtens algemene maatregel van bestuur worden over de wijze van uitvoering van het derde en vierde lid nadere regels gesteld.

Art. 3

DNA-onderzoek bij veroordeelden, eisen aan bevel tot afnemen celmateriaal

1. Het bevel, bedoeld in artikel 2, eerste lid, aanhef, is gedagtekend en ondertekend en bevat de plaats waar en de datum en het tijdstip waarop het bevel ten uitvoer zal worden gelegd.

2. Het bevel omschrijft het misdrijf waarvoor de betrokken persoon is veroordeeld en vermeldt de strafbeschikking of het vonnis of arrest waarbij de veroordeling heeft plaatsgevonden.

3. Het bevel bevat voorzover mogelijk de naam, voornamen, geboortedatum, geboorteplaats en woon- of verblijfplaats van de veroordeelde.

4. Het bevel vermeldt het rechtsmiddel dat openstaat tegen het bepalen en verwerken van het DNA-profiel van de veroordeelde, en de termijn waarbinnen dat rechtsmiddel kan worden aangewend.

5. Het bevel wordt aan de veroordeelde betekend door uitreiking overeenkomstig artikel 36e, eerste lid, onder b, tweede en derde lid, van het Wetboek van Strafvordering.

Art. 4

DNA-onderzoek bij veroordeelden, aanhouding

1. Indien noodzakelijk voor de tenuitvoerlegging van het bevel, bedoeld in artikel 2, eerste lid, aanhef, kan de officier van justitie de aanhouding van de veroordeelde bevelen. Het bevel tot aanhouding is schriftelijk en bevat de reden van aanhouding. Een afschrift van het bevel wordt de aangehouden veroordeelde onverwijld uitgereikt.

2. De aanhouding wordt verricht door een opsporingsambtenaar, die daartoe elke plaats kan betreden en doorzoeken.

3. Celmateriaal wordt slechts van de aangehouden veroordeelde die zich meldt voor de tenuitvoerlegging van het bevel, afgenomen, nadat van hem een of meer vingerafdrukken overeenkomstig het Wetboek van Strafvordering zijn genomen en verwerkt en de opsporingsambtenaar zijn identiteit heeft vastgesteld op de wijze, bedoeld in artikel 27a, eerste lid, eerste volzin, en tweede lid, van het Wetboek van Strafvordering.

4. Indien de veroordeelde, bedoeld in het derde lid, ontkent de persoon te zijn tegen wie het bevel is gericht, of indien over zijn identiteit twijfel bestaat, is de opsporingsambtenaar bevoegd hem, voor zover dat noodzakelijk is voor de vaststelling van zijn identiteit, aan zijn kleding te onderzoeken, alsmede voorwerpen die hij bij zich draagt of met zich meevoert te onderzoeken. Artikel 55b van het Wetboek van Strafvordering is van overeenkomstige toepassing.

5. Voor zover noodzakelijk voor de vaststelling van zijn identiteit, kan de aangehouden veroordeelde op bevel van de officier van justitie voor ten hoogste zes uren worden opgehouden, met dien verstande dat de tijd tussen middernacht en negen uur 's morgens niet wordt meegerekend. Het bevel tot ophouding is schriftelijk en bevat de reden van ophouding. Het bevel wijst de aangehouden veroordeelde, aan wie onverwijld een afschrift van het bevel wordt uitgereikt, zo duidelijk mogelijk aan. De officier van justitie kan ten aanzien van de opgehouden persoon maatregelen ter vaststelling van zijn identiteit bevelen. Als zodanige maatregelen worden aangemerkt de maatregelen, bedoeld in artikel 55c, tweede lid, van het Wetboek van Strafvordering. Indien noodzakelijk voor de vaststelling van de identiteit van de aangehouden veroordeelde, kan de officier van justitie schriftelijk bevelen dat de termijn van zes uren eenmaal met ten hoogste zes uren wordt verlengd.

6. Het bevel, bedoeld in artikel 2, eerste lid, aanhef, wordt zo spoedig mogelijk na de aanhouding van de veroordeelde ten uitvoer gelegd.

7. Voor de tenuitvoerlegging van het bevel mag de aangehouden veroordeelde wiens identiteit is vastgesteld, niet langer dan zes uren worden opgehouden, met dien verstande dat de tijd tussen middernacht en negen uur 's morgens niet wordt meegerekend.

Wet DNA-onderzoek bij veroordeelden

Art. 5

1. Het bevel, bedoeld in artikel 2, eerste lid, aanhef, wordt ten uitvoer gelegd door afname van wangslijmvlies. Indien afname van wangslijmvlies om bijzondere geneeskundige redenen of vanwege het verzet van de veroordeelde onwenselijk is dan wel geen geschikt celmateriaal oplevert, wordt bloed afgenomen of worden haarwortels afgenomen, zo nodig met behulp van de sterke arm of, voorzover de veroordeelde in een inrichting of instelling, niet zijnde een accommodatie als bedoeld in artikel 1:1 van de Wet verplichte geestelijke gezondheidszorg of als bedoeld in artikel 1, eerste lid, onderdeel b, van de Wet zorg en dwang psychogeriatrische en verstandelijk gehandicapte cliënten, verblijft, de functionaris, bedoeld in artikel 1, onder d, van de Penitentiaire beginselenwet, artikel 1, onder h, van de Beginselenwet verpleging ter beschikking gestelden of artikel 1, onder i, van de Beginselenwet justitiële jeugdinrichtingen.

2. Het celmateriaal wordt door een arts of een verpleegkundige afgenomen. In bij algemene maatregel van bestuur te bepalen gevallen kan het celmateriaal worden afgenomen door een persoon die voldoet aan bij of krachtens algemene maatregel van bestuur te stellen eisen.

3. Bij of krachtens algemene maatregel van bestuur worden over de wijze van uitvoering van dit artikel nadere regels gesteld.

Art. 6

1. Indien de officier van justitie oordeelt dat zich zwaarwegende redenen voordoen om het DNA-onderzoek aan ander celmateriaal van de veroordeelde dan afgenomen celmateriaal te laten plaatsvinden, kan hij een opsporingsambtenaar of de functionaris, bedoeld in artikel 1, onder d, van de Penitentiaire beginselenwet, artikel 1, onder g, van de Beginselenwet verpleging ter beschikking gestelden of artikel 1, onder i, van de Beginselenwet justitiële jeugdinrichtingen, opdragen voorwerpen in beslag te nemen waarop vermoedelijk celmateriaal van de veroordeelde aanwezig is.

2. Voorzover noodzakelijk voor de inbeslagneming van voorwerpen waarop vermoedelijk celmateriaal van de veroordeelde aanwezig is, kan de officier van justitie de woning van de veroordeelde zonder toestemming van de bewoner betreden en doorzoeken. Artikel 99, eerste lid, van het Wetboek van Strafvordering is van overeenkomstige toepassing.

3. Zodra voor het bepalen en verwerken van het DNA-profiel van de veroordeelde voldoende celmateriaal in beslag is genomen, deelt de officier van justitie dit schriftelijk aan de veroordeelde mee. Deze mededeling wordt aan de veroordeelde betekend door uitreiking overeenkomstig artikel 36e, eerste lid, onder b, tweede en derde lid, van het Wetboek van Strafvordering.

4. Zodra het DNA-onderzoek is verricht, doet de officier van justitie de in beslag genomen voorwerpen teruggeven aan degene bij wie ze in beslag zijn genomen.

Art. 7

1. De veroordeelde kan tegen het bepalen en verwerken van zijn DNA-profiel, binnen veertien dagen na de dag waarop zijn celmateriaal is afgenomen onderscheidenlijk de dag waarop de mededeling, bedoeld in artikel 6, derde lid, is betekend, een bezwaarschrift indienen bij de rechtbank die in eerste aanleg vonnis heeft gewezen, dan wel de rechtbank in het arrondissement waar tegen de strafbeschikking verzet had kunnen worden gedaan. De zesde afdeling van Titel I van het Eerste Boek van het Wetboek van Strafvordering is van overeenkomstige toepassing.

2. Het bezwaarschrift is met redenen omkleed.

3. De rechtbank beslist zo spoedig mogelijk.

4. Zolang tegen het bepalen en verwerken van zijn DNA-profiel een bezwaarschrift kan worden ingediend en zolang een ingediend bezwaarschrift niet is ingetrokken of daarop niet is beslist, wordt op basis van het celmateriaal van de veroordeelde geen DNA-profiel bepaald.

5. Indien de rechtbank het bezwaarschrift gegrond verklaart, beveelt zij de officier van justitie ervoor zorg te dragen dat het celmateriaal van de veroordeelde terstond wordt vernietigd.

Art. 8

1. Deze wet is van toepassing op personen die op het tijdstip van inwerkingtreding van deze wet reeds zijn veroordeeld tot een vrijheidsbenemende straf als bedoeld in artikel 9, eerste lid, onder a, onderdeel 1°, of 77h, eerste lid, onder a, van het Wetboek van Strafrecht of artikel 6, onder a, van het Wetboek van Militair Strafrecht dan wel een vrijheidsbenemende maatregel als bedoeld in artikel 37, 37a juncto 37b, 38m of 77s van het Wetboek van Strafrecht, tenzij zij deze straf of maatregel op dat tijdstip hebben ondergaan of in verband met het misdrijf waarvoor deze straf of maatregel bij onherroepelijke veroordeling is opgelegd, voorlopige hechtenis hebben ondergaan waarvan de duur ten minste gelijk is aan de duur van deze straf of maatregel.

2. Deze wet is voorts van toepassing op personen die op het tijdstip van inwerkingtreding van deze wet ingevolge artikel 38c in het Wetboek van Strafrecht of artikel 6:6:10 van het Wetboek van Strafvordering alsnog van overheidswege worden verpleegd.

3. Voor de toepassing van het eerste lid wordt onder de duur van de voorlopige hechtenis begrepen de duur van de inverzekeringstelling.

Art. 9

[Wijzigt de Penitentiaire beginselenwet.]

Art. 10
[Wijzigt de Beginselenwet verpleging ter beschikking gestelden.]
Art. 11
[Wijzigt de Beginselenwet justitiële jeugdinrichtingen.]
Art. 12
[Wijzigt de Penitentiaire beginselenwet, de Beginselenwet verpleging ter beschikking gestelden en de Beginselenwet justitiële jeugdinrichtingen.]
Art. 13
Werkingssfeer DNA-profielen van veroordeelden die voor de inwerkingtreding van deze wet op grond van artikel 23, eerste lid, onder a, van de Wet bescherming persoonsgegevens zijn verwerkt, worden geacht te zijn verwerkt op grond van artikel 2, eerste lid, aanhef, voorzover deze veroordeelden op het tijdstip van inwerkingtreding van deze wet een straf of maatregel als bedoeld in artikel 8 ondergaan.
Art. 14
[Wijzigt het Wetboek van Strafvordering.]
Art. 15
Inwerkingtreding Deze wet treedt in werking op een bij koninklijk besluit te bepalen tijdstip, dat voor veroordeelden wegens verschillende misdrijven verschillend kan worden vastgesteld.
Art. 16
Citeertitel Deze wet wordt aangehaald als: Wet DNA-onderzoek bij veroordeelden.

Regeling hulpofficieren van justitie 2008[1]

Regeling van 9 juli 2008 van de Minister van Justitie, nr. 5552130/08, inhoudende de aanwijzing van hulpofficieren van Justitie

De Minister van Justitie,
Gelet op artikel 154 van het Wetboek van Strafvordering;
Besluit:

Art. 1
De ambtenaar van politie is hulpofficier van Justitie indien hij:
a. benoemd is in schaal 9 of hoger,
b. in het bezit is van een geldig certificaat 'hulpofficier van justitie' en,
c. beschikt over ten minste drie jaar aaneengesloten ervaring in een executieve functie binnen de politie-organisatie.

Hulpofficier van justitie, eisen aan ambtenaar van politie

Art. 2
Als hulpofficier van justitie kunnen ook optreden ambtenaren van politie die zijn toegelaten tot de tweede fase van de opleiding hulpofficier van justitie en die het eerste deel van de proeve van bekwaamheid met goed gevolg hebben afgelegd, gedurende de tweede opleidingsfase, voor de duur van maximaal zes maanden en onder verantwoordelijkheid van een gecertificeerd hulpofficier van justitie.

Art. 3
1. Het certificaat 'hulpofficier van justitie' wordt door of vanwege de Politieacademie afgegeven.
2. Het in het eerste lid bedoelde certificaat heeft een geldigheidsduur van drie jaar, te rekenen vanaf de datum van afgifte van dat certificaat.

Hulpofficier van justitie, certificaat

Art. 4
1. Het College van procureurs-generaal kan ontheffing verlenen van het bepaalde in artikel 1, onder c ten aanzien van de ambtenaar van politie die een politieopleiding aan de Politieacademie heeft voltooid op ten minste een niveau dat op grond van de Wet op het hoger onderwijs en wetenschappelijk onderzoek recht geeft op het voeren van de graad Bachelor.
2. Het College van procureurs-generaal kan, in geval van dringende noodzaak de ambtenaar van politie die benoemd is in schaal 8, aanwijzen als hulpofficier van justitie.

Hulpofficier van justitie, ontheffing eisen

Art. 5
1. De militair van de Koninklijke marechaussee in de uitvoering van de politietaken, bedoeld in artikel 4 van de Politiewet 2012 en andere wetten is hulpofficier van justitie indien hij:
a. is aangesteld bij de Koninklijke marechaussee in de rang van adjudant of een hogere rang,
b. in het bezit is van een geldig certificaat 'hulpofficier van justitie' en,
c. beschikt over ten minste drie jaar aaneengesloten ervaring in een executieve functie binnen de Koninklijke marechaussee.
2. Als hulpofficier van justitie kunnen ook optreden de militairen van de Koninklijke marechaussee die zijn toegelaten tot de tweede fase van de opleiding hulpofficier van justitie en die het eerste deel van de proeve van bekwaamheid met goed gevolg hebben afgelegd, gedurende de tweede opleidingsfase, voor de duur van maximaal 6 maanden en onder verantwoordelijkheid van een gecertificeerd hulpofficier van justitie.
3. Het College van procureurs-generaal kan, ten aanzien van de militair van de Koninklijke marechaussee die de officiersopleiding van de Koninklijke marechaussee dan wel de Koninklijke Militaire Academie heeft voltooid, ontheffing verlenen van de in het eerste lid, onder c gestelde ervaringseis.
4. Het College van procureurs-generaal kan – afwijkend van het gestelde in het eerste lid, onder a – in geval van dringende noodzaak de militair in de rang van opperwachtmeester aanwijzen als hulpofficier van justitie.

Hulpofficier van justitie, eisen aan militair Koninklijke Marechaussee

Art. 6
1. De hulpofficier van justitie van wie de geldigheid van het certificaat als bedoeld in artikel 3 komt te vervallen binnen de termijn van drie jaar voordat hij met functioneel leeftijdsontslag gaat, wordt voor de bedoelde termijn van rechtswege ontheffing verleend van het gestelde in artikelen 1, onder b en 5, eerste lid, onder b.
2. De hulpofficier van justitie die het voornemen heeft kenbaar gemaakt op een bepaalde datum gebruik te maken van de Tijdelijke Ouderen Regeling en van wie de geldigheid van zijn certificaat

Hulpofficier van justitie, ontheffing eis certificaat

---

1 Inwerkingtredingsdatum: 01-08-2008; zoals laatstelijk gewijzigd bij: Stcrt. 2018, 10151.

	als bedoeld in artikel 3 komt te vervallen binnen de termijn van drie jaar vóór die datum, wordt voor laatstbedoelde termijn van rechtswege ontheffing verleend van het gestelde in resp. artikel 5, eerste lid, onder b. Deze ontheffing geldt voor maximaal drie jaren.
	Art. 7
Uitschakelbepaling	De Regeling hulpofficieren van justitie 2003 wordt ingetrokken.
	Art. 8
Overgangsbepalingen	De certificaten als bedoeld in artikel 3 afgegeven op het in artikel 7 genoemde besluit, behouden hun geldigheid tot drie jaren na de op het certificaat vermelde afgiftedatum.
	Art. 9
Inwerkingtreding	Deze regeling treedt in werking met ingang van 1 augustus 2008.
	Art. 10
Citeertitel	Deze regeling wordt aangehaald als: Regeling hulpofficieren van justitie 2008.

Politiewet 2012[1]

Wet van 12 juli 2012 tot vaststelling van een nieuwe Politiewet (Politiewet 2012)

Wij Beatrix, bij de gratie Gods, Koningin der Nederlanden, Prinses van Oranje-Nassau, enz. enz. enz.
Allen, die deze zullen zien of horen lezen, saluut! doen te weten:
Alzo Wij in overweging genomen hebben, dat het wenselijk is een nieuwe regeling te treffen voor de organisatie en het beheer van de politie en daartoe de Politiewet 1993 te vervangen;
Zo is het, dat Wij, de Raad van State gehoord, en met gemeen overleg der Staten-Generaal, hebben goedgevonden en verstaan, gelijk Wij goedvinden en verstaan bij deze:

Hoofdstuk 1
Begripsbepalingen

Art. 1

1. In deze wet en de daarop berustende bepalingen wordt verstaan onder:
a. *Onze Minister:* Onze Minister van Veiligheid en Justitie;
b. *politie:* het landelijke politiekorps, bedoeld in artikel 25, eerste lid;
c. *korpschef:* de korpschef, bedoeld in artikel 27;
d. *eenheid:* een regionale of landelijke eenheid;
e. *regionale eenheid:* een regionale eenheid van de politie als bedoeld in artikel 25, eerste lid, onder a;
f. *landelijke eenheid:* een landelijke eenheid van de politie als bedoeld in artikel 25, eerste lid, onder b;
g. *regioburgemeester:* de regioburgemeester, bedoeld in artikel 38c;
h. *politiechef:* het hoofd van een regionale of landelijke eenheid;
i. taken ten dienste van de justitie:
1°. de uitvoering van wettelijke voorschriften waarmee Onze Minister is belast alsmede de uitvoering van wettelijke voorschriften gesteld bij of krachtens de Vreemdelingenwet 2000;
2°. de administratiefrechtelijke afdoening van inbreuken op wettelijke voorschriften, voor zover in die voorschriften het toezicht op de uitvoering van de politietaak is opgedragen aan het openbaar ministerie;
3°. de betekening van gerechtelijke mededelingen in strafzaken, het vervoer van rechtens van hun vrijheid beroofde personen, en de dienst bij de gerechten;
j. *wijkagent:* ambtenaar van politie die, gerelateerd aan het aantal inwoners, als onderdeel van een basisteam ten behoeve van een gemeente beschikbaar is voor de uitvoering van de politietaak;
k. *Politieacademie:* de Politieacademie, bedoeld in artikel 73, eerste lid;
l. *directeur van de Politieacademie:* de directeur, bedoeld in artikel 73, derde lid;
m. *raad van advies van de Politieacademie:* de raad van advies, bedoeld in artikel 77;
n. *politieonderwijsraad:* de politieonderwijsraad, bedoeld in artikel 82, eerste lid;
o. *politieonderwijs:* onderwijs gericht op de uitoefening van de politietaak;
p. *kwalificatie:* het geheel van vaardigheden die een persoon kwalificeren voor het functioneren in een beroep of functie of een groep van samenhangende beroepen en in het vervolgonderwijs dat is beschreven in het kwalificatiedossier;
q. *kwalificatiedossier:* een document waarin onder meer de voor een beroep of functie vereiste kwalificaties zijn beschreven die benodigd zijn voor het verkrijgen van een diploma, deeldiploma of certificaat;
r. *kwalificatiestructuur:* het stelsel van kwalificatiedossiers;
s. *politieopleidingen:* opleidingen gericht op de uitoefening van de politietaak, waarvoor in de kwalificatiestructuur, bedoeld in artikel 87, de kwalificaties zijn vastgesteld en ten bewijze waarvan na een met goed gevolg afgelegd examen wordt uitgereikt:
1°. een diploma ten bewijze van de behaalde kwalificatie op een niveau dat overeenkomt met een niveau als bedoeld in artikel 7.2.2, derde lid, van de Wet educatie en beroepsonderwijs of op een niveau dat op grond van artikel 7.10a of artikel 7.10b van de Wet op het hoger onderwijs en wetenschappelijk onderzoek recht geeft op het voeren van de graad Associate degree, Bachelor of Master;
2°. een deeldiploma ten bewijze dat een deel van een opleiding die wordt afgesloten met een diploma als bedoeld onder 1°, is afgerond;

Begripsbepalingen

---

[1] Inwerkingtredingsdatum: 01-01-2013; zoals laatstelijk gewijzigd bij: Stb. 2020, 496.

3°. een certificaat;
t. student: degene die politieonderwijs volgt aan de Politieacademie.

2. In deze wet en de daarop berustende bepalingen wordt onder strafrechtelijke handhaving van de rechtsorde mede verstaan: het waken over de veiligheid van personen.

Art. 2

Ambtenaren van politie, definitie

Ambtenaren van politie in de zin van deze wet zijn:
a. ambtenaren die zijn aangesteld voor de uitvoering van de politietaak;
b. ambtenaren die zijn aangesteld voor de uitvoering van technische, administratieve en andere taken ten dienste van de politie;
c. vrijwillige ambtenaren die zijn aangesteld voor de uitvoering van de politietaak, onderscheidenlijk voor de uitvoering van technische, administratieve en andere taken ten dienste van de politie;
d. ambtenaren van de rijksrecherche die zijn aangesteld voor de uitvoering van de politietaak, onderscheidenlijk voor de uitvoering van technische, administratieve en andere taken ten dienste van de rijksrecherche.

Art. 2a

Overige ambtenaren van politie

1. De personen die met inachtneming van artikel 96, eerste lid, werkzaam zijn ten behoeve van de Politieacademie, worden gelijkgesteld met ambtenaren van politie als bedoeld in artikel 2, onder a, b, of c, voor zover zij direct daaraan voorafgaand ambtenaren van politie als bedoeld in artikel 2, onder a, b onderscheidenlijk c, waren. De eerste volzin is van overeenkomstige toepassing op de personen die met inachtneming van artikel 83, eerste lid, werkzaam zijn ten behoeve van de politieonderwijsraad.

2. In afwijking van artikel 16 van de Kaderwet zelfstandige bestuursorganen zijn de artikelen 11 en 12 op de personen, bedoeld in het eerste lid, die zijn aangesteld voor de uitvoering van de politietaak, van toepassing, voor zover zij optreden ter handhaving van de openbare orde of ter uitvoering van de hulpverleningstaak onderscheidenlijk ter strafrechtelijke handhaving van de rechtsorde, dan wel taken verricht ten dienste van de justitie.

Hoofdstuk 2
De uitvoering van de politietaak

§ 2.1
De taak van de politie en de politietaken van de Koninklijke marechaussee

Art. 3

Politie, taak

De politie heeft tot taak in ondergeschiktheid aan het bevoegd gezag en in overeenstemming met de geldende rechtsregels te zorgen voor de daadwerkelijke handhaving van de rechtsorde en het verlenen van hulp aan hen die deze behoeven.

Art. 4

Koninklijke marechaussee, politietaken

1. Aan de Koninklijke marechaussee, die onder het beheer van Onze Minister van Defensie staat, zijn, onverminderd het bepaalde bij of krachtens andere wetten, de volgende politietaken opgedragen:
a. het waken over de veiligheid van de leden van het koninklijk huis, in samenwerking met andere daartoe aangewezen organen;
b. de uitvoering van de politietaak ten behoeve van Nederlandse en andere strijdkrachten, alsmede internationale militaire hoofdkwartieren, en ten aanzien van tot die strijdkrachten en hoofdkwartieren behorende personen;
c. de uitvoering van de politietaak op de luchthaven Schiphol en op de andere door Onze Minister en Onze Minister van Defensie aangewezen luchtvaartterreinen, alsmede de beveiliging van de burgerluchtvaart;
d. de verlening van bijstand alsmede de samenwerking met de politie krachtens deze wet, daaronder begrepen de assistentieverlening aan de politie bij de bestrijding van grensoverschrijdende criminaliteit;
e. de uitvoering van de politietaak op plaatsen onder beheer van Onze Minister van Defensie, op verboden plaatsen die krachtens de Wet bescherming staatsgeheimen ten behoeve van de landsverdediging zijn aangewezen, alsmede op het terrein van de ambtswoning van Onze Minister-President;
f. de uitvoering van de bij of krachtens de Vreemdelingenwet 2000 opgedragen taken, waaronder begrepen de bediening van de daartoe door Onze Minister voor Immigratie en Asiel aangewezen doorlaatposten en het, voor zover in dat verband noodzakelijk, uitvoeren van de politietaak op en nabij deze doorlaatposten, alsmede het verlenen van medewerking bij de aanhouding of voorgeleiding van een verdachte of veroordeelde;
g. de bestrijding van mensensmokkel en van fraude met reis- en identiteitsdocumenten;
h. het in opdracht van Onze Minister en Onze Minister van Defensie ten behoeve van De Nederlandsche Bank N.V. verrichten van beveiligingswerkzaamheden.

Politiewet 2012   **C5 art. 7**

2. Onder personen die behoren tot de andere strijdkrachten en internationale hoofdkwartieren, bedoeld in het eerste lid, onder b, worden mede begrepen de personen, aangewezen bij algemene maatregel van bestuur op voordracht van Onze Minister van Defensie.

3. Onze Minister kan de commandant van de Koninklijke marechaussee algemene en bijzondere aanwijzingen geven, voor zover het betreft: *Koninklijke marechaussee, aanwijzingen minister*
   a. de uitoefening van de taken, bedoeld in het eerste lid, onder a en h;
   b. het waken over de veiligheid van door Onze Minister aangewezen personen als bedoeld in het eerste lid, onder b;
   c. de uitoefening van de taak, bedoeld in het eerste lid, onder c, ten behoeve van de strafrechtelijke handhaving van de rechtsorde en de beveiliging van de burgerluchtvaart;
   d. de bewaking en beveiliging van de ambtswoning van Onze Minister-President, bedoeld in het eerste lid, onder e.

4. Hoewel bevoegd tot de opsporing van alle strafbare feiten, onthoudt de militair van de Koninklijke marechaussee die is aangewezen krachtens artikel 141 van het Wetboek van Strafvordering, zich van optreden anders dan in het kader van de uitvoering van zijn politietaken, bedoeld in het eerste lid.   *Koninklijke marechaussee, toepasselijkheid artikel 141 WvSv*

Art. 5
Bij regeling van Onze Minister in overeenstemming met Onze Minister van Defensie kunnen regels worden gegeven over de samenwerking van de politie met de Koninklijke marechaussee.   *Samenwerking politie en Koninklijke marechaussee, nadere regels*

§ 2.2 Bevoegdheden

Art. 6
1. De ambtenaar van politie is bevoegd zijn taak uit te oefenen in het gehele land.   *Politie, bevoegdheden ambtenaar van politie*
2. Hoewel bevoegd in het gehele land, onthoudt de ambtenaar van politie die is tewerkgesteld bij een regionale eenheid, zich van optreden buiten zijn gebied van tewerkstelling, tenzij zijn optreden redelijkerwijs noodzakelijk is, dan wel ingevolge regels, gesteld bij of krachtens de wet, dan wel in opdracht of met toestemming van het bevoegd gezag over de politie.

Art. 7
1. De ambtenaar van politie die is aangesteld voor de uitvoering van de politietaak, is bevoegd in de rechtmatige uitoefening van zijn bediening geweld of vrijheidsbeperkende middelen te gebruiken, wanneer het daarmee beoogde doel dit, mede gelet op de aan het gebruik hiervan verbonden gevaren, rechtvaardigt en dat doel niet op een andere wijze kan worden bereikt. Aan het gebruik van geweld gaat zo mogelijk een waarschuwing vooraf.   *Geweld en vrijheidsbeperkende middelen, gebruik*
2. De ambtenaar van politie, bedoeld in het eerste lid, heeft toegang tot elke plaats, voor zover dat voor het verlenen van hulp aan hen die deze behoeven, redelijkerwijs nodig is.   *Toegang tot elke plaats*
3. De ambtenaar van politie, bedoeld in het eerste lid, is bevoegd tot het onderzoek aan de kleding van personen en het onderzoek van de voorwerpen die personen bij zich dragen of met zich mee voeren bij de uitoefening van een hem wettelijk toegekende bevoegdheid of bij een handeling ter uitvoering van de politietaak, indien uit feiten of omstandigheden blijkt dat een onmiddellijk gevaar dreigt voor hun leven of veiligheid of die van de ambtenaar zelf of van derden, en dit onderzoek noodzakelijk is ter afwending van dit gevaar.   *Onderzoek aan kleding*
4. De ambtenaar van politie, bedoeld in het eerste lid, is bevoegd tot het vervoeren of in te sluiten persoon aan zijn kleding te onderzoeken op de aanwezigheid van voorwerpen die een gevaar voor de veiligheid van betrokkene of voor anderen kunnen vormen, alsmede daartoe de voorwerpen te onderzoeken die betrokkene bij zich draagt of met zich mee voert.   *Onderzoek lichaam*
5. Het hoofd van het territoriale onderdeel, bedoeld in artikel 13, eerste lid, zijn plaatsvervanger of de ambtenaar van politie, belast met de leiding over de zorg voor ingeslotenen, kan bepalen dat een in te sluiten of ingesloten persoon bij binnenkomst of bij het verlaten van een politiecel of een politiecellencomplex, voorafgaand aan of na afloop van bezoek, dan wel indien dit anderszins noodzakelijk is in het belang van de handhaving van de orde of de veiligheid in het politiebureau of het cellencomplex, aan zijn lichaam wordt onderzocht. Artikel 29, derde, vierde en vijfde lid, van de Penitentiaire beginselenwet is van overeenkomstige toepassing.   *Proportionaliteit en subsidiariteit*
6. De officier van justitie kan bepalen dat een in te sluiten of ingesloten persoon in het lichaam wordt onderzocht, indien dit noodzakelijk is ter afwending van een ernstig gevaar voor de handhaving van de orde of de veiligheid in het politiebureau of het cellencomplex dan wel voor de gezondheid van de ingeslotene. Het onderzoek in het lichaam wordt verricht door een arts of, in diens opdracht, door een verpleegkundige. Artikel 31, derde lid, van de Penitentiaire beginselenwet is van overeenkomstige toepassing.
7. De uitoefening van de bevoegdheden, bedoeld in het eerste tot en met zesde lid, dient in verhouding tot het beoogde doel redelijk en gematigd te zijn.

Sdu   383

C5 art. 8   **Politiewet 2012**

Werkingssfeer	8. Het eerste tot en met vierde lid zijn van overeenkomstige toepassing op de militair van de Koninklijke marechaussee, indien hij optreedt in de rechtmatige uitoefening van zijn bediening, en op de militair van enig ander onderdeel van de krijgsmacht die op grond van deze wet bijstand verleent aan de politie. Het vijfde en zesde lid zijn van overeenkomstige toepassing indien een persoon wordt of is ingesloten door de Koninklijke marechaussee, met dien verstande dat de beslissing, bedoeld in het vijfde lid, eerste volzin, wordt genomen door de commandant van de betrokken brigade, zijn plaatsvervanger of de militair van de Koninklijke marechaussee, belast met de zorg voor ingeslotenen.
Nadere regels	9. Onze Minister kan bepalen dat de in artikel 142, eerste lid, van het Wetboek van Strafvordering bedoelde buitengewone opsporingsambtenaren, voor zover door hem hetzij in persoon, hetzij per categorie of eenheid aangewezen, de bevoegdheden omschreven in het eerste, derde en vierde lid kunnen uitoefenen. Alsdan wordt met overeenkomstige toepassing van artikel 9 een ambtsinstructie voor hen vastgesteld.

Art. 8

Ambtenaar van politie, bevoegdheden voor uitvoering politietaak	1. Een ambtenaar van politie die is aangesteld voor de uitvoering van de politietaak, is bevoegd tot het vorderen van inzage van een identiteitsbewijs als bedoeld in artikel 1 van de Wet op de identificatieplicht van personen, voor zover dat redelijkerwijs noodzakelijk is voor de uitvoering van de politietaak.
Buitengewoon opsporingsambtenaar, bevoegdheden voor uitvoering taak	2. Gelijke bevoegdheid komt toe aan een buitengewoon opsporingsambtenaar als bedoeld in artikel 142, eerste lid, van het Wetboek van Strafvordering, voor zover dat redelijkerwijs noodzakelijk is voor de uitoefening van zijn taak.
Koninklijke marechaussee, bevoegdheden voor uitvoering politietaak	3. Gelijke bevoegdheid komt toe aan de militair van de Koninklijke marechaussee, voor zover dat redelijkerwijs noodzakelijk is voor de uitvoering van zijn politietaak, bedoeld in artikel 4, eerste lid, en aan de militair van de Koninklijke marechaussee of van enig ander onderdeel van de krijgsmacht die op grond van deze wet bijstand verleent aan de politie.

Art. 9

Ambtsinstructie, nadere regels	1. Bij algemene maatregel van bestuur wordt een ambtsinstructie voor de politie en voor de Koninklijke marechaussee vastgesteld. 2. Indien de militair van enig ander onderdeel van de krijgsmacht op grond van deze wet bijstand verleent aan de politie is de ambtsinstructie van toepassing. 3. In de ambtsinstructie worden regels gesteld ter uitvoering van de artikelen 6 en 7. 4. Bij of krachtens algemene maatregel van bestuur worden nadere regels gesteld omtrent maatregelen waaraan rechtens van hun vrijheid beroofde personen met het oog op hun insluiting kunnen worden onderworpen, voor zover dit noodzakelijk is in het belang van hun veiligheid of de veiligheid van anderen. 5. Het vierde lid is van overeenkomstige toepassing op personen die ten behoeve van de hulpverlening aan hen zijn ondergebracht bij de politie of de Koninklijke marechaussee. 6. De ambtenaren die door Onze Minister zijn aangewezen voor het vervoer van rechtens van hun vrijheid beroofde personen, kunnen de bevoegdheden, bedoeld in artikel 7, eerste, derde en vierde lid, uitoefenen, dan wel de maatregelen, bedoeld in het vierde lid, treffen, voor zover dit noodzakelijk is om te voorkomen dat de te vervoeren persoon zich onttrekt aan het op hem uitgeoefende toezicht. De eerste volzin is van toepassing voor zover de rechtens van hun vrijheid beroofde personen zijn ondergebracht bij de politie of de Koninklijke marechaussee. 7. De voordracht voor de algemene maatregel van bestuur, bedoeld in het eerste en het vierde lid, geschiedt door Onze Minister in overeenstemming met Onze Minister van Defensie voor zover het de Koninklijke marechaussee betreft.

Art. 10

Politie, samenwerking	1. Alle ambtenaren die zijn belast met een politietaak, verlenen elkaar wederkerig de nodige hulp en betrachten bij voortduring een eendrachtige samenwerking bij het uitvoeren van die taak. Zij verlenen elkaar zoveel mogelijk de gevraagde medewerking.
Opsporingsbevoegden, samenwerking met politie Nadere regels	2. Zij die op grond van de artikelen 141, onderdeel d, en 142 van het Wetboek van Strafvordering tot opsporing van strafbare feiten bevoegd zijn, werken samen met de politie. 3. Bij algemene maatregel van bestuur kunnen regels worden gegeven over de samenwerking van de politie met de buitengewone opsporingsambtenaren, bedoeld in artikel 142, eerste lid, van het Wetboek van Strafvordering.

§ 2.3
Het gezag

Art. 11

Politie, gezag bij handhaving openbare orde	1. Indien de politie in een gemeente optreedt ter handhaving van de openbare orde en ter uitvoering van de hulpverleningstaak, staat zij onder gezag van de burgemeester. 2. De burgemeester kan de betrokken ambtenaren van politie de nodige aanwijzingen geven voor de vervulling van de in het eerste lid bedoelde taken.

Art. 12
1. Indien de politie optreedt ter strafrechtelijke handhaving van de rechtsorde, dan wel taken verricht ten dienste van de justitie, staat zij, tenzij in enige wet anders is bepaald, onder gezag van de officier van justitie.
2. De officier van justitie kan de betrokken ambtenaren van politie de nodige aanwijzingen geven voor de vervulling van de in het eerste lid bedoelde taken.

Politie, gezag bij strafrechtelijke handhaving

Art. 13
1. De burgemeester en de officier van justitie overleggen regelmatig tezamen met het hoofd van het territoriale onderdeel van de regionale eenheid binnen welker grondgebied de gemeente geheel of ten dele valt, en zo nodig met de politiechef van een regionale eenheid, over de taakuitvoering van de politie en over het beleid ten aanzien van de taakuitvoering (driehoeksoverleg).
2. In het driehoeksoverleg worden door de burgemeester en de officier van justitie afspraken gemaakt over de inzet van de politie ten behoeve van de handhaving van de openbare orde en de hulpverlening, onderscheidenlijk ten behoeve van de strafrechtelijke handhaving van de rechtsorde en de taken ten dienste van de justitie. De afspraken worden mede gemaakt op basis van de doelen, bedoeld in artikel 38b, eerste lid.
3. Op verzoek van de burgemeester vindt het driehoeksoverleg plaats op gemeentelijk niveau.
4. In het driehoeksoverleg worden door de burgemeester en de officier van justitie afspraken gemaakt over lokale prioriteiten en criminaliteitsbestrijding.

Politie, driehoeksoverleg

Art. 14
1. Voor zover de Koninklijke marechaussee in een gemeente optreedt ter handhaving van de openbare orde, staat zij onder gezag van de burgemeester. Artikel 11, tweede lid, is van overeenkomstige toepassing.
2. Voor zover de Koninklijke marechaussee optreedt ter strafrechtelijke handhaving van de rechtsorde, dan wel taken verricht ten dienste van de justitie, staat zij, tenzij in enige wet anders is bepaald, onder gezag van de officier van justitie. Artikel 12, tweede lid, is van overeenkomstige toepassing.
3. Indien de Koninklijke marechaussee optreedt als bedoeld in het eerste of tweede lid, neemt de commandant van de Koninklijke marechaussee deel aan het overleg, bedoeld in artikel 13.
4. Het eerste en tweede lid zijn van overeenkomstige toepassing op de militair van enig ander onderdeel van de krijgsmacht, indien hij bijstand verleent aan de politie.

Koninklijke marechaussee, gezag bij handhaving openbare orde
Koninklijke marechaussee, gezag bij strafrechtelijke handhaving
Koninklijke marechaussee, deelname driehoeksoverleg
Werkingssfeer

Art. 15
1. De burgemeester is aan de gemeenteraad verantwoording schuldig over het door hem uitgeoefende gezag, bedoeld in de artikelen 11, eerste lid, en 14, eerste en vierde lid.
2. Artikel 180, tweede en derde lid, van de Gemeentewet is van toepassing.
3. Onze Minister kan de burgemeesters en, in geval van een situatie als bedoeld in artikel 39 van de Wet veiligheidsregio's, de voorzitter van een veiligheidsregio, zoveel mogelijk na overleg met hen, algemene en bijzondere aanwijzingen geven met betrekking tot de handhaving van de openbare orde, voorzover dat noodzakelijk is in het belang van de veiligheid van de Staat of de betrekkingen van Nederland met andere mogendheden, dan wel met het oog op zwaarwegende belangen van de samenleving. De aanwijzingen worden zo enigszins mogelijk schriftelijk gegeven.

Verantwoording burgemeester, uitoefening gezag
Schakelbepaling
Aanwijzingen minister, handhaving openbare orde

Art. 16
1. Onze Minister kan objecten en diensten aanwijzen waarvan bewaking of beveiliging door de politie noodzakelijk is in het belang van de veiligheid van de Staat of de betrekkingen van Nederland met andere mogendheden, dan wel met het oog op zwaarwegende belangen van de samenleving.
2. De burgemeester draagt zorg voor de uitvoering van een besluit als bedoeld in het eerste lid, voor zover dat geschiedt ter handhaving van de openbare orde.
3. De officier van justitie draagt zorg voor de uitvoering van een besluit als bedoeld in het eerste lid, voor zover dat geschiedt ter strafrechtelijke handhaving van de rechtsorde.

Aanwijzingen minister, objecten/diensten

Art. 17
1. Ten behoeve van de toepassing van de artikelen 15, derde lid, en 16, tweede lid, verstrekken de burgemeesters en Onze Minister elkaar de gewenste inlichtingen.
2. Bij ministeriële regeling kunnen regels worden gesteld ter uitvoering van het eerste lid.

Inlichtingenverstrekking, minister/burgemeesters
Nadere regels

Hoofdstuk 3
Het beleid ten aanzien van de politie en de organisatie van de politie

Afdeling 3.1
Beleids- en beheersbevoegdheden en kwaliteitszorg op rijksniveau

Art. 18

Taakuitvoering politie, vaststelling/wijziging/aanvulling beleidsdoelstellingen

1. Onze Minister stelt, gehoord het College van procureurs-generaal en de regioburgemeesters, ten minste eenmaal in de vier jaar de landelijke beleidsdoelstellingen vast ten aanzien van de taakuitvoering van de politie.

2. Indien daarvoor bijzondere redenen zijn, kunnen de landelijke beleidsdoelstellingen tussentijds worden gewijzigd of aangevuld, gehoord het College van procureurs-generaal en de regioburgemeesters.

3. Zodra de landelijke beleidsdoelstellingen zijn vastgesteld, gewijzigd of aangevuld, zendt Onze Minister deze aan de Staten-Generaal.

Art. 19

Taakuitvoering/beheer politie, overleg

1. Onze Minister voert, in aanwezigheid van de korpschef, ten minste viermaal per jaar overleg met de regioburgemeesters of een afvaardiging van de regioburgemeesters en de voorzitter van het College van procureurs-generaal over de taakuitvoering door en het beheer ten aanzien van de politie.

2. Onze Minister wijst voor een periode van vier jaren twee burgemeesters aan die aan het overleg deelnemen. Zij zijn burgemeester van een gemeente met minder dan 100 000 inwoners. Zij kunnen niet tevens regioburgemeester zijn. Voor de aanwijzing wordt een aanbeveling gedaan door een door Onze Minister aangewezen orgaan.

3. In het overleg wordt in elk geval gesproken over:
a. de inrichting van de politie;
b. de landelijke beleidsdoelstellingen, bedoeld in artikel 18, eerste lid, en de doelstellingen, bedoeld in artikel 20, eerste lid;
c. de verdeling van sterkte, bedoeld in artikel 36;
d. het ontwerp van de begroting en het ontwerp van de meerjarenraming, bedoeld in artikel 34, het ontwerp van de jaarrekening, bedoeld in artikel 35, het ontwerp van het beheersplan en het jaarverslag, bedoeld in artikel 37, eerste lid;
e. de benoeming van de leden van de leiding van de politie, bedoeld in artikel 28, derde lid, en
f. voorstellen van wet, ontwerpen van algemene maatregel van bestuur en ontwerpen van ministeriële regeling die geheel of voor een belangrijk deel betrekking hebben op de taakuitvoering door en het beheer ten aanzien van de politie.

Art. 20

Taakuitvoering/beheer politie, vaststelling doelstellingen

1. Onze Minister stelt, gehoord het College van procureurs-generaal en de regioburgemeesters, met inachtneming van de omstandigheden van de betrokken eenheid, ten minste eenmaal in de vier jaar voor iedere regionale en landelijke eenheid de doelstellingen vast ter verwezenlijking van de landelijke beleidsdoelstellingen, bedoeld in artikel 18, eerste lid. Alvorens een regioburgemeester de gezamenlijke zienswijze van de burgemeesters van de gemeenten in het gebied waarin de regionale eenheid de politietaak uitvoert geeft, hoort hij deze burgemeesters over de doelen die de gemeenten op het terrein van de veiligheid nastreven.

2. Indien daarvoor bijzondere redenen zijn, kunnen de doelstellingen voor een regionale of landelijke eenheid tussentijds worden gewijzigd of aangevuld.

Art. 21

Nadere regels

1. Bij of krachtens algemene maatregel van bestuur kunnen regels worden gesteld omtrent de vereisten voor een goede taakuitvoering door de politie en de eisen die worden gesteld aan de bekwaamheid van de ambtenaren van politie.

2. Voor zover de regels, bedoeld in het eerste lid, mede van toepassing zijn op de uitvoering van de politietaken door de Koninklijke marechaussee, geschiedt de voordracht voor de algemene maatregel van bestuur door Onze Minister in overeenstemming met Onze Minister van Defensie.

Art. 22

Bewapening/uitrusting/kleding politie, nadere regels

Bij of krachtens algemene maatregel van bestuur worden regels gesteld omtrent de bewapening, de uitrusting en de kleding van de ambtenaren van politie.

Art. 23

Informatie- en communicatievoorzieningen, nadere regels

1. Bij ministeriële regeling kunnen regels worden gesteld over:
a. de informatie- en communicatievoorzieningen van de politie en het gebruik daarvan door de politie en door andere organisaties die een taak hebben op het terrein van justitie, openbare orde, veiligheid of hulpverlening, en waarmee de politie ter uitvoering van de politietaak informatie- en communicatievoorzieningen deelt;
b. de informatiebeveiliging door de politie en door andere organisaties als bedoeld in onderdeel a.

2. Voor zover de regels, bedoeld in het eerste lid, van belang zijn voor de uitvoering van de politietaken, bedoeld in artikel 4, kunnen zij, in overeenstemming met Onze Minister van Defensie, mede worden gesteld ten aanzien van de Koninklijke marechaussee.
3. Onze Minister kan de regionale en landelijke eenheden frequenties toewijzen voor de overdracht van gegevens door middel van de daartoe geëigende aangewezen informatie- en communicatievoorzieningen.
4. Bij regeling van Onze Minister, in overeenstemming met Onze Ministers die het mede aangaat, en gehoord de Regionale Ambulancevoorzieningen en de besturen van de veiligheidsregio's, kunnen nadere regels worden gesteld over de meldkamers, bedoeld in artikel 25a, eerste lid.

Art. 23a
1. De hoofdlijnen van beleid en beheer met betrekking tot de meldkamers, bedoeld in artikel 25a, eerste lid, worden vastgesteld bij regeling van Onze Minister, in overeenstemming met Onze Minister voor Medische Zorg en de Regionale Ambulancevoorzieningen voor zover het de ambulancezorg betreft, met de besturen van de veiligheidsregio's voor zover het de brandweertaak, de rampenbestrijding, de crisisbeheersing en de geneeskundige hulpverlening betreft, en met Onze Minister van Defensie voor zover het de Koninklijke marechaussee betreft.
2. De hoofdlijnen kunnen betrekking hebben op de samenwerking bij de uitvoering van de meldkamerfuncties, bedoeld in artikel 25b, eerste lid.
3. Onze Ministers, bedoeld in het eerste lid, de Regionale Ambulancevoorzieningen en de besturen van de veiligheidsregio's voeren, in aanwezigheid van de korpschef, ten minste tweemaal per jaar overleg over het functioneren van de meldkamers en over de samenwerking bij de uitvoering van de meldkamerfuncties. In dit overleg wordt in ieder geval gesproken over de onderdelen van de stukken, bedoeld in artikel 19, derde lid, onder d, die daarop betrekking hebben.

Hoofdlijnen beleid en beheer meldkamers, nadere regels

Art. 24
Bij algemene maatregel van bestuur kunnen regels worden gesteld over:
a. de doeleinden waarvoor de politie, met inachtneming van het bepaalde bij of krachtens de Wet politiegegevens, gegevens verwerkt of verder verwerkt en de categorieën van gegevens die de politie daartoe verwerkt, alsmede over de terbeschikkingstelling van gegevens ten behoeve van de uitvoering van de politietaak en de verstrekking van gegevens aan personen en instanties;
b. de wijze waarop de politie gegevens verwerkt, daaronder begrepen de schrijfwijze en classificatie van gegevens, alsmede de wijze van vermelding van de herkomst van de gegevens.

Verwerking gegevens, nadere regels

Afdeling 3.2
De inrichting van de politie

§ 3.2.1
Algemene bepalingen

Art. 25
1. Er is een landelijk politiekorps dat bestaat uit de volgende onderdelen:
a. regionale eenheden, belast met de uitvoering van de politietaak;
b. een of meer bij algemene maatregel van bestuur aan te wijzen landelijke eenheden, belast met de uitvoering van de politietaak;
c. een of meer bij algemene maatregel van bestuur aan te wijzen ondersteunende diensten.
2. Er is een regionale eenheid in elk van de arrondissementen, genoemd in de Wet op de rechterlijke indeling, met dien verstande dat er één regionale eenheid in de arrondissementen Gelderland en Overijssel gezamenlijk is.
3. Bij ministeriële regeling kan een gebied waarin een regionale eenheid de politietaak uitvoert worden opgedeeld in meerdere gebieden waarin een regionale eenheid de politietaak uitvoert.
4. Een regionale eenheid kan in territoriale onderdelen worden verdeeld. Een territoriaal onderdeel kan slechts gelegen zijn in één regio, genoemd in de bijlage, bedoeld in artikel 8 van de Wet veiligheidsregio's, tenzij Onze Minister, op een gezamenlijk verzoek van de betrokken burgemeesters en officieren van justitie, besluit dat een territoriaal onderdeel in meerdere regio's gelegen is.

Landelijk politiekorps, onderdelen

Nadere regels

Regionale eenheid, onderverdeling in territoriale onderdelen

Art. 25a
1. Een meldkamer is de fysieke plaats waar de meldkamerfunctie, bedoeld in artikel 25b, eerste lid, wordt uitgevoerd. De politie heeft meldkamers.
2. Bij algemene maatregel van bestuur wordt voor elke meldkamer de locatie aangewezen, alsmede het gebied waarvoor op die meldkamer de meldkamerfunctie wordt uitgevoerd.
3. De politie draagt er zorg voor dat op elke meldkamer ook voor de werkgebieden van de andere meldkamers de meldkamerfunctie kan worden uitgevoerd.
4. De meldkamerfunctie wordt voor het werkgebied van een andere meldkamer uitgevoerd indien dat noodzakelijk is voor de uitvoering van de meldkamerfunctie voor dat werkgebied.

Meldkamers

C5 art. 25b

Politiewet 2012

5. De politie draagt er zorg voor dat de meldkamers kunnen worden gebruikt voor de uitvoering van de meldkamerfunctie ten behoeve van de ambulancezorg, bedoeld in artikel 5, eerste lid, van de Wet ambulancezorgvoorzieningen.
6. De politie draagt er zorg voor dat de meldkamers kunnen worden gebruikt voor de uitvoering van de meldkamerfunctie ten behoeve van de brandweertaak en ten behoeve van de rampenbestrijding, de crisisbeheersing en de geneeskundige hulpverlening, bedoeld in artikel 1 van de Wet veiligheidsregio's.
7. De politie draagt er zorg voor dat ten minste één meldkamer kan worden gebruikt voor de uitvoering van de meldkamerfunctie ten behoeve van de taken van de Koninklijke marechaussee.

Art. 25b

Meldkamerfunctie

1. De meldkamerfunctie bestaat uit het ontvangen, registreren en beoordelen van meldingen waarbij wordt gevraagd om acute inzet van politie, ambulancezorg, brandweer of Koninklijke marechaussee, het bieden van een adequaat hulpaanbod en het begeleiden en coördineren van de hulpdiensten.
2. De meldkamerfunctie wordt uitgevoerd op een meldkamer als bedoeld in artikel 25a, eerste lid.
3. De politie voert op een meldkamer de meldkamerfunctie ten behoeve van de brandweertaak uit, indien daartoe een besluit is genomen als bedoeld in artikel 35, tweede lid, van de Wet veiligheidsregio's.
4. De politie verzorgt het aannemen van de meldingen, tenzij bij de regeling, bedoeld in artikel 23, vierde lid, anders is bepaald.

Art. 26

Politie, rechtspersoonlijkheid

De politie heeft rechtspersoonlijkheid en is gevestigd in een door Onze Minister aan te wijzen gemeente.

§ 3.2.2
De korpschef

Art. 27

Korpschef, taak

1. De korpschef is belast met de leiding en het beheer van de politie. De korpschef legt over de uitoefening van zijn taken en bevoegdheden verantwoording af aan Onze Minister.
2. De korpschef vertegenwoordigt de politie in en buiten rechte.

Art. 28

Korpschef, benoeming/schorsing/ontslag

1. De korpschef wordt bij koninklijk besluit benoemd, geschorst en ontslagen. Over de benoeming worden de regioburgemeesters en het College van procureurs-generaal in de gelegenheid gesteld advies uit te brengen. De korpschef wordt benoemd voor een periode van zes jaren en kan telkens worden herbenoemd voor een periode van drie jaren.
2. De korpschef is een ambtenaar van politie als bedoeld in artikel 2, onder a.

Nadere regels

3. Bij ministeriële regeling worden ambtenaren van politie aangewezen die deel uitmaken van de leiding van de politie. Zij worden bij koninklijk besluit benoemd, geschorst en ontslagen. Over de benoeming worden de regioburgemeesters en het College van procureurs-generaal in de gelegenheid gesteld advies uit te brengen. Onze Minister wijst uit het midden van de leiding van de politie een plaatsvervangend korpschef aan.

Art. 29

Korpschef, handelingen welke instemming minister behoeven

1. De volgende handelingen van de korpschef behoeven de instemming van Onze Minister:
a. het sluiten van overeenkomsten die een door Onze Minister vast te stellen bedrag te boven gaan;
b. het doen van investeringen die een door Onze Minister vast te stellen bedrag te boven gaan;
c. het oprichten of mede oprichten van rechtspersonen dan wel het deelnemen daarin.

Schakelbepaling

2. De artikelen 10:28 tot en met 10:31 van de Algemene wet bestuursrecht zijn van overeenkomstige toepassing.

Korpschef, verbod leningen/overeenkomsten

3. Het is de korpschef verboden:
a. leningen aan te gaan anders dan bij Onze Minister van Financiën;
b. overeenkomsten aan te gaan waarbij hij zich verbindt tot zekerheidstelling met inbegrip van zekerheidstelling voor schulden van derden of waarbij hij zich als borg of hoofdelijk medeschuldenaar verbindt of zich voor een derde sterk maakt.

Art. 30

Nadere regels, beheer politie

1. Bij of krachtens algemene maatregel van bestuur worden regels gesteld over het beheer van de politie. De voordracht voor een krachtens dit lid vast te stellen algemene maatregel van bestuur wordt niet eerder gedaan dan vier weken nadat het ontwerp aan beide kamers der Staten-Generaal is overgelegd.
2. Bij of krachtens algemene maatregel van bestuur op voordracht van Onze Minister in overeenstemming met Onze Minister van Financiën, worden regels gesteld over het financieel beheer van de politie. De voordracht voor een krachtens dit lid vast te stellen algemene maat-

regel van bestuur wordt niet eerder gedaan dan vier weken nadat het ontwerp aan beide kamers der Staten-Generaal is overgelegd.

Art. 31
Onze Minister kan de korpschef algemene en bijzondere aanwijzingen geven met betrekking tot de uitoefening van diens taken en bevoegdheden.   *Korpschef, aanwijzingen minister*

Art. 32
1. De korpschef verstrekt aan Onze Minister, gevraagd en ongevraagd, tijdig de inlichtingen die Onze Minister nodig heeft voor de uitoefening van zijn taak.   *Korpschef, verstrekken van inlichtingen aan minister*

2. Onze Minister kan inzage vorderen van gegevens en bescheiden, voor zover dat voor de uitoefening van zijn taak redelijkerwijs nodig is.

§ 3.2.3
Beleids- en beheerscyclus en bekostiging

Art. 33
Onze Minister stelt jaarlijks ten laste van de begroting van zijn ministerie bijdragen ter beschikking aan de politie, mede met het oog op het feitelijk ter beschikking stellen van de sterkte aan de politieonderwijsraad en de sterkte en middelen aan de Politieacademie.   *Politie, rijksbijdragen*

Art. 34
Onze Minister stelt jaarlijks een begroting vast voor de politie voor het komende begrotingsjaar alsmede een meerjarenraming voor vier op het begrotingsjaar volgende jaren.   *Politie, begroting/meerjarenraming*

Art. 35
Onze Minister stelt jaarlijks een jaarrekening vast van de politie, die vergezeld gaat van een verklaring omtrent de getrouwheid en de rechtmatigheid van de besteding, afgegeven door een accountant als bedoeld in artikel 393 van Boek 2 van het Burgerlijk Wetboek.   *Politie, jaarrekening*

Art. 36
1. Onze Minister verdeelt de sterkte en middelen over de onderdelen van de politie, bedoeld in artikel 25, eerste lid. Hij bepaalt daarbij welk deel van de sterkte op grond van artikel 83, eerste lid, feitelijk ter beschikking wordt gesteld aan de politieonderwijsraad en welk deel van de sterkte en middelen op grond van artikel 96, eerste lid, feitelijk ter beschikking wordt gesteld aan de Politieacademie.   *Politie, verdeling van sterkte/middelen*

2. Bij of krachtens algemene maatregel van bestuur worden regels gesteld over deze verdeling.   *Nadere regels, verdeling sterkte/middelen*

3. De voordracht voor een krachtens dit artikel vast te stellen algemene maatregel van bestuur wordt niet eerder gedaan dan vier weken nadat het ontwerp aan beide kamers der Staten-Generaal is overgelegd.

Art. 37
1. Onze Minister stelt jaarlijks een beheersplan en een jaarverslag vast voor de politie.   *Politie, beheersplan/jaarverslag*

2. Het beheersplan bevat in ieder geval de indeling van de eenheden als bedoeld in artikel 25, eerste lid, onder a, in districten en basisteams.

3. De burgemeesters van de gemeenten in het gebied waarin de regionale eenheid zijn politietaak uitvoert en de hoofdofficier van justitie worden door de korpschef gehoord over de indeling van de regionale eenheid en de omvang van de onderdelen ervan.

4. Het jaarverslag omvat een omschrijving van de door de regionale en landelijke eenheden gerealiseerde activiteiten ter verwezenlijking van de landelijke beleidsdoelstellingen, bedoeld in artikel 18.

Afdeling 3.3
De regionale eenheden

Art. 38
1. De dagelijkse leiding van een regionale eenheid berust bij de politiechef.   *Regionale eenheid, taak politiechef*

2. De politiechef van een regionale eenheid wordt bij koninklijk besluit benoemd, geschorst en ontslagen. Over de benoeming worden de regioburgemeester en de hoofdofficier van justitie in de gelegenheid gesteld advies uit te brengen. Alvorens het advies wordt uitgebracht, hoort de regioburgemeester de burgemeesters van de gemeenten in het gebied waarin de regionale eenheid de politietaak uitvoert.   *Regionale eenheid, benoeming/schorsing/ontslag politiechef*

Art. 38a
1. Er is ten minste één wijkagent werkzaam per 5 000 inwoners.   *Wijkagent, minimum aantal*

2. Bij algemene maatregel van bestuur worden nadere regels gegeven.   *Nadere regels*

Art. 38b

Gemeenteraad, ontwerpbeleidsplan

1. De gemeenteraad stelt ten minste eenmaal in de vier jaar de doelen vast die de gemeente op het terrein van de veiligheid nastreeft door de handhaving van de openbare orde en de hulpverlening door de politie.
2. Voorafgaand aan de vaststelling van het beleidsplan, bedoeld in artikel 39, eerste lid, hoort de burgemeester van een gemeente in het gebied waarin de regionale eenheid de politietaak uitvoert, de gemeenteraad van die gemeente over het ontwerpbeleidsplan.

Art. 38c

Regioburgemeester, aanwijzing minister

1. Onze Minister wijst voor elk gebied waarin een regionale eenheid de politietaak uitvoert voor een periode van vier jaren een regioburgemeester aan. De burgemeesters van de gemeenten in dat gebied worden in de gelegenheid gesteld een gezamenlijke aanbeveling voor de aanwijzing te doen. Onze Minister volgt bij de aanwijzing in beginsel de aanbeveling, tenzij zwaarwegende gronden aanleiding tot afwijking geven. Onze Minister motiveert een afwijking.

Regioburgemeester, ontheffing functie

2. De burgemeesters van de gemeenten in het gebied waarin de regionale eenheid de politietaak uitvoert, kunnen Onze Minister gezamenlijk verzoeken de regioburgemeester van zijn functie te ontheffen. De derde en vierde volzin van het eerste lid zijn van overeenkomstige toepassing.

Art. 38d

Regioburgemeester, verantwoording aan overige burgemeesters

De regioburgemeester legt over de uitoefening van zijn taken op grond van deze wet en zijn bevoegdheid op grond van artikel 39, tweede lid, verantwoording af aan de overige burgemeesters van de gemeenten in het gebied waarin de regionale eenheid de politietaak uitvoert.

Art. 39

Regionale eenheid, beleidsplan/jaarverslag

1. De burgemeesters van de gemeenten in het gebied waarin de regionale eenheid de politietaak uitvoert en de hoofdofficier van justitie stellen ten minste eenmaal in de vier jaar, met inachtneming van de doelstellingen, bedoeld in artikel 20, eerste lid, het beleidsplan en jaarlijks het jaarverslag voor de regionale eenheid vast. Het beleidsplan omvat in ieder geval de verdeling van de beschikbare politiesterkte waaronder de beschikbare wijkagenten, bedoeld in artikel 38a, eerste lid, over de onderdelen van de regionale eenheid, rekening houdend met het belang van een goede vervulling van de politietaak in alle betrokken gemeenten en de doelen, bedoeld in artikel 38b, eerste lid.
2. Indien het beleidsplan of het jaarverslag niet overeenkomstig de eerste volzin van het eerste lid kunnen worden vastgesteld, stelt de regioburgemeester in overeenstemming met de hoofdofficier van justitie het beleidsplan respectievelijk het jaarverslag vast.
3. Indien de regioburgemeester en de hoofdofficier van justitie niet met elkaar tot overeenstemming kunnen komen over de in het tweede lid bedoelde stukken, legt de regioburgemeester dit verschil van zienswijze schriftelijk voor aan Onze Minister die alsdan beslist. De regioburgemeester brengt de stukken in overeenstemming met de beslissing van Onze Minister.
4. De regioburgemeester zendt het beleidsplan en het jaarverslag aan Onze Minister en de korpschef.
5. Tegen het besluit tot vaststelling van het beleidsplan, bedoeld in het tweede lid, kan de burgemeester van een gemeente in het gebied waarin de regionale eenheid de politietaak uitvoert beroep instellen bij Onze Minister. Deze beoordeelt of het beleidsplan op onaanvaardbare wijze afbreuk doet aan het belang van een goede vervulling van de politietaak in de betreffende gemeente.
6. De regioburgemeester brengt het beleidsplan in overeenstemming met het besluit van Onze Minister zonder dat hiervoor de instemming van de burgemeesters van de gemeenten in het gebied waarin de regionale eenheid de politietaak uitvoert en de hoofdofficier van justitie noodzakelijk is.

Art. 40

Beleidsplan regionale eenheid, aanwijzingen minister

1. Onze Minister kan ten aanzien van het beleidsplan, bedoeld in artikel 39, eerste lid, de nodige aanwijzingen geven aan de regioburgemeester, indien naar het oordeel van Onze Minister het beleidsplan niet of onvoldoende verzekert dat de doelstellingen, bedoeld in artikel 20, eerste lid, kunnen worden verwezenlijkt.
2. De aanwijzingen, bedoeld in het eerste lid, worden schriftelijk gegeven, gehoord de regioburgemeester.
3. De regioburgemeester brengt, voor zover nodig, het beleidsplan, bedoeld in artikel 39, eerste lid, in overeenstemming met de aanwijzingen, zonder dat hiervoor de instemming van de burgemeesters in het gebied waarin de regionale eenheid de politietaak uitvoert en de hoofdofficier van justitie noodzakelijk is.

Art. 41

Regioburgemeester, overleg hoofdofficier van justitie/politiechef regionale eenheid

De regioburgemeester en de hoofdofficier van justitie overleggen regelmatig met de politiechef van een regionale eenheid.

Politiewet 2012 C5 art. 44a

Afdeling 3.3a
Bovenlokale afstemming

Art. 41a
De burgemeesters van de gemeenten in het gebied waarin de regionale eenheid de politietaak uitvoert en waarvan de grenzen van de gemeenten samenvallen met de indeling van de regio's, genoemd in de bijlage bij artikel 8 van de Wet Veiligheidsregio's, en de hoofdofficier van justitie kunnen ten minste eenmaal per jaar over het beleid en de taakuitvoering van de politie overleg voeren.

Taakuitvoering/beleid, bovenlokale afstemming

Afdeling 3.4
De landelijke eenheden

Art. 42
1. Er zijn een of meer landelijke eenheden. Zij zijn belast met een of meer van de volgende taken:
   a. de landelijke en specialistische uitvoering van politietaken, in samenwerking met de regionale eenheden, de Koninklijke marechaussee en de in artikel 10, tweede lid, bedoelde personen;
   b. het verzamelen, registreren, bewerken, beheren, analyseren en verstrekken van informatie en het verrichten van andere ondersteunende werkzaamheden ten behoeve van de taakuitvoering van de onder a genoemde organen en personen, en de andere bij de strafrechtelijke handhaving van de rechtsorde betrokken organen, alsmede de internationale uitwisseling van informatie en de landelijke voorlichting aan particulieren;
   c. het waken over de veiligheid van leden van het koninklijk huis en andere door Onze Minister aangewezen personen.
2. Bij ministeriële regeling kunnen regels worden gesteld over de werkzaamheden, bedoeld in het eerste lid.
3. De dagelijkse leiding van een landelijke eenheid berust bij de politiechef.
4. De politiechef van een landelijke eenheid wordt bij koninklijk besluit benoemd, geschorst en ontslagen. Over de benoeming wordt het College van procureurs-generaal in de gelegenheid gesteld advies uit te brengen.

Landelijke eenheid, taak

Nadere regels

Landelijke eenheid, taak politiechef

Landelijke eenheid, benoeming/schorsing/ontslag politiechef

Art. 43
1. Onze Minister kan de betrokken ambtenaren van politie voor zover het de uitoefening van de taken, bedoeld in artikel 42, eerste lid, onder a en b, door het daartoe bestemde onderdeel of de daartoe bestemde onderdelen van een landelijke eenheid betreft, de nodige algemene en bijzondere aanwijzingen geven voor de vervulling van die taken, voor zover de politie optreedt bij of krachtens de wet of op grond van een verdrag of een besluit van een volkenrechtelijke organisatie onder verantwoordelijkheid van Onze Minister.
2. De bevoegdheid, bedoeld in het eerste lid, komt eveneens toe aan Onze Minister met betrekking tot de vervulling van de taak, bedoeld in artikel 42, eerste lid, onder c.
3. Indien een regionale eenheid of de Koninklijke marechaussee bijstand verleent aan een landelijke eenheid ten behoeve van de uitvoering van de taak, bedoeld in artikel 42, eerste lid, onder c, kan Onze Minister aan de betrokken ambtenaren van politie, onderscheidenlijk de commandant van de Koninklijke marechaussee, de nodige algemene en bijzondere aanwijzingen geven.

Landelijke eenheid, aanwijzingen minister

Art. 44
1. Onze Minister kan, indien hij dit nodig acht in verband met de uitvoering van de taken, bedoeld in artikel 42, eerste lid, daarvoor in aanmerking komende bestuursorganen opdragen de noodzakelijke medewerking te verlenen om door hem aangewezen personen tijdelijk van een aan te nemen identiteit te voorzien.
2. De voor de bestuursorganen geldende wettelijke voorschriften ter zake van de verlangde werkzaamheden blijven, voor zover deze in de weg staan aan het verrichten van die werkzaamheden, buiten toepassing.

Bestuursorganen, medewerking

Afdeling 3.5
Rechtspositie

§ 3.5.1
Algemeen

Art. 44a
1. Voor de toepassing van deze afdeling wordt verstaan onder:
   a. *ambtenaar van politie*: de ambtenaar van politie, bedoeld in artikel 2, onder a, b of c;
   b. *bevoegd gezag*:

1°. Onze Minister, voor zover het betreft de korpschef;
2°. de korpschef, voor zover het betreft de ambtenaar van politie, met uitzondering van de korpschef;
c. *bezoldiging:*
1°. de bedragen – onder de benaming bezoldiging of welke benaming ook – waarop de ambtenaar als zodanig uit hoofde van zijn dienstbetrekking aanspraak heeft;
2°. de bedragen – onder de benaming pensioen, wachtgeld, uitkering of welke benaming ook – waarop de gewezen ambtenaar als zodanig uit hoofde van zijn vroegere dienstbetrekking aanspraak heeft of waarop zijn nagelaten betrekkingen uit hoofde van zijn overlijden aanspraak hebben.
2. Voor de toepassing van de artikelen 47b en 47c en de paragrafen 3.5.2. en 3.5.3. wordt mede verstaan onder ambtenaar van politie: de nagelaten betrekkingen van een ambtenaar van politie die uit hoofde van zijn overlijden pensioen genieten.

Art. 45

Aanstelling/schorsing/ontslag door korpschef

1. Voor zover zij niet bij koninklijk besluit worden benoemd, geschorst en ontslagen, worden de ambtenaren van politie, met uitzondering van de ambtenaren van de rijksrecherche, aangesteld, geschorst en ontslagen door de korpschef.

Nadere regels

2. Bij algemene maatregel van bestuur kan worden bepaald welke andere ambtenaren van politie dan die, bedoeld in de artikelen 28, eerste en derde lid, 38, tweede lid, en 42, vierde lid, worden benoemd, geschorst en ontslagen bij koninklijk besluit.

Art. 46

Regionale eenheid, aanwijzing hoofd territoriaal onderdeel

1. De aanwijzing van het hoofd van een territoriaal onderdeel van een regionale eenheid, bedoeld in artikel 13, geschiedt na verkregen instemming van de burgemeester en de officier van justitie.

Regionale eenheid, ontheffing uit functie hoofd territoriaal onderdeel

2. Indien het hoofd van een territoriaal onderdeel, bedoeld in het eerste lid, bij herhaling de afspraken over de inzet van de politie, bedoeld in artikel 13, tweede lid, niet heeft uitgevoerd zonder dat daarvoor, naar het oordeel van de burgemeester of de officier van justitie, goede redenen zijn, kan de burgemeester of de officier van justitie Onze Minister verzoeken het hoofd van het territoriale onderdeel uit zijn functie te ontheffen.

Art. 47

Nadere regels

1. Bij of krachtens algemene maatregel van bestuur worden voor de politie voorschriften vastgesteld betreffende:
a. aanstelling, schorsing en ontslag;
b. het onderzoek naar de geschiktheid en de bekwaamheid;
c. bezoldiging en wachtgeld;
d. diensttijden;
e. verlof en vakantie;
f. voorzieningen in verband met ziekte;
g. bescherming bij de arbeid;
h. woon-, verblijfs- en bereikbaarheidsverplichtingen;
i. medezeggenschap;
j. overige rechten en verplichtingen;
k. disciplinaire straffen, met dien verstande dat een boete dan wel een inhouding of korting op de bezoldiging per opgelegde disciplinaire straf ten hoogste gelijk is aan het bedrag van het salaris van de ambtenaar over anderhalve maand;
l. de instelling en werkwijze van commissies waaraan de beslissing met uitsluiting van administratieve organen is opgedragen, voor zover deze worden mogelijk gemaakt;
m. de wijze, waarop met de daarvoor in aanmerking komende vakorganisaties van overheidspersoneel overleg wordt gepleegd over aangelegenheden van algemeen belang voor de rechtstoestand van de ambtenaren, alsmede de gevallen waarin overeenstemming in dat overleg dient te worden bereikt;
n. de gevallen waarin berichten inzake de rechtspositie van de ambtenaar in afwijking van artikel 2:14, eerste lid, van de Algemene wet bestuursrecht uitsluitend elektronisch verzonden behoeven te worden en de voorwaarden die daarbij in acht worden genomen.
2. Voor de toepassing van de Wet veiligheidsonderzoeken bij de politie wordt Onze Minister aangemerkt als Onze Minister, bedoeld in artikel 1, onder c, van de Wet veiligheidsonderzoeken.
3. De ambtenaar die te goeder trouw en naar behoren een vermoeden van een misstand als bedoeld in artikel 1, onderdeel d, van de Wet Huis voor klokkenluiders meldt, zal als gevolg daarvan geen nadelige gevolgen voor zijn rechtspositie ondervinden tijdens en na de behandeling van deze melding bij het bevoegd gezag of de daartoe bevoegde instantie.
4. De paragrafen 2, 3 en 4 van de Ambtenarenwet 2017 zijn, met uitzondering van artikel 6, tweede lid, van overeenkomstige toepassing op de politie.

Art. 47a
De ambtenaar van politie is niet gehouden tot dienstverrichting op voor hem op grond van zijn godsdienst of levensovertuiging geldende feest- en rustdagen, tenzij het dienstbelang dit onvermijdelijk maakt.

Art. 47b
1. Een ambtenaar van politie, die een functie in publiekrechtelijke colleges, waarin hij is benoemd of verkozen, gezien de omvang van de daaruit voortvloeiende werkzaamheden, niet gelijktijdig kan vervullen met zijn ambt, wordt in verband daarmee tijdelijk ontheven van de waarneming van zijn ambt, tenzij het dienstbelang zich tegen ontheffing verzet. Bij of krachtens algemene maatregel van bestuur kunnen regels worden gesteld over het doorbetalen van bezoldiging.
2. Indien de ambtenaar in verband met een functie in publiekrechtelijke colleges, waarin hij is benoemd of verkozen, niet op grond van het eerste lid van de waarneming van zijn ambt is ontheven, wordt hem voor het bijwonen van vergaderingen en zittingen van deze colleges en voor het verrichten van daaruit voortvloeiende werkzaamheden ten behoeve van deze colleges, buitengewoon verlof verleend, tenzij het dienstbelang zich tegen verlofverlening verzet. Bij of krachtens algemene maatregel van bestuur kunnen regels worden gesteld over het doorbetalen van bezoldiging.
3. Tenzij het dienstbelang zich tegen verlofverlening verzet, wordt aan de ambtenaar buitengewoon verlof verleend voor aan te wijzen activiteiten van of voor politievakorganisaties overeenkomstig regels te stellen bij of krachtens algemene maatregel van bestuur.

Art. 47c
1. Het bevoegd gezag maakt geen onderscheid tussen ambtenaren van politie op grond van een verschil in arbeidsduur in de voorwaarden waaronder een aanstelling wordt verleend, verlengd dan wel beëindigd, tenzij een dergelijk onderscheid objectief gerechtvaardigd is.
2. Het bevoegd gezag maakt geen onderscheid tussen ambtenaren in de arbeidsvoorwaarden op grond van het al dan niet tijdelijk karakter van de aanstelling, tenzij een dergelijk onderscheid objectief gerechtvaardigd is.
3. Het bevoegd gezag beëindigt het dienstverband met de ambtenaar niet wegens de omstandigheid dat betrokkene in of buiten rechte een beroep heeft gedaan op het eerste of tweede lid of ter zake bijstand heeft verleend.
4. Het bevoegd gezag benadeelt de ambtenaar niet wegens de omstandigheid dat betrokkene in of buiten rechte een beroep heeft gedaan op het bepaalde in het eerste lid of tweede lid of ter zake bijstand heeft verleend.
5. Het bevoegd gezag stelt de ambtenaar die is aangesteld in tijdelijke dienst tijdig en duidelijk in kennis van een vacature met een dienstverband voor onbepaalde tijd.
6. Het College, bedoeld in artikel 1 van de Wet College voor de rechten van de mens, kan onderzoeken of een onderscheid is of wordt gemaakt als bedoeld in dit artikel. De artikelen 10, 11, 12, 13, 22 en 23 van de Wet College voor de rechten van de mens zijn van overeenkomstige toepassing.

Art. 48
Bij algemene maatregel van bestuur worden regels gesteld omtrent de rangen van de politie en tekens van bijzondere verdiensten.

Nadere regels, rangen van politie en tekens bijzondere verdiensten

§ 3.5.2
Beslag, terugvordering, verrekening en korting

Art. 48a
Beslag omvat in deze paragraaf ook de vordering, bedoeld in artikel 19 van de Invorderingswet 1990.

Art. 48b
1. Op bezoldiging is, voor zover in deze afdeling niet anders is bepaald, beslag mogelijk overeenkomstig de voorschriften van het gemene recht.
2. Kostenvergoedingen welke verband houden met de dienstverrichting zijn niet vatbaar voor beslag.

Art. 48c
Door het bevoegd gezag onverschuldigd betaalde bezoldiging kan worden teruggevorderd.

Art. 48d
1. Met de door het bevoegd gezag verschuldigde bezoldiging kan worden verrekend hetgeen de ambtenaar van politie als zodanig aan hem zelf verschuldigd is.
2. Verrekening kan plaatshebben ondanks gelegd beslag of toegepaste korting als bedoeld in artikel 48e, eerste lid.
3. Verrekening is slechts in zoverre geldig als een beslag op die bezoldiging geldig zou zijn, met dien verstande dat verrekening van hetgeen wegens genoten huisvesting of voeding is

verschuldigd eveneens kan plaatsvinden met dat deel van de bezoldiging dat de beslagvrije voet, bedoeld in de artikelen 475c tot en met 475e van het Wetboek van Burgerlijke Rechtsvordering vormt.

Art. 48e
1. Het bevoegd gezag kan op de bezoldiging ten behoeve van een schuldeiser van de ambtenaar van politie een korting toepassen, mits de ambtenaar de vordering van de schuldeiser erkent of het bestaan van de vordering blijkt uit een in kracht van gewijsde gegane rechterlijke uitspraak dan wel uit een authentieke akte.
2. Korting is slechts in zoverre geldig als een beslag op die bezoldiging geldig zou zijn.
3. Beslag, faillissement, surséance van betaling en toepassing ten aanzien van de ambtenaar van de schuldsaneringsregeling natuurlijke personen sluiten korting uit.

Art. 48f
Voor de toepassing van artikel 475b, tweede lid, van het Wetboek van Burgerlijke Rechtsvordering worden, onverminderd artikel 48d, tweede lid, en artikel 48e, derde lid, verrekening en korting gelijkgesteld met beslag.

Art. 48g
Indien verscheidene schuldeisers uit hoofde van beslag of korting aanspraak hebben op een deel van de bezoldiging geschiedt de verdeling naar evenredigheid van de inschulden, voor zover niet de ene schuldeiser voorrang heeft boven de anderen.

Art. 48h
1. Overdracht, inpandgeving of elke andere handeling, waardoor de ambtenaar van politie enig recht op zijn bezoldiging aan een derde toekent is slechts geldig voor dat deel van de bezoldiging waarop beslag geldig zou zijn.
2. Een volmacht tot voldoening of invordering van de bezoldiging is slechts geldig indien zij schriftelijk is verleend en is steeds herroepelijk.

Art. 48i
Betaling of afgifte aan een gemachtigde, nadat een volmacht tot voldoening of invorderingen van bezoldiging is geëindigd, ontlast het bevoegd gezag, indien een gegeven opdracht tot de betaling of afgifte niet meer tijdig kon worden ingetrokken, toen het bevoegd gezag van het eindigen van de volmacht kennis kreeg.

§ 3.5.3
Bepalingen voor ambtenaren van politie die de AOW-gerechtigde leeftijd hebben bereikt

Art. 48j
1. Voor de ambtenaar van politie die de in artikel 7, onderdeel a, van de Algemene Ouderdomswet bedoelde leeftijd heeft bereikt en die is aangesteld in tijdelijke dienst wordt bij voorschriften of regels op grond van artikel 47, eerste lid, bepaald dat die aanstelling als een aanstelling in vaste dienst geldt vanaf de dag waarop:
a. de door hetzelfde bevoegd gezag verleende aanstellingen in tijdelijke dienst elkaar met tussenpozen van niet meer dan zes maanden hebben opgevolgd en een periode van 48 maanden, deze tussenpozen inbegrepen, hebben overschreden;
b. meer dan zes door hetzelfde bevoegd gezag verleende aanstellingen in tijdelijke dienst elkaar hebben opgevolgd met tussenpozen van niet meer dan zes maanden.
2. Voor de vaststelling of de in het eerste lid bedoelde periode of het aantal opvolgende aanstellingen is overschreden, wordt bij de in het eerste lid genoemde voorschriften of regels bepaald dat slechts de aanstellingen in tijdelijke dienst in aanmerking worden genomen die zijn aangegaan na het bereiken van de in het eerste lid bedoelde leeftijd.

Art. 48k
Indien bij voorschriften of regels op grond van artikel 47, eerste lid, een in acht te nemen termijn van opzegging van het dienstverband van de ambtenaar van politie is bepaald, bedraagt die termijn voor de ambtenaar die de in artikel 48j, eerste lid, bedoelde leeftijd heeft bereikt, een maand.

Art. 48l
1. Voor zover in verband met een reorganisatie arbeidsplaatsen vervallen, wordt de ambtenaar van politie die de in artikel 48j, eerste lid, bedoelde leeftijd heeft bereikt het eerst voor ontslag in aanmerking gebracht. In deze leeftijdsgroep worden vervolgens de ambtenaren met het kortste dienstverband het eerst voor ontslag in aanmerking gebracht.
2. Bij voorschriften of regels op grond van artikel 47, eerste lid, wordt bepaald welke diensttijd wordt meegeteld voor de berekening van de duur van het dienstverband, bedoeld in de tweede zin van het eerste lid.

Art. 48m
1. De ambtenaar van politie die de in artikel 48j, eerste lid, bedoelde leeftijd heeft bereikt, kan worden ontslagen op grond van ongeschiktheid tot het verrichten van zijn arbeid wegens ziekte, indien:
a. er sprake is van ongeschiktheid tot het verrichten van zijn arbeid wegens ziekte gedurende een ononderbroken periode van zes weken, en
b. herstel van zijn ziekte niet binnen een periode van zes weken na de in onderdeel a genoemde periode van zes weken te verwachten is.
2. Indien de ongeschiktheid wegens ziekte een aanvang heeft genomen voor de datum waarop de ambtenaar de in artikel 48j, eerste lid, bedoelde leeftijd heeft bereikt, geldt vanaf die datum de in onderdeel a genoemde termijn van zes weken, voor zover het totale tijdvak niet meer bedraagt dan twee jaar.
3. Voor de berekening van de periode van zes weken, bedoeld in het eerste lid, onderdeel a, worden perioden van ongeschiktheid tot het verrichten van arbeid wegens ziekte samengeteld indien zij elkaar met een onderbreking van minder dan vier weken opvolgen.
4. Om te beoordelen of sprake is van een situatie als bedoeld in het eerste lid, onderdelen a en b, kan het bevoegd gezag een onderzoek naar de mate van zijn arbeidsongeschiktheid tot werken als bedoeld in artikel 32, zesde lid, van de Wet structuur uitvoeringsorganisatie werk en inkomen aanvragen.

Art. 48n
1. In afwijking van de in artikel 48m, eerste en tweede lid, genoemde termijn van 6 weken, geldt tot een bij koninklijk besluit te bepalen tijdstip een termijn van dertien weken voor de ambtenaar van politie die de in artikel 7, onderdeel a, van de Algemene Ouderdomswet bedoelde leeftijd heeft bereikt.
2. Indien de ongeschiktheid wegens ziekte een aanvang heeft genomen voor de datum waarop de ambtenaar de in het eerste lid bedoelde leeftijd heeft bereikt, geldt vanaf die datum de in het eerste lid genoemde termijn, voor zover het totale tijdvak niet meer bedraagt dan 104 weken.
3. Met ingang van het tijdstip, bedoeld in het eerste lid, geldt de in artikel 48m, eerste lid, onderdeel a, genoemde termijn van zes weken, voor zover het totale tijdvak niet meer bedraagt dan dertien weken.
4. Het tijdstip, bedoeld in het eerste lid, wordt niet eerder vastgesteld dan nadat:
a. Onze Minister van Sociale Zaken en Werkgelegenheid een verslag over de doeltreffendheid en de effecten van de Wet werken na de AOW-gerechtigde leeftijd in de praktijk gedurende de eerste twee jaren na inwerkingtreding van die wet, aan de beide kamers der Staten-Generaal heeft gezonden; en
b. acht weken zijn verstreken nadat het voornemen tot het vaststellen van dat tijdstip is meegedeeld aan de beide kamers der Staten-Generaal.

Art. 48o
1. De op grond van artikel 47, eerste lid, vastgestelde voorschriften of regels, voor zover het de daarin opgenomen bepalingen betreffende ontslag op grond van ongeschiktheid voor zijn arbeid wegens ziekte of gebrek betreft, zoals deze bepalingen luidden voor het tijdstip van inwerkingtreding van artikel II van de Wet werken na de AOW-gerechtigde leeftijd, blijven gedurende zes maanden na dat tijdstip van inwerkingtreding van toepassing op de ambtenaar van politie:
a. die op de dag voor het tijdstip van inwerkingtreding ten minste de in artikel 7, onderdeel a, van de Algemene Ouderdomswet bedoelde leeftijd heeft, dan wel binnen zes maanden na dat tijdstip deze leeftijd bereikt, en
b. die voor het tijdstip van inwerkingtreding en tevens, al dan niet na een onderbreking gedurende minder dan vier weken, na dat tijdstip verhinderd is om de dienst te verrichten of het ambt te vervullen wegens ongeschiktheid als gevolg van ziekte.
2. Na afloop van de in het eerste lid genoemde termijn van zes maanden, geldt de in artikel 48n, eerste lid, genoemde termijn van dertien weken, voor zover het totale tijdvak niet meer bedraagt dan 104 weken.

Art. 48p
Bij voorschriften of regels op grond van artikel 47, eerste lid, kan ten gunste van de ambtenaar van politie die de in 48j, eerste lid, bedoelde leeftijd heeft bereikt, van de artikelen 48j tot en met 48o worden afgeweken.

§ 3.5.4
Screening

Art. 48q
1. Het verrichten van werkzaamheden als ambtenaar van politie als bedoeld in artikel 2, onder a, b of c, is slechts mogelijk, indien hiertegen op grond van een onderzoek naar de betrouwbaarheid van de betrokkene geen bezwaar bestaat.

2. Het eerste lid is niet van toepassing indien het bij of krachtens algemene maatregel van bestuur aangewezen werkzaamheden betreft waarin technische, administratieve en andere taken ten dienste van de politie worden uitgevoerd en het tot aanstelling, schorsing of ontslag bevoegd gezag heeft bepaald dat kan worden volstaan met een verklaring omtrent het gedrag.
3. Het krachtens overeenkomst verrichten van werkzaamheden voor de politie is slechts mogelijk, indien de betrokken natuurlijk persoon in het bezit is van een verklaring omtrent het gedrag.
4. In afwijking van het derde lid is het krachtens overeenkomst verrichten van bij of krachtens algemene maatregel van bestuur aangewezen werkzaamheden voor de politie die een risico kunnen vormen voor de integriteit van deze organisatie slechts mogelijk, indien hiertegen op grond van een onderzoek naar de betrouwbaarheid van de betrokken natuurlijke persoon geen bezwaar bestaat.
5. Van een bezwaar als bedoeld in het eerste en vierde lid kan slechts sprake zijn, indien naar het oordeel van het tot aanstelling, schorsing en ontslag bevoegd gezag onderscheidenlijk de korpschef er onvoldoende waarborgen zijn dat de betrokkene betrouwbaar kan worden geacht.
6. Van een bezwaar is in ieder geval sprake indien de betrokkene onherroepelijk is veroordeeld ter zake een bij algemene maatregel van bestuur aangewezen misdrijf, tenzij naar het oordeel van het tot aanstelling, schorsing en ontslag bevoegd gezag onderscheidenlijk de korpschef, gelet op de omstandigheden van het geval, ondanks een dergelijke onherroepelijke veroordeling, geen sprake is van onvoldoende waarborgen dat de betrokkene betrouwbaar kan worden geacht. Met een veroordeling wordt gelijkgesteld een strafbeschikking en het hebben voldoen aan voorwaarden ter voorkoming van strafvervolging als bedoeld in artikel 74, eerste lid, van het Wetboek van Strafrecht.
7. In plaats van de verklaring omtrent het gedrag kan de betrokkene een met deze verklaring overeenkomend document, afgegeven door het daartoe bevoegde gezag in de staat van herkomst, overleggen.
8. Het eerste tot en met vierde lid zijn niet van toepassing indien sprake is van een vertrouwensfunctie als bedoeld in artikel 1, eerste lid, onder a, van de Wet veiligheidsonderzoeken.

Art. 48r

1. Aan een onderzoek naar de betrouwbaarheid wordt onderworpen de betrokkene die werkzaamheden als bedoeld in artikel 48q, eerste of vierde lid, wil verrichten.
2. Het onderzoek naar de betrouwbaarheid omvat een onderzoek naar gegevens die uit het oogpunt van de integriteit van de politie van belang zijn voor het verrichten van deze werkzaamheden.
3. Bij het onderzoek worden geraadpleegd de op de betrokkene betrekking hebbende:
a. justitiële gegevens als bedoeld in artikel 1, onder a, van de Wet justitiële en strafvorderlijke gegevens;
b. politiegegevens als bedoeld in artikelen 8, 9, 10 en 13 van de Wet politiegegevens;
c. gegevens over gezondheid, voor zover verstrekt door de betrokkene dan wel personen of instanties als bedoeld in artikel 48t, eerste lid, onder b, en die betrekking hebben op signalen wijzend op verslaving of een andersoortige afhankelijkheid, en
d. andere bij of krachtens algemene maatregel van bestuur aangewezen gegevens, waaronder gegevens uit open bronnen, betreffende overige persoonlijke gedragingen en omstandigheden.
4. Over diens betrouwbaarheid wordt de betrokkene in persoon gehoord.
5. De betrokkene verleent medewerking aan het onderzoek.

Art. 48s

1. Bij of krachtens algemene maatregel van bestuur worden werkzaamheden aangewezen die een verhoogd risico kunnen vormen voor de integriteit van de politie.
2. Indien de betrokkene, bedoeld in artikel 48r, eerste lid, werkzaamheden als bedoeld in het eerste lid gaat verrichten, worden bij het onderzoek naar de betrouwbaarheid tevens justitiële gegevens als bedoeld in artikel 1, onder a, van de Wet justitiële en strafvorderlijke gegevens, politiegegevens als bedoeld in artikelen 8, 9, 10 en 13 van de Wet politiegegevens, en gegevens uit open bronnen geraadpleegd die betrekking hebben op:
a. diens partner, diens eerstegraads bloedverwant in neergaande lijn, voor zover twaalf jaar of ouder, of diens inwonende eerstegraads bloedverwant in opgaande lijn;
b. een andere persoon, dan bedoeld onder a, voor zover twaalf jaar of ouder.
3. Raadplegen van de gegevens van een persoon als bedoeld in het tweede lid, onder b, geschiedt uitsluitend, indien er aanwijzingen zijn dat omtrent deze persoon gegevens als bedoeld in het tweede lid bestaan die vanwege de bijzondere aard van de relatie tussen deze persoon en de betrokkene relevant zijn voor de beoordeling of er geen bezwaar als bedoeld in artikel 48q, eerste of vierde lid, bestaat.
4. De aanwijzingen, bedoeld in het derde lid, kunnen uitsluitend worden verkregen op basis van het onderzoek naar de betrouwbaarheid van de betrokkene, waaronder het onderzoek naar gegevens die betrekking hebben op de personen, bedoeld in het tweede lid, onder a.

5. In het tweede lid, onder a, wordt onder partner verstaan: degene met wie de betrokkene is gehuwd, een geregistreerd partnerschap voert of een notarieel samenlevingscontract heeft, strekkende tot de wederzijdse verplichting een bijdrage te leveren aan een gezamenlijke huishouding of een daarmee naar aard en strekking overeenkomende registratie buiten Nederland dan wel een andere levensgezel van de betrokkene.
6. Met de personen, bedoeld in het tweede lid, kan een gesprek worden gevoerd over de geraadpleegde gegevens, bedoeld in dat lid.

Art. 48t

1. Voor zover dat voor een goede oordeelsvorming in het kader van het onderzoek naar de betrouwbaarheid noodzakelijk is, kan het bevoegd gezag onderscheidenlijk de korpschef bij de toepassing van artikel 48r of artikel 48s inlichtingen inwinnen omtrent:
   a. de betrokkene en de personen, bedoeld in de artikelen 48s, tweede lid, bij het openbaar ministerie en bij instellingen die op grond van artikel 4, eerste lid, van de Reclasseringsregeling 1995 bevoegd zijn om reclasseringswerkzaamheden te verrichten, voor zover het betreft de op hen betrekking hebbende justitiële gegevens;
   b. de betrokkene bij personen en instanties die inzicht hebben in diens betrouwbaarheid, voor zover het betreft gegevens als bedoeld in artikel 48r, derde lid, onder b, c en d.
2. Het inwinnen van inlichtingen als bedoeld in het eerste lid, onder b, vindt slechts plaats onder opgave van redenen aan de betrokkene en nadat hem is bericht bij welke persoon of instantie en in welke fase van het onderzoek dat geschiedt.

Art. 48u

1. Het onderzoek naar de betrouwbaarheid wordt pas ingesteld nadat het tot aanstelling, schorsing en ontslag bevoegd gezag onderscheidenlijk de korpschef de betrokkene overigens bekwaam en geschikt acht. De betrokkene wordt schriftelijk in kennis gesteld van de aanvang van het onderzoek naar de betrouwbaarheid.
2. Een beslissing omtrent de betrouwbaarheid als bedoeld in artikel 48q, eerste en vierde lid, wordt aangemerkt als een beschikking als bedoeld in artikel 1:3, tweede lid, van de Algemene wet bestuursrecht.
3. Het bevoegd gezag onderscheidenlijk de korpschef beslist omtrent de betrouwbaarheid zo spoedig mogelijk, doch uiterlijk binnen 8 weken na toezending of uitreiking van de kennisgeving, bedoeld in het eerste lid, tweede volzin.
4. Bij of krachtens algemene maatregel van bestuur worden regels gesteld over de te volgen procedure voor, tijdens en na het onderzoek naar de betrouwbaarheid.
5. Het eerste lid is van overeenkomstige toepassing op het vragen naar een verklaring omtrent het gedrag en het instellen van een veiligheidsonderzoek.

Art. 48v

1. Het bevoegd gezag onderscheidenlijk de korpschef oefent een continue controle uit op:
   a. ambtenaren van politie als bedoeld in artikel 2, onder a, b en c;
   b. personen die werkzaamheden als bedoeld in artikel 48q, vierde lid, verrichten.
2. De continue controle bestaat uit een doorlopende controle op veranderingen in de justitiële documentatie, bedoeld in artikel 1, onder g, van de Wet justitiële en strafvorderlijke gegevens, van deze personen, teneinde na te gaan of ten aanzien van hen geen bezwaar bestaat tegen het blijven verrichten van werkzaamheden als ambtenaar van politie als bedoeld in artikel 2, onder a, b of c, onderscheidenlijk werkzaamheden als bedoeld in artikel 48q, vierde lid.
3. Ten behoeve van de continue controle worden door het bevoegd gezag onderscheidenlijk de korpschef de naam en het burgerservicenummer, bedoeld in artikel 1, onder b, van de Wet algemene bepalingen burgerservicenummer, van deze personen periodiek verstrekt aan Onze Minister.
4. Justitiële gegevens van personen als bedoeld in het eerste lid worden door Onze Minister ambtshalve verstrekt aan het bevoegd gezag onderscheidenlijk de korpschef met het oog op toepassing van het tweede lid.
5. Het eerste lid is niet van toepassing indien het een vertrouwensfunctie of een functie waarvan is bepaald dat een verklaring omtrent het gedrag is vereist, betreft.

Art. 48w

1. De ambtenaar, bedoeld in artikel 48v, eerste lid, onder a, meldt aan het bevoegd gezag een wijziging van feiten of omstandigheden waarvan hem redelijkerwijs duidelijk moet zijn dat die uit het oogpunt van de integriteit van de politie relevant is voor het verrichten van werkzaamheden als ambtenaar van politie.
2. De persoon, bedoeld in artikel 48v, eerste lid, onder b, meldt aan de korpschef een wijziging van feiten of omstandigheden waarvan hem redelijkerwijs duidelijk moet zijn dat die uit het oogpunt van de integriteit van de politie relevant is voor het blijven verrichten van deze werkzaamheden.
3. Onder een wijziging van feiten of omstandigheden als bedoeld in het eerste en tweede lid, wordt verstaan een wijziging die betrekking heeft op de gegevens, bedoeld in de artikelen 48r, derde lid, onder a tot en met d, en 48s, tweede lid.

4. Bij of krachtens algemene maatregel van bestuur worden nadere regels gesteld omtrent de melding, bedoeld in het eerste en tweede lid.
5. Het eerste lid is niet van toepassing indien het een vertrouwensfunctie of een functie waarvan is bepaald dat een verklaring omtrent het gedrag is vereist, betreft.

Art. 48x

1. Het bevoegd gezag onderscheidenlijk de korpschef kan, indien hem blijkt van feiten of omstandigheden die een hernieuwd onderzoek naar de betrouwbaarheid rechtvaardigen, een onderzoek naar de betrouwbaarheid instellen naar de persoon, bedoeld in artikel 48v, eerste lid, onder a of b.
2. Het bevoegd gezag onderscheidenlijk de korpschef stelt periodiek een hernieuwd onderzoek naar de betrouwbaarheid in naar een persoon als bedoeld in artikel 48v, eerste lid, onder a en b.
3. Op het onderzoek, bedoeld in het eerste en tweede lid, zijn de artikelen 48q, 48r, eerste tot en met derde lid en vijfde lid, 48s, 48t en 48u, tweede en vierde lid, van overeenkomstige toepassing. Op het onderzoek, bedoeld in het tweede lid, is tevens artikel 48u, eerste lid, tweede volzin, en derde lid, van overeenkomstige toepassing.
4. Bij of krachtens algemene maatregel van bestuur worden regels gesteld omtrent de feiten of omstandigheden, bedoeld in het eerste lid, en de periode, bedoeld in het tweede lid, waarbij de periode voor verschillende werkzaamheden anders kan worden vastgesteld.
5. Het eerste en tweede lid zijn niet van toepassing indien het een vertrouwensfunctie of een functie waarvan is bepaald dat een verklaring omtrent het gedrag is vereist, betreft.

Art. 48y

1. De korpschef vraagt de ambtenaar van politie die beschikt over een verklaring omtrent het gedrag ter voldoening van artikel 48q, tweede lid, en de persoon die krachtens overeenkomst werkzaamheden verricht voor de politie en beschikt over een verklaring omtrent het gedrag ter voldoening van artikel 48q, derde lid, na het verstrijken van een bij algemene maatregel van bestuur te bepalen termijn opnieuw een verklaring omtrent het gedrag over te leggen.
2. De korpschef kan, indien hem blijkt van feiten of omstandigheden die het overleggen van een verklaring omtrent het gedrag rechtvaardigen, de in het eerste lid bedoelde persoon vragen opnieuw een verklaring omtrent het gedrag over te leggen.
3. Indien de persoon, bedoeld in het eerste of tweede lid, niet binnen een redelijke termijn een verklaring omtrent het gedrag overlegt, wordt niet langer voldaan aan het vereiste voor het verrichten van werkzaamheden als bedoeld in artikel 48q, tweede of derde lid.
4. Artikel 48q, zevende lid, is van toepassing.

Art. 48z

1. Het bevoegd gezag onderscheidenlijk de korpschef is de verwerkingsverantwoordelijke, bedoeld in artikel 4, onder 7, van de Algemene verordening gegevensbescherming, ten aanzien van de maatregelen, bedoeld in de artikelen 48q tot en met 48y.
2. Het bevoegd gezag onderscheidenlijk de korpschef is bevoegd:
a. de gegevens, bedoeld in de artikelen 48r, derde lid, 48s, tweede lid, 48t en 48x te verwerken, voor zover dit noodzakelijk is voor de uitvoering van het onderzoek naar de betrouwbaarheid van de betrokkene;
b. de gegevens, bedoeld in artikel 48v, vierde lid, te verwerken, voor zover dit noodzakelijk is voor de toepassing van artikel 48v, tweede lid;
c. de gegevens, bedoeld in artikel 48w, eerste en tweede lid, te verwerken, voor zover dit noodzakelijk is om na te gaan of ten aanzien van de betrokkene geen bezwaar bestaat tegen het blijven verrichten van werkzaamheden als ambtenaar van politie onderscheidenlijk werkzaamheden als bedoeld in artikel 48q, derde of vierde lid.
3. De gegevens, bedoeld in de artikelen 48r, derde lid, 48s, tweede lid, 48t, 48v, vierde lid, 48x en 48y worden niet voor een ander doel verwerkt dan waarvoor zij zijn verzameld. Zij worden niet langer dan vijf jaren bewaard in een vorm die het mogelijk maakt de betrokkene te identificeren voor het doel waarvoor de gegevens worden verwerkt.

Hoofdstuk 4
De rijksrecherche

Art. 49

Rijksrecherche, taak

1. Er is een rijksrecherche. De rijksrecherche heeft tot taak het doen van onderzoek in opdracht van het College van procureurs-generaal, naar feiten of gedragingen die mogelijk een strafbaar feit opleveren.

College van procureurs-generaal, aanwijzing inzet rijksrecherche

2. Het College van procureurs-generaal kan de rijksrecherche belasten met een onderzoek als bedoeld in het eerste lid indien inzet van de rijksrecherche is aangewezen:
a. om iedere schijn van partijdigheid te vermijden bij een onderzoek naar feiten of gedragingen die de integriteit van de overheid kunnen aantasten en zijn begaan door natuurlijke personen of rechtspersonen belast met een publieke taak, of betrokken bij de uitvoering daarvan, of

Politiewet 2012 C5 art. 56

b. omwille van de bijzondere deskundigheid van de rijksrecherche in door het College van procureurs-generaal aan te wijzen gevallen.
3. Het College van procureurs-generaal stelt Onze Minister in kennis van een aanwijzing als bedoeld in het tweede lid, onder b.

Art. 50
Het bepaalde bij of krachtens de artikelen 3, 9 en 12 is van overeenkomstige toepassing op de rijksrecherche. Bij ministeriële regeling kunnen regels omtrent de vereisten voor een goede taakuitvoering door de politie, gesteld krachtens artikel 21, van overeenkomstige toepassing worden verklaard op de rijksrecherche.

Schakelbepaling, rijksrecherche

Art. 51
Het beheer van de rijksrecherche berust bij het College van procureurs-generaal.

Rijksrecherche, beheer

Art. 52
Het College van procureurs-generaal stelt ten minste eenmaal in de vier jaar een beleidsplan en jaarlijks een begroting, een financieel verslag en een jaarverslag met betrekking tot de rijksrecherche vast. Deze behoeven de goedkeuring van Onze Minister.

College van procureurs-generaal, vaststelling beleidsplan/begroting/financieel verslag/jaarverslag rijksrecherche

Art. 53
1. De ambtenaren van de rijksrecherche worden aangesteld, geschorst en ontslagen door het College van procureurs-generaal.

Ambtenaren van rijksrecherche, aanstelling/schorsing/ontslag door College van procureurs-generaal Schakelbepaling

2. Het bepaalde krachtens artikel 45, tweede lid, is van overeenkomstige toepassing op de ambtenaren van de rijksrecherche.
3. De artikelen 44a, 47, 47a, 47b, 47c en 48 en de paragrafen 3.5.2. en 3.5.3. zijn van overeenkomstige toepassing op de rijksrecherche.
4. Voor de toepassing van de Wet veiligheidsonderzoeken bij de rijksrecherche wordt Onze Minister aangemerkt als Onze Minister, bedoeld in artikel 1, onder c, van de Wet veiligheidsonderzoeken.

Art. 54
Bij algemene maatregel van bestuur kunnen regels worden gesteld over:
a. de doeleinden waarvoor de rijksrecherche, met inachtneming van het bepaalde bij of krachtens de Wet politiegegevens, gegevens verwerkt of verder verwerkt en de categorieën van gegevens die de rijksrecherche daartoe verwerkt, alsmede over de terbeschikkingstelling van gegevens ten behoeve van de uitvoering van de politietaak en de verstrekking van gegevens aan personen en instanties;
b. de wijze waarop de rijksrecherche gegevens verwerkt, daaronder begrepen de schrijfwijze en classificatie van gegevens, alsmede de wijze van vermelding van de herkomst van de gegevens.

Nadere regels, gegevensverwerking rijksrecherche

Art. 55
Bij ministeriële regeling kunnen regels worden gegeven over de samenwerking van de rijksrecherche met de politie. Bij regeling van Onze Minister in overeenstemming met Onze Minister van Defensie kunnen regels worden gegeven over de samenwerking van de rijksrecherche met de Koninklijke marechaussee.

Nadere regels, samenwerking politie en rijksrecherche

Hoofdstuk 5
Bijstand

§ 5.1
Bijstand aan de politie

Art. 56
1. Behoeft een eenheid bijstand van andere eenheden voor de handhaving van de openbare orde, dan richt de burgemeester een verzoek daartoe aan de korpschef.

Handhaving openbare orde/strafrechtelijke handhaving rechtsorde, aanvraag om bijstand

2. Behoeft een eenheid bijstand van andere eenheden voor de strafrechtelijke handhaving van de rechtsorde, dan wel voor het verrichten van taken ten dienste van de justitie, dan richt de officier van justitie een verzoek daartoe aan de korpschef.
3. Behoudens in spoedeisende gevallen wordt het verzoek, bedoeld in het eerste en tweede lid, niet gedaan dan nadat de regioburgemeester in de gelegenheid is gesteld zijn zienswijze over het verzoek te geven.
4. Indien het in het eerste of tweede lid bedoelde verzoek geheel of gedeeltelijk wordt afgewezen, kan de burgemeester onderscheidenlijk de officier van justitie Onze Minister verzoeken de korpschef op te dragen alsnog in de gevraagde bijstand te voorzien.

C5 art. 57 — Politiewet 2012

5. Behoeft een landelijke eenheid bijstand van andere eenheden bij de uitoefening van de taak, bedoeld in artikel 42, eerste lid, onder c, dan verstrekt Onze Minister aan de korpschef de nodige opdrachten.
6. Indien Onze Minister zijn bevoegdheid, bedoeld in artikel 15, derde lid, uitoefent, verstrekt hij aan de korpschef de nodige opdrachten.

Art. 57

Politie, bijstand van Koninklijke marechaussee

1. De Koninklijke marechaussee kan bijstand verlenen aan de politie.
2. Onze Minister bepaalt, na overleg met Onze Minister van Defensie, of bijstand wordt verleend.
3. Indien bijstand moet worden verleend, bepaalt Onze Minister in overeenstemming met Onze Minister van Defensie op welke wijze de bijstand wordt verleend.

Art. 58

Politie, bijstand van andere delen krijgsmacht

1. In bijzondere gevallen kan bijstand worden verleend door andere delen van de krijgsmacht.
2. Onze Minister bepaalt, in overeenstemming met Onze Minister van Defensie, op welke wijze de bijstand zal worden verleend. Daarbij worden tevens nadere regels of beleidsregels gegeven over de uitoefening van bevoegdheden krachtens deze wet.

Art. 59

Bijzondere bijstandseenheid, taak

1. Er zijn een of meer bijzondere bijstandseenheden bestaande uit personeel van de politie, de Koninklijke marechaussee of andere delen van de krijgsmacht. Deze bijzondere bijstandseenheden worden belast met bij regeling van Onze Minister en Onze Minister van Defensie aangewezen bijzondere onderdelen van de politietaak.

Bijzondere bijstandseenheid, verzoek om inzet

2. Behoeft de politie, de rijksrecherche of de Koninklijke marechaussee bijstand van een bijzondere bijstandseenheid als bedoeld in het eerste lid, dan richt de officier van justitie, door tussenkomst van het College van procureurs-generaal, een verzoek daartoe aan Onze Minister.
3. Indien bijstand door een bijzondere bijstandseenheid als bedoeld in het eerste lid nodig is, bepaalt Onze Minister of en op welke wijze die bijzondere bijstandseenheid wordt ingezet. Onze Minister stelt Onze Minister van Defensie onverwijld in kennis van de inzet.

Nadere regels

4. Bij regeling van Onze Minister en Onze Minister van Defensie kunnen nadere regels worden gesteld omtrent de uitvoering van het tweede en derde lid, alsmede de organisatie van de bijzondere bijstandseenheden.
5. Bij of krachtens algemene maatregel van bestuur op voordracht van Onze Minister en Onze Minister van Defensie kunnen regels worden gesteld over de bewapening, de uitrusting en de bekwaamheid van het personeel van de bijzondere bijstandseenheden.

§ 5.2
Bijstand aan de rijksrecherche

Art. 60

Politie, bijstand aan de rijksrecherche

Behoeft de rijksrecherche bijstand van de politie, dan verstrekt het College van procureurs-generaal op aanvraag van de officier van justitie aan de korpschef de nodige opdrachten en stelt het Onze Minister daarvan in kennis.

§ 5.3
Bijstand aan de Koninklijke marechaussee

Art. 61

Politie, bijstand aan de Koninklijke marechaussee

De politie kan bijstand verlenen aan de Koninklijke marechaussee, met inachtneming van de artikelen 62 tot en met 64.

Art. 62

Koninklijke marechaussee, bijstand politie voor handhaving openbare orde

Behoeft de Koninklijke marechaussee bijstand van de politie voor de handhaving van de openbare orde, dan richt Onze Minister van Defensie op aanvraag van de burgemeester een verzoek daartoe aan Onze Minister. Onze Minister verstrekt aan de korpschef de nodige opdrachten en stelt Onze Minister van Defensie daarvan in kennis.

Art. 63

Koninklijke marechaussee, bijstand politie voor strafrechtelijke handhaving

Behoeft de Koninklijke marechaussee bijstand van de politie voor de strafrechtelijke handhaving van de rechtsorde, dan wel voor het verrichten van taken ten dienste van de justitie, dan richt Onze Minister van Defensie op aanvraag van de officier van justitie een verzoek daartoe aan het College van procureurs-generaal. Het College van procureurs-generaal verstrekt door tussenkomst van de korpschef aan de betrokken politiechefs de nodige opdrachten en stelt Onze Minister en Onze Minister van Defensie daarvan in kennis.

Art. 64
1. Behoeft de Koninklijke marechaussee bijstand van de politie bij de uitoefening van de taken die zij op grond van artikel 4, derde lid, verricht onder verantwoordelijkheid van Onze Minister, dan verstrekt Onze Minister, in overeenstemming met Onze Minister van Defensie en na overleg met het College van procureurs-generaal, door tussenkomst van de korpschef aan de betrokken politiechefs van een regionale eenheid de nodige opdrachten.

2. Artikel 4, derde lid, is van overeenkomstige toepassing ten aanzien van de politiechef, voor zover die eenheid bijstand verleent aan de Koninklijke marechaussee als bedoeld in het eerste lid.

Koninklijke marechaussee, bijstand politie voor politietaken

Werkingssfeer

Hoofdstuk 6
Toezicht

Art. 65
1. De Inspectie Openbare Orde en Veiligheid, bedoeld in artikel 57 van de Wet veiligheidsregio's, is met het oog op een goede taakuitvoering door de politie en de Politieacademie belast met:
a. het, onverminderd het gezag van de burgemeester en de officier van justitie, houden van toezicht op de taakuitvoering;
b. het houden van toezicht op de kwaliteitszorg door de politie;
c. het houden van toezicht op de kwaliteit van het politieonderwijs en de examinering;
d. het verrichten van onderzoek, indien daar in bijzondere gevallen reden toe is, naar ingrijpende gebeurtenissen waarbij de politie betrokken is, tenzij de Onderzoeksraad voor veiligheid, bedoeld in artikel 2 van de Rijkswet Onderzoeksraad voor veiligheid, naar het desbetreffende voorval een onderzoek instelt.
2. De inspectie voert haar werkzaamheden uit onder gezag van Onze Minister.
3. De korpschef en de directeur van de Politieacademie verlenen de inspectie de door deze verlangde ondersteuning bij de uitvoering van de werkzaamheden in het kader van het eerste lid.

Inspectie Openbare Orde en Veiligheid, werkzaamheden

Art. 66
1. De werkzaamheden die in het kader van artikel 65, eerste lid, onder a tot en met d, worden uitgevoerd, worden jaarlijks door Onze Minister vastgesteld.
2. De inspectie rapporteert, gevraagd of ongevraagd, rechtstreeks aan Onze Minister.
3. Onze Minister zendt de Staten-Generaal jaarlijks een door de inspectie opgesteld verslag van de werkzaamheden die in het kader van artikel 65, eerste lid, worden uitgevoerd.

Inspectie Openbare Orde en Veiligheid, vaststelling werkzaamheden

Art. 67
Met het toezicht bedoeld in artikel 65, eerste lid, zijn belast de bij besluit van Onze Minister aangewezen ambtenaren van de inspectie. Van het besluit wordt mededeling gedaan door plaatsing in de Staatscourant.

Inspectie Openbare Orde en Veiligheid, aanwijzing ambtenaren door minister

Hoofdstuk 7
De behandeling van klachten

Art. 67a
1. Met de behandeling van en advisering over klachten zijn belast een of meer commissies, bestaande uit onafhankelijke leden.
2. Het eerste lid is niet van toepassing indien na behandeling door Onze Minister, Onze Minister van Defensie, het College van procureurs-generaal, de korpschef of de politiechef naar tevredenheid van de klager aan diens klacht tegemoet is gekomen.

Klachten, behandeling/advisering

Art. 68
1. Onze Minister stelt nadere regels vast over de behandeling van klachten over gedragingen van ambtenaren van politie.
2. In de regels, bedoeld in het eerste lid, wordt voorzien in:
a. de instelling van een of meer commissies, bestaande uit onafhankelijke leden, die op de wijze in de regeling te bepalen zijn belast met de behandeling van en advisering over klachten waarbij zo nodig aandacht wordt geschonken aan de in onderdeel c genoemde aspecten;
b. de registratie van de mondeling en schriftelijk ingediende klachten en, indien beschikbaar, de daarop genomen beslissingen, en
c. een jaarlijkse publicatie van de geregistreerde klachten en beslissingen, waarin wordt aangegeven in hoeverre bepaalde klachten wijzen op structurele tekortkomingen in het functioneren van de politie en waarin, zo nodig, aandacht wordt geschonken aan de middelen om deze tekortkomingen op te heffen.
3. Afdeling 9.1.3 van de Algemene wet bestuursrecht is van toepassing op de behandeling van klachten als bedoeld in het tweede lid, onder a. Indien een commissie over de klacht zal advise-

Nadere regels, klachtenregeling ambtenaren politie

Schakelbepaling

ren, deelt degene die ingevolge artikel 70 verantwoordelijk is voor de behandeling van een klacht dit, in afwijking van artikel 9:15, eerste lid, van de Algemene wet bestuursrecht, zo spoedig mogelijk aan de indiener van de klacht mede.

Art. 68a

Nadere regels, klachtenregeling Politieacademie

1. Onze Minister stelt de regels, bedoeld in artikel 68, eerste lid, vast ten aanzien van klachten over gedragingen van:
   a. de directeur van de Politieacademie en zijn plaatsvervanger;
   b. personen die ten behoeve van de Politieacademie politieonderwijs ontwikkelen en verzorgen, kennis ontwikkelen, onderzoek verrichten of onderwijsondersteunende werkzaamheden verrichten;
   c. personen die werkzaamheden verrichten binnen de staf van de Politieacademie.
2. Artikel 68, tweede en derde lid, is van overeenkomstige toepassing.
3. Bij ministeriële regeling worden de functies of de categorieën van personen als bedoeld in het eerste lid, onder b en c, aangewezen.

Art. 69

Nadere regels, klachtenregeling Koninklijke marechaussee

1. Onze Minister van Defensie stelt de regels, bedoeld in artikel 68, eerste lid, vast ten aanzien van klachten over gedragingen van militairen van de Koninklijke marechaussee dan wel van enig ander onderdeel van de krijgsmacht, bij de uitvoering van hun in deze wet omschreven taken.
2. Artikel 68, tweede en derde lid, is van overeenkomstige toepassing.

Art. 70

Klachten, behandeling

1. De korpschef draagt zorg voor de behandeling van de klacht die is ingediend over een gedraging van een ambtenaar van politie die is tewerkgesteld bij een ondersteunende dienst.
2. De politiechef van de regionale of landelijke eenheid draagt zorg voor de behandeling van de klacht die is ingediend over een gedraging van een ambtenaar van politie die bij die eenheid is tewerkgesteld.
3. De korpschef draagt zorg voor de behandeling van een klacht die is ingediend over een gedraging van de politiechef.
4. Het College van procureurs-generaal draagt zorg voor de behandeling van een klacht die is ingediend over een gedraging van een ambtenaar van de rijksrecherche.
5. In afwijking van het eerste lid draagt de directeur van de Politieacademie zorg voor de behandeling van de klacht die is ingediend over een gedraging van een persoon die ten behoeve van de Politieacademie politieonderwijs ontwikkelt en verzorgt, kennis ontwikkelt, onderzoek verricht of onderwijsondersteunende werkzaamheden verricht of die werkzaamheden verricht binnen de staf van de Politieacademie.
6. Onze Minister draagt zorg voor de behandeling van een klacht die is ingediend over een gedraging van de korpschef, de krachtens artikel 28, derde lid, aangewezen leden van de leiding van de politie, de directeur van de Politieacademie en zijn plaatsvervanger.
7. Onze Minister van Defensie draagt zorg voor de behandeling van een klacht die is ingediend over een gedraging van een militair van de Koninklijke marechaussee dan wel van enig ander onderdeel van de krijgsmacht, bij de uitvoering van zijn in deze wet omschreven taken.

Art. 71

Klachten, indienen

1. Een klacht over een gedraging van een ambtenaar van politie wordt ingediend bij de politiechef van de eenheid waar deze ambtenaar is tewerkgesteld.
2. Een klacht als bedoeld in artikel 70, eerste of derde lid, wordt ingediend bij de korpschef.
3. Een klacht over een gedraging van een ambtenaar van de rijksrecherche wordt ingediend bij het College van procureurs-generaal.
4. Een klacht over een gedraging van de korpschef, de krachtens artikel 28, derde lid, aangewezen leden van de leiding van de politie, de directeur van de Politieacademie en zijn plaatsvervanger wordt ingediend bij Onze Minister.
5. Een klacht over een gedraging van een persoon die ten behoeve van de Politieacademie politieonderwijs ontwikkelt en verzorgt, kennis ontwikkelt, onderzoek verricht of onderwijsondersteunende werkzaamheden verricht of die werkzaamheden verricht binnen de staf van de Politieacademie, wordt, in afwijking van het tweede lid, ingediend bij de directeur van de Politieacademie.
6. Een klacht over een gedraging van een militair van de Koninklijke marechaussee dan wel van enig ander onderdeel van de krijgsmacht, bij de uitvoering van zijn in deze wet omschreven taken, wordt ingediend bij Onze Minister van Defensie.

Klachten, afschrift

7. Tenzij reeds naar tevredenheid van de klager aan diens klacht tegemoet is gekomen, wordt van de klacht, onverwijld na de ontvangst ervan, afschrift gezonden aan de burgemeester van de gemeente waar de gedraging waarover wordt geklaagd heeft plaatsgevonden, alsmede aan de hoofdofficier van justitie van het arrondissement waarin de gemeente is gelegen waar de gedraging waarover wordt geklaagd, heeft plaatsgevonden. De burgemeester en de hoofdofficier van justitie worden in de gelegenheid gesteld over de klacht advies uit te brengen. De eerste en tweede volzin zijn niet van toepassing op de klacht die is ingediend over een gedraging van een

persoon die ten behoeve van de Politieacademie politieonderwijs ontwikkelt en verzorgt, kennis ontwikkelt, onderzoek verricht of onderwijsondersteunende werkzaamheden verricht of die werkzaamheden verricht binnen de staf van de Politieacademie.

Art. 72
In afwijking van artikel 9:11, eerste lid, van de Algemene wet bestuursrecht wordt de klacht afgehandeld binnen tien weken of, indien een commissie als bedoeld in artikel 68, tweede lid, onder a, is belast met de behandeling van en advisering over de klacht, binnen veertien weken na de ontvangst van het klaagschrift.

Klachten, termijn van afhandeling

Hoofdstuk 8
De Politieacademie en de politieonderwijsraad

§ 1
Algemeen

Art. 73
1. Er is een Politieacademie.
2. De Politieacademie heeft rechtspersoonlijkheid.
3. De directeur van de Politieacademie is belast met de leiding en het beheer van de Politieacademie. Hij vertegenwoordigt de Politieacademie in en buiten rechte.
4. De artikelen 12, eerste lid, en 15 van de Kaderwet zelfstandige bestuursorganen zijn niet van toepassing.

Politieacademie

Art. 74
1. De Politieacademie heeft tot taak:
a. het ontwikkelen en verzorgen van politieonderwijs, bestaande uit het ontwikkelen en het verzorgen van:
1°. politieopleidingen;
2°. overige opleidingen, anders dan bedoeld onder 1°;
3°. het examineren van de studenten die de opleidingen, bedoeld onder 1° of 2°, hebben gevolgd;
b. het ontwikkelen van kennis over de politie of de politietaak en het bijdragen aan de ontwikkeling van de uitoefening van de politietaak waarop het politieonderwijs is gericht, onder meer door het verrichten van onderzoek.
2. De Politieacademie verricht de in het eerste lid bedoelde taken ten behoeve van de politie. De politie neemt de in het eerste lid, onder a, bedoelde taken uitsluitend af bij de Politieacademie, onverminderd de taken van de Europese Politieacademie.
3. De Politieacademie kan de in het eerste lid, bedoelde taken tevens uitvoeren ten behoeve van:
a. de Koninklijke marechaussee, voor zover het betreft de uitvoering van de politietaak, en de rijksrecherche;
b. door Onze Minister aangewezen categorieën van personen, andere openbare diensten of rechtspersonen, die een publiekrechtelijke taak uitoefenen op het terrein van politie, justitie of veiligheid.

Politieacademie, taken

Art. 75
1. De Politieacademie kan, na instemming van Onze Minister, andere werkzaamheden uitvoeren, dan de in artikel 74, eerste lid, bedoelde taken, mits die werkzaamheden samenhangen met de in dat lid bedoelde taken.
2. De vergoeding van de kosten voor de werkzaamheden, bedoeld in het eerste lid, door de afnemers van deze werkzaamheden zijn verschuldigd aan Onze Minister.
3. Bij ministeriële regeling kunnen nadere regels worden gesteld over de uit te voeren werkzaamheden, bedoeld in het eerste lid.

Politieacademie, andere werkzaamheden

Art. 76
1. De directeur van de Politieacademie en zijn plaatsvervanger worden benoemd, herbenoemd, geschorst en ontslagen bij koninklijk besluit. De artikelen 9 en 12, tweede lid, van de Kaderwet zelfstandige bestuursorganen zijn van overeenkomstige toepassing op de plaatsvervanger.
2. De directeur van de Politieacademie en zijn plaatsvervanger kunnen niet tevens lid zijn van de raad van advies van de Politieacademie.
3. Bij de benoeming van de directeur van de Politieacademie en zijn plaatsvervanger wordt ervoor zorg gedragen dat expertise op het terrein van de politie, het onderwijs en onderzoek wordt gewaarborgd.
4. De directeur van de Politieacademie en zijn plaatsvervanger worden benoemd voor een periode van ten hoogste zes jaar. Zij kunnen eenmaal worden herbenoemd.

Politieacademie, directeur

Art. 77
1. De Politieacademie heeft een raad van advies van de Politieacademie.

Politieacademie, raad van advies

2. De raad van advies van de Politieacademie adviseert de directeur van de Politieacademie desgevraagd of uit eigen beweging over de taakuitvoering door de Politieacademie.
3. De directeur van de Politieacademie en zijn plaatsvervanger verstrekken de raad van advies van de Politieacademie desgevraagd alle gegevens en inlichtingen die deze voor de uitoefening van zijn taak nodig heeft.

Art. 78

Politieacademie, samenstelling raad van advies

1. De raad van advies van de Politieacademie bestaat uit ten minste drie en ten hoogste vijf leden, waaronder een voorzitter.
2. De artikelen 9, 11, 12, tweede lid, 13, 18, 39, eerste lid, en 41 van de Kaderwet zelfstandige bestuursorganen zijn van overeenkomstige toepassing op de raad van advies van de Politieacademie, met dien verstande dat hij het jaarverslag, bedoeld in artikel 18, eerste lid, van de Kaderwet zelfstandige bestuursorganen tezamen met het jaarverslag van de directeur van de Politieacademie kan uitbrengen.
3. De raad van advies van de Politieacademie stelt bij reglement in ieder geval regels vast omtrent zijn werkwijze.
4. Onze Minister kent de leden van de raad van advies van de Politieacademie, ten laste van de Politieacademie, een vergoeding toe voor hun werkzaamheden. De leden hebben aanspraak op vergoeding door de Politieacademie van de door hen in de uitoefening van hun functie gemaakte reis- en verblijfkosten.

Art. 79

Politieacademie, benoeming leden raad van advies

1. De voorzitter en de overige leden van de raad van advies van de Politieacademie worden benoemd, herbenoemd, geschorst en ontslagen bij koninklijk besluit.

2. Bij de samenstelling van de raad van advies van de Politieacademie wordt ervoor zorg gedragen dat deskundigheid op het terrein van de politie, onderwijs en wetenschappelijk onderzoek wordt gewaarborgd.
3. De leden hebben geen directe belangen bij de Politieacademie. Zij hebben zitting op persoonlijke titel en oefenen hun functie uit zonder last of ruggespraak.
4. De leden worden benoemd voor een periode van ten hoogste vier jaar. Zij kunnen eenmaal worden herbenoemd.

Art. 80

Politieacademie, ondersteuning raad van advies

Ter ondersteuning van de raad van advies van de Politieacademie stelt de directeur van de Politieacademie sterkte feitelijk ter beschikking. De personen die werkzaam zijn ten behoeve van de raad van advies van de Politieacademie staan onder gezag van de raad van advies van de Politieacademie en leggen over hun werkzaamheden uitsluitend daaraan verantwoording af.

Art. 81

Nadere regels, politieacademie

1. Voor zover bij of krachtens dit hoofdstuk of de Kaderwet zelfstandige bestuursorganen niet anders is bepaald, worden bij of krachtens de algemene maatregel van bestuur, bedoeld in artikel 47, eerste lid, voor de directeur van de Politieacademie en zijn plaatsvervanger regels gesteld over de in dat lid bedoelde onderwerpen.
2. Artikel 47, tweede en derde lid, is van overeenkomstige toepassing op de directeur van de Politieacademie en zijn plaatsvervanger. Voor zover uit de Kaderwet zelfstandige bestuursorganen niet anders voortvloeit, is artikel 47, vierde lid, van overeenkomstige toepassing op de directeur van de Politieacademie en zijn plaatsvervanger.
3. De artikelen 44a, 47a, 47b, 47c en de paragrafen 3.5.2 en 3.5.3 van deze wet alsmede artikel 4 van de Ambtenarenwet 2017 zijn van overeenkomstige toepassing op de Politieacademie, met dien verstande dat:
 a. voor de toepassing van artikel 47c en de paragrafen 3.5.2 en 3.5.3 onder bevoegd gezag wordt verstaan: Onze Minister, en
 b. voor de toepassing van artikel 4 van de Ambtenarenwet 2017 onder overheidswerkgever wordt verstaan: de Staat.
4. Bij de algemene maatregel van bestuur, bedoeld in artikel 48, worden regels gesteld omtrent de titulaire rang van de directeur van de Politieacademie en zijn plaatsvervanger.
5. Bij of krachtens de algemene maatregel van bestuur, bedoeld in artikel 22, worden regels gesteld omtrent de kleding van de directeur van de Politieacademie en zijn plaatsvervanger.

§ 2
Politieonderwijsraad

Art. 82

Politieonderwijsraad

1. Er is een politieonderwijsraad.
2. De politieonderwijsraad bestaat uit een oneven aantal van ten hoogste vijftien leden, onder wie de onafhankelijke voorzitter. De leden wijzen uit hun midden een plaatsvervangend voorzitter aan.

Politiewet 2012

3. In de politieonderwijsraad hebben, naast de voorzitter, in ieder geval als lid zitting: *Politieonderwijsraad, samenstelling*
a. een burgemeester;
b. een lid van de leiding van de politie en twee politiechefs;
c. een lid van het openbaar ministerie;
d. twee vertegenwoordigers vanuit de politievakorganisaties;
e. een vertegenwoordiger van het beroepsonderwijs;
f. een vertegenwoordiger van het hoger onderwijs;
g. de directeur van de Politieacademie en zijn plaatsvervanger;
h. een onafhankelijk lid dat deskundig is op het terrein van het toegepast wetenschappelijk onderzoek.
4. De leden van de politieonderwijsraad worden bij koninklijk besluit benoemd, herbenoemd, geschorst en ontslagen. *Politieonderwijsraad, benoeming en ontslag*
5. De leden van de politieonderwijsraad worden benoemd voor een periode van zes jaren. Zij kunnen ten hoogste eenmaal worden herbenoemd.
6. Onze Minister kan adviserende leden of waarnemers benoemen.
7. Bij of krachtens algemene maatregel van bestuur worden nadere regels gesteld omtrent de organisatie en de werkwijze van de politieonderwijsraad.

Art. 83
1. De korpschef stelt het door Onze Minister vastgestelde deel van de sterkte als bedoeld in artikel 36, eerste lid, tweede volzin, feitelijk ter beschikking aan de politieonderwijsraad voor de uitvoering van de taken, bedoeld in de artikelen 84, 87, eerste lid, en 94, eerste lid. *Politieonderwijsraad, ondersteuning*
2. Bij ministeriële regeling worden de functies of categorieën aangewezen van personen die op grond van het eerste lid feitelijk ter beschikking kunnen worden gesteld. Artikel 97, eerste lid, onder a en b, en tweede lid, onder b, is van overeenkomstige toepassing op de voorzitter van de politieonderwijsraad ten aanzien van de personen, bedoeld in de eerste volzin.
3. De personen die werkzaam zijn ten behoeve van de politieonderwijsraad staan onder gezag van de voorzitter van de politieonderwijsraad en leggen over hun werkzaamheden uitsluitend aan hem verantwoording af. Artikel 97, vierde lid, is van overeenkomstige toepassing.

Art. 84
1. De politieonderwijsraad draagt bij aan het ontwikkelen en onderhouden van een kwalificatiestructuur als bedoeld in artikel 87, gericht op de aansluiting en afstemming tussen het aanbod van politieopleidingen en de behoefte van de politie daaraan, mede in het licht van de arbeidsmarktperspectieven voor afgestudeerden, en mede gelet op van belang zijnde ontwikkelingen in internationaal verband. *Politieonderwijsraad, taken*
2. De politieonderwijsraad adviseert Onze Minister omtrent de eisen die worden gesteld aan de plaatsen waar de beroepspraktijkvorming wordt uitgevoerd.
3. De politieonderwijsraad ziet toe op de aansluiting van de politieopleidingen op de Wet educatie en beroepsonderwijs en de Wet op het hoger onderwijs en wetenschappelijk onderzoek.
4. De politieonderwijsraad adviseert Onze Minister over de strategische onderzoeksagenda, bedoeld in artikel 94.
5. De politieonderwijsraad verzorgt de uitbesteding van het toegepast wetenschappelijk onderzoek, bedoeld in artikel 95, tweede lid, en de begeleiding van dat onderzoek, die plaatsvinden onder verantwoordelijkheid van de directeur van de Politieacademie.
6. De politieonderwijsraad geeft Onze Minister desgevraagd of uit eigen beweging zijn zienswijze.

§ 3
Politieonderwijs

Art. 85
1. Het politieonderwijs is gericht op de verwerving van kennis, inzicht, vaardigheden en houding, nodig voor de uitoefening van de politietaak. Het politieonderwijs bevordert tevens de algemene vorming en de persoonlijke ontplooiing van de studenten en draagt bij tot hun maatschappelijk functioneren. *Politieonderwijs, doel*
2. Het politieonderwijs sluit aan bij de door de politie aangegeven behoefte.

Art. 86
1. De Politieacademie biedt in samenwerking met de politie het politieonderwijs aan. *Politieonderwijs, samenwerking politie en Politieacademie*
2. Bij ministeriële regeling worden de opleidingen, bedoeld in artikel 74, eerste lid, onder a, onder 2°, aangewezen, gehoord de korpschef en de directeur van de Politieacademie.

Art. 87
1. Onze Minister draagt met het oog op de totstandkoming van een kwalificatiestructuur en de vaststelling van de daarop gebaseerde politieopleidingen zorg voor het vaststellen en onderhouden van een samenhangend en gedifferentieerd geheel van kwalificatiedossiers en bijbeho- *Politieonderwijs, kwalificatiestructuur*

rende kwalificaties. De politieonderwijsraad doet daartoe een voorstel. Artikel 7.2.4, tweede, derde en vierde lid, van de Wet educatie en beroepsonderwijs is van overeenkomstige toepassing op de vaststelling van de kwalificatiestructuur.

2. Uit het voorstel, bedoeld in het eerste lid, tweede volzin, dient te blijken dat de politieonderwijsraad voldoende acht heeft geslagen op de aansluiting van de politieopleidingen bij de beroepspraktijk alsmede de opleidingen voortgezet onderwijs, de opleidingen voor middelbaar en hoger beroepsonderwijs en het wetenschappelijk onderwijs.

3. Bij ministeriële regeling worden op basis van de kwalificatiestructuur de politieopleidingen aangewezen.

4. In de regeling, bedoeld in het derde lid, wijst Onze Minister politieopleidingen aan waarvan een beroepspraktijkvorming deel uitmaakt. De beroepspraktijkvorming wordt verzorgd op grondslag van een overeenkomst, gesloten door de Politieacademie, de student en de politie. Artikel 7.7, vijfde lid, tweede volzin, van de Wet op het hoger onderwijs en wetenschappelijk onderzoek is van overeenkomstige toepassing op deze overeenkomst.

5. Indien ten aanzien van bepaalde uitvoerende functies of taken bij of krachtens de wet vereisten zijn vastgesteld met betrekking tot de kwaliteiten op het gebied van kennis, inzicht, vaardigheden, houding, ervaring of persoonlijke eigenschappen waarover degenen die die functie of taak gaan vervullen, moeten beschikken, neemt Onze Minister deze vereisten in acht bij de vaststelling van de kwalificatiestructuur.

6. De directeur van de Politieacademie draagt zorg voor de aanleg, het beheer en de bekendmaking van een centraal register politieopleidingen waarin de relatie met de kwalificatiestructuur en de onderliggende kwalificatiedossiers van de onderscheiden politieopleidingen zijn opgenomen.

Art. 88

Politieacademie, duur opleiding

De directeur van de Politieacademie stelt de studieduur van de politieopleiding waarbij het niveau overeenkomt met een niveau als bedoeld in artikel 7.2.2, derde lid, van de Wet educatie en beroepsonderwijs vast met inachtneming van de regels in artikel 7.2.4a, tweede en derde lid, van de Wet educatie en beroepsonderwijs.

Art. 89

Politieacademie, inrichting opleiding

De directeur van de Politieacademie draagt er zorg voor dat de politieopleidingen zodanig zijn ingericht dat de studenten de kwalificaties binnen de vastgestelde studieduur kunnen bereiken en dat het onderwijsprogramma evenwichtig is ingedeeld, alsmede voldoende begeleide onderwijsuren en uren beroepspraktijkvorming omvat.

Art. 90

Politieacademie, vaststelling onderwijs- en examenregeling

1. De directeur van de Politieacademie stelt tijdig, ten behoeve van de studenten, voor elke politieopleiding en voor elke overige opleiding als bedoeld in artikel 74, eerste lid, onder a, onder 2°, die wordt afgesloten met een examen onderwijs- en examenregeling vast. De artikelen 7.13 en 7.14 van de Wet op het hoger onderwijs en wetenschappelijk onderzoek zijn van overeenkomstige toepassing op de onderwijs- en examenregeling.

2. De onderwijs- en examenregeling wordt door de directeur van de Politieacademie tijdig bekendgemaakt, zodanig dat de aanstaande student zich een adequaat beeld kan vormen van de inhoud en inrichting van het politieonderwijs en de examens.

Art. 91

Politieacademie, afsluitend examen

1. Elke politieopleiding wordt afgesloten met een examen. Overige door de Politieacademie verzorgde opleidingen kunnen worden afgesloten met een examen.

2. Het examen omvat een onderzoek naar de kennis, het inzicht, de vaardigheden en de beroepshouding van de examinandus alsmede de beoordeling van de uitkomsten van dat onderzoek aan de hand van de vereisten in het kwalificatiedossier.

3. De directeur van de Politieacademie geeft de studenten de gelegenheid een examen af te leggen.

4. Het examen van een politieopleiding of overige opleiding waarvan een beroepspraktijkvorming deel uitmaakt, is eerst dan met goed gevolg afgesloten indien zowel de beroepspraktijkvorming als het overige deel van de politieopleiding met goed gevolg is afgesloten.

5. Ten bewijze dat een examen met goed gevolg is afgelegd, wordt door of vanwege de examencommissie een diploma, deeldiploma of certificaat uitgereikt, nadat de directeur van de Politieacademie heeft verklaard dat aan de procedurele eisen voor de afgifte is voldaan.

Art. 92

Politieacademie, examencommissie

1. Elke politieopleiding of groep van politieopleidingen en elke opleiding als bedoeld in artikel 74, eerste lid, onder a, onder 2°, die wordt afgesloten met een examen, of groep van dergelijke opleidingen aan de Politieacademie heeft een examencommissie. Artikel 7.12, tweede lid, van de Wet op het hoger onderwijs en wetenschappelijk onderwijs is op de examencommissie van toepassing.

2. De directeur van de Politieacademie stelt de examencommissie in en benoemt de leden van de examencommissie. Op de benoeming, samenstelling, taken en bevoegdheden van de exa-

mencommissie zijn de artikelen 7.12a en 7.12b van de Wet op het hoger onderwijs en wetenschappelijk onderzoek van overeenkomstige toepassing.
3. De leden van de examencommissie oefenen hun taak uit zonder last of ruggespraak.
4. Voor het afnemen van examens en het vaststellen van de uitslag daarvan wijst de examencommissie examinatoren aan. De examinatoren verstrekken de examencommissie de gevraagde inlichtingen.

Art. 93
1. De directeur van de Politieacademie stelt een commissie van beroep voor de examens in. Artikel 7.5.1 van de Wet educatie en beroepsonderwijs is van overeenkomstige toepassing op de leden van de commissie.   *Politieacademie, commissie van beroep*
2. De commissie oordeelt over beslissingen van de directeur van de Politieacademie ter uitvoering van de artikelen 87, vierde lid, en 91, de examencommissie of de examinatoren. De artikelen 7.5.2, tweede tot en met zesde lid, en 7.5.3 van de Wet educatie en beroepsonderwijs zijn van toepassing op de commissie.
3. De leden van de commissie van beroep voor de examens oefenen hun taak uit zonder last of ruggespraak.
4. De leden van de examencommissie en examinatoren verstrekken aan de commissie de inlichtingen die zij voor de uitvoering van haar taak nodig oordeelt.

§ 4
Onderzoek

Art. 94
1. Onze Minister stelt minimaal eenmaal in de vier jaar de strategische onderzoeksagenda vast. De strategische onderzoeksagenda omvat de strategische thema's voor het toegepast wetenschappelijk onderzoek dat door de Politieacademie wordt uitgevoerd en voor het toegepast wetenschappelijk onderzoek dat wordt uitbesteed.   *Strategische onderzoeksagenda*
2. De strategische onderzoeksagenda sluit aan op de politiepraktijk.

Art. 95
1. De directeur van de Politieacademie stelt jaarlijks, op basis van de in artikel 94 bedoelde strategische onderzoeksagenda het onderzoeksprogramma van de Politieacademie vast.   *Onderzoeksprogramma*
2. Het onderzoeksprogramma omvat in ieder geval een beschrijving van het toegepast wetenschappelijke onderzoek dat door de Politieacademie wordt uitgevoerd en de uit te besteden toegepast wetenschappelijke onderzoeken.
3. Het onderzoeksprogramma bevat een meerjarenprogramma voor de drie jaren volgend op het programmajaar.
4. Naast het onderzoeksprogramma kan de Politieacademie ander toegepast wetenschappelijk onderzoek verrichten.

§ 5
Beheer, planning en bekostiging

Art. 96
1. De korpschef stelt het door Onze Minister vastgestelde deel van de sterkte en middelen als bedoeld in artikel 36, eerste lid, tweede volzin, feitelijk ter beschikking aan de Politieacademie voor de uitvoering van de taken, bedoeld in de artikelen 74, eerste lid, en 75, eerste lid.   *Politieacademie, toedeling sterkte en middelen*
2. Bij of krachtens algemene maatregel van bestuur worden eisen gesteld aan de sterkte en middelen die aan de Politieacademie feitelijk ter beschikking worden gesteld en regels gesteld omtrent de door de directeur van de Politieacademie te stellen behoefte aan sterkte en middelen.

Art. 97
1. De directeur van de Politieacademie doet een aanbeveling voor en heeft een instemmingsrecht bij: *Politieacademie, aanbeveling voor/instemmingsrecht directeur*
a. de aanstelling van personen die ten behoeve van de Politieacademie politieonderwijs ontwikkelen en verzorgen, kennis ontwikkelen, onderzoek verrichten of onderwijsondersteunende werkzaamheden verrichten of die werkzaamheden verrichten binnen de staf van de Politieacademie;
b. de selectie van personen die ten behoeve van de Politieacademie politieonderwijs ontwikkelen en verzorgen, kennis ontwikkelen, onderzoek verrichten of onderwijsondersteunende werkzaamheden verrichten of die werkzaamheden verrichten binnen de staf van de Politieacademie, met het oog op het feitelijk ter beschikking stellen, bedoeld in artikel 96, eerste lid.
2. De directeur van de Politieacademie heeft een instemmingsrecht bij:
a. de selectie van de middelen die noodzakelijk zijn voor de uitvoering van de taken van de Politieacademie, bedoeld in de artikelen 74 en 75;
b. de beëindiging van het feitelijk ter beschikking stellen van personen die ten behoeve van de Politieacademie politieonderwijs ontwikkelen en verzorgen, kennis ontwikkelen, onderzoek

verrichten of onderwijsondersteunende werkzaamheden verrichten of die werkzaamheden verrichten ten behoeve van de staf van de Politieacademie, onverminderd artikel 36, eerste lid;
c. de beëindiging van het feitelijk ter beschikking stellen van de middelen, bedoeld onder a, onverminderd artikel 36, eerste lid.
3. Bij ministeriële regeling worden de functies of de categorieën van personen als bedoeld in de eerste lid, onder a en b, en tweede lid, onder b, aangewezen.
4. De directeur van de Politieacademie draagt er zorg voor dat de personen die werkzaam zijn ten behoeve van de Politieacademie in de gelegenheid worden gesteld de aan hun aanstelling als ambtenaar van politie verbonden rechten en verplichtingen na te komen.

Art. 98

Politieacademie, vaststelling bestuursreglement door directeur

1. De directeur van de Politieacademie stelt een bestuursreglement vast.

2. In het bestuursreglement worden ten minste vastgelegd:
a. de wijze waarop de directeur van de Politieacademie de uitoefening van zijn taken en bevoegdheden afstemt met de raad van advies van de Politieacademie;
b. een nadere regeling van de organisatorische inrichting van de Politieacademie;
c. de samenstelling en de werkwijze van de leiding van organisatorische onderdelen van de Politieacademie;
d. de taken en bevoegdheden die zijn opgedragen aan de leiding van het desbetreffende onderdeel.

Art. 99

Politieacademie, bekostiging

1. Onze Minister stelt jaarlijks ten laste van de begroting van zijn ministerie bijdragen ter beschikking aan de Politieacademie voor de bekostiging van:
a. de directeur van de Politieacademie en zijn plaatsvervanger;
b. de leden van de raad van advies van de Politieacademie;
c. de leden van de examencommissie en van de commissie van beroep voor de examens, voor zover het geen ambtenaren van politie zijn;
d. het aangaan van samenwerkingsverbanden met onderwijsinstellingen;
e. de uit te besteden toegepast wetenschappelijke onderzoeken.
2. De Politieacademie gebruikt de geldmiddelen, bedoeld in het eerste lid, uitsluitend ter vervulling van de in het eerste lid bedoelde kosten.
3. Het is de Politieacademie verboden:
a. personeel in dienst te nemen, onverminderd de directeur van de Politieacademie, zijn plaatsvervanger en de leden van de raad van advies van de Politieacademie;
b. huur-, koop- en leaseovereenkomsten aan te gaan;
c. leningen aan te gaan en overeenkomsten aan te gaan waarbij zij zich verbindt tot zekerheidstelling met inbegrip van zekerheidstelling voor schulden van derden of waarbij zij zich als borg of hoofdelijk medeschuldenaar verbindt of zich voor een derde sterk maakt.
4. Bij of krachtens algemene maatregel van bestuur op voordracht van Onze Minister in overeenstemming met Onze Minister van Financiën worden regels worden gesteld over het financieel beheer van de Politieacademie.

Art. 100

Politieacademie, vaststelling beleidsplan door directeur

1. De directeur van de Politieacademie stelt ten minste eenmaal in de vier jaar een beleidsplan vast. Het beleidsplan wordt voor 15 november aan Onze Minister gezonden.

2. De directeur van de Politieacademie stelt jaarlijks een meerjarenraming vast voor vier op het begrotingsjaar volgende jaren. De meerjarenraming wordt tegelijk met de begroting, bedoeld in artikel 26 van de Kaderwet zelfstandige bestuursorganen, aan Onze Minister toegezonden.
3. De directeur van de Politieacademie stelt jaarlijks een jaarplan vast voor de Politieacademie. Het jaarplan wordt voor 1 juni aan Onze Minister gezonden.
4. De stukken, bedoeld in het eerste en tweede lid, worden algemeen verkrijgbaar gesteld.

Art. 101

Politieacademie, overleg Minister/korpschef/directeur

Onze Minister, de korpschef en de directeur van de Politieacademie voeren ten minste viermaal per jaar overleg. In het overleg wordt gesproken over de werking van de regels bij of krachtens dit hoofdstuk, waaronder in ieder geval:
a. het pakket van politieonderwijs;
b. de beoordeling van de uitvoering van het politieonderwijs;
c. de uitvoering van de strategische onderzoeksagenda;
d. de ter beschikking stelling van sterkte en middelen aan de Politieacademie.

Art. 102

Politieacademie, kwaliteitsbeoordeling

1. De directeur van de Politieacademie draagt er zorg voor dat, zoveel mogelijk in samenwerking met andere onderwijsinstellingen, wordt voorzien in een regelmatige beoordeling, mede door onafhankelijke deskundigen, van de kwaliteit van de werkzaamheden van de Politieacademie.

Artikel 1.18, tweede en derde volzin, van de Wet op het hoger onderwijs en wetenschappelijk onderzoek is van overeenkomstige toepassing op de directeur van de Politieacademie.
2. Onze Minister ziet toe op de uitvoering van het eerste lid.
3. Bij ministeriële regeling kunnen regels worden gesteld omtrent het eerste lid.

Hoofdstuk 9
Slotbepalingen

Art. 103
1. Onze Minister zendt binnen vijf jaar na inwerkingtreding van deze wet aan de Staten-Generaal een verslag over de doeltreffendheid en de effecten van deze wet in de praktijk, met uitzondering van hoofdstuk 8.   *Politie, evaluatie*
2. In afwijking van het eerste lid zendt Onze Minister binnen drie jaar na inwerkingtreding van deze wet aan de Staten-Generaal een verslag over de doeltreffendheid en de effecten van deze wet in de praktijk in de regionale eenheid in de arrondissementen, bedoeld in de artikelen 5a en 11 van de Wet op de rechterlijke indeling.

Art. 104
De artikelen van deze wet treden in werking op een bij koninklijk besluit te bepalen tijdstip, dat voor de verschillende artikelen of onderdelen daarvan verschillend kan worden vastgesteld.   *Inwerkingtreding*

Art. 105
Deze wet wordt aangehaald als: Politiewet, met vermelding van het jaartal van het Staatsblad waarin zij wordt geplaatst.   *Citeertitel*

Ambtsinstructie voor de politie, de Koninklijke marechaussee en andere opsporingsambtenaren[1]

Besluit van 8 april 1994, houdende regels met betrekking tot een nieuwe Ambtsinstructie voor de politie, de Koninklijke marechaussee en de buitengewoon opsporingsambtenaar en de maatregelen waaraan rechtens van hun vrijheid beroofde personen kunnen worden onderworpen

Wij Beatrix, bij de gratie Gods, Koningin der Nederlanden, Prinses van Oranje-Nassau, enz. enz. enz.
Op de voordracht van Onze Ministers van Justitie en van Binnenlandse Zaken van 8 december 1993, Stafafdeling Wetgeving Publiekrecht, nr. 415284/93/6 en nr. EA 93/U 3630, gedaan in overeenstemming met Onze Minister van Defensie, nr. CWW 85/008;
Gelet op artikel 9 van de Politiewet 1993;
De Raad van State gehoord (advies van 28 maart 1994, nr. W.O. 3.93.0838);
Gezien het nader rapport van Onze Minister van Justitie gedaan mede namens Onze Minister van Binnenlandse Zaken van 7 april 1994, Stafafdeling Wetgeving Publiekrecht, nr. 433019/94/6, nr. EA 94/U1149, uitgebracht in overeenstemming met Onze Minister van Defensie;
Hebben goedgevonden en verstaan:

Hoofdstuk 1
Algemeen

Art. 1

Ambtenaar, begripsbepalingen
1. In dit besluit wordt verstaan onder ambtenaar:
a. de ambtenaar van politie, bedoeld in artikel 2, onder a, van de Politiewet 2012, en de ambtenaar van politie, bedoeld in artikel 2, onder c of d, van die wet, die is aangesteld voor de uitvoering van de politietaak;
b. de ambtenaar van politie, bedoeld in artikel 2, onder b, van de Politiewet 2012, en de ambtenaar van politie, bedoeld in artikel 2, onder c en d, van die wet, die is aangesteld voor de uitvoering van technische, administratieve en andere taken ten dienste van de politie dan wel de rijksrecherche, voor zover het betreft de artikelen 1 en 2 en hoofdstuk 5;
c. degene die is benoemd tot aspirant voor de duur dat hij de praktijkstage volgt;
d. de militair van de Koninklijke marechaussee in de uitvoering van de politietaken, bedoeld in artikel 4, eerste lid, van de Politiewet 2012;
e. de militair van de krijgsmacht, bedoeld in artikel 58, eerste lid, en artikel 59 van de Politiewet 2012.
2. In hoofdstuk 6 van dit besluit wordt onder ambtenaar mede verstaan de ambtenaar van politie, bedoeld in artikel 2, onder b, van de Politiewet 2012, dan wel een andere persoon, voor zover die ambtenaar van politie of die persoon tevens buitengewoon opsporingsambtenaar is en door de korpschef is belast met de verzorging van ingeslotenen.

Meerdere, begripsbepaling
3. In dit besluit wordt verstaan onder meerdere:
a. de ambtenaar die uit hoofde van zijn functie of krachtens beschikking of aanwijzing met de leiding is belast of het bevel voert over de taakuitvoering;
b. indien op grond van het bepaalde onder a, geen meerdere kan worden aangewezen de ambtenaar van politie die een hogere rang heeft of, bij gelijkheid in rang, degene met de meeste dienstjaren, dan wel bij optreden door militairen van de Koninklijke marechaussee of van enig ander krijgsmachtonderdeel degene die ingevolge het bepaalde bij of krachtens artikel 67 van het Wetboek van Militair Strafrecht de meerdere is.
4. In dit besluit wordt verstaan onder:
a. bevoegd gezag: het gezag, bedoeld in de artikelen 11, 12 en 14 van de Politiewet 2012;
b. geweld: elke dwangmatige kracht van meer dan geringe betekenis uitgeoefend op personen of zaken;
c. aanwenden van geweld: het gebruiken van geweld, waaronder mede wordt verstaan het gebruik van een geweldmiddel. In verband met de melding op grond van artikel 17 valt het ter hand

---

[1] Inwerkingtredingsdatum: 01-04-1994; zoals laatstelijk gewijzigd bij: Stb. 2020, 144.

nemen van het vuurwapen eveneens onder het aanwenden van geweld tenzij het vuurwapen standaard in de hand of over de schouder wordt gedragen;
d. geweldmiddel:
1°. de krachtens artikel 22 van de Politiewet 2012 toegelaten uitrusting en bewapening waarmee geweld kan worden uitgeoefend, en
2°. de door Onze Minister van Defensie ter beschikking gestelde uitrusting en bewapening waarmee geweld kan worden uitgeoefend in de uitvoering van de politietaken, bedoeld in de artikelen 4, 57, 58 en 59 van de Politiewet 2012;
e. hulpmiddelen ten behoeve van uitzetting:
1°. de krachtens artikel 22 van de Politiewet 2012, aan de ambtenaar van politie, bij of krachtens de Vreemdelingenwet 2000 belast met de grensbewaking of met het toezicht op vreemdelingen, ter beschikking gestelde uitrusting ten behoeve van de uitzetting van vreemdelingen, en
2°. de door Onze Minister van Defensie, in overeenstemming met Onze Minister, aan de ambtenaar van de Koninklijke marechaussee, bij of krachtens de Vreemdelingenwet 2000 belast met de grensbewaking of met het toezicht op vreemdelingen, ter beschikking gestelde uitrusting ten behoeve van de uitzetting van vreemdelingen;
f. vuurwapen waarmee automatisch vuur kan worden afgegeven: vuurwapen waarmee met één druk op het afvuurmechanisme meer schoten kunnen worden gelost dan wel een vuurwapen waarmee naar keus hetzij één schot, hetzij meer schoten kunnen worden gelost;
g. de arts: de dienstdoend adviserend arts;
h. buitengewoon opsporingsambtenaar: de buitengewoon opsporingsambtenaar, bedoeld in artikel 142, eerste lid, van het Wetboek van Strafvordering;
i. het gebruik van een vuurwapen: het richten, het gericht houden en het daadwerkelijk gebruik van een vuurwapen;
j. niet-penetrerende munitie: munitie die is ontworpen om bij het treffen van een persoon niet het lichaam binnen te dringen;
k. AOT-hond: hond in eigendom van de politie met als doel in politiedienst te worden ingezet bij het optreden van een aanhouding en ondersteuningsteam als bedoeld in artikel 11, onder a, van het Besluit beheer politie of een bijstandseenheid als bedoeld in artikel 59 van de Politiewet 2012;
l. ambtenaar van een bijzondere opsporingsdienst: ambtenaar van een bijzondere opsporingsdienst die is aangewezen voor de uitvoering van de taken, bedoeld in artikel 3 van de Wet op de bijzondere opsporingsdiensten;
m. geweldsregistratie: de registratie van het aangewende geweld, bedoeld in artikel 17, derde lid.
5. In dit besluit wordt onder ingeslotene verstaan degene die rechtens van zijn vrijheid is beroofd. Onder ingeslotene wordt mede verstaan degene die ten behoeve van de hulpverlening aan hem op het politie- of brigadebureau is ondergebracht.

Art. 2
De ambtenaar legitimeert zich met het legitimatiebewijs dat aan hem is verstrekt: Legitimatie
a. bij optreden in burgerkleding ongevraagd, tenzij bijzondere omstandigheden dit onmogelijk maken, en
b. bij optreden in uniform, op verzoek daartoe.

Art. 3
De ambtenaar die bijstand verleent ingevolge de bepalingen van hoofdstuk 5 van de Politiewet   Bevelvoering bij bijstand
2012 staat onder bevel van het bevoegd gezag ter plaatse of een door deze aangewezen ambtenaar.

Hoofdstuk 2
Geweld

§ 1
Algemeen

Art. 4
Het gebruik van een geweldmiddel is uitsluitend toegestaan aan een ambtenaar: Gebruik geweldmiddel
a. aan wie dat geweldmiddel rechtens is toegekend, voor zover hij optreedt ter uitvoering van de taak met het oog waarop het geweldmiddel hem is toegekend, en
b. die in het gebruik van dat geweldmiddel is geoefend.

Art. 5
1. Indien de ambtenaar onder leiding van een ter plaatse aanwezige meerdere optreedt, zal hij   Gebruik geweld na last meerdere
geen geweld aanwenden dan na uitdrukkelijke last van deze meerdere. De meerdere geeft daarbij aan van welk geweldmiddel gebruik wordt gemaakt.
2. Het eerste lid is niet van toepassing in het geval de meerdere, bedoeld in het eerste lid, vooraf anders heeft bepaald.

C6 art. 6 — Ambtsinstructie voor politie, marechaussee en andere opsporingsambtenaren

3. Het eerste lid is evenmin van toepassing in een geval als bedoeld in artikel 10, eerste lid, onderdeel b, voor zover de last redelijkerwijs niet kan worden afgewacht.

Art. 6

Inzet mobiele eenheid/aanhoudings- en ondersteuningseenheid

1. De korpschef of de daartoe door hem aangewezen ambtenaar van politie zet een mobiele eenheid als bedoeld in artikel 26 van het Besluit beheer politie of een aanhoudings- en ondersteuningsteam als bedoeld in artikel 11, onder a, van het Besluit beheer politie slechts in na toestemming van het bevoegd gezag.
2. De door het bevoegd gezag aangewezen ambtenaar zet de eenheden, bedoeld in de artikelen 57 en 58 van de Politiewet 2012 slechts in na toestemming van het bevoegd gezag.

§ 2
Vuurwapens

Art. 7

Vuurwapen

1. Het gebruik van een vuurwapen, niet zijnde een vuurwapen waarmee automatisch vuur of lange afstandsprecisievuur kan worden afgegeven, is slechts geoorloofd:
   a. om een persoon aan te houden ten aanzien van wie redelijkerwijs mag worden aangenomen dat hij een voor onmiddellijk gebruik gereed zijnd vuurwapen bij zich heeft en dit tegen personen zal gebruiken;
   b. om een persoon aan te houden die zich aan zijn aanhouding, voorgeleiding of andere rechtmatige vrijheidsbeneming tracht te onttrekken of heeft onttrokken, en die wordt verdacht van of is veroordeeld wegens het plegen van een misdrijf
   1°. waarop naar de wettelijke omschrijving een gevangenisstraf van vier jaren of meer is gesteld, en
   2°. dat een ernstige aantasting vormt van de lichamelijke integriteit of de persoonlijke levenssfeer, of
   3°. dat door zijn gevolg bedreigend voor de samenleving is of kan zijn.
   c. tot het beteugelen van oproerige bewegingen of andere ernstige wanordelijkheden, indien er sprake is van een opdracht van het bevoegd gezag en een optreden in gesloten verband onder leiding van een meerdere;
   d. tot het beteugelen van militaire oproerige bewegingen, andere ernstige militaire wanordelijkheden of muiterij indien de militair van de Koninklijke marechaussee in opdracht van de minister van Defensie dan wel de officier van justitie te Arnhem belast met militaire zaken in gesloten verband onder leiding van een meerdere optreedt.
2. Het gebruik van het vuurwapen in de gevallen, bedoeld in het eerste lid, onder *a* en *b*, is slechts geoorloofd tegen personen en vervoermiddelen waarin of waarop zich personen bevinden.
3. In de gevallen, bedoeld in het eerste lid, onder *a* en *b*, wordt van het vuurwapen geen gebruik gemaakt, indien de identiteit van de aan te houden persoon bekend is en redelijkerwijs mag worden aangenomen dat het uitstel van de aanhouding geen onaanvaardbaar te achten gevaar voor de rechtsorde met zich brengt.
4. Onder het plegen van een misdrijf, bedoeld in het eerste lid, onder *b*, worden mede begrepen de poging en de deelnemingsvormen, bedoeld in de artikelen 47 en 48 van het Wetboek van Strafrecht.

Art. 8

Automatisch vuurwapen

1. Het gebruik van een vuurwapen waarmee automatisch vuur kan worden afgegeven, is slechts geoorloofd tegen personen en tegen vervoermiddelen waarin of waarop zich personen bevinden, in een situatie waarin sprake is van een ogenblikkelijke, wederrechtelijke aanranding van eigen of eens anders lijf.
2. Een vuurwapen waarmee automatisch vuur kan worden afgegeven mag slechts worden meegevoerd ten behoeve van de opleiding dan wel voor:
   a. het verrichten van een aanhouding van een persoon van wie redelijkerwijs mag worden aangenomen dat hij een voor onmiddellijk gebruik gereed zijnd vuurwapen bij zich heeft en dit tegen personen zal gebruiken;
   b. de bewaking en beveiliging van personen en objecten.
3. Het meevoeren van vuurwapens waarmee automatisch vuur kan worden afgegeven in het geval, bedoeld in het tweede lid, onder a, is slechts toegestaan na schriftelijke toestemming van de officier van justitie. Indien wegens de vereiste spoed de toestemming niet schriftelijk kan worden gevraagd of verleend, kan deze ook mondeling worden gevraagd en verleend. De toestemming die mondeling is verleend, wordt binnen vierentwintig uur schriftelijk bevestigd. De officier van justitie doet van het meevoeren van vuurwapens waarmee automatisch vuur kan worden afgegeven zo mogelijk vooraf mededeling aan de betrokken burgemeester.
4. Het meevoeren van vuurwapens waarmee automatisch vuur kan worden afgegeven in het geval, bedoeld in het tweede lid, onder b, is slechts mogelijk na schriftelijke toestemming van het bevoegd gezag. Indien wegens de vereiste spoed de toestemming niet schriftelijk kan worden

gevraagd of verleend, kan deze ook mondeling worden gevraagd en verleend. De toestemming die mondeling is verleend, wordt binnen vierentwintig uur schriftelijk bevestigd.

Art. 9
1. Het gebruik van een vuurwapen waarmee lange afstandsprecisievuur kan worden afgegeven, is slechts geoorloofd bij zeer ernstige misdrijven ter afwending van direct gevaar voor het leven van personen. *Vuurwapen met lange afstandsprecisievuur*
2. Het gebruik, bedoeld in het eerste lid, vindt plaats onder bevel van de commandant van een bijstandseenheid als bedoeld in artikel 59 van de Politiewet 2012.
3. Een vuurwapen waarmee lange afstandsprecisievuur kan worden afgegeven mag slechts worden meegevoerd ten behoeve van de opleiding dan wel ten behoeve van de daadwerkelijke bestrijding van zeer ernstige misdrijven waarbij sprake is van direct levensbedreigende omstandigheden.
4. Het meevoeren van een vuurwapen waarmee lange afstandsprecisievuur kan worden afgegeven ten behoeve van de daadwerkelijke bestrijding van zeer ernstige misdrijven waarbij sprake is van direct levensbedreigende omstandigheden, is slechts toegestaan na schriftelijke toestemming van het bevoegd gezag. Aan de toestemming kunnen voorwaarden worden verbonden. Indien wegens de vereiste spoed de toestemming niet schriftelijk kan worden gevraagd of verleend, kan deze ook mondeling worden gevraagd en verleend. De toestemming die mondeling is verleend, wordt binnen vierentwintig uur schriftelijk bevestigd.

Art. 10
1. De ambtenaar mag slechts een vuurwapen, niet zijnde een vuurwapen waarmee automatisch vuur of lange-afstandsprecisievuur kan worden afgegeven, ter hand nemen: *Ter hand nemen vuurwapen*
a. in gevallen waarin het gebruik van een vuurwapen is toegestaan, of
b. in verband met zijn veiligheid of die van anderen, indien redelijkerwijs mag worden aangenomen dat een situatie ontstaat, waarin hij bevoegd is een vuurwapen te gebruiken.
2. Indien een situatie als bedoeld in het eerste lid, onderdeel b, zich niet of niet meer voordoet, bergt de ambtenaar terstond het vuurwapen op.

Art. 10a
1. De ambtenaar waarschuwt onmiddellijk voordat hij gericht met een vuurwapen, niet zijnde een vuurwapen waarmee lange afstandsprecisievuur kan worden afgegeven, zal schieten, met luide stem of op andere niet mis te verstane wijze dat geschoten zal worden, indien niet onverwijld het gegeven bevel wordt opgevolgd. Deze waarschuwing, die zo nodig vervangen kan worden door een waarschuwingsschot, blijft slechts achterwege, wanneer de omstandigheden de waarschuwing niet toelaten. *Waarschuwing gebruik vuurwapen*
2. Een waarschuwingsschot moet op zodanige wijze worden gegeven, dat gevaar voor personen of zaken zoveel mogelijk wordt vermeden. *Waarschuwingsschot*

§ 2a
Niet-penetrerende munitie

Art. 11
De artikelen 7 tot en met 10a zijn niet van toepassing op het gebruik en het ter hand nemen van een vuurwapen dat is geladen met niet-penetrerende munitie. *Vuurwapen met niet-penetrerende munitie*

Art. 11a
Het gebruik van een vuurwapen dat is geladen met niet-penetrerende munitie is slechts geoorloofd: *Gebruik stunbag*
a. om een persoon aan te houden ten aanzien van wie redelijkerwijs mag worden aangenomen dat hij een voor onmiddellijk gebruik gereed zijnd wapen bij zich heeft en dit tegen personen zal gebruiken; of
b. om een persoon aan te houden die zich aan zijn aanhouding, voorgeleiding of andere rechtmatige vrijheidsbeneming tracht te onttrekken of heeft onttrokken.

Art. 11b
De ambtenaar waarschuwt onmiddellijk voordat hij gericht met een vuurwapen dat is geladen met niet-penetrerende munitie zal schieten, met luide stem of op andere niet mis te verstane wijze dat geschoten zal worden, indien niet onverwijld het gegeven bevel wordt opgevolgd. Deze waarschuwing blijft slechts achterwege, wanneer de omstandigheden de waarschuwing niet toelaten. *Politie, waarschuwing gebruik stunbag*

Art. 11c
De artikelen 11a en 11b zijn van overeenkomstige toepassing indien de niet-penetrerende munitie wordt afgegeven met een ander hulpmiddel dan een vuurwapen.

C6 art. 12a — Ambtsinstructie voor politie, marechaussee en andere opsporingsambtenaren

§ 2b
Pepperspray

Art. 12a

Pepperspray

1. Het gebruik van pepperspray is slechts geoorloofd:
   a. om een persoon aan te houden ten aanzien van wie redelijkerwijs mag worden aangenomen dat hij een voor onmiddellijk gebruik gereed zijnd wapen bij zich heeft en dit tegen een persoon zal gebruiken;
   b. om een persoon aan te houden die zich aan aanhouding, voorgeleiding of andere rechtmatige vrijheidsbeneming tracht te onttrekken of heeft onttrokken;
   c. ter verdediging tegen of voor het onder controle brengen van agressieve dieren.
2. Pepperspray wordt niet gebruikt tegen:
   a. personen die zichtbaar jonger dan 12 of ouder dan 65 jaar zijn;
   b. vrouwen die zichtbaar zwanger zijn;
   c. personen voor wie dit gebruik als gevolg van een voor de ambtenaar zichtbare ademhalings- of andere ernstige gezondheidsstoornis onevenredig schadelijk kan zijn;
   d. groepen personen.

Art. 12b

Waarschuwing gebruik pepperspray

De ambtenaar waarschuwt onmiddellijk voordat hij gericht pepperspray tegen een persoon zal gebruiken, met luide stem of op andere niet mis te verstane wijze dat pepperspray gebruikt zal worden, indien niet onverwijld het gegeven bevel wordt opgevolgd. Deze waarschuwing blijft achterwege indien de omstandigheden de waarschuwing redelijkerwijs niet toelaten.

Art. 12c

Maximaal gebruik pepperspray

Pepperspray wordt tegen een persoon per geval ten hoogste twee maal voor de duur van niet langer dan ongeveer een seconde gebruikt en op een afstand van ten minste een meter.

§ 3
Overige geweldmiddelen

Art. 13

CS-traangas

1. Het gebruik van CS-traangas is slechts geoorloofd:
   a. in gesloten ruimten ter aanhouding van een persoon indien redelijkerwijs mag worden aangenomen dat die persoon een voor onmiddellijk gebruik gereed zijnd vuurwapen bij zich heeft en dat tegen personen zal gebruiken dan wel ander levensbedreigend geweld tegen personen zal gebruiken;
   b. anders dan in gesloten ruimten ter verspreiding van samenscholingen of volksmenigten die een ernstige en onmiddellijke bedreiging vormen voor de veiligheid van personen of voor zaken.
2. Het gebruik van CS-traangas is slechts geoorloofd in opdracht van de meerdere na vooraf verkregen toestemming van het bevoegd gezag.
3. De meerdere die bevel geeft tot het verspreiden van CS-traangas geeft bij dit bevel aan hoeveel CS-traangasgranaten worden gebruikt.

Art. 14

Waterkanon

Het gebruik van een waterwerper is slechts geoorloofd bij optreden van een mobiele eenheid als bedoeld in artikel 26 van het Besluit beheer politie in opdracht van de meerdere en na verkregen toestemming van het bevoegd gezag.

Art. 15

Surveillancehond

1. Het inzetten van een politie-surveillancehond is slechts geoorloofd onder het direct en voortdurend toezicht van een geleider bij:
   a. de surveillancedienst, en
   b. het optreden van een mobiele eenheid als bedoeld in artikel 26 van het Besluit beheer politie na toestemming van het bevoegd gezag.
2. Het inzetten van een AOT-hond is slechts geoorloofd onder het direct en voortdurend toezicht van een geleider bij het, na toestemming van het bevoegd gezag, optreden van een aanhoudings- en ondersteuningsteam als bedoeld in artikel 11, onder a, van het Besluit beheer politie of een bijstandseenheid als bedoeld in artikel 59 van de Politiewet 2012.
3. De geleider dient in het bezit te zijn van een krachtens artikel 22 van de Politiewet 2012 vastgesteld certificaat.

Art. 16

Elektrische wapenstok

Het gebruik van een elektrische wapenstok is slechts geoorloofd als afweermiddel tegen agressieve dieren na toestemming van de meerdere.

§ 4
Melding aanwenden van geweld

Art. 17
1. De ambtenaar die geweld heeft aangewend, meldt schriftelijk de aard, waaronder het gebruikte geweldmiddel, en de gevolgen daarvan en mondeling de feiten en omstandigheden, waaronder de redenen die tot het aanwenden van geweld hebben geleid, zo spoedig mogelijk aan de hulpofficier van justitie die krachtens aanwijzing is belast met de registratie van aangewend geweld.
Melding aanwenden van geweld

2. Indien de ambtenaar die geweld heeft aangewend, onder leiding van een ter plaatse aanwezige meerdere heeft opgetreden en geweld heeft aangewend na diens uitdrukkelijke last, geschiedt de melding, bedoeld in het eerste lid, door deze meerdere. De ambtenaar verstrekt de hulpofficier van justitie, bedoeld in het eerste lid, desgevraagd de nodige inlichtingen.

3. De melding wordt door de hulpofficier van justitie, bedoeld in het eerste lid, zo spoedig mogelijk geregistreerd op een daartoe door Onze Minister vastgestelde wijze, indien:
Geweldsregistratie
 a. het aanwenden van geweld de dood dan wel lichamelijk letsel van meer dan geringe betekenis heeft veroorzaakt;
 b. gebruik is gemaakt van een vuurwapen, of
 c. het aanwenden van geweld naar het oordeel van de hulpofficier van justitie daartoe aanleiding geeft.

4. Van de geweldsregistratie wordt terstond kennis gegeven aan:
 a. Onze Minister, indien het geweld is aangewend door de korpschef of een krachtens artikel 28, derde lid, van de Politiewet 2012 aangewezen lid van de leiding van de politie;
 b. de korpschef, indien het geweld is aangewend door een andere ambtenaar van politie als bedoeld in artikel 2, onder a of c, van de Politiewet 2012, die is aangesteld voor de uitvoering van de politietaak;
 c. de commandant van de Koninklijke marechaussee, indien het geweld is aangewend door een militair bij de uitvoering van diens in de Politiewet 2012 omschreven taak;
 d. de directeur van de rijksrecherche, indien het geweld is aangewend door een ambtenaar van de rijksrecherche die is aangesteld voor de uitvoering van de politietaak.

5. De hulpofficier van justitie geeft de ambtenaar die geweld heeft aangewend, alsmede, indien van toepassing, de meerdere die de last tot het aanwenden van geweld heeft gegeven zo spoedig mogelijk kennis van de geweldsregistratie.

Art. 18
1. Van de geweldsregistratie wordt in de gevallen, bedoeld in het tweede lid:
Kennisgeving geweldsregistratie
 a. door Onze Minister kennis gegeven aan het College van procureurs-generaal indien het geweld is aangewend door de korpschef of een krachtens artikel 28, derde lid, van de Politiewet 2012 aangewezen lid van de leiding van de politie;
 b. door de korpschef kennis gegeven aan de officier van justitie in het arrondissement waarbinnen het geweld is aangewend, indien het geweld is aangewend door een andere ambtenaar van politie die is aangesteld voor de uitvoering van de politietaak;
 c. door de commandant van de Koninklijke marechaussee kennis gegeven aan de officier van justitie te Arnhem belast met militaire zaken indien het geweld is aangewend door een militair bij de uitvoering van zijn in de Politiewet 2012 omschreven taak;
 d. door de directeur van de rijksrecherche kennis gegeven aan de hoofdofficier van justitie in het arrondissement waarbinnen het geweld is aangewend, indien het geweld is aangewend door een ambtenaar van de rijksrecherche die is aangesteld voor de uitvoering van de politietaak.

2. De kennisgeving geschiedt:
 a. terstond, indien:
 1°. het aanwenden van geweld de dood dan wel zwaar lichamelijk letsel heeft veroorzaakt of er ernstig rekening mee moet worden gehouden dat het aanwenden van geweld zwaar lichamelijk letsel heeft veroorzaakt;
 2°. gebruik is gemaakt van een vuurwapen met enig lichamelijk letsel tot gevolg;
 b. zo spoedig mogelijk, indien het aanwenden van geweld naar het oordeel van Onze Minister, de korpschef, de commandant van de Koninklijke marechaussee onderscheidenlijk de directeur van de rijksrecherche daartoe aanleiding geeft.

3. De functionaris die op grond van artikel 17, vierde lid, van de geweldsregistratie heeft kennisgenomen, licht de ambtenaar, alsmede, indien van toepassing, de meerdere die de last tot het aanwenden van geweld heeft gegeven, in over de kennisgeving, bedoeld in het eerste lid.

Art. 18a
1. De geweldsregistratie wordt zo spoedig mogelijk behandeld door de functionaris die op grond van artikel 17, vierde lid, van de geweldsregistratie heeft kennisgenomen.
Behandeling geweldsregistratie
2. De functionaris beoordeelt of de ambtenaar, alsmede, indien van toepassing, de meerdere die de last tot het aanwenden van geweld heeft gegeven, heeft gehandeld volgens artikel 7, eerste en zevende lid, van de Politiewet 2012 en dit besluit.

3. De functionaris licht de ambtenaar, alsmede, indien van toepassing, de meerdere die de last tot het aanwenden van geweld heeft gegeven, in over de voortgang van de behandeling van de geweldsregistratie.
4. De functionaris geeft de ambtenaar die geweld heeft aangewend, alsmede, indien van toepassing, de meerdere die de last tot het aanwenden van geweld heeft gegeven, schriftelijk en gemotiveerd kennis van zijn oordeel over de geweldsaanwending.

Art. 19

Afhandeling melding geweld

De functionaris, bedoeld in artikel 18a, eerste lid, draagt zorg voor:
a. de registratie van de meldingen, bedoeld in artikel 17, eerste tot en met derde lid, en van de kennisgevingen, bedoeld in de artikelen 18 en 18a, vierde lid;
b. een jaarlijkse publicatie van een zakelijke weergave van deze meldingen en kennisgevingen.

Hoofdstuk 3
Veiligheids- en vervoersfouillering

Art. 20

Veiligheidsfouillering

1. Het onderzoek aan de kleding, bedoeld in artikel 7, derde lid, van de Politiewet 2012, en het onderzoek aan de kleding van een te vervoeren persoon, bedoeld in het vierde lid van dat artikel, geschiedt door het oppervlakkig aftasten van de kleding en wordt zo veel mogelijk uitgevoerd door een ambtenaar van hetzelfde geslacht als degene die aan het onderzoek wordt onderworpen.
2. Als de ambtenaar bij het onderzoek, bedoeld in artikel 7, derde lid, van de Politiewet 2012, of bij het onderzoek, bedoeld in het vierde lid van dat artikel, ten behoeve van het vervoer van een persoon, voorwerpen aantreft die een gevaar kunnen vormen voor de veiligheid van de betrokkene of voor anderen, neemt hij die voorwerpen in bewaring.

Art. 21

Melding veiligheidsfouillering

De ambtenaar die een onderzoek aan kleding of voorwerpen heeft uitgevoerd als bedoeld in artikel 7, derde lid, van de Politiewet 2012 meldt dit onverwijld schriftelijk aan de hulpofficier van justitie, onder vermelding van de redenen die tot dit onderzoek hebben geleid.

Hoofdstuk 4
Handboeien

Art. 22

Handboeien

1. De ambtenaar kan een persoon die rechtens van zijn vrijheid is beroofd, ten behoeve van het vervoer handboeien aanleggen.
2. De maatregel, bedoeld in het eerste lid, kan slechts worden getroffen, indien de feiten of omstandigheden dit redelijkerwijs vereisen met het oog op gevaar voor ontvluchting, dan wel met het oog op gevaar voor de veiligheid of het leven van de persoon die rechtens van zijn vrijheid is beroofd, van de ambtenaar of van derden.
3. De in het tweede lid bedoelde feiten of omstandigheden kunnen slechts gelegen zijn in:
a. de persoon die rechtens van zijn vrijheid is beroofd, of
b. de aard van het strafbare feit op grond waarvan de vrijheidsbeneming heeft plaatsgevonden, één en ander in samenhang met de wijze waarop en de situatie waarin het vervoer plaatsvindt.

Art. 23

Melding gebruik handboeien

De ambtenaar die gebruik heeft gemaakt van handboeien als bedoeld in artikel 22, eerste lid, meldt dit onverwijld schriftelijk aan de hulpofficier van justitie, onder vermelding van de redenen die tot het gebruik van handboeien hebben geleid.

Hoofdstuk 4a
Hulpmiddelen ten behoeve van de uitzetting van vreemdelingen

Art. 23a

Hulpmiddelen bij uitzetting vreemdelingen

1. De ambtenaar, bij of krachtens de Vreemdelingenwet 2000 belast met de grensbewaking of met het toezicht op vreemdelingen, kan een vreemdeling bij diens uitzetting per luchtvaartuig met hulpmiddelen ten behoeve van uitzetting in zijn bewegingsvrijheid beperken, ten behoeve van een goed verloop van de uitzetting.
2. De maatregel, bedoeld in het eerste lid, kan slechts worden getroffen indien:
a. de feiten of omstandigheden dit redelijkerwijs vereisen met het oog op gevaar voor ontvluchting, dan wel met het oog op gevaar voor de veiligheid of het leven van de vreemdeling, van de ambtenaar of van derden, dan wel met het oog op gevaar voor een ernstige verstoring van de openbare orde, en
b. de toepassing van het hulpmiddel redelijkerwijs geen gevaar kan opleveren voor de gezondheid van de vreemdeling.

3. Indien de ambtenaar, bedoeld in het eerste lid, onder leiding van een ter plaatse aanwezige meerdere optreedt, zal hij geen gebruik maken van hulpmiddelen ten behoeve van uitzetting dan na uitdrukkelijke last van deze meerdere. De meerdere geeft daarbij aan van welk hulpmiddel gebruik wordt gemaakt.
4. Het gebruik van een hulpmiddel ten behoeve van uitzetting is uitsluitend toegestaan aan een ambtenaar die in het gebruik van dat hulpmiddel is geoefend.

Art. 23b
1. De ambtenaar die ten aanzien van een vreemdeling die wordt uitgezet gebruik heeft gemaakt van een hulpmiddel ten behoeve van uitzetting als bedoeld in artikel 23a, eerste lid, meldt dit onverwijld schriftelijk aan de hulpofficier van justitie, onder vermelding van de aard van het hulpmiddel, de redenen die tot het gebruik hebben geleid en de daaruit voortvloeiende gevolgen.
2. De hulpofficier van justitie draagt zorg voor registratie van de melding, bedoeld in het eerste lid.

Melding gebruik hulpmiddel bij uitzetting vreemdelingen

Hoofdstuk 5
Hulpverlening

Art. 24
1. De ambtenaar draagt er zorg voor personen met lichte verwondingen, ziekteverschijnselen en personen ten aanzien van wie twijfel op dit punt bestaat, de weg te wijzen naar een huisarts of naar een E.H.B.O.-afdeling van een ziekenhuis. Indien dat noodzakelijk is, verleent de ambtenaar bemiddeling bij het verkrijgen van passend vervoer.
2. De ambtenaar draagt er zorg voor dat personen met ernstige verwondingen en bewustelozen, waar onder mede worden verstaan personen die niet wekbaar of niet aanspreekbaar zijn, per ambulance naar het ziekenhuis worden vervoerd. De gegevens omtrent aard en omstandigheden van de gebeurtenis die tot de ziektetoestand heeft geleid, alsmede de op de persoon aangetroffen medische gegevens en geneesmiddelen, worden door hem ter beschikking van de medische hulpverleners gesteld.

Politie, hulpverlening gewonden

Art. 25
1. De ambtenaar draagt er zoveel mogelijk zorg voor dat personen die door drankgebruik, dan wel door andere oorzaken, onmiddellijk gevaarlijk zijn, hetzij voor de openbare orde, veiligheid, of gezondheid, hetzij voor zichzelf, op de meest geschikte wijze van openbare plaatsen als bedoeld in artikel 1 van de Wet openbare manifestaties, worden verwijderd. Onder openbare plaatsen worden mede verstaan vervoermiddelen die zich bevinden op deze plaatsen, een en ander voor zover niet gebezigd als woning.
2. De ambtenaar draagt personen als bedoeld in het eerste lid over aan het eigen zorgkader, voor zover de omstandigheden zulks toelaten. Zij kunnen bij het ontbreken van opvangmogelijkheden elders, bij wijze van hulpverlening, op het politie- of brigadebureau worden ondergebracht, indien dit nodig is voor hun bescherming en dit niet tegen hun wil geschiedt.
3. Voor personen als bedoeld in het eerste lid, van wie bekend is dat zij geestelijk gestoord zijn of die geestelijk gestoord lijken, waarschuwt de ambtenaar de arts, nadat zo mogelijk getracht is contact te zoeken met de eigen huisarts.

Politie, verwijdering gevaarlijke personen van openbare plaatsen

Hoofdstuk 6
Maatregelen jegens ingeslotenen

§ 1
Algemeen

Art. 26
1. De korpschef treft voorzieningen opdat de ingeslotene in ieder geval beschikt over:
a. slaapgelegenheid,
b. eten en drinken in overeenstemming met medische en levensbeschouwelijke of godsdienstige eisen,
c. sanitair,
d. de noodzakelijke medische zorg en
e. informatie over de gang van zaken in het politiecellencomplex.
2. Tenzij het politiecellencomplex geen luchtplaats heeft, draagt de korpschef er zorg voor dat de ingeslotene tweemaal daags wordt gelucht.
3. In verband met het eerste lid, onder d, treft de korpschef een regeling met artsen ten einde van hulp verzekerd te zijn voor de medische zorg van ingeslotenen.
4. Met inachtneming van het bij of krachtens de wet bepaalde treft de korpschef een regeling met betrekking tot het roken, de ontspanning, het telefoneren en het ontvangen van bezoek van de ingeslotene.

Politie, voorzieningen ingeslotenen

C6 art. 27 — Ambtsinstructie voor politie, marechaussee en andere opsporingsambtenaren

Nadere regels

5. Bij ministeriële regeling worden regels gesteld over de inrichting van een politiecellencomplex.
6. Bij ministeriële regeling worden de gegevens over ingeslotenen aangewezen die door de ambtenaar worden geregistreerd.
7. In geval van overlijden of poging tot zelfdoding van een ingeslotene draagt de korpschef er zorg voor dat het openbaar ministerie hiervan onverwijld in kennis wordt gesteld.
8. De ambtenaar handelt jegens de ingeslotene overeenkomstig het bepaalde bij of krachtens dit artikel.

Art. 27

Politie, inkennisstelling familielid ingeslotene

1. Voor zover het bij of krachtens het Wetboek van Strafvordering bepaalde zich hiertegen niet verzet stelt de ambtenaar een familielid of een huisgenoot van een ingeslotene zo spoedig mogelijk op de hoogte van de insluiting. In het geval de ingeslotene minderjarig is, doet hij dit uit eigen beweging, indien de ingeslotene meerderjarig is, doet hij dit slechts op verzoek van de ingeslotene.

Politie, inkennisstelling ambassade bij insluiting vreemdeling

2. Indien de omstandigheden de uitvoering van het eerste lid niet toelaten bij een ingeslotene die geen ingezetene is, wordt de ambassade of het consulaat van het land waarin de ingeslotene ingezetene is, op de hoogte gesteld van de insluiting.

§ 2
In bewaring nemen van kleding en voorwerpen

Art. 28

Politie, in bewaring nemen kleding en voorwerpen

1. De ambtenaar onderzoekt de ingeslotene direct voorafgaand aan de insluiting, door het aftasten en doorzoeken van diens kleding en van de voorwerpen die de ingeslotene bij zich draagt of met zich mee voert op de aanwezigheid van voorwerpen die tijdens de insluiting een gevaar voor de veiligheid van de betrokkene of voor anderen kunnen vormen.
2. Bij het aantreffen van voorwerpen die een gevaar kunnen vormen als bedoeld in het eerste lid, neemt de ambtenaar deze in bewaring.
3. Het onderzoek, bedoeld in het eerste lid, wordt zoveel mogelijk uitgevoerd door een ambtenaar van hetzelfde geslacht als degene die aan het onderzoek wordt onderworpen.
4. De ambtenaar die het onderzoek heeft uitgevoerd, maakt hiervan onverwijld schriftelijk rapport op ten behoeve van de hulpofficier van justitie.

Art. 29

Politie, ontkleding ingeslotene

1. De ambtenaar kan slechts van de ingeslotene verlangen dat deze zich ontkleedt indien:
   a. met toepassing van artikel 7, vijfde of zesde lid, van de Politiewet 2012 is bepaald dat betrokkene aan of in zijn lichaam wordt onderzocht,
   b. de kleding tijdens de insluiting een gevaar voor de veiligheid van betrokkene of van anderen kan vormen en een hulpofficier van justitie daarvoor toestemming heeft gegeven, of
   c. de kleding tijdens de insluiting naar het oordeel van de arts een gevaar voor de gezondheid van betrokkene of van anderen kan vormen.
2. Bij toepassing van het eerste lid, onder b of c, neemt de ambtenaar de kleding in bewaring en draagt hij zorg voor vervangende kleding.

Art. 29a

Politie, horen voor onderzoek in lichaam

1. Voordat de officier van justitie met toepassing van artikel 7, zesde lid, van de Politiewet 2012 bepaalt dat de ingeslotene in het lichaam wordt onderzocht, wordt de ingeslotene gehoord, zo veel mogelijk in een voor hem begrijpelijke taal.
2. Zo nodig geschiedt het horen met bijstand van een tolk. Van het horen wordt aantekening gehouden.
3. Toepassing van het eerste lid kan achterwege blijven indien:
   a. de vereiste spoed zich daartegen verzet;
   b. de gemoedstoestand van de ingeslotene daaraan in de weg staat.
4. De ingeslotene ontvangt van de beslissing tot toepassing van artikel 7, zesde lid, van de Politiewet 2012 onverwijld schriftelijk en zo veel mogelijk in een voor hem begrijpelijke taal een met redenen omklede, gedagtekende en ondertekende mededeling.
5. De mededeling vermeldt bij welke functionaris een klacht kan worden ingediend.

Art. 30

Politie, melding in bewaring nemen kleding en voorwerpen

1. De ambtenaar tekent nauwkeurig alle voorwerpen en kledingstukken die hij in bewaring heeft genomen, op. Bij voorwerpen van een geringe omvang en waarde kan worden volstaan met een globale aanduiding.
2. Een afschrift van de aantekening, bedoeld in het eerste lid, wordt door de ingeslotene en de ambtenaar ondertekend en aan de ingeslotene overhandigd.

§ 3
Permanente camera-observatie

Art. 31
1. De ambtenaar kan de ingeslotene na toestemming van de hulpofficier van justitie aan permanente camera-observatie onderwerpen.
2. De maatregel, bedoeld in het eerste lid, is slechts geoorloofd in die gevallen waarin sprake is van een zodanige dreiging van gevaar voor het leven of de veiligheid van de betrokkene dat doorlopende controle ter afwending van dit gevaar noodzakelijk is.
3. De ambtenaar doet aan de betrokkene mededeling van de permanente camera-observatie en maakt aantekening van de permanente camera-observatie.

Politie, permanente camera-observatie

§ 4
Medische bijstand

Art. 32
1. In het geval er aanwijzingen zijn dat een ingeslotene medische bijstand behoeft dan wel er bij deze persoon medicijnen zijn aangetroffen, overlegt de ambtenaar met de arts. De ambtenaar overlegt eveneens met de arts indien de ingeslotene zelf om medische bijstand of medicijnen vraagt.
2. In het geval de ingeslotene vraagt om medische bijstand van zijn eigen arts, stelt de ambtenaar die arts daarvan op de hoogte.
3. In het geval de ingeslotene te kennen geeft geen medische hulp te willen hebben, terwijl er aanwijzingen zijn dat medische bijstand gewenst is, waarschuwt de ambtenaar de arts en deelt hij deze de houding van de ingeslotene mee.

Politie, medische bijstand ingeslotene

Art. 33
De ambtenaar mag aan de arts bij het onderzoek en de behandeling geen beperkingen opleggen. Hij volgt de aanwijzingen op die de arts over de zorg voor de gezondheid van de ingeslotene geeft en registreert de door de arts gegeven aanwijzingen.

Politie, geen beperkingen voor arts

Art. 34
1. De ambtenaar controleert de ingeslotene regelmatig met dien verstande dat:
a. in het geval de arts is gewaarschuwd, de ingeslotene ten minste elk kwartier in de cel wordt gadegeslagen;
b. in het geval medische hulp is verstrekt, de ingeslotene zo vaak wordt geobserveerd als de arts heeft voorgeschreven;
c. in het geval geen medische hulp noodzakelijk wordt geacht, de ingeslotene eenmaal per twee uur wordt gadegeslagen.
2. In de gevallen, bedoeld in het eerste lid, onder a en b, observeert de ambtenaar in de cel en aan de persoon, waarbij hij vooral acht slaat op de mate waarin de ingeslotene wekbaar en aanspreekbaar is. Personen die in een toestand geraken waarin zij niet wekbaar of aanspreekbaar zijn, worden terstond per ambulance naar een ziekenhuis vervoerd.
3. De ambtenaar registreert de observaties, bedoeld in het eerste lid.

Politie, observatie ingeslotene

Art. 35
Bij overplaatsing van de ingeslotene geeft de ambtenaar de geneesmiddelen, de registraties, bedoeld in de artikelen 26, tweede lid, 33 en 34, derde lid, voor zover die van belang kunnen zijn, en de rapportage van de arts, die bestemd is voor een arts die de behandeling zal overnemen, mee.

Politie, overplaatsing ingeslotene

§ 5
Invrijheidstelling

Art. 36
De ambtenaar zorgt ervoor dat bij de invrijheidstelling van een persoon die zichzelf niet kan verplaatsen, vervoer en begeleiding voor die persoon beschikbaar zijn.

Politie, invrijheidstelling

Hoofdstuk 6a
Ambtenaar van een bijzondere opsporingsdienst

Art. 36a
1. Op de ambtenaar van een bijzondere opsporingsdienst zijn de artikelen 1, derde, vierde en vijfde lid, 2, 4, 5, 7, eerste lid, aanhef en onder a en b, tweede, derde en vierde lid, 10, 10a, 12a, 12b, 12c, 15, eerste lid, aanhef en onder a, en tweede lid, 16, 17, eerste tot en met derde lid, vierde lid, en vijfde lid, 18, eerste lid, aanhef en onder b, tweede lid, 18a, 19 tot en met 23 van dit besluit van toepassing.
2. Voor de toepassing van:

Ambtenaar bijzondere opsporingsdienst

a. artikel 1, derde lid, wordt voor «meerdere» gelezen: de ambtenaar van een bijzondere opsporingsdienst die uit hoofde van zijn functie met de leiding is belast of het bevel heeft over de taakuitvoering;
b. artikel 1, vierde lid, onder a, wordt voor «bevoegd gezag» gelezen: de officier van justitie;
c. artikel 1, vierde lid, onder d, wordt voor «geweldmiddel» gelezen: de wapens en de uitrusting waarmee geweld kan worden uitgeoefend, ten aanzien waarvan krachtens artikel 3a, derde lid, van de Wet wapens en munitie is bepaald dat de in dat lid genoemde artikelen niet van toepassing zijn op ambtenaren van bijzondere opsporingsdiensten;
d. de artikelen 17, vierde lid, onder b, en 18, eerste lid, aanhef en onder b, wordt voor «de korpschef» telkens gelezen «het hoofd van de bijzondere opsporingsdienst» en voor «een andere ambtenaar van politie als bedoeld in artikel 2, onder a of c, van de Politiewet 2012, die is aangesteld voor de uitvoering van de politietaak» telkens gelezen: de ambtenaar van een bijzondere opsporingsdienst;
e. artikel 18, tweede lid, aanhef en onder b, wordt voor «de korpschef» gelezen: het hoofd van de bijzondere opsporingsdienst;
f. artikel 18a, tweede lid, wordt voor «artikel 7, eerste en zevende lid, van de Politiewet 2012» gelezen: artikel 6, eerste, tweede en vierde lid, van de Wet op de bijzondere opsporingsdiensten;
g. artikel 20 wordt voor «artikel 7, derde en vierde lid, van de Politiewet 2012» gelezen: artikel 6, derde lid, van de Wet op de bijzondere opsporingsdiensten;
h. artikel 21 wordt voor «onderzoek aan kleding of voorwerpen» gelezen «onderzoek aan kleding» en wordt voor «artikel 7, derde lid, van de Politiewet 2012» gelezen: artikel 6, derde lid, van de Wet op de bijzondere opsporingsdiensten.

Art. 36b

Ambtenaar bijzondere opsporingsdienst, gebruik voorgeschreven geweldmiddel/handboeien

De ambtenaar van een bijzondere opsporingsdienst maakt bij de uitoefening van zijn dienst uitsluitend gebruik van het door Onze Minister van Justitie voorgeschreven geweldmiddel of handboeien.

Hoofdstuk 7
Buitengewoon opsporingsambtenaar

Art. 37

Buitengewoon opsporingsambtenaar

1. Indien Onze Minister ingevolge artikel 7, negende lid, van de Politiewet 2012 heeft bepaald dat een buitengewoon opsporingsambtenaar bevoegd is tot de uitoefening van bevoegdheden als bedoeld in het eerste, derde en vierde lid van dat artikel, zijn de artikelen 1, derde, vierde en vijfde lid, 5, 17, eerste tot en met derde, vierde lid, onder b en vijfde lid, 18, eerste lid, aanhef en onder b, tweede lid, 18a, 19 tot en met 21 van dit besluit van toepassing op de desbetreffende buitengewoon opsporingsambtenaar.
2. Indien de aanwijzing mede omvat het gebruik van een wapen, een surveillancehond dan wel handboeien zijn de artikelen 4, 7, eerste lid, aanhef en onder a en b, tweede, derde en vierde lid, 8, 9, 10, 10a, 12a, 12b, 12c, 15, eerste lid, aanhef en onder a, en tweede lid, 16 respectievelijk 22 en 23 van dit besluit van toepassing op de desbetreffende buitengewoon opsporingsambtenaar.
3. Voor de toepassing van:
a. artikel 1, derde lid, wordt voor «meerdere» gelezen: de direct toezichthouder, bedoeld in artikel 1 van het Besluit buitengewoon opsporingsambtenaar;
b. artikel 1, vierde lid, onder a, wordt voor «het gezag, bedoeld in de artikelen 11, 12 en 14 van de Politiewet 2012» gelezen: het gezag, bedoeld in artikel 12 van de Politiewet 2012;
c. artikel 1, vierde lid, onder d, wordt voor «geweldmiddel» gelezen: de wapens en de uitrusting waarmee geweld kan worden uitgeoefend, ten aanzien waarvan krachtens artikel 3a, derde lid, van de Wet wapens en munitie is bepaald dat de in dat lid genoemde artikelen niet van toepassing zijn op buitengewoon opsporingsambtenaren;
d. de artikelen 17, vierde lid, onder b en, 18, eerste lid, aanhef en onder b, wordt voor «de korpschef» gelezen «de direct toezichthouder, bedoeld in artikel 1 van het Besluit buitengewoon opsporingsambtenaar» en voor «een andere ambtenaar van politie als bedoeld in artikel 2, onder a of c, van de Politiewet 2012, die is aangesteld voor de uitvoering van de politietaak» gelezen: de buitengewoon opsporingsambtenaar;
e. artikel 18, tweede lid, aanhef en onder b, wordt voor «de korpschef» gelezen: de direct toezichthouder, bedoeld in artikel 1, van het Besluit buitengewoon opsporingsambtenaar;
f. artikel 18, vierde lid, wordt voor «de ambtenaar» gelezen: de buitengewoon opsporingsambtenaar.

Art. 38

Buitengewoon opsporingsambtenaar, gebruik voorgeschreven geweldmiddel/handboeien

De buitengewoon opsporingsambtenaar die bevoegd is tot het gebruik van een wapen of handboeien, maakt bij de uitoefening van zijn dienst uitsluitend gebruik van het door Onze Minister voorgeschreven geweldmiddel of handboeien.

Art. 39
De buitengewoon opsporingsambtenaar is niet eerder bevoegd tot de uitoefening van de in artikel 7, eerste, derde en vierde lid, van de Politiewet 2012 bedoelde bevoegdheden dan nadat die bevoegdheid is aangetekend op de akte van beëdiging en is gebleken van zijn bekwaamheid in de uitoefening daarvan.

Buitengewoon opsporingsambtenaar, geweld/veiligheidsfouillering

Hoofdstuk 8
Slotbepalingen

Art. 39a
Dit besluit berust op artikel 7, negende lid, en artikel 9 van de Politiewet 2012 en artikel 6, vijfde lid, van de Wet op de bijzondere opsporingsdiensten.

Grondslag besluit

Art. 40
Dit besluit treedt in werking met ingang van de dag waarop de Politiewet 1993 in werking treedt.

Inwerkingtreding

Art. 41
Dit besluit wordt aangehaald als: Ambtsinstructie voor de politie, de Koninklijke marechaussee en andere opsporingsambtenaren.

Citeertitel

Wet op de identificatieplicht[1]

Wet van 9 december 1993, tot aanwijzing van documenten dienende ter vaststelling van de identiteit van personen alsmede aanwijzing van enige gevallen waarin de identiteit van personen aan de hand van deze documenten kan worden vastgesteld

Wij Beatrix, bij de gratie Gods, Koningin der Nederlanden, Prinses van Oranje-Nassau, enz. enz. enz.

Allen, die deze zullen zien of horen lezen, saluut! doen te weten:

Alzo Wij in overweging genomen hebben, dat het ter verbetering van de handhaving van regelingen voor de uitvoering waarvan bekendheid met de identiteit van een persoon van belang is, wenselijk is te bepalen met welke documenten de identiteit van personen in bij de wet aangewezen gevallen kan worden vastgesteld alsmede enige van deze gevallen aan te wijzen;

Zo is het, dat Wij, de Raad van State gehoord, en met gemeen overleg der Staten-Generaal, hebben goedgevonden en verstaan, gelijk Wij goedvinden en verstaan bij deze:

Hoofdstuk I
Aanwijzing van documenten

Art. 1

Documenten

1. Als documenten waarmee in bij de wet aangewezen gevallen de identiteit van personen kan worden vastgesteld, worden aangewezen:

 1°. een geldig reisdocument als bedoeld in artikel 2, eerste lid, onder a, b, c, d, e en g, of een Nederlandse identiteitskaart en vervangende Nederlandse identiteitskaart als bedoeld in artikel 2, tweede lid, van de Paspoortwet;

 2°. de documenten waarover een vreemdeling ingevolge de Vreemdelingenwet 2000 moet beschikken ter vaststelling van zijn identiteit, nationaliteit en verblijfsrechtelijke positie;

 3°. een geldig nationaal, diplomatiek of dienstpaspoort dat is afgegeven door het daartoe bevoegde gezag in een andere lidstaat van de Europese Gemeenschappen of in een andere staat die partij is bij de Overeenkomst betreffende de Europese Economische Ruimte, voor zover de houder de nationaliteit van die andere lidstaat bezit;

 4°. een geldig rijbewijs dat is afgegeven op basis van de Wegenverkeerswet, een geldig rijbewijs als bedoeld in artikel 107 van de Wegenverkeerswet 1994 of een rijbewijs dat is afgegeven door het daartoe bevoegde gezag in een andere lidstaat van de Europese Gemeenschappen of in een andere staat die partij is bij de Overeenkomst betreffende de Europese Economische Ruimte, waarvan de houder in Nederland woonachtig is, zolang de bij de Wegenverkeerswet 1994 vastgestelde termijn van geldigheid in Nederland niet is verstreken, aan de houder geen administratieve maatregel bedoeld in paragraaf 9 van hoofdstuk VI van de Wegenverkeerswet 1994 is opgelegd of aan hem niet de bijkomende straf bedoeld in artikel 179 van die wet is opgelegd en mits het rijbewijs is voorzien van een pasfoto van de houder.

Delegatie

2. Onze Minister van Veiligheid en Justitie kan, al dan niet voor een bepaald tijdvak, andere dan de in het eerste lid bedoelde documenten aanwijzen ter vaststelling van de identiteit van personen.

Hoofdstuk II
Toonplicht

Art. 2

Toonplicht

Een ieder die de leeftijd van veertien jaar heeft bereikt, is verplicht op de eerste vordering van een ambtenaar als bedoeld in artikel 8 van de Politiewet 2012 of artikel 6a van de Wet op de bijzondere opsporingsdiensten, een identiteitsbewijs als bedoeld in artikel 1 ter inzage aan te bieden. Deze verplichting geldt ook indien de vordering wordt gedaan door een toezichthouder.

Hoofdstuk III
[Vervallen]

Art. 3
[Vervallen]

---

1   Inwerkingtredingsdatum: 01-06-1994; zoals laatstelijk gewijzigd bij: Stb. 2017, 53.

Wet op de identificatieplicht

[Vervallen]	**Hoofdstuk IV** [Vervallen]
	Art. 4
[Vervallen]	**Hoofdstuk V** [Vervallen]
	Art. 5
[Vervallen]	**Hoofdstuk VI** [Vervallen]
	Art. 6
[Vervallen]	**Hoofdstuk VII** [Vervallen]
	Art. 7
[Vervallen]	**Hoofdstuk VIII** [Vervallen]
	Art. 8
[Vervallen]	**Hoofdstuk IX** [Vervallen]
	Art. 9
[Vervallen]	**Hoofdstuk X** [Vervallen]
	Art. 10
[Vervallen]	**Hoofdstuk XI** [Vervallen]
	Art. 11
[Vervallen]	**Hoofdstuk XII** [Vervallen]
	Art. 12
[Vervallen]	**Hoofdstuk XIII** [Vervallen]
	Art. 13
[Vervallen]	**Hoofdstuk XIV** [Vervallen]
	Art. 14
[Vervallen]	

Hoofdstuk XV
[Vervallen]

Art. 15
[Vervallen]

Hoofdstuk XVI
[Vervallen]

Art. 16
[Vervallen]

Hoofdstuk XVII
[Vervallen]

Art. 17
[Vervallen]

Hoofdstuk XVIII
[Vervallen]

Art. 18
[Vervallen]

Hoofdstuk XIX
[Vervallen]

Art. 19
[Vervallen]

Hoofdstuk XX
[Vervallen]

Art. 20
[Vervallen]

Hoofdstuk XXI
[Vervallen]

Art. 21
[Vervallen]

Hoofdstuk XXII
[Vervallen]

Art. 22
[Vervallen]

Hoofdstuk XXIII
Slotbepalingen

Art. 23

Overgangsbepalingen

1. Artikel 50*b*, derde lid, van de Organisatiewet Sociale Verzekering, zoals dat artikel bij deze wet is gewijzigd, is uitsluitend van toepassing ten aanzien van verzekerden die hun werkzaamheden zijn aangevangen of die loon zijn gaan genieten op of na het tijdstip van inwerkingtreding van deze wet.
2. Onze Minister van Sociale Zaken en Werkgelegenheid stelt, na overleg met Onze Minister van Financiën en gehoord de Sociale Verzekeringsraad, een termijn, aanvangende op het tijdstip van inwerkingtreding van deze wet, waarbinnen de verzekerden die hun werkzaamheden zijn aangevangen of die loon zijn gaan genieten voor het tijdstip van inwerkingtreding van deze wet, een document als bedoeld in artikel 1 van de Wet op de identificatieplicht ter inzage dienen te verstrekken aan de werkgever teneinde deze in staat te stellen de aard en het nummer van dit document in de administratie op te nemen.

Wet op de identificatieplicht C7 art. 25

3. De verplichting bedoeld in het tweede lid geldt als een verplichting van de verzekerde als bedoeld in artikel 50c, tweede lid, van de Organisatiewet Sociale Verzekering, zoals dat artikel bij deze wet is gewijzigd.

Art. 24
De artikelen van deze wet treden in werking op een bij koninklijk besluit te bepalen tijdstip, dat voor de verschillende artikelen of onderdelen daarvan verschillend kan worden vastgesteld.

Inwerkingtreding

Art. 25
Deze wet kan worden aangehaald als "Wet op de identificatieplicht".

Citeertitel

Algemene wet op het binnentreden[1]

Wet van 22 juni 1994, tot vaststelling van de Algemene wet op het binnentreden

Wij Beatrix, bij de gratie Gods, Koningin der Nederlanden, Prinses van Oranje-Nassau, enz. enz. enz.

Allen, die deze zullen zien of horen lezen, saluut! doen te weten:

Alzo Wij in overweging genomen hebben, dat het mede in verband met de verandering van de desbetreffende bepalingen in de Grondwet wenselijk is te komen tot herziening en eenmaking van de wettelijke bepalingen inzake het binnentreden in woningen en het betreden van enkele bijzondere plaatsen;

Zo is het, dat Wij, de Raad van State gehoord en met gemeen overleg der Staten-Generaal, hebben goedgevonden en verstaan, gelijk Wij goedvinden en verstaan bij deze:

§ 1
Binnentreden in woningen in het algemeen

Art. 1

Binnentreden, legitimatie en mededeling

1. Degene die bij of krachtens de wet belast is met de opsporing van strafbare feiten of enig ander onderzoek, met de uitvoering van een wettelijk voorschrift of met het toezicht op de naleving daarvan, dan wel een bevoegdheid tot vrijheidsbeneming uitoefent, en uit dien hoofde in een woning binnentreedt, is verplicht zich voorafgaand te legitimeren en mededeling te doen van het doel van het binnentreden. Indien twee of meer personen voor hetzelfde doel in een woning binnentreden, rusten deze verplichtingen slechts op degene die bij het binnentreden de leiding heeft.
2. Indien de naleving van de in het eerste lid bedoelde verplichtingen naar redelijke verwachting ernstig en onmiddellijk gevaar oplevert voor de veiligheid van personen of goederen, feitelijk onmogelijk is dan wel naar redelijke verwachting de strafvordering schaadt ten aanzien van misdrijven waarvoor voorlopige hechtenis is toegelaten, gelden deze verplichtingen slechts voor zover de naleving daarvan in die omstandigheden kan worden gevergd.
3. Een persoon in dienst van een bestuursorgaan die zich ingevolge het eerste lid legitimeert, toont een legitimatiebewijs dat is uitgegeven door of in opdracht van dat bestuursorgaan. Het legitimatiebewijs bevat een foto van de houder en vermeldt diens naam en hoedanigheid. Indien de veiligheid van de houder van het legitimatiebewijs vordert dat zijn identiteit verborgen blijft, kan in plaats van zijn naam zijn nummer worden vermeld.
4. De persoon, bedoeld in het eerste lid, die met toestemming van de bewoner wenst binnen te treden, vraagt voorafgaand aan het binnentreden diens toestemming. De toestemming moet blijken aan degene die wenst binnen te treden.

§ 2
Binnentreden in woningen zonder toestemming van de bewoner

Art. 2

Binnentreden, machtiging

1. Voor het binnentreden in een woning zonder toestemming van de bewoner is een schriftelijke machtiging vereist, tenzij en voor zover bij wet aan rechters, rechterlijke colleges, leden van het openbaar ministerie, burgemeesters, gerechtsdeurwaarders en belastingdeurwaarders de bevoegdheid is toegekend tot het binnentreden in een woning zonder toestemming van de bewoner. De machtiging wordt zo mogelijk getoond.
2. Onze Minister van Justitie stelt het model van deze machtiging vast.
3. Een schriftelijke machtiging als bedoeld in het eerste lid is niet vereist, indien ter voorkoming of bestrijding van ernstig en onmiddellijk gevaar voor de veiligheid van personen of goederen terstond in de woning moet worden binnengetreden.

Art. 3

Binnentreden, bevoegdheid afgeven machtiging

1. Bevoegd tot het geven van een machtiging tot binnentreden zijn:
   a. de advocaat-generaal bij het ressortsparket;
   b. de officier van justitie;
   c. de hulpofficier van justitie.

---

1   Inwerkingtredingsdatum: 01-10-1994; zoals laatstelijk gewijzigd bij: Stb. 2009, 8.

2. Voor zover de wet niet anders bepaalt, is de burgemeester bevoegd tot het geven van een machtiging tot binnentreden in een woning gelegen binnen zijn gemeente voor andere doeleinden dan strafvordering.
3. Degene die bevoegd is een machtiging te geven, gaat daartoe slechts over, indien het doel waartoe wordt binnengetreden het binnentreden zonder toestemming van de bewoner redelijkerwijs vereist.

Art. 4
De machtiging kan uitsluitend worden gegeven aan degene die bij of krachtens de wet bevoegd is verklaard zonder toestemming van de bewoners een woning binnen te treden.

Binnentreden, gemachtigde

Art. 5
1. De machtiging wordt gegeven voor het binnentreden in één in de machtiging te noemen woning. Zo nodig kan in de machtiging worden bepaald dat zij tevens geldt voor ten hoogste drie andere afzonderlijk te noemen woningen.

Binnentreden, aantal woningen per machtiging

2. Ten behoeve van de opsporing van misdrijven waarvoor voorlopige hechtenis is toegelaten, is de advocaat-generaal bij het ressortsparket of de officier van justitie bevoegd een machtiging te geven die betrekking heeft op een groter aantal woningen. Bij dringende noodzakelijkheid en indien het optreden van de advocaat-generaal of de officier van justitie niet kan worden afgewacht, komt de bevoegdheid tot het geven van een machtiging toe aan de hulpofficier van Justitie.
3. Ten behoeve van de aanhouding, de medebrenging of de gevangenneming van een in de machtiging te noemen of, wanneer zijn naam onbekend is, zo duidelijk mogelijk aan te wijzen persoon onderscheidenlijk van de inbeslagneming van een in de machtiging te noemen of, wanneer dat niet mogelijk is, zo duidelijk mogelijk te omschrijven goed is de advocaat-generaal bij het ressortsparket of de officier van justitie bevoegd een machtiging te geven die geldt voor iedere woning waarin bedoelde persoon onderscheidenlijk bedoeld goed zich bevindt of verondersteld wordt zich te bevinden. Bij dringende noodzakelijkheid en indien het optreden van de advocaat-generaal of de officier van justitie niet kan worden afgewacht, komt de bevoegdheid tot het geven van een machtiging toe aan de hulpofficier van justitie.

Art. 6
1. De machtiging is ondertekend en vermeldt:
a. de naam en de hoedanigheid van degene die de machtiging heeft gegeven;
b. de naam of het nummer en de hoedanigheid van degene aan wie de machtiging is gegeven;
c. de wettelijke bepalingen waarop het binnentreden berust en het doel waartoe wordt binnengetreden;
d. de dagtekening.

Binnentreden, inhoud machtiging

2. De machtiging blijft ten hoogste van kracht tot en met de derde dag na die waarop zij is gegeven. De Algemene termijnwet is niet van toepassing.

Binnentreden, geldigheidsduur machtiging

Art. 7
1. Tussen middernacht en 6 uur 's morgens kan slechts zonder toestemming van de bewoner worden binnengetreden, voor zover dit dringend noodzakelijk is en, indien krachtens een machtiging wordt binnengetreden, de machtiging dit uitdrukkelijk bepaalt.

Binnentreden, tussen 0:00 en 6:00 uur

2. Bij afwezigheid van de bewoner kan slechts worden binnengetreden, voor zover dit dringend noodzakelijk is en, indien krachtens een machtiging wordt binnengetreden, de machtiging dit uitdrukkelijk bepaalt.

Binnentreden, afwezigheid bewoner

Art. 8
1. Degene die de machtiging heeft gegeven, kan degene die bevoegd is binnen te treden, vergezellen.

Binnentreden, gezelschap van anderen

2. Degene die bevoegd is zonder toestemming van de bewoner binnen te treden, kan zich door anderen doen vergezellen, voor zover dit voor het doel van het binnentreden redelijkerwijs is vereist en, indien krachtens een machtiging wordt binnengetreden, de machtiging dit uitdrukkelijk bepaalt.

Art. 9
Degene die bevoegd is zonder toestemming van de bewoner binnen te treden, kan zich de toegang tot of de doorgang in de woning verschaffen, voor zover het doel van het binnentreden dit redelijkerwijs vereist. Hij kan daartoe zo nodig de hulp van de sterke arm inroepen.

Binnentreden, zich toegang verschaffen

Art. 10
1. Degene die zonder toestemming van de bewoner in een woning is binnengetreden, maakt op zijn ambtseed of -belofte een schriftelijk verslag op omtrent het binnentreden.

Binnentreden, schriftelijk verslag

2. In het verslag vermeldt hij:
a. zijn naam of nummer en hoedanigheid;
b. de dagtekening van de machtiging en de naam en hoedanigheid van degene die de machtiging tot binnentreden heeft gegeven;
c. de wettelijke bepalingen waarop het binnentreden berust en het doel waartoe is binnengetreden;
d. de plaats van de woning en de naam van de bewoner;

e. de wijze van binnentreden en het tijdstip waarop in de woning is binnengetreden en waarop deze is verlaten;
f. hetgeen in de woning is verricht of overigens is voorgevallen, het aantal en de hoedanigheid van degenen die hem hebben vergezeld, de namen van de personen aan wie in de woning hun vrijheid is benomen en de voorwerpen die in de woning in beslag zijn genomen;
g. voor zover van toepassing: de redenen waarom en de wijze waarop het bepaalde in artikel 1, tweede lid, dan wel artikel 2, derde lid, toepassing heeft gevonden.

Art. 11

Binnentreden, afschrift verslag

1. Indien krachtens een machtiging is binnengetreden, wordt het verslag uiterlijk op de vierde dag na die waarop in de woning is binnengetreden, toegezonden aan degene die de machtiging heeft gegeven. Is de machtiging gegeven door een hulpofficier van justitie, dan wordt het verslag ook aan de officier van justitie toegezonden. Indien overeenkomstig het bepaalde in artikel 2, derde lid, zonder machtiging is binnengetreden, wordt het verslag toegezonden aan de officier van justitie dan wel, voor zover is binnengetreden voor andere doeleinden dan strafvordering, aan de burgemeester.

2. Een afschrift van het verslag wordt uiterlijk op de vierde dag na die waarop in de woning is binnengetreden, aan de bewoner uitgereikt of toegezonden. Indien het doel waartoe wordt binnengetreden daartoe noodzaakt, kan de uitreiking of de toezending aan de bewoner worden uitgesteld. Uitreiking of toezending geschiedt in dat geval, zodra het belang van dit doel dit toelaat. Indien het niet mogelijk is dit afschrift uit te reiken of toe te zenden, houdt degene aan wie overeenkomstig het eerste lid het verslag is toegezonden dan wel degene die zijn bevoegdheid zonder machtiging binnen te treden heeft uitgeoefend, het afschrift gedurende zes maanden voor de bewoner beschikbaar.

§ 3
Betreden van enkele bijzondere plaatsen

Art. 12

Binnentreden, bijzondere plaatsen

In de gevallen waarin het binnentreden van plaatsen krachtens een wettelijke voorschrift is toegelaten, geschiedt dit buiten het geval van ontdekking op heterdaad niet:
a. in de vergaderruimten van de Staten-Generaal, van de staten van een provincie, van de raad van een gemeente of van enig ander algemeen vertegenwoordigend orgaan, gedurende de vergadering;
b. in de ruimte bestemd voor godsdienstoefeningen of bezinningssamenkomsten van levensbeschouwelijke aard, gedurende de godsdienstoefening of bezinningssamenkomst;
c. in de ruimten waarin terechtzittingen worden gehouden, gedurende de terechtzitting.

§ 4
Slotbepalingen

Art. 13

Binnentreden, evaluatie wet

Onze Minister van Justitie zendt binnen vijf jaar na de inwerkingtreding van deze wet aan de Staten-Generaal een verslag over de doeltreffendheid en de effecten van de artikelen 1 en 2 van deze wet in de praktijk.

Art. 14

Citeertitel

Deze wet kan worden aangehaald als Algemene wet op het binnentreden.

Art. 15

Inwerkingtreding

Deze wet treedt in werking op een bij koninklijk besluit te bepalen tijdstip.

Wet justitiële en strafvorderlijke gegevens[1]

Wet van 7 november 2002 tot wijziging van de regels betreffende de verwerking van justitiële gegevens en het stellen van regels met betrekking tot de verwerking van persoonsgegevens in persoonsdossiers (Wet justitiële gegevens)

Wij Beatrix, bij de gratie Gods, Koningin der Nederlanden, Prinses van Oranje-Nassau, enz. enz. enz.
Allen, die deze zullen zien of horen lezen, saluut! doen te weten:
Alzo Wij in overweging genomen hebben, dat het noodzakelijk is nieuwe regels met betrekking tot het verwerken van justitiële gegevens en het stellen van regels met betrekking tot de verwerking van justitiële gegevens in persoonsdossiers en de verklaring omtrent het gedrag vast te stellen;
Zo is het, dat Wij, de Raad van State gehoord, en met gemeen overleg der Staten-Generaal, hebben goedgevonden en verstaan, gelijk Wij goedvinden en verstaan bij deze:

Titel 1
Definities

Art. 1
In deze wet en de daarop rustende bepalingen wordt verstaan onder: *Begripsbepalingen*
a. justitiële gegevens: bij algemene maatregel van bestuur te omschrijven persoonsgegevens of gegevens over een rechtspersoon inzake de toepassing van het strafrecht of de strafvordering, die in een gegevensbestand zijn of worden verwerkt;
b. strafvorderlijke gegevens: persoonsgegevens of gegevens over een rechtspersoon die zijn verkregen in het kader van een strafvorderlijk onderzoek en die het openbaar ministerie in een strafdossier of langs geautomatiseerde weg in een gegevensbestand verwerkt;
c. persoonsdossier: een gestructureerd dossier waarin zijn opgenomen de aan rechterlijke autoriteiten uitgebrachte rapporten over onderzoeken naar het gedrag of de levensomstandigheden van een natuurlijk persoon in verband met tegen hem aanhangige strafzaken, de tenuitvoerlegging van aan hem opgelegde straffen of maatregelen of zijn reclassering;
d. tenuitvoerleggingsgegevens: persoonsgegevens of gegevens over een rechtspersoon inzake de tenuitvoerlegging van strafrechtelijke beslissingen, die in een dossier of een ander gegevensbestand zijn of worden verwerkt;
e. gerechtelijke strafgegevens: persoonsgegevens of gegevens over een rechtspersoon die zijn verkregen in het kader van het behandelen en beslissen van zaken waarop het Nederlandse strafrecht van toepassing is en die in een gegevensbestand zijn of worden verwerkt;
f. rechtspersoon: een rechtspersoon als bedoeld in boek 2 van het Burgerlijk Wetboek, alsmede de daarmee gelijkgestelde organisaties als bedoeld in artikel 51, derde lid, van het Wetboek van Strafrecht;
g. justitiële documentatie: een samenhangende verzameling van op verschillende personen betrekking hebbende justitiële gegevens die langs geautomatiseerde weg wordt gevoerd;
h. documentatie persoonsdossiers: een samenhangende verzameling van op verschillende personen betrekking hebbende persoonsdossiers die langs geautomatiseerde weg wordt gevoerd of met het oog op een doeltreffende raadpleging van die gegevens systematisch is aangelegd;
i. persoonsgegeven: alle informatie over een geïdentificeerde of identificeerbare natuurlijke persoon;
j. betrokkene: degene op wie een justitieel, strafvorderlijk, gerechtelijk strafgegeven of een tenuitvoerleggingsgegeven betrekking heeft, of van wie persoonsgegevens in een persoonsdossier zijn verwerkt;
k. verwerkingsverantwoordelijke: dit is voor:
1°. justitiële gegevens en rapporten in een persoonsdossier: Onze Minister;
2°. strafvorderlijke gegevens: het College van procureurs-generaal;
3°. tenuitvoerleggingsgegevens: Onze Minister dan wel, uitsluitend in de gevallen dat dit uit de verantwoordelijkheid voor de uitvoering van een specifieke wettelijke taak volgt, het College van procureurs-generaal;
4°. gerechtelijke strafgegevens: de gerechten, bedoeld in artikel 2 van de Wet op de rechterlijke organisatie;

---

1 Inwerkingtredingsdatum: 01-04-2004; zoals laatstelijk gewijzigd bij: Stb. 2018, 401.

l. verwerker: de natuurlijke persoon of rechtspersoon, overheidsinstantie, dienst of een ander orgaan die of dat ten behoeve van de verwerkingsverantwoordelijke justitiële of strafvorderlijke gegevens, gerechtelijke strafgegevens, tenuitvoerleggingsgegevens of persoonsgegevens uit een persoonsdossier, verwerkt. Indien een verwerker in strijd met het bij of krachtens deze wet bepaalde de doeleinden en middelen van de verwerking bepaalt, wordt die verwerker met betrekking tot die verwerking als verwerkingsverantwoordelijke aangemerkt;

m. verwerking: elke bewerking of elk geheel van bewerkingen met betrekking tot justitiële of strafvorderlijke gegevens, gerechtelijke strafgegevens, tenuitvoerleggingsgegevens of rapporten, of afschriften daarvan, die zijn of worden opgenomen in een persoonsdossier, al dan niet uitgevoerd via geautomatiseerde procedés, zoals het verzamelen, vastleggen, ordenen, structureren, opslaan, bijwerken of wijzigen, opvragen, raadplegen, gebruiken, verstrekken door middel van doorzending, verspreiden of op andere wijze ter beschikking stellen, samenbrengen, met elkaar in verband brengen, afschermen, of vernietigen van deze gegevens, rapporten of afschriften daarvan;

n. afschermen: het markeren van opgeslagen justitiële of strafvorderlijke gegevens, gerechtelijke strafgegevens, tenuitvoerleggingsgegevens of persoonsgegevens met als doel de verwerking ervan in de toekomst te beperken;

o. gegevensbestand: justitiële documentatie, persoonsdossiers, documentatie persoonsdossiers en elk ander gestructureerd geheel van justitiële of strafvorderlijke gegevens, gerechtelijke strafgegevens of tenuitvoerleggingsgegevens dat volgens bepaalde criteria toegankelijk is, ongeacht of dit geheel van gegevens gecentraliseerd of gedecentraliseerd is, dan wel verspreid op een functioneel of geografisch bepaalde wijze;

p. inbreuk op de beveiliging: een inbreuk op de beveiliging met de vernietiging, het verlies, de wijziging, de bekendmaking of de ter beschikkingstelling van of de ongeoorloofde toegang tot doorgezonden, opgeslagen of anderszins verwerkte justitiële of strafvorderlijke gegevens, gerechtelijke strafgegevens, tenuitvoerleggingsgegevens of rapporten in persoonsdossiers, tot gevolg;

q. genetische gegevens: persoonsgegevens met betrekking tot de overgeërfde of verworven genetische kenmerken van een natuurlijke persoon die unieke informatie verschaffen over de fysiologie of de gezondheid van die persoon en die met name voorkomen uit een analyse van een biologisch monster van die persoon;

r. biometrische gegevens: persoonsgegevens die het resultaat zijn van een specifieke technische verwerking met betrekking tot de fysieke, fysiologische, of gedragskenmerken van een natuurlijke persoon op grond waarvan de eenduidige identificatie van die persoon mogelijk is of bevestigd wordt, zoals afbeeldingen van het gezicht of dactyloscopische gegevens;

s. gegevens over gezondheid: persoonsgegevens met betrekking tot de fysieke of mentale gezondheid van een natuurlijke persoon, waaronder gegevens over verleende gezondheidsdiensten, waarmee informatie over zijn gezondheid wordt gegeven;

t. profilering: elke vorm van geautomatiseerde verwerking van persoonsgegevens waarbij aan de hand van die gegevens bepaalde persoonlijke aspecten van een natuurlijke persoon worden geëvalueerd, met de bedoeling met name aspecten betreffende zijn beroepsprestaties, economische situatie, gezondheid, persoonlijke voorkeuren, interesses, betrouwbaarheid, gedrag, locatie of verplaatsingen te analyseren of te voorspellen;

u. ontvanger: de natuurlijke persoon aan wie of rechtspersoon of overheidsinstantie waaraan justitiële of strafvorderlijke gegevens, gerechtelijke strafgegevens, tenuitvoerleggingsgegevens of afschriften van rapporten uit persoonsdossiers, worden verstrekt;

v. bevoegde autoriteit: de overheidsinstantie die bevoegd is voor of ieder ander orgaan of iedere andere entiteit met openbaar gezag of openbare bevoegdheden ter voorkoming van, het onderzoek naar, de opsporing van of de vervolging van strafbare feiten, of voor de tenuitvoerlegging van straffen of maatregelen;

w. derde land: ieder land of gebied dat geen lidstaat is of daarvan geen uitmaakt;

x. internationale organisatie: een organisatie en de daaronder ressorterende internationaalpubliekrechtelijke organen of andere organen die zijn opgericht bij of op grond van een overeenkomst tussen twee of meer landen;

y. Onze Minister: Onze Minister van Veiligheid en Justitie;

z. Autoriteit persoonsgegevens: de autoriteit, bedoeld in artikel 6 van de Uitvoeringswet algemene verordening gegevensbescherming;

aa. lidstaat: lidstaat van de Europese Unie die de richtlijn heeft geïmplementeerd;

ab. richtlijn: richtlijn (EU) 2016/680 van het Europees Parlement en de Raad van 27 april 2016 betreffende de bescherming van natuurlijke personen in verband met de verwerking van persoonsgegevens door bevoegde autoriteiten met het oog op de voorkoming, het onderzoek, de opsporing en de vervolging van strafbare feiten of de tenuitvoerlegging van straffen, en betreffende het vrije verkeer van die gegevens en tot intrekking van het Kaderbesluit 2008/977/JBZ van de Raad.

Titel 2
De verwerking van justitiële gegevens

Afdeling 1
Algemene bepalingen

Art. 2
1. Onze Minister verwerkt in de justitiële documentatie justitiële gegevens ten behoeve van een goede strafrechtspleging.
2. Bij algemene maatregel van bestuur worden de gegevens aangewezen die als justitiële gegevens worden aangemerkt.

Art. 3
1. Onze Minister treft de nodige maatregelen opdat de justitiële gegevens, gelet op de doeleinden waarvoor zij worden verwerkt, juist en nauwkeurig zijn. Hij zorgt voor het onverwijld vernietigen of rectificeren van justitiële gegevens als blijkt dat deze, gelet op de doeleinden waarvoor zij worden verwerkt, onjuist zijn.
2. Justitiële gegevens worden slechts verwerkt voor zover dit noodzakelijk is voor de bij of krachtens deze wet geformuleerde doeleinden.
3. Justitiële gegevens worden slechts verwerkt voor zover dit behoorlijk en rechtmatig is, de gegevens rechtmatig zijn verkregen en de gegevens, gelet op de doeleinden waarvoor zij worden verwerkt, toereikend, ter zake dienend en niet bovenmatig zijn.
4. Justitiële gegevens kunnen worden verwerkt voor een ander doel dan een bij of krachtens deze wet vastgesteld doel waarvoor zij zijn verkregen, voor zover bij wet of in een ieder verbindend besluit van de Europese Unie uitdrukkelijk daarin is voorzien en de verwerking voor dat andere doel noodzakelijk is en in verhouding staat tot dat doel. De verdere verwerking is alleen mogelijk door personen en instanties die bij of krachtens de wet met het oog op een zwaarwegend algemeen belang of in een bindend besluit van de Europese Unie zijn aangewezen.
5. Onze Minister controleert, voor zover praktisch uitvoerbaar, de kwaliteit van justitiële gegevens voordat de gegevens worden verstrekt. Voor zover mogelijk wordt bij de doorzending van justitiële gegevens de noodzakelijke informatie toegevoegd aan de hand waarvan de ontvangende bevoegde autoriteit de mate van juistheid, volledigheid en betrouwbaarheid van justitiële gegevens kan beoordelen, alsmede de mate waarin zij actueel zijn.
6. Justitiële gegevens worden uitsluitend voor een ander doel verwerkt dan waarvoor zij zijn verkregen voor zover deze verwerking niet onverenigbaar is met het doel waarvoor deze gegevens zijn verkregen en de verwerking voor dat andere doel overigens noodzakelijk is en in verhouding staat tot dat doel. De verdere verwerking is alleen mogelijk door personen en instanties die bij of krachtens de wet met het oog op een zwaarwegend algemeen belang zijn aangewezen.
7. Onze Minister treft de nodige maatregelen opdat justitiële gegevens worden verwijderd of vernietigd zodra zij niet langer noodzakelijk zijn voor het doel waarvoor ze zijn verwerkt of dit door enige wettelijke bepaling wordt vereist.

Art. 4
1. Justitiële gegevens van verdachten en veroordeelden wegens misdrijven worden vernietigd:
a. dertig jaar nadat een beslissing om niet te vervolgen is genomen, nadat een einduitspraak als bedoeld in de artikelen 351 en 352 van het Wetboek van Strafvordering is gedaan in verband met een misdrijf waarop naar de wettelijke omschrijving een gevangenisstraf van zes jaar of meer is gesteld, en in het kader van het misdrijf de justitiële gegevens zijn verwerkt of nadat een strafbeschikking wegens het misdrijf volledig ten uitvoer is gelegd, dan wel twintig jaar na het overlijden van betrokkene,
b. twintig jaar nadat een beslissing om niet te vervolgen is genomen, nadat een einduitspraak als bedoeld in de artikelen 351 en 352 van het Wetboek van Strafvordering is gedaan in verband met een misdrijf waarop naar de wettelijke omschrijving een gevangenisstraf van minder dan zes jaar is gesteld, en in het kader van het misdrijf de justitiële gegevens zijn verwerkt of nadat een strafbeschikking wegens het misdrijf volledig ten uitvoer is gelegd, dan wel twaalf jaar na het overlijden van betrokkene,
c. na het vervallen van het recht tot strafvordering door verjaring.
2. De termijn van dertig en twintig jaar, genoemd in het eerste lid, wordt verlengd indien tegen de betrokkene een einduitspraak als bedoeld in de artikelen 351 en 352 van het Wetboek van Strafvordering in verband met een ander misdrijf is gedaan. In dat geval worden de justitiële gegevens vernietigd twintig dan wel dertig jaar nadat het vonnis is uitgesproken of de strafbeschikking volledig ten uitvoer is gelegd, al naar gelang op het misdrijf naar de wettelijke omschrijving minder dan zes jaar of zes jaar of meer gevangenisstraf is gesteld.
3. De termijn van dertig jaar, genoemd in het eerste lid, wordt met twintig jaar verlengd indien de duur van de gevangenisstraf of vrijheidsbenemende maatregel langer is dan twintig jaar. Indien de gevangenisstraf levenslang is of de vrijheidsbenemende maatregel de duur van veertig jaar overstijgt, worden de justitiële gegevens na tachtig jaar vernietigd.

Verwerking justitiële gegevens

Bijhouden justitiële gegevens

Vernietiging justitiële gegevens misdrijven

C9 art. 6 — Wet justitiële en strafvorderlijke gegevens

4. In afwijking van het eerste tot en met derde lid worden justitiële gegevens van verdachten en veroordeelden wegens misdrijven als bedoeld in de artikelen 240b tot en met 250 van het Wetboek van Strafrecht na tachtig jaar vernietigd.

Art. 5
[Vervallen]

Art. 6

Vernietiging justitiële gegevens overtredingen

Justitiële gegevens van verdachten en veroordeelden wegens overtredingen worden vernietigd:

a. vijf jaar nadat een beslissing om niet te vervolgen is genomen, nadat een einduitspraak als bedoeld in de artikelen 351 en 352 van het Wetboek van Strafvordering is gedaan in verband met een overtreding en in het kader van de overtreding de justitiële gegevens zijn verwerkt of een strafbeschikking wegens een overtreding volledig ten uitvoer is gelegd,

b. tien jaar nadat een beslissing om niet te vervolgen is genomen, nadat een einduitspraak als bedoeld in de artikelen 351 en 352 van het Wetboek van Strafvordering is gedaan in verband met een overtreding en in het kader van de overtreding de justitiële gegevens zijn verwerkt of een strafbeschikking wegens een overtreding volledig ten uitvoer is gelegd, en daarbij een vrijheidsstraf, vervangende hechtenis daaronder niet begrepen, of een taakstraf is opgelegd, dan wel aan een rechtspersoon een geldboete van de derde categorie of hoger is opgelegd,

c. twee jaar na het overlijden van betrokkene, of

d. na het vervallen van het recht tot strafvordering door verjaring.

Art. 7

Technische en organisatorische maatregelen verwerkingsverantwoordelijke/verwerker

1. De verwerkingsverantwoordelijke en de verwerker treffen passende technische en organisatorische maatregelen om:
a. te waarborgen en te kunnen aantonen dat de verwerking van justitiële gegevens wordt verricht in overeenstemming met hetgeen bij of krachtens deze wet is bepaald;
b. het gegevensbeschermingsbeleid en de gegevensbeschermingsbeginselen op een doeltreffende manier uit te voeren respectievelijk toe te passen;
c. bij de bepaling van de verwerkingsmiddelen en de verwerking zelf de nodige waarborgen in de verwerking in te bouwen ter naleving van hetgeen bij of krachtens deze wet is bepaald en ter bescherming van de rechten van de betrokkenen.

2. De verwerkingsverantwoordelijke en de verwerker treffen passende en organisatorische maatregelen om een beveiligingsniveau te waarborgen dat op het risico is afgestemd.

3. Bij het treffen van de maatregelen, bedoeld in het eerste en tweede lid, houden de verwerkingsverantwoordelijke en de verwerker rekening met de aard, de reikwijdte, de context en de doeleinden van de verwerking, alsmede met de qua waarschijnlijkheid en ernst uiteenlopende risico's voor de rechten en vrijheden van natuurlijke personen.

4. In aanvulling op het derde lid houden de verwerkingsverantwoordelijke en de verwerker ten aanzien van het eerste lid, onder c, rekening met de stand van de techniek en de uitvoeringskosten.

5. De maatregelen, bedoeld in het eerste en tweede lid, worden periodiek geëvalueerd en zo nodig geactualiseerd.

6. Bij of krachtens algemene maatregel van bestuur worden nadere regels gesteld over de maatregelen, bedoeld in het eerste en tweede lid.

7. Toegang tot justitiële gegevens is uitsluitend voorbehouden aan personen die onder het beheer van de verwerkingsverantwoordelijke voor die gegevens ressorteren of op grond van zijn instructie, behoudens een bij of krachtens de wet gegeven voorschrift.

Art. 7a

Technische en organisatorische maatregelen verwerkingsverantwoordelijke

1. De verwerkingsverantwoordelijke treft passende technische en organisatorische maatregelen om te waarborgen dat standaard:
a. alleen die justitiële gegevens worden verwerkt die noodzakelijk zijn voor elk specifiek doel van de verwerking, en
b. justitiële gegevens niet zonder tussenkomst van een natuurlijke persoon voor een onbeperkt aantal natuurlijke personen toegankelijk wordt gemaakt.

2. De maatregelen, bedoeld in het eerste lid, onder a, betreffen in ieder geval de hoeveelheid verzamelde justitiële gegevens, de mate waarin zij worden verwerkt, de periode van opslag en de toegankelijkheid van de justitiële gegevens.

Art. 7b

Nieuwe technologieën, beoordeling verwerkingsverantwoordelijke

1. Wanneer een soort verwerking, in het bijzonder een verwerking waarbij nieuwe technologieën worden gebruikt, gelet op de aard, de omvang, de context of doelen ervan, waarschijnlijk een hoog risico voor de rechten en vrijheden van personen oplevert, voert de verwerkingsverantwoordelijke voorafgaand aan de verwerking een beoordeling uit van het effect van de voorgenomen verwerkingsactiviteiten op de bescherming van persoonsgegevens.

2. De beoordeling bevat ten minste:
a. een algemene beschrijving van de beoogde verwerkingen;
b. een beoordeling van de risico's voor de rechten en vrijheden van betrokkenen;
c. de beoogde maatregelen ter beperking van de risico's;

Wet justitiële en strafvorderlijke gegevens   **C9 art. 8**

d. de voorzorgs- en beveiligingsmaatregelen en mechanismen om de justitiële gegevens te beschermen en aan te tonen dat aan het bij of krachtens deze wet bepaalde is voldaan, met inachtneming van de rechten en gerechtvaardigde belangen van de betrokkenen en andere betrokken personen.
3. Indien nodig verricht de verwerkingsverantwoordelijke een toetsing om te beoordelen of de verwerking overeenkomstig de gegevensbeschermingseffectbeoordeling wordt uitgevoerd, zulks ten minste wanneer sprake is van een toename van het risico dat de verwerkingen inhouden.

Art. 7c
De verwerkingsverantwoordelijke maakt in voorkomend geval en voor zover mogelijk een duidelijk onderscheid tussen justitiële gegevens betreffende verschillende categorieën van betrokkenen, zoals:
a. personen die terzake van een strafbaar feit zijn veroordeeld;
b. personen die terzake van een strafbaar feit zijn ontslagen van rechtsvervolging;
c. personen die terzake van een strafbaar feit zijn vrijgesproken.

Justitiële gegevens, verschillende categorieën

Art. 7d
1. Indien Onze Minister justitiële gegevens te zijnen behoeve laat verwerken door een verwerker maakt hij uitsluitend gebruik van een verwerker die afdoende garandeert dat de passende technische en organisatorische maatregelen en procedures zodanig worden geïmplementeerd dat bij de verwerking wordt voldaan aan het bij of krachtens deze wet bepaalde en de rechten van de betrokkene worden gewaarborgd.
2. De uitvoering van verwerkingen door een verwerker wordt geregeld in een schriftelijke overeenkomst of andere rechtshandeling die de verwerker aan de verwerkingsverantwoordelijke bindt. Bij of krachtens algemene maatregel van bestuur worden nadere regels gesteld over de inhoud van de overeenkomst of rechtshandeling.
3. De verwerker en eenieder die onder het gezag van Onze Minister of van de verwerker staat verwerkt de justitiële gegevens uitsluitend met inachtneming van de instructies van Onze Minister, tenzij hij bij of krachtens wet of een ieder verbindend besluit van Europese Unie tot die verwerking verplicht is.
4. De verwerker schakelt geen andere verwerker in dan na voorafgaande schriftelijke toestemming van de verwerkingsverantwoordelijke. In het geval van een algemene schriftelijke toestemming informeert de verwerker de verwerkingsverantwoordelijke over de toevoeging of vervanging van andere verwerkers, met de mogelijkheid van bezwaar door de verwerkingsverantwoordelijke.
5. De verwerker stelt de verwerkingsverantwoordelijke zonder onredelijke vertraging in kennis van een inbreuk op de bescherming van persoonsgegevens.

Justitiële gegevens, uitbesteding verwerking van

Art. 7e
1. Een besluit dat uitsluitend is gebaseerd op geautomatiseerde verwerking, met inbegrip van profilering, dat voor de betrokkene nadelige rechtsgevolgen heeft of hem in aanmerkelijke mate treft en waarin justitiële gegevens zijn verwerkt, is verboden, tenzij wordt voorzien in voorafgaande menselijke tussenkomst door of namens de verwerkingsverantwoordelijke en in specifieke voorlichting aan de betrokkene.
2. Profilering die leidt tot discriminatie van personen is verboden.

Profilering, verbod op besluit gebaseerd op geautomatiseerd verwerkte gegevens

Art. 7f
1. Indien iemand schade lijdt doordat ten opzichte van hem in strijd wordt gehandeld met het bij of krachtens deze wet gegeven voorschriften zijn de volgende leden van toepassing, onverminderd de aanspraken op grond van andere wettelijke regels.
2. Voor nadeel dat niet in vermogensschade bestaat, heeft de benadeelde recht op een naar billijkheid vast te stellen schadevergoeding.
3. De verwerkingsverantwoordelijke is aansprakelijk voor de schade of het nadeel, voortvloeiende uit het niet-nakomen van de in het eerste lid bedoelde voorschriften. De verwerker is aansprakelijk voor die schade of dat nadeel, voor zover ontstaan door zijn werkzaamheid.
4. De verwerkingsverantwoordelijke of de verwerker kan geheel of gedeeltelijk worden ontheven van deze aansprakelijkheid, indien hij bewijst dat de schade hem niet kan worden toegerekend.

Schadevergoeding

Afdeling 2
Het verstrekken van justitiële gegevens

Art. 8
1. Ten behoeve van de rechtspleging worden justitiële gegevens verstrekt aan Nederlandse rechterlijke ambtenaren.
2. Ten behoeve van de strafrechtspleging worden justitiële gegevens verstrekt aan Onze Minister.
3. Aan lichamen of personen aan wie krachtens artikel 257ba van het Wetboek van Strafvordering de bevoegdheid is toegekend een strafbeschikking uit te vaardigen, worden ten behoeve

Verstrekking justitiële gegevens

Sdu   433

van de uitoefening van die bevoegdheid justitiële gegevens verstrekt met betrekking tot de delicten waarop hun bevoegdheid betrekking heeft.
4. Bij algemene maatregel van bestuur worden nadere regels gesteld over de verstrekking of doorgifte van justitiële gegevens, bedoeld in het eerste, tweede en derde lid, alsmede over de daarbij te stellen voorwaarden aan het gebruik daarvan door ontvangstgerechtigde autoriteiten.

Art. 8a

Verstrekking justitiële gegevens bij zwaarwegend algemeen belang

1. Voorzover dit noodzakelijk is met het oog op een zwaarwegend algemeen belang, kan het College van procureurs-generaal in de gevallen waarin het ingevolge artikel 39e, 39f, of 39ga bevoegd is strafvorderlijke gegevens te verstrekken, justitiële gegevens verstrekken.
2. Artikel 39f, tweede lid, onder a, en derde lid, is van overeenkomstige toepassing.

Art. 9

Verstrekking justitiële gegevens bij zwaarwegend algemeen belang aan bij AMvB aangewezen instanties

1. Voorzover dit noodzakelijk is met het oog op een zwaarwegend algemeen belang en voor een goede taakuitoefening van degene aan wie justitiële gegevens worden verstrekt, kunnen bij algemene maatregel van bestuur personen of instanties die met een publieke taak zijn belast, worden aangewezen aan wie justitiële gegevens kunnen worden verstrekt. Daarbij kunnen nadere voorschriften worden gegeven in verband met de verwerking en verdere verwerking.
2. Artikel 3, derde en vierde lid, is van toepassing.

Art. 10

Voorwaarden voor verstrekking

1. Behoudens het bepaalde in artikel 12 worden aan de in artikel 9 bedoelde personen of instanties slechts gegevens verstrekt betreffende onherroepelijke veroordelingen wegens misdrijf waarbij een straf, al dan niet tezamen met een maatregel, is opgelegd, en wegens overtreding indien daarbij vrijheidsstraf – anders dan vervangende – of een taakstraf is opgelegd. Met een veroordeling worden gelijkgesteld een rechterlijke beslissing waarbij een maatregel als bedoeld in artikel 37a van het Wetboek van Strafrecht is opgelegd en een strafbeschikking.

Beletsel verstrekking

2. Geen gegevens worden verstrekt indien:
a. na het gegrond bevinden van de aanvraag tot herziening van een in kracht van gewijsde gegane einduitspraak deze wordt vernietigd en geen straf of maatregel is opgelegd,

Termijn 4 jaar

b. na het onherroepelijk worden van de uitspraak of strafbeschikking vier jaren zijn verstreken, of
c. de veroordeling door een andere dan een Nederlandse rechter is gewezen wegens een feit dat naar Nederlands recht geen misdrijf oplevert, tenzij ingevolge deze veroordeling in Nederland vrijheidsstraf – anders dan vervangende – of een taakstraf moet worden ondergaan.

Termijn 8 jaar

3. De termijn bedoeld in het tweede lid, onder b, beloopt acht jaren indien bij de veroordeling een onvoorwaardelijke vrijheidsstraf dan wel een voorwaardelijke vrijheidsstraf waarvan later de gehele of gedeeltelijke tenuitvoerlegging is bevolen, is opgelegd. Hetzelfde geldt indien bij de veroordeling een taakstraf is opgelegd, dan wel de tenuitvoerlegging van een bij de taakstraf opgelegde vervangende hechtenis is bevolen.

Verlenging termijn

4. De termijn wordt verlengd met de bij de uitspraak bepaalde duur van de opgelegde vrijheidsstraf met uitzondering van de straf of het gedeelte daarvan dat voorwaardelijk is opgelegd en ten aanzien waarvan de gehele of gedeeltelijke tenuitvoerlegging later niet is bevolen. De termijn wordt met zes maanden verlengd indien een taakstraf is opgelegd.
5. De termijn wordt mede verlengd met de duur van de verlenging van de proeftijd van een voorwaardelijke veroordeling en met de termijn van de verlenging van de terbeschikkingstelling.
6. De termijnen eindigen niet zolang de termijn met betrekking tot enige andere onherroepelijke veroordeling als bedoeld in het eerste lid, niet is geëindigd.
7. Ingeval van tenuitvoerlegging in Nederland van een veroordeling door een andere dan de Nederlandse rechter gewezen vangt de in het tweede lid, onder b, en het derde lid, bedoelde termijn aan op de dag na die, waarop die veroordeling onherroepelijk is geworden. De duur van de termijn wordt bepaald aan de hand van de bij de uitspraak of beslissing, krachtens welke de bovenbedoelde veroordeling in Nederland kan worden ten uitvoer gelegd, opgelegde of uitvoerbaar geworden straf of maatregel.

Art. 11

Verstrekking bij veroordelingen rechtspersonen

1. Aan de in artikel 9 bedoelde personen of instanties worden gegevens verstrekt betreffende onherroepelijke veroordelingen van rechtspersonen wegens enige overtreding, indien daarbij een geldboete is opgelegd van de derde of een hogere categorie. Met een veroordeling wordt gelijkgesteld een strafbeschikking.

Beletsel verstrekking

2. Geen gegevens worden verstrekt indien:
a. na het gegrond bevinden van de aanvraag tot herziening van een in kracht van gewijsde gegane einduitspraak deze wordt vernietigd en geen straf of maatregel is opgelegd, of

Termijn 4 jaar
Termijn 8 jaar

b. na het onherroepelijk worden van de uitspraak of strafbeschikking vier jaren zijn verstreken.
3. De termijn bedoeld in het tweede lid, onder b, beloopt acht jaren indien is veroordeeld tot onvoorwaardelijke betaling van een geldboete dan wel tot voorwaardelijke betaling van een geldboete waarvan later de gehele of gedeeltelijke tenuitvoerlegging is bevolen.

Verlenging termijn

4. De termijn wordt mede verlengd met de duur van de verlenging van de proeftijd van een voorwaardelijke veroordeling.

5. De termijnen eindigen niet zolang de termijn met betrekking tot enige andere onherroepelijke veroordeling als bedoeld in het eerste lid van artikel 10 en het eerste lid van 11 niet is geëindigd.

Art. 12
1. Met betrekking tot personen ten aanzien van wie recht is gedaan overeenkomstig de artikelen 77g tot en met 77gg van het Wetboek van Strafrecht, worden aan de in artikel 9 bedoelde personen of instanties slechts gegevens verstrekt, indien de veroordeelde tijdens het begaan van het strafbare feit de leeftijd van zestien jaren had bereikt, de veroordeling onherroepelijk is en is gewezen wegens een misdrijf en daarbij, al dan niet tezamen met andere straffen of maatregelen, is opgelegd: *[Verstrekking bij veroordelingen jeugdigen]*
a. jeugddetentie, anders dan vervangende;
b. geldboete van meer dan € 113;
c. een taakstraf met een duur van meer dan veertig uren of
d. plaatsing in een inrichting voor jeugdigen.
Met deze personen worden gelijkgesteld minderjarigen tegen wie een strafbeschikking is uitgevaardigd.
2. Geen gegevens worden verstrekt indien: *[Beletsel verstrekking]*
a. na het gegrond bevinden van de aanvraag tot herziening van een in kracht van gewijsde gegane einduitspraak deze wordt vernietigd en geen straf of maatregel is opgelegd,
b. de veroordeling door een andere dan een Nederlandse rechter is gewezen wegens een feit dat naar Nederlands recht geen misdrijf oplevert, tenzij ingevolge deze veroordeling in Nederland de in het eerste lid genoemde straffen of maatregelen moeten worden ondergaan, of
c. de rechter met toepassing van artikel 77x, eerste lid, van het Wetboek van Strafrecht heeft bepaald, dat de straf of maatregel geheel niet zal worden tenuitvoergelegd en de tenuitvoerlegging later niet alsnog voor het geheel of een deel is bevolen.
3. Geen gegevens worden verstrekt indien na het onherroepelijk worden van de veroordeling of strafbeschikking twee jaren zijn verstreken tenzij jeugddetentie, anders dan vervangende, of plaatsing in een inrichting voor jeugdigen is opgelegd. In dat geval bedraagt de termijn vier jaren. *[Termijn 2 of 4 jaar]*
4. De termijn bedoeld in het derde lid, wordt verlengd met de bij de uitspraak bepaalde duur van de opgelegde jeugddetentie met uitzondering van de straf of het gedeelte daarvan dat voorwaardelijk is opgelegd en ten aanzien waarvan de gehele of gedeeltelijke tenuitvoerlegging later niet is bevolen. *[Verlenging termijn]*
5. De termijn wordt mede verlengd met de duur van de verlenging van de proeftijd van een voorwaardelijke veroordeling.
6. Onverminderd het bepaalde in het derde lid kunnen over een veroordeling waarbij de maatregel van plaatsing in een inrichting voor jeugdigen is opgelegd gegevens worden verstrekt zolang de plaatsing niet onvoorwaardelijk is beëindigd.
7. De termijnen eindigen niet zolang de termijn met betrekking tot enige andere onherroepelijke veroordeling of strafbeschikking als bedoeld in het eerste lid, niet is geëindigd.

Art. 13
1. Voorzover dit noodzakelijk is met het oog op een zwaarwegend algemeen belang en voor een goede taakuitoefening van degene aan wie justitiële gegevens worden verstrekt, kunnen bij algemene maatregel van bestuur personen of instanties als bedoeld in artikel 9 worden aangewezen aan wie meer gegevens kunnen worden verstrekt dan genoemd in de artikelen 10, 11 en 12. Daarbij wordt tevens bepaald welke gegevens worden verstrekt. Tevens kunnen nadere voorschriften worden gegeven in verband met de verwerking en verdere verwerking. *[Verstrekking justitiële gegevens bij zwaarwegend algemeen belang aan bij AMvB aangewezen instanties]*
2. Artikel 3, derde en vierde lid, is van toepassing.

Art. 14
1. Voorzover dit noodzakelijk is met het oog op een zwaarwegend algemeen belang en voor bijzondere doeleinden, kan Onze Minister in bijzondere gevallen toestemming geven tot het verstrekken van daartoe omschreven justitiële gegevens overeenkomstig door hem te geven voorschriften en onder door hem te stellen voorwaarden. Van zijn desbetreffend besluit zendt hij een afschrift aan de Autoriteit persoonsgegevens. *[Verstrekking justitiële gegevens bij zwaarwegend algemeen belang aan bij AMvB aangewezen instanties]*
2. Tenzij Onze Minister anders bepaalt, worden de justitiële gegevens die zijn verstrekt niet voor een ander doel gebruikt dan waarvoor zij zijn verstrekt.
3. Onze Minister kan voorschriften geven in verband met de verwerking en verdere verwerking.

Art. 15
1. Justitiële gegevens, kunnen met het oog op de doelen waarvoor die gegevens dienen, worden verwerkt ten behoeve van beleidsinformatie en wetenschappelijk onderzoek en statistiek, onder de voorwaarde dat de resultaten daarvan geen persoonsgegevens mogen bevatten. *[Anonimisering gegevens]*
2. Bij algemene maatregel van bestuur worden nadere regels gesteld over de verstrekking van justitiële gegevens ten behoeve van het bepaalde in het eerste lid.

Verstrekking justitiële gegevens aan andere EU-lidstaat

Art. 16

1. Justitiële gegevens worden of kunnen worden ter beschikking gesteld ten behoeve van de strafrechtspleging aan de bevoegde autoriteit van een andere lidstaat van de Europese Unie of aan organen en instanties die zijn opgericht krachtens de hoofdstukken 4 en 5 van titel V van het verdrag betreffende de werking van de Europese Unie, die zijn belast met taken van rechtshandhaving, voor zover dat voortvloeit uit een rechtsinstrument op grond van het verdrag betreffende de werking van de Europese Unie.
2. Bij algemene maatregel van bestuur worden nadere regels gesteld over het ter beschikking stellen van justitiële gegevens, bedoeld in het eerste lid, alsmede over de aan het gebruik daarvan te stellen voorwaarden door ontvangstgerechtigde bevoegde autoriteiten of internationale organen en instanties, en over de ontvangst van justitiële gegevens vanuit andere lidstaten van de Europese Unie. Onverminderd specifieke voorzieningen in een rechtsinstrument, bedoeld in het eerste lid, mogen de voorwaarden niet afwijken van de voorwaarden voor vergelijkbare doorzendingen van politiegegevens binnen het Europese deel van Nederland.

Verstrekking justitiële gegevens aan derde landen

Art. 16a

1. Justitiële gegevens kunnen met inachtneming van het bij of krachtens deze wet bepaalde worden doorgegeven aan rechterlijke ambtenaren dan wel aan andere bevoegde autoriteiten in een derde land of aan een internationale organisatie, voor zover dit noodzakelijk is ten behoeve van de strafrechtspleging, en indien de Commissie van de Europese Unie heeft besloten dat het derde land of de internationale organisatie een toereikend beschermingsniveau voor de voorgenomen gegevensverwerking verzekert.
2. Bij ontstentenis van een besluit van de Commissie, bedoeld in het eerste lid, kunnen justitiële gegevens worden doorgegeven, indien:
   a. in een juridisch bindend instrument passende waarborgen voor de bescherming van persoonsgegevens zijn geboden, of
   b. de verwerkingsverantwoordelijke na beoordeling van alle omstandigheden heeft geconcludeerd dat het betreffende derde land of de ontvangende internationale organisatie passende waarborgen biedt voor de bescherming van persoonsgegevensverwerking. De verwerkingsverantwoordelijke informeert de Autoriteit persoonsgegevens over de categorieën van doorgifte op grond van dit onderdeel.
3. Bij ontstentenis van een besluit van de Commissie, bedoeld in het eerste lid, of van passende waarborgen, bedoeld in het tweede lid, is een doorgifte of een categorie van doorgiften van justitiële gegevens naar een derde land of internationale organisatie slechts toegelaten indien de doorgifte noodzakelijk is:
   a. om een vitaal belang van de betrokkene of van een ander persoon te beschermen;
   b. om de gerechtvaardigde belangen van de betrokkene te beschermen, wanneer het recht van de lidstaat van waaruit de doorgifte van justitiële gegevens plaatsvindt aldus bepaalt;
   c. om een onmiddellijk en ernstig gevaar voor de openbare veiligheid van een lidstaat of derde land te voorkomen;
   d. in afzonderlijke gevallen met het oog op de strafrechtspleging;
   e. in afzonderlijke gevallen is met het oog op het instellen, uitoefenen of verdedigen van rechtsvorderingen met het oog op de strafrechtspleging,
en de grondrechten en fundamentele vrijheden van de betrokkene niet prevaleren boven het algemeen belang van de doorgifte, bedoeld in de onderdelen d en e.
4. In afwijking van het eerste, tweede en derde lid en onverminderd een internationale overeenkomst tussen lidstaten en derde landen, kunnen in afzonderlijke en specifieke gevallen justitiële gegevens worden doorgegeven aan een ontvanger in een derde land, zonder tussenkomst van een bevoegde autoriteit in dat land, indien de doorgifte strikt noodzakelijk is voor de strafrechtspleging en indien aan de volgende voorwaarden is voldaan:
   a. de doorgifte is strikt noodzakelijk voor de uitvoering van een in het Unierecht of het lidstatelijke recht omschreven taak van de bevoegde autoriteit die de doorgifte doet, ter verwezenlijking van de doeleinden van artikel 1, eerste lid, van de richtlijn;
   b. de bevoegde autoriteit die de doorgifte doet, bepaalt dat er geen grondrechten en fundamentele vrijheden van de betrokkene zijn die zwaarder wegen dan het openbaar belang dat de doorgifte in dat specifieke geval noodzakelijk maakt;
   c. de bevoegde autoriteit die de doorgifte doet, is van mening dat de doorgifte aan een autoriteit die in het derde land bevoegd is voor de in artikel 1, eerste lid, van de richtlijn, bedoelde doeleinden, ondoeltreffend of ongeschikt is, met name omdat de doorgifte niet tijdig kan worden bewerkstelligd;
   d. de autoriteit die in het derde land bevoegd is voor de in artikel 1, eerste lid, van de richtlijn, bedoelde doeleinden wordt zonder onnodige vertraging op de hoogte gebracht, tenzij dit ondoeltreffend of ongeschikt is;
   e. de bevoegde autoriteit die de doorgifte doet, licht de ontvanger in over het nader bepaalde doel of de nader bepaalde doeleinden waarvoor de persoonsgegevens bij uitsluiting door

Wet justitiële en strafvorderlijke gegevens

C9 art. 18

laatstgenoemde mogen worden verwerkt, op voorwaarde dat een dergelijke verwerking noodzakelijk is.

5. Indien een doorgifte als bedoeld in het eerste, tweede of derde lid justitiële gegevens betreft die van een andere lidstaat afkomstig zijn, is onverminderd deze leden toestemming van de bevoegde autoriteit uit die lidstaat voor doorgifte vereist, tenzij doorgifte noodzakelijk is met het oog op het voorkomen van een onmiddellijk en ernstig gevaar voor de openbare veiligheid van een lidstaat of derde land of voor de fundamentele belangen van een lidstaat. De voor het geven van voorafgaande toestemming verantwoordelijke autoriteit wordt onverwijld in kennis gesteld.

6. Justitiële gegevens kunnen door een derde land of internationale organisatie verder worden doorgegeven aan een ander derde land of een andere internationale organisatie, indien de verwerkingsverantwoordelijke deze gegevens oorspronkelijk had doorgegeven toestemming verleent voor die verdere doorgifte, na alle relevante factoren naar behoren in aanmerking te hebben genomen, waaronder de ernst van het strafbare feit, het doel waarvoor de gegevens oorspronkelijk waren doorgegeven en het niveau van gegevensbescherming in het derde land of de internationale organisatie waaraan de persoonsgegevens verder worden doorgegeven.

7. Bij algemene maatregel van bestuur worden nadere regels gesteld over de doorgifte van justitiële gegevens, bedoeld in het eerste tot en met derde en zesde lid, alsmede over de aan het gebruik daarvan te stellen voorwaarden door ontvangstgerechtigde autoriteiten of internationale organen, en over de ontvangst van justitiële gegevens vanuit derde landen.

Art. 17
Voor het verstrekken van justitiële gegevens, als bedoeld in de artikelen 9, 13, 14 en 15, kan een kostenvergoeding worden verlangd die niet hoger mag zijn dan een bij of krachtens algemene maatregel van bestuur vast te stellen bedrag.

Kostenvergoeding verstrekking

Afdeling 3
Rechten van de betrokkene

Art. 17a
Onze Minister maakt ten minste de volgende informatie toegankelijk voor de betrokkene:
a. de identiteit en contactgegevens van de verwerkingsverantwoordelijke en, in voorkomend geval, van de functionaris voor gegevensbescherming;
b. de doelen van de verwerking waarvoor de justitiële gegevens zijn bestemd;
c. het recht een klacht in te dienen bij de Autoriteit persoonsgegevens, en de contactgegevens van die autoriteit;
d. de rechten van de betrokkene, bedoeld in de artikelen 18, eerste lid, en 22, eerste en tweede lid.

Verstrekking justitiële gegevens aan betrokkene, toegankelijke informatie

Art. 17b
1. Onze Minister verstrekt aan een betrokkene informatie over de verwerking van justitiële gegevens in een beknopte en toegankelijke vorm en in duidelijke en eenvoudige taal. De informatie wordt met passende middelen, waaronder elektronische, verstrekt en in het algemeen in dezelfde vorm als de vorm van het verzoek.

2. Indien de betrokkene verzoekt om inzage, op grond van artikel 18, eerste lid, of rectificatie, bedoeld in artikel 22, eerste en tweede lid, wordt hij schriftelijk in kennis gesteld van de ontvangst van het verzoek, de termijn voor uitsluitsel en de mogelijkheid om naar aanleiding daarvan een klacht in te dienen bij de Autoriteit persoonsgegevens.

3. In specifieke gevallen stelt Onze Minister de volgende informatie ter beschikking aan de betrokkene:
a. de rechtsgrondslag van de verwerking;
b. de bewaartermijn van de justitiële gegevens;
c. in voorkomend geval, de categorieën van de ontvangers van de justitiële gegevens;
d. indien noodzakelijk, extra informatie, in het bijzonder wanneer de justitiële gegevens zonder medeweten van de betrokkene worden verzameld;
e. het bestaan van geautomatiseerde besluitvorming, met inbegrip van de in artikel 7e, eerste lid bedoelde profilering, en nuttige informatie over de onderliggende logica, alsmede het belang en de verwachte gevolgen van die verwerking voor de betrokkene.

4. De verwerkingsverantwoordelijke kan de verstrekking van informatie, als bedoeld in het derde lid, uitstellen, beperken of achterwege laten voor zover dit een noodzakelijke en evenredige maatregel is in verband met een belang, bedoeld in artikel 21, tweede lid, onderdelen a tot en met e.

Verstrekking justitiële gegevens aan betrokkene, procedure

Art. 18
1. De betrokkene heeft het recht om op diens schriftelijke verzoek van Onze Minister binnen vier weken uitsluitsel te verkrijgen over de al dan niet verwerking van hem betreffende justitiële gegevens en, wanneer dat het geval is, om de justitiële gegevens in te zien en om de volgende informatie te verkrijgen:

Mededeling van eigen gegevens op verzoek

Sdu

437

a. de doelen en de rechtsgrond van de verwerking;
b. de betrokken categorie van de gegevens;
c. de vraag of de deze persoon betreffende justitiële gegevens gedurende een periode van vier jaar voorafgaande aan het verzoek zijn verstrekt en over de ontvangers of categorieën van ontvangers aan wie de gegevens zijn verstrekt, met name ontvangers in derde landen of internationale organisaties;
d. de voorziene periode van opslag of indien dat niet mogelijk is, de criteria om die termijn te bepalen;
e. het recht te verzoeken om verbetering, vernietiging of afscherming van de verwerking van hem betreffende persoonsgegevens;
f. het recht een klacht in te dienen bij de Autoriteit persoonsgegevens, en de contactgegevens van die autoriteit;
g. alle beschikbare informatie over de oorsprong van de verwerking van hem betreffende justitiële gegevens.
2. Hij doet daarbij geen mededelingen in schriftelijke vorm over de verwerking van de betrokkene betreffende justitiële gegevens, tenzij hij weigert een mededeling te doen. Een gehele of gedeeltelijke afwijzing vindt schriftelijk plaats.

Art. 19

Verstrekking justitiële gegevens, rechten betrokkene

Elke verstrekking van justitiële gegevens overeenkomstig de bepalingen van Afdeling 2 wordt vastgelegd en ten minste vier jaar bewaard.

Art. 20

Vaststelling identiteit

1. Bij de behandeling van verzoeken als bedoeld in de artikelen 18 en 22, eerste lid, draagt Onze Minister zorg voor een deugdelijke vaststelling van de identiteit van de verzoeker. Wanneer Onze Minister redenen heeft om te twijfelen aan de identiteit van de persoon die het verzoek doet, kan hij de nodige aanvullende informatie vragen ter bevestiging van de identiteit van de betrokkene.

Jeugdigen, onder curatele gestelden

2. De verzoeken worden ten aanzien van minderjarigen die de leeftijd van zestien jaren nog niet hebben bereikt, en ten aanzien van onder curatele gestelden gedaan door hun wettelijke vertegenwoordigers. De betrokken mededeling geschiedt eveneens aan de wettelijke vertegenwoordigers.

Rechtspersonen

3. Verzoeken ten aanzien van rechtspersonen worden gedaan door een vertegenwoordiger van de rechtspersoon.

Gemachtigde advocaat

4. De verzoeken kunnen tevens worden gedaan door een advocaat aan wie de betrokkene een bijzondere machtiging heeft verleend met het oog op de uitoefening van zijn rechten krachtens deze wet en die het verzoek uitsluitend doet met de bedoeling de belangen van zijn cliënt te behartigen. De betrokken mededeling geschiedt aan de advocaat. Bij ministeriële regeling kunnen aan de bijzondere machtiging nadere eisen worden gesteld.

Art. 21

Verstrekking justitiële gegevens aan betrokkene, ontvangstbevestiging

1. Indien de betrokkene verzoekt om inzage, op grond van artikel 18, eerste lid, of rectificatie, bedoeld in artikel 22, eerste en tweede lid, wordt hij schriftelijk in kennis gesteld van de ontvangst van het verzoek, de termijn voor uitsluitsel en de mogelijkheid om een klacht in te dienen bij de Autoriteit persoonsgegevens.

Verstrekking justitiële gegevens aan betrokkene, gronden voor afwijzing

2. Een verzoek als bedoeld in artikel 18, eerste lid, of artikel 22, eerste en tweede lid, wordt afgewezen voor zover dit een noodzakelijke en evenredige maatregel is:
a. ter vermijding van belemmering van de gerechtelijke onderzoeken of procedures;
b. ter vermijding van nadelige gevolgen voor de voorkoming, de opsporing, het onderzoek en de vervolging van strafbare feiten of de tenuitvoerlegging van straffen;
c. ter bescherming van de openbare veiligheid;
d. ter bescherming van de rechten en vrijheden van derden;
e. ter bescherming van de nationale veiligheid;
f. ingeval van een kennelijk ongegrond of buitensporig verzoek, als bedoeld in artikel 25, tweede lid.
3. Een gehele of gedeeltelijke afwijzing van een verzoek als bedoeld in het eerste lid is schriftelijk en bevat de redenen voor de afwijzing.

Art. 22

Justitiële gegevens, rectificatie op verzoek betrokkene

1. De betrokkene heeft het recht op diens schriftelijke verzoek van de verwerkingsverantwoordelijke rectificatie van de hem betreffende justitiële gegevens te verkrijgen en, rekening houdend met het doel van de verwerking, onvolledige justitiële gegevens te laten aanvullen. Het verzoek bevat de aan te brengen wijzigingen.
2. De betrokkene heeft het recht op diens schriftelijke verzoek van de verwerkingsverantwoordelijke zonder onnodige vertraging vernietiging van de hem betreffende justitiële gegevens te verkrijgen, indien de gegevens in strijd met een wettelijk voorschrift worden verwerkt of een wettelijk voorschrift tot vernietiging verplicht.

3. In plaats van vernietiging draagt de verwerkingsverantwoordelijke zorg voor afscherming van justitiële gegevens, als:
a. de juistheid van de gegevens door de betrokkene wordt betwist en de juistheid of onjuistheid niet kan worden geverifieerd, in welk geval de verwerkingsverantwoordelijke de betrokkene informeert voordat de afscherming wordt opgeheven, of
b. de persoonsgegevens moeten worden bewaard als bewijsmateriaal.
4. De verwerkingsverantwoordelijke stelt de betrokkene binnen vier weken na ontvangst van het verzoek schriftelijk in kennis of, dan wel in hoeverre, hij daaraan voldoet.
5. De verwerkingsverantwoordelijke deelt de rectificatie of de onjuiste justitiële gegevens mede aan de bevoegde autoriteit van wie de gegevens afkomstig zijn.

Art. 23
1. Een beslissing op een verzoek als bedoeld in artikel 18 of 22 geldt als een beschikking in de zin van artikel 1:3, tweede lid, van de Algemene wet bestuursrecht. — *Beschikking*
2. De belanghebbende kan zich binnen de termijn bepaald voor het beroep op grond van de Algemene wet bestuursrecht tot de Autoriteit persoonsgegevens wenden met het verzoek te bemiddelen of te adviseren in zijn geschil met de verwerkingsverantwoordelijke. In dat geval kan in afwijking van artikel 6:7 van de Algemene wet bestuursrecht het beroep nog worden ingesteld nadat de belanghebbende van de Autoriteit persoonsgegevens bericht heeft ontvangen dat de behandeling van de zaak is beëindigd, doch uiterlijk zes weken na dat tijdstip. — *Beroep na bemiddeling AP mogelijk*

Art. 24
1. Indien Onze Minister heeft vastgesteld dat onjuiste justitiële gegevens zijn verstrekt, of dat de justitiële gegevens onrechtmatig zijn verstrekt stelt hij de ontvangers onverwijld hiervan in kennis. In dat geval dienen de gegevens te worden gerectificeerd, vernietigd of te worden afgeschermd. — *Mededeling gecorrigeerde gegevens*
2. Onze Minister deelt aan de verzoeker en voorzover van toepassing aan de wettelijk vertegenwoordiger, desgevraagd mede aan wie hij de mededeling heeft gedaan.

Art. 25
1. De verstrekking van de informatie, bedoeld in de artikelen 18, eerste lid, en 22, eerste lid, geschiedt kosteloos. — *Justitiële gegevens, kosteloze verstrekking*
2. In het geval van kennelijk ongegronde of buitensporige verzoeken, met name vanwege de geringe tussenpozen tussen opeenvolgende verzoeken, kan Onze Minister weigeren gevolg te geven aan het verzoek.

Art. 26
1. Betrokkene kan bij Onze Minister verzet aantekenen wegens bijzondere persoonlijke omstandigheden. — *Verzet tegen verwerking*
2. Onze Minister beoordeelt, gehoord het openbaar ministerie, binnen vier weken na ontvangst van het verzet of het verzet gerechtvaardigd is. Indien het verzet gerechtvaardigd is, beëindigt hij terstond de verwerking.
3. De artikelen 23 en 25 zijn van overeenkomstige toepassing.

Art. 26a
1. Onverminderd bestaande rechtsmiddelen heeft iedere betrokkene het recht een klacht in te dienen bij de Autoriteit persoonsgegevens, indien de betrokkene van mening is dat de verwerking van hem betreffende justitiële gegevens niet in overeenstemming is met het bij of krachtens deze wet bepaalde. — *Verwerking justitiële gegevens, klacht bij AP*
2. Indien de Autoriteit persoonsgegevens niet bevoegd is op grond van artikel 27, eerste lid, zendt zij de klacht zonder onnodige vertraging door aan de autoriteit in een andere lidstaat van de Europese Unie die bevoegd is tot het uitoefenen van het toezicht. De betrokkene wordt van de doorzending in kennis gesteld.
3. Op verzoek van de betrokkene verleent de Autoriteit persoonsgegevens verdere bijstand.
4. De Autoriteit persoonsgegevens faciliteert het indienen van klachten door maatregelen te nemen, zoals het ter beschikking stellen van een klachtformulier dat ook elektronisch kan worden ingevuld, zonder dat andere communicatiemiddelen worden uitgesloten.
5. De Autoriteit persoonsgegevens neemt binnen drie maanden een beslissing op een klacht als bedoeld in het eerste lid. Een beslissing op een klacht geldt als een besluit in de zin van de Algemene wet bestuursrecht.
6. In het geval van een kennelijk ongegronde of buitensporige klacht, met name vanwege de geringe tussenpozen tussen opéénvolgende klachten, kan de Autoriteit persoonsgegevens weigeren gevolg te geven aan de klacht.

Art. 26b
Een vordering tegen de Autoriteit persoonsgegevens wordt ingesteld bij een gerecht, bedoeld in artikel 2 van de Wet op de rechterlijke organisatie, in Nederland. — *Vordering tegen AP*

Afdeling 4
Bepalingen betreffende controle en toezicht

Art. 26c

Verwerkingsverantwoordelijke, inhoud register

1. De verwerkingsverantwoordelijke houdt een register bij dat de volgende gegevens bevat:
a. de naam en de contactgegevens van de verwerkingsverantwoordelijke en de functionaris voor gegevensbescherming;
b. de doelen van de verwerking;
c. de categorieën van ontvangers aan wie justitiële gegevens zijn of zullen worden verstrekt, met inbegrip van ontvangers in derde landen of internationale organisaties;
d. een beschrijving van de categorieën van betrokkenen en van de categorieën van persoonsgegevens;
e. in voorkomend geval, het gebruik van profilering;
f. in voorkomend geval, de categorieën van doorgiften van justitiële gegevens aan een derde land of een internationale organisatie;
g. een aanwijzing van de rechtsgrondslag van de verwerking, met inbegrip van doorgiften, waarvoor de justitiële gegevens bedoeld zijn;
h. zo mogelijk, de beoogde termijnen waarbinnen de verschillende categorieën van gegevens worden verwijderd of vernietigd;
i. zo mogelijk, een algemene beschrijving van de technische en organisatorische maatregelen ter beveiliging, bedoeld in artikel 7.
2. De verwerker houdt een register bij dat de volgende gegevens bevat:
a. de naam en de contactgegevens van de verwerker of verwerkers en van iedere verwerkingsverantwoordelijke ten behoeve van wie de verwerker handelt en, in voorkomend geval, van de functionaris voor gegevensbescherming;
b. de categorieën van verwerkingen die namens iedere verwerkingsverantwoordelijke zijn uitgevoerd;
c. indien van toepassing, doorgiften van justitiële gegevens aan een derde land of een internationale organisatie, onder vermelding van dat derde land of die internationale organisatie, indien daartoe door de verwerkingsverantwoordelijke uitdrukkelijk geïnstrueerd;
d. indien mogelijk, een algemene beschrijving van de technische en organisatorische maatregelen, bedoeld in artikel 7.

Art. 26d

Verwerkingsverantwoordelijke, schriftelijke vastlegging

1. De verwerkingsverantwoordelijke draagt zorg voor de schriftelijke vastlegging van:
a. de feitelijke of juridische redenen die ten grondslag liggen aan een beslissing tot afwijzing op een verzoek tot inzage of rectificatie;
b. de verstrekking of doorgifte van justitiële gegevens, bedoeld in artikel 16a, tweede lid, onderdeel b, derde en vierde lid;
c. een inbreuk op de beveiliging van justitiële gegevens, inclusief de feiten omtrent de inbreuk, de gevolgen ervan en de maatregelen die zijn getroffen ter correctie.
2. Bij de doorgifte van justitiële gegevens aan een verwerkingsverantwoordelijke in een derde land of van een internationale organisatie omvat de schriftelijke vastlegging de datum en tijd van doorgifte, informatie over de ontvangende bevoegde autoriteit, de reden van doorgifte en de doorgegeven gegevens.

Art. 26e

Verwerkingsverantwoordelijke, logging

1. De verwerkingsverantwoordelijke en de verwerker dragen zorg voor de vastlegging langs elektronische weg (logging) van ten minste de volgende verwerkingen van justitiële gegevens in geautomatiseerde systemen: het verzamelen, wijzigen, raadplegen, verstrekken onder meer in de vorm van doorgiften, combineren en vernietigen van justitiële gegevens.
2. De vastgelegde gegevens, bedoeld in het eerste lid, worden uitsluitend gebruikt voor de controle van de rechtmatigheid van de gegevensverwerking, voor interne controles, ter waarborging van de integriteit en de beveiliging van de justitiële gegevens en voor strafrechtelijke procedures.

Art. 26f

Functionaris gegevensbescherming

1. De verwerkingsverantwoordelijke benoemt een functionaris voor gegevensbescherming. Voor verschillende bevoegde autoriteiten kan, rekening houdend met hun organisatiestructuur en omvang, één functionaris voor gegevensbescherming worden aangewezen. De functionaris voor gegevensbescherming wordt door de verwerkingsverantwoordelijke tijdig en naar behoren betrokken bij alle aangelegenheden die verband houden met de bescherming van justitiële gegevens.
2. De functionaris voor gegevensbescherming wordt aangewezen op grond van zijn professionele kwaliteiten en, in het bijzonder, zijn deskundigheid op het gebied van de wetgeving en de praktijk inzake gegevensbescherming en zijn vermogen de taken, bedoeld in het derde lid, te vervullen.
3. De functionaris voor gegevensbescherming is tenminste belast met de volgende taken:

a. het informeren en adviseren van de verwerkingsverantwoordelijke en het onder hem ressorterend personeel dat justitiële gegevens verwerkt over hun verplichtingen op grond van het bepaalde bij of krachtens deze wet en andere gegevensbeschermingsbepalingen op grond van het Unierecht of het Nederlandse recht;
b. het toezien op de naleving van het bepaalde bij of krachtens deze wet, van andere gegevensbeschermingsbepalingen van het Unierecht of het Nederlandse recht en van het beleid van de verwerkingsverantwoordelijke met betrekking tot de bescherming van persoonsgegevens, met inbegrip van de toewijzing van verantwoordelijkheden, bewustmaking en opleiding van het voor de verwerkingsverantwoordelijke werkzame personeel dat betrokken is bij de verwerking van justitiële gegevens en de betreffende audits;
c. het desgevraagd verstrekken van advies over de effectbeoordeling, bedoeld in artikel 7b, en het toezien op de uitvoering ervan;
d. het samenwerken met de Autoriteit persoonsgegevens;
e. het optreden als contactpunt voor de Autoriteit persoonsgegevens inzake aangelegenheden in verband met de verwerking van persoonsgegevens en, voor zover dienstig, plegen van overleg over enige andere aangelegenheid.
4. De functionaris voor de gegevensbescherming stelt jaarlijks een verslag op van zijn bevindingen.
5. De verwerkingsverantwoordelijke maakt de contactgegevens van de functionaris voor gegevensbescherming openbaar en meldt hem aan bij de Autoriteit persoonsgegevens.
6. De verwerkingsverantwoordelijke ondersteunt de functionaris voor gegevensbescherming bij de vervulling van zijn taken door hem toegang te verschaffen tot persoonsgegevens en stelt de functionaris voor gegevensbescherming de benodigde middelen ter beschikking voor het vervullen van de taken, bedoeld in het derde lid, en het in standhouden van zijn deskundigheid.

Art. 26g
1. De verwerkingsverantwoordelijke meldt een inbreuk op de beveiliging onverwijld en uiterlijk binnen 72 uur nadat hij ervan kennis heeft genomen aan de Autoriteit persoonsgegevens, tenzij het niet waarschijnlijk is dat de inbreuk een risico voor de rechten en vrijheden van personen met zich meebrengt. In het geval de melding na 72 uur wordt gedaan, gaat deze vergezeld van een motivering voor de vertraging.

Meldplicht inbreuk persoonsgegevens

2. De melding, bedoeld in het eerste lid, bevat ten minste de volgende informatie:
a. een beschrijving van de aard en omvang van de inbreuk, bedoeld in het eerste lid, waaronder begrepen, waar mogelijk, de categorieën van betrokkenen en van gegevensbestanden en, bij benadering, het aantal betrokkenen en gegevensbestanden.
b. de mededeling van de naam en de contactgegevens van de functionaris voor gegevensbescherming of een ander contactpunt waar meer informatie kan worden verkregen;
c. een beschrijving van de waarschijnlijke gevolgen van de inbreuk, bedoeld in het eerste lid;
d. een beschrijving van de voorgestelde of uitgevoerde maatregelen om de inbreuk, bedoeld in het eerste lid, te beëindigen en, in voorkomend geval, de maatregelen ter beperking van de eventuele nadelige gevolgen ervan.
3. Voor zover het niet mogelijk is de informatie, bedoeld in het tweede lid, gelijktijdig te verstrekken, kan deze zonder onnodige vertraging in stappen worden verstrekt.
4. De verwerkingsverantwoordelijke deelt een inbreuk op de beveiliging met betrekking tot justitiële gegevens, die zijn doorgezonden door of aan een verwerkingsverantwoordelijke van een andere lidstaat, zonder onnodige vertraging mee aan de verwerkingsverantwoordelijke van deze lidstaat.
5. De verwerkingsverantwoordelijke deelt een inbreuk op de beveiliging mede aan de betrokkene als deze inbreuk waarschijnlijk een hoog risico voor de rechten en vrijheden van personen met zich meebrengt. De mededeling bevat een omschrijving van de aard van de inbreuk op de beveiliging en ten minste de informatie, bedoeld in het tweede lid, onderdelen b, c en d.
6. De mededeling aan de betrokkene, bedoeld in het vijfde lid, is niet vereist wanneer:
a. de verwerkingsverantwoordelijke passende technische en organisatorische beschermingsmaatregelen heeft getroffen en deze maatregelen zijn toegepast op de justitiële gegevens waarop de inbreuk, bedoeld in het eerste lid, betrekking heeft;
b. de verwerkingsverantwoordelijke maatregelen heeft getroffen om ervoor te zorgen dat het hoge risico, bedoeld in het vijfde lid, zich waarschijnlijk niet meer zal voordoen, of
c. de mededeling een onevenredige inspanning zou vergen. In dat geval volgt een openbare mededeling of vergelijkbare maatregel waarmee de betrokkenen even doeltreffend worden geïnformeerd.
7. De mededeling aan de betrokkene kan worden uitgesteld, beperkt of achterwege gelaten vanwege de gronden, bedoeld in artikel 21, tweede lid.
8. De melding door een verwerkingsverantwoordelijke aan een betrokkene van een inbreuk op de beveiliging, geschiedt kosteloos.

C9 art. 26h — Wet justitiële en strafvorderlijke gegevens

Verwerking justitiële gegevens in nieuw gegevensbestand, raadplegen AP

Art. 26h

1. De Autoriteit persoonsgegevens wordt door de verwerkingsverantwoordelijke of de verwerker geraadpleegd over de voorgenomen verwerking van justitiële gegevens, die in een nieuw gegevensbestand zullen worden opgenomen, wanneer:

   a. de aard van de verwerking, in het bijzonder bij gebruikmaking van nieuwe technologieën, mechanismen of procedures, een hoog risico voor de rechten en vrijheden van de betrokkene met zich meebrengt;

   b. uit een gegevensbeschermingseffectbeoordeling, bedoeld in artikel 7b, blijkt dat de verwerking een hoog risico zou opleveren als de verwerkingsverantwoordelijke geen maatregelen treft om het risico te beperken.

2. De Autoriteit persoonsgegevens kan een lijst opstellen van de verwerkingen waarvoor raadpleging, overeenkomstig het eerste lid, vereist is.

3. De verwerkingsverantwoordelijke verstrekt de Autoriteit persoonsgegevens de gegevensbeschermingseffectbeoordeling, bedoeld in artikel 7b, en, desgevraagd alle andere informatie op grond waarvan de Autoriteit persoonsgegevens de conformiteit van de verwerking en met name de risico's voor de bescherming van persoonsgegevens van de betrokkene en de betrokken waarborgen kan beoordelen.

4. Wanneer de Autoriteit persoonsgegevens van oordeel is dat de voorgenomen verwerking van justitiële gegevens, bedoeld in het eerste lid, niet voldoet aan het bij of krachtens deze wet bepaalde, geeft zij binnen een termijn van ten hoogste zes weken schriftelijk advies aan de verwerkingsverantwoordelijke en, in voorkomend geval, aan de verwerker. De advisering geschiedt kosteloos.

5. De termijn, bedoeld in het vierde lid, kan, rekening houdend met de complexiteit van de voorgenomen verwerking, worden verlengd met een maand. In dit geval wordt de verwerkingsverantwoordelijke en, in voorkomend geval, de verwerker, binnen een maand na de ontvangst van het verzoek in kennis gesteld van de verlenging en de redenen daarvoor.

Autoriteit persoonsgegevens, toezicht

Art. 27

1. De Autoriteit persoonsgegevens, bedoeld in artikel 6, eerste lid, van de Uitvoeringswet Algemene verordening gegevensbescherming, ziet in het Europese deel van Nederland toe op de verwerking van justitiële gegevens overeenkomstig het bij en krachtens deze wet bepaalde.

2. Artikel 16 van de Uitvoeringswet algemene verordening gegevensbescherming is van overeenkomstige toepassing.

3. De artikelen 35a, 35b en 35d, van de Wet politiegegevens zijn van overeenkomstige toepassing op justitiële gegevens.

4. De Autoriteit persoonsgegevens is bevoegd:

   a. de verwerkingsverantwoordelijke of de verwerker te waarschuwen dat met de voorgenomen verwerkingen waarschijnlijk een inbreuk wordt gemaakt op het bij of krachtens deze wet bepaalde;

   b. een last onder bestuursdwang op te leggen ter handhaving van het bij of krachtens deze wet bepaalde;

   c. een bestuurlijke boete op te leggen indien de verwerkingsverantwoordelijke handelt in strijd met hetgeen is bepaald bij of krachtens:
   - de artikelen 7, 7a, 7b, 7d, 26c, 26f, 26g en 26h, van ten hoogste het bedrag van de geldboete van de vijfde categorie van artikel 23, vierde lid, van het Wetboek van Strafrecht;
   - de artikelen 7e, 17a, 17b, 18, 22 en 24, van ten hoogste het bedrag van de geldboete van de zesde categorie van artikel 23, vierde lid, van het Wetboek van Strafrecht;

   d. een advies te verstrekken aan de verwerkingsverantwoordelijke naar aanleiding van een voorafgaande raadpleging, bedoeld in artikel 26h;

   e. de verwerkingsverantwoordelijke te verplichten een inbreuk in verband met persoonsgegevens te melden aan de betrokkene.

5. Bij het besluit over het opleggen van een bestuurlijke boete, bedoeld in het vierde lid, en over de hoogte daarvan wordt voor elk concreet geval naar behoren rekening gehouden met:

   a) de aard, de ernst en de duur van de inbreuk, rekening houdend met de aard, de omvang of het doel van de verwerking in kwestie alsmede het aantal getroffen betrokkenen en de omvang van de door hen geleden schade;

   b) de opzettelijke of nalatige aard van de inbreuk;

   c) de door de verwerkingsverantwoordelijke of de verwerker genomen maatregelen om de door betrokkenen geleden schade te beperken;

   d) de mate waarin de verwerkingsverantwoordelijke of de verwerker verantwoordelijk is gezien de technische en organisatorische maatregelen die hij heeft uitgevoerd overeenkomstig de artikelen 7 en 7a;

   e) eerdere relevante inbreuken door de verwerkingsverantwoordelijke of de verwerker;

   f) de mate waarin er met de Autoriteit persoonsgegevens is samengewerkt om de inbreuk te verhelpen en de mogelijke negatieve gevolgen daarvan te beperken;

   g) de categorieën van persoonsgegevens waarop de inbreuk betrekking heeft;

Wet justitiële en strafvorderlijke gegevens

C9 art. 35

h) de wijze waarop de Autoriteit persoonsgegevens kennis heeft gekregen van de inbreuk, met name of, en zo ja in hoeverre, de verwerkingsverantwoordelijke of de verwerker de inbreuk heeft gemeld;
i. de naleving van de in het eerste lid genoemde maatregelen, voor zover die eerder ten aanzien van de verwerkingsverantwoordelijke of de verwerker in kwestie met betrekking tot dezelfde aangelegenheid zijn genomen.
6. De werking van de beschikking tot oplegging van de bestuurlijke boete, bedoeld in het vierde lid, onder c, wordt opgeschort totdat de bezwaar- of beroepstermijn is verstreken of, indien bezwaar is gemaakt respectievelijk beroep is ingesteld, op het bezwaar respectievelijk het beroep is beslist.
7. De bevoegdheden, bedoeld in het vierde lid, onderdelen d en e, gelden als een besluit in de zin van de Algemene wet bestuursrecht.

Afdeling 5
De verklaring omtrent het gedrag

Art. 28
Een verklaring omtrent het gedrag is een verklaring van Onze Minister dat uit een onderzoek met betrekking tot het gedrag van de betrokken natuurlijke persoon of rechtspersoon ingesteld, gelet op het risico voor de samenleving in verband met het doel waarvoor de afgifte is gevraagd en na afweging van het belang van betrokkene, niet is gebleken van bezwaren tegen die natuurlijke persoon of rechtspersoon.

Verklaring omtrent het gedrag

Art. 29
De beslissing omtrent de afgifte van de verklaring omtrent het gedrag geldt als een beschikking in de zin van artikel 1:3, tweede lid, van de Algemene wet bestuursrecht.

Beslissing op aanvraag VOG is beschikking

Art. 30
1. De aanvraag om afgifte van de verklaring omtrent het gedrag van een natuurlijk persoon wordt ingediend bij de burgemeester van de gemeente waar de aanvrager op het tijdstip van de aanvraag met een adres als ingezetene is ingeschreven in de basisregistratie personen. In alle andere gevallen wordt de aanvraag ingediend bij Onze Minister.
2. De burgemeester en Onze Minister onderzoeken de volledigheid van de bij aanvraag verstrekte gegevens en verschaffen zich de nodige zekerheid over de identiteit van de aanvrager.
3. Bij ministeriële regeling kunnen nadere eisen worden gesteld ter uitvoering van het tweede lid.
4. De burgemeester zendt de aanvraag terstond door aan Onze Minister.

Aanvraag om afgifte van verklaring

Art. 31
In afwijking van artikel 30 kan een aanvraag om afgifte van de verklaring omtrent het gedrag van een natuurlijk persoon desgewenst rechtstreeks elektronisch worden ingediend bij Onze Minister. Artikel 30, tweede en derde lid, is van overeenkomstige toepassing. Artikel 34, tweede lid, is niet van toepassing.

Elektronische aanvraag afgifte VOG

Art. 32
1. De aanvraag tot het afgeven van een verklaring omtrent het gedrag van een natuurlijk persoon bevat de voornamen en de geboortedatum van de aanvrager, alsmede een omschrijving van het doel, waarvoor de afgifte van de verklaring wordt gevraagd.
2. Indien de aanvraag betrekking heeft op een rechtspersoon, bevat zij de naam van de rechtspersoon en het inschrijvingsnummer van de Kamer van Koophandel, of, indien geen inschrijving heeft plaatsgevonden in het handelsregister, de naam, de rechtsvorm of de statutaire, of bij ontstentenis daarvan, de feitelijke vestigingsplaats van deze rechtspersoon alsmede de naam, het adres en de geboortedatum van ieder van de bestuurders, vennoten, maten of beheerders en de naam van degene die de aanvraag doet.
3. Bij de aanvraag doet degene te wiens behoeve de verklaring wordt verzocht opgave van het risico voor de samenleving dat in het geding is.

Gegevens aanvraag

Art. 33
De aanvraag wordt ingediend door degene omtrent wiens gedrag een verklaring wordt gevraagd of door een vertegenwoordiger van de rechtspersoon omtrent wiens gedrag een verklaring wordt gevraagd.

Aanvrager verklaring

Art. 34
1. Onze Minister neemt de aanvraag niet in behandeling, indien een onderzoek naar het gedrag van de aanvrager kennelijk niet noodzakelijk is om, gelet op het doel van de aanvraag, een risico voor de samenleving te beperken.
2. Onze Minister stelt de burgemeester, bedoeld in artikel 30, eerste lid, terstond in kennis van de beslissing tot het niet in behandeling nemen van de aanvraag.

Achterwege laten behandeling aanvraag

Art. 35
1. Onze Minister weigert de afgifte van een verklaring omtrent het gedrag, indien in de justitiële documentatie met betrekking tot de aanvrager een strafbaar feit is vermeld, dat, indien

Weigering afgifte verklaring

C9 art. 36 — Wet justitiële en strafvorderlijke gegevens

herhaald, gelet op het risico voor de samenleving en de overige omstandigheden van het geval, aan het doel waarvoor de verklaring omtrent het gedrag wordt gevraagd, in de weg zal staan.

2. Indien de aanvraag betrekking heeft op een rechtspersoon betrekt Onze Minister mede in zijn oordeel de justitiële gegevens met betrekking tot strafbare feiten op naam van de rechtspersoon en van ieder van de bestuurders, vennoten, maten of beheerders van die rechtspersoon alsmede de gegevens met betrekking tot strafbare feiten waaraan artikel 51, tweede lid, onder 2°, van het Wetboek van Strafrecht ten grondslag heeft gelegen.

3. Onze Minister betrekt niet in zijn oordeel de justitiële gegevens met betrekking tot de strafbare feiten die zijn afgedaan met een onherroepelijke vrijspraak.

Art. 36

Kennisneming gegevens politieregisters

1. Onze Minister kan bij zijn onderzoek met betrekking tot de afgifte van de verklaring omtrent het gedrag van een natuurlijk persoon kennis nemen van op de aanvrager betrekking hebbende justitiële gegevens alsmede van politiegegevens als bedoeld in artikel 1, onder a, van de Wet politiegegevens, met uitzondering van de gegevens waarover op grond van artikel 21, eerste lid, onderdeel e, geen mededeling kan worden gedaan aan de verzoeker, die gebruik maakt van zijn recht, als bedoeld in artikel 18, eerste lid.

2. Tenzij bij wettelijk voorschrift anders is bepaald, kan Onze Minister bij zijn onderzoek met betrekking tot de afgifte van de verklaring omtrent het gedrag van een rechtspersoon kennis nemen van op de betrokkenen, bedoeld in artikel 35, betrekking hebbende justitiële gegevens, politiegegevens, als bedoeld in artikel 1, onder a, van de Wet politiegegevens, alsmede gegevens uit de registratie, bedoeld in artikel 1, onder b, van de Wet controle op rechtspersonen. De uitzondering, bedoeld in het eerste lid, is van toepassing.

Inlichtingen bij reclasseringsinstellingen

3. Voorzover dat voor een goede oordeelsvorming noodzakelijk is, kan Onze Minister inlichtingen omtrent betrokkene inwinnen bij het openbaar ministerie en bij instellingen die op grond van artikel 4, eerste lid, van de Reclasseringsregeling 1995 bevoegd zijn om reclasseringswerkzaamheden te verrichten.

4. De justitiële gegevens en de gegevens uit de politieregisters die zijn verstrekt worden niet voor een ander doel gebruikt dan waarvoor zij zijn verstrekt.

Art. 37

Termijn beslissing op aanvraag verklaring natuurlijk persoon

1. Onze Minister beslist op de aanvraag met betrekking tot de afgifte van de verklaring omtrent het gedrag van een natuurlijk persoon binnen vier weken na ontvangst van de aanvraag.

2. Indien Onze Minister voornemens is afwijzend te beslissen op de aanvraag, bedoeld in het eerste lid, beslist hij binnen acht weken na ontvangst van de aanvraag.

3. Indien de verklaring omtrent het gedrag wordt afgegeven, zijn de artikelen 3:8 en 3:50 van de Algemene wet bestuursrecht niet van toepassing.

Art. 38

Termijn beslissing op aanvraag verklaring rechtspersoon

1. Onze Minister beslist op de aanvraag met betrekking tot de afgifte van de verklaring omtrent het gedrag van een rechtspersoon binnen acht weken na ontvangst van de aanvraag.

2. Indien Onze Minister voornemens is afwijzend te beslissen op de aanvraag, bedoeld in het eerste lid, beslist hij binnen twaalf weken na ontvangst van de aanvraag.

3. Alvorens te beslissen tot weigering van de afgifte, stelt Onze Minister degene van wie een of meer gegevens als bedoeld in het tweede lid van artikel 36, ten grondslag hebben gelegen aan de beslissing, in de gelegenheid om binnen twee weken een verzoek als bedoeld in artikel 22 van deze wet of artikel 28 van de Wet politiegegevens te doen, dan wel het recht op rectificatie, bedoeld in artikel 16 van de Algemene verordening gegevensbescherming, uit te oefenen te doen.

4. De termijn voor het geven van de beschikking, bedoeld in het eerste lid, wordt opgeschort met ingang van de dag waarop Onze Minister de gelegenheid heeft geboden tot het doen van een verzoek en tot de dag waarop een schriftelijke mededeling is gedaan dat geen verzoek zal worden ingediend of twee weken zijn verstreken dan wel tot de dag waarop de procedure naar aanleiding van een verzoek is beëindigd.

5. De aanvrager van de verklaring wordt in kennis gesteld van de opschorting.

Art. 39

Kostenvergoeding

1. Voor het in behandeling nemen van een aanvraag tot afgifte van een verklaring omtrent het gedrag kunnen de burgemeester en Onze Minister een vergoeding van kosten verlangen.

2. De kostenvergoedingen zijn niet hoger dan een bij of krachtens algemene maatregel van bestuur vast te stellen bedrag.

3. Voorzover de aanvragen zijn ingediend bij de burgemeester, zijn de gemeenten ter zake van de afgifte van de verklaring door Onze Minister een bij ministeriële regeling vastgestelde vergoeding verschuldigd aan Onze Minister.

4. Bij ministeriële regeling worden regels vastgesteld met betrekking tot de wijze van afdracht van de vergoeding, bedoeld in het derde lid.

Wet justitiële en strafvorderlijke gegevens

Titel 2A
De verwerking van strafvorderlijke gegevens

Afdeling 1
Algemene bepalingen

Art. 39a
1. Het College van procureurs-generaal is verwerkingsverantwoordelijke voor het verwerken van strafvorderlijke gegevens.

Verwerkingsverantwoordelijke strafvorderlijke gegevens

2. Het hoofd van een arrondissementsparket, het landelijk parket, het functioneel parket, het parket centrale verwerking openbaar ministerie of het ressortsparket voert het beheer over de strafvorderlijke gegevens.

Art. 39b
1. Het College van procureurs-generaal verwerkt slechts strafvorderlijke gegevens, indien dit noodzakelijk is voor een goede vervulling van de taak van het openbaar ministerie of het nakomen van een andere wettelijke verplichting.

Verwerking strafvorderlijke gegevens

2. De verwerkingsverantwoordelijke maakt in voorkomend geval en voor zover mogelijk een duidelijk onderscheid tussen strafvorderlijke gegevens betreffende verschillende categorieën van betrokkenen, zoals:
a. personen ten aanzien van wie gegronde vermoedens bestaan dat zij een strafbaar feit hebben gepleegd of zullen plegen;
b. slachtoffers van een strafbaar feit, of personen ten aanzien van wie op basis van bepaalde feiten wordt vermoed dat zij slachtoffer kunnen worden van een strafbaar feit;
c. derden, zoals getuigen of personen die anderszins informatie kunnen verstrekken over strafbare feiten, of personen die contact hebben of banden onderhouden met één van de personen als bedoeld onder a of d;
d. personen die voor een strafbaar feit zijn veroordeeld.

Art. 39c
1. De artikelen 3, 7, 7a, 7b, 7d tot en met 7f, zijn van overeenkomstige toepassing, met dien verstande dat daar waar in deze artikelen wordt gesproken over «Onze Minister» «het College van procureurs-generaal» wordt gelezen.

Verwerking strafvorderlijke gegevens, schakelbepaling

2. Strafvorderlijke gegevens worden slechts verwerkt, voorzover dit behoorlijk en rechtmatig is en de gegevens, gelet op de doeleinden waarvoor zij worden verwerkt, toereikend, ter zake dienend en niet bovenmatig zijn.

3. De verwerking van strafvorderlijke gegevens waaruit ras, etnische afkomst, politieke opvattingen, religieuze of levensbeschouwelijke overtuiging, of het lidmaatschap van een vakbond blijkt, en de verwerking van genetische gegevens, biometrische gegevens met het oog op de unieke identificatie van een natuurlijke persoon, of gegevens over gezondheid, seksueel leven en seksuele gerichtheid vindt slechts plaats voor zover dit voor het doel van de verwerking onvermijdelijk is, in aanvulling op de verwerking van andere strafvorderlijke gegevens betreffende de persoon en de gegevens afdoende zijn beveiligd

Verwerking strafvorderlijke gegevens, bijzondere persoonsgegevens

4. Een besluit uitsluitend gebaseerd op geautomatiseerde verwerking als bedoeld in artikel 7e, eerste lid, wordt niet gebaseerd op de categorieën van strafvorderlijke gegevens, bedoeld in het derde lid, tenzij de Autoriteit persoonsgegevens over de voorgenomen verwerking is geraadpleegd, overeenkomstig artikel 26h, eerste lid.

5. Profilering die leidt tot discriminatie van personen is verboden.

Profilering, verbod

Art. 39d
Strafvorderlijke gegevens worden vernietigd overeenkomstig de termijnen, genoemd in de artikelen 4 en 6.

Vernietiging strafvorderlijke gegevens

Afdeling 2
Het verstrekken van strafvorderlijke gegevens

Art. 39e
1. Voorzover dit noodzakelijk is met het oog op een zwaarwegend algemeen belang, kan het College van procureurs-generaal aan de volgende personen of instanties strafvorderlijke gegevens verstrekken:
a. Nederlandse rechterlijke ambtenaren;
b. Onze Minister;
c. lichamen of personen aan wie krachtens artikel 257ba van het Wetboek van Strafvordering de bevoegdheid is toegekend een strafbeschikking uit te vaardigen;
d. ambtenaren van politie als bedoeld in artikel 2, onder a, van de Politiewet 2012 en ambtenaren van politie als bedoeld in artikel 2, onder c en d, voor zover zij zijn aangesteld voor de uitvoering van de politietaak;

Verstrekking strafvorderlijke gegevens bij zwaarwegend algemeen belang

C9 art. 39f Wet justitiële en strafvorderlijke gegevens

    e. ambtenaren als bedoeld in artikel 141, onderdeel c en d, van het Wetboek van Strafvordering;
    f. buitengewone opsporingsambtenaren als bedoeld in artikel 142, eerste lid, van het Wetboek van Strafvordering;
    g. instanties die belast zijn met de tenuitvoerlegging van rechterlijke beslissingen of handelingen, beslissingen van de officier van justitie dan wel van vrijheidsbenemende straffen of maatregelen;
    h. verwerkingsverantwoordelijken voor de verwerking van politiegegevens als bedoeld in artikel 1, eerste lid, onderdeel f, van de Wet politiegegevens;
    i. bewaarders als bedoeld in artikel 118, eerste en tweede lid, van het Wetboek van Strafvordering.
  2. Het College van procureurs-generaal verstrekt strafvorderlijke gegevens aan de ambtenaren die werkzaam zijn ten behoeve van de justitiële documentatie strafvorderlijke gegevens.
  3. Het College van procureurs-generaal kan strafvorderlijke gegevens verstrekken aan Onze Minister van Buitenlandse Zaken ten behoeve van het versturen van notificaties als bedoeld in artikel 5c van de Wet administratiefrechtelijke handhaving verkeersvoorschriften.
  4. Het College van procureurs-generaal verstrekt strafvorderlijke gegevens aan de geneesheer-directeur en de psychiater, bedoeld in de artikelen 5:4, 7:1, 7:11 en 8:19 van de Wet verplichte geestelijke gezondheidszorg, voor zover dit voortvloeit uit de verplichtingen van de officier van justitie op grond van die artikelen.
  5. Het College van procureurs-generaal verstrekt strafvorderlijke gegevens aan het CIZ, genoemd in artikel 28a, eerste lid, van de Wet zorg en dwang psychogeriatrische en verstandelijk gehandicapte cliënten, en aan de arts die de medische verklaring, bedoeld in artikel 28a, tweede lid, onderdeel b, van die wet, vaststelt, voor zover dit voortvloeit uit de in dat artikel bedoelde verplichtingen van de officier van justitie.
  6. Artikel 9, eerste lid, tweede volzin is van overeenkomstige toepassing.

Art. 39f

Doeleinden verstrekking strafvorderlijke gegevens aangewezen instanties

1. Voorzover dit noodzakelijk is met het oog op een zwaarwegend algemeen belang, kan het College van procureurs-generaal, onverminderd artikel 39e, aan personen of instanties voor de volgende doeleinden strafvorderlijke gegevens verstrekken:
    a. het voorkomen en opsporen van strafbare feiten,
    b. het handhaven van de orde en veiligheid,
    c. het uitoefenen van toezicht op het naleven van regelgeving,
    d. het nemen van een bestuursrechtelijke beslissing,
    e. het beoordelen van de noodzaak tot het treffen van een rechtspositionele of tuchtrechtelijke maatregel,
    f. het verlenen van hulp aan slachtoffers en anderen die bij een strafbaar feit betrokken zijn, of
    g. het verrichten van een privaatrechtelijke rechtshandeling door een persoon of instantie die met een publieke taak is belast.
2. Het College van procureurs-generaal kan slechts strafvorderlijke gegevens aan personen of instanties als bedoeld in het eerste lid verstrekken, voorzover die gegevens voor die personen of instanties:
    a. noodzakelijk zijn met het oog op een zwaarwegend algemeen belang of de vaststelling, de uitoefening of de verdediging van een recht in rechte, en
    b. in zodanige vorm worden verstrekt dat herleiding tot andere personen dan betrokkene, redelijkerwijs wordt voorkomen.
3. Artikel 9, eerste lid, tweede volzin, is van overeenkomstige toepassing.

Art. 39g

Schakelbepaling

De artikelen 14 en 15 zijn van overeenkomstige toepassing.

Art. 39ga

Verstrekking strafvorderlijke gegevens aan EU-lidstaten

1. Het College van procureurs-generaal kan ten behoeve van de strafrechtspleging met overeenkomstige toepassing van artikel 16, strafvorderlijke gegevens ter beschikking stellen aan de bevoegde autoriteit van een andere lidstaat van de Europese Unie of aan organen en instanties die zijn opgericht krachtens de hoofdstukken 4 en 5 van titel V van het Verdrag betreffende de werking van de Europese Unie, die zijn belast met taken van rechtshandhaving, voor zover dat voortvloeit uit een rechtsinstrument op grond van het verdrag betreffende de werking van de Europese Unie.

Verstrekking strafvorderlijke gegevens aan derde landen

2. Het College van procureurs-generaal kan met overeenkomstige toepassing van artikel 16a, strafvorderlijke gegevens verstrekken aan rechterlijke ambtenaren dan wel aan een andere bevoegde autoriteit in een derde land of aan een internationale organisatie.

Art. 39h

Kostenvergoeding

Voor het verstrekken van strafvorderlijke gegevens als bedoeld in artikel 39f kan een kostenvergoeding worden verlangd die niet hoger is dan een bij of krachtens algemene maatregel van bestuur vast te stellen bedrag.

Wet justitiële en strafvorderlijke gegevens

Afdeling 3
Rechten van de betrokkene

Art. 39ha
1. Het College van procureurs-generaal maakt ten minste de volgende informatie toegankelijk voor de betrokkene:
a. de identiteit en contactgegevens van de verwerkingsverantwoordelijke en, in voorkomend geval, van de functionaris voor gegevensbescherming;
b. de doelen van de verwerking waarvoor de strafvorderlijke gegevens zijn bestemd;
c. het recht een klacht in te dienen bij de Autoriteit persoonsgegevens, en de contactgegevens van die autoriteit;
d. de rechten van betrokkene, bedoeld in de artikelen 39i, eerste lid, en 39m, eerste lid.

2. Artikel 17b is van overeenkomstige toepassing, met dien verstande dat daar waar in dit artikel wordt gesproken over «Onze Minister» wordt gelezen «het College van procureurs-generaal».

3. De verstrekking van informatie, bedoeld in de artikelen 17b, 39i, eerste lid, en 39m, eerste lid, vindt plaats overeenkomstig de artikelen 30 tot en met 34, van het Wetboek van Strafvordering als de gegevens in een processtuk worden verwerkt.

Verstrekking strafvorderlijke gegevens aan betrokkene, toegankelijke informatie

Art. 39i
1. De betrokkene heeft het recht om op diens schriftelijke verzoek van het College van procureurs-generaal uitsluitsel te krijgen over de al dan niet verwerking van hem betreffende strafvorderlijke gegevens en, wanneer dat het geval is, om die strafvorderlijke gegevens in te zien en om de volgende informatie te verkrijgen:
a. de doelen en de rechtsgrond van de verwerking;
b. de betrokken categorie van de gegevens;
c. de vraag of de deze persoon betreffende strafvorderlijke gegevens gedurende een periode van vier jaar voorafgaande aan het verzoek overeenkomstig de artikelen 39e, 39f en 39ga zijn verstrekt en over de ontvangers of categorieën van ontvangers aan wie de gegevens zijn verstrekt, met name ontvangers in derde landen of internationale organisaties;
d. de voorziene periode van opslag of indien dat niet mogelijk is, de criteria om die termijn te bepalen;
e. het recht te verzoeken om verbetering, vernietiging of beperking van de verwerking van hem betreffende persoonsgegevens;
f. het recht een klacht in te dienen bij de Autoriteit persoonsgegevens, en de contactgegevens van die autoriteit;
g. de herkomst, voor zover beschikbaar, van de verwerking van hem betreffende strafvorderlijke gegevens.

2. Het College van procureurs-generaal geeft op een verzoek als bedoeld in het eerste lid, binnen zes weken uitsluitsel, met uitzondering van het deel van het verzoek om inlichtingen, bedoeld in het eerste lid, onderdeel c. Het College van procureurs-generaal kan zijn beslissing voor ten hoogste vier weken verdagen, dan wel voor ten hoogste zes weken indien blijkt dat bij verschillende parketten strafvorderlijke gegevens over de verzoeker worden verwerkt. Van de verdaging wordt schriftelijk mededeling gedaan.

3. Op het deel van een verzoek om inlichtingen, bedoeld in het eerste lid, onderdeel c, geeft het College van procureurs-generaal binnen vier weken uitsluitsel.

Verstrekking strafvorderlijke gegevens, rechten betrokkene

Art. 39j
Elke verstrekking van strafvorderlijke gegevens overeenkomstig de artikelen 39e, 39f en 39ga wordt vastgelegd en gedurende ten minste vier jaar bewaard.

Registratie verstrekking

Art. 39k
1. Bij de behandeling van een verzoek als bedoeld in artikel 39i, eerste lid, draagt het College van procureurs-generaal zorg voor een deugdelijke vaststelling van de identiteit van de verzoeker. Wanneer het College van procureurs-generaal redenen heeft om te twijfelen aan de identiteit van de persoon die het verzoek doet, kan hij de nodige aanvullende informatie vragen ter bevestiging van de identiteit van de betrokkene.
2. Artikel 20, tweede tot en met vierde lid, is van toepassing.

Vaststelling identiteit betrokkene

Art. 39l
1. Indien de betrokkene verzoekt om inzage, op grond van artikel 39i, eerste lid, of rectificatie, bedoeld in artikel 39m, eerste lid, wordt hij schriftelijk in kennis gesteld van de ontvangst van het verzoek, de termijn voor uitsluitsel en de mogelijkheid om naar aanleiding daarvan een klacht in te dienen bij de Autoriteit persoonsgegevens.
2. Een verzoek als bedoeld in de artikelen 39i, eerste lid, en 39m, eerste lid, wordt afgewezen, voor zover het onthouden van inzage of het achterwege laten van rectificatie een noodzakelijke en evenredige maatregel is gelet op één of meer van de gronden, bedoeld in artikel 21, tweede lid.
3. De gehele of gedeeltelijke afwijzing van een verzoek als bedoeld in het eerste lid is schriftelijk.

Verstrekking strafvorderlijke gegevens, rectificatie op verzoek betrokkene

C9 art. 39m — Wet justitiële en strafvorderlijke gegevens

Art. 39m

Verbetering strafvorderlijke gegevens

1. De betrokkene heeft het recht op diens schriftelijke verzoek van de verwerkingsverantwoordelijke rectificatie van de hem betreffende strafvorderlijke gegevens te verkrijgen, en rekening houdend met het doel van de verwerking, onvolledige strafvorderlijke gegevens te laten aanvullen. Het verzoek bevat de aan te brengen wijzigingen.
2. De betrokkene heeft het recht op diens schriftelijke verzoek van de verwerkingsverantwoordelijke zonder onnodige vertraging vernietiging van de hem betreffende strafvorderlijke gegevens te verkrijgen, indien de gegevens in strijd met een wettelijk voorschrift worden verwerkt of een wettelijk voorschrift tot vernietiging verplicht.
3. In plaats van vernietiging draagt de verwerkingsverantwoordelijke zorg voor afscherming van strafvorderlijke gegevens, indien:
   a. de juistheid van de strafvorderlijke gegevens door de betrokkene wordt betwist en de juistheid of onjuistheid niet kan worden geverifieerd, in welk geval de verwerkingsverantwoordelijke de betrokkene informeert voordat de beperking van de verwerking wordt opgeheven, of
   b. de persoonsgegevens moeten worden bewaard als bewijsmateriaal.
4. De verwerkingsverantwoordelijke stelt de betrokkene binnen vier weken schriftelijk in kennis met betrekking tot de opvolging van zijn verzoek.
5. Artikel 22, vijfde lid, is van overeenkomstige toepassing, met dien verstande dat daar waar in dit artikel wordt gesproken over «Onze Minister» «het College van procureurs-generaal» wordt gelezen.
6. De verwerkingsverantwoordelijke draagt zorg dat een beslissing tot verbetering, aanvulling, vernietiging of afscherming zo spoedig mogelijk wordt uitgevoerd. Hij draagt zorg voor het kenmerken van een gegeven als de juistheid daarvan door de betrokkene wordt betwist en niet kan worden vastgesteld of het gegeven al dan niet juist is.

Art. 39n

Beschikking

1. Een beslissing op een verzoek als bedoeld in artikel 39i of 39m geldt als een beschikking in de zin van artikel 1:3, tweede lid, van de Algemene wet bestuursrecht.

Beroep na bemiddeling AP mogelijk

2. De belanghebbende kan zich binnen de termijn bepaald voor het beroep op grond van de Algemene wet bestuursrecht tot de Autoriteit persoonsgegevens wenden met het verzoek te bemiddelen of te adviseren in zijn geschil met de verwerkingsverantwoordelijke. In dat geval kan in afwijking van artikel 6:7 van de Algemene wet bestuursrecht het beroep nog worden ingesteld nadat de belanghebbende van de Autoriteit persoonsgegevens bericht heeft ontvangen dat de behandeling van de zaak is beëindigd, doch uiterlijk zes weken na dat tijdstip.

Art. 39o

Mededeling gecorrigeerde gegevens

Artikel 24 is van overeenkomstige toepassing op strafvorderlijke gegevens.

Art. 39p

1. De verstrekking van de informatie, bedoeld in de artikelen 39i, eerste lid, en 39m, eerste lid, geschiedt kosteloos.
2. In het geval van een kennelijk ongegrond of buitensporig verzoek, met name vanwege de geringe tussenpozen tussen opéénvolgende verzoeken, kan het College van procureurs-generaal voor de verstrekking van de informatie, bedoeld in het eerste lid, weigeren gevolg te geven aan het verzoek.

Art. 39q

Verzet betrokkene

1. Betrokkene kan bij het College van procureurs-generaal verzet aantekenen wegens bijzondere persoonlijke omstandigheden.
2. Het College van procureurs-generaal beoordeelt, gehoord het hoofd van het arrondissementsparket, het landelijk parket, het functioneel parket, het parket centrale verwerking openbaar ministerie of het ressortsparket, binnen vier weken na ontvangst van het verzet of het verzet gerechtvaardigd is. Indien het verzet gerechtvaardigd is, beëindigt het terstond de verwerking.
3. De artikelen 39n en 39p zijn van overeenkomstige toepassing.

Afdeling 4
Bepalingen betreffende klachten, controle en toezicht

Art. 39r

Strafvorderlijke gegevens, schakelbepalingen klachten, controle en toezicht

1. De artikelen 26a tot en met 26h en 27, eerste en tweede lid, zijn van overeenkomstige toepassing op strafvorderlijke gegevens.

2. De artikelen 35a, 35b en 35d, van de Wet politiegegevens zijn van overeenkomstige toepassing op strafvorderlijke gegevens.
3. De Autoriteit persoonsgegevens is bevoegd:

Wet justitiële en strafvorderlijke gegevens   **C9 art. 42**

   a. de verwerkingsverantwoordelijke of de verwerker te waarschuwen dat met de voorgenomen verwerkingen waarschijnlijk een inbreuk wordt gemaakt op het bij of krachtens deze wet bepaalde;
   b. een last onder bestuursdwang op te leggen ter handhaving van het bij of krachtens deze wet bepaalde;
   c. een bestuurlijke boete op te leggen indien de verwerkingsverantwoordelijke handelt in strijd met hetgeen is bepaald bij of krachtens:
   – de artikelen 39c, eerste lid, voor wat betreft de overeenkomstige toepassing van de artikelen 7, 7a, 7b en 7d in dat lid, en 39r, eerste lid, voor wat betreft de overeenkomstige toepassing van de artikelen 26c, 26f, 26g en 26h, in dat lid van ten hoogste het bedrag van de geldboete van de vijfde categorie van artikel 23, vierde lid, van het Wetboek van Strafrecht;
   – de artikelen 39c, eerste lid, voor wat betreft de overeenkomstige toepassing van artikel 7e in dat lid, 39ha, eerste en tweede lid, 39i, 39m en 39o, van ten hoogste het bedrag van de geldboete van de zesde categorie van artikel 23, vierde lid, van het Wetboek van Strafrecht;
   d. een advies te verstrekken aan de verwerkingsverantwoordelijke naar aanleiding van een voorafgaande raadpleging, bedoeld in artikel 26h;
   e. de verwerkingsverantwoordelijke te verplichten een inbreuk in verband met persoonsgegevens te melden aan de betrokkene.
   4. Artikel 27, vijfde lid, is van overeenkomstige toepassing.
   5. De werking van de beschikking tot oplegging van de bestuurlijke boete, bedoeld in het derde lid, onder c, wordt opgeschort totdat de bezwaar- of beroepstermijn is verstreken of, indien bezwaar is gemaakt respectievelijk beroep is ingesteld, op het bezwaar respectievelijk het beroep is beslist.
   6. De bevoegdheden, bedoeld in het derde lid, onderdelen d en e, gelden als een besluit in de zin van de Algemene wet bestuursrecht.

Titel 3
De persoonsdossiers

Art. 40
1. Onze Minister verwerkt persoonsgegevens in persoonsdossiers in de documentatie persoonsdossiers met als doel de bevordering van een juiste toepassing van het strafrecht.
2. Bij of krachtens algemene maatregel van bestuur wordt de wijze bepaald waarop de rapporten die het persoonsdossier vormen worden verkregen.
3. De artikelen 3, 7, 7a, 7b, 7d tot en met 7f en 39c, tweede tot en met vijfde lid, zijn van overeenkomstige toepassing op persoonsgegevens in persoonsdossiers.

Persoonsdossiers

Art. 41
1. Een rapport in een persoonsdossier wordt verwijderd na verloop van tien jaren. De termijn vangt aan op de dag van sluiting van het rapport.
2. Indien de straf of maatregel de duur van tien jaren te boven gaat, is de termijn, bedoeld in het eerste lid, gelijk aan de duur van de aan de betrokken persoon in de strafzaak waarop het rapport betrekking heeft, opgelegde vrijheidsstraf of vrijheidsbenemende maatregel krachtens het strafrecht.

Termijn verwijdering uit persoonsdossier

Art. 42
1. Onze Minister kan afschriften van de in een persoonsdossier opgenomen rapporten gebruiken ten behoeve van de behandeling van een gratieverzoek of met het oog op het onderzoek, bedoeld in artikel 28.
2. Onze Minister verstrekt ten behoeve van een goede rechtspleging, de vervolging en berechting van strafbare feiten, de tenuitvoerlegging van straffen of maatregelen en het geven van advies over een gratieverzoek desgevraagd afschriften van de in een persoonsdossier opgenomen rapporten aan Nederlandse rechterlijke ambtenaren.
3. Onze Minister verstrekt ten behoeve van de selectie of bejegening desgevraagd afschriften van de in een persoonsdossier opgenomen rapporten aan de selectiefunctionarissen en de hoofden van de inrichtingen waar aan een persoon opgelegde straf of maatregel wordt ten uitvoer gelegd.
4. Onze Minister verstrekt ten behoeve van het voorbereiden van enig rapport of het uitoefenen van enig toezicht desgevraagd afschriften van de in een persoonsdossier opgenomen rapporten aan:
   a. de directeuren van de stichting en de reclasseringsinstellingen, bedoeld in artikel 1, onder b en c van de Reclasseringsregeling 1995;
   b. de reclasseringswerkers, bedoeld in artikel 6, eerste lid, van de Reclasseringsregeling 1995;
   c. de directeur of ressortsdirecteur van de raad voor de kinderbescherming.
5. Bij algemene maatregel van bestuur kunnen andere personen of instanties worden aangewezen aan wie ten behoeve van een juiste toepassing van het strafrecht afschriften van rapporten uit een persoonsdossier kunnen worden verstrekt. Daarbij kan tevens worden bepaald van

Gebruik persoonsdossier bij gratieverzoek en verklaring omtrent gedrag
Verstrekking gegevens persoonsdossier

Sdu   449

welke rapporten afschriften worden verstrekt. Tevens kunnen nadere voorschriften worden gegeven in verband met de verstrekking.
6. Artikel 15 is van overeenkomstige toepassing.

Art. 42a

Verstrekken persoonsdossier aan EU-lidstaten

1. Onze Minister kan met overeenkomstige toepassing van artikel 16, afschriften van de in een persoonsdossier opgenomen rapporten ter beschikking stellen aan de bevoegde autoriteit van een andere lidstaat van de Europese Unie of aan organen of instanties die zijn opgericht krachtens de hoofdstukken 4 en 5 van titel V van het Verdrag betreffende de werking van de Europese Unie, die zijn belast met taken van rechtshandhaving, voor zover dat voortvloeit uit een rechtsinstrument op grond van het Verdrag betreffende de werking van de Europese Unie.
2. Onze Minister kan met overeenkomstige toepassing van artikel 16a, afschriften van de in een persoonsdossier opgenomen rapporten doorgeven aan rechterlijke ambtenaren dan wel aan een andere bevoegde autoriteit in een derde land of aan een internationale organisatie, ten behoeve van de strafrechtspleging.

Art. 42b

Persoonsdossier, toegankelijke informatie

1. Onze Minister maakt ten minste de volgende informatie toegankelijk voor betrokkene:
a. de identiteit en contactgegevens van de verwerkingsverantwoordelijke en, in voorkomend geval, van de functionaris voor gegevensbescherming;
b. de doelen van de verwerking waarvoor de verwerking van de betrokkene betreffende rapporten in persoonsdossiers zijn bestemd;
c. het recht een klacht in te dienen bij de Autoriteit persoonsgegevens, en de contactgegevens van die autoriteit;
d. de rechten van betrokkene, bedoeld in de artikelen 43, eerste lid, en 46, eerste lid.
2. Artikel 17b is van overeenkomstige toepassing.

Art. 43

Mededeling inhoud eigen persoonsdossier op verzoek

1. De betrokkene heeft het recht om op diens schriftelijke verzoek binnen vier weken van Onze Minister uitsluitsel te krijgen over de al dan niet verwerking van hem betreffende rapporten in de persoonsdossiers in de documentatie persoonsdossiers en, wanneer dat het geval is, om die rapporten in te zien en hierover de informatie, bedoeld in artikel 18, onderdelen a tot en met g, te verkrijgen.
2. Onze Minister doet daarbij geen mededelingen in schriftelijke vorm, tenzij hij weigert een mededeling te doen. Een gehele of gedeeltelijke afwijzing vindt schriftelijk plaats.

Art. 44

Registratie verstrekking

1. Elke verstrekking van afschriften van rapporten uit persoonsdossiers, overeenkomstig artikel 41 wordt vastgelegd en tenminste vier jaar bewaard.
2. Indien een verzoek als bedoeld in artikel 43 zich uitstrekt tot het verkrijgen van informatie over de verstrekking van afschriften uit persoonsdossiers, deelt Onze Minister binnen vier weken aan verzoeker mede of hem betreffende afschriften van rapporten uit de persoonsdossiers in het jaar voorafgaande aan het verzoek overeenkomstig artikel 42 en 42a zijn verstrekt.

Art. 45

Vaststelling identiteit

Op de behandeling van verzoeken als bedoeld in het eerste lid van artikel 43 is artikel 20 van overeenkomstige toepassing.

Art. 46

Persoonsdossier, rectificatie op verzoek betrokkene

1. Degene aan wie overeenkomstig artikel 43 uitsluitsel is gegeven van hem betreffende rapporten, heeft het recht op diens schriftelijke verzoek van Onze Minister rectificatie van de hem betreffende persoonsgegevens in deze rapporten te verkrijgen, en rekening houdend met het doel van de verwerking onvolledige persoonsgegevens te laten aanvullen. Het verzoek bevat de aan te brengen wijzigingen.
2. De betrokkene heeft het recht op diens schriftelijke verzoek van de verwerkingsverantwoordelijke zonder onnodige vertraging vernietiging van de hem betreffende persoonsgegevens in persoonsdossiers te verkrijgen, indien de gegevens in strijd met een wettelijk voorschrift worden verwerkt of een wettelijk voorschrift tot vernietiging verplicht.
3. In plaats van vernietiging draagt de verwerkingsverantwoordelijke zorg voor het afschermen van rapporten uit een persoonsdossier als:
a. de juistheid van die rapporten door de betrokkene wordt betwist en de juistheid of onjuistheid niet kan worden geverifieerd, in welk geval de verwerkingsverantwoordelijke de betrokkene informeert voordat de afscherming wordt opgeheven, of
b. de persoonsgegevens moeten worden bewaard als bewijsmateriaal.
4. De verwerkingsverantwoordelijke stelt de betrokkene binnen vier weken schriftelijk in kennis met betrekking tot de opvolging van zijn verzoek.
5. Artikel 22, vijfde lid, is van overeenkomstige toepassing.

Art. 46a

Rectificatieverzoek persoonsdossier, ontvangstbevestiging

1. Indien de betrokkene verzoekt om inzage op grond van artikel 43, eerste lid, of rectificatie, bedoeld in artikel 46, eerste lid, wordt hij schriftelijk in kennis gesteld van de ontvangst van

Wet justitiële en strafvorderlijke gegevens   **C9 art. 51a**

het verzoek, de termijn voor uitsluitsel en de mogelijkheid om naar aanleiding daarvan een klacht in te dienen bij de Autoriteit persoonsgegevens.
2. Artikel 21, eerste en tweede lid, is van overeenkomstige toepassing.

Art. 47
1. Een beslissing op een verzoek als bedoeld in artikel 43 of 46 geldt als een beschikking in de zin van artikel 1:3, tweede lid, van de Algemene wet bestuursrecht.   *Toepasselijke bepalingen*
2. Artikel 23, tweede lid, is van overeenkomstige toepassing.

Art. 48
Artikel 24 is van overeenkomstige toepassing op rapporten uit een persoonsdossier.   *Rectificatieverzoek persoonsdossier, mededeling gecorrigeerde gegevens*

Art. 49
1. De verstrekking van de informatie, bedoeld in de artikelen 43, eerste lid, en 46, eerste lid geschiedt kosteloos.   *Persoonsdossier, kosteloze verstrekking*
2. In het geval van een kennelijk ongegrond of buitensporig verzoek, met name vanwege de geringe tussenpozen tussen opéénvolgende verzoeken, kan Onze Minister weigeren gevolg te geven aan het verzoek.

Art. 50
1. Degene over wie één of meer persoonsgegevens in persoonsdossiers zijn verwerkt kan bij Onze Minister verzet hiertegen aantekenen wegens bijzondere persoonlijke omstandigheden.   *Verzet tegen verwerking*
2. Onze Minister beoordeelt, gehoord het openbaar ministerie en de instelling die het rapport heeft opgemaakt, binnen vier weken na ontvangst van het verzet of het verzet gerechtvaardigd is. Indien het verzet gerechtvaardigd is, beëindigt hij terstond de verwerking.
3. Artikel 49 is van overeenkomstige toepassing.

Art. 51
1. De artikelen 26a tot en met 26h en 27, eerste en tweede lid, zijn van overeenkomstige toepassing op persoonsgegevens in persoonsdossiers.   *Persoonsdossier, schakelbepalingen klachten, controle en toezicht*
2. De artikelen 35a, 35b en 35d, van de Wet politiegegevens zijn van overeenkomstige toepassing persoonsgegevens in persoonsdossiers.
3. De Autoriteit persoonsgegevens is bevoegd:
a. de verwerkingsverantwoordelijke of de verwerker te waarschuwen dat met de voorgenomen verwerkingen waarschijnlijk een inbreuk wordt gemaakt op het bij of krachtens deze wet bepaalde;
b. een last onder bestuursdwang op te leggen ter handhaving van het bij of krachtens deze wet bepaalde;
c. een bestuurlijke boete op te leggen indien de verwerkingsverantwoordelijke handelt in strijd met hetgeen is bepaald bij of krachtens:
– de artikelen 40, derde lid, voor wat betreft de overeenkomstige toepassing van de artikelen 7, 7a, 7b en 7d in dat lid, en 51, eerste lid, voor wat betreft de overeenkomstige toepassing van de artikelen 26c, 26f, 26g en 26h in dat lid, van ten hoogste het bedrag van de geldboete van de vijfde categorie van artikel 23, vierde lid, van het Wetboek van Strafrecht;
– de artikelen 40, derde lid, voor wat betreft de overeenkomstige toepassing van artikel 7e in dat lid, 42b, 43, 46, en 48, van ten hoogste het bedrag van de geldboete van de zesde categorie van artikel 23, vierde lid, van het Wetboek van Strafrecht;
d. een advies te verstrekken aan de verwerkingsverantwoordelijke naar aanleiding van een voorafgaande raadpleging, bedoeld in artikel 26h, over een voorgenomen verwerking van persoonsgegevens in een persoonsdossier;
e. de verwerkingsverantwoordelijke te verplichten een inbreuk in verband met persoonsgegevens te melden aan de betrokkene.
4. Artikel 27, vijfde lid, is van overeenkomstige toepassing.
5. De werking van de beschikking tot oplegging van de bestuurlijke boete, bedoeld in het derde lid, onder c, wordt opgeschort totdat de bezwaar- of beroepstermijn is verstreken of, indien bezwaar is gemaakt respectievelijk beroep is ingesteld, op het bezwaar respectievelijk het beroep is beslist.
6. De bevoegdheden, bedoeld in het derde lid, onderdelen d en e, gelden als een besluit in de zin van de Algemene wet bestuursrecht.

Titel 3a
De verwerking van tenuitvoerleggingsgegevens

Art. 51a
1. Onze Minister dan wel het College van procureurs-generaal verwerkt tenuitvoerleggingsgegevens, indien dit noodzakelijk is voor een goede vervulling van een wettelijke taak of het nakomen van een andere wettelijke verplichting.   *Verwerking tenuitvoerleggingsgegevens*

C9 art. 51b — Wet justitiële en strafvorderlijke gegevens

Verwerking tenuitvoerleggingsgegevens, beheer

2. De directeur van een penitentiaire inrichting of afdeling, het hoofd van een inrichting voor verpleging van ter beschikking gestelden of de directeur van een justitiële jeugdinrichting, voert het beheer over de tenuitvoerleggingsgegevens inzake vrijheidsbenemende straffen of maatregelen bij de uitvoering waarvan hij betrokken is.

3. Het hoofd van een arrondissementsparket, het landelijk parket, het functioneel parket, het parket centrale verwerking openbaar ministerie of het ressortsparket voert het beheer over de tenuitvoerleggingsgegevens waarvoor het College van procureurs-generaal verwerkingsverantwoordelijke is.

Art. 51b

Verwerking tenuitvoerleggingsgegevens, schakelbepalingen

1. De artikelen 3, 7, 7a, 7b, 7d tot en met 7f, 15, 16, 16a, 17a, 17b, 20 tot en met 25, en 39c, tweede tot en met vijfde lid, zijn van overeenkomstige toepassing op tenuitvoerleggingsgegevens.

2. Artikel 18, eerste lid, is van overeenkomstige toepassing onverminderd het verder bij wet bepaalde over kennisneming of inzage van tenuitvoerleggingsgegevens.

3. Indien de verwerking betrekking heeft op tenuitvoerleggingsgegevens waarvoor het College van procureurs-generaal verwerkingsverantwoordelijke is, wordt bij de overeenkomstige toepassing van de artikelen, bedoeld in het eerste en tweede lid, in de artikelen waar wordt gesproken over «Onze Minister» gelezen «het College van procureurs-generaal».

Art. 51c

Tenuitvoerleggingsgegevens, vernietiging

1. Tenuitvoerleggingsgegevens van veroordeelden voor andere strafrechtelijke beslissingen dan vrijheidsbenemende straffen of maatregelen worden vernietigd met overeenkomstige toepassing van de termijnen voor vernietiging, bedoeld in de artikelen 4 en 6.

Tenuitvoerleggingsgegevens, verstrekking wegens zwaarwegend algemeen belang

2. Voor zover dit noodzakelijk is met het oog op een zwaarwegend algemeen belang kan Onze Minister of het College van procureurs-generaal aan personen of instanties tenuitvoerleggingsgegevens verstrekken voor het doel van:
a. de tenuitvoerlegging van een strafrechtelijke beslissing;
b. de voorkoming, de opsporing, het onderzoek en de vervolging van strafbare feiten;
c. schuldhulpverlening of resocialisatie van betrokkene;
d. bestuurlijk handelen of het nemen van een bestuursrechtelijke beslissing, of
e. het verlenen van hulp aan slachtoffers.

3. Onze Minister of het College van procureurs-generaal kan slechts gegevens aan personen of instanties als bedoeld in het tweede lid verstrekken, voor zover die gegevens voor die personen of instanties:
a. noodzakelijk zijn met het oog op een zwaarwegend algemeen belang of de vaststelling, de uitoefening of de verdediging van een recht in rechte, en
b. in zodanige vorm worden verstrekt dat herleiding tot andere personen dan betrokkene, redelijkerwijs wordt voorkomen.

Registratie

4. Elke verstrekking, bedoeld in het derde lid, en bedoeld in de van overeenkomstige van toepassing zijnde artikelen 16 en 16a, wordt vastgelegd en ten minste vier jaar bewaard.

Art. 51d

Tenuitvoerleggingsgegevens, schakelbepalingen klachten, controle en toezicht

1. De artikelen 26a tot en met 26h en 27, eerste en tweede lid, zijn van overeenkomstige toepassing op tenuitvoerleggingsgegevens.

2. De artikelen 35a, 35b en 35d, van de Wet politiegegevens zijn van overeenkomstige toepassing op tenuitvoerleggingsgegevens.

3. De Autoriteit persoonsgegevens is bevoegd:
a. de verwerkingsverantwoordelijke of de verwerker te waarschuwen dat met de voorgenomen verwerkingen waarschijnlijk een inbreuk wordt gemaakt op het bij of krachtens deze wet bepaalde;
b. een last onder bestuursdwang op te leggen ter handhaving van het bij of krachtens deze wet bepaalde;
c. een bestuurlijke boete op te leggen indien de verwerkingsverantwoordelijke handelt in strijd met:
– de artikelen 51b, eerste lid, voor wat betreft de overeenkomstige toepassing van de artikelen 7, 7a, 7b en 7d in dat lid, en 51d, eerste lid, voor wat betreft de overeenkomstige toepassing van de artikelen 26c, 26f, 26g en 26h in dat lid, van ten hoogste het bedrag van de geldboete van de vijfde categorie van artikel 23, vierde lid, van het Wetboek van Strafrecht;
– de artikelen 51b, eerste lid, voor wat betreft de overeenkomstige toepassing van de artikelen 7e, 17a, 17b, 22 en 24 in dat lid, en 51b, tweede lid, voor wat betreft de overeenkomstige toepassing van artikel 18, van ten hoogste het bedrag van de geldboete van de zesde categorie van artikel 23, vierde lid, van het Wetboek van Strafrecht;
d. een advies te verstrekken aan de verwerkingsverantwoordelijke naar aanleiding van een voorafgaande raadpleging, bedoeld in artikel 26h;

Wet justitiële en strafvorderlijke gegevens   **C9 art. 51h**

   e. de verwerkingsverantwoordelijke te verplichten een inbreuk in verband met persoonsgegevens te melden aan de betrokkene.
4. Artikel 27, vijfde lid, is van overeenkomstige toepassing.
5. De werking van de beschikking tot oplegging van de bestuurlijke boete, bedoeld in het derde lid, onder c, wordt opgeschort totdat de bezwaar- of beroepstermijn is verstreken of, indien bezwaar is gemaakt respectievelijk beroep is ingesteld, op het bezwaar respectievelijk het beroep is beslist.
6. De bevoegdheden, bedoeld in het derde lid, onderdelen d en e, gelden als een besluit in de zin van de Algemene wet bestuursrecht.

Titel 3b
De verwerking van gerechtelijke strafgegevens

Art. 51e
De gerechten, bedoeld in artikel 2 van de Wet op de rechterlijke organisatie, verwerken slechts gerechtelijke strafgegevens voor zover dit noodzakelijk is voor de rechtspraak.

Gerechtelijke strafgegevens, verwerkingsverantwoordelijke

Art. 51f
1. De artikelen 3, 7, 7a, 7b, 7d tot en met 7f, 15, 16, 16a, 17a, 17b, 18 en 20 tot en met 25, zijn van overeenkomstige toepassing op gerechtelijke strafgegevens.
2. Bij de overeenkomstige toepassing van de artikelen, bedoeld in het eerste lid, wordt in de artikelen waar over «Onze Minister» wordt gesproken «een gerecht als bedoeld in artikel 2 van de Wet op de rechterlijke organisatie» gelezen.

Gerechtelijke strafgegevens, schakelbepalingen

Art. 51g
1. De gerechtelijke strafgegevens worden verwijderd zodra die voor de gerechten, bedoeld in artikel 2 van de Wet op de rechterlijke organisatie, niet langer noodzakelijk zijn voor de uitoefening van hun rechterlijke taken.
2. De verwerkingsverantwoordelijke verstrekt gerechtelijke strafgegevens ten behoeve van de behandeling van strafzaken, in overeenstemming met het bepaalde bij of krachtens het Wetboek van Strafvordering.

Gerechtelijke strafgegevens, vernietiging

Art. 51h
1. De artikelen 26a tot en met 26e, 26g, 26h en 27, eerste en tweede lid, en 39c, tweede tot en met vijfde lid, zijn van overeenkomstige toepassing op gerechtelijke strafgegevens.

Gerechtelijke strafgegevens, schakelbepalingen klachten, controle en toezicht

2. De artikelen 35a, 35b en 35d, van de Wet politiegegevens zijn van overeenkomstige toepassing op gerechtelijke strafgegevens.
3. De Autoriteit persoonsgegevens is bevoegd:
a. de verwerkingsverantwoordelijke of de verwerker te waarschuwen dat met de voorgenomen verwerkingen waarschijnlijk een inbreuk wordt gemaakt op het bij of krachtens deze wet bepaalde;
b. een last onder bestuursdwang op te leggen ter handhaving van het bij of krachtens deze wet bepaalde;
c. een bestuurlijke boete op te leggen indien de verwerkingsverantwoordelijke handelt in strijd met hetgeen is bepaald bij of krachtens:
– de artikelen 51f, eerste lid, voor wat betreft de overeenkomstige toepassing van de artikelen 7, 7a, 7b en 7d in dat lid, en 51h, eerste lid, voor wat betreft de overeenkomstige toepassing van de artikelen 26c, 26g en 26h in dat lid, van ten hoogste het bedrag van de geldboete van de vijfde categorie van artikel 23, vierde lid, van het Wetboek van Strafrecht;
– artikel 51f, eerste lid, voor wat betreft de overeenkomstige toepassing van de artikelen 7e, 17a, 17b, 18, 22 en 24, van ten hoogste het bedrag van de geldboete van de zesde categorie van artikel 23, vierde lid, van het Wetboek van Strafrecht;
d. een advies te verstrekken aan de verwerkingsverantwoordelijke naar aanleiding van een voorafgaande raadpleging als bedoeld in artikel 26h;
e. de verwerkingsverantwoordelijke te verplichten een inbreuk in verband met persoonsgegevens te melden aan de betrokkene.
4. Artikel 27, vijfde lid, is van overeenkomstige toepassing.
5. De werking van de beschikking tot oplegging van de bestuurlijke boete, bedoeld in het derde lid, onder c, wordt opgeschort totdat de bezwaar- of beroepstermijn is verstreken of, indien bezwaar is gemaakt respectievelijk beroep is ingesteld, op het bezwaar respectievelijk het beroep is beslist.
6. De bevoegdheden, bedoeld in het derde lid, onderdelen d en e, gelden als een besluit in de zin van de Algemene wet bestuursrecht.

7. In afwijking van het eerste lid, is de Autoriteit persoonsgegevens niet belast met het toezicht op de verwerking van gerechtelijke strafgegevens door de gerechten, bedoeld in artikel 2 van de Wet op de rechterlijke organisatie, in het kader van de uitoefening van hun rechterlijke taken.

Titel 4
Slotbepalingen

Art. 52

Geheimhoudingsplicht
1. Een ieder die krachtens deze wet de beschikking krijgt over gegevens met betrekking tot een derde, is verplicht tot geheimhouding daarvan, behoudens voorzover een bij of krachtens deze wet gegeven voorschrift mededelingen toelaat, dan wel de uitvoering van de taak met het oog waarop de gegevens zijn verstrekt tot het ter kennis brengen daarvan noodzaakt.
2. Artikel 272, tweede lid, van het Wetboek van Strafrecht is niet van toepassing

Art. 53

Uitschakelbepaling
De Wet op de justitiële documentatie en op de verklaringen omtrent het gedrag (Stb. 1955, 395) wordt ingetrokken.

Art. 54
[Wijzigt de Wet op de inlichtingen- en veiligheidsdiensten.]

Art. 55
[Wijzigt de Advocatenwet.]

Art. 56
[Wijzigt de Wet tarieven in strafzaken.]

Art. 57
[Wijzigt de Wet op het voortgezet onderwijs.]

Art. 58
[Wijzigt de Wet op de expertisecentra.]

Art. 59
[Wijzigt de Wet op het primair onderwijs.]

Art. 60
[Wijzigt de Wet op de erkende onderwijsinstellingen.]

Art. 61
[Wijzigt de Wet educatie en beroepsonderwijs.]

Art. 62
[Wijzigt de Algemene wet erkenning EG-hoger-onderwijsdiploma's.]

Art. 63
[Wijzigt de Algemene wet erkenning EG-beroepsopleidingen.]

Art. 64
[Wijzigt de Interimwet zij-instroom leraren primair en voortgezet onderwijs.]

Art. 65
[Wijzigt de Gerechtsdeurwaarderswet.]

Art. 66
[Wijzigt de Wet beëedigde vertalers.]

Art. 67
[Wijzigt de Wet gebruik Friese taal in het rechtsverkeer.]

Art. 68
[Wijzigt de Wet politieregisters.]

Art. 69
[Wijzigt de Wet veiligheidsonderzoeken.]

Art. 70
[Wijzigt de Spoorwegwet.]

Art. 71
[Wijzigt de Wet bescherming persoonsgegevens.]

Art. 72
[Wijzigt de Wet op het notarisambt.]

Art. 73
[Wijzigt deze wet, de Wet politieregisters en de Luchtvaartwet.]

Art. 74
[Wijzigt deze wet.]

Art. 75

Justitiële gegevens minderjarigen
Aan de in artikel 9 bedoelde personen of instanties worden tevens de justitiële gegevens over minderjarigen verstrekt die overeenkomstig de Wet op de justitiële documentatie en op de verklaringen omtrent het gedrag zoals die luidde voor de inwerkingtreding van de Wet van 7 juli 1994 tot wijziging van het Wetboek van Strafrecht, het Wetboek van Strafvordering en andere wetten in verband met de herziening van het strafrecht voor jeugdigen (Stb. 528) waren opgenomen in het strafregister.

Art. 76
Onze Minister zendt binnen vijf jaar na inwerkingtreding van deze wet aan de Staten-Generaal een verslag over de doeltreffendheid en de effecten van deze wet in de praktijk.

Evaluatie

Art. 77
Indien voor het moment van inwerkingtreding van deze wet een aanvraag om afgifte van een verklaring omtrent het gedrag van een natuurlijk persoon is gedaan, zijn op de behandeling van de aanvraag en de daaruit voortvloeiende procedures de bepalingen van toepassing zoals die luiden voor inwerkingtreding van deze wet.

Overgangsbepaling

Art. 78
Deze wet treedt in werking op een bij koninklijk besluit te bepalen tijdstip.

Inwerkingtreding

Art. 79
Deze wet wordt aangehaald als: Wet justitiële en strafvorderlijke gegevens.

Citeertitel

Besluit justitiële en strafvorderlijke gegevens[1]

Besluit van 25 maart 2004 tot vaststelling van de justitiële gegevens en tot regeling van de verstrekking van deze gegevens alsmede tot uitvoering van enkele bepalingen van de Wet justitiële gegevens (Besluit justitiële gegevens)

Wij Beatrix, bij de gratie Gods, Koningin der Nederlanden, Prinses van Oranje-Nassau, enz. enz. enz.

Op de voordracht van Onze Minister van Justitie van 20 februari 2004, nr. 5271210/04/6;
Gelet op de artikelen 2, tweede en derde lid, 4, vijfde lid, 8, vierde en vijfde lid, 9, eerste en 13, eerste lid, 25, 36, 39 en 49 van de Wet justitiële gegevens;
De Raad van State gehoord (advies van 24 maart 2004, nr. W03.04.0085/I);
Gezien het nader rapport van Onze Minister van Justitie van 24 maart 2004, nr. 5278333/04/6;
Hebben goedgevonden en verstaan:

Hoofdstuk 1
Algemeen

Art. 1

Begripsbepalingen

In dit besluit wordt verstaan onder:
a. wet: de Wet justitiële en strafvorderlijke gegevens;
b. sepot: de beslissing van het openbaar ministerie tot niet vervolging of niet verdere vervolging van de zaak;
c. centrale autoriteit: de centrale autoriteit, bedoeld in artikel 3, eerste lid, van het kaderbesluit 2009/315/JBZ van de Raad van de Europese Unie van 26 februari 2009 betreffende de organisatie en de inhoud van uitwisseling van gegevens uit het strafregister tussen de lidstaten (PbEU L 93/23). In Nederland is dit de Justitiële Informatiedienst;
d. lidstaat: lidstaat van de Europese Unie;
e. strafrechtelijke procedure: de fase die aan het strafproces voorafgaat, het strafproces zelf en de tenuitvoerlegging van de veroordeling.

Hoofdstuk 1a
Beveiliging en inschakeling van een verwerker

Art. 1a

Justitiële gegevens, verwerking

Dit hoofdstuk is van toepassing op de verwerking van justitiële en strafvorderlijke gegevens, persoonsgegevens in persoonsdossiers, tenuitvoerleggingsgegevens en gerechtelijke strafgegevens.

Art. 1b

Justitiële gegevens, verwerkingsverantwoordelijke

1. De verwerkingsverantwoordelijke toetst en actualiseert de passende technische en organisatorische maatregelen die bij en krachtens de wet zijn getroffen.

2. Wanneer zulks in verhouding staat tot de verwerkingsactiviteiten omvatten de maatregelen, bedoeld in het eerste lid, de uitvoering van een passend gegevensbeschermingsbeleid door de verwerkingsverantwoordelijke.

3. De verwerkingsverantwoordelijke of de verwerker treft, na beoordeling van de risico's, maatregelen om:
a. te verhinderen dat onbevoegden toegang krijgen tot apparatuur voor de verwerking van gegevens;
b. te verhinderen dat onbevoegden gegevensdragers lezen, kopiëren, wijzigen of verwijderen;
c. te verhinderen dat onbevoegden gegevens invoeren of opgeslagen gegevens inzien, wijzigen of verwijderen;
d. te verhinderen dat onbevoegden systemen voor geautomatiseerde gegevensverwerking gebruiken met behulp van datatransmissieapparatuur;
e. ervoor te zorgen dat personen die geautoriseerd zijn om een systeem voor geautomatiseerde gegevensverwerking te gebruiken, uitsluitend toegang hebben tot de gegevens waarop hun autorisatie betrekking heeft;
f. ervoor te zorgen dat kan worden nagegaan en vastgesteld aan welke organen gegevens zijn of kunnen worden verstrekt of beschikbaar gesteld met behulp van datatransmissieapparatuur;

---

[1] Inwerkingtredingsdatum: 01-04-2004; zoals laatstelijk gewijzigd bij: Stb. 2021, 134.

Besluit justitiële en strafvorderlijke gegevens

g. ervoor te zorgen dat later kan worden nagegaan en vastgesteld welke gegevens wanneer en door wie in een systeem voor geautomatiseerde gegevensverwerking zijn ingevoerd;
h. te verhinderen dat onbevoegden gegevens lezen, kopiëren, wijzigen of verwijderen tijdens de doorgifte van die gegevens of het vervoer van gegevensdragers;
i. ervoor te zorgen dat de geïnstalleerde systemen in geval van storing opnieuw kunnen worden ingezet;
j. ervoor te zorgen dat de functies van het systeem werken, dat eventuele functionele storingen worden gesignaleerd en dat opgeslagen gegevens niet kunnen worden beschadigd door het verkeerd functioneren van het systeem.

Art. 1c

De inhoud van een overeenkomst of andere rechtshandeling die de verwerker aan een verwerkingsverantwoordelijke bindt, bevat het onderwerp en de duur van de verwerking, de aard en het doel van de verwerking, het soort gegevens waarop de wet van toepassing is, de categorieën van betrokkenen en de verplichtingen en de rechten van de verwerkingsverantwoordelijke, en met name wordt daarin bepaald dat de verwerker:
a. uitsluitend volgens de instructies van de verwerkingsverantwoordelijke handelt;
b. er zorg voor draagt dat de tot het verwerken van gegevens gemachtigde personen zich ertoe hebben verplicht vertrouwelijkheid in acht te nemen of door een passende wettelijke verplichting daaraan gebonden zijn;
c. de verwerkingsverantwoordelijke met passende middelen bijstaat om naleving van de bepalingen betreffende de rechten van de betrokkene te verzekeren;
d. na afloop van de gegevensverwerkingsdiensten, naargelang de keuze van de verwerkingsverantwoordelijke, alle gegevens wist of hem deze ter beschikking stelt, en bestaande kopieën verwijdert, tenzij opslag van die gegevens verplicht is;
e. de verwerkingsverantwoordelijke alle informatie ter beschikking stelt die nodig is om nakoming van dit artikel aan te tonen;
f. aan de in dit artikel gestelde voorschriften voldoet bij de inschakeling van een andere verwerker en bij die inschakeling in overeenstemming met artikel 7d, vierde lid, van de wet, handelt.

Justitiële gegevens, verwerkersovereenkomst

Hoofdstuk 2

Afdeling 1
De justitiële gegevens

Art. 2
Met betrekking tot misdrijven worden als justitiële gegevens aangemerkt de in de artikelen 6 en 7 vermelde gegevens van zaken waarvan het proces-verbaal door het openbaar ministerie of de procureur-generaal bij de Hoge Raad op grond van artikel 76 van de Wet op de rechterlijke organisatie in behandeling is genomen.

Justitiële gegevens bij misdrijven

Art. 3
Met betrekking tot overtredingen worden als justitiële gegevens aangemerkt:
a. de in de artikelen 6 en 7, eerste lid, vermelde gegevens van zaken waarin het openbaar ministerie een beslissing tot afdoening van de zaak heeft genomen met uitzondering van de beslissing tot uitvaardiging van een strafbeschikking waarin uitsluitend een geldboete wordt opgelegd die minder dan € 130,- beloopt alsmede de beslissing tot niet verdere vervolging van de zaak, tenzij voorwaarden zijn gesteld aan laatstgenoemde beslissing;
b. de in de artikelen 6 en 7, eerste lid, vermelde gegevens van zaken waarin de rechter een al dan niet herroepelijke beslissing heeft genomen voorzover een taakstraf of een vrijheidsstraf, anders dan vervangende, is opgelegd of een geldboete van minimaal € 130,- alsmede de zaken waarin een bijkomende straf is opgelegd.

Justitiële gegevens bij overtredingen

Art. 4
1. In afwijking van artikel 3 worden met betrekking tot de in het tweede lid genoemde overtredingen als justitiële gegevens aangemerkt de in de artikelen 6 en 7 vermelde gegevens van zaken waarvan het proces-verbaal door het openbaar ministerie in behandeling is genomen.
2. De overtredingen, bedoeld in het eerste lid, zijn:
a. de overtredingen betreffende de algemene veiligheid van personen en goederen, genoemd in Titel I van het Derde Boek van het Wetboek van Strafrecht;
b. de overtredingen betreffende de openbare orde, genoemd in Titel II van het Derde Boek van het Wetboek van Strafrecht;
c. de overtredingen inzake fraude, bedoeld in de artikelen 447c en 447d van het Wetboek van Strafrecht;
d. de overtreding betreffende de zeden, genoemd in Titel VI van het Derde Boek van het Wetboek van Strafrecht;
e. de ambtsovertredingen, genoemd in Titel VIII van het Derde Boek van het Wetboek van Strafrecht;

Justitiële gegevens bij overtredingen afwijkend van art. 3
Lijst van overtredingen

f. de overtredingen van de Wet op de economische delicten;
g. de overtreding van artikel 30, eerste, tweede en vierde lid, juncto artikel 2 van de Wet aansprakelijkheidsverzekering motorrijtuigen;
h. de overtreding van artikel 34, derde lid, juncto artikel 2 van de Wet aansprakelijkheidsverzekering motorrijtuigen;
i. de overtreding van artikel 5 van de Wegenverkeerswet 1994;
j. de overtreding van artikel 107, eerste lid, van de Wegenverkeerswet 1994;
k. de overtreding van artikel 110, eerste lid, van de Wegenverkeerswet 1994, voor zover de overtreding is gepleegd met een voertuig voor het besturen waarvan een rijbewijs is vereist;
l. de overtreding van artikel 5.6.8, eerste en tweede lid, Regeling voertuigen, indien de maximumconstructiesnelheid met meer dan 15 kilometer per uur is overschreden;
m. de overtreding van de artikelen 19, 20, aanhef en onder a en b, 21, aanhef en onder a en b, 22, aanhef en onder a, b, d, e, f en g en 62 juncto bord A1 of A3 van bijlage 1, van het Reglement verkeersregels en verkeerstekens 1990, voor zover voor de overtreding geen administratiefrechtelijke sanctie wordt opgelegd;
n. de overtreding van artikel 8.06, eerste lid, van het Binnenvaartpolitiereglement en artikel 5.01 Binnenvaartpolitiereglement juncto verkeersteken B6 of een bekendmaking met dezelfde strekking als een verkeersteken als bedoeld in artikel 13 Besluit administratieve bepalingen scheepvaartverkeer voorzover het betreft kleine schepen, elk indien de maximumsnelheid met meer dan vijfentwintig kilometer per uur is overschreden;
o. de overtreding van de Vreemdelingenwet 2000;
p. de overtredingen van de Wet op de kansspelen;
q. de overtredingen van de Wet wapens en munitie;
r. de overtredingen van de Drank- en Horecawet;
s. de overtredingen van de hoofdstuk 3 van de Wet natuurbescherming;
t. de overtredingen, bedoeld in artikel 35b, eerste lid, van de Scheepvaartverkeerswet;
u. de overtredingen van het Reglement verkeersregels en verkeerstekens, voor zover het betreft:
1° de overtreding van artikel 11, tweede lid;
2° de overtredingen van artikel 42;
3° de overtredingen van artikel 43, eerste en tweede lid;
4° de overtredingen van artikel 43, derde lid, voor zover de overtreding betreft het rijden over de vluchtstrook of de luchthaven;
5° de overtredingen van artikel 49, eerste en tweede lid;
6° de overtreding van artikel 62 juncto artikel 73, sub b;
7° de overtreding van artikel 82, eerste lid;
8° de overtredingen van artikel 82a juncto artikel 41a, lid 1, onder a, sub 1 en 4, en
9° de overtreding van artikel 83;
v. de overtredingen van de Wegenverkeerswet 1990, voor zover het betreft:
1° de overtreding van artikel 12, en
2° de overtredingen van artikel 160, eerste lid, voor zover het betrekking heeft op het niet stilhouden van een motorrijtuig op eerste vordering.
3. Het eerste lid is van overeenkomstige toepassing op zaken die door de procureur-generaal bij de Hoge Raad in behandeling zijn genomen en waarvan de Hoge Raad ingevolge artikel 76 in eerste instantie en tevens in hoogste ressort kennis neemt.

Art. 5

Strafbeschikkingen als justitiële gegevens

1. Als justitiële gegevens worden aangemerkt de strafbeschikkingen uitgevaardigd op grond van de artikelen 257b en 257ba van het Wetboek van Strafvordering, met uitzondering van de met betrekking tot overtredingen uitgevaardigde strafbeschikkingen waarin een geldboete wordt opgelegd die minder dan € 130,- beloopt.
2. Als justitiële gegevens worden aangemerkt de strafbeschikkingen terzake van misdrijven, uitgevaardigd krachtens de artikelen 76 van de Algemene wet inzake rijksbelastingen en 10:15 van de Algemene douanewet.
3. Artikel 7, eerste lid, onderdelen c en h, is van overeenkomstige toepassing.

Art. 6

Justitiële gegevens natuurlijke personen

1. Met betrekking tot natuurlijke personen worden als justitiële gegevens aangemerkt:
a. de geslachtsnaam en voorvoegsels;
b. de voornaam of voornamen;
c. het adres;
d. de geboortegemeente of geboorteplaats alsmede het land van geboorte;
e. de geboortedatum of, indien onbekend, het geboortejaar;
f. persoonsidentificerende nummers, en
g. de nationaliteit.

Justitiële gegevens rechtspersonen

2. Met betrekking tot rechtspersonen worden als justitiële gegevens aangemerkt:
a. de naam;
b. de rechtsvorm;

Besluit justitiële en strafvorderlijke gegevens

c. de statutaire vestigingsplaats;
d. de feitelijke plaats van vestiging, waaronder begrepen het adres en het land, en
e. het nummer waaronder de onderneming overeenkomstig de Handelsregisterwet 1996 in het handelsregister is ingeschreven.

Art. 7

1. Voorzover van toepassing worden als justitiële gegevens als bedoeld in de artikelen 2, 3, 4 en 9 aangemerkt:

Aard justitiële gegevens

a. alle beslissingen die door het openbaar ministerie of de rechter zijn genomen, met uitzondering van:
  1°. de beslissing tot niet vervolgen omdat de betrokken persoon ten onrechte als verdachte is aangemerkt;
  2°. de beslissing tot niet vervolgen na vaststelling van een rechtmatige geweldsaanwending van een ambtenaar als bedoeld in artikel 1, eerste lid, van de Ambtsinstructie voor de politie, de Koninklijke marechaussee en andere opsporingsambtenaren;
b. het parketnummer;
c. de strafbepalingen van het strafbare feit;
d. de kwalificatie van het strafbare feit;
e. de maatschappelijke classificatie van het strafbare feit;
f. de datum waarop of periode waarin het strafbare feit zich heeft voorgedaan;
g. indien het feit is gesepaneerd:
  1°. de datum van de beslissing;
  2°. de sepotcode en de bijkomende sepotgrond of sepotgronden;
  3°. de bij de beslissing tot voorwaardelijk seponeren gestelde voorwaarden;
  4°. de datum waarop aan alle gestelde voorwaarden is voldaan;
h. indien over het feit bij strafbeschikking is beslist:
  1°. de datum waarop de strafbeschikking is uitgevaardigd;
  2°. de opgelegde straffen, maatregelen en aanwijzingen;
  3°. de datum waarop de strafbeschikking onherroepelijk is geworden;
  4°. de datum waarop de strafbeschikking volledig ten uitvoer is gelegd;
  5°. de aanduiding dat de strafbeschikking kan worden aangemerkt als een gegeven als bedoeld in de artikelen 10, 11 of 12 van de wet alsmede de datum waarop dat gegeven niet langer als zodanig kan worden aangemerkt;
i. indien een voorlopige maatregel op grond van de Wet op de economische delicten is opgelegd:
  1°. de aanduiding van de voorlopige maatregel;
  2°. de beëindiging, verlenging, wijziging, intrekking of opheffing;
j. indien over het feit bij rechterlijke uitspraak is beslist:
  1°. het gerecht dat de uitspraak heeft gedaan;
  2°. de datum van de uitspraak;
  3°. de inhoud van de uitspraak, waaronder de kwalificatie van het feit en de daarbij betrokken strafbepalingen;
  4°. alle voorwaarden die bij een beslissing zijn opgelegd;
  5°. de datum waarop de uitspraak onherroepelijk is geworden;
  6°. de datum van het vermoedelijke einde van een proeftijd;
  7°. de aanduiding of de uitspraak kan worden aangemerkt als een gegeven als bedoeld in de artikelen 10, 11 of 12 van de wet alsmede de datum waarop dat gegeven niet langer als zodanig kan worden aangemerkt;
k. indien de rechterlijke beslissing ten uitvoer is gelegd;
  1°. de datum en de wijze waarop de tenuitvoerlegging is beëindigd;
  2°. de datum en de wijze waarop de taakstraf of vrijheidsstraf is aangevangen en beëindigd;
  3°. indien de volledige tenuitvoerlegging niet is gerealiseerd, de datum van tenuitvoerlegging van de vervangende straf;
l. de datum van invrijheidstelling.

2. Als justitiële gegevens als bedoeld in de artikelen 2 en 4, worden voorts aangemerkt:
a. het arrondissementsparket of ressortsparket dat de zaak in behandeling heeft genomen;
b. de datum van ontvangst van het proces-verbaal bij het arrondissementsparket of ressortsparket;
c. de datum waarop de procureur-generaal bij de Hoge Raad op grond van artikel 76 van de Wet op de rechterlijke organisatie de zaak in behandeling heeft genomen.

Art. 8

1. Indien gehele of gedeeltelijke gratie wordt verleend van de opgelegde straf of maatregel, worden de volgende gegevens als justitiële gegevens aangemerkt:

Gegevens bij gratieverlening

a. de datum en het nummer van het daartoe strekkende koninklijk besluit;
b. de aan het besluit verbonden bepalingen;
c. de wijziging of de herroeping van een besluit tot het verlenen van gratie.

C10 art. 9 — Besluit justitiële en strafvorderlijke gegevens

Gegevens bij verval recht tenuitvoerlegging

2. Bij de toepassing van de Wet overdracht tenuitvoerlegging strafvonnissen worden als justitiële gegevens tevens aangemerkt de in een andere Staat dan Nederland genomen beslissing als gevolg waarvan het recht tot tenuitvoerlegging in Nederland van een door de rechter van die Staat gewezen veroordeling geheel of gedeeltelijk is komen te vervallen. Artikel 7, eerste lid, onder j, is van overeenkomstige toepassing.

Art. 9

Gegevens bij beslissingen buitenlandse rechters

1. Op grond van internationale verplichtingen worden beslissingen die door andere dan Nederlandse rechters zijn gewezen als justitiële gegevens aangemerkt.
2. Het eerste lid is van overeenkomstige toepassing op strafrechtelijke afdoeningen van andere bevoegde autoriteiten die ter kennis zijn gekomen van Onze Minister en voorzover het feit waarvoor de straf is opgelegd in Nederland kan worden aangemerkt als een strafbaar feit.
3. Artikel 7, eerste lid, onder j, is van overeenkomstige toepassing.

Afdeling 2
Afkomst justitiële gegevens

Art. 10

Bron justitiële gegevens

De justitiële gegevens kunnen uitsluitend afkomstig zijn van:
a. het openbaar ministerie;
b. de gerechten;
c. buitenlandse gerechten;
d. Onze Minister;
e. opsporingsambtenaren.

Art. 10a
[Vervallen]

Hoofdstuk 3
De verstrekking van justitiële en strafvorderlijke gegevens, tenuitvoerleggingsgegevens en gerechtelijke strafgegevens

Afdeling 1
Verstrekking van bepaalde gegevens

Paragraaf 1
Verstrekking ten behoeve van het uitoefenen van de taak

Art. 11

Schadefonds geweldsmisdrijven

Justitiële gegevens, bedoeld in de artikelen 10, 11 of 12 van de wet, worden desgevraagd verstrekt aan de voorzitter van de commissie, bedoeld in artikel 8, eerste lid, van de Wet schadefonds geweldsmisdrijven ten behoeve van de werkzaamheden die de commissie bij deze wet zijn opgedragen.

Art. 11a

Burgemeesters

1. Ten behoeve van de handhaving van de openbare orde in verband met de terugkeer van de betrokkene in de maatschappij kan Onze Minister, aan de burgemeester of de door hem aangewezen ambtenaar justitiële gegevens als bedoeld in artikel 6, eerste lid, en artikel 7, eerste lid, onder a, b, c, d, f, j, k en l, verstrekken van natuurlijke personen die onherroepelijk zijn veroordeeld tot:
a. een onvoorwaardelijke vrijheidsbenemende straf of vrijheidsbenemende maatregel ter zake van een misdrijf bedoeld in de volgende artikelen van het Wetboek van Strafrecht:
1° 240b, 242 tot en met 247, 248a tot en met 248e, 249, 250, 250a (oud), 252, tweede en derde lid, 273a (oud), 273f, 282, 282a, 282b, 287, 288, 288a en 289;
2° 141, tweede lid, 302 en 303, indien het onvoorwaardelijk deel van de opgelegde vrijheidsbenemende straf of maatregel een jaar of langer beloopt.
b. de maatregel bedoeld in artikel 37a van het Wetboek van Strafrecht;
c. de maatregel bedoeld in artikel 77s van het Wetboek van Strafrecht, indien deze verlengd kan worden op grond van artikel 6:6:31, derde lid, van het Wetboek van Strafvordering.
2. Ten behoeve van het verstrekken van informatie aan de burgemeester ten behoeve van de handhaving van de openbare orde in verband met de terugkeer van de betrokkene in de maatschappij kan Onze Minister van de in het eerste lid bedoelde natuurlijke personen de justitiële gegevens, bedoeld in artikel 6, eerste lid, en artikel 7, eerste lid, onder a, b, c, d, f, j, k en l, verstrekken aan binnen een landelijke eenheid als bedoeld in artikel 25, eerste lid, onderdeel b, van de Politiewet 2012 aangewezen opsporingsambtenaren.
3. De justitiële gegevens worden niet eerder verstrekt dan drie maanden voor het moment van de verwachte, al dan niet tijdelijke, terugkeer van de betrokkene in de maatschappij.

Besluit justitiële en strafvorderlijke gegevens   **C10** art. 13

4. De burgemeester vernietigt de op grond van het eerste lid verstrekte justitiële gegevens uiterlijk negen maanden na de datum van de verstrekking, indien niet tot het treffen van maatregelen is besloten. Indien tot het treffen van maatregelen is besloten, verwijdert de burgemeester de op grond van het eerste lid verstrekte justitiële gegevens uiterlijk negen maanden na de datum van de verstrekking. De verwijderde gegevens worden gedurende een termijn van vijf jaar bewaard ten behoeve van het afleggen van verantwoording, waarna de gegevens worden vernietigd.
5. Het eerste lid, onder a en b, is niet van toepassing op personen op wie Titel VIIIA van het Eerste Boek van het Wetboek van Strafrecht is toegepast.

Art. 11b
1. Ten behoeve van de naleving van de artikelen 3, tweede lid, 4, eerste en tweede lid, en 9, vierde lid, van de Wet politiegegevens worden justitiële gegevens, bedoeld in de artikelen 6 en 7, eerste lid, onder b, g, h, onderdeel 4°, i, j, onderdeel 3°, en k, verstrekt aan de verwerkingsverantwoordelijke, bedoeld in artikel 1, onderdeel f, van de Wet politiegegevens en in artikel 1, onderdeel c, van het Besluit politiegegevens bijzondere opsporingsdiensten. — *Gegevensverstrekking aan verwerkingsverantwoordelijke*
2. De verwerkingsverantwoordelijke vernietigt de ontvangen justitiële gegevens terstond na het bereiken van het doel van de verstrekking.

Art. 11c
1. Ten behoeve van de verantwoordelijkheid, bedoeld in de artikelen 2.1 en 2.4, tweede lid, van de Jeugdwet, kan Onze Minister aan een door het college van burgemeester en wethouders aangewezen ambtenaar of aan een door het college aangewezen en onder zijn verantwoordelijkheid werkzame functionaris justitiële gegevens als bedoeld in artikel 6, eerste lid, onderdeel f, en artikel 7, eerste lid, onder j, onderdelen 5 en 6, verstrekken van personen ten aanzien van wie in het kader van een strafrechtelijke beslissing is bepaald dat zij in aanmerking komen voor een vorm van jeugdhulp of jeugdreclassering, als bedoeld in artikel 1.1 van de Jeugdwet. — *Gegevensverstrekking aan aangewezen ambtenaar/functionaris*
2. Het college van burgemeester en wethouders treft maatregelen opdat de op grond van het eerste lid verstrekte justitiële gegevens uiterlijk twaalf maanden na de beëindiging van de tenuitvoerlegging van de in het eerste lid bedoelde strafrechtelijke beslissing worden vernietigd.

Art. 11d
1. Ten behoeve van de bevoegdheid, bedoeld in artikel 43, derde lid, van de Wet op de rechtsbijstand, worden desgevraagd justitiële gegevens als bedoeld in de artikelen 6, eerste lid, onder a, b en f, en 7, eerste lid, onder b en j, onderdelen 3° en 5°, verstrekt aan het bestuur, bedoeld in artikel 3 van de Wet op de rechtsbijstand. — *Gegevensverstrekking in kader Wet op de rechtsbijstand*
2. Het bestuur vernietigt de ontvangen justitiële gegevens na het bereiken van het doel van de verstrekking.

Paragraaf 2
Verstrekking ten behoeve van advies

Art. 12
1. Justitiële gegevens als bedoeld in de artikelen 10, 11 of 12 van de wet worden desgevraagd verstrekt aan: — *Buitenlandse autoriteiten*
a. Onze Minister ten behoeve van het geven van een positieve of negatieve verklaring aan buitenlandse autoriteiten over te verlenen visa;
b. Onze Minister ten behoeve van het verstrekken van bepaalde inlichtingen aan buitenlandse autoriteiten over aspirant-emigranten;
c. de burgemeesters voorzover dit noodzakelijk is voor de uitoefening van een wettelijke verplichting tot het geven van advies over een bepaald persoon aan een ander bestuursorgaan;
d. de burgemeesters, indien deze gegevens op grond van een zwaarwegend algemeen belang noodzakelijk zijn ten behoeve van het geven van advies aan een ander bestuursorgaan en het College bescherming persoonsgegevens ontheffing heeft verleend.
2. Justitiële gegevens worden desgevraagd verstrekt aan Onze Minister ten behoeve van het geven van een positieve of negatieve verklaring aan buitenlandse autoriteiten voor deelname aan programma's voor geautomatiseerde grenspassage van andere landen.

Paragraaf 3
Verstrekking ten behoeve van het nemen van bestuursbesluiten

Art. 13
1. Indien in een bij dit artikel aangewezen wet en de daarop berustende bepalingen met het oog op het nemen van besluiten in de zin van artikel 1:3, eerste lid, van de Algemene wet bestuursrecht justitiële gegevens noodzakelijk zijn, worden aan de personen of colleges, die op grond van die wetten zijn belast met het nemen van die besluiten, desgevraagd justitiële gegevens verstrekt. — *Verstrekking justitiële gegevens t.b.v. het nemen van bestuursbesluiten*
2. Het eerste lid is van overeenkomstige toepassing op het bestuursorgaan dat beslist in administratief beroep.

Sdu   461

3. De wetten, bedoeld in het eerste lid, zijn:
a. de Drank- en Horecawet;
b. hoofdstuk 3 van de Wet natuurbescherming;
c. de Wegenverkeerswet 1994;
d. de Wet explosieven voor civiel gebruik;
e. de Wet op de kansspelen;
f. de Kaderwet dienstplicht.
4. Indien in een algemene plaatselijke verordening in het kader van de beoordeling van de aanvraag om een vergunning voor het bedrijfsmatig geven van gelegenheid tot het verrichten van seksuele handelingen met een derde tegen betaling gevolg wordt verbonden aan bepaalde onherroepelijke afdoeningen, is het eerste lid van overeenkomstige toepassing.

Art. 13a

Verstrekking justitiële gegevens t.b.v. oplegging bestuurlijke boete

1. Ten behoeve van het nemen van een besluit tot oplegging van een bestuurlijke boete, worden desgevraagd aan het bestuursorgaan dat op grond van de in het tweede lid genoemde wetten belast is met het nemen van een dergelijk besluit, justitiële gegevens verstrekt die noodzakelijk zijn voor de beoordeling of sprake is van herhaalde overtreding van de voorschriften uit die wetten.
2. De in het eerste lid bedoelde wetten zijn:
a. de Toeslagenwet;
b. de Werkloosheidswet;
c. de Wet arbeidsongeschiktheidsverzekering zelfstandigen;
d. de Wet inkomensvoorziening oudere werklozen;
e. de Wet op de arbeidsongeschiktheidsverzekering;
f. de Wet arbeidsongeschiktheidsvoorziening jonggehandicapten;
g. de Wet werk en inkomen naar arbeidsvermogen;
h. de Ziektewet;
i. de Algemene Kinderbijslagwet;
j. de Algemene nabestaandenwet;
k. de Algemene Ouderdomswet;
l. de Wet inkomensvoorziening oudere en gedeeltelijk arbeidsongeschikte werkloze werknemers;
m. de Wet inkomensvoorziening oudere en gedeeltelijk arbeidsongeschikte gewezen zelfstandigen;
n. de Participatiewet.
3. Het bestuursorgaan, dat op grond van het eerste lid justitiële gegevens ontvangt, kan deze gegevens verder verstrekken aan andere bestuursorganen die belast zijn met het nemen van een besluit als bedoeld in het eerste lid.

Afdeling 2
Verstrekking van de gegevens in algemene zin

Paragraaf 1
Verstrekking ten behoeve van het uitoefenen van de taak

Art. 14

Justitiële gegevens, verstrekking aan AIVD, MIVD

Justitiële gegevens worden desgevraagd verstrekt aan het hoofd van de Algemene Inlichtingen- en Veiligheidsdienst en het hoofd van de Militaire Inlichtingen- en Veiligheidsdienst ten behoeve van de taakvervulling van deze diensten.

Art. 15

Justitiële gegevens, verstrekking aan bureau bevordering integriteitsbeoordelingen

1. Justitiële gegevens worden desgevraagd verstrekt aan:
a. het Bureau bevordering integriteitsbeoordelingen door het openbaar bestuur, bedoeld in artikel 8 van de Wet bevordering integriteitsbeoordelingen door het openbaar bestuur, ten behoeve van de uitoefening van zijn wettelijk omschreven taak;
b. bestuursorganen en rechtspersonen met een overheidstaak als bedoeld in artikel 1, eerste lid, van de Wet bevordering integriteitsbeoordelingen door het openbaar bestuur, voor zover dat noodzakelijk is in de gevallen waarin zij bevoegd zijn tot toepassing van die wet.
2. De krachtens het eerste lid, onder b, verstrekte justitiële gegevens betreffen:
a. de betrokkene, bedoeld in artikel 1, eerste lid, van de Wet bevordering integriteitsbeoordelingen door het openbaar bestuur;
b. degene die direct of indirect leiding geeft of heeft gegeven aan betrokkene;
c. degene die direct of indirect zeggenschap heeft of heeft gehad over betrokkene;
d. degene die direct of indirect vermogen verschaft of heeft verschaft aan betrokkene;
e. degene die als leidinggevende, beheerder, bedrijfsleider of vervoersmanager is of zal worden vermeld op de beschikking die is aangevraagd of is gegeven;
f. degene die redelijkerwijs met betrokkene gelijk kan worden gesteld op grond van zijn feitelijke invloed op de betrokkene.

Art. 15a
1. Justitiële gegevens worden desgevraagd verstrekt aan bestuursorganen, ten behoeve van het nemen van een beslissing omtrent de toepassing van artikel 6 van de Tijdelijke wet bestuurlijke maatregelen terrorismebestrijding, uitsluitend voor zover het betreft gegevens omtrent de aanvrager, subsidieontvanger of houder van een vergunning, ontheffing of erkenning als bedoeld in artikel 6, onderdeel a, van die wet.

2. Indien deze aanvrager, subsidieontvanger of houder een rechtspersoon is, betreffen de gegevens zowel de rechtspersoon als de bestuurders, alsmede de gegevens met betrekking tot strafbare feiten waaraan artikel 51, tweede lid, onder 2°, van het Wetboek van Strafrecht ten grondslag heeft gelegen. Indien een bestuurder een rechtspersoon is betreffen de gegevens eveneens deze rechtspersoon, alsmede de bestuurders daarvan. Indien de aanvrager, subsidieontvanger of houder een maatschap of vennootschap onder firma is betreffen de gegevens de maten, dan wel de vennoten, uitgezonderd de gegevens betreffende de vennoot en commandite, alsmede de gegevens met betrekking tot strafbare feiten waaraan artikel 51, tweede lid, onder 2°, van het Wetboek van Strafrecht ten grondslag heeft gelegen. Indien de vennoten of maten rechtspersoonlijkheid bezitten betreffen de gegevens deze rechtspersonen, alsmede de bestuurders daarvan.

Justitiële gegevens, verstrekking aan bestuursorganen art. 6 Tijdelijke wet bestuurlijke maatregelen terrorismebestrijding

Art. 15b
1. Justitiële gegevens worden desgevraagd verstrekt aan de raad van bestuur van de kansspelautoriteit, bedoeld in artikel 33a van de Wet op de kansspelen ten behoeve van het betrouwbaarheidsonderzoek, bedoeld in artikel 31i van de Wet op de kansspelen.

2. De te verstrekken gegevens betreffen uitsluitend de in artikel 3.4, eerste lid, van het Besluit kansspelen op afstand genoemde personen. Indien het daarbij gaat om een rechtspersoon, betreffen de gegevens zowel de rechtspersoon zelf als de bestuurders, alsmede de gegevens met betrekking tot strafbare feiten waaraan artikel 51, tweede lid, onder 2°, van het Wetboek van Strafrecht ten grondslag heeft gelegen. Indien een bestuurder een rechtspersoon is betreffen de gegevens eveneens deze rechtspersoon, alsmede de bestuurders daarvan. Indien de betrokkene een maatschap of vennootschap onder firma is betreffen de gegevens de maten, dan wel de vennoten, uitgezonderd de gegevens betreffende de vennoot en commandite, alsmede de gegevens met betrekking tot strafbare feiten waaraan artikel 51, tweede lid, onder 2°, van het Wetboek van Strafrecht ten grondslag heeft gelegen. Indien de vennoten of maten rechtspersoonlijkheid bezitten betreffen de gegevens deze rechtspersonen, alsmede de bestuurders daarvan.

Justitiële gegevens, verstrekking aan raad van bestuur kansspelautoriteit

Art. 16
Justitiële gegevens worden desgevraagd verstrekt aan:
a. Onze Minister ten behoeve van de controle van rechtspersonen met het oog op de voorkoming en bestrijding van misbruik van rechtspersonen, waaronder het plegen van misdrijven en overtredingen van financieel-economische aard door of door middel van deze rechtspersonen, bedoeld in artikel 2, eerste lid, van de Wet controle op rechtspersonen;
b. Onze Minister en de burgemeesters voorzover dit noodzakelijk is in het kader van de beoordeling van een verzoek tot verkrijging van het Nederlanderschap op grond van de Rijkswet op het Nederlanderschap;
c. Onze Minister voorzover dit noodzakelijk is voor het verwerken van deze gegevens in het Cliënt-Volgsysteem Jeugdcriminaliteit;
d. Onze Minister en aan de korpschef voorzover dit noodzakelijk is voor de uitvoering van de Wet wapens en munitie, de Wet particuliere beveiligingsorganisaties en recherchebureaus en van hoofdstuk 3 van de Wet natuurbescherming;
e. Onze Minister van Defensie en het hoofd van het onderdeel van de Belastingdienst, de Centrale dienst voor in- en uitvoer, voor zover dit noodzakelijk is voor de uitvoering van de Wet wapens en munitie en andere in dat kader relevante regelgeving;
f. Onze Minister ten behoeve van het nemen van een beslissing omtrent de toepassing van de artikelen 2 tot en met 4 van de Tijdelijke wet bestuurlijke maatregelen terrorismebestrijding.

Justitiële gegevens, verstrekking aan ministers, burgemeester, korpschef, belastingdienst, douane

Art. 16a
Justitiële gegevens als bedoeld in de artikelen 6, eerste lid, en 7, eerste lid, onderdelen b en j, onder 1° tot en met 3° en 5°, worden verstrekt aan Onze Minister ten behoeve van het nemen van een beslissing als bedoeld in artikel 14, tweede en vierde lid, van de Rijkswet op het Nederlanderschap.

Justitiële gegevens, verstrekking aan Minister

Art. 17
1. Justitiële gegevens worden voorzover dit noodzakelijk is voor de uitoefening van hun taken desgevraagd verstrekt aan:
a. de directeur van de stichting en de reclasseringsinstelling, bedoeld in artikel 1, onder b en c, van de Reclasseringsregeling 1995;
b. de reclasseringswerkers, bedoeld in artikel 6, eerste lid, van de Reclasseringsregeling 1995;
c. de medewerkers van de gecertificeerde instelling, bedoeld in artikel 1.1 van de Jeugdwet, die zijn belast met de uitvoering van de jeugdreclassering;
d. de directeur of ressortsdirecteur van de raad voor de kinderbescherming;

Justitiële gegevens, nadere bepalingen

C10 art. 18 — Besluit justitiële en strafvorderlijke gegevens

   e. de gedragsdeskundigen die zijn belast met de opstelling van rapporten of adviezen als bedoeld in de artikelen 37, tweede en derde lid en 37a, derde lid, van het Wetboek van Strafrecht.

   2. De in het eerste lid bedoelde personen kunnen tevens kennis nemen van de justitiële gegevens betreffende misdrijven tegen de zeden, bedoeld in artikel 4 van de wet.

   3. Justitiële gegevens worden voor zover dit nodig is voor de uitvoering van de Wet forensische zorg verstrekt aan zorgaanbieders die forensische zorg verlenen.

Art. 18

Directeuren penitentiaire inrichtingen

Justitiële gegevens worden desgevraagd verstrekt aan de directeuren van de inrichtingen, bedoeld in artikel 1, onder b, van de Penitentiaire beginselenwet, artikel 1, onder b, van de Beginselenwet verpleging ter beschikking gestelden en artikel 1, onder b, van de Beginselenwet justitiële jeugdinrichtingen, voorzover zij deze behoeven:
   a. voor de selectie en bejegening van personen ten aanzien van wie de tenuitvoerlegging van een vrijheidsstraf of vrijheidsbenemende maatregel plaatsvindt;
   b. voor het nemen van beslissingen over het verlaten van de inrichting bij wijze van verlof.

Art. 18a

Gegevensverstrekking aan Raad voor de strafrechtstoepassing en jeugdbescherming

Justitiële gegevens worden desgevraagd verstrekt aan de Raad voor strafrechtstoepassing en jeugdbescherming, voor zover hij deze behoeft voor het nemen van beslissingen op beroep of schorsingsverzoeken.

Art. 19

Uitvoering Vreemdelingenwet

Justitiële gegevens worden ten behoeve van de uitvoering van de Vreemdelingenwet 2000 desgevraagd verstrekt aan:
   a. Onze Minister voor Immigratie, Integratie en Asiel;
   b. de personen, bedoeld in de artikelen 46, 47 en 47a van de Vreemdelingenwet 2000.

Art. 20

Uitvoering Paspoortwet

Justitiële gegevens worden ten behoeve van de uitvoering van de Paspoortwet desgevraagd verstrekt aan:
   a. de autoriteiten, bedoeld in artikel 24 van die wet, in verband met het doen van een verzoek tot weigering of vervallenverklaring van een reisdocument;
   b. de autoriteiten, bedoeld in artikel 25, derde lid, van die wet, in verband met het vermelden van een persoon in het op grond van dat artikel bijgehouden register;
   c. de autoriteiten, bedoeld in artikel 44, eerste lid, van die wet, in verband met het nemen van een beslissing tot weigering of vervallenverklaring van een reisdocument.

Art. 21

Hulpofficier van justitie, hoofd dienst politie, korpschef, commandant marechaussee, hoofd MOT

Justitiële gegevens worden desgevraagd verstrekt aan:
   a. de hulpofficier van justitie ten behoeve van de daadwerkelijke handhaving van de rechtsorde, bedoeld in artikel 3 van de Politiewet 2012 en de uitvoering van de taken, bedoeld in artikel 3 van de Wet op de bijzondere opsporingsdiensten, alsmede de hulpofficier van justitie van de Koninklijke marechaussee ten behoeve van de politietaken, bedoeld in artikel 4, eerste lid, van de Politiewet 2012;
   b. het hoofd van een dienst die is belast met de behandeling van verzoeken om rechtshulp, van een landelijke eenheid als bedoeld in artikel 25, eerste lid, onderdeel b, van de Politiewet 2012 ten behoeve van het controleren van de juistheid van de gegevens uit de politieregisters, die op grond van een verzoek om rechtshulp door autoriteiten van een vreemde staat, als bedoeld in artikel 552h van het Wetboek van Strafvordering, al dan niet namens de officier van justitie worden verstrekt;
   c. het hoofd van een dienst die is belast met de behandeling van verzoeken om rechtshulp, van een landelijke eenheid als bedoeld in artikel 25, eerste lid, onderdeel b, van de Politiewet 2012, of ingeval van rechtstreekse verstrekking de korpschef of de commandant van de Koninklijke marechaussee ten behoeve van het controleren van de juistheid van de gegevens uit de politieregisters, die zonder een daartoe strekkend verzoek op grond van artikel 5:1 van het Besluit politiegegevens aan politie-autoriteiten in een ander land worden verstrekt;
   d. het hoofd van het Meldpunt Ongebruikelijke Transacties, bedoeld in artikel 12 van de Wet ter voorkoming van witwassen en financieren van terrorisme, voorzover dit noodzakelijk is om te kunnen beoordelen of de ongebruikelijke transacties van belang zijn voor de voorkoming en opsporing van misdrijven;
   e. de korpschef voorzover dat noodzakelijk is voor de uitvoering van artikel 8 van de Europol-Overeenkomst;
   f. de commandant van de Koninklijke marechaussee voorzover dit noodzakelijk is voor de uitvoering van de Wet particuliere beveiligingsorganisaties en recherchebureaus.

Art. 22

Contactambtenaren WED, boa's

Justitiële gegevens worden desgevraagd verstrekt aan:
   a. de contactambtenaren bedoeld in artikel 58 van de Wet op de economische delicten, ten behoeve van de hun als zodanig opgedragen werkzaamheden;

b. de daartoe door Onze Minister van Infrastructuur en Milieu aangewezen ambtenaren ter zake van overtredingen:
1°. van artikel 2.6 van de Wet wegvervoer goederen,
2°. die kunnen leiden tot het niet voldoen aan de betrouwbaarheidseis, bedoeld in artikel 5 van de Wet personenvervoer 2000 en artikel 2.8 van de Wet wegvervoer goederen,
3°. als bedoeld in artikel 35b, eerste lid, van de Scheepvaartverkeerswet, of
4°. bedoeld onder ten tweede, voor zover de overtredingen zijn begaan door een in een andere lidstaat gevestigde vervoerder of diens vervoersmanager.

Art. 22a
Justitiële gegevens van degene die in het bezit is van een chauffeurskaart als bedoeld in artikel 1 van het Besluit personenvervoer 2000, worden ambtshalve verstrekt aan Onze Minister. Onze Minister verstrekt de justitiële gegevens, bedoeld in artikel 6, eerste lid, en artikel 7, eerste lid, onder f, terzake van de strafbare feiten die van belang zijn voor de beoordeling van een met het oog op het uitoefenen van het beroep van taxichauffeur aangevraagde verklaring omtrent het gedrag, verder aan Onze Minister van Infrastructuur en Milieu, met het oog op toepassing van artikel 82, zesde lid, van het Besluit personenvervoer 2000.

Gegevensverstrekking personen met een chauffeurskaart

Art. 22b
Justitiële gegevens van degenen, bedoeld in de artikelen 1.50, 1.56 en 1.56b van de Wet kinderopvang, worden ambtshalve verstrekt aan Onze Minister. Onze Minister verstrekt de justitiële gegevens, bedoeld in artikel 6, eerste lid, en artikel 7, eerste lid, onder f, ter zake van de strafbare feiten die van belang zijn voor de beoordeling van een met het oog op het werkzaam zijn in de kinderopvang aangevraagde verklaring omtrent het gedrag, verder aan Onze Minister van Sociale Zaken en Werkgelegenheid en het college van burgemeester en wethouders met het oog op het toezicht op de naleving van de kwaliteitseisen die de artikelen 1.50, 1.56 en 1.56b van de Wet kinderopvang stellen aan de exploitatie van kinderopvangvoorzieningen.

Gegevensverstrekking personen werkzaam in de kinderopvang

Art. 22c
Justitiële gegevens van degene die in het bezit is van een toegangsbewijs als bedoeld in artikel 11a, eerste lid, van het Besluit beveiliging burgerluchtvaart, worden ambtshalve verstrekt aan Onze Minister. Onze Minister verstrekt de justitiële gegevens, bedoeld in de artikelen 6, eerste lid, en 7, eerste lid, onder f, terzake van de strafbare feiten die van belang zijn voor de beoordeling van een aanvraag om afgifte van een verklaring omtrent het gedrag met het oog op het uitoefenen van de werkzaamheden op een luchtvaartterrein, verder aan de exploitant van het desbetreffende luchtvaartterrein met het oog op toepassing van artikel 11a, vierde lid, van het Besluit beveiliging burgerluchtvaart.

Gegevensverstrekking personen werkzaam op luchtvaartterrein

Paragraaf 2
Verstrekking ten behoeve van het aannemen en ontslag van personeel

Art. 23
1. Justitiële gegevens worden met het oog op het bij wettelijk voorschrift geregelde onderzoek naar de betrouwbaarheid en geschiktheid van een persoon die in aanmerking wil komen voor een functie bij een ambtelijke dienst voorzover de functie bijzondere eisen stelt aan de integriteit of verantwoordelijkheid van de betrokkene, desgevraagd verstrekt aan:
a. het hoofd van de Algemene Inlichtingen- en Veiligheidsdienst voorzover het betreft personen die in aanmerking willen komen voor een dienstbetrekking;
b. de korpschef voorzover het betreft personen die in aanmerking willen komen voor een dienstbetrekking bij de politie;
c. Onze Minister voor zover het betreft personen die in aanmerking willen komen voor de functie van korpschef, directeur van de Politieacademie of zijn plaatsvervanger;
d. het College van procureurs-generaal voorzover het betreft de personen die in aanmerking willen komen voor een dienstbetrekking als ambtenaar van de rijksrecherche;
e. Onze Minister van Buitenlandse Zaken voorzover het betreft personen die in aanmerking willen komen voor een dienstbetrekking bij de Dienst Buitenlandse Zaken;
f. de directeur-generaal Belastingdienst, voorzover het betreft de boete- en fraudecoördinator, de contactambtenaar Algemene wet inzake rijksbelastingen, de medewerkers fraudeteam en de autorisatiebeheerder en toepassingsbeheerder;
g. de voorzitter van het managementteam van de Belastingdienst/Fiscale inlichtingen- en opsporingsdienst Economische controledienst voorzover het betreft de personen die in aanmerking willen komen voor de functie van opsporingsambtenaar;
h. het hoofd van de Algemene Inspectiedienst van het Ministerie van Economische Zaken, Landbouw en Innovatie voorzover het betreft de personen die in aanmerking willen komen voor de functie van opsporingsambtenaar;
i. de inspecteur-generaal van de Inspectie Verkeer en Waterstaat voorzover het betreft de personen die in aanmerking willen komen voor de functie van opsporingsambtenaar;

Verstrekking bij sollicitatie ambtelijke dienst

C10 art. 24 — Besluit justitiële en strafvorderlijke gegevens

j. de directeur van een inrichting als bedoeld in artikel 1, onder b, van de Penitentiaire beginselenwet, de directeur van een inrichting als bedoeld in artikel 1, onder b, van de Beginselenwet verpleging ter beschikking gestelden, de directeur van een voorziening als bedoeld in artikel 4, eerste lid, van de Tijdelijke wet noodcapaciteit drugskoeriers, de directeur van een grenslogies als bedoeld in artikel 2, aanhef, onder 1, van het Reglement regime grenslogies alsmede de directeur van een inrichting als bedoeld in artikel 1, onder b, van de Beginselenwet justitiële jeugdinrichtingen voorzover het betreft personen die in aanmerking willen komen voor een dienstbetrekking.

Onderzoek naar functioneren in ambtelijke dienst

2. Het eerste lid is van overeenkomstige toepassing, indien op grond van een wettelijk voorschrift gedurende het dienstverband bij een ambtelijke dienst een onderzoek naar de betrouwbaarheid en geschiktheid van een persoon wordt gedaan.

Art. 24

Geschiktheid boa's, rechterlijke macht

Justitiële gegevens worden desgevraagd verstrekt aan Onze Minister ten behoeve van:
a. het nemen van de beslissingen over de betrouwbaarheid van buitengewone opsporingsambtenaren;
b. het nemen van de beslissingen over de betrouwbaarheid van de opsporingsambtenaren van de bijzondere opsporingsdiensten, genoemd in artikel 2 van de Wet op de bijzondere opsporingsdiensten.
c. het onderzoek naar de betrouwbaarheid en geschiktheid van personen die in aanmerking willen komen voor een functie bij de rechtsprekende macht of als rechterlijk ambtenaar bij het openbaar ministerie;
d. het onderzoek of bezwaren bestaan tegen de vervulling van de functie als lid van een commissie van toezicht op de arrestantenzorg als bedoeld in artikel 50, eerste lid, van het Besluit beheer politie.

Art. 25

Bezoekers penitentiaire inrichting, tbs-inrichting, grenslogies, jeugdinrichting

Justitiële gegevens worden ten behoeve van de toelating tot de inrichting van personen, die niet worden ingesloten in de inrichting respectievelijk voorziening, voorzover dat noodzakelijk is voor de orde of de veiligheid van de inrichting of de voorziening desgevraagd verstrekt aan:
a. de directeur van een inrichting als bedoeld in artikel 1, onder b, van de Penitentiaire beginselenwet;
b. de directeur van een inrichting voor verpleging van ter beschikking gestelden als bedoeld in artikel 1, onder b, van de Beginselenwet verpleging ter beschikking gestelden;
c. de directeur van een voorziening als bedoeld in artikel 4, eerste lid, van de Tijdelijke wet noodcapaciteit drugskoeriers;
d. de directeur van een grenslogies als bedoeld in artikel 2, aanhef, onder 1, van het Reglement regime grenslogies;
e. de directeur van een inrichting als bedoeld in artikel 1, onder b, van de Beginselenwet justitiële jeugdinrichtingen.

Art. 26

Geschiktheid dienstbetrekking financiële instanties

1. Justitiële gegevens worden desgevraagd verstrekt aan:
a. de directeur van het Nederlands Centraal Instituut voor Giraal Effectenverkeer BV ten behoeve van het onderzoek naar de betrouwbaarheid en de geschiktheid van personen die in aanmerking willen komen voor een dienstbetrekking bij deze rechtspersoon of bij het Nederlands Interprofessioneel Effectencentrum NIEC BV of die al een dienstbetrekking bij een van deze rechtspersonen vervullen, maar in aanmerking willen komen voor een andere dienstbetrekking bij een van deze rechtspersonen alsmede ten behoeve van het onderzoek naar de betrouwbaarheid en de geschiktheid van personen die bij de hiervoor genoemde rechtspersonen werkzaamheden gaan verrichten gedurende een zo lange periode dat hun positie kan worden gelijkgesteld met die van werknemers in dienstverband;
b. de President van De Nederlandsche Bank N.V., ten behoeve van het onderzoek naar de betrouwbaarheid en de geschiktheid van personen die werkzaamheden gaan verrichten of verrichten bij deze rechtspersoon of bij de Europese Centrale Bank;
c. de President van De Nederlandsche Bank N.V. ten behoeve van het onderzoek naar de betrouwbaarheid en de geschiktheid van personen die naar aanleiding van een overeenkomst met De Nederlandsche Bank N.V. worden belast met het vervoer van bankbiljetten, munten of halffabrikaten die worden gebruikt bij de vervaardiging van bankbiljetten of munten;
d. de directeur van Joh. Enschedé Facilities BV ten behoeve van onderzoek naar de betrouwbaarheid en de geschiktheid van personen die belast zijn met het produceren van bankbiljetten en waardepapieren;
e. de voorzitter van de Autoriteit Financiële Markten ten behoeve van het onderzoek naar de betrouwbaarheid en de geschiktheid van personen die in aanmerking willen komen voor een dienstbetrekking bij dit bestuursorgaan of die de reeds een dienstbetrekking vervullen bij dit bestuursorgaan, maar die in aanmerking willen komen voor een andere dienstbetrekking bij dit bestuursorgaan, alsmede ten behoeve van het onderzoek naar de betrouwbaarheid en de geschiktheid van personen die bij dit bestuursorgaan werkzaamheden gaan verrichten gedurende

een zo lange periode dat hun positie kan worden gelijkgesteld met die van werknemers in dienstverband.
2. Het eerste lid is van overeenkomstige toepassing met het oog op het nemen van beslissingen over het ontslag van personeel.

Art. 27
1. Justitiële gegevens worden ten behoeve van het onderzoek naar de betrouwbaarheid en de geschiktheid van personen die in aanmerking willen komen voor een dienstbetrekking bij de genoemde organisaties desgevraagd verstrekt aan:
a. het hoofd van de Dienst Bedrijfsbeveiliging van de Koninklijke Luchtvaartmaatschappij NV;
b. de directeur van SAGEM Identification bv.
2. Het eerste lid is van overeenkomstige toepassing met het oog op het nemen van beslissingen ten behoeve van het onderzoek naar de betrouwbaarheid en de geschiktheid van personen die bij de rechtspersonen, genoemd in het eerste lid, werkzaamheden gaan verrichten gedurende een zodanig lange periode dat hun positie kan worden gelijkgesteld met die van werknemers in dienstverband alsmede met het oog op het nemen van beslissingen over het ontslag van personeel.

Geschiktheid dienstbetrekking beveiliging

Art. 28
1. Er worden geen verstrekkingen als bedoeld in de artikelen 23 tot en met 27 gedaan dan nadat de persoon, instantie, dienst of organisatie die om de gegevens verzoekt een ondertekende verklaring van betrokkene heeft overgelegd waaruit blijkt dat hij toestemming voor de verstrekking geeft en op de hoogte is van de wijze waarop met de justitiële gegevens wordt omgegaan.
2. De persoon, instantie, dienst, college of organisatie die overeenkomstig deze paragraaf justitiële gegevens heeft ontvangen doet van deze gegevens en de gevolgen die de persoon, instantie, dienst of organisatie voornemens is daaraan te verbinden schriftelijk mededeling aan de betrokkene en stelt hem in het geval bedenkingen van hem zijn te verwachten, in de gelegenheid zijn zienswijze naar voren te brengen.

Geen verstrekking zonder toestemming

Schriftelijke mededeling, verweer

Paragraaf 3
Verstrekking ten behoeve van advies, aanbeveling of voordracht van personen

Art. 29
1. Justitiële gegevens worden desgevraagd verstrekt aan:
a. de voorzitter van de commissies die zijn belast met de selectie van personen die in aanmerking willen komen voor een functie bij de rechtsprekende macht of als rechterlijk ambtenaar bij het Openbaar Ministerie, ten behoeve van onderzoek naar de betrouwbaarheid en de geschiktheid van die personen;
b. de personen belast met het opmaken van een aanbeveling voor de vervulling van het ambt van Nationale ombudsman of substituut-ombudsman, ten behoeve van het opmaken van zodanige aanbeveling;
c. de voorzitters van de kamers van toezicht ten behoeve van het onderzoek naar de betrouwbaarheid en de geschiktheid van personen die in aanmerking willen komen voor een benoeming tot notaris;
d. de korpschef ten behoeve van zijn adviserende taak in het kader van de benoeming en de herbenoeming van de leden van de commissies van toezicht op de arrestantenzorg, bedoeld in artikel 50, eerste lid, van het Besluit beheer politie.
2. Artikel 28 is van overeenkomstige toepassing.

Geschiktheid rechterlijke macht, ombudsman, notaris

Art. 30
1. Justitiële gegevens worden desgevraagd verstrekt aan:
a. de secretaris-generaal van het Ministerie van Veiligheid en Justitie ten behoeve van de voordracht die wordt gedaan met het oog op de benoeming van een minister of staatssecretaris;
b. Onze Minister van Binnenlandse Zaken en Koninkrijksrelaties ten behoeve van de voordracht voor benoeming van de commissaris van de Koningin en de Rijksvertegenwoordiger voor de openbare lichamen Bonaire, Sint Eustatius en Saba;
c. de commissaris van de Koningin ten behoeve van het dienen van advies:
1°. inzake de benoeming van burgemeesters;
2°. inzake de verlening van een koninklijke onderscheiding aan een burgemeester op grond van het Reglement op de orde van de Nederlandse Leeuw en de Orde van Oranje-Nassau;
3°. inzake de verlening van het predikaat Koninklijk, de verlening van het recht tot het voeren van het Koninklijk Wapen met de toevoeging «Bij Koninklijke Beschikking Hofleverancier» alsmede de verlening van de Koninklijke Erepenning;
d. de burgemeester ten behoeve van het dienen van advies:
1°. inzake de verlening van een koninklijke onderscheiding op grond van het Reglement op de Orde van de Nederlandse Leeuw en de Orde van Oranje-Nassau;

Geschiktheid minister, staatssecretaris, commissaris van de Koningin, Rijksvertegenwoordiger, burgemeester

Koninklijke onderscheidingen

2°. inzake de verlening van het predikaat Koninklijk, de verlening van het recht tot het voeren van het Koninklijk Wapen met de toevoeging «Bij Koninklijke Beschikking Hofleverancier» alsmede de verlening van de Koninklijke Erepenning;
e. de Rijksvertegenwoordiger voor de openbare lichamen Bonaire, Sint Eustatius en Saba ten behoeve van het dienen van advies inzake de benoeming van gezaghebbers;
f. Onze Minister van Defensie met het oog op de toekenning van bij koninklijk besluit te verlenen onderscheidingen.
2. Met het oog op de adviserende bevoegdheid, bedoeld in het eerste lid, onder c, onder 2° en onder d, kunnen justitiële gegevens betreffende misdrijven tegen de zeden, bedoeld in artikel 4 van de wet worden verstrekt.
3. In de gevallen, bedoeld in het eerste lid, onder b, onder c, onder 1°, en onder e, is artikel 28 van overeenkomstige toepassing.

Paragraaf 4
Verstrekking ten behoeve van beleidsinformatie, wetenschappelijk onderzoek en statistiek

Art. 31

Schriftelijke toestemming verstrekking gegevens voor beleidsinformatie, wetenschappelijk onderzoek en statistiek

1. Justitiële gegevens, strafvorderlijke gegevens of tenuitvoerleggingsgegevens kunnen slechts worden verstrekt ten behoeve van beleidsinformatie, wetenschappelijk onderzoek en statistiek nadat aan de betrokken onderzoeker daartoe schriftelijk toestemming is verleend door Onze Minister van Justitie en Veiligheid onderscheidenlijk het College van procureurs-generaal.
2. Gerechtelijke strafgegevens kunnen slechts worden verstrekt ten behoeve van beleidsinformatie, wetenschappelijk onderzoek en statistiek nadat aan de betrokken onderzoeker daartoe schriftelijk toestemming is verleend door tussenkomst van het bestuur van een gerecht, bedoeld in artikel 2 van de Wet op de rechterlijke organisatie, dat voor die gegevens verwerkingsverantwoordelijke is.
3. De toestemming, bedoeld in het eerste of tweede lid, wordt slechts gegeven indien:
a. de beleidsinformatie of het onderzoek het algemeen belang dient;
b. de organisatie die de gegevens verstrekt niet onnodig wordt belast;
c. de beleidsinformatie zonder de betrokken gegevens onvolledig is of het onderzoek zonder de betrokken gegevens niet kan worden uitgevoerd, en
d. de persoonlijke levenssfeer van de betreffende personen niet onevenredig wordt geschaad.
4. Aan de toestemming, bedoeld in het eerste of tweede lid, kunnen voorwaarden worden verbonden.
5. De toestemming, bedoeld in het eerste lid, wordt ter kennis gebracht van de betreffende verwerkingsverantwoordelijke en geldt als machtiging tot het verstrekken van de omschreven gegevens.
6. Benadering van personen over wie justitiële gegevens, strafvorderlijke gegevens, tenuitvoerleggingsgegevens of gerechtelijke strafgegevens worden verwerkt door de onderzoeker vindt niet plaats, tenzij dit uitdrukkelijk is toegestaan bij de toestemming ingevolge het eerste of tweede lid. Deze toestemming kan slechts worden verleend indien rechtstreekse benadering voor het doel van het onderzoek onvermijdelijk is.

Paragraaf 5
Doorgifte aan en ontvangst uit derde landen

Art. 32

Doorgifte justitiële gegevens aan derde landen

1. Justitiële en strafvorderlijke gegevens kunnen door tussenkomst van de officier van justitie, en tenuitvoerleggingsgegevens kunnen door tussenkomst van Onze Minister van Justitie en Veiligheid daartoe aangewezen personen die onder hem ressorteren, desgevraagd worden doorgegeven aan de bevoegde autoriteit in een derde land of aan een internationale organisatie, onder de voorwaarde dat deze slechts kunnen worden verwerkt voor het doel waarvoor ze zijn doorgegeven.
2. Gerechtelijke strafgegevens kunnen desgevraagd door het bestuur van een gerecht, bedoeld in artikel 2 van de Wet op de rechterlijke organisatie, dat voor die gegevens verwerkingsverantwoordelijke is, worden doorgegeven aan een bevoegde autoriteit van een derde land of aan een internationale organisatie, onder de voorwaarde dat deze slechts kunnen worden verwerkt voor het doel waarvoor ze zijn doorgegeven.
3. De gegevens worden verstrekt onder de voorwaarde dat deze door de ontvangende autoriteit worden vernietigd zodra de doeleinden zijn verwezenlijkt. Indien dit uit de wet voortvloeit kunnen bij de verstrekking termijnen worden gesteld, na afloop waarvan de verstrekte gegevens door de ontvangende autoriteit moeten worden vernietigd, behoudens wanneer verdere ver-

werking noodzakelijk is voor een lopend onderzoek, de vervolging van strafbare feiten of de tenuitvoerlegging van straffen.

Art. 33
1. Indien justitiële gegevens, strafvorderlijke gegevens of tenuitvoerleggingsgegevens zonder voorafgaand verzoek tot doorgifte worden ontvangen van een derde land of van een internationale organisatie, dan beoordeelt de ontvangende autoriteit in Nederland onmiddellijk of deze gegevens noodzakelijk zijn voor het doel waarvoor zij zijn verstrekt.
Verwerking ontvangen justitiële gegevens van derde land of internationaal orgaan

2. Indien krachtens het recht van het derde land specifieke beperkingen op de verwerking van de gegevens, bedoeld in het eerste lid, gelden, ziet de ontvangende autoriteit in Nederland erop toe dat die beperkingen in acht worden genomen, indien die beperkingen door de verstrekkende autoriteit zijn gemeld.

3. Indien gegevens als bedoeld in het eerste lid, worden ontvangen van een derde land of van een internationale organisatie, wordt de verstrekkende instantie desgevraagd geïnformeerd over de verwerking van de verstrekte gegevens en het daardoor behaalde resultaat.

Paragraaf 6
Doorzending aan en ontvangst uit een lidstaat

Art. 34
1. Justitiële gegevens van natuurlijke personen, die betrekking hebben op een onherroepelijke veroordeling wegens een misdrijf waarbij een straf, al dan niet tezamen met een maatregel, is opgelegd en wegens overtredingen indien daarbij een vrijheidsstraf – anders dan een vervangende – of een taakstraf is opgelegd, worden onverwijld doorgezonden aan de centrale autoriteit van de lidstaat van nationaliteit van de veroordeelde.
Doorzending justitiële gegevens natuurlijke personen aan lidstaat

2. De centrale autoriteit zendt desgevraagd de centrale autoriteit die op grond van het eerste lid gegevens heeft ontvangen een afschrift van de veroordelingen, de daaropvolgende maatregelen en eventuele overige informatie ter zake.

Art. 35
1. Justitiële gegevens worden desgevraagd doorgezonden aan de centrale autoriteit van een andere lidstaat ten behoeve van een strafrechtelijke procedure.
Doorzending justitiële gegevens aan lidstaat

2. Justitiële gegevens die betrekking hebben op een misdrijf bedoeld in de artikelen 240b, 242 tot en met 250 en 273f van het Wetboek van Strafrecht, worden desgevraagd doorgezonden aan de centrale autoriteit van een andere lidstaat ten behoeve van een procedure die verband houdt met het aannemen van personeel voor activiteiten waarbij de betrokkene rechtstreeks en geregeld in aanraking komt met kinderen.

3. Justitiële gegevens kunnen desgevraagd worden doorgezonden aan de centrale autoriteit van een andere lidstaat ten behoeve van andere doeleinden.

4. De centrale autoriteit onderzoekt de volledigheid van de bij een verzoek, bedoeld in het eerste, tweede en derde lid, doorgezonden informatie. Indien de bij het verzoek verstrekte informatie volledig is, worden de justitiële gegevens onverwijld maar in ieder geval binnen tien werkdagen na de dag waarop het verzoek is ontvangen, doorgezonden. Indien nadere informatie nodig is met het oog op vaststelling van de identiteit van de persoon op wie het verzoek betrekking heeft, wordt onverwijld overlegd met de centrale autoriteit die het verzoek heeft gedaan teneinde binnen tien werkdagen na de dag waarop de aanvullende informatie is verkregen, een antwoord te kunnen verzenden.

5. De beantwoording van het verzoek bedoeld in het eerste, tweede en derde lid, geschiedt langs geautomatiseerde weg.

6. Tot uiterlijk een jaar na de doorzending op grond van het eerste, tweede of derde lid stelt de centrale autoriteit onverwijld de centrale autoriteit die de gegevens heeft ontvangen in kennis van wijziging of schrapping van de doorgezonden gegevens.

Art. 36
1. Justitiële gegevens, strafvorderlijke gegevens, tenuitvoerleggingsgegevens en gerechtelijke strafgegevens kunnen door de verwerkingsverantwoordelijke desgevraagd worden doorgezonden aan een bevoegde autoriteit van een andere lidstaat, onder de voorwaarde dat deze slechts kunnen worden verwerkt voor het doel waarvoor ze zijn doorgezonden en, indien aanleiding bestaat tot het stellen van grenzen aan de verdere verwerking, binnen die grenzen.
Voorwaarden doorzending justitiële gegevens

2. Doorzending van strafvorderlijke gegevens kan uitsluitend met de tussenkomst van de officier van justitie, van tenuitvoerleggingsgegevens met tussenkomst van de door Onze Minister van Justitie en Veiligheid dan wel het College van procureurs-generaal daartoe aangewezen personen die onder hem ressorteren, en van gerechtelijke strafgegevens door het bestuur van een gerecht, bedoeld in artikel 2 van de Wet op de rechterlijke organisatie, dat voor die gegevens verwerkingsverantwoordelijke is.

3. Justitiële gegevens kunnen tevens verder worden verwerkt voor de doelen, genoemd in het derde lid, onder c.

4. De gegevens, bedoeld in het eerste lid, worden doorgezonden onder de voorwaarde dat deze door de ontvangende autoriteit worden vernietigd zodra het doel, met het oog waarop de gegevens zijn doorgezonden, is vervuld.
5. Indien dit uit de wet voortvloeit kunnen bij de doorzending termijnen worden gesteld, na afloop waarvan de verstrekte gegevens door de ontvangende autoriteit moeten worden vernietigd, behoudens wanneer verdere verwerking noodzakelijk is voor een lopend onderzoek, de vervolging van strafbare feiten of de tenuitvoerlegging van straffen.

Art. 37

Archivering ontvangen gegevens van lidstaat

De van een centrale autoriteit van een andere lidstaat ontvangen gegevens die betrekking hebben op de onherroepelijke veroordeling wegens een strafbaar feit van een Nederlandse onderdaan en van de nadien met betrekking tot die veroordeling genomen maatregelen ten aanzien van die onderdaan, worden opgeslagen in de justitiële documentatie.

Art. 38

Verwerking ontvangen justitiële gegevens van lidstaat

1. Indien justitiële gegevens, strafvorderlijke gegevens, tenuitvoerleggingsgegevens of gerechtelijke strafgegevens worden ontvangen van een andere lidstaat van de Europese Unie ten aanzien van de verwerking waarvan door de bevoegde autoriteit van die lidstaat op grond van het nationale recht specifieke voorwaarden zijn gesteld en de ontvangende autoriteit daarvan in kennis is gesteld, ziet de ontvangende autoriteit in Nederland toe op de naleving van die voorwaarden.
2. Gegevens, bedoeld in het eerste lid, die zijn ontvangen van een andere lidstaat, kunnen slechts worden verwerkt voor het doel waarvoor ze zijn verstrekt en binnen de door de verstrekkende lidstaat bepaalde grenzen. Tevens is verdere verwerking mogelijk voor de doelen, genoemd in artikel 36, vierde lid.
3. De op grond van het eerste lid ontvangen gegevens worden vernietigd zodra het doel, bedoeld in het eerste lid, is vervuld of, indien door de doorzendende lidstaat op grond van het nationale recht termijnen zijn gesteld na afloop waarvan de verstrekte gegevens moeten worden vernietigd, na afloop van de gestelde termijn. Alsdan ziet de centrale autoriteit in Nederland erop toe dat de gegevens daadwerkelijk worden vernietigd.
4. Het derde lid is niet van toepassing op de gegevens die zijn ontvangen in het kader van een verzoek tot verkrijging van het Nederlanderschap op grond van de Rijkswet op het Nederlanderschap, voor zover het Nederlanderschap wordt verleend aan de betrokkene. Artikel 37 is van overeenkomstige toepassing op deze gegevens.
4. Artikel 33, derde lid, is van overeenkomstige toepassing.

Art. 39-40
[Vervallen]

Art. 41

Doorzending justitiële gegevens aan Eurojust

1. De doorzending van justitiële en strafvorderlijke gegevens aan Eurojust vindt plaats door tussenkomst van het nationale lid van Eurojust.
2. De doorzending van justitiële en strafvorderlijke gegevens aan Eurojust kan worden geweigerd indien wezenlijke nationale veiligheidsbelangen worden geschaad of de veiligheid van een persoon in gevaar wordt gebracht.
3. Justitiële en strafvorderlijke gegevens worden doorgezonden aan het nationale lid van Eurojust, voor zover hij deze behoeft in verband met de uit een rechtsinstrument op grond van het Verdrag betreffende de werking van de Europese Unie voortkomende doelstelling en taken van deze organisatie. Het tweede lid is van overeenkomstige toepassing.

Art. 42

Doorzending justitiële gegevens aan Europol

1. De doorzending van justitiële en strafvorderlijke gegevens aan Europol vindt plaats door tussenkomst van een landelijke eenheid als bedoeld in artikel 25, eerste lid, onder b, van de Politiewet 2012.
2. De doorzending van gegevens aan Europol kan worden geweigerd indien:
a. wezenlijke nationale veiligheidsbelangen worden geschaad,
b. het welslagen van lopende onderzoeken of de veiligheid van personen in gevaar wordt gebracht, of
c. informatie wordt bekend gemaakt die betrekking heeft op specifieke inlichtingendiensten of -activiteiten op het gebied van de staatsveiligheid.
3. Justitiële en strafvorderlijke gegevens worden doorgezonden aan de nationale verbindingsofficieren bij Europol, voor zover zij deze behoeven in verband met de uit een rechtsinstrument op grond van het Verdrag betreffende de werking van de Europese Unie voortkomende doelstelling en taken van deze organisatie. Het tweede lid is van overeenkomstige toepassing.

Afdeling 3
Machtiging

Art. 43
1. De personen, instanties of colleges, bedoeld in artikel 8, eerste en tweede lid van de wet en in hoofdstuk 3, aan wie justitiële gegevens worden verstrekt kunnen onder hen ressorterend personeel machtigen tot het doen van een verzoek om justitiële gegevens. In dat geval wordt de machtiging in het verzoek om inlichtingen vermeld.
2. In de gevallen waarin op grond van dit besluit de burgemeester bevoegd is om justitiële gegevens te vragen, kan hij de politiechef wiens regionale eenheid de politietaak uitvoert in het gebied waarin de gemeente is gelegen, machtigen tot het doen van een verzoek om de betreffende gegevens.

Machtiging tot onderzoek

Hoofdstuk 4
De verklaring omtrent het gedrag

Art. 44
Onze Minister kan bij zijn onderzoek met betrekking tot de afgifte van de verklaring omtrent het gedrag kennis nemen van de justitiële gegevens betreffende misdrijven tegen de zeden, bedoeld in artikel 4 van de wet.

Misdrijven tegen de zeden

Art. 45
1. Onze Minister neemt bij zijn onderzoek als bedoeld in artikel 36 van de wet in het kader van de beoordeling van de eis van betrouwbaarheid, bedoeld in artikel 18, eerste lid, van het Besluit goederenvervoer over de weg en artikel 22, eerste lid, 23, eerste lid, en 30, vierde lid, 76.1 van het Besluit personenvervoer 2000 uitsluitend kennis van de gegevens bedoeld in de artikelen 10, 11 en 12 van de Wet.
2. Het eerste lid is niet van toepassing op de beoordeling van de afgifte van de verklaring omtrent het gedrag in het kader van de beoordeling van de eis van betrouwbaarheid van de vervoerder of bestuurder van één of meer taxi's.

Beperking bij onderzoek betrouwbaarheid vervoersfunctie

Hoofdstuk 5
Afkomst van de rapporten die persoonsdossiers vormen

Art. 46
De rapporten die het persoonsdossier vormen zijn afkomstig van:
a. een reclasseringsinstelling als bedoeld in artikel 4 van de Reclasseringsregeling 1995;
b. de raad voor de kinderbescherming;
c. een gecertificeerde instelling als bedoeld in artikel 1.1 van de Jeugdwet bij de uitvoering van reclassering;
d. een penitentiaire inrichting als bedoeld in artikel 1, onder b, van de Penitentiaire beginselenwet;
e. een instelling als bedoeld in artikel 1, onder b, van de Beginselenwet verpleging ter beschikking gestelden;
f. een inrichting als bedoeld in artikel 1, onder b, van de Beginselenwet justitiële jeugdinrichtingen;
g. Onze Minister.

Bron gegevens persoonsdossier

Art. 47 De verstrekking van afschriften van rapporten uit persoonsdossiers
Afschriften van rapporten uit een persoonsdossier worden verstrekt aan:
a. de directeur van een gecertificeerde instelling als bedoeld in artikel 1.1 van de Jeugdwet ten behoeve van het verlenen van hulp en steun aan jeugdigen die worden verdacht van of zijn veroordeeld wegens een strafbaar feit of ten aanzien van wie op grond van bepalingen in het Wetboek van Strafrecht en het Wetboek van Strafvordering voorwaarden zijn gesteld;
b. Onze Minister ten behoeve van het voorbereiden van enig rapport met het oog op een juiste toepassing van het strafrecht;
c. een zorgaanbieder als bedoeld in artikel 1.1, onder o, van de Wet forensische zorg ten behoeve van de te verlenen forensische zorg;
d. de commissie als bedoeld in artikel 37a, negende lid, van het Wetboek van Strafrecht ten behoeve van het uitbrengen van advies over de aanwezigheid en bruikbaarheid van persoonsgegevens betreffende een mogelijke gebrekkige ontwikkeling of ziekelijke stoornis van de geestvermogens van een weigerende observandus als bedoeld in artikel 37a, vijfde lid, van het Wetboek van Strafrecht.

Verstrekking gegevens rapporten uit persoonsdossier

Art. 47a
De artikelen 32, eerste lid, 33, 35, 36, eerste, vierde en vijfde lid, en 38, eerste lid, eerste volzin en tweede tot en met vierde lid, zijn van overeenkomstige toepassing op de verstrekking van persoonsgegevens die in een persoonsdossier zijn verwerkt.

Doorzending justitiële gegevens aan Europol

Hoofdstuk 6
Kosten

Art. 48

Kostenvergoeding

1. Onze Minister neemt een aanvraag tot afgifte van een verklaring omtrent het gedrag eerst in behandeling nadat de bij ministeriële regeling vastgestelde vergoeding voor de kosten van deze behandeling is ontvangen.
2. Voor het verstrekken van justitiële gegevens, als bedoeld in artikel 31, is een bij ministeriële regeling vastgestelde vergoeding verschuldigd.

Hoofdstuk 7
Overgangs- en slotbepalingen

Art. 49

De volgende besluiten, regelingen en beschikkingen worden ingetrokken:
a. het Besluit registratie justitiële gegevens;
b. het Besluit inlichtingen justitiële documentatie;
c. het Besluit inlichtingen strafregisters;
d. het Besluit van 30 januari 1956 betreffende uitvoeringsvoorschriften ten aanzien van de verklaringen omtrent het gedrag;
e. het Besluit van 20 februari 1958 betreffende de samenstelling van de commissies van advies inzake de afgifte van verklaringen omtrent het gedrag;
f. de Regeling van 10 december 1993, Stcrt. 250;
g. de Regeling van 23 maart 1994, Stcrt. 65, houdende de aanwijzing van de beheerder van de afdeling van de justitiële documentatiedienst ten departementen;
h. de beschikking van de Minister van Justitie van 16 april 1951, Stcrt. 76.
i. de beschikking van de Minister van Justitie van 10 november 1958, Stcrt. 221
j. de beschikking van de Minister van Justitie van 10 november 1958, Stcrt. 223;
k. de beschikking van de Minister van Binnenlandse Zaken, Bezitsvorming en Publieke Bedrijfsorganisaties van 15 januari 1959, Stcrt. 24;
l. de beschikking van de Minister van Binnenlandse Zaken van 18 december 1972, Stcrt. 250.

Art. 50

De gegevens die voor de inwerkingtreding van de wet overeenkomstig een wettelijk voorschrift door de justitiële documentatiedienst waren geregistreerd worden op het moment van inwerkingtreding aangemerkt als justitiële gegevens.

Art. 51

Dit besluit treedt in werking op het tijdstip waarop de Wet justitiële gegevens in werking treedt met uitzondering van artikel 7, eerste lid, onder k, dat in werking treedt op een bij koninklijk besluit te bepalen tijdstip.

Art. 52

Dit besluit wordt aangehaald als: Besluit justitiële en strafvorderlijke gegevens.

Wet politiegegevens[1]

Wet van 21 juli 2007, houdende regels inzake de verwerking van politiegegevens (Wet politiegegevens)

Wij Beatrix, bij de gratie Gods, Koningin der Nederlanden, Prinses van Oranje-Nassau, enz. enz. enz.

Allen, die deze zullen zien of horen lezen, saluut! doen te weten:
Alzo Wij in overweging genomen hebben, dat het wenselijk is nieuwe regels vast te stellen voor het verwerken van politiegegevens;
Alzo Wij in overweging genomen hebben, dat ter bescherming van de persoonlijke levenssfeer met betrekking tot die verwerking uitvoering dient te worden gegeven aan artikel 10, tweede en derde lid, van de Grondwet;
Zo is het, dat Wij, de Raad van State gehoord, en met gemeen overleg der Staten-Generaal, hebben goedgevonden en verstaan, gelijk Wij goedvinden en verstaan bij deze:

§ 1
Algemene bepalingen

Art. 1 (definities)

In deze wet en de daarop berustende bepalingen wordt verstaan onder: *Begripsbepalingen*
a. *politiegegeven:* elk persoonsgegeven dat wordt verwerkt in het kader van de uitvoering van de politietaak, bedoeld in de artikelen 3 en 4 van de Politiewet 2012, met uitzondering van:
– de uitvoering van wettelijke voorschriften anders dan de Wet administratiefrechtelijke handhaving verkeersvoorschriften;
– de bij of krachtens de Vreemdelingenwet 2000 opgedragen taken, bedoeld in artikel 1, eerste lid, onderdeel i, onder 1° en artikel 4, eerste lid, onderdeel f, van de Politiewet 2012;
b. *persoonsgegeven:* alle informatie over een geïdentificeerde of identificeerbare natuurlijke persoon;
c. *verwerken van politiegegevens:* elke bewerking of elk geheel van bewerkingen met betrekking tot politiegegevens of een geheel van politiegegevens, al dan niet uitgevoerd op geautomatiseerde wijze, zoals het verzamelen, vastleggen, ordenen, structureren, opslaan, bijwerken of wijzigen, opvragen, raadplegen, gebruiken, verstrekken door middel van doorzending, verspreiden of op andere wijze ter beschikking stellen, samenbrengen, met elkaar in verband brengen, afschermen of vernietigen van politiegegevens;
d. *verstrekken van politiegegevens:* het bekend maken of ter beschikking stellen van politiegegevens;
e. *ter beschikking stellen van politiegegevens:* het verstrekken van politiegegevens aan personen die overeenkomstig deze wet zijn geautoriseerd voor het verwerken van politiegegevens;
f. *verwerkingsverantwoordelijke:* dit is bij:
1°. de politie: de korpschef, bedoeld in artikel 27 van de Politiewet 2012;
2°. de rijksrecherche: het College van procureurs-generaal;
3°. de Koninklijke marechaussee: Onze Minister van Defensie;
4°. een gemeenschappelijke verwerking van politiegegevens met het oog op een gemeenschappelijk doel door twee of meer organisaties als bedoeld in dit onderdeel: de verwerkingsverantwoordelijke die door de betrokken verwerkingsverantwoordelijken is belast met de feitelijke zorg voor de verwerking en het treffen van de maatregelen, bedoeld in de artikelen 4 en 4a;
g. *betrokkene:* degene op wie een politiegegeven betrekking heeft;
h. *Autoriteit persoonsgegevens:* de autoriteit, bedoeld in artikel 6 van de Uitvoeringswet Algemene verordening gegevensbescherming;
i. *verwerker:* de natuurlijke persoon of rechtspersoon, overheidsinstantie, dienst of enig ander orgaan die of dat ten behoeve van de verwerkingsverantwoordelijke politiegegevens verwerkt. Indien een verwerker in strijd met het bij of krachtens deze wet bepaalde de doeleinden en middelen van de verwerking bepaalt, wordt die verwerker met betrekking tot die verwerking als verwerkingsverantwoordelijke aangemerkt;
j. *Onze Ministers:* Onze Ministers van Veiligheid en Justitie en van Defensie gezamenlijk;
k. *ambtenaar van politie:* de ambtenaar, bedoeld in artikel 2 van de Politiewet 2012, alsmede de ambtenaar van de Koninklijke marechaussee voor zover werkzaam ter uitvoering van de politietaak, bedoeld in onderdeel a, en indien artikel 46 wordt toegepast, de ambtenaar, werkzaam

---

1 Inwerkingtredingsdatum: 01-01-2008; zoals laatstelijk gewijzigd bij: Stb. 2019, 173.

bij de in dat artikel genoemde dienst en de ambtenaar, bedoeld in artikel 142, eerste lid, van het Wetboek van Strafvordering;

l. bevoegde autoriteit: iedere overheidsinstantie die bevoegd is voor de taken, bedoeld in onderdeel a, of ieder ander orgaan dat of iedere andere entiteit die is gemachtigd openbaar gezag en openbare bevoegdheden uit te oefenen met het oog op de taken, bedoeld in onderdeel a;

m. gerelateerde gegevens: de politiegegevens die bij de vergelijking van gegevens, bedoeld in de artikelen 8, tweede lid, 11, eerste en tweede lid, 12, vierde lid en 24, eerste en tweede lid, overeenkomen en de erbij behorende gegevens alsmede de politiegegevens waarmee bij het in combinatie met elkaar verwerken van politiegegevens, bedoeld in de artikelen 8, derde lid, en 11, vierde lid, verband blijkt te bestaan;

n. afschermen: het markeren van opgeslagen politiegegevens met als doel de verwerking ervan in de toekomst te beperken;

o. bestand: elk gestructureerd geheel van politiegegevens dat volgens bepaalde criteria toegankelijk is, ongeacht of dit geheel van gegevens gecentraliseerd of gedecentraliseerd is, dan wel verspreid op een functioneel of geografisch bepaalde wijze;

p. ontvanger: de natuurlijke persoon aan wie of de rechtspersoon of overheidsinstantie waaraan politiegegevens worden verstrekt;

q. inbreuk op de beveiliging: een inbreuk op de beveiliging met de vernietiging, het verlies, de wijziging, de bekendmaking of de ter beschikkingstelling van of de ongeoorloofde toegang tot doorgezonden, opgeslagen of anderszins verwerkte politiegegevens tot gevolg;

r. genetische gegevens: persoonsgegevens met betrekking tot de overgeërfde of verworven genetische kenmerken van een natuurlijke persoon die unieke informatie verschaffen over de fysiologie of de gezondheid van die persoon en die met name voortkomen uit een analyse van een biologisch monster van die persoon;

s. biometrische gegevens: persoonsgegevens die het resultaat zijn van een specifieke technische verwerking met betrekking tot de fysieke, fysiologische, of gedragskenmerken van een natuurlijke persoon op grond waarvan de eenduidige identificatie van die persoon mogelijk is of bevestigd wordt, zoals afbeeldingen van het gezicht of dactyloscopische gegevens;

t. gegevens over gezondheid: persoonsgegevens met betrekking tot de fysieke of mentale gezondheid van een natuurlijke persoon, waaronder gegevens over verleende gezondheidsdiensten, waarmee informatie over zijn gezondheid wordt gegeven;

u. profilering: elke vorm van geautomatiseerde verwerking van persoonsgegevens waarbij aan de hand van die gegevens bepaalde persoonlijke aspecten van een natuurlijke persoon worden geëvalueerd, met de bedoeling met name aspecten betreffende zijn beroepsprestaties, economische situatie, gezondheid, persoonlijke voorkeuren, interesses, betrouwbaarheid, gedrag, locatie of verplaatsingen te analyseren of te voorspellen;

v. derde land: ieder land of gebied dat geen lidstaat is of daarvan geen onderdeel uitmaakt;

w. internationale organisatie: een organisatie en de daaronder ressorterende internationaalpubliekrechtelijke organen of andere organen die zijn opgericht bij of op grond van een overeenkomst tussen twee of meer landen;

x. richtlijn: Richtlijn (EU) 2016/680 van het Europees Parlement en de Raad van 27 april 2016 betreffende de bescherming van natuurlijke personen in verband met de verwerking van persoonsgegevens door bevoegde autoriteiten met het oog op de voorkoming, het onderzoek, de opsporing en de vervolging van strafbare feiten of de tenuitvoerlegging van straffen, en betreffende het vrije verkeer van die gegevens en tot intrekking van het Kaderbesluit 2008/977/JBZ van de Raad;

y. lidstaat: lidstaat van de Europese Unie die de richtlijn heeft geïmplementeerd.

Art. 2 (reikwijdte)

Werkingssfeer

1. Deze wet is van toepassing op de verwerking van politiegegevens door een bevoegde autoriteit die in een bestand zijn opgenomen of die bestemd zijn daarin te worden opgenomen.
2. Deze wet is niet van toepassing op de verwerking van politiegegevens:
   a. ten behoeve van activiteiten met uitsluitend persoonlijke doeleinden;
   b. ten behoeve van de interne bedrijfsvoering.

Art. 3 (noodzakelijkheid, rechtmatigheid en doelbinding)

Politiegegevens, noodzakelijkheid/rechtmatigheid/doelbinding

1. Politiegegevens worden slechts verwerkt voor zover dit noodzakelijk is voor de bij of krachtens deze wet geformuleerde doeleinden.

2. Politiegegevens worden slechts verwerkt voor zover dit behoorlijk en rechtmatig is, de gegevens rechtmatig zijn verkregen en de gegevens, gelet op de doeleinden waarvoor zij worden verwerkt, toereikend, terzake dienend en niet bovenmatig zijn.

3. Politiegegevens die zijn verkregen voor een doel, als bedoeld in artikel 1, onder a, kunnen worden verwerkt voor een ander doel, bedoeld in artikel 1, onderdeel a, voor zover deze wet of Unierecht uitdrukkelijk daarin voorziet en de verwerking voor dat andere doel noodzakelijk is en in verhouding staat tot dat doel.

4. Politiegegevens kunnen voor een ander doel dan die, bedoeld in artikel 1, onderdeel a, worden verwerkt door personen en instanties die bij of krachtens de wet met het oog op een zwaarwegend algemeen belang of wetgeving van de Europese Unie zijn aangewezen.
5. Bij de verwerking van politiegegevens op grond van de artikelen 9, 10 en 12 worden de herkomst van deze gegevens en de wijze van verkrijging vermeld.

Art. 4 (juistheid en volledigheid politiegegevens)

1. De verwerkingsverantwoordelijke treft de nodige maatregelen opdat politiegegevens, gelet op de doeleinden waarvoor zij worden verwerkt, juist en nauwkeurig zijn. Hij zorgt voor het onverwijld vernietigen of rectificeren van politiegegevens als blijkt dat deze, gelet op de doeleinden waarvoor zij worden verwerkt, onjuist zijn. De bevoegde autoriteit controleert, voor zover praktisch uitvoerbaar, de kwaliteit van politiegegevens voordat de gegevens worden verstrekt. Voor zover mogelijk wordt bij de doorzending van politiegegevens de noodzakelijke informatie toegevoegd aan de hand waarvan de ontvangende bevoegde autoriteit de mate van juistheid, volledigheid en betrouwbaarheid van politiegegevens kan beoordelen, alsmede de mate waarin zij actueel zijn.

Verwerkingsverantwoordelijke politiegegevens

2. De verwerkingsverantwoordelijke treft de nodige maatregelen opdat politiegegevens worden verwijderd of vernietigd zodra zij niet langer noodzakelijk zijn voor het doel waarvoor zij zijn verwerkt of dit door enige wettelijke bepaling wordt vereist.
3. Voor zover mogelijk worden politiegegevens die op feiten zijn gebaseerd onderscheiden van politiegegevens die op een persoonlijk oordeel zijn gebaseerd.
4. Indien wordt vastgesteld dat onjuiste politiegegevens zijn verstrekt, of dat de politiegegevens op onrechtmatige wijze zijn verstrekt, wordt de ontvanger daarvan onverwijld in kennis gesteld. In dat geval dienen de gegevens te worden gerectificeerd of vernietigd, of wordt de verwerking beperkt, als bedoeld in artikel 28, tweede lid.

Art. 4a (gegevensbescherming door beveiliging en ontwerp)

1. De verwerkingsverantwoordelijke en de verwerker treffen passende technische en organisatorische maatregelen om:
   a. te waarborgen en te kunnen aantonen dat de verwerking van politiegegevens wordt verricht in overeenstemming met hetgeen bij of krachtens deze wet is bepaald;
   b. het gegevensbeschermingsbeleid en de gegevensbeschermingsbeginselen op een doeltreffende manier uit te voeren respectievelijk toe te passen;
   c. bij de bepaling van de verwerkingsmiddelen en de verwerking zelf de nodige waarborgen, zoals pseudonimisering, in de verwerking in te bouwen ter naleving van hetgeen bij of krachtens deze wet is bepaald en ter bescherming van de rechten van de betrokkenen.

Beveiliging en ontwerp gegevensbescherming

2. De verwerkingsverantwoordelijke en de verwerker treffen passende technische en organisatorische maatregelen om een beveiligingsniveau te waarborgen dat op het risico is afgestemd, met name met betrekking tot de verwerking van de bijzondere categorieën van politiegegevens, bedoeld in artikel 5, en op een zodanige manier dat de politiegegevens beschermd zijn tegen ongeoorloofde of onrechtmatige verwerking en tegen opzettelijk verlies, vernietiging of beschadiging.
3. Bij het treffen van de maatregelen, bedoeld in het eerste en tweede lid, houden de verwerkingsverantwoordelijke en de verwerker rekening met de aard, de reikwijdte, de context en de doeleinden van de verwerking, alsmede met de qua waarschijnlijkheid en ernst uiteenlopende risico's voor de rechten en vrijheden van natuurlijke personen.
4. In aanvulling op het derde lid houden de verwerkingsverantwoordelijke en de verwerker ten aanzien van het eerste lid, onder c, en het tweede lid, rekening met de stand van de techniek en de uitvoeringskosten.
5. De maatregelen, bedoeld in het eerste en tweede lid, worden periodiek geëvalueerd en zo nodig geactualiseerd.
6. Bij of krachtens algemene maatregel van bestuur worden nadere regels gesteld over de maatregelen, bedoeld in het eerste en tweede lid.

Art. 4b (gegevensbescherming door standaardinstellingen)

1. De verwerkingsverantwoordelijke treft passende technische en organisatorische maatregelen om te waarborgen dat standaard:
   a. alleen die politiegegevens worden verwerkt die noodzakelijk zijn voor elk specifiek doel van de verwerking; en
   b. politiegegevens niet zonder tussenkomst van een natuurlijke persoon voor een onbeperkt aantal natuurlijke personen toegankelijk worden gemaakt.

Standaardinstellingen gegevensbescherming

2. De in het eerste lid, onder a, bedoelde maatregelen betreffen in ieder geval de hoeveelheid verzamelde politiegegevens, de mate waarin zij worden verwerkt, de periode van opslag en de toegankelijkheid van de politiegegevens.

Art. 4c (gegevensbeschermingseffectbeoordeling)

1. Wanneer een soort verwerking, in het bijzonder een verwerking waarbij nieuwe technologieën worden gebruikt, gelet op de aard, de omvang, de context of doelen ervan, waarschijnlijk een hoog risico voor de rechten en vrijheden van personen oplevert, voert de verwerkingsverant-

Gegevensbeschermingseffectbeoordeling

woordelijke voorafgaande aan de verwerking een beoordeling uit van het effect van de voorgenomen verwerkingsactiviteiten op de bescherming van persoonsgegevens.
2. De beoordeling bevat tenminste:
a. een algemene beschrijving van de beoogde verwerkingen;
b. een beoordeling van de risico's voor de rechten en vrijheden van betrokkenen;
c. de beoogde maatregelen ter beperking van de risico's;
d. de voorzorgs- en beveiligingsmaatregelen en mechanismen om de politiegegevens te beschermen en aan te tonen dat aan het bij of krachtens deze wet bepaalde is voldaan, met inachtneming van de rechten en gerechtvaardigde belangen van de betrokkenen en andere betrokken personen.
3. Indien nodig verricht de verwerkingsverantwoordelijke een toetsing om te beoordelen of de verwerking overeenkomstig de gegevensbeschermingseffectbeoordeling wordt uitgevoerd, zulks ten minste wanneer sprake is van een verandering van het risico dat de verwerkingen inhouden.

Art. 5 (bijzondere categorieën van politiegegevens)

Politiegegevens, bijzondere categorieën

De verwerking van politiegegevens waaruit ras, etnische afkomst, politieke opvattingen, religieuze of levensbeschouwelijke overtuiging, of het lidmaatschap van een vakbond blijkt, en de verwerking van genetische gegevens, biometrische gegevens met het oog op de unieke identificatie van een natuurlijke persoon, of gegevens over gezondheid, seksuele leven en seksuele gerichtheid vindt slechts plaats wanneer dit onvermijdelijk is voor het doel van de verwerking, in aanvulling op de verwerking van andere politiegegevens betreffende de persoon en de gegevens afdoende zijn beveiligd.

Art. 6 (autorisaties)

Politiegegevens, autorisaties

1. De verwerkingsverantwoordelijke onderhoudt een systeem van autorisaties dat voldoet aan de vereisten van zorgvuldigheid en evenredigheid.
2. Politiegegevens worden slechts verwerkt door ambtenaren van politie die zijn belast met de taken, bedoeld in artikel 1, onderdeel a die daartoe door de verwerkingsverantwoordelijke zijn geautoriseerd en voor zover de autorisatie strekt.
3. De verwerkingsverantwoordelijke autoriseert de ambtenaren van politie die onder zijn beheer vallen voor de verwerking van politiegegevens ter uitvoering van de onderdelen van de politietaak waarmee zij zijn belast. De autorisatie bevat een duidelijke omschrijving van de verwerkingen waartoe de betreffende ambtenaar wordt geautoriseerd en de onderdelen van de politietaak ter uitvoering waarvan de verwerkingen worden gedaan.
4. In bijzondere gevallen kan de verwerkingsverantwoordelijke personen die geen ambtenaar van politie zijn en die onder zijn beheer vallen, autoriseren voor de verwerking van politiegegevens ter uitvoering van de onderdelen van de politietaak waarmee zij zijn belast.
5. In bijzondere gevallen kan de verwerkingsverantwoordelijke de ambtenaar van politie die onder het beheer van een andere verwerkingsverantwoordelijke valt, autoriseren voor de verwerking van politiegegevens ter uitvoering van in de autorisatie omschreven onderdelen van de politietaak. De verwerking van politiegegevens vindt in dat geval plaats onder het beheer van de verwerkingsverantwoordelijke die de autorisatie heeft verleend.

Nadere regels

6. Bij of krachtens algemene maatregel van bestuur worden nadere regels gesteld over de categorieën van personen die voor bepaalde gegevensverwerkingen geautoriseerd kunnen worden en de deskundigheidseisen die aan hen kunnen worden gesteld.
7. De verwerkingsverantwoordelijke wijst de functionaris aan, bedoeld in artikel 9, derde lid, 10, vijfde lid, 11, eerste, tweede en vierde lid, 12, vierde en vijfde lid, en 13, derde lid. Bij algemene maatregel van bestuur kunnen regels worden gesteld over de ambtenaren van politie die kunnen worden aangewezen als functionaris.

Art. 6a (toegang tot politiegegevens)

Politiegegevens, toegankelijkheid

1. De verwerkingsverantwoordelijke heeft toegang tot de politiegegevens die onder zijn beheer worden verwerkt ten behoeve van het toezicht op de naleving van het bij of krachtens deze wet bepaalde.
2. De verwerkingsverantwoordelijke verleent de ambtenaren van politie die onder zijn beheer vallen en die zijn belast met de taken, bedoeld in artikel 1, onderdeel a, toegang tot de politiegegevens die onder zijn beheer worden verwerkt, voor zover nodig voor de uitvoering van hun taak.
3. De verwerkingsverantwoordelijke verleent de verwerker, bedoeld in artikel 6c, eerste lid, alsmede degenen die belast zijn met de controle en het toezicht, bedoeld in de artikelen 33, 34, 35 en 36, alsmede degenen die in zijn opdracht technische werkzaamheden verrichten, toegang tot de politiegegevens die onder zijn beheer worden verwerkt, voor zover zij deze behoeven voor de uitvoering van hun taak.

Art. 6b (onderscheid tussen verschillende categorieën van betrokkenen)

Politiegegevens, onderscheid tussen verschillende categorieën van betrokkenen

De verwerkingsverantwoordelijke maakt in voorkomend geval en voor zover mogelijk een duidelijk onderscheid tussen politiegegevens betreffende verschillende categorieën van betrokkenen, zoals:

a. personen ten aanzien van wie gegronde vermoedens bestaan dat zij een strafbaar feit hebben gepleegd of zullen gaan plegen;
b. slachtoffers van een strafbaar feit, of personen ten aanzien van wie op basis van bepaalde feiten wordt vermoed dat zij slachtoffer kunnen worden van een strafbaar feit;
c. derden, zoals getuigen of personen die anderszins informatie kunnen verstrekken over strafbare feiten, of personen die contact hebben of banden onderhouden met één van de personen, bedoeld onder a of d;
d. personen die voor een strafbaar feit zijn veroordeeld.

Art. 6c (verwerker)

1. Indien de verwerkingsverantwoordelijke politiegegevens te zijnen behoeve laat verwerken door een verwerker maakt hij uitsluitend gebruik van een verwerker die afdoende garandeert dat de passende technische en organisatorische maatregelen en procedures zodanig worden geïmplementeerd dat bij de verwerking wordt voldaan aan het bij of krachtens deze wet bepaalde en de rechten van de betrokkene worden gewaarborgd.
2. De uitvoering van verwerkingen door een verwerker wordt geregeld in een schriftelijke overeenkomst of andere rechtshandeling die de verwerker aan de verwerkingsverantwoordelijke bindt. Bij of krachtens algemene maatregel van bestuur worden nadere regels gesteld over de inhoud van de overeenkomst of rechtshandeling.
3. De verwerker en eenieder die handelt onder het beheer van de verwerkingsverantwoordelijke of van de verwerker verwerkt de politiegegevens uitsluitend volgens de instructies van de verwerkingsverantwoordelijke, tenzij hij op grond van de nationale wetgeving of Unierecht tot die verwerking verplicht is.
4. De verwerker neemt geen andere verwerker in dienst dan na voorafgaande schriftelijke toestemming van de verwerkingsverantwoordelijke. In het geval van een algemene schriftelijke toestemming informeert de verwerker de verwerkingsverantwoordelijke over de toevoeging of vervanging van andere verwerkers, met de mogelijkheid van bezwaar door de verwerkingsverantwoordelijke.
5. De verwerker stelt de verwerkingsverantwoordelijke zonder onnodige vertraging in kennis van een inbreuk op de beveiliging.

Verwerker politiegegevens

Art. 7 (geheimhoudingsplicht)

1. De ambtenaar van politie of de persoon aan wie politiegegevens ter beschikking zijn gesteld is verplicht tot geheimhouding daarvan behoudens voor zover een bij of krachtens de wet gegeven voorschrift tot verstrekking verplicht, de bepalingen van paragraaf 3 verstrekking toelaten of de taak, bedoeld in artikel 1, onderdeel a, in bijzondere gevallen tot verstrekking noodzaakt.
2. De persoon aan wie politiegegevens zijn verstrekt is verplicht tot geheimhouding daarvan behoudens voor zover een bij of krachtens de wet gegeven voorschrift tot verstrekking verplicht of zijn taak daartoe noodzaakt.
3. Artikel 272, tweede lid, van het Wetboek van Strafrecht is niet van toepassing.

Politiegegevens, geheimhoudingsplicht

Art. 7a (geautomatiseerde individuele besluitvorming)

1. Een besluit dat uitsluitend op geautomatiseerde verwerking is gebaseerd, met inbegrip van profilering, dat voor de betrokkene nadelige rechtsgevolgen heeft of hem in aanmerkelijke mate treft, is verboden, tenzij wordt voorzien in voorafgaande menselijke tussenkomst door of namens de verwerkingsverantwoordelijke en in specifieke voorlichting aan de betrokkene.
2. Een besluit, bedoeld in het eerste lid, wordt niet gebaseerd op de categorieën van politiegegevens, bedoeld in artikel 5, tenzij de Autoriteit persoonsgegevens over de voorgenomen verwerking is geraadpleegd, overeenkomstig artikel 33b, eerste lid.
3. Profilering die leidt tot discriminatie van personen op grond van de in artikel 5 bedoelde categorieën van politiegegevens is verboden.

Verbod besluit gebaseerd op geautomatiseerde verwerking

§ 2
De verwerking van politiegegevens met het oog op de uitvoering van de politietaak

Art. 8 (uitvoering van de dagelijkse politietaak)

1. Politiegegevens kunnen worden verwerkt met het oog op de uitvoering van de dagelijkse politietaak gedurende een periode van één jaar na de datum van de eerste verwerking.
2. Voor zover dat noodzakelijk is met het oog op de uitvoering van de dagelijkse politietaak kunnen politiegegevens ten aanzien waarvan de in het eerste lid genoemde termijn is verstreken geautomatiseerd worden vergeleken met politiegegevens die worden verwerkt op grond van het eerste lid teneinde vast te stellen of verbanden bestaan tussen de betreffende gegevens. De gerelateerde gegevens kunnen verder worden verwerkt met het oog op de uitvoering van de dagelijkse politietaak.
3. Voor zover dat noodzakelijk is met het oog op de uitvoering van de dagelijkse politietaak kunnen politiegegevens ten aanzien waarvan de in het eerste lid genoemde termijn is verstreken in combinatie met elkaar worden verwerkt teneinde vast te stellen of verbanden bestaan tussen

Politiegegevens, uitvoering dagelijkse politietaak

de betreffende gegevens. Indien zulke verbanden bestaan kunnen de gerelateerde gegevens verder worden verwerkt met het oog op de uitvoering van de politietaak.
4. Politiegegevens, die worden verwerkt op grond van het eerste, tweede en derde lid, kunnen ter beschikking worden gesteld voor verdere verwerking op grond van de artikelen 9, 10 en 12.

Nadere regels

5. Bij of krachtens algemene maatregel van bestuur kunnen regels worden gesteld over de categorieën van gegevens op basis waarvan politiegegevens vergeleken kunnen worden.
6. De politiegegevens, die zijn verwerkt op grond van het eerste, tweede en derde lid, worden vernietigd zodra zij niet langer noodzakelijk zijn voor de uitvoering van de dagelijkse politietaak en worden in ieder geval uiterlijk vijf jaar na de datum van eerste verwerking verwijderd.

Art. 9 (onderzoek in verband met de handhaving van de rechtsorde in een bepaald geval)

Politiegegevens, onderzoek i.v.m. handhaving rechtsorde

1. Politiegegevens kunnen gericht worden verwerkt ten behoeve van een onderzoek met het oog op de handhaving van de rechtsorde in een bepaald geval.

2. Het doel van het onderzoek wordt binnen een week, nadat is begonnen met de verwerking, bedoeld in het eerste lid, schriftelijk vastgelegd.
3. Politiegegevens die worden verwerkt overeenkomstig het eerste lid, kunnen, na instemming van een daartoe bevoegde functionaris, ter beschikking worden gesteld voor verdere verwerking voor zover dat noodzakelijk is voor een ander onderzoek als bedoeld in het eerste lid, de verwerking, bedoeld in de artikelen 10 en 12, of de uitvoering van de dagelijkse politietaak, bedoeld in artikel 8.
4. De politiegegevens die zijn verwerkt op grond van het eerste lid en niet langer noodzakelijk zijn voor het doel van het onderzoek, worden verwijderd, of gedurende een periode van maximaal een half jaar verwerkt teneinde te bezien of zij aanleiding geven tot een nieuw onderzoek als bedoeld in het eerste lid of een nieuwe verwerking als bedoeld in artikel 10, en na verloop van deze termijn verwijderd.

Art. 10 (inzicht in de betrokkenheid van personen bij bepaalde ernstige bedreigingen van de rechtsorde)

Politiegegevens, inzicht in ernstige bedreigingen rechtsorde

1. Politiegegevens kunnen gericht worden verwerkt met het oog op het verkrijgen van inzicht in de betrokkenheid van personen bij:
a. het beramen of plegen van misdrijven:
1°. als omschreven in artikel 67, eerste lid, van het Wetboek van Strafvordering, die in georganiseerd verband worden beraamd of gepleegd en die gezien hun aard of de samenhang met andere misdrijven die in het georganiseerde verband worden beraamd of gepleegd, een ernstige inbreuk op de rechtsorde kunnen opleveren, of
2°. waarop naar de wettelijke omschrijving een gevangenisstraf van acht jaar of meer is gesteld, of
3°. als omschreven in artikel 67, eerste lid, van het Wetboek van Strafvordering, die bij algemene maatregel van bestuur zijn aangewezen en die gezien hun aard of samenhang met andere door de betrokkene begane misdrijven een ernstige inbreuk op de rechtsorde opleveren;
b. handelingen die kunnen wijzen op het beramen of plegen van bij algemene maatregel van bestuur aan te wijzen categorieën van misdrijven die door hun omvang of ernst of hun samenhang met andere misdrijven een ernstig gevaar voor de rechtsorde opleveren;
c. handelingen die, gezien hun aard of frequentie of het georganiseerde verband waarin zij worden gepleegd, een ernstige schending van de openbare orde vormen.
2. De verwerking van politiegegevens, bedoeld in het eerste lid, onderdeel a, vindt slechts plaats omtrent:
a. verdachten van de misdrijven, bedoeld in het eerste lid, onderdeel a;
b. personen ten aanzien van wie een redelijk vermoeden bestaat dat zij betrokken zijn bij het beramen of plegen van de misdrijven, bedoeld in het eerste lid, onderdeel a;
c. personen die in een bepaalde relatie staan tot degenen, bedoeld in de onderdelen a en b;
d. ambtenaren van politie of buitengewoon opsporingsambtenaren als bedoeld in artikel 142, eerste lid, van het Wetboek van Strafvordering.
3. De verwerking van politiegegevens, bedoeld in het eerste lid, onderdeel b, vindt slechts plaats omtrent:
a. personen, die betrokken zijn bij de handelingen, bedoeld in het eerste lid, onderdeel b;
b. personen die in een bepaalde relatie staan tot degenen, bedoeld in onderdeel a;
c. ambtenaren van politie of buitengewoon opsporingsambtenaren als bedoeld in artikel 142, eerste lid, van het Wetboek van Strafvordering.
4. De verwerking van politiegegevens, bedoeld in het eerste lid, onderdeel c, vindt slechts plaats omtrent:
a. personen ten aanzien van wie een redelijk vermoeden bestaat dat zij betrokken zijn bij ernstige schendingen van de openbare orde;
b. personen die in een bepaalde relatie staan tot degenen, bedoeld in onderdeel a;

Wet politiegegevens **C11 art. 12**

c. ambtenaren van politie of buitengewoon opsporingsambtenaren als bedoeld in artikel 142, eerste lid, van het wetboek van Strafvordering.
5. De politiegegevens, bedoeld in het eerste lid, kunnen, met instemming van een daartoe bevoegde functionaris, ter beschikking worden gesteld voor verdere verwerking voor zover dat noodzakelijk is voor een andere verwerking als bedoeld in het eerste lid, een onderzoek als bedoeld in artikel 9, een verwerking als bedoeld in artikel 12, of de uitvoering van de dagelijkse politietaak, bedoeld in artikel 8.
6. De politiegegevens, bedoeld in het eerste lid, worden verwijderd zodra zij niet langer noodzakelijk zijn voor het doel van de verwerking. Daartoe worden de gegevens periodiek gecontroleerd. De gegevens worden verwijderd uiterlijk vijf jaar na de datum van de laatste verwerking van gegevens die blijk geeft van de noodzaak tot het verwerken van de politiegegevens van betrokkene op grond van het doel als omschreven in het eerste lid.

Art. 11 (geautomatiseerd vergelijken en in combinatie zoeken)
1. Voor zover dat noodzakelijk is voor een onderzoek als bedoeld in artikel 9, eerste lid, kunnen politiegegevens die voor dat onderzoek zijn verwerkt, geautomatiseerd worden vergeleken met andere politiegegevens die worden verwerkt op grond van artikel 8 of 9 teneinde vast te stellen of verbanden bestaan tussen de betreffende gegevens. De gerelateerde gegevens kunnen, na instemming van een daartoe bevoegde functionaris, voor dat onderzoek verder worden verwerkt. *Politiegegevens, gegevensvergelijking*
2. Voor zover dat noodzakelijk is voor een verwerking als bedoeld in artikel 10, eerste lid, kunnen politiegegevens die voor dat doel zijn verwerkt, geautomatiseerd worden vergeleken met andere politiegegevens die worden verwerkt op grond van de artikelen 8, 9 of 10 teneinde vast te stellen of verbanden bestaan tussen de betreffende gegevens. De gerelateerde gegevens kunnen, na instemming van een daartoe bevoegde functionaris, voor die verwerking verder worden verwerkt.
3. Bij of krachtens algemene maatregel van bestuur worden regels gesteld over de uitvoering van de gegevensvergelijking. Deze regels kunnen betrekking hebben op: *Nadere regels*
a. de categorieën van gegevens op basis waarvan politiegegevens vergeleken kunnen worden;
b. het coderen van politiegegevens door deze te voorzien van een indicatie over betrouwbaarheid en vertrouwelijkheid en de mogelijkheid deze verder te verwerken voor een onderzoek als bedoeld in artikel 9 of een verwerking als bedoeld in artikel 10;
c. de wijze waarop de verbanden zichtbaar gemaakt worden.
4. Voor zover dat noodzakelijk is voor een onderzoek als bedoeld in artikel 9, eerste lid, of een verwerking als omschreven in artikel 10, eerste lid, kunnen in bijzondere gevallen in opdracht van het bevoegd gezag, bedoeld in de artikelen 11, 12 en 14 van de Politiewet 2012, politiegegevens die worden verwerkt op grond van artikel 8, 9 of 10 in combinatie met elkaar worden verwerkt teneinde vast te stellen of verbanden bestaan tussen de gegevens. Indien zulke verbanden bestaan kunnen de gerelateerde gegevens, na instemming van een daartoe bevoegde functionaris, voor dat onderzoek of die verwerking verder worden verwerkt.
5. Voor zover dat noodzakelijk is voor een onderzoek als bedoeld in artikel 9, eerste lid, of een verwerking als omschreven in artikel 10, eerste lid, kunnen politiegegevens die worden verwerkt op grond van artikel 8, 9 of 10 geautomatiseerd worden vergeleken met andere dan politiegegevens.

Art. 12 (informanten)
1. Politiegegevens kunnen worden verwerkt met het oog op de controle op en het beheer van een informant alsmede de beoordeling en verantwoording van het gebruik van informantgegevens. *Politiegegevens, informanten*
2. De politiegegevens, bedoeld in het eerste lid, kunnen gedurende een periode van maximaal vier maanden na de datum van de eerste verwerking ter beschikking worden gesteld voor verdere verwerking op grond van de artikelen 8, 9 of 10.
3. De verwerking van politiegegevens, bedoeld in het eerste lid, vindt slechts plaats omtrent:
a. informanten;
b. personen waarover informanten informatie geven of waarmee informanten contacten onderhouden;
c. ambtenaren van politie of buitengewoon opsporingsambtenaren als bedoeld in artikel 142, eerste lid, van het Wetboek van Strafvordering.
4. Voor zover dat noodzakelijk is voor de controle op en het beheer van een informant kunnen politiegegevens die met het oog op dat doel worden verwerkt, geautomatiseerd worden vergeleken met politiegegevens die worden verwerkt op grond van artikel 8, 9 of 10 teneinde vast te stellen of verbanden bestaan tussen de betreffende gegevens. De gerelateerde gegevens kunnen voor dat doel verder worden verwerkt.
5. Bij algemene maatregel van bestuur kunnen categorieën van personen worden aangewezen op wie het eerste, vierde en zesde lid van overeenkomstige toepassing zijn indien het bekend worden van politiegegevens voor die categorieën van personen gevaar oplevert. Daarbij worden de categorieën van personen aangewezen over wie politiegegevens worden verwerkt. *Nadere regels*

Sdu

6. De politiegegevens die zijn verwerkt op grond van het eerste en vijfde lid, worden vernietigd zodra zij niet langer noodzakelijk zijn voor het doel van de verwerking. Daartoe worden de gegevens elk half jaar gecontroleerd. De gegevens worden vernietigd uiterlijk tien jaar na de datum van laatste verwerking van gegevens die blijk geeft van de noodzaak tot het verwerken van politiegegevens van betrokkene op grond van het doel, bedoeld in het eerste en vijfde lid.
7. Onder informant wordt in dit artikel verstaan: persoon die heimelijk aan een opsporingsambtenaar informatie verstrekt omtrent strafbare feiten of ernstige schendingen van de openbare orde, die door anderen zijn of worden gepleegd of verricht, welke verstrekking gevaar voor deze persoon of voor derden oplevert.

Art. 13 (ondersteunende taken)

Politiegegevens, ondersteunende taken

1. Ten behoeve van de ondersteuning van de taak, bedoeld in artikel 1, onderdeel a, kunnen de politiegegevens worden verwerkt overeenkomstig artikel 8, 9 en 10, verder worden verwerkt voor zover zij relevant zijn voor:
a. het vaststellen van eerdere verwerkingen ten aanzien van eenzelfde persoon of zaak, onder meer ter bepaling van eerdere betrokkenheid bij strafbare feiten;
b. het ophelderen van strafbare feiten die nog niet herleid konden worden tot een verdachte;
c. identificatie van personen of zaken;
d. het onder de aandacht brengen van personen of zaken met het oog op het uitvoeren van een gevraagde handeling danwel met het oog op een juiste bejegening van personen;
e. het uitvoeren van taken ten dienste van de justitie.
2. Ten behoeve van de ondersteuning van de taak, bedoeld in artikel 1, onderdeel a, kunnen de politiegegevens die worden verwerkt overeenkomstig artikel 8, 9 of 10 door een verwerkingsverantwoordelijke centraal verder worden verwerkt voor zover zij relevant zijn voor het verkrijgen van landelijk inzicht in specialistische onderwerpen. De verder verwerkte gegevens worden ter beschikking gesteld aan door een verwerkingsverantwoordelijke geautoriseerde personen voor zover zij deze behoeven voor de uitvoering van de taak, bedoeld in artikel 1, onderdeel a.
3. Ten behoeve van de ondersteuning van de taak, bedoeld in artikel 1, onderdeel a, worden de politiegegevens die overeenkomstig artikel 8, 9 en 10 worden verwerkt, voor zover zij relevant zijn voor geautomatiseerde vergelijking met het oog op de melding van verschillende verwerkingen jegens eenzelfde persoon, daarvoor ter beschikking gesteld en verder verwerkt. De gerelateerde gegevens kunnen, na instemming van een daartoe bevoegde functionaris, verder worden verwerkt op grond van artikel 8, 9 of 10.

Nadere regels

4. Bij algemene maatregel van bestuur worden regels gesteld over hetgeen met het oog op de in het eerste, tweede en derde lid bedoelde verwerkingen tevoren schriftelijk wordt vastgelegd en ter inzage gelegd. In ieder geval worden regels gesteld over de schriftelijke vastlegging van:
a. het specifieke doel ten behoeve waarvan de gegevens ter ondersteuning van de taak, bedoeld in artikel 1, onderdeel a, verder worden verwerkt;
b. de categorieën van personen over wie gegevens ten behoeve van het betreffende doel verder worden verwerkt en de soorten van de over hen op te nemen gegevens;
c. de gevallen waarin of de termijnen waarbinnen het verder verwerken van de betreffende gegevens wordt beëindigd.

Art. 14 (bewaartermijnen)

Politiegegevens, bewaartermijnen

1. De op grond van de artikelen 8, zesde lid, 9, vierde lid, en artikel 10, zesde lid, verwijderde politiegegevens worden gedurende een termijn van vijf jaar bewaard ten behoeve van verwerking met het oog op de afhandeling van klachten en de verantwoording van verrichtingen en vervolgens vernietigd.
2. De artikelen 16 tot en met 20 alsmede de artikelen 23 en 24 zijn op de overeenkomstig het eerste lid bewaarde politiegegevens niet van toepassing.
3. In bijzondere gevallen en voor zover dat noodzakelijk is voor een doel als bedoeld in artikel 9 of 10, kunnen politiegegevens die overeenkomstig het eerste lid worden bewaard, in opdracht van het bevoegd gezag, bedoeld in de artikelen 11, 12 en 14 van de Politiewet 2012, ter beschikking worden gesteld voor hernieuwde verwerking op grond van artikel 9 of 10.
4. Van de vernietiging, bedoeld in het eerste lid, wordt afgezien voor zover de waarde van de archiefbescheiden als bestanddeel van het culturele erfgoed of voor historisch onderzoek zich daartegen verzet. De betreffende gegevens worden zo spoedig mogelijk overgebracht naar een archiefbewaarplaats. Daarbij worden met toepassing van artikel 15 van de Archiefwet 1995 beperkingen aan de openbaarheid gesteld. Onze Ministers kunnen over het in de eerste en derde volzin bepaalde beleidsregels vaststellen.

Art. 15 (ter beschikking stellen van politiegegevens)

Politiegegevens, ter beschikking stellen

1. De verwerkingsverantwoordelijke stelt politiegegevens ter beschikking aan personen die door hemzelf dan wel door een andere verwerkingsverantwoordelijke overeenkomstig artikel 6, tweede lid, zijn geautoriseerd voor de verwerking van politiegegevens, voor zover zij deze behoeven voor de uitvoering van hun taak.

Nadere regels

2. In bijzondere gevallen kan, indien dit noodzakelijk is voor een goede uitvoering van de taak, bedoeld in artikel 1, onderdeel a, de terbeschikkingstelling van politiegegevens door de verwer-

kingsverantwoordelijke worden geweigerd dan wel kan de verwerkingsverantwoordelijke beperkende voorwaarden stellen aan de verdere verwerking. Bij algemene maatregel van bestuur kunnen nadere regels worden gesteld over de gronden waarop de terbeschikkingstelling kan worden geweigerd en over de beperkende voorwaarden die kunnen worden gesteld.

Art. 15a (ter beschikkingstelling binnen Europese Unie)
1. Politiegegevens worden of kunnen worden ter beschikking gesteld aan de bevoegde autoriteiten in andere lidstaten van de Europese Unie of aan organen en instanties die zijn opgericht krachtens de hoofdstukken 4 en 5 van Titel V van het verdrag betreffende de werking van de Europese Unie, die zijn belast met de taken, bedoeld in artikel 1, onderdeel a, voor zover dat voortvloeit uit een rechtsinstrument op grond van het verdrag betreffende de werking van de Europese Unie.

Politiegegevens, ter beschikking stellen binnen EU

2. Bij algemene maatregel van bestuur worden nadere regels gesteld over de ter beschikkingstelling van politiegegevens, bedoeld in het eerste lid, alsmede over de verdere verwerking en de daarbij te stellen voorwaarden aan het gebruik daarvan door ontvangstgerechtigde autoriteiten of internationale organen en instanties, en over de ontvangst van politiegegevens vanuit andere lidstaten van de Europese Unie. Onverminderd specifieke voorzieningen in een rechtsinstrument, bedoeld in het eerste lid, mogen de voorwaarden niet afwijken van de voorwaarden voor vergelijkbare doorzendingen van politiegegevens binnen het Europese deel van Nederland.

§ 3
De doorgifte of verstrekking van politiegegevens aan anderen dan politie en Koninklijke marechaussee

Art. 16 (verstrekking aan gezagsdragers)
1. De verwerkingsverantwoordelijke verstrekt politiegegevens aan:
a. leden van het openbaar ministerie voor zover zij deze behoeven:
1°. in verband met hun gezag of zeggenschap over de politie of over andere personen of instanties die met de opsporing van strafbare feiten zijn belast, of
2°. voor de uitvoering van andere hun bij of krachtens de wet opgedragen taken;
b. de burgemeesters voor zover zij deze behoeven:
1°. in verband met hun gezag en zeggenschap over de politie, of
2°. in het kader van de handhaving van de openbare orde.
c. de verwerkingsverantwoordelijke voor zover hij deze behoeft in verband met:
1°. het verrichten van een onderzoek naar aanleiding van klachten, als bedoeld in artikel 70 van de Politiewet 2012 en artikel 14 van de Wet op de bijzondere opsporingsdiensten, of
2°. disciplinaire bestraffing vanwege niet-nakoming van verplichtingen of plichtsverzuim, als geregeld bij of krachtens artikel 47 van de Politiewet 2012 en de regelgeving die van toepassing is op de aanstelling of arbeidsovereenkomst van de opsporingsambtenaar, bedoeld in artikel 141, onderdeel d, van het Wetboek van Strafvordering, of
3°. schorsing of ontslag van de ambtenaar van de Koninklijke marechaussee voor zover werkzaam ter uitvoering van de politietaken, bedoeld in artikel 4, eerste lid, onderdelen a, b, c, d, e, g en h van de Politiewet 2012 vanwege niet nakoming van verplichtingen of plichtsverzuim als geregeld bij of krachtens artikel 12 van de Wet ambtenaren defensie.
2. Op de verstrekkingen, bedoeld in het eerste lid, onderdeel c, is artikel 15, tweede lid, van overeenkomstige toepassing.

Politiegegevens, verstrekking aan opsporingsambtenaren en gezagsdragers

Art. 17 (verstrekking aan inlichtingendiensten)
Politiegegevens kunnen worden verstrekt voor zover dit voortvloeit uit de Wet op de inlichtingen- en veiligheidsdiensten 2017.

Politiegegevens, verstrekking aan inlichtingendiensten

Art. 17a (doorgiften aan derde landen)
1. Politiegegevens kunnen met inachtneming van het bij of krachtens deze wet bepaalde worden doorgegeven aan een verwerkingsverantwoordelijke in een derde land of aan een internationale organisatie, voor zover dit noodzakelijk is voor de doeleinden, bedoeld in artikel 1, onderdeel a, en indien de Commissie van de Europese Unie heeft besloten dat het derde land of de internationale organisatie een toereikend beschermingsniveau voor de voorgenomen gegevensverwerking verzekert.
2. Bij ontstentenis van een besluit van de Commissie, bedoeld in het eerste lid, kunnen politiegegevens worden verstrekt of doorgegeven indien:
a. in een juridisch bindend instrument passende waarborgen voor de bescherming van persoonsgegevens zijn geboden; of
b. de verwerkingsverantwoordelijke na beoordeling van alle omstandigheden heeft geconcludeerd dat het derde land of de internationale organisatie passende waarborgen biedt voor de bescherming van persoonsgegevens. De verantwoordelijke informeert de Autoriteit persoonsgegevens over de categorieën van doorgifte op grond van dit onderdeel.

Politiegegevens, doorgifte aan derde landen

3. Bij ontstentenis van een besluit van de Commissie, bedoeld in het eerste lid, of van passende waarborgen, bedoeld in het tweede lid, is een doorgifte of een categorie van doorgiften van politiegegevens aan een derde land of internationale organisatie slechts toegelaten indien de doorgifte noodzakelijk is:
a. om een vitaal belang van de betrokkene of van een andere persoon te beschermen;
b. is om de gerechtvaardigde belangen van de betrokkene te beschermen, wanneer het recht van de lidstaat van waaruit de doorgifte van politiegegevens plaatsvindt aldus bepaalt;
c. is om een onmiddellijk en ernstig gevaar voor de openbare veiligheid van een lidstaat of derde land te voorkomen;
d. in afzonderlijke gevallen met het oog op de uitvoering van de taak, bedoeld in artikel 1, onderdeel a;
e. in afzonderlijke gevallen met het oog op het instellen, uitoefenen of verdedigen van rechtsvorderingen in verband met de uitvoering van de taak, bedoeld in artikel 1, onderdeel a, en de grondrechten en fundamentele vrijheden van de betrokkene niet prevaleren boven het algemeen belang van de doorgifte, bedoeld in de onderdelen d en e.

4. In het geval de doorgifte, bedoeld in het eerste, tweede en derde lid en onverminderd een internationale overeenkomst tussen lidstaten en derde landen, politiegegevens betreft die van een andere lidstaat afkomstig zijn, is onverminderd deze leden toestemming van de bevoegde autoriteit uit die lidstaat vereist voor doorgifte, tenzij de doorgifte noodzakelijk is met het oog op het voorkomen van een onmiddellijk en ernstig gevaar voor de openbare veiligheid van een lidstaat of een derde land of voor de fundamentele belangen van een lidstaat, en voorafgaande toestemming niet tijdig kan worden verkregen. De voor het geven van voorafgaande toestemming verantwoordelijke autoriteit wordt onverwijld in kennis gesteld.

5. In afwijking van het eerste, tweede en derde lid, en onverminderd een van kracht zijnde bilaterale of multilaterale internationale overeenkomst tussen lidstaten en derde landen op het gebied van justitiële samenwerking in strafzaken en politiële samenwerking kunnen in afzonderlijke en specifieke gevallen politiegegevens worden doorgegeven aan een ontvanger in een derde land, zonder tussenkomst van een bevoegde autoriteit in dat land, indien de doorgifte strikt noodzakelijk is voor de uitvoering van de taak, bedoeld in artikel 1, onderdeel a, en indien aan de volgende voorwaarden is voldaan:
a. de doorgifte is strikt noodzakelijk voor de uitvoering van een in het Unierecht of het lidstatelijke recht omschreven taak van de bevoegde autoriteit die de doorgifte doet, ter verwezenlijking van de doeleinden van artikel 1, eerste lid, van de richtlijn;
b. de bevoegde autoriteit die de doorgifte doet, bepaalt dat er geen grondrechten en fundamentele vrijheden van de betrokkene zijn die zwaarder wegen dan het openbaar belang dat de doorgifte in dat specifieke geval noodzakelijk maakt;
c. de bevoegde autoriteit die de doorgifte doet, is van mening dat de doorgifte aan een autoriteit die in het derde land bevoegd is voor de in artikel 1, eerste lid, van de richtlijn, bedoelde doeleinden, ondoeltreffend of ongeschikt is, met name omdat de doorgifte niet tijdig kan worden bewerkstelligd;
d. de autoriteit die in het derde land bevoegd is voor de in artikel 1, eerste lid, van de richtlijn, bedoelde doeleinden wordt zonder onnodige vertraging op de hoogte gebracht, tenzij dit ondoeltreffend of ongeschikt is;
e. de bevoegde autoriteit die de doorgifte doet, licht de ontvanger in over het nader bepaalde doel of de nader bepaalde doeleinden waarvoor de persoonsgegevens bij uitsluiting door laatstgenoemde mogen worden verwerkt, op voorwaarde dat een dergelijke verwerking noodzakelijk is.

6. Politiegegevens kunnen door een derde land of internationale organisatie verder worden doorgegeven aan een ander derde land of een andere internationale organisatie, indien de bevoegde autoriteit toestemming verleent voor die verdere doorgifte, na alle relevante factoren naar behoren in aanmerking te hebben genomen, waaronder de ernst van het strafbare feit, het doel waarvoor de gegevens oorspronkelijk waren doorgegeven en het niveau van gegevensbescherming in het derde land of de internationale organisatie waaraan de persoonsgegevens verder worden doorgegeven.

7. Bij algemene maatregel van bestuur worden nadere regels gesteld over de doorgifte van politiegegevens, bedoeld in het eerste, tweede, derde en zesde lid, alsmede over de verdere verwerking en de daarbij te stellen voorwaarden aan het gebruik daarvan door ontvangstgerechtigde autoriteiten of internationale organen, en over de ontvangst van politiegegevens vanuit derde landen.

Art. 18 (verstrekking aan derden structureel)

Politiegegevens, structurele verstrekking aan derden

1. Bij of krachtens algemene maatregel van bestuur kunnen personen en instanties worden aangewezen aan wie of waaraan, met het oog op een zwaarwegend algemeen belang, politiegegevens worden of kunnen worden verstrekt ter uitvoering van de bij of krachtens die algemene maatregel van bestuur aan te geven taak.

2. In bijzondere gevallen kan Onze Minister van Veiligheid en Justitie toestemming of opdracht geven tot het verstrekken van daarbij door hem te omschrijven politiegegevens voor zover dit noodzakelijk is met het oog op een zwaarwegend algemeen belang. Van de desbetreffende beschikking wordt mededeling gedaan aan de Autoriteit persoonsgegevens.

Art. 19 (verstrekking aan derden incidenteel)

In bijzondere gevallen kan de verwerkingsverantwoordelijke, voor zover dit noodzakelijk is met het oog op een zwaarwegend algemeen belang, in overeenstemming met het bevoegd gezag, bedoeld in de artikelen 11, 12 en 14 van de Politiewet 2012, beslissen tot het verstrekken van politiegegevens aan personen of instanties voor de volgende doeleinden:

Politiegegevens, incidentele verstrekking aan derden

a. het voorkomen en opsporen van strafbare feiten;
b. het handhaven van de openbare orde;
c. het verlenen van hulp aan hen die deze behoeven;
d. het uitoefenen van toezicht op het naleven van regelgeving.

Art. 20 (verstrekking aan derden structureel voor samenwerkingsverbanden)

1. De verwerkingsverantwoordelijke kan, voor zover dit met het oog op een zwaarwegend algemeen belang noodzakelijk is ten behoeve van een samenwerkingsverband van de bevoegde autoriteiten met personen of instanties, in overeenstemming met het bevoegd gezag, bedoeld in de artikelen 11, 12 en 14 van de Politiewet 2012, beslissen tot het verstrekken van politiegegevens aan die personen en instanties voor de volgende doeleinden:

Politiegegevens, structurele verstrekking aan derden voor samenwerkingsverbanden

a. het voorkomen en opsporen van strafbare feiten;
b. het handhaven van de openbare orde;
c. het verlenen van hulp aan hen die deze behoeven;
d. het uitoefenen van toezicht op het naleven van regelgeving.

2. In de beslissing, bedoeld in het eerste lid, wordt vastgelegd ten behoeve van welk zwaarwegend algemeen belang de verstrekking noodzakelijk is, ten behoeve van welk samenwerkingsverband de politiegegevens worden verstrekt, alsmede het doel waartoe dit is opgericht, welke gegevens worden verstrekt, de voorwaarden onder welke de gegevens worden verstrekt en aan welke personen of instanties de gegevens worden verstrekt.

Art. 21 (nadere regels bij algemene maatregel van bestuur)

Bij algemene maatregel van bestuur kunnen nadere regels worden gesteld over de categorieën van politiegegevens die worden of kunnen worden verstrekt op grond van de artikelen 18, 19 en 20.

Nadere regels

Art. 22 (verwerking voor wetenschappelijk onderzoek en statistiek)

1. Politiegegevens kunnen worden verwerkt ten behoeve van beleidsinformatie, wetenschappelijk onderzoek of statistiek met het oog op de taak, bedoeld in artikel 1, onderdeel a, onder de voorwaarde dat de resultaten daarvan geen persoonsgegevens mogen bevatten.

Politiegegevens, verwerking voor wetenschappelijk onderzoek en statistiek

2. Bij algemene maatregel van bestuur worden nadere regels gesteld over de verstrekking van politiegegevens ten behoeve van het bepaalde in het eerste lid.

Nadere regels

Art. 23 (rechtstreekse verstrekking)

1. Verstrekking van politiegegevens aan de leden van het openbaar ministerie als bedoeld in artikel 16, eerste lid, onderdeel a, kan rechtstreeks plaatsvinden voor zover noodzakelijk met het oog op:

Politiegegevens, rechtstreekse verstrekking

a. strafvorderlijke beslissingen omtrent opsporing en vervolging en de hulp aan slachtoffers van strafbare feiten;
b. bij algemene maatregel van bestuur aan te wijzen beslissingen.

2. Verstrekking van politiegegevens als bedoeld in artikel 18 vindt alleen rechtstreeks plaats aan bij algemene maatregel van bestuur aangewezen personen of instanties met een publiekrechtelijke taak door middel van geautomatiseerde vergelijking van persoonsgegevens met bij algemene maatregel van bestuur aan te wijzen categorieën van politiegegevens.

3. Aan de korpschef, bedoeld in artikel 27 van de Politiewet 2012 en aan de Minister van Defensie kan verstrekking van politiegegevens als bedoeld in artikel 18 rechtstreeks plaatsvinden voor zover noodzakelijk met het oog op het uitvoeren van hun bij algemene maatregel van bestuur aangewezen wettelijke taken.

4. De verwerkingsverantwoordelijke treft passende technische en organisatorische maatregelen teneinde te waarborgen dat rechtstreekse verstrekking uitsluitend plaatsvindt voor zover noodzakelijk op grond van het bepaalde bij of krachtens het eerste, tweede en derde lid. Bij algemene maatregel van bestuur kunnen hierover nadere regels worden gesteld.

Nadere regels

Art. 24 (rechtstreekse verstrekking aan inlichtingen- en veiligheidsdiensten)

1. Voor zover dat noodzakelijk is voor de uitvoering van de taak, bedoeld in artikel 8, tweede lid, van de Wet op de inlichtingen- en veiligheidsdiensten 2017, kunnen door de Algemene Inlichtingen- en Veiligheidsdienst verwerkte gegevens rechtstreeks geautomatiseerd worden vergeleken met bij algemene maatregel van bestuur, op voordracht van Onze Minister van Binnenlandse Zaken en Koninkrijksrelaties en Onze Minister van Veiligheid en Justitie gezamenlijk, te bepalen categorieën van politiegegevens teneinde vast te stellen of verbanden bestaan

Politiegegevens, rechtstreekse verstrekking aan inlichtingen- en veiligheidsdiensten

tussen de betreffende gegevens. De gerelateerde gegevens kunnen daarvoor rechtstreeks worden verstrekt aan ambtenaren werkzaam bij de Algemene Inlichtingen- en Veiligheidsdienst waarbij in bepaalde, door een lid van het College van procureurs-generaal en de Directeur-Generaal van de Algemene Inlichtingen- en Veiligheidsdienst gezamenlijk vast te stellen gevallen, op een gezamenlijk vast te stellen wijze, daarvan kennis wordt gegeven aan het lid van het openbaar ministerie als bedoeld in artikel 66 van de Wet op de inlichtingen- en veiligheidsdiensten 2017.
2. Voor zover dat noodzakelijk is voor de uitvoering van de taak, bedoeld in artikel 10, tweede lid, van de Wet op de inlichtingen- en veiligheidsdiensten 2017, kunnen door de Militaire Inlichtingen- en Veiligheidsdienst verwerkte gegevens rechtstreeks geautomatiseerd worden vergeleken met bij algemene maatregel van bestuur, op voordracht van Onze Minister van Defensie en Onze Minister van Veiligheid en Justitie gezamenlijk, te bepalen categorieën van politiegegevens teneinde vast te stellen of verbanden bestaan tussen de betreffende gegevens. De gerelateerde gegevens kunnen daarvoor rechtstreeks worden verstrekt aan ambtenaren werkzaam bij de Militaire Inlichtingen- en Veiligheidsdienst waarbij in bepaalde, door een lid van het College van procureurs-generaal en het hoofd van de Militaire Inlichtingen- en Veiligheidsdienst gezamenlijk vast te stellen gevallen, op een gezamenlijk vast te stellen wijze, daarvan kennis wordt gegeven aan het lid van het openbaar ministerie als bedoeld in artikel 66 van de Wet op de inlichtingen- en veiligheidsdiensten 2017.
3. Artikel 23, vierde lid, is van overeenkomstige toepassing.

§ 4
Rechten van de betrokkene

Art. 24a (informatie aan de betrokkene)

Politiegegevens, verstrekking informatie over verwerking aan betrokkene

1. De verwerkingsverantwoordelijke verstrekt aan de betrokkene informatie over de verwerking van politiegegevens in een beknopte en toegankelijke vorm en in duidelijke en eenvoudige taal. De informatie wordt met passende middelen, waaronder elektronische, verstrekt en in het algemeen in dezelfde vorm als de vorm van het verzoek.
2. Indien de betrokkene verzoekt om inzage, op grond van artikel 25, eerste lid, of rectificatie, bedoeld in artikel 28, eerste lid, wordt hij schriftelijk en zonder onnodige vertraging in kennis gesteld van de ontvangst van het verzoek, de termijn voor uitsluitsel en de mogelijkheid om naar aanleiding daarvan een klacht in te dienen bij de Autoriteit persoonsgegevens.
3. De verstrekking van de informatie, bedoeld in de artikelen 7a, 24b, 25, eerste lid, 28, 33a, vijfde lid, geschiedt kosteloos.
4. In het geval van een kennelijk ongegrond of buitensporig verzoek, met name vanwege de geringe tussenpozen tussen opeenvolgende verzoeken, kan de verwerkingsverantwoordelijke weigeren gevolg te geven aan het verzoek.
5. De verstrekking van informatie, bedoeld in de artikelen 24b, 25, eerste lid, en 28, vindt plaats overeenkomstig de artikelen 30 tot en met 34 van het Wetboek van Strafvordering als de gegevens in een procestukken worden verwerkt.

Art. 24b (verstrekking van informatie aan de betrokkene)

Politiegegevens, verstrekking informatie aan betrokkene

1. De verwerkingsverantwoordelijke verstrekt in elk geval de volgende informatie aan de betrokkene:
a. de identiteit en contactgegevens van de verwerkingsverantwoordelijke en, in voorkomend geval, van de functionaris voor gegevensbescherming;
b. de verwerkingsdoelen van de politiegegevens;
c. de rechten van de betrokkene, bedoeld in de artikelen 25, eerste lid, en 28, eerste en tweede lid;
d. het recht een klacht in te dienen bij de Autoriteit persoonsgegevens, en de contactgegevens van die autoriteit.
2. In specifieke gevallen verstrekt de verwerkingsverantwoordelijke de volgende informatie aan de betrokkene:
a. de rechtsgrondslag van de verwerking;
b. de bewaartermijn van de politiegegevens;
c. in voorkomend geval, de categorieën van de ontvangers van de politiegegevens;
d. indien noodzakelijk, extra informatie, in het bijzonder wanneer de politiegegevens zonder medeweten van de betrokkene worden verzameld;
e. het bestaan van geautomatiseerde besluitvorming, met inbegrip van de in artikel 7a, eerste lid, bedoelde profilering, en nuttige informatie over de onderliggende logica, alsmede het belang en de verwachte gevolgen van die verwerking voor de betrokkene.
3. De verwerkingsverantwoordelijke kan de verstrekking van informatie, als bedoeld in het tweede lid, uitstellen, beperken of achterwege laten voor zover dit een noodzakelijke en evenredige maatregel is in verband met een belang, bedoeld in artikel 27, eerste lid, onderdelen a tot en met e.

Wet politiegegevens   **C11 art. 28**

4. Het tweede lid is niet van toepassing ten aanzien van de verwerking van gegevens van personen, bedoeld in artikel 6b, onder a.

Art. 25 (recht op inzage)

1. De betrokkene heeft het recht om op diens schriftelijke verzoek van de verwerkingsverantwoordelijke binnen zes weken uitsluitsel te verkrijgen over de verwerking van hem betreffende persoonsgegevens en, wanneer dat het geval is, om die persoonsgegevens in te zien en om informatie te verkrijgen over:

    a. de doelen en de rechtsgrond van de verwerking;
    b. de betrokken categorieën van politiegegevens;
    c. de vraag of de deze persoon betreffende politiegegevens gedurende een periode van vier jaar voorafgaande aan het verzoek zijn verstrekt en over de ontvangers of categorieën van ontvangers aan wie de gegevens zijn verstrekt, met name ontvangers in derde landen of internationale organisaties;
    d. de voorziene periode van opslag of indien dat niet mogelijk is, de criteria om die termijn te bepalen;
    e. het recht te verzoeken om rectificatie, vernietiging of afscherming van de verwerking van hem betreffende politiegegevens;
    f. het recht een klacht in te dienen bij de Autoriteit persoonsgegevens, en de contactgegevens van die autoriteit;
    g. de herkomst, voor zover beschikbaar, van de verwerking van hem betreffende politiegegevens.

2. De verwerkingsverantwoordelijke kan zijn beslissing voor ten hoogste vier weken verdagen, dan wel voor ten hoogste zes weken indien blijkt dat bij verschillende regionale eenheden of bij de landelijke eenheid van de politie politiegegevens over de verzoeker worden verwerkt. Van de verdaging wordt schriftelijk mededeling gedaan.

Politiegegevens, recht op inzage betrokkene

Art. 26 (formaliteiten)

1. Bij de behandeling van verzoeken als bedoeld in de artikelen 25 en 28 draagt de verwerkingsverantwoordelijke zorg voor een deugdelijke vaststelling van de identiteit van de verzoeker. Wanneer de verwerkingsverantwoordelijke redenen heeft om te twijfelen aan de identiteit van de persoon die het verzoek doet, kan hij de nodige aanvullende informatie vragen ter bevestiging van de identiteit van de betrokkene.
2. De verzoeken ten aanzien van minderjarigen die de leeftijd van zestien jaren nog niet hebben bereikt, en ten aanzien van onder curatele gestelden worden gedaan door hun wettelijk vertegenwoordigers. De betrokken mededeling geschiedt eveneens aan de wettelijk vertegenwoordigers.
3. De verzoeken kunnen tevens worden gedaan door een advocaat aan wie de betrokkene een bijzondere machtiging heeft verleend met het oog op de uitoefening van zijn rechten krachtens deze wet en die het verzoek uitsluitend doet met de behartiging de belangen van zijn cliënt te behartigen. De betrokken mededeling geschiedt aan de advocaat. De verantwoordelijke kan aan de bijzondere machtiging eisen stellen.

Art. 27 (uitzonderingen)

1. Een verzoek als bedoeld in de artikelen 25, eerste lid, en 28, eerste lid en tweede lid, wordt afgewezen voor zover dit een noodzakelijke en evenredige maatregel is:

    a. ter vermijding van belemmering van de gerechtelijke onderzoeken of procedures;
    b. ter vermijding van nadelige gevolgen voor de voorkoming, de opsporing, het onderzoek en de vervolging van strafbare feiten of de tenuitvoerlegging van straffen;
    c. ter bescherming van de openbare veiligheid;
    d. ter bescherming van de rechten en vrijheden van derden;
    e. ter bescherming van de nationale veiligheid;
    f. ingeval van een kennelijk ongegrond of buitensporig verzoek, als bedoeld in artikel 24a, vierde lid.

2. Een gehele of gedeeltelijke afwijzing van een verzoek als bedoeld in het eerste lid is schriftelijk en bevat de redenen voor de afwijzing.
3. Een verzoek als bedoeld in de artikelen 25, eerste lid, en 28, eerste lid, wordt afgewezen als het verzoek de gegevens betreft, die worden verwerkt bij of krachtens artikel 12.

Politiegegevens, uitzondering op recht inzage betrokkene

Art. 28 (recht op rectificatie en vernietiging van politiegegevens)

1. De betrokkene heeft het recht op diens schriftelijke verzoek van de verwerkingsverantwoordelijke rectificatie van de hem betreffende onjuiste politiegegevens te verkrijgen en, rekening houdend met het doel van de verwerking, het recht om onvolledige politiegegevens te laten aanvullen, onder meer door middel van een aanvullende verklaring. Het verzoek bevat de aan te brengen wijzigingen.
2. De betrokkene heeft het recht op diens schriftelijke verzoek van de verwerkingsverantwoordelijke zonder onnodige vertraging vernietiging van de hem betreffende politiegegevens te verkrijgen indien de gegevens in strijd met een wettelijk voorschrift worden verwerkt of om te voldoen aan een wettelijke verplichting. In plaats van vernietiging draagt de verwerkingsverantwoordelijke zorg voor afscherming als:

Politiegegevens, recht op rectificatie en vernietiging

Sdu   485

a. de juistheid van de gegevens door de betrokkene wordt betwist en de juistheid of onjuistheid niet kan worden geverifieerd, in welk geval de verwerkingsverantwoordelijke de betrokkene informeert voordat de afscherming wordt opgeheven, of
b. de gegevens moeten worden bewaard als bewijsmateriaal.
3. De verwerkingsverantwoordelijke stelt de betrokkene binnen vier weken schriftelijk in kennis met betrekking tot de opvolging van zijn verzoek.
4. De verwerkingsverantwoordelijke geeft de rectificatie van de onjuiste politiegegevens door aan de bevoegde autoriteit van wie de gegevens afkomstig zijn.
5. Indien de verwerkingsverantwoordelijke politiegegevens heeft gerectificeerd, vernietigd of afgeschermd, stelt hij de ontvangers daarvan in kennis.

§ 4a
Rechtsbescherming

Art. 29 (toepasselijkheid Awb)

Politiegegevens, toepasselijkheid Awb

1. Een beslissing op een verzoek als bedoeld in artikel 25 of 28 geldt als een besluit in de zin van de Algemene wet bestuursrecht.
2. De belanghebbende kan zich binnen de termijn bepaald voor het beroep op grond van de Algemene wet bestuursrecht tot de Autoriteit persoonsgegevens wenden met het verzoek te bemiddelen of te adviseren in zijn geschil met de verwerkingsverantwoordelijke. In dat geval kan in afwijking van artikel 6:7 van de Algemene wet bestuursrecht het beroep nog worden ingesteld nadat de belanghebbende van de Autoriteit persoonsgegevens bericht heeft ontvangen dat de behandeling van de zaak is beëindigd, doch uiterlijk zes weken na dat tijdstip.
3. In klachtprocedures waarbij de verwerkingsverantwoordelijke of onder zijn verantwoordelijkheid werkzame personen ingevolge artikel 9:31 van de Algemene wet bestuursrecht worden verplicht tot het verstrekken van inlichtingen of het overleggen van stukken aan de Nationale ombudsman met betrekking tot politiegegevens die zijn te herleiden tot een informant als bedoeld in artikel 12, zevende lid, kan Onze Minister van Veiligheid en Justitie beslissen dat artikel 9:31, vijfde en zesde lid, van die wet buiten toepassing blijft.
4. Indien Onze Minister van Veiligheid en Justitie heeft beslist dat artikel 9:31, vijfde en zesde lid, van de Algemene wet bestuursrecht buiten toepassing blijft en de verwerkingsverantwoordelijke of onder zijn verantwoordelijkheid werkzame personen worden verplicht tot het overleggen van stukken, wordt volstaan met het ter inzage geven van de desbetreffende stukken. Van de desbetreffende stukken wordt op generlei wijze een afschrift vervaardigd.
5. In procedures inzake beslissingen als bedoeld in het eerste lid waarbij de verwerkingsverantwoordelijke of onder zijn verantwoordelijkheid werkzame personen ingevolge artikel 8:27, 8:28 of 8:45 van de Algemene wet bestuursrecht worden verplicht tot het verstrekken van inlichtingen of het overleggen van stukken met betrekking tot politiegegevens die zijn te herleiden tot een informant als bedoeld in artikel 12, zevende lid, kan Onze Minister van Veiligheid en Justitie beslissen dat artikel 8:29, derde tot en met vijfde lid, van die wet buiten toepassing blijft. Indien aan de rechtbank stukken dienen te worden overgelegd, wordt alsdan met het ter inzage geven van de desbetreffende stukken volstaan. Van de desbetreffende stukken wordt op generlei wijze een afschrift vervaardigd. Indien Onze Minister van Veiligheid en Justitie de rechtbank mededeelt dat uitsluitend zij kennis zal mogen nemen van de inlichtingen onderscheidenlijk de stukken, kan de rechtbank slechts met toestemming van de andere partijen mede op grondslag van die inlichtingen of stukken uitspraak doen.

Art. 30-31
[Vervallen]

Art. 31a (klacht bij Autoriteit persoonsgegevens)

Autoriteit persoonsgegevens, klacht

1. Onverminderd bestaande rechtsmiddelen heeft iedere betrokkene het recht een klacht in te dienen bij de Autoriteit persoonsgegevens indien de betrokkene van mening is dat de verwerking van hem betreffende persoonsgegevens niet in overeenstemming is met het bij of krachtens deze wet bepaalde.
2. Indien de Autoriteit persoonsgegevens niet bevoegd is op grond van artikel 35, eerste lid, zendt zij de klacht zonder onnodige vertraging door aan de autoriteit in een andere lidstaat van de Europese Unie die bevoegd is tot het uitoefenen van het toezicht, bedoeld in artikel 35, eerste lid. De betrokkene wordt van de doorzending in kennis gesteld.
3. Op verzoek van de betrokkene verleent de Autoriteit persoonsgegevens verdere bijstand.
4. De Autoriteit persoonsgegevens faciliteert het indienen van klachten door maatregelen te nemen, zoals het ter beschikking stellen van een klachtformulier dat ook elektronisch kan worden ingevuld, zonder dat andere communicatiemiddelen worden uitgesloten.
5. De Autoriteit persoonsgegevens neemt binnen drie maanden een beslissing op een klacht als bedoeld in het eerste lid. Een beslissing op een klacht geldt als een besluit in de zin van de Algemene wet bestuursrecht.

Wet politiegegevens C11 art. 32

6. In het geval van een kennelijk ongegronde of buitensporige klacht, met name vanwege de geringe tussenpozen tussen klachten, kan de Autoriteit persoonsgegevens weigeren gevolg te geven aan de klacht.

Art. 31b (rechtsvordering tegen Autoriteit persoonsgegevens)
Een vordering tegen de Autoriteit persoonsgegevens wordt ingesteld bij een gerecht, bedoeld in artikel 2 van de Wet op de rechterlijke organisatie, in Nederland.

Autoriteit persoonsgegevens, rechtsvordering

Art. 31c (schadevergoeding)
1. Indien iemand schade lijdt doordat ten opzichte van hem in strijd wordt gehandeld met de bij of krachtens deze wet gegeven voorschriften zijn de volgende leden van toepassing, onverminderd de aanspraken op grond van andere wettelijke regels.

Autoriteit persoonsgegevens, schadevergoeding bij niet naleving voorschriften

2. Voor nadeel dat niet in vermogensschade bestaat, heeft de benadeelde recht op een naar billijkheid vast te stellen schadevergoeding.
3. De verwerkingsverantwoordelijke is aansprakelijk voor de schade of het nadeel, voortvloeiende uit het niet-nakomen van de in het eerste lid bedoelde voorschriften. De verwerker is aansprakelijk voor die schade of dat nadeel, voor zover ontstaan door zijn werkzaamheid.
4. De verwerkingsverantwoordelijke of de verwerker kan geheel of gedeeltelijk worden ontheven van deze aansprakelijkheid, indien hij bewijst dat de schade hem niet kan worden toegerekend.

§ 5
Controle en toezicht op de gegevensverwerking

Art. 31d (register)
1. De verwerkingsverantwoordelijke houdt een register bij dat de volgende gegevens bevat:
a. de naam en de contactgegevens van de verwerkingsverantwoordelijke, de gezamenlijk verwerkingsverantwoordelijken en de functionaris voor gegevensbescherming;
b. de doelen van de verwerking;
c. de categorieën van ontvangers aan wie politiegegevens zijn of zullen worden verstrekt, met inbegrip van ontvangers in derde landen of internationale organisaties;
d. een beschrijving van de categorieën van betrokkenen en van de categorieën van persoonsgegevens;
e. in voorkomend geval, het gebruik van profilering;
f. in voorkomend geval, de categorieën van doorgiften van politiegegevens aan een derde land of een internationale organisatie;
g. een aanwijzing van de rechtsgrondslag van de verwerking, met inbegrip van doorgiften, waarvoor de politiegegevens bedoeld zijn;
h. zo mogelijk, de beoogde termijnen waarbinnen de verschillende categorieën van gegevens worden verwijderd of vernietigd;
i. zo mogelijk, een algemene beschrijving van de technische en organisatorische maatregelen ter beveiliging, bedoeld in artikel 4a;
j. de toekenning van de autorisaties, bedoeld in artikel 6.

Politiegegevens, gegevensverwerking, controle en toezicht

2. De verwerker houdt een register bij dat de volgende gegevens bevat:
a. de naam en de contactgegevens van de verwerker of verwerkers en van iedere verwerkingsverantwoordelijke ten behoeve van wie de verwerker handelt en, in voorkomend geval, van de functionaris voor gegevensbescherming;
b. de categorieën van verwerkingen die namens iedere verwerkingsverantwoordelijke zijn uitgevoerd;
c. indien van toepassing, doorgiften van politiegegevens aan een derde land of een internationale organisatie, onder vermelding van dat derde land of die internationale organisatie, indien door de verwerkingsverantwoordelijke uitdrukkelijk daartoe geïnstrueerd;
d. indien mogelijk, een algemene beschrijving van de technische en organisatorische maatregelen, bedoeld in artikel 4a.

Art. 32 (documentatie)
1. De verwerkingsverantwoordelijke draagt zorg voor de schriftelijke vastlegging van:
a. de doelen van de onderzoeken, bedoeld in artikel 9, tweede lid;
b. de verstrekking of doorgifte van politiegegevens op grond van paragraaf 3, met uitzondering van de verstrekking, bedoeld in artikel 17 en artikel 24, eerste en tweede lid, indien dit zich niet verdraagt met het belang van de veiligheid van de staat;
c. de feitelijke of juridische redenen die ten grondslag liggen aan een afwijzing, bedoeld in artikel 27, eerste lid;
d. een inbreuk op de beveiliging van persoonsgegevens, bedoeld in artikel 33a, inclusief de feiten omtrent de inbreuk, de gevolgen ervan en de maatregelen die zijn getroffen ter correctie.

Politiegegevens, schriftelijke vastlegging door verwerkingsverantwoordelijke

2. Bij de doorgifte van politiegegevens aan een verwerkingsverantwoordelijke in een derde land of aan een internationale organisatie, bedoeld in artikel 17a, tweede lid, onderdeel b, en

derde lid, omvat de schriftelijke vastlegging de datum en tijd van doorgifte, informatie over de ontvangende bevoegde autoriteit, de reden van doorgifte en de doorgegeven gegevens zelf.
3. De verantwoordelijke draagt zorg voor de schriftelijke melding van een gemeenschappelijke verwerking van politiegegevens aan de Autoriteit persoonsgegevens.
4. De politiegegevens, bedoeld in het eerste lid, worden bewaard tenminste tot de datum waarop de laatste controle, bedoeld in artikel 33, is verricht.
5. Bij of krachtens algemene maatregel van bestuur worden nadere regels gesteld over de wijze van vastlegging.

Art. 32a (logging)

1. De verwerkingsverantwoordelijke en de verwerker dragen zorg voor de vastlegging langs elektronische weg (logging) van ten minste de volgende verwerkingen van politiegegevens in geautomatiseerde systemen: het verzamelen, wijzigen, raadplegen, verstrekken onder meer in de vorm van doorgiften, combineren of vernietigen van politiegegevens.
2. De vastgelegde gegevens, bedoeld in het eerste lid, worden uitsluitend gebruikt voor de controle van de rechtmatigheid van de gegevensverwerking, voor interne controles, ter waarborging van de integriteit en de beveiliging van de politiegegevens en voor strafrechtelijke procedures.

Art. 33 (audits)

1. De verwerkingsverantwoordelijke doet de uitvoering van de bij of krachtens deze wet gegeven regels controleren door middel van het periodiek doen verrichten van privacy audits.
2. De verwerkingsverantwoordelijke zendt een afschrift van de controleresultaten van de privacy audits aan de Autoriteit persoonsgegevens.
3. Indien uit de controleresultaten blijkt dat niet wordt voldaan aan het bij of krachtens deze wet bepaalde, laat de verwerkingsverantwoordelijke binnen een jaar een hercontrole uitvoeren op die onderdelen die niet voldeden aan de gestelde voorwaarden. Het tweede lid is van overeenkomstige toepassing.
4. Een ieder die betrokken is bij een controle als bedoeld in het eerste of derde lid is verplicht tot geheimhouding van de persoonsgegevens waarover hij de beschikking heeft gekregen, behoudens voor zover enig wettelijk voorschrift hem tot mededeling verplicht of zijn taak daartoe noodzaakt.
5. Bij of krachtens algemene maatregel van bestuur worden nadere regels gesteld betreffende de inhoud en wijze van uitvoering van de controles, bedoeld in het eerste en derde lid.

Art. 33a (melding datalekken)

1. De verwerkingsverantwoordelijke meldt een inbreuk op de beveiliging onverwijld en uiterlijk binnen 72 uur nadat hij ervan heeft kennis genomen aan de Autoriteit persoonsgegevens, tenzij het niet waarschijnlijk is dat de inbreuk een risico voor de rechten en vrijheden van personen met zich meebrengt. In het geval de melding na 72 uur wordt gedaan, gaat deze vergezeld van een motivering voor de vertraging.
2. De melding, bedoeld in het eerste lid, bevat ten minste de volgende informatie:
a. een beschrijving van de aard en omvang van de inbreuk, bedoeld in het eerste lid, waaronder begrepen, waar mogelijk, de categorieën van betrokkenen en van gegevensbestanden, bij benadering, het aantal betrokkenen en gegevensbestanden;
b. de mededeling van de naam en de contactgegevens van de functionaris voor gegevensbescherming of een ander contactpunt waar meer informatie kan worden verkregen;
c. een beschrijving van de waarschijnlijke gevolgen van de inbreuk, bedoeld in het eerste lid;
d. een beschrijving van de voorgestelde of uitgevoerde maatregelen om de inbreuk, bedoeld in het eerste lid, te beëindigen en, in voorkomend geval, de maatregelen ter beperking van de eventuele nadelige gevolgen ervan.
3. Voor zover het niet mogelijk is de informatie, bedoeld in het tweede lid, gelijktijdig te verstrekken, kan deze zonder onnodige vertraging in stappen worden verstrekt.
4. De verwerkingsverantwoordelijke deelt een inbreuk op de beveiliging van politiegegevens, die zijn doorgezonden door of aan een verwerkingsverantwoordelijke van een andere lidstaat, zonder onnodige vertraging mee aan de verwerkingsverantwoordelijke van deze lidstaat.
5. De verwerkingsverantwoordelijke deelt een inbreuk op de beveiliging mede aan de betrokkenen als deze inbreuk waarschijnlijk een hoog risico voor de rechten en vrijheden van personen met zich meebrengt. De mededeling bevat een omschrijving van de aard van de inbreuk op de beveiliging en ten minste de informatie, bedoeld in het tweede lid, onderdelen b, c en d.
6. De mededeling aan de betrokkenen, bedoeld in het vijfde lid, is niet vereist wanneer:
a. de verwerkingsverantwoordelijke passende technische en organisatorische beschermingsmaatregelen heeft getroffen en deze maatregelen zijn toegepast op de politiegegevens waarop de inbreuk, bedoeld in het eerste lid, betrekking heeft;
b. de verwerkingsverantwoordelijke maatregelen heeft getroffen om ervoor te zorgen dat het hoge risico, bedoeld in het vijfde lid, zich waarschijnlijk niet meer zal voordoen, of

c. de mededeling een onevenredige inspanning zou vergen. In dat geval volgt een openbare mededeling of vergelijkbare maatregel waarmee de betrokkenen even doeltreffend worden geïnformeerd.
7. De mededeling aan de betrokkene kan worden uitgesteld, beperkt of achterwege gelaten op de gronden, bedoeld in artikel 27, tweede lid.

Art. 33b (voorafgaand raadplegen Autoriteit persoonsgegevens)
1. De Autoriteit persoonsgegevens wordt door de verwerkingsverantwoordelijke of de verwerker geraadpleegd over de voorgenomen verwerking van politiegegevens die in een nieuw bestand zullen worden opgenomen, wanneer:
a. de aard van de verwerking, in het bijzonder met gebruikmaking van nieuwe technologieën, mechanismen of procedures, een hoog risico voor de rechten en vrijheden van de betrokkene met zich meebrengt;
b. uit een gegevensbeschermingseffectbeoordeling, bedoeld in artikel 4c, eerste lid, blijkt dat de verwerking een hoog risico zou opleveren als de verwerkingsverantwoordelijke geen maatregelen treft om het risico te beperken.
2. De Autoriteit persoonsgegevens kan een lijst opstellen van de verwerkingen waarvoor raadpleging, overeenkomstig het eerste lid, vereist is.
3. De verwerkingsverantwoordelijke verstrekt de Autoriteit persoonsgegevens de gegevensbeschermingseffectbeoordeling, bedoeld in artikel 4c, en, desgevraagd, alle andere informatie op grond waarvan de Autoriteit persoonsgegevens de conformiteit van de verwerking en met name de risico's voor de bescherming van persoonsgegevens van de betrokkene en de betrokken waarborgen kan beoordelen.
4. Wanneer de Autoriteit persoonsgegevens van oordeel is dat de voorgenomen verwerking van politiegegevens, bedoeld in het eerste lid, niet voldoet aan het bij of krachtens deze wet bepaalde, geeft zij binnen een termijn van ten hoogste zes weken schriftelijk advies aan de verwerkingsverantwoordelijke en, in voorkomend geval, aan de verwerker.
5. De termijn, bedoeld in het vierde lid, kan, rekening houdend met de complexiteit van de voorgenomen verwerking, worden verlengd met een maand. In dit geval wordt de verwerkingsverantwoordelijke en, in voorkomend geval, de verwerker, binnen een maand na de ontvangst van het verzoek in kennis gesteld van de verlenging en de redenen daarvoor.

Art. 34 (privacyfunctionaris)
1. De verwerkingsverantwoordelijke benoemt een of meer privacyfunctionarissen. De privacyfunctionaris dient de verwerkingsverantwoordelijke en de personen die voor of onder de verwerkingsverantwoordelijke werkzaam zijn van advies en ziet namens de verwerkingsverantwoordelijke toe op de verwerking van politiegegevens overeenkomstig het bij of krachtens de wet bepaalde.
2. De privacyfunctionaris houdt een overzicht bij van de schriftelijke vastlegging van de gegevens, bedoeld in artikel 32, eerste lid.
3. De privacyfunctionaris stelt jaarlijks een verslag op van zijn bevindingen.

Art. 35 (toezicht Autoriteit persoonsgegevens)
1. De Autoriteit persoonsgegevens, bedoeld in artikel 6, eerste lid, van de Uitvoeringswet Algemene verordening gegevensbescherming, ziet in het Europese deel van Nederland toe op de verwerking van politiegegevens overeenkomstig het bij en krachtens deze wet bepaalde.
2. Artikel 16 van de Uitvoeringswet Algemene verordening gegevensbescherming is van overeenkomstige toepassing.

Art. 35a (positie Autoriteit persoonsgegevens)
1. De Autoriteit persoonsgegevens treedt bij de uitvoering van haar taken en de uitoefening van haar bevoegdheden volledig onafhankelijk op.
2. Ieder lid van de Autoriteit persoonsgegevens beschikt over de nodige kwalificaties, ervaring en vaardigheden, met name op het gebied van de bescherming van persoonsgegevens, voor het uitvoeren van haar taken en het uitoefenen van zijn bevoegdheden.
3. De leden van de Autoriteit persoonsgegevens blijven vrij van al dan niet rechtstreekse externe invloed en vragen noch aanvaarden instructies van wie dan ook bij de uitvoering van hun taken en de uitoefening van hun bevoegdheden overeenkomstig deze paragraaf.
4. De leden van de Autoriteit persoonsgegevens onthouden zich van alle handelingen die onverenigbaar zijn met hun taken en verrichten gedurende hun ambtstermijn geen al dan niet bezoldigde beroepswerkzaamheden die onverenigbaar zijn met hun taken.

Art. 35b (taken Autoriteit persoonsgegevens)
1. De Autoriteit persoonsgegevens heeft tot taak:
a. het toezien op de verwerking van persoonsgegevens overeenkomstig het bij of krachtens deze wet bepaalde en het handhaven daarvan;
b. het geven van advies over voorstellen van wet en ontwerpen van algemene maatregelen van bestuur die geheel of voor een belangrijk deel betrekking hebben op de verwerking van persoonsgegevens;

c. het beter bekend maken van het brede publiek met, en verschaffen van meer inzicht in de risico's, de regels, de waarborgen en de rechten in verband met de verwerking van persoonsgegevens;
d. het beter bekend maken van de verwerkingsverantwoordelijken en de verwerkers met hun verplichtingen uit hoofde van het bij of krachtens deze wet bepaalde;
e. het desgevraagd verstrekken van informatie aan iedere betrokkene over de uitoefening van zijn rechten uit hoofde van het bij of krachtens deze wet bepaalde en het, in voorkomend geval, daartoe samenwerken met de autoriteiten in andere lidstaten, bedoeld in artikel 35d, eerste lid, die zijn belast met het toezicht;
f. het behandelen van klachten van betrokkenen, of van organen, organisaties of verenigingen die de betrokkene vertegenwoordigen, het onderzoeken van de inhoud van de klacht en de klager binnen een redelijke termijn in kennis stellen van de voortgang en het resultaat van het onderzoek, met name indien verder onderzoek of coördinatie met een andere toezichthoudende autoriteit nodig is;
g. het naar aanleiding van een klacht, bedoeld in artikel 31a, eerste lid, controleren van de rechtmatigheid van de verwerking en de betrokkene binnen een redelijke termijn informeren over het resultaat van de controle of van de redenen waarom de controle niet is verricht;
h. het samenwerken met andere autoriteiten die zijn belast met het toezicht, bedoeld in artikel 35d, eerste lid, teneinde voor de samenhang in de toepassing en de handhaving van het bij of krachtens deze wet bepaalde te zorgen, onder meer door informatie te delen en wederzijdse bijstand aan te bieden;
i. het verrichten van onderzoeken naar de naleving van het bij of krachtens deze wet bepaalde, ook op basis van informatie die de Autoriteit persoonsgegevens ontvangt van een andere autoriteit die is belast met het toezicht, bedoeld in artikel 35, eerste lid, of een andere overheidsinstantie;
j. het volgen van de relevante ontwikkelingen voor zover deze de bescherming van persoonsgegevens beïnvloeden, met name de ontwikkeling van de informatie- en communicatietechnologieën;
k. het verstrekken van advies naar aanleiding van een voorafgaande raadpleging, bedoeld in artikel 33b, eerste lid, en
l. het leveren van een bijdrage aan de activiteiten van het Comité, opgericht bij Verordening (EU) 2016/679 van het Europees Parlement en de Raad van 27 april 2016 betreffende de bescherming van natuurlijke personen in verband met de verwerking van persoonsgegevens en betreffende het vrije verkeer van die gegevens en tot intrekking van Richtlijn 95/46/EG.
2. De Autoriteit persoonsgegevens verricht haar taken kosteloos voor de betrokkene en voor de functionaris voor gegevensbescherming.

Art. 35c (bevoegdheden Autoriteit persoonsgegevens)

Autoriteit persoonsgegevens, bevoegdheden

1. De Autoriteit persoonsgegevens is bevoegd:
a. de verwerkingsverantwoordelijke of de verwerker te waarschuwen dat met de voorgenomen verwerkingen waarschijnlijk een inbreuk wordt gemaakt op het bij of krachtens deze wet bepaalde;
b. een last onder bestuursdwang op te leggen ter handhaving van het bij of krachtens deze wet bepaalde;
c. een bestuurlijke boete op te leggen indien de verwerkingsverantwoordelijke handelt in strijd met hetgeen is bepaald bij of krachtens:
– de artikelen 4a, 4b, 4c, 6c, 31d, 32, 33a, 33b en 36 van ten hoogste het bedrag van de geldboete van de vijfde categorie van artikel 23, vierde lid, van het Wetboek van Strafrecht;
– de artikelen 5, 7a, 24a, 24b, 25 en 28 van ten hoogste het bedrag van de geldboete van de zesde categorie van artikel 23, vierde lid, van het Wetboek van Strafrecht;
d. een advies te verstrekken aan de verwerkingsverantwoordelijke naar aanleiding van een voorafgaande raadpleging, bedoeld in artikel 33b, eerste lid;
e. de verwerkingsverantwoordelijke te verplichten een inbreuk in verband met persoonsgegevens te melden aan de betrokkene.
2. Bij het besluit over het opleggen van een bestuurlijke boete, bedoeld in het vierde lid, en over de hoogte daarvan wordt voor elk concreet geval naar behoren rekening gehouden met:
a) de aard, de ernst en de duur van de inbreuk, rekening houdend met de aard, de omvang of het doel van de verwerking in kwestie alsmede het aantal getroffen betrokkenen en de omvang van de door hen geleden schade;
b) de opzettelijke of nalatige aard van de inbreuk;
c) de door de verwerkingsverantwoordelijke of de verwerker genomen maatregelen om de door betrokkenen geleden schade te beperken;
d) de mate waarin de verwerkingsverantwoordelijke of de verwerker verantwoordelijk is gezien de technische en organisatorische maatregelen die hij heeft uitgevoerd overeenkomstig de artikelen 4a en 4b;
e) eerdere relevante inbreuken door de verwerkingsverantwoordelijke of de verwerker;

f) de mate waarin er met de Autoriteit persoonsgegevens is samengewerkt om de inbreuk te verhelpen en de mogelijke negatieve gevolgen daarvan te beperken;
g) de categorieën van persoonsgegevens waarop de inbreuk betrekking heeft;
h) de wijze waarop de Autoriteit persoonsgegevens kennis heeft gekregen van de inbreuk, met name of, en zo ja in hoeverre, de verwerkingsverantwoordelijke of de verwerker de inbreuk heeft gemeld;
i. de naleving van de in het eerste lid genoemde maatregelen, voor zover die eerder ten aanzien van de verwerkingsverantwoordelijke of de verwerker in kwestie met betrekking tot dezelfde aangelegenheid zijn genomen.

3. De werking van de beschikking tot oplegging van de bestuurlijke boete, bedoeld in het eerste lid, onder c, wordt opgeschort totdat de bezwaar- of beroepstermijn is verstreken of, indien bezwaar is gemaakt respectievelijk beroep is ingesteld, op het bezwaar respectievelijk het beroep is beslist.

4. De bevoegdheden, bedoeld in het eerste lid, onderdelen d en e, gelden als een besluit in de zin van de Algemene wet bestuursrecht.

Art. 35d (samenwerking met toezichthoudende autoriteiten in andere lidstaten)

1. De Autoriteit persoonsgegevens verstrekt aan een autoriteit in een andere lidstaat die is belast met het toezicht, bedoeld in artikel 35, eerste lid, relevante informatie en wederzijdse bijstand om deze richtlijn op een consequente manier ten uitvoer te leggen en toe te passen, en neemt maatregelen om doeltreffend met elkaar samen te werken.

2. De Autoriteit persoonsgegevens neemt alle passende maatregelen die nodig zijn om een verzoek om informatie of wederzijdse bijstand van een andere autoriteit, bedoeld in het eerste lid, zonder onnodige vertraging en in ieder geval binnen één maand na de ontvangst ervan te beantwoorden. De verzoekende autoriteit wordt geïnformeerd over de resultaten of, in voorkomend geval, de voortgang van de maatregelen die naar aanleiding van het verzoek zijn genomen.

3. Een verzoek om bijstand van de Autoriteit persoonsgegevens bevat alle nodige informatie, waaronder het doel van en de redenen voor het verzoek. De uitgewisselde informatie wordt alleen gebruikt voor het doel waarvoor om die informatie is verzocht.

4. De Autoriteit persoonsgegevens kan een verzoek om bijstand van een andere autoriteit, bedoeld in het eerste lid, gemotiveerd afwijzen indien:
a. zij niet bevoegd is voor het onderwerp van het verzoek of voor de maatregelen die zij wordt verzocht uit te voeren, of
b. inwilliging van het verzoek indruist tegen de richtlijn of het Unierecht of het Nederlandse recht dat op de Autoriteit persoonsgegevens van toepassing is.

5. Behoudens regels voor vergoeding voor specifieke uitgaven die voortvloeien uit het verstrekken van wederzijdse bijstand in uitzonderlijke omstandigheden geschiedt de wederzijdse bijstand, bedoeld in het tweede lid, kosteloos.

6. Bij algemene maatregel van bestuur kunnen nadere regels worden gesteld over de wijze van verstrekking van de informatie, bedoeld in het eerste lid.

Art. 36 (functionaris voor gegevensbescherming)

1. De verwerkingsverantwoordelijke benoemt een functionaris voor gegevensbescherming. Voor verschillende bevoegde autoriteiten kan, rekening houdend met hun organisatiestructuur en omvang, één functionaris voor gegevensbescherming worden aangewezen. De functionaris voor gegevensbescherming wordt door de verwerkingsverantwoordelijke tijdig en naar behoren betrokken bij alle aangelegenheden die verband houden met de bescherming van politiegegevens.

2. De functionaris voor gegevensbescherming wordt aangewezen op grond van zijn professionele kwaliteiten en, in het bijzonder, zijn deskundigheid op het gebied van de wetgeving en de praktijk inzake gegevensbescherming en zijn vermogen de taken, bedoeld in het derde lid, te vervullen.

3. De functionaris voor gegevensbescherming is tenminste belast met de volgende taken:
a. het toezien op de naleving van het bepaalde bij of krachtens deze wet en op het beleid van de verwerkingsverantwoordelijke met betrekking tot de bescherming van persoonsgegevens, met inbegrip van de toewijzing van de autorisaties, bedoeld in artikel 6, de bewustmaking en opleiding van de ambtenaren van politie die zijn betrokken bij de verwerking van politiegegevens en de audits, bedoeld in artikel 33;
b. het informeren en adviseren van de verwerkingsverantwoordelijke en de ambtenaren van politie die politiegegevens verwerken over hun verplichtingen op grond van het bepaalde bij of krachtens deze wet en andere gegevensbeschermingsbepalingen op grond van het Unierecht of het Nederlandse recht;
c. het desgevraagd verstrekken van advies over de gegevensbeschermingseffectbeoordeling, bedoeld in artikel 4c, en het toezien op de uitvoering ervan;
d. het samenwerken met de Autoriteit persoonsgegevens;

e. het optreden als contactpunt voor de Autoriteit persoonsgegevens inzake aangelegenheden in verband met de verwerking van persoonsgegevens en, voor zover dienstig, het plegen van overleg over enige andere aangelegenheid.

4. De functionaris voor gegevensbescherming stelt jaarlijks een verslag op van zijn bevindingen.

5. De verwerkingsverantwoordelijke maakt de contactgegevens van de functionaris voor gegevensbescherming openbaar en meldt de functionaris voor gegevensbescherming aan bij de Autoriteit persoonsgegevens.

6. De verwerkingsverantwoordelijke stelt de functionaris voor gegevensbescherming de benodigde middelen ter beschikking voor het vervullen van de taken, bedoeld in het derde lid, en voor het in standhouden van zijn deskundigheid.

§ 5a
Bonaire, Sint Eustatius en Saba

Art. 36a (toepasselijkheid op Bonaire, Sint Eustatius en Saba)

Werkingssfeer BES-eilanden
Deze wet is mede van toepassing in de openbare lichamen Bonaire, Sint Eustatius en Saba met inachtneming van het in deze paragraaf bepaalde.

Art. 36b

Politiegegevens BES-eilanden, definities
In afwijking van artikel 1, onder b, f en k, wordt voor de toepassing van deze wet in de openbare lichamen Bonaire, Sint Eustatius en Saba uitsluitend verstaan onder:

a. politietaak: de taken, bedoeld in artikel 5 van de Rijkswet politie van Curaçao, van Sint Maarten en van Bonaire, Sint Eustatius en Saba, van het politiekorps voor Bonaire, Sint Eustatius en Saba, de taken, bedoeld in artikel 2, derde lid, onder a, van de Rijkswet Kustwacht voor Aruba, Curaçao en Sint Maarten alsmede voor de openbare lichamen Bonaire, Sint Eustatius en Saba en de taken, bedoeld in artikel 5, eerste lid, van de Veiligheidswet BES;

b. verantwoordelijke: dit is bij:

1°. het politiekorps, bedoeld in artikel 4, tweede volzin, van de Rijkswet politie van Curaçao, van Sint Maarten en van Bonaire, Sint Eustatius en Saba: Onze Minister van Justitie en Veiligheid;

2°. de rijksrecherche: het College van procureurs-generaal;

3°. de Koninklijke marechaussee: Onze Minister van Defensie;

4°. de buitengewone agenten van politie: Onze Minister van Justitie en Veiligheid;

5°. de Kustwacht, bedoeld in artikel 2, eerste lid, van de Rijkswet Kustwacht voor Aruba, Curaçao en Sint Maarten alsmede voor de openbare lichamen Bonaire, Sint Eustatius en Saba: Onze Minister van Defensie;

6°. het recherchesamenwerkingsteam, bedoeld in artikel 57a van de Rijkswet politie van Curaçao, van Sint Maarten en van Bonaire, Sint Eustatius en Saba: Onze Minister van Justitie en Veiligheid.

c. ambtenaar van politie: de ambtenaar van politie, belast met de uitvoering van de taken, bedoeld onder a, de ambtenaar van de Koninklijke marechaussee voor zover werkzaam ter uitvoering van de politietaken, bedoeld in artikel 5, eerste lid, van de Veiligheidswet BES, de commandant en door hem aangewezen opvarenden van de Kustwacht voor zover werkzaam ter uitvoering van de politietaken alsmede de buitengewone agenten van politie, bedoeld in artikel 10 van de Rijkswet politie van Curaçao, van Sint Maarten en van Bonaire, Sint Eustatius en Saba voor zover zij werkzaam zijn ter uitvoering van de politietaken.

Art. 36c (omzetting bepalingen naar toepasselijkheid Bonaire, Sint Eustatius en Saba)

Politiegegevens BES-eilanden, toepasselijke bepalingen
1. Voor de toepassing van:

a. artikel 7, derde lid, wordt in plaats van «Artikel 272, tweede lid, van het Wetboek van Strafrecht» gelezen: Artikel 285, tweede lid, van het Wetboek van Strafrecht BES;

b. artikel 10, eerste lid, onder a, sub 1° en 3° wordt in plaats van «artikel 67, eerste lid, van het Wetboek van Strafvordering» gelezen: artikel 100, eerste lid, van het Wetboek van Strafvordering BES;

c. de artikelen 10, tweede lid, onder d, derde lid, onder c, vierde lid, onder c, en 12, derde lid, onder c, wordt in plaats van «buitengewoon opsporingsambtenaren als bedoeld in artikel 142, eerste lid, van het Wetboek van Strafvordering» gelezen: de buitengewone agenten van politie, bedoeld in artikel 184, eerste lid, van het Wetboek van Strafvordering BES;

d. de artikelen 11, vierde lid, 14, derde lid, 19, aanhef, en 20, eerste lid, wordt in plaats van «het bevoegd gezag, bedoeld in de artikelen 11, 12 en 14 van de Politiewet 2012» gelezen: het bevoegd gezag, bedoeld in de artikelen 16 en 17 van de Rijkswet politie van Curaçao, van Sint Maarten en van Bonaire, Sint Eustatius en Saba en artikel 8 van de Veiligheidswet BES;

e. de artikelen 11, vierde lid, 14, derde lid, 19, aanhef, en 20, eerste lid, wordt in plaats van «het bevoegd gezag, bedoeld in de artikelen 11, 12 en 14 van de Politiewet 2012» gelezen: het bevoegd gezag, bedoeld in de artikelen 16 en 17 van de Rijkswet politie van Curaçao, van Sint Maarten en van Bonaire, Sint Eustatius en Saba, artikel 17, tweede lid, van de Rijkswet Kustwacht voor

Aruba, Curaçao en Sint Maarten alsmede voor de openbare lichamen Bonaire, Sint Eustatius en Saba en artikel 8 van de Veiligheidswet BES;
f. de artikelen 18, tweede lid, 25, eerste lid, onder f, 29, tweede lid, 32, tweede lid, en 33, tweede lid, wordt in plaats van «het College bescherming persoonsgegevens» gelezen: de Commissie van toezicht bescherming persoonsgegevens BES, bedoeld in artikel 44 van de Wet bescherming persoonsgegevens BES;
g. artikel 23, eerste lid, wordt in plaats van «openbaar ministerie als bedoeld in artikel 16, eerste lid, onderdeel b,» gelezen: openbaar ministerie van Bonaire, Sint Eustatius en Saba;
h. artikel 24, eerste en tweede lid, wordt in plaats van «een lid van het College van procureurs-generaal» gelezen: de procureur-generaal, bedoeld in artikel 2 van de Rijkswet openbare ministeries van Curaçao, van Sint Maarten en van Bonaire, Sint Eustatius en Saba;
i. artikel 25, tweede lid, wordt in plaats van «bij verschillende regionale of landelijke eenheden van de politie» gelezen: bij regionale of landelijke eenheden van de politie, bedoeld in artikel 25 van de Politiewet 2012.
2. De artikelen 1, onder h, 4, derde lid, 4a, 4b, 4c, 6b, 6c, 7a, 15a, 17a, 24a, 24b, 31a, 31b, 32a, 33a, 33b, 35, 35a, 35b, 35c, 35d, 36 en 46 zijn niet van toepassing.
3. De verwerkingsverantwoordelijke treft passende technische en organisatorische maatregelen om politiegegevens te beveiligen tegen onbedoelde of onrechtmatige vernietiging, tegen wijziging, ongeoorloofde mededeling of toegang, met name indien de verwerking verzending van gegevens via een netwerk of beschikbaarstelling via directe geautomatiseerde toegang omvat, en tegen alle andere vormen van onrechtmatige verwerking, waarbij met name rekening wordt gehouden met de risico's van de verwerking en de aard van de te beschermen gegevens. Deze maatregelen garanderen, rekening houdend met de stand van de techniek en de kosten van de tenuitvoerlegging, een passend beveiligingsniveau, gelet op de risico's van de verwerking en de aard van de politiegegevens.
4. De artikelen 14, eerste, tweede, derde en vijfde lid, 39 en 40 van de Wet bescherming persoonsgegevens BES zijn van overeenkomstige toepassing.
5. De verwerkingsverantwoordelijke meldt de privacyfunctionaris, bedoeld in artikel 34, eerste lid, aan bij de Commissie van toezicht bescherming persoonsgegevens BES.

Art. 36d (verstrekking aan gezagsdragers Bonaire, Sint Eustatius en Saba)

1. In afwijking van artikel 16, eerste lid, verstrekt de verwerkingsverantwoordelijke politiegegevens aan:

a. leden van het openbaar ministerie van Bonaire, Sint Eustatius en Saba, voor zover zij deze behoeven in verband met hun gezag of zeggenschap over de politie of over andere personen of instanties die met de opsporing van strafbare feiten zijn belast, en voor de uitvoering van andere hen bij of krachtens de wet opgedragen taken;

b. de gezaghebber, voor zover hij deze behoeft in verband met het gezag en zeggenschap over de politie;

c. Onze Minister van Justitie en Veiligheid, Onze Minister van Defensie en het College van procureurs-generaal voor zover zij deze behoeven in verband met:

1°. het verrichten van onderzoek naar aanleiding van klachten als bedoeld in artikel 18 van de Veiligheidswet BES, of

2°. disciplinaire straffen vanwege niet nakoming van verplichtingen of plichtsverzuim als geregeld bij of krachtens artikel 21, tweede lid, van de Veiligheidswet BES, artikel 10, vierde lid, van de Rijkswet politie van Curaçao, van Sint Maarten en van Bonaire, Sint Eustatius en Saba, of artikel 19 van de Rijkswet Kustwacht voor Aruba, Curaçao en Sint Maarten alsmede voor de openbare lichamen Bonaire, Sint Eustatius en Saba, of

3°. schorsing of ontslag van de ambtenaar van de Koninklijke marechaussee voor zover werkzaam ter uitvoering van de politietaken, bedoeld in artikel 5, eerste lid, van de Veiligheidswet BES vanwege niet nakoming van verplichtingen of plichtsverzuim als geregeld bij of krachtens artikel 12 van de Wet ambtenaren defensie.

2. Artikel 16, tweede lid, is uitsluitend van toepassing op de verstrekking, bedoeld in het eerste lid, onder b.

Art. 36e (verstrekking aan Nederlandse opsporingsinstanties en het openbaar ministerie en aan derde landen en internationale organisaties)

1. Politiegegevens kunnen worden verstrekt aan de verwerkingsverantwoordelijken, bedoeld in artikel 1, onder f, voor zover dat noodzakelijk is voor een goede uitoefening van de politietaak, bedoeld in artikel 36b, eerste lid, onder a, dan wel de politietaak in het Europese deel van Nederland.

2. Politiegegevens kunnen worden verstrekt aan leden van het openbaar ministerie van het Europese deel van Nederland, voor zover zij deze behoeven in verband met hun gezag of zeggenschap over de politie of over andere personen of instanties die met de opsporing van strafbare feiten zijn belast, en voor de uitvoering van andere hen bij of krachtens de wet opgedragen taken.

Politiegegevens BES-eilanden, verstrekking gegevens op BES-eilanden

Politiegegevens BES-eilanden, verstrekking gegevens aan Europees deel Nederland

3. Politiegegevens kunnen worden verstrekt aan opsporingsambtenaren die werkzaam zijn bij een bijzondere opsporingsdienst in het Europese deel van Nederland voor zover zij deze behoeven voor de vervulling van hun taak.
4. Politiegegevens kunnen worden verstrekt aan een internationaal orgaan of aan een internationaal strafgerecht voor zover dit voortvloeit uit een verdrag.
5. Politiegegevens kunnen worden verstrekt aan autoriteiten in een land binnen het Koninkrijk of aan een ander land die zijn belast met de uitvoering van de politietaak, of van onderdelen daarvan, voor zover dit noodzakelijk is voor de goede uitvoering van de politietaak in Bonaire, Sint Eustatius en Saba of de politietaak in het desbetreffende land.
6. Politiegegevens worden alleen ingevolge het vierde en vijfde lid verstrekt of doorgegeven indien het ontvangende land of internationale orgaan een toereikend beschermingsniveau voor de voorgenomen gegevensverwerking garandeert. Of het beschermingsniveau toereikend is wordt beoordeeld met inachtneming van alle omstandigheden die op de doorgifte van gegevens of een groep van gegevensverstrekkingen van invloed zijn. In het bijzonder wordt rekening gehouden met de aard van de gegevens, met het doel en de duur van de voorgenomen verwerking en verwerkingen, het land van herkomst en het land of internationale orgaan van eindbestemming van de gegevens, de algemene en sectorale rechtsregels die in het derde land of het internationale orgaan gelden, alsmede de beroepscodes en de veiligheidsmaatregelen die in het land of voor het orgaan van toepassing zijn.
7. In afwijking van het zesde lid kunnen politiegegevens worden verstrekt of doorgegeven indien:
a. dit noodzakelijk is ten behoeve van specifieke belangen van de betrokkene of een dringend zwaarwegend algemeen belang, of
b. het betreffende land of ontvangende internationale orgaan passende garanties biedt voor een zorgvuldige gegevensverwerking in het concrete geval.
8. Bij algemene maatregel van bestuur worden nadere regels gesteld over de verstrekking of doorgifte van politiegegevens, bedoeld in het vierde tot en met het zevende lid, alsmede over de verdere verwerking en de daarbij te stellen voorwaarden aan het gebruik daarvan door ontvangstgerechtigde autoriteiten of internationale organen en over de ontvangst van politiegegevens vanuit het buitenland.

Art. 36f (toepasselijkheid Wet administratieve rechtspraak BES)

Politiegegevens BES-eilanden, beslissing op verzoek

1. In afwijking van artikel 29 geldt een beslissing op een verzoek als bedoeld in artikel 25 of 28 gericht aan de verwerkingsverantwoordelijke, bedoeld in artikel 36b, eerste lid, onder b, als een beschikking als bedoeld in artikel 3 van de Wet administratieve rechtspraak BES.
2. De artikelen 38 en 39 van de Wet bescherming persoonsgegevens BES zijn van overeenkomstige toepassing.
3. In procedures inzake beslissingen als bedoeld in het eerste lid waarbij de verwerkingsverantwoordelijke of onder zijn verantwoordelijkheid werkzame personen ingevolge artikel 37 van de Wet administratieve rechtspraak BES worden verplicht tot het geven van inlichtingen met betrekking tot politiegegevens die zijn te herleiden tot een informant als bedoeld in artikel 12, zevende lid, kan Onze Minister van Veiligheid en Justitie beslissen dat hieraan geen uitvoering wordt gegeven. Artikel 29, vijfde lid, tweede en derde zin, is van overeenkomstige toepassing.

Art. 36g (toezicht)

Politiegegevens BES-eilanden, bescherming persoonsgegevens

1. De Commissie van toezicht bescherming persoonsgegevens BES, bedoeld in artikel 44 van de Wet bescherming persoonsgegevens BES, ziet toe op de verwerking van politiegegevens in Bonaire, Sint Eustatius en Saba overeenkomstig het bij en krachtens deze wet bepaalde.
2. De artikelen 50 en 51 van de Wet bescherming persoonsgegevens BES zijn van overeenkomstige toepassing.

§ 6
Wijziging van andere wetten

Art. 37
[Wijzigt de Politiewet 1993, de Wet bevordering integriteitbeoordelingen door het openbaar bestuur en de Wet bescherming persoonsgegevens.]

Art. 38
[Wijzigt de Uitvoeringswet Internationaal Strafhof.]

Art. 39
[Wijzigt de Wet bescherming persoonsgegevens.]

Art. 40
[Wijzigt de Wet justitiële en strafvorderlijke gegevens.]

Art. 41
[Wijzigt de Wet melding ongebruikelijke transacties.]

Art. 42
[Wijzigt de Wet tot instelling van het Internationaal Tribunaal voor vervolging van personen aansprakelijk voor ernstige schendingen van het internationaal humanitair recht op het grondgebied van het voormalige Joegoslavië 1991.]

Art. 43
[Wijzigt het Wetboek van Strafvordering.]

Art. 44
[Wijzigt de Wet documentatie vennootschappen.]

Art. 45
[Wijzigt de Luchtvaartwet.]

§ 7
Slotbepalingen

Art. 46 (toepassing op gegevensverwerking door bijzondere opsporingsdiensten)

1. Het bij of krachtens de Wet politiegegevens bepaalde met betrekking tot de gegevensverwerking, bedoeld in de artikelen 10, eerste lid onder a, en 12, is van overeenkomstige toepassing op de verwerking van persoonsgegevens door een ambtenaar, werkzaam bij een bijzondere opsporingsdienst, bedoeld in artikel 2 van de Wet op de bijzondere opsporingsdiensten. Op voordracht van Onze Ministers en Onze Minister wie het mede aangaat worden bij algemene maatregel van bestuur ook andere onderdelen van het bij of krachtens deze wet bepaalde van overeenkomstige toepassing verklaard op de verwerking van persoonsgegevens door een ambtenaar, werkzaam bij een bijzondere opsporingsdienst, bedoeld in artikel 2 van de Wet op de bijzondere opsporingsdiensten, of een buitengewoon opsporingsambtenaar, bedoeld in artikel 142, eerste lid, van het Wetboek van Strafvordering.

2. Voor zover toepassing is gegeven aan het eerste lid:
   a. stelt de verwerkingsverantwoordelijke politiegegevens voor verdere verwerking ter beschikking aan opsporingsambtenaren, als bedoeld in de artikelen 141, onderdeel d, en 142, eerste lid, van het Wetboek van Strafvordering, voor zover zij deze behoeven voor de vervulling van hun taak;
   b. stelt de verwerkingsverantwoordelijke van de bijzondere opsporingsdienst of van de buitengewoon opsporingsambtenaar, bedoeld in artikel 142, eerste lid, van het Wetboek van Strafvordering, de gegevens waarop het bepaalde bij of krachtens deze wet van toepassing of van overeenkomstige toepassing is ter beschikking aan personen die overeenkomstig artikel 6, tweede lid, zijn geautoriseerd voor de verwerking van politiegegevens, voor zover zij deze behoeven voor de vervulling van hun taak.
   Artikel 15, tweede lid, is van overeenkomstige toepassing.

3. Bij algemene maatregel van bestuur kunnen nadere regels worden gesteld over de ambtenaren die werkzaam zijn bij een bijzondere opsporingsdienst, die tot het verwerken van politiegegevens als bedoeld in het eerste lid kunnen worden geautoriseerd, alsmede over het beheer en de organisatie van de bijzondere opsporingsdienst waar zij werkzaam zijn.

Art. 47 (evaluatiebepaling)
Onze Ministers zenden binnen vijf jaar na de inwerkingtreding van deze wet, en vervolgens telkens na vier jaar, gehoord de Autoriteit persoonsgegevens, aan de Staten-Generaal een verslag over de doeltreffendheid en effecten van deze wet in de praktijk.

Art. 48 (overgangsbepaling)
In wettelijke procedures en rechtsgedingen tegen een beslissing die op grond van de Wet politieregisters is genomen op een verzoek om kennisneming, verbetering, aanvulling, verwijdering of afscherming van politiegegevens, dan wel op tegen een dergelijke beslissing in te stellen of ingestelde beroep, blijven, zowel in eerste aanleg als in verdere instantie, de regels van toepassing, die golden voor de intrekking van die wet.

Art. 49 (intrekking Wet politieregisters)
De Wet politieregisters wordt ingetrokken.

Art. 50 (aanpassing aan Wet op de bijzondere opsporingsdiensten)
[Wijzigt deze wet.]

Art. 51 (inwerkingtreding)
Deze wet treedt in werking op een bij koninklijk besluit te bepalen tijdstip, dat voor de verschillende artikelen of onderdelen daarvan verschillend kan worden vastgesteld.

Art. 52 (citeertitel)
Deze wet wordt aangehaald als: Wet politiegegevens.

# Besluit politiegegevens[1]

Besluit van 14 december 2007, houdende bepalingen ter uitvoering van de Wet politiegegevens (Besluit politiegegevens)

Wij Beatrix, bij de gratie Gods, Koningin der Nederlanden, Prinses van Oranje-Nassau, enz. enz. enz.

Op de voordracht van Onze Minister van Justitie, mede namens Onze Minister van Binnenlandse Zaken en Koninkrijksrelaties en Onze Minister van Defensie van 11 juni 2007, nr. 5488670/07/6; Gelet op de artikelen 6, zesde en zevende lid, 10, eerste lid, onderdeel a, onder 3°, en onderdeel b, 11, derde lid, 12, vijfde lid, 13, vierde lid, 15, tweede lid, 17, zesde lid, 18, eerste lid, 21, 22, tweede lid, 23, tweede lid, 31, eerste lid, 32, vierde lid, 33, vijfde lid, en 46, eerste lid, van de Wet politiegegevens en artikel 4, tweede lid, van de Wet melding ongebruikelijke transacties; De Raad van State gehoord (advies van 7 augustus 2007, nr. W03.07.0163/II);
Gezien het nader rapport van Onze Minister van Justitie, mede namens Onze Minister van Binnenlandse Zaken en Koninkrijksrelaties en Onze Minister van Defensie van 5 december 2007, nr. 5516760/07/6;
Hebben goedgevonden en verstaan:

Paragraaf 1
Algemene bepalingen

Art. 1:1 Definitie

Begripsbepalingen

In dit besluit en de daarop rustende bepalingen wordt verstaan onder wet: de Wet politiegegevens.

Paragraaf 2
Autorisaties

Art. 2:1 In combinatie verwerken o.g.v. artikel 8, derde lid (artikel 6, zesde lid)

Verwerking politiegegevens, autorisatie

Voor het in combinatie met elkaar verwerken van politiegegevens, bedoeld in artikel 8, derde lid, van de wet kunnen worden geautoriseerd de ambtenaren van politie die zijn belast met taken of werkzaamheden op het gebied van de coördinatie van het informatieproces ter ondersteuning van een goede uitvoering van de politietaak.

Art. 2:2 Geautomatiseerd vergelijken en in combinatie zoeken o.g.v. artikel 11, eerste, tweede en vierde lid (artikel 6, zesde lid)

Verwerking politiegegevens, geautomatiseerd vergelijken

1. Voor het geautomatiseerd vergelijken van politiegegevens, bedoeld in artikel 11, eerste lid, van de wet, kunnen worden geautoriseerd de ambtenaren van politie die zijn belast met de taken of werkzaamheden, bedoeld in artikel 2:1. In voorkomende gevallen kunnen daarvoor tevens worden geautoriseerd de ambtenaren van politie die werkzaam zijn bij een team dat is belast met de verwerking van politiegegevens als bedoeld in artikel 10, eerste lid, onderdeel a, b of c, van de wet.
2. Voor het geautomatiseerd vergelijken alsmede het in combinatie met elkaar verwerken van politiegegevens, bedoeld in artikel 11, tweede onderscheidenlijk vierde lid, van de wet, kunnen worden geautoriseerd de ambtenaren van politie die zijn belast met de taken of werkzaamheden als bedoeld in artikel 2:1. In voorkomende gevallen kunnen daarvoor tevens worden geautoriseerd de ambtenaren van politie die werkzaam zijn bij een team dat is belast met de verwerking van politiegegevens als bedoeld in artikel 10, eerste lid, onderdeel a, b of c, van de wet. In voorkomende gevallen kunnen daarvoor tevens worden geautoriseerd de ambtenaren van politie die zijn belast met de taken of werkzaamheden als bedoeld in artikel 2:1.
3. De ambtenaren van politie, bedoeld in de laatste zin van het tweede lid, worden slechts geautoriseerd voor de verwerking van politiegegevens, voor zover dat dringend noodzakelijk is voor een goede uitvoering van de politietaak en in overeenstemming met het hoofd van het in het tweede lid bedoelde team.

Art. 2:3 Informanten (artikel 6, zesde lid)

Verwerking politiegegevens, informanten

1. Voor het verwerken van politiegegevens met het oog op de controle en het beheer van een informant alsmede de beoordeling en verantwoording van het gebruik van informantgegevens, bedoeld in artikel 12, eerste lid, van de wet, kunnen worden geautoriseerd de ambtenaren van politie die werkzaam zijn bij een team dat is belast met de verwerking van politiegegevens als bedoeld in artikel 10, eerste lid, onderdeel a of c, van de wet.

---

1   Inwerkingtredingsdatum: 01-01-2008; zoals laatstelijk gewijzigd bij: Stb. 2021, 37.

Besluit politiegegevens   **C12 art. 2:7**

2. Voor het verwerken van politiegegevens als bedoeld in artikel 6:1, eerste lid, onderdeel a, kunnen worden geautoriseerd de ambtenaren van politie die werkzaam zijn bij een team dat is belast met infiltratie, pseudo-koop of -dienstverlening en stelselmatige inwinning van informatie.
3. Voor het verwerken van politiegegevens als bedoeld in artikel 6:1, eerste lid, onderdeel b, kunnen worden geautoriseerd de ambtenaren van politie die werkzaam zijn bij een dienst van een landelijke eenheid als bedoeld in artikel 25, eerste lid, onderdeel b, van de Politiewet 2012 die is belast met werkzaamheden op het terrein van getuigenbescherming.
4. Voor het geautomatiseerd vergelijken van politiegegevens, bedoeld in artikel 12, vierde lid, van de wet, kunnen worden geautoriseerd de ambtenaren van politie die werkzaam zijn bij een team dat is belast met de verwerking van politiegegevens als bedoeld in artikel 10, eerste lid, onderdeel a, van de wet.
5. De ambtenaren van politie, bedoeld in de vorige leden van dit artikel, worden slechts geautoriseerd voor de verwerking van politiegegevens, voor zover dat dringend noodzakelijk is voor een goede uitvoering van hun taak.
6. Voor het verwerken van identificerende gegevens van een informant kunnen uitsluitend worden geautoriseerd het hoofd van het team, bedoeld in artikel 2.10, tweede lid, of diens plaatsvervanger.

Art. 2:4 Themaverwerking ernstige misdrijven (artikel 6, zesde lid)

1. Voor het verwerken van gegevens met het oog op het verkrijgen van inzicht in de betrokkenheid van personen bij handelingen die kunnen wijzen op het beramen of plegen van de misdrijven bedoeld in artikel 10, eerste lid, onderdeel b, van de wet kunnen worden geautoriseerd de ambtenaren van politie die werkzaam zijn bij een daartoe ingericht team dat specifiek is belast met de verwerking van politiegegevens als bedoeld in artikel 10, eerste lid, onderdeel b, van de wet.   *Verwerking gegevens over ernstige misdrijven, autorisatie*
2. Indien bij de toepassing van het eerste lid de te verwerken gegevens betrekking hebben op de categorie misdrijven van ambtelijke omkoping, bedoeld in artikel 3:2, onderdeel d, kunnen uitsluitend worden geautoriseerd de bij een daartoe ingericht team werkzame ambtenaren van de rijksrecherche, bedoeld in artikel 2, onderdeel d, van de Politiewet 2012, dat specifiek is belast met de verwerking van die gegevens.
3. In bijzondere gevallen kan de verwerkingsverantwoordelijke andere ambtenaren van politie autoriseren voor de verwerking, bedoeld in het eerste en tweede lid.

Art. 2:5 CIE- en RID-verwerking (artikel 6, zesde lid)

1. Voor het verwerken van gegevens met het oog op het verkrijgen van inzicht in de betrokkenheid van personen bij het beramen of plegen van de misdrijven, bedoeld in artikel 10, eerste lid, onderdeel a, van de wet kunnen worden geautoriseerd de ambtenaren van politie die zijn belast met de verwerking van politiegegevens als bedoeld in artikel 10, eerste lid, onderdeel a, van de wet. In voorkomende gevallen kunnen daarvoor tevens worden geautoriseerd de ambtenaren van politie die zijn belast met taken of werkzaamheden op het gebied van de coördinatie van het informatieproces ter ondersteuning van een goede uitvoering van de politietaak.
2. Voor het verwerken van gegevens met het oog op het verkrijgen van inzicht in de betrokkenheid van personen bij handelingen die, gezien hun aard of frequentie of het georganiseerde verband waarin zij worden gepleegd, een ernstige schending van de openbare orde vormen, kunnen worden geautoriseerd de ambtenaren van politie die zijn belast met de verwerking van politiegegevens als bedoeld in artikel 10, eerste lid, onderdeel c, van de wet. In voorkomende gevallen kunnen daarvoor tevens worden geautoriseerd de ambtenaren van politie die zijn belast met taken en werkzaamheden op het gebied van de coördinatie van het informatieproces ter ondersteuning van de goede uitvoering van de politietaak.
3. De ambtenaren van politie, bedoeld in de laatste zin van het tweede lid, worden slechts geautoriseerd voor de verwerking van politiegegevens, voor zover dat dringend noodzakelijk is voor een goede uitvoering van de politietaak en in overeenstemming met het hoofd van het betreffende team.

Art. 2:6 Instemming officier van justitie

De categorieën van ambtenaren die in aanmerking kunnen komen voor de autorisaties, bedoeld in de artikelen 2:3, 2:4 en 2:5, eerste lid, worden aangewezen in overeenstemming met de officier van justitie.

Art. 2:7 Gegevensverwerking door het MOT

1. Voor het verwerken van gegevens met het oog op het doel, bedoeld in artikel 14, eerste lid, van de Wet ter voorkoming van witwassen en financieren van terrorisme, kunnen geautoriseerd de personen die betrokken zijn bij het bewerken en analyseren van gegevens over ongebruikelijke transacties.   *Verwerking gegevens ongebruikelijke transacties, autorisatie*
2. De autorisaties kunnen, namens de verwerkingsverantwoordelijke, worden verstrekt door het hoofd van het Meldpunt Ongebruikelijke Transacties.

Sdu   497

Art. 2:8 Ondersteunende taken (artikel 6, zesde lid)

Ondersteunende taken verwerking politiegegevens, autorisatie

Voor het verwerken van gegevens met het oog op het uitvoeren van:
a. een taak ten dienste van de justitie, bedoeld in artikel 13, eerste lid, onderdeel e, van de wet,
b. een taak ten behoeve van het verkrijgen van landelijk inzicht in een specialistisch onderwerp als bedoeld in artikel 13, tweede lid, van de wet of
c. de geautomatiseerde vergelijking met het oog op de melding van verschillende verwerkingen jegens eenzelfde persoon, bedoeld in artikel 13, derde lid van de wet,
kunnen worden geautoriseerd de ambtenaren van politie die werkzaam zijn bij een team dat met de uitvoering van deze taak is belast.

Art. 2:9 Opleidingen (artikel 6, zesde lid)

Verwerking informantgegevens, opleiding

De verwerkingsverantwoordelijke draagt er zorg voor dat de ambtenaren van politie, bedoeld in de artikelen 2:1 tot en met 2:5, beschikken over voldoende kennis en vaardigheden op het gebied van:
a. het informatieproces binnen de politie, meer in het bijzonder de verschillende vormen van verwerking van politiegegevens,
b. de wet- en regelgeving die relevant is voor de verwerking van politiegegevens, en
c. methoden en technieken van informatieanalyse.
De eisen inzake kennis en vaardigheden verschillen naar gelang van de aard van de verwerking waartoe de ambtenaar wordt geautoriseerd. Indien noodzakelijk kunnen deze eisen bij ministeriële regeling worden vastgesteld.

Art. 2:10 Instemming (artikel 6, zevende lid)

Verwerking politiegegevens, aanwijzing functionarissen

1. Als functionaris, bedoeld in de artikelen 9, derde lid, 11, eerste, tweede en vierde lid en 13, derde lid, van de wet, kunnen worden aangewezen de leider van het betreffende onderzoek of zijn plaatsvervanger.
2. Als functionaris, bedoeld in de artikelen 10, vijfde lid, 11, tweede en vierde lid en 13, derde lid, van de wet, kunnen worden aangewezen het hoofd van het betreffende team dat is belast met de verwerking van politiegegevens, bedoeld in artikel 10, eerste lid, onderdelen a, b of c, van de wet, dan wel het hoofd van een team met een vergelijkbare taak of hun plaatsvervangers.

Art. 2:11 Gegevensvergelijking (artikel 11, derde lid)

Verwerking politiegegevens, gegevensvergelijking

Indien bij de gegevensvergelijking, bedoeld in artikel 11 van de wet, gegevens overeenkomen, worden de verbanden op de volgende wijze zichtbaar gemaakt:
a. bij gegevens, voorzien van een codering als bedoeld in artikel 2:12, onderdeel a, en bij gegevens als bedoeld in artikel 8 van de wet, zijn de gerelateerde gegevens zichtbaar;
b. bij gegevens, als bedoeld in de artikelen 9 en 10, eerste lid, onderdelen a en c van de wet, zijn de overeenkomende gegevens zichtbaar en zijn de andere gerelateerde gegevens na instemming van de daartoe bevoegde functionaris zichtbaar;
c. bij gegevens, voorzien van een code als bedoeld in het artikel 2:12, onderdeel b, zijn de overeenkomende gegevens gedeeltelijk zichtbaar en de andere gerelateerde gegevens na instemming van de daartoe bevoegde functionaris zichtbaar;
d. bij gegevens, voorzien van een code als bedoeld in het artikel 2:12, onderdeel c, en bij gegevens als bedoeld in artikel 10, eerste lid, onderdeel b van de wet, zijn de overeenkomende gegevens niet zichtbaar.

Art. 2:12 Codering (artikel 11, derde lid)

Verwerking politiegegevens, codering

De functionaris, bedoeld in artikel 2:10, kan, indien noodzakelijk voor de goede uitvoering van de gegevensvergelijking, bedoeld in artikel 11 van de wet, politiegegevens voorzien van één van de navolgende codes:
a. instemming met verdere verwerking van politiegegevens;
b. vertrouwelijke verwerking als bedoeld in artikel 2:13, eerste lid, onderdelen a en b;
c. vertrouwelijke verwerking als bedoeld in artikel 2:13, eerste lid, onderdelen c, d, e en f.

Art. 2:13 Weigeringsgronden (artikel 15, tweede lid)

Verwerking politiegegevens, weigeringsgronden

1. Het ter beschikking stellen van politiegegevens kan alleen worden geweigerd of aan beperkende voorwaarden worden onderworpen in het geval:
a. het gegevens betreft omtrent informanten of andere personen als bedoeld in artikel 12, vijfde lid van de wet;
b. gevaar voor leven of gezondheid van betrokkene of derden is te duchten;
c. van een verwerking voor een intern integriteitonderzoek onder verantwoordelijkheid van de korpschef;
d. van een verwerking door de rijksrecherche onder verantwoordelijkheid van het College van procureurs-generaal;
e. het gegevens betreft die worden verwerkt op grond van artikel 10, eerste lid, onderdeel b van de wet;
f. van een verwerking voor een door het College van procureurs-generaal als embargo-onderzoek aangemerkt onderzoek met een zeer groot belang van afscherming vanwege afbreukrisico's, levensbedreigende risico's, politieke gevoeligheid of publiciteitsgevoeligheid van het onderzoek.

Besluit politiegegevens   **C12 art. 4:1**

2. De terbeschikkingstelling van persoonsgegevens, die worden verwerkt door de Financiële inlichtingen eenheid, kan worden geweigerd tenzij:
   a. de terbeschikkingstelling van de gegevens plaatsvindt ten behoeve van verdere verwerking met het oog op het doel, bedoeld in artikel 10, eerste lid, onderdeel a, van de wet;
   b. uit de gegevens zelf een redelijk vermoeden voortvloeit dat een bepaalde persoon een misdrijf heeft begaan;
   c. de terbeschikkingstelling van de gegevens plaatsvindt op grond van artikel 16, eerste lid, onderdeel a, van de wet, en deze gegevens redelijkerwijs van belang kunnen zijn ter voorkoming of opsporing van misdrijven als bedoeld in artikel 3:1.

Paragraaf 3
Gegevensverwerking ernstige misdrijven

Art. 3:1 Ernstige inbreuk rechtsorde misdrijven (artikel 10, eerste lid, onderdeel a, onder 3°)

De misdrijven, bedoeld in artikel 10, eerste lid, onderdeel a, onder 3°, van de wet die gezien hun aard of samenhang met andere door de betrokkene begane misdrijven een ernstige inbreuk op de rechtsorde opleveren, zijn:

Verwerking politiegegevens, ernstige misdrijven

a. de misdrijven, bedoeld in de artikelen 311, eerste lid, onder 3° tot en met 5°, en 416 van het Wetboek van Strafrecht, voor zover de feiten een schade van ten minste € 25 000 veroorzaakt hebben en betrokkene tevens een misdrijf als bedoeld in artikel 10, eerste lid, onderdeel a, onder 1° en 2°, van de wet heeft begaan;
b. de misdrijven, bedoeld in de artikelen 240b, 247, 248a, 248b, 249, 250 en 273f van het Wetboek van Strafrecht;
c. de misdrijven, bedoeld in de artikelen 177, 178, 361 en 363 van het Wetboek van Strafrecht en de artikelen 179 en 180 van het Wetboek van Strafrecht in verband met de artikelen 181 en 182 van dat wetboek;
d. de misdrijven, bedoeld in de artikelen 225, 226, 227, 231 en 232 van het Wetboek van Strafrecht, voor zover de feiten een schade van ten minste € 50 000 veroorzaakt hebben;
e. de misdrijven, bedoeld in de artikelen 191 en 197a van het Wetboek van Strafrecht;
f. het misdrijf, bedoeld in artikel 3, eerste lid, onderdeel A, van de Opiumwet;
g. de misdrijven, bedoeld in de artikelen 26 en 31 van de Wet wapens en munitie, voor zover de feiten betrekking hebben op het voorhanden hebben van vuurwapens en explosieven.

Art. 3:2 Ernstig gevaar rechtsorde misdrijven (artikel 10, eerste lid, onderdeel b)

De categorieën van misdrijven, bedoeld in artikel 10, eerste lid, onderdeel b, van de wet, die door hun omvang of ernst of hun samenhang met andere misdrijven een ernstig gevaar voor de rechtsorde opleveren, zijn:
a. terroristische misdrijven als bedoeld in artikel 83 van het Wetboek van Strafrecht;
b. mensenhandel als bedoeld in artikel 273f van het Wetboek van Strafrecht;
c. mensensmokkel als bedoeld in artikel 197a van het Wetboek van Strafrecht;
d. de omkoping van een ambtenaar als bedoeld in de artikelen 177, eerste lid en 363, eerste lid, van een toekomstig ambtenaar als bedoeld in de artikelen 177, tweede lid en 363, tweede lid, of van een voormalig ambtenaar als bedoeld in de artikelen 178a, tweede lid en 364a, tweede lid van het Wetboek van Strafrecht.

Paragraaf 4
Verstrekking politiegegevens aan derden

Art. 4:1 Verstrekking politiegegevens artikel 13, eerste lid, onder a en d (artikel 18, eerste lid)

1. Politiegegevens die worden verwerkt overeenkomstig artikel 13, eerste lid, onderdeel a en onderdeel d, van de wet, kunnen, voor zover zij deze behoeven voor een goede uitvoering van hun taak, worden verstrekt aan:

Politiegegevens, verstrekking aan derden

a. de Immigratie- en Naturalisatiedienst, ten behoeve van:
1°. het vaststellen van de identiteit van personen;
2°. het nemen van beslissingen omtrent de erkenning als referent en de toelating, het verblijf en de ongewenstverklaring als bedoeld in de Vreemdelingenwet 2000, en van beslissingen op grond van de Rijkswet op het Nederlanderschap of een verdrag dan wel een voor Nederland bindend besluit van een volkenrechtelijke organisatie, als bedoeld in artikel 112 van de Vreemdelingenwet 2000;
3°. het opstellen van profielen voor de geautomatiseerde behandeling van aanvragen en voor de uitoefening van het toezicht op de naleving van de wettelijke voorschriften met betrekking tot vreemdelingen en tot referenten als bedoeld in de artikelen 47 en 47a van de Vreemdelingenwet 2000;

b. luchtvaartmaatschappijen, als bedoeld in artikel 1, onderdeel h, van de Luchtvaartwet, voor zover het gaat om personalia en gegevens betreffende de datum van retourvervoer ten behoeve van het voorkomen van overtredingen van de Opiumwet en de bescherming van de gezondheid van personen door het weigeren van het vervoer van personen van en naar bepaald aangewezen buitenlandse bestemmingen en er met de betreffende luchtvaartmaatschappijen schriftelijke afspraken zijn gemaakt over de waarborgen rond de gegevensverstrekking.

c. Onze Minister van Buitenlandse Zaken, ten behoeve van de uitvoering van opdrachten tot signalering van personen in het buitenland en het nemen van een beslissing omtrent de afgifte van een paspoort of omtrent de verlening of verlenging van een visum;

d. Onze Minister voor Immigratie, Integratie en Asiel, ten behoeve van het nemen van een beslissing omtrent de verlening of wijziging van een machtiging tot voorlopig verblijf.

2. De op grond van het eerste lid, onder b verstrekte gegevens met betrekking tot individuele personen worden door de luchtvaartmaatschappijen niet langer verwerkt dan gedurende een termijn van ten hoogste zesendertig maanden na de datum van de aanhouding van de betrokkene, die aanleiding geeft tot opneming van de gegevens op de lijst.

Art. 4:2 Verstrekking politiegegevens artikelen 8 en 13, eerste lid (artikel 18, eerste lid)

1. Politiegegevens die worden verwerkt overeenkomstig de artikelen 8 en 13, eerste lid, van de wet, kunnen, voor zover zij deze behoeven voor een goede uitvoering van hun taak, worden verstrekt aan:

a. de commissie, bedoeld in artikel 8 van de Wet schadefonds geweldsmisdrijven, ten behoeve van het nemen van een beslissing op een verzoek tot uitkering uit het schadefonds geweldsmisdrijven;

b. de navolgende instanties die hulp aan slachtoffers verlenen:

1°. de stichting slachtofferhulp Nederland, ten behoeve van het behartigen van belangen van slachtoffers van strafbare feiten of verkeersongevallen;

2°. de stichting Perspectief Herstelbemiddeling, voor wat betreft gegevens over slachtoffers van strafbare feiten en verkeersongevallen en, in bijzondere of ernstige gevallen, gegevens uit het proces-verbaal, ten behoeve van de bemiddeling tussen die slachtoffers en verdachten of veroordeelden, en;

3°. de stichting Comensha, voor wat betreft gegevens over slachtoffers van mensenhandel en de aanmeldende autoriteit, ten behoeve van de coördinatie van de opvang en verzorging van slachtoffers van mensenhandel en de registratie van gegevens over mensenhandel;

c. de Stichting Processen Verbaal, voor zover het gegevens betreft inzake aanrijdingen of aanvaringen, ten behoeve van een goede uitvoering van haar taak;

d. het Waarborgfonds Motorverkeer, als bedoeld in artikel 23, eerste lid, van de Wet aansprakelijkheidsverzekering motorrijtuigen, voor zover het betreft gegevens omtrent de personalia en de verblijfplaats van benadeelden en zij deze gegevens behoeven voor de hulp aan benadeelden ten behoeve van het geldend maken van een recht op schadevergoeding, als bedoeld in artikel 25, eerste lid, van die wet;

e. de Stichting Centraal Bureau Rijvaardigheidsbewijzen, ten behoeve van:
– het onderzoek, bedoeld in de artikelen 101 en 142 van het Reglement rijbewijzen, en het betreft overtreding van artikel 6 of artikel 8 van de Wegenverkeerswet 1994, of
– de vervulling van de in de artikelen 130 tot en met 134a van de Wegenverkeerswet 1994 aan de Divisie Vorderingen van het bureau opgedragen taak;

f. Halt-bureaus, voor zover zij zijn aangewezen door Onze Minister van Justitie en Veiligheid op grond van artikel 48g van de Wet Justitie-subsidies, ten behoeve van de alternatieve afdoening van de strafbare feiten, gepleegd door minderjarigen;

g. reclasseringswerkers als bedoeld in artikel 6 van de Reclasseringsregeling 1995, ten behoeve van het uitvoeren van de werkzaamheden, bedoeld in hoofdstuk 3 van die Regeling en de indicatiestelling ten behoeve van de forensische zorg;

h. de Dienst Wegverkeer, ten behoeve van het uitvoeren van de taken van de dienst op grond van artikel 2 van de Regeling taken Dienst Wegverkeer;

i. het college van burgemeesters en wethouders, ten behoeve van de uitvoering van de taken, bedoeld in de artikelen 2.3, eerste en zesde lid, en 2.4, eerste lid, van de Jeugdwet, de gecertificeerde instelling, bedoeld in artikel 1.1 van de Jeugdwet, ten behoeve van de uitvoering van een kinderbeschermingsmaatregel of jeugdreclassering en Veilig Thuis, bedoeld in artikel 1.1.1. van de Wet maatschappelijke ondersteuning 2015, ten behoeve van de uitvoering van de taken, bedoeld in artikel 4.1.1, tweede lid, van die wet;

j. de raad voor de kinderbescherming, ten behoeve van de uitvoering van één van de bij wet aan de raad opgedragen taken;

k. Onze Minister van Justitie en Veiligheid, ten behoeve van:

1°. het verwerken van gegevens over jeugdigen in het Cliënt Volgsysteem jeugdcriminaliteit, ter ondersteuning van de voorkoming en bestrijding van jeugdcriminaliteit;

Besluit politiegegevens   C12 art. 4:2

2°. het verwerken van gegevens omtrent de identiteit van verdachten en veroordeelden in de strafrechtsketendatabank en de verdere verstrekking van die gegevens aan de functionarissen en organen die met de toepassing van het strafrecht zijn belast, ten behoeve van de vaststelling van de identiteit van verdachten en veroordeelden;
3°. het vergelijken van deze gegevens, voor zover deze DNA-profielen van overleden personen betreffen wier identiteit onbekend is, met de DNA-profielen van de personen, bedoeld in artikel 14, vierde lid, onder d tot en met f, van het Besluit DNA-onderzoek in strafzaken, ten behoeve van de vaststelling van de identiteit van deze overleden personen;
4°. het verzoek tot weigering of vervallenverklaring van een reisdocument, op grond van artikel 23 van de Paspoortwet;
l. de Onderzoeksraad voor veiligheid, bedoeld in artikel 2 van de Rijkswet Onderzoeksraad voor veiligheid, ten behoeve van de uitvoering van de in die wet opgedragen taken;
m. de door Onze Minister van Economische Zaken, Landbouw en Innovatie aangewezen dienst, bedoeld in artikel 1, onderdeel d, van het Besluit inbeslaggenomen voorwerpen, voor zover het betreft gegevens met betrekking tot het proces-verbaal en de kennisgeving van inbeslagneming, ten behoeve van een goede toepassing van het Besluit inbeslaggenomen voorwerpen;
n. benadeelden van strafbare feiten, waaronder begrepen de personen die in verband met die feiten in hun rechten zijn getreden of ingevolge enige wettelijke bepaling terzake van die rechten een recht van verhaal hebben gekregen, voor zover zij deze gegevens behoeven om in rechte voor hun belangen op te kunnen komen;
o. [vervallen;]
p. Onze Minister van Justitie en Veiligheid, ten behoeve van de verzending van beschikkingen en transacties en de tenuitvoerlegging van ontnemings- en schadevergoedingsmaatregelen;
q. de Dienst Terugkeer en Vertrek, voor zover het betreft gegevens over vreemdelingen die zijn verkregen in het kader van de uitoefening van het toezicht, bedoeld in de artikelen 46 en 47 van de Vreemdelingenwet 2000, of de opsporing van strafbare feiten, ten behoeve van de begeleiding van de terugkeer of het vertrek uit Nederland van vreemdelingen die niet rechtmatig in Nederland verblijven.
r. de Nederlandse Voedsel- en Warenautoriteit van Onze Minister van Economische Zaken en Klimaat, ten behoeve van het uitvoeren van de taak, bedoeld in artikel 3.1, tweede lid, van de Uitvoeringsregeling rechtstreekse betalingen GLB;
s. een verzekeringsmaatschappij of de Minister van Defensie, ten behoeve van de beoordeling van de wettelijke aansprakelijkheid van de politie of van de Minister van Defensie en de vaststelling van een verplichting tot schadeloosstelling van derden;
t. het Nederlands Instituut voor Forensische Psychiatrie en Psychologie, ten behoeve van het opstellen van de rapportages pro justitia en de indicatieadvisering;
u. de leden van een commissie als bedoeld in artikel 68, tweede lid, onderdeel a, van de Politiewet 2012, ten behoeve van de behandeling van, en advisering over, klachten over gedragingen van ambtenaren van politie, de leden van een commissie van toezicht op de arrestantenzorg als bedoeld in artikel 50, eerste lid, van het Besluit beheer politie, ten behoeve van het toezicht op de arrestantenzorg, alsmede de personen die zijn belast met de ondersteuning van de leden van die commissies;
v. het Centraal Orgaan opvang asielzoekers, ten behoeve van de huisvesting van een vreemdeling en de handhaving van de orde en veiligheid in het aanmeldcentrum;
w. het Landelijk Bureau Inning Onderhoudsbijdragen, voor wat betreft gegevens over de verblijfplaats van een persoon, ten behoeve van de inning van bijdragen of uitkeringen, bedoeld in artikel 2, derde lid, van de Wet Landelijk Bureau Inning Onderhoudsbijdragen;
x. de Minister van Defensie, ten behoeve van het nemen van een beslissing over de ongeldigverklaring van een door de minister afgegeven militair rijbewijs of rijmachtiging;
y. Onze Minister voor Immigratie en Asiel, ten behoeve van het verwerken van gegevens omtrent de identiteit van vreemdelingen in de Basisvoorziening Vreemdelingen en de verdere verstrekking van die gegevens aan instanties die zijn betrokken bij de uitvoering van de Vreemdelingenwet 2000, ten behoeve van de vaststelling van de identiteit van vreemdelingen, en aan andere instanties met een publieke taak belast, ten behoeve van registratie, identificatie en verificatie van vreemdelingen, hun documenten of hun verblijfsrechtelijke positie;
z. het agentschap Basisadministratie Persoonsgegevens en Reisdocumenten van Onze Minister van Binnenlandse Zaken en Koninkrijksrelaties met het oog op de weigering of vervallenverklaring van reisdocumenten zoals bedoeld in artikel 24, onder b, van de Paspoortwet;
aa. de inspecteur, bedoeld in artikel 1:3, eerste lid, onderdeel c, van de Algemene douanewet, voor zover hij deze gegevens behoeft voor een goede uitvoering van de in die wet aan hem opgedragen taken.
2. Politiegegevens die worden verwerkt overeenkomstig de artikelen 8 en 13, eerste lid, van de wet kunnen, voor zover zij deze behoeven voor een goede uitvoering van hun taak, worden verstrekt aan ambtenaren die bij of krachtens de wet zijn belast met het houden van toezicht op de naleving van de bij ministeriële regeling aangewezen wetgeving, voor zover het betreft

gegevens over de naleving van die wetgeving, en er tussen de verwerkingsverantwoordelijke en de betreffende ambtenaren afspraken zijn gemaakt over welke gegevens verstrekt worden, in welke gevallen en onder welke voorwaarden. De verwerkingsverantwoordelijke legt deze afspraken vast.

3. Politiegegevens die worden verwerkt overeenkomstig de artikelen 8 en 13, eerste lid, van de wet kunnen, voor zover zij deze behoeven voor een goede uitvoering van hun taak, worden verstrekt aan de door Onze Minister van Sociale Zaken en Werkgelegenheid respectievelijk Onze Minister van Financiën aangewezen ambtenaren, die zijn belast met het toezicht op de naleving van het bepaalde bij of krachtens de Wet arbeid vreemdelingen respectievelijk de Invorderingswet 1990, de Algemene wet inzake rijksbelastingen en de Algemene douanewet ten behoeve van de inschatting van de veiligheidsrisico's met betrekking tot de uitoefening van vorenbedoeld toezicht.

4. Politiegegevens die worden verwerkt overeenkomstig de artikelen 8 en 13, eerste lid, van de wet, kunnen worden verstrekt aan het college van burgemeester en wethouders en de Minister van Binnenlandse Zaken en Koninkrijksrelaties, met het oog op signalering van veranderingen in de gegevens die in de basisregistratie personen zijn opgenomen.

Art. 4:3 Verstrekking politiegegevens artikelen 8, 9, 10 en 13 (artikel 18, eerste lid)

1. Politiegegevens die worden verwerkt overeenkomstig de artikelen 8, 9, 10, eerste lid, onderdelen a en c en 13 van de wet kunnen, voor zover zij deze behoeven voor een goede uitvoering van hun taak, worden verstrekt aan:

a. Onze Minister van Justitie en Veiligheid, ten behoeve van:

1°. de controle van rechtspersonen met het oog op de voorkoming en bestrijding van misbruik van rechtspersonen, waaronder het plegen van misdrijven en overtredingen van financieel-economische aard door of door middel van deze rechtspersonen, bedoeld in artikel 2, eerste lid, van de Wet controle op rechtspersonen;

2°. de uitvoering van artikel 5, eerste lid, van de Gratiewet;

3°. de beoordeling van de benoeming, de herbenoeming of het ontslag van de leden van de commissies van toezicht bij de inrichtingen, bedoeld in onderdeel c, alsmede van de leden van de commissies van toezicht op de arrestantenzorg, bedoeld in artikel 50, eerste lid, van het Besluit beheer politie;

4°. het afgeven van een verklaring omtrent het gedrag, bedoeld in artikel 28 van de Wet justitiële en strafvorderlijke gegevens;

5°. de taakuitvoering van de Financiële inlichtingen eenheid, bedoeld in artikel 13 van de Wet ter voorkoming van witwassen en financieren van terrorisme en artikel 3.2 van de Wet ter voorkoming van witwassen en financieren van terrorisme BES;

6°. de tenuitvoerlegging van een maatregel als bedoeld in artikel 36e, eerste lid, van het Wetboek van Strafrecht;

7°. de inspectie, bedoeld in artikel 57, eerste lid, van de Wet veiligheidsregio's, met het oog op de uitvoering van de taken, bedoeld in artikel 65, eerste lid, van de Politiewet 2012 en op de uitvoering van een bevel, als bedoeld in de artikelen 126nba, eerste lid, 126uba, eerste lid en 126zpa, eerste lid, van het Wetboek van Strafvordering, door de ambtenaren, bedoeld in artikel 141, onderdeel d, en de personen, bedoeld in artikel 142, eerste lid, onderdeel b, van het Wetboek van Strafvordering;

8°. de Passagiersinformatie-eenheid, bedoeld in artikel 5, eerste lid, van de Wet gebruik van passagiersgegevens voor de bestrijding van terroristische en ernstige misdrijven, met het oog op de uitvoering van haar taken, bedoeld in de artikelen 6, eerste lid, onder a en b, en 14, tweede lid, van die wet.

b. de burgemeester ten behoeve van:

1°. de beoordeling van een verzoek tot het verkrijgen van het Nederlanderschap op grond van de Rijkswet op het Nederlanderschap;

2°. de afgifte van de woonverklaring, bedoeld in artikel 10b, vierde lid, van de Wet bijzondere maatregelen grootstedelijke problematiek.

c. de directeuren van inrichtingen, bedoeld in artikel 1, onderdeel b, van de Penitentiaire beginselenwet, van de inrichtingen, bedoeld in artikel 1, onderdeel b, van de Beginselenwet verpleging ter beschikking gestelden en van de inrichtingen, bedoeld in artikel 1, onderdeel b, van de Beginselenwet justitiële jeugdinrichtingen, en functionarissen van de Dienst Justitiële inrichtingen van het Ministerie van Justitie en Veiligheid, ten behoeve van:

1. het nemen van beslissingen over hetzij de indienstneming of het ontslag van personeel, hetzij de toelating tot de inrichting van personen die niet worden ingesloten in de inrichting, voor zover dat noodzakelijk is voor de orde of veiligheid in de inrichting respectievelijk de voorziening;

2. het nemen van beslissingen over het verlaten van de inrichting bij wijze van verlof;

3. het nemen van beslissingen over de erkenning van een penitentiair programma, bedoeld in artikel 4, eerste lid, van de Penitentiaire beginselenwet, of een scholing- en trainingprogramma, bedoeld in artikel 3, eerste lid, van de Beginselenwet justitiële inrichtingen;
4. het treffen van maatregelen met betrekking tot de voorkoming van strafbare feiten door of met betrekking tot gedetineerden, de handhaving van de orde en veiligheid in de justitiële inrichting, of de ongestoorde tenuitvoerlegging van de vrijheidsbeneming.

d. de commandant van de Koninklijke marechaussee, ten behoeve van de uitoefening van de bevoegdheid, bedoeld in artikel 37s van de Luchtvaartwet;

e. de korpschef, ten behoeve van zijn adviserende taak in het kader van:
1°. de uitvoering van artikel 3B.1 van het Vuurwerkbesluit;
2°. de benoeming en de herbenoeming van de leden van de commissies van toezicht op de arrestantenzorg, bedoeld in artikel 50, eerste lid, van het Besluit beheer politie;

f. het bevoegde gezag, bedoeld in artikel 1, eerste lid, onderdeel l, van het Besluit algemene rechtspositie politie, ten behoeve van het verrichten van een onderzoek als bedoeld in artikel 8a, eerste lid, en artikel 8b, eerste lid, van het Besluit algemene rechtspositie politie, of voor het verrichten van een onderzoek naar de betrouwbaarheid en geschiktheid ten aanzien van personen die anderszins werkzaamheden verrichten voor de politie, het Landelijk selectie- en opleidingsinstituut politie, het Politie onderwijs- en kenniscentrum of de rijksrecherche en waarvoor de gezagdragende instanties justitiële gegevens als bedoeld in het Besluit justitiële gegevens vragen;

g. het Bureau bevordering integriteitsbeoordelingen door het openbaar bestuur, bedoeld in artikel 8 van de Wet bevordering integriteitsbeoordelingen door het openbaar bestuur, ten behoeve van de uitoefening van de in die wet aan het bureau opgedragen taak;

h. de Immigratie- en Naturalisatiedienst, ten behoeve van de taken, bedoeld in artikel 4:1, eerste lid, onderdeel a, onder 2° en 3°;

i. de burgemeester en de commissaris van de Koning, ten behoeve van hun adviserende taak, bedoeld in het Reglement op de Orde van de Nederlandse Leeuw en de Orde van Oranje-Nassau en Onze Minister van Defensie met het oog op de toekenning van bij koninklijk besluit te verlenen onderscheidingen;

j. gedragsdeskundigen, voor zover het betreft auditieve of audiovisuele registraties van het verhoor van een persoon naar aanleiding van een ernstig strafbaar feit, voor het beoordelen van het verhoor en het opstellen van een deskundigenrapportage ten behoeve van het strafrechtelijk onderzoek, het gerechtelijk vooronderzoek of het onderzoek ter terechtzitting;

k. Onze Minister van Defensie en de onder hem ressorterende bevelvoerende militairen van een oorlogsschip, inrichting van de zeemacht, compagnie, eskadron, batterij of squadron of een hogere eenheid, voor zover het betreft gegevens omtrent:
1°. de toepassing van vrijheidsbenemende dwangmiddelen jegens een militair, ten behoeve van het nemen van maatregelen met betrekking tot de operationele gereedheid van de eenheid; of
2°. de betrokkenheid van een militair bij de verdenking van een overtreding van de Opiumwet of een misdrijf, ten behoeve van het nemen van besluiten inzake schorsing of ontslag van militaire ambtenaren, als bedoeld in artikel 12 van de Militaire Ambtenarenwet 1931;

l. bestuursorganen en rechtspersonen met een overheidstaak, bedoeld in artikel 1, eerste lid, onder a, van de Wet bevordering integriteitsbeoordelingen openbaar bestuur, voor zover dat noodzakelijk is in de gevallen waarin zij bevoegd zijn tot toepassing van die wet, uitsluitend voor zover het betreft gegevens omtrent de betrokkene, bedoeld in artikel 1, eerste lid, onder e, van die wet. Indien de betrokkene een rechtspersoon is betreffen de gegevens zowel de rechtspersoon als de bestuurders, alsmede de gegevens met betrekking tot strafbare feiten waaraan artikel 51, tweede lid, onder 2°, van het Wetboek van Strafrecht ten grondslag heeft gelegen. Indien een bestuurder een rechtspersoon is betreffen de gegevens eveneens deze rechtspersoon, alsmede de bestuurders daarvan. Indien de betrokkene een maatschap of vennootschap onder firma is betreffen de gegevens de maten, dan wel de vennoten, uitgezonderd de gegevens betreffende de vennoot en commandite, alsmede de gegevens met betrekking tot strafbare feiten waaraan artikel 51, tweede lid, onder 2°, van het Wetboek van Strafrecht ten grondslag heeft gelegen. Indien de vennoten of maten rechtspersoonlijkheid bezitten betreffen de gegevens deze rechtspersonen, alsmede de bestuurders daarvan;

m. het college van burgemeester en wethouders voor zover het gegevens behoeft voor de handhaving van de voorschriften, bedoeld in artikel 10b, vijfde lid, van de Wet bijzondere maatregelen grootstedelijke problematiek;

n. bestuursorganen, ten behoeve van het nemen van een beslissing omtrent de toepassing van artikel 6 van de Tijdelijke wet bestuurlijke maatregelen terrorismebestrijding, uitsluitend voor zover het betreft gegevens omtrent de aanvrager, subsidieontvanger of houder van een vergunning, ontheffing of erkenning als bedoeld in artikel 6, onderdeel a, van die wet. Indien deze aanvrager, subsidieontvanger of houder een rechtspersoon is, betreffen de gegevens zowel de rechtspersoon als de bestuurders, alsmede de gegevens met betrekking tot strafbare feiten waaraan artikel 51, tweede lid, onder 2°, van het Wetboek van Strafrecht ten grondslag heeft gelegen. Indien een bestuurder een rechtspersoon is betreffen de gegevens eveneens deze rechtspersoon, alsmede de bestuurders daarvan. Indien de aanvrager, subsidieontvanger of houder een maatschap of vennootschap onder firma is betreffen de gegevens de maten, dan wel de vennoten, uitgezonderd de gegevens betreffende de vennoot en commandite, alsmede de gegevens met betrekking tot strafbare feiten waaraan artikel 51, tweede lid, onder 2°, van het Wetboek van Strafrecht ten grondslag heeft gelegen. Indien de vennoten of maten rechtspersoonlijkheid bezitten betreffen de gegevens deze rechtspersonen, alsmede de bestuurders daarvan;

o. de raad van bestuur van de kansspelautoriteit, bedoeld in artikel 33a van de Wet op de kansspelen ten behoeve van het betrouwbaarheidsonderzoek, bedoeld in artikel 31i van de Wet op de kansspelen. De te verstrekken gegevens betreffen uitsluitend de in artikel 3.4, eerste lid, van het Besluit kansspelen op afstand genoemde personen. Indien het daarbij gaat om een rechtspersoon, betreffen de gegevens zowel de rechtspersoon zelf als de bestuurders, alsmede de gegevens met betrekking tot strafbare feiten waaraan artikel 51, tweede lid, onder 2°, van het Wetboek van Strafrecht ten grondslag heeft gelegen. Indien een bestuurder een rechtspersoon is betreffen de gegevens eveneens deze rechtspersoon, alsmede de bestuurders daarvan. Indien de betrokkene een maatschap of vennootschap onder firma is betreffen de gegevens de maten, dan wel de vennoten, uitgezonderd de gegevens betreffende de vennoot en commandite, alsmede de gegevens met betrekking tot strafbare feiten waaraan artikel 51, tweede lid, onder 2°, van het Wetboek van Strafrecht ten grondslag heeft gelegen. Indien de vennoten of maten rechtspersoonlijkheid bezitten betreffen de gegevens deze rechtspersonen, alsmede de bestuurders daarvan;

o. de hulpofficier van justitie, de functionarissen, bedoeld in de artikelen 17, vierde lid, van de Ambtsinstructie van de politie, de Koninklijke marechaussee en andere opsporingsambtenaren, het hoofd van de bijzondere opsporingsdienst en de direct toezichthouder, bedoeld in artikel 1 van het Besluit buitengewoon opsporingsambtenaar, ten behoeve van:

1°. de geweldsregistratie, bedoeld in artikel 1, vierde lid, onder m, van de Ambtsinstructie van de politie, de Koninklijke marechaussee en andere opsporingsambtenaren;

2°. de behandeling en beoordeling van de geweldsregistratie, bedoeld in artikel 18a van de Ambtsinstructie van de politie, de Koninklijke marechaussee en andere opsporingsambtenaren.

2. Politiegegevens, als bedoeld in het eerste lid kunnen, door tussenkomst van het openbaar ministerie, worden verstrekt aan de hierna te noemen personen of instanties:

a. De Nederlandsche Bank N.V., ten behoeve van:

1°. het verkrijgen van inzicht in de voornemens, handelingen en antecedenten, bedoeld in artikel 5 van het Besluit prudentiële regels Wft, ter vaststelling van de betrouwbaarheid van een persoon als bedoeld in de artikelen 3:9, eerste lid, en 3:99, eerste lid, van de Wet op het financieel toezicht of ter vaststelling van de betrouwbaarheid van een persoon op grond van een verordening als bedoeld in artikel 1:24, derde lid, van de Wet op het financieel toezicht, en ter beoordeling van de integere bedrijfsuitoefening onderscheidenlijk de integere bedrijfsvoering, bedoeld in de artikelen 3:10, eerste lid, en 3:17, eerste lid, van die wet;

2°. het verkrijgen van inzicht in de voornemens, handelingen en antecedenten, bedoeld in artikel 2, eerste lid, van de Beleidsregel inzake de betrouwbaarheid van (kandidaat)(mede)beleidsbepalers van en houders van gekwalificeerde deelnemingen in onder toezicht staande instellingen (Stcrt. 2005, 20), ter vaststelling van de betrouwbaarheid van een persoon als bedoeld in artikel 10, tweede of derde lid, van de Wet toezicht trustkantoren 2018 en ter beoordeling van een integere uitoefening van het bedrijf als bedoeld in artikel 14, eerste lid, van die wet;

3°. het verkrijgen van inzicht in de voornemens, handelingen en antecedenten, bedoeld in artikel 31 van het Besluit uitvoering Pensioenwet en Wet verplichte beroepspensioenregeling, ter vaststelling van de betrouwbaarheid van een persoon als bedoeld in artikel 105, vijfde lid, van de Pensioenwet en artikel 110, vijfde lid, van de Wet verplichte beroepspensioenregeling en ter beoordeling van de beheerste en integere bedrijfsvoering, bedoeld in artikel 143, eerste lid, van de Pensioenwet en artikel 138, eerste lid, van de Wet verplichte beroepspensioenregeling;

b. Onze Minister van Financiën, ten behoeve van het verkrijgen van inzicht in de voornemens, handelingen en antecedenten, bedoeld in artikel 2 van de Beleidsregel inzake de betrouwbaarheid van (kandidaat)(mede)beleidsbepalers van en houders van gekwalificeerde deelnemingen in onder toezicht staande instellingen (Stcrt. 2005, 20), ter vaststelling van de betrouwbaarheid van een persoon als bedoeld in artikel 5, tweede lid, onderdelen a, b, c of d, van de Wet inzake de geldtransactiekantoren en ter beoordeling van de integere bedrijfsvoering, bedoeld in de artikelen 2, eerste en tweede lid, 4, tweede lid, 5, tweede lid, en 9, eerste lid, van die wet;

c. de Stichting Autoriteit Financiële Markten, te behoeve van:

1°. het verkrijgen van inzicht in de voornemens, handelingen en antecedenten, bedoeld in artikel 12 van het Besluit gedragstoezicht financiële ondernemingen Wft, ter vaststelling van de betrouwbaarheid van een persoon als bedoeld in artikel 4:10, eerste lid, van de Wet op het financieel toezicht of ter vaststelling van de betrouwbaarheid van een persoon op grond van een verordening als bedoeld in artikel 1:25, derde lid, van de Wet op het financieel toezicht, en ter

Besluit politiegegevens

beoordeling van de integere bedrijfsuitoefening onderscheidenlijk de integere bedrijfsvoering, bedoeld in de artikelen 4:11, eerste lid, 4:14, eerste lid, en 4:15, eerste lid, van die wet;
2°. het verkrijgen van inzicht in de voornemens, handelingen en antecedenten, bedoeld in artikel 2, eerste lid, van de Beleidsregel 06-01 betrouwbaarheid personen ex Wet toezicht accountantsorganisaties en Besluit toezicht accountantsorganisaties (Stcrt. 2006, 190), ter vaststelling van de betrouwbaarheid van een persoon als bedoeld in artikel 15, eerste lid, van de Wet toezicht accountantsorganisaties en artikelen 5 van het Besluit toezicht accountantsorganisaties en ter beoordeling van de integere bedrijfsvoering, bedoeld in artikel 21, eerste lid, van die wet.
3. De politiegegevens, bedoeld in het tweede lid, worden door leden van het openbaar ministerie beoordeeld in het kader van de adviserende taak voor de uitvoering van de bovenbedoelde wetten en kunnen, in het kader van vorenbedoelde taak, worden verstrekt aan de personen en instanties, genoemd in het tweede lid. Aan de verstrekking van de politiegegevens kunnen door de leden van het openbaar ministerie nadere voorwaarden worden gesteld. Die voorwaarden kunnen onder meer betreffen het ter beschikking stellen of doorgeven van die gegevens of inlichtingen aan derden.
4. De politiegegevens, bedoeld in het tweede en derde lid, die zijn verstrekt aan de personen en instanties, bedoeld in het tweede lid, worden niet langer dan gedurende een termijn van twaalf maanden na de datum van verkrijgen bewaard. De gegevens kunnen langer worden bewaard met bijzondere toestemming van het openbaar ministerie. Daarbij kunnen nadere voorwaarden worden gesteld.
5. Politiegegevens die worden verwerkt overeenkomstig de artikelen 8, 9, 10, eerste lid, onderdelen a en c, en 13, eerste lid, van de wet, kunnen worden verstrekt aan de volgende personen en instanties, voor zover zij deze behoeven voor het nemen van de besluiten waarmee zij zijn belast op grond van de hiernavolgende wetten:
– Onze Minister van Justitie en Veiligheid, ten behoeve van:
a. het nemen van een beslissing op grond van de Wet wapens en munitie;
b. het nemen van een beslissing op grond van de Wet particuliere beveiligingsorganisaties en recherchebureaus;
c. een onderzoek naar de betrouwbaarheid van een buitengewoon opsporingsambtenaar en het nemen van een beslissing hieromtrent op grond van de artikelen 17 en 35 van het Besluit buitengewoon opsporingsambtenaar.
– Onze Minister van Defensie, ten behoeve van:
a. het houden van toezicht op de Wet particuliere beveiligingsorganisaties en recherchebureaus;
b. het houden van toezicht op de naleving van de Wet wapens en munitie;
c. het houden van toezicht op de naleving van de Wet explosieven voor civiel gebruik;
d. de bij of krachtens de Vreemdelingenwet 2000 opgedragen taken.
– de korpschef, ten behoeve van:
a. het nemen van beschikkingen omtrent het verlenen of intrekken van jachtakten op grond van de Wet natuurbescherming;
b. het nemen van een beslissing op grond van de Wet particuliere beveiligingsorganisaties en recherchebureaus;
c. het nemen van beschikkingen omtrent het verlenen of intrekken van een erkenning op grond van de Wet explosieven voor civiel gebruik;
d. het nemen van een beslissing omtrent de Wet wapens en munitie;
e. de hem bij of krachtens de Vreemdelingenwet 2000 opgedragen taken.
– de burgemeester, ten behoeve van het nemen van een beslissing omtrent:
a. de verlening, weigering of intrekking van een vergunning op grond van de Drank- en Horecawet;
b. het nemen van een beslissing omtrent een vergunning op grond van de Wet op de kansspelen.
6. Politiegegevens die worden verstrekt in de gevallen, bedoeld in het vijfde lid, kunnen tevens worden verstrekt aan een bestuursorgaan dat beslist naar aanleiding van een ingesteld bezwaar of administratief beroep.
7. Politiegegevens die worden verwerkt overeenkomstig de artikelen 8, 9, 10, eerste lid, onderdelen a en c, en 13, eerste lid, van de wet, kunnen worden verstrekt aan de daartoe aangewezen vertegenwoordigers van de deelnemende bestuursorganen aan een Regionaal Informatie- en Expertisecentrum, voor zover het betreft politiegegevens die relevant zijn voor het geïntegreerd handhavend optreden bij de bestrijding van georganiseerde criminaliteit en er tussen de betreffende bestuursorganen schriftelijke afspraken zijn gemaakt over de gevallen waarin en de voorwaarden waaronder de gegevens worden verstrekt. Politiegegevens die worden verwerkt overeenkomstig de artikelen 9 en 10, eerste lid, onderdelen a en c, van de wet, kunnen uitsluitend aan die vertegenwoordigers worden verstrekt ten behoeve van het analyseren van handhavingsknelpunten, het verrichten van integrale casusanalyses en het bepalen en uitvoeren van de uit deze analyses voortvloeiende interventies, en voor zover het gegevens betreffen die worden verwerkt overeenkomstig de artikelen 9 en 10, eerste lid, onderdeel a, van de wet, slechts na instemming van het openbaar ministerie.

C12 art. 4:3a   Besluit politiegegevens

8. Politiegegevens die worden verwerkt overeenkomstig de artikelen 8, 9, 10, eerste lid, onderdelen a en c, en 13 van de wet kunnen, door tussenkomst van het openbaar ministerie, worden verstrekt aan bestuursorganen indien deze verstrekking noodzakelijk is voor de uitvoering van de aan hen opgelegde taak of taken, bedoeld in:
   a. artikel 7d van de Algemene Kinderbijslagwet;
   b. de artikelen 32g, eerste lid, en 32h, eerste lid, van de Algemene nabestaandenwet;
   c. artikel 8d, eerste, tweede en derde lid, van de Algemene Ouderdomswet;
   d. artikel 2, eerste lid, onder q, van de Algemene Wet Inkomensafhankelijke regelingen;
   e. artikel 13, eerste lid, aanhef en onderdeel h, van de Participatiewet;
   f. de artikelen 2b, eerste lid, aanhef en onderdeel k, en 6aa, eerste lid, van de Remigratiewet;
   g. artikel 2, elfde lid, van de Toeslagenwet;
   h. artikel 19, eerste lid, aanhef en onderdeel n, van de Werkloosheidswet;
   i. de artikelen 7d, eerste lid, en 19, achtste lid, van de Wet arbeidsongeschiktheidsverzekering zelfstandigen;
   j. de artikelen 1a:6, eerste lid, aanhef en onderdeel f, 2:11, eerste lid, aanhef en onderdeel f, 3:5b en 3:19, elfde lid, van de Wet arbeidsongeschiktheidsvoorziening jonggehandicapten;
   k. artikel 6, tweede lid, aanhef en onderdeel h, en artikel 6, derde lid, van de Wet inkomensvoorziening oudere en gedeeltelijk arbeidsongeschikte gewezen zelfstandigen;
   l. artikel 6, eerste lid, aanhef en onderdeel g, van de Wet inkomensvoorziening oudere en gedeeltelijk arbeidsongeschikte werkloze werknemers;
   m. artikel 6, eerste lid, aanhef en onderdeel g, van de Wet inkomensvoorziening oudere werklozen;
   n. artikel 43, negende lid, van de Wet op de arbeidsongeschiktheidsverzekering;
   o. artikel 2.17a, tweede lid, van de Wet Studiefinanciering 2000;
   p. artikel 2.22b, tweede lid, van de Wet Tegemoetkoming onderwijsbijdrage en schoolkosten;
   q. de artikelen 43, aanhef en onderdeel i, 49, eerste lid, aanhef en onderdeel b, en 56, eerste lid, onderdeel b, van de Wet werk en inkomen naar arbeidsvermogen;
   r. artikel 19e, eerste lid, van de Ziektewet.

Art. 4:3a (verstrekking aan BES)

Politiegegevens, verstrekking aan BES

1. Politiegegevens die worden verwerkt overeenkomstig de artikelen 8, 9, 10, eerste lid, onderdelen a en c en 13 van de wet kunnen worden verstrekt aan leden van het openbaar ministerie met het oog op het verder verstrekken aan het openbaar ministerie in de openbare lichamen Bonaire, Sint Eustatius en Saba ten behoeve van de adviserende taak van laatstbedoeld openbaar ministerie in het kader van de uitvoering van de wetten, genoemd in artikel 6a:6, tweede lid, onderdelen a en b, en, door tussenkomst van dat openbaar ministerie in het kader van vorenbedoelde taak, verder worden verstrekt aan:
   a. de Nederlandsche Bank ten behoeve van de uitoefening van de taken, genoemd in artikel 6a:6, tweede lid, onderdeel a.
   b. de Autoriteit Financiële Markten ten behoeve van de uitoefening van de taken, genoemd in artikel 6a:6, tweede lid, onderdeel b.

2. Artikel 4:3, derde en vierde lid, is van toepassing.

Art. 4:4 Verstrekking politiegegevens artikelen 8, 9, 10 en 13 (artikel 18, eerste lid)

Politiegegevens, verstrekking aan derden

Politiegegevens die worden verwerkt overeenkomstig de artikelen 8, 9, 10 en 13 van de wet kunnen, voor zover zij deze behoeven voor een goede uitvoering van hun taak, worden verstrekt aan:
   a. Onze Minister van Justitie en Veiligheid en Onze Minister van Binnenlandse Zaken en Koninkrijksrelaties, ten behoeve van het verrichten van dreiging- en risico-evaluaties en het vaststellen van bewakings- en beveiligingsopdrachten en adviezen door de evaluatiedriehoek, met het oog op het bewaken en beveiligen van personen, objecten en diensten;
   b. Onze Minister van Justitie en Veiligheid, ten behoeve van het nemen van een beslissing omtrent de toepassing van de artikelen 2 tot en met 4 van de Tijdelijke wet bestuurlijke maatregelen terrorismebestrijding.

Art. 4:5 Verstrekking artikel 9- of 10-gegevens op incidentele basis of ten behoeve van een samenwerkingsverband (artikel 21)

Politiegegevens, verstrekking op incidentele basis of t.b.v. samenwerkingsverband

1. In de gevallen waarin de verwerkingsverantwoordelijke beslist tot verstrekking van politiegegevens op grond van artikel 19 of artikel 20, eerste lid, van de wet, worden geen politiegegevens verstrekt die worden verwerkt overeenkomstig artikel 9 of artikel 10 van de wet.

2. In afwijking van het eerste lid kan de verwerkingsverantwoordelijke beslissen tot verstrekking van politiegegevens die worden verwerkt overeenkomstig artikel 9 of 10, eerste lid, onderdelen a en c van de wet, indien dit strikt noodzakelijk is voor het doel van de verstrekking, na overleg met een functionaris die is aangewezen op grond van artikel 2:10.

Besluit politiegegevens

Art. 4:6 Rechtstreekse verstrekking politiegegevens (artikel 23, tweede en derde lid)

1. Aan de volgende daartoe bepaald aangewezen personen kunnen op grond van artikel 23, tweede lid, van de wet, rechtstreeks politiegegevens, die worden verwerkt op grond van de artikelen 8, 9 of 10, eerste lid, onderdelen a en c, en 13 van de wet worden verstrekt, voor zover zij deze behoeven voor de volgende doeleinden:

a. de ambtenaren van de Immigratie- en Naturalisatiedienst, ten behoeve van het doel, bedoeld in artikel 4:1, eerste lid, onderdeel a;
b. de ambtenaren van Onze Minister van Buitenlandse Zaken, ten behoeve van het doel, bedoeld in artikel 4:1, eerste lid, onderdeel c;
c. de personen, werkzaam bij de Financiële inlichtingen eenheid, ten behoeve van de taak van het meldpunt, bedoeld in artikel 13 van de Wet ter voorkoming van witwassen en financieren van terrorisme en artikel 3.2 van de Wet ter voorkoming van witwassen en financieren van terrorisme BES;
d. de ambtenaren die werkzaam zijn bij de nationale politiële contactpunten, bedoeld in artikel 5:3, vierde lid;
e. de ambtenaren, werkzaam bij de Passagiersinformatie-eenheid, bedoeld in artikel 5, eerste lid, van de Wet gebruik van passagiersgegevens voor de bestrijding van terroristische en ernstige misdrijven, ten behoeve van de in dat artikel bedoelde taken.

2. De op grond van artikel 4:3, vijfde lid, te verstrekken politiegegevens aan de korpschef kunnen op grond van artikel 23, derde lid, van de wet rechtstreeks worden verstrekt.

Art. 4:7 Verstrekking politiegegevens ten behoeve van beleidsinformatie, wetenschappelijk onderzoek en statistiek (artikel 22, tweede lid)

1. Politiegegevens, die worden verwerkt op grond van de artikelen 8 en 13, eerste lid, van de wet, kunnen slechts worden verstrekt ten behoeve van beleidsinformatie en wetenschappelijk onderzoek en statistiek nadat aan de betrokken onderzoeker daartoe schriftelijk toestemming is verleend door:

a. Onze Minister van Justitie en Veiligheid, indien het gegevens betreft die worden verwerkt met het oog op de uitvoering van een taak onder het gezag van de officier van justitie, of
b. de burgemeester, indien het gegevens betreft die worden verwerkt met het oog op de uitvoering van een taak onder het gezag van de burgemeester.

2. De toestemming, bedoeld in het eerste lid, wordt slechts gegeven indien
a. het onderzoek het algemeen belang dient;
b. de organisatie van de politie niet onnodig wordt belast;
c. het onderzoek zonder de betrokken gegevens niet kan worden uitgevoerd, en
d. de persoonlijke levenssfeer van de betreffende personen niet onevenredig wordt geschaad.

3. Aan de toestemming, bedoeld in het eerste lid, kunnen voorwaarden worden verbonden.

4. De toestemming, bedoeld in het eerste lid, wordt ter kennis gebracht van de betreffende verwerkingsverantwoordelijke en geldt als machtiging tot het verstrekken van de omschreven gegevens.

5. Rechtstreekse benadering van personen, over wie politiegegevens worden verwerkt, door de onderzoeker vindt niet plaats, tenzij dit uitdrukkelijk is toegestaan bij de toestemming ingevolge het eerste lid. Deze toestemming kan slechts worden verleend indien rechtstreekse benadering voor het doel van het onderzoek onvermijdelijk is.

6. Indien politiegegevens, als bedoeld in de artikelen 8, 9, 10 of 13 van de wet, op grond van artikel 18, tweede lid, van de wet worden verstrekt ten behoeve van het in het eerste lid omschreven doel, is het bepaalde in het tweede, derde, vierde en vijfde lid van toepassing.

Art. 4:8 Geheimhoudingsplicht

Bij de verstrekking van politiegegevens aan derden, op grond van de artikelen 19 en 20 van de wet, wijst de verwerkingsverantwoordelijke de betrokken personen en instanties op de geheimhoudingsplicht, bedoeld in artikel 7, tweede lid, van de wet.

Paragraaf 5
Ter beschikking stelling binnen Europese Unie en doorgiften aan derde landen (artikelen 15a en 17a)

Art. 5:1 Doorgiften aan derde landen (artikel 17a)

1. Aan de bevoegde autoriteiten in een derde land of aan internationale organisaties kunnen politiegegevens worden doorgegeven onder de algemene voorwaarde dat deze slechts kunnen worden verwerkt voor het doel waarvoor ze zijn doorgegeven. In bijzondere gevallen kunnen de doorgegeven gegevens verder worden verwerkt ten behoeve van de voorkoming van een onmiddellijke en ernstige bedreiging van de openbare veiligheid. Op verzoek van de ontvangende persoon of instantie kan de verwerkingsverantwoordelijke instemmen met de verdere verwerking van doorgegeven gegevens voor een ander doel voor zover dit noodzakelijk is voor de goede uitvoering van de politietaak in dat land.

C12 art. 5:2 — Besluit politiegegevens

2. De doorgifte van politiegegevens, die worden verwerkt in verband met de strafrechtelijke handhaving van de rechtsorde of de handhaving van de openbare orde, vindt plaats door tussenkomst van een landelijke eenheid als bedoeld in artikel 25, eerste lid, onderdeel b, van de Politiewet 2012. De doorgifte kan zonder tussenkomst van deze landelijke eenheid plaatsvinden overeenkomstig afspraken met politieautoriteiten in het derde land of met de betrokken internationale organisatie, voor zover deze afspraken zijn goedgekeurd door Onze Minister van Justitie en Veiligheid.
3. Politiegegevens die betrekking hebben op de in artikel 5 van de wet genoemde kenmerken worden slechts doorgegeven indien dit met het oog op een juiste beantwoording van een door een buitenlandse politieautoriteit gestelde vraag onvermijdelijk is.
4. Politiegegevens die worden verwerkt op grond van artikel 10, eerste lid, onderdeel b, van de wet worden niet doorgegeven. Doorgifte van gegevens die worden verwerkt op grond van artikel 10, eerste lid, onderdeel a of onderdeel c, van de wet vindt slechts plaats na instemming van de betrokken officier van justitie, respectievelijk de betrokken burgemeester.
5. De gegevens worden verstrekt onder de voorwaarde dat deze door de ontvangende autoriteit worden vernietigd zodra de doeleinden zijn verwezenlijkt. Indien dit uit de wet voortvloeit, kunnen bij de verstrekking termijnen worden gesteld, na afloop waarvan de verstrekte gegevens door de ontvangende autoriteit moeten worden vernietigd, behoudens wanneer verdere verwerking noodzakelijk is voor een lopend onderzoek, de vervolging van strafbare feiten of de tenuitvoerlegging van straffen.
6. Politiegegevens die worden verwerkt door de Financiële inlichtingen eenheid kunnen worden doorgegeven aan van overheidswege aangewezen administratieve of politiële meldpunten in derde landen die een vergelijkbare taak hebben als het meldpunt. Het bepaalde in het tweede lid vindt geen toepassing.
7. [Door vernummering vervallen.]
8. Als blijkt dat onjuiste gegevens zijn verstrekt deelt de verstrekkende autoriteit dit onverwijld mee aan de personen of instanties van de lidstaat aan wie de gegevens zijn verstrekt, met het verzoek de gegevens onmiddellijk te corrigeren, te wissen of af te schermen.

Art. 5:2 Ontvangst politiegegevens derde landen
Politiegegevens, verstrekking aan bevoegde autoriteit in derde landen

1. Indien politiegegevens zonder voorafgaand verzoek tot doorgifte worden ontvangen van een derde land of van een internationale organisatie, beoordeelt de ontvangende autoriteit in Nederland onmiddellijk of deze gegevens noodzakelijk zijn voor het doel waarvoor zij zijn doorgegeven.
2. Indien krachtens het recht van het derde land specifieke beperkingen op de verwerking van politiegegevens gelden, ziet de ontvangende autoriteit in Nederland toe op inachtneming van de beperkingen indien deze door de doorgevende autoriteit zijn gemeld.
3. Indien politiegegevens worden ontvangen van een derde land of van een internationale organisatie, wordt de doorgevende instantie desgevraagd geïnformeerd over de verwerking van de doorgegeven gegevens en het daardoor behaalde resultaat.

Paragraaf 5a
Doorzending aan en ontvangst van andere lidstaten

Art. 5:3 Doorzending politiegegevens aan andere lidstaten van de EU ten behoeve van strafrechtelijke handhaving rechtsorde (artikel 15a, tweede lid)
Verstrekking politiegegevens binnen de EU, strafrechtelijke handhaving rechtsorde

1. Aan personen of instanties in een andere lidstaat van de Europese Unie, die zijn belast met de voorkoming en opsporing van strafbare feiten in de betreffende lidstaat, worden politiegegevens doorgezonden onder gelijke voorwaarden als aan politieambtenaren in Nederland, voor zover zij deze behoeven voor een goede uitvoering van die taak en behoudens de toepassing van de gronden, bedoeld in het tweede lid.
2. De doorzending kan worden geweigerd of aan beperkende voorwaarden worden onderworpen indien dit:
a. een geval betreft als bedoeld in artikel 2:13;
b. essentiële nationale veiligheidsbelangen zou schaden;
c. het welslagen van een lopend onderzoek of een verwerking, bedoeld in artikel 10, eerste lid, onderdeel a, van de wet, of de veiligheid van personen in gevaar zou brengen;
d. duidelijk disproportioneel of irrelevant zou zijn met het oog op de doelen waarvoor om doorzending van de gegevens is verzocht;
e. betrekking heeft op een strafbaar feit dat in Nederland strafbaar is gesteld met een gevangenisstraf van één jaar of minder;
f. betrekking heeft op politiegegevens die uitsluitend kunnen worden doorgezonden na instemming van de officier van justitie en deze geen toestemming geeft voor de doorzending;
g. betrekking heeft op politiegegevens die zijn verkregen van een andere lidstaat of van een derde land en deze geen toestemming geeft voor de doorzending.

3. Aan personen of instanties in een andere lidstaat, als bedoeld in het eerste lid, worden politiegegevens doorgezonden, voor zover zij deze behoeven ter voorkoming van strafbare feiten en ter handhaving van de openbare orde in verband met grootschalige evenementen. De politiegegevens kunnen uitsluitend worden doorgezonden indien definitieve veroordelingen of andere feiten het vermoeden rechtvaardigen dat de desbetreffende personen tijdens de evenementen strafbare feiten zullen plegen of dat zij een gevaar voor de openbare orde en veiligheid vormen. De politiegegevens worden doorgezonden onder de voorwaarde dat deze worden vernietigd zodra de doeleinden zijn verwezenlijkt, in elk geval uiterlijk na één jaar.
4. De gegevens worden doorgezonden onder de voorwaarde dat deze slechts kunnen worden verwerkt voor het doel waarvoor ze zijn doorgezonden.
5. De gegevens worden doorgezonden onder de voorwaarde dat deze door de ontvangende autoriteit worden vernietigd zodra de doeleinden zijn verwezenlijkt.
6. Indien dit uit de wet voortvloeit kunnen bij de doorzending termijnen worden gesteld, na afloop waarvan de doorgezonden gegevens door de ontvangende autoriteit moeten worden vernietigd, behoudens wanneer verdere verwerking noodzakelijk is voor een lopend onderzoek, de vervolging van strafbare feiten of de tenuitvoerlegging van straffen.
7. In afwijking van het vierde lid kunnen in specifieke omstandigheden door de doorzendende autoriteit specifieke beperkingen worden gesteld aan de verdere verwerking van de doorgezonden politiegegevens, voor zover deze beperkingen ook van toepassing zijn op de beschikbaarstelling van de gegevens aan andere politieambtenaren in Nederland.
8. Artikel 5:1, derde en vierde lid en artikel 5:2 zijn van overeenkomstige toepassing.   *Schakelbepaling*
9. In de grensgebieden kan de doorzending in verband met de strafrechtelijke handhaving van de rechtsorde of de handhaving van de openbare orde zonder tussenkomst van de landelijke eenheid, bedoeld in artikel 25, eerste lid, onderdeel b, van de Politiewet 2012, plaatsvinden voor zover dit voortvloeit uit een verdrag waarbij ook België of Duitsland als verdragsluitende partij betrokken zijn of uit een besluit, bedoeld in artikel 34, tweede lid, van het Verdrag betreffende de werking van de Europese Unie. Op doorzending in de grensgebieden waarvoor geen tussenkomst van de landelijke eenheid, bedoeld in de vorige volzin, vereist is, is het tweede lid niet van toepassing.

Art. 5:4 Ontvangst politiegegevens binnen de EU ten behoeve van strafrechtelijke handhaving rechtsorde

Indien politiegegevens worden ontvangen van een andere lidstaat van de Europese Unie ten aanzien van de verwerking waarvan door de bevoegde autoriteit en de doorzendende lidstaat op grond van het nationale recht specifieke voorwaarden zijn gesteld en de ontvangende autoriteit daarvan in kennis is gesteld, ziet de ontvangende bevoegde autoriteit in Nederland toe op de naleving van die voorwaarden.   *Politiegegevens, toezicht naleving voorwaarden doorzending*

Art. 5:5 Rechtstreeks geautomatiseerde doorzending politiegegevens binnen de EU (artikel 15a, tweede lid)

1. Doorzending van politiegegevens betreffende de voorkoming en opsporing van strafbare feiten, aan politieautoriteiten in een andere lidstaat van de Europese Unie kan rechtstreeks plaatsvinden door middel van de geautomatiseerde vergelijking van de categorieën van politiegegevens, bedoeld in het tweede lid.   *Politiegegevens, rechtstreeks geautomatiseerde verstrekking binnen EU*
2. De vergelijking van gegevens, bedoeld in het eerste lid, vindt plaats in afzonderlijke gevallen en betreft dactyloscopische gegevens.
3. Indien bij de gegevensvergelijking wordt vastgesteld dat gegevens overeenkomen dan worden uitsluitend de overeenkomende gegevens doorgezonden. Voor doorzending van nadere, met betrekking tot de overeenkomende gegevens beschikbare persoon- of zaaksgegevens is een verzoek, als bedoeld in artikel 552h van het Wetboek van Strafvordering, vereist. De verdere verwerking van de doorgezonden politiegegevens is uitsluitend toegestaan met het oog op:
a. de vaststelling of de vergeleken profielen overeenstemmen;
b. de voorbereiding en indiening van een verzoek om rechtshulp;
c. de protocollering van de gegevens.
Na afloop van de gegevensvergelijking worden de doorgezonden gegevens onverwijld gewist, tenzij verdere verwerking noodzakelijk is ten behoeve van de doelen, als bedoeld in onderdeel b of c.
4. De doorzending vindt uitsluitend plaats aan ambtenaren die werkzaam zijn bij daartoe aangewezen nationale politiële contactpunten en die zijn geautoriseerd voor de geautomatiseerde vergelijking van de politiegegevens. De lijst van ambtenaren, die zijn geautoriseerd tot de geautomatiseerde bevraging of vergelijking als bedoeld in het eerste lid, wordt desgevraagd ter beschikking gesteld aan de andere lidstaten en aan de Autoriteit persoonsgegevens.
5. Artikel 23, vierde lid, van de wet is van overeenkomstige toepassing.   *Schakelbepaling*

C12 art. 5:6 — Besluit politiegegevens

Politiegegevens, doorzending aan gemeenschappelijke teams binnen de EU

Art. 5:6 Doorzending politiegegevens aan gemeenschappelijke teams binnen de EU (artikel 15a, tweede lid)

1. Aan de politieambtenaar uit een andere lidstaat van de Europese Unie, die is toegevoegd aan een gemeenschappelijk onderzoeksteam als bedoeld in artikel 552qa van het Wetboek van Strafvordering dat is gevestigd in Nederland, kunnen politiegegevens worden doorgezonden op gelijke voet als aan Nederlandse politieambtenaren, voor zover zij deze behoeven voor de doeleinden waarvoor het gemeenschappelijke onderzoeksteam is ingesteld.
2. Aan de Nederlandse politieambtenaar die is toegevoegd aan een gemeenschappelijk onderzoeksteam als bedoeld in artikel 552qa van het Wetboek van Strafvordering dat is gevestigd in een andere lidstaat van de Europese Unie, kunnen politiegegevens worden doorgezonden met het oog op de gebruikmaking daarvan voor de doeleinden waarvoor het gemeenschappelijke onderzoeksteam is ingesteld.

Politiegegevens, doorzending aan Europol

Art. 5:7 Doorzending politiegegevens aan Europol

1. De doorzending van politiegegevens aan Europol vindt plaats door tussenkomst van de landelijke eenheid, bedoeld in artikel 5:1, tweede lid.
2. De doorzending van politiegegevens aan Europol kan worden geweigerd indien:
   a. wezenlijke nationale veiligheidsbelangen worden geschaad,
   b. het welslagen van lopende onderzoeken of de veiligheid van personen in gevaar wordt gebracht, of
   c. informatie wordt bekend gemaakt die betrekking heeft op specifieke inlichtingendiensten of -activiteiten op het gebied van de staatsveiligheid.

Politiegegevens, doorzending aan Eurojust

Art. 5:8 Doorzending politiegegevens aan Eurojust

1. De doorzending van politiegegevens aan Eurojust vindt plaats door tussenkomst van het nationale lid van Eurojust.
2. De doorzending van politiegegevens aan Eurojust kan worden geweigerd indien wezenlijke nationale veiligheidsbelangen worden geschaad of de veiligheid van personen in gevaar wordt gebracht.
3. Politiegegevens worden doorgezonden aan het nationale lid van Eurojust, voor zover hij deze behoeft in verband met de uit een rechtsinstrument of op grond van het Verdrag betreffende de werking van de Europese Unie voortkomende doelstelling en taken van deze organisatie. Het tweede lid is van overeenkomstige toepassing.

Art. 5:9-5:10

[Vervallen]

Paragraaf 6
Diversen

Schakelbepaling

Art. 6:1 Overeenkomstige toepassing informanten (artikel 12, vijfde lid)

1. Het bepaalde in artikel 12, eerste lid, van de wet is van overeenkomstige toepassing op de volgende categorieën van personen:
   a. infiltranten;
   b. personen die in aanmerking zijn gebracht voor beschermingsmaatregelen, als bedoeld in het Besluit getuigenbescherming.
2. De verwerking, als bedoeld in het eerste lid, onderdeel a, vindt slechts plaats omtrent:
   a. verdachten;
   b. personen in de omgeving van de verdachte wier handelen van invloed kan zijn op het doel van de verwerking, als bedoeld in het eerste lid, en de bescherming van de infiltrant;
   c. infiltranten;
   d. begeleiders;
   e. opsporingsambtenaren;
   f. leden van het openbaar ministerie.
3. De verwerking, als bedoeld in het eerste lid, onderdeel b, vindt slechts plaats omtrent:
   a. getuigen ten aanzien van wie een dreiging bestaat;
   b. personen in de omgeving van de getuigen;
   c. verdachten;
   d. personen in de omgeving van de verdachte wier handelen van invloed kan zijn op het doel van de verwerking, als bedoeld in het eerste lid, en de bescherming van de getuige;
   e. begeleiders;
   f. opdrachtgevers.

Politiegegevens, beveiliging

Art. 6:1a Beveiliging van politiegegevens (artikel 4a, zesde lid)

1. De verwerkingsverantwoordelijke evalueert en actualiseert de maatregelen, bedoeld in artikel 4a, eerste lid, onderdeel a, van de wet.
2. Wanneer zulks in verhouding staat tot de verwerkingsactiviteiten omvatten de maatregelen, bedoeld in het eerste lid, de uitvoering van een passend gegevensbeschermingsbeleid door de verwerkingsverantwoordelijke.

Besluit politiegegevens   **C12 art. 6:4**

3. De verwerkingsverantwoordelijke of de verwerker treft, na beoordeling van de risico's, maatregelen om:
   a. te verhinderen dat onbevoegden toegang krijgen tot apparatuur voor de verwerking van persoonsgegevens;
   b. te verhinderen dat onbevoegden gegevensdragers lezen, kopiëren, wijzigen of verwijderen;
   c. te verhinderen dat onbevoegden gegevens invoeren of opgeslagen persoonsgegevens inzien, wijzigen of verwijderen;
   d. te verhinderen dat onbevoegden systemen voor geautomatiseerde gegevensverwerking gebruiken met behulp van datatransmissieapparatuur;
   e. ervoor te zorgen dat personen die geautoriseerd zijn om een systeem voor geautomatiseerde gegevensverwerking te gebruiken, uitsluitend toegang hebben tot de gegevens waarop hun autorisatie betrekking heeft;
   f. ervoor te zorgen dat kan worden nagegaan en vastgesteld aan welke organen persoonsgegevens zijn of kunnen worden verstrekt of beschikbaar gesteld met behulp van datatransmissieapparatuur;
   g. ervoor te zorgen dat later kan worden nagegaan en vastgesteld welke persoonsgegevens wanneer en door wie in een systeem voor geautomatiseerde gegevensverwerking zijn ingevoerd;
   h. te verhinderen dat onbevoegden persoonsgegevens lezen, kopiëren, wijzigen of verwijderen tijdens de doorgifte van persoonsgegevens of het vervoer van gegevensdragers;
   i. ervoor te zorgen dat de geïnstalleerde systemen in geval van storing opnieuw kunnen worden ingezet;
   j. ervoor te zorgen dat de functies van het systeem werken, dat eventuele functionele storingen worden gesignaleerd en dat opgeslagen persoonsgegevens niet kunnen worden beschadigd door het verkeerd functioneren van het systeem.

Art. 6:1b Inhoud overeenkomst met verwerker (artikel 6c, tweede lid)

De inhoud van de overeenkomst of rechtshandeling, bedoeld in artikel 6c, tweede lid, van de wet bevat het onderwerp en de duur van de verwerking, de aard en het doel van de verwerking, het soort gegevens waarop de wet van toepassing is, de categorieën van betrokkenen en de verplichtingen en de rechten van de verwerkingsverantwoordelijke, en met name wordt daarin bepaald dat de verwerker:

Politiegegevens, inhoud verwerkersovereenkomst

   a. uitsluitend volgens de instructies van de verwerkingsverantwoordelijke handelt;
   b. er zorg voor draagt dat de tot het verwerken van politiegegevens gemachtigde personen zich ertoe hebben verplicht vertrouwelijkheid in acht te nemen of door een passende wettelijke verplichting daaraan gebonden zijn;
   c. de verwerkingsverantwoordelijke met passende middelen bijstaat om naleving van de bepalingen betreffende de rechten van de betrokkene te verzekeren;
   d. na afloop van de gegevensverwerkingsdiensten, naargelang de keuze van de verwerkingsverantwoordelijke, alle gegevens wist of hem deze ter beschikking stelt, en bestaande kopieën verwijdert, tenzij opslag van die gegevens verplicht is;
   e. de verwerkingsverantwoordelijke alle informatie ter beschikking stelt die nodig is om nakoming van in dit artikel gestelde voorschriften aan te tonen;
   f. aan de in dit artikel gestelde voorschriften voldoet bij de inschakeling van een andere verwerker en bij die inschakeling overeenkomstig artikel 6c, vierde lid, van de wet, handelt.

Art. 6:2 Ondersteunende taken (artikel 13, vierde lid)

1. Over de verwerkingen bedoeld in artikel 13, eerste, tweede en derde lid, van de wet, wordt tevoren schriftelijk vastgelegd:

Verwerking politiegegevens, ondersteunende taken

   a. ten behoeve van welk specifiek doel ter ondersteuning van de politietaak de gegevens verder worden verwerkt;
   b. de categorieën van personen over wie gegevens ten behoeve van het betreffende doel verder worden verwerkt en de soorten van de over hen op te nemen gegevens;
   c. de termijn waarbinnen dan wel de gevallen waarin het verder verwerken van de betreffende gegevens wordt beëindigd;
   d. de frequentie waarmee de gegevens ter voldoening aan de onder c bedoelde verplichting tot beëindiging van de verwerking worden gecontroleerd;
   e. de verantwoordelijke of verantwoordelijken die de gegevens verder verwerken;
   f. indien sprake is van een bewerker, degene die als bewerker optreedt.
2. De op grond van het eerste lid schriftelijk vastgelegde gegevens worden ter inzage gelegd gedurende de tijd dat de gegevens ingevolge artikel 32, derde lid, van de wet beschikbaar zijn.

Art. 6:3
[Vervallen]

Art. 6:4 Documentatieplicht (artikel 32, vijfde lid)

1. De schriftelijke vastlegging van het doel van het onderzoek, bedoeld in artikel 9, tweede lid, van de wet, omvat een omschrijving van het onderwerp waar het onderzoek op is gericht en op welk deel van de uitoefening van de politietaak het onderzoek betrekking heeft.

Verwerking politiegegevens, protocol vastlegging

2. Indien politiegegevens geautomatiseerd worden vergeleken met andere gegevens of in combinatie met elkaar worden verwerkt, als bedoeld in artikel 11, eerste, tweede, vierde en vijfde lid van de wet, worden van die verwerking de volgende gegevens vastgelegd:
a. de gegevens die voor de rechtstreekse raadpleging zijn gebruikt;
b. de identiteit of het kenmerk van de politieambtenaar die de rechtstreekse raadpleging heeft uitgevoerd;
c. de gegevens op grond waarvan kan worden nagegaan welke gegevens ter beschikking zijn gesteld voor verdere verwerking voor een doel, als bedoeld in artikel 9 of 10 van de wet;
3. Het bepaalde in het tweede lid is van overeenkomstige toepassing indien politiegegevens ter beschikking worden gesteld voor hernieuwde verwerking op grond van artikel 9 of 10 van de wet, bedoeld in artikel 14, derde lid, van de wet.
4. Indien politiegegevens op grond van paragraaf 3 van de wet worden verstrekt, worden van die verstrekking de volgende gegevens vastgelegd:
a. de identiteit van de verzoeker;
b. de datum van de verstrekking;
c. een omschrijving van de verstrekte gegevens;
d. het doel van de verstrekking.
5. Indien politiegegevens op grond van paragraaf 3 van de wet rechtstreeks langs geautomatiseerde weg, als bedoeld in artikel 23, tweede lid, van de wet worden verstrekt, worden van die verstrekking de volgende gegevens vastgelegd:
a. een uniek kenmerk van de verzoeker;
b. de gegevens die ten behoeve van de gegevensvergelijking door de verzoeker zijn ingebracht;
c. de gegevens op grond waarvan kan worden nagegaan welke gegevens naar aanleiding van de gegevensvergelijking zijn verstrekt inclusief de mededeling van het niet voorhanden zijn van een gegeven;
d. de datum en het tijdstip van de verstrekking.
6. De verplichtingen van het vierde en vijfde lid zijn niet van toepassing op de verstrekking van gegevens op grond van artikel 16, eerste lid, onderdeel c, van de wet.

Art. 6:5 Audits (artikel 33, vijfde lid)

Wet politiegegevens, audits

1. Twee jaren na inwerkingtreding van de wet, en vervolgens eenmaal in de vier jaren, laat de verwerkingsverantwoordelijke de uitvoering van de bij of krachtens de wet gegeven regels door een privacy audit controleren, op bij ministeriële regeling te bepalen wijze.
2. De controle heeft betrekking op de wijze waarop het verwerken van politiegegevens is georganiseerd, de maatregelen en procedures die daarop van toepassing zijn en de werking van deze maatregelen en procedures.
3. Een onafhankelijke auditor die voldoet aan de bij ministeriële regeling te stellen eisen van werkwijze, deskundigheid en betrouwbaarheid voert de controle uit.
4. De hercontrole, bedoeld in artikel 33, derde lid, van de wet, vindt plaats op bij ministeriële regeling te bepalen wijze.
5. Bij ministeriële regeling kan bepaald worden dat ter voorbereiding op de controle, bedoeld in het eerste lid, interne audits plaatsvinden en kunnen regels worden gesteld over de wijze waarop deze audits worden verricht.

Art. 6:6 Gegevensverwerking door de Financiële inlichtingen eenheid

Financiële inlichtingeneenheid

1. Bij de Financiële inlichtingen eenheid worden persoonsgegevens verwerkt over de volgende categorieën van personen:
a. personen ten aanzien van wie een melding heeft plaatsgevonden van een verrichte of voorgenomen ongebruikelijke transactie;
b. personen die als opdrachtgever, begeleider, tussenpersoon, begunstigde of lastgever betrokken zijn bij een verrichte of voorgenomen ongebruikelijke transactie;
c. personen, ten aanzien van wie een redelijk vermoeden bestaat van het plegen van een misdrijf en personen die zijn veroordeeld terzake van het plegen van een misdrijf, indien noodzakelijk voor het doel van de Financiële inlichtingen eenheid;
d. personen, die betrokken zijn bij een verrichte of voorgenomen financiële transactie, ten aanzien waarvan een melding heeft plaatsgevonden op grond van de Wet ter voorkoming van witwassen en financieren van terrorisme BES of bij een meldpunt in een land binnen het Koninkrijk of in een ander land;
e. personen, die betrokken zijn bij een verdachte transactie;
f. personen, die werkzaam zijn bij de Financiële inlichtingen eenheid, bij de politie, bij justitie, bij een instantie belast met het toezicht op de personen en instellingen die onder de wettelijke meldplicht vallen dan wel met enige publiekrechtelijke taak, bij een instelling of bij een buitenlands meldpunt, die als contactpersoon optreden voor wat betreft de verstrekking van gegevens door of aan het meldpunt;
g. personen, ten aanzien van wie een voor het doel van het meldpunt relevante relatie met een gemelde ongebruikelijke transactie bekend is geworden of vermoedelijk bekend zal worden, en deze relatie een andere is dan die bedoeld in de voorgaande onderdelen.

Besluit politiegegevens   **C12 art. 6a:2**

2. De gegevens, bedoeld in het eerste lid, worden verwijderd zodra zij niet langer noodzakelijk zijn voor het doel van de verwerking. De gegevens worden vernietigd uiterlijk vijf jaar na de datum van laatste opneming.

Paragraaf 6a
Bonaire, Sint Eustatius en Saba

Art. 6a:1 (toepasselijkheid op Bonaire, Sint Eustatius en Saba)
Dit besluit is mede van toepassing in de openbare lichamen Bonaire, Sint Eustatius en Saba met inachtneming van het in deze paragraaf bepaalde met dien verstande dat voor de toepassing of lezing van een aantal bepalingen in dit besluit artikel 36b onderscheidenlijk artikel 36c, eerste lid, van de wet in acht moet worden genomen.

Werkingssfeer

Art. 6a:2 (omzetting bepalingen naar toepasselijkheid Bonaire, Sint Eustatius en Saba)
1. Voor de toepassing van:

Politiegegevens, toepassing bepalingen in BES

a. artikel 2:4, eerste lid, wordt in plaats van «de ambtenaren van politie die werkzaam zijn bij een daartoe ingericht team dat specifiek is belast met de verwerking van politiegegevens als bedoeld in artikel 10, eerste lid, onderdeel b, van de wet» gelezen: de daartoe door de verwerkingsverantwoordelijke aangewezen ambtenaren van politie;
b. artikel 2:5, eerste lid, wordt in plaats van «de ambtenaren van politie die zijn belast met de verwerking van politiegegevens als bedoeld in artikel 10, eerste lid, onderdeel a, van de wet» gelezen: de daartoe door de verwerkingsverantwoordelijke aangewezen ambtenaren van politie;
c. artikel 2:5, tweede lid, wordt in plaats van «de ambtenaren van politie die zijn belast met de verwerking van politiegegevens als bedoeld in artikel 10, eerste lid, onderdeel c, van de wet» gelezen: de daartoe door de verwerkingsverantwoordelijke aangewezen ambtenaren van politie;
d. artikel 2:7, eerste lid, wordt in plaats van «artikel 14, eerste lid, van de Wet ter voorkoming van witwassen en financieren van terrorisme» gelezen: artikel 3:3, eerste lid, van de Wet ter voorkoming van witwassen en financieren van terrorisme BES;
e. artikel 2:8 wordt in plaats van «kunnen worden geautoriseerd de ambtenaren van politie die werkzaam zijn bij een team dat met de uitvoering van deze taak is belast» gelezen: kunnen daartoe door de verwerkingsverantwoordelijke aangewezen ambtenaren van politie worden belast;
f. artikel 2:10, tweede lid, wordt in plaats van «het hoofd van het betreffende team dat is belast met de verwerking van politiegegevens, bedoeld in artikel 10, eerste lid, onderdelen a, b of c, van de wet, dan wel het hoofd van een team met een vergelijkbare taak of hun plaatsvervanger» gelezen: de ambtenaren van politie die daartoe door de verwerkingsverantwoordelijke zijn aangewezen;
g. artikel 2:13, eerste lid, onderdeel c, wordt in plaats van «de korpschef» gelezen: de korpsbeheerder;
h. artikel 2:13, eerste lid, onder d, wordt in plaats van «rijksrecherche» gelezen «recherche» en in plaats van «het College van procureurs-generaal» gelezen: de procureur-generaal;
i. artikel 2:13, eerste lid, onder f, wordt in plaats van «het College van procureurs-generaal» gelezen: de procureur-generaal;
j. [vervallen;]
k. artikel 2:13, tweede lid, onderdeel c, wordt in plaats van «artikel 16, eerste lid, onderdeel a» gelezen «artikel 36d, eerste lid, onderdeel a» en in plaats van «artikel 3:1» gelezen: artikel 6a:3;
l. artikel 4:1, eerste lid, onderdeel b, wordt in plaats van «artikel 1, onderdeel h, van de Luchtvaartwet» gelezen «artikel 1, eerste lid, onderdeel i van de Luchtvaartwet BES» en wordt in plaats van «Opiumwet» gelezen: Opiumwet 1960 BES;
m. artikel 4:2, eerste lid, onderdeel aa, wordt in plaats van «bedoeld in artikel 1:3, eerste lid, onderdeel c, van de Algemene douanewet» gelezen: bedoeld in artikel 1.1, onderdeel h, van de Douane- en Accijnswet BES;
n. artikel 4:7, eerste lid, onder b, wordt in plaats van «de burgemeester» telkens gelezen: de gezaghebber;
o. artikel 5:1, eerste lid, onder c, wordt in plaats van «artikel 1, eerste lid, onderdeel i, van de Politiewet 2012» gelezen: artikel 1, eerste lid, onderdeel n, van de Rijkswet politie van Curaçao, van Sint Maarten en van Bonaire, Sint Eustatius en Saba;
p. artikel 5:1, tweede lid, wordt in plaats van «een landelijke eenheid als bedoeld in artikel 25, eerste lid, onderdeel b, van de Politiewet 2012» gelezen «de officier van justitie» en vervalt de tweede zin;
q. artikel 5:1, vierde lid, wordt in plaats van «burgemeester» gelezen: gezaghebber;
r. artikel 6:4, vierde en vijfde lid, wordt telkens na «paragraaf 3» ingevoegd: en artikel 36d;
s. artikel 6:4, zesde lid, wordt in plaats van «artikel 16, eerste lid, onderdeel c,» gelezen: artikel 36d, eerste lid, onderdeel a,;

Sdu   513

t. artikel 6:6, eerste lid, onderdeel d, wordt in plaats van «op grond van de Wet ter voorkoming van witwassen en financieren van terrorisme BES» gelezen: op grond van de Wet ter voorkoming van witwassen en financieren van terrorisme.

2. De artikelen 2:3, derde lid, 2:4, tweede lid, 4:2, derde en vierde lid, 4:3, derde tot en met zesde lid, 4:3a, 4:4, tweede gedachtestreepje, 4:6, eerste lid, onderdeel d, 4:7, eerste lid, onderdeel b, 5:1, vierde lid, 5:2, 5:3, 5:4, 5:5 en 6:1, eerste lid, onder b, en derde lid zijn niet van toepassing

Art. 6a:3 Ernstige inbreuk rechtsorde misdrijven (artikel 10, eerste lid, onderdeel a, onder 3°)

Verwerking politiegegevens BES, misdrijven

In afwijking van artikel 3:1 zijn de misdrijven, bedoeld in artikel 10, eerste lid, onderdeel a, onder 3° juncto artikel 36c, eerste lid, onderdeel c, van de wet die gezien hun aard of samenhang met andere door de betrokkene begane misdrijven een ernstige inbreuk op de rechtsorde opleveren:

a. de misdrijven bedoeld in de artikelen 324, onderdelen 4° en 5°, en artikel 431 van het Wetboek van Strafrecht BES, voor zover de feiten een schade van ten minste USD 14 000 veroorzaakt hebben en betrokkene tevens een misdrijf als bedoeld in artikel 10, eerste lid, onderdeel a, onder 1° en 2°, juncto artikel 36c, eerste lid, onderdeel c, van de wet heeft begaan;

b. de misdrijven, bedoeld in de artikelen 246, 253, 256, 256a, 257, 258 en 286f van het Wetboek van Strafrecht BES;

c. de misdrijven, bedoeld in de artikelen 183, 184, 377 en 379 van het Wetboek van Strafrecht BES en de artikelen 185 en 186 van het Wetboek van Strafrecht BES in verband met de artikelen 187 en 188 van dat wetboek;

d. de misdrijven, bedoeld in de artikelen 230, 231, 232, 236 en 237 van het Wetboek van Strafrecht BES, voor zover de feiten een schade van ten minste USD 28 000 veroorzaakt hebben;

e. de misdrijven, bedoeld in de artikelen 196a en 203a van het Wetboek van Strafrecht BES;

f. de misdrijven, bedoeld in de artikelen 3a, eerste lid en 4, eerste lid, onderdelen b, c en d, telkens onder A van de Opiumwet 1960 BES;

g. de misdrijven, bedoeld in de artikelen 3 en 5 van de Vuurwapenwet BES, voor zover de feiten betrekking hebben op het voorhanden hebben van vuurwapens en explosieven.

Art. 6a:4 Ernstig gevaar rechtsorde misdrijven (artikel 10, eerste lid, onderdeel b)

In afwijking van artikel 3:2 zijn de categorieën van misdrijven, bedoeld in artikel 10, eerste lid, onderdeel b, van de wet, die door hun omvang of ernst of hun samenhang met andere misdrijven een ernstig gevaar voor de rechtsorde opleveren:

a. terroristische misdrijven als bedoeld in artikel 84a van het Wetboek van Strafrecht BES;

b. mensenhandel als bedoeld in artikel 286f van het Wetboek van Strafrecht BES;

c. mensensmokkel als bedoeld in artikel 203a van het Wetboek van Strafrecht BES.

Art. 6a:5 Verstrekking politiegegevens artikelen 8 en 13, eerste lid (artikel 18, eerste lid)

Politiegegevens BES, verstrekking aan derden

1. In afwijking van artikel 4:2, eerste lid, kunnen politiegegevens die worden verwerkt overeenkomstig de artikelen 8 en 13, eerste lid, van de wet en voor zover zij deze behoeven voor een goede uitvoering van hun taak, worden verstrekt aan:

a. het Waarborgfonds Motorverkeer, als bedoeld in artikel 15, eerste lid, van de Wet aansprakelijkheidsverzekering motorrijtuigen BES, voor zover het betreft gegevens omtrent de personalia en de verblijfplaats van benadeelden en zij deze gegevens behoeven voor de hulp aan benadeelden ten behoeve van het geldend maken van een recht op schadevergoeding, als bedoeld in artikel 17 van de Wet aansprakelijkheidsverzekering motorrijtuigen BES;

b. degene die namens een reclasseringsinstelling reclasseringswerkzaamheden verricht ten behoeve van die werkzaamheden;

c. de voogdijraad ten behoeve van de uitvoering van één van de bij wet aan de voogdijraad opgedragen taken;

d. Onze Minister voor Immigratie en Asiel ten behoeve van het verwerken van gegevens omtrent de identiteit van vreemdelingen en de verdere verstrekking van die gegevens aan instanties die zijn betrokken bij de uitvoering van de Wet toelating en uitzetting BES, ten behoeve van de vaststelling van de identiteit vreemdelingen, en aan andere instanties met een publieke taak belast, ten behoeve van registratie, identificatie en verificatie van vreemdelingen, hun documenten of hun verblijfsrechtelijke positie;

e. de Onderzoeksraad voor veiligheid, bedoeld in artikel 2, van de Rijkswet Onderzoeksraad voor veiligheid, ten behoeve van de uitvoering van de in die wet opgedragen taken;

f. benadeelden van strafbare feiten, waaronder begrepen de personen die in verband met die feiten in hun rechten zijn getreden of ingevolge enige wettelijke bepaling terzake van die rechten een recht van verhaal hebben gekregen, voor zover zij deze gegevens behoeven om in rechte voor hun belangen op te kunnen komen;

g. de door Onze Minister van Justitie en Veiligheid aangewezen organisatie, ten behoeve van de verzending van beschikkingen en transacties en de tenuitvoerlegging van ontnemings- en schadevergoedingsmaatregelen;

h. de Dienst Terugkeer en Vertrek, voor zover het betreft gegevens over vreemdelingen die zijn verkregen in het kader van de uitoefening van het toezicht, bedoeld in artikel 22a van de Wet toelating en uitzetting BES, of de opsporing van strafbare feiten, ten behoeve van de begeleiding van de terugkeer of het vertrek uit de openbare lichamen Bonaire, Sint Eustatius en Saba van vreemdelingen die geen toelating tot verblijf hebben;
2. Artikel 4:2, tweede lid, is van toepassing.
3. Politiegegevens die worden verwerkt overeenkomstig de artikelen 8 en 13, eerste lid, van de wet kunnen, voor zover zij deze behoeven voor een goede uitvoering van hun taak, worden verstrekt aan de door Onze Minister van Sociale Zaken en Werkgelegenheid respectievelijk Onze Minister van Financiën aangewezen ambtenaren, die zijn belast met het toezicht op de naleving van het bepaalde bij of krachtens de Wet arbeid vreemdelingen BES respectievelijk de hoofdstukken I en VIII van de Belastingwet BES ten behoeve van de inschatting van de veiligheidsrisico's met betrekking tot de uitoefening van vorenbedoeld toezicht.
4. Politiegegevens die worden verwerkt overeenkomstig de artikelen 8 en 13, eerste lid, van de wet, kunnen worden verstrekt aan de basisadministratie persoonsgegevens van een van de openbare lichamen Bonaire, Sint Eustatius of Saba, bedoeld in artikel 2 van de Wet basisadministraties persoonsgegevens BES, met het oog op de signalering van veranderingen in de gegevens die in de basisadministraties zijn opgenomen.

Art. 6a:6 Verstrekking politiegegevens artikelen 8, 9, 10 en 13 (artikel 18, eerste lid)

1. In afwijking van artikel 4:3, eerste lid, kunnen politiegegevens die worden verwerkt overeenkomstig de artikelen 8, 9, 10, eerste lid, onderdelen a en c juncto artikel 36c, eerste lid, onder c, en 13 van de wet en voor zover zij deze behoeven voor een goede uitvoering van hun taak, worden verstrekt aan:
a. Onze Minister van Justitie en Veiligheid, ten behoeve van:
– de uitvoering van artikel 5, eerste lid, van de Gratiewet;
– de beoordeling van de benoeming, de herbenoeming of het ontslag van de leden van de commissies van toezicht bij de gestichten, bedoeld in artikel 41 van de Wet beginselen gevangeniswezen BES;
– het afgeven van een verklaring omtrent het gedrag als bedoeld in de Wet op de justitiële documentatie en op de verklaringen omtrent het gedrag BES;
– de taakuitvoering van de Financiële inlichtingen eenheid.
b. de directeuren van de gestichten, bedoeld in artikel 2 van de Wet beginselen gevangeniswezen BES en de functionarissen van de Dienst Justitiële inrichtingen van het Ministerie van Justitie en Veiligheid, ten behoeve van:
1. het nemen van beslissingen over hetzij de aanstelling of het ontslag van personeel, hetzij de toelating tot het gesticht van personen die niet worden ingesloten in het gesticht, voor zover dat noodzakelijk is voor de orde of veiligheid in het gesticht respectievelijk de voorziening;
2. het nemen van beslissingen over het verlaten van het gesticht bij wijze van verlof;
3. het treffen van maatregelen met betrekking tot de voorkoming van strafbare feiten door of met betrekking tot gedetineerden, de handhaving van de orde en veiligheid in het justitiële gesticht, of de ongestoorde tenuitvoerlegging van de vrijheidsbeneming.
c. de commandant van de Koninklijke marechaussee, ten behoeve van de uitoefening van de controle, bedoeld in artikel 22, derde lid, van de Luchtvaartwet BES;
d. Onze Minister van Binnenlandse Zaken en Koninkrijksrelaties ten behoeve van het verrichten van een onderzoek naar de betrouwbaarheid en geschiktheid ten aanzien van ambtenaren van politie van het politiekorps voor Bonaire, Sint Eustatius en Saba;
e. de Immigratie- en Naturalisatiedienst, ten behoeve van het nemen van beslissingen omtrent de toelating, het verblijf of de ongewenstverklaring, als bedoeld in de Wet toelating en uitzetting BES, de Rijkswet op het Nederlanderschap of een verdrag dan wel een voor Nederland bindend besluit van een volkenrechtelijke organisatie, als bedoeld in artikel 25 van de Wet toelating en uitzetting BES;
f. de Rijksvertegenwoordiger en de gezaghebber van Bonaire, Sint Eustatius of Saba, ten behoeve van hun adviserende taak, bedoeld in het Reglement op de Orde van de Nederlandse Leeuw en de Orde van Oranje-Nassau;
g. gedragsdeskundigen, voor zover het betreft auditieve of audiovisuele registraties van het verhoor van een persoon naar aanleiding van een ernstig strafbaar feit, voor het beoordelen van het verhoor en het opstellen van een deskundigenrapportage ten behoeve van het strafrechtelijk onderzoek, het gerechtelijk vooronderzoek of het onderzoek ter terechtzitting;
h. Onze Minister van Justitie en Veiligheid, ten behoeve van het verrichten van een onderzoek naar de betrouwbaarheid en geschiktheid ten aanzien van personen die anders dan als ambtenaar van politie werkzaamheden verrichten voor het politiekorps voor Bonaire, Sint Eustatius en Saba alsmede buitengewone agenten van politie;

i. de Rijksdienst Caribisch Nederland door tussenkomst van het openbaar ministerie indien deze verstrekking noodzakelijk is voor de uitvoering van de aan die dienst opgelegde taak of taken, bedoeld in:
- artikel 7, eerste lid, onderdeel f, van het Besluit onderstand BES;
- artikel 7a, derde lid, onderdeel f, van de Wet algemene ouderdomsverzekering BES;
- artikel 8, eerste lid, onderdeel d, en artikel 10a, eerste lid, van de Wet algemene weduwen- en wezenverzekering BES;
- artikel 5, vijfde lid, en artikel 13, eerste lid, onderdeel d, van de Wet kinderbijslagvoorziening BES;
- artikel 7, eerste en tweede lid, van de Wet ongevallenverzekering BES;
- artikel 2.10a, tweede lid, van de Wet studiefinanciering BES;
- artikel 7, onderdeel i, van de Wet ziekteverzekering BES.

2. In afwijking van artikel 4:3, tweede lid, kunnen politiegegevens als bedoeld in het eerste lid worden verstrekt aan leden van het openbaar ministerie ten behoeve van de adviserende taak in het kader van de uitvoering van de hierna te noemen wetten en door tussenkomst van dat openbaar ministerie in het kader van vorenbedoelde taak, verder worden verstrekt aan:

a. de Nederlandsche Bank, ten behoeve van:
- het verkrijgen van inzicht in de voornemens, handelingen en antecedenten, bedoeld in artikel 3:1 van het Besluit financiële markten BES, ter vaststelling van de betrouwbaarheid van een persoon, als bedoeld in artikel 3:4, eerste lid, van de Wet financiële markten BES;
- het verkrijgen van inzicht in de voornemens, handelingen en antecedenten, bedoeld in artikel 4, eerste lid, van het Besluit Pensioenwet BES, ter vaststelling van de betrouwbaarheid van een persoon, als bedoeld in artikel 5a, vijfde lid, Pensioenwet BES;

b. de Autoriteit Financiële Markten, ten behoeve van het verkrijgen van inzicht in de voornemens, handelingen en antecedenten, bedoeld in artikel 3:1 van het Besluit financiële markten BES, ter vaststelling van de betrouwbaarheid van een persoon, als bedoeld in artikel 3:4, eerste lid, van de Wet financiële markten BES.

3. Aan de verdere verstrekking van de op grond van het tweede lid verstrekte politiegegevens kunnen door het openbaar ministerie nadere voorwaarden worden gesteld. Die voorwaarden kunnen onder meer betreffen het ter beschikking stellen of doorgeven van die gegevens of inlichtingen daarover aan derden.

4. De op grond van het tweede lid verstrekte gegevens worden door de in dat lid genoemde personen en instanties niet langer dan gedurende een termijn van twaalf maanden na datum van verkrijgen bewaard. Gegevens die door de leden van het openbaar ministerie verder zijn verstrekt, kunnen langer worden bewaard met bijzondere toestemming van het openbaar ministerie. Daarbij kunnen nadere voorwaarden worden gesteld.

5. Politiegegevens die worden verwerkt overeenkomstig de artikelen 8, 9, 10, eerste lid, onderdelen a en c, en 13, eerste lid, van de wet, kunnen worden verstrekt aan Onze Minister van Justitie en Veiligheid en de gezaghebber, ten behoeve van het nemen van een beslissing op grond van de Wapenwet BES en de Vuurwapenwet BES. Deze gegevens kunnen tevens worden verstrekt aan een bestuursorgaan dat beslist naar aanleiding van een ingesteld administratief beroep.

Art. 6a:7 (verstrekking aan Europese deel van Nederland)

Politiegegevens BES, verstrekking aan OM in Europees deel van Nederland

1. Politiegegevens die worden verwerkt overeenkomstig de artikelen 8, 9, 10, eerste lid, onderdelen a en c junctо artikel 36c, eerste lid, onder c, en 13 van de wet kunnen worden verstrekt aan leden van het openbaar ministerie met het oog op het verder verstrekken aan het openbaar ministerie in het Europese deel van Nederland ten behoeve van de adviserende taak van laatstbedoeld openbaar ministerie in het kader van de uitvoering van de wetten, genoemd in artikel 4:3, tweede lid, en, door tussenkomst van dat openbaar ministerie in het kader van vorenbedoelde taak, verder worden verstrekt aan:

a. de Nederlandsche Bank, ten behoeve van de uitoefening van de taken, genoemd in artikel 4:3, tweede lid, onderdeel a;

b. Onze Minister van Financiën ten behoeve van de uitoefening van de taken, genoemd in artikel 4:3, tweede lid, onderdeel b;

c. de Autoriteit Financiële Markten, ten behoeve van de taken, genoemd in artikel 4:3, tweede lid, onderdeel c.

2. Artikel 6a:6, derde en vierde lid, is van toepassing.

Paragraaf 7
Slotbepalingen

Art. 7:1 Inwerkingtreding

Inwerkingtreding
Dit besluit treedt in werking op het tijdstip waarop de Wet politiegegevens in werking treedt.

Art. 7:2 Citeertitel

Citeertitel
Dit besluit wordt aangehaald als: Besluit politiegegevens.

Besluit OM-afdoening[1]

Besluit van 4 juli 2007, houdende regels aangaande de buitengerechtelijke afdoening van strafbare feiten (Besluit OM-afdoening)

Wij Beatrix, bij de gratie Gods, Koningin der Nederlanden, Prinses van Oranje-Nassau, enz. enz. enz.
Op de voordracht van Onze Minister van Justitie van 3 april 2007, directie Wetgeving, nr. 5476193/07/6;
Gelet op de artikelen 257b, 257d, vierde lid, en 572, tweede lid, van het Wetboek van Strafvordering, en de artikelen 22e, 22k, 74, vijfde lid, en 77ff, vierde lid, van het Wetboek van Strafrecht; Voorts gelet op de artikelen 1, onderdeel a, 2, tweede lid, 4, derde lid, 9, eerste lid, en 13, eerste lid, van de Wet justitiële en strafvorderlijke gegevens, artikel 126 van de Wet op de rechterlijke organisatie en de artikelen 37, 39 en 41 van de Wet op de rechtsbijstand;
De Raad van State gehoord (advies van 23 mei 2007, nr.W03.07.0090/II);
Gezien het nader rapport van Onze Minister van Justitie van 29 juni 2007, directie Wetgeving, nr. 5491696/07/6;
Hebben goedgevonden en verstaan:

Hoofdstuk I
Definitiebepalingen

Art. 1.1
In dit besluit wordt verstaan onder:
a. de wet: het Wetboek van Strafvordering;
b. Onze Minister: Onze Minister voor Rechtsbescherming;
c. hoofdofficier van justitie: de officier van justitie in de rang van hoofdofficier van justitie die aan het hoofd staat van het arrondissementsparket, het landelijk parket, het functioneel parket of het parket centrale verwerking openbaar ministerie;
d. buitengewoon opsporingsambtenaar: de ambtenaar, bedoeld in artikel 142, eerste lid, van de wet;
e. toezichthouder: toezichthouder, bedoeld in artikel 1, vierde lid, onderdeel a, van het Besluit buitengewoon opsporingsambtenaar;
f. direct toezichthouder: direct toezichthouder, bedoeld in artikel 1, vierde lid, onderdeel b, van het Besluit buitengewoon opsporingsambtenaar.

Begripsbepalingen

Hoofdstuk II
Strafbeschikkingen algemeen

Art. 2.1
1. Onze Minister draagt zorg voor de ondersteuning van degene die bevoegd is de strafbeschikking uit te vaardigen bij diens daarop betrekking hebbende taken.
2. Degene die de strafbeschikking uitvaardigt, verstrekt aan Onze Minister de gegevens die hij behoeft in verband met de uitvoering van dit artikel.
3. Dit artikel is niet van toepassing op strafbeschikkingen uitgevaardigd krachtens artikel 76 van de Algemene wet inzake rijksbelastingen en artikel 10:15 van de Algemene douanewet.

Strafbeschikkingen, uitvaardiging (CJIB)

Art. 2.2
1. Van elke uitreiking in persoon of toezending van het afschrift van de strafbeschikking wordt overeenkomstig dit artikel in daarvoor bestemde landelijke geautomatiseerde registers aantekening gehouden door degene die de strafbeschikking heeft uitgevaardigd.
2. In geval van uitreiking in persoon aan de verdachte, wordt aantekening gehouden van in ieder geval de volgende gegevens:
a. de datum van uitreiking;
b. de plaats en het adres van uitreiking;
c. de naam van de verdachte aan wie wordt uitgereikt;
d. indien de verdachte een rechtspersoon, een maatschap, een vennootschap zonder rechtspersoonlijkheid, een doelvermogen, of een rederij is, het afschrift van de strafbeschikking wordt uitgereikt aan de bestuurder van de rechtspersoon, de aansprakelijke vennoot, de bestuurder

Strafbeschikking, inschrijving in register

Strafbeschikking, uitreiking in persoon

---

1 Inwerkingtredingsdatum: 01-02-2008; zoals laatstelijk gewijzigd bij: Stb. 2020, 535.

C13 art. 3.1

Besluit OM-afdoening

van een doelvermogen, de boekhouder of het lid van een rederij, dan wel aan de persoon die gemachtigd is het afschrift in ontvangst te nemen: de naam van de desbetreffende persoon.

Strafbeschikking, toezending afschrift

3. In geval van toezending wordt aantekening gehouden van in ieder geval de volgende gegevens:
a. de datum van toezending;
b. de naam van de verdachte aan wie het afschrift wordt toegezonden, de naam van de benadeelde partij aan wie het afschrift wordt toegezonden en de naam van de bij de officier van justitie bekende rechtstreeks belanghebbende aan wie het afschrift wordt toegezonden;
c. het adres of de adressen waarnaar het afschrift wordt toegezonden;
d. of de toezending per gewone dan wel per aangetekende brief geschiedt;
e. de datum van ontvangst van het afschrift.

Hoofdstuk III
De strafbeschikking in de zin van artikel 257b van de wet

Art. 3.1

Begripsbepalingen

1. In dit hoofdstuk wordt verstaan onder:
a. strafbeschikkingsbevoegdheid: de bevoegdheid een strafbeschikking uit te vaardigen, bedoeld in artikel 257b van de wet;
b. bevoegde ambtenaar: de opsporingsambtenaar, bedoeld in artikel 3.2.
2. Als korpschef in de zin van dit hoofdstuk wordt aangemerkt met betrekking tot
a. de ambtenaren, bedoeld in artikel 3.2, eerste en tweede lid: de korpschef, bedoeld in artikel 27 van de Politiewet 2012;
b. de ambtenaren werkzaam bij de Koninklijke marechaussee, bedoeld in artikel 3.2, eerste en derde lid:
1. voor de toepassing van artikel 3.4: de betrokken districtscommandant;
2. voor de toepassing van de overige artikelen van dit hoofdstuk: de commandant van de Koninklijke marechaussee;
c. de ambtenaren, bedoeld in artikel 3.2, vierde lid: het hoofd van de organisatie waarbij zij werkzaam zijn.

Art. 3.2

Strafbeschikking ex art. 257b, begripsbepalingen

1. Voor de in artikel 3.3, onderdeel a, aangewezen zaken wordt de strafbeschikkingsbevoegdheid toegekend aan de hulpofficieren van justitie, bedoeld in artikel 146a onderdelen a en b, van de wet, alsmede aan de hulpofficieren van justitie, bedoeld in artikel 146a onderdeel c, van de wet, voor zover het betreft de brigadecommandanten en de afdelingscommandanten en de adjudant-onderofficier en de opperwachtmeesters die als hun vervanger zijn aangewezen, voor zolang zij als zodanig optreden, alsmede de adjudant-onderofficier en de opperwachtmeesters, ingedeeld bij de centrale recherche Koninklijke marechaussee en de recherchegroepen.
2. Voor de in artikel 3.3, onderdeel b, aangewezen zaken wordt de strafbeschikkingsbevoegdheid toegekend aan de ambtenaren van politie, bedoeld in artikel 141, aanhef en onder b, van de wet, alsmede aan de ambtenaren die een politieopleiding als bedoeld in artikel 1, eerste lid, onder s, onder 1°, van de Politiewet 2012 volgen aan de Politieacademie, uitsluitend gedurende hun praktijkstage bij de politie.
3. Voor de in artikel 3.3, onderdelen b en c, aangewezen zaken wordt strafbeschikkingsbevoegdheid toegekend aan de militairen van de Koninklijke marechaussee, bedoeld in artikel 141, aanhef en onder c, van de wet.
4. Voor de in artikel 3.3, onderdeel b, aangewezen zaken wordt strafbeschikkingsbevoegdheid toegekend aan buitengewoon opsporingsambtenaren, voor zover deze ambtenaren bevoegd zijn tot de opsporing van die zaken.
5. In afwijking van het vierde lid, wordt voor de in artikel 3.3, onderdeel b, aangewezen zaken geen strafbeschikkingsbevoegdheid toegekend aan buitengewoon opsporingsambtenaren in dienst van de gemeente, voor zover voor die zaken in de desbetreffende gemeente krachtens een verordening als bedoeld in artikel 154b, eerste lid, van de Gemeentewet een bestuurlijke boete kan worden opgelegd.

Art. 3.3

Strafbeschikking ex art. 257b, uitoefening bevoegdheid

Als zaken waarin de strafbeschikkingsbevoegdheid kan worden uitgeoefend worden aangewezen:
a. de zaken, aangeduid in bijlage I van dit besluit en zoals nader omschreven in de richtlijnen, gesteld door het openbaar ministerie, die de ontdekking betreffen van een misdrijf, omschreven in artikel 310 of 321 van het Wetboek van Strafrecht, voor zover het feit de toe-eigening betreft van goederen met een waarde van ten hoogste € 120 uit een winkel, voor zover de verdachte de leeftijd van achttien jaren heeft bereikt;
b. de zaken welke betreffen de op heterdaad of met een technisch hulpmiddel door de bevoegde ambtenaar ontdekte overtredingen, aangeduid in bijlage I van dit besluit, voor zover de verdachte hetzij behoort tot een categorie die met betrekking tot die feiten in bijlage I van dit besluit is vermeld, hetzij, in het geval bedoeld in artikel 181, eerste lid, van de Wegenverkeerswet 1994, de eigenaar of houder is van het motorrijtuig waarmee het feit is begaan;

Besluit OM-afdoening **C13 art. 4.1**

c. de op heterdaad of met een technisch hulpmiddel ontdekte verkeersovertredingen, aangeduid in bijlage I van dit besluit en strafbaar gesteld bij artikel 169 van het Wetboek van Militair Strafrecht juncto de Verkeersregeling defensie voor zover de verdachte militair is en hetzij behoort tot een categorie die met betrekking tot die feiten in bijlage I van dit besluit is vermeld, hetzij, in het geval bedoeld in artikel 181, eerste lid, van de Wegenverkeerswet 1994, de eigenaar of houder is van het motorrijtuig waarmee het feit is begaan en de overtreding is begaan op een militair terrein met een voertuig dat niet bij de krijgsmacht in gebruik is.

Art. 3.4
1. De hoofdofficier van justitie kan de strafbeschikkingsbevoegdheid van een bevoegde ambtenaar tot nader bericht intrekken indien de taakvervulling van deze ambtenaar zulks naar zijn oordeel vordert. Alvorens een beschikking als bedoeld in de eerste zin te geven, hoort de hoofdofficier van justitie de betrokken korpschef.
2. De korpschef draagt zorg voor de uitvoering van de beschikking.
3. De hoofdofficier van justitie geeft zijn nader bericht slechts na hernieuwd overleg.
4. Van de beschikking, bedoeld in het eerste lid, die betrekking heeft op een buitengewoon opsporingsambtenaar, wordt een afschrift gezonden aan de direct toezichthouder van de ambtenaar. Indien de hoofdofficier van justitie niet de toezichthouder van de ambtenaar is, wordt tevens een afschrift gezonden aan de toezichthouder.

Strafbeschikking ex art. 257b, intrekking bevoegdheid

Art. 3.5
1. De hoofdofficier van justitie kan bepalen dat naar zijn oordeel het belang van een goede rechtsbedeling vordert dat in bepaalde gebieden of op bepaalde openbare wegen binnen het arrondissement of in bepaalde zaken door de bevoegde ambtenaren geen gebruik wordt gemaakt van de strafbeschikkingsbevoegdheid.
2. Alvorens een besluit als in het eerste lid bedoeld te nemen, hoort de hoofdofficier van justitie de betrokken korpschef. Dit horen kan achterwege blijven, indien de hoofdofficier van justitie het nodig oordeelt dat in het gehele arrondissement in bepaalde zaken door de bevoegde ambtenaren geen gebruik wordt gemaakt van de strafbeschikkingsbevoegdheid.
3. De betrokken korpschef draagt zorg voor de uitvoering van het besluit, bedoeld in het eerste lid.
4. Indien het besluit, bedoeld in het eerste lid, betrekking heeft op buitengewoon opsporingsambtenaren wordt een afschrift gezonden aan de betrokken direct toezichthouder. Indien de hoofdofficier van justitie niet de toezichthouder van de ambtenaren is, wordt tevens een afschrift gezonden aan de toezichthouder.

Strafbeschikking ex art. 257b, geen gebruik bevoegdheid

Art. 3.6
1. Het College van procureurs-generaal vaardigt richtlijnen uit waarin ten aanzien van elk feit waarvoor de bevoegde ambtenaar een strafbeschikking kan uitvaardigen de hoogte van de daarin op te leggen geldboete wordt bepaald. Deze richtlijnen worden in de Staatscourant bekend gemaakt.
2. De bevoegde ambtenaar wordt in het bezit gesteld van een lijst met de feiten waarvoor de strafbeschikking kan worden uitgevaardigd en met de bedragen van de geldboeten die daarin kunnen worden opgelegd. Desgevraagd verleent hij aan de betrokken persoon inzage in deze lijst.

Strafbeschikking ex art. 257b, richtlijn CPG

Art. 3.7
De bevoegde ambtenaar houdt aantekening van elke zaak waarin hij van zijn strafbeschikkingsbevoegdheid gebruik maakt.

Strafbeschikking ex art. 257b, aantekening gebruik bevoegdheid

Hoofdstuk IV
De strafbeschikking in de zin van artikel 257ba van de wet

Art. 4.1
In dit hoofdstuk wordt verstaan onder:
a. *strafbeschikkingsbevoegdheid:* de bevoegdheid een strafbeschikking bedoeld in artikel 257ba van de wet, inhoudende een geldboete, uit te vaardigen;
b. *lichaam of persoon:* het lichaam of de persoon met een publieke taak belast, bedoeld in artikel 4.2;
c. *Regionale Uitvoeringsdienst:* een openbaar lichaam in de zin van artikel 8 van de Wet gemeenschappelijke regelingen belast met de uitvoering van het toezicht op en de handhaving van milieuregelgeving;
d. *algemeen opsporingsambtenaar:* de ambtenaar, bedoeld in artikel 141, aanhef en onder b en d, van de wet;
e. *bevoegde ambtenaar:* de buitengewoon opsporingsambtenaar in dienst van of werkzaam voor een lichaam of een persoon, voor zover hij bevoegd is tot opsporing van de zaken bedoeld in artikel 4.3 en de algemeen opsporingsambtenaar werkzaam voor een lichaam of een persoon.

Begripsbepalingen

C13 art. 4.2 — Besluit OM-afdoening

Art. 4.2

Strafbeschikking ex art. 257ba, toekenning bevoegdheid

Voor zaken betreffende de in artikel 4.3 aangewezen strafbare feiten wordt de strafbeschikkingsbevoegdheid toegekend aan de volgende lichamen of personen:

a. de directeuren van de Regionale Uitvoeringsdiensten, voor de feiten vermeld in hoofdstuk 1 van bijlage II van dit besluit;

b. de dagelijkse besturen van de waterschappen voor feiten vermeld in bijlage II van dit besluit;

c. de hoofdingenieurs-directeur van de regionale en landelijke diensten van Rijkswaterstaat van het Ministerie van Infrastructuur en Waterstaat voor feiten vermeld in bijlage II van dit besluit;

d. de inspecteur-generaal van de Inspectie voor Leefomgeving en Transport van het Ministerie van Infrastructuur en Waterstaat, voor de feiten vermeld in hoofdstuk 1 van bijlage II van dit besluit;

e. de inspecteur-generaal van de Nederlandse Voedsel- en Warenautoriteit van het Ministerie van Economische Zaken, Landbouw en Innovatie, voor de feiten vermeld in hoofdstuk 1 van bijlage II van dit besluit;

f. het college van gedeputeerde staten van de provincies, voor zover in de provincie of delen daarvan nog geen Regionale Uitvoeringsdienst is ingesteld, voor de feiten vermeld in hoofdstuk 1 van bijlage II van dit besluit;

g. de algemeen directeur van de Belastingdienst/Douane voor de feiten vermeld in hoofdstuk 1 van bijlage II van dit Besluit;

h. de voorzitter van de Autoriteit Nucleaire Veiligheid en Stralingsbescherming, genoemd in artikel 3, eerste lid, van de Kernenergiewet voor de feiten vermeld in bijlage II van dit Besluit.

Art. 4.3

Strafbeschikking ex art. 257ba, uitoefening bevoegdheid

Zaken waarin de strafbeschikkingsbevoegdheid kan worden uitgeoefend, betreffen de door de bevoegde ambtenaar geconstateerde strafbare feiten, aangeduid in bijlage II van dit besluit, voor zover die strafbare feiten van geringe ernst of eenvoudige aard zijn zoals nader omschreven in de richtlijnen, bedoeld in artikel 4.6, eerste lid en voor zover de verdachte behoort tot een categorie die met betrekking tot die feiten in bijlage II van dit besluit is vermeld.

Art. 4.4

Strafbeschikking ex art. 257ba, geen gebruik bevoegdheid

Een lichaam of een persoon maakt geen gebruik van zijn strafbeschikkingsbevoegdheid indien:

a. het een strafbaar feit betreft dat is begaan door een persoon die jonger is dan achttien jaar;

b. het een strafbaar feit betreft dat is begaan door een openbaar lichaam als bedoeld in artikel 134 van de Grondwet;

c. degene onder wie één of meer voorwerpen in beslag zijn genomen, weigert afstand te doen;

d. voor opsporing van het strafbare feit internationale rechtshulp nodig is;

e. het strafbare feit wordt geconstateerd met één of meer strafbare feiten waarvoor de strafbeschikkingsbevoegdheid is verleend, indien het gezamenlijke boetebedrag voor deze economische milieufeiten hoger is dan € 2.000 voor een natuurlijk persoon of € 10.000 voor een rechtspersoon;

f. het strafbare feit wordt geconstateerd met één of meer strafbare feiten waarvoor de strafbeschikkingsbevoegdheid is verleend, indien het gezamenlijke boetebedrag voor niet-economische milieufeiten hoger is dan € 2.000 voor een natuurlijk persoon of een rechtspersoon;

g. sprake is van aanwijzingen voor een wederrechtelijk verkregen voordeel van meer dan € 5.000;

h. het strafbare feit een wederrechtelijke gedraging betreft waardoor de dood van of ernstig letsel aan personen danwel aanzienlijke schade aan dieren of planten wordt veroorzaakt, dan wel dreigt te worden veroorzaakt.

Art. 4.5

Strafbeschikking ex art. 257ba, intrekking bevoegdheid

1. De betrokken hoofdofficier van justitie kan de strafbeschikkingsbevoegdheid tot nader bericht intrekken indien de taakvervulling van een persoon of de wijze waarop een lichaam gebruik maakt van de bevoegdheid, zulks naar zijn oordeel vordert.

2. Alvorens een beschikking, bedoeld in het eerste lid, te geven, hoort de hoofdofficier van justitie het betrokken lichaam of de betrokken persoon.

3. De hoofdofficier van justitie geeft zijn nader bericht slechts na hernieuwd overleg.

Art. 4.6

Strafbeschikking ex art. 257ba, richtlijn CPG

1. Het College van procureurs-generaal vaardigt richtlijnen uit waarin ten aanzien van elk feit waarvoor een lichaam of een persoon een strafbeschikking kan uitvaardigen de hoogte van de daarin op te leggen geldboete wordt bepaald. Deze richtlijnen worden in de Staatscourant bekend gemaakt.

2. De bevoegde ambtenaar wordt door het lichaam of de persoon in het bezit gesteld van een lijst met de feiten waarvoor de strafbeschikking kan worden uitgevaardigd. Desgevraagd verleent hij aan de verdachte inzage in deze lijst.

Art. 4.7

Strafbeschikking ex art. 257ba, aantekening gebruik bevoegdheid

Een lichaam of een persoon houdt aantekening van elke zaak waarin hij van zijn strafbeschikkingsbevoegdheid gebruik maakt.

Hoofdstuk V
Slotbepalingen

Art. 5.1
[Wijzigt het Transactiebesluit 1994.]

Art. 5.2
1. In strafzaken waarin voor het in werking treden van artikel II, onderdelen O tot en met R, artikel III, artikel IV en artikel VI van de Wet OM-afdoening voorwaarden ter voorkoming van strafvervolging zijn gesteld overeenkomstig de artikelen 74 en 74c van het Wetboek van Strafrecht, de artikelen 36 en 37 van de Wet op de economische delicten, artikel 76 van de Algemene wet inzake rijksbelastingen, dan wel artikel 85 van de Waterschapswet, blijven de artikelen die door dit besluit gewijzigd worden of vervallen, van toepassing zoals zij luidden voor het in werking treden van dit besluit.

2. In strafzaken waarin voorwaarden ter voorkoming van strafvervolging zijn gesteld overeenkomstig artikel 59 van het Wetboek van Militair Strafrecht, blijven de artikelen die door dit besluit gewijzigd worden of vervallen van toepassing zoals zij luidden voor het in werking treden van dit besluit.

Art. 5.3*
Artikel 5.1 van dit besluit treedt in werking op een bij koninklijk besluit te bepalen tijdstip dat niet later is gelegen dan 1 april 2013.

Art. 5.3
Dit besluit wordt aangehaald als: Besluit OM-afdoening.

Bijzondere wetten

Wegenverkeerswet 1994

Inhoudsopgave

Hoofdstuk 1	Algemene bepalingen	Art. 1
Hoofdstuk IA	De Dienst Wegverkeer	Art. 4a
Paragraaf 1	Algemeen	Art. 4a
Paragraaf 2	Taken van de Dienst Wegverkeer	Art. 4b
Paragraaf 3	De organen	Art. 4d
Paragraaf 4	Inrichting en bedrijfsvoering	Art. 4n
Paragraaf 5	Personeel van de organisatie	Art. 4o
Paragraaf 6	Financiële bepalingen	Art. 4p
Paragraaf 7	Overige bepalingen	Art. 4u
Hoofdstuk IB	Het CBR	Art. 4z
Paragraaf 1	Algemeen	Art. 4z
Paragraaf 2	Taken van het CBR	Art. 4aa
Paragraaf 3	De organen	Art. 4ac
Paragraaf 4	Financiële bepalingen	Art. 4al
Paragraaf 5	Overige bepalingen	Art. 4aq
Hoofdstuk IC	Toezicht op keuringsinstellingen en onderzoeksgerechtigden	Art. 4av
Hoofdstuk II	Verkeersgedrag	Art. 5
§ 1	Gedragsregels	Art. 5
§ 2	Verkeerstekens en maatregelen op of aan de weg	Art. 14
§ 3	Vaststelling bebouwde kom	Art. 20a
Hoofdstuk IIA	Aanwijzing bromfietsen waarvoor geen Europese typegoedkeuring vereist is	Art. 20b
Hoofdstuk III	Goedkeuring van voertuigen en systemen, onderdelen, technische eenheden, voertuigdelen, uitrustingsstukken en voorzieningen voor dergelijke voertuigen en aanhangwagens daarvan en van voorzieningen die ter bescherming van inzittenden van voertuigen en kwetsbare weggebruikers zijn ontworpen en gebouwd	Art. 21
§ 1	Algemene bepalingen	Art. 21
§ 2	Verbodsbepalingen	Art. 29
Hoofdstuk IV	Kentekens en kentekenbewijzen	Art. 36
§ 1	Kentekenplicht	Art. 36
§ 2	Kentekens	Art. 38
§ 3	Registratie van kentekens	Art. 41a
§ 4a	Inschrijving in het kentekenregister en tenaamstelling	Art. 47
§ 4b	Kentekenbewijzen	Art. 52
§ 4c	Erkenningsregeling tenaamstelling	Art. 61a
§ 5	Erkenningsregeling bedrijfsvoorraad	Art. 62
§ 5a	Erkenningsregeling exportdienstverlening	Art. 66a
§ 6	Schorsing	Art. 67
§ 7	Kentekenplaten	Art. 70a
Hoofdstuk IVA	Registratie van fietsen en andere mobiele objecten	Art. 70k
Hoofdstuk IVB	Tellerstanden	Art. 70m
Hoofdstuk V	Gebruik van voertuigen op de weg	Art. 71
§ 1	Algemene bepalingen	Art. 71
§ 2	Periodieke keuringsplicht	Art. 72
§ 3	Aanvraag en afgifte van keuringsrapporten	Art. 75
§ 4	Geldigheid keuringsbewijzen	Art. 81
§ 5	Erkenningsregeling periodieke keuring en regeling bevoegdheid tot keuren	Art. 83
§ 6	Herkeuring en deskundigenonderzoek	Art. 90
§ 6a	Erkenningsregeling systemen, onderdelen, technische eenheden, voertuigdelen, uitrustingsstukken en voorzieningen voor voertuigen en aanhangwagens daarvan en voorzieningen ter bescherming van inzittenden van voertuigen en kwetsbare weggebruikers die op de markt mogen worden aangeboden, in de handel mogen worden gebracht of in gebruik mogen worden genomen, zonder te zijn goedgekeurd	Art. 92

Wegenverkeerswet 1994

§ 7	Wijziging in de goedkeuring van voertuigen	Art. 98
§ 8	Erkenningsregeling wijziging goedkeuring voertuigen	Art. 100
§ 9	Keuring na verval tenaamstelling	Art. 105
§ 9a	Erkenningsregeling keuring van schadevoertuigen	Art. 106a
Hoofdstuk VI	Rijvaardigheid en rijbevoegdheid	Art. 107
Afdeling 1	Rijbewijsplicht	Art. 107
Afdeling 2	Eisen ten aanzien van het geven van rijonderricht	Art. 110a
Afdeling 3	Algemene voorwaarden met betrekking tot de verkrijging van rijbewijzen	Art. 111
Afdeling 4	Aanvraag van rijbewijzen	Art. 113
Afdeling 5	Afgifte van rijbewijzen	Art. 116
Afdeling 6	Geldigheidsduur	Art. 122
Afdeling 7	Verlies van geldigheid	Art. 123
Afdeling 8	Registratie van gegevens met betrekking tot rijbewijzen	Art. 125a
Afdeling 8a	[Vervallen]	Art. 129a-129e
Afdeling 9	Maatregelen rijvaardigheid en geschiktheid	Art. 130
§ 1	Algemeen	Art. 130
§ 2	Educatieve maatregelen ter bevordering van de rijvaardigheid of geschiktheid	Art. 132a
§ 3	[Vervallen]	Art. 132b-132d
§ 4	[Vervallen]	Art. 132e-132e1
§ 5	[Vervallen]	Art. 132f-132o
§ 6	Onderzoeken naar de rijvaardigheid of geschiktheid	Art. 133
Afdeling 10	[Vervallen]	Art. 135-145
Hoofdstuk VIA	Interoperabiliteit van elektronische heffingssystemen	Art. 145a
§ 1	Algemene bepalingen	Art. 145a
§ 2	Technologische eisen	Art. 145b
§ 3	Europese elektronische tolheffingsdienst	Art. 145c
§ 4	Nadere regelgeving	Art. 145e
Hoofdstuk VIB	Intelligente vervoerssystemen op het gebied van wegvervoer	Art. 145f
Hoofdstuk VII	Vrijstelling, ontheffing en vergunning	Art. 146
Hoofdstuk VIIA	Vakbekwaamheid bestuurders goederen- en personenvervoer over de weg	Art. 151b
§ 1	Algemene bepalingen	Art. 151b
§ 2	Getuigschrift van vakbekwaamheid en getuigschrift van nascholing	Art. 151c
Hoofdstuk VIII	Kosten	Art. 152
Hoofdstuk IX	Handhaving	Art. 158
Hoofdstuk X	Bestuurlijke handhaving	Art. 169
§ 1	Last onder bestuursdwang	Art. 169
§ 2	Bestuurlijke boete	Art. 174a
Hoofdstuk XI	Strafbepalingen	Art. 175
Hoofdstuk XII	Civiele aansprakelijkheid	Art. 185
Hoofdstuk XIII	Slotbepalingen	Art. 186

Wegenverkeerswet 1994[1]

Wet van 21 april 1994, houdende vervanging van de Wegenverkeerswet

Wij Beatrix, bij de gratie Gods, Koningin der Nederlanden, Prinses van Oranje-Nassau, enz. enz. enz.
Allen, die deze zullen zien of horen lezen, saluut! doen te weten:
Alzo Wij in overweging genomen hebben, dat het wenselijk is de regels inzake het verkeer op de weg opnieuw vast te stellen;
Zo is het, dat Wij, de Raad van State gehoord, en met gemeen overleg der Staten-Generaal, hebben goedgevonden en verstaan, gelijk Wij goedvinden en verstaan bij deze:

Hoofdstuk 1
Algemene bepalingen

Art. 1

1. In deze wet en de daarop berustende bepalingen wordt, tenzij anders blijkt, verstaan onder: *Begripsbepalingen*
   a. Onze Minister: Onze Minister van Infrastructuur en Milieu;
   b. wegen: alle voor het openbaar verkeer openstaande wegen of paden met inbegrip van de daarin liggende bruggen en duikers en de tot die wegen behorende paden en bermen of zijkanten;
   c. motorrijtuigen: alle voertuigen, bestemd om anders dan langs spoorstaven te worden voortbewogen uitsluitend of mede door een mechanische kracht, op of aan het voertuig zelf aanwezig dan wel door elektrische tractie met stroomtoevoer van elders, met uitzondering van fietsen met trapondersteuning;
   d. aanhangwagen: voertuig dat kennelijk is bestemd om te worden voortbewogen door een motorrijtuig. In het bepaalde krachtens deze wet kan onder aanhangwagen tevens worden verstaan een voertuig dat door een ander voertuig wordt voortbewogen of kennelijk is bestemd om door een ander voertuig te worden voortbewogen;
   e. bromfiets:
   a. motorrijtuig op twee wielen, met een door de constructie bepaalde maximumsnelheid van niet meer dan 45 km/h, uitgerust met een verbrandingsmotor met een cilinderinhoud van niet meer dan 50 cm^3 of een elektromotor met een nominaal continu maximumvermogen van niet meer dan 4 kW, niet zijnde een gehandicaptenvoertuig of een motorrijtuig als bedoeld in subonderdeel d;
   b. motorrijtuig op drie wielen, met een door de constructie bepaalde maximumsnelheid van niet meer dan 45 km/h, niet zijnde een gehandicaptenvoertuig of een motorrijtuig als bedoeld in subonderdeel d, uitgerust met:
   1°. een motor met elektrische ontsteking met een cilinderinhoud van niet meer dan 50 cm^3;
   2°. een motor met inwendige verbranding en een netto maximumvermogen van niet meer dan 4 kW voor andere dan onder 1° genoemde motoren, of
   3°. een elektromotor met een nominaal continu maximumvermogen van niet meer dan 4 kW; dan wel
   c. motorrijtuig op vier wielen, niet zijnde een gehandicaptenvoertuig of een motorrijtuig als bedoeld in subonderdeel d, met een door de constructie bepaalde maximumsnelheid van niet meer dan 45 km/h en een ledige massa van minder dan 350 kg, de massa van de batterijen in elektrische voertuigen niet inbegrepen, uitgerust met:
   1°. een motor met elektrische ontsteking met een cilinderinhoud van niet meer dan 50 cm^3;
   2°. een motor met inwendige verbranding en een netto maximumvermogen van niet meer dan 4 kW voor andere dan onder 1° genoemde motoren, of
   3°. een elektromotor met een nominaal continu maximumvermogen van niet meer dan 4 kW;
   d. een motorrijtuig als bedoeld in artikel 20b.
   In ieder geval wordt als bromfiets aangemerkt een voertuig dat blijkens het afgegeven kentekenbewijs als bromfiets is aangeduid;
   ea. fietsen met trapondersteuning: fietsen die zijn voorzien van een elektrische hulpmotor met een nominaal continu vermogen van maximaal 0,25 kW en waarvan de aandrijfkracht geleidelijk vermindert en tenslotte wordt onderbroken wanneer het voertuig een snelheid van 25 km/h bereikt, of eerder, indien de bestuurder ophoudt met trappen;
   f. verordening (EU) 167/2013: Verordening (EU) nr. 167/2013 van het Europees Parlement en de Raad van 5 februari 2013 inzake de goedkeuring van en het markttoezicht op landbouw- en

---

[1] Inwerkingtredingsdatum: 01-01-1995; zoals laatstelijk gewijzigd bij: Stb. 2020, 262.

bosbouwvoertuigen (PbEU 2013, L 60) en de op die verordening gebaseerde uitvoeringshandelingen en gedelegeerde handelingen;

fa. verordening (EU) 168/2013: Verordening (EU) nr. 168/2013 van het Europees Parlement en de Raad van 15 januari 2013 betreffende de goedkeuring van en het markttoezicht op twee- of driewielige voertuigen en vierwielers (PbEU 2013, L 60) en de op die verordening gebaseerde uitvoeringshandelingen en gedelegeerde handelingen;

fb. verordening (EU) 2018/858: Verordening (EU) nr. 2018/858 van het Europees Parlement en de Raad van 30 mei 2018 betreffende de goedkeuring van en het markttoezicht op motorvoertuigen en aanhangwagens daarvan en systemen, onderdelen en technische eenheden die voor dergelijke voertuigen zijn bestemd, tot wijziging van Verordeningen (EG) nr. 715/2007 en (EG) nr. 595/2009 en tot intrekking van Richtlijn 2007/46/EG (PbEU 2018, L 151) en de op die verordening gebaseerde uitvoeringshandelingen en gedelegeerde handelingen;

fc. EU-kaderverordening in verband met de goedkeuring van motorvoertuigen: verordening (EU) 167/2013, verordening (EU) 168/2013 of verordening (EU) 2018/858;

fd. EU-harmonisatieverordening in verband met de goedkeuring van motorvoertuigen: EU-verordening en de op die verordening gebaseerde uitvoeringshandelingen en gedelegeerde handelingen, die wordt genoemd in de bijlagen bij verordening (EU) 2018/858 en die als doel heeft harmonisatievoorschriften vast te stellen over een specifiek onderwerp, zoals brandstofgebruik, emissies, technische eisen of veiligheidsvoorschriften, die relevant zijn in het kader van de goedkeuring, op de markt aanbieden, in de handel brengen, registreren en in gebruik nemen van voertuigen en systemen, onderdelen, technische eenheden, voertuigdelen, uitrustingsstukken en voorzieningen die voor dergelijke voertuigen en aanhangwagens daarvan zijn ontworpen en gebouwd of van voorzieningen die ter bescherming van inzittenden van voertuigen en kwetsbare weggebruikers zijn ontworpen en gebouwd;

fe. EU-verordening in verband met de goedkeuring van motorvoertuigen: EU-kaderverordening in verband met de goedkeuring van motorvoertuigen of EU-harmonisatieverordening in verband met de goedkeuring van motorvoertuigen;

ff. Overeenkomst van 1958: Overeenkomst betreffende de vaststelling van geharmoniseerde technische reglementen van de Verenigde Naties voor voertuigen op wielen en voor uitrustingsstukken en onderdelen die daarop kunnen worden gemonteerd en/of gebruikt, en betreffende de voorwaarden voor wederzijdse erkenning van goedkeuringen die krachtens die reglementen van de Verenigde Naties zijn verleend (Trb. 1959/83);

g. kentekens: kentekens als bedoeld in artikel 36 of artikel 37, derde lid;

h. kentekenbewijs: kentekenbewijs als bedoeld in artikel 36 dan wel een kentekenbewijs, afgegeven ter zake van de opgave van een kenteken als bedoeld in artikel 37, derde lid;

i. kentekenregister: register, bedoeld in artikel 42;

j. keuringsbewijs: keuringsbewijs als bedoeld in artikel 72;

k. keuringsrapport: keuringsbewijs of een beschikking tot weigering van de afgifte van een keuringsbewijs;

l. rijbewijs: rijbewijs, bedoeld in artikel 107;

m. rijbewijzenregister: register, bedoeld in artikel 126;

n. bestuurder van een motorrijtuig: degene die het motorrijtuig bestuurt of degene die, overeenkomstig de bij algemene maatregel van bestuur gestelde voorwaarde, wordt geacht het motorrijtuig onder zijn onmiddellijk toezicht te doen besturen;

o. houder van een motorrijtuig of van een aanhangwagen: degene die het voertuig:

1°. op grond van een overeenkomst van huurkoop onder zich heeft,

2°. in vruchtgebruik heeft, of

3°. anderszins, anders dan als eigenaar of bezitter, tot duurzaam gebruik onder zich heeft;

p. [vervallen;]

q. Dienst Wegverkeer: de in artikel 4a bedoelde dienst;

r. het CBR: het in artikel 4z bedoelde bureau;

s. *nationale typegoedkeuring of -individuele goedkeuring:* goedkeuring als bedoeld in artikel 21, tweede lid, onderdeel b;

t. *VN/ECE-goedkeuring:* goedkeuring als bedoeld in artikel 21, tweede lid, onderdeel c;

ta. *kwetsbare weggebruikers:* niet-gemotoriseerde weggebruikers, zoals fietsers en voetgangers en weggebruikers die gebruik maken van gemotoriseerde voertuigen zoals twee- of driewielers;

u. schadevoertuig: voertuig dat ten gevolge van een beschadiging niet langer deugdelijk van bouw en inrichting is;

v. [vervallen;]

w. [vervallen;]

x. [vervallen;]

y. *bewegwijzering:* verkeerstekens die worden geplaatst of verwijderd teneinde weggebruikers in staat te stellen hun afstand tot of route naar een bestemming te bepalen;

z. *begeleiden:* het actief coachen, het geven van suggesties ter verbetering van het rijgedrag, het wijzen op fouten en onzorgvuldigheden in het rijgedrag van de bestuurder van een motorrijtuig van de rijbewijscategorie B die op de leeftijd van zeventien jaren zijn rijbewijs B heeft behaald totdat die bestuurder de leeftijd van achttien jaren heeft bereikt;

za. begeleider: op de begeleiderspas vermelde persoon die is gezeten op de zitplaats naast de bestuurder die de bestuurder van een motorrijtuig van de rijbewijscategorie B die overeenkomstig artikel 111a, eerste lid, zijn rijbewijs B heeft verkregen begeleidt;

zb. begeleiderspas: pas die aan een persoon is afgegeven die op de leeftijd van zeventien jaren zijn rijbewijs B heeft behaald en waarop de naam van zijn begeleiders is vermeld.

1a. Voor de toepassing van deze wet en de daarop berustende bepalingen wordt, tenzij anders blijkt, verstaan onder goedkeuring, typegoedkeuring, EU-typegoedkeuring, aanhangwagen, systeem, onderdeel, technische eenheid, voertuigdelen, uitrustingsstukken, markttoezicht, goedkeuringsinstantie, technische dienst, fabrikant, marktdeelnemer, in de handel brengen, op de markt aanbieden, in gebruik nemen, manipulatie-instrument en manipulatiestrategie hetgeen daaronder wordt verstaan in de desbetreffende EU-verordening in verband met de goedkeuring van motorvoertuigen.

2. Indien de eigenaar van een motorrijtuig of een aanhangwagen niet tevens bezitter is, treedt de bezitter voor de toepassing van het bepaalde bij of krachtens deze wet voor de eigenaar in de plaats.   *Bezitter*

3. Degene aan wie een kenteken is opgegeven voor een motorrijtuig of een aanhangwagen wordt, tenzij anders blijkt, voor de toepassing van het bepaalde bij of krachtens deze wet beschouwd als eigenaar of houder van dat motorrijtuig of die aanhangwagen.   *Eigenaar; houder*

4. Voor de toepassing van de hoofdstukken III tot en met V van deze wet worden vennootschappen zonder rechtspersoonlijkheid mede als rechtspersoon aangemerkt.   *Rechtspersoon*

Art. 2

1. De krachtens deze wet vastgestelde regels kunnen strekken tot: *Reikwijdte*
a. het verzekeren van de veiligheid op de weg;
b. het beschermen van weggebruikers en passagiers;
c. het in stand houden van de weg en het waarborgen van de bruikbaarheid daarvan;
d. het zoveel mogelijk waarborgen van de vrijheid van het verkeer.

2. De krachtens deze wet vastgestelde regels kunnen voorts strekken tot:
a. het voorkomen of beperken van door het verkeer veroorzaakte overlast, hinder of schade alsmede de gevolgen voor het milieu, bedoeld in de Wet milieubeheer;
b. het voorkomen of beperken van door het verkeer veroorzaakte aantasting van het karakter of van de functie van objecten of gebieden.

3. De krachtens deze wet vastgestelde regels kunnen voorts strekken tot:
a. het bevorderen van een doelmatig of zuinig energiegebruik;
b. het waarborgen van het op juiste wijze in rekening brengen van tarieven voor het gebruik van de weg;
c. het gebruik en de waarborging van de juistheid van de registers die ingevolge deze wet worden bijgehouden;
d. het voorkomen en bestrijden van fraude;
e. de regeling van positie, inrichting en werkwijze, alsmede het uitoefenen van toezicht op zelfstandige bestuursorganen die taken verrichten op het terrein van deze wet.

4. De krachtens deze wet vastgestelde regels kunnen voorts strekken ter uitvoering van verdragen of van besluiten van volkenrechtelijke organisaties of van één of meer instellingen van de Europese Unie, al dan niet gezamenlijk, op het terrein van goedkeuring, op de markt aanbieden, in de handel brengen, registreren en in gebruik nemen van voertuigen en systemen, onderdelen, technische eenheden, voertuigdelen, uitrustingsstukken en voorzieningen die voor dergelijke voertuigen en aanhangwagens daarvan zijn ontworpen en gebouwd en van voorzieningen die ter bescherming van inzittenden van voertuigen en kwetsbare weggebruikers zijn ontworpen en gebouwd, in verband met de bescherming van de gezondheid, de veiligheid, het milieu of andere aspecten van de bescherming van het openbaar belang.

5. De vaststelling van regels bij ministeriële regeling ter uitvoering van het bij of krachtens deze wet bepaalde geschiedt in overeenstemming met Onze bij algemene maatregel van bestuur aangewezen ministers, indien deze regels strekken tot behartiging van de belangen, bedoeld in het tweede dan wel het derde lid.

Art. 2a

Provincies, gemeenten en waterschappen behouden hun bevoegdheid om bij verordening regels vast te stellen ten aanzien van het onderwerp waarin deze wet voorziet, voorzover die regels niet in strijd zijn met de bij of krachtens deze wet vastgestelde regels en voorzover verkeerstekens krachtens deze wet zich daar niet toe lenen.   *Bevoegdheden provincie, gemeente en waterschappen*

Art. 2b

De voordracht voor een krachtens deze wet vast te stellen algemene maatregel van bestuur wordt niet eerder gedaan dan vier weken nadat het ontwerp aan beide kamers der Staten-Generaal is overgelegd.   *Voordracht AMvB*

Art. 3

Inwerkingtreding bij buitengewone omstandigheden

1. Onverminderd de artikelen 7, eerste lid, en 8, eerste lid, van de Coördinatiewet uitzonderingstoestanden kan, ingeval buitengewone omstandigheden dit noodzakelijk maken, bij koninklijk besluit, op voordracht van Onze Minister-President, artikel 4, derde en vierde lid, in werking worden gesteld.
2. Wanneer het in het eerste lid bedoelde besluit is genomen wordt onverwijld een voorstel van wet aan de Tweede Kamer gezonden omtrent het voortduren van de werking van de bij dat besluit in werking gestelde bepalingen.
3. Wordt het voorstel van wet door de Staten-Generaal verworpen, dan worden bij koninklijk besluit, op voordracht van Onze Minister-President, de bepalingen die ingevolge het eerste lid in werking zijn gesteld, onverwijld buiten werking gesteld.
4. Bij koninklijk besluit, op voordracht van Onze Minister-President, worden de bepalingen die ingevolge het eerste lid in werking zijn gesteld; buiten werking gesteld, zodra de omstandigheden dit naar Ons oordeel toelaten.
5. Het besluit, bedoeld in het eerste, derde en vierde lid, wordt op de daarin te bepalen wijze bekendgemaakt. Het treedt in werking terstond na de bekendmaking.
6. Het besluit, bedoeld in het eerste, derde en vierde lid, wordt in ieder geval geplaatst in het *Staatsblad*.

Art. 4

Uitzonderingen militairen

1. Het bepaalde bij of krachtens deze wet en provinciale en plaatselijke verordeningen gelden slechts voor zover zulks bij algemene maatregel van bestuur is bepaald:
   a. ten aanzien van voertuigen, voor zover die worden gebezigd ten behoeve van de strijdkrachten;
   b. voor militairen te voet, voor zover zij zich ter uitoefening van de dienst op de weg bevinden.
2. Buiten de omstandigheden, bedoeld in het derde lid en het vijfde lid, kunnen in de gevallen waarin het bepaalde bij of krachtens deze wet en provinciale en plaatselijke verordeningen niet ingevolge het eerste lid van toepassing is verklaard, bij algemene maatregel van bestuur regels worden vastgesteld en kunnen bij ministeriële regeling ter uitvoering daarvan nadere regels worden vastgesteld:
   a. ten aanzien van voertuigen, voor zover die worden gebezigd ten behoeve van de strijdkrachten;
   b. voor militairen te voet, voor zover zij zich ter uitoefening van de dienst op de weg bevinden.
3. Dit lid is nog niet in werking getreden; ingeval buitengewone omstandigheden dit noodzakelijk maken kan bij koninklijk besluit, op voordracht van Onze Minister-President, dit lid in werking treden.
Ingeval buitengewone omstandigheden dit noodzakelijk maken, kan bij koninklijk besluit worden bepaald dat van in dat besluit aan te wijzen bepalingen, genoemd in de algemene maatregel van bestuur bedoeld in het eerste lid, kan worden afgeweken door bestuurders van voertuigen gebezigd ten behoeve van de strijdkrachten en door militairen te voet die zich op de weg bevinden ter uitoefening van de dienst.
4. Dit lid is nog niet in werking getreden; ingeval buitengewone omstandigheden dit noodzakelijk maken kan bij koninklijk besluit, op voordracht van Onze Minister-President, dit lid in werking treden.
Ingeval buitengewone omstandigheden dit noodzakelijk maken, kan bij koninklijk besluit worden bepaald dat ten aanzien van voertuigen van bij algemene maatregel van bestuur aan te wijzen overheidsdiensten, het bepaalde bij of krachtens deze wet en provinciale en plaatselijke verordeningen slechts gelden voor zover zulks bij die maatregel is bepaald.
5. Dit lid is nog niet in werking getreden; ingeval buitengewone omstandigheden dit noodzakelijk maken kan bij koninklijk besluit, op voordracht van Onze Minister-President, dit lid in werking treden.
In geval de beperkte of de algemene noodtoestand is het militair gezag bevoegd voor het gebied waarvoor op grond van artikel 7, eerste lid, of 8, eerste lid, van de Coördinatiewet uitzonderingstoestanden, bepalingen uit de Oorlogswet voor Nederland in werking zijn gesteld, regels vast te stellen inzake het verkeer op de weg, afwijkende van het bepaalde bij of krachtens deze wet en van provinciale en plaatselijke verordeningen, alsmede van de in het tweede lid bedoelde, bij algemene maatregel van bestuur vastgestelde regels, voor zoveel dat door het gezag ter uitvoering van de militaire taak ter handhaving van de uitwendige of inwendige veiligheid nodig wordt geacht.
6. Door de vorige leden wordt de gewone aansprakelijkheid uit andere wettelijke bepalingen voortvloeiende, niet opgeheven of verminderd.

Hoofdstuk IA
De Dienst Wegverkeer

Paragraaf 1
Algemeen

Art. 4a
1. Er is een Dienst Wegverkeer, in het maatschappelijk verkeer aangeduid als RDW. De dienst bezit rechtspersoonlijkheid en is gevestigd te Zoetermeer.
2. Op de Dienst Wegverkeer is de Kaderwet zelfstandige bestuursorganen van toepassing, met uitzondering van artikel 15 van die wet.

Dienst Wegverkeer

Paragraaf 2
Taken van de Dienst Wegverkeer

Art. 4b
1. De Dienst Wegverkeer is belast met de volgende taken:
a. het verrichten van taken en handelingen en het nemen van besluiten die op grond van EU-verordeningen in verband met de goedkeuring van motorvoertuigen worden verricht door een goedkeuringsinstantie en het verrichten van andere taken en handelingen en in verband hiermee te nemen besluiten voor zover deze taken, handelingen en besluiten onlosmakelijk verbonden zijn met het proces van goedkeuring van voertuigen en systemen, onderdelen, technische eenheden, voertuigdelen, uitrustingsstukken en voorzieningen die voor dergelijke voertuigen en aanhangwagens daarvan zijn ontworpen en gebouwd en van voorzieningen die ter bescherming van inzittenden van voertuigen en kwetsbare weggebruikers zijn ontworpen en gebouwd;
a1. de nakoming van overige, niet in onderdeel a bedoelde verplichtingen die op grond van EU-verordeningen in verband met de goedkeuring van motorvoertuigen op een goedkeuringsinstantie rusten of daar onlosmakelijk mee zijn verbonden;
b. het verrichten van taken en handelingen en het nemen van besluiten in verband met de nationale typegoedkeuring en -individuele goedkeuring en VN/ECE-goedkeuring;
b1. [vervallen,]
b2. [vervallen,]
b3. [vervallen,]
b4. [vervallen,]
b5. [vervallen,]
b6. het vaststellen en vastleggen van manipulatie van voertuigsystemen en het melden hiervan aan de bevoegde autoriteiten,
c. het opgeven van kentekens voor motorrijtuigen en aanhangwagens, het ter zake van die opgaven inschrijven en tenaamstellen van motorrijtuigen en aanhangwagens in het kentekenregister, bedoeld in artikel 42, en het ter zake van die inschrijving afgeven van kentekenbewijzen, het beëindigen van de inschrijving en het doen vervallen van de tenaamstelling, het schorsen van de geldigheid van kentekenbewijzen, het ongeldig verklaren van kentekenbewijzen, het geldig verklaren van kentekenbewijzen, alsmede het houden van toezicht als bedoeld in artikel 37, vierde lid,
d. het afgeven van keuringsrapporten voor motorrijtuigen en aanhangwagens,
e. [vervallen,]
f. het verlenen van een gewijzigde goedkeuring aan gekentekende motorrijtuigen en aanhangwagens waarvan de bouw of de inrichting zodanig is gewijzigd dat niet langer wordt voldaan aan de eerder verleende goedkeuring, dan wel waarvan het kentekenbewijs is ingevorderd;
g. het afgeven van rijbewijzen in de gevallen, bedoeld in artikel 116, eerste lid, alsmede het ongeldigverklaren van rijbewijzen in de in deze wet bepaalde gevallen,
g1. het afgeven van een verklaring in verband met de aanvraag van een rijbewijs,
h. het verwerken van gegevens met betrekking tot opgegeven kentekens, afgegeven kentekenbewijzen, afgegeven keuringsrapporten, krachtens artikel 149a verleende ontheffingen, afgegeven rijbewijzen, fietsen, gebruik van motorrijtuigen en de mobiele objecten, bedoeld in artikel 70l, eerste lid, alsmede met betrekking tot rechterlijke uitspraken houdende ontzegging van de bevoegdheid tot het besturen van motorrijtuigen,
i. het overeenkomstig de bij of krachtens deze wet vastgestelde bepalingen verstrekken van gegevens uit de in onderdeel h bedoelde registers alsmede het houden van toezicht als bedoeld in artikel 45a, eerste lid,
i1. het overeenkomstig het bij of krachtens deze wet bepaalde doen van informatieverzoeken aan de daartoe bevoegde autoriteiten van een andere lidstaat van de Europese Unie of een andere staat die partij is bij de Overeenkomst betreffende de Europese Economische Ruimte of Zwitserland, ten behoeve van de beoordeling door de Dienst Wegverkeer of een andere rijbewijsafgevende autoriteit in Nederland van aanvragen tot afgifte van een rijbewijs;

Taken RDW

j. het verlenen van erkenningen als bedoeld in de artikelen 61a, 62, 66a, 70a, 83, 92, eerste lid, en 101 en het verlenen van de bevoegdheid voertuigen aan een keuring te onderwerpen als bedoeld in artikel 85a alsmede het schorsen, wijzigen en intrekken van erkenningen en van de bevoegdheid voertuigen aan een keuring te onderwerpen,

j1. het aanwijzen van een technische dienst voor het uitvoeren van bepaalde tests ten behoeve van het verlenen van typegoedkeuringen of individuele goedkeuringen, dan wel voor het uitvoeren van een periodieke herkwalificatie of voor het uitvoeren van bepaalde toezichtstaken voor zover deze taak niet voortvloeit uit de taak van goedkeuringsinstantie als bedoeld in onderdeel a,

k. het houden van toezicht op de naleving van de verplichtingen die voortvloeien uit de in onderdeel j bedoelde erkenningen en van de bevoegdheid voertuigen aan een keuring te onderwerpen alsmede op de verplichtingen die voortvloeien uit de in onderdeel j1 bedoelde aanwijzing als technische dienst,

l. het verlenen van ontheffingen als bedoeld in artikel 149a,

m. het opsporen van bij of krachtens deze wet strafbaar gestelde feiten, voor zover de ambtenaren van de Dienst Wegverkeer daarmee ingevolge artikel 159 zijn belast, en

n. het met inachtneming van het bepaalde in artikel 4q vaststellen en heffen van de tarieven, alsmede het vaststellen van de wijze van betaling van deze tarieven, voor het verrichten van taken waarvoor de Dienst Wegverkeer bij of krachtens deze wet bevoegd is, alsmede voor de bij of krachtens andere wetten opgedragen taken;

o. het zorg dragen voor de productie van rijbewijzen, het transport en de aflevering ervan en het beheer van de daartoe benodigde voorzieningen;

p. het attenderen van houders van een rijbewijs op het verloop van de geldigheidsduur,

q. het vaststellen en heffen van een tarief, met inachtneming van artikel 4q, voor overige verstrekkingen of dienstverleningen die voortvloeien uit de vervulling van de aan de Dienst Wegverkeer opgedragen wettelijke taken,

r. het voldoen aan de verplichting tot het opstellen van een gids betreffende het brandstofverbruik en de CO_2-uitstoot van personenauto's op grond van richtlijn 1999/94/EG van het Europees Parlement en de Raad van 13 december 1999 betreffende de beschikbaarheid van consumenteninformatie over het brandstofverbruik en de CO_2-uitstoot bij de verbranding van nieuwe personenauto's (PbEG 1999, L12/16) en de verplichting tot het verzamelen van gegevens over nieuwe personenauto's en het vaststellen van informatie voor de controle van de CO_2-emissies en mededeling doen van die gegevens aan de Commissie op grond van Verordening (EU) nr. 2019/631 van het Europees Parlement en de Raad van 17 april 2019 tot vaststelling van CO_2-emissienormen voor nieuwe personenauto's en nieuwe lichte bedrijfsvoertuigen, en tot intrekking van Verordeningen (EG) nr. 443/2009 en (EU) nr. 510/2011 (PbEU 2019, L111);

s. het behandelen van aanvragen tot afgifte van een begeleiderspas en de afgifte van die begeleiderspas, het registreren van gegevens in het rijbewijzenregister betreffende de begeleiderspas.

2. Voorts is de Dienst Wegverkeer belast met:
a. de bij of krachtens andere wetten opgedragen taken, en
b. andere door Onze Minister opgedragen taken.

3. Met inachtneming van artikel 4q worden de op grond van het tweede lid aan de Dienst Wegverkeer opgedragen taken, verstrekkingen of dienstverleningen die voortvloeien uit de uitvoering van deze taken, verricht tegen betaling op een door deze dienst vastgestelde wijze van door deze dienst vastgestelde tarieven.

4. Artikel 9, derde lid, van de Wet hergebruik van overheidsinformatie is van toepassing op de tarieven, bedoeld in het eerste lid, onderdeel n.

Art. 4c

Beleidsregels RDW

Beleidsregels omtrent de uitoefening van de bij of krachtens andere wetten dan deze wet aan de Dienst Wegverkeer opgedragen taken worden door Onze Minister vastgesteld in overeenstemming met Onze Minister(s) wie het aangaat.

Paragraaf 3
De organen

Art. 4d

Directie en RvT

De Dienst Wegverkeer heeft een directie en een raad van toezicht.

Art. 4e

Samenstelling directie RDW

1. De directie bestaat uit maximaal 3 leden.

2. Het lidmaatschap van de directie is onverenigbaar met het lidmaatschap van de raad van toezicht.

3. De leden van de directie worden benoemd voor een periode van 5 jaren en kunnen terstond opnieuw worden benoemd.

Art. 4f
1. De directie is belast met de dagelijkse leiding van de Dienst Wegverkeer.
2. Alle bevoegdheden van de Dienst Wegverkeer die niet bij of krachtens de wet aan de raad van toezicht zijn opgedragen, komen toe aan de directie.

Taken directie RDW

Art. 4g
1. De directie vertegenwoordigt de Dienst Wegverkeer in en buiten rechte.
2. De directie kan onder haar verantwoordelijkheid de vertegenwoordiging, bedoeld in het eerste lid, opdragen aan een of meer directieleden of andere personen. Zij kan bepalen dat deze vertegenwoordiging uitsluitend betrekking heeft op bepaalde onderdelen van de taak van de Dienst Wegverkeer dan wel op bepaalde aangelegenheden.

Status directie RDW

Art. 4h
In geval van schorsing of ontstentenis van een lid van de directie voorziet Onze Minister in de waarneming van diens functie.

Vervangende directieleden

Art. 4i
1. De directie verstrekt de raad van toezicht tijdig de voor de uitoefening van diens taak benodigde inlichtingen en andere gegevens.
2. De directie legt jaarlijks, en voorts tussentijds indien hiertoe naar het oordeel van de raad van toezicht aanleiding bestaat, aan de raad van toezicht verantwoording af over het door haar gevoerde beleid.

Inlichtingen aan RvT

Art. 4j
1. De raad van toezicht bestaat uit vijf leden, waaronder de voorzitter.
2. Onze Minister benoemt, schorst en ontslaat de leden van de raad van toezicht.
3. De voorzitter wordt benoemd, gehoord de raad van toezicht.
4. De leden van de raad van toezicht hebben op persoonlijke titel zitting in de raad en oefenen hun functie uit zonder last of ruggespraak.

Samenstelling RvT

Art. 4k
1. De voorzitter en de overige leden van de raad van toezicht worden benoemd voor een tijdvak van vier jaren en zijn aansluitend éénmalig voor een tijdvak van vier jaren herbenoembaar.
2. De leden van de raad van toezicht kan tussentijds op eigen verzoek, dan wel om zwaarwichtige redenen ontslag worden verleend.
3. Zolang in een vacature van de raad van toezicht niet is voorzien, vormen de overblijvende leden de raad van toezicht, met de bevoegdheid van de volledige raad. Betreft het de vacature van de voorzitter dan wijzen de overblijvende leden uit hun midden een lid aan dat tijdelijk als voorzitter fungeert.
4. Indien een lid wordt benoemd ter vervanging van een tussentijds opengevallen plaats, bepaalt Onze Minister het tijdvak van de benoeming.
5. De raad van toezicht verschaft Onze Minister alle verlangde inlichtingen, met inachtneming van het door Onze Minister vastgestelde informatiestatuut.

Benoeming leden RvT

Art. 4l
1. De raad van toezicht ziet toe op de werkzaamheden van de directie en staat die met raad terzijde.
2. Goedkeuring door de raad van toezicht behoeven in ieder geval de besluiten van de directie betreffende:
    a. de reglementen, bedoeld in de artikelen 4o en 4r;
    b. investeringen die een door de raad van toezicht vast te stellen bedrag te boven gaan;
    c. wijzigingen in de arbeidsvoorwaarden van het personeel;
    d. de bij of krachtens deze wet aan Onze Minister uit te brengen rapportages.
3. Onze Minister kan bepalen dat de directie de voorafgaande instemming behoeft van de raad van toezicht voor een beslissing als bedoeld in artikel 32 van de Kaderwet zelfstandige bestuursorganen of dat de directie, ingeval Onze Minister een beslissing als bedoeld in dat artikel aan zijn voorafgaande instemming heeft onderworpen, die beslissing pas aan hem kan voorleggen nadat de raad van toezicht heeft verklaard tegen die beslissing geen bedenkingen te hebben.
4. De directie behoeft in elk geval de voorafgaande instemming van de raad van toezicht voor de besluiten betreffende:
    a. de begroting;
    b. de vaststelling van de tarieven, bedoeld in artikel 4b, eerste lid, onderdeel n, de tarieven die voortvloeien uit artikel 4b, tweede lid, onderdeel a, alsmede van de wijze van betaling van deze tarieven;
    c. het jaarverslag en de jaarrekening;
    d. het bestuursreglement, bedoeld in artikel 4n;
    e. het financiële meerjarenbeleidsplan;
    f. de uitbreiding van de keuringscapaciteit als bedoeld in artikel 78, tweede lid;
    g. het sluiten van overeenkomsten van zwaarwegend belang.

Werkzaamheden RvT

5. De in het vierde lid, onderdelen e tot en met g genoemde besluiten behoeven de goedkeuring van Onze Minister. De goedkeuring kan worden onthouden wegens strijd met het recht of het algemeen belang.
6. De raad van toezicht kan geen rechtsgeldige besluiten nemen indien niet ten minste de meerderheid van de leden ter vergadering aanwezig is.
7. De raad van toezicht stelt bij reglement zijn werkwijze vast. Het reglement behoeft de goedkeuring van Onze Minister.
8. De vergaderingen van de raad van toezicht zijn niet openbaar.

Art. 4m

Secretariaat RvT

1. De raad van toezicht heeft een eigen secretariaat; de kosten daarvan komen ten laste van de Dienst Wegverkeer.
2. Onze Minister kan aan de leden van de raad van toezicht, ten laste van de Dienst Wegverkeer, een vergoeding toekennen voor hun werkzaamheden.
3. De leden van de raad van toezicht hebben aanspraak op vergoeding van de door hen in de uitoefening van hun functie gemaakte reis- en verblijfskosten.

Paragraaf 4
Inrichting en bedrijfsvoering

Art. 4n

Werkwijze directie

De directie stelt bij bestuursreglement haar werkwijze vast.

Paragraaf 5
Personeel van de organisatie

Art. 4o

Bij reglement kunnen voorzieningen worden vastgesteld met betrekking tot de rechtspositie van de leden van de directie.

Paragraaf 6
Financiële bepalingen

Art. 4p

Inkomsten RDW

De inkomsten van de Dienst Wegverkeer bestaan uit:
a. de opbrengst van de tarieven en overige heffingen;
b. vergoedingen voor verrichte diensten;
c. andere baten hoe ook genoemd.

Art. 4q

Tarieven

1. De hoogte van de tarieven, bedoeld in artikel 4b, eerste lid, onderdeel n, dient te worden gerelateerd aan de met de uitoefening van de taak gemoeide kosten.
2. Het tarief, bedoeld in artikel 48, eerste lid, voor de aanvraag van een inschrijving en tenaamstelling in het kentekenregister omvat mede een door de Dienst Wegverkeer vastgesteld bedrag dat strekt ter dekking van de kosten van:
a. het registreren van keuringsrapporten,
b. het ongeldig verklaren van kentekenbewijzen, tenzij de Dienst Wegverkeer ingevolge artikel 52c, tweede lid, een tarief voor de ongeldigheid heeft vastgesteld,
c. het verstrekken van gegevens uit het kentekenregister als bedoeld in artikel 43, eerste en tweede lid, en bij algemene maatregel van bestuur te bepalen verstrekkingen,
d. het behandelen van klachten en ingevolge de Algemene wet bestuursrecht ingediende bezwaarschriften en beroepsschriften gericht op het handelen van de Dienst Wegverkeer,
e. het opsporen van bij of krachtens deze wet strafbaar gestelde feiten voor zover ambtenaren van de Dienst Wegverkeer daarmee ingevolge artikel 159 zijn belast,
f. het beheer en instandhouding van het in artikel 13, tweede lid, van de Wet aansprakelijkheidsverzekering motorrijtuigen bedoelde register,
g. het verstrekken van gegevens uit het in onderdeel f genoemde register aan degenen die ingevolge de in artikel 38, tweede lid van de Wet aansprakelijkheidsverzekering motorrijtuigen bedoelde algemene maatregel van bestuur niet tot betaling van het ter zake vastgestelde tarief zijn gehouden,
h. de inspectie bedoeld in artikel 45a, tweede lid, indien naar het oordeel van de Dienst Wegverkeer blijkt dat de gegevens juist in het kentekenregister zijn opgenomen dan wel de onjuistheid van een gegeven degene aan wie het kentekenbewijs voor het geïnspecteerde voertuig is afgegeven niet kan worden tegengeworpen,
i. het toezicht op het terugroepen door de fabrikant van reeds in de handel gebrachte voertuigen,

j. het uitvoeren van experimenten op grond van artikel 186, eerste en tweede lid, en het opstellen van het verslag over de doeltreffendheid en de effecten van experimenten op grond van artikel 186, derde lid,
k. het uitvoeren van de op grond van artikel 4b, eerste lid, onderdeel r, opgedragen taken,
l. verstrekkingen waarbij inning van het tarief meer kost dan het te innen tarief.

Art. 4r
De directie stelt bij reglement richtlijnen vast voor het voeren van een ordelijk financieel beheer van de Dienst Wegverkeer.

Richtlijnen financieel beheer

Art. 4s
Het boekjaar van de Dienst Wegverkeer valt samen met het kalenderjaar.

Boekjaar RDW

Art. 4t
1. De directie dient het financiële meerjarenbeleidsplan, waarmee de raad van toezicht heeft ingestemd, voor 1 oktober voorafgaand aan het boekjaar, in bij Onze Minister.
2. Bij regeling van Onze Minister kunnen regels worden gesteld over de inrichting van het financiële meerjarenbeleidsplan en kunnen aandachtspunten worden vastgesteld voor de accountantscontrole.

Meerjarenbeleidsplan

Paragraaf 7
Overige bepalingen

Art. 4u
1. Onze Minister stelt regels over de uitoefening van het toezicht op de Dienst Wegverkeer door Onze Minister en de raad van toezicht.
2. Onze Minister verstrekt de Dienst Wegverkeer de inlichtingen die deze voor zijn taakuitoefening redelijkerwijs nodig heeft.
3. Onze Minister stelt een informatiestatuut vast. Het informatiestatuut bevat inhoudelijke en procedurele voorschriften met betrekking tot de informatie-uitwisseling tussen Onze Minister en de Dienst Wegverkeer.

Toezicht op RDW

Inlichtingenverstrekking aan RDW

Informatiestatuut RDW

Art. 4v
1. Waar in deze wet dan wel de Kaderwet zelfstandige bestuursorganen de goedkeuring van Onze Minister is vereist, verleent dan wel onthoudt deze die goedkeuring binnen zes weken na de datum van ontvangst van de aan goedkeuring onderhevige stukken.
2. Met goedkeuring wordt gelijkgesteld het verstrijken van de in het eerste lid bedoelde termijn zonder dat de goedkeuring is verleend of onthouden.

Goedkeuring stukken RDW door minister

Art. 4w
1. Waar ingevolge deze wet de goedkeuring dan wel instemming door de raad van toezicht is vereist, verleent of onthoudt deze die goedkeuring dan wel die instemming binnen zes weken na de datum van ontvangst van de aan goedkeuring dan wel instemming onderhevige stukken.
2. Met goedkeuring dan wel instemming wordt gelijkgesteld het verstrijken van de in het eerste lid bedoelde termijn zonder dat de goedkeuring dan wel de instemming is verleend of onthouden.

Goedkeuring stukken RDW door RvT

Art. 4wa
Zolang de begroting niet is goedgekeurd, is de directie gerechtigd gedurende ten hoogste de eerste zes maanden van het nieuwe boekjaar voor iedere maand uitgaven te doen ter grootte van 115% van een twaalfde deel van de begroting van het voorafgaande boekjaar.

Uitgavenplafond RDW

Art. 4x
Indien de Dienst Wegverkeer een bij of krachtens een andere wet dan deze wet opgedragen taak naar het oordeel van Onze Minister niet langer naar behoren verricht, kan Onze Minister de noodzakelijke voorzieningen treffen na overleg met Onze Minister(s) wie het aangaat.

Interventie bij RDW

Art. 4y
[Vervallen]

Hoofdstuk IB
Het CBR

Paragraaf 1
Algemeen

Art. 4z
1. Er is een Centraal Bureau Rijvaardigheidsbewijzen, in het maatschappelijk verkeer aangeduid als CBR. Het bureau bezit rechtspersoonlijkheid en is gevestigd te Rijswijk.
2. Op het Centraal Bureau Rijvaardigheidsbewijzen is de Kaderwet zelfstandige bestuursorganen van toepassing, met uitzondering van artikel 15 van die wet.

Centraal Bureau Rijvaardigheidsbewijzen

Art. 4z1

Opvolgen aanwijzing minister door het CBR

Bij de toepassing van de taken op het gebied van de beoordeling van de rijvaardigheid, neemt het CBR de bij ministeriële regeling aangewezen richtlijn, of de aangewezen onderdelen daarvan, in acht.

Paragraaf 2
Taken van het CBR

Art. 4aa

Taken CBR

1. Het CBR is belast met de volgende taken:
   a. het beoordelen van de rijvaardigheid;
   b. het beoordelen van de lichamelijke en geestelijke geschiktheid tot het besturen van motorrijtuigen;
   c. het opleggen van onderzoeken naar de rijvaardigheid en de geschiktheid tot het besturen van motorrijtuigen van houders van rijbewijzen ten aanzien van wie een vermoeden van onvoldoende rijvaardigheid of geschiktheid bestaat;
   d. het opleggen van educatieve maatregelen ter bevordering van de rijvaardigheid of geschiktheid tot het besturen van motorrijtuigen;
   e. [vervallen;]
   f. het schorsen van de geldigheid van rijbewijzen;
   g. het ongeldig verklaren van rijbewijzen;
   h. het verlenen van ontheffingen als bedoeld in artikel 149, tweede lid;
   i. het afgeven van gehandicaptenparkeerkaarten aan aanvragers die niet als ingezetene zijn ingeschreven in de basisregistratie personen;
   j. het beoordelen van de vakbekwaamheid van bestuurders in het goederen- en personenvervoer over de weg;
   k. het erkennen van opleidingscentra voor het verrichten van nascholing en het certificeren van cursussen met betrekking tot vakbekwaamheid bestuurders goederen- en personenvervoer over de weg en het registreren van nascholing;
   l. het houden van toezicht op de naleving van de verplichtingen die voortvloeien uit de in onderdeel k bedoelde erkenningen;
   m. het uitreiken van Nederlandse omwisselingscertificaten en deelcertificaten vakbekwaamheid bestuurders goederen- en personenvervoer over de weg;
   n. het ongeldig verklaren van getuigschriften van vakbekwaamheid, getuigschriften van nascholing en Nederlandse omwisselingscertificaten;
   o. het verwerken van gegevens, waaronder mede begrepen gegevens over gezondheid als bedoeld in artikel 4, onderdeel 15, van de Algemene verordening gegevensbescherming, voor zover dit noodzakelijk is voor de uitvoering van de taken waarmee het CBR bij of krachtens deze wet is belast, alsmede van de taken waarmee het CBR bij of krachtens andere wetten is belast;
   p. het met inachtneming van artikel 4am vaststellen van de tarieven, alsmede het vaststellen van de wijze van betaling van deze tarieven, voor het verrichten van taken waarvoor het CBR bij of krachtens deze wet bevoegd is, alsmede voor de bij of krachtens andere wetten opgedragen taken;
   q. het verstrekken van gegevens voor zover dit noodzakelijk is voor de uitvoering van de taken waarmee het CBR dan wel andere organisaties bij of krachtens deze wet zijn belast;
   r. het in stand houden en beheren van een systeem waarin rijscholen kunnen worden ingeschreven, franchiserelaties tussen rijscholen en overdrachten van rijscholen kunnen worden geregistreerd en waarmee rijscholen examens bij het CBR kunnen reserveren;
   s. het informeren van rijscholen over relevante ontwikkelingen voor hun taakuitvoering.
   [2.] Bij de toepassing van de taken, bedoeld in het eerste lid, onderdeel a, neemt het CBR de bij ministeriële regeling aangewezen richtlijn of de aangewezen onderdelen daarvan, in acht.
   3. Voor de toepassing van het eerste lid, onderdelen c tot en met g, wordt onder rijbewijzen mede verstaan rijbewijzen, afgegeven door het daartoe bevoegde gezag buiten Nederland, waarvan de houder in Nederland woonachtig is.
   4. Voorts is het CBR belast met:
   a. de bij of krachtens andere wetten opgedragen taken, en
   b. andere bij regeling van Onze Minister opgedragen taken waarbij regels kunnen worden gesteld met betrekking tot de tarieven van deze taken.

Art. 4ab

Beleidsregels CBR

Beleidsregels omtrent de uitoefening van de bij of krachtens andere wetten dan deze wet aan het CBR opgedragen taken worden door Onze Minister vastgesteld in overeenstemming met Onze Minister(s) wie het aangaat.

Wegenverkeerswet 1994 C14 art. 4aj

Paragraaf 3
De organen

Art. 4ac
Het CBR heeft een directie en een raad van toezicht. — Directie en RvT CBR

Art. 4ad
1. De directie bestaat uit maximaal twee leden. — Samenstelling directie CBR
2. Het lidmaatschap van de directie is onverenigbaar met het lidmaatschap van de raad van toezicht.
3. In geval van schorsing of ontstentenis van een lid van de directie voorziet Onze Minister in de waarneming van diens functie.
4. De leden van de directie worden benoemd voor een periode van ten hoogste 4 jaren en kunnen terstond éénmaal opnieuw worden benoemd.
5. De directie stelt bij bestuursreglement haar werkwijze vast.

Art. 4ae
1. De directie is belast met de dagelijkse leiding van het CBR. — Taken directie CBR
2. Alle bevoegdheden van het CBR die niet bij of krachtens deze wet aan de raad van toezicht zijn opgedragen, komen toe aan de directie.

Art. 4af
1. De directie vertegenwoordigt het CBR in en buiten rechte. — Vertegenwoordigingstaak directie CBR
2. De directie kan onder haar verantwoordelijkheid de vertegenwoordiging, bedoeld in het eerste lid, opdragen aan een of meer directieleden of aan andere personen. Zij kan bepalen dat deze vertegenwoordiging uitsluitend betrekking heeft op bepaalde onderdelen van de taak van het CBR dan wel op bepaalde aangelegenheden.

Art. 4ag
1. De directie verstrekt de raad van toezicht tijdig de voor de uitoefening van diens taak benodigde inlichtingen en andere gegevens. — Informatieplicht directie CBR
2. De directe legt jaarlijks, en voorts tussentijds indien hiertoe naar het oordeel van de raad van toezicht aanleiding bestaat, aan de raad van toezicht verantwoording af over het door haar gevoerde beleid.

Art. 4ah
1. De raad van toezicht bestaat uit vijf leden, waaronder de voorzitter. — Samenstelling RvT CBR
2. Onze Minister benoemt, schorst en ontslaat de leden van de raad van toezicht.
3. Onze Minister benoemt de voorzitter, gehoord de raad van toezicht.
4. De leden van de raad van toezicht hebben op persoonlijke titel zitting in de raad en oefenen hun functie uit zonder last of ruggespraak.
5. De raad van toezicht verschaft Onze Minister alle verlangde inlichtingen, met inachtneming van het door Onze Minister vastgestelde informatiestatuut.

Art. 4ai
1. De voorzitter en de overige leden van de raad van toezicht worden benoemd voor een tijdvak van vier jaren en zijn aansluitend éénmalig voor een tijdvak van vier jaren herbenoembaar. — Benoeming RvT CBR
2. De leden van de raad van toezicht kan tussentijds op eigen verzoek, dan wel om zwaarwichtige redenen ontslag worden verleend.
3. Zolang in een vacature van de raad van toezicht niet is voorzien, vormen de overblijvende leden de raad van toezicht, met de bevoegdheid van de volledige raad. Betreft het de vacature van de voorzitter dan wijzen de overblijvende leden uit hun midden een lid aan dat tijdelijk als voorzitter fungeert.
4. Indien een lid wordt benoemd ter vervanging van een tussentijds opengevallen plaats, bepaalt Onze Minister het tijdvak van de benoeming.

Art. 4aj
1. De raad van toezicht ziet toe op de werkzaamheden van de directie en staat die met raad terzijde. — Taken RvT CBR
2. Goedkeuring door de raad van toezicht behoeven in ieder geval de besluiten van de directie betreffende:
a. het reglement, bedoeld in artikel 4an;
b. investeringen die een door de raad van toezicht vast te stellen bedrag te boven gaan;
c. wijzigingen in de rechtspositie van het personeel;
d. de bij of krachtens deze wet aan Onze Minister uit te brengen rapportages.
3. Onze Minister kan bepalen dat de directie de voorafgaande instemming behoeft van de raad van toezicht voor een beslissing als bedoeld in artikel 32 van de Kaderwet zelfstandige bestuursorganen of dat de directie, ingeval Onze Minister een beslissing als bedoeld in dat artikel aan zijn voorafgaande instemming heeft onderworpen, die beslissing pas aan hem kan voorleggen nadat de raad van toezicht heeft verklaard tegen die beslissing geen bedenkingen te hebben.

Sdu 537

4. De directie behoeft in elk geval de voorafgaande instemming van de raad van toezicht voor de besluiten betreffende:
a. de begroting;
b. de vaststelling van de tarieven, bedoeld in artikel 4aa, eerste lid, onderdeel p, de tarieven die voortvloeien uit artikel 4aa, derde lid, onderdeel b, alsmede de wijze van betaling van deze tarieven;
c. het jaarverslag en de jaarrekening;
d. het bestuursreglement, bedoeld in artikel 4ad, vijfde lid;
e. het financiële meerjarenbeleidsplan;
f. het sluiten van overeenkomsten van zwaarwegend belang.

5. De in het vierde lid, onderdelen e en f genoemde besluiten behoeven de goedkeuring van Onze Minister. De goedkeuring kan worden onthouden wegens strijd met het recht of het algemeen belang.

6. De raad van toezicht kan geen rechtsgeldige besluiten nemen indien niet ten minste de meerderheid van de leden ter vergadering aanwezig is.

7. De raad van toezicht stelt bij reglement zijn werkwijze vast. Het reglement behoeft de goedkeuring van Onze Minister.

8. De vergaderingen van de raad van toezicht zijn niet openbaar.

Art. 4ak

Vergoeding RvT CBR

1. Onze Minister kan aan de leden van de raad van toezicht, ten laste van het CBR, een vergoeding toekennen voor hun werkzaamheden.
2. De leden van de raad van toezicht hebben aanspraak op vergoeding van de door hen in de uitoefening van hun functie gemaakte reis- en verblijfkosten.
3. De raad van toezicht heeft een eigen secretariaat; de kosten daarvan komen ten laste van het CBR.

Paragraaf 4
Financiële bepalingen

Art. 4al

Inkomsten CBR

De inkomsten van het CBR bestaan uit:
a. de opbrengsten van de tarieven en overige heffingen;
b. vergoedingen voor verrichte diensten;
c. andere baten hoe ook genoemd.

Art. 4am

Tarieven CBR

De hoogte van de tarieven, bedoeld in artikel 4aa, eerste lid, onderdeel p wordt gerelateerd aan de met de uitvoering van de taak redelijkerwijs gemoeide kosten.

Art. 4an

Financieel beheer CBR

De directie stelt bij reglement richtlijnen vast voor het voeren van een ordelijk financieel beheer van het CBR.

Art. 4ao

Boekjaar CBR

Het boekjaar van het CBR valt samen met het kalenderjaar.

Art. 4ap

Financieel meerjarenplan CBR

1. De directie dient het financiële meerjarenbeleidsplan, waarmee de raad van toezicht heeft ingestemd, voor 1 oktober voorafgaande aan het boekjaar, in bij Onze Minister.
2. Bij regeling van Onze Minister kunnen regels worden gesteld over de inrichting van het financiële meerjarenbeleidsplan en kunnen aandachtspunten worden vastgesteld voor de accountantscontrole.

Paragraaf 5
Overige bepalingen

Art. 4aq

Toezicht op CBR

1. Onze Minister stelt regels over de uitoefening van het toezicht op het CBR door Onze Minister en de raad van toezicht.

Inlichtingenverstrekking aan CBR

2. Onze Minister verstrekt het CBR de inlichtingen die het CBR voor zijn taakuitoefening redelijkerwijs nodig heeft.

Informatiestatuut CBR

3. Onze Minister stelt een informatiestatuut vast. Het informatiestatuut bevat inhoudelijke en procedurele voorschriften met betrekking tot de informatie-uitwisseling tussen Onze Minister en het CBR.

Art. 4ar

Goedkeuring stukken CBR door minister

1. Waar in deze wet dan wel de Kaderwet zelfstandige bestuursorganen de goedkeuring van Onze Minister is vereist, verleent dan wel onthoudt deze die goedkeuring binnen zes weken na de datum van ontvangst van de aan goedkeuring onderhevige stukken.

Wegenverkeerswet 1994   **C14 art. 5a**

2. Met goedkeuring wordt gelijkgesteld het verstrijken van de in het eerste lid bedoelde termijn zonder dat de goedkeuring is verleend of onthouden.

Art. 4as
1. Waar ingevolge deze wet de goedkeuring dan wel de instemming door de raad van toezicht is vereist, verleent of onthoudt deze die goedkeuring dan wel die instemming binnen zes weken na de datum van ontvangst van de aan goedkeuring dan wel instemming onderhevige stukken.
2. Met goedkeuring dan wel instemming wordt gelijkgesteld het verstrijken van de in het eerste lid bedoelde termijn zonder dat de goedkeuring dan wel de instemming is verleend of onthouden.

      Goedkeuring stukken CBR door RvT

Art. 4at
Zolang de begroting niet is goedgekeurd, is de directie gerechtigd gedurende ten hoogste zes maanden van het nieuwe boekjaar voor iedere maand uitgaven te doen ter grootte van 115% van een twaalfde deel van de begroting van het voorafgaande boekjaar.

      Uitgavenplafond CBR

Art. 4au
Indien het CBR een bij of krachtens een andere wet dan deze wet opgedragen taak naar het oordeel van Onze Minister niet langer naar behoren verricht, kan Onze Minister de nodige voorzieningen treffen na overleg met Onze Minister wie het aangaat.

      Interventie bij CBR

Hoofdstuk IC
Toezicht op keuringsinstellingen en onderzoeksgerechtigden

Art. 4av
1. Keuringsinstellingen, aangewezen ingevolge de artikelen 71a, 84, eerste lid, 101, eerste lid, en 106a, derde lid, jo. 101, eerste lid, en de ingevolge deze artikelen erkende onderzoeksgerechtigden en instellingen, verstrekken desgevraagd aan Onze Minister de inlichtingen die deze ten behoeve van zijn taakuitoefening nodig oordeelt. Onze Minister kan inzage vorderen van zakelijke gegevens en bescheiden, voor zover dat voor de vervulling van zijn taak redelijkerwijze noodzakelijk is.
2. Onze Minister kan aan de in het eerste lid bedoelde keuringsinstellingen, onderzoeksgerechtigden en instellingen aanwijzingen van algemene aard geven met betrekking tot de uitvoering van de taak waarvoor zij zijn aangewezen.
3. Onze Minister kan tarieven vaststellen die de in het eerste lid bedoelde keuringsinstellingen, onderzoeksgerechtigden en instellingen ten hoogste mogen berekenen voor de door hen verrichte werkzaamheden in het kader van de uitvoering van de taak waarvoor zij zijn aangewezen. Daarbij kunnen voor verschillende werkzaamheden verschillende tarieven worden vastgesteld.
4. Indien een keuringsinstelling als bedoeld in het eerste lid naar het oordeel van Onze Minister haar taak verwaarloost, kan Onze Minister de aanwijzing intrekken.
5. Over de uitoefening van het toezicht op keuringsinstellingen, onderzoeksgerechtigden en instellingen als bedoeld in het eerste lid kunnen bij of krachtens algemene maatregel van bestuur nadere regels worden gesteld.

      Toezicht op keuringsinstellingen/onderzoeksgerechtigden

Hoofdstuk II
Verkeersgedrag

§ 1
Gedragsregels

Art. 5
Het is een ieder verboden zich zodanig te gedragen dat gevaar op de weg wordt veroorzaakt of kan worden veroorzaakt of dat het verkeer op de weg wordt gehinderd of kan worden gehinderd.

      Gedrag op de weg

Art. 5a
1. Het is een ieder verboden opzettelijk zich zodanig in het verkeer te gedragen dat de verkeersregels in ernstige mate worden geschonden, indien daarvan levensgevaar of gevaar voor zwaar lichamelijk letsel voor een ander te duchten is. Als zodanige verkeersgedragingen kunnen de volgende gedragingen worden aangemerkt:
  a. onvoldoende rechts houden op onoverzichtelijke plaatsen;
  b. gevaarlijk inhalen;
  c. negeren van een rood kruis;
  d. over een vluchtstrook rijden waar dit niet is toegestaan;
  e. inhalen voor of op een voetgangersoversteekplaats;
  f. niet verlenen van voorrang;
  g. overschrijden van de krachtens deze wet vastgestelde maximumsnelheid;
  h. zeer dicht achter een ander voertuig rijden;
  i. door rood licht rijden;
  j. tegen de verkeersrichting inrijden;
  k. tijdens het rijden een mobiel elektronisch apparaat vasthouden;

      Roekeloos rijgedrag

l. niet opvolgen van verkeersaanwijzingen van daartoe op grond van deze wet bevoegde personen;
m. overtreden van andere verkeersregels van soortgelijk belang als die onder a tot en met l genoemd.
2. Bij de toepassing van het eerste lid wordt mede in aanmerking genomen de mate waarin de verdachte verkeerde in de toestand, bedoeld in artikel 8, eerste, tweede, derde, vierde of vijfde lid.

Art. 6

Dood, zwaar lichamelijk letsel door schuld

Het is een ieder die aan het verkeer deelneemt verboden zich zodanig te gedragen dat een aan zijn schuld te wijten verkeersongeval plaatsvindt waardoor een ander wordt gedood of waardoor een ander zwaar lichamelijk letsel wordt toegebracht of zodanig lichamelijk letsel dat daaruit tijdelijke ziekte of verhindering in de uitoefening van de normale bezigheden ontstaan.

Art. 7

Verlaten plaats ongeval

1. Het is degene die bij een verkeersongeval is betrokken of door wiens gedraging een verkeersongeval is veroorzaakt, verboden de plaats van het ongeval te verlaten indien:
a. bij dat ongeval, naar hij weet of redelijkerwijs moet vermoeden, een ander is gedood dan wel letsel aan een ander is toegebracht;
b. bij dat ongeval, naar hij weet of redelijkerwijs moet vermoeden, schade aan een ander is toegebracht;
c. daardoor, naar hij weet of redelijkerwijs moet vermoeden, een ander aan wie bij dat ongeval letsel is toegebracht, in hulpeloze toestand wordt achtergelaten.
2. Het eerste lid, aanhef en onderdelen a en b, is niet van toepassing op degene die op de plaats van het ongeval behoorlijk de gelegenheid heeft geboden tot vaststelling van zijn identiteit en, voor zover hij een motorrijtuig bestuurde, tevens van de identiteit van dat motorrijtuig.

Art. 8

Besturen voertuig onder invloed

1. Het is een ieder verboden een voertuig te besturen, als bestuurder te doen besturen of als begeleider op te treden, terwijl hij verkeert onder zodanige invloed van een stof, waarvan hij weet of redelijkerwijs moet weten, dat het gebruik daarvan - al dan niet in combinatie met het gebruik van een andere stof - de rijvaardigheid kan verminderen, dat hij niet tot behoorlijk besturen of tot behoorlijk te begeleiden in staat moet worden geacht.

Alcoholgehalte adem/bloed, waarden

2. Het is een ieder verboden een voertuig te besturen, als bestuurder te doen besturen of als begeleider op te treden na zodanig gebruik van alcoholhoudende drank, dat:
a. het alcoholgehalte in zijn adem bij een onderzoek hoger blijkt te zijn dan 220 microgram alcohol per liter uitgeademde lucht, dan wel
b. het alcoholgehalte in zijn bloed bij een onderzoek hoger blijkt te zijn dan 0,5 milligram alcohol per milliliter bloed.

Besturen motorrijtuig onder invloed

3. In afwijking van het tweede lid is het de bestuurder van een motorrijtuig voor het besturen waarvan een rijbewijs is vereist, verboden dat motorrijtuig te besturen of als bestuurder te doen besturen na zodanig gebruik van alcoholhoudende drank, dat:
a. het alcoholgehalte van zijn adem bij een onderzoek hoger blijkt te zijn dan 88 microgram alcohol per liter uitgeademde lucht, dan wel
b. het alcoholgehalte van zijn bloed bij een onderzoek hoger blijkt te zijn dan 0,2 milligram per milliliter bloed,
indien:
1° sedert de datum waarop hem voor de eerste maal een rijbewijs voor de categorie AM of T is afgegeven nog geen zeven jaren zijn verstreken en hij op het tijdstip van afgifte van dat rijbewijs de leeftijd van achttien jaar nog niet heeft bereikt,
2°. sedert de datum waarop hem voor het eerst een rijbewijs is afgegeven nog geen vijf jaren zijn verstreken en hij op het tijdstip van afgifte van dat rijbewijs de leeftijd van ten minste achttien jaar heeft bereikt, dan wel
3°. indien sedert de datum waarop hem voor het eerst een rijbewijs voor de categorie B is afgegeven nog geen vijf jaren zijn verstreken en hij op het tijdstip van afgifte van het rijbewijs voor de categorie B nog niet de leeftijd van achttien jaar heeft bereikt, ongeacht of hij op dat tijdstip van afgifte van het rijbewijs voor de categorie B al in het bezit was van een rijbewijs voor de categorie AM of T.
4. Het derde lid is van overeenkomstige toepassing op een ieder die zonder dat aan hem een rijbewijs is afgegeven een motorrijtuig bestuurt voor het besturen waarvan een rijbewijs vereist is.
5. Het is een ieder verboden een voertuig te besturen, als bestuurder te doen besturen of als begeleider op te treden na gebruik van een of meer van de bij algemene maatregel van bestuur aangewezen stoffen als bedoeld in het eerste lid, waardoor het gehalte in zijn bloed van de bij de stof vermelde meetbare stof, of in geval van gebruik van meer stoffen als bedoeld in het eerste lid die bij algemene maatregel van bestuur aangewezen zijn als groep, het totale gehalte in zijn bloed van de bij die stoffen vermelde meetbare stoffen, bij een onderzoek hoger blijkt te zijn dan de daarbij vermelde grenswaarde. Indien een van de bij algemene maatregel van

Wegenverkeerswet 1994 — C14 art. 9

bestuur aangewezen stoffen of alcohol in combinatie wordt gebruikt met een of meer andere van deze aangewezen stoffen of met een van de stoffen als bedoeld in het eerste lid die niet bij deze algemene maatregel van bestuur zijn aangewezen, geldt voor iedere aangewezen stof of alcohol afzonderlijk een bij algemene maatregel van bestuur vast te stellen grenswaarde. Die grenswaarde is gelijk aan de laagst meetbare hoeveelheid van die stof of alcohol die niet op natuurlijke wijze in het bloed aanwezig kan zijn.

6. Het is verboden een motorrijtuig als bestuurder te doen besturen door een persoon waarvan men weet of redelijkerwijs moet weten dat deze verkeert in een toestand als in het eerste, tweede, derde of vijfde lid is omschreven.

7. Voor de toepassing van het derde lid wordt onder een rijbewijs mede verstaan een rijbewijs, afgegeven door het daartoe bevoegde gezag buiten Nederland en wordt voor de toepassing van het derde lid, aanhef en onderdelen 1° en 3°, met een rijbewijs voor de categorie AM of T gelijk gesteld een rijbewijs voor de categorie A1, afgegeven door het daartoe bevoegde gezag in een andere lidstaat van de Europese Unie, een andere staat die partij is bij de Overeenkomst betreffende de Europese Economische Ruimte of Zwitserland aan een persoon die op het tijdstip van afgifte nog niet de leeftijd van achttien jaar had bereikt.

Art. 9

1. Het is degene die weet of redelijkerwijs moet weten dat hem bij rechterlijke uitspraak of strafbeschikking de bevoegdheid tot het besturen van motorrijtuigen is ontzegd, verboden gedurende de tijd dat hem die bevoegdheid is ontzegd, op de weg een motorrijtuig te besturen of als bestuurder te doen besturen. — *Besturen na ontzegging rijbevoegdheid*

2. Het is degene die weet of redelijkerwijs moet weten dat een op zijn naam gesteld rijbewijs voor een of meer categorieën van motorrijtuigen dan wel voor een gedeelte van de geldigheidsduur ongeldig is verklaard, indien aan hem daarna geen ander rijbewijs voor het besturen van een motorrijtuig van de betrokken categorie of categorieën is afgegeven, verboden op de weg een motorrijtuig van die categorie of categorieën dan wel gedurende dat gedeelte van de geldigheidsduur te besturen of als bestuurder te doen besturen. Hetzelfde verbod geldt voor degene die weet of redelijkerwijs moet weten dat een op zijn naam gesteld rijbewijs zijn geldigheid heeft verloren en dat hij bij de aanvraag van een nieuw rijbewijs moet voldoen aan de bij algemene maatregel van bestuur als bedoeld in artikel 123b, derde lid, gestelde voorwaarden, tenzij aan hem, nadat hij aan deze voorwaarden heeft voldaan, een ander rijbewijs voor het besturen van een motorrijtuig van de betrokken categorie of categorieën is afgegeven. — *Besturen na ongeldigverklaring rijbewijs*

3. Het tweede lid geldt niet ten aanzien van de bestuurder van een motorrijtuig gedurende de tijd dat aan hem ter verkrijging van een rijbewijs voor de categorie of categorieën van motorrijtuigen waarop de ongeldigverklaring betrekking heeft, rijonderricht in de zin van de Wet rijonderricht motorrijtuigen 1993 wordt gegeven en gedurende de tijd dat door hem een rijproef wordt afgelegd in het kader van een onderzoek, door of vanwege de overheid ingesteld, naar zijn rijvaardigheid of geschiktheid.

4. Het is degene van wie ingevolge artikel 130, tweede lid, de overgifte van een op zijn naam gesteld rijbewijs is gevorderd, dan wel wiens rijbewijs is ingevorderd en aan wie dat bewijs niet is teruggegeven, verboden op de weg een motorrijtuig van de categorie of categorieën waarvoor dat bewijs was afgegeven, te besturen of als bestuurder te doen besturen. — *Besturen na invordering rijbewijs*

5. Het is degene die weet of redelijkerwijs moet weten dat de geldigheid van een op zijn naam gesteld rijbewijs ingevolge artikel 131, tweede lid, onderdeel a, voor een of meer categorieën van motorrijtuigen is geschorst, verboden gedurende de tijd dat de schorsing van kracht is, op de weg een motorrijtuig van de categorie of categorieën waarop de schorsing betrekking heeft, te besturen of als bestuurder te doen besturen. — *Besturen na schorsing geldigheid rijbewijs*

6. Het vierde en het vijfde lid gelden niet ten aanzien van de bestuurder van een motorrijtuig gedurende de tijd dat door hem een rijproef wordt afgelegd in het kader van een ingevolge artikel 131, eerste lid, onderdeel b, gevorderd onderzoek. Voorts geldt het vijfde lid niet ten aanzien van de bestuurder van een motorrijtuig gedurende de tijd dat aan hem, ter voorbereiding op een onderzoek naar de rijvaardigheid in het kader van een ingevolge artikel 131, eerste lid, onderdeel b, gevorderd onderzoek, rijonderricht in de zin van de Wet rijonderricht motorrijtuigen 1993 wordt gegeven.

7. Het is degene van wie ingevolge artikel 164 de overgifte van een op zijn naam gesteld rijbewijs, een hem door het daartoe bevoegde gezag buiten Nederland afgegeven rijbewijs of een internationaal rijbewijs is gevorderd, dan wel van wie zodanig bewijs is ingevorderd en aan wie dat bewijs niet is teruggegeven, verboden op de weg een motorrijtuig van de categorie of categorieën waarvoor dat bewijs was afgegeven, te besturen of als bestuurder te doen besturen.

8. Het is degene van wie ingevolge de Wet administratiefrechtelijke handhaving verkeersvoorschriften de inlevering van het rijbewijs is gevorderd, dan wel wiens rijbewijs krachtens die wet is ingenomen, verboden op de weg een motorrijtuig, voor het besturen waarvan het rijbewijs is afgegeven, te besturen of als bestuurder te doen besturen met ingang van het tijdstip, bedoeld in artikel 30, eerste lid, van die wet.

9. Voor de toepassing van het tweede, vierde, vijfde, zesde en achtste lid wordt onder rijbewijs mede verstaan een rijbewijs, afgegeven door het daartoe bevoegde gezag buiten Nederland.

Art. 10

Wedstrijden

1. Het is verboden op de weg een wedstrijd met voertuigen te houden of daaraan deel te nemen.
2. Onder wedstrijd wordt voor de toepassing van dit artikel verstaan elk rijden met voertuigen ter vaststelling of vergelijking van prestaties hetzij van de deelnemers, hetzij van de voertuigen, hetzij van onderdelen daarvan, hetzij van bedrijfsstoffen.
3. Als deelnemer wordt beschouwd de bestuurder van een voertuig waarmee aan een wedstrijd wordt deelgenomen, en de eigenaar of houder van een voertuig, die daarmee aan een wedstrijd doet of laat deelnemen.

Art. 11

Joyriding

Het is verboden opzettelijk wederrechtelijk een aan een ander toebehorend motorrijtuig op de weg te gebruiken.

Art. 12

Aanwijzingen door opsporingsambtenaren enz.

1. Weggebruikers zijn verplicht gevolg te geven aan de aanwijzingen die door de in artikel 159 bedoelde personen dan wel door andere bij algemene maatregel van bestuur aangewezen categorieën van personen ter zake van het verkeer op de weg worden gegeven.
2. De in het eerste lid bedoelde aanwijzingen mogen slechts worden gegeven in het belang van de veiligheid op de weg, de instandhouding van de weg en de bruikbaarheid daarvan, of de vrijheid van het verkeer dan wel in het belang van met toestemming van Onze Minister verrichte onderzoeken ten behoeve van het verkeer.
3. Bij of krachtens algemene maatregel van bestuur kunnen regels worden gesteld omtrent het bepaalde in het eerste lid, alsmede met betrekking tot:
a. de opleiding en examinering van verkeersregelaars en de afgifte, of weigering daarvan, en geldigheidsduur van examencertificaten en herhalingscertificaten;
b. de erkenning, of de weigering daarvan, door Onze Minister van examencertificaten of herhalingscertificaten, de voorschriften die aan die erkenning kunnen worden verbonden en de intrekking van die erkenning;
c. de opleiding van verkeersbrigadiers;
d. de aanstelling van verkeersregelaars, de verlenging en intrekking van die aanstelling, de afgifte van de aanstellingspas aan verkeersregelaars en de inname van die pas in gevallen waarin het verkeer in gevaar is of kan worden gebracht, alsmede de aanstelling van verkeersbrigadiers;
e. de uitrusting, de verzekering, de wijze en plaats van taakuitoefening, en het toezicht op verkeersregelaars en verkeersbrigadiers.
4. Met toepassing van artikel 28, eerste lid, laatste zinsnede, van de Dienstenwet is paragraaf 4.1.3.3. van de Algemene wet bestuursrecht niet van toepassing op een verzoek tot aanstelling tot verkeersregelaar en verlenging van die aanstelling als bedoeld in het derde lid, onderdeel d.

Art. 13

Nadere regels

1. Bij algemene maatregel van bestuur worden nadere regels vastgesteld betreffende het gedrag van verkeersdeelnemers.
2. In de bij die algemene maatregel van bestuur aangegeven gevallen kunnen bij ministeriële regeling voorschriften ter uitvoering van die regels worden vastgesteld.

§ 2
Verkeerstekens en maatregelen op of aan de weg

Art. 14

Regels omtrent verkeerstekens

1. Bij algemene maatregel van bestuur worden regels vastgesteld omtrent:
a. het toepassen van verkeerstekens en onderborden;
b. het treffen van maatregelen op of aan de weg tot wijziging van de inrichting van de weg;
c. het aanbrengen of verwijderen van voorzieningen ter regeling van het verkeer, en
d. het ten behoeve van de doelen, genoemd in artikel, 2, eerste lid, onderdelen a en c, verwerken van kentekengegevens van voertuigen op of aan de weg met behulp van een technisch hulpmiddel.
2. Bij ministeriële regeling worden nadere regels vastgesteld betreffende het toepassen van verkeerstekens en onderborden.
3. Bij ministeriële regeling worden voorschriften vastgesteld betreffende de inrichting, de plaatsing, de kleur, de afmeting en het materiaal van verkeerstekens en onderborden, en de inzet van een technisch hulpmiddel als bedoeld in het eerste lid, onderdeel d.

Art. 15

Plaatsing/verwijdering verkeerstekens

1. De plaatsing of verwijdering van de bij algemene maatregel van bestuur aangewezen verkeerstekens, en onderborden voor zover daardoor een gebod of verbod ontstaat of wordt gewijzigd, geschiedt krachtens een verkeersbesluit.

Wegenverkeerswet 1994 C14 art. 18

2. Maatregelen op of aan de weg tot wijziging van de inrichting van de weg of tot het aanbrengen of verwijderen van voorzieningen ter regeling van het verkeer geschieden krachtens een verkeersbesluit, indien de maatregelen leiden tot een beperking of uitbreiding van het aantal categorieën weggebruikers dat van een weg of weggedeelte gebruik kan maken.

Art. 16
1. De in artikel 15 bedoelde verkeerstekens en onderborden worden geplaatst of verwijderd, en de daar bedoelde maatregelen worden getroffen, door de zorg van het gezag dat het verkeersbesluit heeft genomen.   *Plaatsing en verwijdering verkeerstekens, nadere regels*
2. Verkeerstekens en onderborden, die niet worden geplaatst of verwijderd krachtens een verkeersbesluit, worden geplaatst of verwijderd door de zorg van het openbaar lichaam dat het beheer heeft over de weg of, indien geen openbaar lichaam het beheer heeft, door de zorg van de eigenaar van de weg.
3. Bij algemene maatregel van bestuur worden de verkeerstekens aangewezen die onderdeel uitmaken van de categorie bewegwijzering.
4. Plaatsing of verwijdering van de bewegwijzering vindt uitsluitend plaats in overeenstemming met een vastgesteld ontwerp als bedoeld in artikel 16a, eerste lid.

Art. 16a
1. Onze Minister stelt, na overleg met de betrokken openbare lichamen en eigenaren van wegen, ontwerpen vast voor de bewegwijzering.   *Vaststelling ontwerpen bewegwijzering*
2. Een ontwerp bevat:
a. de bestemmingen waarop het ontwerp betrekking heeft;
b. een overzicht van de bestaande bewegwijzering en van de mogelijke routes waarlangs die bestemmingen veilig en efficiënt kunnen worden bereikt;
c. te plaatsen en te verwijderen bewegwijzering alsmede een aanduiding van de locaties waar de bewegwijzering moet worden geplaatst of verwijderd;
d. de vormgeving van de te plaatsen bewegwijzering, en
e. de consequenties van het ontwerp voor de bewegwijzering op andere wegen.
3. Bij ministeriële regeling kunnen nadere regels worden gesteld inzake de inhoud van een ontwerp en de uitvoering van het eerste lid.   *Nadere regels*

Art. 16b
1. Onze Minister houdt een register bij waarin gegevens worden verwerkt inzake ontwerpen voor bewegwijzering, alsmede de uitvoering daarvan.   *Register inzake ontwerpen bewegwijzering*
2. Het openbaar lichaam dat het beheer heeft over de weg waarop het ontwerp betrekking heeft of waarvoor het ontwerp mogelijk gevolgen heeft, of, indien geen openbaar lichaam het beheer heeft, de eigenaar van die weg, verstrekt aan Onze Minister de gegevens:
a. die nodig zijn om het ontwerp, bedoeld in artikel 16a, eerste lid, tot stand te kunnen brengen, en
b. inzake de uitvoering van die ontwerpen, zoals gerealiseerd.
3. Onze Minister verstrekt gegevens uit het register aan de in het tweede lid bedoelde openbare lichamen of eigenaren voor de uitvoering van hun publieke taken. Openbare gegevens uit het register waarop geen intellectuele eigendomsrechten van derden rusten, worden tevens beschikbaar gesteld voor hergebruik als bedoeld in de Wet hergebruik van overheidsinformatie, zonder dat een daartoe strekkend verzoek als bedoeld in die wet hoeft te worden ingediend.
4. Bij ministeriële regeling kunnen ter uitvoering van het eerste tot en met het derde lid nadere regels worden gesteld.   *Nadere regels*

Art. 17
In de bij algemene maatregel van bestuur aangewezen gevallen kan bij de plaatsing en verwijdering van verkeerstekens en het treffen van maatregelen op of aan de weg, worden afgeweken van de artikelen 15 en 16. Indien het als gevolg van dringende omstandigheden niet mogelijk is de verkeerstekens in de voorgeschreven uitvoering te plaatsen, kan de door het teken aangeduide informatie op andere duidelijke wijze kenbaar worden gemaakt.   *Verkeerstekens bij maatregelen aan de weg*

Art. 18
1. Verkeersbesluiten worden genomen: *Verkeersbesluiten*
a. voor zover zij betreffen het verkeer op wegen onder beheer van het Rijk door Onze Minister;
b. voor zover zij betreffen het verkeer op wegen onder beheer van een provincie door gedeputeerde staten;
c. voor zover zij betreffen het verkeer op wegen onder beheer van een waterschap door het algemeen bestuur of, krachtens besluit van het algemeen bestuur, door het dagelijks bestuur;
d. voor zover zij betreffen het verkeer op andere wegen door burgemeester en wethouders, of krachtens besluit van hen, door een door hen ingestelde bestuurscommissie.
2. Indien het beheer over een weg wordt overgedragen, blijven de verkeersbesluiten die de oorspronkelijke wegbeheerder ten aanzien van het verkeer op die weg heeft vastgesteld, van kracht totdat zij zijn vervangen.

3. Bij algemene maatregel van bestuur worden regels vastgesteld omtrent de eisen waaraan verkeersbesluiten dienen te voldoen alsmede omtrent de totstandkoming en de inwerkingtreding van die besluiten.

Art. 19

Aanwijzingen door gedeputeerde staten

1. Gedeputeerde staten kunnen aan besturen van waterschappen de aanwijzing geven om op buiten de bebouwde kom gelegen wegen, ten aanzien waarvan die organen bevoegd zijn tot het nemen van verkeersbesluiten, binnen dertien weken een verkeersbesluit van een daarbij aan te geven inhoud te nemen en uit te voeren.
2. Het eerste lid mag worden toegepast, indien:
a. op een buiten de bebouwde kom gelegen weg, die bij meerdere organen in beheer is, naar het oordeel van gedeputeerde staten een of meerdere niet op elkaar afgestemde verkeersbesluiten van kracht zijn, die zodanige afstemming behoeven met het oog op de belangen, omschreven in artikel 2, eerste lid, onderdelen a, c en d, en tweede lid, of
b. gedeputeerde staten van oordeel zijn dat het nemen van een verkeersbesluit noodzakelijk is ter bescherming van de belangen, bedoeld in artikel 2, tweede lid.
3. Gedeputeerde staten dienen voorafgaande aan het geven van een aanwijzing als bedoeld in het eerste lid overleg te voeren met het betrokken bestuur.
4. Het betrokken bestuur is verplicht een aanwijzing als bedoeld in het eerste lid op te volgen en uit te voeren.
5. Indien een aanwijzing als bedoeld in het eerste lid niet wordt opgevolgd of uitgevoerd, gaan gedeputeerde staten op kosten van het betrokken bestuur tot het nemen van het verkeersbesluit en zo nodig tot de uitvoering daarvan over.
6. Bij algemene maatregel van bestuur worden regels vastgesteld over de totstandkoming en de inhoud van de in het eerste lid bedoelde aanwijzingen alsmede over hetgeen verder voor de uitvoering van dit artikel noodzakelijk is.

Art. 20

Beroep tegen verkeersbesluiten

Een belanghebbende kan tegen een verkeersbesluit tot plaatsing of verwijdering van verkeerstekens en onderborden of tot het treffen van maatregelen op of aan de weg ter regeling van het verkeer beroep instellen bij de rechtbank.

§ 3
Vaststelling bebouwde kom

Art. 20a

Grenzen bebouwde kom

1. De grenzen van de bebouwde kom of kommen van een gemeente worden vastgesteld bij besluit van de gemeenteraad.
2. Bij algemene maatregel van bestuur worden nadere regels inzake de vaststelling van bebouwde kommen vastgesteld.

Hoofdstuk IIA
Aanwijzing bromfietsen waarvoor geen Europese typegoedkeuring vereist is

Art. 20b

Aanwijzing bromfietsen waarvoor geen Europese typegoedkeuring vereist is

1. Voorafgaande aan de toelating tot het verkeer op de weg kan Onze Minister een motorrijtuig met een door de constructie bepaalde maximumsnelheid van niet meer dan 25 km/h, uitgerust met een verbrandingsmotor met een cilinderinhoud van niet meer dan 50 cm^3 of een elektromotor met een nominaal continu maximumvermogen van niet meer dan 4 kW, niet zijnde een gehandicaptenvoertuig, per type of individueel voertuig aanwijzen op grond van zijn veiligheidsaspecten, indien:
a. de toelating overeenstemt met de in artikel 2, eerste lid, onderdelen a en b, tweede lid en derde lid, onderdeel a, genoemde doeleinden; en
b. er voor dit motorrijtuig niet een typegoedkeuring overeenkomstig in het kader van de Europese Unie tot stand gekomen voorschriften vereist is.

Nadere regels

2. Bij ministeriële regeling kunnen nadere regels worden vastgesteld betreffende de aanwijzing.

Art. 20c

1. Een aanvraag voor een aanwijzing of een wijziging of intrekking daarvan wordt ingediend op de door Onze Minister te bepalen wijze.
2. De kosten die samenhangen met het in behandeling nemen van een aanvraag voor een aanwijzing of een wijziging of intrekking daarvan worden door Onze Minister vastgesteld en komen ten laste van de aanvrager.

Art. 20d

Degene aan wie een aanwijzing is verleend, is gehouden de voor het markttoezicht, bedoeld in artikel 158a, noodzakelijke medewerking te verlenen.

Art. 20e

1. Onze Minister trekt een aanwijzing in, indien:

a. degene aan wie de aanwijzing is verleend, daarom verzoekt; of
b. blijkt dat de aanwijzing ten onrechte is verleend.
2. Onze Minister kan een aanwijzing schorsen of intrekken indien:
a. degene aan wie de aanwijzing is verleend een motorrijtuig als bedoeld in artikel 20b, eerste lid, aanhef, doet of laat doorgaan voor aangewezen, terwijl dat motorrijtuig niet overeenstemt met het type waarvoor de aanwijzing is verleend;
b. het motorrijtuig waarvoor een aanwijzing is verleend desalniettemin een ernstig gevaar vormt voor de gezondheid, de veiligheid, het milieu of andere aspecten van de bescherming van het openbaar belang;
c. degene aan wie de aanwijzing is verleend, de verplichtingen, bedoeld in artikel 20d, niet nakomt; of
d. degene aan wie de aanwijzing is verleend, handelt in strijd met één of meer andere uit de aanwijzing voortvloeiende verplichtingen.
3. Onze Minister kan een aanwijzing schorsen indien de aanwijzing te onrechte lijkt te zijn verleend.

Art. 20f
1. Indien een fabrikant in de handel gebrachte motorrijtuigen als bedoeld in artikel 20b, eerste lid, aanhef, voorzien van een aanwijzing, uit de handel dient te nemen of dient terug te roepen, omdat ze een ernstig gevaar vormen voor de gezondheid, de veiligheid, het milieu of andere aspecten van de bescherming van het openbaar belang, of indien ze niet blijken te voldoen aan de daaraan voor aangewezen gestelde eisen, stelt de fabrikant de Dienst Wegverkeer hiervan onmiddellijk in kennis.
2. Bij ministeriële regeling kunnen nadere regels worden gesteld in verband met de uitvoering van het eerste lid.

Art. 20g
1. Het is marktdeelnemers verboden motorrijtuigen als bedoeld in artikel 20b, eerste lid, aanhef, op de markt aan te bieden of in de handel te brengen:
a. zonder dat die motorrijtuigen zijn aangewezen;
b. indien niet aan de voor een dergelijke aanwijzing gestelde eisen wordt voldaan; of
c. die zijn voorzien van vervalste of onjuiste verklaringen van overeenstemming, platen of goedkeuringsmerken met het doel anderen te misleiden.
2. Het is marktdeelnemers verboden een motorrijtuig als bedoeld in artikel 20b, eerste lid, aanhef, op de markt aan te bieden of in de handel te brengen zonder de op grond van de artikel 20b, voorgeschreven verklaringen van overeenstemming of zonder de voorgeschreven platen of goedkeuringsmerken.
3. Het is marktdeelnemers verboden:
a. gebruik te maken van manipulatie-instrumenten of -strategieën of testresultaten te vervalsen tijdens de aanwijzingsprocedure of bij het markttoezicht;
b. valse verklaringen af te leggen tijdens een procedure tot aanvraag van een aanwijzing of procedures die tot terugroeping leiden of zouden kunnen leiden terwijl er corrigerende of beperkende maatregelen gelden op grond van deze wet;
c. gegevens of technische specificaties achter te houden die tot weigering of intrekking van de aanwijzing zouden kunnen leiden van motorrijtuigen als bedoeld in artikel 20b, eerste lid, aanhef of tot terugroeping van motorrijtuigen als bedoeld in artikel 20b, eerste lid, aanhef; of
d. toegang tot informatie te weigeren.

Art. 20h
Het is verboden een motorrijtuig als bedoeld in artikel 20b, eerste lid, aanhef, dat niet is aangewezen, op de weg te gebruiken of te laten staan.

Hoofdstuk III
Goedkeuring van voertuigen en systemen, onderdelen, technische eenheden, voertuigdelen, uitrustingsstukken en voorzieningen voor dergelijke voertuigen en aanhangwagens daarvan en van voorzieningen die ter bescherming van inzittenden van voertuigen en kwetsbare weggebruikers zijn ontworpen en gebouwd

§ 1
Algemene bepalingen

Art. 21
1. Voertuigen en systemen, onderdelen, technische eenheden, voertuigdelen, uitrustingsstukken en voorzieningen die voor dergelijke voertuigen en aanhangwagens daarvan zijn ontworpen en gebouwd en voorzieningen die ter bescherming van inzittenden van voertuigen en kwetsbare weggebruikers zijn ontworpen en gebouwd worden slechts op de markt aangeboden of in de

Goedkeuring voor toelating tot de weg

handel gebracht nadat ze zijn goedgekeurd, nadat ze zijn goedgekeurd met een ontheffing of vrijstelling of nadat hiervoor een vergunning is verleend.
2. De goedkeuring, bedoeld in het eerste lid, kan zijn verleend als:
a. EU-typegoedkeuring of individuele EU-goedkeuring indien wordt voldaan aan de daaraan gestelde eisen in de desbetreffende EU-verordening in verband met de goedkeuring motorvoertuigen;
b. nationale typegoedkeuring of -individuele goedkeuring indien dit bij ministeriële regeling is bepaald en wordt voldaan aan de daaraan gestelde eisen in artikel 23, derde lid; of
c. VN/ECE-goedkeuring indien wordt voldaan aan de daaraan gestelde eisen in de desbetreffende geharmoniseerde technische reglementen als bedoeld in de Overeenkomst van 1958.
3. Een ontheffing, vrijstelling of vergunning als bedoeld in het eerste lid kan zijn verleend als:
a. een ontheffing, vrijstelling of vergunning in verband met EU-typegoedkeuring of individuele EU-goedkeuring indien wordt voldaan aan de daaraan gestelde voorwaarden in de desbetreffende EU-verordening in verband met de goedkeuring van motorvoertuigen; of
b. een ontheffing, vrijstelling of vergunning in verband met een nationale typegoedkeuring of -individuele goedkeuring voor zover dit bij ministeriële regeling is bepaald.
4. In afwijking van het eerste lid, worden voertuigen na wijziging van de voorwaarden voor goedkeuring, slechts op de markt aangeboden of in de handel gebracht:
a. indien het betreft een EU-typegoedkeuring of individuele EU-goedkeuring, zolang wordt voldaan aan de daaraan gestelde voorwaarden op grond van de desbetreffende EU-verordening in verband met de goedkeuring van motorvoertuigen;
b. indien het betreft een nationale typegoedkeuring of -individuele goedkeuring, zolang wordt voldaan aan de daaraan bij ministeriële regeling gestelde voorwaarden; of
c. indien het betreft een VN/ECE-goedkeuring zolang wordt voldaan aan de daaraan gestelde voorwaarden in de desbetreffende geharmoniseerde technische reglement als bedoeld in de Overeenkomst van 1958.
5. In afwijking van het eerste lid, worden bij ministeriële regeling gevallen genoemd waarin voertuigen, systemen, onderdelen, technische eenheden, voertuigdelen, uitrustingsstukken en voorzieningen niet aan goedkeuring onderhevig zijn voordat ze op de markt mogen worden aangeboden of in de handel mogen worden gebracht.

Art. 22

Typegoedkeuring

1. Een goedkeuring als bedoeld in artikel 21, eerste lid, of een ontheffing, vrijstelling of vergunning, bedoeld in artikel 21, derde lid, kan op aanvraag door de Dienst Wegverkeer worden verleend.
2. Een nationale typegoedkeuring of -individuele goedkeuring die is afgegeven door een goedkeuringsinstantie van een andere lidstaat van de Europese Unie wordt door de Dienst Wegverkeer gelijkgesteld met een nationale typegoedkeuring of -individuele goedkeuring indien wordt voldaan aan de voor gelijkstelling gestelde voorwaarden in de betreffende EU-verordening in verband met de goedkeuring van motorvoertuigen.
3. Het tweede lid is van overeenkomstige toepassing op een nationale typegoedkeuring of -individuele goedkeuring die is verleend door het bevoegd gezag van een andere staat die partij is bij de Overeenkomst betreffende de Europese Economische Ruimte of die is verleend door het daartoe bevoegde gezag in Zwitserland indien dit voortvloeit uit de op 21 juni 1999 te Luxemburg tot stand gekomen Overeenkomst tussen de Europese Gemeenschap en de Zwitserse Bondsstaat inzake de wederzijdse erkenning van de overeenstemmingsbeoordeling (PbEG L 114).
4. Een EU-typegoedkeuring of individuele EU-goedkeuring, als bedoeld in artikel 21, tweede lid, onderdeel a, of een ontheffing, vrijstelling of vergunning, bedoeld in artikel 21, derde lid, onderdeel a, kan ook zijn verleend door een goedkeuringsinstantie van een andere lidstaat van de Europese Unie als bedoeld in een EU-verordening in verband met de goedkeuring van motorvoertuigen.
5. Een VN/ECE goedkeuring kan ook zijn verleend door het daartoe bevoegde gezag in een Staat die partij is bij de Overeenkomst van 1958.

Art. 23

Steekproefsgewijs goedgekeurde typen

1. Bij ministeriële regeling worden in verband met nationale typegoedkeuringen en -individuele goedkeuring nadere regels gesteld.
2. De in het eerste lid bedoelde regels kunnen in elk geval betrekking hebben op:
a. de goedkeuringseisen voor voertuigen en systemen, onderdelen, technische eenheden, voertuigdelen, uitrustingsstukken en voorzieningen die voor dergelijke voertuigen en aanhangwagens daarvan zijn ontworpen en gebouwd of die ter bescherming van inzittenden van voertuigen en kwetsbare weggebruikers zijn ontworpen en gebouwd;
b. de aanwezigheid van certificaten van overeenstemming;
c. het aanbrengen van platen of goedkeuringsmerken;
d. de toegang tot informatie uit het boorddiagnosesysteem en de reparatie- en onderhoudsinformatie;

Wegenverkeerswet 1994

e. de wijze van goedkeuren; en
f. de wijze waarop de conformiteit van de productie wordt geborgd, de controle hierop en de medewerking die daarvoor bij de noodzakelijke werkzaamheden wordt verlangd.
3. De Dienst Wegverkeer verleent een nationale typegoedkeuring of -individuele goedkeuring indien een voertuig of systeem, onderdeel, technische eenheid, voertuigdeel, uitrustingsstuk of voorziening voor een voertuig of aanhangwagen daarvan of voorziening ter bescherming van inzittenden van voertuigen en kwetsbare weggebruikers, voldoet aan de op grond van het eerste lid gestelde eisen en, indien van toepassing, aan de daaraan gestelde eisen in een EU-harmonisatieverordening in verband met de goedkeuring van motorvoertuigen tenzij de Dienst Wegverkeer van oordeel is deze goedkeuring zal leiden tot een ernstig gevaar voor de gezondheid, verkeersveiligheid, het milieu of andere aspecten van de bescherming van het openbaar belang.

Art. 24
De Dienst Wegverkeer kan met het oog op het door hem verlenen van een nationale typegoedkeuring of -individuele goedkeuring voor de voor die goedkeuring noodzakelijke tests gebruik maken van de op grond van een EU-kaderverordening in verband met de goedkeuring van motorvoertuigen door hem aangewezen technische diensten.

Vervallen typegoedkeuring

Art. 25
Degene aan wie een nationale typegoedkeuring of een VN/ECE-goedkeuring is verleend, is gehouden alle noodzakelijke medewerking te verlenen ten behoeve van controle op de conformiteit van de productie, bedoeld in artikel 23, tweede lid, onderdeel f, het onderzoek ten behoeve van besluiten op grond van artikel 26, en het markttoezicht, bedoeld in artikel 158a.

Intrekking typegoedkeuring

Art. 26
1. De Dienst Wegverkeer trekt een door hem verleende nationale typegoedkeuring of -individuele goedkeuring of VN/ECE-goedkeuring in, indien:
a. degene aan wie de goedkeuring is verleend, daarom verzoekt; of
b. blijkt dat de goedkeuring ten onrechte is verleend.
2. De Dienst Wegverkeer kan een door hem verleende nationale typegoedkeuring of -individuele goedkeuring of VN/ECE-goedkeuring schorsen of intrekken indien:
a. degene aan wie de goedkeuring is verleend een voertuig of systeem, onderdeel, technische eenheid, voertuigdeel, uitrustingsstuk of voorziening voor een voertuig of aanhangwagen daarvan of de voorziening ter bescherming van inzittenden van voertuigen en kwetsbare weggebruikers doet of laat doorgaan voor goedgekeurd, terwijl die goedkeuring niet overeenstemt met het type waarvoor de goedkeuring is verleend;
b. het voertuig of systeem, onderdeel, technische eenheid, voertuigdeel, uitrustingsstuk of voorziening voor een voertuig of aanhangwagen daarvan of de voorzieningen ter bescherming van inzittenden of kwetsbare weggebruikers waarvoor de goedkeuring is verleend, desalniettemin een ernstig gevaar vormt voor de gezondheid, de veiligheid, het milieu of andere aspecten van de bescherming van het openbaar belang;
c. de verplichtingen, bedoeld in artikel 23, tweede lid, 25 of 28, tweede lid, niet worden nagekomen; of
d. degene aan wie de goedkeuring is verleend, handelt in strijd met een of meer andere uit de goedkeuring voortvloeiende verplichtingen.
3. De Dienst Wegverkeer kan een door hem verleende nationale typegoedkeuring of -individuele goedkeuring of VN/ECE-goedkeuring schorsen indien de goedkeuring ten onrechte lijkt te zijn verleend.

Individuele goedkeuring

Art. 27
1. Indien een fabrikant op de markt aangeboden of in de handel gebrachte voertuigen of systemen, onderdelen, technische eenheden, voertuigdelen, uitrustingsstukken en voorzieningen die voor dergelijke voertuigen en aanhangwagens daarvan zijn bestemd, voorzien van een nationale typegoedkeuring of VN/ECE-goedkeuring, of voorzieningen ter bescherming van inzittenden van voertuigen en kwetsbare weggebruikers voorzien van een VN/ECE-goedkeuring, uit de handel dient te nemen of dient terug te roepen omdat deze een ernstig gevaar vormen voor de gezondheid, de veiligheid, het milieu of andere aspecten van de bescherming van het openbaar belang, of indien deze niet blijkt te voldoen aan de daaraan voor goedkeuring gestelde eisen, stelt de fabrikant de Dienst Wegverkeer hiervan onmiddellijk in kennis.
2. Bij ministeriële regeling kunnen nadere regels worden gesteld in verband met de uitvoering van het eerste lid.

Luchtverontreiniging, geluidhinder

Art. 28
1. Een bij de Dienst Wegverkeer in te dienen aanvraag of verzoek in verband met de uitvoering van een EU-verordening in verband met de goedkeuring van motorvoertuigen of in verband met de uitvoering van dit hoofdstuk en de daarop berustende bepalingen, wordt ingediend op de door de Dienst Wegverkeer te bepalen wijze.
2. De kosten die samenhangen met het in behandeling nemen van een aanvraag of verzoek als bedoeld in het eerste lid en in verband met het door de Dienst Wegverkeer verrichten van

taken en handelingen en het nemen van besluiten als bedoeld in artikel 4b, onderdelen a, a1 en b, worden door de Dienst Wegverkeer vastgesteld en komen ten laste van de aanvrager.

§ 2
Verbodsbepalingen

Art. 29

1. Het is marktdeelnemers verboden in strijd te handelen met de bij ministeriële regeling genoemde artikelen van een EU-verordening in verband met de goedkeuring van motorvoertuigen, die betrekking hebben op het op de markt aanbieden of in de handel brengen van voertuigen en systemen, onderdelen, technische eenheden, voertuigdelen, uitrustingsstukken en voorzieningen voor dergelijke voertuigen en aanhangwagens daarvan of voorzieningen ter bescherming van inzittenden van voertuigen en kwetsbare weggebruikers:
   a. zonder dat daarvoor goedkeuring is verleend;
   b. indien niet aan de voor goedkeuring gestelde eisen wordt voldaan;
   c. zonder dat het door de Dienst Wegverkeer is goedgekeurd met een ontheffing, vrijstelling, of zonder dat een vergunning daarvoor is verleend of terwijl in strijd met de aan een ontheffing, vrijstelling of vergunning verbonden voorschriften of beperkingen wordt gehandeld; of
   d. die zijn voorzien van vervalste of onjuiste certificaten van overeenstemming, platen of goedkeuringsmerken met het doel anderen te misleiden.
2. Het is marktdeelnemers verboden in strijd te handelen met de bij ministeriële regeling genoemde artikelen van een EU-verordening in verband met de goedkeuring van motorvoertuigen, die betrekking hebben op het zonder certificaten van overeenstemming of zonder voorgeschreven platen of goedkeuringsmerken op de markt aanbieden of in de handel brengen van voertuigen en systemen, onderdelen, technische eenheden, voertuigdelen, uitrustingsstukken en voorzieningen voor dergelijke voertuigen en aanhangwagens of voorzieningen ter bescherming van inzittenden van voertuigen en kwetsbare weggebruikers.
3. Het is marktdeelnemers verboden in strijd te handelen met de bij ministeriële regeling genoemde artikelen van een EU-verordening in verband met de goedkeuring van motorvoertuigen die betrekking hebben op:
   a. het gebruik van manipulatie-instrumenten of -strategieën of het vervalsen van testresultaten voor typegoedkeuring of markttoezicht;
   b. het afleggen van valse verklaringen tijdens goedkeuringsprocedures die tot terugroeping leiden of zouden kunnen leiden dan wel terwijl er corrigerende of beperkende maatregelen gelden;
   c. het achterhouden van gegevens of technische specificaties die tot weigering of intrekking van de goedkeuring of tot terugroeping zouden kunnen leiden;
   d. het weigeren van toegang tot informatie; of
   e. op marktdeelnemers rustende verplichtingen in verband met het goedkeuringsproces, het markttoezicht of in verband met het op de markt aanbieden of in de handel brengen van voertuigen, systemen, onderdelen, technische eenheden, voertuigdelen, uitrustingsstukken en voorzieningen voor dergelijke voertuigen en aanhangwagens of voorzieningen ter bescherming van inzittenden van voertuigen en kwetsbare weggebruikers.

Art. 30

Toestemming onderdelen en uitrustingsstukken

1. Het is marktdeelnemers verboden voertuigen en systemen, onderdelen, technische eenheden, voertuigdelen, uitrustingsstukken en voorzieningen voor dergelijke voertuigen en aanhangwagens daarvan waarvoor een nationale typegoedkeuring, -individuele goedkeuring of VN/ECE-goedkeuring is vereist, of voorzieningen ter bescherming van inzittenden van voertuigen en kwetsbare weggebruikers waarvoor een VN/ECE-goedkeuring is vereist op de markt aan te bieden of in de handel te brengen:
   a. zonder dat een dergelijke goedkeuring is verleend;
   b. indien niet aan de voor een dergelijke goedkeuring gestelde eisen wordt voldaan;
   c. indien in strijd met de voorschriften of beperkingen wordt gehandeld die zijn opgenomen in de aan de goedkeuring verbonden ontheffing, vrijstelling, of verleende vergunning, als bedoeld in artikel 21, derde lid, onderdeel b; of
   d. die zijn voorzien van vervalste of onjuiste certificaten van overeenstemming, platen of goedkeuringsmerken met het doel anderen te misleiden.
2. Het is marktdeelnemers verboden voertuigen en systemen, onderdelen, technische eenheden, voertuigdelen, uitrustingsstukken en voorzieningen voor dergelijke voertuigen en aanhangwagens daarvan of voorzieningen ter bescherming van voorziening ter bescherming van inzittenden van voertuigen en kwetsbare weggebruikers op de markt aan te bieden of in de handel te brengen zonder de op grond van deze wet voorgeschreven certificaten van overeenstemming of zonder de voorgeschreven platen of goedkeuringsmerken.
3. Het is marktdeelnemers verboden:

Wegenverkeerswet 1994

C14 art. 36

a. gebruik te maken van manipulatie-instrumenten of -strategieën of testresultaten te vervalsen tijdens de goedkeuringsprocedure ten behoeve van een goedkeuring als bedoeld in het eerste lid of het markttoezicht daarop;
b. valse verklaringen af te leggen tijdens de goedkeuringsprocedure of procedures die tot terugroeping leiden of zouden kunnen leiden dan wel terwijl er corrigerende of beperkende maatregelen gelden op grond van deze wet;
c. gegevens of technische specificaties achter te houden die tot weigering of intrekking van een goedkeuring als bedoeld in het eerste lid, zouden kunnen leiden of tot terugroeping van voertuigen en systemen, onderdelen, technische eenheden, voertuigdelen, uitrustingsstukken en voorzieningen voor dergelijke voertuigen en aanhangwagens daarvan of van voorzieningen ter bescherming van inzittenden van voertuigen en kwetsbare weggebruikers; of
d. toegang tot informatie te weigeren.

Art. 31
Het is een op grond van een EU-kaderverordening in verband met de goedkeuring van motorvoertuigen aangewezen technische dienst verboden in strijd te handelen met de bij ministeriële regeling genoemde artikelen van de EU-kaderverordening waarop de aanwijzing berust.

Toestemming overeenstemmen onderdelen en uitrustingstukken, toezicht op

Art. 32
Tenzij hiervoor een ontheffing, vrijstelling of vergunning als bedoeld in artikel 21, derde lid, is verleend of in het geval geen goedkeuring is vereist op grond van artikel 21, vijfde lid, is het verboden:
a. een niet goedgekeurd voertuig te gebruiken of op de weg te laten staan;
b. een niet goedgekeurd systeem, onderdeel, technische eenheid, voertuigdeel, uitrustingsstuk en voorziening te gebruiken in een voertuig;
c. een systeem, onderdeel, technische eenheid, voertuigdeel, uitrustingsstuk en voorziening te gebruiken in een voertuig waarvoor het betreffende systeem, onderdeel, technische eenheid, voertuigdeel, uitrustingsstuk of de voorziening niet is goedgekeurd;
d. een niet goedgekeurde voorziening die ter bescherming van inzittenden van voertuigen en kwetsbare weggebruikers is ontworpen en gebouwd te gebruiken.

Toestemming onderdelen en uitrustingstukken, intrekken

Art. 33
Het is verboden bij algemene maatregel van bestuur aan te wijzen voorzieningen die zijn bestemd voor de opsporing van bij of krachtens deze wet strafbaar gestelde misdrijven of overtredingen te belemmeren, te vervaardigen, in te voeren, in voorraad te hebben, te koop aan te bieden, af te leveren, te vervoeren of te gebruiken.

Verbod op gebruik voertuig dat niet is goedgekeurd voor toelating tot het verkeer op de weg

Hoofdstuk IV
Kentekens en kentekenbewijzen

§ 1
Kentekenplicht

Art. 36
1. Aan de eigenaar of houder van een motorrijtuig of een aanhangwagen op de weg dient overeenkomstig bij algemene maatregel van bestuur vastgestelde regels door de Dienst Wegverkeer een kenteken voor dat voertuig te zijn opgegeven.
2. Ter zake van de in het eerste lid bedoelde opgave dient overeenkomstig bij algemene maatregel van bestuur vastgestelde regels door de Dienst Wegverkeer een kentekenbewijs te zijn afgegeven aan de eigenaar of houder van het voertuig.
3. Het kentekenbewijs dient:
a. te voldoen aan de bij ministeriële regeling vastgestelde eisen inzake inrichting en uitvoering,
b. zijn geldigheid niet te hebben verloren,
c. niet te zijn ingevorderd, en
d. behoorlijk leesbaar te zijn.
4. [Vervallen.]
5. Motorrijtuigen en aanhangwagens dienen overeen te komen met de gegevens in het voor het betrokken voertuig afgegeven kentekenbewijs en met de gegevens die omtrent het voertuig zijn opgenomen in het kentekenregister, tenzij krachtens artikel 71 een bepaalde afwijking van die gegevens is toegestaan.
6. Voor overtreding van het eerste tot en met vijfde lid zijn aansprakelijk:
a. voor zover het betreft een motorrijtuig, de eigenaar of houder die het motorrijtuig op de weg laat staan of daarmee over de weg laat rijden, alsmede in het geval dat met dat motorrijtuig over de weg wordt gereden, de bestuurder, en
b. voor zover het betreft een aanhangwagen, de eigenaar of houder die de aanhangwagen op de weg laat staan of deze met een motorrijtuig over de weg laat voortbewegen, alsmede in het

Kentekenplicht

Kentekenbewijs

Overeenstemming kentekenregister

Aansprakelijkheid kentekenplicht

Sdu 549

C14 art. 37 — Wegenverkeerswet 1994

geval dat de aanhangwagen met een motorrijtuig over de weg wordt voortbewogen, de bestuurder van dat motorrijtuig.

7. De in het derde lid, onderdeel *a*, bedoelde eisen kunnen mede dienstbaar zijn aan de heffing van de belasting van personenauto's en motorrijwielen en van de motorrijtuigenbelasting.

8. Bij ministeriële regeling worden nadere regels vastgesteld ter uitvoering van het eerste en het tweede lid.

Art. 37

Uitzondering kentekenplicht

1. Artikel 36 is niet van toepassing op:
   a. de volgende categorieën motorrijtuigen:
   1°. bij algemene maatregel van bestuur vastgestelde categorieën bromfietsen, alsmede bromfietsen in het internationaal verkeer, afkomstig uit een land waar voor deze voertuigen geen kenteken is opgegeven,
   2°. bij algemene maatregel van bestuur aangewezen landbouw- of bosbouwtrekkers, motorrijtuigen met beperkte snelheid en mobiele machines, en
   3°. gehandicaptenvoertuigen;
   b. in het buitenland geregistreerde motorrijtuigen en aanhangwagens, die zich in het internationaal verkeer bevinden, mits ter zake van de registratie van het betrokken voertuig door het daartoe bevoegde gezag in het buitenland een bewijs is afgegeven dat voldoet aan de daaraan gestelde eisen in de tussen Nederland en het betrokken land van kracht zijnde internationale overeenkomst en het betrokken voertuig voldoet aan de eisen die in die overeenkomst dan wel bij algemene maatregel van bestuur ter uitvoering van die overeenkomst aan dat voertuig worden gesteld met betrekking tot de toelating tot het internationaal verkeer;
   c. motorrijtuigen en aanhangwagens, mits wordt voldaan aan nadere bij ministeriële regeling vast te stellen regels, die in eigendom toebehoren aan of worden gehouden door:
   1°. leden van een bij ministeriële regeling aangewezen krijgsmacht of civiele dienst in de zin van artikel I van het op 19 juni 1951 te Londen gesloten Verdrag tussen de landen die partij zijn bij het Noord-Atlantisch Verdrag nopens de rechtspositie van hun krijgsmachten (Trb. 1953, 10), dan wel in de zin van artikel 3 van het bij evenbedoeld verdrag behorende, op 28 augustus 1952 te Parijs gesloten, protocol nopens de rechtspositie van internationale militaire hoofdkwartieren ingesteld uit hoofde van het Noord-Atlantisch Verdrag (Trb. 1953, 11), alsmede
   2°. functionarissen van de Noord-Atlantische Verdragsorganisatie die in Nederland zijn op grond van de briefwisseling tussen de regering van het Koninkrijk der Nederlanden en de Noord-Atlantische Verdragsorganisatie van 31 augustus en 11 september 1979 (Trb.1979, 159) en op wie het Verdrag nopens de rechtspositie van de Noord-Atlantische Verdragsorganisatie, van de nationale vertegenwoordigers bij haar organen en van haar internationale staf (Trb.1951, 139), van toepassing is.

2. Artikel 36 is voorts niet van toepassing op:
   a. aanhangwagens die uitsluitend bestemd zijn om te worden voortbewogen door de in het eerste lid, onderdeel a, onder 1° en 3°, genoemde motorrijtuigen;
   b. aanhangwagens met een toegestane maximummassa van:
   1°. niet meer dan 750 kg;
   2°. meer dan 750 kg afkomstig uit een land waar voor deze aanhangwagens geen afzonderlijk kenteken is opgegeven,
   met dien verstande dat wanneer een dergelijke aanhangwagen is verbonden met een in Nederland geregistreerd motorrijtuig die aanhangwagen is voorzien van het kenteken dat is opgegeven voor dat motorrijtuig; en
   c. bij algemene maatregel van bestuur aangewezen aanhangwagens die uitsluitend zijn bestemd om te worden voortbewogen door een landbouw- of bosbouwtrekker, een motorrijtuig met beperkte snelheid of een mobiele machine, met dien verstande dat een dergelijke aanhangwagen is voorzien van een kenteken dat is opgegeven voor een landbouw- of bosbouwtrekker, motorrijtuig met beperkte snelheid of mobiele machine waarvan de eigenaar of houder dezelfde is als de eigenaar of houder van de landbouw- of bosbouwtrekker, het motorrijtuig met beperkte snelheid of de mobiele machine waarmee die aanhangwagen verbonden is.

Kentekens voor bedrijfsvoorraad

3. Voor motorrijtuigen en aanhangwagens, die behoren tot de bedrijfsvoorraad van een natuurlijke persoon of rechtspersoon aan wie een erkenning als bedoeld in artikel 62 is verleend of die voor herstel of bewerking ter beschikking zijn gesteld van een natuurlijke persoon of rechtspersoon, geldt het vereiste dat een kenteken voor een bepaald voertuig dient te zijn opgegeven niet, mits overeenkomstig bij algemene maatregel van bestuur vastgestelde regels gebruik wordt gemaakt van een bij algemene maatregel van bestuur aangewezen, door de Dienst Wegverkeer aan die natuurlijke persoon of rechtspersoon dan wel aan een natuurlijke persoon of rechtspersoon aan wie een erkenning als bedoeld in artikel 62 is verleend en die het voertuig ten behoeve van eerstbedoelde natuurlijke persoon of rechtspersoon ten verkoop voorhanden heeft, opgegeven kenteken. De Dienst Wegverkeer kan aan deze opgaven voorschriften verbinden. Bij ministeriële regeling kunnen met betrekking tot die voorschriften regels worden vast-

Wegenverkeerswet 1994   C14 art. 41

gesteld. Bij algemene maatregel van bestuur kan worden bepaald in welke gevallen het gebruik van een zodanig kenteken verplicht is.

4. Met het toezicht op de naleving van de uit het derde lid voortvloeiende verplichtingen zijn belast de bij besluit van de Dienst Wegverkeer aangewezen ambtenaren. Van een zodanig besluit wordt mededeling gedaan door plaatsing in de Staatscourant. Het toezicht heeft in ieder geval betrekking op het gebruik van het in het derde lid bedoelde kenteken. De aldaar bedoelde natuurlijke persoon of rechtspersoon is gehouden tot betaling, op de door de Dienst Wegverkeer vastgestelde wijze, van het door deze dienst ter zake van de kosten van het toezicht vastgestelde tarief. Bij ministeriële regeling worden nadere regels omtrent het toezicht vastgesteld.

5. Bij algemene maatregel van bestuur kan onder daarbij te stellen voorwaarden worden bepaald dat:
 a. in bepaalde uitzonderingsgevallen tijdelijk wordt of kan worden afgeweken van het in artikel 36, derde lid, onderdeel b of c, bepaalde;
 b. een motorrijtuig of een aanhangwagen op de weg mag staan, indien de tenaamstelling vervallen is verklaard ingevolge artikel 51a, derde lid, onderdeel b, c, d of f.

6. Bij algemene maatregel van bestuur worden nadere regels vastgesteld omtrent de omschrijving van de in het eerste lid, onderdeel a, bedoelde categorieën voertuigen alsmede de voor die categorieën vastgestelde maximumsnelheid.

7. Bij ministeriële regeling worden nadere regels vastgesteld ter uitvoering van het derde lid en kunnen nadere regels worden vastgesteld ter uitvoering van het vijfde lid.

§ 2
Kentekens

Art. 38
1. Bij algemene maatregel van bestuur kan worden bepaald dat bepaalde categorieën van kentekens slechts worden opgegeven aan bij die algemene maatregel van bestuur aan te wijzen personen of groepen van personen dan wel voor daarbij aan te wijzen voertuigen of groepen van voertuigen, zulks onder daarbij te stellen voorwaarden.
Speciale categorieën kentekens
2. Bij ministeriële regeling worden nadere regels vastgesteld ter uitvoering van het eerste lid.

Art. 39
[Vervallen]

Art. 40
1. Het kenteken dient behoorlijk zichtbaar op of aan het motorrijtuig of de aanhangwagen aanwezig te zijn.
Behoorlijk zichtbare kentekenplaat
2. Bij algemene maatregel van bestuur worden nadere regels vastgesteld omtrent de inrichting, het aanbrengen en de verlichting van het kenteken en worden regels vastgesteld omtrent de kentekenplaat en de onderdelen daarvan, alsmede de daarop aan te brengen merken.
3. Bij ministeriële regeling worden nadere regels vastgesteld ter uitvoering van het bepaalde krachtens het tweede lid.
4. Voor overtreding van het eerste lid dan wel het bepaalde krachtens het tweede of derde lid zijn aansprakelijk:
 a. voor zover het betreft een motorrijtuig, de eigenaar of houder die het motorrijtuig op de weg laat staan of daarmee over de weg laat rijden, alsmede in het geval dat met dat motorrijtuig over de weg wordt gereden, de bestuurder, en
 b. voor zover het betreft een aanhangwagen, de eigenaar of houder die de aanhangwagen op de weg laat staan of deze met een motorrijtuig over de weg laat voortbewegen, alsmede in het geval dat de aanhangwagen met een motorrijtuig over de weg wordt voortbewogen, de bestuurder van dat motorrijtuig.

Art. 41
1. Het is verboden:
Bemoeilijken herkenning kenteken
 a. op een motorrijtuig of een aanhangwagen enig teken of middel aan te brengen of te doen aanbrengen met het oogmerk de herkenning, daaronder begrepen de herkenning met behulp van technische voorzieningen, van het ingevolge artikel 40 gevoerde kenteken te bemoeilijken;
 b. een motorrijtuig op de weg te laten staan of daarmee over de weg te rijden dan wel een aanhangwagen op de weg te laten staan of met een motorrijtuig over de weg voort te bewegen, wanneer op dat motorrijtuig of die aanhangwagen enig teken of middel is aangebracht, waardoor de herkenning, daaronder begrepen de herkenning met behulp van technische voorzieningen, van het ingevolge artikel 40 gevoerde kenteken wordt bemoeilijkt;
 c. op een motorrijtuig of een aanhangwagen een teken, niet zijnde een ingevolge artikel 36 aan de eigenaar of houder voor dat motorrijtuig of die aanhangwagen opgegeven kenteken, aan te brengen of te doen aanbrengen met het oogmerk dat teken te doen doorgaan voor een zodanig kenteken dan wel met de kennelijke bedoeling dat teken te doen doorgaan voor een overeenkomstig de daarvoor geldende voorschriften opgegeven buitenlands kenteken dan wel een met toepassing van artikel 37, derde lid, opgegeven kenteken;

Sdu   551

d. een motorrijtuig op de weg te laten staan of daarmee over de weg te rijden dan wel een aanhangwagen op de weg te laten staan of met een motorrijtuig over de weg voort te bewegen, wanneer op dat motorrijtuig of die aanhangwagen een teken is aangebracht dat, niet zijnde een ingevolge artikel 36 aan de eigenaar of houder voor dat motorrijtuig of die aanhangwagen opgegeven kenteken, door kan gaan voor een zodanig kenteken dan wel voor een overeenkomstig de daarvoor geldende voorschriften opgegeven buitenlands kenteken of een met toepassing van artikel 37, derde lid, opgegeven kenteken;

e. op een in het buitenland geregistreerd motorrijtuig of een in het buitenland geregistreerde aanhangwagen een teken, niet zijnde een aldaar voor dat voertuig of aan de eigenaar of houder daarvan opgegeven kenteken, aan te brengen of te doen aanbrengen met het oogmerk dat teken te doen doorgaan voor een zodanig kenteken;

f. een in het buitenland geregistreerd motorrijtuig op de weg te laten staan of daarmee over de weg te rijden dan wel een in het buitenland geregistreerde aanhangwagen op de weg te laten staan of met een motorrijtuig over de weg voort te bewegen, wanneer op dat motorrijtuig of die aanhangwagen een teken is aangebracht dat, niet zijnde een in het buitenland voor dat voertuig of aan de eigenaar of houder daarvan opgegeven kenteken, door kan gaan voor een zodanig kenteken.

2. Voor overtreding van het eerste lid, onderdelen b, d en f, zijn aansprakelijk:

a. voor zover het betreft een motorrijtuig, de eigenaar of houder die het motorrijtuig op de weg laat staan of daarmee over de weg laat rijden, alsmede in het geval dat met dat motorrijtuig over de weg wordt gereden, de bestuurder, een en ander echter slechts indien de eigenaar, houder of bestuurder weet of redelijkerwijze kan vermoeden dat op het motorrijtuig een teken of middel als bedoeld in het eerste lid, onderdeel b, dan wel een teken als bedoeld in het eerste lid, onderdeel d of f, is aangebracht, en

b. voor zover het betreft een aanhangwagen, de eigenaar of houder die de aanhangwagen op de weg laat staan of deze met een motorrijtuig over de weg laat voortbewegen, alsmede in het geval dat de aanhangwagen met een motorrijtuig over de weg wordt voortbewogen, de bestuurder van dat motorrijtuig, een en ander echter slechts indien de eigenaar, houder of bestuurder weet of redelijkerwijze kan vermoeden dat op de aanhangwagen een teken of middel als bedoeld in het eerste lid, onderdeel b, dan wel een teken als bedoeld in het eerste lid, onderdeel d of f, is aangebracht.

§ 3
Registratie van kentekens

Art. 41a

Begripsbepalingen

1. Voor de toepassing van deze paragraaf wordt verstaan onder:
a. overheidsorgaan: bestuursorgaan als bedoeld in artikel 1:1, eerste lid, onderdeel a, van de Algemene wet bestuursrecht en personen of instanties als bedoeld in het tweede lid;
b. basisregistratie: verzameling gegevens waarvan bij wet is bepaald dat deze authentieke gegevens bevat;
c. authentiek gegeven: in een basisregistratie opgenomen gegeven dat bij of krachtens wet als authentiek is aangemerkt.

2. In aanvulling op het eerste lid wordt onder overheidsorgaan mede verstaan de bij ministeriële regeling aangewezen personen of instanties die een publieke taak uitoefenen, voor zover die aanwijzing naar het oordeel van Onze Minister noodzakelijk is met het oog op een goede uitoefening van hun publieke taak.

Art. 42

Kentekenregister

1. Er is een kentekenregister. Dit register is een basisregistratie.
2. De Dienst Wegverkeer is de beheerder en verwerkingsverantwoordelijke van het kentekenregister.
3. In het kentekenregister verwerkt de Dienst Wegverkeer gegevens omtrent motorrijtuigen en aanhangwagens waarvoor een kenteken is opgegeven en de tenaamstelling van die motorrijtuigen en aanhangwagens, alsmede omtrent andere motorrijtuigen en aanhangwagens.
4. Het verzamelen van de gegevens, bedoeld in het derde lid, geschiedt voor de volgende doeleinden:
a. voor een goede uitvoering van het bepaalde bij of krachtens deze wet en voor de handhaving van de bij of krachtens deze wet gestelde voorschriften,
b. voor een goede uitvoering van het bepaalde bij of krachtens de Wet op de motorrijtuigenbelasting 1994, de Wet op de belasting van personenauto's en motorrijwielen 1992, de Wet belasting zware motorrijtuigen, de Wet aansprakelijkheidsverzekering motorrijtuigen, de Wet tijdelijke tolheffing Blankenburgverbinding en ViA15, dan wel andere wettelijke regelingen ten aanzien van motorrijtuigen of aanhangwagens en voor de handhaving van het bepaalde bij of krachtens die wettelijke regelingen, en

Wegenverkeerswet 1994 C14 art. 43

c. om overheidsorganen te voorzien van gegevens uit het kentekenregister voor zover zij aangeven deze gegevens nodig te hebben voor een goede uitoefening van hun publieke taak.
5. De Dienst Wegverkeer mag persoonsgegevens van strafrechtelijke aard als bedoeld in paragraaf 3.2 van de Uitvoeringswet Algemene verordening gegevensbescherming verwerken voor zover dit verband houdt met de in het vierde lid, onderdelen a en b, genoemde doeleinden.
6. Bij algemene maatregel van bestuur worden nadere regels gesteld betreffende de inrichting en het beheer van het kentekenregister, waaronder mede wordt begrepen de nadere uitwerking van de gegevens, persoonsgegevens en persoonsgegevens van strafrechtelijke aard als bedoeld in paragraaf 3.2 van de Uitvoeringswet Algemene verordening gegevensbescherming, die in het kentekenregister worden verwerkt.
7. De gegevens omtrent motorrijtuigen en aanhangwagens die de Dienst Wegverkeer verwerkt in het landsbelang, worden niet opgenomen in het kentekenregister.

Art. 42a
1. De gegevens in het kentekenregister worden onderscheiden in: *Authentieke/gevoelige gegevens*
a. authentieke en niet-authentieke gegevens;
b. gevoelige en niet-gevoelige gegevens.
2. Als authentieke gegevens worden aangemerkt:
a. gegevens die op grond van een bindend besluit van de Raad van de Europese Unie, van het Europees Parlement en de Raad gezamenlijk of van de Commissie van de Europese Unie verplicht op het kentekenbewijs zijn opgenomen voor zover de desbetreffende gegevens niet reeds op grond van een andere wettelijke bepaling als authentiek zijn aangemerkt;
b. de voertuigcategorieën die worden onderscheiden in de EU-kaderverordeningen;
c. de tenaamstelling van een motorrijtuig of aanhangwagen.
3. Bij algemene maatregel van bestuur kunnen andere authentieke gegevens of categorieën daarvan worden aangewezen. Bij algemene maatregel van bestuur kan tevens als authentiek worden aangewezen de samenstelling van een uit een andere basisregistratie afkomstig gegeven met een of meer gegevens uit het kentekenregister.
4. Bij algemene maatregel van bestuur worden gevoelige en niet-gevoelige gegevens of categorieën daarvan aangewezen.

Art. 43
1. Aan overheidsorganen worden door de Dienst Wegverkeer uit het kentekenregister gegevens,   *RDW, gegevensverstrekking*
waaronder mede begrepen persoonsgegevens en persoonsgegevens van strafrechtelijke aard als bedoeld in paragraaf 3.2 van de Uitvoeringswet Algemene verordening gegevensbescherming, verstrekt voor zover zij aangeven die gegevens nodig te hebben voor de uitoefening van hun publieke taak.
2. Aan autoriteiten binnen de andere lidstaten van de Europese Unie en de andere staten die partij zijn bij de Overeenkomst buiten Nederland betreffende de Europese Economische Ruimte worden door de Dienst Wegverkeer in de bij of krachtens algemene maatregel van bestuur aangewezen gevallen uit het kentekenregister gegevens, waaronder mede begrepen persoonsgegevens en persoonsgegevens van strafrechtelijke aard als bedoeld in paragraaf 3.2 van de Uitvoeringswet Algemene verordening gegevensbescherming verstrekt.
3. Aan autoriteiten buiten Nederland, niet zijnde autoriteiten uit lidstaten van de Europese Unie en staten die partij zijn bij de Overeenkomst betreffende de Europese Economische Ruimte worden door de Dienst Wegverkeer in de bij of krachtens algemene maatregel van bestuur aangewezen gevallen uit het kentekenregister gegevens, waaronder mede begrepen persoonsgegevens en persoonsgegevens van strafrechtelijke aard als bedoeld in paragraaf 3.2 van de Uitvoeringswet Algemene verordening gegevensbescherming, verstrekt. Gegevens, waaronder mede begrepen persoonsgegevens en persoonsgegevens van strafrechtelijke aard als bedoeld in paragraaf 3.2 van de Uitvoeringswet Algemene verordening gegevensbescherming, kunnen ook worden verstrekt aan instellingen van internationale organisaties, voor zover dit ter uitvoering van een verdrag of een bindend besluit van een internationale organisatie vereist is.
4. Aan bij of krachtens algemene maatregel van bestuur aangewezen personen of instanties of categorieën personen of instanties, niet zijnde de in het eerste tot en met derde lid bedoelde instanties, kunnen desgevraagd door de Dienst Wegverkeer voor de bij of krachtens algemene maatregel van bestuur aangewezen doeleinden uit het kentekenregister gevoelige gegevens, waaronder mede begrepen persoonsgegevens en persoonsgegevens van strafrechtelijke aard als bedoeld in paragraaf 3.2 van de Uitvoeringswet Algemene verordening gegevensbescherming, worden verstrekt.
5. Niet-gevoelige gegevens uit het kentekenregister kunnen aan een ieder worden verstrekt.
6. Bij of krachtens algemene maatregel van bestuur kunnen voor de uitvoering van het eerste tot en met het vijfde lid nadere regels worden gesteld met betrekking tot de uit het kentekenregister te verstrekken gegevens, de wijze van verstrekking van die gegevens en kunnen voorwaarden worden verbonden aan de verstrekking van die gegevens.

Art. 43a

RDW, wijze van gegevensverstrekking

1. De gegevensverstrekking aan ontvangers, bedoeld in artikel 43 vindt plaats op door de Dienst Wegverkeer bepaalde wijze.

RDW, tarief gegevensverstrekking

2. De in artikel 43, vierde en vijfde lid, bedoelde ontvangers zijn voor de verstrekking van gegevens een door de Dienst Wegverkeer vastgesteld tarief verschuldigd. De betrokkene zelf is alleen kosten verschuldigd voor bijkomende kopieën van persoonsgegevens, waaronder mede begrepen persoonsgegevens van strafrechtelijke aard als bedoeld in paragraaf 3.2 van de Uitvoeringswet Algemene verordening gegevensbescherming, alsmede voor de verstrekking van gegevens, niet zijnde persoonsgegevens.
3. Onverminderd het tweede lid is degene die op grond van artikel 43 een aanvraag indient tot geautomatiseerde verstrekking uit het kentekenregister van gegevens in door de Dienst Wegverkeer te bepalen gevallen een door deze dienst te bepalen aansluittarief verschuldigd.

Art. 43b

Gebruikmaking van authentieke gegevens

1. Een overheidsorgaan dat bij de vervulling van zijn publieke taak een gegeven nodig heeft dat bij of krachtens deze wet als authentiek gegeven is aangewezen en in het kentekenregister is opgenomen, maakt gebruik van dat gegeven.
2. Het eerste lid is niet van toepassing indien:
a. het overheidsorgaan ten aanzien van het betreffende gegeven een melding heeft gedaan als bedoeld in artikel 43c, eerste lid;
b. bij het betreffende gegeven een aantekening is geplaatst als bedoeld in artikel 43c, derde lid;
c. bij wettelijk voorschrift anders is bepaald;
d. een goede vervulling van de publieke taak van het overheidsorgaan door de onverkorte toepassing van het eerste lid wordt belet.
3. Een natuurlijke persoon of rechtspersoon aan wie door een overheidsorgaan een gegeven wordt gevraagd, waarop het eerste lid van toepassing is, behoeft dat gegeven niet mede te delen, behoudens voor zover het gegeven noodzakelijk wordt geacht voor een deugdelijke vaststelling van de identiteit van betrokkene of van het voertuig.

Art. 43c

Twijfel aan authentieke gegevens

1. Een overheidsorgaan dat gerede twijfel heeft over de juistheid van een in het kentekenregister opgenomen authentiek gegeven, meldt die twijfel, onder opgave van redenen, aan de Dienst Wegverkeer.
2. Indien een melding als bedoeld in het eerste lid betrekking heeft op een gegeven dat afkomstig is uit een andere basisregistratie zendt de Dienst Wegverkeer de melding door aan de beheerder van dat register, tenzij met het overheidsorgaan dat een melding als bedoeld in het eerste lid doet is afgesproken dat dit overheidsorgaan de melding rechtstreeks doet aan de beheerder van het register waaruit het authentieke gegeven afkomstig is.
3. De Dienst Wegverkeer tekent na ontvangst van een melding als bedoeld in het eerste lid, op de door deze dienst te bepalen wijze, in het kentekenregister aan dat het desbetreffende gegeven «in onderzoek» is, tenzij het een melding betreft die op grond van het tweede lid wordt doorgezonden aan de beheerder van een andere basisregistratie.
4. Indien een melding als bedoeld in het eerste lid betrekking heeft op een gegeven dat bij of krachtens deze wet als authentiek is aangewezen, besluit de Dienst Wegverkeer over wijziging van het gegeven en bericht deze dienst het overheidsorgaan dat de melding heeft gedaan onverwijld over deze beslissing.
5. Indien het besluit, bedoeld in het vierde lid, leidt tot wijziging van het authentieke gegeven doet de Dienst Wegverkeer onverwijld mededeling aan degene op wie het authentieke gegeven betrekking heeft, dan wel aan degene aan wie het kentekenbewijs is afgegeven voor het motorrijtuig of de aanhangwagen waarop het desbetreffende authentieke gegeven betrekking heeft.
6. De Dienst Wegverkeer verwijdert de aantekening dat een gegeven in onderzoek is wanneer het besluit omtrent wijziging onherroepelijk is.

Nadere regels

7. Bij of krachtens algemene maatregel van bestuur kunnen ter uitvoering van dit artikel nadere regels worden gesteld.

Art. 43d

Wijzigen/verwijderen gegevens

1. Indien de Dienst Wegverkeer constateert dat een door deze dienst in het kentekenregister geplaatst gegeven onjuist of ten onrechte in het kentekenregister is opgenomen, wijzigt of verwijdert deze dienst dat gegeven.
2. Indien de Dienst Wegverkeer constateert dat een gegeven ten onrechte niet in het kentekenregister is opgenomen, neemt deze dienst dat gegeven alsnog in het kentekenregister op.
3. Van de beslissing tot wijzigen, verwijderen, dan wel alsnog opnemen van een authentiek gegeven in het kentekenregister doet de Dienst Wegverkeer onverwijld mededeling aan degene op wie het authentieke gegeven betrekking heeft, dan wel aan degene aan wie het kentekenbewijs is afgegeven voor het motorrijtuig of de aanhangwagen waarop het desbetreffende authentieke gegeven betrekking heeft.

Wegenverkeerswet 1994

Art. 43e
1. Indien een belanghebbende gegronde redenen heeft om aan te nemen dat een gegeven dat bij of krachtens deze wet als authentiek is aangemerkt of een niet-authentiek gegeven onjuist of ten onrechte wel, dan wel ten onrechte niet in het kentekenregister is opgenomen, kan hij onder opgave van die redenen aan de Dienst Wegverkeer een verzoek doen tot wijziging, verwijdering of opneming van dat gegeven.

Verzoek tot wijzigen/opnemen gegeven

2. De Dienst Wegverkeer beslist naar aanleiding van een verzoek als bedoeld in het eerste lid over wijziging, verwijdering of opneming van het betreffende gegeven en bericht de belanghebbende die het verzoek heeft gedaan over deze beslissing.

Art. 43f
Onverminderd artikel 43c zijn overheidsorganen gehouden om aan de Dienst Wegverkeer op de door deze dienst te bepalen wijze mededeling te doen van de hen in de uitoefening van hun functie ter kennis gekomen feiten, ingeval deze feiten aanleiding kunnen zijn om tot wijziging of aanvulling van de in het kentekenregister opgenomen gegevens over te gaan, dan wel anderszins van belang kunnen zijn voor de juistheid van deze gegevens.

Mededeling aan RDW

Art. 44
1. De Dienst Wegverkeer neemt maatregelen met het oog op het waarborgen van de juistheid, de actualiteit en de volledigheid van het kentekenregister.

Juistheid/actualiteit/volledigheid gegevens

2. De Dienst Wegverkeer laat ten minste eenmaal in de drie jaar een registeraccountant, dan wel een accountant die is ingeschreven in het register bedoeld in artikel 36, eerste lid, van de Wet op de Accountants-Administratieconsulenten, een oordeel geven over de opzet en werking van het stelsel van interne beheersmaatregelen.
3. Bij of krachtens algemene maatregel van bestuur kunnen nadere regels worden gesteld ter uitvoering van het eerste en tweede lid.

Art. 45
[Vervallen]

Art. 45a
1. Met het toezicht op het gebruik overeenkomstig het bepaalde bij of krachtens deze wet zijn uit het kentekenregister verstrekte gegevens zijn belast de bij besluit van de Dienst Wegverkeer aangewezen ambtenaren. Van een zodanig besluit wordt mededeling gedaan door plaatsing in de *Staatscourant*.

Toezicht

2. Indien de Dienst Wegverkeer gerede twijfel heeft over de juistheid van een gegeven uit het kentekenregister dat betrekking heeft op een motorrijtuig of aanhangwagen, kan deze dienst degene aan wie het kentekenbewijs voor het betreffende motorrijtuig of aanhangwagen is afgegeven gelasten dat voertuig ter inspectie aan de Dienst Wegverkeer ter beschikking te stellen.
3. Bij of krachtens algemene maatregel van bestuur wordt bepaald in welke gevallen door de Dienst Wegverkeer een door deze dienst vastgesteld tarief ter zake van de kosten van toezicht als bedoeld in het eerste lid of van de inspectie bedoeld in het tweede lid in rekening wordt gebracht. Dit tarief wordt op door de Dienst Wegverkeer te bepalen wijze in rekening gebracht.

Nadere regels

4. Verstrekking van gegevens uit het kentekenregister kan achterwege worden gelaten indien naar het oordeel van de Dienst Wegverkeer sprake is van handelen in strijd met de doeleinden waarvoor dan wel de voorwaarden waaronder is verstrekt.

Art. 46
1. Bij algemene maatregel van bestuur worden regels vastgesteld betreffende de met de registratie van kentekens samenhangende verplichtingen van degene:

Regels registratie en verplichtingen

a. die de eigendom, het bezit of het houderschap van een motorrijtuig of een aanhangwagen, waarvoor nog geen kenteken is opgegeven, heeft verkregen;
b. aan wie een kenteken is opgegeven;
c. die de eigendom, het bezit of het houderschap van een motorrijtuig of een aanhangwagen, waarvoor een kenteken is opgegeven, heeft verkregen.
2. Bij ministeriële regeling worden nadere regels vastgesteld ter uitvoering van het eerste lid.

§ 4a
Inschrijving in het kentekenregister en tenaamstelling

Art. 47
Motorrijtuigen en aanhangwagens op de weg waarvoor een kenteken is opgegeven dienen overeenkomstig bij algemene maatregel van bestuur vastgestelde regels te zijn ingeschreven in het kentekenregister en tenaamgesteld.

Inschrijving motorrijtuigen en aanhangwagens

Art. 48
1. Inschrijving in het kentekenregister en tenaamstelling vinden, tegen betaling, op de door de Dienst Wegverkeer vastgestelde wijze, van de daarvoor door deze dienst vastgestelde tarieven, plaats op aanvraag van:

Voorwaarden inschrijving en tenaamstelling

a. in Nederland woonachtige natuurlijke personen die de leeftijd van achttien jaren hebben bereikt, dan wel

b. in Nederland woonachtige natuurlijke personen die de leeftijd van zestien jaren hebben bereikt indien de aanvraag betrekking heeft een inschrijving en tenaamstelling van een bromfiets, en
c. in Nederland gevestigde rechtspersonen.
2. Inschrijving in het kentekenregister vindt slechts plaats indien het motorrijtuig of de aanhangwagen waarvoor de inschrijving wordt verlangd, voorzien is van een goedkeuring als bedoeld in artikel 21, tweede lid, en, indien na die goedkeuring wijziging is aangebracht in de bouw of inrichting van dat voertuig, die wijziging, behoudens in het geval dat geen goedkeuring is vereist, overeenkomstig artikel 99, eerste lid, of 100, eerste lid, is goedgekeurd voor toelating van het gewijzigde voertuig tot het verkeer op de weg.
2b. In afwijking van het tweede lid, kan de Dienst Wegverkeer inschrijving in het kentekenregister weigeren of aan de inschrijving voorschriften verbinden indien het goedgekeurde voertuig een zodanige afmeting of massa heeft, dat het gelet op de infrastructuur van de wegen, een ernstig gevaar kan vormen voor de gezondheid, veiligheid, het milieu of andere aspecten van de bescherming van het openbaar belang.
3. In bepaalde uitzonderingsgevallen kan door de Dienst Wegverkeer een motorrijtuig of aanhangwagen worden ingeschreven, indien ten aanzien van het motorrijtuig of de aanhangwagen, waarvoor de inschrijving wordt verlangd, niet is voldaan aan het eerste en tweede lid.
4. Bij algemene maatregel van bestuur kan worden bepaald dat de ingevolge het eerste lid gestelde eisen aan de aanvrager van een inschrijving niet gelden ten aanzien van de aanvrager van een inschrijving ter zake van een kenteken als bedoeld in artikel 38.
5. Ingeval de aanvrager van een inschrijving en tenaamstelling van een bromfiets de leeftijd heeft van zestien of zeventien jaar, wordt diens wettelijke vertegenwoordiger verondersteld te hebben toegestemd in de aanvraag.
6. In afwijking van artikel 47 kan in bij of krachtens algemene maatregel van bestuur bepaalde gevallen een voertuig in het kentekenregister worden ingeschreven zonder tenaamstelling. Door de Dienst Wegverkeer kan worden bepaald dat deze wijze van inschrijven gevolgen heeft voor het tijdstip van de verschuldigdheid van een deel van de in het eerste lid bedoelde tarieven.
7. Bij algemene maatregel van bestuur kan worden bepaald dat in door de Dienst Wegverkeer te bepalen gevallen het een ingeschreven en te naam gesteld motorrijtuig of aanhangwagen niet op de weg mag worden gereden.
8. Het verbod bedoeld in het zevende lid geldt vanaf een bij algemene maatregel van bestuur te bepalen tijdstip.

Art. 49

Weigering inschrijving

1. Onverminderd artikel 48, eerste lid, wordt de inschrijving in het kentekenregister geweigerd:
a. indien bij een ingevolge hoofdstuk V verrichte keuring blijkt dat de op het motorrijtuig of aanhangwagen aangebrachte gegevens op onrechtmatige wijze in overeenstemming zijn gebracht met de in het kentekenregister of op het overgelegde kentekenbewijs vermelde gegevens,
b. indien blijkt dat de ter zake van het voertuig verschuldigde belastingen en rechten niet zijn voldaan,
c. indien blijkt dat de krachtens een algemeen verbindend verklaarde overeenkomst op grond van de Wet milieubeheer verschuldigde afvalbeheerbijdrage voor autowrakken niet is voldaan, of
d. in overige bij algemene maatregel van bestuur te bepalen gevallen overeenkomstig de bij die algemene maatregel van bestuur vastgestelde regels.
2. De inschrijving in het kentekenregister kan worden geweigerd indien:
a. voor het motorrijtuig of de aanhangwagen waarvoor de inschrijving wordt verlangd, op grond van het bij of krachtens deze wet bepaalde geen kenteken behoeft te zijn opgegeven;
b. uit het kentekenregister of een buitenlands register blijkt dat de eigenaar of houder van een motorrijtuig of een aanhangwagen onvrijwillig de beschikkingsmacht over dat voertuig heeft verloren.
3. Onverminderd artikel 48, eerste lid, wordt de tenaamstelling geweigerd in bij algemene maatregel van bestuur te bepalen gevallen.

Art. 50

Aanvraag inschrijving en tenaamstelling

1. De aanvrager van een tenaamstelling verschijnt persoonlijk bij een erkende instantie als bedoeld in de artikelen 61a, eerste lid, of 62, eerste lid, of een daartoe door de Dienst Wegverkeer aangewezen vestiging van deze dienst, tenzij:
a. de aanvraag namens hem wordt ingediend door degene aan wie door de Dienst Wegverkeer een erkenning als bedoeld in artikel 62 is verleend dan wel, indien dit een rechtspersoon is, door diens gemachtigde, en deze voldoende zekerheid heeft verkregen over de identiteit van de aanvrager. Daartoe legt de aanvrager een document als bedoeld in artikel 2, eerste lid, van de Paspoortwet, een geldig rijbewijs als bedoeld in artikel 107 dan wel een rijbewijs als bedoeld in artikel 108, eerste lid, onderdeel h, over. Degene die namens de aanvrager de aanvraag indient, legt bij de erkende instantie, bedoeld in artikel 61a, eerste lid, het document, bedoeld in de tweede volzin, over, alsmede de volmacht en het bewijs dat aan hem een erkenning als bedoeld in artikel 62 is verleend,

Wegenverkeerswet 1994

C14 art. 51a

b. volgens bij algemene maatregel van bestuur vast te stellen regels op andere wijze voldoende zekerheid kan worden verkregen over de identiteit van de aanvrager, of
c. de aanvraag langs elektronische weg op een door de Dienst Wegverkeer te bepalen wijze wordt ingediend.

2. Indien bij de aanvraag, bedoeld in het eerste lid, onderdeel a, gebruik wordt gemaakt van een document als bedoeld in artikel 2 van de Paspoortwet, wordt bij de aanvraag tevens een de aanvrager betreffend gewaarmerkt afschrift van de benodigde gegevens uit de basisregistratie personen overgelegd dat niet langer dan drie maanden voor het tijdstip van de aanvraag is verstrekt. Onze Minister kan de bevoegdheid van de krachtens artikel 62 erkende persoon om de aanvraag namens de aanvrager in te dienen beperken tot één of meer specifiek voor die persoon met name te noemen instanties. Bij algemene maatregel van bestuur worden regels vastgesteld ter zake van de voorwaarden waaraan degene aan wie ingevolge artikel 62 een erkenning is verleend, voldoet om als gemachtigde, bedoeld in het eerste lid, onderdeel a, op te treden.

3. Bij algemene maatregel van bestuur kan worden bepaald dat de verplichting om persoonlijk te verschijnen niet geldt ten aanzien van de inschrijving en tenaamstelling ter zake van de opgave van een kenteken als bedoeld in artikel 38.

4. Indien de aanvraag geschiedt door een in Nederland gevestigde rechtspersoon die dient te zijn ingeschreven in een daartoe bij de wet aangewezen register of waarvan de onderneming dient te zijn ingeschreven in het handelsregister, geldt de verplichting om persoonlijk te verschijnen voor degene die krachtens de statuten bevoegd is de rechtspersoon te vertegenwoordigen. Indien er meerdere personen bevoegd zijn de rechtspersoon te vertegenwoordigen, geldt de verplichting voor een van hen. Een persoon die bevoegd is de rechtspersoon te vertegenwoordigen, kan bij gemachtigde verschijnen.

5. De aanvraag van een inschrijving en tenaamstelling geschiedt overeenkomstig bij of krachtens algemene maatregel van bestuur vastgestelde regels. Deze regels kunnen mede dienstbaar zijn aan de heffing van de belasting van personenauto's en motorrijwielen en van de motorrijtuigenbelasting alsmede aan de afdracht van de krachtens een algemeen verbindend verklaarde overeenkomst op grond van de Wet milieubeheer verschuldigde afvalbeheerbijdrage voor autowrakken en kunnen bepalen in welke gevallen het motorrijtuig of de aanhangwagen, waarvoor een inschrijving en tenaamstelling wordt aangevraagd, voor een onderzoek ter beschikking moet worden gesteld.

6. De Dienst Wegverkeer is bevoegd te vorderen dat de aanvrager van een inschrijving en tenaamstelling een door of vanwege Onze Minister van Financiën afgegeven bewijs overlegt, waaruit blijkt dat ter zake van het motorrijtuig of de aanhangwagen verschuldigde belastingen en rechten zijn voldaan.

Art. 51

1. Het is verboden voor het verkrijgen van een inschrijving in het kentekenregister en een tenaamstelling opzettelijk onjuiste opgaven te doen, onjuiste inlichtingen te verschaffen of onjuiste bewijsstukken en andere bescheiden over te leggen.

2. Voor zover de bij de aanvraag van een inschrijving in het kentekenregister en tenaamstelling te verschaffen gegevens betreffen of mede betreffen gegevens die nodig worden geacht ter zake van de heffing van de belasting van personenauto's en motorrijwielen en van de motorrijtuigenbelasting, wordt de verplichting tot het verstrekken van die gegevens beschouwd als een ingevolge de belastingwet opgelegde verplichting en zijn, indien ter zake onjuiste of onvolledige gegevens worden verstrekt – in afwijking van de bepalingen van deze wet – de bepalingen van Hoofdstuk IX (Strafrechtelijke bepalingen) van de Algemene wet inzake rijksbelastingen van toepassing.

Verbod op doen van onjuiste opgaven bij inschrijving in kentekenregister

Art. 51a

1. Een tenaamstelling in het kentekenregister vervalt overeenkomstig bij algemene maatregel van bestuur vastgestelde regels.

2. Een tenaamstelling in het kentekenregister wordt overeenkomstig bij algemene maatregel van bestuur vastgestelde regels vervallen verklaard:
a. indien de tenaamstelling heeft plaatsgevonden op grond van bij de inschrijving of tenaamstelling verschafte onjuiste gegevens en dat inschrijving zou zijn geweigerd indien de onjuistheid van die gegevens ten tijde van de aanvraag bekend zou zijn geweest, dan wel
b. indien blijkt dat de tenaamstelling kennelijk abusievelijk heeft plaatsgevonden.

3. Onverminderd het eerste en tweede lid, kan een tenaamstelling vervallen worden verklaard:
a. indien de ter zake van het voertuig verschuldigde belastingen en rechten niet zijn voldaan;
b. indien het ingeschreven voertuig niet voldoet aan de bij of krachtens deze wet, met uitzondering van hoofdstuk III, vastgestelde eisen;
c. indien in de bouw of inrichting van het ingeschreven voertuig wijzigingen zijn aangebracht die niet zijn goedgekeurd overeenkomstig het bepaalde bij of krachtens deze wet;
d. indien het ingeschreven voertuig een schadevoertuig betreft dat voldoet aan bij ministeriële regeling vastgestelde kenmerken, dan wel indien het voertuig na herstel van de schade niet

Vervallen tenaamstelling

voldoet aan de bij ministeriële regeling te stellen eisen ten aanzien van de wijze waarop de schade is hersteld;
 e. indien de eigenaar of houder van een voertuig onvrijwillig de beschikkingsmacht over dat voertuig heeft verloren, mits wordt voldaan de bij algemene maatregel van bestuur vastgestelde voorwaarden, dan wel
 f. in andere bij algemene maatregel van bestuur vast te stellen gevallen.
4. De Dienst Wegverkeer kan een vervallen verklaarde tenaamstelling laten herleven, dan wel laten herleven voor het rijden over de weg, indien de reden voor vervallenverklaring is komen te vervallen.

Nadere regels
5. In bij algemene maatregel van bestuur vast te stellen gevallen kan worden bepaald dat een tenaamstelling na verloop van bij die algemene maatregel van bestuur te bepalen tijdsperiode van rechtswege vervalt.

§ 4b
Kentekenbewijzen

Art. 52

Vormgeving kentekenbewijs
Een kentekenbewijs bestaat uit een of meer bij algemene maatregel van bestuur aan te wijzen delen.

Art. 52a

Uitreiking kentekenbewijs/verstrekking tenaamstellingscode
1. Ter bevestiging van de inschrijving in het kentekenregister en tenaamstelling bedoeld in artikel 48, eerste lid, wordt door de Dienst Wegverkeer een kentekenbewijs afgegeven.

2. De Dienst Wegverkeer verstrekt tevens ten behoeve van wijziging van de tenaamstelling een tenaamstellingscode aan degene aan wie het kentekenbewijs is afgegeven.
3. Uitreiking van het kentekenbewijs of een deel daarvan en verstrekking van de tenaamstellingscode vindt plaats op bij ministeriële regeling te bepalen wijze.

Art. 52b

Aantekeningen kentekenregister
De Dienst Wegverkeer brengt aantekeningen aan in dan wel verwijdert aantekeningen uit het kentekenregister, respectievelijk brengt aantekeningen aan op het kentekenbewijs dan wel verwijdert aantekeningen van het kentekenbewijs, voor zover dat bij of krachtens deze wet is voorgeschreven of mogelijk is gemaakt, dan wel voor de goede uitvoering van deze wet wenselijk is.

Art. 52c

Verlies geldigheid kentekenbewijs
1. Een kentekenbewijs verliest zijn geldigheid door:
 a. het verval van de tenaamstelling in het kentekenregister;
 b. de afgifte van een vervangend kentekenbewijs;
 c. het onbevoegd daarin aanbrengen van wijzigingen;
 d. een schorsing als bedoeld in art 67, eerste lid, voor de duur van de schorsing, of
 e. een ongeldigverklaring.
2. In bij algemene maatregel van bestuur bepaalde gevallen kan een kentekenbewijs op verzoek van de eigenaar of houder van een motorvoertuig tegen betaling, op een door de Dienst Wegverkeer vastgestelde wijze, van het daarvoor door deze dienst vastgestelde tarief, door deze dienst ongeldig worden verklaard.
3. De Dienst Wegverkeer kan verlangen dat een kentekenbewijs dat zijn geldigheid heeft verloren binnen een daarbij bepaalde termijn bij deze dienst wordt ingeleverd.
4. De Dienst Wegverkeer kan een ongeldig verklaard kentekenbewijs geldig verklaren, indien de reden voor ongeldigverklaring is komen te vervallen.
5. Onverminderd het eerste lid, onderdeel d, behoudt het kentekenbewijs zijn geldigheid ten behoeve van de wijziging van de tenaamstelling.

Art. 53

Afgifte keuringsbewijs
De Dienst Wegverkeer geeft bij inschrijving in het kentekenregister en tenaamstelling tevens een keuringsbewijs voor het betrokken voertuig af indien:
 a. het voertuig is onderworpen aan een onderzoek dat ten minste een controle inhoudt op de eisen, bedoeld in artikel 75, eerste lid, en
 b. artikel 72 voor dat voertuig geldt of binnen een jaar zal gaan gelden.

Art. 54

Internationaal kentekenbewijs
Onze Minister kan aan besturen van verenigingen met volledige rechtsbevoegdheid, die behartiging van verkeersbelangen ten doel hebben, de bevoegdheid verlenen tot het afgeven van internationale bewijzen voor motorrijtuigen en aanhangwagens, bedoeld in internationale overeenkomsten, ten behoeve van het verkeer met motorrijtuigen en aanhangwagens in het buitenland.

Wegenverkeerswet 1994

C14 art. 61b

Art. 55
1. Op aanvraag en tegen betaling, op de door de Dienst Wegverkeer vastgestelde wijze, van het daarvoor door deze dienst vastgestelde tarief, geeft deze dienst overeenkomstig bij algemene maatregel van bestuur vastgestelde regels vervangende bewijzen af voor:
   a. kentekenbewijzen, die versleten, geheel of ten dele onleesbaar, verloren geraakt of teniet gegaan zijn;
   b. kentekenbewijzen in geval van vermissing van de bijbehorende kentekenplaten.
2. Het vervangende bewijs treedt in de plaats van het eerder afgegeven kentekenbewijs en wordt niet afgegeven dan nadat het versleten of geheel of ten dele onleesbaar geworden kentekenbewijs, waarvoor het wordt afgegeven, is ingeleverd bij de Dienst Wegverkeer.
3. Op aanvraag en tegen betaling, op de door de Dienst Wegverkeer vastgestelde wijze, van het daarvoor door deze dienst vastgestelde tarief, verstrekt deze dienst overeenkomstig bij algemene maatregel van bestuur vastgestelde regels een vervangende tenaamstellingscode ten behoeve van een wijziging van de tenaamstelling.
4. De vervangende tenaamstellingscode treedt in de plaats van eerder afgegeven tenaamstellingscodes welke door de afgifte ongeldig worden.

Vervanging kentekenbewijs

Art. 56-59
[Vervallen]

Art. 60
1. De houder van een kentekenbewijs is vanaf een bij algemene maatregel van bestuur vastgesteld tijdstip op eerste vordering van bij algemene maatregel van bestuur aangewezen personen verplicht tot overgifte van bij algemene maatregel van bestuur te bepalen delen van dat bewijs, indien naar het oordeel van die personen:
   a. ter zake van het voertuig, waarvoor het kentekenbewijs is afgegeven, de verschuldigde belastingen en rechten niet zijn voldaan;
   b. indien het ingeschreven voertuig niet voldoet aan de bij of krachtens deze wet, met uitzondering van hoofdstuk III, vastgestelde eisen;
   c. het voertuig waarvoor het kentekenbewijs is afgegeven een schadevoertuig betreft dat voldoet aan bij ministeriële regeling vastgestelde kenmerken, dan wel indien het voertuig na herstel van de schade niet voldoet aan de bij ministeriële regeling te stellen eisen ten aanzien van de wijze waarop de schade is hersteld.
2. Indien het een kentekenbewijs betreft dat is afgegeven voor een aanhangwagen die overeenkomstig het bij ministeriële regeling bepaalde is voorzien van een identificatieplaat, kan aan de vordering worden voldaan binnen een bij die maatregel vastgestelde termijn.
3. De in het eerste lid bedoelde personen geven het kentekenbewijs na inzage terug aan degene die tot overgifte verplicht was.
4. Bij algemene maatregel van bestuur worden nadere regels vastgesteld omtrent de verplichting tot overgifte van kentekenbewijzen.

Op eerste vordering overgifte kentekenbewijs

Nadere regels

Art. 61
1. Het is verboden:
   a. [vervallen;]
   b. [vervallen;]
   c. ten opzichte van een motorrijtuig of een aanhangwagen opzettelijk gebruik te maken van een kentekenbewijs dat niet aan de eigenaar of houder voor dat motorrijtuig of die aanhangwagen is afgegeven, als ware het aan deze voor dat motorrijtuig of die aanhangwagen afgegeven.

Fraude/vervalsing kentekenbewijs

§ 4c
Erkenningsregeling tenaamstelling

Art. 61a
1. De Dienst Wegverkeer kan aan een rechtspersoon een erkenning verlenen waardoor deze gerechtigd is, tegen betaling namens de aanvrager van een door deze dienst vast te stellen tarief, motorrijtuigen en aanhangwagens te naam te stellen in het kentekenregister.
2. De erkenning houdt tevens de bevoegdheid in om namens de aanvrager de geldigheid van een kenteken te schorsen of een schorsing op te heffen conform paragraaf 6.
3. Bij ministeriële regeling kunnen voorschriften worden gesteld die aan een erkenning worden verbonden en kunnen met betrekking tot die voorschriften regels worden gesteld.
4. Bij besluit van de Dienst Wegverkeer wordt de maximale hoogte vastgesteld van de prijs die een erkend bedrijf aan de aanvrager in rekening mag brengen voor zijn dienstverlening.

Erkenningsregeling tenaamstelling

Nadere regels

Art. 61b
1. De erkenning wordt door de Dienst Wegverkeer op aanvraag en tegen betaling, op de door deze dienst vastgestelde wijze, van het daarvoor door deze dienst vastgestelde tarief verleend aan de natuurlijke persoon of rechtspersoon, die voldoet aan de bij ministeriële regeling vastgestelde eisen.

Verlening erkenning

C14 art. 61c

Nadere regels

2. Bij ministeriële regeling worden nadere regels vastgesteld met betrekking tot de aanvrager van een erkenning en de wijze waarop de uitvoering van de aanvraag tot tenaamstelling plaatsvindt.

Art. 61c

Toezicht naleving erkenning

1. Met het toezicht op de naleving van de uit de erkenning voortvloeiende verplichtingen zijn belast de bij besluit van de Dienst Wegverkeer aangewezen ambtenaren. Van een zodanig besluit wordt mededeling gedaan door plaatsing in de Staatscourant.

2. Degene aan wie een erkenning is verleend, is gehouden tot betaling, op de door de Dienst Wegverkeer vastgestelde wijze, van het door deze dienst ter zake van de kosten van het toezicht vastgestelde tarief.

Nadere regels

3. Bij ministeriële regeling worden nadere regels vastgesteld betreffende de wijze waarop het toezicht wordt gehouden en de verplichting tot medewerking daaraan van degene aan wie een erkenning is verleend. Deze regels kunnen inhouden dat een verscherpt toezicht wordt gehouden indien blijkt dat wordt gehandeld in strijd met een of meer uit de erkenning voortvloeiende verplichtingen.

Art. 61d

Intrekking erkenning op verzoek

1. De Dienst Wegverkeer trekt een erkenning in, indien degene aan wie de erkenning is verleend, daarom verzoekt.

Nadere regels

2. Bij algemene maatregel van bestuur kan worden bepaald dat na indiening van het verzoek de erkenning gedurende een bij die algemene maatregel van bestuur vast te stellen termijn van kracht blijft.

Intrekking/wijziging/schorsing erkenning

3. De Dienst Wegverkeer kan een erkenning intrekken of wijzigen indien degene aan wie de erkenning is verleend:
   a. niet meer voldoet aan de voor de erkenning gestelde eisen,
   b. de verplichtingen, vervat in artikel 5:20, eerste lid, van de Algemene wet bestuursrecht, artikel 61a, derde lid, en artikel 61c, tweede lid, niet nakomt, of,
   c. handelt in strijd met een of meer andere uit de erkenning voortvloeiende verplichtingen.

4. De Dienst Wegverkeer kan in de gevallen, bedoeld in het derde lid, een erkenning schorsen voor een door hem daarbij vast te stellen termijn die ten hoogste twaalf weken bedraagt.

5. De Dienst Wegverkeer kan in de gevallen, bedoeld in het eerste en derde lid, bepalen dat een wachttijd geldt voor het aanvragen van een erkenning van maximaal 30 maanden.

Nadere regels

6. Bij ministeriële regeling kunnen nadere regels worden vastgesteld met betrekking tot het intrekken, wijzigen en schorsen van de erkenning.

Art. 61e

Verbod frauduleus gebruik erkenning

Het is een ieder aan wie niet een erkenning als bedoeld in artikel 61a is verleend, verboden zich op zodanige wijze te gedragen, dat daardoor bij het publiek de indruk kan worden gewekt, dat zodanige erkenning aan hem is verleend.

§ 5
Erkenningsregeling bedrijfsvoorraad

Art. 62

Erkenningsregeling bedrijfsvoorraad

1. De Dienst Wegverkeer kan aan een natuurlijke persoon of rechtspersoon een erkenning verlenen waardoor deze gerechtigd is motorrijtuigen en aanhangwagens, waarvan hij de eigendom heeft verkregen, in zijn bedrijfsvoorraad op te nemen.

2. Aan de erkenning kunnen bij algemene maatregel van bestuur aangewezen bevoegdheden worden verbonden; een zodanige bevoegdheid maakt deel uit van de erkenning. Het in de artikelen 62 tot en met 66 ten aanzien van erkenningen bepaalde is van overeenkomstige toepassing op bedoelde bevoegdheden.

3. De erkenning geldt voor de in de erkenning aangewezen groep of groepen van voertuigen en kan gelden voor bepaalde of voor onbepaalde tijd.

4. Bij ministeriële regeling kunnen voorschriften worden vastgesteld die aan een erkenning worden verbonden en kunnen met betrekking tot die voorschriften regels worden vastgesteld.

5. De in artikel 50, eerste lid, aanhef bedoelde verplichting om bij de aanvraag tot inschrijving in het kentekenregister en tenaamstelling persoonlijk te verschijnen bij een erkende instantie als bedoeld in artikel 61a, eerste lid, of in het eerste lid, geldt niet voor natuurlijke personen of rechtspersonen aan wie een erkenning als bedoeld in het eerste lid is verleend.

Art. 63

Verlenen van erkenning

1. De erkenning wordt door de Dienst Wegverkeer op aanvraag en tegen betaling, op de door deze dienst vastgestelde wijze, van het daarvoor door deze dienst vastgestelde tarief verleend aan de natuurlijke persoon of rechtspersoon, die voldoet aan de bij ministeriële regeling vastgestelde eisen. Deze eisen betreffen onder meer de administratieve organisatie van de natuurlijke persoon of rechtspersoon alsmede de wijze waarop deze er voor zorgdraagt dat de aan de opname in bedrijfsvoorraad verbonden procedures in acht worden genomen. Voorts kunnen deze eisen mede dienstbaar zijn aan de uitvoering van de Wet milieubeheer.

2. Bij algemene maatregel van bestuur worden nadere regels vastgesteld met betrekking tot de aanvraag van een erkenning.
3. Bij ministeriële regeling worden regels vastgesteld ter uitvoering van het krachtens het tweede lid bepaalde.

Art. 64
1. Met het toezicht op de naleving van de uit de erkenning voortvloeiende verplichtingen zijn belast de bij besluit van de Dienst Wegverkeer aangewezen ambtenaren. Van een zodanig besluit wordt mededeling gedaan door plaatsing in de *Staatscourant*. Het toezicht omvat in ieder geval het periodiek controleren van de bedrijfsvoorraad van degene aan wie de erkenning is verleend en van de ter zake van die bedrijfsvoorraad door deze gevoerde administratie.
Toezicht op erkenninghouder

2. Degene aan wie een erkenning is verleend, is gehouden tot betaling, op de door de Dienst Wegverkeer vastgestelde wijze, van het door deze dienst ter zake van de kosten van het toezicht vastgestelde tarief.
3. Bij ministeriële regeling worden nadere regels vastgesteld betreffende de wijze waarop het toezicht wordt gehouden en de verplichting tot medewerking daaraan van degene aan wie een erkenning is verleend. Deze regels kunnen inhouden dat een verscherpt toezicht wordt gehouden indien blijkt dat wordt gehandeld in strijd met een of meer uit de erkenning voortvloeiende verplichtingen.

Art. 65
1. De Dienst Wegverkeer trekt een erkenning in, indien degene aan wie de erkenning is verleend, daarom verzoekt.
Intrekken van erkenning

2. De Dienst Wegverkeer kan een erkenning intrekken of wijzigen indien degene aan wie de erkenning is verleend:
a. niet meer voldoet aan de voor de erkenning gestelde eisen,
b. de verplichtingen, vervat in artikel 5:20, eerste lid, van de Algemene wet bestuursrecht en artikel 64, tweede lid, niet nakomt, of
c. handelt in strijd met een of meer andere uit de erkenning voortvloeiende verplichtingen.
3. De Dienst Wegverkeer kan in de gevallen, bedoeld in het tweede lid, een erkenning schorsen voor een door hem daarbij vast te stellen termijn die ten hoogste twaalf weken bedraagt.
4. De Dienst Wegverkeer kan in de gevallen, bedoeld in het eerste en tweede lid, bepalen dat een wachttijd geldt voor het aanvragen van een erkenning van maximaal 30 maanden.

Art. 65a
Bij ministeriële regeling kunnen regels worden vastgesteld met betrekking tot het intrekken, wijzigen en schorsen van de erkenning.
Intrekken, wijzigen en schorsen erkenning, nadere regels m.b.t.

Art. 66
Het is een ieder aan wie niet een erkenning als bedoeld in artikel 62 is verleend, verboden zich op zodanige wijze te gedragen, dat daardoor bij het publiek de indruk kan worden gewekt, dat zodanige erkenning aan hem is verleend.
Verbod frauduleus gebruik erkenning

§ 5a
Erkenningsregeling exportdienstverlening

Art. 66a
1. De Dienst Wegverkeer kan aan een natuurlijke persoon of rechtspersoon een erkenning verlenen waardoor deze gerechtigd is de tenaamstelling van motorrijtuigen en aanhangwagens ten behoeve van een derde in het kentekenregister te beëindigen indien het motorrijtuig of de aanhangwagen door die derde wordt geëxporteerd.
Erkenningsregeling exportdienstverlening

2. Bij ministeriële regeling kunnen voorschriften worden gesteld die aan een erkenning worden verbonden en kunnen met betrekking tot die voorschriften regels worden gesteld.

Art. 66b
1. De erkenning wordt door de Dienst Wegverkeer op aanvraag en tegen betaling, op de door deze dienst vastgestelde wijze, van het daarvoor door deze dienst vastgestelde tarief verleend aan de natuurlijke persoon of rechtspersoon, die voldoet aan de bij ministeriële regeling gestelde eisen. Deze eisen betreffen onder meer de administratieve organisatie van de natuurlijke persoon of rechtspersoon alsmede de wijze waarop deze er voor zorgdraagt dat de aan de vervallenverklaring van de tenaamstelling wegens export verbonden procedures in acht worden genomen.
Verlenen van erkenning

2. Bij algemene maatregel van bestuur worden nadere regels gesteld met betrekking tot de aanvraag van een erkenning.
Nadere regels

3. Bij ministeriële regeling worden regels gesteld ter uitvoering van het krachtens het tweede lid bepaalde.
4. De erkenning wordt geweigerd indien een reeds aan de aanvrager verleende erkenning op grond van artikel 66d, juncto artikel 65, tweede lid, is ingetrokken binnen een direct aan de datum van indiening van de aanvraag voorafgaande periode van twaalf weken, dan wel van zes

maanden ingeval reeds twee of meer malen een dergelijke aan de aanvrager verleende erkenning is ingetrokken.

Art. 66c

Toezicht op erkenninghouder

1. Met het toezicht op de naleving van de uit de erkenning voortvloeiende verplichtingen zijn belast de bij besluit van de Dienst Wegverkeer aangewezen ambtenaren. Van een zodanig besluit wordt mededeling gedaan door plaatsing in de *Staatscourant*. Het toezicht omvat in ieder geval het periodiek controleren van de ter zake van de vervallenverklaring van de tenaamstelling wegens export gevoerde administratie van degene aan wie de erkenning is verleend.
2. Degene aan wie een erkenning is verleend, is gehouden tot betaling, op de door de Dienst Wegverkeer vastgestelde wijze, van het door deze dienst ter zake van de kosten van het toezicht vastgestelde tarief.
3. Bij ministeriële regeling worden nadere regels vastgesteld betreffende de wijze waarop het toezicht gehouden en de verplichting tot medewerking daaraan van degene aan wie een erkenning is verleend. Deze regels kunnen inhouden dat een verscherpt toezicht wordt gehouden indien blijkt dat wordt gehandeld in strijd met een of meer uit de erkenning voortvloeiende verplichtingen.

Art. 66d

Intrekken van erkenning

1. De Dienst Wegverkeer trekt een erkenning in, indien degene aan wie de erkenning is verleend, daarom verzoekt.
2. De Dienst Wegverkeer kan een erkenning intrekken of wijzigen indien degene aan wie de erkenning is verleend:
a. niet meer voldoet aan de voor de erkenning gestelde eisen,
b. de verplichtingen, vervat in artikel 5:20, eerste lid, van de Algemene wet bestuursrecht en artikel 66c, tweede lid niet nakomt, of
c. handelt in strijd met een of meer andere uit de erkenning voortvloeiende verplichtingen.
3. De Dienst Wegverkeer kan in de gevallen, bedoeld in het tweede lid, een erkenning schorsen voor een door hem daarbij vast te stellen termijn die ten hoogste twaalf weken bedraagt.

Nadere regels

4. Bij ministeriële regeling kunnen regels worden gesteld met betrekking tot het intrekken, wijzigen en schorsen van de erkenning.

Art. 66e

Verbod frauduleus gebruik erkenning

Het is een ieder aan wie niet een erkenning als bedoeld in artikel 66a is verleend, verboden zich op zodanige wijze te gedragen, dat daardoor bij het publiek de indruk kan worden gewekt, dat zodanige erkenning aan hem is verleend.

§ 6
Schorsing

Art. 67

Schorsing geldigheid kentekenbewijs

1. Indien met een voertuig geen gebruik van de weg wordt gemaakt, schorst de Dienst Wegverkeer op aanvraag van de eigenaar of houder van dat voertuig, tegen betaling, op de door de Dienst Wegverkeer vastgestelde wijze, van het daarvoor door deze dienst vastgestelde tarief, de tenaamstelling in het kentekenregister.
2. De hoogte van het in het eerste lid bedoelde tarief kan voor verschillende groepen voertuigen dan wel eigenaren of houders van voertuigen verschillend worden vastgesteld. Voor aanvragen die worden ingediend binnen een jaar na de aanvraag van een schorsing welke ingevolge artikel 68, eerste lid, onderdelen a en d, is geëindigd, kan het tarief hoger worden vastgesteld dan het tarief voor laatstgenoemde aanvraag.
3. De aanvraag van een schorsing dient te geschieden overeenkomstig bij algemene maatregel van bestuur vastgestelde regels.
4. Bij ministeriële regeling worden nadere regels vastgesteld omtrent het krachtens het derde lid bepaalde.
5. De Dienst Wegverkeer plaatst bij het verlenen van de schorsing overeenkomstig bij algemene maatregel van bestuur vastgestelde regels in het kentekenregister een aantekening waaruit blijkt dat schorsing is verleend.

Art. 68

Beëindiging schorsing

1. De schorsing eindigt:
a. door opheffing als bedoeld in artikel 69,
b. door verloop van een bij ministeriële regeling bepaalde termijn vanaf het tijdstip waarop de schorsing is verleend, welke termijn per bij ministeriële regeling aan te wijzen categorieën van voertuigen kan verschillen,
c. door het verval van de tenaamstelling in het kentekenregister, of
d. zodra met het voertuig gebruik van de weg wordt gemaakt.
2. Bij algemene maatregel van bestuur kan onder daarbij te stellen voorwaarden worden bepaald dat in bepaalde uitzonderingsgevallen tijdelijk kan worden afgeweken van het eerste lid, aanhef en onderdeel d.

Art. 69
1. De schorsing wordt op aanvraag van de eigenaar of houder door de Dienst Wegverkeer opgeheven.
2. De aanvraag van opheffing van de schorsing dient te geschieden overeenkomstig bij algemene maatregel van bestuur vastgestelde regels.
3. Bij ministeriële regeling worden nadere regels vastgesteld omtrent het krachtens het tweede lid bepaalde.

Art. 70
[Vervallen]

§ 7
Kentekenplaten

Art. 70a
1. De Dienst Wegverkeer kan aan een natuurlijke persoon of rechtspersoon een erkenning verlenen waardoor deze gerechtigd is een of meer van de in artikel 40, tweede lid, bedoelde bij de erkenning aangewezen merken aan te brengen.
2. Het is verboden om zonder de in het eerste lid bedoelde erkenning de aldaar bedoelde merken aan te brengen.
3. Bij ministeriële regeling worden voorschriften vastgesteld die aan de erkenning worden verbonden en worden met betrekking tot die voorschriften regels vastgesteld. Die regels hebben in ieder geval betrekking op:
a. de fabricage en levering van kentekenplaten en onderdelen daarvan en de daarbij te volgen procedure;
b. de registratie van gegevens met betrekking tot de ingekochte materialen, de productie, de af- en uitval, de voorraad en de aflevering van kentekenplaten en onderdelen daarvan.

Art. 70b
1. De fabrikant van kentekenplaten is in geval van levering van kentekenplaten verplicht tot het vastleggen van gegevens omtrent: van:
a. het betrokken kenteken;
b. de aard en het nummer van het identiteitsdocument van degene door, respectievelijk namens wie de kentekenplaten worden aangevraagd, en
c. het aantal afgegeven kentekenplaten.
2. Indien de kentekenplaten worden aangevraagd namens een rechtspersoon of door een daartoe bij ministeriële regeling aangewezen erkend bedrijf als bedoeld in artikel 62, worden in plaats van de gegevens, bedoeld in het eerste lid, onder b, vastgelegd de bij ministeriële regeling aangewezen gegevens.
3. Indien bij de levering van kentekenplaten die door, respectievelijk namens een natuurlijk persoon zijn aangevraagd, een ander identiteitsdocument dan een rijbewijs of paspoort wordt overgelegd, wordt tevens vastgelegd de naam, de beginletters van de voornaam of voornamen en het adres van degene door, respectievelijk namens wie de kentekenplaten worden aangevraagd.
4. De fabrikant verstrekt gegevens die zijn vastgelegd op grond van het eerste tot en met derde lid in een registratie, uitsluitend en desgevraagd aan de ambtenaren van de Dienst Wegverkeer, belast met het toezicht op de naleving van de uit de erkenning voortvloeiende verplichtingen, en aan de ambtenaren van politie belast met de handhaving van de uit de erkenning voortvloeiende verplichtingen en van de verboden, bedoeld in artikel 41, voor zover deze gegevens noodzakelijk zijn voor de goede vervulling van hun taak.
5. De vastgelegde gegevens worden gedurende één jaar na de vastlegging bewaard.
6. Bij ministeriële regeling worden nadere regels vastgesteld omtrent de inrichting en het beheer van het register.

Art. 70c
1. Na afloop van de termijn, bedoeld in artikel 70b, vijfde lid, worden de daar bedoelde vastgelegde gegevens overgedragen aan de Dienst Wegverkeer.
2. Uit de registratie worden door de Dienst Wegverkeer uitsluitend en desgevraagd aan de ambtenaren van politie belast met de handhaving van de uit de erkenning voortvloeiende verplichtingen en van de verboden, bedoeld in artikel 41, gegevens verstrekt voor zover deze noodzakelijk zijn voor de goede vervulling van hun taak.
3. De vastgelegde gegevens worden door de Dienst Wegverkeer maximaal vijf jaar na de overdracht, bedoeld in het eerste lid, bewaard.
4. De Dienst Wegverkeer stelt ten aanzien van het verwerken van de persoonsgegevens als bedoeld in het eerste lid, een reglement vast.

Art. 70d
1. De erkenning wordt op aanvraag en tegen betaling, op de door de Dienst Wegverkeer vastgestelde wijze, van het daarvoor door deze dienst vastgestelde tarief verleend indien de

natuurlijke persoon of rechtspersoon voldoet aan de bij ministeriële regeling vastgestelde eisen. Deze eisen betreffen onder meer de administratieve organisatie van de natuurlijke persoon of rechtspersoon alsmede de wijze waarop deze ervoor zorg draagt dat de aan het aanbrengen van de merken verbonden procedures in acht worden genomen.
2. Bij ministeriële regeling worden nadere regels vastgesteld met betrekking tot de aanvraag van een erkenning.
3. De erkenning wordt in ieder geval geweigerd indien een reeds aan de aanvrager verleende erkenning op grond van artikel 70f, tweede lid, is ingetrokken binnen een direct aan de datum van indiening van de aanvraag voorafgaande periode van twaalf weken, dan wel van zes maanden ingeval reeds twee of meer malen een dergelijke aan de aanvrager verleende erkenning is ingetrokken.

Art. 70e

Toezicht op erkende organisatie

1. Met het toezicht op de naleving van de uit de erkenning voortvloeiende verplichtingen zijn belast de bij besluit van de Dienst Wegverkeer aangewezen ambtenaren. Van een zodanig besluit wordt mededeling gedaan door plaatsing in de Staatscourant. Het toezicht omvat in ieder geval het periodiek controleren van de organisatie van degene aan wie de erkenning is verleend.
2. Degene aan wie een erkenning is verleend, is gehouden tot betaling, op de door de Dienst Wegverkeer vastgestelde wijze, van het door deze dienst ter zake van de kosten van het toezicht vastgestelde tarief.
3. Bij ministeriële regeling worden nadere regels vastgesteld betreffende de wijze waarop het toezicht wordt gehouden en de verplichting tot medewerking daaraan van degene aan wie een erkenning is verleend. Deze regels kunnen inhouden dat een verscherpt toezicht wordt gehouden indien blijkt dat wordt gehandeld in strijd met een of meer uit de erkenning voortvloeiende verplichtingen.

Art. 70f

Intrekken of wijzigen erkenning

1. De Dienst Wegverkeer trekt een erkenning in, indien degene aan wie die erkenning is verleend, daarom verzoekt.
2. De Dienst Wegverkeer kan een erkenning intrekken of wijzigen dan wel de daaraan verbonden voorschriften wijzigen indien degene aan wie de erkenning is verleend:
a. niet meer voldoet aan de voor de erkenning gestelde eisen;
b. een verplichting als bedoeld in artikel 70e niet nakomt, of
c. handelt in strijd met een of meer andere uit de erkenning voortvloeiende verplichtingen.

Schorsen erkenning

3. De Dienst Wegverkeer kan in de gevallen, bedoeld in het tweede lid, een erkenning schorsen voor een door hem daarbij vast te stellen termijn die ten hoogste twaalf weken bedraagt.

Art. 70g

Het is een ieder aan wie niet een erkenning als bedoeld in artikel 70a is verleend, verboden zich op zodanige wijze te gedragen, dat daardoor bij het publiek de indruk kan worden gewekt, dat zodanige erkenning aan hem is verleend.

Art. 70h

Overleggen documenten

Bij de verkrijging van een kentekenplaat worden de bij ministeriële regeling aangewezen identiteitsdocumenten en overige documenten overgelegd.

Art. 70i

Inleveren kentekenplaat

1. De eigenaar of houder van een motorrijtuig of aanhangwagen is verplicht in geval van:
a. overdracht van dat motorrijtuig of die aanhangwagen aan een erkend bedrijf als bedoeld in artikel 62 ten behoeve van uitvoer naar het buitenland of voorgoed buitengebruikstelling, tot inlevering van de betrokken kentekenplaten bij dat bedrijf tegelijk met de overdracht;
b. beëindiging van de tenaamstelling van dat motorrijtuig of die aanhangwagen door een erkend bedrijf als bedoeld in artikel 66a ten behoeve van uitvoer naar het buitenland, tot inlevering van de betrokken kentekenplaten bij dat bedrijf tegelijk met de beëindiging van de tenaamstelling.
2. In geval van uitvoer naar het buitenland anders dan door een erkend bedrijf als bedoeld in artikel 62 of artikel 66a, is de eigenaar of houder van het motorrijtuig of de aanhangwagen verplicht tot inlevering van de betrokken kentekenplaten bij de Dienst Wegverkeer tegelijk met de uitvoer.
3. Indien het kentekenbewijs zijn geldigheid heeft verloren, anders dan in geval van het eerste of het tweede lid, kan de Dienst Wegverkeer verlangen dat de betrokken kentekenplaten binnen een bepaalde termijn bij deze dienst worden ingeleverd.

Art. 70j

Registratie ingeleverde kentekenplaten

1. Indien de betrokken kentekenplaten overeenkomstig artikel 70i worden ingeleverd bij de Dienst Wegverkeer onderscheidenlijk een erkend bedrijf als bedoeld in artikel 62 of artikel 66a is deze dienst, onderscheidenlijk dit bedrijf verplicht tot het vastleggen van gegevens omtrent van:
a. het betrokken kenteken, en
b. het aantal ingeleverde kentekenplaten.
De artikelen 70b, vierde tot en met zesde lid, en 70c zijn van overeenkomstige toepassing

Wegenverkeerswet 1994 C14 art. 71

2. De Dienst Wegverkeer, onderscheidenlijk het erkende bedrijf, is voorts, overeenkomstig bij ministeriële regeling vast te stellen regels, verplicht tot vernietiging van de ingeleverde kentekenplaten en tot registratie van de vernietiging.   *Vernietiging en registratie ingeleverde kentekenplaten*

Hoofdstuk IVA
Registratie van fietsen en andere mobiele objecten

Art. 70k
1. De Dienst Wegverkeer houdt een register van fietsen.   *Register van fietsen*
2. Bij ministeriële regeling worden regels gesteld omtrent de inhoud van het register alsmede de verwerking, het gebruik en de verstrekking van de gegevens daaruit.
3. Het verzamelen van gegevens ten behoeve van het in het eerste lid bedoelde register geschiedt ter voorkoming van diefstal en heling van fietsen, alsmede ten behoeve van de opsporing van gestolen fietsen.
4. Registratie van gegevens in het register geschiedt op de door de Dienst Wegverkeer te bepalen wijze. In door de Dienst Wegverkeer te bepalen gevallen kan een door deze dienst te bepalen aansluittarief verschuldigd zijn.
5. In door de Dienst Wegverkeer te bepalen gevallen geschiedt de registratie van gegevens in, dan wel verstrekking van gegevens uit het register tegen betaling van een door deze dienst te bepalen tarief.

Art. 70l
1. De Dienst Wegverkeer houdt een register van bij ministeriële regeling aan te wijzen categorieën van mobiele objecten anders dan fietsen waarvoor op grond van deze wet geen kenteken is opgegeven.   *Register van andere categorieën mobiele objecten*
2. Bij ministeriële regeling worden regels gesteld omtrent de inhoud van het register alsmede de verwerking, het gebruik en de verstrekking van de gegevens daaruit.
3. Het verzamelen van gegevens ten behoeve van het in het eerste lid bedoelde register geschiedt ter voorkoming van diefstal en heling van mobiele objecten, ten behoeve van de opsporing van gestolen mobiele objecten, alsmede ten behoeve van andere, bij ministeriële regeling te bepalen doeleinden, met inachtneming van artikel 2.
4. Het vierde en vijfde lid van artikel 70k zijn van toepassing.

Hoofdstuk IVB
Tellerstanden

Art. 70m
Het is eenieder verboden om de tellerstand van bij algemene maatregel van bestuur vastgestelde categorieën motorrijtuigen die dienen te zijn ingeschreven en tenaamgesteld zodanig te wijzigen of te doen wijzigen of van de werking van de kilometerteller zodanig te beïnvloeden of te doen beïnvloeden dat de op de teller aangegeven afstand niet overeenkomt met de door dat motorrijtuig werkelijk afgelegde afstand.   *Verbod manipulatie tellerstand*

Art. 70n
1. Door de Dienst Wegverkeer erkende bedrijven verstrekken in bij algemene maatregel van bestuur te bepalen gevallen aan de Dienst Wegverkeer de tellerstand van een motorrijtuig dat dient te zijn ingeschreven en tenaamgesteld.   *Verstrekking tellerstand*
2. Bij ministeriële regeling kunnen nadere regels worden gesteld over de wijze waarop de tellerstand wordt verstrekt.   *Nadere regels*

Hoofdstuk V
Gebruik van voertuigen op de weg

§ 1
Algemene bepalingen

Art. 71
1. Bij ministeriële regeling worden regels gesteld omtrent: *Gebruik van voertuigen op de weg, regels m.b.t. eisen aan*
a. de eisen waaraan voertuigen moeten voldoen waarmee over de weg wordt gereden, waarbij onderscheid kan worden gemaakt tussen verschillende wegen;
b. de inrichting van voertuigen die op de weg staan;
c. de eisen waaraan voertuigen moeten voldoen voor de afgifte van een keuringsbewijs;
d. de eisen waaraan ter uitvoering van verdragen of van besluiten van volkenrechtelijke organisaties of van één of meer instellingen van de Europese Unie, al dan niet gezamenlijk, moet worden voldaan met betrekking tot het uitvoeren van onderhoud aan voertuigen.
2. Onverminderd het eerste lid voldoen voertuigen waarmee over de weg wordt gereden, aan de eisen voor goedkeuring als bedoeld in artikel 21 en aan het gebruik verbonden eisen in de

bij ministeriële regeling aangeduide artikelen van een EU-harmonisatieverordening in verband met de goedkeuring van motorvoertuigen.

Art. 71a

Goedgekeurde meetapparatuur, regeling van eisen m.b.t.

Bij ministeriële regeling kan worden bepaald dat:
a. het voldoen aan de in artikel 71 bedoelde voorschriften wordt aangetoond door middel van in die regels voorgeschreven apparatuur,
b. die apparatuur is goedgekeurd door een door Onze Minister aangewezen keuringsinstelling,
c. die apparatuur alleen kan worden goedgekeurd indien de in die regels genoemde technische specificaties van die apparatuur die noodzakelijk zijn om het periodiek onderzoek, bedoeld in onderdeel d, uit te kunnen voeren, op de in die regels aangegeven wijze bekend worden gemaakt,
d. die apparatuur met een in die regels vast te stellen periodiciteit is onderzocht door deze keuringsinstelling, dan wel door een door Onze Minister of door deze keuringsinstelling erkende onderzoeksgerechtigde en dat middelen die worden gebruikt om die apparatuur voor gebruik geschikt te maken, zijn gecertificeerd door een door die keuringsinstelling erkende instelling, en
e. bij de erkenning van een onderzoeksgerechtigde of instelling als bedoeld in onderdeel d, wordt voldaan aan de in die regels opgenomen voorschriften.

§ 2
Periodieke keuringsplicht

Art. 72

Keuringsbewijs

1. Voor een motorrijtuig of een aanhangwagen, waarvoor een kenteken is opgegeven dan wel dient te zijn opgegeven, dient een keuringsbewijs te zijn afgegeven.
2. Het keuringsbewijs dient:
a. te voldoen aan de door de Dienst Wegverkeer vastgestelde eisen inzake inrichting en uitvoering,
b. zijn geldigheid niet te hebben verloren, en
c. behoorlijk leesbaar te zijn.
3. Voor overtreding van het eerste lid en het bepaalde bij of krachtens het tweede lid zijn aansprakelijk:
a. voor zover het betreft een motorrijtuig, de eigenaar of houder, alsmede in het geval dat met dat motorrijtuig over de weg wordt gereden, de bestuurder, en
b. voor zover het betreft een aanhangwagen, de eigenaar of houder, alsmede in het geval dat de aanhangwagen met een motorrijtuig over de weg wordt voortbewogen, de bestuurder van dat motorrijtuig.

Art. 73

Uitzonderingen inzake keuring

1. Artikel 72 geldt niet indien:
a. voor het motorrijtuig of de aanhangwagen ter zake van een keuring die ingevolge een andere dan deze wet is voorgeschreven en blijkens aanwijzing bij ministeriële regeling ten minste een controle inhoudt op de eisen, bedoeld in artikel 75, eerste lid, een keuringsdocument waarvan de geldigheidsduur niet is verstreken, is afgegeven, dan wel
b. de geldigheid van het voor het betrokken voertuig afgegeven kentekenbewijs is geschorst overeenkomstig paragraaf 6 van hoofdstuk IV.
2. Bij algemene maatregel van bestuur kan onder daarbij te stellen voorwaarden worden bepaald dat:
a. artikel 72 niet geldt voor motorrijtuigen en aanhangwagens zolang gerekend vanaf het tijdstip waarop deze voertuigen voor het eerst op de weg zijn toegelaten, nog geen bij algemene maatregel van bestuur te bepalen termijn is verstreken, waarbij voor verschillende groepen van voertuigen, alsmede voor voertuigen die voor, onderscheidenlijk na een bij algemene maatregel van bestuur te bepalen tijdstip voor het eerst op de weg zijn toegelaten verschillend kan worden vastgesteld; bij algemene maatregel van bestuur kan nader worden bepaald op welk tijdstip een voertuig geacht wordt voor het eerst op de weg te zijn toegelaten;
b. artikel 72 niet geldt voor nader aangewezen groepen van motorrijtuigen of aanhangwagens. Hieronder vallen in ieder geval aanhangwagens met een toegestane maximum massa van niet meer dan 3500 kg;
c. in bepaalde uitzonderingsgevallen tijdelijk wordt of kan worden afgeweken van artikel 72;
d. artikel 72 gedurende een nader te bepalen termijn na het tijdstip van verstrijken van de geldigheidsduur van het voor het voertuig afgegeven keuringsbewijs niet geldt voor het op de weg staan van dat voertuig.
3. Bij ministeriële regeling kunnen nadere regels worden vastgesteld met betrekking tot het tweede lid, onderdelen b en c.

Wegenverkeerswet 1994

Art. 74
Het is verboden ten opzichte van een motorrijtuig of een aanhangwagen opzettelijk gebruik te maken van een keuringsbewijs dat niet voor dat voertuig is afgegeven, als ware het voor dat voertuig afgegeven.

Vals keuringsbewijs

§ 3
Aanvraag en afgifte van keuringsrapporten

Art. 75
1. Een keuringsbewijs wordt door degene die ingevolge artikel 78 met de afgifte van keuringsrapporten is belast, afgegeven op aanvraag en tegen betaling op de door deze vastgestelde wijze van het door deze vastgestelde tarief indien het motorrijtuig of de aanhangwagen heeft voldaan aan de eisen die ingevolge artikel 71, onderdeel c, aan dat voertuig worden gesteld, voorzover deze eisen niet ingevolge het tweede lid buiten toepassing blijven. Het hiervoor bedoelde tarief omvat mede een door de Dienst Wegverkeer vastgesteld bedrag ter zake van het attenderen door deze dienst op de in artikel 72 opgenomen verplichting. Indien degene die met de afgifte van keuringsrapporten is belast een persoon is als bedoeld in artikel 78, eerste lid, onder b, draagt deze dit bedrag af aan de Dienst Wegverkeer op de door deze dienst vastgestelde wijze.
2. Bij algemene maatregel van bestuur kan onder daarbij te stellen voorwaarden worden bepaald dat voor nader aangewezen groepen van motorrijtuigen - zolang gerekend vanaf het tijdstip waarop deze voertuigen voor het eerst op de weg zijn toegelaten, nog geen bij algemene maatregel van bestuur vast te stellen termijn die ten hoogste drie jaren bedraagt, is verstreken - ten behoeve van de afgifte van een keuringsbewijs slechts behoeft te worden voldaan aan de ingevolge artikel 71 gestelde eisen die betrekking hebben op het bestrijden van luchtverontreiniging. Bij algemene maatregel van bestuur kan nader worden bepaald op welk tijdstip een voertuig geacht wordt voor het eerst op de weg te zijn toegelaten.
3. Bij ministeriële regeling kunnen nadere regels worden vastgesteld met betrekking tot de in het tweede lid bedoelde voorwaarden en groepen van motorrijtuigen.

Afgifte keuringsbewijs

Art. 76
1. Bij de aanvraag van een keuringsrapport dient de aanvrager de bij algemene maatregel van bestuur vastgestelde bescheiden over te leggen en inlichtingen te verschaffen.
2. De aanvrager dient het motorrijtuig of de aanhangwagen waarvoor de afgifte van een keuringsrapport wordt verlangd, overeenkomstig bij algemene maatregel van bestuur vast te stellen regels ten behoeve van de afgifte van dat bewijs ter beschikking te stellen van degene die ingevolge artikel 78 met de afgifte van keuringsrapporten is belast.
3. Bij ministeriële regeling kunnen regels worden vastgesteld omtrent de wijze waarop wordt onderzocht of een voertuig voldoet aan de in artikel 75 bedoelde eisen, alsmede omtrent hetgeen verder met betrekking tot de behandeling van de aanvraag van een keuringsrapport noodzakelijk is.

Aanvraag keuringsbewijs

Art. 77
Het voor afgifte van een keuringsrapport aangeboden voertuig dient overeen te stemmen met de in het daarbij behorende kentekenbewijs en de in het kentekenregister vermelde gegevens.

Eisen afgifte keuringsbewijs

Art. 78
1. Keuringsrapporten worden overeenkomstig bij algemene maatregel van bestuur vastgestelde regels afgegeven door:
a. de Dienst Wegverkeer in het kader van een door deze dienst verrichte keuring van het voertuig waarvoor de afgifte wordt gevraagd;
b. een ingevolge artikel 84 erkende natuurlijke persoon of rechtspersoon in het kader van een door deze verrichte keuring van het voertuig waarvoor de afgifte wordt gevraagd.
2. De Dienst Wegverkeer draagt er zorg voor dat indien in onvoldoende mate keuringsrapporten kunnen worden afgegeven door andere natuurlijke personen of rechtspersonen als bedoeld in het eerste lid, onderdeel b, dan die zich bezighouden met het verrichten van onderhoud of reparaties aan motorrijtuigen of aanhangwagens, de Dienst Wegverkeer kan voorzien in zodanige afgifte.
3. De Dienst Wegverkeer geeft geen keuringsrapporten af voor zover in voldoende mate keuringsrapporten kunnen worden afgegeven door natuurlijke personen of rechtspersonen als bedoeld in het eerste lid, onderdeel b, die zich niet bezighouden met het verrichten van onderhoud of reparaties aan motorrijtuigen of aanhangwagens.

Keuringsrapporten

Art. 79
Degene die ingevolge artikel 78 met de afgifte van keuringsbewijzen is belast, doet van het voornemen tot de afgifte van zodanig bewijs op de bij ministeriële regeling te bepalen wijze mededeling aan de beheerder van het kentekenregister. Van de weigering van de afgifte van een keuringsbewijs wordt mededeling gedaan in bij ministeriële regeling vast te stellen gevallen.

Afgifte keuringsbewijs

Wegenverkeerswet 1994

Art. 80

Vervanging keuringsbewijzen

1. De Dienst Wegverkeer of de erkenninghouder geeft voor keuringsbewijzen die versleten of geheel of ten dele onleesbaar zijn, dan wel verloren zijn geraakt of teniet zijn gegaan, op aanvraag en tegen betaling, op de door deze dienst vastgestelde wijze, van het daarvoor door deze dienst vastgestelde tarief vervangende keuringsbewijzen af.
2. Een vervangend keuringsbewijs wordt niet afgegeven dan nadat het versleten of geheel of ten dele onleesbaar geworden bewijs is ingeleverd bij de Dienst Wegverkeer of de erkenninghouder.

§ 4 Geldigheid keuringsbewijzen

Art. 81

Geldigheidsduur keuringsbewijs

1. Bij algemene maatregel van bestuur wordt, voorzover nodig onder daarbij te stellen voorwaarden, bepaald op welk tijdstip een keuringsbewijs geldigheid verkrijgt en voor welke duur een keuringsbewijs geldig is. Deze duur kan voor verschillende groepen van voertuigen, alsmede voor voertuigen die voor, onderscheidenlijk na een bij algemene maatregel van bestuur te bepalen tijdstip voor het eerst op de weg zijn toegelaten, verschillend worden vastgesteld.
2. Bij ministeriële regeling kunnen nadere regels worden vastgesteld met betrekking tot de in het eerste lid bedoelde voorwaarden en groepen van motorrijtuigen.

Art. 82

Verlies geldigheid keuringsbewijs

Onverminderd de artikelen 81, 86, vierde lid, en 91, vierde lid, verliest een keuringsbewijs zijn geldigheid:
a. door afgifte van een vervangend keuringsbewijs;
b. door het onbevoegd daarin aanbrengen van wijzigingen.

§ 5 Erkenningsregeling periodieke keuring en regeling bevoegdheid tot keuren

Art. 83

Erkenningsregeling periodieke keuring

1. De Dienst Wegverkeer kan aan een natuurlijke persoon of rechtspersoon een erkenning verlenen waardoor deze gerechtigd is keuringsrapporten af te geven voor motorrijtuigen en aanhangwagens, waarvoor artikel 72 geldt, met uitzondering van bussen als bedoeld in de Wet personenvervoer 2000.
2. Een erkenning geldt voor motorrijtuigen en aanhangwagens, die behoren tot een in de erkenning aangewezen groep, en kan gelden voor bepaalde of voor onbepaalde tijd. De aanwijzing kan geen betrekking hebben op de leeftijd of het merk van motorrijtuigen en aanhangwagens.
3. Een erkenning, verleend aan een natuurlijke persoon of rechtspersoon, die een keuringsdienst of een onderhoudsdienst voor het eigen wagenpark exploiteert, geldt slechts voor de eigen voertuigen.
4. Bij ministeriële regeling kunnen voorschriften worden vastgesteld die aan een erkenning worden verbonden en kunnen met betrekking tot die voorschriften regels worden vastgesteld.

Art. 84

Verlenen van erkenning

1. De erkenning wordt op aanvraag en tegen betaling, op de door de Dienst Wegverkeer vastgestelde wijze, van het daarvoor door deze dienst vastgestelde tarief verleend indien de natuurlijke persoon of rechtspersoon voldoet aan de bij ministeriële regeling vastgestelde eisen. Deze eisen betreffen onder meer de voor de keuringen benodigde apparatuur en ruimte alsmede de deskundigheid van de voor de keuringen beschikbare personen. Ten aanzien van de voor de keuringen benodigde apparatuur kan bij die ministeriële regeling de eis worden gesteld dat die apparatuur is goedgekeurd door een door Onze Minister aan te wijzen keuringsinstelling en met de in die regeling vast te stellen periodiciteit is onderzocht door deze keuringsinstelling dan wel door een door deze keuringsinstelling erkende onderzoeksgerechtigde en kunnen regels worden vastgesteld met betrekking tot de erkenning van onderzoeksgerechtigden. Bij ministeriële regeling kan worden bepaald dat middelen die worden gebruikt om deze apparatuur voor gebruik geschikt te maken zijn gecertificeerd door een door die keuringsinstelling erkende instelling en kunnen regels worden vastgesteld met betrekking tot die erkenning.
2. Bij ministeriële regeling worden nadere regels vastgesteld met betrekking tot de aanvraag van een erkenning.

Art. 85

Verplichting tot keuring

De erkende natuurlijke personen of rechtspersonen zijn verplicht het door de aanvrager ter keuring aangeboden voertuig te keuren, indien zij daartoe gerechtigd zijn.

Art. 85a

Bevoegdheidspas keuring motorrijtuigen en aanhangwagens

1. De Dienst Wegverkeer kan aan een natuurlijke persoon de bevoegdheid verlenen motorrijtuigen en aanhangwagens, waarvoor artikel 72 geldt, met uitzondering van bussen als bedoeld

Wegenverkeerswet 1994   C14 art. 87

in de Wet personenvervoer, aan een keuring te onderwerpen. Ten bewijze van deze bevoegdheid verstrekt de Dienst Wegverkeer de betrokken persoon een bevoegdheidspas.
2. De bevoegdheid voertuigen aan een keuring te onderwerpen geldt voor motorrijtuigen en aanhangwagens die behoren tot een in de verlening van de bevoegdheid voertuigen aan een keuring te onderwerpen aangewezen groep, en kan gelden voor bepaalde of onbepaalde tijd.
3. De bevoegdheid voertuigen aan een keuring te onderwerpen wordt verleend indien de natuurlijke persoon beschikt over een examencertificaat van een door Onze Minister aangewezen exameninstantie en overigens voldoet aan bij ministeriële regeling vastgestelde eisen. Daarbij kan aan de Dienst Wegverkeer de bevoegdheid worden verleend voorwaarden vast te stellen ten aanzien van het voldoen aan deze eisen.
4. Bij ministeriële regeling worden regels vastgesteld met betrekking tot de aanvraag tot het verlenen van de bevoegdheid voertuigen aan een keuring te onderwerpen en met betrekking tot de bevoegdheidspas.
5. Bij ministeriële regeling kunnen voorschriften worden vastgesteld die aan de bevoegdheid voertuigen aan een keuring te onderwerpen worden verbonden en kunnen met betrekking tot die voorschriften regels worden vastgesteld.
6. Artikel 17, eerste lid, van de Kaderwet zelfstandige bestuursorganen is van overeenkomstige toepassing op het vaststellen van het tarief voor het examen dat de natuurlijke persoon dient af te leggen om het in het derde lid bedoelde certificaat te verkrijgen.

Art. 86
1. De Dienst Wegverkeer onderwerpt ten minste drie van elke honderd voertuigen na een verrichte keuring steekproefsgewijs aan een herkeuring met het oog op het toezicht op: Controle op keuring
a. de juiste uitvoering van de keuring;
b. het aan een keuring onderwerpen door daartoe bevoegde natuurlijke personen.
2. De eigenaar of houder van een motorrijtuig of een aanhangwagen, waarvoor een herkeuring wordt geëist, is verplicht het voertuig op de plaats van de keuring beschikbaar te houden totdat de herkeuring heeft plaatsgevonden. Deze verplichting geldt voor een periode van ten hoogste 90 minuten na de in artikel 79 bedoelde mededeling.
3. Het keuringsrapport van een motorrijtuig of een aanhangwagen waarvoor een herkeuring wordt geëist wordt pas afgegeven op het moment dat de periode genoemd in het vorige lid is verstreken of nadat de herkeuring heeft plaatsgevonden.
4. De geldigheid van het keuringsbewijs vervalt indien de eigenaar of houder niet voldoet aan de in het tweede lid bedoelde verplichtingen of indien het motorrijtuig of de aanhangwagen bij de herkeuring niet voldoet aan de eisen, bedoeld in artikel 75, eerste lid.
5. Met het toezicht op de naleving van de uit de erkenning voortvloeiende verplichtingen zijn belast de bij besluit van de Dienst Wegverkeer aangewezen ambtenaren. Van een zodanig besluit wordt mededeling gedaan door plaatsing in de Staatscourant.
6. Degene aan wie een erkenning is verleend, is gehouden tot betaling, op de door de Dienst Wegverkeer vastgestelde wijze, van het door deze dienst ter zake van de kosten van het toezicht vastgestelde tarief.
7. Bij ministeriële regeling kunnen nadere regels worden vastgesteld betreffende de wijze waarop de steekproef wordt uitgevoerd, alsmede betreffende de verplichting tot medewerking daaraan van de eigenaar of houder. Deze regels kunnen inhouden dat een verscherpt toezicht wordt gehouden indien blijkt dat wordt gehandeld in strijd met een of meer uit de erkenning voortvloeiende verplichtingen of in strijd met een of meer uit de bevoegdheid voertuigen aan een keuring te onderwerpen voortvloeiende verplichtingen.

Art. 86a
1. De Dienst Wegverkeer laat met het oog op het toezicht op het verrichten van keuringen, keuringen uitvoeren door het ter keuring aanbieden van een voertuig in bij ministeriële regeling vast te stellen gevallen.   Anonieme keuring
2. Bij ministeriële regeling kunnen regels worden vastgesteld betreffende de wijze waarop keuring wordt uitgevoerd. Deze regels kunnen inhouden dat verscherpt toezicht wordt gehouden indien blijkt dat er door een natuurlijke persoon die daartoe niet bevoegd is motorrijtuigen en aanhangwagens, waarvoor artikel 72 geldt, met uitzondering van bussen als bedoeld in de Wet personenvervoer, aan een keuring worden onderworpen.   Regels voor uitvoeren keuring

Art. 87
1. De Dienst Wegverkeer trekt een erkenning in, indien degene aan wie die erkenning is verleend, daarom verzoekt.   Intrekking erkenning
2. De Dienst Wegverkeer kan een erkenning intrekken of wijzigen indien degene aan wie de erkenning is verleend:
a. niet meer voldoet aan de voor de erkenning gestelde eisen,
b. in strijd met de eisen, bedoeld in artikel 75, eerste lid, of de regels, bedoeld in artikel 76, derde lid, een keuringsbewijs afgeeft voor een motorrijtuig of een aanhangwagen,
c. een keuringsrapport afgeeft voor een motorrijtuig of een aanhangwagen, waarvoor de erkenning niet geldt,

d. de verplichting, vervat in artikel 85, 86, zesde lid, 90, vierde lid, of 91, vierde lid, niet nakomt,
e. weigert een keuringsbewijs af te geven voor een motorrijtuig of een aanhangwagen, waarvoor de erkenning geldt, hoewel dat voertuig bij een keuring, verricht met inachtneming van de regels, bedoeld in artikel 76, derde lid, voldoet aan de eisen, bedoeld in artikel 75, eerste lid, of
f. handelt in strijd met een of meer andere uit de erkenning voortvloeiende verplichtingen.
3. De Dienst Wegverkeer kan in de gevallen, bedoeld in het tweede lid, onderdelen a, d en f, een erkenning schorsen voor een door hem daarbij vast te stellen termijn die ten hoogste twaalf weken bedraagt.
4. De Dienst Wegverkeer kan in de gevallen, bedoeld in het eerste en tweede lid, bepalen dat een wachttijd geldt voor het aanvragen van een erkenning van maximaal 30 maanden.

Art. 87a

Intrekking keuringsbevoegdheid

1. De Dienst Wegverkeer trekt de bevoegdheid voertuigen aan een keuring te onderwerpen in, indien degene aan wie die bevoegdheid is verleend, daarom verzoekt.
2. De Dienst Wegverkeer kan de bevoegdheid voertuigen aan een keuring te onderwerpen intrekken of de daaraan verbonden voorschriften wijzigen, indien degene aan wie die bevoegdheid is verleend:
a. niet meer voldoet aan de voor de bevoegdheid voertuigen aan een keuring te onderwerpen gestelde eisen,
b. in strijd met de regels, bedoeld in artikel 76, derde lid, een voertuig aan een onderzoek onderwerpt,
c. handelt in strijd met een of meer andere uit de bevoegdheid voertuigen aan een keuring te onderwerpen voortvloeiende verplichtingen.
3. De Dienst Wegverkeer kan in de gevallen, bedoeld in het tweede lid, onderdelen a en c, de bevoegdheid voertuigen aan een keuring te onderwerpen schorsen voor een door deze dienst daarbij vast te stellen termijn die ten hoogste twaalf weken bedraagt.

Art. 88

Verscherpen van toezicht

1. De kennisgeving van het verscherpen van het toezicht kan plaatsvinden door middel van datacommunicatie. In dat geval wordt de kennisgeving na daartoe strekkend verzoek van de belanghebbende in een beschikking vastgelegd.
2. Bij ministeriële regeling kunnen regels worden vastgesteld met betrekking tot het toezicht en het verscherpen daarvan, alsmede met betrekking tot het intrekken, wijzigen en schorsen van de erkenning of bevoegdheid tot keuren.

Art. 89

Bescherming erkenninghouders

Het is een ieder aan wie niet een erkenning als bedoeld in artikel 83 is verleend, verboden zich op zodanige wijze te gedragen, dat daardoor bij het publiek de indruk kan worden gewekt, dat zodanige erkenning aan hem is verleend.

§ 6
Herkeuring en deskundigenonderzoek

Art. 90

Beroep tegen niet-afgifte keuringsbewijs

1. Tegen een beschikking tot weigering van de afgifte van een keuringsbewijs kan een belanghebbende bezwaar maken of administratief beroep instellen bij de Dienst Wegverkeer.
2. In afwijking van artikel 6:7 van de Algemene wet bestuursrecht kan tegen een beschikking tot weigering van de afgifte van een keuringsbewijs slechts bezwaar worden gemaakt of administratief beroep worden ingesteld terstond nadat de beschikking is bekendgemaakt.
3. Het bezwaar of administratief beroep wordt slechts in behandeling genomen indien het voertuig in de staat waarin het zich ten tijde van de keuring bevond, onmiddellijk op een door de Dienst Wegverkeer bepaalde plaats ter beschikking wordt gesteld ten behoeve van een herkeuring door een door de Dienst Wegverkeer aangewezen deskundige.
4. In afwijking van de artikelen 7:15 en 7:28 van de Algemene wet bestuursrecht dient bij de indiening van het bezwaar- of beroepschrift een bedrag ter vergoeding van de aan de herkeuring verbonden kosten te worden betaald. De hoogte van het bedrag en de wijze van betaling worden vastgesteld door de Dienst Wegverkeer.
5. Degene die de beschikking tot weigering van de afgifte van een keuringsbewijs heeft gegeven, wordt in de gelegenheid gesteld bij de herkeuring aanwezig te zijn.
6. Indien het voertuig volgens het oordeel van de deskundige voldoet aan de in artikel 75 bedoelde eisen, geeft de Dienst Wegverkeer alsnog het aangevraagde keuringsbewijs af en wordt het in het vierde lid bedoelde bedrag terugbetaald aan de indiener van het bezwaar- of beroepschrift. Is in dit geval de beschikking tot weigering van de afgifte van een keuringsbewijs gegeven door een erkende natuurlijke persoon of rechtspersoon, dan is deze vorenbedoeld bedrag verschuldigd aan de Dienst Wegverkeer en gehouden dit te betalen op de door deze dienst vastgestelde wijze.

Wegenverkeerswet 1994

Art. 91

1. Tegen een beschikking tot afgifte van een keuringsbewijs kan een belanghebbende bezwaar maken of administratief beroep instellen bij de Dienst Wegverkeer. *Bezwaar- en beroepsprocedure*
2. In afwijking van artikel 6:7 van de Algemene wet bestuursrecht kan tegen een beschikking tot afgifte van een keuringsbewijs bezwaar worden gemaakt of administratief beroep worden ingesteld gedurende een bij algemene maatregel van bestuur te stellen termijn.
3. Het bezwaar of administratief beroep wordt slechts in behandeling genomen indien het voertuig op een door de Dienst Wegverkeer bepaalde plaats ter beschikking wordt gesteld ten behoeve van een onderzoek door een door de Dienst Wegverkeer aangewezen deskundige.
4. In afwijking van de artikelen 7:15 en 7:28 van de Algemene wet bestuursrecht dient bij de indiening van het bezwaar- of beroepschrift een bedrag ter vergoeding van de aan het onderzoek verbonden kosten te worden betaald. De hoogte van het bedrag en de wijze van betaling worden vastgesteld door de Dienst Wegverkeer.
5. Degene die de beschikking tot afgifte van een keuringsbewijs heeft gegeven, wordt in de gelegenheid gesteld bij het onderzoek aanwezig te zijn.
6. Indien het voertuig volgens het oordeel van de deskundige ten tijde van de keuring op grond waarvan het keuringsbewijs is afgegeven, redelijkerwijze niet aan de keuringseisen kan hebben voldaan, daarbij in het bijzonder gelet op de termijn die is verstreken tussen de keuring en het onderzoek, verklaart de Dienst Wegverkeer het voor het voertuig afgegeven keuringsbewijs alsnog ongeldig en wordt het in het vierde lid bedoelde bedrag terugbetaald aan de indiener van het bezwaar- of beroepschrift. Is in dat geval de beschikking tot afgifte van een keuringsbewijs gegeven door een erkende natuurlijke persoon of rechtspersoon, dan is deze vorenbedoeld bedrag verschuldigd aan de Dienst Wegverkeer en gehouden dit te betalen op de door deze dienst vastgestelde wijze.

§ 6a
Erkenningsregeling systemen, onderdelen, technische eenheden, voertuigdelen, uitrustingsstukken en voorzieningen voor voertuigen en aanhangwagens daarvan en voorzieningen ter bescherming van inzittenden van voertuigen en kwetsbare weggebruikers die op de markt mogen worden aangeboden, in de handel mogen worden gebracht of in gebruik mogen worden genomen, zonder te zijn goedgekeurd

Art. 92

1. De Dienst Wegverkeer kan aan een natuurlijke persoon of rechtspersoon een erkenning verlenen waardoor deze gerechtigd is om bij algemene maatregel van bestuur aangewezen systemen, onderdelen, technische eenheden, voertuigdelen, uitrustingsstukken en voorzieningen voor voertuigen en aanhangwagens of voorzieningen ter bescherming van inzittenden van voertuigen en kwetsbare weggebruikers die niet zijn goedgekeurd als bedoeld in artikel 21, eerste lid, in te bouwen in voertuigen. *Erkenningsregeling inbouw onderdelen*
2. De erkenning geldt voor de in de erkenning aangegeven werkzaamheden ter zake van het in voertuigen inbouwen van van in de erkenning aangewezen systemen, onderdelen, technische eenheden, voertuigdelen, uitrustingsstukken en voorzieningen in voertuigen of aanhangwagens of voorzieningen ter bescherming van inzittenden van voertuigen en kwetsbare weggebruikers. De erkenning kan gelden voor bepaalde of onbepaalde tijd.
3. Bij ministeriële regeling kunnen voorschriften worden vastgesteld die aan een erkenning worden verbonden. *Nadere regels*

Art. 93

1. De erkenning wordt op aanvraag en tegen betaling, op de door de Dienst Wegverkeer vastgestelde wijze, van het daarvoor door deze dienst vastgestelde tarief verleend, indien de natuurlijke persoon of rechtspersoon voldoet aan bij ministeriële regeling vastgestelde eisen. *Aanvraag erkenning inbouw onderdelen*
2. Bij ministeriële regeling kunnen nadere regels worden vastgesteld met betrekking tot de aanvraag van een erkenning. *Nadere regels*
3. De erkenning wordt geweigerd indien een reeds aan de aanvrager verleende erkenning op grond van artikel 95, tweede lid, is ingetrokken binnen een direct aan de datum van indiening van de aanvraag voorafgaande periode van twaalf weken, dan wel van zes maanden in geval reeds twee of meer malen een dergelijke aan de aanvrager verleende erkenning is ingetrokken.

Art. 94

1. De Dienst Wegverkeer onderwerpt een bij ministeriële regeling aangewezen aantal systemen, onderdelen, technische eenheden, voertuigdelen, uitrustingsstukken en voorzieningen voor voertuigen en aanhangwagens en voorzieningen ter bescherming van inzittenden van voertuigen en kwetsbare weggebruikers steekproefsgewijs aan een keuring met het oog op het toezicht op de juiste inbouw ervan in een voertuig of aanhangwagen. *Toezicht op inbouw onderdelen*

2. Degene aan wie de erkenning is verleend, is gehouden tot betaling, op door de Dienst Wegverkeer vastgestelde wijze, van het door deze dienst ter zake van de kosten van het toezicht vastgestelde tarief.

Nadere regels

3. Bij ministeriële regeling kunnen nadere regels worden vastgesteld betreffende de wijze waarop de steekproef wordt uitgevoerd, alsmede betreffende de verplichting tot medewerking daaraan van degene aan wie een erkenning is verleend en van de eigenaar of houder van het voertuig waarvoor een keuring wordt geëist. Deze regels kunnen inhouden dat een verscherpt toezicht wordt gehouden, indien blijkt dat wordt gehandeld in strijd met een of meer uit de erkenning voortvloeiende verplichtingen.

4. De kennisgeving van het verscherpen van het toezicht kan plaatsvinden door middel van datacommunicatie.

Art. 95

Intrekking erkenning inbouw onderdelen

1. De Dienst Wegverkeer trekt een erkenning in, indien degene aan wie die erkenning is verleend, daarom verzoekt.

2. De Dienst Wegverkeer kan een erkenning intrekken of wijzigen, indien degene aan wie de erkenning is verleend:
a. niet meer voldoet aan de voor de erkenning gestelde eisen;
b. de verplichtingen, vervat in artikel 5:20, eerste lid, van de Algemene wet bestuursrecht en artikel 94, derde lid, niet nakomt; of
c. handelt in strijd met een of meer andere uit de erkenning voortvloeiende verplichtingen.

3. De Dienst Wegverkeer kan in de gevallen, bedoeld in het tweede lid, een erkenning schorsen voor een door hem daarbij vast te stellen termijn die ten hoogste twaalf weken bedraagt.

Nadere regels

4. Bij ministeriële regeling kunnen nadere regels worden vastgesteld met betrekking tot het intrekken, wijzigen en schorsen van de erkenning.

Art. 96

Verbod frauduleus gebruik erkenning inbouw onderdelen

Het is een ieder die niet beschikt over een geldige erkenning als bedoeld in artikel 92 verboden zich op zodanige wijze te gedragen, dat bij het publiek de indruk kan worden gewekt dat een dergelijke erkenning aan hem is verleend.

Art. 97

[Vervallen]

§ 7
Wijziging in de goedkeuring van voertuigen

Art. 98

Keuring na wijziging constructie voertuig

Indien in de bouw of inrichting van een voertuig dat is goedgekeurd als bedoeld in artikel 21, eerste lid, en na die goedkeuring wijziging is aangebracht, dient die wijziging, voorzover dit bij ministeriële regeling is bepaald, te zijn goedgekeurd voor toelating van het gewijzigde voertuig tot het verkeer op de weg.

Art. 99

Keuringstarief

1. Goedkeuring wordt op aanvraag en tegen betaling op door de Dienst Wegverkeer vastgestelde wijze, van het daarvoor door deze dienst vastgestelde tarief door deze dienst verleend, indien de aangebrachte wijziging bij een door deze dienst verrichte keuring voldoet aan de voor deze goedkeuring gestelde eisen ingevolge een EU-verordening in verband met de goedkeuring van motorvoertuigen of ingevolge de in hoofdstuk III en hoofdstuk V voor deze goedkeuring vastgestelde eisen. De keuring kan mede omvatten die delen van het voertuig waarvoor de aangebrachte wijziging gevolgen heeft.

2. Bij ministeriële regeling kunnen regels worden vastgesteld betreffende het door de aanvrager voor de keuring ter beschikking stellen van het voertuig, het door de aanvrager overleggen van bescheiden en verstrekken van inlichtingen ter zake van de keuring alsmede betreffende de wijze waarop de keuring wordt verricht.

§ 8
Erkenningsregeling wijziging goedkeuring voertuigen

Art. 100

Erkenningsregeling constructiebedrijven

1. De goedkeuring voor een wijziging in de bouw of inrichting van een voertuig wordt door de Dienst Wegverkeer verleend zonder dat de in artikel 99 bedoelde keuring heeft plaatsgevonden, indien door een daartoe door de Dienst Wegverkeer erkende natuurlijke persoon of rechtspersoon wordt gewaarborgd dat de aangebrachte wijziging voldoet aan de voor deze goedkeuring gestelde eisen ingevolge een EU-verordening in verband met de goedkeuring van motorvoertuigen of ingevolge de in hoofdstuk III en hoofdstuk V voor deze goedkeuring vastgestelde eisen.

2. De erkenning geldt voor de in de erkenning aangegeven werkzaamheden ter zake van het wijzigen van de bouw of inrichting van voertuigen die behoren tot een in de erkenning aangewezen groep. De erkenning kan gelden voor bepaalde of voor onbepaalde tijd.
3. Bij ministeriële regeling kunnen voorschriften worden vastgesteld die aan een erkenning worden verbonden en kunnen met betrekking tot die voorschriften regels worden vastgesteld.

Art. 101
1. De erkenning wordt door de Dienst Wegverkeer op aanvraag en tegen betaling, op de door deze dienst vastgestelde wijze, en het daarvoor door deze dienst vastgestelde tarief verleend aan de natuurlijke persoon of rechtspersoon die voldoet aan de bij ministeriële regeling vastgestelde eisen. Deze eisen betreffen onder meer de organisatie van de aanvrager alsmede het proces volgens hetwelk de aanvrager zijn werkzaamheden verricht, alsmede de voor de werkzaamheden benodigde apparatuur. Ten aanzien van de voor de werkzaamheden benodigde apparatuur kan bij die ministeriële regeling de eis worden gesteld dat die apparatuur is goedgekeurd door een door Onze Minister aan te wijzen keuringsinstelling en met de in die regeling vast te stellen periodiciteit is onderzocht door deze keuringsinstelling dan wel door een door deze keuringsinstelling erkende onderzoeksgerechtigde en kunnen regels worden vastgesteld met betrekking tot de erkenning van onderzoeksgerechtigden. Bij ministeriële regeling kan worden bepaald dat middelen die worden gebruikt om deze apparatuur voor gebruik geschikt te maken zijn gecertificeerd door een door die keuringsinstelling erkende instelling en kunnen regels worden vastgesteld met betrekking tot die certificering.
2. Met toepassing van artikel 28, eerste lid, laatste zinsnede, van de Dienstenwet is paragraaf 4.1.3.3. van de Algemene wet bestuursrecht niet van toepassing op een aanvraag tot erkenning. Bij ministeriele regeling worden nadere regels vastgesteld met betrekking tot de aanvraag van een erkenning.

Keuringstarief

Art. 102
1. Met het toezicht op de naleving van de uit de erkenning voortvloeiende verplichtingen zijn belast de bij besluit van de Dienst Wegverkeer aangewezen ambtenaren. Van een zodanig besluit wordt mededeling gedaan door plaatsing in de *Staatscourant*. Tot dit toezicht kan behoren het steekproefsgewijs keuren van door een erkende natuurlijke persoon of rechtspersoon aangebrachte wijzigingen in de bouw of inrichting van voertuigen. Voorts kan tot het toezicht behoren het periodiek controleren van de organisatie van degene aan wie de erkenning is verleend alsmede het proces volgens hetwelk hij zijn werkzaamheden verricht.
2. Degene aan wie een erkenning is verleend, is gehouden tot betaling, op de door de Dienst Wegverkeer vastgestelde wijze, van het door deze dienst ter zake van de kosten van het toezicht vastgestelde tarief.
3. Bij ministeriële regeling kunnen nadere regels worden vastgesteld betreffende de wijze waarop het toezicht wordt gehouden en de verplichting tot medewerking daaraan van degene aan wie een erkenning is verleend en van de eigenaar of houder van het voertuig waarvoor een keuring wordt geëist. Deze regels kunnen inhouden dat een verscherpt toezicht wordt gehouden indien blijkt dat wordt gehandeld in strijd met een of meer uit de erkenning voortvloeiende verplichtingen.
4. De kennisgeving van het verscherpen van het toezicht kan plaatsvinden door middel van datacommunicatie. In dat geval wordt de kennisgeving na daartoe strekkend verzoek van de belanghebbende in een beschikking vastgelegd.

Toezicht op erkenningsregeling

Art. 103
1. De Dienst Wegverkeer trekt een erkenning in, indien degene aan wie de erkenning is verleend, daarom verzoekt.
2. De Dienst Wegverkeer kan een erkenning intrekken of wijzigen indien degene aan wie de erkenning is verleend:
a. niet meer voldoet aan de voor de erkenning gestelde eisen,
b. de verplichtingen, vervat in artikel 5:20, eerste lid, van de Algemene wet bestuursrecht en artikel 102, tweede lid, niet nakomt, of
c. handelt in strijd met een of meer andere uit de erkenning voortvloeiende verplichtingen.
3. De Dienst Wegverkeer kan in de gevallen, bedoeld in het tweede lid, een erkenning schorsen voor een door hem daarbij vast te stellen termijn die ten hoogste twaalf weken bedraagt.
4. De Dienst Wegverkeer kan in de gevallen, bedoeld in het tweede lid, bepalen dat een wachttijd geldt voor het aanvragen van een erkenning van maximaal 30 maanden.

Intrekking erkenning

Art. 103a
Bij ministeriële regeling kunnen regels worden vastgesteld met betrekking tot het intrekken, wijzigen en schorsen van de erkenning.

Intrekken, wijzigen en schorsen erkenning, nadere regels m.b.t.

Art. 104
Het is een ieder aan wie niet een erkenning als bedoeld in artikel 100 is verleend, verboden zich op zodanige wijze te gedragen, dat daardoor bij het publiek de indruk kan worden gewekt, dat zodanige erkenning aan hem is verleend.

Fraude met erkenningsregeling

§ 9
Keuring na verval tenaamstelling

Art. 105

Keuring na vervallen tenaamstelling

Indien de tenaamstelling van een motorrijtuig of een aanhangwagen ingevolge artikel 51a, derde lid, onderdeel b of d, vervallen is verklaard of indien een aanzegging is gedaan als bedoeld in artikel 37, vijfde lid, onderdeel b, wordt het voertuig goedgekeurd alvorens de tenaamstelling kan herleven of het kentekenbewijs door de Dienst Wegverkeer geldig kan worden verklaard of kan worden teruggegeven.

Art. 106

Keuringstarief

1. De goedkeuring wordt op aanvraag en tegen betaling, op de door de Dienst Wegverkeer vastgestelde wijze, van het daarvoor door deze dienst vastgestelde tarief door deze dienst verleend, indien het voertuig bij een door de dienst verrichte keuring heeft beantwoord aan de bij of krachtens deze wet vastgestelde eisen.
2. Bij ministeriële regeling kunnen regels worden vastgesteld betreffende het door de aanvrager voor de keuring ter beschikking stellen van het voertuig, het door de aanvrager overleggen van bescheiden en verstrekken van inlichtingen ter zake van de keuring alsmede betreffende de wijze waarop de keuring wordt verricht.

§ 9a
Erkenningsregeling keuring van schadevoertuigen

Art. 106a

Goedkeuring schadevoertuig na vervallen tenaamstelling

1. De goedkeuring van een schadevoertuig na verval van de tenaamstelling kan door de Dienst Wegverkeer worden verleend zonder dat in de in artikel 106 bedoelde keuring heeft plaatsgevonden, indien door een daartoe door de Dienst Wegverkeer erkende natuurlijk persoon of rechtspersoon wordt gewaarborgd dat het voertuig voldoet aan de eisen, bedoeld in artikel 106, eerste lid.
2. De erkenning geldt voor de in de erkenning aangegeven werkzaamheden ter zake van voertuigen die behoren tot een in de erkenning aangewezen groep. De erkenning kan gelden voor bepaalde of onbepaalde tijd.
3. De artikelen 100, derde lid, en 101 tot en met 103 zijn van overeenkomstige toepassing.

Art. 106b

Verbod op frauduleus gebruik erkenning

Het is een ieder aan wie niet een erkenning als bedoeld in artikel 106a is verleend, verboden zich op zodanige wijze te gedragen, dat daardoor bij het publiek de indruk kan worden gewekt, dat zodanige erkenning aan hem is verleend.

Hoofdstuk VI
Rijvaardigheid en rijbevoegdheid

Afdeling 1
Rijbewijsplicht

Art. 107

Rijbewijs

1. Aan de bestuurder van een motorrijtuig op de weg dient door de daartoe bevoegde autoriteit een rijbewijs te zijn afgegeven voor het besturen van motorrijtuigen van de categorie waartoe dat motorrijtuig behoort.

Eisen rijbewijs

2. Het rijbewijs dient:
a. te voldoen aan de bij ministeriële regeling vastgestelde eisen inzake inrichting, uitvoering en invulling,
b. zijn geldigheid niet te hebben verloren, en
c. behoorlijk leesbaar te zijn.
3. Indien de aanvrager als ingezetene is ingeschreven in de basisregistratie personen, wordt het in de basisregistratie opgenomen burgerservicenummer, bedoeld in artikel 1, onder b, van de Wet algemene bepalingen burgerservicenummer, op de bij ministeriële regeling vastgestelde wijze op het rijbewijs vermeld. Indien de aanvrager niet als ingezetene is ingeschreven in de basisregistratie personen, wordt op het rijbewijs een bij ministeriële regeling vastgestelde aanduiding vermeld.

Art. 108

Geen rijbewijsplicht

1. Artikel 107 is niet van toepassing op bestuurders van:
a. bromfietsen als bedoeld in artikel 1, eerste lid, onderdeel e, subonderdeel d, en gehandicaptenvoertuigen die zijn uitgerust met een motor en bij algemene maatregel van bestuur aangewezen landbouw- of bosbouwtrekkers, motorrijtuigen met beperkte snelheid en mobiele machines;
b. motorrijtuigen, gedurende de tijd dat aan die bestuurders rijonderricht in de zin van de Wet rijonderricht motorrijtuigen 1993 wordt gegeven, voor zover het motorrijtuig daarbij niet onder

toezicht wordt bestuurd en overigens is voldaan aan de bij algemene maatregel van bestuur gestelde voorwaarden;
c. motorrijtuigen, gedurende de tijd dat door die bestuurders een rijproef wordt afgelegd in het kader van een onderzoek, door of vanwege de overheid ingesteld, naar hun rijvaardigheid of geschiktheid, voor zover het motorrijtuig daarbij niet onder toezicht wordt bestuurd en overigens is voldaan aan de bij algemene maatregel van bestuur gestelde voorwaarden;
d. motorrijtuigen, indien die bestuurders vreemdelingen in de zin van de Vreemdelingenwet 2000 zijn, die op grond van hun hoedanigheid van of betrekking tot diplomatiek of consulair personeel dan wel op grond van hun hoedanigheid van of betrekking tot personeel in dienst van een in Nederland gevestigde internationale organisatie houder zijn van een door Onze Minister van Buitenlandse Zaken verstrekt identiteitsbewijs voor geprivilegieerden en aan wie, tenzij het een bestuurder van een bromfiets of een andere dan bij algemene maatregel van bestuur aangewezen landbouw- of bosbouwtrekker, motorrijtuig met beperkte snelheid of mobiele machine betreft, door het daartoe bevoegde gezag buiten Nederland een rijbewijs is afgegeven dat geldig is voor het besturen van een motorrijtuig van de categorie waarmee wordt gereden;
e. motorrijtuigen, indien die bestuurders lid zijn van een krijgsmacht of behoren tot de civiele dienst van een krijgsmacht die in het kader van het op 19 juni 1951 te Londen gesloten Verdrag tussen de Staten die partij zijn bij het Noord-Atlantisch Verdrag nopens de rechtspositie van hun krijgsmachten, in Nederland is gelegerd, dan wel behoren tot het gezin van een lid van een krijgsmacht als hiervoor bedoeld of tot het gezin van een tot de civiele dienst van zodanige krijgsmacht behorende persoon, en aan wie, tenzij het een bestuurder van een bromfiets of een andere dan bij algemene maatregel van bestuur aangewezen landbouw- of bosbouwtrekker, motorrijtuig met beperkte snelheid of mobiele machine betreft, door het daartoe bevoegde gezag in de Staat van herkomst of één van zijn samenstellende delen een rijbewijs is afgegeven dat geldig is voor het besturen van een motorrijtuig van de categorie waarmee wordt gereden;
f. motorrijtuigen, anders dan bromfietsen of andere dan bij algemene maatregel van bestuur aangewezen landbouw- of bosbouwtrekkers, motorrijtuigen met beperkte snelheid of mobiele machines, indien die bestuurders buiten Nederland woonachtig zijn en zij zich bevinden in het internationaal verkeer, mits aan hen door het daartoe bevoegde gezag buiten Nederland een rijbewijs is afgegeven dat geldig is voor het besturen van een motorrijtuig van de categorie waarmee wordt gereden alsmede, in de gevallen waarin zulks is vereist op grond van internationale overeenkomsten die Nederland binden, aan hen buiten Nederland een internationaal rijbewijs is afgegeven dat geldig is voor het besturen van een motorrijtuig van de categorie waarmee wordt gereden;
g. motorrijtuigen, anders dan bromfietsen of andere dan bij algemene maatregel van bestuur aangewezen landbouw- of bosbouwtrekkers, motorrijtuigen met beperkte snelheid of mobiele machines, indien die bestuurders in Nederland woonachtig zijn en aan hen door het daartoe bevoegde gezag buiten Nederland, anders dan in een andere lidstaat van de Europese Unie of in een andere staat die partij is bij de Overeenkomst betreffende de Europese Economische Ruimte of Zwitserland, een rijbewijs is afgegeven dat geldig is voor het besturen van een motorrijtuig van de categorie waarmee wordt gereden, zo lang sedert de dag waarop zij zich in Nederland hebben gevestigd, nog geen 185 dagen zijn verstreken;
h. motorrijtuigen, anders dan andere dan bij algemene maatregel van bestuur aangewezen landbouw- of bosbouwtrekkers, motorrijtuigen met beperkte snelheid of mobiele machines, indien die bestuurders in Nederland woonachtig zijn en aan hen door het daartoe bevoegde gezag in een andere lidstaat van de Europese Unie of in een andere staat die partij is bij de Overeenkomst betreffende de Europese Economische Ruimte of Zwitserland, een rijbewijs is afgegeven dat geldig is voor het besturen van een motorrijtuig van de categorie waarmee wordt gereden:
1°. indien het een rijbewijs betreft dat is afgegeven voor een of meer van de categorieën AM, A1, A2, A, B, B1 of BE, gedurende de periode die is gelegen tussen de datum van vestiging van die bestuurders in Nederland en de datum waarop sedert de datum van afgifte van dat rijbewijs maximaal vijftien jaren zijn verstreken, dan wel, indien die periode korter is dan twee jaren en het een rijbewijs betreft met een langere geldigheidsduur dan vijftien jaren, gedurende twee jaren vanaf de datum van vestiging van die bestuurder in Nederland;
2°. indien het een rijbewijs betreft dat is afgegeven voor een of meer van de categorieën C1, C1E, C, CE, D1, D1E, D of DE, gedurende de periode die is gelegen tussen de datum van vestiging van die bestuurders in Nederland en de datum waarop sedert de datum van afgifte van dat rijbewijs maximaal vijf jaren zijn verstreken, dan wel, indien die periode korter is dan twee jaren en het een rijbewijs betreft met een langere geldigheidsduur dan vijf jaren, gedurende twee jaren vanaf de datum van vestiging van die bestuurders in Nederland.
i. bromfietsen, indien:
1°. die bestuurders buiten Nederland, anders dan in een andere lidstaat van de Europese Unie, een andere staat die partij is bij de Overeenkomst betreffende de Europese Economische Ruimte of Zwitserland, woonachtig zijn en zij zich bevinden in het internationaal verkeer;

2°. die bestuurders afkomstig zijn uit een staat anders dan een andere lidstaat van de Europese Unie, een andere staat die partij is bij de Overeenkomst betreffende de Europese Economische Ruimte of Zwitserland en zij in Nederland woonachtig zijn, zolang sedert de dag waarop zij zich in Nederland hebben gevestigd, nog geen 185 dagen verstreken zijn;
3°. die bestuurders in een andere lidstaat van de Europese Unie, een andere staat die partij is bij de Overeenkomst betreffende de Europese Economische Ruimte of Zwitserland, woonachtig zijn en zij zich in het internationaal verkeer bevinden, en zij beschikken over een door het daartoe bevoegde gezag in een van deze staten afgegeven:
  a. rijbewijs dat geldig is voor de categorie AM, of
  b. rijbewijs dat geldig is voor een andere categorie dan AM, of
4°. die bestuurders in Nederland woonachtig zijn en aan hen door het daartoe bevoegde gezag in een andere lidstaat van de Europese Unie of in een andere staat die partij is bij de Overeenkomst betreffende de Europese Economische Ruimte of Zwitserland, een rijbewijs is afgegeven dat geldig is voor een andere categorie dan AM, gedurende de in onderdeel h bedoelde periode.
2. In aanvulling op het eerste lid, onderdelen d tot en met h, is artikel 107 niet van toepassing op bestuurders van andere dan bij algemene maatregel van bestuur aangewezen landbouw- of bosbouwtrekkers, motorrijtuigen met beperkte snelheid of mobiele machines, indien de bestuurder beschikt over:
  a. een door het daartoe bevoegde gezag buiten Nederland afgegeven rijbewijs dat geldig is voor de categorie C, of
  b. een bij ministeriële regeling aangegeven rijbewijs dat door het daartoe bevoegde gezag in een andere lidstaat van de Europese Unie of in een andere staat die partij is bij de Overeenkomst betreffende de Europese Economische Ruimte of Zwitserland is afgegeven voor het besturen van deze landbouw- of bosbouwtrekkers, motorrijtuigen met beperkte snelheid of mobiele machines.
3. Bij ministeriële regeling worden voorschriften vastgesteld ter uitvoering van de in het eerste lid, onderdelen b en c, bedoelde algemene maatregel van bestuur.
4. In afwijking van het eerste lid, onderdeel i, onder 3°, is artikel 107 niet van toepassing op bestuurders van bromfietsen die in een andere lidstaat van de Europese Unie, een andere staat die partij is bij de Overeenkomst betreffende de Europese Economische Ruimte of Zwitserland, woonachtig zijn en die zich bevinden in het internationaal verkeer, indien het een bromfiets betreft waarop richtlijn nr. 2006/126/EG van het Europees Parlement en de Raad van de Europese Unie van 20 december 2006 betreffende het rijbewijs (PbEU L 403) niet van toepassing is.

Art. 108a-109
[Vervallen]

Art. 110
Leeftijdsgrens rijbewijs Motorrijtuigen mogen slechts worden bestuurd door personen die een bij algemene maatregel van bestuur vastgestelde minimumleeftijd hebben bereikt.
Daarbij kan voor het ontvangen van rijonderricht in de zin van de Wet rijonderricht motorrijtuigen 1993 in de bij algemene maatregel van bestuur vastgestelde gevallen en onder de bij algemene maatregel van bestuur gestelde voorwaarden een lagere leeftijd worden vastgesteld.

Afdeling 2
Eisen ten aanzien van het geven van rijonderricht

Art. 110a
Eisen motorrijtuig 1. Bij algemene maatregel van bestuur worden eisen vastgesteld met betrekking tot motorrijtuigen waarmee:
  a. rijonderricht in de zin van de Wet rijonderricht motorrijtuigen 1993 wordt gegeven;
  b. in het kader van een door of vanwege de overheid ingesteld onderzoek naar de rijvaardigheid of geschiktheid een rijproef wordt afgelegd.
2. Bij ministeriële regeling kunnen nadere regels ter uitvoering van het eerste lid worden vastgesteld.

Art. 110b
Voorwaarden rijonderricht 1. Het is degene die rijonderricht in de zin van de Wet rijonderricht motorrijtuigen 1993 geeft, verboden zodanig rijonderricht te geven indien:
  a. het motorrijtuig waarmee rijonderricht wordt gegeven, niet voldoet aan de daaraan ingevolge artikel 110a gestelde eisen;
  b. degene aan wie rijonderricht wordt gegeven nog niet de bij algemene maatregel van bestuur vastgestelde minimumleeftijd heeft bereikt voor het besturen van een motorrijtuig van de categorie waarvoor rijonderricht wordt gegeven;
  c. niet wordt voldaan aan de overigens bij algemene maatregel van bestuur ten aanzien van het geven van rijonderricht gestelde eisen.

Wegenverkeerswet 1994

C14 art. 111a

2. Het eerste lid, aanhef en onderdeel b, geldt niet voor zover het rijonderricht betreft dat plaatsvindt in het kader van een opleiding voor beroepschauffeur, mits is voldaan aan de bij algemene maatregel van bestuur gestelde voorwaarden.

Afdeling 3
Algemene voorwaarden met betrekking tot de verkrijging van rijbewijzen

Art. 111

1. Een rijbewijs wordt op aanvraag en tegen betaling van het daarvoor vastgestelde tarief, slechts afgegeven aan degene die: *Aanvraag rijbewijs*

a. de bij algemene maatregel van bestuur vastgestelde minimumleeftijd heeft bereikt voor het besturen van een motorrijtuig van de categorie waarop de aanvraag tot afgifte van een rijbewijs betrekking heeft en

b. blijkens een overeenkomstig bij algemene maatregel van bestuur vastgestelde regels door of vanwege de overheid ingesteld onderzoek dan wel blijkens een eerder aan hem afgegeven rijbewijs of een hem door hem daartoe bevoegde gezag buiten Nederland afgegeven rijbewijs dat voldoet aan de bij algemene maatregel van bestuur vastgestelde eisen, beschikt over een voldoende mate van rijvaardigheid en geschiktheid, dan wel, indien de aanvraag betrekking heeft op afgifte van een rijbewijs dat geldig is voor het besturen van bromfietsen, over een voldoende mate van rijvaardigheid.

2. De aanvrager van een rijbewijs dient zich zowel bij de indiening van de aanvraag als bij de uitreiking van het rijbewijs te identificeren met een op zijn naam gesteld identiteitsbewijs als bedoeld in artikel 1, eerste lid, onder 1°, 2° of 3° van de Wet op de identificatieplicht, een geldig rijbewijs, dan wel een eerder aan hem afgegeven rijbewijs dat zijn geldigheid heeft verloren door het verstrijken van de geldigheidsduur. Degene ten aanzien van wie een onderzoek als bedoeld in het eerste lid, onderdeel b, wordt ingesteld, dient zich te identificeren met een op zijn naam gesteld identiteitsbewijs als bedoeld in artikel 1, eerste lid, onder 1°, 2° of 3° van de Wet op de identificatieplicht, een geldig rijbewijs dan wel een eerder aan hem afgegeven rijbewijs dat zijn geldigheid heeft verloren door het verstrijken van de geldigheidsduur.   *Identificatieplicht*

3. Aan degene die vreemdeling in de zin van de Vreemdelingenwet 2000 is, en geen onderdaan van een lidstaat van de Europese Unie of een andere staat die partij is bij de Overeenkomst betreffende de Europese Economische Ruimte of Zwitserland, wordt een rijbewijs slechts afgegeven indien hij rechtmatig in Nederland verblijft als bedoeld in artikel 8, onder a tot en met d en l van die wet. Voor de uitvoering hiervan is de korpschef in de zin van de Vreemdelingenwet 2000 verplicht aan degene die is belast met de afgifte van het rijbewijs, kosteloos de noodzakelijke opgaven en inlichtingen te verstrekken.   *Afgifte rijbewijs aan vreemdelingen*

4. Bij ministeriële regeling worden nadere regels vastgesteld ter uitvoering van het eerste lid, onderdeel b.   *Leges*

5. In de gevallen waarin het rijbewijs overeenkomstig artikel 116 wordt afgegeven door de burgemeester dan wel de aanvraag overeenkomstig het bepaalde krachtens artikel 113, eerste lid, wordt ingediend bij de burgemeester, wordt het in het eerste lid bedoelde tarief vastgesteld bij plaatselijke verordening. In de overige gevallen worden het tarief en de wijze van betaling daarvan vastgesteld door de Dienst Wegverkeer.

6. Bij algemene maatregel van bestuur kan worden bepaald dat het bij plaatselijke verordening vastgestelde tarief, bedoeld in het vijfde lid, verminderd met de vergoeding, bedoeld in artikel 121, eerste lid, een in die maatregel te bepalen bedrag niet te boven gaat. Dat bedrag kan bij ministeriële regeling worden gewijzigd voor zover de consumentenprijsindex daartoe aanleiding geeft.

7. Voor zover dit noodzakelijk is ten behoeve van het onderzoek naar de rijvaardigheid en geschiktheid, bedoeld in het eerste lid, onder b, worden door het met dat onderzoek belaste gezag persoonsgegevens betreffende iemands rijvaardigheid en gezondheid verwerkt.   *Gegevens betreffende gezondheid*

Art. 111a

1. Indien het rijbewijs voor de rijbewijscategorie B wordt aangevraagd door een aanvrager die op het tijdstip van de aanvraag nog niet de krachtens artikel 111, eerste lid, onderdeel a, vastgestelde minimumleeftijd voor het besturen van motorrijtuigen van die rijbewijscategorie heeft bereikt, maar wel de leeftijd van 17 jaar, worden in aanvulling op de in dan wel krachtens de artikelen 111 tot en met 113, 116 tot en met 118a, en 120a tot en met 122, gestelde voorwaarden bij algemene maatregel van bestuur aanvullende voorwaarden gesteld aan de aanvraag en het verkrijgen van dat rijbewijs. Deze aanvullende voorwaarden hebben onder meer betrekking op: *Rijbewijs 17-jarigen*

a. de aanvraag en afgifte van een begeleiderspas, waarvan de kosten door de Dienst Wegverkeer worden vastgesteld;

b. de aanvullende voorwaarden voor de aanvraag en de afgifte van het rijbewijs voor de categorie B, en

Sdu   577

C14 art. 111b — Wegenverkeerswet 1994

c. de eisen waaraan een begeleider op het tijdstip van de aanvraag tot vermelding op de begeleiderspas moet voldoen, inclusief de controle van deze eisen door de Dienst Wegverkeer.

Begeleiderspas, aanvraag
2. Op de in het eerste lid, onderdeel a, bedoelde aanvraag van de begeleiderspas is artikel 114 van overeenkomstige toepassing.

Rijbewijs 17-jarigen, verboden
3. Het is een houder van een op basis van het eerste lid afgegeven rijbewijs verboden om tot het bereiken van de leeftijd van achttien jaren een motorrijtuig van de categorie B te besturen:
 a. buiten het grondgebied van het Europese deel van Nederland, tenzij dit rijbewijs is erkend in een andere staat buiten Nederland,
 b. zonder de aan hem afgegeven geldige begeleiderspas bij zich te hebben, en
 c. zonder dat tijdens het besturen van het motorrijtuig van de categorie B een op de aan hem afgegeven geldige begeleiderspas vermelde begeleider, op de zitplaats naast de bestuurder is gezeten.

Begeleiderspas, geldigheid
4. De begeleiderspas verliest van rechtswege zijn geldigheid:
 a. door uitreiking van een nieuwe begeleiderspas;
 b. door het onbevoegd daarin aanbrengen van wijzigingen;
 c. door wijziging van de geslachtsnaam, de voornamen of de plaats of datum van geboorte van één van de daarop vermelde personen;
 d. op de dag waarop de houder de leeftijd van achttien jaren bereikt.

Begeleiderspas, ongeldigheidverklaring
5. Een begeleiderspas wordt door de Dienst Wegverkeer ongeldig verklaard indien:
 a. de begeleiderspas is afgegeven op grond van door de aanvrager verschafte onjuiste gegevens en hij niet zou zijn afgegeven indien de onjuistheid van die gegevens ten tijde van de aanvraag bekend zou zijn geweest;
 b. na afgifte van de begeleiderspas blijkt dat hij kennelijk abusievelijk aan de houder is afgegeven.

Begeleiderspas, inwerkingtreding ongeldigheidverklaring
6. De ongeldigverklaring is van kracht met ingang van de zevende dag na die waarop het besluit tot ongeldigverklaring aan de houder van de begeleiderspas bekend is gemaakt.

Begeleiderspas, vereisten
7. De begeleiderspas dient:
 a. te voldoen aan bij ministeriële regeling vastgestelde eisen inzake inrichting, uitvoering en invulling;
 b. zijn geldigheid niet te hebben verloren en
 c. behoorlijk leesbaar te zijn.

Art. 111b

Nadere regels, begeleider
Bij algemene maatregel van bestuur worden nadere regels vastgesteld waaraan de begeleider tijdens het begeleiden voldoet. Deze regels kunnen alleen het rijbewijs en het verkeersgedrag van de begeleider betreffen.

Art. 112

Geen afgifte rijbewijs
1. Onverminderd artikel 111 wordt een rijbewijs niet afgegeven aan degene:
 a. aan wie de bevoegdheid tot het besturen van motorrijtuigen is ontzegd, voor de duur van de ontzegging;
 b. van wie ingevolge een der artikelen 130, tweede lid, of 164 de overgifte van dat bewijs is gevorderd dan wel wiens rijbewijs is ingevorderd en aan wie dat bewijs niet is teruggegeven;
 c. ten aanzien van wie ingevolge artikel 131, tweede lid, onderdeel a, de geldigheid van het rijbewijs is geschorst, voor de categorie of categorieën van motorrijtuigen waarop de schorsing betrekking heeft, voor de duur van de schorsing;
 d. van wie ingevolge de Wet administratiefrechtelijke handhaving verkeersvoorschriften de inlevering van het rijbewijs is gevorderd dan wel wiens rijbewijs krachtens die wet is ingenomen;
 e. van wie is gebleken dat die houder is van een rijbewijs, afgegeven door het daartoe bevoegde gezag in een andere lidstaat van de Europese Unie of in een andere staat die partij is bij de Overeenkomst betreffende de Europese Economische Ruimte of Zwitserland, tenzij de afgifte van een rijbewijs plaatsvindt tegen overlegging van dat rijbewijs;
 f. ten aanzien van wie is gebleken dat in een andere lidstaat van de Europese Unie of in een andere staat die partij is bij de Overeenkomst betreffende de Europese Economische Ruimte of Zwitserland het rijbewijs is geschorst of een beperkende maatregel met betrekking tot het rijbewijs of de rijbevoegdheid onherroepelijk is geworden, tenzij is voldaan aan bij algemene maatregel van bestuur gestelde voorwaarden.
2. Voor de toepassing van het eerste lid, onderdelen b, c, d en f, wordt onder rijbewijs mede verstaan een rijbewijs, afgegeven door het daartoe bevoegde gezag buiten Nederland, waarvan de houder in Nederland woonachtig is.

Afdeling 4
Aanvraag van rijbewijzen

Art. 113

Wijze van aanvraag rijbewijs
1. De aanvraag van een rijbewijs dient te geschieden overeenkomstig bij algemene maatregel van bestuur vastgestelde regels.

2. Degene die is belast met de afgifte van rijbewijzen, verschaft zich de nodige zekerheid over de identiteit van de aanvrager. Hij is bevoegd te vorderen dat de aanvrager op een door hem te bepalen plaats en tijd persoonlijk verschijnt voor een door hem aangewezen persoon.
3. Degene die is belast met de afgifte van rijbewijzen vergewist zich ervan dat de bij de aanvraag van een rijbewijs over te leggen bescheiden aan de daaraan gestelde eisen voldoen en dat ook overigens aan de met betrekking tot de aanvraag gestelde voorwaarden wordt voldaan.
4. Bij ministeriële regeling worden nadere regels vastgesteld ter uitvoering van het eerste tot en met het derde lid.

Art. 114
Het is verboden voor het verkrijgen van een rijbewijs opzettelijk onjuiste opgaven te doen, onjuiste inlichtingen te verschaffen en onjuiste bewijsstukken en andere bescheiden over te leggen.

Fraude bij aanvraag rijbewijs

Art. 115
1. Degene die is belast met de afgifte van rijbewijzen, en die in het kader van de aanvraag of de uitreiking van een nieuw rijbewijs of een vervangend rijbewijs de beschikking krijgt over een rijbewijs waarvan ingevolge een der artikelen 130, tweede lid, of 164 de overgifte is gevorderd, waarvan ingevolge de Wet administratiefrechtelijke handhaving verkeersvoorschriften de inlevering is gevorderd of ten aanzien waarvan ingevolge een der artikelen 119, vierde lid, 120, derde lid, 123b, vierde lid, 124, vierde lid, 131, tweede lid, onderdeel b, 132, vijfde lid, 134, vierde lid, of 180, vierde lid, van deze wet een verplichting tot inlevering bestaat, is bevoegd dat rijbewijs in te nemen en het door te begeleiden naar het betrokken parket van het openbaar ministerie dan wel naar degene bij wie de houder dat rijbewijs had dienen in te leveren.
2. Degene die is belast met de afgifte van rijbewijzen, en die in het kader van de aanvraag of de uitreiking van een nieuw rijbewijs of een vervangend rijbewijs de beschikking krijgt over een rijbewijs dat zijn geldigheid heeft verloren ingevolge artikel 123, eerste lid, aanhef en onderdeel d, of artikel 123b is bevoegd dat rijbewijs in te nemen en door te geleiden naar degene bij wie de houder dat rijbewijs had dienen in te leveren.
3. Voor de toepassing van het eerste en het tweede lid wordt onder een rijbewijs mede verstaan een rijbewijs, afgegeven door het daartoe bevoegde gezag in een andere lidstaat van de Europese Unie of in een andere staat die partij is bij de Overeenkomst betreffende de Europese Economische Ruimte of Zwitserland, waarvan de houder in Nederland woonachtig is.
4. Bij ministeriële regeling kunnen regels worden vastgesteld ter uitvoering van het eerste en het tweede lid.

Aanvraag/uitreiking nieuw/vervangend rijbewijs

Afdeling 5
Afgifte van rijbewijzen

Art. 116
1. Een rijbewijs wordt overeenkomstig bij algemene maatregel van bestuur vastgestelde regels afgegeven door de burgemeester van de gemeente waar de aanvrager op het tijdstip van de aanvraag als ingezetene met een adres was ingeschreven in de basisregistratie personen of, in de bij algemene maatregel van bestuur bepaalde gevallen, door de Dienst Wegverkeer.
2. De in het eerste lid bedoelde regels kunnen mede betrekking hebben op de bestelling, het transport en de beveiliging van rijbewijzen, de met betrekking tot de afgifte van rijbewijzen te voeren administratie en de in het kader van de afgifteprocedure te treffen beveiligingsmaatregelen. Bij ministeriële regeling kunnen ter uitvoering van die regels nadere regels worden vastgesteld.

Afgiftebewijs

Art. 117
De burgemeester van de gemeente waar de aanvrager op het tijdstip van de aanvraag als ingezetene met een adres was ingeschreven in de basisregistratie personen, is bevoegd tot het afgeven van internationale rijbewijzen ten behoeve van het verkeer met motorrijtuigen in het buitenland. Gelijke bevoegdheid kan door Onze Minister worden verleend aan besturen van verenigingen met volledige rechtsbevoegdheid, die behartiging van verkeersbelangen ten doel hebben.

Internationaal rijbewijs

Art. 118
1. Een rijbewijs wordt afgegeven voor het besturen van een of meer in dat bewijs aangeduide categorieën van motorrijtuigen.
2. De categorieën worden vastgesteld bij algemene maatregel van bestuur.
3. De uit de categorieën voortvloeiende bevoegdheden kunnen overeenkomstig bij algemene maatregel van bestuur vastgestelde regels worden beperkt door het stellen van eisen aan het motorrijtuig of aan de bestuurder daarvan.
4. Bij ministeriële regeling worden voorschriften vastgesteld met betrekking tot de wijze waarop beperkingen als bedoeld in het derde lid worden aangegeven in het rijbewijs.

Categorieën

Art. 118a
Als datum van afgifte wordt in het rijbewijs en in het rijbewijzenregister vermeld de datum waarop het besluit tot afgifte is genomen.

Afgifte rijbewijs, datum

Art. 119

Afgifte rijbewijs

1. Degene die is belast met de afgifte van rijbewijzen geeft overeenkomstig bij algemene maatregel van bestuur vastgestelde regels een nieuw rijbewijs af:
   a. bij vernieuwing van het eerder aan de aanvrager afgegeven rijbewijs;
   b. bij wijziging van de omvang van de uit het eerder afgegeven rijbewijs voortvloeiende bevoegdheden, met uitzondering van de in artikel 131, tweede lid, onderdeel a, bedoelde schorsing van de geldigheid;
   c. bij wijziging van de personalia van de houder;
   d. na ongeldigverklaring van het eerder afgegeven rijbewijs op grond van artikel 124, eerste lid, onderdeel e;
   e. in geval het eerder afgegeven rijbewijs versleten of geheel of ten dele onleesbaar is;
   f. in geval het eerder afgegeven rijbewijs verloren is geraakt of teniet is gegaan.
2. Het nieuwe rijbewijs wordt niet afgegeven dan nadat het eerder afgegeven rijbewijs waarvoor het wordt afgegeven, is ingeleverd bij degene die is belast met de afgifte van het nieuwe rijbewijs.
3. Voor de toepassing van het eerste en het tweede lid wordt onder rijbewijs mede verstaan een rijbewijs, afgegeven door het daartoe bevoegde gezag in een andere lidstaat van de Europese Unie of in een andere staat die partij is bij de Overeenkomst betreffende de Europese Economische Ruimte of Zwitserland, waarvan de houder in Nederland woonachtig is.
4. Indien de houder van een verloren geraakt rijbewijs waarvoor een nieuw rijbewijs is afgegeven, na de afgifte van het nieuwe rijbewijs weer in het bezit komt van dat verloren geraakte rijbewijs, dient hij dat rijbewijs in te leveren bij degene die het nieuwe rijbewijs heeft afgegeven.
5. Het eerste lid, aanhef, onderdelen e en f, gelden niet in bij algemene maatregel van bestuur vastgestelde gevallen.

Art. 120

Vervanging oud of verloren rijbewijs

1. Degene die is belast met de afgifte van rijbewijzen geeft in de bij algemene maatregel van bestuur aangegeven gevallen overeenkomstig bij algemene maatregel van bestuur vastgestelde regels een vervangend rijbewijs af.
2. Het vervangende rijbewijs wordt niet afgegeven dan nadat het rijbewijs waarvoor het wordt afgegeven, is ingeleverd bij degene die belast is met de afgifte van het vervangende rijbewijs, tenzij dit rijbewijs, omdat het verloren is geraakt, of teniet is gegaan, niet kan worden ingeleverd.
3. Indien de houder van een verloren geraakt rijbewijs waarvoor een vervangend rijbewijs is afgegeven, na de afgifte van het vervangende rijbewijs weer in het bezit komt van dat verloren geraakte rijbewijs, dient hij dat rijbewijs in te leveren bij degene die het vervangende rijbewijs heeft afgegeven.
4. Voor de toepassing van het eerste tot en met het derde lid wordt onder rijbewijs mede verstaan een rijbewijs, afgegeven door het daartoe bevoegde gezag in een andere lidstaat van de Europese Unie of in een andere staat die partij is bij de Overeenkomst betreffende de Europese Economische Ruimte of Zwitserland, waarvan de houder in Nederland woonachtig is.

Art. 120a

Geen afgifte rijbewijs

1. Het nieuwe of vervangende rijbewijs wordt niet uitgereikt indien zich tussen de aanvraag en de uitreiking één van de gevallen als bedoeld in artikel 112, eerste lid, heeft voorgedaan, maar blijft bij degene die is belast met de afgifte van rijbewijzen.
2. Het wordt niet uitgereikt indien tussen de aanvraag en de uitreiking omstandigheden bekend zijn geworden die, indien zij bekend waren geweest bij de aanvraag ertoe hadden geleid dat geen besluit van afgifte was genomen. Het nieuwe of vervangende rijbewijs blijft bij degene die is belast met de afgifte van rijbewijzen.

Art. 121

Leges rijbewijsregister

1. De gemeenten zijn ter zake van de afgifte van rijbewijzen door de burgemeester en de afgifte van rijbewijzen door de Dienst Wegverkeer, waarvoor de aanvraag bij de burgemeester is ingediend, een door de Dienst Wegverkeer vastgestelde vergoeding aan de Dienst Wegverkeer verschuldigd ter zake van de kosten die verband houden met de productie en aflevering van rijbewijzen alsmede het attenderen van de houders van een rijbewijs op het verloop van de geldigheidsduur door de Dienst Wegverkeer, het beheer en de instandhouding van het rijbewijzenregister, het verstrekken van gegevens uit dat register aan de in artikel 127, eerste lid, bedoelde autoriteiten, het ongeldig verklaren van rijbewijzen door de Dienst Wegverkeer, de kosten die verband houden met de afgifte van rijbewijzen door de Dienst Wegverkeer, waarvoor de aanvraag bij de burgemeester is ingediend alsmede terzake van de kosten die verband houden met het registreren van getuigschriften als bedoeld in artikel 151c, eerste lid, en met de registratie van certificaten als bedoeld in artikel 151g, vierde lid.
2. Bij algemene maatregel van bestuur worden regels vastgesteld met betrekking tot de wijze van afdracht van de vergoeding.

Afdeling 6
Geldigheidsduur

Art. 122
Met in achtneming van de artikelen 123, 123a en 123b wordt de geldigheidsduur van het rijbewijs bij algemene maatregel van bestuur vastgelegd.

Geldigheidsduur rijbewijs

Afdeling 7
Verlies van geldigheid

Art. 123
1. Onverminderd de artikelen 122 en 131, tweede lid, verliest een rijbewijs zijn geldigheid:
a. door uitreiking van een nieuw of vervangend rijbewijs;
b. door omwisseling tegen een rijbewijs dat aan de houder door het daartoe bevoegde gezag buiten Nederland is afgegeven, voor de categorie of categorieën van motorrijtuigen waarop de omwisseling betrekking heeft, dan wel door uitreiking van een rijbewijs dat aan de houder door het daartoe bevoegde gezag buiten Nederland is afgegeven, terwijl betrokkene op dat tijdstip houder was van een rijbewijs en in Nederland woonachtig is;
c. gedurende de tijd dat aan de houder de bevoegdheid tot het besturen van motorrijtuigen is ontzegd;
d. door het onbevoegd daarin aanbrengen van wijzigingen;
e. door het overlijden van de houder;
f. door ongeldigverklaring, voor de categorie of categorieën waarop de ongeldigverklaring betrekking heeft dan wel, indien de ongeldigverklaring betrekking heeft op een deel van de geldigheidsduur, voor dat deel van de geldigheidsduur;
g. door wijziging van de geslachtsnaam, de voornamen, de plaats of datum van geboorte of het geslacht van de houder of
h. door aangifte van vermissing van het rijbewijs.
2. Voor de toepassing van het eerste lid, aanhef, wordt onder rijbewijs mede verstaan een rijbewijs, afgegeven door het daartoe bevoegde gezag in een andere lidstaat van de Europese Unie of in een andere staat die partij is bij de Overeenkomst betreffende de Europese Economische Ruimte of Zwitserland, waarvan de houder in Nederland woonachtig is.

Verlies van geldigheid

Art. 123a
Een nieuw of vervangend rijbewijs verliest zijn geldigheid indien het drie maanden na de datum waarop het besluit tot afgifte is genomen niet is uitgereikt.

Verlies geldigheid rijbewijs bij niet-uitreiking

Art. 123b
1. Onverminderd de artikelen 123, eerste lid, en 123a verliest een rijbewijs zijn geldigheid voor alle categorieën waarvoor het is afgegeven en voor de resterende duur van de geldigheid, indien de houder bij onherroepelijke rechterlijke uitspraak als bestuurder van een motorrijtuig voor het besturen waarvan een rijbewijs is vereist, is veroordeeld wegens overtreding van:
a. artikel 6, voor zover de schuldige verkeerde in de toestand, bedoeld in:
1°. artikel 8, eerste lid, dan wel voor zover de schuldige na het feit niet heeft voldaan aan een bevel, gegeven krachtens artikel 163, tweede, zesde of zevende lid;
2°. artikel 8, tweede, derde of vierde lid, en het alcoholgehalte van zijn adem bij een onderzoek hoger blijkt te zijn dan 570 microgram alcohol per liter uitgeademde lucht dan wel het alcoholgehalte van zijn bloed bij een onderzoek hoger blijkt te zijn dan 1,3 milligram alcohol per milliliter bloed, dan wel voor zover de schuldige na het feit niet heeft voldaan aan een bevel, gegeven krachtens artikel 163, tweede, zesde of zevende lid;
3°. artikel 8, vijfde lid, dan wel voor zover de schuldige na het feit niet heeft voldaan aan een bevel, gegeven krachtens artikel 163, tweede, zesde of zevende lid;
b. artikel 8, eerste lid;
c. artikel 8, tweede, derde of vierde lid, indien het alcoholgehalte van zijn adem bij een onderzoek hoger blijkt te zijn dan 570 microgram alcohol per liter uitgeademde lucht dan wel het alcoholgehalte van zijn bloed bij een onderzoek hoger blijkt te zijn dan 1,3 milligram alcohol per milliliter bloed;
d. artikel 8, vijfde lid, of
e. artikel 163, tweede, zesde of zevende lid,
een en ander voor zover ten tijde van het begaan van het strafbare feit nog geen vijf jaren zijn verlopen sedert de houder als bestuurder van een motorrijtuig onherroepelijk is veroordeeld wegens overtreding van
1°. artikel 6, voor zover de schuldige verkeerde in de toestand, bedoeld in artikel 8, eerste, tweede, derde, vierde of vijfde lid, dan wel voor zover de schuldige na het feit niet heeft voldaan aan een bevel, gegeven krachtens artikel 163, tweede, zesde of zevende lid,
2°. artikel 8, eerste, tweede, derde, vierde of vijfde lid,
3°. artikel 163, tweede, zesde of zevende lid.

Verlies van geldigheid na veroordeling

2. Voor de toepassing van het eerste lid wordt een strafbeschikking met een veroordeling gelijkgesteld.
3. Indien een rijbewijs dat op grond van het eerste lid ongeldig zou zijn, reeds eerder zijn geldigheid heeft verloren, plaatst de officier van justitie een aantekening in het rijbewijzenregister waaruit blijkt dat de houder bij de aanvraag van een nieuw rijbewijs op bij algemene maatregel van bestuur vastgestelde wijze dient aan te tonen dat hij beschikt over de rijvaardigheid en de lichamelijke en geestelijke geschiktheid die is vereist voor het besturen van een motorrijtuig van de categorie of categorieën waarop de door de houder overgelegde aanvraag betrekking heeft.
4. De houder van een rijbewijs dat op grond van dit artikel ongeldig is of ten aanzien waarvan een aantekening is geplaatst als bedoeld in het derde lid dient dat rijbewijs, voor zover inlevering niet reeds heeft plaatsgevonden op grond van een ander artikel, in te leveren bij de Dienst Wegverkeer.
5. Voor de toepassing van dit artikel wordt onder rijbewijs mede verstaan een rijbewijs, afgegeven door het daartoe bevoegde gezag buiten Nederland, waarvan de houder in Nederland woonachtig is.
6. Bij algemene maatregel van bestuur kunnen regels worden gesteld ter uitvoering van dit artikel.

Art. 124

Ongeldigverklaring

1. Onverminderd de artikelen 132, tweede lid, en 134, vierde lid, wordt een rijbewijs overeenkomstig bij algemene maatregel van bestuur vastgestelde regels voor een of meer categorieën van motorrijtuigen of voor een deel van de geldigheidsduur ongeldig verklaard indien:
   a. het rijbewijs is afgegeven op grond van door de houder verschafte onjuiste gegevens en het niet zou zijn afgegeven indien de onjuistheid van die gegevens ten tijde van de aanvraag bekend zou zijn geweest;
   b. na afgifte van het rijbewijs blijkt dat het kennelijk abusievelijk aan de houder is afgegeven;
   c. de houder een schriftelijke verklaring overlegt, waarin hij afstand doet van de bevoegdheid tot het besturen van een of meer categorieën van motorrijtuigen waarvoor het rijbewijs is afgegeven;
   d. de houder blijkens een op diens verzoek uitgevoerd onderzoek niet langer beschikt over de lichamelijke of geestelijke geschiktheid die is vereist voor het besturen van motorrijtuigen van de categorie of categorieën waarop het onderzoek betrekking heeft, voor die categorie of categorieën en, indien bij dat onderzoek blijkt dat hij tevens niet beschikt over de lichamelijke of geestelijke geschiktheid die is vereist voor het besturen van motorrijtuigen van een andere categorie of andere categorieën dan waarop het onderzoek betrekking heeft, tevens voor die andere categorie of categorieën;
   e. het als gevonden voorwerp is ontvangen en teruggave aan de houder niet mogelijk is gebleken, mits de houder nog geen aanvraag voor een vervangend rijbewijs heeft ingediend.

Bevoegdheid ongeldigverklaring

2. De ongeldigverklaring geschiedt:
   a. in de in het eerste lid, onderdelen a en b, bedoelde gevallen door de Dienst Wegverkeer, indien de ongeldigverklaring betrekking heeft op een door deze dienst of een door Onze Minister afgegeven rijbewijs;
   b. in de in het eerste lid, onderdelen d en e, bedoelde gevallen door de Dienst Wegverkeer, indien de ongeldigverklaring betrekking heeft op een rijbewijs, afgegeven door het daartoe bevoegde gezag in een andere lidstaat van de Europese Unie of in een andere staat die partij is bij de Overeenkomst betreffende de Europese Economische Ruimte of Zwitserland, waarvan de houder in Nederland woonachtig is;
   c. in de in het eerste lid, onderdelen a en b, bedoelde gevallen door degene die is belast met de afgifte van rijbewijzen, indien de ongeldigverklaring betrekking heeft op een rijbewijs dat niet is afgegeven door de Dienst Wegverkeer of door Onze Minister, dan wel door het daartoe bevoegde gezag in een andere lidstaat van de Europese Unie of in een andere staat die partij is bij de Overeenkomst betreffende de Europese Economische Ruimte of Zwitserland;
   d. in het in het eerste lid, onderdeel c, bedoelde geval
   I. indien de verklaring wordt overgelegd door een houder die zich ingevolge het in artikel 131, eerste lid, onderdeel b, bedoelde besluit dient te onderwerpen aan een onderzoek naar zijn rijvaardigheid of geschiktheid, door het CBR;
   II. buiten de gevallen waarin de verklaring wordt overgelegd door een houder die zich ingevolge het in artikel 131, eerste lid, onderdeel b, bedoelde besluit dient te onderwerpen aan een onderzoek naar zijn rijvaardigheid of geschiktheid, door degene die is belast met de afgifte van rijbewijzen, indien de ongeldigverklaring betrekking heeft op een rijbewijs dat niet is afgegeven door de Dienst Wegverkeer of door Onze Minister dan wel door de Dienst Wegverkeer, indien de ongeldigverklaring betrekking heeft op een door deze dienst of een door Onze Minister afgegeven rijbewijs;
   e. in de in het eerste lid, onderdeel d, bedoelde gevallen door het CBR;

Wegenverkeerswet 1994

f. in het in het eerste lid, onderdeel e, bedoelde geval door degene die is belast met de afgifte van rijbewijzen, indien de ongeldigverklaring betrekking heeft op een rijbewijs dat niet is afgegeven door het daartoe bevoegde gezag in een andere lidstaat van de Europese Unie of in een andere staat die partij is bij de Overeenkomst betreffende de Europese Economische Ruimte of Zwitserland;

g. in afwijking van onderdeel c vindt ongeldigverklaring plaats door de Dienst Wegverkeer, indien deze dienst beschikt over gegevens uit het buitenland waaruit blijkt dat betrokkene tevens houder is van een rijbewijs afgegeven door het daartoe bevoegde gezag in een andere lidstaat van de Europese Unie of in een andere staat die partij is bij de Overeenkomst betreffende de Europese Economische Ruimte of Zwitserland.

3. De ongeldigverklaring is van kracht met ingang van de zevende dag na die waarop het besluit tot ongeldigverklaring aan de houder van het rijbewijs is bekend gemaakt.

4. De houder van het ongeldig verklaarde rijbewijs dient dat rijbewijs zodra de ongeldigverklaring van kracht is geworden, in te leveren bij degene die het ongeldig heeft verklaard.

5. Bij ministeriële regeling kunnen nadere regels worden vastgesteld omtrent de wijze waarop de inlevering van ongeldig verklaarde rijbewijzen dient plaats te vinden.

6. Indien het rijbewijs dat voor ongeldigverklaring op grond van het eerste lid, onderdeel c, in aanmerking komt, zijn geldigheid heeft verloren door het verstrijken van de geldigheidsduur, plaatst degene die ingevolge het tweede lid is belast met de ongeldigverklaring: Aantekening in het rijbewijzenregister

a. in het in het tweede lid, onderdeel d, aanhef en onder I, bedoelde geval een aantekening in het rijbewijzenregister waaruit blijkt dat de houder bij de aanvraag van een nieuw rijbewijs op de bij algemene maatregel van bestuur vastgestelde wijze dient aan te tonen dat hij, al naar gelang de aard van het onderzoek waarop het in artikel 131, eerste lid, onderdeel b, bedoelde besluit betrekking heeft, beschikt over de rijvaardigheid, de lichamelijke en geestelijke geschiktheid dan wel de rijvaardigheid en de lichamelijke en geestelijke geschiktheid die is vereist voor het besturen van motorrijtuigen van de categorie of categorieën waarop de door de houder overgelegde verklaring betrekking heeft;

b. in het in het tweede lid, onderdeel d, aanhef en onder II, bedoelde geval een aantekening in het rijbewijzenregister waaruit blijkt dat de houder bij de aanvraag van een nieuw rijbewijs op de bij algemene maatregel van bestuur vastgestelde wijze dient aan te tonen dat hij beschikt over de rijvaardigheid en de lichamelijke en geestelijke geschiktheid die is vereist voor het besturen van motorrijtuigen van de categorie of categorieën waarop de door de houder overgelegde verklaring betrekking heeft.

7. Indien het rijbewijs dat voor ongeldigverklaring op grond van het eerste lid, onderdeel d, in aanmerking komt, zijn geldigheid heeft verloren door het verstrijken van de geldigheidsduur, plaatst degene die ingevolge het tweede lid is belast met de ongeldigverklaring, een aantekening in het rijbewijzenregister waaruit blijkt dat de houder bij de aanvraag van een nieuw rijbewijs op de bij algemene maatregel van bestuur vastgestelde wijze dient aan te tonen dat hij beschikt over de lichamelijke en geestelijke geschiktheid die is vereist voor het besturen van motorrijtuigen van de categorie of categorieën waarop het onderzoek betrekking heeft.

8. Indien bij het op grond van het eerste lid, onderdeel d, uitgevoerde onderzoek is gebleken dat de resterende geldigheidsduur van het rijbewijs korter is dan de termijn waarvoor de houder blijkens het onderzoek naar verwachting geschikt zal zijn voor het besturen van motorrijtuigen, plaatst het CBR een aantekening in het rijbewijzenregister waaruit blijkt dat de houder bij de aanvraag van een nieuw rijbewijs op de bij algemene maatregel van bestuur vastgestelde wijze dient aan te tonen dat hij beschikt over de lichamelijke en geestelijke geschiktheid die is vereist voor het besturen van motorrijtuigen van de categorie of categorieën waarop het onderzoek betrekking heeft.

9. Voor de toepassing van het eerste lid, aanhef en onderdelen c, d en e, het derde tot en met het achtste lid wordt onder rijbewijs mede verstaan een rijbewijs, afgegeven door het daartoe bevoegde gezag in een andere lidstaat van de Europese Unie of in een andere staat die partij is bij de Overeenkomst betreffende de Europese Economische Ruimte of Zwitserland, waarvan de houder in Nederland woonachtig is.

Art. 124a

1. Een overeenkomstig artikel 151g, derde lid, op het rijbewijs vermeld getuigschrift van vakbekwaamheid of getuigschrift van nascholing en een in artikel 151g, vierde lid, bedoeld certificaat, kan door de instantie die het getuigschrift onderscheidenlijk het certificaat heeft afgegeven ongeldig worden verklaard indien na afgifte blijkt dat: Ongeldigverklaring getuigschrift vakbekwaamheid/nascholing

a. het getuigschrift onderscheidenlijk het certificaat is afgegeven op grond van door de houder verschafte onjuiste gegevens en het niet zou zijn afgegeven indien de onjuistheid van die gegevens ten tijde van de afgifte bekend zou zijn geweest;

b. het getuigschrift onderscheidenlijk het certificaat kennelijk abusievelijk aan de houder is afgegeven.

2. De ongeldigverklaring van het getuigschrift of certificaat is van kracht met ingang van de zevende dag na die waarop het besluit tot ongeldigverklaring aan de houder van het getuigschrift onderscheidenlijk het certificaat is bekend gemaakt.
3. Zodra de ongeldigverklaring van een getuigschrift of van een certificaat van kracht is geworden, levert de houder van een getuigschrift het rijbewijs in bij de instantie die belast is met de afgifte van rijbewijzen en levert de houder van een certificaat dat document in bij de instantie die het ongeldig heeft verklaard.
4. Een op het rijbewijs vermeld getuigschrift van vakbekwaamheid of getuigschrift van nascholing van een bestuurder, geboren vóór 1 juli 1955, die de basiskwalificatie niet heeft behaald of de nascholing niet met goed gevolg heeft voltooid, is van rechtswege ongeldig. Het derde en zesde lid zijn van overeenkomstige toepassing.
5. Onverminderd het eerste lid en artikel 151g, vierde lid, verliest het certificaat zijn geldigheid:
a. door het onbevoegd daarin aanbrengen van wijzigingen, of
b. door het overlijden van de houder.
6. Bij of krachtens algemene maatregel van bestuur kunnen nadere regels worden gesteld omtrent de wijze van bekendmaking van de ongeldigverklaring van een getuigschrift of certificaat, de vernieuwing van rijbewijzen na ongeldigverklaring van het daarop vermelde getuigschrift en omtrent de wijze van inlevering van een ongeldig verklaard certificaat.

Art. 125

Beperkte ongeldigverklaring

1. Indien het rijbewijs niet voor alle categorieën waarvoor het is afgegeven, ongeldig is verklaard dan wel indien de ongeldigverklaring betrekking heeft op een deel van de geldigheidsduur, wordt door degene die is belast met de afgifte van rijbewijzen een nieuw rijbewijs afgegeven dat geldig is voor de categorie of categorieën of voor dat deel van de geldigheidsduur waarop de ongeldigverklaring geen betrekking heeft.
2. Indien de ongeldigverklaring verband houdt met de noodzaak de rijbevoegdheid die voortvloeit uit een of meer categorieën waarvoor het rijbewijs is afgegeven, te beperken door het stellen van eisen aan het motorrijtuig of aan de bestuurder daarvan, wordt door degene die is belast met de afgifte van rijbewijzen een nieuw rijbewijs afgegeven waarin de noodzakelijk geachte beperkingen ten aanzien van de rijbevoegdheid zijn aangeduid met een bij ministeriële regeling vastgestelde codering.
3. Voor de toepassing van het eerste en het tweede lid wordt onder rijbewijs mede verstaan een rijbewijs, afgegeven door het daartoe bevoegde gezag in een andere lidstaat van de Europese Unie of in een andere staat die partij is bij de Overeenkomst betreffende de Europese Economische Ruimte of Zwitserland, waarvan de houder in Nederland woonachtig is.

Afdeling 8
Registratie van gegevens met betrekking tot rijbewijzen

Art. 125a

Overheidsorgaan

1. Voor de toepassing van deze afdeling wordt verstaan onder overheidsorgaan een bestuursorgaan als bedoeld in artikel 1:1, eerste lid, onderdeel a, van de Algemene wet bestuursrecht.
2. In aanvulling op het eerste lid wordt onder overheidsorgaan mede verstaan de bij ministeriële regeling aangewezen personen of instanties die een publieke taak uitoefenen, voor zover die aanwijzing naar het oordeel van Onze Minister noodzakelijk is met het oog op een goede uitoefening van hun publieke taak.

Art. 126

Rijbewijzenregister

1. Er is een rijbewijzenregister. De Dienst Wegverkeer is beheerder en verwerkingsverantwoordelijke van het rijbewijzenregister.
2. In het rijbewijzenregister worden gegevens, waaronder mede begrepen persoonsgegevens, bijzondere categorieën van persoonsgegevens en persoonsgegevens van strafrechtelijke aard als bedoeld in paragraaf 3.1 onderscheidenlijk paragraaf 3.2 van de Uitvoeringswet Algemene verordening gegevensbescherming, verwerkt voor de volgende doeleinden:
a. een goede uitvoering van het bepaalde bij of krachtens deze wet en voor de handhaving van de bij of krachtens deze wet gestelde voorschriften;
b. om overheidsorganen te voorzien van gegevens, waaronder mede begrepen persoonsgegevens, bijzondere categorieën van persoonsgegevens en persoonsgegevens van strafrechtelijke aard als bedoeld in paragraaf 3.1 onderscheidenlijk paragraaf 3.2 van de Uitvoeringswet Algemene verordening gegevensbescherming, uit het rijbewijzenregister, voor zover zij aangeven deze gegevens nodig te hebben voor een goede uitoefening van hun publieke taak;
c. het ter beschikking stellen van gegevens, waaronder mede begrepen persoonsgegevens, bijzondere categorieën van persoonsgegevens en persoonsgegevens van strafrechtelijke aard als bedoeld in paragraaf 3.1 onderscheidenlijk paragraaf 3.2 van de Uitvoeringswet Algemene verordening gegevensbescherming, aan autoriteiten buiten Nederland en instellingen van internationale organisaties, voor zover zij deze gegevens nodig hebben voor de uitoefening van hun taak;

d. het ter beschikking stellen van gegevens, waaronder mede begrepen persoonsgegevens, bijzondere categorieën van persoonsgegevens en persoonsgegevens van strafrechtelijke aard als bedoeld in paragraaf 3.1 onderscheidenlijk paragraaf 3.2 van de Uitvoeringswet Algemene verordening gegevensbescherming, aan personen of instanties, niet zijnde de in artikel 127, eerste tot en met derde lid, bedoelde instanties, voor zover zij deze gegevens nodig hebben voor de uitoefening van hun taak.

3. In het rijbewijzenregister worden gegevens, waaronder mede begrepen persoonsgegevens, bijzondere categorieën van persoonsgegevens en persoonsgegevens van strafrechtelijke aard als bedoeld in paragraaf 3.1 onderscheidenlijk paragraaf 3.2 van de Uitvoeringswet Algemene verordening gegevensbescherming, verwerkt omtrent:
   a. de rijvaardigheid en de geschiktheid van de aanvrager;
   b. de aanvraag van rijbewijzen en eventuele weigering daarvan;
   c. de afgifte van rijbewijzen;
   d. de op het rijbewijs te vermelden getuigschriften van vakbekwaamheid en getuigschriften van nascholing;
   e. afgegeven certificaten als bedoeld in artikel 151g, vierde lid;
   f. ontzeggingen van de bevoegdheid tot het besturen van motorrijtuigen, alsmede de uitvoering van artikel 123b;
   g. besluiten, genomen in het kader van de procedure op grond van de artikelen 130 tot en met 134;
   h. andere maatregelen dan de in de onderdelen f en g genoemde, die leiden tot een beperking of intrekking van de rijbevoegdheid of de ongeldigheid van het rijbewijs;
   i. de begeleider;
   j. de aanvraag en afgifte van begeleiderspassen;
   k. het verlies van geldigheid of de ongeldigverklaring van begeleiderspassen overeenkomstig artikel 111a, vierde lid, respectievelijk artikel 111a, vijfde lid.

4. De Dienst Wegverkeer mag persoonsgegevens van strafrechtelijke aard als bedoeld in paragraaf 3.2 van de Uitvoeringswet Algemene verordening gegevensbescherming, verwerken voor zover dit verband houdt met de in het tweede lid genoemde doeleinden.

5. Bij algemene maatregel van bestuur worden nadere regels gesteld betreffende de inrichting en het beheer van het rijbewijzenregister, waaronder mede wordt begrepen de nadere uitwerking van de gegevens, waaronder mede begrepen persoonsgegevens, bijzondere categorieën van persoonsgegevens en persoonsgegevens van strafrechtelijke aard als bedoeld in paragraaf 3.1 onderscheidenlijk paragraaf 3.2 van de Uitvoeringswet Algemene verordening gegevensbescherming, die in het rijbewijzenregister worden verwerkt.

6. De gegevens, waaronder mede begrepen persoonsgegevens, bijzondere categorieën van persoonsgegevens en persoonsgegevens van strafrechtelijke aard als bedoeld in paragraaf 3.1 onderscheidenlijk paragraaf 3.2 van de Uitvoeringswet Algemene verordening gegevensbescherming, blijven bewaard gedurende een bij algemene maatregel van bestuur vastgestelde periode die voor verschillende categorieën verschillend kan worden vastgesteld.

7. Voor de toepassing van het derde lid wordt onder rijbewijs mede verstaan een rijbewijs afgegeven door het daartoe bevoegde gezag buiten Nederland, waarvan de houder in Nederland woonachtig is.

Art. 127

1. Aan overheidsorganen worden door de Dienst Wegverkeer uit het rijbewijzenregister gegevens, waaronder mede begrepen persoonsgegevens, bijzondere categorieën van persoonsgegevens en persoonsgegevens van strafrechtelijke aard als bedoeld in paragraaf 3.1 onderscheidenlijk paragraaf 3.2 van de Uitvoeringswet Algemene verordening gegevensbescherming, verstrekt voor zover zij aangeven deze gegevens nodig te hebben voor de uitoefening van hun publieke taak.

2. Aan bij algemene maatregel van bestuur aangewezen autoriteiten binnen de andere lidstaten van de Europese Unie en de andere staten die partij zijn bij de Overeenkomst betreffende de Europese Economische Ruimte worden in bij algemene maatregel van bestuur aangewezen gevallen door de Dienst Wegverkeer gegevens, waaronder mede begrepen persoonsgegevens, bijzondere categorieën van persoonsgegevens en persoonsgegevens van strafrechtelijke aard als bedoeld in paragraaf 3.1 onderscheidenlijk paragraaf 3.2 van de Uitvoeringswet Algemene verordening gegevensbescherming, verstrekt.

3. Aan bij algemene maatregel van bestuur aangewezen autoriteiten buiten Nederland, niet zijnde autoriteiten uit lidstaten van de Europese Unie of staten die partij zijn bij de Overeenkomst betreffende de Europese economische Ruimte worden door de Dienst Wegverkeer in de bij algemene maatregel van bestuur aangewezen gevallen gegevens, waaronder mede begrepen persoonsgegevens, bijzondere categorieën van persoonsgegevens en persoonsgegevens van strafrechtelijke aard als bedoeld in paragraaf 3.1 onderscheidenlijk paragraaf 3.2 van de Uitvoeringswet Algemene verordening gegevensbescherming, verstrekt. Gegevens, waaronder mede begrepen persoonsgegevens, bijzondere categorieën van persoonsgegevens en persoonsgegevens

van strafrechtelijke aard als bedoeld in paragraaf 3.1 onderscheidenlijk paragraaf 3.2 van de Uitvoeringswet Algemene verordening gegevensbescherming, kunnen ook worden verstrekt aan instellingen van internationale organisaties voor zover dit ter uitvoering van een verdrag of een bindend besluit van een internationale organisatie vereist is.

4. Aan bij algemene maatregel van bestuur aangewezen personen of instanties of categorieën van personen of instanties, niet zijnde de in het eerste tot en met derde lid bedoelde instanties, kunnen desgevraagd door de Dienst Wegverkeer in de bij algemene maatregel van bestuur aangegeven gevallen gegevens, waaronder mede begrepen persoonsgegevens, bijzondere categorieën van persoonsgegevens en persoonsgegevens van strafrechtelijke aard als bedoeld in paragraaf 3.1 onderscheidenlijk paragraaf 3.2 van de Uitvoeringswet Algemene verordening gegevensbescherming, worden verstrekt die zij voor hun taak behoeven.

5. Onverminderd het vierde lid kunnen aan bij ministeriële regeling personen of instanties worden aangewezen aan wie persoonsgegevens worden verstrekt die strekken tot bevestiging of ontkenning van de afgifte en de geldigheid van rijbewijzen, waaronder begrepen de rijbewijscategorieën, of die strekken tot bevestiging van de identiteit van de houder.

6. In afwijking van het eerste tot en met het vierde lid kunnen niet tot personen herleidbare gegevens aan een ieder worden verstrekt, tenzij het gegevens betreft die naar het oordeel van de RDW kunnen leiden tot fraude met het rijbewijs.

7. Bij ministeriële regeling kunnen voor de uitvoering van het eerste tot en met het zesde lid nadere regels worden gesteld met betrekking tot de te verstrekken gegevens, de wijze van verstrekking van die gegevens, en kunnen voorwaarden worden verbonden aan de verstrekking van die gegevens.

Art. 128

Verstrekking gegevens uit rijbewijzenregister aan ontvangers

1. De in artikel 127 bedoelde gegevensverstrekking aan ontvangers vindt plaats op door de Dienst Wegverkeer bepaalde wijze.

2. De in artikel 127, vierde, vijfde en zesde lid, bedoelde ontvangers zijn voor de verstrekking van gegevens, waaronder mede begrepen persoonsgegevens, bijzondere categorieën van persoonsgegevens en persoonsgegevens van strafrechtelijke aard als bedoeld in paragraaf 3.1 onderscheidenlijk paragraaf 3.2 van de Uitvoeringswet Algemene verordening gegevensbescherming, een door de Dienst Wegverkeer vastgesteld tarief verschuldigd. De betrokkene zelf is alleen kosten verschuldigd voor bijkomende kopieën van persoonsgegevens, waaronder mede begrepen bijzondere categorieën van persoonsgegevens en persoonsgegevens van strafrechtelijke aard als bedoeld in paragraaf 3.1 onderscheidenlijk paragraaf 3.2 van de Uitvoeringswet Algemene verordening gegevensbescherming, alsmede voor de verstrekking van gegevens, niet zijnde persoonsgegevens.

3. Onverminderd het tweede lid is degene die op grond van artikel 127 een aanvraag indient tot geautomatiseerde verstrekking van gegevens, persoonsgegevens, waaronder mede begrepen bijzondere categorieën van persoonsgegevens en persoonsgegevens van strafrechtelijke aard als bedoeld in paragraaf 3.1 onderscheidenlijk paragraaf 3.2 van de Uitvoeringswet Algemene verordening gegevensbescherming, in door de Dienst Wegverkeer te bepalen gevallen een door deze dienst te bepalen aansluittarief verschuldigd.

Art. 129

Verwerking (persoons)gegevens

De overheidsorganen, bedoeld in artikel 127, eerste lid, zijn, voor zover dit is bepaald bij algemene maatregel van bestuur, als verwerker bevoegd tot het invoeren, rectificeren en wissen in het rijbewijzenregister van de bij algemene maatregel van bestuur aangegeven gegevens, waaronder mede begrepen persoonsgegevens, bijzondere categorieën van persoonsgegevens en persoonsgegevens als bedoeld in paragraaf 3.1 onderscheidenlijk paragraaf 3.2 van de Uitvoeringswet Algemene verordening gegevensbescherming.

Afdeling 8a
[Vervallen]

Art. 129a-129e
[Vervallen]

Wegenverkeerswet 1994

Afdeling 9
Maatregelen rijvaardigheid en geschiktheid

§ 1
Algemeen

Art. 130
1. Indien bij de bij algemene maatregel van bestuur aangewezen personen een vermoeden bestaat dat de houder van een rijbewijs niet langer beschikt over de rijvaardigheid dan wel over de lichamelijke of geestelijke geschiktheid, vereist voor het besturen van een of meer categorieën van motorrijtuigen waarvoor dat rijbewijs is afgegeven, doen zij daarvan zo spoedig mogelijk schriftelijk mededeling aan het CBR onder vermelding van de feiten en omstandigheden die aan het vermoeden ten grondslag liggen. Bij ministeriële regeling worden de feiten en omstandigheden aangewezen die aan het vermoeden ten grondslag dienen te liggen en worden ter zake van de uitoefening van deze bevoegdheid nadere regels vastgesteld.

2. Op de eerste vordering van de in artikel 159, onderdeel a, bedoelde personen is de bestuurder van een motorrijtuig, ten aanzien van wie een vermoeden als bedoeld in het eerste lid bestaat, verplicht tot overgifte van het hem afgegeven rijbewijs.

3. De in het tweede lid bedoelde vordering wordt gedaan indien de betrokken bestuurder de veiligheid op de weg zodanig in gevaar kan brengen dat hem met onmiddellijke ingang de bevoegdheid dient te worden ontnomen langer als bestuurder van een of meer categorieën van motorrijtuigen, waarvoor het rijbewijs is afgegeven, aan het verkeer deel te nemen. Bij ministeriële regeling worden de gevallen aangewezen waarin daarvan sprake is. Het ingevorderde rijbewijs wordt gelijktijdig met de schriftelijke mededeling, bedoeld in het eerste lid, aan het CBR toegezonden.

4. In geval van toepassing van het tweede lid kan het motorrijtuig, voor zover geen andere bestuurder beschikbaar is of de bestuurder niet aanstonds voldoet aan de vordering, onder toezicht of, voor zover degene die de vordering heeft gedaan, zulks nodig oordeelt, in bewaring worden gesteld. In het laatste geval zijn de artikelen 170, tweede lid, tweede en derde volzin, vierde en vijfde lid, 171, 172 en 173, eerste lid, van deze wet en de artikelen 4:116, 4:118 tot en met 4:124, 5:10, 5:25, eerste en zesde lid, 5:29, tweede en derde lid, 5:30, eerste, tweede, vierde en vijfde lid, van de Algemene wet bestuursrecht van overeenkomstige toepassing. Teruggave van het motorrijtuig vindt slechts plaats, indien aan de vordering is voldaan.

5. Voor de toepassing van het eerste, tweede en derde lid wordt onder rijbewijs mede verstaan een rijbewijs, afgegeven door het daartoe bevoegde gezag buiten Nederland, waarvan de houder in Nederland woonachtig is.

Maatregelen na gebleken onvoldoende rijgeschiktheid

Art. 131
1. Indien een schriftelijke mededeling als bedoeld in artikel 130, eerste lid, is gedaan, besluit het CBR in de bij ministeriële regeling aangegeven gevallen, respectievelijk tot:
   a. oplegging van een educatieve maatregel ter bevordering van de rijvaardigheid of geschiktheid, of
   b. een onderzoek naar de rijvaardigheid of de geschiktheid.
Het besluit wordt zo spoedig mogelijk, maar uiterlijk binnen vier weken na ontvangst van de mededeling, genomen.

2. Bij het besluit, bedoeld in het eerste lid, wordt:
   a. in de gevallen, bedoeld in artikel 130, derde lid, de geldigheid van het rijbewijs van betrokkene voor één of meer categorieën van motorrijtuigen geschorst tot de dag waarop het in artikel 134, vierde of zevende lid, bedoelde besluit van kracht wordt;
   b. indien de geldigheid van het rijbewijs van betrokkene overeenkomstig onderdeel a wordt geschorst, en diens rijbewijs niet overeenkomstig artikel 130, tweede lid, is ingevorderd, bepaald dat betrokkene zijn rijbewijs dient in te leveren bij het CBR;
   c. indien de geldigheid van het rijbewijs van betrokkene niet overeenkomstig onderdeel a, wordt geschorst, doch diens rijbewijs wel overeenkomstig artikel 130, tweede lid, is ingevorderd, bepaald dat het rijbewijs onverwijld aan betrokkene wordt teruggegeven.

3. Bij ministeriële regeling worden nadere regels vastgesteld ter uitvoering van het eerste lid.

4. Voor de toepassing van het tweede lid wordt onder rijbewijs mede verstaan een rijbewijs afgegeven door het daartoe bevoegde gezag buiten Nederland, waarvan de houder in Nederland woonachtig is.

Oplegging maatregel

Art. 132
1. Behoudens de bij algemene maatregel van bestuur vastgestelde uitzonderingen is diegene verplicht zijn medewerking te verlenen aan de opgelegde maatregel, die zich:
   a. ingevolge artikel 131, eerste lid, aanhef en onderdeel a, dient te onderwerpen aan een educatieve maatregel ter bevordering van de rijvaardigheid of geschiktheid, of
   b. ingevolge artikel 131, eerste lid, aanhef en onderdeel b, dient te onderwerpen aan een onderzoek naar de rijvaardigheid of geschiktheid.

Verplichte medewerking aan rijvaardigheidsonderzoek

2. Bij gebreke van de in het eerste lid bedoelde medewerking besluit het CBR onverwijld tot ongeldigverklaring van het rijbewijs van de houder. Het CBR bepaalt daarbij op welke categorie of categorieën van motorrijtuigen waarvoor het rijbewijs is afgegeven, de ongeldigverklaring betrekking heeft. Bij ministeriële regeling wordt vastgesteld in welke gevallen sprake is van het niet verlenen van medewerking. Als het niet verlenen van de vereiste medewerking wordt mede aangemerkt het niet voldoen van de kosten binnen de termijn of termijnen die is of zijn aangegeven bij het besluit waarbij de verplichting tot een van de hierna genoemde maatregelen is opgelegd, of het niet voldoen van de kosten op de in dat besluit aangegeven wijze, van:
a. de bij ministeriële regeling aangewezen educatieve maatregelen ter bevordering van de rijvaardigheid of geschiktheid, of
b. het onderzoek naar de rijvaardigheid of geschiktheid, indien deze kosten op grond van artikel 133, vierde lid, voor rekening van betrokkene komen.
3. Het CBR doet van het besluit mededeling aan bij algemene maatregel van bestuur aangewezen personen of instanties.
4. De ongeldigverklaring is van kracht met ingang van de zevende dag na die waarop het besluit tot ongeldigverklaring aan de houder van het rijbewijs is bekend gemaakt.
5. De houder van het ongeldig verklaarde rijbewijs dient dat rijbewijs, zodra de ongeldigverklaring van kracht is geworden, in te leveren bij het CBR, ook indien de ongeldigverklaring niet alle categorieën betreft waarvoor het rijbewijs geldig was.

Aantekening in het rijbewijzenregister

6. Indien het rijbewijs dat voor ongeldigverklaring op grond van het tweede lid in aanmerking komt, zijn geldigheid heeft verloren door het verstrijken van de geldigheidsduur, plaatst het CBR een aantekening in het rijbewijzenregister waaruit blijkt dat de houder bij de aanvraag van een nieuw rijbewijs op de bij algemene maatregel van bestuur vastgestelde wijze dient aan te tonen dat hij, al naar gelang de aard van het onderzoek waarop het in artikel 131, eerste lid, bedoelde besluit betrekking heeft, beschikt over de rijvaardigheid dan wel de lichamelijke en geestelijke geschiktheid die is vereist voor het besturen van motorrijtuigen van de categorie of categorieën waarop dat besluit betrekking heeft.
7. Voor de toepassing van het tweede, vijfde en zesde lid wordt onder rijbewijs mede verstaan een rijbewijs, afgegeven door het daartoe bevoegde gezag buiten Nederland, waarvan de houder in Nederland woonachtig is.

§ 2
Educatieve maatregelen ter bevordering van de rijvaardigheid of geschiktheid

Art. 132a

Educatieve maatregel ter bevordering rijvaardigheid/geschiktheid

1. In de in artikel 131, eerste lid, aanhef en onderdeel a, bedoelde gevallen legt het CBR bij het in dat artikel bedoelde besluit betrokkene overeenkomstig de bij algemene maatregel van bestuur vastgestelde regels de verplichting op zich binnen een daarbij vast te stellen termijn te onderwerpen aan educatieve maatregelen ter bevordering van de rijvaardigheid of geschiktheid.
2. De kosten verbonden aan het opleggen van een educatieve maatregel ter bevordering van de rijvaardigheid of geschiktheid komen ten laste van iedereen aan wie overeenkomstig het eerste lid de verplichting tot deelname aan een dergelijke maatregel is opgelegd. De hoogte van deze kosten wordt door het CBR vastgesteld. In geval van niet, niet geheel of niet op aangeven wijze of binnen de aangegeven termijnen betalen van deze kosten vaardigt het CBR een dwangbevel uit aan de nalatige. Voor de toepassing van titel 4.4. van de Algemene wet bestuursrecht wordt het besluit als bedoeld in artikel 131, eerste lid, aanhef en onderdeel a, aangemerkt als beschikking als bedoeld in artikel 4.86 van de Algemene wet bestuursrecht.
3. De kosten verbonden aan het uitvoeren van de educatieve maatregelen komen ten laste van betrokkene. De hoogte van deze kosten wordt door het CBR vastgesteld.
4. Het CBR bepaalt de aard van de educatieve maatregelen en wijst een of meer tot toepassing van die maatregelen bevoegde deskundigen aan.
5. Bij ministeriële regeling worden nadere regels vastgesteld ter uitvoering van het eerste en tweede lid.
6. Voor de toepassing van het eerste lid wordt onder rijbewijs mede verstaan een rijbewijs, afgegeven door het daartoe bevoegde gezag buiten Nederland, waarvan de houder in Nederland woonachtig is.

§ 3
[Vervallen]

Art. 132b-132d
[Vervallen]

§ 4
[Vervallen]

Art. 132e-132e1
[Vervallen]

§ 5
[Vervallen]

Art. 132f-132o
[Vervallen]

§ 6
Onderzoeken naar de rijvaardigheid of geschiktheid

Art. 133
1. In de in artikel 131, eerste lid, aanhef en onderdeel b, bedoelde gevallen legt het CBR bij het in dat artikel bedoelde besluit betrokkene de verplichting op zich te onderwerpen aan een onderzoek naar zijn rijvaardigheid of geschiktheid.
2. Het CBR bepaalt de aard van het onderzoek en bepaalt door welke deskundige of deskundigen het onderzoek zal worden verricht.
3. Het onderzoek kan in gedeelten plaatsvinden. Tijd en plaats van het onderzoek dan wel de delen daarvan worden overeenkomstig bij algemene maatregel van bestuur vastgestelde regels door het CBR vastgesteld.
4. De kosten verbonden aan het opleggen van een onderzoek naar de rijvaardigheid of de geschiktheid komen ten laste van iedereen aan wie overeenkomstig het eerste lid de verplichting tot deelname aan zo'n onderzoek is opgelegd. De hoogte van deze kosten wordt door het CBR vastgesteld. In geval van niet, niet geheel of niet op aangegeven wijze of binnen de aangegeven termijnen betalen van deze kosten vaardigt het CBR een dwangbevel uit aan de nalatige.
5. De kosten verbonden aan de uitvoering van het onderzoek, waarvan de hoogte door het CBR wordt vastgesteld, komen in de bij ministeriële regeling bedoelde gevallen ten laste van betrokkene.
6. Het onderzoek vangt zo spoedig mogelijk aan.
7. De bevindingen van het onderzoek worden door de deskundige of de deskundigen zo spoedig mogelijk, doch uiterlijk acht weken na aanvang van het onderzoek, dan wel van het eerste gedeelte daarvan, schriftelijk meegedeeld aan het CBR.
8. Het CBR kan in bijzondere gevallen toestaan dat door de deskundige of de deskundigen van de in het zesde lid bedoelde termijn wordt afgeweken.

Rijvaardigheidsonderzoek

Art. 134
1. Het CBR stelt zo spoedig mogelijk, doch uiterlijk binnen vier weken na ontvangst van de bevindingen van de deskundige of deskundigen, de uitslag van het onderzoek vast. Van deze uitslag doet het CBR mededeling aan betrokkene. Indien een of meer deskundigen bij hun bevindingen hebben aangetekend dat inzage daarvan naar hun oordeel kennelijk ernstig nadeel voor betrokkene zou opleveren, deelt het CBR de bevindingen schriftelijk mede aan de door betrokkene aangewezen vertrouwensarts.
2. Het CBR besluit tot ongeldigverklaring van het rijbewijs indien de uitslag van het onderzoek daartoe aanleiding geeft. Bij ministeriële regeling worden de gevallen aangewezen waarin daarvan sprake is.
3. Indien het CBR voornemens is het rijbewijs ongeldig te verklaren, deelt het dit mede aan de houder, tevens onder mededeling van de bevoegdheid van betrokkene om binnen twee weken een tweede onderzoek te verlangen. De aan dit tweede onderzoek verbonden kosten, waarvan de hoogte door het CBR wordt vastgesteld, komen ten laste van betrokkene. De artikelen 132 en 133 alsmede het eerste en het vierde lid van dit artikel zijn van overeenkomstige toepassing. De in de eerste volzin bedoelde mededeling wordt niet gedaan, indien het rijbewijs van de houder inmiddels op grond van artikel 123b ongeldig is geworden.
4. Indien het CBR besluit dat het rijbewijs van de houder ongeldig wordt verklaard, wordt daarbij bepaald op welk deel van de geldigheidsduur alsmede op welke categorie of categorieën van motorrijtuigen waarvoor het rijbewijs is afgegeven de ongeldigverklaring betrekking heeft. Artikel 132, vierde tot en met zevende lid, is van overeenkomstige toepassing.
5. Indien de uitslag van het onderzoek aanleiding geeft tot ongeldigverklaring van het rijbewijs van betrokkene, plaatst het CBR, indien dat rijbewijs zijn geldigheid heeft verloren door het verstrijken van de geldigheidsduur, een aantekening in het rijbewijzenregister waaruit blijkt dat de houder bij de aanvraag van een nieuw rijbewijs op de bij algemene maatregel van bestuur vastgestelde wijze dient aan te tonen dat hij, al naar gelang de aard van het onderzoek, beschikt over de lichamelijke en geestelijke geschiktheid dan wel de rijvaardigheid die is vereist voor

Uitslag rijvaardigheidsonderzoek

Sdu

589

het besturen van motorrijtuigen van de categorie of categorieën waarop het onderzoek betrekking had.

6. Indien bij een op grond van het in artikel 131, eerste lid, bedoelde besluit gevorderd onderzoek naar de geschiktheid is gebleken dat de resterende geldigheidsduur van het rijbewijs korter is dan de termijn waarvoor de houder blijkens de uitslag van het onderzoek naar verwachting geschikt zal zijn voor het besturen van motorrijtuigen, plaatst het CBR een aantekening in het rijbewijzenregister waaruit blijkt dat de houder bij de aanvraag van een nieuw rijbewijs op de bij algemene maatregel van bestuur vastgestelde wijze dient aan te tonen dat hij beschikt over de lichamelijke en geestelijke geschiktheid die is vereist voor het besturen van motorrijtuigen van de categorie of categorieën waarop het onderzoek betrekking heeft.

7. Indien het CBR van oordeel is dat op grond van de uitslag van het onderzoek betrokkene niet als niet rijvaardig of ongeschikt moet worden beoordeeld, legt het aan betrokkene overeenkomstig bij algemene maatregel van bestuur vastgestelde regels een bij ministeriële regeling vast te stellen maatregel op. Indien het CBR besluit tot oplegging van een educatieve maatregel zijn de artikelen 132 en 132a van overeenkomstige toepassing.

8. Bij ministeriële regeling worden nadere regels vastgesteld ter uitvoering van het derde, het vierde en het zevende lid.

9. Voor de toepassing van dit artikel wordt onder rijbewijs mede verstaan een rijbewijs, afgegeven door het daartoe bevoegde gezag buiten Nederland, waarvan de houder in Nederland woonachtig is.

Art. 134a

Gegevens betreffende gezondheid

Voor zover dit noodzakelijk is voor de toepassing van deze paragraaf verwerkt het CBR persoonsgegevens betreffende iemands rijvaardigheid en gezondheid.

Afdeling 10
[Vervallen]

Art. 135-145
[Vervallen]

Hoofdstuk VIA
Interoperabiliteit van elektronische heffingssystemen

§ 1
Algemene bepalingen

Art. 145a

Begripsbepalingen

1. In dit hoofdstuk wordt verstaan onder de richtlijn: de bij ministeriële regeling aangewezen richtlijn.
2. Een wijziging van de richtlijn, bedoeld in het eerste lid, gaat voor de toepassing van dit hoofdstuk gelden met ingang van de dag waarop aan de betrokken wijzigingsrichtlijn uitvoering moet zijn gegeven.

§ 2
Technologische eisen

Art. 145b

Technologische eisen elektronisch tolheffingssysteem

1. Een elektronisch heffingssysteem als bedoeld in artikel 2, eerste lid, van de richtlijn, dat na 31 december 2006 in gebruik wordt genomen, is gebaseerd op één of meer van de technologieën, bedoeld in artikel 2, eerste lid, van de richtlijn.
2. Het eerste lid geldt niet voor een heffingssysteem als bedoeld in artikel 1, tweede lid, van de richtlijn.

§ 3
Europese elektronische tolheffingsdienst

Art. 145c

Europese elektronische tolheffingsdienst

1. Op een weg waar tarieven voor het gebruik van de weg elektronisch worden geïnd en waarvoor apparatuur in het motorrijtuig moet worden ingebouwd, wordt een Europese elektronische tolheffingsdienst aangeboden, die voldoet aan de artikelen 1, derde lid, 3, eerste lid en 4, eerste, derde en achtste lid, van de richtlijn.
2. Een Europese elektronische tolheffingsdienst wordt aangeboden uiterlijk met ingang van een bij ministeriële regeling te bepalen tijdstip, dat voor verschillende categorieën voertuigen verschillend kan worden vastgesteld.

Art. 145d
Een exploitant stelt vanaf het in artikel 145c, tweede lid, vastgestelde tijdstip aan gebruikers apparatuur ter beschikking die in het voertuig kan worden ingebouwd en voldoet aan de eisen, bedoeld in artikel 2, tweede lid, van de richtlijn.

Verstrekken inbouwapparatuur

§ 4
Nadere regelgeving

Art. 145e
Bij ministeriële regeling kunnen ter uitvoering van de richtlijn aanvullende regels worden gesteld met betrekking tot de in dit hoofdstuk geregelde onderwerpen.

Nadere regels

Hoofdstuk VIB
Intelligente vervoerssystemen op het gebied van wegvervoer

Art. 145f
1. In dit hoofdstuk wordt verstaan onder de richtlijn: de bij ministeriële regeling aangewezen richtlijn.
2. Een wijziging van een in het eerste lid bedoelde richtlijn, gaat voor de toepassing van dit hoofdstuk gelden met ingang van de dag waarop aan de betrokken wijzigingsrichtlijn uitvoering moet zijn gegeven.

Begripsbepalingen

Art. 145g
1. Intelligente vervoerssystemen als bedoeld in de richtlijn voldoen aan de op grond van de richtlijn vastgestelde specificaties.
2. Bij ministeriele regeling kunnen ter uitvoering van de richtlijn aanvullende regels worden gesteld.

Intelligente vervoerssystemen op het gebied van wegvervoer

Hoofdstuk VII
Vrijstelling, ontheffing en vergunning

Art. 146
Onze Minister kan, met inachtneming van verdragen en van besluiten van volkenrechtelijke organisaties of van één of meer instellingen van de Europese Unie, al dan niet gezamenlijk, van bepalingen van deze wet vrijstelling verlenen voor het gebruik van de weg ten behoeve van openbare diensten.

Vrijstellingen

Art. 147
1. Onze Minister kan, met inachtneming van verdragen en van besluiten van volkenrechtelijke organisaties of van één of meer instellingen van de Europese Unie, al dan niet gezamenlijk, van het bepaalde krachtens deze wet vrijstelling verlenen voor het gebruik van de weg ten behoeve van openbare of door Onze Minister daarmee gelijk te stellen diensten.
2. Onze Minister kan van het bepaalde krachtens deze wet vrijstelling verlenen voor het gebruik van de weg ten behoeve van particuliere geld- en waardetransportbedrijven waaraan een vergunning is verleend als bedoeld in artikel 3, aanhef en onder c, van de Wet particuliere beveiligingsorganisaties en recherchebureaus.

Vrijstelling openbare diensten

Art. 148
1. Van het in artikel 10, eerste lid, vervatte verbod kan overeenkomstig bij algemene maatregel van bestuur vastgestelde regels ontheffing worden verleend:
a. voor wegen onder beheer van het Rijk door Onze Minister;
b. voor andere wegen door gedeputeerde staten. In afwijking hiervan wordt, indien de wegen waarvoor de ontheffing wordt gevraagd, alle zijn gelegen binnen één gemeente, de ontheffing verleend door burgemeester en wethouders.
2. De in het eerste lid bedoelde ontheffing kan slechts worden verleend indien wordt aangetoond dat maatregelen zijn getroffen ter voorkoming van deelneming aan de wedstrijd zonder dat de burgerrechtelijke aansprakelijkheid voor de schade waartoe het gebruik van motorrijtuigen tijdens de wedstrijd aanleiding kan geven, is gedekt door een verzekering overeenkomstig de Wet aansprakelijkheidsverzekering motorrijtuigen. De verzekering dient mede te dekken de aansprakelijkheid van degenen die de wedstrijd organiseren. Deze voorwaarde geldt niet ten aanzien van degene wiens aansprakelijkheid ten laste van de Staat komt.

Ontheffing voor wedstrijden

Art. 149
1. Van het bepaalde krachtens deze wet kan in de krachtens deze wet aangewezen gevallen overeenkomstig krachtens deze wet vastgestelde regels ontheffing worden verleend:
a. voor wegen onder beheer van het Rijk door Onze Minister;
b. voor wegen onder beheer van een provincie door gedeputeerde staten;

Ontheffingen

c. voor wegen onder beheer van een waterschap door het algemeen bestuur of, krachtens besluit van het algemeen bestuur, door het dagelijks bestuur;
d. voor andere wegen door burgemeester en wethouders of krachtens besluit van hen, door een door hen ingestelde bestuurscommissie.
2. In afwijking van het eerste lid kan door het CBR ontheffing worden verleend van het gebruik van autogordels en kinderbeveiligingsmiddelen. Bij of krachtens algemene maatregel van bestuur kunnen terzake nadere regels worden vastgesteld.
3. Het op grond van het eerste lid tot het verlenen van een ontheffing bevoegde gezag kan van de kentekenplicht als bedoeld in artikel 36, eerste lid, ontheffing verlenen voor aanhangwagens die worden gebruikt ten behoeve van een evenement of optocht waarvoor een vergunning op grond van een gemeentelijke verordening is afgegeven. Bij ministeriële regeling kunnen terzake nadere regels worden gesteld.

Art. 149a

Definitie wegbeheerder

1. In dit artikel, de artikelen 149aa en 149b en de op deze artikelen berustende bepalingen wordt verstaan onder wegbeheerder: het ingevolge artikel 149, eerste lid, tot het verlenen van een ontheffing bevoegde gezag.

Nadere regels

2. In afwijking van artikel 149, eerste lid, kan uitsluitend door de Dienst Wegverkeer ontheffing worden verleend of geweigerd van het bepaalde krachtens artikel 13 en artikel 71, in de bij algemene maatregel van bestuur aangewezen gevallen overeenkomstig bij of krachtens algemene maatregel van bestuur vastgestelde regels.
3. Bij of krachtens algemene maatregel van bestuur kunnen regels worden gesteld omtrent de partijen waarmee en de wijze waarop de Dienst Wegverkeer periodiek overleg voert met betrekking tot de uitvoering van dit artikel en artikel 149b.
4. De kosten die samenhangen met de behandeling en de verlening van de ontheffing, alsmede de kosten die samenhangen met het verrichten van onderzoeken en met daarbij behorende afgifte van documenten ten behoeve van de ontheffingverlening worden ten laste gebracht van de aanvrager. Bij de toepassing van artikel 4b, eerste lid, onderdeel n, met betrekking tot deze kosten kan worden bepaald dat de vergoeding van de kosten voorafgaand aan de behandeling van de aanvraag wordt betaald.
5. Ten behoeve van de ontheffingverlening, bedoeld in het tweede lid, verwerkt de Dienst Wegverkeer gegevens met betrekking tot aanvrager, voertuig en kenteken die zijn opgenomen in de aanvragen voor ontheffingen en in afgegeven ontheffingen.
6. Aan de toezichthouders bedoeld in artikel 158 en aan de wegbeheerders worden op de door de Dienst Wegverkeer te bepalen wijze desgevraagd de gegevens met betrekking tot de inhoud van de afgegeven en geweigerde ontheffingen en de gegevens met betrekking tot het aantal en de aard van de ontheffingen verstrekt, die zij voor de uitoefening van hun taak behoeven.

Art. 149aa

Vergunning uitvoering experiment met motorrijtuigen

1. Voor het uitvoeren van een experiment op de weg met motorrijtuigen waarvoor op grond van de krachtens artikel 21 gestelde regels een voorlopige of tijdelijke goedkeuring is vereist en waarvan de bestuurder zich niet in het motorrijtuig bevindt, is een vergunning vereist van Onze Minister na overleg met Onze Minister van Justitie en Veiligheid.
2. Artikel 149a, tweede lid, is niet van toepassing.
3. Bij de vergunning, bedoeld in het eerste lid, kan voor zover noodzakelijk voor het uitvoeren van een experiment ontheffing worden verleend van een of meer bepalingen van:
a. deze wet, met uitzondering van de artikelen 5 en 6,
b. overige wetten voor zover het bepalingen betreft die betrekking hebben op door de bestuurder of kentekenhouder van het motorrijtuig uit te voeren taken,
c. de op de wetten, bedoeld in de onderdelen a en b, berustende regelingen.
4. Een vergunning met een ontheffing als bedoeld in het derde lid wordt verleend in overeenstemming met Onze Minister die het aangaat.
5. De vergunning kan in ieder geval worden geweigerd als:
a. het experiment niet strekt tot de bescherming van de belangen, bedoeld in artikel 2, eerste lid;
b. het experiment naar het oordeel van Onze Minister niet of niet voldoende bijdraagt aan innovatie op het gebied van verkeersveiligheid, duurzaamheid of doorstroming van het verkeer, of
c. de ontheffing, bedoeld in het derde lid, ook onder de voorschriften en beperkingen die daaraan worden verbonden, niet verenigbaar is met het doel van het wettelijke voorschrift waarvan beoogd wordt ontheffing te verlenen.
6. De vergunning wordt aan de Dienst Wegverkeer, de toezichthouders, bedoeld in artikel 159, onder a, en de betrokken wegbeheerders gezonden.
7. Bij ministeriële regeling kunnen regels worden gesteld over bij welk bestuursorgaan de aanvraag wordt ingediend, de wijze waarop de aanvraag geschiedt, de door de aanvrager bij de aanvraag te verstrekken gegevens en bescheiden, de termijn waarbinnen op de aanvraag wordt beslist en over de toezending, bedoeld in het zesde lid.

Wegenverkeerswet 1994

8. De kosten die samenhangen met de behandeling van de aanvraag om en de verlening van de vergunning, alsmede de kosten die samenhangen met het verrichten van onderzoeken en met daarbij behorende afgifte van documenten ten behoeve van de vergunningverlening worden ten laste gebracht van de aanvrager.

Art. 149ab
1. De vergunning voor een experiment als bedoeld in artikel 149aa, eerste lid, wordt verleend voor een periode van ten hoogste drie jaar.

Vergunning uitvoering experiment met motorrijtuigen, voorwaarden

2. Bij de vergunning wordt in ieder geval bepaald:
   a. een beschrijving van het experiment,
   b. op welke wegen of weggedeelten het experiment wordt uitgevoerd,
   c. gedurende welke periode het experiment wordt uitgevoerd,
   d. bij welke weersomstandigheden en op welke tijdstippen van de dag het experiment mag worden uitgevoerd,
   e. van welke regels, bedoeld in artikel 149aa, derde lid, ontheffing is verleend en, voor zover relevant, onder welke voorschriften en beperkingen die ontheffing geldt,
   f. welke veiligheidsmaatregelen voor de uitvoering van het experiment worden getroffen met het oog op de belangen, bedoeld in artikel 2, eerste lid,
   g. hoe Onze Minister in de gelegenheid wordt gesteld om het experiment te monitoren en te evalueren,
   h. voorschriften voor de handhaving en opsporing, waaronder in ieder geval wie de bestuurder van het motorrijtuig is en waar de bestuurder zich bevindt, en
   i. hoeveel motorrijtuigen de bestuurder tegelijkertijd mag besturen.
3. Onze Minister kan onverminderd artikel 149b, vijfde lid, de vergunning intrekken indien de vergunninghouder de aan de vergunning verbonden voorschriften en beperkingen niet naleeft en als naar zijn oordeel de verkeersveiligheid als gevolg van of mede als gevolg van het experiment in gevaar komt.
4. Onze Minister evalueert het experiment en stelt daarvan een verslag op.

Art. 149b
1. De wegbeheerder verstrekt aan de Dienst Wegverkeer ten behoeve van de ontheffingverlening, bedoeld in artikel 149a, tweede lid, respectievelijk aan Onze Minister ten behoeve van de vergunningverlening, bedoeld in artikel 149aa, eerste lid, de bij of krachtens algemene maatregel van bestuur vastgestelde gegevens betreffende de infrastructuur en overige informatie op de bij of krachtens die algemene maatregel van bestuur vastgestelde wijze.

Gegevensverstrekking t.b.v. ontheffingverlening

2. In de bij of krachtens algemene maatregel van bestuur aangewezen gevallen behoeft de Dienst Wegverkeer voor de in artikel 149a, tweede lid, bedoelde ontheffing respectievelijk Onze Minister voor de in artikel 149aa, eerste lid, bedoelde vergunning de toestemming van de wegbeheerder. In deze gevallen wordt de toestemming verleend op basis van een door de Dienst Wegverkeer respectievelijk Onze Minister in overleg met de betrokken wegbeheerder opgestelde ontwerp-ontheffing of ontwerp-vergunning.

Nadere regels

3. De wegbeheerder kan uitsluitend de toestemming weigeren, indien dat gerechtvaardigd is met het oog op de in artikel 2, eerste en tweede lid, omschreven belangen.
4. Bij het verstrekken van gegevens en informatie, bedoeld in het eerste lid, kan de wegbeheerder aangeven dat aan de door de Dienst Wegverkeer te verlenen ontheffing of aan de door Onze Minister te verlenen vergunning beperkingen of voorschriften worden verbonden, indien dat gerechtvaardigd is met het oog op de bescherming van de in artikel 2, eerste en tweede lid, omschreven belangen.
5. De Dienst Wegverkeer respectievelijk Onze Minister trekt verleende ontheffingen of vergunningen in of wijzigt deze voor zover de door de wegbeheerder ingevolge het eerste lid verstrekte gegevens of andere door hem aan de Dienst Wegverkeer of Onze Minister verstrekte informatie daartoe aanleiding geeft.
6. Voor de mogelijkheid van beroep ingevolge hoofdstuk 8 van de Algemene wet bestuursrecht worden als één besluit aangemerkt de ontheffing of de weigering daarvan door de Dienst Wegverkeer respectievelijk de vergunning of de weigering daarvan door Onze Minister en de toestemming onderscheidenlijk de weigering daarvan door de wegbeheerder.
7. De wegbeheerder ontvangt voor het verstrekken van gegevens en informatie, bedoeld in het eerste lid, en voor het verlenen van toestemming, bedoeld in het tweede lid, van de Dienst Wegverkeer respectievelijk Onze Minister een bij ministeriële regeling vastgestelde vergoeding, die is gebaseerd op het aantal en de aard van de verleende ontheffingen voor wegen die onder zijn beheer staan.

Art. 149c
In afwijking van artikel 149, eerste lid, kan uitsluitend door Onze Minister ontheffing worden verleend of geweigerd van het bepaalde krachtens artikel 16, vierde lid, overeenkomstig bij of krachtens algemene maatregel van bestuur vastgestelde regels.

Nadere regels

Art. 150

Beperkingen vergunning, vrijstelling en ontheffing

1. Een vergunning, een vrijstelling en een ontheffing kan onder beperkingen worden verleend. Aan een vergunning, een vrijstelling en een ontheffing kunnen voorschriften worden verbonden.
2. Het is verboden te handelen in strijd met de aan een vergunning, een vrijstelling en een ontheffing verbonden voorschriften.

Art. 151

Kosten vrijstelling/ontheffing

Onverminderd artikel 149a kunnen bij algemene maatregel van bestuur regels worden vastgesteld omtrent het ten laste van de aanvrager van een ontheffing brengen van de aan de behandeling van de aanvraag verbonden kosten.

Art. 151a

Gegevens betreffende gezondheid

Voor zover dit noodzakelijk is voor het verlenen van ontheffingen als bedoeld in artikel 149, tweede lid, aanhef en onder a, verwerkt Onze Minister persoonsgegevens betreffende iemands gezondheid.

Hoofdstuk VIIA
Vakbekwaamheid bestuurders goederen- en personenvervoer over de weg

§ 1
Algemene bepalingen

Art. 151b

Begripsbepalingen

Voor de toepassing van dit hoofdstuk en de daarop berustende bepalingen wordt verstaan onder:
a. richtlijn vakbekwaamheid bestuurders: de bij ministeriële regeling aangewezen richtlijn;
b. bestuurder: degene die vervoer over de weg verricht met een voertuig dat behoort tot een categorie waarop de richtlijn vakbekwaamheid bestuurders van toepassing is en die:
1°. ingezetene is van een lidstaat van de Europese Unie, dan wel
2°. ingezetene is van een land buiten de Europese Unie en werkzaam is voor een binnen de Europese Unie gevestigde onderneming;
c. basiskwalificatie: het opleidings- en kennisniveau dat de in de richtlijn vakbekwaamheid bestuurders aangewezen onderwerpen en praktische vaardigheden omvat;
d. getuigschrift van vakbekwaamheid: document dat dient als bewijs dat de houder de basiskwalificatie heeft behaald;
e. nascholing: periodieke opleidingstraject dat de in de richtlijn vakbekwaamheid bestuurders aangewezen onderwerpen en praktische vaardigheden omvat;
f. getuigschrift van nascholing: document dat dient als bewijs dat de houder de nascholing met goed gevolg heeft voltooid;
g. erkend opleidingscentrum: opleidingscentrum als bedoeld in artikel 151f, tweede lid;
h. gewone verblijfplaats: de verblijfplaats zoals omschreven in artikel 14, derde lid, van verordening (EEG) nr. 3821/85 van de Raad van de Europese Gemeenschappen van 20 december 1985 betreffende het controleapparaat in het wegvervoer (PbEG L 370);
j. verordening (EU) nr. 181/2011: Verordening (EU) nr. 181/2011 van het Europees Parlement en de Raad van 16 februari 2011 betreffende de rechten van autobus- en touringcarpassagiers en tot wijziging van Verordening (EG) nr. 2006/2004 (PbEU 2011, L 55).

§ 2
Getuigschrift van vakbekwaamheid en getuigschrift van nascholing

Art. 151c

Verplichting getuigschrift vakbekwaamheid bestuurders

1. Het is verboden als bestuurder op te treden zonder te beschikken over een ingevolge de richtlijn vakbekwaamheid bestuurders vereist geldig getuigschrift.

2. Het verbod in het eerste lid geldt niet voor bestuurders die in de richtlijn vakbekwaamheid bestuurders zijn vrijgesteld van de verplichting tot het behalen van de basiskwalificatie.
3. Een door de bevoegde autoriteit van een lidstaat van de Europese Unie overeenkomstig de richtlijn vakbekwaamheid bestuurders aan een bestuurder afgegeven rijbewijs of kwalificatiekaart bestuurder, voorzien van de in die richtlijn bedoelde communautaire code, geldt als een ingevolge die richtlijn vereist getuigschrift indien de code zijn geldigheid nog niet heeft verloren.
4. Een in artikel 151b, onderdeel b, onder 2°, bedoelde bestuurder die beschikt over de volgende documenten, voldoet aan de ingevolge de richtlijn vakbekwaamheid bestuurders gestelde vereisten:
a. indien hij goederenvervoer over de weg verricht: een bestuurdersattest als bedoeld in de ingevolge artikel 1.1 van de Wet wegvervoer goederen aangewezen marktverordening voor het wegvervoer;
b. indien hij personenvervoer over de weg verricht: een nationaal certificaat waarvan de lidstaten van de Europese Unie de geldigheid op hun grondgebied onderling erkennen.

Wegenverkeerswet 1994

Art. 151d
1. Bij of krachtens algemene maatregel van bestuur kunnen ter uitvoering van de richtlijn vakbekwaamheid bestuurders regels worden gesteld omtrent:
   a. een stelsel van basiskwalificatie;
   b. een stelsel van nascholing.
2. Bij de in het eerste lid bedoelde regels kan in elk geval worden bepaald dat:
   a. een bestuurder die het getuigschrift van vakbekwaamheid heeft behaald, bedoeld in de ingevolge artikel 1.1 van de Wet wegvervoer goederen aangewezen beroepsverordening voor het wegvervoer, is vrijgesteld van bij die regels bepaalde examens tot het verkrijgen van het getuigschrift van vakbekwaamheid;
   b. een bestuurder die kan aantonen in Nederland een opleiding van ten minste zes maanden tot het verkrijgen van een getuigschrift van vakbekwaamheid te volgen, op Nederlands grondgebied voor ten hoogste drie jaar is vrijgesteld van de verplichting over een getuigschrift van vakbekwaamheid te beschikken.
3. De in het eerste lid bedoelde regels kunnen mede strekken tot uitvoering van de verordening (EU) nr. 181/2011.

Nadere regels, basiskwalificatie/nascholing

Art. 151e
1. Toegang tot een examen gericht op het behalen van een getuigschrift van vakbekwaamheid of tot de opleiding gericht op het behalen van het getuigschrift van nascholing heeft degene die aan bij of krachtens algemene maatregel van bestuur gestelde eisen voldoet.
2. Voor toegang tot een examen gericht op het behalen van een getuigschrift van vakbekwaamheid is het bezit van het overeenkomstige rijbewijs niet vereist.

Toegang tot examen vakbekwaamheid bestuurder

Art. 151f
1. Een examen gericht op het behalen van de basiskwalificatie wordt afgelegd bij het CBR, dat onder zijn verantwoordelijkheid voor onderdelen van dat examen anderen kan inschakelen.

Afleggen examen in Nederland basiskwalificatie vakbekwaamheid bestuurders

2. Nascholing wordt georganiseerd door een door het CBR voor het verrichten van nascholing erkend opleidingscentrum.
3. Bij of krachtens algemene maatregel van bestuur kunnen regels worden gesteld over:
   a. de taken, bevoegdheden en werkwijze van het CBR;
   b. de wijze waarop erkenning als opleidingscentrum geschiedt;
   c. de eisen waaraan voldaan moet worden om de erkenning als opleidingscentrum te verkrijgen en te behouden.

Nadere regels

4. Nascholing georganiseerd door een erkend opleidingscentrum behoeft de certificering van het CBR.

Certificering exameninstanties nascholing vakbekwaamheid

5. De in het vierde lid bedoelde certificering vindt plaats indien de nascholing voldoet aan de bij ministeriële regeling te stellen regels.

Art. 151g
1. Een bestuurder behaalt de basiskwalificatie in Nederland indien:
   a. hij ingezetene is van een lidstaat van de Europese Unie en in Nederland zijn gewone verblijfplaats heeft, of
   b. hij ingezetene is van een land buiten de Europese Unie en werkzaam is voor een in Nederland gevestigde onderneming of beschikt over een tewerkstellingsvergunning als bedoeld in de Wet arbeid vreemdelingen.

Behalen examen basiskwalificatie/nascholing vakbekwaamheid bestuurders in Nederland

2. Een bestuurder kan de nascholing in Nederland volgen indien hij in Nederland zijn gewone verblijfplaats heeft of in Nederland werkzaam is, dan wel in een andere lidstaat van de Europese Unie indien hij aldaar werkzaam is.
3. Een bestuurder die in Nederland de basiskwalificatie behaalt of de nascholing met goed gevolg voltooit en houder is van een Nederlands rijbewijs ontvangt het daarbij behorende getuigschrift van vakbekwaamheid dan wel het getuigschrift van nascholing in de vorm van vermelding van de in de richtlijn vakbekwaamheid bestuurders bedoelde communautaire code naast de overeenkomstige rijbewijscategorieën op het rijbewijs.
4. Een bestuurder die in Nederland de basiskwalificatie behaalt of de nascholing met goed gevolg voltooit en op dat moment geen houder is van een in Nederland afgegeven geldig rijbewijs ontvangt als bewijs daarvan een certificaat, met een geldigheidsduur gelijk aan die van een getuigschrift van vakbekwaamheid onderscheidenlijk een getuigschrift van nascholing, dat hij kan gebruiken om bij een bevoegde autoriteit van een lidstaat van de Europese Unie een verzoek in te dienen om op een door die lidstaat aan de desbetreffende bestuurder afgegeven of nog af te geven rijbewijs of kwalificatiekaart bestuurder de in de richtlijn vakbekwaamheid bestuurders bedoelde communautaire code te vermelden.
5. Op een bij of krachtens algemene maatregel van bestuur te bepalen wijze wordt door het CBR in het in artikel 126 bedoelde register geregistreerd dat een bestuurder die houder is van

een Nederlands rijbewijs de basiskwalificatie heeft behaald onderscheidenlijk met goed gevolg de nascholing heeft voltooid.

6. Een erkend opleidingscentrum meldt op een bij of krachtens algemene maatregel van bestuur te bepalen wijze aan het CBR welke onderdelen van de nascholing een bestuurder met goed gevolg heeft voltooid.

7. Een in het derde lid bedoeld getuigschrift wordt afgegeven door het CBR en uitgereikt door degene die belast is met de afgifte van rijbewijzen.

8. Het in het vierde lid bedoelde certificaat wordt afgegeven en uitgereikt door het CBR en door deze instantie geregistreerd in het in artikel 126 bedoelde register.

Art. 151h

Nadere regels

Bij ministeriële regeling kunnen regels worden gesteld omtrent:
a. de vermelding op het rijbewijs van de communautaire code, bedoeld in de richtlijn vakbekwaamheid bestuurders;
b. het in overeenstemming met de richtlijn vakbekwaamheid bestuurders vastgestelde tijdschema dat een bestuurder moet volgen bij de nascholing;
c. de certificering bedoeld in artikel 151f, vijfde lid;
d. het model voor een certificaat als bedoeld in artikel 151g, vierde lid;
e. de wijze waarop een bestuurder die in een van de andere lidstaten van de Europese Unie de basiskwalificatie heeft behaald of de nascholing met goed gevolg heeft voltooid door middel van de daarbij behorende bewijsstukken, afgegeven door bevoegde autoriteiten van die lidstaten, via het CBR een aanvraag kan indienen om in Nederland een getuigschrift als bedoeld in artikel 151g, derde lid, te verkrijgen;
f. de wijze waarop de bevoegde autoriteiten van de andere lidstaten van de Europese Unie via het CBR geautoriseerde informatie kunnen verkrijgen over de door een bestuurder in Nederland behaalde basiskwalificatie en over een door hem in Nederland geheel of gedeeltelijk met goed gevolg voltooide nascholing;
g. het model voor een nationaal certificaat als bedoeld in artikel 151c, vierde lid, onderdeel b, de afgifte en de kosten van een dergelijk certificaat en de wijze waarop de erkenning van nationale certificaten die zijn afgegeven door andere lidstaten van de Europese Unie tot stand komt;
h. de mate waarin en de wijze waarop het CBR in verband met de haar in dit hoofdstuk opgedragen taken toegang heeft tot het in artikel 126 bedoelde register.

Art. 151i

Verwerving nieuw getuigschrift vakbekwaamheid na eerdere ongeldigheid

1. De houder van een getuigschrift van vakbekwaamheid of een getuigschrift van nascholing dat zijn geldigheid heeft verloren doordat het niet binnen de in de richtlijn vakbekwaamheid bestuurders bedoelde termijn na afgifte is aangevuld met een met goed gevolg voltooide nascholing kan een nieuw getuigschrift van nascholing verwerven door de nascholing met goed gevolg te voltooien.

2. De houder van een certificaat als bedoeld in artikel 151g, vierde lid, dat zijn geldigheid heeft verloren doordat het niet binnen de op het certificaat vermelde periode van geldigheid is gebruikt om de in de richtlijn vakbekwaamheid bestuurders bedoelde communautaire code op een rijbewijs of een kwalificatiekaart bestuurder te laten vermelden, kan een nieuw certificaat verwerven door de nascholing met goed gevolg te voltooien.

Art. 151j

Fraude

Het is verboden voor het verkrijgen van een overeenkomstig artikel 151g, derde lid, op het rijbewijs vermeld getuigschrift of een in artikel 151g, vierde lid, bedoeld certificaat opzettelijk onjuiste opgaven te doen, onjuiste inlichtingen te verschaffen en onjuiste bewijsstukken en andere bescheiden over te leggen.

Art. 151k

Inwerkingtreding wijziging richtlijn vakbekwaamheid voor toepassing hoofdstuk VIIA

Een wijziging van de richtlijn vakbekwaamheid bestuurders gaat voor de toepassing van hoofdstuk VIIA gelden met ingang van de dag waarop aan de betrokken wijzigingsrichtlijn uitvoering moet zijn gegeven.

Hoofdstuk VIII
Kosten

Art. 152

Kosten plaatsing en verwijdering verkeerstekens

1. Verkeerstekens die worden geplaatst of verwijderd krachtens een verkeersbesluit, worden geplaatst en verwijderd op kosten van het gezag dat het verkeersbesluit heeft genomen.
2. Maatregelen ter regeling van het verkeer als bedoeld in artikel 15, tweede lid, geschieden op kosten van het gezag dat het verkeersbesluit heeft genomen.

Art. 153

Kosten plaatsen en verwijderen verkeerstekens, nadere regels

Verkeerstekens die niet worden geplaatst of verwijderd krachtens een verkeersbesluit, worden geplaatst en verwijderd op kosten van het openbaar lichaam dat het beheer heeft over de weg of, indien geen openbaar lichaam het beheer heeft, de eigenaar van de weg.

Art. 153a
1. De kosten voor het door Onze Minister: *Kosten bewegwijzering*
   a. tot stand brengen en vaststellen van ontwerpen voor bewegwijzering;
   b. verwerken van gegevens inzake die ontwerpen of de plaatsing of verwijdering van bewegwijzering, en
   c. beheren en onderhouden van het register, bedoeld in artikel 16b, eerste lid,

komen voor rekening van het openbaar lichaam dat het beheer heeft over de weg waarop het ontwerp betrekking heeft of, indien geen openbaar lichaam het beheer heeft, de eigenaar van die weg.

2. Onze Minister stelt na overleg met door hem aangewezen representatieve organisaties van wegbeheerders het tarief vast dat dient ter dekking van de krachtens het eerste lid inzake bewegwijzering aan Onze Minister verschuldigde kosten.

Art. 154
In afwijking van artikel 152 geschiedt de plaatsing en verwijdering van verkeerstekens, strekkende tot het instandhouden van de weg en het waarborgen van de bruikbaarheid daarvan op kosten van het openbaar lichaam dat het beheer heeft over de weg of, indien geen openbaar lichaam het beheer heeft, van de eigenaar van de weg. *Kosten plaatsen en verwijderen verkeerstekens, nadere regels*

Art. 155
De kosten, verbonden aan de plaatsing van verkeerstekens en de uitvoering van maatregelen in dringende omstandigheden, komen ten laste van degene die deze uitvoert. *Kosten tijdelijke maatregelen*

Art. 156
Bij algemene maatregel van bestuur kunnen kosten, verbonden aan de plaatsing of verwijdering van verkeerstekens, worden doorberekend aan degene ten behoeve van wie het verkeersteken is geplaatst of verwijderd. *Doorberekening kosten*

Art. 156a
Door burgemeester en wethouders worden op kosten van de gemeente de grenzen van de bebouwde kom of kommen aangeduid voor zover en op de wijze als bij ministeriële regeling bepaald. *Aanduiding grenzen bebouwde kommen*

Art. 157
Bij algemene maatregel van bestuur kan worden bepaald in welke gevallen en op welke wijze tarieven, verschuldigd op grond van deze wet, gedeeltelijk worden terugbetaald. *Terugbetaling kosten*

Hoofdstuk IX
Handhaving

Art. 158
1. Met het toezicht op de naleving van het bepaalde bij of krachtens deze wet, met uitzondering van de hoofdstukken IA, IB en IC, zijn belast de in artikel 159 bedoelde personen en de bij besluit van Onze Minister aangewezen personen, voor zover bij dat besluit is bepaald. Zij beschikken daartoe over de in artikel 160, vierde lid, genoemde bevoegdheid met betrekking tot het vervoeren van personen en over de bevoegdheid, genoemd in artikel 160, vijfde lid. *Toezichthoudende ambtenaren*
2. Van een besluit als bedoeld in het eerste wordt mededeling gedaan door plaatsing in de *Staatscourant*.

Art. 158a
1. Onder toezicht bedoeld in artikel 158, eerste lid, wordt voor de toepassing van de artikelen 20g, 21, tweede lid, onderdelen b en c, derde lid, onderdeel b, en vierde lid, onderdelen b en c, 25, 27, de bij of krachtens artikel 29, genoemde artikelen van een EU-verordening in verband met de goedkeuring van motorvoertuigen, en artikel 30 tevens verstaan markttoezicht.
2. Voor de toepassing van het markttoezicht op grond van de krachtens artikel 29, genoemde artikelen van een EU-verordening in verband met de goedkeuring van motorvoertuigen is titel 5.2 van de Algemene wet bestuursrecht van overeenkomstige toepassing voor zover dit noodzakelijk is voor een goede taakuitoefening in het kader van het markttoezicht.

Art. 159
Met de opsporing van de feiten, strafbaar gesteld bij of krachtens deze wet, zijn belast: *Opsporingsambtenaren*
a. de in de artikelen 141 en 142 van het Wetboek van Strafvordering bedoelde personen;
b. de bij algemene maatregel van bestuur aangewezen ambtenaren van de Rijksbelastingdienst, van de Rijks- en de provinciale waterstaat, van de Dienst Wegverkeer en van de verkeersinspecties, een en ander voor zover bij die algemene maatregel van bestuur is bepaald;
c. de in de artikelen 87 en 89 van de Wet personenvervoer 2000 bedoelde personen, voor zover het betreft de eisen die met betrekking tot voertuigen als bedoeld in die wet worden gesteld bij of krachtens deze wet.

Art. 160
1. Op de eerste vordering van de in artikel 159 bedoelde personen is de bestuurder van een motorrijtuig verplicht dat motorrijtuig te doen stilhouden alsmede de volgende bewijzen behoorlijk ter inzage af te geven: *Bevoegdheden*

a. de bij algemene maatregel van bestuur aangewezen delen van het kentekenbewijs, dan wel het in artikel 37, eerste lid, onderdeel b, bedoelde bewijs, en, indien met het motorrijtuig een aanhangwagen wordt voortbewogen, de bij algemene maatregel van bestuur aangewezen delen van het kentekenbewijs van de aanhangwagen, dan wel het in artikel 37, eerste lid, onderdeel b, bedoelde bewijs voor de aanhangwagen;
b. het rijbewijs dan wel het hem door het daartoe bevoegde gezag buiten Nederland afgegeven rijbewijs en, indien hem buiten Nederland een internationaal rijbewijs is afgegeven, dat bewijs;
c. het ingevolge de richtlijn vakbekwaamheid bestuurders, bedoeld in artikel 151b, onderdeel a, vereiste getuigschrift;
d. indien hem ter zake van een bij of krachtens deze wet vastgesteld voorschrift ontheffing is verleend, de beschikking houdende verlening van ontheffing;
e. een gehandicaptenparkeerkaart of een kaart ten behoeve van het vervoer van gehandicapten, indien hij ter zake van het besturen van het motorrijtuig op grond van een bij of krachtens deze wet vastgesteld voorschrift dient te beschikken over een dergelijke kaart;
f. de begeleiderspas.
2. Indien het kentekenbewijs is afgegeven voor een aanhangwagen die overeenkomstig het krachtens deze wet bepaalde is voorzien van een identificatieplaat, kan aan de vordering worden voldaan binnen een bij algemene maatregel van bestuur vastgestelde termijn.

Verplichting voertuig te doen stoppen

3. Op de eerste vordering van de in artikel 159 bedoelde personen is de bestuurder van een voertuig, niet zijnde een motorrijtuig, verplicht dat voertuig te doen stilhouden en, indien hem ter zake van een bij of krachtens deze wet vastgesteld voorschrift ontheffing is verleend, de beschikking houdende verlening van ontheffing behoorlijk ter inzage af te geven.

Voertuig naar plaats van onderzoek

4. De in artikel 159 bedoelde personen zijn bevoegd zich te vergewissen van de naleving van de bij of krachtens deze wet vastgestelde voorschriften en zo nodig een voertuig ten aanzien waarvan zij een onderzoek wensen in te stellen, naar een nabij gelegen plaats te voeren of te doen voeren. De bestuurder van het voertuig ten aanzien waarvan dit onderzoek wenselijk wordt geoordeeld, en de bestuurder van het voertuig waardoor een aanhangwagen wordt voortbewogen ten aanzien waarvan zodanig onderzoek wenselijk wordt geoordeeld, zijn verplicht desgevorderd hun tot het onderzoek noodzakelijke medewerking te verlenen en desverlangd de in artikel 159 bedoelde personen in hun voertuig te vervoeren.

Onderzoek, verplichte medewerking

5. Op de eerste vordering van een van de in artikel 159, onderdeel a, bedoelde personen zijn de bestuurder van een voertuig, degene die aanstalten maakt een voertuig te gaan besturen en de begeleider, verplicht hun medewerking te verlenen aan:
a. een onderzoek van de psychomotorische functies en de oog- en spraakfuncties, ter vaststelling van een mogelijke overtreding van artikel 8, eerste of vijfde lid,
b. een voorlopig onderzoek van uitgeademde lucht, ter vaststelling van een mogelijke overtreding van artikel 8, tweede of derde lid, of
c. een onderzoek van speeksel, ter vaststelling van een mogelijke overtreding van artikel 8, vijfde lid, alsmede
de aanwijzingen die die persoon in dat kader geeft, op te volgen.

Opvolgen bevelen

6. De bestuurder van een voertuig of de begeleider, die door een der in artikel 159 bedoelde personen in overtreding wordt bevonden van een bij of krachtens deze wet vastgesteld voorschrift, is verplicht de hem door die persoon ter bescherming van bij het verkeer betrokken belangen gegeven bevelen op te volgen.
7. Op eerste vordering van de in artikel 159 bedoelde personen is de begeleider verplicht zijn rijbewijs behoorlijk ter inzage af te geven.

Art. 161

Bevoegdheid innemen rijbewijs

1. De in artikel 159, onderdeel a, bedoelde personen die bij de uitoefening van de bij of krachtens deze wet, krachtens artikel 2 van de Wet op de identificatieplicht dan wel krachtens artikel 5:19, derde lid, van de Algemene wet bestuursrecht aan hen verleende bevoegdheden de beschikking krijgen over een rijbewijs waarvan ingevolge een der artikelen 130, tweede lid, of 164 de overgifte is gevorderd, waarvan ingevolge de Wet administratiefrechtelijke handhaving verkeersvoorschriften de inlevering is gevorderd of ten aanzien waarvan ingevolge een der artikelen 119, vierde lid, 120, derde lid, 123b, vierde lid, 124, vierde lid, 131, tweede lid, onderdeel b, 132, vijfde lid, 134, vierde lid, of 180, vierde lid, van deze wet een verplichting tot inlevering bestaat, zijn bevoegd dat rijbewijs in te nemen en het door te geleiden naar het betrokken parket van het openbaar ministerie dan wel naar degene bij wie de houder dat rijbewijs had dienen in te leveren.
2. De in artikel 159, onderdeel a, bedoelde personen die bij de uitoefening van de bij of krachtens deze wet aan hen verleende bevoegdheden de beschikking krijgen over een rijbewijs dat zijn geldigheid heeft verloren ingevolge artikel 123, eerste lid, aanhef en onderdeel d, zijn bevoegd dat rijbewijs in te nemen en door te geleiden naar de instantie die het heeft afgegeven.
3. Voor de toepassing van het eerste en het tweede lid wordt onder een rijbewijs mede verstaan een rijbewijs, afgegeven door het daartoe bevoegde gezag in een andere lidstaat van de Europese

Unie of in een andere staat die partij is bij de Overeenkomst betreffende de Europese Economische Ruimte of Zwitserland, waarvan de houder in Nederland woonachtig is.
4. Bij ministeriële regeling kunnen voorschriften worden vastgesteld ter uitvoering van het eerste, tweede en derde lid. — *Nadere regels*

Art. 162
1. Een van de in artikel 159, onderdeel a, bedoelde personen kan de bestuurder van een voertuig van wie, uit het in artikel 160, vijfde lid, bedoelde onderzoek of op andere wijze, naar het oordeel van die persoon gebleken is dat hij onder zodanige invloed van alcohol verkeert dan wel na het gebruik van een stof als bedoeld in artikel 8, eerste lid, verkeert, dat hij onvoldoende in staat is een voertuig behoorlijk te besturen, een rijverbod opleggen voor de tijd gedurende welke redelijkerwijs verwacht mag worden dat deze toestand zal voortduren tot ten hoogste vierentwintig uren. De vorige volzin is van overeenkomstige toepassing op degene die aanstalten maakt een voertuig te gaan besturen. Indien de betrokken bestuurder of degene die aanstalten maakt om een voertuig te gaan besturen tevens is geregistreerd als begeleider, dan geldt het opgelegde rijverbod tevens als begeleidingsverbod. — *Verbod rijden onder invloed*

2. De opsporingsambtenaar die een rijverbod oplegt, legt dit vast in een beschikking die het tijdstip van ingang en de duur van het verbod bevat.

3. Het is degene aan wie een rijverbod als bedoeld in het eerste lid is opgelegd, verboden een voertuig te besturen of als bestuurder te doen besturen gedurende de tijd waarvoor dat rijverbod geldt.

4. Het eerste tot en met derde lid is van overeenkomstige toepassing op de begeleider, met dien verstande dat de begeleider zowel een rijverbod wordt opgelegd als een verbod tot begeleiden voor de tijd gedurende welke redelijkerwijs mag worden verwacht dat de in het eerste lid bedoelde toestand zal voortduren tot ten hoogste vierentwintig uren. — *Verbod rijden onder invloed, begeleider*

Art. 163
1. Bij verdenking dat de bestuurder van een voertuig heeft gehandeld in strijd met artikel 8, kan de opsporingsambtenaar hem bevelen zijn medewerking te verlenen aan een onderzoek als bedoeld in artikel 8, tweede lid, onderdeel a, en artikel 8, derde lid, onderdeel a. — *Bevel tot medewerking onderzoek*

2. De bestuurder aan wie het in het eerste lid bedoelde bevel is gegeven, is verplicht ademlucht te blazen in een voor het onderzoek bestemd apparaat en gevolg te geven aan alle door de opsporingsambtenaar ten dienste van het onderzoek gegeven aanwijzingen. — *Ademanalyse*

3. De in het tweede lid genoemde verplichtingen gelden niet voor de verdachte van wie aannemelijk is, dat het verlenen van medewerking aan een ademonderzoek voor hem om bijzondere geneeskundige redenen onwenselijk is. — *Geneeskundige bezwaren*

4. In het geval, bedoeld in het derde lid, of indien de medewerking van de verdachte niet heeft geleid tot een voltooid ademonderzoek, of indien het vermoeden bestaat dat de verdachte onder invloed is van een of meer van de in artikel 8, eerste of vijfde lid, of in een combinatie van die middelen met alcohol, kan de opsporingsambtenaar de verdachte vragen of hij zijn toestemming geeft tot het verrichten van een onderzoek als bedoeld in artikel 8, tweede lid, onderdeel b, of artikel 8, derde lid, onderdeel b. — *Bloedonderzoek*

5. Indien de bestuurder zijn op grond van het vierde lid gevraagde toestemming niet verleent, kan de officier van justitie, een hulpofficier van justitie of een van de daartoe bij regeling van Onze Minister van Veiligheid en Justitie aangewezen ambtenaren van politie, aangesteld voor de uitvoering van de politietaak, hem bevelen zich te onderwerpen aan een bloedonderzoek. — *Bevel tot bloedonderzoek*

6. De bestuurder wie is bevolen zich aan een bloedonderzoek te onderwerpen, is verplicht aan dit bevel gevolg te geven en zijn medewerking te verlenen. Hem wordt door een arts of een verpleegkundige zoveel bloed afgenomen als voor het onderzoek noodzakelijk is. — *Verplichte medewerking*

7. Indien de verdachte niet in staat is zijn wil kenbaar te maken, kan hem met toestemming van de officier van justitie, een hulpofficier van justitie of een van de daartoe bij regeling van Onze Minister van Veiligheid en Justitie aangewezen ambtenaren van politie, aangesteld voor de uitvoering van de politietaak, door een arts of een verpleegkundige de in het zesde lid bedoelde hoeveelheid bloed worden afgenomen, tenzij aannemelijk is dat dit bij hem om bijzondere geneeskundige redenen onwenselijk is. Een onderzoek van het bloed vindt niet plaats dan nadat de verdachte in de gelegenheid is gesteld zijn toestemming daartoe te geven. Zo nodig kan hem overeenkomstig het vijfde lid worden bevolen zijn medewerking te verlenen. De verdachte aan wie een zodanig bevel is gegeven, is verplicht zijn medewerking te verlenen. Indien de verdachte weigert zijn medewerking te verlenen, wordt het bloedmonster vernietigd. — *Verdachte niet in staat wil kenbaar te maken*

8. Bij algemene maatregel van bestuur worden nadere regels vastgesteld omtrent de wijze van uitvoering van artikel 160, vijfde lid, en van dit artikel. Deze regels kunnen mede betrekking hebben op de mogelijkheid tot het doen verrichten van een tegenonderzoek. Bij regeling van Onze Minister van Veiligheid en Justitie worden in de bij die algemene maatregel van bestuur aangegeven gevallen voorschriften ter uitvoering van die regels vastgesteld. — *Nadere regels*

9. Het eerste tot en met achtste lid is van overeenkomstige toepassing op de begeleider.

Art. 164

Verplichting overgifte rijbewijs bij opmaken proces-verbaal

1. Op de eerste vordering van de in artikel 159, onderdelen a en b, bedoelde personen is de bestuurder van een motorrijtuig, tegen wie door een van die personen proces-verbaal wordt opgemaakt ter zake van overtreding van een bij of krachtens deze wet vastgesteld voorschrift, verplicht tot overgifte van het hem afgegeven rijbewijs dan wel het hem door het daartoe bevoegde gezag buiten Nederland afgegeven rijbewijs en, indien hem daar een internationaal rijbewijs is afgegeven, dat bewijs.

Vordering bij rijden onder invloed

2. De in het eerste lid bedoelde vordering wordt gedaan in geval van overtreding van:
   a. artikel 8, indien bij een onderzoek als bedoeld in het tweede lid, van die bepaling blijkt of, bij ontbreken van een dergelijk onderzoek, een ernstig vermoeden bestaat dat het alcoholgehalte van de adem van de bestuurder hoger is dan 570 microgram alcohol per liter uitgeademde lucht, onderscheidenlijk het alcoholgehalte van het bloed van de bestuurder hoger blijkt te zijn dan 1,3 milligram alcohol per milliliter bloed;
   b. artikel 8, indien bij een onderzoek als bedoeld in het derde of vierde lid, aanhef en onderdeel b, juncto het derde lid, van die bepaling blijkt of, bij het ontbreken van een dergelijk onderzoek, een ernstig vermoeden bestaat dat het alcoholgehalte van de adem van de bestuurder hoger is dan 350 microgram alcohol per liter uitgeademde lucht, onderscheidenlijk het alcoholgehalte van het bloed van de bestuurder hoger blijkt te zijn dan 0,8 milligram alcohol per milliliter bloed;
   c. artikel 163, tweede, zesde of zevende lid;

Vordering bij overtreding maximumsnelheid

   d. overschrijding van een krachtens deze wet vastgestelde maximumsnelheid met vijftig kilometer of meer, door een bestuurder van een motorrijtuig anders dan een bromfiets, in geval van staandehouding van de bestuurder;
   e. overschrijding van een krachtens deze wet vastgestelde maximumsnelheid met dertig kilometer of meer door een bestuurder van een bromfiets, in geval van staandehouding van de bestuurder.

3. De in het eerste lid bedoelde vordering kan worden gedaan indien door de overtreding de veiligheid op de weg ernstig in gevaar is gebracht.

Onder zich houden rijbewijs door ambtenaar OM

4. De ingevorderde bewijzen worden tegelijk met het proces-verbaal onverwijld opgezonden aan de officier van justitie. In de gevallen bedoeld in het tweede lid, onderdeel a, b, d, of e, of indien op grond van andere feiten of omstandigheden ernstig rekening moet worden gehouden met de mogelijkheid dat de bestuurder opnieuw een feit als bedoeld in het tweede of derde lid zal begaan, is de officier van justitie bevoegd de ingevorderde bewijzen onder zich te houden totdat de strafbeschikking onherroepelijk is geworden, de rechterlijke uitspraak in kracht van gewijsde is gegaan of, indien bij die strafbeschikking of uitspraak de bestuurder de bevoegdheid tot het besturen van motorrijtuigen onvoorwaardelijk is ontzegd, tot het tijdstip waarop de ontzegging is verstreken.

Schorsing invordering rijbewijs

5. De officier van justitie is bevoegd de toepassing van de in het vierde lid bedoelde bevoegdheid te schorsen indien:
   a. de geldigheid van de bewijzen ingevolge artikel 131, tweede lid, onderdeel a, voor alle categorieën van motorrijtuigen waarvoor zij zijn afgegeven, wordt geschorst;
   b. de bewijzen ingevolge artikel 124 voor alle categorieën van motorrijtuigen waarvoor zij zijn afgegeven, ongeldig worden verklaard voor een bepaald deel van de geldigheidsduur;
   c. een rechterlijke uitspraak of strafbeschikking waarbij de bevoegdheid tot het besturen van motorrijtuigen is ontzegd, voor tenuitvoerlegging vatbaar is geworden.
De schorsing duurt voort zolang de bewijzen ingevolge de onderdelen a, b en c ongeldig zijn.

Teruggave ingevorderd rijbewijs

6. Indien de officier van justitie binnen tien dagen na de dag van invordering niet gebruik maakt van de in het vierde lid bedoelde bevoegdheid, geeft hij de ingevorderde bewijzen onverwijld terug aan de houder. Teruggave vindt eveneens plaats, indien ernstig rekening moet worden gehouden met de mogelijkheid dat aan de houder in geval van veroordeling door de rechter dan wel uitvaardiging van een strafbeschikking geen onvoorwaardelijke ontzegging van de bevoegdheid tot het besturen van motorrijtuigen zal worden opgelegd, dan wel geen onvoorwaardelijke ontzegging van langere duur dan de tijd gedurende welke de bewijzen zijn ingevorderd of ingehouden geweest. Teruggave vindt ten slotte plaats indien het onderzoek van de zaak op de terechtzitting niet binnen zes maanden na de dag van invordering is aangevangen, dan wel binnen die termijn geen strafbeschikking is uitgevaardigd. Het rijbewijs wordt niet aan de houder teruggegeven, indien het een rijbewijs betreft waarvan ingevolge een der artikelen 130, tweede lid, of 164 de overgifte is gevorderd, waarvan ingevolge de Wet administratiefrechtelijke handhaving verkeersvoorschriften de inlevering is gevorderd of ten aanzien waarvan ingevolge een der artikelen 120, derde lid, 123b, vierde lid, 124, vierde lid, 131, tweede lid, onderdeel b, 132, vijfde lid, 134, vierde lid, of 180, vierde lid, een verplichting tot inlevering bestaat. Het rijbewijs wordt in dat geval doorgeleid naar degene bij wie de houder dat rijbewijs had dienen in te leveren.

Inbewaring stellen motorrijtuig

7. In geval van toepassing van het eerste lid kan het motorrijtuig, voor zover geen andere bestuurder beschikbaar is of de bestuurder niet aanstonds voldoet aan de vordering, onder toezicht

of, voor zover degene die het proces-verbaal opmaakt zulks nodig oordeelt, in bewaring worden gesteld. In het laatste geval zijn de artikelen 170, tweede lid, tweede en derde volzin, vierde en vijfde lid, 171, 172 en 173, eerste lid, van deze wet en de artikelen 4:116, 4:118 tot en met 4:124, 5:10, 5:25, eerste en zesde lid, 5:29, tweede en derde lid, 5:30, eerste, tweede, vierde en vijfde lid, van de Algemene wet bestuursrecht van overeenkomstige toepassing. Teruggave van het motorrijtuig vindt slechts plaats indien aan de vordering is voldaan of indien de officier van justitie zich niet langer tegen de teruggave verzet.
8. In geval van toepassing van het eerste of vierde lid kan elke belanghebbende bij klaagschrift daartegen opkomen. Zolang in de zaak nog geen vervolging is ingesteld, wordt het klaagschrift ingediend ter griffie van de rechtbank in het arrondissement waar het in het eerste lid bedoelde feit werd begaan, en anders ter griffie van het gerecht in feitelijke aanleg waarvoor de vervolging plaatsvindt of, in geval van verzet tegen een uitgevaardigde strafbeschikking, zou worden voortgezet, dan wel het laatst plaatsvond. Artikel 552a, vierde en zesde lid, van het Wetboek van Strafvordering is verder van overeenkomstige toepassing. De raadkamer van het gerecht geeft zo spoedig mogelijk, na de belanghebbende, desverlangd bijgestaan door diens raadsman, te hebben gehoord, althans opgeroepen, zijn met redenen omklede beslissing, welke onverwijld aan de belanghebbende wordt betekend. Tegen de beslissing kan door het openbaar ministerie binnen veertien dagen daarna en door de belanghebbende binnen veertien dagen na de betekening beroep in cassatie worden ingesteld. De Hoge Raad beslist zo spoedig mogelijk.

Klaagschrift tegen invordering rijbewijs

9. Indien de zaak eindigt zonder oplegging van straf of maatregel of met zodanige oplegging, doch op grond van een feit waarvoor de toepassing van het eerste of vierde lid niet is toegelaten, kan de rechter op verzoek van de gewezen verdachte hem een vergoeding ten laste van de Staat toekennen voor de schade die hij ten gevolge van die toepassing heeft geleden. Onder schade is begrepen het nadeel dat niet in vermogensschade bestaat. De artikelen 533, derde tot en met zesde lid, 534, 535 en 536 van het Wetboek van Strafvordering zijn van overeenkomstige toepassing.

Schadevergoeding onterechte invordering

Art. 165
1. Indien een bij deze wet als misdrijf strafbaar gesteld feit wordt begaan door een bij de ontdekking van het feit onbekend gebleven bestuurder van een motorrijtuig, is de eigenaar of houder van dat motorrijtuig verplicht op vordering van een der in artikel 159 bedoelde personen binnen een daarbij te stellen termijn, die ten minste achtenveertig uren bedraagt, de naam en het volledige adres van de bestuurder bekend te maken.
2. Het eerste lid geldt niet, indien de eigenaar of houder van het motorrijtuig niet heeft kunnen vaststellen wie de bestuurder was en hem daarvan redelijkerwijs geen verwijt kan worden gemaakt.

Bekendmaken identiteit onbekende bestuurder

Art. 166
1. Indien een bij deze wet als misdrijf strafbaar gesteld feit wordt begaan door een bij de ontdekking van het feit onbekend gebleven bestuurder van een motorrijtuig, waarmee een aanhangwagen waarvoor een kenteken is vereist, wordt voortbewogen, is de eigenaar of houder van die aanhangwagen verplicht op vordering van een der in artikel 159 bedoelde personen binnen een daarbij te stellen termijn, die ten minste achtenveertig uren bedraagt, de naam en het volledige adres van de bestuurder dan wel van de eigenaar of houder van het motorrijtuig, waarmee die aanhangwagen werd voortbewogen, bekend te maken.
2. Het eerste lid geldt niet, indien de eigenaar of houder van de aanhangwagen niet heeft kunnen vaststellen wie de bestuurder dan wel de eigenaar of houder van het motorrijtuig, waarmee die aanhangwagen werd voortbewogen, was en hem daarvan redelijkerwijs geen verwijt kan worden gemaakt.

Bekendmaken identiteit onbekende bestuurder, nadere regels

Art. 167
De artikelen 165 en 166 zijn mede van toepassing op de eigenaar of houder van een in het buitenland geregistreerd motorrijtuig of een in het buitenland geregistreerde aanhangwagen.

Bekendmaken identiteit onbekende bestuurder bij in buitenland geregistreerd motorrijtuig of aanhangwagen

Art. 168
Voor de toepassing van artikel 160, voor wat betreft de in het eerste lid bedoelde verplichting tot het doen stilhouden van een motorrijtuig en het vierde, vijfde en zevende lid, en van de artikelen 162, eerste lid, 163 en 164 wordt met de bestuurder van een motorrijtuig gelijkgesteld degene die overeenkomstig de in artikel 1, eerste lid, onderdeel n, bedoelde voorwaarde geacht wordt het motorrijtuig onder onmiddellijk toezicht van de bestuurder te besturen.

Toepasselijkheid

Hoofdstuk X
Bestuurlijke handhaving

§ 1
Last onder bestuursdwang

Art. 169

Bestuursdwang

1. Onze Minister is bevoegd tot oplegging van een last onder bestuursdwang ter handhaving van bij of krachtens deze wet of bij of krachtens een EU-verordening in verband met de goedkeuring van motorvoertuigen gestelde verplichtingen en verboden.
2. De ambtenaren die een bevel hebben gegeven als bedoeld in artikel 160, zevende lid, zijn bevoegd tot oplegging van een last onder bestuursdwang ter handhaving van het bevel.

Art. 169a

Onverminderd artikel 169 is de Dienst Wegverkeer bevoegd tot het opleggen van een last onder bestuursdwang ter handhaving van de verplichtingen en verboden in de bij of krachtens artikel 29, derde lid, en 31, genoemde artikelen van een EU-verordening in verband met de goedkeuring van motorvoertuigen alsmede van de bij of krachtens de artikelen 25, 27 en 30, derde lid bedoelde verplichtingen en verboden.

Art. 170

Wegsleepregeling

1. Tot de bevoegdheid van burgemeester en wethouders tot oplegging van een last onder bestuursdwang als bedoeld in artikel 125 van de Gemeentewet, behoort de bevoegdheid tot het overbrengen en in bewaring stellen van een op een weg staand voertuig, indien met het voertuig een bij of krachtens deze wet vastgesteld voorschrift wordt overtreden en bovendien verwijdering van het voertuig noodzakelijk is in verband met
   a. het belang van de veiligheid op de weg, of
   b. het belang van de vrijheid van het verkeer, of
   c. het vrijhouden van aangewezen weggedeelten en wegen.

Toepasselijkheid bepalingen Awb

2. De artikelen 5:24, 5:25, tweede tot en met vierde lid, 5:29, vijfde lid, 5:30, derde lid, en 5:31 van de Algemene wet bestuursrecht zijn niet van toepassing. Bij de toepassing van artikel 5:25 van de Algemene wet bestuursrecht treedt de rechthebbende die het voertuig afhaalt, in de plaats van de overtreder. Voor de toepassing van artikel 5:30 van de Algemene wet bestuursrecht wordt de omstandigheid dat een voertuig niet is afgehaald, gelijkgesteld met de omstandigheid dat het voertuig niet kan worden teruggegeven.
3. Burgemeester en wethouders plegen regelmatig overleg met de officier van justitie over de uitoefening van de in het eerste lid bedoelde bevoegdheid.
4. Burgemeester en wethouders dragen er zorg voor dat in een daartoe aangelegd register aantekening wordt gehouden van de gevallen waarin de in het eerste lid bedoelde bevoegdheid wordt uitgeoefend.
5. Bij toepassing van het eerste lid wordt onder rechthebbende verstaan: degene die ofwel eigenaar is van het voertuig ofwel anders dan als bezitter het voertuig ten tijde van de overtreding ten gebruike onder zich had. Hierbij geldt artikel 1, tweede lid, niet.
6. De in het eerste lid bedoelde bevoegdheid wordt niet uitgeoefend, indien de rechthebbende het voertuig verwijdert voordat met de overbrenging een aanvang wordt gemaakt. Hij is alsdan de kosten verbonden aan de voorbereiding van de overbrenging, verschuldigd. De artikelen 4:116, 4:118 tot en met 4:124, en 5:10 van de Algemene wet bestuursrecht zijn van overeenkomstige toepassing.

Art. 171

Kennisgeven inbewaringstelling

1. Een beschikking tot oplegging van een last onder bestuursdwang overeenkomstig artikel 170, eerste lid, wordt bekendgemaakt:
   a. aan de rechthebbende die het voertuig afhaalt, of
   b. indien het voertuig binnen achtenveertig uur na de inbewaringstelling niet is afgehaald, zo mogelijk binnen een week:
   1°. aan degene aan wie het kenteken is opgegeven, indien het voertuig een kenteken voert;
   2°. aan degene die aangifte heeft gedaan, indien blijkt dat ter zake van het voertuig aangifte van vermissing is gedaan, of
   3°. in nader bij ministeriële regeling vast te stellen gevallen op de daarbij aangegeven wijze.
2. Bij de bekendmaking krachtens het eerste lid, onderdeel b, wordt gewezen op het verschuldigd zijn van kosten, verbonden aan de oplegging van een last onder bestuursdwang.

Art. 172

Kosten wegslepen en bewaren

1. Tot de kosten, verbonden aan de oplegging van een last onder bestuursdwang als bedoeld in artikel 170, eerste lid, worden gerekend:
   a. de kosten die verband houden met de overbrenging en bewaring;
   b. de kosten die verband houden met de bekendmaking van de beschikking tot overbrenging en inbewaringstelling, en
   c. de kosten van verkoop, eigendomsoverdracht om niet of vernietiging.

2. Verkoop, eigendomsoverdracht om niet of vernietiging vindt niet plaats binnen twee weken na de bekendmaking van de beschikking tot oplegging van een last onder bestuursdwang krachtens artikel 171, eerste lid, onderdeel b. De opbrengst van verkoop of de geschatte sloopwaarde bij vernietiging wordt in mindering gebracht op de kosten, verbonden aan de oplegging van een last onder bestuursdwang.
3. Burgemeester en wethouders betalen het bedrag van de kosten, verbonden aan de oplegging van een last onder bestuursdwang, terug, indien:
a. niet tot overbrenging en inbewaringstelling had mogen worden overgegaan;
b. de omstandigheden waaronder de overtreding is begaan, van dien aard waren dat de kosten redelijkerwijs niet verschuldigd zijn, of
c. aannemelijk is dat het voertuig tegen de wil van de rechthebbende is gebruikt en hij dit gebruik redelijkerwijs niet heeft kunnen voorkomen.
4. In een geval als bedoeld in het derde lid, onderdeel c, zijn de kosten verschuldigd door degene die de overtreding heeft begaan. De artikelen 4:116, 4:118 tot en met 4:124 en 5:10 van de Algemene wet bestuursrecht zijn van toepassing.
5. Indien de kosten, verbonden aan de oplegging van een last onder bestuursdwang, die door de rechthebbende zijn betaald, te hoog zijn berekend, betalen burgemeester en wethouders het te veel betaalde terug.
6. Indien de in het derde lid, onderdeel b, bedoelde omstandigheden van dien aard waren dat de kosten redelijkerwijs niet volledig verschuldigd zijn, betalen burgemeester en wethouders het niet verschuldigde bedrag terug.
7. Bij toepassing van het derde lid, onderdeel a, betalen burgemeester en wethouders tevens een redelijke schadeloosstelling aan de rechthebbende die het voertuig heeft afgehaald. Indien het voertuig ten tijde van de overtreding in gebruik was bij een ander dan de rechthebbende die het voertuig heeft afgehaald, treedt die ander voor de toepassing van dit lid in de plaats van de rechthebbende die het voertuig heeft afgehaald.
8. Indien aantoonbaar is dat tijdens de overbrenging en bewaring schade aan het voertuig is toegebracht, is de gemeente gehouden deze schade te vergoeden.

Art. 173
1. Bij algemene maatregel van bestuur worden:
a. de soorten van de in artikel 170, eerste lid, onderdeel c, bedoelde weggedeelten en wegen aangewezen;
b. nadere regels vastgesteld over de registratie van gegevens in geval van toepassing van artikel 170, eerste lid;
c. nadere regels vastgesteld over de berekening van de kosten, verbonden aan de oplegging van een last onder bestuursdwang, en
d. de overige regels vastgesteld die voor de uitvoering van de artikelen 170 tot en met 172 nodig worden geacht.
2. Bij gemeentelijke verordening worden nadere regels gesteld ter uitvoering van de artikelen 170 tot en met 172 en de in het eerste lid bedoelde algemene maatregel van bestuur. Die regels betreffen in elk geval
a. de aanwijzing van de plaats, onderscheidenlijk de plaatsen, waar verwijderde voertuigen in bewaring worden gesteld, en
b. de berekening van de kosten, verbonden aan de oplegging van een last onder bestuursdwang, en voorts
c. de aanwijzing van de weggedeelten en wegen, voor de bevoegdheid tot oplegging van een last onder bestuursdwang, bedoeld in artikel 170, eerste lid, onderdeel c.

Nadere regels afhandeling in bewaring gestelde voertuigen

Art. 174
1. Indien ter zake van een overtreding van artikel 40, eerste lid, proces-verbaal wordt opgemaakt door een ambtenaar van politie, aangesteld voor de uitvoering van de politietaak, dan wel een op dat voorschrift betrekking hebbende gedraging, omschreven in de in artikel 2, eerste lid, van de Wet administratiefrechtelijke handhaving verkeersvoorschriften bedoelde bijlage door hem wordt geconstateerd, begaan met een op de weg staand motorrijtuig, terwijl niet terstond blijkt wie de eigenaar of houder van dat motorrijtuig is, is de burgemeester bevoegd op verzoek van die ambtenaar dat motorrijtuig naar een door hem aangewezen plaats te doen overbrengen en in bewaring te doen stellen.
2. Alvorens het in het eerste lid bedoelde verzoek te doen, kan de daar bedoelde ambtenaar door middel van een daartoe aan te brengen apparaat het rijden met het motorrijtuig voor ten hoogste twee dagen beletten. Het apparaat wordt binnen die termijn verwijderd, zodra bekend wordt wie de eigenaar of houder van het motorrijtuig is.
3. De artikelen 170, tweede lid, tweede en derde volzin, vierde, vijfde en zesde lid, 171, 172 en 173, eerste lid, van deze wet en de artikelen 4:116, 4:118 tot en met 4:124, 5:10, 5:25, eerste en zesde lid, 5:29, tweede en derde lid, en 5:30, eerste, tweede, vierde en vijfde lid, van de Algemene wet bestuursrecht zijn van overeenkomstige toepassing.

Niet goed zichtbare kentekenplaat

§ 2
Bestuurlijke boete

Art. 174a

1. Onze Minister kan in verband met de aanwijzing, bedoeld in artikel 20b, of een wijziging, schorsing of intrekking daarvan, aan degene die handelt in strijd met de in artikel 20g, derde lid, bedoelde verboden een bestuurlijke boete opleggen die overeenkomt met ten hoogste een boete van de vijfde categorie, bedoeld in artikel 23, vierde lid, van het Wetboek van Strafrecht.
2. De op te leggen bestuurlijke boete kan met maximaal 50% worden verhoogd, indien binnen een periode van 48 maanden tweemaal voor een zelfde feit, elk afzonderlijk in een periode van maximaal 24 maanden voorafgaand aan dat feit, een boete is opgelegd en onherroepelijk is geworden.

Art. 174b

1. De Dienst Wegverkeer kan in verband met het verlenen van een goedkeuring als bedoeld in artikel 21, tweede lid, of de schorsing of intrekking van een goedkeuring, aan degene die handelt in strijd met de verplichtingen en verboden in de bij of krachtens artikel 29, derde lid, en 31, genoemde artikelen van een EU-verordening in verband met de goedkeuring van motorvoertuigen of met de bij of krachtens in de artikelen 21, derde lid, onderdeel b, 25, 27, en 30, derde lid, bedoelde verplichtingen en verboden, een bestuurlijke boete opleggen.
2. De bestuurlijke boete die voor een overtreding van de bij of krachtens artikel 31 genoemde artikelen van een EU-verordening in verband met de goedkeuring van motorvoertuigen kan worden opgelegd, komt overeen met ten hoogste een boete van de vierde categorie, bedoeld in artikel 23, vierde lid, van het Wetboek van Strafrecht.
3. De bestuurlijke boete die voor een overtreding van de bij of krachtens artikel 29, derde lid, genoemde artikelen van een EU-verordening in verband met de goedkeuring van motorvoertuigen, artikel 21, derde lid, onderdeel b, 25, 27 of 30, derde lid, kan worden opgelegd, komt overeen met ten hoogste een boete van de vijfde categorie, bedoeld in artikel 23, vierde lid, van het Wetboek van Strafrecht.
4. De op te leggen bestuurlijke boete kan met maximaal 50% worden verhoogd, indien binnen een periode van 48 maanden tweemaal voor een zelfde feit, elk afzonderlijk in een periode van maximaal 24 maanden voorafgaand aan dat feit, een boete is opgelegd en onherroepelijk is geworden.

Art. 174c

1. Onverminderd artikel 174a en 174b kan Onze Minister in verband met het markttoezicht, bedoeld in artikel 158a, aan degene die handelt in strijd met de verplichtingen en verboden in de bij of krachtens artikel 29 genoemde artikelen van een EU-verordening in verband met de goedkeuring van motorvoertuigen, of met de bij of krachtens de in de artikelen 20g, 21, derde lid, onderdeel b, en vierde lid, onderdelen b en c, 25, 27 en 30 bedoelde verplichtingen en verboden, een bestuurlijke boete opleggen.
2. De bestuurlijke boete die voor een overtreding van de bij of krachtens artikel 29, tweede lid, genoemde artikelen van een EU-verordening in verband met de goedkeuring van motorvoertuigen, artikel 20g, tweede lid, of artikel 30, tweede lid, kan worden opgelegd, komt overeen met ten hoogste een boete van de derde categorie, bedoeld in artikel 23, vierde lid, van het Wetboek van Strafrecht.
3. De bestuurlijke boete die voor een overtreding van de bij of krachtens artikel 29, eerste lid, genoemde artikelen van een EU-verordening in verband met de goedkeuring van motorvoertuigen, artikel 20g, eerste lid, of artikel 30, eerste lid, kan worden opgelegd, komt overeen met ten hoogste een boete van de vierde categorie, bedoeld in artikel 23, vierde lid, van het Wetboek van Strafrecht.
4. De bestuurlijke boete die voor een overtreding van de bij of krachtens artikel 29, derde lid, genoemde artikelen van een EU-verordening in verband met de goedkeuring van motorvoertuigen, artikel 20g, derde lid, artikel 21, derde lid, onderdeel b, en vierde lid, onderdelen b en c, artikel 25, artikel 27, of artikel 30, derde lid, kan worden opgelegd, komt overeen met ten hoogste een boete van de vijfde categorie, bedoeld in artikel 23, vierde lid, van het Wetboek van Strafrecht.
5. De op te leggen bestuurlijke boete kan met maximaal 50% worden verhoogd, indien binnen een periode van 48 maanden tweemaal voor een zelfde feit, elk afzonderlijk in een periode van maximaal 24 maanden voorafgaand aan dat feit, een boete is opgelegd en onherroepelijk is geworden.

Wegenverkeerswet 1994

Hoofdstuk XI
Strafbepalingen

Art. 175
1. Overtreding van artikel 6 wordt gestraft met: — Strafbepalingen; overtreding artikel 6
a. gevangenisstraf van ten hoogste drie jaren of geldboete van de vierde categorie, indien het een ongeval betreft waardoor een ander wordt gedood;
b. gevangenisstraf van ten hoogste een jaar en zes maanden of geldboete van de vierde categorie, indien het een ongeval betreft waardoor een ander lichamelijk letsel wordt toegebracht.
2. Indien de schuld bestaat in roekeloosheid, wordt overtreding van artikel 6 gestraft met:
a. gevangenisstraf van ten hoogste zes jaren of geldboete van de vijfde categorie, indien het een ongeval betreft waardoor een ander wordt gedood;
b. gevangenisstraf van ten hoogste drie jaren of geldboete van de vierde categorie, indien het een ongeval betreft waardoor een ander lichamelijk letsel wordt toegebracht.
Van roekeloosheid is in elk geval sprake als het gedrag tevens als een overtreding van artikel 5a, eerste lid, kan worden aangemerkt.
3. Indien de schuldige verkeerde in de toestand, bedoeld in artikel 8, eerste, tweede, derde, vierde of vijfde lid, dan wel het feit niet heeft voldaan aan een bevel, gegeven krachtens artikel 163, tweede, zesde, zevende of negende lid, kunnen de in het eerste en tweede lid bepaalde gevangenisstraffen met de helft worden verhoogd.

Art. 176
1. Overtreding van artikel 5a wordt gestraft met gevangenisstraf van ten hoogste twee jaren of geldboete van de vierde categorie. — Strafbepalingen; overtredingen
2. Overtreding van de artikelen 7, eerste lid, onderdelen a en c, 8, 9, eerste, tweede, vierde, vijfde, zevende en negende lid en 70m wordt gestraft met een gevangenisstraf van ten hoogste een jaar of een geldboete van de vierde categorie.
3. Overtreding van artikel 41, eerste lid, onderdelen c tot en met f, wordt gestraft hetzij met gevangenisstraf van ten hoogste zes maanden en geldboete van de derde categorie, hetzij met een van beide voormelde straffen.
4. Overtreding van artikel 11 wordt gestraft met gevangenisstraf van ten hoogste zes maanden of geldboete van de derde categorie.
5. Overtreding van de artikelen 7, eerste lid, onderdeel b, 41, eerste lid, onderdelen a en b, 51, eerste lid, 61, eerste lid, onderdeel c, 74, 114, 151j, 162, derde en vierde lid, 163, tweede, zesde, zevende en negende lid en van de in artikel 4, tweede en vijfde lid, bedoelde regels voor zover het betreft een verbod tot het gebruik van verlichting, wordt gestraft met gevangenisstraf van ten hoogste drie maanden of geldboete van de derde categorie.

Art. 177
1. Overtreding van de artikelen 5 en 107, eerste en tweede lid, wordt gestraft met hechtenis van ten hoogste zes maanden of geldboete van de derde categorie. — Strafbepalingen; overtredingen
2. Overtreding van:
a. de artikelen 9, achtste lid, 10, eerste lid, 12, eerste lid, 20h, 32, 36, eerste tot en met vijfde lid, 40, eerste lid, 47, 48, zevende lid, 60, eerste en tweede lid, 70a, tweede lid, 70i, eerste en tweede lid, 71, eerste lid, en de krachtens het tweede lid van dat artikel genoemde artikelen van een EU-harmonisatieverordening in verband met de goedkeuring van motorvoertuigen, 72, eerste en tweede lid, 110, 110b, 111a, tweede, derde en zevende lid, 119, vierde lid, 120, derde lid, 123b, vierde lid, 124, vierde lid, 124a, derde lid, 130, tweede lid, 132, vijfde lid, 149aa, eerste lid, 150, tweede lid, 151c, eerste lid, 160, 164, eerste lid, 165, eerste lid, 166, eerste lid,
b. het bepaalde ingevolge de artikelen 52c, derde lid, 70i, derde lid en artikel 131, tweede lid, onderdeel b,
c. de in artikel 4, tweede en vijfde lid, bedoelde regels voor zover niet begrepen in artikel 176, vierde lid, en
d. het bepaalde krachtens deze wet, voor zover die overtreding uitdrukkelijk als strafbaar feit is aangemerkt,
wordt gestraft met hechtenis van ten hoogste twee maanden of geldboete van de tweede categorie.
3. Overtreding van de artikelen 61e, 66, 66e, 70g, 89, 96, 104 en 106b wordt gestraft met geldboete van de derde categorie.

Art. 178
1. De in de artikelen 175 en 176 strafbaar gestelde feiten zijn misdrijven. — Misdrijven
2. De in artikel 177 strafbaar gestelde feiten zijn overtredingen. — Overtredingen

Art. 179
1. Bij veroordeling van de bestuurder van een motorrijtuig wegens overtreding van de artikelen 5a, eerste lid, 6, 7, eerste lid, 8, 9, 162, derde lid, of 163, tweede, zesde of zevende lid, kan hem de bevoegdheid tot het besturen van motorrijtuigen voor ten hoogste vijf jaren worden ontzegd. — Ontzegging rijbevoegdheid

2. Bij veroordeling van de bestuurder van een motorrijtuig wegens overtreding van de artikelen 5, 10, eerste lid, 12, eerste lid, 41, eerste lid, 51, eerste lid, 61, 74 of 114, dan wel van de eigenaar of houder van een motorrijtuig of een aanhangwagen wegens overtreding van artikel 165, eerste lid, of artikel 166, eerste lid, kan hem de bevoegdheid tot het besturen van motorrijtuigen voor ten hoogste twee jaren worden ontzegd.

3. Bij veroordeling van de bestuurder van een motorrijtuig wegens overtreding van het bepaalde krachtens deze wet kan hem in die gevallen, waarin dit bij algemene maatregel van bestuur is bepaald, de bevoegdheid tot het besturen van motorrijtuigen voor ten hoogste twee jaren worden ontzegd.

4. Indien tijdens het plegen van een der strafbare feiten in het eerste lid genoemd, nog geen vijf jaren zijn verlopen na het einde van de tijdsduur waarvoor bij een vroegere onherroepelijke veroordeling wegens een van die strafbare feiten de betrokkene de bevoegdheid tot het besturen van motorrijtuigen is ontzegd, kan hem die bevoegdheid voor ten hoogste tien jaren worden ontzegd.

5. Indien tijdens het plegen van een der strafbare feiten in het tweede lid genoemd of krachtens deze wet aangewezen, nog geen twee jaren zijn verlopen na het einde van de tijdsduur waarvoor bij een vroegere onherroepelijke veroordeling wegens een van die strafbare feiten of wegens een der in het eerste lid bedoelde strafbare feiten de betrokkene de bevoegdheid tot het besturen van motorrijtuigen is ontzegd, kan hem die bevoegdheid voor ten hoogste vier jaren worden ontzegd.

6. Bij het opleggen van de bijkomende straf, bedoeld in het eerste tot en met het vijfde lid, wordt de tijd gedurende welke het rijbewijs van de veroordeelde ingevolge artikel 164 vóór het tijdstip waarop de bijkomende straf ingaat, ingevorderd of ingehouden is geweest, op de duur van die straf geheel in mindering gebracht.

7. Voor de toepassing van dit artikel wordt met de bestuurder van een motorrijtuig gelijkgesteld degene die overeenkomstig de in artikel 1, eerste lid, onderdeel n, bedoelde voorwaarde geacht wordt het motorrijtuig onder onmiddellijk toezicht van de bestuurder te besturen.

8. Voor de toepassing van het zesde lid wordt onder rijbewijs mede verstaan een rijbewijs, afgegeven door het daartoe bevoegde gezag buiten Nederland, waarvan de houder in Nederland woonachtig is.

9. Voor de toepassing van dit artikel wordt een strafbeschikking met een veroordeling gelijkgesteld.

10. Voor de toepassing van het vierde onderscheidenlijk het vijfde lid, wordt onder vroegere onherroepelijke veroordeling mede verstaan een vroegere onherroepelijke veroordeling door een strafrechter in een andere lidstaat van de Europese Unie wegens feiten soortgelijk aan de feiten, bedoeld in het vierde onderscheidenlijk het vijfde lid.

Art. 179a

Ontzegging rijbevoegdheid

1. Bij veroordeling wegens een der in de artikelen 287 of 289 van het Wetboek van Strafrecht omschreven misdrijven kan de schuldige die het feit heeft gepleegd met een motorrijtuig dat hij ten tijde van het feit bestuurde of deed besturen, de bevoegdheid tot het besturen van motorrijtuigen voor ten hoogste tien jaren worden ontzegd.

2. Bij veroordeling wegens een der in de artikelen 285, 301, 302 of 303 van het Wetboek van Strafrecht omschreven misdrijven kan de schuldige die het feit heeft gepleegd met een motorrijtuig dat hij ten tijde van het feit bestuurde of deed besturen, de bevoegdheid tot het besturen van motorrijtuigen voor ten hoogste vijf jaren worden ontzegd.

3. Voor de toepassing van het tweede lid wordt een strafbeschikking met een veroordeling gelijkgesteld.

Art. 180

Ontzegging rijbevoegdheid als bijkomende straf

1. Voor wat betreft de bijkomende straf van ontzegging van de bevoegdheid tot het besturen van motorrijtuigen is artikel 6:1:16, derde lid, van het Wetboek van Strafvordering op rechterlijke uitspraken niet van toepassing. Een strafbeschikking houdende deze bijkomende straf is in zoverre eerst voor tenuitvoerlegging vatbaar als geen verzet meer kan worden gedaan.

2. De rechterlijke uitspraak of strafbeschikking is voor wat betreft de bijkomende straf niet voor tenuitvoerlegging vatbaar, zolang de termijn waarvoor de veroordeelde bij een andere rechterlijke uitspraak of strafbeschikking de bevoegdheid tot het besturen van motorrijtuigen is ontzegd, nog niet is verstreken.

3. Indien de rechterlijke uitspraak of strafbeschikking voor wat betreft de bijkomende straf voor tenuitvoerlegging vatbaar is geworden, geschiedt de tenuitvoerlegging niet dan nadat aan de veroordeelde in persoon een schrijven is uitgereikt, volgens de artikelen 36d en 36e van het Wetboek van Strafvordering, waarin het tijdstip van ingang en de duur van de ontzegging, de verplichting tot inlevering van het rijbewijs uiterlijk op dat tijdstip, alsmede het gevolg van niet tijdige inlevering worden medegedeeld.

4. De houder van een rijbewijs is, tenzij het is ingevorderd en niet is teruggegeven, verplicht dat rijbewijs in te leveren op de plaats genoemd in het schrijven, bedoeld in het derde lid, uiterlijk op het tijdstip van ingang van de ontzegging.

Wegenverkeerswet 1994   C14 art. 182

5. Teruggave vindt plaats zodra de termijn van de ontzegging is verstreken. Geen teruggave vindt plaats ten aanzien van het rijbewijs of de rijbewijzen waarvan ingevolge een der artikelen 130, tweede lid, of 164 de overgifte is gevorderd, waarvan ingevolge de Wet administratiefrechtelijke handhaving verkeersvoorschriften de inlevering is gevorderd of ten aanzien waarvan ingevolge een der artikelen 120, derde lid, 124, vierde lid, 131, tweede lid, onderdeel b, 132, vijfde lid, 134, vierde lid, of 180, vierde lid, een verplichting tot inlevering bestaat. Degene bij wie het rijbewijs is ingeleverd geleidt in deze gevallen het rijbewijs of de rijbewijzen door naar degene bij wie de houder dat rijbewijs of die rijbewijzen had dienen in te leveren. Indien het rijbewijs op grond van artikel 123b ongeldig is dan wel indien een aantekening is geplaatst als bedoeld in dat artikel, geleidt degene bij wie het rijbewijs is ingeleverd het rijbewijs of de rijbewijzen door naar de Dienst Wegverkeer.
6. De termijn van ontzegging van de bevoegdheid tot het besturen van motorrijtuigen wordt van rechtswege verlengd met het aantal dagen dat is verstreken tussen het tijdstip waarop het rijbewijs ingevolge het vierde lid had moeten worden ingeleverd en het tijdstip waarop nadien die inlevering heeft plaatsgevonden.
7. De termijn van de ontzegging wordt voorts verlengd met de tijd dat de veroordeelde gedurende de ontzegging rechtens zijn vrijheid is ontnomen.
8. Voor de toepassing van het derde, vierde, vijfde en zesde lid wordt onder rijbewijs mede verstaan een rijbewijs, afgegeven door het daartoe bevoegde gezag buiten Nederland, waarvan de houder in Nederland woonachtig is.

Art. 181
1. Indien een bij of krachtens deze wet als overtreding strafbaar gesteld feit wordt begaan door een bij de ontdekking van het feit onbekend gebleven bestuurder van een motorrijtuig, kunnen de op het feit gestelde straffen worden opgelegd aan de eigenaar of houder van dat motorrijtuig voor zover deze niet reeds naast de bestuurder voor dat feit aansprakelijk is.   *Aansprakelijkheid eigenaar/houder bij onbekende verdachte*
2. Het eerste lid geldt bij een strafbeschikking niet, indien de eigenaar of houder:
a. voor het uitvaardigen van de strafbeschikking de naam en het volledige adres van de bestuurder bekend heeft gemaakt;
b. niet heeft kunnen vaststellen wie de bestuurder was en hem daarvan redelijkerwijs geen verwijt kan worden gemaakt.
3. Het eerste lid geldt bij berechting niet, indien de eigenaar of houder:
a. binnen twee weken na daartoe door een der in artikel 159 bedoelde personen in de gelegenheid te zijn gesteld dan wel bij het instellen van verzet tegen een strafbeschikking, de naam en het volledige adres van de bestuurder heeft bekend gemaakt;
b. uiterlijk op de dag vóór die der terechtzitting, schriftelijk en onder vermelding van de zaak en de dag der terechtzitting, de naam en het volledige adres van de bestuurder aan het openbaar ministerie bekend maakt;
c. tijdens de terechtzitting, dadelijk na de ondervraging, bedoeld in artikel 273, eerste lid, van het Wetboek van Strafvordering, de naam en het volledige adres van de bestuurder bekend maakt;
d. niet heeft kunnen vaststellen wie de bestuurder was en hem daarvan redelijkerwijs geen verwijt kan worden gemaakt.
4. Op straffe van nietigheid wijst de dagvaarding op het derde lid, onderdelen b en c. De strafbeschikking wijst de verdachte op de mogelijkheid bij het instellen van verzet gegevens te verstrekken die tot toepassing van het derde lid, onderdeel a of d, kunnen leiden.

Art. 182
1. Indien een bij of krachtens deze wet als overtreding strafbaar gesteld feit wordt begaan door een bij de ontdekking van het feit onbekend gebleven bestuurder van een motorrijtuig waarmee een aanhangwagen, waarvoor een kenteken is vereist, wordt voortbewogen, kunnen de op het feit gestelde straffen worden opgelegd aan de eigenaar of houder van die aanhangwagen.   *Aansprakelijkheid eigenaar/houder bij onbekende verdachte, nadere regels*
2. Het eerste lid geldt bij een strafbeschikking niet, indien de eigenaar of houder van de aanhangwagen:
a. voor het uitvaardigen van de strafbeschikking de naam en het volledige adres bekend heeft gemaakt van de bestuurder dan wel van de eigenaar of houder van het motorrijtuig waarmee de aanhangwagen werd voortbewogen;
b. niet heeft kunnen vaststellen wie de bestuurder dan wel van de eigenaar of houder van het motorrijtuig waarmee de aanhangwagen werd voortbewogen, was en hem daarvan redelijkerwijs geen verwijt kan worden gemaakt.
3. Het eerste lid geldt bij berechting niet, indien de eigenaar of houder van de aanhangwagen:
a. binnen twee weken na daartoe door een der in artikel 159 bedoelde personen in de gelegenheid te zijn gesteld dan wel bij het instellen van verzet tegen een strafbeschikking, de naam en het volledige adres van de bestuurder dan wel van de eigenaar of houder van het motorrijtuig waarmee de aanhangwagen werd voortbewogen, heeft bekend gemaakt;
b. uiterlijk op de dag vóór die der terechtzitting, schriftelijk en onder vermelding van de zaak en de dag der terechtzitting, de naam en het volledige adres van de bestuurder dan wel van de

eigenaar of houder van het motorrijtuig waarmee de aanhangwagen werd voortbewogen, aan het openbaar ministerie bekend maakt;
c. tijdens de terechtzitting, dadelijk na de ondervraging, bedoeld in artikel 273, eerste lid, van het Wetboek van Strafvordering, de naam en het volledige adres van de bestuurder dan wel van de eigenaar of houder van het motorrijtuig waarmee de aanhangwagen werd voortbewogen, bekend maakt;
d. niet heeft kunnen vaststellen wie de bestuurder dan wel de eigenaar of houder van het motorrijtuig waarmee de aanhangwagen werd voortbewogen, was en hem daarvan redelijkerwijs geen verwijt kan worden gemaakt.
4. Op straffe van nietigheid wijst de dagvaarding op het derde lid, onderdelen b en c. De strafbeschikking wijst de verdachte op de mogelijkheid bij het instellen van verzet gegevens te verstrekken die tot toepassing van het derde lid, onderdeel a of d, kunnen leiden.

Aansprakelijkheid eigenaar/houder van in buitenland geregistreerd motorvoertuig of aanhangwagen bij onbekende verdachte

Art. 183
De artikelen 181 en 182 zijn mede van toepassing op de eigenaar of houder van een in het buitenland geregistreerd motorrijtuig of een in het buitenland geregistreerde aanhangwagen.

Vrijwillige kennisgeving identiteit voorkomt strafvervolging

Art. 184
Bij overtreding van artikel 7, eerste lid, aanhef en onderdeel a, is strafvervolging tegen de in dat artikel bedoelde overtreder uitgesloten, indien deze binnen twaalf uren na het verkeersongeval en voordat hij als verdachte is aangehouden of verhoord, vrijwillig van het ongeval kennis geeft aan een van de in artikel 141 van het Wetboek van Strafvordering bedoelde personen en daarbij zijn identiteit en, voor zover hij een motorrijtuig bestuurde, tevens de identiteit van dat motorrijtuig bekend maakt.

Hoofdstuk XII
Civiele aansprakelijkheid

Civiele aansprakelijkheid

Art. 185
1. Indien een motorrijtuig waarmee op de weg wordt gereden, betrokken is bij een verkeersongeval waardoor schade wordt toegebracht aan, niet door dat motorrijtuig vervoerde, personen of zaken, is de eigenaar van het motorrijtuig of - indien er een houder van het motorrijtuig is - de houder verplicht om die schade te vergoeden, tenzij aannemelijk is dat het ongeval is te wijten aan overmacht, daaronder begrepen het geval dat het is veroorzaakt door iemand, voor wie onderscheidenlijk de eigenaar of de houder niet aansprakelijk is.

Besturen onder toezicht

2. De eigenaar of houder die het motorrijtuig niet zelf bestuurt, is aansprakelijk voor de gedragingen van degene door wie hij dat motorrijtuig doet of laat rijden.

Dieren

3. Het eerste en het tweede lid vinden geen toepassing ten aanzien van schade, door een motorrijtuig toegebracht aan loslopende dieren, aan een ander motorrijtuig in beweging of aan personen en zaken die daarmee worden vervoerd.
4. Dit artikel laat onverkort de uit andere wettelijke bepalingen voortvloeiende aansprakelijkheid.

Hoofdstuk XIII
Slotbepalingen

Slotbepalingen

Art. 186
1. Bij of krachtens algemene maatregel van bestuur kunnen regels worden gesteld voor een periode van ten hoogste zes jaar ten behoeve van experimenten met:
a. verkeerstekens en maatregelen op of aan de weg;
b. de eisen ten aanzien van voertuigen waarmee over de weg wordt gereden of voertuigen die op de weg staan;
c. de eisen ten aanzien van rijvaardigheid en rijbevoegdheid;
d. de eisen ten aanzien van de vakbekwaamheid van bestuurders goederen- en personenvervoer over de weg.
Daarbij kan worden afgeweken van hoofdstuk II, paragraaf 2, hoofdstuk V, paragrafen 1 tot en met 6, hoofdstuk VI en hoofdstuk VIIA, paragraaf 2 van deze wet en van hoofdstuk VI van de Wet geluidhinder, alsmede van de krachtens die paragrafen of die hoofdstukken gestelde regels, een en ander met inachtneming van verdragen en van besluiten van volkenrechtelijke organisaties of van één of meer instellingen van de Europese Unie, al dan niet gezamenlijk.
2. In de in het eerste lid bedoelde algemene maatregel van bestuur wordt in elk geval bepaald:
a. van welke in het eerste lid bedoelde bepalingen wordt afgeweken;
b. het resultaat dat met een experiment, als bedoeld in het eerste lid, wordt beoogd.

Wegenverkeerswet 1994 C14 art. 188

3. Onze Minister zendt uiterlijk zes maanden voor de beëindiging van een experiment, als bedoeld in het eerste lid, een verslag over de doeltreffendheid en de effecten ervan alsmede een standpunt inzake de voortzetting anders dan als experiment, aan de beide kamers der Staten-Generaal.
4. Bij of krachtens algemene maatregel van bestuur kan worden bepaald dat ten behoeve van de financiering van een in het eerste lid bedoeld experiment door de Dienst Wegverkeer een door deze dienst te bepalen tarief wordt geheven.

Art. 186a
1. De verplichting, bedoeld in artikel 151c, eerste lid, geldt voor een bestuurder van:
a. een voertuig waarvoor een rijbewijs van een van de categorieën D1, E bij D1, D of E bij D, bedoeld in artikel 3 van richtlijn nr. 91/439/EEG van de Raad van de Europese Gemeenschappen van 29 juli 1991 betreffende het rijbewijs (PbEG L 237), of een als gelijkwaardig erkend rijbewijs vereist is: met ingang van 10 september 2008;
b. een voertuig waarvoor een rijbewijs van een van de categorieën C1, E bij C1, C of E bij C, bedoeld in artikel 3 van de in onderdeel a genoemde richtlijn, of een als gelijkwaardig erkend rijbewijs vereist is: met ingang van 10 september 2009.
2. Een wijziging van de in het eerste lid, onderdeel a, genoemde richtlijn en van de in artikel 151b, onderdeel a, bedoelde richtlijn vakbekwaamheid bestuurders gaat voor de toepassing van dit artikel gelden met ingang van de dag waarop aan de betrokken wijzigingsrichtlijn uitvoering moet zijn gegeven.

Bestuurders, aanwijzing voertuigen verplichting getuigschrift vakbekwaamheid

Art. 186b
Rijbewijzen, getuigschriften van vakbekwaamheid, getuigschriften van nascholing, nationale certificaten als bedoeld in artikel 151c, vierde lid, onderdeel b, en certificaten aantonende dat de bestuurder de basiskwalificatie heeft behaald, de nascholing heeft afgerond, of een aantal uren nascholing heeft gevolgd, maar nog niet heeft afgerond, die vóór het tijdstip van terugtrekking van het Verenigd Koninkrijk uit de Europese Unie zijn afgegeven door de daartoe bevoegde autoriteit van het Verenigd Koninkrijk in het kader van Richtlijn 2006/126/EG van het Europees Parlement en de Raad van 20 december 2006 betreffende het rijbewijs (PbEU 2006, L 403) of Richtlijn 2003/59/EG van het Europees Parlement en de Raad van 15 juli 2003 betreffende de vakbekwaamheid en de opleiding en nascholing van bestuurders van bepaalde voor goederen- en personenvervoer over de weg bestemde voertuigen, tot wijziging van Verordening (EEG) nr. 3820/85 van de Raad en Richtlijn 91/439/EEG van de Raad en tot intrekking van Richtlijn 76/914/EEG van de Raad (PbEU 2003, L 226) worden ten behoeve van de uitvoering of handhaving van bij of krachtens deze wet gestelde bepalingen met ingang van dat tijdstip niet langer aangemerkt als documenten die zijn afgegeven door een daartoe bevoegde autoriteit in een andere lidstaat van de Europese Unie.

Brexit, nadere regels

Art. 186c
1. In afwijking van artikel 186b kunnen houders van een door het daartoe bevoegde gezag in het Verenigd Koninkrijk afgegeven rijbewijs, die voor het tijdstip van terugtrekking van het Verenigd Koninkrijk uit de Europese Unie in Nederland woonachtig waren, tot 15 maanden na dat tijdstip dat rijbewijs omwisselen overeenkomstig de regels die gelden voor de omwisseling van rijbewijzen, afgegeven door het daartoe bevoegde gezag in een lidstaat van de Europese Unie, een andere staat die partij is bij de Overeenkomst betreffende de Europese Economische Ruimte of Zwitserland en blijft het rijbewijs gedurende deze periode van 15 maanden geldig voor het besturen van motorrijtuigen van de categorie of categorieën waarvoor het is afgegeven.
2. Verzoeken tot omwisseling van rijbewijzen die voor het verstrijken van de in het eerste lid genoemde termijn van 15 maanden zijn ingediend door houders die voor het tijdstip van terugtrekking van het Verenigd Koninkrijk uit de Europese Unie in Nederland woonachtig waren, worden afgehandeld overeenkomstig de bepalingen, zoals die gelden voor de omwisseling van rijbewijzen, afgegeven door het daartoe bevoegde gezag in een lidstaat van de Europese Unie, een andere staat die partij is bij de Overeenkomst betreffende de Europese Economische Ruimte of Zwitserland.
3. Verzoeken tot omwisseling van getuigschriften van vakbekwaamheid, getuigschriften van nascholing, nationale certificaten als bedoeld in artikel 151c, vierde lid, onderdeel b, en certificaten aantonende dat de bestuurder de basiskwalificatie heeft behaald of de nascholing heeft afgerond, die voor het tijdstip van terugtrekking van het Verenigd Koninkrijk uit de Europese Unie zijn ingediend door houders die voor dat tijdstip in Nederland woonachtig waren, worden afgehandeld overeenkomstig de bepalingen, zoals die gelden voor de omwisseling van die documenten, afgegeven door het daartoe bevoegde gezag in een lidstaat van de Europese Unie, een andere staat die partij is bij de Overeenkomst betreffende de Europese Economische Ruimte of Zwitserland.

Brexit, uitzonderingen

Art. 187
De inwerkingtreding van deze wet wordt nader bij de wet geregeld.

Inwerkingtreding

Art. 188
Deze wet kan worden aangehaald als: Wegenverkeerswet 1994.

Citeertitel

Reglement verkeersregels en verkeerstekens 1990 (RVV 1990)[1]

Besluit van 26 juli 1990, houdende vaststelling van een nieuw Reglement verkeersregels en verkeerstekens

Wij Beatrix, bij de gratie Gods, Koningin der Nederlanden, Prinses van Oranje-Nassau, enz. enz. enz.
Op de voordracht van Onze Minister van Verkeer en Waterstaat van 12 mei 1989, nr. RW 26148, Hoofddirectie van de Waterstaat, Hoofdafdeling Bestuurlijke en Juridische Zaken;
Gelet op artikel 2 en 34 van de Wegenverkeerswet (*Stb.* 1935, 554);
Gelet op het op 8 november 1968 te Wenen tot stand gekomen Verdrag inzake het wegverkeer (*Trb.* 1974, 35), het op 8 november 1968 te Wenen tot stand gekomen Verdrag inzake verkeerstekens (*Trb.* 1974, 36), de op 1 mei 1971 te Genève tot stand gekomen Europese Overeenkomst tot aanvulling van het Verdrag inzake het wegverkeer dat op 8 november 1968 te Wenen voor ondertekening werd opengesteld (*Trb.* 1974, 37), de op 1 mei 1971 te Genève tot stand gekomen Europese Overeenkomst tot aanvulling van het Verdrag inzake verkeerstekens dat op 8 november 1968 te Wenen voor ondertekening werd opengesteld (*Trb.* 1974, 38) en het op 1 maart 1973 te Genève tot stand gekomen Protocol inzake tekens op het wegdek, aanvulling op de Europese Overeenkomst tot aanvulling van het Verdrag inzake verkeerstekens dat op 8 november 1968 te Wenen voor ondertekening werd opengesteld (*Trb.* 1975, 114);
De Raad van State gehoord (advies van 2 maart 1990, nr. W09.89.0262);
Gezien het nader rapport van Onze Minister van Verkeer en Waterstaat van 16 juli 1990, nr. RW65898, Hoofddirectie van de Waterstaat, Hoofdafdeling Bestuurlijke en Juridische Zaken;
Hebben goedgevonden en verstaan:

Hoofdstuk I
Begripsbepalingen

Art. 1
In dit besluit en de daarop berustende bepalingen wordt verstaan onder:
aanhangwagens: voertuigen die door een voertuig worden voortbewogen of kennelijk bestemd zijn om aldus te worden voortbewogen, alsmede opleggers;
ambulance: motorvoertuig, ingericht en bestemd om te worden gebruikt voor ambulancezorg als bedoeld in de Tijdelijke wet ambulancezorg;
autobus: motorvoertuig, ingericht voor het vervoer van meer dan acht personen, de bestuurder daaronder niet begrepen;
autosnelweg: weg, aangeduid door bord G1 van bijlage I; langs autosnelwegen gelegen parkeerplaatsen, tankstations en bushalteplaatsen maken geen deel van de autosnelweg uit;
autoweg: weg, aangeduid door bord G3 van bijlage I; langs autowegen gelegen parkeerplaatsen, tankstations en bushalteplaatsen maken geen deel van de autoweg uit;
bedrijfsauto: bedrijfsauto als bedoeld in artikel 1.1 van de Regeling voertuigen;
bestelauto: motorvoertuig, bestemd voor het vervoer van goederen, waarvan de toegestane maximum massa niet meer bedraagt dan 3500 kg;
bestemmingsverkeer: bestuurders wier reisdoel één of meer bepaalde percelen betreft die zijn gelegen aan of in de directe nabijheid van een weg met een door verkeerstekens aangegeven geslotenverklaring voor bepaalde categorieën bestuurders en die slechts via deze weg zijn te bereiken alsmede bestuurders van lijnbussen;
bestuurders: alle weggebruikers behalve voetgangers;
bestuurder van een motorvoertuig:
1. hij die het motorvoertuig bestuurt of
2. voor zover het betreft een motorvoertuig voor het besturen waarvan een rijbewijs AM, B, C, D of E, is vereist en dat is voorzien van een dubbele bediening, hij die rijonderricht geeft of toezicht houdt in het kader van een vanwege de overheid ingesteld onderzoek naar de rijvaardigheid, niet zijnde een onderzoek als bedoeld in artikel 131, eerste lid, van de wet;
bevoegd gezag: gezag als bedoeld in artikel 18, eerste lid, van de wet;

---

[1] Inwerkingtredingsdatum: 01-11-1991; zoals laatstelijk gewijzigd bij: Stb. 2021, 214.

Reglement verkeersregels en verkeerstekens (RVV 1990) — C15 art. 1

brombakfiets: bromfiets op drie symmetrisch geplaatste wielen, met twee voorwielen en uitsluitend ingericht voor het vervoer van de bestuurder en van goederen en eventueel van een achter de bestuurder gezeten passagier;

brommobiel: bromfiets op meer dan twee wielen, die is voorzien van een carrosserie;

busbaan: rijbaan waarop het woord «BUS» of «LIJNBUS» is aangebracht;

busstrook: door doorgetrokken of onderbroken strepen gemarkeerd gedeelte van de rijbaan waarop het woord «BUS» of «LIJNBUS» is aangebracht;

dag: de periode tussen zonsopgang en zonsondergang;

diensten voor spoedeisende medische hulpverlening: de op grond van artikel 6 van de Tijdelijke wet ambulancezorg aangewezen Regionale Ambulancevoorzieningen, alsmede andere hulpverleningsdiensten die zich in opdracht van een meldkamer als bedoeld in artikel 1, eerste lid, onder e, van de Tijdelijke wet ambulancezorg bezig houden met het verlenen van spoedeisende medische hulpverlening;

dierenambulance: motorvoertuig, ingericht en bestemd om te worden gebruikt voor het vervoer van zieke en gewonde dieren;

doorgaande rijbaan: rijbaan zonder de invoeg- en uitrijstroken;

driewielig motorvoertuig: driewielig motorrijtuig als bedoeld in artikel 1.1 van de Regeling voertuigen;

fietsstrook: door doorgetrokken of onderbroken strepen gemarkeerd gedeelte van de rijbaan waarop afbeeldingen van een fiets zijn aangebracht;

gehandicaptenvoertuig: voertuig dat is ingericht voor het vervoer van een gehandicapte, niet breder is dan 1,10 meter en niet is uitgerust met een motor, dan wel is uitgerust met een motor waarvan de door de constructie bepaalde maximumsnelheid niet meer dan 45 km per uur bedraagt, en geen bromfiets is;

geslotenverklaring: verbod de betrokken weg in te rijden of in te gaan alsmede de betrokken weg te gebruiken;

haaietanden: voorrangsdriehoeken op het wegdek;

invoegstrook: door een blokmarkering van de doorgaande rijbaan afgescheiden weggedeelte dat is bestemd voor bestuurders die de doorgaande rijbaan oprijden;

kruispunt: kruising of splitsing van wegen;

ligplaats: ligplaats als bedoeld in artikel 1.1 van de Regeling voertuigen;

lijnbus: motorvoertuig, gebezigd voor het verrichten van openbaar vervoer in de zin van de Wet personenvervoer 2000;

militaire kolonne: een aantal zich achter elkaar bevindende militaire dan wel bij een onderdeel van de rampenbestrijdingsorganisatie in gebruik zijnde motorvoertuigen, onder één commandant, die de door Onze Minister in overeenstemming met Onze Minister van Defensie vastgestelde herkenningstekens voeren;

motorfiets: motorvoertuig op twee wielen al dan niet met zijspan- of aanhangwagen;

motorvoertuigen: alle gemotoriseerde voertuigen behalve bromfietsen, fietsen met trapondersteuning en gehandicaptenvoertuigen, bestemd om anders dan langs rails te worden voortbewogen;

nacht: de periode tussen zonsondergang en zonsopgang;

overweg: kruising van een weg en een spoorweg die wordt aangeduid door middel van bord J12 of J13 van bijlage 1;

parkeerhaven of parkeerstrook: langs de rijbaan gelegen verharding die is bestemd voor stilstaande of geparkeerde voertuigen;

parkeren: het laten stilstaan van een voertuig anders dan gedurende de tijd die nodig is voor en gebruikt wordt tot het onmiddellijk in- of uitstappen van passagiers of voor het onmiddellijk laden of lossen van goederen;

personenauto: personenauto als bedoeld in artikel 1.1 van de Regeling voertuigen;

puntstuk: meerhoekig vlak op het wegdek, opgenomen bij splitsingen of samenvoegingen van wegen, rijstroken of rijbanen;

richtlijn 97/24/EG: richtlijn nr. 97/24/EG van het Europees Parlement en de Raad van 17 juni 1997 betreffende bepaalde onderdelen of eigenschappen van motorvoertuigen op twee of drie wielen (PbEG L 226);

rijbaan: elk voor rijdende voertuigen bestemd weggedeelte met uitzondering van de fietspaden en de fiets/bromfietspaden;

rijstrook: door doorgetrokken of onderbroken strepen gemarkeerd gedeelte van de rijbaan van zodanige breedte dat bestuurders van motorvoertuigen op meer dan twee wielen daarvan gebruik kunnen maken;

snorfiets:

1. bromfiets die blijkens de gegevens in het kentekenregister is geconstrueerd voor een maximumsnelheid die niet meer bedraagt dan 25 km per uur, met uitzondering van de speed-pedelec, of

2. bromfiets als bedoeld in artikel 1, eerste lid, onderdeel e, subonderdeel d, van de wet;

C15 art. 1a
Reglement verkeersregels en verkeerstekens (RVV 1990)

speed-pedelec: elektrische bromfiets met trapondersteuning waarvan de aandrijfkracht aanhoudt als het voertuig de snelheid van 25 km per uur overschrijdt;
spitsstrook: de vluchtstrook die als rijstrook is aangewezen blijkens bord C23-01 van bijlage 1;
T100-bus: autobus, ten aanzien waarvan uit een aantekening op het kentekenbewijs of uit het kentekenregister blijkt dat hij zodanig is ingericht dat hij in aanmerking komt voor een maximumsnelheid van 100 kilometer per uur.
Met een T100-bus als bedoeld in dit besluit wordt gelijkgesteld een autobus die is geregistreerd in een andere lidstaat van de Europese Unie dan wel een staat, niet zijnde een lidstaat van de Europese Unie, die partij is bij een daartoe strekkend of mede daartoe strekkend Verdrag dat Nederland bindt, en ten aanzien waarvan uit het kentekenbewijs of uit een verklaring afgegeven door een onafhankelijke keuringsinstelling, afgegeven op basis van onderzoekingen die een beschermingsniveau bieden dat ten minste gelijkwaardig is aan het niveau dat met de nationale onderzoekingen wordt nagestreefd, blijkt dat de autobus geschikt is voor een maximumsnelheid van 100 kilometer per uur;
uitrijstrook: door een blokmarkering van de doorgaande rijbaan afgescheiden weggedeelte dat is bestemd voor bestuurders die de doorgaande rijbaan verlaten;
uitvaartstoet van motorvoertuigen: een stoet, bestaande uit motorvoertuigen, die een lijk als bedoeld in artikel 2, eerste lid, onderdeel a, van de Wet op de lijkbezorging of de as van een gecremeerd lijk begeleiden en die de in artikel 30c bedoelde herkenningstekens voeren;
veiligheidscel: onderdeel van de constructie van een bromfiets, een motorfiets of een driewielig motorvoertuig dat de bestuurder of passagiers beschermt tegen hoofdletsel;
verdrijvingsvlak: gedeelte van de rijbaan waarop schuine strepen zijn aangebracht;
verkeer: alle weggebruikers;
verkeersregelaar: persoon als bedoeld in artikel 1, onderdeel i, van het Besluit administratieve bepalingen inzake het wegverkeer;
verlicht transparant: verlicht transparant als bedoeld in artikel 1.1 van de Regeling voertuigen;
vluchthaven of vluchtstrook: door een doorgetrokken streep van de rijbaan van de autosnelweg of autoweg afgescheiden weggedeelte, dat bestemd is voor gebruik in noodgevallen, behoudens voor de duur van openstelling als spitsstrook;
voertuigen: fietsen, bromfietsen, gehandicaptenvoertuigen, motorvoertuigen, trams en wagens;
voorrangsvoertuig: motorvoertuig dat de optische en geluidssignalen voert als bedoeld in artikel 29;
voorrang verlenen: het de betrokken bestuurders in staat stellen ongehinderd hun weg te vervolgen;
vrachtauto: motorvoertuig, niet ingericht voor het vervoer van personen, waarvan de toegestane maximum massa meer bedraagt dan 3500 kg;
weggebruikers: voetgangers, fietsers, bromfietsers, bestuurders van een gehandicaptenvoertuig, van een motorvoertuig of van een tram, ruiters, geleiders van rij- of trekdieren of vee en bestuurders van een bespannen of onbespannen wagen;
wet: Wegenverkeerswet 1994;
zitplaats: zitplaats als bedoeld in artikel 1.1 van de Regeling voertuigen.

Art. 1a
Onder de vermelding in dit besluit van een EG-richtlijn of VN/ECE-reglement wordt verstaan hetgeen daaronder wordt begrepen in artikel 1.2 van de Regeling voertuigen, met inbegrip van de ingevolge artikel 1.3, eerste lid, van de Regeling voertuigen bekendgemaakte wijzigingen. Artikel 1.3, tweede lid, van de Regeling voertuigen is van overeenkomstige toepassing.

Art. 2

Werkingssfeer

1. De regels van dit besluit betreffende voetgangers zijn mede van toepassing op bestuurders van een gehandicaptenvoertuig, indien zij van een voetpad of trottoir gebruik maken of van het ene naar het andere voetpad of trottoir oversteken.
2. De regels van dit besluit betreffende voetgangers zijn voorts mede van toepassing op personen die te voet een motorfiets, bromfiets of fiets aan de hand meevoeren, alsmede op personen die zich verplaatsen met behulp van voorwerpen, niet zijnde voertuigen.
3. De regels van dit besluit betreffende wagens zijn mede van toepassing op door voetgangers gevormde kolonnes, optochten en uitvaartstoeten voor zover deze de rijbaan volgen.

Art. 2a
De regels van dit besluit betreffende motorvoertuigen en bestuurders en passagiers van motorvoertuigen zijn, in plaats van de regels betreffende bromfietsen, bromfietsers en passagiers van bromfietsen, mede van toepassing op brommobielen en bestuurders en passagiers van brommobielen, tenzij anders is bepaald.

Art. 2b
De regels van dit besluit betreffende fietsen en fietsers zijn, in plaats van de regels betreffende bromfietsen en bromfietsers, mede van toepassing op snorfietsen en snorfietsers, tenzij anders is bepaald.

Reglement verkeersregels en verkeerstekens (RVV 1990)   C15 art. 9

Hoofdstuk II
Verkeersregels

§ 1
Plaats op de weg

Art. 3
1. Bestuurders zijn verplicht zoveel mogelijk rechts te houden.
   Plaats op de weg, bestuurder/fietser
2. Fietsers mogen met zijn tweeën naast elkaar rijden. Dit geldt niet voor snorfietsers.

Art. 4
1. Voetgangers gebruiken het trottoir of het voetpad.
   Plaats op de weg, voetganger
2. Zij gebruiken het fietspad of het fiets/bromfietspad indien trottoir en voetpad ontbreken.
3. Zij gebruiken de berm of de uiterste zijde van de rijbaan, indien ook een fietspad of een fiets/bromfietspad ontbreekt.
4. In afwijking van het eerste en het tweede lid gebruiken personen die zich verplaatsen met behulp van voorwerpen, niet zijnde voertuigen, het fietspad, het fiets/bromfietspad, het trottoir of het voetpad. Zij gebruiken de rijbaan indien een fietspad, een fiets/bromfietspad, een trottoir of een voetpad ontbreekt.

Art. 5
1. Fietsers gebruiken het verplichte fietspad of het fiets/bromfietspad.
   Plaats op de weg, fietser/snorfietser
2. Zij gebruiken de rijbaan indien een verplicht fietspad of een fiets/bromfietspad ontbreekt.
3. Zij mogen het onverplichte fietspad gebruiken. Bestuurders van snorfietsen uitgerust met een verbrandingsmotor mogen het onverplichte fietspad slechts gebruiken met uitgeschakelde motor.
4. Bestuurders van fietsen op meer dan twee wielen die met inbegrip van de lading breder zijn dan 0,75 meter en van fietsen met aanhangwagen die met inbegrip van de lading breder zijn dan 0,75 meter mogen de rijbaan gebruiken.
5. Bestuurders vanaf 16 jaar van snorfietsen als bedoeld in artikel 1, eerste lid, onderdeel e, subonderdeel d, van de wet mogen het trottoir en het voetpad gebruiken indien zij beschikken over een gehandicaptenparkeerkaart of een bij ministeriële regeling aangewezen kaart ten behoeve van het vervoer van gehandicapten.
6. Bestuurders jonger dan 16 jaar van snorfietsen als bedoeld in artikel 1, eerste lid, onderdeel e, subonderdeel d, van de wet gebruiken het trottoir of het voetpad indien zij beschikken over een gehandicaptenparkeerkaart of een bij ministeriële regeling aangewezen kaart ten behoeve van het vervoer van gehandicapten.
7. Het eerste lid, het tweede lid en het vierde lid gelden niet voor bestuurders als bedoeld in het zesde lid.
8. Bestuurders van snorfietsen gebruiken de rijbaan indien dit bij verkeersbesluit, bedoeld in artikel 15, eerste lid, van de wet, is bepaald en bij het verkeersteken dat het verplichte fietspad aangeeft een onderbord dit aanduidt.
9. Het achtste lid is niet van toepassing op snorfietsen als bedoeld in artikel 1, eerste lid, onderdeel e, onder d, van de wet en op bestuurders van snorfietsen zijnde bestuurders als bedoeld in het vijfde en zesde lid van dit artikel.

Art. 6
1. Bromfietsers gebruiken het fiets/bromfietspad.
   Plaats op de weg, bromfietser
2. Zij gebruiken de rijbaan indien een fiets/bromfietspad ontbreekt.
3. Bestuurders van bromfietsen op meer dan twee wielen en bromfietsen met aanhangwagen, die met inbegrip van de lading breder zijn dan 0,75 meter, gebruiken de rijbaan.

Art. 7
Bestuurders van een gehandicaptenvoertuig gebruiken het trottoir, het voetpad, het fietspad, het fiets/bromfietspad of de rijbaan.
Plaats op de weg, bestuurder gehandicaptenvoertuig

Art. 8
1. Ruiters gebruiken het ruiterpad.
   Plaats op de weg, ruiter
2. Zij gebruiken de berm of de rijbaan indien een ruiterpad ontbreekt.

Art. 9
Voetgangers mogen de rijbaan gebruiken, indien zij een kolonne, een optocht of een uitvaartstoet vormen.
Plaats op de weg, colonne/optocht/uitvaartstoet

C15 art. 10 — Reglement verkeersregels en verkeerstekens (RVV 1990)

Art. 10

Plaats op de weg, bestuurder

1. Andere bestuurders dan die genoemd in de artikelen 5 tot en met 8 gebruiken de rijbaan. Deze bestuurders en voetgangers die een aanhangwagen voortbewegen die kennelijk bestemd is om door een motorvoertuig te worden voortbewogen, mogen voor het parkeren van hun voertuig tevens andere weggedeelten gebruiken, behalve het trottoir, het voetpad, het fietspad, het fiets/bromfietspad of het ruiterpad.
2. Andere bestuurders dan fietsers en bestuurders van een gehandicaptenvoertuig mogen fietsstroken met doorgetrokken strepen niet gebruiken.

§ 2
Inhalen

Art. 11

Inhalen, bestuurder/fietser

1. Inhalen geschiedt links.
2. Bestuurders die links voorgesorteerd hebben en te kennen hebben gegeven dat zij naar links willen afslaan, worden rechts ingehaald.
3. Fietsers dienen elkaar links in te halen; zij mogen andere bestuurders rechts inhalen.
4. Bestuurders die zich rechts van een blokmarkering bevinden mogen bestuurders die zich links van deze markering bevinden rechts inhalen.
5. Bestuurders mogen trams rechts inhalen.

Art. 12

Inhalen, voetgangersoversteekplaats

Het is verboden een voertuig vlak voor of op een voetgangersoversteekplaats in te halen.

§ 3
Files

Art. 13

Fileverkeer, volgen rijstrook/inhalen

1. Bij fileverkeer behoeft, indien de rijbaan is verdeeld in rijstroken in dezelfde richting, niet de meest rechts gelegen rijstrook te worden gevolgd.
2. Files mogen aan de rechterzijde worden ingehaald.

§ 4
Oprijden van kruispunten

Art. 14

Kruispunt, oprijden

Bestuurders mogen een kruispunt niet blokkeren.

§ 5
Verlenen van voorrang

Art. 15

Voorrang verlenen, bestuurder

1. Op kruispunten verlenen bestuurders voorrang aan voor hen van rechts komende bestuurders.
2. Op deze regel gelden de volgende uitzonderingen:
   a. bestuurders op een onverharde weg verlenen voorrang aan bestuurders op een verharde weg;
   b. bestuurders verlenen voorrang aan bestuurders van een tram.

§ 5a
Gedrag bij overwegen

Art. 15a

Overweg, weggebruikers

1. Weggebruikers mogen een overweg opgaan, indien zij direct kunnen doorgaan en de overweg geheel kunnen vrijmaken.
2. Bij overwegen laten weggebruikers een spoorvoertuig voorgaan en laten daarbij de overweg geheel vrij.

§ 6
Doorsnijden militaire kolonnes en uitvaartstoeten van motorvoertuigen

Art. 16

Militaire colonne/uitvaartstoet, weggebruikers

Weggebruikers mogen militaire kolonnes en uitvaartstoeten van motorvoertuigen niet doorsnijden.

§ 7
Afslaan

Art. 17
1. Bestuurders die willen afslaan, mogen voorsorteren door: *Afslaan, voorsorteren*
a. indien zij naar rechts willen afslaan tijdig zoveel mogelijk aan de rechterzijde te gaan rijden;
b. indien zij naar links willen afslaan tijdig zoveel mogelijk tegen de wegas te rijden of bij rijbanen bestemd voor bestuurders in één richting daarop zoveel mogelijk links te houden.
2. Bestuurders moeten alvorens af te slaan een teken met hun richtingaanwijzer of met hun arm geven.

Art. 18
1. Bestuurders die afslaan, moeten het verkeer dat hen op dezelfde weg tegemoet komt of dat op dezelfde weg zich naast dan wel links of rechts dicht achter hen bevindt, voor laten gaan. *Afslaan, voorrangsregels*
2. Bestuurders die naar links afslaan, moeten tegemoetkomende bestuurders die op hetzelfde kruispunt naar rechts afslaan voor laten gaan.
3. Het eerste en het tweede lid gelden niet voor bestuurders van een tram.

§ 8
Maximumsnelheid

Art. 19
De bestuurder moet in staat zijn zijn voertuig tot stilstand te brengen binnen de afstand waarover hij de weg kan overzien en waarover deze vrij is. *Maximumsnelheid, stopafstand*

Art. 20
Binnen de bebouwde kom gelden de volgende maximumsnelheden: *Maximumsnelheid, binnen bebouwde kom*
a. voor motorvoertuigen 50 km per uur;
b. voor bromfietsen en gehandicaptenvoertuigen, uitgerust met een motor:
1. op het fiets/bromfietspad 30 km per uur;
2. op de rijbaan 45 km per uur;
3. op het fietspad, voor de hier bedoelde gehandicaptenvoertuigen, 30 km per uur;
c. voor gehandicaptenvoertuigen, uitgerust met een motor, en snorfietsen als bedoeld in artikel 1, eerste lid, onderdeel e, subonderdeel d, van de wet op het trottoir of het voetpad 6 km per uur.

Art. 21
Buiten de bebouwde kom gelden de volgende maximumsnelheden: *Maximumsnelheid, buiten bebouwde kom*
a. voor motorvoertuigen op autosnelwegen 130 km per uur, op autowegen 100 km per uur en op andere wegen 80 km per uur;
b. voor bromfietsen en gehandicaptenvoertuigen, uitgerust met een motor:
1. op het fiets/bromfietspad 40 km per uur;
2. op de rijbaan 45 km per uur;
3. op het fietspad, voor de hier bedoelde gehandicaptenvoertuigen, 40 km per uur;
c. voor gehandicaptenvoertuigen, uitgerust met een motor, en snorfietsen als bedoeld in artikel 1, eerste lid, onderdeel e, subonderdeel d, van de wet op het trottoir of het voetpad 6 km per uur.

Art. 22
Voor zover niet ingevolge andere artikelen van dit besluit een lagere maximumsnelheid geldt, gelden voor de volgende voertuigen de volgende bijzondere maximumsnelheden: *Maximumsnelheid, kampeerwagen/aanhangwagen/landbouwvoertuig/bromfiets/snorfiets*
a. voor kampeerwagens die volgens het kentekenbewijs behoren tot de categorie bedrijfsauto's en waarvan de toegestane maximummassa meer bedraagt dan 3500 kg, vrachtauto's en autobussen, niet zijnde T100-bussen, 80 km per uur;
b. voor T100-bussen 100 km per uur;
c. voor brommobielen 45 km per uur;
d. voor snorfietsen 25 km per uur;
e. voor personenauto's, bestelauto's, motorfietsen, driewielige motorvoertuigen en T100-bussen, die een aanhangwagen met een toegestane maximummassa van niet meer dan 3500 kg voortbewegen, 90 km per uur;
f. voor andere dan de in onderdeel e genoemde motorvoertuigen met aanhangwagen 80 km per uur.

Art. 22a
1. Voor zover niet ingevolge andere artikelen van dit besluit een lagere maximumsnelheid geldt, geldt als maximumsnelheid voor landbouw- en bosbouwtrekkers, motorrijtuigen met beperkte snelheid en mobiele machines, al dan niet met aanhangwagens: 25 km per uur. *Maximumsnelheid, landbouw- en bosbouwtrekkers, motorrijtuigen met beperkte snelheid en mobiele machines*

C15 art. 23

2. In afwijking van het eerste lid geldt, voor zover niet ingevolge andere artikelen van dit besluit een lagere maximumsnelheid geldt, als maximumsnelheid voor landbouw- en bosbouwtrekkers, motorrijtuigen met beperkte snelheid en mobiele machines, al dan niet met aanhangwagen, op wegen:
 a. buiten de bebouwde kom; en
 b. binnen de bebouwde kom:
 1°. die zijn voorzien van een vrijliggend fietspad of fiets/bromfietspad;
 2°. die gesloten zijn voor fietsers; of
 3°. waar een maximumsnelheid van 70 km per uur geldt:
 40 km per uur.

§ 9
Stilstaan

Art. 23

Stilstaan, verbod

1. De bestuurder mag zijn voertuig niet laten stilstaan:
 a. op een kruispunt of een overweg;
 b. op een fietsstrook of op de rijbaan langs een fietsstrook;
 c. op een oversteekplaats of binnen een afstand van vijf meter daarvan;
 d. in een tunnel;
 e. bij een bord bushalte ter hoogte van de geblokte markering dan wel, ingeval die markering niet is aangebracht, op een afstand van minder dan 12 meter van het bord;
 f. op de rijbaan langs een busstrook en
 g. langs een gele doorgetrokken streep.
2. Onderdeel e van het eerste lid geldt niet voor het onmiddellijk laten in- en uitstappen van passagiers.

§ 10
Parkeren

Art. 24

Parkeren, verbod

1. De bestuurder mag zijn voertuig niet parkeren:
 a. bij een kruispunt op een afstand van minder dan vijf meter daarvan;
 b. voor een inrit of een uitrit;
 c. buiten de bebouwde kom op de rijbaan van een voorrangsweg;
 d. op een parkeergelegenheid:
 1°. voor zover zijn voertuig niet behoort tot de op het bord of op het onderbord aangegeven voertuigcategorie of groep voertuigen;
 2°. op een andere wijze of met een ander doel dan op het bord of op het onderbord is aangegeven;
 3°. op dagen of uren waarop dit blijkens het onderbord is verboden;
 e. langs een gele onderbroken streep;
 f. op een gelegenheid bestemd voor het onmiddellijk laden en lossen van goederen;
 g. op een parkeerplaats voor vergunninghouders, aangeduid door verkeersbord E9 en bijlage I, indien voor zijn voertuig geen vergunning tot parkeren op die plaats is verleend.
2. Indien onder de verkeersborden E4 tot en met E8, E12 en E13 van bijlage 1, dagen of uren onderbord dagen of uren zijn vermeld, gelden de uit het bord of onderbord voortvloeiende geboden of verboden slechts gedurende de aangegeven dagen of uren.
3. De bestuurder mag zijn voertuig niet dubbel parkeren.
4. Indien een parkeergelegenheid, aangeduid met een van de verkeersborden E4 tot en met E10, E12 of E13 van bijlage 1, is voorzien van parkeervakken, mag slechts in die vakken worden geparkeerd.

Art. 25

Parkeren, parkeerschijf-zone

1. Het is verboden in een parkeerschijf-zone te parkeren, behalve op parkeerplaatsen die als zodanig zijn aangeduid of aangegeven of plaatsen die zijn voorzien van een blauwe streep.
2. Op plaatsen die zijn voorzien van een blauwe streep is het parkeren van een motorvoertuig op meer dan twee wielen slechts toegestaan indien het motorvoertuig is voorzien van een duidelijk zichtbare parkeerschijf. Indien het motorvoertuig is voorzien van een voorruit, wordt de parkeerschijf achter de voorruit geplaatst.
3. Op de parkeerschijf staat aan de getoonde zijde slechts één cijferreeks, die een aanduiding geeft van de kalenderuren, en die vanaf het begin van het parkeren in duidelijk leesbare cijfers tegen een contrasterende achtergrond in hele of halve uren het tijdstip weergeeft waarop met het parkeren is begonnen. Een parkeerschijf voorzien van een mechanisme dat tijdens het parkeren het tijdstip van aankomst automatisch verschuift, mag niet worden gebruikt.

Reglement verkeersregels en verkeerstekens (RVV 1990)   **C15 art. 30c**

4. Bij het instellen mag het tijdstip van aankomst naar boven worden afgerond op het eerstvolgende hele of halve uur. De toegestane parkeerduur mag niet zijn verstreken.
5. Indien op een onderbord dagen of uren zijn vermeld, gelden het tweede tot en met het vierde lid slechts gedurende die dagen of uren.

Art. 26
1. Op een gehandicaptenparkeerplaats mag slechts worden geparkeerd: *Parkeren, gehandicapten-*
   a. een gehandicaptenvoertuig, indien het parkeren rechtstreeks verband houdt met het vervoer   *parkeerplaats*
   van een gehandicapte;
   b. een motorvoertuig op meer dan twee wielen waarin een geldige gehandicaptenparkeerkaart duidelijk zichtbaar is aangebracht, indien het parkeren rechtstreeks verband houdt met het vervoer van de gehandicapte aan wie de kaart is verstrekt, dan wel met het vervoer van een of meerdere personen die in een instelling verblijven, indien de kaart aan het bestuur van die instelling is verstrekt; of
   c. indien de gehandicaptenparkeerplaats is gereserveerd voor een bepaald voertuig, dat voertuig.
2. Indien op een onderbord een maximale parkeerduur is vermeld, is artikel 25, tweede lid, van overeenkomstige toepassing, met dien verstande dat de parkeerplaats niet hoeft te zijn voorzien van een blauwe streep.

§ 11
Het plaatsen van fietsen en bromfietsen

Art. 27
Fietsen en bromfietsen worden geplaatst op het trottoir, op het voetpad of in de berm dan wel   *Parkeren, fiets/bromfiets*
op andere door het bevoegde gezag aangewezen plaatsen.

§ 12
Signalen en herkenningstekens

Art. 28
Bestuurders mogen slechts geluidssignalen en knippersignalen geven ter afwending van dreigend   *Signalen, bestuurder*
gevaar.

Art. 29
1. Bestuurders van motorvoertuigen in gebruik bij politie en brandweer, motorvoertuigen in   *Signalen, toegestane lich-*
gebruik bij diensten voor spoedeisende medische hulpverlening, en motorvoertuigen van andere   *ten en hoorngeluid*
door Onze Minister aangewezen hulpverleningsdiensten voeren blauw zwaai-, flits- of knipperlicht en een tweetonige hoorn om kenbaar te maken dat zij een dringende taak vervullen.
2. De in het eerste lid genoemde bestuurders mogen aanvullend op de in dat lid bedoelde verlichting overdag knipperende koplampen voeren.
3. Bij ministeriële regeling kunnen voorschriften worden vastgesteld betreffende het blauwe   *Nadere regels*
zwaai-, flits- of knipperlicht, de tweetonige hoorn en de knipperende koplampen.

Art. 30
1. Bestuurders van motorvoertuigen die voor nader aan te geven werkzaamheden worden   *Signalen, bij werkzaamhe-*
gebruikt, voeren onder nader aan te geven omstandigheden geel of groen zwaai-, flits- of   *den*
knipperlicht. De in artikel 29, eerste lid, genoemde bestuurders voeren in die gevallen geel of groen zwaai-, flits- of knipperlicht in plaats van blauw zwaai-, flits- of knipperlicht. De bestuurder van het motorvoertuig die als motor de plek bereikt om de daar aan hem opgedragen taak uit te voeren, mag in plaats van dat licht, blauw zwaai-, flits- of knipperlicht voeren.
2. Bij ministeriële regeling worden voorschriften vastgesteld betreffende het geel of groen zwaai-, flits- of knipperlicht en de werkzaamheden en omstandigheden waarbij deze signalen worden gevoerd.

Art. 30a
1. Bestuurders van de in artikel 29, eerste lid, bedoelde motorvoertuigen mogen onder nader   *Signalen, extra richting-*
aan te geven omstandigheden extra richtingaanwijzers voeren.   *aanwijzer*
2. Bij ministeriële regeling kunnen voorschriften worden vastgesteld betreffende de in het eerste lid bedoelde richtingaanwijzers en de omstandigheden waarin deze worden gebruikt.

Art. 30b
De artikelen 29 tot en met 30a zijn niet van toepassing op Belgische en Duitse motorvoertuigen   *Signalen, Belgisch en*
in gebruik bij politie en brandweer, in gebruik bij diensten voor spoedeisende hulpverlening   *Duits motorvoertuig*
alsmede motorvoertuigen van Belgische en Duitse hulpverleningsdiensten, aangewezen bij of krachtens artikel 29, eerste lid, mits deze voertuigen elk de signalen voeren overeenkomstig de voor hen in hun eigen land geldende wettelijke regels.

Art. 30c
De motorvoertuigen die onderdeel uitmaken van een uitvaartstoet van motorvoertuigen voeren   *Signalen, uitvaartstoet*
een herkenningsteken. Bij ministeriële regeling worden regels gesteld over het herkenningsteken en de wijze waarop dit wordt gevoerd.

Art. 31

Dwingend recht

Signalen mogen niet worden gegeven en de in artikel 30c bedoelde herkenningstekens mogen niet worden gevoerd in andere gevallen of op andere wijze dan bij of krachtens de artikelen in deze paragraaf is bepaald.

§ 13
Gebruik van lichten tijdens het rijden

Art. 32

Licht tijdens rijden, motorvoertuig/gehandicaptenvoertuig/bromfiets/snorfiets

1. Bestuurders van een motorvoertuig, een bromfiets, een snorfiets, niet zijnde een bromfiets als bedoeld in artikel 1, eerste lid, onderdeel e, subonderdeel d, van de wet, een gehandicaptenvoertuig dat is uitgerust met een verbrandingsmotor, of een gehandicaptenvoertuig dat is uitgerust met een elektromotor en voorzien van een gesloten carrosserie, voeren bij dag, indien het zicht ernstig wordt belemmerd, en bij nacht dimlicht. Bestuurders van een gehandicaptenvoertuig dat is uitgerust met een elektromotor en niet is voorzien van een gesloten carrosserie voeren alsdan de in artikel 5.18.43, eerste lid, van de Regeling voertuigen bedoelde lichten.
2. Het voeren van groot licht in plaats van dimlicht is toegestaan behoudens in de volgende gevallen:
   a. bij dag;
   b. bij het tegenkomen van een andere weggebruiker en
   c. bij het op korte afstand volgen van een ander voertuig.
3. Achterlicht en de verlichting van de achterkentekenplaat moeten steeds gelijktijdig met groot licht, dimlicht, stadslicht of mistlicht branden.

Art. 33

Licht tijdens rijden, aanhangwagen

Gekoppelde aanhangwagens moeten bij dag, indien het zicht ernstig wordt belemmerd, en bij nacht achterlicht, verlichting van de achterkentekenplaat en het in de Regeling voertuigen voorgeschreven stadslicht voeren.

Art. 34

Licht tijdens rijden, motorvoertuig/gehandicaptenvoertuig

1. Bij mist, sneeuwval of regen, die het zicht ernstig belemmert, mogen bestuurders van een motorvoertuig en van een gehandicaptenvoertuig mistlicht aan de voorzijde voeren. In dat geval hoeven die bestuurders geen dimlicht te voeren.
2. Bij mist of sneeuwval, die het zicht beperkt tot een afstand van minder dan 50 meter mag mistachterlicht worden gevoerd.

Art. 35

Licht tijdens rijden, fiets

1. Fietsers voeren tijdens het rijden bij nacht of bij dag indien het zicht ernstig wordt belemmerd, verlichting overeenkomstig het tweede tot en met het vierde lid.
2. Een fiets op twee wielen en een fiets op drie wielen met één voorwiel moeten zijn voorzien van een wit of geel licht dat aan de voorzijde wordt gevoerd, tenzij de bestuurder een wit of geel licht voert op zijn borst.
3. Op een fiets op meer dan twee wielen met twee voorwielen moeten aan de voorzijde twee witte of twee gele symmetrisch links en rechts van het midden bevestigde lichten worden gevoerd.
4. Een fiets moet zijn voorzien van een rood achterlicht dat aan de achterzijde wordt gevoerd, tenzij de bestuurder of een achter de bestuurder gezeten passagier een rood licht voert op zijn rug.
5. Een fiets mag zijn voorzien van twee ambergeel licht stralende richtingaanwijzers aan de voorzijde en twee aan de achterzijde.
6. Er mogen niet meer lichten worden gevoerd op een fiets, door de bestuurder daarvan of door een achter de bestuurder gezeten passagier dan de in het tweede tot en met vijfde lid genoemde lichten.

Art. 35a

Licht tijdens rijden, eisen

1. De in artikel 35 bedoelde verlichting mag andere weggebruikers niet verblinden.
2. De in artikel 35, eerste tot en met vierde lid, bedoelde verlichting mag niet knipperen.
3. De in artikel 35, eerste tot en met vierde lid, bedoelde verlichting moet:
   a. aan de voorzijde voortdurend zichtbaar zijn voor tegemoetkomende weggebruikers;
   b. aan de achterzijde voortdurend zichtbaar zijn voor van achteren naderende weggebruikers.

Art. 35b

Licht tijdens rijden, dimlicht/achterlicht

1. Bestuurders van een wagen voeren bij dag, indien het zicht ernstig wordt belemmerd, of bij nacht voor- en achterlicht.
2. Bestuurders van een gehandicaptenvoertuig, dat niet is uitgerust met een motor, voeren bij dag, indien het zicht ernstig wordt belemmerd, of bij nacht voor- en achterlicht indien zij gebruik maken van de rijbaan, het fietspad of het fiets-/bromfietspad.

Art. 35c

Nadere regels

De artikelen 35, eerste tot en met vierde lid en zesde lid, en 35a zijn van overeenkomstige toepassing op bestuurders van snorfietsen, zijnde bromfietsen als bedoeld in artikel 1, eerste lid, onderdeel e, subonderdeel d, van de wet.

Art. 36
Ruiters en geleiders van rij- of trekdieren en vee moeten bij dag, indien het zicht ernstig wordt belemmerd, en bij nacht een lantaarn meevoeren die naar voren wit of geel licht en naar achteren rood licht moet stralen.

Licht tijdens rijden, ruiter/geleider rij- of trekdieren

Art. 37
Door voetgangers gevormde kolonnes en optochten moeten buiten de bebouwde kom bij dag, indien het zicht ernstig wordt belemmerd, en bij nacht aan de linker voorzijde een naar alle zijden wit of geel licht uitstralende lantaarn en aan de linker achterzijde een naar alle zijden rood licht uitstralende lantaarn meevoeren.

Licht tijdens rijden, colonne/optocht

§ 14
Gebruik van lichten tijdens het stilstaan

Art. 38
Bestuurders van een motorvoertuig op meer dan twee wielen, die buiten de bebouwde kom stilstaan op de rijbaan en op langs autosnelwegen en autowegen gelegen parkeerstroken, parkeerhavens, vluchtstroken en vluchthavens moeten bij dag, indien het zicht ernstig wordt belemmerd, en bij nacht stadslicht en achterlicht voeren.

Licht tijdens stilstaan, motorvoertuig

Art. 39
Stilstaande aanhangwagens moeten buiten de bebouwde kom op de rijbaan en op langs autosnelwegen en autowegen gelegen parkeerstroken, parkeerhavens, vluchtstroken en vluchthavens bij dag, indien het zicht ernstig wordt belemmerd, en bij nacht achterlicht en het in de Regeling voertuigen voorgeschreven stadslicht voeren.

Licht tijdens stilstaan, aanhangwagen

Art. 40
Stilstaande wagens moeten buiten de bebouwde kom op de rijbaan bij dag, indien het zicht ernstig wordt belemmerd, en bij nacht voor- en achterlicht voeren.

Licht tijdens stilstaan, wagen

§ 15
Bijzondere lichten

Art. 41
1. Onverminderd artikel 32, eerste lid, mogen bestuurders van een motorvoertuig bij dag dagrijlicht voeren. Het dagrijlicht wordt niet tegelijk met enig ander licht aan de voorzijde van het voertuig gevoerd.
2. Bestuurders van een motorvoertuig mogen, indien deze verlichting krachtens de Regeling voertuigen voor dat motorvoertuig is toegestaan, tegelijk met dimlicht of mistlicht aan de voorzijde bochtlicht, hoeklicht, manoeuvreerlichten, markeringslichten of staaklichten voeren, waarbij voor het mogen voeren van manoeuvreerlichten een maximumsnelheid geldt van 10 km per uur.

Bijzonder licht, motorvoertuig

Art. 41a
1. Verlichte transparanten die informatie bieden over de bestemming of het gebruik van het voertuig mogen worden gevoerd door:
a. personenauto's, bedrijfsauto's en motorfietsen:
1°. in gebruik bij de politie of bij de bijzondere opsporingsdiensten, bedoeld in artikel 2 van de Wet op de bijzondere opsporingsdiensten;
2°. in gebruik bij de brandweer;
3°. in gebruik bij pechhulpdiensten;
4°. in gebruik bij Rijkswaterstaat, bij de Inspectie Leefomgeving en Transport of bij de douane;
5°. die worden gebruikt door artsen;
6°. die worden gebruikt voor het geven van rijonderricht of het afleggen van een rijproef;
7°. die worden gebruikt door de Regionale Ambulancevoorzieningen, bedoeld in artikel 4, eerste lid, van de Tijdelijke wet ambulancezorg;
8°. van hulpverleningsdiensten die zich in opdracht van een meldkamer als bedoeld in artikel 1, eerste lid, onder e, van de Tijdelijke wet ambulancezorg bezig houden met het verlenen van spoedeisende hulpverlening;
b. autobussen van openbaar vervoerdiensten;
c. bedrijfsauto's van transportbegeleiders;
d. personen- en bedrijfsauto's ingericht als dierenambulance;
e. taxi's.
2. Personenauto's, bedrijfsauto's en motorfietsen die worden gebruikt voor het geven van rijonderricht of het afleggen van een rijproef mogen slechts zijn voorzien van een verlicht transparant die de ingevolge het Reglement rijbewijzen voorgeschreven letter «L» weergeeft.
3. Onverminderd het eerste lid mogen:

Bijzonder licht, verlichte transparant

a. verlichte transparanten die worden gevoerd door de voertuigen als bedoeld in het eerste lid, onderdeel a, onder 1° tot en met 4° en onderdeel c, aanwijzingen weergeven voor het overige wegverkeer,
b. taxi's zijn voorzien van verlichte transparanten die de volgende informatie weergeven:
1°. tarieven;
2°. naam van het taxibedrijf; en
3°. telefoonnummer van het taxibedrijf.
4. Taxi's die zijn voorzien van verlichte transparanten die tarieven weergeven, mogen deze verlichting slechts voeren wanneer zij zich op een taxistandplaats bevinden.
5. Verlichte transparanten worden niet gevoerd door andere voertuigen dan genoemd in het eerste lid en worden niet gevoerd op een andere wijze dan bepaald in het eerste tot en met vierde lid.

§ 16
Autosnelwegen en autowegen

Art. 42

Autosnelweg en autoweg, toelatingseis

1. Het gebruik van de autosnelweg is slechts toegestaan voor bestuurders van een motorvoertuig waarmee met een snelheid van ten minste 60 km per uur mag en kan worden gereden.
2. Het gebruik van de autoweg is slechts toegestaan voor bestuurders van een motorvoertuig waarmee met een snelheid van ten minste 50 km per uur mag en kan worden gereden.

Art. 43

Autosnelweg en autoweg, verbodsbepaling

1. Het is de bestuurders verboden op een autosnelweg of autoweg hun voertuig te keren of achteruit te rijden.
2. Het is de bestuurders voorts verboden op de rijbaan van een autosnelweg of autoweg hun voertuig te laten stilstaan.
3. Behoudens in noodgevallen is het de weggebruikers verboden op een autosnelweg of autoweg gebruik te maken van de vluchtstrook, de vluchthaven of de berm.
4. Op een autosnelweg is het bestuurders van een samenstel van voertuigen met een totale lengte van meer dan 7 meter en van een vrachtauto verboden op een rijbaan met drie of meer rijstroken enig andere dan de twee meest rechts gelegen rijstroken te gebruiken. Het verbod geldt niet voor het geval zij moeten voorsorteren.

§ 17
Erven

Art. 44

Erf, voetganger

Voetgangers mogen wegen gelegen binnen een erf over de volle breedte gebruiken.

Art. 45

Erf, bestuurder

Bestuurders mogen binnen een erf niet sneller rijden dan 15 km per uur.

Art. 46

Erf, parkeren motorvoertuig

1. Het is bestuurders van een motorvoertuig verboden binnen een erf te parkeren anders dan op parkeerplaatsen die als zodanig zijn aangeduid of aangegeven.
2. Indien het erf tevens is aangeduid als parkeerschijf-zone, is ten aanzien van het parkeren van voertuigen artikel 25 van toepassing.

§ 18
Rotondes

Art. 47

Rotonde, plaats op de rijbaan

Het is bestuurders van een motorvoertuig en bromfietsers die de rijbaan volgen toegestaan vlak voor of op rotondes anders dan aan de rechterzijde van de rijbaan te rijden.

Art. 48

Rotonde, inhalen

Het is bestuurders toegestaan vlak voor of op rotondes rechts in te halen.

§ 19
Voetgangers

Art. 49

Voetganger, voorrangsregel gehandicapte

1. Bestuurders moeten blinden, voorzien van een witte stok met één of meer rode ringen, en overigens alle personen die zich moeilijk voortbewegen, voor laten gaan.
2. Bestuurders moeten voetgangers en bestuurders van een gehandicaptenvoertuig, die op een voetgangersoversteekplaats oversteken of kennelijk op het punt staan zulks te doen, voor laten gaan.

Reglement verkeersregels en verkeerstekens (RVV 1990)   **C15 art. 57**

3. Het tweede lid geldt niet voor bestuurders van een motorvoertuig dat behoort tot een militaire kolonne of een uitvaartstoet van motorvoertuigen.
4. Het tweede lid geldt evenmin, indien voor de voetgangers en de bestuurders van een gehandicaptenvoertuig een rood voetgangerslicht of een geel knipperlicht als bedoeld in artikel 74, tweede lid, van toepassing is.

§ 20
Voorrangsvoertuigen

Art. 50
Weggebruikers moeten bestuurders van een voorrangsvoertuig voor laten gaan.

Voorrangsvoertuig, voorrangsregel

§ 21
Loslopend vee

Art. 51
1. Het is verboden rij- of trekdieren of vee zonder toezicht op de weg los te laten lopen.
2. Het eerste lid geldt niet ten aanzien van wegen die door het bevoegde gezag zijn aangewezen.

Loslopend vee, verbod

§ 22
In- en uitstappende passagiers

Art. 52
Bestuurders die een stilstaande tram of autobus willen voorbijrijden aan de zijde waar passagiers in- en uitstappen, moeten aan hen daartoe gelegenheid geven.

Passagier, gelegenheid geven in-/uitstappen

§ 23
Slepen

Art. 53
Het is bestuurders van een motorvoertuig verboden een ander motorvoertuig te slepen, indien de afstand van de achterzijde van het trekkende voertuig tot de voorzijde van het gesleepte voertuig meer dan vijf meter bedraagt.

Slepen, maximale sleepafstand

§ 24
Bijzondere manoeuvres

Art. 54
Bestuurders die een bijzondere manoeuvre uitvoeren, zoals wegrijden, achteruitrijden, uit een uitrit de weg oprijden, van een weg een inrit oprijden, keren, van de invoegstrook de doorgaande rijbaan oprijden, van de doorgaande rijbaan de uitrijstrook oprijden en van rijstrook wisselen, moeten het overige verkeer voor laten gaan.

Bijzondere manoeuvre, voorrangsregels

Art. 55
Bestuurders van een motorvoertuig respectievelijk bromfietsers moeten een teken met hun richtingaanwijzer geven respectievelijk een teken met hun richtingaanwijzer of met hun arm geven, indien zij willen wegrijden, andere bestuurders van een motorvoertuig willen inhalen, de doorgaande rijbaan willen oprijden en verlaten en indien zij van rijstrook willen wisselen alsmede bij alle andere belangrijke zijdelingse verplaatsingen.

Bijzondere manoeuvres, richting aangeven

Art. 56
1. Binnen de bebouwde kom moeten bestuurders aan bestuurders van een autobus de gelegenheid geven van een bushalte weg te rijden, wanneer de bestuurder van die autobus door het geven van een teken met zijn richtingaanwijzer zijn voornemen om weg te rijden kenbaar maakt.
2. Het eerste lid geldt niet voor bestuurders van een motorvoertuig dat behoort tot een militaire kolonne of een uitvaartstoet van motorvoertuigen.

Bijzondere manoeuvres, voorrang autobus

§ 25
Onnodig geluid

Art. 57
Bestuurders van een motorvoertuig, bromfietsers en snorfietsers mogen met hun voertuig geen onnodig geluid veroorzaken.

Geluidhinder, verbod

§ 26
Gevarendriehoek

Art. 58

Gevarendriehoek, gebruik

1. Stilstaande motorvoertuigen op meer dan twee wielen en aanhangwagens moeten worden aangeduid door een gevarendriehoek, indien het voertuig een obstakel vormt dat door naderende bestuurders niet tijdig als zodanig kan worden opgemerkt.
2. De gevarendriehoek moet goed zichtbaar op de weg worden geplaatst op een afstand van ongeveer 30 meter van het voertuig en in de richting van het verkeer waarvoor het voertuig gevaar oplevert.
3. Het eerste lid geldt niet wanneer knipperend waarschuwingslicht wordt gevoerd.

§ 26a
Zitplaatsen

Art. 58a

Zitplaats, vervoer passagier

1. Tijdens deelname aan het verkeer zitten bestuurders en passagiers op de voor hen bestemde zitplaatsen.
2. Het eerste lid is niet van toepassing op:
   a. staande passagiers van autobussen waarin het vervoer van staande passagiers is toegestaan;
   b. passagiers van autobussen zonder staanplaatsen bij incidenteel gebruik van het gangpad of toilet;
   c. passagiers die worden vervoerd overeenkomstig artikel 61b, tweede lid, onderdelen a, b en d;
   d. passagiers, jonger dan 3 jaar, in autobussen;
   e. passagiers jonger dan 18 jaar en met een lengte van minder dan 1,35 meter die gebruik maken van een voor deze passagiers geschikte zitgelegenheid die deel uitmaakt van de constructie van het voertuig, hierin deugdelijk is bevestigd en is voorzien van autogordels;
   f. het vervoer van passagiers die gebruik maken van een rolstoel als bedoeld in artikel 59, vierde lid;
   g. het vervoer van één persoon van 8 jaar of ouder op de bagagedrager door fietsers met uitzondering van snorfietsers.
   h. passagiers die gebruik maken van een ligplaats, indien op één ligplaats ten hoogste één passagier is gelegen.
3. In afwijking van het eerste lid worden op fietsen en bromfietsen passagiers jonger dan 8 jaar alleen vervoerd indien zij zijn gezeten op een doelmatige en veilige voorziening met voldoende steun voor rug, handen en voeten.
4. Het is bestuurders verboden passagiers te vervoeren op een andere wijze dan in dit artikel is voorgeschreven.

§ 27
Autogordels en kinderbeveiligingssystemen

Art. 59

Autogordels en kinderbeveiligingssysteem, gebodsbepaling

1. Bestuurders van een personenauto, een bedrijfsauto, een driewielig motorvoertuig met gesloten carrosserie of een brommobiel en hun passagiers maken gebruik van de voor hen beschikbare autogordel. Passagiers die jonger zijn dan 18 jaar en met een lengte van minder dan 1,35 meter, maken gebruik van een voor hen geschikt kinderbeveiligingssysteem dat is voorzien van een keurmerk als bedoeld in artikel 22, vijfde lid, van de wet. Wanneer de zitplaatsen die bestemd zijn voor passagiers voorzien zijn van autogordels, worden op deze zitplaatsen niet meer passagiers vervoerd dan er autogordels aanwezig zijn.
2. Met een personenauto, een bedrijfsauto, een driewielig motorvoertuig met gesloten carrosserie of een brommobiel die niet zijn uitgerust met een autogordel of kinderbeveiligingssysteem als bedoeld in het eerste lid, worden geen passagiers vervoerd die jonger zijn dan 3 jaar en worden passagiers in de leeftijd van 3 tot 18 jaar met een lengte van minder dan 1,35 meter op een andere zitplaats dan een van de voorste zitplaatsen vervoerd.
3. Passagiers die jonger zijn dan 18 jaar, worden niet in een naar achteren gericht kinderbeveiligingssysteem op een passagierszitplaats met een voorairbag vervoerd, tenzij deze airbag is uitgeschakeld of automatisch op toereikende wijze wordt uitgeschakeld.
4. Het eerste lid geldt niet voor passagiers die gebruik maken van een rolstoel. Deze passagiers worden vervoerd in een rolstoel die in het voertuig wordt vastgezet op een wijze die de stabiliteit van de rolstoel en de veiligheid van de rolstoelgebruiker waarborgt. Deze passagiers maken gebruik van:
   a. de voor hen beschikbare veiligheidsgordel die deel uitmaakt van het voertuig,

b. de veiligheidsgordel die deel uitmaakt van het systeem waarmee de rolstoel aan de vloer van het voertuig is bevestigd, of
c. een door Onze Minister aangewezen constructie.
5. Het eerste lid, tweede volzin, en het tweede lid zijn niet van toepassing tijdens vervoer in taxi's. In taxi's waarin geen kinderbeveiligingssysteem aanwezig is, worden passagiers die jonger zijn dan 18 jaar en met een lengte van minder dan 1,35 meter op een andere zitplaats dan een van de voorste zitplaatsen vervoerd.
6. Het eerste lid voor zover dat op bestuurders betrekking heeft en het vierde lid gelden niet tijdens het vervoer van passagiers tegen vergoeding in de zin van de Wet personenvervoer 2000 en tijdens vraagafhankelijk openbaar vervoer in taxi's, anders dan in de gevallen waarin een overeenkomst is gesloten als bedoeld in artikel 84, derde lid, van die wet, of anders dan tijdens taxivervoer in een taxi die is ingericht voor rolstoelvervoer overeenkomstig de daaromtrent gestelde eisen in de Regeling voertuigen.
7. De autogordel, de veiligheidsgordel of het kinderbeveiligingssysteem wordt gebruikt op een wijze die de beschermende werking ervan niet negatief beïnvloedt of kan beïnvloeden. Personen van 18 jaar en ouder en personen onder de 18 jaar die in de betrokken omstandigheden geen gebruik hoeven maken van een kinderbeveiligingssysteem, kunnen een voorziening gebruiken door middel waarvan het diagonale deel van de autogordel over de schouder wordt geleid. Onze Minister kan aan een dergelijke voorziening nadere eisen stellen.
8. Het is bestuurders van de in het eerste lid genoemde voertuigen verboden passagiers jonger dan 12 jaar en passagiers die gebruik maken van een rolstoel te vervoeren op een andere wijze dan in dit artikel is voorgeschreven.
9. Het eerste lid geldt niet voor passagiers die gebruik maken van een ligplaats. Deze passagiers maken, indien beschikbaar, gebruik van de daarvoor bestemde veiligheidsvoorziening die deel uitmaakt van het voertuig of van het systeem waarmee de ligplaats aan de vloer van het voertuig is bevestigd.

Art. 59a
1. Bestuurders van een autobus en hun passagiers van 3 jaar of ouder gebruiken de autogordel of het kinderbeveiligingssysteem waarmee de autobus is uitgerust, wanneer zij zich op hun zitplaats bevinden en het voertuig deelneemt aan het verkeer. *Autogordel en kinderbeveiligingssysteem, autobus*
2. Passagiers van een autobus die in beweging is, wordt meegedeeld dat het verplicht is gebruik te maken van het in het eerste lid genoemde beveiligingssysteem wanneer zij zich op hun zitplaats bevinden en het voertuig deelneemt aan het verkeer. Deze mededeling gebeurt op één of meer van de volgende manieren:
a. door de bestuurder, de conducteur, de reisleider of een als groepsleider aangewezen persoon;
b. door audiovisuele middelen;
c. door opschriften of het volgende pictogram:

Het pictogram wordt bij gebruikmaking daarvan duidelijk op iedere zitplaats aangebracht.
3. In afwijking van het eerste lid behoeven passagiers van autobussen waarin het vervoer van staande passagiers is toegestaan geen beveiligingssysteem te gebruiken en behoeven passagiers van autobussen die volgens een dienstregeling stads- of streekvervoer uitvoeren binnen de bebouwde kom geen beveiligingssysteem te gebruiken.
4. Het is bestuurders van een autobus verboden passagiers jonger dan 12 jaren te vervoeren op een andere wijze dan in dit artikel is voorgeschreven.
5. Het eerste lid geldt niet voor passagiers die gebruik maken van een ligplaats. Deze passagiers maken, indien beschikbaar, gebruik van de daarvoor bestemde veiligheidsvoorziening die deel uitmaakt van het voertuig of van het systeem waarmee de ligplaats aan de vloer van het voertuig is bevestigd.

Art. 59b
1. In afwijking van artikel 59, eerste en achtste lid, mag anders dan op de voorste zitplaatsen in personenauto's en bestelauto's, wanneer het na installatie van twee kinderbeveiligingssystemen niet mogelijk is nog een derde kinderbeveiligingssysteem te installeren en deze beveiligingssys- *Autogordel en kinderbeveiligingssysteem, uitzondering*

temen in gebruik zijn, een derde passagier die 3 jaren of ouder is en met een lengte van minder dan 1,35 meter, worden vervoerd wanneer deze een autogordel gebruikt. Artikel 59, zevende lid, is van toepassing.

2. In afwijking van artikel 59, eerste lid, tweede volzin, en achtste lid, mogen in incidentele gevallen en over korte afstand in personenauto's en bestelauto's op andere dan de voorste zitplaatsen passagiers die 3 jaar of ouder zijn en met een lengte van minder dan 1,35 meter worden vervoerd wanneer deze passagiers een autogordel gebruiken. Dit geldt niet met betrekking tot passagiers waarvan een ouder de auto bestuurt dan wel daarvan eigenaar of houder is.

§ 28
Helmen

Art. 60

Helm, draagplicht

1. De bestuurder en de passagiers van bromfietsen, brommobielen zonder gesloten carrosserie, motorfietsen en driewielige motorvoertuigen zonder gesloten carrosserie moeten een goed passende helm dragen, die door middel van een sluiting op deugdelijke wijze op het hoofd is bevestigd en die voorzien is van een goedkeuring als bedoeld in artikel 21 van de wet en een bij ministeriële regeling aangeduid goedkeuringskenmerk.

2. Het eerste lid geldt niet voor:
a. de bestuurder en de passagiers van een snorfiets, behoudens wanneer artikel 5, achtste lid, van toepassing is;
b. de bestuurder en de achter hem zittende passagier van een brombakfiets;
c. de bestuurder of de passagier van een door de Dienst Wegverkeer aangewezen type bromfiets, niet zijnde een brommobiel, of motorfiets van wie de zitplaats beschermd wordt door een veiligheidscel en voorzien is van een autogordel, mits van deze autogordel gebruik gemaakt wordt. Bij de aanwijzing kan onderscheid gemaakt worden tussen de bestuurder en de passagiers ten aanzien van de gelding van het eerste lid. Bij ministeriële regeling worden regels gesteld betreffende de eisen waaraan een type bromfiets of motorfiets moet voldoen om te kunnen worden aangewezen. Deze regels zien in elk geval op de eisen die gesteld worden aan de veiligheidscel en de autogordels;
d. de bestuurders of de passagiers van een brommobiel zonder gesloten carrosserie of een driewielig motorvoertuig zonder gesloten carrosserie van wie de zitplaats in deze brommobiel of dat motorvoertuig is voorzien van twee bevestigingspunten onder en één bevestigingspunt boven voor een autogordel overeenkomstig de typegoedkeuring van het voertuig zoals die gold op de datum waarop het voertuig in gebruik is genomen, en waarbij de autogordel voldoet aan artikel 5.6.47, derde en vierde lid, van de Regeling voertuigen of aan artikel 5.5.47, vierde en vijfde lid, van de Regeling voertuigen, mits van deze autogordel gebruik gemaakt wordt.

3. Het is bestuurders verboden passagiers beneden de twaalf jaren te vervoeren op een andere wijze dan in dit artikel is voorgeschreven.

§ 29
[Vervallen]

Art. 61
[Vervallen]

§ 30
Gebruik van mobiele telecommunicatieapparatuur

Art. 61a

Verbod vasthouden mobiel elektronisch apparaat tijdens het besturen van een voertuig

Het is degene die een voertuig bestuurt verboden tijdens het rijden een mobiel elektronisch apparaat dat gebruikt kan worden voor communicatie of informatieverwerking vast te houden. Onder een mobiel elektronisch apparaat wordt in elk geval verstaan een mobiele telefoon, een tabletcomputer of een mediaspeler.

§ 31
Vervoer van personen in of op aanhangwagens en in laadruimten

Art. 61b

Personenvervoer, verbod

1. Het is verboden personen te vervoeren in de open of gesloten laadruimte van een motorvoertuig of bromfiets en in of op een aanhangwagen achter een motorvoertuig of bromfiets.
2. Het eerste lid is niet van toepassing:
a. op het vervoer van personen in de laadruimte van een ambulance of dierenambulance en op het vervoer van rolstoelinzittenden op de daarvoor ingerichte plaatsen in de laadruimte van

Reglement verkeersregels en verkeerstekens (RVV 1990)   **C15 art. 66**

een voertuig dat blijkens een aantekening op het kentekenbewijs speciaal is uitgerust voor rolstoelvervoer.
b. op het vervoer van personen in de laadruimte van motorvoertuigen ten dienste van politie en brandweer en van andere door Onze Minister aangewezen hulpverleningsdiensten;
c. op het vervoer van een persoon op de bestuurderszitplaats in een motorvoertuig of op een bromfiets op meer dan twee wielen die door een ander motorvoertuig of een andere bromfiets op meer dan twee wielen wordt voortgetrokken en op het vervoer van passagiers van het getrokken voertuig als hier bedoeld, voor wie geen zitplaats in het trekkende voertuig als hier bedoeld beschikbaar is;
d. in het geval het vervoer van personen geschiedt in het kader van een evenement of optocht waarvoor een vergunning op grond van een gemeentelijke verordening is afgegeven;
e. op het vervoer van personen met een motorrijtuig met een door de constructie bepaalde maximumsnelheid van niet meer dan 45 km per uur, met niet meer dan acht zitplaatsen, de bestuurderszitplaats niet meegerekend, niet zijnde een bromfiets, dat een combinatie vormt met één of meer aanhangwagens die zijn ingericht voor het vervoer van personen indien voor dit vervoer een vergunning door het bevoegd gezag is afgegeven.

Hoofdstuk III
Verkeerstekens

§ 1
Algemene bepalingen

Art. 62
Weggebruikers zijn verplicht gevolg te geven aan de verkeerstekens die een gebod of verbod inhouden.   *Verkeerstekens, gebods-/verbodsbepaling*

Art. 63
Verkeerstekens gaan boven verkeersregels, voor zover deze regels onverenigbaar zijn met deze tekens.   *Verkeerstekens, verkeerstekens boven verkeersregels*

Art. 63a
Tijdelijke geplaatste of toegepaste verkeerstekens op het wegdek gaan boven ter plekke aangebrachte andere verkeerstekens op het wegdek, voor zover deze verkeerstekens onverenigbaar zijn.   *Verkeerstekens, tijdelijke verkeerstekens*

Art. 63b
1. Wanneer verkeerstekens die een maximumsnelheid aanduiden een hogere snelheid aangeven dan :   *Verkeerstekens, maximumsnelheid*
a. de in de artikelen 20, onderdeel b, 21, onderdeel b, 22 en 22a vastgestelde maximumsnelheden, of
b. de ingevolge een ministeriële regeling krachtens artikel 86a geldende maximumsnelheid, of
c. de in artikel 45 aangegeven snelheid,
geldt de laagste aangegeven snelheid.
2. Indien zowel door verkeerstekens op borden als door elektronische signaleringsborden een maximumsnelheid wordt aangegeven, geldt de laagste aangegeven maximumsnelheid.

Art. 64
Verkeerslichten gaan boven verkeerstekens die de voorrang regelen.   *Verkeerslichten, verkeerslicht boven verkeersteken*

§ 2
Verkeersborden

Art. 64a
Verkeersborden mogen op een elektronisch signaleringsbord worden weergegeven.   *Verkeersborden, elektronisch signaleringsbord*

Art. 65
1. Ingeval een weg is verdeeld in rijstroken, kan de toepassing van een verkeersbord worden beperkt tot één of meer rijstroken.   *Werkingssfeer*
2. De verkeersborden E1, E2 en E3 van bijlage I gelden slechts voor de zijde van de weg alwaar zij zijn geplaatst.
3. Het parkeren van een voertuig en het plaatsen van een fiets en van een bromfiets is echter toegestaan op de daartoe bestemde weggedeelten.

Art. 66
1. Indien boven een verkeersbord het woord «zone» is aangebracht en een aanduiding van het gebied van de zone is toegevoegd, geldt het verkeersbord in het aldus aangeduide gebied.   *Verkeersborden, zoneverkeersbord*

2. Indien boven een verkeersbord het woord «zone» is aangebracht zonder aanduiding van het gebied van de zone, geldt het verkeersbord in een gebied dat wordt begrensd door het verkeersbord en een of meer in samenhang met dat verkeersbord geplaatste borden waarmee het einde van de zone wordt aangeduid.
3. Het eerste en tweede lid zijn van overeenkomstige toepassing, als bord E 10 van bijlage 1 is geplaatst.

Art. 67

Verkeersborden, onderbord

1. Onder verkeersborden aangebrachte onderborden kunnen inhouden:
a. een nadere uitleg van het verkeersbord;
b. ingeval op een onderbord uitsluitend symbolen voorkomen: het verkeersbord geldt slechts voor de aldus aangeduide weggebruikers of het aldus aangeduide verkeersgedrag;
c. ingeval op een onderbord het woord "uitgezonderd" in combinatie met symbolen voorkomt: het verkeersbord geldt niet voor de aldus aangeduide weggebruikers of het aldus aangeduide verkeersgedrag.
2. Indien het beoogde verkeersgedrag wordt aangegeven door middel van teksten of tekens al dan niet in combinatie met symbolen, blijkt het beoogde verkeersgedrag uit het onderbord.
3. Symbolen op onderborden hebben dezelfde betekenis als die welke in bijlage 1 zijn opgenomen.

§ 3
Verkeerslichten

Art. 68

Verkeerslichten, driekleurig verkeerslicht

1. Bij driekleurige verkeerslichten betekent:
a. groen licht: doorgaan;
b. geel licht: stop; voor bestuurders die het teken zo dicht genaderd zijn dat stoppen redelijkerwijs niet meer mogelijk is: doorgaan;
c. rood licht: stop.
2. Indien in een driekleurig verkeerslicht of in een daaraan toegevoegd éénkleurig verkeerslicht een verlichte pijl zichtbaar is, geldt het licht uitsluitend voor de door de pijl aangegeven richting.
3. Indien een verlichte afbeelding van een fiets zichtbaar is, geldt het licht voor fietsers, bromfietsers op een fiets/bromfietspad en bestuurders van een gehandicaptenvoertuig.
4. Bestuurders van een motorvoertuig dat behoort tot een militaire kolonne die het verkeerslicht bij groen licht is begonnen te passeren, mogen blijven doorgaan ook nadat een andere kleur licht zichtbaar is geworden.
5. Indien onder of bij een driekleurig verkeerslicht een bord is geplaatst met de tekst «Rechtsaf voor (brom)fietsers vrij» respectievelijk« Rechtsaf voor fietsers vrij» gelden het gele en het rode licht niet voor rechts afslaande fietsers, bromfietsers en bestuurders van een gehandicaptenvoertuig respectievelijk voor fietsers en bestuurders van een gehandicaptenvoertuig.
6. Zij dienen alsdan het overige verkeer ter plaatse voor te laten gaan.
7. Ingeval een weg is verdeeld in rijstroken met verkeer in dezelfde richting, kan de toepassing van een verkeerslicht worden beperkt tot één van deze rijstroken. In dat geval heeft het verkeerslicht slechts betrekking op het verkeer op de aangeduide rijstrook.

Art. 69

Verkeerslichten, tweekleurig verkeerslicht

1. Bij tweekleurige verkeerslichten betekent:
a. geel licht: stop; voor bestuurders die het licht zo dicht genaderd zijn dat stoppen redelijkerwijs niet meer mogelijk is: doorgaan;
b. rood licht: stop.
2. Het tweede tot en met zevende lid van artikel 68 zijn van overeenkomstige toepassing.

Art. 70

Verkeerslichten, tram-/buslicht

1. Bij tram/buslichten betekent:
a. wit licht of wit knipperlicht: doorgaan;
b. geel licht: stop; voor bestuurders die het licht zo dicht genaderd zijn dat stoppen redelijkerwijs niet meer mogelijk is: doorgaan;
c. rood licht: stop.
2. Het witte licht en het witte knipperlicht gelden slechts voor de aangegeven richtingen.
3. De tram/buslichten gelden voor bestuurders van een tram en van een lijnbus, die de richting volgen waarop het licht betrekking heeft.
4. De tram/buslichten gelden tevens voor bestuurders van voertuigen, niet zijnde een lijnbus, die een busbaan of een busstrook gebruiken waarop het licht betrekking heeft.

Art. 71

Verkeerslichten, overweglicht

Bij overweglichten betekent:
a. wit knipperlicht: er nadert geen trein;
b. rood knipperlicht: stop.

Reglement verkeersregels en verkeerstekens (RVV 1990) C15 art. 81

Art. 72
Bij bruglichten betekent rood licht of rood knipperlicht: stop.

Verkeerslichten, bruglicht

Art. 73
Bij rijstrooklichten betekent:

Verkeerslichten, rijstrooklicht

a. groene pijl of maximumsnelheid, aangeduid door bord A3 van bijlage I: de rijstrook mag worden gebruikt;
b. rood kruis: de rijstrook mag niet worden gebruikt. De vluchtstrook mag alleen in noodgevallen worden gebruikt;
c. witte pijl: voorwaarschuwing rood kruis;
d. het woord «BUS»: de rijstrook mag slechts gebruikt worden door bestuurders van een lijnbus en bestuurders van een autobus;
e. het woord «LIJNBUS»: de rijstrook mag slechts worden gebruikt door bestuurders van een lijnbus.

Art. 74
1. Bij voetgangerslichten betekent:

Verkeerslichten, voetgangerslicht

a. groen licht: voetgangers mogen oversteken;
b. groen knipperend licht: voetgangers mogen oversteken; het rode licht verschijnt spoedig;
c. rood licht: voetgangers mogen niet meer beginnen over te steken; reeds overstekende voetgangers moeten zo snel mogelijk doorlopen.
2. Indien het rode licht is vervangen door een geel knipperlicht als bedoeld in artikel 75, mogen voetgangers oversteken, mits zij het overige verkeer ter plaatse voor laten gaan.

Art. 75
Geel knipperlicht betekent: gevaarlijk punt; voorzichtigheid geboden.

Verkeerslichten, geel knipperlicht

§ 4
Verkeerstekens op het wegdek

Art. 76
1. Een doorgetrokken streep die zich niet langs de rand van de rijbaanverharding bevindt, mag niet worden overschreden. Bestuurders mogen zich niet links van een doorgetrokken streep bevinden, indien die streep is aangebracht tussen rijstroken of paden met verkeer in beide richtingen.

Verkeerstekens, doorgetrokken streep

2. Het eerste lid is niet van toepassing:
a. indien de streep wordt overschreden om een naast de gevolgde rijstrook gelegen vluchthaven, vluchtstrook of spitsstrook te bereiken of te verlaten;
b. indien aan de zijde vanwaar men de streep overschrijdt een onderbroken streep is aangebracht;
c. op bestuurders die een fietsstrook mogen gebruiken, indien er tussen die fietsstrook en de ernaast gelegen rijstrook een doorgetrokken streep is aangebracht.

Art. 77
1. Bestuurders mogen verdrijvingsvlakken en puntstukken niet gebruiken.

Verkeerstekens, verdrijvingsvlak

2. Het eerste lid is niet van toepassing wanneer bestuurders een spitsstrook volgen die een splitsing of samenvoeging van wegen, rijstroken of rijbanen passeert.
3. Het eerste lid is niet van toepassing wanneer bestuurders rechtmatig een busbaan of busstrook volgen die een splitsing of samenvoeging van wegen, rijstroken of rijbanen passeert.

Art. 78
1. Bestuurders die de rijbaan volgen zijn verplicht op een kruispunt de richting te volgen die de voorsorteerstrook waarop zij zich bevinden aangeeft. Een in een voorsorteerstrook gelegen fietsstrook maakt deel uit van deze voorsorteerstrook.

Verkeerstekens, voorsorteerstrook

2. Bestuurders die de doorgaande rijbaan verlaten en daartoe een uitrijstrook volgen, zijn ter hoogte van de daarin aangebrachte pijlen verplicht om de richting te volgen die de uitrijstrook waarop zij zich bevinden, aangeeft.

Verkeerstekens, uitrijstrook

Art. 79
Bestuurders moeten voor een voor hen bestemde stopstreep stoppen, indien stoppen op grond van dit besluit is verplicht.

Verkeerstekens, stopstreep

Art. 80
Haaietanden hebben de volgende betekenis: de bestuurders moeten voorrang verlenen aan bestuurders op de kruisende weg.

Verkeerstekens, haaietanden

Art. 81
Busbanen en busstroken waarop het woord «BUS» is aangebracht mogen slechts worden gebruikt door bestuurders van een lijnbus, een autobus of een tram. Busbanen en busstroken waarop het woord «LIJNBUS» is aangebracht mogen slechts worden gebruikt door bestuurders van een lijnbus of een tram.

Verkeerstekens, busbaan en busstrook

Hoofdstuk IV
Aanwijzingen

§ 1
Verplichtingen weggebruikers

Art. 82

Aanwijzingen, gebodsbepalingen

1. Weggebruikers zijn verplicht de aanwijzingen op te volgen die mondeling of door middel van gebaren worden gegeven door:
   a. de daartoe bevoegde en als zodanig kenbare ambtenaren,
   b. de militairen van de Koninklijke Marechaussee voor zover niet behorend tot de in onderdeel a bedoelde ambtenaren,
   c. de daartoe bevoegde en als zodanig kenbare verkeersregelaars, en
   d. de personen die optreden tijdens de praktijklessen of het praktijkexamen in het kader van een opleiding tot verkeersregelaar of een cursus voor verkeersregelaars, voor de duur van deze praktijklessen of dit praktijkexamen en voor zover gebruik wordt gemaakt van de bij ministeriële regeling voor verkeersregelaars voorgeschreven kleding.
2. Bij het geven van aanwijzingen door middel van gebaren worden, voor zover mogelijk, de in bijlage II vastgestelde aanwijzingen gegeven.
3. Bestuurders zijn tevens verplicht de in bijlage II, onderdeel 8, vastgestelde aanwijzing om te stoppen op te volgen die wordt gegeven door daartoe bevoegde en als zodanig kenbare verkeersbrigadiers.
4. Weggebruikers zijn voorts verplicht te stoppen indien hen door een begeleider van een railvoertuig een stopteken volgens model F10 van bijlage 1, een rode vlag of een rode lamp wordt getoond.

Art. 82a

Aanwijzingen, verlichte transparanten

Weggebruikers zijn voorts verplicht de aanwijzingen op te volgen die worden gegeven door middel van de verlichte transparanten op personenauto's, bedrijfsauto's en motorfietsen in gebruik bij de in artikel 41a, eerste lid, onderdeel a, onder 1° en 4°, genoemde diensten en op bedrijfsauto's van transportbegeleiders.

Art. 83

Aanwijzingen, stopteken

Weggebruikers zijn voorts verplicht te stoppen indien hen een stopteken wordt getoond dat bestaat uit een rode lamp dan wel uit een aan een voertuig van de politie of van weginspecteurs in dienst van Rijkswaterstaat aangebracht verlicht transparant, waarin de woorden "stop" of "stop politie" in rode letters tegen donkere achtergrond worden verlicht.

§ 2
Rangorde aanwijzingen, verkeerstekens en verkeersregels

Art. 84

Aanwijzingen, aanwijzingen boven verkeerstekens/-regels

Aanwijzingen gaan boven verkeerstekens en verkeersregels.

Hoofdstuk V
Bijzondere bepalingen ten behoeve van gehandicapten

§ 1
Uitzonderingen voor gehandicapten

Art. 85

Gehandicaptenvoertuig, parkeren

1. Op bestuurders van een motorvoertuig op meer dan twee wielen waarin op de door Onze Minister voorgeschreven wijze een geldige en behoorlijk leesbare gehandicaptenparkeerkaart is aangebracht, zijn artikel 25 en, indien niet langer wordt geparkeerd dan drie uren, de artikelen 24, eerste lid, onderdeel e, 46 en 62, voor zover het betreft bord E1 van bijlage 1, niet van toepassing.
2. Op bestuurders van gehandicaptenvoertuigen, zijn artikel 25 en, indien niet langer wordt geparkeerd dan drie uren, de artikelen 24, eerste lid, onderdeel e, en 62, voor zover het betreft bord E1 van bijlage 1, niet van toepassing.
3. Het eerste en tweede lid zijn uitsluitend van toepassing, indien het parkeren rechtstreeks verband houdt met het vervoer van een gehandicapte.
4. In de gevallen, waarin niet langer dan drie uren mag worden geparkeerd, moet het motorvoertuig overeenkomstig het bij ministeriële regeling bepaalde zijn voorzien van een duidelijk zichtbare parkeerschijf waarop het tijdstip staat aangegeven waarop met parkeren is begonnen.

§ 2
Buiten Nederland afgegeven gehandicaptenparkeerkaarten

Art. 86
Met een gehandicaptenparkeerkaart worden gelijkgesteld de door het daartoe bevoegde gezag buiten Nederland afgegeven parkeerkaarten voor gehandicapten, voor zover deze bij ministeriële regeling zijn aangewezen.

Gehandicaptenvoertuig, parkeerkaart

Hoofdstuk VA
Tijdelijke verlaging maximumsnelheid in geval van verstoring olie-aanvoer

Art. 86a
1. In geval van een ernstige verstoring van de olieaanvoer kan bij regeling van Onze Minister worden bepaald dat op autosnelwegen en op autowegen, in afwijking van artikel 21, aanhef en onderdeel a, voor motorvoertuigen een maximumsnelheid geldt van 90 kilometer per uur.
2. Het eerste lid is niet van toepassing op vrachtauto's, motorvoertuigen met aanhangwagen of autobussen, niet zijnde T100-bussen.
3. Onze Minister stelt de regeling, als bedoeld in het eerste lid, vast in overeenstemming met Onze Ministers van Justitie en van Economische Zaken.
4. De regeling, als bedoeld in het eerste lid, vervalt uiterlijk met ingang van de eerste dag van de vijfde kalendermaand na het tijdstip van inwerkingtreding.

Maximumsnelheid, verlaging bij verstoring olieaanvoer

Art. 86b
Het is de bestuurders van de in artikel 86a, eerste lid, bedoelde motorvoertuigen verboden de ingevolge artikel 86a bepaalde maximumsnelheid te overschrijden.

Hoofdstuk VB
Milieuzones en nul-emissiezones

Art. 86c
Voor de toepassing van dit hoofdstuk en bijlage 1 wordt verstaan onder:
bedrijfsauto: bedrijfsauto als bedoeld in artikel 1.1 van de Regeling voertuigen, met een toegestane maximum massa van niet meer dan 3.500 kg;
emissieklasse: klasse van uitstoot van broeikasgassen, verontreinigende gassen en deeltjes door een voertuig als bedoeld in de bijlage van het Kentekenreglement;
kampeerwagen: kampeerwagen als bedoeld in artikel 1.1 van de Regeling voertuigen;
kermis- en circusvrachtauto: vrachtauto die feitelijk gebruikt wordt als kermis- en circusvoertuig als bedoeld in artikel 1.1 van de Regeling voertuigen en in het kentekenregister aangeduid als kermis- en circusvoertuig;
emissieloos voertuig: voertuig zonder uitlaatemissie van broeikasgassen, verontreinigende gassen en deeltjes (emissieklasse Z);
verhuisauto: vrachtauto die gebruikt wordt door een verhuisonderneming en bestemd voor het vervoeren van inboedels;
voor rolstoelen toegankelijk voertuig: voertuig dat in het kentekenregister is voorzien van de aanduiding voor speciale doeleinden voor rolstoelen toegankelijk voertuig (code SH) of van de bijzonderheidscodes 145, 146, 147 of 149;
vrachtauto voor exceptioneel transport: vrachtauto voor exceptioneel transport als bedoeld in artikel 1, onder c, van het Besluit ontheffingverlening exceptioneel vervoer.

Begripsbepalingen

Art. 86d
1. De geslotenverklaring krachtens verkeersbord C22a van bijlage 1 vanwege een milieuzone is van toepassing op personen- en bedrijfsauto's, vrachtauto's of bussen met een dieselmotor.
2. Tot 1 januari 2022 worden onder verkeersbord C22a de in bijlage 1 opgenomen onderborden C22a1, C22a2, C22a4, C22a6 of C22a8 geplaatst.
3. Van 1 januari 2022 tot 1 januari 2025 worden onder verkeersbord C22a de in bijlage 1 opgenomen onderborden C22a1, C22a2, C22a5, C22a7 of C22a9 geplaatst.
4. Met ingang van 1 januari 2025 worden onder verkeersbord C22a de in bijlage 1 opgenomen onderborden C22a2, C22a3, C22a5, C22a7 of C22a9 geplaatst.
5. Het eerste lid is niet van toepassing op:
a. kampeerwagens, voor zover het betreft een geslotenverklaring vanwege een milieuzone waarin de houder van het kenteken van het betreffende voertuig woonachtig is;
b. voertuigen met een datum van eerste toelating van veertig jaar of ouder;
c. voor rolstoelen toegankelijke voertuigen;
d. vrachtauto's, met de in het kentekenregister vastgelegde carrosseriecode 15, 16, 19, 23, 26, 27, 31 of de aanduiding voor speciale doeleinden SB en SF, en met een datum van eerste toelating van twaalf jaar of jonger.

Verkeerstekens, geslotenverklaring vanwege milieuzone

C15 art. 86e   Reglement verkeersregels en verkeerstekens (RVV 1990)

6. Een ontheffing als bedoeld in artikel 87, voor zover het betreft het verkeersteken C22a, wordt door het bevoegd gezag in ieder geval verleend voor de volgende voertuigen en is geldig voor het gehele land:
   a. voertuigen van gehandicapten, welke zijn aangepast voor € 500 of meer;
   b. kermis- en circusvrachtauto's, vrachtauto's voor exceptioneel transport, verhuisauto's en vrachtauto's met een laadkraan met een hefvermogen van 35 tonmeter of meer, en met een datum van eerste toelating van twaalf jaar of jonger.

Art. 86e

Verkeerstekens, geslotenverklaring vanwege nul-emissiezone

1. De geslotenverklaring krachtens verkeersbord C22c van bijlage 1 vanwege een nul-emissiezone is met ingang van 1 januari 2025 van toepassing op bedrijfs- en vrachtauto's, met uitzondering van emissieloze voertuigen.
2. Onder verkeersbord C22c wordt onderbord C22c1 geplaatst.

Hoofdstuk VI
Ontheffingen en vrijstellingen

§ 1
Algemeen

Art. 87

Verkeersregels, ontheffing

Door het bevoegd gezag kan ontheffing worden verleend van de artikelen 3, eerste lid, 4, artikel 5, eerste, tweede en achtste lid, 6, eerste, tweede en derde lid, 8, 10, 23, eerste lid, 24, 25, 26, 42, 43, 46, 53, 61b, alsmede artikel 62 voor zover het betreft de verkeerstekens C1, C2, C4, C6 tot en met C21, C22a, C22c, D2, D4 tot en met D7, E1 tot en met E3, F7 en de verkeerstekens genoemd in de artikelen 73, 76, 77, 78 en 81.

§ 2
Autogordels en kinderbeveiligingssystemen

Art. 88

Ontheffingen, autogordels en kinderbeveiligingssystemen

1. Indien op grond van medische noodzaak toepassing wordt gevraagd van artikel 149, tweede lid, van de wet voor wat betreft ontheffing van de verplichting tot gebruik van autogordels en kinderbeveiligingssystemen, kan een schriftelijke verklaring van een arts worden verlangd.
2. De ontheffing vermeldt een geldigheidsduur van maximaal twintig jaar.
3. Op de ontheffing wordt het symbool zoals aangeduid in artikel 5 van de richtlijn nr 91/671/EEG van de Raad van de Europese Gemeenschappen van 16 december 1991 inzake de onderlinge aanpassing van de wetgevingen van de Lid-Staten betreffende het verplichte gebruik van veiligheidsgordels in voertuigen van minder dan 3,5 ton (*PbEG* L 373) aangebracht.
4. Een wijziging van de richtlijn nr 91/671/EEG gaat voor de toepassing van het derde lid gelden met ingang van de dag waarop aan de betrokken wijzigingsrichtlijn uitvoering moet zijn gegeven.
5. De aan de behandeling van de aanvraag van een ontheffing van het gebruik van autogordels en kinderbeveiligingssystemen verbonden kosten worden ten laste van de aanvrager gebracht.

§ 3

Art. 89

[Vervallen]

§ 4

Art. 90

[Vervallen]

§ 5
Voorrangsvoertuigen

Art. 91

Ontheffingen, bestuurders voorrangsvoertuigen

Bestuurders van een voorrangsvoertuig mogen afwijken van de voorschriften van dit besluit voor zover de uitoefening van hun taak dit vereist.

Hoofdstuk VII
Strafbepalingen

Art. 92

1. Overtreding van de artikelen 3 tot en met 12, 14 tot en met 27, 30, eerste lid, 31 tot en met 43, 45, 46, 49 tot en met 61b, 62, met uitzondering van verkeersbord C22 van bijlage 1, 68, zesde lid, 74, tweede lid, 82, 82a, 83 en 86b is een strafbaar feit.
2. Bij de veroordeling van de bestuurder van een motorvoertuig, een bromfietser of een snorfietser wegens een overtreding als bedoeld in het eerste lid kan hem de bevoegdheid om motorvoertuigen, bromfietsen en snorfietsen te besturen voor ten hoogste twee jaren worden ontzegd.

Verkeersregels, strafbare feiten en overtredingen

Hoofdstuk VIII
Overgangsbepalingen

Art. 93-95
[Vervallen]

Art. 96

1. De in de rechterkolom genoemde borden volgens het model van bijlage 2, behorende bij het met ingang van 1 november 1991 ingetrokken Reglement verkeersregels en verkeerstekens (Stb. 1966, 181), blijven van kracht. Zij hebben de betekenis die is toegekend aan de overeenkomstige in de linker kolom genoemde borden opgenomen in bijlage 1 van het RVV 1990.
2. In afwijking van het eerste lid behouden de in de rechter kolom genoemde borden 46 en 47 de betekenis die daaraan is toegekend in het in het eerste lid, eerste volzin, genoemde reglement. Zij blijven van kracht tot 1 januari 2009.

Overgangsbepalingen

Bijlage I RVV 1990	Bijlage II RVV 1966
A1	1
A2	2
A4	1a (eerste model)
A5	2a (eerste model)
B1	6
B2	7
B3	8
B4	8 (uitgevoerd conform onderschrift)
B5	8 (uitgevoerd conform onderschrift)
B7	10
C3	13
C4	14
C6	17
C7	17a
C8	17b
C10	18
C11	19
C12	20
C13	21
C14	22
C15	23
C16	27
C17	32
C18	33
C19	34
C20	35
C21	36
C22	98a
D1	15
D2	16
D3	63
D4 tot en met D6	46 en 47
E3	52
E4	99
E5	54a
E6	54b en 54c
E7	54d

Bijlage I RVV 1990	Bijlage II RVV 1966
E8	99 (met onderbord waarop de betrokken categorie is aangegeven)
E9	99a
E10	53
E11	54
F1	40
F2	41
F3	42
F4	43
F5	44
F6	45
F7	48
F8	55
G1	57a
G2	58a
G3	57b
G4	58b
G5	57c
G6	58c
G7	61
G11	59
G13	60
H1	3 en 4
H2	5
J2	66
J3	67
J4	69
J5	68
J1	73
J15	79
J16	80
J20	82
J21	83
J22	84
J23	84
J24	87
J25	85
J26	86
J27	88
J28	89
J29	91
J31	93
J33	94a
J34	94b
J35	94c
J37	90
K14	98
L2	96
L3	102
L4	100
L8	101, onderdeel a
L9	101, onderdeel b

Art. 97
Bewegwijzeringsborden, geplaatst voor 1 november 1991, blijven van kracht totdat zij door in bijlage I vastgestelde borden zijn vervangen.

Art. 98-99
[Vervallen]

Reglement verkeersregels en verkeerstekens (RVV 1990) **C15** art. 121

Hoofdstuk IX
Wijziging van het wegenverkeersreglement

Art. 100
[Vervallen]

Hoofdstuk X
Wijziging van de bijlage, behorende bij het Wegenverkeersreglement

Art. 101
[Vervallen]

Hoofdstuk XI
Wijziging van andere Besluiten

Art. 102-118
[Vervallen]

Hoofdstuk XII
Intrekking RVV 1966

Art. 119
[Vervallen]

Hoofdstuk XIII
Inwerkingtreding

Art. 120
De artikelen van dit besluit treden in werking op een bij koninklijk besluit te bepalen tijdstip, dat voor de verschillende artikelen of onderdelen daarvan verschillend kan worden gesteld.

Inwerkingtreding

Hoofdstuk XIV
Citeertitel

Art. 121
Dit besluit kan worden aangehaald als "Reglement verkeersregels en verkeerstekens 1990" of als "RVV 1990".

Citeertitel

Sdu

633

# Besluit alcohol, drugs en geneesmiddelen in het verkeer[1]

Besluit van 14 december 2016, houdende regels over de voorlopige onderzoeken en de vervolgonderzoeken die ter vaststelling van het gebruik van alcohol, drugs en geneesmiddelen in het verkeer kunnen worden ingezet en aanwijzing van de drugs waarvoor grenswaarden gelden en aanwijzing van de grenswaarden voor enkelvoudig en gecombineerd gebruik van drugs en van drugs en alcohol of geneesmiddelen (Besluit alcohol, drugs en geneesmiddelen in het verkeer)

Wij Willem-Alexander, bij de gratie Gods, Koning der Nederlanden, Prins van Oranje-Nassau, enz. enz. enz.
Op de voordracht van Onze Minister van Veiligheid en Justitie van 25 februari 2015, directie Wetgeving en Juridische Zaken, nr. 619344;
Gelet op artikel 8, vijfde lid, en artikel 163, tiende lid, van de Wegenverkeerswet 1994, artikel 28a, elfde lid, van de Scheepvaartverkeerswet, artikel 89, tiende lid, van de Spoorwegwet, artikel 48, tiende lid, van de Wet lokaal spoor en artikel 11.6, tiende lid, van de Wet luchtvaart;
De Afdeling advisering van de Raad van State gehoord (advies van 3 april 2015, nr. W03.15.0052/II);
Gezien het nader rapport van Onze Minister van Veiligheid en Justitie van 7 december 2016, directie Wetgeving en Juridische Zaken, nr. 2022958;
Hebben goedgevonden en verstaan:

§ 1
Begripsomschrijvingen

Art. 1

Definities

In dit besluit en de daarop rustende bepalingen wordt verstaan onder:
a. *opsporingsambtenaar:* een opsporingsambtenaar als bedoeld in artikel 141 van het Wetboek van Strafvordering en een buitengewoon opsporingsambtenaar als bedoeld in artikel 159, eerste lid, onder a, van de Wegenverkeerswet 1994, artikel 86, eerste en tweede lid, van de Spoorwegwet, artikel 45, eerste en tweede lid, van de Wet lokaal spoor en artikel 11.3, eerste lid, van de Wet luchtvaart;
b. *bloedonderzoek:* een onderzoek als bedoeld in artikel 8, tweede lid, onder b, derde lid, onder b, of vijfde lid, van de Wegenverkeerswet 1994, artikel 27, tweede lid, onder b, van de Scheepvaartverkeerswet, artikel 4, tweede lid, onder b, van de Spoorwegwet, artikel 41, tweede lid, onder b, van de Wet lokaal spoor of artikel 2.12, derde lid, onder b, van de Wet luchtvaart dat betrekking heeft op het gebruik van alcohol of een of meer van de in artikel 2 aangewezen stoffen;
c. *aanvullend bloedonderzoek:* een onderzoek dat betrekking heeft op het gebruik van andere stoffen dan de in onderdeel b bedoelde stoffen.

§ 2
Aanwijzing van de drugs waarvoor grenswaarden gelden en aanwijzing van de grenswaarden voor enkelvoudig en gecombineerd gebruik van drugs en van drugs en alcohol of geneesmiddelen

Art. 2

Stoffen ex art. 8 Wegenverkeerswet 1994

Als stoffen als bedoeld in artikel 8, vijfde lid, van de Wegenverkeerswet 1994 worden aangewezen: amfetamine, methamfetamine, cocaïne, MDMA, MDEA, MDA, cannabis, heroïne, morfine, GHB, gamma butyrolacton en 1,4-butaandiol.

Art. 3

Grenswaarden stoffen ex art. 8 Wegenverkeerswet 1994

1. De grenswaarden voor de in artikel 2 aangewezen stoffen zijn, indien zij enkelvoudig zijn gebruikt en gemeten in geval van:
a. amfetamine, methamfetamine, cocaïne, MDMA, MDEA en MDA: 50 microgram amfetamine, methamfetamine, cocaïne, MDMA, MDEA of MDA per liter bloed;
b. cannabis: 3,0 microgram tetrahydrocannabinol per liter bloed;
c. heroïne en morfine: 20 microgram morfine per liter bloed;

---

[1] Inwerkingtredingsdatum: 01-07-2017; zoals laatstelijk gewijzigd bij: Stb. 2018, 71.

Besluit alcohol, drugs en geneesmiddelen in het verkeer   **C16** art. 8

   d. GHB, gamma butyrolacton of 1,4-butaandiol: 10 milligram GHB per liter bloed.
   2. Indien een van de in artikel 2 aangewezen stoffen is gebruikt en gemeten in combinatie met een of meer andere van deze stoffen, alcohol of met een andere stof als bedoeld in artikel 8, eerste lid, van de Wegenverkeerswet 1994, is de grenswaarde voor iedere in het eerste lid genoemde stof en alcohol in geval van:
   a. amfetamine, methamfetamine, MDMA, MDEA of MDA: 25 microgram amfetamine, methamfetamine, MDMA, MDEA of MDA per liter bloed of 50 microgram voor de som van deze amfetamine-achtige stoffen indien een van deze amfetamine-achtige stoffen met een of meer andere van deze amfetamine-achtige stoffen is gebruikt en gemeten;
   b. cannabis: 1,0 microgram tetrahydrocannabinol per liter bloed;
   c. cocaïne, heroïne en morfine: 10 microgram cocaïne of morfine per liter bloed;
   d. GHB, gamma butyrolacton of 1,4-butaandiol: 5,0 milligram GHB per liter bloed;
   e. alcohol: 0,2 milligram ethanol per milliliter bloed.

§ 3
Voorlopige onderzoeken

§ 3.1
Onderzoek van de psychomotorische functies en oog- en spraakfuncties

Art. 4
1. Een onderzoek van de psychomotorische functies en de oog- en spraakfuncties als bedoeld in artikel 160, vijfde lid, onder a, van de Wegenverkeerswet 1994 is gericht op het vaststellen van de bij ministeriële regeling aangewezen uiterlijke kenmerken.
2. Het onderzoek van de psychomotorische functies en de oog- en spraakfuncties wordt verricht door een opsporingsambtenaar.
3. Indien het onderzoek van de psychomotorische functies en de oog- en spraakfuncties niet heeft geleid tot een geldig resultaat, kan de opsporingsambtenaar het onderzoek met toepassing van het eerste lid eenmaal opnieuw verrichten.

Onderzoek psychomotorische functies, oog- en spraakfuncties

Art. 5
1. Indien het onderzoek van de psychomotorische functies en de oog- en spraakfuncties indiceert dat een of meer drugs of geneesmiddelen of alcohol is gebruikt, vermeldt de opsporingsambtenaar het resultaat van het onderzoek in het proces-verbaal.
2. De opsporingsambtenaar deelt het resultaat van het onderzoek direct mede aan degene bij wie het onderzoek is verricht.

Resultaat onderzoek psychomotorische functies, oog- en spraakfuncties

§ 3.2
Voorlopig ademonderzoek

Art. 6
1. Een voorlopig ademonderzoek als bedoeld in artikel 160, vijfde lid, onder b, van de Wegenverkeerswet 1994, artikel 28, eerste lid, van de Scheepvaartverkeerswet, artikel 4, vierde lid, van de Spoorwegwet, artikel 41, vierde lid, van de Wet lokaal spoor en artikel 11.4, tweede lid, van de Wet luchtvaart geschiedt door degene bij wie het onderzoek wordt verricht, in een voor het onderzoek bestemde ademtester die bij ministeriële regeling is aangewezen, ademlucht te laten blazen en het resultaat daarvan af te lezen.
2. Het voorlopig ademonderzoek wordt verricht door een opsporingsambtenaar.
3. Indien het voorlopig ademonderzoek niet heeft geleid tot een geldig resultaat, kan de opsporingsambtenaar het onderzoek met toepassing van het eerste lid eenmaal opnieuw verrichten.

Voorlopig ademonderzoek

Art. 7
1. Indien het voorlopig ademonderzoek indiceert dat het alcoholgehalte in de adem van de verdachte hoger is dan op grond van artikel 8, tweede lid, onder a, of derde lid, onder a, van de Wegenverkeerswet 1994, artikel 27, tweede lid, onder a, van de Scheepvaartverkeerswet, artikel 4, tweede lid, onder a, van de Spoorwegwet, artikel 41, tweede lid, onder a, van de Wet lokaal spoor of artikel 2.12, derde lid, onder a, van de Wet luchtvaart is toegestaan, vermeldt de opsporingsambtenaar het resultaat van het onderzoek in het proces-verbaal.
2. De opsporingsambtenaar deelt het resultaat van het voorlopig ademonderzoek direct mede aan degene bij wie het onderzoek is verricht.

Resultaat voorlopig ademonderzoek

§ 3.3
Onderzoek van speeksel

Art. 8
1. Een onderzoek van speeksel als bedoeld in artikel 160, vijfde lid, onder c, van de Wegenverkeerswet 1994 geschiedt door met een voor het onderzoek bestemde speekseltester die bij mi-

Speekselonderzoek

nisteriële regeling is aangewezen, in de mondholte van degene bij wie het onderzoek wordt verricht, speeksel af te nemen en het resultaat daarvan af te lezen of door een bij de speekseltester behorend apparaat uit te lezen.
2. Het onderzoek van speeksel wordt verricht door een opsporingsambtenaar.
3. Indien het onderzoek van speeksel niet heeft geleid tot een geldig resultaat, kan de opsporingsambtenaar het onderzoek met toepassing van het eerste lid eenmaal opnieuw verrichten.

Art. 9

Resultaat speekselonderzoek

1. Indien het onderzoek van speeksel indiceert dat een of meer drugs of geneesmiddelen is gebruikt, vermeldt de opsporingsambtenaar het resultaat van het onderzoek in het proces-verbaal.
2. De opsporingsambtenaar deelt het resultaat van het onderzoek van speeksel direct mede aan degene bij wie het onderzoek is verricht.

§ 4
Vervolgonderzoeken

§ 4.1
Ademonderzoek

Art. 10

Ademonderzoek

1. Een ademonderzoek als bedoeld in artikel 8, tweede lid, onder a, of derde lid, onder a, van de Wegenverkeerswet 1994, artikel 27, tweede lid, onder a, van de Scheepvaartverkeerswet, artikel 4, tweede lid, onder a, van de Spoorwegwet, artikel 41, tweede lid, onder a, van de Wet lokaal spoor of artikel 2.12, derde lid, onder a, van de Wet luchtvaart geschiedt door de verdachte, zo nodig viermaal, ademlucht in een voor het onderzoek bestemd ademanalyseapparaat dat bij ministeriële regeling is aangewezen, te laten blazen en het resultaat daarvan af te lezen. Het blazen kan worden beëindigd, zodra het onderzoek twee meetresultaten heeft opgeleverd.
2. Het ademonderzoek wordt niet eerder verricht dan twintig minuten nadat de verdachte is gevorderd zijn medewerking te verlenen aan het voorlopig ademonderzoek of, indien die vordering niet is gedaan, binnen twintig minuten na het eerste contact tussen de opsporingsambtenaar en de verdachte dat aanleiding was om de verdachte te bevelen zijn medewerking te verlenen aan het ademonderzoek.
3. Het ademonderzoek wordt verricht door een opsporingsambtenaar.
4. Het alcoholgehalte van de twee meetresultaten, bedoeld in het eerste lid, wordt op een bij ministeriële regeling voorgeschreven wijze vastgesteld.
5. Indien het ademonderzoek niet heeft geleid tot een geldig resultaat, kan de opsporingsambtenaar het onderzoek met toepassing van het eerste, tweede en vierde lid eenmaal opnieuw verrichten.

Art. 11

Resultaat ademonderzoek

1. Indien het ademonderzoek het vermoeden bevestigt dat het alcoholgehalte in de adem van de verdachte hoger is dan op grond van artikel 8, tweede lid, onder a, of derde lid, onder a, van de Wegenverkeerswet 1994, artikel 27, tweede lid, onder a, van de Scheepvaartverkeerswet, artikel 4, tweede lid, onder a, van de Spoorwegwet, artikel 41, tweede lid, onder a, van de Wet lokaal spoor of artikel 2.12, derde lid, onder a, van de Wet luchtvaart is toegestaan, vermeldt de opsporingsambtenaar het resultaat van het onderzoek in het proces-verbaal.

Tegenonderzoek n.a.v. resultaat ademonderzoek

2. De opsporingsambtenaar deelt het resultaat van het ademonderzoek direct aan de verdachte mede en wijst hem, indien het ademonderzoek het vermoeden bevestigt dat het alcoholgehalte in zijn adem hoger is dan op grond van artikel 8, eerste, tweede, derde of vijfde lid, van de Wegenverkeerswet 1994, artikel 27, eerste of tweede lid, van de Scheepvaartverkeerswet, artikel 4, eerste of tweede lid, van de Spoorwegwet, artikel 41, eerste of tweede lid, van de Wet lokaal spoor of artikel 2.12, eerste of derde lid, van de Wet luchtvaart is toegestaan, erop dat hij het recht op tegenonderzoek heeft.
3. Het tegenonderzoek geschiedt door middel van een bloedonderzoek. De artikelen 12 tot en met 17 en 19 zijn van overeenkomstige toepassing, met dien verstande dat:
   a. de verdachte direct nadat hij op het recht op tegenonderzoek is gewezen aan de opsporingsambtenaar kenbaar dient te maken dat hij van dat recht gebruikmaakt, en het bloed van de verdachte direct daarna wordt afgenomen, en
   b. de bloedafname van de verdachte voor zijn rekening geschiedt en niet wordt gedaan dan nadat hij daarvoor aan de organisatie waarbij de opsporingsambtenaar werkzaam is en die voor de bloedafname zorgdraagt, een bij ministeriële regeling vastgesteld bedrag heeft betaald.

§ 4.2
Bloedonderzoek

Art. 12

1. Ten behoeve van het bloedonderzoek neemt een arts of verpleegkundige door middel van een venapunctie twee buisjes bloed van de verdachte af of, indien een venapunctie vanuit medisch oogpunt niet verantwoord is, door middel van een infuus. In afwijking van de eerste volzin mag de arts of verpleegkundige ook een buisje bloed van de verdachte afnemen indien het vanuit medisch oogpunt niet verantwoord is, twee buisjes bloed van hem af te nemen. De hoeveelheid bloed dat ieder buisje dient te bevatten, wordt bij ministeriële regeling vastgesteld.
2. De bloedafname geschiedt met de hulpmiddelen die bij ministeriële regeling zijn voorgeschreven.
3. Indien het bloedonderzoek is gericht op de vaststelling van het gebruik van een of meer van de in artikel 2 aangewezen stoffen, geschiedt de bloedafname uiterlijk binnen anderhalf uur nadat de verdachte is gevorderd zijn medewerking te verlenen aan een voorlopig onderzoek als bedoeld in artikel 4 of 8 of, indien die vordering niet is gedaan, binnen anderhalf uur na het eerste contact tussen de opsporingsambtenaar en de verdachte dat aanleiding was om de verdachte te vragen zijn medewerking te verlenen aan het bloedonderzoek. Van die termijn kan alleen vanwege bijzondere omstandigheden worden afgeweken. De vorige volzinnen zijn niet van toepassing indien het bloedonderzoek is gericht op de vaststelling van het gebruik van alcohol.
4. De arts of verpleegkundige ontvangt voor de bloedafname een vergoeding van de organisatie waarbij de opsporingsambtenaar werkzaam is en die voor de bloedafname zorgdraagt.

Art. 13

1. Bij de bloedafname, bedoeld in artikel 12, eerste lid, is een opsporingsambtenaar aanwezig, die:
a. van de bloedafname een proces-verbaal opmaakt dat hij voorziet van een sporenidentificatienummer en de naam, het geslacht, de geboortedatum en -plaats en het geboorteland en het burgerservicenummer van de verdachte van wie het bloed is afgenomen, of, indien deze gegevens van de verdachte onbekend zijn, andere gegevens waarmee zijn identiteit kan worden vastgesteld,
b. een eventueel door de arts of verpleegkundige afgelegde schriftelijke verklaring over de door hem gedane waarnemingen ten aanzien van de verdachte als bijlage bij het proces-verbaal, bedoeld onder a, voegt,
c. ervoor zorgt dat ieder buisje met bloed voorzien is van een sporenidentificatienummer, en
d. ervoor zorgt dat de buisjes of het buisje met bloed zo spoedig mogelijk in een bij ministeriële regeling voorgeschreven verpakking die hij van een of meer fraudebestendige sluitzegels of een fraudebestendige afsluiting heeft voorzien, worden of wordt bezorgd bij het laboratorium, bedoeld in artikel 14, tweede lid.
2. De opsporingsambtenaar wijst de verdachte bij de bloedafname erop dat hij het recht op tegenonderzoek heeft, indien het verslag van het bloedonderzoek, bedoeld in artikel 16, tweede lid, het vermoeden bevestigt dat hij artikel 8, tweede, derde of vijfde lid, van de Wegenverkeerswet 1994, artikel 27, tweede lid, van de Scheepvaartverkeerswet, artikel 4, tweede lid, van de Spoorwegwet, artikel 41, tweede lid, van de Wet lokaal spoor of artikel 2.12, derde lid, van de Wet luchtvaart heeft overtreden, tenzij de bloedafname in het kader van een tegenonderzoek geschiedt.

Art. 14

1. De opsporingsambtenaar formuleert de opdracht voor de onderzoeker die het bloedonderzoek verricht.
2. De onderzoeker is verbonden aan een laboratorium. Als laboratorium komt alleen in aanmerking:
a. een laboratorium dat door de Raad voor Accreditatie is geaccrediteerd aan de hand van de algemene criteria voor het functioneren van beproevingslaboratoria, genoemd in de NEN-EN ISO/IEC 17025 of van criteria die daarmee vergelijkbaar zijn, en deskundig is op het terrein van de bio-analyse, dan wel
b. een laboratorium dat in het buitenland is gevestigd en door een met de Raad voor Accreditatie vergelijkbare instantie is geaccrediteerd aan de hand van criteria die vergelijkbaar zijn met de criteria, genoemd in de NEN-EN ISO/IEC 17025, en deskundig is op het terrein van de bio-analyse.
3. Met toepassing van artikel 28, eerste lid, laatste zinsnede, van de Dienstenwet is paragraaf 4.1.3.3. van de Algemene wet bestuursrecht niet van toepassing op de aanvraag om accreditatie, bedoeld in het tweede lid, onder a.
4. Indien de accreditatie van een laboratorium, bedoeld in het tweede lid, is ingetrokken of geschorst of na haar vervaldatum niet is verlengd, kan in dat laboratorium geen bloedonderzoek meer worden verricht.

Art. 15

Vastlegging gegevens door laboratorium

Het laboratorium waaraan de onderzoeker, bedoeld in artikel 14, eerste lid, is verbonden, legt na ontvangst van de buisjes of het buisje met bloed de volgende gegevens in een bestand vast:
a. de datum van ontvangst van de buisjes of het buisje,
b. de sporenidentificatienummers, bedoeld in artikel 13, eerste lid, onder a en c,
c. de naam, het geslacht, de geboortedatum en het burgerservicenummer van de verdachte wiens het bloed het betreft, en
d. de naam van de opdrachtgever van het bloedonderzoek.

Art. 16

Vereisten bloedonderzoek

1. De onderzoeker, bedoeld in artikel 14, eerste lid, verricht het bloedonderzoek binnen twee weken na ontvangst van de buisjes of het buisje met bloed. De methode die hij voor het bloedonderzoek hanteert, voldoet aan de bij ministeriële regeling vastgestelde eisen.
2. De onderzoeker stelt een in de Nederlandse taal gesteld schriftelijk verslag van het resultaat van het bloedonderzoek op en ondertekent dat verslag.
3. In afwijking van het tweede lid mag het verslag in de Engelse taal zijn gesteld, indien de onderzoeker die het verslag opstelt, verbonden is aan een laboratorium als bedoeld in artikel 14, tweede lid, onder b.
4. Het verslag bevat in ieder geval:
a. de naam, het geslacht, de geboortedatum en het burgerservicenummer van de verdachte met behulp van wiens bloed het onderzoek is verricht,
b. het sporenidentificatienummer van het buisje met bloed met behulp waarvan het bloedonderzoek is verricht,
c. de methode met behulp waarvan het bloedonderzoek is verricht, en
d. het resultaat van het bloedonderzoek.
5. De onderzoeker stuurt het verslag zo spoedig mogelijk na het verrichten van het bloedonderzoek aan de opdrachtgever van het bloedonderzoek.

Art. 17

Inkennisstelling resultaat bloedonderzoek

De opsporingsambtenaar stelt de verdachte binnen een week na ontvangst van het verslag, bedoeld in artikel 16, tweede lid, schriftelijk in kennis van het resultaat van het bloedonderzoek en van het recht op tegenonderzoek en vermeldt daarbij het sporenidentificatienummer, bedoeld in artikel 16, vierde lid, onder b.

Art. 18

Aanvullend bloedonderzoek

1. In geval van een aanvullend bloedonderzoek stelt het laboratorium waaraan de onderzoeker is verbonden die het bloedonderzoek heeft verricht, het voor dat onderzoek bestemde buisje met bloed ter beschikking aan de onderzoeker.
2. Op het aanvullend bloedonderzoek zijn de artikelen 12 tot en met 17 van overeenkomstige toepassing, met dien verstande dat
a. de termijn waarbinnen het aanvullend bloedonderzoek dient te zijn verricht, vier weken na ontvangst van het buisje met bloed is, of zes weken indien zich bijzondere omstandigheden voordoen als gevolg waarvan de termijn van vier weken in redelijkheid niet haalbaar is,
b. de hulpofficier van justitie belast is met de in artikel 14, eerste lid, genoemde taak, en
c. de opsporingsambtenaar belast is met de in artikel 17 genoemde taak.

Art. 19

Tegenonderzoek n.a.v. (aanvullend) bloedonderzoek

1. In geval van een tegenonderzoek stelt het laboratorium waaraan de onderzoeker is verbonden die het bloedonderzoek of het aanvullend bloedonderzoek heeft verricht, het voor dat onderzoek bestemde buisje met bloed ter beschikking aan het laboratorium waaraan de onderzoeker is verbonden die het tegenonderzoek verricht.
2. De artikelen 13, eerste lid, onder d, 14, tweede tot en met vierde lid, 15 tot en 16 zijn van overeenkomstige toepassing, met dien verstande dat:
a. het laboratorium waaraan de onderzoeker is verbonden die het tegenonderzoek verricht, ervoor zorgt dat na het verrichten van dat onderzoek het resterende bloed naar het laboratorium wordt teruggezorgd die het bloedonderzoek of het aanvullend bloedonderzoek heeft verricht, en
b. de onderzoeker het verslag van het tegenonderzoek naar de verdachte stuurt.

Kosten tegenonderzoek

3. Tegenonderzoek geschiedt op initiatief van en voor rekening van de verdachte en wordt niet verricht dan nadat de verdachte het laboratorium waaraan de onderzoeker is verbonden die het tegenonderzoek verricht, het daarvoor verschuldigde bedrag heeft betaald. In dat bedrag zijn de verzendkosten van het voor het tegenonderzoek bestemde buisje met bloed door het laboratorium waaraan de onderzoeker is verbonden die het bloedonderzoek of het aanvullend bloedonderzoek heeft verricht, inbegrepen. De hoogte van die verzendkosten worden bij ministeriële regeling vastgesteld. Het bedrag voor de verzendkosten verrekent het laboratorium, bedoeld in de eerste volzin, met het laboratorium, bedoeld in de tweede volzin. De verdachte is verplicht in zijn aanvraag tot het verrichten van een tegenonderzoek zijn naam, geslacht, geboortedatum en burgerservicenummer te vermelden, alsmede het sporenidentificatienummer dat op de kennisgeving, bedoeld in artikel 17, is vermeld.

4. Indien de verdachte de kosten van het tegenonderzoek niet binnen twee weken na de datum van dagtekening van de kennisgeving, bedoeld in artikel 17, heeft betaald, vervalt het recht op dat onderzoek.
5. De verdachte ontvangt het bedrag, bedoeld in het derde lid, uit 's Rijks kas terug indien het resultaat van het tegenonderzoek het vermoeden niet bevestigt dat hij artikel 8, eerste, tweede, derde of vijfde lid, van de Wegenverkeerswet 1994, artikel 27, eerste of tweede lid, van de Scheepvaartverkeerswet, artikel 4, eerste of tweede lid, van de Spoorwegwet, artikel 41, eerste of tweede lid, van de Wet lokaal spoor of artikel 2.12, eerste of derde lid, van de Wet luchtvaart heeft overtreden.

Art. 20
1. Het laboratorium waaraan de onderzoeker is verbonden dat het bloedonderzoek, aanvullend bloedonderzoek of tegenonderzoek heeft verricht, vernietigt het bloed dat na dat onderzoek resteert, een half jaar na de datum van dagtekening van het verslag, bedoeld in artikel 16, tweede lid. — *Vernietiging bloed*
2. Indien het resultaat van het bloedonderzoek, het aanvullend bloedonderzoek of het tegenonderzoek het vermoeden niet bevestigt dat de verdachte artikel 8, eerste, tweede, derde of vijfde lid, van de Wegenverkeerswet 1994, artikel 27, eerste of tweede lid, van de Scheepvaartverkeerswet, artikel 4, eerste of tweede lid, van de Spoorwegwet, artikel 41, eerste of tweede lid, van de Wet lokaal spoor of artikel 2.12, eerste of derde lid, van de Wet luchtvaart heeft overtreden, vernietigt het laboratorium, bedoeld in het eerste lid, het afschrift van het verslag, bedoeld in artikel 16, tweede lid, en de daarbij behorende gegevens, bedoeld in artikel 15, een half jaar na de datum van dagtekening van dat verslag. — *Vernietiging laboratoriumverslag*
3. Indien het resultaat van het bloedonderzoek, het aanvullend bloedonderzoek of het tegenonderzoek het vermoeden bevestigt dat de verdachte een van de in het tweede lid genoemde artikelleden heeft overtreden, vernietigt het laboratorium, bedoeld in het eerste lid, het afschrift van het verslag, bedoeld in artikel 16, tweede lid, en de daarbij behorende gegevens, bedoeld in artikel 15, vijf jaar na de datum van dagtekening van dat verslag.
4. Het laboratorium, bedoeld in het eerste lid, houdt aantekening van iedere vernietiging op grond van het eerste tot en met derde lid. — *Aantekening vernietiging*

Art. 21
Indien een ander laboratorium dan het laboratorium van het Nederlands Forensisch Instituut voornemens is zijn werkzaamheden op het terrein van het bloedonderzoek of het aanvullend bloedonderzoek te beëindigen, zorgt dat laboratorium ervoor dat het bloed, de afschriften van de verslagen, bedoeld in artikel 16, tweede lid, die bij dat laboratorium worden bewaard, en de daarbij behorende gegevens, bedoeld in artikel 15, voor de beëindiging van die werkzaamheden aan dat instituut worden overgedragen, tenzij het laboratorium fuseert met een ander laboratorium als bedoeld in artikel 14, tweede lid. In het laatste geval worden het bloed, de afschriften van de verslagen en de daarbij behorende gegevens in dat andere laboratorium bewaard. — *Laboratorium Nederlands Forensisch Instituut*

§ 5
Slotbepalingen

Art. 22
Een onderzoek dat ter vaststelling van een overtreding op grond van artikel 8, eerste, tweede of derde lid, van de Wegenverkeerswet 1994, artikel 27, eerste of tweede lid, van de Scheepvaartverkeerswet, artikel 4, eerste of tweede lid, van de Spoorwegwet, artikel 41, eerste of tweede lid, van de Wet lokaal spoor of artikel 2.12, eerste of derde lid, van de Wet luchtvaart voor de inwerkingtreding van dit besluit is of wordt uitgevoerd, wordt overeenkomstig de regels die daarop voor de inwerkingtreding van dit besluit van toepassing waren, afgehandeld. — *Slotbepaling*

Art. 23
Het Besluit alcoholonderzoeken wordt ingetrokken. — *Uitschakelbepaling*

Art. 24
Dit besluit treedt in werking op het tijdstip waarop de wet van 26 september 2014 tot wijziging van de Wegenverkeerswet 1994 in verband met het verbeteren van de aanpak van het rijden onder invloed van drugs (Stb. 2014, 353) in werking treedt. — *Inwerkingtreding*

Art. 25
Dit besluit wordt aangehaald als: Besluit alcohol, drugs en geneesmiddelen in het verkeer. — *Citeertitel*

Regeling alcohol, drugs en geneesmiddelen in het verkeer[1]

Regeling van de Minister van Veiligheid en Justitie van 15 juni 2017, nr. 2086428, houdende bepalingen met betrekking tot onderzoek ter vaststelling van het gebruik van alcohol, drugs en geneesmiddelen in het verkeer (Regeling alcohol, drugs en geneesmiddelen in het verkeer)

De Minister van Veiligheid en Justitie,
Gelet op de artikelen 4, eerste lid, 6, eerste lid, 8, eerste lid, 10, eerste en vierde lid, 11, derde lid onder b, 12, eerste en tweede lid, 13, eerste lid, onder d, 16, eerste lid, 19, derde lid, van het Besluit alcohol, drugs en geneesmiddelen in het verkeer;
Besluit:

Art. 1
Besluit alcohol, drugs en geneesmiddelen in het verkeer

In deze regeling wordt verstaan onder het Besluit: het Besluit alcohol, drugs en geneesmiddelen in het verkeer.

Art. 1a
Ambtenaren van politie

Als ambtenaren als bedoeld in artikel 163, vijfde en zevende lid, van de Wegenverkeerswet 1994, artikel 28a, zesde, negende en tiende lid, van de Scheepvaartverkeerswet, artikel 89, vijfde, achtste en negende lid van de Spoorwegwet, artikel 48, vijfde, achtste en negende lid, van de Wet lokaal spoor en artikel 11.6, vijfde, achtste en negende lid, van de Wet luchtvaart worden aangewezen de ambtenaren van politie die in schaal 8 of hoger zijn benoemd.

Art. 2
Psychomotorisch onderzoek, oog- en spraakfuncties

1. Als uiterlijke kenmerken als bedoeld in artikel 4, eerste lid, van het Besluit waarop een onderzoek van de psychomotorische functies en de oog- en spraakfuncties is gericht voor het verkrijgen van een vermoeden van het gebruik van alcohol, worden aangewezen:
a. de ogen: bloeddoorlopen ogen;
b. de spraak: slecht articuleren, langzaam praten, niet goed uit de woorden kunnen komen of met dubbele tong praten;
c. de motoriek: niet in rechte lijn kunnen lopen, zwalken of onvast op de benen staan.

2. Als uiterlijke kenmerken als bedoeld in artikel 4, eerste lid, van het Besluit waarop een onderzoek van de psychomotorische functies en de oog- en spraakfuncties is gericht voor het verkrijgen van een vermoeden van het gebruik van een of meer van de in artikel 2 van het Besluit aangewezen stoffen of van een of meer andere stoffen als bedoeld in artikel 8, eerste lid, van de Wegenverkeerswet 1994 dan die stoffen of alcohol worden aangewezen:
a. de ogen: wijd opengesperde ogen, waterige of wazige ogen, bloeddoorlopen ogen, heen en weer of wegrollende ogen, hangende oogleden of trillende oogleden;
b. de pupillen: groter dan 5 millimeter of kleiner dan 2 mm bij daglicht of direct licht, kleiner dan 5 millimeter in het donker, of langzaam reagerend, knipperend of geen reactie vertonend;
c. de spraak: onsamenhangende taal, woordenvloed, stamelen of stotteren;
d. de motoriek: onvast ter been, trillen, zich veelvuldig krabben, wrijven of plukken aan de kleding of bewegingsdrang.

Art. 3
Voorlopig ademonderzoek

Voor het verrichten van een voorlopig ademonderzoek als bedoeld in artikel 6, eerste lid, van het Besluit wordt de Dräger Alcotest 7510 ademtester aangewezen.

Art. 4
Speekselonderzoek

Voor het verrichten van een onderzoek van speeksel als bedoeld in artikel 8, eerste lid, van het Besluit, wordt het type Dräger DrugCheck 3000 als speekseltester aangewezen.

Art. 5
Ademonderzoek

1. Voor het verrichten van een ademonderzoek als bedoeld in artikel 10, eerste lid, van het Besluit worden de ademanalyseapparaten van Dräger Alcotest 9510 NL aangewezen die zijn voorzien van het goedkeuringsteken T7802.
2. Het alcoholgehalte wordt bepaald door toepassing van de volgende correctie op het rekenkundig gemiddelde van de twee meetresultaten, bedoeld in artikel 10, vierde lid, van het Besluit:
a. indien het rekenkundige gemiddelde (Y) van de twee meetresultaten kleiner is dan 500 microgram per liter, is het resultaat van het ademonderzoek gelijk aan (0,9Y−30) microgram per liter;

---

[1] Inwerkingtredingsdatum: 01-07-2017; zoals laatstelijk gewijzigd bij: Stcrt. 2020, 64099.

Regeling alcohol, drugs en geneesmiddelen in het verkeer **C17 art. 11**

b. indien het rekenkundige gemiddelde (Y) van de twee meetresultaten gelijk is aan of groter is dan 500 microgram per liter, is het resultaat van het ademonderzoek gelijk aan (0,85Y−5) microgram per liter.
3. Het resultaat van het ademonderzoek mag niet worden aangewezen of afgedrukt indien het verschil tussen de beide meetresultaten groter is dan 10% van het kleinste meetresultaat.

Art. 6

1. De hoeveelheid bloed die wordt afgenomen ten behoeve van een bloedonderzoek als bedoeld in artikel 1, onder b, van het Besluit en een aanvullend bloedonderzoek als bedoeld in artikel 1, onder c, van het Besluit, bedraagt bij voorkeur 8 milliliter, maar ten minste 3 milliliter.   *Bloedafname*
2. Voor de bloedafname, bedoeld in het eerste lid, worden de volgende hulpmiddelen voorgeschreven:
a. twee buisjes elk met een inhoud van 5 milliliter die ten minste 4 milligram per milliliter inhoud van de buis natriumfluoride bevatten en voldoende heparinenatrium voor antistolling van het bloed;
b. een universeel systeem voor bloedafname dat voorzien is van een prikbeschermer na bloedafname;
c. een alcoholvrij ontsmettingsdoekje op basis van 2% chloorhexidine;
d. een steriel verpakt gaaskompres;
e. een steriel verpakte wondpleister.
3. Voor de verzending van de buisjes, bedoeld in het tweede lid, wordt de volgende verpakking voorgeschreven:
a. een hard plastic doos voorzien van dubbelzijdig foam interieur;
b. een lekvrije 95 kPa-zak, gecertificeerd voor vervoer van buisjes;
c. een absorberende buizenhouder bestemd voor tenminste twee buisjes;
d. drie fraudebestendige sluitzegels.

Art. 7

1. De methode voor de uitvoering van een bloedonderzoek als bedoeld in artikel 1, onder b,   *Uitvoering bloedonder-*
van het Besluit voldoet aan de eisen, genoemd in bijlage 1 bij deze regeling.   *zoek*
2. De methode voor de uitvoering van een aanvullend bloedonderzoek als bedoeld in artikel 1, onder c, van het Besluit voldoet aan de eisen, genoemd in bijlage 2 bij deze regeling.

Art. 8

1. Het verschuldigde bedrag voor de bloedafname, bedoeld in artikel 11, derde lid, onder b,   *Kosten bloedafname bij*
van het Besluit, ten behoeve van een tegenonderzoek bedraagt € 78 indien het afnemen van het   *tegenonderzoek*
bloed door een arts of verpleegkundige geschiedt in de periode van 8.00 uur tot 18.00 uur en € 102 indien het afnemen geschiedt in de periode van 18.00 uur tot 8.00 uur of in de periode van 18.00 uur vrijdagavond tot 8.00 uur maandagochtend.
2. Voor de verzending van het buisje met bloed bestemd voor het tegenonderzoek naar het gehalte van alcohol en naar het gehalte van één of meer van de in artikel 2 van het Besluit aangewezen stoffen of een andere stof als bedoeld in artikel 8, eerste lid, van de Wegenverkeerswet 1994 zijn de in bijlage 3 opgenomen kosten verschuldigd.

Art. 9

[Vervallen]

Art. 10

Deze regeling treedt in werking op het tijdstip waarop de wet van 26 september 2014 tot wijziging   *Inwerkingtreding*
van de Wegenverkeerswet 1994 in verband met het verbeteren van de aanpak van het rijden onder invloed van drugs (Stb. 2014, 353) in werking treedt.

Art. 11

Deze regeling wordt aangehaald als: Regeling alcohol, drugs en geneesmiddelen in het verkeer.   *Citeertitel*

Bijlage 1 behorende bij artikel 7, eerste lid

De eisen aan de methode met behulp waarvan bloedonderzoek als bedoeld in artikel 1, onder b, van het Besluit wordt verricht:

• Zo spoedig mogelijk na ontvangst door het laboratorium worden de twee buisjes bloed bevroren bewaard of, als dat niet mogelijk is, in de koelkast.[2] Het bloedblok wordt liggend op het grootste oppervlak in de vriezer geplaatst om de kans op breuk van de bloedbuizen te minimaliseren.
• In geval van een tegenonderzoek op alcohol wordt het buisje bloed gekoeld getransporteerd. In geval van een tegenonderzoek op andere stoffen, al dan niet in combinatie met tegenonderzoek op alcohol, wordt het buisje bloed op droogijs of in een vriezer van ongeveer -20°C getransporteerd.
• Het gehalte van alcohol of een of meer van de meetbare stoffen van de in artikel 3 van het Besluit genoemde stoffen wordt minimaal in tweevoud (duplo) bepaald.
• Het valideren van de methode gebeurt volgens de laatste versie van de *Guideline on bioanalytical method validation* (European Medicines Agency) of een vergelijkbare richtlijn.[3]
• Het laboratorium controleert ten minste vier keer per jaar de juistheid van de methode, bij voorkeur door deelname aan ringonderzoeken of door het analyseren van een geschikt (gecertificeerd) controlemonster waarvan minimaal 75% met voldoende resultaat. Bij deelname aan een ringonderzoek betekent een voldoende resultaat een absolute waarde van de z-score lager dan 2,0. Bij analyse van een (gecertificeerd) controlemonster betekent een voldoende resultaat dat het resultaat binnen de door de bereider/leverancier aangegeven acceptatiegrenzen valt.
• Ter bevestiging van het gebruik van cannabis en ter verificatie van het resultaat van het onderzoek naar het gehalte van THC, wordt ook de aanwezigheid van THC-COOH bepaald. THC wordt alleen gerapporteerd als THC-COOH aanwezig is. De aanwezigheid van THC-COOH wordt niet in de eindrapportage opgenomen.
• Ter bevestiging van het gebruik van cocaïne en ter verificatie van het resultaat van het onderzoek naar het gehalte van cocaïne, wordt ook de aanwezigheid van benzoylecgonine bepaald. Cocaïne wordt alleen gerapporteerd als benzoylecgonine aanwezig is. De aanwezigheid van benzoylecgonine wordt niet in de eindrapportage opgenomen.
• Van THC-COOH en benzoylecgonine wordt minimaal de 'limit of identification' (LOI) vastgesteld bij validatie. Deze dient voor beide stoffen l 5 microgram per liter te zijn.
• De LOI is gedefinieerd als 2x de 'limit of detection'[4] en mag niet boven de ondergrens van de kwantitatieve bepaling ('lower limit of quantification', LLOQ) liggen.
• De 'uitgebreide meetonzekerheid' voor een of meer van de meetbare stoffen van de in artikel 3 van het Besluit genoemde stoffen, is maximaal 30% en wordt berekend uit de afwijking van de juiste waarde ('bias'), de spreiding in de juistheidsmetingen en de reproduceerbaarheid binnen het laboratorium ('intermediate precision').
• De 'uitgebreide meetonzekerheid' voor alcohol is maximaal 6% en wordt berekend uit de afwijking van de juiste waarde ('bias'), de spreiding in de juistheidsmetingen en de reproduceerbaarheid binnen het laboratorium ('intermediate precision').
• De LLOQ is gedefinieerd als de laagste concentratie van de component in het analysemonster, waarvan de meetwaarde nog met een bepaalde juistheid en precisie, conform de vigerende richtlijnen, kan worden vastgesteld.
• De LLOQ is ten hoogste 12 microgram per liter voor amfetamine, methamfetamine, MDMA, MDEA, MDA. De LLOQ is ten hoogste de grenswaarde indien in combinatie gebruikt voor THC, cocaïne, morfine, GHB en ethanol.
• Voor amfetamine, methamfetamine, MDMA, MDEA en MDA is de grenswaarde van 50 microgram per liter van toepassing op de som van de concentraties in geval van aanwezigheid van uitsluitend deze stoffen. De concentraties amfetamine, methamfetamine, MDMA, MDEA en MDA vanaf waar deze worden meegeteld is 12 microgram per liter.
• Het resultaat van de meting wordt bij een of meer van de meetbare stoffen van de in artikel 3 van het Besluit genoemde stoffen uitgedrukt in microgram per liter; bij GHB in milligram per liter en bij alcohol in milligram per milliliter.
• Resultaten en tussenberekeningen van het onderzoek worden niet afgerond. Het resultaat van de metingen van het gehalte van alcohol of een of meer van de meetbare stoffen van de in artikel 3 van het Besluit genoemde stoffen wordt gemiddeld. Op dat gemiddelde vindt een correctie-aftrek plaats van 30% bij de meetbare stoffen van de in artikel 3 van het Besluit genoemde stoffen, en van 6% bij alcohol.

---

2 Een bewaartemperatuur bij ongeveer −20°C heeft de voorkeur.
3 Scientific Working Group for Forensic Toxicology (SWGTOX). Standard Practices for Method Validation in Forensic Toxicology. SWGTOX Doc 003 Revision 1. Published May 20, 2013.
4 http://depa.fquim.unam.mx/amyd/archivero/Limite_deteccion_4836.pdf

Regeling alcohol, drugs en geneesmiddelen in het verkeer

- Het eindresultaat wordt afgerond op twee significante cijfers bij de meetbare stoffen van de in artikel 3 van het Besluit genoemde stoffen.[5] Bij alcohol wordt het eindresultaat gerapporteerd met twee decimalen.[6]
- De bloedgehaltes worden in tabelvorm in het rapport opgenomen zoals in het hierna getoonde voorbeeld.

Het eindresultaat van de analyse bedraagt, na aftrek van de wettelijk voorgeschreven correctie:

Aangewezen stof	Meetbare stof	Grenswaarde indien enkelvoudig gebruikt	Grenswaarde indien in combinatie gebruikt	Eindresultaat in bloed [Sporen Identificatie Nummer]	Rapportage eenheid
alcohol	ethanol#	0,50 of 0,20 @	0,20		milligram per milliliter
amfetamine	amfetamine	50*	25		microgram per liter
methamfetamine	methamfetamine	50*	25		microgram per liter
MDMA	MDMA	50*	25		microgram per liter
MDEA	MDEA	50*	25		microgram per liter
MDA	MDA	50*	25		microgram per liter
Groep amfetamine-achtigen	*		50*		microgram per liter
cannabis	THC	3,0	1,0		microgram per liter
cocaïne	cocaïne	50	10		microgram per liter
heroïne/morfine	morfine	20	10		microgram per liter
GHB, gamma butyrolacton of 1,4-butaandiol	GHB	10	5		milligram per liter

Het resultaat van het ademonderzoek naar alcohol, indien door politie uitgevoerd, is niet in deze tabel opgenomen. Volgens de ons bekende informatie is er [wel/geen] ademonderzoek naar alcohol verricht. Het resultaat bedroeg [resultaat] microgram per liter uitgeademde lucht volgens vermelding op het aanvraagformulier.
@ Wegenverkeerswet 1994, art 8, tweede en derde lid.
Toelichting bij combinaties met amfetamine-achtige stoffen:
a. Een combinatie van uitsluitend amfetamine, methamfetamine, MDMA, MDEA of MDA wordt volgens het Besluit alcohol, drugs en geneesmiddelen in het verkeer (Staatsblad 2016,529) aangemerkt als enkelvoudig gebruik voor de som van amfetamine-achtige stoffen. Bij deze stoffen kunnen de concentraties worden opgeteld, omdat de werking van deze stoffen goed vergelijkbaar is. De grenswaarde bij combinatiegebruik van amfetamine-achtigen geldt daarom voor de amfetamine-achtige stoffen afzonderlijk maar ook voor de som van de afzonderlijke amfetamine-achtige stoffen.

---

5   Om praktische redenen wordt een uitzondering gemaakt voor waarden vanaf 100, waarbij het eindresultaat wordt afgerond op drie significante cijfers, en voor waarden vanaf 1.000, waarbij het eindresultaat wordt afgerond op vier significante cijfers.

6   Uit praktische overwegingen is gekozen om het eindresultaat van het alcoholonderzoek met 2 decimalen te rapporteren zoals gebruikelijk in de periode voorafgaand aan de Wet van 26 september 2014 tot wijziging van de Wegenverkeerswet 1994.

b. Wanneer amfetamine, methamfetamine, MDMA, MDEA of MDA zijn aangetoond in combinatie met andere stoffen dan amfetamine, methamfetamine, MDMA, MDEA of MDA, geldt de grenswaarde bij gecombineerd gebruik (25 microgram per liter) voor de afzonderlijke stoffen.
- Het rapport bevat het eindresultaat van het onderzoek. Dit is het resultaat van het onderzoek met aftrek van de wettelijk voorgeschreven correctie.
- Er wordt bij het rapporteren van het eindresultaat geen rekening gehouden met medicinaal gebruik van de aangewezen stoffen, bedoeld in artikel 2 van het Besluit.

Bijlage 2 behorende bij artikel 7, tweede lid

De eisen aan de methode met behulp waarvan een aanvullend bloedonderzoek als bedoeld in artikel 1, onder c, van het Besluit wordt verricht:
- Het laboratorium dat het aanvullend onderzoek verricht geeft in een bijlage bij het rapport aan welke rijgevaarlijke stoffen zijn onderzocht met de gebruikte methode en vanaf welke concentraties de aanwezigheid van stoffen wordt gerapporteerd.
- Het aanvullend onderzoek is gericht op onderzoek naar stoffen die ingedeeld zijn in categorie II en III conform de ICADTS classificatie of vergelijkbare bronnen.
- De mate waarin een geneesmiddel de rijvaardigheid beïnvloedt, wordt weergegeven conform de classificatie van The International Council on Alcohol, Drugs & Traffic Safety (ICADTS): Categorie I: geen tot weinig invloed op de rijvaardigheid; Categorie II: licht tot matig negatieve invloed op de rijvaardigheid; Categorie III: ernstige of potentieel gevaarlijke invloed op de rijvaardigheid.
- Als dit aanvullend onderzoek een bredere toepassing kent dan de Wegenverkeerswet 1994 en daarmee meer stoffen dan rijgevaarlijke stoffen kunnen worden gedetecteerd, wordt met een algemene zin in het rapport vermeld dat de eindresultaten van het onderzoek alleen betrekking hebben op de onderzochte rijgevaarlijke stoffen.
- Andere stoffen dan de in artikel 2 van het Besluit aangewezen stoffen die zijn gedetecteerd, worden in het rapport geduid door deskundige op het gebied van de forensische toxicologie of de farmacologie, aangezien voor deze stoffen geen specifieke grenswaarden in het Besluit zijn opgenomen.
- Het rapport van het tegenonderzoek bevat ook een interpretatie van de resultaten en licht toe in hoeverre de conclusie van dat onderzoek overeenkomt met de conclusie van het initiële onderzoek.

Bijlage 3 behorende bij artikel bij artikel 8, tweede lid

	Tegenonderzoek naar gehalte van alcohol in bloed	Tegenonderzoek naar gehalte van de in artikel 2 van het Besluit aangewezen stoffen of andere stoffen als bedoeld in artikel 8, eerste lid, van de Wegenverkeerswet 1994
Transportkosten binnen Nederland	€ 0,85 per km (koeltransport)	€ 0,53 per km
Temperatuur en daarbij horende kosten van transport	Geen extra kosten	Vervoer op droogijs of in de vriezer: € 184
Verpakkingsmateriaal ten behoeve van verzending	€ 17	€ 17

Verzending naar een laboratorium buiten Nederland

Indien de verdachte een laboratorium buiten Nederland aanwijst voor tegenonderzoek zullen de verzendkosten hoger liggen. Naast de kilometerprijs dient in dat geval rekening gehouden te worden met eventuele reis- en verblijfkosten van de transporteur. Aan het transportbedrijf

Regeling alcohol, drugs en geneesmiddelen in het verkeer

wordt in deze situatie door de instantie die het bloed verstuurt, gevraagd een offerte op te maken en krijgt de verdachte binnen twee werkdagen een terugkoppeling van de verzendkosten.

Wet administratiefrechtelijke handhaving verkeersvoorschriften[1]

Wet van 3 juli 1989, houdende administratiefrechtelijke afdoening van inbreuken op bepaalde verkeersvoorschriften

Wij Beatrix, bij de gratie Gods, Koningin der Nederlanden, Prinses van Oranje-Nassau, enz. enz. enz.

Allen, die deze zullen zien of horen lezen, saluut! doen te weten:

Alzo Wij in overweging genomen hebben, dat het wenselijk is regels vast te stellen om op zichzelf niet ernstige gedragingen in strijd met verkeersvoorschriften, gesteld bij of krachtens de Wegenverkeerswet en enkele andere wetten, in plaats van op strafrechtelijke wijze op administratiefrechtelijke wijze af te kunnen doen;

Zo is het, dat Wij, de Raad van State gehoord, en met gemeen overleg der Staten-Generaal, hebben goedgevonden en verstaan, gelijk Wij goedvinden en verstaan bij deze:

Hoofdstuk I
Begripsbepalingen

Art. 1

Begripsbepalingen

1. In deze wet wordt verstaan onder:
Onze Minister: Onze Minister van Veiligheid en Justitie;
aanhangwagen, motorrijtuig, kenteken en rijbewijs: hetgeen daaronder wordt verstaan in artikel 1, eerste lid, van de Wegenverkeerswet 1994;
bestuurder: alle weggebruikers behalve voetgangers;
kentekenregister: het register, bedoeld in artikel 42 van de Wegenverkeerswet 1994;
gedraging: een gedraging als bedoeld in artikel 2, eerste lid;
administratieve sanctie: de aan de Staat te betalen geldsom, bedoeld in artikel 2;
adres: aanduiding van straatnaam, huisnummer, plaatsnaam en postcode van het woonhuis van de betrokkene.

2. In deze wet wordt mede verstaan onder:
bestuurder: degene die wordt geacht een motorrijtuig onder zijn onmiddellijk toezicht te doen besturen;
kenteken: het kenteken waaronder een motorrijtuig in het buitenland is geregistreerd, het registratienummer, vermeld op het registratiebewijs, afgegeven voor een motorrijtuig gebezigd ten behoeve van de strijdkrachten, alsmede enig ander registratienummer waaronder een motorrijtuig in Nederland mag worden geregistreerd;
kentekenregister: een buitenlands register betreffende aldaar geregistreerde motorrijtuigen, de registratie betreffende motorrijtuigen gebezigd ten behoeve van de strijdkrachten, bijgehouden door Onze Minister van Defensie, alsmede enig andere registratie betreffende motorrijtuigen, waarvan de houder gerechtigd is deze in Nederland te voeren;
rijbewijs: een door het bevoegde gezag in het buitenland afgegeven rijbewijs, alsmede een door het militaire gezag afgegeven rijbewijs.

Hoofdstuk II
Toepassingsgebied van de wet

Art. 2

Werkingssfeer

1. Ter zake van de in de bijlage bij deze wet omschreven gedragingen die in strijd zijn met op het verkeer betrekking hebbende voorschriften gesteld bij of krachtens de Wegenverkeerswet 1994, de Wet aansprakelijkheidsverzekering motorrijtuigen, de Provinciewet of de Gemeentewet, kunnen op de wijze bij deze wet bepaald administratieve sancties worden opgelegd. Ingeval een administratiefrechtelijke sanctie wordt opgelegd zijn voorzieningen van strafrechtelijke of strafvorderlijke aard uitgesloten.

2. Als gedragingen in de zin van het eerste lid worden niet beschouwd die gedragingen waarbij letsel aan personen is ontstaan of schade aan goederen is toegebracht.

---

[1] Inwerkingtredingsdatum: 01-09-1990; zoals laatstelijk gewijzigd bij: Stb. 2020, 535.

Wet administratiefrechtelijke handhaving verkeersvoorschriften C18 art. 4

3. Voor elke gedraging bepaalt de in het eerste lid bedoelde bijlage de aan de Staat te betalen geldsom. Deze geldsom kan per gedraging niet meer zijn dan het bedrag van de geldboete van de eerste categorie.
4. De in het derde lid bedoelde geldsom wordt voor personen die ten tijde van de gedraging nog geen zestien jaar oud waren, gehalveerd.
5. De in het eerste lid bedoelde bijlage kan bij algemene maatregel van bestuur worden gewijzigd. De voordracht van deze algemene maatregel van bestuur wordt niet eerder gedaan dan vier weken nadat het ontwerp aan beide kamers der Staten-Generaal is overgelegd.
6. Een algemene maatregel van bestuur, als bedoeld in het vijfde lid, wordt vastgesteld op voordracht van Onze Minister en Onze Minister van Infrastructuur en Milieu.

Verkeersboetes, maximum

Verkeersboetes, wijziging bijlage

Art. 2a
De titels 4.4, 5.1 en 5.4 van de Algemene wet bestuursrecht zijn niet van toepassing op het opleggen en de inning van een administratieve sanctie en de administratiekosten op grond van deze wet.

Verkeersboetes, toepasselijkheid Algemene wet bestuursrecht

Hoofdstuk III
Administratieve sanctie

Art. 3
1. Met het toezicht op de naleving van de in artikel 2, eerste lid, bedoelde voorschriften zijn belast de bij algemene maatregel van bestuur aangewezen ambtenaren.
2. De in het eerste lid bedoelde ambtenaren zijn bevoegd tot het opleggen van een administratieve sanctie ter zake van de door hen of op geautomatiseerde wijze vastgestelde gedragingen aan personen die de leeftijd van twaalf jaren hebben bereikt.
3. De officier van justitie in het arrondissement waar de in het eerste lid bedoelde ambtenaren optreden, houdt toezicht op de wijze waarop zij van de hun verleende bevoegdheid gebruik maken. Hij kan daaromtrent beleidsregels vaststellen. Bij algemene maatregel van bestuur worden regels gesteld omtrent het toezicht op de wijze waarop de in het eerste lid bedoelde ambtenaren van de hun verleende bevoegdheid gebruik maken en de intrekking van die bevoegdheid.
4. Het College van procureurs-generaal houdt toezicht op de bij deze wet geregelde handhaving van verkeersvoorschriften. Het geeft daartoe bevelen aan de hoofden van de arrondissementsparketten.

Verkeersboetes, opsporingsambtenaren

Nadere regels

Art. 4
1. De administratieve sanctie wordt opgelegd bij een gedagtekende beschikking. De beschikking bevat een korte omschrijving, onder verwijzing naar de aanduiding in de bijlage, van de gedraging ter zake waarvan zij is gegeven en het voor die gedraging bepaalde bedrag van de administratieve sanctie, de datum en het tijdstip waarop, alsmede de plaats waar de gedraging is geconstateerd. Bij ministeriële regeling worden het model van de beschikking en dat van de aankondiging van de beschikking vastgesteld, of de eisen waaraan het model moet voldoen.
2. De bekendmaking van de beschikking geschiedt binnen vier maanden nadat de gedraging heeft plaatsgevonden, door toezending van de beschikking aan het adres dat betrokkene heeft opgegeven. Indien dat niet mogelijk is en de gedraging heeft plaatsgevonden met of door middel van een motorrijtuig waarvoor een kenteken is opgegeven, dient de bekendmaking van de beschikking binnen vier maanden nadat de naam en het adres van de kentekenhouder van dat motorrijtuig bekend zijn te geschieden, door toezending van de beschikking aan dat adres, met dien verstande dat de bekendmaking van de beschikking geschiedt uiterlijk binnen vijf jaar nadat de gedraging heeft plaatsgevonden. Indien dat niet mogelijk is en de gedraging heeft plaatsgevonden met of door middel van een motorrijtuig waarvoor een kenteken is opgegeven, dient de bekendmaking van de beschikking binnen vier maanden nadat de naam en het adres van de kentekenhouder van dat motorrijtuig bekend zijn te geschieden, door toezending van de beschikking aan dat adres, met dien verstande dat de bekendmaking van de beschikking geschiedt uiterlijk binnen vijf jaar nadat de gedraging heeft plaatsgevonden. Indien de brief onbestelbaar blijkt te zijn, wordt de beschikking gezonden naar het in de basisregistratie personen vermelde adres, tenzij dit hetzelfde is als hetgeen is opgenomen in het kentekenregister. Indien de brief ook op het in de basisregistratie personen opgenomen adres onbestelbaar blijkt te zijn, wordt de beschikking geacht aan de betrokkene bekend te zijn.
3. Een aankondiging van de beschikking kan worden uitgereikt aan degene tot wie zij zich richt of kan worden achtergelaten in of aan het motorrijtuig.
4. In een geval als bedoeld in artikel 31, eerste lid, geschiedt de bekendmaking door uitreiking van de beschikking aan betrokkene. De weigering de beschikking in ontvangst te nemen, schort de bekendmaking daarvan niet op.
5. De beschikking vermeldt de dag waarop krachtens artikel 23 de sanctie en de administratiekosten uiterlijk moet zijn voldaan. Tevens vermeldt de beschikking een beschikkingsnummer en de door Onze Minister bepaalde wijze waarop de sanctie, alsmede de verhogingen die

Verkeersboetes, beschikking administratieve sanctie

Sdu

C18 art. 5 — Wet administratiefrechtelijke handhaving verkeersvoorschriften

krachtens artikel 23, derde lid, en artikel 25 op de administratieve sanctie vallen, indien deze niet tijdig wordt voldaan, dient te worden voldaan.

Art. 5

Verkeersboetes, onbekende bestuurder motorrijtuig

Indien is vastgesteld dat de gedraging heeft plaatsgevonden met of door middel van een motorrijtuig waarvoor een kenteken is opgegeven, en niet aanstonds is vastgesteld wie daarvan de bestuurder is, wordt, onverminderd het bepaalde in artikel 31, tweede lid, de administratieve sanctie opgelegd aan degene op wiens naam het kenteken ten tijde van de gedraging in het kentekenregister was ingeschreven. Daarbij wordt hij gewezen op het bepaalde in artikel 8.

Art. 5a

Verkeersboetes, onbekende bestuurder motorrijtuig met kentekenplichtige aanhangwagen

Indien is vastgesteld dat de gedraging heeft plaatsgevonden met of door middel van een motorrijtuig, waarmee een aanhangwagen waarvoor een kenteken is vereist, wordt voortbewogen, dan wel waaraan een aanhangwagen waarvoor een kenteken is vereist, is gekoppeld, en niet aanstonds is vastgesteld wie daarvan de bestuurder is, wordt, onverminderd het bepaalde in artikel 31, tweede lid, de administratieve sanctie opgelegd aan degene op wiens naam het kenteken van het motorrijtuig ten tijde van de gedraging in het kentekenregister was ingeschreven. Indien het kenteken van het motorrijtuig niet is vastgesteld, wordt, onverminderd het bepaalde in artikel 31, tweede lid, de administratieve sanctie opgelegd aan degene op wiens naam het kenteken van de aanhangwagen ten tijde van de gedraging in het kentekenregister was ingeschreven. In beide gevallen wordt hij gewezen op het bepaalde in artikel 8.

Art. 5b

Verkeersboetes, onbekende bestuurder motorrijtuig met niet-kentekenplichtige aanhangwagen

1. Indien is vastgesteld dat de gedraging heeft plaatsgevonden met of door middel van een motorrijtuig waarmee een niet-kentekenplichtige aanhangwagen wordt voortbewogen, dan wel waaraan een niet-kentekenplichtige aanhangwagen is gekoppeld, en niet aanstonds is vastgesteld wie daarvan de bestuurder is, wordt, onverminderd het bepaalde in artikel 31, tweede lid, de administratieve sanctie opgelegd aan degene op wiens naam het kenteken van het trekkend motorrijtuig ten tijde van de gedraging in het kentekenregister was ingeschreven.
2. Indien is vastgesteld dat de gedraging heeft plaatsgevonden met of door middel van een kentekenplichtige aanhangwagen, wordt de administratieve sanctie opgelegd aan degene op wiens naam het kenteken van de aanhangwagen ten tijde van de gedraging in het kentekenregister was ingeschreven. Indien het kenteken van de aanhangwagen niet is vastgesteld, dan wel indien de aanhangwagen niet kentekenplichtig is, wordt de administratieve sanctie opgelegd aan degene die ten tijde van de gedraging eigenaar of houder was van de aanhangwagen.
3. Indien sprake is van een geval als bedoeld in het eerste of tweede lid dan wordt daarbij gewezen op het bepaalde in artikel 8.

Art. 5c

Bestuurder met immuniteit, notificatie

Indien geen administratieve sanctie kan worden opgelegd, omdat degene die ten tijde van de geconstateerde gedraging met of door middel van een motorrijtuig met een kenteken als bedoeld in artikel 4 van het Kentekenreglement was ingeschreven in het kentekenregister immuniteit geniet op grond van het volkenrecht, verstrekt de officier van justitie de gegevens, genoemd in artikel 4, eerste lid, tweede volzin aan Onze Minister van Buitenlandse Zaken ten behoeve van het versturen van een notificatie aan deze kentekenhouder.

Hoofdstuk IV
Administratief beroep en bezwaar bij de officier van justitie

Art. 6

Verkeersboetes, administratief beroep bij OvJ

1. Tegen de oplegging van de administratieve sanctie kan degene tot wie de beschikking is gericht, beroep instellen bij de officier van justitie.
2. Onverminderd artikel 6:5 van de Algemene wet bestuursrecht vermeldt het beroepschrift de geboortedatum, de geboorteplaats en het geboorteland van degene die het beroep heeft ingesteld, het nummer van zijn bankrekening, indien degene die heeft, en het nummer van de beschikking, bedoeld in artikel 4, vierde lid.

Art. 7

Verkeersboetes, horen indiener beroepschrift

1. De artikelen 6:14, tweede lid, 7:16, tweede lid, 7:24, tweede en vijfde lid, en 7:26, vierde lid, van de Algemene wet bestuursrecht zijn niet van toepassing.
2. In afwijking van artikel 7:16, eerste lid, van de Algemene wet bestuursrecht stelt de officier van justitie slechts de indiener van het beroepschrift in de gelegenheid te worden gehoord.

Art. 8

Verkeersboetes, vernietigingsgronden

De officier van justitie vernietigt de beschikking indien, in het geval van artikel 5 onderscheidenlijk artikel 5a, degene op wiens naam het kenteken in het kentekenregister is ingeschreven:
a. aannemelijk maakt dat tegen zijn wil door een ander van het motorrijtuig onderscheidenlijk de aanhangwagen gebruik is gemaakt en dat hij dit gebruik redelijkerwijs niet heeft kunnen voorkomen,

Wet administratiefrechtelijke handhaving verkeersvoorschriften

C18 art. 11

b. een voor een termijn van ten hoogste drie maanden schriftelijk bedrijfsmatig aangegane huurovereenkomst overlegt waaruit blijkt wie ten tijde van de gedraging de huurder van het motorrijtuig onderscheidenlijk de aanhangwagen was, dan wel

c. een vrijwaringsbewijs, bedoeld in artikel 1, onderdeel *i*, van het Kentekenreglement, of een verklaring als bedoeld in de artikelen 31 tot en met 33 van het Kentekenreglement, overlegt waaruit blijkt dat hij ten tijde van de gedraging geen eigenaar of houder meer was van het betrokken motorrijtuig onderscheidenlijk de betrokken aanhangwagen.

In de onder *a*, *b* en *c* bedoelde gevallen is de officier van justitie bevoegd tot het opleggen van een administratieve sanctie aan degene die de gedraging heeft verricht of aan degene die de huurder van het motorrijtuig onderscheidenlijk de aanhangwagen was, dan wel aan degene aan wie het motorrijtuig onderscheidenlijk de aanhangwagen werd overgedragen. De artikelen 4, 6 en 7 zijn alsdan van overeenkomstige toepassing, met dien verstande dat de beschikking uiterlijk binnen acht maanden nadat de gedraging heeft plaatsgevonden wordt bekendgemaakt.

Hoofdstuk V
Beroep bij de kantonrechter van de rechtbank

Art. 9

1. Tegen de beslissing van de officier van justitie kan degene die administratief beroep heeft ingesteld, beroep instellen bij de rechtbank; het beroep wordt behandeld en beslist door de kantonrechter. In afwijking van artikel 6:4, derde lid, van de Algemene wet bestuursrecht, wordt het beroepschrift ingediend bij de officier van justitie die ingevolge artikel 6, eerste lid, op het administratief beroep heeft beslist. Hoofdstuk 8 van de Algemene wet bestuursrecht is niet van toepassing.
2. Het beroep kan worden ingesteld ter zake dat:
a. de gedraging niet is verricht of dat, buiten het geval van artikel 5, degene tot wie de beschikking is gericht, de gestelde gedraging niet heeft verricht;
b. de officier van justitie had moeten beslissen dat de omstandigheden waaronder de gedraging heeft plaatsgevonden, het opleggen van een administratieve sanctie niet billijken dan wel dat hij, gelet op de omstandigheden waarin de betrokkene verkeert, een lager bedrag van de administratieve sanctie had moeten vaststellen;
c. de officier van justitie ten onrechte de beschikking niet op grond van artikel 8 heeft vernietigd.
3. Artikel 6, tweede lid, is van overeenkomstige toepassing.

Verkeersboetes, beroep bij kantonrechter

Art. 10

De officier van justitie brengt het beroepschrift en de op de zaak betrekking hebbende stukken ter kennis van de rechtbank van het arrondissement waarin de gedraging is verricht, dan wel bij de rechtbank van het arrondissement waarin de woonplaats van de betrokkene is gelegen.

Verkeersboetes, doorzending stukken naar rechtbank

Art. 11

1. Het beroepschrift en de op de zaak betrekking hebbende stukken worden door de officier van justitie aan de rechtbank ter kennis gebracht binnen zes weken nadat de indiener zekerheid heeft gesteld voor de betaling van de sanctie en de administratiekosten, dan wel nadat de termijn daarvoor is verstreken.
2. Indien de administratieve sanctie ten minste € 225 bedraagt, dient zekerheid te worden gesteld voor de betaling van € 225 en de administratiekosten. Voor personen die ten tijde van de gedraging nog geen 16 jaar oud waren, geldt de helft van de in de eerste volzin genoemde bedragen.
3. Indien de officier van justitie geheel of gedeeltelijk aan de indiener van het beroepschrift tegemoetgekomen is, kan de in het eerste lid bedoelde termijn zonodig met vier weken worden verlengd.
4. De zekerheid wordt door de indiener gesteld bij Onze Minister, hetzij op de door Onze Minister voorgeschreven wijze, hetzij anderszins door overboeking op de rekening van Onze Minister. De officier van justitie wijst de indiener van het beroepschrift na de ontvangst ervan op de verplichting tot zekerheidstelling en deelt hem mee dat de zekerheidstelling dient te geschieden binnen twee weken na de dag van verzending van zijn mededeling. Indien de zekerheidstelling niet binnen deze termijn is geschied, wordt het beroep door de kantonrechter niet-ontvankelijk verklaard, tenzij redelijkerwijs niet kan worden geoordeeld dat de indiener in verzuim is geweest.
5. Alle op een beroepschrift betrekking hebbende stukken worden, indien zekerheidstelling heeft plaatsgevonden, nedergelegd ter griffie van de rechtbank. Hiervan wordt door de griffier mededeling gedaan aan degene die het beroep heeft ingesteld. De betrokkene of zijn gemachtigde kan binnen een door de kantonrechter bepaalde en aan hem door de griffier medegedeelde termijn, deze stukken inzien en daarvan afschriften of uittreksels vragen. Op de voor de verstrekking van afschriften en uittreksels aan de betrokkene of zijn gemachtigde in rekening te brengen vergoedingen is het ter zake bepaalde bij of krachtens de Wet griffierechten burgerlijke zaken van overeenkomstige toepassing.

Verkeersboetes, zekerheidstelling

Art. 12

Verkeersboetes, horen partijen

1. De kantonrechter stelt, alvorens te beslissen, partijen in de gelegenheid om op een door de kantonrechter bepaalde dag en uur op een openbare zitting hun zienswijze nader toe te lichten. Zij worden daartoe door de griffier opgeroepen. De oproep aan degene die het beroep heeft ingesteld wordt gericht aan het in het beroepschrift vermelde adres.
2. Degene die het beroep heeft ingesteld, kan zich ter zitting doen bijstaan of doen vertegenwoordigen door een advocaat of door een daartoe schriftelijk door hem gemachtigde.
3. Ter zitting kunnen getuigen en deskundigen worden meegebracht, ten einde door de kantonrechter te worden gehoord. Deze kan ambtshalve of op verzoek ook andere personen als getuige of deskundige horen.
4. De kantonrechter kan bevelen, dat getuigen niet zullen worden gehoord en tolken niet tot de uitoefening van hun taak zullen worden toegelaten dan na het afleggen van de eed of belofte.
5. Zij leggen in dat geval ten overstaan van hem de eed of belofte af; de getuigen: dat zij zullen zeggen de gehele waarheid en niets dan de waarheid; de tolken: dat zij hun plichten als tolk met nauwkeurigheid zullen vervullen. De deskundigen zijn verplicht hun taak onpartijdig en naar beste weten te verrichten.

Art. 12a

Schakelbepaling

Titel IV van het Vierde Boek van het Wetboek van Strafvordering is van overeenkomstige toepassing.

Art. 13

Verkeersboetes, vernietiging beslissing

1. Indien de kantonrechter bevindt dat het beroep ontvankelijk is en dat de beslissing van de officier van justitie niet of niet ten volle gehandhaafd kan worden, verklaart de kantonrechter het beroep geheel of gedeeltelijk gegrond en vernietigt of wijzigt het daarbij de bestreden beslissing.
2. De beslissing van de kantonrechter is met redenen omkleed en wordt hetzij terstond, hetzij uiterlijk veertien dagen nadien, op een openbare zitting uitgesproken.
3. De beslissing wordt in het proces-verbaal der zitting aangetekend. De aantekening bevat de gronden waarop de beslissing berust. Een afschrift van de aantekening van de beslissing wordt toegezonden aan partijen.

Art. 13a

Verkeersboetes, veroordeling in de kosten

1. De kantonrechter is bij uitsluiting bevoegd een partij te veroordelen in de kosten die een andere partij in verband met de behandeling van het beroep bij de rechtbank, en van het bezwaar of van het administratief beroep redelijkerwijs heeft moeten maken. De artikelen 7:15, tweede tot en met vierde lid, en 7:28, tweede, vierde en vijfde lid, van de Algemene wet bestuursrecht zijn van toepassing. Een natuurlijke persoon kan slechts in de kosten worden veroordeeld in geval van kennelijk onredelijk gebruik van procesrecht. Het Besluit proceskosten bestuursrecht is van overeenkomstige toepassing.
2. In geval van een veroordeling in de kosten ten behoeve van een partij aan wie ter zake van het beroep bij de kantonrechter, het bezwaar of het administratief beroep een toevoeging is verleend krachtens de Wet op de rechtsbijstand, wordt het bedrag van de kosten betaald aan de rechtsbijstandverlener. De rechtsbijstandverlener stelt de belanghebbende zoveel mogelijk schadeloos voor de door deze voldane eigen bijdrage. De rechtsbijstandverlener doet aan de Raad voor rechtsbijstand opgave van een kostenvergoeding door het bestuursorgaan.
3. In geval van een veroordeling in de kosten ten behoeve van de indiener van het beroepschrift worden de kosten door de Staat der Nederlanden vergoed.

Art. 13b

Verkeersboetes, verzoek veroordeling OvJ in de kosten

1. In geval van intrekking van het beroep omdat de officier van justitie geheel of gedeeltelijk aan de indiener van het beroepschrift is tegemoetgekomen, kan de officier van justitie op verzoek van de indiener bij afzonderlijke uitspraak met toepassing van artikel 13a in de kosten worden veroordeeld. Het verzoek wordt gedaan tegelijk met de intrekking van het beroep. Indien aan dit vereiste niet is voldaan, wordt het verzoek niet-ontvankelijk verklaard. Het verzoek wordt bij de officier van justitie ingediend.
2. De kantonrechter stelt de verzoeker zo nodig in de gelegenheid het verzoek schriftelijk toe te lichten en stelt de officier van justitie in de gelegenheid een verweerschrift in te dienen. Hij stelt hiervoor termijnen vast. Indien het verzoek mondeling wordt gedaan, kan de kantonrechter bepalen dat het toelichten van het verzoek en het voeren van verweer onmiddellijk mondeling geschieden.
3. Indien het toelichten van het verzoek en het voeren van verweer mondeling zijn geschied, sluit de kantonrechter het onderzoek.
4. Indien het verzoek schriftelijk wordt toegelicht, nodigt de kantonrechter partijen uit ter zitting te verschijnen. Indien partijen daarvoor toestemming hebben gegeven, kan de kantonrechter bepalen dat het onderzoek ter zitting achterwege blijft. De kantonrechter kan ook ambtshalve besluiten het verzoek buiten zitting af te doen. De kantonrechter sluit vervolgens het onderzoek.

Wet administratiefrechtelijke handhaving verkeersvoorschriften C18 art. 20a

Hoofdstuk VI
Hoger beroep bij het gerechtshof Arnhem-Leeuwarden

Art. 14
1. Degene die bij de rechtbank beroep heeft ingesteld, alsmede de officier van justitie, kunnen tegen de beslissing van de kantonrechter hoger beroep instellen bij het gerechtshof Arnhem-Leeuwarden, tenzij de opgelegde administratieve sanctie bij die beslissing niet meer bedraagt dan € 70. *Verkeersboetes, hoger beroep*
2. Eveneens kan degene die bij de rechtbank beroep heeft ingesteld doch daarin met toepassing van het bepaalde in artikel 11, vierde lid, niet-ontvankelijk is verklaard, tegen die beslissing hoger beroep instellen op de grond dat de kantonrechter ten onrechte heeft geoordeeld dat de zekerheid niet dan wel niet tijdig is gesteld dan wel ten onrechte niet heeft geoordeeld dat de indiener redelijkerwijs niet geacht kan worden in verzuim te zijn geweest.

Art. 15
1. In afwijking van artikel 6:4 van de Algemene wet bestuursrecht geschiedt het instellen van hoger beroep door het indienen van een beroepschrift bij de rechtbank van de kantonrechter tegen wiens beslissing het beroep is gericht. *Verkeersboetes, indienen beroepschrift bij rechtbank*
2. Nadat de termijn voor het instellen van hoger beroep is verstreken, zendt de griffier van de rechtbank het ingekomen beroepschrift met de stukken van het geding en een afschrift van de beslissing onverwijld ter griffie van het gerechtshof Arnhem-Leeuwarden in.

Art. 16
1. Het gerechtshof beslist, behoudens het bepaalde in het tweede lid, in enkelvoudige kamers. *Verkeersboetes, competentie*
2. De oudste in rang van de voorzitters van de meervoudige kamers regelt de verdeling van de werkzaamheden over de kamers. Indien de voorzitter de zaak niet vatbaar acht voor afdoening door een enkelvoudige kamer, wijst hij voor de behandeling van de zaak de meervoudige kamer aan.
3. De voorzitter is bevoegd een reeds door een meervoudige kamer in behandeling genomen zaak op voordracht van die kamer te verwijzen naar een enkelvoudige kamer.
4. Een enkelvoudige kamer kan een zaak in iedere stand van het geding naar een meervoudige kamer verwijzen.

Art. 17
De artikelen 512 tot en met 518 van het Wetboek van Strafvordering zijn van overeenkomstige toepassing. *Schakelbepaling*

Art. 17a
[Door vernummering vervallen]

Art. 18
1. Nadat het hoger beroep is ingesteld treedt de advocaat-generaal bij het ressortsparket als partij in de plaats van de officier van justitie. *Verkeersboetes, advocaat-generaal*
2. De officier van justitie verstrekt de advocaat-generaal bij het ressortsparket de nodige inlichtingen.

Art. 19
1. De griffier van het gerechtshof zendt een door hem voor eensluidend getekend afschrift van het beroepschrift onverwijld toe aan degene, die mede tot het instellen van hoger beroep gerechtigd was. *Verkeersboetes, afschrift beroepschrift*
2. Deze kan binnen vier weken nadat het afschrift is verzonden, bij het gerechtshof een ondertekend verweerschrift indienen.
3. De griffier van het gerechtshof zendt een door hem voor eensluidend getekend verweerschrift onverwijld aan degene die hoger beroep heeft ingesteld. Deze kan binnen twee weken nadat het afschrift van het verweerschrift is verzonden schriftelijk een nadere toelichting geven op zijn beroep. Indien een nadere toelichting gegeven wordt, stelt het gerechtshof de in het eerste lid bedoelde persoon in de gelegenheid hierop eveneens binnen twee weken te reageren.
4. Partijen kunnen afschriften van of uittreksels uit door hen omschreven stukken verkrijgen. Op de voor de verstrekking van afschriften of uittreksels in rekening te brengen vergoedingen is het bij of krachtens de Wet griffierechten burgerlijke zaken bepaalde van overeenkomstige toepassing.

Art. 20
Het gerechtshof kan partijen en zonodig getuigen en deskundigen opdragen binnen een bepaalde termijn schriftelijk inlichtingen te geven of onder hen berustende stukken in te zenden. *Verkeersboetes, inlichtingenplicht*

Art. 20a
1. Een partij kan schriftelijk verzoeken om een behandeling ter zitting. Zodanig verzoek wordt ingediend bij het beroepschrift of, indien een verweerschrift is ingediend, uiterlijk binnen twee weken na verzending daarvan door het gerechtshof aan de wederpartij. *Verkeersboetes, behandeling ter zitting*
2. De voorzitter van de kamer die de zaak in behandeling heeft bepaalt dag en uur van de behandeling ter zitting.

Sdu 651

3. De zitting is openbaar.

Art. 20b
Indien de zaak op een zitting zal worden behandeld worden de stukken van het geding neergelegd ter griffie van het gerechtshof. Hiervan wordt door de griffier mededeling gedaan aan partijen, onder vermelding van de termijn waarbinnen deze stukken aldaar kunnen worden ingezien en dat daarvan afschriften of uittreksels kunnen worden gevraagd. Op de voor de verstrekking van afschriften of uittreksels in rekening te brengen vergoedingen is het bij of krachtens de Wet griffierechten burgerlijke zaken bepaalde van overeenkomstige toepassing.

Art. 20c
1. Indien de zaak op een zitting zal worden behandeld worden partijen uitgenodigd ter zitting. De oproep aan degene die hoger beroep heeft ingesteld wordt gericht aan het adres opgegeven in het beroepschrift in hoger beroep dan wel, in geval de officier van justitie hoger beroep heeft ingesteld, aan het door de betrokkene in het verweerschrift of in het beroepschrift bij de rechtbank opgegeven adres.
2. Degene aan wie de administratieve sanctie is opgelegd, kan zich ter zitting laten bijstaan of zich door een gemachtigde laten vertegenwoordigen.
3. Ter zitting kunnen getuigen of deskundigen worden meegebracht ten einde door het gerechtshof te worden gehoord. Het gerechtshof kan ambtshalve of op verzoek ook andere personen als getuige of deskundige horen.
4. Het gerechtshof kan bevelen dat getuigen niet zullen worden gehoord en tolken niet tot de uitoefening van hun taak zullen worden toegelaten dan na het afleggen van de eed of belofte.
5. Ze leggen in dat geval ten overstaan van de voorzitter de eed of belofte af;
de getuigen: dat zij zullen zeggen de gehele waarheid en niets dan de waarheid;
de tolken: dat zij hun plichten als tolk met nauwkeurigheid zullen vervullen.
De deskundigen zijn verplicht hun taak onpartijdig en naar beste weten te vervullen.
6. Van het verhandelde ter zitting wordt proces-verbaal opgemaakt, hetwelk door de voorzitter en de griffier wordt vastgesteld en ondertekend.

Art. 20d

Verkeersboetes, arrest gerechtshof

1. Indien het gerechtshof het beroepschrift ontvankelijk acht, bevestigt het gerechtshof de beslissing van de kantonrechter, hetzij met overneming, hetzij met verbetering van de gronden, of doet het, met gehele of gedeeltelijke vernietiging van de bestreden beslissing van de kantonrechter, hetgeen de kantonrechter zou behoren te doen.
2. Indien de beslissing van de kantonrechter moet worden vernietigd op de in artikel 14, tweede lid, genoemde grond wijst het gerechtshof de zaak terug naar de rechtbank, tenzij door betrokkene de behandeling van het beroep door het gerechtshof zelf is verlangd. In geval van terugwijzing doet de kantonrechter recht met inachtneming van het arrest van het gerechtshof.
3. Het arrest van het gerechtshof is met redenen omkleed. Het wordt op een openbare zitting uitgesproken. Indien de zaak ter zitting is behandeld wordt het arrest aangetekend in het proces-verbaal van die zitting en wordt het uiterlijk veertien dagen na de sluiting van het onderzoek ter zitting uitgesproken. Indien de zaak niet ter zitting is behandeld wordt het arrest op een door de voorzitter te bepalen dag uiterlijk zes weken nadat de laatste van de in artikel 19 bedoelde termijnen is verstreken uitgesproken.
4. De artikelen 13a en 13b zijn van overeenkomstige toepassing, met uitzondering van de laatste volzin van artikel 13b, eerste lid.
5. Een afschrift van het arrest wordt toegezonden aan partijen.

Hoofdstuk VII
Vervallen zekerheidstelling

Art. 21

Verkeersboetes, vervallen zekerheidstelling

1. De verplichting tot zekerheidstelling vervalt nadat ten aanzien van de opgelegde administratieve sanctie een onherroepelijke beslissing is genomen.
2. Indien de in het eerste lid bedoelde beslissing inhoudt dat de opgelegde administratieve sanctie geheel of gedeeltelijk blijft gehandhaafd, wordt de verschuldigde administratieve sanctie op de zekerheidstelling verhaald.
3. Indien de verschuldigde administratieve sanctie vanwege toepassing van artikel 11, tweede lid, niet geheel op de zekerheidstelling kan worden verhaald, is Hoofdstuk VIII van toepassing op de inning van het bedrag dat nog niet is voldaan.

Hoofdstuk VIII
De inning van de administratieve sanctie

Art. 22

Verkeersboetes, inning

1. Met de inning van de administratieve sanctie en de administratiekosten is Onze Minister belast.

Wet administratiefrechtelijke handhaving verkeersvoorschriften — C18 art. 26

2. Bij of krachtens algemene maatregel van bestuur worden omtrent de inning voorschriften gegeven. Deze voorschriften hebben in ieder geval betrekking op de plaats en wijze van betaling van de administratieve sanctie, de administratiekosten, de verantwoording van de ontvangen geldbedragen, alsmede op de kosten van verhaal, de invorderingskosten daaronder begrepen.
3. Een ieder is verplicht desgevorderd onverwijld aan Onze Minister de inlichtingen te verstrekken welke naar het redelijk oordeel van Onze Minister noodzakelijk zijn ten behoeve van de toepassing van het eerste lid van dit artikel. De artikelen 217 tot en met 218a van het Wetboek van Strafvordering zijn van overeenkomstige toepassing.
4. De officier van justitie kan de inning van een opgelegde administratieve sanctie laten eindigen, indien hij van oordeel is dat met de voortzetting daarvan geen redelijk doel wordt gediend.

Nadere regels

Art. 23
1. Uiterlijk binnen twee weken nadat een beschikking waarbij een administratieve sanctie is opgelegd, onherroepelijk is geworden, moeten de administratieve sanctie en de administratiekosten zijn voldaan.
2. Indien de administratieve sanctie ten minste € 225 bedraagt, kan Onze Minister betaling in termijnen toestaan van het in totaal verschuldigde bedrag. Voor personen die ten tijde van de gedraging nog geen 16 jaar oud waren, kan Onze Minister betaling in termijnen toestaan indien de administratieve sanctie ten minste € 112,50 bedraagt. De termijnen bestaan uit gelijke delen, worden op ten minste één en ten hoogste drie maanden gesteld en mogen een tijdvak van één jaar niet overschrijden.
3. De sanctie wordt van rechtswege met vijftig procent verhoogd indien het in de gestelde termijn of termijnen verschuldigde bedrag niet tijdig geheel wordt voldaan.

Verkeersboetes, tijdige betaling

Art. 24
1. Degene aan wie een administratieve sanctie is opgelegd, is verplicht tot betaling van het ingevolge artikel 23, derde lid, verhoogde bedrag binnen vier weken nadat Onze Minister hem een aanmaning heeft toegezonden, over de gewone post of op een bij algemene maatregel van bestuur te bepalen wijze.
2. Indien na de verhoging het verschuldigde bedrag behoudens de administratiekosten, ten minste € 225 bedraagt, is artikel 23, tweede lid, van overeenkomstige toepassing.

Verkeersboetes, aanmaning

Art. 25
1. Indien degene aan wie een administratieve sanctie is opgelegd, nalaat het in de op grond van artikel 24 gestelde termijn of termijnen verschuldigde bedrag tijdig geheel te voldoen, wordt het inmiddels verschuldigde bedrag van rechtswege verhoogd met honderd procent van het bedrag van de sanctie en de daarop inmiddels gevallen verhoging. Ter inning van het verschuldigde bedrag kan Onze Minister verhaal nemen overeenkomstig het bepaalde in de artikelen 26 en 27.
2. Indien het verschuldigde bedrag behoudens de administratiekosten, na de verhogingen op grond van artikel 23, derde lid, en van het eerste lid, ten minste € 225 bedraagt, is artikel 23, tweede lid, van overeenkomstige toepassing. Indien betaling in termijnen door Onze Minister is toegestaan, vindt verhaal overeenkomstig het bepaalde in de artikelen 26 en 27 enkel plaats indien degene aan wie een administratieve sanctie is opgelegd nalatig blijft het in de gestelde termijn of termijnen verschuldigde bedrag tijdig geheel te voldoen.
3. Onze Minister kan verhaal nemen gedurende drie jaar nadat ten aanzien van de administratieve sanctie een onherroepelijke beslissing is genomen. Indien betaling in termijnen door Onze Minister is toegestaan, wordt de termijn waarin verhaal kan worden genomen verlengd met één jaar.
4. Het recht om verhaal te nemen vervalt door het overlijden van degene aan wie een administratieve sanctie is opgelegd.

Verkeersboetes, verhoging bij niet-voldoen

Art. 26
1. Verhaal op de goederen van degene aan wie de administratieve sanctie is opgelegd geschiedt krachtens een dwangbevel, medebrengende het recht om die goederen zonder vonnis aan te tasten.
2. Het dwangbevel wordt in naam van de Koning uitgevaardigd door Onze Minister. Het wordt ten uitvoer gelegd als een vonnis van de burgerlijke rechter.
3. Tegen de tenuitvoerlegging van het dwangbevel kan verzet worden gedaan, hetwelk niet gericht zal kunnen zijn tegen de beslissing waarbij de administratieve sanctie werd opgelegd. Verzet wordt gedaan bij een met redenen omkleed verzetschrift. Het verzetschrift wordt binnen twee weken na de betekening van het dwangbevel ingediend bij de rechtbank van het arrondissement waar het adres is van degene aan wie de administratieve sanctie is opgelegd. Wordt binnen twee weken na de betekening tot inbeslagneming overgegaan, dan wordt het verzetschrift binnen een week na de dag van inbeslagneming ingediend. Bij het verzetschrift worden het dwangbevel en een afschrift van het exploit van betekening van het dwangbevel overgelegd.
4. Degene aan wie de administratieve sanctie is opgelegd, is een griffierecht verschuldigd. De griffier wijst de indiener van het verzetschrift op de verschuldigdheid van het griffierecht en deelt hem mee dat het verschuldigde bedrag binnen twee weken na de dag van verzending van

Verkeersboetes, verhaal krachtens dwangbevel

zijn mededeling dient te zijn bijgeschreven op de rekening van de rechtbank dan wel ter griffie te zijn gestort. Indien het bedrag niet binnen deze termijn is bijgeschreven of gestort, wordt het verzet niet-ontvankelijk verklaard, tenzij redelijkerwijs niet kan worden geoordeeld dat de indiener in verzuim is geweest.

5. Indien de in het derde lid bedoelde stukken niet zijn overgelegd, deelt de griffier de indiener van het verzetschrift mee dat deze stukken binnen twee weken na de dag van verzending van zijn mededeling ter griffie dienen te zijn overgelegd. Indien dit laatste niet binnen deze termijn is geschied, wordt het verzet niet-ontvankelijk verklaard, tenzij redelijkerwijs niet kan worden geoordeeld dat de indiener in verzuim is geweest.

6. De griffier brengt het verzetschrift en de daarop betrekking hebbende stukken ter kennis van Onze Minister, ten einde hem in de gelegenheid te stellen daarover de nodige opmerkingen te maken. Onze Minister stelt de betrokken gerechtsdeurwaarder ervan in kennis dat verzet is gedaan. De kantonrechter geeft zo spoedig mogelijk na afloop van deze termijn, na zo nodig degene aan wie de administratieve sanctie is opgelegd te hebben gehoord, althans opgeroepen om te verschijnen, zijn met redenen omklede beschikking, welke onverwijld aan degene die het verzet heeft gedaan en aan Onze Minister wordt medegedeeld. De artikelen 13a en 13b zijn van overeenkomstige toepassing, met uitzondering van de laatste volzin van artikel 13b, eerste lid, en met dien verstande dat hetgeen in die artikelen met betrekking tot de officier van justitie is bepaald, geldt voor Onze Minister.

7. Indien de kantonrechter het verzet gegrond oordeelt, houdt de beschikking tevens in dat aan de indiener van het verzetschrift het door hem betaalde griffierecht wordt vergoed door de griffier. In de overige gevallen kan de kantonrechter bepalen dat het betaalde griffierecht wordt vergoed.

8. Ten aanzien van derden die bij een inbeslagneming van goederen daarop geheel of gedeeltelijk recht menen te hebben, zijn de bepalingen van het Wetboek van Burgerlijke Rechtsvordering van toepassing.

9. De kosten van het verhaal krachtens dit artikel worden op gelijke voet als de administratieve sanctie op degene aan wie deze sanctie is opgelegd verhaald. Onder de kosten van het verhaal zijn begrepen de invorderingskosten.

Art. 26a

Verkeersboetes, hoger beroep

1. Onze Minister, alsmede degene aan wie de administratieve sanctie is opgelegd, kunnen tegen de beschikking van de kantonrechter binnen twee weken na de verzending van de mededeling van de kantonrechter hoger beroep instellen bij het gerechtshof Arnhem-Leeuwarden. Het beroepschrift wordt ingediend bij de griffie van de rechtbank die de beschikking heeft gegeven.

2. Degene aan wie de administratieve sanctie is opgelegd, is in zijn beroep slechts ontvankelijk na voorafgaande zekerheidstelling van het nog verschuldigde bedrag en van al de kosten. De zekerheid wordt gesteld bij Onze Minister, hetzij op de door Onze Minister voorgeschreven wijze, hetzij anderszins door overboeking op de rekening van Onze Minister. De griffier van de rechtbank wijst de indiener van het beroepschrift op de verplichting tot zekerheidstelling en deelt hem mee dat de zekerheidstelling dient te geschieden binnen twee weken na de dag van verzending van zijn mededeling. Indien de zekerheidstelling niet binnen deze termijn is geschied, wordt het beroep niet-ontvankelijk verklaard, tenzij redelijkerwijs niet kan worden geoordeeld dat de indiener in verzuim is geweest.

3. Degene aan wie de administratieve sanctie is opgelegd, is eveneens een griffierecht verschuldigd. De griffier van de rechtbank wijst de indiener van het beroepschrift op de verschuldigdheid van het griffierecht en deelt hem mee dat het verschuldigde bedrag binnen twee weken na de dag van verzending van zijn mededeling dient te zijn bijgeschreven op de rekening van de rechtbank dan wel ter griffie te zijn gestort. Indien het griffierecht niet binnen deze termijn is bijgeschreven of gestort, wordt het beroep niet-ontvankelijk verklaard, tenzij redelijkerwijs niet kan worden geoordeeld dat de indiener in verzuim is geweest.

4. Nadat de zekerheidstelling en de bijschrijving of de storting van het griffierecht hebben plaatsgevonden of nadat de termijnen voor het stellen van de zekerheid en de betaling van het griffierecht ongebruikt zijn verstreken, zendt de griffier van de rechtbank het beroepschrift met de daarop betrekking hebbende stukken en een afschrift van de beschikking van de kantonrechter onverwijld ter griffie van het gerechtshof in.

5. Op de behandeling van het hoger beroep zijn de artikelen 16 tot en met 20c van overeenkomstige toepassing, met dien verstande dat Onze Minister zich bij de behandeling van het hoger beroep door een gemachtigde laat vertegenwoordigen.

6. Het gerechtshof beslist zo spoedig mogelijk. De artikelen 13a en 13b, met uitzondering van de laatste volzin van artikel 13b, eerste lid, en 20d, eerste en derde lid, zijn op de beschikking van overeenkomstige toepassing, met dien verstande dat hetgeen in die artikelen met betrekking tot de officier van justitie is bepaald, geldt voor Onze Minister.

7. Afschrift van de beschikking wordt door de griffier van het gerechtshof gezonden aan degenen die tot het instellen van hoger beroep gerechtigd waren.

Art. 27
1. Verhaal kan zonder dwangbevel worden genomen op:
a. inkomsten in geld uit arbeid van degene aan wie een administratieve sanctie is opgelegd;
b. pensioenen, wachtgelden en andere uitkeringen waarop degene aan wie de administratieve sanctie is opgelegd, aanspraak heeft;
c. het tegoed van een rekening bij een bank als bedoeld in artikel 1:1 van de Wet op het financieel toezicht, waarover degene aan wie de administratieve sanctie is opgelegd te eigen bate mag beschikken, alsmede, indien de bank en degene aan wie een administratieve sanctie is opgelegd in samenhang met die rekening een overeenkomst inzake krediet zijn aangegaan, op uit het ingevolge die overeenkomst verstrekte krediet.

2. Verhaal met toepassing van het eerste lid geschiedt door middel van een schriftelijke kennisgeving van Onze Minister. De kennisgeving bevat een voor de uitoefening van verhaal voldoende aanduiding van degene aan wie de administratieve sanctie is opgelegd, en vermeldt welk bedrag uit hoofde van de beschikking nog verschuldigd is, dan wel bij welke rechterlijke uitspraak de administratieve sanctie is opgelegd, alsmede de plaats waar de betaling moet geschieden. Zij wordt verstrekt aan degene onder wie verhaal wordt genomen, en nadat verhaal is genomen toegezonden aan het adres dat betrokkene heeft opgegeven of, indien dat niet mogelijk is en de gedraging waarvoor de administratieve sanctie is opgelegd heeft plaatsgevonden met of door middel van een motorrijtuig waarvoor een kenteken is opgegeven, aan het adres dat is opgenomen in het kentekenregister. Indien de brief onbestelbaar blijkt te zijn, wordt de kennisgeving gezonden naar het in de basisregistratie personen vermelde adres, tenzij dit hetzelfde is als hetgeen is opgenomen in het kentekenregister. Indien de brief ook op het in de basisregistratie personen opgenomen adres onbestelbaar blijkt te zijn, wordt de kennisgeving geacht aan de betrokkene bekend te zijn.

3. Door de verstrekking van de kennisgeving is degene onder wie verhaal wordt genomen, verplicht tot onverwijlde betaling aan Onze Minister van het in de kennisgeving bedoelde bedrag voor zover degene aan wie de administratieve sanctie is opgelegd op hem een opeisbare vordering heeft of verkrijgt. Onze Minister bepaalt de termijn waarbinnen de betaling moet geschieden. De verplichting tot betaling vervalt zodra het uit hoofde van de beschikking verschuldigde bedrag is betaald of verhaald en uiterlijk wanneer acht weken na de dag van verstrekking van de kennisgeving zijn verstreken.

4. Degene onder wie verhaal wordt genomen, kan zich niet tegenover Onze Minister beroepen op het tenietgaan of de vermindering van zijn schuld aan degene aan wie de administratieve sanctie is opgelegd door betaling of door verrekening met een tegenvordering dan in de gevallen waarin hij daartoe ook bevoegd zou zijn geweest bij een op het tijdstip van de betekening overeenkomstig het Wetboek van Burgerlijke Rechtsvordering gelegd beslag onder derden. Indien een andere schuldeiser op de vordering waarop het verhaal wordt genomen, beslag heeft gelegd, is artikel 478 van het Wetboek van overeenkomstige toepassing. Het verhaal wordt voor de toepassing van de artikelen 33 en 301 van de Faillissementswet met een beslag onder derden gelijkgesteld.

5. Indien verhaal is genomen op vordering van degene aan wie de administratieve sanctie is opgelegd als bedoeld in het eerste lid, onder a en b, zijn de artikelen 475a tot en met 475g en 475i, tweede tot en met vijfde lid, van het Wetboek van Burgerlijke Rechtsvordering van overeenkomstige toepassing.

6. Iedere belanghebbende kan binnen zes weken na de verzending van de in het tweede lid bedoelde kennisgeving bij de kantonrechter een met redenen omkleed verzetschrift verzet doen tegen het verhaal. Artikel 26, derde tot en met negende lid, en artikel 26a zijn van overeenkomstige toepassing.

7. De kosten van het verhaal krachtens dit artikel worden op gelijke voet als de administratieve sanctie op degene aan wie deze sanctie is opgelegd verhaald. Onder de kosten van het verhaal zijn begrepen de invorderingskosten.

8. Verhaal zonder dwangbevel kan niet worden genomen als degene aan wie de administratieve sanctie is opgelegd, valt onder de schuldsaneringsregeling natuurlijke personen, bedoeld in Titel III van de Faillissementswet.

Art. 27a
Bij algemene maatregel van bestuur kan worden bepaald dat de staat geldbedragen, verkregen uit de tenuitvoerlegging van administratieve sancties, op een daarbij vast te stellen grondslag en naar daarbij vast te stellen regelen ten goede laat komen aan een rechtspersoon die krachtens het publiekrecht is ingesteld.

Art. 28
1. De officier van justitie kan, indien niet of niet volledig verhaal overeenkomstig de artikelen 26 en 27 heeft plaatsgevonden, bij de kantonrechter van de rechtbank van het arrondissement waar het adres is van degene aan wie de administratieve sanctie is opgelegd een vordering instellen om te worden gemachtigd om per gedraging waarvoor een administratieve sanctie is opgelegd het dwangmiddel gijzeling toe te passen van degene aan wie de administratieve sanctie is opgelegd, voor ten hoogste één week. Indien degene aan wie de administratieve

sanctie is opgelegd als ingezetene is ingeschreven in de basisregistratie personen, maar niet op het daarin opgenomen adres woonachtig is, dan wel indien degene aan wie de administratieve sanctie is opgelegd geen bekende woon- of verblijfplaats in Nederland heeft, geschiedt de instelling van de bovenbedoelde vordering bij de rechtbank Noord-Nederland. Een verleende machtiging om gijzeling toe te passen kan tot uiterlijk vijf jaar nadat de opgelegde administratieve sanctie onherroepelijk is geworden, worden uitgevoerd. Indien betaling in termijnen door Onze Minister is toegestaan, wordt de termijn waarin een verleende machtiging gijzeling toe te passen kan worden uitgevoerd, verlengd met één jaar.

2. Op de vordering wordt niet beslist dan nadat degene aan wie de sanctie is opgelegd door de kantonrechter is gehoord, althans behoorlijk is opgeroepen. De oproeping van degene die als ingezetene is ingeschreven op een in de basisregistratie personen opgenomen adres, maar niet op het daarin opgenomen adres woonachtig is, dan wel geen bekende woon- of verblijfplaats in Nederland heeft, geschiedt in de Staatscourant. Tegen de beslissing staat geen rechtsmiddel open.

3. De officier van justitie of de ambtenaar die door hem is belast met de toepassing van de gijzeling heeft voor het in gijzeling stellen van de betrokkene toegang tot elke plaats.

4. De toepassing van het dwangmiddel wordt gestaakt, zodra het verschuldigde bedrag aan de instantie, belast met deze toepassing, is betaald. De toepassing van het dwangmiddel heft de verschuldigdheid niet op.

Nadere regels
5. Bij algemene maatregel van bestuur worden regels gesteld omtrent de tenuitvoerlegging van de gijzeling als bedoeld in het eerste lid.

Art. 28a

Verkeersboetes, inneming rijbewijs
Indien niet of niet volledig verhaal overeenkomstig de artikelen 26 en 27 heeft plaatsgevonden, kan Onze Minister het rijbewijs innemen van degene aan wie de administratieve sanctie is opgelegd. Onze Minister kan tot uiterlijk vijf jaar nadat de opgelegde administratieve sanctie onherroepelijk is geworden van zijn bevoegdheid gebruik maken. Indien betaling in termijnen door Onze Minister is toegestaan, wordt de termijn waarin van de bevoegdheid gebruik kan worden gemaakt, verlengd met één jaar. De inneming van het rijbewijs duurt ten hoogste vier weken.

Art. 28b

Verkeersboetes, buitengebruikstelling voertuig
Indien niet of niet volledig verhaal overeenkomstig de artikelen 26 en 27 heeft plaatsgevonden, kan Onze Minister het voertuig waarmee de gedraging heeft plaatsgevonden buiten gebruik stellen of, indien dit voertuig niet wordt aangetroffen, een soortgelijk voertuig waarover degene aan wie de administratieve sanctie is opgelegd, vermag te beschikken. Onze Minister kan tot uiterlijk vijf jaar nadat de opgelegde administratieve sanctie onherroepelijk is geworden van zijn bevoegdheid gebruik maken. Indien betaling in termijnen door Onze Minister is toegestaan, wordt de termijn waarin van de bevoegdheid gebruik kan worden gemaakt, verlengd met één jaar. De buitengebruikstelling duurt ten hoogste vier weken.

Art. 29

Verkeersboetes, overbrenging en bewaring voertuig
1. Indien degene wiens voertuig buiten gebruik kan worden gesteld door Onze Minister niet terstond voldoet aan het overeenkomstig artikel 23, derde lid, en artikel 25 verhoogde bedrag van de administratieve sanctie, is Onze Minister bevoegd het voertuig op kosten van de betrokkene naar een door hem aangewezen plaats te doen overbrengen en in bewaring te doen stellen. Het voertuig wordt tussentijds aan de rechthebbende teruggegeven tegen betaling van het bedrag van de administratieve sanctie en de daarop gevallen verhogingen, alsmede van de kosten van overbrenging en bewaring.

2. Onze Minister is tevens bevoegd om in het in het eerste lid bedoelde geval aan het voertuig een mechanisch hulpmiddel te doen aanbrengen, waardoor wordt verhinderd dat het voertuig wordt weggereden. Het mechanisch hulpmiddel wordt tussentijds niet verwijderd dan nadat het bedrag van de administratieve sanctie en de daarop gevallen verhogingen, alsmede de kosten van het aanbrengen en van het verwijderen ervan zijn voldaan.

3. Indien twaalf weken na de aanvang van de buitengebruikstelling de rechthebbende zijn voertuig niet heeft afgehaald, wordt hij geacht zijn recht op de zaak te hebben opgegeven en is Onze Minister bevoegd het voertuig om niet aan een derde in eigendom te doen overdragen, te doen verkopen of te doen vernietigen. Gelijke bevoegdheid bestaat ook binnen de bedoelde termijn, zodra het gezamenlijke bedrag van de opgelegde administratieve sanctie, de daarop gevallen verhoging, de kosten van het aanbrengen en het verwijderen, alsmede de kosten van overbrenging en bewaring, vermeerderd met de voor de verkoop, de eigendomsoverdracht om niet of de vernietiging geraamde kosten, in verhouding tot de waarde van het voertuig naar zijn oordeel onevenredig hoog zou worden.

Nadere regels
4. Bij of krachtens algemene maatregel van bestuur kunnen nadere regels worden gesteld omtrent de overbrenging, bewaring, eigendomsoverdracht om niet, verkoop, vernietiging, de berekening van de kosten van overbrenging en bewaring, alsmede omtrent hetgeen verder voor de uitvoering van dit artikel noodzakelijk is.

Wet administratiefrechtelijke handhaving verkeersvoorschriften   C18 art. 33

Art. 30
1. Degene wiens rijbewijs kan worden ingenomen door Onze Minister, is verplicht op eerste vordering van Onze Minister het rijbewijs in te leveren op een door Onze Minister te bepalen tijdstip en aan te wijzen plaats.
2. De termijn, bedoeld in artikel 28a, vangt aan op het tijdstip waarop de inlevering van het rijbewijs heeft plaatsgevonden.
3. Indien aan de verplichting tot inlevering van het rijbewijs niet wordt voldaan, is Onze Minister bevoegd dat rijbewijs op kosten van de in het eerste lid bedoelde persoon te doen inleveren. Afdeling 5.3 van de Algemene wet bestuursrecht is niet van toepassing.
4. Onze Minister doet van het tijdstip, bedoeld in het eerste en in het tweede lid, onverwijld mededeling aan de beheerder van het rijbewijzenregister in de zin van de Wegenverkeerswet 1994. Onze Minister doet op gelijke wijze mededeling van het tijdstip waarop het rijbewijs is teruggegeven.

Verkeersboetes, inleveren rijbewijs

Hoofdstuk IX
Voorlopige maatregelen

Art. 31
1. Indien de in artikel 3, eerste lid, bedoelde ambtenaren bij de uitoefening van de in artikel 3, eerste lid, omschreven bevoegdheid bevinden dat de bestuurder geen bekende woon- of verblijfplaats in Nederland heeft, dan wel geregistreerd staat voor het niet voldoen van een hem eerder overeenkomstig de bepalingen van deze wet opgelegde administratieve sanctie, kunnen zij vorderen dat het bedrag van de opgelegde en van de reeds verschuldigde administratieve sanctie en van de administratiekosten terstond geheel zal worden voldaan dan wel dat zekerheid wordt gesteld dat het bedrag van de bedoelde sanctie tijdig geheel zal worden voldaan.
2. Indien de in artikel 3, eerste lid, bedoelde ambtenaren hebben vastgesteld dat de gedraging heeft plaatsgevonden met of door middel van een motorrijtuig waarvoor een kenteken is opgegeven, en niet aanstonds is vastgesteld wie daarvan de bestuurder is en waarvan aannemelijk is dat de kentekenhouder geen bekende woon- of verblijfplaats in Nederland heeft, dan wel dat de kentekenhouder geregistreerd staat voor het niet voldoen van een hem eerder overeenkomstig de bepalingen van deze wet opgelegde sanctie, zijn zij bevoegd bij wijze van voorlopige maatregel het voertuig naar een door hen aangewezen plaats te doen overbrengen en in bewaring te stellen, dan wel aan het voertuig een mechanisch hulpmiddel te doen aanbrengen, waardoor wordt verhinderd dat het voertuig wordt weggereden. Zij kunnen vorderen dat, alvorens het voertuig aan de bestuurder wordt teruggegeven, naast de kosten van overbrenging en bewaring, eveneens het bedrag van de opgelegde administratieve sanctie en de administratiekosten en van de eerder overeenkomstig de bepalingen van deze wet opgelegde en inmiddels verschuldigde administratieve sanctie en de administratiekosten zal worden voldaan.
3. Voldoening van het bedrag van de opgelegde administratieve sanctie en van de administratiekosten laat de bevoegdheid tegen de beschikking van de ambtenaar beroep in te stellen als omschreven in de artikelen 6 en 9 onverlet. Wordt het beroep gegrond verklaard, dan wordt het bedrag van de administratieve sanctie en van de administratiekosten teruggegeven. Artikel 29, derde en vierde lid, is van overeenkomstige toepassing.

Verkeersboetes, bestuurder zonder bekende woonplaats of eerdere boete niet voldaan

Verkeersboetes, kentekenhouder zonder bekende woonplaats of eerdere boete niet voldaan

Art. 32
Indien aan de in artikel 31, eerste lid, bedoelde vordering niet wordt voldaan, is de ambtenaar bevoegd bij wijze van voorlopige maatregel het voertuig in bewaring te stellen, totdat het bedrag van de opgelegde en van de reeds verschuldigde administratieve sanctie en van de administratiekosten, alsmede de inmiddels daarop gevallen kosten van de inbewaringstelling zijn voldaan. Daartoe kan hij op kosten van de bestuurder het voertuig naar een door hem aangewezen nabijgelegen plaats overbrengen of doen overbrengen en aldaar in bewaring doen stellen. Zo nodig roept hij hierbij de hulp van de sterke arm in. Artikel 29, derde en vierde lid, is van overeenkomstige toepassing.

Verkeersboetes, inbewaringstelling voertuig

Art. 33
1. Van iedere inbewaringstelling maakt de betrokken ambtenaar proces-verbaal op. Hij zendt dit proces-verbaal binnen vierentwintig uur aan de officier van justitie in het arrondissement waar de inbewaringstelling is geschied. Een afschrift van het proces-verbaal wordt gelijktijdig uitgereikt of toegezonden aan de bestuurder, alsmede aan degene aan wie het kenteken van het motorrijtuig is opgegeven. Daarbij wordt hij gewezen op het bepaalde in artikel 29, derde lid.
2. Tegen een inbewaringstelling kan elke belanghebbende beroep instellen bij de rechtbank op grond dat
a. de inbewaringstelling met een algemeen verbindend voorschrift strijdt;
b. de ambtenaar van zijn in artikel 32 omschreven bevoegdheid op een kennelijk onredelijke wijze heeft gebruik gemaakt.
3. Het beroepschrift wordt ingediend bij de officier van justitie in het arrondissement waar de inbewaringstelling is geschied. De officier van justitie brengt het beroepschrift en de op de

zaak betrekking hebbende stukken ter kennis van de rechtbank van het arrondissement waar de inbewaringstelling is geschied.
4. Het beroepschrift en de op de zaak betrekking hebbende stukken worden door de officier van justitie aan de rechtbank ter kennis gebracht binnen vier dagen nadat de indiener zekerheid heeft gesteld voor de betaling van de sanctie, dan wel nadat de termijn daarvoor is verstreken.
5. De kantonrechter beslist zo spoedig mogelijk, doch uiterlijk binnen vier weken na de dag waarop het beroepschrift bij de officier van justitie is ingediend. Ten aanzien van de behandeling van het beroepschrift en de uitspraak zijn de artikelen 11, derde, vierde lid en vijfde lid, 12, 13, 13a en 13b van overeenkomstige toepassing.
6. Indien de kantonrechter het beroepschrift gegrond acht, gelast hij de onmiddellijke teruggave van het voertuig.
7. Het instellen van beroep schorst de bevoegdheid van de officier van justitie, bedoeld in artikel 29, derde lid, tot de dag na die waarop de kantonrechter zijn beslissing heeft gegeven.

Hoofdstuk X
Overige bepalingen

Art. 34

Verkeersboetes, tweede categorie

1. Met geldboete van de tweede categorie wordt gestraft:
   a. hij die niet voldoet aan vordering van een krachtens artikel 3, eerste lid, aangewezen toezichthouder;
   b. hij die de gegevens waarop de in het eerste lid bedoelde vordering betrekking heeft, onjuist opgeeft;
   c. hij die niet voldoet aan de in artikel 30 omschreven verplichting.

Verkeersboetes, overtreding

2. Het strafbare feit is een overtreding.

Art. 35

Nadere regels

Bij algemene maatregel van bestuur kunnen voorschriften worden gegeven omtrent hetgeen verder ter uitvoering van deze wet nodig is.

Art. 36

Verkeersboetes, verzetschrift

1. Behoudens in geval van een verzetschrift als bedoeld in artikel 26, derde lid, een beroepschrift bedoeld in artikel 26a en een verzetschrift als bedoeld in artikel 27, zesde lid, is op grond van deze wet geen recht verschuldigd in de zin van de Wet griffierechten burgerlijke zaken.
2. Indien het verzetschrift wordt ingetrokken omdat Onze Minister geheel of gedeeltelijk aan de indiener van het verzetschrift is tegemoetgekomen, wordt het door de indiener betaalde griffierecht aan hem vergoed door Onze Minister. In de overige gevallen kan Onze Minister, indien het verzet wordt ingetrokken, het betaalde griffierecht geheel of gedeeltelijk vergoeden.

Hoofdstuk XI
Slotbepalingen

Art. 37-43

[Vervallen]

Art. 44

Citeertitel

Deze wet kan worden aangehaald als: Wet administratiefrechtelijke handhaving verkeersvoorschriften.

Wet op de economische delicten[1]

Wet van 22 juni 1950, houdende vaststelling van regelen voor de opsporing, de vervolging en de berechting van economische delicten

Wij JULIANA, bij de gratie Gods, Koningin der Nederlanden, Prinses van Oranje-Nassau, enz., enz., enz.
Allen, die deze zullen zien of horen lezen, saluut! doen te weten:
Alzo Wij in overweging genomen hebben, dat het wenselijk is, het Besluit berechting economische delicten te vervangen door een wet, die de doeltreffendheid bevordert van de opsporing, vervolging en berechting van handelingen, welke schadelijk zijn voor het economische leven, en die in het bijzonder daarin meer eenheid brengt;
Zo is het, dat Wij, de Raad van State gehoord, en met gemeen overleg der Staten-Generaal, hebben goedgevonden en verstaan, gelijk Wij goedvinden en verstaan bij deze:

Titel I
Van de economische delicten

Art. 1

Economische delicten zijn:
1°. overtredingen van voorschriften, gesteld bij of krachtens:
de Aanpassingswet Algemene douanewet, artikel XLIX, eerste lid;
de Algemene douanewet, de artikelen 1:4, eerste en tweede lid, en 3:1, voorzover betrekking hebbend op goederen die ingevolge regelingen van internationaal of nationaal recht worden aangemerkt als strategische goederen;
de Arbeidsomstandighedenwet, de artikelen 6, eerste lid, eerste volzin, 28, zesde lid, 28a, zesde lid, 32, en – voor zover aangewezen als strafbare feiten – de artikelen 6, eerste lid, tweede volzin, en 16, tiende lid;
de Arbeidstijdenwet, de artikelen 8:3, 8:3a, zesde lid, en een niet naleven als bedoeld in artikel 11:3;
de Distributiewet, de artikelen 4, 5, 6, 7, 8, 15, tweede, vierde en vijfde lid, 16 en 17;
Drinkwaterwet, de artikelen: 4, eerste lid, 21, 22, 23, 25 tot en met 35, 38, 49 en 51;
de Geneesmiddelenwet, de artikelen 18, eerste lid, 28, eerste lid, 34, 37, derde lid, 38, eerste lid, 39, eerste lid, 40, eerste en tweede lid, 61, eerste lid, 62, eerste en derde lid, 67 en 67a, eerste lid;
de Hamsterwet, de artikelen 3 en 4;
de Landbouwwet, artikel 19;
de Mijnbouwwet, de artikelen 6, 13, 22, vijfde lid, 23, 25, 29, eerste, derde en vierde lid, 31d, eerste lid, 31i, 33, 33a, 34, eerste en derde lid, 36, tweede en derde lid, 39, 40, 41, 42, 43, 44, 45, 45b, 45c, 45d, 45e, 45f, 45g, 45h, 45i, 45j, 45k, 45l, 45m, 45n, 45o, 45p, 45q, 46, 47, 48, 49, 50, 51, 52, 52e, eerste lid, 52f, eerste lid, 52g, vijfde lid, 52h 91, tweede lid, 102, 120, 123, 130 en 151;
de Noodwet financieel verkeer, de artikelen 3, 4, 5, 6, 11, 12, 17, 18, 26 en 28, tweede lid;
de Noodwet voedselvoorziening, de artikelen 6, 7, 9, 10, 11, tweede lid, 12, 13, 22, 23, 24, eerste lid, 25 en 29;
de Overgangswet elektriciteitsproductiesector, de artikelen 8, tweede lid, en 12;
de Prijzennoodwet, de artikelen 5, 6, tweede lid, en - voor zover aangeduid als strafbare feiten - 8 en 9;
de Sanctiewet 1977, de artikelen 2, 7 en 9, voor zover betrekking hebbend op de onderwerpen, bedoeld in artikel 3;
de Spoorwegwet, artikel 96, tweede lid;
de Telecommunicatiewet, de artikelen 3.13, eerste lid, 3.22, 10.1, 10.11, tweede lid, 10.15, eerste lid, 10.17, eerste lid, 11a.1, vijfde en zesde lid, 14a.9, tweede lid, en 18.9;
de Uitvoeringswet verdrag biologische wapens, de artikelen 2, eerste en derde lid, 3 en 4;
de Uitvoeringswet verdrag chemische wapens, de artikelen 2 en 3, eerste lid;
de Verordening (EU) nr. 596/2014 van het Europees Parlement en de Raad van 16 april 2014 betreffende marktmisbruik en inhoudende intrekking van Richtlijn 2003/6/EG van het Europees Parlement en de Raad en Richtlijnen 2003/124, 2003/125/EG en 2004/72/EG van de Commissie (PbEU 2014 L 173), de artikelen 14 en 15;
de Wet allocatie arbeidskrachten door intermediairs, artikel 22, zesde lid;

Economische delicten, begripsbepalingen

---

1 Inwerkingtredingsdatum: 14-03-1951; zoals laatstelijk gewijzigd bij: Stb. 2021, 135.

de Wet arbeid vreemdelingen, artikel 17b, zesde lid;
de Wet dieren, de artikelen 2.2, vijfde lid, negende en tiende lid voor wat betreft de onderwerpen, bedoeld in het tiende lid, onderdelen a en e en onderdeel r, voor zover dat onderdeel betrekking heeft op regels als bedoeld in onderdeel e, 2.7, eerste en tweede lid voor wat betreft de onderwerpen, bedoeld in het tweede lid, onderdeel a, onder 1°, 2.8, eerste lid, onderdeel b en c, 2.10, tweede tot en met vierde lid, 2.12, 2.17, 2.18, eerste en tweede lid, 2.19, eerste lid, 2.20, eerste en tweede lid voor wat betreft de onderwerpen, bedoeld in het tweede lid, onderdelen a, onder 1°, b, c, e en f, 2.21, eerste en derde lid, 2.22, eerste en derde lid, 2.25, eerste en derde lid, 3.1, eerste en tweede lid voor wat betreft de onderwerpen, bedoeld in het tweede lid, onderdelen a, b, d, f, i, j, k, l, m en n, 3.2, 5.1, derde lid, tweede volzin, 5.4, eerste lid, 5.5, eerste lid, 5.6, eerste en vijfde lid, 5.11, eerste lid, 5.12, eerste lid, 5.15, eerste en vierde lid, 8.4, en artikel 2.8, eerste lid, onderdeel a, en derde en vierde lid voor wat betreft de onderwerpen, bedoeld in het vierde lid, onderdelen a, b en c, voor zover deze overtredingen plaatsvinden in de uitoefening van een bedrijf waar dieren van krachtens artikel 2.3, tweede lid, aangewezen soorten of categorieën, worden gehouden, artikel 5.10, eerste lid, voor zover deze overtredingen plaatsvinden in de uitoefening van een bedrijf, of een of meer van de voornoemde bepalingen in samenhang met artikel 6.2, eerste lid, artikel 6.4, eerste lid, of artikel 7.5, derde lid;
de Wet goedkeuring en uitvoering Markham-overeenkomst artikel 6;
de Wet financiële betrekkingen buitenland 1994, artikel 5, eerste lid;
de Wet lokaal spoor, artikel 49, tweede lid;
de Wet minimumloon en minimumvakantiebijslag, artikel 18i, zesde lid;
de Wet precursoren voor explosieven, artikel 3, eerste lid;
de Wet ruimtevaartactiviteiten, de artikelen 3, eerste en derde lid, 7, derde lid, en 10;
de Wet strategische diensten, de artikelen 2, eerste, tweede en vierde lid, 3, eerste lid, 4, eerste, derde, vierde en vijfde lid, 5, eerste en tweede lid, 6, eerste en tweede lid, 7, eerste, tweede en derde lid, 8, 9, eerste lid, 10, eerste lid, 11, 15 en 22;
de Wet voorkoming misbruik chemicaliën, de artikelen 2, onder a, en 4, tweede lid.
2°. overtredingen van voorschriften, gesteld bij of krachtens:
de Algemene douanewet, de artikelen 1:4, eerste en tweede lid, en 3:1, voorzover betrekking hebbend op goederen die niet ingevolge regelingen van internationaal of nationaal recht worden aangemerkt als strategische goederen;
de Bankwet 1998, artikel 9a, eerste tot en met derde lid;
de Bodemproductiewet 1939, artikel 3;
Drinkwaterwet, de artikelen 15 en 17, tweede lid;
de Erfgoedwet, de artikelen 4.2, 4.3, 4.4, 4.5, 4.6, 4.7, 4.8, 4.22 en 4.23;
de Landbouwwet, de artikelen 17, 18, 20, 22, 24, 25, 26, 27, 28, 29, 47, en 51;
de Telecommunicatiewet, de artikelen 3.20, eerste tot en met derde lid, 10.8, 10.16, eerste lid, laatste volzin, 13.1, 13.2, 13.2a, 13.2b, 13.4, eerste lid, 13.5 en 13.9;
de verordening (EG) nr. 2100/94 van de Raad van de Europese Unie van 27 juli 1994 inzake het communautaire kwekersrecht (PbEG L 227), de artikelen 13, tweede lid, 17, eerste en tweede lid en 18, derde lid;
de verordening (EG) nr. 2271/96 van de Raad van de Europese Unie van 22 november 1996 tot bescherming tegen de gevolgen van de extraterritoriale toepassing van rechtsregels uitgevaardigd door een derde land en daarop gebaseerde of daaruit voortvloeiende handelingen (PbEG L 309), artikel 2, eerste en tweede alinea, en artikel 5, eerste alinea;
de verordening (EG) nr. 1338/2001 van de Raad van de Europese Unie van 28 juni 2001 tot vaststelling van maatregelen die noodzakelijk zijn voor de bescherming van de euro tegen valsemunterij (PbEG L 181), artikel 6, eerste lid;
de verordening (EU) nr. 1210/2010 van het Europees Parlement en de Raad van 15 december 2010 betreffende de echtheidscontrole van euromunten en de behandeling van euromunten die ongeschikt zijn voor de circulatie (PbEU 2010, L 339), de artikelen 3 en 4;
de Verordening (EU) nr. 2016/1011 van het Europees Parlement en de Raad van 8 juni 2016 betreffende indices die worden gebruikt als benchmarks voor financiële instrumenten en financiële overeenkomsten of om de prestatie van beleggingsfondsen te meten en tot wijziging van Richtlijnen 2008/48/EG en 2014/17/EU en Verordening (EU) nr. 596/2014 (PbEU 2016, L 171), de artikelen 29, eerste lid en 34, eerste lid;
de Verordening (EU) nr. 596/2014 van het Europees Parlement en de Raad van 16 april 2014 betreffende marktmisbruik en inhoudende intrekking van Richtlijn 2003/6/EG van het Europees Parlement en de Raad en Richtlijnen 2003/124, 2003/125/EG en 2004/72/EG van de Commissie (PbEU 2014 L 173), de artikelen 17, 18, 19 en 20;
de verordening (EU) nr. 2017/1129 van het Europees Parlement en de Raad van 14 juni 2017 betreffende het prospectus dat moet worden gepubliceerd wanneer effecten aan het publiek worden aangeboden of tot de handel op een gereglementeerde markt worden toegelaten en tot intrekking van Richtlijn 2003/71/EG (PbEU 2017, L 168): artikel 3, eerste en derde lid;

de verordening (EU) 2019/452 van het Europees Parlement en de Raad van 19 maart 2019 tot vaststelling van een kader voor de screening van buitenlandse directe investeringen in de Unie (PbEU 2019, L 79), artikel 9, vierde lid, tweede volzin;
de Wet dieren, de artikelen 2.2, negende en tiende lid voor wat betreft de onderwerpen, bedoeld in het tiende lid, onderdelen f tot en met p en onderdeel r, voor zover dat onderdeel betrekking heeft op regels als bedoeld in de onderdelen f tot en met p, 2.3, eerste lid, 2.5, eerste en tweede lid, 2.6, eerste en tweede lid voor wat betreft de onderwerpen, bedoeld in het tweede lid, onderdeel a, onder 2° en 3°, 2.7, eerste en tweede lid voor wat betreft de onderwerpen, bedoeld in het tweede lid, met uitzondering van onderdeel a, onder 1°, 2.8, derde en vierde lid voor wat betreft de onderwerpen, bedoeld in het vierde lid, onderdeel f, 2.11, eerste en tweede lid, artikel 2.16, eerste, derde en vierde lid, 2.20, eerste en tweede lid voor wat betreft de onderwerpen, bedoeld in het tweede lid, onderdelen a, onder 2°, d, g, h, i, j, k, en l, 2.23, en artikel 2.2, negende en tiende lid voor wat betreft de onderwerpen, bedoeld in het tiende lid, onderdelen b, c en d, en onderdeel r, voor zover dat onderdeel betrekking heeft op regels als bedoeld in de onderdelen b, c en d, 2.3, derde en vierde lid, 2.4, eerste, tweede en derde lid, voor zover deze overtredingen plaatsvinden in de uitoefening van een bedrijf waar dieren van krachtens artikel 2.3, tweede lid, aangewezen soorten of categorieën, worden gehouden, of een of meer van de voornoemde bepalingen in samenhang met artikel 6.2, eerste lid, artikel 6.4, eerste lid, of artikel 7.5, derde lid;
de Wet explosieven voor civiel gebruik, de artikelen 3, 10 en 17, eerste lid;
de Wet op het financieel toezicht, de artikelen 1:74, eerste lid, 2:3a, eerste lid, 2:3e, eerste lid, 2:3f, eerste lid, 2:3g, eerste lid, 2:3.0a, eerste lid, 2:3.0c, eerste lid, 2:3.0e, eerste lid, 2:3.0f, eerste lid, 2:4, eerste lid, 2:6, eerste lid, 2:8, eerste lid, 2:10a, eerste lid, 2:10e, eerste lid, 2:10f, eerste lid, 2:11, eerste lid, 2:15, tweede lid, 2:16, eerste en derde lid, 2:18, tweede lid, 2:20, 2:25, tweede lid, 2:26, 2:27, eerste lid, 2:36, eerste en tweede lid, 2:40, eerste lid, 2:48, eerste lid, 2:50, eerste lid, 2:54i, eerste lid, 2:54l, eerste lid, 2:54n, eerste lid, 2:54o, 2:55, eerste lid, 2:60, eerste lid, 2:65, 2:69b, eerste en tweede lid, 2:75, eerste lid, 2:80, eerste lid, 2:86, eerste lid, 2:92, eerste lid, 2:96, 2:99a, 2:2014a, eerste lid, 2:106a, eerste lid, 2:106.0a, eerste lid, 2:121a, eerste lid, 3:5, eerste lid, 3:6, eerste lid, artikel 3:7, eerste en vierde lid, 3:19a, 3:20a, 3:29a, eerste en tweede lid, 3:29b, 3:29c, eerste lid, 3:30, eerste lid, 3:35, eerste lid, 3:35a, eerste lid, 3:44, eerste lid, 3:51, 3:53, eerste lid, 3:54, derde lid, 3:55, tweede lid, 3:57, eerste en vierde lid 3:57a, 3:59, 3:62, tweede lid, 3:63, eerste tot en met derde lid, 3:67, eerste tot en met vijfde lid, 3:67a, 3:68, eerste en derde lid, 3:68a, eerste en tweede lid, artikel 3:69 eerste lid, 3:73a, eerste en tweede lid, 3:74b, eerste en tweede lid, 3:77, 3:88, eerste en tweede lid, 3:89, eerste lid, 3:95, eerste lid, 3:96, eerste lid, 3:97, eerste lid, 3:104, derde lid, 3:132, eerste lid, 3:135, eerste en derde lid, 3:136, eerste lid, 3:137, 3:143, 3:144, eerste lid, 3:155, tweede lid, 3:158, derde en vierde lid, 3:175, derde lid, 3:196, 3:267a, 3:267b, eerste tot en met het derde lid, 3:267h, eerste lid, 3:279, eerste en vierde lid, 3:281, 3:288a, eerste tot en met derde en vijfde lid, 3:288e, eerste lid, 3:288f, eerste lid, 3:288h, tweede en derde lid, 3:288i, eerste lid, 3:296, eerste, tweede, derde, vierde en achtste; 3:297, eerste, tweede en vijfde lid, 3:298, eerste en tweede lid, 4:3, eerste lid, 4:4, eerste lid, 4:4a, 4:24, derde lid, 4:26, eerste lid, 4:27, eerste, tweede en vierde lid, 4:31, eerste tot en met derde lid, 4:37l, eerste en tweede lid, 4:37o, eerste en tweede lid, 4:37s, eerste lid, 4:49, eerste tot en met vierde lid, 4:50, tweede lid, 4:52, eerste lid, 4:53, 4:59c, vierde lid, 4:60, derde lid, 4:62, eerste lid, 4:71, 4:71b, tweede en derde lid, 4:71c, eerste en tweede lid, 4:71d, 4:76a, eerste tot en met derde lid, 4:76b, eerste en tweede lid, 4:90b, vierde tot en met het zesde lid, 4:91a, negende lid, 4:91b, derde en vierde lid, 4:91da, vijfde lid, 4:100c, 5:26, eerste lid, 5:28, tweede lid, 5:30, 5:32, eerste en vierde lid, 5:32d, eerste lid, 5:34, eerste en tweede lid, 5:35, eerste tot en met vierde lid, 5:36, 5:38, eerste, tweede en derde lid, 5:39, eerste en tweede lid, 5:40, 5:41, eerste en tweede lid, 5:42, 5:43, eerste en tweede lid, 5:48, derde tot en met achtste lid, 5:68, eerste lid, 5:79;
de Wet financiële betrekkingen buitenland 1994, de artikelen 3, 4, 6, derde lid, en 8;
de Wet giraal effectenverkeer, de artikelen 49b, vierde en vijfde lid, artikel 49da, eerste, tweede, derde en vijfde lid, artikel 49db, eerste, tweede en derde lid en artikel 49dc;
de Wet kinderopvang, de artikelen 1.45 en 1.66;
Wet kwaliteit, klachten en geschillen zorg, artikel 11i, tweede lid;
de Wet laden en lossen zeeschepen, artikel 19, tweede tot en met vijfde lid;
de Wet marktordening gezondheidszorg, de artikelen 25, tweede lid, 35 35a, 35b, 36, eerste en tweede lid, 38, eerste, tweede en vierde lid, 40, eerste, tweede en derde lid, 60, 63 en 66, eerste lid, alsmede de regels, vastgesteld krachtens de artikelen 36, derde lid 37, eerste lid, 38, zevende lid, 40, vierde lid, en 45 46;
de Wet op het notarisambt, artikel 127, tweede lid;
de Wet precursoren voor explosieven, de artikelen 4, vijfde lid, en 9, eerste lid;
de Wet ter voorkoming van witwassen en financieren van terrorisme, de artikelen 2, 2a, 3, eerste lid, 4, eerste lid, 5, eerste tot en met derde lid, 8, 9, eerste lid, 10b, eerste en tweede lid, 10c, 16, 17, tweede lid, 23, eerste, tweede en vierde lid, 23a, 23b, 23e, 23g, 23h, 23i, 23j, 28, 33, 34 en 38;

de Wet toezicht accountantsorganisaties, de artikelen 5, eerste lid, 6, derde lid, 21a en 29a;
de Wet toezicht trustkantoren 2018, 3, 4, 5, 6, derde lid, 8, 10, 11, 12, 13, 14, 15, 16, 17, 18, 19, 20, 21, 22, 23, 25, 26, 27, 28, 29, 30, 30a, 31, 32, 33, 34, 35, 36, 37, 38, 39, 40, 67 en 68 van deze wet en artikel 5:20, eerste lid, van de Algemene wet bestuursrecht;
Wet voorkoming misbruik chemicaliën, artikel 2, onder b;
de Zaaizaad- en plantgoedwet 2005, de artikelen 39, 40, 41, 42, 46, 48, derde lid, 48a, 57 tot en met 60, 85 en 87.

3°. overtredingen van voorschriften, gesteld bij of krachtens:
de Elektriciteitswet 1998, artikel 86i, eerste lid;
de Gaswet, artikel 66h, eerste lid;
de Prijzenwet, de artikelen 2, 3, en - voor zover aangeduid als strafbare feiten - 11;
de Verordening (EU) nr. 596/2014 van het Europees Parlement en de Raad van 16 april 2014 betreffende marktmisbruik en inhoudende intrekking van Richtlijn 2003/6/EG van het Europees Parlement en de Raad en Richtlijnen 2003/124, 2003/125/EG en 2004/72/EG van de Commissie (PbEU 2014 L 173), artikel 11;
de Warenwet, artikel 21, tweede lid, 27, tweede lid, 30, derde lid;
de Wet op het financieel toezicht, de artikelen 5:70, eerste lid, 5:72, 5:74, eerste en vierde lid, 5:76 en 5:77;
de Wet luchtvaart, artikel 6.52;
de Wet op de kansspelen, de artikelen 1, eerste lid, onder a, b en d, 7c, tweede lid, 13, 14, 27, 30b, eerste lid, 30h, eerste lid, 30m, eerste lid, en 30t, eerste, tweede en vijfde lid;
de Wet personenvervoer 2000, de artikelen 7, 76, eerste lid, en 76e, tweede en derde lid;
de Woningwet, artikel 29a.

4°. overtredingen van voorschriften, gesteld bij of krachtens:
de Binnenvaartwet, de artikelen 5, eerste lid, 6, eerste lid en zesde lid, 7, eerste lid, 8, derde lid, 10, tweede lid, 11, 12, 13, vierde lid, 17, vijfde lid, 21, eerste lid, 22, negende lid, 23, eerste lid, 25, vierde lid en vijfde lid, 28, zevende lid, 31, vierde lid, 33, tweede lid, 36, vierde lid, 37, tweede lid, 39c, derde lid, 39e, en 43, tweede lid, voor zover deze overtredingen niet strafbaar zijn op grond van artikel 32 van de op 17 oktober 1868 te Mannheim tot stand gekomen Herziene Rijnvaartakte (Trb. 1955, 161);
het Buitengewoon Besluit Arbeidsverhoudingen 1945, artikel 8;
de Drank- en Horecawet, de artikelen 2, 3, 4, 12 tot en met 19, 20, eerste tot en met zesde lid, 21, 22, 24, 25, 25a tot en met 25d, 29, derde lid, 35, tweede en vierde lid, en 38;
Drinkwaterwet, de artikelen 14, 36, 37, 42, eerste lid, 43, 44 en 47;
de Handelsregisterwet 2007, de artikelen 27 en 47;
de Landbouwkwaliteitswet, de artikelen 2, eerste en tweede lid, en 3, tweede lid;
de Landbouwuitvoerwet 1938, de artikelen 2, 4 en 7;
de Luchtvaartwet, de artikelen 37ab, 37ae, eerste lid, 37f, derde lid, 37g, derde lid, of 37r;
de Metrologiewet, de artikelen 22, eerste lid, 23, eerste en tweede lid en vijfde lid, tweede volzin, 24, eerste, tweede en derde lid, en vierde lid, tweede volzin, 25, 26 en 36;
de Plantgezondheidswet, de artikelen 8, derde lid, 13, tweede lid, 15, vierde lid, 20, tweede lid, 24, derde lid en 25;
de Reconstructiewet concentratiegebieden, de artikelen 36, eerste en derde lid, en 47, eerste lid;
de Scheepvaartverkeerswet, artikel 4, voor zover het de melding van de met het schip vervoerde lading betreft;
de Spoorwegwet, de artikelen 26a, eerste en tweede lid, 26c, vierde lid, 26h, zesde lid, 26k, eerste en zesde lid, 26l, 26q, eerste en tweede lid, 26s, tiende lid, 27, tweede lid, onderdelen a tot en met c, 36, tweede lid, 37, 53, 74a, alsmede – voor zover aangeduid als strafbare feiten – overtredingen van de voorschriften krachtens de hoofdstukken 2a, 3 en 4, met uitzondering van artikel 64, tweede lid, en 65, eerste lid, gegeven;
de Tabaks- en rookwarenwet, de artikelen 2, 3, 3a, 3b, 3c, 3e, 4a, 4b, 4c, 4h en 4i, 5, 5a, 7, 8, 9, 9a, 10, 11, 17a en 18;
de Telecommunicatiewet, de artikelen 3.9, 5.4, eerste en tweede lid, 5.6, tweede en derde lid, 7.7, derde en vierde lid, 10.12, 10.13, 13.4, tweede, derde en vierde lid, 18.2, voor zover het bevoegdheden betreft van Onze Minister van Economische Zaken en Klimaat, 18.7, 18.12, voor zover het bevoegdheden betreft van Onze Minister van Economische Zaken en Klimaat, en 18.17, eerste en derde lid;
de Uitvoeringswet verdrag chemische wapens, de artikelen 4 tot en met 8;
de Verordening (EG) Nr. 1435/2003 van de Raad van de Europese Unie van 22 juli 2003 betreffende het statuut voor een Europese Coöperatieve Vennootschap (SCE) (PbEU L 207), artikel 11, vierde lid;
de Verordening nr. 2137/85 van de Raad van de Europese Gemeenschappen van 25 juli 1985 tot instelling van Europese economische samenwerkingsverbanden (PbEG L 199/1), artikel 7, tweede alinea, onder i, en artikel 25, eerste alinea, letters a, c, d en e, en tweede alinea;

Wet op de economische delicten

C19 art. 1

de Verordening (EG) Nr. 2157/2001 van de Raad van de Europese Unie van 8 oktober 2001 betreffende het statuut van de Europese vennootschap (SE) (PbEG L 294), artikel 12, vierde lid;
de Waarborgwet 2019, de artikelen 2 en 40, eerste lid, en de hoofdstukken 4 en 5;
de Warenwet, de artikelen 1a, 4 tot en met 11, 11a, 13 tot en met 20, 21, eerste lid, 21b 24, vijfde lid, 26, tweede lid, 27, eerste lid, laatste volzin, 31 en 32k;
de Wedervergeldingswet zeescheepvaart, de artikelen 2, eerste lid, 5, 9, derde lid, 10, eerste lid, 11c, eerste en tweede lid, 11d en 17;
de Wet aansprakelijkheid olietankschepen, de artikelen 11, 12, 18, eerste lid, 20, 22, 23, 24 en 26, tweede lid;
de Wet agrarisch grondverkeer, de artikelen 61en 64, derde lid;
de Wet capaciteitsbeheersing binnenvaartvloot, artikel 6 alsmede - voor zover aangeduid als strafbare feiten - overtredingen van voorschriften krachtens die wet gegeven;
de Wet op de sociaaleconomische Raad, - voor zover aangewezen als strafbare feiten - artikel 32;
de Wet op het consumentenkrediet, de artikelen 47 en 48, tweede lid;
de Wet dieren artikelen 2.2, zevende lid, negende en tiende lid voor wat betreft de onderwerpen, bedoeld in het tiende lid, onderdeel q, 2.6, eerste en tweede lid voor wat betreft de onderwerpen, bedoeld in het tweede lid, onderdelen a, onder 1°, b, c, d, e en f en het derde lid, 2.7, derde lid, 2.13, 3.1, eerste en tweede lid voor wat betreft de onderwerpen, bedoeld in het tweede lid, onderdelen c, e, g en h, 5.10, eerste lid, 10.2 of een of meer van de voornoemde bepalingen in samenhang met artikel 6.2, eerste lid, artikel 6.4, eerste lid, of artikel 7.5, derde lid;
de Wet energiedistributie, de artikelen 10, 11, 12, zesde lid, en 13;
de Wet explosieven voor civiel gebruik, de artikelen 7a, 7b, 14, 15, derde lid, 16, 21 en 21a;
de Wet goedkeuring en uitvoering Markham-overeenkomst, de artikelen 3, derde lid, en 4, tweede lid;
de Wet havenstaatcontrole, de artikelen 12, eerste, derde en vierde lid, en 13, eerste tot en met derde lid;
de Wet houdende vaststelling van minimumeisen voor het houden van legkippen, de artikelen 2 en 3, eerste lid;
de wet houdende wijziging van de Wet personenvervoer voor het taxivervoer (deregulering taxivervoer), artikel V;
de Wet implementatie EU-richtlijnen energie-efficiëntie, de artikelen 10, 11, tweede en derde lid, 12, 13, 16, tweede tot en met vijfde lid, en 33, tweede en derde lid;
de Wet informatie-uitwisseling bovengrondse en ondergrondse netten en netwerken, de artikelen 2, tweede en derde lid, en 15;
de Wet inrichting landelijk gebied, artikel 35, eerste en tweede lid;
de Wet kabelbaaninstallaties, artikelen 31, 32 en 33;
de Wet laden en lossen zeeschepen, de artikelen 7, 8, eerste lid, onderdelen b en c, en tweede lid, 9, derde lid, 10, 11, eerste lid, 12, 13, 14, eerste en tweede lid, 19, eerste lid, 24, zevende lid, en – voorzover aangeduid als strafbare feiten – artikel 24, eerste tot en met derde lid;
de Wet lokaal spoor, de artikelen 26, eerste lid, onderdelen a en c, 27, zevende lid, 32, eerste, vijfde en zevende lid, 33, eerste lid, 35, eerste en derde lid, 37, eerste en tweede lid, 39 en 40, eerste lid;
de Wet luchtvaart, de artikelen 4.1, eerste en derde lid, alsmede – voor zover aangeduid als strafbare feiten – overtredingen van voorschriften krachtens hoofdstuk 4 van die wet gegeven;
de Wet op de formeel buitenlandse vennootschappen, artikelen 2, 3 en 5, vierde lid;
de Wet op de loonvorming, artikel 10, vijfde lid;
de Wet op de ondernemingsraden, de artikelen 26, zesde lid, en 36, vijfde lid;
de Wet particuliere beveiligingsorganisaties en recherchebureaus, de artikelen 2 en 5, tweede en vierde lid;
de Wet personenvervoer 2000, de artikelen 8, 12 en 13, 19, eerste en tweede lid, 30, derde lid, 39, eerste lid, 43a, derde lid, 51, 76, derde lid, 76e, eerste lid, 85 alsmede – voor zover aangeduid als strafbare feiten – 8, 9, vijfde lid, 76, derde, vijfde en zesde lid, – voor zover in laatstbedoeld lid wordt verwezen naar andere bepalingen dan artikel 11, tweede en derde lid, – 77, 78, 79, 80, 82a, 82b, 83 en 104;
de Wet pleziervaartuigen 2016, artikel 12, met uitzondering van het tweede lid en het vijfde lid, onderdeel b;
de Wet precursoren voor explosieven, de artikelen 8, eerste lid, en 9, vierde lid;
de Wet ruimtevaartactiviteiten, artikelen 11, tweede en vierde lid;
de Wet schadefonds olietankschepen, de artikelen 5, eerste lid, en 8;
de Wet scheepsuitrusting 2016, artikel 22, met uitzondering van artikel 22, eerste lid en vijfde lid, onderdeel a;
de Wet inzake spaarbewijzen, de artikelen 3, tweede en derde lid, en 3a, en - voor zover aangeduid als strafbare feiten - artikel 2;

de Wet ambtelijk toezicht bij openbare verkopingen, artikel 1;
de Wet uitvoering Internationaal Energieprogramma, de artikelen 3, eerste en tweede lid, 6, derde lid, 10, eerste lid, en 11, tweede lid, alsmede artikel 9 juncto artikel 3, eerste of tweede lid, of 6, derde lid;
de Wet tot uitvoering van de Verordening No. 11 van de Raad van de Europese Economische Gemeenschap, de artikelen 2 en 3;
de Wet op bijzondere medische verrichtingen, de artikelen 2, 3, 4, 6a en 9;
de Wet grensoverschrijdend vervoer van aan bederf onderhevige levensmiddelen, de artikelen 3 juncto 8, eerste lid, 4, 5, 7, 9, tweede en vierde lid, 11 en 12;
de Wet veiligheid en kwaliteit lichaamsmateriaal, de artikelen 3, 3a, 4, eerste en derde lid, 5, 7, eerste of derde lid, 8, 8a, 8b, 9, eerste lid, 10, vierde lid, 12, eerste lid, 20, 21 en 22, tweede lid;
de Wet verbod pelsdierhouderij, de artikelen 2, 3, eerste lid en met derde lid, en 4;
de Wet vervoer over zee, de artikelen 2, eerste en tweede lid, 3, eerste en derde lid, 4, eerste, tweede en vierde lid, 7, 9, 10, derde lid, 12, eerste lid, 15, 17, 18, eerste lid, 20, eerste lid, 23, 25, 30 en 31;
de Wet verzekering zeeschepen, artikel 3, eerste lid;
de Wet voorkoming misbruik chemicaliën, artikel 2, onder c;
de Wet voorraadvorming aardolieproducten 2012, de artikelen 4, vierde lid, 7, eerste lid, onder b, 16, tweede, derde en vijfde lid, 18, 19, zesde lid, 29 en 30;
de Wet wegvervoer goederen, de artikelen 2.2, eerste, derde en vijfde lid, 2.3, eerste, derde, vijfde en zesde lid, 2.5, 2.6, 2.7 2.11 en 2.13 alsmede – voor zover aangeduid als strafbare feiten – artikel 2.3, vierde lid;
de Wet van 28 juni 1989, *Stb.* 245, tot uitvoering van de Verordening nr. 2137/85 van de Raad van de Europese Gemeenschappen van 25 juli 1985 tot instelling van Europese economische samenwerkingsverbanden (*PbEG* L 199/1), artikel 3, vierde lid;
de Wet van 19 december 1991, *Stb.* 710, tot aanpassing van de wetgeving aan de twaalfde richtlijn van de Raad van de Europese Gemeenschappen inzake het vennootschapsrecht, artikel IV, eerste en tweede lid, eerste en tweede volzin;
het Burgerlijk Wetboek, Boek 2 (Rechtspersonen), – voor zover van toepassing of van overeenkomstige toepassing op stichtingen en verenigingen als bedoeld in artikel 360, derde lid, van Boek 2 van het Burgerlijk Wetboek, coöperaties, onderlinge waarborgmaatschappijen, naamloze vennootschappen, besloten vennootschappen met beperkte aansprakelijkheid, Europese naamloze vennootschappen, Europese economische samenwerkingsverbanden, Europese coöperatieve vennootschappen of formeel buitenlandse vennootschappen als bedoeld in de Wet op de formeel buitenlandse vennootschappen – de artikelen 10, eerste lid, 19, vijfde lid, tweede volzin, 56, tweede lid, 61, onder b en d, 63b, 75, 76a, tweede lid, 85, 91a, 94b, vierde lid, 94c, vijfde lid, 96, derde en vierde lid, 96a, zevende lid, tweede volzin, 105, vierde lid, laatste zin, 120, vierde lid, 153, 154, derde lid, 186, 194, 230, vierde lid, 263, 264, derde lid, 290, 359b, vijfde lid, 362, zesde lid, laatste zin, 392a, 393, eerste lid, 394, derde lid, 395, 451, tweede lid, 452, vierde lid en 455, tweede lid;
Boek 3 (Vermogensrecht) van het Burgerlijk Wetboek, de artikelen 15d, eerste en tweede lid, artikel 15e, eerste en tweede lid, en artikel 15i;
de Winkeltijdenwet, de artikelen 2, 3, derde lid, 6, tweede lid, en 8, tweede lid;
de Wet zeevarenden, de artikelen 56, 57, 57a, 58, 59, 59a, 60, 60a, 64, voor zover aangeduid als strafbaar feit, en 69e, eerste lid.
5°. de delicten, genoemd in de artikelen 26, 33 en 34.

Art. 1a

Economische delicten, uitbreiding begripsbepalingen

Economische delicten zijn eveneens:
1°. overtredingen van voorschriften, gesteld bij of krachtens:
de Kernenergiewet, de artikelen 15, 15f, eerste en tweede lid, 21, 21a, 21e, eerste lid, 29, eerste lid, 31, 32, eerste lid, 34, eerste, vijfde en zesde lid, 37b, 38a, 46, eerste lid, 47, eerste lid, 49b, eerste lid, 49d, 75, tweede lid, en 76a;
de Luchtvaartwet, artikel 37x, eerste lid;
de Meststoffenwet, de artikelen 7, 14, eerste lid, 19, eerste of tweede lid, 20, eerste of derde lid, 21, eerste lid, 21b, eerste lid, 22, derde lid, 22a, derde lid, 26, zesde lid, 33a, eerste, vierde, vijfde of zevende lid, en 33d;
de Visserijwet 1963, de artikelen 3a, voor zover de overtreding van die voorschriften in de EU-verordening ter uitvoering waarvan zij strekken als strafbaar inbreuk wordt aangemerkt, 5, 7, voor zover wordt gevist anders dan met de hengel of de peur, en 21, voor zover wordt gevist anders dan met de hengel of de peur, dan wel overtreding van voorschriften verbonden aan op grond van het bepaalde bij of krachtens de artikelen 7 en 21 van de Visserijwet 1963 verleende schriftelijke toestemmingen en huurovereenkomsten;
de Waterwet, de artikelen 6.2, 6.3, 6.4, 6.5, 6.6, eerste en tweede lid, 6.8, 6.10, eerste lid, 6.20, derde lid, tenzij de desbetreffende vergunning uitsluitend berust op een verordening van een waterschap, en 10.1;

de Wet algemene bepalingen omgevingsrecht, artikel 2.1, eerste lid, aanhef en onder e, al dan niet in combinatie met artikel 2.1, eerste lid, aanhef en onder j of k en artikel 2.3, aanhef en onder a;
de Wet bestrijding maritieme ongevallen, de artikelen 5, eerste, tweede en derde lid, 6, 9, eerste lid, onder a en b, 15, 17, eerste en tweede lid, 26, 32, eerste en tweede lid, en 35, tweede lid;
de Wet bodembescherming, de artikelen 6 tot en met 13, 38 en 94;
de Wet gewasbeschermingsmiddelen en biociden: de artikelen 2a, 19, 20, eerste lid, 21, 22, 28, tweede lid, 37, derde lid, 38, derde lid, 39, 43, 74, 79 tot en met 81, 87, zesde lid, en 118;
de Wet implementatie Nagoya Protocol, de artikelen 2, eerste lid, en 6, vierde lid;
de Wet inzake de luchtverontreiniging, de artikelen 91, 92, onder a, in verband met artikel 48, en 92, onder b;
de Wet luchtvaart, de artikelen 6.51, eerste lid, 6.54, vierde lid, 6.55, eerste lid en 6.58, tweede lid, alsmede - voorzover aangeduid als strafbare feiten - overtredingen van voorschriften krachtens titel 6.5 van die wet gegeven;
de Wet milieubeheer, artikel 1.2, eerste lid, – voor zover aangeduid als strafbare feiten –, en de artikelen 1.3a, vierde lid, 2.5, 8.40, eerste lid, 9.2.1.2, 9.2.1.5, 9.2.2.1, 9.2.2.6, 9.2.2.6a, 9.3.1, 9.3.3, eerste lid, 9.3a.3, eerste lid, 9.7.2.3, 9.7.2.5, 9.7.4.2 tot en met 9.7.4.5, 9.7.4.10, 9.7.4.12, 9.7.4.13, 9.8.2.3, of 9.8.2.5, 10.1, 10.2, eerste lid, 10.37, eerste lid, 10.39, eerste lid, 10.45, eerste lid, onderdeel b, 10.47, eerste lid, 10.54, eerste lid, 10.54a, eerste en derde lid, 10.56, eerste en tweede lid, 10.57, 10.60, eerste, tweede, derde en vierde lid, 16.5, 16.13, 16.13 in verbinding met artikel 16.39h, 16.13a, 16.14, 16.19, 16.20c, tweede lid, 16.21, 16.21 in verbinding met artikel 16.39h, artikel 16.34, 17.1, 17.3, eerste lid, 17.4, eerste lid, 17.12, eerste lid, 17.13, eerste lid, 17.5b, 17.5c, tweede lid, en 17.5d in verbinding met 17.5b en 17.5c, tweede lid, 18.5, eerste lid, 18.5a, eerste lid, 18.6, eerste lid, en 17.19, vijfde lid, en 18.18;
de Wet natuurbescherming, artikelen 3.1, eerste lid, 3.2, eerste, vierde en zesde lid, 3.5, eerste lid, 3.6, eerste en tweede lid, 3.7, eerste lid, 3.10, eerste lid, aanhef in samenhang met onderdeel a, 3.37, eerste en tweede lid, 3.38, 4.8, eerste, tweede en vierde lid, 7.5, vierde lid, in samenhang met het eerste lid;
de Wet publieke gezondheid, artikel 47a, eerste lid, onder b;
de Wet van 2 juli 1992, Stb. 415, tot uitbreiding en wijziging van de Wet algemene bepalingen milieuhygiëne en daarmee samenhangende wijzigingen van andere wetten (milieubeleidsplanning en milieukwaliteitseisen; provinciale milieuverordening, totstandkoming algemene maatregelen van bestuur), artikel XIX, voor zover het betreft provinciale verordeningen, vastgesteld krachtens artikel 36 of artikel 41 van de Wet bodembescherming;
de Wet veiligheidsregio's, – voor zover aangeduid als strafbare feiten – de artikelen 48, eerste en zesde lid, en 50, tweede en derde lid;
de Wet vervoer gevaarlijke stoffen, de artikelen 4, 5, 10, 19, 26, eerste lid, 27, zesde lid, 28 en 29, vierde lid;
de Wet voorkoming verontreiniging door schepen, de artikelen 5, eerste lid, 12, eerste lid, tweede lid, onderdelen a en b, vierde, zesde, zevende en achtste lid, 12b, eerste lid, 12c, eerste en tweede lid, 12e, eerste lid, 13, 13a, eerste, tweede, derde en vierde lid, 23, eerste, tweede en vierde lid, 35, derde lid, 35a, derde lid en 36a, eerste lid;
de Wet windenergie op zee, de artikelen 4, 7, 9, 12 en 15;
2°. overtredingen van voorschriften, gesteld bij of krachtens:
de Crisis- en herstelwet, artikel 2.16;
de Erfgoedwet, de artikelen 5.1, eerste lid, en 5.10, eerste lid;
de Kernenergiewet, de artikelen 14, 22, eerste lid, 26, tweede lid, 28, 33, eerste lid, 37, eerste lid, 39, 67, eerste en vierde lid, 68 en 76, derde lid;
de Ontgrondingenwet, de artikelen 3, eerste en tweede lid, 3a, 7 en 12, eerste en tweede lid;
de Waterwet, artikel 6.9;
de Wegenverkeerswet 1994, artikel 20g, de krachtens artikel 29 en 31 genoemde artikelen van een EU-verordening in verband met de goedkeuring van motorvoertuigen, en de artikelen 30 en 33;
de Wet algemene bepalingen omgevingsrecht, de artikelen 2.1, eerste lid, aanhef en onder a, b, c, d, f, g, h en i, al dan niet in combinatie met artikel 2.1, eerste lid, aanhef en onder j of k, 2.3, aanhef en onder b, 2.3a, 2.24, eerste lid, en 2.25, tweede lid;
de Wet bescherming Antarctica, de artikelen 3, eerste lid, 3a, eerste en vierde lid, 5, 6, eerste en tweede lid, 7a, eerste en tweede lid, 8, 24a, 25, eerste en tweede lid, 25b, eerste lid, 25c, tweede lid, 25f, eerste lid, 29 en 30;
de Wet bodembescherming, de artikelen 20, 27, 28, 29, 30, tweede, derde en vierde lid, 31, 32, tweede lid, tweede volzin, 37, 39, eerste, tweede en vierde lid, 39a, 39b, derde lid, vierde lid, eerste volzin, en vijfde lid, eerste volzin, 39c, eerste en derde lid, 39d, eerste en vijfde lid, 39e, 43, eerste, derde en vierde lid, 45, vierde lid, 49 juncto 30, tweede, derde en vierde lid, 55ab, 55b, eerste lid, 63e, derde lid, tweede volzin, 63i, vijfde lid, tweede volzin, 63j, tweede lid, 70 en 72;

de Wet milieubeheer, de artikelen 8.41, eerste, tweede en derde lid, 8.42, eerste lid, 8.42a, eerste lid, 8.43, 9.2.1.3, 9.2.1.4, 9.2.2.2, 9.2.3.2, 9.2.3.4, 9.2.3.5, tweede lid, 9.3.3, tweede en derde lid, 9.3a.3, tweede en derde lid, 9.4.4 tot en met 9.4.7, 9.5.1, 9.5.2, 9.5.4, 9.5.6 10.29, eerste lid, 10.32, 10.38, 10.40, eerste en tweede lid, 10.40a, tweede lid, 10.41, eerste en tweede lid, 10.42, eerste lid, 10.43, eerste lid, 10.44, eerste en derde lid, 10.45, eerste lid, onderdeel a, 10.46, eerste lid, 10.48, derde lid, 10.51, eerste lid, 10.52, eerste lid, 10.55, 10.60, vijfde lid, onder a, onder b, in verbinding met onderdeel a, en onder c, 11A.2, eerste, derde en vierde lid, 11A.3, aanhef en onderdeel b, 12.20, eerste en tweede lid, 12.20a, eerste lid, in verbinding met 12.20, eerste lid, 12.29, aanhef en onder a tot en met c, 12.30, 15.32, eerste en tweede lid, 17.2, 17.11, 17.12, tweede lid, en 17.13, tweede en zesde lid, 17.5a, eerste lid, en 17.5d, in verbinding met 17.5a, eerste lid;

de Wet natuurbescherming, artikelen 2.4, vierde lid, in samenhang met het eerste en derde lid, 2.5, derde lid, 2.6, derde lid, 2.7, tweede lid, 2.9, achtste lid, 2.11, derde lid, in samenhang met artikel 2.4, 2.5 of 2.6, 3.1, tweede, derde en vierde lid, 3.4, eerste lid, 3.5, tweede, derde, vierde en vijfde lid, 3.9, eerste lid, 3.10, eerste lid, aanhef in samenhang met de onderdelen b en c, 3.24, eerste, tweede en vierde lid, 3.34, eerste en vierde lid, 3.35, 3.39, 4.2, eerste, tweede en derde lid, 4.3, eerste en tweede lid, 5.3, vierde lid, 5.5, tweede lid, in samenhang met artikel 2.9, achtste lid;

de Wet ruimtelijke ordening, artikel 7.2;

de Wet voorkoming verontreiniging door schepen, de artikelen 6, tweede lid, 10, eerste lid, 11, eerste en tweede lid, 12a, eerste tot en met vierde lid, 12d, eerste lid, en 12e, tweede lid;

de Woningwet, de artikelen 1a, 1b, 7b, 14a, 16, 103 en 120, tweede lid;

3°. overtredingen van voorschriften, gesteld bij of krachtens:

de Kernenergiewet, de artikelen 4, eerste lid, 36, eerste lid, en – voor zover aangeduid als strafbare feiten – 73;

de Meststoffenwet, de artikelen 4, 5, 6, 9, tweede en derde lid, 11, tweede en derde lid, 13, vierde lid, 15, 16, 34, 35, 36, 37, 38, derde lid, en 40;

de Visserijwet 1963, de artikelen 2a, 3 en 3a, voor zover de overtreding van die voorschriften in de EU- verordening ter uitvoering waarvan zij strekken niet als ernstige inbreuk wordt aangemerkt, 4, 7, voor zover wordt gevist met meer dan twee hengels of de peur, 9, 16 en 21, voor zover wordt gevist met de hengel of de peur, dan wel overtreding van voorschriften, verbonden aan op grond van het bepaalde bij of krachtens de artikelen 7 en 21 van de Visserijwet 1963 verleende schriftelijke toestemmingen en huurovereenkomsten;

de Waterwet, artikel 6.24, tweede lid, tenzij de desbetreffende vergunning uitsluitend berust op een verordening van een waterschap;

de Wet algemene bepalingen omgevingsrecht, artikel 2.2 en artikel 2.3, aanhef en onder c;

de Wet bescherming Antarctica, de artikelen 19, tweede lid, en 33;

de Wet dieren, artikelen 2.18a, 3.3 tot en met 3.7, al dan niet in samenhang met artikel 6.2, eerste lid, artikel 6.4, eerste lid, of artikel 7.5, derde lid;

de Wet gewasbeschermingsmiddelen en biociden: de artikelen 20, tweede en derde, lid, 28, eerste lid, onderdeel e, 29, 45, 71, 72, 73, 75, 76, 77, 78, tweede lid, en 115;

de Wet inzake de luchtverontreiniging, artikel 92, onder a tot en met c;

de Wet luchtvaart, de artikelen 6.60, eerste lid, 6.61, tweede lid, 6.61a, en 6.62, tweede lid;

de Wet milieubeheer, de artikelen 10.23 – voor zover aangeduid als strafbare feiten – , 10.60, zesde lid, onder a en onder b, in verbinding met onderdeel a, en zevende lid, onder a, onder b, in verbinding met onderdeel a, en onder c, 12.14, eerste en tweede lid en 15.53;

de Wet natuurbescherming, artikelen 3.20, derde lid, 3.21, 3.22, eerste lid, 3.23, 3.24, vijfde lid, 3.26, eerste en tweede lid, 3.27, 3.28, zevende lid, 3.30, eerste, derde en vijfde lid, 3.32, eerste lid, 3.33, eerste lid;

de Wet van 13 mei 1993, Stb. 283, tot uitbreiding en wijziging van de Wet milieubeheer (afvalstoffen), artikel VII, voor zover het betreft gemeentelijke verordeningen, vastgesteld krachtens artikel 2 van de Afvalstoffenwet;

de Wet vervoer gevaarlijke stoffen: de artikelen 47 en 48, tweede lid;

de Wet voorkoming verontreiniging door schepen, artikel 12, tweede lid, onderdeel c.

Art. 2

Economische delicten, aanwijzing delicten

1. De economische delicten, bedoeld in artikel 1, onder 1° en 2°, en artikel 1a, onder 1° en 2°, zijn misdrijven, voor zover zij opzettelijk zijn begaan; voor zover deze economische delicten geen misdrijven zijn, zijn zij overtredingen.

2. In afwijking van het eerste lid zijn overtredingen van voorschriften, gesteld krachtens artikel 15, tweede lid, van de Distributiewet, overtredingen, terwijl overtredingen van andere voorschriften, gesteld krachtens de Distributiewet, overtredingen zijn, voor zover deze wet in werking is getreden op grond van artikel 2 van de Wet uitvoering Internationaal Energieprogramma.

3. De economische delicten, bedoeld in artikel 1, onder 3°, zijn misdrijven of overtredingen, al naar gelang zij in de desbetreffende voorschriften als misdrijf dan wel als overtreding zijn gekenmerkt.

Wet op de economische delicten

4. De economische delicten, bedoeld in artikel 1, onder 4°, en artikel 1a, onder 3°, zijn overtredingen.
5. De economische delicten, bedoeld in artikel 1, onder 5°, zijn misdrijven.

Art. 3
Deelneming aan een binnen het Rijk in Europa gepleegd economisch delict is strafbaar ook indien de deelnemer zich buiten het Rijk aan het feit heeft schuldig gemaakt.

Economische delicten, buiten Rijk gepleegd delict

Art. 4
Waar in deze wet in het algemeen of in het bijzonder wordt gesproken van een economisch delict, dat een misdrijf oplevert, wordt medeplichtigheid aan en poging tot zodanig delict daaronder begrepen, voor zover niet uit enige bepaling het tegendeel volgt.

Economische delicten, medeplichtigheid/poging

Titel II
Van de straffen en maatregelen

Art. 5
Tenzij bij de wet anders is bepaald, kunnen ter zake van economische delicten geen andere voorzieningen met de strekking van straf of tuchtmaatregel worden getroffen dan de straffen en maatregelen, overeenkomstig deze wet op te leggen.

Economische delicten, alleen straffen en maatregelen overeenkomstig deze wet

Art. 6
1. Hij, die een economisch delict begaat, wordt gestraft:
1°. in geval van misdrijf, voor zover het betreft een economisch delict, bedoeld in artikel 1, onder 1°, of in artikel 1a, onder 1°, met gevangenisstraf van ten hoogste zes jaren, taakstraf of geldboete van de vijfde categorie;
2°. in geval van een ander misdrijf met gevangenisstraf van ten hoogste twee jaren, taakstraf of geldboete van de vierde categorie;
3°. indien hij van het plegen van het misdrijf als bedoeld onder 2° een gewoonte heeft gemaakt, met gevangenisstraf van ten hoogste vier jaren, taakstraf of geldboete van de vijfde categorie;
4°. in geval van overtreding, voor zover het betreft een economisch delict bedoeld in artikel 1, onder 1°, of in artikel 1a, onder 1°, met hechtenis van ten hoogste een jaar, taakstraf of geldboete van de vierde categorie;
5°. in geval van een andere overtreding, met hechtenis van ten hoogste zes maanden, taakstraf of geldboete van de vierde categorie.
Indien de waarde der goederen, waarmede of met betrekking tot welke het economisch delict is begaan, of die geheel of gedeeltelijk door middel van het economisch delict zijn verkregen, hoger is dan het vierde gedeelte van het maximum der geldboete welke in de gevallen onder 1° tot en met 5° kan worden opgelegd, kan, onverminderd het bepaalde in artikel 23, zevende lid, van het Wetboek van Strafrecht, een geldboete worden opgelegd van de naast hogere categorie.
2. Bovendien kunnen de bijkomende straffen, vermeld in artikel 7, en de maatregelen, vermeld in artikel 8, worden opgelegd, onverminderd de oplegging, in de daarvoor in aanmerking komende gevallen, van de maatregelen, elders in wettelijke bepalingen voorzien.
3. In afwijking van het bepaalde in het eerste en tweede lid wordt hij, die een voorschrift, gesteld krachtens artikel 15, tweede lid, van de Distributiewet, overtreedt gestraft met hechtenis van ten hoogste twee maanden of geldboete van de eerste categorie.
4. In afwijking van het bepaalde in het eerste lid wordt hij die een voorschrift overtreedt, gesteld bij of krachtens de artikelen 2 en 3, eerste lid, van de Uitvoeringswet verdrag chemische wapens, artikel 3, eerste lid, van de Wet precursoren voor explosieven, dan wel de artikelen 2, eerste en derde lid, 3 en 4 van de Uitvoeringswet verdrag biologische wapens, gestraft met gevangenisstraf van ten hoogste acht jaren of geldboete van de vijfde categorie, indien het feit opzettelijk is begaan met een terroristisch oogmerk als bedoeld in artikel 83a van het Wetboek van Strafrecht, dan wel met het oogmerk om een terroristisch misdrijf als bedoeld in artikel 83 van dat wetboek voor te bereiden of gemakkelijk te maken.

Economische delicten, straffen

Art. 7
De bijkomende straffen zijn:
a. ontzetting van de rechten, genoemd in artikel 28, eerste lid, onder 1°, 2°, 4° en 5° van het Wetboek van Strafrecht, voor een tijd, de duur der vrijheidsstraf ten minste zes maanden en ten hoogste zes jaren te boven gaande, of, in geval van veroordeling tot geldboete als enige hoofdstraf, voor een tijd van ten minste zes maanden en ten hoogste zes jaren;
b. [vervallen];
c. gehele of gedeeltelijke stillegging van de onderneming van de veroordeelde, waarin het economische delict is begaan, voor een tijd van ten hoogste een jaar;
d. verbeurdverklaring van de voorwerpen, genoemd in artikel 33a van het Wetboek van Strafrecht;

Economische delicten, bijkomende straffen

e. verbeurdverklaring van voorwerpen, behorende tot de onderneming van de veroordeelde, waarin het economisch delict is begaan, voor zover zij soortgelijk zijn aan en met betrekking tot het delict verband houden met die, genoemd in artikel 33a van het Wetboek van Strafrecht;
f. gehele of gedeeltelijke ontzetting van bepaalde rechten of gedeeltelijke ontzegging van bepaalde voordelen, welke rechten of voordelen de veroordeelde in verband met zijn onderneming van overheidswege zijn of zouden kunnen worden toegekend, voor een tijd van ten hoogste twee jaren;
g. openbaarmaking van de rechterlijke uitspraak.

Art. 7a

Ontzegging stemrecht bij overtreding art. 6 lid 4

Bij veroordeling wegens een van de misdrijven omschreven in artikel 6, vierde lid, kan ontzetting van het in artikel 28, eerste lid, onder 3°, van het Wetboek van Strafrecht vermelde recht worden uitgesproken.

Art. 8

Economische delicten, maatregelen

Maatregelen zijn:
a. de maatregelen voorzien in Titel IIA van het Eerste Boek van het Wetboek van Strafrecht;
b. onderbewindstelling van de onderneming van de veroordeelde, waarin het economisch delict is begaan, in geval van misdrijf voor een tijd van ten hoogste drie jaren en in geval van overtreding voor een tijd van ten hoogste twee jaren;
c. het opleggen van de verplichting tot verrichting van hetgeen wederrechtelijk is nagelaten, tenietdoening van hetgeen wederrechtelijk is verricht en verrichting van prestaties tot het goedmaken van een en ander, alles op kosten van de veroordeelde, voor zover de rechter niet anders bepaalt.

Art. 9

Economische delicten, maatregelen tezamen met straffen

De maatregelen vermeld in artikel 8, onder b en c, kunnen te zamen met straffen en met andere maatregelen worden opgelegd.

Art. 10

Economische delicten, bijzonderheden en gevolgen bijkomende straf/maatregel

1. Bij de uitspraak, waarbij een bijkomende straf of een maatregel, als vermeld in artikel 8, wordt opgelegd, worden, voor zoveel nodig, alle bijzonderheden en gevolgen naar behoefte geregeld, daaronder begrepen bij onderbewindstelling de benoeming van een of meer bewindvoerders. Bij oplegging van een bijkomende straf als vermeld in artikel 7, onder c, kan bovendien worden bevolen, dat de veroordeelde
hem van overheidswege ten behoeve van zijn onderneming verstrekte bescheiden inlevert;
in zijn onderneming aanwezige voorraden onder toezicht verkoopt;
en zijn medewerking verleent bij inventarisatie van die voorraden.
2. Onverminderd het bepaalde in de artikelen 6:4:9 en 6:6:26 van het Wetboek van Strafvordering kan de rechter die de bijkomende straf of maatregel heeft opgelegd, na ontvangst van een vordering van het openbaar ministerie of op verzoek van de veroordeelde bij latere beslissing alsnog een regeling geven als vorenbedoeld, dan wel in de reeds gegeven regeling wijziging brengen of terzake een aanvullende regeling geven. De behandeling van de zaak vindt plaats met gesloten deuren; de uitspraak geschiedt in het openbaar. De beslissing is met redenen omkleed; zij is niet aan enig rechtsmiddel onderworpen.
3. Wij behouden Ons voor, nadere voorschriften te geven ter uitvoering van dit artikel.

Art. 11

Economische delicten, onderbewindstelling

1. Voor zover de rechter niet anders bepaalt, heeft een bewindvoerder, krachtens het voorgaande artikel of artikel 29 benoemd, dezelfde rechten en verplichtingen als de bewindvoerder, bedoeld in artikel 409 van Boek 1 van het Burgerlijk Wetboek, en kan zonder zijn machtiging geen ander persoon enige daad van beheer in de onderneming verrichten.
2. De beschikking tot onderbewindstelling wordt door de griffier ter feitelijke aanleg, dat de beschikking heeft gegeven, openbaar gemaakt in de *Nederlandse Staatscourant* en in één of meer door de rechter aan te wijzen nieuwsbladen. De beschikking tot onderbewindstelling wordt in het handelsregister ingeschreven met toepassing van het krachtens de Handelsregisterwet 2007 bepaalde.

Art. 12

[Vervallen]

Art. 13

Economische delicten, dood veroordeelde

1. Het recht tot uitvoering van verbeurdverklaring vervalt niet door de dood van de veroordeelde.
2. De in artikel 8 onder b vermelde maatregel vervalt door de dood van de veroordeelde.

Art. 14

Economische delicten, tenuitvoerlegging veroordeling tot betaling kosten

De tenuitvoerlegging van een veroordeling tot de betaling van kosten, andere dan die van openbaarmaking van de rechterlijke uitspraak, geschiedt op de wijze van de tenuitvoerlegging ener veroordeling tot geldboete, met dien verstande, dat geen vervangende vrijheidsstraf wordt toegepast.

Wet op de economische delicten

Art. 15
[Vervallen]

Art. 16
1. Indien aannemelijk is dat iemand die, alvorens in zijn zaak een onherroepelijke uitspraak is gedaan, is overleden, zich heeft schuldig gemaakt aan een economisch delict, kan de rechter bij beschikking op de vordering van het openbaar ministerie:
   a. de verbeurdverklaring van reeds in beslag genomen voorwerpen uitspreken; artikel 10 vindt overeenkomstige toepassing;
   b. ten laste van de boedel van de overledene de in artikel 8, onder c vermelde maatregel opleggen.
2. De beschikking wordt door de griffier openbaar gemaakt in de *Nederlandse Staatscourant* en in een of meer door de rechter aan te wijzen nieuwsbladen, terwijl bovendien een afschrift van de beschikking aan het sterfhuis wordt betekend.
3. Elke belanghebbende kan binnen drie maanden na de in het vorige lid bedoelde openbaarmaking of betekening een bezwaarschrift ter griffie indienen.
4. De officier van justitie wordt gehoord; de belanghebbende wordt gehoord, althans behoorlijk opgeroepen.
5. De rechter geeft een met redenen omklede beslissing; deze is niet aan enig rechtsmiddel onderworpen.
6. Het in het eerste lid, in de aanhef en onder *a*, in het derde, het vierde en in het vijfde lid, bepaalde geldt mede, indien aannemelijk is, dat een onbekende zich schuldig heeft gemaakt aan een economisch delict. De beschikking wordt door de griffier openbaar gemaakt in de *Nederlandse Staatscourant* en in één of meer door de rechter aan te wijzen nieuwsbladen.

Economische delicten, verbeurdverklaring

Titel III
Van de opsporing

Art. 17
1. Met de opsporing van economische delicten zijn belast:
1°. de bij of krachtens artikel 141 van het Wetboek van Strafvordering aangewezen ambtenaren;
2°. de door Onze Minister van Veiligheid en Justitie, in overeenstemming met Onze andere Ministers, wie het aangaat, aangewezen ambtenaren;
3°. de ambtenaren van de rijksbelastingdienst, bevoegd inzake douane.
2. Alle met de opsporing van economische delicten belaste ambtenaren zijn tevens belast met de opsporing van de economische delicten, genoemd in de artikelen 26, 33 en 34.
3. Artikel 142, tweede en vierde lid, van het Wetboek van Strafvordering is van overeenkomstige toepassing op de in het eerste lid, onder 2° en 3°, bedoelde opsporingsambtenaren.
4. Van een besluit als bedoeld in het eerste lid, onder 2°, wordt mededeling gedaan door plaatsing in de Staatscourant.

Economische delicten, aanwijzing opsporingsambtenaren

Art. 18
1. De opsporingsambtenaren zijn in het belang van de opsporing bevoegd tot inbeslagneming van daarvoor vatbare voorwerpen voor zover dat redelijkerwijs voor de vervulling van hun taak nodig is. Zij kunnen daartoe hun uitlevering vorderen.
2. Voor inbeslagneming van voorwerpen ter verbeurdverklaring uit hoofde van artikel 7, onder e, behoeven zij evenwel de machtiging van de officier van justitie.

Economische delicten, inbeslagname voorwerpen

Art. 19
1. De opsporingsambtenaren zijn in het belang van de opsporing bevoegd inzage te vorderen van gegevens en bescheiden, voor zover dat redelijkerwijs voor de vervulling van hun taak nodig is.
2. Zij zijn bevoegd van de gegevens en bescheiden kopieën te maken.
3. Indien het maken van kopieën niet ter plaatse kan geschieden, zijn zij bevoegd de gegevens en bescheiden voor dat doel voor korte tijd mee te nemen tegen een door hen af te geven schriftelijk bewijs.

Economische delicten, vordering gegevens

Art. 20
De opsporingsambtenaren hebben in het belang van de opsporing toegang tot elke plaats, voor zover dat redelijkerwijs voor de vervulling van hun taak nodig is.

Economische delicten, toegangverschaffing

Art. 21
1. De opsporingsambtenaren zijn bevoegd in het belang van de opsporing zaken te onderzoeken, aan opneming te onderwerpen en daarvan monsters te nemen, voor zover dat redelijkerwijs voor de vervulling van hun taak nodig is.
2. Zij zijn bevoegd daartoe verpakkingen te openen.
3. Zij nemen op verzoek van de belanghebbende indien mogelijk een tweede monster, tenzij bij of krachtens wettelijk voorschrift anders is bepaald.
4. Indien het onderzoek, de opneming of de monsterneming niet ter plaatse kan geschieden, zijn zij bevoegd de zaken voor dat doel voor korte tijd mee te nemen tegen een door hen af te geven schriftelijk bewijs.

Economische delicten, monsterneming

5. De genomen monsters worden voor zover mogelijk teruggegeven.
6. De belanghebbende wordt op zijn verzoek zo spoedig mogelijk in kennis gesteld van de resultaten van het onderzoek, de opneming of de monsterneming.

Art. 22
[Vervallen]

Art. 23

Economische delicten, onderzoek vervoermiddelen

1. De opsporingsambtenaren zijn bevoegd in het belang van de opsporing vervoermiddelen te onderzoeken met het oog op de naleving van de voorschriften, bedoeld in de artikelen 1 en 1a, voor zover dat redelijkerwijs voor de vervulling van hun taak nodig is.
2. Zij zijn bevoegd in het belang van de opsporing vervoermiddelen waarmee naar hun redelijk oordeel zaken worden vervoerd op hun lading te onderzoeken met het oog op de naleving van de voorschriften, bedoeld in de artikelen 1 en 1a, voor zover dat redelijkerwijs voor de vervulling van hun taak nodig is.
3. Zij zijn bevoegd van de bestuurder van een vervoermiddel inzage te vorderen van de wettelijk voorgeschreven bescheiden met het oog op de naleving van de voorschriften, bedoeld in de artikelen 1 en 1a, voor zover dat redelijkerwijs voor de vervulling van hun taak nodig is.
4. Zij zijn bevoegd met het oog op de uitoefening van deze bevoegdheden van de bestuurder van een voertuig of van de schipper van een vaartuig te vorderen dat deze zijn vervoermiddel stilhoudt en naar een door hem aangewezen plaats overbrengt; voor zover dat redelijkerwijs voor de vervulling van hun taak nodig is.
5. De kosten van overbrenging komen ten laste van de betrokkene, indien een strafbaar feit wordt vastgesteld.
6. De in dit artikel genoemde bevoegdheden kunnen tevens worden uitgeoefend jegens personen, die zaken vervoeren.

Art. 23a

Economische delicten, uitbreiding aanwijzing opsporingsambtenaren

1. Onder de opsporingsambtenaren, bedoeld in de artikelen 18 tot en met 23, worden mede begrepen de ambtenaren, die ingevolge artikel 83 van de Kernenergiewet, artikel 28, eerste lid, van de Natuurbeschermingswet, artikel 30, onder 3°, van de Vogelwet 1936, artikel 8, eerste lid, van de Wet bedreigde uitheemse diersoorten, artikel 96 van de Wet inzake de luchtverontreiniging, artikel 11.1 van de Wet luchtvaart of artikel 44 van de Wet vervoer gevaarlijke stoffen, zijn belast met de opsporing van strafbare feiten.
2. Bij de opsporing van overtredingen van voorschriften gesteld bij of krachtens de Wet vervoer gevaarlijke stoffen of titel 6.5 van de Wet luchtvaart komen de bevoegdheden, genoemd in artikel 21, slechts toe aan de krachtens artikel 44 van de Wet vervoer gevaarlijke stoffen of krachtens artikel 11.1 van de Wet luchtvaart aangewezen ambtenaren van het Ministerie van Verkeer en Waterstaat en van het militair Korps controleurs gevaarlijke stoffen.

Art. 24

Economische delicten, aanwijzingen van de minister

1. Onze Minister van Justitie en - na overleg met deze - elk Onzer andere Ministers, wie het aangaat, zijn bevoegd regelen te stellen omtrent de wijze, waarop de vordering tot stilhouden, omschreven in artikel 23, vierde lid, wordt gedaan.
2. Onze Minister van Justitie en elk Onzer andere Ministers, wie het aangaat, zijn bevoegd te bepalen, dat ter verzekering van de richtige opsporing van economische delicten op openbare land- en waterwegen versperringen worden aangebracht.

Art. 24a

Economische delicten, verplichting tot medewerking met opsporingsambtenaren

1. Een ieder is verplicht aan de opsporingsambtenaren binnen de door hen gestelde redelijke termijn alle medewerking te verlenen die deze redelijkerwijs kunnen vorderen bij de uitoefening van de hen krachtens deze titel toekomende bevoegdheden.
2. Zij die uit hoofde van ambt, beroep of wettelijk voorschrift verplicht zijn tot geheimhouding, kunnen het verlenen van medewerking weigeren, voor zover dit uit hun geheimhoudingsplicht voortvloeit.
3. De opsporingsambtenaren zijn bevoegd op kosten van de overtreder door feitelijk handelen op te treden tegen hetgeen in strijd met de in het eerste lid bedoelde verplichting is of wordt gedaan, gehouden of nagelaten, voor zover dat redelijkerwijs voor de vervulling van hun taak nodig is.

Art. 25

Economische delicten, toepassing WvSr

Voor zover daarvan niet in deze wet of de in artikel 1 en artikel 1a genoemde wetten en besluiten is afgeweken, gelden ten aanzien van de opsporing van economische delicten de bepalingen van het Wetboek van Strafvordering.

Art. 26

Economische delicten, niet voldoen aan vordering opsporingsambtenaar

Het opzettelijk niet voldoen aan een vordering, krachtens enig voorschrift van deze wet gedaan door een opsporingsambtenaar, is een economisch delict.

Art. 27
[Vervallen]

Titel IV
Van voorlopige maatregelen

Art. 28
1. Indien tegen de verdachte ernstige bezwaren zijn gerezen en tevens de belangen, welke door het vermoedelijk overtreden voorschrift worden beschermd, een onmiddellijk ingrijpen vereisen, is de officier van justitie in alle zaken, economische delicten betreffende, met uitzondering van die, bedoeld in artikel 6, derde lid, bevoegd, zolang de behandeling ter terechtzitting nog niet is aangevangen, de verdachte bij deze te betekenen kennisgeving als voorlopige maatregel te bevelen:
a. zich te onthouden van bepaalde handelingen;
b. zorg te dragen, dat in het bevel aangeduide voorwerpen, welke vatbaar zijn voor inbeslagneming, opgeslagen en bewaard worden ter plaatse, in het bevel aangegeven.
2. Op de vorengenoemde bevelen is artikel 10, eerste lid, van overeenkomstige toepassing.
3. De vorengenoemde bevelen verliezen hun kracht door een tijdsverloop van zes maanden en blijven uiterlijk van kracht, totdat de rechterlijke einduitspraak in de zaak, waarin zij zijn gegeven, onherroepelijk is geworden. Zij kunnen tussentijds door de officier van justitie bij aan de verdachte te betekenen kennisgeving worden gewijzigd of ingetrokken of door het gerecht, waarvoor de zaak wordt vervolgd, worden gewijzigd of opgeheven. Het gerecht kan dit doen ambtshalve, of op het verzoek van de verdachte; deze wordt steeds gehoord, althans behoorlijk opgeroepen, tenzij:
1°. het gerecht reeds aanstonds tot wijziging overeenkomstig het verzoek van de verdachte dan wel tot opheffing besluit;
2°. nog geen twee maanden zijn verstreken sedert op een vorig verzoek van de verdachte van gelijke strekking is beslist.
Het gerecht beslist op een verzoek van de verdachte binnen vijf dagen, nadat het ter griffie is ingediend.

Art. 29
1. Indien tegen de verdachte ernstige bezwaren zijn gerezen en tevens de belangen, welke door het vermoedelijk overtreden voorschrift worden beschermd, een onmiddellijk ingrijpen vereisen, kan het gerecht in alle zaken, economische delicten betreffende, met uitzondering van die, bedoeld in artikel 6, derde lid, vóór de behandeling ter terechtzitting, op de vordering van het openbaar ministerie, en, indien de zaak te zijner zitting wordt behandeld, mede ambtshalve, als voorlopige maatregel bevelen:
a. gehele of gedeeltelijke stillegging van de onderneming van de verdachte, waarin het economische delict wordt vermoed te zijn begaan;
b. onderbewindstelling van de onderneming van de verdachte, waarin het economische delict wordt vermoed te zijn begaan;
c. gehele of gedeeltelijke ontzetting van bepaalde rechten of gehele of gedeeltelijke ontzegging van bepaalde voordelen, welke rechten of voordelen de verdachte in verband met zijn onderneming van overheidswege zijn of zouden kunnen worden toegekend;
d. dat de verdachte zich onthoude van bepaalde handelingen;
e. dat de verdachte zorg drage, dat in het bevel aangeduide voorwerpen, welke vatbaar zijn voor inbeslagneming, opgeslagen en bewaard worden ter plaatse, in het bevel aangegeven.
2. Op de vorengenoemde bevelen is artikel 10, eerste lid, van overeenkomstige toepassing.
3. De vorengenoemde bevelen verliezen hun kracht door een tijdsverloop van zes maanden en blijven uiterlijk van kracht totdat de rechterlijke einduitspraak in de zaak, waarin zij zijn gegeven, onherroepelijk is geworden. Zij kunnen door het gerecht, waarvoor de zaak wordt vervolgd, eenmaal met ten hoogste zes maanden worden verlengd en worden gewijzigd of opgeheven. Het gerecht kan dit doen ambtshalve, op de vordering van het openbaar ministerie en, voor wat betreft wijziging of opheffing van de bevelen, tevens op het verzoek van de verdachte; deze wordt steeds gehoord, althans behoorlijk opgeroepen, tenzij:
1°. het gerecht reeds aanstonds tot wijziging overeenkomstig het verzoek van de verdachte dan wel tot opheffing besluit;
2°. nog geen twee maanden zijn verstreken sedert op een vorig verzoek van de verdachte van gelijke strekking is beslist.
Het gerecht beslist op een verzoek van de verdachte binnen vijf dagen, nadat het ter griffie is ingediend.

Art. 30
1. Van de in de artikelen 28 en 29 bedoelde rechterlijke bevelen en beschikkingen kan het openbaar ministerie binnen veertien dagen en de verdachte binnen veertien dagen na de betekening in beroep komen bij het gerechtshof.
2. Het hof beslist zo spoedig mogelijk. De verdachte wordt gehoord, althans behoorlijk opgeroepen.

Art. 30a

Economische delicten, beroep in cassatie

1. Van de beschikking van het hof kan het openbaar ministerie binnen veertien dagen en de verdachte binnen veertien dagen na de betekening beroep in cassatie instellen.
2. De verdachte is, op straffe van niet-ontvankelijkheid, verplicht binnen een maand na het instellen van dat beroep bij de Hoge Raad der Nederlanden door een advocaat een schriftuur te doen indienen, houdende zijn middelen van cassatie.
3. Artikel 57 is van overeenkomstige toepassing.
4. De Hoge Raad beslist zo spoedig mogelijk.

Art. 31

Economische delicten, tenuitvoerlegging

De in de artikelen 28, 29, 30 en 30a bedoelde bevelen en beschikkingen zijn dadelijk uitvoerbaar. Zij worden onverwijld aan de verdachte betekend.

Art. 32

Economische delicten, schadevergoeding

1. Indien de zaak eindigt hetzij zonder oplegging van straf of maatregel, hetzij met oplegging van een zodanige straf of maatregel, dat de opgelegde voorlopige maatregel als onevenredig hard moet worden beschouwd, kan het gerecht, op verzoek van de gewezen verdachte of van zijn erfgenamen, hem of zijn erfgenamen een geldelijke tegemoetkoming ten laste van de Staat toekennen voor de schade, welke hij ten gevolge van de opgelegde voorlopige maatregel werkelijk heeft geleden. Tot deze toekenning is bevoegd het gerecht in feitelijke aanleg, waarvoor de zaak tijdens de beëindiging daarvan werd vervolgd of anders het laatst werd vervolgd.
2. De artikelen 533, derde en vierde lid, 534, 535 en 536 van het Wetboek van Strafvordering zijn van overeenkomstige toepassing.
3. Indien de gewezen verdachte na het indienen van zijn verzoek of na de instelling van hoger beroep overleden is, geschiedt de toekenning ten behoeve van zijn erfgenamen.

Art. 32a

Economische delicten, horen van personen

Waar in deze titel de bevoegdheid wordt gegeven tot het horen van personen, is artikel 131a van het Wetboek van Strafvordering van overeenkomstige toepassing.

Titel V
Van handelingen in strijd met straffen en maatregelen

Art. 33

Economische delicten, opzettelijk handelen in strijd met sancties

Het opzettelijk handelen of nalaten in strijd met een bijkomende straf, als bedoeld in artikel 7, onder a, c of f, een maatregel, als vermeld in artikel 8, een regeling, als bedoeld in artikel 10, of een voorlopige maatregel, of het ontduiken van zodanige bijkomende straf, maatregel, regeling of voorlopige maatregel is een economisch delict.

Art. 34

Economische delicten, opzettelijk onttrekken van vermogensbestanddelen

Het opzettelijk, al dan niet door middel van een ander, onttrekken van vermogensbestanddelen aan verhaal van tenuitvoerlegging van een krachtens deze wet opgelegde straf, maatregel of voorlopige maatregel is een economisch delict.

Art. 35

Economische delicten, nietige rechtshandelingen

1. Rechtshandelingen in strijd met het bepaalde in de artikelen 33 en 34 zijn nietig.

2. Op de nietigheid kan geen beroep worden gedaan ten nadele van hem, die van de oplegging van de straf, de maatregel of de voorlopige maatregel onkundig was, tenzij hij ernstige reden had het bestaan er van te vermoeden.
3. Ten aanzien van de echtgenoot of geregistreerde partner, de bloed- of aanverwanten tot in de derde graad en de personen in dienst van degene, te wiens laste de straf, de maatregel of de voorlopige maatregel is uitgesproken, wordt aangenomen, dat zij ernstige reden hebben gehad de oplegging van de straf, de maatregel of de voorlopige maatregel te vermoeden, behoudens tegenbewijs.

Titel VI
Van de afdoening buiten geding

Art. 36

Economische delicten, transactiebevoegdheid OvJ

1. Bij toepassing van artikel 257a van het Wetboek van Strafvordering kan tevens de aanwijzing worden gegeven dat wordt verricht hetgeen wederrechtelijk is nagelaten, tenietgedaan hetgeen wederrechtelijk is verricht en dat prestaties tot het goedmaken van een en ander worden verricht, alles op kosten van de verdachte, voor zover niet anders wordt bepaald.
2. Indien de verdachte een rechtspersoon is, behoeft deze, in afwijking van artikel 257c, tweede lid, van het Wetboek van Strafvordering, slechts onder bijstand van een raadsman te worden gehoord als de strafbeschikking betalingsverplichtingen uit hoofde van geldboete en schadevergoedingsmaatregel bevat welke afzonderlijk of gezamenlijk meer belopen dan € 10 000.

Art. 37

[Vervallen]

Wet op de economische delicten

C19 art. 49

Titel VII
De berechting in eerste aanleg

Art. 38
1. De kennisneming van economische delicten in eerste aanleg is bij uitsluiting opgedragen aan de rechtbank. Economische delicten worden behandeld en beslist door de economische kamers van de rechtbank, bedoeld in artikel 52 van Wet op de rechterlijke organisatie.
2. De kennisneming van economische delicten met betrekking tot de Verordening (EU) nr. 596/2014 van het Europees Parlement en de Raad van 16 april 2014 betreffende marktmisbruik en inhoudende intrekking van Richtlijn 2003/6/EG van het Europees Parlement en de Raad en Richtlijnen 2003/124, 2003/125/EG en 2004/72/EG van de Commissie (PbEU 2014 L 173) in eerste aanleg is bij uitsluiting opgedragen aan de Rechtbank Amsterdam.

Economische delicten, competentie

Art. 39
1. De economische kamers van de rechtbank, bedoeld in artikel 52 van de Wet op de rechterlijke organisatie, behandelen en beslissen ook zaken betreffende strafbare feiten die geen economische delicten zijn, indien de rechtbank bevoegd is tot kennisneming van die strafbare feiten en die strafbare feiten zijn begaan in samenhang met een of meer economische delicten, en die strafbare feiten ten laste zijn gelegd samen met een of meer van die economische delicten.
2. Berechting door een andere dan de economische kamer is mogelijk indien economische delicten zijn begaan in samenhang met een of meer strafbare feiten, niet zijnde economische delicten waarvan de rechtbank bevoegd is kennis te nemen en die economische delicten ten laste zijn gelegd samen met een of meer van die andere strafbare feiten.

Economische delicten, competentie niet-economische delicten

Art. 40-44
[Vervallen]

Art. 45
De bepalingen van deze titel brengen geen wijziging in de bevoegdheden van de kinderrechter, behoudens het bepaalde in artikel 38.

Economische delicten, competentie kinderrechter

Titel VIII

Art. 46
De behandeling door de raadkamer vindt plaats in het openbaar.

Economische delicten, openbare behandeling

Art. 47
In afwijking in zoverre van het bepaalde in artikel 261 van het Wetboek van Strafvordering kan voor de dagvaarding betreffende een economisch delict worden volstaan met een korte aanduiding van het feit, dat te laste wordt gelegd, met vermelding omstreeks welke tijd en waar ter plaatse het begaan zou zijn.

Economische delicten, dagvaarding

Art. 48
1. Op het rechtgeding voor de economische politierechter zijn de artikelen 367 tot en met 381, alsmede 398, onder 2°, van het Wetboek van Strafvordering van overeenkomstige toepassing, met dien verstande dat:
1°. in afwijking van artikel 376, eerste lid, indien de dagvaarding enkel inhoudt een korte aanduiding en vermelding als bedoeld in het vorige artikel, de officier van justitie ter terechtzitting bij de aanvang van het onderzoek mondeling of, na voorlezing, schriftelijk nadere opgave van het feit kan doen en alsdan tot die nadere opgave verplicht is, indien naar het oordeel van de rechter de verdachte door die enkele aanduiding en vermelding in zijn verdediging benadeeld zou worden;
2°. schorsing van het onderzoek eveneens geschiedt, indien de officier van justitie uitstel verzoekt voor het doen van nadere opgave van het feit.
2. Het bepaalde in het eerste lid, onder 1°-2°, vindt overeenkomstige toepassing, indien bij dagvaarding voor de meervoudige kamer is volstaan met een korte aanduiding en vermelding als bedoeld in artikel 47.

Schakelbepaling

Art. 49
Waar deze wet voorziet in de mogelijkheid van een verzoek van de verdachte, de erfgenamen van de verdachte of de veroordeelde aan de rechter of aan het gerecht, kan een schriftelijk verzoek langs elektronische weg worden gedaan met behulp van een bij algemene maatregel van bestuur aangewezen elektronische voorziening.

Economische delicten, schriftelijk verzoek langs elektronische weg

Art. 50
[Vervallen]

Titel IX
Van het hoger beroep

Art. 51
[Vervallen]

Art. 52

Economische delicten, competentie

De economische kamers van de gerechtshoven, bedoeld in artikel 64 van de Wet op de rechterlijke organisatie, behandelen en beslissen uitsluitend zaken waarin door de economische kamers van de rechtbanken vonnis is gewezen.

Art. 53

Economische delicten, raadkamer

1. In zaken betreffende economische delicten treedt als raadkamer een economische kamer op.
2. De behandeling door de raadkamer vindt plaats in het openbaar.

Art. 54

Economische delicten, zittingsplaats

De economische kamers kunnen ook zitting houden buiten de plaats, waar de zetel van het hof gevestigd is.

Art. 55

Schakelbepaling

Artikel 49 is van overeenkomstige toepassing.

Titel X

Art. 56-57
[Vervallen]

Titel XI
Van de contactambtenaren

Art. 58

Economische delicten, contactambtenaren

In overleg met Onze Minister van Justitie kunnen lichamen met een publieke taak belast, hiertoe bevoegd verklaard door een Onzer andere Ministers, wie het aangaat, ten dienste van de opsporing, vervolging en berechting van economische delicten ambtenaren benoemen, die het contact onderhouden met het openbaar ministerie.

Titel XIa
Van de samenwerking

Art. 58a

Economische delicten, samenwerking opsporingsinstanties en bestuursorganen

1. Bij of krachtens algemene maatregel van bestuur kunnen in het belang van een doelmatige handhaving regels worden gesteld over de samenwerking van de personen en instanties die belast zijn met de opsporing van economische delicten onderling en met de bestuursorganen die belast zijn met de bestuursrechtelijke handhaving van het bepaalde bij of krachtens de in de artikelen 1 en 1a genoemde wetten.
2. De regels, bedoeld in het eerste lid, kunnen onder meer betrekking hebben op het volgens een strategie en programma uitoefenen van bevoegdheden tot opsporing van overtredingen van nader aangeduide wettelijke voorschriften en de afstemming daarvan met de uitoefening van bevoegdheden ten behoeve van de bestuursrechtelijke handhaving.
3. Over de uitoefening van de taken en bevoegdheden in het kader van de samenwerking, bedoeld in het eerste lid, overlegt Onze Minister van Veiligheid en Justitie regelmatig gezamenlijk met Onze Minister(s) die het mede aangaat, het openbaar ministerie en de bestuursorganen, bedoeld in het eerste lid.

Titel XII
Overgangsbepalingen

Art. 59

Economische delicten, aanwijzen hulpofficier van justitie

Van de ambtenaren van de Fiscale Inlichtingen- en Opsporingsdienst zijn degenen, die daartoe door Onze Minister van Justitie zijn aangewezen, hulpofficier van justitie ten aanzien van het voorbereidende onderzoek naar de overtredingen der voorschriften gesteld bij of krachtens de Wet financiële betrekkingen buitenland 1994.

Art. 60

Uitschakelbepaling

1. Het Besluit berechting economische delicten (*Staatsblad* No. E 135) wordt ingetrokken.
2. Zaken, betreffende overtredingen van de voorschriften, genoemd in artikel 1, op het tijdstip van inwerkingtreding van deze wet bij een kantonrechter, een arrondissements-rechtbank, een gerechtshof of de Hoge Raad der Nederlanden aanhangig, worden, onverminderd artikel 1,

tweede lid, van het Wetboek van Strafrecht en het vierde lid van dit artikel, afgedaan volgens de tot op dat tijdstip geldende regelen.
3. Zaken, op het tijdstip van inwerkingtreding van deze wet bij een tuchtrechter voor de prijzen aanhangig, worden bij de arrondissements-rechtbank opnieuw aanhangig gemaakt. Is echter de behandeling door de tuchtrechter zover gevorderd, dat nog slechts een einduitspraak behoeft te worden gedaan, dan doet de tuchtrechter uitspraak met inachtneming van de regelen, geldende tot evengenoemd tijdstip.
4. Voor zover zaken betreffende overtredingen van voorschriften, genoemd in artikel 1, op het tijdstip van inwerkingtreding van deze wet nog niet in hoger beroep aanhangig zijn, geschiedt behandeling in hoger beroep bij uitsluiting door het gerechtshof binnen welks rechtsgebied de rechter bevoegd was, die in eerste aanleg uitspraak heeft gedaan.
5. Met betrekking tot de tenuitvoerlegging van uitspraken van tuchtrechters voor de prijzen treedt in de plaats van de tuchtrechter voor de prijzen het openbaar ministerie bij de rechtbank van het arrondissement, waarin de tuchtrechter bevoegd was.
6. De ingevolge het Besluit berechting economische delicten opgelegde bijkomende straffen, bedoeld in artikel 1, eerste lid, II, onder *a* en *b*, van dit besluit, worden geacht te zijn bijkomende straffen, als bedoeld in artikel 7, eerste lid, onderscheidenlijk onder c en a van deze wet; zij worden geacht te zijn opgelegd krachtens deze wet.

Art. 61
[Vervallen]

Art. 62
1. Het Besluit voorlopige tuchtmaatregelen voedselvoorziening (*Staatsblad*, No. F 284) wordt ingetrokken.   Uitschakelbepaling
2. De voorlopige tuchtmaatregelen, op het tijdstip van inwerkingtreding van deze wet van kracht, worden gehandhaafd. Het bepaalde in de Titels IV en V is op deze maatregelen van toepassing, met dien verstande, dat:
a. voorlopige tuchtmaatregelen, bevolen door een ambtenaar voor de tuchtrechtspraak, worden geacht te zijn bevolen door de officier van justitie bij de rechtbank van het arrondissement, waarin de ambtenaar voor de tuchtrechtspraak bevoegd was;
b. voorlopige tuchtmaatregelen, bevolen door een tuchtrechter voor de voedselvoorziening, worden geacht te zijn bevolen door de rechtbank van het arrondissement, waarin de tuchtrechter bevoegd was;
c. voorlopige tuchtmaatregelen, bevolen door het Centraal College voor de Tuchtrechtspraak, worden geacht te zijn bevolen door het gerechtshof binnen welks rechtsgebied de tuchtrechter bevoegd was, die in eerste aanleg uitspraak heeft gedaan.

Art. 63
1. De wet van 24 Mei 1947, tot opneming van de mogelijkheid van voorlopige maatregelen   Uitschakelbepaling
ter zake van overtreding van prijsvoorschriften (*Staatsblad* No. H 156) wordt ingetrokken.
2. De voorlopige maatregelen, op het tijdstip van inwerkingtreding van deze wet van kracht, worden, gedurende hoogstens zes maanden nadat zij zijn genomen, gehandhaafd. Het bepaalde in de Titels IV en V is overigens op deze maatregelen van toepassing.

Titel XIII
Slotbepalingen

Art. 64
[Bevat wijziging in andere regelgeving.]
Art. 65
[Bevat wijziging in andere regelgeving.]
Art. 66
[Bevat wijziging in andere regelgeving.]
Art. 67
[Bevat wijziging in andere regelgeving.]
Art. 68
[Bevat wijziging in andere regelgeving.]
Art. 69
[Bevat wijziging in andere regelgeving.]
Art. 70
[Bevat wijziging in andere regelgeving.]
Art. 71
[Bevat wijziging in andere regelgeving.]
Art. 72
[Bevat wijziging in andere regelgeving.]
Art. 73
[Bevat wijziging in andere regelgeving.]

Art. 74
[Bevat wijziging in andere regelgeving.]
Art. 75
[Bevat wijziging in andere regelgeving.]
Art. 76
[Bevat wijziging in andere regelgeving.]
Art. 77
[Bevat wijziging in andere regelgeving.]
Art. 78
[Bevat wijziging in andere regelgeving.]
Art. 79
[Bevat wijziging in andere regelgeving.]
Art. 80
[Bevat wijziging in andere regelgeving.]
Art. 81
[Bevat wijziging in andere regelgeving.]
Art. 82
[Bevat wijziging in andere regelgeving.]
Art. 83
[Bevat wijziging in andere regelgeving.]
Art. 84
[Bevat wijziging in andere regelgeving.]
Art. 85
[Bevat wijziging in andere regelgeving.]
Art. 86
[Bevat wijziging in andere regelgeving.]
Art. 87

Inwerkingtreding 1. Deze wet treedt in werking op een nader door Ons te bepalen tijdstip, dat voor onderscheidene groepen van economische delicten en voor onderscheidene voorschriften verschillend kan zijn.

Citeertitel 2. Zij kan worden aangehaald als 'Wet op de economische delicten'.

Wet op de bijzondere opsporingsdiensten[1]

Wet van 29 mei 2006 tot vaststelling van regels met betrekking tot de bijzondere opsporingsdiensten en de instelling van het functioneel parket (Wet op de bijzondere opsporingsdiensten)

Wij Beatrix, bij de gratie Gods, Koningin der Nederlanden, Prinses van Oranje-Nassau, enz. enz. enz.

Allen, die deze zullen zien of horen lezen, saluut! doen te weten:

Alzo Wij in overweging genomen hebben, dat het wenselijk is in een afzonderlijke wet regels te stellen voor de bijzondere opsporingsdiensten, in verband met de samenhang van de rechtshandhaving en de democratische controle en ter verbetering van de handhaving van de ordeningswetgeving, alsmede de instelling van het functioneel parket;

Zo is het, dat Wij, de Raad van State gehoord, en met gemeen overleg der Staten-Generaal, hebben goedgevonden en verstaan, gelijk Wij goedvinden en verstaan bij deze:

Hoofdstuk I
Algemeen

Art. 1
In deze wet en de daarop berustende bepalingen wordt verstaan onder: | Begripsbepalingen
a. bijzondere opsporingsdienst: een van de diensten, bedoeld in artikel 2;
b. opsporingsambtenaar: een ambtenaar van een bijzondere opsporingsdienst die is aangewezen voor de uitvoering van de taken, bedoeld in artikel 3;
c. Onze betrokken Minister: Onze minister onder wie een bijzondere opsporingsdienst ressorteert.

Art. 2
Er zijn vier bijzondere opsporingsdiensten, te weten: | Bijzondere opsporingsdiensten, instelling
a. een bijzondere opsporingsdienst, ressorterend onder Onze Minister van Financiën;
b. een bijzondere opsporingsdienst, ressorterend onder Onze Minister van Infrastructuur en Milieu;
c. een bijzondere opsporingsdienst, ressorterend onder Onze Minister van Economische Zaken, Landbouw en Innovatie;
d. een bijzondere opsporingsdienst, ressorterend onder Onze Minister van Sociale Zaken en Werkgelegenheid.

Hoofdstuk II
Taken en bevoegdheden

Art. 3
Een bijzondere opsporingsdienst is onder gezag van de officier van justitie belast met: | Bijzondere opsporingsdiensten, taak
a. de strafrechtelijke handhaving van de rechtsorde op de beleidsterreinen waarvoor Onze betrokken Minister verantwoordelijkheid draagt;
b. de strafrechtelijke handhaving van de rechtsorde op een beleidsterrein waarvoor een andere minister dan de onder a. bedoelde, verantwoordelijkheid draagt en die door die minister in overeenstemming met Onze betrokken Minister en Onze Minister van Veiligheid en Justitie aan de bijzondere opsporingsdienst is opgedragen;
c. opsporingshandelingen in verband met strafbare feiten die zijn geconstateerd in het kader van de taakuitoefening bedoeld onder a. en b., en die met die taakuitoefening verband houden;
d. de opsporing van andere strafbare feiten, indien de bijzondere opsporingsdienst daarmee is belast door de officier van justitie;
e. de opsporing van strafbare feiten als bedoeld in de artikelen 22 en 25 van de Verordening (EU) 2017/1939 van de Raad van 12 oktober 2017 betreffende nauwere samenwerking bij de instelling van het Europees Openbaar Ministerie («EOM») (PbEU 2017, L 283).

Art. 4
De officier van justitie kan, onverlet de toepassing van artikel 80, vierde lid, van de Algemene wet inzake rijksbelastingen, de betrokken opsporingsambtenaren de nodige aanwijzingen geven voor de vervulling van de in artikel 3 bedoelde taken. | Opsporingsambtenaar, aanwijzingen officier van justitie

---

1   Inwerkingtredingsdatum: 01-06-2007; zoals laatstelijk gewijzigd bij: Stb. 2021, 155.

Wet op de bijzondere opsporingsdiensten

Opsporingsambtenaar, bevoegdheid

Art. 5
De opsporingsambtenaar is bevoegd zijn taak uit te oefenen in het gehele land.

Art. 6

Bijzondere opsporingsdiensten, gebruik geweld

1. De opsporingsambtenaar is bevoegd in de rechtmatige uitoefening van zijn taak geweld te gebruiken, wanneer het daarmee beoogde doel dit, mede gelet op de aan het gebruik van geweld verbonden gevaren, rechtvaardigt en dat doel niet op een andere wijze kan worden bereikt.
2. Aan het gebruik van geweld gaat zo mogelijk een waarschuwing vooraf.

Bijzondere opsporingsdiensten, onderzoek kleding

3. De opsporingsambtenaar is bevoegd tot het onderzoek aan de kleding van personen bij de uitoefening van een hem wettelijk toegekende bevoegdheid of bij een handeling ter uitvoering van zijn taak, indien uit feiten of omstandigheden blijkt dat een onmiddellijk gevaar dreigt voor hun leven of veiligheid, die van de opsporingsambtenaar zelf of van derden en dit onderzoek noodzakelijk is ter afwending van dit gevaar.
4. De uitoefening van de bevoegdheden, bedoeld in het eerste en derde lid, dient in verhouding tot het beoogde doel redelijk en gematigd te zijn.

Bijzondere opsporingsdiensten, ambtsinstructie

5. Met overeenkomstige toepassing van artikel 9 van de Politiewet 2012 wordt een ambtsinstructie voor de opsporingsambtenaren vastgesteld.

Art. 6a
De opsporingsambtenaar is bevoegd tot het vorderen van inzage in een identiteitsbewijs als bedoeld in artikel 1 van de Wet op de identificatieplicht van personen, voor zover dat redelijkerwijs noodzakelijk is voor de uitoefening van zijn taak.

Hoofdstuk III
Toezicht op de bijzondere opsporingsdiensten en opsporingsambtenaren

Art. 7

Bijzondere opsporingsdiensten, toezicht

1. Het College van procureurs-generaal ziet erop toe dat de bijzondere opsporingsdiensten de taken, bedoeld in artikel 3, naar behoren uitvoeren.
2. Het hoofd van het functioneel parket heeft tot taak erop toe te zien dat:
   a. de opsporingsambtenaar beschikt over de bekwaamheid en betrouwbaarheid die noodzakelijk zijn voor de uitoefening van opsporingsbevoegdheden;
   b. de opsporingsambtenaar zijn taak op de juiste wijze uitoefent.

Nadere regels

3. Bij algemene maatregel van bestuur, op voordracht van Onze Minister van Veiligheid en Justitie, worden regels gegeven met betrekking tot de bekwaamheid en betrouwbaarheid die noodzakelijk zijn voor de uitoefening van opsporingsbevoegdheden.
4. Het bepaalde in het eerste lid laat het bepaalde in artikel 126nba, achtste lid, van het Wetboek van Strafvordering onverlet.

Art. 8

Bijzondere opsporingsdienst, advisering over taken en bevoegdheden

Het College van procureurs-generaal kan Onze betrokken Minister adviseren over de uitoefening van de taken van de bijzondere opsporingsdienst en de feitelijke toepassing van de opsporingsbevoegdheden door de opsporingsambtenaren.

Hoofdstuk IV
Organisatie en beleid

Art. 9

Bijzondere opsporingsdiensten, onderdeel ministerie

1. De bijzondere opsporingsdienst is als afzonderlijke organisatorische eenheid geplaatst in de organisatie van het ministerie waartoe deze behoort.
2. De aanwijzing van het hoofd van de bijzondere opsporingsdienst, op voordracht van Onze betrokken Minister, geschiedt na overleg met Onze Minister van Veiligheid en Justitie. De aanwijzing eindigt van rechtswege met ingang van de datum dat de uitoefening van de functie van hoofd van de opsporingsdienst geen onderdeel meer uitmaakt van de werkzaamheden van de betreffende ambtenaar.

Art. 10

Bijzondere opsporingsdiensten, vaststelling beleid

Onze betrokken Minister en Onze Minister van Veiligheid en Justitie stellen, gehoord het College van procureurs-generaal, periodiek de hoofdlijnen van het beleid met betrekking tot de taakuitoefening door de bijzondere opsporingsdiensten vast.

Art. 11

Bijzondere opsporingsdienst, handhavingsarrangement

1. Jaarlijks stellen Onze betrokken Minister en het College van procureurs-generaal voor het komende jaar, met inachtneming van de hoofdlijnen van het beleid met betrekking tot de taakuitoefening door de bijzondere opsporingsdiensten, bedoeld in artikel 10, een handhavingsarrangement vast, waarin de wederzijdse afspraken over opsporing en afhandeling van de opsporingsonderzoeken zijn opgenomen.

Wet op de bijzondere opsporingsdiensten

C20 art. 19

2. Onze betrokken Minister en het College van procureurs-generaal stellen jaarlijks een jaarverslag vast over de verwezenlijking van de afspraken in het handhavingsarrangement.
3. Onze betrokken Minister zendt het jaarverslag na de vaststelling ervan aan de Staten-Generaal.

Bijzondere opsporingsdienst, jaarverslag

Art. 12

1. Er is een eenheid binnen de bijzondere opsporingsdienst die, onder gezag van de officier van justitie, persoonsgegevens verwerkt ten behoeve van het voorkomen en opsporen van misdrijven die gezien hun ernst, frequentie of het georganiseerd verband waarin ze worden gepleegd, een ernstige inbreuk kunnen maken op de rechtsorde op de terreinen waarop de bijzondere opsporingsdienst een taak heeft als bedoeld in artikel 3.
2. Bij regeling van Onze betrokken Minister in overeenstemming met Onze Minister van Veiligheid en Justitie worden regels gesteld omtrent de werkzaamheden van de eenheid.

Bijzondere opsporingsdiensten, persoonsgegevens opsporing ernstige inbreuk op rechtsorde

Nadere regels

Hoofdstuk V
Samenwerking met de politie en andere diensten

Art. 13

1. Onze betrokken Minister en Onze Minister van Veiligheid en Justitie kunnen tezamen bij ministeriële regeling regels geven over de samenwerking tussen de bijzondere opsporingsdienst en de politie.
2. Onze betrokken Minister, Onze Minister van Veiligheid en Justitie en Onze Minister van Defensie kunnen tezamen bij ministeriële regeling regels geven over de samenwerking tussen de bijzondere opsporingsdienst en de Koninklijke marechaussee.
3. Onze betrokken Ministers en Onze Minister van Veiligheid en Justitie kunnen tezamen bij ministeriële regeling regels geven over de samenwerking van bijzondere opsporingsdiensten onderling.
4. Onze betrokken Ministers en Onze Minister van Veiligheid en Justitie, eventueel in overeenstemming met andere terzake verantwoordelijke ministers kunnen, op de terreinen waarop de bijzondere opsporingsdiensten een taak hebben als bedoeld in artikel 3, tezamen bij ministeriële regeling regels geven over de samenwerking van bijzondere opsporingsdiensten met toezichthoudende instanties.

Bijzondere opsporingsdiensten, samenwerking met politie

Bijzondere opsporingsdiensten, samenwerking met Koninklijke Marechaussee

Bijzondere opsporingsdiensten, onderlinge samenwerking

Bijzondere opsporingsdiensten, samenwerking met toezichthoudende instanties

Hoofdstuk VI
Behandeling van klachten

Art. 14

1. Onze betrokken Minister draagt zorg voor de behandeling van een klacht over een gedraging van een opsporingsambtenaar. Onze betrokken Minister stelt nadere regels vast over de behandeling van klachten over gedragingen van opsporingsambtenaren.
2. In een ministeriële regeling als bedoeld in het eerste lid, wordt voorzien in:
a. de instelling van een commissie, bestaande uit onafhankelijke leden, die overeenkomstig Hoofdstuk 9, afdeling 9.3, van de Algemene wet bestuursrecht, is belast met de behandeling van klachten en advisering over de afhandeling daarvan;
b. de registratie van de ingediende klachten en, indien beschikbaar, de daarop genomen beslissingen, alsmede
c. een jaarlijkse publicatie van de geregistreerde klachten en beslissingen.

Opsporingsambtenaar, klacht over gedraging

Art. 15
Tenzij reeds naar tevredenheid van de klager aan diens klacht tegemoet is gekomen, wordt van de klacht onverwijld na de ontvangst daarvan afschrift gezonden aan het functioneel parket. Het hoofd van het functioneel parket wordt in de gelegenheid gesteld advies over de afhandeling van de klacht uit te brengen.

Opsporingsambtenaar, advies functioneel parket over klacht

Art. 16
In afwijking van artikel 9:11, eerste lid, van de Algemene wet bestuursrecht wordt de klacht afgehandeld binnen veertien weken na de ontvangst van het klaagschrift.

Opsporingsambtenaar, termijn afhandeling klacht

Hoofdstuk VII
Slotbepalingen

Art. 17
[Wijzigt het Wetboek van Strafvordering.]

Art. 18
[Wijzigt de Wet op de rechterlijke organisatie.]

Art. 19
[Wijzigt de Wet rechtspositie rechterlijke ambtenaren.]

C20 art. 20 — Wet op de bijzondere opsporingsdiensten

Art. 20
[Wijzigt de Wet wapens en munitie.]
Art. 21
[Wijzigt de Politiewet 1993.]
Art. 22

Inwerkingtreding Deze wet treedt in werking op een bij koninklijk besluit te bepalen tijdstip.
Art. 23
Citeertitel Deze wet wordt aangehaald als: Wet op de bijzondere opsporingsdiensten.

Besluit buitengewoon opsporingsambtenaar[1]

Besluit van 11 november 1994, houdende regels ter uitvoering van artikel 142, vierde lid, van het Wetboek van Strafvordering betreffende de bekwaamheid en betrouwbaarheid, beëdiging en instructie van, alsmede het toezicht op buitengewoon opsporingsambtenaren, het grondgebied waarvoor de opsporingsbevoegdheid geldt, de beëindiging van de opsporingsbevoegdheid en enige andere onderwerpen

Wij Beatrix, bij de gratie Gods, Koningin der Nederlanden, Prinses van Oranje-Nassau, enz. enz. enz.
Op voordracht van Onze Minister van Justitie van 22 april 1994, Stafafdeling Wetgeving Publiekrecht, nr. 436121/94/6;
Gelet op artikel 142 van het Wetboek van Strafvordering, artikel 17, derde lid, Wet economische delicten, en artikel 3, hoofdstuk 2, afdeling 1, van de Invoeringswet Politiewet 1993;
De Raad van State gehoord (advies van 30 augustus 1994, nummer W03.94.0246);
Gezien het nader rapport van Onze Minister van Justitie van 28 oktober 1994, Stafafdeling Wetgeving Publiekrecht, nr. 461681/94/6,
Hebben goedgevonden en verstaan:

Hoofdstuk 1
Algemene bepalingen

Art. 1
1. In dit besluit wordt verstaan onder:
a. Onze Minister: Onze Minister van Veiligheid en Justitie;
b. titel van opsporingsbevoegdheid: de titel van opsporingsbevoegdheid, bedoeld in artikel 3;
c. akte van opsporingsbevoegdheid: de akte van opsporingsbevoegdheid, bedoeld in artikel 142, eerste lid, onder a, van het Wetboek van Strafvordering;
d. aanwijzing: de aanwijzing, bedoeld in artikel 142, eerste lid, onder b, van het Wetboek van Strafvordering;
e. aanvullende opsporingsbevoegdheid: de aanvullende opsporingsbevoegdheid, bedoeld in artikel 142, derde lid, van het Wetboek van Strafvordering;
f. de akte van beëdiging: de akte van beëdiging, bedoeld in artikel 19, eerste lid;
g. politiebevoegdheden: de bevoegdheden, bedoeld in artikel 7, eerste, derde en vierde lid, van de Politiewet 2012;
h. werkgever: de werkgever van de buitengewoon opsporingsambtenaar;
i. bewijs van bekwaamheid: een bewijs van het met goed gevolg afgelegd hebben van het door Onze Minister goedgekeurde examen;
j. legitimatiebewijs: een bewijs als bedoeld in artikel 26 van dit besluit;
k. insigne: het onderscheidingsteken, bedoeld in artikel 26a, eerste lid;
l. geweldmiddelen: de wapens en de uitrusting waarmee geweld kan worden uitgeoefend, ten aanzien waarvan krachtens artikel 3a, derde lid, van de Wet wapens en munitie is bepaald dat de in dat lid genoemde artikelen niet van toepassing zijn op buitengewoon opsporingsambtenaren.
2. Als standplaats in de zin van dit besluit wordt aangemerkt:
a. indien de buitengewoon opsporingsambtenaar bevoegd is zijn taak uit te oefenen in een gebied waarin meerdere regionale eenheden van de politie de politietaak uitvoeren, dan wel in het gehele land: de gemeente van vestiging van de werkgever;
b. indien de buitengewoon opsporingsambtenaar bevoegd is zijn taak uit te oefenen in het gebied waarin één regionale eenheid van de politie de politietaak uitvoert:
1°. de gemeente waar hij zijn hoofdwerkzaamheden verricht, dan wel
2°. een gekozen gemeente uit de gemeenten, waarin hij werkzaam is.
3. In dit besluit wordt verstaan onder het College van procureurs-generaal: het College van procureurs-generaal, bedoeld in artikel 130 van de Wet op de rechterlijke organisatie.
4. In dit besluit wordt verstaan onder:
a. toezichthouder: de hoofdofficier van justitie, bedoeld in artikel 36, tweede lid;
b. direct toezichthouder: degene, die op grond van artikel 36, derde lid, als direct toezichthouder is aangewezen.

---

[1] Inwerkingtredingsdatum: 07-12-1994; zoals laatstelijk gewijzigd bij: Stb. 2020, 144.

De (direct) toezichthouder is geen toezichthouder bedoeld in artikel 5:11 van de Algemene wet bestuursrecht.

Art. 2

Buitengewoon opsporingsambtenaar, eisen bevoegdheid

De buitengewoon opsporingsambtenaar die beschikt over:
a. een titel van opsporingsbevoegdheid,
b. de bekwaamheid en betrouwbaarheid voor het uitoefenen van opsporingsbevoegdheden, en
c. een akte van beëdiging,

is bevoegd op het grondgebied, vermeld in die akte, de opsporingsbevoegdheden uit te oefenen ter zake van de feiten die in die akte zijn vermeld en daarvan ambtsedig proces-verbaal op te maken als bedoeld in artikel 152 Wetboek van Strafvordering.

Hoofdstuk 2
De titel van opsporingsbevoegdheid

§ 1
Algemene bepalingen

Art. 3

Opsporingsbevoegdheid, titel

De titel van opsporingsbevoegdheid is de rechtsgrond die de bevoegdheid tot opsporen bepaalt van de buitengewoon opsporingsambtenaar, bedoeld in artikel 142, eerste lid, onder a, b of c, dan wel artikel 142, derde lid, van het Wetboek van Strafvordering. De titel, bedoeld in artikel 142, eerste lid, onder a en b, en de aanvullende bevoegdheid op grond van artikel 142, derde lid, van het Wetboek van Strafvordering worden overeenkomstig dit hoofdstuk verleend.

Art. 4

Opsporingsbevoegdheid, eisen verlening akte/aanwijzing/aanvullende opsporingsbevoegdheid

1. Een akte van opsporingsbevoegdheid wordt verleend, een aanwijzing wordt gedaan, dan wel een aanvullende opsporingsbevoegdheid wordt toegekend, indien die opsporingsbevoegdheid noodzakelijk is voor de uitoefening van de functie van de desbetreffende persoon of de dienst waarbij hij werkzaam is, en een beroep op de politie voor het uitoefenen van opsporingsbevoegdheden bezwaarlijk, niet mogelijk of niet wenselijk is.
2. Een akte van opsporingsbevoegdheid en de aanvullende opsporingsbevoegdheid gelden voor de duur van maximaal vijf jaren met ingang van de dag waarop de akte van beëdiging is uitgereikt. De geldigheidsduur kan telkens met maximaal vijf jaren worden verlengd.
3. De aanwijzing en de categoriaal verleende aanvullende opsporingsbevoegdheid gelden voor de duur van maximaal vijf jaren met ingang van de datum van inwerkingtreding van de beschikking. De geldigheidsduur kan telkens met maximaal vijf jaren worden verlengd.

Art. 5

Opsporingsbevoegdheid, gegevens voor aanvraag akte/aanwijzing/aanvullende opsporingsbevoegdheid

Een aanvraag tot het verlenen van een akte van opsporingsbevoegdheid, het doen van een aanwijzing, dan wel het toekennen van aanvullende opsporingsbevoegdheid bevat in ieder geval de volgende gegevens:
a. een aanduiding van de feiten waarvoor opsporingsbevoegdheid wordt aangevraagd;
b. een aanduiding van het grondgebied waarvoor de opsporingsbevoegdheid moet gelden.

Art. 6

Opsporingsbevoegdheid, verlenging/wijziging akte/aanwijzing/aanvullende opsporingsbevoegdheid

1. Een aanvraag tot verlenging of wijziging van een akte van opsporingsbevoegdheid, de aanwijzing en de aanvullende opsporingsbevoegdheid wordt uiterlijk drie maanden voor het verlopen van de geldigheidsduur ingediend.

2. Onze Minister kan de akte van opsporingsbevoegdheid, de aanwijzing en de aanvullende opsporingsbevoegdheid ambtshalve wijzigen of vervangen.
3. Indien Onze Minister bij beschikking de akte van opsporingsbevoegdheid, de aanwijzing of de aanvullende opsporingsbevoegdheid verlengt, wijzigt of vervangt, past hij de akten van beëdiging van de betrokken buitengewoon opsporingsambtenaren zo spoedig mogelijk aan. Tot het tijdstip waarop de aanpassing heeft plaatsgevonden, wordt de akte van beëdiging geacht te zijn gebaseerd op de nieuwe beschikking.

Art. 7

Opsporingsbevoegdheid, beslissingstermijn aanvraag

Op elke aanvraag ingevolge dit hoofdstuk wordt zo spoedig mogelijk, in elk geval binnen drie maanden na ontvangst van de aanvraag, beslist.

Art. 8

Opsporingsbevoegdheid, intrekking akte/aanwijzing/aanvullende opsporingsbevoegdheid

1. Een akte van opsporingsbevoegdheid, de aanwijzing en de aanvullende opsporingsbevoegdheid worden ingetrokken op aanvraag van de werkgever of indien de noodzaak, bedoeld in artikel 4, eerste lid, niet meer aanwezig is.

Besluit buitengewoon opsporingsambtenaar   **C21** art. 14

2. De intrekking, bedoeld in het eerste lid, geschiedt door degene die de akte van opsporingsbevoegdheid of de aanvullende opsporingsbevoegdheid heeft verleend, dan wel de aanwijzing heeft gedaan.

§ 2
De procedure voor het verkrijgen van de akte van opsporingsbevoegdheid

Art. 9
1. De werkgever dient een aanvraag tot het verlenen van de akte van opsporingsbevoegdheid in bij Onze Minister.

Opsporingsbevoegdheid, aanvraagprocedure akte van opsporingsbevoegdheid

2. Onze Minister raadpleegt in ieder geval bij de aanvraag voor een categorie of eenheid het College van procureurs-generaal en Onze Ministers wie het mede aangaat.
3. De aanvraag bevat, naast de in artikel 5 genoemde gegevens, de volgende gegevens:
a. naam, voornamen, woonplaats alsmede geboortedatum en -plaats van de persoon, ten behoeve van wie de aanvraag tot buitengewoon opsporingsambtenaar wordt gedaan;
b. een omschrijving van diens functie en standplaats.
4. Bij de aanvraag wordt een bewijs van bekwaamheid van de desbetreffende persoon gevoegd. Indien de aanvraag betrekking heeft op de verlenging of wijziging van de akte van opsporingsbevoegdheid wordt een bewijs van beëdiging bijgevoegd.

Art. 10
Onze Minister verleent de akte van opsporingsbevoegdheid, waarin staan vermeld het grondgebied en de strafbare feiten waarvoor de opsporingsbevoegdheid geldt.

Opsporingsbevoegdheid, verlening akte van opsporingsbevoegdheid

Art. 11
1. De hoofdofficier van justitie kan een aanvraag indienen tot het verlenen van de akte van opsporingsbevoegdheid aan een of meer personen, voor de duur van een onderzoek dat wordt uitgevoerd onder leiding van een officier van justitie die tot zijn parket behoort.

Opsporingsbevoegdheid, akte van opsporingsbevoegdheid voor de duur van onderzoek

2. Onze Minister beslist op de aanvraag en doet een afschrift van zijn beschikking toekomen aan de direct toezichthouder.
3. Onze Minister kan een ontheffing als bedoeld in artikel 16, derde lid, verlenen indien de te benoemen persoon over voldoende bekwaamheid beschikt.
4. Bij het verlenen van de akte van opsporingsbevoegdheid, bedoeld in het eerste lid, kan de aanwijzing van de toezichthouder en de direct toezichthouder achterwege blijven. In dat geval is het gestelde in hoofdstuk 6, met uitzondering van artikel 35 niet van toepassing op de desbetreffende buitengewoon opsporingsambtenaar.

§ 3
De procedure voor het verkrijgen van een aanwijzing

Art. 12
1. De werkgever dient een aanvraag tot aanwijzing van categorieën of eenheden als bedoeld in artikel 142, eerste lid, onder b, van het Wetboek van Strafvordering in bij Onze Minister.

Opsporingsbevoegdheid, aanvraagprocedure aanwijzing

2. De aanvraag bevat, naast de in artikel 5 genoemde gegevens, de volgende gegevens:
a. een omschrijving van de categorie of eenheid binnen de organisatie en van de functies, waarvan de opsporingsbevoegdheid deel moet uitmaken, en
b. een opgave van het hoogste aantal personen dat in die functies moet kunnen worden aangewezen.
3. Het bepaalde in artikel 9, tweede lid, is van overeenkomstige toepassing.

Art. 13
In de beschikking wordt het hoogste aantal personen vermeld dat op grond van de aanwijzing beëdigd kan worden als buitengewoon opsporingsambtenaar. Een afschrift van de beschikking wordt aan het College van procureurs-generaal gezonden.

Opsporingsbevoegdheid, maximum aantal te beëdigen personen

§ 4
De procedure voor het verkrijgen van de aanvullende opsporingsbevoegdheid

Art. 14
1. De werkgever dient een aanvraag voor een aanvullende opsporingsbevoegdheid als bedoeld in artikel 142, derde lid, van het Wetboek van Strafvordering in bij Onze Minister.

Opsporingsbevoegdheid, aanvraagprocedure aanvullende opsporingsbevoegdheid

2. De aanvraag ten behoeve van de categorie of eenheid bevat, naast de in artikel 5 genoemde gegevens, de volgende gegevens:
a. een omschrijving van de categorie of eenheid binnen de organisatie en van de functies, waarvan de opsporingsbevoegdheid deel moet uitmaken, en
b. een opgave van het hoogste aantal personen dat in die functies moet kunnen worden aangewezen.
3. Het bepaalde in artikel 9, tweede lid, is van overeenkomstige toepassing.

Art. 15
[Vervallen]

Hoofdstuk 3
De bekwaamheid en de betrouwbaarheid

Art. 16

Opsporingsbevoegdheid, bekwaamheid

1. Een persoon beschikt over de bekwaamheid voor de uitoefening van opsporingsbevoegdheden, indien hij de daarvoor vastgestelde basiskennis en vaardigheden bezit. De bekwaamheid blijkt uit het met goed gevolg hebben afgelegd van een examen waarmee Onze Minister heeft ingestemd.
2. Onze Minister kan ten aanzien van categorieën buitengewoon opsporingsambtenaren aanvullende bekwaamheidseisen stellen. Onze Minister bepaalt daarbij of het voldoen aan die eisen blijkt uit het met goed gevolg hebben afgelegd van een examen waarmee hij heeft ingestemd of uit het met goed gevolg hebben doorlopen van een opleidingsprogramma waarmee hij heeft ingestemd. Het opleidingsprogramma kan worden doorlopen na de beëdiging.
3. Van het met goed gevolg afleggen van de in het eerste en tweede lid bedoelde examens en van het met goed gevolg hebben doorlopen van het in het tweede lid bedoelde programma kan ontheffing worden verleend, indien de bekwaamheid voor de uitoefening van opsporingsbevoegdheden op andere wijze blijkt. Bij het verlenen van een ontheffing kunnen aanwijzingen en voorschriften worden gegeven met het oog op het waarborgen van een adequaat niveau van bekwaamheid voor de uitoefening van opsporingsbevoegdheden.

Art. 17

Opsporingsbevoegdheid, betrouwbaarheid

1. Een persoon beschikt over de betrouwbaarheid voor de uitoefening van opsporingsbevoegdheden, indien hij van onbesproken gedrag is.
2. Onze Minister beslist of een persoon betrouwbaar is voor de uitoefening van de opsporingsbevoegdheden.

Hoofdstuk 4
De beëdiging

Art. 18

Buitengewoon opsporingsambtenaar, beëdiging

1. Onze Minister beëdigt de persoon, bedoeld in artikel 2, tot buitengewoon opsporingsambtenaar.
2. De werkgever dient een aanvraag tot beëdiging van een buitengewoon opsporingsambtenaar in bij Onze Minister en overlegt daarbij een bewijs van de titel van opsporingsbevoegdheid en een bewijs van bekwaamheid van de te beëdigen persoon.
3. De aanvraag, bedoeld in artikel 9, eerste lid, wordt tevens geacht te zijn een aanvraag tot beëdiging.
4. De beëdiging vindt plaats voor de opsporing van de feiten waartoe een persoon ingevolge de titel van opsporingsbevoegdheid bevoegd is, op het grondgebied waarvoor de opsporingsbevoegdheid geldt.
5. Indien gebleken is dat de in het eerste lid bedoelde persoon voldoet aan de voorwaarden voor beëdiging wordt hij binnen 12 weken na ontvangst van de aanvraag beëdigd.

Art. 19

Buitengewoon opsporingsambtenaar, akte van beëdiging

1. Onze Minister maakt ten behoeve van de beëdiging een akte van beëdiging op. Daarbij wordt gebruik gemaakt van een door Onze Minister vastgesteld model.
2. In de akte van beëdiging zijn in elk geval opgenomen de feiten tot de opsporing waarvan de desbetreffende persoon beëdigd is en het grondgebied waarvoor de opsporingsbevoegdheid geldt. Als grondgebied wordt bepaald het gebied waarop de desbetreffende persoon zijn functie uitoefent in verband waarmee hij tot buitengewoon opsporingsambtenaar wordt beëdigd.
3. Indien de buitengewoon opsporingsambtenaar bevoegd is politiebevoegdheden uit te oefenen dan wel geweldmiddelen te gebruiken, wordt daarvan aantekening gemaakt op de akte.

Art. 20

Buitengewoon opsporingsambtenaar, proces verbaal aflegging eed

1. Onze Minister neemt van de te beëdigen persoon de eed, verklaring of belofte van zuivering en een ambtseed of ambtsbelofte, vastgelegd in bijlage A, af. Het proces-verbaal van de aflegging

van de eden, verklaring en beloften wordt aan de akte van beëdiging toegevoegd en maakt vanaf dat moment daarvan deel uit.

2. Bij de bekendmaking of de beëdiging ontvangt de buitengewoon opsporingsambtenaar, de akte van beëdiging, het legitimatiebewijs, de tekst van hoofdstuk 5 en, voorzover op hem van toepassing, een afschrift van de Ambtsinstructie voor de politie, de Koninklijke marechaussee en andere opsporingsambtenaren.

3. Onze Minister zendt een afschrift van de akte van beëdiging aan de toezichthouder en de direct toezichthouder.

Art. 21

1. Onze Minister kan van de bevoegdheid tot het afleggen van de eden, verklaringen en beloften, bedoeld in artikel 20, eerste lid, mandaat verlenen aan de direct toezichthouder dan wel, indien de desbetreffende persoon behoort tot een dienst ressorterend onder een van Onze Ministers die het mede aangaat, aan het hoofd van die dienst. Onze Minister zendt in dat geval de door hem opgemaakte akte van beëdiging van te voren toe aan de direct toezichthouder of het hoofd van dienst.

Mandatering bevoegdheid eedaflegging

2. De direct toezichthouder dan wel het hoofd van dienst in wiens handen de aflegging van de eden, verklaringen en beloften heeft plaatsgevonden, maakt van de aflegging proces-verbaal op en voegt dat toe aan de akte van beëdiging. Bij de beëdiging ontvangt de buitengewoon opsporingsambtenaar de in artikel 20, tweede lid, bedoelde stukken en wordt daarvan mededeling gedaan aan Onze Minister.

Art. 22

1. Bij wijziging van de titel van opsporingsbevoegdheid, de opsomming van de feiten tot welke opsporing de buitengewoon opsporingsambtenaar ingevolge zijn titel bevoegd is, de standplaats dan wel het grondgebied waarvoor de opsporing geldt, behoeven de eden, verklaringen en beloften niet opnieuw te worden afgelegd indien de akte van beëdiging overeenkomstig artikel 23 is aangepast.

Buitengewoon opsporingsambtenaar, wijziging beëdiging

2. In de gevallen, bedoeld in het eerste lid, worden de afgelegde eden, verklaringen of beloften geacht te zijn afgelegd voor de opsporing van de feiten op het grondgebied genoemd in de gewijzigde akte van beëdiging.

Art. 23

1. Een aanvraag tot wijziging van de akte van beëdiging wordt ingediend bij Onze Minister. Bij deze aanvraag wordt de akte overgelegd.

Buitengewoon opsporingsambtenaar, aanvraag wijziging beëdiging

2. Onze Minister, past de akte van beëdiging aan indien de aanvraag betrekking heeft op een wijziging van:

a. de titel van opsporingsbevoegdheid dan wel de opsomming van de feiten tot welke opsporing de buitengewoon opsporingsambtenaar ingevolge die titel bevoegd is, overeenkomstig de bij of krachtens de wet gewijzigde titel dan wel opsomming;
b. de standplaats;
c. het grondgebied waarvoor de opsporingsbevoegdheid geldt, indien hem van de noodzaak daartoe is gebleken.

Art. 24

1. De eed vervalt zodra de opsporingsbevoegdheid is vervallen.

Buitengewoon opsporingsambtenaar, intrekking eed

2. Na het vervallen van de eed zendt de buitengewoon opsporingsambtenaar zijn akte van beëdiging en zijn legitimatiebewijs aan Onze Minister.

Hoofdstuk 5
De instructie

Art. 25

1. De buitengewoon opsporingsambtenaar beperkt de opsporingshandelingen waartoe hij bevoegd is, tot hetgeen nodig is voor een juiste vervulling van de functie in verband waarmee hij tot buitengewoon opsporingsambtenaar is beëdigd. Hij onthoudt zich van elk optreden waartoe hij niet bevoegd is.

Buitengewoon opsporingsambtenaar, instructie

2. De buitengewoon opsporingsambtenaar gedraagt zich bij de uitoefening van zijn opsporingsbevoegdheden overeenkomstig de bij of krachtens de wet gegeven regels.

3. Indien hij bevoegd is politiebevoegdheden uit te oefenen, gedraagt hij zich overeenkomstig artikel 7, eerste tot en met vierde en zevende lid, van de Politiewet 2012 en de op hem van toepassing zijnde bepalingen uit de Ambtsinstructie voor de politie, de Koninklijke marechaussee en andere opsporingsambtenaren.

Art. 26

1. Bij het uitoefenen van zijn taak draagt de buitengewoon opsporingsambtenaar een legitimatiebewijs bij zich, waarvan het model door Onze Minister is vastgesteld.

Buitengewoon opsporingsambtenaar, legitimatie

2. Onze Minister kan personen of categorieën aanwijzen die bevoegd zijn een legitimatiebewijs te dragen dat afwijkt van het model, bedoeld in het eerste lid.
3. Onverminderd artikel 1, eerste en tweede lid, van de Algemene wet op het binnentreden toont de buitengewoon opsporingsambtenaar zijn legitimatiebewijs desgevraagd aanstonds.

Art. 26a

Buitengewoon opsporingsambtenaar, insigne

1. Indien de buitengewoon opsporingsambtenaar een uniform of bedrijfskleding draagt, wordt dat uniform of die bedrijfskleding op een duidelijk zichtbare plaats voorzien van een insigne, waarvan het model door Onze Minister wordt vastgesteld.
2. Het eerste lid is niet van toepassing op het uniform van een buitengewoon opsporingsambtenaar werkzaam bij de politie, de Koninklijke marechaussee of de Belastingdienst/Douane.

Art. 27

Buitengewoon opsporingsambtenaar, instructie proces-verbaal

In het proces-verbaal van opsporingshandelingen of in enige andere schriftelijke verslaglegging van de uitoefening van bevoegdheden vermeldt de buitengewoon opsporingsambtenaar zijn standplaats en het nummer van zijn akte van beëdiging.

Art. 28

Buitengewoon opsporingsambtenaar, instructie opvolging aanwijzingen bevoegd gezag

De buitengewoon opsporingsambtenaar volgt bij de opsporing de door of namens het bevoegde gezag, bedoeld in artikel 148 van het Wetboek van Strafvordering, gegeven aanwijzingen op, tenzij artikel 80, vierde lid, van de Algemene wet inzake rijksbelastingen of artikel 203 van de Wet inzake de douane van toepassing is. Hij verstrekt het bevoegd gezag de gewenste inlichtingen.

Art. 29

Buitengewoon opsporingsambtenaar, aanwijzing bij uitoefening politiebevoegdheden

1. De buitengewoon opsporingsambtenaar volgt bij het uitoefenen van de politiebevoegdheden de door de direct toezichthouder gegeven aanwijzingen op.

2. Hij verstrekt de meerdere, bedoeld in het eerste lid, de gewenste inlichtingen.

Art. 30

Buitengewoon opsporingsambtenaar, instructie opvolging aanwijzingen toezichthouder

1. De buitengewoon opsporingsambtenaar volgt de aanwijzingen van de toezichthouder en de direct toezichthouder op die met het oog op een goede samenwerking met de politie zijn gegeven, tenzij bij of krachtens wet anders is bepaald.

2. Hij verstrekt hen de gewenste inlichtingen en stelt hen terstond op de hoogte van een voorgenomen wijziging van zijn standplaats, zijn functie en zijn werkgever.

Art. 31

Buitengewoon opsporingsambtenaar, periodieke toetsing bekwaamheid

Buitengewoon opsporingsambtenaar, periodieke bijscholing

1. De buitengewoon opsporingsambtenaar zorgt ervoor dat hij blijft beschikken over de bekwaamheid en de betrouwbaarheid voor de uitoefening van opsporingsbevoegdheden. Hij werkt mee aan de regelmatige toetsing van de bekwaamheid en volgt in door Onze Minister te bepalen gevallen een bijscholingsprogramma waarmee deze heeft ingestemd.
2. De buitengewoon opsporingsambtenaar woont de door de direct toezichthouder aangewezen bijeenkomsten bij, waarin onderricht wordt gegeven in zaken welke verband houden met de uitoefening van opsporingsbevoegdheden.
3. Indien de uitoefening van politiebevoegdheden mede het gebruik van bepaalde geweldmiddelen omvat, oefent de buitengewoon opsporingsambtenaar met die middelen.

Hoofdstuk 6
Het toezicht

§ 1
Algemeen

Art. 32

Buitengewoon opsporingsambtenaar, toezicht door Minister

1. Onze Minister is belast met het toezicht op de buitengewoon opsporingsambtenaar voor wat betreft diens titel van opsporingsbevoegdheid en diens bekwaamheid en betrouwbaarheid voor de uitoefening van opsporingsbevoegdheden.
2. Ten minste iedere vijf jaar dan wel ten minste op het daartoe op de akte van beëdiging vermelde tijdstip, stelt Onze Minister vast of de titel van opsporingsbevoegdheid en de bekwaamheid en de betrouwbaarheid voor de uitoefening van opsporingsbevoegdheden nog aanwezig zijn, alsmede of het dienstverband of de functie van de buitengewoon opsporingsambtenaar ongewijzigd is gebleven en het opsporen van strafbare feiten nog steeds onderdeel uitmaakt van diens functie. Onze Minister kan daartoe inlichtingen vragen aan het College van procureurs-generaal en andere betrokkenen.
3. Onze Minister bepaalt of het nog aanwezig zijn van de bekwaamheid blijkt uit het met goed gevolg hebben afgelegd van het in artikel 16, eerste en tweede lid, bedoelde examen of uit het met goed gevolg hebben doorlopen van het in artikel 16, tweede lid, of artikel 31, eerste lid, bedoelde programma. Artikel 16, derde lid, is van overeenkomstige toepassing.

Besluit buitengewoon opsporingsambtenaar

Art. 33
1. Ter vaststelling van de bekwaamheid voor de uitoefening van opsporingsbevoegdheden legt de werkgever binnen vier weken op een daartoe strekkend verzoek van Onze Minister, de bewijzen van de bekwaamheid van buitengewoon opsporingsambtenaar over. Onze Minister kan uitstel verlenen van de genoemde termijn.

Buitengewoon opsporingsambtenaar, overlegging bewijzen van bekwaamheid door werkgever

2. Indien binnen de gestelde termijn geen bewijzen van de bekwaamheid van de betrokkenen zijn overgelegd, wordt die bekwaamheid geacht niet meer aanwezig te zijn.

Art. 34
1. Indien is vastgesteld dat een titel van opsporingsbevoegdheid, de betrouwbaarheid en de bekwaamheid nog steeds aanwezig zijn, wordt hiervan aantekening gemaakt op de akte van beëdiging. Tevens wordt een nieuwe datum voor de periodieke toetsing op de akte van beëdiging vermeld.

Buitengewoon opsporingsambtenaar, aantekening geldigheid titel/betrouwbaarheid/bekwaamheid

2. De beschikking waarbij wordt vastgesteld dat een geldige titel van opsporing ontbreekt, wordt bekendgemaakt aan de buitengewoon opsporingsambtenaar, diens werkgever, de toezichthouder en de direct toezichthouder.

Art. 35
1. De opsporingsbevoegdheid vervalt met ingang van de dag na de datum waarop
   a. de titel van opsporingsbevoegdheid vervalt of wijzigt, tenzij de akte van beëdiging is gewijzigd als bedoeld in artikel 23, tweede lid, onder a;
   b. is vastgesteld dat de bekwaamheid of betrouwbaarheid voor de uitvoering van opsporingsbevoegdheden niet meer aanwezig is;
   c. is vastgesteld dat het dienstverband met de werkgever is beëindigd, dan wel dat de opsporing van strafbare feiten geen onderdeel meer uitmaakt van de functie van de desbetreffende persoon;
   d. door Onze Minister de opsporingsbevoegdheid van de desbetreffende persoon is beëindigd.

Buitengewoon opsporingsambtenaar, intrekking opsporingsbevoegdheid

2. Onze Minister kan de opsporingsbevoegdheid van een buitengewoon opsporingsambtenaar beëindigen
   a. op een daartoe strekkende aanvraag van de werkgever of van de desbetreffende buitengewoon opsporingsambtenaar;
   b. indien de buitengewoon opsporingsambtenaar misbruik maakt van zijn bevoegdheden;
   c. indien de buitengewoon opsporingsambtenaar de aanwijzingen van het bevoegd gezag, de toezichthouder en de direct toezichthouder niet nakomt;
   d. indien de buitengewoon opsporingsambtenaar heeft gehandeld in strijd met enige andere bepaling bij of krachtens dit besluit of voor zover op hem van toepassing, de Ambtsinstructie voor de politie, de Koninklijke marechaussee en andere opsporingsambtenaren.

3. Onze Minister kan de opsporingsbevoegdheid van een buitengewoon opsporingsambtenaar opschorten voor de duur van het onderzoek naar de in het tweede lid, onder *b* tot en met *d*, genoemde handelingen.

§ 2
De toezichthouder en direct toezichthouder

Art. 36
1. Bij de verlening van een titel van opsporingsbevoegdheid of bij de beëdiging wijst Onze Minister een toezichthouder en een direct toezichthouder aan.

Buitengewoon opsporingsambtenaar, aanwijzing toezichthouder/direct toezichthouder

2. Als toezichthouder wordt een hoofdofficier van justitie aangewezen.
3. Als direct toezichthouder wordt aangewezen:
   a. indien het grondgebied, bedoeld in artikel 5, onder b, is gelegen binnen het gebied waarin een regionale eenheid van de politie de politietaak uitvoert: de korpschef, bedoeld in artikel 27 van de Politiewet 2012;
   b. indien het grondgebied, bedoeld in artikel 5, onder b, groter is dan het gebied waarin een regionale eenheid van de politie de politietaak uitvoert: de korpschef, of het hoofd van een onder de centrale overheid ressorterende landelijke dienst;
   c. indien de buitengewoon opsporingsambtenaar werkzaam is bij de krijgsmacht: de commandant van de Koninklijke marechaussee, bedoeld in artikel 4, derde lid, van de Politiewet 2012.

Art. 37
[Vervallen]

Art. 38
De toezichthouder ziet er op toe dat de buitengewoon opsporingsambtenaar zijn taak bij de opsporing naar behoren vervult en de opsporingsbevoegdheden alsmede de politiebevoegdheden op juiste wijze uitoefent. Hij ziet eveneens toe op een goede samenwerking met de politie.

Buitengewoon opsporingsambtenaar, taken toezichthouder

Art. 39

Buitengewoon opsporingsambtenaar, taken direct toezichthouder

1. De direct toezichthouder ziet toe dat de buitengewoon opsporingsambtenaar het gestelde in hoofdstuk 5 naleeft. Hij oefent tevens het dagelijks toezicht uit op de juiste uitoefening van bevoegdheden en een goede samenwerking met de politie.
2. De direct toezichthouder ziet toe dat de werkgever zorg draagt voor het onderricht aan de buitengewoon opsporingsambtenaar, tenzij in de voorschriften, bedoeld in artikel 16, derde lid, een ander persoon daarvoor is aangewezen.
3. De direct toezichthouder verstrekt de toezichthouder de gewenste inlichtingen en doet ook ongevraagd mededeling van hetgeen voor het uitoefenen van het toezicht van belang kan zijn.

Art. 40

Buitengewoon opsporingsambtenaar, overleg toezichthouders

1. De toezichthouder en de direct toezichthouder plegen regelmatig overleg over het functioneren van de buitengewoon opsporingsambtenaren. Zij kunnen daarbij de werkgever uitnodigen.
2. Zij kunnen het bevoegd gezag, de meerdere of andere betrokkenen raadplegen over de uitoefening van bevoegdheden van buitengewoon opsporingsambtenaren.
3. Zij verschaffen Onze Minister en het College van procureurs-generaal de gewenste informatie over de buitengewoon opsporingsambtenaren.

§ 3
De werkgever

Art. 41

Buitengewoon opsporingsambtenaar, informatieplicht werkgever aan toezichthouder

1. De werkgever verschaft de toezichthouder en de direct toezichthouder alle door hen gewenste informatie met betrekking tot de in zijn dienst werkzame buitengewoon opsporingsambtenaren.
2. Onze Minister kan bepalen dat de werkgever, aan wie hij ingevolge artikel 142, eerste lid, onder b, en derde lid, van het Wetboek van Strafvordering een categoriale beschikking heeft verleend, een jaarverslag dan wel op andere door hem te bepalen wijze informatie aan hem doet toekomen.
3. Onze Minister kan eisen stellen aan het door de werkgever of een categorie van werkgevers te gebruiken systeem voor het registreren en verstrekken van de in het eerste lid bedoelde informatie en van operationele informatie die wordt verkregen in het kader van de taakuitvoering van de buitengewoon opsporingsambtenaar.

Art. 42

Buitengewoon opsporingsambtenaar, afhandeling klacht door werkgever

1. De werkgever zendt terstond een afschrift van een klacht over het optreden van een buitengewoon opsporingsambtenaar betreffende de uitoefening van diens bevoegdheden als buitengewoon opsporingsambtenaar aan de toezichthouder en de direct toezichthouder.
2. Bij de afhandeling van de klacht neemt de werkgever het oordeel van de toezichthouder over de rechtmatigheid en behoorlijkheid van de uitoefening van die bevoegdheden in acht.

Hoofdstuk 7
Registratie

Art. 43

Buitengewoon opsporingsambtenaar, registratie

1. Onze Minister houdt een registratie bij van de buitengewoon opsporingsambtenaren die door hem zijn beëdigd. Hij registreert de gegevens die staan vermeld op de akte van beëdiging alsmede alle wijzigingen die in de akte van beëdiging zijn aangebracht.
2. Onze Minister bewaart de bescheiden die betrekking hebben op de buitengewoon opsporingsambtenaren.
3. Onze Minister verschaft desgewenst informatie over de buitengewoon opsporingsambtenaren aan het College van procureurs-generaal.

Hoofdstuk 8
Overgangs- en slotbepalingen

Art. 44

Buitengewoon opsporingsambtenaar, toezichthouder arrondissementsparket

1. Indien voor 1 januari 2013 als toezichthouder is aangewezen de hoofdofficier van justitie van het in de linkerkolom bedoelde arrondissementsparket, is met ingang van 1 januari 2013 als toezichthouder aangewezen de hoofdofficier van justitie van het in de rechterkolom bedoelde arrondissementsparket.

Besluit buitengewoon opsporingsambtenaar C21 art. 45

Alkmaar	Noord-Holland
Almelo	Oost-Nederland
Amsterdam	Amsterdam
Arnhem	Oost-Nederland
Assen	Noord-Nederland
Breda	Zeeland-West-Brabant
Dordrecht	Rotterdam
's-Gravenhage	Den Haag
Groningen	Noord-Nederland
Haarlem	Noord-Holland
's-Hertogenbosch	Oost-Brabant
Leeuwarden	Noord-Nederland
Maastricht	Limburg
Middelburg	Zeeland-West-Brabant
Roermond	Limburg
Rotterdam	Rotterdam
Utrecht	Midden-Nederland
Zutphen	Oost-Nederland
Zwolle-Lelystad	Oost-Nederland

2. In afwijking van het eerste lid is met ingang van 1 januari 2013 als toezichthouder aangewezen de hoofdofficier van justitie van het arrondissementsparket Midden-Nederland, indien voor 1 januari 2013 als toezichthouder is aangewezen de hoofdofficier van justitie van het arrondissementparket Zwolle-Lelystad en het grondgebied, bedoeld in artikel 5, onder b, is gelegen binnen de grenzen van de politieregio Flevoland als bedoeld in de bijlage bij de Politiewet 1993, zoals deze wet luidde voor 1 januari 2013.
3. In afwijking van het eerste lid is met ingang van 1 januari 2013 als toezichthouder aangewezen de hoofdofficier van justitie van het arrondissementsparket Midden-Nederland, indien voor 1 januari 2013 als toezichthouder is aangewezen de hoofdofficier van justitie van het arrondissementsparket Amsterdam en het gebied, bedoeld in artikel 5, onder 5, is gelegen binnen de grenzen van de politieregio Gooi en Vechtstreek als bedoel in de bijlage bij de Politiewet 1993, zoals deze wet luidde voor 1 januari 2013.

Art. 45
Indien voor 1 januari 2013 als direct toezichthouder is aangewezen de korpschef van een in de tabel genoemd politiekorps als bedoeld in artikel 4 van de Politiewet 1993, zoals deze wet luidde voor 1 januari 2013, is met ingang van 1 januari 2013 als direct toezichthouder aangewezen de korpschef, bedoeld in artikel 27 van de Politiewet 2012.

Amsterdam-Amstelland
Brabant-Noord
Brabant Zuid-Oost
Drenthe
Flevoland
Fryslân
Gelderland-Midden
Gelderland-Zuid
Gooi en Vechtstreek
Groningen
Haaglanden
Hollands Midden
IJsselland
Kennemerland
Limburg-Noord
Limburg-Zuid
Midden- en West-Brabant
Noord-Holland-Noord
Noord- en Oost-Gelderland
Rotterdam-Rijnmond
Twente
Utrecht

Zaanstreek-Waterland
Zeeland
Zuid-Holland-Zuid
Korps landelijke politiediensten

Art. 46-47
[Vervallen]

Art. 48
Inwerkingtreding Dit besluit treedt in werking met ingang van de eerste dag na datum van uitgifte van het *Staatsblad* waarin het wordt geplaatst, en werkt het terug tot en met 1 april 1994.

Art. 49
Citeertitel Dit besluit wordt aangehaald als: Besluit buitengewoon opsporingsambtenaar.

Besluit buitengewoon opsporingsambtenaar

C21 bijlage A

Bijlage A

Bij aanvaarding van de aanwijzing tot buitengewoon opsporingsambtenaar legt de desbetreffende persoon de navolgende eden (verklaringen en beloften) af:

1. De eed (verklaring en belofte) van zuivering:
«Ik zweer (verklaar), dat ik middellijk of onmiddellijk, in welke vorm dan ook, tot het verkrijgen van mijn aanstelling of beëdiging als buitengewoon opsporingsambtenaar aan niemand iets heb gegeven of beloofd.
Ik zweer (beloof), dat ik, om iets in mijn betrekking als buitengewoon opsporingsambtenaar te doen of te laten, van niemand, middellijk of onmiddellijk, enige beloften of geschenken zal aannemen.
Zo waarlijk helpe mij God almachtig (Dat verklaar en beloof ik)!»

2. De ambtseed of ambtsbelofte:
«Ik zweer (beloof) trouw aan de Koning, aan de Grondwet en aan de wetten van ons land.
Ik zweer (beloof) dat ik de krachtens de wet uitgevaardigde voorschriften en verordeningen zal nakomen en handhaven, dat ik de aan mij verstrekte opdrachten plichtsgetrouw en nauwgezet zal volbrengen en de zaken, waarvan ik door mijn ambt kennis draag en die mij als geheim zijn toevertrouwd, of waarvan ik het vertrouwelijke karakter moet begrijpen, niet zal openbaren aan anderen dan aan hen, aan wie ik volgens de wet of ambtshalve tot mededeling verplicht ben.
Ik zweer (beloof) dat ik mij zal gedragen zoals een goed buitengewoon opsporingsambtenaar betaamt, dat ik zorgvuldig, onkreukbaar en betrouwbaar zal zijn en dat ik niets zal doen dat het aanzien van het ambt zal schaden.
Zo waarlijk helpe mij God almachtig (Dat beloof ik)!»

Bijlage B

[Vervallen]

Opiumwet[1]

Wet van 12 mei 1928, tot vaststelling van bepalingen betreffende het opium en andere verdoovende middelen

Wij WILHELMINA, bij de gratie Gods, Koningin der Nederlanden, Prinses van Oranje-Nassau, enz., enz., enz.
Allen, die deze zullen zien, of hooren lezen, salut! doen te weten:
Alzoo Wij in overweging genomen hebben, dat het noodzakelijk is, de bepalingen betreffende het opium en andere verdoovende middelen in overeenstemming te brengen met de bepalingen van het op 19 Februari 1925 te Genève tusschen Nederland en andere Staten gesloten internationale opiumverdrag;
Zoo is het, dat Wij, den Raad van State gehoord, en met gemeen overleg der Staten-Generaal, hebben goedgevonden en verstaan, gelijk Wij goedvinden en verstaan bij deze:

Art. 1

Begripsbepalingen

1. In deze wet en de daarop berustende bepalingen wordt verstaan onder:
a. Onze Minister: Onze Minister van Volksgezondheid, Welzijn en Sport;
b. substantie: stof van menselijke, dierlijke, plantaardige of chemische oorsprong, daaronder begrepen dieren, planten, delen van dieren of planten, alsmede micro-organismen;
c. preparaat: een vast of vloeibaar mengsel van substanties;
d. middel: substantie of preparaat;
e. Enkelvoudig Verdrag: het op 30 maart 1961 te New York tot stand gekomen Enkelvoudig Verdrag inzake verdovende middelen (*Trb.* 1963, 81), zoals gewijzigd bij het op 25 maart 1972 te Genève tot stand gekomen Protocol tot wijziging van dat verdrag (*Trb.* 1987, 90);
f. Psychotrope Stoffen Verdrag: het op 21 februari 1971 te Wenen tot stand gekomen Verdrag inzake psychotrope stoffen (*Trb.* 1989, 129);
g. Kaderbesluit 2004/757/JBZ: Kaderbesluit 2004/757/JBZ van de Raad van 25 oktober 2004 betreffende de vaststelling van minimumvoorschriften met betrekking tot de bestanddelen van strafbare feiten en met betrekking tot straffen op het gebied van de illegale drugshandel (PbEU 2004, nr. L 335), zoals laatstelijk gewijzigd bij Richtlijn (EU) 2017/2103 van het Europees Parlement en de Raad van 15 november 2017 tot wijziging van het Kaderbesluit 2004/757/JBZ van de Raad teneinde psychoactieve stoffen in de definitie van «drug» op te nemen en tot intrekking van Besluit 2005/387/JBZ van de Raad;
h. Besluit 2005/387/JBZ: Besluit 2005/387/JBZ van de Raad van 10 mei 2005 inzake de uitwisseling van informatie, de risicobeoordeling en de controle ten aanzien van nieuwe psychoactieve stoffen (PbEU 2005, L 127);
i. Verdrag tegen sluikhandel: het op 20 december 1988 tot stand gekomen Verdrag van de Verenigde Naties tegen de sluikhandel in verdovende middelen en psychotrope stoffen (Trb. 1989, 97);
j. Verdrag ter uitvoering van artikel 17 van het Verdrag tegen sluikhandel: het op 31 januari 1995 te Straatsburg tot stand gekomen Verdrag inzake de sluikhandel over zee, ter uitvoering van artikel 17 van het Verdrag van de Verenigde Naties tegen de sluikhandel in verdovende middelen en psychotrope stoffen (Trb. 2010, 165 en 239).
2. Voor toepassing van deze wet en de daarop berustende bepalingen worden de zouten van de substanties met die substanties gelijkgesteld.
3. Voor de toepassing van deze wet wordt onder vervaardigen begrepen raffineren en omzetten.
4. Onder binnen het grondgebied van Nederland brengen van middelen, bedoeld in de artikelen 2 en 3, is begrepen: het binnen het grondgebied van Nederland brengen van de voorwerpen of goederen, waarin die middelen verpakt of geborgen zijn en elke op het verder vervoer, de opslag, de aflevering, ontvangst of overdracht gerichte handeling, met betrekking tot die middelen, die binnen het grondgebied van Nederland zijn gebracht, of tot de voorwerpen of goederen, waarin die middelen verpakt of geborgen zijn.
5. Onder buiten het grondgebied van Nederland brengen van middelen, bedoeld in de artikelen 2 en 3, is begrepen: het buiten het grondgebied van Nederland brengen van de voorwerpen of goederen, waarin die middelen verpakt of geborgen zijn en het met bestemming naar het buitenland vervoeren, ten vervoer aannemen of ten vervoer aanbieden, het ten uitvoer dan wel ten wederuitvoer aangeven, daaronder begrepen het doen van een summiere aangifte bij uitgaan of het in kennis stellen van de wederuitvoer, in de zin van Verordening (EU) nr. 952/2013 van

---

[1] Inwerkingtredingsdatum: 01-10-1928; zoals laatstelijk gewijzigd bij: Stb. 2020, 451.

het Europees Parlement en van de Raad van 9 oktober 2013 tot vaststelling van het douanewetboek van de Unie (PbEU 2013, L 269) of het in, op of aan een naar het buitenland bestemd vaar-, voer- of luchtvaartuig aanwezig hebben van die middelen, of van die voorwerpen of goederen.

Art. 2
Het is verboden een middel als bedoeld in de bij deze wet behorende lijst I dan wel aangewezen krachtens artikel 3a, vijfde lid:
A. binnen of buiten het grondgebied van Nederland te brengen;
B. te telen te bereiden, te bewerken, te verwerken, te verkopen, af te leveren, te verstrekken of te vervoeren;
C. aanwezig te hebben;
D. te vervaardigen.

Verboden handelingen m.b.t. middelen van lijst I

Art. 3
Het is verboden een middel als bedoeld in de bij deze wet behorende lijst II dan wel aangewezen krachtens artikel 3a, vijfde lid:
A. binnen of buiten het grondgebied van Nederland te brengen;
B. te telen, te bereiden, te bewerken, te verwerken, te verkopen, af te leveren, te verstrekken of te vervoeren;
C. aanwezig te hebben;
D. te vervaardigen.

Verboden handelingen m.b.t. middelen van lijst II

Art. 3a
1. Bij algemene maatregel van bestuur worden aan de bij deze wet behorende lijst I of lijst II middelen toegevoegd indien deze onder de werking van het Enkelvoudig Verdrag of het Psychotrope Stoffen Verdrag worden gebracht of uit hoofde van de uit het Kaderbesluit 2004/757/JBZ of het Besluit 2005/387/JBZ voortvloeiende verplichting onder de werking van deze wet dienen te worden gebracht. Bij algemene maatregel van bestuur kunnen van lijst I of II middelen worden geschrapt indien deze aan de werking van de in de eerste volzin bedoelde verdragen worden onttrokken dan wel indien de in die volzin bedoelde verplichting uit hoofde van het Kaderbesluit 2004/757/JBZ of het Besluit 2005/387/JBZ komt te vervallen.
2. Bij algemene maatregel van bestuur kunnen aan lijst I of lijst II middelen worden toegevoegd indien is gebleken dat deze het bewustzijn van de mens beïnvloeden en bij gebruik door de mens kunnen leiden tot schade aan zijn gezondheid en schade voor de samenleving.
3. Bij algemene maatregel van bestuur worden middelen die krachtens het tweede lid zijn toegevoegd, van lijst I of lijst II geschrapt indien is gebleken dat zij de in het tweede lid bedoelde eigenschappen niet of niet meer bezitten.
4. Een algemene maatregel van bestuur als bedoeld in het eerste, tweede en derde lid, wordt niet vastgesteld dan nadat vier weken zijn verstreken nadat het ontwerp van de maatregel is overgelegd aan de beide Kamers der Staten-Generaal en binnen die termijn niet door of namens een van beide Kamers de wens te kennen wordt gegeven dat het in het ontwerp van de maatregel geregelde onderwerp wordt geregeld bij wet.

Wijzigingen lijst I en II bij AMvB

5. Indien naar het oordeel van Onze Minister handelingen als bedoeld in artikel 2 of 3 ten aanzien van een middel onverwijld moeten worden verboden en de totstandkoming van een algemene maatregel van bestuur als bedoeld in het eerste of tweede lid niet kan worden afgewacht, kan het middel daartoe bij ministeriële regeling worden aangewezen. Onze Minister draagt ervoor zorg dat tegelijk met de vaststelling van deze ministeriële regeling het ontwerp van een algemene maatregel van bestuur met dezelfde inhoud ter beoordeling aan de ministerraad wordt aangeboden. De ministeriële regeling blijft, behoudens eerdere intrekking, van kracht totdat de algemene maatregel van bestuur waarbij het betreffende middel wordt aangewezen in werking treedt, doch uiterlijk tot een jaar na het inwerkingtreden van de regeling.

Wijzigingen lijst I en II door minister

Art. 3b
1. Elke openbaarmaking, welke er kennelijk op is gericht de verkoop, aflevering of verstrekking van een middel als bedoeld in artikel 2 of artikel 3 te bevorderen, is verboden.
2. Het in het eerste lid vervatte verbod geldt niet ter zake van openbaarmaking in het kader van medische of wetenschappelijke voorlichting.

Verbod t.a.v. reclame

Art. 3c
1. Bij algemene maatregel van bestuur kunnen middelen en toepassingen worden aangewezen waarvoor een in artikel 2 of 3 omschreven verbod geheel of ten dele niet geldt.
2. Bij algemene maatregel van bestuur kunnen met betrekking tot middelen als bedoeld in lijst I of II regels worden gesteld om naleving van de bepalingen van het Enkelvoudig Verdrag of het Psychotrope Stoffen Verdrag te verzekeren of om misbruik van die middelen te voorkomen.

Uitzondering verboden artikelen 2 en 3

Art. 4
1. Het is verboden een middel als bedoeld in lijst I of II voor te schrijven op recept, tenzij het middel daartoe, in het belang van de volksgezondheid, is aangewezen bij algemene maatregel

Voorschrijven op recept

van bestuur. Bij de maatregel kunnen voorschriften worden gesteld ter zake van het recept en het doel waarvoor een middel wordt voorgeschreven.
Een krachtens de eerste volzin vastgestelde algemene maatregel van bestuur treedt niet eerder in werking dan acht weken na de datum van uitgifte van het Staatsblad waarin hij is geplaatst. Van de plaatsing wordt onverwijld mededeling gedaan aan de beide kamers der Staten-Generaal.
In het belang van de volksgezondheid kan, in afwijking van de eerste volzin, bij ministeriële regeling een middel worden aangewezen dat mag worden voorgeschreven op recept, zolang het middel tevens is aangewezen krachtens artikel 3a, vijfde lid.

Bestellen van middelen
2. Het bestellen van een middel als bedoeld in lijst I of II, door:
a. beroepsbeoefenaren als bedoeld in artikel 5, eerste lid,
b. instellingen en personen als bedoeld in artikel 5, tweede lid en derde lid, en
c. houders van een ontheffing als bedoeld in artikel 6,
geschiedt met inachtneming van bij ministeriële regeling vastgestelde voorschriften.

Verbod m.b.t. aanbieden van o.a. valse of vervalste recepten
3. Het is verboden ter verkrijging van enig middel, in lijst I en II bedoeld:
a. een vals of vervalst recept aan te bieden;
b. een recept aan te bieden, waarin een andere naam of een ander adres is vermeld dan de naam of het adres van degene te wiens behoeve het recept is voorgeschreven.

Art. 5

Afleveren op recept
1. Bij algemene maatregel van bestuur worden voorschriften gesteld ter zake van het afleveren van krachtens artikel 4 aangewezen middelen. Onverminderd deze algemene maatregel van bestuur, is het verbod op het bereiden, bewerken, verwerken, verkopen, afleveren, verstrekken, vervoeren of aanwezig hebben van een middel bedoeld in lijst I of II, niet van toepassing op:
a. apothekers en apotheekhoudende artsen indien zij krachtens artikel 4, eerste lid, aangewezen middelen voor geneeskundige doeleinden bereiden, bewerken, verwerken, verkopen, afleveren, verstrekken, vervoeren of aanwezig hebben en deze werkzaamheden geschieden binnen de normale beroepsuitoefening;
b. dierenartsen, indien zij de krachtens artikel 4 aangewezen middelen voor diergeneeskundige doeleinden verkopen, afleveren, verstrekken, vervoeren of aanwezig hebben.

Uitzondering voor aangewezen instellingen
2. De verboden inzake het verstrekken, vervoeren of aanwezig hebben van middelen als bedoeld in lijst I of II, zijn voorts niet van toepassing op daartoe bij algemene maatregel van bestuur aangewezen instellingen en op hen die de desbetreffende middelen in de aanwezige hoeveelheid tot uitoefening van de geneeskunst, de tandheelkunde of de diergeneeskunde, dan wel voor eigen geneeskundig gebruik behoeven of krachtens wettelijk voorschrift in voorraad moeten hebben en langs wettige weg hebben verkregen.

Uitzondering bij noodtoestand
3. Voorts kunnen, indien een noodtoestand als bedoeld in artikel 1, eerste lid, van de Coördinatiewet uitzonderingstoestanden is afgekondigd, bij koninklijk besluit, op voordracht van Onze Minister, andere instellingen of personen dan die, bedoeld in het eerste en tweede lid, worden aangewezen voor wie de verboden inzake het verstrekken, vervoeren of aanwezig hebben van middelen als bedoeld in lijst I of II, niet van toepassing zijn. Deze aanwijzing kan worden beperkt tot bepaalde gebieden en bepaalde middelen. Voorts kunnen aan de aanwijzing nadere voorschriften worden verbonden. De aanwijzing vervalt van rechtswege indien de noodtoestand wordt beëindigd, en kan voorts worden ingetrokken bij koninklijk besluit, op voordracht van Onze Minister.
4. De verboden inzake het vervoeren of aanwezig hebben zijn bovendien niet van toepassing op hen die de middelen vervoeren of daartoe aanwezig hebben in opdracht van degene die tot zodanig vervoer bevoegd is.

Art. 6

Ontheffing verboden
1. Onze Minister kan, met inachtneming van artikel 8i, eerste lid, ontheffing verlenen van een verbod als bedoeld in artikel 2 of 3. Hij kan voorts een ontheffing verlengen, wijzigen, aanvullen of intrekken.

Duur, verlenging
2. Een ontheffing of een verlenging daarvan wordt verleend voor ten hoogste vijf jaren, met dien verstande dat een ontheffing van een verbod als bedoeld in artikel 2, onder A, of artikel 3, onder A, wordt verleend per geval en voor ten hoogste zes maanden.

Termijn beslissing minister
3. Onze Minister stelt de aanvrager van een ontheffing of van een verlenging daarvan binnen drie maanden na ontvangst van de aanvraag in kennis van zijn beslissing.

Art. 6a
Onze Minister kan machtiging verlenen aan een bestuursorgaan tot afgifte op aanvraag van een schriftelijke verklaring inhoudende dat de aanvrager uitsluitend ten behoeve van zijn eigen geneeskundig gebruik een middel als bedoeld in lijst I of II mag vervoeren of aanwezig hebben.

Art. 7

Kosten aan ontheffing
1. Voor de behandeling van een aanvraag voor een ontheffing of een wijziging, aanvulling of verlenging daarvan, kan een vergoeding worden geheven. Voor de behandeling van een aanvraag voor een ontheffing als bedoeld in artikel 8i, tweede lid, is geen vergoeding verschuldigd.
2. Voor een ontheffing kan jaarlijks een vergoeding worden geheven. Het eerste lid, tweede volzin, is van overeenkomstige toepassing met betrekking tot de jaarlijkse vergoeding.

Opiumwet | **C22** art. 8e

3. De hoogte van de vergoedingen, bedoeld in het eerste en tweede lid, wordt bij ministeriële regeling vastgesteld en kan per categorie van ontheffing verschillend worden vastgesteld. Indien een ontheffing voor een periode korter dan een jaar geldt, wordt de vergoeding, bedoeld in het tweede lid, naar evenredigheid op een lager bedrag vastgesteld.

Art. 7a
[Vervallen]

Art. 8
1. Een ontheffing kan slechts worden verleend of verlengd indien de aanvrager ten genoegen van Onze Minister heeft aangetoond: — *Aan ontheffing gestelde voorwaarden*
   a. dat daarmee het belang van de volksgezondheid of dat van de gezondheid van dieren wordt gediend;
   b. deze nodig te hebben voor het verrichten van wetenschappelijk of analytisch-chemisch onderzoek dan wel voor instructieve doeleinden, voor zover het belang van de volksgezondheid zich hier niet tegen verzet, of
   c. deze nodig te hebben voor het verrichten van een handeling als bedoeld in artikel 2 of 3 krachtens een overeenkomst met:
      1. een ander aan wie krachtens artikel 6, eerste lid, een ontheffing is verleend;
      2. een apotheker of apotheekhoudende arts;
      3. een dierenarts;
      4. een instelling of persoon, aangewezen krachtens artikel 5, tweede of derde lid;
      5. een houder van een in een ander land verleende vergunning of ontheffing om de desbetreffende middelen in dat land in te voeren, voor zover het belang van de volksgezondheid zich hier niet tegen verzet.
2. Een ontheffing kan voorts worden verleend of verlengd indien de aanvrager deze nodig heeft voor het telen van cannabis krachtens een overeenkomst met Onze Minister.

Art. 8a
1. Aan een ontheffing kunnen voorschriften worden verbonden om naleving van de bepalingen van het Enkelvoudig Verdrag en het Psychotrope Stoffen Verdrag en de bij of krachtens deze wet gestelde voorschriften te verzekeren, of om misbruik van een middel als bedoeld in lijst I of II te voorkomen. — *Reikwijdte ontheffing*
2. In de ontheffing wordt ten minste vermeld:
   a. voor welke van de verboden, bedoeld in artikel 2 of 3 zij wordt verleend;
   b. voor welke doeleinden zij wordt verleend;
   c. op welk perceel of in welke lokaliteit de desbetreffende handelingen mogen plaatsvinden;
   d. de wijze van opslag;
   e. de wijze van beveiliging;
   f. de manier waarop de voorraadadministratie is ingericht.

Art. 8b
Een ontheffing of een verlenging daarvan wordt geweigerd indien de aanvrager ingevolge een onherroepelijk geworden rechterlijke uitspraak onder curatele is gesteld dan wel zijn goederen onder bewind zijn gesteld. — *Weigering ontheffing*

Art. 8c
1. Een ontheffing of een verlenging daarvan kan worden geweigerd in het geval en onder de voorwaarden, bedoeld in artikel 3 van de Wet bevordering integriteitsbeoordelingen door het openbaar bestuur. — *Weigeren ontheffing*
2. Met het oog op toepassing van het eerste lid, kan het Bureau bevordering integriteitsbeoordelingen door het openbaar bestuur, bedoeld in artikel 8 van de in het eerste lid genoemde wet, om een advies als bedoeld in artikel 9 van die wet worden gevraagd.

Art. 8d
Een ontheffing wordt ingetrokken: — *Intrekking ontheffing*
   a. op aanvraag van de houder van de ontheffing;
   b. indien het belang van de volksgezondheid dit vordert;
   c. indien naar het oordeel van Onze Minister de doeleinden waarvoor de ontheffing is verleend niet meer gerealiseerd kunnen worden;
   d. indien een krachtens artikel 7, tweede lid, verschuldigde vergoeding niet binnen 30 dagen na heffing is voldaan en evenmin gevolg is gegeven aan de aanmaning van Onze Minister, gedaan na afloop van die termijn, om alsnog binnen acht dagen te betalen.

Art. 8e
1. Een ontheffing kan worden ingetrokken: — *Intrekking ontheffing*
   a. indien de houder van de ontheffing handelt in strijd met een bij of krachtens deze wet gesteld voorschrift;
   b. in het geval en onder de voorwaarden, bedoeld in artikel 3 van de Wet bevordering integriteitsbeoordelingen door het openbaar bestuur.

C22 art. 8f — Opiumwet

2. Met het oog op toepassing van het eerste lid, onder b, kan het Bureau bevordering integriteitsbeoordelingen, bedoeld in artikel 8 van de in het eerste lid, onder b, genoemde wet, om een advies als bedoeld in artikel 9 van die wet worden gevraagd.

Art. 8f

Vernietiging, overdracht opiumwetmiddelen na intrekking ontheffing

1. Degene wiens ontheffing wordt ingetrokken ontdoet zich van de middelen waarop de ontheffing betrekking heeft, gedurende het tijdvak, gelegen tussen de mededeling van de intrekking en de laatste dag waarop de ontheffing geldt. Hij ontdoet zich van die middelen hetzij door vernietiging, hetzij door overdracht aan personen, rechtspersonen daaronder begrepen, die bevoegd zijn tot het verrichten van handelingen als bedoeld in artikel 2 of 3.

2. In afwijking van het eerste lid, ontdoet de houder van een ontheffing voor de teelt van hennep zich van de middelen waarop de ontheffing betrekking heeft, hetzij door vernietiging van die middelen, hetzij door overdracht daarvan aan Onze Minister.

Art. 8g

Vervallen ontheffing

Een ontheffing vervalt:
a. door het overlijden van de houder;
b. indien ingevolge een onherroepelijk geworden rechterlijke uitspraak de houder van de ontheffing onder curatele is gesteld dan wel zijn goederen onder bewind zijn gesteld;
c. indien de rechtspersoon aan wie de ontheffing is verleend, wordt ontbonden, fuseert en niet de verkrijgende rechtspersoon is, of wordt gesplitst.

Art. 8h

Telen hennep

Onze Minister draagt ervoor zorg dat:
a. in Nederland voldoende hennep wordt geteeld voor wetenschappelijk onderzoek naar de geneeskundige toepassing van hennep, hasjiesj en hennepolie of voor de productie van geneesmiddelen;
b. de geteelde hennep, bedoeld onder a, wordt gebruikt voor een onder a genoemd doel.

Art. 8i

Ontheffing verbod telen van hennepproducten bij overeenkomst

1. Onze Minister verleent niet meer ontheffingen van het verbod tot teelt van hennep dan nodig is voor de in artikel 8h bedoelde doeleinden en voor de veredeling van hennep.

2. Een ontheffing van het verbod op het telen van hennep dan wel tot het verwerken, bewerken of vervoeren van hennep, hasjiesj en hennepolie voor de in artikel 8h genoemde doeleinden, wordt slechts verleend aan degene met wie Onze Minister ter zake een overeenkomst tot het verrichten van zodanige handelingen aangaat.

3. Een overeenkomst als bedoeld in het tweede lid eindigt van rechtswege met ingang van de datum waarop de aan de wederpartij verleende ontheffing wordt ingetrokken of vervalt.

4. In een overeenkomst als bedoeld in het tweede lid, wordt in elk geval bepaald dat de wederpartij van Onze Minister de geteelde hennep binnen vier maanden na het oogsten uitsluitend aan het worden verkoopt en aflevert en de overtollige hennep vernietigt.

5. Onze Minister is met uitsluiting van anderen bevoegd hennep, hasjiesj en hennepolie:
a. binnen of buiten het grondgebied van Nederland te brengen;
b. te verkopen en af te leveren;
c. aanwezig te hebben, met uitzondering van de voorraden die worden beheerd door degenen die ontheffing hebben deze middelen te telen, te bewerken of te verwerken.

6. Het vijfde lid is niet van toepassing voor zover toepassingen van hennep, hasjiesj of hennepolie krachtens artikel 3c, eerste lid, zijn aangewezen.

Art. 8j

Toezichthouders

Met het toezicht op de naleving van het bepaalde bij of krachtens deze wet zijn belast de ambtenaren van de Inspectie gezondheidszorg en jeugd.

Art. 8k

Opsporingsambtenaren

Met het opsporen van de in deze wet strafbaar gestelde feiten zijn, onverminderd artikel 141 en artikel 142, eerste lid, aanhef en onder a en b, van het Wetboek van Strafvordering, belast de ambtenaren, bedoeld in artikel 8j, en de ambtenaren van de rijksbelastingdienst, bevoegd inzake douane.

Art. 9

Bevoegdheid opsporingsambtenaar, voer- en vaartuigen

1. De opsporingsambtenaren hebben, voor zover dat redelijkerwijs voor de vervulling van hun taak nodig is, toegang:
a. tot de vervoermiddelen, met inbegrip van woongedeelten, waarvan hun bekend is, of waarvan redelijkerwijze door hen kan worden vermoed, dat daarmede ingevoerd of vervoerd worden of dat daarin, daarop of daaraan bewaard worden of aanwezig zijn middelen als bedoeld in lijst I of II;

Bevoegdheid opsporingsambtenaar, plaatsen Onderzoek aan kleding

b. tot de plaatsen, waar een overtreding van deze wet gepleegd wordt of waar redelijkerwijze vermoed kan worden, dat zodanige overtreding gepleegd wordt.

2. Zij zijn bevoegd een persoon, verdacht van een bij deze wet als misdrijf strafbaar gesteld feit, bij het bestaan van ernstige bezwaren tegen deze, aan de kleding te onderzoeken.

Opiumwet

3. Zij zijn te allen tijde bevoegd tot inbeslagneming van daarvoor vatbare voorwerpen. Zij kunnen daartoe hun uitlevering vorderen.
Inbeslagneming van voorwerpen

4. De officier van justitie of de hulpofficier van justitie voor wie de verdachte wordt geleid of de zelf de verdachte heeft aangehouden is bevoegd een persoon die zojuist binnen het grondgebied van Nederland is binnengekomen of die op het punt staat dit grondgebied te verlaten, en die is aangehouden terzake van een bij deze wet als misdrijf strafbaar gesteld feit, een vordering te geven tot medewerking aan een urineonderzoek, gericht op het aantonen van de aanwezigheid in het lichaam van middelen als bedoeld in lijst I of II.
Urineonderzoek

Art. 9a
Onze Minister is bevoegd een bestuurlijke boete van ten hoogste € 33 500,- op te leggen ter zake van een gedraging die in strijd is met het bepaalde bij of krachtens artikel 3c, 4, eerste of tweede lid, of 5, eerste lid.
Bestuurlijke boete

Art. 10
1. Hij die handelt in strijd met:
a. een in artikel 2, het in artikel 3b, eerste lid, of een in artikel 4, derde lid, gegeven verbod;
b. een krachtens artikel 3c, tweede lid, of artikel 4, eerste of tweede lid, gegeven voorschrift;
c. een krachtens artikel 8a, eerste lid, aan een ontheffing verbonden voorschrift;
wordt gestraft met hechtenis van ten hoogste zes maanden of geldboete van de vierde categorie.
Strafbepalingen

2. Hij die opzettelijk handelt in strijd met het in artikel 3b, eerste lid, of het in artikel 4, derde lid, gegeven verbod, wordt gestraft met gevangenisstraf van ten hoogste vier jaren of geldboete van de vijfde categorie.

3. Hij die opzettelijk handelt in strijd met het in artikel 2 onder C, gegeven verbod wordt gestraft met gevangenisstraf van ten hoogste zes jaren of geldboete van de vijfde categorie.

4. Hij die opzettelijk handelt in strijd met het in artikel 2 onder B of D, gegeven verbod, wordt gestraft met gevangenisstraf van ten hoogste acht jaren of geldboete van de vijfde categorie.

5. Hij die opzettelijk handelt in strijd met een in artikel 2 onder A, gegeven verbod, wordt gestraft met gevangenisstraf van ten hoogste twaalf jaren of geldboete van de vijfde categorie.

6. Indien het feit, bedoeld in het tweede, derde onderscheidenlijk vijfde lid, betrekking heeft op een geringe hoeveelheid, bestemd voor eigen gebruik, wordt gevangenisstraf van ten hoogste een jaar of geldboete van de derde categorie opgelegd.

Art. 10a
1. Hij die om een feit, bedoeld in het vierde of vijfde lid van artikel 10, voor te bereiden of te bevorderen:
Strafbepalingen voorbereidingshandelingen

1°. een ander tracht te bewegen om dat feit te plegen, te doen plegen, mede te plegen of uit te lokken, om daarbij behulpzaam te zijn of om daartoe gelegenheid, middelen of inlichtingen te verschaffen,

2°. zich of een ander gelegenheid, middelen of inlichtingen tot het plegen van dat feit tracht te verschaffen,

3°. voorwerpen, vervoermiddelen, stoffen, gelden of andere betaalmiddelen voorhanden heeft, waarvan hij weet of ernstige reden heeft om te vermoeden dat zij bestemd zijn tot het plegen van dat feit,

wordt gestraft met gevangenisstraf van ten hoogste zes jaren of geldboete van de vijfde categorie.

2. Niet strafbaar is hij die de in het eerste lid omschreven feiten begaat met betrekking tot het binnen of buiten het grondgebied van Nederland brengen van een geringe hoeveelheid, bestemd voor eigen gebruik.

Art. 11
1. Hij die handelt in strijd met een in artikel 3 gegeven verbod, wordt gestraft met hechtenis van ten hoogste een maand of geldboete van de tweede categorie.
Strafbepalingen

2. Hij die opzettelijk handelt in strijd met een in artikel 3 onder B, C of D, gegeven verbod, wordt gestraft met gevangenisstraf van ten hoogste twee jaren of geldboete van de vierde categorie.

3. Hij die in de uitoefening van een beroep of bedrijf opzettelijk handelt in strijd met een in artikel 3, onder B, gegeven verbod, wordt gestraft met gevangenisstraf van ten hoogste zes jaren of geldboete van de vijfde categorie.

4. Hij die opzettelijk handelt in strijd met een in artikel 3 onder A, gegeven verbod, wordt gestraft met gevangenisstraf van ten hoogste vier jaren of geldboete van de vijfde categorie.

5. Indien een feit als bedoeld in het tweede of vierde lid, betrekking heeft op een grote hoeveelheid van een middel, wordt gevangenisstraf van ten hoogste zes jaren of geldboete van de vijfde categorie opgelegd. Onder grote hoeveelheid wordt verstaan een hoeveelheid die meer bedraagt dan de bij algemene maatregel van bestuur bepaalde hoeveelheid van een middel.

6. Het tweede lid is niet van toepassing, indien het feit betrekking heeft op een hoeveelheid van hennep of hasjiesj van ten hoogste 30 gram.

7. Het tweede en vierde lid zijn niet van toepassing, indien het feit betrekking heeft op een geringe hoeveelheid, bestemd voor eigen gebruik, van de in lijst II vermelde middelen, met uitzondering van hennep en hasjiesj.

Art. 11a
Hij die stoffen of voorwerpen bereidt, bewerkt, verwerkt, te koop aanbiedt, verkoopt, aflevert, verstrekt, vervoert, vervaardigt of voorhanden heeft dan wel vervoermiddelen, ruimten, gelden of andere betaalmiddelen voorhanden heeft of gegevens voorhanden heeft, waarvan hij weet of ernstige reden heeft om te vermoeden dat zij bestemd zijn tot het plegen van een van de in artikel 11, derde en vijfde lid, strafbaar gestelde feiten, wordt gestraft met gevangenisstraf van ten hoogste drie jaar of geldboete van de vijfde categorie.

Art. 11b
1. Deelneming aan een organisatie die tot oogmerk heeft het plegen van een misdrijf als bedoeld in artikel 10, derde, vierde en vijfde lid, 10a, eerste lid, 11, derde, vierde en vijfde lid, of 11a, wordt gestraft met gevangenisstraf van ten hoogste acht jaren of geldboete van de vijfde categorie.
2. Artikel 140, vierde en vijfde lid, van het Wetboek van Strafrecht is van overeenkomstige toepassing.

Art. 12
Verhoging geldboete — Indien de waarde van de zaken waarmee of met betrekking tot welke de feiten, strafbaar gesteld in de artikelen 10, eerste tot en met vijfde lid, 10a, eerste lid, 11, tweede tot en met vijfde lid, 11a en 11b zijn begaan, of die geheel of gedeeltelijk door middel van die feiten zijn verkregen, hoger is dan het vierde gedeelte van het maximum van de geldboete op die feiten gesteld, kan, ook indien het feit door een natuurlijke persoon is begaan, een geldboete van de naast hogere categorie worden opgelegd.

Art. 13
Overtredingen Misdrijven
1. De in artikel 10, eerste lid, en artikel 11, eerste lid, strafbaar gestelde feiten zijn overtredingen.
2. De in de artikelen 10, tweede tot en met zesde lid, 10a, eerste lid, 11, tweede tot en met vijfde lid, 11a en 11b strafbaar gestelde feiten zijn misdrijven.
3. De Nederlandse strafwet is toepasselijk op ieder die zich buiten Nederland schuldig maakt aan:
   a. een der in artikel 10a, eerste lid, strafbaar gestelde feiten voorzover die zijn gepleegd om het in artikel 10, vijfde lid, strafbaar gestelde feit voor te bereiden of te bevorderen, dan wel
   b. poging tot of deelneming aan het in artikel 10, vijfde lid, strafbaar gestelde feit.
4. De Nederlandse strafwet is toepasselijk op een der in artikel 10, tweede tot en met vijfde lid, artikel 10a, eerste lid, artikel 11, tweede tot en met vierde lid, en artikel 11a strafbaar gestelde feiten, indien het feit is gepleegd aan boord van een buitenlands vaartuig dan wel een vaartuig zonder nationaliteit of een daarmee gelijk gesteld vaartuig uit hoofde van het internationale recht, op open zee, en wordt opgetreden in het kader van de toepassing van het Verdrag ter uitvoering van artikel 17 van het Verdrag tegen sluikhandel.

Art. 13a
Verbeurdverklaring, onttrekking aan het verkeer — Onverminderd het bepaalde in de artikelen 33 tot en met 34 en 36b tot en met 36d van het Wetboek van Strafrecht en artikel 6:1:12 van het Wetboek van Strafvordering worden de in lijst I of II bedoelde middelen verbeurd of aan het verkeer onttrokken verklaard.

Art. 13b
Bestuursdwang
1. De burgemeester is bevoegd tot oplegging van een last onder bestuursdwang indien in een woning of lokaal of op een daarbij behorend erf:
   a. een middel als bedoeld in lijst I of II dan wel aangewezen krachtens artikel 3a, vijfde lid, wordt verkocht, afgeleverd of verstrekt dan wel daartoe aanwezig is;
   b. een voorwerp of stof als bedoeld in artikel 10a, eerste lid, onder 3°, of artikel 11a voorhanden is.
2. Het eerste lid is niet van toepassing indien woningen, lokalen of erven als bedoeld in het eerste lid, gebruikt worden ter uitoefening van de artsenijbereidkunst, de geneeskunst, de tandheelkunst of de diergeneeskunde door onderscheidenlijk apothekers, artsen, tandartsen of dierenartsen.

Art. 13c
Bestuursdwang o.g.v. art. 5:20 Awb — Onze Minister is bevoegd tot oplegging van een last onder bestuursdwang ter handhaving van de bij artikel 5:20, eerste lid, van de Algemene wet bestuursrecht gestelde verplichting.

Art. 14
Citeertitel — Deze wet kan worden aangehaald onder de titel "Opiumwet".

Art. 15
Inwerkingtreding
Vervallen wet van 4 oktober 1919 — Deze wet treedt in werking met ingang van een door Ons te bepalen dag.
Op dat tijdstip vervalt de wet van 4 oktober 1919, *Stb.* nr. 592, houdende vaststelling van bepalingen, betreffende het opium en andere verdovende middelen, zoals deze wet gewijzigd is bij de wet van 29 juni 1925, *Stb.* nr. 308.

Opiumwet

Lijst I

International Non-proprietary Name (INN) [1]	andere benamingen	nadere omschrijving
–	25B-NBOMe	2-(4-bromo-2,5-dimethoxyphenyl)-N-[(2-methoxyphenyl)methyl]ethaanamine
–	25C-NBOMe	2-(4-chloro-2,5-dimethoxyphenyl)-N-[(2-methoxyphenyl)methyl]ethaanamine
–	25I- NBOMe	4-jood-2,5-dimethoxy-N-(2-methoxybenzyl)fenethylamine
–	4,4'-DMAR	4-methyl-5-(4-methylfenyl)-4,5-dihydrooxazol-2-amine
–	4-FA	4-fluoramfetamine
–	4-MEC	4-methylethcathinon
–	5F-APINACA	5F-AKB-48
–	5F-MDMB-PINACA	methyl-2-[1-(5-fluorpentyl)-1H-indazol-3-carboxamido]-3,3-dimethylbutanoaat, 5F-ADB
–	5F-PB-22	–
–	5-IT	5-(2-aminopropyl)indool
–	AB-CHMINACA	
–	AB-PINACA	N-[1-amino-3-methyl-1-oxobutaan-2-yl]-1-pentyl-1H-indazol-3-carboxamide
acetorfine	–	
–	acetyl-*alfa*-methylfentanyl	N-[1-(*alfa*-methylfenethyl)-4-piperidyl]-acetanilide
–	acetyldihydrocodeïne	4,5-epoxy-3-methoxy-N-methylmorfinan-6-yl-acetaat
–	acetylfentanyl	N-(1-Fenethylpiperidine-4-yl)-N-fenylacetamide
acetylmethadol	–	
–	acryloylfentanil	acrylfentanyl
–	ADB-CHMINACA, MAB-CHMINACA	N-(1-amino-3,3-dimethyl-1-oxobutaan-2-yl)-1-(cyclohexylmethyl)-1H-indazol-3-carboxamide
–	ADB-FUBINACA	N-[1-amimo-3,3-dimethyl-1-oxobutaan-2-yl]-1-[(4-fluorfenyl)methyl]-1H inzadol-3-carboxamide
–	AH-7921	3,4-dichloor-N-[[1-(dimethylamino)cyclohexyl]methyl]benzamide
alfacetylmethadol	–	
alfameprodine	–	
alfamethadol	–	
–	*alfa*-methylfentanyl	N-[1(*alfa*-methylfenethyl)-4-piperidyl]propionanilide
–	*alfa*-methylthiofentanyl	N-[1-[1-methyl-2-(2-thienyl)ethyl]-4-piperidyl]propionanilide
–	α-PVP	alfa-pyrrolidinevalerofenon
alfaprodine	–	
alfentanil	–	
allylprodine	–	
–	AM-2201	[1-(5-Fluoropentyl)-1H-indol-3-yl](naphthaleen-1-yl)methanon
amfetamine	–	
amineptine	–	7-[(10,11-dihydro-5H-dibenzo[a,d]cyclohepten-5-yl)amino]heptanoic acid
anileridine	–	
benzethidine	–	

International Non-proprietary Name (INN) [1]	andere benamingen	nadere omschrijving
–	benzylmorfine	3-benzoyloxy-4,5-epoxy-N-methyl-7-morfineen-6-ol
betacetylmethadol	–	
–	beta-hydroxy-3-methylfentanyl	N-[1-($beta$-hydroxyfenethyl)-3-methyl-4-piperidyl]propionanilide
–	beta-hydroxyfentanyl	N-[1-($beta$-hydroxyfenethyl)-4-piperidyl]-propionanilide
betameprodine	–	
betamethadol	–	
betaprodine	–	
bezitramide	–	
–	bolkaf	alle delen van de plant Papaver somniferum L. na het oogsten, met uitzondering van het zaad
brolamfetamine	DOB	
–	butyrfentanyl	
cathinon	–	
carfentanil	–	
–	2C-B	4-bromo-2,5-dimethoxyfenetylamine
–	2C-I	2,5-dimethoxy-4-iodofenethylamine
–	2C-T-2	2,5-dimethoxy-4-ethylthiofenethylamine
–	2C-T-7	2,5-dimethoxy-4-(n)-propylthiofenethylamine
clonitazeen	–	
–	cocablad	bladeren van planten van het geslacht Erythroxylon
–	cocaïne	(-)-3-$beta$-benzoyloxytropaan-2-$beta$-carbonzure methylester
–	codeïne	4,5-epoxy-3-methoxy-N-methyl-7-morfineen-6-ol
codoxim	–	
–	concentraat van bolkaf	het materiaal dat wordt verkregen door bolkaf te onderwerpen aan een behandeling ter concentratie van zijn alkaloïden
–	CUMYL-4CN-BINACA	1-(4-cyanobutyl)-N-(2-fenylpropaan-2-yl)-1H-indazol-3-carboxamide
cyclopropylfentanyl	–	N-fenyl-N-[1-(2-fenylethyl)piperidine-4-yl]cyclopropaancarboxamide
desomorfine	–	
dexamfetamine	–	
dextromoramide	–	
dextropropoxyfeen	–	
diampromide	–	
diëthylthiambuteen	–	
–	N,N-diëthyltryptamine, DET	3-[2-(diethylamino)ethyl]indol
difenoxine	–	
difenoxylaat	–	
dihydrocodeïne	–	
–	dihydroethorfine	7,8-dihydro-7-$alfa$-[1-(R)-hydroxy-1-methylbutyl]-6,14-$endo$-ethano-tetrahydro-oripavine
–	dihydromorfine	4,5-epoxy-N-methylmorfinan-3,6-diol
dimefeptanol	–	
dimenoxadol	–	
–	2,5-dimethoxyamfetamine, DMA	(±)-2,5-dimethoxy-$alfa$-methylfenethylamine

International Non-proprietary Name (INN) [1]	andere benamingen	nadere omschrijving
–	2,5-dimethoxy-4-ethylamfetamine, DOET	(±)-4-ethyl-2,5-dimethoxy-*alfa*-methylfenethylamine
–	2,5-dimethoxy-4-methamfetamine, STP, DOM	2,5-dimethoxy-*alfa*,4-dimethylfenethylamine
dimethylthiambuteen	–	–
–	N,N-dimethyltryptamine, DMT	3-[2-(dimethylamino)ethyl]indol
dioxafetylbutiraat	–	–
dipipanon	–	–
–	DMHP	3-(1,2-dimethylheptyl)-7,8,9,10-tetrahydro-6,6,9-trimethyl-6*H*-dibenzo[*b*,*d*]pyran-1-ol
drotebanol	–	–
–	ecgonine	3-hydroxy-2-tropaancarbonzuur
–	N-ethyl-3,4-methyleendioxyamfetamine, N-ethyl-MDA	(±)-N-ethyl-*alfa*-methyl-3,4-(methyleen-dioxy)fenethylamine
ethylmethylthiambuteen	–	–
–	ethylmorfine	4,5-epoxy-3-ethoxy-N-methyl-7-morfineen-6-ol
–	N-Ethylnorpentylon, N-ethylpentylon (efylon)	1-(2H-1,3-benzodioxol-5-yl)-2-(ethylamino)pentaan-1-on
–	ethylon	–
–	ethylfenidaat	–
eticyclidine	–	–
etonitazeen	–	–
etorfine	–	–
etoxeridine	–	–
etryptamine	–	–
fenadoxon	–	–
fenampromide	–	–
fenazocine	–	–
fencyclidine	–	–
fenetylline	–	–
fenmetrazine	–	–
fenomorfan	–	–
fenoperidine	–	–
fentanyl	–	–
N-(4-fluorofenyl)-N-(1-fenethylpiperidine-4-yl)isobutyramide	4-fluoroisobutyrfentanyl	4-FIBF, pFIBF
folcodine	–	–
–	FUB-AMB (MMB-FUBINACA, AMB-FUBINACA)	methyl 2-({1-[(4-fluorfenyl)methyl]-1*H*-indazol-3-carbonyl}amino)-3-methylbutanoaat
–	furanylfentanyl	–
–	furethidine	1-(2-tetrahydrofurfuryloxyethyl)-4-fenyl-piperidine-4-carbonzure ethylester
–	GHB	4-hydroxyboterzuur
–	hennepolie	concentraat van planten van het geslacht Cannabis (hennep) verkregen door extractie van hennep of hasjiesj, al dan niet vermengd met olie
–	heroïne, diamorfine	4,5-epoxy-17-methylmorfinan-3,6-diyl-diacetaat
hydrocodon	–	–
hydromorfinol	–	–
hydromorfon	–	–

International Non-proprietary Name (INN) [1]	andere benamingen	nadere omschrijving
–	N-hydroxymethyleen-dioxy-amfetamine, N-hydroxyMDA	(±)-N-[alfa-methyl-3,4-(methyleendioxy)-fenethyl]hydroxylamine
hydroxypethidine	–	
isomethadon	–	
–	JWH-018	naphthaleen-1-yl(1-pentyl-1H-indol-3-yl)methanon
ketobemidon	–	
levamfetamine		
levofenacylmorfan	–	
–	levomethamfetamine	(-)-N,alfa-dimethylfenethylamine
levomethorfan	–	
levomoramide	–	
levorfanol	–	
lysergide	LSD	
–	MDMB-CHMICA	–
–	MDPV	3,4-methyleendioxypyrovaleron
mecloqualon	–	
–	mefedron	4-methylmethcathinon
–	mescaline	3,4,5-trimethoxyfenethylamine
metamfetamine	–	
metamfetamine racemaat	–	
metazocine	–	
methadon	–	
–	methadon-tussenproduct	4-cyano-2-dimethylamino-4,4-difenyl-butaan
methaqualon	–	
–	methcathinon	(2-methylamino)-1-fenylpropaan-1-on
–	2-methoxy-4,5-methyleendioxy-amfetamine, MMDA	2-methoxy-alfa-methyl-4,5-(methyleendioxy)- fenethylamine
–	4-methylamfetamine, 4-MA	–
–	4-methylaminorex	(±)-cis-2-amino-4-methyl-5-fenyl-2-oxazoline
–	methoxetamine	2-(3-methoxyfenyl)-2-(ethylamino)cyclohexanon
–	methoxyacetylfentanyl	2-methoxy-N-fenyl-N-[1-(2-fenylethyl)piperidine-4-yl]acetamide
methyldesorfine	–	
methyldihydromorfine	–	
–	3,4-methyleendioxymethamfetamine, MDMA	(±)-N,alfa-dimethyl-3,4-(methyleendioxy)-fenethylamine
methylfenidaat	–	
–	3-methylfentanyl	N-(3-methyl-1-fenethyl-4-piperidyl)propionanilide
–	MPPP	1-methyl-4-fenyl-4-piperidinol propionaat (ester)
–	4-methylthioamfetamine, 4-MTA	4-methylthio-alfa-methylfenethylamine
–	3-methylthiofentanyl	N-[3-methyl-1-[2-(2-thienyl)ethyl]-4-piperidyl]propionanilide
–	methylon	(RS)- 2-methylamino-1-(3,4-methylenedioxyphenyl)propaan-1-on
metopon	–	
–	moramide-tussenproduct	2-methyl-3-morfolino-1,1-difenylpropaan-carbonzuur
morferidine	–	
–	morfine	4,5-epoxy-N-methyl-7-morfineen-3,6-diol

International Non-proprietary Name (INN) [1]	andere benamingen	nadere omschrijving
–	morfine-methobromide	4,5-epoxy-N-methyl-7-morfineen-3,6-diol methylbromide
–	morfine-N-oxide	4,5-epoxy-3,6-dihydroxy-N-methyl-7-morfine
–	methiopropamine	MPA
–	MT-45	1-cyclohexyl-4-(1,2-difenylethyl)piperazine
myrofine	–	
nicocodine	–	
nicodicodine	–	
nicomorfine	–	
noracymethadol	–	
norcodeïne	–	
norlevorfanol	–	
normethadon	–	
normorfine	–	
norpipanon	–	
ocfentanil	–	
–	opium	het gestremde melksap, verkregen van de plant Papaver somniferum L.
oripavine	3-O-demethylthebaine	6,7,8,14-tetradehydro-4,5-*alpha*-epoxy-6-methoxy-17-methylmorphinan-3-ol
orthofluorfentanyl	2-fluorfentanyl	N-(2-fluorfenyl)-N-[1-(2-fenylethyl)piperidine-4-yl]propaanamide
oxycodon	–	
oxymorfon	–	
–	parafluorbutyrylfentanyl	N-(4-fluorfenyl)-N-[1-(2-fenylethyl)piperidine-4-yl]butaanamide
–	*para*-fluorfentanyl	4'-fluoro-N-(1-fenethyl-4-piperidyl)propionanilide
–	parahexyl	3-hexyl-7,8,9,10-tetrahydro-6,6,9-trimethyl-6H- dibenzo[b,d]pyran-1-ol
–	*para*-methoxyamfetamine, PMA	p-methoxy-*alfa*-methylfenethylamine
–	*para*-methoxymethamfetamine, PMMA	N-methyl-1-(4-methoxyfenyl)-2-aminopropaan
–	pentedron	–
–	PEPAP	1-fenethyl-4-fenyl-4-piperidinolacetaat (ester)
pethidine	–	
–	pethidine-tussenproduct A	4-cyano-1-methyl-4-phenylpiperidine
–	pethidine-tussenproduct B	4-fenylpiperidine-4-carbonzure ethylester
–	pethidine-tussenproduct C	1-methyl-4-fenylpiperidine-4-carbonzuur
piminodine	–	
piritramide	–	
proheptazine	–	
properidine	–	
propiram	–	
–	psilocine	3-[2-(dimethylamino)ethyl]indol-4-ol
psilocybine	–	
racemethorfan	–	
racemoramide	–	
racemorfan	–	
remifentanil	–	
rolicyclidine	–	
secobarbital	–	
sufentanil	–	
tapentadol	–	–
tenamfetamine	–	

International Non-proprietary Name (INN) [1]	andere benamingen	nadere omschrijving
tenocyclidine	–	
–	tetrahydrocannabinol	(6aR,10aR)-6a,7,8,10a-tetrahydro-6,6,9-trimethyl-3-pentyl-6H-dibenzo[b,d]pyran-1-ol
–	tetrahydrofuranylfentanyl	N-fenyl-N-(1-(2-fenylethyl)piperidine-4-yl)) tetrahydrofuraan-2-carboxamide, THF-F
thebacon	–	
–	thebaïne	4,5-epoxy-3,6-dimethoxy-N-methyl-6,8-morfine
–	thiofentanyl	N-[1-[2-(2-thienyl)ethyl]-4-piperidyl]propionanilide
tilidine	–	
–	TMA-2	2,4,5-trimethoxyamfetamine
trimeperidine	–	
–	3,4,5-trimethoxyamfetamine, TMA	(±)-3,4,5-trimethoxy-alfa-methylfenethylamine
–	U-47700	–
–	UR-144	–
–	XLR-11	–
zipeprol	–	

[1] De door de Wereldgezondheidsorganisatie vastgestelde generieke benaming.
de esters en derivaten van ecgonine, die kunnen worden omgezet in ecgonine en cocaïne;
de mono- en di-alkylamide-, de pyrrolidine- en morfolinederivaten van lyserginezuur, en de daarvan door invoering van methyl-, acetyl- of halogeengroepen verkregen middelen;
vijfwaardige stikstof-gesubstitueerde morfinederivaten, waaronder begrepen morfine-N-oxidederivaten, zoals codeïne-N-oxide;
de isomeren en stereoisomeren van tetrahydrocannabinol;
de ethers, esters en enantiomeren van de bovengenoemde substanties, met uitzondering van dextromethorfan (INN) als enantiomeer van levomethorfan en racemethorfan, en met uitzondering van dextrorfanol (INN) als enantiomeer van levorfanol en racemorfan;
preparaten die één of meer van de bovengenoemde substanties bevatten.

Lijst II

International Non-proprietary Name (INN)	andere benamingen	nadere omschrijving
allobarbital	–	
alprazolam	–	
amobarbital	–	
amfepramon	–	
aminorex	–	
barbital	–	
benzfetamine	–	
bromazepam	–	
brotizolam	–	2-bromo-4-(o-chlorofenyl)-9-methyl-6H-thieno(3,2-f)-s-triazolo(4,3-a)(1,4)diazepine.
buprenorfine	–	
butalbital	–	

Opiumwet

C22 bijlage II

International Non-proprietary Name (INN)	andere benamingen	nadere omschrijving
butobarbital	–	–
bzp	1-benzylpiperazine	1-benzyl-1,4-diazacyclohexaan
camazepam	–	
cathine	–	
chlordiazepoxide	–	
clobazam	–	
clonazepam	–	
clorazepaat	–	
clotiazepam	–	
cloxazolam	–	
cyclobarbital	–	
delorazepam	–	
diazepam	–	
estazolam	–	
ethchlorvynol	–	
ethinamaat	–	
ethylloflazepaat	–	
ethylamfetamine	–	
fencamfamine	–	
fendimetrazine	–	
fenobarbital	–	
fenproporex	–	
fentermine	–	
fludiazepam	–	
flunitrazepam	–	
flurazepam	–	
gluthethimide	–	
halazepam	–	
haloxazolam	–	
–	hasjiesj	een gebruikelijk vast mengsel van de afgescheiden hars verkregen van planten van het geslacht Cannabis (hennep), met plantaardige elementen van deze planten
–	hennep	elk deel van de plant van het geslacht Cannabis (hennep), waaraan de hars niet is onttrokken, met uitzondering van de zaden
ketazolam	–	
lefetamine	–	
loprazolam	–	
lorazepam	–	
lormetazepam	–	
mazindol	–	
medazepam	–	
mefenorex	–	
meprobamaat	–	
mesocarb	–	
methylfenobarbital	–	
methyprylon	–	
midazolam	–	
nimetazepam	–	
nitrazepam	–	
nordazepam	–	

Sdu

International Non-proprietary Name (INN)	andere benamingen	nadere omschrijving
oxazepam	–	
oxazolam	–	
pemoline	–	
pentazocine	–	
pentobarbital	–	
–	fenazepam	7-Bromo-5-(2-chlorofenyl)-1,3-dihydro-2H-1,4-benzodiazepin-2-on
pinazepam	–	
pipradrol	–	
prazepam	–	
pyrovaleron	–	
–	Qat	de bladeren en takjes van de plant Catha Edulis Forsk
secbutabarbital	–	
temazepam	–	
tetrazepam	–	
triazolam	–	
vinylbital	–	
zolpidem	–	

Paddo's
A: paddenstoelen die van nature de stof psilocine of psilocybine bevatten:

agrocybe farinacea	–	
conocybe cyanopus	blauwvoetbreeksteeltje	
conocybe kuehneriana	grasbreeksteeltje	
conocybe siligineoides	–	
conocybe smithii	–	
copelandia affinis	–	
copelandia anomala	–	
copelandia bispora	–	
copelandia cambodginiensis	–	
copelandia chlorocystis	–	
copelandia cyanescens	–	
copelandia lentisporus	–	
copelandia mexicana	–	
copelandia tirunelveliensis	–	
copelandia tropica	–	
copelandia tropicalis	–	
copelandia westii	–	
galerina steglichii	–	
gerronema fibula	–	
gerronema solidipes	–	
gymnopilus aeruginosus	–	
gymnopilus braendlei	–	
gymnopilus intermedius	–	
gymnopilus lateritius	–	
gymnopilus liquiritiae	–	
gymnopilus luteofolius	–	
gymnopilus luteoviridis	–	
gymnopilus luteus	–	
gymnopilus purpuratus	–	
gymnopilus sapineus	dennevlamhoed	
gymnopilus spectabilis	–	
gymnopilus subpurpuratus	–	

gymnopilus validipes	–
gymnopilus viridans	–
hypholoma gigaspora	–
hypholoma guzmanii	–
hypholoma naematoliformis	–
hypholoma neocaledonica	–
hypholoma popperianum	–
hypholoma rhombispora	–
inocybe aeruginascens	groenverkleurende vezelkop
inocybe coelestium	–
inocybe corydalina corydalina	groenige perevezelkop
inocybe corydalina erinaceomorpha	schubbige perevezelkop
inocybe haemacta	blozende stinkvezelkop
inocybe tricolor	–
mycena cyanorrhiza	blauwvoetmycena
panaeolina foenisecii	gazonvlekplaat
panaeolina rhombisperma	–
panaeolina sagarae	–
panaeolina microsperma	–
panaeolus africanus	–
panaeolus ater	zwartbruine vlekplaat
panaeolus castaneifolius	–
panaeolus fimicola	grauwe vlekplaat
panaeolus microsporus	–
panaeolus moellerianus	–
panaeolus olivaceus	–
panaeolus papilionaceus	witte vlekplaat
panaeolus retirugis	geaderde vlekplaat
panaeolus rubricaulis	–
panaeolus sphinctrinus	franjevlekplaat
panaeolus subbalteatus	gezoneerde vlekplaat
panaeolus venezolanus	–
pluteus atricapillus	–
pluteus cyanopus	blauwvoethertezwam
pluteus glaucus	–
pluteus nigriviridis	–
pluteus salicinus	grauwgroene hertezwam
pluteus villosus	–
psilocybe acutipilea	–
psilocybe angustipleurocystidiata	–
psilocybe antioquensis	–
psilocybe aquamarina	–
psilocybe argentipes	–
psilocybe armandii	–
psilocybe aucklandii	–
psilocybe australiana	–
psilocybe aztecorum	–
psilocybe aztecorum bonetii	–
psilocybe azurescens	–
psilocybe baeocystis	–
psilocybe banderiliensis	–
psilocybe barrerae	–
psilocybe bohemica	–
psilocybe brasiliensis	–
psilocybe brunneocystidiata	–
psilocybe caeruleoannulata	–
psilocybe caerulescens	–
psilocybe caerulescens ombrophila	–
psilocybe caerulipes	–
psilocybe carbonaria	–
psilocybe chiapanensis	–
psilocybe collybioides	–
psilocybe columbiana	–
psilocybe coprinifacies	–
psilocybe cordispora	–

C22 bijlage II — Opiumwet

- psilocybe cubensis — –
- psilocybe cyanescens — –
- psilocybe cyanofibrillosa — –
- psilocybe dumontii — –
- psilocybe eucalypta — –
- psilocybe fagicola — –
- psilocybe fagicola mesocystidiata — –
- psilocybe farinacea — –
- psilocybe fimetaria — –
- psilocybe fuliginosa — –
- psilocybe furtadoana — –
- psilocybe galindoi — –
- psilocybe goniospora — –
- psilocybe graveolens — –
- psilocybe guatapensis — –
- psilocybe guilartensis — –
- psilocybe heimii — –
- psilocybe heliconiae — –
- psilocybe herrerae — –
- psilocybe hispanica — –
- psilocybe hoogshagenii hoogshagenii — –
- psilocybe hoogshagenii convexa — –
- psilocybe inconspicua — –
- psilocybe indica — –
- psilocybe isabelae — –
- psilocybe jacobsii — –
- psilocybe jaliscana — –
- psilocybe kumaenorum — –
- psilocybe laurae — –
- psilocybe lazoi — –
- psilocybe liniformans — –
- psilocybe liniformans americana — –
- psilocybe mairei — –
- psilocybe makarorae — –
- psilocybe mammillata — –
- psilocybe meridensis — –
- psilocybe mexicana — –
- psilocybe moseri — –
- psilocybe muliercula — –
- psilocybe natalensis — –
- psilocybe natarajanii — –
- psilocybe ochreata — –
- psilocybe papuana — –
- psilocybe paulensis — –
- psilocybe pelliculosa — –
- psilocybe pericystis — –
- psilocybe pintonii — –
- psilocybe pleurocystidiosa — –
- psilocybe plutonia — –
- psilocybe portoricensis — –
- psilocybe pseudoaztecorum — –
- psilocybe puberula — –
- psilocybe quebecensis — –
- psilocybe ramulosa — –
- psilocybe rostrata — –
- psilocybe rzedowskii — –
- psilocybe samuiensis — –
- psilocybe sanctorum — –
- psilocybe schultesii — –
- psilocybe semilanceata — puntig kaalkopje
- psilocybe septentrionalis — –
- psilocybe serbica — –
- psilocybe sierrae — –
- psilocybe silvatica — –
- psilocybe singerii — –

Opiumwet

C22 bijlage II

psilocybe strictipes –
psilocybe stuntzii –
psilocybe subacutipilea –
psilocybe subaeruginascens –
psilocybe subaeruginosa –
psilocybe subcaerulipes –
psilocybe subcubensis –
psilocybe subtropicalis –
psilocybe subyungensis –
psilocybe subzapotecorum –
psilocybe tampanensis –
psilocybe tasmaniana –
psilocybe uruguayensis –
psilocybe uxpanapensis –
psilocybe venenata –
psilocybe veraecrucis –
psilocybe villarrealii –
psilocybe wassoniorum –
psilocybe weilii –
psilocybe weldenii –
psilocybe wrightii –
psilocybe xalapensis –
psilocybe yungensis –
psilocybe zapotecorum –

B: paddenstoelen die van nature muscimol en iboteenzuur bevatten:

amanita muscaria muscaria   vliegenzwam
amanita pantherina   panteramaniet

Preparaten die één of meer van de bovengenoemde substanties bevatten, met uitzondering van hennepolie.

Wet wapens en munitie[1]

Wet van 5 juli 1997, houdende regels inzake het vervaardigen, verhandelen, vervoeren, voorhanden hebben, dragen enz. van wapens en munitie (Wet wapens en munitie)

Wij Beatrix, bij de gratie Gods, Koningin der Nederlanden, Prinses van Oranje-Nassau, enz. enz. enz.
Allen, die deze zullen zien of horen lezen, saluut! doen te weten:
Alzo Wij in overweging genomen hebben, dat het noodzakelijk is de Wet wapens en munitie opnieuw vast te stellen in overeenstemming met richtlijn nr. 83/189/EEG van de Raad van de Europese Gemeenschappen van 28 maart 1983 betreffende een informatieprocedure op het gebied van normen en technische voorschriften (*PbEG* L 109);
Zo is het, dat Wij, de Raad van State gehoord, en met gemeen overleg der Staten-Generaal, hebben goedgevonden en verstaan, gelijk Wij goedvinden en verstaan bij deze:

§ 1
Algemene bepalingen

Art. 1

Begripsbepalingen

In deze wet wordt verstaan onder:
1°. Onze Minister: Onze Minister van Justitie en Veiligheid;
2°. de korpschef: de korpschef, bedoeld in artikel 27 van de Politiewet 2012;
3°. vuurwapen: een voorwerp bestemd of geschikt om projectielen of stoffen door een loop af te schieten, waarvan de werking berust op het teweegbrengen van een scheikundige ontploffing of een andere scheikundige reactie;
4°. munitie: patronen en andere voorwerpen, bestemd of geschikt om een projectiel of een giftige, verstikkende, weerloosmakende, traanverwekkende of soortgelijke stof door middel van een vuurwapen af te schieten of te verspreiden, alsmede projectielen, bestemd om afgeschoten te worden door middel van een vuurwapen;
5°. beheerder: degene die onmiddellijk leiding geeft aan de uitoefening van een bedrijf, waarin wapens en munitie worden vervaardigd, getransformeerd, uitgewisseld, verhuurd of anderszins ter beschikking gesteld, hersteld, beproefd of verhandeld;
6°. bestemming: de onmiddellijke bestemming van de in een consentaanvraag omschreven wapens en munitie, aangevuld met de eindbestemming daarvan indien ten tijde van de consentaanvraag bekend is dat de wapens en munitie vanuit de onmiddellijke bestemming zullen worden doorgevoerd;
7°. binnenkomen en uitgaan: het binnen het grondgebied van Nederland komen, respectievelijk het verlaten van het grondgebied van Nederland;
8°. doorvoer: binnenkomen gevolgd door uitgaan;
9°. vervoer van een wapen: het op de openbare weg of andere voor het publiek toegankelijke plaatsen bij zich hebben van een wapen dat zodanig is verpakt, dat het niet voor onmiddellijk gebruik kan worden aangewend; vervoer van munitie: het op de openbare weg of andere voor het publiek toegankelijke plaatsen bij zich hebben van munitie;
10°. dragen van een wapen: het op de openbare weg of andere voor het publiek toegankelijke plaatsen bij zich hebben van een wapen anders dan voor vervoer in de onder 9° bedoelde zin;
11°. overdragen: het aan een ander doen overgaan van de feitelijke macht;
12°. Europese vuurwapenpas: het document bedoeld in artikel 1, derde lid, van Richtlijn (EEG) 91/477van de Raad van 18 juni 1991 inzake de controle op de verwerving en het voorhanden hebben van wapens (PbEG L 256/51);
13°. verordening (EU) nr. 258/2012: Verordening (EU) nr. 258/2012 van het Europees parlement en de Raad van 14 maart 2012 tot uitvoering van artikel 10 van het Protocol van de Verenigde Naties tegen de illegale vervaardiging van en handel in vuurwapens, hun onderdelen, componenten en munitie, tot aanvulling van het Verdrag van de Verenigde Naties ter bestrijding van grensoverschrijdende georganiseerde misdaad (VN-protocol inzake vuurwapens), en tot vaststelling van uitvoervergunningen voor vuurwapens, hun onderdelen, componenten en munitie en maatregelen betreffende de invoer en doorvoer ervan (PbEU 2012, L 94);
14°. uitvoer: uitvoer als bedoeld in artikel 2, zesde lid, van verordening (EU) nr. 258/2012;
15°. uitvoervergunning: een uitvoervergunning als bedoeld in artikel 2, veertiende lid, van verordening (EU) nr. 258/2012;

---

1 Inwerkingtredingsdatum: 11-07-1997; zoals laatstelijk gewijzigd bij: Stb. 2019, 311.

Wet wapens en munitie

C23 art. 2

16°. de Richtlijn: Richtlijn (EEG) 91/477van de Raad van 18 juni 1991 inzake de controle op de verwerving en het voorhanden hebben van wapens (PbEG L 256/51);
17°. essentieel onderdeel van een vuurwapen: een essentieel onderdeel als bedoeld in artikel 1, eerste lid, onderdeel 2, van de Richtlijn van een vuurwapen als bedoeld in artikel 1, eerste lid, onderdeel 1, in samenhang met bijlage I, van de Richtlijn;
18°. onbruikbaar gemaakte vuurwapens: vuurwapens als bedoeld in artikel 1, eerste lid, onderdeel 1, in samenhang met bijlage I, van de Richtlijn die voorgoed onbruikbaar zijn gemaakt als bedoeld in artikel 1, eerste lid, onderdeel 6, van de Richtlijn.

Art. 1a
Een wijziging van de Richtlijn gaat voor de toepassing van deze wet gelden met ingang van de dag waarop aan de betrokken wijziging uitvoering moet zijn gegeven.

Inwerkingtreding wijziging Richtlijn (EEG) 91/477

Art. 2
1. Wapens in de zin van deze wet zijn de hieronder vermelde of overeenkomstig dit artikellid aangewezen voorwerpen, onderverdeeld in de volgende categorieën.

Onderverdeling wapens in categorieën

Categorie I
1°. stiletto's, valmessen en vlindermessen;
2°. andere opvouwbare messen, indien:
a. het lemmet meer dan een snijkant heeft; of
b. de lengte in opengevouwen toestand langer dan 28 cm is;
3°. boksbeugels, ploertendoders, wurgstokken, werpsterren, vilmessen, ballistische messen en geluiddempers voor vuurwapens;
4°. blanke wapens die uiterlijk gelijken op een ander voorwerp dan een wapen;
5°. pijlen en pijlpunten bestemd om door middel van een boog te worden afgeschoten, die zijn voorzien van snijdende delen met de kennelijke bedoeling daarmee ernstig letsel te kunnen veroorzaken;
6°. katapulten;
7°. andere door Onze Minister aangewezen voorwerpen die een ernstige bedreiging van personen kunnen vormen of die zodanig op een wapen gelijken, dat zij voor bedreiging of afdreiging geschikt zijn.

Categorie II
1°. vuurwapens die niet onder een van de andere categorieën vallen;
2°. vuurwapens, geschikt om automatisch te vuren;
3°. vuurwapens die zodanig zijn vervaardigd dat het dragen niet of minder zichtbaar is dan wel dat de aanvalskracht wordt verhoogd;
4°. vuurwapens die uiterlijk gelijken op een ander voorwerp dan een wapen;
5°. voorwerpen waarmee door een elektrische stroomstoot personen weerloos kunnen worden gemaakt of pijn kan worden toegebracht, met uitzondering van medische hulpmiddelen;
6°. voorwerpen, bestemd voor het treffen van personen met giftige, verstikkende, weerloosmakende, traanverwekkende en soortgelijke stoffen, met uitzondering van medische hulpmiddelen en van vuurwapens in de vorm van geweren, revolvers en pistolen, bestemd voor het afschieten van munitie met weerloosmakende of traanverwekkende stof;
7°. voorwerpen bestemd voor het treffen van personen of zaken door vuur of door middel van ontploffing, met uitzondering van explosieven voor civiel gebruik indien met betrekking tot deze explosieven erkenning is verleend overeenkomstig de Wet explosieven voor civiel gebruik.

Categorie III
1°. vuurwapens in de vorm van geweren, revolvers en pistolen voor zover zij niet vallen onder categorie II sub 2°, 3° of 6°;
2°. toestellen voor beroepsdoeleinden die geschikt zijn om projectielen af te schieten;
3°. werpmessen;
4°. alarm- en startpistolen en -revolvers, met uitzondering van alarm- en startpistolen die:
a. geen loop of een kennelijk verkorte, geheel gevulde loop hebben;
b. zodanig zijn ingericht dat zij uitsluitend knalpatronen van een kaliber niet groter dan 6 mm kunnen bevatten; en
c. waarvan de ligplaats van de patronen en de gasuitlaat loodrecht staan op de loop of op de lengterichting van het wapen.

Categorie IV
1°. blanke wapens waarvan het lemmet meer dan een snijkant heeft, voor zover zij niet vallen onder categorie I;
2°. degens, zwaarden, sabels en bajonetten;
3°. wapenstokken;
4°. lucht-, gas- en veerdrukwapens, behoudens zulke door Onze Minister overeenkomstig categorie I, sub 7°, aangewezen die zodanig gelijken op een vuurwapen dat zij voor bedreiging of afdreiging geschikt zijn;
5°. kruisbogen en harpoenen.

6°. bij regeling van Onze Minister aangewezen voorwerpen die geschikt zijn om daarmee personen ernstig lichamelijk letsel toe te brengen;
7°. Voorwerpen waarvan, gelet op hun aard of de omstandigheden waaronder zij worden aangetroffen, redelijkerwijs kan worden aangenomen dat zij zijn bestemd om letsel aan personen toe te brengen of te dreigen en die niet onder een van de andere categorieën vallen.

Onderverdeling munitie in categorieën

2. Munitie in de zin van deze wet is, onderverdeeld in de volgende categorieën:
Categorie I
(Vervallen)
Categorie II
1°. munitie die uitsluitend geschikt voor vuurwapens van categorie II is;
2°. munitie die een giftige, verstikkende, weerloosmakende, traanverwekkende of soortgelijke stof verspreidt, met uitzondering van munitie met weerloosmakende of traanverwekkende stof, bestemd voor vuurwapens in de vorm van geweren, revolvers en pistolen;
3°. munitie voorzien van een projectiel waarmee een pantserplaat kan worden doorboord, munitie voorzien van een projectiel met brandsas of met een explosieve lading, alsmede de voor deze munitie bestemde projectielen;
4°. munitie voor geweren, revolvers en pistolen voorzien van expanderende projectielen, alsmede de voor deze munitie bestemde projectielen, behalve wanneer het voor de jacht of de schietsport bestemde munitie of projectielen betreft.
Categorie III
Alle overige munitie.
3. Aanwijzingen door Onze Minister, als bedoeld in het eerste lid, geschieden bij regeling.
4. Onverminderd het bepaalde in het eerste lid, onder categorie I, sub 7°, zijn geen wapens in de zin van deze wet voorwerpen die klaarblijkelijk zijn bestemd om als speelgoed te worden gebruikt en die redelijkerwijze niet geschikt kunnen worden geacht om daarmee personen ernstig lichamelijk letsel toe te brengen of om personen te bedreigen of af te dreigen.

Art. 3

Onderdelen en hulpstukken van wapens

1. De bepalingen betreffende wapens zijn mede van toepassing op hulpstukken die specifiek bestemd zijn voor die wapens, de essentiële onderdelen van vuurwapens en op de onderdelen van wapens die van wezenlijke aard zijn.

Onderdelen van munitie

2. De bepalingen betreffende munitie zijn mede van toepassing op onderdelen van die munitie, voorzover geschikt om munitie van te maken.

Magazijnen voor vuurwapens

3. Magazijnen voor vuurwapens als bedoeld in artikel 10, eerste lid, van de Richtlijn zijn in elk geval hulpstukken als bedoeld in het eerste lid.

Art. 3a

Uitzonderingen

1. De artikelen 9, eerste lid, 13, eerste lid, 14, eerste lid, 20a, tweede lid 22, eerste lid, 26, eerste lid, 27, eerste lid, 32a, eerste lid, en 32b, eerste lid, zijn niet van toepassing op de krijgsmacht. Zij zijn evenmin van toepassing op personen die daarvan deel uitmaken of daarvoor werkzaam zijn, voor zover Onze Minister van Defensie dit bij regeling heeft bepaald.
2. De artikelen 9, eerste lid, 13, eerste lid, 14, eerste lid, 20a, tweede lid 22, eerste lid, 26, eerste lid, 27, eerste lid, 32a, eerste lid, en 32b, eerste lid, zijn niet van toepassing op de politie. Zij zijn evenmin van toepassing op personen die daarvan deel uitmaken of daarvoor werkzaam zijn, voor zover Onze Minister dit bij regeling heeft bepaald.
3. De artikelen 13, eerste lid, 14, eerste lid, 20a, tweede lid 22, eerste lid, 26, eerste lid, 27, eerste lid, 32a, eerste lid, en 32b, eerste lid, zijn niet van toepassing op de overige openbare dienst en op personen die daarvan deel uitmaken of daarvoor werkzaam zijn, daaronder begrepen opsporingsambtenaren van de bijzondere opsporingsdiensten, bedoeld in artikel 2 van de Wet op de bijzondere opsporingsdiensten en buitengewone opsporingsambtenaren, voor zover Onze Minister dit bij regeling heeft bepaald.
4. Voor de toepassing van dit artikel wordt onder krijgsmacht, politie en overige openbare dienst mede verstaan niet-Nederlandse krijgsmacht, politie of openbare dienst.

Art. 4

Vrijstelling of ontheffing voor bepaalde wapens of munitie

1. Onverminderd de artikelen 4 en 9 van verordening (EU) nr. 258/2012 kan Onze Minister van bij of krachtens deze wet vastgestelde voorschriften of verboden vrijstelling of, op daartoe strekkend verzoek, ontheffing verlenen voor daarbij te omschrijven wapens of munitie, behorend tot een van de volgende groepen:
a. wapens die niet voor gebruik als zodanig geschikt te maken zijn;
b. wapens die het karakter dragen van oudheden;
c. andere wapens, voor zover deze bestemd zijn voor dan wel deel uitmaken van een verzameling of een wandversiering;
d. munitie, voor zover deze bestemd is voor dan wel deel uitmaakt van een verzameling;
e. toestellen en voorwerpen voor beroeps-, hulpverlenings-, trainings- en sportdoeleinden;
f. monster-, demonstratie- of testmateriaal en rekwisieten;
g. noodsignaalmiddelen en de daarvoor bestemde munitie.

Wet wapens en munitie

C23 art. 6b

2. Onze Minister beslist binnen dertien weken op het verzoek tot ontheffing. Onze Minister kan de korpschef machtigen tot uitvoering van artikel 6a, eerste lid, onderdelen b, c en d, en derde lid.
3. Een ontheffing op grond van het eerste lid voor een museum als bedoeld in artikel 1, eerste lid, onderdeel 7, van de Richtlijn of voor een verzamelaar als bedoeld in artikel 1, eerste lid, onderdeel 8, van de Richtlijn, wordt slechts verstrekt als het museum of de verzamelaar door Onze Minister als zodanig is erkend.
4. Bij algemene maatregel van bestuur worden de voorwaarden voor de erkenning van een museum of verzamelaar bepaald.
5. Met toepassing van artikel 28, eerste lid, laatste zinsnede, van de Dienstenwet is paragraaf 4.1.3.3. van de Algemene wet bestuursrecht niet van toepassing op een verzoek tot ontheffing.

Art. 5

Onze Minister kan bij regeling nadere omschrijvingen geven van de in artikel 2, eerste lid, vermelde en de overeenkomstig dat artikel aangewezen wapens, alsmede van de in artikel 4 bedoelde wapens.

Nadere omschrijvingen van wapens

Art. 6

De in deze wet genoemde erkenningen, consenten, vergunningen, verloven, vrijstellingen en ontheffingen kunnen onder beperkingen worden verleend. Voorts kunnen er voorschriften aan worden verbonden.

Verlening onder beperking of voorschrift

Art. 6a

1. Ontheffingen op grond van artikel 4, erkenningen op grond van artikel 9 en verloven op grond van de artikelen 28, 29 en 32 worden, onverminderd het bepaalde in de artikelen 6 en 7, slechts verleend indien:
   a. de aanvraag door de aanvrager in persoon is gedaan, onder overlegging van een geldig identiteitsbewijs;
   b. de aanvrager heeft meegewerkt aan een door Onze Minister aangewezen onderzoek op grond waarvan kan worden beoordeeld of er verhoogde kans is op de situatie bedoeld in artikel 7, eerste lid, onderdeel c;
   c. de aanvrager ten minste drie referenten heeft opgegeven, onder verstrekking van hun contactgegevens, bij wie navraag kan worden gedaan naar de aanvrager, en
   d. de aanvrager in persoon aanwezig is geweest bij de controle door de korpschef van de op het adres van de aanvrager getroffen voorzieningen voor de opslag van wapens en munitie.
2. Het eerste lid, met uitzondering van onderdeel a, is niet van toepassing op de aanvraag van een persoon die reeds in het bezit is van een in het eerste lid genoemde ontheffing, erkenning of verlof waarvan de geldigheidsduur nog niet is verstreken, tenzij de toepassing van de onderdelen b, c of d, naar het oordeel van de korpschef of Onze Minister, noodzakelijk is voor een deugdelijke beoordeling van het bepaalde in artikel 7, eerste lid, onderdeel c.
3. De in het eerste lid genoemde ontheffingen, erkenningen en verloven worden aan degene aan wie zij worden verleend, in persoon uitgereikt.
4. Bij ministeriële regeling kunnen regels worden gegeven over het bepaalde in het eerste lid. Deze regels kunnen in elk geval betrekking hebben op het door Onze Minister aangewezen onderzoek, bedoeld in het eerste lid, onderdeel b, en de selectie van referenten als bedoeld in het eerste lid, onderdeel c. Ook kan de plaats waar de aanvraag moet worden gedaan worden bepaald.

Ontheffingen, erkenningen en verloven, nadere voorwaarden

Art. 6b

1. Bij algemene maatregel van bestuur kunnen ontheffingen op grond van artikel 4 en verloven op grond van de artikelen 28, 29 en 32 worden aangewezen die, onverminderd het bepaalde in de artikelen 6, 6a en 7, worden geweigerd indien de aanvrager geen bewijs van lidmaatschap overlegt van een door Onze Minister erkende vereniging.
2. Onze Minister erkent slechts een vereniging die:
   a. is ingeschreven in het handelsregister;
   b. zich blijkens zijn statuten ten doel stelt zijn leden in de gelegenheid te stellen een of meer erkende of geregelmenteerde schietsportdisciplines te beoefenen;
   c. een presentieregister, een wapenuitgifteregister, een munitie-uitgifteregister en een introducéregister bijhoudt, overeenkomstig door Onze Minister vastgestelde modellen;
   d. ten minste één lid verantwoordelijk voor het beheer van wapens op de vereniging heeft gesteld en dat beheer voldoet aan nadere bij of krachtens algemene maatregel van bestuur te stellen regels, en;
   e. van zijn leden die geen verlof als bedoeld in artikel 28, eerste lid, van de wet hebben, een verklaring omtrent het gedrag overgelegd heeft gekregen.
3. Onze Minister weigert, onverminderd het bepaalde in het tweede lid, de erkenning indien er reden is om te vrezen dat door de vereniging of zijn leden misbruik wordt of zal worden gemaakt van wapens of munitie, zoals bedoeld in artikel 7, eerste lid, onderdeel d.

Nadere regelgeving

Art. 7

Algemene gronden weigering erkenning etc.

1. De in deze wet genoemde erkenningen, consenten, vergunningen, verloven en ontheffingen worden, onverminderd de bijzondere gronden tot weigering daarvan en onverminderd verordening (EU) nr. 258/2012, geweigerd indien:
   a. de aanvrager niet de door Onze Minister bij regeling vastgestelde gegevens en bescheiden heeft overgelegd;
   b. de aanvrager, of de beheerder bedoeld in artikel 10, eerste lid, onder a, in de acht jaren voorafgaand aan de beslissing op de aanvraag bij onherroepelijk geworden rechterlijke uitspraak is veroordeeld wegens het plegen van een misdrijf als omschreven in de artikelen 92, 95, 95a, 108 tot en met 110, 115 tot en met 117, 121, 121a, 123 tot en met 124a, 131, 140 tot en met 141a, 142, 157, 164, 166, 168, 170, 179, 180, 242 tot en met 247, 248f, 249, 250, 273f, 274, 279, 281 tot en met 282b, 284 tot en met 285b, 287 tot en met 292, 300 tot en met 303, 307, 312, 317, 350, 352 of 381 tot en met 387 van het Wetboek van Strafrecht, of wegens het plegen van een misdrijf op grond van de Wet wapens en munitie of op grond van de Opiumwet;
   c. er reden is om te vrezen dat aan de aanvrager het onder zich hebben van wapens of munitie niet kan worden toevertrouwd;
   d. er reden is om te vrezen dat daarvan dan wel van wapens of munitie misbruik zal worden gemaakt; of
   e. wanneer daartoe dringende, aan het algemeen belang ontleende, redenen bestaan.

Algemene gronden wijziging of intrekking erkenning, consent etc.

2. De in deze wet genoemde erkenningen, consenten, vergunningen, verloven en ontheffingen kunnen, onverminderd de bijzondere gronden tot wijziging of intrekking daarvan en onverminderd verordening (EU) nr. 258/2012, door het bestuursorgaan dat deze heeft verleend of door Onze Minister worden gewijzigd of ingetrokken:
   a. indien onjuiste gegevens zijn verstrekt die hebben geleid tot de verlening daarvan;
   b. indien er aanwijzingen zijn dat aan de houder daarvan het onder zich hebben van wapens of munitie niet langer kan worden toevertrouwd;
   c. in geval van misbruik daarvan dan wel van wapens of munitie;
   d. indien niet meer wordt voldaan aan de vereisten voor de verlening daarvan;
   e. bij niet inachtneming van een daaraan verbonden beperking of voorschrift; of
   f. wanneer daartoe dringende, aan het algemeen belang ontleende, redenen bestaan.
3. De in het tweede lid bedoelde erkenningen, consenten, vergunningen, verloven en ontheffingen worden ingetrokken indien sinds de verlening ervan de houder onherroepelijk is veroordeeld wegens het plegen van een misdrijf als genoemd in het eerste lid, onderdeel b.
4. Voor de berekening van periode van acht jaar, bedoeld in het eerste lid, onderdeel b, telt de periode waarin een onvoorwaardelijke vrijheidsstraf is ondergaan, niet mee.
5. De in het tweede lid bedoelde verloven en ontheffingen voor vuurwapens als bedoeld in artikel 1, eerste lid, onderdeel 1, in samenhang met bijlage I, van de Richtlijn worden ingetrokken indien de houder ervan in het bezit is van een magazijn voor een vuurwapen als bedoeld in artikel 10, eerste lid, van de Richtlijn zonder hiervoor een verlof of ontheffing te hebben.

Art. 7a

Gegevensverstrekking over aanvragers o.g.v. Wvggz en Wzd

1. Over aanvragers van een ontheffing, erkenning of verlof als bedoeld in artikel 6a, eerste lid, of een jachtakte op grond van de Wet natuurbescherming, wordt op verzoek van de korpschef informatie verstrekt door:
   a. de officier van justitie, over de hem op grond van de Wet verplichte geestelijke gezondheidszorg bekende gegevens als bedoeld in artikel 8:23, onderdelen a tot en met d, van de Wet verplichte geestelijke gezondheidszorg;
   b. de officier van justitie, over de hem op grond van de Wet zorg en dwang psychogeriatrische en verstandelijk gehandicapte cliënten bekende gegevens inzake rechterlijke machtigingen tot opname en verblijf als bedoeld in artikel 28a van die wet;
   c. het CIZ, genoemd in artikel 7.1.1 van de Wet langdurige zorg, over de haar op grond van de Wet zorg en dwang psychogeriatrische en verstandelijk gehandicapte cliënten bekende gegevens inzake rechterlijke machtigingen tot opname en verblijf als bedoeld in artikel 24 van die wet, voorwaardelijke machtigingen als bedoeld in artikel 28aa van die wet, beschikkingen tot inbewaringstellingen als bedoeld in artikel 29 van die wet, en machtigingen tot voortzetting van de inbewaringstelling als bedoeld in artikel 37 van die wet.
2. Over houders van een ontheffing, erkenning of verlof als bedoeld in artikel 6a, eerste lid, of een jachtakte op grond van de Wet natuurbescherming, wordt terstond informatie verstrekt door:
   a. de officier van justitie, over de hem op grond van de Wet verplichte geestelijke gezondheidszorg bekende gegevens als bedoeld in artikel 8:23, onderdelen a tot en met d, van de Wet verplichte geestelijke gezondheidszorg;
   b. de officier van justitie, over de hem op grond van de Wet zorg en dwang psychogeriatrische en verstandelijk gehandicapte cliënten bekende gegevens inzake rechterlijke machtigingen tot opname en verblijf als bedoeld in artikel 28a van die wet;

c. het CIZ, genoemd in artikel 7.1.1 van de Wet langdurige zorg, over de haar op grond van de Wet zorg en dwang psychogeriatrische en verstandelijk gehandicapte cliënten bekende gegevens inzake rechterlijke machtigingen tot opname en verblijf als bedoeld in artikel 24 van die wet, voorwaardelijke machtigingen als bedoeld in artikel 28aa van die wet, beschikkingen tot inbewaringstellingen als bedoeld in artikel 29 van die wet, en machtigingen tot voortzetting van de inbewaringstelling als bedoeld in artikel 37 van die wet.

3. Bij ministeriële regeling worden regels gegeven over de wijze van verstrekking van de in het eerste en tweede lid bedoelde gegevens.

Art. 7b
Op de gegevens die ter uitvoering van het bepaalde in artikel 6a, eerste lid, onderdeel b en c, en artikel 7a, eerste en tweede lid, worden verwerkt zijn de artikelen 8 tot en met 12, 16, en 17a tot en met 20 van de Wet politiegegevens niet van toepassing, tenzij sprake is van verstrekking aan Onze Minister ter uitoefening van een bevoegdheid op grond van deze wet. — *Verwerking persoonsgegevens, Wet politiegegevens niet van toepassing*

Art. 8
1. Hij die een wapen of munitie voorhanden heeft, zonder daartoe gerechtigd te zijn, is verplicht deze terstond bij de korpschef in bewaring te geven. — *Verplichting tot in bewaring geven*
2. Indien dringende, aan het algemeen belang ontleende, gronden daartoe aanleiding geven, is de korpschef bevoegd bij besluit, gericht tot degene die een wapen of munitie voorhanden heeft, te gelasten deze binnen een in dat besluit gestelde termijn bij hem in bewaring te geven. — *Bevel tot in bewaring geven*
3. Indien dringende, aan het algemeen belang ontleende, gronden daartoe aanleiding geven, kan Onze Minister gelasten dat personen die een wapen of munitie voorhanden hebben, deze binnen een bepaalde termijn bij de korpschef in bewaring geven.
4. Het in bewaring gegeven wapen en de munitie worden, voor zover de korpschef dat nodig acht, voor onmiddellijk gebruik ongeschikt gemaakt. — *Ongeschiktmaking voor gebruik*
5. Over het in bewaring gegeven wapen en de munitie kan de rechthebbende beschikken met goedvinden van de korpschef.
6. De eigendom van het in bewaring gegeven wapen en de munitie gaat nadat de bewaring vijf jaren heeft geduurd over op de Staat, tenzij de rechthebbende binnen drie maanden voor het verstrijken van die termijn heeft verklaard daartegen bedenkingen te hebben. Door een verklaring als hiervoor bedoeld vangt een nieuwe termijn van vijf jaren aan. — *Overgang eigendom op Staat*
7. Voor in bewaring gegeven wapens of munitie is een bewaarloon verschuldigd aan de korpschef, overeenkomstig bij regeling van Onze Minister gestelde regels.
8. Bij regeling van Onze Minister worden regels gegeven over een door de korpschef te verstrekken ontvangstbewijs en een door hem bij te houden register met betrekking tot in bewaring gegeven wapens of munitie.

§ 2
Erkenning

Art. 9
1. Het is verboden zonder erkenning een wapen of munitie te vervaardigen, te transformeren of in de uitoefening van een bedrijf uit te wisselen, te verhuren of anderszins ter beschikking te stellen, te herstellen, te beproeven of te verhandelen. Dit verbod is ook van toepassing op het onderhandelen over of regelen van transacties voor de aankoop, verkoop of levering van wapens of munitie of het organiseren van de overbrenging van wapens of munitie binnen, naar of vanuit een lidstaat van de Europese Unie. — *Erkenning vereist*
2. Bevoegd tot het verlenen en intrekken van een erkenning, alsmede het verlengen van de geldigheidsduur daarvan, is de korpschef. Een erkenning heeft een geldigheidsduur van ten hoogste vijf jaren en kan telkens met ten hoogste vijf jaren worden verlengd. — *Bevoegdheid verlenen erkenning*
3. Een erkenning heeft uitsluitend betrekking op de daarin genoemde handelingen, soorten wapens en munitie en bedrijfseenheden. Indien de handelingen worden verricht in de uitoefening van een bedrijf, strekt de werking van de erkenning zich mede uit tot de beheerder. — *Omvang erkenning*
4. Indien een redelijk belang dit vordert, kan de korpschef bepalen dat de erkenning tevens inhoudt vergunning tot vervoer van wapens en munitie van de categorieën II en III.
5. Onze Minister kan bij regeling vrijstelling van het verbod van het eerste lid verlenen met betrekking tot: — *Verlenen vrijstelling*
a. wapens van categorie IV;
b. het vervaardigen of transformeren van munitie door personen die bevoegd zijn een wapen of munitie voorhanden te hebben.
6. Een erkenning strekt niet tot de ombouw of aanpassing van een wapen van categorie II, sub 6°, of categorie III, sub 2° of sub 4°, tot een vuurwapen.
7. Met toepassing van artikel 28, eerste lid, laatste zinsnede, van de Dienstenwet is paragraaf 4.1.3.3. van de Algemene wet bestuursrecht niet van toepassing op een verzoek tot erkenning of een verzoek tot het verlengen van een erkenning.

Art. 9a

Houder of beheerder van erkenning

1. De houder van een erkenning of de beheerder meldt verdachte transacties rond de verwerving van munitie, als bedoeld in artikel 10, tweede lid, van de Richtlijn bij de korpschef.
2. Bij algemene maatregel van bestuur wordt bepaald wat in elk geval onder verdachte transacties wordt verstaan.

Art. 10

Gronden weigering erkenning

1. Een erkenning wordt geweigerd indien:
   a. de aanvrager of, indien deze een bedrijf uitoefent, de beheerder, niet voldoet aan de door Onze Minister vastgestelde eisen met betrekking tot leeftijd, zedelijk gedrag en vakbekwaamheid;
   b. de ruimte waarin de handelingen worden verricht niet voldoet aan de door Onze Minister vastgestelde eisen van beveiliging; of
   c. er reden is om te vrezen dat aan de beheerder het onder zich hebben van wapens of munitie niet kan worden toevertrouwd.
2. Voor de bij regeling van Onze Minister te onderscheiden categorieën van erkenningen kunnen verschillende eisen worden vastgesteld.

Art. 11

[Vervallen]

Art. 12

Gronden voor intrekking erkenning

Een erkenning kan worden ingetrokken:
a. bij niet inachtneming van de op grond van artikel 42 vastgestelde regels;
b. indien er aanwijzingen zijn dat aan de beheerder het onder zich hebben van wapens of munitie niet langer kan worden toevertrouwd; of
c. indien de houder van de erkenning gedurende ten minste een jaar de handelingen waarop de erkenning betrekking heeft, niet heeft verricht.

§ 3
Bepalingen voor wapens van categorie I

Art. 13

Verbodsbepaling voor wapens van categorie I

1. Het is verboden een wapen van categorie I te vervaardigen, te transformeren, voor derden te herstellen, over te dragen, voorhanden te hebben, te dragen, te vervoeren, te doen binnenkomen of te doen uitgaan.
2. Onze Minister kan, onverminderd artikel 9, ontheffing verlenen van een of meer verboden genoemd in het eerste lid, met het oog op:
   a. gebruik door de krijgsmacht, de politie en de overige openbare dienst;
   b. onderwijs ten behoeve van de krijgsmacht, de politie en de overige openbare dienst;
   c. doorvoer van wapens of munitie.
3. Op een ontheffing met het oog op doorvoer is artikel 20, tweede en derde lid, van overeenkomstige toepassing.
4. Het eerste lid is niet van toepassing op het doen uitgaan van een wapen van categorie I, indien op basis van artikel 6 van het Besluit strategische goederen geen vergunning voor het uitvoeren van militaire goederen uit Nederland is vereist.
5. Met toepassing van artikel 28, eerste lid, laatste zinsnede, van de Dienstenwet is paragraaf 4.1.3.3 van de Algemene wet bestuursrecht niet van toepassing op een verzoek tot ontheffing.

§ 4
Binnenkomen en uitgaan van wapens en munitie van de categorieën II en III

Art. 14

Verbodsbepaling voor wapens of munitie van categorieën II en III

1. Het is verboden zonder consent een wapen of munitie van de categorieën II en III te doen binnenkomen of te doen uitgaan, alsmede om de bij binnenkomst aangegeven bestemming van zulke wapens of munitie zonder consent te wijzigen.
2. Een consent tot wijziging van de bij binnenkomst aangegeven bestemming staat gelijk aan een consent tot binnenkomen voor de gewijzigde bestemming.
3. Een consent is uitsluitend geldig voor wapens en munitie die zodanig zijn verpakt dat zij niet voor onmiddellijk gebruik kunnen worden aangewend.
4. Onze Minister kan bij regeling vrijstelling van het verbod van het eerste lid verlenen met betrekking tot:
   a. sportschutters, jagers en personen die een ontheffing of verlof hebben ten behoeve van het nabootsen van historische gebeurtenissen;
   b. doorvoer van wapens of munitie;
   c. de uitrusting van vaartuigen en luchtvaartuigen, alsmede van de bemanning daarvan.
   Geen vrijstelling kan worden verleend ten aanzien van het, anders dan tijdelijk, doen uitgaan van wapens en munitie naar een lidstaat van de Europese Unie.

Wet wapens en munitie — C23 art. 20b

5. De houder van een in Nederland afgegeven consent of van een in een andere lidstaat van de Europese Unie afgegeven vergunning voor het doen binnenkomen, doorvoeren of doen uitgaan van wapens of munitie, is verplicht de wapens en munitie tot aan de bestemming, respectievelijk het verlaten van het grondgebied van Nederland, te doen vergezellen van het consent of de vergunning.
6. Het eerste lid is ook van toepassing bij verkoop middels een overeenkomst op afstand als bedoeld in artikel 230g, eerste lid, onderdeel e, van Boek 6 van het Burgerlijk Wetboek.
7. Met toepassing van artikel 28, eerste lid, laatste zinsnede, van de Dienstenwet is paragraaf 4.1.3.3. van de Algemene wet bestuursrecht niet van toepassing op een verzoek om een consent.

Art. 15
Onze Minister kan, na overleg met Onze Minister voor Buitenlandse Handel en Ontwikkelingssamenwerking, bepalen dat op grond van de Algemene douanewet afgegeven vergunningen tevens gelden als consent in de zin van artikel 14. *Gelijkstelling met consent*

Art. 16
1. Voor zover het krachtens artikel 15 bepaalde niet van toepassing is, verleent Onze Minister van Defensie het consent tot binnenkomen ten behoeve van de krijgsmacht en Onze Minister dat ten behoeve van de overige openbare dienst. *Consent verlenende instantie*
2. In alle overige gevallen wordt een consent verleend door het onderdeel van de Belastingdienst, de Centrale dienst voor in- en uitvoer.

Art. 17-19
[Vervallen]

Art. 20
1. Een consent tot binnenkomen wordt geweigerd indien de aanvrager niet gerechtigd is de wapens of de munitie in Nederland voorhanden te hebben, tenzij deze zijn bestemd voor overbrenging en opslag onder douaneverband. *Weigering consent tot binnenkomen*
2. Een consent tot uitgaan wordt geweigerd indien niet uit een door de aanvrager over te leggen bewijsstuk blijkt of niet uit anderen hoofde bekend is dat de bevoegde autoriteiten van het land van bestemming geen bedenkingen hebben tegen de aanwezigheid van de wapens of munitie op hun grondgebied. *Weigering consent tot uitgaan*
3. Wanneer een lidstaat van de Europese Unie het land van bestemming of van doorvoer is van de wapens of munitie waarop de aanvraag betrekking heeft, doet het onderdeel van de Belastingdienst, de Centrale dienst voor in- en uitvoer mededeling aan die lidstaat van het verlenen van het consent. *Mededeling consent aan lidstaat EU*

§ 4a Uitvoer van vuurwapens en munitie opgenomen in bijlage I van verordening (EU) nr. 258/2012

Art. 20a
1. De artikelen 14 tot en met 16 en 20 zijn niet van toepassing op het doen uitgaan van vuurwapens, hun onderdelen, essentiële componenten en munitie, opgenomen in bijlage I van verordening (EU) nr. 258/2012, wanneer dat tevens is aan te merken als uitvoer. *Uitvoer vuurwapens en munitie*
2. Het is verboden zonder uitvoervergunning vuurwapens, hun onderdelen, essentiële componenten en munitie, opgenomen in bijlage I van verordening (EU) nr. 258/2012, uit te voeren.
3. Bij ministeriële regeling kunnen regels worden gesteld ter uitvoering van artikel 7, tweede lid, van verordening (EU) nr. 258/2012.
4. Aan de uitvoervergunning wordt het voorschrift verbonden dat vuurwapens, hun onderdelen, essentiële componenten en munitie, opgenomen in bijlage I van verordening (EU) nr. 258/2012, zodanig worden verpakt dat deze niet voor onmiddellijk gebruik kunnen worden aangewend.
5. De houder van een in Nederland afgegeven uitvoervergunning of van een in een andere lidstaat van de Europese Unie afgegeven uitvoervergunning, is verplicht vuurwapens, hun onderdelen, essentiële componenten en munitie tot aan de bestemming, respectievelijk het verlaten van het grondgebied van Nederland, te doen vergezellen van de uitvoervergunning.
6. Onze Minister stelt bij regeling procedures vast voor de gevallen bedoeld in artikel 9, tweede lid, van verordening (EU) nr. 258/2012. *Nadere regels*
7. Onze Minister kan met het oog op de uitvoer van geluiddempers zoals opgenomen in bijlage I van verordening (EU) nr. 258/2012, en onverminderd het bepaalde in artikel 13, tweede lid, ontheffing verlenen van een of meer verboden genoemd in artikel 13, eerste lid.

Art. 20b
1. Onze Minister kan, na overleg met Onze Minister voor Buitenlandse Handel en Ontwikkelingssamenwerking, bepalen dat op grond van de Algemene douanewet afgegeven vergunningen tevens gelden als uitvoervergunningen. *Uitvoervergunning, afgegeven vergunning geldt tevens als*
2. Een uitvoervergunning wordt verleend door het onderdeel van de Belastingdienst, de Centrale dienst voor in- en uitvoer.

Art. 21
[Vervallen]

§ 5
Vervoer van wapens en munitie van de categorieën II en III

Art. 22

Vervoersverbod wapens en munitie van categorieën II en III

1. Het is verboden een wapen of munitie van de categorieën II en III te vervoeren zonder vergunning tot vervoer, als bedoeld in artikel 9, vierde lid, dan wel verlof tot vervoer, als bedoeld in artikel 24.
2. Onze Minister kan bij regeling vrijstelling van het verbod van het eerste lid verlenen met betrekking tot sportschutters en jagers, die gerechtigd zijn tot het voorhanden hebben van wapens of munitie, alsmede personen die in de uitoefening van een beroep of bedrijf of als werknemer van de houder van een erkenning als bedoeld in artikel 9, derde lid, wapens of munitie vervoeren.

Art. 23
[Vervallen]

Art. 24

Verlening verlof tot vervoer

Een verlof tot vervoer wordt, uitsluitend voor wapens en munitie van categorie III, verleend door de korpschef indien:
a. de aanvrager gerechtigd is het wapen of de munitie voorhanden te hebben;
b. een redelijk belang de verlening van het verlof vordert.

Art. 25
[Vervallen]

§ 6
Voorhanden hebben en dragen van wapens en munitie van de categorieën II, III en IV

Art. 26

Verbod voorhanden hebben
Verlof of jachtakte

1. Het is verboden een wapen of munitie van de categorieën II en III voorhanden te hebben.
2. Het eerste lid is niet van toepassing op personen die houder zijn van:
a. een verlof als bedoeld in artikel 28, eerste lid, van de wet, voor zover dit verlof reikt; of
b. een jachtakte als bedoeld in de Wet natuurbescherming, voor wat betreft voor de jacht en beheer en schadebestrijding bestemde wapens en munitie van categorie III, die in de jachtakte zijn omschreven.

Vrijstelling

3. Onze Minister kan bij regeling vrijstelling van het verbod van het eerste lid voor wapens of munitie van categorie III verlenen met betrekking tot jagers en sportschutters, die hun vaste woon- of verblijfplaats buiten Nederland hebben.
4. Onze Minister kan ten aanzien van de personen bedoeld in het tweede lid regels vaststellen met betrekking tot:
a. de medische geschiktheid en vaardigheid in het omgaan met wapens;
b. de vereiste kennis op het terrein van wapens; en
c. het aantal wapens dat zij ten hoogste voorhanden mogen hebben.
5. Het is personen die de leeftijd van achttien jaren nog niet hebben bereikt verboden een wapen van categorie IV voorhanden te hebben.
6. Onze Minister kan bij regeling vrijstelling van het verbod van het vijfde lid verlenen in het kader van in verenigingsverband beoefende sporten of door Onze Minister aangewezen recreatieve activiteiten in daartoe gevestigde bedrijven waarin wapens worden gedragen als bedoeld in artikel 2, eerste lid, categorie IV, onderdeel 4° en onderdeel 5° met betrekking tot kruisbogen.

Art. 27

Verbod dragen
Uitzonderingen

1. Het is verboden een wapen van de categorieën II, III en IV te dragen.
2. Het eerste lid is niet van toepassing op personen die:
a. houder zijn van een verlof als bedoeld in artikel 29, voor zover dit verlof reikt; of
b. op grond van artikel 26, tweede lid, voor de jacht en beheer en schadebestrijding bestemde wapens voorhanden mogen hebben, voor wat betreft het terrein waar zij tot de jacht en beheer en schadebestrijding gerechtigd zijn.
3. Onze Minister kan bij regeling vrijstelling van het verbod van het eerste lid voor wapens van de categorieën III en IV verlenen met betrekking tot:
a. optochten; en
b. studenten-weerbaarheidsverenigingen.
4. Onze Minister kan bij regeling vrijstelling van het verbod van het eerste lid voor wapens van categorie IV verlenen met betrekking tot:
a. ceremoniële wapens; en

b. recreatieve activiteiten.

Art. 28
1. Verlof tot het voorhanden hebben van een wapen en munitie wordt, uitsluitend voor wapens en munitie behorend tot categorie III, verleend door de korpschef. — *Verlening verlof tot voorhanden hebben*
2. Een verlof wordt verleend indien:
a. een redelijk belang de verlening van het verlof vordert;
b. de aanvrager geen gevaar voor zichzelf, de openbare orde of veiligheid kan vormen;
c. de aanvrager tenminste de leeftijd van achttien jaren heeft bereikt, behoudens afwijking voor leden van een schietvereniging.
Bij algemene maatregel van bestuur kan worden bepaald in welke gevallen sprake is van een redelijk belang, als bedoeld in onderdeel a.
3. Het belang met het oog waarop het verlof is verleend, wordt in het verlof omschreven.
4. Een verlof heeft een geldigheid van ten hoogste een jaar en kan worden verlengd, indien aan de vereisten voor de verlening daarvan nog wordt voldaan. — *Geldigheidsduur verlof*
5. Indien de aanvrager die geen vaste woon- of verblijfplaats in Nederland heeft, ingezetene is van een van de andere lid-staten van de Europese Gemeenschappen, doet Onze Minister mededeling aan die lid-staat van de verlening van een verlof als bedoeld in het eerste lid, wanneer het verlof betrekking heeft op wapens of munitie ten aanzien waarvan het voorhanden hebben in die lid-staat aan een vergunning is onderworpen.
6. In afwijking van het eerste lid wordt een verlof niet verstrekt voor een vuurwapen als bedoeld in Categorie A, onderdeel 8, in bijlage I van de Richtlijn.

Art. 28a
1. Aan personen die gerechtigd zijn tot het voorhanden hebben van een vuurwapen wordt desverzocht een Europese vuurwapenpas uitgereikt. — *Europese vuurwapenpas*
2. Op de Europese vuurwapenpas worden aangetekend de vuurwapens die de houder gerechtigd is voorhanden te hebben, alsmede andere bij regeling van Onze Minister vast te stellen gegevens.
3. De Europese vuurwapenpas wordt afgegeven door de korpschef en heeft een geldigheidsduur van ten hoogste vijf jaar.

Art. 29
1. Indien een redelijk belang dit vordert, kan de instantie die een verlof tot het voorhanden hebben van een wapen van categorie III verleent of heeft verleend, bepalen dat dit verlof ook betrekking heeft op het dragen van dit wapen. — *Uitbreiding tot dragen*
2. Wanneer met het eerste lid toepassing is gegeven, wordt dit in het verlof vermeld.
3. Indien een redelijk belang dit vordert, kan de in artikel 28, eerste lid, bedoelde instantie verlof verlenen tot het dragen van een wapen van categorie IV.

Art. 30
[Vervallen]

§ 7
Overdracht en verkrijging van wapens en munitie van de categorieën II, III en IV

Art. 31
1. Het is verboden een wapen of munitie van de categorieën II en III over te dragen. — *Verbod van overdracht*
2. Het eerste lid is niet van toepassing op het overdragen aan personen die gerechtigd zijn het wapen of de munitie voorhanden te hebben.
3. Onverminderd het bepaalde in het eerste lid is het verboden wapens van categorie II of III over te dragen zonder inontvangstneming van het in artikel 32 bedoelde verlof tot verkrijging.
4. Het is verboden een wapen van categorie IV over te dragen aan een persoon die de leeftijd van achttien jaren nog niet heeft bereikt.
5. Bij regeling van Onze Minister kan vrijstelling van het verbod van het vierde lid worden verleend in het kader van in verenigingsverband beoefende sporten.
6. Het eerste tot en met derde lid zijn ook van toepassing op verkoop middels een overeenkomst op afstand als bedoeld in artikel 230g, eerste lid, onderdeel e, van Boek 6 van het Burgerlijk Wetboek.

Art. 32
1. Verlof tot verkrijging van wapens van categorie II of III wordt door de korpschef verleend aan: — *Verlof tot verkrijging*
a. personen die een ontheffing als bedoeld in artikel 4 voor een wapen van categorie II bezitten, of;
b. personen die een verlof tot voorhanden hebben als bedoeld in artikel 28 bezitten, dan wel op grond van artikel 26, tweede lid, voor de jacht en beheer en schadebestrijding bestemde wapens voorhanden mogen hebben.
2. indien de aanvrager die geen vaste woon- of verblijfplaats in Nederland heeft, ingezetene is van een van de andere lid-staten van de Europese Gemeenschappen, wordt:

a. geen verlof als bedoeld in het eerste lid verleend zonder voorafgaande toestemming van die lid-staat, wanneer het verlof betrekking heeft op wapens ten aanzien waarvan het voorhanden hebben in die lid-staat aan een vergunning is onderworpen;
b. door Onze Minister mededeling gedaan aan die lid-staat van een verlof als bedoeld in het eerste lid, wanneer het verlof betrekking heeft op wapens ten aanzien waarvan het voorhanden hebben in die lid-staat aan een aangifte is onderworpen.

§ 7a
Markering van vuurwapens en munitie

Art. 32a

1. Een vuurwapen als bedoeld in artikel 1, eerste lid, onderdeel 1, in samenhang met bijlage I, van de Richtlijn en de essentiële onderdelen daarvan, die op of na 14 september 2018 zijn vervaardigd of ingevoerd in de Europese Unie, zijn voorzien van een duidelijke, blijvende en unieke markering.
2. De markering bevat:
   a. de naam van de fabrikant of het merk;
   b. het land of de plaats van vervaardiging;
   c. het serienummer en het jaar van vervaardiging, indien dit nog geen onderdeel uitmaakt van het serienummer, en
   d. indien uitvoerbaar, het model.
3. De markering wordt aangebracht onmiddellijk na de vervaardiging van het vuurwapen of onverwijld na invoer in de Europese Unie. De markering dient in elk geval uiterlijk te zijn aangebracht op het moment van het op de markt brengen van het vuurwapen.
4. Indien een essentieel onderdeel van een vuurwapen te klein is om te worden gemarkeerd in overeenstemming met het tweede lid, wordt het ten minste gemarkeerd met een serienummer of een alfanumerieke of digitale code.
5. Bij of krachtens algemene maatregel van bestuur kunnen in afwijking van het eerste tot en met het vierde lid voorschriften worden gegeven voor de markering van vuurwapens in de zin van de Richtlijn en essentiële onderdelen van vuurwapens die van bijzonder historisch belang zijn.

Art. 32b

1. Bij munitie voor een vuurwapen als bedoeld in artikel 1, eerste lid, onderdeel 1, in samenhang met bijlage I, van de Richtlijn, bevat de kleinste verpakkingseenheid van volledige munitie:
   a. de naam van de fabrikant;
   b. het identificatienummer van de batch;
   c. het kaliber;
   d. het type munitie.
2. Onze Minister kan nadere regels stellen over de aan te brengen gegevens.

§ 8
Veiligheidseisen

Art. 33

1. Onverminderd artikel 10, eerste lid, aanhef en onder b, kan Onze Minister, ten behoeve van de beveiliging, eisen vaststellen, waaraan ruimten en vervoermiddelen, waarin wapens of munitie van de categorieën II en III worden bewaard of vervoerd, moeten voldoen. Worden zulke eisen vastgesteld voor ruimten en vervoermiddelen, in gebruik bij de krijgsmacht, dan geschiedt dit door Onze Minister van Defensie.
2. Onze Minister kan, ten behoeve van de veiligheid, technische eisen vaststellen, waaraan wapens en munitie van categorie III bij overdracht aan personen die een verlof tot verkrijging als bedoeld in artikel 32 hebben, moeten voldoen.

§ 9
Beroep

Art. 34

1. Tegen beschikkingen van de korpschef en het onderdeel van de Belastingdienst, de Centrale dienst voor in- en uitvoer genomen krachtens deze wet staat administratief beroep open bij Onze Minister.
2. Het beroep kan worden ingesteld:
   a. tegen beschikkingen op grond van artikel 8: door de bewaargever en door de rechthebbende;
   b. in de overige gevallen door de aanvrager, dan wel de houder van de erkenning, het consent, de vergunning of het verlof.

§ 9a
Registratie ter uitvoering van Richtlijnverplichtingen

Art. 35
1. De op grond van deze wet verleende erkenningen, vergunningen, verloven en ontheffingen voor vuurwapens als bedoeld in artikel 1, eerste lid, onderdeel 1, in samenhang met bijlage I, van de Richtlijn, en de op grond van de Wet natuurbescherming verleende jachtaktes voor vuurwapens als bedoeld in artikel 1, eerste lid, onderdeel 1, in samenhang met bijlage I, van de Richtlijn, worden door de korpschef ingevoerd en bijgehouden in een geautomatiseerd systeem van gegevensbestanden.

Geautomatiseerde gegevensbestanden van erkenningen etc. voor vuurwapens

2. Bij algemene maatregel van bestuur wordt bepaald welke persoonsgegevens en welke gegevens over de vuurwapens waarvoor een erkenning, vergunning, verlof, ontheffing of jachtakte is verleend op grond van het eerste lid worden ingevoerd en bijgehouden.

Art. 36
1. Om te voldoen aan de in artikel 4, vierde lid, van de Richtlijn bedoelde verplichting worden de op grond van artikel 35, tweede lid, ingevoerde en bijgehouden gegevens gedurende een periode van 30 jaar na vernietiging van het vuurwapen of de betreffende essentiële onderdelen van het vuurwapen bewaard.

Bewaartermijn gegevens over vuurwapen

2. De op grond van artikel 35, tweede lid, ingevoerde en bijgehouden gegevens kunnen door Onze Minister, de korpschef en het onderdeel van de Belastingdienst, de Centrale dienst voor in- en uitvoer ten behoeve van hun taken met betrekking tot douaneprocedures tot tien jaar na vernietiging van het vuurwapen of de betreffende essentiële onderdelen van het vuurwapen worden geraadpleegd.
3. De op grond van artikel 35, tweede lid, ingevoerde en bijgehouden gegevens kunnen door Onze Minister, de politie en het openbaar ministerie ten behoeve van hun taken met betrekking tot de voorkoming, het onderzoek, de opsporing of de vervolging van strafbare feiten of de tenuitvoerlegging van straffen, tot dertig jaar na vernietiging van het vuurwapen of de betreffende essentiële onderdelen van het vuurwapen worden geraadpleegd.

Art. 37
1. De korpschef verstrekt ter voldoening van de verplichting, bedoeld in artikel 13, vierde lid, van de Richtlijn op elektronische wijze, met gebruikmaking van een hiertoe, op grond van artikel 13, vijfde lid, van de Richtlijn voorzien systeem, aan de bevoegde autoriteiten van andere lidstaten gegevens over vergunningen die zijn verleend voor de overbrenging van vuurwapens als bedoeld in artikel 1, eerste lid, onderdeel 1, in samenhang met bijlage I, van de Richtlijn, naar een andere lidstaat en gegevens over de weigering om overeenkomstig de artikelen 6 en 7 van de Richtlijn vergunningen te verlenen op grond van veiligheidsoverwegingen of in verband met de betrouwbaarheid van de aanvrager.

Gegevensverstrekking over wapenvergunningen etc.

2. Bij algemene maatregel van bestuur kan worden bepaald welke persoonsgegevens en gegevens over vuurwapens worden verstrekt op grond van het eerste lid.

§ 10
Bepalingen over de uitvoering van de wet

Art. 38
1. Onze Minister kan regels vaststellen over de door de korpschef bij de uitvoering van deze wet te voeren administratie.
2. Bij de uitvoering van deze wet volgen de korpschef en het onderdeel van de Belastingdienst, de Centrale dienst voor in- en uitvoer de aanwijzingen van Onze Minister.
3. Artikel 10:22, tweede lid, van de Algemene wet bestuursrecht is van overeenkomstige toepassing.

Regels voor voeren administratie
Aanwijzingen bij uitvoering wet

Art. 39
Onze Minister kan, onverminderd artikel 4, eerste lid, van verordening (EU) nr. 258/2012, modellen vaststellen van het bewijs van erkenning, de consenten, de vergunningen, de verloven, alsmede van andere ter uitvoering van de wet te gebruiken bescheiden. Deze modellen worden bekendgemaakt in de *Nederlandse Staatscourant*.

Modellen

Art. 40
Onze Minister kan regels geven over combinatie van verschillende krachtens deze wet vereiste consenten, vergunningen en verloven, alsmede van andere ter uitvoering van de wet te gebruiken bescheiden.

Regels voor combinatie

Art. 41
Onze Minister geeft regels met betrekking tot het bedrag dat is verschuldigd bij de aanvraag op grond van deze wet van een erkenning, een ontheffing, een consent, een vergunning, een verlof, een Europese vuurwapenpas en een controle als bedoeld in artikel 43. Het bedrag is verschuldigd aan het Rijk indien de aanvraag wordt ingediend bij Onze Minister of Onze Minister van Defensie, of aan de politie indien de aanvraag bij de korpschef wordt ingediend.

Verschuldigd bedrag

Art. 42

Register

1. Onze Minister geeft regels betreffende een door de erkende te houden register waarin alle door deze onder enige titel verkregen of overgedragen wapens en munitie worden aangetekend.
2. Onze Minister geeft regels betreffende een door de erkende te verstrekken ontvangstbewijs bij verkrijging van wapens van categorie III van personen die een verlof tot het voorhanden hebben als bedoeld in artikel 28 bezitten, dan wel op grond van artikel 26, tweede lid, voor de jacht en beheer en schadebestrijding bestemde wapens voorhanden mogen hebben.

Art. 43

Korpschef als bevoegde autoriteit

De korpschef is de bevoegde autoriteit voor de controle, bedoeld in artikel 10 ter, eerste lid, van de Richtlijn.

Art. 44

Verwerking persoonsgegevens door korpschef, soorten

Ten behoeve van de taakuitoefening op grond van deze wet kan de korpschef persoonsgegevens verwerken waaruit ras of etnische afkomst, politieke opvattingen, religieuze of levensbeschouwelijke overtuigingen kan blijken, alsmede gegevens betreffende gezondheid, strafrechtelijke veroordelingen of strafbare feiten bedoeld in paragraaf 3.1 en 3.2 van de Uitvoeringswet Algemene verordening gegevensbescherming.

§ 11
Toezicht op de naleving

Art. 45

Opsporingsambtenaren

1. Met het toezicht op de naleving van het bij en krachtens deze wet bepaalde zijn belast:
   1e. de bij of krachtens artikel 141 van het Wetboek van Strafvordering aangewezen ambtenaren;
   2e. de bij of krachtens artikel 142, eerste lid, van het Wetboek van Strafvordering aangewezen buitengewone opsporingsambtenaren;
   3e. de bij besluit van Onze Minister, in overeenstemming met Onze Minister van Verkeer en Waterstaat, aangewezen ambtenaren van het Ministerie van Verkeer en Waterstaat.
2. Van een besluit als bedoeld in het eerste lid, onderdeel 2, wordt mededeling gedaan door plaatsing in de *Staatscourant*.
3. De toezichthouder beschikt slechts over de in artikel 5:18, tweede lid, van de Algemene wet bestuursrecht bedoelde bevoegdheid voorzover het betreft het openen van verpakkingen in het kader van het onderzoek van ladingen.
4. De toezichthouder beschikt niet over de bevoegdheid, genoemd in artikel 5:19 van de Algemene wet bestuursrecht.

Art. 46-48

[Vervallen]

§ 11a
Opsporing

Art. 49

Bevoegdheid tot doorzoeking

De opsporingsambtenaren kunnen te allen tijde op plaatsen waar zij redelijkerwijs kunnen vermoeden dat wapens of munitie aanwezig zijn, ter inbeslagneming doorzoeking doen.

Art. 50

Bevoegdheid onderzoek verpakking en reisbagage bij aanleiding

1. De opsporingsambtenaren zijn bevoegd te vorderen dat de verpakking van goederen, met inbegrip van reisbagage, wordt geopend, indien daartoe redelijkerwijs aanleiding bestaat op grond van:
   a. een gepleegd strafbaar feit waarbij wapens zijn gebruikt;
   b. een gepleegde overtreding van de artikelen 13, 26 of 27;
   c. aanwijzingen dat een strafbaar feit als bedoeld onder a of b zal worden gepleegd.
2. De in het eerste lid bedoelde bevoegdheid kan slechts worden uitgeoefend tegen bepaalde personen, indien daartoe jegens hen aanleiding bestaat. De officier van justitie kan gelasten dat deze bevoegdheid tegenover een ieder kan worden uitgeoefend.

Bevoegdheid onderzoek verpakking en reisbagage in veiligheidsrisicogebied

3. In een veiligheidsrisicogebied als bedoeld in artikel 151b, eerste lid, of 174b, eerste lid, van de Gemeentewet, kan de officier van justitie gelasten dat tegenover een ieder de bevoegdheid kan worden uitgeoefend om verpakkingen van goederen, met inbegrip van reisbagage, te onderzoeken op wapens of munitie. Het bevel bevat een omschrijving van het aangewezen gebied en de geldigheidsduur die niet langer dan twaalf uur mag bedragen. Het bevel bevat voorts de feiten en omstandigheden, op grond waarvan de toepassing van de bevoegdheid om de verpakking van goederen, met inbegrip van reisbagage, te onderzoeken op wapens of munitie noodzakelijk wordt geacht.
4. Indien geen medewerking wordt verleend, kunnen de opsporingsambtenaren, op kosten en risico van de houder van de goederen, in het nodige voorzien.
5. Het bevel, bedoeld in het derde lid, wordt schriftelijk gegeven, tenzij dit omwille van de spoed niet mogelijk is. In dat geval wordt het bevel zo spoedig mogelijk op schrift gesteld.

Wet wapens en munitie

C23 art. 55

Art. 51
1. De opsporingsambtenaren zijn bevoegd vervoermiddelen te onderzoeken indien daartoe redelijkerwijs aanleiding bestaat op grond van:
a. een gepleegd strafbaar feit waarbij wapens zijn gebruikt;
b. een gepleegde overtreding van de artikelen 13, 26 of 27;
c. aanwijzingen dat een strafbaar feit als bedoeld onder a of b zal worden gepleegd.
2. De in het eerste lid bedoelde bevoegdheid kan slechts worden uitgeoefend ten aanzien van bepaalde vervoermiddelen, indien daartoe jegens deze aanleiding bestaat. De officier van justitie kan gelasten dat deze bevoegdheid tegenover elk vervoermiddel kan worden uitgeoefend.
3. In een veiligheidsrisicogebied als bedoeld in artikel 151b, eerste lid, of 174b, eerste lid, van de Gemeentewet, kan de officier van justitie gelasten dat tegenover een ieder de bevoegdheid kan worden uitgeoefend om vervoermiddelen te onderzoeken op wapens of munitie. Het bevel bevat een omschrijving van het aangewezen gebied en de geldigheidsduur die niet langer dan twaalf uur mag bedragen. Het bevel bevat voorts de feiten en omstandigheden, op grond waarvan de toepassing van de bevoegdheid vervoermiddelen te onderzoeken op wapens of munitie noodzakelijk wordt geacht.
4. De opsporingsambtenaren kunnen van de bestuurders van voertuigen en van de schippers van vaartuigen daartoe vorderen dat deze de vervoermiddelen tot stilstand brengen, deze vervoermiddelen naar een door hen aangewezen plaats overbrengen en overeenkomstig hun aanwijzingen terzake medewerking verlenen.
5. Het bevel, bedoeld in het derde lid, wordt schriftelijk gegeven, tenzij dit omwille van de spoed niet mogelijk is. In dat geval wordt het bevel zo spoedig mogelijk op schrift gesteld.

Bevoegdheid onderzoek vervoermiddelen bij aanleiding

Bevoegdheid onderzoek vervoermiddelen in veiligheidsrisicogebied

Art. 52
1. De opsporingsambtenaren zijn te allen tijde bevoegd tot inbeslagneming van daarvoor vatbare voorwerpen. Zij kunnen daartoe hun uitlevering vorderen.
2. De opsporingsambtenaren zijn bevoegd personen aan hun kleding te onderzoeken indien daartoe redelijkerwijs aanleiding bestaat op grond van:
a. een gepleegd strafbaar feit waarbij wapens zijn gebruikt;
b. een gepleegde overtreding van de artikelen 13, 26 of 27;
c. aanwijzingen dat een strafbaar feit als bedoeld onder a of b zal worden gepleegd.
3. In een veiligheidsrisicogebied als bedoeld in artikel 151b, eerste lid, of 174b, eerste lid, van de Gemeentewet, kan de officier van justitie gelasten dat tegenover een ieder de bevoegdheid kan worden uitgeoefend om hem aan zijn kleding te onderzoeken op de aanwezigheid van wapens of munitie. Het bevel bevat een omschrijving van het aangewezen gebied en de geldigheidsduur die niet langer dan twaalf uur mag bedragen. Het bevel bevat voorts de feiten en omstandigheden, op grond waarvan de toepassing van de bevoegdheid om een ieder aan zijn kleding te onderzoeken op wapens of munitie noodzakelijk wordt geacht.
4. Het bevel, bedoeld in het derde lid, wordt schriftelijk gegeven, tenzij dit omwille van de spoed niet mogelijk is. In dat geval wordt het bevel zo spoedig mogelijk op schrift gesteld.
5. De opsporingsambtenaren alsmede andere daartoe door Onze Minister aangewezen personen zijn bevoegd een persoon die zich bevindt op een bij regeling van Onze Minister aangewezen luchthaven, te allen tijde aan zijn kleding en de verpakking van goederen, met inbegrip van reisbagage, alsmede diens vervoermiddel, te onderzoeken.
6. Onze Minister wijst een luchthaven met toepassing van het vijfde lid slechts aan indien dat naar zijn oordeel met het oog op de veiligheid nodig is.

Bevoegdheid tot inbeslagneming

Bevoegdheid onderzoek kleding bij aanleiding

Bevoegdheid onderzoek kleding in veiligheidsrisicogebied

Aanwijzing luchthaven

Art. 53
[Vervallen]

§ 12
Strafbepalingen

Art. 54
Met geldboete van de derde categorie wordt gestraft hij die handelt in strijd met een krachtens de artikelen 6, 8, tweede of derde lid, 33 of 42 vastgesteld voorschrift, dan wel in strijd met de artikelen 8, eerste lid, 9a, 14, vijfde lid, 20a, vijfde lid, 26, vijfde lid, 27, eerste lid, of 31, derde of vierde lid.

Geldboete

Art. 55
1. Met gevangenisstraf van ten hoogste negen maanden of geldboete van de vierde categorie wordt gestraft hij die handelt in strijd met de artikelen 9, eerste lid, 13, eerste lid, 20a, tweede lid, voor zover het betreft een geluiddemper, 22, eerste lid, 26, eerste lid, of 31, eerste lid.
2. Met gevangenisstraf van ten hoogste negen maanden of geldboete van de vierde categorie wordt gestraft hij die handelt in strijd met artikel 14, eerste lid.
3. Met gevangenisstraf van ten hoogste vier jaar of geldboete van de vijfde categorie wordt gestraft:

Gevangenisstraf

a. hij die handelt in strijd met de artikelen 9, eerste lid, 14, eerste lid, 26, eerste lid, of 31, eerste lid, en het feit begaat met betrekking tot een wapen van categorie II, met uitzondering van onderdeel 2° of onderdeel 7°, of een vuurwapen van categorie III;
b. hij die handelt in strijd met de artikelen 13, eerste lid, of 26, eerste lid, aan boord van een luchtvaartuig of op een luchthaven, aangewezen krachtens artikel 52, vijfde lid;
c. hij die handelt in strijd met artikel 20a, tweede lid, voor zover het niet betreft een geluiddemper.

4. Met gevangenisstraf van ten hoogste acht jaar of geldboete van de vijfde categorie wordt gestraft: hij die handelt in strijd met de artikelen 9, eerste lid, 13, eerste lid, 14, eerste lid, artikel 20a, tweede lid, 26, eerste lid, of 31, eerste lid, en van het in strijd met de wet vervaardigen, transformeren, uitwisselen, verhuren of anderszins ter beschikking stellen, herstellen, beproeven of verhandelen van wapens of munitie een beroep of een gewoonte maakt.

5. Met gevangenisstraf van ten hoogste acht jaar of geldboete van de vijfde categorie wordt eveneens gestraft hij die handelt in strijd met artikel 9, eerste lid, 13, eerste lid, 14, eerste lid, artikel 20a, tweede lid, 26, eerste lid, of 31, eerste lid, indien het feit begaan is met een terroristisch oogmerk als bedoeld in artikel 83a van het Wetboek van Strafrecht dan wel met het oogmerk om een terroristisch misdrijf als bedoeld in artikel 83 van dat wetboek voor te bereiden of gemakkelijk te maken.

6. Met een gevangenisstraf van ten hoogste vier jaar of geldboete van de vijfde categorie wordt gestraft hij die handelt in strijd met de artikelen 32a, eerste, tweede of derde lid, of 32b.

7. Met gevangenisstraf van ten hoogste acht jaar of geldboete van de vijfde categorie wordt gestraft hij die handelt in strijd met de artikelen 9, eerste lid, 14, eerste lid, 26, eerste lid, of 31, eerste lid, en het feit begaat met betrekking tot een wapen van categorie II, onderdeel 2° of onderdeel 7°.

Ontzegging stemrecht bij overtreding art. 55 lid 5

Art. 55a
Bij veroordeling wegens een der misdrijven omschreven in artikel 55, vijfde lid, kan ontzetting van het in artikel 28, eerste lid, onder 3°, van het Wetboek van Strafrecht vermelde recht worden uitgesproken.

Overtredingen en misdrijven

Art. 56
De in artikel 54 strafbaar gestelde feiten zijn overtredingen. De in artikel 55 strafbaar gestelde feiten zijn misdrijven.

§ 13
Slotbepalingen

Art. 57
Na de inwerkingtreding van deze wet berusten de krachtens de Wet wapens en munitie (*Stb.* 1995, 580) vastgestelde regels en andere besluiten op deze wet.

Intrekking Wet wapens en munitie uit 1995

Art. 58
De Wet wapens en munitie (*Stb.* 1995, 580) wordt ingetrokken.

Inwerkingtreding

Art. 59
Deze wet treedt in werking met ingang van de dag na de datum van uitgifte van het *Staatsblad* waarin zij wordt geplaatst.

Citeertitel

Art. 60
Deze wet wordt aangehaald als: Wet wapens en munitie.

Wet toetsing levensbeëindiging op verzoek en hulp bij zelfdoding[1]

Wet van 12 april 2001, houdende toetsing van levensbeëindiging op verzoek en hulp bij zelfdoding en wijziging van het Wetboek van Strafrecht en van de Wet op de lijkbezorging (Wet toetsing levensbeëindiging op verzoek en hulp bij zelfdoding)

Wij Beatrix, bij de gratie Gods, Koningin der Nederlanden, Prinses van Oranje-Nassau, enz. enz. enz.
Allen, die deze zullen zien of horen lezen, saluut! doen weten:
Alzo Wij in overweging genomen hebben, dat het wenselijk is in het Wetboek van Strafrecht een strafuitsluitingsgrond op te nemen voor de arts die met inachtneming van wettelijk vast te leggen zorgvuldigheidseisen levensbeëindiging op verzoek toepast of hulp bij zelfdoding verleent, en daartoe bij wet een meldings- en toetsingsprocedure vast te stellen;
Zo is het, dat Wij, de Raad van State gehoord, en met gemeen overleg der Staten-Generaal, hebben goedgevonden en verstaan, gelijk Wij goedvinden en verstaan bij deze:

Hoofdstuk I
Begripsomschrijvingen

Art. 1
In deze wet wordt verstaan onder:
a. Onze Ministers: de Ministers van Justitie en van Volksgezondheid, Welzijn en Sport;
b. hulp bij zelfdoding: het opzettelijk een ander bij zelfdoding behulpzaam zijn of hem de middelen daartoe verschaffen als bedoeld in artikel 294, tweede lid, tweede volzin, Wetboek van Strafrecht;
c. de arts: de arts die volgens de melding levensbeëindiging op verzoek heeft toegepast of hulp bij zelfdoding heeft verleend;
d. de consulent: de arts die is geraadpleegd over het voornemen van een arts om levensbeëindiging op verzoek toe te passen of hulp bij zelfdoding te verlenen;
e. de hulpverleners: hulpverleners als bedoeld in artikel 446, eerste lid, van boek 7 van het Burgerlijk Wetboek;
f. de commissie: een regionale toetsingscommissie als bedoeld in artikel 3.

Begripsbepalingen

Hoofdstuk II
Zorgvuldigheidseisen

Art. 2
1. De zorgvuldigheidseisen, bedoeld in artikel 293, tweede lid, Wetboek van Strafrecht, houden in dat de arts:
a. de overtuiging heeft gekregen dat er sprake was van een vrijwillig en weloverwogen verzoek van de patiënt,
b. de overtuiging heeft gekregen dat er sprake was van uitzichtloos en ondraaglijk lijden van de patiënt,
c. de patiënt heeft voorgelicht over de situatie waarin deze zich bevond en over diens vooruitzichten,
d. met de patiënt tot de overtuiging is gekomen dat er voor de situatie waarin deze zich bevond geen redelijke andere oplossing was,
e. ten minste één andere, onafhankelijke arts heeft geraadpleegd, die de patiënt heeft gezien en schriftelijk zijn oordeel heeft gegeven over de zorgvuldigheidseisen, bedoeld in de onderdelen a tot en met d, en
f. de levensbeëindiging of hulp bij zelfdoding medisch zorgvuldig heeft uitgevoerd.
2. Indien de patiënt van zestien jaren of ouder niet langer in staat is zijn wil te uiten, maar voordat hij in die staat geraakte tot een redelijke waardering van zijn belangen terzake in staat werd geacht, en een schriftelijke verklaring, inhoudende een verzoek om levensbeëindiging, heeft afgelegd, dan kan de arts aan dit verzoek gevolg geven. De zorgvuldigheidseisen, bedoeld in het eerste lid, zijn van overeenkomstige toepassing.

Zorgvuldigheidseisen arts

Meerderjarige wilsonbekwamen

---

[1] Inwerkingtredingsdatum: 01-04-2002; zoals laatstelijk gewijzigd bij: Stb. 2020, 67.

C24 art. 3 — Wet toetsing levensbeëindiging

Minderjarige tussen 16 en 18 jaar

3. Indien de minderjarige patiënt een leeftijd heeft tussen de zestien en achttien jaren en tot een redelijke waardering van zijn belangen terzake in staat kan worden geacht, kan de arts aan een verzoek van de patiënt om levensbeëindiging of hulp bij zelfdoding gevolg geven, nadat de ouder of de ouders die het gezag over hem uitoefent of uitoefenen dan wel zijn voogd bij de besluitvorming zijn betrokken.

Minderjarige tussen de 12 en 16 jaar

4. Indien de minderjarige patiënt een leeftijd heeft tussen de twaalf en zestien jaren en tot een redelijke waardering van zijn belangen terzake in staat kan worden geacht, kan de arts, indien een ouder of de ouders die het gezag over hem uitoefent of uitoefenen dan wel zijn voogd zich met de levensbeëindiging of hulp bij zelfdoding kan of kunnen verenigen, aan het verzoek van de patiënt gevolg geven. Het tweede lid is van overeenkomstige toepassing.

Hoofdstuk III
Regionale toetsingscommissies voor levensbeëindiging op verzoek en hulp bij zelfdoding

Paragraaf 1:
Instelling, samenstelling en benoeming

Art. 3

1. Er zijn regionale commissies voor de toetsing van meldingen van gevallen van levensbeëindiging op verzoek en hulp bij zelfdoding als bedoeld in artikel 293, tweede lid, onderscheidelijk 294, tweede lid, tweede volzin, van het Wetboek van Strafrecht.

Samenstelling Regionale toetsingscommissie

2. Een commissie bestaat uit een oneven aantal leden, waaronder in elk geval één rechtsgeleerd lid, tevens voorzitter, één arts en één deskundige inzake ethische of zingevingsvraagstukken. Van een commissie maken mede deel uit plaatsvervangende leden van elk van de in de eerste volzin genoemde categorieën.

Art. 4

Benoeming leden

1. De voorzitter en de leden, alsmede de plaatsvervangende leden worden door Onze Ministers benoemd voor de tijd van vier jaar. Herbenoeming kan eenmaal plaatsvinden voor de tijd van vier jaar.
2. Een commissie heeft een secretaris en één of meer plaatsvervangend secretarissen, allen rechtsgeleerden, die door Onze Ministers worden aangewezen. De secretaris heeft in de vergaderingen van de commissie een raadgevende stem. De aanwijzing eindigt van rechtswege met ingang van de datum dat de uitoefening van de functie van secretaris of plaatsvervangend secretaris geen onderdeel meer uitmaakt van de werkzaamheden van de betreffende ambtenaar.
3. De secretaris is voor zijn werkzaamheden voor de commissie uitsluitend verantwoording schuldig aan de commissie.

Paragraaf 2:
Ontslag

Art. 5

De voorzitter en de leden, alsmede de plaatsvervangende leden kunnen te allen tijde op hun eigen verzoek worden ontslagen door Onze Ministers.

Art. 6

De voorzitter en de leden, alsmede de plaatsvervangende leden kunnen door Onze Ministers worden ontslagen wegens ongeschiktheid of onbekwaamheid of op andere zwaarwegende gronden.

Paragraaf 3:
Bezoldiging

Art. 7

Vacatiegelden en reiskostenvergoeding

De voorzitter en de leden alsmede de plaatsvervangende leden ontvangen vacatiegeld alsmede een vergoeding voor de reis- en verblijfkosten volgens de bestaande rijksregelen, voor zover niet uit anderen hoofde een vergoeding voor deze kosten wordt verleend uit 's Rijks kas.

Paragraaf 4:
Taken en bevoegdheden

Art. 8

Beoordeling overeenkomstig zorgvuldigheidseisen

1. De commissie beoordeelt op basis van het verslag bedoeld in artikel 7, tweede lid, van de Wet op de lijkbezorging, of de arts die levensbeëindiging op verzoek heeft toegepast of hulp bij zelfdoding heeft verleend, heeft gehandeld overeenkomstig de zorgvuldigheidseisen, bedoeld in artikel 2.

Wet toetsing levensbeëindiging   C24 art. 16

2. De commissie kan de arts verzoeken zijn verslag schriftelijk of mondeling aan te vullen, indien dit voor een goede beoordeling van het handelen van de arts noodzakelijk is.
3. De commissie kan bij de gemeentelijke lijkschouwer, de consulent of de betrokken hulpverleners inlichtingen inwinnen, indien dit voor een goede beoordeling van het handelen van de arts noodzakelijk is.

Art. 9
1. De commissie brengt haar gemotiveerde oordeel binnen zes weken na ontvangst van het verslag als bedoeld in artikel 8, eerste lid, schriftelijk ter kennis van de arts. *Gemotiveerd oordeel*
2. De commissie brengt haar oordeel ter kennis van het College van procureurs-generaal en de inspecteur van de Inspectie gezondheidszorg en jeugd:
    a. indien de arts naar het oordeel van de commissie niet heeft gehandeld overeenkomstig de zorgvuldigheidseisen, bedoeld in artikel 2; of
    b. indien de situatie zich voordoet als bedoeld in artikel 12, laatste volzin van de Wet op de lijkbezorging.
De commissie stelt de arts hiervan in kennis.
3. De in het eerste lid genoemde termijn kan eenmaal voor ten hoogste zes weken worden verlengd. De commissie stelt de arts hiervan in kennis.
4. De commissie is bevoegd het door haar gegeven oordeel mondeling tegenover de arts nader toe te lichten. Deze mondelinge toelichting kan plaatsvinden op verzoek van de commissie of op verzoek van de arts.

Art. 10
De commissie is verplicht aan de officier van justitie desgevraagd alle inlichtingen te verstrekken, *Inlichtingen verstrekken aan OvJ*
welke hij nodig heeft:
1°. ten behoeve van de beoordeling van het handelen van de arts in het geval als bedoeld in artikel 9, tweede lid; of
2°. ten behoeve van een opsporingsonderzoek.
Van het verstrekken van inlichtingen aan de officier van justitie doet de commissie mededeling aan de arts.

Paragraaf 6:
Werkwijze

Art. 11
De commissie draagt zorg voor registratie van de ter beoordeling gemelde gevallen van levens- *Registratie*
beëindiging op verzoek of hulp bij zelfdoding. Bij ministeriële regeling van Onze Ministers kunnen daaromtrent nadere regels worden gesteld.

Art. 12
1. Een oordeel wordt vastgesteld bij gewone meerderheid van stemmen. *Oordeel bij gewone meerderheid van stemmen*
2. Een oordeel wordt vastgesteld door drie leden van de commissie die elk een van de in artikel 3, tweede lid, eerste zin, genoemde categorieën van deskundigheid vertegenwoordigen.

Art. 13
De voorzitters van de regionale toetsingscommissies voeren ten minste twee maal per jaar *Regulier procedure overleg*
overleg met elkaar over werkwijze en functioneren van de commissies. Bij het overleg worden uitgenodigd een arts en een deskundige inzake ethische of zingevingsvraagstukken die ieder de andere leden van de betreffende categorie van deskundigheid vertegenwoordigen.

Paragraaf 7:
Geheimhouding en Verschoning

Art. 14
De leden en plaatsvervangend leden van de commissie zijn verplicht tot geheimhouding van *Geheimhoudingsplicht*
de gegevens waarover zij bij de taakuitvoering de beschikking krijgen, behoudens voor zover enig wettelijk voorschrift hen tot mededeling verplicht of uit hun taak de noodzaak tot mededeling voortvloeit.

Art. 15
Een lid van de commissie, dat voor de behandeling van een zaak zitting heeft in de commissie, *Verschoning en wraking*
verschoont zich en kan worden gewraakt indien er feiten of omstandigheden bestaan waardoor de onpartijdigheid van zijn oordeel schade zou kunnen lijden.

Art. 16
Een lid, een plaatsvervangend lid en de secretaris van de commissie onthouden zich van het *Reageren op voornemen*
geven van een oordeel over het voornemen van een arts om levensbeëindiging op verzoek toe te passen of hulp bij zelfdoding te verlenen.

**Paragraaf 8:
Rapportage**

Art. 17

Jaarverslag Commissies vóór 1 april

1. De commissies brengen jaarlijks vóór 1 april aan Onze Ministers een gezamenlijk verslag van werkzaamheden uit over het afgelopen kalenderjaar. Onze Ministers stellen hiervoor bij ministeriële regeling een model vast.
2. Het in het eerste lid bedoelde verslag van werkzaamheden vermeldt in ieder geval:
   a. het aantal gemelde gevallen van levensbeëindiging op verzoek en hulp bij zelfdoding waarover de commissie een oordeel heeft uitgebracht;
   b. de aard van deze gevallen;
   c. de oordelen en de daarbij gemaakte afwegingen.

Art. 18

Reactie op jaarverslag op Prinsjesdag

Onze Ministers brengen jaarlijks ter gelegenheid van het indienen van de begroting aan de Staten-Generaal verslag uit met betrekking tot het functioneren van de commissies naar aanleiding van het in het artikel 17, eerste lid, bedoelde verslag van werkzaamheden.

Art. 19

AMvB t.a.v. vestiging en werkwijze

1. Op voordracht van Onze Ministers worden bij algemene maatregel van bestuur met betrekking tot de commissies regels gesteld betreffende
   a. hun aantal en relatieve bevoegdheid;
   b. hun vestigingsplaats.
2. Bij of krachtens algemene maatregel van bestuur kunnen Onze Ministers met betrekking tot de commissies nadere regels stellen betreffende
   a. hun omvang en samenstelling;
   b. hun werkwijze en verslaglegging;
   c. het overleg met een vertegenwoordiger van het College van procureurs-generaal en een vertegenwoordiger van de Inspectie gezondheidszorg en jeugd.

**Hoofdstuk IIIa
Bonaire, Sint Eustatius en Saba**

Art. 19a

Werkingssfeer

Deze wet is mede van toepassing in de openbare lichamen Bonaire, Sint Eustatius en Saba met inachtneming van het in dit hoofdstuk bepaalde.

Art. 19b

Werkingssfeer BES-landen

1. Voor de toepassing van:
   - artikel 1, onderdeel b, wordt in plaats van «artikel 294, tweede lid, tweede volzin, Wetboek van Strafrecht» gelezen: artikel 307, tweede lid, tweede volzin, van het Wetboek van Strafrecht BES.
   - artikel 1, onderdeel f, wordt in plaats van «een regionale toetsingscommissie als bedoeld in artikel 3» gelezen: een commissie als bedoeld in artikel 19c.
   - artikel 2, eerste lid, aanhef, wordt in plaats van «artikel 293, tweede lid, van het Wetboek van Strafrecht» gelezen: artikel 306, tweede lid, van het Wetboek van Strafrecht BES.
   - artikel 8, eerste lid, wordt in plaats van «artikel 7, tweede lid, van de Wet op de lijkbezorging» gelezen: artikel 1, derde lid, van de Wet verklaringen van overlijden BES.
   - artikel 8, derde lid, vervalt: of de betrokken hulpverleners.
   - artikel 9, tweede lid, aanhef, wordt in plaats van «het College van procureurs-generaal» gelezen: de procureur-generaal.
2. Artikel 1, onder e, is niet van toepassing.

Art. 19c

In afwijking van artikel 3, eerste lid, is er een door Onze Ministers aan te wijzen commissie, die bevoegd is de meldingen van gevallen van levensbeëindiging op verzoek en hulp bij zelfdoding als bedoeld in artikel 306, tweede lid, onderscheidenlijk 307, tweede lid, tweede volzin, van het Wetboek van Strafrecht BES te toetsen.

Art. 19d

Bij het overleg, bedoeld in artikel 13, is de voorzitter van de commissie, bedoeld in artikel 19c, betrokken.

**Hoofdstuk IV
Wijzigingen in andere wetten**

Art. 20

[Wijzigt het Wetboek van Strafrecht.]

Art. 21

[Wijzigt de Wet op de lijkbezorging.]

Wet toetsing levensbeëindiging

Art. 22
[Wijzigt de Algemene wet bestuursrecht.]

Hoofdstuk V
Slotbepalingen

Art. 23
Deze wet treedt in werking op een bij koninklijk besluit te bepalen tijdstip.   Inwerkingtreding

Art. 24
Deze wet wordt aangehaald als: Wet toetsing levensbeëindiging op verzoek en hulp bij zelfdoding.   Citeertitel

Wet ter voorkoming van witwassen en financieren van terrorisme[1]

Wet van 15 juli 2008, houdende samenvoeging van de Wet identificatie bij dienstverlening en de Wet melding ongebruikelijke transacties (Wet ter voorkoming van witwassen en financieren van terrorisme)

Wij Beatrix, bij de gratie Gods, Koningin der Nederlanden, Prinses van Oranje-Nassau, enz. enz. enz.

Allen, die deze zullen zien of horen lezen, saluut! doen te weten:

Alzo Wij in overweging genomen hebben, dat het wenselijk is de Wet identificatie bij dienstverlening en de Wet melding ongebruikelijke transacties samen te voegen tot één wet, gericht op het voorkomen van het gebruik van het financiële stelsel voor het witwassen van geld en het financieren van terrorisme;

Zo is het, dat Wij, de Raad van State gehoord, en met gemeen overleg der Staten-Generaal, hebben goedgevonden en verstaan, gelijk Wij goedvinden en verstaan bij deze:

Hoofdstuk 1
Inleidende bepalingen

§ 1.1
Begrips- en reikwijdtebepalingen

Art. 1

Begripsbepalingen

1. In deze wet en de daarop berustende bepalingen wordt verstaan onder:

aanbieder van een bewaarportemonnee: entiteit die diensten aanbiedt om namens haar cliënten cryptografische privésleutels te beveiligen om virtuele valuta aan te houden, op te slaan en over te dragen;

bijkantoor: duurzaam in een andere staat dan de staat van zetel aanwezig onderdeel zonder rechtspersoonlijkheid van een rechtspersoon of vennootschap;

cliënt: natuurlijke persoon of rechtspersoon met wie een zakelijke relatie wordt aangegaan of die een transactie laat uitvoeren;

correspondentrelatie:
a. het verlenen van bankdiensten door een bank als correspondent aan een andere bank als respondent, met inbegrip van het verstrekken van een lopende of andere passiefrekening en aanverwante diensten, zoals contantenbeheer, internationale geldovermakingen, verwerking van cheques, transitrekeningen en valutawisseldiensten; of
b. de betrekkingen tussen banken onderling, andere financiële ondernemingen onderling, of tussen banken en andere financiële ondernemingen, waar soortgelijke diensten als bedoeld onder a door een correspondentinstelling aan een respondentinstelling worden verleend, met inbegrip van betrekkingen die zijn aangegaan voor effectentransacties of geldovermakingen;

de Nederlandse Bank: de Nederlandsche Bank N.V.;

dochteronderneming: dochteronderneming als bedoeld in artikel 2, tiende lid, van de richtlijn jaarrekening;

Europese Bankautoriteit: de Europese toezichthoudende autoriteit opgericht bij verordening (EU) nr. 1093/2010 van het Europees parlement en de Raad van 24 november 2010 tot oprichting van een Europese toezichthoudende autoriteit (Europese Bankautoriteit), tot wijziging van Besluit nr. 716/2009/EG en tot intrekking van Besluit 2009/78/EG van de Commissie (*PbEU* 2010, L 331);

Europese toezichthoudende autoriteiten: de Europese Autoriteit voor effecten en markten, de Europese Autoriteit voor verzekeringen en bedrijfspensioenen en de Europese Bankautoriteit;

elektronisch geld: elektronisch geld als bedoeld in artikel 1:1 van de Wet op het financieel toezicht;

familielid van een politiek prominente persoon: natuurlijke persoon die een bij algemene maatregel van bestuur te wijzen familierelatie heeft met een politiek prominente persoon;

financieren van terrorisme: de gedraging strafbaar gesteld in artikel 421, eerste lid, van het Wetboek van Strafrecht;

Financiële inlichtingen eenheid: Financiële inlichtingen eenheid, bedoeld in artikel 12, eerste lid;

---

[1] Inwerkingtredingsdatum: 01-08-2008; zoals laatstelijk gewijzigd bij: Stb. 2020, 380.

gekwalificeerde deelneming: rechtstreeks of middellijk belang van ten minste tien procent van het geplaatste aandelenkapitaal of een daarmee vergelijkbaar belang, of het rechtstreeks of middellijk kunnen uitoefenen van ten minste tien procent van de stemrechten of een daarmee vergelijkbare zeggenschap;
groep: groep van ondernemingen bestaande uit een moederonderneming, haar dochterondernemingen en de entiteiten waarin de moederonderneming of haar dochterondernemingen een deelneming hebben als bedoeld in artikel 2, tweede lid, van de richtlijn jaarrekening, alsook ondernemingen die met elkaar verbonden zijn door een betrekking als bedoeld in artikel 22 van de richtlijn jaarrekening;
hoger leidinggevend personeel:
a. personen die het dagelijks beleid van een instelling bepalen; of
b. personen werkzaam onder verantwoordelijkheid van een instelling, die een leidinggevende functie vervullen direct onder het echelon van de dagelijks beleidsbepalers en die verantwoordelijk zijn voor natuurlijke personen wier werkzaamheden van invloed zijn op de blootstelling van een instelling aan de risico's op witwassen en het financieren van terrorisme;
identificeren: opgave van de identiteit laten doen;
instelling: bank, andere financiële onderneming, of natuurlijke persoon, rechtspersoon of vennootschap handelend in het kader van zijn beroepsactiviteiten, waarop deze wet ingevolge artikel 1a van toepassing is;
lidstaat: een lidstaat van de Europese Unie alsmede een staat, niet zijnde een lidstaat van de Europese Unie, die partij is bij de Overeenkomst betreffende de Europese Economische Ruimte;
melding: melding als bedoeld in artikel 16, eerste lid;
moederonderneming: moederonderneming als bedoeld in artikel 2, negende lid, van de richtlijn jaarrekening;
nationale risicobeoordeling: verslag van de identificatie, analyse en beoordeling van de nationale risico's op witwassen en het financieren van terrorisme als bedoeld in artikel 1f;
ongebruikelijke transactie: transactie die op grond van de indicatoren bedoeld in artikel 15, eerste lid, als ongebruikelijk is aan te merken;
persoon bekend als naaste geassocieerde van een politiek prominente persoon: natuurlijke persoon die behoort tot een bij algemene maatregel van bestuur aan te wijzen categorie personen;
persoonsgegeven: persoonsgegeven als bedoeld in artikel 4, eerste lid, van de Algemene verordening gegevensbescherming;
platform voor de veiling van emissierechten: platform voor de veiling van emissierechten als bedoeld in hoofdstuk VII van de verordening inzake de veiling van broeikasgasemissierechten;
politiek prominente persoon: natuurlijke persoon die een bij algemene maatregel van bestuur aan te wijzen prominente publieke functie bekleedt of heeft bekleed;
richtlijn betaaldiensten: richtlijn (EU) 2015/2366 van het Europees Parlement en de Raad van 25 november 2015 betreffende betalingsdiensten in de interne markt, houdende wijziging van de Richtlijnen 2002/65/EG, 2009/110/EG en 2013/36/EU en Verordening (EU) nr. 1093/2010 en houdende intrekking van Richtlijn 2007/64 (PbEU 2015, L 337);
richtlijn jaarrekening: richtlijn 2013/34/EU van het Europees Parlement en de Raad van 26 juni 2013 betreffende de jaarlijkse financiële overzichten, geconsolideerde financiële overzichten en aanverwante verslagen van bepaalde ondernemingsvormen, tot wijziging van Richtlijn 2006/43/EG van het het Europees Parlement en de Raad en tot intrekking van Richtlijnen 78/660/EEG en 83/349/EEG van de Raad (PbEU 2013, L 182);
richtlijn kapitaalvereisten: richtlijn 2013/36/EU van het Europees Parlement en de Raad van 26 juni 2013 betreffende toegang tot het bedrijf van kredietinstellingen en het prudentieel toezicht op kredietinstellingen en beleggingsondernemingen, tot wijziging van Richtlijn 2002/87/EG en tot intrekking van de Richtlijnen 2006/48/EG en 2006/49/EG (PbEU 2013, L 176);
shellbank: bank of andere financiële onderneming als bedoeld in artikel 1a, tweede en derde lid, of onderneming die gelijkwaardige activiteiten als die van een bank of andere financiële onderneming verricht, die is opgericht in een staat waar zij geen fysieke aanwezigheid heeft en die geen onderdeel uitmaakt van een onder toezicht staande groep;
supranationale risicobeoordeling: door de Europese Commissie beschikbaar gesteld verslag van de identificatie, analyse en beoordeling van de risico's op witwassen en het financieren van terrorisme die van invloed zijn op de interne markt en verband houden met grensoverschrijdende activiteiten als bedoeld in artikel 6 van de vierde anti-witwasrichtlijn;
toezichthoudende autoriteit: het ingevolge artikel 1d bevoegde bestuursorgaan;
transactie: handeling of samenstel van handelingen van of ten behoeve van een cliënt waarvan de instelling ten behoeve van haar dienstverlening aan die cliënt heeft kennisgenomen;
transitrekening: bankrekening die bij een in Nederland gevestigde bank wordt aangehouden door een bank gevestigd in een staat die geen lidstaat is en die door een cliënt van laatstbedoelde bank gedebiteerd of gecrediteerd kan worden zonder tussenkomst van de in Nederland gevestigde bank;

uiteindelijk belanghebbende: natuurlijke persoon die de uiteindelijke eigenaar is van of zeggenschap heeft over een cliënt, dan wel de natuurlijke persoon voor wiens rekening een transactie of activiteit wordt verricht;
verifiëren: vaststellen dat de opgegeven identiteit overeenkomt met de werkelijke identiteit;
verordening betreffende bij geldovermakingen te voegen informatie: verordening (EU) 2015/847 van het Europees Parlement en de Raad van 20 mei 2015 betreffende bij geldovermakingen te voegen informatie over de betaler en tot intrekking van Verordening (EG) nr. 1781/2006 (PbEU 2015, L 141);
verordening inzake de veiling van broeikasgasemissierechten: verordening (EU) nr. 1031/2010 van de Europese Commissie van 12 november 2010 inzake de tijdstippen, het beheer en andere aspecten van de veiling van broeikasgasemissierechten overeenkomstig Richtlijn 2003/87/EG van het Europees Parlement en de Raad tot vaststelling van een regeling voor de handel in broeikasgasemissierechten binnen de Gemeenschap (PbEU 2010, L 302);
vierde anti-witwasrichtlijn: richtlijn 2015/849 van het Europees Parlement en de Raad van 20 mei 2015 inzake de voorkoming van het gebruik van het financiële stelsel voor het witwassen van geld of terrorismefinanciering, tot wijziging van Verordening (EU) nr. 648/2012 van het Europees Parlement en de Raad en tot intrekking van Richtlijn 2005/60 van het Europees Parlement en de Raad en Richtlijn 2006/70/EG van de Commissie (PbEU 2015, L 141);
virtuele valuta: een digitale weergave van waarde die niet door een centrale bank of een overheid wordt uitgegeven of gegarandeerd, die niet noodzakelijk aan een wettelijk vastgestelde valuta is gekoppeld en die niet de juridische status van valuta of geld heeft, maar die door natuurlijke personen of rechtspersonen als ruilmiddel wordt aanvaard en die elektronisch kan worden overgedragen, opgeslagen en verhandeld;
witwassen: de gedragingen strafbaar gesteld in de artikelen 420bis, 420bis.1, 420ter, 420quater en 420quater.1 van het Wetboek van strafrecht;
zakelijke relatie: zakelijke, professionele, of commerciële relatie tussen een instelling en een natuurlijke persoon, rechtspersoon of vennootschap, die verband houdt met de professionele activiteiten van die instelling en waarvan op het tijdstip dat het contact wordt gelegd, wordt aangenomen dat deze enige tijd zal duren.
2. In deze wet en de daarop berustende bepalingen wordt onder de begrippen «trust», «trustee» en «insteller» verstaan hetgeen daaronder in het op 1 juli 1985 te 's-Gravenhage tot stand gekomen Verdrag inzake het recht dat toepasselijk is op trusts en inzake de erkenning van trusts (Trb. 1985, 141) wordt verstaan.
3. Bij algemene maatregel van bestuur worden de categorieën natuurlijke personen aangewezen die in elk geval moeten worden aangemerkt als uiteindelijk belanghebbende als bedoeld in het eerste lid.

Art. 1a

Werkingssfeer

1. Deze wet is van toepassing op banken en andere financiële ondernemingen, alsmede op de ingevolge het vierde lid aangewezen natuurlijke personen, rechtspersonen of vennootschappen handelend in het kader van hun beroepsactiviteiten.

Bank

2. Als bank wordt aangemerkt een bank als bedoeld in artikel 1:1 van de Wet op het financieel toezicht, niet zijnde een natuurlijke persoon, rechtspersoon of vennootschap waarvoor op grond van artikel 2:11, tweede lid, of artikel 2:16, vierde lid, van die wet geen vergunning tot uitoefening van het bedrijf van bank vereist is, of een bijkantoor in Nederland van een bank met zetel buiten Nederland.

Andere financiële onderneming

3. Als andere financiële ondernemingen worden aangemerkt:
a. degenen die, geen bank zijnde, in hoofdzaak hun bedrijf maken van het verrichten van een of meer van de werkzaamheden opgenomen onder de punten 2, 3, 5, 6, 9, 10, 12 en 14 van bijlage I bij de richtlijn kapitaalvereisten;
b. degenen die, geen bank zijnde, in hoofdzaak hun bedrijf maken van het verrichten van betaaldiensten als bedoeld in bijlage I bij de richtlijn betaaldiensten;
c. beleggingsondernemingen als bedoeld in artikel 1:1 van de Wet op het financieel toezicht;
d. beleggingsinstellingen als bedoeld in artikel 1:1 van de Wet op het financieel toezicht;
e. elektronischgeldinstellingen als bedoeld in artikel 1:1 van de Wet op het financieel toezicht voor zover deze andere transacties verrichten dan bedoeld in artikel 1:5a, tweede lid, onderdeel k, van die wet;
f. wisselinstellingen als bedoeld in artikel 1:1 van de Wet op het financieel toezicht;
g. levensverzekeraars als bedoeld in artikel 1:1 van de Wet op het financieel toezicht met uitzondering van levensverzekeraars die uitsluitend het bedrijf van natura-uitvaartverzekeraar als bedoeld in dat artikel uitoefenen;
h. icbe's als bedoeld in artikel 1:1 van de Wet op het financieel toezicht;
i. financiële dienstverleners als bedoeld in artikel 1:1 van de Wet op het financieel toezicht voor zover deze bemiddelen in levensverzekeringen;
j. betaaldienstagenten als bedoeld in artikel 1:1 van de Wet op het financieel toezicht;

Wet ter voorkoming van witwassen en financieren van terrorisme — C25 art. 1a

k. bijkantoren in Nederland van andere financiële ondernemingen als bedoeld onder a tot en met i, met zetel buiten Nederland.

4. Als natuurlijke personen, rechtspersonen of vennootschappen handelend in het kader van hun beroepsactiviteiten waarop deze wet van toepassing is worden aangewezen: *(Belastingadviseurs, accountants, advocaten)*

a. natuurlijke personen, rechtspersonen of vennootschappen die als belastingadviseur zelfstandig onafhankelijk beroepsactiviteiten uitoefenen, dan wel natuurlijke personen, rechtspersonen of vennootschappen voor zover zij anderszins zelfstandig in hoofdzaak, onafhankelijk, al dan niet via andere aan hen gelieerde natuurlijke personen, rechtspersonen of vennootschappen, daarmee vergelijkbare activiteiten beroeps- of bedrijfsmatig verrichten;

b. natuurlijke personen, rechtspersonen of vennootschappen die als externe registeraccountant of externe accountant-administratieconsulent zelfstandig onafhankelijk beroepsactiviteiten waaronder forensische accountancy uitoefenen, dan wel natuurlijke personen, rechtspersonen of vennootschappen, voor zover die anderszins zelfstandig onafhankelijk daarmee vergelijkbare activiteiten beroeps- of bedrijfsmatig verrichten;

c. natuurlijke personen, rechtspersonen of vennootschappen die als advocaat:

1°. zelfstandig onafhankelijk beroeps- of bedrijfsmatig advies geven of bijstand verlenen bij:
i. het aan- of verkopen van registergoederen;
ii. het beheren van geld, effecten, munten, muntbiljetten, edele metalen, edelstenen of andere waarden;
iii. het oprichten of beheren van vennootschappen, rechtspersonen of soortgelijke lichamen als bedoeld in artikel 2, eerste lid, onderdeel b, van de Algemene wet inzake rijksbelastingen dan wel het organiseren van de inbreng die nodig is voor de oprichting, de exploitatie of het beheer daarvan;
iv. het aan- of verkopen van aandelen in, of het geheel of gedeeltelijk aan- of verkopen dan wel overnemen van ondernemingen, vennootschappen, rechtspersonen of soortgelijke lichamen als bedoeld in artikel 2, eerste lid, onderdeel b, van de Algemene wet inzake rijksbelastingen;
v. werkzaamheden op fiscaal gebied die vergelijkbaar zijn met de werkzaamheden van de in onderdeel a beschreven beroepsgroepen;
vi. het vestigen van een recht van hypotheek op een registergoed; of
2°. zelfstandig onafhankelijk beroeps- of bedrijfsmatig optreden in naam en voor rekening van een cliënt bij enigerlei financiële transactie of onroerende zaaktransactie;

d. natuurlijke personen, rechtspersonen of vennootschappen die als notaris, toegevoegd notaris of kandidaat-notaris: *(Notarissen)*

1°. zelfstandig onafhankelijk beroeps- of bedrijfsmatig advies geven of bijstand verlenen bij:
i. het aan- of verkopen van registergoederen;
ii. het beheren van geld, effecten, munten, muntbiljetten, edele metalen, edelstenen of andere waarden;
iii. het oprichten of beheren van vennootschappen, rechtspersonen of soortgelijke lichamen als bedoeld in artikel 2, eerste lid, onderdeel b, van de Algemene wet inzake rijksbelastingen dan wel het organiseren van de inbreng die nodig is voor de oprichting, de exploitatie of het beheer daarvan;
iv. het aan- of verkopen van aandelen in, of het geheel of gedeeltelijk aan- of verkopen dan wel overnemen van ondernemingen, vennootschappen, rechtspersonen of soortgelijke lichamen als bedoeld in artikel 2, eerste lid, onderdeel b, van de Algemene wet inzake rijksbelastingen;
v. werkzaamheden op fiscaal gebied die vergelijkbaar zijn met de werkzaamheden van de in onderdeel a beschreven beroepsgroepen;
vi. het vestigen van een recht van hypotheek op een registergoed; of
2°. zelfstandig onafhankelijk beroeps- of bedrijfsmatig optreden in naam en voor rekening van een cliënt bij enigerlei financiële transactie of onroerende zaaktransactie;

e. natuurlijke personen, rechtspersonen of vennootschappen die in de uitoefening van een aan dat van advocaat, notaris, toegevoegd notaris of kandidaat-notaris gelijksoortig juridisch beroep of bedrijf de in onderdeel c of d genoemde werkzaamheden verrichten;

f. trustkantoren als bedoeld in artikel 1, eerste lid, van de Wet toezicht trustkantoren 2018;

g. natuurlijke personen, rechtspersonen of vennootschappen die beroeps- of bedrijfsmatig een adres of postadres ter beschikking stellen, niet zijnde een trustkantoor als bedoeld in artikel 1, eerste lid, van de Wet toezicht trustkantoren 2018;

h. natuurlijke personen, rechtspersonen of vennootschappen die beroeps- of bedrijfsmatig bemiddelen bij het tot stand brengen en het sluiten van overeenkomsten inzake onroerende zaken en rechten waaraan onroerende zaken zijn onderworpen, met inbegrip van het tot stand brengen en sluiten van een overeenkomst tot huur als bedoeld in artikel 7:201 van het Burgerlijk Wetboek, voor zover de maandelijkse huurprijs een bedrag van € 10.000 of meer bedraagt;

i. natuurlijke personen, rechtspersonen of vennootschappen die beroeps- of bedrijfsmatig handelen als koper of verkoper van goederen, voor zover betaling van deze goederen in contanten plaatsvindt voor een bedrag van € 10.000 of meer, ongeacht of de transactie plaatsvindt in een handeling of door middel van meer handelingen waartussen een verband bestaat; *(Contante betalingen)*

j. natuurlijke personen, rechtspersonen of vennootschappen die beroeps- of bedrijfsmatig bemiddelen inzake koop en verkoop van voertuigen, schepen, kunstvoorwerpen, antiquiteiten, edelstenen, edele metalen, sieraden of juwelen;
k. natuurlijke personen, rechtspersonen of vennootschappen die beroeps- of bedrijfsmatig handelen als koper of verkoper van kunstvoorwerpen, voor zover betaling van deze kunstvoorwerpen plaatsvindt voor een bedrag van € 10.000 of meer, ongeacht of de transactie plaatsvindt in een handeling of door middel van meer handelingen waartussen een verband bestaat;
l. natuurlijke personen, rechtspersonen of vennootschappen die beroeps- of bedrijfsmatig diensten voor het wisselen tussen virtuele valuta en fiduciaire valuta aanbieden;
m. natuurlijke personen, rechtspersonen of vennootschappen die beroeps- of bedrijfsmatig bewaarportemonnees aanbieden;
n. natuurlijke personen, rechtspersonen of vennootschappen die beroeps- of bedrijfsmatig gelegenheid geven als bedoeld in artikel 1, eerste lid, onderdeel a, van de Wet op de kansspelen of die activiteiten verrichten als bedoeld in artikel 7a, 30b, 30h of 30z van de wet.

Makelaars
o. natuurlijke personen, rechtspersonen of vennootschappen die beroeps- of bedrijfsmatig taxaties uitvoeren van onroerende zaken en rechten waaraan onroerende zaken zijn onderworpen;
p. pandhuizen als bedoeld in artikel 131, onderdeel a, van Boek 7 van het Burgerlijk Wetboek;
q. natuurlijke personen, rechtspersonen of vennootschappen die behoren tot een bij algemene maatregel van bestuur aan te wijzen categorie beroepen of personen.

Uitsluiting voor rechtsgedingen
5. Deze wet is niet van toepassing op belastingadviseurs als bedoeld in het vierde lid, onderdeel a, en personen als bedoeld in het vierde lid, onderdeel c, d en e, voor zover zij voor een cliënt werkzaamheden verrichten betreffende de bepaling van diens rechtspositie, diens vertegenwoordiging en verdediging in rechte, het geven van advies voor, tijdens en na een rechtsgeding of het geven van advies over het instellen of vermijden van een rechtsgeding.
6. Indien een beleggingsinstelling als bedoeld in het derde lid, onderdeel d, een beleggingsmaatschappij met aparte beheerder is of een beleggingsfonds of indien een icbe als bedoeld in het derde lid, onderdeel h, een fonds voor collectieve belegging in effecten of een maatschappij voor collectieve belegging in effecten met aparte beheerder is, draagt de beheerder van de betreffende instelling zorg voor de naleving van de bij of krachtens deze wet gestelde regels door de instelling.

Art. 1b

Bewezen laag risico op witwassen en financieren van terrorisme
1. Bij regeling van Onze Minister van Financiën en Onze Minister van Justitie en Veiligheid kunnen instellingen als bedoeld in artikel 1a, vierde lid, onderdeel n, zo nodig onder het stellen van aanvullende regels, geheel of gedeeltelijk worden vrijgesteld van de bij of krachtens deze wet gestelde regels, indien, rekening houdend met de aard en de omvang van de te verlenen diensten, voor die instellingen een bewezen laag risico op witwassen en financieren van terrorisme bestaat.
2. Geen vrijstelling kan worden verleend aan instellingen als bedoeld in artikel 1a, vierde lid, onderdeel n, die activiteiten verrichten als bedoeld in artikel 27g of 31 van de Wet op de kansspelen.

Art. 1c

Nadere regelgeving
1. Onze Minister van Financiën kan, in bij algemene maatregel van bestuur te bepalen gevallen, ontheffing verlenen van de bij of krachtens deze wet gestelde regels aan instellingen die incidenteel of in zeer beperkte mate financiële werkzaamheden verrichten, indien er een bewezen laag risico op witwassen of financieren van terrorisme bestaat. Aan een ontheffing kunnen voorschriften of beperkingen worden verbonden.
2. Onze Minister van Financiën kan een op grond van het eerste lid verleende ontheffing wijzigen, geheel of gedeeltelijk intrekken of beperken, dan wel daaraan nadere voorschriften verbinden, indien:
a. is gebleken dat bij de aanvraag van de ontheffing onjuiste of onvolledige gegevens zijn verstrekt en kennis omtrent de juiste en volledige gegevens tot een andere beslissing zou hebben geleid;
b. de houder van een ontheffing omstandigheden of feiten heeft verzwegen op grond waarvan, zo zij voor het tijdstip waarop de ontheffing werd verleend zich hadden voorgedaan of bekend waren geweest, de ontheffing zou zijn geweigerd;
c. de houder van een ontheffing niet langer voldoet aan de bij of krachtens deze wet gestelde regels, dan wel niet meer voldoet aan de aan de ontheffing verbonden voorschriften of de gestelde beperkingen niet naleeft.
3. Bij of krachtens algemene maatregel van bestuur kunnen nadere regels worden gesteld met betrekking tot het verlenen, wijzigen, intrekken of beperken van een ontheffing.

Art. 1d

Uitvoering handhaving wet
1. Met de uitvoering en handhaving van deze wet zijn belast:
a. de Nederlandsche Bank N.V.: voor zover het betreft instellingen als bedoeld in artikel 1a, tweede lid, derde lid, onderdeel a, b, e, f, g en j, vierde lid, onderdeel l en m, of bijkantoren van

dergelijke instellingen met zetel buiten Nederland, alsmede instellingen als bedoeld in artikel 1a, vierde lid, onderdeel f;
b. de Stichting Autoriteit Financiële Markten: voor zover het betreft instellingen als bedoeld in artikel 1a, derde lid, onderdeel c, d, h en i of bijkantoren van dergelijke instellingen met zetel buiten Nederland, alsmede beheerders als bedoeld in artikel 1a, zesde lid;
c. het Bureau Financieel Toezicht: voor zover het betreft instellingen als bedoeld in artikel 1a, vierde lid, onderdeel a, b, d en e;
d. de deken, bedoeld in artikel 22, tweede lid, van de Advocatenwet: voor zover het betreft instellingen als bedoeld in artikel 1a, vierde lid, onderdeel c;
e. Onze Minister van Financiën: voor zover het betreft instellingen als bedoeld in artikel 1a, vierde lid, onderdeel g, h, i, j, k, o en p;
f. de kansspelautoriteit: voor zover het betreft instellingen als bedoeld in artikel 1a, vierde lid, onderdeel n.
2. De Nederlandsche Bank N.V. is belast met de uitvoering en handhaving van de verordening betreffende bij geldovermakingen te voegen informatie.
3. De Stichting Autoriteit Financiële Markten is belast met de uitvoering en handhaving van de verordening inzake de veiling van broeikasgasemissierechten.
4. De in het eerste lid genoemde bestuursorganen kunnen, indien een verordening als bedoeld in artikel 288 van het Verdrag betreffende de werking van de Europese Unie betrekking heeft op een onderwerp dat verband houdt met de voorkoming van witwassen of financieren van terrorisme, bij algemene maatregel van bestuur tevens worden belast met de uitvoering en handhaving van de bij of krachtens die verordening gestelde regels.
5. De bij of krachtens een verordening als bedoeld in het tweede, derde of vierde lid gestelde regels worden voor de toepassing van deze wet gelijkgesteld met bij of krachtens deze wet gestelde regels.
6. De in het eerste lid genoemde bestuursorganen oefenen hun taak uit op een risico gebaseerde en effectieve wijze en nemen artikel 48, zesde tot en met achtste lid, van de vierde anti-witwasrichtlijn daarbij in acht.
7. Bij regeling van Onze Minister van Financiën en Onze Minister van Justitie en Veiligheid kunnen nadere regels worden gesteld met betrekking tot de taakuitoefening van de op grond van dit artikel bevoegde bestuursorganen, met uitzondering van de deken, bedoeld in het eerste lid, onderdeel d.

Art. 1e
Bij regeling van Onze Minister van Financiën en Onze Minister van Justitie en Veiligheid kunnen banken die deel uitmaken van een groep banken die blijvend is aangesloten bij een centrale kredietinstelling die controle uitoefent op de bedrijfsvoering en uitbesteding van die banken worden vrijgesteld van het toezicht door de Nederlandsche Bank N.V., indien de centrale kredietinstelling toezicht houdt op die groep banken en in voldoende mate bevoegd is voor de naleving van deze wet noodzakelijke instructies te geven aan die banken. Aan deze vrijstelling kunnen beperkingen worden gesteld en voorschriften worden verbonden.

Vrijstelling toezicht door de Nederlandsche Bank

§ 1.2
Risicomanagement

Art. 1f
1. Onze Minister van Financiën en Onze Minister van Justitie en Veiligheid gezamenlijk publiceren een verslag van de geïdentificeerde, geanalyseerde en beoordeelde nationale risico's op witwassen en het financieren van terrorisme, bedoeld in artikel 7 van de vierde anti-witwasrichtlijn. Dit verslag wordt elke twee jaar geactualiseerd.
2. Ter voorbereiding van dit verslag publiceren Onze Minister van Financiën en Onze Minister van Justitie en Veiligheid gezamenlijk de statistieken, bedoeld in artikel 44 van de vierde anti-witwasrichtlijn. Deze statistieken worden jaarlijks geactualiseerd.

Nationale risicobeoordeling

Art. 2
1. Een instelling met een bijkantoor of een meerderheidsdochteronderneming in een staat die geen lidstaat is en waar de wettelijke voorschriften ter voorkoming van witwassen en financieren van terrorisme minder verstrekkend zijn dan de bij of krachtens deze wet gestelde regels, draagt er zorg voor dat het bijkantoor, onderscheidenlijk de meerderheidsdochteronderneming, de bij of krachtens deze wet gestelde regels naleeft, voor zover het recht van de betrokken staat hier niet aan in de weg staat.
2. Indien het recht van de betrokken staat aan toepassing van het eerste lid in de weg staat, stelt de instelling de toezichthoudende autoriteit daarvan in kennis en neemt zij maatregelen om het risico van witwassen en financieren van terrorisme doeltreffend te beheersen. Indien van toepassing neemt zij hierbij het bepaalde op grond van artikel 45, zevende lid, van de vierde anti-witwasrichtlijn in acht.

Cliëntenonderzoek bijkantoor/dochtermaatschappij in derde land

3. Een instelling die een vestiging in een andere lidstaat exploiteert, ziet er op toe dat deze vestiging de in die lidstaat ter omzetting van de vierde anti-witwasrichtlijn geldende bepalingen naleeft.

Art. 2a

Cliëntenonderzoek, melding ongebruikelijke transacties

1. Ter voorkoming van witwassen en financieren van terrorisme verricht een instelling cliëntenonderzoek en meldt zij verrichte of voorgenomen ongebruikelijke transacties overeenkomstig de bij of krachtens de hoofdstukken 2 en 3 gestelde regels. Daarbij besteedt een instelling bijzondere aandacht aan ongebruikelijke transactiepatronen en aan transacties die naar hun aard een hoger risico op witwassen of financieren van terrorisme met zich brengen.
2. Een instelling treft adequate maatregelen ter voorkoming van risico's op witwassen en financieren van terrorisme die kunnen ontstaan door het gebruik van nieuwe technologieën in het economisch verkeer.

Art. 2b

Maatregelen vaststelling risico's op witwassen en financiering terrorisme

1. Een instelling neemt maatregelen om haar risico's op witwassen en financieren van terrorisme vast te stellen en te beoordelen, waarbij de maatregelen in verhouding staan tot de aard en de omvang van de instelling.
2. Bij het vaststellen en beoordelen van de risico's, bedoeld in het eerste lid, houdt de instelling in ieder geval rekening met de risicofactoren die verband houden met het type cliënt, product, dienst, transactie en leveringskanaal en met landen of geografische gebieden.
3. Een instelling legt de resultaten van het vaststellen en beoordelen van haar risico's vast, houdt deze actueel en verstrekt deze resultaten desgevraagd aan de toezichthoudende autoriteit.
4. De toezichthoudende autoriteit kan ontheffing verlenen van het eerste tot en met derde lid, indien de instelling behoort tot een sector waarvan de inherente specifieke risico's op witwassen en financieren van terrorisme duidelijk en inzichtelijk zijn.

Art. 2c

Gedragslijnen, procedures en maatregelen risico's witwassen en financieren terrorisme

1. Een instelling beschikt over gedragslijnen, procedures en maatregelen om de risico's op witwassen en financieren van terrorisme en de risico's die zijn geïdentificeerd in de meest recente versies van de supranationale risicobeoordeling en de nationale risicobeoordeling te beperken en effectief te beheersen.
2. De gedragslijnen, procedures en maatregelen, bedoeld in het eerste lid, zijn evenredig aan de aard en de omvang van de instelling en hebben ten minste betrekking op de naleving van de bepalingen in hoofdstuk 1, paragraaf 1.2, 1.3, hoofdstuk 2, hoofdstuk 3, paragraaf 3.2 en hoofdstuk 5.
3. De gedragslijnen, procedures en maatregelen behoeven de goedkeuring van de personen die het dagelijks beleid van een instelling bepalen.
4. Een instelling draagt zorg voor een systematische toetsing van de gedragslijnen, procedures en maatregelen en draagt waar nodig zorg voor een bijstelling hiervan.

Art. 2d

Aanwijzing personen verantwoordelijk voor naleving van de wet

1. Indien het dagelijks beleid van een instelling wordt bepaald door twee of meer personen, wijst een instelling één van de personen die het dagelijks beleid van de instelling bepalen aan die is belast met de verantwoordelijkheid voor de naleving door de instelling van het bij of krachtens deze wet bepaalde.
2. Voor zover passend bij de aard en omvang van de instelling, beschikt een instelling over een onafhankelijke en effectieve compliancefunctie.
3. De compliancefunctie is gericht op het controleren van de naleving van wettelijke regels en interne regels die de instelling zelf heeft opgesteld en omvat onder meer de taak die strekt tot het verstrekken van de gegevens, bedoeld in artikel 16, aan de Financiële inlichtingen eenheid.
4. Indien van toepassing en voor zover passend bij de aard en de omvang van de instelling, draagt een instelling er zorg voor dat op onafhankelijke wijze een auditfunctie wordt uitgeoefend ten aanzien van haar werkzaamheden. De auditfunctie controleert de naleving door of krachtens deze wet gestelde regels en de uitoefening van de compliancefunctie.

§ 1.3
Groepen

Art. 2e

Centraal contactpunt

1. Een instelling als bedoeld in artikel 1a, derde lid, onderdeel b of e, met hoofdkantoor in een andere lidstaat en met vestigingen niet zijnde bijkantoren in Nederland, wijst in Nederland op verzoek van de toezichthoudende autoriteit een centraal contactpunt aan met het oog op de naleving van de bij of krachtens deze wet gestelde regels.
2. Het centraal contactpunt bewerkstelligt namens de instelling en met inachtneming van het bepaalde op grond van artikel 45, elfde lid, van de vierde anti-witwasrichtlijn, de naleving van de bij of krachtens deze wet gestelde regels en draagt zorg voor het aanleveren van de door de toezichthoudende autoriteit op grond van deze wet verzochte informatie.

Wet ter voorkoming van witwassen en financieren van terrorisme   **C25 art. 3**

3. De toezichthoudende autoriteit kan een instelling verzoeken een centraal contactpunt als bedoeld in het eerste lid aan te wijzen in de op grond van artikel 45, elfde lid, van de vierde anti-witwasrichtlijn aangewezen gevallen.

Art. 2f

1. Een instelling die deel uitmaakt van een groep past de op het niveau van de groep geldende gedragslijnen en procedures op effectieve wijze toe, voor zover die voldoen aan de bij of krachtens deze wet gestelde regels.   *Toepassing geldende gedragslijnen en procedures*

2. Een instelling draagt tevens zorg voor een effectieve toepassing van de in het eerste lid bedoelde gedragslijnen en procedures door haar bijkantoren of meerderheidsdochterondernemingen met zetel buiten Nederland.

3. Onder de gedragslijnen en procedures, bedoeld in het eerste en tweede lid, worden in ieder geval verstaan gedragslijnen en procedures inzake gegevensbescherming en gedragslijnen en procedures voor het delen van informatie binnen de groep, voor zover deze gegevens en informatie betrekking hebben op het voorkomen van witwassen en financieren van terrorisme.

4. Indien het recht van een betrokken staat die geen lidstaat is in de weg staat aan de toepassing van het tweede lid, stelt de instelling de toezichthoudende autoriteit hiervan in kennis en ziet de instelling er op toe dat het bijkantoor of de meerderheidsdochteronderneming aanvullende maatregelen neemt om het risico op witwassen en financieren van terrorisme doeltreffend te beheersen. Indien van toepassing neemt zij hierbij het bepaalde op grond van artikel 45, zevende lid, van de vierde anti-witwasrichtlijn in acht.

5. Indien de aanvullende maatregelen, bedoeld in het vierde lid, onvoldoende zijn, neemt de toezichthoudende autoriteit aanvullende toezichtmaatregelen, waarbij onder meer wordt verlangd dat de groep geen zakelijke relaties aangaat of die relaties beëindigt en geen transacties uitvoert, dan wel waarbij de groep, indien nodig, wordt verzocht haar bedrijfsactiviteiten in de betrokken staat te beëindigen.

Hoofdstuk 2
Bepalingen betreffende cliëntenonderzoek

§ 2.1
Cliëntenonderzoek

Art. 3

1. Een instelling verricht ter voorkoming van witwassen en financieren van terrorisme cliëntenonderzoek.   *Cliëntenonderzoek*

2. Het cliëntenonderzoek stelt de instelling in staat om:
a. de cliënt te identificeren en diens identiteit te verifiëren;
b. de uiteindelijk belanghebbende van de cliënt te identificeren en redelijke maatregelen te nemen om zijn identiteit te verifiëren, indien de cliënt een rechtspersoon is, redelijke maatregelen te nemen om inzicht te verwerven in de eigendoms- en zeggenschapsstructuur van de cliënt, en indien de uiteindelijk belanghebbende lid is van het hoger leidinggevend personeel, noodzakelijke redelijke maatregelen te nemen om de identiteit te verifiëren van de natuurlijke persoon die lid is van het hoger leidinggevend personeel, waarbij de genomen maatregelen en de ondervonden moeilijkheden tijdens het verificatieproces worden vastgelegd;
c. het doel en de beoogde aard van de zakelijke relatie vast te stellen;
d. een voortdurende controle op de zakelijke relatie en de tijdens de duur van deze relatie verrichte transacties uit te oefenen, teneinde te verzekeren dat deze overeenkomen met de kennis die de instelling heeft van de cliënt en diens risicoprofiel, met zo nodig een onderzoek naar de bron van de middelen die bij de zakelijke relatie of de transactie gebruikt worden;
e. vast te stellen of de natuurlijke persoon die de cliënt vertegenwoordigt daartoe bevoegd is en in voorkomend geval de natuurlijke persoon te identificeren en diens identiteit te verifiëren;
f. redelijke maatregelen te nemen om te verifiëren of de cliënt ten behoeve van zichzelf optreedt dan wel ten behoeve van een derde.

3. Indien een cliënt handelt als trustee van een trust of ten behoeve van een andere juridische constructie strekt het in het eerste lid bedoelde cliëntenonderzoek zich tevens uit tot de trust of juridische constructie, met overeenkomstige toepassing van de maatregelen, bedoeld in het tweede lid. Het cliëntenonderzoek stelt de instelling in dat geval eveneens in staat om vast te stellen of de cliënt bevoegd is op te treden als trustee van een trust of ten behoeve van een andere juridische constructie.   *Uitbreiding onderzoek onderliggende personen*

4. Indien een cliënt optreedt als vennoot van een personenvennootschap strekt het in het eerste lid bedoelde cliëntenonderzoek zich tevens uit tot de personenvennootschap, met overeenkomstige toepassing van de maatregelen, bedoeld in het tweede lid. Het cliëntenonderzoek stelt de instelling in dat geval eveneens in staat om vast te stellen of de natuurlijke persoon die de vennoten in de personenvennootschap vertegenwoordigt daartoe bevoegd is en, in voorkomend geval, om die persoon te identificeren en diens identiteit te verifiëren.   *Personenvennootschap*

Criteria voor onderzoek

5. Een instelling verricht het cliëntenonderzoek in de volgende gevallen:
   a. indien zij in of vanuit Nederland een zakelijke relatie aangaat;
   b. indien zij in of vanuit Nederland een incidentele transactie verricht ten behoeve van de cliënt van ten minste € 15.000, of twee of meer transacties waartussen een verband bestaat met een gezamenlijke waarde van ten minste € 15.000;
   c. indien er indicaties zijn dat de cliënt betrokken is bij witwassen of financieren van terrorisme;
   d. indien zij twijfelt aan de juistheid of volledigheid van eerder verkregen gegevens van de cliënt;
   e. indien het risico van betrokkenheid van een bestaande cliënt bij witwassen of financieren van terrorisme daartoe aanleiding geeft;
   f. indien er, gelet op de staat waarin een cliënt woonachtig of gevestigd is of zijn zetel heeft, een verhoogd risico op witwassen of financieren van terrorisme bestaat;
   g. indien zij in of vanuit Nederland een incidentele transactie verricht ten behoeve van de cliënt of de trust, inhoudende een geldovermaking als bedoeld in artikel 3, negende lid, van de verordening betreffende bij geldovermakingen te voegen informatie, ten bedrage van ten minste € 1.000.

6. Een instelling als bedoeld in artikel 1a, vierde lid, onderdeel i, verricht cliëntenonderzoek indien zij in of vanuit Nederland een incidentele transactie verricht ten behoeve van de cliënt van ten minste € 10.000 in contant geld, of twee of meer transacties waartussen een verband bestaat met een gezamenlijke waarde van ten minste € 10.000 in contant geld.

7. In afwijking van het vijfde lid, onderdeel b, verricht een instelling als bedoeld in artikel 1a, vierde lid, onderdeel n, cliëntenonderzoek indien zij in of vanuit Nederland een incidentele transactie verricht ten behoeve van de cliënt van ten minste € 2.000,- bij het ophalen van een prijs of het aangaan van een weddenschap, of twee of meer transacties waartussen een verband bestaat met een gezamenlijke waarde van ten minste € 2.000,- of meer.

8. Een instelling stemt het cliëntenonderzoek aantoonbaar af op de risicogevoeligheid voor witwassen of financiering van terrorisme van het type cliënt, zakelijke relatie, product of transactie.

Risicovariabelen

9. Een instelling houdt bij het bepalen van de risicogevoeligheid, bedoeld in het achtste lid, tenminste rekening met de in bijlage I bij de vierde anti-witwasrichtlijn genoemde risicovariabelen.

10. Het eerste tot en met het negende lid en het elfde lid zijn niet van toepassing op een instelling als bedoeld in artikel 1a, vierde lid, onderdeel o.

11. Een instelling neemt redelijke maatregelen om ervoor te zorgen dat de gegevens die ingevolge het tweede tot en met het vierde lid zijn verzameld over daar bedoelde personen, actueel gehouden worden. De gegevens worden in elk geval geactualiseerd indien relevante omstandigheden van de cliënt veranderen, een instelling op grond van deze wet verplicht is tot het opnemen van contact met de cliënt om informatie met betrekking tot de uiteindelijk begunstigde te evalueren of de instelling daartoe verplicht is op grond van Richtlijn 2011/16/EU van de Raad van 15 februari 2011 betreffende de administratieve samenwerking op het gebied van de belastingen en tot intrekking van Richtlijn 77/79/EEG (PbEU 2011, L 64).

12. In dit artikel wordt verstaan onder personenvennootschap: een maatschap als bedoeld in artikel 1655 van boek 7A van het Burgerlijk Wetboek, een vennootschap onder firma als bedoeld in artikel 16 van het Wetboek van Koophandel en een commanditaire vennootschap als bedoeld in artikel 19 van het Wetboek van Koophandel, alsmede een maatschap of vennootschap naar buitenlands recht die met een van deze rechtsvormen vergelijkbaar is.

13. Voor de toepassing van het tweede lid wordt, indien de in het eerste lid bedoelde verplichting rust op een tussenpersoon als bedoeld in artikel 1a, vierde lid, onderdeel h, onder cliënt mede verstaan: de wederpartij van de cliënt bij een door bemiddeling van de tussenpersoon tot stand gebrachte en gesloten overeenkomst inzake onroerende zaken en rechten waaraan onroerende zaken zijn onderworpen.

14. In geval van een trustkantoor als bedoeld in artikel 1a, vierde lid, onderdeel f, dat diensten verleent als bedoeld in de begripsomschrijving van trustdienst in artikel 1, eerste lid, van de Wet toezicht trustkantoren 2018:
   a. wordt cliëntenonderzoek in de zin van het eerste lid verstaan de maatregelen die zijn voorgeschreven krachtens hoofdstuk 4 van de Wet toezicht trustkantoren 2018 en die worden uitgevoerd voorafgaand aan of bij de uitvoering van een dienst of het aangaan van een zakelijke relatie;
   b. zijn het tweede tot en met het negende lid en het elfde lid niet van toepassing.

15. Bij het verrichten van het cliëntenonderzoek verlaten de instellingen zich niet uitsluitend op de informatie in het handelsregister, bedoeld in artikel 2 van de Handelsregisterwet 2007.

Art. 3a

Cliëntenonderzoek, onverwijlde vastlegging persoonsgegevens

1. In aanvulling op artikel 3, tweede tot en met vierde lid, stelt het cliëntenonderzoek een bank of andere financiële onderneming in staat om onverwijld nadat een begunstigde van een levensverzekering is geïdentificeerd of aangewezen:

a. de naam van de persoon vast te leggen, indien de begunstigde als met name genoemde natuurlijke persoon of rechtspersoon of juridische constructie is geïdentificeerd;
b. voldoende informatie in te winnen betreffende de begunstigde om ervan overtuigd te zijn dat op het tijdstip van uitbetaling de identiteit van de begunstigde kan worden vastgesteld, indien de begunstigde door middel van kenmerken of naar categorie of anderszins is aangewezen.
2. Verificatie van de identiteit van de begunstigde, bedoeld in het eerste lid, vindt plaats op het tijdstip van uitbetaling van de levensverzekering.
3. Indien een levensverzekering aan een derde wordt overgedragen, identificeert een bank of andere financiële onderneming die op de hoogte is van de overdracht de uiteindelijk belanghebbende op het tijdstip van de overdracht aan de natuurlijke persoon, rechtspersoon of juridische constructie die de waarde van de overgedragen polis te eigen voordele ontvangt.

Art. 4

1. Een instelling voldoet aan artikel 3, tweede lid, onderdelen a en b, en indien van toepassing het derde en vierde lid van dat artikel, voordat de zakelijke relatie wordt aangegaan of een incidentele transactie als bedoeld in artikel 3, vijfde lid, onderdelen b en g, zesde en zevende lid, wordt uitgevoerd. *Vereiste identificatie vóór aanvang dienstverlening*
2. Bij het aangaan van een nieuwe zakelijke relatie met een cliënt als bedoeld in artikel 3, tweede lid, onderdeel b, of vierde lid, beschikt de instelling over een bewijs van inschrijving in het handelsregister, bedoeld in artikel 2 van de Handelsregisterwet 2007, en stelt de instelling vast of de uiteindelijk belanghebbenden van de cliënt zijn opgenomen als bedoeld in artikel 15a van die wet.
3. In afwijking van het eerste lid is het een instelling toegestaan de identiteit van de cliënt en, indien van toepassing, de identiteit van de uiteindelijk belanghebbende te verifiëren tijdens het aangaan van de zakelijke relatie, indien dit noodzakelijk is om de dienstverlening niet te verstoren en indien er weinig risico op witwassen of financieren van terrorisme bestaat. In dat geval verifieert de instelling de identiteit zo spoedig mogelijk na het eerste contact met de cliënt. *Cliëntenonderzoek, identificatie gedurende dienstverlening*
4. In afwijking van het eerste lid is het een bank of andere financiële onderneming toegestaan een rekening, met inbegrip van een rekening voor effectentransacties, te openen voordat de verificatie van de identiteit van de cliënt heeft plaatsgevonden, indien zij waarborgt dat deze rekening niet kan worden gebruikt voordat de verificatie heeft plaatsgevonden. *Identificatie na dienstverlening*
5. In afwijking van het eerste lid kan een notaris, toegevoegd notaris of kandidaat-notaris als bedoeld in artikel 1a, vierde lid, onderdeel d, de identiteit van de cliënt en, indien van toepassing, van de uiteindelijk belanghebbende verifiëren op het moment dat identificatie op grond van artikel 39 van de Wet op het notarisambt is vereist. *Identificatie bij notariële werkzaamheden*
6. In afwijking van het eerste lid is het een instelling toegestaan om de identiteit van de begunstigde van een trust of van een soortgelijke juridische constructie pas vast te stellen op het tijdstip van uitbetaling of op het tijdstip waarop de begunstigde zijn definitieve rechten uitoefent, mits de begunstigde voor het aangaan van de zakelijke relatie of het uitvoeren van een incidentele transactie aan de hand van specifieke kenmerken of naar categorie is omschreven en de instelling zodanige informatie inwint dat zij in staat is de identiteit van de begunstigde vast te stellen op het tijdstip van uitbetaling of op het tijdstip waarop de begunstigde zijn definitieve rechten uitoefent.

Art. 5

1. Onverminderd artikel 4 is het een instelling verboden een zakelijke relatie aan te gaan met of een transactie uit te voeren voor een cliënt, tenzij: *Verbod dienstverlening zonder cliëntenonderzoek*
a. zij zelf ten aanzien van die cliënt onderzoek heeft verricht conform artikel 3, of ten aanzien van die cliënt onderzoek is verricht conform artikel 3 of op daarmee overeenkomende wijze door:
1°. een instelling als bedoeld in artikel 1a, vierde lid, onderdelen a tot en met e, met zetel in Nederland of een andere lidstaat;
2°. een instelling als bedoeld in artikel 1a, vierde lid, onderdeel f, waaraan een vergunning als bedoeld in artikel 3, eerste en tweede lid, of artikel 4, eerste lid, onderdeel c, van de Wet toezicht trustkantoren 2018 is verleend;
3°. een instelling als bedoeld in artikel 1a, tweede lid en derde lid, of een bijkantoor daarvan met zetel onderscheidenlijk vestigingsplaats in Nederland of een andere lidstaat;
4°. een instelling als bedoeld onder 1° of 3°, met zetel in een door Onze Minister van Financiën aangewezen staat die geen lidstaat is, in welke staat wettelijke voorschriften van toepassing zijn die gelijkwaardig zijn aan het bepaalde in artikel 3, tweede tot en met vijfde en achtste lid, en artikel 8, eerste lid, en er toezicht wordt uitgeoefend op de naleving van die voorschriften, of een bijkantoor van de instelling in Nederland;
5°. een bijkantoor of meerderheidsdochteronderneming, gevestigd in een staat die geen lidstaat is, van een instelling als bedoeld onder 1° of 3° met vestiging in Nederland of in een andere lidstaat, indien het bijkantoor of de meerderheidsdochteronderneming deel uitmaakt van dezelfde groep en volledig voldoet aan de op het niveau van de groep geldende gedragslijnen en procedures overeenkomstig artikel 2f, eerste tot en met derde lid;

C25 art. 6 — Wet ter voorkoming van witwassen en financieren van terrorisme

b. dit onderzoek heeft geleid tot het in artikel 3, tweede lid, aanhef en onderdelen a, b, c, e en f, derde en vierde lid bedoelde resultaat; en

c. de instelling beschikt over alle identificatie- en verificatiegegevens en overige gegevens inzake de identiteit van de in artikel 3, tweede, derde en vierde lid, bedoelde personen.

Identificatie instelling op groepsniveau

2. De toezichthoudende autoriteit kan toestaan dat een instelling, dan wel een bijkantoor of dochteronderneming in Nederland van een instelling met zetel buiten Nederland, het bepaalde in het eerste lid naleeft via de op het niveau van de groep geldende gedragslijnen en procedures, indien:

a. de instelling zich verlaat op informatie verstrekt door een derde die deel uitmaakt van dezelfde groep;

b. die groep cliëntenonderzoeksmaatregelen, regels inzake bewaring van bewijsstukken en programma's ter bestrijding van witwassen en terrorismefinanciering toepast overeenkomstig de bij of krachtens deze wet gestelde regels; en

c. op de effectieve uitvoering van de in onderdeel b bedoelde voorschriften op het niveau van de groep toezicht wordt uitgeoefend door een bevoegde autoriteit van de lidstaat van herkomst of van een staat die geen lidstaat is.

3. Indien een instelling met betrekking tot een zakelijke relatie niet kan voldoen aan artikel 3, eerste tot en met vierde en veertiende lid, onderdeel a, beëindigt de instelling die zakelijke relatie.

4. Het eerste tot en met derde lid zijn niet van toepassing op de gevallen als bedoeld in de artikelen 6 en 7.

Verbod correspondentbankrelatie met shellbank

5. Het is een bank of andere financiële onderneming verboden een correspondentrelatie aan te gaan of voort te zetten met een shellbank of met een bank of andere financiële onderneming waarvan bekend is dat deze een shellbank toestaat van haar rekeningen gebruik te maken.

§ 2.2
Vereenvoudigd cliëntenonderzoek

Art. 6

Vereenvoudigd onderzoek voor cliënten met lager risico

1. In afwijking van artikel 3, tweede tot en met vierde lid, kan een instelling een vereenvoudigd cliëntenonderzoek verrichten indien een zakelijke relatie of transactie naar haar aard een laag risico op witwassen of financieren van terrorisme met zich brengt. De instelling houdt daarbij ten minste rekening met de in bijlage II bij de vierde anti-witwasrichtlijn genoemde risicofactoren.

2. Een instelling verzamelt aantoonbaar voldoende gegevens om te kunnen vaststellen of met betrekking tot een cliënt een vereenvoudigd cliëntenonderzoek, als bedoeld in het eerste lid, kan worden verricht.

3. Een instelling neemt redelijke maatregelen om ervoor te zorgen dat de gegevens die ingevolge het tweede lid zijn verzameld en de daarop gebaseerde vaststelling actueel gehouden worden.

4. Een instelling zorgt voor een toereikende controle van de transacties of de zakelijke relatie om te verzekeren dat kan worden voldaan aan het bepaalde in artikel 16.

Art. 7

Vereenvoudigd onderzoek voor gering elektronisch geld

1. De artikelen 3, tweede lid, onderdelen a tot en met c, e en f, en 4 zijn niet van toepassing voor zover een instelling een zakelijke relatie aangaat of een transactie verricht met betrekking tot elektronisch geld en:

a. het elektronisch geld waarop de geldwaarde is opgeslagen niet kan worden heropgeladen of een betalingstransactielimiet heeft van € 150 per maand en uitsluitend in Nederland kan worden gebruikt;

b. de opgeslagen geldwaarde van het elektronisch geld niet meer dan € 150 bedraagt;

c. het elektronisch geld uitsluitend wordt gebruikt voor de aankoop van goederen of diensten;

d. de opgeslagen geldwaarde van het elektronisch geld niet kan worden aangevuld met anoniem elektronisch geld; en

e. de uitgever van het elektronisch geld zorgt voor een toereikende controle van de transacties of de zakelijke relatie om te verzekeren dat kan worden voldaan aan het bepaalde in artikel 16.

2. Een instelling verzamelt voldoende gegevens om te kunnen vaststellen of het eerste lid van toepassing is.

3. Het eerste lid is niet van toepassing indien sprake is van terugbetaling in contanten of opname in contanten van de monetaire waarde van het elektronisch geld en het terug te betalen bedrag hoger is dan € 50, of indien sprake is van een betalingstransactie op afstand als bedoeld in artikel 4, onderdeel 6, van de richtlijn betaaldiensten en het betaalde bedrag hoger is dan € 50 per transactie.

4. Banken en andere financiële ondernemingen accepteren enkel betalingen verricht met anonieme prepaidkaarten die zijn uitgegeven in derde landen, indien deze kaarten voldoen aan eisen gelijkwaardig aan die van het eerste of derde lid.

Wet ter voorkoming van witwassen en financieren van terrorisme

§ 2.3
Verscherpt cliëntenonderzoek

Art. 8

1. Een instelling verricht, in aanvulling op artikel 3, tweede tot en met vierde lid, verscherpt cliëntenonderzoek in ten minste de volgende gevallen: *Verscherpt onderzoek bij hoger risico*
   a. indien de zakelijke relatie of transactie naar haar aard een hoger risico op witwassen of financieren van terrorisme met zich brengt;
   b. indien de staat waar de cliënt woonachtig of gevestigd is of zijn zetel heeft op grond van artikel 9 van de vierde anti-witwasrichtlijn door de Europese Commissie is aangewezen als staat met een hoger risico op witwassen of financieren van terrorisme.
2. Een instelling houdt ten minste rekening met de risicofactoren, bedoeld in bijlage III bij de vierde anti-witwasrichtlijn, om vast te stellen of het eerste lid, onderdeel a, van toepassing is.
3. Een instelling neemt redelijke maatregelen om de achtergrond en het doel van complexe of ongebruikelijk grote transacties, van transacties met een ongebruikelijk patroon of zonder duidelijk economisch of rechtmatig doel te onderzoeken en onderwerpt de gehele zakelijke relatie met de cliënt in dat geval aan een verscherpte controle.
4. Onverminderd het eerste lid draagt een bank of andere financiële onderneming die een correspondentrelatie aangaat of is aangegaan met een respondentinstelling in een staat die geen lidstaat is en waarbij betalingen worden verricht, er bij het aangaan van de zakelijke relatie zorg voor dat:
   a. zij voldoende informatie over de betrokken respondentinstelling verzamelt om een volledig beeld te krijgen van de aard van haar bedrijfsactiviteiten, en op basis van openbaar beschikbare informatie de reputatie van de respondentinstelling en de kwaliteit van het toezicht dat op de respondentinstelling wordt uitgeoefend beoordeelt;
   b. zij de procedures en maatregelen ter voorkoming van witwassen en financieren van terrorisme van de betrokken respondentinstelling beoordeelt;
   c. indien het een nieuwe correspondentrelatie betreft, de beslissing tot het aangaan van die relatie wordt genomen of goedgekeurd door het hoger leidinggevend personeel van de bank of andere financiële onderneming;
   d. de verantwoordelijkheden van de bank of andere financiële onderneming en van de respondentinstelling worden vastgelegd;
   e. de betrokken respondentinstelling de cliënten die rechtstreeks toegang hebben tot transitrekeningen heeft geïdentificeerd, hun identiteit heeft geverifieerd en daarnaast doorlopend toezicht houdt op deze cliënten en dat deze in staat is om haar op verzoek de relevante cliëntgegevens te verstrekken.
5. In aanvulling op de cliëntenonderzoeksmaatregelen, bedoeld in artikel 3:   *Risicobeheersystemen*
   a. beschikt een instelling over passende risicobeheersystemen, waaronder op risico gebaseerde procedures, om te bepalen of de cliënt of de uiteindelijk belanghebbende een politiek prominente persoon is;
   b. past een instelling de volgende maatregelen toe bij het aangaan of voortzetten van een zakelijke relatie met of het verrichten van een incidentele transactie voor een politiek prominente persoon:
   1°. voor het aangaan of voortzetten van deze zakelijke relatie of het verrichten van deze transactie, is de toestemming vereist van een persoon die deel uitmaakt van het hoger leidinggevend personeel;
   2°. passende maatregelen worden getroffen om de bron van het vermogen en van de middelen die bij deze zakelijke relatie of deze transactie gebruikt worden, vast te stellen;
   3°. de zakelijke relatie wordt doorlopend aan verscherpte controle onderworpen.
6. In aanvulling op de cliëntenonderzoeksmaatregelen, bedoeld in artikel 3:   *Aanvullende maatregelen*
   a. neemt een instelling, uiterlijk bij uitbetaling van de polis of bij gehele of gedeeltelijke overdracht van de polis, redelijke maatregelen om te bepalen of de begunstigde dan wel de uiteindelijk belanghebbende van de begunstigde van een levensverzekering, een politiek prominente persoon is;
   b. past een instelling de volgende maatregelen toe in geval de persoon, bedoeld in onderdeel a, een politiek prominente persoon is: *Prominent politiek persoon*
   1°. een persoon die deel uitmaakt van het hoger leidinggevend personeel wordt geïnformeerd over de uitbetaling van de polisopbrengsten aan de personen, bedoeld in onderdeel b, voorafgaand aan deze uitbetaling;
   2°. de gehele zakelijke relatie met de polishouder wordt aan verscherpte controle onderworpen.
7. Indien de cliënt of de uiteindelijk belanghebbende niet langer een prominente publieke functie bekleedt, past de instelling passende risicogebaseerde maatregelen zo lang als nodig, doch ten minste gedurende 12 maanden toe, totdat deze persoon niet langer het hoger risico met zich brengt dat hoort bij politiek prominente personen.

Wet ter voorkoming van witwassen en financieren van terrorisme

8. De maatregelen, bedoeld in het vijfde tot en met het zevende lid, zijn van overeenkomstige toepassing op familieleden van politiek prominente personen en personen bekend als naaste geassocieerden van politiek prominente personen.

9. Indien de cliënt of de uiteindelijk belanghebbende gedurende de zakelijke relatie een politiek prominente persoon wordt of blijkt te zijn, voldoet de instelling onverwijld nadat hiervan is gebleken aan het vijfde lid, het zesde lid, onderdeel b, en het zevende en achtste lid.

10. Indien een cliënt een bijkantoor of meerderheidsdochteronderneming met zetel of vestiging in een staat als bedoeld in het eerste lid is van een in een lidstaat gevestigde instelling, en het betreffende bijkantoor of de betreffende meerderheidsdochteronderneming volledig voldoet aan de voor de groep geldende gedragslijnen en procedures overeenkomstig artikel 2f, tweede lid, kan in plaats van een verscherpt cliëntenonderzoek, cliëntenonderzoek worden verricht dat is afgestemd op de risico's op witwassen of financieren van terrorisme die met deze cliënt gepaard gaan.

11. Een instelling neemt redelijke maatregelen om ervoor te zorgen dat de gegevens, die ingevolge het derde tot en met zesde, achtste en tiende lid zijn verzameld, actueel gehouden worden.

Art. 9

Verscherpte onderzoeksmaatregelen hoog risico staten

1. Onverminderd artikel 8, eerste lid, verricht een instelling met betrekking tot transacties, zakelijke relaties en correspondentbankrelaties gerelateerd aan staten die op grond van artikel 9 van de vierde anti-witwasrichtlijn in gedelegeerde handelingen van de Europese Commissie zijn aangewezen als staten met een hoger risico op witwassen of financieren van terrorisme de volgende verscherpte onderzoeksmaatregelen:
   a. verzamelen van aanvullende informatie over die cliënten en uiteindelijk belanghebbenden;
   b. verzamelen van aanvullende informatie met betrekking tot het doel en de aard van die zakelijke relatie;
   c. verzamelen van informatie over de herkomst van de fondsen die bij die zakelijke relatie of transactie gebruikt worden en de bron van het vermogen van die cliënten en van die uiteindelijk belanghebbenden;
   d. verzamelen van informatie over de achtergrond van en beweegredenen voor de voorgenomen of verrichte transacties van die cliënten;
   e. verkrijgen van goedkeuring van het hoger leidinggevend personeel voor het aangaan of voortzetten van die zakelijke relatie;
   f. verrichten van verscherpte controle op die zakelijke relatie met en de transacties van die cliënten, door het aantal controles en de frequentie van actualiseringen van gegevens over die cliënten en die uiteindelijk belanghebbenden te verhogen en door transactiepatronen te selecteren die nader onderzocht moeten worden.

2. In aanvulling op het eerste lid kan bij ministeriële regeling worden bepaald dat een instelling tevens één of meer van de volgende aanvullende risicobeperkende maatregelen toepast met betrekking tot cliënten die transacties uitvoeren die verband houden met staten als bedoeld in het eerste lid:
   a. toepassen van aanvullende elementen van verscherpt cliëntenonderzoek;
   b. invoeren van verscherpte meldmechanismen of het systematisch melden van financiële transacties;
   c. beperken van die transacties, zakelijke relaties of correspondentbankrelaties;
   d. niet uitvoeren van die transacties en beëindiging van die zakelijke relaties en correspondentbankrelaties;
   e. overige bij algemene maatregel van bestuur aan te wijzen maatregelen.

3. In aanvulling op het eerste lid, kunnen bij ministeriële regeling ten aanzien van de in het eerste lid aangewezen staten tevens één of meer van de volgende maatregelen worden bepaald:
   a. vestigingsverbod voor dochterondernemingen of bijkantoren van instellingen afkomstig uit die staten;
   b. vestigingsverbod voor dochterondernemingen of bijkantoren van instellingen in die staten;
   c. uitvoeren van verscherpte controle op of toepassen van verscherpte eisen aan de uitvoering van een externe audit voor in die staten gevestigde dochterondernemingen of bijkantoren door een instelling;
   d. toepassen van hogere eisen aan de uitvoering van een externe audit voor groepen ten aanzien van in die staten gevestigde dochterondernemingen of bijkantoren door een instelling;
   e. herzien, wijzigen of beëindigen van zakelijke relaties en correspondentrelaties in die staten door banken en andere financiële ondernemingen;
   f. overige bij algemene maatregel van bestuur aan te wijzen maatregelen.

4. In de regeling bedoeld in het tweede en derde lid, kan worden bepaald dat bij die regeling aangewezen instellingen één of meer van de maatregelen genoemd in het tweede en derde lid verrichten. Daarbij kan onderscheid worden gemaakt naar categorie instelling.

Wet ter voorkoming van witwassen en financieren van terrorisme   **C25 art. 10c**

Art. 9a
Onze Minister van Financiën en Onze Minister van Justitie en Veiligheid gezamenlijk stellen een lijst met de functies vast die in Nederland kwalificeren als prominente publieke functies. Deze lijst wordt actueel gehouden.   *Prominente publieke functies, lijst*

§ 2.4
Uitbesteding van cliëntenonderzoek

Art. 10
1. Een instelling kan het cliëntenonderzoek, bedoeld in artikel 3, eerste lid, voor zover het betrekking heeft op het in het tweede lid, onderdelen a, b, c, e en f, van dat artikel bepaalde, laten verrichten door een derde in het kader van een uitbestedings- of agentuurovereenkomst, onverminderd haar verplichting om te voldoen aan het in die onderdelen bepaalde.   *Uitbesteding identificatie*
2. Indien de in het eerste lid bedoelde uitbesteding een structureel karakter heeft legt de instelling de opdracht daartoe schriftelijk vast.

§ 2.4a
Informatie over uiteindelijk belanghebbenden

Art. 10a
1. In afwijking van artikel 1, eerste lid, wordt in deze paragraaf onder uiteindelijk belanghebbende verstaan: de natuurlijke persoon die de uiteindelijke eigenaar is van of zeggenschap heeft over een vennootschap of andere juridische entiteit.   *UBO, begripsbepaling*
2. In deze paragraaf wordt onder vennootschap of andere juridische entiteit verstaan: een in Nederland opgerichte vennootschap of andere juridische entiteit die een van de volgende rechtsvormen heeft:
a. een besloten vennootschap met beperkte aansprakelijkheid of een naamloze vennootschap, niet zijnde een vennootschap die als uitgevende instelling is onderworpen aan openbaarmakingsvereisten als bedoeld in Richtlijn 2004/109/EG van het Europees Parlement en de Raad van 15 december 2004 betreffende transparantievereisten die gelden voor informatie over uitgevende instellingen waarvan effecten tot de handel op een gereglementeerde markt zijn toegelaten en tot wijziging van Richtlijn 2001/34/EG (PbEU 2004, L 390), dan wel aan vergelijkbare internationale standaarden met inbegrip van een 100 procent dochtermaatschappij van een dergelijke vennootschap, een Europese naamloze vennootschap met de statutaire zetel in Nederland en een Europese coöperatieve vennootschap met de statutaire zetel in Nederland;
b. een kerkgenootschap;
c. een vereniging, een vereniging van eigenaars, een onderlinge waarborgmaatschappij, een coöperatie of een stichting;
d. een maatschap, een commanditaire vennootschap, een vennootschap onder firma, een rederij of een Europese economisch samenwerkingsverband;
e. overige privaatrechtelijke rechtspersoon als bedoeld in artikel 6, eerste lid, onderdeel b, van de Handelsregisterwet 2007.
3. Bij algemene maatregel van bestuur worden de categorieën natuurlijke personen aangewezen die in elk geval moeten worden aangemerkt als uiteindelijk belanghebbende als bedoeld in het eerste lid.

Art. 10b
1. Vennootschappen en andere juridische entiteiten winnen de gegevens en de bescheiden, bedoeld in artikel 15a, tweede, onderscheidenlijk derde lid, van de Handelsregisterwet 2007, over wie hun uiteindelijk belanghebbenden zijn in en houden deze bij. Deze gegevens en bescheiden zijn toereikend, accuraat en actueel.   *UBO's, interne registratie*
2. Een uiteindelijk belanghebbende verschaft de vennootschap of andere juridische entiteit alle informatie die noodzakelijk is om te voldoen aan het eerste lid.   *Meewerkverplichting UBO*

Art. 10c
1. Een instelling doet melding aan de Kamer van Koophandel van iedere discrepantie die zij aantreft tussen een gegeven omtrent een uiteindelijk belanghebbende dat zij verstrekt heeft gekregen uit het handelsregister, bedoeld in artikel 2 van de Handelsregisterwet 2007, en de informatie over die uiteindelijk belanghebbende waarover zij uit anderen hoofde beschikt.   *Terugmeldplicht*
2. Op een melding als bedoeld in het eerste lid is het bepaalde bij of krachtens de artikelen 33, 34, tweede en derde lid, 35 en 36 van de Handelsregisterwet 2007 van toepassing.
3. Het eerste lid is niet van toepassing indien een instelling op grond van artikel 16 een verrichte of voorgenomen ongebruikelijke transactie meldt aan de Financiële inlichtingen eenheid.
4. Ten behoeve van de naleving van de verplichting, bedoeld in het eerste lid, zijn de instellingen, bedoeld in artikel 1a, vierde lid, onderdeel c, niet gehouden aan de geheimhoudingsplicht, bedoeld in artikel 11a van de Advocatenwet, en zijn de instellingen, bedoeld in artikel 1a, vierde

C25 art. 11 — Wet ter voorkoming van witwassen en financieren van terrorisme

lid, onderdeel d, niet gehouden aan de geheimhoudingsplicht in artikel 22 van de Wet op het notarisambt.

§ 2.5
Documenten die voor de verificatie van de identiteit gebruikt kunnen worden

Art. 11

Documenten voor verificatie identiteit

1. Indien de cliënt, de insteller van een trust, de trustee van een trust, de vennoot van een personenvennootschap of de persoon bevoegd inzake het beheer van de personenvennootschap een natuurlijke persoon is, wordt diens identiteit geverifieerd aan de hand van documenten, gegevens of inlichtingen uit betrouwbare en onafhankelijke bron. Bij ministeriële regeling kunnen documenten, gegevens of inlichtingen worden aangewezen op basis waarvan kan worden voldaan aan het in de vorige zin bepaalde.
2. Indien de cliënt, de insteller van een trust, de trustee van een trust, de vennoot van een personenvennootschap of de persoon bevoegd inzake het beheer van de personenvennootschap een rechtspersoon is opgericht naar Nederlands recht en in Nederland zijn zetel heeft of een buitenlandse rechtspersoon is die in Nederland is gevestigd, wordt diens identiteit geverifieerd aan de hand van documenten, gegevens of inlichtingen uit betrouwbare en onafhankelijke bron. Bij ministeriële regeling kunnen documenten, gegevens of inlichtingen worden aangewezen op basis waarvan kan worden voldaan aan het in de vorige zin bepaalde.
3. Indien de cliënt, de insteller van een trust, de trustee van een trust, de vennoot van een personenvennootschap of de persoon bevoegd inzake het beheer van de personenvennootschap een buitenlandse rechtspersoon is die niet in Nederland is gevestigd, wordt de identiteit geverifieerd op basis van betrouwbare en in het internationale verkeer gebruikelijke documenten uit onafhankelijke bron, gegevens of inlichtingen of op basis van documenten, gegevens of inlichtingen die bij wet als geldig middel voor identificatie zijn erkend in de staat van herkomst van de cliënt, de insteller van een trust, de trustee van een trust, de vennoot van een personenvennootschap of de persoon bevoegd inzake het beheer van de personenvennootschap.

Nadere regels

4. Bij ministeriële regeling kunnen regels worden vastgesteld met betrekking tot het verifiëren van de identiteit van cliënten die niet onder het eerste tot en met het derde lid vallen.

Hoofdstuk 3
Bepalingen betreffende het melden van ongebruikelijke transacties

§ 3.1
De Financiële inlichtingen eenheid

Art. 12

Financiële inlichtingeneenheid

1. Er is een Financiële inlichtingen eenheid.

2. De algemene leiding, de organisatie en het beheer van de Financiële inlichtingen eenheid berusten bij Onze Minister van Justitie.
3. Benoeming, schorsing en ontslag van het hoofd van de Financiële inlichtingen eenheid geschieden bij koninklijk besluit op voordracht van Onze Minister van Justitie, in overeenstemming met Onze Minister van Financiën.
4. Onze Minister van Justitie bepaalt in overeenstemming met Onze Minister van Financiën de begroting van de Financiële inlichtingen eenheid.

Art. 13

Taakstelling Financiële inlichtingeneenheid

De Financiële inlichtingen eenheid heeft met het oog op het voorkomen en opsporen van witwassen en onderliggende basisdelicten, alsmede financieren van terrorisme, tot taak:
a. het verzamelen, registreren, bewerken en analyseren van de gegevens die het verkrijgt, teneinde te bezien of deze gegevens van belang kunnen zijn voor het voorkomen en opsporen van misdrijven;
b. het verstrekken van persoonsgegevens en andere gegevens in overeenstemming met deze wet en het bij of krachtens de Wet politiegegevens bepaalde;
c. een instelling berichten over de ontvangst van een melding door die instelling, de ontvangst van nadere gegevens of inlichtingen verstrekt door die instelling, alsmede over trends en fenomenen die naar voren komen uit ontvangen meldingen, en in voorkomende gevallen, door tussenkomst van het openbaar ministerie, over de betekenis van een melding door die instelling voor de vervolging van strafbare feiten;
d. het verrichten van onderzoek naar ontwikkelingen op het gebied van witwassen en financieren van terrorisme en naar de verbetering van de methoden om witwassen en financieren van terrorisme te voorkomen en op te sporen;

Wet ter voorkoming van witwassen en financieren van terrorisme   **C25 art. 13b**

e. het geven van aanbevelingen voor de bedrijfstakken omtrent de invoering van passende procedures voor interne controle en communicatie en andere te treffen maatregelen tot voorkoming van het gebruik van die bedrijfstakken voor witwassen en financieren van terrorisme;
f. het geven van voorlichting omtrent het voorkomen en opsporen van witwassen en financieren van terrorisme aan:
1°. de bedrijfstakken en beroepsgroepen;
2°. de toezichthoudende autoriteit;
3°. het openbaar ministerie en de overige ambtenaren belast met de opsporing van strafbare feiten;
4°. het publiek;
g. het geven van inlichtingen aangaande het meldgedrag van de instellingen aan de toezichthoudende autoriteit en de personen, bedoeld in onderdeel f, onder 3°;
h. het onderhouden van contacten met buitenlandse van overheidswege aangewezen instanties die een vergelijkbare taak hebben als de Financiële inlichtingen eenheid;
i. het jaarlijks uitbrengen van een verslag met betrekking tot de taakuitoefening en zijn werkzaamheden in het voorafgaande jaar en van zijn voornemens voor het komende jaar, dat wordt aangeboden aan Onze Minister van Justitie en ter kennis gebracht van Onze Minister van Financiën.

Art. 13a
1. Ten behoeve van de uitoefening van haar taken op grond van artikel 13, werkt de Financiële inlichtingen eenheid zoveel mogelijk samen met de financiële inlichtingen eenheden van andere lidstaten.

Samenwerking Financiële inlichtingen eenheden in lidstaten

2. De Financiële inlichtingen eenheid wisselt met een financiële inlichtingen eenheid van een andere lidstaat, uit eigen beweging of op verzoek van die andere financiële inlichtingen eenheid en zo nodig onder het stellen van voorwaarden of beperkingen, alle beschikbare informatie uit die relevant kan zijn voor de verwerking of de analyse door die financiële inlichtingen eenheid van informatie met betrekking tot witwassen of financieren van terrorisme en de betrokken natuurlijke of rechtspersonen.
3. De informatie, bedoeld in het tweede lid, wordt ook uitgewisseld indien:
a. op het tijdstip van uitwisseling niet is vastgesteld welk basisdelict bij de te analyseren of de te verwerken informatie is betrokken;
b. de definitie van een betrokken misdrijf van fiscale aard in de andere lidstaat anders is dan naar Nederlands recht omschreven.
4. Een verzoek als bedoeld in het tweede lid wordt door de Financiële inlichtingen eenheid in behandeling genomen, indien:
a. het verzoek de relevante feiten en achtergrondinformatie bevat; en
b. in het verzoek uiteen is gezet wat de redenen zijn voor het verzoek en hoe de gevraagde informatie zal worden gebruikt.
5. Indien een verzoek als bedoeld in het tweede lid in behandeling wordt genomen, gebruikt de Financiële inlichtingen eenheid voor het vergaren van de verzochte informatie al haar bevoegdheden op grond van deze wet en verstrekt zij de verzochte informatie onverwijld aan de financiële inlichtingen eenheid van de andere lidstaat.
6. Aan een verzoek als bedoeld in het tweede lid wordt niet voldaan indien het verstrekken van de gevraagde informatie zich niet zou verdragen met de Nederlandse wet.
7. De Financiële inlichtingen eenheid wijst een centraal contactpunt aan dat verantwoordelijk is voor de ontvangst van de verzoeken bedoeld in het tweede lid.
8. Indien een financiële inlichtingen eenheid van een andere lidstaat verzoekt om toestemming voor het delen van informatie afkomstig van de Financiële inlichtingen eenheid met bevoegde autoriteiten in een andere lidstaat, verstrekt de Financiële inlichtingen eenheid deze toestemming onverwijld en zo ruim mogelijk, tenzij het verlenen van toestemming:
a. niet past binnen het kader van de wetgeving ter voorkoming van witwassen en financieren van terrorisme;
b. strijdig is met wettelijke bepalingen;
c. een strafrechtelijk onderzoek kan schaden; of
d. de belangen van natuurlijke of rechtspersonen op wie de informatie betrekking heeft onevenredig kan schaden.
9. Indien het verstrekken van informatie of het verlenen van toestemming op grond van het zesde lid, onderscheidenlijk het achtste lid, wordt geweigerd, wordt dit gemotiveerd kenbaar gemaakt aan de financiële inlichtingen eenheid die om de informatie of toestemming heeft verzocht.

Art. 13b
1. De Financiële inlichtingen eenheid kan, ten behoeve van haar taken, bedoeld in artikel 13, een financiële inlichtingen eenheid van een andere lidstaat verzoeken om informatie die relevant kan zijn voor de verwerking of de analyse van informatie met betrekking tot witwassen of fi-

Verzoek om informatie over witwassen en financieren terrorisme

Sdu   745

nancieren van terrorisme en de betrokken natuurlijke of rechtspersonen, indien zij daarbij ten minste de volgende informatie verstrekt:
a. relevante feiten en achtergrondinformatie bij het verzoek;
b. de redenen voor het verzoek; en
c. de wijze waarop de verzochte informatie zal worden gebruikt.

2. De Financiële inlichtingen eenheid gebruikt informatie die zij heeft ontvangen van een financiële inlichtingen eenheid van een andere lidstaat uitsluitend indien:
a. het gebruik van de informatie noodzakelijk is voor het vervullen van haar taken, bedoeld in artikel 13;
b. het gebruik van de informatie alleen plaatsvindt voor het doel waarvoor de informatie is gevraagd of verstrekt, dan wel met voorafgaande toestemming van de financiële inlichtingen eenheid die de informatie heeft verstrekt; en
c. wordt voldaan aan de beperkingen en voorwaarden die aan het gebruik van de informatie zijn gesteld door de financiële inlichtingen eenheid die de informatie heeft verstrekt.

3. Informatie afkomstig van een financiële inlichtingen eenheid van een andere lidstaat wordt door de Financiële inlichtingen eenheid niet zonder voorafgaande toestemming van die financiële inlichtingen eenheid verstrekt aan de personen, bedoeld in artikel 13, onderdeel g.

Art. 13c

Samenwerking Financiële inlichtingen eenheden bij toepassing geavanceerde technologieën

1. De Financiële inlichtingen eenheid werkt bij de toepassing van geavanceerde technologieën samen met de financiële inlichtingen eenheden van andere lidstaten. Deze technologieën stellen de Financiële inlichtingen eenheid in staat om, onder de voorwaarden gesteld in de artikelen 13a en 13b, anoniem verbanden te leggen tussen de eigen gegevens en de gegevens van andere financiële inlichtingen eenheden, zodat personen die in verband worden gebracht met witwassen en het financieren van terrorisme kunnen worden opgespoord en hun opbrengsten en geldmiddelen kunnen worden geïdentificeerd.

2. De Financiële inlichtingen eenheid maakt voor de contacten met de financiële inlichtingen eenheden van de andere lidstaten gebruik van beschermde kanalen.

Art. 14

Financiële inlichtingeneenheid, verwerking persoonsgegevens

1. Bij de Financiële inlichtingen eenheid kunnen persoonsgegevens worden verwerkt ten behoeve van de taak, bedoeld in artikel 13.

Nadere regels

2. Bij algemene maatregel van bestuur worden regels gesteld over de categorieën van personen waarover de Financiële inlichtingen eenheid gegevens verwerkt, de gegevensverstrekking en verbanden met andere verzamelingen van persoonsgegevens, de bewaring en vernietiging van gegevens en de protocolplicht.

Schakelbepaling

3. Op de verwerking van persoonsgegevens door de Financiële inlichtingen eenheid zijn de artikelen 1, 2, 3, eerste en tweede lid, 4, 4a, 4b, 4c, 5, 6, 6a, 6b, 6c, 7, 7a, 15, 15a, 16, eerste lid, onderdelen a en b, 17, 17b, 18, 22 en 23, 24a tot en met 33b, alsmede de artikelen 35 tot en met 36 van de Wet politiegegevens van overeenkomstige toepassing, met dien verstande dat voor de Financiële inlichtingen eenheid als verwerkingsverantwoordelijke in de zin van artikel 1, onderdeel f, van die wet wordt aangemerkt Onze Minister van Justitie en Veiligheid.

Art. 14a

Verstrekken van informatie door Financiële inlichtingen eenheid

1. In het kader van haar taak op grond van artikel 13, onderdeel g, kan de Financiële inlichtingen eenheid op verzoek informatie verstrekken aan de in dat onderdeel bedoelde personen, indien het verzoek betrekking heeft op aangelegenheden die verband houden met witwassen, daarmee verband houdende basisdelicten, of financieren van terrorisme.

2. De Financiële inlichtingen eenheid kan een verzoek om informatie als bedoeld in het eerste lid weigeren indien zwaarwegende belangen zich tegen het verstrekken van informatie verzetten.

3. De toezichthoudende autoriteit en de personen, bedoeld in artikel 13, onderdeel g, informeren de Financiële inlichtingen eenheid over de wijze waarop gebruik is gemaakt van de overeenkomstig dit artikel verstrekte informatie en over het resultaat van de op grond van deze informatie uitgevoerde onderzoeken of inspecties.

§ 3.2
De Meldingsplicht

Art. 15

Ongebruikelijke transactie, indicatoren

1. Bij algemene maatregel van bestuur worden, zo nodig per daarbij te onderscheiden categorieën transacties, indicatoren vastgesteld aan de hand waarvan wordt beoordeeld of een transactie wordt aangemerkt als een ongebruikelijke transactie.

2. Indien het spoedeisende belang dat vereist, kunnen bij regeling van Onze Minister van Financiën en Onze Minister van Justitie gezamenlijk de indicatoren, bedoeld in het eerste lid, worden vastgesteld voor een termijn van ten hoogste zes maanden.

Art. 16
1. Een instelling meldt een verrichte of voorgenomen ongebruikelijke transactie onverwijld nadat het ongebruikelijke karakter van de transactie bekend is geworden, aan de Financiële inlichtingen eenheid.
2. Bij een melding als bedoeld in het eerste lid verstrekt de instelling de volgende gegevens:
   a. de identiteit van de cliënt, de identiteit van de uiteindelijk belanghebbenden en, voor zover mogelijk, de identiteit van degene ten behoeve van wie de transactie wordt uitgevoerd;
   b. de aard en het nummer van het identiteitsbewijs van de cliënt en, voorzover mogelijk, van de overige in onderdeel a bedoelde personen;
   c. de aard, het tijdstip en de plaats van de transactie;
   d. de omvang en de bestemming en herkomst van de gelden, effecten, edele metalen of andere waarden die bij de transactie betrokken zijn;
   e. de omstandigheden op grond waarvan de transactie als ongebruikelijk wordt aangemerkt;
   f. een omschrijving van de desbetreffende zaken van grote waarde bij een transactie boven de € 10.000;
   g. aanvullende, bij algemene maatregel van bestuur aan te wijzen, gegevens.
3. In afwijking van het tweede lid verstrekt een instelling als bedoeld in artikel 1a, vierde lid, onderdeel o, de gegevens bedoeld in het tweede lid voor zover zij daarover beschikt, alsmede een beschrijving van de desbetreffende onroerende zaken en rechten waaraan onroerende zaken zijn onderworpen.
4. De meldingsplicht, bedoeld in het eerste lid, is van overeenkomstige toepassing indien:
   a. een cliëntenonderzoek als bedoeld in artikel 3, eerste lid, niet leidt tot het in artikel 5, eerste lid, onderdeel b, bedoelde resultaat of tot de uitvoering van de in artikel 3, veertiende lid, onderdeel a, bedoelde maatregelen, en er tevens indicaties zijn dat de desbetreffende cliënt betrokken is bij witwassen of financieren van terrorisme;
   b. een zakelijke relatie wordt beëindigd ingevolge artikel 5, derde lid, en er tevens indicaties zijn dat de desbetreffende cliënt betrokken is bij witwassen of financieren van terrorisme.
5. Bij een melding ingevolge het vierde lid verstrekt een instelling naast de gegevens, bedoeld in het tweede lid, een beschrijving van de redenen waarom het vierde lid van toepassing is.

Ongebruikelijke transactie, onverwijlde melding

Gegevens

Art. 16a
Een melding als bedoeld in artikel 16 die betrekking heeft op een andere lidstaat, wordt door de Financiële inlichtingen eenheid onverwijld gedeeld met de financiële inlichtingen eenheid van die lidstaat, tenzij het verstrekken van de melding:
a. strijdig is met een wettelijk voorschrift;
b. een strafrechtelijk onderzoek kan schaden;
c. de belangen van natuurlijke of rechtspersonen op wie de informatie betrekking heeft onevenredig kan schaden.

Melding ongebruikelijke transactie met betrekking tot andere lidstaat

Art. 17
1. De Financiële inlichtingen eenheid kan ten behoeve van de uitvoering van haar taak, bedoeld in artikel 13, aanhef en onderdelen a en b, gegevens of inlichtingen opvragen bij een instelling die een melding heeft gedaan of bij een instelling die naar het oordeel van de Financiële inlichtingen eenheid beschikt over gegevens of inlichtingen die relevant zijn voor het analyseren door de Financiële inlichtingen eenheid van een transactie of voorgenomen transactie of van een zakelijke relatie.
2. De instelling waaraan overeenkomstig het eerste lid deze gegevens of inlichtingen zijn gevraagd, verstrekt deze onverwijld en in schriftelijke vorm, alsmede in spoedeisende gevallen mondeling, aan de Financiële inlichtingen eenheid.
3. Indien een instelling met vestiging in een andere lidstaat naar het oordeel van de Financiële inlichtingen eenheid beschikt over gegevens of inlichtingen als bedoeld in het eerste lid, kan de Financiële inlichtingen eenheid overeenkomstig artikel 13b, de financiële inlichtingen eenheid van de lidstaat waar de instelling is gevestigd om deze gegevens of inlichtingen verzoeken.

Bevoegdheid tot vragen nadere gegevens/inlichtingen

Art. 18
De Financiële inlichtingen eenheid bepaalt de wijze waarop een melding moet worden gedaan, of gegevens of inlichtingen als bedoeld in artikel 17, eerste lid, moeten worden verstrekt.

Procedure

Art. 18a
Ten behoeve van de naleving van de in de artikelen 16 en 17 opgenomen verplichtingen, zijn de instellingen, bedoeld in artikel 1a, vierde lid, onderdeel c, niet gehouden aan de geheimhoudingsplicht, bedoeld in artikel 11a van de Advocatenwet en zijn de instellingen, bedoeld in artikel 1a, vierde lid, onderdeel d, niet gehouden aan de geheimhoudingsplicht in artikel 22 van de Wet op het notarisambt.

Naleving verplichtingen in verband met ongebruikelijke transacties

§ 3.3
Vrijwaring

Art. 19

Vrijwaring meldende instelling tegen strafrechtelijke vervolging

1. Gegevens of inlichtingen die in overeenstemming met de artikelen 16 of 17 te goeder trouw zijn verstrekt, kunnen niet dienen als grondslag voor of ten behoeve van een opsporingsonderzoek of een vervolging wegens verdenking van, of als bewijs ter zake van een tenlastelegging wegens witwassen of financieren van terrorisme door de instelling die deze gegevens of inlichtingen heeft verstrekt.
2. Gegevens of inlichtingen die zijn verstrekt in de redelijke veronderstelling dat uitvoering wordt gegeven aan de artikelen 16 of 17 kunnen niet dienen als grondslag voor of ten behoeve van een opsporingsonderzoek of een vervolging wegens verdenking van, of als bewijs ter zake van een tenlastelegging wegens, overtreding van artikel 272 van het Wetboek van Strafrecht door de instelling die deze gegevens of inlichtingen heeft verstrekt.
3. Het eerste en tweede lid zijn van overeenkomstige toepassing ten aanzien van personen die werkzaam zijn voor een instelling die de gegevens of inlichtingen heeft verstrekt als omschreven in het eerste of tweede lid en die daaraan hebben meegewerkt.

Art. 20

Vrijwaring

1. Een instelling die op grond van artikel 16 een melding heeft gedaan of op grond van artikel 17 nadere inlichtingen heeft verstrekt in de redelijke veronderstelling uitvoering te geven aan die artikelen, is niet aansprakelijk voor enige schade die een derde dientengevolge lijdt.
2. Het eerste lid is van overeenkomstige toepassing ten aanzien van personen die werkzaam zijn voor een instelling die een melding heeft gedaan of inlichtingen heeft verstrekt als omschreven in het eerste lid en die daaraan hebben meegewerkt.

Art. 20a

Adequate voorzieningen

1. Een instelling beschikt over adequate voorzieningen, die passend zijn bij de aard en omvang van de instelling en die het haar werknemers of personen in een vergelijkbare positie mogelijk maken om een overtreding van de bij of krachtens deze wet gestelde regels intern en op anonieme wijze te melden via een specifiek, onafhankelijk kanaal, dat passend is ten opzichte van de aard en omvang van de instelling.
2. De toezichthoudende autoriteit beschikt over doeltreffende en betrouwbare mechanismen als bedoeld in artikel 61, eerste en tweede lid, van de vierde anti-witwasrichtlijn voor het melden van mogelijke of werkelijke inbreuken op het bij of krachtens deze wet bepaalde.

Art. 20b

Benadeling persoon die melding doet van ongebruikelijke transacties

1. Een instelling mag een persoon die voor haar werkzaam is en die te goeder trouw en naar behoren namens de instelling aan de Financiële inlichtingen eenheid een melding doet als bedoeld in artikel 16, eerste lid, aan de Financiële inlichtingen eenheid gegevens of inlichtingen verstrekt als bedoeld in artikel 17, eerste lid, of intern binnen de instelling een overtreding van het in deze wet bepaalde meldt als bedoeld in artikel 20a, eerste lid, niet benadelen.
2. Onverminderd het eerste lid kunnen de in het eerste lid bedoelde personen die in verband met een melding als bedoeld in artikel 16, eerste lid, of 20a, eerste lid, zijn blootgesteld aan benadeling als bedoeld in het eerste lid, door middel van de in artikel 20a, tweede lid, bedoelde mechanismen een klacht indienen bij de toezichthoudende autoriteit.

§ 3.4
De Commissie inzake de meldingsplicht ongebruikelijke transacties

Art. 21

Commissie
Nadere regels

1. Er is een Commissie inzake de meldingsplicht van ongebruikelijke transacties.
2. De commissie treedt periodiek in overleg met vertegenwoordigers van Onze Minister van Justitie en Onze Minister van Financiën over:
a. de inrichting en uitvoering van de meldingsplicht;
b. de vaststelling van de indicatoren bedoeld in artikel 15.
3. Bij ministeriële regeling worden regels gesteld met betrekking tot de samenstelling en de organisatie van de commissie.

§ 3.5
Geheimhouding

Art. 22

Integriteitinformatie, geheimhouding

1. Het is een ieder die uit hoofde van de toepassing van deze wet of van krachtens deze wet genomen besluiten enige taak vervult of heeft vervuld verboden van vertrouwelijke gegevens of inlichtingen, die ingevolge deze wet dan wel ingevolge titel 5.2 van de Algemene wet bestuursrecht zijn verstrekt of ontvangen, of van een buitenlandse toezichthoudende instantie zijn

Wet ter voorkoming van witwassen en financieren van terrorisme — C25 art. 22b

ontvangen, verder of anders gebruik te maken of daaraan verder of anders bekendheid te geven dan voor de uitoefening van zijn taak of door deze wet wordt geëist.

2. In afwijking van het eerste lid, kan de toezichthoudende autoriteit met gebruikmaking van de in het eerste lid bedoelde informatie mededelingen doen, indien deze niet kunnen worden herleid tot afzonderlijke personen.

3. Het eerste en tweede lid laten ten aanzien van degene op wie het tweede lid van toepassing is, onverlet de toepasselijkheid van de bepalingen van het Wetboek van Strafvordering.

Art. 22a

1. De toezichthoudende autoriteit is in afwijking van artikel 22, eerste lid, bevoegd gegevens of inlichtingen die ingevolge deze wet zijn verstrekt of ontvangen of van een buitenlandse toezichthoudende instantie zijn ontvangen, te verstrekken aan: *(Integriteitinformatie, gegevensuitwisseling)*

   a. een andere toezichthoudende autoriteit of aan een buitenlandse toezichthoudende instantie;
   b. de Belastingdienst, de Fiscale Inlichtingen- en Opsporingsdienst, de Nationale Politie, de Financiële Inlichtingen Eenheid of het Openbaar Ministerie, voor zover de gegevens of inlichtingen dienstig zijn voor de uitoefening van hun wettelijke taken;
   c. een tijdelijke enquêtecommissie van het Europees Parlement, bedoeld in artikel 226 van het Verdrag betreffende de werking van de Europese Unie;
   d. een commissie, als bedoeld in artikel 2, tweede lid, van de Wet op de parlementaire enquête 2008, voor zover de gegevens of inlichtingen naar het oordeel van die commissie noodzakelijk zijn voor de vervulling van haar taak;
   e. de Algemene Rekenkamer, voor zover de gegevens of inlichtingen naar het oordeel van de Algemene Rekenkamer noodzakelijk zijn voor de uitoefening van haar wettelijke taak op grond van artikel 7.24 van de Comptabiliteitswet 2016.

2. De in het eerste lid bedoelde informatie wordt niet verstrekt indien: *(Uitzonderingen)*

   a. het doel waarvoor de gegevens of inlichtingen zullen worden gebruikt onvoldoende bepaald is;
   b. het beoogde gebruik van de gegevens of inlichtingen niet past in het kader van het toezicht op wetgeving ter voorkoming van witwassen en financieren van terrorisme;
   c. de verstrekking van de gegevens of inlichtingen zich niet zou verdragen met de Nederlandse wet of de openbare orde;
   d. de geheimhouding van de gegevens of inlichtingen niet in voldoende mate is gewaarborgd;
   e. de verstrekking van de gegevens of inlichtingen redelijkerwijs in strijd is of zou kunnen komen met de belangen die deze wet beoogt te beschermen; of
   f. onvoldoende is gewaarborgd dat de gegevens of inlichtingen niet zullen worden gebruikt voor een ander doel dan waarvoor deze worden verstrekt.

3. Voor zover de gegevens of inlichtingen, bedoeld in het eerste lid, zijn verkregen van een buitenlandse toezichthoudende instantie, verstrekt de toezichthoudende autoriteit deze niet aan een andere toezichthoudende autoriteit of aan een buitenlandse toezichthoudende instantie, tenzij de buitenlandse toezichthoudende instantie waarvan de gegevens of inlichtingen zijn verkregen uitdrukkelijk heeft ingestemd met de verstrekking van de gegevens of inlichtingen en in voorkomend geval heeft ingestemd met het gebruik voor een ander doel dan waarvoor de gegevens of inlichtingen zijn verstrekt. *(Voorafgaande toestemming buitenlandse toezichthouder)*

4. Indien een buitenlandse toezichthoudende instantie aan de toezichthoudende autoriteit die de gegevens of inlichtingen op grond van het tweede of derde lid heeft verstrekt, verzoekt om die gegevens of inlichtingen te mogen gebruiken voor een ander doel dan waarvoor zij zijn verstrekt, willigt de toezichthoudende autoriteit dat verzoek slechts in: *(Voorafgaande toestemming Nederlandse toezichthouder)*

   a. indien het beoogde gebruik niet in strijd is met het tweede of derde lid of voor zover die toezichthoudende instantie op een andere wijze dan in deze wet voorzien vanuit Nederland met inachtneming van de daarvoor geldende wettelijke procedures voor dat ander doel de beschikking over die gegevens of inlichtingen zou kunnen verkrijgen; en
   b. na overleg met Onze Minister van Justitie en Veiligheid indien het in de aanhef bedoelde verzoek betrekking heeft op een onderzoek naar strafbare feiten.

5. De partijen, bedoeld in het eerste lid, onderdeel c tot en met e, zijn verplicht tot geheimhouding van de op grond van het tweede lid ontvangen vertrouwelijke gegevens of inlichtingen en maken die slechts openbaar indien deze niet herleid kunnen worden tot afzonderlijke personen.

6. Voor de toepassing van dit artikel wordt onder toezichthoudende autoriteit verstaan:

   a. de toezichthoudende autoriteit, bedoeld in artikel 1d, eerste lid, onderdeel e of f;
   b. de toezichthoudende autoriteit, bedoeld in artikel 1d, eerste lid, onderdeel c, voor zover het betreft de instellingen als bedoeld in artikel 1a, vierde lid, onderdeel a, b of e;
   c. de toezichthouder, bedoeld in artikel 1, eerste lid, van de Wet toezicht trustkantoren 2018.

Art. 22b

1. De toezichthoudende autoriteit, bedoeld in artikel 1d, eerste lid, onderdelen a en b, is in afwijking van artikel 22, eerste lid, bevoegd gegevens of inlichtingen die ingevolge deze wet zijn verstrekt of ontvangen of van een buitenlandse toezichthoudende instantie zijn ontvangen, te verstrekken aan: *(Integriteitinformatie, gegevensuitwisseling)*

a. een andere toezichthoudende autoriteit of een toezichthoudende instantie die belast is met het toezicht op de instellingen, bedoeld in artikel 1a, tweede of derde lid;
b. een buitenlandse toezichthoudende instantie in een andere lidstaat die is belast met het toezicht op de instellingen, bedoeld in artikel 1a, eerste of tweede lid, of een buitenlandse toezichthoudende instantie in een derde land die belast is met het toezicht op deze instellingen en waarmee een samenwerkingsovereenkomst is gesloten als bedoeld in artikel 57bis, vijfde lid, van de vierde anti-witwasrichtlijn;
c. de Europese Centrale Bank;
d. de instanties genoemd in artikel 22a, eerste lid, onderdelen b tot en met e.

Uitzonderingen

2. De in het eerste lid bedoelde informatie wordt niet verstrekt indien:
a. het doel waarvoor de gegevens of inlichtingen zullen worden gebruikt onvoldoende bepaald is;
b. het beoogde gebruik van de gegevens of inlichtingen niet past in het kader van deze wet, prudentiële regelgeving of het toezicht op de instellingen, bedoeld in artikel 1a, tweede of derde lid;
c. de verstrekking van de gegevens of inlichtingen zich niet zou verdragen met de Nederlandse wet of de openbare orde;
d. de geheimhouding van de gegevens of inlichtingen niet in voldoende mate is gewaarborgd;
e. de verstrekking van de gegevens of inlichtingen redelijkerwijs in strijd is of zou kunnen komen met de belangen die deze wet beoogt te beschermen; of
f. onvoldoende is gewaarborgd dat de gegevens of inlichtingen niet zullen worden gebruikt voor een ander doel dan waarvoor deze worden verstrekt.
3. Artikel 22a, derde tot en met het vijfde lid, is van overeenkomstige toepassing.

Art. 22c

Gegevensverstrekking door Bureau Financieel Toezicht

1. Het Bureau Financieel Toezicht is in afwijking van artikel 22, eerste lid, bevoegd gegevens of inlichtingen verkregen bij de vervulling van zijn ingevolge deze wet opgedragen taak ten aanzien van een instelling als bedoeld in artikel 1a, vierde lid, onderdeel a of b, te verstrekken aan de Stichting Autoriteit Financiële Markten, voor zover de gegevens of inlichtingen dienstig zijn voor de uitoefening van taken van de Stichting Autoriteit Financiële Markten op grond van de Wet toezicht accountantsorganisaties.
2. Artikel 22a, tweede tot en met vierde lid, is van overeenkomstige toepassing.

Art. 23

Geheimhouding melding/nadere inlichtingen

1. Een instelling en de personen die werkzaam zijn voor een instelling zijn, behoudens voor zover uit deze wet de noodzaak tot bekendmaking voortvloeit, verplicht tot geheimhouding jegens een ieder van:
a. een melding ingevolge artikel 16 door die instelling;
b. nadere inlichtingen verstrekt ingevolge artikel 17 door die instelling;
c. het gegeven dat een melding of verstrekking aanleiding heeft gegeven tot een onderzoek naar witwassen van geld of financieren van terrorisme of dat het voornemen bestaat een dergelijk onderzoek te verrichten;
d. overleg over de naleving van artikel 16 met betrekking tot een transactie.
2. De instelling die ingevolge artikel 13, onderdeel c, gegevens of inlichtingen verkrijgt, is verplicht tot geheimhouding daarvan.

AVG

3. Een instelling kan de rechten, bedoeld in artikel 15 van de Algemene verordening gegevensbescherming, buiten toepassing laten voor zover zulks noodzakelijk en evenredig is ter naleving van het bepaalde in het eerste en tweede lid.
4. Een ieder die kennis neemt van gegevens waarvan hij weet of redelijkerwijs moet vermoeden dat ter zake op een instelling de geheimhoudingsplicht, bedoeld in het eerste of tweede lid, rust, is verplicht tot geheimhouding hiervan, behoudens voor zover uit deze wet de noodzaak tot bekendmaking voortvloeit.
5. De in het eerste en derde lid bedoelde geheimhoudingsplicht is niet van toepassing op een mededeling gedaan door een instelling als bedoeld in artikel 1a, vierde lid, onderdelen a tot en met e, aan een cliënt met als doel deze te doen afzien van een onwettige handeling.

Geheimhoudingsplicht, uitzonderingen

6. Het eerste lid is niet van toepassing op mededelingen:
1°. tussen instellingen als bedoeld in artikel 1a, tweede en derde lid, gevestigd in een lidstaat en die tot dezelfde groep behoren, alsmede tussen deze instellingen en hun bijkantoren of meerderheidsdochterondernemingen, die zijn gevestigd in een andere lidstaat of een staat die geen lidstaat is, voor zover het bijkantoor of de meerderheidsdochteronderneming voldoet aan de op het niveau van de groep geldende gedragslijnen en procedures, bedoeld in artikel 2f, derde lid en de op het niveau van de groep geldende gedragslijnen en procedures voldoen aan de voorschriften van deze wet;
2°. tussen instellingen als bedoeld in artikel 1a, vierde lid, onderdelen a tot en met e, gevestigd in een lidstaat of een derde land, die hun werkzaamheden, al dan niet als werknemer, uitoefenen binnen eenzelfde rechtspersoon of netwerk;

Wet ter voorkoming van witwassen en financieren van terrorisme   **C25 art. 23d**

3°. van een instelling als bedoeld in artikel 1a, tweede lid, derde lid, onderdelen a, c, d, g, i en j, en vierde lid, onderdeel a tot en met e, aan een instelling behorende tot dezelfde categorie, voor zover:
a. de mededeling betrekking heeft op een cliënt van beide instellingen en een transactie waarbij beide instellingen betrokken zijn;
b. de andere instelling is gevestigd in een lidstaat of een derde land dat eisen stelt die gelijkwaardig zijn op het gebied van het beroepsgeheim en de bescherming van persoonsgegevens;
c. de mededeling uitsluitend is bedoeld ter voorkoming van witwassen en financieren van terrorisme.
7. Voor de toepassing van het zesde lid wordt verstaan onder:
1°. *netwerk:* de grotere structuur waartoe de persoon behoort en die eigendom, beheer en controle op de naleving van de verplichtingen gezamenlijk deelt;
2°. *derde land:* een door Onze Minister van Financiën aangewezen staat waar eisen zijn gesteld die gelijkwaardig zijn aan de eisen gesteld bij of krachtens deze wet en waar toezicht wordt uitgeoefend op de naleving van die voorschriften.

Art. 23a
Onverminderd artikel 23, eerste lid, deelt een instelling informatie over een melding ingevolge artikel 16 door die instelling binnen de groep, tenzij door de Financiële inlichtingen eenheid anders wordt bepaald.

Informatie deling

Hoofdstuk 3A
Registratie van aanbieders van diensten voor het wisselen tussen virtuele valuta en fiduciaire valuta en aanbieders van bewaarportemonnees

Art. 23b
1. Een ieder die in of vanuit Nederland beroeps- of bedrijfsmatig diensten aanbiedt voor het wisselen tussen virtuele valuta en fiduciaire valuta registreert zich bij de Nederlandsche Bank.
2. Een ieder die in of vanuit Nederland beroeps- of bedrijfsmatig bewaarportemonnees aanbiedt registreert zich bij de Nederlandsche Bank.

Registratieplicht aanbieders cryptodiensten

Art. 23c
1. Een verzoek tot registratie als bedoeld in artikel 23b geschiedt onder opgave van bij of krachtens algemene maatregel van bestuur te bepalen gegevens. Deze gegevens kunnen betrekking hebben op:
a. gegevens van feitelijke aard;
b. gegevens die verband houden met de naleving van voorschriften op grond van deze wet of de Sanctiewet 1977.
2. De Nederlandsche Bank registreert een aanbieder als bedoeld in artikel 23b binnen twee maanden na ontvangst van de in het eerste lid bedoelde gegevens.
3. Een aanbieder als bedoeld in artikel 23b kan enkel diensten als bedoeld in dit hoofdstuk aanbieden indien hij geregistreerd is.

Registratieverzoek aanbieders cryptodiensten

Art. 23d
1. De Nederlandsche Bank gaat niet over tot registratie van een aanbieder als bedoeld in artikel 23b indien:
a. de gegevens bedoeld in artikel 23c, eerste lid, niet volledig zijn;
b. zij na verificatie van de gegevens bedoeld in artikel 23c, eerste lid, niet overtuigd is van de juistheid van deze gegevens;
c. een aanbieder als bedoeld in artikel 23b niet voldoet aan artikel 23h, eerste, tweede, derde of vierde lid;
d. een uiteindelijk belanghebbende van een aanbieder als bedoeld in artikel 23b niet voldoet aan artikel 23h, derde lid.
2. DNB stelt de aanbieder onverwijld op de hoogte indien zij op grond van het eerste lid niet over gaat tot registratie.
3. De Nederlandsche Bank kan de registratie van een aanbieder als bedoeld in artikel 23b doorhalen indien:
a. de aanbieder hierom verzoekt;
b. de aanbieder bij het verzoek tot registratie onjuiste of onvolledige gegevens heeft verstrekt, en kennis omtrent de juiste en volledige gegevens ertoe zou hebben geleid dat De Nederlandsche Bank niet tot registratie zou zijn overgegaan;
c. de aanbieder relevante omstandigheden of feiten heeft verzwegen op grond waarvan, zo zij voor het tijdstip waarop de registratie heeft plaatsgevonden zich hadden voorgedaan of bekend waren geweest, De Nederlandsche Bank niet zou zijn overgegaan tot registratie;
d. de aanbieder niet voldoet aan de bij of krachtens deze wet of de Sanctiewet 1977 gestelde regels;
e. de aanbieder niet voldoet aan de verplichting tot betaling van een bedrag op grond van de Wet bekostiging financieel toezicht 2019;

Registratieverzoek aanbieders cryptodiensten, weigering DNB

Doorhaling registratieverzoek, gronden

f. de aanbieder geen diensten heeft verleend binnen een termijn van zes maanden na registratie;
g. de aanbieder zijn dienstverlening heeft beëindigd, dan wel zijn dienstverlening gedurende meer dan zes maanden heeft gestaakt;
h. de aanbieder de onderneming ten behoeve waarvan de registratie heeft plaatsgevonden, geheel of gedeeltelijk overdraagt;
i. de aanbieder in staat van faillissement is komen te verkeren;
j. doorhaling of beëindiging heeft plaatsgevonden van de inschrijving van de aanbieder in het handelsregister bedoeld in artikel 1, eerste lid, onderdeel h, van de Handelsregisterwet 2007;
k. de aanbieder is opgehouden te bestaan;
l. een uiteindelijk belanghebbende van een aanbieder als bedoeld in artikel 23b niet voldoet aan artikel 23h, derde lid.

Art. 23e

Meldingsplicht aanbieder cryptodiensten m.b.t. UBO's

1. Een aanbieder als bedoeld in artikel 23b meldt schriftelijk aan de Nederlandsche Bank een voornemen tot wijziging van:
   a. de identiteit van degenen die het beleid van de aanbieder bepalen of mede bepalen;
   b. de identiteit van degenen die al dan niet middellijk een gekwalificeerde deelneming houden in de aanbieder;
   c. de identiteit van een uiteindelijk belanghebbende van de aanbieder.
2. Een wijziging als bedoeld in het eerste lid wordt niet doorgevoerd dan nadat de Nederlandsche Bank hiervoor toestemming heeft gegeven.
3. Een aanbieder als bedoeld in artikel 23b meldt onverwijld schriftelijk aan de Nederlandsche Bank een wijziging van:
   a. de formele en feitelijke zeggenschapsstructuur van de groep waartoe de aanbieder behoort;
   b. de antecedenten van degenen die het beleid van de aanbieder bepalen of mede bepalen;
   c. de antecedenten van degenen die een gekwalificeerde deelneming houden in de aanbieder alsmede de omvang van de desbetreffende gekwalificeerde deelneming;
   d. de antecedenten van de uiteindelijk belanghebbende van de aanbieder;
   e. de formele en feitelijke zeggenschapsstructuur of de bedrijfsvoering van de aanbieder;
   f. een wijziging van de omvang van de desbetreffende gekwalificeerde deelneming;
   g. overige bij ministeriële regeling te bepalen gegevens.
4. De houder van een gekwalificeerde deelneming en de uiteindelijk belanghebbende verschaffen een aanbieder als bedoeld in artikel 23b alle informatie die noodzakelijk is om te voldoen aan dit artikel.
5. Bij of krachtens algemene maatregel van bestuur kunnen nadere regels worden gesteld over de bij de in het eerste en derde lid bedoelde kennisgeving te verstrekken gegevens.

Art. 23f

Openbaar register aanbieders cryptodiensten

1. Er is een openbaar register van aanbieders als bedoeld in artikel 23b die door de Nederlandsche Bank zijn geregistreerd. Het register wordt gehouden door de Nederlandsche Bank en wordt in ieder geval gepubliceerd op een daartoe geschikte website.
2. De Nederlandsche Bank verricht de inschrijving en doorhaling in het register op zodanige wijze dat uit het register is op te maken vanaf welk tijdstip, welke diensten als bedoeld in artikel 23b een geregistreerde aanbieder mag verrichten.
3. In het register worden ten aanzien van een aanbieder als bedoeld in artikel 23b de volgende gegevens opgenomen:
   a. de naam en het adres en, indien van toepassing, de statutaire zetel en de naam en het adres van zijn bijkantoren;
   b. de datum van inschrijving van de aanbieder als bedoeld in artikel 23b in het register;
   c. het nummer van de inschrijving van de aanbieder als bedoeld in artikel 23b bij de Kamer van Koophandel.
4. De Nederlandsche Bank draagt onverwijld zorg voor de inschrijving van de aanbieder als bedoeld in artikel 23b.
5. Indien van toepassing vermeldt de Nederlandsche Bank bij doorhaling dat het desbetreffende besluit nog niet onherroepelijk is.
6. De Nederlandsche Bank versterkt aan een ieder desgevraagd, tegen betaling van de kostprijs, afschriften uit het register.

Art. 23g

Aanbieders cryptodiensten derde land, verbod

1. Het is een ieder die in een derde land woonachtig of gevestigd is of zijn zetel heeft verboden beroeps- of bedrijfsmatig in Nederland diensten aan te bieden voor het wisselen tussen virtuele valuta en fiduciaire valuta.
2. Het is een ieder die in een derde land woonachtig of gevestigd is of zijn zetel heeft verboden beroeps- of bedrijfsmatig in Nederland bewaarportemonnees aan te bieden.
3. Het verbod in het eerste onderscheidenlijk het tweede lid is niet van toepassing op een aanbieder die in een door Onze Minister aangewezen derde land woonachtig of gevestigd is of zijn zetel heeft, waar toezicht op het uitoefenen van het beroep of bedrijf, bedoeld in het eerste onderscheidenlijk het tweede lid, wordt uitgeoefend dat in voldoende mate waarborgen biedt

ten aanzien van de belangen die deze wet beoogt te beschermen en de aanbieder in het desbetreffende derde land onder toezicht staat.

Art. 23h
1. Het beleid van een aanbieder als bedoeld in artikel 23b wordt bepaald of mede bepaald door personen die geschikt zijn in verband met de door die aanbieder verleende diensten. Indien binnen die aanbieder een orgaan belast is met het toezicht op het beleid en de algemene zaken van de aanbieder, wordt dit toezicht gehouden door personen die geschikt zijn voor de uitoefening van dit toezicht.

Aanbieders cryptodiensten, geschikte personen voor bepalen beleid]

2. Het beleid van een aanbieder als bedoeld in artikel 23b wordt bepaald of mede bepaald door personen wier betrouwbaarheid buiten twijfel staat. Indien binnen die aanbieder een orgaan belast is met het toezicht op het beleid en de algemene gang van zaken binnen de aanbieder, wordt dit toezicht gehouden door personen wier betrouwbaarheid buiten twijfel staat.

Betrouwbaarheid buiten twijfel

3. De uiteindelijk belanghebbende van een aanbieder als bedoeld in artikel 23b is, gelet op zijn reputatie, geschikt en zijn betrouwbaarheid staat buiten twijfel.
4. De betrouwbaarheid van een persoon staat buiten twijfel wanneer dat eenmaal door de Nederlandsche Bank of de stichting Autoriteit Financiële Markten voor de toepassing van deze wet, de Wet op het financieel toezicht of de Wet toezicht trustkantoren 2018 is vastgesteld, zolang niet een wijziging in de relevante feiten of omstandigheden een redelijke aanleiding geeft tot een nieuwe beoordeling.
5. Indien sprake is van een gekwalificeerde deelneming wordt die gehouden door natuurlijke personen wier betrouwbaarheid buiten twijfel staat, of in geval van een rechtspersoon, de betrouwbaarheid van de bestuurders van die rechtspersoon buiten twijfel staat.
6. Bij of krachtens algemene maatregel van bestuur kunnen regels worden gesteld met betrekking tot de wijze waarop wordt vastgesteld of de betrouwbaarheid van een persoon buiten twijfel staat en welke feiten en omstandigheden daarbij in aanmerking worden genomen, alsmede regels met betrekking tot de misdrijven die, indien begaan door die persoon, met het oog op de belangen die de wet beoogt te beschermen, tot de vaststelling leiden dat de betrouwbaarheid van die persoon niet buiten twijfel staat.

Art. 23i
1. Een aanbieder als bedoeld in artikel 23b is niet met personen verbonden in een formele of feitelijke zeggenschapsstructuur die in zodanige mate ondoorzichtig is dat deze een belemmering vormt of kan vormen voor het adequaat uitoefenen van toezicht op de aanbieder.

Aanbieders cryptodiensten, transparante zeggenschapsstructuur

2. Een aanbieder als bedoeld in artikel 23b is niet met personen verbonden in een formele of feitelijke zeggenschapsstructuur indien het recht van een staat, dat op die personen van toepassing is, een belemmering vormt of kan vormen voor het adequaat uitoefenen van toezicht op de aanbieder.

Art. 23j
1. Een aanbieder als bedoeld in artikel 23b voert een adequaat beleid dat een integere en beheerste uitoefening van het bedrijf waarborgt, met in achtneming van de artikelen 2 tot en met 2f, 3 tot en met 10, 16, 20a, 20b, 23e tot en met 23j en 33 tot en met 35a.

Aanbieders cryptodiensten, beheerste en integere bedrijfsvoering

2. Een aanbieder als bedoeld in artikel 23b richt de bedrijfsvoering zodanig in dat deze een beheerste en integere uitoefening van zijn bedrijf waarborgt, met inachtneming van de artikelen 2 tot en met 2f, 3 tot en met 10, 16, 20a, 20b, 23e tot en met 23j en 33 tot en met 35a.
3. Bij of krachtens algemene maatregel van bestuur kunnen nadere regels worden gesteld met betrekking tot de verplichtingen in dit artikel. Deze regels kunnen betrekking hebben op:
a. een integere bedrijfsuitoefening, waaronder wordt verstaan het tegengaan van:
1°. belangenverstrengeling;
2°. strafbare feiten of andere wetsovertredingen door de aanbieder of zijn werknemers, die het vertrouwen in de aanbieder kunnen schaden;
3°. relaties met cliënten of derden, die het vertrouwen in de aanbieder kunnen schaden
b. het beheersen van bedrijfsprocessen en bedrijfsrisico's.

Hoofdstuk 4
Toezicht en handhaving

§ 4.1
Toezicht op de naleving en samenwerking

Art. 24
1. Met het toezicht op de naleving van de bij of krachtens deze wet gestelde regels zijn belast de bij besluit van de toezichthoudende autoriteit aangewezen personen. Van dat besluit wordt mededeling gedaan door plaatsing in de Staatscourant.

Toezicht

2. In afwijking van het eerste lid, is de deken, bedoeld in artikel 45a, eerste lid, van de Advocatenwet, belast met het toezicht op de naleving van de bij of krachtens deze wet gestelde regels.

Art. 25

Inlichten Financiële inlichtingen eenheid

1. Indien de medewerkers van een toezichthoudende autoriteit, dan wel de in artikel 24, tweede lid, bedoelde deken, bij de uitoefening van hun taak op grond van deze wet of enige andere wet feiten ontdekken die kunnen duiden op witwassen of financieren van terrorisme, licht de toezichthoudende autoriteit onder wiens verantwoordelijkheid zij hun taak uitoefenen, dan wel de in artikel 24, tweede lid, bedoelde deken, de Financiële inlichtingen eenheid in, zo nodig in afwijking van de toepasselijke wettelijke geheimhoudingsbepalingen, voor zover de gegevens of inlichtingen dienstig zijn voor de uitoefening van de wettelijke taken van de Financiële inlichtingen eenheid.
2. Het eerste lid is van overeenkomstige toepassing ten aanzien van medewerkers van De Nederlandsche Bank N.V., voor zover zij betrokken zijn bij de verwisseling, intrekking en aftekening van bankbiljetten als bedoeld in artikel 27, derde lid, van de Bankwet 1998

Art. 26

Strafrechtelijke handhaving

De artikelen 111a, derde lid, van de Wet op het notarisambt en 45a, tweede lid, van de Advocatenwet, zijn van overeenkomstige toepassing op het toezicht op de naleving door de personen die op grond van artikel 24, eerste lid, door de toezichthoudende autoriteit, bedoeld in artikel 1d, eerste lid, onderdeel c, zijn aangewezen, respectievelijk op het toezicht op de naleving door de deken, bedoeld in artikel 24, tweede lid.

Art. 27

Samenwerking toezichthouders in lidstaten

1. De toezichthoudende autoriteit werkt samen met de toezichthoudende instanties van andere lidstaten, voor zover dat voor de vervulling van haar taak op grond van deze wet of de vervulling van de taken van die instanties nodig is.
2. De Nederlandsche Bank N.V. en de Stichting Autoriteit Financiële Markten, voor zover op grond van artikel 1d, eerste lid, onderdeel a en b, belast met de uitvoering en handhaving van deze wet, verstrekken de Europese Bankautoriteit alle informatie die voor de vervulling van de taken van die autoriteiten nodig is.
3. De Nederlandsche Bank N.V. en de Stichting Autoriteit Financiële Markten informeren de Europese Bankautoriteit voorts over een maatregel die ingevolge paragraaf 4.2 van deze wet is opgelegd aan een bank of andere financiële onderneming.

§ 4.2
Handhavingsbevoegdheden

Art. 28

Aanwijzing door toezichthouder

De toezichthoudende autoriteit kan een ieder die niet voldoet aan een ingevolge deze wet op hem rustende verplichting een aanwijzing geven om binnen een door de toezichthoudende autoriteit gestelde redelijke termijn ten aanzien van in de aanwijzingsbeschikking aan te geven punten een bepaalde gedragslijn te volgen.

Art. 29

Bestuurlijke last onder dwangsom

De toezichthoudende autoriteit kan een last onder dwangsom opleggen ter zake van:
a. overtreding van de bij of krachtens de artikelen 1e, 2, 2a, 2b, 2c, 2d, 2e, eerste en tweede lid, 2f, eerste, tweede en vierde lid, 3, eerste tot en met negende en elfde lid, 3a, eerste en tweede lid, 4, eerste lid, tweede lid, tweede volzin, en derde lid, 5, eerste, derde en vijfde lid, 6, 7, tweede lid, 8, 9, 10, tweede lid, 10c, eerste lid, 11, 16, 17, tweede lid, 20a, 20b, 23, eerste, tweede en vierde lid, 23a, 23b, 23c, eerste lid en derde lid, 23e, eerste en tweede lid, 23g, eerste en tweede lid, 23h, eerste, tweede, derde en vijfde lid, 23i, 23j, eerste en tweede lid, 33, 34, 35, 35a en 38 van deze wet gestelde regels;
b. overtreding van artikel 1a, zesde lid, voor zover de overtreding betrekking heeft op de regels die bij of krachtens de in onderdeel a genoemde artikelen zijn gesteld;
c. overtreding van de bij of krachtens de artikelen 4 tot en met 14 en 16, eerste lid, van de verordening betreffende bij geldovermakingen te voegen informatie gestelde regels;
d. overtreding van de bij of krachtens de verordening inzake de veiling van broeikasgasemissierechten gestelde regels;
e. overtreding van de bij of krachtens een bij algemene maatregel van bestuur aangewezen verordening als bedoeld in artikel 1d, vierde lid, gestelde regels;
f. overtreding van artikel 5:20 van de Algemene wet bestuursrecht; en
g. het geen gevolg geven dan wel niet tijdig of onvolledig gevolg geven aan een aanwijzing als bedoeld in artikel 28.

Art. 30

Bestuurlijke boete

De toezichthoudende autoriteit kan een bestuurlijke boete opleggen ter zake van:
a. overtreding van de bij of krachtens de artikelen 1e, 2, 2a, 2b, 2c, 2d, 2e, eerste en tweede lid, 2f, eerste, tweede en vierde lid, 3, eerste tot en met negende en elfde lid, 3a, eerste en tweede lid, 4, eerste lid, tweede lid, tweede volzin, en derde lid, 5, eerste, derde en vijfde lid, 6, 7, tweede lid, 8, 9, 10, tweede lid, 10c, eerste lid, 11, 16, 17, tweede lid, 20a, 20b, 23, eerste, tweede en vierde lid, 23a, 23b, 23c, eerste lid en derde lid, 23e, eerste en tweede lid, 23g, eerste en tweede

lid, 23h, eerste, tweede, derde en vijfde lid, 23i, 23j, eerste en tweede lid, 33, 34, 35, 35a en 38 van deze wet gestelde regels;
b. overtreding van artikel 1a, zesde lid, voor zover de overtreding betrekking heeft op de regels die bij of krachtens de in onderdeel a genoemde artikelen zijn gesteld;
c. overtreding van de bij of krachtens de artikelen 4 tot en met 14 en 16, eerste lid, van de verordening betreffende bij geldovermakingen te voegen informatie gestelde regels;
d. overtreding van de bij of krachtens de verordening inzake de veiling van broeikasgasemissierechten gestelde regels;
e. overtreding van de bij of krachtens een bij algemene maatregel van bestuur aangewezen verordening als bedoeld in artikel 1d, vierde lid, gestelde regels;
f. overtreding van artikel 5:20 van de Algemene wet bestuursrecht; en
g. het geen gevolg geven dan wel niet tijdig of onvolledig gevolg geven aan een aanwijzing als bedoeld in artikel 28.

Art. 31
1. Het bedrag van de bestuurlijke boete wordt bepaald bij algemene maatregel van bestuur, met dien verstande dat de bestuurlijke boete voor een afzonderlijke overtreding ten hoogste € 5.000.000, of, in gevallen als bedoeld in het vierde lid, ten hoogste € 10.000.000 bedraagt.
Hoogte van bestuurlijke boete

2. De algemene maatregel van bestuur, bedoeld in het eerste lid, bepaalt bij elke daarin omschreven overtreding het maximale bedrag van de op te leggen bestuurlijke boete. De overtredingen worden gerangschikt in categorieën naar zwaarte van de overtreding met de daarbij behorende basisbedragen, minimumbedragen en maximumbedragen. Daarbij wordt de volgende indeling gebruikt:

Categorie	Basisbedrag	Minimumbedrag	Maximumbedrag
1	€ 10.000,-	€ 0,-	€ 10.000,-
2	€ 500.000,-	€ 0,-	€ 1.000.000,-
3	€ 2.000.000,-	€ 0,-	€ 4.000.000,-

3. In afwijking van het tweede lid, bedraagt het basisbedrag van de bestuurlijke boete voor een overtreding die is gerangschikt in de derde categorie indien de boete wordt opgelegd aan een instelling als bedoeld in artikel 1a, tweede, derde, of vierde lid, onderdeel f, € 2.500.000,- en is het maximumbedrag van de bestuurlijke boete € 5.000.000,-.

4. Indien ten tijde van het plegen van de overtreding nog geen vijf jaren zijn verstreken sinds het opleggen van een bestuurlijke boete aan de overtreder ter zake van eenzelfde overtreding, bedraagt de bestuurlijke boete voor een afzonderlijke overtreding ten hoogste tweemaal het ingevolge het tweede of derde lid toepasselijke maximumbedrag.

Art. 32
1. Indien de boete wordt opgelegd aan een instelling als bedoeld in artikel 1a, tweede, derde, of vierde lid, onderdeel f, bedraagt de bestuurlijke boete voor een afzonderlijke overtreding van een voorschrift gerangschikt in de derde categorie, in afwijking van artikel 31, ten hoogste 20% van de netto-omzet van de overtreder in het boekjaar voorafgaande aan de beschikking waarmee de bestuurlijke boete wordt opgelegd, indien dit meer is dan tweemaal het ingevolge artikel 31, derde lid, toepasselijke maximumbedrag.
Hoogte bestuurlijk boete aan bank of financiële instelling

2. Indien de bestuurlijke boete wordt opgelegd aan een onderneming die opgenomen is in een groep met een geconsolideerde jaarrekening, worden bij de berekening van de netto-omzet de totaalbedragen gehanteerd uit de geconsolideerde jaarrekening van de uiteindelijke moederonderneming.

Art. 32a
De toezichthoudende autoriteit kan in afwijking van artikel 31 een bestuurlijke boete opleggen van ten hoogste tweemaal het bedrag van het voordeel dat de overtreder door de overtreding heeft verkregen.
Hoogte bestuurlijke boete

Art. 32b
1. Indien tegen een besluit tot het opleggen van een bestuurlijke boete bezwaar, beroep of hoger beroep wordt aangetekend, schorst dit de verplichting tot betaling van de boete totdat de beroepstermijn is verstreken of, indien beroep of hoger beroep is ingesteld, op het beroep of hoger beroep is beslist.
Bezwaar, beroep of hoger beroep tegen bestuurlijke boete

2. De schorsing van de verplichting tot betaling schorst niet de berekening van de wettelijke rente.

Art. 32c

Ontzegging bevoegdheid uitoefening beleidsbepalende functies

1. Bij een overtreding die beboetbaar is met een boete gerangschikt in de tweede of derde boetecategorie, bedoeld in artikel 31, tweede lid, kan de toezichthoudende autoriteit de overtreder de bevoegdheid ontzeggen om bij een instelling als bedoeld in artikel 1a beleidsbepalende functies uit te oefenen.
2. Indien de overtreding, bedoeld in het eerste lid, is begaan door een rechtspersoon, is het eerste lid van overeenkomstige toepassing op de natuurlijke personen die tot de betrokken gedraging opdracht hebben gegeven of daar feitelijk leiding aan hebben gegeven.
3. Een ontzegging als bedoeld in het eerste lid kan worden opgelegd voor de duur van ten hoogste een jaar en eenmaal met ten hoogste een jaar worden verlengd.

Art. 32d

Evenredige maatregelen

1. De toezichthoudende autoriteit kan ten aanzien van vestigingen als bedoeld in artikel 2e, eerste lid, passende en evenredige maatregelen nemen om ernstige gebreken die onmiddellijke maatregelen vereisen, te adresseren.
2. De maatregelen, bedoeld in het eerste lid, zijn van tijdelijke aard en worden beëindigd wanneer de geconstateerde gebreken zijn hersteld.

§ 4.3
Publicatiebevoegdheden toezichthoudende autoriteit

Art. 32e

Waarschuwing of verklaring met vermelding overtreding

De toezichthoudende autoriteit kan een waarschuwing of verklaring publiceren, onder vermelding van de overtreding en de overtreder, bij overtreding van de in artikel 30 bedoelde voorschriften, voor zover deze overtreding beboetbaar is met een boete gerangschikt in de tweede of derde boetecategorie, bedoeld in artikel 31, tweede lid.

Art. 32f

Openbaarheid sanctie

1. De toezichthoudende autoriteit maakt een besluit tot het opleggen van een bestuurlijke sanctie ingevolge deze wet openbaar. De openbaarmaking geschiedt zodra het besluit onherroepelijk is geworden.
2. Indien tegen een besluit als bedoeld in het eerste lid bezwaar, beroep of hoger beroep is ingesteld, wordt de uitkomst daarvan tezamen met het besluit openbaar gemaakt.
3. In aanvulling op artikel 5:2, eerste lid, onderdeel a, van de Algemene wet bestuursrecht wordt onder bestuurlijke sanctie mede verstaan: het door de toezichthoudende autoriteit wegens een overtreding beëindigen of beperken van een recht of bevoegdheid alsmede het opleggen van een verbod.
4. In afwijking van het eerste lid maakt de toezichthoudende autoriteit een besluit tot het opleggen van een bestuurlijke boete zo spoedig mogelijk openbaar, indien het een bestuurlijke boete betreft ter zake een overtreding van een voorschrift dat op grond van artikel 31, tweede lid, is gerangschikt in de derde categorie.
5. De toezichthoudende autoriteit maakt in afwijking van het eerste lid een besluit tot het opleggen van een last onder dwangsom ingevolge deze wet zo spoedig mogelijk openbaar, indien een dwangsom wordt verbeurd.
6. De toezichthoudende autoriteit maakt de indiening van een bezwaar of de instelling van een beroep of hoger beroep tegen een besluit als bedoeld in het vierde of vijfde lid, alsmede de beslissing op bezwaar en de uitkomst van dat beroep of hoger beroep, zo spoedig mogelijk openbaar, tenzij het besluit op grond van artikel 32g niet openbaar is gemaakt.
7. Een besluit dat ingevolge het eerste, vierde of vijfde lid openbaar is gemaakt, blijft, tenzij bij wettelijk voorschrift anders bepaald, gedurende een periode van vijf jaar na bekendmaking beschikbaar op de website van de toezichthoudende autoriteit, met uitzondering van de persoonsgegevens die deel uitmaken van het besluit indien enig wettelijk voorschrift daaraan in de weg staat.

Art. 32g

Uitstel openbaarmaking sanctie

1. Openbaarmaking op grond van artikel 32f wordt uitgesteld of geschiedt in zodanige vorm dat de openbaar te maken gegevens niet herleidbaar zijn tot afzonderlijke personen voor zover:
   a. die gegevens herleidbaar zijn tot een natuurlijke persoon en bekendmaking van zijn persoonsgegevens onevenredig zou zijn;
   b. betrokken partijen in onevenredige mate schade zou worden berokkend;
   c. een lopend strafrechtelijk onderzoek of een lopend onderzoek door de personen, bedoeld in artikel 24, naar mogelijke overtredingen zou worden ondermijnd; of
   d. de stabiliteit van het financiële stelsel in gevaar zou worden gebracht.
2. Openbaarmaking op grond van artikel 32f blijft achterwege, indien openbaarmaking overeenkomstig het eerste lid:
   a. onevenredig zou zijn gezien de geringe ernst van de overtreding, tenzij het een besluit tot het opleggen van een bestuurlijke boete betreft; of
   b. de stabiliteit van het financiële stelsel in gevaar zou brengen.

Wet ter voorkoming van witwassen en financieren van terrorisme

Art. 32h
1. Alvorens over te gaan tot openbaarmaking van gegevens die tot afzonderlijke personen herleidbaar zijn op grond van deze paragraaf, neemt de toezichthoudende autoriteit een besluit tot openbaarmaking. Dit besluit bevat de openbaar te maken gegevens en de wijze en termijn waarop de openbaarmaking zal plaatsvinden.
2. Onverminderd artikel 4:11 van de Algemene wet bestuursrecht kan de toezichthoudende autoriteit bij het nemen van een besluit op grond van artikel 32e de toepassing van artikel 4:8 van de Algemene wet bestuursrecht achterwege laten, indien van de betrokken persoon geen adres bekend is en het adres ook niet met een redelijke inspanning kan worden verkregen.

Herleidbare gegevens

Art. 32i
1. De toezichthoudende autoriteit gaat pas over tot openbaarmaking op grond van artikel 32e of 32f, vierde of vijfde lid, nadat vijf werkdagen zijn verstreken na de dag waarop de betrokken persoon van het besluit tot het publiceren van een waarschuwing of verklaring in kennis is gesteld of het besluit tot opleggen van een boete of last onder dwangsom aan hem bekend is gemaakt.
2. Indien wordt verzocht om een voorlopige voorziening als bedoeld in artikel 8:81 van de Algemene wet bestuursrecht om openbaarmaking op grond van deze paragraaf te voorkomen, wordt de openbaarmaking opgeschort totdat de voorzieningenrechter uitspraak heeft gedaan.
3. De toezichthoudende autoriteit beëindigt het openbaar beschikbaar houden van gegevens die tot afzonderlijke personen herleidbaar zijn op grond van artikel 32e en 32f onverwijld voor zover:
a. het besluit tot openbaarmaking wordt ingetrokken;
b. het besluit tot openbaarmaking door de bestuursrechter onherroepelijk wordt vernietigd.
4. In de gevallen bedoeld in het derde lid, biedt de toezichthoudende autoriteit de belanghebbende aan de intrekking of de vernietiging openbaar te maken.

Termijn openbaarmaking sancties

Art. 32j
1. Indien wordt verzocht om een voorlopige voorziening als bedoeld in artikel 8:81 van de Algemene wet bestuursrecht om openbaarmaking op grond van deze paragraaf te voorkomen, vindt het onderzoek ter zitting plaats met gesloten deuren.
2. Indien de voorzieningenrechter openbaarmaking op grond van deze paragraaf heeft verboden, of indien op grond van artikel 32g nog geen tot personen herleidbare openbaarmaking heeft plaatsgevonden, vindt het horen van belanghebbenden ter zake van het bezwaar tegen het besluit tot openbaarmaking of het besluit tot het opleggen van de bestuurlijke sanctie niet in het openbaar plaats.
3. Indien de voorzieningenrechter openbaarmaking op grond van deze paragraaf heeft verboden, of indien op grond van artikel 32g nog geen tot afzonderlijke personen herleidbare openbaarmaking heeft plaatsgevonden, en beroep of hoger beroep wordt ingesteld tegen de beslissing op het bezwaar tegen het besluit tot openbaarmaking of het besluit tot het opleggen van de bestuurlijke sanctie, vindt het onderzoek ter zitting plaats met gesloten deuren.

Voorlopige voorziening voorkoming openbaarmaking sanctie of overtreding

Hoofdstuk 5
Bepalingen met betrekking tot het bewaren van bewijsstukken en training

§ 5.1
Het bewaren van bewijsstukken

Art. 33
1. Een instelling die op grond van deze wet cliëntenonderzoek heeft verricht, of bij wie een cliënt is geïntroduceerd conform de procedure van artikel 5, legt op opvraagbare wijze de documenten en gegevens vast die zijn gebruikt voor de naleving van het bepaalde in artikel 3, tweede tot en met vierde lid, artikel 3a, eerste lid, artikel 6, eerste en tweede lid, artikel 7, tweede lid, en artikel 8, derde tot en met zesde en achtste lid.
2. Onder de documenten en gegevens, bedoeld in het eerste lid, zijn ten minste begrepen:
a. van natuurlijke personen, niet zijnde uiteindelijk belanghebbenden als bedoeld in artikel 1, eerste lid:
1°. de geslachtsnaam, de voornamen, de geboortedatum, het adres en de woonplaats, dan wel de plaats van vestiging van de cliënt alsmede van degene die namens die natuurlijke persoon optreedt, of een afschrift van het document dat een persoonidentificerend nummer bevat en aan de hand waarvan de verificatie van de identiteit heeft plaatsgevonden;
2°. de aard, het nummer en de datum en plaats van uitgifte van het document met behulp waarvan de identiteit is geverifieerd;
b. van natuurlijke personen, zijnde uiteindelijk belanghebbenden als bedoeld in artikel 1, eerste lid:
1°. de identiteit, waaronder ten minste de geslachtsnaam en voornamen van de uiteindelijk belanghebbende; en

Vastlegging en bewaartermijn gegevens cliëntenonderzoek

2°. de gegevens en documenten die zijn vergaard op basis van de redelijke maatregelen die zijn genomen om de identiteit van de uiteindelijk belanghebbende te verifiëren;
c. van vennootschappen of andere juridische entiteiten:
1°. de rechtsvorm, de statutaire naam, de handelsnaam, het adres met huisnummer, de postcode, de plaats van vestiging en het land van statutaire zetel;
2°. indien de vennootschap of andere juridische entiteit bij de Kamer van Koophandel is geregistreerd, het registratienummer bij de Kamer van Koophandel en de wijze waarop de identiteit is geverifieerd;
3°. van degenen die voor de vennootschap of juridische entiteit bij de instelling optreden: de geslachtsnaam, de voornamen en de geboortedatum.
d. van trusts of andere juridische constructies:
1°. het doel en de aard van de trust of andere juridische constructie;
2°. het recht waardoor de trust of andere juridische constructie wordt beheerst.
3. Een instelling bewaart de in het eerste en tweede lid bedoelde gegevens op toegankelijke wijze gedurende vijf jaar na het tijdstip van het beëindigen van de zakelijke relatie of gedurende vijf jaar na het uitvoeren van de desbetreffende transactie.
4. Een instelling beschikt over systemen die haar in staat stellen onverwijld en volledig te reageren op vragen van de Financiële inlichtingen eenheid en van de toezichthoudende autoriteit, waaronder:
a. de vraag of zij met een bepaalde cliënt een zakelijke relatie onderhoudt of gedurende een periode van vijf jaar voorafgaand aan het verzoek heeft onderhouden;
b. vragen over de aard van de relatie met de bedoelde cliënt.
5. De systemen, bedoeld in het vierde lid, voorzien in beveiligde kanalen die de vertrouwelijkheid van de in dat lid bedoelde verzoeken waarborgen.

Art. 34

Ongebruikelijke transactie, bewaren/vastleggen gegevens

1. Een instelling die op grond van artikel 16, eerste lid, een verrichte of voorgenomen ongebruikelijke transactie heeft gemeld, legt op opvraagbare wijze de volgende gegevens vast:
a. alle gegevens, bedoeld in artikel 16, tweede lid, die noodzakelijk zijn om de desbetreffende transactie te kunnen reconstrueren;
b. een afschrift van de melding, bedoeld in artikel 16, eerste lid, alsmede de daarbij verstrekte informatie en gegevens;
c. het bericht van de Financiële inlichtingen eenheid van ontvangst van deze melding, als bedoeld in artikel 13, onderdeel c.
2. Een instelling bewaart de in het eerste lid bedoelde gegevens op toegankelijke wijze gedurende vijf jaar na het tijdstip van het doen van de melding, respectievelijk het tijdstip van de ontvangst van het bericht van de Financiële inlichtingen eenheid.

§ 5.2
Gegevensbescherming

Art. 34a

Verwerking persoonsgegevens ter voorkoming van witwassen of financiering van terrorisme

1. Persoonsgegevens, verzameld op grond van deze wet, worden door een instelling alleen verwerkt met het oog op het voorkomen van witwassen en financieren van terrorisme en worden niet verder verwerkt voor commerciële doeleinden of andere doeleinden die niet verenigbaar zijn met dat doel.
2. Een instelling verstrekt, alvorens een zakelijke relatie aan te gaan of een incidentele transactie te verrichten, informatie aan een cliënt over de krachtens deze wet geldende verplichtingen ter zake van de verwerking van persoonsgegevens met het oog op het voorkomen van witwassen en financieren van terrorisme.
3. Een instelling vernietigt de persoonsgegevens die zij uit hoofde van deze wet heeft verkregen onmiddellijk na het verstrijken van de termijn, bedoeld in artikel 33, derde lid, en 34, tenzij bij wettelijk voorschrift anders is bepaald.

§ 5.3
Doorlichting, opleiding en kwalificaties

Art. 35

Doorlichting en opleiding werknemers

Een instelling draagt er zorg voor dat haar werknemers, alsmede de dagelijks beleidsbepalers voor zover relevant voor de uitoefening van hun taken en rekening houdend met de risico's, aard en omvang van de instelling, worden doorgelicht, bekend zijn met de bepalingen van deze wet en periodiek opleidingen genieten die hen in staat stellen een ongebruikelijke transactie te herkennen en een cliëntenonderzoek goed en volledig uit te voeren.

Art. 35a

Verstrekking VOG

1. De instellingen, bedoeld in artikel 1a, vierde lid, onderdeel a tot en met e en h, voor zover zij bemiddelen bij het tot stand brengen en sluiten van overeenkomsten inzake onroerende

zaken en rechten waaraan onroerende zaken zijn onderworpen, verstrekken op verzoek aan de toezichthoudende autoriteit een door Onze Minister van Justitie en Veiligheid afgegeven verklaring omtrent het gedrag als bedoeld in artikel 28 van de Wet justitiële en strafvorderlijke gegevens met betrekking tot de personen die het beleid bepalen of mede bepalen, binnen een door de toezichthoudende autoriteit te stellen redelijke termijn.
2. Indien een verklaring omtrent het gedrag met betrekking tot de personen die het beleid bepalen of mede bepalen op grond van artikel 35, eerste lid, van de Wet justitiële en strafvorderlijke gegevens wordt geweigerd, nemen de instellingen, bedoeld in het eerste lid, de noodzakelijke maatregelen om te voorkomen dat deze personen een beleidsbepalende of medebeleidsbepalende functie binnen de instelling bekleden.

Hoofdstuk 6
Overgangs- en slotbepalingen

Art. 36
De rechtsgeldigheid van een privaatrechtelijke rechtshandeling van een instelling als bedoeld in artikel 1a, tweede lid, welke is verricht in strijd met de bij of krachtens deze wet gestelde regels is niet uit dien hoofde aantastbaar.   *Overgangsbepalingen*

Art. 37
[Vervallen]

Art. 38
1. Ten aanzien van cliënten waarnaar reeds cliëntenonderzoek is verricht op grond van deze wet, zoals deze luidde voor inwerkingtreding van de Implementatiewet vierde anti-witwasrichtlijn, verricht een instelling het cliëntenonderzoek, bedoeld in artikel 3, eerste lid, bij eerste gelegenheid.   *Identificatie lopende relaties*
2. Onder eerste gelegenheid in de zin van het eerste lid wordt verstaan het eerste moment dat door de cliënt contact wordt opgenomen met de instelling of het eerste moment dat de instelling, met inachtneming van de risicogevoeligheid voor witwassen of financieren van terrorisme van het type cliënt, zakelijke relatie, product of transactie, aanleiding vindt om het cliëntenonderzoek te doen plaatsvinden.
3. In afwijking van het eerste lid verricht een bank of andere financiële onderneming in geval van een zakelijke relatie met betrekking tot een levensverzekeringsovereenkomst als bedoeld in artikel 1:1 van de Wet op het financieel toezicht, die is aangegaan voor het tijdstip van inwerkingtreding van de Implementatiewet vierde anti-witwasrichtlijn, het cliëntenonderzoek, bedoeld in de artikelen 3, eerste lid, en 3a, zodra een geldelijke uitkering plaatsvindt aan de cliënt of begunstigde.
4. De artikelen 3a, 6, 7 en 8 zijn van overeenkomstige toepassing op een cliëntenonderzoek dat op grond van het eerste of derde lid wordt verricht.

Art. 39
1. Op overtredingen die hebben plaatsgevonden of zijn aangevangen voor het tijdstip van inwerkingtreding van de Implementatiewet vierde anti-witwasrichtlijn, zijn de artikelen 32e tot en met 32j niet van toepassing.   *Overgangsrecht strafbepalingen*
2. In afwijking van het eerste lid wordt in het geval van een overtreding, begaan door een instelling als bedoeld in artikel 1a, tweede lid of derde lid, onderdeel c, en waarop artikel 28a van deze wet, zoals dat luidde voor het tijdstip van inwerkingtreding van de Implementatiewet vierde anti-witwasrichtlijn, van toepassing is, een besluit tot het publiceren van een waarschuwing of verklaring na het tijdstip van inwerkingtreding van de Implementatiewet vierde anti-witwasrichtlijn genomen met inachtneming van de artikelen 32h, 32i en 32j.

Art. 40
Een wijziging van de vierde anti-witwasrichtlijn, de richtlijn betaaldiensten of de richtlijn kapitaalvereisten gaat voor de toepassing van deze wet gelden met ingang van de dag waarop aan de betrokken wijziging uitvoering moet zijn gegeven, tenzij bij besluit van Onze Minister van Financiën en Onze Minister van Justitie en Veiligheid dat in de Staatscourant wordt bekendgemaakt, een ander tijdstip wordt vastgesteld.   *Wijziging EU-richtlijnen voordat implementatie heeft plaatsgevonden*

Art. 41-42
[Vervallen]

Art. 42a
De artikelen 19, 20, 22, 23 en 33 tot en met 35 zijn van overeenkomstige toepassing op een platform voor de veiling van emissierechten.   *Schakelbepaling*

Art. 43
[Wijzigt de Wet inzake de geldtransactiekantoren.]

Art. 44
[Wijzigt de Wet op de economische delicten.]

Art. 45
[Wijzigt de Wet bevordering integriteitsbeoordelingen door het openbaar bestuur.]

Art. 46
[Wijzigt de Wet op het Centraal bureau voor de statistiek.]
Art. 47
[Wijzigt de Wet toezicht trustkantoren.]
Art. 48
[Wijzigt de Wet op de internationale bijstandsverlening bij de heffing van belastingen.]
Art. 48a
[Wijzigt deze wet.]
Art. 48b
[Wijzigt de Algemene wet inzake rijksbelastingen.]
Art. 48c
[Wijzigt de Invorderingswet 1990.]
Art. 48d
[Wijzigt de Wet op de loonbelasting 1964.]
Art. 48e
[Wijzigt de Arbeidsomstandighedenwet.]
Art. 48f
[Wijzigt de Wet arbeid vreemdelingen.]
Art. 49
Uitschakelbepaling — De Wet identificatie bij dienstverlening en de Wet melding ongebruikelijke transacties worden ingetrokken.
Art. 50
Inwerkingtreding — Deze wet treedt in werking op een bij koninklijk besluit te bepalen tijdstip.
Art. 51
Citeertitel — Deze wet wordt aangehaald als: Wet ter voorkoming van witwassen en financieren van terrorisme.

Tenuitvoerlegging

Penitentiaire beginselenwet

Inhoudsopgave

Hoofdstuk I	Begripsbepalingen	Art. 1
Hoofdstuk II	Doelstelling, beheer en toezicht	Art. 2
Hoofdstuk III	Bestemming	Art. 8
Hoofdstuk IV	Selectie en selectieprocedure	Art. 15
Paragraaf 1	Plaatsing en overplaatsing	Art. 15
Paragraaf 2	Bezwaar- en verzoekschriftprocedure	Art. 17
Hoofdstuk IVA	Inrichtingen voor stelselmatige daders	Art. 18a
Hoofdstuk IVb	Vervoer	Art. 18d
Hoofdstuk V	Bewegingsvrijheid	Art. 19
Paragraaf 1	Mate van gemeenschap	Art. 19
Paragraaf 2	Ordemaatregelen	Art. 23
Paragraaf 3	Verlaten van de inrichting	Art. 26
Hoofdstuk VI	Controle en geweldgebruik	Art. 27
Hoofdstuk VII	Contact met de buitenwereld	Art. 36
Hoofdstuk VIII	Verzorging, arbeid en andere activiteiten	Art. 41
Paragraaf 1	Verzorging	Art. 41
Paragraaf 1a	Verblijf in een bijzondere afdeling in verband met de geestelijke gezondheidstoestand	Art. 46a
Paragraaf 2	Arbeid en andere activiteiten	Art. 47
Hoofdstuk IX	Disciplinaire straffen	Art. 50
Hoofdstuk X	Informatie, hoor- en mededelingsplicht en dossier	Art. 56
Hoofdstuk Xa	Bemiddeling	Art. 59a
Hoofdstuk XI	Beklag	Art. 60
Hoofdstuk XIa	Beklag inzake vervoer	Art. 68a
Hoofdstuk XII	Beroep tegen de uitspraak van de beklagcommissie	Art. 69
Hoofdstuk XIIa	Beroep inzake vervoer	Art. 71a
Hoofdstuk XIIb	Beroep tegen medisch handelen	Art. 71b
Hoofdstuk XIII	Beroep inzake plaatsing, overplaatsing, deelname aan een penitentiair programma, verlof en strafonderbreking	Art. 72
Hoofdstuk XIV	Overleg en vertegenwoordiging	Art. 74
Hoofdstuk XV	Bijzondere bepalingen met betrekking tot veroordeelden ten aanzien van wie artikel 13 of 19 van het wetboek van strafrecht is toegepast	Art. 76
Hoofdstuk XVI	Bijzondere bepalingen betreffende inrichtingen tot klinische observatie bestemd	Art. 77
Hoofdstuk XVIa	Experimenten	Art. 77a
Hoofdstuk XVII	Overgangs- en slotbepalingen	Art. 78

Penitentiaire beginselenwet[1]

Wet van 18 juni 1998 tot vaststelling van een Penitentiaire beginselenwet en daarmee verband houdende intrekking van de Beginselenwet gevangeniswezen met uitzondering van de artikelen 2 tot en met 5 en wijzigingen van het Wetboek van Strafrecht en het Wetboek van Strafvordering alsmede enige andere wetten (Penitentiaire beginselenwet)

Wij Beatrix, bij de gratie Gods, Koningin der Nederlanden, Prinses van Oranje-Nassau, enz. enz. enz.

Allen, die deze zullen zien of horen lezen, saluut! doen te weten:

Alzo Wij in overweging genomen hebben, dat het wenselijk is de penitentiaire regelgeving te herzien, in het bijzonder aangaande het differentiatie- en selectiestelsel, en in verband daarmee de Beginselenwet gevangeniswezen te vervangen door de Penitentiaire beginselenwet alsmede enige bepalingen van het Wetboek van Strafrecht, het Wetboek van Strafvordering en enige andere wetten te wijzigen;

Zo is het, dat Wij, de Raad van State gehoord, en met gemeen overleg der Staten-generaal, hebben goedgevonden en verstaan, gelijk Wij goedvinden en verstaan bij deze:

Hoofdstuk I
Begripsbepalingen

Art. 1

Begripsbepalingen

Voor de toepassing van deze wet en de daarop rustende bepalingen wordt verstaan onder:
a. Onze Minister: Onze Minister voor Rechtsbescherming;
b. inrichting: een penitentiaire inrichting als bedoeld in artikel 3, eerste lid;
c. afdeling: een afdeling van een inrichting als bedoeld in artikel 8, tweede lid;
d. directeur: de persoon, bedoeld in artikel 3, derde lid, alsmede diens vervanger of vervangers, bedoeld in artikel 3, vierde lid;
e. gedetineerde: een persoon ten aanzien van wie de tenuitvoerlegging van een vrijheidsstraf of vrijheidsbenemende maatregel in een inrichting plaatsvindt;
f. ambtenaar of medewerker: een persoon die een taak uitoefent in het kader van de tenuitvoerlegging van een vrijheidsstraf of vrijheidsbenemende maatregel;
g. [vervallen;]
h. reclasseringswerker: een reclasseringswerker als bedoeld in artikel 6, eerste lid, van de Reclasseringsregeling 1995;
i. rechtsbijstandverlener: de advocaat of de medewerker van de voorziening, bedoeld in artikel 8, tweede lid, van de Wet op de rechtsbijstand, voor zover belast met de verlening van rechtsbijstand anders dan rechtshulp;
j. Raad: de Raad voor strafrechtstoepassing en jeugdbescherming;
k. commissie van toezicht: een commissie als bedoeld in artikel 7, eerste lid;
l. beklagcommissie: een commissie als bedoeld in artikel 62, eerste lid;
m. beroepscommissie: een commissie als bedoeld in artikel 69, tweede lid;
n. verblijfsruimte: de aan een gedetineerde door de directeur ingevolge artikel 16, tweede lid, toegewezen ruimte;
o. penitentiair programma: een programma als bedoeld in artikel 4;
p. huisregels: regels als bedoeld in artikel 5, eerste lid;
q. regime: het samenstel van de verzorging en activiteiten, bedoeld in hoofdstuk VIII, en de regels die gelden voor gedetineerden in een inrichting of afdeling;
r. activiteiten: activiteiten als bedoeld in hoofdstuk VIII;
s. vrijheidsstraf: gevangenisstraf, (vervangende) hechtenis, militaire detentie en (vervangende) jeugddetentie;
t. vrijheidsbenemende maatregel: voorlopige hechtenis, vreemdelingenbewaring, gijzeling, lijfsdwang, terbeschikkingstelling met bevel tot verpleging, plaatsing in een inrichting voor stelselmatige daders en vrijheidsbeneming die op andere dan de in artikel 1, onder s, genoemde gronden plaatsvindt;
u. strafrestant: het gedeelte van een opgelegde vrijheidsstraf dan wel van het samenstel van dergelijke straffen dat nog moet worden ondergaan, waarbij wordt uitgegaan van de toepassing van de voorwaardelijke invrijheidstelling volgens de daarvoor geldende wettelijke regeling;

---

1 Inwerkingtredingsdatum: 01-01-1999; zoals laatstelijk gewijzigd bij: Stb. 2019, 504.

Penitentiaire beginselenwet

v. *goed gedrag*: een zodanige opstelling van een gedetineerde dat hij, met name door de wijze waarop hij het recht op deelname aan de in de inrichting beschikbare arbeid heeft aangewend of door andere, vergelijkbare, activiteiten binnen de inrichting, heeft doen blijken van een bijzondere geschiktheid tot terugkeer in de samenleving;
w. *elektronisch toezicht*: een technische voorziening waarbij, gebruik makend van signalen, met regelmatige tussenpozen de aanwezigheid van een bepaalde persoon op een bepaalde tijd en plaats gecontroleerd wordt.

Hoofdstuk II
Doelstelling, beheer en toezicht
Art. 2
1. De tenuitvoerlegging van een vrijheidsstraf of vrijheidsbenemende maatregel vindt, voor zover niet bij of krachtens de wet anders is bepaald, plaats door onderbrenging van de persoon aan wie deze is opgelegd in een penitentiaire inrichting dan wel door diens deelname aan een penitentiair programma. *Vrijheidsstraf of vrijheidsbenemende maatregel, tenuitvoerlegging*
2. Met handhaving van het karakter van de vrijheidsstraf of de vrijheidsbenemende maatregel wordt de tenuitvoerlegging hiervan zoveel mogelijk en afhankelijk van het gedrag van de betrokkene dienstbaar gemaakt aan de voorbereiding van de terugkeer in de maatschappij. Bij het verlenen van vrijheden aan gedetineerden wordt rekening gehouden met de veiligheid van de samenleving en de belangen van slachtoffers en nabestaanden.
3. Personen ten aanzien van wie de tenuitvoerlegging plaatsvindt van een vrijheidsstraf of vrijheidsbenemende maatregel worden aan geen andere beperkingen onderworpen dan die welke voor het doel van de vrijheidsbeneming of in het belang van de handhaving van de orde of de veiligheid in de inrichting noodzakelijk zijn.

Art. 3
1. Onze Minister wijst penitentiaire inrichtingen aan. Een inrichting kan zijn gevestigd op verschillende locaties binnen hetzelfde arrondissement. *Penitentiaire inrichting, aanwijzing*
2. Het opperbeheer van de inrichtingen berust bij Onze Minister. Onze Minister kan mandaat verlenen betreffende de hem bij of krachtens deze wet toegekende bevoegdheden tot het vaststellen van algemeen verbindende voorschriften aan het hoofd van de Dienst Justitiële Inrichtingen. *Penitentiaire inrichting, beheer*
3. Het beheer van een inrichting of afdeling berust bij de directeur, die als zodanig door Onze Minister wordt aangewezen.
4. Onze Minister wijst een of meer personen aan als plaatsvervanger van de directeur. De aanwijzing als plaatsvervanger kan worden beperkt tot het nemen van een in de aanwijzing bepaalde beslissing als bedoeld in artikel 5, vierde lid, onder b, c en i.
5. Bij of krachtens algemene maatregel van bestuur worden nadere regels gesteld betreffende het beheer van en het regime in een inrichting. *Nadere regels*

Art. 4
1. Een penitentiair programma is een samenstel van activiteiten waaraan wordt deelgenomen door personen ter verdere tenuitvoerlegging van de aan hen opgelegde vrijheidsstraf of voorlopige hechtenis in aansluiting op hun verblijf in een inrichting en dat als zodanig door Onze Minister is erkend. De deelnemer aan een penitentiair programma kan onder elektronisch toezicht worden gesteld. Bij het uitoefenen van toezicht op de deelname aan een penitentiair programma wordt de identiteit van de deelnemer aan het penitentiair programma vastgesteld op de wijze, bedoeld in artikel 27a, eerste lid, eerste volzin, en tweede lid, van het Wetboek van Strafvordering. *Penitentiair programma, definitie*
2. Aan een penitentiair programma kan worden deelgenomen gedurende ten hoogste een zesde deel van de opgelegde vrijheidsstraf direct voorafgaand aan de datum van invrijheidstelling, mits: *Penitentiair programma, deelname*
a. de gedetineerde is veroordeeld tot een onvoorwaardelijke vrijheidsstraf van ten minste zes maanden,
b. het strafrestant bij aanvang van de deelname aan het penitentiair programma ten minste vier weken en ten hoogste een jaar bedraagt, en
c. er geen andere omstandigheden zijn die zich tegen zijn deelname verzetten.
Indien de veroordeling tot een vrijheidsstraf nog niet onherroepelijk is, worden de datum van invrijheidstelling en het strafrestant voor de toepassing van dit lid berekend op grond van de veroordeling waartegen het rechtsmiddel is aangewend.
3. Bij of krachtens algemene maatregel van bestuur worden nadere regels gesteld die in elk geval betreffen: *Nadere regels*
a. de inhoud van het penitentiair programma,
b. de nadere voorwaarden voor deelname aan het penitentiair programma,
c. het toezicht, waaronder het elektronisch toezicht, tijdens de deelname,

d. de gevolgen van verzuim van deelname aan het programma of niet-nakoming van de daaraan verbonden voorwaarden, en
e. de rechtspositie van de deelnemers aan een penitentiair programma.
4. Een krachtens het derde lid vastgestelde algemene maatregel van bestuur treedt niet eerder in werking dan acht weken na de datum van uitgifte van het Staatsblad waarin hij is geplaatst. Van de plaatsing wordt onverwijld mededeling gedaan aan de beide kamers der Staten-Generaal.

Penitentiair programma, erkenning

5. Met inachtneming van het tweede lid en de regels krachtens het derde lid kan Onze Minister een penitentiair programma erkennen en bepalen welke gedetineerden voor deelname hieraan in aanmerking komen.

Werkingssfeer

6. Het tweede lid is niet van toepassing op de maatregel tot plaatsing in een inrichting voor stelselmatige daders als bedoeld in artikel 38m van het Wetboek van Strafrecht.

Art. 5

Penitentiaire inrichting, bevoegdheden directeur

1. De directeur stelt, in aanvulling op de bij of krachtens deze wet gegeven regels en met inachtneming van het dienaangaande door Onze Minister vast te stellen model en door deze te geven aanwijzingen, huisregels voor de inrichting of afdeling vast.
2. De directeur kan ambtenaren en medewerkers machtigen tot de uitoefening van hem bij of krachtens deze wet gegeven bevoegdheden en de naleving van zijn zorgplichten, met uitzondering van de bevoegdheden, genoemd in het eerste en vierde lid.
3. De directeur is, voor zover zulks noodzakelijk is in het belang van de handhaving van de orde of de veiligheid in de inrichting of een ongestoorde tenuitvoerlegging van de vrijheidsbeneming, bevoegd aan de gedetineerden bevelen te geven. De gedetineerden zijn verplicht deze bevelen op te volgen.
4. Aan de directeur is voorbehouden de beslissing omtrent:
a. de onderbrenging van een kind in de inrichting, bedoeld in artikel 12, tweede en vijfde lid;
b. de uitsluiting van deelname aan activiteiten en de verlenging daarvan, bedoeld in artikel 23, eerste lid, onder a en b, onderscheidenlijk artikel 23, tweede lid;
c. de plaatsing in afzondering en de verlenging hiervan, bedoeld in artikel 24, eerste lid, op de gronden van artikel 23, eerste lid, onder a en b, onderscheidenlijk artikel 24, derde lid, en de toepassing van artikel 25;
d. de beperking en de intrekking van verlof, bedoeld in artikel 26, derde lid;
e. het onderzoek in het lichaam, bedoeld in artikel 31;
f. het gedogen van een geneeskundige handeling, bedoeld in artikel 32;
g. het verrichten van geneeskundige behandeling als bedoeld in artikel 46d, onder a of b;
h. de bevestiging door mechanische middelen en de verlenging daarvan, bedoeld in artikel 33, eerste onderscheidenlijk derde lid;
i. de oplegging van een disciplinaire straf, bedoeld in artikel 51, en de toepassing van de artikelen 52, eerste en tweede lid, en 53, derde en vierde lid.

Art. 5a

Penitentiaire inrichting, informatieverstrekking aan minister

1. De directeur meldt ongeoorloofde afwezigheid en andere bijzondere voorvallen aan Onze Minister.
2. De directeur verstrekt Onze Minister te allen tijde alle verlangde inlichtingen. Onze Minister kan nadere regels stellen omtrent de inhoud en de wijze van melding.

Art. 5b

Penitentiaire inrichting, meldcode huiselijk geweld/kindermishandeling

1. De directeur stelt voor ambtenaren en medewerkers een meldcode vast waarin stapsgewijs wordt aangegeven hoe met signalen van huiselijk geweld of kindermishandeling wordt omgegaan en die er redelijkerwijs aan bijdraagt dat zo snel en adequaat mogelijk hulp kan worden geboden.
2. Onder huiselijk geweld wordt verstaan: huiselijk geweld als bedoeld in artikel 1.1.1 van de Wet maatschappelijke ondersteuning 2015.
3. Onder kindermishandeling wordt verstaan: kindermishandeling als bedoeld in artikel 1.1 van de Jeugdwet.
4. De directeur bevordert de kennis en het gebruik van de meldcode.

Nadere regels

5. Bij of krachtens algemene maatregel van bestuur wordt vastgesteld uit welke elementen een meldcode in ieder geval bestaat.

Art. 6

Penitentiaire inrichting, behandeling beroepschriften

De Raad behandelt beroepschriften ingevolge de hoofdstukken XII tot en met XIII en XV.

Art. 7

Penitentiaire inrichting, commissie van toezicht

1. Bij elke inrichting dan wel afdeling wordt door Onze Minister een commissie van toezicht ingesteld.
2. De commissie van toezicht heeft tot taak:
a. toezicht te houden op de wijze van tenuitvoerlegging van de vrijheidsbeneming in de inrichting of afdeling en het vervoer uitgevoerd door de inrichting;
b. kennis te nemen van door de gedetineerden naar voren gebrachte grieven;

Penitentiaire beginselenwet

c. zorg te dragen voor de behandeling van klaagschriften ingevolge het bepaalde in hoofdstuk XI;
d. aan Onze Minister, de Raad en de directeur advies en inlichtingen te geven omtrent het onder a gestelde.
3. De commissie van toezicht stelt zich door persoonlijk contact met de gedetineerden regelmatig op de hoogte van onder hen levende wensen en gevoelens. Bij toerbeurt treedt één van haar leden hiertoe op als maandcommissaris.
4. Bij algemene maatregel van bestuur worden regels gesteld over de bevoegdheden, de samenstelling en de werkwijze van de commissie, de benoeming en het ontslag van haar leden alsmede over de werkzaamheden van de maandcommissaris.

Hoofdstuk III
Bestemming

Art. 8
1. Onze Minister bepaalt de bestemming van elke inrichting of afdeling ingevolge de artikelen 9 tot en met 14 en stelt regels voor de plaatsing en overplaatsing van de gedetineerden. *Penitentiaire inrichting, bestemming inrichting/afdeling*

2. Onze Minister kan delen van een inrichting als afdeling met een aparte bestemming aanwijzen.

Art. 9
1. Inrichtingen zijn te onderscheiden in huizen van bewaring, gevangenissen en inrichtingen voor stelselmatige daders. Onze Minister kan een inrichting aanwijzen tot zowel huis van bewaring of gevangenis als inrichting voor stelselmatige daders. In bijzondere gevallen kan Onze Minister een inrichting aanwijzen tot zowel huis van bewaring als gevangenis.
2. Huizen van bewaring zijn bestemd voor de opneming van: *Penitentiaire inrichting, huis van bewaring*
a. personen ten aanzien van wie een bevel tot voorlopige hechtenis is gegeven en die in afwachting zijn van berechting in eerste aanleg;
b. personen ten aanzien van wie een bevel tot voorlopige hechtenis is gegeven en aan wie de maatregel van terbeschikkingstelling met bevel tot verpleging is opgelegd, maar die niet tevens tot een vrijheidsstraf zijn veroordeeld, dan wel aan wie de maatregel tot plaatsing in een inrichting voor stelselmatige daders is opgelegd, voor zolang het opleggen van die maatregel niet onherroepelijk is;
c. personen ten aanzien van wie de tenuitvoerlegging van een vrijheidsstraf plaatsvindt en die in afwachting zijn van plaatsing in een gevangenis of deelname aan een penitentiair programma;
d. personen in vreemdelingenbewaring;
e. gegijzelden;
f. ter beschikking gestelden ten aanzien van wie een bevel tot verpleging van overheidswege als bedoeld in artikel 37b van het Wetboek van Strafrecht of artikel 6:6:10, eerste lid, onder e, van het Wetboek van Strafvordering is gegeven voor zolang opname in de voor hen bestemde plaats niet mogelijk is;
g. personen aan wie de maatregel is opgelegd tot plaatsing in een inrichting voor stelselmatige daders als bedoeld in artikel 38m van het Wetboek van Strafrecht indien opname in de voor hen bestemde plaats niet mogelijk is;
h. alle anderen aan wie krachtens rechterlijke uitspraak of beschikking of door het openbaar gezag rechtens hun vrijheid is ontnomen, voor zover geen andere plaats voor hen is bestemd of voor zolang opname in de voor hen bestemde plaats niet mogelijk is.
3. Onze Minister wijst in elk arrondissement ten minste één inrichting of afdeling aan als huis van bewaring.

Art. 10
1. Gevangenissen zijn bestemd voor de opneming van personen die, al dan niet onherroepelijk, tot vrijheidsstraf zijn veroordeeld. Tot gevangenisstraf veroordeelden aan wie tevens de maatregel van terbeschikkingstelling met bevel tot verpleging van overheidswege is opgelegd, kunnen na het einde van de vrijheidsstraf in een gevangenis verblijven, zolang opname in de voor hen bestemde plaats niet mogelijk is. *Penitentiaire inrichting, gevangenissen*
2. In bijzondere gevallen kan gijzeling als bedoeld in de artikelen 6:4:20 en 6:6:25 van het Wetboek van Strafvordering en artikel 28 van de Wet administratiefrechtelijke handhaving verkeersvoorschriften in een gevangenis ten uitvoer worden gelegd.
3. Gevangenissen kunnen volgens regels te stellen bij of krachtens algemene maatregel van bestuur worden onderscheiden naar de lengte van de straf of het strafrestant van de daarin op te nemen tot vrijheidsstraf veroordeelden.

Art. 10a
Inrichtingen voor stelselmatige daders zijn bestemd voor de opneming van personen aan wie een maatregel als bedoeld in artikel 38m van het Wetboek van Strafrecht is opgelegd. *Penitentiaire inrichting, inrichting voor stelselmatige daders*

Art. 11

Penitentiaire inrichting, scheiding mannelijke en vrouwelijke gedetineerden

1. Mannelijke en vrouwelijke gedetineerden worden gescheiden ondergebracht.

2. Onze Minister wijst inrichtingen of afdelingen aan die uitsluitend zijn bestemd voor de onderbrenging van vrouwelijke gedetineerden.
3. Onze Minister kan inrichtingen of afdelingen aanwijzen waarin van het eerste lid wordt afgeweken vanwege hun bestemming als inrichting of afdeling voor bijzondere opvang als bedoeld in artikel 14.
4. De directeur kan gedetineerden van verschillend geslacht die in dezelfde inrichting verblijven in de gelegenheid stellen gezamenlijk aan activiteiten deel te nemen.

Art. 12

Penitentiaire inrichting, kinderen

1. Onze Minister wijst de inrichtingen of de afdelingen aan waarin kinderen tot een in de aanwijzing aangegeven leeftijd kunnen worden ondergebracht.
2. Indien een gedetineerde een kind in de inrichting of afdeling, bedoeld in het eerste lid, wil onderbrengen teneinde het aldaar te verzorgen en op te voeden, behoeft hij de toestemming van de directeur. De directeur kan deze toestemming geven, voor zover dit verblijf zich verdraagt met de volgende belangen:
   a. de bescherming van de persoonlijke veiligheid of de geestelijke of lichamelijke ontwikkeling van het kind;
   b. de handhaving van de orde of de veiligheid in de inrichting.
3. De directeur kan aan de toestemming voorwaarden verbinden met het oog op een belang als bedoeld in het tweede lid.
4. De directeur kan over een door hem voorgenomen onderbrenging van een kind in de inrichting of afdeling het advies inwinnen van de Raad voor de Kinderbescherming.
5. De directeur kan de toestemming intrekken, indien dit noodzakelijk is met het oog op een belang als bedoeld in het tweede lid of indien de gedetineerde een bepaalde voorwaarde niet nakomt. Indien de directeur een nader onderzoek nodig oordeelt, kan hij de medewerking van de Raad voor de Kinderbescherming inroepen.
6. De directeur is verplicht de toestemming in te trekken, indien de onderbrenging van het kind in de inrichting in strijd komt met enige op het gezag over het kind betrekking hebbende beslissing.
7. In de huisregels worden nadere regels gesteld omtrent het verblijf van kinderen in de inrichting.
8. De kosten van de verzorging van het kind komen voor rekening van het Rijk, voor zover de gedetineerde niet zelf in die kosten kan voorzien.

Art. 13

Penitentiaire inrichting, beveiligingsniveaus

1. Inrichtingen of afdelingen daarvan zijn naar de mate van beveiliging als volgt te onderscheiden en aan te duiden:
   a. zeer beperkt beveiligd;
   b. beperkt beveiligd;
   c. normaal beveiligd;
   d. uitgebreid beveiligd;
   e. extra beveiligd.
2. Onze Minister bepaalt ten aanzien van elke inrichting of afdeling de mate van beveiliging, bedoeld in het eerste lid.
3. Onze Minister bepaalt de criteria waaraan gedetineerden moeten voldoen om voor plaatsing in een inrichting of een afdeling als bedoeld in het eerste lid in aanmerking te komen.

Art. 14

Penitentiaire inrichting, bijzondere opvang

1. Inrichtingen of afdelingen daarvan kunnen door Onze Minister worden bestemd voor de onderbrenging van gedetineerden die een bijzondere opvang behoeven.
2. De bijzondere opvang, bedoeld in het eerste lid, kan verband houden met de leeftijd, de persoonlijkheid, de lichamelijke of de geestelijke gezondheidstoestand van de gedetineerden, de geneeskundige of geestelijke gezondheidsbehandeling als bedoeld in artikel 46d, onder a alsmede met het delict waarvoor zij zijn gedetineerd.
3. Onze Minister bepaalt de criteria waaraan gedetineerden moeten voldoen om voor plaatsing in een inrichting of een afdeling als bedoeld in het eerste lid in aanmerking te komen.

Nadere regels

4. Bij algemene maatregel van bestuur worden nadere regels gesteld omtrent de aanwezigheid van de benodigde voorzieningen in een inrichting of afdeling voor de geneeskundige behandeling van de geestelijke gezondheidstoestand als bedoeld in artikel 46d, onder a. In elk geval worden nadere regels gesteld omtrent de beschikbaarheid van een psychiater en een verpleegkundige ten dienste van deze inrichting of afdeling.

Hoofdstuk IV
Selectie en selectieprocedure

Paragraaf 1
Plaatsing en overplaatsing

Art. 15
1. De personen ten aanzien van wie de tenuitvoerlegging van vrijheidsstraffen of vrijheidsbenemende maatregelen is gelast worden geplaatst in een inrichting of afdeling dan wel overgeplaatst naar een inrichting of afdeling overeenkomstig de bestemming daarvan ingevolge hoofdstuk III. Van het bepaalde omtrent de bestemming kan worden afgeweken op gronden gelegen in de persoon van de betrokkene. Indien een persoon voor plaatsing in meer dan één inrichting of afdeling in aanmerking komt, geschiedt deze met inachtneming van artikel 2, tweede, derde en vierde lid. *[Plaatsing gedetineerde, overeenkomstig bestemming inrichting]*
2. Gedetineerden die hiervoor ingevolge artikel 4, vijfde lid, in aanmerking komen, kunnen in de gelegenheid worden gesteld tot deelname aan een penitentiair programma en daarbij voor de duur van het programma of een gedeelte daarvan onder elektronisch toezicht worden gesteld. Bij het niet voldoen aan de voorwaarden voor deelname, bedoeld in artikel 4, derde lid, kan de deelname worden beëindigd. *[Plaatsing gedetineerde, deelname aan penitentiair programma]*
3. Onze Minister is bevoegd tot plaatsing en overplaatsing als bedoeld in het eerste lid en tot het nemen van de beslissingen, bedoeld in het tweede lid. Onze Minister is tevens bevoegd de overbrenging te bevelen naar de voor hen bestemde inrichting of afdeling, dan wel ten behoeve van deelname aan het voor hen bestemde penitentiair programma dan wel de beëindiging hiervan. Onze Minister is bovendien bevoegd tot de beslissing of ten aanzien van de individuele gedetineerde is gebleken van goed gedrag dat aanleiding geeft tot deelname van de gedetineerde aan een penitentiair programma, zodra aan de voorwaarden, bedoeld in artikel 4, tweede lid, onderdelen b en c, is voldaan. De inrichting is verplicht te betrokkene op te nemen. *[Plaatsing gedetineerde, selectiefunctionaris]*
4. Onze Minister neemt bij de beslissingen, bedoeld in het eerste en tweede lid, de aanwijzingen van het openbaar ministerie en van de autoriteiten die de straf of maatregel hebben opgelegd in aanmerking.
5. In geval van een psychische stoornis, psychogeriatrische aandoening of verstandelijke handicap van een gedetineerde kan Onze Minister bepalen dat de gedetineerde naar een accommodatie als bedoeld in artikel 1:1, onderdeel b, van de Wet verplichte geestelijke gezondheidszorg of artikel 1, onderdeel b, van de Wet zorg en dwang psychogeriatrische en verstandelijk gehandicapte cliënten zal worden overgebracht om daar zolang dat noodzakelijk is te worden verpleegd. Indien de gedetineerde wordt overgebracht ten behoeve van de verlening van forensische zorg, bedoeld bij of krachtens de Wet forensische zorg, geschiedt de overbrenging overeenkomstig die wet. *[Plaatsing gedetineerde, opname in psychiatrisch ziekenhuis]*
6. Onze Minister stelt nadere regels vast omtrent de procedure van plaatsing en overplaatsing en overbrenging, bedoeld in het eerste onderscheidlijk het vijfde lid. *[Nadere regels]*

Art. 15a
In afwijking van artikel 15, eerste lid, eerste volzin, kan Onze Minister bepalen dat een persoon ten aanzien van wie de tenuitvoerlegging van een vrijheidsstraf of een vrijheidsbenemende maatregel is gelast en die in een politiecel verblijft, daar voor een periode van maximaal tien dagen zal verblijven, nadat hij heeft vastgesteld dat er voor deze persoon geen plaats is in een inrichting. De politiecel voldoet aan de regels die voor politiecellencomplexen zijn vastgesteld. *[Plaatsing gedetineerde, verblijf in politiecel]*

Art. 16
1. De directeur bepaalt de wijze van onderbrenging van de gedetineerden die overeenkomstig artikel 15 zijn geplaatst in de inrichting of afdeling met het beheer waarvan hij is belast. *[Plaatsing gedetineerde, wijze van onderbrenging]*
2. De directeur wijst iedere gedetineerde een verblijfsruimte toe met inachtneming van de artikelen 20, tweede lid, 21 en 22, eerste lid. *[Plaatsing gedetineerde, aanwijzing verblijfsruimte]*
3. De directeur kan onderdelen van de inrichting of afdeling aanwijzen voor de onderbrenging van gedetineerden die een bijzondere opvang in de zin van artikel 14 behoeven. *[Plaatsing gedetineerde, bijzondere opvang]*
4. De directeur bepaalt de criteria waaraan de gedetineerde moet voldoen voor onderbrenging als bedoeld in het derde lid in aanmerking te komen.
5. Onze Minister stelt regels omtrent de eisen waaraan een verblijfsruimte als bedoeld in het tweede lid moet voldoen.

Paragraaf 2
Bezwaar- en verzoekschriftprocedure

Art. 17

Plaatsing gedetineerde, bezwaar inzake plaatsing/overplaatsing/deelname penitentiair programma

1. De betrokkene heeft het recht een met redenen omkleed bezwaarschrift in te dienen tegen de beslissing:
   a. tot plaatsing of overplaatsing als bedoeld in artikel 15, eerste lid;
   b. tot beëindiging van zijn deelname aan een penitentiair programma.

2. Op de wijze van indiening is artikel 61, tweede, vierde en vijfde lid, van overeenkomstige toepassing.
3. Onze Minister stelt de betrokkene in de gelegenheid schriftelijk of mondeling diens bezwaarschrift toe te lichten, tenzij hij het aanstonds kennelijk niet-ontvankelijk, kennelijk ongegrond of kennelijk gegrond acht.
4. Onze Minister stelt de indiener van het bezwaarschrift binnen zes weken van zijn met redenen omklede beslissing schriftelijk en zoveel mogelijk in een voor deze begrijpelijke taal op de hoogte. Hierbij wijst hij hem op de mogelijkheid van het instellen van beroep, bedoeld in hoofdstuk XIII, alsmede de termijnen waarbinnen en de wijze waarop dit gedaan moet worden.
5. Het indienen van een bezwaarschrift blijft achterwege, indien de betrokkene in de gelegenheid is gesteld zijn bezwaren tegen een door Onze Minister voorgenomen en hem betreffende beslissing als bedoeld in het eerste lid kenbaar te maken.

Art. 18

Plaatsing gedetineerde, verzoek inzake plaatsing/overplaatsing/deelname penitentiair programma

1. De betrokkene heeft het recht bij Onze Minister een met redenen omkleed verzoekschrift in te dienen strekkende tot:
   a. plaatsing in dan wel overplaatsing naar een bepaalde inrichting of afdeling;
   b. deelname aan een penitentiair programma.

2. Met een verzoekschrift wordt gelijkgesteld een akkoordverklaring van de gedetineerde met het selectieadvies van de directeur van de inrichting.
3. De artikelen 61, tweede en vierde lid, en 17, derde en vierde lid, zijn van overeenkomstige toepassing.
4. Indien het verzoekschrift, bedoeld in het eerste lid, is afgewezen, kan zes maanden na deze afwijzing opnieuw een dergelijk verzoekschrift worden ingediend.

Hoofdstuk IVA
Inrichtingen voor stelselmatige daders

Art. 18a

Inrichting voor stelselmatige daders, verblijfsplan

1. De directeur draagt zorg dat zo spoedig mogelijk en in ieder geval binnen een maand na binnenkomst van de gedetineerde in een inrichting voor stelselmatige daders, zo veel mogelijk in overleg met hem, een verblijfsplan wordt vastgesteld.
2. Bij algemene maatregel van bestuur worden regels gesteld omtrent de eisen waaraan een verblijfsplan ten minste moet voldoen en de voorschriften die bij de vaststelling of een wijziging van het plan in acht genomen moeten worden.

Art. 18b

De directeur draagt zorg dat de tenuitvoerlegging overeenkomstig het verblijfsplan plaatsvindt.

Art. 18c

Inrichting voor stelselmatige daders, evaluatie tenuitvoerlegging

1. De gedetineerde heeft recht op een periodieke evaluatie door de directeur van het verloop van de tenuitvoerlegging. Deze evaluatie vindt ten minste eens per zes maanden plaats.
2. Indien de rechter bij het opleggen van de maatregel heeft bepaald dat het openbaar ministerie hem binnen een door hem vastgestelde termijn bericht over de wenselijkheid of de noodzakelijkheid van de voortzetting van de tenuitvoerlegging daarvan, vindt de eerste evaluatie in ieder geval plaats voor het verstrijken van die termijn.
3. De directeur draagt zorg dat van iedere evaluatie een verslag wordt gemaakt en dat dit verslag zo spoedig mogelijk met de gedetineerde wordt besproken.
4. Indien de gedetineerde van oordeel is dat het evaluatieverslag feitelijk onjuist of onvolledig is, heeft hij het recht op dit verslag schriftelijk commentaar te geven. Indien het evaluatieverslag niet overeenkomstig het commentaar wordt verbeterd of aangevuld, draagt de directeur zorg dat het commentaar aan het verslag wordt gehecht.

Nadere regels

5. Bij algemene maatregel van bestuur worden regels gesteld omtrent de procedure die met betrekking tot de evaluatie dient te worden gevolgd en de eisen die aan het verslag daarvan ten minste dienen te worden gesteld.

Hoofdstuk IVb
Vervoer

Art. 18d
Onze Minister kan nadere regels stellen omtrent de wijze waarop het vervoer van de gedetineerde plaatsvindt. *Vervoer gedetineerde, nadere regels*

Art. 18e
1. Er is een commissie van toezicht voor het vervoer, die door Onze Minister is ingesteld. *Vervoer gedetineerde, commissie van toezicht*
2. De commissie van toezicht voor het vervoer heeft tot taak:
a. toezicht te houden op de uitvoering van het vervoer van gedetineerden uitgevoerd door Onze Minister;
b. kennis te nemen van door de gedetineerde naar voren gebrachte grieven betreffende het vervoer, bedoeld onder a;
c. zorg te dragen voor de behandeling van klaagschriften ingevolge het bepaalde in hoofdstuk XIA;
d. aan Onze Minister en de Raad advies en inlichtingen te geven omtrent het onder a gestelde.
3. Bij algemene maatregel van bestuur worden regels gesteld over de bevoegdheden, de samenstelling en de werkwijze van de commissie en de benoeming en het ontslag van haar leden.

Hoofdstuk V
Bewegingsvrijheid

Paragraaf 1
Mate van gemeenschap

Art. 19
1. De tenuitvoerlegging van een vrijheidsstraf of vrijheidsbenemende maatregel in een inrichting vindt plaats in algehele dan wel beperkte gemeenschap, tenzij plaatsing in een individueel regime noodzakelijk is. *Mate van gemeenschap, regimes*
2. Onze Minister bepaalt ten aanzien van elke inrichting of afdeling de mate van gemeenschap.
3. Onze Minister bepaalt de criteria waaraan gedetineerden moeten voldoen om voor plaatsing in de regimes, bedoeld in het eerste lid, alsmede voor plaatsing in een voor hen persoonlijk dan wel voor de gemeenschappelijke onderbrenging van gedetineerden bestemde verblijfsruimte, in aanmerking te komen.

Art. 20
1. In een regime van algehele gemeenschap verblijven gedetineerden tezamen in woon- en werkruimten of nemen gemeenschappelijk deel aan activiteiten. *Mate van gemeenschap, algehele gemeenschap*
2. In een regime van algehele gemeenschap kunnen gedetineerden worden verplicht zich tijdens de maaltijden, gedurende bezoektijden voor zover zij geen bezoek ontvangen, alsmede gedurende activiteiten waaraan zij niet deelnemen, in hun verblijfsruimte op te houden. Deze ruimte is voor hen persoonlijk dan wel voor de gemeenschappelijke onderbrenging van gedetineerden bestemd.
3. In een regime van algehele gemeenschap houden gedetineerden zich gedurende de voor de nachtrust bestemde uren en op in de huisregels bepaalde overige uren gedurende het weekeinde en de algemeen erkende feestdagen in hun verblijfsruimte op.

Art. 21
In een regime van beperkte gemeenschap worden gedetineerden in de gelegenheid gesteld gemeenschappelijk aan activiteiten deel te nemen. Overigens houden zij zich in de voor hen persoonlijk dan wel voor de gemeenschappelijke onderbrenging van gedetineerden bestemde verblijfsruimte op. *Mate van gemeenschap, beperkte gemeenschap*

Art. 22
1. In een individueel regime worden gedetineerden in de gelegenheid gesteld aan activiteiten deel te nemen. Overigens houden zij zich in de voor hen persoonlijk bestemde verblijfsruimte op. *Mate van gemeenschap, individueel regime*
2. In een individueel regime bepaalt de directeur de mate waarin de gedetineerde in staat wordt gesteld individueel dan wel gemeenschappelijk aan activiteiten deel te nemen.

Paragraaf 2
Ordemaatregelen

Art. 23
1. De directeur kan een gedetineerde uitsluiten van deelname aan een of meer activiteiten: *Ordemaatregel, uitsluiting deelname aan activiteiten*
a. indien dit in het belang van de handhaving van de orde of de veiligheid in de inrichting dan wel van een ongestoorde tenuitvoerlegging van de vrijheidsbeneming noodzakelijk is;

b. indien dit ter bescherming van de betrokken gedetineerde noodzakelijk is;
c. in geval van ziekmelding of ziekte van de betrokken gedetineerde;
d. indien de gedetineerde hierom verzoekt en de directeur dit verzoek redelijk en uitvoerbaar oordeelt.
2. De uitsluiting ingevolge het eerste lid, onder a of b, duurt ten hoogste twee weken. De directeur kan deze uitsluiting telkens voor ten hoogste twee weken verlengen, indien hij tot het oordeel is gekomen dat de noodzaak tot uitsluiting nog bestaat.
3. Indien onverwijlde tenuitvoerlegging van de uitsluiting, bedoeld in het eerste lid, onder a of b, geboden is, kan een ambtenaar of medewerker de maatregel, bedoeld in het eerste lid, voor een periode van ten hoogste vijftien uren treffen.

Art. 24

Ordemaatregel, in afzondering plaatsen

1. De directeur is bevoegd een gedetineerde in afzondering te plaatsen op de gronden genoemd in artikel 23, eerste lid. De afzondering ingevolge artikel 23, eerste lid, onder a of b, duurt ten hoogste twee weken.
2. De afzondering wordt ten uitvoer gelegd in een afzonderingscel of in een andere verblijfsruimte. Gedurende het verblijf in afzondering neemt de gedetineerde niet deel aan activiteiten, voor zover de directeur niet anders bepaalt en behoudens het dagelijks verblijf in de buitenlucht, bedoeld in artikel 49, derde lid. De directeur kan het contact met de buitenwereld gedurende het verblijf in de afzonderingscel beperken of uitsluiten.
3. De directeur kan de afzondering, bedoeld in het eerste lid, op de grond van artikel 23, eerste lid, onder a of b, telkens voor ten hoogste twee weken verlengen, indien hij tot het oordeel is gekomen dat de noodzaak tot afzondering nog bestaat.
4. Indien onverwijlde tenuitvoerlegging van de afzondering op de grond van artikel 23, eerste lid, onder a of b, geboden is, kan een ambtenaar of medewerker een gedetineerde voor een periode van ten hoogste vijftien uren in afzondering plaatsen. De directeur wordt van deze plaatsing onverwijld op de hoogte gesteld.
5. De directeur draagt zorg dat in geval van afzondering het nodige contact tussen ambtenaren en medewerkers van de inrichting en de gedetineerde wordt gewaarborgd en naar aard en frequentie op de situatie van de gedetineerde wordt afgestemd.
6. De directeur draagt zorg dat, ingeval de afzondering langer dan vierentwintig uren duurt en ten uitvoer wordt gelegd in een afzonderingscel, de commissie van toezicht en de aan de inrichting verbonden arts of diens vervanger terstond hiervan in kennis worden gesteld.

Nadere regels

7. Onze Minister stelt nadere regels omtrent het verblijf in en de inrichting van de afzonderingscel. Deze betreffen in elk geval de rechten die tijdens het verblijf in de afzonderingscel aan de gedetineerde toekomen.

Art. 24a

Ordemaatregel, cameraobservatie

1. De directeur kan, indien dit ter bescherming van de geestelijke of lichamelijke toestand van de gedetineerde noodzakelijk is, bepalen dat de gedetineerde die in een afzonderingscel verblijft, dag en nacht door middel van een camera wordt geobserveerd.
2. Alvorens hij hiertoe beslist, wint hij het advies in van een gedragsdeskundige onderscheidenlijk de inrichtingsarts, tenzij dit advies niet kan worden afgewacht. In dat geval wint de directeur het advies zo spoedig mogelijk na zijn beslissing in.

Art. 25

Ordemaatregel, afzondering in andere inrichting/afdeling

1. Indien de tenuitvoerlegging van de afzondering in de inrichting of afdeling waarin zij is opgelegd op ernstige bezwaren stuit, kan zij in een andere inrichting of afdeling worden ondergaan.
2. Indien de directeur van oordeel is dat van de in het eerste lid bedoelde omstandigheid sprake is, plaatst hij in overeenstemming met Onze Minister de gedetineerde over.
3. Over de verlenging van de afzondering, waarvan de tenuitvoerlegging plaatsvindt in een andere inrichting of afdeling, beslist de directeur van de inrichting of afdeling waarin de afzondering was opgelegd, in overeenstemming met Onze Minister en gehoord de directeur van de inrichting of afdeling waar de tenuitvoerlegging van de afzondering plaatsvindt.

Nadere regels

4. Onze Minister stelt nadere regels omtrent de procedure van overplaatsing en van verlenging van de afzondering ingevolge het tweede onderscheidenlijk het derde lid.

Paragraaf 3
Verlaten van de inrichting

Art. 26

Gedetineerde, verlaten inrichting

1. Een gedetineerde kan, ingevolge het derde en het vierde lid, worden toegestaan de inrichting te verlaten.
2. Het verlaten van de inrichting, bedoeld in het eerste lid, schort de tenuitvoerlegging van de vrijheidsstraf of vrijheidsbenemende maatregel niet op.

Verlaten inrichting, verlof

3. Onze Minister stelt nadere regels aangaande het verlaten van de inrichting bij wijze van verlof. Deze betreffen in elk geval de criteria waaraan een gedetineerde moet voldoen om voor

Penitentiaire beginselenwet　　　　　　　　　　　　　　　　　　　　　　　　　　　**C26** art. 29

het verlof in aanmerking te komen, de bevoegdheid tot en de wijze van verlening, weigering, beperking en intrekking alsmede de duur en frequentie van het verlof en de voorwaarden die aan het verlof kunnen worden verbonden.

4. De directeur stelt een gedetineerde in de gelegenheid onder door hem te stellen voorwaarden de inrichting te verlaten teneinde een gerechtelijke procedure bij te wonen:
a. indien de gedetineerde krachtens wettelijk voorschrift verplicht is voor een rechter of bestuursorgaan te verschijnen;
b. indien de gedetineerde ter zake van een misdrijf moet terechtstaan;
c. indien de gedetineerde bij het bijwonen van de procedure een aanmerkelijk belang heeft en tegen het verlaten van de inrichting hiertoe geen overwegend bezwaar bestaat.

5. Met het oog op het verlaten van de inrichting, bedoeld in het vierde lid, kan de directeur aan daartoe door hem aangewezen ambtenaren of medewerkers bevelen dat de betrokken persoon naar de daartoe bestemde plaats wordt overgebracht.

6. Onze Minister kan nadere regels stellen omtrent de wijze waarop het vervoer van de gedetineerde ten behoeve het bijwonen van een gerechtelijke procedure, bedoeld in het vierde lid, plaatsvindt.

Verlaten inrichting, bijwonen gerechtelijke procedure

Verlaten inrichting, vervoer

Nadere regels

Hoofdstuk VI
Controle en geweldgebruik

Art. 27

Het recht van de gedetineerde op onaantastbaarheid van zijn lichaam, zijn kleding en de van zijn lichaam afgescheiden stoffen en zijn verblijfsruimte kan overeenkomstig de bepalingen van dit hoofdstuk worden beperkt.

Gedetineerde, onaantastbaarheid lichaam

Art. 28

1. De directeur stelt bij binnenkomst in en bij het verlaten van de inrichting, bij de tenuitvoerlegging van een bevel als bedoeld in artikel 2, eerste lid, aanhef, van de Wet DNA-onderzoek bij veroordeelden en voor zover dit anderszins noodzakelijk is, de identiteit van de gedetineerde vast.

2. De directeur stelt tevens voorafgaand aan en na afloop van bezoek de identiteit van de gedetineerde vast, tenzij een ambtenaar of medewerker op de gedetineerde voortdurend en persoonlijk toezicht houdt.

3. Het vaststellen van de identiteit van de gedetineerde omvat bij de eerste opname in de inrichting het vragen naar zijn naam, voornamen, geboorteplaats en geboortedatum, het adres waarop hij in de basisregistratie personen is ingeschreven en het adres van zijn feitelijke verblijfplaats buiten de inrichting. Het omvat tevens het nemen van een of meer vingerafdrukken. In de gevallen waarin de gedetineerde eerder overeenkomstig het Wetboek van Strafvordering of de Vreemdelingenwet 2000 vingerafdrukken zijn genomen en verwerkt, omvat het vaststellen van zijn identiteit bij binnenkomst in de inrichting tevens een vergelijking van zijn vingerafdrukken met de van hem verwerkte vingerafdrukken. In de andere gevallen omvat het vaststellen van zijn identiteit een onderzoek van zijn identiteitsbewijs, bedoeld in artikel 1 van de Wet op de identificatieplicht. Artikel 29c, tweede lid, van het Wetboek van Strafvordering is van overeenkomstige toepassing.

4. Het vaststellen van de identiteit van de gedetineerde omvat in de andere gevallen dan de eerste opname in de inrichting het nemen van een of meer vingerafdrukken en het vergelijken van die vingerafdrukken met de van hem bij binnenkomst genomen vingerafdrukken. Bij de tenuitvoerlegging van een bevel als bedoeld in artikel 2, eerste lid, aanhef, van de Wet DNA-onderzoek bij veroordeelden worden van de gedetineerde tevens een of meer vingerafdrukken overeenkomstig het Wetboek van Strafvordering genomen en verwerkt.

5. De directeur is bevoegd van de gedetineerde een of meer foto's te nemen. De foto's kunnen worden gebruikt voor het vervaardigen van een legitimatiebewijs en voor het voorkomen, opsporen, vervolgen en berechten van strafbare feiten. De gedetineerde is verplicht het legitimatiebewijs bij zich te dragen en op verzoek van een ambtenaar of medewerker te tonen.

6. Bij of krachtens algemene maatregel van bestuur worden nadere regels gesteld voor het verwerken van de persoonsgegevens, bedoeld in het derde tot en met vijfde lid.

Gedetineerde, vaststellen identiteit

Art. 29

1. De directeur is bevoegd een gedetineerde bij binnenkomst of bij het verlaten van de inrichting, voorafgaand aan of na afloop van bezoek, dan wel indien dit anderszins noodzakelijk is in het belang van de handhaving van de orde of de veiligheid in de inrichting, aan zijn lichaam of aan zijn kleding te onderzoeken.

2. Onze Minister is bevoegd ten behoeve van het vervoer een gedetineerde aan zijn lichaam of aan zijn kleding te onderzoeken.

3. Het onderzoek aan het lichaam van de gedetineerde omvat mede het uitwendig schouwen van de openingen en holten van het lichaam van de gedetineerde. Het onderzoek aan de kleding

Gedetineerde, onderzoek aan lichaam/kleding

Sdu　　　　　　　　　　　　　　　　　　　　　　　　　　　　　　　　　　　　773

van de gedetineerde omvat mede het onderzoek van de voorwerpen die de gedetineerde bij zich draagt of met zich meevoert.
4. Het onderzoek aan het lichaam van de gedetineerde wordt op een besloten plaats en, voor zover mogelijk, door personen van hetzelfde geslacht als de gedetineerde verricht.
5. Indien bij een onderzoek aan het lichaam of de kleding voorwerpen worden aangetroffen die niet in het bezit van de gedetineerde mogen zijn, en, voor zover het onderzoek betrekking heeft op de openingen of holten van het lichaam van de gedetineerde, deze voorwerpen zonder het gebruik van hulpmiddelen daaruit kunnen worden verwijderd, is de directeur bevoegd deze in beslag te nemen. Hij draagt zorg dat deze voorwerpen, hetzij onder afgifte van een bewijs van ontvangst ten behoeve van de gedetineerde op diens kosten worden bewaard, hetzij met toestemming van de gedetineerde worden vernietigd, hetzij aan een opsporingsambtenaar ter hand worden gesteld met het oog op de voorkoming of opsporing van strafbare feiten.

Art. 30

Gedetineerde, afstaan urine

1. De directeur kan, indien dit noodzakelijk is in het belang van de handhaving van de orde of de veiligheid in de inrichting dan wel in verband met de beslissing tot plaatsing of overplaatsing dan wel in verband met de verlening van verlof, een gedetineerde verplichten urine af te staan ten behoeve van een onderzoek van die urine op aanwezigheid van gedragsbeïnvloedende middelen.

Nadere regels

2. Onze Minister stelt nadere regels omtrent de wijze van uitvoering van het urineonderzoek. Deze regels betreffen in elk geval het recht van de gedetineerde om de uitslag te vernemen en om voor eigen rekening een hernieuwd onderzoek van de afgestane urine te laten plaatsvinden. Artikel 29, vierde lid, is van overeenkomstige toepassing.

Art. 31

Gedetineerde, onderzoek in het lichaam

1. De directeur kan bepalen dat een gedetineerde in het lichaam wordt onderzocht, indien dit noodzakelijk is ter afwending van een ernstig gevaar voor de handhaving van de orde of de veiligheid in de inrichting dan wel voor de gezondheid van de gedetineerde. Het onderzoek in het lichaam wordt verricht door een arts of, in diens opdracht, door een verpleegkundige.
2. Een ambtenaar of medewerker van de inrichting waar de gedetineerde verblijft kan indien onverwijlde tenuitvoerlegging geboden is, een beslissing als bedoeld in het eerste lid nemen.
3. Indien bij het onderzoek in het lichaam voorwerpen worden aangetroffen die niet in het bezit van de gedetineerde mogen zijn, en deze voorwerpen door de arts of verpleegkundige uit het lichaam kunnen worden verwijderd, is de directeur bevoegd deze in beslag te nemen. Artikel 29, vijfde lid, laatste volzin, is van overeenkomstige toepassing.

Art. 32

Gedetineerde, geneeskundige handelingen

1. De directeur kan een gedetineerde verplichten te gedogen dat ten aanzien van hem een bepaalde geneeskundige handeling wordt verricht, indien die handeling naar het oordeel van een arts volstrekt noodzakelijk is ter afwending van gevaar voor de gezondheid of veiligheid van de gedetineerde of van anderen. De handeling wordt verricht door een arts of, in diens opdracht, door een verpleegkundige.

Nadere regels

2. Bij algemene maatregel van bestuur worden nadere regels gesteld omtrent de toepassing van het eerste lid. Deze regels betreffen in ieder geval de melding en registratie van de geneeskundige handeling, alsmede de taak van de verantwoordelijke arts indien de geneeskundige handeling volstrekt noodzakelijk is ter afwending van gevaar, voortvloeiend uit de psychische stoornis, psychogeriatrische aandoening of verstandelijke handicap van de gedetineerde. De algemene maatregel van bestuur treedt niet eerder in werking dan acht weken na de datum van uitgifte van het Staatsblad waarin hij is geplaatst. Van de plaatsing wordt onverwijld mededeling gedaan aan de beide kamers der Staten-Generaal.

Art. 33

Gedetineerde, beperking bewegingsvrijheid tijdens afzondering

1. De directeur kan bepalen dat een gedetineerde tijdens de afzondering door bevestiging van mechanische middelen aan zijn lichaam voor een periode van ten hoogste vierentwintig uren in zijn bewegingsvrijheid wordt beperkt, indien die beperking noodzakelijk is ter afwending van een van de gedetineerde uitgaand ernstig gevaar voor diens gezondheid of de veiligheid van anderen dan de gedetineerde. De directeur stelt de arts of diens vervanger en de commissie van toezicht van de beslissing onverwijld in kennis.
2. Indien onverwijlde tenuitvoerlegging van de maatregel, bedoeld in het eerste lid, geboden is, kan een ambtenaar of medewerker hiertoe beslissen en deze voor een periode van ten hoogste vier uren ten uitvoer leggen. De directeur, de arts of diens vervanger en de commissie van toezicht worden hiervan onverwijld in kennis gesteld.
3. De directeur kan de beslissing tot bevestiging van mechanische middelen aan het lichaam van de gedetineerde telkens met ten hoogste vierentwintig uren verlengen. De beslissing tot verlenging wordt genomen na overleg met de aan de inrichting verbonden arts of diens vervanger.
4. Onze Minister stelt nadere regels omtrent de bevestiging van mechanische middelen aan het lichaam.

Penitentiaire beginselenwet

C26 art. 36

Art. 34
1. De directeur is bevoegd de verblijfsruimte van een gedetineerde op de aanwezigheid van voorwerpen die niet in zijn bezit mogen zijn te onderzoeken:
   a. indien dit onderzoek plaatsvindt in het kader van het algemeen toezicht op de aanwezigheid van verboden voorwerpen in de verblijfsruimten van gedetineerden;
   b. indien dit anderszins noodzakelijk is in het belang van de handhaving van de orde of de veiligheid in de inrichting.
2. Artikel 29, vijfde lid, is van overeenkomstige toepassing.
3. De directeur is bevoegd de verblijfsruimte van een gedetineerde te onderzoeken op de aanwezigheid van voorwerpen waarop vermoedelijk celmateriaal van de gedetineerde aanwezig is en deze voorwerpen in beslag te nemen, indien de officier van justitie hem op grond van artikel 6, eerste lid, van de Wet DNA-onderzoek bij veroordeelden een opdracht tot het in beslag nemen van deze voorwerpen heeft gegeven.

Gedetineerde, onderzoek verblijfsruimte

Art. 34a
1. De directeur kan bepalen dat de gedetineerde die in een individueel regime als bedoeld in artikel 22 of in een extra beveiligde inrichting als bedoeld in artikel 13, eerste lid, onder e, is geplaatst, dag en nacht door middel van een camera wordt geobserveerd:
   a. indien dit noodzakelijk is in het belang van de handhaving van de orde of de veiligheid in de inrichting;
   b. indien dit noodzakelijk is voor een ongestoorde tenuitvoerlegging van de vrijheidsbeneming;
   c. indien dit ter bescherming van de geestelijke of lichamelijke toestand van de gedetineerde noodzakelijk is;
   d. indien bij ontvluchting of schade aan de gezondheid van de gedetineerde grote maatschappelijke onrust zou kunnen ontstaan of ernstige schade zou kunnen worden toegebracht aan de betrekkingen van Nederland met andere staten of internationale organisaties.
2. Indien cameraobservatie wordt toegepast op de grond van het eerste lid, onder c, wordt, alvorens de directeur hiertoe beslist, het advies ingewonnen van een gedragsdeskundige onderscheidenlijk de inrichtingsarts, tenzij dit advies niet kan worden afgewacht. In dat geval wint de directeur het advies zo spoedig mogelijk na zijn beslissing in.
3. De cameraobservatie, bedoeld in het eerste lid, duurt ten hoogste twee weken. De directeur kan de cameraobservatie telkens voor ten hoogste twee weken verlengen, indien hij tot het oordeel is gekomen dat de noodzaak daartoe nog bestaat. De beslissing tot verlenging wordt genomen na overleg met de aan de inrichting verbonden arts of diens vervanger, of, in het geval, bedoeld in het eerste lid, onder c, een gedragsdeskundige.
4. De directeur draagt zorg dat, ingeval de cameraobservatie langer dan vierentwintig uren duurt, de commissie van toezicht en de aan de inrichting verbonden arts of diens vervanger terstond hiervan in kennis worden gesteld.

Gedetineerde, cameraobservatie

Art. 35
1. De directeur is bevoegd jegens een gedetineerde geweld te gebruiken dan wel vrijheidsbeperkende middelen aan te wenden, voor zover dit noodzakelijk is met het oog op een van de volgende belangen:
   a. de handhaving van de orde of de veiligheid in de inrichting;
   b. de uitvoering van een door de directeur genomen beslissing;
   c. de voorkoming van het zich onttrekken door de gedetineerde aan het op hem uitgeoefende toezicht;
   d. de uitvoering van een ingevolge het Wetboek van Strafvordering of de Wet DNA-onderzoek bij veroordeelden door de officier van justitie of de rechter-commissaris genomen beslissing.
2. Onze Minister is bevoegd jegens een gedetineerde geweld te gebruiken of vrijheidsbeperkende middelen aan te wenden met het oog op een van de volgende belangen:
   a. de uitvoering van een door hem genomen beslissing;
   b. de voorkoming van het zich onttrekken van de gedetineerde aan het op hem uitgeoefende toezicht.
3. Aan het gebruik van geweld gaat zo mogelijk een waarschuwing vooraf. Degene die geweld heeft gebruikt maakt hiervan onverwijld een schriftelijk verslag en doet dit verslag onverwijld aan de directeur dan wel Onze Minister toekomen.
4. Onze Minister stelt nadere regels omtrent het gebruik van geweld en de aanwending van vrijheidsbeperkende middelen.

Gedetineerde, noodzaak gebruik geweld/vrijheidsbeperkende middelen

Nadere regels

Hoofdstuk VII
Contact met de buitenwereld

Art. 36
1. De gedetineerde heeft, behoudens de overeenkomstig het tweede tot en met het vierde lid te stellen beperkingen, het recht brieven en stukken per post te verzenden en te ontvangen. De

Gedetineerde, verzenden/ontvangen post

hieraan verbonden kosten komen, tenzij de directeur anders bepaalt, voor rekening van de gedetineerde.
2. De directeur is bevoegd enveloppen of andere poststukken, afkomstig van of bestemd voor gedetineerden, op de aanwezigheid van bijgesloten voorwerpen te onderzoeken en deze hiertoe te openen. Indien de enveloppen of andere poststukken afkomstig zijn van of bestemd zijn voor de in artikel 37, eerste lid, genoemde personen of instanties, geschiedt dit onderzoek in aanwezigheid van de betrokken gedetineerde.
3. De directeur is bevoegd op de inhoud van brieven of andere poststukken afkomstig van of bestemd voor gedetineerden toezicht uit te oefenen. Dit toezicht kan omvatten het kopiëren van brieven of andere poststukken. Van de wijze van uitoefenen van toezicht wordt aan de gedetineerden tevoren mededeling gedaan.
4. De directeur kan de verzending of uitreiking van bepaalde brieven of andere poststukken alsmede bijgesloten voorwerpen weigeren, indien dit noodzakelijk is met het oog op een van de volgende belangen:
a. de handhaving van de orde of de veiligheid in de inrichting;
b. de bescherming van de openbare orde of nationale veiligheid;
c. de voorkoming of opsporing van strafbare feiten;
d. de bescherming van slachtoffers van of anderszins betrokkenen bij misdrijven.
5. De directeur draagt zorg dat de niet uitgereikte brieven of andere poststukken dan wel bijgesloten voorwerpen, hetzij worden teruggegeven aan de gedetineerde of voor diens rekening worden gezonden aan de verzender of een door de gedetineerde op te geven adres, hetzij onder afgifte van een bewijs van ontvangst ten behoeve van de gedetineerde worden bewaard, hetzij met toestemming van de gedetineerde worden vernietigd, hetzij aan een opsporingsambtenaar ter hand worden gesteld met het oog op de voorkoming of opsporing van strafbare feiten.

Art. 37

Gedetineerde, uitzondering briefgeheim

1. Artikel 36, derde en vierde lid, is niet van toepassing op brieven, door de gedetineerde gericht aan of afkomstig van:
a. leden van het Koninklijk Huis;
b. de Eerste of Tweede Kamer der Staten-Generaal, leden daarvan, de Nederlandse leden van het Europese Parlement of een commissie uit een van beide parlementen;
c. Onze Minister;
d. justitiële autoriteiten;
e. de Nationale ombudsman;
f. de inspecteurs van de Inspectie gezondheidszorg en jeugd;
g. de Raad, een commissie daaruit of leden of buitengewone leden daarvan;
h. de commissie van toezicht of een beklagcommissie, of leden daarvan;
i. organen, of leden daarvan, die krachtens een wettelijk voorschrift of een in Nederland geldend verdrag:
1°. bevoegd zijn tot kennisneming van klachten of behandeling van met een klacht aangevangen zaken; dan wel
2°. zijn belast met het houden van toezicht op de behandeling van personen aan wie hun vrijheid is ontnomen;
j. diens rechtsbijstandverlener;
k. diens reclasseringswerker;
l. andere door Onze Minister of de directeur aan te wijzen personen of instanties.
2. Onze Minister kan nadere regels stellen omtrent de wijze van verzending van brieven aan en door de in het eerste lid genoemde personen en instanties.

Art. 38

Gedetineerde, bezoek

1. De gedetineerde heeft het recht gedurende ten minste één uur per week op in de huisregels vastgestelde tijden en plaatsen bezoek te ontvangen. Onze Minister kan nadere regels stellen omtrent de toelating en weigering van bezoek. In de huisregels worden regels gesteld omtrent het aanvragen van bezoek.
2. De directeur kan het aantal tegelijkertijd tot de gedetineerde toe te laten personen beperken, indien dit noodzakelijk is in het belang van de handhaving van de orde of de veiligheid in de inrichting.
3. De directeur kan de toelating tot de gedetineerde van een bepaald persoon of van bepaalde personen weigeren, indien dit noodzakelijk is met het oog op een belang als bedoeld in artikel 36, vierde lid. Deze weigering geldt voor ten hoogste twaalf maanden.
4. De directeur kan bepalen dat tijdens het bezoek toezicht wordt uitgeoefend, indien dit noodzakelijk is met het oog op een belang als bedoeld in artikel 36, vierde lid. Dit toezicht kan omvatten het beluisteren of opnemen van het gesprek tussen de bezoeker en de gedetineerde. Tevoren wordt aan betrokkenen mededeling gedaan van de aard en de reden van het toezicht.
5. Iedere bezoeker dient zich bij binnenkomst op deugdelijke wijze te legitimeren. De directeur kan bepalen dat een bezoeker aan zijn kleding wordt onderzocht op de aanwezigheid van voorwerpen die een gevaar kunnen opleveren voor de orde of de veiligheid in de inrichting.

Penitentiaire beginselenwet

Dit onderzoek kan ook betrekking hebben op door hem meegebrachte voorwerpen. De directeur is bevoegd dergelijke voorwerpen gedurende de duur van het bezoek onder zich te nemen tegen afgifte van een bewijs van ontvangst dan wel aan een opsporingsambtenaar ter hand te stellen met het oog op de voorkoming of opsporing van strafbare feiten.
6. De directeur kan het bezoek binnen de daarvoor bestemde tijd beëindigen en de bezoeker uit de inrichting doen verwijderen, indien dit noodzakelijk is met het oog op een belang als bedoeld in artikel 36, vierde lid.
7. De in artikel 37, eerste lid, onder g, h, en i, onder 2° genoemde personen en instanties hebben te allen tijde toegang tot de gedetineerde. De overige in dat lid genoemde personen en instanties hebben toegang tot de gedetineerde op in de huisregels vastgestelde tijden en plaatsen. Tijdens dit bezoek kunnen zij zich vrijelijk met de gedetineerde onderhouden, behoudens ingeval de directeur, na overleg met de desbetreffende bezoeker, van mening is dat van de gedetineerde een ernstig gevaar uitgaat voor de veiligheid van de bezoeker. In dat geval laat de directeur voor het bezoek weten welke toezichthoudende maatregelen genomen worden om het onderhoud zo ongestoord mogelijk te laten verlopen. De toezichthoudende maatregelen mogen er niet toe leiden dat vertrouwelijke mededelingen in het onderhoud tussen de gedetineerde en diens rechtsbijstandverlener bij derden bekend kunnen worden.

Art. 39
1. De gedetineerde heeft, behoudens de overeenkomstig het tweede tot en met het vierde lid te stellen beperkingen, het recht ten minste eenmaal per week op in de huisregels vastgestelde tijden en plaatsen en met behulp van een daartoe aangewezen toestel gedurende tien minuten een of meer telefoongesprekken te voeren met personen buiten de inrichting. De hieraan verbonden kosten komen, tenzij de directeur anders bepaalt, voor rekening van de gedetineerde. In verband met het uitoefenen van toezicht als bedoeld in het tweede lid, kunnen telefoongesprekken worden opgenomen.
2. De directeur kan bepalen dat op de door of met de gedetineerde gevoerde telefoongesprekken toezicht wordt uitgeoefend, indien dit noodzakelijk is om de identiteit van de persoon met wie de gedetineerde een gesprek voert vast te stellen dan wel met het oog op een belang als bedoeld in artikel 36, vierde lid. Dit toezicht kan omvatten het beluisteren van een telefoongesprek of het uitluisteren van een opgenomen telefoongesprek. Aan de betrokkene wordt mededeling gedaan van de aard en de reden van het toezicht. Bij algemene maatregel van bestuur worden nadere regels gesteld over het opnemen van telefoongesprekken en het bewaren en verstrekken van opgenomen telefoongesprekken.
3. De directeur kan de gelegenheid tot het voeren van een bepaald telefoongesprek of bepaalde telefoongesprekken weigeren of een telefoongesprek binnen de daarvoor bestemde tijd beëindigen, indien dit noodzakelijk is met het oog op een belang als bedoeld in artikel 36, vierde lid. De beslissing tot het weigeren van een bepaald telefoongesprek of bepaalde telefoongesprekken geldt voor ten hoogste twaalf maanden. Onze Minister kan nadere regels stellen omtrent het weigeren van een bepaald telefoongesprek of bepaalde telefoongesprekken.
4. De gedetineerde wordt in staat gesteld met de in artikel 37, eerste lid, genoemde personen en instanties telefonisch contact te hebben, indien hiervoor de noodzaak en de gelegenheid bestaat. Op deze gesprekken wordt geen ander toezicht uitgeoefend dan noodzakelijk is om de identiteit van de personen of instantie met wie de gedetineerde een telefoongesprek voert of wenst te voeren vast te stellen.

Gedetineerde, telefoongesprekken

Art. 40
1. De directeur kan toestemming geven voor het voeren van een gesprek tussen de gedetineerde en een vertegenwoordiger van de media, voor zover dit zich verdraagt met de volgende belangen:
a. de handhaving van de orde of de veiligheid in de inrichting;
b. de bescherming van de openbare orde en de goede zeden;
c. de bescherming van de rechten en vrijheden van anderen dan de gedetineerde;
d. de voorkoming of opsporing van strafbare feiten.
2. De directeur kan met het oog op de bescherming van de in het eerste lid genoemde belangen aan de toegang van een vertegenwoordiger van de media tot de inrichting voorwaarden verbinden. De directeur is bevoegd een vertegenwoordiger van de media uit de inrichting te doen verwijderen, indien hij de hem opgelegde voorwaarden niet nakomt.
3. De directeur kan op het contact met een vertegenwoordiger van de media toezicht uitoefenen, indien dit noodzakelijk is met het oog op een belang als bedoeld in het eerste lid. Artikel 38, vierde lid, tweede en derde volzin, en vijfde lid, is van overeenkomstige toepassing.

Gedetineerde, mediacontacten

Hoofdstuk VIII
Verzorging, arbeid en andere activiteiten

Paragraaf 1
Verzorging

Art. 41

Gedetineerde, geestelijke verzorging

1. De gedetineerde heeft het recht zijn godsdienst of levensovertuiging, individueel of in gemeenschap met anderen, vrij te belijden en te beleven.
2. De directeur draagt zorg dat in de inrichting voldoende geestelijke verzorging, die zoveel mogelijk aansluit bij de godsdienst of levensovertuiging van de gedetineerden, beschikbaar is.
3. De directeur stelt de gedetineerde in de gelegenheid op in de huisregels vastgestelde tijden en plaatsen:
   a. persoonlijk contact te onderhouden met de geestelijke verzorger van de godsdienst of levensovertuiging van zijn keuze, die aan de inrichting is verbonden;
   b. contact te onderhouden met andere dan de onder a genoemde geestelijke verzorgers volgens artikel 38;
   c. in de inrichting te houden godsdienstige of levensbeschouwelijke bijeenkomsten van zijn keuze bij te wonen. Artikel 23 is van overeenkomstige toepassing.

Nadere regels

4. Bij of krachtens algemene maatregel van bestuur worden nadere regels gesteld ten aanzien van de beschikbaarheid van de geestelijke verzorging. Deze regels hebben betrekking op de verlening van geestelijke verzorging door of vanwege verschillende richtingen van godsdienst of levensovertuiging, op de organisatie en de bekostiging van de geestelijke verzorging en op de indienstneming van geestelijke verzorgers bij een inrichting.

Art. 42

Gedetineerde, medische verzorging

1. De gedetineerde heeft recht op verzorging door een aan de inrichting verbonden arts of diens vervanger.
2. De gedetineerde heeft recht op raadpleging, voor eigen rekening, van een arts van zijn keuze. De directeur stelt in overleg met de gekozen arts de plaats en het tijdstip van de raadpleging vast.
3. De directeur draagt zorg dat de aan de inrichting verbonden arts of diens vervanger:
   a. regelmatig beschikbaar is voor het houden van een spreekuur;
   b. op andere tijdstippen beschikbaar is, indien dit in het belang van de gezondheid van de gedetineerde noodzakelijk is;
   c. de gedetineerden die hiervoor in aanmerking komen onderzoekt op hun geschiktheid voor deelname aan arbeid, sport of een andere activiteit.
4. De directeur draagt zorg voor:
   a. de verstrekking van de door de aan de inrichting verbonden arts of diens vervanger voorgeschreven medicijnen en diëten;
   b. de behandeling van de gedetineerde op aanwijzing van de aan de inrichting verbonden arts of diens vervanger;
   c. de overbrenging van de gedetineerde naar een ziekenhuis dan wel andere instelling, indien de onder b bedoelde behandeling aldaar plaatsvindt.

Art. 43

Gedetineerde, sociale verzorging/hulpverlening

1. De gedetineerde heeft recht op sociale verzorging en hulpverlening.
2. De directeur draagt zorg dat reclasseringswerkers en daarvoor in aanmerking komende gedragsdeskundigen de in het eerste lid omschreven zorg en hulp in de inrichting kunnen verlenen.
3. De directeur draagt zorg voor overbrenging van de gedetineerde naar de daartoe bestemde plaats, indien de in het eerste lid omschreven zorg en hulp dit noodzakelijk maken en een dergelijke overbrenging zich verdraagt met de ongestoorde tenuitvoerlegging van de vrijheidsbeneming. Indien de gedetineerde wordt overgebracht ten behoeve van de verlening van forensische zorg bedoeld in de Wet forensische zorg, geschiedt de overbrenging overeenkomstig de bepalingen van die wet.

Art. 44

Gedetineerde, voeding en kleding

1. De directeur draagt zorg dat aan de gedetineerde voeding, noodzakelijke kleding en schoeisel worden verstrekt dan wel dat hem voldoende geldmiddelen ter beschikking worden gesteld om hierin naar behoren te voorzien.
2. De gedetineerde heeft recht op het dragen van eigen kleding en schoeisel, tenzij die een gevaar kunnen opleveren voor de orde of de veiligheid in de inrichting. Hij kan worden verplicht tijdens de arbeid of sport aangepaste kleding of schoeisel te dragen. In de huisregels kunnen regels worden gesteld omtrent de wijze van gebruik en onderhoud van kleding en schoeisel.
3. De directeur draagt zorg dat bij de verstrekking van voeding zoveel mogelijk rekening wordt gehouden met de godsdienst of levensovertuiging van de gedetineerden.

Penitentiaire beginselenwet — C26 art. 46b

4. De directeur draagt zorg dat de gedetineerde in staat gesteld wordt zijn uiterlijk en lichamelijke hygiëne naar behoren te verzorgen. — *Gedetineerde, uiterlijke verzorging/lichamelijke hygiëne*

5. In de huisregels worden regels gesteld omtrent de aankoop door gedetineerden van andere gebruiksartikelen dan die welke door de directeur ter beschikking worden gesteld. — *Gedetineerde, andere gebruiksartikelen*

Art. 45

1. In de huisregels kan worden bepaald dat het bezit van bepaalde soorten voorwerpen binnen de inrichting of een bepaalde afdeling daarvan verboden is, indien dit noodzakelijk is in het belang van de handhaving van de orde of de veiligheid in de inrichting, dan wel de beperking van de aansprakelijkheid van de directeur voor de voorwerpen. — *Gedetineerde, bezit voorwerpen*

2. De directeur kan een gedetineerde toestemming geven hem toebehorende voorwerpen, waarvan het bezit niet is verboden ingevolge het eerste lid, in zijn verblijfsruimte te plaatsen dan wel bij zich te hebben voor zover dit zich verdraagt met de volgende belangen:
a. de handhaving van de orde of de veiligheid in de inrichting;
b. de aansprakelijkheid van de directeur voor de voorwerpen.

3. De directeur kan aan de toestemming, bedoeld in het tweede lid, voorwaarden verbinden die kunnen betreffen het gebruik van en de aansprakelijkheid voor deze voorwerpen. Bij of krachtens algemene maatregel van bestuur kunnen regels worden gesteld krachtens welke de aansprakelijkheid van de directeur voor voorwerpen die een gedetineerde ingevolge het tweede lid onder zich heeft wordt beperkt tot een bepaald bedrag.

4. De directeur is bevoegd aan de gedetineerde toebehorende voorwerpen voor diens rekening te laten onderzoeken, teneinde vast te stellen of de toelating of het bezit daarvan kan worden toegestaan dan wel is verboden, ingevolge het eerste onderscheidenlijk het tweede lid.

5. De directeur is bevoegd voorwerpen ten aanzien waarvan geen toestemming is verleend dan wel die zijn verboden, ingevolge het eerste onderscheidenlijk het tweede lid, in beslag te nemen. Hij draagt zorg dat deze voorwerpen hetzij onder afgifte van een bewijs van ontvangst ten behoeve van de gedetineerde op diens kosten worden bewaard, hetzij voor diens rekening worden gezonden aan de verzender of een door de gedetineerde op te geven adres, hetzij met toestemming van de gedetineerde worden vernietigd, hetzij aan een opsporingsambtenaar ter hand worden gesteld met het oog op de voorkoming of opsporing van strafbare feiten.

Art. 46

1. Het bezit van contant geld door de gedetineerden in de inrichting of een afdeling is verboden, tenzij in de huisregels anders is bepaald. — *Gedetineerde, contant geld/rekening-courant*

2. In inrichtingen of afdelingen waar het bezit van contant geld door de gedetineerden verboden is, heeft de gedetineerde de beschikking over een rekening-courant bij de inrichting.

3. In de huisregels kunnen nadere regels worden gesteld omtrent het bezit van contant geld en het gebruik van de rekening-courant. Deze regels kunnen een beperking betreffen van het bedrag waarover de gedetineerde ten hoogste in contanten of door middel van zijn rekening-courant mag beschikken.

Paragraaf 1a
Verblijf in een bijzondere afdeling in verband met de geestelijke gezondheidstoestand

Art. 46a

Voor de toepassing van deze paragraaf wordt onder gevaar verstaan: — *Begripsbepalingen*

Gevaar:
1. gevaar voor de gedetineerde, die het veroorzaakt, hetgeen onder meer bestaat uit:
a. het gevaar dat de gedetineerde zich van het leven zal beroven of zichzelf ernstig lichamelijk letsel zal toebrengen;
b. het gevaar dat de gedetineerde maatschappelijk te gronde gaat;
c. het gevaar dat de gedetineerde zichzelf in ernstige mate zal verwaarlozen;
d. het gevaar dat de gedetineerde met hinderlijk gedrag agressie van anderen zal oproepen.
2. gevaar voor een of meer anderen, hetgeen onder meer bestaat uit:
a. het gevaar dat de gedetineerde een ander van het leven zal beroven of hem ernstig lichamelijk letsel zal toebrengen;
b. het gevaar voor de psychische gezondheid van een ander;
c. het gevaar dat de gedetineerde een ander, die aan zijn zorg is toevertrouwd, zal verwaarlozen;
3. gevaar voor de algemene veiligheid van personen of goederen.

Art. 46b

1. De directeur draagt zorg dat in overleg met de gedetineerde die in verband met zijn geestelijke gezondheidstoestand verblijft in een daartoe op grond van artikel 14 aangewezen afdeling of inrichting een geneeskundig behandelingsplan wordt vastgesteld. — *Geestelijke gezondheid, vaststelling geneeskundig behandelingplan*

2. Het geneeskundig behandelingsplan is gericht op het zodanig wegnemen van het gevaar dat de psychische stoornis, psychogeriatrische aandoening of verstandelijke handicap de gede-

tineerde doet veroorzaken dat de gedetineerde niet langer in verband met zijn geestelijke gezondheidstoestand in een daartoe krachtens artikel 14 aangewezen afdeling of inrichting behoeft te verblijven. Zo mogelijk geschiedt dit door het behandelen van de stoornis. Indien dit niet mogelijk is, geschiedt dit door het anderszins wegnemen van het gevaar.

Nadere regels

3. Bij algemene maatregel van bestuur worden regels gesteld omtrent de eisen waaraan een geneeskundig behandelingsplan tenminste moet voldoen en de voorschriften die bij een wijziging daarvan in acht genomen moeten worden.
4. Alvorens het geneeskundig behandelingsplan wordt vastgesteld, wordt overleg gepleegd met
    a. de curator indien de gedetineerde onder curatele is gesteld
    b. de mentor, indien ten behoeve van de gedetineerde een mentorschap is ingesteld.

Art. 46c

Geestelijke gezondheid, voorwaarden voor geneeskundige behandeling

Geneeskundige behandeling van de geestelijke gezondheidstoestand van de gedetineerde vindt slechts plaats:
a. voor zover deze is voorzien in het geneeskundig behandelingsplan als bedoeld in artikel 46b, eerste lid
b. indien het overleg over het geneeskundig behandelingsplan, bedoeld in artikel 46b, eerste lid of vierde lid, tot overeenstemming heeft geleid, en
c. indien de gedetineerde of de persoon als bedoeld in artikel 46b, vierde lid, zich niet tegen de behandeling verzet.

Art. 46d

Indien niet voldaan wordt aan de voorwaarden van artikel 46c, onderdelen b en c, kan als uiterste redmiddel niettemin geneeskundige behandeling plaatsvinden:
a. voor zover aannemelijk is dat zonder die geneeskundige behandeling het gevaar dat de psychische stoornis, psychogeriatrische aandoening of verstandelijke handicap de gedetineerde doet veroorzaken niet binnen een redelijke termijn kan worden weggenomen, of
b. indien de directeur daartoe een besluit heeft genomen en dit naar het oordeel van een arts volstrekt noodzakelijk is om het gevaar dat de psychische stoornis, psychogeriatrische aandoening of verstandelijke handicap de gedetineerde binnen de inrichting doet veroorzaken, af te wenden.

Art. 46e

1. Geneeskundige behandeling overeenkomstig artikel 46d, onder a, vindt plaats na een schriftelijke beslissing van de directeur waarin wordt vermeld voor welke termijn zij geldt.
2. Ten behoeve van deze beslissing dient te worden overgelegd een verklaring van de behandelend psychiater alsmede een verklaring van een psychiater die de gedetineerde met het oog daarop kort tevoren heeft onderzocht maar niet bij diens behandeling betrokken was. Uit deze verklaringen dient te blijken dat de gedetineerde op wie de verklaring betrekking heeft, een psychische stoornis, psychogeriatrische aandoening of verstandelijke handicap heeft en dat een geval als bedoeld in artikel 46d, onder a, zich voordoet. De verklaringen moeten met redenen zijn omkleed en ondertekend.
3. De beslissing als bedoeld in het eerste lid wordt gemeld aan de voorzitter van de Commissie van Toezicht. De voorzitter van de Commissie van Toezicht doet onverwijld een melding aan de maandcommissaris.
4. De termijn als bedoeld in het eerste lid is zo kort mogelijk, maar niet langer dan drie maanden, gerekend vanaf de dag waarop de beslissing tot stand komt. De directeur doet onverwijld een afschrift van de beslissing toekomen aan de gedetineerde of de persoon als bedoeld in artikel 46b, vierde lid.
5. Indien na afloop van de termijn als bedoeld in het eerste lid, voortzetting van de geneeskundige behandeling overeenkomstig artikel 46d, onder a, nodig is, geschiedt dit slechts krachtens een schriftelijke beslissing van de directeur. Het bepaalde in de voorgaande volzin is eveneens van toepassing indien binnen zes maanden na afloop van de termijn als bedoeld in het vierde lid opnieuw behandeling overeenkomstig artikel 46d, onder a, nodig is. De gedetineerde of de persoon als bedoeld in artikel 46b, vierde lid, ontvangt onverwijld een afschrift van deze beslissing. De directeur geeft in zijn beslissing aan waarom van een behandeling alsnog het beoogde effect wordt verwacht. Op zodanige beslissingen is het vierde lid, eerste volzin van toepassing.

Nadere regels

6. Bij algemene maatregel van bestuur worden nadere regels gesteld omtrent de toepassing van het eerste, tweede, vierde en vijfde lid alsmede omtrent de toepassing van artikel 46d onder b.
7. Deze in het zesde lid bedoelde regels betreffen in ieder geval de melding en de registratie van de behandeling alsmede de taak van de behandelend arts. Tevens kunnen categorieën van behandelingsmiddelen of -maatregelen worden aangewezen die niet mogen worden toegepast bij een geneeskundige behandeling als bedoeld in artikel 46d. Bij algemene maatregel van bestuur kunnen voorts ten aanzien van daarbij aangegeven categorieën van behandelingsmiddelen of -maatregelen regels worden gegeven met betrekking tot de wijze waarop tot toepassing daarvan moet worden besloten.

Penitentiaire beginselenwet

Paragraaf 2
Arbeid en andere activiteiten

Art. 47
1. De gedetineerde heeft recht op deelname aan de in de inrichting beschikbare arbeid.
2. De directeur draagt zorg voor de beschikbaarheid van arbeid voor de gedetineerden, voor zover de aard van de detentie zich daar niet tegen verzet.
3. Gedetineerden die, al dan niet onherroepelijk, tot een vrijheidsstraf zijn veroordeeld zijn verplicht de aan hen door de directeur opgedragen arbeid, zowel binnen als buiten de inrichting of afdeling, te verrichten.
4. De arbeidstijd wordt in de huisregels vastgesteld binnen de grenzen van hetgeen buiten de inrichting gebruikelijk is.
5. Onze Minister stelt regels omtrent de samenstelling en de hoogte van het arbeidsloon. De directeur is belast met de vaststelling en uitbetaling van het arbeidsloon.

Gedetineerde, deelname arbeid

Art. 48
1. De gedetineerde heeft recht op het kennis nemen van het nieuws, voor eigen rekening, en het wekelijks gebruik maken van een bibliotheekvoorziening. De gedetineerde heeft het recht op het volgen van onderwijs en het deelnemen aan andere educatieve activiteiten voor zover deze zich verdragen met de aard en de duur van de detentie en de persoon van de gedetineerde.
2. De gedetineerde heeft recht op lichamelijke oefening en het beoefenen van sport gedurende ten minste tweemaal drie kwartier per week, voor zover zijn gezondheid zich daar niet tegen verzet.
3. De directeur draagt zorg dat daarvoor in aanmerking komende functionarissen in de in het eerste lid, tweede volzin, en tweede lid bedoelde activiteiten kunnen voorzien.
4. Onze Minister stelt regels omtrent de voorwaarden waaronder een tegemoetkoming kan worden verleend in de kosten die voor de gedetineerde aan het volgen van onderwijs en het deelnemen aan andere educatieve activiteiten voor zover hierin niet in de inrichting wordt voorzien, kunnen zijn verbonden. Deze voorwaarden kunnen betreffen de aard, de duur en de kosten van deze activiteiten alsmede de vooropleiding van de gedetineerde en diens vorderingen.

Gedetineerde, nieuwsvoorziening/bibliotheek/onderwijs

Gedetineerde, lichamelijke oefening/sport

Nadere regels

Art. 49
1. De gedetineerde heeft recht op recreatie en dagelijks verblijf in de buitenlucht, voor zover zijn gezondheid zich daar niet tegen verzet.
2. De directeur draagt zorg dat de gedetineerde in de gelegenheid wordt gesteld tot deelname aan recreatieve activiteiten, gedurende ten minste zes uren per week.
3. De directeur draagt zorg dat de gedetineerde in de gelegenheid wordt gesteld dagelijks ten minste een uur in de buitenlucht te verblijven.

Gedetineerde, recreatie/verblijf in buitenlucht

Hoofdstuk IX
Disciplinaire straffen

Art. 50
1. Indien een ambtenaar of medewerker constateert dat een gedetineerde betrokken is bij feiten die onverenigbaar zijn met de orde of de veiligheid in de inrichting dan wel met de ongestoorde tenuitvoerlegging van de vrijheidsbeneming en hij voornemens is daarover aan de directeur schriftelijk verslag te doen, deelt hij dit de gedetineerde mede.
2. De directeur beslist over het opleggen van een disciplinaire straf zo spoedig mogelijk nadat hem dit verslag is gedaan.
3. Indien de directeur of zijn plaatsvervanger feiten als bedoeld in het eerste lid constateert, blijft het eerste lid buiten toepassing.
4. Een straf kan worden opgelegd dan wel ten uitvoer gelegd in een andere inrichting of afdeling dan waarin het verslag, bedoeld in het eerste lid, is opgemaakt.

Gedetineerde, disciplinaire straffen

Art. 51
1. De directeur kan wegens het begaan van feiten als bedoeld in artikel 50, eerste lid, de navolgende disciplinaire straffen opleggen:
   a. opsluiting in een strafcel dan wel een andere verblijfsruimte voor ten hoogste twee weken;
   b. ontzegging van bezoek voor ten hoogste vier weken, indien het feit plaatsvond in verband met bezoek van die persoon of personen;
   c. uitsluiting van deelname aan een of meer bepaalde activiteiten voor ten hoogste twee weken;
   d. weigering, intrekking of beperking van het eerstvolgende verlof;
   e. geldboete tot een bedrag van ten hoogste tweemaal het in de inrichting of afdeling geldende weekloon.
2. De directeur bepaalt bij de oplegging van een geldboete tevens door welke andere straf deze zal worden vervangen, ingeval de boete niet binnen de daartoe door hem gestelde termijn is betaald.

Disciplinaire straffen, op te leggen straffen

3. De directeur kan voor feiten als bedoeld in artikel 50, eerste lid, meer dan één straf opleggen, met dien verstande dat de in het eerste lid onder a en c genoemde straffen slechts kunnen worden opgelegd voor zover zij tezamen niet langer duren dan twee weken;
4. De oplegging van een straf laat onverlet de mogelijkheid voor de directeur om terzake van de door de gedetineerde toegebrachte schade met hem een regeling te treffen.
5. Geen straf kan worden opgelegd, indien de gedetineerde voor het begaan van een feit als bedoeld in artikel 50, eerste lid, niet verantwoordelijk kan worden gesteld.
6. Indien een straf is opgelegd wordt deze onverwijld ten uitvoer gelegd. De directeur kan bepalen dat een straf niet of slechts ten dele ten uitvoer wordt gelegd.

Art. 51a

Disciplinaire straffen, cameraobservatie

1. De directeur kan, indien dit ter bescherming van de geestelijke of lichamelijke toestand van de gedetineerde noodzakelijk is, bepalen dat de gedetineerde die in een strafcel verblijft, dag en nacht door middel van een camera wordt geobserveerd.
2. Alvorens hij hiertoe beslist, wint hij het advies in van een gedragsdeskundige onderscheidenlijk de inrichtingsarts, tenzij dit advies niet kan worden afgewacht. In dat geval wint de directeur het advies zo spoedig mogelijk na zijn beslissing in.

Art. 52

Disciplinaire straffen, in andere afdeling/inrichting

1. Indien de tenuitvoerlegging van de opsluiting in een strafcel in de inrichting of afdeling waarin zij is opgelegd niet mogelijk is of op ernstige bezwaren stuit, kan zij in een andere inrichting of afdeling worden ondergaan.
2. Indien de directeur van oordeel is dat de in het eerste lid bedoelde omstandigheid zich voordoet, plaatst hij in overeenstemming met Onze Minister de gedetineerde hiertoe over.

Nadere regels

3. Onze Minister stelt nadere regels omtrent de procedure van overplaatsing ingevolge het tweede lid.

Art. 53

Disciplinaire straffen, voorwaardelijke straf

1. Een straf kan geheel of ten dele voorwaardelijk worden opgelegd. De proeftijd bedraagt ten hoogste drie maanden.
2. De directeur stelt in elk geval als voorwaarde dat de gedetineerde zich onthoudt van het plegen van feiten die onverenigbaar zijn met de orde of de veiligheid in de inrichting dan wel met de ongestoorde tenuitvoerlegging van de vrijheidsbeneming. De directeur kan andere voorwaarden aan het gedrag van de gedetineerde stellen. De opgelegde voorwaarden worden vermeld in de mededeling, bedoeld in artikel 58, eerste lid.
3. Bij het overtreden van een voorwaarde binnen de proeftijd kan de directeur bepalen dat de opgelegde voorwaardelijke straf geheel of ten dele ten uitvoer wordt gelegd.
4. De directeur kan een onvoorwaardelijke straf geheel of ten dele omzetten in een voorwaardelijke straf.

Art. 54

Disciplinaire straffen, aantekening

1. Van elke strafoplegging dan wel wijziging daarvan houdt de directeur aantekening.
2. Indien een straf ingevolge de hoofdstukken XI of XII geheel of ten dele wordt herzien, houdt de directeur hiervan aantekening.

Art. 55

Disciplinaire straffen, uitsluiting deelname activiteiten

1. De gedetineerde aan wie de disciplinaire straf van opsluiting, bedoeld in artikel 51, eerste lid, onder a, is opgelegd is uitgesloten van het deelnemen aan activiteiten, voor zover de directeur niet anders bepaalt en behoudens het dagelijks verblijf in de buitenlucht, bedoeld in artikel 49, derde lid. De directeur kan het contact met de buitenwereld gedurende het verblijf in de strafcel beperken of uitsluiten.

Disciplinaire straffen, informeren commissie van toezicht/arts

2. De directeur draagt zorg dat, ingeval de opsluiting in een strafcel ten uitvoer wordt gelegd en langer dan vierentwintig uren duurt, de commissie van toezicht en de aan de inrichting verbonden arts of diens vervanger hiervan terstond hiervan in kennis worden gesteld.

Nadere regels

3. Onze Minister stelt nadere regels omtrent het verblijf in en de inrichting van de strafcel. Deze betreffen in elk geval de rechten die tijdens het verblijf in de strafcel aan de gedetineerde toekomen.

Hoofdstuk X
Informatie, hoor- en mededelingsplicht en dossier

Art. 56

Gedetineerde, informatie over rechten/plichten

1. De directeur draagt zorg dat de gedetineerde bij binnenkomst in de inrichting, schriftelijk en zoveel mogelijk in een voor hem begrijpelijke taal, op de hoogte wordt gesteld van zijn bij of krachtens deze wet gestelde rechten en plichten.
2. De gedetineerde wordt hierbij in het bijzonder gewezen op diens bevoegdheid:
   a. een bezwaar- of verzoekschrift in te dienen overeenkomstig hoofdstuk IV;
   b. zich te wenden tot de maandcommissaris van de commissie van toezicht;
   c. een klaag- of beroepschrift in te dienen overeenkomstig de hoofdstukken XI, XII en XIII.

Penitentiaire beginselenwet

3. Een gedetineerde vreemdeling wordt bij binnenkomst in de inrichting geïnformeerd over zijn recht de consulaire vertegenwoordiger van zijn land van zijn detentie op de hoogte te laten stellen.

Art. 57
1. De directeur stelt de gedetineerde in de gelegenheid te worden gehoord, zoveel mogelijk in een voor hem begrijpelijke taal, alvorens hij beslist omtrent:

Gedetineerde, hoorrecht in begrijpelijke taal

a. de weigering of intrekking van de toestemming om een kind in de inrichting onder te brengen, bedoeld in artikel 12;
b. de uitsluiting van deelname aan activiteiten en de verlenging daarvan, bedoeld in artikel 23, eerste lid, onder a of b, onderscheidenlijk tweede lid;
c. de plaatsing in afzondering en de verlenging hiervan, bedoeld in artikel 24, eerste lid, op grond van artikel 23, eerste lid, onder a of b, onderscheidenlijk artikel 24, derde lid, en de toepassing van artikel 25;
d. de beperking en de intrekking van verlof, bedoeld in artikel 26, derde lid;
e. het onderzoek in het lichaam, bedoeld in artikel 31;
f. het gedogen van een geneeskundige handeling, bedoeld in artikel 32;
g. het verrichten van een geneeskundige behandeling bedoeld in artikel 46d, onder a of b;
h. de bevestiging door mechanische middelen en de verlenging daarvan, bedoeld in artikel 33, eerste onderscheidenlijk derde lid;
i. de observatie door middel van een camera en de verlenging daarvan, bedoeld in artikel 34a, eerste onderscheidenlijk derde lid;
j. de observatie door middel van een camera, bedoeld in de artikelen 24a, eerste lid, en 51a, eerste lid;
k. de oplegging van een disciplinaire straf, bedoeld in artikel 51, en toepassing van de artikelen 52 en 53, derde lid;
l. de overplaatsing van een gedetineerde naar een andere locatie binnen dezelfde penitentiaire inrichting.
2. Zo nodig geschiedt het horen van de gedetineerde met bijstand van een tolk. Van het horen van de gedetineerde wordt aantekening gehouden.
3. Toepassing van het eerste lid, onder b, c, d, e, f, h en l, kan achterwege blijven indien:
a. de vereiste spoed zich daartegen verzet;
b. de gemoedstoestand van de gedetineerde daaraan in de weg staat.

Art. 58
1. De directeur geeft de gedetineerde van elke beslissing als bedoeld in artikel 57, eerste lid, onverwijld schriftelijk en zoveel mogelijk in een voor hem begrijpelijke taal een met redenen omklede, gedagtekende en ondertekende mededeling.

Gedetineerde, schriftelijke mededeling beslissing

2. De directeur geeft de gedetineerde op de in het eerste lid omschreven wijze een mededeling omtrent:
a. de weigering van verzending of uitreiking van een brief of ander poststuk dan wel van bijgesloten voorwerpen, bedoeld in artikel 36, vierde lid;
b. de weigering van de toelating tot de gedetineerde van een bepaald persoon of bepaalde personen, bedoeld in artikel 38, derde lid;
c. het verbod van het voeren van een bepaald telefoongesprek of bepaalde telefoongesprekken, bedoeld in artikel 39, derde lid;
d. de weigering van een contact met een vertegenwoordiger van de media, bedoeld in artikel 40, eerste lid.
3. In de gevallen, genoemd in het tweede lid, kan de mededeling achterwege blijven, indien de beslissing van de directeur strekt ter uitvoering van een beperking die aan de gedetineerde is opgelegd ingevolge de artikelen 62, 62a en 76 van het Wetboek van Strafvordering.
4. De gedetineerde wordt in de mededeling, bedoeld in het eerste en tweede lid, gewezen op de mogelijkheid van het instellen van beklag, bedoeld in hoofdstuk XI, de wijze waarop en de termijn waarbinnen zulks dient te geschieden, alsmede op de mogelijkheid tot het doen van een verzoek aan de voorzitter van de beroepscommissie om hangende de uitspraak op het klaagschrift de tenuitvoerlegging van de beslissing geheel of gedeeltelijk te schorsen.

Art. 59
Bij of krachtens algemene maatregel van bestuur worden regels gesteld omtrent de aanleg van dossiers. In elk geval betreffen deze de omschrijving van gedetineerden over wie een dossier moet worden aangelegd, de aard van de daarin vervatte informatie, het recht op inzage of afschrift van het dossier door de betrokken gedetineerde en de beperkingen daarop en de termijn gedurende welke alsmede de wijze waarop het dossier bewaard blijft.

Nadere regels

Hoofdstuk Xa
Bemiddeling

Art. 59a

Gedetineerde, verzoek aan commissie tot bemiddeling

1. De gedetineerde heeft het recht zich, mondeling of schriftelijk, tot de commissie van toezicht te wenden met het verzoek te bemiddelen ter zake van een grief omtrent de wijze waarop de directeur zich in een bepaalde aangelegenheid jegens hem heeft gedragen of een bij of krachtens deze wet gestelde zorgplicht heeft betracht. Een gedraging van een ambtenaar of medewerker jegens de gedetineerde wordt met het oog op de toepassing van deze bepaling als een gedraging van de directeur aangemerkt.
2. Indien de grief een beslissing betreft waartegen beklag openstaat, dient dit verzoek uiterlijk op de zevende dag na die waarop de gedetineerde kennis heeft gekregen van die beslissing te worden ingediend.
3. De commissie van toezicht streeft ernaar binnen vier weken een voor beide partijen aanvaardbare oplossing te bereiken. Zij kan de bemiddeling geheel of ten dele aan de maandcommissaris of een ander uit haar midden aangewezen lid opdragen.
4. De commissie van toezicht stelt de gedetineerde en de directeur in de gelegenheid, al dan niet in elkaars tegenwoordigheid, hun standpunt mondeling toe te lichten. Indien de gedetineerde de Nederlandse taal niet voldoende beheerst, draagt de commissie van toezicht zorg voor de bijstand van een tolk.
5. De commissie van toezicht legt de resultaten van de bemiddeling neer in een schriftelijke mededeling en zendt dan wel reikt uit een gedagtekend afschrift daarvan aan de directeur en de gedetineerde. De datum van die toezending of uitreiking wordt op dit afschrift aangetekend. Indien de gedetineerde de Nederlandse taal niet voldoende begrijpt, draagt de commissie van toezicht zorg voor een vertaling van de mededeling. In de gevallen, bedoeld in artikel 60, wordt de gedetineerde gewezen op de mogelijkheid van beklag en de wijze waarop en de termijn waarbinnen dit moet worden gedaan.

Hoofdstuk XI
Beklag

Art. 60

Gedetineerde, beklag

1. Een gedetineerde kan bij de beklagcommissie beklag doen over een hem betreffende door of namens de directeur genomen beslissing.
2. Met een beslissing als bedoeld in het eerste lid wordt gelijkgesteld een verzuim of weigering om te beslissen. Het nemen van een beslissing wordt geacht te zijn verzuimd of geweigerd, indien niet binnen de wettelijke of, bij het ontbreken daarvan, binnen een redelijke termijn een beslissing is genomen.
3. De directeur draagt zorg dat een gedetineerde die beklag wenst te doen daartoe zo spoedig mogelijk in de gelegenheid wordt gesteld.

Art. 61

Beklag, procedure

1. De gedetineerde doet beklag door de indiening van een klaagschrift bij de beklagcommissie bij de inrichting waar de beslissing waarover hij klaagt is genomen.
2. De indiening van het klaagschrift kan door tussenkomst van de directeur van de inrichting waar de gedetineerde verblijft geschieden. De directeur draagt in dat geval zorg dat het klaagschrift of, indien het klaagschrift zich in een envelop bevindt, de envelop van een dagtekening wordt voorzien, welke geldt als dag van indiening.
3. Het klaagschrift vermeldt zo nauwkeurig mogelijk de beslissing waarover wordt geklaagd en de redenen van het beklag. Indien de gedetineerde omtrent de beslissing waarover hij klaagt geen verzoek tot bemiddeling heeft gedaan, vermeldt hij de redenen hiervoor in het klaagschrift.
4. Indien de gedetineerde de Nederlandse taal niet voldoende beheerst kan hij het klaagschrift in een andere taal indienen. De voorzitter van de beklagcommissie kan bepalen dat het klaagschrift in de Nederlandse taal wordt vertaald. De vergoeding van de voor de vertaling gemaakte kosten geschiedt volgens regelen te stellen bij algemene maatregel van bestuur.
5. Het klaagschrift wordt uiterlijk op de zevende dag na die waarop de gedetineerde kennis heeft gekregen van de beslissing waarover hij zich wenst te beklagen ingediend. Een na afloop van deze termijn ingediend klaagschrift is niettemin ontvankelijk, indien redelijkerwijs niet kan worden geoordeeld dat de gedetineerde in verzuim is geweest.
6. Indien een gedetineerde een verzoek tot bemiddeling als bedoeld in artikel 59a heeft gedaan, wordt, in afwijking van het vijfde lid, het klaagschrift ingediend uiterlijk op de zevende dag na die waarop de gedetineerde de schriftelijke mededeling van de bevindingen van de commissie van toezicht heeft ontvangen.

Art. 62

Beklag, beklagcommissie

1. Het klaagschrift wordt behandeld door een door de commissie van toezicht benoemde beklagcommissie, bestaande uit drie leden, die wordt bijgestaan door een secretaris. Een lid van

Penitentiaire beginselenwet

de commissie van toezicht neemt geen deel aan de behandeling van het klaagschrift, indien hij heeft bemiddeld ter zake van de beslissing waarop het klaagschrift betrekking heeft of daarmee op enige andere wijze bemoeienis heeft gehad.
2. De voorzitter dan wel een door hem aangewezen lid van de beklagcommissie kan, indien hij het beklag van eenvoudige aard, dan wel kennelijk niet-ontvankelijk, kennelijk ongegrond of kennelijk gegrond acht, het klaagschrift enkelvoudig afdoen, met dien verstande dat hij tevens de bevoegdheden bezit die aan de voorzitter van de voltallige beklagcommissie toekomen.
3. De voorzitter, dan wel het door hem aangewezen lid, bedoeld in het tweede lid, kan de behandeling te allen tijde verwijzen naar de voltallige beklagcommissie.
4. De behandeling van het klaagschrift vindt niet in het openbaar plaats, behoudens ingeval de beklagcommissie van oordeel is dat de niet openbare behandeling niet verenigbaar is met enige een ieder verbindende bepaling van een in Nederland geldend verdrag.

Art. 63
1. De secretaris van de beklagcommissie zendt de directeur een afschrift van het klaagschrift toe. <small>Beklag, informeren directeur</small>
2. De directeur geeft dienaangaande zo spoedig mogelijk schriftelijk de nodige inlichtingen aan de beklagcommissie, tenzij hij van oordeel is dat het klaagschrift kennelijk niet-ontvankelijk of kennelijk ongegrond is of tenzij het vierde lid toepassing vindt. Hij voegt daaraan de opmerkingen toe, waartoe het klaagschrift hem overigens aanleiding geeft.
3. Aan de klager geeft de secretaris van de beklagcommissie schriftelijk kennis van de inhoud van deze inlichtingen en opmerkingen.
4. De voorzitter van de beklagcommissie kan de behandeling van het klaagschrift voor onbepaalde tijd uitstellen, indien hij van oordeel is dat het klaagschrift zich leent voor bemiddeling of indien de bemiddelingsprocedure nog niet is afgesloten. In het eerste geval stelt de voorzitter een afschrift van het klaagschrift ter hand aan de maandcommissaris of een ander lid van de commissie van toezicht met het verzoek om te bemiddelen. Artikel 59a is van overeenkomstige toepassing.
5. Indien de commissie van toezicht omtrent de beslissing waarover wordt geklaagd heeft bemiddeld en zij haar bevindingen schriftelijk en de gedetineerde en de directeur heeft medegedeeld, voegt de secretaris van de beklagcommissie de bevindingen bij de processtukken.

Art. 64
1. De beklagcommissie stelt de klager en de directeur in de gelegenheid omtrent het klaagschrift mondeling opmerkingen te maken, tenzij zij het beklag aanstonds kennelijk niet-ontvankelijk, kennelijk ongegrond of kennelijk gegrond acht. <small>Beklag, horen klager en directeur</small>
2. De klager en de directeur kunnen de voorzitter van de beklagcommissie de vragen opgeven die zij aan elkaar gesteld wensen te zien.
3. De beklagcommissie kan de directeur en de klager buiten elkaars aanwezigheid horen. In dat geval worden zij in de gelegenheid gesteld vooraf de vragen op te geven die zij gesteld wensen te zien en wordt de zakelijke inhoud van de aldus afgelegde verklaring door de voorzitter van de beklagcommissie aan de klager onderscheidenlijk de directeur mondeling medegedeeld.
4. De beklagcommissie kan ook bij andere personen mondeling of schriftelijk inlichtingen inwinnen. Indien mondeling inlichtingen worden ingewonnen, zijn het tweede en derde lid, tweede volzin, van overeenkomstige toepassing.

Art. 65
1. De klager heeft het recht zich te doen bijstaan door een rechtsbijstandverlener of een andere vertrouwenspersoon, die daartoe van de beklagcommissie toestemming heeft gekregen. Indien aan de klager een advocaat is toegevoegd, geschieden diens beloning en de vergoeding van de door hem gemaakte kosten volgens regelen te stellen bij algemene maatregel van bestuur. <small>Beklag, rechtsbijstandverlener/vertrouwenspersoon</small>
2. Indien de klager de Nederlandse taal niet voldoende beheerst, draagt de voorzitter zorg voor de bijstand van een tolk. De beloning van de tolk en de vergoeding van de door de tolk gemaakte kosten geschieden volgens regelen te stellen bij algemene maatregel van bestuur. <small>Beklag, tolk</small>
3. Tijdens de beklagprocedure staat de beklagcommissie aan de klager op diens verzoek toe van de gedingstukken kennis te nemen. <small>Beklag, inzage gedingstukken</small>
4. Indien de klager elders verblijft kunnen de opmerkingen, bedoeld in artikel 64, eerste lid, op verzoek van de beklagcommissie ten overstaan van een lid van een andere beklagcommissie worden gemaakt.
5. Van het horen van de betrokkenen maakt de secretaris een schriftelijk verslag, dat door de voorzitter en de secretaris wordt ondertekend. Bij verhindering van een van hen wordt de reden daarvan in het verslag vermeld. <small>Beklag, verslag horen betrokkenen</small>

Art. 66
1. Hangende de uitspraak op het klaagschrift kan de voorzitter van de beroepscommissie op verzoek van de klager, na de directeur te hebben gehoord, de tenuitvoerlegging van de beslissing waarop het klaagschrift betrekking heeft geheel of gedeeltelijk schorsen. <small>Beklag, schorsing</small>
2. De voorzitter doet hiervan onverwijld mededeling aan de directeur en de klager.

Art. 67

Beklag, procedure uitspraak

1. De beklagcommissie doet zo spoedig mogelijk, doch in ieder geval binnen een termijn van vier weken te rekenen vanaf de datum waarop het klaagschrift is ontvangen, uitspraak. In bijzondere omstandigheden kan de beklagcommissie deze termijn met ten hoogste vier weken verlengen. Van deze verlenging wordt aan de directeur en de klager mededeling gedaan.
2. De uitspraak is met redenen omkleed en gedagtekend. Zij bevat een verslag van het horen van personen door de beklagcommissie. Zij wordt door de voorzitter, alsmede door de secretaris ondertekend. Bij verhindering van één van hen wordt de reden daarvan in de uitspraak vermeld. Aan de klager en de directeur wordt onverwijld en kosteloos een afschrift van de beslissing van de beklagcommissie toegezonden of uitgereikt. De datum van die toezending of uitreiking wordt op dit afschrift aangetekend.
3. De uitspraak vermeldt de mogelijkheid van het instellen van beroep bij de beroepscommissie, de wijze waarop en de termijn waarbinnen dit moet worden gedaan alsmede de mogelijkheid tot schorsing van de tenuitvoerlegging van de uitspraak, bedoeld in artikel 70, tweede lid.
4. Indien de klager de Nederlandse taal niet voldoende beheerst en in de inrichting niet op andere wijze in een vertaling kan worden voorzien, draagt de voorzitter van de beklagcommissie zorg voor een vertaling van de uitspraak en de mededeling, bedoeld in het tweede, onderscheidenlijk derde lid. De vergoeding van de voor de vertaling gemaakte kosten geschiedt volgens regelen te stellen bij algemene maatregel van bestuur.
5. De voorzitter van de beklagcommissie kan de uitspraak ook mondeling mededelen aan de klager en de directeur. Zij worden daarbij gewezen op de mogelijkheid tot het instellen van beroep bij de beroepscommissie, de wijze waarop en de termijn waarbinnen dit moet worden gedaan, alsmede op de mogelijkheid tot schorsing van de tenuitvoerlegging van de uitspraak, bedoeld in artikel 70, tweede lid. Als dag van de uitspraak geldt de dag van het doen van deze mededeling. Indien mondeling uitspraak wordt gedaan, wordt deze uitspraak op het klaagschrift aangetekend.
6. Indien het vijfde lid toepassing heeft gevonden en beroep wordt ingesteld als voorzien in artikel 69, eerste lid, vindt uitwerking van de beslissing van de beklagcommissie plaats op de wijze, bedoeld in het tweede lid. De secretaris van de beklagcommissie zendt een afschrift van deze uitspraak toe aan de directeur, de klager en de beroepscommissie.
7. De secretaris zendt van alle uitspraken van de beklagcommissie een afschrift naar Onze Minister. Een ieder heeft recht op kennisneming van deze uitspraken en het ontvangen van een afschrift daarvan. Onze Minister draagt zorg dat dit afschrift geen gegevens bevat waaruit de identiteit van de gedetineerde kan worden afgeleid. Met betrekking tot de kosten van het ontvangen van een afschrift is het bij of krachtens de Wet tarieven in strafzaken bepaalde van overeenkomstige toepassing.

Art. 68

Beklag, uitspraak

1. De uitspraak van de beklagcommissie strekt tot gehele of gedeeltelijke:
   a. niet-ontvankelijkverklaring van het beklag;
   b. ongegrondverklaring van het beklag;
   c. gegrondverklaring van het beklag.
2. Indien de beklagcommissie van oordeel is dat de beslissing waarover is geklaagd:
   a. in strijd is met een in de inrichting geldend wettelijk voorschrift of een een ieder verbindende bepaling van een in Nederland geldend verdrag, dan wel
   b. bij afweging van alle in aanmerking komende belangen, waaronder de veiligheid van de samenleving en de belangen van slachtoffers en nabestaanden, onredelijk of onbillijk moet worden geacht, verklaart zij het beklag gegrond en vernietigt zij de beslissing geheel of gedeeltelijk.
3. Bij toepassing van het tweede lid kan de beklagcommissie:
   a. de directeur opdragen een nieuwe beslissing te nemen met inachtneming van haar uitspraak;
   b. bepalen dat haar uitspraak in de plaats treedt van de vernietigde beslissing;
   c. volstaan met de gehele of gedeeltelijke vernietiging.
4. Bij toepassing van het derde lid, onder a, kan de beklagcommissie in haar uitspraak een termijn stellen.
5. De beklagcommissie kan bepalen dat de uitspraak buiten werking blijft totdat deze onherroepelijk is geworden.
6. Indien het tweede lid toepassing vindt, worden de rechtsgevolgen van de vernietigde beslissing, voor zover mogelijk, door de directeur ongedaan gemaakt, dan wel in overeenstemming gebracht met de uitspraak van de beklagcommissie.
7. Voor zover de in het zesde lid bedoelde gevolgen niet meer ongedaan te maken zijn, bepaalt de beklagcommissie dan wel de voorzitter, na de directeur te hebben gehoord, of enige tegemoetkoming aan de klager geboden is. Zij stelt de tegemoetkoming, die geldelijk van aard kan zijn, vast.

Penitentiaire beginselenwet

Hoofdstuk XIa
Beklag inzake vervoer

Art. 68a

1. Een gedetineerde kan bij de beklagcommissie van de commissie van toezicht voor het vervoer, bedoeld in artikel 18e, beklag doen over de beslissingen, bedoeld in artikel 29, tweede lid en artikel 35, tweede lid, voor zover de beslissing is genomen ten behoeve van het vervoer van de gedetineerde.

2. De directeur van de inrichting waar de gedetineerde verblijft, draagt zorg dat een gedetineerde die beklag wenst te doen daartoe zo spoedig mogelijk in de gelegenheid wordt gesteld.

3. De artikelen 61, 62, 63, eerste tot en met derde lid, 64, 65 en 67 zijn van overeenkomstige toepassing, met dien verstande dat onder de directeur in de artikelen 63, 64 en 67 steeds wordt verstaan Onze Minister.

Beklag inzake vervoer, indienen klacht

Art. 68b

1. Artikel 68, eerste en tweede lid, is van overeenkomstige toepassing.

2. Indien het beklag geheel of gedeeltelijk gegrond wordt geacht, bepaalt de beklagcommissie of enige tegemoetkoming aan de gedetineerde geboden is. Zij stelt de tegemoetkoming, die geldelijk van aard kan zijn, vast.

Beklag inzake vervoer, tegemoetkoming bij gegrondverklaring

Hoofdstuk XII
Beroep tegen de uitspraak van de beklagcommissie

Art. 69

1. Tegen de uitspraak van de beklagcommissie kunnen de directeur en de klager beroep instellen door het indienen van een beroepschrift. Het met redenen omklede beroepschrift moet uiterlijk op de zevende dag na die van de ontvangst van het afschrift van de uitspraak onderscheidenlijk na die van de mondelinge mededeling van de uitspraak worden ingediend.

2. Het beroepschrift wordt ingediend bij en behandeld door een door de Raad benoemde beroepscommissie van drie leden of buitengewone leden, die wordt bijgestaan door een secretaris.

3. De voorzitter dan wel een door hem aangewezen lid van de beroepscommissie die een met rechtspraak belast lid van de rechterlijke macht is, kan het beroepschrift enkelvoudig afdoen indien hij het beroep kennelijk niet-ontvankelijk, kennelijk ongegrond of kennelijk gegrond acht, met dien verstande dat hij tevens de bevoegdheden bezit die aan de voorzitter van de voltallige beroepscommissie toekomen.

4. De voorzitter, dan wel het door hem aangewezen lid, bedoeld in het derde lid, kan de behandeling te allen tijde verwijzen naar de voltallige beroepscommissie.

5. Ten aanzien van de behandeling van het beroepschrift zijn de artikelen 60, derde lid, 61, vierde lid, 62, vierde lid, 63, eerste, tweede en derde lid, 64, en 65, eerste, tweede en derde lid, van overeenkomstige toepassing, met dien verstande dat de beroepscommissie kan bepalen dat:

a. de directeur en de klager uitsluitend in de gelegenheid worden gesteld het beroepschrift schriftelijk toe te lichten;
b. de mondelinge opmerkingen ten overstaan van een lid van de beroepscommissie kunnen worden gemaakt;
c. ingeval bij een ander persoon mondeling inlichtingen worden ingewonnen, de directeur en de klager uitsluitend in de gelegenheid worden gesteld schriftelijk de vragen op te geven die zij aan die persoon gesteld wensen te zien.

Beklag, beroep tegen uitspraak beklagcommissie

Art. 70

1. Het indienen van een beroepschrift schorst de tenuitvoerlegging van de uitspraak van de beklagcommissie niet, behalve voor zover deze de toekenning van een tegemoetkoming als bedoeld in artikel 68, zevende lid, inhoudt.

2. Hangende de uitspraak op het beroepschrift kan de voorzitter van de beroepscommissie op verzoek van degene die het beroep heeft ingesteld en gehoord de andere betrokkene in de procedure de tenuitvoerlegging van de uitspraak van de beklagcommissie geheel of gedeeltelijk schorsen. Hij doet hiervan onverwijld mededeling aan de directeur en de klager.

Beroep tegen uitspraak beklagcommissie, schorsing tenuitvoerlegging

Art. 71

1. De beroepscommissie doet zo spoedig mogelijk uitspraak.

2. De uitspraak van de beroepscommissie strekt tot gehele of gedeeltelijke:
a. niet-ontvankelijkverklaring van het beroep;
b. bevestiging van de uitspraak van de beklagcommissie, hetzij met overneming, hetzij met verbetering van de gronden;

Beroep tegen uitspraak beklagcommissie, uitspraak beroepscommissie

c. vernietiging van de uitspraak van de beklagcommissie.
3. Indien het tweede lid, onder c, toepassing vindt, doet de beroepscommissie hetgeen de beklagcommissie had behoren te doen.
4. Ten aanzien van de uitspraak van de beroepscommissie zijn de artikelen 66 en 67, tweede lid, eerste en derde tot en met vijfde volzin, vierde en zevende lid, van overeenkomstige toepassing.

Hoofdstuk XIIa
Beroep inzake vervoer

Art. 71a

Beroep tegen uitspraak beklagcommissie

Tegen de uitspraak van de beklagcommissie, bedoeld in hoofdstuk XIA, kunnen Onze Minister en de gedetineerde beroep instellen. Hoofdstuk XII is van overeenkomstige toepassing, met uitzondering van artikel 70, tweede lid.

Hoofdstuk XIIb
Beroep tegen medisch handelen

Art. 71b

Beroepschrift tegen medisch handelen arts

Een gedetineerde kan een beroepschrift indienen tegen het medisch handelen van de aan de inrichting verbonden arts of diens vervanger, bedoeld in artikel 42. Met de inrichtingsarts wordt in dit hoofdstuk gelijkgesteld de verpleegkundige dan wel andere hulpverleners die door de inrichtingsarts bij de zorg aan gedetineerden zijn betrokken.

Art. 71c

Verzoekschrift om bemiddeling door Medisch Adviseur

1. Alvorens een beroepschrift in te dienen doet de gedetineerde een schriftelijk verzoek aan de Medisch Adviseur bij het Ministerie van Veiligheid en Justitie om te bemiddelen terzake van de klacht. Dit verzoek dient uiterlijk op de veertiende dag na die waarop het medisch handelen waartegen de klacht zich richt heeft plaatsgevonden te worden ingediend.
2. De indiening van het schriftelijk verzoek kan door tussenkomst van een door de directeur daartoe aangewezen ambtenaar of medewerker geschieden, die bevoegd is van het verzoekschrift kennis te nemen. Deze ambtenaar of medewerker draagt in dat geval zorg dat het verzoekschrift van een dagtekening wordt voorzien, welke dag geldt als dag van indiening.
3. De ambtenaar of medewerker, bedoeld in het tweede lid, voert een of meerdere gesprekken met de betrokkenen en zendt een verslag daarvan naar de Medisch Adviseur.
4. De Medisch Adviseur stelt de gedetineerde in de gelegenheid de klacht schriftelijk of mondeling toe te lichten, tenzij hij het aanstonds duidelijk acht dat de klacht zich niet voor bemiddeling leent. Hij kan ook bij andere personen mondeling of schriftelijk inlichtingen inwinnen.
5. De Medisch Adviseur is ten behoeve van de bemiddeling bevoegd het medisch dossier van de gedetineerde in te zien.
6. De Medisch Adviseur streeft ernaar binnen vier weken nadat hij het verslag, bedoeld in het derde lid, heeft ontvangen een voor beide partijen aanvaardbare oplossing te bereiken.
7. De Medisch Adviseur sluit de bemiddeling af met een mededeling van zijn bevindingen aan de gedetineerde en de arts. De gedetineerde wordt gewezen op de mogelijkheden van het indienen van een beroepschrift alsmede de termijn waarbinnen en de wijze waarop dit gedaan moet worden.
8. De Medisch Adviseur zendt een afschrift van de mededeling aan de ambtenaar of medewerker, bedoeld in het tweede lid, en de directeur van de inrichting waaraan de arts tegen wiens medisch handelen de klacht zich richt, is verbonden.
9. De ambtenaar of medewerker, bedoeld in het tweede lid, en de Medisch Adviseur zijn bevoegd een klacht die geen medisch handelen betreft, door te verwijzen naar de beklagcommissie. Hij zendt van de doorverwijzing een bericht aan de gedetineerde en, indien het de Medisch Adviseur is die doorverwijst, naar de ambtenaar of medewerker, bedoeld in het tweede lid. Indien reeds een verslag als bedoeld in het derde lid is opgesteld, wordt dit naar de commissie van toezicht gezonden.

Art. 71d

Beroepschrift tegen medisch handelen arts, procedure

1. Een met redenen omkleed beroepschrift wordt ingediend bij en behandeld door een door de Raad benoemde beroepscommissie van drie leden of buitengewone leden, bestaande uit één jurist en twee artsen, die wordt bijgestaan door een secretaris.
2. Het beroepschrift wordt ingediend uiterlijk op de zevende dag na die van de ontvangst van het afschrift van de mededeling van de Medisch Adviseur. De directeur draagt zorg dat een gedetineerde die beroep wenst in te stellen daartoe zo spoedig mogelijk in de gelegenheid wordt gesteld.
3. Artikel 61, tweede en vierde lid, is van overeenkomstige toepassing.
4. Het beroepschrift vermeldt zo nauwkeurig mogelijk het medisch handelen waarover wordt geklaagd en de redenen van het beroep.

Penitentiaire beginselenwet

Art. 71e

1. De beroepscommissie en de secretaris zijn ten behoeve van de behandeling van het beroepschrift bevoegd het medisch dossier van de gedetineerde in te zien.

2. De behandeling van het beroepschrift vindt niet in het openbaar plaats, behoudens ingeval de beroepscommissie van oordeel is dat de niet openbare behandeling niet verenigbaar is met enige een ieder verbindende bepaling van een in Nederland geldend verdrag.

3. De secretaris van de beroepscommissie zendt de inrichtingsarts een afschrift van het beroepschrift toe en vraagt het verslag van de bemiddeling op bij de Medisch Adviseur.

4. De beroepscommissie stelt de gedetineerde en de inrichtingsarts in de gelegenheid omtrent het beroepschrift mondeling of schriftelijk opmerkingen te maken, tenzij zij het beroep aanstonds kennelijk niet-ontvankelijk, kennelijk ongegrond of kennelijk gegrond acht. De beroepscommissie kan bepalen dat de mondelinge opmerkingen ten overstaan van een enkel lid van de commissie, bedoeld in artikel 71d, eerste lid, kunnen worden gemaakt.

5. Artikel 64, tweede en derde lid, is van overeenkomstige toepassing.

6. Artikel 64, vierde lid, is van overeenkomstige toepassing. De beroepscommissie kan bepalen dat ingeval bij een andere persoon mondelinge inlichtingen worden ingewonnen, de betrokkenen uitsluitend in de gelegenheid worden gesteld schriftelijk de vragen op te geven die zij aan die persoon gesteld wensen te zien.

7. Artikel 65, eerste tot en met derde lid, is van overeenkomstige toepassing.

Beroepschrift tegen medisch handelen arts, behandeling

Art. 71f

1. De beroepscommissie doet zo spoedig mogelijk uitspraak.

2. De artikelen 67, tweede, vierde en zevende lid, en 68, eerste lid, zijn van overeenkomstige toepassing.

3. De uitspraak strekt tot gegrondverklaring van het beroep indien sprake is van:
   a. enig handelen in het kader van of nalaten in strijd met de zorg die de in artikel 71b bedoelde personen in die hoedanigheid behoren te betrachten ten opzichte van de gedetineerde, met betrekking tot wiens gezondheidstoestand zij bijstand verlenen of hun bijstand is ingeroepen;
   b. enig ander onder a bedoeld handelen of nalaten in die hoedanigheid in strijd met het belang van een goede uitoefening van de individuele gezondheidszorg.

4. Indien de klacht door de beroepscommissie geheel of gedeeltelijk gegrond wordt geacht bepaalt de beroepscommissie of enige tegemoetkoming aan de gedetineerde geboden is. Zij stelt de tegemoetkoming, die geldelijk van aard kan zijn, vast.

Beroepschrift tegen medisch handelen arts, uitspraak

Hoofdstuk XIII
Beroep inzake plaatsing, overplaatsing, deelname aan een penitentiair programma, verlof en strafonderbreking

Art. 72

1. De betrokkene heeft het recht tegen de beslissing van Onze Minister op het bezwaar- of verzoekschrift voor zover dit betreft een gehele of gedeeltelijke ongegrondverklaring, onderscheidenlijk afwijzing als bedoeld in de artikelen 17 en 18 een met redenen omkleed beroepschrift in te dienen bij de commissie, bedoeld in artikel 73, eerste lid. De betrokkene heeft ook het recht een beroepschrift in te dienen in het geval dat het indienen van een bezwaarschrift op de grond als vermeld in artikel 17, vijfde lid, achterwege is gebleven.

2. De gedetineerde heeft het recht tegen een hem betreffende beslissing aangaande verlof, voor zover hiertegen geen beklag ingevolge artikel 60, eerste en tweede lid, openstaat, een met redenen omkleed beroepschrift in te dienen bij de commissie, bedoeld in artikel 73, eerste lid.

3. Tegen de beslissing als bedoeld in het eerste lid van artikel 46e kan rechtstreeks beroep worden ingesteld bij de Raad.

Beroep, plaatsing/overplaatsing/deelname penitentiair programma/verlof/strafonderbreking

Art. 73

1. Het beroepschrift wordt behandeld door een door de Raad benoemde commissie van drie leden of buitengewone leden, die wordt bijgestaan door een secretaris. Ten aanzien van het beroepschrift, bedoeld in artikel 72, eerste lid, is artikel 69, derde en vierde lid, van overeenkomstige toepassing.

2. Het beroepschrift wordt ingediend uiterlijk op de zevende dag na die waarop de betrokkene kennis heeft gekregen van de beslissing waartegen hij beroep instelt. Een na afloop van deze termijn ingediend beroepschrift is niettemin ontvankelijk, indien redelijkerwijs niet kan worden geoordeeld dat de gedetineerde in verzuim is geweest.

3. Indien de betrokkene gedetineerd is, kan de indiening van het beroepschrift geschieden door tussenkomst van de directeur van de inrichting of afdeling waar hij verblijft. De directeur draagt zorg dat het beroepschrift onverwijld van een dagtekening wordt voorzien. Als dag waarop het beroepschrift is ingediend geldt die van de dagtekening.

Beroep, behandeling beroepschrift

4. De artikelen 60, derde lid, 61, vierde lid, 63, 64, 65, 66, 67, tweede lid, eerste en derde tot en met vijfde volzin, vierde en zevende lid, met uitzondering van de eerste volzin, 68, eerste, tweede, derde, vierde, zesde en zevende lid, zijn van overeenkomstige toepassing, met dien verstande dat de commissie, bedoeld in het eerste lid, kan bepalen dat:
a. de betrokkenen uitsluitend in de gelegenheid worden gesteld het beroepschrift schriftelijk toe te lichten;
b. de mondelinge opmerkingen ten overstaan van een lid van de commissie, bedoeld in het eerste lid, kunnen worden gemaakt;
c. ingeval bij een ander persoon mondeling inlichtingen worden ingewonnen, de betrokkenen uitsluitend in de gelegenheid worden gesteld schriftelijk de vragen op te geven die zij aan die persoon gesteld wensen te zien.

Hoofdstuk XIV
Overleg en vertegenwoordiging

Art. 74

Penitentiaire inrichting, overleg directeur/gedetineerden

De directeur draagt zorg voor een regelmatig overleg met gedetineerden over zaken die rechtstreeks de detentie raken.

Art. 75

Gedetineerde, uitoefening rechten

1. De in de artikelen 17 en 18, alsmede in de hoofdstukken XI tot en met XIII aan de gedetineerde toegekende rechten kunnen, behoudens ingeval Onze Minister, de Medisch Adviseur, Onze Minister of beklag- of beroepscommissie, de beklagcommissie, bedoeld in hoofdstuk XIIA, of de beroepscommissie, bedoeld in hoofdstuk XIIA of XIIB, van oordeel is dat zwaarwegende belangen van de gedetineerde zich daartegen verzetten, mede worden uitgeoefend door:
a. de curator, indien de gedetineerde onder curatele is gesteld;
b. de mentor, indien ten behoeve van de gedetineerde een mentorschap is ingesteld;
c. de ouders of voogd, indien de gedetineerde minderjarig is.
2. De directeur draagt zorg dat de in het eerste lid genoemde personen op deze rechten opmerkzaam worden gemaakt.

Hoofdstuk XV
Bijzondere bepalingen met betrekking tot veroordeelden ten aanzien van wie artikel 13 of 19 van het wetboek van strafrecht is toegepast

Art. 76

Tbs, termijn plaatsing in tbs-inrichting

1. De plaatsing van een tot vrijheidsstraf veroordeelde in een instelling voor verpleging van ter beschikking gestelden geschiedt voordat zes maanden sedert de beslissing, bedoeld in artikel 6:2:8, eerste lid, van het Wetboek van Strafvordering is genomen, in een gevangenis of huis van bewaring zijn doorgebracht.
2. Indien Onze Minister, rekening houdende met de in artikel 6.2, tweede lid, van de Wet forensische zorg genoemde eisen, van oordeel is dat de plaatsing niet binnen de in het eerste lid gestelde termijn mogelijk is, kan hij deze termijn telkens met drie maanden verlengen.
3. Tegen de beslissing tot verlenging, bedoeld in het tweede lid, kan de tot vrijheidsstraf veroordeelde beroep instellen bij de Raad. Het bepaalde in Hoofdstuk XVI van de Beginselenwet verpleging ter beschikking gestelden is van overeenkomstige toepassing.

Hoofdstuk XVI
Bijzondere bepalingen betreffende inrichtingen tot klinische observatie bestemd

Art. 77

Inrichting tot klinische observatie, rechtspositie gedetineerde

1. Een onveroordeelde die met toepassing van artikel 196, 317 of 509g van het Wetboek van Strafvordering in een instelling tot klinische observatie bestemd is opgenomen, wordt voor wat betreft zijn rechtspositie gelijkgesteld met een onveroordeelde die in een huis van bewaring verblijft, indien de instelling tot klinische observatie bestemd tevens een huis van bewaring is.
2. Een ter beschikking gestelde die met toepassing van artikel 509g of 6:6:12, vierde lid, van het Wetboek van Strafvordering in een instelling tot klinische observatie bestemd is opgenomen, wordt voor wat betreft zijn rechtspositie gelijkgesteld met een ter beschikking gestelde die in een huis van bewaring verblijft, indien de instelling tot klinische observatie bestemd tevens huis van bewaring is.

Hoofdstuk XVIa
Experimenten

Art. 77a
1. Bij algemene maatregel van bestuur kunnen bij wijze van experiment regels worden gesteld waarmee tijdelijk wordt afgeweken van de in artikel 77b te noemen bepalingen, zulks met inachtneming van de aldaar genoemde doelen met het oog waarop afwijking van de betreffende bepaling gedurende de werkingsduur van de maatregel plaats kan hebben.
2. De voordracht voor een krachtens het eerste lid vast te stellen algemene maatregel van bestuur wordt niet eerder gedaan dan vier weken nadat het ontwerp aan beide kamers der Staten-Generaal is overgelegd.
3. Onze Minister kan nadere regels stellen ter uitvoering van het experiment.
4. Onze Minister zendt ten minste drie maanden voor het einde van de werkingsduur van een algemene maatregel van bestuur als bedoeld in het eerste lid aan de Staten-Generaal een verslag over de doeltreffendheid en de effecten van het experiment in de praktijk.
5. De algemene maatregel van bestuur, bedoeld in het eerste lid, geldt voor een periode van ten hoogste twee jaar na inwerkingtreding daarvan.
6. Het vijfde lid is niet van toepassing, indien binnen de twee jaar, bedoeld in het vijfde lid, voordracht plaatsvindt van een voorstel van wet, waarmee in het onderwerp van de maatregel wordt voorzien.

Experimenten, mogelijkheid tot tijdelijke afwijking regels

Art. 77b
Op de wijze als voorzien in artikel 77a kan worden afgeweken van:
a. de artikelen 8 tot en met 10, met als doel om verschillende doelgroepen gezamenlijk op een afdeling te laten verblijven dan wel aan gezamenlijke activiteiten te laten deelnemen;
b. artikel 13, met als doel de vaststelling van andersoortige mate van beveiliging voor zover dit noodzakelijk is voor de bereiking van het doel, genoemd in onderdeel a, dan wel voor zover bijzondere technologische ontwikkelingen daartoe aanleiding geven;
c. artikel 44, tweede lid, met als doel het voorkomen van ordeverstorend gedrag dan wel het structureel bevorderen van de orde of veiligheid binnen de inrichting;
d. artikel 47, met als doel de tenuitvoerlegging zo veel mogelijk dienstbaar te maken aan de voorbereiding van de terugkeer van de betrokkene in de maatschappij;
e. de artikelen 59a en 71c, met als doel het bevorderen van het gebruik van de bemiddelingsprocedure als wijze van geschillenbeslechting.

Experimenten, afwijkende bepalingen

Hoofdstuk XVII
Overgangs- en slotbepalingen

Art. 78
Voor zover de regels van de krijgsmacht daartoe aanleiding geven kan bij militaire gedetineerden van de bepalingen in deze wet worden afgeweken.

Werkingssfeer

Art. 79
[Wijzigt het Wetboek van Strafrecht.]
Art. 80
[Wijzigt het Wetboek van Strafvordering.]
Art. 81
[Wijzigt de Wet op de rechterlijke organisatie.]
Art. 82
[Wijzigt de Wet op de economische delicten.]
Art. 83
[Wijzigt de Wet bijzondere opnemingen in psychiatrische ziekenhuizen.]
Art. 84
[Wijzigt de Invoeringswet Wetboek van Strafvordering.]
Art. 85
[Wijzigt de Wet op de rechtsbijstand.]
Art. 86
[Wijzigt de Arbeidsomstandighedenwet.]
Art. 87
[Wijzigt de Wet ziekenhuisvoorzieningen.]
Art. 88
[Wijzigt de Wet op het voortgezet onderwijs.]
Art. 89
[Wijzigt de Oorlogswet voor Nederland.]
Art. 90
[Wijzigt de Beginselenwet verpleging ter beschikking gestelden.]

	Art. 91
Uitschakelbepaling	De Beginselenwet gevangeniswezen wordt ingetrokken, met uitzondering van de artikelen 2 tot en met 5.
	Art. 92
Overgangsbepalingen	De regels en de bestemmingen van gevangenissen en huizen van bewaring vastgesteld krachtens artikel 22 van het Wetboek van Strafrecht, zoals dit artikel gold vóór de inwerkingtreding van deze wet, worden geacht te zijn vastgesteld krachtens de toepasselijke bepalingen van deze wet.
	Art. 93
	Deze wet heeft geen gevolgen voor klaagschriften of beroepschriften die zijn ingediend voor de inwerkingtreding van deze wet.
	Art. 94
Inwerkingtreding	Deze wet treedt in werking op een bij koninklijk besluit te bepalen tijdstip. Bij koninklijk besluit kan een ander tijdstip worden vastgesteld waarop artikel 76 in werking treedt.
	Art. 95
Citeertitel	Deze wet wordt aangehaald als: Penitentiaire beginselenwet.

Penitentiaire maatregel[1]

Besluit van 23 februari 1998, houdende vaststelling van de Penitentiaire maatregel en daarmee verband houdende wijziging van enige andere regelingen (Penitentiaire maatregel)

Wij Beatrix, bij de gratie Gods, Koningin der Nederlanden, Prinses van Oranje-Nassau, enz. enz. enz.
Op de voordracht van de Onze Minister van Justitie, van 8 juli 1997, nr. 640008/97/6;
Gelet op artikel 89 van de Grondwet, artikel 13 van het Wetboek van Strafrecht en voorts de artikelen 3, vijfde lid, 4, tweede lid, 7, vierde lid, 32, tweede lid, 41, vierde lid, 42, vijfde lid, 45, derde lid, 59, 61, vierde lid, 65, tweede lid, 67, vierde lid, van de Penitentiaire beginselenwet en artikel 40, vierde lid, van de Beginselenwet verpleging ter beschikking gestelden;
Gezien de adviezen van de Centrale Raad voor Strafrechtstoepassing van 11 november 1996, nr. RA/98/96, 25 maart 1997, nr. RA 20/97 en 6 juni 1997, nr. 631365/97, en het advies van de Registratiekamer van 23 oktober 1996, nr. 96.A.495/1;
De Raad van State gehoord (advies van 26 november 1997, No.W03.97 0476);
Gezien het nader rapport van Onze Minister van Justitie van 16 februari 1998, nr. 680358/98/6;
Hebben goedgevonden en verstaan:

Hoofdstuk 1
Begripsbepalingen

Art. 1
In dit besluit en de daarop rustende bepalingen wordt verstaan onder:
a. de wet: de Penitentiaire beginselenwet;
b. reclassering: een reclasseringsinstelling als bedoeld in artikel 1, onder b, van de Reclasseringsregeling 1995.

Begripsbepalingen

Hoofdstuk 2
Opperbeheer inrichtingen en regime

Art. 2
1. De directeur brengt jaarlijks vóór 1 oktober aan Onze Minister een jaarplan voor het volgende jaar uit. Het jaarplan omvat in ieder geval een begroting van de kosten en opbrengsten voor dat jaar.
2. De directeur brengt jaarlijks vóór 1 maart aan Onze Minister een jaarverslag over het voorgaande jaar uit. Bij dit verslag wordt een jaarrekening gevoegd.
3. Onze Minister kan regels stellen aan de vorm en de inhoud van de in het eerste en tweede lid genoemde stukken.

Penitentiaire inrichting, jaarplan/jaarverslag

Art. 3
1. Het dagprogramma voor een inrichting of afdeling wordt bepaald in de huisregels en beslaat de periode tussen uitsluiting van de gedetineerden in de ochtend en de insluiting van de gedetineerden voor de nacht.
2. In het regime van algehele gemeenschap, bedoeld in artikel 20 van de wet, duurt het dagprogramma minimaal 59 uren per week en worden daarin tussen 18 uren en 63 uren per week aan activiteiten en bezoek geboden.
3. In het regime van beperkte gemeenschap, bedoeld in artikel 21 van de wet, worden tussen 18 uren en 63 uren per week aan activiteiten en bezoek geboden.
4. Onze Minister stelt nadere regels omtrent de verschillende regimes die in de daarbij aangeduide inrichtingen gelden.

Penitentiaire inrichting, dagprogramma

Art. 4
[Vervallen]

Hoofdstuk 3
Penitentiair programma

Art. 5
1. Een penitentiair programma omvat minimaal 26 uur per week aan activiteiten waaraan door de deelnemer aan dat penitentiair programma wordt deelgenomen.

Penitentiair programma, activiteiten

---

1 Inwerkingtredingsdatum: 01-01-1999; zoals laatstelijk gewijzigd bij: Stb. 2020, 457.

2. De activiteiten in een penitentiair programma zijn gericht op het aanleren van bepaalde sociale vaardigheden, het vergroten van de kans op arbeid na invrijheidstelling, het bieden van onderwijs, het bieden van bijzondere zorg aan de deelnemer zoals verslavingszorg of geestelijke gezondheidszorg, of geven op andere wijze invulling aan de voorbereiding van de terugkeer in de maatschappij.

3. Van een penitentiair programma wordt een schriftelijke omschrijving gemaakt. Deze omvat in ieder geval een beschrijving van de activiteiten, een regeling van de verantwoordelijkheid voor de uitvoering van het programma, de begeleiding van en het toezicht op de deelnemer aan het penitentiair programma, de melding van bijzondere voorvallen en de wijze en de frequentie van rapporteren over de deelnemer aan het penitentiair programma.

Nadere regels

4. Onze Minister kan nadere regels stellen over de procedure tot erkenning van een penitentiair programma en over de kwaliteitseisen waaraan een penitentiair programma moet voldoen.

5. De noodzakelijke kosten van bestaan tijdens deelname aan een penitentiair programma komen niet ten laste van Onze Minister.

Art. 6

Penitentiair programma, uitsluiting deelname

Voor deelname aan een penitentiair programma komen niet in aanmerking:
a. gedetineerden ten aanzien van wie de tenuitvoerlegging van een tevens opgelegde maatregel van terbeschikkingstelling met verpleging van overheidswege nog moet aanvangen;
b. gedetineerden die na de tenuitvoerlegging van de vrijheidsstraf gevolg dienen te geven aan de op hen rustende vertrekplicht of die uitgeleverd zullen worden;
c. gedetineerden die in een extra beveiligde inrichting verblijven.

Art. 7

Penitentiair programma, voordracht deelname

1. Indien de directeur het verantwoord acht dat een gedetineerde in aanmerking komt voor deelname aan een penitentiair programma doet hij een daartoe strekkende voordracht aan de selectiefunctionaris.

2. De directeur voegt bij zijn voordracht het advies van de reclassering, en het advies van het openbaar ministerie indien dit op grond van artikel 6:1:10 van het Wetboek van Strafvordering is uitgebracht.

3. Bij zijn beslissing om een gedetineerde in de gelegenheid te stellen deel te nemen aan een penitentiair programma betrekt de selectiefunctionaris in ieder geval de volgende aspecten:
a. de aard, zwaarte en achtergronden van het gepleegde delict;
b. het huidige detentieverloop, waaronder het gedrag van de gedetineerde, het nakomen van afspraken door de gedetineerde en diens gemotiveerdheid;
c. het gevaar voor recidive;
d. de mate waarin de gedetineerde in staat zal zijn de met de grotere vrijheden gepaard gaande verantwoordelijkheid te kunnen dragen;
e. een aanvaardbaar verblijfadres;
f. de geschiktheid van de gedetineerde voor een penitentiair programma;
g. de mate van onzekerheid over de datum van invrijheidstelling.

4. De selectiefunctionaris neemt zijn beslissing over deelname aan een penitentiair programma slechts indien de gedetineerde zich bereid heeft verklaard tot deelname aan het programma en de daaraan verbonden voorwaarden.

Art. 7a

Penitentiair programma, elektronisch toezicht

1. De deelnemer aan een penitentiair programma staat gedurende het eerste derde deel van de totale duur van het programma onder elektronisch toezicht. Voor het einde van deze periode wordt bezien of het elektronisch toezicht kan vervallen. Op grond van het gedrag van de deelnemer kan worden besloten dat het elektronisch toezicht wordt voortgezet gedurende het tweede derde deel van het penitentiair programma. In dat geval wordt voor het einde van het tweede deel bezien of het elektronisch toezicht kan vervallen. Op grond van het gedrag van de deelnemer kan worden besloten dat het elektronisch toezicht wordt voortgezet gedurende het laatste deel van het penitentiair programma. Indien het elektronisch toezicht is vervallen kan de deelnemer wederom onder elektronisch toezicht worden gesteld, indien het gedrag van de deelnemer daartoe aanleiding geeft.

2. De selectiefunctionaris is belast met de beslissingen, bedoeld in het eerste lid. Hij kan bepalen dat geen elektronisch toezicht wordt toegepast indien:
a. een andere vorm van vierentwintiguurstoezicht aanwezig is,
b. de duur van het penitentiair programma korter is dan negen weken,
c. het elektronisch toezicht afbreuk doet aan de resocialisatie van de deelnemer, of
d. bijzondere omstandigheden daartoe aanleiding geven.

Art. 8

Penitentiair programma, algemene verantwoordelijkheid voor de tenuitvoerlegging

1. De algemene verantwoordelijkheid voor de tenuitvoerlegging van een penitentiair programma ligt bij de directeur van de inrichting of afdeling waarin de deelnemer aan het penitentiair programma is ingeschreven.

Penitentiaire maatregel   **C27** art. 12

2. Degene die verantwoordelijk is voor de uitvoering van het programma houdt toezicht op het dagelijkse verloop van het penitentiair programma. Hij beoordeelt in eerste instantie of de activiteiten naar behoren worden verricht en de voorwaarden naar behoren worden nageleefd en kan in dat kader aanwijzingen geven aan de deelnemer. Hij kan ten aanzien van de wijze of het tijdstip waarop de activiteiten binnen het penitentiair programma worden uitgevoerd, wijzigingen aanbrengen. Van deze wijzigingen stelt hij de directeur schriftelijk op de hoogte.

Penitentiair programma, dagelijkse verantwoordelijkheid voor de tenuitvoerlegging

Art. 9

1. Aan een beslissing om een gedetineerde in de gelegenheid te stellen deel te nemen aan een penitentiair programma worden, behoudens nader door de directeur te stellen bijzondere voorwaarden, de volgende algemene voorwaarden verbonden:
a. de deelnemer aan het penitentiair programma gedraagt zich overeenkomstig de aanwijzingen van degene die is belast met zijn begeleiding en toezicht en zal aan deze alle verlangde inlichtingen verschaffen;
b. hij doet tevoren melding aan de directeur van een verandering van betrekking of woonplaats;
c. hij maakt zich niet schuldig aan een strafbaar feit.
2. Bij overtreding van de voorwaarden kan de directeur, afhankelijk van de ernst van de overtreding, beslissen tot:
a. het geven van een waarschuwing aan de deelnemer aan het penitentiair programma;
b. wijziging of aanvulling van de bijzondere voorwaarden gesteld aan deelname aan een penitentiair programma;
c. het adviseren van de selectiefunctionaris de deelname aan het penitentiair programma te beëindigen.
Hij neemt een dergelijke beslissing niet dan nadat hij advies heeft ingewonnen bij degene die belast is met het toezicht op de tenuitvoerlegging van het penitentiair programma. Deze kan ook ongevraagd aan de directeur advies geven tot het nemen van een van de in dit lid genoemde beslissingen.
3. De directeur geeft de deelnemer aan een penitentiair programma van een beslissing als bedoeld in het tweede lid onverwijld schriftelijk en zoveel mogelijk in een voor hem begrijpelijke taal en met redenen omklede, gedagtekende en ondertekende mededeling.
4. Van het stellen van bijzondere voorwaarden, de overtreding van de voorwaarden en een beslissing als bedoeld in het tweede lid doet de directeur mededeling aan de selectiefunctionaris.

Penitentiair programma, voorwaarden deelname

Penitentiair programma, sancties bij overtreding

Art. 10

1. De deelnemer aan een penitentiair programma kan bij de beklagcommissie bij de inrichting of afdeling waarin hij is ingeschreven een klacht indienen over de beslissingen, bedoeld in artikel 9, tweede lid, onder a en b.
2. De artikelen 60, tweede en derde lid, 61, 62, 63, 64, 65, 67, met uitzondering van het derde lid, het vijfde lid, tweede volzin, en het zesde lid, 68, 69, 70 en 71 van de wet zijn van overeenkomstige toepassing.

Penitentiair programma, klachtrecht deelnemer

Hoofdstuk 4
Commissie van toezicht en beklagcommissie

Art. 11

1. Bij elke inrichting of afdeling is een commissie van toezicht, waarvan de leden worden benoemd voor de tijd van vijf jaren. Zij kunnen tweemaal voor herbenoeming in aanmerking komen.
2. De commissie bestaat uit ten minste zes en ten hoogste een door Onze Minister vast te stellen aantal leden.
3. De commissie van toezicht is zo breed mogelijk samengesteld. Van elke commissie maken in elk geval deel uit:
a. een met rechtspraak belast lid van de rechterlijke macht;
b. een advocaat;
c. een medicus;
d. een deskundige uit de kring van het maatschappelijk werk.
4. Indien de commissie toezicht houdt op een inrichting of afdeling waar geneeskundige behandeling als bedoeld in de artikelen 46a tot en met 46e van de wet wordt verricht, maakt ook een psychiater van de commissie deel uit.

Penitentiaire inrichting, commissie van toezicht

Commissie van toezicht, samenstelling

Art. 12

1. De leden van de commissie van toezicht worden door Onze Minister benoemd. Onze Minister wijst uit de leden een voorzitter aan.
2. Aan de commissie is een secretaris verbonden. Deze is geen lid van de commissie. De secretaris wordt door Onze Minister benoemd en ontslagen. De secretaris van de commissie van toezicht is tevens secretaris van de beklagcommissie.
3. De commissie kan uit haar midden een of meer plaatsvervangende secretarissen aanwijzen om, in overleg met de secretaris, bepaalde secretariaatswerkzaamheden te verrichten en de se-

Commissie van toezicht, voorzitter

Commissie van toezicht, (plaatsvervangend) secretaris

Sdu   795

cretaris bij diens afwezigheid te vervangen. Onze Minister kan aan een commissie van toezicht een of meer plaatsvervangende secretarissen toevoegen die geen lid zijn van de commissie.
4. Onze Minister beslist binnen drie maanden op een verzoek tot benoeming als bedoeld in het eerste, tweede of derde lid.

Art. 13

Commissie van toezicht, uitsluiting benoeming

Voor benoeming als lid, secretaris of plaatsvervangend secretaris komen niet in aanmerking:
a. ambtenaren of andere personen, werkzaam onder de verantwoordelijkheid van Onze Minister op het terrein van de tenuitvoerlegging van vrijheidsbenemende straffen en maatregelen, niet zijnde ambtenaren bij het openbaar ministerie;
b. personeelsleden of medewerkers, werkzaam bij een inrichting;
c. personen, werkzaam bij een door Onze Minister gesubsidieerde instelling die werkzaam is op het terrein van de tenuitvoerlegging van vrijheidsstraffen en vrijheidsbenemende maatregelen, indien zij in het kader van de uitoefening van hun functie te maken hebben met de personen, ingesloten in de inrichting waarbij de commissie van toezicht is ingesteld;
d. personen, werkzaam onder de verantwoordelijkheid van Onze Minister, indien hun onafhankelijkheid of onpartijdigheid hetzij door hun positie, hetzij door de aard van hun werkzaamheden in het geding zou kunnen komen;
e. personen tegen wie bezwaren bestaan tegen de vervulling van de functie die blijken uit de algemene documentatieregisters als bedoeld in het Besluit justitiële gegevens of de politiegegevens, bedoeld in artikel 1, onderdeel a, van de Wet politiegegevens. De bezwaren hebben betrekking op het vertrouwelijk karakter van de functie alsmede de aan de functie verbonden bevoegdheden.

Art. 14

Commissie van toezicht, tussentijds ontslag

1. Een lid van de commissie van toezicht wordt door Onze Minister tussentijds ontslagen:
a. op eigen verzoek;
b. bij de aanvaarding van een ambt of betrekking dat onverenigbaar is met het lidmaatschap van een commissie van toezicht;
c. wanneer hij bij onherroepelijk geworden rechterlijke uitspraak wegens misdrijf is veroordeeld, dan wel hem bij zulk een uitspraak een maatregel is opgelegd die vrijheidsbeneming tot gevolg heeft;
d. wanneer hij naar het oordeel van Onze Minister door handelen of nalaten ernstig nadeel toebrengt aan het in hem te stellen vertrouwen.
2. Aan een lid kan door Onze Minister tussentijds ontslag worden verleend bij het verlies van de hoedanigheid of beëindiging van de ambtsvervulling in verband waarmede de benoeming heeft plaatsgevonden.
3. Hangende de procedure voor ontslag kan Onze Minister het lid in de uitoefening van zijn functie schorsen.

Art. 15

Commissie van toezicht, toegang tot inrichting

1. De leden van de commissie van toezicht hebben te allen tijde toegang tot alle plaatsen in de inrichting en tot alle plaatsen waar de gedetineerden of deelnemers aan een penitentiair programma verblijven.

Commissie van toezicht, informatierecht

2. De leden van de commissie van toezicht ontvangen van de directeur en de ambtenaren of medewerkers bij de inrichting of afdeling of het penitentiair programma alle door hen gewenste inlichtingen ten aanzien van de gedetineerden onderscheidenlijk deelnemers aan een penitentiair programma en kunnen alle op de wijze van tenuitvoerlegging van vrijheidsbenemende straffen en maatregelen betrekking hebbende stukken inzien. Zij zijn tot geheimhouding verplicht behoudens voor zover enig wettelijk voorschrift hen tot bekendmaking verplicht of in verband met de tenuitvoerlegging van hun taak de noodzaak tot bekendmaking voortvloeit. Dossiers die gedetineerden dan wel deelnemers aan een penitentiair programma betreffen kunnen worden ingezien, tenzij de betrokkene bezwaar maakt.
3. De directeur brengt alle voor de uitoefening van de taak der commissie belangrijke feiten en omstandigheden ter kennis van de commissie.

Art. 16

Commissie van toezicht, vergaderingen

1. De commissie van toezicht vergadert, zo mogelijk, eenmaal in de maand.

2. De directeur woont de vergaderingen van de commissie van toezicht bij. Hij brengt op iedere vergadering een algemeen verslag uit over hetgeen sedert de vorige vergadering in de inrichting of afdeling is geschied.
3. De commissie kan besluiten buiten tegenwoordigheid van de directeur te vergaderen.
4. Onze Minister is bevoegd vergaderingen van de commissie van toezicht door een door hem aan te wijzen ambtenaar van zijn ministerie te doen bijwonen.
5. In iedere vergadering van de commissie van toezicht wordt mededeling gedaan van de grieven terzake waarvan werd bemiddeld, de door de beklagcommissie behandelde klaagschriften, en de bijzondere opmerkingen waartoe zij aanleiding geven.

Penitentiaire maatregel   C27 art. 21

Art. 17
1. De maandcommissaris, bedoeld in artikel 7, derde lid, tweede volzin, van de wet houdt tenminste eenmaal per maand in de inrichting of afdeling spreekuur. Dit spreekuur wordt tijdig bekend gemaakt en kan worden bezocht door elke gedetineerde of deelnemer aan een penitentiair programma die de wens daartoe te kennen geeft.
Maandcommissaris, spreekuur
2. De maandcommissaris doet van zijn werkzaamheden verslag aan de commissie van toezicht en informeert tevens de directeur hiervan.

Art. 18
1. De beklagcommissie, of, indien artikel 62, tweede lid, van de wet wordt toegepast, de voorzitter dan wel de door hem aangewezen persoon, houdt zitting zo dikwijls als een onverwijlde behandeling en afdoening van de klaagschriften dit noodzakelijk maken. Deze wordt bijgestaan door een secretaris.
Beklagcommissie, zitting
2. Indien de beklagcommissie zitting houdt treedt bij voorkeur als voorzitter op een met rechtspraak belast lid van de rechterlijke macht.

Art. 19
1. De commissie van toezicht brengt jaarlijks vóór 1 maart aan Onze Minister en aan de sectie gevangeniswezen verslag uit over haar werkzaamheden in het voorgaande jaar.
Commissie van toezicht, verslag werkzaamheden
2. Zij schenkt in haar verslag in het bijzonder aandacht aan de werkzaamheden van de beklagcommissie, onder meer door een overzicht van de klaagschriften en de daarop genomen beslissingen. Onze Minister kan een model vaststellen omtrent de inrichting van het verslag.

Art. 20
1. De kosten van de commissie van toezicht worden door de Staat gedragen.
Commissie van toezicht, kosten
2. De leden van de commissie van toezicht genieten vergoeding van reis- en verblijfskosten en een vacatiegeld met betrekking tot hun werkzaamheden overeenkomstig hetgeen daarover is overeengekomen in de laatstelijk gesloten collectieve arbeidsovereenkomst voor ambtenaren die krachtens een arbeidsovereenkomst met de Staat werkzaam zijn.
Commissie van toezicht, vergoeding
3. Voor zover de secretaris of de plaatsvervangend secretaris geen ambtenaar is geniet deze tevens de in het tweede lid bedoelde vergoeding.

Hoofdstuk 4a
Commissie van toezicht en beklagcommissie voor het vervoer

Art. 20a
1. De leden van de commissie van toezicht voor het vervoer, genoemd in artikel 18e, eerste lid, van de wet, worden benoemd voor een periode van vijf jaren. Zij kunnen tweemaal voor herbenoeming in aanmerking komen.
Commissieleden, benoemingstermijn
2. De artikelen 11, derde lid, 12, 14, 16, 18, 19 en 20 zijn van overeenkomstige toepassing.
3. Artikel 13 is van overeenkomstige toepassing, met dien verstande dat voor benoeming als lid eveneens niet in aanmerking komen ambtenaren of andere personen, werkzaam onder de verantwoordelijkheid van Onze Minister op het terrein van de tenuitvoerlegging van vrijheidsbenemende straffen en maatregelen, niet zijnde ambtenaren bij het openbaar ministerie.

Art. 20b
1. De leden van de commissie van toezicht voor het vervoer hebben te allen tijde toegang tot de plaatsen waar en de vervoersmiddelen waarmee handelingen betreffende het vervoer worden uitgeoefend.
Commissieleden, toegang tot plaatsen en vervoersmiddelen
2. De leden van de commissie van toezicht ontvangen van Onze Minister en de directeur van de inrichting alle door hen gewenste inlichtingen ten aanzien van het vervoer van gedetineerden en kunnen alle op het vervoer betreffende stukken inzien. Zij zijn tot geheimhouding verplicht, behoudens voor zover enig wettelijk voorschrift hen tot bekendmaking verplicht of uit de tenuitvoerlegging van hun taak de noodzaak tot bekendmaking voortvloeit.
Commissieleden, inlichtingen
3. Onze Minister en de directeur van de inrichting brengen alle voor de uitoefening van de taak van de commissie van toezicht belangrijke feiten en omstandigheden ter kennis van de commissie van toezicht.

Hoofdstuk 5
(Onvrijwillige) geneeskundige behandeling

Art. 21
In dit hoofdstuk wordt verstaan onder:
Geneeskundige behandeling, begripsbepalingen
a. *a-dwangbehandeling*: een onvrijwillige geneeskundige behandeling als bedoeld in artikel 46d, onder a, van de wet;
b. *b-dwangbehandeling*: een onvrijwillige geneeskundige behandeling als bedoeld in artikel 46d, onder b, van de wet;

Sdu   797

c. *gedwongen geneeskundige handeling*: de gedwongen geneeskundige handeling, bedoeld in artikel 32 van de wet;
d. *geneeskundige behandeling*: de onvrijwillige geneeskundige behandelingen, bedoeld in de onderdelen a tot en met c, en de vrijwillige geneeskundige behandeling, bedoeld in artikel 46c van de wet;
e. *geneeskundig behandelingsplan*: het geneeskundig behandelingsplan, bedoeld in artikel 46b van de wet;
f. *inspecteur*: de inspecteur, bedoeld in artikel 1, onder c, van de Wet bijzondere opnemingen in psychiatrische ziekenhuizen;
g. *voorzetting van a-dwangbehandeling*: de voortzetting van a-dwangbehandeling, bedoeld in artikel 46e, vijfde lid, van de wet.

Art. 21a

Geneeskundige behandeling, eisen

1. Een geneeskundige behandeling wordt verricht in een daartoe geschikte ruimte, onder verantwoordelijkheid van de behandelend arts.
2. In een inrichting of op een afdeling als bedoeld in artikel 14, vierde lid, van de wet is vierentwintig uur per dag, zeven dagen per week, voldoende psychiatrisch geschoold verpleegkundig personeel aanwezig. Bovendien is vierentwintig uur per dag, zeven dagen per week, een psychiater beschikbaar.
3. Een geneeskundige behandeling wordt slechts uitgevoerd door een arts of verpleegkundige die over voldoende deskundigheid beschikt deze behandeling uit te voeren en indien daartoe voldoende voorzieningen beschikbaar zijn.
4. Eens per twee weken, of vaker indien het belang van de gedetineerde dit eist, vindt een multidisciplinair overleg plaats, waaraan in ieder geval een psychiater, een arts, een psycholoog en een verpleegkundige deelnemen. De resultaten van het overleg alsmede de afspraken die daarbij zijn gemaakt worden geregistreerd in het medische dossier.

Art. 21b

Geneeskundige behandeling, behandelingsplan

1. In het geneeskundig behandelingsplan worden ten minste opgenomen:
a. de diagnose van de stoornis van de geestvermogens van de gedetineerde;
b. de therapeutische middelen, zo mogelijk gerelateerd aan de verschillende aspecten die in de stoornis te onderscheiden zijn, die zullen worden toegepast teneinde een zodanige verbetering van de stoornis van de geestvermogens van de gedetineerde te bereiken, dat het gevaar op grond waarvan deze in verband met zijn geestelijke gezondheidstoestand in een daartoe krachtens artikel 14 van de wet aangewezen afdeling of inrichting behoeft te verblijven, wordt weggenomen;
c. of er overeenstemming over het geneeskundig behandelingsplan is.
2. Gedurende de behandeling, kan het geneeskundig behandelingsplan worden gewijzigd. Bij een wijziging worden de uitkomsten van het multidisciplinair overleg, bedoeld in artikel 21a, vierde lid, betrokken.
3. Een wijziging van het geneeskundig behandelingsplan wordt, in overleg met de gedetineerde, vastgesteld. De wijziging wordt hem voor het ingaan daarvan medegedeeld.

Art. 22

Geneeskundige behandeling, behandelingsplan bij a- of b-dwangbehandeling

1. Ingeval van een a- of b-dwangbehandeling wordt in het geneeskundig behandelingsplan eveneens opgenomen:
a. welke minder bezwarende middelen zijn aangewend om het gevaar dat de stoornis van de geestvermogens de gedetineerde doet veroorzaken weg te nemen dan wel af te wenden; en
b. de wijze waarop rekening wordt gehouden met de voorkeuren van de gedetineerde ten aanzien van de behandeling.
2. Het deel van het geneeskundig behandelingsplan waarover geen overeenstemming kan worden bereikt met de gedetineerde dan wel diens curator of mentor, wordt slechts vastgesteld door een psychiater nadat een multidisciplinair overleg heeft plaatsgehad waaraan in ieder geval een psychiater, een arts, een psycholoog en een verpleegkundige hebben deelgenomen.
3. Ingeval van a-dwangbehandeling worden de verklaringen van de psychiaters, bedoeld in artikel 46e, tweede lid, van de wet, bij het in het tweede lid bedoelde overleg betrokken.

Art. 22a

Geneeskundige behandeling, overleg over b-dwangbehandeling

1. Voordat de directeur beslist dat een door de arts noodzakelijk geachte b-dwangbehandeling of gedwongen geneeskundige handeling zal worden toegepast, pleegt de directeur overleg met die arts en met het hoofd van de afdeling waar de gedetineerde verblijft. Indien de behandeling door een andere arts wordt verricht, wordt tevens met hem overlegd.
2. Ingeval van b-dwangbehandeling of indien het verrichten van een gedwongen geneeskundige handeling noodzakelijk is ter afwending van gevaar dat voortvloeit uit de stoornis van de geestvermogens van de gedetineerde, pleegt de directeur bovendien overleg met de voor de behandeling verantwoordelijke psychiater.
3. In het in het eerste en tweede lid bedoelde overleg wordt nagegaan of het gevaar niet op een andere wijze kan worden afgewend.

Art. 22b
1. Zo spoedig mogelijk na de aanvang van de gedwongen geneeskundige handeling wordt door of onder verantwoordelijkheid van een arts een plan opgesteld gericht op een zodanige verbetering van de toestand van de gedetineerde dat de toepassing van de gedwongen geneeskundige handeling kan worden beëindigd. Dit plan wordt opgenomen in het geneeskundig behandelingsplan.

Geneeskundige behandeling, plan beëindiging geneeskundige handeling

2. Bij de keuze voor een bepaalde geneeskundige handeling wordt steeds gekozen voor de voor de gedetineerde minst ingrijpende handeling.

Art. 22c
1. Voordat de directeur de beslissing tot verlenging van a-dwangbehandeling neemt, pleegt hij in ieder geval overleg met de voor de behandeling verantwoordelijke psychiater en met het hoofd van de afdeling waar de gedetineerde verblijft.

Geneeskundige behandeling, overleg over a-dwangbehandeling

2. In het in het eerste lid bedoelde overleg wordt nagegaan of van de voortzetting van de behandeling alsnog het beoogde effect kan worden verwacht.
3. De uitkomsten van het multidisciplinaire overleg, bedoeld in artikel 21a, vierde lid, worden bij de beslissing meegenomen.

Art. 22d
De gedetineerde wordt gedurende de periode dat de a- of b-dwangbehandeling of de gedwongen geneeskundige handeling wordt verricht, zo vaak als nodig is bezocht door een arts of in diens opdracht een verpleegkundige. Het verslag van diens bevindingen wordt opgenomen in het medische dossier.

Geneeskundige behandeling, bezoek door arts

Art. 22e
1. De directeur stelt de voorzitter van de commissie van toezicht, de raadsman van de gedetineerde, de curator en de mentor in kennis van een voorgenomen beslissing tot a-dwangbehandeling uiterlijk drie dagen voor het nemen van die beslissing. Zij worden in de gelegenheid gesteld bezwaren tegen de beslissing kenbaar te maken.

Geneeskundige behandeling, melding

2. De voorzitter van de commissie van toezicht doet onverwijld een melding aan de maandcommissaris. De maandcommissaris bezoekt na de melding onverwijld de gedetineerde.
3. Van de toepassing van een a-dwangbehandeling, b-dwangbehandeling, gedwongen geneeskundige handeling of voortzetting van een a-dwangbehandeling wordt uiterlijk bij de aanvang van de behandeling melding gedaan aan Onze Minister en de commissie van toezicht. Ingeval van a- en b- dwangbehandeling en indien een gedwongen geneeskundige handeling wordt toegepast in verband met een gevaar dat voortvloeit uit een stoornis van de geestvermogens van de verpleegde, wordt bovendien melding gedaan aan de inspecteur.
4. Bij de aanvang van een a-dwangbehandeling geeft de directeur daarvan eveneens kennis aan de in het eerste lid genoemde personen.
5. De directeur zendt met de melding, bedoeld in het derde lid, een afschrift van de beslissing tot de behandeling mee waarin hij in ieder geval vermeldt:
a. in verband met welk gevaar is besloten tot een a- of b-dwangbehandeling, dan wel een gedwongen geneeskundige handeling;
b. welke minder bezwarende middelen zijn aangewend om het gevaar dat de gedetineerde doet veroorzaken weg te nemen dan wel af te wenden;
c. welke personen, bedoeld in artikel 46c, onder c, van de wet, zich tegen de behandeling verzetten;
d. de wijze waarop rekening wordt gehouden met de voorkeuren van de gedetineerde ten aanzien van de behandeling; en
e. indien een behandeling plaatsvindt in een situatie waarin het de gedetineerde is die zich verzet, of deze in staat kan worden geacht gebruik te kunnen maken van de regeling, vervat in de hoofdstukken XI–XII respectievelijk XIII van de wet.
6. Ingeval een beslissing tot a-dwangbehandeling, b-dwangbehandeling en een beslissing tot voortzetting van a-dwangbehandeling, vermeldt de directeur tevens welke pogingen zijn gedaan om tot overeenstemming als bedoeld in artikel 46c, onder b, van de wet te komen. Ingeval van een beslissing tot a-dwangbehandeling vermeldt hij bovendien welke bezwaren tegen de behandeling zijn aangevoerd door de personen, bedoeld in het eerste lid.
7. Van een beëindiging van een a-dwangbehandeling, b-dwangbehandeling of gedwongen geneeskundige handeling geeft de directeur kennis aan de personen, genoemd in het derde en – indien van toepassing – vierde lid.

Art. 22f
De verantwoordelijke arts draagt zorg dat de melding van de toepassing van a-dwangbehandeling, b-dwangbehandeling, gedwongen geneeskundige handeling of voortzetting van a-dwangbehandeling en de resultaten van het overleg, bedoeld in artikel 21a, vierde lid, artikel 22a en 22c, alsmede de adviezen die daarbij zijn gegeven en de afspraken die zijn gemaakt worden geregistreerd in het medische dossier.

Geneeskundige behandeling, registratie

Art. 22g

Geneeskundige behandeling, onderzoek

1. De inspecteur stelt na beëindiging van elke a- of b-dwangbehandeling doch in ieder geval na afloop van de termijn, bedoeld in artikel 46e, vierde lid, van de wet, een onderzoek in of de beslissing tot de behandeling zorgvuldig is genomen en of de uitvoering van de behandeling zorgvuldig is geschied.
2. De inspecteur stelt eveneens een onderzoek in na beëindiging van elke gedwongen geneeskundige handeling indien die handeling is verricht ter afwending van een gevaar dat voortvloeit uit de stoornis van de geestvermogens van de gedetineerde.

Art. 23

Geneeskundige behandeling, advies voortzetting behandeling

1. Indien de toepassing van de behandeling, bedoeld in artikel 22a, tweede lid, de duur van twee weken te boven gaat wordt door de directeur een commissie samengesteld bestaande uit ten minste een afdelingshoofd, een psychiater, een arts en een psycholoog.
2. De in het eerste lid bedoelde commissie brengt binnen twee dagen na de in het eerste lid bedoelde termijn en, indien de onvrijwillige geneeskundige behandeling langer wordt voortgezet, om de twee weken, advies uit aan de directeur over de voortzetting van die behandeling.

Hoofdstuk 5a
Toezicht op telefoongesprekken

Art. 23a

Penitentiaire inrichting, toezicht op telefoongesprekken

1. Telefoongesprekken die in verband met het toezicht, bedoeld in artikel 39, tweede lid, van de wet worden opgenomen, worden bewaard voor een periode van ten hoogste acht maanden.
2. Na het verstrijken van de periode, genoemd in het eerste lid, wordt een opgenomen telefoongesprek gewist.
3. Indien bij de uitoefening van het toezicht blijkt dat een telefoongesprek met een persoon als bedoeld in artikel 37, eerste lid, van de wet is opgenomen, wordt dit opgenomen gesprek terstond gewist.
4. De gedetineerde wordt van het opnemen van het telefoonverkeer op de hoogte gesteld.
5. Opgenomen telefoongesprekken worden slechts verstrekt aan derden die ingevolge de uitvoering van hen bij of krachtens de wet opgedragen taken, tot kennisneming daarvan bevoegd zijn.
6. De verstrekking, bedoeld in het vijfde lid, kan slechts geschieden in verband met:
    a. de handhaving van de orde of de veiligheid in de inrichting;
    b. de bescherming van de openbare orde of nationale veiligheid;
    c. de voorkoming of opsporing van strafbare feiten;
    d. de bescherming van slachtoffers van of anderszins betrokkenen bij misdrijven.

Hoofdstuk 6
Geestelijke verzorging

Art. 24

Geestelijk verzorgers verschillende godsdiensten of levensovertuigingen

1. Bij het Ministerie van Justitie en Veiligheid zijn een hoofd boeddhistische geestelijke verzorging, een hoofd hindoeïstische geestelijke verzorging, een hoofd islamitische geestelijke verzorging, een hoofdrabbijn, een hoofdpredikant, een hoofdaalmoezenier en een hoofd humanistische geestelijke verzorging aangesteld. Zij treden op als vertegenwoordiging van de zendende instanties en dienen Onze Minister gevraagd en ongevraagd van advies omtrent de geestelijke verzorging in de inrichtingen.
2. De hoofden zijn in ieder geval belast met het doen van voordrachten voor aanstelling van geestelijk verzorgers behorende tot hun gezindte of levensovertuiging.

Art. 25

Geestelijk verzorgers verbonden aan inrichting

Aan een inrichting zijn geestelijk verzorgers van verschillende godsdiensten of levensovertuigingen verbonden, doch in elk geval geestelijk verzorgers van boeddhistische, hindoeïstische, islamitische, joodse, protestantse en rooms-katholieke gezindte en geestelijk verzorgers van het humanistisch verbond.

Art. 26

Geestelijk verzorger, aanstelling

De aanstelling van een geestelijk verzorger van boeddhistische, hindoeïstische, islamitische, joodse, protestantse of rooms-katholieke gezindte of van een geestelijk verzorger behorend tot het humanistisch verbond geschiedt door of vanwege Onze Minister op voordracht van de betrokken hoofdgeestelijke, genoemd in artikel 24, eerste lid.

Art. 27

Geestelijk verzorgers, toegang verlenen aan nieuwe

Een andere geestelijk verzorger dan de in artikel 25 genoemde kan door de directeur toegang worden verleend tot de inrichting. De directeur neemt deze beslissing niet dan na overleg met Onze Minister.

Hoofdstuk 7
[Vervallen]

Art. 28-34
[Vervallen]

Hoofdstuk 8
Dossiers

Art. 35
Met uitzondering van personen in vreemdelingenbewaring wordt van iedere gedetineerde en deelnemer aan een penitentiair programma een penitentiair dossier aangelegd.

Penitentiaire inrichting, dossiervorming

Art. 36
1. Het penitentiair dossier wordt op zorgvuldige wijze volgens een vaste standaardindeling opgebouwd. In de navolgende volgorde worden in het penitentiair dossier opgenomen:
   a. een overzicht van de periodes en inrichtingen van verblijf;
   b. selectie- en plaatsingsvoorstellen;
   c. registratiekaarten;
   d. de in artikel 37 genoemde bescheiden, gerangschikt per inrichting.
2. Het dossier wordt in een afsluitbare ruimte in de inrichting bewaard.

Penitentiair dossier, inhoud

Art. 37
1. In het penitentiair dossier worden tevens opgenomen:
   a. een eindrapportage van de inrichting bij invrijheidstelling van de gedetineerde dan wel een eindrapportage van het penitentiair programma bij invrijheidstelling vanuit het penitentiair programma van de deelnemer daaraan;
   b. een kopie van een selectieadvies onderscheidenlijk een overplaatsingsvoorstel onderscheidenlijk een voorstel tot deelname aan een penitentiair programma of de beëindiging daarvan met de daarbij behorende adviezen;
   c. de meest recente registratiekaart;
   d. andere belangrijke justitiële documenten, waaronder:
   1° de grond voor opneming, bedoeld in artikel 6:2:1 van het Wetboek van Strafvordering;
   2° formulieren betreffende verlof en de daarop genomen beslissing;
   3° verzoeken onderscheidenlijk machtigingen tot plaatsing en overplaatsing en deelname aan een penitentiair programma;
   4° gratieverzoeken en de daarop genomen beslissing;
   5° verzoeken om strafonderbreking en de daarop genomen beslissing;
   6° mededelingen omtrent de voorwaardelijke invrijheidstelling.
   e. uitslagen van urinecontroles, dan wel een samenvattend overzicht daarvan;
   f. kopieën van strafrapporten, meldingen van bijzondere voorvallen en interne meldingen;
   g. documenten betreffende beklagzaken en beroepszaken;
   h. kopieën van correspondentie van de inrichting over de gedetineerde;
   i. een kopie van het intakeformulier per inrichting van verblijf;
   j. samenvattingen van periodieke besprekingen over de gedetineerde in inrichtingsoverleggen;
   k. kopieën van risicotaxaties;
   l. kopieën van delictanalyses.
2. De overige op de gedetineerde betrekking hebbende stukken worden verzameld in een inrichtingsdossier. Zij worden gerangschikt naar onderwerp in chronologische volgorde.

Penitentiair dossier, inrichtingsdossier

Art. 38
1. Indien de directeur een voorstel tot selectie van een gedetineerde doet, zendt hij daarbij het penitentiair dossier mee aan de selectiefunctionaris.
2. De directeur zendt het penitentiair dossier gelijktijdig met de formele overplaatsing van de gedetineerde aan de directeur van de inrichting of afdeling waar de gedetineerde verder zal verblijven.
3. Indien een gedetineerde wordt overgebracht naar een instelling voor de verlening van forensische zorg, als bedoeld in artikel 1.1, eerste lid, onder f, van de Wet forensische zorg, zendt de directeur de voor een goede en veilige verlening van de forensische zorg noodzakelijk geachte bescheiden daaruit aan het hoofd of de geneesheer-directeur van die instelling.
4. Indien een gedetineerde in de gelegenheid wordt gesteld deel te nemen aan een penitentiair programma zendt de directeur het penitentiair dossier aan de directeur bedoeld in artikel 8, eerste lid.
5. Bij invrijheidstelling, ontvluchting of overlijden van een gedetineerde zendt de directeur het penitentiair dossier naar Onze Minister.

Penitentiair dossier, beschikbaarstelling

Art. 39
1. Onze Minister bewaart het penitentiair dossier gedurende een termijn van tien jaren, te rekenen vanaf het tijdstip van ontvangst van het dossier.

Penitentiair dossier, bewaartermijn/vernietiging

2. Na de in het eerste lid genoemde termijn worden de bescheiden, opgenomen in het penitentiair dossier, vernietigd, ofwel zodanig bewerkt dat deze niet meer tot de gedetineerde kunnen worden herleid, tenzij dit in strijd is met een aanmerkelijk belang van een ander dan de gedetineerde.
3. Indien de gedetineerde vóór de afloop van de in het eerste lid bedoelde termijn opnieuw wordt gedetineerd vervalt de bewaartermijn.
4. Het inrichtingsdossier, bedoeld in artikel 37, tweede lid, wordt zes maanden na beëindiging van het verblijf van de gedetineerde in de inrichting vernietigd. Indien de gedetineerde vóór de afloop van deze termijn opnieuw in die inrichting wordt gedetineerd vervalt de bewaartermijn.

Art. 40

Penitentiair dossier, inzage/gegevensverstrekking

1. De directeur kan, in geval van weigering van inzage door de gedetineerde van diens dossier op een van de gronden van artikel 21, tweede lid, van de Wet justitiële en strafvorderlijke gegevens, een door de gedetineerde gemachtigd lid van de commissie van toezicht doen kennis nemen van de gegevens waarvan de kennisneming aan de gedetineerde onthouden wordt. De artikelen 57 en 58 van de wet zijn van overeenkomstige toepassing.
2. Aan Onze Minister en de door deze aan te wijzen ambtenaren of medewerkers kunnen gegevens uit het dossier worden verstrekt voor zover dat noodzakelijk is voor:
a. de behandeling van verzoeken de gedetineerde betreffende;
b. de behandeling van procedures de gedetineerde betreffende;
c. het beheer van de dossiers;
d. de behandeling van overige beslissingen de gedetineerde betreffende.
Hetzelfde geldt voor de selectiefunctionaris, de directeur en de door hen aangewezen ambtenaren of medewerkers.

Hoofdstuk 9
[Vervallen]

Art. 41-44a
[Vervallen]

Hoofdstuk 9A
Bijzondere bepalingen met betrekking tot veroordeelden tot de maatregel tot plaatsing in een inrichting voor stelselmatige daders

Art. 44b

Begripsbepalingen

In dit hoofdstuk wordt verstaan onder:
a. maatregel: plaatsing in een inrichting voor stelselmatige daders als bedoeld in artikel 38m van het Wetboek van Strafrecht;
b. inrichting: inrichting voor stelselmatige daders als bedoeld in artikel 10a van de wet;
c. betrokkene: persoon aan wie de maatregel is opgelegd tot plaatsing in een inrichting voor stelselmatige daders;
d. college van burgemeester en wethouders: college van burgemeester en wethouders van de gemeente die deelneemt aan de tenuitvoerlegging van de maatregel, als bedoeld in artikel 38o, derde lid, van het Wetboek van Strafrecht;
e. verblijfsplan: verblijfsplan als bedoeld in artikel 18a, eerste lid, van de wet;
f. evaluatie: evaluatie als bedoeld in artikel 18c van de wet.

Art. 44c

Werkingssfeer

Hoofdstuk 3 is niet van toepassing op de tenuitvoerlegging van de maatregel.

Art. 44d

Detentie stelselmatige dader, tenuitvoerlegging plaatsing in inrichting

1. De tenuitvoerlegging van de maatregel vindt plaats in een inrichting.
2. De directeur kan betrokkene overeenkomstig bij regeling van Onze Minister te stellen nadere regels toestemming verlenen om de inrichting tijdelijk te verlaten.
3. De tenuitvoerlegging van de laatste fase van de maatregel kan plaatsvinden buiten de inrichting.

Art. 44e

Detentie stelselmatige dader, tenuitvoerlegging laatste fase buiten inrichting

1. De algemene verantwoordelijkheid voor de tenuitvoerlegging van de laatste fase van de maatregel buiten de inrichting ligt bij de directeur.
2. De verantwoordelijkheid voor de uitvoering van de laatste fase van de maatregel buiten de inrichting ligt bij het college van burgemeester en wethouders.

Penitentiaire maatregel

Art. 44f
1. Onze Minister en het college van burgemeester en wethouders maken nadere afspraken over de tenuitvoerlegging van de laatste fase van de maatregel buiten de inrichting. Daarin worden in ieder geval afspraken gemaakt over:
a. huisvesting;
b. arbeid;
c. dagbesteding van de betrokkene.
2. De kosten van de tenuitvoerlegging van de laatste fase van de maatregel, voor zover die betrekking hebben op het verblijf buiten de inrichting, komen ten laste van de gemeente, onverminderd het recht van betrokkene op een socialezekerheidsuitkering.

Detentie stelselmatige dader, overleg/inhoud/kosten laatste fase buiten inrichting

Art. 44g
1. Het verblijfsplan bestrijkt de wijze van tenuitvoerlegging van de maatregel. Het plan wordt in zijn geheel of in gedeelten vastgesteld door de directeur. Het verblijfsplan voor de laatste fase van de maatregel buiten de inrichting wordt vastgesteld door de directeur en het college van burgemeester en wethouders.
2. Indien een programma als bedoeld in artikel 44j wordt aangeboden, wordt bij de opstelling van het verblijfsplan het oordeel ingewonnen van degenen die verantwoordelijk zijn voor de uitvoering van de onderdelen van dat programma.

Detentie stelselmatige dader, opstellen verblijfsplan

Art. 44h
1. Het verblijfsplan kan worden gewijzigd. Bij een wijziging wordt het evaluatieverslag, bedoeld in artikel 18c, derde lid, van de wet, betrokken.
2. Een wijziging in het verblijfsplan wordt zo veel mogelijk in overleg met betrokkene vastgesteld. De wijziging wordt hem voor het ingaan daarvan meegedeeld.
3. Artikel 44g is van overeenkomstige toepassing.

Detentie stelselmatige dader, wijziging verblijfsplan

Art. 44i
1. In het verblijfsplan worden in ieder geval opgenomen:
a. een diagnose van de lichamelijke en geestelijke gesteldheid van betrokkene;
b. een individueel begeleidingsplan.
2. Indien een programma wordt aangeboden, wordt in het verblijfsplan ook opgenomen:
a. het programma;
b. de voorwaarden die zijn verbonden aan deelneming aan het programma, de afspraken met betrokkene over deelneming daaraan en de gevolgen van het niet nakomen van die afspraken;
c. de naam van de trajectcoördinator, bedoeld in artikel 44k.
3. De in het tweede lid, onderdeel b, bedoelde afspraken houden in ieder geval in dat betrokkene zich schriftelijk bereid verklaart deel te nemen aan het programma en te voldoen aan de daaraan verbonden voorwaarden.
4. Het verblijfsplan wordt opgenomen in het penitentiair dossier.

Detentie stelselmatige dader, inhoud verblijfsplan

Art. 44j
1. Gedurende het verblijf wordt een programma aangeboden, indien aannemelijk is dat betrokkene in staat en bereid is aan een programma deel te nemen.
2. Indien ten aanzien van de betrokkene een specifieke problematiek bestaat waarmee het plegen van strafbare feiten samenhangt, wordt in het programma met die problematiek rekening gehouden.
3. Het programma is in ieder geval gericht op de ontwikkeling van vaardigheden van betrokkene ten aanzien van:
a. zelfzorg en hygiëne;
b. arbeid;
c. scholing;
d. besteding van vrije tijd;
e. beheer van financiën;
f. zelfstandig wonen;
g. sociale omgang.

Detentie stelselmatige dader, inhoud programma

Art. 44k
Indien een programma wordt aangeboden, wijst de directeur voor de betrokkene een trajectcoördinator aan.
De trajectcoördinator heeft tot taak:
a. betrokkene gedurende het gehele verblijf te begeleiden;
b. toezicht uit te oefenen op de naleving van de afspraken met betrokkene en op het voldoen aan de voorwaarden voor deelneming aan het programma;
c. over het verblijfsplan te rapporteren en te adviseren aan de directeur en, wat de laatste fase buiten de inrichting betreft, ook aan het college van burgemeester en wethouders;
d. verbindingen te leggen tussen de instanties die verantwoordelijk zijn voor de uitvoering van het programma.

Detentie stelselmatige dader, trajectcoördinator

C27 art. 44l   **Penitentiaire maatregel**

Art. 44l

Detentie stelselmatige dader, besluitvorming plaatsing buiten inrichting in laatste fase

1. De selectiefunctionaris beslist over plaatsing buiten de inrichting in de laatste fase op de grondslag van een advies van de directeur en het college van burgemeester en wethouders. Alvorens te adviseren winnen de directeur en het college van burgemeester en wethouders het oordeel van de trajectcoördinator in.
2. Bij de beslissing over plaatsing buiten de inrichting in de laatste fase worden in ieder geval de volgende aspecten betrokken:
   a. het verloop van de tenuitvoerlegging, waaronder het gedrag van betrokkene, het nakomen van afspraken door hem en zijn gemotiveerdheid;
   b. het gevaar voor recidive;
   c. de mate waarin hij in staat zal zijn de met de grotere vrijheden gepaard gaande verantwoordelijkheid te dragen.
3. Aan de plaatsing buiten de inrichting in de laatste fase worden, behoudens nader door de directeur of het college van burgemeester en wethouders te stellen bijzondere voorwaarden, de volgende algemene voorwaarden gesteld:
   a. betrokkene gedraagt zich overeenkomstig de aanwijzingen van de trajectcoördinator en degenen die verantwoordelijk zijn voor de uitvoering van het programma en verschaft aan dezen alle verlangde inlichtingen;
   b. hij doet tevoren melding aan de trajectcoördinator van een verandering van betrekking of woonplaats;
   c. hij maakt zich niet schuldig aan een strafbaar feit;
   d. hij onthoudt zich van het gebruik van een middel, vermeld op de bij de Opiumwet behorende lijst I.
4. Van het stellen van bijzondere voorwaarden doet de directeur mededeling aan de selectiefunctionaris.
5. Betrokkene heeft het recht bij de selectiefunctionaris een met redenen omkleed verzoekschrift in te dienen strekkende tot plaatsing buiten de inrichting in de laatste fase. Artikel 18, tweede en derde lid, van de wet is van overeenkomstige toepassing.

Art. 44m

Detentie stelselmatige dader, terugplaatsing in inrichting

1. Indien betrokkene niet of niet meer in staat of bereid is deel te nemen aan het programma in de laatste fase buiten de inrichting dan wel te voldoen aan de daaraan verbonden voorwaarden, kan de selectiefunctionaris hem op de grondslag van een advies van de directeur terugplaatsen in de inrichting.
2. Alvorens te adviseren aan de selectiefunctionaris wint de directeur het oordeel van het college van burgemeester en wethouders- en de trajectcoördinator in.
3. Betrokkene heeft het recht een met redenen omkleed bezwaarschrift in te dienen tegen de beslissing, bedoeld in het eerste lid. Artikel 17, tweede tot en met vijfde lid, van de wet is van overeenkomstige toepassing.

Art. 44n

Detentie stelselmatige dader, sanctie bij overtreding

1. Bij overtreding van de in artikel 44l, derde lid, bedoelde voorwaarden kan de directeur beslissen tot:
   a. het geven van een waarschuwing aan betrokkene;
   b. wijziging of aanvulling van de aan plaatsing buiten de inrichting gestelde bijzondere voorwaarden.
2. De directeur neemt een beslissing als bedoeld in het eerste lid niet dan nadat hij het oordeel van de trajectcoördinator heeft ingewonnen en heeft overlegd met het college van burgemeester en wethouders.
De directeur geeft betrokkene van een beslissing als bedoeld in het eerste lid onverwijld schriftelijk en zo veel mogelijk in een voor hem begrijpelijke taal een met redenen omkleed, gedagtekende en ondertekende mededeling.
Van de overtreding van de voorwaarden en een beslissing als bedoeld in het eerste lid doet de directeur mededeling aan de selectiefunctionaris.

Art. 44o

Schakelbepaling

De artikelen 15, eerste en tweede lid, en 17, eerste lid, zijn van overeenkomstige toepassing op de tenuitvoerlegging van de laatste fase van de maatregel buiten de inrichting.

Art. 44p

Detentie stelselmatige dader, beklag over sanctie
Schakelbepaling

1. Betrokkene kan bij de beklagcommissie beklag doen over een beslissing als bedoeld in artikel 44n, eerste lid.
2. De artikelen 60, tweede en derde lid, 61 tot en met 65, 67, met uitzondering van het derde lid, het vijfde lid, tweede volzin, en het zesde lid, en 68 tot en met 71 van de wet zijn van overeenkomstige toepassing.

Art. 44q

Detentie stelselmatige dader, evaluatie detentie

1. De directeur voert de evaluatie uit van het verloop van het verblijf in de inrichting. De directeur en het college van burgemeester en wethouders voeren de evaluatie uit van het verloop van het verblijf buiten de inrichting in de laatste fase.

Penitentiaire maatregel

C27 art. 57

2. In het evaluatieverslag wordt een visie op de persoon van betrokkene gegeven.
Daarbij wordt in ieder geval aandacht besteed aan de volgende aspecten ten aanzien van hem:
a. zijn lichamelijke en geestelijke gesteldheid en het herstel daarvan;
b. de ontwikkeling van zijn vaardigheden met het oog op zijn terugkeer in de maatschappij en de beëindiging van zijn recidive;
c. de ontwikkeling van zijn motivatie tot gedragsverandering;
d. zijn oordeel over het verblijf;
e. incidenten waarbij hij betrokken is geweest;
f. punten die van belang zijn voor de nazorg.
3. Het verslag komt tot stand in samenwerking met de trajectcoördinator, indien deze is aangewezen, en degenen die verantwoordelijk zijn voor de uitvoering van het programma.

Detentie stelselmatige dader, inhoud evaluatieverslag

Hoofdstuk 10
Vergoedingen beklag- en beroepsprocedures

Art. 45
1. De beloning van de tolk of de vertaler en de vergoeding van de door hen gemaakte kosten, bedoeld in artikel 61, vierde lid, 65, tweede lid, en 67, vierde lid, van de wet geschieden volgens het bepaalde bij of krachtens de Wet tarieven in strafzaken.
2. De secretaris van de beklag- of beroepscommissie stelt op basis van de in het eerste lid bedoelde bepalingen de hoogte van de beloning en vergoeding vast. Met de uitbetaling is de directeur belast.

Penitentiaire inrichting, vergoeding tolk/vertaler

Hoofdstuk 11
Kosten en aansprakelijkheid directeur

Art. 46
De gedetineerde ontvangt bij invrijheidstelling reisgeld voor een reis of reisgelegenheid naar zijn woon- of verblijfplaats binnen Nederland.

Penitentiaire inrichting, reisgeld bij invrijheidstelling

Art. 47
Onverminderd het bepaalde bij of krachtens de Wet langdurige zorg komen ten laste van de Staat de kosten van geneeskundige verzorging van de gedetineerde die in een inrichting gevangenisstraf of hechtenis ondergaat.

Penitentiaire inrichting, kosten geneeskundige verzorging

Art. 48
Bij overlijden van een gedetineerde komen de kosten van begrafenis of crematie, voor zover die redelijkerwijs noodzakelijk kunnen worden geacht, ten laste van de Staat.

Penitentiaire inrichting, kosten begrafenis/crematie

Art. 49
Buiten geval van opzet of bewuste roekeloosheid is de aansprakelijkheid van de directeur voor voorwerpen die een gedetineerde ingevolge artikel 45, tweede lid, van de wet onder zich heeft, beperkt tot € 500 per voorwerp, inclusief eventuele gevolgschade.

Penitentiaire inrichting, aansprakelijkheid voorwerpen gedetineerde

Hoofdstuk 12
Wijziging andere regelgeving

Art. 50
[Wijzigt het Besluit politieregisters.]

Art. 51
[Wijzigt het Besluit vergoedingen rechtsbijstand 1994.]

Art. 52
[Wijzigt het Besluit buitengewoon strafrecht.]

Art. 53
[Wijzigt het Besluit van 9 juni 1982, omtrent het regiem voor militairen die in het huis van bewaring en de gevangenis van het Militair Penitentiair Centrum «Nieuwersluis» voorlopig arrest, respectievelijk gevangenisstraf, hechtenis of militaire detentie ondergaan.]

Art. 54
[Wijzigt het Besluit van 22 februari 1896 tot invoering van signalementkaarten.]

Art. 55
[Wijzigt het Dienstplichtbesluit.]

Art. 56
[Wijzigt het Reglement verpleging ter beschikking gestelden.]

Art. 57
[Wijzigt het Arbeidsomstandighedenbesluit.]

Hoofdstuk 13
Slotbepalingen

Art. 58

Penitentiaire inrichting, geheimhoudingsplicht

Een ieder die betrokken is bij de uitvoering van de wet en dit besluit en daarbij de beschikking krijgt over gegevens waarvan hij het vertrouwelijke karakter kent of redelijkerwijs moet vermoeden, en voor wie niet reeds uit hoofde van ambt, beroep of wettelijk voorschrift terzake van die gegevens een geheimhoudingsplicht geldt, is verplicht tot geheimhouding daarvan, behoudens voor zover enig wettelijk voorschrift hem tot bekendmaking verplicht of uit zijn taak bij de uitvoering van dit besluit de noodzaak tot bekendmaking voortvloeit.

Art. 59

Uitschakelbepaling

De Gevangenismaatregel wordt ingetrokken.

Art. 60

Inwerkingtreding

Dit besluit treedt in werking op een bij koninklijk besluit te bepalen tijdstip.

Art. 61

Citeertitel

Dit besluit wordt aangehaald als: Penitentiaire maatregel.

Besluit Adviescollege levenslanggestraften[1]

Besluit van de Staatssecretaris van Veiligheid en Justitie van 25 november 2016, houdende de instelling van een Adviescollege levenslanggestraften (Besluit Adviescollege levenslanggestraften)

De Staatssecretaris van Veiligheid en Justitie,
Besluit:

Art. 1 Begrippen
In dit besluit wordt verstaan onder:
a. *Adviescollege*: het Adviescollege levenslanggestraften;
b. *voorzitter*: de voorzitter van het Adviescollege;
c. *DJI*: de Dienst Justitiële Inrichtingen als bedoeld in artikel 63f van het Organisatiebesluit Ministerie van Justitie en Veiligheid;
d. *levenslanggestrafte*: een persoon ten aanzien van wie de tenuitvoerlegging van een levenslange gevangenisstraf plaatsvindt;
e. *Minister*: de Minister voor Rechtsbescherming;
f. *re-integratie activiteiten*: activiteiten, inclusief verlof, die aanvullend op de resocialisatieactiviteiten de gedetineerde in staat stellen te werken aan de voorbereiding op zijn mogelijke terugkeer in de samenleving;
g. *detentie*: de periode van vrijheidsbeneming vanaf het moment van de inverzekeringstelling of voorlopige hechtenis ter zake van het feit waarvoor de levenslange gevangenisstraf is opgelegd.

Begripsbepalingen

Art. 1a
Dit besluit is mede van toepassing in de openbare lichamen Bonaire, Sint Eustatius en Saba.

Art. 2 Samenstelling en benoeming voorzitter en leden Adviescollege
1. Er is een Adviescollege levenslanggestraften. Het Adviescollege heeft een voorzitter, tevens lid, met een juridische achtergrond en vijf andere leden die afkomstig zijn uit de volgende disciplines: twee juristen, een psychiater, een psycholoog en een lid afkomstig uit de wetenschap dat bij voorkeur specifieke expertise heeft op het gebied van de positie en de belangen van slachtoffers en nabestaanden. Daarnaast kan de Minister voor elk van hen één plaatsvervangend lid benoemen. De voorzitter, de leden en plaatsvervangend leden die vanwege hun juridische, psychologische of psychiatrische expertise worden benoemd, beschikken daarnaast over een uitgebreide expertise in de strafrechtpraktijk en ten aanzien van de tenuitvoerlegging van straffen.
2. De voorzitter en de overige leden van het Adviescollege worden bij ministerieel besluit door de Minister benoemd voor een periode van ten hoogste vier jaar. De benoeming wordt gepubliceerd in de Staatscourant. Herbenoeming is eenmaal mogelijk voor een aansluitende periode van ten hoogste vier jaren.
3. Bij de benoeming van de voorzitter, de leden en de plaatsvervangende leden kan het Adviescollege aan de Minister een voordracht uitbrengen. De Minister benoemt de leden na kennisneming van de voordracht.

Adviescollege levenslanggestraften, samenstelling en benoeming

Art. 3 Ontslag
1. De voorzitter en andere leden van het Adviescollege worden op eigen verzoek door de Minister ontslagen.
2. De voorzitter en andere leden van het Adviescollege kunnen tevens door de Minister worden ontslagen wegens ongeschiktheid, onbekwaamheid of op andere zwaarwegende gronden.

Adviescollege levenslanggestraften, ontslag voorzitter/leden

Art. 4 Taak
1. Het Adviescollege heeft de volgende taken:
a. adviseren over welke re-integratieactiviteiten een levenslanggestrafte in aanmerking komt;
b. het naar aanleiding van de start van een gratieprocedure informeren van de minister over de voortgang van de resocialisatie- en re-integratieactiviteiten van de levenslanggestrafte in die gevallen waarin het Adviescollege eerder een advies als bedoeld in onderdeel a. heeft uitgebracht;
c. het op verzoek van de minister adviseren over het aanbieden van re-integratieactiviteiten;
d. het op diens verzoek informeren van de Minister over de voortgang van de resocialisatie- en re-integratieactiviteiten van de levenslanggestraften in andere dan de in onderdeel b bedoelde gevallen.

Adviescollege levenslanggestraften, taak

---

1 Inwerkingtredingsdatum: 01-03-2017; zoals laatstelijk gewijzigd bij: Stcrt. 2020, 42424.

2. Het eerste advies van het Adviescollege, bedoeld in het eerste lid, onder a, wordt vijfentwintig jaar na aanvang van de detentie uitgebracht.

3. Uiterlijk twee jaar na het in het tweede lid bedoelde tijdstip wordt aan de hand van een voorstel tot gratieverlening als bedoeld in artikel 19 van de Gratiewet de mogelijkheid tot gratieverlening beoordeeld.

4. Bij zijn advisering hanteert het Adviescollege de volgende criteria:
   a. het recidiverisico;
   b. de delictgevaarlijkheid;
   c. het gedrag en de ontwikkeling van de levenslanggestrafte gedurende zijn detentie;
   d. de impact op de slachtoffers en nabestaanden en in de sleutel daarvan de vergelding.

5. De levenslanggestrafte wordt door het Adviescollege gehoord. De nabestaanden en slachtoffers worden door het Adviescollege gehoord. De hoorzittingen vinden plaats in het Europese deel van Nederland. Degene die zich buiten het Europese deel van Nederland bevindt, wordt niet in persoon maar via een beveiligde videoverbinding gehoord.

6. Bij het advies als bedoeld in het eerste lid, onder a, bepaalt het Adviescollege tevens binnen welke termijn het Adviescollege een vervolgadvies zal uitbrengen.

Art. 5 Bevoegdheden

Adviescollege levenslanggestraften, bevoegdheden

1. Het Adviescollege is bevoegd kennis te nemen van alle gegevens en bescheiden die voor de vervulling van zijn taak van belang zijn en heeft te allen tijde toegang tot alle penitentiaire inrichtingen waar de levenslange gevangenisstraf ten uitvoer wordt gelegd.

2. Het Adviescollege ontvangt, met inachtneming van het bepaalde in de tweede volzin van het eerste lid, van de minister in elk geval het penitentiair dossier, bedoeld in artikel 59 van de Penitentiaire beginselenwet, in voorkomend geval het verpleegdossier in de zin van artikel 19 van de Beginselenwet verpleging ter beschikking gestelden en alle overige relevante informatie die noodzakelijk is om te adviseren over re-integratieactiviteiten.

3. Het Adviescollege maakt van zijn bevoegdheden slechts gebruik voor zover dat redelijkerwijs voor de vervulling van zijn taak nodig is.

4. Het Adviescollege en diens leden zijn verplicht geheimhouding in acht te nemen ten aanzien van alle informatie die hen bij de uitoefening van hun taken ter kennis komt en waarvan zij redelijkerwijs het vertrouwelijke karakter moeten begrijpen.

Art. 6 Ondersteuning

Adviescollege levenslanggestraften, secretaris

1. Het Adviescollege heeft een secretaris, tevens hoofd van het bureau.

2. De secretaris is voor zijn werkzaamheden uitsluitend verantwoording schuldig aan het Adviescollege.

3. Aan de secretaris kunnen andere medewerkers worden toegevoegd.

4. De secretaris en andere medewerkers van het bureau zijn geen lid van het Adviescollege.

5. Na overleg met de voorzitter kan de Minister de secretaris en de andere medewerkers van het bureau benoemen, bevorderen, schorsen of ontslaan.

6. De Minister draagt, na overleg met de voorzitter, zorg voor de nodige voorzieningen ten behoeve van de werkzaamheden van het Adviescollege.

Art. 7 Advisering

Adviescollege levenslanggestraften, advisering Minister

1. Indien het Adviescollege adviseert geen re-integratieactiviteiten aan te bieden, beslist de Minister dienovereenkomstig.

2. Indien het Adviescollege adviseert om re-integratieactiviteiten aan te bieden, kan de Minister gemotiveerd een andere beslissing nemen.

Art. 8 Reglement voor de werkwijze en privacy protocol

Adviescollege levenslanggestraften, privacy protocol

1. Het Adviescollege stelt met het oog op een goede en zorgvuldige uitoefening van zijn taken een reglement voor de werkwijze en een privacy protocol vast.

2. Het reglement voor de werkwijze en elke wijziging daarvan behoeft de goedkeuring van de Minister. Het reglement voor de werkwijze en het privacy protocol worden openbaar gemaakt door plaatsing op de website van het Adviescollege.

Art. 9 Bijstand deskundigen

Adviescollege levenslanggestraften, bijstand deskundigen

Het Adviescollege kan zich op onderdelen van zijn taak doen bijstaan door personen van wie de deskundige inbreng van belang kan zijn in verband met de zorgvuldige voorbereiding en totstandkoming van zijn adviezen.

Art. 10 Vaststelling adviezen

Adviescollege levenslanggestraften, vaststelling adviezen

1. Bij het uitbrengen van een advies ontvangt het Adviescollege geen aanwijzingen van de Minister over de te hanteren methodiek, zijn oordeelsvorming en advisering.

2. Het Adviescollege zendt een exemplaar van elk advies direct na vaststelling naar de Minister.

Besluit Adviescollege levenslanggestraften   **C28** art. 14

Art. 11 Bezoldiging
De leden van het Adviescollege genieten vergoeding van reis- en verblijfskosten overeenkomstig de bepalingen welke te dien aanzien voor de burgerlijke rijksambtenaren in de sector Rijk zijn vastgesteld alsmede een vergoeding voor hun werkzaamheden volgens door de Minister te stellen regels.

Adviescollege levenslanggestraften, bezoldiging

Art. 12 Jaarbericht
De voorzitter brengt elk tweede jaar voor 1 maart, te beginnen op 1 maart 2019, een tweejaarbericht uit over de algemene bevindingen van het Adviescollege naar aanleiding van de werkzaamheden van de voorafgaande twee jaren.

Adviescollege levenslanggestraften, jaarbericht

Art. 13 Citeertitel
Dit besluit wordt aangehaald als: Besluit Adviescollege levenslanggestraften.

Citeertitel

Art. 14 Inwerkingtreding
Dit besluit treedt in werking met ingang van 1 maart 2017.

Inwerkingtreding

European Prison Rules[1]

European Prison Rules[2]

Recommendation Rec(2006)2 of the Committee of Ministers to member states on the European Prison Rules[3]

I
Recommendation Rec(2006)2 of the Committee of Ministers to member states on the European Prison Rules

The Committee of Ministers, under the terms of Article 15.b of the Statute of the Council of Europe,
Having regard to the European Convention on Human Rights and the case law of the European Court of Human Rights;
Having regard also to the work carried out by the European Committee for the Prevention of Torture and Inhuman or Degrading Treatment or Punishment and in particular the standards it has developed in its general reports;
Reiterating that no one shall be deprived of liberty save as a measure of last resort and in accordance with a procedure prescribed by law;
Stressing that the enforcement of custodial sentences and the treatment of prisoners necessitate taking account of the requirements of safety, security and discipline while also ensuring prison conditions which do not infringe human dignity and which offer meaningful occupational activities and treatment programmes to inmates, thus preparing them for their reintegration into society;
Considering it important that Council of Europe member states continue to update and observe common principles regarding their prison policy;
Considering, moreover, that the observance of such common principles will enhance international co-operation in this field;
Noting the significant social changes which have influenced important developments in the penal field in Europe in the course of the last two decades;
Endorsing once again the standards contained in the recommendations of the Committee of Ministers of the Council of Europe, which relate to specific aspects of penitentiary policy and practice and in particular No. R (89) 12 on education in prison, No. R (93) 6 concerning prison and criminological aspects of the control of transmissible diseases including AIDS and related health problems in prison, No. R (97) 12 on staff concerned with the implementation of sanctions and measures, No. R (98) 7 concerning the ethical and organisational aspects of health care in prison, No. R (99) 22 concerning prison overcrowding and prison population inflation, Rec(2003)22 on conditional release (parole), and Rec(2003)23 on the management by prison administrations of life sentence and other long-term prisoners;
Bearing in mind the United Nations Standard Minimum Rules for the Treatment of Prisoners;
Considering that Recommendation No. R (87) 3 of the Committee of Ministers on the European Prison Rules needs to be substantively revised and updated in order to reflect the developments which have occurred in penal policy, sentencing practice and the overall management of prisons in Europe,
Recommends that governments of member states:
- be guided in their legislation, policies and practice by the rules contained in the appendix to this recommendation, which replaces Recommendation No. R (87) 3 of the Committee of Ministers on the European Prison Rules;
- ensure that this recommendation and the accompanying commentary to its text are translated and disseminated as widely as possible and more specifically among judicial authorities, prison staff and individual prisoners.

---

1 Inwerkingtredingsdatum: 11-01-2006.
2 Zoals gepubliceerd op rm.coe.int.
3 When this recommendation was adopted, and in application of Article 10.2c of the Rules of Procedure for the meetings of the Ministers' Deputies, the Representative of Denmark reserved the right of his government to comply or not with Rule 43, paragraph 2, of the appendix to the recommendation because it is of the opinion that the requirement that prisoners held under solitary confinement be visited by medical staff on a daily basis raises serious ethical concerns regarding the possible role of such staff in effectively pronouncing prisoners fit for further solitary confinement.

Appendix to Recommendation Rec(2006)2

The European Prison Rules

PART I
Basic principles

1. All persons deprived of their liberty shall be treated with respect for their human rights.
2. Persons deprived of their liberty retain all rights that are not lawfully taken away by the decision sentencing them or remanding them in custody.
3. Restrictions placed on persons deprived of their liberty shall be the minimum necessary and proportionate to the legitimate objective for which they are imposed.
4. Prison conditions that infringe prisoners' human rights are not justified by lack of resources.
5. Life in prison shall approximate as closely as possible the positive aspects of life in the community.
6. All detention shall be managed so as to facilitate the reintegration into free society of persons who have been deprived of their liberty.
7. Co-operation with outside social services and as far as possible the involvement of civil society in prison life shall be encouraged.
8. Prison staff carry out an important public service and their recruitment, training and conditions of work shall enable them to maintain high standards in their care of prisoners.
9. All prisons shall be subject to regular government inspection and independent monitoring.

Scope and application

10.1 The European Prison Rules apply to persons who have been remanded in custody by a judicial authority or who have been deprived of their liberty following conviction.
10.2 In principle, persons who have been remanded in custody by a judicial authority and persons who are deprived of their liberty following conviction should only be detained in prisons, that is, in institutions reserved for detainees of these two categories.
10.3 The Rules also apply to persons:
a. who may be detained for any other reason in a prison; or
b. who have been remanded in custody by a judicial authority or deprived of their liberty following conviction and who may, for any reason, be detained elsewhere.
10.4 All persons who are detained in a prison or who are detained in the manner referred to in paragraph 10.3.b are regarded as prisoners for the purpose of these rules.
11.1 Children under the age of 18 years should not be detained in a prison for adults, but in an establishment specially designed for the purpose.
11.2 If children are nevertheless exceptionally held in such a prison there shall be special regulations that take account of their status and needs.
12.1 Persons who are suffering from mental illness and whose state of mental health is incompatible with detention in a prison should be detained in an establishment specially designed for the purpose.
12.2 If such persons are nevertheless exceptionally held in prison there shall be special regulations that take account of their status and needs.
13. These rules shall be applied impartially, without discrimination on any ground such as sex, race, colour, language, religion, political or other opinion, national or social origin, association with a national minority, property, birth or other status.

PART II
Conditions of imprisonment

Admission

14. No person shall be admitted to or held in a prison as a prisoner without a valid commitment order, in accordance with national law.
15.1 At admission the following details shall be recorded immediately concerning each prisoner:
a. information concerning the identity of the prisoner;
b. the reasons for commitment and the authority for it;
c. the day and hour of admission;
d. an inventory of the personal property of the prisoner that is to be held in safekeeping in accordance with Rule 31;
e. any visible injuries and complaints about prior ill-treatment; and
f. subject to the requirements of medical confidentiality, any information about the prisoner's health that is relevant to the physical and mental well-being of the prisoner or others.
15.2 At admission all prisoners shall be given information in accordance with Rule 30.

15.3 Immediately after admission notification of the detention of the prisoner shall be given in accordance with Rule 24.9.

16. As soon as possible after admission:
 a. information about the health of the prisoner on admission shall be supplemented by a medical examination in accordance with Rule 42;
 b. the appropriate level of security for the prisoner shall be determined in accordance with Rule 51;
 c. the threat to safety that the prisoner poses shall be determined in accordance with Rule 52;
 d. any available information about the social situation of the prisoner shall be evaluated in order to deal with the immediate personal and welfare needs of the prisoner; and
 e. in the case of sentenced prisoners the necessary steps shall be taken to implement programmes in accordance with Part VIII of these rules.

Allocation and accommodation

17.1 Prisoners shall be allocated, as far as possible, to prisons close to their homes or places of social rehabilitation.
17.2 Allocation shall also take into account the requirements of continuing criminal investigations, safety and security and the need to provide appropriate regimes for all prisoners.
17.3 As far as possible, prisoners shall be consulted about their initial allocation and any subsequent transfer from one prison to another.
18.1 The accommodation provided for prisoners, and in particular all sleeping accommodation, shall respect human dignity and, as far as possible, privacy, and meet the requirements of health and hygiene, due regard being paid to climatic conditions and especially to floor space, cubic content of air, lighting, heating and ventilation.
18.2 In all buildings where prisoners are required to live, work or congregate:
 a. the windows shall be large enough to enable the prisoners to read or work by natural light in normal conditions and shall allow the entrance of fresh air except where there is an adequate air conditioning system;
 b. artificial light shall satisfy recognised technical standards; and
 c. there shall be an alarm system that enables prisoners to contact the staff without delay.
18.3 Specific minimum requirements in respect of the matters referred to in paragraphs 1 and 2 shall be set in national law.
18.4 National law shall provide mechanisms for ensuring that these minimum requirements are not breached by the overcrowding of prisons.
18.5 Prisoners shall normally be accommodated during the night in individual cells except where it is preferable for them to share sleeping accommodation.
18.6 Accommodation shall only be shared if it is suitable for this purpose and shall be occupied by prisoners suitable to associate with each other.
18.7 As far as possible, prisoners shall be given a choice before being required to share sleeping accommodation.
18.8 In deciding to accommodate prisoners in particular prisons or in particular sections of a prison due account shall be taken of the need to detain:
 a. untried prisoners separately from sentenced prisoners;
 b. male prisoners separately from females; and
 c. young adult prisoners separately from older prisoners.
18.9 Exceptions can be made to the requirements for separate detention in terms of paragraph 8 in order to allow prisoners to participate jointly in organised activities, but these groups shall always be separated at night unless they consent to be detained together and the prison authorities judge that it would be in the best interest of all the prisoners concerned.
18.10 Accommodation of all prisoners shall be in conditions with the least restrictive security arrangements compatible with the risk of their escaping or harming themselves or others.

Hygiene

19.1. All parts of every prison shall be properly maintained and kept clean at all times.
19.2. When prisoners are admitted to prison the cells or other accommodation to which they are allocated shall be clean.
19.3. Prisoners shall have ready access to sanitary facilities that are hygienic and respect privacy.
19.4. Adequate facilities shall be provided so that every prisoner may have a bath or shower, at a temperature suitable to the climate, if possible daily but at least twice a week (or more frequently if necessary) in the interest of general hygiene.
19.5. Prisoners shall keep their persons, clothing and sleeping accommodation clean and tidy.
19.6. The prison authorities shall provide them with the means for doing so including toiletries and general cleaning implements and materials.
19.7. Special provision shall be made for the sanitary needs of women.

Clothing and bedding

20.1. Prisoners who do not have adequate clothing of their own shall be provided with clothing suitable for the climate.
20.2. Such clothing shall not be degrading or humiliating.
20.3. All clothing shall be maintained in good condition and replaced when necessary.
20.4. Prisoners who obtain permission to go outside prison shall not be required to wear clothing that identifies them as prisoners.
21. Every prisoner shall be provided with a separate bed and separate and appropriate bedding, which shall be kept in good order and changed often enough to ensure its cleanliness.

Nutrition

22.1. Prisoners shall be provided with a nutritious diet that takes into account their age, health, physical condition, religion, culture and the nature of their work.
22.2. The requirements of a nutritious diet, including its minimum energy and protein content, shall be prescribed in national law.
22.3. Food shall be prepared and served hygienically.
22.4. There shall be three meals a day with reasonable intervals between them.
22.5. Clean drinking water shall be available to prisoners at all times.
22.6. The medical practitioner or a qualified nurse shall order a change in diet for a particular prisoner when it is needed on medical grounds.

Legal advice

23.1. All prisoners are entitled to legal advice, and the prison authorities shall provide them with reasonable facilities for gaining access to such advice.
23.2. Prisoners may consult on any legal matter with a legal adviser of their own choice and at their own expense.
23.3. Where there is a recognised scheme of free legal aid the authorities shall bring it to the attention of all prisoners.
23.4. Consultations and other communications including correspondence about legal matters between prisoners and their legal advisers shall be confidential.
23.5. A judicial authority may in exceptional circumstances authorise restrictions on such confidentiality to prevent serious crime or major breaches of prison safety and security.
23.6. Prisoners shall have access to, or be allowed to keep in their possession, documents relating to their legal proceedings.

Contact with the outside world

24.1. Prisoners shall be allowed to communicate as often as possible by letter, telephone or other forms of communication with their families, other persons and representatives of outside organisations and to receive visits from these persons.
24.2. Communication and visits may be subject to restrictions and monitoring necessary for the requirements of continuing criminal investigations, maintenance of good order, safety and security, prevention of criminal offences and protection of victims of crime, but such restrictions, including specific restrictions ordered by a judicial authority, shall nevertheless allow an acceptable minimum level of contact.
24.3. National law shall specify national and international bodies and officials with whom communication by prisoners shall not be restricted.
24.4. The arrangements for visits shall be such as to allow prisoners to maintain and develop family relationships in as normal a manner as possible.
24.5. Prison authorities shall assist prisoners in maintaining adequate contact with the outside world and provide them with the appropriate welfare support to do so.
24.6. Any information received of the death or serious illness of any near relative shall be promptly communicated to the prisoner.
24.7. Whenever circumstances allow, the prisoner should be authorised to leave prison either under escort or alone in order to visit a sick relative, attend a funeral or for other humanitarian reasons.
24.8. Prisoners shall be allowed to inform their families immediately of their imprisonment or transfer to another institution and of any serious illness or injury they may suffer.
24.9. Upon the admission of a prisoner to prison, the death or serious illness of, or serious injury to a prisoner, or the transfer of a prisoner to a hospital, the authorities shall, unless the prisoner has requested them not to do so, immediately inform the spouse or partner of the prisoner, or, if the prisoner is single, the nearest relative and any other person previously designated by the prisoner.
24.10. Prisoners shall be allowed to keep themselves informed regularly of public affairs by subscribing to and reading newspapers, periodicals and other publications and by listening to

radio or television transmissions unless there is a specific prohibition for a specified period by a judicial authority in an individual case.

24.11. Prison authorities shall ensure that prisoners are able to participate in elections, referenda and in other aspects of public life, in so far as their right to do so is not restricted by national law.

24.12. Prisoners shall be allowed to communicate with the media unless there are compelling reasons to forbid this for the maintenance of safety and security, in the public interest or in order to protect the integrity of victims, other prisoners or staff.

Prison regime

25.1. The regime provided for all prisoners shall offer a balanced programme of activities.

25.2. This regime shall allow all prisoners to spend as many hours a day outside their cells as are necessary for an adequate level of human and social interaction.

25.3. This regime shall also provide for the welfare needs of prisoners.

25.4. Particular attention shall be paid to the needs of prisoners who have experienced physical, mental or sexual abuse.

Work

26.1. Prison work shall be approached as a positive element of the prison regime and shall never be used as a punishment.

26.2. Prison authorities shall strive to provide sufficient work of a useful nature.

26.3. As far as possible, the work provided shall be such as will maintain or increase prisoners' ability to earn a living after release.

26.4. In conformity with Rule 13 there shall be no discrimination on the basis of gender in the type of work provided.

26.5. Work that encompasses vocational training shall be provided for prisoners able to benefit from it and especially for young prisoners.

26.6. Prisoners may choose the type of employment in which they wish to participate, within the limits of what is available, proper vocational selection and the requirements of good order and discipline.

26.7. The organisation and methods of work in the institutions shall resemble as closely as possible those of similar work in the community in order to prepare prisoners for the conditions of normal occupational life.

26.8. Although the pursuit of financial profit from industries in the institutions can be valuable in raising standards and improving the quality and relevance of training, the interests of the prisoners should not be subordinated to that purpose.

26.9. Work for prisoners shall be provided by the prison authorities, either on their own or in co-operation with private contractors, inside or outside prison.

26.10. In all instances there shall be equitable remuneration of the work of prisoners.

26.11. Prisoners shall be allowed to spend at least a part of their earnings on approved articles for their own use and to allocate a part of their earnings to their families.

26.12. Prisoners may be encouraged to save part of their earnings, which shall be handed over to them on release or be used for other approved purposes.

26.13. Health and safety precautions for prisoners shall protect them adequately and shall not be less rigorous than those that apply to workers outside.

26.14. Provision shall be made to indemnify prisoners against industrial injury, including occupational disease, on terms not less favourable than those extended by national law to workers outside.

26.15. The maximum daily and weekly working hours of the prisoners shall be fixed in conformity with local rules or custom regulating the employment of free workers.

26.16. Prisoners shall have at least one rest day a week and sufficient time for education and other activities.

26.17. As far as possible, prisoners who work shall be included in national social security systems.

Exercise and recreation

27.1. Every prisoner shall be provided with the opportunity of at least one hour of exercise every day in the open air, if the weather permits.

27.2. When the weather is inclement alternative arrangements shall be made to allow prisoners to exercise.

27.3. Properly organised activities to promote physical fitness and provide for adequate exercise and recreational opportunities shall form an integral part of prison regimes.

27.4. Prison authorities shall facilitate such activities by providing appropriate installations and equipment.

27.5. Prison authorities shall make arrangements to organise special activities for those prisoners who need them.

27.6. Recreational opportunities, which include sport, games, cultural activities, hobbies and other leisure pursuits, shall be provided and, as far as possible, prisoners shall be allowed to organise them.
27.7. Prisoners shall be allowed to associate with each other during exercise and in order to take part in recreational activities.

Education
28.1. Every prison shall seek to provide all prisoners with access to educational programmes which are as comprehensive as possible and which meet their individual needs while taking into account their aspirations.
28.2. Priority shall be given to prisoners with literacy and numeracy needs and those who lack basic or vocational education.
28.3. Particular attention shall be paid to the education of young prisoners and those with special needs.
28.4. Education shall have no less a status than work within the prison regime and prisoners shall not be disadvantaged financially or otherwise by taking part in education.
28.5. Every institution shall have a library for the use of all prisoners, adequately stocked with a wide range of both recreational and educational resources, books and other media.
28.6. Wherever possible, the prison library should be organised in co-operation with community library services.
28.7. As far as practicable, the education of prisoners shall:
a. be integrated with the educational and vocational training system of the country so that after their release they may continue their education and vocational training without difficulty; and
b. take place under the auspices of external educational institutions.

Freedom of thought, conscience and religion
29.1. Prisoners' freedom of thought, conscience and religion shall be respected.
29.2. The prison regime shall be organised so far as is practicable to allow prisoners to practise their religion and follow their beliefs, to attend services or meetings led by approved representatives of such religion or beliefs, to receive visits in private from such representatives of their religion or beliefs and to have in their possession books or literature relating to their religion or beliefs.
29.3. Prisoners may not be compelled to practise a religion or belief, to attend religious services or meetings, to take part in religious practices or to accept a visit from a representative of any religion or belief.

Information
30.1. At admission, and as often as necessary afterwards all prisoners shall be informed in writing and orally in a language they understand of the regulations governing prison discipline and of their rights and duties in prison.
30.2. Prisoners shall be allowed to keep in their possession a written version of the information they are given.
30.3. Prisoners shall be informed about any legal proceedings in which they are involved and, if they are sentenced, the time to be served and the possibilities of early release.

Prisoners' property
31.1. All property that prisoners are not allowed to retain under the rules governing the prison shall be placed in safe custody on admission to the institution.
31.2. A prisoner whose property is taken into safe custody shall sign an inventory of the property.
31.3. Steps shall be taken to keep such property in good condition.
31.4. If it has been found necessary to destroy any such property, this shall be recorded and the prisoner informed.
31.5. Prisoners shall, subject to the requirements of hygiene, good order and security, be entitled to purchase or otherwise obtain goods, including food and drink for their personal use at prices that are not abnormally higher than those in free society.
31.6. If a prisoner brings in any medicines, the medical practitioner shall decide what use shall be made of them.
31.7. Where prisoners are allowed to keep possession of their property the prison authorities shall take steps to assist in its safekeeping.

Transfer of prisoners
32.1. While prisoners are being moved to or from a prison, or to other places such as court or hospital, they shall be exposed to public view as little as possible and proper safeguards shall be adopted to ensure their anonymity.

32.2. The transport of prisoners in conveyances with inadequate ventilation or light, or which would subject them in any way to unnecessary physical hardship or indignity, shall be prohibited.
32.3. The transport of prisoners shall be carried out at the expense and under the direction of the public authorities.

Release of prisoners
33.1. All prisoners shall be released without delay when their commitment orders expire, or when a court or other authority orders their release.
33.2. The date and time of the release shall be recorded.
33.3. All prisoners shall have the benefit of arrangements designed to assist them in returning to free society after release.
33.4. On the release of a prisoner all articles and money belonging to the prisoner that were taken into safe custody shall be returned except in so far as there have been authorised withdrawals of money or the authorised sending of any such property out of the institution, or it has been found necessary to destroy any article on hygienic grounds.
33.5. The prisoner shall sign a receipt for the property returned.
33.6. When release is pre-arranged, the prisoner shall be offered a medical examination in accordance with Rule 42 as close as possible to the time of release.
33.7. Steps must be taken to ensure that on release prisoners are provided, as necessary, with appropriate documents and identification papers, and assisted in finding suitable accommodation and work.
33.8. Released prisoners shall also be provided with immediate means of subsistence, be suitably and adequately clothed with regard to the climate and season, and have sufficient means to reach their destination.

Women
34.1. In addition to the specific provisions in these rules dealing with women prisoners, the authorities shall pay particular attention to the requirements of women such as their physical, vocational, social and psychological needs when making decisions that affect any aspect of their detention.
34.2. Particular efforts shall be made to give access to special services for women prisoners who have needs as referred to in Rule 25.4.
34.3. Prisoners shall be allowed to give birth outside prison, but where a child is born in prison the authorities shall provide all necessary support and facilities.

Detained children
35.1. Where exceptionally children under the age of 18 years are detained in a prison for adults the authorities shall ensure that, in addition to the services available to all prisoners, prisoners who are children have access to the social, psychological and educational services, religious care and recreational programmes or equivalents to them that are available to children in the community.
35.2. Every prisoner who is a child and is subject to compulsory education shall have access to such education.
35.3. Additional assistance shall be provided to children who are released from prison.
35.4. Where children are detained in a prison they shall be kept in a part of the prison that is separate from that used by adults unless it is considered that this is against the best interests of the child.

Infants
36.1. Infants may stay in prison with a parent only when it is in the best interest of the infants concerned. They shall not be treated as prisoners.
36.2. Where such infants are allowed to stay in prison with a parent special provision shall be made for a nursery, staffed by qualified persons, where the infants shall be placed when the parent is involved in activities where the infant cannot be present.
36.3. Special accommodation shall be set aside to protect the welfare of such infants.

Foreign nationals
37.1. Prisoners who are foreign nationals shall be informed, without delay, of their right to request contact and be allowed reasonable facilities to communicate with the diplomatic or consular representative of their state.
37.2. Prisoners who are nationals of states without diplomatic or consular representation in the country, and refugees or stateless persons, shall be allowed similar facilities to communicate with the diplomatic representative of the state which takes charge of their interests or the national or international authority whose task it is to serve the interests of such persons.

European Prison Rules

37.3. In the interests of foreign nationals in prison who may have special needs, prison authorities shall co-operate fully with diplomatic or consular officials representing prisoners.
37.4. Specific information about legal assistance shall be provided to prisoners who are foreign nationals.
37.5. Prisoners who are foreign nationals shall be informed of the possibility of requesting that the execution of their sentence be transferred to another country.

Ethnic or linguistic minorities
38.1. Special arrangements shall be made to meet the needs of prisoners who belong to ethnic or linguistic minorities.
38.2. As far as practicable the cultural practices of different groups shall be allowed to continue in prison.
38.3. Linguistic needs shall be met by using competent interpreters and by providing written material in the range of languages used in a particular prison.

PART III
Health

Health care
39. Prison authorities shall safeguard the health of all prisoners in their care.

Organisation of prison health care
40.1. Medical services in prison shall be organised in close relation with the general health administration of the community or nation.
40.2. Health policy in prisons shall be integrated into, and compatible with, national health policy.
40.3. Prisoners shall have access to the health services available in the country without discrimination on the grounds of their legal situation.
40.4. Medical services in prison shall seek to detect and treat physical or mental illnesses or defects from which prisoners may suffer.
40.5. All necessary medical, surgical and psychiatric services including those available in the community shall be provided to the prisoner for that purpose.

Medical and health care personnel
41.1. Every prison shall have the services of at least one qualified general medical practitioner.
41.2. Arrangements shall be made to ensure at all times that a qualified medical practitioner is available without delay in cases of urgency.
41.3. Where prisons do not have a full-time medical practitioner, a part-time medical practitioner shall visit regularly.
41.4. Every prison shall have personnel suitably trained in health care.
41.5. The services of qualified dentists and opticians shall be available to every prisoner.

Duties of the medical practitioner
42.1. The medical practitioner or a qualified nurse reporting to such a medical practitioner shall see every prisoner as soon as possible after admission, and shall examine them unless this is obviously unnecessary.
42.2. The medical practitioner or a qualified nurse reporting to such a medical practitioner shall examine the prisoner if requested at release, and shall otherwise examine prisoners whenever necessary.
42.3. When examining a prisoner the medical practitioner or a qualified nurse reporting to such a medical practitioner shall pay particular attention to:
a. observing the normal rules of medical confidentiality;
b. diagnosing physical or mental illness and taking all measures necessary for its treatment and for the continuation of existing medical treatment;
c. recording and reporting to the relevant authorities any sign or indication that prisoners may have been treated violently;
d. dealing with withdrawal symptoms resulting from use of drugs, medication or alcohol;
e. identifying any psychological or other stress brought on by the fact of deprivation of liberty;
f. isolating prisoners suspected of infectious or contagious conditions for the period of infection and providing them with proper treatment;
g. ensuring that prisoners carrying the HIV virus are not isolated for that reason alone;
h. noting physical or mental defects that might impede resettlement after release;
i. determining the fitness of each prisoner to work and to exercise; and
j. making arrangements with community agencies for the continuation of any necessary medical and psychiatric treatment after release, if prisoners give their consent to such arrangements.

43.1. The medical practitioner shall have the care of the physical and mental health of the prisoners and shall see, under the conditions and with a frequency consistent with health care standards in the community, all sick prisoners, all who report illness or injury and any prisoner to whom attention is specially directed.

43.2. The medical practitioner or a qualified nurse reporting to such a medical practitioner shall pay particular attention to the health of prisoners held under conditions of solitary confinement, shall visit such prisoners daily, and shall provide them with prompt medical assistance and treatment at the request of such prisoners or the prison staff.

43.3. The medical practitioner shall report to the director whenever it is considered that a prisoner's physical or mental health is being put seriously at risk by continued imprisonment or by any condition of imprisonment, including conditions of solitary confinement.

44. The medical practitioner or other competent authority shall regularly inspect, collect information by other means if appropriate, and advise the director upon:
a. the quantity, quality, preparation and serving of food and water;
b. the hygiene and cleanliness of the institution and prisoners;
c. the sanitation, heating, lighting and ventilation of the institution; and
d. the suitability and cleanliness of the prisoners' clothing and bedding.

45.1. The director shall consider the reports and advice that the medical practitioner or other competent authority submits according to Rules 43 and 44 and, when in agreement with the recommendations made, shall take immediate steps to implement them.

45.2. If the recommendations of the medical practitioner are not within the director's competence or if the director does not agree with them, the director shall immediately submit the advice of the medical practitioner and a personal report to higher authority.

Health care provision

46.1. Sick prisoners who require specialist treatment shall be transferred to specialised institutions or to civil hospitals, when such treatment is not available in prison.

46.2. Where a prison service has its own hospital facilities, they shall be adequately staffed and equipped to provide the prisoners referred to them with appropriate care and treatment.

Mental health

47.1. Specialised prisons or sections under medical control shall be available for the observation and treatment of prisoners suffering from mental disorder or abnormality who do not necessarily fall under the provisions of Rule 12.

47.2. The prison medical service shall provide for the psychiatric treatment of all prisoners who are in need of such treatment and pay special attention to suicide prevention.

Other matters

48.1. Prisoners shall not be subjected to any experiments without their consent.

48.2. Experiments involving prisoners that may result in physical injury, mental distress or other damage to health shall be prohibited.

PART IV
Good order

General approach to good order

49. Good order in prison shall be maintained by taking into account the requirements of security, safety and discipline, while also providing prisoners with living conditions which respect human dignity and offering them a full programme of activities in accordance with Rule 25.

50. Subject to the needs of good order, safety and security, prisoners shall be allowed to discuss matters relating to the general conditions of imprisonment and shall be encouraged to communicate with the prison authorities about these matters.

Security

51.1. The security measures applied to individual prisoners shall be the minimum necessary to achieve their secure custody.

51.2. The security which is provided by physical barriers and other technical means shall be complemented by the dynamic security provided by an alert staff who know the prisoners who are under their control.

51.3. As soon as possible after admission, prisoners shall be assessed to determine: a. the risk that they would present to the community if they were to escape; b. the risk that they will try to escape either on their own or with external assistance.

51.4. Each prisoner shall then be held in security conditions appropriate to these levels of risk.

51.5. The level of security necessary shall be reviewed at regular intervals throughout a person's imprisonment.

Safety

52.1. As soon as possible after admission, prisoners shall be assessed to determine whether they pose a safety risk to other prisoners, prison staff or other persons working in or visiting prison or whether they are likely to harm themselves.
52.2. Procedures shall be in place to ensure the safety of prisoners, prison staff and all visitors and to reduce to a minimum the risk of violence and other events that might threaten safety.
52.3. Every possible effort shall be made to allow all prisoners to take a full part in daily activities in safety.
52.4. It shall be possible for prisoners to contact staff at all times, including during the night
52.5. National health and safety laws shall be observed in prisons.

Special high security or safety measures

53.1. Special high security or safety measures shall only be applied in exceptional circumstances.
53.2. There shall be clear procedures to be followed when such measures are to be applied to any prisoner.
53.3. The nature of any such measures, their duration and the grounds on which they may be applied shall be determined by national law.
53.4. The application of the measures in each case shall be approved by the competent authority for a specified period of time.
53.5. Any decision to extend the approved period of time shall be subject to a new approval by the competent authority.
53.6. Such measures shall be applied to individuals and not to groups of prisoners.
53.7. Any prisoner subjected to such measures shall have a right of complaint in the terms set out in Rule 70.

Searching and controls

54.1. There shall be detailed procedures which staff have to follow when searching: a. all places where prisoners live, work and congregate; b. prisoners; c. visitors and their possessions; and d. staff.
54.2. The situations in which such searches are necessary and their nature shall be defined by national law.
54.3. Staff shall be trained to carry out these searches in such a way as to detect and prevent any attempt to escape or to hide contraband, while at the same time respecting the dignity of those being searched and their personal possessions.
54.4. Persons being searched shall not be humiliated by the searching process.
54.5. Persons shall only be searched by staff of the same gender.
54.6. There shall be no internal physical searches of prisoners' bodies by prison staff.
54.7. An intimate examination related to a search may be conducted by a medical practitioner only.
54.8. Prisoners shall be present when their personal property is being searched unless investigating techniques or the potential threat to staff prohibit this.
54.9. The obligation to protect security and safety shall be balanced against the privacy of visitors.
54.10. Procedures for controlling professional visitors, such as legal representatives, social workers and medical practitioners, etc., shall be the subject of consultation with their professional bodies to ensure a balance between security and safety, and the right of confidential professional access.

Criminal acts

55. An alleged criminal act committed in a prison shall be investigated in the same way as it would be in free society and shall be dealt with in accordance with national law.

Discipline and punishment

56.1. Disciplinary procedures shall be mechanisms of last resort.
56.2. Whenever possible, prison authorities shall use mechanisms of restoration and mediation to resolve disputes with and among prisoners.
57.1. Only conduct likely to constitute a threat to good order, safety or security may be defined as a disciplinary offence.
57.2. National law shall determine:
a. the acts or omissions by prisoners that constitute disciplinary offences;
b. the procedures to be followed at disciplinary hearings;
c. the types and duration of punishment that may be imposed;
d. the authority competent to impose such punishment; and
e. access to and the authority of the appellate process.
58. Any allegation of infringement of the disciplinary rules by a prisoner shall be reported promptly to the competent authority, which shall investigate it without undue delay.

59. Prisoners charged with disciplinary offences shall:
   a. be informed promptly, in a language which they understand and in detail, of the nature of the accusations against them;
   b. have adequate time and facilities for the preparation of their defence;
   c. be allowed to defend themselves in person or through legal assistance when the interests of justice so require;
   d. be allowed to request the attendance of witnesses and to examine them or to have them examined on their behalf; and
   e. have the free assistance of an interpreter if they cannot understand or speak the language used at the hearing.

60.1. Any punishment imposed after conviction of a disciplinary offence shall be in accordance with national law.
60.2. The severity of any punishment shall be proportionate to the offence.
60.3. Collective punishments and corporal punishment, punishment by placing in a dark cell, and all other forms of inhuman or degrading punishment shall be prohibited.
60.4. Punishment shall not include a total prohibition on family contact.
60.5. Solitary confinement shall be imposed as a punishment only in exceptional cases and for a specified period of time, which shall be as short as possible.
60.6. Instruments of restraint shall never be applied as a punishment.
61. A prisoner who is found guilty of a disciplinary offence shall be able to appeal to a competent and independent higher authority.
62. No prisoner shall be employed or given authority in the prison in any disciplinary capacity.

Double jeopardy
A prisoner shall never be punished twice for the same act or conduct.

Use of force
64.1. Prison staff shall not use force against prisoners except in self-defence or in cases of attempted escape or active or passive physical resistance to a lawful order and always as a last resort.
64.2. The amount of force used shall be the minimum necessary and shall be imposed for the shortest necessary time.
65. There shall be detailed procedures about the use of force including stipulations about:
   a. the various types of force that may be used;
   b. the circumstances in which each type of force may be used;
   c. the members of staff who are entitled to use different types of force;
   d. the level of authority required before any force is used; and
   e. the reports that must be completed once force has been used.
66. Staff who deal directly with prisoners shall be trained in techniques that enable the minimal use of force in the restraint of prisoners who are aggressive.
67.1. Staff of other law enforcement agencies shall only be involved in dealing with prisoners inside prisons in exceptional circumstances.
67.2. There shall be a formal agreement between the prison authorities and any such other law enforcement agencies unless the relationship is already regulated by domestic law.
67.3. Such agreement shall stipulate:
   a. the circumstances in which members of other law enforcement agencies may enter a prison to deal with any conflict
   b. the extent of the authority which such other law enforcement agencies shall have while they are in the prison and their relationship with the director of the prison
   c. the various types of force that members of such agencies may use;
   d. the circumstances in which each type of force may be used;
   e. the level of authority required before any force is used; and f. the reports that must be completed once force has been used.

Instruments of restraint
68.1. The use of chains and irons shall be prohibited.
68.2. Handcuffs, restraint jackets and other body restraints shall not be used except:
   a. if necessary, as a precaution against escape during a transfer, provided that they shall be removed when the prisoner appears before a judicial or administrative authority unless that authority decides otherwise; or
   b. by order of the director, if other methods of control fail, in order to protect a prisoner from self-injury, injury to others or to prevent serious damage to property, provided that in such instances the director shall immediately inform the medical practitioner and report to the higher prison authority.
68.3. Instruments of restraint shall not be applied for any longer time than is strictly necessary.

68.4. The manner of use of instruments of restraint shall be specified in national law.

Weapons
69.1. Except in an operational emergency, prison staff shall not carry lethal weapons within the prison perimeter.
69.2. The open carrying of other weapons, including batons, by persons in contact with prisoners shall be prohibited within the prison perimeter unless they are required for safety and security in order to deal with a particular incident.
69.3. Staff shall not be provided with weapons unless they have been trained in their use.

Requests and complaints
70.1. Prisoners, individually or as a group, shall have ample opportunity to make requests or complaints to the director of the prison or to any other competent authority.
70.2. If mediation seems appropriate this should be tried first.
70.3. If a request is denied or a complaint is rejected, reasons shall be provided to the prisoner and the prisoner shall have the right to appeal to an independent authority.
70.4. Prisoners shall not be punished because of having made a request or lodged a complaint.
70.5. The competent authority shall take into account any written complaints from relatives of a prisoner when they have reason to believe that a prisoner's rights have been violated.
70.6. No complaint by a legal representative or organisation concerned with the welfare of prisoners may be brought on behalf of a prisoner if the prisoner concerned does not consent to it being brought.
70.7. Prisoners are entitled to seek legal advice about complaints and appeals procedures and to legal assistance when the interests of justice require.

PART V
Management and staff

Prison work as a public service
71. Prisons shall be the responsibility of public authorities separate from military, police or criminal investigation services.
72.1. Prisons shall be managed within an ethical context which recognises the obligation to treat all prisoners with humanity and with respect for the inherent dignity of the human person.
72.2. Staff shall manifest a clear sense of purpose of the prison system. Management shall provide leadership on how the purpose shall best be achieved.
72.3. The duties of staff go beyond those required of mere guards and shall take account of the need to facilitate the reintegration of prisoners into society after their sentence has been completed through a programme of positive care and assistance.
72.4. Staff shall operate to high professional and personal standards.
73. Prison authorities shall give high priority to observance of the rules concerning staff.
74. Particular attention shall be paid to the management of the relationship between first line prison staff and the prisoners under their care.
75. Staff shall at all times conduct themselves and perform their duties in such a manner as to influence the prisoners by good example and to command their respect.

Selection of prison staff
76. Staff shall be carefully selected, properly trained, both at the outset and on a continuing basis, paid as professional workers and have a status that civil society can respect.
77. When selecting new staff the prison authorities shall place great emphasis on the need for integrity, humanity, professional capacity and personal suitability for the complex work that they will be required to do.
78. Professional prison staff shall normally be appointed on a permanent basis and have public service status with security of employment, subject only to good conduct, efficiency, good physical and mental health and an adequate standard of education.
79.1. Salaries shall be adequate to attract and retain suitable staff.
79.2. Benefits and conditions of employment shall reflect the exacting nature of the work as part of a law enforcement agency.
80. Whenever it is necessary to employ part-time staff, these criteria shall apply to them as far as that is appropriate.

Training of prison staff
81.1. Before entering into duty, staff shall be given a course of training in their general and specific duties and be required to pass theoretical and practical tests.

81.2. Management shall ensure that, throughout their career, all staff maintain and improve their knowledge and professional capacity by attending courses of in-service training and development to be organised at suitable intervals.

81.3. Staff who are to work with specific groups of prisoners, such as foreign nationals, women, juveniles or mentally ill prisoners, etc., shall be given specific training for their specialised work.

81.4. The training of all staff shall include instruction in the international and regional human rights instruments and standards, especially the European Convention on Human Rights and the European Convention for the Prevention of Torture and Inhuman or Degrading Treatment or Punishment, as well as in the application of the European Prison Rules.

Prison management

82. Personnel shall be selected and appointed on an equal basis, without discrimination on any ground such as sex, race, colour, language, religion, political or other opinion, national or social origin, association with a national minority, property, birth or other status.

83. The prison authorities shall introduce systems of organisation and management that: a. ensure that prisons are managed to consistently high standards that are in line with international and regional human rights instruments; and b. facilitate good communication between prisons and between the different categories of staff in individual prisons and proper co-ordination of all the departments, both inside and outside the prison, that provide services for prisoners, in particular with respect to the care and reintegration of prisoners.

84.1. Every prison shall have a director, who shall be adequately qualified for that post by character, administrative ability, suitable professional training and experience.

84.2. Directors shall be appointed on a full-time basis and shall devote their whole time to their official duties.

84.3. The prison authorities shall ensure that every prison is at all times in the full charge of the director, the deputy director or other authorised official.

84.4. If a director is responsible for more than one prison there shall always be in addition an official in charge of each of them.

85. Men and women shall be represented in a balanced manner on the prison staff.

86. There shall be arrangements for management to consult with staff as a body on general matters and, especially, on matters to do with their conditions of employment.

87.1. Arrangements shall be in place to encourage the best possible communication among management, other staff, outside agencies and prisoners.

87.2. The director, management and the majority of the other staff of the prison shall be able to speak the language of the greatest number of prisoners, or a language understood by the majority of them.

88. Where privately managed prisons exist, all the European Prison Rules shall apply.

Specialist staff

89.1 As far as possible, the staff shall include a sufficient number of specialists such as psychiatrists, psychologists, social and welfare workers, teachers and vocational, physical education and sports instructors.

89.2 . Wherever possible, suitable part-time and voluntary workers shall be encouraged to contribute to activities with prisoners.

Public awareness

90.1. The prison authorities shall continually inform the public about the purpose of the prison system and the work carried out by prison staff in order to encourage better public understanding of the role of the prison in society.

90.2. The prison authorities should encourage members of the public to volunteer to provide services in prison where appropriate.

Research and evaluation

91. The prison authorities shall support a programme of research and evaluation about the purpose of the prison, its role in a democratic society and the extent to which it is fulfilling its purpose.

PART VI
Inspection and monitoring

Governmental inspection

92. Prisons shall be inspected regularly by a governmental agency in order to assess whether they are administered in accordance with the requirements of national and international law, and the provisions of these rules.

European Prison Rules

Independent monitoring
93.1. The conditions of detention and the treatment of prisoners shall be monitored by an independent body or bodies whose findings shall be made public.
93.2. Such independent monitoring body or bodies shall be encouraged to co-operate with those international agencies that are legally entitled to visit prisons.

PART VII
Untried prisoners

Status as untried prisoners
94.1. For the purposes of these rules, untried prisoners are prisoners who have been remanded in custody by a judicial authority prior to trial, conviction or sentence.
94.2. A state may elect to regard prisoners who have been convicted and sentenced as untried prisoners if their appeals have not been disposed of finally.

Approach regarding untried prisoners
95.1. The regime for untried prisoners may not be influenced by the possibility that they may be convicted of a criminal offence in the future.
95.2. The rules in this part provide additional safeguards for untried prisoners.
95.3. In dealing with untried prisoners prison authorities shall be guided by the rules that apply to all prisoners and allow untried prisoners to participate in various activities for which these rules provide.

Accommodation
96. As far as possible untried prisoners shall be given the option of accommodation in single cells, unless they may benefit from sharing accommodation with other untried prisoners or unless a court has made a specific order on how a specific untried prisoner should be accommodated.

Clothing
97.1. Untried prisoners shall be allowed to wear their own clothing if it is suitable for wearing in prison.
97.2. Untried prisoners who do not have suitable clothing of their own shall be provided with clothing that shall not be the same as any uniforms that may be worn by sentenced prisoners.

Legal advice
98.1. Untried prisoners shall be informed explicitly of their right to legal advice.
98.2. All necessary facilities shall be provided to assist untried prisoners to prepare their defence and to meet with their legal representatives.

Contact with the outside world
99. Unless there is a specific prohibition for a specified period by a judicial authority in an individual case, untried prisoners:
a. shall receive visits and be allowed to communicate with family and other persons in the same way as convicted prisoners;
b. may receive additional visits and have additional access to other forms of communication; and
c. shall have access to books, newspapers and other news media.

Work
100.1. Untried prisoners shall be offered the opportunity to work but shall not be required to work.
100.2. If untried prisoners elect to work, all the provisions of Rule 26 shall apply to them, including those relating to remuneration.

Access to the regime for sentenced prisoners
101. If an untried prisoner requests to be allowed to follow the regime for sentenced prisoners, the prison authorities shall as far as possible accede to this request.

PART VIII
Sentenced prisoners

Objective of the regime for sentenced prisoners
102.1. In addition to the rules that apply to all prisoners, the regime for sentenced prisoners shall be designed to enable them to lead a responsible and crime-free life.

102.2. Imprisonment is by the deprivation of liberty a punishment in itself and therefore the regime for sentenced prisoners shall not aggravate the suffering inherent in imprisonment.

Implementation of the regime for sentenced prisoners
103.1. The regime for sentenced prisoners shall commence as soon as someone has been admitted to prison with the status of a sentenced prisoner, unless it has commenced before.
103.2. As soon as possible after such admission, reports shall be drawn up for sentenced prisoners about their personal situations, the proposed sentence plans for each of them and the strategy for preparation for their release.
103.3. Sentenced prisoners shall be encouraged to participate in drawing up their individual sentence plans.
103.4. Such plans shall as far as is practicable include:
a. work;
b. education;
c. other activities; and
d. preparation for release.
103.5. Social work, medical and psychological care may also be included in the regimes for sentenced prisoners.
103.6. There shall be a system of prison leave as an integral part of the overall regime for sentenced prisoners.
103.7. Prisoners who consent to do so may be involved in a programme of restorative justice and in making reparation for their offences.
103.8. Particular attention shall be paid to providing appropriate sentence plans and regimes for life sentenced and other long-term prisoners.

Organisational aspects of imprisoning sentenced prisoners
104.1. As far as possible, and subject to the requirements of Rule 17, separate prisons or separate sections of a prison shall be used to facilitate the management of different regimes for specific categories of prisoners.
104.2. There shall be procedures for establishing and regularly reviewing individual sentence plans for prisoners after the consideration of appropriate reports, full consultations among the relevant staff and with the prisoners concerned who shall be involved as far as is practicable.
104.3. Such reports shall always include reports by the staff in direct charge of the prisoner concerned.

Work by sentenced prisoners
105.1. A systematic programme of work shall seek to contribute to meeting the objective of the regime for sentenced prisoners.
105.2. Sentenced prisoners who have not reached the normal retirement age may be required to work, subject to their physical and mental fitness as determined by the medical practitioner.
105.3. If sentenced prisoners are required to work, the conditions of such work shall conform to the standards and controls which apply in the outside community.
105.4. When sentenced prisoners take part in education or other programmes during working hours as part of their planned regime they shall be remunerated as if they had been working.
105.5. In the case of sentenced prisoners part of their remuneration or savings from this may be used for reparative purposes if ordered by a court or if the prisoner concerned consents.

Education of sentenced prisoners
106.1. A systematic programme of education, including skills training, with the objective of improving prisoners' overall level of education as well as their prospects of leading a responsible and crime-free life, shall be a key part of regimes for sentenced prisoners.
106.2. All sentenced prisoners shall be encouraged to take part in educational and training programmes.
106.3. Educational programmes for sentenced prisoners shall be tailored to the projected length of their stay in prison.

Release of sentenced prisoners
107.1. Sentenced prisoners shall be assisted in good time prior to release by procedures and special programmes enabling them to make the transition from life in prison to a law-abiding life in the community.
107.2. In the case of those prisoners with longer sentences in particular, steps shall be taken to ensure a gradual return to life in free society.
107.3. This aim may be achieved by a pre-release programme in prison or by partial or conditional release under supervision combined with effective social support.

107.4. Prison authorities shall work closely with services and agencies that supervise and assist released prisoners to enable all sentenced prisoners to re-establish themselves in the community, in particular with regard to family life and employment.

107.5. Representatives of such social services or agencies shall be afforded all necessary access to the prison and to prisoners to allow them to assist with preparations for release and the planning of after-care programmes.

PART IX
Updating the Rules

108. The European Prison Rules shall be updated regularly.

Beginselenwet verpleging ter beschikking gestelden[1]

Wet van 25 juni 1997 tot vaststelling van een Beginselenwet verpleging ter beschikking gestelden en overige verpleegden strafrechtstoepassing en daarmede verband houdende wijzigingen van het Wetboek van Strafrecht en de Beginselenwet gevangeniswezen (Beginselenwet verpleging ter beschikking gestelden)

Wij Beatrix, bij de gratie Gods, Koningin der Nederlanden, Prinses van Oranje-Nassau, enz. enz. enz.
Allen, die deze zullen zien of horen lezen, saluut! doen te weten:
Alzo Wij in overweging genomen hebben, dat het wenselijk is regels vast te stellen omtrent de beginselen waarop de verpleging in inrichtingen voor verpleging van ter beschikking gestelden en de rechtspositie van verpleegden, in het bijzonder de ter beschikking gestelden die in justitiële inrichtingen als bedoeld in artikel 90quinquies, tweede lid, van het Wetboek van Strafrecht, worden verpleegd, berusten en in verband daarmee enige bepalingen van het Wetboek van Strafrecht en de Beginselenwet gevangeniswezen te wijzigen;
Zo is het, dat Wij, de Raad van State gehoord, en met gemeen overleg der Staten-Generaal, hebben goedgevonden en verstaan, gelijk Wij goedvinden en verstaan bij deze:

HOOFDSTUK I
BEGRIPSBEPALINGEN

Art. 1

In deze wet en de daarop rustende bepalingen wordt verstaan onder:
a. Onze Minister: Onze Minister voor Rechtsbescherming;
b. instelling voor verpleging van ter beschikking gestelden: een instelling bedoeld in artikel 1.1, onderdeel f, van de Wet forensische zorg;
c. [vervallen;]
d. [vervallen;]
e. [vervallen;]
f. hoofd van de instelling: het hoofd van de instelling, waarin de verpleegde is opgenomen, alsmede diens vervanger als bedoeld in artikel 3.1, vijfde lid, Wet forensische zorg;
g. hoofd van de instelling voor verpleging van ter beschikking gestelden: het hoofd van de instelling als bedoeld onder f, of, ingeval een ter beschikking gestelde in een private instelling is opgenomen, het hoofd van de private instelling met een bijzondere aanwijzing als bedoeld in artikel 3.3, eerste lid, van de Wet forensische zorg alsmede de voor de behandeling van de ter beschikking gestelde verantwoordelijke persoon;
h. private instelling: een instelling als bedoeld in artikel 3.2, eerste lid, van de Wet forensische zorg;
i. ter beschikking gestelde: een ter beschikking gestelde ten aanzien van wie een bevel tot verpleging van overheidswege als bedoeld in artikel 37b van het Wetboek van Strafrecht of artikel 6:6:10, eerste lid, van het Wetboek van Strafvordering is gegeven;
j. verpleegde: een persoon die in een instelling is opgenomen;
k. personeelslid of medewerker: een persoon, die een taak uitvoert in het kader van de tenuitvoerlegging van een vrijheidsbenemende straf of maatregel in een instelling voor verpleging van ter beschikking gestelden;
l. reclasseringswerker: een reclasseringswerker als bedoeld in artikel 6, eerste lid, van de Reclasseringsregeling 1995;
m. rechtsbijstandverlener: de advocaat of de medewerker van de stichting, bedoeld in artikel 22, eerste lid, van de Wet op de rechtsbijstand;
n. Raad: de Raad voor strafrechtstoepassing en jeugdbescherming;
o. beroepscommissie: een commissie als bedoeld in artikel 67, tweede lid;
p. commissie van toezicht: een commissie als bedoeld in artikel 10;
q. uitspraak: een door een beklag- of beroepscommissie naar aanleiding van een door een ter beschikking gestelde of anderszins verpleegde ingediend klaag- of beroepschrift genomen beslissing;
r. beklagcommissie: een commissie als bedoeld in artikel 59, eerste lid;

---

1 Inwerkingtredingsdatum: 11-07-1997; zoals laatstelijk gewijzigd bij: Stb. 2019, 141.

Beginselenwet verpleging ter beschikking gestelden

C30 art. 2

s. bestuur: het bestuur van de rechtspersoon die een private instelling beheert;
t. gevaar:
1. gevaar voor de verpleegde, die het veroorzaakt, hetgeen onder meer bestaat uit:
a. het gevaar dat de verpleegde zich van het leven zal beroven of zichzelf ernstig lichamelijk letsel zal toebrengen;
b. het gevaar dat de verpleegde maatschappelijk te gronde gaat;
c. het gevaar dat de verpleegde zichzelf in ernstige mate zal verwaarlozen;
d. het gevaar dat de verpleegde met hinderlijk gedrag agressie van anderen zal oproepen.
2. gevaar voor een of meer anderen, hetgeen onder meer bestaat uit:
a. het gevaar dat verpleegde een ander van het leven zal beroven of hem ernstig lichamelijk letsel zal toebrengen;
b. het gevaar voor de psychische gezondheid van een ander;
c. het gevaar dat de verpleegde een ander, die aan zijn zorg is toevertrouwd, zal verwaarlozen.
3. gevaar voor de algemene veiligheid van personen of goederen;
u. verpleging: het samenstel van handelingen, gericht op:
1°. de bescherming van de maatschappij tegen de gevaarlijkheid van de verpleegde voor de veiligheid van anderen dan de verpleegde of de algemene veiligheid van personen of goederen, en
2°. de verzorging van de verpleegde tijdens de tenuitvoerlegging van de vrijheidsbenemende straf of maatregel, waaronder begrepen het doen van een aanbod aan de verpleegde tot en het bevorderen en vergemakkelijken van zijn behandeling;
v. behandeling: het samenstel van handelingen, gericht op een dusdanige vermindering van de uit de psychische stoornis, psychogeriatrische aandoening of verstandelijke handicap voortvloeiende gevaarlijkheid van de verpleegde voor de veiligheid van anderen dan de verpleegde of de algemene veiligheid van personen of goederen dat het doen terugkeren van de verpleegde in de maatschappij verantwoord is;
w. verplegings- en behandelingsplan: een plan als bedoeld in artikel 16, eerste lid, zoals dat ten aanzien van een verpleegde wordt toegepast;
x. verpleegdedossier: een dossier als bedoeld in artikel 19, eerste lid;
y. evaluatieverslag: een verslag als bedoeld in artikel 18, tweede lid;
z. persoonlijke verblijfsruimte: de verblijfsruimte als bedoeld in artikel 16, eerste lid;
aa. afzondering: het insluiten van een verpleegde in een gangbare woon- of verblijfsruimte, de persoonlijke verblijfsruimte daaronder begrepen, in afwijking van de in de instelling geldende regels;
bb. separatie: het insluiten van een verpleegde in een speciale voor separatie bestemde verblijfsruimte;
cc. huisregels: regels als bedoeld in artikel 7, eerste lid.

HOOFDSTUK II
DOELSTELLING, BESTEMMING EN BEHEER, TOEZICHT

Paragraaf 1
Doelstelling

Art. 2
1. De tenuitvoerlegging van een vrijheidsbenemende straf of maatregel in een instelling voor verpleging van ter beschikking gestelden wordt zoveel mogelijk dienstbaar gemaakt aan de behandeling van de veroordeelde en de voorbereiding op diens terugkeer in de maatschappij, met inachtneming van het karakter van die vrijheidsbenemende straf of maatregel. Bij het verlenen van vrijheden aan ter beschikking gestelden wordt rekening gehouden met de veiligheid van de samenleving en de belangen van slachtoffers en nabestaanden.
2. Personen ten aanzien van wie de tenuitvoerlegging van een vrijheidsbenemende straf of maatregel in een instelling voor verpleging van ter beschikking gestelden plaatsvindt, worden aan geen andere beperkingen onderworpen dan die welke voor het doel van de vrijheidsbeneming of in het belang van de handhaving van de orde of de veiligheid in de instelling voor verpleging van ter beschikking gestelden noodzakelijk zijn.

Verpleging ter beschikking gestelden, doelstelling

Paragraaf 2
[Vervallen]

Art. 3-7b
[Vervallen]

Paragraaf 3
Toezicht

Art. 8
[Vervallen]

Art. 9
Tbs-instelling, behandeling beroepschriften
De Raad behandelt beroepschriften ingevolge de hoofdstukken XV, XVA en XVI.

Art. 10
Tbs-instelling, commissie van toezicht
1. Bij elke inrichting wordt door Onze Minister een commissie van toezicht ingesteld.

2. De commissie van toezicht heeft tot taak:
a. toezicht te houden op de wijze van tenuitvoerlegging van vrijheidsbenemende straffen en maatregelen in de instelling en het vervoer uitgevoerd door de instelling;
b. kennis te nemen van de door verpleegden naar voren gebrachte grieven en zonodig ter zake tussen een verpleegde en het hoofd van de instelling te bemiddelen;
c. zorg te dragen voor de behandeling van klaagschriften ingevolge het bepaalde in hoofdstuk XIV;
d. aan Onze Minister, de Raad en het bestuur advies en inlichtingen te geven omtrent het onder a gestelde.
3. Indien het advies of de inlichtingen een private inrichting betreffen en zijn bestemd voor Onze Minister of de Raad, voegt de commissie de desbetreffende opmerkingen van het betrokken bestuur daarbij, tenzij naar het oordeel van Onze Minister of de commissie bijzondere spoed geboden is dan wel het bestuur zijn opmerkingen naar het oordeel van de commissie niet binnen een redelijke termijn op schrift heeft gesteld.
4. De commissie stelt zich door persoonlijk contact met de verpleegden regelmatig op de hoogte van onder hen levende wensen en gevoelens. Bij toerbeurt treedt één van haar leden hiertoe op als maandcommissaris.
5. Bij algemene maatregel van bestuur worden regels gesteld over de bevoegdheden, de samenstelling en de werkwijze van de commissie, de benoeming en het ontslag van haar leden alsmede over de werkzaamheden van de maandcommissaris.

Nadere regels

HOOFDSTUK III
Vervoer

Art. 11
Vervoer verpleegde, nadere regels
Onze Minister kan nadere regels stellen omtrent de wijze waarop het vervoer van de verpleegde plaatsvindt.

Art. 12
Vervoer verpleegde, commissie van toezicht
1. Er is een commissie van toezicht voor het vervoer, die door Onze Minister is ingesteld.

2. De commissie van toezicht voor het vervoer heeft tot taak:
a. toezicht te houden op de uitvoering van het vervoer van verpleegden door Onze Minister;
b. kennis te nemen van door de verpleegde naar voren gebrachte grieven betreffende het vervoer door Onze Minister;
c. zorg te dragen voor de behandeling van klaagschriften ingevolge het bepaalde in hoofdstuk XIVA;
d. aan Onze Minister en de Raad advies en inlichtingen te geven omtrent het onder a gestelde.
3. Bij algemene maatregel van bestuur worden regels gesteld over de bevoegdheden, de samenstelling en de werkwijze van de commissie en de benoeming en het ontslag van haar leden.

Art. 13-15
[Vervallen]

HOOFDSTUK IV
VERPLEGING, BEHANDELING EN EVALUATIE

Art. 16
Tbs-instelling, verplegings- en behandelingsplan
1. Het hoofd van de instelling draagt zorg dat zo spoedig mogelijk en in ieder geval binnen drie maanden na binnenkomst van de verpleegde in de instelling, in overleg met hem, een verplegings- en behandelingsplan wordt vastgesteld. Hij wijst iedere verpleegde een persoonlijke verblijfsruimte toe en draagt zorg dat deze behoorlijk is ingericht. Onze Minister stelt regels omtrent de eisen waaraan een verblijfsruimte moet voldoen.
2. Het behandelingsplan, bedoeld in het eerste lid, is gericht op het zodanig wegnemen van het gevaar dat de psychische stoornis, psychogeriatrische aandoening of verstandelijke handicap de verpleegde doet veroorzaken, dat de terbeschikkingstelling kan worden beëindigd of voor-

waardelijk kan worden beëindigd. Zo mogelijk geschiedt dit door het behandelen van de stoornis. Indien dit niet mogelijk is, geschiedt dit door het anderszins wegnemen van het gevaar.
3. Bij algemene maatregel van bestuur worden regels gesteld omtrent de eisen waaraan een verplegings- en behandelingsplan tenminste moet voldoen en de voorschriften die bij een wijziging daarvan in acht genomen moeten worden.
4. Alvorens het verplegings- en behandelingsplan wordt vastgesteld, wordt overleg gepleegd met:
   a. de curator, indien de verpleegde onder curatele is gesteld;
   b. de mentor, indien ten behoeve van de verpleegde een mentorschap is ingesteld;
   c. de ouders of voogd, indien de verpleegde minderjarig is.

Art. 16a

Behandeling van de verpleegde vindt slechts plaats:
a. voor zover deze is voorzien in het behandelingsplan
b. indien het overleg over het behandelingsplan als bedoeld in artikel 16, eerste of vierde lid, tot overeenstemming heeft geleid, en
c. indien de verpleegde of -indien van toepassing- de in artikel 16, vierde lid, bedoelde persoon zich niet tegen behandeling verzet.

[margin: Tbs-instelling, voorwaarden voor beginnen met behandeling]

Art. 16b

Indien niet voldaan wordt aan de voorwaarden van artikel 16a, onderdelen b en c, kan als uiterste middel niettemin behandeling plaatsvinden:
a. voor zover aannemelijk is dat zonder die behandeling het gevaar dat de psychische stoornis, psychogeriatrische aandoening of verstandelijke handicap de verpleegde doet veroorzaken niet binnen een redelijke termijn kan worden weggenomen, of
b. indien het hoofd van de instelling daartoe een besluit heeft genomen en dit naar het oordeel van een arts volstrekt noodzakelijk is om het gevaar dat de psychische stoornis, psychogeriatrische aandoening of verstandelijke handicap de verpleegde binnen de instelling doet veroorzaken, af te wenden.

[margin: Tbs-instelling, behandeling zonder dat aan voorwaarden wordt voldaan]

Art. 16c

1. Behandeling overeenkomstig artikel 16b, onder a, vindt plaats na een schriftelijke beslissing van het hoofd van de instelling waarin wordt vermeld voor welke termijn zij geldt.

[margin: Tbs-instelling, termijn behandeling zonder dat aan voorwaarden wordt voldaan]

2. Ten behoeve van de in het eerste lid genoemde beslissing dient te worden overgelegd een verklaring van de behandelend psychiater alsmede een verklaring van een psychiater die de verpleegde met het oog daarop kort tevoren heeft onderzocht maar niet bij diens behandeling betrokken was. Uit deze verklaringen dient te blijken dat de persoon op wie de verklaring betrekking heeft, een psychische stoornis, psychogeriatrische aandoening of verstandelijke handicap heeft en dat een geval als bedoeld in artikel 16b, onder a, zich voordoet. De verklaringen moeten met redenen zijn omkleed en ondertekend.
3. De beslissing als bedoeld in het eerste lid wordt gemeld aan de voorzitter van de Commissie van Toezicht. De voorzitter van de Commissie van Toezicht doet onverwijld een melding aan de maandcommissaris.
4. De termijn als bedoeld in het eerste lid is zo kort mogelijk, maar niet langer dan drie maanden, gerekend vanaf de dag waarop de beslissing tot stand komt. Het hoofd van de instelling doet onverwijld een afschrift van de beslissing toekomen aan de verpleegde of de persoon als bedoeld in artikel 16, vierde lid.
5. Indien na afloop van de termijn als bedoeld in het eerste lid, voortzetting van de behandeling overeenkomstig artikel 16b, onder a, nodig is, geschiedt dit slechts krachtens een schriftelijke beslissing van het hoofd van de instelling. Het bepaalde in de voorgaande volzin is eveneens van toepassing indien binnen zes maanden na afloop van de termijn, bedoeld in het vierde lid, opnieuw behandeling overeenkomstig artikel 16b, onder a, nodig is. Het hoofd van de instelling geeft in zijn beslissing aan waarom van een behandeling alsnog het beoogde effect wordt verwacht. Op zodanige beslissingen is het vierde lid, eerste volzin van toepassing.
6. Bij algemene maatregel van bestuur worden nadere regels gesteld omtrent de toepassing van het eerste, tweede, vierde en vijfde lid alsmede omtrent de toepassing van artikel 16b, onder b.
7. Deze in het zesde lid bedoelde regels betreffen in ieder geval de melding en de registratie van de behandeling alsmede de taak van de behandelend arts. Tevens kunnen categorieën van behandelingsmiddelen of -maatregelen worden aangewezen die niet mogen worden toegepast bij een behandeling als bedoeld in artikel 16b. Bij algemene maatregel van bestuur kunnen voorts ten aanzien van daarbij aangegeven categorieën van behandelingsmiddelen of -maatregelen regels worden gegeven met betrekking tot de wijze waarop tot toepassing daarvan moet worden besloten.

Art. 17

Tbs-instelling, behandeling

1. De behandeling vindt plaats vanwege de instelling. Indien een gedeelte van de behandeling niet vanwege de instelling kan worden verricht, draagt het hoofd van de instelling zorg dat dit door een daartoe gekwalificeerde derde kan geschieden.
2. Het hoofd van de instelling draagt zorg dat de behandeling overeenkomstig het verplegings- en behandelingsplan plaatsvindt.

Art. 18

Tbs-instelling, periodieke evaluatie verpleging en behandeling

1. De verpleegde heeft recht op een periodieke evaluatie door het hoofd van de instelling van het verloop van de verpleging en behandeling. Deze evaluatie vindt ten minste eenmaal per jaar en, indien de verpleegde een ter beschikking gestelde is, in ieder geval tijdig voor de opmaking van een advies als bedoeld in artikel 6:6:12, eerste lid, onder a, van het Wetboek van Strafvordering plaats.
2. Het hoofd van de instelling draagt zorg dat van iedere evaluatie een verslag wordt gemaakt en dat dit verslag zo spoedig mogelijk met de verpleegde wordt besproken.
3. Indien de verpleegde van oordeel is dat het evaluatieverslag feitelijk onjuist of onvolledig is, heeft hij het recht op dit verslag schriftelijk commentaar te geven. Indien het evaluatieverslag niet overeenkomstig het commentaar wordt verbeterd of aangevuld, draagt het hoofd van de instelling zorg dat het commentaar aan het evaluatieverslag wordt gehecht.

Nadere regels

4. Bij algemene maatregel van bestuur worden regels gesteld omtrent de procedure die met betrekking tot de evaluatie dient te worden gevolgd en de eisen die aan het verslag daarvan ten minste dienen te worden gesteld.

Art. 19

Tbs-instelling, vastlegging gegevens in dossier

1. Het hoofd van de instelling draagt zorg dat ten dienste van de verpleging en de behandeling van de verpleegde een dossier wordt aangelegd, waarin in ieder geval de volgende gegevens worden vastgelegd:
   a. rapporten uitgebracht door of aan de instelling betreffende de ten uitvoerlegging van de aan de verpleegde opgelegde vrijheidsbenemende straf of maatregel;
   b. het verplegings- en behandelingsplan;
   c. op schrift gestelde samenvattingen van besprekingen voor zover betrekking hebbende op de vaststelling en de wijziging van het verplegings- en behandelingsplan;
   d. evaluatieverslagen;
   e. adviezen en aantekeningen als bedoeld in artikel 6:6:12, eerste lid, van het Wetboek van Strafvordering;
   f. opname- en ontslaggegevens;
   g. de aantekening omtrent de oplegging van een disciplinaire straf als bedoeld in artikel 49, zevende lid.

Nadere regels

2. Bij algemene maatregel van bestuur worden nadere regels gesteld inzake de eisen waaraan het verpleegdedossier ten minste moet voldoen, de gegevens die daarin moeten worden vastgelegd, de termijn gedurende welke het verpleegdedossier moet worden bewaard, de wijze waarop het verpleegdedossier moet worden beheerd, bewaard en, na afloop van de bewaartermijn, vernietigd, alsmede de overdracht van gegevens in geval van een overplaatsing van de verpleegde.
3. Met toepassing van het bepaalde in artikel 464 van Boek 7 van het Burgerlijk Wetboek zijn de artikelen 454 en 455 van dit boek niet van overeenkomstige toepassing.

Art. 20

Tbs-instelling, kennisneming gegevens door verpleegde

1. De verpleegde heeft, behoudens de overeenkomstig het tweede lid en derde lid te stellen beperkingen, recht op kennisneming van de in het verpleegdedossier vastgelegde gegevens.

2. Het hoofd van de instelling kan de verpleegde na een verzoek tot kennisneming van bepaalde gegevens hem deze onthouden, indien dit noodzakelijk is ter afwending van ernstig gevaar voor de orde of de veiligheid in de instelling of ter bescherming van de persoonlijke levenssfeer van anderen dan de verpleegde.
3. Het hoofd van de instelling kan het recht op kennisneming van evaluatieverslagen beperken tot een daarvan gemaakte samenvatting, indien de verpleging dit vereist.
4. Het hoofd van de instelling kan, in geval van toepassing van het tweede of derde lid, een door de verpleegde gemachtigde persoon doen kennis nemen van de gegevens waarvan de kennisneming aan de verpleegde onthouden wordt.
5. Voor wat betreft het verplegings- en behandelingsplan en het evaluatieverslag omvat het recht op kennisneming tevens het recht op het ontvangen van een afschrift.
6. Met toepassing van het bepaalde in artikel 464 van Boek 7 van het Burgerlijk Wetboek is artikel 456 van dit boek niet van overeenkomstige toepassing.

HOOFDSTUK V
CONTROLE EN GEWELDGEBRUIK

Art. 21
1. Het recht van de verpleegde op onaantastbaarheid van zijn lichaam, de van zijn lichaam afgescheiden stoffen, zijn kleding en zijn persoonlijke verblijfsruimte kan overeenkomstig de bepalingen van dit hoofdstuk worden beperkt. — *Tbs-instelling, beperking grondrechten*
2. Het recht van de ter beschikking gestelde op onaantastbaarheid van zijn lichaam kan overeenkomstig het bepaalde in artikel 30 worden beperkt.

Art. 22
1. Het hoofd van de instelling stelt bij de eerste opname in de instelling, bij de tenuitvoerlegging van een bevel als bedoeld in artikel 2, eerste lid, aanhef, van de Wet DNA-onderzoek bij veroordeelden en voor zover dit anderszins noodzakelijk is, de identiteit van de verpleegde vast. — *Tbs-instelling, legitimatie*
2. Het vaststellen van de identiteit van de verpleegde omvat bij de eerste opname in de instelling het vragen naar zijn naam, voornamen, geboorteplaats en geboortedatum, het adres waarop hij in de basisregistratie personen is ingeschreven en het adres van zijn feitelijke verblijfplaats buiten de instelling. Het omvat tevens het nemen van een of meer vingerafdrukken. In de gevallen waarin van de verpleegde eerder overeenkomstig het Wetboek van Strafvordering vingerafdrukken zijn genomen en verwerkt, omvat het vaststellen van zijn identiteit bij binnenkomst in de instelling tevens een vergelijking van zijn vingerafdrukken met de van hem verwerkte vingerafdrukken. In de andere gevallen omvat het vaststellen van zijn identiteit een onderzoek van zijn identiteitsbewijs, bedoeld in artikel 1 van de Wet op de identificatieplicht. Artikel 29c, tweede lid, van het Wetboek van Strafvordering is van overeenkomstige toepassing.
3. Het vaststellen van de identiteit van de verpleegde omvat in de andere gevallen dan de eerste opname in de instelling het nemen van een of meer vingerafdrukken en het vergelijken van die vingerafdrukken met de van hem bij binnenkomst genomen vingerafdrukken. Bij de tenuitvoerlegging van een bevel als bedoeld in artikel 2, eerste lid, aanhef, van de Wet DNA-onderzoek bij veroordeelden worden van de verpleegde tevens een of meer vingerafdrukken overeenkomstig het Wetboek van Strafvordering genomen en verwerkt.
4. Het hoofd van de instelling is bevoegd van de verpleegde een of meer foto's te nemen. De foto's kunnen worden gebruikt voor het vervaardigen van een legitimatiebewijs en voor het voorkomen, opsporen, vervolgen en berechten van strafbare feiten. De verpleegde is verplicht het legitimatiebewijs bij zich te dragen en op verzoek van een personeelslid of medewerker te tonen.
5. Bij of krachtens algemene maatregel van bestuur worden regels gesteld voor het verwerken van de persoonsgegevens, bedoeld in het tweede tot en met vierde lid. — *Nadere regels*

Art. 23
1. Het hoofd van de instelling is bevoegd een verpleegde bij binnenkomst in of bij het verlaten van een instelling, voorafgaand aan of na afloop van bezoek, dan wel indien dit anderszins noodzakelijk is in het belang van de bescherming van de maatschappij tegen de gevaarlijkheid van de verpleegde voor de veiligheid van anderen dan de verpleegde of de algemene veiligheid van personen of goederen dan wel de handhaving van de orde of de veiligheid in de instelling, aan zijn lichaam of aan zijn kleding te onderzoeken. — *Tbs-instelling, onderzoek lichaam/kleding bij binnenkomst of verlaten instelling*
2. Onze Minister is bevoegd ten behoeve van het vervoer van de verpleegde hem aan zijn lichaam of aan zijn kleding te onderzoeken.
3. Het onderzoek aan het lichaam van de verpleegde omvat mede het uitwendig schouwen van de openingen en holten van het lichaam van de verpleegde. Het onderzoek aan de kleding van de verpleegde omvat mede het onderzoek van de voorwerpen die de verpleegde bij zich draagt of met zich mee voert.
4. Het onderzoek aan het lichaam van de verpleegde wordt op besloten plaatsen en, voor zover mogelijk, door personen van hetzelfde geslacht als de verpleegde verricht.
5. Indien bij een onderzoek aan het lichaam of de kleding voorwerpen worden aangetroffen die niet in het bezit van de verpleegde mogen zijn is het hoofd van de instelling bevoegd deze in beslag te nemen. Deze bevoegdheid omvat mede het verwijderen van deze voorwerpen uit de openingen en holten van het lichaam voor zover dit kan plaatsvinden zonder het gebruik van hulpmiddelen. Hij draagt zorg dat deze voorwerpen, hetzij onder afgifte van een bewijs van ontvangst ten behoeve van de verpleegde worden bewaard, hetzij met toestemming van de verpleegde in diens aanwezigheid worden vernietigd, hetzij aan een opsporingsambtenaar ter hand worden gesteld met het oog op de voorkoming of opsporing van strafbare feiten.

Art. 24
1. Het hoofd van de instelling kan, indien dit noodzakelijk is in het belang van de handhaving van de orde of de veiligheid in de instelling dan wel in verband met de verlening van verlof, een verpleegde verplichten urine af te staan ten behoeve van een onderzoek van die urine op aanwezigheid van gedragsbeïnvloedende middelen. — *Tbs-instelling, onderzoek urine op aanwezigheid gedragsbeïnvloedende middelen*

Nadere regels	2. Onze Minister stelt nadere regels omtrent de wijze van uitvoering van het urineonderzoek. Deze regels betreffen in elk geval het recht van de verpleegde om de uitslag te vernemen en om voor eigen rekening een hernieuwd onderzoek van de afgestane urine te laten plaatsvinden. Artikel 23, derde lid, is van overeenkomstige toepassing.

Art. 25

Tbs-instelling, onderzoek in lichaam	1. Het hoofd van de instelling kan bepalen dat een verpleegde in het lichaam wordt onderzocht, indien dit noodzakelijk is ter afwending van ernstig gevaar voor de handhaving van de orde of de veiligheid in de instelling of ernstig gevaar voor de gezondheid of de veiligheid van de verpleegde. Het onderzoek in het lichaam wordt verricht door een arts of, in diens opdracht, door een verpleegkundige.

2. Het hoofd van de afdeling waar de verpleegde verblijft kan bij dringende noodzakelijkheid een beslissing als bedoeld in het eerste lid nemen.
3. Indien bij het onderzoek in het lichaam voorwerpen worden aangetroffen die niet in het bezit van de verpleegde mogen zijn, en deze voorwerpen door de arts of verpleegkundige uit het lichaam kunnen worden verwijderd, is het hoofd van de instelling bevoegd deze in beslag te nemen. Artikel 23, vijfde lid, laatste volzin, is van overeenkomstige toepassing.

Art. 26

Tbs-instelling, verplicht ondergaan geneeskundige handeling	1. Het hoofd van de instelling kan een verpleegde verplichten te gedogen dat ten aanzien van hem een bepaalde geneeskundige handeling wordt verricht niet zijnde een behandeling als bedoeld in artikel 16b, onder a of b, indien die handeling naar het oordeel van een arts volstrekt noodzakelijk is ter afwending van gevaar voor de gezondheid of de veiligheid van de verpleegde of van anderen. De handeling wordt verricht niet zijnde een behandeling als bedoeld in artikel 16b, onder a of b door een arts of, in diens opdracht, door een verpleegkundige.
Schakelbepaling Nadere regels	2. Artikel 25, tweede lid, is van overeenkomstige toepassing. 3. Bij algemene maatregel van bestuur worden nadere regels gesteld omtrent de toepassing van het eerste lid. Deze regels betreffen in ieder geval de melding en de registratie van de geneeskundige handeling. De algemene maatregel van bestuur treedt niet eerder in werking dan acht weken na de datum van uitgifte van het *Staatsblad* waarin hij is geplaatst. Van de plaatsing wordt onverwijld mededeling gedaan aan de beide kamers der Staten-Generaal.

Art. 27

Tbs-instelling, bevestiging vrijheidsbeperkende middelen aan lichaam	1. Het hoofd van de instelling kan bepalen dat een verpleegde tijdens de separatie door bevestiging van mechanische middelen aan zijn lichaam voor een periode van ten hoogste vierentwintig uren in zijn bewegingsvrijheid wordt beperkt, indien die beperking noodzakelijk is ter afwending van een van de verpleegde uitgaand ernstig gevaar voor diens gezondheid of veiligheid of die van anderen. Het hoofd van de instelling stelt de arts of diens plaatsvervanger en de commissie van toezicht van de bevestiging onverwijld in kennis.

2. In geval van toepassing van artikel 34, derde lid, kan het hoofd van de afdeling waar de verpleegde verblijft bij dringende noodzakelijkheid een beslissing als bedoeld in het eerste lid nemen. Het hoofd van de instelling, de arts of diens plaatsvervanger en de commissie van toezicht worden hiervan onverwijld in kennis gesteld.
3. Het hoofd van de instelling kan de bevestiging van mechanische middelen aan het lichaam van de verpleegde telkens met ten hoogste vierentwintig uren verlengen. De beslissing tot verlenging wordt genomen na overleg met een aan de instelling verbonden arts.

Nadere regels	4. Onze Minister stelt nadere regels omtrent de bevestiging van mechanische middelen aan het lichaam.

Art. 28

Tbs-instelling, ingreep in lichaam	1. Het hoofd van de instelling kan bepalen dat een op afwending of vermindering van gevaarlijk gedrag gerichte ingreep in het lichaam van een verpleegde, waarvan de gevolgen, naar is te voorzien, niet ongedaan gemaakt kunnen worden, wordt verricht.

2. Een ingreep als bedoeld in het eerste lid vindt slechts plaats indien:
 a. de arts die voornemens is de ingreep uit te voeren de verpleegde heeft voorgelicht over de aard en de gevolgen van de ingreep;
 b. de verpleegde schriftelijk heeft verklaard in te stemmen met de ingreep;
 c. een termijn van veertien dagen in acht genomen wordt tussen de instemming van de verpleegde en de uitvoering van de ingreep.
3. Een arts die voornemens is een ingreep als bedoeld in het eerste lid uit te voeren dient hieromtrent het advies in te winnen van een niet aan de instelling verbonden arts.

Art. 29

Tbs-instelling, onderzoek persoonlijke verblijfsruimte op aanwezigheid verboden voorwerpen	1. Het hoofd van de instelling is bevoegd de persoonlijke verblijfsruimte van een verpleegde op de aanwezigheid van voorwerpen, die niet in zijn bezit mogen zijn, te onderzoeken: a. indien dit onderzoek plaatsvindt in het kader van het algemeen toezicht op de aanwezigheid van verboden voorwerpen in de persoonlijke verblijfsruimten van verpleegden; b. indien dit anderszins noodzakelijk is met het oog op een belang als bedoeld in artikel 23, eerste lid.
Schakelbepaling	2. Artikel 23, vijfde lid, eerste en laatste volzin, is van overeenkomstige toepassing.

Beginselenwet verpleging ter beschikking gestelden

C30 art. 33

3. Het hoofd van de instelling is bevoegd de persoonlijke verblijfsruimte van een verpleegde te onderzoeken op de aanwezigheid van voorwerpen waarop vermoedelijk celmateriaal van de verpleegde aanwezig is en deze voorwerpen in beslag te nemen, indien de officier van justitie hem op grond van artikel 6, eerste lid, van de Wet DNA-onderzoek bij veroordeelden een opdracht tot het in beslag nemen van deze voorwerpen heeft gegeven.

Tbs-instelling, onderzoek persoonlijke verblijfsruimte op aanwezigheid voorwerpen met DNA-materiaal

Art. 30

1. Het hoofd van de instelling is bevoegd jegens een verpleegde geweld te gebruiken of vrijheidsbeperkende middelen aan te wenden, voor zover dit noodzakelijk is met het oog op één van de volgende belangen:
a. de handhaving van de orde of de veiligheid in de instelling;
b. de uitvoering van een bij of krachtens deze wet genomen beslissing;
c. de voorkoming van de onttrekking van een verpleegde aan het op hem uitgeoefende toezicht;
d. de uitvoering van een ingevolge het Wetboek van Strafvordering of de Wet DNA-onderzoek bij veroordeelden door de officier van justitie of de rechter-commissaris genomen beslissing.
2. Het hoofd van de instelling voor verpleging van ter beschikking gestelden is bevoegd jegens een ter beschikking gestelde geweld te gebruiken of vrijheidsbeperkende middelen aan te wenden met het oog op een belang als bedoeld in het eerste lid, onder *b* of *c*.
3. Onze Minister is bevoegd jegens een verpleegde geweld te gebruiken of vrijheidsbeperkende middelen aan te wenden met het oog op een van de volgende belangen:
a. de uitvoering van een door hem genomen beslissing;
b. de voorkoming van het zich onttrekken van de verpleegde aan het op hem uitgeoefende toezicht.
4. Aan het gebruik van geweld gaat zo mogelijk een waarschuwing vooraf. Degene die geweld heeft gebruikt maakt hiervan onverwijld een schriftelijk verslag en doet dit verslag onverwijld aan het hoofd van de instelling voor verpleging van ter beschikking gestelden toekomen.
5. Onze Minister stelt nadere regels omtrent het gebruik van geweld en de aanwending van vrijheidsbeperkende middelen.

Tbs-instelling, gebruik geweld of vrijheidsbeperkende middelen

Nadere regels

HOOFDSTUK VI
BEWEGINGSVRIJHEID BINNEN DE INRICHTING

Art. 31

1. De bewegingsvrijheid van verpleegden binnen de instelling kan zowel per afdeling als per verpleegde verschillen.
2. Een verpleegde heeft, behoudens in geval van toepassing van artikel 32, 34 of 49, eerste lid, onder a, het recht in totaal tenminste vier uren per dag samen met een of meer medeverpleegden door te brengen.
3. De plaatsing op en overplaatsing naar een afdeling geschieden door het hoofd van de instelling met inachtneming van de volgende belangen:
a. de bescherming van de maatschappij tegen de gevaarlijkheid van de verpleegde voor de veiligheid van anderen dan de verpleegde of de algemene veiligheid van personen of goederen;
b. de handhaving van de orde of de veiligheid in de instelling;
c. de uitvoering van het verplegings- en behandelingsplan.
4. Het hoofd van de instelling kan aan de plaatsing op een afdeling, voor zover deze een uitbreiding van de bewegingsvrijheid met zich brengt, voorwaarden verbinden. Deze voorwaarden kunnen voor een verpleegde de verplichting inhouden om aan bepaalde activiteiten deel te nemen of werkzaamheden of arbeid te verrichten.

Tbs-instelling, bewegingsvrijheid

Art. 32

1. Het hoofd van de instelling kan een verpleegde op een door Onze Minister als zodanig aangewezen afdeling voor intensieve zorg plaatsen, indien dit noodzakelijk is met het oog op één van de volgende belangen:
a. de bescherming van de maatschappij tegen de gevaarlijkheid van de verpleegde voor de veiligheid van anderen dan de verpleegde of de algemene veiligheid van personen of goederen;
b. de handhaving van de orde of de veiligheid in de instelling;
c. de afwending van ernstig gevaar voor de gezondheid van de verpleegde.
2. Het hoofd van de instelling bepaalt telkens na ten hoogste zes maanden of voortzetting van het verblijf op de afdeling voor intensieve zorg met het oog op een belang als bedoeld in het eerste lid noodzakelijk is.
3. Een verpleegde, die op een afdeling voor intensieve zorg verblijft, heeft het recht ten minste twee maal een half uur per dag samen met een of meer medeverpleegden door te brengen.

Tbs-instelling, plaatsing op afdeling voor intensieve zorg

Art. 33

Indien de bewegingsvrijheid waarop de verpleegde op grond van de bij of krachtens deze wet gestelde regels recht heeft, niet is beperkt tot de afdeling waar hij verblijft, kan het hoofd van de instelling zodanige beperking niettemin telkens voor een periode van ten hoogste vier weken

Tbs-instelling, beperking bewegingsvrijheid tot afdeling

Sdu 833

opleggen, indien dit noodzakelijk is met het oog op een belang als bedoeld in artikel 32, eerste lid.

Art. 34

Tbs-instelling, afzondering/separatie

1. Het hoofd van de instelling is bevoegd een verpleegde af te zonderen of te separeren, indien dit noodzakelijk is met het oog op een belang als bedoeld in artikel 32, eerste lid.
2. Een ononderbroken verblijf in afzondering of separatie duurt ten hoogste vier weken, behoudens verlenging overeenkomstig het bepaalde in het vierde lid.
3. Het hoofd van de afdeling waar de verpleegde verblijft kan bij dringende noodzakelijkheid de beslissing tot separatie nemen voor ten hoogste vijftien uren.
4. Het hoofd van de instelling kan de afzondering of separatie telkens, met schriftelijke machtiging van Onze Minister, met ten hoogste vier weken verlengen.
5. Het hoofd van de instelling draagt zorg dat, ingeval de separatie langer dan vierentwintig uren duurt, een aan de instelling verbonden arts en de commissie van toezicht onverwijld hiervan in kennis worden gesteld.
6. Het hoofd van de instelling draagt zorg dat in geval van afzondering of separatie het nodige contact tussen personeelsleden of medewerkers en verpleegde wordt gewaarborgd en naar aard en frequentie op de situatie van de verpleegde wordt afgestemd.

Nadere regels

7. Onze Minister stelt nadere regels omtrent de toepassing van de afzondering of separatie. Deze regels betreffen in elk geval de rechten die tijdens de afzondering of separatie aan de verpleegde toekomen.

Art. 34a

Tbs-instelling, permanente cameraobservatie bij afzondering/separatie

1. Het hoofd van de inrichting kan, indien dit ter bescherming van de geestelijke of lichamelijke toestand van de verpleegde noodzakelijk is, bepalen dat de verpleegde die in afzondering of separatie verblijft, dag en nacht door middel van een camera wordt geobserveerd.
2. Alvorens hij hiertoe beslist, wint hij het advies in van de voor de behandeling verantwoordelijke psychiater onderscheidenlijk een aan de inrichting verbonden arts, tenzij dit advies niet kan worden afgewacht. In dat geval wint het hoofd van de inrichting het advies zo spoedig mogelijk na zijn beslissing in.

HOOFDSTUK VII
CONTACT MET DE BUITENWERELD

Art. 35

Tbs-instelling, verzending en ontvangst brieven/stukken

1. De verpleegde heeft, behoudens de overeenkomstig het tweede tot en met vijfde lid te stellen beperkingen, het recht brieven en stukken per post te verzenden en te ontvangen. De hieraan verbonden kosten komen, tenzij het hoofd van de inrichting anders bepaalt, voor rekening van de verpleegde.
2. Het hoofd van de inrichting is bevoegd enveloppen of andere poststukken afkomstig van of bestemd voor verpleegden op de aanwezigheid van bijgesloten voorwerpen te onderzoeken en deze hiertoe te openen. Het openen geschiedt, voor zover mogelijk, in aanwezigheid van de betrokken verpleegde. Ten aanzien van de in artikel 4, eerste lid, onder g, genoemde verpleegden geldt deze bevoegdheid slechts indien de kantonrechter van de rechtbank Den Haag hiertoe de last heeft gegeven.
3. Het hoofd van de inrichting is bevoegd op de inhoud van brieven of andere poststukken afkomstig van of bestemd voor de verpleegde telkens voor een periode van ten hoogste vier weken toezicht uit te oefenen, indien dit noodzakelijk is met het oog op één van de volgende belangen:
   a. de bescherming van de maatschappij tegen de gevaarlijkheid van de verpleegde voor de veiligheid van anderen dan de verpleegde of de algemene veiligheid van personen of goederen;
   b. de handhaving van de orde of de veiligheid in de inrichting;
   c. de afwending van ernstig gevaar voor de gezondheid van de verpleegde;
   d. de bescherming van slachtoffers van of anderszins betrokkenen bij door een verpleegde begane misdrijven;
   e. de voorkoming of opsporing van strafbare feiten.
4. Het toezicht, bedoeld in het derde lid, kan worden beperkt tot bepaalde personen of instanties.
5. Het hoofd van de inrichting kan de verzending of uitreiking van bepaalde brieven of andere poststukken alsmede bijgesloten voorwerpen weigeren, indien dit noodzakelijk is met het oog op een belang als bedoeld in het derde lid.
6. Het hoofd van de inrichting draagt zorg dat de niet uitgereikte brieven of andere poststukken dan wel bijgesloten voorwerpen, hetzij worden terug gegeven aan de verpleegde of voor diens rekening worden teruggezonden aan de verzender of een ander door de verpleegde op te geven adres, hetzij onder afgifte van een bewijs van ontvangst ten behoeve van de verpleegde worden bewaard, hetzij met toestemming van de verpleegde in diens aanwezigheid worden vernietigd, hetzij aan een opsporingsambtenaar ter hand worden gesteld met het oog op de voorkoming of opsporing van strafbare feiten.

Art. 36

1. Het bepaalde in artikel 35, derde tot en met het vijfde lid, is niet van toepassing op brieven, door de verpleegde gericht aan of afkomstig van:
   a. leden van het Koninklijk Huis;
   b. de Eerste of Tweede Kamer der Staten-Generaal, een commissie daaruit of leden daarvan;
   c. Onze Minister;
   d. justitiële autoriteiten;
   e. de Nationale ombudsman;
   f. de inspecteurs van de Inspectie gezondheidszorg en jeugd;
   g. de Raad, een commissie daaruit of leden of buitengewone leden daarvan;
   h. de commissie van toezicht of een beklagcommissie, of leden daarvan;
   i. organen, of leden daarvan, die krachtens een wettelijk voorschrift of een in Nederland geldend verdrag:
   1°. bevoegd zijn tot kennisneming van klachten of behandeling van met een klacht aangevangen zaken; dan wel
   2°. zijn belast met het houden van toezicht op inrichtingen als bedoeld in hoofdstuk II;
   j. diens rechtsbijstandverlener;
   k. diens reclasseringswerker;
   l. het bestuur, voor zover het een private instelling betreft;
   m. andere door Onze Minister of het hoofd van de instelling aan te wijzen personen of instanties.
2. Onze Minister kan nadere regels stellen omtrent de wijze van verzending van brieven aan en door de in het eerste lid genoemde personen en instanties.

Werkingssfeer

Nadere regels

Art. 37

1. De verpleegde heeft het recht ten minste gedurende een uur per week op in de huisregels vastgestelde tijden en plaatsen bezoek te ontvangen. In de huisregels worden regels gesteld omtrent het aanvragen van bezoek. Bij of krachtens algemene maatregel van bestuur kunnen nadere regels worden gesteld aan instellingen met een bijzondere aanwijzing als bedoeld in artikel 3.3, eerste lid, over de toelating en weigering van bezoek aan ter beschikking gestelden en over de toegang van personeel werkzaam bij die instelling met het oog op de veiligheid in de instelling en de naleving van de bij of krachtens de wet gegeven regels.
2. Het hoofd van de instelling kan het aantal tegelijk tot de verpleegde toe te laten personen beperken, indien dit noodzakelijk is in het belang van de handhaving van de orde of de veiligheid in de instelling.
3. Het hoofd van de instelling kan de toelating tot de verpleegde van bezoek of van een bepaalde persoon of bepaalde personen telkens voor een periode van ten hoogste vier weken weigeren, indien dit noodzakelijk is met het oog op een belang als bedoeld in artikel 35, derde lid.
4. Het hoofd van de instelling kan bepalen dat tijdens het bezoek toezicht wordt uitgeoefend, indien dit noodzakelijk is met het oog op een belang als bedoeld in artikel 35, derde lid. Dit toezicht kan omvatten het beluisteren of opnemen van het gesprek tussen een bezoeker en de verpleegde. Tevoren wordt aan de verpleegde mededeling gedaan van de aard en de reden van het toezicht.
5. Iedere bezoeker dient zich bij binnenkomst op deugdelijke wijze te legitimeren. Het hoofd van de instelling kan bepalen dat een bezoeker aan zijn kleding wordt onderzocht op de aanwezigheid van voorwerpen die een gevaar kunnen opleveren voor de orde of de veiligheid in de instelling. Dit onderzoek kan ook betrekking hebben op door de bezoeker meegebrachte voorwerpen. Het hoofd van de instelling is bevoegd dergelijke voorwerpen gedurende de duur van het bezoek onder zich te nemen tegen afgifte van een bewijs van ontvangst dan wel aan een opsporingsambtenaar ter hand te stellen met het oog op de voorkoming of opsporing van strafbare feiten.
6. Het hoofd van de instelling kan het bezoek binnen de daarvoor bestemde tijd beëindigen en de bezoeker uit de instelling doen verwijderen, indien dit noodzakelijk is met het oog op een belang als bedoeld in artikel 35, derde lid.
7. De in artikel 36, eerste lid, onder g, h, en i, onder 2°, genoemde personen en instanties hebben te allen tijde toegang tot de verpleegde. De overige in dat lid genoemde personen en instanties hebben toegang tot de verpleegde op in de huisregels vastgestelde tijden en plaatsen. Tijdens het bezoek kunnen zij zich vrijelijk met de verpleegde onderhouden, behoudens ingeval van de verpleegde een ernstig gevaar uitgaat voor de veiligheid van de bezoeker.

Tbs-instelling, bezoek

Art. 38

1. De verpleegde heeft, behoudens de overeenkomstig het tweede tot en met het vijfde lid te stellen beperkingen, het recht tenminste eenmaal per week gedurende tien minuten een of meer telefoongesprekken te voeren met personen buiten de instelling. In de huisregels worden de tijden en plaatsen alsmede het voor het gesprek of de gesprekken te gebruiken toestel aangewezen. De hieraan verbonden kosten komen, tenzij het hoofd van de instelling anders bepaalt, voor rekening van de verpleegde. In verband met het uitoefenen van toezicht als bedoeld in het tweede lid, kunnen telefoongesprekken worden opgenomen.

Tbs-instelling, telefoongesprekken met personen buiten inrichting

2. Het hoofd van de instelling kan bepalen dat op de door of met een verpleegde gevoerde telefoongesprekken toezicht wordt uitgeoefend, indien dit noodzakelijk is om de identiteit van de persoon met wie de verpleegde een telefoongesprek voert vast te stellen dan wel met het oog op een belang als bedoeld in artikel 35, derde lid. Dit toezicht kan omvatten het beluisteren van een telefoongesprek of het uitluisteren van een opgenomen telefoongesprek. Aan de betrokkene wordt mededeling gedaan van de aard en de reden van het toezicht. Bij algemene maatregel van bestuur worden nadere regels gesteld over het opnemen van telefoongesprekken en het bewaren en verstrekken van opgenomen telefoongesprekken.
3. Het hoofd van de instelling kan het voeren van telefoongesprekken of een bepaald telefoongesprek telkens voor een periode van ten hoogste vier weken weigeren of een telefoongesprek binnen de daarvoor bestemde tijd beëindigen, indien dit noodzakelijk is met het oog op een belang als bedoeld in artikel 35, derde lid.
4. De verpleegde heeft het recht met de in artikel 36, eerste lid, genoemde personen en instanties telefoongesprekken te voeren op in de huisregels vastgestelde tijden en plaatsen. Op deze gesprekken wordt geen ander toezicht uitgeoefend dan noodzakelijk is om de identiteit van de persoon of instantie met wie de verpleegde een telefoongesprek voert of wenst te voeren vast te stellen.

Art. 39

Tbs-instelling, gesprek met vertegenwoordiger media

1. Het hoofd van de instelling kan toestemming geven voor het voeren van een gesprek tussen de verpleegde en een vertegenwoordiger van de media, voor zover dit zich verdraagt met de volgende belangen:
   a. de bescherming van de maatschappij tegen de gevaarlijkheid van de verpleegde voor de veiligheid van anderen dan de verpleegde of de algemene veiligheid van personen of goederen;
   b. de handhaving van de orde of de veiligheid in de instelling;
   c. de bescherming van de openbare orde en de goede zeden;
   d. de bescherming van de rechten en vrijheden van anderen dan de verpleegde;
   e. de voorkoming of opsporing van strafbare feiten.
2. Het hoofd van de instelling kan met het oog op de bescherming van de in het eerste lid genoemde belangen aan de toegang van een vertegenwoordiger van de media tot de instelling voorwaarden verbinden. Het hoofd van de instelling is bevoegd een vertegenwoordiger van de media uit de instelling te doen verwijderen, indien hij de hem opgelegde voorwaarden niet nakomt.
3. Het hoofd van de instelling kan op het contact met een vertegenwoordiger van de media toezicht uitoefenen, indien dit noodzakelijk is met het oog op een belang als bedoeld in het tweede lid. Artikel 37, vierde lid, tweede en derde volzin, en vijfde lid is van overeenkomstige toepassing.

HOOFDSTUK VIII
VERZORGING, ACTIVITEITEN, WERKZAAMHEDEN EN ARBEID

Paragraaf 1
Verzorging en activiteiten

Art. 40

Tbs-instelling, belijden en beleven godsdienst/levensovertuiging

1. De verpleegde heeft het recht zijn godsdienst of levensovertuiging, individueel of in gemeenschap met anderen, vrij te belijden en te beleven.

2. Het hoofd van de instelling draagt zorg dat in de instelling voldoende geestelijke verzorging, die zoveel mogelijk aansluit bij de godsdienst of levensovertuiging van de verpleegden, beschikbaar is.
3. Het hoofd van de instelling stelt de verpleegde in de gelegenheid op in de huisregels vastgestelde tijden en plaatsen:
   a. persoonlijk contact te onderhouden met de geestelijke verzorger van de godsdienst of levensovertuiging van zijn keuze, die aan de instelling is verbonden;
   b. contact te onderhouden met andere dan de onder a genoemde geestelijke verzorgers volgens het bepaalde in artikel 37;
   c. in de instelling te houden godsdienstige en levensbeschouwelijke bijeenkomsten van zijn keuze bij te wonen, tenzij het hoofd van de instelling dit verbiedt in verband met de handhaving van de orde of de veiligheid in de instelling.

Nadere regels

4. Bij of krachtens algemene maatregel van bestuur kunnen nadere regels worden gesteld ten aanzien van de beschikbaarheid van de geestelijke verzorging. Deze regels kunnen betrekking hebben op de verlening van geestelijke verzorging door of vanwege verschillende richtingen van godsdienst of levensovertuiging, op de organisatie en de bekostiging van de geestelijke verzorging en op de aanstelling van geestelijke verzorgers bij een instelling.

Beginselenwet verpleging ter beschikking gestelden

Art. 41
1. De verpleegde heeft recht op verzorging door een aan de instelling verbonden arts.
2. De verpleegde heeft recht op raadpleging voor eigen rekening van een arts van zijn keuze.
3. Het hoofd van de instelling draagt zorg dat een aan de instelling verbonden arts:
   a. regelmatig beschikbaar is voor het houden van een spreekuur;
   b. op andere tijdstippen beschikbaar is, indien dit in het belang van de gezondheid van de verpleegde noodzakelijk is;
   c. de verpleegden die hiervoor in aanmerking komen onderzoekt op hun geschiktheid voor deelname aan arbeid, sport of een andere gemeenschappelijke werkzaamheid of activiteit.
4. Het hoofd van de instelling draagt zorg voor:
   a. de verstrekking van de door een aan de instelling verbonden arts voorgeschreven medicijnen en diëten;
   b. de behandeling van de verpleegde op aanwijzing van een aan de instelling verbonden arts voor zover deze niet kan worden aangemerkt als een behandeling, bedoeld in artikel 1, onder v;
   c. de overbrenging van de verpleegde naar een ziekenhuis dan wel andere instelling, indien de onder b bedoelde behandeling aldaar plaatsvindt.

Tbs-instelling, verzorging door arts

Art. 42
1. Het hoofd van de instelling draagt zorg dat aan de verpleegden voeding, noodzakelijke kleding en schoeisel worden verstrekt dan wel dat hem voldoende geldmiddelen ter beschikking worden gesteld om hierin naar behoren te voorzien.
2. De verpleegde heeft recht op het dragen van eigen kleding en schoeisel, tenzij die een gevaar kunnen opleveren voor de orde of de veiligheid in de instelling. Hij kan worden verplicht tijdens het verrichten van werkzaamheden of sport aangepaste kleding of schoeisel te dragen.
3. Het hoofd van de instelling draagt zorg dat bij de verstrekking van voeding zoveel mogelijk rekening wordt gehouden met de godsdienst of levensovertuiging van de verpleegden.
4. Het hoofd van de instelling draagt zorg dat de verpleegde in staat gesteld wordt het uiterlijk en de lichamelijke hygiëne naar behoren te verzorgen.
5. In de huisregels worden regels gesteld omtrent de aankoop door verpleegden van andere gebruiksartikelen dan die welke door het hoofd van de instelling ter beschikking worden gesteld.

Tbs-instelling, verstrekking voeding/kleding/schoeisel

Art. 43
1. Het hoofd van de instelling draagt zorg voor de sociale verzorging en hulpverlening, vorming en onderwijs, ontspannings- en sportactiviteiten voor de verpleegden, voor zover daarin niet reeds is voorzien in het verplegings- en behandelingsplan van de betrokken verpleegde.
2. Het hoofd van de instelling draagt zorg dat een bibliotheekvoorziening aanwezig is. In de huisregels worden regels gesteld omtrent het gebruik van de bibliotheek door verpleegden.
3. De verpleegde heeft recht op verblijf in de buitenlucht gedurende tenminste een uur per dag.
4. Onze Minister stelt regels omtrent de voorwaarden waaronder een tegemoetkoming kan worden verleend in de kosten die voor de verpleegde aan het volgen van onderwijs en het deelnemen aan andere educatieve activiteiten voor zover hierin niet in de instelling wordt voorzien, kunnen zijn verbonden. Deze voorwaarden kunnen betreffen de aard, de duur en de kosten van deze activiteiten alsmede de vooropleiding van de verpleegde en diens vorderingen.

Tbs-instelling, sociale verzorging/hulpverlening/ontspanning
Tbs-instelling, gebruik bibliotheek
Tbs-instelling, verblijf in buitenlucht
Tbs-instelling, tegemoetkoming in kosten onderwijs

Art. 44
1. De verpleegde heeft, behoudens de overeenkomstig het tweede tot en met het vierde lid te stellen beperkingen, het recht hem toebehorende voorwerpen in zijn persoonlijke verblijfsruimte te plaatsen dan wel bij zich te hebben.
2. In de huisregels kan worden bepaald dat het bezit van bepaalde soorten voorwerpen binnen de instelling of van een bepaalde afdeling daarvan verboden is, indien dit bezit een gevaar kan opleveren voor:
   a. de bescherming van de maatschappij tegen de gevaarlijkheid van de verpleegde voor de veiligheid van anderen dan de verpleegde of de algemene veiligheid van personen of goederen;
   b. de handhaving van de orde of de veiligheid in de instelling, dan wel voor zover zich dit niet verdraagt met de aansprakelijkheid van het hoofd van de instelling voor de voorwerpen.
3. Het hoofd van de instelling kan bepalen dat een verpleegde een hem toebehorend voorwerp, niet behorende tot de soorten voorwerpen, bedoeld in het tweede lid, niet in zijn persoonlijke verblijfsruimte mag plaatsen of bij zich mag hebben, indien dit noodzakelijk is met het oog op één van de belangen als genoemd in het tweede lid.
4. Het hoofd van de instelling is bevoegd aan de verpleegde toebehorende voorwerpen voor diens rekening te laten onderzoeken ten einde vast te stellen of de toelating of het bezit daarvan ingevolge het bepaalde in het tweede of derde lid kan worden toegestaan dan wel is verboden.
5. Artikel 23, vijfde lid, eerste en laatste volzin is van overeenkomstige toepassing.

Tbs-instelling, bezit voorwerpen

Schakelbepaling

Art. 45

Tbs-instelling, beheer/besteding geld

Bij of krachtens algemene maatregel van bestuur worden regels gesteld met betrekking tot het beheer van het eigen geld van de verpleegde, waaronder begrepen de vergoeding voor het verrichten van werkzaamheden en het arbeidsloon als bedoeld in artikel 46, tweede, onderscheidenlijk derde lid, en de besteding daarvan door verpleegden, alsmede het zak- en kleedgeld.

Paragraaf 2
Werkzaamheden en arbeid

Art. 46

Tbs-instelling, verrichten werkzaamheden binnen instelling

1. De verpleegde is niet verplicht binnen de instelling werkzaamheden te verrichten, behoudens:
   a. voor zover dit voortvloeit uit een aan de uitbreiding van zijn bewegingsvrijheid verbonden voorwaarde als bedoeld in artikel 31, vierde lid, of
   b. deze werkzaamheden van huishoudelijke aard zijn en betrekking hebben op de ruimten waar zij verblijven, de persoonlijke verblijfsruimte daaronder begrepen.
2. Voor het verrichten van werkzaamheden, met uitzondering van de in het eerste lid, onder b, omschreven werkzaamheden, heeft de verpleegde recht op een door Onze Minister vast te stellen vergoeding. Deze vergoeding wordt bij de vaststelling van het bijdrageplichtig inkomen overeenkomstig het bepaalde bij of krachtens de Wet langdurige zorg buiten beschouwing gelaten.

Tbs-instelling, verrichten arbeid buiten inrichting

3. De verpleegde is niet verplicht buiten de instelling arbeid te verrichten, behoudens voor zover dit voortvloeit uit een aan het verlof of het proefverlof verbonden voorwaarde als bedoeld in artikel 50, tweede lid, onderscheidenlijk artikel 51, tweede lid. Indien de verpleegde buiten de instelling arbeid verricht, blijft het door hem verdiende arbeidsloon zijn eigendom, onverminderd het bepaalde bij of krachtens de Wet langdurige zorg.

HOOFDSTUK IX
ONDERBRENGING VAN EEN KIND IN DE INRICHTING

Art. 47

Tbs-instelling, onderbrenging kind van verpleegde

1. Indien een verpleegde een kind in de instelling wil onderbrengen ten einde het aldaar te verzorgen en op te voeden behoeft hij hiertoe de toestemming van het hoofd van de instelling. Het hoofd van de instelling kan deze toestemming geven, voor zover dit verblijf zich verdraagt met de volgende belangen:
   a. de bescherming van de persoonlijke veiligheid of de geestelijke of lichamelijke ontwikkeling van het kind;
   b. de handhaving van de orde of de veiligheid in de instelling;
   c. de uitvoering van het verplegings- en behandelingsplan.
2. Het hoofd van de instelling kan aan de toestemming voorwaarden verbinden met het oog op een belang als bedoeld in het eerste lid.
3. Het hoofd van de instelling kan over een door hem voorgenomen onderbrenging van een kind in de instelling het advies inwinnen van de Raad voor de Kinderbescherming.
4. Het hoofd van de instelling kan de toestemming intrekken, indien dit noodzakelijk is met het oog op een belang als bedoeld in het eerste lid of indien de verpleegde een bepaalde voorwaarde niet nakomt. Indien het hoofd van de instelling een nader onderzoek nodig oordeelt, kan hij de medewerking van de Raad voor de Kinderbescherming inroepen.
5. Het hoofd van de instelling is verplicht de toestemming te weigeren of in te trekken, indien de onderbrenging van het kind in de instelling in strijd komt met enige op het gezag over het kind betrekking hebbende beslissing.
6. In de huisregels worden nadere regels gesteld omtrent het verblijf van kinderen in de instelling.
7. De kosten van de verzorging van het kind komen alleen voor rekening van het Rijk, voor zover de verpleegde zelf niet in die kosten kan voorzien.

HOOFDSTUK X
DISCIPLINAIRE STRAFFEN

Art. 48

Tbs-instelling, opleggen disciplinaire straf

1. Indien een personeelslid of medewerker van de instelling constateert dat een verpleegde betrokken is bij feiten die onverenigbaar zijn met de orde of de veiligheid in de instelling dan wel met een ongestoord verloop van de verpleging en hij voornemens is daarover aan het hoofd van de instelling schriftelijk verslag te doen, deelt hij dit de verpleegde mede.
2. Het hoofd van de instelling beslist over het opleggen van een disciplinaire straf zo spoedig mogelijk nadat hem verslag is gedaan.

Beginselenwet verpleging ter beschikking gestelden   **C30 art. 50**

3. Indien het hoofd van de instelling of zijn vervanger feiten als bedoeld in het eerste lid, constateert, blijft het eerste lid buiten toepassing.

Art. 49
1. Het hoofd van de instelling kan wegens het begaan van feiten als bedoeld in artikel 48, eerste lid, een of meer van de volgende disciplinaire straffen opleggen: Tbs-instelling, soorten disciplinaire straf
   a. afzondering in de persoonlijke verblijfsruimte, gedurende het gehele etmaal of bepaalde uren daarvan, voor ten hoogste twee weken;
   b. beperking van de bewegingsvrijheid tot de afdeling, waar de verpleegde verblijft, voor ten hoogste twee weken;
   c. geldboete tot een door Onze Minister te bepalen maximum;
   d. ontzegging van bezoek van een bepaalde persoon of van bepaalde personen voor ten hoogste twee weken, indien het feit plaatsvond in verband met bezoek van die persoon of personen;
   e. uitsluiting van deelname aan of meer gemeenschappelijke activiteiten of werkzaamheden voor ten hoogste twee weken, indien het feit plaatsvond in verband met die gemeenschappelijke activiteit of werkzaamheid.
2. Het hoofd van de instelling bepaalt bij de oplegging van een geldboete tevens door welke andere straf de boete zal worden vervangen, ingeval deze niet binnen de daartoe door hem gestelde termijn is betaald.
3. Het hoofd van de instelling kan voor feiten als bedoeld in artikel 48, eerste lid, meer dan één straf opleggen, met dien verstande dat de in het eerste lid onder a en e genoemde straffen slechts kunnen worden opgelegd voor zover zij te zamen niet langer duren dan twee weken.
4. De oplegging van een straf laat onverlet de mogelijkheid voor het hoofd van de instelling om ter zake van de door de verpleegde toegebrachte schade aan eigendommen van de instelling of personeelsleden of medewerkers dan wel van medeverpleegden met de verpleegde een regeling te treffen.
5. Indien een straf is opgelegd wordt deze onverwijld ten uitvoer gelegd. Het hoofd van de instelling kan bepalen dat een straf niet of slechts ten dele ten uitvoer wordt gelegd. Tbs-instelling, tenuitvoerlegging disciplinaire straf
6. Geen straf kan worden opgelegd indien de verpleegde voor het begaan van een feit als bedoeld in artikel 48, eerste lid, niet verantwoordelijk kan worden gesteld.
7. Van elke strafoplegging dan wel wijziging daarvan houdt het hoofd van de instelling aantekening. Indien een straf ingevolge hoofdstuk XIII, XIV of XV geheel of ten dele wordt herzien, houdt het hoofd van de instelling hiervan aantekening.

HOOFDSTUK XI
VERLOF EN PROEFVERLOF

Art. 50
1. Indien de uit de psychische stoornis, psychogeriatrische aandoening of verstandelijke handicap voortvloeiende gevaarlijkheid van de ter beschikking gestelde voor de veiligheid van anderen dan de ter beschikking gestelde of de algemene veiligheid van personen of goederen dusdanig is teruggebracht dat het verantwoord is hem tijdelijk de instelling te doen verlaten, kan het hoofd van de instelling voor verpleging van ter beschikking gestelden, met machtiging van Onze Minister, de ter beschikking gestelde verlof verlenen zich al dan niet onder toezicht buiten de instelling te begeven. Verlof kan omvatten een verblijf geheel buiten de instelling. Tbs-instelling, verlof
2. Als algemene voorwaarde geldt dat de ter beschikking gestelde zich niet aan enig misdrijf zal schuldig maken. Het hoofd van de instelling voor verpleging van ter beschikking gestelden kan aan het verlof bijzondere voorwaarden, het gedrag van de ter beschikking gestelde betreffende, verbinden. Deze voorwaarden kunnen inhouden dat de ter beschikking gestelde zich dient te gedragen overeenkomstig de door de toezichthouder gegeven aanwijzingen.
3. Het hoofd van de instelling voor verpleging van ter beschikking gestelden kan het verlof intrekken, indien dit noodzakelijk is met het oog op de bescherming van de maatschappij tegen de gevaarlijkheid van de ter beschikking gestelde voor de veiligheid van anderen dan de ter beschikking gestelde of de algemene veiligheid van personen of goederen of indien de ter beschikking gestelde een bepaalde voorwaarde niet nakomt.
4. Het bepaalde in het eerste tot en met het derde lid is van overeenkomstige toepassing op verpleegden die niet ter beschikking zijn gesteld. Schakelbepaling
5. Het hoofd van de instelling voor verpleging van ter beschikking gestelden stelt de ter beschikking gestelde of anderszins verpleegde in de gelegenheid de instelling voor verpleging van ter beschikking gestelden te verlaten teneinde een gerechtelijke procedure bij te wonen: Tbs-instelling, verlaten inrichting om gerechtelijke procedure bij te wonen
   a. indien hij krachtens wettelijk voorschrift verplicht is voor een rechter of bestuursorgaan te verschijnen;
   b. indien hij terzake van een misdrijf moet terecht staan;
   c. indien hij bij het bijwonen van de procedure een aanmerkelijk belang heeft en tegen het verlaten van de instelling hiertoe geen overwegend bezwaar bestaat.

C30 art. 51

Beginselenwet verpleging ter beschikking gestelden

Tbs-instelling, toezicht bij verlaten instelling

6. Het hoofd van de instelling voor verpleging van ter beschikking gestelden kan bepalen dat tijdens het verlaten van de instelling toezicht wordt uitgeoefend.

Art. 51

Tbs-instelling, proefverlof

1. Indien de uit de psychische stoornis, psychogeriatrische aandoening of verstandelijke handicap voortvloeiende gevaarlijkheid van de ter beschikking gestelde voor de veiligheid van anderen dan de ter beschikking gestelde of de algemene veiligheid van personen of goederen dusdanig is teruggebracht dat het verantwoord is hem bij wijze van proef in de maatschappij te doen terugkeren, kan het hoofd van de instelling voor verpleging van ter beschikking gestelden, met machtiging van Onze Minister, de ter beschikking gestelde proefverlof verlenen.
2. Artikel 50, tweede lid, eerste en tweede volzin, is van overeenkomstige toepassing. De bijzondere voorwaarden kunnen inhouden dat de ter beschikking gestelde zich voor het verkrijgen van hulp en steun wendt tot een in de machtiging van Onze Minister aangewezen instelling, die aan bepaalde, bij algemene maatregel van bestuur te stellen eisen, voldoet. Bij het verlenen van hulp en steun wordt de identiteit van de ter beschikking gestelde vastgesteld. Artikel 27a, eerste lid, eerste volzin, en tweede lid, van het Wetboek van Strafvordering is van overeenkomstige toepassing.
3. De ter beschikking gestelde aan wie proefverlof is verleend, geniet, behoudens de verplichtingen die voortvloeien uit hem opgelegde voorwaarden, vrijheid van beweging. Artikel 50, derde lid, is van overeenkomstige toepassing.

Nadere regels

4. Bij of krachtens algemene maatregel van bestuur worden met betrekking tot het verlof en het proefverlof nadere regels gesteld.

HOOFDSTUK XII
INFORMATIE EN HOORPLICHT

Art. 52

Tbs-instelling, informeren over rechten en plichten

1. Het hoofd van de instelling draagt zorg dat de verpleegde bij binnenkomst in de instelling, schriftelijk en zoveel mogelijk in een voor hem begrijpelijke taal, op de hoogte wordt gesteld van zijn bij of krachtens deze wet gestelde rechten en plichten.
2. De verpleegde wordt hierbij in het bijzonder gewezen op diens bevoegdheid:
   a. een verzoek tot bemiddeling in te dienen overeenkomstig het bepaalde in hoofdstuk XIII;
   b. een klaag- of beroepschrift in te dienen overeenkomstig het bepaalde in de hoofdstukken XIV tot en met XVI.

Tbs-instelling, informeren verpleegde vreemdeling

3. Een verpleegde vreemdeling wordt bij binnenkomst in de instelling geïnformeerd over zijn recht de consulaire vertegenwoordiger van zijn land van zijn vrijheidsbeneming op de hoogte te laten stellen.

Art. 53

Tbs-instelling, horen verpleegde/ter beschikking gestelde

1. De verpleegde wordt, zoveel mogelijk in een voor hem begrijpelijke taal, gehoord althans daartoe in de gelegenheid gesteld alvorens een beslissing wordt genomen omtrent:
   a. de plaatsing of voortzetting van het verblijf op een afdeling van intensieve zorg als bedoeld in artikel 32;
   b. een beperking van de bewegingsvrijheid als bedoeld in de artikelen 33 of 34;
   c. een beperking van het recht op onaantastbaarheid van het lichaam als bedoeld in artikelen 25 tot en met 27;
   d. het verrichten van geneeskundige behandeling als bedoeld in artikel 16b, onder a of b;
   e. de beslissingen met betrekking tot de onderbrenging van een kind in de instelling als bedoeld in artikel 47;
   f. de oplegging van een disciplinaire straf als bedoeld in artikel 49;
   g. de observatie door middel van een camera, bedoeld in artikel 34a, eerste lid.
2. De ter beschikking gestelde wordt, zoveel mogelijk in een voor hem begrijpelijke taal, gehoord althans daartoe in de gelegenheid gesteld alvorens een beslissing wordt genomen omtrent:
   a. de beslissingen met betrekking tot de plaatsing of overplaatsing overeenkomstig het bepaalde in hoofdstuk 6 van de Wet forensische zorg;
   b. de intrekking van een verlof of proefverlof als bedoeld in onderscheidenlijk de artikelen 50, derde lid, en 51, derde lid.
3. Zo nodig geschiedt het horen van betrokkene met bijstand van een tolk. Van het horen van betrokkene wordt aantekening gehouden.
4. Het horen van betrokkene kan achterwege blijven, indien:
   a. de vereiste spoed zich daartegen verzet;
   b. de gemoedstoestand van betrokkene daaraan in de weg staat.

Art. 54

Tbs-instelling, mededelingen aan verpleegde/ter beschikking gestelde

1. De verpleegde ontvangt onverwijld, schriftelijk en voor zoveel mogelijk in een voor hem begrijpelijke taal, een met redenen omklede, gedagtekende en ondertekende mededeling betreffende:
   a. elke beslissing als bedoeld in artikel 53, eerste lid;

Beginselenwet verpleging ter beschikking gestelden   **C30 art. 56**

b. de weigering van verzending of uitreiking van een brief of ander poststuk dan wel van bijgesloten voorwerpen als bedoeld in artikel 35, vijfde lid;
c. de weigering van de toelating tot de verpleegde van bezoek of een bepaalde bezoeker als bedoeld in artikel 37, derde lid;
d. de weigering van het voeren van telefoongesprekken of een bepaald telefoongesprek als bedoeld in artikel 38, derde lid;
e. het verbod van een contact met een vertegenwoordiger van de media als bedoeld in artikel 39, tweede lid.
2. De ter beschikking gestelde ontvangt onverwijld, schriftelijk en voor zoveel mogelijk in een voor hem begrijpelijke taal, een met redenen omklede, gedagtekende en ondertekende mededeling omtrent elke beslissing als bedoeld in artikel 53, tweede lid.
3. Betrokkene wordt, voor zover van toepassing, in de mededeling gewezen op de mogelijkheid van bemiddeling, beklag of beroep en de wijze waarop en de termijn waarbinnen dit moet worden gedaan alsmede op de mogelijkheid van het doen van een verzoek aan de voorzitter van de beroepscommissie om hangende de uitspraak op het klaagschrift de tenuitvoerlegging van de beslissing geheel of gedeeltelijk te schorsen.
4. Indien ter zake van de beslissing de machtiging van Onze Minister vereist is, wordt aan de mededeling een afschrift daarvan gehecht.

HOOFDSTUK XIII
BEMIDDELING

Art. 55

1. De verpleegde heeft het recht zich, mondeling of schriftelijk, tot de commissie van toezicht te wenden met het verzoek te bemiddelen ter zake van een grief omtrent de wijze waarop het hoofd van de instelling zich in een bepaalde aangelegenheid jegens hem heeft gedragen of een bij of krachtens deze wet gestelde zorgplicht betracht. Een gedraging van een personeelslid of medewerker van de instelling jegens de verpleegde wordt met het oog op de toepassing van deze bepaling als een gedraging van het hoofd van de instelling aangemerkt.   *Tbs-instelling, bemiddeling bij grief betreffende gedrag hoofd inrichting*
2. Indien de grief een beslissing betreft waartegen beklag openstaat, dient dit verzoek uiterlijk op de zevende dag na die waarop de verpleegde kennis heeft gekregen van die beslissing te worden ingediend.
3. De commissie van toezicht streeft ernaar binnen vier weken een voor beide partijen aanvaardbare oplossing te bereiken. Zij kan de bemiddeling geheel of ten dele aan de maandcommissaris of een ander uit haar midden aangewezen lid opdragen.
4. De commissie van toezicht stelt de verpleegde en het hoofd van de instelling in de gelegenheid, al dan niet in elkaars tegenwoordigheid, hun standpunt mondeling toe te lichten. Indien de verpleegde de Nederlandse taal niet voldoende beheerst, draagt de commissie van toezicht zorg voor de bijstand van een tolk.
5. Zij sluit de bemiddeling af met een mededeling van haar bevindingen aan het hoofd van de instelling en de verpleegde. In de gevallen, bedoeld in artikel 56, wordt de verpleegde gewezen op de mogelijkheid van beklag en de wijze waarop en de termijn waarbinnen dit moet worden gedaan.
6. Indien het hoofd van de instelling of de verpleegde hierom verzoekt, wordt hem zo spoedig mogelijk een gedagtekend afschrift van de mededeling toegezonden of uitgereikt. De datum van die toezending of uitreiking wordt op dit afschrift aangetekend. Indien de verpleegde de Nederlandse taal niet voldoende begrijpt, draagt de commissie van toezicht zorg voor een vertaling van de mededeling.

HOOFDSTUK XIV
BEKLAG

Art. 56

1. Een verpleegde kan bij de beklagcommissie beklag doen over de volgende door het hoofd van de instelling genomen beslissingen: *Tbs-instelling, beklag*
a. de oplegging van een disciplinaire straf als bedoeld in artikel 49;
b. de plaatsing of voortzetting van het verblijf op een afdeling voor intensieve zorg als bedoeld in artikel 32, eerste en tweede lid;
c. een beslissing die een beperking inhoudt van het contact met de buitenwereld als bedoeld in hoofdstuk VII;
d. de weigering of intrekking van de toestemming om een kind in de instelling onder te brengen als bedoeld in artikel 47, eerste en vierde lid;
e. enige andere beslissing die een beperking inhoudt van een recht, dat hem op grond van een bij of krachtens deze wet gegeven voorschrift dan wel enig ander wettelijk voorschrift of een

een ieder verbindende bepaling van een in Nederland geldend verdrag toekomt behoudens het gestelde in artikel 57.
2. Een verpleegde kan bij de beklagcommissie beklag doen over de volgende door het hoofd van de instelling genomen beslissing tot:
a. de intrekking van verlof als bedoeld in artikel 50, derde lid, indien het verlof op het moment dat het wordt ingetrokken een aaneengesloten periode van meer dan een week heeft geduurd;
b. tegen de intrekking van het proefverlof als bedoeld in artikel 51, derde lid.
3. Een beslissing van een personeelslid of medewerker van de instelling wordt met het oog op de toepassing van deze bepaling als een beslissing van het hoofd van de instelling aangemerkt.
4. Tegen de wijze waarop het hoofd van de instelling een bij of krachtens deze wet gestelde zorgplicht betracht staat geen beklag open.
5. Met een beslissing als bedoeld in het eerste lid wordt gelijk gesteld een weigering om te beslissen. Het nemen van een beslissing wordt geacht te zijn geweigerd, indien niet binnen de wettelijke of, bij het ontbreken daarvan, binnen een redelijke termijn een beslissing is genomen.
6. Het hoofd van de instelling draagt zorg dat een verpleegde die beklag wenst te doen daartoe zo spoedig mogelijk in de gelegenheid wordt gesteld.

Art. 57

Tbs-instelling, beslissingen waartegen beklag open staat

1. Tegen een beslissing tot beperking van de bewegingsvrijheid als bedoeld in artikel 33 staat beklag open nadat deze een week heeft geduurd.

2. Tegen een beslissing tot separatie en de duur van de separatie staat beklag open nadat de separatie een dag heeft geduurd.
3. Tegen een beslissing tot afzondering en de duur van de afzondering staat beklag open, nadat de afzondering twee dagen heeft geduurd.
4. De dag waarop een beslissing als bedoeld in het eerste tot en met derde lid is genomen blijft buiten beschouwing.
5. Tegen de beslissing tot verlenging van de separatie of afzondering op de voet van het bepaalde in artikel 34, vierde lid, staat beklag open.
6. Tegen de beslissing tot het toepassen van cameraobservatie op grond van artikel 34a, eerste lid, staat beklag open.

Art. 58

Tbs-instelling, indiening klaagschrift

1. De verpleegde doet beklag door de indiening van een klaagschrift bij de secretaris van de beklagcommissie van de instelling waar de beslissing waarover hij klaagt is genomen.
2. De indiening van het klaagschrift kan door tussenkomst van het hoofd van de instelling waar de verpleegde verblijft geschieden. Het hoofd van de instelling draagt in dat geval zorg dat het klaagschrift, of, indien het klaagschrift zich in een gesloten envelop bevindt de envelop, van een dagtekening wordt voorzien.
3. Het klaagschrift vermeldt zo nauwkeurig mogelijk de beslissing waarover wordt geklaagd en de redenen van het beklag. Indien de verpleegde omtrent de beslissing waarover hij klaagt geen verzoek tot bemiddeling heeft gedaan, vermeldt hij de redenen hiervoor in het klaagschrift.
4. Indien de verpleegde de Nederlandse taal niet voldoende beheerst, kan hij het klaagschrift in een andere taal indienen. De voorzitter van de beklagcommissie kan bepalen dat het klaagschrift in de Nederlandse taal wordt vertaald. De vergoeding van de voor de vertaling gemaakte kosten geschiedt volgens regelen te stellen bij algemene maatregel van bestuur
5. Het klaagschrift moet uiterlijk op de zevende dag na die waarop de verpleegde kennis heeft gekregen van de beslissing waarover hij zich wenst te beklagen worden ingediend. Als dag waarop het klaagschrift is ingediend, geldt die van de ontvangst door de secretaris dan wel de dagtekening, bedoeld in het tweede lid. Een na afloop van deze termijn ingediend klaagschrift is niettemin ontvankelijk, indien redelijkerwijs niet kan worden geoordeeld dat de verpleegde in verzuim is geweest.
6. Ingeval de verpleegde een verzoek tot bemiddeling inzake de bestreden beslissing heeft gedaan, moet, in afwijking van het bepaalde in het vijfde lid, het klaagschrift worden ingediend uiterlijk op de zevende dag na die waarop de verpleegde de schriftelijke mededeling van de bevindingen van de commissie van toezicht heeft ontvangen.

Art. 59

Tbs-instelling, behandeling klaagschrift

1. Het klaagschrift wordt behandeld door een door de commissie van toezicht uit haar midden benoemde beklagcommissie, bestaande uit drie leden, die wordt bijgestaan door een secretaris. Een lid van de commissie van toezicht neemt geen deel aan de behandeling van het klaagschrift, indien hij heeft bemiddeld ter zake van de beslissing waarop het klaagschrift betrekking heeft of daarmede op enige andere wijze bemoeienis heeft gehad.
2. Onze Minister kan, bij justitiële particuliere inrichtingen op voordracht van het bestuur, leden van andere commissies van toezicht aanwijzen die van een beklagcommissie deel uit kunnen maken.
3. De voorzitter dan wel een door hem aangewezen lid van de beklagcommissie kan, indien hij het beklag van eenvoudige aard, dan wel kennelijk niet ontvankelijk, kennelijk ongegrond

of kennelijk gegrond acht, als enkelvoudig lid van de beklagcommissie het klaagschrift afdoen, met dien verstande dat hij tevens de bevoegdheden bezit die aan de voorzitter van de voltallige beklagcommissie toekomen.
4. De voorzitter, dan wel het door hem aangewezen lid als bedoeld in het derde lid, kan de behandeling te allen tijde verwijzen naar de voltallige beklagcommissie.
5. De behandeling van het klaagschrift vindt niet in het openbaar plaats, behoudens ingeval de beklagcommissie van oordeel is dat de niet openbare behandeling niet verenigbaar is met enige een ieder verbindende bepaling van een in Nederland geldend verdrag.

Art. 60
1. De secretaris van de beklagcommissie zendt het hoofd van de instelling een afschrift van het klaagschrift toe. Het hoofd van de instelling geeft dienaangaande zo spoedig mogelijk schriftelijk de nodige inlichtingen aan de beklagcommissie, tenzij hij van oordeel is dat het klaagschrift kennelijk niet-ontvankelijk of kennelijk ongegrond is. Hij voegt daaraan de opmerkingen toe waartoe het klaagschrift hem overigens aanleiding geeft. Aan de klager geeft de secretaris van de beklagcommissie schriftelijk kennis van de inhoud van deze inlichtingen en opmerkingen.
Tbs-instelling, opmerkingen hoofd inrichting naar aanleiding van klaagschrift

2. Indien de commissie van toezicht omtrent de beslissing waarover wordt geklaagd heeft bemiddeld en zij haar bevindingen schriftelijk aan de klager en het hoofd van de instelling heeft medegedeeld, voegt de secretaris van de beklagcommissie de bevindingen bij de processtukken.

Art. 61
1. De beklagcommissie stelt de klager en het hoofd van de instelling in de gelegenheid omtrent het klaagschrift mondeling opmerkingen te maken, tenzij zij het beklag aanstonds kennelijk niet-ontvankelijk, kennelijk ongegrond of kennelijk gegrond acht.
Tbs-instelling, horen betrokkenen bij beklag

2. De klager en het hoofd van de instelling kunnen de voorzitter van de beklagcommissie de vragen opgeven die zij aan elkaar gesteld wensen te zien.
3. De beklagcommissie kan het hoofd van de instelling en de klager buiten elkaars aanwezigheid horen. In dat geval worden zij in de gelegenheid gesteld vooraf de vragen op te geven die zij gesteld wensen te zien en wordt de zakelijke inhoud van de aldus afgelegde verklaring door de voorzitter van de beklagcommissie aan de klager onderscheidenlijk het hoofd van de instelling mondeling medegedeeld.
4. De beklagcommissie kan ook bij andere personen mondeling of schriftelijk inlichtingen inwinnen. Indien mondeling inlichtingen worden ingewonnen zijn het tweede en derde lid van overeenkomstige toepassing.

Art. 62
1. De klager heeft het recht zich te doen bijstaan door een rechtsbijstandverlener of een andere vertrouwenspersoon, die daartoe van de beklagcommissie toestemming heeft gekregen. Indien aan de klager een advocaat is toegevoegd, geschieden diens beloning en de vergoeding van de door hem gemaakte kosten volgens regelen te stellen bij algemene maatregel van bestuur.
Tbs-instelling, bijstand klager rechtsbijstandverlener/vertrouwenspersoon

2. Indien de klager de Nederlandse taal niet voldoende beheerst, draagt de voorzitter zorg voor de bijstand van een tolk. De beloning van de tolk en de vergoeding van de door de tolk gemaakte kosten geschieden volgens regelen te stellen bij algemene maatregel van bestuur.
Tbs-instelling, bijstand klager tolk

3. Tijdens de beklagprocedure staat de beklagcommissie aan de klager op diens verzoek toe van de gedingstukken kennis te nemen.
Tbs-instelling, kennisname klager van gedingstukken

4. Indien de klager elders verblijft kunnen de opmerkingen als bedoeld in artikel 61, eerste lid, op verzoek van de beklagcommissie ten overstaan van een lid van een andere beklagcommissie worden gemaakt.
Tbs-instelling, horen klager die elders verblijft

5. Van het horen van de betrokkenen maakt de secretaris een schriftelijk verslag, dat door de voorzitter en de secretaris wordt ondertekend. Bij verhindering van één van hen wordt de reden daarvan in het verslag vermeld.
Tbs-instelling, verslag van horen betrokkenen bij beklag

Art. 63
De voorzitter van de beklagcommissie kan de behandeling van het klaagschrift voor bepaalde of onbepaalde tijd uitstellen, indien hij van oordeel is dat het klaagschrift zich leent voor bemiddeling of indien de bemiddelingsprocedure nog niet is afgesloten. In het eerste geval stelt de voorzitter een afschrift van het klaagschrift ter hand aan de maandcommissaris of aan een ander lid van de commissie van toezicht met het verzoek om te bemiddelen. Artikel 55 is van overeenkomstige toepassing.
Tbs-instelling, uitstel behandeling klaagschrift

Art. 64
1. Hangende de uitspraak op het klaagschrift kan de voorzitter van de beroepscommissie op verzoek van de klager, na het hoofd van de instelling te hebben gehoord, de tenuitvoerlegging van de beslissing waarop het klaagschrift betrekking heeft geheel of gedeeltelijk schorsen.
Tbs-instelling, schorsing tenuitvoerlegging beslissing waarover geklaagd is

2. De voorzitter doet hiervan onverwijld mededeling aan het hoofd van de instelling en de klager.

Art. 65

Tbs-instelling, uitspraak beklagcommissie

1. De beklagcommissie doet zo spoedig mogelijk, doch in ieder geval binnen een termijn van vier weken te rekenen vanaf de datum waarop het klaagschrift is ontvangen of, bij toepassing van artikel 63, te rekenen vanaf de datum waarop de bemiddeling is afgesloten, uitspraak. In bijzondere omstandigheden kan de beklagcommissie deze termijn met ten hoogste vier weken verlengen. Van deze verlenging wordt aan het hoofd van de instelling en de klager mededeling gedaan.
2. De uitspraak is met redenen omkleed en gedagtekend. Aan de uitspraak is een verslag van de door de beklagcommissie gehoorde personen gehecht. Zij wordt door de voorzitter, alsmede door de secretaris ondertekend. Bij verhindering van één van hen wordt de reden daarvan in de uitspraak vermeld. Aan de klager en het hoofd van de instelling wordt onverwijld en kosteloos een afschrift van de uitspraak van de beklagcommissie toegezonden of uitgereikt. De datum van die toezending of uitreiking wordt op dit afschrift aangetekend.
3. De uitspraak vermeldt de mogelijkheid van het instellen van beroep bij de beroepscommissie en de wijze waarop en de termijn waarbinnen dit moet worden gedaan alsmede de mogelijkheid van het doen van een verzoek aan de voorzitter van de beroepscommissie om hangende de uitspraak op het beroepschrift de tenuitvoerlegging van de uitspraak van de beklagcommissie geheel of gedeeltelijk te schorsen.
4. Indien de klager de Nederlandse taal niet voldoende beheerst en in de instelling niet op andere wijze in een vertaling kan worden voorzien, draagt de voorzitter van de beklagcommissie zorg voor een vertaling van de uitspraak en de mededeling als bedoeld in het tweede, onderscheidenlijk derde lid. De vergoeding van de door de vertaling gemaakte kosten geschieden volgens regelen te stellen bij algemene maatregel van bestuur.
5. De voorzitter van de beklagcommissie kan de uitspraak ook mondeling mededelen aan de klager en het hoofd van de instelling. Deze worden daarbij gewezen op de mogelijkheid tot het instellen van beroep bij de beroepscommissie, de wijze waarop en de termijn waarbinnen dit moet worden gedaan, alsmede op de mogelijkheid tot schorsing van de tenuitvoerlegging van de uitspraak als bedoeld in artikel 67, zesde lid. Als dag van de uitspraak geldt de dag van het doen van deze mededeling. Indien mondeling uitspraak wordt gedaan, wordt de uitspraak op het klaagschrift aangetekend.
6. Indien het vijfde lid toepassing heeft gevonden en beroep wordt ingesteld als voorzien in artikel 67, eerste lid, vindt uitwerking van de uitspraak van de beklagcommissie plaats op de wijze als bedoeld in het tweede lid. De secretaris van de beklagcommissie zendt een afschrift van deze uitspraak toe aan het hoofd van de instelling, de klager en de beroepscommissie.
7. De secretaris zendt van alle uitspraken van de beklagcommissie een afschrift naar Onze Minister. Een ieder heeft recht op kennisneming van deze uitspraken en het ontvangen van een afschrift daarvan. Onze Minister draagt zorg dat dit afschrift geen gegevens bevat waaruit de identiteit van de verpleegde kan worden afgeleid. Met betrekking tot de kosten van het ontvangen van een afschrift is het bij of krachtens de Wet tarieven in strafzaken bepaalde van overeenkomstige toepassing.

Art. 66

Tbs-instelling, inhoud uitspraak beklagcommissie

1. De uitspraak van de beklagcommissie strekt tot gehele of gedeeltelijke:
a. niet-ontvankelijkverklaring van het beklag;
b. ongegrondverklaring van het beklag;
c. gegrondverklaring van het beklag.
2. Indien de beklagcommissie van oordeel is dat de beslissing waarover is geklaagd:
a. in strijd is met een in de instelling geldend wettelijk voorschrift of een een ieder verbindende bepaling van een in Nederland geldend verdrag dan wel
b. bij afweging van alle in aanmerking komende belangen, waaronder de veiligheid van de samenleving en de belangen van slachtoffers en nabestaanden, onredelijk of onbillijk moet worden geacht, verklaart zij het beklag gegrond en vernietigt zij de beslissing geheel of gedeeltelijk.
3. Bij toepassing van het bepaalde in het tweede lid kan de beklagcommissie:
a. het hoofd van de instelling opdragen een nieuwe beslissing te nemen met inachtneming van haar uitspraak;
b. bepalen dat haar uitspraak in de plaats treedt van de vernietigde beslissing;
c. volstaan met de gehele of gedeeltelijke vernietiging.
4. Bij toepassing van het bepaalde in het derde lid, onder a, kan de beklagcommissie in haar uitspraak een termijn stellen.
5. De beklagcommissie kan bepalen dat de uitspraak geheel of gedeeltelijk buiten werking blijft totdat deze onherroepelijk is geworden.
6. Indien het bepaalde in het tweede lid toepassing vindt, worden de rechtsgevolgen van de vernietigde beslissing, voor zover mogelijk, door het hoofd van de instelling ongedaan gemaakt, dan wel in overeenstemming gebracht met de uitspraak van de beklagcommissie.

Beginselenwet verpleging ter beschikking gestelden **C30** art. 68

7. Voor zover de in het zesde lid bedoelde gevolgen niet meer ongedaan te maken zijn, bepaalt de beklagcommissie, na het hoofd van de instelling te hebben gehoord, of enige tegemoetkoming aan de klager geboden is. Zij stelt de tegemoetkoming, die geldelijk van aard kan zijn, vast.

HOOFDSTUK XIVa
Beklag inzake vervoer

Art. 66a
1. Een verpleegde kan bij de beklagcommissie van de commissie van toezicht voor het vervoer, bedoeld in artikel 15b, beklag doen over de beslissingen, bedoeld in artikel 23, tweede lid en artikel 30, derde lid, voor zover de beslissing is genomen ten behoeve van het vervoer van de verpleegde.
2. Het hoofd van de inrichting waar de verpleegde verblijft, draagt zorg dat een verpleegde die beklag wenst te doen daartoe zo spoedig mogelijk in de gelegenheid wordt gesteld.
3. De artikelen 58 tot en met 62 en 65 zijn van overeenkomstige toepassing, met dien verstande dat onder het hoofd van de inrichting in de artikelen 60, 61 en 65 steeds wordt verstaan Onze Minister.

Beklag inzake vervoer, indienen klacht

Art. 66b
1. Artikel 66, eerste en tweede lid, is van overeenkomstige toepassing.

Beklag inzake vervoer, tegemoetkoming bij gegrondverklaring

2. Indien het beklag geheel of gedeeltelijk gegrond wordt geacht, bepaalt de beklagcommissie of enige tegemoetkoming aan de verpleegde geboden is. Zij stelt de tegemoetkoming, die geldelijk van aard kan zijn, vast.

HOOFDSTUK XV
BEROEP TEGEN DE UITSPRAAK VAN DE BEKLAGCOMMISSIE

Art. 67
1. Tegen de uitspraak van de beklagcommissie, kunnen het hoofd van de instelling en de klager beroep instellen bij de beroepscommissie door het indienen van een beroepschrift. Het met redenen omklede beroepschrift moet uiterlijk op de zevende dag na die van de ontvangst van het afschrift van de uitspraak onderscheidenlijk na die van de mondelinge mededeling van de uitspraak bij de secretaris van de beroepscommissie worden ingediend.
2. Het beroepschrift wordt behandeld door een door de Raad benoemde commissie van tenminste drie leden of buitengewone leden, die wordt bijgestaan door een secretaris.
3. De voorzitter dan wel een door hem aangewezen lid van de beroepscommissie die een met rechtspraak belast lid van de rechterlijke macht is, kan het beroepschrift enkelvoudig afdoen indien hij het beroep kennelijk niet-ontvankelijk, kennelijk ongegrond of kennelijk gegrond acht, met dien verstande dat hij tevens de bevoegdheden bezit die aan de voorzitter van de voltallige beroepscommissie toekomen.
4. De voorzitter, dan wel het door hem aangewezen lid, bedoeld in het derde lid, kan de behandeling te allen tijde verwijzen naar de voltallige beroepscommissie.
5. Ten aanzien van de behandeling van het beroepschrift zijn de artikelen 56, vijfde lid, 58, tweede, vierde en vijfde lid, tweede en derde volzin, 59, vijfde lid, 60, eerste lid, 61 en 62, eerste, tweede, derde en vijfde lid, van overeenkomstige toepassing, met dien verstande dat de beroepscommissie kan bepalen dat:
a. het hoofd van de instelling en de klager uitsluitend in de gelegenheid worden gesteld omtrent het beroepschrift schriftelijk opmerkingen te maken;
b. de mondelinge opmerkingen ten overstaan van een lid van de beroepscommissie worden gemaakt;
c. ingeval bij een ander persoon mondeling inlichtingen worden ingewonnen, het hoofd van de instelling en de klager uitsluitend in de gelegenheid worden gesteld schriftelijk de vragen op te geven die zij aan die persoon gesteld wensen te zien.
6. De indiening van het beroepschrift schorst de tenuitvoerlegging van de uitspraak van de beklagcommissie niet, behalve voor zover deze de vaststelling van een tegemoetkoming als bedoeld in artikel 66, zevende lid, inhoudt. Hangende de uitspraak op het beroepschrift kan de voorzitter van de beroepscommissie op verzoek van degene die beroep heeft ingesteld en gehoord de andere betrokkene in de procedure de tenuitvoerlegging van de uitspraak van de beklagcommissie schorsen. Hij doet hiervan onverwijld mededeling aan het hoofd van de instelling en de klager.

Tbs-instelling, beroep tegen uitspraak beklagcommissie

Tbs-instelling, schorsing tenuitvoerlegging uitspraak beklagcommissie na instellen beroep

Art. 68
1. De beroepscommissie doet zo spoedig mogelijk uitspraak.

Tbs-instelling, uitspraak beroepscommissie

2. De uitspraak van de beroepscommissie strekt tot gehele of gedeeltelijke:

Sdu 845

C30 art. 68a

Beginselenwet verpleging ter beschikking gestelden

a. niet-ontvankelijkverklaring van het beroep;
b. bevestiging van de uitspraak van de beklagcommissie, hetzij met overneming, hetzij met verbetering van de gronden;
c. vernietiging van de uitspraak van de beklagcommissie.
3. Indien het bepaalde in het tweede lid, onder c, toepassing vindt, doet de beroepscommissie hetgeen de beklagcommissie had behoren te doen.

Schakelbepaling
4. Ten aanzien van de uitspraak van de beroepscommissie zijn de artikelen 65, tweede lid, eerste en derde tot en met het vijfde volzin, vierde en zevende lid, en 66, met uitzondering van het vijfde lid, van overeenkomstige toepassing.

HOOFDSTUK XVa
Beroep inzake vervoer

Art. 68a

Beroep tegen uitspraak beklagcommissie
Tegen de uitspraak van de beklagcommissie bedoeld in hoofdstuk XIVA kunnen Onze Minister en de verpleegde beroep instellen. Hoofdstuk XV is van overeenkomstige toepassing, met uitzondering van artikel 67, vierde lid, tweede en derde volzin.

HOOFDSTUK XVI
BEROEP TEGEN BESLISSINGEN WAARTEGEN GEEN BEKLAG OPENSTAAT

Art. 69

Tbs-instelling, beroep tegen beslissingen waartegen geen beklag open staat
1. Een ter beschikking gestelde of anderszins verpleegde kan beroep instellen tegen:
a. de plaatsing of overplaatsing overeenkomstig het bepaalde in de artikelen artikel 6.1, eerste lid, van de Wet forensische zorg, 13 en 14;
b. de verlenging van de termijnen, bedoeld in artikel 6.3, eerste lid, van de Wet forensische zorg, onderscheidenlijk 13, tweede lid;
c. de intrekking van de machtiging door Onze Minister als bedoeld in de artikelen 50 en 51;
d. de beslissing van het hoofd van de private instelling, inzake intrekking van verlof als bedoeld in artikel 50, derde lid, indien het verlof op het moment dat het wordt ingetrokken een aaneengesloten periode van meer dan een week heeft geduurd;
e. de beslissing van het hoofd van de private instelling, inzake de intrekking van het proefverlof als bedoeld in artikel 51, derde lid;
f. enige andere door Onze Minister genomen beslissing die een beperking inhoudt van een recht, dat hem op grond van een bij of krachtens deze wet gegeven voorschrift dan wel enig ander wettelijk voorschrift of enige een ieder verbindende bepaling van een in Nederland geldend verdrag toekomt;
g. een beslissing als bedoeld in het eerste lid van artikel 16c.
2. Het beroepschrift wordt behandeld door een door de Raad benoemde commissie van drie leden of buitengewone leden, die wordt bijgestaan door een secretaris.

Schakelbepaling
3. Artikel 56, vierde lid, is van overeenkomstige toepassing.
4. Met betrekking tot de behandeling van het beroepschrift zijn de artikelen 56, vijfde lid, 58, tweede lid, derde lid, met uitzondering van de tweede volzin, vierde en vijfde lid, 59, vijfde lid, 60, eerste lid, 61, 62, eerste, tweede, derde en vijfde lid, en 64 van overeenkomstige toepassing, met dien verstande dat de commissie kan bepalen dat:
a. omtrent het beroepschrift uitsluitend schriftelijk opmerkingen kunnen worden gemaakt;
b. de mondelinge opmerkingen ten overstaan van een lid van de commissie worden gemaakt;
c. ingeval bij een ander persoon mondeling inlichtingen worden ingewonnen, betrokkenen uitsluitend in de gelegenheid worden gesteld schriftelijk de vragen op te geven die zij aan die persoon gesteld wensen te zien.
5. De commissie doet zo spoedig mogelijk uitspraak. Met betrekking tot de uitspraak zijn de artikelen 65, tweede en vierde lid, en zevende lid, met uitzondering van de eerste volzin, en 66, met uitzondering van het vijfde lid, van overeenkomstige toepassing.

HOOFDSTUK XVII
MEDEZEGGENSCHAP EN VERTEGENWOORDIGING

Art. 70

Tbs-instelling, verpleegdenraad
1. Het hoofd van de instelling draagt zorg dat uit en door de verpleegden een verpleegdenraad kan worden gekozen.
2. De verpleegdenraad heeft tot taak met het hoofd van de instelling in overleg te treden over alle algemene onderwerpen betreffende het leef- en woonklimaat van de instelling. Zowel de raad als het hoofd van de instelling kunnen deze onderwerpen in dat overleg aan de orde stellen.

3. Bij algemene maatregel van bestuur worden regels gesteld over de bevoegdheden, de samenstelling en de werkwijze van de verpleegdenraad. — *Nadere regels*

Art. 71
1. De in de hoofdstukken XII tot en met XVI aan de ter beschikking gestelde of de verpleegde toekomende rechten kunnen, behoudens ingeval de beklag- of beroepscommissie of commissie als bedoeld in artikel 69, tweede lid, van oordeel is dat zwaarwegende belangen van betrokkene zich daartegen verzetten, mede worden uitgeoefend door: — *Tbs-instelling, uitoefening rechten door curator/mentor/ouders/voogd*
a. de curator, indien betrokkene onder curatele is gesteld;
b. de mentor, indien ten behoeve van betrokkene een mentorschap is ingesteld;
c. de ouders of voogd, indien betrokkene minderjarig is.
2. Het hoofd van de instelling voor verpleging van ter beschikking gestelden draagt zorg dat de in het eerste lid genoemde personen op deze rechten opmerkzaam worden gemaakt.

HOOFDSTUK XVIII
BIJZONDERE BEPALING TEN AANZIEN VAN MET HUN INSTEMMING OPGENOMEN VERPLEEGDEN

Art. 72
1. Het hoofd van de inrichting kan het verblijf van een verpleegde als bedoeld in artikel 4 onder d, e of g, beëindigen, indien zich één van de volgende omstandigheden voordoet: — *Tbs-instelling, beëindiging verblijf verpleegde die met eigen instemming is opgenomen*
a. de psychische stoornis, psychogeriatrische aandoening of verstandelijke handicap van de verpleegde is zodanig verminderd dat het, mede gelet op de veiligheid van anderen dan de verpleegde of de algemene veiligheid van personen of goederen, verantwoord is hem in de maatschappij te doen terugkeren;
b. de voortzetting van het verblijf in de inrichting van de verpleegde levert gevaar op voor de handhaving van de orde of de veiligheid in de inrichting of de behandeling van andere verpleegden;
c. het belang van de verpleegde brengt mee dat zijn behandeling elders wordt voortgezet;
d. de behandeling van de verpleegde geeft onvoldoende resultaten te zien.
2. Het hoofd van de inrichting beëindigt het verblijf van een verpleegde als bedoeld in het eerste lid onverwijld indien deze daarom verzoekt.

HOOFDSTUK XVIIIA
[Vervallen]

Art. 73-77
[Vervallen]

HOOFDSTUK XIX
OVERGANGS- EN SLOTBEPALINGEN

Art. 78
[Wijzigt het Wetboek van Strafrecht.]
Art. 79
[Wijzigt de Beginselenwet gevangeniswezen.]
Art. 80
[Wijzigt de Wet ziekenhuisvoorzieningen.]
Art. 81
[Wijzigt de Arbeidsomstandighedenwet.]
Art. 82
[Wijzigt de Wet op het voortgezet onderwijs.]
Art. 83
[Vervallen]

Art. 84
De regels vastgesteld krachtens artikel 37c van het Wetboek van Strafrecht, zoals dit artikel gold vóór de inwerkingtreding van deze wet, worden geacht te zijn vastgesteld krachtens de toepasselijke bepalingen van deze wet. — *Overgangsbepalingen*

Art. 85
Onze Minister zendt binnen drie jaar na de inwerkingtreding van deze wet, en vervolgens telkens na vijf jaar, aan de Staten-Generaal een verslag over de doeltreffendheid en de effecten van deze wet in de praktijk. — *Verpleging ter beschikking gestelden, evaluatie*

Art. 86
Deze wet treedt in werking op een bij koninklijk besluit te bepalen tijdstip. Bij koninklijk besluit kan een ander tijdstip worden vastgesteld waarop de artikelen 12 en 74, onderdeel K, in werking treden. — *Inwerkingtreding*

Citeertitel

Art. 87
Deze wet kan worden aangehaald als: Beginselenwet verpleging ter beschikking gestelden.

Beginselenwet justitiële jeugdinrichtingen[1]

Wet van 2 november 2000 tot vaststelling van een Beginselenwet justitiële jeugdinrichtingen en daarmee verband houdende wijzigingen van het Wetboek van Strafrecht, het Wetboek van Strafvordering en de Wet op de jeugdhulpverlening alsmede enige andere wetten (Beginselenwet justitiële jeugdinrichtingen)

Wij Beatrix, bij de gratie Gods, Koningin der Nederlanden, Prinses van Oranje-Nassau, enz. enz. enz.
Allen, die deze zullen zien of horen lezen, saluut! doen te weten:
Alzo Wij in overweging genomen hebben, dat het wenselijk is een integrale regeling te treffen voor de materiële en formele rechtspositie ten aanzien van wie de tenuitvoerlegging van een vrijheidsstraf of vrijheidsbenemende maatregel plaatsvindt door verblijf in een justitiële jeugdinrichting dan wel door deelname aan een scholings- en trainingsprogramma en in verband daarmede het Wetboek van Strafrecht en de Wet op de jeugdhulpverlening te wijzigen;
Zo is het, dat Wij, de Raad van State gehoord, en met gemeen overleg der Staten-Generaal, hebben goedgevonden en verstaan, gelijk Wij goedvinden en verstaan bij deze:

Hoofdstuk I
Begripsbepalingen

Art. 1
In deze wet en de daarop rustende bepalingen wordt verstaan onder:
a. Onze Minister: Onze Minister van Veiligheid en Justitie;
b. inrichting: justitiële jeugdinrichting als bedoeld in artikel 3a;
c. particuliere inrichting: een inrichting die door Onze Minister wordt gesubsidieerd;
d. rijksinrichting: een inrichting die door Onze Minister in stand wordt gehouden;
e. afdeling: een afdeling van een inrichting als bedoeld in artikel 8, tweede lid;
f. afdelingshoofd: een personeelslid dat of medewerker die namens de directeur is belast met de verantwoordelijkheid voor het beheer van een afdeling;
g. jeugdige: een persoon ten aanzien van wie de tenuitvoerlegging van een vrijheidsstraf of vrijheidsbenemende maatregel plaatsvindt in een inrichting;
h. bestuur: het bestuur van een rechtspersoon die een particuliere inrichting beheert;
i. directeur: de directeur van de inrichting, of diens plaatsvervanger, bedoeld in artikel 3b, derde lid, dan wel 3c, tweede lid;
j. personeelslid of medewerker: een persoon die een taak uitvoert in het kader van de tenuitvoerlegging van een vrijheidsstraf of vrijheidsbenemende maatregel in een inrichting;
k. Raad: Raad voor strafrechtstoepassing en jeugdbescherming;
l. commissie van toezicht: een commissie als bedoeld in artikel 7, eerste lid;
m. beklagcommissie: een commissie als bedoeld in artikel 67, eerste lid;
n. beroepscommissie: een commissie als bedoeld in artikel 74, tweede lid;
o. [vervallen;]
p. vrijheidsstraf: jeugddetentie en vervangende jeugddetentie;
q. vrijheidsbenemende maatregel: voorlopige hechtenis, vreemdelingenbewaring en gijzeling voor zover de leeftijd van achttien jaren nog niet is bereikt, plaatsing in een inrichting voor jeugdigen, alsmede de tenuitvoerlegging van een machtiging in een geval als bedoeld in artikel 6.2.2, tweede lid, van de Jeugdwet;
r. strafrestant: het gedeelte van een opgelegde vrijheidsstraf dan wel van het samenstel van dergelijke straffen dat nog moet worden ondergaan;
s. perspectiefplan: een plan als bedoeld in artikel 20;
t. scholings- en trainingsprogramma: een programma als bedoeld in artikel 3;
u. huisregels: regels als bedoeld in artikel 4, eerste lid;
v. groep: drie of meer jeugdigen;
w. kamer: de aan de jeugdige ingevolge artikel 17, tweede lid, toegewezen verblijfsruimte;
x. activiteiten: activiteiten ingevolge hoofdstuk IX;
ij. afzondering: het insluiten van een jeugdige in een van de groep afgescheiden ruimte;
z. tijdelijke overplaatsing: de overplaatsing als bedoeld in artikel 27;
aa. reclasseringswerker: een reclasseringswerker als bedoeld in artikel 6, eerste lid, van de Reclasseringsregeling 1995;

Begripsbepalingen

---
[1] Inwerkingtredingsdatum: 01-09-2001; zoals laatstelijk gewijzigd bij: Stb. 2019, 141.

bb. rechtsbijstandverlener: de advocaat of de medewerker van een stichting, bedoeld in de Wet op de rechtsbijstand;
cc. gecertificeerde instelling: gecertificeerde instelling, bedoeld in artikel 1.1 van de Jeugdwet;
dd. raad voor de kinderbescherming: de raad als bedoeld in artikel 238 van Boek 1 van het Burgerlijk Wetboek;
ee. behandeling: een samenstel van handelingen, gericht op het bij jeugdigen voorkomen, verminderen of opheffen van problemen of stoornissen van lichamelijke, geestelijke, sociale of pedagogische aard die hun ontwikkeling naar volwassenheid ongunstig kunnen beïnvloeden;
ff. adviescommissie: de adviescommissie individuele trajectafdelingen, bedoeld in artikel 22c, vijfde lid.

Hoofdstuk II
Doelstelling, beheer en toezicht

Paragraaf 1
Doelstelling

Art. 2

Justitiële jeugdinrichting, doelstelling

1. De tenuitvoerlegging van een vrijheidsstraf of een vrijheidsbenemende maatregel vindt, voor zover niet bij of krachtens de wet anders is bepaald, plaats door onderbrenging van de persoon aan wie deze is opgelegd in een inrichting dan wel door diens deelname aan een scholings- en trainingsprogramma, als bedoeld in artikel 3, eerste lid.
2. Met handhaving van het karakter van de straf of de maatregel wordt de tenuitvoerlegging hiervan aangewend voor de opvoeding van de jeugdige en zoveel mogelijk dienstbaar gemaakt aan de voorbereiding op diens terugkeer in de maatschappij. In het geval dat een vrijheidsbenemende maatregel behandeling inhoudt wordt de tenuitvoerlegging tevens hierop afgestemd. Bij het verlenen van vrijheden aan jeugdigen wordt rekening gehouden met de veiligheid van de samenleving en de belangen van slachtoffers en nabestaanden.
3. De tenuitvoerlegging van vrijheidsstraffen of vrijheidsbenemende maatregelen vindt zo spoedig mogelijk plaats na de oplegging van de straf of de maatregel.
4. Jeugdigen in een inrichting worden aan geen andere beperkingen onderworpen dan die welke noodzakelijk zijn voor:
a. het doel van de vrijheidsbeneming, waaronder begrepen hun geestelijke en lichamelijke ontwikkeling en de uitvoering van het perspectiefplan;
b. de handhaving van de orde of de veiligheid in de inrichting.

Art. 3

Justitiële jeugdinrichting, scholings- en trainingsprogramma

1. Personen ten aanzien van wie de tenuitvoerlegging van vrijheidsstraffen of vrijheidsbenemende maatregelen plaatsvindt kunnen in aansluiting op hun verblijf in de inrichting door de directeur met machtiging van Onze Minister in de gelegenheid worden gesteld aan een scholings- en trainingsprogramma deel te nemen. Een scholings- en trainingsprogramma is een samenstel van activiteiten waaraan wordt deelgenomen door jeugdigen ter verdere tenuitvoerlegging van de aan hen opgelegde vrijheidsstraf of vrijheidsbenemende maatregel dat als zodanig door Onze Minister is erkend, met inachtneming van de regels ingevolge het derde lid.
2. Personen ten aanzien van wie de tenuitvoerlegging van jeugddetentie plaatsvindt waarvan de totale duur die van een ondergane voorlopige hechtenis met een bij algemene maatregel van bestuur te bepalen duur overschrijdt, nemen deel aan een scholings- en trainingsprogramma. Het programma staat ten dienste aan de begeleiding van de jeugdige in aansluiting op het verblijf in een justitiële jeugdinrichting.
3. Bij of krachtens algemene maatregel van bestuur worden regels gegeven die in elk geval de inhoud, de voorwaarden voor en het toezicht op deelname, de gevolgen van niet-nakoming van de voorwaarden en de rechtspositie van de deelnemers aan een scholings- en trainingsprogramma betreffen.
4. Met inachtneming van de regels ingevolge het derde lid kan Onze Minister bepalen welke jeugdigen voor deelname aan een scholings- en trainingsprogramma in aanmerking komen.
5. Bij het niet voldoen aan de voorwaarden voor deelname, bedoeld in het derde lid, kan de directeur de deelname beëindigen en wordt de tenuitvoerlegging van vrijheidsstraffen of vrijheidsbenemende maatregelen in de inrichting voortgezet.
6. De jeugdige heeft het recht bij de directeur een met redenen omkleed verzoekschrift in te dienen, strekkende tot deelname aan een scholings- of trainingsprogramma. Artikel 66, zesde lid, is van overeenkomstige toepassing.

Art. 3a

Justitiële jeugdinrichting, voorziening van residentiële hulpverlening

1. Onze Minister subsidieert of houdt in stand landelijke voorzieningen van residentiële hulpverlening ten behoeve van de tenuitvoerlegging van vrijheidsstraffen en vrijheidsbenemende maatregelen als bedoeld in de artikelen 77h van het Wetboek van Strafrecht alsmede voor de

Beginselenwet justitiële jeugdinrichtingen C31 art. 4

tenuitvoerlegging van een machtiging in een geval als bedoeld in artikel 6.2.2, tweede lid, van de Jeugdwet.
2. De inrichtingen worden onderscheiden in rijksinrichtingen en particuliere inrichtingen. *Justitiële jeugdinrichting, onderscheid rijksinrichting en particuliere inrichting*

Art. 3b
1. Particuliere inrichtingen zijn in de Europese Economische Ruimte gevestigde rechtspersonen met volledige rechtsbevoegdheid tot wier doelstelling opvang en behandeling van jeugdigen als bedoeld in artikel 1, onderdeel g, behoren en die daartoe door Onze Minister zijn aangewezen. *Justitiële jeugdinrichting, particuliere inrichting*
2. Bij of krachtens algemene maatregel van bestuur worden nadere regels gesteld omtrent de aanwijzing als particuliere inrichting en de daaraan te verbinden voorwaarden, alsmede omtrent het verstrekken van subsidie. Hetgeen bij en krachtens de artikelen 4.1.1, tweede lid, eerste volzin, juncto 4.1.5, eerste lid, van de Jeugdwet is bepaald ten aanzien van jeugdhulpaanbieders, is voor wat betreft de verantwoordelijkheidstoedeling van overeenkomstige toepassing op particuliere inrichtingen. *Nadere regels*
3. Het beheer van een particuliere inrichting berust bij de directeur, die door het bestuur benoemd wordt. De directeur van een particuliere inrichting wijst met machtiging van het bestuur een of meer personen als zijn vervanger aan.

Art. 3c
1. Rijksinrichtingen worden door Onze Minister aangewezen. Het opperbeheer van de rijksinrichtingen berust bij Onze Minister. Bij of krachtens algemene maatregel van bestuur worden nadere regels gesteld betreffende de uitvoering hiervan. *Justitiële jeugdinrichting, rijksinrichting*
2. Het beheer van een rijksinrichting berust bij de directeur, die als zodanig door Onze Minister wordt aangewezen. Onze Minister wijst een of meer personen aan als vervanger van de directeur.
3. Onze Minister kan mandaat verlenen betreffende de hem bij of krachtens deze wet toegekende bevoegdheden tot het vaststellen van algemeen verbindende voorschriften aan het hoofd van de Dienst Justitiële Inrichtingen.

Art. 3d
Bij algemene maatregel van bestuur worden met het oog op een goede kwaliteit van de inrichtingen regels gesteld. *Nadere regels*

Paragraaf 2
Beheer

Art. 4
1. De directeur stelt in aanvulling op de bij of krachtens deze wet gestelde regels en met inachtneming van het dienaangaande door Onze Minister vast te stellen model en door deze te geven aanwijzingen huisregels voor de inrichting of afdeling vast. *Justitiële jeugdinrichting, bevoegdheden directeur*
2. De directeur kan personeelsleden en medewerkers machtigen tot de uitoefening van hem bij of krachtens deze wet gegeven bevoegdheden en de naleving van zijn zorgplichten, met uitzondering van de bevoegdheden, genoemd in het eerste en vierde lid.
3. De directeur is bevoegd aan de jeugdigen aanwijzingen te geven, voor zover zulks noodzakelijk is in het belang van:
a. de handhaving van de orde of de veiligheid in de inrichting;
b. een ongestoorde tenuitvoerlegging van de vrijheidsbeneming;
c. hun geestelijke of lichamelijke ontwikkeling;
d. de uitvoering van het perspectiefplan.
De jeugdigen zijn verplicht deze aanwijzingen op te volgen.
4. Aan de directeur is voorbehouden de beslissing omtrent:
a. de deelname aan en beëindiging van deelname aan een scholings- en trainingsprogramma;
b. de onderbrenging van een kind in een inrichting als bedoeld in artikel 16, eerste en vierde lid;
c. de voortzetting van het verblijf op een afdeling voor intensieve zorg of voor intensieve behandeling, bedoeld in artikel 22a, derde lid, onderscheidenlijk artikel 22b, derde lid;
d. de uitsluiting van verblijf in de groep of van deelname aan activiteiten en de verlenging hiervan, bedoeld in artikel 23, derde lid, en 24, eerste lid, onder a en b, onderscheidenlijk artikel 23, vierde lid, en 24, tweede lid, alsmede de verlenging van uitsluiting van verblijf in de groep, bedoeld in artikel 23, tweede lid;
e. de plaatsing in afzondering, bedoeld in artikel 25, eerste lid, op de grond van artikel 24, eerste lid, onder a en b, de verlenging hiervan, bedoeld in artikel 25, derde lid, en de tenuitvoerlegging van de afzondering in een andere inrichting of afdeling, bedoeld in artikel 26;
f. de tijdelijke overplaatsing en de verlenging hiervan, bedoeld in artikel 27, eerste, onderscheidenlijk het derde lid;
g. de beperking en intrekking van het verlof bedoeld in de artikelen 28, 29, en 30;

h. het onderzoek in het lichaam, bedoeld in artikel 36, eerste lid;
i. het gedogen van een geneeskundige handeling, bedoeld in artikel 37;
j. het verrichten van geneeskundige behandeling als bedoeld in artikel 51d, onder a of b;
k. de bevestiging van mechanische middelen, bedoeld in artikel 38, eerste lid;
l. de oplegging van een disciplinaire straf, bedoeld in artikel 55, de toepassing van artikel 56, eerste en tweede lid, en artikel 57, derde en vierde lid.
5. In afwijking van het bepaalde in het tweede en vierde lid, kan de directeur een afdelingshoofd machtigen tot het nemen van de volgende beslissingen:
a. de uitsluiting van verblijf in de groep of van deelname aan activiteiten, bedoeld in de artikelen 23, derde lid, en 24, eerste lid, de verlenging van de uitsluiting van verblijf in de groep of van deelname aan activiteiten, bedoeld in artikel 23, tweede lid en vierde lid, en artikel 24, tweede lid;
b. de plaatsing in afzondering, bedoeld in artikel 25, eerste lid.
6. Indien de onder het vijfde lid genomen beslissingen worden genomen door een afdelingshoofd dan wordt de directeur daarvan zo spoedig mogelijk, doch uiterlijk binnen vijftien uren na het nemen van die beslissing, op de hoogte gesteld.

Art. 5

Justitiële jeugdinrichting, verstrekking inlichtingen aan minister

1. De directeur meldt ongeoorloofde afwezigheid en andere bijzondere voorvallen aan Onze Minister.
2. De directeur verstrekt Onze Minister te allen tijde alle verlangde inlichtingen. Onze Minister kan nadere regels stellen omtrent de inhoud en de wijze van melding.

Art. 5a

Justitiële jeugdinrichting, meldcode huiselijk geweld/kindermishandeling

1. De directeur stelt voor zijn personeelsleden en medewerkers een meldcode vast waarin stapsgewijs wordt aangegeven hoe met signalen van huiselijk geweld of kindermishandeling wordt omgegaan en die er redelijkerwijs aan bijdraagt dat zo snel en adequaat mogelijk hulp kan worden geboden.
2. Onder huiselijk geweld wordt verstaan: huiselijk geweld als bedoeld in artikel 1.1.1 van de Wet maatschappelijke ondersteuning 2015.
3. Onder kindermishandeling wordt verstaan: kindermishandeling als bedoeld in artikel 1.1 van de Jeugdwet.
4. De directeur bevordert de kennis en het gebruik van de meldcode.

Nadere regels

5. Bij of krachtens algemene maatregel van bestuur wordt vastgesteld uit welke elementen een meldcode in ieder geval bestaat.

Paragraaf 3
Toezicht

Art. 6

De Raad behandelt beroepschriften ingevolge de hoofdstukken XIV tot en met XV.

Justitiële jeugdinrichting, behandeling beroepschriften

Art. 7

Justitiële jeugdinrichting, commissie van toezicht

1. Bij elke inrichting dan wel afdeling wordt door Onze Minister een commissie van toezicht ingesteld.
2. De commissie van toezicht heeft tot taak:
a. toezicht te houden op de wijze van tenuitvoerlegging van de vrijheidsbeneming in de inrichting of afdeling en het vervoer uitgevoerd door de inrichting;
b. kennis te nemen van door de jeugdigen, ouders of voogd, stiefouder of pleegouders, naar voren gebrachte grieven en ter zake te bemiddelen;
c. zorg te dragen voor de behandeling van klaagschriften ingevolge hoofdstuk XIII;
d. aan Onze Minister, de Raad en de directeur advies en inlichtingen te geven omtrent het onder a gestelde.
3. Indien het advies of de inlichtingen een particuliere inrichting betreffen en zijn bestemd voor Onze Minister of de Raad, voegt de commissie de desbetreffende opmerkingen van het betrokken bestuur daarbij, tenzij naar het oordeel van Onze Minister, de Raad of de commissie bijzondere spoed geboden is dan wel het bestuur zijn opmerkingen naar het oordeel van de commissie niet binnen een redelijke termijn op schrift heeft gesteld.
4. De commissie van toezicht stelt zich door persoonlijk contact met de jeugdigen regelmatig op de hoogte van onder hen levende wensen en gevoelens. Bij toerbeurt treedt één van haar leden hiertoe op als maandcommissaris. De maandcommissaris vervult tevens de taken van de vertrouwenspersoon, bedoeld in artikel 1.1 van de Jeugdwet.
5. Bij algemene maatregel van bestuur worden regels gesteld over de bevoegdheden, de samenstelling en de werkwijze van de commissie, de benoeming en het ontslag van haar leden alsmede over de werkzaamheden van de maandcommissaris.

Beginselenwet justitiële jeugdinrichtingen

Art. 7a
1. Onze Minister houdt toezicht op het verblijf van personen ten aanzien van wie de tenuitvoerlegging van een vrijheidsbenemende straf of maatregel in een inrichting plaatsvindt.
2. De door Onze Minister aangewezen ambtenaren worden daartoe alle ter zake dienende inlichtingen verstrekt en zij hebben te allen tijde toegang tot een zodanige inrichting. Zij zijn, onder verplichting van geheimhouding tegenover derden en voor zover dit voor de uitoefening van hun taak redelijkerwijs nodig is, bevoegd de op personen als bedoeld in het eerste lid betrekking hebbende stukken in te zien.
3. Onze Minister stelt regels omtrent het houden van aantekeningen als bedoeld in artikel 6:6:31, vijfde lid, van het Wetboek van Strafvordering en omtrent het houden van aantekeningen van andere belangrijke voorvallen ten tijde van het verblijf in de inrichting. Onze Minister kan daartoe een model vaststellen.

Justitiële jeugdinrichting, toezicht minister

Hoofdstuk III
De inrichting

Art. 8
1. Inrichtingen zijn bestemd voor:
a. personen ten aanzien van wie een bevel tot voorlopige hechtenis is gegeven, voor zover zij ten tijde van het begaan van het strafbaar feit waarvan zij worden verdacht, de leeftijd van achttien jaar nog niet hebben bereikt en personen ten aanzien van wie een bevel tot voorlopige hechtenis is gegeven, voor zover zij ten tijde van het begaan van het strafbaar feit waarvan zij worden verdacht, de leeftijd van drieëntwintig jaar nog niet hebben bereikt en de officier van justitie voornemens is te vorderen dat recht zal worden gedaan overeenkomstig artikel 77c van het Wetboek van Strafrecht;
b. personen aan wie de straf van jeugddetentie, daaronder begrepen vervangende jeugddetentie, alsmede personen aan wie vervangende hechtenis is opgelegd en die uit hoofde van een andere vrijheidsstraf straf of maatregel al in de inrichting verblijven;
c. personen in vreemdelingenbewaring, voor zover zij de leeftijd van twaalf jaar wel maar die van achttien jaar nog niet hebben bereikt;
d. personen ten aanzien van wie een bevel tot gijzeling is gegeven, voor zover zij de leeftijd van achttien jaar nog niet hebben bereikt;
e. personen aan wie de maatregel van plaatsing in een inrichting voor jeugdigen is opgelegd;
f. personen ten aanzien van wie een machtiging als bedoeld in artikel 6.2.2, tweede lid, van de Jeugdwet is gegeven;
g. personen die in een inrichting verblijven en ten aanzien van wie een rechterlijke machtiging op grond van de Wet zorg en dwang psychogeriatrische en verstandelijk gehandicapte cliënten of een zorgmachtiging op grond van de Wet verplichte geestelijke gezondheidszorg is gegeven, in afwachting van plaatsing in een accommodatie als bedoeld in artikel 1:1, eerste lid, onderdeel b, van de Wet verplichte geestelijke gezondheidszorg of artikel 1, eerste lid, onderdeel b, van de Wet zorg en dwang psychogeriatrische en verstandelijk gehandicapte cliënten;
h. personen aan wie met toepassing van artikel 77b van het Wetboek van Strafrecht de maatregel van terbeschikkingstelling als bedoeld in de artikel 37a en 37b van het Wetboek van Strafrecht werd opgelegd, voorzover de jeugdige ten tijde van de tenuitvoerlegging de leeftijd van 21 jaar nog niet heeft bereikt, en ten aanzien van wie Onze Minister, of de rechter blijkens het vonnis of arrest waarbij de maatregel werd opgelegd, heeft bepaald dat de plaatsing van de jeugdige in een inrichting gelet op diens ontwikkeling aangewezen is;
i. jeugdigen of jongvolwassenen aan wie de maatregel betreffende het gedrag is opgelegd en ten aanzien van wie een bevel nachtdetentie is gegeven of ten aanzien van wie de tijdelijke opneming in een inrichting is bevolen.
2. Onze Minister bepaalt de bestemming van elke inrichting of afdeling. Onze Minister kan delen van een inrichting als afdeling met een aparte bestemming aanwijzen.
3. Inrichtingen of afdelingen daarvan kunnen door Onze Minister worden aangewezen voor de onderbrenging van jeugdigen die een bijzondere opvang of behandeling behoeven. Deze bijzondere opvang of behandeling kan verband houden met de leeftijd, de geestelijke of lichamelijke ontwikkeling van de jeugdige of de uitvoering van het perspectiefplan dan wel de verrichting van geneeskundige behandeling als bedoeld in artikel 51d, onder a, alsmede met het delict waarvoor of de titel waarop de jeugdige in een inrichting verblijft.
4. Onze Minister wijst inrichtingen, afdelingen of plaatsen aan, waarin kinderen van de jeugdige tot een in de aanwijzing aangegeven leeftijd met de jeugdige kunnen worden ondergebracht.
5. Bij algemene maatregel van bestuur kunnen nadere regels worden gesteld omtrent de wijze waarop het onderbrengen van jeugdigen in inrichtingen plaats heeft dan wel omtrent de wijze waarop de bijzondere bestemming invulling krijgt.
6. Onze Minister kan ten aanzien van de in het eerste lid onder h. aangeduide personen bepalen dat de tenuitvoerlegging van de maatregel van terbeschikkingstelling kan voortduren ook nadat

Justitiële jeugdinrichting, bestemming

de leeftijd van 21 jaar is bereikt, maar de behandeling zich tegen onmiddellijke overplaatsing verzet. In deze gevallen wordt de jeugdige zo snel als de behandeling dit toelaat, overgeplaatst naar een inrichting als bedoeld in artikel 1, onderdeel b. van de Beginselenwet verpleging ter beschikking gestelden.

Nadere regels

7. Bij algemene maatregel van bestuur worden nadere regels gesteld omtrent de aanwezigheid van de benodigde voorzieningen in een inrichting of afdeling voor de verrichting van geneeskundige behandeling als bedoeld in artikel 51d, onder a. In elk geval worden nadere regels gesteld omtrent de beschikbaarheid van een psychiater en een verpleegkundige ten dienste van deze inrichting of afdeling.

Art. 9

Justitiële jeugdinrichting, scheiding mannen/vrouwen

1. In de inrichting worden mannelijke en vrouwelijke jeugdigen gescheiden ondergebracht.

2. De directeur kan jeugdigen van verschillend geslacht die in dezelfde inrichting verblijven in de gelegenheid stellen gezamenlijk aan activiteiten deel te nemen.
3. Onze Minister kan inrichtingen of afdelingen aanwijzen, waarin van het eerste lid wordt afgeweken vanwege de bijzondere bestemming van de inrichting of de afdeling.

Art. 10

Justitiële jeugdinrichting, mate van beveiliging

1. Inrichtingen of afdelingen daarvan zijn naar de mate van beveiliging als volgt te onderscheiden en aan te duiden:
   a. beperkt beveiligd: een open inrichting of afdeling;
   b. normaal beveiligd: een gesloten inrichting of afdeling.
2. Onze Minister bepaalt ten aanzien van elke inrichting of afdeling daarvan de mate van beveiliging, bedoeld in het eerste lid.

Hoofdstuk IV
Plaatsing en plaatsingsprocedure

Paragraaf 1
Plaatsing en overplaatsing

Art. 11

Nadere regels

Onze Minister kan nadere regels stellen over:
a. de plaatsing, overplaatsing en overbrenging van jeugdigen;
b. de procedure van plaatsing, overplaatsing en overbrenging;
c. de criteria waaraan jeugdigen moeten voldoen voor plaatsing in een inrichting of afdeling met een bijzondere bestemming, als bedoeld in artikel 8, tweede en derde lid;
d. de onderbrenging van kinderen van jeugdigen in de inrichting, afdeling of plaats waar de jeugdige verblijft.

Art. 12

Justitiële jeugdinrichting, plaatsing/overplaatsing

1. Personen ten aanzien van wie de tenuitvoerlegging van vrijheidsstraffen of vrijheidsbenemende maatregelen is gelast, worden, voor zover de tenuitvoerlegging in een inrichting plaatsvindt, geplaatst in een inrichting of afdeling dan wel overgeplaatst naar een inrichting of afdeling overeenkomstig het bepaalde in artikel 2, tweede tot en met vierde lid. De plaatsing geschiedt met inachtneming van de titel van de vrijheidsbeneming, de persoon van de jeugdige of de benodigde mate van beveiliging.
2. Personen als bedoeld in artikel 8, eerste lid, onderdelen e en h, worden in elk geval geplaatst in een inrichting of op een afdeling waar behandeling plaats kan vinden.
3. Onze Minister is bevoegd tot plaatsing en overplaatsing als bedoeld in het eerste lid. Onze Minister is tevens bevoegd de overbrenging van personen te bevelen.
4. De inrichting is verplicht de jeugdige op te nemen.
5. Onze Minister neemt bij de beslissing tot plaatsing, overplaatsing of overbrenging de aanwijzingen van het openbaar ministerie en van de autoriteiten die de straf of maatregel hebben opgelegd, in aanmerking. Onze Minister neemt bij de beslissing, bedoeld in het eerste lid, de aanwijzingen van de gecertificeerde instelling voor zover mogelijk in acht.
6. Onze Minister neemt de beslissing om een jeugdige te plaatsen op een afdeling voor intensieve zorg of voor intensieve behandeling als bedoeld in artikel 22a, onderscheidenlijk artikel 22b, na advies van een psychiater, die voor zover mogelijk overleg heeft gevoerd met de behandelend gedragsdeskundige.
7. Onze Minister neemt de beslissing om een jeugdige te plaatsen op een individuele trajectafdeling als bedoeld in artikel 22c, na daarover advies te hebben ingewonnen van de adviescommissie.
8. In geval van een psychische stoornis, psychogeriatrische aandoening of verstandelijke handicap van een jeugdige kan Onze Minister, met inachtneming van de Wet verplichte geestelijke gezondheidszorg of de Wet zorg en dwang psychogeriatrische en verstandelijk gehandi-

capte cliënten, bepalen dat de jeugdige naar een accommodatie als bedoeld in artikel 1:1, eerste lid, onderdeel b, van de Wet verplichte geestelijke gezondheidszorg of artikel 1, eerste lid, onderdeel b, van de Wet zorg en dwang psychogeriatrische en verstandelijk gehandicapte cliënten zal worden overgebracht om daar zolang als dat noodzakelijk is te worden verpleegd.
9. Onze Minister kan, op verzoek van de directeur, beslissen dat de vrijheidsbenemende straf tijdelijk buiten de inrichting op een plaats als bedoeld in artikel 8, vierde lid, ten uitvoer wordt gelegd.

Art. 13
1. Een plaatsing als bedoeld in artikel 12, tweede lid, geschiedt voordat de termijn van de maatregel drie maanden is verstreken.
2. Indien de plaatsing niet binnen de in het eerste lid gestelde termijn mogelijk is, kan Onze Minister deze termijn telkens met drie maanden verlengen.
3. Met een beslissing tot verlenging als bedoeld in het tweede lid wordt gelijk gesteld de weigering om binnen de in het eerste lid genoemde termijn te beslissen.

Justitiële jeugdinrichting, termijn van plaatsing

Art. 14
1. De jeugdige ten aanzien van wie met toepassing van artikel 6.2.2, tweede lid, van de Jeugdwet is bepaald dat hij in een inrichting wordt geplaatst, heeft aanspraak op die plaatsing. Een jeugdige heeft slechts aanspraak op deze plaatsing als de betrokken gecertificeerde instelling een besluit heeft genomen waaruit blijkt dat hij op die plaatsing is aangewezen. Bij algemene maatregel van bestuur worden regels gesteld voor gevallen waarin het besluit bedoeld in de tweede volzin niet afgewacht kan worden. Daarbij worden afgeweken van de tweede volzin.
2. De jeugdige, bedoeld in het eerste lid, kan worden overgeplaatst naar een beperkt beveiligde inrichting als bedoeld in artikel 10, eerste lid, onder a.

Justitiële jeugdinrichting, aanspraak op plaatsing/overplaatsing

Art. 15
1. In afwijking van artikel 12, eerste lid, eerste volzin, kan Onze Minister bepalen dat een persoon ten aanzien van wie de tenuitvoerlegging van een vrijheidsstraf of een vrijheidsbenemende maatregel is gelast en die in een politiecel verblijft, daar voor een periode van maximaal tien dagen zal verblijven, nadat hij heeft vastgesteld dat er voor deze persoon geen plaats is in een inrichting. De politiecel voldoet aan de regels die voor politiecellencomplexen zijn vastgesteld.
2. Het eerste lid kan voor een jeugdige in de leeftijd van twaalf tot zestien jaar worden toegepast, met dien verstande dat de maximale termijn voor verblijf in een politiecel dan drie dagen bedraagt en het verblijf alleen mag worden toegepast in afwachting van het regelen van vervoer naar de plaats in een inrichting.

Justitiële jeugdinrichting, maximale duur verblijf in politiecel

Art. 16
1. Indien een jeugdige een kind in de inrichting of afdeling als bedoeld in artikel 8, vierde lid, wil onderbrengen ten einde het aldaar te verzorgen en op te voeden, behoeft hij de toestemming van de directeur. De directeur geeft deze toestemming, voor zover dit verblijf zich verdraagt met de volgende belangen:
a. de bescherming van de persoonlijke veiligheid of de geestelijke of lichamelijke ontwikkeling van het kind;
b. de handhaving van de orde of de veiligheid in de inrichting;
c. de uitvoering van het perspectiefplan;
d. de geestelijke of lichamelijke ontwikkeling van de jeugdige;
e. het over het kind gestelde gezag.
2. De directeur kan aan de toestemming voorwaarden verbinden met het oog op een belang als bedoeld in het eerste lid.
3. De directeur kan over een door hem voorgenomen onderbrenging van een kind in de inrichting of afdeling het advies inwinnen van de raad voor de kinderbescherming.
4. De directeur kan de toestemming intrekken, indien dit noodzakelijk is met het oog op een belang als bedoeld in het eerste lid, of indien de jeugdige een bepaalde voorwaarde niet nakomt. Indien de directeur een nader onderzoek nodig oordeelt, kan hij de medewerking van de raad voor de kinderbescherming inroepen.
5. De directeur is verplicht de toestemming in te trekken, indien de onderbrenging van het kind in de inrichting in strijd komt met enige op het gezag over het kind betrekking hebbende beslissing.
6. In de huisregels worden nadere regels gesteld omtrent het verblijf van kinderen in de inrichting.
7. De kosten van de verzorging van het kind komen voor rekening van het Rijk, voor zover de jeugdige dan wel degene die belast is met het gezag over het kind, niet zelf in die kosten kan voorzien.
8. Onverminderd het bepaalde in het eerste tot en met het zevende lid kan de directeur Onze Minister verzoeken de jeugdige en het kind elders te plaatsen.

Justitiële jeugdinrichting, verzorging en opvoeding kind

Art. 17

Justitiële jeugdinrichting, wijze van onderbrenging

1. De directeur bepaalt de wijze van onderbrenging van de jeugdigen die overeenkomstig artikel 12 zijn geplaatst in de inrichting of afdeling met het beheer waarvan hij is belast.
2. De directeur wijst iedere jeugdige een kamer toe.
3. De directeur kan onderdelen van de inrichting of de afdeling aanwijzen voor de onderbrenging van jeugdigen die een bijzondere opvang of behandeling in de zin van artikel 8, derde lid, behoeven.
4. De directeur bepaalt de criteria waaraan de jeugdige moet voldoen om voor onderbrenging als bedoeld in het derde lid in aanmerking te komen.

Nadere regels

5. Onze Minister stelt regels omtrent de eisen waaraan een kamer als bedoeld in het tweede lid moet voldoen.

Art. 17a

Justitiële jeugdinrichting, schorsing tenuitvoerlegging machtiging gesloten jeugdzorg

1. De directeur kan de tenuitvoerlegging van een machtiging als bedoeld in artikel 6.1.2 van de Jeugdwet schorsen, als de tenuitvoerlegging niet langer nodig is om te voorkomen dat de jeugdige zich aan de zorg die hij nodig heeft onttrekt of daaraan door anderen wordt onttrokken. De schorsing kan worden ingetrokken indien blijkt dat de tenuitvoerlegging nodig is om te voorkomen dat de jeugdige zich aan de zorg die hij nodig heeft onttrekt of daaraan door anderen wordt onttrokken.
2. Een besluit tot schorsing of intrekking wordt niet genomen dan nadat de directeur daaromtrent overleg heeft gepleegd met de betrokken gecertificeerde instelling en de raad voor de kinderbescherming.
3. De directeur doet van een besluit tot schorsing of intrekking mededeling aan de gecertificeerde instelling en de raad voor de kinderbescherming.

Paragraaf 2
Bezwaar- en verzoekschriftprocedure

Art. 18

Justitiële jeugdinrichting, indiening bezwaarschrift door jeugdige

1. De betrokkene heeft het recht een met redenen omkleed bezwaarschrift in te dienen tegen de beslissing:
   a. tot verlenging van de termijn, bedoeld in artikel 13, tweede lid;
   b. tot plaatsing of overplaatsing of overbrenging als bedoeld in artikel 12, eerste onderscheidenlijk achtste lid;
   c. tot plaatsing of overplaatsing op een afdeling als bedoeld in de artikelen 22a, 22b, 22c en 22d.

Schakelbepaling

2. Op de wijze van indiening is artikel 66, tweede, zesde en zevende lid, van overeenkomstige toepassing.
3. Onze Minister stelt de betrokkene in de gelegenheid schriftelijk of mondeling diens bezwaarschrift toe te lichten, tenzij hij het aanstonds kennelijk niet-ontvankelijk, kennelijk ongegrond of kennelijk gegrond acht.
4. Onze Minister stelt de indiener van het bezwaarschrift binnen zes weken van zijn met redenen omklede beslissing schriftelijk en zoveel mogelijk in een voor deze begrijpelijke taal op de hoogte. Hierbij wijst hij hem op de mogelijkheid van het instellen van beroep, bedoeld in hoofdstuk XV, alsmede de termijnen waarbinnen en de wijze waarop dit gedaan moet worden.
5. Het indienen van een bezwaarschrift blijft achterwege, indien de betrokkene in de gelegenheid is gesteld zijn bezwaren tegen een door Onze Minister voorgenomen en hem betreffende beslissing als bedoeld in het eerste lid kenbaar te maken.

Art. 19

Justitiële jeugdinrichting, indiening verzoekschrift door jeugdige

1. De betrokkene heeft het recht bij Onze Minister een met redenen omkleed verzoekschrift in te dienen strekkende tot plaatsing in dan wel overplaatsing naar een bepaalde inrichting of afdeling.
2. Met een verzoekschrift wordt gelijkgesteld een akkoordverklaring van de jeugdige met het selectieadvies van de directeur van de inrichting.

Schakelbepaling

3. De artikel 66, tweede en zesde lid, en 18, derde en vierde lid, zijn van overeenkomstige toepassing.
4. Indien het verzoekschrift, bedoeld in het eerste lid, is afgewezen, kan twee maanden na de ontvangst van deze afwijzing opnieuw een verzoekschrift worden ingediend.

Hoofdstuk IVa
Vervoer

Art. 19a

Vervoer jeugdige, nadere regels

Onze Minister kan nadere regels stellen omtrent de wijze waarop het vervoer van de jeugdige plaatsvindt.

Beginselenwet justitiële jeugdinrichtingen   **C31** art. 22b

Art. 19b
1. Er is een commissie van toezicht voor het vervoer, die door Onze Minister is ingesteld.   *Vervoer jeugdige, commissie van toezicht*
2. De commissie van toezicht voor het vervoer heeft tot taak:
   a. toezicht te houden op de uitvoering van het vervoer van jeugdigen door Onze Minister;
   b. kennis te nemen van door de jeugdige naar voren gebrachte grieven betreffende het vervoer door Onze Minister;
   c. zorg te dragen voor de behandeling van klaagschriften ingevolge het bepaalde in hoofdstuk XIIIA;
   d. aan Onze Minister en de Raad advies en inlichtingen te geven omtrent het onder a gestelde.
3. Bij algemene maatregel van bestuur worden regels gesteld over de bevoegdheden, de samenstelling en de werkwijze van de commissie en de benoeming en het ontslag van haar leden.

Hoofdstuk V
Perspectiefplan

Art. 20
1. De directeur van een inrichting stelt uiterlijk binnen drie weken na de binnenkomst van de jeugdige een perspectiefplan voor hem vast. Alvorens het plan vast te stellen, overlegt hij met de jeugdige. De eerste volzin is niet van toepassing op jeugdigen die in de inrichting een vervangende jeugddetentie ondergaan van een kortere duur dan drie weken.   *Justitiële jeugdinrichting, vaststelling perspectiefplan*
2. Bij algemene maatregel van bestuur worden regels gesteld omtrent de eisen waaraan een perspectiefplan ten minste moet voldoen, de voorschriften die bij wijziging daarvan in acht genomen moeten worden en de periodieke evaluatie van het perspectiefplan.   *Nadere regels*

Art. 21
[Vervallen]

Hoofdstuk VI
Bewegingsvrijheid

Paragraaf 1
Bewegingsvrijheid binnen de inrichting

Art. 22
In inrichtingen verblijven jeugdigen in groepen en nemen deel aan gemeenschappelijke activiteiten gedurende ten minste 77 uren per week waarvan ten minste acht en een half uren per dag. De jeugdigen houden zich gedurende de voor de nachtrust bestemde uren in hun kamer op, tenzij zij als onderdeel van het regime van de inrichting deelnemen aan meerdaagse activiteiten buiten de inrichting.   *Justitiële jeugdinrichting, bewegingsvrijheid*

Art. 22a
1. Op een door Onze Minister als zodanig aangewezen afdeling voor intensieve zorg nemen jeugdigen deel aan gemeenschappelijke activiteiten gedurende ten minste zes uren per dag door de week en gedurende ten minste vier uren per dag in het weekeinde.   *Justitiële jeugdinrichting, bewegingsvrijheid op afdeling voor intensieve zorg*
2. Een jeugdige kan op een afdeling voor intensieve zorg worden geplaatst indien:
   a. de jeugdige in een crisissituatie verkeert,
   b. de crisissituatie vermoedelijk gevolg is van een psychiatrische stoornis of een persoonlijkheidsstoornis, en
   c. de jeugdige ten gevolge van het gestelde onder a en b tijdelijk niet in een inrichting kan verblijven met een regime als bedoeld in artikel 22.
De plaatsing geschiedt alleen indien dit noodzakelijk is ten behoeve van het stabiliseren en het zo nodig stellen van een diagnose ten aanzien van de jeugdige.
3. De directeur bepaalt telkens binnen ten hoogste zes weken en na advies van een psychiater of de noodzaak tot voortzetting van het verblijf op de afdeling voor intensieve zorg nog bestaat.
4. Een jeugdige die op een afdeling voor intensieve zorg is geplaatst, verblijft, in afwijking van artikel 1, onder v, in een groep van ten minste twee personen.

Art. 22b
1. Op een door Onze Minister als zodanig aangewezen afdeling voor intensieve behandeling nemen jeugdigen deel aan gemeenschappelijke activiteiten gedurende ten minste zes uren per dag door de week en gedurende ten minste vier uren per dag in het weekeinde.   *Justitiële jeugdinrichting, bewegingsvrijheid op afdeling voor intensieve behandeling*
2. Een jeugdige kan op een afdeling voor intensieve behandeling worden geplaatst indien:
   a. de jeugdige extra begeleiding behoeft,
   b. de behoefte aan extra begeleiding het gevolg is van een psychiatrische stoornis of een persoonlijkheidsstoornis, en

c. de jeugdige ten gevolge van het gestelde onder a en b tijdelijk niet in een inrichting kan verblijven met een regime als bedoeld in artikel 22.
De plaatsing geschiedt alleen indien dit noodzakelijk is ter stabilisatie en behandeling van de jeugdige.
3. De directeur bepaalt telkens binnen ten hoogste drie maanden en na advies van een psychiater of de noodzaak tot voortzetting van het verblijf op de afdeling voor intensieve behandeling nog bestaat.
4. Een jeugdige die op een afdeling voor intensieve behandeling is geplaatst, verblijft, in afwijking van artikel 1, onder v, in een groep van ten minste twee personen.

Art. 22c

Justitiële jeugdinrichting, individuele trajectafdeling

1. Op een door Onze Minister als zodanig aangewezen individuele trajectafdeling nemen jeugdigen deel aan gemeenschappelijke activiteiten gedurende ten minste zes uren per dag door de week en ten minste vier uren in het weekeinde.
2. Een jeugdige kan op een individuele trajectafdeling worden geplaatst indien:
a. de jeugdige extra individuele begeleiding behoeft,
b. de behoefte aan extra individuele begeleiding het gevolg is van een persoonlijkheidsstoornis en
c. de jeugdige ten gevolge van het gestelde onder a en b niet in een inrichting kan verblijven met een regime als bedoeld in artikel 22.
3. Het verblijf van de jeugdige is gericht op de bevordering van de terugkeer in een regime als bedoeld in artikel 22 of de terugkeer van de jeugdige in de samenleving.
4. Een jeugdige die op een individuele trajectafdeling is geplaatst, verblijft, in afwijking van artikel 1, onder v, in een groep van tenminste twee personen.
5. De directeur van de inrichting waar de jeugdige op de individuele trajectafdeling is geplaatst, bepaalt telkens binnen ten hoogste zes maanden en na het advies te hebben ingewonnen van de adviescommissie of de noodzaak tot voortzetting van het verblijf op de afdeling voor individuele trajectafdeling nog bestaat.
6. Onze Minister stelt nadere regels omtrent de taak, samenstelling en werkwijze van de adviescommissie, bedoeld in het vijfde lid.

Art. 22d

Justitiële jeugdinrichting, observatie

1. Onze Minister kan bepalen dat een jeugdige aan wie de maatregel van plaatsing in een inrichting voor jeugdigen is opgelegd, voor een periode van ten hoogste zeven weken ter observatie wordt geplaatst in een daartoe aangewezen inrichting.
2. Onze Minister kan, indien dit noodzakelijk is, de termijn genoemd in het eerste lid met ten hoogste vier weken verlengen.
3. De jeugdige keert na het verstrijken van de observatietermijn terug naar de inrichting waar hij voorheen was geplaatst, tenzij uit de observatierapportage blijkt dat overplaatsing naar een andere inrichting aangewezen is.
4. De plaatsing ter observatie kan op verzoek van de directeur van de inrichting waar de jeugdige verblijft plaatsvinden in de volgende gevallen:
a. indien daartoe uit het oogpunt van de behandeling van de jeugdige aanleiding bestaat;
b. indien deze noodzakelijk wordt geacht met het oog op de opstelling van een advies ten behoeve van verlenging van de maatregel.

Art. 23

Justitiële jeugdinrichting, maatregel uitsluiting jeugdige van verblijf in groep

1. De directeur kan een jeugdige gedurende ten hoogste een week na zijn binnenkomst in de inrichting uitsluiten van het verblijf in een groep en zijn deelname aan gemeenschappelijke activiteiten beperken tot ten minste zes uren per dag, indien dit noodzakelijk is:
a. ter voorbereiding van de beslissing omtrent onderbrenging van de jeugdige in de groep;
b. ten behoeve van de vaststelling van een perspectiefplan.
2. De directeur kan de periode, bedoeld in het eerste lid, tweemaal met ten hoogste een week verlengen, indien hij na overleg met een gedragsdeskundige tot het oordeel is gekomen dat de noodzaak hiertoe nog bestaat.
3. De directeur kan de jeugdige gedurende ten hoogste een week uitsluiten van verblijf in de groep of beperken in de deelname aan gemeenschappelijke activiteiten, indien dit noodzakelijk is in het belang van:
a. zijn geestelijke of lichamelijke ontwikkeling;
b. de uitvoering van het hem betreffende perspectiefplan.
4. De directeur kan de uitsluiting of beperking, bedoeld in het derde lid, telkens met ten hoogste een week verlengen, indien hij na overleg met een gedragsdeskundige tot het oordeel is gekomen dat de noodzaak hiertoe nog bestaat.
5. De directeur houdt van de oplegging van de maatregel van uitsluiting, bedoeld in het eerste en derde lid, en de verlenging, bedoeld in het tweede en vierde lid, aantekening in een register.

Art. 23a

Justitiële jeugdinrichting, uitsluiting

1. Een personeelslid of medewerker kan de jeugdige voor een maximale aaneengesloten duur van een uur uitsluiten van het verblijf in de groep of van gemeenschappelijke activiteiten indien

het gedrag van de jeugdige verstorend is voor de rust in de groep, en in verband daarmee de kortdurende uitsluiting ertoe bijdraagt dat het gedrag van de jeugdige gunstig wordt beïnvloed.
2. Een uitsluiting als bedoeld in het eerste lid kan op een dag herhaaldelijk worden toegepast, met dien verstande dat de totale duur van de uitsluitingen de twee uren per etmaal niet overstijgt.
3. De directeur houdt van de oplegging van de maatregel van uitsluiting, bedoeld in het eerste lid, en de herhaalde toepassing, bedoeld in het tweede lid, aantekening in een register. De directeur stelt aan de hand van dit register elke drie maanden de commissie van toezicht van de toepassing van de maatregel op de hoogte en treedt daarover met de commissie in overleg.

Paragraaf 2
Ordemaatregelen

Art. 24
1. De directeur kan de jeugdige uitsluiten van het verblijf in de groep of de deelname aan een of meer activiteiten behoudens het dagelijks verblijf in de buitenlucht, bedoeld in artikel 53, vijfde lid:
a. indien dit in het belang van de orde of de veiligheid van de inrichting dan wel van een ongestoorde tenuitvoerlegging van de vrijheidsbeneming noodzakelijk is;
b. indien dit ter bescherming van de betrokken jeugdige noodzakelijk is;
c. in geval van ziekmelding of ziekte van de betrokken jeugdige;
d. indien de jeugdige hierom verzoekt en de directeur dit verzoek redelijk en uitvoerbaar oordeelt.
2. De uitsluiting ingevolge het eerste lid, onder a of b, duurt ten hoogste twee dagen. De directeur kan deze uitsluiting telkens voor ten hoogste twee dagen verlengen, indien hij tot het oordeel is gekomen dat de noodzaak tot uitsluiting nog bestaat.
3. Indien onverwijlde tenuitvoerlegging van de uitsluiting, bedoeld in het eerste lid, onder a of b, geboden is, kan een personeelslid of medewerker de maatregel, bedoeld in het eerste lid, voor een periode van ten hoogste vijftien uren treffen.
4. De maatregel tot uitsluiting van het verblijf in de groep of van de deelname aan een of meer activiteiten wordt ten uitvoer gelegd op de kamer van de jeugdige.
5. De directeur houdt van de oplegging van de maatregel van uitsluiting, bedoeld in het eerste en tweede lid, en de verlenging, bedoeld in het tweede lid, aantekening in een register. Bij toepassing van het derde lid wordt de aantekening door het betrokken personeelslid of medewerker gemaakt.

Justitiële jeugdinrichting, ordemaatregelen

Art. 25
1. De directeur is bevoegd een jeugdige in afzondering te plaatsen op de gronden, genoemd in artikel 24, eerste lid. De afzondering op de gronden van artikel 24, eerste lid, onder a of b, duurt ten hoogste één dag voor jeugdigen tot zestien jaar en ten hoogste twee dagen voor jeugdigen van zestien jaar en ouder.
2. De afzondering wordt ten uitvoer gelegd in een afzonderingscel of in een andere verblijfsruimte. Gedurende het verblijf in afzondering neemt de jeugdige niet deel aan activiteiten, voor zover de directeur niet anders bepaalt en behoudens het dagelijks verblijf in de buitenlucht, bedoeld in artikel 53, vijfde lid.
3. De directeur kan de afzondering, bedoeld in het eerste lid, op de grond van artikel 24, eerste lid, onder a of b, eenmaal voor ten hoogste één dag voor jeugdigen tot zestien jaar en ten hoogste twee dagen voor jeugdigen van zestien jaar en ouder verlengen, indien hij tot het oordeel is gekomen dat de noodzaak tot afzondering nog bestaat.
4. Indien onverwijlde tenuitvoerlegging van de afzondering op de grond van artikel 24, eerste lid, onder a of b, geboden is, kan een personeelslid of medewerker een jeugdige voor een periode van ten hoogste vijftien uren in afzondering plaatsen. De directeur wordt van deze plaatsing onverwijld op de hoogte gesteld.
5. De directeur draagt zorg dat tijdens de afzondering het nodige contact tussen personeelsleden en medewerkers van de inrichting en de jeugdige wordt gewaarborgd en naar aard en frequentie op de situatie van de jeugdige wordt afgestemd.
6. De directeur draagt zorg dat ingeval de afzondering in een afzonderingscel langer dan vierentwintig uren duurt, de commissie van toezicht en de aan de inrichting verbonden arts of diens vervanger alsmede de ouders of voogd, stiefouder of pleegouders dan wel de gecertificeerde instelling terstond hiervan in kennis worden gesteld.
7. Onze Minister stelt nadere regels omtrent het verblijf in en de inrichting van de afzonderingscel. Deze betreffen in elk geval de rechten die tijdens het verblijf in de afzonderingscel aan de jeugdige toekomen.
8. De directeur houdt van de oplegging van de maatregel van afzondering, bedoeld in het eerste lid, en de verlenging daarvan, bedoeld in het derde lid, aantekening in een register. Bij toepassing van het vierde lid wordt de aantekening door het betrokken personeelslid of medewerker gemaakt.

Justitiële jeugdinrichting, maatregel afzondering jeugdige

Nadere regels

Art. 25a

Justitiële jeugdinrichting, permanente cameraobservatie van jeugdige in afzonderingscel

1. De directeur kan, indien dit ter bescherming van de geestelijke of lichamelijke toestand van de jeugdige noodzakelijk is, bepalen dat de jeugdige die in een afzonderingscel verblijft, dag en nacht door middel van een camera wordt geobserveerd.

2. Alvorens hij hiertoe beslist, wint hij het advies in van een gedragsdeskundige onderscheidenlijk de inrichtingsarts, tenzij dit advies niet kan worden afgewacht. In dat geval wint de directeur het advies zo spoedig mogelijk na zijn beslissing in.

Art. 26

Justitiële jeugdinrichting, tenuitvoerlegging maatregel afzondering in andere inrichting

1. Indien de tenuitvoerlegging van de afzondering in de inrichting of afdeling waar zij is opgelegd op ernstige bezwaren stuit, kan zij in een andere inrichting of afdeling worden ondergaan.

2. Indien de directeur van oordeel is dat van de in het eerste lid bedoelde omstandigheid sprake is, plaatst hij in overeenstemming met Onze Minister de jeugdige over.

3. Over de verlenging van de afzondering waarvan de tenuitvoerlegging plaatsvindt in een andere inrichting of afdeling, beslist de directeur van de inrichting of de afdeling waarin de afzondering was opgelegd in overeenstemming met Onze Minister en gehoord de directeur van de inrichting of afdeling waar de tenuitvoerlegging van de afzondering plaatsvindt.

Nadere regels

4. Onze Minister stelt nadere regels omtrent de procedure van plaatsing, overplaatsing en verlenging van de afzondering ingevolge het tweede onderscheidenlijk het derde lid.

5. De ouders of voogd, stiefouder of pleegouders dan wel de gecertificeerde instelling worden van de beslissing, bedoeld in het eerste lid, onverwijld op de hoogte gesteld.

6. De directeur houdt van de tenuitvoerlegging van de maatregel van afzondering in een andere inrichting, bedoeld in het eerste lid en de verlenging daarvan, bedoeld in het derde lid, aantekening in een register.

Art. 27

Justitiële jeugdinrichting, maatregel tijdelijke overplaatsing

1. De directeur is bevoegd een jeugdige, na overleg met een gedragsdeskundige en Onze Minister, tijdelijk over te plaatsen op de gronden, genoemd in artikel 24, eerste lid, onder a en b.

2. De directeur neemt de beslissing tot tijdelijke plaatsing van de jeugdige die met een machtiging als bedoeld in artikel 6.2.2, tweede lid, van de Jeugdwet in een inrichting is geplaatst niet dan nadat hij daarvoor toestemming van de gecertificeerde instelling heeft verkregen. Deze toestemming wordt niet gegeven zonder machtiging van de kinderrechter in de daartoe aangewezen gevallen. Voor de jeugdige aan wie de maatregel van plaatsing in een inrichting voor jeugdigen is opgelegd is de toestemming van Onze Minister noodzakelijk.

3. De tijdelijke plaatsing duurt ten hoogste veertien dagen. De directeur kan deze tijdelijke plaatsing eenmaal voor ten hoogste veertien dagen verlengen, indien hij na overleg met een gedragsdeskundige, de directeur van de inrichting waar de tijdelijke plaatsing ten uitvoer wordt gelegd en Onze Minister tot het oordeel is gekomen dat de noodzaak en de mogelijkheden hiertoe nog bestaan.

4. Na tenuitvoerlegging van de tijdelijke plaatsing dan wel de verlenging hiervan wordt de jeugdige teruggeplaatst in de inrichting waarin de maatregel werd opgelegd.

5. De ouders of voogd, stiefouder of pleegouders dan wel de gecertificeerde instelling worden van een beslissing als bedoeld in het eerste en derde lid, onverwijld op de hoogte gesteld.

Paragraaf 3
Verlaten van de inrichting

Art. 28

Justitiële jeugdinrichting, verlaten inrichting wegens bijwonen gerechtelijke procedure

1. De directeur stelt een jeugdige in de gelegenheid onder door hem te stellen voorwaarden de inrichting te verlaten teneinde een gerechtelijke procedure bij te wonen:
   a. indien de jeugdige krachtens wettelijk voorschrift verplicht is voor een rechter of bestuursorgaan te verschijnen;
   b. ter voldoening aan een oproep van de rechter.

2. Met het oog op het verlaten van de inrichting, bedoeld in het eerste lid, kan de directeur aan daartoe door hem aangewezen personeelsleden of medewerkers bevelen dat de betrokken persoon naar de daartoe bestemde plaats wordt overgebracht.

Art. 29

Justitiële jeugdinrichting, periodiek verlof

1. De directeur stelt een jeugdige die in een inrichting verblijft op grond van de tenuitvoerlegging van een machtiging in een geval als bedoeld in artikel 6.2.2, tweede lid, van de Jeugdwet in de gelegenheid de inrichting ten minste eenmaal per zes weken voor een periode van ten minste twaalf uren te verlaten bij wijze van verlof. Artikel 30, tweede lid, is van overeenkomstige toepassing.

2. De directeur kan van het in het eerste lid bepaalde afwijken, indien naar zijn redelijk oordeel:

Beginselenwet justitiële jeugdinrichtingen — C31 art. 33

a. de mogelijkheid voor de jeugdige ontbreekt om het verlof op verantwoorde wijze door te brengen;
b. de jeugdige een gevaar voor zichzelf of de omgeving oplevert.
3. Bij of krachtens algemene maatregel van bestuur worden nadere regels gesteld met betrekking tot het verlaten van de inrichting bij wijze van verlof. Deze betreffen in elk geval de criteria waaraan een jeugdige moet voldoen om voor het verlof in aanmerking te komen, de bevoegdheid tot en de wijze van verlening, weigering, beperking en intrekking alsmede de duur en frequentie van het verlof en de voorwaarden die aan het verlof kunnen worden verbonden. — *Nadere regels*

Art. 30
1. De directeur kan met machtiging van Onze Minister een jeugdige die in een inrichting verblijft op grond van de tenuitvoerlegging van een vrijheidsstraf of vrijheidsbenemende maatregel, anders dan bedoeld in artikel 29, eerste lid, in de gelegenheid stellen de inrichting te verlaten bij wijze van verlof. — *Justitiële jeugdinrichting, verlof*
2. Het verlaten van de inrichting, bedoeld in het eerste lid, schort de tenuitvoerlegging van de vrijheidsstraf of vrijheidsbenemende maatregel niet op.
3. Als algemene voorwaarde geldt dat de jeugdige zich tijdens het verlof niet aan enig misdrijf zal schuldig maken. De directeur kan aan het verlof bijzondere voorwaarden, het gedrag van de jeugdige betreffende, verbinden.
4. De directeur kan het verlof intrekken, indien dit noodzakelijk is met het oog op de bescherming van de maatschappij tegen de gevaarlijkheid van de jeugdige voor de veiligheid van anderen dan de jeugdige of de algemene veiligheid van personen of goederen of indien de jeugdige een bepaalde voorwaarde niet nakomt.
5. Bij of krachtens algemene maatregel van bestuur worden nadere regels gesteld met betrekking tot het verlaten van de inrichting bij wijze van verlof. Deze betreffen in elk geval de criteria waaraan een jeugdige moet voldoen om voor het verlof in aanmerking te komen, de bevoegdheid tot en de wijze van verlening, weigering, beperking en intrekking alsmede de duur, frequentie en het doel van het verlof en de voorwaarden die aan het verlof kunnen worden verbonden. — *Nadere regels*

Art. 31
[Vervallen]

Hoofdstuk VII
Controle en geweldgebruik

Art. 32
Het recht van de jeugdige op onaantastbaarheid van zijn lichaam, zijn kleding en de van zijn lichaam afgescheiden stoffen en zijn kamer kan overeenkomstig de bepalingen van dit hoofdstuk worden beperkt. — *Justitiële jeugdinrichting, beperking grondrechten*

Art. 33
1. De directeur stelt bij binnenkomst in en bij het verlaten van de inrichting, bij de tenuitvoerlegging van een bevel als bedoeld in artikel 2, eerste lid, aanhef, van de Wet DNA-onderzoek bij veroordeelden en voor zover dit anderszins noodzakelijk is, de identiteit van de jeugdige vast. — *Justitiële jeugdinrichting, vaststelling identiteit veroordeelde*
2. De directeur stelt tevens voorafgaand aan en na afloop van bezoek de identiteit van de jeugdige vast, tenzij een personeelslid of medewerker op de jeugdige voortdurend en persoonlijk toezicht houdt.
3. Het vaststellen van de identiteit van de jeugdige omvat bij de eerste opname in de inrichting het vragen naar zijn naam, voornamen, geboorteplaats en geboortedatum, het adres waarop hij in de basisregistratie personen is ingeschreven en het adres van zijn feitelijke verblijfplaats buiten de inrichting. Het omvat tevens het nemen van een of meer van zijn vingerafdrukken. In de gevallen waarin de gedetineerde eerder overeenkomstig het Wetboek van Strafvordering of de Vreemdelingenwet 2000 vingerafdrukken zijn genomen en verwerkt, omvat het vaststellen van zijn identiteit bij binnenkomst in de inrichting tevens een vergelijking van zijn vingerafdrukken met de van hem verwerkte vingerafdrukken. In de andere gevallen omvat het vaststellen van zijn identiteit een onderzoek van zijn identiteitsbewijs, bedoeld in artikel 1 van de Wet op de identificatieplicht. Artikel 29c, tweede lid, van het Wetboek van Strafvordering is van overeenkomstige toepassing.
4. Het vaststellen van de identiteit van de jeugdige omvat in de andere gevallen dan de eerste opname in de inrichting het nemen van een of meer vingerafdrukken en het vergelijken van die vingerafdrukken met de van hem bij binnenkomst genomen vingerafdrukken. Bij de tenuitvoerlegging van een bevel als bedoeld in artikel 2, eerste lid, aanhef, van de Wet DNA-onderzoek bij veroordeelden worden van de jeugdige tevens een of meer vingerafdrukken overeenkomstig het Wetboek van Strafvordering genomen en verwerkt.
5. De directeur is bevoegd van de jeugdige een of meer foto's te nemen. De foto's kunnen worden gebruikt voor het vervaardigen van een legitimatiebewijs en voor het voorkomen, op-

sporen, vervolgen en berechten van strafbare feiten. De jeugdige is verplicht het legitimatiebewijs bij zich te dragen en op verzoek van een ambtenaar of medewerker te tonen.
6. Bij of krachtens algemene maatregel van bestuur worden regels gesteld voor het verwerken van de persoonsgegevens, bedoeld in het derde tot en met vijfde lid.

Art. 34

Justitiële jeugdinrichting, onderzoek lichaam/kleding bij binnenkomst of verlaten inrichting

1. De directeur is bevoegd een jeugdige bij binnenkomst of bij het verlaten van de inrichting, voorafgaand aan of na afloop van bezoek, dan wel, indien dit anderszins noodzakelijk is in het belang van de handhaving van de orde of de veiligheid in de inrichting, aan zijn lichaam of aan zijn kleding te onderzoeken.
2. Onze Minister is bevoegd ten behoeve van het vervoer van de jeugdige hem aan zijn lichaam of aan zijn kleding te onderzoeken.
3. Het onderzoek aan het lichaam van de jeugdige omvat mede het uitwendig schouwen van de openingen en holten van het lichaam van de jeugdige. Het onderzoek aan de kleding van de jeugdige omvat mede het onderzoek van de voorwerpen die de jeugdige bij zich draagt of met zich mee voert.
4. Het onderzoek aan het lichaam van de jeugdige wordt op besloten plaatsen en, voor zover mogelijk, door personen van hetzelfde geslacht als de jeugdige verricht.
5. Indien bij een onderzoek aan het lichaam of de kleding voorwerpen worden aangetroffen die niet in het bezit van de jeugdige mogen zijn, en, voor zover het onderzoek betrekking heeft op de openingen of holten van het lichaam van de jeugdige, deze voorwerpen zonder het gebruik van hulpmiddelen daaruit kunnen worden verwijderd, is de directeur bevoegd deze in beslag te nemen. Hij draagt zorg dat deze voorwerpen, hetzij onder afgifte van een bewijs van ontvangst ten behoeve van de jeugdige op diens kosten worden bewaard, hetzij met toestemming van de jeugdige worden vernietigd, hetzij aan een opsporingsambtenaar ter hand worden gesteld met het oog op de voorkoming of de opsporing van strafbare feiten.

Art. 35

Justitiële jeugdinrichting, onderzoek urine op aanwezigheid gedragsbeïnvloedende middelen

Nadere regels

1. De directeur kan, indien dit noodzakelijk is in het belang van de handhaving van de orde of de veiligheid in de inrichting dan wel in verband met de beslissing tot plaatsing of overplaatsing dan wel in verband met de toestemming tot het verlaten van de inrichting, een jeugdige verplichten urine af te staan ten behoeve van een onderzoek van die urine op aanwezigheid van gedragsbeïnvloedende middelen.
2. Onze Minister stelt nadere regels vast omtrent de wijze van uitvoering van het urineonderzoek. Deze regels betreffen in elk geval het recht van de jeugdige om de uitslag te vernemen en om voor eigen rekening een hernieuwd onderzoek van de afgestane urine te laten plaatsvinden. Artikel 34, vierde lid, is van overeenkomstige toepassing.

Art. 36

Justitiële jeugdinrichting, onderzoek in lichaam

1. De directeur kan bepalen dat een jeugdige in het lichaam wordt onderzocht, indien dit noodzakelijk is ter afwending van ernstig gevaar voor de handhaving van de orde of de veiligheid in de inrichting dan wel voor de gezondheid van de jeugdige. Het onderzoek in het lichaam wordt verricht door een arts of, in diens opdracht, door een verpleegkundige.
2. Een personeelslid of medewerker van de inrichting waar de jeugdige verblijft kan bij dringende noodzakelijkheid een beslissing als bedoeld in het eerste lid nemen.
3. Indien bij het onderzoek in het lichaam voorwerpen worden aangetroffen die niet in het bezit van de jeugdige mogen zijn, en deze voorwerpen door de arts of verpleegkundige uit het lichaam kunnen worden verwijderd, is de directeur bevoegd deze in beslag te nemen. Artikel 34, vijfde lid, laatste volzin, is van overeenkomstige toepassing.

Art. 37

Justitiële jeugdinrichting, verplicht ondergaan geneeskundige handeling

Nadere regels

1. De directeur kan een jeugdige verplichten te gedogen dat ten aanzien van hem een bepaalde geneeskundige handeling wordt verricht, indien die handeling naar het oordeel van een arts volstrekt noodzakelijk is ter afwending van gevaar voor de gezondheid of veiligheid van de jeugdige of van anderen. De handeling wordt verricht door een arts of, in diens opdracht, door een verpleegkundige.
2. Bij algemene maatregel van bestuur worden nadere regels gesteld omtrent de toepassing van het eerste lid. Deze regels betreffen in ieder geval de melding en de registratie van de geneeskundige handeling, alsmede de taak van de verantwoordelijke arts indien de geneeskundige handeling volstrekt noodzakelijk is ter afwending van gevaar voortvloeiend uit de geestelijke stoornis van de jeugdige.

Art. 38

Justitiële jeugdinrichting, bevestiging vrijheidsbeperkende middelen aan lichaam jeugdige in afzondering

1. De directeur kan bepalen dat een jeugdige tijdens de afzondering door bevestiging van mechanische middelen aan zijn lichaam voor een periode van ten hoogste twaalf uren voor jeugdigen tot zestien jaar en ten hoogste vierentwintig uren voor jeugdigen van zestien jaar en ouder in zijn bewegingsvrijheid wordt beperkt, indien die beperking noodzakelijk is ter afwending van een van de jeugdige uitgaand ernstig gevaar voor diens gezondheid of de veiligheid van anderen dan de jeugdige. De directeur stelt de arts of diens vervanger en de commissie van toezicht van de bevestiging onverwijld in kennis.

Beginselenwet justitiële jeugdinrichtingen

2. Indien onverwijlde tenuitvoerlegging van de maatregel, bedoeld in het eerste lid, geboden is, kan een personeelslid of medewerker deze voor een periode van ten hoogste vier uren ten uitvoer leggen. De directeur en de arts of diens vervanger en de commissie van toezicht worden hiervan onverwijld in kennis gesteld.
3. Onze Minister stelt nadere regels omtrent de bevestiging van mechanische middelen aan het lichaam. — *Nadere regels*

Art. 39
1. De directeur is bevoegd de kamer van een jeugdige op de aanwezigheid van voorwerpen die niet in zijn bezit mogen zijn te onderzoeken: — *Justitiële jeugdinrichting, onderzoek kamer op verboden voorwerpen*
   a. indien dit onderzoek plaatsvindt in het kader van het algemeen toezicht op de aanwezigheid van verboden voorwerpen in de kamers van jeugdigen;
   b. indien dit anderszins noodzakelijk is in het belang van de handhaving van de orde of de veiligheid in de inrichting.
2. Artikel 34, vijfde lid, is van overeenkomstige toepassing. — *Schakelbepaling*
3. De directeur is bevoegd de kamer van een jeugdige te onderzoeken op de aanwezigheid van voorwerpen waarop vermoedelijk celmateriaal van de jeugdige aanwezig is en deze voorwerpen in beslag te nemen, indien de officier van justitie hem op grond van artikel 6, eerste lid, van de Wet DNA-onderzoek bij veroordeelden een opdracht tot het in beslag nemen van deze voorwerpen heeft gegeven. — *Justitiële jeugdinrichting, onderzoek kamer op voorwerpen met DNA-materiaal*

Art. 40
1. De directeur is bevoegd jegens een jeugdige geweld te gebruiken dan wel vrijheidsbeperkende middelen aan te wenden, voor zover zulks noodzakelijk is met het oog op een van de volgende belangen: — *Justitiële jeugdinrichting, gebruik geweld of vrijheidsbeperkende middelen jegens jeugdige*
   a. de handhaving van de orde of de veiligheid in de inrichting;
   b. de uitvoering van een door de directeur genomen beslissing;
   c. de voorkoming van het zich onttrekken door de jeugdige aan het op hem uitgeoefende toezicht;
   d. de uitvoering van een ingevolge het Wetboek van Strafvordering of de Wet DNA-onderzoek bij veroordeelden door de officier van justitie of de rechter-commissaris genomen beslissing.
2. Onze Minister is bevoegd jegens een jeugdige geweld te gebruiken of vrijheidsbeperkende middelen aan te wenden voor zover zulks noodzakelijk is met het oog op een van de volgende belangen:
   a. de uitvoering van een door hem genomen beslissing;
   b. de voorkoming van het zich onttrekken van de jeugdige aan het op hem uitgeoefende toezicht.
3. Aan het gebruik van geweld gaat zo mogelijk een waarschuwing vooraf. Degene die geweld heeft gebruikt maakt hiervan onverwijld een schriftelijk verslag en doet dit verslag onverwijld aan de directeur onderscheidenlijk de selectiefunctionaris toekomen.
4. Onze Minister stelt nadere regels omtrent het gebruik van geweld en de aanwending van vrijheidsbeperkende middelen. — *Nadere regels*

Hoofdstuk VIII
Contact met de buitenwereld

Art. 41
1. De jeugdige heeft, behoudens de overeenkomstig het tweede tot en met het vierde lid te stellen beperkingen, het recht brieven en stukken per post te verzenden en te ontvangen. De hieraan verbonden kosten komen, tenzij de directeur anders bepaalt, voor rekening van de jeugdige. — *Justitiële jeugdinrichting, verzending en ontvangst brieven/stukken*
2. De directeur is bevoegd enveloppen of andere poststukken, afkomstig van of bestemd voor jeugdigen, op de aanwezigheid van bijgesloten voorwerpen te onderzoeken en deze hiertoe te openen. Indien de enveloppen of andere poststukken afkomstig zijn van of bestemd zijn voor de in artikel 42, eerste en tweede lid, genoemde personen of instanties, geschiedt dit onderzoek in aanwezigheid van de betrokken jeugdige.
3. De directeur is bevoegd op de inhoud van brieven of andere poststukken afkomstig van of bestemd voor jeugdigen toezicht uit te oefenen met het oog op een belang als bedoeld in het vierde lid. Dit toezicht kan omvatten het kopiëren van brieven of andere poststukken. Van de wijze van uitoefenen van toezicht wordt aan de jeugdige tevoren mededeling gedaan.
4. De directeur kan de verzending of de uitreiking van bepaalde brieven of andere poststukken alsmede bijgesloten voorwerpen weigeren, indien dit noodzakelijk is met het oog op een van de volgende belangen:
   a. de handhaving van de orde of de veiligheid in de inrichting;
   b. de voorkoming of de opsporing van strafbare feiten;
   c. de bescherming van slachtoffers van of anderszins betrokkenen bij misdrijven;
   d. de geestelijke of lichamelijke ontwikkeling van de jeugdige;
   e. de uitvoering van het perspectiefplan.

5. De directeur draagt zorg dat de niet uitgereikte brieven of andere poststukken dan wel bijgesloten voorwerpen, hetzij worden teruggegeven aan de jeugdige of voor diens rekening worden gezonden aan de verzender of een door de jeugdige op te geven adres, hetzij onder afgifte van een bewijs van ontvangst ten behoeve van de jeugdige worden bewaard, hetzij met toestemming van de jeugdige worden vernietigd, hetzij aan een opsporingsambtenaar ter hand worden gesteld met het oog op de voorkoming of opsporing van strafbare feiten.

Art. 42

Werkingssfeer

1. Artikel 41, derde en vierde lid, is niet van toepassing op brieven door de jeugdige gericht aan of afkomstig van:
a. leden van het Koninklijk Huis;
b. de Eerste of Tweede Kamer der Staten-Generaal, leden daarvan, de Nederlandse leden van het Europese Parlement of een commissie uit een van beide parlementen;
c. Onze Minister;
d. justitiële autoriteiten;
e. de Nationale ombudsman;
f. de inspecteurs van de Inspectie gezondheidszorg en jeugd;
g. de Raad, een commissie daaruit of leden of buitengewone leden daarvan;
h. de commissie van toezicht, een beklagcommissie, of leden daarvan;
i. organen, of leden daarvan, die krachtens een wettelijk voorschrift of een in Nederland geldend verdrag:
1°. bevoegd zijn tot kennisneming van klachten of behandeling van met een klacht aangevangen zaken; dan wel
2°. zijn belast met het houden van toezicht op justitiële jeugdinrichtingen;
j. diens rechtsbijstandverlener;
k. diens reclasseringsmedewerker of medewerkers van de gecertificeerde instelling;
l. diens ouders of voogd, stiefouder of pleegouders, behoudens ingeval zwaarwegende belangen van de jeugdige zich daartegen verzetten;
m. andere door Onze Minister of de directeur aan te wijzen personen of instanties.

Nadere regels

2. Onze Minister kan nadere regels stellen omtrent de wijze van verzending van brieven aan en door de in het eerste lid genoemde personen en instanties.

Art. 43

Justitiële jeugdinrichting, bezoek

1. De jeugdige heeft het recht gedurende ten minste één uur per week op in de huisregels vastgestelde tijden en plaatsen bezoek te ontvangen. Onze Minister kan nadere regels stellen omtrent de toelating en weigering van bezoek. In de huisregels worden regels gesteld omtrent het aanvragen van bezoek.
2. De directeur kan het aantal tegelijk tot de jeugdige toe te laten personen beperken, indien dit noodzakelijk is in het belang van de handhaving van de orde of de veiligheid in de inrichting.
3. De directeur kan de toelating tot de jeugdige van een bepaalde persoon of bepaalde personen weigeren, indien dit noodzakelijk is met het oog op een belang als bedoeld in artikel 41, vierde lid. Deze weigering van een bezoeker op de grond van artikel 41, vierde lid, onder a, b, d of e, geldt voor ten hoogste twaalf maanden.
4. De directeur kan bepalen dat tijdens het bezoek toezicht wordt uitgeoefend, indien dit noodzakelijk is met het oog op een belang als bedoeld in artikel 41, vierde lid. Dit toezicht kan omvatten het beluisteren of het opnemen van het gesprek tussen de bezoeker en de jeugdige. Tevoren wordt aan betrokkenen mededeling gedaan van de aard en de reden van het toezicht.
5. Iedere bezoeker dient zich bij binnenkomst op deugdelijke wijze te legitimeren. De directeur kan bepalen dat een bezoeker aan zijn kleding wordt onderzocht op de aanwezigheid van voorwerpen die een gevaar kunnen opleveren voor de orde of de veiligheid in de inrichting. Dit onderzoek kan ook betrekking hebben op door hem meegebrachte voorwerpen. De directeur is bevoegd dergelijke voorwerpen gedurende de duur van het bezoek onder zich te nemen tegen afgifte van een bewijs van ontvangst dan wel aan een opsporingsambtenaar ter hand te stellen met het oog op de voorkoming of de opsporing van strafbare feiten. De directeur kan voorwaarden verbinden aan het voorgenomen bezoek van een persoon aan wie op grond van het derde lid eerder de toegang is geweigerd. Deze voorwaarden kunnen inhouden dat de bezoeker voorafgaand aan het bezoek, aan zijn lichaam wordt onderzocht. Dit onderzoek kan mede omvatten het uitwendig schouwen van de openingen en holten van het lichaam van de bezoeker.
6. De directeur kan het bezoek binnen de daarvoor bestemde tijd beëindigen en de bezoeker uit de inrichting doen verwijderen, indien dit noodzakelijk is met het oog op een belang als bedoeld in artikel 41, vierde lid.
7. De in artikel 42, eerste lid, onder f, g, h, en i, onder 2°, genoemde personen en instanties hebben te allen tijde toegang tot de jeugdige. De overige in dat lid genoemde personen en instanties hebben toegang tot de jeugdige op in de huisregels vastgestelde tijden en plaatsen. Indien de in artikel 42, eerste lid, onder k, genoemde personen vanwege dringende verplichtingen of belemmeringen niet in staat blijken de jeugdige op de in de huisregels vastgestelde tijden en plaatsen gedurende de week te bezoeken, stelt de directeur hen buiten deze tijden, door de week

of in het weekeinde, daartoe in de gelegenheid. Tijdens dit bezoek kunnen zij zich vrijelijk met de jeugdige onderhouden, behoudens ingeval de directeur, na overleg met de desbetreffende bezoeker, van mening is dat van de jeugdige een ernstig gevaar uitgaat voor de veiligheid van de bezoeker. In dat geval laat de directeur voor het bezoek weten welke toezichthoudende maatregelen genomen worden om het onderhoud zo ongestoord mogelijk te laten verlopen. De toezichthoudende maatregelen mogen er niet toe leiden dat vertrouwelijke mededelingen in het onderhoud tussen de jeugdige en diens rechtsbijstandverlener bij derden bekend kunnen worden.

Art. 44
1. De jeugdige heeft, behoudens de overeenkomstig het tweede tot en met het vierde lid te stellen beperkingen, het recht ten minste tweemaal per week op in de huisregels vastgestelde tijden en plaatsen en met behulp van een daartoe aangewezen toestel gedurende tien minuten een of meer telefoongesprekken te voeren met personen buiten de inrichting. De hieraan verbonden kosten komen, tenzij de directeur anders bepaalt, voor rekening van de jeugdige. In verband met het uitoefenen van toezicht als bedoeld in het tweede lid, kunnen telefoongesprekken worden opgenomen.
2. De directeur kan bepalen dat op de door of met de jeugdige gevoerde telefoongesprekken toezicht wordt uitgeoefend, indien dit noodzakelijk is om de identiteit van de persoon met wie de jeugdige een gesprek voert vast te stellen dan wel met het oog op een belang als bedoeld in artikel 41, vierde lid. Dit toezicht kan omvatten het beluisteren van een telefoongesprek of het uitluisteren van een opgenomen telefoongesprek. Aan de betrokkene wordt mededeling gedaan van de aard en de reden van het toezicht. Bij algemene maatregel van bestuur worden nadere regels gesteld over het opnemen van telefoongesprekken en het bewaren en verstrekken van opgenomen telefoongesprekken.
3. De directeur kan de gelegenheid tot het voeren van een bepaald telefoongesprek of telefoongesprekken weigeren of een telefoongesprek binnen de daarvoor bestemde tijd beëindigen, indien dit noodzakelijk is met het oog op een belang als bedoeld in artikel 41, vierde lid. De beslissing tot het weigeren van een bepaald telefoongesprek of bepaalde telefoongesprekken geldt voor ten hoogste vier weken.
4. De jeugdige wordt in staat gesteld met de in artikel 42, eerste lid, genoemde personen en instanties telefonisch contact te hebben, indien hiervoor de noodzaak en de gelegenheid bestaan. Op deze gesprekken wordt geen ander toezicht uitgeoefend dan voor zover noodzakelijk is om de identiteit van de persoon of instantie met wie de jeugdige een telefoongesprek voert of wenst te voeren vast te stellen.

Justitiële jeugdinrichting, telefoongesprekken met personen buiten inrichting

Art. 45
1. De directeur kan toestemming geven voor het voeren van een gesprek tussen de jeugdige en een vertegenwoordiger van de media, voor zover dit zich verdraagt met de volgende belangen:
a. de handhaving van de orde of de veiligheid in de inrichting;
b. de bescherming van de openbare orde en de goede zeden;
c. de geestelijke of lichamelijke ontwikkeling van de jeugdige;
d. de uitvoering van het perspectiefplan;
e. de bescherming van de rechten en de vrijheden van anderen dan de jeugdige;
f. de voorkoming of de opsporing van strafbare feiten.
2. De directeur kan met het oog op de bescherming van de in het eerste lid genoemde belangen aan de toegang van een vertegenwoordiger van de media tot de inrichting voorwaarden verbinden. De directeur is bevoegd een vertegenwoordiger van de media uit de inrichting te doen verwijderen, indien hij de hem opgelegde voorwaarden niet nakomt.
3. De directeur kan op het contact met een vertegenwoordiger van de media toezicht uitoefenen, indien dit noodzakelijk is met het oog op een belang als bedoeld in het eerste lid. Artikel 43, vierde lid, tweede en derde volzin, en vijfde lid, is van overeenkomstige toepassing.

Justitiële jeugdinrichting, gesprek met vertegenwoordiger media

Hoofdstuk IX
Verzorging, onderwijs en andere activiteiten

Paragraaf 1
Verzorging

Art. 46
1. De jeugdige heeft het recht zijn godsdienst of levensovertuiging, individueel of in gemeenschap met anderen, vrij te belijden en te beleven.

Justitiële jeugdinrichting, belijden en beleven godsdienst/levensovertuiging

2. De directeur draagt zorg dat in de inrichting voldoende geestelijke verzorging, die zoveel mogelijk aansluit bij de godsdienst of levensovertuiging van de jeugdigen, beschikbaar is.
3. De directeur stelt de jeugdige in de gelegenheid op in de huisregels vastgestelde tijden en plaatsen:

a. persoonlijk contact te onderhouden met de geestelijke verzorger van de godsdienst of de levensovertuiging van zijn keuze, die aan de inrichting is verbonden;
b. contact te onderhouden met andere dan de onder a genoemde geestelijke verzorgers volgens artikel 43;
c. in de inrichting te houden godsdienstige of levensbeschouwelijke bijeenkomsten van zijn keuze bij te wonen. Artikel 24 is van overeenkomstige toepassing.

Nadere regels

4. Bij of krachtens algemene maatregel van bestuur worden nadere regels gesteld ten aanzien van de beschikbaarheid van de geestelijke verzorging. Deze regels hebben betrekking op de verlening van geestelijke verzorging door of vanwege verschillende richtingen van godsdienst of levensovertuiging, op de organisatie en de bekostiging van de geestelijke verzorging en op de aanstelling van geestelijke verzorgers bij een inrichting.

Art. 47

Justitiële jeugdinrichting, verzorging door arts

1. De jeugdige heeft recht op verzorging door een aan de inrichting verbonden arts of diens vervanger.
2. De jeugdige heeft recht op raadpleging, voor eigen rekening, van een arts van zijn keuze. De directeur stelt in overleg met de gekozen arts de plaats en het tijdstip van de raadpleging vast.
3. De directeur draagt zorg dat een aan de inrichting verbonden arts of diens vervanger:
a. regelmatig beschikbaar is voor het houden van een spreekuur;
b. op andere tijdstippen beschikbaar is, indien dit in het belang van de gezondheid van de jeugdige noodzakelijk is;
c. de jeugdige die hiervoor in aanmerking komen onderzoekt op hun geschiktheid voor deelname aan sport of een andere activiteit.
4. De directeur draagt zorg voor:
a. de verstrekking van de door de aan de inrichting verbonden arts of diens vervanger voorgeschreven medicijnen en diëten;
b. de behandeling van de jeugdige op aanwijzing van de aan de inrichting verbonden arts of diens vervanger;
c. de overbrenging van de jeugdige naar een ziekenhuis dan wel een andere instelling, indien de onder b bedoelde behandeling aldaar plaatsvindt.

Art. 48

Justitiële jeugdinrichting, sociale verzorging en hulpverlening

1. De jeugdige heeft recht op sociale verzorging en hulpverlening.
2. De directeur draagt zorg dat de maatschappelijk werkers van gecertificeerde instellingen, reclasseringswerkers en daarvoor in aanmerking komende gedragsdeskundigen de in het eerste lid omschreven zorg en hulp in de inrichting kunnen verlenen.
3. De directeur draagt zorg voor overbrenging van de jeugdige naar de daartoe bestemde plaats, indien de in het eerste lid omschreven zorg en hulp dit noodzakelijk maken en een dergelijke overbrenging zich verdraagt met de ongestoorde tenuitvoerlegging van de vrijheidsbeneming.

Art. 49

Justitiële jeugdinrichting, verstrekking voeding/kleding/schoeisel

1. De directeur draagt zorg dat aan de jeugdige voeding, noodzakelijke kleding en schoeisel worden verstrekt dan wel dat hem voldoende geldmiddelen ter beschikking worden gesteld om hierin naar behoren te voorzien.
2. De jeugdige heeft recht op het dragen van eigen kleding en schoeisel, tenzij dit een gevaar kunnen opleveren voor de orde of de veiligheid in de inrichting. Hij kan worden verplicht tijdens het deelnemen aan activiteiten of sport aangepaste kleding of schoeisel te dragen. In de huisregels kunnen regels worden gesteld omtrent de wijze van gebruik en onderhoud van kleding en schoeisel.
3. De directeur draagt zorg dat bij de verstrekking van voeding zoveel mogelijk rekening wordt gehouden met de godsdienst of de levensovertuiging van de jeugdigen.
4. De directeur draagt zorg dat de jeugdige in staat wordt gesteld zijn uiterlijk en lichamelijke hygiëne naar behoren te verzorgen.
5. In de huisregels worden regels gesteld omtrent de aankoop door jeugdigen van andere gebruiksartikelen dan die welke door de directeur ter beschikking worden gesteld.

Art. 50

Justitiële jeugdinrichting, bezit voorwerpen

1. In de huisregels kan worden bepaald dat het bezit van bepaalde soorten voorwerpen binnen de inrichting of een bepaalde afdeling daarvan verboden is, indien dit noodzakelijk is in het belang van de handhaving van de orde of de veiligheid in de inrichting dan wel de beperking van de aansprakelijkheid van de directeur voor de voorwerpen.
2. De directeur kan een jeugdige toestemming geven hem toebehorende voorwerpen waarvan het bezit niet is verboden ingevolge het eerste lid, in zijn kamer te plaatsen dan wel bij zich te hebben voor zover dit zich verdraagt met de volgende belangen:
a. de handhaving van de orde of de veiligheid in de inrichting;

Beginselenwet justitiële jeugdinrichtingen   **C31 art. 51c**

b. de geestelijke of de lichamelijke ontwikkeling van de jeugdige;
c. de uitvoering van het perspectiefplan;
d. de aansprakelijkheid van de directeur voor de voorwerpen.
3. De directeur kan aan de toestemming, bedoeld in het tweede lid, voorwaarden verbinden die kunnen betreffen het gebruik van en de aansprakelijkheid voor deze voorwerpen. Bij of krachtens algemene maatregel van bestuur kunnen regels worden gesteld krachtens welke de aansprakelijkheid van de directeur voor voorwerpen die een jeugdige ingevolge het tweede lid onder zich heeft wordt beperkt tot een bepaald bedrag.
4. De directeur is bevoegd aan de jeugdige toebehorende voorwerpen voor diens rekening te laten onderzoeken, ten einde vast te stellen of de toelating of het bezit daarvan kan worden toegestaan dan wel is verboden ingevolge het eerste onderscheidenlijk het tweede lid.
5. De directeur is bevoegd voorwerpen die verboden zijn dan wel ten aanzien waarvan geen toestemming is verleend ingevolge het eerste onderscheidenlijk het tweede lid, in beslag te nemen. Hij draagt zorg dat deze voorwerpen hetzij onder afgifte van een bewijs van ontvangst ten behoeve van de jeugdige op diens kosten worden bewaard, hetzij met toestemming van de jeugdige worden vernietigd, hetzij aan een opsporingsambtenaar ter hand worden gesteld met het oog op de voorkoming of de opsporing van strafbare feiten.

Art. 51
1. Het bezit van contant geld door de jeugdigen in de inrichting of een afdeling is verboden, tenzij in de huisregels anders is bepaald.
2. In inrichtingen of afdelingen waar het bezit door de jeugdigen van contant geld is verboden, heeft de jeugdige de beschikking over een rekening-courant bij de inrichting.
3. Aan de jeugdige kan een zakgeld worden toegekend volgens door Onze Minister te stellen regels.
4. In de huisregels kunnen nadere regels worden gesteld omtrent het bezit van contant geld en het gebruik van de rekening-courant. Deze regels kunnen een beperking inhouden van het bedrag waarover de jeugdige ten hoogste in contanten of door middel van zijn rekening-courant mag beschikken.

Justitiële jeugdinrichting, bezit contant geld

Paragraaf 1a
Verblijf in een bijzondere zorgafdeling in verband met de geestelijke gezondheidstoestand

Art. 51a
Voor de toepassing van deze paragraaf wordt onder gevaar verstaan:
1. gevaar voor de jeugdige, die het veroorzaakt, hetgeen onder meer bestaat uit:
a. het gevaar dat de jeugdige zich van het leven zal beroven of zichzelf ernstig lichamelijk letsel zal toebrengen;
b. het gevaar dat de jeugdige maatschappelijk te gronde gaat;
c. het gevaar dat de jeugdige zichzelf in ernstige mate zal verwaarlozen;
d. het gevaar dat de jeugdige met hinderlijk gedrag agressie van anderen zal oproepen.
2. gevaar voor een of meer anderen, hetgeen onder meer bestaat uit:
a. het gevaar dat de jeugdige een ander van het leven zal beroven of hem ernstig lichamelijk letsel zal toebrengen;
b. het gevaar voor de psychische gezondheid van een ander;
c. het gevaar dat de jeugdige een ander, die aan zijn zorg is toevertrouwd, zal verwaarlozen;
3. gevaar voor de algemene veiligheid van personen of goederen.

Begripsbepalingen

Art. 51b
1. De directeur draagt zorg dat binnen twee weken na plaatsing op een afdeling voor intensieve zorg als bedoeld in artikel 22a of een afdeling voor intensieve behandeling als bedoeld in artikel 22b, in overleg met de jeugdige een geneeskundige behandelingsplan wordt vastgesteld.
2. Het geneeskundig behandelingsplan is gericht op het zodanig wegnemen van het gevaar dat de stoornis van de geestvermogens de jeugdige doet veroorzaken dat de jeugdige niet langer in verband met zijn geestelijke gezondheidstoestand op een afdeling voor intensieve zorg of intensieve behandeling behoeft te verblijven. Zo mogelijk geschiedt dit door het behandelen van de stoornis. Indien dit niet mogelijk is, geschiedt dit door het anderszins wegnemen van het gevaar.
3. Bij algemene maatregel van bestuur worden regels gesteld omtrent de eisen waaraan het geneeskundig behandelingsplan tenminste moet voldoen en de voorschriften die bij een wijziging daarvan in acht genomen moeten worden.

Justitiële jeugdinrichting, geneeskundig behandelingsplan

Nadere regels

Art. 51c
Behandeling van de jeugdige op een afdeling voor intensieve zorg als bedoeld in artikel 22a of een afdeling voor intensieve behandeling als bedoeld in artikel 22b vindt slechts plaats:
a. voor zover deze is voorzien in het geneeskundig behandelingsplan bedoeld in artikel 51b, eerste lid

Justitiële jeugdinrichting, voorwaarden voor geneeskundige behandeling

Sdu   867

b. indien het overleg over het geneeskundig behandelingsplan, bedoeld in artikel 51b, eerste lid, heeft geleid tot overeenstemming met de jeugdige en, indien de jeugdige de leeftijd van zestien jaar nog niet heeft bereikt, met zijn ouders of voogd, stiefouder of pleegouders dan wel de gecertificeerde instelling, en
c. indien de jeugdige of, indien de jeugdige de leeftijd van zestien jaar nog niet heeft bereikt, zijn ouders of voogd, stiefouder of pleegouders dan wel de gecertificeerde instelling, zich niet tegen de geneeskundige behandeling verzetten.

Art. 51d
Indien niet wordt voldaan aan de voorwaarden van artikel 51c, onderdelen b en c, kan niettemin als uiterste redmiddel geneeskundige behandeling plaatsvinden:
a. voor zover aannemelijk is dat zonder die behandeling het gevaar dat de stoornis van de geestvermogens de jeugdige doet veroorzaken niet binnen een redelijke termijn kan worden weggenomen, of
b. voor zover dit volstrekt noodzakelijk is om het gevaar dat de stoornis van de geestvermogens de jeugdige binnen de inrichting doet veroorzaken, af te wenden.

Art. 51e
1. Behandeling overeenkomstig artikel 51d, onder a, vindt plaats na een schriftelijke beslissing van de directeur waarin wordt vermeld voor welke termijn zij geldt.
2. Ten behoeve van deze beslissing dient te worden overgelegd een verklaring van de behandelend psychiater alsmede van een psychiater die de jeugdige met het oog daarop kort tevoren heeft onderzocht maar niet bij diens behandeling betrokken was. Uit de verklaringen dient te blijken dat de jeugdige op wie de verklaring betrekking heeft, is gestoord in zijn geestvermogens en dat een geval als bedoeld in artikel 51d, onder a, zich voordoet. De verklaringen moeten met redenen zijn omkleed en ondertekend.
3. De beslissing als bedoeld in het eerste lid wordt gemeld aan de voorzitter van de Commissie van Toezicht. De voorzitter van de Commissie van Toezicht doet onverwijld een melding aan de maandcommissaris.
4. De termijn als bedoeld in het eerste lid is zo kort mogelijk, maar niet langer dan drie maanden, gerekend vanaf de dag waarop de beslissing tot stand komt. De directeur doet onverwijld een afschrift van de beslissing toekomen aan de jeugdige en, indien de jeugdige de leeftijd van 16 jaar nog niet heeft bereikt, tevens aan zijn ouders of voogd, stiefouder of pleegouders dan wel de gecertificeerde instelling.
5. Indien na afloop van de termijn als bedoeld in het eerste lid voortzetting van de behandeling overeenkomstig artikel 51d, onder a, nodig is, geschiedt dit slechts krachtens een schriftelijke beslissing van de directeur. Het bepaalde in de voorgaande volzin is eveneens van toepassing indien binnen zes maanden na afloop van de termijn als bedoeld in het vierde lid opnieuw behandeling overeenkomstig artikel 51d, onder a, nodig is. De directeur geeft in zijn beslissing aan waarom van een behandeling alsnog het beoogde effect wordt verwacht. Op zodanige beslissingen is het vierde lid, eerste volzin van toepassing.

Nadere regels
6. Bij algemene maatregel van bestuur worden nadere regels gesteld omtrent de toepassing van het eerste, tweede, vierde en vijfde lid alsmede omtrent de toepassing van artikel 51d, onder b.
7. Deze in het zesde lid bedoelde regels betreffen in ieder geval de melding en de registratie van de behandeling alsmede de taak van de behandelend arts. Tevens kunnen categorieën van behandelingsmiddelen of -maatregelen worden aangewezen die niet mogen worden toegepast bij een behandeling overeenkomstig het eerste lid. Bij algemene maatregel van bestuur kunnen voorts ten aanzien van daarbij aangegeven categorieën van behandelingsmiddelen of -maatregelen regels worden gegeven met betrekking tot de wijze waarop tot toepassing daarvan moet worden besloten.

Paragraaf 2
Onderwijs en andere activiteiten

Art. 52

Justitiële jeugdinrichting, verplichting tot volgen onderwijs
1. De jeugdige is verplicht tot het volgen van onderwijs dan wel tot het deelnemen aan andere activiteiten in het kader van zijn pedagogische vorming.

2. In het voor de jeugdige opgestelde perspectiefplan wordt opgenomen welk onderwijs hij volgt of aan welke activiteiten in het kader van zijn pedagogische vorming hij deelneemt. Bij de keuze daarvan worden de mate van beveiliging van de inrichting of de afdeling en het voor de jeugdige geldende stelsel van vrijheden in acht genomen, en wordt zo veel mogelijk rekening gehouden met redelijke wensen van de jeugdige, alsmede met die van zijn ouders of voogd, stiefouder of pleegouders.

Beginselenwet justitiële jeugdinrichtingen

3. De directeur draagt zorg voor de beschikbaarheid van onderwijs en andere activiteiten in het kader van de pedagogische vorming, alsmede voor de voorziening daarin door daarvoor in aanmerking komende functionarissen.
4. Onze Minister kan regels stellen omtrent de voorwaarden waaronder een tegemoetkoming kan worden verleend in de kosten die voor de jeugdige aan het volgen van onderwijs en het deelnemen aan activiteiten in het kader van zijn pedagogische vorming, voor zover hierin niet door de directeur van de inrichting kan worden voorzien, kunnen zijn verbonden. Deze voorwaarden kunnen betreffen de aard, de duur en de kosten van deze activiteiten alsmede de vooropleiding van de jeugdige en diens vorderingen.
5. Bij of krachtens algemene maatregel van bestuur worden regels gesteld omtrent de eisen waaraan het onderwijs in de inrichting en de andere activiteiten in het kader van de pedagogische vorming moeten voldoen.

Nadere regels

Art. 53
1. De jeugdige heeft recht op het kennis nemen van het nieuws, voor eigen rekening, en het wekelijks gebruik maken van een bibliotheekvoorziening.
2. De jeugdige heeft recht op lichamelijke oefening en het beoefenen van sport gedurende ten minste tweemaal drie kwartier per week, voor zover zijn gezondheid zich daar niet tegen verzet.
3. De jeugdige heeft recht op recreatie en dagelijks verblijf in de buitenlucht, voor zover zijn gezondheid zich daar niet tegen verzet.
4. De directeur draagt zorg dat de jeugdige in de gelegenheid wordt gesteld tot deelname aan recreatieve activiteiten gedurende ten minste twee uren per dag.
5. De directeur draagt zorg dat de jeugdige in de gelegenheid wordt gesteld dagelijks ten minste een uur in de buitenlucht te verblijven.

Justitiële jeugdinrichting, kennisname van nieuws en gebruik bibliotheek
Justitiële jeugdinrichting, lichamelijke oefening en sport
Justitiële jeugdinrichting, recreatie en verblijf in buitenlucht

Hoofdstuk X
Disciplinaire straffen

Art. 54
1. Indien een personeelslid of medewerker constateert dat een jeugdige betrokken is bij feiten die onverenigbaar zijn met de orde of de veiligheid in de inrichting dan wel met de ongestoorde tenuitvoerlegging van de vrijheidsbeneming en hij voornemens is daarover aan de directeur schriftelijk verslag te doen, deelt hij dit de jeugdige mede.
2. De directeur beslist over het opleggen van een disciplinaire straf zo spoedig mogelijk nadat hem dit verslag is gedaan.
3. Indien de directeur of zijn plaatsvervanger feiten als bedoeld in het eerste lid constateert, blijft het eerste lid buiten toepassing.
4. Een straf kan worden opgelegd dan wel ten uitvoer gelegd in een andere inrichting of afdeling dan waarin het verslag, bedoeld in het eerste lid is opgemaakt.

Justitiële jeugdinrichting, opleggen disciplinaire straf

Art. 55
1. De directeur kan wegens het begaan van feiten als bedoeld in artikel 54, eerste lid, de navolgende disciplinaire straffen opleggen:
a. opsluiting in een strafcel dan wel een andere verblijfsruimte voor ten hoogste vier dagen voor jeugdigen tot zestien jaar en ten hoogste zeven dagen voor jeugdigen van zestien jaar en ouder;
b. ontzegging van bezoek van een bepaald persoon of bepaalde personen voor ten hoogste vier weken, indien het feit plaatsvond in verband met bezoek van die persoon of personen;
c. uitsluiting van deelname aan een of meer bepaalde activiteiten voor ten hoogste vier dagen voor jeugdigen tot zestien jaar en ten hoogste zeven dagen voor jeugdigen van zestien jaar en ouder;
d. weigering, intrekking of beperking van het eerstvolgende verlof;
e. geldboete tot een bedrag van ten hoogste het zakgeld, bedoeld in artikel 51, derde lid, over één week.
2. De directeur bepaalt bij de oplegging van een geldboete tevens door welke andere straf deze zal worden vervangen, ingeval de boete niet binnen de daartoe door hem gestelde termijn is betaald.
3. De directeur kan voor feiten als bedoeld in artikel 54, eerste lid, meer dan één straf opleggen, met dien verstande dat de in het eerste lid onder a en c genoemde straffen slechts kunnen worden opgelegd voor zover zij te zamen niet langer duren dan vier dagen voor jeugdigen tot zestien jaar en zeven dagen voor jeugdigen van zestien jaar en ouder.
4. De oplegging van een straf laat onverlet de mogelijkheid voor de directeur om ter zake van de door de jeugdige toegebrachte schade met hem dan wel zijn wettelijk vertegenwoordiger een regeling te treffen.

Justitiële jeugdinrichting, soorten disciplinaire straf

5. Geen straf kan worden opgelegd, indien de jeugdige voor het begaan van een feit als bedoeld in artikel 54, eerste lid, niet verantwoordelijk kan worden gesteld.
6. Indien een straf is opgelegd wordt deze onverwijld ten uitvoer gelegd. De directeur kan bepalen dat een straf niet of slechts ten dele ten uitvoer wordt gelegd.

Art. 55a

Justitiële jeugdinrichting, permanente cameraobservatie van jeugdige in strafcel

1. De directeur kan, indien dit ter bescherming van de geestelijke of lichamelijke toestand van de jeugdige noodzakelijk is, bepalen dat de jeugdige die in de strafcel verblijft, dag en nacht door middel van een camera wordt geobserveerd.

2. Alvorens hij hiertoe beslist, wint hij het advies in van een gedragsdeskundige onderscheidenlijk de inrichtingsarts, tenzij dit advies niet kan worden afgewacht. In dat geval wint de directeur het advies zo spoedig mogelijk na zijn beslissing in.

Art. 56

Justitiële jeugdinrichting, tenuitvoerlegging opsluiting in strafcel in andere inrichting

1. Indien de tenuitvoerlegging van de opsluiting in een strafcel of andere verblijfsruimte in de inrichting of de afdeling waarin zij is opgelegd niet mogelijk is of op ernstige bezwaren stuit, kan zij in een andere inrichting of afdeling worden ondergaan.

2. Indien de directeur van oordeel is dat de in het eerste lid bedoelde omstandigheid zich voordoet, plaatst hij in overeenstemming met Onze Minister de jeugdige hiertoe over.

Nadere regels

3. Onze Minister stelt nadere regels omtrent de procedure van overplaatsing ingevolge het tweede lid.

Art. 57

Justitiële jeugdinrichting, voorwaardelijke oplegging disciplinaire straf

1. Een straf kan geheel of ten dele voorwaardelijk worden opgelegd. De proeftijd bedraagt ten hoogste twee maanden.

2. De directeur stelt in elk geval als voorwaarde dat de jeugdige zich onthoudt van het plegen van feiten die onverenigbaar zijn met de orde of de veiligheid in de inrichting dan wel met de ongestoorde tenuitvoerlegging van de vrijheidsbeneming. De directeur kan andere voorwaarden aan het gedrag van de jeugdige stellen. De opgelegde voorwaarden worden vermeld in de mededeling, bedoeld in artikel 62, eerste lid.

3. Bij het overtreden van een voorwaarde binnen de proeftijd kan de directeur bepalen dat de opgelegde voorwaardelijke straf geheel of ten dele ten uitvoer wordt gelegd.

4. De directeur kan een onvoorwaardelijke straf geheel of ten dele omzetten in een voorwaardelijke straf.

Art. 58

Justitiële jeugdinrichting, register disciplinaire straffen

1. Van elke strafoplegging dan wel wijziging daarvan houdt de directeur aantekening in een register.

2. Indien een straf ingevolge de hoofdstukken XII, XIII of XIV geheel of ten dele wordt herzien, houdt de directeur hiervan aantekening in een register.

3. De ouders of voogd, stiefouder of pleegouders dan wel de gecertificeerde instelling, worden van het opleggen van een straf, bedoeld in artikel 55, eerste lid, en van de redenen daarvan op de hoogte gesteld. Ten aanzien van jeugdigen van achttien jaar en ouder is de instemming van de jeugdige vereist.

4. De directeur kan van het doen van mededelingen omtrent de redenen voor het opleggen van de straf afzien indien:
   a. de ouders, voogd, stiefouder of pleegouders te kennen hebben gegeven niet betrokken te willen worden bij het verblijf van de jeugdige in de inrichting;
   b. zwaarwegende belangen van de jeugdige zich tegen het doen van deze mededelingen verzetten.

Art. 59

Justitiële jeugdinrichting, opsluiting in strafcel

1. De jeugdige aan wie de disciplinaire straf van opsluiting, bedoeld in artikel 55, eerste lid, onder a, is opgelegd is uitgesloten van deelname aan activiteiten, voor zover de directeur niet anders bepaalt en behoudens het dagelijks verblijf in de buitenlucht, bedoeld in artikel 53, derde lid. De directeur kan het contact met de buitenwereld, bedoeld in hoofdstuk VIII, gedurende de opsluiting beperken of uitsluiten.

2. De directeur draagt zorg dat, ingeval de opsluiting in een strafcel ten uitvoer wordt gelegd en langer dan vierentwintig uren duurt, de commissie van toezicht en de aan de inrichting verbonden arts of diens vervanger terstond hiervan in kennis worden gesteld.

Nadere regels

3. Onze Minister stelt nadere regels omtrent het verblijf in en de inrichting van de strafcel. Deze betreffen in elk geval de rechten die tijdens het verblijf in de strafcel aan de jeugdige toekomen.

Hoofdstuk XI
Informatie, hoor- en mededelingsplicht en dossier

Art. 60
1. De directeur draagt zorg dat de jeugdige bij binnenkomst in de inrichting, schriftelijk en zoveel mogelijk in een voor hem begrijpelijke taal, op de hoogte wordt gesteld van zijn bij of krachtens deze wet gestelde rechten en plichten.

Justitiële jeugdinrichting, informeren over rechten en plichten

2. De jeugdige wordt hierbij in het bijzonder gewezen op diens bevoegdheid:
   a. een bezwaar- of verzoekschrift in te dienen overeenkomstig hoofdstuk IV;
   b. zich te wenden tot de maandcommissaris van de commissie van toezicht overeenkomstig hoofdstuk XII;
   c. een klaag- of beroepschrift in te dienen overeenkomstig de hoofdstukken XIII, XIV en XV.

Art. 61
1. De directeur stelt de jeugdige in de gelegenheid te worden gehoord, zoveel mogelijk in een voor de jeugdige begrijpelijke taal, alvorens hij beslist omtrent:

Justitiële jeugdinrichting, horen jeugdige

   a. de weigering op het verzoek tot deelname aan een scholings- en trainingsprogramma, bedoeld in artikel 3, zesde lid, alsmede de beëindiging van de deelname aan een scholings- en trainingsprogramma, bedoeld in artikel 3, vijfde lid;
   b. de weigering of de intrekking van de toestemming om een kind in de inrichting onder te brengen, bedoeld in artikel 16;
   c. de voortzetting van het verblijf op een afdeling voor intensieve zorg, bedoeld in artikel 22a, derde lid, op een afdeling voor intensieve behandeling, bedoeld in artikel 22b, derde lid, of een individuele trajectafdeling, bedoeld in artikel 22c, vijfde lid;
   d. de uitsluiting van het verblijf in de groep of van deelname aan activiteiten en de verlenging daarvan, bedoeld in artikel 23, derde lid, en 24, eerste lid, aanhef en onder a of b, onderscheidenlijk artikel 23, vierde lid en 24, tweede lid, alsmede verlenging van de uitsluiting van verblijf in de groep, bedoeld in artikel 23, tweede lid;
   e. de plaatsing in afzondering en de verlenging hiervan, bedoeld in artikel 25, eerste lid, op de grond van artikel 24, eerste lid, onder a of b, onderscheidenlijk artikel 25, derde lid, en de toepassing van artikel 26;
   f. de tijdelijke plaatsing en de verlenging hiervan, bedoeld in artikel 27, eerste onderscheidenlijk derde lid;
   g. de beperking en de intrekking van verlof, bedoeld in de artikelen 29, tweede lid, 30, derde en vierde lid;
   h. het onderzoek in het lichaam, bedoeld in artikel 36, eerste lid;
   i. het gedogen van een geneeskundige handeling, bedoeld in artikel 37;
   j. het verrichten van geneeskundige behandeling als bedoeld in artikel 51d, onder a of b;
   k. de bevestiging door mechanische middelen, bedoeld in artikel 38, eerste lid;
   l. de oplegging van een disciplinaire straf, bedoeld in artikel 55 en de toepassing van de artikelen 56 en 57, derde lid;
   m. de observatie door middel van een camera, bedoeld in de artikelen 25a, eerste lid, en 55a, eerste lid.
2. Van het horen van de jeugdige wordt aantekening gehouden.
3. Toepassing van het eerste lid, onder d, e, f, g, h, i en k kan achterwege blijven indien:
   a. de vereiste spoed zich daartegen verzet;
   b. de gemoedstoestand van de jeugdige daaraan in de weg staat.

Dit laat onverlet dat de jeugdige zo spoedig mogelijk achteraf alsnog wordt gehoord.

4. Indien de beslissing tot
   a. de uitsluiting van verblijf in de groep of van deelname aan activiteiten en de verlenging hiervan, bedoeld in artikel 23, derde lid, en 24, eerste lid, onder a en b, onderscheidenlijk artikel 23, vierde lid, en 24, tweede lid, alsmede de verlenging van uitsluiting van verblijf in de groep, bedoeld in artikel 23, tweede lid;
   b. de plaatsing in afzondering, als bedoeld in artikel 25, eerste lid, op de grond van artikel 24, eerste lid, onder a en b, en de verlenging hiervan, bedoeld in artikel 25, derde lid;

wordt genomen door een afdelingshoofd, stelt deze de jeugdige in de gelegenheid te worden gehoord.

5. Een jeugdige vreemdeling wordt bij binnenkomst in de inrichting geïnformeerd over zijn recht de consulaire vertegenwoordiger van zijn land van zijn detentie op de hoogte te laten stellen.

Justitiële jeugdinrichting, informeren jeugdige vreemdeling

Art. 62
1. De directeur geeft de jeugdige van elke beslissing als bedoeld in artikel 61, eerste lid, onverwijld schriftelijk en zoveel mogelijk in een voor hem begrijpelijke taal een met redenen omklede, gedagtekende en ondertekende mededeling.
2. De directeur geeft de jeugdige op de in het eerste lid omschreven wijze een mededeling omtrent:

Justitiële jeugdinrichting, mededelingen aan jeugdige

a. de weigering van verzending of uitreiking van een brief of ander poststuk dan wel van bijgesloten voorwerpen als bedoeld in artikel 41, vierde lid;
b. de weigering van de toelating tot de jeugdige van een bepaald persoon of bepaalde personen als bedoeld in artikel 43, derde lid;
c. het verbod van het voeren van een bepaald telefoongesprek of bepaalde telefoongesprekken als bedoeld in artikel 44, derde lid;
d. de weigering van een contact met een vertegenwoordiger van de media als bedoeld in artikel 45, eerste lid.
3. In de gevallen, genoemd in het tweede lid, kan de mededeling achterwege blijven, indien de beslissing van de directeur strekt ter uitvoering van een beperking die aan de jeugdige is opgelegd ingevolge de artikelen 62, 62a en 76 van het Wetboek van Strafvordering.
4. De jeugdige wordt in de mededeling, bedoeld in het eerste en tweede lid, gewezen op de mogelijkheid van het verzoeken om bemiddeling, bedoeld in hoofdstuk XII of het instellen van beklag, bedoeld in hoofdstuk XIII, de wijze waarop en de termijn waarbinnen zulks dient te geschieden, alsmede op de mogelijkheid tot het doen van een verzoek aan de voorzitter van de beroepscommissie om hangende de uitspraak op het klaagschrift de tenuitvoerlegging van de beslissing geheel of gedeeltelijk te schorsen.

Art. 63

Justitiële jeugdinrichting, dossier

1. De directeur draagt zorg dat ten dienste van het verblijf van de jeugdige een dossier wordt aangelegd, waarin in ieder geval de volgende gegevens worden vastgelegd:
a. rapporten uitgebracht door of aan de inrichting betreffende de tenuitvoerlegging van de aan de jeugdige opgelegde vrijheidsstraf of vrijheidsbenemende maatregel;
b. het perspectiefplan;
c. op schrift gestelde samenvattingen van besprekingen voor zover betrekking hebbende op de vaststelling en de wijziging van het verblijfs- en behandelplan;
d. evaluatieverslagen;
e. opname- en ontslaggegevens;
f. de aantekening omtrent de oplegging van een disciplinaire straf als bedoeld in artikel 58, eerste lid;
g. adviezen en aantekeningen als bedoeld in artikel 6:6:31, vijfde lid, van het Wetboek van Strafvordering.

Nadere regels

2. Bij algemene maatregel van bestuur worden nadere regels gesteld inzake de eisen waaraan het dossier ten minste moet voldoen, de gegevens die daarin moeten worden vastgelegd, het recht op inzage of afschrift van het dossier door de betrokken jeugdige en zijn ouders of voogd, stiefouders of pleegouders dan wel de gecertificeerde instelling en de beperkingen daarop, de termijn gedurende welke het dossier moet worden bewaard, de wijze waarop het dossier moet worden beheerd, bewaard en, na afloop van de bewaartermijn, vernietigd, alsmede de overdracht van gegevens in geval van een overplaatsing van de jeugdige.
3. Met toepassing van het bepaalde in artikel 464 van Boek 7 van het Burgerlijk Wetboek zijn de artikelen 454, 455 en 456 van dit boek niet van overeenkomstige toepassing.

Hoofdstuk XII
Bemiddeling

Art. 64

Justitiële jeugdinrichting, bemiddeling bij grief betreffende gedrag directeur

1. De jeugdige heeft het recht zich, mondeling of schriftelijk, tot de maandcommissaris, bedoeld in artikel 7, vierde lid, te wenden met het verzoek te bemiddelen terzake van een grief omtrent de wijze waarop de directeur zich in een bepaalde aangelegenheid jegens hem heeft gedragen of een bij of krachtens deze wet gestelde zorgplicht heeft betracht. Een gedraging van een personeelslid of medewerker van de inrichting jegens de jeugdige wordt met het oog op de toepassing van deze bepaling als een gedraging van de directeur aangemerkt.
2. Indien de grief een beslissing betreft waartegen beklag openstaat, dient dit verzoek uiterlijk op de zevende dag na die waarop de jeugdige kennis heeft gekregen van die beslissing te worden ingediend.
3. De maandcommissaris streeft ernaar binnen zes weken een voor partijen aanvaardbare oplossing te bereiken.
4. De maandcommissaris stelt de jeugdige en de directeur in de gelegenheid, al dan niet in elkaars tegenwoordigheid, hun standpunt mondeling toe te lichten. Indien de jeugdige de Nederlandse taal niet voldoende beheerst, draagt de maandcommissaris zorg voor de bijstand van een tolk.
5. Hij legt de resultaten van de bemiddeling neer in een schriftelijke mededeling en zendt een gedagtekend afschrift daarvan aan de directeur en de jeugdige. De datum van die toezending of uitreiking wordt op dit afschrift aangetekend. Indien de jeugdige de Nederlandse taal niet voldoende begrijpt, draagt de maandcommissaris zorg voor een vertaling van de mededeling.

Beginselenwet justitiële jeugdinrichtingen **C31 art. 66**

In de gevallen, bedoeld in artikel 65, wordt de jeugdige gewezen op de mogelijkheid van beklag en de wijze waarop en de termijn waarbinnen dit moet worden gedaan.
6. De directeur deelt, binnen vier weken na ontvangst van de mededeling, bedoeld in het vijfde lid, de jeugdige alsmede de commissie van toezicht mede of hij het oordeel van de maandcommissaris over de grief deelt en of hij naar aanleiding van dat oordeel maatregelen zal nemen en zo ja welke.
7. Tegen de beslissing, bedoeld in het zesde lid, kan de jeugdige een klacht indienen bij de beklagcommissie. In dat geval is het bepaalde in artikel 68, vierde lid, niet van toepassing.
8. De ouders of voogd, stiefouder of pleegouders hebben het recht als bedoeld in het eerste lid ter zake van een grief omtrent de wijze waarop de directeur zich in een bepaalde aangelegenheid jegens hen heeft gedragen. Het eerste en derde tot en met zevende lid is van overeenkomstige toepassing.

Hoofdstuk XIII
Beklag

Art. 65
1. Een jeugdige kan bij de beklagcommissie beklag doen over een hem betreffende door of namens de directeur genomen beslissing betreffende:
a. de weigering op het verzoek tot deelname aan een scholings-en trainingsprogramma, bedoeld in artikel 3, zesde lid, alsmede de beëindiging van de deelname aan een scholings- en trainingsprogramma, bedoeld in artikel 3, vijfde lid;
b. de weigering of de intrekking van de toestemming om een kind in de inrichting onder te brengen, bedoeld in artikel 16;
c. de voortzetting van het verblijf op een afdeling voor intensieve zorg, bedoeld in artikel 22a, derde lid, op een afdeling voor intensieve behandeling, bedoeld in artikel 22b, derde lid, of een individuele trajectafdeling, bedoeld in artikel 22c, vijfde lid;
d. de uitsluiting van het verblijf in de groep of van deelname aan activiteiten en de verlenging daarvan, bedoeld in artikel 23, derde lid, en 24, eerste lid, aanhef en onder a of b, onderscheidenlijk artikel 23, vierde lid en 24, tweede lid, alsmede verlenging van de uitsluiting van verblijf in de groep, bedoeld in artikel 23, tweede lid;
e. de plaatsing in afzondering en de verlenging hiervan, bedoeld in artikel 25, eerste lid, op de grond van artikel 24, eerste lid, onder a of b, onderscheidenlijk artikel 25, derde lid, en de toepassing van artikel 26;
f. de tijdelijke plaatsing en de verlenging hiervan, bedoeld in artikel 27, eerste onderscheidenlijk derde lid;
g. de beperking en de intrekking van verlof, bedoeld in de artikelen 29, tweede lid, 30, derde en vierde lid;
h. het onderzoek in het lichaam, bedoeld in artikel 36, eerste lid;
i. het gedogen van een geneeskundige handeling, bedoeld in artikel 37;
j. het verrichten van een geneeskundige behandeling, bedoeld in artikel 51d, onder b, of voortzetting van een geneeskundige behandeling, bedoeld in artikel 51e, vijfde lid;
k. de bevestiging door mechanische middelen, bedoeld in artikel 38, eerste lid;
l. de oplegging van een disciplinaire straf, bedoeld in artikel 55 en de toepassing van de artikelen 56 en 57, derde lid;
m. de observatie door middel van een camera, bedoeld in de artikelen 25a, eerste lid, en 55a, eerste lid;
n. enige andere beslissing die een beperking inhoudt van een recht dat de jeugdige op grond van een bij of krachtens deze wet of een een ieder verbindende bepaling van een in Nederland geldend verdrag toekomt.
2. Met een beslissing als bedoeld in het eerste lid wordt gelijkgesteld een verzuim of weigering om te beslissen. Het nemen van een beslissing wordt geacht te zijn verzuimd of geweigerd, indien niet binnen de wettelijke of, bij het ontbreken daarvan, binnen een redelijke termijn een beslissing is genomen.
3. De directeur draagt er zorg voor dat een jeugdige die beklag wenst te doen daartoe zo spoedig mogelijk in de gelegenheid wordt gesteld.

Art. 66
1. De jeugdige doet beklag door de indiening van een klaagschrift bij de beklagcommissie bij de inrichting waar de beslissing waarover hij klaagt is genomen.
2. De indiening van het klaagschrift kan door tussenkomst van de directeur van de inrichting waar de jeugdige verblijft geschieden. De directeur draagt in dat geval zorg dat het klaagschrift, of, indien het klaagschrift zich in een envelop bevindt, de envelop van een dagtekening wordt voorzien, welke geldt als dag van indiening.
3. Het klaagschrift vermeldt zo nauwkeurig mogelijk de beslissing waarover wordt geklaagd en de redenen van het beklag.

Justitiële jeugdinrichting, beklag

Justitiële jeugdinrichting, indiening klaagschrift

4. De beklagcommissie stelt de maandcommissaris onverwijld op de hoogte van de klacht en doet hem deze onverwijld in een gesloten enveloppe toekomen. Indien de indiening van het klaagschrift heeft plaatsgevonden door tussenkomst van de directeur, dan stelt deze de maandcommissaris onverwijld op de hoogte van de klacht en doet deze toekomen aan de maandcommissaris.
5. De maandcommissaris onderzoekt of terzake het onderwerp van de klacht tussen de jeugdige en de directeur kan worden bemiddeld. Artikel 64, derde tot en met zevende lid, zijn van overeenkomstige toepassing.
6. Indien de jeugdige de Nederlandse taal niet voldoende beheerst kan hij het klaagschrift in een andere taal indienen. De voorzitter van de beklagcommissie kan bepalen dat het klaagschrift in de Nederlandse taal wordt vertaald. De vergoeding van de voor de vertaling gemaakte kosten geschiedt volgens regelen te stellen bij algemene maatregel van bestuur.
7. Het klaagschrift wordt uiterlijk op de zevende dag na die waarop de jeugdige kennis heeft gekregen van de beslissing waarover hij zich wenst te beklagen ingediend. Een na afloop van deze termijn ingediend klaagschrift is niettemin ontvankelijk, indien redelijkerwijs niet kan worden geoordeeld dat de jeugdige in verzuim is geweest.
8. Indien de jeugdige een verzoek tot bemiddeling heeft gedaan, wordt, in afwijking van het zevende lid, het klaagschrift ingediend uiterlijk op de zevende dag na die waarop de jeugdige de schriftelijke mededeling van bevindingen van de maandcommissaris heeft ontvangen. Het indienen van een verzoek tot bemiddeling, stuit de in het vorige lid genoemde termijn voor het indienen van een klaagschrift.

Art. 67

Justitiële jeugdinrichting, behandeling klaagschrift

1. Het klaagschrift wordt behandeld door een door de commissie van toezicht uit haar midden benoemde beklagcommissie, bestaande uit drie leden, die wordt bijgestaan door een secretaris. Een lid van de commissie van toezicht neemt geen deel aan de behandeling van het klaagschrift, indien hij heeft bemiddeld ter zake van de beslissing waarop het klaagschrift betrekking heeft of daarmee op enige andere wijze bemoeienis heeft gehad.
2. De voorzitter dan wel een door hem aangewezen lid van de beklagcommissie kan, indien hij het beklag van eenvoudige aard, dan wel kennelijk niet-ontvankelijk, kennelijk ongegrond of kennelijk gegrond acht, het klaagschrift enkelvoudig afdoen, met dien verstande dat hij tevens de bevoegdheden bezit die aan de voorzitter van de voltallige beklagcommissie toekomen.
3. De voorzitter, dan wel het door hem aangewezen lid, bedoeld in het tweede lid, kan de behandeling te allen tijde verwijzen naar de voltallige beklagcommissie.
4. De behandeling van het klaagschrift vindt niet in het openbaar plaats, behoudens ingeval de beklagcommissie van oordeel is dat de niet openbare behandeling niet verenigbaar is met enige een ieder verbindende bepaling van een in Nederland geldend verdrag.

Art. 68

Justitiële jeugdinrichting, opmerkingen directeur naar aanleiding van klaagschrift

1. De secretaris van de beklagcommissie zendt de directeur een afschrift van het klaagschrift toe.
2. De directeur geeft dienaangaande desgevraagd zo spoedig mogelijk schriftelijk de nodige inlichtingen aan de beklagcommissie. Hij voegt daaraan de opmerkingen toe, waartoe het klaagschrift hem overigens aanleiding geeft.
3. Aan de klager geeft de secretaris van de beklagcommissie schriftelijk kennis van de inhoud van deze inlichtingen en opmerkingen.
4. Indien de commissie van toezicht omtrent de beslissing waarover wordt geklaagd heeft bemiddeld en zij haar bevindingen schriftelijk aan de klager en de directeur mede heeft gedeeld, voegt de secretaris van de beklagcommissie de bevindingen bij de processtukken.

Art. 69

Justitiële jeugdinrichting, horen betrokkenen bij beklag

1. De beklagcommissie stelt de klager en de directeur in de gelegenheid omtrent het klaagschrift mondeling opmerkingen te maken, tenzij zij het beklag aanstonds kennelijk niet-ontvankelijk, kennelijk ongegrond of kennelijk gegrond acht.
2. De klager en de directeur kunnen de voorzitter van de beklagcommissie de vragen opgeven die zij aan elkaar gesteld wensen te zien.
3. De beklagcommissie kan de directeur en de klager buiten elkaars aanwezigheid horen. In dat geval worden zij in de gelegenheid gesteld vooraf de vragen op te geven die zij gesteld wensen te zien en wordt de zakelijke inhoud van de aldus afgelegde verklaring door de voorzitter van de beklagcommissie aan de klager onderscheidenlijk de directeur mondeling medegedeeld.
4. De beklagcommissie kan ook bij andere personen mondeling of schriftelijk inlichtingen inwinnen. Indien mondeling inlichtingen worden ingewonnen, zijn het tweede en derde lid, tweede volzin, van overeenkomstige toepassing.

Beginselenwet justitiële jeugdinrichtingen   C31 art. 73

Art. 70
1. De klager heeft het recht zich te doen bijstaan door een rechtsbijstandverlener of een andere vertrouwenspersoon, die daartoe van de beklagcommissie toestemming heeft gekregen. Indien aan de klager een advocaat is toegevoegd, geschieden diens beloning en de vergoeding van de door hem gemaakte kosten volgens regelen te stellen bij algemene maatregel van bestuur.
2. Indien de klager de Nederlandse taal niet voldoende beheerst, draagt de voorzitter zorg voor de bijstand van een tolk. De beloning en de vergoeding van de door de tolk gemaakte kosten geschieden volgens regelen te stellen bij algemene maatregel van bestuur.
3. Tijdens de beklagprocedure staat de beklagcommissie aan de klager op diens verzoek toe van de gedingstukken kennis te nemen.
4. Indien de klager elders verblijft, kunnen de opmerkingen, bedoeld in artikel 69, eerste lid, op verzoek van de beklagcommissie ten overstaan van een lid van een andere beklagcommissie worden gemaakt.
5. Van het horen van de betrokkenen maakt de secretaris een schriftelijk verslag, dat door de voorzitter en de secretaris wordt ondertekend. Bij verhindering van een van hen wordt de reden daarvan in het verslag vermeld.

Justitiële jeugdinrichting, bijstand klager rechtsbijstandverlener/vertrouwenspersoon

Justitiële jeugdinrichting, bijstand klager tolk

Justitiële jeugdinrichting, kennisname klager van gedingstukken

Justitiële jeugdinrichting, horen klager die elders verblijft

Justitiële jeugdinrichting, verslag van horen betrokkenen bij beklag

Art. 71
1. Hangende de uitspraak op het klaagschrift kan de voorzitter van de beroepscommissie op verzoek van de klager, na de directeur te hebben gehoord, de tenuitvoerlegging van de beslissing waarop het klaagschrift betrekking heeft geheel of gedeeltelijk schorsen.
2. De voorzitter doet hiervan onverwijld mededeling aan de directeur en de klager.

Justitiële jeugdinrichting, schorsing tenuitvoerlegging beslissing waarover geklaagd is

Art. 72
1. De beklagcommissie doet zo spoedig mogelijk, doch in ieder geval binnen een termijn van vier weken te rekenen vanaf de datum waarop het klaagschrift is ontvangen, uitspraak. In bijzondere omstandigheden kan de beklagcommissie deze termijn met ten hoogste vier weken verlengen. Van deze verlenging wordt aan de directeur en de klager mededeling gedaan.
2. De uitspraak is met redenen omkleed en gedagtekend. Zij bevat een verslag van het horen van personen door de beklagcommissie. Zij wordt door de voorzitter, alsmede door de secretaris ondertekend. Bij verhindering van een van hen wordt de reden daarvan in de uitspraak vermeld. Aan de klager en de directeur wordt onverwijld en kosteloos een afschrift van de beslissing van de beklagcommissie toegezonden of uitgereikt. De datum van die toezending of uitreiking wordt op dit afschrift aangetekend.
3. De uitspraak vermeldt de mogelijkheid van het instellen van beroep bij de beroepscommissie, de wijze waarop en de termijn waarbinnen dit moet worden gedaan alsmede de mogelijkheid tot schorsing van de tenuitvoerlegging van de uitspraak, bedoeld in artikel 75, tweede lid.
4. Indien de klager de Nederlandse taal niet voldoende beheerst en in de inrichting niet op andere wijze in een vertaling kan worden voorzien, draagt de voorzitter van de beklagcommissie zorg voor een vertaling van de uitspraak en de mededeling, bedoeld in het tweede, onderscheidenlijk derde lid. De vergoeding van de voor de vertaling gemaakte kosten geschiedt volgens regelen te stellen bij algemene maatregel van bestuur.
5. De voorzitter van de beklagcommissie kan de uitspraak ook mondeling mededelen aan de klager en de directeur. Deze worden daarbij gewezen op de mogelijkheid tot het instellen van beroep bij de beroepscommissie, de wijze waarop en de termijn waarbinnen dit moet worden gedaan, alsmede op de mogelijkheid tot schorsing van de tenuitvoerlegging van de uitspraak, bedoeld in artikel 75, tweede lid. Als dag van de uitspraak geldt de dag van het doen van deze mededeling. Indien mondeling uitspraak wordt gedaan, wordt de uitspraak op het klaagschrift aangetekend.
6. Indien het vijfde lid toepassing heeft gevonden en beroep wordt ingesteld als voorzien in artikel 74, eerste lid, vindt uitwerking van de beslissing van de beklagcommissie plaats op de wijze, bedoeld in het tweede lid. De secretaris van de beklagcommissie zendt een afschrift van deze uitspraak toe aan de directeur, de klager en de beroepscommissie.
7. De secretaris zendt van alle uitspraken van de beklagcommissie een afschrift naar Onze Minister. Een ieder heeft recht op kennisneming van deze uitspraken en het ontvangen van een afschrift daarvan. Onze Minister draagt zorg dat dit afschrift geen gegevens bevat waaruit de identiteit van de jeugdige kan worden afgeleid. Met betrekking tot de kosten van het ontvangen van een afschrift is het bij of krachtens de Wet griffierechten burgerlijke zaken bepaalde van overeenkomstige toepassing.

Justitiële jeugdinrichting, uitspraak beklagcommissie

Art. 73
1. De uitspraak van de beklagcommissie strekt tot gehele of gedeeltelijke:
   a. niet-ontvankelijkverklaring van het beklag;
   b. ongegrondverklaring van het beklag;
   c. gegrondverklaring van het beklag.
2. Indien de beklagcommissie van oordeel is dat de beslissing waarover is geklaagd:

Justitiële jeugdinrichting, inhoud uitspraak beklagcommissie

a. in strijd is met een in de inrichting geldend wettelijk voorschrift of een een ieder verbindende bepaling van een in Nederland geldend verdrag, dan wel
b. bij afweging van alle in aanmerking komende belangen, waaronder de veiligheid van de samenleving en de belangen van slachtoffers en nabestaanden, onredelijk of onbillijk moet worden geacht, verklaart zij het beklag gegrond en vernietigt zij de beslissing geheel of gedeeltelijk.
3. Bij toepassing van het tweede lid kan de beklagcommissie:
a. de directeur opdragen een nieuwe beslissing te nemen met inachtneming van haar uitspraak;
b. bepalen dat haar uitspraak in de plaats treedt van de vernietigde beslissing;
c. volstaan met de gehele of gedeeltelijke vernietiging.
4. Bij toepassing van het derde lid, onder a, kan de beklagcommissie in haar uitspraak een termijn stellen.
5. De beklagcommissie kan bepalen dat de uitspraak buiten werking blijft totdat deze onherroepelijk is geworden.
6. Indien het tweede lid toepassing vindt, worden de rechtsgevolgen van de vernietigde beslissing, voor zover mogelijk, door de directeur ongedaan gemaakt, dan wel in overeenstemming gebracht met de uitspraak van de beklagcommissie.
7. Voor zover de in het zesde lid bedoelde gevolgen niet meer ongedaan te maken zijn, bepaalt de beklagcommissie dan wel de voorzitter, na de directeur te hebben gehoord, of enige tegemoetkoming aan de klager geboden is. Zij stelt de tegemoetkoming, die geldelijk van aard kan zijn, vast.

Hoofdstuk XIIIa
Beklag inzake vervoer

Art. 73a

Beklag inzake vervoer jeugdige

1. Een jeugdige kan bij de beklagcommissie van de commissie van toezicht voor het vervoer, bedoeld in artikel 19b, beklag doen over de beslissingen, bedoeld in de artikelen 34, tweede lid, en 40, tweede lid, voor zover de beslissing is genomen ten behoeve van het vervoer van de jeugdige.
2. De directeur van de inrichting waar de jeugdige verblijft, draagt zorg dat een jeugdige die beklag wenst te doen daartoe zo spoedig mogelijk in de gelegenheid wordt gesteld.
3. De artikelen 66, eerste tot en met vierde, zesde en zevende lid, 67, 68, 69, 70 en 72 zijn van overeenkomstige toepassing, met dien verstande dat onder de directeur in de artikelen 68, 69 en 72 steeds wordt verstaan Onze Minister.

Art. 73b

Beklag inzake vervoer jeugdige, uitspraak

1. Artikel 73, eerste en tweede lid, is van overeenkomstige toepassing.
2. Indien het beklag geheel of gedeeltelijk gegrond wordt geacht, bepaalt de beklagcommissie of enige tegemoetkoming aan de jeugdige geboden is. Zij stelt de tegemoetkoming, die geldelijk van aard kan zijn, vast.

Hoofdstuk XIV
Beroep tegen de uitspraak van de beklagcommissie

Art. 74

Justitiële jeugdinrichting, beroep tegen uitspraak beklagcommissie

1. Tegen de uitspraak van de beklagcommissie kunnen de directeur en de klager beroep instellen door het indienen van een beroepschrift. Het met redenen omklede beroepschrift moet uiterlijk op de zevende dag na die van de ontvangst van het afschrift van de uitspraak onderscheidenlijk na die van de mondelinge mededeling van de uitspraak worden ingediend.
2. Het beroepschrift wordt ingediend bij en behandeld door een door de Raad benoemde beroepscommissie van drie leden of buitengewone leden, die wordt bijgestaan door een secretaris.
3. De voorzitter dan wel een door hem aangewezen lid van de beroepscommissie die een met rechtspraak belast lid van de rechterlijke macht is, kan het beroepschrift enkelvoudig afdoen indien hij het beroep kennelijk niet-ontvankelijk, kennelijk ongegrond of kennelijk gegrond acht, met dien verstande dat hij tevens de bevoegdheden bezit die aan de voorzitter van de voltallige beroepscommissie toekomen.
4. De voorzitter, dan wel het door hem aangewezen lid, bedoeld in het derde lid, kan de behandeling te allen tijde verwijzen naar de voltallige beroepscommissie.
5. Ten aanzien van de behandeling van het beroepschrift zijn de artikelen 65, derde lid, 66, tweede en vierde lid, 67, vierde lid, 68, eerste, tweede en derde lid, 69 en 70, eerste, tweede en derde lid, van overeenkomstige toepassing, met dien verstande dat de beroepscommissie kan bepalen dat:
a. de directeur en de klager uitsluitend in de gelegenheid worden gesteld het beroepschrift schriftelijk toe te lichten;

b. de mondelinge opmerkingen ten overstaan van een lid van de beroepscommissie kunnen worden gemaakt;
c. ingeval bij een ander persoon mondeling inlichtingen worden ingewonnen, de directeur en de klager uitsluitend in de gelegenheid worden gesteld schriftelijk de vragen op te geven die zij aan die persoon gesteld wensen te zien.

Art. 75
1. Het indienen van een beroepschrift schorst de tenuitvoerlegging van de uitspraak van de beklagcommissie niet, behalve voor zover deze de toekenning van een tegemoetkoming als bedoeld in artikel 73, zevende lid, inhoudt.

Justitiële jeugdinrichting, schorsing tenuitvoerlegging uitspraak beklagcommissie na instellen beroep

2. Hangende de uitspraak op het beroepschrift kan de voorzitter van de beroepscommissie op verzoek van degene die het beroep heeft ingesteld en gehoord de andere betrokkene in de procedure de tenuitvoerlegging van de uitspraak van de beklagcommissie geheel of gedeeltelijk schorsen. Hij doet hiervan onverwijld mededeling aan de directeur en de klager.

Art. 76
1. De beroepscommissie doet zo spoedig mogelijk uitspraak.

Justitiële jeugdinrichting, uitspraak beroepscommissie

2. De uitspraak van de beroepscommissie strekt tot gehele of gedeeltelijke:
a. niet-ontvankelijkverklaring van het beroep;
b. bevestiging van de uitspraak van de beklagcommissie, hetzij met overneming, hetzij met verbetering van de gronden;
c. vernietiging van de uitspraak van de beklagcommissie.
3. Indien het tweede lid, onder c, toepassing vindt, doet de beroepscommissie hetgeen de beklagcommissie had behoren te doen.
4. Ten aanzien van de uitspraak van de beroepscommissie zijn de artikelen 71 en 72, tweede lid, eerste en derde tot en met vijfde volzin, vierde en zevende lid, van overeenkomstige toepassing.

Schakelbepaling

Hoofdstuk XIVa
Beroep inzake vervoer

Art. 76a
Tegen de uitspraak van de beklagcommissie bedoeld in hoofdstuk XIIIA kunnen Onze Minister en de jeugdige beroep instellen. Hoofdstuk XIV is van overeenkomstige toepassing, met uitzondering van artikel 75, tweede lid.

Beroep jeugdige inzake vervoer

Hoofdstuk XIVb
Beroep tegen medisch handelen

Art. 76b
Een jeugdige kan een beroepschrift indienen tegen het medisch handelen van de aan de inrichting verbonden arts of diens vervanger, bedoeld in artikel 47. Met de inrichtingsarts wordt in dit hoofdstuk gelijkgesteld de verpleegkundige dan wel andere hulpverleners die door de inrichtingsarts bij de zorg aan jeugdigen zijn betrokken.

Beroep jeugdige tegen medisch handelen

Art. 76c
1. Alvorens een beroepschrift in te dienen doet de jeugdige een schriftelijk verzoek aan de Medisch Adviseur bij het Ministerie van Veiligheid en Justitie om te bemiddelen ter zake van de klacht. Dit verzoek dient uiterlijk op de veertiende dag na die waarop het medisch handelen waartegen de klacht zich richt heeft plaatsgevonden te worden ingediend.

Beroep jeugdige tegen medisch handelen, verzoek bij Medisch Adviseur

2. De indiening van het schriftelijk verzoek kan door tussenkomst van een door de directeur daartoe aangewezen ambtenaar of medewerker geschieden, die bevoegd is van het verzoekschrift kennis te nemen. Deze ambtenaar of medewerker draagt in dat geval zorg dat het verzoekschrift van een dagtekening wordt voorzien, welke dag geldt als dag van indiening.
3. De ambtenaar of medewerker, bedoeld in het tweede lid, voert een of meerdere gesprekken met de betrokkenen en zendt een verslag daarvan naar de Medisch Adviseur.
4. De Medisch Adviseur stelt de betrokkene in de gelegenheid de klacht schriftelijk of mondeling toe te lichten, tenzij hij het aanstonds duidelijk acht dat de klacht zich niet voor bemiddeling leent. Hij kan ook bij andere personen mondeling of schriftelijk inlichtingen inwinnen.
5. De Medisch Adviseur is ten behoeve van de bemiddeling bevoegd het medisch dossier van de jeugdige in te zien.
6. De Medisch Adviseur streeft ernaar binnen vier weken nadat hij het verslag, bedoeld in het derde lid, heeft ontvangen een voor beide partijen aanvaardbare oplossing te bereiken.
7. De Medisch Adviseur sluit de bemiddeling af met een mededeling van zijn bevindingen aan de jeugdige en de arts. De jeugdige wordt gewezen op de mogelijkheden van het indienen

van een beroepschrift alsmede de termijn waarbinnen en de wijze waarop dit gedaan moet worden.
8. De Medisch Adviseur zendt een afschrift van de mededeling aan de ambtenaar of medewerker, bedoeld in het tweede lid, en de directeur van de inrichting waaraan de arts tegen wiens medisch handelen de klacht zich richt, is verbonden.
9. De ambtenaar of medewerker, bedoeld in het tweede lid, en de Medisch Adviseur zijn bevoegd een klacht die geen medisch handelen betreft, door te verwijzen naar de beklagcommissie. Hij zendt van de doorverwijzing een bericht aan de jeugdige en, indien het de Medisch Adviseur is die doorverwijst, naar de ambtenaar of medewerker, bedoeld in het tweede lid. Indien reeds een verslag als bedoeld in het derde lid is opgesteld, wordt dit naar de commissie van toezicht gezonden.

Art. 76d

Beroep jeugdige tegen medisch handelen, beroepschrift

1. Een met redenen omkleed beroepschrift wordt ingediend bij en behandeld door een door de Raad benoemde commissie van drie leden of buitengewone leden, bestaande uit één jurist en twee artsen, die wordt bijgestaan door een secretaris.
2. Het beroepschrift wordt ingediend uiterlijk op de zevende dag na die van de ontvangst van het afschrift van de mededeling van de Medisch Adviseur. De directeur draagt zorg dat een jeugdige die beroep wenst in te stellen daartoe zo spoedig mogelijk in de gelegenheid wordt gesteld.
3. Artikel 66, tweede en zesde lid, is van overeenkomstige toepassing.
4. Het beroepschrift vermeldt zo nauwkeurig mogelijk het medisch handelen waarover wordt geklaagd en de redenen van het beroep.

Art. 76e

Beroep jeugdige tegen medisch handelen, behandeling

1. De beroepscommissie en de secretaris zijn ten behoeve van de behandeling van het beroepschrift bevoegd het medisch dossier van de jeugdige in te zien.
2. De behandeling van het beroepschrift vindt niet in het openbaar plaats, behoudens ingeval de beroepscommissie van oordeel is dat de niet openbare behandeling niet verenigbaar is met enige een ieder verbindende bepaling van een in Nederland geldend verdrag.
3. De secretaris van de beroepscommissie zendt de inrichtingsarts een afschrift van het beroepschrift toe en vraagt het verslag van de bemiddeling op bij de Medisch Adviseur.
4. De beroepscommissie stelt de jeugdige en de inrichtingsarts in de gelegenheid omtrent het beroepschrift mondeling of schriftelijk opmerkingen te maken, tenzij zij het beroep aanstonds kennelijk niet-ontvankelijk, kennelijk ongegrond of kennelijk gegrond acht. De beroepscommissie kan bepalen dat de mondelinge opmerkingen ten overstaan van een lid van de commissie, bedoeld in artikel 76d, eerste lid, kunnen worden gemaakt.
5. Artikel 69, tweede en derde lid, is van overeenkomstige toepassing.
6. Artikel 69, vierde lid, is van overeenkomstige toepassing. De beroepscommissie kan bepalen dat ingeval bij een andere persoon mondeling inlichtingen worden ingewonnen, de betrokkenen uitsluitend in de gelegenheid worden gesteld schriftelijk de vragen op te geven die zij aan die persoon gesteld wensen te zien.
7. Artikel 70, eerste tot en met derde lid, is van overeenkomstige toepassing.

Art. 76f

Beroep jeugdige tegen medisch handelen, uitspraak

1. De beroepscommissie doet zo spoedig mogelijk uitspraak.
2. De artikelen 72, tweede, vierde en zevende lid, en 73, eerste lid, zijn van overeenkomstige toepassing.
3. De uitspraak strekt tot gegrondverklaring van het beroep indien sprake is van:
a. enig handelen in het kader van of nalaten in strijd met de zorg die de in artikel 76b bedoelde personen in die hoedanigheid behoren te betrachten ten opzichte van de jeugdige, met betrekking tot wiens gezondheidstoestand zij bijstand verlenen of hun bijstand is ingeroepen;
b. enig ander onder a bedoeld handelen of nalaten in die hoedanigheid in strijd met het belang van een goede uitoefening van de individuele gezondheidszorg.
4. Indien de klacht door de beroepscommissie geheel of gedeeltelijk gegrond wordt geacht bepaalt de beroepscommissie of enige tegemoetkoming aan de jeugdige geboden is. Zij stelt de tegemoetkoming, die geldelijk van aard kan zijn, vast.

Hoofdstuk XV
Beroep inzake plaatsing, overplaatsing, verlof, deelname aan een scholings- en trainingsprogramma en strafonderbreking

Art. 77
1. De betrokkene heeft het recht tegen de beslissing van Onze Minister op het bezwaar- of verzoekschrift voor zover dit betreft een gehele of gedeeltelijke ongegrondverklaring, onderscheidenlijk afwijzing als bedoeld in de artikelen 18 en 19 een met redenen omkleed beroepschrift in te dienen bij de commissie, bedoeld in artikel 78, eerste lid. De betrokkene heeft ook het recht een beroepschrift in te dienen in het geval dat het indienen van een bezwaarschrift op de grond als vermeld in artikel 18, vijfde lid, achterwege is gebleven. *[Justitiële jeugdinrichting, beroep tegen beslissing selectiefunctionaris op bezwaar- of verzoekschrift]*
2. De jeugdige heeft het recht tegen een hem betreffende beslissing aangaande verlof, voor zover hiertegen geen beklag ingevolge artikel 65, eerste en tweede lid, openstaat, een met redenen omkleed beroepschrift in te dienen bij de commissie, bedoeld in artikel 78, eerste lid. *[Justitiële jeugdinrichting, beroep tegen beslissing over verlof]*
3. Het tweede lid is overeenkomstig van toepassing op de beslissing van Onze Minister, strekkende tot weigering van het verlenen van een machtiging tot deelname aan het scholings- en trainingsprogramma, na het verzoek, bedoeld in artikel 3, zesde lid. De jeugdige heeft ook het recht een beroepschrift in te dienen indien een tijdige beslissing op de aanvraag tot het verlenen van een machtiging uitblijft en tegen de beslissing tot intrekking van die machtiging door Onze Minister.
4. Tegen een beslissing als bedoeld in artikel 51e, eerste lid, kan rechtstreeks beroep worden ingesteld bij de Raad.

Art. 78
1. Het beroepschrift wordt behandeld door een door de Raad benoemde commissie van drie leden of buitengewone leden, die wordt bijgestaan door een secretaris. Ten aanzien van het beroepschrift, bedoeld in artikel 77, eerste lid, is artikel 74, derde en vierde lid, van overeenkomstige toepassing. *[Justitiële jeugdinrichting, procedure beroepschrift]*
2. Het beroepschrift moet worden ingediend uiterlijk op de zevende dag na die waarop de betrokkene kennis heeft gekregen van de beslissing waartegen hij beroep instelt. Een na afloop van deze termijn ingediend beroepschrift is niettemin ontvankelijk, indien blijkt dat redelijkerwijs niet kan worden geoordeeld dat de betrokkene in verzuim is geweest.
3. Indien de betrokkene in een inrichting verblijft, kan de indiening van het beroepschrift geschieden door tussenkomst van de directeur van de inrichting of afdeling. De directeur draagt zorg dat het beroepschrift onverwijld van een dagtekening wordt voorzien. Als dag waarop het beroepschrift is ingediend geldt die van de dagtekening.
4. De artikelen 65, derde lid, 66, vierde lid, 68, eerste, tweede en derde lid, 69, 70, 71, 72, tweede lid, eerste en derde tot en met vijfde volzin, vierde en zevende lid, met uitzondering van de eerste volzin, 73, eerste tot en met vierde, zesde en zevende lid, zijn van overeenkomstige toepassing, met dien verstande dat de commissie, bedoeld in het eerste lid, kan bepalen dat:
a. de betrokkenen uitsluitend in de gelegenheid worden gesteld het beroepschrift schriftelijk toe te lichten;
b. de mondelinge opmerkingen ten overstaan van een lid van de commissie, bedoeld in het eerste lid, kunnen worden gemaakt;
c. ingeval bij een ander persoon mondeling inlichtingen worden ingewonnen, de betrokkenen uitsluitend in de gelegenheid worden gesteld schriftelijk de vragen op te geven die zij aan die persoon gesteld wensen te zien.

Hoofdstuk XVI
Medezeggenschap en vertegenwoordiging

Art. 79
De directeur draagt zorg voor een regelmatig overleg met de jeugdigen over zaken die rechtstreeks hun verblijf raken. Zowel de jeugdigen als de directeur kunnen deze onderwerpen in dat overleg aan de orde stellen. *[Justitiële jeugdinrichting, medezeggenschap jeugdigen]*

Art. 80
1. De in de artikelen 18 en 19 alsmede hoofdstukken XII tot en met XV aan de jeugdige toegekende rechten kunnen, behoudens ingeval Onze Minister, de Medisch Adviseur onderscheidenlijk de beklag- of beroepscommissie, de beklagcommissie, bedoeld in hoofdstuk XIIIA, of de beroepscommissie, bedoeld in hoofdstuk XIVA of XIVB, van oordeel is dat zwaarwegende belangen van de jeugdige zich daartegen verzetten, mede worden uitgeoefend door diens ouders of voogd, stiefouder of pleegouders. *[Justitiële jeugdinrichting, uitoefening rechten door ouders/voogd]*
2. De directeur draagt zorg dat de in het eerste lid genoemde personen bij binnenkomst van de jeugdige schriftelijk en voor zover mogelijk in een voor hem begrijpelijke taal op deze rechten opmerkzaam worden gemaakt.

Hoofdstuk XVIa
Experimenten

Art. 80a

Justitiële jeugdinrichting, experiment

1. Bij algemene maatregel van bestuur kunnen bij wijze van experiment regels worden gesteld waarmee tijdelijk wordt afgeweken van de in artikel 80b te noemen bepalingen, zulks met inachtneming van de aldaar genoemde doelen met het oog waarop afwijking van de betreffende bepaling gedurende de werkingsduur van de maatregel plaats kan hebben.
2. De voordracht voor een krachtens het eerste lid vast te stellen algemene maatregel van bestuur wordt niet eerder gedaan dan vier weken nadat het ontwerp aan beide kamers der Staten-Generaal is overgelegd.

Nadere regels

3. Onze Minister kan nadere regels stellen ter uitvoering van het experiment.
4. Onze Minister zendt tenminste drie maanden voor het einde van de werkingsduur van een algemene maatregel van bestuur als bedoeld in het eerste lid aan de Staten-Generaal een verslag over de doeltreffendheid en de effecten van het experiment in de praktijk.
5. De algemene maatregel van bestuur bedoeld in het eerste lid, geldt voor een periode van ten hoogste twee jaar na inwerkingtreding daarvan.
6. Het vijfde lid is niet van toepassing, indien binnen de twee jaar voordracht plaatsvindt van een voorstel van wet, waarmee in het onderwerp van de maatregel wordt voorzien.

Art. 80b

Justitiële jeugdinrichting, onderwerpen voor experiment

Op de wijze als voorzien in artikel 80a kan worden afgeweken van:
a. artikel 1, onderdeel v, ten aanzien van de grootte van de groep, voor zover dit dienstig is aan een experiment ingevolge de navolgende onderdelen van dit artikel en voor zover dit in het belang is van de opvoeding of de behandeling van de jeugdige;
b. artikel 3, met als doel de vaststelling van een vroeger moment waarop de jeugdige aan een scholings- en trainingsprogramma kan deelnemen;
c. artikel 10, met als doel de vaststelling van andersoortige mate van beveiliging voor zover bijzondere technologische ontwikkelingen daartoe aanleiding geven;
d. artikel 17, met als doel de vaststelling van andersoortige wijzen van onderbrenging van de jeugdige;
e. de artikelen 22 tot en met 22b, voorzover dit dienstig is aan een experiment waarbij de jeugdige in een inrichting, afdeling of plaats met een bijzondere bestemming als bedoeld in artikel 8, derde lid, verblijft en voor zover dit in het belang is van de opvoeding of de behandeling van de jeugdige;
f. artikel 49, tweede lid, met als doel het voorkomen van ordeverstorend gedrag dan wel het structureel bevorderen van de orde of veiligheid binnen de inrichting;
g. artikel 64, met als doel het bevorderen van het gebruik van de bemiddelingsprocedure als wijze van geschillenbeslechting.

Hoofdstuk XVII
Overgangs- en slotbepalingen

Art. 81
[Wijzigt het Wetboek van Strafrecht.]

Art. 82
[Wijzigt de Wet op de jeugdhulpverlening.]

Art. 83
[Wijzigt het Wetboek van Strafvordering.]

Art. 84
[Wijzigt Boek 1 van het Burgerlijk Wetboek.]

Art. 85
[Wijzigt de Gratiewet.]

Art. 86
[Wijzigt de Wet ziekenhuisvoorzieningen.]

Art. 87
[Wijzigt de Arbeidsomstandighedenwet.]

Art. 88
[Wijzigt de Wet op het voortgezet onderwijs.]

Art. 89

Overgangsbepalingen

Deze wet heeft geen gevolgen voor klaagschriften of beroepschriften die zijn ingediend voor de inwerkingtreding van deze wet.

Art. 90

Inwerkingtreding

Deze wet treedt in werking op een bij koninklijk besluit te bepalen tijdstip.

Art. 91

Citeertitel

Deze wet wordt aangehaald als: Beginselenwet justitiële jeugdinrichtingen.

Gratiewet[1]

Wet van 23 december 1987, houdende regelen voor de indiening en behandeling van en de beschikking op verzoekschriften om gratie

Wij Beatrix, bij de gratie Gods, Koningin der Nederlanden, Prinses van Oranje-Nassau, enz. enz. enz.

Allen, die deze zullen zien of horen lezen, saluut! doen te weten:

Alzo Wij in overweging genomen hebben, dat ingevolge artikel 122, eerste lid, van de herziene Grondwet een wettelijke regeling dient te voorzien in de aanwijzing van gerechten welke over verzoekschriften om gratie advies uitbrengen en in voorschriften omtrent de behandeling van en beschikking op zulke verzoekschriften, en dat het in dat verband wenselijk is de bepalingen van het Wetboek van Strafvordering die betrekking hebben op de indiening van verzoekschriften om gratie te wijzigen opdat het mogelijk zij ook gratie te verzoeken en te verkrijgen van bepaalde door de Nederlandse strafrechter opgelegde strafrechtelijke maatregelen, en voorts enkele andere wetten daaraan aan te passen;

Zo is het, dat Wij, de Raad van State gehoord, en met gemeen overleg der Staten-Generaal, hebben goedgevonden en verstaan, gelijk Wij goedvinden en verstaan bij deze:

Art. 1

1. In deze wet wordt verstaan onder:
Onze Minister: Onze Minister van Justitie;
openbaar ministerie: het openbaar ministerie dat de voor tenuitvoerlegging vatbare rechterlijke beslissing, waarop het verzoek om gratie betrekking heeft, heeft verstrekt aan Onze Minister;
verzoekschrift: een schriftelijk verzoek om gratie van een veroordeelde of een derde, ingediend op het formulier, bedoeld in artikel 3, eerste lid;
veroordeelde: degene op wie het verzoekschrift betrekking heeft.

2. In deze wet wordt mede verstaan onder: openbaar ministerie: het openbaar ministerie in Bonaire, Sint Eustatius en Saba; in Nederland: in de openbare lichamen Bonaire, Sint Eustatius en Saba; een Nederlandse strafrechter: een strafrechter in de openbare lichamen Bonaire, Sint Eustatius en Saba.

3. Indien het verzoek om gratie betrekking heeft op een rechterlijke beslissing waarvan de tenuitvoerlegging aan een vreemde staat is overgedragen, wordt onder het openbaar ministerie verstaan het openbaar ministerie bij het gerecht dat die beslissing heeft gegeven en indien het betrekking heeft op een buitenlandse rechterlijke beslissing waarvan de tenuitvoerlegging met toepassing van artikel 43 van de Wet overdracht tenuitvoerlegging strafvonnissen of artikel 593 van het Wetboek van Strafvordering BES in Nederland is gelast, het openbaar ministerie dat de voor tenuitvoerlegging vatbare rechterlijke beslissing heeft verstrekt aan Onze Minister.

Begripsbepalingen

Art. 2

Gratie kan worden verleend
a. op grond van enige omstandigheid, waarmede de rechter op het tijdstip van zijn beslissing geen of onvoldoende rekening heeft gehouden of kunnen houden en die, ware zij op dat tijdstip wel of voldoende bekend geweest, hem aanleiding zou hebben gegeven tot het opleggen van een andere straf of maatregel, of tot het afzien daarvan; dan wel
b. indien aannemelijk is geworden dat met de tenuitvoerlegging van de rechterlijke beslissing of de voortzetting daarvan geen met de strafrechtstoepassing na te streven doel in redelijkheid wordt gediend.

Gratie, gronden voor gratieverlening

Art. 3

1. Het verzoekschrift wordt ondertekend en bevat ten minste:
a. de naam en het adres van de indiener;
b. de dagtekening;
c. de aanduiding van het vonnis of arrest, waarvan gratie wordt verzocht;
d. de redenen om welke gratie wordt verzocht.
Het verzoekschrift wordt ingediend op een bij ministeriële regeling vast te stellen formulier.

2. Indien het verzoek op grond van artikel 6:7:5 van het Wetboek van Strafvordering of artikel 614 van het Wetboek van Strafvordering BES door een derde wordt ingediend, geeft degene op wie het verzoek betrekking heeft, op het in het eerste lid bedoelde formulier tevens aan of hij met het verzoek instemt.

Gratie, inhoud verzoekschrift

---

[1] Inwerkingtredingsdatum: 01-01-1988; zoals laatstelijk gewijzigd bij: Stb. 2021, 125.

3. Indien het formulier niet volledig is ingevuld, wordt de verzoeker in de gelegenheid gesteld de ontbrekende gegevens aan te vullen binnen een termijn van zes weken, ingaande op de dag nadat het verzoek om aanvulling van die gegevens door Onze Minister is verzonden.
4. Indien de termijn voor aanvulling verstrijkt zonder dat de gevraagde gegevens worden ontvangen, en de ontbrekende gegevens essentieel zijn voor de beoordeling van het verzoek of de voorbereiding van de beslissing daarop, kan Onze Minister besluiten het verzoekschrift buiten behandeling te laten.

Art. 4

Gratie, inwinnen advies gerecht dat straf of maatregel heeft opgelegd

1. Omtrent verzoekschriften, overeenkomstig de wettelijke voorschriften ingediend, om vermindering, verandering of kwijtschelding van straffen of maatregelen, bij beslissing van een Nederlandse strafrechter opgelegd, wordt door Onze Minister, voordat daarop wordt beschikt, het advies ingewonnen van het gerecht dat de straf of maatregel heeft opgelegd. Indien het verzoekschrift betrekking heeft op een straf waarvan de gehele of gedeeltelijke tenuitvoerlegging is gelast door een ander gerecht dan hetwelk deze heeft opgelegd, wordt, in afwijking van het voorgaande, het advies ingewonnen van het gerecht dat die tenuitvoerlegging heeft gelast. Verzoekschriften die niet bij Ons zijn ingediend worden onverwijld aan Ons voorgelegd.
2. Voor de toepassing van het eerste lid wordt als gerecht dat de straf of maatregel heeft opgelegd mede aangemerkt:
a. het gerecht dat in hoger beroep een rechterlijke beslissing ten aanzien van de oplegging van straf of van een maatregel heeft bevestigd;
b. het gerecht dat een bezwaar, hem voorgelegd ingevolge artikel 35 van de Wet overdracht tenuitvoerlegging strafvonnissen of artikel 592b van het Wetboek van Strafvordering BES, ongegrond heeft verklaard.
3. Omtrent verzoekschriften om vermindering of kwijtschelding van straffen bij rechterlijke beslissing van een buitenlandse rechter opgelegd, waarvan de tenuitvoerlegging met toepassing van artikel 43 van de Wet overdracht tenuitvoerlegging strafvonnissen of artikel 593 van het Wetboek van Strafvordering BES in Nederland is gelast, dan wel van gevangenisstraffen die door het Internationaal Strafhof zijn opgelegd wegens een misdrijf gericht tegen de rechtspleging van het Strafhof en waarvan de tenuitvoerlegging in Nederland geschiedt overeenkomstig artikel 67 of 68 van de Uitvoeringswet Internationaal Strafhof, wordt door Onze Minister, voordat daarop wordt beschikt, het advies ingewonnen van het in genoemd artikel 43 respectievelijk artikel 593 bedoelde gerecht. Omtrent verzoekschriften om vermindering of kwijtschelding van straffen bij rechterlijke beslissing van een buitenlandse rechter opgelegd, waarvan de tenuitvoerlegging met toepassing van artikel 2:15 of artikel 3:14 van de Wet wederzijdse erkenning en tenuitvoerlegging vrijheidsbenemende en voorwaardelijke sancties in Nederland geschiedt, wordt door Onze Minister, voordat daarop wordt beschikt, het advies ingewonnen van het gerecht, bedoeld in artikel 2:11, tweede lid, respectievelijk artikel 3:14, vijfde, zesde of achtste lid van die wet. Omtrent verzoekschriften om vermindering of kwijtschelding van sancties opgelegd in een andere lidstaat van de Europese Unie, waarvan de tenuitvoerlegging met toepassing van de Wet wederzijdse erkenning en tenuitvoerlegging geldelijke sancties en beslissingen tot confiscatie in Nederland geschiedt, wordt door Onze Minister, voordat daarop wordt beschikt, het advies ingewonnen van de rechtbank Noord-Nederland. Omtrent verzoekschriften om vermindering of kwijtschelding van straffen bij rechterlijke beslissing van een buitenlandse rechter opgelegd, waarvan de tenuitvoerlegging met toepassing van artikel 6a, eerste en achtste lid, van de Overleveringswet in Nederland geschiedt, wordt door Onze Minister, voordat daarop wordt beschikt, het advies ingewonnen van de rechtbank, bedoeld in artikel 1, onder g, van die wet.
4. Voor de toepassing van het eerste lid geldt dat indien het meerdere verzoekschriften betreft die betrekking hebben op dezelfde veroordeelde en die tegelijkertijd worden ingediend, kan worden volstaan met het inwinnen van het advies van het gerecht dat de langste of hoogste straf of maatregel heeft opgelegd. Het desbetreffende gerecht brengt één advies uit over alle verzoekschriften en kan daartoe andere gerechten om advies vragen.
5. Het eerste, tweede en derde lid blijven buiten toepassing indien het verzoekschrift:
a. wordt ingediend binnen drie maanden nadat het vonnis of arrest waarvan gratie wordt verzocht, onherroepelijk is geworden, en geen nieuwe, na dit tijdstip opgekomen omstandigheid wordt vermeld waarvan de rechter bij diens beslissing niet reeds kennis heeft kunnen nemen, of
b. is voorafgegaan door een eerder verzoekschrift betreffende dezelfde straf of maatregel, waarop binnen een jaar voor de indiening van het tweede verzoekschrift is beschikt, tenzij in het tweede verzoekschrift een nieuwe omstandigheid wordt aangevoerd.
6. In de gevallen waarin geen toepassing wordt gegeven aan het vijfde lid, onder a of b, omdat blijkt van een nieuwe omstandigheid, wordt het verzoekschrift in behandeling genomen.
7. Een verzoek om gratie terzake van door de Nederlandse strafrechter onherroepelijk opgelegde taakstraffen blijft buiten behandeling indien het is ingediend gedurende de periode dat de rechter nog niet heeft beslist op een beroepschrift van de veroordeelde tegen de beslissing van

Gratiewet

C32 art. 11

het openbaar ministerie om met toepassing van artikel 6:3:3 van het Wetboek van Strafvordering de vervangende hechtenis te bevelen.

8. Indien het gerecht waarvan de rechterlijke beslissing afkomstig is, ontbonden of opgeheven is, wordt het advies ingewonnen van het gerecht waaraan de rechtsmacht is opgedragen, tevoren door dat gerecht uitgeoefend.

Art. 5

1. Naar aanleiding van een verzoekschrift kan Onze Minister omtrent de veroordeelde inlichtingen inwinnen bij de daarvoor in aanmerking komende autoriteiten, instellingen of personen. Deze verlenen daaraan hun medewerking.   *Gratie, inwinnen inlichtingen*

2. Onze Minister kan, indien daartoe naar zijn oordeel aanleiding bestaat, de veroordeelde horen.

3. Onze Minister stelt op basis van de door de verzoeker verstrekte gegevens en de ingevolge het eerste en tweede lid ingewonnen informatie een verslag van bevindingen op.   *Gratie, verslag van bevindingen*

4. In de gevallen waarin het verzoekschrift betrekking heeft op een vonnis of arrest dat is gewezen door de meervoudige kamer of waarbij het openbaar ministerie een advies als bedoeld in artikel 6:1:10 van het Wetboek van Strafvordering heeft gegeven, zendt Onze Minister het verzoekschrift en zijn verslag van bevindingen naar het openbaar ministerie voor advies. Het openbaar ministerie legt zijn advies neer in een verslag en zendt de stukken vervolgens aan het in artikel 4 aangewezen gerecht.

5. In de overige gevallen zendt Onze Minister het verzoekschrift met zijn verslag van bevindingen rechtstreeks aan het in artikel 4 aangewezen gerecht.

Art. 6

1. Het gerecht kan naar aanleiding van de in artikel 5, vierde of vijfde lid, ontvangen stukken inlichtingen inwinnen bij de daarvoor in aanmerking komende autoriteiten, instellingen of personen. Het gerecht zendt zijn advies, met het op grond van artikel 5, vierde lid, uitgebrachte advies van het openbaar ministerie, aan Onze Minister.   *Gratie, advies gerecht aan minister*

2. Indien het uitgebrachte advies daartoe aanleiding geeft, kan Onze Minister aan het openbaar ministerie en het gerecht nader advies vragen.

3. Bij ministeriële regeling kunnen nadere voorschriften worden gegeven omtrent de inrichting van het rechterlijk advies en dat van het openbaar ministerie.   *Nadere regels*

Art. 7

1. Het rechterlijk advies is met redenen omkleed en ondertekend.

2. Zo het rechterlijk advies niet met eenparigheid van stemmen is vastgesteld, wordt het gevoelen van de minderheid met de daarvoor aangevoerde gronden en de verhouding van de stemmen in het advies medegedeeld.

Art. 8

1. Verzoekschriften die met toepassing van artikel 3, vierde lid, buiten behandeling zijn gelaten, worden niet aan Ons voorgelegd.   *Gratie, verzoekschrift*

2. Tenzij Wij anders hebben bepaald, is Onze Minister gemachtigd afwijzend op een verzoekschrift om gratie te beschikken, indien hij meent dat het niet voor inwilliging in aanmerking komt en tevens   *Gratie, afwijzing verzoek*
a. het rechterlijk advies afwijzend luidt, dan wel
b. de inwinning van het rechterlijk advies op grond van artikel 4, vierde lid, achterwege is gebleven.

3. Het tweede lid, aanhef en onder a, blijft buiten toepassing indien het verzoekschrift een of meer vrijheidsstraffen betreft met een gezamenlijke duur van zes jaar of langer dan wel indien het rechterlijk advies niet met eenparigheid van stemmen is vastgesteld. Het bepaalde in het tweede lid blijft tevens buiten toepassing indien overeenkomstig artikel 10, eerste volzin, het gevoelen van een andere Minister is ingewonnen, en deze blijk geeft van een van Onze Minister afwijkend gevoelen over de op het verzoekschrift te nemen beslissing.

Art. 9

Onze Minister zendt de verzoekschriften die niet overeenkomstig het eerste lid van het vorige artikel zijn afgedaan aan Ons toe met zijn voordracht omtrent het op het verzoek te nemen besluit. Bijgevoegd worden het rechterlijk advies en het advies van het openbaar ministerie met de daarbij behorende bescheiden en opgaven.   *Gratie, aanbieding verzoekschrift aan Kroon*

Art. 10

Indien Wij of Onze Minister het wenselijk achten dat enige andere Minister wordt gehoord voordat op het verzoekschrift wordt beschikt, wint Onze Minister diens gevoelen in. Onverminderd het bepaalde in het eerste lid van artikel 8, wordt de ambtsbrief van die Minister bij de aan Ons toe te zenden stukken gevoegd ofwel wordt door Onze Minister en die Minister aan Ons een gemeenschappelijke voordracht gedaan.   *Gratie, horen andere minister*

Art. 11

Indien Wij of Onze Minister dit wenselijk achten wordt, behalve het advies van het in artikel 4 aangewezen gerecht, ook het advies ingewonnen van de Hoge Raad der Nederlanden. Dit advies wordt bij de in artikel 9 bedoelde stukken gevoegd.   *Gratie, advies Hoge Raad*

Art. 12
[Vervallen]

Art. 13

Gratie, gratieverlening onder voorwaarden

1. Gratie kan worden verleend onder voorwaarden die het gedrag van de veroordeelde betreffen.
2. Als voorwaarde kan worden gesteld dat de veroordeelde overeenkomstig de daaromtrent vastgestelde wettelijke voorschriften bepaalde onbetaalde arbeid verricht of een leerproject volgt of, indien de veroordeelde de leeftijd van achttien jaren niet heeft bereikt, arbeid tot herstel van de door het strafbare feit aangerichte schade verricht.
3. Een andere voorwaarde kan zijn de betaling van een bepaalde geldsom aan de Staat. Mede kan de voorwaarde worden gesteld, dat de veroordeelde de door het strafbare feit veroorzaakte schade geheel of voor een bepaald gedeelte zal vergoeden.
4. Bij de toepassing van het derde lid bepaalt Onze Minister de plaats waar en de termijn waarbinnen de geldsom moet worden betaald, onderscheidenlijk de schade moet worden vergoed. Hij kan betaling in termijnen toestaan. Hij kan de gestelde termijn of termijnen verlengen met dien verstande dat de totale tijdsduur een tijdvak van twee jaren niet mag overschrijden. De termijn of eerste termijn vangt aan zodra de in artikel 18, derde lid, bedoelde betekening is geschied.
5. Voor zover dit bij het besluit waarbij gratie is verleend is bepaald, houdt het openbaar ministerie, onderscheidenlijk - indien het vonnis is uitgesproken met toepassing van de bijzondere strafbepalingen voor jeugdige personen - de raad voor de kinderbescherming, toezicht op de naleving van de gestelde voorwaarden.

Art. 14

Gratie, proeftijd

1. Tenzij geen andere voorwaarden zijn gesteld dan die bedoeld in artikel 13, derde lid, zijn de voorwaarden van kracht tot het tijdstip waarop een door Onze Minister te bepalen proeftijd verstrijkt. De proeftijd bedraagt ten hoogste twee jaren. Onze Minister kan deze proeftijd verkorten of verlengen.
2. De proeftijd gaat in zodra de in artikel 18, derde lid, bedoelde betekening is geschied. Hij loopt niet gedurende de tijd dat de veroordeelde rechtens zijn vrijheid is ontnomen.

Art. 15

Gratie, aanwijzing instelling voor ondersteuning naleving voorwaarden

1. Onze Minister kan aan een krachtens algemene maatregel van bestuur aangewezen reclasseringsinstelling dan wel aan bijzondere, door hem aangewezen ambtenaren opdracht geven de veroordeelde bij de naleving van de voorwaarden hulp en steun te verlenen. Een dergelijke opdracht kan, indien de veroordeling is uitgesproken met toepassing van de bijzondere strafbepalingen voor jeugdige personen ook worden gegeven aan een gecertificeerde instelling als bedoeld in artikel 1.1 van de Jeugdwet, een door Onze Minister aan te wijzen voorziening of aan een particulier persoon.
2. Indien de veroordeelde buiten Nederland verblijft, kan de opdracht ook gegeven worden aan een andere instelling of persoon die zich tot aanvaarding van die opdracht bereid heeft verklaard.

Art. 16

Gratie, wijziging voorwaarden

Bij koninklijk besluit kunnen, op voorstel van Onze Minister, de voorwaarden gedurende de proeftijd of gedurende de tijd dat deze is geschorst worden aangevuld, gewijzigd of opgeheven.

Art. 17

Gratie, herroeping gratieverlening

1. Indien de voorwaarden niet worden nageleefd, kan het koninklijk besluit waarbij gratie is verleend bij koninklijk besluit worden herroepen. Deze herroeping vindt niet plaats dan nadat de veroordeelde, alsmede, zo de veroordeling is uitgesproken met toepassing van de bijzondere strafbepalingen voor jeugdige personen, degenen die het gezag over hem uitoefenen, zo enigszins mogelijk door of vanwege het openbaar ministerie zijn gehoord en het van dat verhoor opgemaakte proces-verbaal aan Ons is overgelegd.
2. De verleende gratie kan worden herroepen tot uiterlijk drie maanden na het einde van de proeftijd of tot uiterlijk vier maanden na het verstrijken van de krachtens artikel 13, vierde lid, gestelde termijn of laatste termijn.
Niettemin kan, indien de veroordeelde terzake van een voor het einde van de proeftijd begaan strafbaar feit is vervolgd en onherroepelijk is strafbaar verklaard, alsnog terzake van het begaan van dat feit binnen drie maanden, nadat de strafbaarverklaring onherroepelijk is geworden, tot herroeping van de verleende gratie worden besloten.
3. Indien de in artikel 13, tweede lid, bedoelde voorwaarde slechts gedeeltelijk is nageleefd kan in geval van herroeping naar bevind van omstandigheden worden bepaald dat een deel van de straf zal worden tenuitvoergelegd.
4. In geval van herroeping wordt de geldsom teruggegeven, die ter voldoening aan een bij het herroepen besluit gestelde voorwaarde aan de Staat is betaald. Indien gedeeltelijke betaling heeft plaats gehad, kan nochtans bij de herroeping worden bepaald dat het gestorte bedrag niet wordt teruggegeven, onder vermindering van de duur van de te ondergane vrijheidsstraf naar evenredigheid.

Gratiewet

Art. 18
1. Wanneer gunstig op een verzoek om gratie is beschikt wordt een afschrift van het daartoe strekkende koninklijk besluit aan degene aan wie de straf of maatregel werd opgelegd uitgereikt en de verzoeker, zo deze een ander is, van de gratieverlening in kennis gesteld.

Gratie, kennisgeving beschikking op gratieverzoek

2. Wanneer het verzoek wordt afgewezen stelt Onze Minister degene aan wie de straf of maatregel werd opgelegd en de verzoeker, zo deze een ander is, daarvan onder opgaaf van redenen in kennis.
3. Wanneer gratie is verleend onder voorwaarden, wordt de inhoud van die voorwaarden aan de veroordeelde in persoon betekend en aan degene die met het verlenen van hulp en steun is belast schriftelijk medegedeeld. De inhoud van voorwaarden, gesteld ingevolge artikel 13, tweede lid, wordt tevens schriftelijk medegedeeld aan degene die zorg draagt voor de begeleiding van de tewerkgestelde veroordeelde.

Indien de voorwaardelijke gratieverlening een veroordeling betreft welke is uitgesproken met toepassing van de bijzondere strafbepalingen voor jeugdige personen, wordt de inhoud van de voorwaarden tevens ter kennis gebracht van degenen die het gezag over de veroordeelde uitoefenen alsmede van de raad voor de kinderbescherming. Van iedere aanvulling, wijziging of opheffing van de voorwaarden, dan wel van de herroeping van een koninklijk besluit waarbij gratie is verleend, wordt eveneens op deze wijze kennis gegeven.

4. Van de in de drie voorgaande leden van dit artikel bedoelde beschikkingen wordt een kennisgeving gezonden aan het gerecht dat omtrent het verzoekschrift heeft geadviseerd.
5. Van de in het eerste en derde lid bedoelde beschikkingen, die betrekking hebben op verzoekschriften om gratie terzake van straffen of maatregelen opgelegd bij:
   a. rechterlijke beslissingen gegeven door een Nederlandse strafrechter, waarvan de tenuitvoerlegging aan een vreemde staat is overgedragen, of
   b. rechterlijke beslissingen gegeven in een vreemde staat, waarvan de tenuitvoerlegging aan Nederland is overgedragen,
   zendt Onze Minister tevens een kennisgeving aan de bevoegde autoriteit van die vreemde staat.

Art. 19
1. Indien bijzondere omstandigheden Onze Minister aanleiding geven om, zonder dat een daartoe strekkend verzoekschrift is ingediend, een voorstel tot gratieverlening in overweging te nemen, wordt het advies ingewonnen van het in artikel 4 aangewezen gerecht. Tenzij, met Onze machtiging, Onze Minister anders bepaalt, zijn de artikelen 6:7:4 van het Wetboek van Strafvordering en 5 tot en met 7 en 9 tot en met 11 van deze wet van overeenkomstige toepassing.

Gratie, gratieverlening zonder verzoekschrift

2. Wanneer in zodanig geval gratie wordt verleend, zijn de artikelen 13 tot en met 17 en 18, eerste, derde, vierde en vijfde lid, van toepassing.

Art. 20
De artikelen 2 tot en met 19 blijven van toepassing, indien een straf of maatregel bij wege van gratie is verminderd of veranderd en daarvan alsnog vermindering of kwijtschelding wordt verzocht.

Werkingssfeer

Art. 21
[Bevat wijzigingen in andere regelgeving.]

Art. 22
[Bevat wijzigingen in andere regelgeving.]

Art. 23
[Bevat wijzigingen in andere regelgeving.]

Art. 24
[Bevat wijzigingen in andere regelgeving.]

Art. 25
[Bevat wijzigingen in andere regelgeving.]

Art. 26
1. Deze Wet en artikel 122, eerste lid, van de Grondwet treden in werking op 1 januari 1988 of op een eerder bij koninklijk besluit te bepalen tijdstip.

Inwerkingtreding

2. Verzoekschriften om gratie, die voordien zijn ingediend, doch waarover op dat tijdstip nog niet is beslist, worden met inachtneming van de bepalingen van deze Wet afgehandeld.

Art. 26a
Een verzoekschrift om gratie dat voor het tijdstip van transitie, bedoeld in artikel 1, onder a, van de Invoeringswet openbare lichamen Bonaire, Sint Eustatius en Saba, is ingediend bij de griffie van het Gemeenschappelijk Hof van Justitie van de Nederlandse Antillen en Aruba en waarover op dat tijdstip nog niet is beslist, wordt geacht te zijn ingediend bij het Hof van Justitie van Aruba, Curaçao, Sint Maarten en van Bonaire, Sint Eustatius en Saba en wordt met inachtneming van de bepalingen van deze wet afgehandeld.

Gratie, verzoek bij Gemeenschappelijk Hof Justitie Nederlandse Antillen en Aruba

Art. 27
Deze Wet kan worden aangehaald als "Gratiewet".

Citeertitel

Internationaal

Wet internationale misdrijven[1]

Wet van 19 juni 2003, houdende regels met betrekking tot ernstige schendingen van het internationaal humanitair recht (Wet internationale misdrijven)

Wij Beatrix, bij de gratie Gods, Koningin der Nederlanden, Prinses van Oranje-Nassau, enz. enz. enz.
Allen, die deze zullen zien of horen lezen, saluut! doen te weten:
Alzo Wij in overweging genomen hebben, dat het nodig is om, mede gelet op het Statuut van het Internationaal Strafhof, regels te stellen met betrekking tot ernstige schendingen van het internationaal humanitair recht;
Zo is het, dat Wij, de Raad van State gehoord, en met gemeen overleg der Staten-Generaal, hebben goedgevonden en verstaan, gelijk Wij goedvinden en verstaan bij deze:

§ 1
Algemene bepalingen

Art. 1

1. In deze wet wordt verstaan onder: *Begripsbepalingen*
a. Verdragen van Genève:
1°. het op 12 augustus 1949 te Genève tot stand gekomen Verdrag (I) voor de verbetering van het lot der gewonden en zieken, zich bevindende bij de strijdkrachten te velde (Trb. 1951, 72);
2°. het op 12 augustus 1949 te Genève tot stand gekomen Verdrag (II) voor de verbetering van het lot der gewonden, zieken en schipbreukelingen van de strijdkrachten ter zee (Trb. 1951, 73);
3°. het op 12 augustus 1949 te Genève tot stand gekomen Verdrag (III) betreffende de behandeling van krijgsgevangenen (Trb. 1951, 74); en
4°. het op 12 augustus 1949 te Genève tot stand gekomen Verdrag (IV) betreffende de bescherming van burgers in oorlogstijd (Trb. 1951, 75);
b. meerdere:
1°. de militaire commandant, of degene die feitelijk als zodanig optreedt, die daadwerkelijk het bevel of gezag uitoefent over of daadwerkelijk leiding geeft aan een of meer ondergeschikten;
2°. degene die in een burgerlijke hoedanigheid daadwerkelijk gezag uitoefent over of daadwerkelijk leiding geeft aan een of meer ondergeschikten.
c. deportatie of onder dwang overbrengen van bevolking: het onder dwang verplaatsen van personen door verdrijving of andere dwangmaatregelen uit het gebied waarin zij zich rechtmatig bevinden zonder dat daarvoor gronden bestaan die naar internationaal recht zijn toegelaten;
d. marteling: het opzettelijk veroorzaken van ernstige pijn of ernstig lijden, hetzij lichamelijk, hetzij geestelijk, bij een persoon die zich in gevangenschap of in de macht bevindt van degene die beschuldigd wordt, met dien verstande dat onder marteling niet wordt verstaan pijn of lijden dat louter het gevolg is van, inherent is aan of samenhangt met rechtmatige sancties;
e. foltering: marteling van een persoon met het oogmerk om van hem of van een derde inlichtingen of een bekentenis te verkrijgen, hem te bestraffen voor een handeling die hij of een derde heeft begaan of waarvan hij of een derde wordt verdacht, of hem of een derde vrees aan te jagen of te dwingen iets te doen of te dulden, dan wel om enigerlei reden gebaseerd op discriminatie uit welke grond dan ook, van overheidswege gepleegd;
f. gedwongen zwangerschap: de onrechtmatige gevangenschap van een vrouw die onder dwang zwanger is gemaakt, met het opzet de etnische samenstelling van een bevolking te beïnvloeden of andere ernstige schendingen van internationaal recht te plegen;
g. apartheid: onmenselijke handelingen van een vergelijkbare aard als die in artikel 4, eerste lid, bedoelde handelingen, gepleegd in het kader van een geïnstitutionaliseerd regime van systematische onderdrukking en overheersing door een groep van een bepaald ras van een of meer groepen van een ander ras en begaan met de opzet dat regime in stand te houden.
2. De uitdrukking ambtenaar heeft in deze wet dezelfde betekenis als in het Wetboek van Strafrecht, met dien verstande dat voor de toepassing van de Nederlandse strafwet onder ambtenaar mede wordt begrepen degene die ten dienste van een vreemde staat een openbaar ambt bekleedt.
3. De uitdrukkingen samenspanning en zwaar lichamelijk letsel hebben in deze wet dezelfde betekenis als in het Wetboek van Strafrecht.

---

[1] Inwerkingtredingsdatum: 01-10-2003; zoals laatstelijk gewijzigd bij: Stb. 2017, 82.

Wet internationale misdrijven

4. Met een in deze wet omschreven misdrijf wordt gelijkgesteld een van de misdrijven omschreven in de artikelen 131 tot en met 134, 140, 189, 416 tot en met 417bis en 420bis tot en met 420quater van het Wetboek van Strafrecht, indien het strafbare feit waarvan in die artikelen gesproken wordt, betrekking heeft op een misdrijf omschreven in de artikelen 3 tot en met 8b van deze wet.

Art. 2

Internationaal misdrijf, toepasselijkheid Ned. strafrecht

1. Onverminderd het te dien aanzien in het Wetboek van Strafrecht en het Wetboek van Militair Strafrecht bepaalde is de Nederlandse strafwet toepasselijk:
   a. op ieder die zich buiten Nederland schuldig maakt aan een van de in deze wet omschreven misdrijven, wanneer de verdachte zich in Nederland of in de openbare lichamen Bonaire, Sint Eustatius en Saba bevindt;
   b. op ieder die zich buiten Nederland schuldig maakt aan een van de in deze wet omschreven misdrijven, wanneer het feit is begaan tegen een Nederlander, een Nederlandse ambtenaar, dan wel een Nederlands voertuig, vaartuig of luchtvaartuig;
   c. op de Nederlander die zich buiten Nederland schuldig maakt aan een van de in deze wet omschreven misdrijven.

2. Met een Nederlander wordt voor de toepassing van het eerste lid gelijkgesteld de vreemdeling die in Nederland een vaste woon- of verblijfplaats heeft, alsmede, voor zover het de toepassing van het eerste lid, onder c, betreft, de vreemdeling die na het plegen van het feit Nederlander wordt. Artikel 86b van het Wetboek van Strafrecht is van overeenkomstige toepassing.

§ 2
Strafbepalingen

Art. 3

Internationaal misdrijf, strafmaat genocide

1. Hij die met het oogmerk om een nationale, etnische of godsdienstige groep, dan wel een groep behorend tot een bepaald ras, geheel of gedeeltelijk, als zodanig te vernietigen:
   a. leden van de groep doodt;
   b. leden van de groep zwaar lichamelijk of geestelijk letsel toebrengt;
   c. opzettelijk aan de groep levensomstandigheden oplegt die op haar gehele of gedeeltelijke lichamelijke vernietiging zijn gericht;
   d. maatregelen neemt, welke tot doel hebben geboorten binnen de groep te voorkomen; of
   e. kinderen van de groep onder dwang overbrengt naar een andere groep,
wordt als schuldig aan genocide gestraft met levenslange gevangenisstraf of tijdelijke van ten hoogste dertig jaren of geldboete van de zesde categorie.

2. De samenspanning en de opruiing tot genocide die in het openbaar, mondeling of bij geschrift of afbeelding, plaatsvindt, worden gestraft gelijk de poging.

Art. 4

Internationaal misdrijf, strafmaat misdrijf tegen de menselijkheid

1. Als schuldig aan een misdrijf tegen de menselijkheid wordt gestraft met levenslange gevangenisstraf of tijdelijke van ten hoogste dertig jaren of geldboete van de zesde categorie, hij die een van de volgende handelingen begaat, indien gepleegd als onderdeel van een wijdverbreide of stelselmatige aanval gericht tegen een burgerbevolking, met kennis van de aanval:
   a. opzettelijk doden;
   b. uitroeiing;
   c. slavernij;
   d. deportatie of onder dwang overbrengen van bevolking;
   e. gevangenneming of andere ernstige beroving van de lichamelijke vrijheid in strijd met fundamentele regels van internationaal recht;
   f. marteling;
   g. verkrachting, seksuele slavernij, gedwongen prostitutie, gedwongen zwangerschap, gedwongen sterilisatie, of enige andere vorm van seksueel geweld van vergelijkbare ernst;
   h. vervolging van een identificeerbare groep of collectiviteit op politieke gronden, omdat deze tot een bepaald ras of een bepaalde nationaliteit behoort, op etnische, culturele of godsdienstige gronden, op grond van geslacht of op andere gronden die universeel zijn erkend als ontoelaatbaar krachtens internationaal recht, in verband met een in dit lid bedoelde handeling of enig ander misdrijf omschreven in deze wet;
   i. gedwongen verdwijning van een persoon;
   j. apartheid;
   k. andere onmenselijke handelingen van vergelijkbare aard waardoor opzettelijk ernstig lijden of ernstig lichamelijk letsel of schade aan de geestelijke of lichamelijke gezondheid wordt veroorzaakt.

2. In dit artikel wordt verstaan onder:
   a. aanval gericht tegen een burgerbevolking: een wijze van optreden die met zich brengt het meermalen plegen van in het eerste lid bedoelde handelingen tegen een burgerbevolking ter

uitvoering of voortzetting van het beleid van een staat of organisatie, dat het plegen van een dergelijke aanval tot doel heeft;
b. slavernij: de uitoefening op een persoon van een of alle bevoegdheden verbonden aan het recht van eigendom, met inbegrip van de uitoefening van dergelijke bevoegdheid bij mensenhandel, in het bijzonder handel in vrouwen en kinderen;
c. vervolging: het opzettelijk en in ernstige mate ontnemen van fundamentele rechten in strijd met het internationaal recht op grond van de identiteit van de groep of collectiviteit;
d. gedwongen verdwijning van een persoon: het arresteren, gevangen houden, afvoeren of elke andere vorm van vrijheidsontneming van een persoon door of met de machtiging, ondersteuning of bewilliging van een staat of politieke organisatie, gevolgd door een weigering een dergelijke vrijheidsontneming te erkennen of informatie te verstrekken over het lot of de verblijfplaats van die persoon of door verhulling van dat lot of die verblijfplaats, waardoor deze buiten de bescherming van de wet wordt geplaatst.
3. Onder «uitroeiing» wordt in dit artikel mede verstaan: het opzettelijk opleggen van levensomstandigheden, onder andere de onthouding van toegang tot voedsel en geneesmiddelen, gericht op de vernietiging van een deel van een bevolking.

Art. 5

1. Hij die zich in geval van een internationaal gewapend conflict schuldig maakt aan een van de ernstige inbreuken op de Verdragen van Genève, te weten de volgende feiten indien begaan tegen door genoemde verdragen beschermde personen:
a. opzettelijk doden;
b. marteling of onmenselijke behandeling, met inbegrip van biologische experimenten;
c. opzettelijk veroorzaken van ernstig lijden, zwaar lichamelijk letsel of ernstige schade aan de gezondheid;
d. grootschalige opzettelijke en wederrechtelijke vernietiging en toe-eigening van goederen zonder militaire noodzaak;
e. een krijgsgevangene of andere beschermde persoon dwingen dienst te nemen bij de strijdkrachten van een vijandige mogendheid;
f. een krijgsgevangene of andere beschermde persoon opzettelijk het recht op een eerlijke en rechtmatige berechting onthouden;
g. wederrechtelijke deportatie of verplaatsing of wederrechtelijke opsluiting; of
h. het nemen van gijzelaars,
wordt gestraft met levenslange gevangenisstraf of tijdelijke van ten hoogste dertig jaren of geldboete van de zesde categorie.

Internationaal misdrijf, strafmaat schending verdragen van Genève

2. Hij die zich in geval van een internationaal gewapend conflict schuldig maakt aan een van de ernstige inbreuken op het op 12 december 1977 te Bern tot stand gekomen Aanvullende Protocol (I) bij de Verdragen van Genève van 12 augustus 1949, betreffende de bescherming van slachtoffers van internationale gewapende conflicten, (Trb. 1980, 87), te weten:
a. de in het eerste lid bedoelde feiten, indien begaan tegen een door het Aanvullende Protocol (I) beschermde persoon;
b. ieder opzettelijk handelen of nalaten dat de gezondheid in gevaar brengt van enige persoon die zich in de macht bevindt van een andere partij dan de partij waartoe hij behoort, en dat:
1°. een medische behandeling inhoudt die niet noodzakelijk is als gevolg van de gezondheidstoestand van de betrokken persoon en die niet in overeenstemming is met de algemeen aanvaarde medische normen welke onder gelijke medische omstandigheden zouden worden toegepast ten aanzien van personen die onderdaan zijn van de voor de handelingen verantwoordelijke partij en op geen enkele wijze van hun vrijheid zijn beroofd;
2°. het uitvoeren op de betrokken persoon inhoudt, zelfs met diens toestemming, van lichamelijke verminkingen;
3°. het uitvoeren op de betrokken persoon inhoudt, zelfs met diens toestemming, van medische of wetenschappelijke experimenten; of
4°. het uitvoeren op de betrokken persoon inhoudt, zelfs met diens toestemming, van verwijdering van weefsel of organen voor transplantatie;
c. de volgende feiten, wanneer zij opzettelijk en in strijd met de desbetreffende bepalingen van het Aanvullende Protocol (I) worden begaan en de dood of ernstig lichamelijk letsel met zich brengen dan wel de gezondheid in ernstige mate benadelen:
1°. het doen van aanvallen op de burgerbevolking of individuele burgers;
2°. het uitvoeren van een niet-onderscheidende aanval waardoor de burgerbevolking of burgerobjecten worden getroffen, in de wetenschap dat een zodanige aanval buitensporig verlies van mensenlevens, verwondingen van burgers of schade aan burgerobjecten zal veroorzaken;
3°. het uitvoeren van een aanval tegen werken of installaties die gevaarlijke krachten bevatten, in de wetenschap dat een zodanige aanval buitensporig verlies van mensenlevens, verwondingen van burgers of schade aan burgerobjecten zal veroorzaken;
4°. het doen van aanvallen op onverdedigde plaatsen of gedemilitariseerde zones;

Internationaal misdrijf, strafmaat in gevaar brengen gezondheid

5°. het doen van aanvallen op een persoon in de wetenschap dat hij buiten gevecht verkeert; of

6°. het perfide gebruik, in strijd met artikel 37 van het Aanvullende Protocol (I), van het embleem van het rode kruis, de rode halve maan of van andere door de Verdragen van Genève of het Aanvullende Protocol (I) erkende beschermende tekens; of

d. de volgende feiten, wanneer zij opzettelijk en in strijd met de Verdragen van Genève en het Aanvullende Protocol (I) worden begaan:

1°. het overbrengen door de bezettende mogendheid van gedeelten van haar eigen burgerbevolking naar het door haar bezette gebied of de overbrenging van de gehele bevolking van het bezette gebied of van een deel daarvan binnen of buiten dat gebied in strijd met artikel 49 van het Vierde Verdrag van Genève;

2°. ongerechtvaardigde vertraging bij de repatriëring van krijgsgevangenen of burgers;

3°. praktijken van apartheid of andere onmenselijke en onterende praktijken die een aanslag op de menselijke waardigheid vormen en zijn gebaseerd op rassendiscriminatie;

4°. het doen van aanvallen op duidelijk als zodanig herkenbare historische monumenten, kunstwerken of plaatsen van godsdienstige verering die het culturele of geestelijke erfdeel van de volkeren vormen en waaraan bijzondere bescherming is verleend door een speciale regeling, bijvoorbeeld in het kader van een bevoegde internationale organisatie, wanneer daarvan verwoesting op grote schaal het gevolg is, er geen bewijs bestaat van schending door de tegenpartij van artikel 53, letter b, van het Aanvullende Protocol (I) en wanneer zodanige historische monumenten, kunstwerken of plaatsen waar godsdienstoefeningen worden gehouden niet in de onmiddellijke nabijheid van militaire doelen zijn gelegen; of

5°. het ontnemen van het recht van een persoon die door de Verdragen van Genève of artikel 85, tweede lid, van het Aanvullende Protocol (I) wordt beschermd om eerlijk en volgens de toepasselijke regels te worden berecht,

wordt gestraft met levenslange gevangenisstraf of tijdelijke van ten hoogste dertig jaren of geldboete van de zesde categorie.

3. Hij die zich in geval van een internationaal gewapend conflict schuldig maakt aan een van de volgende feiten:

a. verkrachting, seksuele slavernij, gedwongen prostitutie, gedwongen sterilisatie of elke andere vorm van seksueel geweld die even ernstig kan worden geacht als een ernstige inbreuk op de Verdragen van Genève;

b. gedwongen zwangerschap;

c. personen die zich in de macht van een tegenpartij bevinden onderwerpen aan lichamelijke verminking of medische of wetenschappelijke experimenten, van welke aard ook, die niet worden gerechtvaardigd door de geneeskundige of tandheelkundige behandeling van de betrokken persoon of door diens behandeling in het ziekenhuis, noch in zijn belang worden uitgevoerd, en die de dood ten gevolge hebben of de gezondheid van die persoon of personen ernstig in gevaar kan brengen;

d. op verraderlijke wijze doden of verwonden van personen die behoren tot de vijandige natie of het vijandige leger;

e. een combattant doden of verwonden die in de macht van de tegenpartij is, duidelijk aangeeft zich te willen overgeven, of buiten bewustzijn is of op andere wijze door verwondingen of ziekte is uitgeschakeld en daarom niet in staat is zich te verdedigen, mits hij zich in alle genoemde gevallen onthoudt van iedere vijandelijke handeling en niet tracht te ontvluchten; of

f. op zodanig ongepaste wijze gebruik maken van een witte vlag, van de vlag of militaire onderscheidingstekens en uniform van de vijand of van de Verenigde Naties, of van emblemen van de Verdragen van Genève, dat dit de dood of ernstig lichamelijk letsel ten gevolge heeft,

wordt gestraft met levenslange gevangenisstraf of tijdelijke van ten hoogste dertig jaren of geldboete van de zesde categorie.

Internationaal misdrijf, strafmaat aantasting cultureel goed

4. Met gevangenisstraf van ten hoogste vijftien jaren of geldboete van de vijfde categorie wordt gestraft hij die zich in geval van een internationaal gewapend conflict opzettelijk en wederrechtelijk schuldig maakt aan een van de volgende feiten:

a. een cultureel goed onder versterkte bescherming als bedoeld in de artikelen 10 en 11 van het op 26 maart 1999 te Den Haag tot stand gekomen Tweede Protocol bij het Haagse Verdrag van 1954 inzake de bescherming van culturele goederen in het geval van een gewapend conflict (Trb. 1999, 107) het voorwerp van een aanval maken;

b. een cultureel goed onder versterkte bescherming als bedoeld in onderdeel a of de onmiddellijke omgeving daarvan gebruiken ter ondersteuning van militair optreden;

c. culturele goederen onder bescherming van het op 14 mei 1954 te Den Haag tot stand gekomen Verdrag inzake de bescherming van culturele goederen in het geval van een gewapend conflict (Trb. 1955, 47) of het bij dat Verdrag behorende Tweede Protocol op grote schaal vernietigen of zich toe-eigenen;

d. een cultureel goed onder bescherming als bedoeld in onderdeel c het voorwerp van een aanval maken; of

e. diefstal, plundering of ontvreemding van, of daden van vandalisme gericht tegen culturele goederen onder bescherming van het in onderdeel c genoemde verdrag.

5. Hij die zich in geval van een internationaal gewapend conflict schuldig maakt aan een van de volgende feiten:

a. opzettelijk aanvallen richten op burgerobjecten, dat wil zeggen objecten die geen militair doel zijn;

b. opzettelijk een aanval inzetten in de wetenschap dat een dergelijke aanval bijkomstige verliezen aan levens of letsel onder burgers zal veroorzaken of schade aan burgerobjecten of omvangrijke, langdurige en ernstige schade aan het milieu zal aanrichten, die duidelijk buitensporig zou zijn in verhouding tot het te verwachten concrete en directe algehele militaire voordeel;

c. aanvallen of bombarderen, met wat voor middelen ook, van steden, dorpen, woningen of gebouwen die niet worden verdedigd en geen militair doelwit zijn;

d. rechtstreekse of indirecte verplaatsingen door de bezettende mogendheid van delen van haar eigen burgerbevolking naar het bezette grondgebied of de deportatie of het verplaatsen van de gehele of een deel van de bevolking van het bezette grondgebied binnen dat grondgebied of daarbuiten;

e. verklaren dat de rechten en handelingen van onderdanen van de vijandelijke partij vervallen, geschorst of in rechte niet-ontvankelijk zijn;

f. onderdanen van de vijandige partij dwingen deel te nemen aan oorlogshandelingen gericht tegen hun eigen land, ook als zij voor de aanvang van de oorlog in dienst van de oorlogvoerende partij waren;

g. gebruik van gif of giftige wapens;

h. gebruik van verstikkende, giftige of andere gassen en overige soortgelijke vloeistoffen, materialen of apparaten;

i. gebruik van kogels die in het menselijk lichaam gemakkelijk in omvang toenemen of platter en breder worden, zoals kogels met een harde mantel die de kern gedeeltelijk onbedekt laat of voorzien is van inkepingen;

j. wandaden begaan tegen de persoonlijke waardigheid, in het bijzonder vernederende en onterende behandeling;

k. gebruikmaken van de aanwezigheid van een burger of een andere beschermde persoon teneinde bepaalde punten, gebieden of strijdkrachten te vrijwaren van militaire operaties;

l. opzettelijk gebruikmaken van uithongering van burgers als methode van oorlogvoering door hun voorwerpen te onthouden die onontbeerlijk zijn voor hun overleving, waaronder het opzettelijk belemmeren van de aanvoer van hulpgoederen zoals voorzien in de Verdragen van Genève;

m. opzettelijk aanvallen richten op de burgerbevolking als zodanig of op individuele burgers die niet rechtstreeks aan vijandelijkheden deelnemen;

n. opzettelijk aanvallen richten op gebouwen, materieel, medische eenheden en transport, alsmede personeel dat overeenkomstig internationaal recht gebruik maakt van de emblemen van de Verdragen van Genève;

o. opzettelijk aanvallen richten op personeel, installaties, materieel, eenheden of voertuigen, betrokken bij humanitaire hulpverlening of vredesmissies overeenkomstig het Handvest van de Verenigde Naties, zolang deze recht hebben op de bescherming die aan burgers of burgerobjecten wordt verleend krachtens het internationale recht inzake gewapende conflicten;

p. opzettelijk aanvallen richten op gebouwen, bestemd voor godsdienst, onderwijs, kunst, wetenschap of charitatieve doeleinden, historische monumenten, ziekenhuizen en plaatsen waar zieken en gewonden worden samengebracht, mits deze geen militair doelwit zijn;

q. een stad of plaats plunderen, ook wanneer deze bij een aanval wordt ingenomen;

r. kinderen beneden de leeftijd van vijftien jaar bij de nationale strijdkrachten of groepen onder de wapenen roepen of in militaire dienst nemen dan wel hen gebruiken voor actieve deelname aan vijandelijkheden;

s. verklaren dat geen kwartier zal worden verleend;

t. vernietiging of inbeslagneming van goederen van de tegenpartij tenzij deze vernietiging of inbeslagneming dringend vereist is als gevolg van dwingende omstandigheden van het conflict;

u. gebruik van wapens die gebruik maken van microbiologische of andere biologische middelen, of gifstoffen, ongeacht hun herkomst of de wijze van productie;

v. gebruik van wapens met als voornaamste gevolg het veroorzaken van verwondingen door fragmenten die in het menselijk lichaam niet met röntgenstralen kunnen worden ontdekt; of

w. gebruik van laserwapens die speciaal zodanig zijn ontworpen dat hun enige gevechtsfunctie of een van hun gevechtsfuncties is het veroorzaken van blijvende blindheid bij onversterkt gezichtsvermogen, dat wil zeggen aan het blote oog of het oog met een corrigerende bril of lens,

wordt gestraft met gevangenisstraf van ten hoogste vijftien jaren of geldboete van de vijfde categorie.

6. Indien een feit als bedoeld in het vierde of vijfde lid:

Internationaal misdrijf, strafmaat schending niet-militaire belangen

C33 art. 6   Wet internationale misdrijven

    a. de dood of zwaar lichamelijk letsel van een ander ten gevolge heeft dan wel verkrachting inhoudt;
    b. geweldpleging in vereniging tegen een of meer personen dan wel geweldpleging tegen een dode, zieke of gewonde inhoudt;
    c. het in vereniging vernielen, beschadigen, onbruikbaar maken of wegmaken van enig goed dat geheel of ten dele aan een ander toebehoort inhoudt;
    d. het in vereniging een ander dwingen iets te doen, niet te doen of te dulden inhoudt;
    e. het in vereniging een stad of plaats plunderen inhoudt, ook wanneer deze bij een aanval wordt ingenomen;
    f. een schending van een gegeven belofte of een schending van een met de tegenpartij als zodanig gesloten overeenkomst inhoudt; of
    g. misbruik van een door de wetten en gebruiken beschermde vlag of teken dan wel van de militaire onderscheidingstekenen of het uniform van de tegenpartij inhoudt,
wordt de schuldige gestraft met levenslange gevangenisstraf of tijdelijke van ten hoogste dertig jaren of geldboete van de zesde categorie.

Internationaal misdrijf, uitzonderingen

7. Het tweede lid, onderdeel b, onder 4°, is niet van toepassing indien de daarin beschreven handeling:
    a. in overeenstemming is met de algemeen aanvaarde medische normen welke onder gelijke medische omstandigheden zouden worden toegepast ten aanzien van personen die onderdaan zijn van de voor de handelingen verantwoordelijke partij en op geen enkele wijze van hun vrijheid zijn beroofd; of
    b. betreft het geval dat bloed wordt afgestaan voor transfusie of huid voor transplantatie, mits dit vrijwillig en zonder enige dwang of aandrang geschiedt, en dan nog slechts voor therapeutische doeleinden, onder omstandigheden die beantwoorden aan de algemeen aanvaarde medische normen en maatregelen van toezicht, die zowel het belang van de donor als van de ontvanger beogen.

Art. 6

Internationaal misdrijf, strafmaat in niet-internationaal gewapend conflict

1. Hij die zich in geval van een niet-internationaal gewapend conflict schuldig maakt aan schending van het gemeenschappelijk artikel 3 van de Verdragen van Genève, te weten het begaan jegens personen die niet rechtstreeks aan de vijandelijkheden deelnemen, met inbegrip van personeel van strijdkrachten dat de wapens heeft neergelegd, of jegens personen die buiten gevecht zijn gesteld door ziekte, verwonding, gevangenschap of enig andere oorzaak, van een van de volgende feiten:
    a. aanslagen op het leven of lichamelijke geweldpleging, in het bijzonder het doden op welke wijze ook, verminking, wrede behandeling of marteling;
    b. het nemen van gijzelaars;
    c. aanranding van de persoonlijke waardigheid, in het bijzonder vernederende en onterende behandeling; of
    d. het uitspreken of ten uitvoer leggen van vonnissen zonder voorafgaande berechting door een op regelmatige wijze samengesteld gerecht dat alle gerechtelijke waarborgen biedt, naar algemeen aanvaarde normen als onmisbaar erkend,
wordt gestraft met levenslange gevangenisstraf of tijdelijke van ten hoogste dertig jaren of geldboete van de zesde categorie.

Internationaal misdrijf, strafmaat in gevaar brengen gezondheid

2. Hij die zich in geval van een niet-internationaal gewapend conflict schuldig maakt aan een van de volgende feiten:
    a. verkrachting, seksuele slavernij, gedwongen prostitutie, gedwongen sterilisatie of elke andere vorm van seksueel geweld die even ernstig kan worden geacht als een ernstige inbreuk op de Verdragen van Genève;
    b. gedwongen zwangerschap;
    c. personen die zich in de macht van een tegenpartij bevinden onderwerpen aan lichamelijke verminking of medische of wetenschappelijke experimenten, van welke aard ook, die niet worden gerechtvaardigd door de geneeskundige of tandheelkundige behandeling van de betrokken persoon of door diens behandeling in het ziekenhuis, noch in zijn belang worden uitgevoerd, en die de dood ten gevolge hebben of de gezondheid van die persoon of personen ernstig in gevaar kan brengen; of
    d. op verraderlijke wijze doden of verwonden van personen die behoren tot de vijandige natie of het vijandige leger,
wordt gestraft met levenslange gevangenisstraf of tijdelijke van ten hoogste dertig jaren of geldboete van de zesde categorie.

Internationaal misdrijf, strafmaat schending niet-militaire doelen

3. Hij die zich in geval van een niet-internationaal gewapend conflict schuldig maakt aan een van de volgende feiten:
    a. opzettelijk aanvallen richten op de burgerbevolking als zodanig of op individuele burgers die niet rechtstreeks aan vijandelijkheden deelnemen;

Wet internationale misdrijven C33 art. 8

b. opzettelijk aanvallen richten op gebouwen, materieel, medische eenheden en transport, alsmede personeel dat overeenkomstig internationaal recht gebruik maakt van de emblemen van de Verdragen van Genève;
c. opzettelijk aanvallen richten op personeel, installaties, materieel, eenheden of voertuigen, betrokken bij humanitaire hulpverlening of vredesmissies overeenkomstig het Handvest van de Verenigde Naties, zolang deze recht hebben op de bescherming die aan burgers of burgerobjecten wordt verleend krachtens het internationale recht inzake gewapende conflicten;
d. opzettelijk aanvallen richten op gebouwen, bestemd voor godsdienst, onderwijs, kunst, wetenschap of charitatieve doeleinden, historische monumenten, ziekenhuizen en plaatsen waar zieken en gewonden worden samengebracht, mits deze geen militair doelwit zijn;
e. een stad of plaats plunderen, ook wanneer deze bij een aanval wordt ingenomen;
f. kinderen beneden de leeftijd van vijftien jaar bij de nationale strijdkrachten of groepen onder de wapenen roepen of in militaire dienst nemen dan wel hen gebruiken voor actieve deelname aan vijandelijkheden;
g. verklaren dat geen kwartier zal worden verleend;
h. vernietiging of inbeslagneming van goederen van de tegenpartij tenzij deze vernietiging of inbeslagneming dringend vereist is als gevolg van dwingende omstandigheden van het conflict;
i. opdracht geven tot de verplaatsing van de burgerbevolking om redenen verband houdende met het conflict, anders dan verband houdende met de veiligheid van de burgers of indien dringend vereist om redenen van dwingende omstandigheden van het conflict;
j. gebruik van gif of giftige wapens;
k. gebruik van verstikkende, giftige of andere gassen en overige soortgelijke vloeistoffen, materialen of apparaten;
l. gebruik van kogels die in het menselijk lichaam gemakkelijk in omvang toenemen of platter en breder worden, zoals kogels met een harde mantel die de kern gedeeltelijk onbedekt laat of voorzien is van inkepingen;
m. opzettelijk gebruikmaken van uithongering van burgers als methode van oorlogvoering door hun voorwerpen te onthouden die onontbeerlijk zijn voor hun overleving, waaronder het opzettelijk belemmeren van de aanvoer van hulpgoederen zoals voorzien in de Verdragen van Genève;
n. gebruik van wapens die gebruik maken van microbiologische of andere biologische middelen, of gifstoffen, ongeacht hun herkomst of de wijze van productie;
o. gebruik van wapens met als voornaamste gevolg het veroorzaken van verwondingen door fragmenten die in het menselijk lichaam niet met röntgenstralen kunnen worden ontdekt; of
p. gebruik van laserwapens die speciaal zodanig zijn ontworpen dat hun enige gevechtsfunctie of een van hun gevechtsfuncties is het veroorzaken van blijvende blindheid bij onversterkt gezichtsvermogen, dat wil zeggen aan het blote oog of het oog met een corrigerende bril of lens, wordt gestraft met gevangenisstraf van ten hoogste vijftien jaren of geldboete van de vijfde categorie.
4. Artikel 5, zesde lid, is van overeenkomstige toepassing op een feit als bedoeld in het derde lid.

Art. 7
1. Hij die zich in het geval van een internationaal of niet-internationaal gewapend conflict schuldig maakt aan een schending van de wetten en gebruiken van de oorlog anders dan bedoeld in de artikelen 5 of 6 wordt gestraft met gevangenisstraf van ten hoogste tien jaren of geldboete van de vijfde categorie.

Internationaal misdrijf, strafmaat schending overige oorlogswetten

2. Gevangenisstraf van ten hoogste vijftien jaren of geldboete van de vijfde categorie wordt opgelegd:
a. indien van een feit als bedoeld in het eerste lid de dood of zwaar lichamelijk letsel van een ander te duchten is;
b. indien een feit als bedoeld in het eerste lid inhoudt een of meer wandaden begaan tegen de persoonlijke waardigheid, in het bijzonder vernederende en onterende behandeling;
c. indien een feit als bedoeld in het eerste lid inhoudt het een ander dwingen iets te doen, niet te doen of te dulden; of
d. indien een feit als bedoeld in het eerste lid inhoudt een stad of plaats plunderen, ook wanneer deze bij een aanval wordt ingenomen.
3. Artikel 5, zesde lid, is van overeenkomstige toepassing op een feit als bedoeld in het eerste lid.

Art. 8
1. Foltering door een ambtenaar of anderszins ten dienste van de overheid werkzame persoon in de uitoefening van zijn functie wordt gestraft met levenslange gevangenisstraf of tijdelijke van ten hoogste dertig jaren of geldboete van de vijfde categorie.

Internationaal misdrijf, strafmaat foltering

2. Met gelijke straffen wordt gestraft:
a. de ambtenaar of anderszins ten dienste van de overheid werkzame persoon die in de uitoefening van zijn functie door een der in artikel 47, eerste lid, onder 2°, van het Wetboek van

Strafrecht vermelde middelen tot de foltering uitlokt of die opzettelijk toelaat dat een ander die foltering pleegt;
b. hij die foltering pleegt, indien een ambtenaar of een anderszins ten dienste van de overheid werkzame persoon in de uitoefening van zijn functie zulks door een der in artikel 47, eerste lid, onder 2°, van het Wetboek van Strafrecht vermelde middelen heeft uitgelokt of zulks opzettelijk heeft toegelaten.

Art. 8a

Internationaal misdrijf, strafmaat verdwijning persoon

1. Hij die zich schuldig maakt aan gedwongen verdwijning van een persoon, bedoeld in artikel 4, tweede lid, onderdeel d, wordt gestraft met een gevangenisstraf van ten hoogste vijftien jaren of geldboete van de vijfde categorie.
2. Indien een feit als bedoeld in het eerste lid:
a. de dood of zwaar lichamelijk letsel van de persoon ten gevolge heeft dan wel verkrachting inhoudt;
b. geweldpleging in vereniging tegen een persoon dan wel geweldpleging tegen een zieke of gewonde inhoudt;
c. een zwangere vrouw, een minderjarige, een persoon met een handicap of een ander bijzonder kwetsbaar persoon betreft;
d. een groep van personen betreft, wordt de schuldige gestraft met levenslange gevangenisstraf of tijdelijke gevangenisstraf van ten hoogste dertig jaren of geldboete van de zesde categorie.

Art. 8b

Internationaal misdrijf, strafmaat schending Handvest VN

1. Hij die, in de positie verkerende daadwerkelijk controle uit te oefenen over of leiding te geven aan het politieke of militaire optreden van een staat, een daad van agressie die door zijn aard, ernst en schaal een onmiskenbare schending vormt van het Handvest van de Verenigde Naties, plant, voorbereidt, in gang zet of uitvoert, wordt als schuldig aan het misdrijf agressie gestraft met levenslange gevangenisstraf of tijdelijke van ten hoogste dertig jaren of geldboete van de zesde categorie.

Daad van agressie, begripsbepaling

2. Voor de toepassing van het eerste lid wordt verstaan onder «daad van agressie»: het gebruik van wapengeweld door een staat tegen de soevereiniteit, territoriale integriteit of politieke onafhankelijkheid van een andere staat, of het gebruik van wapengeweld door een staat dat op enige andere wijze onverenigbaar is met het Handvest van de Verenigde Naties. Elk van de volgende handelingen wordt, ongeacht of er een oorlogsverklaring is, in ieder geval als een daad van agressie aangemerkt:
a. de invasie of aanval door de strijdkrachten van een staat van respectievelijk op het grondgebied van een andere staat, of een militaire bezetting, ook als deze van tijdelijke aard is, die het gevolg is van een dergelijke invasie of aanval, of de annexatie door middel van geweld van het grondgebied van een andere staat of deel daarvan;
b. het bombarderen door de strijdkrachten van een staat van het grondgebied van een andere staat of het gebruik van enig wapen door een staat tegen het grondgebied van een andere staat;
c. de blokkade van de havens of kusten van een staat door de strijdkrachten van een andere staat;
d. een aanval door de strijdkrachten van een staat op de land-, zee- of luchtstrijdkrachten of de zee- en luchtvloot van een andere staat;
e. de inzet van strijdkrachten van een staat die met instemming van een andere staat aanwezig zijn op het grondgebied van die staat, in strijd met de voorwaarden vervat in de daarop betrekking hebbende overeenkomst of een verlenging van hun aanwezigheid op dit grondgebied na het verstrijken van de overeenkomst;
f. het feit dat een staat toestaat dat zijn grondgebied, dat hij aan een andere staat ter beschikking heeft gesteld, door die andere staat wordt gebruikt om een daad van agressie te plegen tegen een derde staat;
g. het sturen door of namens een staat van gewapende bendes, groepen, ongeordende troepen of huurlingen, die met wapengeweld gepaard gaande handelingen plegen tegen een andere staat die zo ernstig zijn dat zij gelijkstaan met de hierboven genoemde handelingen, of die daar in aanzienlijke mate bij betrokken zijn.

§ 3
Uitbreiding van de strafbaarheid

Art. 9

Internationaal misdrijf, uitbreiding strafbaarheid meerdere

1. Met gelijke straf als gesteld op de in § 2 en in artikel 1, vierde lid, bedoelde feiten wordt gestraft de meerdere die:
a. opzettelijk toelaat dat een aan hem ondergeschikte een zodanig feit begaat;
b. opzettelijk nalaat maatregelen te nemen, voor zover die nodig zijn en van hem kunnen worden gevergd, indien een aan hem ondergeschikte een zodanig feit heeft gepleegd of voornemens is te plegen.

Wet internationale misdrijven

C33 art. 16c

2. Met een straf van ten hoogste twee derde van het maximum van de hoofdstraffen, gesteld op de in § 2 en in artikel 1, vierde lid, bedoelde feiten, wordt gestraft hij die door zijn schuld verzuimt maatregelen te nemen, voor zover die nodig zijn en van hem kunnen worden gevergd, indien een aan hem ondergeschikte, naar hij redelijkerwijs moet vermoeden, een zodanig feit heeft gepleegd of voornemens is te plegen.
3. Indien in het geval bedoeld in het tweede lid op het feit levenslange gevangenisstraf is gesteld, wordt gevangenisstraf opgelegd van ten hoogste vijftien jaren.

§ 4
Algemene bepalingen van strafrecht en strafprocesrecht

Art. 10
De in deze wet strafbaar gestelde feiten zijn misdrijven.

Art. 11
1. Dat een in deze wet omschreven misdrijf is begaan ter uitvoering van een voorschrift, gegeven door de wetgevende macht van een staat, of ter uitvoering van een bevel van een meerdere, heft de strafbaarheid van het betrokken feit niet op.
2. De ondergeschikte die een in deze wet omschreven misdrijf begaat ter uitvoering van een bevel van een meerdere is niet strafbaar, indien het bevel door de ondergeschikte te goeder trouw als bevoegd gegeven werd beschouwd en de nakoming daarvan binnen de kring van zijn ondergeschiktheid was gelegen.
3. Voor de toepassing van het tweede lid wordt een bevel tot het plegen van genocide, een misdrijf tegen de menselijkheid of gedwongen verdwijning van een persoon geacht kennelijk onbevoegd gegeven te zijn.

Internationaal misdrijf, opheffing strafbaarheid

Art. 12
De misdrijven, omschreven in deze wet, worden voor de toepassing van de Uitleveringswet of de Wet overlevering inzake oorlogsmisdrijven niet beschouwd als strafbare feiten van politieke aard.

Internationaal misdrijf, strafbare feiten van politieke aard

Art. 13
Ten aanzien van de in deze wet omschreven misdrijven – met uitzondering van de feiten, bedoeld in artikel 7, eerste lid, en, voor zover met die feiten verband houdend, de feiten, bedoeld in artikel 9 – verjaart het recht tot strafvordering niet. Artikel 6:1:22 van het Wetboek van Strafvordering en artikel 77d, derde lid, van het Wetboek van Strafrecht zijn op die misdrijven niet van toepassing.

Internationaal misdrijf, geen verjaring

Art. 14
Bij veroordeling tot een gevangenisstraf van ten minste een jaar wegens een der in deze wet omschreven misdrijven kan ontzetting van het in artikel 28, eerste lid, onder 3°, van het Wetboek van Strafrecht vermelde recht worden uitgesproken.

Internationaal misdrijf, ontzetting van kiesrecht

Art. 15
Van de misdrijven omschreven in deze wet neemt de rechtbank Den Haag kennis, behoudens de bevoegdheid van de rechter, aangewezen bij de Wet militaire strafrechtspraak.

Internationaal misdrijf, competentie

Art. 16
Strafvervolging voor een der in deze wet omschreven misdrijven is uitgesloten ten aanzien van:
a. buitenlandse staatshoofden, regeringsleiders en ministers van buitenlandse zaken, zolang zij als zodanig in functie zijn, alsmede andere personen voor zover hun immuniteit door het volkenrechtelijk gewoonterecht wordt erkend;
b. personen die over immuniteit beschikken op grond van enig verdrag dat binnen het Koninkrijk voor Nederland geldt.

Internationaal misdrijf, immuniteit

§ 4a
Bonaire, Sint Eustatius en Saba

Art. 16a
Onverminderd de overige artikelen van deze paragraaf is deze wet mede van toepassing in de openbare lichamen Bonaire, Sint Eustatius en Saba.

Internationaal misdrijf, BES-eilanden

Art. 16b
In afwijking van artikel 1, tweede lid, heeft de uitdrukking ambtenaar in deze wet dezelfde betekenis als in het Wetboek van Strafrecht BES, met dien verstande dat voor de toepassing van het Wetboek van Strafrecht BES onder ambtenaar mede wordt begrepen degene die ten dienste van een vreemde staat een openbaar ambt bekleedt.

BES-eilanden, definitie ambtenaar

Art. 16c
In afwijking van artikel 1, derde lid, hebben de uitdrukkingen samenspanning en zwaar lichamelijk letsel in deze wet dezelfde betekenis als in het Wetboek van Strafrecht BES.

BES-eilanden, definitie samenspanning/zwaar lichamelijk letsel

Art. 16d
BES-eilanden, definitie middelen

Voor de toepassing van artikel 8 wordt onder de middelen waarvan in het tweede lid, onder a en b, wordt gesproken, verstaan de middelen, bedoeld in artikel 49, eerste lid, onder 2°, van het Wetboek van Strafrecht BES.

Art. 16e
BES-eilanden, verjaring

In artikel 13 wordt in plaats van de tweede volzin gelezen: Artikel 78 van het Wetboek van Strafrecht BES is op die misdrijven niet van toepassing.

Art. 16f
BES-eilanden, ontzetting kiesrecht

Voor de toepassing van artikel 14 wordt in plaats van «het in artikel 28 vermelde recht, eerste lid, onder 3°, van het Wetboek van Strafrecht vermelde recht» gelezen: het recht, bedoeld in artikel 32, van het Wetboek van Strafrecht BES.

Art. 16g
BES-eilanden, immuniteit

In afwijking van artikel 15 neemt het Gerecht in eerste aanleg van Bonaire, Sint Eustatius en Saba kennis van de misdrijven omschreven in deze wet, voor zover het feit is begaan binnen het rechtsgebied van Bonaire, Sint Eustatius en Saba, en behoudens de bevoegdheid van de rechter, aangewezen bij de Wet militaire strafrechtspraak. De behandeling vindt plaats door een meervoudige kamer, bestaande uit een lid van het Gemeenschappelijk Hof en twee rechters in de rechtbank Den Haag.

§ 5
Wijziging van andere wetten

Art. 17
Internationaal misdrijf, wijziging andere wetten

[Wijzigt de Wet Oorlogsstrafrecht.]

Art. 18
[Wijzigt het Wetboek van Strafrecht.]

Art. 18a
[Wijzigt de Wet overlevering inzake oorlogsmisdrijven.]

§ 6
Slotbepalingen

Art. 19
De Uitvoeringswet genocideverdrag wordt ingetrokken.

Art. 20
Overgangsbepalingen

De Uitvoeringswet folteringverdrag wordt ingetrokken.

Art. 21
1. Wanneer op het tijdstip van inwerkingtreding van deze wet ter zake van genocide, foltering of een misdrijf dat overeenkomt met een misdrijf als omschreven in de artikelen 5, 6 of 7 van deze wet, overeenkomstig het oude recht reeds vervolging is ingesteld bij een andere rechter dan bedoeld in artikel 15 van deze wet, wordt de zaak bij dezelfde rechter voortgezet.
2. Artikel 13 is mede van toepassing op feiten, strafbaar gesteld in de Uitvoeringswet folteringverdrag en gepleegd voor het tijdstip van inwerkingtreding van deze wet, tenzij het feit op dat tijdstip reeds is verjaard.
3. Artikel 16g is mede van toepassing op feiten, ter uitvoering van het Verdrag tegen foltering en andere wrede, onmenselijke of onterende behandeling of bestraffing (*Trb.* 1985, 69) strafbaar gesteld op grond van de Nederlands-Antilliaanse strafwet en gepleegd voor het tijdstip van transitie bedoeld in artikel 1, onder a, van de Invoeringswet openbare lichamen Bonaire, Sint Eustatius en Saba, tenzij het feit op dat tijdstip reeds is verjaard.
4. Artikel 2 is van toepassing op het misdrijf genocide dat is begaan op of na 24 oktober 1970.

Art. 21a
In geval van strafvervolging voor een van de in deze wet, de Uitvoeringswet folteringverdrag, de Uitvoeringswet genocideverdrag, dan wel de Wet oorlogsstrafrecht omschreven misdrijven begaan voor 1 april 1995, zijn de bepalingen van het Wetboek van Strafvordering betreffende het slachtoffer en de benadeelde partij van toepassing.

Art. 22
Inwerkingtreding

Deze wet treedt in werking op een bij koninklijk besluit te bepalen tijdstip.

Art. 23
Citeertitel

Deze wet wordt aangehaald als: Wet internationale misdrijven.

Uitvoeringswet Internationaal Strafhof[1]

Rijkswet van 20 juni 2002 tot uitvoering van het Statuut van het Internationaal Strafhof met betrekking tot de samenwerking met en bijstand aan het Internationaal Strafhof en de tenuitvoerlegging van zijn vonnissen (Uitvoeringswet Internationaal Strafhof)

Wij Beatrix, bij de gratie Gods, Koningin der Nederlanden, Prinses van Oranje-Nassau, enz. enz. enz.

Allen, die deze zullen zien of horen lezen, saluut! doen te weten:

Alzo Wij in overweging genomen hebben, dat het nodig is om ter uitvoering van het Statuut van het Internationaal Strafhof voorzieningen te treffen met betrekking tot de samenwerking met en bijstand aan het Internationaal Strafhof en de tenuitvoerlegging van zijn vonnissen;

Zo is het, dat Wij, de Raad van State van het Koninkrijk gehoord, en met gemeen overleg der Staten-Generaal, de bepalingen van het Statuut voor het Koninkrijk in acht genomen zijnde, hebben goedgevonden en verstaan, gelijk Wij goedvinden en verstaan bij deze:

Hoofdstuk 1
Algemene bepalingen

Art. 1

1. Voor de toepassing van deze rijkswet wordt verstaan onder: *Begripsbepalingen*
a. Statuut: het op 17 juli 1998 te Rome tot stand gekomen Statuut van Rome inzake het Internationale Strafhof (Trb. 2000, 120);
b. Strafhof: het Internationale Strafhof, opgericht bij het Statuut, respectievelijk elk van zijn organen voor de daaraan toegewezen taken;
c. consultatie: overleg als bedoeld in artikel 97 van het Statuut, tussen een staat die partij is bij het Statuut, en het Strafhof;
d. samenwerking: de samenwerking, bedoeld in deel 9 van het Statuut, tussen het Strafhof en de staten die partij zijn bij het Statuut;
e. overlevering: de ter beschikkingstelling van een persoon door Nederland, Aruba, Curaçao of Sint Maarten aan het Strafhof ten behoeve van een bij het Strafhof tegen hem gericht strafrechtelijk onderzoek of de tenuitvoerlegging van een hem door het Strafhof opgelegde gevangenisstraf;
f. tenuitvoerlegging: de tenuitvoerlegging van uitspraken van het Strafhof, bedoeld in deel 10 van het Statuut, met inbegrip van de toepassing van voorlopige maatregelen ten behoeve van die tenuitvoerlegging;
g. bijstand: de bijstand die Nederland in zijn hoedanigheid van Gastland aan het Strafhof verleent;
h. doorvoer: het begeleid vervoer over Nederlands grondgebied van personen, afkomstig van een vreemde staat en met als bestemming het Strafhof, dan wel afkomstig van het Strafhof en met als bestemming een vreemde staat;
i. Onze Minister: Onze Minister van Justitie;
j. Wetboek van Strafvordering: het Wetboek van Strafvordering van het Europese deel van het Koninkrijk.

2. In deze wet wordt mede verstaan onder:
a. Nederlands grondgebied of Nederlands gebied: het grondgebied van de openbare lichamen Bonaire, Sint Eustatius en Saba;
b. in Nederland: in de openbare lichamen Bonaire, Sint Eustatius en Saba;
c. Nederlandse ambtenaren: ambtenaren van de openbare lichamen Bonaire, Sint Eustatius en Saba;
d. Nederlands recht: het geldende recht in de openbare lichamen Bonaire, Sint Eustatius en Saba.

3. Onder officier van justitie, hulpofficier van justitie en opsporingsambtenaar wordt uitsluitend voor de toepassing van de artikelen 13 tot en met 19a, mede verstaan de officier van justitie van het openbaar ministerie bij het gerecht in eerste aanleg van Bonaire, Sint Eustatius en Saba, de hulpofficier van justitie, bedoeld in artikel 191 van het Wetboek van Strafvordering BES, en de opsporingsambtenaar, bedoeld in artikel 184 van dat wetboek.

---

1   Inwerkingtredingsdatum: 01-07-2002; zoals laatstelijk gewijzigd bij: Stb. 2020, 1.

Art. 2

Toepassingsgebied

1. Onverminderd de overige leden van dit artikel is deze rijkswet van toepassing op Nederland, Aruba, Curaçao en Sint Maarten.
2. Indien het verzoek van het Strafhof inhoudt een verzoek om een handeling, te verrichten door de autoriteiten van Aruba, Curaçao of Sint Maarten, wordt het verzoek, in afwijking van artikel 3, eerste lid, in behandeling genomen door de Minister van Justitie van Aruba, Curaçao onderscheidenlijk Sint Maarten. Deze zendt het verzoek overeenkomstig artikel 3, tweede en vierde lid, door aan de procureur-generaal van Aruba en aan de procureur-generaal voor Curaçao, voor Sint Maarten en voor de openbare lichamen Bonaire, Sint Eustatius en Saba.
3. In de gevallen, bedoeld in het tweede lid, zijn, in afwijking van het bepaalde in de hoofdstukken 2, 3 en 4 van deze wet en behoudens strijd met het Statuut, het Uitleveringsbesluit van Aruba, Curaçao en Sint Maarten alsmede het Wetboek van Strafvordering van Aruba, Curaçao onderscheidenlijk Sint Maarten en overeenkomstige toepassing.
4. Tegen een uitspraak van de bevoegde rechter van Aruba, Curaçao of Sint Maarten op of naar aanleiding van een verzoek van het Strafhof tot overlevering of tenuitvoerlegging staat geen rechtsmiddel open.

Art. 3

Internationaal Strafhof, verzoek samenwerking en bijstand van strafhof

1. Een overeenkomstig het Statuut ontvangen verzoek van het Strafhof om samenwerking, om tenuitvoerlegging of om vervolging van een misdrijf, gericht tegen de rechtspleging van het Strafhof, wordt door Onze Minister in behandeling genomen. Zo het verzoek niet tot Onze Minister is gericht, wordt het door de geadresseerde onverwijld aan hem doorgezonden.
2. Tenzij Onze Minister het verzoek zelf kan afdoen dan wel van oordeel is dat eerst aanvullende informatie van het Strafhof is vereist, en behoudens het derde en vierde lid, zendt hij het verzoek onverwijld door aan de officier van justitie bij het arrondissementsparket Den Haag.
3. Indien het verzoek betrekking heeft op de tenuitvoerlegging van een door het Strafhof opgelegde gevangenisstraf, handelt Onze Minister daarmee overeenkomstig de artikelen 67 en 68.
4. Indien het verzoek betrekking heeft op de tenuitvoerlegging van een bevel tot het doen van herstelbetalingen als bedoeld in artikel 75 van het Statuut, treft Onze Minister de maatregelen die naar zijn oordeel nodig zijn voor een goede uitvoering van het bevel. Indien het bevel inhoudt een verplichting voor de veroordeelde tot betaling van een som geld ten behoeve van een of meer begunstigden, zendt Onze Minister het verzoek onverwijld door aan de officier van justitie bij het arrondissementsparket Den Haag, die daarmee handelt overeenkomstig de artikelen 72 en 83.
5. Een verzoek om bijstand wordt door Onze Minister of de door deze daartoe aangewezen autoriteiten in behandeling genomen.
6. Onze Minister licht het Strafhof regelmatig in over de voortgang van de behandeling van de verzoeken.

Art. 4

Internationaal Strafhof, competentie bij verzoek samenwerking en bijstand

Tot de behandeling, voor zover aan de rechter opgedragen, van verzoeken van het Strafhof om samenwerking of tenuitvoerlegging, alsmede van enig beroep, beklag of verzet in verband daarmee, is de rechtbank Den Haag bij uitsluiting bevoegd.

Art. 5

Internationaal Strafhof, verzoek rechtshulp aan strafhof

Internationaal Strafhof, bewijskracht rechtshandelingen

1. Op verzoek van enige Nederlandse autoriteit, belast met de behandeling van een strafzaak, kan Onze Minister overeenkomstig artikel 93, tiende lid, van het Statuut, een verzoek om rechtshulp van en samenwerking met het Strafhof aan het Strafhof richten.
2. Stukken betreffende ambtshandelingen terzake van opsporing en vervolging die de autoriteiten van het Strafhof hebben opgemaakt en naar aanleiding van een verzoek overleggen, hebben de bewijskracht die toekomt aan stukken betreffende overeenkomstige, door Nederlandse ambtenaren verrichte handelingen, met dien verstande dat hun bewijskracht niet uitgaat boven die welke zij voor het Strafhof hebben.

Art. 6

Internationaal Strafhof, verstrekking politiegegevens

Politiegegevens kunnen ook zonder daartoe strekkend verzoek worden verstrekt aan het Strafhof indien dit voor de goede uitvoering van zijn taak noodzakelijk is. De verstrekking vindt plaats door tussenkomst van een of meerdere landelijke eenheden van de politie.

Art. 7

Internationaal Strafhof, belemmeringen bij inwilliging verzoek van strafhof

1. Indien Onze Minister van oordeel is dat voor de inwilliging van een verzoek van het Strafhof om samenwerking of tenuitvoerlegging belemmeringen of hindernissen bestaan, consulteert deze onverwijld het Strafhof teneinde deze belemmeringen of hindernissen weg te nemen.
2. Belemmeringen of hindernissen als bedoeld in het eerste lid kunnen in ieder geval bestaan uit:
   a. onvoldoende informatie voor de inwilliging van het verzoek;
   b. het feit dat een op verzoek van het Strafhof aan te houden persoon ondanks uiterste inspanningen niet in Nederland wordt aangetroffen;

c. het feit dat is gebleken dat een op grond van een aanhoudingsbevel op verzoek van het Strafhof aangehouden persoon niet de in het bevel genoemde persoon is;
d. het feit dat inwilliging van het verzoek in zijn huidige vorm strijd zou meebrengen met een reeds eerder, voorafgaande aan het verzoek, bestaande verdragsrechtelijke verplichting jegens een andere staat;
e. het feit dat inwilliging van het verzoek in zijn huidige vorm zou leiden tot schending van het beginsel van ne bis in idem, bedoeld in artikel 20 van het Statuut;
f. het feit dat tegen de opgeëiste persoon wegens dezelfde gedragingen een vervolging in Nederland gaande of in voorbereiding is;
g. het feit dat de onmiddellijke inwilliging van het verzoek van het Strafhof een onderzoek of vervolging in een andere zaak dan die waarop het verzoek betrekking heeft, zou belemmeren;
h. het feit dat de inwilliging van het verzoek de nationale veiligheidsbelangen van Nederland als bedoeld in artikel 72 van het Statuut zou schaden;
i. het geval, bedoeld in artikel 25, eerste lid.
3. Indien de officier van justitie, belast met de uitvoering van een verzoek van het Strafhof, belemmeringen of hindernissen als bedoeld in dit artikel signaleert, stelt hij Onze Minister hiervan onverwijld in kennis.
4. Onze Minister verzoekt het Strafhof om binnen een in overleg vast te stellen redelijke termijn te reageren. Op verzoek van het Strafhof kan deze termijn worden verlengd.
5. Voor de duur van de termijn, bedoeld in het vierde lid, wordt de behandeling van een verzoek om overlevering van een persoon dan wel om tenuitvoerlegging van een uitspraak van het Strafhof opgeschort. De behandeling van een verzoek om enigerlei andere vorm van samenwerking kan door Onze Minister, onderscheidenlijk door de officier van justitie, na overleg met Onze Minister, worden opgeschort.
6. Indien Onze Minister of de door deze aangewezen autoriteiten van oordeel zijn dat een verzoek om bijstand van het Gastland niet kan worden ingewilligd, pleegt hij onverwijld en met inachtneming van de zetelovereenkomst, bedoeld in artikel 3, tweede lid, van het Statuut, en de daarop gebaseerde regelingen en overeenkomsten overleg met het Strafhof teneinde de zaak op te lossen.

Art. 8
1. Indien en zolang het Strafhof een betwisting van de ontvankelijkheid van een zaak of de rechtsmacht van het Strafhof ingevolge artikel 18 of 19 van het Statuut onderzoekt, wordt de behandeling van een op die zaak betrekking hebbend verzoek om overlevering van een persoon opgeschort.

Internationaal Strafhof, onderzoek ontvankelijkheid

2. In het geval, bedoeld in het eerste lid, kan de behandeling van een verzoek om enigerlei andere vorm van samenwerking door Onze Minister, onderscheidenlijk door de officier van justitie, na overleg met Onze Minister, worden opgeschort, tenzij het Strafhof heeft bepaald dat de Aanklager kan voortgaan met het vergaren van het bewijs ingevolge het genoemde artikel 18 of 19.

Art. 9
Op betekeningen, kennisgevingen en oproepingen, gedaan krachtens deze wet, zijn de artikelen 36b tot en met 36i, en 36n van het Wetboek van Strafvordering van overeenkomstige toepassing.

Schakelbepaling

Art. 10
Voor zover in deze wet niet anders is bepaald, is zij mede van toepassing op een verzoek van het Strafhof om samenwerking of om tenuitvoerlegging terzake van een misdrijf, gericht tegen de rechtspleging van het Strafhof, als bedoeld in artikel 70, eerste lid, van het Statuut.

Hoofdstuk 2
Overlevering van personen aan het Strafhof

§ 1
Algemeen

Art. 11
1. Op verzoek van het Strafhof en met inachtneming van de bepalingen van dit hoofdstuk worden personen aan het Strafhof overgeleverd:

Internationaal Strafhof, verzoek om overlevering aan Strafhof

a. ter vervolging en berechting terzake van strafbare feiten, tot kennisneming waarvan het Strafhof ingevolge het Statuut bevoegd is;
b. ter tenuitvoerlegging van een door het Strafhof opgelegde gevangenisstraf.
2. De Uitleveringswet is niet van toepassing.

Art. 12
1. Overlevering wordt niet toegestaan dan onder de algemene voorwaarde dat de opgeëiste persoon alleen met uitdrukkelijke toestemming van Onze Minister zal worden vervolgd, gestraft of op enige andere wijze in zijn persoonlijke vrijheid beperkt terzake van feiten die voor het tijdstip van zijn overlevering zijn begaan en waarvoor hij niet is overgeleverd.

2. Overlevering wordt niet toegestaan dan onder de algemene voorwaarde dat de opgeëiste persoon alleen met uitdrukkelijke toestemming van Onze Minister door het Strafhof ter beschikking zal worden gesteld aan de autoriteiten van een derde staat terzake van feiten die voor het tijdstip van zijn overlevering zijn begaan. De toestemming kan worden gegeven ten aanzien van strafbare feiten waarvoor de opgeëiste persoon ook door Nederland aan de derde staat had kunnen worden uitgeleverd.

§ 2
Voorlopige aanhouding

Art. 13

Overlevering aan strafhof, voorlopige aanhouding

1. Op verzoek van het Strafhof kan een persoon voorlopig worden aangehouden.
2. Iedere officier van justitie of hulpofficier is bevoegd de voorlopige aanhouding te bevelen.
3. Kan het optreden van de officier van justitie of de hulpofficier niet worden afgewacht, dan is elke opsporingsambtenaar bevoegd de persoon aan te houden.
4. De aangehouden persoon wordt zo spoedig mogelijk voorgeleid voor de officier van justitie bij het arrondissementsparket Den Haag.
5. Indien de opgeëiste persoon zich in de openbare lichamen Bonaire, Sint Eustatius en Saba bevindt, blijft het vierde lid buiten toepassing. De aangehouden persoon die zich in de openbare lichamen Bonaire, Sint Eustatius en Saba bevindt wordt zo spoedig mogelijk voorgeleid voor de officier van justitie van het openbaar ministerie van de openbare lichamen Bonaire, Sint Eustatius en Saba.

Art. 14

Overlevering aan strafhof, inverzekeringstelling

1. Na de opgeëiste persoon, met inachtneming van de artikelen 55, tweede lid, en 59, tweede lid, van het Statuut, te hebben gehoord, kan de officier van justitie bevelen dat de opgeëiste persoon gedurende drie dagen, te rekenen vanaf het tijdstip van de voorlopige aanhouding, in verzekering gesteld zal blijven.
2. Indien de opgeëiste persoon zich bevindt in de openbare lichamen Bonaire, Sint Eustatius en Saba, wordt het bevel door de officier van justitie van het openbaar ministerie van Bonaire, Sint Eustatius en Saba, bedoeld in het eerste lid, gegeven in overleg met de officier van justitie bij het arrondissementsparket Den Haag. Met het oog op de toepassing van het derde lid kan de termijn van inverzekeringstelling éénmaal met drie dagen worden verlengd.
3. Indien de opgeëiste persoon in de openbare lichamen Bonaire, Sint Eustatius en Saba overeenkomstig deze paragraaf in verzekering is gesteld, wordt hij binnen de termijnen van het eerste lid en tweede lid overgedragen aan de officier van justitie bij het arrondissementsparket Den Haag.
4. Het derde lid kan buiten toepassing blijven indien de opgeëiste persoon tegenover de officier van justitie die hem hoort, heeft verklaard in te stemmen met zijn onmiddellijke overlevering, de officier van justitie heeft beslist dat de persoon ter beschikking zal worden gesteld van het Strafhof en de feitelijke overlevering kan plaatsvinden binnen de termijnen van het eerste lid en tweede lid.

Art. 15

Overlevering aan strafhof, bewaring

1. De rechter-commissaris, belast met de behandeling van strafzaken, kan op vordering van de officier van justitie de bewaring van de opgeëiste persoon bevelen.
2. Alvorens een bevel ingevolge het eerste lid te geven hoort de rechter-commissaris zo mogelijk de opgeëiste persoon.

Art. 16

Overlevering aan strafhof, opschorting van bewaring

1. Ambtshalve, op de vordering van de officier van justitie of op het verzoek van de opgeëiste persoon of diens raadsman kan de rechter-commissaris bevelen dat de vrijheidsbeneming krachtens de bepalingen van deze paragraaf wegens dringende en uitzonderlijke omstandigheden wordt beëindigd of voorwaardelijk wordt opgeschort of geschorst. De te stellen voorwaarden strekken in ieder geval ter voorkoming van vlucht.
2. De rechter-commissaris gaat niet over tot het bevel, bedoeld in het eerste lid, dan nadat het Strafhof, daartoe door tussenkomst van Onze Minister geconsulteerd, binnen een door Onze Minister te stellen termijn, aanbevelingen ingevolge artikel 59, vijfde lid, van het Statuut heeft gegeven.
3. De opschorting of schorsing eindigt van rechtswege zodra de officier van justitie overeenkomstig artikel 32 in kennis is gesteld van de beslissing van Onze Minister waarbij de overlevering is toegestaan.

Schakelbepaling

4. Op bevelen tot voorwaardelijke opschorting en schorsing, krachtens het eerste lid gegeven, zijn de artikelen 80, eerste en derde tot en met vijfde lid, en 81 tot en met 88, met uitzondering van artikel 86, vijfde lid, van het Wetboek van Strafvordering van overeenkomstige toepassing.

Overlevering aan strafhof, opheffing bewaring

5. De rechter-commissaris kan ambtshalve, op de vordering van de officier van justitie of op het verzoek van de opgeëiste persoon of diens raadsman het bevel tot bewaring opheffen indien

binnen zestig dagen na de dag van de voorlopige aanhouding van het Strafhof geen verzoek tot overlevering, met de daarbij behorende stukken, is ontvangen.

Art. 17
Van elke beslissing, genomen krachtens een van de artikelen 13 tot en met 16, geeft de officier van justitie onverwijld kennis aan Onze Minister.

§ 3
Aanhouding

Art. 18
1. De officier van justitie die van Onze Minister het verzoek tot overlevering heeft ontvangen, is bevoegd de aanhouding te bevelen, welk bevel in het gehele land ten uitvoer kan worden gelegd.
2. De persoon wordt na zijn aanhouding binnen vierentwintig uren voor de officier van justitie geleid. Na de opgeëiste persoon, met inachtneming van de artikelen 55, tweede lid, en 59, tweede lid, van het Statuut, te hebben gehoord, kan de officier van justitie bevelen dat de opgeëiste persoon in verzekering gesteld zal blijven tot het tijdstip waarop de rechtbank over zijn gevangenhouding beslist.

Overlevering aan strafhof, aanhouding

Art. 19
Wanneer de opgeëiste persoon, op de dag waarop de officier van justitie het verzoek tot overlevering ontvangt, reeds krachtens artikel 14 in verzekering is gesteld, kan de vrijheidsbeneming, in afwijking van artikel 15, eerste lid, op bevel van de officier van justitie worden voortgezet tot het tijdstip waarop de rechtbank over de gevangenhouding beslist.

Art. 19a
1. Nadat de opgeëiste persoon, met inachtneming van de artikelen 55, tweede lid en 59, tweede lid, van het Statuut, is gehoord, kan de officier van justitie bij het parket in eerste aanleg van de openbare lichamen bevelen dat de opgeëiste persoon gedurende drie dagen, te rekenen vanaf het tijdstip van voorlopige aanhouding, in verzekering gesteld zal blijven. Hij overlegt daartoe met de officier van justitie bij het arrondissementsparket Den Haag.
2. Indien de opgeëiste persoon op de dag waarop de officier van justitie het verzoek tot uitlevering ontvangt reeds krachtens artikel 14 in de openbare lichamen Bonaire, Sint Eustatius en Saba in verzekering is gesteld, kan de vrijheidsbeneming – met afwijking van artikel 14 – uitsluitend op bevel van de officier van justitie bij het arrondissementsparket Den Haag worden voortgezet tot het tijdstip waarop de rechtbank over de gevangenhouding beslist.
3. Indien de opgeëiste persoon in de openbare lichamen Bonaire, Sint Eustatius en Saba in verzekering is gesteld, wordt hij binnen de termijnen van het eerste lid overgedragen aan de officier van justitie bij het arrondissementsparket Den Haag.
4. Het derde lid kan buiten toepassing blijven indien de opgeëiste persoon tegenover de officier van justitie die hem hoort, heeft verklaard in te stemmen met zijn onmiddellijke overlevering, de officier van justitie heeft beslist dat de persoon ter beschikking zal worden gesteld van het Strafhof en de feitelijke overlevering kan plaatsvinden binnen de termijn van artikel 14.
5. Nadat de opgeëiste persoon is gehoord, kan de officier van justitie bij het arrondissementsparket Den Haag in overleg met de officier van justitie bij het gerecht in eerste aanleg van de openbare lichamen Bonaire, Sint Eustatius en Saba bevelen dat de vrijheidsbeneming wordt voortgezet tot het tijdstip waarop de rechtbank over zijn gevangenhouding beslist.

Art. 20
1. Ambtshalve, op de vordering van de officier van justitie of op het verzoek van de opgeëiste persoon of diens raadsman kan de rechter-commissaris bevelen dat de vrijheidsbeneming krachtens de bepalingen van deze paragraaf wegens dringende en uitzonderlijke omstandigheden wordt beëindigd of voorwaardelijk wordt opgeschort of geschorst. De te stellen voorwaarden strekken in ieder geval ter voorkoming van vlucht.
2. Artikel 16, tweede tot en met vijfde lid, is van overeenkomstige toepassing.

Overlevering aan strafhof, opschorting van aanhouding

§ 4
Behandeling en uitspraak door de rechtbank

Art. 21
1. Nadat hij het verzoek tot overlevering heeft ontvangen, vordert de officier van justitie zo spoedig mogelijk dat de rechtbank het verzoek in behandeling zal nemen. Hij legt daarbij de stukken aan de rechtbank over.
2. Een afschrift van de krachtens het eerste lid vereiste vordering wordt aan de opgeëiste persoon betekend. Daarbij wordt hem mededelinggedaan van de feiten waarvoor zijn overlevering is gevraagd, met vermelding van de tijden en de plaatsen waarop deze zijn begaan, een en ander zoals bij het verzoek tot overlevering omschreven, alsmede van het feit dat het een verzoek tot overlevering aan het Strafhof betreft. De eerste en de tweede volzin gelden eveneens in het geval

Overlevering aan strafhof, behandeling en uitspraak rechtbank

dat de officier van justitie naar aanleiding van een naderhand ontvangen verzoek zijn vordering heeft aangevuld of gewijzigd. Van de ontvangst van aanvullende stukken, die in het dossier worden gevoegd, wordt de opgeëiste persoon mededeling gedaan.
3. Nadat de stukken aan de rechtbank zijn overgelegd, mag de kennisneming daarvan aan de opgeëiste persoon en diens raadsman niet worden onthouden. Het bepaalde bij en krachtens artikel 32 van het Wetboek van Strafvordering is van overeenkomstige toepassing.

Art. 22

Overlevering aan strafhof, verhoor opgeëiste persoon

1. Dadelijk na de ontvangst van de in artikel 21 bedoelde vordering bepaalt de voorzitter van de rechtbank, zo veel mogelijk bij voorrang, het tijdstip waarop de opgeëiste persoon door de rechtbank zal worden gehoord. Hij kan daarbij diens medebrenging bevelen.
2. De griffier van de rechtbank doet onverwijld aan de officier van justitie en aan de opgeëiste persoon mededeling van het voor het verhoor bepaalde tijdstip. Die mededeling en, zo een bevel tot medebrenging is gegeven, een afschrift van dat bevel worden aan de opgeëiste persoon betekend.

Overlevering aan strafhof, toevoeging raadsman

3. Indien niet blijkt dat de opgeëiste persoon reeds een raadsman heeft, geeft de voorzitter aan het bestuur van de raad voor rechtsbijstand last tot aanwijzing van een raadsman.

Art. 23

Overlevering aan strafhof, voorwaarden verhoor

1. Het verhoor van de opgeëiste persoon geschiedt in het openbaar, tenzij deze een behandeling van de zaak met gesloten deuren verlangt of de rechtbank op de vordering van de officier van justitie of ambtshalve om gewichtige, in het proces-verbaal der zitting te vermelden redenen sluiting der deuren beveelt.
2. Het verhoor heeft plaats in tegenwoordigheid van de officier van justitie.
3. Bij zijn verhoor kan de opgeëiste persoon zich door zijn raadsman doen bijstaan.
4. Is de opgeëiste persoon niet verschenen en acht de rechtbank zijn aanwezigheid bij het verhoor wenselijk, dan gelast de rechtbank tegen een door haar te bepalen tijdstip zijn dagvaarding, zo nodig onder bijvoeging van een bevel tot medebrenging.

Art. 24

Overlevering aan strafhof, onderzoek rechtbank

1. De rechtbank onderzoekt de identiteit van de opgeëiste persoon, alsmede de ontvankelijkheid van het verzoek tot overlevering en de mogelijkheid van inwilliging daarvan.
2. De officier van justitie geeft ter zitting van de rechtbank zijn opvatting over de toelaatbaarheid van de verzochte overlevering en legt een schriftelijke samenvatting daaromtrent aan de rechtbank over. De opgeëiste persoon en diens raadsman worden eveneens in de gelegenheid gesteld tot het maken van terzake dienende opmerkingen omtrent het verzoek tot overlevering en de in verband daarmede te nemen beslissingen.
3. Indien de rechtbank zulks met het oog op het door haar krachtens het eerste lid in te stellen onderzoek noodzakelijk acht, gelast zij, zo nodig onder bijvoeging van een bevel tot medebrenging, tegen een door haar te bepalen tijdstip de dagvaarding of schriftelijke oproeping van getuigen of deskundigen.

Art. 25

Overlevering aan strafhof, schorsing onderzoek rechtbank

1. De rechtbank schorst het onderzoek met het oog op consultatie van het Strafhof, indien naar het voorlopig oordeel van de rechtbank de aan haar voorgeleide persoon niet degene is wiens overlevering is gevraagd.
2. Omtrent het besluit en de overwegingen van de rechtbank licht de officier van justitie Onze Minister in.

Art. 26

Overlevering aan strafhof, verzoek om vrijheidsbeneming

1. Op de vordering van de officier van justitie kan de rechtbank ter zitting de gevangenneming van de opgeëiste persoon bevelen.
2. Voordat het onderzoek ter zitting wordt gesloten, beslist de rechtbank ambtshalve omtrent de gevangenhouding van de opgeëiste persoon, zo deze in bewaring of in verzekering is gesteld.
3. Ambtshalve, op de vordering van de officier van justitie of op het verzoek van de opgeëiste persoon of diens raadsman kan de rechtbank bevelen dat de vrijheidsbeneming krachtens de bepalingen van deze paragraaf wegens dringende en uitzonderlijke omstandigheden wordt beëindigd of voorwaardelijk wordt opgeschort of geschorst. De te stellen voorwaarden strekken in ieder geval ter voorkoming van vlucht.
4. Artikel 16, tweede tot en met vijfde lid, is van overeenkomstige toepassing.

Art. 27

Overlevering aan strafhof, uitspraak rechtbank

1. Zo spoedig mogelijk na de sluiting van het onderzoek ter zitting doet de rechtbank uitspraak omtrent het verzoek tot overlevering. De uitspraak wordt met redenen omkleed.
2. Indien de rechtbank bevindt dat zich het geval, bedoeld in artikel 25, eerste lid, voordoet, verklaart zij bij haar uitspraak de overlevering ontoelaatbaar.
3. In alle andere gevallen verklaart de rechtbank bij haar uitspraak de overlevering toelaatbaar.
4. Tegen de uitspraak staat geen rechtsmiddel open. De uitspraak is dadelijk uitvoerbaar.

Art. 28

1. Indien de opgeëiste persoon niet bij de voorlezing van de uitspraak van de rechtbank aanwezig is, wordt de uitspraak aan hem betekend.
Overlevering aan strafhof, uitspraak rechtbank bij verstek

2. De rechtbank zendt aan Onze Minister onverwijld een gewaarmerkt afschrift van haar uitspraak toe. Indien de overlevering toelaatbaar is verklaard, doet zij het afschrift vergezeld gaan van haar advies omtrent het aan het verzoek tot overlevering te geven gevolg. Een afschrift van het advies wordt door de griffier aan de opgeëiste persoon en diens raadsman ter hand gesteld of toegezonden.

3. De griffier zendt het verzoek tot overlevering met de daarbij behorende stukken terug aan Onze Minister.

Art. 29

1. Ten aanzien van de bijstand van een raadsman, de behandeling van de zaak door de rechtbank, de beraadslaging en de uitspraak zijn de artikelen 37, 38, 43 tot en met 45, 226, 260, eerste lid, 268, 269, vijfde lid, 271, 272, 273, derde lid, 274 tot en met 277, 279, 281, 286, 289, eerste en derde lid, 290 tot en met 301, 318 tot en met 322, 324 tot en met 327, 328 tot en met 331, 345, eerste en derde lid, 346, 357, 362, 363 en 365, eerste tot en met vijfde lid van het Wetboek van Strafvordering van overeenkomstige toepassing.
Schakelbepaling

2. De in het eerste lid genoemde artikelen vinden geen toepassing voor zover deze betrekking hebben op een getuige wiens identiteit niet of slechts ten dele blijkt.

§ 5
Beslissing op het verzoek en feitelijke overlevering

Art. 30

1. Nadat Onze Minister de stukken overeenkomstig artikel 28, derde lid, heeft terugontvangen, beslist hij zo spoedig mogelijk op het verzoek tot overlevering.
Overlevering aan strafhof, beslissing onze minister

2. Indien de overlevering toelaatbaar is verklaard en Onze Minister nadere informatie van het Strafhof nodig acht voor een verantwoorde beslissing, kan hij de beslissing aanhouden en het Strafhof consulteren. Indien de consultatie van het Strafhof daartoe aanleiding geeft, kan hij het dossier van de zaak opnieuw toezenden aan de officier van justitie die het verzoek tot overlevering heeft behandeld, waarna de artikelen 21 tot en met 29 opnieuw toepassing vinden.

3. Indien tegen de opgeëiste persoon wegens hetzelfde feit een strafvervolging in Nederland gaande is, geeft Onze Minister bij zijn beslissing tot inwilliging van het verzoek tevens opdracht de vervolging te staken.
Overlevering aan strafhof, ne bis in idem

4. Indien en voor zover de overlevering ontoelaatbaar is verklaard, wordt op het verzoek afwijzend beschikt.

Art. 31

Indien het Strafhof en een of meer staten de overlevering onderscheidenlijk uitlevering van dezelfde persoon hebben gevraagd, beslist Onze Minister met inachtneming van artikel 90 van het Statuut.
Overlevering aan strafhof, samenloop verzoeken

Art. 32

Van zijn beslissing op het verzoek tot overlevering geeft Onze Minister onverwijld kennis aan de officier van justitie en het Strafhof.

Art. 33

1. Binnen tien dagen na de beslissing van Onze Minister tot gehele of gedeeltelijke inwilliging van het verzoek om overlevering wordt de opgeëiste persoon op een door Onze Minister in overleg met het Strafhof vastgestelde tijd en plaats ter beschikking van het Strafhof gesteld.
Overlevering aan strafhof, terbeschikkingstelling

2. Een overeenkomstig artikel 26 bevolen vrijheidsbeneming kan tot de feitelijke overlevering worden voortgezet.

3. Na een afwijzende beslissing van Onze Minister gelast de officier van justitie de beëindiging van de vrijheidsbeneming zodra hij kennis heeft gekregen van die beslissing.

Art. 34

1. Indien zulks voor de toepassing van artikel 33, eerste lid, of 35, tweede lid, noodzakelijk is, wordt de opgeëiste persoon op bevel van de daartoe door Onze Minister aangeschreven officier van justitie aangehouden voor ten hoogste drie dagen. Indien de overlevering niet binnen de termijn van drie dagen heeft kunnen plaatsvinden, kan het bevel tot aanhouding door de officier van justitie eenmaal voor ten hoogste drie dagen worden verlengd.
Overlevering aan strafhof, verlenging aanhouding

2. Na verlenging van de in het eerste lid bedoelde termijn door de officier van justitie, kan deze uitsluitend op vordering van de officier van justitie door de rechter-commissaris met vier dagen worden verlengd. Deze verlenging kan slechts geschieden wanneer de overlevering door bijzondere omstandigheden niet binnen de termijn van zes dagen heeft kunnen plaatsvinden.

Art. 35

1. In afwijking van de artikelen 33, eerste lid, en 34 kan de beslissing omtrent de tijd en de plaats van overlevering worden aangehouden, indien en zolang tegen de opgeëiste persoon een
Overlevering aan strafhof, aanhouding beslissing

strafrechtelijke vervolging in Nederland gaande is of een door een Nederlandse rechter tegen hem gewezen strafvonnis nog geheel of ten dele voor tenuitvoerlegging vatbaar is.
2. In gevallen als voorzien in het eerste lid kan Onze Minister, zo hij daarvoor termen aanwezig acht, bepalen dat de opgeëiste persoon, ten behoeve van diens berechting door het Strafhof, reeds aanstonds ter beschikking van het Strafhof wordt gesteld.
3. Ondergaat de opgeëiste persoon, te wiens aanzien het tweede lid wordt toegepast, een vrijheidsstraf, dan komt de tijd gedurende welke hij ter beschikking is gesteld van het Strafhof, in mindering op zijn straftijd.

§ 6
Verkorte procedure

Art. 36

Overlevering aan strafhof, verklaring van onmiddellijke overlevering

1. De persoon wiens voorlopige aanhouding of overlevering vanwege het Strafhof is verzocht, wordt voorafgaand aan ieder verhoor gewezen op de mogelijkheid te verklaren dat hij instemt met onmiddellijke overlevering.
2. Tot de aanvang van de zitting kan hij een verklaring als bedoeld in het eerste lid afleggen ten overstaan van de rechter-commissaris. Tijdens de zitting kan hij de verklaring afleggen ten overstaan van de rechtbank.
3. De opgeëiste persoon kan zich bij het afleggen van de verklaring doen bijstaan door een raadsman. Hierop wordt, zo hij zonder raadsman verschijnt, zijn aandacht gevestigd door de rechter-commissaris.
4. Voordat hij de verklaring aflegt, wordt de opgeëiste persoon over de mogelijke gevolgen daarvan ingelicht. Van de verklaring wordt proces-verbaal opgemaakt.
5. De rechter-commissaris zendt het proces-verbaal aan de officier van justitie.

Art. 37

Onmiddellijke overlevering aan strafhof, terbeschikkingstelling

1. Nadat een verklaring overeenkomstig artikel 36 is afgelegd, kan de officier van justitie beslissen dat de opgeëiste persoon ter beschikking zal worden gesteld van het Strafhof.
2. Het eerste lid blijft buiten toepassing indien blijkt dat tegen de opgeëiste persoon in Nederland een strafrechtelijke vervolging gaande is of dat tegen hem door een Nederlandse rechter een nog geheel of ten dele voor tenuitvoerlegging vatbaar strafvonnis is gewezen. In dat geval doet de officier van justitie een vordering als bedoeld in artikel 21.
3. Van elke beslissing, genomen krachtens het eerste of tweede lid, geeft de officier van justitie onverwijld kennis aan Onze Minister.

Art. 38

Onmiddellijke overlevering aan strafhof, geen behandeling rechtbank

1. Indien de officier van justitie overeenkomstig artikel 37, eerste lid, heeft beslist dat de opgeëiste persoon ter beschikking zal worden gesteld van het Strafhof, blijft artikel 21 buiten toepassing.
2. Is de in artikel 21 bedoelde vordering reeds bij de rechtbank ingediend, dan wordt deze onverwijld ingetrokken. De griffier van de rechtbank stelt alsdan het verzoek tot overlevering, met de daarbij behorende stukken, weder in handen van de officier van justitie.
3. Van het intrekken van de vordering geeft de officier van justitie kennis aan de opgeëiste persoon.

Art. 39

1. Binnen tien dagen nadat de officier van justitie een beslissing heeft genomen als bedoeld in artikel 37, eerste lid, wordt de opgeëiste persoon op een door Onze Minister in overleg met het Strafhof vastgesteld moment ter beschikking van het Strafhof gesteld. De opgeëiste persoon kan tot dan toe in bewaring of in verzekering gesteld blijven.
2. De officier van justitie kan, zo nodig, met het oog op de overlevering krachtens de bepalingen van deze paragraaf, de aanhouding van de opgeëiste persoon bevelen. Artikel 34 is verder van overeenkomstige toepassing.

Art. 40

In geval van overlevering krachtens deze paragraaf is artikel 12, eerste lid, niet van toepassing.

§ 7
Overige bepalingen

Art. 41

Overlevering aan strafhof, inbeslagname voorwerpen

1. Voorwerpen, aangetroffen in het bezit van degene wiens overlevering of voorlopige aanhouding krachtens het Statuut is gevraagd, kunnen op verzoek van het Strafhof in beslag worden genomen. De inbeslagneming geschiedt door of op last van de officier of hulpofficier van justitie, bevoegd tot het geven van een bevel tot aanhouding of voorlopige aanhouding.
2. Bij de in artikel 21 bedoelde vordering legt de officier van justitie een lijst van de in beslag genomen voorwerpen aan de rechtbank voor.

Art. 42

1. De rechtbank beslist bij haar uitspraak omtrent het verzoek tot overlevering tevens over de afgifte, dan wel de teruggave, van de in beslag genomen voorwerpen. Afgifte van die voorwerpen aan het Strafhof kan alleen worden bevolen voor het geval van inwilliging van het verzoek tot overlevering.
2. Met het oog op mogelijke rechten van derden kan de rechtbank ten aanzien van bepaalde voorwerpen beslissen, dat afgifte aan het Strafhof slechts mag geschieden onder het beding, dat die voorwerpen onmiddellijk zullen worden teruggezonden nadat daarvan het voor de strafvordering nodige gebruik zal zijn gemaakt.
3. Het bepaalde bij en krachtens de artikelen 116 tot en met 119, 552a en 552c tot en met 552e van het Wetboek van Strafvordering is van overeenkomstige toepassing.
4. In geval van overlevering overeenkomstig de bepalingen van § 6 van dit hoofdstuk beslist de officier van justitie over de afgifte, dan wel de teruggave, van de in beslag genomen voorwerpen, behoudens de bevoegdheden van de rechtbank krachtens het derde lid.

Art. 43

Ten aanzien van de bevelen tot vrijheidsbeneming, gegeven krachtens dit hoofdstuk, zijn de artikelen 52 tot en met 55 en 57 van de Uitleveringswet van overeenkomstige toepassing.

Schakelbepaling

Art. 44

1. In gevallen waarin de overlevering bij rechterlijk gewijsde ontoelaatbaar is verklaard, kan de rechtbank Den Haag, op verzoek van de opgeëiste persoon, hem een vergoeding ten laste van de staat toekennen voor de schade die hij heeft geleden ten gevolge van de vrijheidsbeneming, bevolen krachtens deze wet. Onder schade is begrepen het nadeel dat niet in vermogensschade bestaat. De artikelen 533, derde, vierde en zesde lid, 534, 535 en 536 van het Wetboek van Strafvordering zijn van overeenkomstige toepassing.
2. In gevallen als bedoeld in het eerste lid vinden de artikelen 529 en 530 van het Wetboek van Strafvordering overeenkomstige toepassing op de vergoeding van kosten en schaden van de opgeëiste persoon of diens erfgenamen. In de plaats van het in artikel 529, tweede lid, van het Wetboek van Strafvordering bedoelde gerecht treedt de rechtbank Den Haag.

Overlevering aan strafhof, schadevergoeding bij afwijzing

Hoofdstuk 3
Samenwerking als bedoeld in artikel 93 van het Statuut

§ 1
Algemeen

Art. 45

1. Aan verzoeken van het Strafhof om enigerlei vorm van samenwerking als bedoeld in artikel 93 van het Statuut wordt zo veel mogelijk het verlangde gevolg gegeven, met inachtneming van de bepalingen van dit hoofdstuk.
2. Aan verzoeken van het Strafhof om samenwerking als bedoeld in artikel 93, eerste lid, onder l, van het Statuut wordt zo spoedig mogelijk het verlangde gevolg gegeven, tenzij de inwilliging ervan strijdt met de wet.

Internationaal Strafhof, verzoek om samenwerking

Art. 46

1. Aan een verzoek om samenwerking als bedoeld in dit hoofdstuk wordt zo veel mogelijk voldaan op de wijze die in het verzoek is aangegeven, met inbegrip van het volgen van de daarin uiteengezette procedures en het toestaan aan in het verzoek vermelde personen om aanwezig te zijn en te helpen bij de uitvoering.
2. De met de uitvoering van verzoeken om samenwerking belaste Nederlandse autoriteiten zijn verantwoordelijk voor de veiligheid van daarbij betrokken personen en zijn te dien einde bevoegd voorwaarden te stellen aan de wijze waarop aan verzoeken om samenwerking uitvoering wordt gegeven.

Art. 47

Het betekenen en uitreiken van stukken aan derden, ter voldoening aan een verzoek om samenwerking, geschiedt met overeenkomstige toepassing van de wettelijke voorschriften betreffende het betekenen en uitreiken van Nederlandse stukken van vergelijkbare strekking.

Art. 48

1. Onze Minister kan toestaan dat personen die in Nederland rechtens van hun vrijheid zijn beroofd, tijdelijk ter beschikking van het Strafhof worden gesteld voor identificatiedoeleinden, ter verkrijging van getuigenverklaringen of met het oog op andere vormen van samenwerking. De betrokken persoon wordt slechts ter beschikking van het Strafhof gesteld, indien hij vrijelijk zijn toestemming daarvoor geeft na omtrent de gevolgen daarvan behoorlijk te zijn ingelicht.
2. Ondergaat de ter beschikking te stellen persoon, te wiens aanzien het eerste lid wordt toegepast, een vrijheidsstraf, dan komt de tijd gedurende welke hij ter beschikking is gesteld van het Strafhof, in mindering op zijn straftijd.

Internationaal Strafhof, terbeschikkingstelling gevangenen

§ 2
Optreden van de officier van justitie en de rechter-commissaris

Art. 49

Internationaal Strafhof, taak OvJ bij verzoek om samenwerking

De officier van justitie die het verzoek om samenwerking heeft ontvangen, beslist onverwijld omtrent het daaraan te geven gevolg. De officier van justitie roept voor de uitvoering ervan zo nodig de tussenkomst in van het openbaar ministerie in andere arrondissementen of van de procureur-generaal voor Curaçao, voor Sint Maarten en voor de openbare lichamen Bonaire, Sint Eustatius en Saba. In het belang van een spoedige en doelmatige afdoening kan hij het verzoek overdragen aan zijn ambtgenoot in een ander arrondissement.

Art. 50

Internationaal Strafhof, taak rechter-commissaris bij verzoek om samenwerking

1. De officier van justitie stelt het verzoek om samenwerking in handen van de rechter-commissaris:
   a. indien het strekt tot het horen van personen die niet bereid zijn vrijwillig te verschijnen en de gevraagde verklaring af te leggen;
   b. indien het strekt tot het meewerken aan een verhoor door het Strafhof van een getuige of deskundige per videoconferentie;
   c. indien uitdrukkelijk is gevraagd om een beëdigde verklaring of om een verklaring, afgelegd ten overstaan van een rechter;
   d. indien het met het oog op het verlangde gevolg nodig is dat stukken van overtuiging in beslag worden genomen en daartoe bevoegdheidsuitoefening door de rechter-commissaris nodig is.
2. In andere dan de in het eerste lid voorziene gevallen kan de officier van justitie het verzoek van het Strafhof in handen van de rechter-commissaris stellen.
3. De overlegging van het verzoek geschiedt bij een schriftelijke vordering, waarin wordt omschreven welke verrichtingen van de rechter-commissaris worden verlangd.
4. De vordering, bedoeld in het derde lid, kan te allen tijde worden ingetrokken.

Art. 51

Internationaal Strafhof, onderzoekshandelingen bij verzoek om samenwerking

1. De in artikel 50, derde lid, bedoelde vordering heeft dezelfde rechtsgevolgen als de vordering tot het verrichten van onderzoekshandelingen door de rechter-commissaris, als bedoeld in artikel 181 van het Wetboek van Strafvordering, zulks voor wat betreft:
   a. de bevoegdheden van de rechter-commissaris ten aanzien van de door hem te horen verdachten, getuigen en deskundigen, alsmede die tot het bevelen van de uitlevering of overbrenging van stukken van overtuiging, het nemen van maatregelen in het belang van het onderzoek, het laten verrichten van een DNA-onderzoek alsmede het daartoe bevelen van het afnemen van celmateriaal, het betreden van plaatsen, het doorzoeken van plaatsen, het in beslag nemen van stukken van overtuiging en het onderzoeken van gegevens in geautomatiseerde werken;
   b. de bevoegdheden van de officier van justitie;
   c. de rechten en verplichtingen van de door de rechter-commissaris te horen personen;
   d. de bijstand van een raadsman;
   e. de verrichtingen van de griffier.
2. In afwijking van het eerste lid heeft een vordering als bedoeld in artikel 50, derde lid, welke is gedaan met het oog op de voldoening aan een verzoek tot het meewerken aan een verhoor door het Strafhof van een getuige of deskundige per videoconferentie, dezelfde rechtsgevolgen als een vordering tot het verrichten van onderzoekshandelingen door de rechter-commissaris, als bedoeld in artikel 181 van het Wetboek van Strafvordering, voor zover het betreft de toepassing van de artikelen 190, eerste en vierde lid, 191, 210, eerste lid, tweede volzin, 213, 215, 217 tot en met 219a, 221 tot en met 225, 226a, eerste lid, 226c, eerste lid, 226f en 236 van het Wetboek van Strafvordering.
3. Ter voldoening aan een verzoek van het Strafhof om samenwerking kan, anders dan overeenkomstig het eerste en tweede lid, geen gebruik van dwangmiddelen worden gemaakt.

Art. 52

Internationaal Strafhof, uitbreiding bevoegdheden bij verzoek om samenwerking

1. Voor zover het verzoek van het Strafhof om samenwerking strekt tot:
   a. onderzoek van telecommunicatie,
   b. stelselmatige observatie van personen,
   c. infiltratie,
   d. pseudo-koop of -dienstverlening,
   e. het stelselmatig inwinnen van informatie omtrent de persoon tegen wie een onderzoek loopt,
   f. het heimelijk betreden van een besloten plaats,
   g. het opnemen van vertrouwelijke communicatie met een technisch hulpmiddel,
   h. een verkennend onderzoek, kan de officier van justitie de hem in de titels IVa, V, Va en Vc van het Eerste Boek van het Wetboek van Strafvordering met het oog daarop toegekende bevoegdheden uitoefenen. Voor zover het verzoek daartoe strekt, kan eveneens toepassing worden gegeven aan artikel 126ff van het Wetboek van Strafvordering.
2. Ter voldoening aan een verzoek van het Strafhof om samenwerking kan geen gebruik van de in het eerste lid bedoelde bevoegdheden worden gemaakt en kan aan artikel 126ff van het

Wetboek van Strafvordering geen toepassing worden gegeven, anders dan overeenkomstig het eerste lid.
3. Processen-verbaal en andere voorwerpen, verkregen door toepassing van een van de bevoegdheden tot het onderzoeken van telecommunicatie of het opnemen van vertrouwelijke communicatie met een technisch hulpmiddel, kunnen worden afgegeven aan het Strafhof voor zover de rechtbank daartoe verlof verleent. De artikelen 21 tot en met 25 van het Wetboek van Strafvordering zijn van overeenkomstige toepassing.
4. De artikelen 126aa, tweede lid, alsmede 126bb tot en met 126dd van het Wetboek van Strafvordering zijn van overeenkomstige toepassing. Artikel 126cc is slechts van toepassing voor zover de betreffende processen-verbaal en andere voorwerpen niet aan het Strafhof zijn afgegeven. De officier van justitie draagt er zorg voor dat een betrokkene de processen-verbaal en andere voorwerpen die op hem betrekking hebben, op enig moment kan inzien.

Art. 53
1. De rechter-commissaris doet het verzoek om samenwerking, na bijvoeging van de processen-verbaal van de door hem afgenomen verhoren en van die van zijn verdere verrichtingen, zo spoedig mogelijk teruggaan naar de officier van justitie.
2. De door de rechter-commissaris in beslag genomen stukken van overtuiging en onder hem berustende gegevensdragers waarop gegevens zijn opgenomen die zijn vergaard met gebruikmaking van enige strafvorderlijke bevoegdheid worden ter beschikking van de officier van justitie gesteld, voor zover de rechtbank daartoe verlof verleent. De artikelen 21 tot en met 25 van het Wetboek van Strafvordering zijn van overeenkomstige toepassing.
3. Tenzij aannemelijk is dat de rechthebbenden op de in beslag genomen stukken van overtuiging niet in Nederland verblijf houden, wordt het krachtens het tweede lid vereiste verlof slechts verleend onder het voorbehoud, dat bij de afgifte aan het Strafhof wordt bedongen, dat de stukken zullen worden teruggezonden zodra daarvan het voor de strafvordering nodige gebruik is gemaakt.
4. Het bepaalde bij en krachtens de artikelen 116 tot en met 119, 552a, 552ca, 552d, eerste lid, en 552e van het Wetboek van Strafvordering is ten aanzien van het gestelde in het eerste tot en met derde lid van overeenkomstige toepassing. In de plaats van het volgens die artikelen bevoegde gerecht treedt de rechtbank die bevoegd is tot het verlenen van het krachtens het tweede lid van dit artikel vereiste verlof.

Internationaal Strafhof, onderzoek OvJ bij verzoek om samenwerking

Art. 54
1. Na beëindiging van zijn werkzaamheden ter voldoening aan het verzoek om samenwerking zendt de officier van justitie het verzoek met de daarbij behorende stukken zo spoedig mogelijk terug aan Onze Minister.
2. Onze Minister stelt het Strafhof onverwijld in kennis van de wijze waarop uitvoering is gegeven aan het verzoek, alsmede van de resultaten daarvan.

Internationaal Strafhof, inkennisstelling onderzoek door onze minister

Hoofdstuk 4
Tenuitvoerlegging van straffen

§ 1
Algemeen

Art. 55
Op verzoek van het Strafhof en met inachtneming van de bepalingen van dit hoofdstuk kunnen door het Strafhof bij onherroepelijke uitspraak opgelegde straffen in Nederland ten uitvoer worden gelegd.

Internationaal Strafhof, tenuitvoerlegging straffen in Nederland

Art. 56
1. Terzake van gevangenisstraffen die door het Strafhof zijn opgelegd wegens een of meer van de misdrijven, bedoeld in artikel 5 van het Statuut, en waarvan de tenuitvoerlegging in Nederland plaatsvindt, kan geen gratie worden verzocht en verleend. Een verzoekschrift om vermindering of kwijtschelding van zodanige straf wordt door Onze Minister onverwijld doorgezonden aan het Strafhof.
2. Op een daartoe strekkend verzoek van het Strafhof maakt Onze Minister aan het Strafhof zijn zienswijze bekend met betrekking tot de heroverweging van een straf als bedoeld in het eerste lid overeenkomstig artikel 110 van het Statuut. Met het oog daarop kan Onze Minister het advies inwinnen van de rechtbank Den Haag en kan hij overigens bij derden alle inlichtingen inwinnen die hij nodig acht.
3. Terzake van gevangenisstraffen die door het Strafhof zijn opgelegd wegens een misdrijf gericht tegen de rechtspleging van het Strafhof als bedoeld in artikel 70, eerste lid, van het Statuut, alsmede terzake van overige door het Strafhof opgelegde straffen, kan, indien de tenuitvoerlegging in Nederland plaatsvindt, overeenkomstig artikel 6:7:1 van het Wetboek van Strafvordering gratie worden verzocht en verleend. Alvorens omtrent de gratieverlening wordt beslist, consulteert Onze Minister het Strafhof teneinde diens zienswijze te vernemen.

Internationaal Strafhof, geen gratie gevangenisstraf

Schakelbepalingen

Art. 57
Ten aanzien van de bevelen tot voorlopige vrijheidsbeneming, gegeven krachtens dit hoofdstuk, zijn de artikelen 61 tot en met 64a en 66 van de Wet overdracht tenuitvoerlegging strafvonnissen van overeenkomstige toepassing.

Internationaal Strafhof, tenuitvoerlegging burgerrechtelijke beslissingen

Art. 58
1. De door het Strafhof overeenkomstig artikel 75 van het Statuut gegeven burgerrechtelijke beslissingen worden in Nederland erkend en kunnen er ten uitvoer worden gelegd, nadat zij er op verzoek van een belanghebbende uitvoerbaar zijn verklaard.
2. Erkenning en tenuitvoerlegging vinden niet plaats indien:
   a. de erkenning of tenuitvoerlegging kennelijk strijdig is met de Nederlandse openbare orde;
   b. het stuk dat het geding inleidt of een gelijkwaardig stuk niet regelmatig en zo tijdig als met het oog op zijn verdediging nodig was, aan de verweerder tegen wie verstek werd verleend, is betekend tot is medegedeeld, tenzij de verweerder tegen de beslissing geen rechtsmiddel heeft aangewend terwijl hij daartoe in staat was;
   c. de beslissing onverenigbaar is met een tussen dezelfde partijen in het Koninkrijk gegeven beslissing;
   d. de beslissing onverenigbaar is met een beslissing die vroeger in een andere staat tussen dezelfde partijen is gegeven in een geschil dat hetzelfde onderwerp betreft en op dezelfde oorzaak berust, mits deze laatste beslissing voldoet aan de voorwaarden voor erkenning in Nederland.
3. De bevoegdheid van het Strafhof wordt door de rechter niet getoetst. De bevoegdheidsregels van het Strafhof betreffen niet de openbare orde als bedoeld in het tweede lid, onder a.
4. In geen geval zal worden overgegaan tot een onderzoek van de juistheid van de door het Strafhof gegeven beslissing.
5. Alleen beslissingen van het Strafhof waartegen geen gewoon rechtsmiddel meer openstaat, komen in aanmerking voor tenuitvoerlegging.
6. Beslissingen van het Strafhof die tot vergoedingen leiden welke de werkelijk geleden materiële en immateriële schade te boven gaan, worden niet erkend voorzover zij buitensporig zijn.
7. Verzoeken als bedoeld in het eerste en het zesde lid worden gericht tot de voorzieningenrechter van de rechtbank Den Haag.
8. Voor zover daarvan in dit artikel niet wordt afgeweken, zijn op het verzoek de bepalingen van de artikelen 985 tot en met 992 van het Wetboek van Burgerlijke Rechtsvordering van overeenkomstige toepassing.

§ 2
Voorlopige maatregelen

Internationaal Strafhof, voorlopige maatregelen op verzoek strafhof

Art. 59
De officier van justitie die een verzoek van het Strafhof als bedoeld in artikel 60, eerste lid, 61, eerste lid, 62, eerste lid, of 63, eerste lid, heeft ontvangen, beslist onverwijld omtrent het daaraan te geven gevolg. Artikel 49, tweede en derde volzin, is van overeenkomstige toepassing.

Internationaal Strafhof, voorlopige aanhouding op verzoek strafhof

Art. 60
1. Op verzoek van het Strafhof kan de persoon die door het Strafhof is veroordeeld tot een gevangenisstraf en zich in vrijheid bevindt, voorlopig worden aangehouden, indien gegronde redenen bestaan voor de verwachting dat deze straf in Nederland ten uitvoer zal worden gelegd.
2. De artikelen 13 tot en met 17 zijn van overeenkomstige toepassing, met dien verstande dat:
   a. de bewaring wordt bevolen voor een termijn van ten hoogste dertig dagen en op vordering van de officier van justitie telkens met een termijn van ten hoogste dertig dagen kan worden verlengd, totdat de tenuitvoerlegging van de gevangenisstraf overeenkomstig artikel 67, vierde lid, of artikel 68, tweede lid, een aanvang neemt;
   b. de in artikel 16, vijfde lid, genoemde termijn dertig dagen bedraagt.

Internationaal Strafhof, financieel onderzoek op verzoek strafhof

Art. 61
1. Naar aanleiding van een verzoek van het Strafhof om samenwerking of om tenuitvoerlegging van een verbeurdverklaring kan, overeenkomstig de bepalingen van de negende afdeling van titel IV van het Eerste Boek van het Wetboek van Strafvordering, een strafrechtelijk financieel onderzoek worden ingesteld dat is gericht op de bepaling van hier te lande aanwezig of verworven voordeel dat wederrechtelijk is verkregen door een persoon die aan onderzoek door het Strafhof is onderworpen. Onder wederrechtelijk verkregen voordeel worden mede verstaan voorwerpen die, middellijk of onmiddellijk, zijn verkregen door middel van het misdrijf waarvan die persoon wordt verdacht.
2. Tijdens het strafrechtelijk financieel onderzoek kan inbeslagneming van voorwerpen overeenkomstig artikel 94, tweede lid, en artikel 94a, tweede lid, van het Wetboek van Strafvordering slechts plaatsvinden, indien gegronde redenen bestaan voor de verwachting dat te dier aanzien vanwege het Strafhof een verzoek om tenuitvoerlegging van een verbeurdverklaring zal worden gedaan dan wel artikel 82, vierde lid, zal worden toegepast.

3. De officier van justitie doet van de instelling onderscheidenlijk de sluiting van een strafrechtelijk financieel onderzoek onverwijld mededeling aan Onze Minister. Daarbij doet hij tevens mededeling van alle voor het Strafhof dienstige inlichtingen.

Art. 62
1. Naar aanleiding van een verzoek van het Strafhof kunnen voorwerpen in beslag worden genomen: | Internationaal Strafhof, inbeslagname voorwerpen op verzoek strafhof
a. ten aanzien waarvan door het Strafhof een bevel tot verbeurdverklaring kan worden gegeven,
b. tot bewaring van het recht tot verhaal voor een overeenkomstig artikel 82, vierde lid, op te leggen verplichting tot betaling van een geldbedrag aan de staat ter ontneming van wederrechtelijk verkregen voordeel, of
c. die kunnen dienen om wederrechtelijk verkregen voordeel aan te tonen.
2. Inbeslagneming als bedoeld in het eerste lid, onder a en b, kan slechts plaatsvinden indien:
a. inbeslagneming naar Nederlands recht is toegestaan en
b. gegronde redenen bestaan voor de verwachting dat ten aanzien van de voorwerpen vanwege het Strafhof een verzoek om tenuitvoerlegging van een verbeurdverklaring zal worden gedaan dan wel artikel 82, vierde lid, zal worden toegepast.

Art. 63
1. Op verzoek van het Strafhof kunnen voorwerpen in beslag worden genomen ten aanzien waarvan door het Strafhof een bevel tot verbeurdverklaring is gegeven.
2. Inbeslagneming als bedoeld in het eerste lid kan slechts plaatsvinden indien:
a. inbeslagneming naar Nederlands recht is toegestaan en
b. gegronde redenen bestaan voor de verwachting dat het in het eerste lid bedoelde bevel op korte termijn in Nederland ten uitvoer zal worden gelegd.

Art. 64
1. Tot inbeslagneming als bedoeld in de artikelen 62 en 63 zijn bevoegd de rechter-commissaris en, voor zover die bevoegdheid niet aan de rechter-commissaris is voorbehouden, de officier van justitie en de hulpofficier. Op vordering van de officier van justitie kan de rechter-commissaris de bevoegdheden uitoefenen welke hem als gevolg van het toewijzen van een vordering als bedoeld in artikel 181 van het Wetboek van Strafvordering toekomen. | Schakelbepaling
2. De artikelen 94b tot en met 94d, 96 tot en met 119, 552a, 552c, 552ca, 552e en 6:1:5 van het Wetboek van Strafvordering zijn van overeenkomstige toepassing.

Art. 65
1. Bij de overeenkomstige toepassing van de artikelen 552a, onderscheidenlijk 552c van het Wetboek van Strafvordering treedt de rechter niet in een nieuw onderzoek naar de rechten van belanghebbenden, indien daarover in verband met een bevel tot verbeurdverklaring door het Strafhof een vaststelling is gedaan. De rechter kan slechts in een dergelijk nieuw onderzoek treden indien: | Internationaal Strafhof, onderzoek rechten belanghebbenden
a. die vaststelling betrekking heeft op rechten terzake van in Nederland gelegen onroerende goederen of in Nederland te boek gestelde registergoederen;
b. die vaststelling betreft de geldigheid, de nietigheid of de ontbinding van in Nederland gevestigde rechtspersonen of de besluiten van hun organen;
c. die vaststelling is gedaan zonder dat de belanghebbende die niet is verschenen, tijdig tevoren van het geding in kennis was gesteld;
d. die vaststelling onverenigbaar is met een terzake eerder in Nederland gegeven rechterlijke beslissing;
e. erkenning van die vaststelling onverenigbaar zou zijn met de Nederlandse openbare orde.
2. Indien en zolang terzake van de rechten van een belanghebbende een procedure voor het Strafhof aanhangig is, is deze in zijn klaagschrift of vordering niet ontvankelijk.

§ 3
Tenuitvoerlegging van gevangenisstraffen

Art. 66
Deze paragraaf is van toepassing op een verzoek van het Strafhof tot tenuitvoerlegging van een door het Strafhof opgelegde gevangenisstraf: | Internationaal Strafhof, tenuitvoerlegging gevangenisstraf
a. indien Nederland zich bereid heeft verklaard veroordeelden te aanvaarden en het Strafhof Nederland overeenkomstig artikel 103, eerste lid, onderdeel a, van het Statuut aanwijst;
b. indien Nederland als Gastland overeenkomstig artikel 103, vierde lid, van het Statuut gehouden is de gevangenisstraf ten uitvoer te leggen.

Art. 67
1. In het geval, bedoeld in artikel 66, onder a, beslist Onze Minister of aan de aanwijzing van het Strafhof gevolg wordt gegeven. | Internationaal Strafhof, beslissing tenuitvoerlegging door onze minister

2. Op de beslissing van Onze Minister, bedoeld in het eerste lid, is artikel 10 van het Wetboek van Strafrecht niet van toepassing.

3. Onze Minister deelt het Strafhof zo spoedig mogelijk zijn beslissing mee.
4. De tenuitvoerlegging geschiedt op voordracht van de officier van justitie bij het arrondissementsparket Den Haag door Onze Minister.

Art. 68
1. In het geval, bedoeld in artikel 66, onder b, wordt de door het Strafhof opgelegde gevangenisstraf op aanwijzing van Onze Minister in Nederland ten uitvoer gelegd of verder ten uitvoer gelegd, overeenkomstig de voorwaarden vermeld in de zetelovereenkomst, bedoeld in artikel 3, tweede lid, van het Statuut. Op de beslissing van Onze Minister is artikel 10 van het Wetboek van Strafrecht niet van toepassing.
2. Artikel 67, derde en vierde lid, is van overeenkomstige toepassing.

Art. 69
Schakelbepaling
1. De tenuitvoerlegging overeenkomstig artikel 67, vierde lid, of artikel 68, tweede lid, van een door het Strafhof opgelegde gevangenisstraf geschiedt met inachtneming van het bij of krachtens het Wetboek van Strafrecht, het Wetboek van Strafvordering, de Penitentiaire beginselenwet of enige bijzondere strafwet betreffende de tenuitvoerlegging van rechterlijke beslissingen bepaalde.

Internationaal Strafhof, geen vervroegde invrijheidsstelling
2. De artikelen 537, 6:1:15, 6:1:18, 6:2:5 tot en met 6:2:7, 6:2:10 tot en met 6:2:14, 6:3:14, 6:3:15, 6:6:1, 6:6:3, 6:6:4, 6:6:8, 6:6:9 en 6:6:20 tot en met 6:6:22 van het Wetboek van Strafvordering zijn niet van toepassing, behoudens ten aanzien van een gevangenisstraf die door het Strafhof is opgelegd wegens een misdrijf gericht tegen de rechtspleging van het Strafhof als bedoeld in artikel 70, eerste lid, van het Statuut.

Art. 70
Internationaal Strafhof, overbrenging andere staat
1. Indien het Strafhof overeenkomstig artikel 104 van het Statuut besluit de veroordeelde over te brengen naar een andere staat, wordt de betrokkene zo spoedig mogelijk ter beschikking gesteld van de autoriteiten van die staat, zulks op een door Onze Minister, na overleg met die autoriteiten, te bepalen tijd en plaats.
2. Op het moment dat de betrokkene ter beschikking van de in het eerste lid bedoelde autoriteiten wordt gesteld, eindigt de tenuitvoerlegging in Nederland van de hem opgelegde gevangenisstraf van rechtswege.

Art. 71
Internationaal Strafhof, communicatie met veroordeelde
1. Mededelingen, gewisseld tussen de veroordeelde en het Strafhof, worden niet belemmerd en zijn vertrouwelijk. De indiening door de veroordeelde van een verzoekschrift of enig ander geschrift kan door tussenkomst van de directeur van de inrichting waarin de veroordeelde verblijft, geschieden. De directeur draagt in dat geval zorg dat het geschrift, voorzien van een dagtekening, onverwijld aan het Strafhof wordt gezonden.
2. Daartoe door het Strafhof aangewezen personen hebben overeenkomstig artikel 38, zevende lid, tweede tot en met vierde volzin, van de Penitentiaire beginselenwet, toegang tot de veroordeelde in de inrichting waarin hij verblijft.
3. Verzoeken van het Strafhof om informatie die het Strafhof nodig heeft voor de uitoefening van zijn toezichthoudende taak overeenkomstig artikel 106 van het Statuut, worden door Onze Minister zo veel mogelijk ingewilligd.
4. Op verzoek van het Strafhof wordt de veroordeelde die daarmee instemt, tijdelijk ter beschikking van het Strafhof gesteld met het oog op enig door het Strafhof te verrichten onderzoek in verband met de tenuitvoerlegging.

§ 4
Tenuitvoerlegging van overige straffen en bevelen

Art. 72
Internationaal Strafhof, tenuitvoerlegging overige straffen
Deze paragraaf is van toepassing op een verzoek van het Strafhof tot tenuitvoerlegging van een of meer van de volgende straffen en bevelen, door het Strafhof opgelegd onderscheidenlijk uitgevaardigd:
a. een geldboete;
b. een bevel tot verbeurdverklaring van opbrengsten, goederen en vermogensbestanddelen die direct of indirect door het misdrijf zijn verkregen;
c. een bevel als bedoeld in artikel 75 van het Statuut, inhoudend een verplichting voor de veroordeelde tot betaling van een som geld ten behoeve van een of meer begunstigden.

Art. 73
Internationaal Strafhof, verlof rechtbank tot tenuitvoerlegging
De officier van justitie vordert binnen twee weken na de dag waarop hij het verzoek met de daarbij behorende stukken heeft ontvangen, dat de rechtbank verlof verleent tot tenuitvoerlegging. Bij zijn vordering legt de officier van justitie de stukken aan de rechtbank over. Een afschrift van de vordering wordt aan de veroordeelde betekend.

Art. 74
Internationaal Strafhof, behandeling rechtbank
1. Zo spoedig mogelijk na ontvangst van de in artikel 73 bedoelde vordering bepaalt de voorzitter van de rechtbank het tijdstip waarop de rechtbank een aanvang zal maken met de behan-

deling van de vordering. Tussen de dag waarop de mededeling om ter zitting te verschijnen aan de veroordeelde is betekend en die der zitting moet een termijn van ten minste tien dagen verlopen.
2. Met toestemming van de veroordeelde kan deze termijn worden verkort, mits van deze toestemming uit een schriftelijke verklaring blijkt.

Art. 75
De griffier van de rechtbank doet onverwijld aan de officier van justitie en aan de veroordeelde mededeling van het tijdstip dat voor de behandeling van de vordering is bepaald. Daarbij wordt de veroordeelde, indien niet blijkt dat hij reeds een raadsman heeft, opmerkzaam gemaakt op zijn bevoegdheid een of meer raadslieden te kiezen en op de mogelijkheden tot toevoeging van een raadsman, alsmede op zijn recht op kennisneming van de processtukken.

<small>Internationaal Strafhof, toevoeging raadsman</small>

Art. 76
1. De officier van justitie en de veroordeelde zijn bevoegd ten behoeve van het onderzoek dat de rechtbank ingevolge deze paragraaf heeft te verrichten en de beslissingen die zij heeft te nemen, getuigen en deskundigen te doen oproepen.
2. De officier van justitie kan bij met redenen omklede beslissing weigeren getuigen of deskundigen op te roepen, indien redelijkerwijs moet worden aangenomen dat deze door de veroordeelde zijn opgegeven teneinde ter zitting verklaringen af te leggen ter betwisting van feiten, als bedoeld in artikel 78, derde lid. De beslissing wordt onverwijld schriftelijk ter kennis van de veroordeelde gebracht. Hij wordt daarbij opmerkzaam gemaakt op het bepaalde in artikel 78, vijfde lid.

<small>Internationaal Strafhof, getuigen en deskundigen</small>

Art. 77
1. De behandeling van de vordering heeft plaats in tegenwoordigheid van de officier van justitie. De veroordeelde wordt in de gelegenheid gesteld daarbij aanwezig te zijn en kan zich door zijn raadsman doen bijstaan.
2. De behandeling van de vordering geschiedt in het openbaar, tenzij de rechtbank op verzoek van de veroordeelde of om gewichtige, in het proces-verbaal van de zitting te vermelden redenen sluiting der deuren beveelt.
3. Indien de veroordeelde rechtens van zijn vrijheid is beroofd op last van het Strafhof of van de autoriteiten van een vreemde staat, kan hij voor het bijwonen van de zitting naar de rechtbank worden overgebracht.

Art. 78
1. De rechtbank onderzoekt de identiteit van de veroordeelde, de ontvankelijkheid van de officier van justitie, alsmede de mogelijkheid van tenuitvoerlegging in Nederland van de beslissing van het Strafhof en de feiten en omstandigheden die voor haar beslissing van belang zijn.
2. De officier van justitie en de veroordeelde en diens raadsman worden in de gelegenheid gesteld ter zitting van de rechtbank te worden gehoord.
3. De rechtbank is gebonden aan de vaststelling van de feiten die het Strafhof kennelijk aan zijn beslissing ten grondslag heeft gelegd. Zij treedt niet in een nieuw onderzoek naar deze feiten.
4. De artikelen 260, eerste lid, 268, 269, vijfde lid, 271, eerste lid, 272, 273, derde lid, 274 tot en met 277, 278, tweede lid, 279, 280, 281, 286, eerste, vierde, vijfde en zesde lid, 293, 299, 300, 301, eerste, tweede, vierde en vijfde lid, 310, 311, tweede tot en met vierde lid, 315 tot en met 317, 319, 320, 322, eerste en tweede lid, 324, 326, 327, 328 tot en met 331, 345, eerste tot en met derde lid, 346 en 347 van het Wetboek van Strafvordering zijn van overeenkomstige toepassing.
5. Indien de officier van justitie overeenkomstig artikel 76, tweede lid, heeft geweigerd een getuige te doen oproepen kan de veroordeelde de rechtbank verzoeken alsnog de oproeping van de getuige te bevelen. De rechtbank gaat hiertoe over indien zij van oordeel is dat de officier van justitie in redelijkheid niet tot zijn beslissing heeft kunnen komen.
6. De in het vierde lid genoemde artikelen vinden geen toepassing voor zover deze betrekking hebben op een getuige wiens identiteit niet of slechts ten dele blijkt.
7. De officier van justitie legt, na voorlezing, een conclusie aan de rechtbank over. Indien zijn conclusie strekt tot bewilliging in de tenuitvoerlegging, omschrijft de officier van justitie de straf of maatregel die naar zijn oordeel in plaats van de door het Strafhof opgelegde straf behoort te worden opgelegd.
8. De officier van justitie kan, zolang het onderzoek ter zitting niet is gesloten, zijn vordering, bedoeld in artikel 73, intrekken. Van het intrekken van de vordering stelt hij de veroordeelde terstond in kennis.

<small>Internationaal Strafhof, onderzoek rechtbank</small>

Art. 79
1. De rechtbank verleent verlof tot tenuitvoerlegging van de beslissing van het Strafhof en legt, met inachtneming van het daaromtrent in het Statuut voorgeschrevene, de straf of maatregel op die op het overeenkomstige feit naar Nederlands recht is gesteld. De uitspraak van de rechtbank wordt met redenen omkleed. De artikelen 353 en 357 van het Wetboek van Strafvordering zijn van overeenkomstige toepassing.
2. In geen geval is de rechtbank bevoegd een zwaardere straf of maatregel op te leggen dan door het Strafhof is vastgesteld.

<small>Internationaal Strafhof, verlof tot tenuitvoerlegging straf of maatregel</small>

3. Tegen de uitspraak staat geen rechtsmiddel open. De uitspraak is dadelijk uitvoerbaar.
4. De rechtbank zendt aan Onze Minister onverwijld een gewaarmerkt afschrift van haar uitspraak toe.
5. De artikelen 363 en 365, eerste tot en met vijfde lid van het Wetboek van Strafvordering zijn van overeenkomstige toepassing.

Art. 80
Op de tenuitvoerlegging van een op grond van artikel 79 opgelegde straf of maatregel is artikel 69, eerste lid, van overeenkomstige toepassing.

Art. 81
Internationaal Strafhof, tenuitvoerlegging geldboete
1. Onverminderd de overige bepalingen van deze paragraaf is dit artikel van toepassing op een verzoek van het Strafhof om tenuitvoerlegging van een geldboete.

Internationaal Strafhof, uitsluiting WvSr bij opgelegde straf of maatregel
2. Op de oplegging, overeenkomstig artikel 79, eerste lid, van een geldboete is artikel 23, derde, vierde, zevende en achtste lid, van het Wetboek van Strafrecht niet van toepassing.

3. Bij oplegging van een geldboete blijft een bevel als bedoeld in artikel 24c, eerste lid, van het Wetboek van Strafrecht achterwege.
4. Indien de veroordeelde onwillig blijkt om het verschuldigde bedrag te betalen en volledig verhaal onmogelijk is gebleken of daarvan door het openbaar ministerie is afgezien, zendt de officier van justitie het verzoek met de daarbij behorende stukken zo spoedig mogelijk terug aan Onze Minister, die het Strafhof in kennis stelt.
5. Indien het Strafhof in het geval, bedoeld in het vierde lid, de duur van de aan de veroordeelde opgelegde gevangenisstraf verlengt en die gevangenisstraf in Nederland ten uitvoer wordt gelegd, zijn de artikelen 67 en 68 ten aanzien van het extra deel van de gevangenisstraf van overeenkomstige toepassing.

Art. 82
Internationaal Strafhof, tenuitvoerlegging verbeurdverklaring
1. Onverminderd de overige bepalingen van deze paragraaf is dit artikel van toepassing op een verzoek van het Strafhof om tenuitvoerlegging van een bevel tot verbeurdverklaring.
2. Bij zijn vordering, bedoeld in artikel 73, legt de officier van justitie tevens een lijst van voorwerpen of vorderingen over die ingevolge de artikelen 61 tot en met 63 in beslag zijn genomen.
3. Ingeval de rechtbank verlof verleent tot tenuitvoerlegging van een bevel tot verbeurdverklaring, spreekt zij de verbeurdverklaring uit van de desbetreffende voorwerpen. Indien verbeurdverklaring van een of meer van de voorwerpen niet mogelijk is, kan de rechtbank overeenkomstig de artikelen 36b tot en met 36d van het Wetboek van Strafrecht de onttrekking aan het verkeer van de desbetreffende voorwerpen uitspreken.
4. Indien verbeurdverklaring of onttrekking aan het verkeer van een of meer van de voorwerpen niet mogelijk is, legt de rechtbank aan de veroordeelde de verplichting op tot betaling van een geldbedrag aan de staat ter ontneming van wederrechtelijk verkregen voordeel. Met inachtneming van de beslissing van het Strafhof stelt zij het bedrag vast op het bedrag van de voorwerpen of het gedeelte daarvan waarvan de verbeurdverklaring of onttrekking aan het verkeer niet mogelijk is.
5. Op uitspraken, voor zover houdende een verbeurdverklaring of onttrekking aan het verkeer, zijn de artikelen 552b, 552e en 552g van het Wetboek van Strafvordering van overeenkomstige toepassing.
6. Op uitspraken, voor zover houdende de oplegging van een verplichting tot betaling van een geldbedrag aan de staat ter ontneming van wederrechtelijk verkregen voordeel, zijn de artikelen 6:4:9 en 6:6:26 van het Wetboek van Strafvordering van overeenkomstige toepassing.
7. Artikel 65 is van overeenkomstige toepassing.

Art. 83
Internationaal Strafhof, bevel tot betaling aan begunstigde
1. Onverminderd de overige bepalingen van deze paragraaf is dit artikel van toepassing op een verzoek van het Strafhof om tenuitvoerlegging van een bevel als bedoeld in artikel 75 van het Statuut, inhoudend een verplichting voor de veroordeelde tot betaling van een som geld ten behoeve van een of meer begunstigden.
2. De officier van justitie doet de begunstigde of begunstigden van het bevel oproepen, tenzij oproeping redelijkerwijs niet mogelijk is.
3. De begunstigde heeft recht op kennisneming van de stukken.
4. De begunstigde kan zich doen bijstaan. Hij kan zich ook doen vertegenwoordigen door een advocaat, indien deze verklaart daartoe bepaaldelijk gevolmachtigd te zijn, of door een daartoe bij bijzondere volmacht door hem schriftelijk gemachtigde.
5. Ter zitting wordt de begunstigde in de gelegenheid gesteld het woord te voeren over de vordering van de officier van justitie.
6. Ingeval de rechtbank verlof verleent tot tenuitvoerlegging van het bevel bedoeld in het tweede lid, legt zij aan de veroordeelde overeenkomstig artikel 36f, eerste lid, van het Wetboek

van Strafrecht de verplichting op tot betaling aan de staat van een som geld ten behoeve van de begunstigde of begunstigden.
7. In geen geval is de rechtbank bevoegd de som geld op een hoger bedrag te bepalen dan door het Strafhof is vastgesteld. De rechtbank treedt niet in een nieuw onderzoek naar de rechten van belanghebbenden, tenzij erkenning van de beslissing van het Strafhof daaromtrent onverenigbaar zou zijn met de Nederlandse openbare orde.
8. De staat keert een ontvangen bedrag onverwijld uit aan de door het Strafhof aangewezen personen of instellingen.
9. Het vijfde tot en met zevende lid van artikel 36f van het Wetboek van Strafrecht zijn van overeenkomstige toepassing.

Art. 84
Al hetgeen wordt verkregen uit straffen en bevelen als bedoeld in artikel 72 komt ten bate van het Strafhof, onverminderd artikel 83, achtste lid.

Internationaal Strafhof, opbrengst straffen

Hoofdstuk 5
Bijstand van het gastland

Art. 85
1. Doorvoer van personen die als verdachten door de autoriteiten van een vreemde staat aan het Strafhof worden overgeleverd, geschiedt in opdracht van het Strafhof door en onder de bewaking van door Onze Minister aangewezen Nederlandse ambtenaren.
2. Doorvoer van andere personen die op verzoek van het Strafhof naar Nederland zijn overgebracht of gekomen, geschiedt in opdracht van het Strafhof door en onder de bewaking van door Onze Minister aangewezen Nederlandse ambtenaren.
3. Het transport in Nederland buiten de onder het gezag van het Strafhof staande ruimten van personen aan wie op last van het Strafhof hun vrijheid is ontnomen, geschiedt in opdracht van het Strafhof door en onder de bewaking van door Onze Minister aangewezen Nederlandse ambtenaren.
4. De in dit artikel bedoelde ambtenaren zijn bevoegd alle dienstige maatregelen te nemen ter beveiliging van de betrokken personen en ter voorkoming van hun ontvluchting.

Internationaal Strafhof, doorvoer van personen

Art. 86
1. Doorvoer van personen die door het Strafhof aan de autoriteiten van een vreemde staat worden overgedragen, geschiedt in opdracht van het Strafhof door en onder de bewaking van door Onze Minister aangewezen Nederlandse ambtenaren.
2. De in dit artikel bedoelde ambtenaren zijn bevoegd alle dienstige maatregelen te nemen ter beveiliging van de betrokken personen en ter voorkoming van hun ontvluchting.

Art. 87
1. Ingeval getuigen, deskundigen, slachtoffers of andere personen die aanwezig dienen te zijn op de zetel van het Strafhof, van welke nationaliteit ook, naar Nederland komen ten vervolge op een dagvaarding of oproeping dan wel een bevel tot medebrenging van het Strafhof of ten vervolge op een verzoek van het Strafhof aan Nederland om toelating overeenkomstig de voorwaarden vermeld in de zetelovereenkomst, bedoeld in artikel 3, tweede lid, van het Statuut kunnen zij in Nederland niet worden vervolgd, aangehouden of aan enige andere vrijheidsbeperkende maatregel worden onderworpen voor feiten of veroordelingen die voorafgingen aan hun aankomst in Nederland.
2. De in het eerste lid bedoelde immuniteit vervalt indien de desbetreffende persoon, hoewel hij gedurende vijftien achtereenvolgende dagen na het tijdstip waarop zijn aanwezigheid niet meer door het Strafhof werd vereist, de mogelijkheid had Nederland te verlaten, hier te lande is gebleven of in Nederland is teruggekeerd na het te hebben verlaten.

Internationaal Strafhof, immuniteit ontboden personen

Art. 88
De Nederlandse wet is niet van toepassing op vrijheidsontneming ondergaan op last van het Strafhof binnen in Nederland aan het Strafhof ter beschikking gestelde ruimten.

Internationaal Strafhof, Nederlandse wet niet toepasselijk

Hoofdstuk 6
Slotbepalingen

Art. 89
De artikelen van deze wet treden in werking op een bij koninklijk besluit te bepalen tijdstip, dat voor de verschillende artikelen of onderdelen daarvan verschillend kan worden vastgesteld.

Inwerkingtreding

Art. 90
Deze wet wordt aangehaald als: Uitvoeringswet Internationaal Strafhof.

Citeertitel

Wet overdracht tenuitvoerlegging strafvonnissen[1]

Wet van 10 september 1986, houdende regelen betreffende de overname van de tenuitvoerlegging van buitenlandse strafrechtelijke beslissingen en de overdracht van de tenuitvoerlegging van Nederlandse strafrechtelijke beslissingen naar het buitenland

Wij Beatrix, bij de gratie Gods, Koningin der Nederlanden, Prinses van Oranje-Nassau, enz. enz. enz.

Allen, die deze zullen zien of horen lezen, saluut! doen te weten:

Alzo Wij in overweging genomen hebben, dat het mede met het oog op de uitvoering door Nederland van het Benelux-verdrag inzake de tenuitvoerlegging van rechterlijke beslissingen in strafzaken van 26 september 1968 (*Trb.* 1969, 9), het Europees Verdrag inzake de internationale geldigheid van strafvonnissen van 28 mei 1970 (*Trb.* 1971, 137), het Europees Verdrag inzake het toezicht op voorwaardelijk veroordeelden of voorwaardelijk in vrijheid gestelden van 30 november 1964 (*Trb.* 1965, 55) en het Verdrag inzake de overbrenging van gevonniste personen van 21 maart 1983 (*Trb.* 1983, 74) wenselijk is te voorzien in een algemene regeling betreffende de overname en overdracht van de tenuitvoerlegging van strafrechtelijke beslissingen van en aan vreemde Staten, alsmede enkele wetten in verband daarmede te wijzigen;

Zo is het, dat Wij, de Raad van State gehoord, en met gemeen overleg der Staten-Generaal, hebben goedgevonden en verstaan, gelijk Wij goedvinden en verstaan bij deze:

Hoofdstuk I

Afdeling A
Begripsbepalingen

Art. 1

Begripsbepalingen

1. In deze wet wordt verstaan onder:
Onze Minister: Onze Minister van Veiligheid en Justitie;
Rechterlijke beslissing: een bij vonnis of arrest gewezen rechterlijke beslissing naar aanleiding van een strafbaar feit;
Sanctie: elke bij rechterlijke beslissing opgelegde straf, met inbegrip van elke naast of in plaats van een straf opgelegde maatregel;
Veroordeelde: degene aan wie een sanctie is opgelegd.
2. Onder rechterlijke beslissing wordt mede begrepen een door een bestuurlijke autoriteit ter zake van een strafbaar feit genomen beslissing, houdende oplegging van een niet tot vrijheidsbeneming strekkende straf of maatregel, waartegen beroep op de rechter is opengesteld.

Afdeling B
Voorwaarden voor de overname van de tenuitvoerlegging van buitenlandse rechterlijke beslissingen in strafzaken

Art. 2

Tenuitvoerlegging strafvonnis

Tenuitvoerlegging in Nederland van buitenlandse rechterlijke beslissingen geschiedt niet dan krachtens een verdrag.

Art. 3

Tenuitvoerlegging strafvonnis, voorwaarden

1. Een in een vreemde staat opgelegde sanctie kan in Nederland slechts worden ten uitvoer gelegd voor zover:
a. de rechterlijke beslissing in die staat voor tenuitvoerlegging vatbaar is;
b. de sanctie niet bestaat uit de betaling van proceskosten of uit een veroordeling tot schadevergoeding aan een benadeelde partij;
c. de rechterlijke beslissing is gewezen ter zake van een feit dat naar Nederlands recht eveneens strafbaar is;
d. in geval van een veroordeling, de dader naar Nederlands recht eveneens strafbaar zou zijn geweest.
2. Voor de toepassing van het vorige lid wordt een feit naar Nederlands recht strafbaar geacht, indien krachtens de Nederlandse wet eenzelfde inbreuk op de Nederlandse rechtsorde, als

---

[1] Inwerkingtredingsdatum: 01-01-1988; zoals laatstelijk gewijzigd bij: Stb. 2017, 82.

Wet overdracht tenuitvoerlegging strafvonnissen

blijkens de in de vreemde staat gewezen rechterlijke beslissing op de rechtsorde van die staat is gemaakt, strafbaar is.

Art. 4
Een in een vreemde staat opgelegde sanctie kan in Nederland niet worden ten uitvoer gelegd indien deze betrekking heeft op een vreemdeling, die geen vaste woon- of verblijfplaats in Nederland heeft, of op een rechtspersoon waarvan het bestuur geen zitting of kantoor houdt in Nederland, of waarvan het hoofd van het bestuur geen vaste woonplaats in Nederland heeft. Deze voorwaarde is niet van toepassing voor zover de in de vreemde staat opgelegde sanctie strekt tot de betaling van een geldboete of tot een verbeurdverklaring of vermogensontneming van vergelijkbare strekking.

Tenuitvoerlegging strafvonnis, niet-tenuitvoerlegging

Art. 5
Een in een vreemde staat opgelegde sanctie kan in Nederland niet worden ten uitvoer gelegd indien naar het oordeel van Onze Minister een gegrond vermoeden bestaat dat de beslissing tot vervolging of de oplegging van de sanctie is ingegeven door overwegingen van ras, godsdienst, levensovertuiging, nationaliteit of politieke overtuiging van de veroordeelde of deswege ongunstig is beïnvloed.

Tenuitvoerlegging strafvonnis, vermoeden van discriminatie

Art. 6
1. Een in een vreemde staat opgelegde sanctie kan in Nederland niet worden ten uitvoer gelegd indien het recht tot uitvoering van de straf naar Nederlands recht zou zijn verjaard.
2. Een in een vreemde staat opgelegde sanctie kan in Nederland niet worden ten uitvoer gelegd indien de veroordeelde ten tijde van het feit waarvoor de sanctie werd opgelegd de leeftijd van twaalf jaren nog niet had bereikt.

Tenuitvoerlegging strafvonnis, verjaring

Art. 7
1. Een in een vreemde staat opgelegde sanctie kan in Nederland niet worden ten uitvoer gelegd voor zover de veroordeelde ter zake van het zelfde feit in Nederland wordt vervolgd.
2. Een in een vreemde staat opgelegde sanctie kan in Nederland evenmin worden ten uitvoer gelegd voor zover een vervolging in Nederland onverenigbaar zou zijn met het aan artikel 68 van het Wetboek van Strafrecht en artikel 255, eerste lid, van het Wetboek van Strafvordering ten grondslag liggende beginsel.

Tenuitvoerlegging strafvonnis, ne bis in idem

Hoofdstuk II
Voorlopige maatregelen

Afdeling A
Voorlopige aanhouding

Art. 8
Voor zover een verdrag daarin voorziet kan de veroordeelde die zich in Nederland bevindt en aan wie een tot vrijheidsbeneming strekkende sanctie is opgelegd, waarvan blijkens de in de vreemde staat uitgesproken rechterlijke beslissing nog ten minste drie maanden moeten worden ten uitvoer gelegd, voorlopig worden aangehouden, indien gegronde redenen bestaan voor de verwachting dat op korte termijn deze sanctie in Nederland zal worden ten uitvoer gelegd.

Tenuitvoerlegging strafvonnis, voorlopige aanhouding

Art. 9
1. Iedere officier van justitie en hulpofficier is bevoegd de voorlopige aanhouding overeenkomstig artikel 8 te bevelen.
2. De veroordeelde wordt na zijn voorlopige aanhouding binnen vierentwintig uur geleid voor de officier van justitie of hulpofficier die het bevel tot de voorlopige aanhouding heeft gegeven.
3. De officier van justitie of hulpofficier kan, na de veroordeelde te hebben gehoord, bevelen dat deze gedurende achtenveertig uur, te rekenen van het tijdstip van de voorlopige aanhouding, in verzekering gesteld zal blijven. De hulpofficier geeft van zijn bevel ten spoedigste schriftelijk kennis aan de officier van justitie.
4. De termijn van inverzekeringstelling kan door de officier van justitie eenmaal met achtenveertig uur worden verlengd.
5. De veroordeelde kan te allen tijde door de officier van justitie in vrijheid worden gesteld. Zolang de termijn van inverzekeringstelling nog niet is verlengd, komt deze bevoegdheid mede toe aan de hulpofficier die het bevel tot de voorlopige aanhouding heeft gegeven.

Voorlopige aanhouding, bevoegdheid officier van justitie

Art. 10
1. De rechter-commissaris, belast met de behandeling van strafzaken in de rechtbank van het arrondissement waarin de veroordeelde overeenkomstig artikel 9 in verzekering is gesteld, kan, op vordering van de officier van justitie bij die rechtbank, de bewaring van de veroordeelde bevelen.
2. Alvorens een bevel ingevolge het vorige lid te geven, hoort de rechter-commissaris zo mogelijk de veroordeelde.

Voorlopige aanhouding, rol rechter-commissaris

Art. 11

Voorlopige aanhouding, verlenging termijn bewaring

1. De bewaring kan worden gelast voor een termijn van ten hoogste veertien dagen. Zij kan op vordering van de officier van justitie telkens met een termijn van ten hoogste dertig dagen worden verlengd, totdat de rechtbank ingevolge artikel 29, tweede lid, over de gevangenhouding beslist.
2. De veroordeelde wiens bewaring is gelast wordt, behoudens de mogelijkheid van vrijheidsbeneming uit anderen hoofde, in vrijheid gesteld:
   a. zodra zulks door de rechtbank, de rechter-commissaris of de officier van justitie ambtshalve of op verzoek van de veroordeelde of diens raadsman wordt gelast;
   b. zodra de bewaring veertien dagen heeft geduurd en de officier van justitie de in de artikelen 15 of 17 bedoelde stukken niet heeft ontvangen;
   c. indien de duur van de inverzekeringstelling en de bewaring die van het voor tenuitvoerlegging vatbare gedeelte van de in de vreemde staat opgelegde sanctie zou overtreffen.

Art. 12

Voorlopige aanhouding, kennisgeving

Van elke beslissing naar aanleiding van een verzoek van een autoriteit van een vreemde staat, genomen krachtens een der artikelen 8-11, wordt onverwijld kennis gegeven aan Onze Minister.

Afdeling B
Inbeslagneming

Art. 13

Inbeslagneming, tijdens strafrechtelijk financieel onderzoek

1. Naar aanleiding van een op een verdrag gegrond verzoek van een vreemde staat kan in Nederland een strafrechtelijk financieel onderzoek worden ingesteld, overeenkomstig de bepalingen van de negende afdeling van Titel IV van Boek I van het Wetboek van Strafvordering, gericht op de bepaling van hier te lande aanwezig of verworven wederrechtelijk verkregen voordeel van een persoon die in de verzoekende staat aan strafrechtelijk onderzoek is onderworpen.
2. Het strafrechtelijk financieel onderzoek kan slechts worden ingesteld, indien zulks ook mogelijk zou zijn geweest wanneer het feit of de feiten ter zake waarvan de persoon in de verzoekende staat wordt verdacht in Nederland zouden zijn begaan.
3. Tijdens het strafrechtelijk financieel onderzoek kan inbeslagneming van voorwerpen overeenkomstig artikel 94, tweede lid, en artikel 94a, tweede lid, van het Wetboek van Strafvordering slechts plaatsvinden, indien gegronde redenen bestaan voor de verwachting dat te dier aanzien vanwege de verzoekende vreemde staat een verzoek tot tenuitvoerlegging van een verbeurdverklaring of van een tot ontneming van wederrechtelijk verkregen voordeel strekkende sanctie zal worden gedaan.
4. De officier van justitie zendt van zijn beschikking tot sluiting van een strafrechtelijk financieel onderzoek onverwijld een afschrift aan Onze Minister. Daarbij doet hij tevens mededeling van alle voor de verzoekende vreemde staat dienstige inlichtingen.

Art. 13a

Inbeslagneming, op verzoek vreemde staat

1. Voor zover een verdrag daarin voorziet kunnen op verzoek van een vreemde staat voorwerpen in beslag worden genomen:
   a. ten aanzien waarvan naar het recht van de vreemde staat een tot verbeurdverklaring strekkende sanctie kan worden opgelegd,
   b. tot bewaring van het recht tot verhaal voor een tot ontneming van wederrechtelijk verkregen voordeel strekkende verplichting tot betaling van een geldbedrag welke naar het recht van de vreemde staat kan worden opgelegd, of
   c. die kunnen dienen om wederrechtelijk verkregen voordeel aan te tonen.
2. Inbeslagneming, als bedoeld in het eerste lid, onder a en b, kan slechts plaatsvinden indien blijkens de door de vreemde staat bij zijn verzoek verstrekte inlichtingen, door de bevoegde autoriteiten van die staat een bevel tot inbeslagneming is gegeven of zou zijn gegeven indien de desbetreffende voorwerpen zich binnen zijn grondgebied zouden bevinden, en inbeslagneming naar Nederlands recht is toegestaan.
3. Voor de toepassing van het tweede lid is inbeslagneming naar Nederlands recht toegestaan, indien zulks ook mogelijk zou zijn geweest wanneer het feit of de feiten naar aanleiding waarvan de inbeslagneming door de vreemde staat wordt verzocht in Nederland zou of zouden zijn begaan.
4. Inbeslagneming van voorwerpen, als bedoeld in het eerste lid, onder a en b, kan voorts slechts plaatsvinden, indien gegronde redenen bestaan voor de verwachting dat te dier aanzien vanwege de verzoekende vreemde staat een verzoek tot tenuitvoerlegging van een verbeurdverklaring of van een tot ontneming van wederrechtelijk verkregen voordeel strekkende sanctie zal worden gedaan.

Art. 13b

1. Voor zover een verdrag daarin voorziet kunnen voorwerpen, ten aanzien waarvan door een rechter van een vreemde staat een bevel is gegeven van vergelijkbare strekking als verbeurdver-

klaring of ontneming als wederrechtelijk verkregen voordeel, op verzoek van de vreemde staat in beslag worden genomen.
2. Inbeslagneming overeenkomstig het eerste lid kan slechts plaatsvinden in gevallen, waarin gegronde redenen bestaan voor de verwachting dat het in dat lid bedoelde bevel op korte termijn in Nederland zal worden tenuitvoergelegd.

Art. 13c
1. Het bepaalde in het derde lid van artikel 13 en in het vierde lid van artikel 13a staat er niet aan in de weg, dat inbeslaggenomen voorwerpen desverzocht worden overgeleverd aan de verzoekende vreemde staat met het oog op de oplegging en tenuitvoerlegging van een verbeurdverklaring of van een tot ontneming van wederrechtelijk verkregen voordeel strekkende sanctie. Daartoe worden inbeslaggenomen voorwerpen ter beschikking van de officier van justitie gesteld, voor zover de rechtbank, met inachtneming van het toepasselijke verdrag, daartoe verlof verleent.

Inbeslagneming, overlevering aan vreemde staat

2. Het krachtens het eerste lid vereiste verlof wordt slechts verleend onder het voorbehoud, dat bij de afgifte aan de buitenlandse autoriteiten wordt bedongen, dat de voorwerpen worden teruggezonden, ook wanneer deze zijn verbeurd verklaard of als wederrechtelijk verkregen voordeel ontnomen, in welk geval zij in eigendom aan de Nederlandse staat worden overgedragen, dan wel dat de verzoekende staat een door Onze Minister te bepalen geldbedrag, overeenkomende met het geheel of een deel van de waarde van de voorwerpen, aan de Nederlandse staat doet overmaken. Onze Minister kan besluiten af te zien van de aanspraak op overmaking van het bedongen geldbedrag, indien de verzoekende staat aantoont dat de afgegeven voorwerpen zijn overgedragen aan derden rechthebbenden.
3. De behandeling van een verzoek of vordering tot verlening van verlof door de raadkamer geschiedt in het openbaar. Op de behandeling is het bepaalde in de zesde afdeling van Titel I van Boek I van het Wetboek van Strafvordering van overeenkomstige toepassing.
4. Beroep in cassatie kan door het openbaar ministerie worden ingesteld binnen veertien dagen na de dagtekening der beschikking en door de overige procesdeelnemers binnen veertien dagen na de dagtekening van de brief waarmee de beschikking is toegezonden.

Art. 13d
1. Tot inbeslagneming als bedoeld in de artikelen 13a en 13b zijn bevoegd de rechter-commissaris en, voor zover die bevoegdheid niet aan de rechter-commissaris is voorbehouden, iedere officier van justitie en hulpofficier.

Inbeslagneming, bevoegdheid rechter-commissaris/officier van justitie

2. Het bepaalde in de artikelen 94b, 94c, 94d, 97-102, 103, 104-114, 116-117a, 118, 118b, 119, 552a, 552c -552e en 6:1:5 van het Wetboek van Strafvordering is van overeenkomstige toepassing.

Art. 13e
1. Bij de overeenkomstige toepassing van de artikelen 552a, onderscheidenlijk 552c van het Wetboek van Strafvordering treedt de rechter niet in een nieuw onderzoek naar de rechten van belanghebbenden, indien daaromtrent door de buitenlandse rechter een uitspraak is gedaan. De rechter kan echter wel in een dergelijk nieuw onderzoek treden indien:

Inbeslagneming, nieuw onderzoek

a. die uitspraak betrekking heeft op rechten terzake van in Nederland gelegen onroerende goederen of in Nederland te boek gestelde registergoederen;
b. die uitspraak betreft de geldigheid, de nietigheid of de ontbinding van in Nederland gevestigde rechtspersonen of de besluiten van hun organen;
c. die uitspraak is gedaan, zonder dat de belanghebbende, tegen wie verstek werd verleend, tijdig tevoren als met het oog op zijn verdediging redelijkerwijs nodig was van het geding officieel in kennis was gesteld;
d. die uitspraak onverenigbaar is met een ter zake eerder in Nederland gewezen rechterlijke beslissing;
e. erkenning van die uitspraak onverenigbaar zou zijn met de Nederlandse openbare orde.
2. Indien en zolang ter zake van de rechten van een belanghebbende een procedure voor de rechter van de vezoekende vreemde staat aanhangig is, is deze in zijn klaagschrift of vordering niet ontvankelijk.

Art. 13f
1. Tot het in behandeling nemen van verzoeken als bedoeld in deze afdeling is bevoegd de officier van justitie in het arrondissement waar de gevraagde handeling moet worden verricht. Indien handelingen in meer dan één arrondissement moeten worden verricht, is in elk van die arrondissementen de officier van justitie tot het in behandeling nemen van het gehele verzoek bevoegd. De officier van justitie die het gehele verzoek in behandeling heeft genomen roept voor de uitvoering ervan zo nodig de tussenkomst in van het openbaar ministerie in andere rechtsgebieden. In het belang van een doelmatige afdoening kan hij ook de behandeling van het verzoek overdragen aan zijn ambtgenoot in een ander arrondissement.

Inbeslagneming, in behandeling nemen verzoek

2. Verzoeken als bedoeld in deze afdeling worden, zo zij niet tot een officier van justitie zijn gericht, door de geadresseerde onverwijld doorgezonden aan de officier van justitie in het arrondissement waar de gevraagde handeling moet worden verricht of waarin het verzoek is ontvangen.

3. Klaagschriften als bedoeld in artikel 552a van het Wetboek van Strafvordering, alsmede rechtsgedingen als bedoeld in artikel 552c van dat Wetboek, dienen te worden aanhangig gemaakt bij de rechtbank van het arrondissement bij welke de officier van justitie is geplaatst bij wie het gehele verzoek in behandeling is.

Hoofdstuk III
Procedure

Afdeling A
Behandeling van buitenlandse verzoeken tot tenuitvoerlegging

Art. 14

Buitenlands verzoek tenuitvoerlegging, behandeling

Indien de door de vreemde staat overgelegde stukken naar het oordeel van Onze Minister onvoldoende zijn om op een verzoek tot tenuitvoerlegging een beslissing te nemen, biedt hij de autoriteiten van de verzoekende staat de gelegenheid binnen een door hem te stellen redelijke termijn aanvullende stukken of inlichtingen te verschaffen.

Art. 15

Buitenlands verzoek tenuitvoerlegging, kennisgeving aan officier van justitie

1. Tenzij Onze Minister reeds aanstonds van oordeel is dat het verzoek om tenuitvoerlegging moet worden afgewezen, stelt hij het met de daarbij behorende stukken in handen van de officier van justitie in wiens rechtsgebied de veroordeelde zijn woonplaats heeft of zich bevindt.
2. Wanneer een verzoek om voorlopige aanhouding is voorafgegaan worden de stukken toegezonden aan de officier van justitie die in verband met dat verzoek reeds bij de zaak betrokken is geweest.
3. Indien tegen de veroordeelde in Nederland een vervolging gaande is kunnen, in afwijking van het voorgaande, de stukken worden toegezonden aan de officier van justitie die met deze vervolging is belast.
4. Is de veroordeelde een in artikel 2 van de Wet militaire strafrechtspraak bedoelde persoon, dan zendt Onze Minister de stukken toe aan de officier van justitie in het arrondissement waarin de rechtbank is gelegen die ingevolge die wet bevoegd is over die persoon rechtsmacht uit te oefenen.
5. Betreft het verzoek tot tenuitvoerlegging van een vermogenssanctie en is de veroordeelde een natuurlijke persoon zonder vaste woon- of verblijfplaats in Nederland of een rechtspersoon waarvan het bestuur geen zitting of kantoor houdt in Nederland, of waarvan het hoofd van het bestuur geen vaste woonplaats in Nederland heeft, dan worden de stukken toegezonden aan de officier van justitie in wiens rechtsgebied voorwerpen aanwezig zijn waarop de sanctie tenuitvoer kan worden gelegd. Wanneer een verzoek om inbeslagneming is voorafgegaan worden de stukken toegezonden aan de officier van justitie die dat verzoek in behandeling heeft genomen.
6. Is op grond van de voorgaande leden voorshands geen bevoegde officier van justitie aan te wijzen, dan zendt Onze Minister de stukken toe aan de officier van justitie bij het arrondissementsparket Amsterdam.

Art. 16

Buitenlands verzoek tot tenuitvoerlegging, negatief advies officier van justitie

Indien de officier van justitie, die het verzoek tot tenuitvoerlegging heeft ontvangen, van oordeel is dat het niet voor inwilliging vatbaar is of dat aanleiding bestaat gebruik te maken van een der in het toepasselijke verdrag omschreven gronden tot weigering van de tenuitvoerlegging, brengt hij dit oordeel onverwijld vergezeld van zijn advies ter kennis van Onze Minister, die daaromtrent beslist. De officier van justitie deelt de veroordeelde, die krachtens deze wet van zijn vrijheid is beroofd, onverwijld mede op welke dag hij zijn advies aan Onze Minister heeft uitgebracht.

Afdeling B
Behandeling van Nederlandse verzoeken tot tenuitvoerlegging in Nederland van in een vreemde Staat opgelegde sancties

Art. 17

Nederlands verzoek tenuitvoerlegging, behandeling

1. Wanneer een vreemde staat heeft bewilligd in de tenuitvoerlegging van een door deze opgelegde sanctie in Nederland, stelt Onze Minister de door de autoriteiten van die staat overgelegde stukken in handen van de officier van justitie in het arrondissement waarin de veroordeelde zijn vaste woon- of verblijfplaats heeft, of, bij gebreke daarvan in die van de officier van justitie bij het arrondissementsparket Amsterdam.
2. Is de veroordeelde een in artikel 2 van de Wet militaire strafrechtspraak bedoelde persoon, dan zendt Onze Minister de stukken toe aan de officier van justitie in het arrondissement waarin de rechtbank is gelegen die ingevolge die wet bevoegd is over die persoon rechtsmacht uit te oefenen.

Afdeling C
Gerechtelijke procedure

Art. 18
1. De officier van justitie vordert binnen twee weken na de dag waarop hij de in artikel 15 of 17 bedoelde stukken heeft ontvangen, schriftelijk, dat de rechtbank verlof verleent tot tenuitvoerlegging. Bij zijn vordering legt de officier van justitie de stukken aan de rechtbank over. Een afschrift van de vordering wordt aan de veroordeelde betekend. Bij zijn vordering legt de officier van justitie tevens een lijst van voorwerpen of vorderingen over, die ingevolge afdeling B van Hoofdstuk II zijn in beslag genomen.
2. De in het eerste lid gestelde termijn wordt geschorst van het tijdstip waarop de officier van justitie overeenkomstig artikel 16 adviseert aan Onze Minister tot het tijdstip waarop de officier van justitie van Onze Minister bericht ontvangt dat de tenuitvoerlegging dient te worden gevorderd.
3. Indien de veroordeelde ingevolge deze wet van zijn vrijheid is beroofd, eindigt de schorsing in elk geval na veertien dagen.
4. Het in de vorige leden bepaalde is niet van toepassing indien de ten uitvoer te leggen sanctie uitsluitend bestaat uit een geldboete.

Tenuitvoerlegging strafvonnis, termijn vordering

Art. 19
1. De officier van justitie kan naar regelen te stellen bij algemene maatregel van bestuur de medewerking inroepen van personen en lichamen, welke op het gebied van de reclassering of op dergelijk gebied werkzaam zijn, en aan deze de nodige opdrachten geven. De personen of lichamen, belast met de uitvoering van de opdrachten, stellen de identiteit van de verdachte vast op de wijze, bedoeld in artikel 27a, eerste lid, eerste volzin, en tweede lid, van het Wetboek van Strafvordering, tenzij de opdrachten in een inrichting worden uitgevoerd.
2. Heeft de veroordeelde de leeftijd van achttien jaren nog niet bereikt, dan wint de officier van justitie omtrent diens persoonlijkheid en levensomstandigheden inlichtingen in bij de raad voor de kinderbescherming. De laatste volzin van het eerste lid is van overeenkomstige toepassing.

Tenuitvoerlegging strafvonnis, medewerking reclassering

Art. 20
1. De in artikel 18 bedoelde vordering wordt bij de politierechter aanhangig gemaakt, tenzij naar het aanvankelijk oordeel van de officier van justitie
a. de zaak niet van eenvoudige aard is, bepaaldelijk ten aanzien van de beoordeling van de strafbaarheid van het feit of van de veroordeelde naar Nederlands recht, of
b. door de rechtbank een vrijheidsstraf dient te worden opgelegd waarvan het alsnog in Nederland ten uitvoer te leggen gedeelte de duur van een jaar overschrijdt.
2. De politierechter is bevoegd ingevolge deze wet vrijheidsstraf van meer dan een jaar op te leggen, mits het in Nederland ten uitvoer te leggen gedeelte van die straf de duur van een jaar niet overschrijdt.
3. Indien de politierechter oordeelt, dat de zaak door een meervoudige kamer van de rechtbank moet worden behandeld, verwijst hij de zaak daar heen. De zaak wordt alsdan op de bestaande vordering door de meervoudige kamer verder behandeld.

Tenuitvoerlegging strafvonnis, bevoegdheid politierechter

Art. 21
1. De in artikel 18 bedoelde vordering wordt, indien de veroordeelde op dat tijdstip de leeftijd van achttien jaren nog niet heeft bereikt, bij de kinderrechter aanhangig gemaakt, tenzij naar het aanvankelijk oordeel van de officier van justitie en de kinderrechter
a. de zaak niet van eenvoudige aard is, bepaaldelijk ten aanzien van de beoordeling van de strafbaarheid van het feit of van de veroordeelde naar Nederlands recht, of
b. door de rechtbank een vrijheidsstraf dient te worden opgelegd waarvan het alsnog in Nederland ten uitvoer te leggen gedeelte de duur van zes maanden overschrijdt.
Maakt de officier van justitie zijn vordering bij de meervoudige kamer aanhangig, dan neemt de kinderrechter aan het onderzoek ter terechtzitting deel.
2. De kinderrechter is bevoegd ingevolge deze wet vrijheidsstraf van meer dan zes maanden op te leggen, mits het in Nederland ten uitvoer te leggen gedeelte van die straf de duur van zes maanden niet overschrijdt.
3. Indien de kinderrechter oordeelt dat de zaak door een meervoudige kamer van de rechtbank moet worden behandeld, verwijst hij de zaak daar heen. De zaak wordt alsdan op de bestaande vordering door de meervoudige kamer verder behandeld. De kinderrechter neemt aan het onderzoek ter terechtzitting deel.

Tenuitvoerlegging strafvonnis, aanhangig maken bij kinderrechter

Art. 22
Betreft de in artikel 18 bedoelde vordering een in artikel 2 van de Wet militaire strafrechtspraak bedoelde persoon, dan geschiedt de behandeling daarvan, overeenkomstig het bepaalde in artikel 20, voor de militaire politierechter dan wel de militaire kamer van de rechtbank, die ingevolge de wet bevoegd is over die persoon rechtsmacht uit te oefenen.

Tenuitvoerlegging strafvonnis, behandeling door militaire politierechtbank

C35 art. 23 — Wet overdracht tenuitvoerlegging strafvonnissen

Tenuitvoerlegging strafvonnis, bevoegdheden

Art. 23
De politierechter, de kinderrechter en de militaire politierechter bezitten elk de bevoegdheden die aan de voorzitter van een meervoudige kamer van de rechtbank toekomen.

Tenuitvoerlegging strafvonnis, bepaling tijdstip behandeling

Art. 24
1. Zo spoedig mogelijk na ontvangst van de in artikel 18 bedoelde vordering bepaalt de voorzitter van de rechtbank het tijdstip waarop de rechtbank een aanvang zal maken met de behandeling van de vordering. Tussen de dag waarop de mededeling om ter terechtzitting te verschijnen aan de veroordeelde is betekend en die der terechtzitting moet een termijn van ten minste tien dagen verlopen.
2. Met toestemming van de veroordeelde kan deze termijn worden verkort, mits van deze toestemming uit een schriftelijke verklaring blijkt.

Tenuitvoerlegging strafvonnis, kennisgeving tijdstip behandeling

Art. 25
De griffier van de rechtbank doet onverwijld aan de officier van justitie en aan de veroordeelde mededeling van het tijdstip dat voor de behandeling van de vordering is bepaald. Daarbij wordt de veroordeelde die geen raadsman heeft, gewezen op het recht op bijstand van een raadsman en het recht op kennisneming van de processtukken, bedoeld in artikel 64, eerste lid.

Tenuitvoerlegging strafvonnis, oproepen getuigen en deskundigen

Art. 26
1. De officier van justitie en de veroordeelde zijn bevoegd ten behoeve van het onderzoek dat de rechtbank ingevolge deze wet heeft te verrichten en de beslissingen die zij heeft te nemen getuigen en deskundigen te doen oproepen.
2. De officier van justitie kan bij met redenen omklede beslissing weigeren getuigen of deskundigen op te roepen, indien redelijkerwijs moet worden aangenomen dat deze door de veroordeelde zijn opgegeven ten einde ter terechtzitting verklaringen af te leggen ter betwisting van feiten, als bedoeld in artikel 28, derde lid. De beslissing wordt onverwijld schriftelijk ter kennis van de veroordeelde gebracht. Hij wordt daarbij opmerkzaam gemaakt op het bepaalde in artikel 28, zesde lid.

Tenuitvoerlegging strafvonnis, behandeling

Art. 27
1. De behandeling van de vordering heeft plaats in tegenwoordigheid van de officier van justitie. De veroordeelde wordt in de gelegenheid gesteld daarbij aanwezig te zijn en kan zich door zijn raadsman doen bijstaan.
2. De behandeling van de vordering geschiedt in het openbaar, tenzij de rechtbank op verzoek van de veroordeelde of om gewichtige, in het proces-verbaal der zitting te vermelden, redenen sluiting der deuren beveelt.

Tenuitvoerlegging strafvonnis, procedure

Art. 28
1. De rechtbank onderzoekt de identiteit van de veroordeelde op de wijze, bedoeld in artikel 27a, eerste lid, eerste volzin, van het Wetboek van Strafvordering, alsmede de ontvankelijkheid van de officier van justitie, de mogelijkheid van tenuitvoerlegging in Nederland en in het buitenland gewezen rechterlijke beslissing en de feiten en omstandigheden die voor haar beslissing van belang zijn. De rechtbank is tevens bevoegd de identiteit van de veroordeelde vast te stellen op de wijze, bedoeld in artikel 27a, tweede lid, van dat wetboek, indien over zijn identiteit twijfel bestaat. Artikel 29c, tweede lid, van dat wetboek is van overeenkomstige toepassing.
2. De officier van justitie en de veroordeelde en diens raadsman worden in de gelegenheid gesteld ter terechtzitting van de rechtbank te worden gehoord.
3. De rechtbank is gebonden aan de vaststelling van de feiten die de buitenlandse rechter kennelijk aan zijn beslissing ten grondslag heeft gelegd. Zij treedt niet in een nieuw onderzoek naar deze feiten.
4. De artikelen 260, eerste lid, 268, 269, vijfde lid, 271, eerste lid, 272, 273, derde lid, 274 tot en met 277, 278, tweede lid, 280, 281, 286, eerste, vierde, vijfde en zesde lid, 293, 299, 300, 301, eerste, tweede, vierde en vijfde lid, 310, 311, tweede tot en met vierde lid, 315 tot en met 317, 319, 320, 322, eerste en tweede lid, 324 en 326 tot en met 331 van het Wetboek van Strafvordering vinden overeenkomstige toepassing.
5. Indien getuigen zijn opgeroepen ter verkrijging van inlichtingen omtrent de persoonlijkheid van de veroordeelde of indien de rechtbank het noodzakelijk acht feiten te onderzoeken ter beoordeling van het bestaan van gronden die naar Nederlands recht, doch niet naar dat van de vreemde staat, de strafbaarheid van het feit of de dader uitsluiten, vinden voorts de artikelen 287, tweede lid, 288, vierde lid, 289, eerste tot en met derde lid, 290 tot en met 292, 294 tot en met 297, 301, derde lid, en 311, vijfde lid, van het Wetboek van Strafvordering overeenkomstige toepassing.
6. Indien de officier van justitie overeenkomstig artikel 26, tweede lid, heeft geweigerd een getuige te doen oproepen kan de veroordeelde de rechtbank verzoeken alsnog de oproeping van de getuige te bevelen. De rechtbank gaat hiertoe over indien zij van oordeel is dat de officier van justitie in redelijkheid niet tot zijn beslissing heeft kunnen komen.
7. De in het derde en het vijfde lid genoemde artikelen vinden geen toepassing voor zover deze betrekking hebben op een getuige wiens identiteit niet of slechts ten dele blijkt.

8. De officier van justitie legt, na voorlezing, een conclusie aan de rechtbank over. Indien de conclusie strekt tot bewilliging in de tenuitvoerlegging, omschrijft zij de straf of maatregel welke naar het oordeel van de officier van justitie in plaats van de buitenlandse sanctie behoort te worden opgelegd. Tevens vermeldt de officier van justitie in dat geval met welk strafbaar feit naar Nederlands recht het feit op grond waarvan de veroordeelde aan een buitenlandse sanctie is onderworpen, overeenkomt.

Art. 29

1. Op vordering van de officier van justitie kan de rechtbank ter zitting de gevangenneming van de veroordeelde bevelen in gevallen waarin overeenkomstig artikel 8 voorlopige aanhouding mogelijk is. *Tenuitvoerlegging strafvonnis, gevangenneming*
2. Voordat het onderzoek ter zitting wordt gesloten, beslist de rechtbank ambtshalve over de gevangenhouding van de veroordeelde die krachtens deze wet voorlopig van zijn vrijheid is beroofd.
3. Een krachtens een der vorige leden bevolen vrijheidsbeneming blijft na de uitspraak van de rechtbank van kracht totdat deze uitspraak in kracht van gewijsde is gegaan.
4. Zij wordt, behoudens de mogelijkheid van verdere vrijheidsbeneming uit anderen hoofde, beëindigd:
a. zodra zulks door de rechtbank of door de officier van justitie ambtshalve of op verzoek van de veroordeelde of diens raadsman, dan wel door de Hoge Raad bij zijn beslissing op een beroep in cassatie, wordt gelast:
b. indien de duur van die vrijheidsbeneming gelijk is geworden aan de duur van de door de Nederlandse rechter opgelegde straf of maatregel.

Art. 30

1. Bevindt de rechtbank:
a. dat de overgelegde stukken niet voldoen aan de door het toepasselijke verdrag gestelde eisen; *Tenuitvoerlegging strafvonnis, ontoelaatbaarverklaring*
b. dat de veroordeelde zich met vrucht op een grond, die naar Nederlands recht wel, doch naar het recht van de vreemde staat niet de strafbaarheid van het feit of de dader uitsluit, had kunnen beroepen, en dat hij geen gedwongen psychiatrische verpleging behoeft;
c. dat de tenuitvoerlegging in Nederland op grond van het in een der in de artikelen 2, 3, 4, 6 of 7 bepaalde niet kan plaatshebben; of,
d. in een geval waarin volgens het toepasselijke verdrag tenuitvoerlegging kan worden geweigerd, dat bij afweging van alle betrokken belangen een beslissing tot tenuitvoerlegging in Nederland in redelijkheid niet kan worden genomen;
dan verklaart zij de tenuitvoerlegging ontoelaatbaar.
2. De officier van justitie kan, zolang het onderzoek ter terechtzitting niet is gesloten, zijn vordering intrekken. Hij stelt de veroordeelde van het intrekken van de vordering terstond in kennis. *Tenuitvoerlegging strafvonnis, intrekking vordering*
3. In andere dan de in de vorige leden voorziene gevallen verklaart de rechtbank de tenuitvoerlegging toelaatbaar, zulks met vermelding van de toepasselijke wets- en verdragsbepalingen. De artikelen 345, met uitzondering van het vierde lid, 346 en 347 van het Wetboek van Strafvordering vinden overeenkomstige toepassing.
4. Indien de vordering is behandeld door een enkelvoudige kamer van de rechtbank vinden de artikelen 378-381 van het Wetboek van Strafvordering overeenkomstige toepassing, behoudens voor zover deze artikelen betrekking hebben op een getuige wiens identiteit niet of slechts ten dele blijkt. Is de vordering behandeld door een meervoudige kamer, dan vindt artikel 262 van dat Wetboek overeenkomstige toepassing.
5. De artikelen 363 tot en met 365, eerste tot en met vijfde lid, van het Wetboek van Strafvordering zijn van overeenkomstige toepassing. *Schakelbepaling*

Art. 31

1. De rechtbank, de tenuitvoerlegging toelaatbaar achtende, verleent verlof tot tenuitvoerlegging van de buitenlandse rechterlijke beslissing en legt, met inachtneming van het daaromtrent in het toepasselijke verdrag voorgeschrevene, de straf of maatregel op, welke op het overeenkomstige feit naar Nederlands recht is gesteld. De uitspraak van de rechtbank wordt met redenen omkleed. De uitspraak geeft voorts de bijzondere redenen op, die de straf hebben bepaald of tot maatregel hebben geleid en voorts zoveel mogelijk de omstandigheden, waarop bij de vaststelling van de duur of de hoogte van de straf is gelet. De artikelen 353 en 357 van het Wetboek van Strafvordering zijn van overeenkomstige toepassing. *Tenuitvoerlegging strafvonnis, uitspraak*
2. Bij het opleggen van tijdelijke gevangenisstraf of hechtenis beveelt de rechtbank, dat de tijd gedurende welke de veroordeelde in de vreemde staat ter uitvoering van de hem aldaar opgelegde sanctie, met het oog op zijn overbrenging naar Nederland en uit hoofde van deze wet van zijn vrijheid beroofd is geweest, bij de uitvoering van die straf geheel in mindering zal worden gebracht. De rechtbank kan een overeenkomstig bevel geven bij het opleggen van een geldboete. Indien zij dit bevel geeft, bepaalt zij in haar uitspraak volgens welke maatstaf de aftrek zal geschieden.

C35 art. 31a — Wet overdracht tenuitvoerlegging strafvonnissen

3. De rechtbank zendt aan Onze Minister onverwijld een gewaarmerkt afschrift van haar uitspraak toe.

Art. 31a

Tenuitvoerlegging strafvonnis, gedeeltelijke tenuitvoerlegging

1. Verlof tot tenuitvoerlegging van een in de vreemde staat opgelegde sanctie strekkende tot ontneming van wederrechtelijk verkregen voordeel kan worden beperkt tot de tenuitvoerlegging van de verplichting tot betaling van een geldbedrag aan de staat, dat in omvang slechts een gedeelte van dat voordeel vertegenwoordigt.
2. Indien de in de vreemde staat opgelegde sanctie strekt tot de ontneming van wederrechtelijk verkregen voordeel, spreekt de rechtbank, indien de vreemde staat uitdrukkelijk heeft verzocht die sanctie slechts ten uitvoer te leggen op voorwerpen die dat voordeel vertegenwoordigen, de verbeurdverklaring daarvan uit.
3. Op uitspraken, houdende een verbeurdverklaring, is het bepaalde in de artikelen 552b, 552d, 552e en 552g van het Wetboek van Strafvordering van overeenkomstige toepassing.
4. Op uitspraken, houdende de oplegging van een verplichting tot betaling van een geldbedrag aan de staat ter ontneming van wederrechtelijk verkregen voordeel, is het bepaalde in de artikelen 6:4:9 en 6:6:26 van het Wetboek van Strafvordering van overeenkomstige toepassing.

Schakelbepaling

5. Artikel 13e is van overeenkomstige toepassing.

Art. 32

Tenuitvoerlegging strafvonnis, beroep in cassatie

1. Tegen de uitspraak van de rechtbank betreffende het verzoek tot tenuitvoerlegging kan zowel door de officier van justitie als door de veroordeelde beroep in cassatie worden ingesteld.
2. Van verklaringen waarbij afstand wordt gedaan van het recht om beroep in cassatie in te stellen, of waarbij een zodanig beroep wordt ingetrokken, geeft de griffier van de rechtbank onverwijld kennis aan Onze Minister.
3. De officier van justitie is, op straffe van niet-ontvankelijkheid, verplicht om binnen een maand nadat hij beroep in cassatie heeft ingesteld, bij de Hoge Raad een schriftuur in te dienen, houdende zijn middelen van cassatie.
4. De veroordeelde die cassatieberoep heeft ingesteld, is op straffe van niet-ontvankelijkheid verplicht om vóór de dienende dag bij de Hoge Raad door zijn raadsman een schriftuur te doen indienen, houdende zijn middelen van cassatie.
5. De voorzitter bepaalt na overleg met de procureur-generaal de rechtsdag. De procureur-generaal doet de dag voor de behandeling van het beroep bepaald ten minste acht dagen vóór de rechtsdag aanzeggen aan de veroordeelde. Deze termijn kan, met toestemming van de veroordeelde, worden bekort indien van die toestemming blijkt op overeenkomstige wijze als bepaald in artikel 265, tweede lid, van het Wetboek van Strafvordering. Bij gebreke van tijdige aanzegging wordt door de Hoge Raad de aanzegging van een nieuwe rechtsdag bevolen, tenzij voor de veroordeelde een raadsman is verschenen. In dat laatste geval kan op diens verzoek uitstel worden verleend.
6. In de gevallen waarin op de zitting de behandeling van het beroep voor een bepaalde tijd wordt uitgesteld of geschorst, heeft geen nieuwe aanzegging aan de veroordeelde plaats.
7. De artikelen 431, 432, 434, eerste lid, 438, 439, 440, eerste lid, 441, 442, 443, 444, 449, eerste lid, 450, 451, 451a, 452, 453, 454, eerste, tweede en derde lid, 455, eerste lid, en 456 van het Wetboek van Strafvordering zijn van overeenkomstige toepassing.
8. Indien de uitspraak waartegen beroep is ingesteld is gedaan door een enkelvoudige kamer, wordt het beroep in cassatie behandeld door een uit drie raadsheren bestaande Kamer van de Hoge Raad.
9. Indien de uitspraak van de rechtbank geheel of gedeeltelijk wordt vernietigd doet de Hoge Raad in geval dat mogelijk is zelf de zaak af. Indien de Hoge Raad de zaak niet zelf kan afdoen kan hij deze hetzij terugwijzen naar de rechtbank, wier uitspraak vernietigd is, hetzij verwijzen naar een andere rechtbank. Alsdan vinden de artikelen 18-28, 29, tweede lid, 30 en 31 en de voorgaande leden van dit artikel wederom toepassing.
10. De Hoge Raad zendt aan Onze Minister onverwijld een gewaarmerkt afschrift van zijn arrest toe.
11. Indien de Hoge Raad de zaak verwijst naar een andere rechtbank blijft hij krachtens artikel 29 bevolen vrijheidsbeneming, onverminderd het bepaalde in het laatste lid van dat artikel, van kracht tot het tijdstip waarop die rechtbank over de gevangenhouding beslist.

Art. 33

Tenuitvoerlegging strafvonnis, kennisgeving aan minister

Zodra de rechterlijke uitspraak betreffende de toelaatbaarheid van de tenuitvoerlegging in kracht van gewijsde is gegaan, geeft de griffier van het gerecht dat de zaak het laatst heeft behandeld daarvan kennis aan Onze Minister. De tenuitvoerlegging van een op grond van artikel 31 opgelegde straf of maatregel geschiedt op last van Onze Minister.

Afdeling D
Buiten-gerechtelijke procedures

§ 1
Geldboeten

Art. 34
1. Indien de in de vreemde staat opgelegde sanctie uitsluitend strekt tot de betaling van een geldboete, eventueel onder bedreiging met een vervangende tot vrijheidsbeneming strekkende sanctie, wordt deze ten uitvoer gelegd krachtens een beslissing van de officier van justitie.
2. Alvorens een beslissing te nemen ingevolge het vorige lid stelt de officier van justitie de veroordeelde in de gelegenheid te worden gehoord.
3. De officier van justitie drukt overeenkomstig het bepaalde in het toepasselijke verdrag het bedrag van de geldboete uit in Nederlandse valuta. Indien het verdrag daaromtrent geen voorschriften bevat bepaalt de officier van justitie de hoogte van het bedrag volgens de wisselkoers die gold op het tijdstip van veroordeling in de vreemde staat. Als wisselkoers geldt de middenkoers van de op de koopmansbeurs te Amsterdam tot stand gekomen notering.
4. Voor valuta waarvan de wisselkoers niet dagelijks op de koopmansbeurs te Amsterdam wordt genoteerd geldt de wisselkoers die wordt verkregen uit de waarde in speciale trekkingsrechten van de desbetreffende valuta op de laatste werkdag van de maand waarin de ten uitvoer te leggen sanctie in de vreemde staat werd opgelegd.

Tenuitvoerlegging strafvonnis, geldboeten

Art. 35
1. De ingevolge artikel 34 genomen beslissing en de dag waarop het daarbij vastgestelde bedrag moet worden voldaan worden vanwege de officier van justitie zo spoedig mogelijk aan de veroordeelde ter kennis gebracht.
2. Tegen de beslissing van de officier van justitie kan de veroordeelde binnen veertien dagen nadat zich een omstandigheid heeft voorgedaan, waaruit voortvloeit dat de beslissing hem bekend is, een bezwaarschrift indienen bij de rechtbank, indien de opgelegde geldboete het bedrag van € 22,50 overschrijdt.
3. Het bezwaarschrift wordt behandeld door de politierechter. Indien de politierechter oordeelt dat het bezwaarschrift door een meervoudige kamer van de rechtbank moet worden behandeld, verwijst hij de zaak daar heen.
4. Is het bezwaarschrift ingediend door een in artikel 2 van de Wet militaire strafrechtspraak bedoelde persoon, dan wordt het behandeld door de militaire politierechter. Indien de militaire politierechter oordeelt dat het bezwaarschrift door een meervoudige kamer van de rechtbank moet worden behandeld, dan verwijst hij de zaak naar de militaire kamer.
5. Op de wijze van indiening en intrekking van een bezwaarschrift zijn de artikelen 449, derde lid, en 450-454 van het Wetboek van Strafvordering van overeenkomstige toepassing.
6. Op de behandeling van het bezwaarschrift zijn de artikelen 25, 26, 27, 28 en 30 van deze wet van overeenkomstige toepassing.
7. Verklaart de rechtbank het bezwaar gegrond, dan vernietigt zij de beslissing van de officier van justitie of vult deze aan met inachtneming van het bepaalde in artikel 24a van het Wetboek van Strafrecht. Acht zij, ondanks vernietiging de tenuitvoerlegging wel toelaatbaar, dan doet zij wat de officier van justitie had behoren te doen. In alle gevallen dat de rechtbank de tenuitvoerlegging van een geldboete toelaatbaar verklaart, bepaalt zij tevens de duur van de vervangende hechtenis.
8. De artikelen 32 en 33 van deze wet zijn toepasselijk.

Geldboeten, beroep

Art. 36
1. Beslissingen als bedoeld in artikel 34 kunnen zodra zij zijn genomen worden ten uitvoer gelegd, tenzij het toepasselijke verdrag anders bepaalt. Door het indienen van een bezwaarschrift binnen de daarvoor gestelde termijn wordt de tenuitvoerlegging opgeschort.
2. Beslissingen genomen krachtens artikel 34 worden ten uitvoer gelegd met inachtneming van het bij of krachtens het Wetboek van Strafvordering omtrent de tenuitvoerlegging van geldboeten bepaalde, met uitzondering van het derde lid van artikel 6:4:5 van dat Wetboek.

Tenuitvoerlegging strafvonnis, toepasselijkheid WvSv

Art. 37
Indien tot tenuitvoerlegging van vervangende hechtenis moet worden overgegaan doet de officier van justitie met het oog daarop een vordering overeenkomstig artikel 18, tenzij de rechtbank krachtens artikel 35, zevende lid, de duur van de vervangende hechtenis reeds heeft bepaald.

Tenuitvoerlegging strafvonnis, vordering tot vervangende hechtenis

§ 2
Toezicht op de naleving van voorwaarden

a
overneming van het toezicht

Art. 38

Tenuitvoerlegging strafvonnis, overneming toezicht

1. Indien de officier van justitie, aan wie op de voet van het bepaalde in artikel 15 een verzoek in handen is gesteld tot overneming van de uitoefening van toezicht op de naleving van voorwaarden, in een vreemde staat aan de veroordeelde opgelegd, van oordeel is dat het geheel of gedeeltelijk niet voor inwilliging vatbaar is of dat aanleiding bestaat gebruik te maken van een der in het toepasselijke verdrag omschreven gronden tot weigering, brengt hij dit oordeel onverwijld vergezeld van zijn advies ter kennis van Onze Minister, die daaromtrent beslist.
2. Indien aan het verzoek geheel of gedeeltelijk gevolg wordt gegeven, wordt de kennisgeving van dit besluit aan de veroordeelde in persoon betekend. Van zijn beslissing geeft de officier van justitie bericht aan Onze Minister.

Art. 39

Tenuitvoerlegging strafvonnis, aanwijzing reclasseringsinstelling

Indien de officier van justitie termen aanwezig acht om een opdracht te geven tot het verlenen van hulp en steun aan de veroordeelde, wijst hij de daarmee te belasten reclasseringsinstelling aan. Alvorens te beslissen wint hij het advies van deze instelling in.

Art. 40

Tenuitvoerlegging strafvonnis, beperking toezicht

1. Het te houden toezicht strekt zich niet uit over de naleving van bijzondere voorwaarden, gesteld bij de beslissing die aan het verzoek ten grondslag ligt, welke in strijd zijn met het Nederlandse recht.
2. Het toezicht wordt uitgeoefend met inachtneming van het bij of krachtens de artikelen 6:1:15, 6:1:18 en 6:3:14 van het Wetboek van Strafvordering bepaalde.
3. De aanvang en duur van de proeftijd worden bepaald naar het recht van de verzoekende staat. De proeftijd duurt in geen geval langer dan zij naar Nederlands recht had kunnen duren.

Art. 41

Tenuitvoerlegging strafvonnis, kennisgeving ernstige overtreding

1. Van iedere ernstige overtreding van de voorwaarden geeft de officier van justitie onverwijld kennis aan Onze Minister.
2. Zodra de proeftijd is verstreken brengt de officier van justitie aan Onze Minister rapport uit omtrent de naleving van de voorwaarden.

b
toepassing van buitenlandse voorwaardelijke beslissingen

Art. 42

Tenuitvoerlegging strafvonnis, toepassing buitenlandse voorwaardelijke beslissing

De officier van justitie draagt, behoudens het bepaalde in artikel 16, zorg dat overeenkomstig afdeling C van dit hoofdstuk wordt gehandeld, indien hij een verzoek heeft ontvangen tot toepassing van een beslissing van een buitenlandse autoriteit, op grond waarvan voorwaarden gelden waarvan overtreding kan of moet leiden tot tenuitvoerlegging van een rechterlijke beslissing in een strafzaak.

§ 3
Voortgezette tenuitvoerlegging

Art. 43

Tenuitvoerlegging strafvonnis, onmiddellijke tenuitvoerlegging vrijheidsbenemende sancties

1. Voor zover een verdrag daarin uitdrukkelijk voorziet, kan op aanwijzing van Onze Minister de tenuitvoerlegging of verdere tenuitvoerlegging van een in een vreemde staat opgelegde vrijheidsbenemende sanctie in Nederland plaatsvinden buiten toepassing van de afdelingen A, B en C van dit hoofdstuk, maar met inachtneming van het bepaalde in deze paragraaf.
2. De in het vorige lid bedoelde aanwijzing kan, voor zover het toepasselijke verdrag bepaalt dat de instemming van de veroordeelde of diens wettelijke vertegenwoordiger met zijn overbrenging naar Nederland met het oog op de tenuitvoerlegging of voortgezette tenuitvoerlegging is vereist, slechts worden gegeven indien die instemming uit een schriftelijk stuk blijkt.

Art. 43a

1. Tenzij Onze Minister, met inachtneming van het toepasselijke verdrag, reeds aanstonds van oordeel is dat het verzoek om tenuitvoerlegging moet worden afgewezen, doet hij het verzoek met de daarbij behorende stukken toekomen aan de advocaat-generaal.
2. Indien de door de vreemde staat overgelegde stukken naar het oordeel van Onze Minister onvoldoende zijn om op het verzoek een beslissing te nemen, biedt hij de autoriteiten van de verzoekende staat de gelegenheid binnen een door hem te stellen redelijke termijn aanvullende stukken of inlichtingen te verschaffen.

3. De advocaat-generaal legt het verzoek met de daarbij behorende stukken onverwijld voor aan de bijzondere kamer van het gerechtshof Arnhem-Leeuwarden, bedoeld in artikel 67 van de Wet op de rechterlijke organisatie. De advocaat-generaal dient eventuele opmerkingen bij voornoemde stukken in binnen een termijn van veertien dagen nadat hij de stukken heeft voorgelegd aan de bijzondere kamer van het gerechtshof.
4. Hangende de beslissing op het verzoek tot tenuitvoerlegging, kan de veroordeelde voorlopig worden aangehouden met toepassing van de artikelen 8 tot en met 12.

Art. 43b
1. De bijzondere kamer van het gerechtshof Arnhem-Leeuwarden beoordeelt met inachtneming van het toepasselijke verdrag:
a. of de tenuitvoerlegging in Nederland op grond van de artikelen 2, 3, 4, 6 of 7 niet kan plaatshebben;
b. welk strafbaar feit naar Nederlands recht het feit dat aan de buitenlandse veroordeling ten grondslag ligt, oplevert;
c. tot welke aanpassing van de opgelegde vrijheidsbenemende sanctie, het tweede en derde lid aanleiding geven.
2. Indien de opgelegde vrijheidsbenemende sanctie een langere duur heeft dan het voor het desbetreffende feit naar Nederlands recht toepasselijke strafmaximum, wordt de duur van de vrijheidsbenemende sanctie tot dat strafmaximum verlaagd.
3. Indien de aard van de opgelegde vrijheidsbenemende sanctie onverenigbaar is met het Nederlandse recht, wordt de vrijheidsbenemende sanctie gewijzigd in een straf of maatregel waarin het Nederlandse recht voorziet en die zoveel mogelijk overeenstemt met de in de vreemde staat opgelegde vrijheidsbenemende sanctie.
4. De aanpassing op grond van het tweede en derde lid houdt in geen geval een verzwaring van de opgelegde vrijheidsbenemende sanctie in.
5. De bijzondere kamer van het gerechtshof Arnhem-Leeuwarden doet zijn oordeel op grond van het eerste lid, schriftelijk en met redenen omkleed aan Onze Minister toekomen, binnen een termijn van zes weken nadat het verzoek en de daarbij behorende stukken zijn ontvangen.
6. Onze Minister beslist op het verzoek tot tenuitvoerlegging. Voor zover de bijzondere kamer van het gerechtshof Arnhem-Leeuwarden heeft geoordeeld dat het verzoek niet kan worden ingewilligd, wijst Onze Minister het verzoek af.

Art. 43c
1. Indien Onze Minister het verzoek tot tenuitvoerlegging heeft ingewilligd, geeft hij de aanwijzing tot tenuitvoerlegging of verdere tenuitvoerlegging van de in de vreemde staat opgelegde vrijheidsbenemende sanctie in Nederland.
2. De tenuitvoerlegging van de in het eerste lid bedoelde sanctie geschiedt op last van Onze Minister.

Afdeling E
Tenuitvoerlegging van bij verstek gewezen beslissingen

Art. 44
Verzoeken, bedoeld in afdeling D, par. 2, die betrekking hebben op bij verstek gewezen rechterlijke beslissingen zijn niet voor inwilliging vatbaar, tenzij de beslissing in hoger beroep is gewezen en het rechtsmiddel van hoger beroep door de veroordeelde tegen een op tegenspraak gewezen vonnis werd ingesteld.

Art. 45
1. Een verzoek om tenuitvoerlegging van een in de verzoekende staat bij verstek gewezen rechterlijke beslissing kan niet in behandeling worden genomen dan nadat deze beslissing vanwege de officier van justitie, die het verzoek heeft ontvangen, aan de veroordeelde is betekend. Betekening vindt niet plaats indien het recht tot strafvervolging ter zake van het feit waarvoor de beslissing werd gewezen naar Nederlands recht zou zijn verjaard, met dien verstande, dat handelingen, verricht in de verzoekende staat, die de verjaring aldaar stuiten of schorsen, in Nederland dezelfde rechtskracht hebben. Van de betekening worden de autoriteiten van de staat, waarvan het verzoek is uitgegaan, schriftelijk in kennis gesteld.
2. Voor zover een verdrag daarin voorziet, kan de veroordeelde tegen een bij verstek gewezen rechterlijke beslissing, als bedoeld in het vorige lid, verzet doen bij de rechtbank van het arrondissement waarin hij zijn woonplaats heeft of daadwerkelijk verblijft, gedurende een door het toepasselijke verdrag bepaalde termijn na de betekening. Is de veroordeelde een persoon als bedoeld in artikel 2 van de Wet militaire strafrechtspraak dan kan deze verzet doen bij de rechtbank, welke ingevolge die wet bevoegd is over die persoon rechtsmacht uit te oefenen.
3. Verzet wordt gedaan door een verklaring, af te leggen door de veroordeelde op het parket van het openbaar ministerie bij de in het vorige lid bedoelde rechtbank of bij aangetekende brief aan dat parket, houdende - op straffe van niet-ontvankelijkheid - de vermelding van de woon- of verblijfplaats van de veroordeelde, alwaar gerechtelijke stukken aan hem kunnen

worden uitgereikt. In geval van verzet bij aangetekende brief geldt als dag van verzet de dag van ontvangst van de brief ten parkette. De artikelen 450 en 451a van het Wetboek van Strafvordering zijn van overeenkomstige toepassing.
4. De officier van justitie stelt iedere tijdig afgelegde verklaring of ontvangen brief, bedoeld in het vorige lid, ter hand van de griffier, die daarmee handelt overeenkomstig het bepaalde in artikel 451 van het Wetboek van Strafvordering.

Art. 46
Tenuitvoerlegging strafvonnis, kennisgeving verzet

1. Indien de veroordeelde overeenkomstig artikel 45 rechtsgeldig verzet heeft gedaan met het oog op een behandeling daarvan in de verzoekende staat, doet de griffier de akte van verzet onverwijld toekomen aan Onze Minister ter doorzending aan de verzoekende staat.
2. Indien de veroordeelde overeenkomstig artikel 45 rechtsgeldig verzet heeft gedaan met het oog op een behandeling daarvan in Nederland, wordt het verzoek om tenuitvoerlegging van het in de verzoekende staat bij verstek gewezen vonnis beschouwd als een door Onze Minister ingewilligd en op een verdrag gegrond verzoek tot strafvervolging.

Art. 47
Tenuitvoerlegging strafvonnis, toezending dagvaarding

1. Aan de veroordeelde die overeenkomstig artikel 45 rechtsgeldig verzet heeft gedaan met het oog op een behandeling daarvan in Nederland wordt zo spoedig mogelijk een dagvaarding om ter terechtzitting van het in die dagvaarding aangeduide gerecht te verschijnen bij aangetekend schrijven toegezonden of in persoon betekend.
2. Verschijnt hij ten dienenden dage niet in rechte, dan wordt het verzet vervallen verklaard en vindt afdeling C, onderscheidenlijk afdeling D, toepassing, tenzij de rechter, bij niet-verschijning van de veroordeelde, schorsing van het onderzoek heeft bevolen teneinde deze, indien hij verhinderd was het onderzoek bij te wonen, daartoe alsnog in de gelegenheid te stellen.
3. Indien de veroordeelde die in verzet is gekomen ten dienenden dage verschijnt wordt voor de toepassing van het Nederlandse recht de buitenlandse rechterlijke beslissing als vervallen beschouwd en de zaak overeenkomstig het Wetboek van Strafvordering behandeld.

Afdeling F
Bijzondere vormen van tenuitvoerlegging

Art. 48
Schakelbepaling

De in de artikelen 3-7 gestelde voorwaarden voor de toelaatbaarheid van de tenuitvoerlegging van bij rechterlijke beslissing opgelegde sancties zijn van overeenkomstige toepassing op de aanvulling en tenuitvoerlegging van buitenlandse rechterlijke beslissingen krachtens § 5 van Hoofdstuk I van het Benelux-verdrag inzake de tenuitvoerlegging van rechterlijke beslissingen in strafzaken, gesloten te Brussel op 26 september 1968 (*Trb.* 1969, 9).

Art. 49
Tenuitvoerlegging strafvonnis, voorlopige aanhouding

1. Een veroordeelde, op wie een gedeeltelijke beslissing als bedoeld in § 5 van Hoofdstuk I van het in artikel 48 genoemde verdrag betrekking heeft, en die zich in Nederland bevindt, kan op verzoek van een bij dat verdrag aangesloten Staat voorlopig worden aangehouden, indien gegronde redenen bestaan voor de verwachting dat op korte termijn en voor inwilliging vatbaar verzoek tot aanvulling en tenuitvoerlegging van een in die Staat gewezen vonnis zal worden gedaan ter zake van feiten waarvoor naar Nederlands recht voorlopige hechtenis mogelijk is.
2. De artikelen 9-12 zijn van overeenkomstige toepassing.

Art. 50
Schakelbepaling

1. Op verzoeken tot aanvulling en tenuitvoerlegging, bedoeld in artikel 48, zijn de afdelingen A, C en E van overeenkomstige toepassing, met dien verstande dat:
a. met de tenuitvoerlegging van een in een vreemde Staat opgelegde sanctie wordt gelijkgesteld de aanvulling en tenuitvoerlegging van een in een vreemde Staat genomen rechterlijke beslissing, inhoudende, dat de veroordeelde het hem ten laste gelegde strafbare feit heeft begaan en dat deswege hem een straf of maatregel moet worden opgelegd;
b. de vordering van de officier van justitie, bedoeld in artikel 18, er toe strekt dat de rechtbank de buitenlandse rechterlijke beslissing aanvult;
c. tegen de uitspraak van de rechtbank door de veroordeelde en de officier van justitie hoger beroep kan worden ingesteld bij het gerechtshof en het in artikel 33 omtrent de uitspraak van de rechtbank bepaalde van overeenkomstige toepassing is op die van het gerechtshof. De artikelen 407-412, 413, eerste lid, en 414, eerste lid, van het Wetboek van Strafvordering vinden overeenkomstige toepassing.
2. Op het rechtsgeding voor het gerechtshof zijn de in de artikelen 28, 30 en 31 genoemde bepalingen van het Wetboek van Strafvordering, alsmede de artikelen 416-418, 423, eerste lid, 423a en 424, tweede lid, van dat Wetboek van overeenkomstige toepassing.

Wet overdracht tenuitvoerlegging strafvonnissen

Hoofdstuk IV
Overdracht van de tenuitvoerlegging van Nederlandse rechterlijke beslissingen

Afdeling A
Van Nederland uitgaande verzoeken

Art. 51
Indien het openbaar ministerie het in het belang van een goede rechtsbedeling gewenst acht, dat een vreemde staat een door de Nederlandse rechter opgelegde straf of maatregel ten uitvoer legt of verder ten uitvoer legt dan wel toezicht uitoefent op de naleving van door de Nederlandse rechter opgelegde voorwaarden, geeft het, onder overlegging van eventuele met het oog op de tenuitvoerlegging van belang zijnde stukken, aan Onze Minister een met redenen omkleed advies tot overdracht van de tenuitvoerlegging of het toezicht aan die staat.

Tenuitvoerlegging Nederlands strafvonnis, overdracht aan vreemde staat

Art. 52
1. Behoudens het bepaalde in het volgende lid beslist Onze Minister zo spoedig mogelijk na de ontvangst van een advies als bedoeld in het vorige artikel omtrent het daaraan te geven gevolg. Daarbij neemt hij, indien het verzoek tot tenuitvoerlegging of tot overname van toezicht op een verdrag kan worden gegrond, de bepalingen van dat verdrag in acht.
2. Indien het advies van het openbaar ministerie betrekking heeft op een veroordeelde die zich in Nederland bevindt, aan wie een tot vrijheidsbeneming strekkende sanctie is opgelegd en die niet heeft verklaard met de overdracht van de tenuitvoerlegging van die sanctie in te stemmen, dan laat Onze Minister, zo hij voornemens is gevolg te geven aan dit advies, alvorens een beslissing te nemen de veroordeelde schriftelijk van dit advies in kennis stellen. Daarbij wordt de veroordeelde medegedeeld, dat hij binnen veertien dagen na ontvangst van de kennisgeving tegen het voornemen van Onze Minister een bezwaarschrift kan indienen bij het gerecht, dat in hoogste feitelijke instantie de tot vrijheidsbeneming strekkende sanctie heeft opgelegd.
3. Zo spoedig mogelijk na ontvangst van een tijdig ingediend bezwaarschrift onderzoekt het in het vorige lid bedoelde gerecht of Onze Minister bij afweging van de betrokken belangen in redelijkheid tot de voorgenomen beslissing kan komen. De veroordeelde wordt bij het onderzoek gehoord, althans opgeroepen. Indien niet blijkt dat de veroordeelde reeds een raadsman heeft, geeft de voorzitter aan het bestuur van de raad voor rechtsbijstand last tot aanwijzing van een raadsman.
4. De artikelen 21-26 en 29c van het Wetboek van Strafvordering zijn van overeenkomstige toepassing.
5. Van zijn beslissing stelt het gerecht Onze Minister en de veroordeelde schriftelijk in kennis. Acht het gerecht het bezwaarschrift gegrond, dan geeft Onze Minister aan het advies van het openbaar ministerie tot overdracht van de tenuitvoerlegging geen gevolg.

Tenuitvoerlegging Nederlands strafvonnis, beslissing minister

Art. 53
1. Onze Minister geeft het openbaar ministerie, dat een advies als bedoeld in artikel 51 heeft uitgebracht, schriftelijk kennis van de beslissing die hij terzake heeft genomen alsmede van de door hem ontvangen mededelingen omtrent beslissingen van de autoriteiten van de vreemde staat naar aanleiding van het verzoek tot tenuitvoerlegging of tot overname van toezicht dat op advies van het openbaar ministerie is gedaan.
2. Een aan de autoriteiten van een vreemde staat gedaan verzoek tot tenuitvoerlegging of tot overname van toezicht kan uiterlijk tot de ontvangst van een kennisgeving omtrent de daarop in die staat genomen beslissing worden ingetrokken, onverminderd het bepaalde in artikel 36, tweede lid, van het Benelux-verdrag inzake de tenuitvoerlegging van rechterlijke beslissingen in strafzaken.

Tenuitvoerlegging Nederlands strafvonnis, kennisgeving aan Openbaar Ministerie

Art. 54
Degene tegen wie in Nederland bij verstek uitspraak is gedaan, houdende de oplegging van een straf of maatregel of een gedeeltelijke beslissing als bedoeld in § 5 van Hoofdstuk I van het Benelux-verdrag inzake de tenuitvoerlegging van rechterlijke beslissingen in strafzaken, kan, wanneer een verzoek tot tenuitvoerlegging of aanvulling daarvan is gedaan aan de autoriteiten van een vreemde staat, ook als de einduitspraak reeds kracht van gewijsde heeft gekregen, tegen die uitspraak verzet doen tot het verstrijken van een door het toepasselijke verdrag bepaalde termijn nadat de uitspraak hem door de autoriteiten van die staat in persoon is betekend. Zulk verzet kan slechts worden gedaan op overeenkomstig de in de wetgeving van de aangezochte staat voorgeschreven wijze bij de bevoegde autoriteiten van die staat.

Tenuitvoerlegging Nederlands strafvonnis, verzet tegen uitspraak bij verstek

Art. 55
1. Zodra van de autoriteiten van de aangezochte staat de akte is ontvangen, waaruit blijkt van een rechtsgeldig gedaan verzet, wordt aan degene die in verzet is gekomen een dagvaarding om ter terechtzitting van het gerecht dat de uitspraak heeft gedaan te verschijnen in persoon betekend. Op straffe van nietigheid wordt tussen de dag waarop de dagvaarding is betekend en die ter terechtzitting een termijn van tenminste eenentwintig dagen of zoveel minder als het toepasselijke verdrag toelaat in acht genomen. Met toestemming van de gedagvaarde kan deze

Tenuitvoerlegging Nederlands strafvonnis, betekening dagvaarding termijn worden verkort, mits van deze toestemming uit een schriftelijke verklaring blijkt. Vrijwillige verschijning op een dagvaarding betekend in strijd met de voorschriften van dit artikel dekt de nietigheid.

2. Indien de gedagvaarde niet ten dienenden dage in rechte verschijnt wordt het verzet vervallen verklaard, tenzij de rechter bij niet-verschijning schorsing van het onderzoek heeft bevolen teneinde deze, indien hij verhinderd was het onderzoek bij te wonen, daartoe alsnog in de gelegenheid te stellen. Het openbaar ministerie geeft van een vervallen verklaard verzet zo spoedig mogelijk schriftelijk kennis aan de autoriteiten van de aangezochte staat en aan Onze Minister.

3. Indien degene die in verzet is gekomen ter terechtzitting verschijnt wordt de zaak overeenkomstig titel VI, VII of VIII van het Tweede Boek van het Wetboek van Strafvordering behandeld, als ware het rechtsgeding bij verstek niet voorafgegaan. De rechter bekrachtigt de bij verstek gewezen uitspraak of doet met gehele of gedeeltelijke vernietiging van die uitspraak opnieuw recht.

Afdeling B
Tot Nederland gerichte verzoeken

Art. 56

Tenuitvoerlegging strafvonnis, tot Nederland gerichte verzoeken

Tenzij Onze Minister reeds aanstonds van oordeel is dat het verzoek van een buitenlandse autoriteit tot overdracht van de tenuitvoerlegging van een in Nederland opgelegde sanctie moet worden afgewezen, wint hij omtrent de vraag of het belang van een goede rechtsbedeling zich tegen inwilliging van het verzoek verzet het advies in van het gerecht dat in hoogste feitelijke instantie de sanctie heeft opgelegd en van het openbaar ministerie.

Art. 57

Verzoek tenuitvoerlegging aan Nederland, beslissing minister

1. Zo spoedig mogelijk na de ontvangst van de in het vorige artikel bedoelde adviezen beslist Onze Minister over het gevolg, te geven aan het in dat artikel bedoelde verzoek. Artikel 52 is van overeenkomstige toepassing.

2. Van zijn beslissing geeft Onze Minister onverwijld kennis aan het gerecht en aan het openbaar ministerie die terzake advies hebben uitgebracht.

Afdeling C
Overbrenging

Art. 58

Nadere regels

Bij algemene maatregel van bestuur worden voorschriften vastgesteld omtrent de procedure volgens welke een verklaring van of namens een zich in Nederland bevindende veroordeelde, houdende instemming met de overdracht van de tenuitvoerlegging van een hem opgelegde tot vrijheidsbeneming strekkende sanctie, dient te worden afgelegd.

Art. 59

Tenuitvoerlegging strafvonnis, voorwaarden overdracht

1. Overdracht van de tenuitvoerlegging van rechterlijke beslissingen ingevolge dit Hoofdstuk geschiedt slechts onder het algemene beding, dat de door de Nederlandse rechter opgelegde straf, maatregel of voorwaarden niet ten nadele van de veroordeelde worden gewijzigd en dat daarbij met het reeds hier te lande ten uitvoer gelegde gedeelte van die straf of maatregel rekening wordt gehouden.

2. Een veroordeelde die in Nederland een tot vrijheidsbeneming strekkende sanctie ondergaat of nog zal moeten ondergaan wordt, wanneer met een vreemde staat overeenstemming is bereikt omtrent de verdere tenuitvoerlegging van deze sanctie, zo spoedig mogelijk ter beschikking gesteld van de autoriteiten van die staat, zulks op een door Onze Minister, na overleg met die autoriteiten, te bepalen tijd en plaats.

Tenuitvoerlegging strafvonnis, overbrenging veroordeelde

3. De overbrenging van een veroordeelde, die niet heeft verklaard met de overdracht van de tenuitvoerlegging in te stemmen, geschiedt niet dan onder het algemene beding, dat hij alleen met uitdrukkelijke toestemming van Onze Minister:
a. zal worden vervolgd, gestraft of op enige wijze in zijn persoonlijke vrijheid beperkt ter zake van feiten, die voor het tijdstip van zijn overbrenging zijn begaan en ter zake waarvan de tenuitvoerlegging niet is overgedragen; en
b. ter beschikking zal worden gesteld van de autoriteiten van een derde staat ter zake van feiten, die voor het tijdstip van zijn overbrenging zijn begaan, tenzij de veroordeelde nadien de gelegenheid heeft gehad het grondgebied van de staat naar welke hij is overgebracht te verlaten.

Tenuitvoerlegging strafvonnis, schorsing

4. Op het moment dat een veroordeelde ter beschikking van de in het tweede lid bedoelde autoriteiten wordt gesteld, wordt de tenuitvoerlegging in Nederland van de hem opgelegde sanctie van rechtswege geschorst.

5. In geval van hervatting van het recht tot tenuitvoerlegging van de sanctie wordt het in het buitenland reeds ten uitvoer gelegde gedeelte daarop in mindering gebracht.

Hoofdstuk V
Slotbepalingen

Art. 60
Waar in deze wet bepalingen van het Wetboek van Strafvordering van overeenkomstige toepassing zijn verklaard zijn deze bepalingen, voor zover zij betrekking hebben op de verdachte, van overeenkomstige toepassing op de veroordeelde.

Art. 61
Krachtens deze wet gegeven bevelen tot inverzekeringstelling, bewaring of gevangenneming, dan wel tot verlenging van een termijn van vrijheidsbeneming, worden gedagtekend en ondertekend. De grond voor uitvaardiging wordt in het bevel vermeld. Aan de veroordeelde op wie het bevel betrekking heeft, wordt onverwijld een afschrift daarvan uitgereikt.

Art. 62
De bevelen tot vrijheidsbeneming, bedoeld in het voorgaande artikel, zijn dadelijk uitvoerbaar. Bevoegd tot het ten uitvoer leggen van bevelen tot vrijheidsbeneming zijn de in artikel 141 van het Wetboek van Strafvordering genoemde ambtenaren. Op de tenuitvoerlegging en de last daartoe zijn de artikelen 6:1:6, 6:1:7, 6:1:9, 6:1:15 en 6:2:1 van het Wetboek van Strafvordering van toepassing.

Art. 63
Veroordeelden die overeenkomstig deze wet in verzekering of in bewaring zijn gesteld, of wier gevangenneming of gevangenhouding is bevolen, worden behandeld als verdachten die krachtens het Wetboek van Strafvordering aan een overeenkomstige maatregel zijn onderworpen.

Art. 64
1. De veroordeelde heeft het recht zich door een raadsman te doen bijstaan. De artikelen 28, 28a, 37, 38 en 43 tot en met 45 en 124 van het Wetboek van Strafvordering, alsmede het in dat wetboek bepaalde betreffende het optreden en de bevoegdheden van de raadsman en de kennisneming van processtukken, zijn van overeenkomstige toepassing.
2. Indien een veroordeelde op grond van artikel 9 wordt aangehouden, stelt de hulpofficier van justitie het bestuur van de raad voor rechtsbijstand hiervan in kennis, opdat het bestuur een raadsman aanwijst, dan wel stelt hij de door de opgeëiste persoon gekozen raadsman hiervan in kennis. De artikelen 28b, eerste lid, tweede volzin, en 39 van het Wetboek van Strafvordering zijn van overeenkomstige toepassing.
3. Indien een persoon die geen raadsman heeft overeenkomstig deze wet zijn vrijheid wordt benomen – anders dan uit kracht van een bevel tot aanhouding, dan wel tot inverzekeringstelling of tot verlenging van de termijn daarvan – wijst het bestuur van de raad voor rechtsbijstand, na mededeling van de vrijheidsbeneming door het openbaar ministerie, een raadsman aan.

Art. 64a
Op de bevelen tot bewaring en gevangenhouding, krachtens deze wet gegeven, is artikel 66a van het Wetboek van Strafvordering van overeenkomstige toepassing.

Art. 65
1. In gevallen waarin krachtens deze wet een beslissing omtrent de voorlopige vrijheidsbeneming van een veroordeelde kan of moet worden genomen, kan worden bevolen dat die vrijheidsbeneming voorwaardelijk wordt opgeschort of geschorst.
2. Op bevelen krachtens het vorige lid gegeven door de rechtbank, dan wel door de rechter-commissaris zijn de artikelen 80-88 van het Wetboek van Strafvordering van overeenkomstige toepassing.
3. De termijn, genoemd in artikel 11, tweede lid, onder b, loopt niet gedurende de tijd dat de veroordeelde zich aan de verdere tenuitvoerlegging van de gelaste bewaring heeft onttrokken.

Art. 66
Op bevelen tot beëindiging van voorlopige vrijheidsbeneming krachtens deze wet gegeven en tot tenuitvoerlegging van zodanige bevelen zijn de artikelen 73, 79 en 6:2:5 van het Wetboek van Strafvordering van overeenkomstige toepassing.

Art. 67
In gevallen waarin onherroepelijk is vastgesteld dat tenuitvoerlegging van een buitenlandse rechterlijke beslissing in Nederland niet behoort plaats te vinden kan de rechtbank, die de zaak heeft behandeld, op verzoek van de veroordeelde hem een vergoeding ten laste van de staat toekennen voor schade die hij heeft geleden en kosten die hij heeft gemaakt ten gevolge van voorlopige vrijheidsbeneming bevolen krachtens deze wet. Onder schade is begrepen het nadeel dat niet in vermogensschade bestaat.
De artikelen 533, derde, vierde en zesde lid, 529, 530, 534 tot en met 536 van het Wetboek van Strafvordering zijn van overeenkomstige toepassing.

Art. 68
Op betekeningen, kennisgevingen en oproepingen gedaan krachtens deze wet zijn de artikelen 36b tot en met 36e, 36h en 36n van het Wetboek van Strafvordering van overeenkomstige toepassing, tenzij deze wet anders bepaalt.

Art. 69
Op verzoeken om doorvoer over Nederlands grondgebied van personen die ten behoeve van de tenuitvoerlegging van een rechterlijke beslissing door de autoriteiten van een vreemde staat ter beschikking van de autoriteiten van een andere staat worden gesteld, zijn de artikelen 48 en 50 van de Uitleveringswet van overeenkomstige toepassing.

Art. 70
Waar in deze wet de bevoegdheid wordt gegeven tot het horen van personen, is artikel 131a van het Wetboek van Strafvordering van overeenkomstige toepassing.

Art. 71
[Bevat wijzigingen in andere regelgeving.]

Art. 72
[Bevat wijzigingen in andere regelgeving.]

Art. 73
[Bevat wijzigingen in andere regelgeving.]

Art. 74
[Bevat wijzigingen in andere regelgeving.]

Art. 75
Werkingssfeer — De bepalingen van de voorgaande hoofdstukken zijn niet van toepassing op de tenuitvoerlegging van door buitenlandse rechterlijke autoriteiten opgelegde vrijheidsstraf, ingevolge artikel 6 van de Wet van 7 augustus 1953 (*Stb.* 438), houdende goedkeuring en uitvoering van het Verdrag van Londen van 19 juni 1951 tussen de Staten, die partij zijn bij het Noord-Atlantisch Verdrag, nopens de rechtspositie van hun krijgsmachten.

Art. 76
Citeertitel
1. Deze wet kan worden aangehaald onder de titel: Wet overdracht tenuitvoerlegging strafvonnissen.

Inwerkingtreding
2. Zij treedt in werking op een door Ons te bepalen tijdstip.
3. Wij kunnen bepalen dat de verschillende onderdelen van deze wet op afzonderlijke tijdstippen in werking treden.

Uitleveringswet[1]

Wet van 9 maart 1967, houdende nieuwe regelen betreffende uitlevering en andere vormen van internationale rechtshulp in strafzaken

Wij JULIANA, bij de gratie Gods, Koningin der Nederlanden, Prinses van Oranje-Nassau, enz., enz., enz.

Allen, die deze zullen zien of horen lezen, saluut! doen te weten:

Alzo Wij in overweging genomen hebben, dat het wenselijk is de wet van 6 april 1875, *Stb.* 66, "tot regeling der algemeene voorwaarden op welke, ten aanzien van de uitlevering van vreemdelingen, verdragen met vreemde Mogendheden kunnen worden gesloten", te vervangen door nieuwe, bij de ontwikkeling van het internationale recht aangepaste, wettelijke regelen betreffende uitlevering en andere vormen van internationale rechtshulp in strafzaken, zulks mede ter nadere uitvoering van artikel 4, tweede lid, van de Grondwet;

Zo is het, dat Wij, de Raad van State gehoord, en met gemeen overleg der Staten-Generaal, hebben goedgevonden en verstaan, gelijk Wij goedvinden en verstaan bij deze:

Hoofdstuk I
Begripsbepalingen

Art. 1

1. In deze wet wordt verstaan onder:
Onze Minister: Onze Minister van Justitie;
uitlevering: verwijdering van een persoon uit Nederland met het doel hem ter beschikking te stellen van de autoriteiten van een andere Staat ten behoeve van hetzij een in die Staat tegen hem gericht strafrechtelijk onderzoek, hetzij de tenuitvoerlegging van een hem in die Staat opgelegde straf of maatregel;
vreemdeling: ieder die de Nederlandse nationaliteit niet bezit en niet op grond van een wettelijke bepaling als Nederlander wordt behandeld;
opgeëiste persoon: degene wiens uitlevering door een vreemde Mogendheid is verzocht;
verzoekende staat: Mogendheid waarvan het verzoek tot uitlevering is uitgegaan.
2. In deze wet wordt mede verstaan onder:
Nederlands recht of recht van Nederland: het recht van Bonaire, Sint Eustatius en Saba;
Nederlands strafrecht: het strafrecht van Bonaire, Sint Eustatius en Saba;
Nederlandse wet: een wet die van kracht is in de openbare lichamen Bonaire, Sint Eustatius en Saba;
Nederlandse rechter: de rechter in de openbare lichamen Bonaire, Sint Eustatius en Saba;
Nederlands grondgebied of Nederlands gebied: het grondgebied van de openbare lichamen Bonaire, Sint Eustatius en Saba;
in Nederland: in de openbare lichamen Bonaire, Sint Eustatius en Saba.
3. Onder officier van justitie, hulpofficier van justitie en opsporingsambtenaar wordt uitsluitend voor de toepassing van de artikelen 13 tot en met 14, 16a, 17 en de artikelen 21 en 22a en 50a mede verstaan de officier van justitie van het openbaar ministerie van Bonaire, Sint Eustatius en Saba, de hulpofficier van justitie, bedoeld in artikel 191 van het Wetboek van Strafvordering BES, en de opsporingsambtenaar, bedoeld in artikel 184 van dat wetboek.

Begripsbepalingen

Hoofdstuk II
Voorwaarden voor uitlevering

Art. 2
Uitlevering geschiedt niet dan krachtens een verdrag.

Uitlevering, krachtens verdrag

Art. 3
Wanneer een van deze wet afwijkend verdrag aan de goedkeuring van de Staten-Generaal wordt onderworpen, doen Wij tevens een voorstel tot aanpassing van deze wet.

Uitlevering, aanpassing wet aan verdrag

Art. 4
1. Nederlanders worden niet uitgeleverd.
2. Het eerste lid is niet van toepassing indien de uitlevering van een Nederlander is gevraagd ten behoeve van een tegen hem gericht strafrechtelijk onderzoek en naar het oordeel van Onze

Uitlevering, Nederlanders

---

1 Inwerkingtredingsdatum: 03-04-1967; zoals laatstelijk gewijzigd bij: Stb. 2020, 396.

C36 art. 5   Uitleveringswet

Minister is gewaarborgd dat, zo hij ter zake van de feiten waarvoor zijn uitlevering kan worden toegestaan in de verzoekende Staat tot onvoorwaardelijke vrijheidsstraf wordt veroordeeld, hij deze straf in Nederland zal mogen ondergaan.

Art. 5

Uitlevering, gevallen waarin uitlevering kan worden toegestaan

1. Uitlevering kan alleen worden toegestaan ten behoeve van:
   a. een door autoriteiten van de verzoekende staat ingesteld strafrechtelijk onderzoek ter zake van het vermoeden dat de opgeëiste persoon zich schuldig heeft gemaakt aan een feit waarvoor, zowel naar het recht van de verzoekende staat als naar dat van Nederland, een vrijheidsstraf van een jaar, of van langere duur, kan worden opgelegd;
   b. de tenuitvoerlegging van een vrijheidsstraf van vier maanden, of van langere duur, door de opgeëiste persoon op het grondgebied van de verzoekende staat te ondergaan wegens een feit als onder a bedoeld.
2. Voor de toepassing van het voorgaande lid wordt onder een naar Nederlands recht strafbaar feit mede verstaan een feit waardoor inbreuk is gemaakt op de rechtsorde van de verzoekende staat, terwijl krachtens de Nederlandse wet een zelfde inbreuk op de Nederlandse rechtsorde of die van Bonaire, Sint Eustatius en Saba strafbaar is.
3. Indien, in het geval bedoeld in het eerste lid, onder b, de veroordeling tot vrijheidsstraf bij verstek heeft plaatsgevonden, kan de uitlevering slechts worden toegestaan, indien de opgeëiste persoon in voldoende mate in de gelegenheid is geweest of alsnog zal worden gesteld om zijn verdediging te voeren.

Art. 6

Uitlevering, uitzondering minimum vrijheidsstraf bij uitlevering binnen EU

1. Het in artikel 5, eerste lid, onder a, gestelde minimum van een jaar is niet van toepassing op uitlevering naar lidstaten van de Europese Unie, voorzover een tussen Nederland en deze lidstaten geldend verdrag in een ander minimum voorziet.
2. Het in artikel 5, eerste lid, onder b, gestelde minimum van vier maanden is niet van toepassing op uitlevering naar België en Luxemburg.

Art. 7

Uitlevering, gelijkstelling vrijheidsstraffen

Voor de toepassing van deze wet worden gelijkgesteld:
a. met *vrijheidsstraffen*: door de rechter naast of in plaats van een straf op te leggen maatregelen strekkende tot vrijheidsbeneming;
b. met *vrijheidsstraffen van langere duur dan een jaar*: vrijheidsstraffen - met inbegrip van maatregelen als bedoeld onder a - voor de duur van het leven of voor onbepaalde tijd.

Art. 8

Uitlevering, geen uitlevering bij doodstraf

Indien, naar het recht van de verzoekende staat, de doodstraf is gesteld op het feit waarvoor de uitlevering is gevraagd, wordt de opgeëiste persoon niet uitgeleverd, tenzij naar het oordeel van Onze Minister voldoende is gewaarborgd dat die straf, zo een veroordeling daartoe mocht volgen, niet ten uitvoer zal worden gelegd.

Art. 9

Uitlevering, feiten waarvoor geen uitlevering wordt toegestaan

1. Uitlevering van de opgeëiste persoon wordt niet toegestaan voor een feit terzake waarvan:
   a. ten tijde van de beslissing op het verzoek tot uitlevering een strafvervolging in Nederland tegen hem gaande is;
   b. hij in Nederland is vervolgd maar hernieuwde vervolging is uitgesloten op grond van artikel 255, eerste of tweede lid, of artikel 255a, eerste of tweede lid, van het Wetboek van Strafvordering onderscheidenlijk artikel 282, eerste en tweede lid, van het Wetboek van Strafvordering BES;
   c. hij bij gewijsde van de Nederlandse rechter is vrijgesproken of ontslagen van rechtsvervolging, dan wel te zijnen aanzien een overeenkomstige onherroepelijke beslissing door een andere rechter is genomen;
   d. hij bij rechterlijk gewijsde is veroordeeld, in gevallen waarin:
   1. de opgelegde straf of maatregel reeds is ondergaan, of
   2. die straf of maatregel niet voor onmiddellijke tenuitvoerlegging of verdere tenuitvoerlegging vatbaar is, of
   3. de veroordeling een schuldigverklaring zonder oplegging van straf of maatregel inhoudt, dan wel
   4. het gewijsde afkomstig is van de Nederlandse rechter en niet bij verdrag voor zodanig geval de bevoegdheid tot uitlevering is voorbehouden;
   e. naar Nederlands recht wegens verjaring geen vervolging, of, zo de uitlevering is gevraagd ten behoeve van de tenuitvoerlegging van een straf of maatregel, geen bestraffing meer kan plaatshebben.
2. Het bepaalde in het vorige lid, aanhef en onder a, lijdt uitzondering in gevallen waarin Onze Minister bij zijn beslissing tot inwilliging van het verzoek tot uitlevering tevens opdracht geeft de vervolging te staken.
3. Het bepaalde in het eerste lid, aanhef en onder b, lijdt uitzondering in gevallen waarin de vervolging in Nederland is gestaakt, hetzij omdat de Nederlandse strafwet op grond van de artikelen 2 tot en met 8d van het Wetboek van Strafrecht dan wel de strafwet van Bonaire, Sint Eustatius en Saba op grond van de artikelen 2 tot en met 8 van het Wetboek van Strafrecht BES

niet van toepassing bleek te zijn, hetzij omdat aan berechting in het buitenland de voorkeur werd gegeven.

4. Het eerste lid, aanhef en onder e, lijdt uitzondering voorzover krachtens het toepasselijke verdrag uitlevering niet kan worden geweigerd uitsluitend op grond van het feit dat het recht tot strafvervolging of het recht tot tenuitvoerlegging van die straf of maatregel naar het recht van de aangezochte staat is verjaard.

Art. 10

1. Uitlevering wordt niet toegestaan in gevallen waarin naar het oordeel van Onze Minister een gegrond vermoeden bestaat, dat bij inwilliging van het verzoek de opgeëiste persoon zal worden vervolgd, gestraft of op andere wijze getroffen in verband met zijn godsdienstige, levensbeschouwelijke of politieke overtuiging, zijn nationaliteit, zijn ras of de groep van de bevolking waartoe hij behoort.

Uitlevering, geen uitlevering bij vermoedelijke vervolging

2. Uitlevering wordt niet toegestaan in gevallen waarin naar het oordeel van Onze Minister de gevolgen daarvan voor de opgeëiste persoon van bijzondere hardheid zouden zijn in verband met diens jeugdige leeftijd, hoge ouderdom of slechte gezondheidstoestand.

Art. 11

1. Uitlevering wordt niet toegestaan voor strafbare feiten van politieke aard, met inbegrip van daarmede samenhangende feiten.

Uitlevering, feiten waarvoor geen uitlevering wordt toegestaan

2. De aanslag tegen het leven of de vrijheid van een Staatshoofd of van een lid van het regerende Huis wordt niet beschouwd als een strafbaar feit van politieke aard in de zin van het gestelde in het vorige lid.

3. Het eerste lid is niet van toepassing op uitlevering wegens een van de strafbare feiten, omschreven in de artikelen 1 en 2 van het Europees Verdrag tot bestrijding van terrorisme (Trb. 1977, 63), artikel 2 van het Verdrag inzake de bestrijding van terroristische bomaanslagen (Trb. 1998, 84), artikel 2 van het Internationaal Verdrag ter bestrijding van de financiering van terrorisme (Trb. 2000, 12) en artikel 7 van het Verdrag inzake de fysieke beveiliging van kernmateriaal (Trb. 1981, 7), zoals gewijzigd bij de op 8 juli 2005 te Wenen tot stand gekomen Wijziging van dat verdrag (Trb. 2006, 81), artikel 2 van het Internationaal Verdrag ter bestrijding van daden van nucleair terrorisme (Trb. 2005, 290), de artikelen 3, 3bis, 3ter of 3quater van het Verdrag tot bestrijding van wederrechtelijke gedragingen gericht tegen de veiligheid van de zeevaart (Trb. 1989, 17), zoals gewijzigd bij het Protocol van 2005 bij dat Verdrag (Trb. 2006, 223), en de artikelen 2, 2bis of 2ter van het Protocol tot bestrijding van wederrechtelijke gedragingen gericht tegen de veiligheid van vaste platforms op het continentale plat (Trb. 1989, 18), zoals gewijzigd bij het Protocol van 2005 bij dat Protocol (Trb. 2006, 224), artikel 1 van het Verdrag tot bestrijding van wederrechtelijke gedragingen betreffende de burgerluchtvaart (Trb. 2013, 134), artikel II van het Aanvullend Protocol bij het Verdrag tot bestrijding van het wederrechtelijk in zijn macht brengen van luchtvaartuigen (Trb. 2013, 133), de artikelen 5, 6, 7 en 9 van het Europees Verdrag ter voorkoming van terrorisme (Trb. 2006, 34) en de artikelen 2 tot en met 6 van het op 22 oktober 2015 te Riga tot stand gekomen Aanvullend Protocol bij het Verdrag van de Raad van Europa ter voorkoming van terrorisme (Trb. 2016, 180), aan een staat die gehouden is in een overeenkomstig geval uitlevering aan Nederland niet te weigeren wegens de politieke aard van het feit.

4. Militaire delicten die niet tevens misdrijven naar algemeen Nederlands strafrecht zijn, en fiscale delicten kunnen geen aanleiding geven tot uitlevering, tenzij bij verdrag uitdrukkelijk anders is bepaald.

5. Het in het vorige lid omtrent militaire delicten bepaalde is niet van toepassing op uitlevering naar België of Luxemburg.

Art. 12

1. Uitlevering wordt niet toegestaan dan onder het algemene beding, dat de opgeëiste persoon alleen met uitdrukkelijke toestemming van Onze Minister zal worden vervolgd, gestraft, of op enige andere wijze in zijn persoonlijke vrijheid beperkt, terzake van feiten die vóór het tijdstip van zijn uitlevering zijn begaan en waarvoor hij niet is uitgeleverd.

Uitlevering, voorwaarden voor toestemming

2. Onze Minister kan de in het vorige lid bedoelde toestemming geven ten aanzien van:
a. strafbare feiten waarvoor de opgeëiste persoon, krachtens het toepasselijke verdrag, aan de staat van wie het verzoek om toestemming is uitgegaan had kunnen worden uitgeleverd;
b. andere feiten, voor zover deze zowel naar het recht van de staat van wie het verzoek om toestemming is uitgegaan als naar dat van Nederland strafbaar zijn en de mogelijkheid van uitlevering daarvoor niet krachtens de artikelen 8-11 van deze wet is uitgesloten.

3. Uitlevering wordt voorts niet toegestaan dan onder het algemene beding, dat de opgeëiste persoon alleen met uitdrukkelijke toestemming van Onze Minister ter beschikking zal worden gesteld van de autoriteiten van een derde staat, terzake van feiten die vóór het tijdstip van zijn uitlevering zijn begaan. De toestemming kan worden gegeven ten aanzien van strafbare feiten waarvoor de opgeëiste persoon door Nederland aan de derde staat had kunnen worden uitgeleverd.

4. De beslissing van Onze Minister op een verzoek om toestemming als bedoeld in het eerste en het derde lid wordt ter kennis van de staat van wie dat verzoek is uitgegaan gebracht langs diplomatieke weg, tenzij bij verdrag in een andere weg is voorzien.
5. Het derde lid is van overeenkomstige toepassing op verzoeken van een lidstaat van de Europese Unie tot verderlevering aan een derde staat van een persoon die door Nederland onder het beding, bedoeld in artikel 14, vierde lid, van de Overleveringswet, werd overgeleverd aan de uitvaardigende justitiële autoriteit van die lidstaat.
6. Ten aanzien van de lidstaten van de Europese Unie kan bij verdrag worden voorzien in uitzonderingen voor andere dan de in het vijfde lid bedoelde gevallen.

Hoofdstuk III
Procedure van uitlevering

Afdeling A
Voorlopige aanhouding

Art. 13

Uitlevering, feiten waarvoor geen uitlevering wordt toegestaan

1. Voor zover een verdrag daarin voorziet, kan - in de gevallen omschreven in het volgende lid - op verzoek van de daartoe bevoegde autoriteit van een andere staat de voorlopige aanhouding worden bevolen van een zich in Nederland bevindende voortvluchtige, indien gegronde redenen bestaan voor de verwachting dat te zijnen aanzien op korte termijn vanwege die staat een voor inwilliging vatbaar verzoek tot uitlevering zal worden gedaan.
2. De voorlopige aanhouding kan worden bevolen wanneer zij is verzocht:
a. in verband met een strafrechtelijk onderzoek ter zake van het vermoeden dat de voortvluchtige zich heeft schuldig gemaakt aan een feit waarvoor naar Nederlands recht voorlopige hechtenis mogelijk is;
b. met het oog op de tenuitvoerlegging van een vrijheidsstraf of van een maatregel als bedoeld in artikel 7 onder a ;
c. in andere dan de onder *a* en *b* voorziene gevallen, indien de voortvluchtige geen vaste woonof verblijfplaats in Nederland heeft.
3. Indien gegronde redenen bestaan voor de verwachting dat ten aanzien van een voortvluchtige die door de gezagvoerder van een luchtvaartuig na de landing in Nederland op grond van artikel 9, eerste lid, van het Verdrag inzake strafbare feiten en bepaalde andere handelingen begaan aan boord van luchtvaartuigen (*Trb.* 1964, nr. 115) is overgedragen,
of die ervan wordt verdacht aan boord van het luchtvaartuig waarmee hij in Nederland is aangekomen een handeling als bedoeld in artikel 11, eerste lid, van dat Verdrag te hebben begaan, op korte termijn vanwege een der in artikel 13, vijfde lid, van het Verdrag genoemde staten een voor inwilliging vatbaar verzoek tot voorlopige aanhouding zal worden gedaan, kan de voorlopige aanhouding van die voortvluchtige worden bevolen, als ware zij reeds verzocht.

Art. 13a

Uitlevering, ophouden vreemdeling

Een vreemdeling die op grond van artikel 54, vijfde lid, van het Wetboek van Strafvordering is aangehouden, kan op bevel van een officier of hulpofficier van justitie worden opgehouden, indien gegronde redenen bestaan voor de verwachting dat te zijnen aanzien onverwijld een verzoek om voorlopige aanhouding als bedoeld in artikel 13 zal worden gedaan. Artikel 56a, eerste tot en met derde lid, van het Wetboek is van overeenkomstige toepassing.

Art. 14

Uitlevering, voorlopige aanhouding voortvluchtige

1. Iedere officier en hulpofficier van justitie is bevoegd de voorlopige aanhouding van een voortvluchtige overeenkomstig artikel 13 te bevelen.

2. Kan het optreden van de officier van justitie en de hulpofficier niet worden afgewacht, dan is elke opsporingsambtenaar bevoegd de voortvluchtige aan te houden, onder de verplichting zorg te dragen dat hij onverwijld voor de officier van justitie of de hulpofficieren wordt geleid.

Uitlevering, inverzekeringstelling voortvluchtige

3. Na de voortvluchtige te hebben gehoord, kan de officier of hulpofficier van justitie bevelen dat hij gedurende drie dagen, te rekenen van het tijdstip van de voorlopige aanhouding, in verzekering gesteld zal blijven. De hulpofficier geeft van zijn bevel ten spoedigste schriftelijk kennis aan de officier van justitie.
4. De termijn van inverzekeringstelling kan door de officier van justitie éénmaal met drie dagen worden verlengd.

Uitlevering, invrijheidstelling voortvluchtige

5. De voortvluchtige kan te allen tijde door de officier van justitie in vrijheid worden gesteld. Zolang de termijn van inverzekeringstelling nog niet is verlengd, komt deze bevoegdheid mede toe aan de hulpofficier die het bevel tot de voorlopige aanhouding heeft gegeven.

Art. 15

Uitlevering, bewaring voortvluchtige

1. De rechter-commissaris, belast met de behandeling van strafzaken, in de rechtbank van het arrondissement waarin een voortvluchtige overeenkomstig artikel 14 in verzekering is gesteld,

Uitleveringswet

kan, op vordering van de officier van justitie bij die rechtbank, de bewaring van de voortvluchtige bevelen.
2. Alvorens een bevel ingevolge het vorige lid te geven, hoort de rechter-commissaris zo mogelijk de voortvluchtige.

Uitlevering, horen voortvluchtige

Art. 16
1. Een voortvluchtige wiens bewaring overeenkomstig artikel 15 is bevolen, wordt - behoudens de mogelijkheid van verdere vrijheidsbeneming uit anderen hoofde - in vrijheid gesteld:
a. zodra zulks door de rechtbank, de rechter-commissaris of de officier van justitie, ambtshalve of op verzoek van de voortvluchtige of diens raadsman, wordt gelast;
b. zodra de termijn is verstreken binnen welke, volgens het toepasselijke verdrag, de voorlopige aanhouding moet worden gevolgd door een verzoek tot uitlevering, en zodanig verzoek niet inmiddels is gedaan;
c. zodra de bewaring twintig dagen heeft geduurd.
2. In gevallen waarin artikel 13, derde lid, toepassing vindt, worden de in het vorige lid, onder *b* en *c*, genoemde tijdvakken, na afloop waarvan de voortvluchtige in vrijheid moet worden gesteld, met vier dagen verlengd.

Uitlevering, invrijheidstelling voortvluchtige

Art. 16a
1. Indien een voortvluchtige in de openbare lichamen Bonaire, Sint Eustatius en Saba overeenkomstig deze afdeling in verzekering is gesteld, kan met het oog op de toepassing van het tweede lid de termijn van inverzekeringstelling uitsluitend door de officier van justitie bij het arrondissementsparket te Amsterdam éénmaal met drie dagen worden verlengd. Hem komt tevens uitsluitend de bevoegdheid van artikel 14, vijfde lid, toe.
2. Indien een voortvluchtige in de openbare lichamen Bonaire, Sint Eustatius en Saba overeenkomstig deze afdeling in verzekering is gesteld, wordt hij binnen de termijnen van artikel 14, derde lid, en het eerste lid, overgedragen aan de officier van justitie bij het arrondissementsparket te Amsterdam.
3. Het tweede lid kan buiten toepassing blijven indien de voortvluchtige tegenover de officier van justitie die hem hoort, heeft verklaard in te stemmen met zijn onmiddellijke uitlevering, de officier van justitie bij het arrondissementsparket te Amsterdam heeft beslist dat de voortvluchtige ter beschikking zal worden gesteld van de autoriteiten van de staat waarvan het verzoek tot voorlopige aanhouding is uitgegaan en de feitelijke uitlevering kan plaatsvinden binnen de termijnen van artikel 14, derde lid, en het eerste lid. Artikel 41, derde en vierde lid, is van overeenkomstige toepassing.

Uitlevering, procedure voortvluchtige op BES-eilanden

Art. 17
Van elke beslissing, genomen krachtens een der bepalingen van de artikelen 13 tot en met 16a, wordt onverwijld kennis gegeven aan Onze Minister.

Uitlevering, kennisgeving minister

Afdeling B
Behandeling van het verzoek tot uitlevering

Art. 18
1. Een verzoek tot uitlevering kan slechts in overweging worden genomen, indien het voldoet aan de vereisten omschreven in de navolgende leden van dit artikel.
2. Het verzoek moet schriftelijk worden gedaan, hetzij langs diplomatieke weg, hetzij - voor zover het toepasselijke verdrag daarin voorziet - rechtstreeks door toezending aan Onze Minister.
3. Het verzoek moet vergezeld gaan van:
a. het origineel of een authentiek afschrift
hetzij van een, voor tenuitvoerlegging vatbaar, tegen de opgeëiste persoon gewezen strafvonnis,
hetzij van een door de daartoe bevoegde autoriteit van de verzoekende staat gegeven bevel tot zijn aanhouding, of van een stuk dat dezelfde rechtskracht heeft,
een en ander opgemaakt in de vorm voorgeschreven door het recht van die staat, en betrekking hebbende op de feiten waarvoor de uitlevering wordt gevraagd;
b. een uiteenzetting van de feiten waarvoor de uitlevering wordt gevraagd, met een zo nauwkeurig mogelijke vermelding van de tijd en de plaats waarop deze zijn begaan;
c. de tekst van de toepasselijke rechtsvoorschriften of, voorzover ongeschreven recht van toepassing is, een voor de beoordeling van het verzoek voldoende verklaring omtrent de inhoud van dat recht;
d. de gegevens die nodig zijn voor het vaststellen van de identiteit van de opgeëiste persoon en - in geval van mogelijke twijfel daaromtrent - van zijn nationaliteit.

Uitleveringsverzoek, eisen

Art. 19
1. Indien de overgelegde stukken naar het oordeel van Onze Minister niet voldoen aan de vereisten omschreven in artikel 18, of aan nadere vereisten gesteld in het toepasselijke verdrag, biedt hij de autoriteiten van de verzoekende staat gelegenheid tot aanvulling of verbetering, binnen een door hem te stellen redelijke termijn.

Uitleveringsverzoek, aanvulling/verbetering

2. In spoedeisende gevallen en voorzover een verdrag daarin voorziet kan de officier van justitie of de procureur-generaal bij de Hoge Raad, indien naar zijn oordeel, dat van de rechtbank of de Hoge Raad de overgelegde stukken niet voldoen aan de vereisten omschreven in artikel 18 of aan nadere vereisten gesteld in het toepasselijke verdrag welke ter beoordeling van de rechtbank of de Hoge Raad zijn, de door de verzoekende staat daartoe aangewezen autoriteiten gelegenheid bieden tot aanvulling of verbetering, binnen een door hem gestelde termijn.

Art. 20

Uitleveringsverzoek, toezending aan officier van justitie

1. Tenzij Onze Minister reeds aanstonds van oordeel is dat het verzoek tot uitlevering moet worden afgewezen, stelt hij het verzoek met de daarbij behorende stukken - voor zover nodig na gelegenheid te hebben geboden tot aanvulling of verbetering overeenkomstig artikel 19 - in handen van de officier van justitie bij de rechtbank van het arrondissement waarin de opgeëiste persoon zich bevindt. Bevindt de opgeëiste persoon zich in de openbare lichamen Bonaire, Sint Eustatius en Saba, dan stelt hij de stukken in handen van de officier van justitie bij het arrondissementsparket Amsterdam.
2. Wanneer een verzoek tot voorlopige aanhouding is voorafgegaan, worden de stukken toegezonden aan de officier van justitie die in verband met dat verzoek reeds bij de zaak betrokken is geweest. Indien het verzoek een zich in de openbare lichamen Bonaire, Sint Eustatius en Saba bevindende voortvluchtige betreft, is het eerste lid, tweede volzin, van overeenkomstige toepassing.
3. Indien tegen de opgeëiste persoon in het Europese deel van Nederland een strafvervolging gaande is, in verband waarmede hij voorlopig van zijn vrijheid is beroofd, of indien die persoon een in het Europese deel van Nederland opgelegde vrijheidsstraf ondergaat, kunnen, in afwijking van het voorgaande, de stukken worden toegezonden aan de officier van justitie die met de vervolging is belast of belast is geweest.
4. Is voorshands niet bekend in welk arrondissement de opgeëiste persoon zich bevindt, staat de opgeëiste persoon gesignaleerd wegens een tegen hem afgegeven Europees aanhoudingsbevel of is zodanig bevel reeds ontvangen, dan zendt Onze Minister de stukken toe aan de officier van justitie bij het arrondissementsparket Amsterdam.

Art. 21

Uitleveringsverzoek, aanhouden en horen opgeëiste persoon

1. De officier van justitie die het verzoek tot uitlevering heeft ontvangen, kan de aanhouding van de opgeëiste persoon bevelen.
2. De opgeëiste persoon wiens aanhouding overeenkomstig het vorige lid is bevolen, wordt binnen vierentwintig uren na zijn aanhouding voor de officier van justitie of, bij diens afwezigheid, voor een hulpofficier van justitie geleid. Na verhoor door een hulpofficier wordt de aangehouden persoon zo spoedig mogelijk alsnog voor de officier van justitie geleid.
3. Na de opgeëiste persoon te hebben gehoord, kan de officier van justitie bevelen dat deze in verzekering gesteld zal blijven tot het tijdstip waarop de rechtbank over zijn gevangenhouding beslist.
4. Het bevel tot inverzekeringstelling kan te allen tijde zowel door de rechtbank als door de officier van justitie, ambtshalve of op verzoek van de opgeëiste persoon of diens raadsman, worden opgeheven.

Art. 22

Uitleveringsverzoek, voortzetting vrijheidsbeneming

1. Wanneer de opgeëiste persoon, op de dag waarop de officier van justitie het verzoek tot uitlevering ontvangt, reeds krachtens artikel 14, onderscheidenlijk artikel 15 in verzekering of in bewaring is gesteld, kan de vrijheidsbeneming - met afwijking van artikel 14, derde en vierde lid, onderscheidenlijk artikel 16, aanhef en onder c - op bevel van de officier van justitie worden voortgezet tot het tijdstip waarop de rechtbank over de gevangenhouding beslist.
2. Van zijn in het vorige lid bedoelde bevel geeft de officier van justitie onverwijld kennis aan de rechter-commissaris die de bewaring krachtens artikel 15 heeft bevolen.

Art. 22a

Uitleveringsverzoek, vrijheidsbeneming op BES-eilanden

1. Indien de opgeëiste persoon in de openbare lichamen Bonaire, Sint Eustatius en Saba is aangehouden, blijft artikel 21, derde en vierde lid, buiten toepassing. Na de opgeëiste persoon te hebben gehoord, kan de officier van justitie of hulpofficier van justitie bevelen dat hij gedurende drie dagen, te rekenen vanaf het tijdstip van zijn aanhouding, in verzekering gesteld zal blijven. De termijn van de inverzekeringstelling kan met het oog op de toepassing van het derde lid uitsluitend door de officier van justitie bij het arrondissementsparket Amsterdam éénmaal met drie dagen worden verlengd.
2. Indien de opgeëiste persoon op de dag waarop de officier van justitie bij het arrondissementsparket Amsterdam het verzoek tot uitlevering ontvangt reeds krachtens artikel 14 in de openbare lichamen Bonaire, Sint Eustatius en Saba in verzekering is gesteld, kan de vrijheidsbeneming – in afwijking van de artikelen 14, derde lid, 16a, eerste lid, en 22 – uitsluitend op bevel van de officier van justitie bij het arrondissementsparket Amsterdam worden voortgezet tot het tijdstip waarop de rechtbank over de gevangenhouding beslist.

3. Indien de opgeëiste persoon in de openbare lichamen Bonaire, Sint Eustatius en Saba in verzekering is gesteld, wordt hij binnen de termijnen van het eerste lid overgedragen aan de officier van justitie bij het arrondissementsparket Amsterdam.
4. Het derde lid kan buiten toepassing blijven indien de opgeëiste persoon tegenover de officier van justitie die hem hoort, heeft verklaard in te stemmen met zijn onmiddellijke uitlevering, de officier van justitie bij het arrondissementsparket Amsterdam heeft beslist dat de opgeëiste persoon ter beschikking zal worden gesteld van de staat waarvan het verzoek tot uitlevering is uitgegaan en de feitelijke uitlevering kan plaatsvinden binnen de termijnen van het eerste lid. Artikel 41, derde en vierde lid, is van overeenkomstige toepassing.
5. Na de opgeëiste persoon te hebben gehoord, kan de officier van justitie bij het arrondissementsparket Amsterdam bevelen dat de vrijheidsbeneming wordt voortgezet tot het tijdstip waarop de rechtbank over de uitlevering in gevangenhouding beslist.
6. De opgeëiste persoon kan te allen tijde zowel door de rechtbank Amsterdam als door de officier van justitie bij het arrondissementsparket Amsterdam, ambtshalve of op verzoek van de opgeëiste persoon of diens raadsman, in vrijheid worden gesteld.

Art. 22b
De officier van justitie die een uitleveringsverzoek ter fine van strafvervolging heeft ontvangen betreffende een burger van de Unie die gebruik heeft gemaakt van het recht op vrij verkeer als bedoeld in artikel 21 van het Verdrag betreffende de werking van de Europese Unie, neemt onverwijld contact op met de officier van justitie die krachtens de Overleveringswet is belast met de behandeling van Europese aanhoudingsbevelen teneinde te bezien of uitlevering van die onderdaan tot een inbreuk op artikel 18 van dat Verdrag kan leiden en hem zo nodig te verzoeken om de uitvaardigende justitiële autoriteit, bedoeld in artikel 1 van de Overleveringswet, van de lidstaat van de Europese Unie waarvan de opgeëiste persoon de nationaliteit heeft in de gelegenheid te stellen een Europees aanhoudingsbevel, bedoeld in artikel 1, onder b, van de Overleveringswet, uit te vaardigen.

Uitleveringsverzoek strafvervolging Unieburger

Art. 23
1. Uiterlijk op de derde dag na die waarop hij het verzoek tot uitlevering heeft ontvangen, vordert de officier van justitie schriftelijk, dat de rechtbank het verzoek in behandeling zal nemen. Hij legt daarbij de stukken aan de rechtbank over. In voorkomend geval vermeldt hij daarbij dat de bevoegde autoriteiten van de lidstaat van de Europese Unie waarvan de opgeëiste persoon de nationaliteit heeft, in de gelegenheid zijn gesteld een Europees aanhoudingsbevel uit te vaardigen voor dezelfde feiten als die welke aan het uitleveringsverzoek ten grondslag liggen.
2. Een afschrift van de krachtens het vorige lid vereiste vordering wordt aan de opgeëiste persoon betekend. Daarbij wordt hem mededeling gedaan van de feiten waarvoor zijn uitlevering is gevraagd, met vermelding van de tijden en de plaatsen waarop deze zijn begaan, een en ander zoals bij het verzoek tot uitlevering omschreven, alsmede van de staat die het verzoek heeft gedaan. Het voorgaande geldt eveneens in het geval dat de officier van justitie naar aanleiding van een naderhand ontvangen verzoek zijn vordering heeft aangevuld of gewijzigd. Van de ontvangst van aanvullende stukken, die in het dossier worden gevoegd, wordt de opgeëiste persoon mededeling gedaan.
3. Nadat de stukken aan de rechtbank zijn overgelegd, mag de kennisneming daarvan aan de opgeëiste persoon en diens raadsman niet worden onthouden. Het bepaalde bij en krachtens artikel 32 van het Wetboek van Strafvordering is van overeenkomstige toepassing.

Uitleveringsverzoek, vordering behandeling door rechtbank

Art. 24
1. Dadelijk na de ontvangst van de in artikel 23 bedoelde vordering bepaalt de voorzitter van de rechtbank, zoveel mogelijk bij voorrang, het tijdstip waarop de opgeëiste persoon door de rechtbank zal worden gehoord. Hij kan daarbij diens medebrenging bevelen.
2. De griffier van de rechtbank doet onverwijld aan de officier van justitie en aan de opgeëiste persoon mededeling van het voor het verhoor bepaalde tijdstip. Die mededeling - alsmede, zo een bevel tot medebrenging is gegeven, een afschrift van dat bevel - wordt aan de opgeëiste persoon betekend.
3. In geval de opgeëiste persoon geen raadsman heeft, geeft de voorzitter aan het bestuur van de raad voor rechtsbijstand last tot aanwijzing van een raadsman.

Uitleveringsverzoek, tijdstip verhoor bij rechtbank

Art. 25
1. Het verhoor van de opgeëiste persoon geschiedt in het openbaar, tenzij deze een behandeling van de zaak met gesloten deuren verlangt, of de rechtbank om gewichtige, in het proces-verbaal der zitting te vermelden, redenen sluiting der deuren beveelt.
2. Het verhoor heeft plaats in tegenwoordigheid van de officier van justitie.
3. Bij zijn verhoor kan de opgeëiste persoon zich door zijn raadsman doen bijstaan.
4. Is de opgeëiste persoon niet verschenen en acht de rechtbank zijn aanwezigheid bij het verhoor wenselijk, dan gelast de rechtbank tegen een door haar te bepalen tijdstip diens dagvaarding, zo nodig onder bijvoeging van een bevel tot medebrenging.

Uitleveringsverzoek, verhoor opgeëiste persoon

Art. 26

1. De rechtbank onderzoekt de identiteit van de opgeëiste persoon op de wijze, bedoeld in artikel 27a, eerste lid, eerste volzin, van het Wetboek van Strafvordering, alsmede de ontvankelijkheid van het verzoek tot uitlevering en de mogelijkheid van inwilliging daarvan. De rechtbank is tevens bevoegd de identiteit van de opgeëiste persoon vast te stellen op de wijze, bedoeld in artikel 27a, tweede lid, van dat wetboek, indien over zijn identiteit twijfel bestaat. Artikel 29c, tweede lid, van dat wetboek is van overeenkomstige toepassing.
2. De officier van justitie geeft ter zitting van de rechtbank zijn opvatting over de toelaatbaarheid van de verzochte uitlevering en legt een schriftelijke samenvatting daaromtrent aan de rechtbank over. De opgeëiste persoon en diens raadsman worden eveneens in de gelegenheid gesteld tot het maken van terzake dienende opmerkingen omtrent het verzoek tot uitlevering en de in verband daarmede te nemen beslissingen.
3. Beweert de opgeëiste persoon dat hij onverwijld kan aantonen niet schuldig te zijn aan de feiten waarvoor zijn uitlevering is gevraagd, dan onderzoekt de rechtbank die bewering.
4. Indien de rechtbank zulks met het oog op het door haar krachtens het eerste of derde lid van dit artikel in te stellen onderzoek noodzakelijk acht, gelast zij - zo nodig onder bijvoeging van een bevel tot medebrenging - tegen een door haar te bepalen tijdstip de dagvaarding of schriftelijke oproeping van getuigen of deskundigen.

Art. 27

Uitleveringsverzoek, gevangenneming opgeëiste persoon

1. Op vordering van de officier van justitie kan de rechtbank ter zitting de gevangenneming van de opgeëiste persoon bevelen.
2. Voordat het onderzoek ter zitting wordt gesloten, beslist de rechtbank ambtshalve omtrent de gevangenhouding van de opgeëiste persoon, zo deze in bewaring of in verzekering is gesteld.

Art. 28

Uitleveringsverzoek, uitspraak rechtbank

1. Zo spoedig mogelijk na de sluiting van het onderzoek ter zitting doet de rechtbank uitspraak omtrent het verzoek tot uitlevering. De uitspraak wordt met redenen omkleed.
2. Bevindt de rechtbank
hetzij dat de door de verzoekende staat overgelegde stukken niet voldoen aan de vereisten omschreven in artikel 18, of aan nadere vereisten gesteld in het toepasselijke verdrag,
hetzij dat het verzoek tot uitlevering niet voor inwilliging vatbaar is,
hetzij dat ten aanzien van de opgeëiste persoon geen sprake kan zijn van een vermoeden van schuld aan de feiten waarvoor zijn uitlevering is gevraagd,
dan verklaart zij bij haar uitspraak de uitlevering ontoelaatbaar.
3. In andere dan de in het vorige lid voorziene gevallen verklaart de rechtbank bij haar uitspraak de uitlevering toelaatbaar, zulks met vermelding van de toepasselijke wets- en verdragsbepalingen, alsmede van het feit of de feiten waarvoor de uitlevering kan worden toegestaan.
4. Wordt de uitlevering toelaatbaar verklaard niettegenstaande een bewering van de opgeëiste persoon overeenkomstig artikel 26, derde lid, dan vermeldt de uitspraak hetgeen de rechtbank te dien aanzien heeft bevonden.

Art. 29

Schakelbepaling

1. De artikelen 50, eerste lid, 260, eerste lid, 268, 269, vijfde lid, 271, 272, 273, derde lid, 274 tot en met 277, 279, 281, 286, 288, vierde lid, 289, eerste en derde lid, 290 tot en met 301, 318 tot en met 322, 324 tot en met 331, 345, eerste en derde lid, 346, 357 en 362 tot en met 365, eerste tot en met vijfde lid van het Wetboek van Strafvordering vinden overeenkomstige toepassing. Voor zover die bepalingen betrekking hebben op de verdachte, zijn zij van overeenkomstige toepassing op de opgeëiste persoon.
2. De in het eerste lid genoemde artikelen vinden geen toepassing voor zover deze betrekking hebben op een getuige wiens identiteit niet of slechts ten dele blijkt.

Art. 30

Uitleveringsverzoek, uitspraak rechtbank

1. De uitspraak van de rechtbank wordt aan de opgeëiste persoon die bij de voorlezing daarvan niet tegenwoordig is geweest, betekend. Daarbij wordt hem kennis gegeven van het rechtsmiddel dat tegen de uitspraak openstaat, en van de termijn binnen welke dat rechtsmiddel kan worden aangewend.
2. De rechtbank zendt aan Onze Minister onverwijld een gewaarmerkt afschrift van haar uitspraak toe. Indien de uitlevering toelaatbaar is verklaard, doet zij het afschrift vergezeld gaan van haar advies omtrent het aan het verzoek tot uitlevering te geven gevolg. Een afschrift van het advies wordt door de griffier aan de opgeëiste persoon en diens raadsman ter hand gesteld of toegezonden.

Art. 31

Uitleveringsverzoek, cassatie tegen uitspraak rechtbank

1. Tegen de uitspraak van de rechtbank betreffende het verzoek tot uitlevering kan zowel door de officier van justitie als door de opgeëiste persoon beroep in cassatie worden ingesteld.

2. Van verklaringen waarbij afstand wordt gedaan van het recht om beroep in cassatie in te stellen, of waarbij een zodanig beroep wordt ingetrokken, geeft de griffier van de rechtbank onverwijld kennis aan Onze Minister.
3. De officier van justitie is, op straffe van niet-ontvankelijkheid, verplicht om binnen een maand nadat hij beroep in cassatie heeft ingesteld, bij de Hoge Raad een schriftuur in te dienen, houdende zijn middelen van cassatie.
4. De opgeëiste persoon die cassatieberoep heeft ingesteld, is op straffe van niet-ontvankelijkheid verplicht om vóór de dienende dag bij de Hoge Raad door zijn raadsman een schriftuur te doen indienen, houdende zijn middelen van cassatie.
5. De voorzitter bepaalt na overleg met de procureur-generaal de rechtsdag. De procureur-generaal doet de dag voor de behandeling van het beroep bepaald ten minste acht dagen vóór de rechtsdag aanzeggen aan de opgeëiste persoon. Deze termijn kan, met toestemming van de opgeëiste persoon, worden bekort indien van die toestemming blijkt op overeenkomstige wijze als bepaald in artikel 265, tweede lid, van het Wetboek van Strafvordering. Bij gebreke van tijdige aanzegging wordt door de Hoge Raad de aanzegging van een nieuwe rechtsdag bevolen, tenzij voor de opgeëiste persoon een raadsman is verschenen. In dat laatste geval kan op diens verzoek uitstel worden verleend.
6. In de gevallen waarin op de zitting de behandeling van het beroep voor een bepaalde tijd wordt uitgesteld of geschorst, heeft geen nieuwe aanzegging aan de opgeëiste persoon plaats.
7. De artikelen 431, 432, 434, eerste lid, 438, 439, 440, eerste lid, 442, 443, 444, 449, eerste lid, 450, 451, 451a, 452, 453, 454, eerste en derde lid, 455, eerste lid, en 456 van het Wetboek van Strafvordering zijn van overeenkomstige toepassing.
8. Indien de uitspraak van de rechtbank geheel of gedeeltelijk wordt vernietigd doet de Hoge Raad wat de rechtbank had behoren te doen. Tenzij de Hoge Raad de zaak zelf kan afdoen zonder in een nieuw onderzoek naar de feiten te treden, gelast hij tegen een door hem te bepalen tijdstip de oproeping van de opgeëiste persoon, zo nodig onder bijvoeging van een bevel tot medebrenging.
9. De Hoge Raad zendt aan Onze Minister onverwijld een gewaarmerkt afschrift van zijn arrest toe.

Art. 32
Zodra de rechterlijke uitspraak betreffende het verzoek tot uitlevering in kracht van gewijsde is gegaan, zendt de griffier van het gerecht dat de zaak het laatst heeft behandeld, dat verzoek met de daarbij behorende stukken terug aan Onze Minister.

Uitleveringsverzoek, toezending stukken gewezen verzoek aan minister

Afdeling C
Beslissing op het verzoek tot uitlevering

Art. 33
1. Nadat Onze Minister de stukken overeenkomstig artikel 32 heeft terugontvangen, beslist hij zo spoedig mogelijk op het verzoek tot uitlevering.
2. Voorzover de uitlevering bij rechterlijk gewijsde ontoelaatbaar is verklaard, wordt op het verzoek afwijzend beschikt.
3. Is de uitlevering alleen wegens ongenoegzaamheid van de overgelegde stukken ontoelaatbaar verklaard, dan kan Onze Minister zijn beslissing aanhouden. Hetzelfde geldt, indien de uitlevering wel toelaatbaar is verklaard, doch Onze Minister nadere stukken nodig acht voor een verantwoorde beslissing zijnerzijds.
4. In geval van aanhouding van zijn beslissing biedt Onze Minister de autoriteiten van de verzoekende staat gelegenheid om, binnen een door hem te stellen redelijke termijn, nadere stukken over te leggen.
5. Worden de gevraagde nadere stukken niet binnen de daarvoor gestelde termijn overgelegd, dan beschikt Onze Minister afwijzend op het verzoek tot uitlevering.
6. De beslissing van Onze Minister op een verzoek tot uitlevering wordt ter kennis van de verzoekende staat gebracht langs diplomatieke weg, tenzij bij verdrag in een andere weg is voorzien.

Uitleveringsverzoek, beslissing minister

Art. 34
1. Wanneer Onze Minister binnen de daarvoor gestelde termijn nadere stukken ontvangt, kan hij het dossier van de zaak opnieuw toezenden aan de officier van justitie bij de rechtbank die het verzoek tot uitlevering heeft behandeld. Alsdan vinden de artikelen 23-26, 28-32 en 33, eerste en tweede lid, wederom toepassing. Indien de uitlevering door de Hoge Raad wegens ongenoegzaamheid der stukken ontoelaatbaar is verklaard kan Onze Minister het dossier met de nadere stukken ook rechtstreeks aan de Procureur-Generaal bij de Hoge Raad toezenden.
2. Voor zover de nadere stukken daartoe aanleiding geven, wordt de uitlevering alsnog door de rechter toelaatbaar verklaard.

Uitleveringsverzoek, nadere stukken

Art. 35

Uitleveringsverzoek, verzoek van meerdere staten

1. Indien twee of meer staten de uitlevering van dezelfde persoon hebben gevraagd, houdt Onze Minister bij de beslissing op hun verzoeken - voor zover deze ontvankelijk en voor inwilliging vatbaar zijn - rekening met het belang van een goede rechtsbedeling en voorts in het bijzonder met:
   a. de meerdere of mindere ernst van de verschillende feiten waarvoor de uitlevering is gevraagd;
   b. de plaats of plaatsen waar de feiten zijn begaan;
   c. de tijdstippen waarop de verzoeken tot uitlevering zijn gedaan;
   d. de nationaliteit van de opgeëiste persoon;
   e. de mogelijkheid dat de opgeëiste persoon, nadat hij naar het grondgebied van een van de verzoekende staten is verwijderd, vervolgens door de autoriteiten van die staat ter beschikking wordt gesteld van de autoriteiten van een andere verzoekende staat.

Aanhoudingsbevel zelfde grond als geweigerd uitleveringsverzoek

2. Indien een uitvaardigende justitiële autoriteit van een lidstaat van de Europese Unie een Europees aanhoudingsbevel als bedoeld in artikel 1, onder b, van de Overleveringswet heeft uitgevaardigd voor dezelfde feiten als die welke aan het uitleveringsverzoek ten grondslag liggen en de rechtbank Amsterdam de overlevering heeft toegestaan, weigert Onze Minister de uitlevering teneinde voorrang te geven aan de overlevering.

3. In alle overige gevallen waarin een uitvaardigende justitiële autoriteit van een lidstaat van de Europese Unie een Europees aanhoudingsbevel als bedoeld in artikel 1, onder b, van de Overleveringswet heeft uitgevaardigd en een andere staat de uitlevering heeft gevraagd is het eerste lid van overeenkomstige toepassing.

Art. 36

Uitleveringsverzoek, inkennisstelling officier van justitie van beslissing minister

Van zijn beslissing op het verzoek tot uitlevering, alsmede van de aanhouding daarvan overeenkomstig artikel 33, derde lid, geeft Onze Minister onverwijld kennis aan de officier van justitie bij de rechtbank die het verzoek heeft behandeld.

Afdeling D
Voortgezette vrijheidsbeneming en verwijdering uit Nederland

Art. 37

Uitlevering, beëindiging vrijheidsbeneming

1. Een krachtens artikel 27 bevolen vrijheidsbeneming wordt - behoudens de mogelijkheid van verdere vrijheidsbeneming uit anderen hoofde - beëindigd, zodra:
   a. zulks door de rechtbank of door de officier van justitie, ambtshalve of op verzoek van de gedetineerde of diens raadsman, dan wel door de Hoge Raad bij zijn beslissing op een beroep in cassatie wordt gelast;
   b. zij dertig dagen heeft geduurd, tenzij de rechtbank inmiddels, op vordering van de officier van justitie, deze termijn heeft verlengd.

2. De officier van justitie gelast de beëindiging van de vrijheidsbeneming in elk geval zodra hij kennis heeft gekregen van een afwijzende beslissing van Onze Minister op het verzoek tot uitlevering.

Art. 38

Uitlevering, verlenging vrijheidsbeneming

1. Verlenging van de in artikel 37, eerste lid, onder b, bedoelde termijn kan telkens voor ten hoogste dertig dagen geschieden.

2. De gedetineerde wordt in de gelegenheid gesteld op de vordering tot verlenging te worden gehoord.

3. Verlenging kan alleen geschieden in gevallen waarin:
   a. de rechterlijke uitspraak omtrent het verzoek tot uitlevering nog niet, of minder dan dertig dagen tevoren, in kracht van gewijsde is gegaan;
   b. Onze Minister zijn beslissing overeenkomstig artikel 33, derde lid, heeft aangehouden;
   c. de uitlevering mede door een derde staat is gevraagd, en Onze Minister nog niet op het verzoek van die staat heeft beschikt;
   d. de uitlevering inmiddels wel is toegestaan, maar nog niet heeft kunnen plaatshebben.

Art. 39

Uitlevering, verwijdering persoon naar verzoekende staat

1. Na gehele of gedeeltelijke inwilliging van het verzoek tot uitlevering wordt de opgeëiste persoon zo spoedig mogelijk ter beschikking van de autoriteiten van de verzoekende staat gesteld, zulks op een door Onze Minister, na overleg met die autoriteiten, te bepalen tijd en plaats.

2. De beslissing omtrent de tijd en de plaats van de uitlevering kan worden aangehouden, indien en zolang tegen de opgeëiste persoon een strafrechtelijke vervolging in Nederland gaande is, of een door een Nederlandse rechter tegen hem gewezen strafvonnis nog geheel of ten dele voor tenuitvoerlegging vatbaar is.

3. In gevallen als voorzien in het vorige lid kan Onze Minister, zo hij daarvoor termen aanwezig acht, bepalen dat de opgeëiste persoon, ten behoeve van diens berechting op het grondgebied van de verzoekende staat, reeds aanstonds voorlopig ter beschikking van de autoriteiten van die staat zal worden gesteld.

4. Ondergaat de opgeëiste persoon, te wiens aanzien het vorige lid wordt toegepast, een vrijheidsstraf, dan komt de tijd gedurende welke hij ter beschikking van de autoriteiten van de verzoekende staat is, in mindering op zijn straftijd.

Art. 40
1. Indien zulks voor de toepassing van artikel 39, eerste of derde lid, noodzakelijk is, wordt de opgeëiste persoon op bevel van de daartoe door Onze Minister aangeschreven officier van justitie aangehouden voor ten hoogste drie dagen. Indien de uitlevering niet binnen de termijn van drie dagen heeft kunnen plaatsvinden, kan het bevel tot aanhouding door de officier van justitie eenmaal voor ten hoogste drie dagen worden verlengd. — *Uitleveringswet, bevel tot aanhouding*
2. Na verlenging van de in het eerste lid bedoelde termijn door de officier van justitie, kan deze uitsluitend op vordering van de officier van justitie door de rechtbank worden verlengd. Artikel 38, eerste en tweede lid, is van overeenkomstige toepassing.
3. Een verlenging als bedoeld in het tweede lid kan alleen geschieden wanneer de uitlevering door bijzondere omstandigheden niet binnen de termijn van 6 dagen heeft kunnen plaatshebben.

Afdeling E
Verkorte procedure

Art. 41
1. De voortvluchtige wiens voorlopige aanhouding of uitlevering vanwege een andere staat is verzocht, kan - uiterlijk op de dag voorafgaande aan die welke overeenkomstig artikel 24 is bepaald voor zijn verhoor door de rechtbank - verklaren dat hij instemt met onmiddellijke uitlevering. — *Uitlevering, onmiddellijke uitlevering*
2. Voorzover bij verdrag niet anders is bepaald, kan een verklaring overeenkomstig het vorige lid alleen worden afgelegd ten overstaan van een rechter-commissaris, belast met de behandeling van strafzaken.
3. De rechter-commissaris is bevoegd de identiteit van de voortvluchtige vast te stellen op de wijze, bedoeld in artikel 27a, eerste lid, eerste volzin, en tweede lid, van het Wetboek van Strafvordering. Artikel 29c, tweede lid, van dat wetboek is van overeenkomstige toepassing.
4. De voortvluchtige kan zich bij het afleggen van de verklaring doen bijstaan door een raadsman. Hierop wordt, zo hij zonder raadsman verschijnt, zijn aandacht gevestigd door de autoriteit bevoegd tot het in ontvangst nemen van de verklaring.
5. Voordat hij de verklaring aflegt, wordt de voortvluchtige op de mogelijke gevolgen daarvan opmerkzaam gemaakt. Van de verklaring wordt proces-verbaal opgemaakt. Indien ten aanzien van de voortvluchtige toepassing is gegeven aan artikel 16a, tweede lid, of artikel 22a, tweede lid, vindt toezending steeds plaats aan de officier van justitie bij het arrondissementsparket te Amsterdam.
6. De autoriteit ten overstaan van wie de verklaring is afgelegd, zendt het proces-verbaal daarvan aan de officier van justitie die krachtens deze wet bij het verzoek tot voorlopige aanhouding, dan wel het verzoek tot uitlevering is betrokken.

Art. 42
1. Nadat een verklaring overeenkomstig artikel 41 is afgelegd, kan de officier van justitie beslissen dat de voortvluchtige ter beschikking zal worden gesteld van de autoriteiten van de staat waarvan het verzoek tot voorlopige aanhouding, of het verzoek tot uitlevering, is uitgegaan. — *Uitlevering, tenuitvoerlegging onmiddellijke uitlevering*
2. Het vorige lid blijft buiten toepassing:
a. indien voor het feit of de feiten, in verband waarmede de voorlopige aanhouding of de uitlevering is gevraagd, ingevolge de bepalingen van de artikelen 2 en 9 geen uitlevering kan worden toegestaan; — *Uitlevering, geen onmiddellijke uitlevering*
b. indien blijkt dat tegen de voortvluchtige in Nederland een strafrechtelijke vervolging gaande is, of dat tegen hem door een Nederlandse rechter een nog geheel of ten dele voor tenuitvoerlegging vatbaar strafvonnis is gewezen;
c. indien de bevoegde autoriteiten van de lidstaat van de Europese Unie waarvan de opgeëiste persoon de nationaliteit heeft overeenkomstig artikel 22b in de gelegenheid zijn gesteld een Europees aanhoudingsbevel uit te vaardigen voor dezelfde feiten als die welke aan het uitleveringsverzoek ter fine strafvervolging ten grondslag liggen, tenzij inmiddels is gebleken dat geen Europees aanhoudingsbevel zal worden uitgevaardigd.
3. Van elke beslissing, genomen krachtens het eerste lid van dit artikel, geeft de officier van justitie onverwijld kennis aan Onze Minister.

Art. 43
1. Indien de officier van justitie overeenkomstig artikel 42 heeft beslist, dat de voortvluchtige ter beschikking zal worden gesteld van de autoriteiten van de andere staat, blijft artikel 23 buiten toepassing. — *Uitlevering, geen behandeling door rechtbank bij onmiddellijke uitlevering*
2. Is de in artikel 23 bedoelde vordering reeds bij de rechtbank ingediend, dan wordt deze onverwijld ingetrokken. De griffier van de rechtbank stelt alsdan het verzoek tot uitlevering, met de daarbij behorende stukken, weder in handen van de officier van justitie.

3. Van het intrekken van de vordering geeft de officier van justitie kennis aan de opgeëiste persoon.

Art. 44

Uitlevering, termijn inbewaringstelling bij onmiddellijke uitlevering

1. Na de dag waarop hij de in artikel 41 bedoelde verklaring heeft afgelegd, kan de voortvluchtige nog slechts gedurende ten hoogste twintig dagen in bewaring of in verzekering gesteld blijven.

2. Het vorige lid blijft buiten toepassing, indien de officier van justitie heeft beslist dat aan de verklaring geen gevolg zal worden gegeven en het verzoek tot uitlevering, met de daarbij behorende stukken, overeenkomstig artikel 23, eerste lid, aan de rechtbank is overgelegd.

3. De in het eerste lid van dit artikel gestelde termijn kan, op vordering van de officier van justitie, door de rechtbank worden verlengd. Artikel 38, eerste en tweede lid, is van overeenkomstige toepassing.

4. Verlenging kan alleen geschieden wanneer de uitlevering door bijzondere omstandigheden niet binnen de termijn van twintig dagen heeft kunnen plaats hebben.

Art. 45

Uitlevering, onmiddellijke tenuitvoerlegging

1. In geval van toepassing van artikel 42, eerste lid, bepaalt de officier van justitie, na overleg met de bevoegde buitenlandse autoriteiten, onverwijld de tijd en de plaats waarop de uitlevering zal geschieden.

2. De officier van justitie kan, zo nodig, met het oog op de uitlevering krachtens de bepalingen van deze afdeling, de aanhouding van de voortvluchtige bevelen. Artikel 40, tweede en derde lid, is van overeenkomstige toepassing.

3. In geval van uitlevering krachtens de bepalingen van deze afdeling is artikel 12 niet van toepassing.

Afdeling F
Recht op rechtsbijstand

Art. 45a

Recht op rechtsbijstand

1. De opgeëiste persoon heeft het recht zich door een raadsman te doen bijstaan. De artikelen 28, 28a, 37, 38 en 43 tot en met 45 en 124 van het Wetboek van Strafvordering zijn van overeenkomstige toepassing.

2. Indien de voortvluchtige krachtens deze wet wordt aangehouden, stelt de hulpofficier van justitie het bestuur van de raad voor rechtsbijstand hiervan in kennis, opdat het bestuur een raadsman aanwijst, dan wel stelt hij de door de opgeëiste persoon gekozen raadsman hiervan in kennis. De artikelen 28b, eerste lid, tweede volzin, en 39 van het Wetboek van Strafvordering zijn van overeenkomstige toepassing. Indien de voortvluchtige zich in Bonaire, Sint Eustatius of Saba bevindt, vindt de verlening van kosteloze rechtskundige bijstand plaats overeenkomstig het Wetboek van Strafvordering BES.

3. Indien een persoon die geen raadsman heeft overeenkomstig deze wet zijn vrijheid wordt benomen – anders dan uit kracht van een bevel tot aanhouding of voorlopige aanhouding, dan wel tot inverzekeringstelling of tot verlenging van de termijn daarvan – wijst het bestuur van de raad voor rechtsbijstand, na mededeling van de vrijheidsbeneming door het openbaar ministerie, een raadsman aan.

Hoofdstuk IV
Andere vormen van rechtshulp

Art. 46

Uitlevering, inbeslagneming voorwerpen

1. Voorwerpen, aangetroffen in het bezit van degene wiens uitlevering of voorlopige aanhouding krachtens een verdrag is gevraagd, kunnen op verzoek van de bevoegde buitenlandse autoriteiten in beslag worden genomen. De inbeslagneming geschiedt door of op last van de officier of hulpofficier van justitie, bevoegd tot het geven van een bevel tot aanhouding of voorlopige aanhouding.

2. Bij de in artikel 23 bedoelde vordering legt de officier van justitie een lijst van de in beslag genomen voorwerpen aan de rechtbank voor.

Art. 47

Uitlevering, afgifte of teruggave inbeslaggenomen voorwerpen

1. De rechtbank beslist bij haar uitspraak omtrent het verzoek tot uitlevering tevens over de afgifte, dan wel de teruggave, van de in beslag genomen voorwerpen. Afgifte van de voorwerpen aan de autoriteiten van de verzoekende staat kan alleen worden bevolen voor het geval van inwilliging van het verzoek tot uitlevering.

2. Met het oog op mogelijke rechten van derden kan de rechtbank ten aanzien van bepaalde voorwerpen beslissen, dat afgifte aan de autoriteiten van de verzoekende staat slechts mag geschieden onder het beding, dat de voorwerpen onmiddellijk zullen worden teruggezonden nadat daarvan het voor de strafvordering nodige gebruik zal zijn gemaakt.

3. Het bepaalde bij en krachtens de artikelen 116 tot en met 119, 552a en 552c tot en met 552e van het Wetboek van Strafvordering is van overeenkomstige toepassing. In plaats van het volgens die bepalingen bevoegde gerecht treedt de rechtbank tot welke de in artikel 23, eerste lid, van deze wet bedoelde vordering is gericht, dan wel - zo die vordering niet is gedaan - de rechtbank van het arrondissement waarin de voorwerpen in beslag genomen zijn. Zijn de voorwerpen in de openbare lichamen Bonaire, Sint Eustatius en Saba in beslag genomen, dan is de rechtbank Amsterdam bij uitsluiting bevoegd.

4. In geval van uitlevering overeenkomstig de bepalingen van afdeling E van hoofdstuk III beslist de officier van justitie over de afgifte, dan wel de teruggave, van de in beslag genomen voorwerpen, behoudens de bevoegdheden van de rechtbank krachtens het vorige lid.

Art. 48

1. Vreemdelingen die, ten behoeve van een strafrechtelijk onderzoek of de tenuitvoerlegging van een strafvonnis, door de autoriteiten van de vreemde staat ter beschikking van de autoriteiten van een andere staat worden gesteld, kunnen met toestemming van Onze Minister over Nederlands grondgebied worden vervoerd.

Uitlevering, toestemming vervoer vreemdeling door Nederland

2. Toestemming voor vervoer over land wordt niet gegeven dan krachtens een verdrag.

3. De toestemming van Onze Minister is niet vereist voor vervoer door de lucht waarbij geen landing op Nederlands gebied wordt gemaakt.

4. In geval van een niet voorziene landing op Nederlands gebied kan de vreemdeling, op verzoek van de hem begeleidende buitenlandse ambtenaren, voorlopig worden aangehouden krachtens een bevel van een ter plaatse bevoegde officier of hulpofficier van justitie. De artikelen 14 en 16a, eerste lid, zijn van overeenkomstige toepassing.

5. Het vervoer van de voorlopig aangehouden vreemdeling kan worden voortgezet, zodra Onze Minister daartoe alsnog toestemming verleent. Is de toestemming na afloop van de termijn van inverzekeringstelling nog niet verleend, of binnen die termijn geweigerd, dan wordt de vreemdeling terstond in vrijheid gesteld, behoudens de mogelijkheid van verdere vrijheidsbeneming uit anderen hoofde.

Art. 49

De ingevolge artikel 48 vereiste toestemming wordt niet gegeven in gevallen waarin, zo het een verzoek tot uitlevering betrof, dat verzoek zou moeten worden afgewezen op grond van het bepaalde in de artikelen 8-10.

Uitlevering, bewaking vreemdeling bij vervoer door Nederland

Art. 50

1. Voor zover bij verdrag niet anders is bepaald, wordt bij vervoer te land, overeenkomstig artikel 48, de bewaking van de vreemdeling opgedragen aan Nederlandse ambtenaren.

Uitlevering, bewaking vreemdeling bij vervoer door Nederland/BES-eilanden

2. Indien het ten gevolge van bijzondere omstandigheden niet mogelijk is het vervoer door Nederland, Bonaire, Sint Eustatius of Saba zonder onderbreking voort te zetten, kan de vreemdeling, in afwachting van een passende gelegenheid tot vertrek naar elders, zo nodig worden opgenomen in een huis van bewaring, zulks op vertoon van een stuk waaruit blijkt van de door Onze Minister verleende toestemming tot het vervoer.

Art. 50a

1. In de gevallen dat een persoon, die in het buitenland rechtens van zijn vrijheid is beroofd, tijdelijk ter beschikking wordt gesteld van de Nederlandse justitie en die van Bonaire, Sint Eustatius en Saba voor het afleggen van een verklaring als getuige of voor confrontatie wordt hij gedurende zijn verblijf hier te lande op bevel van het bevoegde lid van het openbaar ministerie in verzekering gesteld. De artikelen 54 en 56, eerste lid zijn, voor zoveel nodig, van overeenkomstige toepassing.

Uitlevering, buitenlandse gevangene als getuige

2. De inverzekeringstelling wordt opgeheven zodra het bevoegde lid van het openbaar ministerie bericht ontvangen, dat de gronden voor vrijheidsberoving in het buitenland niet langer bestaan.

Art. 51

1. In gevallen waarin zulks bij een verdrag is bepaald, kan Onze Minister toestaan dat personen die in Nederland rechtens van hun vrijheid zijn beroofd, tijdelijk ter beschikking worden gesteld van de autoriteiten van een andere staat voor het afleggen van een verklaring als getuige, of voor confrontatie.

Uitlevering, terbeschikkingstelling gevangene aan buitenland

2. Voor zover het verdrag niet anders bepaalt, is de instemming van de tijdelijk ter beschikking te stellen persoon vereist.

3. Onze Minister staat de tijdelijke terbeschikkingstelling niet toe, indien deze is verzocht ten behoeve van een op het grondgebied van een andere staat ingesteld strafrechtelijk onderzoek, dat betrekking heeft op feiten, waarvoor krachtens artikel 9 of 10 geen uitlevering mogelijk is.

4. Ondergaat de betrokkene in Nederland een vrijheidsstraf, dan komt de tijd gedurende welke hij ter beschikking van de autoriteiten van de andere staat is, in mindering op zijn straftijd.

Art. 51a

1. Voor de in het tweede lid genoemde feiten, strafbaar te stellen ingevolge de in dat lid genoemde verdragen, kan worden uitgeleverd aan Staten die Partij zijn bij het desbetreffende verdrag.

2. Het eerste lid heeft betrekking op:
- het misdrijf van artikel 385a van het Wetboek van Strafrecht dan wel het misdrijf van artikel 399a van het Wetboek van Strafrecht BES, voorzover het feit valt onder de omschrijvingen van het op 16 december 1970 te 's-Gravenhage tot stand gekomen Verdrag tot bestrijding van het wederrechtelijk in zijn macht brengen van luchtvaartuigen (Trb. 1971, 50);
- de misdrijven van de artikelen 162, 162a, 166, 168, 385b , 385c en 385d van het Wetboek van Strafrecht dan wel de misdrijven van de artikelen 168, 168a, 172, 174, 399b, 399c en 399d van het Wetboek van Strafrecht BES, voorzover het feit valt onder de omschrijving van het op 23 september 1971 te Montreal tot stand gekomen Verdrag tot bestrijding van wederrechtelijke gedragingen tegen de veiligheid van de burgerluchtvaart (Trb. 1971, 218), onderscheidenlijk van het op 24 februari 1988 te Montreal tot stand gekomen Protocol tot bestrijding van wederrechtelijke daden van geweld op luchthavens voor de internationale burgerluchtvaart (Trb. 1988, 88);
- de misdrijven, strafbaar gesteld in de artikelen 10, tweede, derde, vierde en vijfde lid, 10a, eerste lid, en 11, tweede en derde lid, van de Opiumwet, dan wel de misdrijven, strafbaar gesteld in de artikelen 11, eerste en tweede lid, en 11a van de Opiumwet 1960 BES, voorzover het feit valt onder de omschrijvingen van het eerste lid van artikel 36 van het Enkelvoudig Verdrag inzake verdovende middelen, 1961, zoals gewijzigd ingevolge artikel 14 van het op 25 maart 1972 te Genève tot stand gekomen Protocol tot wijziging van dat Enkelvoudig Verdrag (Trb. 1980, 184);
- de misdrijven van de artikelen 92, 108–110, 115–117b en 285 van het Wetboek van Strafrecht dan wel de misdrijven van de artikelen 97, 114 tot en met 117, 123 tot en met 124c en 298 van het Wetboek van Strafrecht BES, voor zover het feit is gepleegd tegen een internationaal beschermd persoon of diens beschermde goederen en valt onder de omschrijvingen van het op 14 december 1973 te New York tot stand gekomen Verdrag inzake de voorkoming en bestraffing van misdrijven tegen internationaal beschermde personen, met inbegrip van diplomaten (Trb. 1981, 69);
- het misdrijf van artikel 282a van het Wetboek van Strafrecht dan wel het misdrijf van artikel 295ao van het Wetboek van Strafrecht BES, voor zover het feit valt onder de omschrijving van het op 17 december 1979 te New York tot stand gekomen Internationaal Verdrag tegen het nemen van gijzelaars (Trb. 1981, 53);
- de misdrijven van de artikelen 157, 161quater, 173a, 225, 284a, 285, 310-312, 317, 318, 321, 322 en 326 van het Wetboek van Strafrecht en de misdrijven, gevormd door het handelen in strijd met het bij of krachtens de artikelen 15, 19, 21, 26, 38 en 76a van de Kernenergiewet bepaalde, dan wel de misdrijven van de artikelen 163, 167c, 179a, 230, 297a, 298, 323 tot en met 325, 330, 331, 334, 335 en 339 van het Wetboek van Strafrecht BES, voorzover het feit valt onder de omschrijvingen van het op 3 maart 1980 te Wenen/New York tot stand gekomen Verdrag inzake de fysieke beveiliging van kernmateriaal (Trb. 1981, 7), zoals gewijzigd bij de op 8 juli 2005 te Wenen tot stand gekomen wijziging van dat verdrag (Trb. 2006, 81);
- de misdrijven van de artikelen 140, 157, 161quater, 166, 168, 173a, 189, 285, 287, 288, 289, 302, 303, 350, 352, 354, 385 a, vierde lid, 385b, tweede lid, 385c en 413, van het Wetboek van Strafrecht, de artikelen 79 en 80 van de Kernenergiewet, de artikelen 2, eerste en derde lid, 3 en 4 van de Uitvoeringswet verdrag biologische wapens in samenhang met artikel 1 van de Wet op de economische delicten, en de artikelen 2 en 3, eerste lid, van de Uitvoeringswet verdrag chemische wapens in samenhang met artikel 1 van de Wet op de economische delicten dan wel de misdrijven van de artikelen 146, 163, 167c, 172, 174, 179a, 195, 298, 300, 301, 302, 315, 316, 366, 370, 372, 399a, vierde lid, 399b, tweede lid, 399c en 428 van het Wetboek van Strafrecht BES, voor zover het feit valt onder de omschrijvingen van het op 10 maart 1988 te Rome tot stand gekomen Verdrag tot bestrijding van wederrechtelijke gedragingen gericht tegen de veiligheid van de zeevaart (Trb. 1989, 17), zoals gewijzigd bij het Protocol van 2005 bij dat Verdrag (Trb. 2006, 223), en het op 10 maart 1988 tot stand gekomen Protocol tot bestrijding van wederrechtelijke gedragingen gericht tegen de veiligheid van vaste platforms op het continentale plat (Trb. 1989, 18), zoals gewijzigd bij het Protocol van 2005 bij dat Protocol (Trb. 2006, 224);
- de misdrijven strafbaar gesteld in de artikelen 10, tweede, derde, vierde en vijfde lid, 10a, eerste lid, 11, tweede tot en met vierde lid, en 11a, van de Opiumwet alsmede de misdrijven van de artikelen 131, 140, 189, eerste lid, aanhef en onder 3°, 416 tot en met 417bis en 420bis tot en met 420quater van het Wetboek van Strafrecht dan wel de misdrijven strafbaar gesteld in de artikelen 11, eerste en tweede lid, en 11a van de Opiumwet 1960 BES alsmede de misdrijven van de artikelen 137, 146, 195, eerste lid, aanhef en onder 3°, 431 tot en met 432bis van het Wetboek van Strafrecht BES, voor zover het feit valt onder de omschrijvingen van het eerste lid van artikel 3 van het op 20 december 1988 te Wenen tot stand gekomen Verdrag van de

Verenigde Naties tegen de sluikhandel in verdovende middelen en psychotrope stoffen (Trb. 1989, 97);
– de misdrijven van de artikelen 134a, 140, 140a, 161quater, 162, 162a, 163, 166, 168, 173a, 189, 191, 285, 287, 288, 289, 300 tot en met 303, 350, 352, 381, 385a, 385b, 385c en 385d van het Wetboek van Strafrecht, de misdrijven van de artikelen 140a, 146, 146a, 168, 168a, 170, 172, 174, 179a, 195, 197, 298, 300, 301, 301a, 302, 313, 314, 314a, 314b, 315, 316, 366, 370, 395 of 399a tot en met 399d van het Wetboek van Strafrecht BES, van de artikelen 79 of 80 van de Kernenergiewet, van artikel 3, 10, 17, eerste lid, en 33b van de Wet explosieven voor civiel gebruik in samenhang met artikel 1 van de Wet op de economische delicten, van de artikelen 2, 3, eerste lid, of 4 van de Uitvoeringswet verdrag chemische wapens in samenhang met artikel 1 van de Wet op de economische delicten, van de artikelen 3 of 4 van de Uitvoeringswet verdrag biologische wapens, in samenhang met artikel 1 van de Wet op de economische delicten, artikel 9 van de Wet Verdrag Chemische Wapens BES, voor zover het feit valt onder de omschrijving van artikel 1 van het op 10 september 2010 te Beijing tot stand gekomen Verdrag tot bestrijding van wederrechtelijke gedragingen betreffende de burgerluchtvaart (Trb. 2013, 134) of van artikel II van het op 10 september 2010 te Beijing tot stand gekomen Aanvullend Protocol bij het Verdrag tot bestrijding van het wederrechtelijk in zijn macht brengen van luchtvaartuigen (Trb. 2013, 133);
– de misdrijven, strafbaar gesteld in artikel 177 van het Wetboek van Strafrecht, dan wel de misdrijven, strafbaar gesteld in de artikelen 183 en 183a van het Wetboek van Strafrecht BES, voor zover het feit valt onder de omschrijvingen van het eerste en tweede lid van artikel 1 van het op 17 december 1997 te Parijs totstandgekomen Verdrag inzake de bestrijding van omkoping van buitenlandse ambtenaren bij internationale zakelijke transacties (Trb. 1998, 54);
– de misdrijven, strafbaar gesteld in de artikelen 177, 178, 328ter, 363 en 364 van het Wetboek van Strafrecht, dan wel de misdrijven, strafbaar gesteld in de artikelen 183 tot en met 184, 341ter en 378 tot en met 380 van het Wetboek van Strafrecht BES, voorzover het feit valt onder de omschrijvingen van de artikelen 2 tot en met 11 van het op 27 januari 1999 te Straatsburg totstandgekomen Verdrag inzake de strafrechtelijke bestrijding van corruptie (Trb. 2000, 130);
– de misdrijven, strafbaar gesteld in de artikelen 117, 117a, 117b, 282a en 285 van het Wetboek van Strafrecht, dan wel de misdrijven, strafbaar gesteld in de artikelen 124a, 124b, 124c, 295ao en 298 van het Wetboek van Strafrecht BES, voor zover het feit valt onder de omschrijvingen van artikel 9 van het op 9 december 1994 te New York totstandgekomen Verdrag inzake de veiligheid van VN-personeel en geassocieerd personeel (Trb. 1996, 62) zoals aangevuld door het Facultatief Protocol van 8 december 2005 (Trb. 2006, 211);
– de misdrijven, strafbaar gesteld in de artikelen 92 tot en met 96, 108, 115, 117, 117b, 121 tot en met 123, 140a, 157, 161, 161bis, 161quater, 161sexies, 162, 162a, 164, 166, 168, 170, 172, 173a, 285, 287, 288, 289, 350, 350a, 351, 352, 354, 385b en 385d van het Wetboek van Strafrecht, dan wel de misdrijven, strafbaar gesteld in de artikelen 97 tot en met 102, 114, 123, 124a, 124c, 129, 130, 146a, 163, 167, 167a, 167c, 167e, 168, 168a, 170, 172, 174, 176, 178, 179a, 298, 300, 301, 302, 366, 367a, 368, 370, 372, 399b en 399d van het Wetboek van Strafrecht BES, voor zover het feit valt onder de omschrijvingen van artikel 2 van het op 15 december 1997 te New York totstandgekomen Verdrag inzake de bestrijding van terroristische bomaanslagen (Trb. 1998, 84);
– het misdrijf strafbaar gesteld in artikel 421 van het Wetboek van Strafrecht, dan wel het misdrijf strafbaar gesteld in artikel 435e van het Wetboek van Strafrecht BES, voor zover het feit valt onder de omschrijvingen van artikel 2 van het op 9 december 1999 te New York totstandkomen Internationaal Verdrag ter bestrijding van de financiering van terrorisme (Trb. 2000, 12);
– de misdrijven, strafbaar gesteld in de artikelen 240b en 273f van het Wetboek van Strafrecht en artikel 28 van de Wet opneming buitenlandse kinderen ter adoptie, dan wel de misdrijven, strafbaar gesteld in de artikelen 246bis en 286f van het Wetboek van Strafrecht BES, voor zover het feit valt onder de omschrijvingen van artikel 3 van het op 25 mei 2000 te New York totstandgekomen Facultatief Protocol inzake de verkoop van kinderen, prostitutie en kinderpornografie bij het Verdrag inzake de rechten van het kind (Trb. 2001, 63);
– de misdrijven, strafbaar gesteld in de artikelen 140, 177, 178, 284, 285a, 363, 364, 416 en 420bis tot met 420quater van het Wetboek van Strafrecht, dan wel de misdrijven, strafbaar gesteld in de artikelen 146, 183 tot en met 184, 297, 298a, 378 tot en met 380, 431 en 435a tot en met 435c van het Wetboek van Strafrecht BES, voor zover het feit valt onder de omschrijvingen van de artikelen 5, 6, 8 en 23 van het op 15 november 2000 te New York totstandgekomen Verdrag tegen transnationale georganiseerde misdaad (Trb. 2001, 68), en misdrijven waarop een gevangenisstraf van ten minste vier jaren is gesteld, voor zover het feit valt onder artikel 3, eerste lid, onderdeel b, van dat Verdrag;
– de misdrijven, strafbaar gesteld in artikel 273f van het Wetboek van Strafrecht dan wel de misdrijven, strafbaar gesteld in artikel 286f van het Wetboek van Strafrecht BES, voor zover het feit valt onder de omschrijvingen van artikel 5 juncto artikel 3 van het op 15 november

2000 te New York totstandgekomen Protocol inzake de preventie, bestrijding en bestraffing van mensenhandel, in het bijzonder vrouwenhandel en kinderhandel, tot aanvulling van het Verdrag tegen transnationale georganiseerde misdaad (Trb. 2001, 69);
- de misdrijven, strafbaar gesteld in artikel 197a van het Wetboek van Strafrecht, dan wel de misdrijven, strafbaar gesteld in artikel 203a van het Wetboek van Strafrecht BES, voor zover het feit valt onder de omschrijvingen van artikel 6 van het op 15 november 2000 te New York totstandgekomen Protocol tegen de smokkel van migranten over land, over de zee en in de lucht, tot aanvulling van het Verdrag tegen transnationale georganiseerde misdaad (Trb. 2001, 70);
- de misdrijven, strafbaar gesteld in de artikelen 138ab, 138b, 139c, 139d, 161sexies, 225, 226, 227, 240a, 240b, 326, 326c, 350, 350a en 351 van het Wetboek van Strafrecht, de artikelen 31a en 31b van de Auteurswet en de artikelen 22 en 23 van de Wet op de naburige rechten, dan wel de misdrijven, strafbaar gesteld in de artikelen 144a, 144b, 145c, 145d, 167e, 230, 231, 232, 246, 246bis, 339, 339b, 366, 367a en 368 van het Wetboek van Strafrecht BES, voor zover het feit valt onder de omschrijving van de artikelen 2 tot en met 10 van het op 23 november 2001 te Budapest tot stand gekomen Internationaal Verdrag inzake de bestrijding van strafbare feiten verbonden met elektronische netwerken (Trb. 2002, 18);
- de misdrijven, strafbaar gesteld in de artikelen 240b, 242 tot en met 250 en 273f van het Wetboek van Strafrecht, dan wel de misdrijven, strafbaar gesteld in de artikelen 246bis, 248 tot en met 254, 256 tot en met 258 en 286f van het Wetboek van Strafrecht BES, voor zover het feit valt onder de omschrijving van de artikelen 18 tot en met 24 van het op 25 oktober 2007 te Lanzarote totstandgekomen Verdrag van de Raad van Europa inzake de bescherming van kinderen tegen seksuele uitbuiting en seksueel misbruik (Trb. 2008, 58);
- de misdrijven, strafbaar gesteld in de artikelen 137c tot en met 137e, 261, 262, 266, 284 en 285 van het Wetboek van Strafrecht, dan wel de misdrijven, strafbaar gesteld in de artikelen 273, 274, 278, 297 en 298 van het Wetboek van Strafrecht BES voor zover het feit valt onder de omschrijvingen van de artikelen 3 tot en met 6 van het op 28 januari 2003 te Straatsburg totstandgekomen aanvullend Protocol bij het Verdrag inzake de bestrijding van strafbare feiten verbonden met elektronische netwerken, betreffende de strafbaarstelling van handelingen van racistische of xenofobische aard verricht via computersystemen (Trb. 2003, 60);
- de misdrijven, strafbaar gesteld in de artikelen 140, 140a, 161quater, 173a, 284, eerste lid, 284a, 285, 310 tot en met 312, 317 en 318 van het Wetboek van Strafrecht en in de artikelen 79 en 80 van de Kernenergiewet, dan wel de misdrijven, strafbaar gesteld in de artikelen 146, 146a, 167c, 179a, 297, eerste lid, 298, 323, 324, 325, 330, en 331 van het Wetboek van Strafrecht BES, voor zover het feit valt onder de omschrijvingen van artikel 2 van het op 13 april 2005 te New York totstandgekomen Internationaal Verdrag ter bestrijding van daden van nucleair terrorisme (Trb. 2005, 290);
- de misdrijven, strafbaar gesteld in de artikelen 177, 178, 284, 285a, 310, 321, 322, 326, 328ter, 359 tot en met 366, 376, 416, 417, 417bis, 420bis, 420ter en 420quater van het Wetboek van Strafrecht, dan wel de misdrijven, strafbaar gesteld in de artikelen 183, 183a, 184, 297, 298a, 323, 334, 335, 339, 341ter, 375 tot en met 382, 392, 431, 432, 432bis, 435a, 435b en 435c van het Wetboek van Strafrecht BES voor zover het feit valt onder de omschrijvingen van de artikelen 15 tot en met 17, 19 en 21 tot en met 25 van het op 31 oktober 2003 te New York tot stand gekomen Verdrag tegen corruptie (Trb. 2005, 244);
- de misdrijven, strafbaar gesteld in de artikelen 131, 132, 134a en 205, dan wel de misdrijven strafbaar gesteld in de artikelen 137, 138 en 211 van het Wetboek van Strafrecht BES voor zover het feit valt onder de omschrijvingen van de artikelen 5, 6, 7 en 9 van het op 16 mei 2005 te Warschau totstandgekomen Europees Verdrag ter voorkoming van terrorisme (Trb. 2006, 34);
- de misdrijven van de artikelen 240, 240a, 240b, 242, 244, 245, 246, 248a, 248d, 266, 273f, 284, 285, 285b, 285c, 296 en 300 tot en met 303, voor zover het feit valt onder de omschrijving van het op 11 mei 2011 te Istanboel tot stand gekomen Verdrag van de Raad van Europa inzake het voorkomen en bestrijden van geweld tegen vrouwen en huiselijk geweld (Trb. 2012, 233);
- de misdrijven, strafbaar gesteld in artikel 69, eerste en tweede lid, van de Algemene wet inzake rijksbelastingen, de artikelen 97, 99, tweede lid, en 101, tweede lid, van de Wet op de accijns, artikel 10:5 van de Algemene douanewet, de artikelen 225, 337 en 420bis tot en met 420quater van het Wetboek van Strafrecht, voorzover het feit valt onder de omschrijving van artikel 14 van het op 12 november 2012 te Seoul tot stand gekomen Protocol tot uitbanning van illegale handel in tabaksproducten (Trb. 2014, 155);
- de misdrijven, strafbaar gesteld in de artikelen 134a, 140a en 421 van het Wetboek van Strafrecht, dan wel de misdrijven, strafbaar gesteld in de artikelen 140a, 146a en 435e van het Wetboek van Strafrecht BES, voor zover het feit valt onder de omschrijvingen van de artikelen 2 tot en met 6 van het op 22 oktober 2015 te Riga tot stand gekomen Aanvullend Protocol bij het Verdrag van de Raad van Europa ter voorkoming van terrorisme (Trb. 2016, 180).

3. Uitlevering krachtens het eerste lid geschiedt met inachtneming van de bepalingen van deze wet en voorts - voorzover geen ander uitleveringsverdrag van toepassing is - van de bepalingen van het Europees Verdrag betreffende uitlevering van 13 december 1957 (*Trb.* 1965, 9).

Hoofdstuk V
Slotbepalingen

Art. 52
Krachtens deze wet gegeven bevelen tot inverzekeringstelling of bewaring, dan wel tot verlenging van een termijn van vrijheidsbeneming, worden gedagtekend en ondertekend. De grond voor uitvaardiging wordt in het bevel vermeld. Aan degene op wie het bevel betrekking heeft, wordt onverwijld een afschrift daarvan uitgereikt.

Uitlevering, bevel tot inverzekeringstelling of bewaring

Art. 53
1. De bevelen tot vrijheidsbeneming, gegeven krachtens deze wet, zijn dadelijk uitvoerbaar.

Uitlevering, onmiddellijke uitvoerbaarheid bevelen

2. Bevoegd tot het ten uitvoer leggen van bevelen tot aanhouding, voorlopige aanhouding of gevangenneming zijn de in artikel 141 van het Wetboek van Strafvordering en in artikel 184 van het Wetboek van Strafvordering BES bedoelde ambtenaren.
3. Op de tenuitvoerlegging van bevelen tot vrijheidsbeneming en de last daartoe zijn de artikelen 6:1:6, 6:1:7, 6:1:9, 6:1:15 en 6:2:1 van het Wetboek van Strafvordering van toepassing. Geschiedt de tenuitvoerlegging in de openbare lichamen Bonaire, Sint Eustatius en Saba, dan zijn de artikelen 618 tot en met 623 van het Wetboek van Strafvordering BES van toepassing.

Art. 54
Personen die krachtens deze wet in verzekering of in bewaring zijn gesteld, of wier gevangenhouding of gevangenhouding is bevolen, worden behandeld als verdachten die krachtens het Wetboek van Strafvordering aan een overeenkomstige maatregel zijn onderworpen.

Uitlevering, behandeling verdachten

Art. 55
[Vervallen]

Art. 55a
Op de bevelen tot bewaring en gevangenhouding, krachtens deze wet gegeven, is artikel 66a van het Wetboek van Strafvordering van overeenkomstige toepassing.

Schakelbepaling

Art. 56
1. In gevallen waarin krachtens deze wet een beslissing omtrent de vrijheidsbeneming kan of moet worden genomen, kan worden bevolen dat de vrijheidsbeneming voorwaardelijk wordt opgeschort of geschorst totdat de officier van justitie overeenkomstig artikel 36 in kennis is gesteld van de beslissing van Onze Minister waarbij de uitlevering is toegestaan. De te stellen voorwaarden mogen alleen strekken ter voorkoming van vlucht.

Uitlevering, vrijheidsbeneming

2. Op bevelen krachtens het vorige lid gegeven door de rechtbank, dan wel door de rechter-commissaris, zijn de artikelen 80 - met uitzondering van het tweede lid - en 81-88 van het Wetboek van Strafvordering van overeenkomstige toepassing.

Art. 57
Op bevelen tot beëindiging van vrijheidsbeneming, krachtens deze wet gegeven, en op de tenuitvoerlegging van zodanige bevelen zijn de artikelen 73, 79 en 6:2:5 van het Wetboek van Strafvordering van overeenkomstige toepassing.

Schakelbepaling

Art. 58
De termijnen, genoemd in de artikelen 16, onder c , 37, eerste lid onder b , 40, derde lid, en 44, eerste lid, lopen niet gedurende de tijd dat de betrokkene zich aan de verdere tenuitvoerlegging van de in die artikelen bedoelde bevelen heeft onttrokken.

Termijnen

Art. 59
1. In gevallen waarin de uitlevering bij rechterlijk gewijsde ontoelaatbaar is verklaard, kan de rechtbank die de zaak heeft behandeld, op verzoek van de opgeëiste persoon, hem een vergoeding ten laste van de Staat toekennen voor de schade die hij heeft geleden ten gevolge van vrijheidsbeneming, bevolen krachtens deze wet. Onder schade is begrepen het nadeel dat niet in vermogensschade bestaat. De artikelen 533, derde, vierde en zesde lid, 534, 535 en 536 van het Wetboek van Strafvordering zijn van overeenkomstige toepassing.

Schadevergoeding

2. In gevallen als bedoeld in het vorige lid vinden de artikelen 529 en 530 van het Wetboek van Strafvordering overeenkomstige toepassing op vergoeding van kosten en schaden voor de opgeëiste persoon of diens erfgenamen. In plaats van het in die artikelen bedoelde gerecht treedt de rechtbank die het verzoek tot uitlevering heeft behandeld.

Art. 60
Op betekeningen, kennisgevingen en oproepingen, gedaan krachtens deze wet, zijn de artikelen 36b tot en met 36e, 36h, 36i en 36n van het Wetboek van Strafvordering van overeenkomstige toepassing.

Schakelbepaling

Art. 60a

Schakelbepaling

Waar in deze wet de bevoegdheid wordt gegeven tot het horen van personen, is artikel 131a van het Wetboek van Strafvordering van overeenkomstige toepassing.

Art. 61

Uitzonderingen

1. De bepalingen van de voorgaande hoofdstukken zijn niet van toepassing op:
   a. overlevering van gedeserteerde schepelingen aan autoriteiten van de staat waartoe zij behoren;
   b. overlevering van leden van een vreemde krijgsmacht, en van personen die met hen zijn gelijkgesteld, aan de bevoegde militaire autoriteiten, voor zover die overlevering geschiedt krachtens een overeenkomst met een of meer staten waarmede Nederland bondgenootschappelijke betrekkingen onderhoudt.
2. [Bevat wijzigingen in andere regelgeving.]

Art. 62

Uitschakelbepaling

1. Ingetrokken wordt de wet van 6 april 1875, *Stb.* 66, tot regeling der algemeene voorwaarden, op welke, ten aanzien van de uitlevering van vreemdelingen, verdragen met vreemde Mogendheden kunnen worden gesloten.

Overgangsbepalingen

2. De in het vorige lid genoemde wet blijft van toepassing op de behandeling van een verzoek tot uitlevering, en op de in verband daarmede te nemen beslissingen, in gevallen waarin de stukken betreffende dat verzoek reeds vóór het tijdstip van het in werking treden van deze wet aan de rechtbank om advies zijn toegezonden.
3. De artikelen 16, tweede en derde lid, en 17 van de ingetrokken wet blijven van toepassing op de behandeling van een verzoekschrift als bedoeld in artikel 16, eerste lid, van die wet, en op de daarop door de Hoge Raad te nemen beslissing, in gevallen waarin dat verzoekschrift reeds vóór het tijdstip van het in werking treden van deze wet bij de Hoge Raad is ingekomen.
4. Beslist de Hoge Raad dat de verzoeker Nederlander is, dan wordt een inmiddels overeenkomstig deze wet door de rechtbank aangevangen behandeling van een verzoek tot diens uitlevering onmiddellijk beëindigd.
5. Een vreemdeling die op het tijdstip van het in werking treden van deze wet is gedetineerd ingevolge een bevel gegeven krachtens artikel 9 of artikel 12 van de ingetrokken wet, wordt - zo de stukken betreffende het verzoek tot zijn uitlevering op dat tijdstip nog niet aan de rechtbank zijn toegezonden - daarna beschouwd en behandeld als iemand die krachtens artikel 22, onderscheidenlijk artikel 21, derde lid, van deze wet in bewaring wordt gehouden of in verzekering is gesteld.

Art. 62a

Werkingssfeer

1. Een verzoek tot uitlevering betreffende een persoon die zich in de openbaar lichamen Bonaire, Sint Eustatius en Saba bevindt dat voor het tijdstip van transitie, bedoeld in artikel 1, onder a, van de Invoeringswet openbare lichamen Bonaire, Sint Eustatius en Saba, is ingediend en waarover op dat tijdstip nog niet is beslist, wordt behandeld door het vanaf dat tijdstip bevoegde orgaan en afgehandeld met inachtneming van de bepalingen van deze wet.
2. De persoon, bedoeld in het eerste lid, die voor het tijdstip van transitie, bedoeld in artikel 1, onder a, van de Invoeringswet openbare lichamen Bonaire, Sint Eustatius en Saba, met het oog op uitlevering gedetineerd is, wordt beschouwd als iemand die krachtens deze wet in bewaring wordt gehouden of in verzekering is gesteld.

Art. 63

Citeertitel

Deze wet kan worden aangehaald onder de titel: Uitleveringswet.

Wet wederzijdse erkenning en tenuitvoerlegging vrijheidsbenemende en voorwaardelijke sancties[1]

Wet van 12 juli 2012 tot implementatie van kaderbesluit 2008/909/JBZ van de Raad van de Europese Unie van 27 november 2008 inzake de toepassing van het beginsel van wederzijdse erkenning op strafvonnissen waarbij vrijheidsstraffen of tot vrijheidsbeneming strekkende maatregelen zijn opgelegd, met het oog op tenuitvoerlegging ervan in de Europese Unie (PbEU L 327), van kaderbesluit 2008/947/JBZ van de Raad van de Europese Unie van 27 november 2008 inzake de toepassing van het beginsel van de wederzijdse erkenning op vonnissen en proeftijdbeslissingen met het oog op het toezicht op proeftijdvoorwaarden en alternatieve straffen (PbEU L 337) en van kaderbesluit 2009/299/JBZ van de Raad van de Europese Unie van 26 februari 2009 tot wijziging van kaderbesluit 2002/584/JBZ, kaderbesluit 2005/214/JBZ, kaderbesluit 2006/783/JBZ, kaderbesluit 2008/909/JBZ en kaderbesluit 2008/947/JBZ en tot versterking van de procedurele rechten van personen, tot bevordering van de toepassing van het beginsel van wederzijdse erkenning op beslissingen gegeven ten aanzien van personen die niet verschenen zijn tijdens het proces (PbEU L 81) (Wet wederzijdse erkenning en tenuitvoerlegging vrijheidsbenemende en voorwaardelijke sancties)

Wij Beatrix, bij de gratie Gods, Koningin der Nederlanden, Prinses van Oranje-Nassau, enz. enz. enz.

Allen, die deze zullen zien of horen lezen, saluut! doen te weten:

Alzo Wij in overweging genomen hebben, dat de implementatie van kaderbesluit 2008/909/JBZ van de Raad van de Europese Unie van 27 november 2008 inzake de toepassing van het beginsel van wederzijdse erkenning op strafvonnissen waarbij vrijheidsstraffen of tot vrijheidsbeneming strekkende maatregelen zijn opgelegd, met het oog op tenuitvoerlegging ervan in de Europese Unie (PbEU L 327), van kaderbesluit 2008/947/JBZ van de Raad van de Europese Unie van 27 november 2008 inzake de toepassing van het beginsel van de wederzijdse erkenning op vonnissen en proeftijdbeslissingen met het oog op het toezicht op proeftijdvoorwaarden en alternatieve straffen (PbEU L 337) en van kaderbesluit 2009/299/JBZ van de Raad van de Europese Unie van 26 februari 2009 tot wijziging van kaderbesluit 2002/584/JBZ, kaderbesluit 2005/214/JBZ, kaderbesluit 2006/783/JBZ, kaderbesluit 2008/909/JBZ en kaderbesluit 2008/947/JBZ en tot versterking van de procedurele rechten van personen, tot bevordering van de toepassing van het beginsel van wederzijdse erkenning op beslissingen gegeven ten aanzien van personen die niet verschenen zijn tijdens het proces (PbEU L 81) noodzaakt tot het stellen van regels voor de wederzijdse erkenning en tenuitvoerlegging van strafvonnissen;

Zo is het, dat Wij, de Afdeling advisering van de Raad van State gehoord, en met gemeen overleg der Staten-Generaal, hebben goedgevonden en verstaan, gelijk Wij goedvinden en verstaan bij deze:

Hoofdstuk 1
Algemene bepalingen

Art. 1:1 (begripsbepalingen)
In deze wet en de daarop rustende bepalingen wordt verstaan onder: Begripsbepalingen
a. *Onze Minister:* Onze Minister van Veiligheid en Justitie;
b. *rechterlijke uitspraak:* een onherroepelijke beslissing van een rechter wegens één of meer strafbare feiten;
c. *sanctie:* een bij rechterlijke uitspraak opgelegde straf of maatregel;
d. *uitvaardigende lidstaat:* lidstaat van de Europese Unie waarin een rechterlijke uitspraak is gedaan, die met het oog op tenuitvoerlegging daarvan aan een andere lidstaat is of wordt toegezonden;
e. *uitvoerende lidstaat:* lidstaat van de Europese Unie waaraan een in een andere lidstaat gedane rechterlijke uitspraak met het oog op tenuitvoerlegging daarvan is of wordt toegezonden;
f. *veroordeelde:* de natuurlijke persoon aan wie een sanctie is opgelegd;

---

[1] Inwerkingtredingsdatum: 01-11-2012; zoals laatstelijk gewijzigd bij: Stb. 2021, 125.

g. *vrijheidsbenemende sanctie*: een sanctie bestaande uit een vrijheidsstraf of vrijheidsbenemende maatregel van bepaalde of onbepaalde duur.

Art. 1:2 (beginsel wederzijdse erkenning buitenlandse strafvonnissen)

Rechterlijke uitspraken gedaan in een andere lidstaat van de Europese Unie en aan Nederland gezonden met het oog op de tenuitvoerlegging alhier, worden overeenkomstig de bepalingen van deze wet erkend en ten uitvoer gelegd.

Art. 1:3 (beginsel erkenning Nederlandse strafvonnissen)

In Nederland gedane rechterlijke uitspraken kunnen overeenkomstig de bepalingen van deze wet worden gezonden aan een andere lidstaat van de Europese Unie met het oog op de tenuitvoerlegging aldaar.

Hoofdstuk 2
Vrijheidsbenemende sancties

Afdeling 1
Algemene bepalingen

Art. 2:1 (toepassingsbereik)

Dit hoofdstuk is van toepassing op rechterlijke uitspraken waarbij aan de veroordeelde een vrijheidsbenemende sanctie is opgelegd die voor tenuitvoerlegging vatbaar is.

Art. 2:2 (bevoegde autoriteit)

1. Onze Minister is bevoegd tot erkenning van een van de uitvaardigende lidstaat ontvangen rechterlijke uitspraak, met het oog op tenuitvoerlegging in Nederland.

2. Onze Minister is bevoegd tot toezending van een Nederlandse rechterlijke uitspraak aan de uitvoerende lidstaat, met het oog op de erkenning en tenuitvoerlegging aldaar.

Afdeling 2
Erkenning en tenuitvoerlegging van buitenlandse rechterlijke uitspraken in Nederland

§ 1
Voorwaarden voor erkenning

Art. 2:3 (voorwaarden voor erkenning)

Een in de uitvaardigende lidstaat gedane rechterlijke uitspraak kan worden erkend en ten uitvoer gelegd in Nederland indien:
a. de veroordeelde zich in de uitvaardigende lidstaat of in Nederland bevindt; en
b. Onze Minister heeft ingestemd met de toezending van de rechterlijke uitspraak, tenzij deze instemming niet vereist is; en
c. de veroordeelde heeft ingestemd met de toezending van de rechterlijke uitspraak, tenzij deze instemming niet vereist is.

Art. 2:4 (instemming Onze Minister niet vereist)

De instemming van Onze Minister met de toezending van de rechterlijke uitspraak is niet vereist indien:
a. de veroordeelde Nederlander is en in Nederland zijn vaste woon- of verblijfplaats heeft;
b. de veroordeelde Nederlander is, geen vaste woon- of verblijfplaats in Nederland had, maar na invrijheidstelling naar Nederland kan worden uitgezet als gevolg van een daartoe strekkende beslissing in de uitvaardigende lidstaat.

Art. 2:5 (instemming veroordeelde)

De instemming van de veroordeelde met de toezending van de rechterlijke uitspraak is niet vereist indien:
a. de veroordeelde Nederlander is en in Nederland zijn vaste woon- of verblijfplaats heeft;
b. de veroordeelde na invrijheidstelling naar Nederland kan worden uitgezet als gevolg van een daartoe strekkende beslissing in de uitvaardigende lidstaat;
c. de veroordeelde naar Nederland is gevlucht of teruggekeerd naar aanleiding van de tegen hem in de uitvaardigende lidstaat ingestelde strafvervolging of na de veroordeling in die staat.

Art. 2:6 (verzoek om of instemming met toezending)

Onze Minister kan, al dan niet op verzoek van de veroordeelde, verzoeken om of instemmen met de toezending van een in een andere lidstaat van de Europese Unie gedane rechterlijke uitspraak met het oog op de erkenning en tenuitvoerlegging daarvan in Nederland, indien er sprake is van een aantoonbare en voldoende binding van de veroordeelde met Nederland.

§ 2
De beslissing over de erkenning

Art. 2:7 (toezending certificaat)
1. De rechterlijke uitspraak wordt door de bevoegde autoriteit van de uitvaardigende lidstaat vergezeld van een ingevuld certificaat aan Onze Minister gezonden. Het certificaat is opgesteld overeenkomstig het bij algemene maatregel van bestuur vastgestelde model.
2. De toezending kan plaatsvinden per gewone post, telefax of elektronische post, mits de echtheid van de toegezonden documenten door Onze Minister kan worden vastgesteld.
3. Indien de rechterlijke uitspraak en het certificaat niet aan Onze Minister zijn gezonden, worden ze door de geadresseerde onverwijld aan hem doorgezonden. De geadresseerde stelt de bevoegde autoriteit van de uitvaardigende lidstaat hiervan onverwijld schriftelijk in kennis. Onze Minister bevestigt de ontvangst van de aan hem doorgezonden documenten aan de bevoegde autoriteit van de uitvaardigende lidstaat.

Erkenning buitenlandse rechterlijke uitspraak, toezending certificaat

Art. 2:8 (in behandeling nemen certificaat)
1. Onze Minister neemt de rechterlijke uitspraak en het certificaat in behandeling.
2. Onze Minister kan de bevoegde autoriteit in de uitvaardigende lidstaat verzoeken een gewaarmerkt afschrift van de rechterlijke uitspraak of het origineel van het certificaat over te leggen.
3. Indien het certificaat niet is gesteld in de Nederlandse taal of, indien Nederland zulks heeft medegedeeld in een bij het secretariaat-generaal van de Raad van de Europese Unie neergelegde verklaring, in een van de in die verklaring genoemde talen, verzoekt Onze Minister de bevoegde autoriteit in de uitvaardigende lidstaat het certificaat alsnog te vertalen.
4. Indien het certificaat ontbreekt, onvolledig is of kennelijk niet in overeenstemming is met de rechterlijke uitspraak, verzoekt Onze Minister de bevoegde autoriteit in de uitvaardigende lidstaat het certificaat alsnog te overleggen, aan te vullen of te verbeteren.
5. Indien Onze Minister de inhoud van het certificaat ontoereikend acht om een beslissing te kunnen nemen over de erkenning van de rechterlijke uitspraak, verzoekt hij, onverwijld na ontvangst van het certificaat, de bevoegde autoriteit van de uitvaardigende lidstaat om een vertaling van de rechterlijke uitspraak of de belangrijkste onderdelen ervan in het Nederlands of in een andere officiële taal van de Europese Unie. Met het oog op dit verzoek overlegt Onze Minister met de bevoegde autoriteit van de uitvaardigende lidstaat.
6. Onze Minister stelt de bevoegde autoriteit van de uitvaardigende lidstaat op verzoek, onverwijld na ontvangst van het certificaat, op de hoogte van de in Nederland toepasselijke regels betreffende de voorwaardelijke vrijheidstelling.
7. Indien Onze Minister van oordeel is dat de tenuitvoerlegging van de rechterlijke uitspraak in Nederland niet zal bijdragen aan de maatschappelijke reïntegratie van de veroordeelde, stelt hij de bevoegde autoriteit van de uitvaardigende lidstaat hiervan onverwijld en met redenen omkleed in kennis.

Erkenning buitenlandse rechterlijke uitspraak, behandeling uitspraak/certificaat

Art. 2:9 (kennisgeving aan veroordeelde)
Indien de veroordeelde zich in Nederland bevindt, stelt Onze Minister hem door middel van het door de uitvaardigende lidstaat toegezonden formulier, dat is opgesteld overeenkomstig het bij algemene maatregel van bestuur vastgestelde model, in kennis van de toezending van het certificaat en de rechterlijke uitspraak.

Erkenning buitenlandse rechterlijke uitspraak, kennisgeving veroordeelde

Art. 2:10 (termijn)
1. Onze Minister beslist binnen een termijn van negentig dagen na ontvangst van het certificaat over de erkenning van de rechterlijke uitspraak.
2. De beslissing van Onze Minister kan slechts worden uitgesteld:
a. totdat een vertaling beschikbaar is als bedoeld in artikel 2:8, derde en vijfde lid;
b. totdat binnen redelijke termijn is voldaan aan het verzoek, bedoeld in artikel 2:8, vierde lid;
c. indien het vanwege uitzonderlijke omstandigheden niet mogelijk is de termijn, bedoeld in het eerste lid, te halen.
3. Onze Minister stelt de bevoegde autoriteit van de uitvaardigende lidstaat onverwijld in kennis van de uitzonderlijke omstandigheden, bedoeld in het tweede lid, onder c, en van de tijd die benodigd is om een beslissing te nemen.

Erkenning buitenlandse rechterlijke uitspraak, beslistermijn

Art. 2:11 (betrokkenheid rechter; aanpassing sanctie)
1. Tenzij Onze Minister reeds aanstonds van oordeel is dat er gronden zijn om de erkenning van de rechterlijke uitspraak te weigeren, doet hij de rechterlijke uitspraak en het certificaat toekomen aan de advocaat-generaal bij het ressortsparket.

Erkenning buitenlandse rechterlijke uitspraak, beoordeling door bijzondere kamer

C37 art. 2:12 Wet wederzijdse erkenning en tenuitv. vrijheidsbenemende en voorwaardelijke sancties

2. De advocaat-generaal legt de rechterlijke uitspraak en het certificaat onverwijld voor aan de bijzondere kamer van het gerechtshof Arnhem-Leeuwarden, bedoeld in artikel 67 van de Wet op de rechterlijke organisatie. De advocaat-generaal dient eventuele opmerkingen bij voornoemde stukken binnen een termijn van veertien dagen nadat hij de stukken heeft voorgelegd, in bij de bijzondere kamer van het gerechtshof.
3. De bijzondere kamer van het gerechtshof beoordeelt:
a. of er gronden zijn om de erkenning van de rechterlijke uitspraak met toepassing van artikel 2:13, eerste lid, te weigeren;
b. of de ten uitvoer te leggen vrijheidsbenemende sanctie is opgelegd voor een feit dat ook naar Nederlands recht strafbaar is en zo ja, welk strafbaar feit dit oplevert;
c. tot welke aanpassing van de opgelegde vrijheidsbenemende sanctie het vierde of vijfde lid aanleiding geeft.

Erkenning buitenlandse rechterlijke uitspraak, aanpassing sanctie

4. Indien de opgelegde vrijheidsbenemende sanctie een langere duur heeft dan het voor het desbetreffende feit naar Nederlands recht toepasselijke strafmaximum, wordt de duur van de vrijheidsbenemende sanctie tot dat strafmaximum verlaagd.
5. Indien de aard van de opgelegde vrijheidsbenemende sanctie onverenigbaar is met het Nederlandse recht, wordt de vrijheidsbenemende sanctie gewijzigd in een straf of maatregel waarin het Nederlandse recht voorziet en die zoveel mogelijk overeenstemt met de in de uitvaardigende lidstaat opgelegde vrijheidsbenemende sanctie.
6. De aanpassing op grond van het vierde of vijfde lid houdt in geen geval een verzwaring van de opgelegde vrijheidsbenemende sanctie in.
7. De bijzondere kamer van het gerechtshof doet zijn oordeel op grond van het derde lid, schriftelijk en met redenen omkleed aan Onze Minister toekomen, binnen een termijn van zes weken nadat de rechterlijke uitspraak en het certificaat zijn ontvangen.

Art. 2:12 (beslissing Onze Minister)

1. Onze Minister beslist over de erkenning van de rechterlijke uitspraak met inachtneming van het oordeel van de bijzondere kamer van het gerechtshof.

Erkenning buitenlandse rechterlijke uitspraak, beslissing minister

2. Onze Minister kan met de bevoegde autoriteit van de uitvaardigende lidstaat een gedeeltelijke erkenning van de rechterlijke uitspraak overeenkomen voor zover die autoriteit kan aangeven welk deel van de opgelegde vrijheidsbenemende sanctie door een toepasselijke weigeringsgrond niet wordt geraakt. Onze Minister kan aan de gedeeltelijke erkenning de voorwaarde verbinden dat na de tenuitvoerlegging in Nederland geen verdere tenuitvoerlegging van de rechterlijke uitspraak in de uitvaardigende lidstaat meer plaatsvindt.
3. Onze Minister stelt de bevoegde autoriteit van de uitvaardigende lidstaat onverwijld schriftelijk en met redenen omkleed in kennis van zijn beslissing op grond van het eerste lid.

Art. 2:13 (verplichte weigeringsgronden)

1. De erkenning de rechterlijke uitspraak wordt geweigerd indien:

Erkenning buitenlandse rechterlijke uitspraak, verplichte weigeringsgronden

a. het certificaat niet is overgelegd, onvolledig is of kennelijk niet in overeenstemming is met de rechterlijke uitspraak en niet binnen redelijke termijn aan het verzoek, bedoeld in artikel 2:8, vierde lid, is voldaan;
b. niet is voldaan aan de voorwaarden voor erkenning, bedoeld in artikel 2:3;
c. de veroordeelde ten tijde van het begaan van het feit de leeftijd van twaalf jaren nog niet had bereikt;
d. de tenuitvoerlegging van de rechterlijke uitspraak onverenigbaar is met een naar Nederlands recht geldende immuniteit;
e. de tenuitvoerlegging van de rechterlijke uitspraak onverenigbaar is met het aan artikel 68 van het Wetboek van Strafrecht en artikel 255, eerste lid, van het Wetboek van Strafvordering ten grondslag liggende beginsel;
f. het feit waarvoor de vrijheidsbenemende sanctie is opgelegd, indien het in Nederland was begaan, naar Nederlands recht niet strafbaar zou zijn;
g. over het feit waarvoor de vrijheidsbenemende sanctie is opgelegd naar Nederlands recht rechtsmacht kon worden uitgeoefend en het recht tot uitvoering van de vrijheidsbenemende sanctie naar Nederlands recht zou zijn verjaard;
h. uit het certificaat blijkt dat:
1°. de veroordeelde niet in overeenstemming met het recht van de uitvaardigende lidstaat in persoon of via een naar het nationale recht bevoegde vertegenwoordiger in kennis is gesteld van zijn recht om de zaak te betwisten, alsmede van de termijnen waarbinnen dat rechtsmiddel moet worden aangewend; of
2°. de veroordeelde niet in persoon is verschenen bij de behandeling ter terechtzitting die tot de rechterlijke uitspraak heeft geleid, tenzij in het certificaat is vermeld dat de veroordeelde, overeenkomstig de procedurevoorschriften van de uitvaardigende lidstaat:
– tijdig en in persoon is gedagvaard en daarbij op de hoogte is gebracht van de datum en de plaats van de behandeling ter terechtzitting die tot de rechterlijke uitspraak heeft geleid of anderszins daadwerkelijk officieel in kennis is gesteld van de datum en de plaats van de behandeling

ter terechtzitting, zodat op ondubbelzinnige wijze vaststaat dat hij op de hoogte was van de voorgenomen terechtzitting en ervan in kennis is gesteld dat een beslissing kan worden genomen wanneer hij niet ter terechtzitting verschijnt; of
– op de hoogte was van de voorgenomen behandeling ter terechtzitting en een door hem gekozen of een hem van overheidswege toegewezen advocaat heeft gemachtigd zijn verdediging te voeren en dat die advocaat ter terechtzitting zijn verdediging heeft gevoerd; of
– nadat de rechterlijke uitspraak aan hem was betekend en hij uitdrukkelijk was geïnformeerd over zijn recht op een verzetprocedure of een procedure in hoger beroep, waarbij hij het recht heeft aanwezig te zijn en tijdens welke de zaak opnieuw ten gronde wordt behandeld en nieuw bewijsmateriaal wordt toegelaten, en die kan leiden tot herziening van de oorspronkelijke uitspraak, uitdrukkelijk te kennen heeft gegeven dat hij de uitspraak niet betwist of niet binnen de voorgeschreven termijn verzet of hoger beroep heeft aangetekend; of
3°. de veroordeelde niet in persoon is verschenen, tenzij in het certificaat is vermeld dat de veroordeelde, na uitdrukkelijk te zijn geïnformeerd over de behandeling ter terechtzitting en over de mogelijkheid om in persoon ter terechtzitting aanwezig te zijn, uitdrukkelijk heeft verklaard afstand te doen van zijn recht op een mondelinge behandeling en uitdrukkelijk te kennen heeft gegeven dat hij de zaak niet betwist.
i. de opgelegde sanctie een vrijheidsbenemende maatregel in de sfeer van de gezondheidszorg betreft die niet ten uitvoer kan worden gelegd overeenkomstig het Nederlandse recht of binnen de kaders van het Nederlandse stelsel van gezondheidszorg.
2. De erkenning van de rechterlijke uitspraak wordt niet op grond van het eerste lid, onderdelen a, b, e en i, geweigerd dan nadat de bevoegde autoriteit van de uitvaardigende lidstaat in de gelegenheid is gesteld hieromtrent inlichtingen te verschaffen.

Art. 2:14 (facultatieve weigeringsgronden)
1. De erkenning van de rechterlijke uitspraak kan worden geweigerd indien:
a. het feit waarvoor de vrijheidsbenemende sanctie is opgelegd:
1°. geacht wordt geheel of gedeeltelijk op Nederlands grondgebied of buiten Nederland aan boord van een Nederlands vaartuig of luchtvaartuig te zijn gepleegd; of
2°. buiten het grondgebied van de uitvaardigende lidstaat is gepleegd, terwijl naar Nederlands recht geen vervolging zou kunnen worden ingesteld indien het feit buiten Nederland zou zijn gepleegd;
b. op het moment van ontvangst van de rechterlijke uitspraak, minder dan zes maanden van de daarbij opgelegde vrijheidsbenemende sanctie nog ten uitvoer moeten worden gelegd.
2. De erkenning van de rechterlijke uitspraak wordt niet op grond van het eerste lid, onderdeel a, geweigerd dan nadat de bevoegde autoriteit van de uitvaardigende lidstaat in de gelegenheid is gesteld hieromtrent inlichtingen te verschaffen.

Erkenning buitenlandse rechterlijke uitspraak, facultatieve weigeringsgronden

§ 3
De gevolgen van de erkenning

Art. 2:15 (tenuitvoerlegging)
1. Nadat de rechterlijke uitspraak is erkend, draagt Onze Minister er zorg voor dat deze zo spoedig mogelijk, overeenkomstig de regels van het Nederlandse recht en met inachtneming van de erkenningsbeslissing, ten uitvoer wordt gelegd.
2. Bij de tenuitvoerlegging van de vrijheidsbenemende sanctie wordt de door de bevoegde autoriteit van de uitvaardigende lidstaat in het certificaat aangegeven tijd die al in detentie is doorgebracht in mindering gebracht. Eveneens wordt de tijd die in Nederland in detentie is doorgebracht als gevolg van de toepassing van de voorlopige maatregelen, bedoeld in de artikelen 2:19 en 2:20, in mindering gebracht.

Erkenning buitenlandse rechterlijke uitspraak, tenuitvoerlegging

Art. 2:16 (overbrenging)
1. Indien de veroordeelde zich in de uitvaardigende lidstaat bevindt, komt Onze Minister met de bevoegde autoriteit van die staat het tijdstip overeen waarop de veroordeelde naar Nederland wordt overgebracht. Dit tijdstip ligt niet later dan dertig dagen na de beslissing van Onze Minister tot erkenning van de rechterlijke uitspraak.
2. Indien onvoorziene omstandigheden de overbrenging binnen de termijn, bedoeld in het eerste lid, verhinderen, vindt de overbrenging plaats binnen tien dagen nadat deze omstandigheden zijn geëindigd.

Erkenning buitenlandse rechterlijke uitspraak, overbrenging veroordeelde

Art. 2:17 (specialiteit)
De veroordeelde wordt in Nederland niet vervolgd, gestraft of op enige andere wijze in zijn persoonlijke vrijheid beperkt, ter zake van feiten die vóór het tijdstip van zijn overbrenging zijn begaan en waarvoor hij niet is overgebracht, tenzij:
a. de veroordeelde niet binnen vijfenveertig dagen na zijn invrijheidstelling Nederland heeft verlaten, hoewel hij daartoe de mogelijkheid had, of de veroordeelde Nederland heeft verlaten, maar er is teruggekeerd;
b. de feiten niet zijn bedreigd met een vrijheidsbenemende sanctie;

Erkenning buitenlandse rechterlijke uitspraak, specialiteitsbeginsel

c. de strafvervolging niet leidt tot de toepassing van enige maatregel die de vrijheid beperkt;
d. het gaat om de tenuitvoerlegging van een andere dan een vrijheidsbenemende sanctie;
e. de veroordeelde met de overbrenging heeft ingestemd;
f. de veroordeelde na zijn overbrenging uitdrukkelijk afstand heeft gedaan van de bescherming op grond van dit artikel; of
g. daartoe voorafgaand toestemming van de bevoegde autoriteit van de uitvaardigende lidstaat is verkregen.

Art. 2:18 (informatieverplichtingen)

Erkenning buitenlandse rechterlijke uitspraak, informatieverplichting

Onze Minister stelt de bevoegde autoriteit van de uitvaardigende lidstaat onverwijld in een vorm die toelaat dat het schriftelijk wordt vastgelegd in kennis van de volgende informatie over de tenuitvoerlegging van de rechterlijke uitspraak:
a. het tijdstip waarop de voorwaardelijke invrijheidstelling van de veroordeelde ingaat en het tijdstip waarop de proeftijd van de voorwaardelijke invrijheidstelling afloopt, indien daar in het certificaat om is gevraagd;
b. het feit dat de tenuitvoerlegging van de vrijheidsbenemende sanctie is voltooid;
c. een beslissing betreffende gratie of amnestie als gevolg waarvan de vrijheidsbenemende sanctie niet of niet geheel ten uitvoer wordt gelegd;
d. het feit dat het onmogelijk is om de vrijheidsbenemende sanctie ten uitvoer te leggen, omdat de veroordeelde niet in Nederland kan worden gevonden;
e. het feit dat de veroordeelde zich aan de tenuitvoerlegging van de vrijheidsbenemende sanctie heeft onttrokken.

§ 4
Voorlopige maatregelen

Art. 2:19 (aanhouding en inverzekeringstelling)

Erkenning buitenlandse rechterlijke uitspraak, aanhouding veroordeelde

1. De veroordeelde die zich in Nederland bevindt, kan worden aangehouden, indien er gegronde redenen bestaan voor de verwachting dat een vrijheidsbenemende sanctie op grond van dit hoofdstuk in Nederland ten uitvoer zal worden gelegd.
2. Een verzoek van de bevoegde autoriteit van de uitvaardigende lidstaat dat strekt tot toepassing van het eerste lid en dat is gedaan voorafgaand aan de toezending van de rechterlijke uitspraak en het certificaat, kan slechts in overweging worden genomen, indien het een vermelding bevat van:
a. een zo nauwkeurig mogelijk signalement van de veroordeelde;
b. het strafbare feit waarop de rechterlijke uitspraak betrekking heeft;
c. de vrijheidsbenemende sanctie die is opgelegd;
d. de feiten en omstandigheden waaronder het feit is begaan.
3. Indien de bevoegde autoriteit van de uitvaardigende lidstaat een verzoek heeft gedaan dat strekt tot toepassing van het eerste lid, stelt Onze Minister het openbaar ministerie met het oog op de uitvoering ervan op de hoogte.
4. Iedere officier van justitie of hulpofficier van justitie is bevoegd de aanhouding te bevelen.

Erkenning buitenlandse rechterlijke uitspraak, inverzekeringstelling veroordeelde
Schakelbepaling

5. Na de veroordeelde te hebben gehoord, kan de officier van justitie of de hulpofficier van justitie bevelen dat de opgeëiste persoon gedurende drie dagen, te rekenen vanaf het tijdstip van de aanhouding, in verzekering gesteld zal blijven.
6. Artikel 39 van het Wetboek van Strafvordering is van overeenkomstige toepassing.

Art. 2:20 (bewaring)

Erkenning buitenlandse rechterlijke uitspraak, bewaring veroordeelde

1. De rechter-commissaris in het arrondissement waar de veroordeelde in verzekering is gesteld, kan op vordering van de officier van justitie de bewaring van de veroordeelde bevelen. Alvorens een dergelijk bevel te geven, hoort de rechter-commissaris zo mogelijk de veroordeelde.
2. Voor de veroordeelde die geen raadsman heeft, wordt door het bestuur van de raad voor rechtsbijstand een raadsman aangewezen na mededeling door het openbaar ministerie dat ten aanzien van hem de bewaring is bevolen.

Art. 2:21 (beëindiging bewaring)

Erkenning buitenlandse rechterlijke uitspraak, beëindiging bewaring

1. De veroordeelde wiens bewaring is bevolen, wordt in vrijheid gesteld:
a. indien niet binnen veertien dagen na de dag van de aanhouding de rechterlijke uitspraak en het certificaat door Onze Minister zijn ontvangen.
b. zodra zulks door de rechter-commissaris of de officier van justitie wordt gelast.
2. De bewaring eindigt van rechtswege op het moment dat de tenuitvoerlegging van de rechterlijke uitspraak een aanvang neemt.

Art. 2:22 (opschorting of schorsing van de bewaring)

Erkenning buitenlandse rechterlijke uitspraak, opschorting/schorsing bewaring

1. De rechter-commissaris kan ambtshalve, op vordering van de officier van justitie of op verzoek van de veroordeelde bevelen dat de bewaring voorwaardelijk wordt opgeschort of geschorst.

Wet wederzijdse erkenning en tenuitv. vrijheidsbenemende en voorwaardelijke sancties **C37 art. 2:27**

2. De opschorting of schorsing eindigt van rechtswege zodra de officier van justitie in kennis is gesteld van de beslissing van Onze Minister, bedoeld in artikel 2:12.
3. Op bevelen tot voorwaardelijke opschorting en schorsing, krachtens het eerste lid gegeven, zijn de artikelen 80, eerste en derde tot en met vijfde lid, 81 tot en met 85 en 88 van het Wetboek van Strafvordering van overeenkomstige toepassing.

Art. 2:23 (formaliteiten; tenuitvoerlegging)

1. De krachtens de artikelen 2:19 tot en met 2:22 gegeven bevelen tot inverzekeringstelling, bewaring dan wel de opschorting, schorsing of beëindiging van de bewaring worden gedagtekend en ondertekend. De grond voor uitvaardiging wordt in het bevel vermeld. Aan de veroordeelde op wie het bevel betrekking heeft, wordt onverwijld een afschrift daarvan uitgereikt.

Erkenning buitenlandse rechterlijke uitspraak, formaliteiten

2. De bevelen, bedoeld in het eerste lid, zijn dadelijk uitvoerbaar. Bevoegd tot het ten uitvoer leggen van deze bevelen zijn de in artikel 141 van het Wetboek van Strafvordering genoemde ambtenaren. Op de tenuitvoerlegging en de last daartoe zijn de artikelen 6:1:6, 6:1:7, 6:1:9, 6:1:15, 6:2:1 en 6:2:5 van het Wetboek van Strafvordering van overeenkomstige toepassing.
3. Veroordeelden die overeenkomstig deze wet in verzekering of in bewaring zijn gesteld worden behandeld als verdachten die krachtens het Wetboek van Strafvordering aan een overeenkomstige maatregel zijn onderworpen.
4. Van elke beslissing, genomen krachtens een van de artikelen 2:19 tot en met 2:22, geeft de officier van justitie onverwijld kennis aan Onze Minister.

Afdeling 3
Erkenning en tenuitvoerlegging van Nederlandse rechterlijke uitspraken in het buitenland

§ 1
Voorwaarden voor toezending

Art. 2:24 (voorwaarden voor toezending)

Een Nederlandse rechterlijke uitspraak kan aan de uitvoerende lidstaat worden gezonden, met het oog op de tenuitvoerlegging aldaar, indien:
a. de veroordeelde zich in Nederland of in de uitvoerende lidstaat bevindt; en
b. de bevoegde autoriteit van de uitvoerende lidstaat met de toezending heeft ingestemd, tenzij deze instemming niet vereist is; en
c. de veroordeelde om de toezending heeft verzocht of daarmee heeft ingestemd, tenzij deze instemming niet vereist is; en
d. Onze Minister zich ervan heeft vergewist, al dan niet na overleg met de bevoegde autoriteit van de uitvoerende lidstaat, dat de tenuitvoerlegging in de uitvoerende lidstaat kan bijdragen aan de maatschappelijke reïntegratie van de veroordeelde in die staat.

Erkenning Nederlandse rechterlijke uitspraak, voorwaarden toezending

Art. 2:25 (instemming bevoegde autoriteit uitvoerende lidstaat)

Toezending van de rechterlijke uitspraak kan zonder de instemming van de bevoegde autoriteit van de uitvoerende lidstaat plaatsvinden indien:
a. de veroordeelde onderdaan is van de uitvoerende lidstaat en in de uitvoerende lidstaat zijn vaste woon- of verblijfplaats heeft;
b. de veroordeelde onderdaan is van de uitvoerende lidstaat, geen vaste woon- of verblijfplaats heeft in die staat, maar na invrijheidstelling naar die staat kan worden uitgezet als gevolg van een op grond van de Vreemdelingenwet 2000 aan hem opgelegde verplichting Nederland te verlaten.

Erkenning Nederlandse rechterlijke uitspraak, instemming bevoegde autoriteit

Art. 2:26 (instemming veroordeelde)

Toezending van de rechterlijke uitspraak kan zonder de instemming van de veroordeelde plaatsvinden indien:
a. de veroordeelde onderdaan is van de uitvoerende lidstaat en in de uitvoerende lidstaat zijn vaste woon- of verblijfplaats heeft;
b. de veroordeelde na invrijheidstelling naar de uitvoerende lidstaat kan worden uitgezet als gevolg van een op grond van de Vreemdelingenwet 2000 aan hem opgelegde verplichting Nederland te verlaten;
c. de veroordeelde naar de uitvoerende lidstaat is gevlucht of teruggekeerd naar aanleiding van de tegen hem in Nederland ingestelde strafvervolging of na de veroordeling in Nederland.

Erkenning Nederlandse rechterlijke uitspraak, instemming veroordeelde

§ 2
Procedure toezending

Art. 2:27 (mening veroordeelde; bezwaar)

1. Onze Minister stelt de veroordeelde in de gelegenheid zijn mening te geven over het voornemen om een rechterlijk uitspraak aan de uitvoerende lidstaat te zenden. Tenzij de mening

Erkenning Nederlandse rechterlijke uitspraak, mening veroordeelde

C37 art. 2:28 — Wet wederzijdse erkenning en tenuitv. vrijheidsbenemende en voorwaardelijke sancties

van de veroordeelde aanleiding geeft om van het voornemen af te zien, geeft Onze Minister van zijn voornemen schriftelijk kennis aan de veroordeelde.

Erkenning Nederlandse rechterlijke uitspraak, bezwaar veroordeelde

2. Het eerste lid blijft buiten toepassing, indien de veroordeelde zich niet in Nederland bevindt of zelf om de toezending van de rechterlijke uitspraak heeft verzocht.
3. De veroordeelde kan binnen veertien dagen na ontvangst van de kennisgeving tegen het voornemen van Onze Minister een bezwaarschrift indienen bij de bijzondere kamer van het gerechtshof Arnhem-Leeuwarden, bedoeld in artikel 67 van de Wet op de rechterlijke organisatie.
4. Zo spoedig mogelijk na ontvangst van een tijdig ingediend bezwaarschrift onderzoekt de bijzondere kamer van het gerechtshof of Onze Minister bij afweging van de betrokken belangen in redelijkheid tot de voorgenomen beslissing kan komen.
5. De veroordeelde wordt bij het onderzoek gehoord, althans opgeroepen. In geval de veroordeelde geen raadsman heeft, geeft de voorzitter aan het bestuur van de raad voor rechtsbijstand last tot aanwijzing van een raadsman.

Schakelbepaling

6. De artikelen 21 tot en met 25 van het Wetboek van Strafvordering zijn van overeenkomstige toepassing.
7. Van zijn beslissing stelt de bijzondere kamer van het gerechtshof Onze Minister en de veroordeelde schriftelijk in kennis. Acht de bijzondere kamer van het gerechtshof het bezwaarschrift gegrond, dan ziet Onze Minister af van de toezending van de rechterlijke uitspraak aan de uitvoerende lidstaat.
8. Tegen de beslissing van de bijzondere kamer van het gerechtshof staat geen rechtsmiddel open, anders dan beroep in cassatie in het belang der wet als bedoeld in artikel 456 van het Wetboek van Strafvordering.

Art. 2:28 (toezending stukken)

Erkenning Nederlandse rechterlijke uitspraak, toezending stukken

1. Onze Minister zendt de rechterlijke uitspraak, vergezeld van een ingevuld certificaat, rechtstreeks aan de bevoegde autoriteit van de uitvoerende lidstaat. Het certificaat is opgesteld overeenkomstig het bij algemene maatregel van bestuur vastgestelde model.
2. Het certificaat is gesteld in de officiële taal of een van de officiële talen van de uitvoerende lidstaat dan wel, indien die staat zulks heeft medegedeeld in een bij het secretariaat-generaal van de Raad van de Europese Unie neergelegde verklaring, in een van de in die verklaring genoemde talen.
3. Indien niet bekend is welke autoriteit in de uitvoerende lidstaat bevoegd is tot erkenning, verzoekt Onze Minister hieromtrent om inlichtingen.
4. De rechterlijke uitspraak en het certificaat worden niet aan twee of meer lidstaten tegelijkertijd toegezonden.
5. De toezending kan plaatsvinden per gewone post, telefax of elektronische post, mits de echtheid van de toegezonden documenten door de bevoegde autoriteit van de uitvoerende lidstaat kan worden vastgesteld.
6. Op verzoek van de bevoegde autoriteit van de uitvoerende lidstaat stuurt Onze Minister deze een gewaarmerkt afschrift van de rechterlijke uitspraak dan wel het origineel van het certificaat toe.
7. Op verzoek van de bevoegde autoriteit van de uitvoerende lidstaat draagt Onze Minister zorg voor een vertaling van de rechterlijke uitspraak of de belangrijkste onderdelen ervan in een van de officiële talen van de Europese Unie. Met het oog op dit verzoek overlegt Onze Minister met de bevoegde autoriteit van de uitvaardigende lidstaat.
8. Indien de veroordeelde zich in Nederland bevindt, stelt Onze Minister hem door middel van het formulier, dat is opgesteld overeenkomstig het bij algemene maatregel van bestuur vastgestelde model, in een taal die de veroordeelde begrijpt op de hoogte van de beslissing om het certificaat en de rechterlijke uitspraak toe te zenden aan de uitvoerende lidstaat. Indien de veroordeelde zich in de uitvoerende lidstaat bevindt, zendt Onze Minister het formulier aan de bevoegde autoriteit van die staat.

Art. 2:29 (verzoek om voorlopige maatregelen)

Erkenning Nederlandse rechterlijke uitspraak, verzoek voorlopige maatregelen

1. Onze Minister kan de bevoegde autoriteit van de uitvoerende lidstaat verzoeken om de veroordeelde aan te houden of andere maatregelen te treffen ter voorkoming van zijn vlucht.
2. Indien het verzoek wordt gedaan voorafgaand aan de toezending van de rechterlijke uitspraak en het certificaat, bedoeld in artikel 2:28, bevat het verzoek een vermelding van het strafbare feit waarop de rechterlijke uitspraak betrekking heeft, de vrijheidsbenemende sanctie die is opgelegd en een beknopte beschrijving van de feiten en omstandigheden waaronder het feit is begaan. Het verzoek bevat tevens een zo nauwkeurig mogelijk signalement van de veroordeelde. Onze Minister zendt de rechterlijke uitspraak en het certificaat zo spoedig mogelijk nadat hij het verzoek heeft gedaan, maar in ieder geval binnen een termijn van zeven dagen na de aanhouding van de veroordeelde of zoveel eerder als op aangeven van de bevoegde autoriteit van de uitvoerende lidstaat nodig is, aan de bevoegde autoriteit van de uitvoerende lidstaat.

Art. 2:30 (intrekken certificaat)
Onze Minister kan het certificaat intrekken, zolang de tenuitvoerlegging van de rechterlijke uitspraak in de uitvoerende lidstaat niet is aangevangen. Onze Minister stelt de bevoegde autoriteit van de uitvoerende lidstaat en de veroordeelde onverwijld schriftelijk en met redenen omkleed in kennis van zijn beslissing om het certificaat in te trekken.

§ 3
Gevolgen erkenning

Art. 2:31 (overbrenging)
1. Indien de veroordeelde zich in Nederland bevindt, komt Onze Minister met de bevoegde autoriteit van de uitvoerende lidstaat het tijdstip overeen waarop de veroordeelde naar die staat wordt overgebracht. Dit tijdstip ligt niet later dan dertig dagen na de beslissing van de bevoegde autoriteit van de uitvoerende lidstaat tot erkenning van de rechterlijke uitspraak.
2. Indien onvoorziene omstandigheden de overbrenging binnen de termijn, bedoeld in het eerste lid, verhinderen, vindt de overbrenging plaats binnen tien dagen nadat deze omstandigheden zijn geëindigd.
3. Bij de overbrenging is de bewaking van de veroordeelde opgedragen aan Nederlandse ambtenaren, die bevoegd zijn alle dienstige maatregelen te nemen ter beveiliging van de veroordeelde en ter voorkoming van zijn ontvluchting.

Art. 2:32 (recht van tenuitvoerlegging)
1. Het recht van tenuitvoerlegging in Nederland van de aan de uitvoerende lidstaat toegezonden rechterlijke uitspraak, wordt opgeschort gedurende de periode dat de uitspraak ten uitvoer wordt gelegd in die staat.
2. Tot tenuitvoerlegging in Nederland kan worden overgegaan, zodra van de bevoegde autoriteit van de uitvoerende lidstaat bericht is ontvangen dat de rechterlijke uitspraak geheel of gedeeltelijk niet ten uitvoer is gelegd.
3. Het recht van tenuitvoerlegging in Nederland eindigt, zodra van de bevoegde autoriteit van de uitvoerende lidstaat bericht is ontvangen dat de tenuitvoerlegging van de rechterlijke uitspraak is voltooid.

Art. 2:33 (informatieverplichting)
Onze Minister stelt de bevoegde autoriteit van de uitvoerende lidstaat onverwijld in kennis van iedere beslissing of maatregel die tot gevolg heeft dat de rechterlijke uitspraak niet langer ten uitvoer kan worden gelegd.

§ 4
Specialiteit

Art. 2:34 (specialiteit)
1. Onze Minister kan op verzoek van de bevoegde autoriteit van de uitvoerende lidstaat toestemming verlenen voor de vervolging, bestraffing of het op enige andere wijze in de persoonlijke vrijheid beperken van de veroordeelde in die staat, ter zake van feiten die vóór het tijdstip van de overbrenging van de veroordeelde zijn begaan en waarvoor hij niet is overgebracht.
2. Onze Minister geeft de in het eerste lid bedoelde toestemming ten aanzien van feiten waarvoor krachtens de Overleveringswet overlevering had kunnen worden toegestaan.
3. Het verzoek kan slechts in overweging worden genomen, indien het de gegevens, bedoeld in artikel 2, tweede lid, van de Overleveringswet, bevat en is gesteld in de Nederlandse taal of in een van de talen, genoemd in de verklaring, bedoeld in artikel 2, derde lid, van die wet. Onze Minister beslist binnen een termijn van dertig dagen na ontvangst van het verzoek.

Afdeling 4
Doortocht

Art. 2:35 (doortocht veroordeelden)
1. Veroordeelden die, ten behoeve van de tenuitvoerlegging van een rechterlijke uitspraak, van de ene lidstaat van de Europese Unie worden overgebracht naar de andere lidstaat van de Europese Unie, kunnen met toestemming van Onze Minister over Nederlands grondgebied worden vervoerd.
2. De toestemming van Onze Minister kan worden gegeven op verzoek van de bevoegde autoriteit van de uitvaardigende lidstaat. Het verzoek gaat vergezeld van een afschrift van het ingevulde certificaat. Onze Minister kan de bevoegde autoriteit van de uitvaardigende lidstaat verzoeken om een vertaling van het certificaat in het Nederlands of in een andere officiële taal van de Europese Unie.

3. Onze Minister beslist binnen een termijn van zeven dagen na ontvangst van het verzoek of na ontvangst van de vertaling, bedoeld in het tweede lid.

4. Onze Minister kan de toestemming weigeren in gevallen, waarin de veroordeelde in Nederland gesignaleerd staat voor strafrechtelijke doeleinden of ter fine van overlevering aan een andere lidstaat dan die van bestemming, aan het Internationaal Strafhof of aan een ander internationaal tribunaal of ter fine van uitlevering aan een derde staat.

Art. 2:36 (uitvoering van het vervoer)

Erkenning Nederlandse rechterlijke uitspraak, vervoer veroordeelde over Nederlands grondgebied

1. Bij vervoer over Nederlands grondgebied wordt de bewaking van de veroordeelde opgedragen aan Nederlandse ambtenaren, die bevoegd zijn alle dienstige maatregelen te nemen ter beveiliging van de veroordeelde en ter voorkoming van zijn ontvluchting.

2. Indien het ten gevolge van bijzondere omstandigheden niet mogelijk is het vervoer door Nederland zonder onderbreking voort te zetten, kan de veroordeelde, in afwachting van een passende gelegenheid tot vertrek naar elders, zo nodig worden opgenomen in een huis van bewaring, op vertoon van een document waaruit de door Onze Minister verleende toestemming tot het vervoer blijkt.

3. De kosten verbonden aan het vervoer en de detentie worden in rekening gebracht bij de uitvaardigende lidstaat.

Art. 2:37 (vervoer door de lucht)

Erkenning Nederlandse rechterlijke uitspraak, vervoer veroordeelde door de lucht

1. De toestemming van Onze Minister, bedoeld in artikel 2:35, eerste lid, is niet vereist voor vervoer door de lucht waarbij geen landing op Nederlands grondgebied wordt gemaakt.

2. In geval van een onvoorziene landing op Nederlands grondgebied kan de veroordeelde, op verzoek van de hem begeleidende buitenlandse ambtenaren, voorlopig worden aangehouden krachtens een bevel van een ter plaatse bevoegde officier van justitie of hulpofficier van justitie. Artikel 2:19, vijfde lid, is van overeenkomstige toepassing.

3. Het vervoer van de voorlopig aangehouden veroordeelde kan worden voortgezet, zodra Onze Minister daartoe alsnog toestemming verleent. Is de toestemming na afloop van de termijn van inverzekeringstelling nog niet verleend, of binnen die termijn geweigerd, dan wordt de veroordeelde terstond in vrijheid gesteld, behoudens de mogelijkheid van verdere vrijheidsbeneming uit anderen hoofde.

Hoofdstuk 3
Voorwaardelijke veroordeling, voorwaardelijke invrijheidstelling en taakstraffen

Afdeling 1
Algemene bepalingen

Art. 3:1 (toepassingsbereik)

Erkenning/tenuitvoerlegging, voorwaardelijke veroordeling/voorwaardelijke invrijheidstelling/taakstraf

1. Dit hoofdstuk is van toepassing op rechterlijke uitspraken:
a. waarbij de tenuitvoerlegging van de aan de veroordeelde opgelegde vrijheidsbenemende sanctie voorwaardelijk is opgeschort;
b. op grond waarvan een vrijheidsbenemende sanctie ten uitvoer is gelegd en aan de veroordeelde voorwaardelijke invrijheidstelling is verleend;
c. waarbij of op grond waarvan een verplichting als bedoeld in artikel 3:2 is opgelegd, die door de veroordeelde moet worden nageleefd, bij gebreke waarvan een vrijheidsbenemende sanctie ten uitvoer kan worden gelegd.
d. waarbij de oplegging van een sanctie aan de veroordeelde voorwaardelijk is opgeschort.

2. Voor de toepassing van dit hoofdstuk wordt onder rechterlijke uitspraak mede begrepen een op grond van die uitspraak genomen beslissing waarbij verplichtingen als bedoeld in artikel 3:2 aan een veroordeelde zijn opgelegd, voor zover niet uit enige bepaling het tegendeel volgt.

Art. 3:2 (soorten verplichtingen)

Erkenning buitenlandse rechterlijke uitspraak, soorten verplichtingen

1. Vatbaar voor erkenning en tenuitvoerlegging in Nederland dan wel toezending aan een andere lidstaat van de Europese Unie zijn rechterlijke uitspraken, waarbij of op grond waarvan een of meer van de volgende verplichtingen zijn opgelegd, die door de veroordeelde gedurende een proeftijd moeten worden nageleefd of binnen een bepaalde termijn moeten zijn uitgevoerd:
a. het gebod een bepaalde autoriteit in kennis te stellen van een verandering van woonplaats of van de plaats waar hij werkt;
b. het gebod zich op bepaalde tijdstippen bij een bepaalde instantie te melden;
c. het verbod bepaalde locaties, plaatsen of afgebakende gebieden te betreden;
d. de beperking van het recht om de uitvoerende lidstaat te verlaten;
e. het verbod contact te leggen of te laten leggen met bepaalde personen of instellingen;

f. het gebod contact te vermijden met bepaalde zaken die door de veroordeelde zijn gebruikt of kunnen worden gebruikt om een strafbaar feit te plegen;
g. het gebod de door het strafbare feit veroorzaakte schade te vergoeden of het bewijs te leveren dat aan die verplichting is voldaan;
h. het gebod samen te werken met de reclassering of met een maatschappelijke dienst die met verantwoordelijkheden jegens veroordeelden is belast;
i. het gebod een therapie of ontwenningskuur te ondergaan;
j. de verplichting een taakstraf te verrichten;
k. verplichtingen betreffende het gedrag, de woonplaats, opleiding, de vrijetijdsbesteding, dan wel verplichtingen die beperkingen op of voorwaarden inzake de beroepsuitoefening inhouden.
2. Bij algemene maatregel van bestuur kan worden aangewezen welke andere verplichtingen dan genoemd in het eerste lid, in Nederland ten uitvoer kunnen worden gelegd.

Art. 3:3 (bevoegde autoriteit)
1. Het openbaar ministerie is bevoegd tot erkenning van een van de uitvaardigende lidstaat ontvangen rechterlijke uitspraak, met het oog op tenuitvoerlegging in Nederland.

Erkenning buitenlandse rechterlijke uitspraak, bevoegde autoriteit

2. Het openbaar ministerie is bevoegd tot toezending van een Nederlandse rechterlijke uitspraak aan de uitvoerende lidstaat, met het oog op de erkenning en tenuitvoerlegging aldaar.

Afdeling 2
Erkenning en tenuitvoerlegging van buitenlandse rechterlijke uitspraken in Nederland

§ 1
Voorwaarden voor erkenning

Art. 3:4 (voorwaarden voor erkenning)
Een in de uitvaardigende lidstaat gedane rechterlijke uitspraak kan worden erkend en ten uitvoer gelegd in Nederland indien:
a. de veroordeelde zich in de uitvaardigende lidstaat of in Nederland bevindt; en
b. het openbaar ministerie heeft ingestemd met de toezending van de rechterlijke uitspraak, tenzij deze instemming niet vereist is; en
c. de rechterlijke uitspraak geen andere verplichtingen bestrijkt dan die op grond van artikel 3:2 in Nederland ten uitvoer kunnen worden gelegd.

Erkenning buitenlandse rechterlijke uitspraak, voorwaarden

Art. 3:5 (instemming openbaar ministerie niet vereist)
De instemming van het openbaar ministerie met de toezending van de rechterlijke uitspraak is niet vereist indien de veroordeelde zijn vaste woon- of verblijfplaats in Nederland heeft en in Nederland is teruggekeerd of wenst terug te keren.

Erkenning buitenlandse rechterlijke uitspraak, instemming OM

Art. 3:6 (verzoek om of instemming met toezending)
Het openbaar ministerie kan, al dan niet op verzoek van de veroordeelde, verzoeken om of instemmen met de toezending van een in een andere lidstaat van de Europese Unie gedane rechterlijke uitspraak met het oog op de erkenning en tenuitvoerlegging daarvan in Nederland, indien er sprake is van een aantoonbare en voldoende binding van de veroordeelde met Nederland.

Erkenning buitenlandse rechterlijke uitspraak, verzoek/instemming toezending

§ 2
De beslissing over de erkenning

Art. 3:7 (toezending certificaat)
1. De rechterlijke uitspraak wordt door de bevoegde autoriteit van de uitvaardigende lidstaat vergezeld van een ingevuld certificaat aan het openbaar ministerie gezonden. Het certificaat is opgesteld overeenkomstig het bij algemene maatregel van bestuur vastgestelde model.
2. De toezending kan plaatsvinden per gewone post, telefax of elektronische post, mits de echtheid van de toegezonden documenten door het openbaar ministerie kan worden vastgesteld.
3. Indien de rechterlijke uitspraak en het certificaat niet aan het openbaar ministerie zijn gezonden, worden ze door de geadresseerde onverwijld aan het openbaar ministerie doorgezonden. De geadresseerde stelt de bevoegde autoriteit van de uitvaardigende lidstaat hiervan onverwijld schriftelijk in kennis. Het openbaar ministerie bevestigt de ontvangst van de aan hem doorgezonden documenten aan de bevoegde autoriteit van de uitvaardigende lidstaat.

Erkenning buitenlandse rechterlijke uitspraak, toezending certificaat

Art. 3:8 (in behandeling nemen certificaat)
1. Het openbaar ministerie neemt de rechterlijke uitspraak en het certificaat in behandeling.

Erkenning buitenlandse rechterlijke uitspraak, behandeling certificaat

2. Het openbaar ministerie kan de bevoegde autoriteit in de uitvaardigende lidstaat verzoeken een gewaarmerkt afschrift van de rechterlijke uitspraak of het origineel van het certificaat over te leggen.
3. Indien het certificaat niet is gesteld in de Nederlandse taal of, indien Nederland zulks heeft medegedeeld in een bij het secretariaat-generaal van de Raad van de Europese Unie neergelegde verklaring, in een van de in die verklaring genoemde talen, verzoekt het openbaar ministerie de bevoegde autoriteit in de uitvaardigende lidstaat het certificaat alsnog te vertalen.
4. Indien het certificaat ontbreekt, onvolledig is of kennelijk niet in overeenstemming is met de rechterlijke uitspraak, verzoekt het openbaar ministerie de bevoegde autoriteit in de uitvaardigende lidstaat het certificaat alsnog te overleggen, aan te vullen of te verbeteren.
5. Het openbaar ministerie stelt de bevoegde autoriteit van de uitvaardigende lidstaat op diens verzoek op de hoogte van de maximumduur van de vrijheidsbenemende sanctie die op grond van het Nederlandse recht ten uitvoer kan worden gelegd, indien de veroordeelde de aan hem opgelegde verplichtingen niet naleeft.

Art. 3:9 (termijn)

Erkenning buitenlandse rechterlijke uitspraak, beslistermijn

1. Het openbaar ministerie beslist binnen een termijn van zestig dagen na ontvangst van het certificaat over de erkenning van de rechterlijke uitspraak.

2. De beslissing van het openbaar ministerie kan slechts worden uitgesteld:
a. totdat een vertaling beschikbaar is als bedoeld in artikel 3:8, derde lid;
b. totdat binnen redelijke termijn is voldaan aan het verzoek, bedoeld in artikel 3:8, vierde lid;
c. indien het vanwege uitzonderlijke omstandigheden niet mogelijk is de termijn, bedoeld in het eerste lid, te halen.
3. Het openbaar ministerie stelt de bevoegde autoriteit van de uitvaardigende lidstaat onverwijld in kennis van de uitzonderlijke omstandigheden, bedoeld in het tweede lid, onder c, en van de tijd die benodigd is om een beslissing te nemen.

Art. 3:10 (beslissing openbaar ministerie)

Erkenning buitenlandse rechterlijke uitspraak, beslissing OM

1. Het openbaar ministerie erkent de rechterlijke uitspraak en geeft zo nodig toepassing aan artikel 3:11, tenzij er gronden zijn om de erkenning te weigeren.

2. Het openbaar ministerie stelt de bevoegde autoriteit van de uitvaardigende lidstaat onverwijld schriftelijk en met redenen omkleed in kennis van zijn beslissing op grond van het eerste lid.
3. Het openbaar ministerie stelt eveneens de veroordeelde schriftelijk en met redenen omkleed in kennis van zijn beslissing op grond van het eerste lid. Indien het openbaar ministerie de rechterlijke uitspraak erkent, stelt het de veroordeelde in kennis van zijn beslissing, nadat de termijn, bedoeld in artikel 3:14, tweede lid, is verstreken of zoveel eerder als duidelijk is geworden dat de bevoegde autoriteit van de uitvaardigende lidstaat het certificaat niet intrekt.

Art. 3:11 (aanpassing)

Erkenning buitenlandse rechterlijke uitspraak, aanpassing verplichtingen

1. Indien de aan de veroordeelde opgelegde verplichting, de proeftijd, de termijn waarbinnen de verplichting moet zijn uitgevoerd dan wel de vrijheidsbenemende sanctie die ten uitvoer kan worden gelegd indien de verplichting niet is nageleefd, een langere duur heeft dan de maximumduur die op grond van het Nederlandse recht is toegestaan, verlaagt het openbaar ministerie de duur tot dat maximum, met dien verstande dat in het geval, bedoeld in artikel 3:1, eerste lid, onder b, de periode waarover in de uitvaardigende lidstaat voorwaardelijke invrijheidstelling is verleend, niet wordt aangepast.
2. Indien de aard van de aan de veroordeelde opgelegde verplichting, dan wel de vrijheidsbenemende sanctie die ten uitvoer kan worden gelegd, indien de verplichting niet is nageleefd, onverenigbaar is met het Nederlandse recht, past het openbaar ministerie deze zodanig aan dat tenuitvoerlegging in Nederland mogelijk is op een wijze die zoveel mogelijk overeenstemt met de in de uitvaardigende lidstaat opgelegde verplichting dan wel vrijheidsbenemende sanctie.
3. De aanpassing op grond van dit artikel houdt in geen geval een verzwaring van de in de uitvaardigende lidstaat opgelegde verplichting, de proeftijd, de termijn waarbinnen de verplichting moet zijn uitgevoerd dan wel de vrijheidsbenemende sanctie in.

Art. 3:12 (verplichte weigeringsgronden)

Erkenning buitenlandse rechterlijke uitspraak, verplichte weigeringsgronden

1. Het openbaar ministerie weigert de erkenning van de rechterlijke uitspraak indien:
a. het certificaat niet is overgelegd, onvolledig is of kennelijk niet in overeenstemming is met de rechterlijke uitspraak en niet binnen redelijke termijn aan het verzoek, bedoeld in artikel 3:8., vierde lid, is voldaan;
b. niet is voldaan aan de voorwaarden voor erkenning, bedoeld in artikel 3:4;
c. de veroordeelde ten tijde van het begaan van het feit de leeftijd van twaalf jaren nog niet had bereikt;
d. de tenuitvoerlegging van de rechterlijke uitspraak onverenigbaar is met een naar Nederlands recht geldende immuniteit;

e. de tenuitvoerlegging van de rechterlijke uitspraak onverenigbaar is met het aan artikel 68 van het Wetboek van Strafrecht en artikel 255, eerste lid, van het Wetboek van Strafvordering ten grondslag liggende beginsel;
f. het feit waarop de rechterlijke uitspraak betrekking heeft, indien het in Nederland was begaan, naar Nederlands recht niet strafbaar zou zijn;
g. over het feit waarop de rechterlijke uitspraak betrekking heeft naar Nederlands recht rechtsmacht kon worden uitgeoefend en het recht tot uitvoering van de opgelegde sanctie naar Nederlands recht zou zijn verjaard;
h. uit het certificaat blijkt dat:
1°. de veroordeelde niet in overeenstemming met het recht van de uitvaardigende lidstaat in persoon of via een naar het nationale recht bevoegde vertegenwoordiger in kennis is gesteld van zijn recht om de zaak te betwisten, alsmede van de termijnen waarbinnen dat rechtsmiddel moet worden aangewend; of
2°. de veroordeelde niet in persoon is verschenen bij de behandeling ter terechtzitting die tot de rechterlijke uitspraak heeft geleid, tenzij in het certificaat is vermeld dat de veroordeelde, overeenkomstig de procedurevoorschriften van de uitvaardigende lidstaat:
– tijdig en in persoon is gedagvaard en daarbij op de hoogte is gebracht van de datum en de plaats van de behandeling ter terechtzitting die tot de rechterlijke uitspraak heeft geleid of anderszins daadwerkelijk officieel in kennis is gesteld van de datum en de plaats van de behandeling ter terechtzitting, zodat op ondubbelzinnige wijze vaststaat dat hij op de hoogte was van de voorgenomen terechtzitting en ervan in kennis is gesteld dat een beslissing kan worden genomen wanneer hij niet ter terechtzitting verschijnt; of
– op de hoogte was van de voorgenomen behandeling ter terechtzitting en een door hem gekozen of een hem van overheidswege toegewezen advocaat heeft gemachtigd zijn verdediging te voeren en dat die advocaat ter terechtzitting zijn verdediging heeft gevoerd; of
– nadat de rechterlijke uitspraak aan hem was betekend en hij uitdrukkelijk was geïnformeerd over zijn recht op een verzetprocedure of een procedure in hoger beroep, waarbij hij het recht heeft aanwezig te zijn en tijdens welke de zaak opnieuw ten gronde wordt behandeld en nieuw bewijsmateriaal wordt toegelaten, en die kan leiden tot herziening van de oorspronkelijke uitspraak, uitdrukkelijk te kennen heeft gegeven dat hij de uitspraak niet betwist of niet binnen de voorgeschreven termijn verzet of hoger beroep heeft aangetekend; of
3°. de veroordeelde niet in persoon is verschenen, tenzij in het certificaat is vermeld dat de veroordeelde, na uitdrukkelijk te zijn geïnformeerd over de behandeling ter terechtzitting en over de mogelijkheid om in persoon ter terechtzitting aanwezig te zijn, uitdrukkelijk heeft verklaard afstand te doen van zijn recht op een mondelinge behandeling en uitdrukkelijk te kennen heeft gegeven dat hij de zaak niet betwist.
i. de aan de veroordeelde opgelegde verplichting een medische of therapeutische behandeling betreft die niet ten uitvoer kan worden gelegd overeenkomstig het Nederlandse recht of binnen de kaders van het Nederlandse stelsel van gezondheidszorg.
2. Het openbaar ministerie weigert de erkenning van de rechterlijke uitspraak niet op grond van het eerste lid, onderdelen a, b, e en i, dan nadat de bevoegde autoriteit van de uitvaardigende lidstaat in de gelegenheid is gesteld hieromtrent inlichtingen te verschaffen.

Art. 3:13 (facultatieve weigeringsgronden)
1. Het openbaar ministerie kan de erkenning van de rechterlijke uitspraak weigeren indien:
a. het feit waarvoor de sanctie is opgelegd:
1°. geacht wordt geheel of gedeeltelijk op Nederlands grondgebied of buiten Nederland aan boord van een Nederlands vaartuig of luchtvaartuig te zijn gepleegd; of
2°. buiten het grondgebied van de uitvaardigende lidstaat is gepleegd, terwijl naar Nederlands recht geen vervolging zou kunnen worden ingesteld indien het feit buiten Nederland zou zijn gepleegd;
b. de opgelegde taakstraf een kortere duur heeft dan tachtig uren, dan wel de opgelegde verplichting of de proeftijd een kortere duur heeft dan zes maanden.
2. Het openbaar ministerie weigert de erkenning van de rechterlijke uitspraak niet op grond van het eerste lid, onderdeel a, dan nadat de bevoegde autoriteit van de uitvaardigende lidstaat in de gelegenheid is gesteld hieromtrent inlichtingen te verschaffen.

Erkenning buitenlandse rechterlijke uitspraak, facultatieve weigeringsgronden

§ 3
De gevolgen van de erkenning

Art. 3:14 (tenuitvoerlegging)
1. Nadat de rechterlijke uitspraak is erkend, draagt het openbaar ministerie er zorg voor dat deze zo spoedig mogelijk, overeenkomstig de regels van het Nederlandse recht en met inachtneming van de erkenningsbeslissing, ten uitvoer wordt gelegd.
2. Met de tenuitvoerlegging van de rechterlijke uitspraak wordt niet begonnen dan nadat tien dagen zijn verstreken na de kennisgeving aan de bevoegde autoriteit in de uitvaardigende lidstaat,

Erkenning buitenlandse rechterlijke uitspraak, tenuitvoerlegging

bedoeld in artikel 3:10, tweede lid, tenzij deze autoriteit vóór het verstrijken van deze termijn heeft aangegeven het certificaat niet in te trekken.
3. Voor zover de opdracht hiertoe niet reeds uit de rechterlijke uitspraak voortvloeit, kan het openbaar ministerie aan een krachtens algemene maatregel van bestuur aangewezen reclasseringsinstelling opdracht geven toezicht te houden op de naleving van de aan de veroordeelde opgelegde verplichtingen en hem ten behoeve daarvan te begeleiden.
4. De proeftijd vangt aan op de dag van de kennisgeving, bedoeld in artikel 3:10, derde lid. De proeftijd wordt verkort met de tijd dat deze in de uitvaardigende lidstaat heeft gelopen.
5. In afwijking van artikel 6:6:19 van het Wetboek van Strafvordering is de rechtbank in het arrondissement waar toezicht wordt gehouden op de naleving van de aan de veroordeelde opgelegde verplichtingen bevoegd tot het nemen van de in dat artikel genoemde beslissingen. In afwijking van artikel 6:6:1 van het Wetboek van Strafvordering is tot behandeling van de vordering bevoegd de rechtbank in het arrondissement waar toezicht wordt gehouden op de naleving van de aan de veroordeelde opgelegde verplichtingen.
6. In afwijking van artikel 6:6:1 van het Wetboek van Strafvordering is tot kennisneming van de vordering bevoegd de rechtbank in het arrondissement waar toezicht wordt gehouden op de naleving van de aan de veroordeelde opgelegde verplichtingen.
7. Indien de erkenning ertoe strekt dat een taakstraf ten uitvoer wordt gelegd, vangt de termijn, bedoeld in artikel 6:3:1, eerste lid, van het Wetboek van Strafvordering, aan op de dag van de kennisgeving, bedoeld in artikel 3:10, derde lid.
8. In afwijking van artikel 6:6:23 van het Wetboek van Strafvordering wordt het bezwaarschrift ingediend bij de rechtbank in het arrondissement waar de tenuitvoerlegging van de taakstraf plaatsvindt.

Art. 3:15 (tenuitvoerlegging beperkt tot toezicht)

Erkenning buitenlandse rechterlijke uitspraak, beperkte tenuitvoerlegging

1. De tenuitvoerlegging van de rechterlijke uitspraak strekt niet verder dan het houden van toezicht op de naleving van de aan de veroordeelde opgelegde verplichtingen, indien:
a. de erkenning een rechterlijke uitspraak als bedoeld in artikel 3:1, eerste lid, onder c, betreft en in de uitspraak geen vrijheidsbenemende sanctie is bepaald die ten uitvoer kan worden gelegd indien een verplichting niet is nageleefd;
b. de erkenning een rechterlijke uitspraak als bedoeld in artikel 3:1, eerste lid, onder d, betreft.
2. Indien het openbaar ministerie van oordeel is dat een aan de veroordeelde opgelegde verplichting niet is nageleefd of de veroordeelde verdenkt van het plegen van een nieuw strafbaar feit, stelt het openbaar ministerie de bevoegde autoriteit van de uitvaardigende lidstaat daarvan onverwijld in kennis door middel van het formulier dat is opgesteld overeenkomstig het bij algemene maatregel van bestuur vastgestelde model.
3. Het openbaar ministerie kan de aan de veroordeelde opgelegde verplichtingen wijzigen of de proeftijd met ten hoogste een jaar verlengen, indien de bevoegde autoriteit van de uitvaardigende lidstaat aangeeft dat de kennisgeving, bedoeld in het tweede lid, daar aanleiding toe geeft.
4. Het openbaar ministerie beëindigt het toezicht op de naleving van de aan de veroordeelde opgelegde verplichtingen zodra het door de bevoegde autoriteit van de uitvaardigende lidstaat in kennis is gesteld van enige beslissing over de tenuitvoerlegging van een vrijheidsbenemende sanctie, omdat de veroordeelde een verplichting niet heeft nageleefd.
5. Het openbaar ministerie stelt de veroordeelde en de reclasseringsinstelling, belast met het toezicht, zo spoedig mogelijk op de hoogte van enige beslissing op grond van het derde en vierde lid.

Art. 3:16 (beëindiging tenuitvoerlegging in Nederland)

Erkenning buitenlandse rechterlijke uitspraak, beëindiging tenuitvoerlegging

1. Het openbaar ministerie kan de verantwoordelijkheid voor de tenuitvoerlegging van de rechterlijke uitspraak overdragen aan de uitvaardigende lidstaat indien:
a. de veroordeelde zich aan het toezicht op de naleving van de aan hem opgelegde verplichtingen onttrekt of niet langer zijn vaste woon- of verblijfplaats in Nederland heeft;
b. in de uitvaardigende lidstaat een nieuwe strafvervolging tegen de veroordeelde is ingesteld en de bevoegde autoriteit van die staat om de overdracht heeft verzocht.
2. Het recht van tenuitvoerlegging in Nederland eindigt indien:
a. de rechterlijke uitspraak is erkend, maar het certificaat door de bevoegde autoriteit van de uitvaardigende lidstaat is ingetrokken;
b. de verantwoordelijkheid voor de tenuitvoerlegging door het openbaar ministerie is overgedragen aan de uitvaardigende lidstaat in geval van de toepassing van het eerste lid.

Art. 3:17 (informatieverplichtingen)

Erkenning buitenlandse rechterlijke uitspraak, informatieverplichting

Het openbaar ministerie stelt de bevoegde autoriteit van de uitvaardigende lidstaat onverwijld en in een vorm die toelaat dat het schriftelijk wordt vastgelegd in kennis van de volgende informatie over de tenuitvoerlegging van de rechterlijke uitspraak:
a. het feit dat de veroordeelde heeft voldaan aan de aan hem opgelegde verplichtingen;
b. een beslissing tot wijziging van de aan de veroordeelde opgelegde verplichtingen;
c. een beslissing over de tenuitvoerlegging van een vrijheidsbenemende sanctie, omdat de veroordeelde een verplichting niet heeft nageleefd;

d. een beslissing betreffende gratie of amnestie als gevolg waarvan de rechterlijke uitspraak niet of niet geheel ten uitvoer wordt gelegd;
e. het feit dat het onmogelijk is om toezicht te houden op de aan de veroordeelde opgelegde verplichtingen, omdat de veroordeelde niet in Nederland kan worden gevonden.

Afdeling 3
Erkenning en tenuitvoerlegging van Nederlandse rechterlijke uitspraken in het buitenland

§ 1
Voorwaarden voor toezending

Art. 3:18 (voorwaarden voor toezending)
Een Nederlandse rechterlijke uitspraak kan aan de uitvoerende lidstaat worden toegezonden, met het oog op de tenuitvoerlegging aldaar, indien de bevoegde autoriteit van die staat met de toezending heeft ingestemd, tenzij deze instemming niet vereist is.

Erkenning Nederlandse rechterlijke uitspraak, voorwaarden toezending

Art. 3:19 (instemming bevoegde autoriteit uitvoerende lidstaat)
Toezending van de rechterlijke uitspraak kan zonder de instemming van de bevoegde autoriteit van de uitvoerende lidstaat plaatsvinden, indien de veroordeelde in de uitvoerende lidstaat zijn vaste woon- of verblijfplaats heeft en in die staat is teruggekeerd of wenst terug te keren.

Erkenning Nederlandse rechterlijke uitspraak, instemming bevoegde autoriteit

§ 2
Procedure toezending

Art. 3:20 (toezending stukken)
1. Het openbaar ministerie zendt de rechterlijke uitspraak, vergezeld van een ingevuld certificaat rechtstreeks aan de bevoegde autoriteit van de uitvoerende lidstaat. Het certificaat is opgesteld overeenkomstig het bij algemene maatregel van bestuur vastgestelde model.
2. Het certificaat is gesteld in de officiële taal of een van de officiële talen van de uitvoerende lidstaat dan wel, indien die staat zulks heeft medegedeeld in een bij het secretariaat-generaal van de Raad van de Europese Unie neergelegde verklaring, in een van de in die verklaring genoemde talen.
3. Indien niet bekend is welke autoriteit in de uitvoerende lidstaat bevoegd is tot erkenning van de rechterlijke uitspraak, verzoekt het openbaar ministerie hieromtrent om inlichtingen.
4. De rechterlijke uitspraak wordt niet aan twee of meer lidstaten tegelijkertijd toegezonden.
5. De toezending kan plaatsvinden per gewone post, telefax of elektronische post, mits de echtheid van de toegezonden documenten door de bevoegde autoriteit van de uitvoerende lidstaat kan worden vastgesteld.
6. Op verzoek van de bevoegde autoriteit van de uitvoerende lidstaat, stuurt het openbaar ministerie deze een gewaarmerkt afschrift van de rechterlijke uitspraak dan wel het origineel van het certificaat toe.
7. Ter gelegenheid van de toezending van het certificaat kan het openbaar ministerie de bevoegde autoriteit van de uitvoerende lidstaat verzoeken geïnformeerd te worden over de duur van de vrijheidsbenemende sanctie die op grond van het recht van de uitvoerend lidstaat ten uitvoer kan worden gelegd, indien de veroordeelde de aan hem opgelegde verplichtingen niet naleeft.

Erkenning Nederlandse rechterlijke uitspraak, toezending stukken

Art. 3:21 (intrekking certificaat)
1. Zolang de tenuitvoerlegging van de rechterlijke uitspraak in de uitvoerende lidstaat niet is aangevangen, kan het openbaar ministerie het certificaat intrekken naar aanleiding van:
a. de informatie, bedoeld in artikel 3:20, zevende lid;
b. de kennisgeving betreffende de beslissing van de bevoegde autoriteit van de uitvoerende lidstaat tot aanpassing van de aan de veroordeelde opgelegde verplichtingen, de proeftijd, de termijn waarbinnen de verplichting moet zijn uitgevoerd dan wel de vrijheidsbenemende sanctie die ten uitvoer kan worden gelegd indien de verplichting niet is nageleefd.
2. Het openbaar ministerie beslist over de intrekking van het certificaat binnen een termijn van tien dagen na ontvangst van de informatie, bedoeld in het eerste lid. Het openbaar ministerie stelt de bevoegde autoriteit van de uitvoerende lidstaat en de veroordeelde onverwijld schriftelijk en met redenen omkleed in kennis van de beslissing om het certificaat in te trekken.

Erkenning Nederlandse rechterlijke uitspraak, intrekking certificaat

§ 3
De gevolgen van de erkenning

Art. 3:22 (recht van tenuitvoerlegging)

Erkenning Nederlandse rechterlijke uitspraak, recht van tenuitvoerlegging

1. Het recht van tenuitvoerlegging in Nederland van de aan de uitvoerende lidstaat toegezonden rechterlijke uitspraak, wordt opgeschort gedurende de periode dat de uitspraak ten uitvoer wordt gelegd in die staat.

2. Tot tenuitvoerlegging in Nederland kan worden overgegaan indien het openbaar ministerie met de bevoegde autoriteit van de uitvoerende lidstaat is overeengekomen dat de tenuitvoerlegging verder in Nederland dient plaats te vinden, omdat:
   a. de veroordeelde zich in de uitvoerende lidstaat aan het toezicht op de naleving van de aan hem opgelegde verplichtingen heeft onttrokken of niet langer zijn vaste woon- of verblijfplaats in die staat heeft;
   b. in Nederland een nieuwe strafvervolging tegen de veroordeelde is ingesteld.

3. Het recht van tenuitvoerlegging in Nederland eindigt zodra van de bevoegde autoriteit van de uitvoerende lidstaat bericht is ontvangen dat de tenuitvoerlegging van de rechterlijke uitspraak is voltooid.

Art. 3:23 (informatieverplichting)

Erkenning Nederlandse rechterlijke uitspraak, informatieverplichting

Het openbaar ministerie stelt de bevoegde autoriteit van de uitvoerende lidstaat onverwijld in een vorm die toelaat dat het schriftelijk wordt vastgelegd in kennis van alle feiten en omstandigheden die tot gevolg zouden kunnen hebben dat in de uitvoerende lidstaat een beslissing wordt genomen tot wijziging van de aan de veroordeelde opgelegde verplichtingen, dan wel een beslissing over de tenuitvoerlegging van een vrijheidsbenemende sanctie, omdat de veroordeelde een verplichting niet heeft nageleefd.

Hoofdstuk 4
Wijziging andere wetgeving

Art. 4:1 (wijziging Gratiewet)
[Wijzigt de Gratiewet.]

Art. 4:2 (wijziging Overleveringswet)
[Wijzigt de Overleveringswet.]

Art. 4:3 (wijziging WETSS 2008)
[Wijzigt de Wet wederzijdse erkenning en tenuitvoerlegging strafrechtelijke sancties 2008.]

Art. 4:4 (wijziging Wet RO)
[Wijzigt de Wet op de rechterlijke organisatie]

Art. 4:5 (wijziging WvSr)
[Wijzigt het Wetboek van Strafrecht.]

Art. 4:6 (wijziging WvSv)
[Wijzigt het Wetboek van Strafvordering.]

Hoofdstuk 5
Slotbepalingen

Art. 5:1

Slotbepalingen

Op betekeningen, kennisgevingen en oproepingen gedaan krachtens deze wet, zijn de artikelen 36b, 36c, 36d, 36e, 36g, 36h en 36n van het Wetboek van Strafvordering van overeenkomstige toepassing.

Art. 5:2

1. Deze wet treedt in de relatie met de lidstaten van de Europese Unie in de plaats van de Wet overdracht tenuitvoerlegging strafvonnissen.

2. Het eerste lid is niet van toepassing in relatie tot een andere lidstaat van de Europese Unie voor zover en voor zolang die lidstaat niet de maatregelen heeft getroffen die noodzakelijk zijn om te voldoen aan het kaderbesluit 2008/909/JBZ van de Raad van de Europese Unie van 27 november 2008 inzake de toepassing van het beginsel van wederzijdse erkenning op strafvonnissen waarbij vrijheidsstraffen of tot vrijheidsbeneming strekkende maatregelen zijn opgelegd, met het oog op tenuitvoerlegging ervan in de Europese Unie (PbEU L 327) of het kaderbesluit 2008/947/JBZ van de Raad van de Europese Unie van 27 november 2008 inzake de toepassing van het beginsel van de wederzijdse erkenning op vonnissen en proeftijdbeslissingen met het oog op het toezicht op proeftijdvoorwaarden en alternatieve straffen (PbEU L 337).

3. Deze wet is van toepassing indien de garantie van teruglevering, bedoeld in artikel 6, eerste lid, van de Overleveringswet, voor de inwerkingtreding van deze wet is gegeven, maar de teruglevering plaatsvindt na de inwerkingtreding van deze wet.

Art. 5:3
Deze wet treedt in werking op een bij koninklijk besluit te bepalen tijdstip. **Inwerkingtreding**

Art. 5:4
Deze wet wordt aangehaald als: Wet wederzijdse erkenning en tenuitvoerlegging vrijheidsbenemende en voorwaardelijke sancties. **Citeertitel**

Wet wederzijdse erkenning en tenuitvoerlegging geldelijke sancties en beslissingen tot confiscatie[1]

Wet van 27 september 2007 tot implementatie van het kaderbesluit nr. 2005/214/JBZ van de Raad van de Europese Unie van 24 februari 2005 inzake de toepassing van het beginsel van wederzijdse erkenning op geldelijke sancties (PbEG L 76) (Wet wederzijdse erkenning en tenuitvoerlegging strafrechtelijke sancties)

Wij Beatrix, bij de gratie Gods, Koningin der Nederlanden, Prinses van Oranje-Nassau, enz. enz. enz.
Allen, die deze zullen zien of horen lezen, saluut! doen te weten:
Alzo Wij in overweging genomen hebben, dat de implementatie van het kaderbesluit nr. 2005/214/JBZ van de Raad van de Europese Unie van 24 februari 2005 inzake de toepassing van het beginsel van wederzijdse erkenning op geldelijke sancties (PbEG L 76) noodzaakt tot het stellen van regels voor de wederzijdse erkenning en tenuitvoerlegging van geldelijke sancties en voorts dat het wenselijk is een algemeen kader op te stellen waarin toekomstige kaderbesluiten inzake de wederzijdse erkenning van einduitspraken kunnen worden geïmplementeerd;
Zo is het, dat Wij, de Raad van State gehoord, en met gemeen overleg der Staten-Generaal, hebben goedgevonden en verstaan, gelijk Wij goedvinden en verstaan bij deze:

Hoofdstuk I
Algemene bepalingen

Art. 1 (begripsbepalingen)

Begripsbepalingen

In deze wet wordt verstaan onder:
a. rechterlijke uitspraak: een onherroepelijke beslissing van een rechter wegens een strafbaar feit;
b. beschikking: een onherroepelijke beslissing van een bestuurlijke autoriteit wegens een strafbaar feit of een feit dat wordt bestraft als vergrijp tegen de voorschriften betreffende de orde, voor zover tegen de beslissing beroep op een met name in strafzaken bevoegde rechter is opengesteld;
c. uitvaardigende lidstaat: lidstaat van de Europese Unie waarin een rechterlijke uitspraak of beschikking is gewezen;
d. uitvoerende lidstaat: lidstaat van de Europese Unie waaraan een rechterlijke uitspraak of beschikking met het oog op tenuitvoerlegging is of wordt toegezonden;
e. sanctie: een bij rechterlijke uitspraak of beschikking opgelegde straf of maatregel;
f. geldelijke sanctie: sanctie houdende de verplichting tot betaling van:
1°. een geldboete;
2°. een geldbedrag ten behoeve van het slachtoffer van het strafbare feit, voor zover deze verplichting is opgelegd door de strafrechter;
3°. een geldbedrag voor een schadefonds of instelling ten behoeve van slachtoffers van strafbare feiten voor zover deze verplichting is opgelegd bij rechterlijke uitspraak of beschikking;
4°. proceskosten.
g. voorwerpen: alle zaken en alle vermogensrechten ten aanzien waarvan de rechter van de uitvaardigende lidstaat heeft beslist dat zij:
1°. de opbrengst zijn van een strafbaar feit dan wel met de gehele of gedeeltelijke waarde van die opbrengst overeenstemmen, of
2°. een hulpmiddel voor dat strafbaar feit vormen, of
3°. vatbaar zijn voor confiscatie door de toepassing, in de uitvaardigende lidstaat, van een van de verruimde confiscatiebevoegdheden in de zin van artikel 3, eerste en tweede lid, van het Kaderbesluit 2005/212/JBZ van de Raad van 24 februari 2005 inzake de confiscatie van opbrengsten van misdrijven, alsmede van de daarbij gebruikte hulpmiddelen en de door middel daarvan verkregen voorwerpen (PbEU L 68 van 15 maart 2005), of
4°. vatbaar zijn voor confiscatie op grond van andere rechtsvoorschriften van de uitvaardigende lidstaat betreffende verruimde confiscatiebevoegdheden;

---

1 Inwerkingtredingsdatum: 01-12-2007; zoals laatstelijk gewijzigd bij: Stb. 2020, 291.

Wet wederzijdse erkenning en tenuitv. geldelijke sancties en beslissingen tot confiscatie   **C38 art. 7**

h. opbrengst: elk economisch voordeel dat uit strafbare feiten is verkregen. Dit kunnen alle voorwerpen zijn;
i. hulpmiddelen: alle voorwerpen die op enigerlei wijze, geheel of gedeeltelijk, zijn gebruikt of bestemd om te worden gebruikt om één of meer strafbare feiten te begaan;
j. cultuurgoederen: cultuurgoederen als bedoeld in artikel 3:86a, eerste lid, BW;
k. beslissing, houdende een geldelijke sanctie: een rechterlijke uitspraak of een beschikking, waarbij een geldelijke sanctie als bedoeld in onderdeel f van dit artikel is opgelegd;
l. beslissing tot confiscatie: een rechterlijke uitspraak die leidt tot het blijvend ontnemen van een voorwerp;
m. veroordeelde: degene aan wie een sanctie is opgelegd;
n. officier van justitie: de ingevolge de artikelen 4 en 5 bevoegde officier van justitie;
o. Onze Minister: Onze Minister van Justitie en Veiligheid;
p. Verordening 2018/1805: Verordening (EU) nr. 2018/1805 van het Europees Parlement en de Raad van 14 november 2018 inzake de wederzijdse erkenning van bevriezingsbevelen en confiscatiebevelen (PbEU 2018, L 303/1);
q. confiscatiebevel: bevel als bedoeld in artikel 2, onderdeel 2, van Verordening 2018/1805;
r. uitvaardigende autoriteit: autoriteit, bedoeld in artikel 2, onderdeel 8, subonderdeel b, van Verordening 2018/1805;
s. uitvoerende autoriteit: autoriteit, bedoeld in artikel 2, onderdeel 9, van Verordening 2018/1805.

Art. 2 (beginsel wederzijdse erkenning buitenlandse sancties)
Rechterlijke uitspraken en beschikkingen gewezen in een andere lidstaat van de Europese Unie en aan Nederland gezonden worden overeenkomstig de bepalingen van deze wet in Nederland erkend en ten uitvoer gelegd.

Wederzijdse erkenning buitenlandse sancties

Art. 3 (beginsel erkenning Nederlandse sancties)
In Nederland gewezen rechterlijke uitspraken en beschikkingen kunnen overeenkomstig de bepalingen van deze wet worden gezonden aan een andere lidstaat van de Europese Unie met het oog op de tenuitvoerlegging aldaar.

Erkenning Nederlandse sancties

Art. 4 (bevoegde autoriteiten inkomend)
1. De officier van justitie bij het arrondissement Noord-Nederland is bevoegd tot erkenning van een in een andere lidstaat van de Europese Unie opgelegde beslissing houdende:
a. een geldelijke sanctie;
b. een beslissing tot confiscatie;
c. een confiscatiebevel.
2. Onze Minister is bevoegd tot tenuitvoerlegging van de beslissing of het bevel.

Bevoegdheid erkenning in andere lidstaat opgelegde beslissing

Art. 5 (bevoegde autoriteiten uitgaand)
Onze Minister is bevoegd tot het verzenden van een in Nederland opgelegde beslissing, houdende een geldelijke sanctie, een beslissing tot confiscatie of een confiscatiebevel, aan een andere lidstaat van de Europese Unie met het oog op de tenuitvoerlegging aldaar.

Bevoegdheid verzenden in Nederland opgelegde beslissing aan andere lidstaat

Art. 6 (voor erkenning en tenuitvoerlegging vatbare sancties)
1. Vatbaar voor erkenning en tenuitvoerlegging in Nederland zijn:
A. beslissingen, houdende een geldelijke sanctie genomen in een andere lidstaat van de Europese Unie:
1°. bij rechterlijke uitspraak;
2°. bij beschikking;
3°. bij onherroepelijke rechterlijke beslissing genomen in beroep tegen een beschikking.
B. beslissingen tot confiscatie genomen in een andere lidstaat van de Europese Unie en strekkende tot:
1°. betaling van een geldbedrag aan de staat ter ontneming van wederrechtelijk verkregen voordeel;
2°. verbeurdverklaring, waarbij de rechter heeft bepaald op welke voorwerpen deze sanctie ten uitvoer moet worden gelegd.
C. confiscatiebevelen.
2. Het eerste lid is van toepassing in het geval de veroordeelde een natuurlijke persoon is, voor zover deze inkomsten of vermogen of zijn vaste woon- of verblijfplaats in Nederland heeft dan wel in het geval de veroordeelde een rechtspersoon is, voor zover deze inkomsten of vermogen of zijn statutaire zetel in Nederland heeft, dan wel indien het specifieke voorwerp waarop de beslissing tot confiscatie of het confiscatiebevel betrekking heeft zich op Nederlands grondgebied bevindt.

Voor erkenning en tenuitvoerlegging vatbare sancties

Art. 7 (toezending aan bevoegde autoriteit)
1. De beslissingen, bedoeld in artikel 6, eerste lid, en het ingevulde certificaat, dat is opgesteld overeenkomstig het bij algemene maatregel van bestuur vastgestelde model, worden door de officier van justitie in behandeling genomen. Wanneer deze documenten niet aan hem zijn gezonden, worden ze door de geadresseerde onverwijld aan hem doorgezonden. De geadres-

Toezending aan bevoegde autoriteit

seerde stelt de bevoegde autoriteit van de uitvaardigende lidstaat hiervan onverwijld schriftelijk in kennis. De officier van justitie bevestigt de ontvangst van een aan hem doorgezonden verzoek aan de bevoegde autoriteit van de uitvaardigende lidstaat.

2. Indien het certificaat ontbreekt, onvolledig is of kennelijk niet in overeenstemming is met de beslissing, bedoeld in artikel 6, eerste lid, verzoekt de officier van justitie de bevoegde autoriteit in de uitvaardigende lidstaat het certificaat alsnog over te leggen, aan te vullen of te verbeteren.

3. De officier van justitie kan de bevoegde autoriteit in de uitvaardigende lidstaat verzoeken een gewaarmerkt afschrift van de beslissing of het origineel van het certificaat over te leggen.

Art. 8 (wisselkoers)

Wisselkoers

Indien een beslissing als bedoeld in artikel 6, eerste lid, is uitgedrukt in vreemde valuta, bepaalt de officier van justitie de hoogte van het bedrag in euro's volgens de wisselkoers die gold op het tijdstip waarop de beslissing werd genomen.

Art. 9 (voltooiing en beëindiging van tenuitvoerlegging)

Voltooiing en beëindiging tenuitvoerlegging

1. De tenuitvoerlegging van de beslissing als bedoeld in artikel 6, eerste lid, wordt gestaakt, zodra een daartoe strekkende kennisgeving van de bevoegde autoriteit van de uitvaardigende lidstaat is ontvangen.

2. Zodra de tenuitvoerlegging van de beslissing als bedoeld in artikel 6, eerste lid, is voltooid, stelt Onze Minister de bevoegde autoriteit van de uitvaardigende lidstaat hiervan onverwijld in kennis.

Art. 10 (vatbaar voor erkenning en tenuitvoerlegging in een andere lidstaat)

Vatbaar voor erkenning en tenuitvoerlegging in andere lidstaat

1. Vatbaar voor erkenning en tenuitvoerlegging in een andere lidstaat van de Europese Unie zijn beslissingen, houdende een in Nederland:
a. bij rechterlijke uitspraak of beschikking opgelegde geldboete;
b. bij rechterlijke uitspraak of beschikking opgelegde verplichting tot betaling aan de staat van een geldsom ten behoeve van het slachtoffer;
c. door de bevoegde autoriteiten bij beschikking opgelegde administratieve sanctie als bedoeld in artikel 2 van de Wet administratiefrechtelijke handhaving verkeersvoorschriften;
d. genomen beslissing tot confiscatie, betreffende een geldbedrag;
e. genomen beslissing tot confiscatie, betreffende een specifiek voorwerp;
f. uitgevaardigd confiscatiebevel;
g. door de bevoegde autoriteiten bij beschikking opgelegde bestuurlijke boete als bedoeld in artikel 10:5 van de Arbeidstijdenwet voor zover het overtredingen betreft van hoofdstuk 2 van het Arbeidstijdenbesluit vervoer;
g. door de bevoegde autoriteiten bij beschikking opgelegde bestuurlijke boete als bedoeld in artikel 174a, 174b of 174c van de Wegenverkeerswet 1994 voor zover het overtredingen betreft van de artikelen 20b, de krachtens artikel 29 genoemde artikelen en artikel 30 van die wet.

2. Onze Minister kan een beslissing als bedoeld in het eerste lid aan een andere lidstaat van de Europese Unie zenden met het oog op de tenuitvoerlegging aldaar, indien de veroordeelde in die andere lidstaat inkomsten of vermogen of zijn vaste woon- of verblijfplaats heeft dan wel, in het geval de veroordeelde een rechtspersoon is, deze aldaar inkomsten of vermogen of zijn statutaire zetel heeft.

3. Onverminderd de bepaling van het tweede lid, kan Onze Minister een beslissing als bedoeld in onderdeel e van het eerste lid met het oog op de erkenning en tenuitvoerlegging aan de lidstaat zenden, waarvan hij het redelijke vermoeden heeft dat dat voorwerp zich op het grondgebied van die lidstaat bevindt.

Hoofdstuk II
Beslissingen, houdende een geldelijke sanctie

Afdeling 1
Erkenning en tenuitvoerlegging van buitenlandse beslissingen, houdende een geldelijke sanctie

Art. 11 (erkenning en tenuitvoerlegging)

Erkenning en tenuitvoerlegging

1. Een voor erkenning vatbare beslissing, houdende een geldelijke sanctie, wordt erkend en ten uitvoer gelegd overeenkomstig het bepaalde in de artikelen 6:1:1, 6:1:2, 6:1:9, 6:4:1, 6:4:3, 6:4:4, 6:4:5, 6:4:6 en 6:4:8 van het Wetboek van Strafvordering, tenzij in deze wet anders is bepaald.

2. Indien de ten uitvoer te leggen beslissing is opgelegd bij beschikking en betrekking heeft op gedragingen in strijd met de verkeersregels, met inbegrip van overtredingen van de rij- en rusttijdenwetgeving en de wetgeving inzake gevaarlijke goederen zijn, in voorkomend geval, de artikelen 28 tot en met 30 van de Wet administratiefrechtelijke handhaving verkeersvoorschriften van overeenkomstige toepassing, met dien verstande dat de kantonrechter van de

rechtbank van het arrondissement Noord-Nederland bevoegd is de vordering tot het verlenen van de machtiging tot het toepassen van het dwangmiddel gijzeling te behandelen.
3. De officier van justitie en Onze Minister kunnen de tenuitvoerlegging opschorten gedurende de periode die nodig is om de ten uitvoer te leggen beslissing te laten vertalen.
4. Behoudens de in artikel 12 genoemde gevallen blijft de hoogte van de opgelegde geldelijke sanctie ongewijzigd.

Art. 12 (verlaging van het verschuldigde bedrag)

1. Ingeval de beslissing, houdende de geldelijke sanctie, strekt tot betaling van een geldboete die hoger is dan het wettelijke strafmaximum waarmee het desbetreffende feit naar Nederlands recht is bedreigd, verlaagt de officier van justitie de hoogte van het bedrag tot dat strafmaximum, indien het desbetreffende feit buiten het grondgebied van de uitvaardigende lidstaat is gepleegd en daarover naar Nederlands recht rechtsmacht kon worden uitgeoefend.
2. Indien de veroordeelde aannemelijk maakt dat reeds betalingen zijn verricht ter voldoening van de geldelijke sanctie, raadpleegt Onze Minister de bevoegde autoriteit van de uitvaardigende lidstaat hierover.
3. Reeds geïnde bedragen worden geheel in mindering gebracht op het verschuldigde bedrag.
4. Wordt de hoogte van het verschuldigde bedrag op grond van het eerste of derde lid aangepast, dan stelt de officier van justitie respectievelijk Onze Minister de bevoegde autoriteit van de uitvaardigende lidstaat hiervan onverwijld schriftelijk in kennis.

Verlaging verschuldigde bedrag

Art. 13 (verplichte weigeringsgronden)

1. De officier van justitie weigert de erkenning en tenuitvoerlegging van de beslissing, houdende een geldelijke sanctie, indien:
a. de geldelijke sanctie is opgelegd naar aanleiding van een feit waarover ten aanzien van degene aan wie de geldelijke sanctie is opgelegd:
1°. door de Nederlandse rechter reeds onherroepelijk is beslist;
2°. door een andere rechter reeds een straf is opgelegd welke ten uitvoer is gelegd;
b. behoudens het bepaalde in het tweede lid, het feit waarvoor de geldelijke sanctie is opgelegd, indien het in Nederland was begaan, naar Nederlands recht niet strafbaar zou zijn;
c. over het feit waarvoor de geldelijke sanctie is opgelegd naar Nederlands recht rechtsmacht kon worden uitgeoefend en het recht tot uitvoering van de geldelijke sanctie naar Nederlands recht zou zijn verjaard;
d. de tenuitvoerlegging van de beslissing, houdende de geldelijke sanctie, onverenigbaar is met een naar Nederlands recht geldende immuniteit;
e. de veroordeelde ten tijde van het begaan van het feit de leeftijd van twaalf jaren nog niet had bereikt;
f. het certificaat niet is overgelegd, onvolledig is of kennelijk niet in overeenstemming is met de beslissing en niet aan het verzoek, bedoeld in artikel 7, tweede lid, is voldaan.
2. De tenuitvoerlegging van een beslissing wordt niet geweigerd op grond van het eerste lid, onderdeel b, indien het feit waarvoor de geldelijke sanctie is opgelegd, is vermeld op of valt onder de bij algemene maatregel van bestuur vastgestelde lijst met feiten en soorten van feiten.
3. De tenuitvoerlegging van de beslissing houdende een geldelijke sanctie wordt niet geweigerd op grond van het eerste lid, onderdeel c, dan nadat de bevoegde autoriteit van de uitvaardigende lidstaat in de gelegenheid is gesteld hieromtrent inlichtingen te verschaffen.

Verplichte weigeringsgronden

Art. 13a (aanvullende verplichte weigeringsgrond)

1. De officier van justitie weigert de erkenning en tenuitvoerlegging van de beslissing houdende een geldelijke sanctie, indien uit het certificaat blijkt, dat
a. de veroordeelde, indien de geldsanctie bij beschikking is opgelegd, niet in overeenstemming met het recht van de uitvaardigende lidstaat in persoon of via een naar het nationale recht bevoegde vertegenwoordiger in kennis is gesteld van zijn recht om de zaak te betwisten, alsmede van de termijnen waarbinnen dat rechtsmiddel moet worden aangewend; of
b. de veroordeelde niet in persoon is verschenen bij de behandeling ter terechtzitting die tot de beslissing, houdende een geldelijke sanctie heeft geleid, tenzij in het certificaat is vermeld dat de veroordeelde, overeenkomstig de procedurevoorschriften van de uitvaardigende lidstaat:
1°. tijdig en in persoon is gedagvaard en daarbij op de hoogte is gebracht van de datum en de plaats van de behandeling ter terechtzitting die tot de beslissing, houdende een geldelijke sanctie heeft geleid of anderszins daadwerkelijk officieel in kennis is gesteld van de datum en de plaats van de behandeling ter terechtzitting, zodat op ondubbelzinnige wijze vaststaat dat hij op de hoogte was van de voorgenomen terechtzitting en ervan in kennis is gesteld dat een beslissing kan worden genomen wanneer hij niet ter terechtzitting verschijnt; of
2°. op de hoogte was van de voorgenomen behandeling ter terechtzitting en een door hem gekozen of een hem van overheidswege toegewezen advocaat heeft gemachtigd zijn verdediging te voeren en dat die advocaat ter terechtzitting zijn verdediging heeft gevoerd; of
3°. nadat de beslissing, houdende de geldelijke sanctie aan hem was betekend en hij uitdrukkelijk was geïnformeerd over zijn recht op een verzetprocedure of een procedure in hoger beroep waarbij hij het recht heeft aanwezig te zijn en tijdens welke de zaak opnieuw ten gronde wordt

Aanvullende verplichte weigeringsgrond

behandeld en nieuw bewijsmateriaal wordt toegelaten, en die kan leiden tot herziening van de oorspronkelijke beslissing, uitdrukkelijk te kennen heeft gegeven dat hij de beslissing niet betwist of niet binnen de voorgeschreven termijn verzet of hoger beroep heeft aangetekend; of

c. de veroordeelde niet in persoon is verschenen, tenzij in het certificaat is vermeld dat de veroordeelde, na uitdrukkelijk te zijn geïnformeerd over de behandeling ter terechtzitting en over de mogelijkheid om in persoon ter terechtzitting aanwezig te zijn, uitdrukkelijk heeft verklaard afstand te doen van zijn recht op een mondelinge behandeling en uitdrukkelijk te kennen heeft gegeven dat hij de zaak niet betwist.

2. De tenuitvoerlegging van de beslissing, houdende een geldelijke sanctie wordt niet op grond van het eerste lid geweigerd dan nadat de bevoegde autoriteit van de uitvaardigende lidstaat in de gelegenheid is gesteld hieromtrent inlichtingen te verschaffen.

Art. 14 (facultatieve weigeringsgronden)

Facultatieve weigeringsgronden

De officier van justitie kan de erkenning en tenuitvoerlegging van een beslissing, houdende een geldelijke sanctie, weigeren indien:

a. het feit waarvoor de geldelijke sanctie is opgelegd:
1°. geacht wordt geheel of gedeeltelijk op Nederlands grondgebied of buiten Nederland aan boord van een Nederlands vaartuig of luchtvaartuig te zijn gepleegd; of
2°. buiten het grondgebied van de uitvaardigende lidstaat is gepleegd, terwijl naar Nederlands recht geen vervolging zou kunnen worden ingesteld indien het feit buiten Nederland zou zijn gepleegd;
b. de hoogte van de geldelijke sanctie 70 euro of minder bedraagt.

Art. 14a (mededeling)

Mededeling

Indien de officier van justitie op grond van een van de in de artikelen 13, 13a en 14 genoemde gronden de tenuitvoerlegging van de geldelijke sanctie weigert, stelt hij de bevoegde autoriteit van de uitvaardigende lidstaat daarvan onverwijld, schriftelijk en met redenen omkleed in kennis.

Art. 15 (rechtsmiddelen)

Rechtsmiddelen

1. De veroordeelde kan zich tegen het nemen van verhaal verzetten. Artikel 6:4:5, derde lid, van het Wetboek van Strafvordering is van toepassing, met dien verstande dat het bezwaarschrift wordt ingediend bij de rechtbank Noord-Nederland.
2. Ten aanzien van derden die geheel of gedeeltelijk recht menen te hebben op voorwerpen waarop verhaal wordt genomen, zijn de bepalingen van het Wetboek van Burgerlijke Rechtsvordering van toepassing.

Art. 16 (vervangende hechtenis)

Vervangende hechtenis

1. Indien de geldelijke sanctie is opgelegd bij rechterlijke uitspraak waarbij tevens een tot vervangende hechtenis strekkende sanctie is opgelegd, kan de rechter op vordering van de officier van justitie verlof tot tenuitvoerlegging van die vervangende hechtenis verlenen. De vordering wordt slechts ingesteld indien de veroordeelde niet aan de verplichting tot betaling van de geldelijke sanctie voldoet, volledig verhaal op grond van de artikelen 6:4:4 tot en met 6:4:6 van het Wetboek van Strafvordering op diens inkomsten of vermogen niet mogelijk is gebleken en de bevoegde autoriteit van de uitvaardigende lidstaat met de tenuitvoerlegging van die vervangende hechtenis heeft ingestemd.
2. De vordering wordt ingesteld bij en behandeld door de raadkamer van de rechtbank Noord-Nederland.
3. De officier van justitie roept de veroordeelde op voor de behandeling van de vordering. De behandeling vindt plaats in het openbaar.
4. De vordering wordt niet toegewezen indien het feit waarvoor de sanctie is opgelegd, indien het in Nederland was begaan, naar Nederlands recht niet strafbaar zou zijn.
5. Bij de beoordeling van de vordering houdt de raadkamer rekening met gedeeltelijke betalingen die door de veroordeelde zijn verricht en het verhaal dat reeds ingevolge de artikelen 6:4:4 tot en met 6:4:6 van het Wetboek van Strafvordering is genomen.
6. Bij toewijzing van de vordering bepaalt de raadkamer de duur van de vervangende hechtenis. Artikel 24c, tweede en derde lid, van het Wetboek van Strafrecht en artikel 6:4:7 van het Wetboek van Strafvordering is van toepassing. De duur wordt niet hoger bepaald dan het maximum dat door de bevoegde autoriteit van de uitvaardigende lidstaat is aangegeven.
7. De beslissing van de raadkamer wordt aan de veroordeelde betekend. De artikelen 6:1:6 en 6:1:15 van het Wetboek van Strafvordering zijn van overeenkomstige toepassing.
8. De tot vervangende hechtenis strekkende sanctie kan te allen tijde worden beëindigd door de officier van justitie. De hechtenis eindigt indien de veroordeelde alsnog volledig voldoet aan de verplichting tot betaling van de geldboete.
9. Indien de vordering wordt toegewezen en de tot vervangende hechtenis strekkende sanctie ten uitvoer wordt gelegd, stelt Onze Minister de bevoegde autoriteit van de uitvaardigende lidstaat hiervan onverwijld schriftelijk in kennis.

Afdeling 2
Erkenning en tenuitvoerlegging van Nederlandse beslissingen, houdende een geldelijke sanctie

Art. 17 (toezending stukken)

1. Onze Minister zendt de beslissing vergezeld van een ingevuld certificaat dat is opgesteld overeenkomstig het bij algemene maatregel van bestuur vastgestelde model, rechtstreeks aan de autoriteiten van de uitvoerende lidstaat die bevoegd zijn de beslissing te erkennen en ten uitvoer te leggen.
2. Indien niet bekend is welke autoriteiten in de uitvoerende lidstaat bevoegd zijn tot erkenning en tenuitvoerlegging, verzoekt Onze Minister hieromtrent om inlichtingen.
3. De beslissing wordt niet aan twee of meer lidstaten tegelijkertijd toegezonden.
4. De toezending kan plaatsvinden per gewone post, telefax of elektronische post, mits de echtheid van de toegezonden documenten door de bevoegde autoriteit van de uitvoerende lidstaat kan worden vastgesteld.
5. Op verzoek van de bevoegde autoriteit van de uitvoerende lidstaat, stuurt Onze Minister deze een gewaarmerkt afschrift van de rechterlijke uitspraak of beschikking dan wel het origineel van het certificaat toe.

Toezending stukken

Art. 18 (recht op tenuitvoerlegging)

1. Het recht van tenuitvoerlegging in Nederland van de aan de uitvoerende lidstaat toegezonden beslissing, wordt opgeschort gedurende de periode dat de beslissing ten uitvoer wordt gelegd in die andere lidstaat.
2. Tot tenuitvoerlegging kan worden overgegaan zodra:
a. van de bevoegde autoriteit van de uitvoerende lidstaat bericht is ontvangen dat de beslissing geheel of gedeeltelijk niet ten uitvoer is gelegd; of
b. een kennisgeving als bedoeld in artikel 21 is verzonden.

Recht op tenuitvoerlegging

Art. 19 (kennisgeving vrijwillige betaling)

Indien na toezending van een beslissing aan de uitvoerende lidstaat een geldsom is ontvangen ter voldoening van het verschuldigde bedrag, wordt de bevoegde autoriteit van de uitvoerende lidstaat hiervan door of vanwege Onze Minister onverwijld in kennis gesteld.

Kennisgeving vrijwillige betaling

Art. 20 (uitkering slachtoffer)

Ingeval de aan de uitvoerende lidstaat toegezonden beslissing strekt tot betaling aan de staat van een geldsom ten behoeve van het slachtoffer, keert de staat, zodra van de uitvoerende lidstaat een kennisgeving is ontvangen dat een bedrag is ontvangen, dat bedrag uit aan het slachtoffer.

Uitkering slachtoffer

Art. 21 (kennisgeving staking tenuitvoerlegging)

Indien de officier van justitie of Onze Minister beslist dat de tenuitvoerlegging van de beslissing in de uitvoerende lidstaat moet worden gestaakt, wordt de bevoegde autoriteit in de uitvoerende lidstaat hiervan onverwijld schriftelijk in kennis gesteld.

Kennisgeving staking tenuitvoerlegging

Hoofdstuk III
Confiscatie

Afdeling 1
Erkenning en tenuitvoerlegging van buitenlandse beslissingen tot confiscatie

Art. 22 (erkenning en tenuitvoerlegging)

1. Deze afdeling is van toepassing op een beslissing tot confiscatie van een andere lidstaat van de Europese Unie die niet is gebonden door Verordening 2018/1805.

Erkenning en tenuitvoerlegging, confiscatie opgelegd door andere lidstaat

2. Een voor erkenning vatbare beslissing tot confiscatie wordt erkend en ten uitvoer gelegd volgens Nederlands recht. Voor zover de beslissing tot confiscatie:
a. strekt tot betaling van een geldbedrag aan de staat ter ontneming van wederrechtelijk verkregen voordeel, wordt de beslissing ten uitvoer gelegd overeenkomstig de artikelen 6:1:9, 6:4:9, eerste lid, en 6:6:25 van het Wetboek van Strafvordering, met dien verstande dat de rechtbank Noord-Nederland bevoegd is de vordering te behandelen tot het toepassen van het dwangmiddel gijzeling en daarbij artikel 36e, elfde lid, van het Wetboek van Strafrecht van overeenkomstige toepassing is;
b. betrekking heeft op een specifiek voorwerp, wordt de beslissing overeenkomstig artikel 6:5:1 van het Wetboek van Strafvordering ten uitvoer gelegd, tenzij in deze wet anders is bepaald.
3. Indien de beslissing tot confiscatie betrekking heeft op een specifiek voorwerp, kan de officier van justitie met de bevoegde autoriteit van de uitvaardigende lidstaat overeenkomen, dat de tenuitvoerlegging geschiedt in de vorm van een verplichting tot betaling van een bepaald geldbedrag aan de staat. In voorkomend geval zijn de artikelen 6:1:1, 6:1:2, 6:4:1 tot en met 6:4:6 en 6:4:8 van het Wetboek van Strafvordering van overeenkomstige toepassing.

4. Een vervangende straf of maatregel wordt slechts ten uitvoer gelegd nadat de bevoegde autoriteit in de uitvaardigende lidstaat daartoe toestemming heeft gegeven.

Art. 23 (samenloop)

Samenloop

1. In geval van samenloop van beslissingen als bedoeld in artikel 6, eerste lid, onderdeel B beslist de officier van justitie aan welke beslissing tot confiscatie voorrang zal worden gegeven, daarbij rekening houdend met alle feiten en omstandigheden.
2. Indien de betrokkene bewijs levert van gehele of gedeeltelijke confiscatie in een andere staat, raadpleegt Onze Minister de bevoegde autoriteit van de uitvaardigende lidstaat. In geval van confiscatie van opbrengsten worden de delen van het bedrag die naar aanleiding van de beslissing tot confiscatie reeds in een andere staat zijn geconfisqueerd, volledig in mindering gebracht op het in Nederland te confisqueren geldbedrag.

Art. 24 (verplichte weigeringsgronden)

Verplichte weigeringsgronden

1. De officier van justitie weigert de erkenning en tenuitvoerlegging van de beslissing tot confiscatie, indien:
   a. de beslissing tot confiscatie is genomen naar aanleiding van een feit waarover ten aanzien van degene aan wie die beslissing is opgelegd:
   1°. door de Nederlandse rechter reeds onherroepelijk is beslist;
   2°. door een andere rechter reeds een straf of maatregel is opgelegd welke ten uitvoer is gelegd;
   b. behoudens het bepaalde in het tweede lid, het feit dat ten grondslag ligt aan de strafzaak in verband waarmee de beslissing tot confiscatie is opgelegd, indien het in Nederland was begaan, naar Nederlands recht niet strafbaar zou zijn;
   c. over het feit dat ten grondslag ligt aan de strafzaak in verband waarmee de beslissing tot confiscatie is genomen, naar Nederlands recht rechtsmacht kon worden uitgeoefend en het recht tot tenuitvoerlegging van de beslissing tot confiscatie naar Nederlands recht zou zijn verjaard;
   d. de tenuitvoerlegging van de beslissing tot confiscatie onverenigbaar is met een naar Nederlands recht geldende immuniteit;
   e. de rechten van belanghebbenden de tenuitvoerlegging van die beslissing tot confiscatie onmogelijk maken;
   f. het certificaat niet is overgelegd, onvolledig is of kennelijk niet in overeenstemming is met de beslissing en niet aan het verzoek, bedoeld in artikel 7, tweede lid, is voldaan.
2. De tenuitvoerlegging van een beslissing wordt niet geweigerd op grond van het eerste lid, onderdeel b, indien het feit waarvoor de beslissing tot confiscatie is opgelegd, is vermeld op of valt onder de bij algemene maatregel van bestuur vastgestelde lijst met feiten en soorten van feiten en het feit in de uitvaardigende lidstaat wordt bedreigd met een maximale vrijheidsstraf van ten minste drie jaren.
3. De erkenning en tenuitvoerlegging van de beslissing tot confiscatie worden niet geweigerd op grond van het eerste lid onderdeel a, dan nadat de bevoegde autoriteit van de uitvaardigende lidstaat in de gelegenheid is gesteld hieromtrent inlichtingen te verschaffen. Hetzelfde geldt voor een weigering op grond van onderdeel e van het eerste lid, indien er geen rechtsmiddel als bedoeld in artikel 27 is ingesteld.

Art. 24a (aanvullende verplichte weigeringsgrond)

Aanvullende verplichte weigeringsgrond

1. De officier van justitie weigert de erkenning en tenuitvoerlegging van de beslissing tot confiscatie, indien uit het certificaat blijkt, dat de veroordeelde niet in persoon is verschenen bij de behandeling ter terechtzitting die tot de beslissing tot confiscatie heeft geleid, tenzij in het certificaat is vermeld dat de veroordeelde, overeenkomstig de procedurevoorschriften van de uitvaardigende lidstaat:
   1°. tijdig en in persoon is gedagvaard en daarbij op de hoogte is gebracht van de datum en de plaats van de behandeling ter terechtzitting die tot de beslissing tot confiscatie heeft geleid of anderszins daadwerkelijk officieel in kennis is gesteld van de datum en de plaats van de behandeling ter terechtzitting, zodat op ondubbelzinnige wijze vaststaat dat hij op de hoogte was van de voorgenomen terechtzitting en ervan in kennis is gesteld dat een beslissing kan worden genomen wanneer hij niet ter terechtzitting verschijnt; of
   2°. op de hoogte was van de voorgenomen behandeling ter terechtzitting en een door hem gekozen of een hem van overheidswege toegewezen advocaat heeft gemachtigd zijn verdediging te voeren en dat die advocaat ter terechtzitting zijn verdediging heeft gevoerd; of
   3°. nadat de beslissing tot confiscatie aan hem was betekend en hij uitdrukkelijk was geïnformeerd over zijn recht op een verzetprocedure of een procedure in hoger beroep, waarbij hij het recht heeft aanwezig te zijn en tijdens welke de zaak opnieuw ten gronde wordt behandeld en nieuw bewijsmateriaal wordt toegelaten, die kan leiden tot herziening van de oorspronkelijke beslissing, uitdrukkelijk te kennen heeft gegeven dat hij de beslissing niet betwist of niet binnen de voorgeschreven termijn verzet of hoger beroep heeft aangetekend.
2. De tenuitvoerlegging van de beslissing tot confiscatie wordt niet op grond van het eerste lid geweigerd dan nadat de bevoegde autoriteit van de uitvaardigende lidstaat in de gelegenheid is gesteld hieromtrent inlichtingen te verschaffen.

Art. 25 (facultatieve weigeringsgronden)

1. De officier van justitie kan de erkenning en tenuitvoerlegging van een beslissing tot confiscatie weigeren indien het feit waarvoor de beslissing tot confiscatie is opgelegd:

1°. geacht wordt geheel of gedeeltelijk op Nederlands grondgebied of buiten Nederland aan boord van een Nederlands vaartuig of luchtvaartuig te zijn gepleegd; of

2°. buiten het grondgebied van de uitvaardigende lidstaat is gepleegd, terwijl naar Nederlands recht geen vervolging zou kunnen worden ingesteld indien het feit buiten Nederland zou zijn gepleegd.

Indien de strafprocedure die leidde tot de beslissing tot confiscatie zowel betrekking had op een gronddelict als op het witwassen van geld, wordt onder «het feit» voor de toepassing van dit lid het gronddelict verstaan.

2. Tevens kan de officier van justitie de erkenning en tenuitvoerlegging van een beslissing tot confiscatie weigeren indien hij van oordeel is dat die beslissing is gegeven met toepassing van verruimde confiscatiebevoegdheden zoals bedoeld in artikel 1, onderdeel g, onder 4°.

3. De erkenning en tenuitvoerlegging van de beslissing tot confiscatie worden niet geweigerd op grond van dit artikel, dan nadat de bevoegde autoriteit van de uitvaardigende lidstaat in de gelegenheid is gesteld hieromtrent inlichtingen te verschaffen.

Art. 26 (opschorting)

1. De tenuitvoerlegging van een beslissing tot confiscatie kan worden opgeschort indien:

a. de beslissing tot confiscatie een geldsom betreft die tevens aan een of meer andere lidstaten is gezonden met het oog op de tenuitvoerlegging aldaar en Onze Minister van oordeel is dat het risico bestaat dat de totale opbrengst van de tenuitvoerlegging hoger is dan het in de beslissing tot confiscatie bepaalde bedrag;

b. het belang van een lopend strafrechtelijk onderzoek zich verzet tegen de tenuitvoerlegging van de beslissing;

c. vertaling van de beslissing tot confiscatie nodig wordt geacht;

d. de beslissing tot confiscatie betrekking heeft op een specifiek voorwerp en met betrekking tot dit voorwerp reeds een procedure tot confiscatie loopt.

2. Onze Minister geeft de autoriteiten van de uitvaardigende lidstaat onverwijld schriftelijk kennis van de opschorting van de tenuitvoerlegging. In de gevallen, bedoeld in het eerste lid, onderdelen b tot en met e, doet hij dit onder vermelding van de gronden en zo mogelijk van de verwachte duur van de opschorting.

3. Zodra de gronden voor opschorting zijn vervallen, wordt de beslissing ten uitvoer gelegd. De autoriteiten van de uitvaardigende lidstaat worden hiervan onverwijld schriftelijk in kennis gesteld.

Art. 27 (rechtsmiddelen)

1. De veroordeelde, alsmede belanghebbenden, kunnen tegen de erkenning en tenuitvoerlegging van een beslissing tot confiscatie beroep instellen bij de rechtbank Noord-Nederland. Het beroep wordt ingesteld uiterlijk binnen zeven dagen, te rekenen van de dag dat de veroordeelde of belanghebbende kennis heeft gekregen van de beslissing tot erkenning en tenuitvoerlegging. De artikelen 21 tot en met 25 van het Wetboek van Strafvordering zijn van toepassing. Een ingesteld beroep heeft schorsende werking.

2. Ten aanzien van belanghebbenden die geheel of gedeeltelijk recht menen te hebben op voorwerpen die op grond van deze wet in beslag zijn genomen, zijn de bepalingen van het Wetboek van Burgerlijke Rechtsvordering van toepassing.

3. Indien een rechtsmiddel wordt ingesteld tegen de erkenning en tenuitvoerlegging van een beslissing tot confiscatie, wordt de bevoegde autoriteit van de uitvaardigende lidstaat hiervan in kennis gesteld.

4. Artikel 15 is van toepassing.

Art. 28 (verdeling van geconfisqueerde voorwerpen)

1. Indien het geldbedrag dat uit de tenuitvoerlegging van de beslissing tot confiscatie wordt verkregen, hoger is dan € 10 000,–, wordt van de totale opbrengst de helft aan de uitvaardigende lidstaat overgedragen. Indien het geldbedrag dat uit de tenuitvoerlegging van de beslissing tot confiscatie wordt verkregen, lager is dan of gelijk is aan € 10 000,–, valt de gehele opbrengst toe aan de Staat. Bij of krachtens algemene maatregel van bestuur worden voorschriften gegeven met betrekking tot de wijze waarop deze verdeling plaatsvindt.

2. Onze Minister kan beslissen dat specifieke voorwerpen, verkregen door de tenuitvoerlegging van een beslissing tot confiscatie:

a. worden verkocht, waarna de opbrengst van de verkoop overeenkomstig het eerste lid wordt verdeeld;

b. aan de uitvaardigende lidstaat worden overgedragen;

c. worden vernietigd.

3. De voorwerpen worden niet verkocht of teruggegeven, indien het cultuurgoederen zijn die deel uitmaken van het Nederlandse culturele erfgoed.

Wet wederzijdse erkenning en tenuitv. geldelijke sancties en beslissingen tot confiscatie

4. Indien de voorwerpen met toepassing van artikel 6:4:3, eerste lid, van het Wetboek van Strafvordering zijn verkregen, worden deze niet aan de uitvaardigende lidstaat overgedragen, dan nadat deze daarvoor toestemming heeft gegeven.
5. Onze Minister kan met de uitvaardigende lidstaat overeenkomen dat de geconfisqueerde voorwerpen anders worden verdeeld dan volgens het eerste en tweede lid.

Art. 29 (mededelingen)

Mededelingen

1. Indien de officier van justitie op grond van de artikelen 24, eerste lid, 24a, eerste lid, of 25, eerste lid, de erkenning en tenuitvoerlegging van de beslissing tot confiscatie weigert, stelt hij de bevoegde autoriteit van de uitvaardigende lidstaat hiervan onverwijld schriftelijk en met redenen omkleed in kennis.
2. Indien de tenuitvoerlegging van de beslissing tot confiscatie niet, of niet geheel slaagt, stelt de officier van justitie de bevoegde autoriteit van de uitvaardigende lidstaat hiervan onverwijld met redenen omkleed in kennis.
3. Van de toepassing van een vervangende straf of maatregel stelt de officier van justitie de bevoegde autoriteit van de uitvaardigende lidstaat onverwijld in kennis.
4. Indien tenuitvoerlegging van de beslissing tot confiscatie onmogelijk blijkt, zulks nadat de bevoegde autoriteit van de uitvaardigende lidstaat door de bevoegde autoriteit van de uitvoerende lidstaat in de gelegenheid is gesteld nadere gegevens met betrekking tot het voorwerp waarop de beslissing tot confiscatie betrekking heeft te verstrekken, wordt de bevoegde autoriteit van de uitvaardigende lidstaat daarvan onverwijld schriftelijk in kennis gesteld.

Art. 30 (inbeslagneming)

Inbeslagneming

1. Voorwerpen ten aanzien waarvan de uitvaardigende lidstaat een beslissing tot confiscatie aan Nederland heeft gezonden met het oog op erkenning en tenuitvoerlegging, alsmede voorwerpen die kunnen dienen om het recht tot verhaal te bewaren, kunnen door de officier van justitie in beslag worden genomen.
2. Inbeslagneming overeenkomstig het eerste lid vindt slechts plaats in gevallen waarin gegronde redenen bestaan voor de verwachting dat de beslissing tot confiscatie op korte termijn in Nederland ten uitvoer zal worden gelegd.

Afdeling 2
Erkenning en tenuitvoerlegging van Nederlandse beslissingen tot confiscatie

Art. 31 (toezending stukken)

Toezending stukken, confiscatie opgelegd door andere lidstaat

1. Deze afdeling is van toepassing op een beslissing tot confiscatie van een andere lidstaat van de Europese Unie die niet is gebonden door Verordening 2018/1805.

2. Onze Minister zendt een gewaarmerkt afschrift van de beslissing tot confiscatie, vergezeld van een ingevuld certificaat dat is opgesteld overeenkomstig het bij algemene maatregel van bestuur vastgestelde model rechtstreeks aan de autoriteit van de uitvoerende lidstaat die bevoegd is de beslissing te erkennen en ten uitvoer te leggen, op een wijze die de mogelijkheid biedt een schriftelijk document voort te brengen op grond waarvan de echtheid kan worden vastgesteld.
3. Op verzoek van de uitvoerende lidstaat worden een voor eensluidend gewaarmerkt afschrift van de beslissing tot confiscatie en het originele exemplaar van het certificaat aan de uitvoerende lidstaat toegezonden.
4. Indien niet bekend is welke autoriteiten in de uitvoerende lidstaat bevoegd zijn tot erkenning en tenuitvoerlegging, verzoekt Onze Minister hieromtrent om inlichtingen onder andere bij het Europees Justitieel Netwerk.
5. Behoudens de gevallen, bedoeld in het zesde en zevende lid, wordt de beslissing niet aan twee of meer lidstaten tegelijkertijd toegezonden.
6. Onze Minister kan een in Nederland genomen beslissing tot confiscatie die betrekking heeft op een geldbedrag slechts aan meer dan een lidstaat tegelijkertijd toezenden, indien hij van oordeel is dat alleen door meervoudige toezending de volledige tenuitvoerlegging van de beslissing tot confiscatie kan worden bereikt. Onze Minister draagt er zorg voor dat de totale opbrengst van de tenuitvoerlegging niet meer bedraagt dan het in de beslissing tot confiscatie bepaalde maximumbedrag.
7. Onze Minister kan een in Nederland genomen beslissing tot confiscatie die betrekking heeft op een of meer specifieke voorwerpen slechts aan meer dan een lidstaat tegelijkertijd toezenden, indien:
   a. hij redelijke vermoedens heeft dat verschillende voorwerpen waarop de beslissing betrekking heeft, zich in verschillende lidstaten bevinden;
   b. de confiscatie van dat specifieke voorwerp waarop die beslissing betrekking heeft, noodzaakt tot optreden in meer dan een lidstaat;
   c. hij redelijke vermoedens heeft dat een specifiek voorwerp waarop de beslissing betrekking heeft, zich in een van twee of meer lidstaten bevindt.

Art. 32 (recht van tenuitvoerlegging)
Het recht van tenuitvoerlegging in Nederland van de aan de uitvoerende lidstaat toegezonden beslissing blijft bestaan, onverminderd de toepassing van de bepalingen in artikel 31.

Art. 33 (mededelingen)
1. Indien Onze Minister beslist dat de tenuitvoerlegging van de beslissing tot confiscatie in de uitvoerende lidstaat moet worden gestaakt, stelt hij de bevoegde autoriteit hiervan onverwijld schriftelijk in kennis.
2. In geval van toepassing van artikel 31, zesde en zevende lid, stelt Onze Minister onmiddellijk de bevoegde autoriteiten in alle uitvoerende lidstaten in kennis, indien
a. hij van oordeel is dat het risico bestaat dat het in de beslissing tot confiscatie bepaalde maximumbedrag zal worden overschreden;
b. de beslissing tot confiscatie geheel of ten dele ten uitvoer is gelegd in Nederland of een van de andere uitvoerende staten; indien van toepassing wordt het nog ten uitvoer te leggen bedrag gespecificeerd;
c. Onze Minister een geldsom ontvangt die de veroordeelde vrijwillig heeft betaald in het kader van de beslissing tot confiscatie, na de toezending van die beslissing tot confiscatie naar een andere lidstaat.

Afdeling 3
Confiscatiebevelen op grond van Verordening 2018/1805

Art. 34 (toepassingsbereik)
Deze afdeling is van toepassing op een confiscatiebevel van een andere lidstaat van de Europese Unie die is gebonden door Verordening 2018/1805.

Art. 35 (erkenning en tenuitvoerlegging confiscatiebevel)
1. Een confiscatiebevel wordt erkend overeenkomstig Verordening 2018/1805. Voor zover het bevel betrekking heeft op de confiscatie van:
a. een geldsom, wordt het bevel ten uitvoer gelegd overeenkomstig de artikelen 6:1:1 tot en met 6:1:5, 6:1:9 en 6:6:25 van het Wetboek van Strafvordering, de tweede titel van het vierde hoofdstuk van het Zesde Boek van het Wetboek van Strafvordering en de regels die bij of krachtens algemene maatregel van bestuur op grond van artikel 6:4:19 van het Wetboek van Strafvordering zijn gesteld, met dien verstande dat de vordering tot de toepassing van het dwangmiddel gijzeling en het verzetschrift tegen de tenuitvoerlegging van een dwangbevel worden ingediend bij de rechtbank Noord-Nederland;
b. een voorwerp, wordt het bevel ten uitvoer gelegd overeenkomstig de artikelen 6:1:2 tot en met 6:1:5 en 6:1:9 van het Wetboek van Strafvordering, het vijfde hoofdstuk van het Zesde Boek van het Wetboek van Strafvordering en de regels die bij of krachtens algemene maatregel van bestuur op grond van artikel 6:5:3 van het Wetboek van Strafvordering zijn gesteld, met dien verstande dat het verzetschrift tegen de tenuitvoerlegging van een dwangbevel wordt ingediend bij de rechtbank Noord-Nederland.
2. Indien de uitvaardigende autoriteit heeft besloten tot teruggave van een voorwerp, dan wel een overeenkomstige geldsom, aan het slachtoffer, of tot overdracht van een geldsom ter compensatie van het slachtoffer, wordt de tenuitvoerlegging van het bevel voltooid overeenkomstig artikel 30, eerste tot en met vierde lid, van Verordening 2018/1805.
3. Indien het confiscatiebevel strekt tot:
a. overdracht van een voorwerp, dan wel een voorwerp in plaats van een geldsom, aan de uitvaardigende staat, wordt de tenuitvoerlegging van het bevel voltooid overeenkomstig artikel 30, zesde lid, onderdeel b, van Verordening 2018/1805;
b. overdracht van een geldsom aan de uitvaardigende staat, wordt de tenuitvoerlegging van het bevel voltooid overeenkomstig artikel 30, zevende lid, van Verordening 2018/1805.

Art. 36 (weigeringsgronden)
De officier van justitie of Onze Minister kan de erkenning onderscheidenlijk de tenuitvoerlegging van een confiscatiebevel weigeren als één van de gronden, bedoeld in artikel 19, eerste lid, van Verordening 2018/1805, van toepassing is.

Art. 37 (prioritering)
Indien de officier van justitie twee of meer bevelen tot confiscatie of bevriezing uit verschillende lidstaten ontvangt die zijn uitgevaardigd tegen dezelfde persoon of betrekking hebben op hetzelfde voorwerp, beslist de officier van justitie welk van de bevelen ten uitvoer moet worden gelegd, overeenkomstig het bepaalde in artikel 26 van Verordening 2018/1805.

Art. 38 (beslag ten behoeve van tenuitvoerlegging)
1. Voorafgaand aan de beslissing tot erkenning van een confiscatiebevel kunnen voorwerpen in beslag worden genomen overeenkomstig de derde afdeling van titel IV van het Eerste Boek van het Wetboek van Strafvordering.

Wet wederzijdse erkenning en tenuitv. geldelijke sancties en beslissingen tot confiscatie

2. De artikelen 552a, 552c tot en met 552d, eerste lid en 552e, eerste lid, van het Wetboek van Strafvordering zijn van overeenkomstige toepassing, met dien verstande dat de rechter niet treedt in een onderzoek naar de grondslag van het confiscatiebevel.

Art. 39 (rechtsmiddelen erkenning en tenuitvoerlegging confiscatiebevel)

Confiscatiebevel, beroep

1. De veroordeelde, alsmede belanghebbenden, kunnen tegen de beslissing van de officier van justitie tot erkenning en tenuitvoerlegging van een confiscatiebevel beroep instellen bij de rechtbank Noord-Nederland. Het beroep wordt ingesteld uiterlijk binnen zeven dagen, te rekenen van de dag dat de veroordeelde of belanghebbende kennis heeft gekregen van de beslissing tot erkenning en tenuitvoerlegging van het confiscatiebevel. De artikelen 21 tot en met 25 van het Wetboek van Strafvordering zijn van toepassing. Het beroep heeft geen schorsende werking.
2. Ten aanzien van derden die geheel of gedeeltelijk recht menen te hebben op voorwerpen waarop verhaal wordt genomen, zijn de bepalingen van het Wetboek van Burgerlijke Rechtsvordering van toepassing.

Hoofdstuk IV
Slotbepalingen

Art. 40 (kosten)

Confiscatiebevel, kosten tenuitvoerlegging uitspraak

1. Alle kosten van tenuitvoerlegging van een rechterlijke uitspraak, beslissing tot confiscatie, confiscatiebevel of beschikking in Nederland overeenkomstig de bepalingen van deze wet, komen ten laste van de staat.
2. Onze Minister kan de bevoegde autoriteit van de uitvaardigende lidstaat voorstellen de kosten van de tenuitvoerlegging te delen, indien het de tenuitvoerlegging van een rechterlijke uitspraak overeenkomstig Hoofdstuk III, afdeling 1, of de tenuitvoerlegging van een confiscatiebevel overeenkomstig Hoofdstuk III, afdeling 3, betreft.
3. Wanneer op grond van artikel 31, tweede lid, of op grond van Verordening 2018/1805, een lidstaat is verzocht een Nederlandse beslissing tot confiscatie te erkennen en ten uitvoer te leggen, kan Onze Minister instemmen met het verzoek van de tenuitvoerleggingsstaat om de kosten van de tenuitvoerlegging te delen. Onze Minister verleent slechts instemming indien hij op basis van door de uitvoerende lidstaat verstrekte gedetailleerde gegevens van oordeel is dat die kosten hoog of uitzonderlijk zijn.

Art. 41 (baten)

Confiscatiebevel, verkrijging ten bate van de staat

1. Al hetgeen wordt verkregen door tenuitvoerlegging in Nederland van een rechterlijke uitspraak of beschikking overeenkomstig Hoofdstuk II, Afdeling 1, van deze wet, komt ten bate van de staat.
2. Onze Minister kan met de uitvaardigende lidstaat overeenkomen dat de verkregen baten als bedoeld in het eerste lid geheel of gedeeltelijk worden verstrekt aan de uitvaardigende lidstaat.
3. Al hetgeen wordt verkregen door tenuitvoerlegging in Nederland van een rechterlijke uitspraak overeenkomstig Hoofdstuk III, Afdeling 1, van deze wet, wordt overeenkomstig de bepalingen van artikel 28 verdeeld.

Art. 42 (betekening)

Betekening, nadere bepalingen

Op betekeningen, kennisgevingen en oproepingen gedaan krachtens deze wet, zijn de artikelen 36b tot en met 36e, 36g, 36h en 36n van het Wetboek van Strafvordering van toepassing.

Art. 43 (gratie)

Gratie

Indien met toepassing van artikel 6:7:1, tweede lid, van het Wetboek van Strafvordering gratie is verleend van een sanctie die met toepassing van de bepalingen van deze wet in Nederland is erkend en ten uitvoer wordt gelegd, wordt de bevoegde autoriteit van de uitvaardigende lidstaat hiervan onverwijld schriftelijk in kennis gesteld.

Art. 44

Citeertitel

Deze wet wordt aangehaald als: Wet wederzijdse erkenning en tenuitvoerlegging geldelijke sancties en beslissingen tot confiscatie.

Overleveringswet[1]

Wet van 29 april 2004 tot implementatie van het kaderbesluit van de Raad van de Europese Unie betreffende het Europees aanhoudingsbevel en de procedures van overlevering tussen de lidstaten van de Europese Unie (Overleveringswet)

Wij Beatrix, bij de gratie Gods, Koningin der Nederlanden, Prinses van Oranje-Nassau, enz. enz. enz.

Allen, die deze zullen zien of horen lezen, saluut! doen te weten:

Alzo Wij in overweging genomen hebben, dat de implementatie van het kaderbesluit van de Raad van de Europese Unie betreffende het Europees aanhoudingsbevel en de procedures van overlevering tussen de lidstaten van de Europese Unie van 13 juni 2002 (2002/584/JBZ), gepubliceerd in het Publicatieblad van de Europese Gemeenschappen L 190 van 18 juli 2002, noodzaakt tot het stellen van nieuwe regels voor de overlevering van personen tussen lidstaten van de Europese Unie en daarmee verbandhoudende andere vormen van rechtshulp;

Zo is het, dat Wij, de Raad van State gehoord, en met gemeen overleg der Staten-Generaal, hebben goedgevonden en verstaan, gelijk Wij goedvinden en verstaan bij deze:

Hoofdstuk I
Algemene bepalingen

Afdeling 1
Begripsbepalingen

Art. 1
In deze wet wordt verstaan onder:

Begripsbepalingen

a. *overlevering*: de terbeschikkingstelling van een persoon door de justitiële autoriteiten van de ene lidstaat aan de justitiële autoriteiten van een andere lidstaat van de Europese Unie ten behoeve van hetzij een in die andere lidstaat tegen hem gericht strafrechtelijk onderzoek, hetzij de tenuitvoerlegging van een hem opgelegde vrijheidsbenemende straf of maatregel;

b. *Europees aanhoudingsbevel*: de schriftelijk vastgelegde beslissing van een justitiële autoriteit van een lidstaat van de Europese Unie strekkende tot de aanhouding en de overlevering van een persoon door de justitiële autoriteit van een andere lidstaat;

c. *vrijheidsstraffen*: door de rechter op te leggen straffen met een vrijheidsbenemend karakter alsmede de door deze naast of in plaats van een straf op te leggen maatregelen strekkende tot vrijheidsbeneming;

d. *opgeëiste persoon*: de persoon op wie een Europees aanhoudingsbevel, een signalering in het Schengen-informatiesysteem of via Interpol strekkende tot aanhouding en overlevering betrekking heeft;

e. *officier van justitie*: voor zover aldus vermeld, elke officier van justitie, en overigens de officier van justitie bij het arrondissementsparket Amsterdam;

f. *rechter-commissaris*: voor zover aldus vermeld, elke rechter-commissaris belast met de behandeling van strafzaken, en overigens, de rechter-commissaris belast met de behandeling van strafzaken in de rechtbank Amsterdam;

g. *rechtbank*: de rechtbank Amsterdam;

h. *Onze Minister*: Onze Minister van Justitie;

i. *uitvaardigende justitiële autoriteit*: de justitiële autoriteit van een lidstaat van de Europese Unie, krachtens het nationale recht bevoegd tot het afgeven van een Europees aanhoudingsbevel;

j. *uitvaardigende lidstaat*: de lidstaat van de Europese Unie waar de uitvaardigende justitiële autoriteit werkzaam is;

k. *uitvoerende justitiële autoriteit*: de justitiële autoriteit van een lidstaat van de Europese Unie, krachtens het nationale recht bevoegd tot het nemen van de beslissing tot overlevering op basis van een Europees aanhoudingsbevel;

l. *uitvoerende lidstaat*: de lidstaat van de Europese Unie waar de uitvoerende justitiële autoriteit werkzaam is;

m. *Uitvoeringsovereenkomst van Schengen*: de Overeenkomst ter uitvoering van het tussen de regeringen van de staten van de Benelux Economische Unie, de Bondsrepubliek Duitsland en de Franse Republiek op 14 juni 1985 gesloten Akkoord betreffende de geleidelijke afschaffing van de controles aan de gemeenschappelijke grenzen, Schengen, 19 juni 1990 (Trb. 1985, 101);

---

[1] Inwerkingtredingsdatum: 12-05-2004; zoals laatstelijk gewijzigd bij: Stb. 2021, 155.

n. EU-rechtshulpovereenkomst 2000: de Overeenkomst, door de Raad vastgesteld overeenkomstig artikel 34 van het Verdrag betreffende de Europese Unie, betreffende de wederzijdse rechtshulp in strafzaken tussen de Lid-Staten van de Europese Unie, Brussel, 29 mei 2000 (Trb. 2000, 96);

o. *Verordening EOM:* de Verordening (EU) 2017/1939 van de Raad van 12 oktober 2017 betreffende nauwere samenwerking bij de instelling bij de instelling van het Europees Openbaar Ministerie («EOM») (PbEU 2017, L 283).

Art. 1a

[Taken Europees Openbaar Ministerie, begripsbepalingen]

In afwijking van de onderdelen b, i en j van artikel 1 wordt voor de toepassing van hoofdstuk II van deze wet ten behoeve van de uitoefening van de taken van het Europees Openbaar Ministerie als bedoeld in artikel 4 van de Verordening EOM, gelezen voor:
- *Europees aanhoudingsbevel:* de schriftelijk vastgelegde beslissing op grond van artikel 33, tweede lid, van de Verordening EOM strekkende tot de aanhouding en de overlevering van een persoon door de justitiële autoriteit van een andere lidstaat;
- *uitvaardigende justitiële autoriteit:* de justitiële autoriteit van een lidstaat van de Europese Unie, krachtens het nationale recht bevoegd tot het afgeven van een Europees aanhoudingsbevel of de gedelegeerd Europese aanklager bedoeld in artikel 13 van de Verordening EOM;
- *uitvaardigende lidstaat:* de lidstaat van de Europese Unie waar de uitvaardigende justitiële autoriteit of de gedelegeerd Europese aanklager bedoeld in artikel 13 van de Verordening EOM werkzaam is.

Afdeling 2
Europees aanhoudingsbevel

Art. 2

[Europees aanhoudingsbevel, toepassing]

1. Een Europees aanhoudingsbevel kan slechts worden afgegeven wegens feiten die door de wet van de uitvaardigende lidstaat strafbaar zijn gesteld en waarop een vrijheidsstraf met een maximum van ten minste twaalf maanden is gesteld of indien een straf of maatregel is opgelegd, wanneer deze een duur heeft van ten minste vier maanden.

[Europees aanhoudingsbevel, inhoud]

2. Een Europees aanhoudingsbevel wordt volgens het in bijlage 2 bij deze wet opgenomen model opgemaakt en dient in elk geval de volgende gegevens te bevatten:
a. de identiteit en de nationaliteit van de gezochte persoon;
b. de naam, het adres, het telefoon- en het faxnummer en het elektronische postadres van de uitvaardigende justitiële autoriteit;
c. de vermelding dat een voor tenuitvoerlegging vatbaar vonnis, een aanhoudingsbevel of een andere voor tenuitvoerlegging vatbare gelijkwaardige rechterlijke beslissing bestaat;
d. de aard en de wettelijke kwalificatie van het strafbare feit, in het bijzonder rekening houdend met artikel 7, eerste lid, onderdeel a, onder 1°;
e. een beschrijving van de omstandigheden waaronder het strafbare feit is gepleegd, met vermelding van onder meer het tijdstip, de plaats en de mate van betrokkenheid van de gezochte persoon bij het strafbare feit;
f. de opgelegde straf of maatregel, indien een onherroepelijk vonnis bestaat, of de in de uitvaardigende lidstaat voor het betrokken feit geldende strafbedreiging;
g. indien mogelijk, andere gevolgen van het strafbaar feit.

3. De uitvaardigende justitiële autoriteit van de lidstaat van nationaliteit van een burger van de Unie die gebruik heeft gemaakt van het recht op vrij verkeer als bedoeld in artikel 21 van het Verdrag betreffende de werking van de Europese Unie en in een andere lidstaat is aangehouden met het oog op uitlevering ter fine van strafvervolging aan een derde staat, kan na daarover te zijn geïnformeerd, ter voorkoming van een inbreuk op de artikelen 18 en 21 van dat Verdrag en met in achtneming van het eerste en tweede lid, een Europees aanhoudingsbevel uitvaardigen voor dezelfde feiten als die welke aan het uitleveringsverzoek ten grondslag liggen en voor zover zij naar nationaal recht bevoegd is rechtsmacht uit te oefenen ter zake van die feiten.

4. Het Europees aanhoudingsbevel dient te zijn vertaald in de officiële taal of een van de officiële talen van de uitvoerende lidstaat, dan wel in de taal die deze lidstaat in een bij het secretariaat-generaal van de Raad van de Europese Unie neergelegde verklaring heeft aangegeven.

Art. 3

[Europees aanhoudingsbevel, toezending aan uitvoerende autoriteit]

1. Het Europees aanhoudingsbevel kan, indien de verblijfplaats van de opgeëiste persoon bekend is, door de uitvaardigende justitiële autoriteit rechtstreeks worden toegezonden aan de uitvoerende justitiële autoriteit in de lidstaat van verblijf.
2. Rechtstreekse toezending als bedoeld in het eerste lid is niet toegestaan in die gevallen dat een lidstaat voor de toezending of de ontvangst van Europese aanhoudingsbevelen een centrale autoriteit heeft aangewezen.
3. De toezending kan plaatsvinden per gewone post, telefax of, mits de mogelijkheid bestaat om de echtheid van de herkomst vast te stellen, per elektronische post.

Art. 4
1. De uitvaardigende justitiële autoriteit kan besluiten de opgeëiste persoon te doen signaleren in het Schengen-informatiesysteem, overeenkomstig artikel 95 van de Uitvoeringsovereenkomst van Schengen.
Europees aanhoudingsbevel, signalering Schengensysteem
2. Met het oog op de opsporing en aanhouding in een lidstaat van de Europese Unie die geen toegang heeft tot het Schengen-informatie systeem kan de uitvaardigende justitiële autoriteit eveneens besluiten de opgeëiste persoon te signaleren via Interpol.
Europees aanhoudingsbevel, signalering via Interpol
3. Een signalering, bedoeld in het eerste en tweede lid, dient onmiddellijk nadat de opgeëiste persoon is aangetroffen, te worden gevolgd door toezending van het Europees aanhoudingsbevel aan de in artikel 3 bedoelde autoriteit.
4. Een signalering, bedoeld in het eerste lid, wordt voor de toepassing van deze wet gelijkgesteld met een Europees aanhoudingsbevel, mits daarin alle gegevens, bedoeld in artikel 2, tweede lid, zijn opgenomen.

Hoofdstuk II
Overlevering door Nederland

Afdeling 1
Voorwaarden voor overlevering

Art. 5
Overlevering geschiedt uitsluitend aan uitvaardigende justitiële autoriteiten van andere lidstaten van de Europese Unie en met inachtneming van het bepaalde bij of krachtens deze wet.
Europees aanhoudingsbevel, overlevering door Nederland

Art. 6
1. Overlevering van een Nederlander kan worden toegestaan voor zover deze is gevraagd ten behoeve van een tegen hem gericht strafrechtelijk onderzoek en naar het oordeel van de uitvoerende justitiële autoriteit is gewaarborgd dat, zo hij ter zake van de feiten waarvoor de overlevering kan worden toegestaan in de uitvaardigende lidstaat tot een onvoorwaardelijke vrijheidsstraf wordt veroordeeld, hij deze straf in Nederland zal mogen ondergaan.
Overlevering Nederlander, onder garantie van teruglevering
2. De officier van justitie stelt Onze Minister onverwijld in kennis van elke overlevering onder garantie van teruglevering als bedoeld in het eerste lid.
3. Het eerste lid is eveneens van toepassing op een vreemdeling die tijdens het verhoor door de rechtbank aantoont dat hij ten minste vijf jaren ononderbroken rechtmatig in Nederland heeft verbleven als bedoeld in artikel 8, onder a tot en met e en l, van de Vreemdelingenwet 2000, voor zover hij in Nederland kan worden vervolgd voor de feiten welke aan het Europees aanhoudingsbevel ten grondslag liggen en voor zover ten aanzien van hem de verwachting bestaat dat hij niet zijn recht van verblijf in Nederland verliest ten gevolge van een hem na overlevering opgelegde straf of maatregel. Eventuele bewijsstukken dienen tijdig voorafgaand aan het verhoor door de rechtbank te worden overlegd.

Art. 6a
1. Overlevering van een Nederlander ten behoeve van de tenuitvoerlegging van een bij onherroepelijk vonnis aan hem opgelegde vrijheidsstraf kan worden geweigerd, indien de rechtbank van oordeel is dat de tenuitvoerlegging van die straf kan worden overgenomen. In geval van een weigering van de overlevering, beveelt de rechtbank, gelijktijdig met de weigering, de tenuitvoerlegging van de opgelegde vrijheidsstraf.
Overlevering Nederlander, weigering wegens overnemen tenuitvoerlegging straf
2. Bij de beoordeling van een verzoek tot overlevering als bedoeld in het eerste lid beoordeelt de rechtbank:
Overlevering Nederlander, beoordeling verzoek door rechtbank
  a. of er gronden als bedoeld in artikel 2:13, eerste lid, onderdelen c tot en met i, en artikel 2:14, eerste lid, van de Wet wederzijdse erkenning en tenuitvoerlegging vrijheidsbenemende en voorwaardelijke sancties zijn waarop de overname van de tenuitvoerlegging van de vrijheidsstraf geweigerd kan worden;
  b. of de ten uitvoer te leggen vrijheidsstraf is opgelegd voor een feit dat ook naar Nederlands recht strafbaar is, en zo ja, welk strafbaar feit dit oplevert;
  c. of het derde of vierde lid aanleiding geeft tot een aanpassing van de opgelegde vrijheidsstraf, en zo ja, welke aanpassing.
3. Indien de opgelegde vrijheidsstraf een langere duur heeft dan het voor het desbetreffende feit naar Nederlands recht toepasselijke strafmaximum, wordt de duur van de opgelegde vrijheidsstraf tot dat strafmaximum verlaagd.
4. Indien de aard van de opgelegde vrijheidsstraf onverenigbaar is met het Nederlands recht, wordt de vrijheidsstraf gewijzigd in een straf of maatregel waarin het Nederlands recht voorziet en die zoveel mogelijk overeenstemt met de in de uitvaardigende lidstaat opgelegde vrijheidsstraf.
5. De aanpassing op grond van het derde of vierde lid houdt in geen geval een verzwaring van de opgelegde vrijheidsstraf in.

6. Onze Minister kan de rechtbank of de officier van justitie desgevraagd adviseren over de overname van de straf.
7. De officier van justitie stelt Onze Minister onverwijld in kennis van het bevel tot tenuitvoerlegging van de opgelegde vrijheidsstraf.
8. Onze Minister draagt er zorg voor dat de opgelegde vrijheidsstraf overeenkomstig de regels van het Nederlands recht en met overeenkomstige toepassing van de artikelen 2:15, tweede lid, en 2:18 van de Wet wederzijdse erkenning en tenuitvoerlegging vrijheidsbenemende en voorwaardelijke sancties, met inachtneming van het bevel van de rechtbank als bedoeld in het eerste lid, ten uitvoer wordt gelegd.
9. Het eerste tot en met het achtste lid is eveneens van toepassing op een vreemdeling die tijdens het verhoor door de rechtbank aantoont dat hij ten minste vijf jaren ononderbroken rechtmatig in Nederland heeft verbleven als bedoeld in artikel 8, onder a tot en met e en l, van de Vreemdelingenwet 2000, voor zover ten aanzien van hem de verwachting bestaat dat hij niet zijn recht van verblijf in Nederland verliest ten gevolge van de opgelegde straf of maatregel. Eventuele bewijsstukken dienen tijdig voorafgaand aan het verhoor door de rechtbank te worden overlegd.

Art. 7

Overlevering door Nederland, onderzoek en tenuitvoerlegging straf volgens lijst

1. Overlevering kan worden toegestaan ten behoeve van:
a. een door autoriteiten van de uitvaardigende lidstaat of het Europees Openbaar Ministerie bedoeld in artikel 1 van Verordening EOM, ingesteld strafrechtelijk onderzoek ter zake van het vermoeden dat de opgeëiste persoon zich naar het oordeel van de uitvaardigende justitiële autoriteit schuldig heeft gemaakt aan:
1°. een naar het recht van de uitvaardigende lidstaat benoemd strafbaar feit dat tevens op de in bijlage 1 bij deze wet behorende lijst staat vermeld, waarop naar het recht van de uitvaardigende lidstaat een vrijheidsstraf met een maximum van ten minste drie jaren is gesteld; of
2°. een ander feit dat zowel naar het recht van de uitvaardigende lidstaat als naar dat van Nederland strafbaar is en waarop naar het recht van de uitvaardigende lidstaat een vrijheidsstraf met een maximum van ten minste twaalf maanden is gesteld;
b. de tenuitvoerlegging van een vrijheidsstraf van vier maanden, of van langere duur, door de opgeëiste persoon op het grondgebied van de uitvaardigende lidstaat te ondergaan wegens een feit als onder 1° of 2° bedoeld.
2. De in het eerste lid, onderdeel a, onder 1°, bedoelde lijst kan, wanneer de Raad van de Europese Unie besluit tot uitbreiding of wijziging van de daarop vermelde strafbare feiten, bij algemene maatregel van bestuur worden herzien. De voordracht voor een algemene maatregel van bestuur wordt niet eerder gedaan dan vier weken nadat het ontwerp aan beide kamers der Staten-Generaal is overgelegd.
3. Voor de toepassing van het eerste lid, onderdeel a, onder 2°, wordt onder een naar Nederlands recht strafbaar feit mede verstaan een feit waardoor inbreuk is gemaakt op de rechtsorde van de verzoekende staat, terwijl krachtens de Nederlandse wet eenzelfde inbreuk op de Nederlandse rechtsorde strafbaar is.
4. Indien het Europees aanhoudingsbevel betrekking heeft op verscheidene afzonderlijke feiten die alle naar het recht van de uitvaardigende en de uitvoerende lidstaat strafbaar zijn en waarop naar het recht van de uitvaardigende lidstaat een vrijheidsstraf is gesteld, maar waarvan sommige niet voldoen aan de voorwaarde met betrekking tot de hoogte van de straf, bedoeld in het eerste lid, onderdeel a, onder 2°, of onderdeel b, kan de overlevering eveneens voor de laatste feiten worden toegestaan.

Schakelbepaling

5. Artikel 51a van de Uitleveringswet is van overeenkomstige toepassing op overlevering tussen de lidstaten van de Europese Unie.

Art. 8

Overlevering door Nederland, vrijheidsstraffen

Met vrijheidsstraffen van langere duur dan twaalf maanden worden voor de toepassing van deze wet gelijkgesteld: levenslange vrijheidsstraffen en vrijheidsstraffen van onbepaalde duur.

Art. 9

Overlevering door Nederland, formele uitsluitingen

1. Overlevering van de opgeëiste persoon kan worden geweigerd voor een feit ter zake waarvan:
a. tegen hem een strafvervolging in Nederland gaande is;
b. hij in Nederland is vervolgd maar hernieuwde vervolging is uitgesloten op grond van artikel 255, eerste of tweede lid, of artikel 255a, eerste of tweede lid, van het Wetboek van Strafvordering, dan wel in Nederland het recht tot strafvordering is vervallen omdat hij aan voorwaarden heeft voldaan die door de officier van justitie voor aanvang van de terechtzitting ter voorkoming van de strafvervolging zijn gesteld;
c. hij naar het recht van een andere lidstaat niet meer kan worden vervolgd, ten gevolge van een in die lidstaat ter zake van hetzelfde feit genomen onherroepelijke beslissing;
d. te zijnen aanzien een overeenkomstig het tweede lid, onder a, onherroepelijke beslissing door een rechter van een derde land is genomen;
e. hij bij rechterlijk gewijsde van een rechter in een derde land is veroordeeld, in gevallen als bedoeld in het tweede lid, onder b, sub 1 tot en met 4;

f. naar Nederlands recht rechtsmacht kon worden uitgeoefend, maar wegens verjaring geen vervolging, of, zo de overlevering is gevraagd ten behoeve van de tenuitvoerlegging van een straf of maatregel, geen bestraffing meer kan plaatshebben.

2. De overlevering van de opgeëiste persoon wordt niet toegestaan voor een feit ter zake waarvan:

a. hij bij gewijsde van de Nederlandse rechter is vrijgesproken of ontslagen van rechtsvervolging, dan wel te zijnen aanzien een overeenkomstige onherroepelijke beslissing door een rechter van een andere lidstaat van de Europese Unie is genomen;

b. hij bij rechterlijke gewijsde van de Nederlandse rechter dan wel van een rechter in een andere lidstaat van de Europese Unie is veroordeeld, in gevallen waarin:

1°. de opgelegde straf of maatregel reeds is ondergaan;
2°. de opgelegde straf of maatregel niet meer voor tenuitvoerlegging of verdere tenuitvoerlegging vatbaar is;
3°. de veroordeling een schuldigverklaring zonder oplegging van straf of maatregel inhoudt;
4°. de opgelegde straf of maatregel in Nederland wordt ondergaan.

3. Onderdeel a van het eerste lid lijdt uitzondering in gevallen waarin Onze Minister na advies van het openbaar ministerie en voorafgaand aan de beslissing tot overlevering opdracht heeft gegeven de vervolging te staken.

4. Onderdeel b van het eerste lid lijdt uitzondering in gevallen waarin de vervolging in Nederland is gestaakt, hetzij omdat de Nederlandse strafwet op grond van een van de artikelen 2 tot en met 8d van het Wetboek van Strafrecht niet van toepassing bleek te zijn, hetzij omdat aan berechting in het buitenland de voorkeur werd gegeven.

Art. 10
Overlevering wordt niet toegestaan indien de opgeëiste persoon ten tijde van het begaan van het strafbare feit de leeftijd van twaalf jaren nog niet heeft bereikt.

Overlevering door Nederland, personen tot twaalf jaar

Art. 11
1. Aan een Europees aanhoudingsbevel wordt geen gevolg gegeven in gevallen, waarin naar het oordeel van de rechtbank zwaarwegende en op feiten berustende gronden bestaan dat de opgeëiste persoon na overlevering een reëel gevaar loopt dat zijn door het Handvest van de grondrechten van de Europese Unie gewaarborgde grondrechten zullen worden geschonden.

Overlevering door Nederland, schending fundamentele rechten

2. Indien er een mogelijkheid bestaat dat bij wijziging van de omstandigheden het reële gevaar van de in het eerste lid bedoelde schending alsnog kan worden uitgesloten, dient de rechtbank de beslissing over de overlevering aan te houden.

3. De uitvaardigende autoriteit wordt onder opgave van redenen van die aanhouding in kennis gesteld en de rechtbank gaat gedurende de aanhouding na of er wijziging in de omstandigheden optreedt.

4. Indien na toepassing van het derde lid niet binnen een redelijke termijn het reële gevaar van de in het eerste lid bedoelde schending kan worden uitgesloten, doet de rechtbank uitspraak als bedoeld in artikel 22, zesde lid.

Art. 12
Overlevering kan worden geweigerd indien het Europees aanhoudingsbevel strekt tot de tenuitvoerlegging van een vrijheidsbenemende straf of maatregel terwijl de verdachte niet in persoon is verschenen bij het proces dat tot de beslissing heeft geleid, tenzij in het Europees aanhoudingsbevel is vermeld dat overeenkomstig de procedurevoorschriften van de uitvaardigende lidstaat:

Overlevering door Nederland, weigering bij verstekveroordeling

a. de verdachte tijdig en in persoon is gedagvaard en daarbij op de hoogte is gebracht van de datum en plaats van het proces dat tot de beslissing heeft geleid of anderszins daadwerkelijk officieel in kennis is gesteld van de datum en de plaats van het proces, zodat op ondubbelzinnige wijze vaststaat dat hij op de hoogte was van het voorgenomen proces en ervan in kennis is gesteld dat een beslissing kan worden genomen wanneer hij niet op het proces verschijnt; of

b. de verdachte op de hoogte was van het voorgenomen proces en een door hem gekozen of een hem van overheidswege toegewezen advocaat heeft gemachtigd zijn verdediging op het proces te voeren en dat die advocaat tijdens het proces zijn verdediging heeft gevoerd; of

c. de verdachte nadat de beslissing aan hem was betekend en hij uitdrukkelijk was geïnformeerd over zijn recht op een verzetprocedure of een procedure in hoger beroep, waarbij hij het recht heeft aanwezig te zijn en tijdens welke de zaak opnieuw ten gronde wordt behandeld en nieuw bewijsmateriaal wordt toegelaten, die kan leiden tot herziening van de oorspronkelijke beslissing:

1°. uitdrukkelijk te kennen heeft gegeven dat hij de beslissing niet betwist; of
2°. niet binnen de voorgeschreven termijn verzet of hoger beroep heeft aangetekend; of

d. de beslissing niet in persoon aan de verdachte is betekend, maar:

1°. hem na zijn overlevering onverwijld in persoon zal worden betekend en hij uitdrukkelijk zal worden geïnformeerd over zijn recht op een verzetprocedure of een procedure in hoger beroep, waarbij hij het recht heeft aanwezig te zijn, waarop de zaak opnieuw ten gronde wordt

behandeld en nieuw bewijsmateriaal wordt toegelaten, die kan leiden tot herziening van de oorspronkelijke beslissing en
2°. hij wordt geïnformeerd over de termijn waarbinnen hij verzet of hoger beroep dient aan te tekenen, als vermeld in het desbetreffende Europees aanhoudingsbevel.

Art. 12a

Verzoek afschrift niet in persoon betekend vonnis

1. In de gevallen als bedoeld in artikel 12, onderdeel d, kan de persoon tegen wie het Europees aanhoudingsbevel is uitgevaardigd en die nog niet officieel van de tegen hem ingestelde strafprocedure in kennis is gesteld, hetzij rechtstreeks hetzij door tussenkomst van de officier van justitie aan de uitvaardigende justitiële autoriteit om een afschrift van het vonnis dat ten grondslag ligt aan het Europees aanhoudingsbevel, verzoeken.
2. Nadat de officier van justitie een afschrift van het vonnis van de uitvaardigende justitiële autoriteit heeft ontvangen, verstrekt hij dit onverwijld aan de persoon tegen wie het Europees aanhoudingsbevel is uitgevaardigd.
3. Een verzoek als bedoeld in het eerste lid en het tijdstip van verstrekking van het afschrift van het vonnis kan geen afbreuk doen aan de behandeling van het Europees aanhoudingsbevel binnen de in artikel 22 gestelde termijnen.

Art. 13

Overlevering door Nederland, niet toegestaan vanwege grondgebied

1. Overlevering kan worden geweigerd indien het Europees aanhoudingsbevel betrekking heeft op een strafbaar feit dat:
a. geacht wordt geheel of gedeeltelijk op Nederlands grondgebied of buiten Nederland aan boord van een Nederlands vaartuig of luchtvaartuig te zijn gepleegd; of
b. buiten het grondgebied van de uitvaardigende staat is gepleegd, terwijl naar Nederlands recht geen vervolging zou kunnen worden ingesteld indien het feit buiten Nederland zou zijn gepleegd.
2. [Vervallen.]

Art. 14

Overlevering door Nederland, uitzonderingen

1. Overlevering wordt niet toegestaan dan onder het algemene beding, dat de opgeëiste persoon niet zal worden vervolgd, gestraft of op enige andere wijze in zijn persoonlijke vrijheid beperkt, ter zake van feiten die vóór het tijdstip van zijn overlevering zijn begaan en waarvoor hij niet is overgeleverd, tenzij:
a. de opgeëiste persoon, hoewel hij daartoe de mogelijkheid had, niet binnen 45 dagen na zijn definitieve invrijheidstelling het grondgebied van de lidstaat waaraan hij is overgeleverd, heeft verlaten of indien hij na dit gebied verlaten te hebben daarnaar is teruggekeerd;
b. de feiten niet zijn bedreigd met een vrijheidsstraf;
c. de strafvervolging niet leidt tot de toepassing van enige maatregel die de vrijheid beperkt;
d. het gaat om de tenuitvoerlegging van een andere dan een vrijheidsstraf, met inbegrip van een vervangende straf waaronder vervangende hechtenis;
e. de opgeëiste persoon na zijn overlevering uitdrukkelijk met een vervolging heeft ingestemd; of
f. daartoe voorafgaand toestemming aan de rechtbank wordt gevraagd en deze is verkregen.
2. Overlevering wordt voorts niet toegestaan dan onder het algemene beding, dat de opgeëiste persoon niet ter beschikking zal worden gesteld van de autoriteiten van een andere lidstaat van de Europese Unie, ter zake van feiten die vóór het tijdstip van zijn overlevering zijn begaan, tenzij:
a. de opgeëiste persoon, hoewel hij daartoe de mogelijkheid had, niet binnen 45 dagen na zijn definitieve invrijheidstelling het grondgebied van de lidstaat waaraan hij is overgeleverd, heeft verlaten of indien hij na dit gebied verlaten te hebben daarnaar is teruggekeerd;
b. de opgeëiste persoon na zijn overlevering daarmee uitdrukkelijk heeft ingestemd; of
c. daartoe voorafgaand toestemming wordt gevraagd aan de rechtbank en deze is verkregen.
3. De officier van justitie vordert uiterlijk op de derde dag na ontvangst van een verzoek van de uitvaardigende justitiële autoriteit om de in het eerste lid onder f, of het tweede lid, onder c, bedoelde toestemming, schriftelijk dat de rechtbank het verzoek in behandeling zal nemen. De officier van justitie legt daartoe het verzoek met bijbehorende vertaling aan de rechtbank over. De rechtbank geeft de in het eerste lid, onder f, of het tweede lid, onder c, bedoelde toestemming ten aanzien van feiten waarvoor krachtens deze wet overlevering had kunnen worden toegestaan. De beslissing op een vordering wordt in elk geval binnen zevenentwintig dagen na de ontvangst ervan genomen. De officier van justitie brengt de beslissing van de rechtbank onverwijld ter kennis van de uitvaardigende justitiële autoriteit.
4. Overlevering wordt voorts niet toegestaan dan onder het algemene beding, dat de opgeëiste persoon niet ter beschikking zal worden gesteld van de autoriteiten van een derde staat, ter zake van feiten die vóór het tijdstip van zijn overlevering zijn begaan, tenzij daartoe voorafgaand toestemming wordt verzocht aan Onze Minister en deze is verkregen.

Afdeling 2
Procedure voor overlevering

§ A
Voorlopige aanhouding

Art. 15
Op basis van een signalering als bedoeld in artikel 4, eerste en tweede lid, kan de voorlopige aanhouding worden bevolen van een zich in Nederland bevindende opgeëiste persoon.

Overlevering door Nederland, voorlopige aanhouding

Art. 16
Een vreemdeling die op grond van artikel 54, vijfde lid, van het Wetboek van Strafvordering is aangehouden, kan op bevel van de officier of hulpofficier van justitie in het arrondissement waar hij werd aangehouden worden opgehouden, indien gegronde redenen bestaan voor de verwachting dat te zijnen aanzien onverwijld een signalering als bedoeld in artikel 4, eerste en tweede lid, zal worden gedaan dan wel een Europees aanhoudingsbevel zal worden ontvangen. Artikel 56a, eerste tot en met derde lid, van dat wetboek is van overeenkomstige toepassing.

Overlevering door Nederland, ophouding bij Schengen-signalering of Europees aanhoudingsbevel

Art. 17
1. Elke officier van justitie of hulpofficier van justitie is bevoegd de voorlopige aanhouding van een opgeëiste persoon overeenkomstig artikel 15 te bevelen.
2. Kan het optreden van de officier van justitie of de hulpofficier, bedoeld in het eerste lid, niet worden afgewacht, dan is elke opsporingsambtenaar bevoegd de opgeëiste persoon aan te houden onder de verplichting zorg te dragen dat hij zo spoedig mogelijk wordt voorgeleid voor de officier van justitie of de hulpofficier van justitie.
3. Nadat de opgeëiste persoon is aangehouden, wordt hem onverwijld schriftelijk mededeling gedaan van:
 a. het recht een afschrift van het Europees aanhoudingsbevel te ontvangen, bedoeld in artikel 23, derde lid;
 b. het recht op bijstand van een raadsman, bedoeld in artikel 43a, en de mogelijkheid te verzoeken om aanwijzing van een advocaat in de uitvaardigende lidstaat, bedoeld in artikel 21a;
 c. het recht op vertolking, bedoeld in artikel 30, en het recht op vertaling, bedoeld in artikel 23, derde lid, vierde en vijfde volzin;
 d. het recht om gehoord te worden, bedoeld in artikel 24;
 e. de in artikel 27c, derde lid, onder g en h, van het Wetboek van Strafvordering bedoelde rechten.
Aan de opgeëiste persoon die de Nederlandse taal niet of onvoldoende beheerst, wordt de mededeling van rechten in een voor hem begrijpelijke taal gedaan. De artikelen 27e, 488ab en 488b van het Wetboek van Strafvordering zijn van overeenkomstige toepassing.
4. Na de opgeëiste persoon te hebben gehoord, kan elke officier van justitie of hulpofficier bevelen dat hij gedurende drie dagen, te rekenen vanaf het tijdstip van de voorlopige aanhouding, in verzekering gesteld zal blijven. De termijn van inverzekeringstelling kan door de officier van justitie bij het arrondissementsparket te Amsterdam éénmaal met drie dagen worden verlengd. Bij zijn verhoor kan de opgeëiste persoon zich door zijn raadsman doen bijstaan.
5. Indien de opgeëiste persoon buiten het arrondissement Amsterdam is aangehouden en in verzekering is gesteld, wordt hij binnen de termijnen van het vierde lid overgedragen aan de officier van justitie bij het arrondissementsparket te Amsterdam.
6. Het vijfde lid kan buiten toepassing blijven indien de opgeëiste persoon tegenover de rechtbank in het rechtsgebied waar hij is aangehouden heeft verklaard, in te stemmen met zijn onmiddellijke overlevering, de rechtbank heeft beslist dat de opgeëiste persoon ter beschikking zal worden gesteld van de uitvaardigende justitiële autoriteit en de feitelijke overlevering kan plaatsvinden binnen de termijnen van het vierde lid.
7. De opgeëiste persoon kan te allen tijde door de officier van justitie bij het arrondissementsparket te Amsterdam in vrijheid worden gesteld.

Overlevering door Nederland, competentie bij voorlopige aanhouding

Art. 18
1. De rechter-commissaris kan, op vordering van de officier van justitie bij het arrondissementsparket te Amsterdam, de bewaring van de opgeëiste persoon bevelen.
2. Alvorens een bevel ingevolge het eerste lid te geven, hoort de rechter-commissaris zo mogelijk de opgeëiste persoon. Bij zijn verhoor kan de opgeëiste persoon zich door zijn raadsman doen bijstaan.

Overlevering door Nederland, bevel tot bewaring

Art. 19
Een opgeëiste persoon wiens bewaring overeenkomstig artikel 18 is bevolen, wordt – behoudens de mogelijkheid van verdere vrijheidsbeneming uit anderen hoofde – in vrijheid gesteld:
 a. zodra zulks door de rechtbank, de rechter-commissaris of de officier van justitie, ambtshalve of op verzoek van de opgeëiste persoon of diens raadsman, wordt gelast;

Overlevering door Nederland, invrijheidstelling

b. zodra de bewaring twintig dagen heeft geduurd en het Europees aanhoudingsbevel nog niet is ontvangen.

§ B
Aanhouding

Art. 20

Overlevering door Nederland, vereisten Europees aanhoudingsbevel

1. Een Europees aanhoudingsbevel wordt, zo het niet aan de officier van justitie is toegezonden, onverwijld aan hem doorgezonden.

2. Een Europees aanhoudingsbevel kan slechts in behandeling worden genomen, indien het voldoet aan de vereisten omschreven in artikel 2.

3. Indien een Europees aanhoudingsbevel naar het oordeel van de officier van justitie niet voldoet aan de eisen omschreven in artikel 2 biedt hij de uitvaardigende justitiële autoriteit de gelegenheid tot completering of verbetering.

4. Indien naar het oordeel van de officier van justitie naast het Europees aanhoudingsbevel aanvullende gegevens noodzakelijk zijn, met name in verband met de artikelen 7 tot en met 9 en 11 tot en met 13, stelt hij de uitvaardigende justitiële autoriteit in de gelegenheid tot completering of verbetering, rekening houdend met de in artikel 22 genoemde termijnen.

Art. 21

Overlevering door Nederland, aanhouding

1. De opgeëiste persoon kan op basis van een Europees aanhoudingsbevel dat voldoet aan de vereisten omschreven in artikel 2, zonder verdere formaliteiten worden aangehouden. Artikel 17, derde lid, is van overeenkomstige toepassing.

2. Het eerste lid blijft buiten toepassing zolang de opgeëiste persoon in Nederland immuniteit geniet van strafvervolging en van de tenuitvoerlegging van straffen. De uitvaardigende justitiële autoriteit wordt over het bestaan en de aard van de immuniteit onverwijld in kennis gesteld, met het verzoek om bericht zodra de immuniteit is opgeheven.

3. Indien de opgeëiste persoon reeds overeenkomstig artikel 17 voorlopig werd aangehouden, wordt de voorlopige aanhouding omgezet in een aanhouding als bedoeld in het eerste lid, te rekenen vanaf de dag dat het aanhoudingsbevel door de officier van justitie overeenkomstig artikel 20, tweede lid, in behandeling is genomen. De opgeëiste persoon wordt van die omzetting in kennis gesteld, onder vermelding dat de aanhouding voortduurt tot het tijdstip waarop de rechtbank over zijn gevangenhouding beslist.

4. De opgeëiste persoon die overeenkomstig het eerste lid werd aangehouden, wordt binnen vierentwintig uren na zijn aanhouding geleid voor de officier van justitie, of bij diens afwezigheid, voor de hulpofficier van justitie in het arrondissement waar hij werd aangehouden.

Overlevering door Nederland, inverzekeringstelling

5. Na de opgeëiste persoon te hebben gehoord, kan de officier van justitie of hulpofficier van justitie, bedoeld in het vierde lid, bevelen dat deze persoon gedurende drie dagen, te rekenen vanaf het tijdstip van de aanhouding, in verzekering gesteld zal blijven. Bij zijn verhoor kan de opgeëiste persoon zich door zijn raadsman doen bijstaan.

6. Indien de opgeëiste persoon buiten het arrondissement Amsterdam is aangehouden en in verzekering is gesteld, wordt hij binnen de termijn van inverzekeringstelling overgedragen aan de officier van justitie bij het arrondissementsparket Amsterdam.

7. Het zesde lid kan buiten toepassing blijven indien de opgeëiste persoon tegenover de rechtbank in het rechtsgebied waar hij is aangehouden heeft verklaard, in te stemmen met zijn onmiddellijke overlevering, de rechtbank heeft beslist dat de opgeëiste persoon ter beschikking zal worden gesteld van de uitvaardigende justitiële autoriteit en de feitelijke overlevering binnen de termijn van de inverzekeringstelling kan plaatsvinden.

8. Na de opgeëiste persoon te hebben gehoord, kan de officier van justitie bij het arrondissementsparket Amsterdam bevelen dat deze in verzekering gesteld zal blijven tot het tijdstip waarop de rechtbank over zijn gevangenhouding beslist. Bij zijn verhoor kan de opgeëiste persoon zich door zijn raadsman doen bijstaan.

9. Het bevel tot inverzekeringstelling kan te allen tijde zowel door de rechtbank als door de officier van justitie bij het arrondissementsparket Amsterdam, ambtshalve of op verzoek van de opgeëiste persoon of diens raadsman, worden opgeheven.

10. Indien de opgeëiste persoon minderjarig is en de identiteit en verblijfplaats van de ouders of voogd bekend zijn en deze binnen een afzienbare termijn daartoe in de gelegenheid zijn, kan de minderjarige zich tijdens een verhoor als bedoeld in het vierde lid laten vergezellen door de ouders, voogd of een vertrouwenspersoon.

§ Ba
Advocaat in uitvaardigende lidstaat

Art. 21a
De opgeëiste persoon die is aangehouden, kan verzoeken een advocaat in de uitvaardigende lidstaat aan te wijzen met het oog op het, door het verstrekken van informatie en advies, verlenen van bijstand aan zijn raadsman in Nederland ten behoeve van de procedure voor overlevering in Nederland. De officier van justitie stelt na ontvangst van het verzoek de uitvaardigende justitiële autoriteit terstond van het verzoek in kennis; de termijnen voor de behandeling van het Europees aanhoudingsbevel gelden onverkort.

Overlevering door Nederland, advocaat in uitvaardigende lidstaat

§ C
Beslissing over de overlevering

Art. 22
1. De uitspraak, houdende de beslissing over de overlevering dient door de rechtbank te worden gedaan uiterlijk zestig dagen na de aanhouding van de opgeëiste persoon, bedoeld in artikel 21.
2. Indien de overlevering mede afhankelijk is van de instemming van de bevoegde autoriteit van een andere lidstaat of van een derde staat, begint de in het eerste lid genoemde termijn te lopen vanaf de dag dat de vereiste instemming is ontvangen.
3. In specifieke gevallen en onder opgave van redenen aan de uitvaardigende justitiële autoriteit kan de rechtbank de termijn van zestig dagen met maximaal dertig dagen verlengen.
4. Indien de rechtbank in uitzonderlijke omstandigheden binnen de in het derde lid bedoelde termijn nog geen uitspraak heeft kunnen doen, omdat zij in afwachting is van uitspraak van het Hof van Justitie van de Europese Unie over prejudiciële vragen die relevant is voor haar beslissing, kan de rechtbank de termijn met telkens maximaal zestig dagen verlengen, totdat het Hof arrest heeft gewezen en de rechtbank uitspraak doet.
5. Indien de rechtbank in uitzonderlijke omstandigheden binnen de in het derde lid bedoelde termijn nog geen uitspraak heeft kunnen doen, omdat zij onderzoek doet naar een reëel gevaar van schending van de grondrechten van de opgeëiste persoon zoals bedoeld in het artikel 11, eerste lid, kan de rechtbank de termijn met telkens maximaal dertig dagen verlengen, totdat het onderzoek is afgerond en de rechtbank uitspraak doet.
6. Indien de rechtbank in uitzonderlijke omstandigheden zijn beslissing heeft aangehouden krachtens artikel 11, tweede lid, kan de rechtbank daarna de termijn met telkens maximaal zestig dagen verlengen, totdat de rechtbank uitspraak doet.
7. In geval van verlenging van de termijn als bedoeld in het vierde tot en met het zesde lid stelt de officier van justitie Eurojust en de uitvaardigende justitiële autoriteit daarvan onverwijld in kennis, onder opgave van de redenen voor de vertraging.

Overlevering door Nederland, beslistermijn

Art. 23
1. Indien de officier van justitie reeds aanstonds van oordeel is dat de overlevering niet kan worden toegestaan op grond van het voorliggende Europees aanhoudingsbevel, stelt hij de uitvaardigende justitiële autoriteit daarvan onmiddellijk in kennis.
2. In alle andere gevallen vordert hij uiterlijk op de derde dag na de ontvangst van het Europees aanhoudingsbevel schriftelijk, dat de rechtbank het aanhoudingsbevel in behandeling zal nemen. Hij legt daartoe het Europees aanhoudingsbevel met bijbehorende vertaling en, in voorkomend geval, van de uitvaardigende justitiële autoriteit ontvangen aanvullende informatie aan de rechtbank over. In voorkomend geval vermeldt hij daarbij dat ten aanzien van de opgeëiste persoon een concurrerend uitleveringsverzoek ter fine van strafvervolging is ontvangen en dat het Europees aanhoudingsbevel is uitgevaardigd nadat de uitvaardigende justitiële autoriteit overeenkomstig artikel 2, derde lid, in de gelegenheid is gesteld om een Europees aanhoudingsbevel uit te vaardigen voor dezelfde feiten als die welke aan het uitleveringsverzoek ten grondslag liggen.
3. Een afschrift van de krachtens het tweede lid vereiste vordering, met als bijlage een kopie van het Europees aanhoudingsbevel, de bijbehorende vertaling en, in voorkomend geval, de aanvullende informatie wordt aan de opgeëiste persoon betekend. De eerste volzin geldt eveneens in het geval dat de officier van justitie naar aanleiding van een naderhand ontvangen ander Europees aanhoudingsbevel zijn vordering heeft aangevuld of gewijzigd. Van de ontvangst van aanvullende stukken, die in het dossier worden gevoegd, wordt de opgeëiste persoon mededeling gedaan. Indien de opgeëiste persoon de taal waarin het Europees aanhoudingsbevel is gesteld of die van de bijbehorende vertaling niet of onvoldoende beheerst, wordt hem een schriftelijke vertaling van ten minste de relevante onderdelen van het Europees aanhoudingsbevel in een voor hem begrijpelijke taal verstrekt. Als relevante onderdelen worden aangemerkt de lidstaat waarin het bevel is uitgevaardigd, het besluit dat aan het aanhoudingsbevel ten grondslag ligt

Overlevering door Nederland, Europees aanhoudingsbevel

Europees aanhoudingsbevel, betekening

en de duur van de nog uit te zitten straf dan wel een beknopte omschrijving van het strafbare feit dat ten grondslag ligt aan het bevel.

4. Het derde lid is van overeenkomstige toepassing indien de officier naar aanleiding van een naderhand ontvangen uitleveringsverzoek zijn vordering heeft aangevuld of gewijzigd.

5. Indien tegen de opgeëiste persoon in Nederland een strafvervolging gaande is voor het feit dat aan het Europees aanhoudingsbevel ten grondslag ligt, zendt de officier van justitie eveneens een afschrift van zijn vordering ter kennisneming aan de officier van justitie die met de vervolging is belast, met het verzoek hem onverwijld te informeren of de vervolging kan worden gestaakt.

6. Indien tegen de opgeëiste persoon in Nederland een strafvervolging gaande is voor een ander feit dan aan het Europees aanhoudingsbevel ten grondslag ligt, zendt de officier van justitie eveneens een afschrift van zijn vordering ter kennisneming aan de officier van justitie die met de vervolging is belast, met het verzoek hem onverwijld te informeren over de stand van zaken met betrekking tot die vervolging.

Art. 24

1. Dadelijk na de ontvangst van de in artikel 23, tweede lid, bedoelde vordering bepaalt de voorzitter van de rechtbank, rekening houdend met de termijnen, genoemd in artikel 22, het tijdstip waarop de opgeëiste persoon door de rechtbank zal worden gehoord. Hij kan daarbij diens medebrenging bevelen.

2. De griffier van de rechtbank doet onverwijld aan de officier van justitie en aan de opgeëiste persoon mededeling van het voor het verhoor bepaalde tijdstip. Die mededeling – alsmede, zo een bevel tot medebrenging is gegeven, een afschrift van dat bevel – wordt aan de opgeëiste persoon betekend.

3. In geval de opgeëiste persoon geen raadsman heeft, geeft de voorzitter aan het bestuur van de raad voor rechtsbijstand last tot aanwijzing van een raadsman.

4. Indien de opgeëiste persoon minderjarig is, wordt de raad voor de kinderbescherming van de tijd en plaats van het verhoor op de hoogte gesteld. Indien de identiteit en verblijfplaats van de ouders of voogd bekend zijn, worden de ouders of voogd eveneens van de tijd en plaats van het verhoor op de hoogte gesteld.

Art. 25

1. Het verhoor van de opgeëiste persoon geschiedt in het openbaar, tenzij deze een behandeling van de zaak met gesloten deuren verlangt of de rechtbank om gewichtige, in het proces-verbaal der zitting te vermelden redenen sluiting der deuren beveelt.

2. Het verhoor heeft plaats in tegenwoordigheid van de officier van justitie.

3. Bij zijn verhoor kan de opgeëiste persoon zich door zijn raadsman doen bijstaan.

4. Is de opgeëiste persoon niet verschenen en acht de rechtbank zijn aanwezigheid bij het verhoor wenselijk, dan gelast de rechtbank, rekening houdend met de termijnen genoemd in artikel 22, tegen een door haar te bepalen tijdstip diens dagvaarding, zo nodig onder bijvoeging van een bevel tot medebrenging.

5. Indien de opgeëiste persoon minderjarig is, worden verschenen ouders of voogd en de verschenen vertegenwoordiger van de raad voor de kinderbescherming in de gelegenheid gesteld de minderjarige bij te staan.

Art. 26

1. De rechtbank onderzoekt de identiteit van de opgeëiste persoon op de wijze, bedoeld in artikel 27a, eerste lid, eerste volzin, van het Wetboek van Strafvordering, alsmede de ontvankelijkheid van het Europees aanhoudingsbevel en de mogelijkheid tot overlevering. De rechtbank is tevens bevoegd de identiteit van de opgeëiste persoon vast te stellen op de wijze, bedoeld in artikel 27a, tweede lid, van dat wetboek, indien over zijn identiteit twijfel bestaat. Artikel 29c, tweede lid, van dat wetboek is van overeenkomstige toepassing.

2. De officier van justitie geeft ter zitting van de rechtbank zijn opvatting over de verzochte overlevering en legt een schriftelijke samenvatting, waarin, in voorkomend geval, de beslissing tot staking van de vervolging is vermeld, aan de rechtbank over. De opgeëiste persoon en diens raadsman worden eveneens in de gelegenheid gesteld tot het maken van ter zake dienende opmerkingen omtrent het Europees aanhoudingsbevel en de in verband daarmede te nemen beslissingen.

3. In geval van samenloop van Europese aanhoudingsbevelen vermeldt de officier van justitie eveneens aan welk van de Europese aanhoudingsbevelen – voor zover de overlevering op basis daarvan kan worden toegestaan – voorrang zal worden gegeven, daarbij rekening houdend met het belang van een goede rechtsbedeling en voorts in het bijzonder met:

   a. de meerdere of mindere ernst van de verschillende feiten waarvoor de overlevering is gevraagd;
   b. de plaats of plaatsen waar de feiten zijn begaan;
   c. de data van de onderscheiden Europese aanhoudingsbevelen;
   d. het doel van de overlevering;

e. de mate waarin de nationaliteit van de opgeëiste persoon een belemmering zal vormen voor verderlevering;
f. de mogelijkheid dat de opgeëiste persoon, nadat hij naar het grondgebied van een van de betrokken lidstaten is verwijderd, vervolgens door de justitiële autoriteiten van die lidstaat ter beschikking wordt gesteld van de uitvaardigende justitiële autoriteit van een andere lidstaat.
4. Beweert de opgeëiste persoon niet schuldig te zijn aan de feiten waarvoor zijn overlevering wordt verzocht, dan dient hij dat tijdens het verhoor aan te tonen en onderzoekt de rechtbank die bewering.
5. Indien de rechtbank zulks met het oog op het door haar krachtens het eerste lid in te stellen onderzoek noodzakelijk acht, gelast zij, rekening houdend met de termijnen, genoemd in artikel 22, – zo nodig onder bijvoeging van een bevel tot medebrenging – tegen een door haar te bepalen tijdstip de dagvaarding of schriftelijke oproeping van getuigen of deskundigen.

Art. 27
1. Op vordering van de officier van justitie kan de rechtbank ter zitting de gevangenneming van de opgeëiste persoon bevelen.

Europees aanhoudingsbevel, bevel tot gevangenneming

2. Voordat het onderzoek ter zitting wordt gesloten, beslist de rechtbank ambtshalve omtrent de gevangenhouding van de opgeëiste persoon, zo deze in bewaring of in verzekering is gesteld.
3. In geval van verlenging van de termijn als bedoeld in artikel 22, vierde tot en met zesde lid, beslist de rechtbank ten minste bij elke verlenging ambtshalve omtrent de verlenging van de vrijheidsbeneming van de opgeëiste persoon.
4. In geval van weigering van de overlevering als bedoeld in artikel 6a, eerste lid, kan de rechtbank de gevangenhouding van de opgeëiste persoon bevelen tot aan de tenuitvoerlegging van de vrijheidsstraf.

Art. 28
1. Uiterlijk veertien dagen na de sluiting van het onderzoek ter zitting doet de rechtbank uitspraak over de overlevering. De uitspraak wordt met redenen omkleed.

Europees aanhoudingsbevel, uitspraak na onderzoek

2. Bevindt de rechtbank, hetzij dat het Europees aanhoudingsbevel niet voldoet aan de vereisten van artikel 2, hetzij dat de overlevering niet kan worden toegestaan, hetzij dat ten aanzien van de opgeëiste persoon geen sprake kan zijn van een vermoeden van schuld aan de feiten waarvoor zijn overlevering is gevraagd, dan weigert zij bij haar uitspraak de overlevering.
3. In andere dan de in het tweede lid voorziene gevallen staat de rechtbank bij haar uitspraak overlevering toe, tenzij zij van oordeel is dat met toepassing van artikel 11, eerste lid, geen gevolg dient te worden gegeven aan het Europees aanhoudingsbevel dan wel ingevolge artikel 13 de overlevering dient te worden geweigerd.
4. Indien uitvaardigende justitiële autoriteiten van twee of meer lidstaten de overlevering van dezelfde persoon hebben gevraagd, bevestigt de rechtbank het oordeel van de officier van justitie aan welk van de Europese aanhoudingsbevelen – voor zover de overlevering op basis daarvan kan worden toegestaan – voorrang dient te worden gegeven, tenzij naar het oordeel van de rechtbank de officier van justitie met inachtneming van de daarvoor gestelde criteria niet in redelijkheid tot zijn keuze heeft kunnen komen.

Europees aanhoudingsbevel, samenloop met andere lidstaten

5. In een uitspraak als bedoeld in dit artikel worden de toepasselijke wetsbepalingen, alsmede – in voorkomend geval – het feit of de feiten waarvoor de overlevering wordt toegestaan en de letterlijke tekst van de door uitvaardigende justitiële autoriteit afgegeven garanties, bedoeld in artikel 6, eerste lid, en in artikel 12 vermeld.
6. Wordt de overlevering toegestaan niettegenstaande een bewering van de persoon overeenkomstig artikel 26, vierde lid, dan vermeldt de uitspraak hetgeen de rechtbank te dien aanzien heeft bevonden.

Art. 29
1. De uitspraak van de rechtbank is dadelijk uitvoerbaar, tenzij er ten aanzien van de opgeëiste persoon een concurrerend uitleveringsverzoek of overleveringsverzoek van het Internationaal Strafhof of van een ander internationaal tribunaal is ontvangen, dat in behandeling is genomen.

Overlevering door Nederland, uitvoerbaarheid uitspraak

2. Tegen de uitspraak van de rechtbank staat geen rechtsmiddel open, anders dan beroep in cassatie in het belang der wet, bedoeld in artikel 456 van het Wetboek van Strafvordering.

Overlevering door Nederland, rechtsmiddelen

Art. 30
1. De artikelen 21 tot en met 25, 260, eerste lid, 268, 269, vijfde lid, 271, 272, 273, derde lid, 274 tot en met 277, 279, 281, 286, 288, vierde lid, 289, eerste en derde lid, 290 tot en met 301, 318 tot en met 322, 324 tot en met 327, 328 tot en met 331, 345, eerste lid, 346, 357, 362, 363 en 365, eerste tot en met vijfde lid van het Wetboek van Strafvordering zijn van overeenkomstige toepassing.

Schakelbepaling

2. De in het eerste lid genoemde artikelen vinden geen toepassing voor zover deze betrekking hebben op een getuige wiens identiteit niet of slechts ten dele blijkt.

Art. 31

Overlevering door Nederland, betekening uitspraak aan opgeëiste persoon

1. De uitspraak van de rechtbank wordt aan de opgeëiste persoon die bij de voorlezing daarvan niet tegenwoordig is geweest, betekend. Daarbij wordt hem meegedeeld dat hij tegen de uitspraak geen rechtsmiddel kan instellen.
2. Indien het Europees aanhoudingsbevel is uitgevaardigd nadat de uitvaardigende justitiële autoriteit overeenkomstig artikel 2, derde lid, in de gelegenheid is gesteld om een Europees aanhoudingsbevel uit te vaardigen voor dezelfde feiten als die welke aan het uitleveringsverzoek ten grondslag liggen, wordt door de officier van justitie aan de opgeëiste persoon meegedeeld dat Onze Minister, indien het verzoek tot uitlevering ontvankelijk en voor inwilliging vatbaar is, het bepaalde in artikel 35, tweede lid, van de Uitleveringswet buiten toepassing zal laten en aan de uitspraak van de rechtbank voorrang zal geven.
3. Indien, buiten de in het tweede lid bedoelde gevallen, ten aanzien van de opgeëiste persoon een concurrerend uitleveringsverzoek of overleveringsverzoek van het Internationaal Strafhof of een ander internationaal tribunaal in behandeling is genomen, wordt de opgeëiste persoon eveneens meegedeeld dat Onze Minister, met inachtneming van artikel 35 van de Uitleveringswet respectievelijk artikel 31 van de Uitvoeringswet Internationaal Strafhof of andere toepasselijke wetgeving, zal beslissen of aan de uitspraak van de rechtbank gevolg wordt gegeven, dan wel of betrokkene wordt uitgeleverd respectievelijk wordt overgeleverd aan het Internationaal Strafhof of aan een ander internationaal tribunaal.
4. De griffier van de rechtbank zendt uiterlijk drie dagen na de uitspraak het Europees aanhoudingsbevel met de daarbij behorende stukken terug aan de officier van justitie.
5. In de gevallen bedoeld in het tweede en derde lid zendt de griffier van de rechtbank tevens een afschrift van het Europees aanhoudingsbevel met de daarbij behorende stukken aan Onze Minister.

Art. 32

Overlevering door Nederland, inkennisstelling uitvaardigende autoriteit

De officier van justitie brengt de uitspraak van de rechtbank onverwijld ter kennis van de uitvaardigende justitiële autoriteit. Indien de overlevering is toegestaan, vermeldt hij hetzij de termijn waarbinnen de overlevering dient plaats te vinden, hetzij het bestaan van een concurrerend uitleveringsverzoek of een overleveringsverzoek van het Internationaal Strafhof of een ander internationaal tribunaal.

§ D
Voortgezette vrijheidsbeneming en feitelijke overlevering

Art. 33

Overlevering door Nederland, beëindiging vrijheidsbeneming

Een krachtens artikel 27 bevolen vrijheidsbeneming wordt – behoudens de mogelijkheid van verdere vrijheidsbeneming uit anderen hoofde – beëindigd zodra:
a. zulks door de rechtbank of door de officier van justitie, ambtshalve of op verzoek van de opgeëiste persoon of diens raadsman, wordt gelast;
b. zij sedert de dag van de uitspraak tien dagen heeft geduurd, tenzij de rechtbank, op vordering van de officier van justitie, de vrijheidsbeneming inmiddels heeft verlengd.

Art. 34

Overlevering door Nederland, verlenging vrijheidsbeneming

1. Verlenging van de vrijheidsbeneming als bedoeld in artikel 33, onderdeel b, kan voor ten hoogste tien dagen geschieden.

2. In afwijking van het eerste lid kan de vrijheidsbeneming telkens worden verlengd met ten hoogste dertig dagen indien:
a. ook de uitlevering is gevraagd of de overlevering door het Internationaal Strafhof of een ander internationaal tribunaal, en Onze Minister nog niet op die verzoeken heeft beslist;
b. de overlevering wel is toegestaan, maar de feitelijke overlevering niet binnen de gestelde termijn heeft kunnen plaatshebben.
3. De opgeëiste persoon wordt in de gelegenheid gesteld op de vordering tot verlenging te worden gehoord.

Art. 35

Overlevering door Nederland, feitelijke overlevering

1. Zo spoedig mogelijk na de uitspraak waarbij de overlevering geheel of gedeeltelijk is toegestaan, maar niet later dan tien dagen na de datum van deze uitspraak, wordt de opgeëiste persoon feitelijk overgeleverd. De officier van justitie bepaalt, na overleg met de uitvaardigende justitiële autoriteit, de tijd en plaats.
2. Indien door bijzondere omstandigheden de feitelijke overlevering niet binnen de in het eerste lid gestelde termijn kan plaatsvinden, wordt in onderling overleg een nieuwe datum bepaald. De feitelijke overlevering vindt alsdan uiterlijk tien dagen na de vastgestelde datum plaats.
3. Feitelijke overlevering kan bij wijze van uitzondering achterwege blijven zolang ernstige humanitaire redenen bestaan die aan de feitelijke overlevering in de weg staan, in het bijzonder zolang het gelet op de gezondheidstoestand van de opgeëiste persoon niet verantwoord is om

te reizen. De uitvaardigende justitiële autoriteit wordt onverwijld hiervan in kennis gesteld. De officier van justitie bepaalt, na overleg met de uitvaardigende justitiële autoriteit, de tijd en plaats waarop de feitelijke overlevering alsnog kan plaatsvinden. De feitelijke overlevering vindt alsdan uiterlijk tien dagen na de vastgestelde datum plaats.
4. De vrijheidsbeneming van de opgeëiste persoon wordt beëindigd na het verstrijken van de in het eerste tot en met derde lid genoemde termijnen.

Art. 36
1. De beslissing omtrent de tijd en de plaats van de feitelijke overlevering kan worden aangehouden, indien en zolang tegen de opgeëiste persoon een strafrechtelijke vervolging in Nederland gaande is, of een door een Nederlandse rechter tegen hem gewezen strafvonnis nog geheel of ten dele voor tenuitvoerlegging vatbaar is.
2. In gevallen als voorzien in het eerste lid kan Onze Minister, na advies van het openbaar ministerie, bepalen dat en onder welke voorwaarden de opgeëiste persoon ten behoeve van diens berechting of de tenuitvoerlegging van een hem bij onherroepelijk vonnis opgelegde vrijheidsstraf reeds aanstonds voorlopig ter beschikking van de uitvaardigende justitiële autoriteit kan worden gesteld.
3. Tot de door Onze Minister te stellen voorwaarden behoort in geval van:
a. een lopende strafvervolging als bedoeld in het eerste lid in elk geval dat het recht op aanwezigheid van de opgeëiste persoon bij de voortzetting van de strafvervolging in Nederland zal worden gerespecteerd en dat hij de hem in Nederland opgelegde straf in Nederland zal ondergaan.
b. een door een Nederlandse rechter tegen de opgeëiste persoon gewezen strafvonnis als bedoeld in het eerste lid in elk geval de garantie dat de opgeëiste persoon na de berechting terugkomt naar Nederland voor de tenuitvoerlegging van het resterende deel van de hem in Nederland opgelegde straf.
4. In geval van toepassing van het tweede lid bericht de officier van justitie dat de opgeëiste persoon voorlopig ter beschikking zal worden gesteld van de uitvaardigende justitiële autoriteit, met wie hij ook de daaraan verbonden voorwaarden schriftelijk overeenkomt.
5. Ondergaat de opgeëiste persoon, te wiens aanzien het vierde lid wordt toegepast, een vrijheidsstraf, dan komt de tijd gedurende welke hij in het buitenland ter beschikking van de uitvaardigende justitiële autoriteit is, in mindering op zijn straftijd.
6. Is de opgeëiste persoon, te wiens aanzien het derde lid is toegepast, op het moment dat hij naar Nederland wordt teruggebracht met het oog op zijn aanwezigheid bij de behandeling van zijn strafzaak, in de uitvaardigende lidstaat veroordeeld tot een onvoorwaardelijke vrijheidsstraf dan kan hij gedurende zijn verblijf hier te lande op bevel van de officier van justitie in verzekering worden gesteld. De artikelen 61 en 64, eerste lid, zijn voor zover nodig van overeenkomstige toepassing.
7. De inverzekeringstelling kan worden opgeheven zodra de officier van justitie bericht ontvangt dat de gronden voor de detentie in het buitenland niet langer bestaan.

Art. 37
1. Indien zulks voor de toepassing van artikel 35, eerste of tweede lid, noodzakelijk is, wordt de opgeëiste persoon op bevel van de officier van justitie aangehouden voor ten hoogste drie dagen. Indien de feitelijke overlevering niet binnen de termijn van drie dagen heeft kunnen plaatsvinden, kan het bevel tot aanhouding door de officier van justitie eenmaal voor ten hoogste drie dagen worden verlengd.
2. Na verlenging van de in het eerste lid bedoelde termijn door de officier van justitie, kan deze uitsluitend op vordering van de officier van justitie door de rechtbank voor ten hoogste tien dagen worden verlengd.
3. Een verlenging als bedoeld in het tweede lid kan alleen geschieden wanneer de feitelijke overlevering door bijzondere omstandigheden niet binnen de termijn van zes dagen, ingevolge het eerste lid, heeft kunnen plaatshebben.

Art. 38
Bij de feitelijke overlevering deelt de officier van justitie aan de uitvaardigende justitiële autoriteit of, in voorkomend geval, aan de bevoegde centrale autoriteit de duur van de vrijheidsbeneming van de opgeëiste persoon met het oog op zijn overlevering, mee.

§ E
Verkorte procedure

Art. 39
1. De opgeëiste persoon die overeenkomstig artikel 4, eerste of tweede lid, is gesignaleerd ter fine van aanhouding met het oog op zijn overlevering of ten aanzien van wie een Europees aanhoudingsbevel is ontvangen, kan, uiterlijk op de dag voorafgaande aan die welke overeenkomstig artikel 24 is bepaald voor zijn verhoor door de rechtbank, verklaren dat hij instemt met zijn onmiddellijke overlevering.

Overlevering door Nederland, aanhouding bij andere vervolging

Overlevering door Nederland, verlenging termijn aanhouding

Overlevering door Nederland, mededeling duur vrijheidsbeneming

Overlevering door Nederland, instemming met onmiddellijke overlevering

Overleveringswet

2. Een verklaring overeenkomstig het eerste lid kan tijdens de termijn van inverzekeringstelling als bedoeld in artikel 17, vierde lid, eerste volzin, of artikel 21, vijfde lid, worden afgelegd voor elke rechtbank. Nadien kan de verklaring uitsluitend worden afgelegd ten overstaan van de rechtbank. De afgelegde verklaring kan niet worden herroepen.
3. De rechtbank is bevoegd de identiteit van de opgeëiste persoon vast te stellen op de wijze, bedoeld in artikel 27a, eerste lid, eerste volzin, en tweede lid, van het Wetboek van Strafvordering. Artikel 29c, tweede lid, van dat wetboek is van overeenkomstige toepassing.
4. De opgeëiste persoon kan zich bij het afleggen van de verklaring doen bijstaan door een raadsman. Hierop wordt, zo hij zonder raadsman verschijnt, zijn aandacht gevestigd de rechtbank.
5. Voordat hij de verklaring aflegt, wordt de opgeëiste persoon op de mogelijke gevolgen daarvan gewezen. Van de verklaring wordt proces-verbaal opgemaakt.
6. De rechtbank waarvoor de verklaring is afgelegd, zendt het proces-verbaal daarvan onverwijld aan de officier van justitie.

Art. 40

Onmiddellijke overlevering, onderzoek

1. Uiterlijk tien dagen nadat een verklaring overeenkomstig artikel 39 is afgelegd, beslist de rechtbank of de opgeëiste persoon ter beschikking zal worden gesteld van de uitvaardigende justitiële autoriteit van wie de signalering als bedoeld in artikel 4, eerste en tweede lid, of het Europees aanhoudingsbevel is uitgegaan.

Onmiddellijke overlevering, niet toegestaan

2. Het eerste lid blijft buiten toepassing:
a. indien voor het feit of de feiten, in verband waarmede de signalering is gedaan of het Europees aanhoudingsbevel is afgegeven, ingevolge een der artikelen 6a, eerste lid, en 9 tot en met 11 geen overlevering wordt toegestaan;
b. indien blijkt dat tegen de opgeëiste persoon in Nederland een strafrechtelijke vervolging gaande is of dat tegen hem door een Nederlandse rechter een nog geheel of ten dele voor tenuitvoerlegging vatbaar strafvonnis is gewezen.
3. In de beslissing, bedoeld in het eerste lid, worden het feit of de feiten waarvoor de opgeëiste persoon ter beschikking wordt gesteld, de bedingen waaronder de overlevering wordt toegestaan, bedoeld in artikel 14, en, in voorkomend geval, de garantie tot teruglevering, bedoeld in artikel 6, eerste lid, vermeld.
4. Van elke beslissing, genomen krachtens het eerste lid van dit artikel, geeft de officier van justitie onverwijld kennis aan de opgeëiste persoon en de uitvaardigende justitiële autoriteit.

Art. 41

Onmiddellijke overlevering, geen onderzoek rechtbank

1. Indien de rechtbank overeenkomstig artikel 40 heeft beslist dat de opgeëiste persoon ter beschikking zal worden gesteld van de uitvaardigende justitiële autoriteit van de andere lidstaat, blijft artikel 23, tweede lid, buiten toepassing.
2. Is de in artikel 23, tweede lid, bedoelde vordering reeds bij de rechtbank ingediend, dan wordt deze onverwijld ingetrokken. De griffier van de rechtbank stelt alsdan het Europees aanhoudingsbevel, met de daarbij behorende stukken, weer in handen van de officier van justitie.
3. Van het intrekken van de vordering geeft de officier van justitie kennis aan de opgeëiste persoon.

Art. 42

Onmiddellijke overlevering, maximale termijn vrijheidsbeneming

1. Na de dag waarop hij de in artikel 39 bedoelde verklaring heeft afgelegd, kan de opgeëiste persoon nog slechts gedurende ten hoogste twintig dagen in bewaring of in verzekering gesteld blijven.
2. Het eerste lid blijft buiten toepassing, indien de rechtbank heeft beslist dat aan de verklaring geen gevolg zal worden gegeven en het Europees aanhoudingsbevel, overeenkomstig artikel 23, tweede lid, aan de rechtbank is overgelegd.
3. De in het eerste lid van dit artikel gestelde termijn kan, op vordering van de officier van justitie, door de rechtbank telkens met ten hoogste dertig dagen worden verlengd uitsluitend wanneer de feitelijke overlevering door bijzondere omstandigheden niet binnen de termijn van twintig dagen, bedoeld in het eerste lid, heeft kunnen plaatsvinden.

Art. 43

Onmiddellijke overlevering, feitelijke overlevering

1. In geval van toepassing van artikel 40, eerste lid, bepaalt de officier van justitie, na overleg met de bevoegde buitenlandse autoriteiten, onverwijld de tijd en de plaats waarop de feitelijke overlevering zal geschieden.
2. De officier van justitie kan, zo nodig, met het oog op de feitelijke overlevering krachtens deze paragraaf, de aanhouding van de opgeëiste persoon bevelen voor ten hoogste drie dagen. Indien de feitelijke overlevering niet binnen de termijn van drie dagen heeft kunnen plaatsvinden, kan het bevel tot aanhouding door de officier van justitie eenmaal voor ten hoogste drie dagen worden verlengd. Artikel 37, tweede en derde lid, is van overeenkomstige toepassing.

§ F
Recht op rechtsbijstand

Art. 43a
1. De opgeëiste persoon heeft in de procedure voor overlevering door Nederland het recht zich door een raadsman te doen bijstaan. De artikelen 28, 28a, 28c, tweede lid, 29a, eerste lid, 37, 38, 43 tot en met 45 en 124 van het Wetboek van Strafvordering zijn van overeenkomstige toepassing.
2. Indien de opgeëiste persoon krachtens deze wet wordt aangehouden, stelt de hulpofficier van justitie het bestuur van de raad voor rechtsbijstand hiervan in kennis, opdat het bestuur een raadsman aanwijst. De artikelen 28b, eerste lid, tweede volzin, en 39 van het Wetboek van Strafvordering zijn van overeenkomstige toepassing.
3. Indien de raadsman niet binnen twee uur na de in het tweede lid bedoelde kennisgeving beschikbaar is, kan officier van justitie of – met toestemming van de officier van justitie – de hulpofficier van justitie beginnen met het horen van de opgeëiste persoon in verband met de beslissing over de inverzekeringstelling, bedoeld in de artikelen 17, vierde lid, en 21, vijfde lid.
4. De opgeëiste persoon voor wie ingevolg het tweede lid een raadsman beschikbaar is, wordt de gelegenheid verschaft om voorafgaand aan zijn verhoor in verband met de in het derde lid bedoelde beslissing gedurende ten hoogste een half uur met hem een onderhoud te hebben.
5. Indien een persoon die geen raadsman heeft overeenkomstig deze wet zijn vrijheid wordt benomen – anders dan uit kracht van een Europees aanhoudingsbevel of een Nederlands bevel tot aanhouding of voorlopige aanhouding, dan wel tot inverzekeringstelling of tot verlenging van de termijn daarvan – wijst het bestuur van de raad voor rechtsbijstand, na mededeling van de vrijheidsbeneming door het openbaar ministerie, een raadsman aan.

Overlevering door Nederland, recht op rechtsbijstand

Hoofdstuk III
Overlevering aan Nederland

Art. 44
Elke rechter-commissaris kan fungeren als uitvaardigende justitiële autoriteit.

Rechter-commissaris als uitvaardigende justitiële autoriteit

Art. 45
1. Bij of in een Europees aanhoudingsbevel dient door de uitvaardigende rechter-commissaris te worden verklaard:
a. indien de opgeëiste persoon een onderdaan is van de uitvoerende lidstaat, dat, zo hij ter zake van de feiten waarvoor de overlevering kan worden toegestaan in Nederland tot een onvoorwaardelijke vrijheidsstraf wordt veroordeeld, hij deze straf in de uitvoerende lidstaat zal mogen ondergaan;
b. indien het strafbare feit dat aan het Europees aanhoudingsbevel ten grondslag ligt, is bedreigd met een levenslange vrijheidsstraf dat, in voorkomend geval, naar Nederlands recht de mogelijkheid bestaat van de toepassing van gratie op de opgelegde straf of maatregel.
2. Aan een verklaring, bedoeld in het eerste lid, is iedere persoon of instantie die in Nederland is belast met een publieke taak, gebonden.

Europees aanhoudingsbevel, verklaring uitvaardigende autoriteit

Art. 45a
1. Indien het Europees aanhoudingsbevel strekt tot tenuitvoerlegging van een beslissing terwijl de verdachte niet in persoon is verschenen bij het proces dat tot de beslissing heeft geleid, verklaart de uitvaardigende rechter-commissaris in het Europees aanhoudingsbevel dat:
a. de verdachte tijdig en in persoon is gedagvaard en daarbij op de hoogte is gebracht van de datum en plaats van het proces dat tot het vonnis heeft geleid of anderszins daadwerkelijk officieel in kennis is gesteld van de datum en de plaats van het proces, zodat op ondubbelzinnige wijze vaststaat dat hij op de hoogte was van het voorgenomen proces en ervan in kennis is gesteld dat een beslissing kan worden genomen wanneer hij niet op het proces verschijnt; of
b. de verdachte op de hoogte was van het voorgenomen proces en een door hem gekozen of een hem van overheidswege toegewezen advocaat heeft gemachtigd zijn verdediging op het proces te voeren en dat die advocaat tijdens het proces zijn verdediging heeft gevoerd; of
c. de verdachte nadat de beslissing aan hem was betekend en hij uitdrukkelijk was geïnformeerd over zijn recht op een verzetprocedure of een procedure in hoger beroep, waarbij het recht heeft aanwezig te zijn en tijdens welke de zaak opnieuw ten gronde wordt behandeld en nieuw bewijsmateriaal wordt toegelaten, die kan leiden tot herziening van de oorspronkelijke beslissing uitdrukkelijk te kennen heeft gegeven dat hij de beslissing niet betwist of niet binnen de voorgeschreven termijn verzet of hoger beroep heeft aangetekend; of
d. de beslissing niet in persoon aan de verdachte is betekend, maar:
1°. hem na zijn overlevering onverwijld in persoon zal worden betekend en hij uitdrukkelijk zal worden geïnformeerd over zijn recht op een verzetprocedure of een procedure in hoger

Europees aanhoudingsbevel, tenuitvoerlegging verstekvonnis beroep, waarbij hij het recht heeft aanwezig te zijn, waarop de zaak opnieuw ten gronde wordt behandeld en nieuw bewijsmateriaal wordt toegelaten, die kan leiden tot herziening van de oorspronkelijke beslissing en

2°. hij wordt geïnformeerd over de termijn waarbinnen hij verzet of hoger beroep dient aan te tekenen, als vermeld in het desbetreffende Europees aanhoudingsbevel.

2. Aan een verklaring als bedoeld in onderdeel d van het eerste lid, is iedere persoon of instantie die in Nederland is belast met een publieke taak, gebonden.

Art. 45b

Europees aanhoudingsbevel, afschrift verstekvonnis

In de gevallen als bedoeld in artikel 45a, eerste lid, onderdeel d, verstrekt de uitvaardigende rechter-commissaris op verzoek van de persoon tegen wie het Europees aanhoudingsbevel is uitgevaardigd en die nog niet officieel van de tegen hem ingestelde strafprocedure in kennis is gesteld, onverwijld en door tussenkomst van de uitvoerende justitiële autoriteit, een afschrift van het vonnis, dat ten grondslag ligt aan het Europees aanhoudingsbevel. Artikel 408, tweede lid, van het Wetboek van Strafvordering is in dit geval niet van toepassing.

Art. 46

Overlevering door buitenland, taken uitvaardigende autoriteit

1. De uitvaardigende rechter-commissaris is bevoegd rechtstreeks contact te onderhouden met de uitvoerende justitiële autoriteit.

2. Een signalering als bedoeld in artikel 4, eerste en tweede lid, draagt de uitvaardigende rechter-commissaris, zo veel mogelijk door tussenkomst van de officier van justitie op aan een of meerdere landelijke eenheden van de politie, onder overlegging van een gewaarmerkt afschrift van het hem afgegeven Europees aanhoudingsbevel.

Art. 47

Overlevering door buitenland, informatieverstrekking uitvaardigende autoriteit

De uitvaardigende rechter-commissaris is met het oog op de behandeling en uitvoering van het door hem afgegeven Europees aanhoudingsbevel bevoegd de uitvoerende justitiële autoriteit op verzoek of eigener beweging aanvullende informatie te verstrekken en, in voorkomend geval, schriftelijk de voorwaarden overeen te komen in het geval de opgeëiste persoon voorlopig ter beschikking wordt gesteld.

Art. 48

Overlevering door buitenland, voorwaarden uitvoerende autoriteit

De voorwaarden die door de buitenlandse uitvoerende justitiële autoriteit in overeenstemming met het op 13 juni 2002 door de Raad vastgestelde kaderbesluit betreffende het Europees aanhoudingsbevel en de procedures van overlevering tussen de lidstaten van de Europese Unie (PbEG L 190) worden gesteld bij de overlevering van de opgeëiste persoon aan Nederland, zijn verbindend voor iedere persoon of instantie die in Nederland is belast met een publieke taak.

Art. 48a

Overlevering door buitenland, gegevensverstrekking aan advocaat opgeëiste persoon

Na ontvangst van een kennisgeving van de uitvoerende justitiële autoriteit dat de opgeëiste persoon heeft verzocht om aanwijzing van een in Nederland ingeschreven advocaat met het oog op het, door het verstrekken van informatie en advies, verlenen van bijstand aan zijn raadsman in de uitvoerende lidstaat ten behoeve van de procedure voor overlevering in die lidstaat, verstrekt de uitvaardigende rechter-commissaris, al dan niet door tussenkomst van die autoriteit, de daarvoor benodigde gegevens aan de opgeëiste persoon. Deze verstrekking vindt onverwijld plaats; de termijnen voor behandeling van het Europees aanhoudingsbevel gelden onverkort.

Hoofdstuk IV
Andere vormen van rechtshulp

Afdeling 1
Op verzoek van het buitenland

Art. 49

Rechtshulp aan buitenland, inbeslagname voorwerpen

1. Voorwerpen, aangetroffen in het bezit van de opgeëiste persoon, kunnen op verzoek van de uitvaardigende justitiële autoriteit in beslag worden genomen. De inbeslagneming kan door elke officier of hulpofficier van justitie worden gelast.

2. Indien de inbeslagneming niet in het arrondissement Amsterdam heeft plaatsgevonden, wordt de officier van justitie bij het arrondissementsparket Amsterdam daarvan in kennis gesteld en worden voorwerpen bij de overdracht van de opgeëiste persoon of, indien dat onmogelijk is, zo spoedig mogelijk daarna aan hem overgedragen.

3. Bij de in artikel 23, tweede lid, bedoelde vordering legt de officier van justitie een lijst van de in beslag genomen voorwerpen aan de rechtbank over.

Art. 50

Rechtshulp aan buitenland, afgifte voorwerpen

1. De rechtbank beslist bij haar uitspraak over de overlevering tevens over de afgifte dan wel de teruggave van de in beslag genomen voorwerpen en vermeldt dit in haar uitspraak. Afgifte van die voorwerpen aan de uitvaardigende justitiële autoriteit kan alleen worden bevolen in het geval van inwilliging van het verzoek tot overlevering.

Overleveringswet

2. Met het oog op de mogelijke rechten van derden kan de rechtbank ten aanzien van bepaalde voorwerpen beslissen, dat afgifte slechts mag geschieden onder het beding, dat die voorwerpen onmiddellijk zullen worden teruggezonden nadat daarvan het voor de strafvordering nodige gebruik zal zijn gemaakt.
3. In geval van overlevering overeenkomstig § E van afdeling 2 van hoofdstuk II, beslist de officier van justitie over de afgifte dan wel de teruggave van de in beslag genomen voorwerpen. Hij houdt daarbij, overeenkomstig het tweede lid, rekening met de mogelijke rechten van derden.
4. Voorwerpen ten aanzien waarvan de rechtbank de overdracht heeft toegestaan, worden ook overgedragen indien de opgeëiste persoon wegens overlijden of ontsnapping niet feitelijk kan worden overgeleverd.

Art. 51

1. Vreemdelingen die, ten behoeve van een strafrechtelijk onderzoek of de tenuitvoerlegging van een strafvonnis, door de uitvoerende justitiële autoriteit van een lidstaat feitelijk worden overgeleverd aan de uitvaardigende justitiële autoriteit van een andere lidstaat of door een derde staat aan een andere lidstaat worden uitgeleverd, kunnen met toestemming van de officier van justitie over Nederlands grondgebied worden vervoerd.

Rechtshulp aan buitenland, vervoer vreemdelingen door Nederland

2. Toestemming voor vervoer over land wordt gegeven door de officier van justitie mits de volgende gegevens zijn ontvangen:
   a. de identiteit en de nationaliteit van de persoon tegen wie het Europees aanhoudingsbevel is afgegeven of ten aanzien van wie een uitleveringsverzoek is gedaan;
   b. het bestaan van een Europees aanhoudingsbevel of van een uitleveringsverzoek aan een derde staat;
   c. de aard en wettelijke kwalificatie van het strafbare feit;
   d. een beschrijving van de omstandigheden waaronder het strafbare feit is begaan, met inbegrip van tijd en plaats.
3. De in het tweede lid bedoelde toestemming wordt niet gegeven in gevallen, waarin de door te voeren persoon staat gesignaleerd ter fine van overlevering aan een andere lidstaat dan die van bestemming, aan het Internationaal Strafhof of aan een ander internationaal tribunaal of ter fine van uitlevering aan een derde staat.
4. De doorvoer van Nederlanders kan slechts worden toegestaan voor zover hun overlevering krachtens deze wet mogelijk is en onder dezelfde waarborgen.
5. De toestemming van de officier van justitie is niet vereist voor vervoer door de lucht waarbij geen landing op Nederlands gebied wordt gemaakt.
6. In geval van een niet voorziene landing op Nederlands grondgebied kan de vreemdeling, op verzoek van de hem begeleidende buitenlandse ambtenaren, voorlopig worden aangehouden krachtens een bevel van de officier of hulpofficier van justitie. Artikel 17 is van overeenkomstige toepassing.
7. Het vervoer van de voorlopig aangehouden vreemdeling kan worden voortgezet, zodra de officier van justitie de in het tweede lid bedoelde informatie heeft ontvangen en daartoe toestemming verleent. Is de toestemming na afloop van de termijn van inverzekeringstelling nog niet verleend of binnen die termijn geweigerd, dan wordt de vreemdeling terstond in vrijheid gesteld, behoudens de mogelijkheid van verdere vrijheidsbeneming uit anderen hoofde.

Art. 52

1. Bij vervoer te land, overeenkomstig artikel 51, wordt de bewaking van de vreemdeling opgedragen aan Nederlandse ambtenaren.

Bewaking vreemdeling bij vervoer te land

2. Indien het ten gevolge van bijzondere omstandigheden niet mogelijk is het vervoer door Nederland zonder onderbreking voort te zetten, kan de vreemdeling, in afwachting van een passende gelegenheid tot vertrek naar elders, zo nodig worden opgenomen in een huis van bewaring, zulks op vertoon van een stuk waaruit de door de officier van justitie verleende toestemming tot het vervoer blijkt.
3. De kosten verbonden aan het vervoer en de detentie worden in rekening gebracht bij de uitvaardigende justitiële autoriteit.

Art. 53

1. Aan een verzoek van de uitvaardigende justitiële autoriteit om een opgeëiste persoon die op basis van een door hem afgegeven Europees aanhoudingsbevel is aangehouden voorafgaand aan diens overlevering te horen, geeft de officier van justitie zo veel mogelijk gevolg.

Rechtshulp aan buitenland, horen opgeëiste persoon

2. Op het verhoor zijn de artikelen 5.1.8 en 5.1.9 van het Wetboek van Strafvordering en artikel 4, eerste tot en met derde lid, van de EU-rechtshulpovereenkomst 2000 van toepassing.

Art. 54

1. De officier van justitie kan op verzoek van de uitvaardigende justitiële autoriteit toestaan dat een opgeëiste persoon die op basis van een Europees aanhoudingsbevel is aangehouden, voorafgaand aan de beslissing over de overlevering, tijdelijk ter beschikking wordt gesteld van de uitvaardigende justitiële autoriteit voor het afleggen van een verklaring.

Rechtshulp aan buitenland, terbeschikkingstellen opgeëiste persoon

2. De instemming van de opgeëiste persoon is daartoe vereist.

3. De officier van justitie staat de tijdelijke terbeschikkingstelling niet toe, indien de opgeëiste persoon daardoor niet aanwezig zou kunnen zijn op het door de rechtbank, overeenkomstig artikel 24, eerste lid, bepaalde tijdstip waarop de opgeëiste persoon zal worden gehoord.
4. De officier van justitie bepaalt daartoe in overleg met de uitvaardigende justitiële autoriteit de duur van de terbeschikkingstelling en de voorwaarden waaronder de terbeschikkingstelling plaatsvindt.

Afdeling 2
Op verzoek van Nederland

Art. 55

Rechtshulp aan Nederland, inbeslagname voorwerpen

Elke rechter-commissaris kan de uitvoerende justitiële autoriteit verzoeken voorwerpen, aangetroffen in het bezit van degene wiens overlevering hij op basis van een signalering als bedoeld in artikel 4, eerste en tweede lid of van een Europees aanhoudingsbevel heeft gevraagd, in beslag te nemen en aan hem over te dragen.

Art. 56

Rechtshulp aan Nederland, verzoek doorvoer opgeëiste persoon door andere lidstaat

1. De rechter-commissaris die een Europees aanhoudingsbevel heeft uitgevaardigd of de officier van justitie die een Europees aanhoudingsbevel of uitleveringsverzoek in behandeling heeft genomen, zendt een verzoek om doorvoer van een opgeëiste persoon aan de bevoegde autoriteit van de lidstaat van de Europese Unie over wiens grondgebied betrokkene moet worden vervoerd.
2. Een verzoek om doorvoer dient de volgende gegevens te bevatten:
   a. de identiteit en de nationaliteit van de persoon tegen wie het Europees aanhoudingsbevel is afgegeven of ten aanzien van wie een uitleveringsverzoek is gedaan;
   b. het bestaan van een Europees aanhoudingsbevel of van een uitleveringsverzoek aan een derde staat;
   c. de aard en wettelijke kwalificatie van het strafbare feit;
   d. een beschrijving van de omstandigheden waaronder het strafbare feit is begaan, met inbegrip van tijd en plaats.
3. Op verzoek van de bevoegde autoriteit van de lidstaat over wiens grondgebied de doorvoer plaatsvindt, worden de kosten van de doorvoer door de rechter-commissaris of de officier van justitie vergoed.

Art. 57

Rechtshulp aan Nederland, horen opgeëiste persoon en tijdelijke overbrenging naar Nederland

De rechter-commissaris kan de uitvoerende justitiële autoriteit verzoeken om de persoon die op basis van een door hem afgegeven Europees aanhoudingsbevel is aangehouden, voorafgaand aan de beslissing over diens overlevering:
a. te horen in zijn aanwezigheid dan wel in de aanwezigheid van een door hem aangewezen vertegenwoordiger;
b. tijdelijk over te brengen naar Nederland.

Art. 58

Rechtshulp aan Nederland, terbeschikkingstelling opgeëiste persoon

1. In de gevallen bedoeld in artikel 57, onder b, bepaalt de rechter-commissaris die het Europees aanhoudingsbevel heeft uitgevaardigd in overleg met de uitvoerende justitiële autoriteit de duur van de terbeschikkingstelling en de voorwaarden waaronder de terbeschikkingstelling plaatsvindt.
2. Gedurende zijn verblijf hier te lande wordt de tijdelijk ter beschikking gestelde persoon op bevel van de officier van justitie in verzekering gesteld. De artikelen 61 en 64, eerste lid, zijn, voor zoveel nodig, van overeenkomstige toepassing.

Hoofdstuk V
Slotbepalingen

Art. 59

Europees aanhoudingsbevel, formaliteiten

Krachtens deze wet gegeven bevelen tot inverzekeringstelling of bewaring, dan wel tot verlenging van een termijn van vrijheidsbeneming, worden gedagtekend en ondertekend. De grond voor uitvaardiging wordt in het bevel vermeld. Aan degene op wie het bevel betrekking heeft, wordt onverwijld een afschrift daarvan uitgereikt.

Art. 60

Europees aanhoudingsbevel, uitvoerbaarheid

1. De bevelen tot vrijheidsbeneming, gegeven krachtens deze wet, zijn dadelijk uitvoerbaar.

2. Bevoegd tot het ten uitvoer leggen van Europese aanhoudingsbevelen, Nederlandse bevelen tot aanhouding, voorlopige aanhouding of gevangenneming zijn de in artikel 141 van het Wetboek van Strafvordering bedoelde ambtenaren.
3. Op de tenuitvoerlegging van een Europees aanhoudingsbevel, de in het eerste lid bedoelde bevelen tot vrijheidsbeneming en de last daartoe zijn de artikelen 6:1:6, 6:1:7, 6:1:9, 6:1:15 en 6:2:1 van het Wetboek van Strafvordering van toepassing.

Overleveringswet

Art. 61
Personen die krachtens deze wet in verzekering of in bewaring zijn gesteld, of wier gevangenneming of gevangenhouding is bevolen, worden behandeld als verdachten die krachtens het Wetboek van Strafvordering aan een overeenkomstige maatregel zijn onderworpen.

Schakelbepaling

Art. 62
Artikel 490, eerste lid, eerste volzin en derde lid, van het Wetboek van Strafvordering is van overeenkomstige toepassing.

Art. 63
Op de bevelen tot bewaring en gevangenhouding, krachtens deze wet gegeven, is artikel 66a van het Wetboek van Strafvordering van overeenkomstige toepassing.

Schakelbepaling

Art. 64
1. In gevallen waarin krachtens deze wet een beslissing omtrent de vrijheidsbeneming kan of moet worden genomen, kan worden bevolen dat die vrijheidsbeneming voorwaardelijk wordt opgeschort of geschorst tot het moment van de uitspraak van de rechtbank waarbij de overlevering wordt toegestaan. De te stellen voorwaarden mogen alleen strekken ter voorkoming van vlucht.
2. Op bevelen krachtens het eerste lid gegeven door de rechtbank, dan wel door de rechter-commissaris, zijn de artikelen 80, met uitzondering van het tweede lid, en 81 tot en met 88 van het Wetboek van Strafvordering van overeenkomstige toepassing.
3. De officier van justitie stelt de uitvaardigende justitiële autoriteit onverwijld in kennis van een bevel van de rechtbank, respectievelijk, de rechter-commissaris als bedoeld in het eerste lid, en van de daaraan ten grondslag liggende redenen.

Europees aanhoudingsbevel, opschorting vrijheidsbeneming

Art. 65
Op bevelen tot beëindiging van vrijheidsbeneming, krachtens deze wet gegeven, en op de tenuitvoerlegging van zodanige bevelen zijn de artikelen 73, 79, 6:2:5 van het Wetboek van Strafvordering van overeenkomstige toepassing.

Schakelbepaling

Art. 66
De termijnen, genoemd in de artikelen 19, onder b, 22, en 37, eerste en tweede lid, lopen niet gedurende de tijd dat de betrokkene zich aan de verdere tenuitvoerlegging van de in die artikelen bedoelde bevelen heeft onttrokken.

Art. 66a
Waar in deze wet de bevoegdheid wordt gegeven tot het horen van personen, is artikel 131a van het Wetboek van Strafvordering van overeenkomstige toepassing.

Art. 67
1. In gevallen waarin de overlevering is geweigerd, kan de rechtbank, op verzoek van de opgeëiste persoon, hem een vergoeding ten laste van de Staat toekennen voor de schade die hij heeft geleden ten gevolge van vrijheidsbeneming, bevolen krachtens deze wet. Onder schade is begrepen het nadeel dat niet in vermogensschade bestaat. De artikelen 533, derde, vierde en zesde lid, 534, 535 en 536 van het Wetboek van Strafvordering zijn van overeenkomstige toepassing.
2. In gevallen als bedoeld in het eerste lid vinden de artikelen 529 en 530 van het Wetboek van Strafvordering overeenkomstige toepassing op vergoeding van kosten en schaden voor de opgeëiste persoon of diens erfgenamen. In de plaats van het in die artikelen bedoelde gerecht treedt de rechtbank.

Europees aanhoudingsbevel, schadevergoeding bij weigering overlevering

Art. 68
Op betekeningen, kennisgevingen en oproepingen, gedaan krachtens deze wet, zijn de artikelen 36b tot en met 36e, 36g, 36h en 36n van het Wetboek van Strafvordering van overeenkomstige toepassing.

Schakelbepaling

Art. 69
De bepalingen van deze wet zijn niet van toepassing op:
a. overlevering van gedeserteerde schepelingen aan autoriteiten van de staat waartoe zij behoren;
b. overlevering van leden van een vreemde krijgsmacht en van personen die met hen zijn gelijkgesteld, aan de bevoegde militaire autoriteiten, voor zover die overlevering geschiedt krachtens een overeenkomst met een of meer staten waarmee Nederland bondgenootschappelijke betrekkingen onderhoudt.

Werkingssfeer

Art. 70
De officier van justitie draagt zorg voor een halfjaarlijkse rapportage aan Onze Minister over:
a. het aantal Europese aanhoudingsbevelen dat is ontvangen en in behandeling is genomen;
b. het aantal malen dat de verkorte procedure is toegepast;
c. het aantal malen dat verhoor door de rechtbank heeft plaatsgevonden;
d. het aantal malen dat de rechtbank de overlevering heeft toegestaan en geweigerd;
e. de gemiddelde duur van de procedures, bedoeld onder b en c.

Europees aanhoudingsbevel, rapport OvJ

Art. 71
[Wijzigt de Uitleveringswet.]

Art. 72
[Wijzigt het Wetboek van Strafrecht.]

Art. 73

Overlevering door Nederland, verslag

Onze Minister zendt binnen drie jaren na inwerkingtreding van deze wet aan de Staten-Generaal een verslag over de toepassing van deze wet op de overlevering door Nederland, in het bijzonder over de effecten van de behandeling van overleveringsverzoeken in één instantie.

Art. 74

Overgangsbepalingen

1. Deze wet treedt in de relatie met de lidstaten van de Europese Unie in de plaats van de Uitleveringswet, met uitzondering van de artikelen 50a en 51 van die wet, en van de in de relatie tussen Nederland en de lidstaten van de Europese Unie geldende verdragen inzake de uitlevering, te weten:

    a. het op 13 december 1957 te Parijs tot stand gekomen Europees Verdrag betreffende uitlevering (Trb. 1965, 9), het op 15 oktober 1975 te Straatsburg tot stand gekomen Aanvullend Protocol bij dit Verdrag (Trb. 1979, 119), het op 17 maart 1978 te Straatsburg tot stand gekomen Tweede Aanvullend Protocol bij dit Verdrag (Trb. 1979, 120) en, voor zover het op uitlevering betrekking heeft, het op 27 januari 1977 te Straatsburg tot stand gekomen Europees Verdrag tot bestrijding van terrorisme (Trb. 1985, 66);

    b. de op 30 augustus 1979 te Wittem tot stand gekomen Overeenkomst tussen het koninkrijk der Nederlanden en de Bondsrepubliek Duitsland betreffende de aanvulling en het vergemakkelijken van de toepassing van het Europees Verdrag betreffende de uitlevering van 13 december 1957 (Trb. 1979, nr. 142);

    c. afdeling I en voor zover van toepassing afdeling III van het op 27 juni 1962 te Brussel tot stand gekomen Verdrag aangaande de uitlevering en de rechtshulp in strafzaken tussen het Koninkrijk België, het Groothertogdom Luxemburg en het Koninkrijk der Nederlanden, zoals gewijzigd bij het op 11 mei 1974 te Brussel tot stand gekomen protocol (Trb. 1962, 97, en 1974, 11);

    d. hoofdstuk III, afdeling 4, van de Uitvoeringsovereenkomst van Schengen;

    e. de Overeenkomst tussen de lidstaten van de Europese Gemeenschappen betreffende de vereenvoudiging en de modernisering van de wijze van toezending van uitleveringsverzoeken van 26 mei 1989 (Trb. 1990, 97);

    f. de op 10 maart 1995 te Brussel tot stand gekomen Overeenkomst opgesteld op grond van artikel K.3 van het Verdrag betreffende de Europese Unie aangaande de verkorte procedure tot uitlevering tussen de Lid-Staten van de Europese Unie (Trb. 1995, 10);

    g. de op 27 september 1996 te Dublin tot stand gekomen Overeenkomst opgesteld op grond van artikel K.3 van het Verdrag betreffende de Europese Unie betreffende uitlevering tussen de lidstaten van de Europese Unie (Trb. 1996, 304).

2. Het eerste lid blijft buiten toepassing in relatie tot een andere lidstaat van de Europese Unie voorzover en voorzolang die lidstaat niet de maatregelen heeft getroffen die noodzakelijk zijn om aan het op 13 juni 2003 te Brussel totstandgekomen kaderbesluit van de Raad betreffende het Europees aanhoudingsbevel en de procedures van overlevering tussen de lidstaten van de Europese Unie (PbEG L 190) te voldoen.

3. Voor zover de Raad van de Europese Unie een besluit neemt dat afwijkt van het eerste of tweede lid, kan daaraan bij algemene maatregel van bestuur uitvoering worden gegeven.

4. De Uitleveringswet blijft van toepassing op de behandeling van een verzoek tot uitlevering en op de in verband daarmede te nemen beslissingen, in gevallen waarin de stukken betreffende dat verzoek vóór het tijdstip van het in werking treden van deze wet zijn ontvangen door Onze Minister.

5. Een opgeëiste persoon die op het tijdstip van het in werking treden van deze wet is gedetineerd ingevolge een bevel gegeven krachtens artikel 14, 13a of 15 van de Uitleveringswet, wordt, zo het Europees aanhoudingsbevel nog niet is ontvangen, beschouwd en behandeld als een persoon die krachtens artikel 16, 17 of 18 van deze wet in bewaring wordt gehouden of in verzekering is gesteld.

Art. 75

Inwerkingtreding

Deze wet treedt in werking met ingang van 1 januari 2004. Indien het Staatsblad waarin deze wet wordt geplaatst, wordt uitgegeven na 31 december 2003, treedt zij in werking met ingang van de dag na de datum van uitgifte van het Staatsblad waarin zij wordt geplaatst.

Art. 76

Citeertitel

Deze wet wordt aangehaald als: Overleveringswet.

Kaderbesluit betreffende Europees aanhoudingsbevel en procedures van overlevering tussen lidstaten (2002/584/JBZ)

Kaderbesluit van de Raad van 13 juni 2002 betreffende het Europees aanhoudingsbevel en de procedures van overlevering tussen de lidstaten (2002/584/JBZ)[1]

DE RAAD VAN DE EUROPESE UNIE,
Gelet op het Verdrag betreffende de Europese Unie, en met name op artikel 31, onder a) en b), en artikel 34, lid 2, onder b),
Gezien het voorstel van de Commissie[2],
Gezien het advies van het Europees Parlement[3],
Overwegende hetgeen volgt:
(1) Volgens de conclusies van de Europese Raad van Tampere van 15 en 16 oktober 1999, en met name punt 35, moet voor personen die na een definitieve veroordeling aan de rechtspleging proberen te ontkomen, de formele uitleveringsprocedure tussen de lidstaten worden afgeschaft en moeten voor personen die ervan verdacht worden een strafbaar feit te hebben begaan, de uitleveringsprocedures worden versneld.
(2) Het programma van maatregelen om uitvoering te geven aan het beginsel van wederzijdse erkenning van strafrechtelijke beslissingen zoals vermeld in punt 37 van de conclusies van de Europese Raad van Tampere, dat door de Raad is aangenomen op 30 november 2000[4], bevat de wederzijdse tenuitvoerlegging van aanhoudingsbevelen.
(3) Alle of sommige lidstaten zijn partij bij verdragen inzake uitlevering, waaronder het Europees Verdrag betreffende uitlevering van 13 december 1957 en het Europees Verdrag ter bestrijding van terrorisme van 27 januari 1977. De noordse landen hebben identiek geformuleerde uitleveringswetten vastgesteld.
(4) Daarnaast hebben de lidstaten de drie akten goedgekeurd, welke geheel of gedeeltelijk op uitlevering betrek-king hebben en die deel uitmaken van het acquis van de Unie: de Overeenkomst van 19 juni 1990 ter uitvoering van het Akkoord van Schengen van 14 juni 1985 betreffende de geleidelijke afschaffing van de controles aan de gemeenschappe-lijke grenzen (in betrekkingen tussen de lidstaten die partij bij de overeenkomst zijn)[5], de Overeenkomst van 10 maart 1995 aangaande de verkorte procedure tot uitlevering tussen de lidstaten van de Europese Unie[6], en de Overeenkomst van 27 september 1996 betreffende uitlevering tussen de lidstaten van de Europese Unie[7].
(5) De opdracht van de Unie om een ruimte van vrijheid, veiligheid en rechtvaardigheid te worden, brengt mee dat uitlevering tussen de lidstaten moet worden afgeschaft en vervangen door een regeling van overlevering tussen rechterlijke autoriteiten. Met de invoering van een nieuwe en vereenvoudigde regeling van overlevering van veroordeelde of verdachte personen ter fine van tenuitvoerlegging van strafrechtelijke beslissingen en vervolging kan tevens een oplossing worden gevonden voor de complexiteit en het tijdverlies die inherent zijn aan de huidige uitleveringsprocedures. De klassieke samenwerking die tot dusverre in de betrekkingen tussen de lidstaten overheerste, moet worden vervangen door een vrij verkeer van beslissingen in strafzaken, zowel in de onderzoeks- als in de berechtingsfase, in de ruimte van vrijheid, veiligheid en rechtvaardigheid.
(6) Het Europees aanhoudingsbevel waarin dit kaderbesluit voorziet, vormt de eerste tastbare toepassing op strafrechtelijk gebied van het beginsel van wederzijdse erkenning, welk beginsel de Europese Raad als hoeksteen van de gerechtelijke samenwerking beschouwt.
(7) Daar de beoogde vervanging van het multilaterale uitleveringsstelsel, gebaseerd op het Europees Verdrag betreffende uitlevering van 13 december 1957 niet voldoende door de lidstaten op unilaterale wijze kan worden verwezenlijkt en derhalve wegens de dimensie en effecten ervan beter op het niveau van de Unie haar beslag kan krijgen, kan de Raad overeenkomstig het in

---

1 Inwerkingtredingsdatum: 07-08-2002; zoals laatstelijk gewijzigd bij: PB EU 2009, L81.
2 PB C 332 E van 27.11.2001, blz. 305.
3 Advies uitgebracht op 9 januari 2002 (nog niet verschenen in het Publicatieblad).
4 PB C E 12 van 15.1.2001, blz. 10.
5 PB L 239 van 22.9.2000, blz. 19.
6 PB C 78 van 30.3.1995, blz. 2.
7 PB C 313 van 13.10.1996, blz. 12.

artikel 2 van het Verdrag betreffende de Europese Unie en in artikel 5 van het EGVerdrag neergelegde subsidiariteitsbeginsel maatregelen nemen. Overeenkomstig het evenredigheidsbeginsel, zoals in laatstgenoemd artikel neergelegd, gaat dit kaderbesluit niet verder dan nodig is om deze doelstelling te verwezenlijken.

(8) Beslissingen over de tenuitvoerlegging van het Europees aanhoudingsbevel mogen pas worden genomen na een toereikende controle, hetgeen betekent dat een rechterlijke autoriteit van de lidstaat waar de gezochte persoon is aangehouden, dient te beslissen of deze al dan niet wordt overgeleverd.

(9) De rol van de centrale autoriteiten bij de tenuitvoerlegging van een Europees aanhoudingsbevel moet beperkt blijven tot het verlenen van praktische en administratieve bijstand.

(10) De regeling inzake het Europees aanhoudingsbevel berust op een hoge mate van vertrouwen tussen de lidstaten. De toepassing ervan kan slechts worden opgeschort in geval van een ernstige en voortdurende schending door een lidstaat van de in artikel 6, lid 1, van het Verdrag betreffende de Europese Unie neergelegde beginselen, welke schending door de Raad is geconstateerd overeenkomstig artikel 7, lid 1, en volgens de procedure van artikel 7, lid 2, van dat Verdrag.

(11) De regeling inzake het Europees aanhoudingsbevel dient in de onderlinge betrekkingen van de lidstaten in de plaats te treden van alle eerdere rechtsinstrumenten inzake uitlevering, met inbegrip van de uitleveringsbepalingen van titel III van de Schengenuitvoeringsovereenkomst.

(12) Dit kaderbesluit eerbiedigt de grondrechten en voldoet aan de beginselen die worden erkend bij artikel 6 van het Verdrag betreffende de Europese Unie en zijn weergegeven in het Handvest van de grondrechten van de Europese Unie[8], met name in hoofdstuk VI. Niets in dit kaderbesluit staat eraan in de weg dat de overlevering kan worden geweigerd van een persoon tegen wie een Europees aanhoudingsbevel is uitgevaardigd, indien er objectieve redenen bestaan om aan te nemen dat het Europees aanhoudingsbevel is uitgevaardigd met het oog op vervolging of bestraffing van die persoon op grond van zijn geslacht, ras, godsdienst, etnische afstamming, nationaliteit, taal, politieke overtuiging of seksuele geaardheid of dat de positie van die persoon kan worden aangetast om een van deze redenen.

Dit kaderbesluit laat de toepassing door de lidstaten van hun grondwettelijke bepalingen betreffende het recht op een eerlijke rechtsgang, de vrijheid van vereniging, de vrijheid van drukpers en de vrijheid van meningsuiting in andere media, onverlet.

(13) Niemand mag worden verwijderd of uitgezet naar dan wel uitgeleverd aan een staat waarin een ernstig risico bestaat dat hij aan de doodstraf, aan folteringen of aan andere onmenselijke of vernederende behandelingen of bestraffingen wordt onderworpen.

(14) Alle lidstaten hebben het Verdrag van de Raad van Europa van 28 januari 1981 tot bescherming van personen met betrekking tot de geautomatiseerde verwerking van persoonsgegevens geratificeerd. De bij de toepassing van dit kaderbesluit verwerkte persoonsgegevens dienen in overeenstemming met de beginselen van dit Verdrag te worden beschermd,

HEEFT HET VOLGENDE KADERBESLUIT VASTGESTELD:

Hoofdstuk 1
Algemene beginselen

Art. 1 Verplichting tot tenuitvoerlegging van het Europees aanhoudingsbevel

Europees aanhoudingsbevel, tenuitvoerlegging

1. Het Europees aanhoudingsbevel is een rechterlijke beslissing die door een lidstaat wordt uitgevaardigd met het oog op de aanhouding en de overlevering door een andere lidstaat van een persoon die gezocht wordt met het oog op strafvervolging of uitvoering van een tot vrijheidsbeneming strekkende straf of maatregel.
2. De lidstaten verbinden zich ertoe om, op grond van het beginsel van wederzijdse erkenning en overeenkomstig de bepalingen van dit kaderbesluit, elk Europees aanhoudingsbevel ten uitvoer te leggen.
3. Dit kaderbesluit kan niet tot gevolg hebben dat de verplichting tot eerbiediging van de grondrechten en de fundamentele rechtsbeginselen, zoals die zijn neergelegd in artikel 6 van het Verdrag betreffende de Europese Unie, wordt aangetast.

Art. 2 Toepassingsgebied van het Europees aanhoudingsbevel

Europees aanhoudingsbevel, toepassingsgebied

1. Een Europees aanhoudingsbevel kan worden uitgevaardigd wegens feiten die door de wet van de uitvaardigende lidstaat strafbaar zijn gesteld met een vrijheidsstraf of een tot vrijheidsbeneming strekkende maatregel met een maximum van ten minste twaalf maanden of, wanneer een straf of een maatregel is opgelegd, wegens opgelegde sancties met een duur van ten minste vier maanden.
2. Tot overlevering op grond van een Europees aanhoudingsbevel kunnen leiden, onder de voorwaarden van dit kaderbesluit en zonder toetsing van de dubbele strafbaarheid van het feit, de navolgende strafbare feiten, indien daarop in de uitvaardigende lidstaat een vrijheidsstraf

---

8   PB C 364 van 18.12.2000, blz. 1.

of een tot vrijheidsbeneming strekkende maatregel staat met een maximum van ten minste drie jaar en zoals omschreven in het recht van de uitvaardigende lidstaat:
- deelneming aan een criminele organisatie,
- terrorisme,
- mensenhandel,
- seksuele uitbuiting van kinderen en kinderpornografie,
- illegale handel in verdovende middelen en psychotrope stoffen,
- illegale handel in wapens, munitie en explosieven,
- corruptie,
- fraude, met inbegrip van fraude waardoor de financiële belangen van de Gemeenschap worden geschaad zoals bedoeld in de Overeenkomst van 26 juli 1995 aangaande de bescherming van de financiële belangen van de Europese Gemeenschappen,
- witwassen van opbrengsten van misdrijven,
- vervalsing met inbegrip van namaak van de euro,
- informaticacriminaliteit,
- milieumisdrijven, met inbegrip van de illegale handel in bedreigde diersoorten en bedreigde planten- en boomsoorten,
- hulp bij illegale binnenkomst en illegaal verblijf,
- moord en doodslag, zware mishandeling,
- illegale handel in menselijke organen en weefsels,
- ontvoering, wederrechtelijke vrijheidsberoving en gijzeling,
- racisme en vreemdelingenhaat,
- georganiseerde of gewapende diefstal,
- illegale handel in cultuurgoederen, waaronder antiquiteiten en kunstvoorwerpen,
- oplichting,
- racketeering en afpersing,
- namaak van producten en productpiraterij,
- vervalsing van administratieve documenten en handel in valse documenten,
- vervalsing van betaalmiddelen,
- illegale handel in hormonale stoffen en andere groeibevorderaars,
- illegale handel in nucleaire en radioactieve stoffen,
- handel in gestolen voertuigen,
- verkrachting,
- opzettelijke brandstichting,
- misdrijven die onder de rechtsmacht van het Internationaal Strafhof vallen,
- kaping van vliegtuigen/schepen,
- sabotage.

3. De Raad kan te allen tijde met eenparigheid van stemmen en na raadpleging van het Europees Parlement overeenkomstig artikel 39, lid 1, van het Verdrag betreffende de Europese Unie besluiten andere categorieën van strafbare feiten aan de lijst van lid 2 van dit artikel toe te voegen. De Raad overweegt in het licht van het door de Commissie overeenkomstig artikel 34, lid 3, ingediende verslag of deze lijst moet worden uitgebreid of gewijzigd.

4. Ten aanzien van andere dan de in lid 2 van dit artikel bedoelde strafbare feiten kan overlevering afhankelijk worden gesteld van de voorwaarde dat het Europees aanhoudingsbevel berust op een naar het recht van de uitvoerende lidstaat strafbaar feit, ongeacht de bestanddelen of de kwalificatie ervan.

Art. 3 Gronden tot verplichte weigering van de tenuitvoerlegging

De rechterlijke autoriteit van de uitvoerende lidstaat, hierna „de uitvoerende rechterlijke autoriteit" genoemd, weigert de tenuitvoerlegging van het Europees aanhoudingsbevel in de volgende gevallen:

Europees aanhoudingsbevel, verplichte weigering tenuitvoerlegging

1. het strafbaar feit dat aan het Europees aanhoudingsbevel ten grondslag ligt, valt in de uitvoerende staat onder een amnestie en deze staat was krachtens zijn strafwetgeving bevoegd om dat strafbaar feit te vervolgen;

2. uit de gegevens waarover de uitvoerende rechterlijke autoriteit beschikt, blijkt dat de gezochte persoon onherroepelijk door een lidstaat is berecht voor dezelfde feiten, op voorwaarde dat, in geval van veroordeling, de sanctie is ondergaan of op dat tijdstip wordt ondergaan dan wel niet meer kan worden uitgevoerd volgens het recht van de veroordelende lidstaat;

3. de persoon tegen wie het Europees aanhoudingsbevel is uitgevaardigd, kan krachtens het recht van de uitvoerende lidstaat op grond van zijn leeftijd niet strafrechtelijk verantwoordelijk worden gesteld voor de feiten die aan dit bevel ten grondslag liggen.

Art. 4 Gronden tot facultatieve weigering van de tenuitvoerlegging

De uitvoerende rechterlijke autoriteit kan de tenuitvoerlegging van het Europees aanhoudingsbevel weigeren in de volgende gevallen:

Europees aanhoudingsbevel, facultatieve weigering tenuitvoerlegging

1. in een van de in artikel 2, lid 4, bedoelde gevallen is het feit dat aan het Europees aanhoudingsbevel ten grondslag ligt naar het recht van de uitvoerende lidstaat niet strafbaar; terzake

van retributies en belastingen, douane en deviezen mag de tenuitvoerlegging van het Europees aanhoudingsbevel niet worden geweigerd op grond van het feit dat de uitvoerende lidstaat niet dezelfde soort retributies of belastingen heft, of niet dezelfde soort regelgeving inzake retributies, belastingen, douane en deviezen kent als de uitvaardigende lidstaat;
2. de persoon tegen wie het Europees aanhoudingsbevel is uitgevaardigd, wordt in de uitvoerende lidstaat vervolgd wegens het feit dat aan het Europees aanhoudingsbevel ten grondslag ligt;
3. de uitvoerende rechterlijke autoriteiten van de lidstaat hebben besloten geen vervolging in te stellen wegens het strafbaar feit waarvoor het Europees aanhoudingsbevel is uitgevaardigd, of een ingestelde vervolging te staken, dan wel wanneer in een lidstaat tegen de gezochte persoon voor dezelfde feiten een onherroepelijke beslissing is genomen die verdere vervolging onmogelijk maakt;
4. de strafvervolging of de straf is volgens de wet van de uitvoerende lidstaat verjaard en de feiten vallen naar het strafrecht van deze lidstaat onder zijn rechtsmacht;
5. uit de gegevens waarover de uitvoerende rechterlijke autoriteit beschikt, blijkt dat de gezochte persoon door een derde land onherroepelijk is berecht voor dezelfde feiten, op voorwaarde dat, ingeval van veroordeling, de sanctie is ondergaan of op dat tijdstip wordt ondergaan dan wel niet meer ten uitvoer kan worden gelegd volgens het recht van de staat van veroordeling;
6. het Europees aanhoudingsbevel is uitgevaardigd met het oog op de tenuitvoerlegging van een vrijheidsstraf of een tot vrijheidsbeneming strekkende maatregel, terwijl de gezochte persoon verblijft in of onderdaan of ingezetene is van de uitvoerende lidstaat en deze staat zich ertoe verbindt die straf of maatregel overeenkomstig zijn nationale recht zelf ten uitvoer te leggen;
7. het Europees aanhoudingsbevel betreft een strafbaar feit dat
a) naar het recht van de uitvoerende lidstaat geacht wordt geheel of ten dele te zijn gepleegd op het grondgebied van die lidstaat of op een daarmee gelijk te stellen plaats;
b) buiten het grondgebied van de uitvaardigende lidstaat is gepleegd en er naar het recht van de uitvoerende lidstaat geen vervolging zou kunnen worden ingesteld indien een zelfde feit buiten het grondgebied van de uitvoerende lidstaat zou zijn gepleegd.

Art. 4bis Beslissingen gegeven na een proces waarop de betrokkene niet in persoon is verschenen

> Europees aanhoudingsbevel, weigering tenuitvoerlegging als betrokkene niet in persoon is verschenen

1. De uitvoerende rechterlijke autoriteit kan de tenuitvoerlegging van het Europees aanhoudingsbevel voor de uitvoering van een tot vrijheidsbeneming strekkende straf of maatregel ook weigeren, indien de betrokkene niet in persoon is verschenen op het proces dat tot de beslissing heeft geleid, tenzij in het Europees aanhoudingsbevel is vermeld dat, overeenkomstig nadere in het nationale recht van de uitvaardigende lidstaat bepaalde procedurevoorschriften:
a) de betrokkene tijdig
i) persoonlijk is gedagvaard en daarbij op de hoogte is gebracht van het tijdstip en de plaats van het proces dat tot de beslissing heeft geleid of anderszins daadwerkelijk officieel in kennis is gesteld van het tijdstip en de plaats van dat proces, zodat op ondubbelzinnige wijze vaststaat dat hij op de hoogte was van het voorgenomen proces;
en
ii) ervan in kennis is gesteld dat een beslissing kan worden gegeven wanneer hij niet op het proces verschijnt;
of dat
b) de betrokkene op de hoogte was van het voorgenomen proces, een zelf gekozen of van overheidswege toegewezen raadsman heeft gemachtigd zijn verdediging op het proces te voeren, en op het proces ook werkelijk door die raadsman is verdedigd;
of dat
c) de betrokkene nadat de beslissing aan hem was betekend en hij uitdrukkelijk was geïnformeerd over zijn recht op een verzetprocedure of een procedure in hoger beroep, waarop hij het recht heeft aanwezig te zijn, waarop de zaak opnieuw ten gronde wordt behandeld en nieuw bewijsmateriaal wordt toegelaten, en die kan leiden tot herziening van de oorspronkelijke beslissing:
i) uitdrukkelijk te kennen heeft gegeven dat hij de beslissing niet betwist;
of
ii) niet binnen de voorgeschreven termijn verzet of hoger beroep heeft aangetekend;
of dat
d) de beslissing niet persoonlijk aan de betrokkene is betekend, maar:
i) hem na overlevering onverwijld persoonlijk zal worden betekend en hij uitdrukkelijk zal worden geïnformeerd over zijn recht op een verzetprocedure of een procedure in hoger beroep, waarop hij het recht heeft aanwezig te zijn, waarop de zaak opnieuw ten gronde wordt behandeld en nieuw bewijsmateriaal wordt toegelaten, en die kan leiden tot herziening van de oorspronkelijke beslissing;
en
ii) dat de betrokkene wordt geïnformeerd over de termijn waarover hij beschikt om verzet of hoger beroep aan te tekenen, als vermeld in het desbetreffende Europees aanhoudingsbevel.

2. Ingeval het Europees aanhoudingsbevel wordt uitgevaardigd met het oog op de tenuitvoerlegging van een tot vrijheidsbeneming strekkende straf of maatregel onder de voorwaarden van lid 1, onder d), en de betrokkene nog niet officieel van de tegen hem bestaande strafprocedure in kennis is gesteld, kan hij wanneer hij van de inhoud van het Europees aanhoudingsbevel in kennis wordt gesteld, verzoeken een afschrift van het vonnis te ontvangen alvorens te worden overgeleverd. De uitvaardigende autoriteit overhandigt het afschrift onmiddellijk na van het verzoek in kennis te zijn gesteld via de uitvoerende autoriteit aan de betrokkene. Het verzoek van de betrokkene mag noch de overleveringsprocedure noch de beslissing tot tenuitvoerlegging van het Europees aanhoudingsbevel vertraging doen oplopen. De overhandiging van het vonnis aan de betrokkene geschiedt louter ter kennisgeving, is niet te beschouwen als officiële betekening van het vonnis en doet geen termijnen voor het aantekenen van verzet of hoger beroep ingaan.
3. Ingeval de betrokkene wordt overgeleverd onder de voorwaarden van lid 1, onder d), en verzet of hoger beroep heeft aangetekend, wordt diens vrijheidsbeneming in afwachting van de procedure van verzet of hoger beroep en zolang deze niet is voltooid, herzien overeenkomstig het recht van de uitvaardigende staat, hetzij op regelmatige basis, hetzij op verzoek van de betrokkene. Bij die herziening wordt in het bijzonder de mogelijkheid tot schorsing of onderbreking van de vrijheidsbeneming overwogen. Het verzet of hoger beroep wordt na de overlevering tijdig ingeleid.

Art. 5 Garanties van de uitvaardigende lidstaat in bijzondere gevallen
De tenuitvoerlegging van het Europees aanhoudingsbevel door de uitvoerende rechterlijke autoriteit kan door het recht van de uitvoerende lidstaat afhankelijk worden gesteld van een van de volgende voorwaarden:

2. indien het feit dat aan het Europees aanhoudingsbevel ten grondslag ligt, strafbaar is gesteld met een levenslange vrijheidsstraf of een maatregel welke levenslange vrijheidsbeneming meebrengt, kan de tenuitvoerlegging van het aanhoudingsbevel afhankelijk worden gesteld van de voorwaarde dat in het rechtsstelsel van de uitvaardigende lidstaat de mogelijkheid van herziening van de opgelegde straf of maatregel — op verzoek of ten minste na 20 jaar — bestaat, dan wel van toepassing van gratiemaatregelen waarvoor de betrokkene krachtens de nationale wetgeving of praktijk van die lidstaat in aanmerking kan komen, strekkende tot niet-uitvoering van die straf of maatregel;
3. indien de persoon tegen wie een Europees aanhoudingsbevel ter fine van een strafvervolging is uitgevaardigd, onderdaan of ingezetene van de uitvoerende lidstaat is, kan overlevering afhankelijk worden gesteld van de garantie dat de persoon, na te zijn gehoord, wordt teruggezonden naar de uitvoerende lidstaat om daar de vrijheidsstraf of de tot vrijheidsbeneming strekkende maatregel te ondergaan die hem eventueel wordt opgelegd in de uitvaardigende lidstaat.

Art. 6 Bevoegde rechterlijke autoriteiten
1. De uitvaardigende rechterlijke autoriteit is de rechterlijke autoriteit van de uitvaardigende lidstaat die bevoegd is om een Europees aanhoudingsbevel uit te vaardigen krachtens het recht van de uitvaardigende lidstaat.
2. De uitvoerende rechterlijke autoriteit is de rechterlijke autoriteit van de uitvoerende lidstaat die bevoegd is het Europees aanhoudingsbevel uit te voeren krachtens het recht van de uitvoerende lidstaat.
3. Iedere lidstaat deelt het secretariaat-generaal van de Raad mee welke rechterlijke autoriteit volgens zijn interne recht bevoegd is.

Art. 7 Inschakeling van de centrale autoriteit
1. Iedere lidstaat kan één of, indien zijn rechtsorde daarin voorziet, meer centrale autoriteiten aanwijzen om de bevoegde rechterlijke autoriteiten bij te staan.

2. Een lidstaat kan, indien zijn interne rechterlijke organisatie zulks vereist, zijn centrale autoriteit(en) belasten met het toezenden en administratief in ontvangst nemen van de Europese aanhoudingsbevelen en van elke andere formele correspondentie dienaangaande.
De lidstaat die van deze mogelijkheid gebruik wil maken, stelt het secretariaat-generaal van de Raad in kennis van de gegevens met betrekking tot de centrale autoriteit(en). Die gegevens zijn bindend voor alle autoriteiten van de uitvaardigende lidstaat.

Art. 8 Inhoud en vorm van het Europees aanhoudingsbevel
1. In het Europees aanhoudingsbevel worden overeenkomstig het als bijlage bij dit kaderbesluit gevoegde model de navolgende gegevens vermeld:
a) de identiteit en de nationaliteit van de gezochte persoon;
b) de naam, het adres, het telefoon- en het faxnummer en het e-mailadres van de uitvaardigende rechterlijke autoriteit;
c) de vermelding dat een voor tenuitvoerlegging vatbaar vonnis, een aanhoudingsbevel of een andere voor tenuitvoerlegging vatbare gelijkwaardige rechterlijke beslissing bestaat, zoals bedoeld in de artikelen 1 en 2;
d) de aard en de wettelijke kwalificatie van het strafbaar feit, met name rekening houdend met artikel 2;

e) een beschrijving van de omstandigheden waaronder het strafbare feit is gepleegd, met vermelding van onder meer het tijdstip, de plaats en de mate van betrokkenheid van de gezochte persoon bij het strafbare feit;
f) de opgelegde straf, indien een onherroepelijk vonnis bestaat, of de in de uitvaardigende lidstaat voor het betrokken feit geldende strafmaat;
g) indien mogelijk, andere gevolgen van het strafbaar feit.

2. Het Europees aanhoudingsbevel wordt vertaald in de officiële taal of in één van de officiële talen van de uitvoerende lidstaat. Elke lidstaat kan, bij de aanneming van dit kaderbesluit of op een later tijdstip, in een bij het secretariaat-generaal van de Raad neergelegde verklaring meedelen dat hij een vertaling in één of meer andere officiële talen van de instellingen van de Europese Gemeenschappen aanvaardt.

Hoofdstuk 2
Overleveringsprocedure

Art. 9 Toezending van een Europees aanhoudingsbevel

Europees aanhoudingsbevel, toezending

1. Wanneer de plaats waar de persoon zich bevindt bekend is, kan de uitvaardigende rechterlijke autoriteit het Europees aanhoudingsbevel rechtstreeks toezenden aan de uitvoerende rechterlijke autoriteit.
2. De uitvaardigende rechterlijke autoriteit kan ook altijd besluiten om de gezochte persoon in het Schengeninformatiesysteem (SIS) te signaleren.
3. Deze signalering vindt plaats overeenkomstig artikel 95 van de Overeenkomst van 19 juni 1990 ter uitvoering van het op 14 juni 1985 te Schengen gesloten Akkoord betreffende de geleidelijke afschaffing van de controles aan de gemeenschappelijke grenzen. Een signalering in het SIS vergezeld van de gegevens vermeld in artikel 8, lid 1, geldt als Europees aanhoudingsbevel. Tot het tijdstip waarop het SIS in staat zal zijn gesteld alle in artikel 8 vermelde gegevens mee te delen, geldt de signalering bij wijze van overgangsmaatregel als Europees aanhoudingsbevel in afwachting dat het origineel in de voorgeschreven vorm door de uitvoerende rechterlijke autoriteit is ontvangen.

Art. 10 Wijze van toezending van een Europees aanhoudingsbevel

Europees aanhoudingsbevel, wijze van toezending

1. Indien de uitvaardigende rechterlijke autoriteit niet weet wie de bevoegde uitvoerende rechterlijke autoriteit is, verricht zij de nodige naspeuringen, met name via de contactpunten van het Europees justitieel netwerk[9], om de informatie te verkrijgen van de uitvoerende lidstaat.
2. Indien de uitvaardigende rechterlijke autoriteit zulks wenst, kan de toezending plaatsvinden via het beveiligd telecommunicatiesysteem van het Europees justitieel netwerk.
3. Indien geen gebruik kan worden gemaakt van het SIS, kan de uitvaardigende rechterlijke autoriteit voor de toezending van het Europees aanhoudingsbevel een beroep doen op de diensten van Interpol.
4. De uitvaardigende rechterlijke autoriteit kan het Europees aanhoudingsbevel toezenden op elke wijze die veilig is en die een schriftelijke melding oplevert en ten aanzien waarvan de uitvoerende lidstaat zich van de echtheid kan vergewissen.
5. Wanneer moeilijkheden rijzen in verband met de toezending of de echtheid van een voor de tenuitvoerlegging van het Europees aanhoudingsbevel noodzakelijk document, worden deze moeilijkheden opgelost door middel van rechtstreeks contact tussen de betrokken rechterlijke autoriteiten of in voorkomend geval door tussenkomst van de centrale autoriteiten van de betrokken lidstaten.
6. Indien de autoriteit die een Europees aanhoudingsbevel ontvangt, niet bevoegd is om er gevolg aan te geven, zendt zij het Europees aanhoudingsbevel ambtshalve door aan de bevoegde autoriteit van haar lidstaat en stelt zij de uitvaardigende rechterlijke autoriteit daarvan in kennis.

Art. 11 Rechten van de gezochte persoon

Europees aanhoudingsbevel, rechten gezochte

1. Wanneer een gezochte persoon wordt aangehouden, stelt de bevoegde uitvoerende rechterlijke autoriteit hem, overeenkomstig haar nationaal recht, in kennis van het bestaan en de inhoud van het Europees aanhoudingsbevel en van de mogelijkheid om met overlevering aan de uitvaardigende rechterlijke autoriteit in te stemmen.
2. Een gezochte persoon die ter fine van tenuitvoerlegging van een Europees aanhoudingsbevel wordt aangehouden, heeft recht op bijstand van een raadsman en van een tolk, overeenkomstig het interne recht van de uitvoerende lidstaat.

Art. 12 Voortgezette hechtenis van de persoon

Europees aanhoudingsbevel, voortgezette hechtenis

Wanneer een persoon wordt aangehouden op grond van een Europees aanhoudingsbevel, beslist de uitvoerende rechterlijke autoriteit of betrokkene in hechtenis blijft overeenkomstig het recht van de uitvoerende lidstaat. Deze persoon kan op elk tijdstip overeenkomstig het interne recht van de uitvoerende lidstaat in voorlopige vrijheid worden gesteld, onverminderd de maatregelen

---

9   Gemeenschappelijk optreden 98/428/JBZ van 29 juni 1998 tot oprichting van een Europees justitieel netwerk (PB L 191 van 7.7.1998, blz. 4).

die de bevoegde autoriteit van die lidstaat noodzakelijk acht om de vlucht van de gezochte persoon te voorkomen.

Art. 13 Instemming met overlevering

1. Indien de aangehouden persoon te kennen geeft dat hij instemt met zijn overlevering, wordt die instemming en, in voorkomend geval, de uitdrukkelijke afstand van de bescherming van het in artikel 27, lid 2, omschreven specialiteitsbeginsel gegeven ten overstaan van de uitvoerende rechterlijke autoriteit overeenkomstig het nationaal recht van de uitvoerende lidstaat.

2. Iedere lidstaat neemt de nodige maatregelen om ervoor te zorgen dat de instemming en, in voorkomend geval, de afstand, als bedoeld in lid 1, wordt verkregen onder omstandigheden waaruit blijkt dat de betrokkene uit vrije wil handelt en zich volledig bewust is van de gevolgen. De gezochte persoon heeft te dien einde het recht zich te laten bijstaan door een raadsman.

3. De instemming en, in voorkomend geval, de afstand, als bedoeld in lid 1, worden opgetekend in een proces-verbaal overeenkomstig het nationaal recht van de uitvoerende lidstaat.

4. De instemming kan in beginsel niet worden herroepen. Elke lidstaat kan bepalen dat de instemming en, in voorkomend geval, de afstand overeenkomstig de toepasselijke regels van zijn nationaal recht kan worden herroepen. In dat geval wordt het tijdvak tussen de datum van instemming en de datum van afstand niet in aanmerking genomen voor het bepalen van de in artikel 17 gestelde termijnen. Een lidstaat die gebruik wenst te maken van deze mogelijkheid stelt het secretariaatgeneraal van de Raad van de Europese Unie hiervan in kennis bij de aanneming van dit kaderbesluit en vermeldt de nadere regels volgens welke herroeping van de instemming mogelijk is, alsook iedere wijziging.

Europees aanhoudingsbevel, instemming met overlevering

Art. 14 Horen van de gezochte persoon

Indien de aangehouden persoon niet instemt met zijn overlevering als bedoeld in artikel 13, heeft hij het recht overeenkomstig het nationale recht van de uitvoerende staat door de uitvoerende rechterlijke autoriteit te worden gehoord.

Europees aanhoudingsbevel, horen gezochte

Art. 15 Beslissing over de overlevering

1. De uitvoerende rechterlijke autoriteit beslist, binnen de termijnen en onder de voorwaarden die in dit kaderbesluit zijn gesteld, over de overlevering van de betrokkene.

Europees aanhoudingsbevel, beslissing over overlevering

2. Indien de uitvoerende rechterlijke autoriteit van oordeel is dat de door de uitvaardigende lidstaat meegedeelde gegevens onvoldoende zijn om haar in staat te stellen een beslissing te nemen over de overlevering, verzoekt zij dringend om aanvullende gegevens, met name in verband met de artikelen 3 tot en met 5 en artikel 8 en kan zij een uiterste datum voor de ontvangst ervan vaststellen, rekening houdend met de noodzaak de in artikel 17 gestelde termijn in acht te nemen.

3. De uitvaardigende rechterlijke autoriteit kan te allen tijde alle aanvullende dienstige inlichtingen aan de uitvoerende rechterlijke autoriteit toezenden.

Art. 16 Beslissing in geval van samenloop van verzoeken

1. Indien twee of meer lidstaten ten aanzien van eenzelfde persoon een Europees aanhoudingsbevel hebben uitgevaardigd, houdt de uitvoerende rechterlijke autoriteit bij het nemen van haar beslissing over welk van deze aanhoudingsbevelen ten uitvoer zal worden gelegd, rekening met alle omstandigheden en met name met de ernst van de strafbare feiten en de plaats waar ze zijn gepleegd, met de data van de onderscheiden Europese aanhoudingsbevelen alsmede met het feit dat het bevel is uitgevaardigd ter fine van een strafvervolging of voor de tenuitvoerlegging van een vrijheidsstraf of een tot vrijheidsbeneming strekkende maatregel.

Europees aanhoudingsbevel, samenloop van verzoeken

2. De uitvoerende rechterlijke autoriteit kan met het oog op een beslissing als bedoeld in lid 1 advies van Eurojust inwinnen [10].

3. In geval van samenloop van een Europees aanhoudingsbevel en een uitleveringsverzoek van een derde land, houdt de bevoegde autoriteit van de uitvoerende lidstaat bij het nemen van haar beslissing of aan het Europees aanhoudingsbevel dan wel aan het verzoek om uitlevering voorrang wordt gegeven, rekening met alle omstandigheden, met name die bedoeld in lid 1 alsmede die bedoeld in het toepasselijke verdrag.

4. Dit artikel doet geen afbreuk aan de verplichtingen van de lidstaten krachtens het Statuut van het Internationaal Strafgerechtshof.

Art. 17 Termijnen en modaliteiten van de beslissing

1. Europese aanhoudingsbevelen worden met spoed behandeld en ten uitvoer gelegd.

Europees aanhoudingsbevel, termijnen en modaliteiten beslissing

2. Indien de gezochte persoon met zijn overlevering instemt, zou de definitieve beslissing over de tenuitvoerlegging van het Europees aanhoudingsbevel binnen tien dagen na deze instemming moeten worden genomen.

---

10 Besluit 2002/187/JBZ van 28 februari 2002 betreffende de oprichting van Eurojust teneinde de strijd tegen ernstige vormen van criminaliteit te versterken (PB L 63 van 6.3.2002, blz. 1).

3. In de andere gevallen zou de definitieve beslissing over de tenuitvoerlegging van het Europees aanhoudingsbevel binnen 60 dagen na de aanhouding van de gezochte persoon moeten worden genomen.

4. Indien het Europees aanhoudingsbevel in specifieke gevallen niet binnen de in de leden 2 en 3 bepaalde termijnen ten uitvoer kan worden gelegd, stelt de uitvoerende rechterlijke autoriteit de uitvaardigende rechterlijke autoriteit daarvan onmiddellijk in kennis en met opgave van redenen. In dat geval kunnen de termijnen met 30 dagen worden verlengd.

5. Zolang de rechterlijke autoriteit van de uitvoerende staat geen definitieve beslissing over de tenuitvoerlegging van het Europees aanhoudingsbevel heeft genomen, verzekert zij zich ervan dat de materiële voorwaarden voor daadwerkelijke overlevering gehandhaafd blijven.

6. Elke weigering om een Europees aanhoudingsbevel ten uitvoer te leggen wordt met redenen omkleed.

7. Wanneer een lidstaat in uitzonderlijke omstandigheden de in dit artikel gestelde termijnen niet kan naleven, stelt hij Eurojust daarvan in kennis, samen met de redenen voor de vertraging. Daarenboven stelt een lidstaat waarvan de Europese aanhoudingsbevelen bij herhaling door een andere lidstaat te laat ten uitvoer zijn gelegd, de Raad daarvan in kennis met het oog op een beoordeling van de uitvoering door de lidstaten van dit kaderbesluit.

Art. 18 Situatie in afwachting van de beslissing

1. Wanneer een Europees aanhoudingsbevel is uitgevaardigd ter fine van strafvervolging, dient de uitvoerende rechterlijke autoriteit ermee in te stemmen dat:
a) de gezochte persoon wordt gehoord overeenkomstig artikel 19; of
b) de gezochte persoon tijdelijk wordt overgebracht.

2. De voorwaarden en de duur van de tijdelijke overbrenging worden in onderlinge overeenstemming tussen de uitvaardigende en de uitvoerende rechterlijke autoriteit vastgesteld.

3. In geval van een tijdelijke overbrenging moet de persoon in het kader van de overleveringsprocedure naar de uitvoerende staat kunnen terugkeren om aanwezig te kunnen zijn bij de zittingen inzake zijn overlevering.

Art. 19 Horen van de persoon in afwachting van de beslissing

1. De gezochte persoon wordt gehoord door een rechterlijke autoriteit, bijgestaan door een andere persoon, die overeenkomstig het recht van de lidstaat van het verzoekende gerecht wordt aangewezen.

2. De gezochte persoon wordt overeenkomstig het recht van de uitvoerende verzoekende lidstaat gehoord en onder de omstandigheden welke in onderlinge overeenstemming tussen de uitvaardigende en de uitvoerende rechterlijke autoriteit worden vastgesteld.

3. De bevoegde uitvoerende rechterlijke autoriteit kan een andere rechterlijke autoriteit van de lidstaat waartoe zij behoort opdragen medewerking te verlenen aan het horen van de gezochte persoon met het oog op de juiste toepassing van dit artikel en de vastgestelde voorwaarden.

Art. 20 Voorrechten en immuniteiten

1. Indien de gezochte persoon in de uitvoerende staat een voorrecht of immuniteit terzake van tenuitvoerlegging of rechtsmacht geniet, beginnen de in artikel 17 bedoelde termijnen slechts te lopen indien en vanaf de datum waarop de uitvoerende rechterlijke autoriteit ervan in kennis is gesteld dat dit voorrecht of deze immuniteit is opgeheven.
Indien de persoon geen immuniteit terzake van tenuitvoerlegging of rechtspraak geniet, vergewist de uitvoerende staat zich ervan dat de materiële voorwaarden die voor een daadwerkelijke overlevering nodig zijn, vervuld blijven.

2. Indien een autoriteit van de uitvoerende lidstaat bevoegd is voor de opheffing van het voorrecht of van de immuniteit, verzoekt de uitvoerende rechterlijke autoriteit onverwijld hierom. Indien een autoriteit van een andere staat of van een internationale organisatie bevoegd is tot opheffing van het voorrecht of van de immuniteit, verzoekt de uitvaardigende rechterlijke autoriteit daarom.

Art. 21 Samenloop van internationale verplichtingen

Dit kaderbesluit laat de verplichtingen van de uitvoerende lidstaat onverlet, indien de gezochte persoon aan die lidstaat is uitgeleverd door een derde staat die geen lid is van de Europese Unie en de gezochte persoon de bescherming geniet van de specialiteitsbepalingen van het instrument op grond waarvan hij is uitgeleverd. De uitvoerende lidstaat neemt alle nodige maatregelen om onverwijld om de toestemming te verzoeken van de staat die de gezochte persoon heeft uitgeleverd, met het oog op diens overlevering aan de uitvaardigende lidstaat. De in artikel 17 gestelde termijnen beginnen pas te lopen vanaf de datum waarop bescherming van het specialiteitsbeginsel niet langer geldt. In afwachting van de beslissing van de staat die de gezochte persoon heeft uitgeleverd, vergewist de uitvoerende lidstaat zich ervan dat de materiële voorwaarden die voor een daadwerkelijke overlevering nodig zijn, gehandhaafd blijven.

Art. 22 Kennisgeving van de beslissing

De uitvoerende rechterlijke autoriteit stelt de uitvaardigende rechterlijke autoriteit in kennis van de beslissing inzake het aan het Europees aanhoudingsbevel gegeven gevolg.

Art. 23 Termijn voor overlevering van de persoon

1. De gezochte persoon wordt zo spoedig mogelijk overgeleverd, op een datum die de betrokken autoriteiten in onderlinge overeenstemming vaststellen.

2. De gezochte persoon wordt overgeleverd niet later dan tien dagen na de definitieve beslissing betreffende de tenuitvoerlegging van het Europees aanhoudingsbevel.

3. Indien de uitvoerende lidstaat de gezochte persoon door omstandigheden buiten de macht van enige lidstaat niet binnen de in lid 2 gestelde termijn kan overleveren, nemen de uitvoerende en de uitvaardigende rechterlijke autoriteit onmiddellijk contact met elkaar op en wordt in onderlinge overeenstemming een nieuwe datum voor de overlevering vastgesteld. In dat geval vindt overlevering plaats binnen tien dagen te rekenen vanaf de aldus vastgestelde nieuwe datum.

4. De overlevering kan bij wijze van uitzondering tijdelijk worden opgeschort om ernstige humanitaire redenen, bijvoorbeeld indien er gegronde redenen bestaan om aan te nemen dat die overlevering het leven of de gezondheid van de gezochte persoon ernstig in gevaar zou brengen. De tenuitvoerlegging van het Europees aanhoudingsbevel vindt plaats zodra deze gronden niet langer bestaan. De uitvoerende rechterlijke autoriteit stelt de uitvaardigende rechterlijke autoriteit daarvan onmiddellijk in kennis en in onderlinge overeenstemming wordt een nieuwe datum voor overlevering vastgesteld. In dat geval vindt de overlevering plaats binnen tien dagen te rekenen vanaf de aldus vastgestelde nieuwe datum.

5. Indien de persoon na het verstrijken van de in de leden 2 tot en met 4 bedoelde termijnen nog steeds in hechtenis verkeert, wordt hij in vrijheid gesteld.

Art. 24 Uitgestelde of voorwaardelijke overlevering

1. De uitvoerende rechterlijke autoriteit kan, nadat zij tot tenuitvoerlegging van het Europees aanhoudingsbevel heeft besloten, de overlevering van de gezochte persoon uitstellen opdat betrokkene in die staat kan worden vervolgd of, indien hij reeds is veroordeeld, aldaar een straf kan ondergaan wegens een ander feit dan het in het Europees aanhoudingsbevel bedoelde feit.

2. In plaats van de overlevering uit te stellen kan de uitvoerende rechterlijke autoriteit de gezochte persoon tijdelijk aan de uitvaardigende staat overleveren onder de door de uitvoerende en de uitvaardigende rechterlijke autoriteit onderling overeengekomen voorwaarden. De overeenstemming wordt schriftelijk vastgelegd en de voorwaarden zijn bindend voor alle autoriteiten van de uitvaardigende lidstaat.

Art. 25 Doortocht

1. Iedere lidstaat staat, tenzij hij gebruikmaakt van de mogelijkheid tot weigering wanneer om de doortocht van een onderdaan of een ingezetene met het oog op de uitvoering van een straf wordt verzocht, de doortocht over zijn grondgebied toe van een gezochte persoon die wordt overgeleverd, mits aan deze lidstaat informatie is verstrekt over:

a) de identiteit en de nationaliteit van de persoon tegen wie het Europees aanhoudingsbevel is uitgevaardigd;

b) het bestaan van een Europees aanhoudingsbevel;

c) de aard en de wettelijke omschrijving van het strafbaar feit;

d) de omstandigheden waaronder het strafbaar feit is gepleegd, met inbegrip van tijd en plaats.

Wanneer de persoon tegen wie een Europees aanhoudingsbevel ter fine van een strafvervolging is uitgevaardigd, een onderdaan of een ingezetene van de lidstaat van doortocht is, kan de doortocht afhankelijk worden gesteld van de voorwaarde dat de persoon, na gehoord te zijn, wordt teruggezonden naar de lidstaat van doortocht om daar de straf of de veiligheidsmaatregel te ondergaan die hem eventueel wordt opgelegd in de uitvaardigende lidstaat.

2. Iedere lidstaat wijst een autoriteit aan die verantwoordelijk is voor de ontvangst van verzoeken tot doortocht, van de nodige stukken en van alle andere ambtelijke briefwisseling in verband met de verzoeken. De lidstaten delen de naam van die autoriteit mee aan het secretariaat-generaal van de Raad.

3. Het verzoek om doortocht, alsmede de in lid 1 bedoelde gegevens, kunnen aan de overeenkomstig lid 2 aangewezen autoriteit worden toegezonden op elke wijze die een schriftelijke melding oplevert. De lidstaat van doortocht geeft op dezelfde wijze kennis van zijn beslissing.

4. Dit kaderbesluit is niet van toepassing wanneer het vervoer door de lucht plaatsvindt en er geen tussenlanding is voorzien. In geval van een onvoorziene tussenlanding verstrekt de verzoekende lidstaat evenwel aan de overeenkomstig lid 2 aangewezen autoriteit de in lid 1 bedoelde gegevens.

5. Dit artikel is van overeenkomstige toepassing op de doortocht van een persoon die door een derde land aan een lidstaat wordt uitgeleverd. Met name moet de term „Europees aanhoudingsbevel" worden vervangen door de term „uitleveringsverzoek".

Hoofdstuk 3
Gevolgen van de overlevering

Art. 26 Verrekening van de periode van vrijheidsbeneming in de uitvoerende staat

1. De uitvaardigende lidstaat brengt elke periode van vrijheidsbeneming ten gevolge van de tenuitvoerlegging van een Europees aanhoudingsbevel in mindering op de totale duur van de vrijheidsbeneming die in de uitvaardigende lidstaat moet worden ondergaan in geval van veroordeling tot een tot vrijheidsstraf of tot vrijheidsbeneming strekkende maatregel.
2. Daartoe verstrekt de uitvoerende rechterlijke autoriteit of de krachtens artikel 7 aangewezen centrale autoriteit de gegevens over de duur van de vrijheidsbeneming van de gezochte persoon op grond van de tenuitvoerlegging van het Europees aanhoudingsbevel aan de uitvaardigende autoriteit op het tijdstip van de overlevering.

Art. 27 Eventuele vervolging wegens andere strafbare feiten

1. Elke lidstaat kan het secretariaat-generaal van de Raad van de Europese Unie ervan in kennis stellen dat, in zijn betrekking met andere lidstaten die dezelfde kennisgeving hebben verricht, de toestemming geacht kan worden te zijn gegeven voor de vervolging, berechting of detentie met het oog op de tenuitvoerlegging van een vrijheidsstraf of tot vrijheidsbeneming strekkende maatregel, van de persoon wegens enig ander vóór de overlevering begaan feit dan dat welk de reden tot de overlevering is geweest, tenzij de uitvoerende rechterlijke autoriteit in een specifiek geval in haar beslissing tot overlevering anders heeft beschikt.
2. Behoudens in de in lid 1 en lid 3 bedoelde gevallen wordt een overgeleverd persoon niet vervolgd, berecht of anderszins van zijn vrijheid beroofd wegens enig ander vóór de overlevering begaan feit dan dat welk de reden tot de overlevering is geweest.
3. Lid 2 is niet van toepassing in de gevallen waarin:
a) de gezochte persoon, hoewel hij daartoe de mogelijkheid had, niet binnen 45 dagen na zijn definitieve invrijheidstelling het grondgebied van de lidstaat waaraan hij was overgeleverd, heeft verlaten, of indien hij na dit gebied verlaten te hebben daarnaar is teruggekeerd;
b) de feiten niet strafbaar zijn gesteld met een vrijheidsstraf of een tot vrijheidsbeneming strekkende maatregel;
c) de strafvervolging niet leidt tot de toepassing van een maatregel die zijn persoonlijke vrijheid beperkt;
d) de gezochte persoon zal worden onderworpen aan de tenuitvoerlegging van een straf of maatregel die geen vrijheidsbeneming meebrengt, met inbegrip van een geldboete, of een daarvoor in de plaats komende maatregel, zelfs indien deze kan leiden tot beperking van zijn persoonlijke vrijheid;
e) de gezochte persoon heeft ingestemd met zijn overlevering, in voorkomend geval op hetzelfde tijdstip waarop hij afstand heeft gedaan van de bescherming van het specialiteitsbeginsel, overeenkomstig artikel 13;
f) de gezochte persoon na zijn overlevering uitdrukkelijk afstand heeft gedaan van bescherming van het specialiteitsbeginsel voor bepaalde, vóór zijn overlevering gepleegde feiten. De afstand wordt gedaan ten overstaan van de bevoegde rechterlijke autoriteiten van de uitvaardigende lidstaat en wordt opgetekend in een proces-verbaal dat wordt opgemaakt overeenkomstig het nationaal recht van die staat. De afstand wordt verkregen onder omstandigheden waaruit blijkt dat de betrokkene uit vrije wil handelt en zich volledig bewust is van de gevolgen. De gezochte persoon heeft te dien einde het recht zich door een raadsman te doen bijstaan;
g) de uitvoerende rechterlijke autoriteit die de gezochte persoon overgeleverd heeft, overeenkomstig lid 4 daartoe toestemming geeft.
4. Een verzoek tot toestemming wordt bij de uitvoerende rechterlijke autoriteit ingediend, bevat de gegevens bedoeld in artikel 8, lid 1, en gaat vergezeld van een vertaling als bedoeld in artikel 8, lid 2. De toestemming wordt verleend indien het strafbaar feit waarvoor zij wordt verzocht op zichzelf de verplichting tot overlevering overeenkomstig de bepalingen van dit kaderbesluit meebrengt. Toestemming wordt geweigerd op de in artikel 3 genoemde gronden en kan in de overige gevallen alleen op de in artikel 4 genoemde gronden worden geweigerd. De beslissing wordt uiterlijk 30 dagen na ontvangst van het verzoek genomen.
Voor de in artikel 5 bedoelde situaties dient de uitvaardigende lidstaat de daarin bedoelde garanties te geven.

Art. 28 Verdere overlevering of uitlevering

1. Elke lidstaat kan het secretariaat-generaal van de Raad ervan in kennis stellen dat in zijn betrekkingen met andere lidstaten die dezelfde kennisgeving hebben verricht de toestemming voor de overlevering aan een andere lidstaat dan de uitvoerende lidstaat op grond van een Europees aanhoudingsbevel dat is uitgevaardigd wegens enig vóór de overlevering begaan feit geacht wordt te zijn gegeven, tenzij de uitvoerende rechterlijke autoriteit in een specifiek geval in haar beslissing tot overlevering anders beschikt.

2. Een persoon die op grond van een Europees aanhoudingsbevel aan de uitvaardigende lidstaat is overgeleverd kan hoe dan ook, zonder toestemming van de uitvoerende lidstaat, in de volgende gevallen aan een andere lidstaat dan de uitvoerende staat worden overgeleverd op grond van een Europees aanhoudingsbevel dat is uitgevaardigd wegens enig vóór de overlevering gepleegd feit:

a) indien de gezochte persoon, hoewel hij daartoe de mogelijkheid had, niet binnen 45 dagen na zijn definitieve invrijheidstelling het grondgebied van de lidstaat waaraan hij was overgeleverd, heeft verlaten, of indien hij na dit gebied verlaten te hebben daarnaar is teruggekeerd;
b) indien de gezochte persoon instemt met overlevering aan een andere lidstaat dan de uitvoerende lidstaat krachtens een Europees aanhoudingsbevel. De toestemming wordt door betrokkene gegeven ten overstaan van de bevoegde rechterlijke autoriteiten van de uitvaardigende lidstaat en opgetekend in een proces-verbaal overeenkomstig het nationale recht van die staat. De toestemming wordt verkregen onder omstandigheden waaruit blijkt dat de betrokkene uit vrije wil handelt en zich volledig bewust is van de gevolgen. De gezochte persoon heeft te dien einde het recht zich door een raadsman te doen bijstaan;
c) indien de gezochte persoon, overeenkomstig artikel 27, lid 3, onder a), e), f) en g), niet de bescherming van het specialiteitsbeginsel geniet.

3. De uitvoerende rechterlijke autoriteit stemt overeenkomstig de volgende regels toe in de overlevering aan een andere lidstaat:

a) het verzoek tot toestemming wordt ingediend overeenkomstig artikel 9, vergezeld van de gegevens bedoeld in artikel 8, lid 1, en van een vertaling als bedoeld in artikel 8, lid 2;
b) de toestemming wordt gegeven indien het strafbaar feit waarvoor zij verzocht wordt op zichzelf de verplichting tot overlevering overeenkomstig de bepalingen van dit kaderbesluit meebrengt;
c) de beslissing wordt uiterlijk 30 dagen na ontvangst van het verzoek genomen;
d) de toestemming wordt geweigerd op de in artikel 3 genoemde gronden en kan in de overige gevallen alleen op de in artikel 4 genoemde gronden worden geweigerd.

Voor de in artikel 5 bedoelde situaties moet de uitvaardigende lidstaat de daarin bedoelde garanties geven.

4. Onverminderd lid 1 wordt een persoon die op grond van een Europees aanhoudingsbevel is overgeleverd, niet aan een derde staat uitgeleverd zonder toestemming van de bevoegde autoriteit van de lidstaat die de gezochte persoon heeft overgeleverd. De toestemming wordt gegeven overeenkomstig de verdragen waardoor de lidstaat die de gezochte persoon heeft overgeleverd gebonden is, en overeenkomstig zijn interne wetgeving.

Art. 29 Overdracht van voorwerpen

1. De uitvoerende rechterlijke autoriteit neemt, overeenkomstig haar nationaal recht, op verzoek van de uitvaardigende rechterlijke autoriteit of op eigen initiatief de voorwerpen in beslag die:
a) als bewijsstuk kunnen dienen; of
b) van het strafbaar feit afkomstig zijn en zich in het bezit van de gezochte persoon bevinden en draagt deze over.

2. Overdracht van de in lid 1 bedoelde voorwerpen vindt ook plaats wanneer het Europees aanhoudingsbevel wegens overlijden of ontsnapping van de gezochte persoon niet ten uitvoer kan worden gelegd.

3. Indien de in lid 1 bedoelde voorwerpen op het grondgebied van de uitvoerende lidstaat vatbaar zijn voor inbeslagneming of confiscatie, kan deze lidstaat, als het in verband met een lopende strafvervolging noodzakelijk is over die voorwerpen te beschikken, deze tijdelijk behouden of onder voorwaarde van teruggave aan de uitvaardigende lidstaat overdragen.

4. Eventueel door de uitvoerende lidstaat of door derden op de in lid 1 bedoelde voorwerpen verkregen rechten blijven onverlet. Indien dergelijke rechten bestaan, geeft de uitvaardigende lidstaat de voorwerpen zo spoedig mogelijk na beëindiging van het strafrechtsgeding kosteloos aan de uitvoerende lidstaat terug.

Art. 30 Kosten

1. De op het grondgebied van de uitvoerende lidstaat voor de tenuitvoerlegging van het Europees aanhoudingsbevel gemaakte kosten worden door deze lidstaat gedragen.
2. Alle overige kosten worden door de uitvaardigende lidstaat gedragen.

Hoofdstuk 4
Algemene en slotbepalingen

Art. 31 Verhouding tot andere rechtsinstrumenten

1. Onverminderd de toepassing daarvan in de betrekkingen tussen de lidstaten en derde staten, komen de bepalingen van dit kaderbesluit per 1 januari 2004 in de plaats van de overeenkomstige bepalingen van de terzake van uitlevering toepasselijke verdragen in de betrekkingen tussen de lidstaten:

a) het Europees Verdrag betreffende uitlevering van 13 december 1957, het Aanvullend Protocol bij dit Verdrag van 15 oktober 1975, het Tweede Aanvullend Protocol bij dit Verdrag van 17 maart 1978 en, voorzover het op uitlevering betrekking heeft, het Europees Verdrag tot bestrijding van terrorisme van 27 januari 1977;
b) de Overeenkomst tussen de lidstaten van de Europese Gemeenschappen betreffende de vereenvoudiging en de modernisering van de wijze van toezending van uitleveringsverzoeken van 26 mei 1989;
c) de Overeenkomst aangaande de verkorte procedure tot uitlevering tussen de lidstaten van de Europese Unie van 10 maart 1995;
d) de Overeenkomst betreffende uitlevering tussen de lidstaten van de Europese Unie van 27 september 1996;
e) titel III, hoofdstuk 4, van de Overeenkomst van 19 juni 1990 ter uitvoering van het op 14 juni 1985 te Schengen gesloten Akkoord betreffende de geleidelijke afschaffing van de controles aan de gemeenschappelijke grenzen.

2. De lidstaten mogen de bilaterale of multilaterale overeenkomsten of regelingen die op het tijdstip van de aanneming van dit kaderbesluit van kracht zijn, blijven toepassen voorzover deze verder reiken dan de doelstellingen van het kaderbesluit en ertoe bijdragen dat procedures voor de overlevering van personen tegen wie een Europees aanhoudingsbevel is uitgevaardigd verdergaand te vereenvoudigen of te vergemakkelijken.

De lidstaten kunnen vóór de inwerkingtreding van dit kaderbesluit bilaterale of multilaterale overeenkomsten of regelingen sluiten voorzover deze verder reiken dan de voorschriften van het kaderbesluit en ertoe bijdragen de procedures voor de overlevering van personen tegen wie een Europees aanhoudingsbevel is uitgevaardigd verdergaand te vereenvoudigen of te vergemakkelijken, met name door de vaststelling van kortere dan de in artikel 17 gestelde termijnen, door uitbreiding van de in artikel 2, lid 2, vastgelegde lijst van strafbare feiten, door verdere beperking van de in de artikelen 3 en 4 bedoelde weigeringsgronden, of door verlaging van de in artikel 2, lid 1 of lid 2, bepaalde drempel.

De in de tweede alinea bedoelde overeenkomsten laten in ieder geval de betrekkingen met de lidstaten die daarbij geen partij zijn, onverlet.

De lidstaten geven de Raad en de Commissie kennis van iedere in de tweede alinea bedoelde bestaande overeenkomst of regeling die zij willen blijven toepassen, binnen drie maanden na de ondertekening daarvan.

De lidstaten geven de Raad en de Commissie ook kennis van iedere nieuwe in de tweede alinea bedoelde overeenkomst of regeling, binnen drie maanden na de ondertekening daarvan.

3. Voorzover de in lid 1 vermelde verdragen of overeenkomsten van toepassing zijn op grondgebieden van lidstaten of op grondgebieden waarvan de buitenlandse betrekkingen door een lidstaat worden behartigd, waarop dit kaderbesluit niet van toepassing is, blijven zij de betrekkingen tussen deze grondgebieden en de overige lidstaten beheersen.

Art. 32 Overgangsbepaling

Overgangsbepalingen

Vóór 1 januari 2004 ontvangen uitleveringsverzoeken worden verder beheerst door de bestaande instrumenten betreffende uitlevering. Na 1 januari 2004 ontvangen verzoeken vallen onder de bepalingen die de lidstaten in overeenstemming met dit kaderbesluit aannemen. Elke lidstaat kan evenwel op het tijdstip van aanneming van dit kaderbesluit door de Raad verklaren dat hij als uitvoerende staat verzoeken betreffende feiten die zijn gepleegd voor een door hem bepaalde datum zal behandelen overeenkomstig de vóór 1 januari 2004 geldende uitleveringsregeling. De bedoelde datum mag niet later vallen dan 7 augustus 2002. De verklaring wordt bekendgemaakt in het *Publicatieblad van de Europese Gemeenschappen*. Zij kan te allen tijde worden ingetrokken.

Art. 33 Bepaling betreffende Oostenrijk en Gibraltar

1. Totdat Oostenrijk artikel 12, lid 1, van het „Auslieferungs- und Rechtshilfegesetz" heeft gewijzigd en uiterlijk tot 31 december 2008, kan het zijn rechterlijke autoriteiten toestaan de tenuitvoerlegging van een Europees aanhoudingsbevel te weigeren, indien de gezochte persoon een Oostenrijks onderdaan is en het feit waarvoor het Europees aanhoudingsbevel is uitgevaardigd niet strafbaar is naar Oostenrijks recht.

2. Dit kaderbesluit is van toepassing op Gibraltar.

Art. 34 Uitvoering

1. De lidstaten nemen de maatregelen die noodzakelijk zijn om uiterlijk op 31 december 2003 aan dit kaderbesluit te voldoen.

2. De lidstaten delen aan het secretariaat-generaal van de Raad en aan de Commissie de tekst mede van alle bepalingen waarmee zij hun verplichtingen uit hoofde van dit kaderbesluit in hun nationaal recht omzetten. Bij deze mededeling kan iedere lidstaat laten weten dat hij dit kaderbesluit onmiddellijk zal toepassen in zijn betrekkingen met de lidstaten die daarvan op dezelfde wijze kennis hebben gegeven.

Het secretariaat-generaal van de Raad deelt de lidstaten en de Commissie de gegevens mee die het overeenkomstig artikel 7, lid 2, artikel 8, lid 2, artikel 13, lid 4, en artikel 25, lid 2, ontvangt. Het maakt deze ook bekend in het *Publicatieblad van de Europese Gemeenschappen*.

3. Op grond van de door het secretariaat-generaal van de Raad verstrekte gegevens, dient de Commissie uiterlijk op 31 december 2004 een verslag over de werking van dit kaderbesluit bij het Europees Parlement en de Raad in, indien nodig vergezeld van wetgevingsvoorstellen.

4. De Raad evalueert in de tweede helft van 2003 met name de praktische toepassing van de bepalingen van dit kaderbesluit door de lidstaten alsmede de werking van het SIS.

Art. 35 Inwerkingtreding

Dit kaderbesluit treedt in werking op de twintigste dag volgende op die van de bekendmaking ervan in het *Publicatieblad van de Europese Gemeenschappen*.

C40 bijlage

Europees aanhoudingsbevel

Bijlage Europees arrestatiebevel [11]

Dit bevel is uitgevaardigd door een bevoegde rechterlijke autoriteit. Ik verzoek om aanhouding en overlevering van de hieronder genoemde persoon met het oog op strafvervolging of tenuitvoerlegging van een vrijheidsstraf of een tot vrijheidsbeneming strekkende maatregel.

---

a) Gegevens betreffende de identiteit van de gezochte persoon:

Naam: ....

Voornaam of voornamen: ....

Meisjesnaam, in voorkomend geval: ....

Bijnamen, in voorkomend geval: ....

Geslacht: ....

Nationaliteit: ....

Geboortedatum: ....

Geboorteplaats: ....

Verblijfplaats en/of bekend adres: ....

Indien bekend: taal/talen die de gezochte persoon begrijpt: ....

....

Bijzondere kenmerken/beschrijving van de gezochte persoon: ....

....

Foto en vingerafdrukken van de gezochte persoon, indien die beschikbaar zijn en mogen worden verzonden, of contactadres van de persoon die gecontacteerd moet worden om die informatie of een DNA-profiel te verkrijgen (indien deze gegevens beschikbaar zijn en toegezonden mogen worden, maar niet zijn opgenomen).

---

b) Besluit dat aan dit aanhoudingsbevel ten grondslag ligt

1. Arrestatiebevel of een gelijkwaardige rechterlijke beslissing:

Soort: ....

2. Voor uitvoerlegging vatbaar vonnis: ....

....

Referentie: ....

---

[11] Dit bevel moet gesteld of vertaald zijn in één van de officiële talen van de uitvoerende staat, indien die staat bekend is, of in een andere taal die door die staat is aanvaard.

Europees aanhoudingsbevel

C40 bijlage

c) Gegevens betreffende de duur van de straf

1. Maximumduur van de vrijheidsstraf of tot vrijheidsbeneming strekkende maatregel die voor het strafbare feit/de strafbare feiten kan worden opgelegd:

    ....
    ....

2. Duur van de opgelegde vrijheidsstraf of tot vrijheidsbeneming strekkende maatregel:

    ....

    Nog uit te zitten straf: ....
    ....
    ....

d) Gelieve te vermelden of de betrokkene in persoon is verschenen op het proces dat heeft geleid tot de beslissing:

1. ☐ Ja, de betrokkene is in persoon verschenen op het proces dat heeft geleid tot de beslissing.

2. ☐ Neen, de betrokkene is niet in persoon verschenen op het proces dat heeft geleid tot de beslissing.

3. Indien u het vakje „neen" (keuzemogelijkheid 2) heeft aangekruist, gelieve een van de volgende gevallen te bevestigen:

    ☐ 3.1a) de betrokkene is persoonlijk gedagvaard op ... (dag/maand/jaar) en is daarbij op de hoogte gebracht van het tijdstip en de plaats van het proces dat tot de beslissing heeft geleid, en is ervan in kennis gesteld dat een beslissing kan worden gegeven wanneer hij niet op het proces verschijnt;

    OF

    ☐ 3.1b) de betrokkene is niet persoonlijk gedagvaard, maar is anderszins daadwerkelijk officieel in kennis gesteld van het tijdstip en de plaats van het proces dat tot de beslissing heeft geleid zodat op ondubbelzinnige wijze vaststaat dat hij op de hoogte was van het voorgenomen proces, en is ervan in kennis gesteld dat een beslissing kan worden gegeven wanneer hij niet op het proces verschijnt;

    OF

    ☐ 3.2. de betrokkene was op de hoogte van het voorgenomen proces, heeft een zelf gekozen of van overheidswege toegewezen raadsman gemachtigd zijn verdediging op het proces te voeren, en is op het proces ook werkelijk door die raadsman verdedigd;

    OF

    ☐ 3.3. nadat de beslissing aan hem was betekend op ... (dag/maand/jaar) en hij uitdrukkelijk was geïnformeerd over zijn recht op een verzetprocedure of een procedure in hoger beroep, waarbij hij het recht heeft aanwezig te zijn, waarbij de zaak opnieuw ten gronde wordt behandeld en nieuw bewijsmateriaal wordt toegelaten, en die kan leiden tot herziening van de oorspronkelijke beslissing

    ☐ heeft de betrokkene uitdrukkelijk te kennen gegeven dat hij de beslissing niet betwist;

    OF

    ☐ heeft de betrokkene niet binnen de voorgeschreven termijn verzet of hoger beroep aangetekend;

    OF

    ☐ 3.4. de beslissing is niet persoonlijk aan de betrokkene betekend, maar
    — de beslissing zal hem na overlevering onverwijld persoonlijk worden betekend, en
    — de betrokkene zal na de betekening van de beslissing uitdrukkelijk worden geïnformeerd over zijn recht op een verzetprocedure of een procedure in hoger beroep, waarbij hij het recht heeft aanwezig te zijn, waarbij de zaak opnieuw ten gronde wordt behandeld en nieuw bewijsmateriaal wordt toegelaten, en die kan leiden tot herziening van de oorspronkelijke beslissing, en
    — de betrokkene zal geïnformeerd worden over de termijn waarover hij beschikt om verzet of hoger beroep te tekenen, namelijk ... dagen.

4. Gelieve voor het in punt 3.1b, 3.2 of 3.3 aangekruiste vakje te vermelden op welke wijze aan de desbetreffende voorwaarde is voldaan:

    ....
    .... ◄

e) Strafbare feiten:

Dit bevel heeft betrekking op in totaal .... strafbare feiten.

Beschrijving van de omstandigheden waaronder het strafbare feit is gepleegd/de strafbare feiten zijn gepleegd, met inbegrip van het tijdstip, de plaats en de mate van betrokkenheid van de gezochte persoon bij het strafbare feit/de strafbare feiten

....
....
....

Aard en wettelijke kwalificatie van het strafbare feit/de strafbare feiten en toepasselijke wettelijke bepaling/wetboek:

....
....
....
....
....
....

I. Geef in voorkomend geval aan of het gaat om één of meer van de volgende strafbare feiten waarop in de uitvaardigende lidstaat een vrijheidsstraf of een tot vrijheidsbeneming strekkende maatregel staat met een maximum van ten minste drie jaar en zoals omschreven in het recht van de uitvaardigende lidstaat (vakje aankruisen):

☐ Deelneming aan een criminele organisatie
☐ Terrorisme
☐ Mensenhandel
☐ Seksuele uitbuiting van kinderen en kinderpornografie
☐ Illegale handel in verdovende middelen en psychotrope stoffen
☐ Illegale handel in wapens, munitie en explosieven
☐ Corruptie
☐ Fraude, met inbegrip van fraude waardoor de financiële belangen van de Europese Gemeenschappen worden geschaad in de zin van de Overeenkomst van 26 juli 1995 aangaande de bescherming van de financiële belangen van de Europese Gemeenschappen
☐ Witwassen van opbrengsten van misdrijven
☐ Valsemunterij met inbegrip van namaak van de euro
☐ Informaticacriminaliteit
☐ Milieumisdrijven, met inbegrip van de illegale handel in bedreigde diersoorten en de illegale handel in bedreigde planten- en boomsoorten
☐ Hulp aan illegale binnenkomst en illegaal verblijf
☐ Moord en doodslag, zware mishandeling
☐ Illegale handel in menselijke organen en weefsels
☐ Ontvoering, wederrechtelijke vrijheidsberoving en gijzeling
☐ Racisme en vreemdelingenhaat
☐ Georganiseerde of gewapende diefstal
☐ Illegale handel in cultuurgoederen, waaronder antiquiteiten en kunstvoorwerpen
☐ Oplichting
☐ Racketeering en afpersing
☐ Namaak van producten en productpiraterij
☐ Vervalsing van administratieve documenten en handel in valse documenten
☐ Vervalsing van betaalmiddelen
☐ Illegale handel in hormonale stoffen en andere groeibevorderaars
☐ Illegale handel in nucleaire en radioactieve stoffen
☐ Handel in gestolen voertuigen
☐ Verkrachting
☐ Opzettelijke brandstichting
☐ Misdrijven die onder de rechtsmacht van het Internationaal Strafhof vallen
☐ Kaping van vliegtuigen/schepen
☐ Sabotage.

II. Volledige omschrijving van het strafbare feit of de strafbare feiten die niet onder de in punt I genoemde strafbare feiten vallen:

....
....

Europees aanhoudingsbevel

C40 bijlage

f) Andere voor de zaak relevante omstandigheden (facultatieve informatie):

(NB: bijvoorbeeld opmerkingen over extra-territorialiteit, stuiting van de verjaring en andere gevolgen van het strafbare feit)

....

....

g) Dit bevel heeft tevens betrekking op de inbeslagneming en de overdracht van voorwerpen die als bewijsmiddel moeten dienen.

Dit bevel heeft tevens betrekking op de inbeslagneming en de overdracht van voorwerpen die de gezochte persoon uit het strafbare feit heeft verkregen:

Beschrijving en plaats van de voorwerpen (indien bekend):

....

....

....

h) Het strafbare feit/de strafbare feiten dat/die aan dit bevel ten grondslag ligt/liggen, is/zijn strafbaar gesteld met/heeft(hebben) geleid tot een vrijheidsstraf of tot vrijheidsbeneming strekkende maatregel welke levenslange vrijheidsbeneming meebrengt:

— de rechtsorde van de uitvaardigende lidstaat voorziet in de herziening van de opgelegde straf — op verzoek of ten minste na 20 jaar — strekkende tot niet-uitvoering van de straf

en/of

— de rechtsorde van de uitvaardigende lidstaat voorziet in de toepassing van gratiemaatregelen waarvoor de betrokkene krachtens de wetgeving of praktijk van de uitvaardigende lidstaat in aanmerking komt, en die strekken tot niet-uitvoering van de straf.

i) Rechterlijke autoriteit die het bevel heeft uitgevaardigd:

Officiële naam: ....

....

Naam van haar vertegenwoordiger ([1]): ....

....

Functie (titel/rang): ....

....

Dossiernummer: ....

Adres: ....

....

Tel.: (landnummer) (netnummer) (...) ....

Fax: (landnummer) (netnummer) (...) ....

E-mailadres: ....

Adresgegevens van de persoon die moet worden gecontacteerd om de nodige praktische afspraken te maken voor de overlevering:

....

([1]) In de verschillende taalversies wordt een verwijzing naar de „drager" van de rechterlijke autoriteit opgenomen.

C40 bijlage   Europees aanhoudingsbevel

Indien een centrale autoriteit is belast met de administratieve toezending en ontvangst van Europese aanhoudingsbevelen:

Naam van de centrale autoriteit: ....
....

Contactpersoon, in voorkomend geval (titel/rang en naam):

....

Adres:

....

Tel.: (landnummer) (netnummer) (...) ....

Fax: (landnummer) (netnummer) (...)

E-mailadres: ....

Handtekening van de uitvaardigende rechterlijke autoriteit en/of haar vertegenwoordiger: ....
....

Naam: ....

Functie (titel/rang): ....

Datum: ....

Officieel stempel (indien beschikbaar)

Richtlijn 2014/41/EU betreffende het Europees onderzoeksbevel in strafzaken

Richtlijn 2014/41/EU van het Europees Parlement en de Raad van 3 april 2014 betreffende het Europees onderzoeksbevel in strafzaken[1]

HET EUROPEES PARLEMENT EN DE RAAD VAN DE EUROPESE UNIE,
Gezien het Verdrag betreffende de werking van de Europese Unie, en met name artikel 82, lid 1, onder a),
Gezien het initiatief van het Koninkrijk België, de Republiek Bulgarije, de Republiek Estland, het Koninkrijk Spanje, de Republiek Oostenrijk, de Republiek Slovenië en het Koninkrijk Zweden,
Na toezending van het ontwerp van wetgevingshandeling aan de nationale parlementen,
Handelend volgens de gewone wetgevingsprocedure [2],
Overwegende hetgeen volgt:
(1) De Europese Unie heeft zich ten doel gesteld een ruimte van vrijheid, veiligheid en recht te ontwikkelen en te handhaven.
(2) Krachtens artikel 82, lid 1, van het Verdrag betreffende de werking van de Europese Unie (VWEU) berust de justitiële samenwerking in strafzaken in de Unie op het beginsel van de wederzijdse erkenning van rechterlijke uitspraken en beslissingen, dat sinds de Europese Raad van Tampere op 15 en 16 oktober 1999 algemeen beschouwd wordt als een hoeksteen van de justitiële samenwerking in strafzaken in de Unie.
(3) Met Kaderbesluit 2003/577/JBZ van de Raad [3] is tegemoetgekomen aan de noodzaak van een onmiddellijke wederzijdse erkenning van beslissingen ter voorkoming van de vernietiging, verwerking, verplaatsing, overdracht of vervreemding van bewijsstukken. Aangezien dat instrument evenwel beperkt is tot de bevriezingsfase, moet een beslissing tot bevriezing vergezeld gaan van een afzonderlijk verzoek tot overdracht van het bewijsmateriaal naar de staat die de beslissing geeft („de beslissingsstaat"), in overeenstemming met de voorschriften die van toepassing zijn op de wederzijdse rechtshulp in strafzaken. Het resultaat is een procedure in twee fasen, die nadelig is vanuit het oogpunt van efficiëntie. Bovendien bestaat deze regeling naast de traditionele samenwerkingsinstrumenten en wordt zij daarom in de praktijk door de bevoegde autoriteiten zelden gebruikt.
(4) Kaderbesluit 2008/978/JBZ van de Raad [4] betreffende het Europees bewijsverkrijgingsbevel (EBB) is vastgesteld om het beginsel van de wederzijdse erkenning toe te passen op het verkrijgen van voorwerpen, documenten en gegevens, om deze te gebruiken in procedures in strafzaken. Het EBB geldt evenwel alleen ten aanzien van reeds bestaand bewijsmateriaal en betreft derhalve slechts een beperkt onderdeel van de justitiële samenwerking in strafzaken met betrekking tot bewijsmateriaal. Wegens de beperkte werkingssfeer staat het de bevoegde autoriteiten vrij gebruik te maken van de nieuwe regeling, dan wel van de procedures voor wederzijdse rechtshulp, die in ieder geval van toepassing blijven op het bewijsmateriaal dat buiten de werkingssfeer van het EBB valt.
(5) Na de vaststelling van Kaderbesluit 2003/577/JBZ en Kaderbesluit 2008/978/JBZ is duidelijk geworden dat het bestaande kader voor de bewijsgaring te gefragmenteerd en te ingewikkeld is. Daarom is een nieuwe aanpak nodig.
(6) In het programma van Stockholm dat door de Europese Raad van 10 en 11 december 2009 is vastgesteld, heeft de Europese Raad besloten dat verder moet worden gewerkt aan de totstandkoming van een op wederzijdse erkenning gebaseerd alomvattend systeem voor de bewijsverkrijging in zaken met een grensoverschrijdende dimensie. De Europese Raad heeft erop gewezen dat de bestaande instrumenten op dit gebied een fragmentarisch geheel vormden en dat een nieuwe aanpak nodig was, die op het beginsel van wederzijdse erkenning is gestoeld, maar waarbij ook de flexibiliteit van het klassieke stelsel van wederzijdse rechtshulp wordt meegeno-

---

1   Inwerkingtredingsdatum: 21-05-2014.
2   Standpunt van het Europees Parlement van 27 februari 2014 (nog niet bekendgemaakt in het Publicatieblad) en besluit van de Raad van 14 maart 2014.
3   Kaderbesluit 2003/577/JBZ van de Raad van 22 juli 2003 inzake de tenuitvoerlegging in de Europese Unie van beslissingen tot bevriezing van voorwerpen of bewijsstukken (PB L 196 van 2.8.2003, blz. 45).
4   Kaderbesluit 2008/978/JBZ van de Raad van 18 december 2008 betreffende het Europees bewijsverkrijgingsbevel ter verkrijging van voorwerpen, documenten en gegevens voor gebruik in strafprocedures (PB L 350 van 30.12.2008, blz. 72).

men. Daarom wilde de Europese Raad een alomvattend systeem — ter vervanging van alle bestaande instrumenten op dit gebied, waaronder Kaderbesluit 2008/978/JBZ — dat zo veel mogelijk betrekking heeft op alle soorten bewijsmiddelen, tenuitvoerleggingstermijnen kent en zo weinig mogelijk weigeringsgronden bevat.

(7) Deze nieuwe aanpak is gebaseerd op één enkel instrument, dat de naam Europees onderzoeksbevel (EOB) zal dragen. Een EOB moet worden uitgevaardigd met het doel één of meer specifieke onderzoeksmaatregelen in de staat die het EOB ten uitvoer legt („de uitvoerende staat") ten uitvoer te doen leggen met het oog op bewijsgaring. Daarmee wordt ook het verkrijgen van bewijsmateriaal beoogd dat reeds in het bezit is van de uitvoerende autoriteit.

(8) Het EOB moet een horizontale werkingssfeer hebben en moet derhalve van toepassing zijn op alle onderzoeksmaatregelen die tot doel hebben bewijs te vergaren. Voor het opzetten van een gemeenschappelijk onderzoeksteam en de bewijsvergaring door een dergelijk team zijn echter specifieke voorschriften vereist die beter apart kunnen worden behandeld. Bestaande instrumenten moeten derhalve op dit soort onderzoeksmaatregelen van toepassing blijven, onverminderd de toepassing van deze richtlijn.

(9) Deze richtlijn dient niet van toepassing te zijn op grensoverschrijdende observaties als bedoeld in de Overeenkomst ter uitvoering van het te Schengen gesloten akkoord [5].

(10) Het EOB moet gericht zijn op de onderzoeksmaatregel die ten uitvoer moet worden gelegd. De uitvaardigende autoriteit is de meest aangewezen autoriteit om op basis van haar kennis van de nadere gegevens betreffende het betrokken onderzoek te beslissen welke onderzoeksmaatregel moet worden gekozen. De uitvoerende autoriteit moet voor zover mogelijk evenwel een ander soort onderzoeksmaatregel toepassen indien de aangegeven maatregel in het nationale recht niet bestaat of in een soortgelijke binnenlandse zaak niet beschikbaar zou zijn. Beschikbaarheid dient betrekking te hebben op de gevallen waarin de aangegeven onderzoeksmaatregel bestaat in het recht van de uitvoerende staat, maar er wettelijk alleen in bepaalde situaties gebruik van kan worden gemaakt, bijvoorbeeld voor strafbare feiten van enigszins ernstige aard; tegen personen tegen wie al enige verdenking bestaat; of met instemming van de betrokkene. De uitvoerende autoriteit kan tevens een ander soort onderzoeksmaatregel dan de in het EOB aangegeven onderzoeksmaatregel toepassen indien dit hetzelfde resultaat zou opleveren en de fundamentele rechten van de betrokkene minder worden aangetast.

(11) Het EOB is het geschikte instrument in het geval dat de tenuitvoerlegging van een onderzoeksmaatregel evenredig, passend en toepasbaar lijkt. De uitvaardigende autoriteit moet derhalve nagaan of het verlangde bewijsmateriaal noodzakelijk is voor de procedure, en in verhouding staat tot het doel ervan, of de gekozen onderzoeksmaatregel noodzakelijk en proportioneel is voor het verkrijgen van het bewijs in kwestie, en of een andere lidstaat door middel van de uitvaardiging van het EOB bij de bewijsgaring moet worden betrokken. Hetzelfde geldt in de valideringsprocedure, wanneer een EOB volgens deze richtlijn moet worden gevalideerd. De tenuitvoerlegging van een EOB mag niet om andere dan de in deze richtlijn genoemde redenen worden geweigerd. De uitvoerende autoriteit moet echter kunnen kiezen voor minder indringende onderzoeksmaatregelen dan die welke in het EOB worden aangegeven, indien daarmee vergelijkbare resultaten kunnen worden bereikt.

(12) Bij het uitvaardigen van een EOB moet de uitvaardigende autoriteit er in het bijzonder op letten dat de rechten die zijn neergelegd in artikel 48 van het Handvest van de grondrechten van de Europese Unie (het Handvest), volledig worden geëerbiedigd. Het vermoeden van onschuld en de rechten van de verdediging in strafzaken zijn een hoeksteen van de grondrechten die op het gebied van strafvordering en strafrecht in het Handvest zijn erkend. Iedere inperking van deze rechten door een overeenkomstig deze richtlijn gelaste onderzoeksmaatregel moet volledig stroken met de eisen in artikel 52 van het Handvest waar het gaat om de noodzaak, evenredigheid en doelstellingen die met de maatregel worden nagestreefd, in het bijzonder de bescherming van de rechten en vrijheden van anderen.

(13) Om de toezending van het EOB aan de bevoegde autoriteit van de uitvoerende staat zeker te stellen, kan de uitvaardigende autoriteit gebruikmaken van alle mogelijke/relevante kanalen, zoals het beveiligde telecommunicatiesysteem van het Europees justitieel netwerk, Eurojust, of andere kanalen die worden gebruikt door rechterlijke of rechtshandhavingsautoriteiten.

(14) De lidstaten worden ertoe aangespoord om in hun verklaring over de talenregeling, behalve hun officiële talen, ten minste één in de Unie frequent gebruikte taal te vermelden.

---

5   Overeenkomst ter uitvoering van het te Schengen gesloten akkoord van 14 juni 1985 tussen de regeringen van de staten van de Benelux Economische Unie, de Bondsrepubliek Duitsland en de Franse Republiek, betreffende de geleidelijke afschaffing van de controles aan de gemeenschappelijke grenzen (PB L 239 van 22.9.2000, blz. 19).

Europees onderzoeksbevel

(15) Bij de uitvoering van deze richtlijn moet rekening worden gehouden met de Richtlijnen 2010/64/EU [6], 2012/13/EU [7], en 2013/48/EU [8] van het Europees Parlement en de Raad, welke procedurele rechten in strafprocedures betreffen.

(16) Onderzoeksmaatregelen van niet-dwingende en niet-intrusieve aard kunnen bijvoorbeeld maatregelen zijn die geen inbreuk maken op het recht op privacy of eigendom, afhankelijk van het nationale recht.

(17) Het „ne bis in idem"-beginsel is een fundamenteel rechtsbeginsel in de Unie, zoals erkend in het Handvest en verder ontwikkeld in de jurisprudentie van het Hof van Justitie van de Europese Unie. Daarom zou de uitvoerende autoriteit het recht moeten hebben de tenuitvoerlegging van een EOB te weigeren als die tenuitvoerlegging tegen dat beginsel indruist. Gezien het voorlopige karakter van de procedure die aan een EOB ten grondslag ligt, mag de tenuitvoerlegging van een EOB niet worden geweigerd als het tot doel heeft mogelijke strijdigheid met het „ne bis in idem"-beginsel vast te stellen, of als de uitvaardigende autoriteit garandeert dat de als gevolg van de tenuitvoerlegging van een EOB overgedragen bewijsstukken niet zullen worden gebruikt om een persoon die in een andere lidstaat in laatste aanleg wegens dezelfde feiten is berecht, te vervolgen of een straf op te leggen.

(18) Evenals andere instrumenten inzake wederzijdse erkenning geldt deze richtlijn onverminderd de verplichting tot eerbiediging van de grondrechten en de fundamentele rechtsbeginselen die zijn neergelegd in artikel 6 van het Verdrag betreffende de Europese Unie (VEU), en het Handvest. Om dit te verduidelijken wordt een specifieke bepaling in de tekst ingevoegd.

(19) Het scheppen van een ruimte van vrijheid, veiligheid en recht binnen de Unie is gebaseerd op wederzijds vertrouwen en wederzijds vermoeden van naleving door de andere lidstaten van het recht van de Unie, en met name van de grondrechten. Dat vermoeden is evenwel weerlegbaar. Derhalve, indien er gegronde redenen zijn om aan te nemen dat de uitvoering van een in het EOB aangegeven onderzoeksmaatregel tot een inbreuk op een grondrecht van de betrokkene zou resulteren, en dat de tenuitvoerleggingsstaat zijn verplichtingen betreffende de bescherming van de grondrechten die zijn vervat in het Handvest niet zou nakomen, dient de tenuitvoerlegging van het EOB te worden geweigerd.

(20) Een EOB moet geweigerd kunnen worden indien de erkenning of tenuitvoerlegging ervan in de uitvoerende staat inbreuk op een immuniteit of voorrecht in de staat tot gevolg heeft. Er bestaat geen gemeenschappelijke definitie van immuniteiten of voorrechten in het recht van de Unie; de nauwkeurige omschrijving van deze begrippen is derhalve een zaak van nationaal recht, hetgeen immuniteiten ten behoeve van medische en juridische beroepen kan bevatten, maar welk niet mag worden geïnterpreteerd op een wijze die indruist tegen de verplichting bepaalde weigeringsgronden als opgenomen in het Protocol bij de Overeenkomst betreffende de wederzijdse rechtshulp in strafzaken tussen de lidstaten van de Europese Unie [9], af te schaffen. Het kan ook gaan om bepalingen betreffende de persvrijheid en de vrijheid van meningsuiting in andere media hoewel deze niet noodzakelijk worden aangemerkt als voorrechten of immuniteiten.

(21) Met het oog op een snelle, doeltreffende en consistente samenwerking in strafzaken tussen de lidstaten, moet worden voorzien in termijnen. De beslissing betreffende de erkenning of tenuitvoerlegging, alsmede de feitelijke tenuitvoerlegging van de onderzoeksmaatregel, moeten met dezelfde snelheid en prioriteit plaatsvinden als in een vergelijkbare binnenlandse zaak. Er moet worden voorzien in termijnen opdat binnen een redelijke tijdspanne een beslissing wordt genomen of het EOB ten uitvoer wordt gelegd, of opdat aan bepaalde procedurele regels in de uitvaardigende staat kan worden voldaan.

(22) De rechtsmiddelen die tegen een EOB kunnen worden ingezet, moeten ten minste gelijk zijn aan die welke in een binnenlandse zaak tegen de onderzoeksmaatregel kunnen worden ingezet. De lidstaten moeten er overeenkomstig hun nationale recht voor zorgen dat deze rechtsmiddelen toepasbaar zijn, onder meer door een belanghebbende partij tijdig mee te delen over welke rechtsmiddelen zij beschikken en hoe die kunnen worden ingesteld. In gevallen

---

6   Richtlijn 2010/64/EU van het Europees Parlement en de Raad van 20 oktober 2010 betreffende het recht op vertolking en vertaling in strafprocedures (PB L 280 van 26.10.2010, blz. 1).

7   Richtlijn 2012/13/EU van het Europees Parlement en de Raad van 22 mei 2012 betreffende het recht op informatie in strafprocedures (PB L 142 van 1.6.2012, blz. 1).

8   Richtlijn 2013/48/EU van het Europees Parlement en de Raad van 22 oktober 2013 betreffende het recht op toegang tot een advocaat in strafprocedures en in procedures ter uitvoering van een Europees aanhoudingsbevel, en het recht om een derde op de hoogte te laten brengen van de vrijheidsbeneming en om met derden en consulaire autoriteiten te communiceren tijdens de vrijheidsbeneming (PB L 294 van 6.11.2013, blz. 1).

9   Protocol vastgesteld door de Raad overeenkomstig artikel 34 van het Verdrag betreffende de Europese Unie, bij de Overeenkomst betreffende de wederzijdse rechtshulp in strafzaken tussen de lidstaten van de Europese Unie (PB C 326 van 21.11.2001, blz. 2).

waarin het EOB in de uitvoerende staat door een belanghebbende partij op materiële gronden wordt aangevochten, is het raadzaam de uitvaardigende autoriteit daaromtrent te informeren, onder kennisgeving aan de belanghebbende partij.

(23) De op het grondgebied van de uitvoerende staat voor de tenuitvoerlegging van een EOB gemaakte kosten worden uitsluitend door deze staat gedragen. Deze regeling sluit aan bij het algemene beginsel van wederzijdse erkenning. De tenuitvoerlegging van een EOB kan echter uitzonderlijk hoge kosten voor de uitvoerende staat meebrengen. Dergelijke kosten kunnen bijvoorbeeld verbonden zijn aan complexe deskundigenadviezen of grootscheepse politiële actie of surveillance gedurende een lange periode. Dit mag de tenuitvoerlegging van een EOB niet beletten en de uitvaardigende autoriteit en de uitvoerende autoriteit moeten trachten vast te stellen welke kosten als uitzonderlijk hoog worden beschouwd. De kosten kunnen onderwerp van overleg worden tussen de uitvaardigende staat en de uitvoerende staat en hen wordt aangeraden dit punt in de overlegfase op te lossen. In laatste instantie kan de uitvaardigende autoriteit besluiten het EOB in te trekken of het te handhaven, en in dit laatste geval moet het deel van de kosten dat door de uitvoerende staat uitzonderlijk hoog wordt bevonden en als absoluut noodzakelijk voor de procedures wordt beschouwd, worden gedragen door de uitvaardigende staat. Dit mechanisme mag geen extra grond voor weigering zijn en mag in geen geval zodanig worden gebruikt dat de tenuitvoerlegging van het EOB wordt vertraagd of verhinderd.

(24) Met het EOB wordt één enkele regeling voor bewijsverkrijging vastgesteld. Er zijn evenwel bijkomende voorschriften nodig voor bepaalde soorten onderzoeksmaatregelen die in het EOB moeten worden aangegeven, zoals de tijdelijke overbrenging van personen in hechtenis, verhoor via video- of teleconferentie, het verkrijgen van informatie betreffende bankrekeningen of bancaire verrichtingen, gecontroleerde afleveringen of infiltratieoperaties. Onderzoeksmaatregelen waarbij rechtstreeks, doorlopend en gedurende een bepaalde tijdspanne bewijsmateriaal wordt verzameld, moeten onder het EOB vallen, maar indien nodig moeten de uitvaardigende staat en de uitvoerende staat praktische afspraken maken om de verschillen in de nationale wetgeving tussen deze staten op te vangen.

(25) In deze richtlijn worden regels bepaald voor het ten uitvoer leggen van een onderzoeksmaatregel, in elke fase van de strafprocedure, dus ook op het proces zelf, indien nodig met deelname van de betrokkene, met als doel bewijsmateriaal te verzamelen. Er kan bijvoorbeeld een EOB worden uitgevaardigd voor de tijdelijke overbrenging van de betrokkene naar de uitvaardigende staat of met het oog op een verhoor per videoconferentie. Indien de betrokkene echter naar een andere lidstaat wordt overgebracht om er te worden vervolgd en ook te worden berecht, dient een Europees aanhoudingsbevel (EAB) te worden uitgevaardigd overeenkomstig Kaderbesluit 2002/584/JBZ van de Raad [10].

(26) De uitvaardigende autoriteit zou, met het oog op een proportionele toepassing van een EAB, moeten nagaan of een EOB een effectief en evenredig middel is voor het voeren van een strafprocedure. De uitvaardigende autoriteit zou met name moeten nagaan of het uitvaardigen van een EOB voor het horen van een verdachte of een beschuldigde persoon middels een videoconferentie een effectief alternatief kan zijn.

(27) Een EOB kan worden uitgevaardigd om bewijsmateriaal te verkrijgen over de rekeningen, ongeacht de aard ervan, bij een bank of een niet-bancaire financiële instelling, van een persoon tegen wie een strafprocedure loopt. Deze ruime mogelijkheid geldt niet alleen met betrekking tot verdachte of beschuldigde personen maar ook met betrekking tot eenieder ten aanzien van wie dergelijke inlichtingen door de bevoegde autoriteiten in de loop van een strafprocedure noodzakelijk worden geacht.

(28) In deze richtlijn dient de term financiële instellingen te worden verstaan in de zin van de desbetreffende definitie in artikel 3 van Richtlijn 2005/60/EG van het Europees Parlement en de Raad [11].

(29) In het geval van een EOB dat wordt uitgevaardigd voor het verkrijgen van de „bijzonderheden" betreffende een gespecificeerde bankrekening, omvatten deze „bijzonderheden" op zijn minst de naam en het adres van de rekeninghouder, gegevens over volmachten voor de rekening, en andere gegevens of documenten die de rekeninghouder bij het openen van de rekening heeft voorgelegd en die de bank nog heeft.

(30) De mogelijkheden tot samenwerking op grond van deze richtlijn inzake interceptie van telecommunicatie mogen niet worden beperkt tot de inhoud van de telecommunicatie, maar kunnen ook het verzamelen van de verkeers- en locatiegegevens in verband met deze telecommunicatie omvatten, zodat de bevoegde autoriteiten een EOB kunnen uitvaardigen dat

---

10 Kaderbesluit 2002/584/JBZ van de Raad van 13 juni 2002 betreffende het Europees aanhoudingsbevel en de procedures van overlevering tussen de lidstaten (PB L 190 van 18.7.2002, blz. 1).

11 Richtlijn 2005/60/EG van het Europees Parlement en de Raad van 26 oktober 2005 tot voorkoming van het gebruik van het financiële stelsel voor het witwassen van geld en de financiering van terrorisme (PB L 309 van 25.11.2005, blz. 15).

tot een minder indringende vorm van verkrijging van telecommunicatiegegevens strekt. Een EOB dat strekt tot het verkrijgen van oude verkeers- en locatiegegevens in verband met telecommunicatie moet worden behandeld volgens de algemene regeling inzake de tenuitvoerlegging van het EOB, en kan, afhankelijk van de nationale wetgeving van de uitvoerende staat, als een onderzoeksmaatregel van dwingende of intrusieve aard worden beschouwd.

(31) Indien verscheidene lidstaten de vereiste technische bijstand kunnen verlenen, moet het EOB naar slechts één ervan, bij voorrang de lidstaat waar de betrokkene zich bevindt, worden gezonden. Indien de technische bijstand van de lidstaat waar de persoon zich bevindt tegen wie de interceptie gericht is, niet nodig is voor het uitvoeren van de interceptie, moet die lidstaat daarvan overeenkomstig deze richtlijn op de hoogte worden gebracht. Indien daarentegen de technische bijstand wellicht niet van slechts één lidstaat komt, kan een EOB naar meer dan één uitvoerende staat worden gezonden.

(32) In een EOB houdende een verzoek tot interceptie van telecommunicatie moet de uitvaardigende autoriteit de uitvoerende autoriteit voldoende informatie verschaffen — bijvoorbeeld inzake de strafbare feiten waarnaar een onderzoek is ingesteld — zodat de uitvoerende autoriteit kan beoordelen of de betrokken onderzoeksmaatregel in een soortgelijke binnenlandse zaak zou worden toegestaan.

(33) Het moet voor de lidstaten van belang zijn ervoor te zorgen dat technische bijstand kan worden verleend door een exploitant van netwerken en diensten inzake algemeen beschikbare telecommunicatie op het grondgebied van de betrokken lidstaat, om een vlottere samenwerking met het oog op rechtsgeldige interceptie van telecommunicatie in het kader van deze richtlijn te bewerkstelligen.

(34) Deze richtlijn heeft, gelet op het toepassingsgebied ervan, betrekking op voorlopige maatregelen uitsluitend met het oog op bewijsverkrijging. Hierbij moet erop worden gewezen dat voorwerpen, financiële activa daaronder begrepen, tijdens een strafprocedure het voorwerp kunnen uitmaken van verschillende voorlopige maatregelen, die kunnen strekken tot het verzamelen van bewijsmateriaal, maar ook tot confiscatie. Het onderscheid tussen beide doelen is niet altijd duidelijk, en het doel van een voorlopige maatregel kan in de loop van de procedure veranderen. Het is daarom van cruciaal belang dat de verschillende toepasselijke wetteksten naadloos op elkaar aansluiten. Om dezelfde reden is het de uitvaardigende autoriteit die zal oordelen of een element als bewijsmateriaal zal worden gebruikt en of daarvoor dus een EOB wordt uitgevaardigd.

(35) In de gevallen waarin in internationale regelgeving ter zake, zoals verdragen die in het kader van de Raad van Europa zijn gesloten, wordt verwezen naar wederzijdse rechtshulp, heeft deze richtlijn tussen de lidstaten die door deze richtlijn gebonden zijn, voorrang op die verdragen.

(36) Wat onder de in de bijlage D genoemde categorieën strafbare feiten wordt verstaan, moet coherent zijn met hetgeen er in de bestaande regelgeving over wederzijdse erkenning onder wordt verstaan.

(37) Overeenkomstig de gezamenlijke politieke verklaring van 28 september 2011 van de lidstaten en de Commissie over toelichtende stukken [12] hebben de lidstaten zich ertoe verbonden om, indien zulks gerechtvaardigd is, de kennisgeving van hun omzettingsmaatregelen vergezeld te doen gaan van één of meer stukken waarin het verband tussen de onderdelen van een richtlijn en de overeenkomstige delen van de nationale omzettingsteksten wordt toegelicht. Het Europees Parlement en de Raad vinden de overdracht van dergelijke stukken in het kader van deze richtlijn gerechtvaardigd.

(38) Daar de doelstelling van deze richtlijn, namelijk de wederzijdse erkenning van en tot het verkrijgen van bewijs strekkende beslissingen, niet voldoende door de lidstaten kan worden verwezenlijkt maar vanwege de omvang en de gevolgen ervan beter op het niveau van de Unie kan worden verwezenlijkt, kan de Unie overeenkomstig het in artikel 5 VEU neergelegde subsidiariteitsbeginsel maatregelen nemen. Overeenkomstig het in hetzelfde artikel neergelegde evenredigheidsbeginsel gaat deze richtlijn niet verder dan wat nodig is om die doelstelling te verwezenlijken.

(39) Deze richtlijn is in overeenstemming met de grondrechten en beginselen die worden erkend bij artikel 6 VEU en in het Handvest, met name titel VI daarvan, in internationaal recht en in internationale overeenkomsten waarbij de Unie of alle lidstaten partij zijn, met inbegrip van het Europees Verdrag tot bescherming van de rechten van de mens en de fundamentele vrijheden, en in de grondwetten van de lidstaten, op hun respectieve toepassingsgebied. Niets in deze richtlijn belet dat de tenuitvoerlegging van een EOB wordt geweigerd, indien er objectieve redenen bestaan om aan te nemen dat het EOB is uitgevaardigd om de betrokkene te vervolgen of een straf op te leggen vanwege zijn of haar geslacht, ras of etnische afkomst, godsdienst, seksuele gerichtheid, nationaliteit, taal of politieke overtuiging, of dat de positie van die persoon om een van deze redenen kan worden aangetast.

---

12 PB C 369 van 17.12.2011, blz. 14.

(40) De bescherming van natuurlijke personen bij de verwerking van persoonsgegevens is een grondrecht. Krachtens artikel 8, lid 1, van het Handvest en artikel 16, lid 1, van het VWEU heeft eenieder recht op bescherming van zijn persoonsgegevens.
(41) De lidstaten moeten bij het toepassen van deze richtlijn een transparant beleid ten aanzien van de verwerking van persoonsgegevens voeren en garanderen dat de betrokkene zijn rechten op rechtsmiddelen ter bescherming van zijn persoonsgegevens kan uitoefenen.
(42) De krachtens deze richtlijn verkregen persoonsgegevens moeten uitsluitend worden verwerkt als dat nodig is en moeten in verhouding staan tot de doeleinden die verenigbaar zijn met het voorkomen, onderzoeken, opsporen en vervolgen van strafbare feiten of de tenuitvoerlegging van strafrechtelijke sancties en de uitoefening van de rechten van de verdediging. Alleen bevoegde personen mogen volgens een authenticatieprocedure toegang hebben tot informatie die persoonsgegevens bevat.
(43) Overeenkomstig artikel 3 van het aan het VEU en het VWEU gehechte Protocol nr. 21 betreffende de positie van het Verenigd Koninkrijk en Ierland ten aanzien van de ruimte van vrijheid, veiligheid en recht, heeft het Verenigd Koninkrijk kennis gegeven van zijn wens deel te nemen aan de vaststelling en de toepassing van deze richtlijn.
(44) Overeenkomstig de artikelen 1 en 2 en artikel 4 bis, lid 1, van Protocol nr. 21 betreffende de positie van het Verenigd Koninkrijk en Ierland ten aanzien van de ruimte van vrijheid, veiligheid en recht, en onverminderd artikel 4 van dat protocol, neemt Ierland niet deel aan de vaststelling van deze richtlijn, die derhalve niet bindend is voor, noch van toepassing is in deze lidstaat.
(45) Overeenkomstig de artikelen 1 en 2 van het aan het VEU en het VWEU gehechte Protocol nr. 22 betreffende de positie van Denemarken, neemt Denemarken niet deel aan de vaststelling van deze richtlijn, die derhalve niet bindend is voor, noch van toepassing is in deze lidstaat.
(46) De Europese Toezichthouder voor gegevensbescherming heeft op 5 oktober 2010 [13] zijn op artikel 41, lid 2, van Verordening (EG) nr. 45/2001 van het Europees Parlement en de Raad [14] gebaseerde advies uitgebracht,
HEBBEN DE VOLGENDE RICHTLIJN VASTGESTELD:

Hoofdstuk I
Het Europees onderzoeksbevel

Art. 1 Het Europees onderzoeksbevel en de verplichting tot tenuitvoerlegging ervan

1. Een Europees onderzoeksbevel (EOB) is een door een rechterlijke autoriteit van een lidstaat („de uitvaardigende staat") uitgevaardigde of erkende rechterlijke beslissing die ertoe strekt in een andere lidstaat („de uitvoerende staat") één of meer specifieke onderzoeksmaatregelen te laten uitvoeren met het oog op het verkrijgen van bewijsmateriaal conform het bepaalde in deze richtlijn.
Het EOB kan tevens worden uitgevaardigd om bewijsmateriaal te verkrijgen dat reeds in het bezit is van de bevoegde autoriteiten van de uitvoerende staat.
2. De lidstaten verbinden zich ertoe om, op grond van het beginsel van wederzijdse erkenning en overeenkomstig de bepalingen van deze richtlijn, een EOB ten uitvoer te leggen.
3. Om uitvaardiging van een EOB kan worden verzocht door een verdachte of een beschuldigde persoon, of namens hem door een advocaat, binnen het kader van de toepasselijke rechten op verdediging in overeenstemming met de nationale strafprocedure.
4. Deze richtlijn geldt onverminderd de verplichting tot eerbiediging van de grondrechten en de rechtsbeginselen die zijn neergelegd in artikel 6 VEU, inclusief het recht op verdediging van personen tegen wie een strafprocedure loopt, en laat alle verplichtingen die in dat verband op de rechterlijke autoriteiten rusten onverlet.

Art. 2 Definities

In deze richtlijn wordt verstaan onder:
a) „uitvaardigende staat": de lidstaat waar het EOB wordt uitgevaardigd;
b) „uitvoerende staat": de lidstaat waar het EOB ten uitvoer wordt gelegd en waar de onderzoeksmaatregel moet worden uitgevoerd;
c) „uitvoerende autoriteit":
i) een in de zaak bevoegde rechter, rechtbank, een onderzoeksrechter of officier van justitie, of

---

[13] PB C 355 van 29.12.2010, blz. 1.
[14] Verordening (EG) nr. 45/2001 van het Europees Parlement en de Raad van 18 december 2000 betreffende de bescherming van natuurlijke personen in verband met de verwerking van persoonsgegevens door de communautaire instellingen en organen en betreffende het vrije verkeer van die gegevens (PB L 8 van 12.1.2001, blz. 1).

ii) iedere andere door de uitvaardigende staat aangeduide bevoegde autoriteit, die in de zaak in kwestie optreedt als strafrechtelijke onderzoeksautoriteit en overeenkomstig de nationale wetgeving bevoegd is opdracht te geven tot bewijsgaring. Voordat het EOB wordt toegezonden aan de uitvoerende autoriteit, wordt het gevalideerd door een rechter, een rechtbank, een onderzoeksrechter of een officier van justitie in de uitvaardigende staat, na onderzoek of het aan de voorwaarden voor het uitvaardigen van een EOB uit hoofde van deze richtlijn, in het bijzonder de in artikel 6, lid 1, gestelde voorwaarden, voldoet. Indien het EOB door een rechterlijke autoriteit is gevalideerd, kan deze autoriteit in het kader van de verzending van het EOB ook als uitvaardigende autoriteit worden aangemerkt;

d) „uitvoerende autoriteit": een autoriteit die bevoegd is om een EOB in overeenstemming met deze richtlijn en de in een soortgelijke binnenlandse zaak geldende procedures te erkennen en ten uitvoer te laten leggen. In deze procedures kan in de uitvoerende staat krachtens het nationale recht de toestemming van een rechtbank vereist zijn.

Art. 3 Toepassingsgebied van het EOB

Het EOB omvat alle onderzoeksmaatregelen met uitzondering van het instellen van een gemeenschappelijk onderzoeksteam en de bewijsgaring in het kader van een dergelijk onderzoeksteam zoals voorzien in artikel 13 van de Overeenkomst betreffende de wederzijdse rechtshulp in strafzaken tussen de lidstaten van de Europese Unie [15] („de overeenkomst") en in Kaderbesluit 2002/465/JBZ van de Raad [16], behalve met het oog op de toepassing van artikel 13, lid 8, van de overeenkomst en artikel 1, lid 8, van het kaderbesluit.

Toepassingsgebied van het EOB

Art. 4 Procedures waarvoor een EOB kan worden uitgevaardigd

Een EOB kan worden uitgevaardigd:

a) in verband met een strafprocedure die door of bij een rechterlijke autoriteit is of kan worden ingesteld wegens feiten die volgens het nationale recht van de uitvaardigende staat strafbaar zijn;

b) in een procedure die door een bestuurlijke autoriteit is ingesteld in verband met feiten die volgens het nationale recht van de uitvaardigende staat strafbaar zijn wegens schending van de wetgeving, mits tegen de beslissing beroep mogelijk is bij een in het bijzonder in strafzaken bevoegde rechter;

c) in een procedure die door een rechterlijke autoriteit is ingesteld wegens feiten die volgens het nationale recht van de uitvaardigende staat strafbaar zijn wegens schending van wetgeving, mits tegen de beslissing beroep mogelijk is bij een met name in strafzaken bevoegde rechter, en

d) in samenhang met de onder a), b) en c) bedoelde procedures die verband houden met een strafbaar feit of een wetsovertreding waarvoor in de uitvaardigende staat een rechtspersoon aansprakelijk gesteld of gestraft kan worden.

Procedures waarvoor een EOB kan worden uitgevaardigd

Art. 5 Inhoud en vorm van het EOB

1. De uitvaardigende autoriteit vult het EOB, dat in het formulier in bijlage A staat, in. De uitvaardigende autoriteit vergewist zich ervan dat de inhoud van het EOB nauwkeurig en correct is en ondertekent het.

Het EOB bevat ten minste volgende informatie:

a) gegevens over de uitvaardigende autoriteit en, indien van toepassing, de validerende autoriteit;
b) het voorwerp en de redenen voor het EOB;
c) de beschikbare noodzakelijke informatie over de betrokkene(n);
d) een beschrijving van het strafbare feit dat het voorwerp vormt van het onderzoek of de procedure en het toepasselijke strafrecht van de uitvaardigende staat;
e) een beschrijving van de gevraagde onderzoeksmaatregel(en) en het te verkrijgen bewijsmateriaal.

2. Elke lidstaat deelt mee in welke officiële taal of talen van de instellingen van de Unie, naast zijn eigen officiële taal of talen, het EOB kan worden ingevuld of kan worden vertaald voor het geval waarin de betrokken lidstaat uitvoerende staat is.

3. De bevoegde autoriteit van de uitvaardigende staat vertaalt het EOB zoals is beschreven in bijlage A in overeenstemming met lid 2 van dit artikel in een officiële taal van de uitvoerende staat of in een andere, door de uitvoerende staat aangegeven taal.

Inhoud en vorm van het EOB

---

15   Overeenkomst, door de Raad vastgesteld overeenkomstig artikel 34 van het Verdrag betreffende de Europese Unie, betreffende de wederzijdse rechtshulp in strafzaken tussen de lidstaten van de Europese Unie (PB C 197 van 12.7.2000, blz. 3).

16   Kaderbesluit 2002/465/JBZ van de Raad van 13 juni 2002 inzake gemeenschappelijke onderzoeksteams (PB L 162 van 20.6.2002, blz. 1).

Hoofdstuk II
Procedures en waarborgen voor de uitvaardigende staat

Art. 6 Voorwaarden voor het uitvaardigen en toezenden van een EOB

Voorwaarden voor het uitvaardigen en toezenden van een EOB

1. De uitvaardigende autoriteit kan een EOB alleen uitvaardigen indien aan de volgende voorwaarden is voldaan:
   a) het uitvaardigen van het EOB is noodzakelijk voor en staat in verhouding tot het doel van de in artikel 4 bedoelde procedure, daarbij rekening houdend met de rechten van de verdachte of beschuldigde persoon, en
   b) de in het EOB aangegeven onderzoeksmaatregel(en) had(den) in dezelfde omstandigheden in een vergelijkbare binnenlandse zaak bevolen kunnen worden.
2. De uitvaardigende autoriteit beoordeelt per geval of aan de in lid 1 bedoelde voorwaarden is voldaan.
3. Indien de uitvoerende autoriteit redenen heeft om aan te nemen dat niet is voldaan aan de in lid 1 bedoelde voorwaarden, kan zij met de uitvaardigende autoriteit in overleg treden over het belang van de tenuitvoerlegging van het EOB. Na dat overleg kan de uitvaardigende autoriteit besluiten het EOB in te trekken.

Art. 7 Toezending van het EOB

Toezending van het EOB

1. De uitvaardigende autoriteit zendt het overeenkomstig artikel 5 ingevulde EOB toe aan de uitvoerende autoriteit, op zodanige wijze dat dit schriftelijk kan worden vastgelegd en de uitvoerende staat de echtheid ervan kan vaststellen.
2. Alle verdere officiële communicatie geschiedt rechtstreeks tussen de uitvaardigende autoriteit en de uitvoerende autoriteit.
3. Onverminderd artikel 2, onder d), kan iedere lidstaat één of, indien zijn rechtsorde daarin voorziet, meer centrale autoriteiten aanwijzen die de bevoegde autoriteiten zullen bijstaan. Een lidstaat kan, indien zijn rechterlijke organisatie zulks vereist, één of meer centrale autoriteiten belasten met de administratieve toezending en de ontvangst van de EOB's en de desbetreffende officiële correspondentie.
4. De uitvaardigende autoriteit kan EOB's toezenden via het telecommunicatiesysteem van het Europees justitieel netwerk (EJN), als opgericht bij Gemeenschappelijk Optreden 98/428/JBZ van de Raad [17].
5. Indien de identiteit van de uitvoerende autoriteit niet bekend is, wordt de uitvoerende staat door de uitvaardigende autoriteit langs alle mogelijke kanalen, waaronder de contactpunten van het EJN, om inlichtingen verzocht.
6. Indien de autoriteit in de uitvoerende staat die het EOB ontvangt, niet bevoegd is om het EOB te erkennen of om de nodige maatregelen te nemen om het ten uitvoer te leggen, zendt zij het EOB ambtshalve door aan de uitvoerende autoriteit en stelt zij de uitvaardigende autoriteit hiervan in kennis.
7. Alle moeilijkheden in verband met de toezending of de echtheid van een voor de tenuitvoerlegging van het EOB noodzakelijk document worden opgelost door middel van rechtstreekse contacten tussen de uitvaardigende autoriteit en de uitvoerende autoriteit of, in voorkomend geval, door toedoen van de centrale autoriteiten van de betrokken lidstaten.

Art. 8 EOB in verband met een eerder EOB

EOB in verband met een eerder EOB

1. Indien een uitvaardigende autoriteit een EOB uitvaardigt ter aanvulling van een eerder EOB, wordt dit vermeld in het EOB in deel D van het formulier in bijlage A.
2. Indien de uitvaardigende autoriteit overeenkomstig artikel 9, lid 4, bijstand verleent bij de tenuitvoerlegging van het EOB in de uitvoerende staat kan zij, onverminderd de kennisgevingen gedaan op grond van artikel 33, lid 1, onder c), een EOB ter aanvulling van een eerder EOB rechtstreeks aan de uitvoerende autoriteit richten terwijl zij in die staat aanwezig is.
3. Het EOB dat een eerder EOB aanvult, bevat overeenkomstig artikel 5, lid 1, eerste alinea, een verklaring dat de inhoud nauwkeurig en correct is en wordt, waar van toepassing, overeenkomstig artikel 2, onder c), gevalideerd.

Hoofdstuk III
Procedures en waarborgen voor de uitvoerende staat

Art. 9 Erkenning en tenuitvoerlegging

Erkenning en tenuitvoerlegging

1. De uitvoerende autoriteit erkent het overeenkomstig deze richtlijn toegezonden EOB zonder verdere formaliteiten en zorgt voor de tenuitvoerlegging ervan op dezelfde wijze en onder dezelfde voorwaarden als waren de betrokken onderzoeksmaatregelen bevolen door een autoriteit van de uitvoerende staat, tenzij die autoriteit beslist zich te beroepen op een van de gronden

---

[17] Gemeenschappelijk Optreden 98/428/JBZ van 29 juni 1998 door de Raad aangenomen op grond van artikel K.3 van het Verdrag betreffende de Europese Unie, tot oprichting van een Europees justitieel netwerk (PB L 191 van 7.7.1998, blz. 4).

voor weigering van erkenning of tenuitvoerlegging of een van de gronden voor uitstel, zoals bepaald in deze richtlijn.
2. Tenzij in deze richtlijn anders is bepaald, neemt de uitvoerende autoriteit de door de uitvaardigende autoriteit uitdrukkelijk aangegeven vormvoorschriften en procedures in acht, mits deze niet strijdig zijn met de fundamentele rechtsbeginselen van de uitvoerende staat.
3. Indien een uitvoerende autoriteit een EOB ontvangt dat niet door een uitvaardigende autoriteit in de zin van artikel 2, onder c), is uitgevaardigd, stuurt de uitvoerende autoriteit het EOB terug naar de uitvaardigende staat.
4. De uitvaardigende autoriteit kan vragen dat één of meer autoriteiten van de uitvaardigende staat de bevoegde autoriteiten van de uitvoerende staat bijstand verlenen bij de tenuitvoerlegging van het EOB, voor zover de aangewezen autoriteiten van de uitvaardigende staat in een vergelijkbare binnenlandse zaak bijstand zouden kunnen verlenen bij de tenuitvoerlegging van de in het EOB aangegeven onderzoeksmaatregelen. De uitvoerende autoriteit geeft gevolg aan dat verzoek, mits het verlenen van deze bijstand bij de tenuitvoerlegging niet strijdig is met de fundamentele rechtsbeginselen van de uitvoerende staat en diens wezenlijke nationale veiligheidsbelangen niet schaadt.
5. De in de uitvoerende staat aanwezige autoriteiten van de uitvaardigende staat zijn tijdens de tenuitvoerlegging van het EOB gebonden door het recht van de uitvoerende staat. Zij hebben op het grondgebied van de uitvoerende staat geen rechtshandhavingsbevoegdheden, tenzij de uitoefening van deze bevoegdheden op het grondgebied van de uitvoerende staat in overeenstemming is met het recht van de uitvoerende staat en met de desbetreffende afspraken tussen de uitvaardigende autoriteit en de uitvoerende autoriteit.
6. De uitvaardigende autoriteit en de uitvoerende autoriteit kunnen op iedere gepaste wijze met elkaar in overleg treden, teneinde de efficiënte toepassing van dit artikel te bevorderen.

Art. 10 Toepassing van een andere soort onderzoeksmaatregel
1. De uitvoerende autoriteit past, indien mogelijk, een andere dan de in het EOB genoemde onderzoeksmaatregel toe indien:
a) de in het EOB aangegeven onderzoeksmaatregel niet bestaat in het recht van de uitvoerende staat, of
b) de in het EOB aangegeven onderzoeksmaatregel in een vergelijkbare binnenlandse zaak niet zou kunnen worden toegepast.
2. Onverminderd artikel 11 is lid 1 niet van toepassing op de volgende onderzoeksmaatregelen, die altijd krachtens het nationale recht van de uitvoerende staat beschikbaar dienen te zijn:
a) het verkrijgen van informatie die of bewijsmateriaal dat reeds in het bezit is van de uitvoerende autoriteit en volgens het recht van de uitvoerende staat in het kader van een strafprocedure of voor de doeleinden van het EOB had kunnen worden verkregen;
b) het verkrijgen van informatie die is opgeslagen in gegevensbanken van de politie of rechterlijke autoriteiten waartoe de uitvoerende autoriteit rechtstreeks toegang heeft in het kader van een strafprocedure;
c) het horen van een getuige, deskundige, slachtoffer, verdachte of beschuldigde persoon of derde op het grondgebied van de uitvoerende staat;
d) een onderzoeksmaatregel van niet-dwingende of niet-intrusieve aard zoals gedefinieerd in het recht van de uitvoerende staat;
e) de identificatie van personen die zijn aangesloten op een bepaald telefoonnummer of IP-adres.
3. Voorts kan de uitvoerende autoriteit besluiten een andere onderzoeksmaatregel dan die welke is aangegeven in het EOB toe te passen, indien de door de uitvoerende autoriteit geselecteerde onderzoeksmaatregel met minder indringende middelen tot hetzelfde resultaat zou leiden als de in het EOB aangegeven onderzoeksmaatregel.
4. Indien de uitvoerende autoriteit besluit een beroep te doen op de in de leden 1 en 3 genoemde mogelijkheid, meldt zij dit eerst aan de uitvaardigende autoriteit, die kan besluiten het EOB in te trekken of aan te vullen.
5. Indien de in het EOB aangegeven onderzoeksmaatregel, overeenkomstig lid 1, in het nationale recht van de uitvoerende staat niet bestaat of in een vergelijkbare binnenlandse zaak niet zou kunnen worden toegepast, en indien er geen andere onderzoeksmaatregel is die tot hetzelfde resultaat zou leiden als de gevraagde onderzoeksmaatregel, stelt de uitvoerende autoriteit de uitvaardigende autoriteit ervan in kennis dat de gevraagde bijstand niet verleend is kunnen worden.

Art. 11 Gronden voor weigering van de erkenning of de tenuitvoerlegging
1. Onverminderd artikel 1, lid 4, kan de erkenning of tenuitvoerlegging van een EOB in de uitvoerende staat worden geweigerd indien:
a) het EOB volgens het recht van de uitvoerende staat wegens een immuniteit of voorrecht, dan wel wegens voorschriften betreffende het vaststellen en beperken van strafrechtelijke aansprakelijkheid in verband met de persvrijheid en de vrijheid van meningsuiting in andere media, niet ten uitvoer kan worden gelegd;

b) in een specifiek geval de tenuitvoerlegging van het EOB de wezenlijke belangen van nationale veiligheid zou schaden, de bron van de informatie in gevaar zou brengen of het gebruik zou inhouden van gerubriceerde gegevens met betrekking tot specifiek inlichtingenwerk;
c) het EOB is uitgevaardigd in een procedure in de zin van artikel 4, onder b) en c), en de onderzoeksmaatregel volgens het recht van de uitvoerende staat in een vergelijkbare binnenlandse zaak niet zou worden toegestaan;
d) de tenuitvoerlegging van het EOB in strijd zou zijn met het „ne bis in idem"-beginsel;
e) het EOB betrekking heeft op een strafbaar feit dat buiten het grondgebied van de uitvaardigende staat en geheel of gedeeltelijk op het grondgebied van de uitvoerende staat zou zijn gepleegd, en dat volgens het recht van de uitvoerende staat niet strafbaar is;
f) er gegronde redenen zijn om aan te nemen dat de uitvoering van de in het EOB aangegeven onderzoeksmaatregel niet verenigbaar zou zijn met de verplichtingen die overeenkomstig artikel 6 VEU en het Handvest op de uitvoerende staat rusten;
g) het feit waarvoor het EOB is uitgevaardigd, volgens het recht van de uitvoerende staat niet strafbaar is, tenzij het een in bijlage D bedoeld en door de uitvaardigende autoriteit in het EOB vermeld strafbaar feit betreft, waarop in de uitvaardigende staat een vrijheidsstraf of een tot vrijheidsbeneming strekkende maatregel met een maximum van ten minste drie jaar staat, of
h) de toepassing van de in het EOB aangegeven onderzoeksmaatregel volgens het recht van de uitvoerende staat beperkt is tot een lijst of categorie strafbare feiten of tot feiten die tenminste strafbaar worden gesteld met een bepaalde straf, waartoe het strafbaar feit waarop het EOB betrekking heeft niet behoort.

2. Lid 1, onder g) en h), geldt niet voor de in artikel 10, lid 2, bedoelde onderzoeksmaatregelen.
3. Indien het EOB een strafbaar feit betreft in verband met belastingen of heffingen, douane en deviezen weigert de uitvoerende autoriteit de erkenning of tenuitvoerlegging niet op grond van het feit dat het recht van de uitvoerende staat niet voorziet in dezelfde soort belasting of heffing, of niet dezelfde soort regeling inzake belastingen, heffingen, douane en deviezen kent als het recht van de uitvaardigende staat.
4. In de in lid 1, onder a), b), d), e) en f), bedoelde gevallen overlegt de uitvoerende autoriteit, alvorens te besluiten dat zij een EOB, geheel of gedeeltelijk, niet erkent of ten uitvoer legt, op iedere gepaste wijze met de uitvaardigende autoriteit; en verzoekt de uitvoerende autoriteit, indien nodig, de uitvaardigende autoriteit onverwijld alle benodigde gegevens te verstrekken.
5. Indien een autoriteit van de uitvoerende staat bevoegd is tot opheffing van een voorrecht of immuniteit, wordt hierom in het in lid 1, onder a), bedoelde geval door de uitvoerende autoriteit onmiddellijk verzocht. Indien een autoriteit van een andere staat of van een internationale organisatie bevoegd is tot opheffing van het voorrecht of de immuniteit, wordt de betrokken autoriteit hierom door de uitvaardigende autoriteit verzocht.

Art. 12 Termijnen voor erkenning of tenuitvoerlegging

Termijnen voor erkenning of tenuitvoerlegging

1. De beslissing betreffende de erkenning of tenuitvoerlegging wordt genomen en de uitvoering van de onderzoeksmaatregel vindt plaats met dezelfde snelheid en prioriteit als ware het een vergelijkbare binnenlandse zaak, en in ieder geval binnen de in dit artikel bepaalde termijnen.
2. Indien de uitvaardigende autoriteit in het EOB heeft aangegeven dat, wegens proceduretermijnen, de ernst van het strafbaar feit of andere bijzonder dringende omstandigheden, een kortere termijn nodig is dan die welke in dit artikel zijn vastgesteld, of indien de uitvaardigende autoriteit in het EOB heeft aangegeven dat de onderzoeksmaatregel op een bepaalde datum ten uitvoer dient te worden gelegd, houdt de uitvoerende autoriteit daarmee zo veel mogelijk rekening.
3. De uitvoerende autoriteit neemt de beslissing betreffende de erkenning of tenuitvoerlegging van het EOB zo spoedig mogelijk en, onverminderd lid 5, uiterlijk dertig dagen na de ontvangst van het EOB door de bevoegde uitvoerende autoriteit.
4. Tenzij er op grond van artikel 15 redenen tot uitstel bestaan dan wel de uitvoerende staat het bewijsmateriaal genoemd in de in het EOB vervatte onderzoeksmaatregel reeds in zijn bezit heeft, wordt de onderzoeksmaatregel door de uitvoerende autoriteit onverwijld en, onverminderd lid 5, binnen negentig dagen na het nemen van de in lid 3 bedoelde beslissing uitgevoerd.
5. In specifieke gevallen waarin het voor de bevoegde uitvoerende autoriteit niet haalbaar is de in lid 3 genoemde termijn of de in lid 2 genoemde specifieke datum na te leven, stelt zij de bevoegde autoriteit van de uitvaardigende staat hiervan onverwijld en op elke willekeurige wijze in kennis, met opgave van de redenen voor de vertraging en van de voor het nemen van de beslissing nodig geachte tijd. In dat geval kan de in lid 3 bedoelde termijn met ten hoogste dertig dagen worden verlengd.
6. In specifieke gevallen waarin het voor de bevoegde uitvoerende autoriteit niet haalbaar is de in lid 4 genoemde termijn na te leven, stelt zij de bevoegde autoriteit van de uitvaardigende staat hiervan onverwijld en op elke willekeurige wijze in kennis, met opgave van de redenen voor de vertraging, en overlegt zij met de uitvaardigende autoriteit over een passend tijdschema voor de tenuitvoerlegging van de onderzoeksmaatregel.

Europees onderzoeksbevel

C41 art. 16

Art. 13 Overdracht van bewijsmateriaal

1. De uitvoerende autoriteit draagt het bij de tenuitvoerlegging van het EOB verkregen bewijsmateriaal of het bewijsmateriaal dat reeds in het bezit is van de bevoegde instanties van de uitvoerende staat, zonder onnodige vertraging over aan de uitvaardigende staat.
Indien zulks in het EOB wordt gevraagd en het recht van de uitvoerende staat in die mogelijkheid voorziet, wordt het bewijsmateriaal onmiddellijk overgedragen aan de bevoegde autoriteiten van de uitvaardigende staat die overeenkomstig artikel 9, lid 4, bijstand verlenen bij de tenuitvoerlegging van het EOB.

2. De overdracht van het bewijsmateriaal kan worden opgeschort in afwachting van een beslissing op een ingesteld rechtsmiddel, tenzij in het EOB voldoende gemotiveerd is dat een onmiddellijke overdracht essentieel is voor het goede verloop van het onderzoek of voor de bescherming van de individuele rechten. De overdracht van het bewijsmateriaal wordt echter opgeschort indien de betrokkene daardoor ernstige en onomkeerbare schade zou lijden.

3. Bij de overdracht van het verkregen bewijsmateriaal deelt de uitvoerende autoriteit mee of zij verlangt dat het bewijsmateriaal aan de uitvoerende staat wordt teruggegeven zodra de uitvaardigende staat het niet meer nodig heeft.

4. Indien de betrokken voorwerpen, documenten of gegevens reeds van belang zijn voor andere procedures, kan de uitvoerende autoriteit, op uitdrukkelijk verzoek van en na overleg met de uitvaardigende autoriteit, het bewijsmateriaal tijdelijk overdragen op voorwaarde dat het aan de uitvoerende staat wordt teruggegeven zodra de uitvaardigende staat het niet meer nodig heeft, dan wel op een ander tijdstip of bij een andere gelegenheid, zoals overeengekomen tussen de bevoegde autoriteiten.

Overdracht van bewijsmateriaal

Art. 14 Rechtsmiddelen

1. De lidstaten zien erop toe dat op de in het EOB aangegeven onderzoeksmaatregelen rechtsmiddelen toepasselijk zijn die gelijkwaardig zijn met die welke in een vergelijkbare binnenlandse zaak mogelijk zijn.

2. De materiële gronden voor het uitvaardigen van het EOB kunnen alleen in de uitvaardigende staat worden aangevochten, onverminderd de in de uitvoerende staat gewaarborgde grondrechten.

3. Indien de geheimhouding van een onderzoek daardoor niet in het gedrang komt, krachtens artikel 19, lid 1, nemen de uitvaardigende autoriteit en de uitvoerende autoriteit passende maatregelen om ervoor te zorgen dat er informatie wordt verstrekt over de in het nationale recht geboden mogelijkheden om rechtsmiddelen in te stellen, zodra die middelen van toepassing worden, en wel tijdig zodat zij daadwerkelijk kunnen worden toegepast.

4. De lidstaten verzekeren dat de termijnen voor het instellen van een rechtsmiddel dezelfde zijn als die in vergelijkbare binnenlandse zaken, en dat deze termijnen worden gehanteerd op een wijze die garandeert dat het recht tot aanwending van dat rechtsmiddel effectief kan worden gebruikt door de betrokken personen.

5. De uitvaardigende autoriteit en de uitvoerende autoriteit stellen elkaar in kennis van de rechtsmiddelen die tegen de uitvaardiging, de erkenning of de tenuitvoerlegging van een EOB zijn ingesteld.

6. De instelling van een rechtsmiddel schort de tenuitvoerlegging van de onderzoeksmaatregel niet op, tenzij dat in vergelijkbare binnenlandse zaken wel het geval is.

7. Indien de erkenning of tenuitvoerlegging van een EOB met succes is aangevochten, wordt daarmee in de uitvaardigende staat in overeenstemming met het eigen nationale recht rekening gehouden. Onverminderd de nationale procedurele voorschriften zorgen de lidstaten ervoor dat, bij het beoordelen van het middels het EOB verkregen bewijsmateriaal, de rechten van de verdediging en het eerlijke verloop van de procedures tijdens een strafprocedure in de uitvaardigende staat worden gewaarborgd.

Rechtsmiddelen

Art. 15 Gronden voor uitstel van de erkenning of tenuitvoerlegging

1. De erkenning of tenuitvoerlegging van het EOB in de uitvoerende staat kan in elk van de volgende gevallen worden uitgesteld:
a) de tenuitvoerlegging zou een lopend strafrechtelijk onderzoek of een ingestelde strafvervolging kunnen schaden, in welk geval zij wordt uitgesteld voor de tijd dat de uitvoerende staat zulks redelijk acht;
b) de betrokken voorwerpen, documenten of gegevens worden reeds in een andere procedure gebruikt, in welk geval de erkenning of tenuitvoerlegging wordt uitgesteld voor de tijd dat zij daarvoor benodigd zijn;

2. Zodra de reden voor het uitstel vervalt, neemt de uitvoerende autoriteit onmiddellijk de nodige maatregelen ter tenuitvoerlegging van het EOB en stelt zij de uitvaardigende autoriteit op zodanige wijze in kennis dat dit schriftelijk kan worden vastgelegd.

Gronden voor uitstel van de erkenning of tenuitvoerlegging

Art. 16 Informatieplicht

1. De bevoegde autoriteit in de uitvoerende staat die het EOB ontvangt, geeft onverwijld en in ieder geval binnen een week kennis van de ontvangst van het EOB door het formulier in bijlage B in te vullen en toe te zenden.

Informatieplicht

Indien overeenkomstig artikel 7, lid 3, een centrale autoriteit is aangewezen, geldt deze verplichting voor zowel de centrale autoriteit als voor de uitvoerende autoriteit die het EOB van de centrale autoriteit ontvangt.
In de in artikel 7, lid 6, bedoelde gevallen geldt deze verplichting voor zowel de bevoegde autoriteit die het EOB in eerste instantie heeft ontvangen als de uitvoerende autoriteit waar het EOB uiteindelijk terechtkomt.
2. Onverminderd artikel 10, leden 4 en 5, geeft de uitvoerende autoriteit bericht aan de uitvaardigende autoriteit onmiddellijk, op elke willekeurige wijze:
a) indien de uitvoerende autoriteit onmogelijk een beslissing over de erkenning of tenuitvoerlegging kan nemen omdat het formulier als voorzien in bijlage A onvolledig is of kennelijk onjuist is ingevuld;
b) indien de uitvoerende autoriteit het tijdens de tenuitvoerlegging van het EOB zonder verdere navraag passend acht onderzoeksmaatregelen uit te voeren waarin oorspronkelijk niet was voorzien — of die op het ogenblik waarop het EOB werd uitgevaardigd niet konden worden bepaald — opdat de uitvaardigende autoriteit ter zake verdere maatregelen kan nemen, of
c) indien de uitvoerende autoriteit vaststelt dat zij in een specifiek geval de vormvoorschriften en procedures die de uitvaardigende autoriteit overeenkomstig artikel 9 uitdrukkelijk heeft aangegeven, niet in acht kan nemen.
Op verzoek van de uitvaardigende autoriteit wordt het bericht onverwijld bevestigd op zodanige wijze dat het schriftelijk kan worden vastgelegd.
3. Onverminderd artikel 10, leden 4 en 5, geeft de uitvoerende autoriteit bericht aan de uitvaardigende autoriteit onmiddellijk, op elke willekeurige wijze waardoor schriftelijke vastlegging mogelijk is, van:
a) alle op grond van artikel 10 of artikel 11 genomen besluiten;
b) alle besluiten tot uitstel van de tenuitvoerlegging of de erkenning van het EOB, de redenen voor het uitstel en, indien mogelijk, de verwachte duur van het uitstel.

Art. 17 Strafrechtelijke aansprakelijkheid met betrekking tot ambtenaren

Strafrechtelijke aansprakelijkheid met betrekking tot ambtenaren

Ambtenaren van de uitvaardigende staat die in het kader van de toepassing van deze richtlijn aanwezig zijn op het grondgebied van de uitvoerende staat, worden met betrekking tot tegen of door hen gepleegde misdrijven beschouwd als ambtenaren van de uitvoerende staat.

Art. 18 Burgerrechtelijke aansprakelijkheid van ambtenaren

Burgerrechtelijke aansprakelijkheid van ambtenaren

1. Indien in het kader van de toepassing van deze richtlijn ambtenaren van een lidstaat aanwezig zijn op het grondgebied van een andere lidstaat, is de eerste lidstaat aansprakelijk voor alle schade die zijn ambtenaren tijdens hun werkzaamheden hebben aangericht, zulks overeenkomstig het recht van de lidstaat op het grondgebied waarvan zij werken.
2. De lidstaat op het grondgebied waarvan de in lid 1 bedoelde schade wordt veroorzaakt, vergoedt deze schade op dezelfde wijze als schade die door zijn eigen ambtenaren wordt toegebracht.
3. De lidstaat waarvan de ambtenaren op het grondgebied van een andere lidstaat enige schade hebben veroorzaakt, betaalt het volledige bedrag terug dat deze andere lidstaat aan de slachtoffers of hun rechthebbenden heeft uitgekeerd.
4. Onverminderd de uitoefening van zijn rechten tegenover derden en met uitzondering van het bepaalde in lid 3, ziet elke lidstaat er in de in lid 1 bedoelde gevallen van af het bedrag van de door hem geleden schade op een andere lidstaat te verhalen.

Art. 19 Geheimhouding

Geheimhouding

1. De lidstaten nemen de nodige maatregelen om ervoor te zorgen dat de uitvaardigende autoriteiten en de uitvoerende autoriteiten bij de tenuitvoerlegging van een EOB de geheimhouding van het onderzoek voldoende in acht nemen.
2. De uitvoerende autoriteit garandeert, overeenkomstig haar nationale recht, de geheimhouding van de feiten en de inhoud van het EOB, behalve voor zover deze gegevens met het oog op de tenuitvoerlegging van de onderzoeksmaatregelen moeten worden vrijgegeven. Indien de uitvoerende autoriteit niet in staat is aan de geheimhoudingsplicht te voldoen, stelt zij de uitvaardigende autoriteit hiervan onverwijld in kennis.
3. Overeenkomstig het nationale recht en tenzij anders bepaald door de uitvoerende autoriteit, zorgt de uitvaardigende autoriteit ervoor dat het bewijsmateriaal of de gegevens die door de uitvoerende autoriteit zijn verstrekt, niet worden vrijgegeven, behalve voor zover vrijgave nodig is met het oog op de in het EOB omschreven onderzoeken of procedures.
4. De lidstaten nemen de nodige maatregelen om ervoor te zorgen dat banken niet aan de betrokken klanten of aan andere derden meedelen dat overeenkomstig de artikelen 26 en 27 gegevens aan de uitvaardigende staat zijn doorgegeven of dat er een onderzoek loopt.

Art. 20 Bescherming van persoonsgegevens

Bescherming van persoonsgegevens

Bij de uitvoering van deze richtlijn zorgen de lidstaten ervoor dat persoonsgegevens worden beschermd en uitsluitend mogen worden verwerkt overeenkomstig Kaderbesluit 2008/977/JBZ

van de Raad [18], en overeenkomstig de beginselen van het Verdrag van de Raad van Europa tot bescherming van personen met betrekking tot de geautomatiseerde verwerking van persoonsgegevens van 28 januari 1981 en het aanvullende protocol.
De toegang tot deze gegevens wordt beperkt, onverminderd rechten van de betrokkene. Alleen bevoegde personen mogen toegang hebben tot dergelijke gegevens.

Art. 21 Kosten

1. Tenzij in deze richtlijn anders is bepaald, worden alle kosten die op het grondgebied van de uitvoerende staat in verband met de tenuitvoerlegging van een EOB zijn gemaakt, door deze staat gedragen.

Kosten

2. Als de uitvoerende autoriteit van oordeel is dat de kosten voor de tenuitvoerlegging van het EOB als uitzonderlijk hoog kunnen worden beschouwd, kan zij samen met de uitvaardigende autoriteit nagaan of en hoe de kosten kunnen worden gedeeld, dan wel of het EOB kan worden gewijzigd.
De uitvoerende autoriteit geeft de uitvaardigende autoriteit voorafgaandelijk een gespecificeerde opgave van het deel van de kosten dat uitzonderlijk hoog wordt geacht.
3. In uitzonderlijke gevallen waarin geen overeenstemming kan worden bereikt aangaande kosten als bedoeld in lid 2, kan de uitvaardigende autoriteit besluiten:
a) het EOB geheel of gedeeltelijk in te trekken, of
b) het EOB te handhaven en het deel van de kosten te dragen dat uitzonderlijk hoog wordt geacht.

Hoofdstuk IV
Specifieke bepalingen voor bepaalde onderzoeksmaatregelen

Art. 22 Tijdelijke overbrenging van personen in hechtenis naar de uitvaardigende staat ter uitvoering van een onderzoeksmaatregel

1. Een EOB kan worden uitgevaardigd met het oog op de tijdelijke overbrenging van een persoon in hechtenis in de uitvoerende staat, ter uitvoering van een onderzoeksmaatregel waarvoor het verzamelen van bewijs, waarvoor de aanwezigheid van die persoon op het grondgebied van de uitvaardigende staat is vereist, mits de betrokkene binnen de door de uitvoerende staat bepaalde termijn wordt teruggezonden.

Tijdelijke overbrenging van personen in hechtenis naar de uitvaardigende staat ter uitvoering van een onderzoeksmaatregel

2. Behalve op de in artikel 11 genoemde gronden voor weigering van erkenning of tenuitvoerlegging kan de tenuitvoerlegging van het EOB worden geweigerd indien:
a) de persoon in hechtenis er niet in toestemt, of
b) de overbrenging de detentie van de persoon in hechtenis kan verlengen.
3. Onverminderd lid 2, onder a), wordt, indien de uitvoerende staat het in verband met de leeftijd of de lichamelijke en geestelijke gesteldheid van de persoon in hechtenis nodig acht, aan diens wettelijke vertegenwoordiger de mogelijkheid geboden zijn mening te geven over de tijdelijke overbrenging.
4. In de in lid 1 bedoelde gevallen wordt op verzoek toegestaan dat de persoon in hechtenis over het grondgebied van een derde lidstaat („de lidstaat van doorvoer") reist, mits alle benodigde documenten worden overgelegd.
5. De praktische regeling voor de tijdelijke overbrenging van de betrokkene met inbegrip van de specifieke voorwaarden waaronder hij in de uitvaardigende staat zal worden gedetineerd en de termijnen waarbinnen hij uit de uitvoerende staat moet worden overgebracht en daarheen moet worden teruggebracht, worden door de uitvaardigende staat en de uitvoerende staat overeengekomen, met inachtneming van de lichamelijke en geestelijke gesteldheid van de betrokkene en het in de uitvaardigende staat vereiste beveiligingsniveau.
6. De overgebrachte persoon blijft op het grondgebied van de uitvaardigende staat en, in voorkomend geval, van de lidstaat van doorvoer, in hechtenis wegens de feiten ten aanzien waarvan hij in de uitvoerende staat als verdachte of veroordeelde in hechtenis werd genomen, tenzij de uitvoerende staat om zijn vrijlating verzoekt.
7. De hechtenis op het grondgebied van de uitvaardigende staat wordt in mindering gebracht op de duur van de vrijheidsstraf die de betrokkene op het grondgebied van de uitvoerende staat moet of zal moeten ondergaan.
8. Onverminderd lid 6 wordt de overgebrachte persoon in de uitvaardigende staat niet vervolgd, in hechtenis genomen of anderszins aan een beperking van de persoonlijke vrijheid onderworpen wegens feiten die zijn gepleegd of veroordelingen die zijn uitgesproken voordat hij het grondgebied van de uitvoerende staat heeft verlaten en die niet in het EOB zijn vermeld.
9. De in lid 8 bedoelde onschendbaarheid neemt een einde indien de overgebrachte persoon gedurende een termijn van vijftien opeenvolgende dagen vanaf de datum waarop zijn aanwe-

---

18 Kaderbesluit 2008/977/JBZ van de Raad van 27 november 2008 over de bescherming van persoonsgegevens die worden verwerkt in het kader van de politiële en justitiële samenwerking in strafzaken (PB L 350 van 30.12.2008, blz. 260).

zigheid niet langer door de uitvaardigende autoriteit was vereist, de gelegenheid heeft gehad het grondgebied te verlaten, maar:
a) er niettemin is gebleven, of
b) er, na het te hebben verlaten, is teruggekeerd.
10. De kosten die voortvloeien uit de toepassing van dit artikel worden gedragen overeenkomstig artikel 21, met uitzondering van de kosten die voortvloeien uit de overbrenging van de betrokkene naar en van de uitvaardigende staat, die door die staat worden gedragen.

Art. 23 Tijdelijke overbrenging van personen in hechtenis naar de uitvoerende staat ter uitvoering van een onderzoeksmaatregel

Tijdelijke overbrenging van personen in hechtenis naar de uitvoerende staat ter uitvoering van een onderzoeksmaatregel

1. Een EOB kan worden uitgevaardigd voor de tijdelijke overbrenging van een persoon in hechtenis in de uitvaardigende staat, met het oog op de uitvoering van een onderzoeksmaatregel voor het verzamelen van bewijs, waarvoor zijn aanwezigheid op het grondgebied van de uitvoerende staat is vereist.

2. Lid 2, onder a), en artikel 22, leden 3 tot en met 9, zijn van overeenkomstige toepassing op de tijdelijke overbrenging volgens onderhavig artikel.

3. Kosten die voortvloeien uit de toepassing van dit artikel worden gedragen overeenkomstig artikel 21, met uitzondering van de kosten die voortvloeien uit de overbrenging van de betrokkene naar en van de uitvoerende staat die door de uitvaardigende staat worden gedragen.

Art. 24 Verhoor per videoconferentie of met andere audiovisuele transmissiemiddelen

Verhoor per videoconferentie of met andere audiovisuele transmissiemiddelen

1. Indien een persoon zich op het grondgebied van de uitvoerende staat bevindt en door de bevoegde autoriteiten van de uitvaardigende staat als getuige of deskundige moet worden gehoord, kan de uitvaardigende autoriteit een EOB uitvaardigen om de getuige of deskundige per videoconferentie of andere audiovisuele transmissie te doen verhoren, overeenkomstig de leden 5 tot en met 7.
De uitvaardigende autoriteit kan tevens een EOB uitvaardigen voor het verhoren van een verdachte of een beschuldigde persoon per videoconferentie of met andere audiovisuele transmissiemiddelen.

2. In aanvulling op de in artikel 11 genoemde gronden voor weigering van erkenning of tenuitvoerlegging kan de tenuitvoerlegging van het EOB worden geweigerd indien:
a) de verdachte of beschuldigde persoon er niet in toestemt, of
b) de tenuitvoerlegging van een dergelijke onderzoeksmaatregel in een bepaalde zaak strijdig is met de fundamentele beginselen van het recht van de uitvoerende staat.

3. De praktische regeling wordt overeengekomen tussen de uitvaardigende autoriteit en de uitvoerende autoriteit. Bij de regeling verbindt de uitvoerende autoriteit zich ertoe:
a) de getuige of deskundige in kennis te stellen van plaats en tijdstip van het verhoor;
b) de verdachte of de beschuldigde persoon in overeenstemming met de nadere regels van het recht van de uitvaardigende staat te gelasten voor het verhoor te verschijnen en de betrokkene op zijn rechten volgens het recht van de uitvaardigende staat te wijzen, op een tijdstip dat het hem mogelijk maakt zijn rechten op verdediging daadwerkelijk uit te oefenen;
c) ervoor te zorgen dat de identiteit wordt vastgesteld van de persoon die moet worden verhoord.

4. Indien in de omstandigheden van een specifiek geval de uitvoerende autoriteit niet over de technische middelen voor een verhoor per videoconferentie beschikt, kunnen deze na overleg ter beschikking worden gesteld door de uitvaardigende staat.

5. Met betrekking tot verhoor per videoconferentie of met andere audiovisuele transmissiemiddelen gelden de volgende regels:
a) de bevoegde autoriteit van de uitvoerende staat is aanwezig tijdens het verhoor, indien nodig bijgestaan door een tolk, en heeft tot taak de identiteit van de te verhoren persoon te laten vaststellen en erop toe te zien dat de fundamentele beginselen van het recht van de uitvoerende staat in acht worden genomen.
Indien de uitvoerende autoriteit van oordeel is dat de fundamentele beginselen van het recht van de uitvoerende staat tijdens het verhoor worden geschonden, treft zij onverwijld de nodige maatregelen opdat het verhoor verder met inachtneming van deze beginselen verloopt;
b) de bevoegde autoriteiten van de uitvaardigende staat en die van de uitvoerende staat komen indien nodig maatregelen ter bescherming van de te verhoren persoon overeen;
c) het verhoor wordt rechtstreeks door of onder leiding van de bevoegde autoriteit van de uitvaardigende staat overeenkomstig het recht van die staat afgenomen;
d) op verzoek van de uitvaardigende staat of van de te verhoren persoon draagt de uitvoerende staat er zorg voor dat de persoon die wordt verhoord indien nodig door een tolk wordt bijgestaan;
e) de verdachte of beschuldigde persoon wordt voorafgaand aan het verhoor op de hoogte gesteld van de procedurele rechten, met name het verschoningsrecht, die hij volgens het recht van de uitvoerende staat en van de uitvaardigende staat geniet. Getuigen en deskundigen kunnen zich beroepen op het verschoningsrecht dat zij volgens het recht van de uitvoerende staat of de uit-

Europees onderzoeksbevel — C41 art. 27

vaardigende staat genieten, en worden daarvan voorafgaand aan het verhoor op de hoogte gesteld.

6. Onverminderd de maatregelen die ter bescherming van personen zijn overeengekomen, stelt de uitvoerende autoriteit na afloop van het verhoor een proces-verbaal op, waarin wordt vermeld: de datum en de plaats van het verhoor; de identiteit van de verhoorde persoon; de identiteit en de hoedanigheid van alle andere personen die in de uitvoerende staat aan het verhoor hebben deelgenomen; eventuele beëdigingen; en de technische omstandigheden waaronder het verhoor heeft plaatsgevonden. De uitvoerende autoriteit stuurt dit document aan de uitvaardigende autoriteit.

7. Elke lidstaat treft de nodige maatregelen om ervoor te zorgen dat ten aanzien van de betrokkene die overeenkomstig dit artikel op zijn grondgebied wordt verhoord en die weigert een verklaring af te leggen terwijl hij daartoe is verplicht of die niet naar waarheid antwoordt, zijn nationale recht van toepassing is alsof het een verhoor in een nationale procedure betreft.

Art. 25 Verhoor per telefoonconferentie

1. Indien een persoon die zich op het grondgebied van een lidstaat bevindt, door de bevoegde autoriteiten van een andere lidstaat als getuige of deskundige moet worden verhoord, kan de uitvaardigende autoriteit van een andere laatste lidstaat, indien het niet wenselijk of mogelijk is de betrokkene persoonlijk op zijn grondgebied te laten verschijnen, en na andere passende middelen te hebben onderzocht, een EOB uitvaardigen om een getuige of een deskundige per telefoonconferentie te laten verhoren zoals voorzien in lid 2.

Verhoor per telefoonconferentie

2. Tenzij anders is overeengekomen, is artikel 24, leden 3, 5, 6 en 7, van overeenkomstige toepassing op verhoren per telefoonconferentie.

Art. 26 Inlichtingen over bankrekeningen en andere financiële rekeningen

1. Een EOB kan worden uitgevaardigd om te laten vaststellen of een natuurlijke of rechtspersoon tegen wie een strafprocedure in kwestie loopt, één of meer rekeningen van om het even welke aard, bezit of controleert bij enige bank op het grondgebied van de uitvoerende staat en in voorkomend geval alle gegevens over de aangeduide rekeningen te laten overleggen.

Inlichtingen over bankrekeningen en andere financiële rekeningen

2. Iedere lidstaat neemt de nodige maatregelen om de in lid 1 bedoelde gegevens te kunnen verstrekken volgens de in dit artikel bepaalde voorwaarden.

3. De in lid 1 bedoelde gegevens kunnen ook, indien deze in het EOB worden gevraagd, betrekking hebben op rekeningen waarvoor de betrokkene tegen wie de strafprocedure loopt, een volmacht heeft.

4. De in dit artikel neergelegde verplichting is alleen van toepassing voor zover de gegevens in het bezit zijn van de bank die de rekening onder zich heeft.

5. De uitvaardigende autoriteit geeft in het EOB de redenen op waarom zij van mening is dat de gevraagde inlichtingen vermoedelijk van wezenlijk belang zijn voor de strafprocedure in kwestie, en op welke gronden zij veronderstelt dat banken in de uitvoerende staat de rekening onder zich hebben en, voor zover hierover gegevens beschikbaar zijn, om welke banken het zou kunnen gaan. Het EOB bevat tevens elke beschikbare informatie die de tenuitvoerlegging ervan kan vergemakkelijken.

6. Voorts kan een EOB worden uitgevaardigd om te laten nagaan of een natuurlijke of rechtspersoon tegen wie de strafprocedure in kwestie loopt, één of meer rekeningen heeft bij enige niet-bancaire financiële instelling op het grondgebied van de uitvoerende staat. De leden 3 tot en met 5 zijn van overeenkomstige toepassing. In dat geval kan, behalve op de gronden voor weigering van de erkenning of tenuitvoerlegging bedoeld in artikel 11, de tenuitvoerlegging van het EOB ook worden geweigerd als de uitvoering van de onderzoeksmaatregel in een soortgelijke binnenlandse zaak niet zou worden toegestaan.

Art. 27 Inlichtingen over bancaire en andere financiële operaties

1. Een EOB kan worden uitgevaardigd met het oog op het verkrijgen van de bijzonderheden betreffende gespecificeerde bankrekeningen en betreffende bankoperaties die in een bepaald tijdvak zijn verricht via één of meer in het EOB genoemde bankrekeningen, met inbegrip van de bijzonderheden betreffende een rekening van herkomst of bestemming.

Inlichtingen over bancaire en andere financiële operaties

2. Iedere lidstaat neemt de nodige maatregelen om de in lid 1 bedoelde gegevens te kunnen verstrekken volgens de in dit artikel bepaalde voorwaarden.

3. De in dit artikel neergelegde verplichting is alleen van toepassing voor zover de gegevens in het bezit zijn van de bank waar de rekening wordt gehouden.

4. De uitvaardigende autoriteit geeft in het EOB de redenen op waarom zij de gevraagde inlichtingen van belang acht voor de strafprocedure in kwestie.

5. Voorts kan een EOB met betrekking tot de in lid 1 verstrekte inlichtingen worden uitgevaardigd betreffende de financiële operaties van niet-bancaire financiële instellingen. De leden 3 en 4 zijn van overeenkomstige toepassing. In dit geval kan, behalve op de gronden voor weigering van de erkenning of tenuitvoerlegging bedoeld in artikel 11, de tenuitvoerlegging van het EOB worden geweigerd als de uitvoering van de onderzoeksmaatregel in een soortgelijke binnenlandse zaak niet zou worden toegestaan.

Art. 28 Onderzoeksmaatregelen waarbij rechtstreeks, doorlopend en gedurende een bepaalde tijdspanne bewijsmateriaal wordt verzameld

1. Indien het EOB wordt uitgevaardigd ter uitvoering van een onderzoeksmaatregel waarbij rechtstreeks, doorlopend en gedurende een bepaalde tijdspanne bewijsmateriaal moet wordt verzameld, zoals:
a) toezicht op bancaire of andere financiële operaties via één of meer gespecificeerde rekeningen;
b) gecontroleerde aflevering op het grondgebied van de uitvoerende staat;
kan, behalve op de gronden voor weigering van de erkenning of tenuitvoerlegging bedoeld in artikel 11, de tenuitvoerlegging van het EOB worden geweigerd als de uitvoering van de betrokken onderzoeksmaatregel in een soortgelijke binnenlandse zaak niet zou worden toegestaan.
2. De praktische regeling voor de onderzoeksmaatregel, bedoeld in lid 1, onder b), en voor ieder ander doel, wordt door de uitvaardigende staat en de uitvoerende staat afgesproken.
3. De uitvaardigende autoriteit geeft in het EOB de redenen op waarom zij de gevraagde inlichtingen van belang acht voor de strafprocedure in kwestie.
4. Het recht om op te treden en operaties in verband met de tenuitvoerlegging van een EOB in de zin van lid 1 te leiden en te controleren, berust bij de bevoegde autoriteiten van de uitvoerende staat.

Art. 29 Infiltratieoperaties

1. De uitvoerende staat kan in een EOB worden verzocht de uitvaardigende staat te helpen bij een strafrechtelijk onderzoek dat wordt verricht door functionarissen die infiltreren of met een fictieve identiteit werken (infiltratieoperaties).
2. De uitvaardigende autoriteit geeft in het EOB aan waarom zij van mening is dat de infiltratieoperatie vermoedelijk van belang is voor de strafprocedure. De beslissing inzake de erkenning en tenuitvoerlegging van een volgens dit artikel uitgevaardigd EOB wordt per geval genomen door de bevoegde autoriteiten van de uitvoerende staat, met inachtneming van het recht en de procedures van deze staat.
3. Behalve op de in artikel 11 genoemde gronden voor weigering van de erkenning of tenuitvoerlegging, kan de uitvoerende autoriteit de tenuitvoerlegging van een in lid 1 bedoeld EOB weigeren indien:
a) de uitvoering van de infiltratieoperatie in een soortgelijke binnenlandse zaak niet zou worden toegestaan, of
b) er geen regeling kon worden getroffen voor infiltratieoperaties in de zin van lid 4.
4. Infiltratieoperaties vinden plaats volgens de wetgeving en procedures van de lidstaat op het grondgebied waarvan zij worden uitgevoerd. Het recht om op te treden en operaties in verband met de infiltratieoperatie te leiden en te controleren, berust uitsluitend bij de bevoegde autoriteiten van de uitvoerende staat. De duur van de infiltratieoperaties, de nadere voorwaarden en de rechtspositie van de betrokken functionarissen tijdens infiltratieoperaties worden door de uitvaardigende staat en de uitvoerende staat overeengekomen, met inachtneming van hun nationale wetgeving en procedures.

Hoofdstuk V
Interceptie van telecommunicatie

Art. 30 Interceptie van telecommunicatie met technische hulp van een andere lidstaat

1. Een EOB kan worden uitgevaardigd voor de interceptie van telecommunicatie in de lidstaat van waaruit technische bijstand nodig is.
2. Indien de technische bijstand voor dezelfde interceptie van telecommunicatie geheel door meerdere lidstaten kan worden verleend, wordt het EOB gestuurd naar één ervan. Voorrang wordt gegeven aan de lidstaat waar de persoon op wie de interceptie betrekking heeft, zich bevindt of zal bevinden.
3. Het in lid 1 bedoelde EOB bevat tevens de volgende informatie:
a) informatie aan de hand waarvan de identiteit van de persoon op wie de interceptie betrekking heeft, kan worden vastgesteld;
b) de gewenste duur van de interceptie, en
c) voldoende technische gegevens, in het bijzonder ter bepaling van het doelwit, met het oog op de tenuitvoerlegging van het EOB.
4. De uitvaardigende autoriteit geeft in het EOB de redenen op waarom zij de aangegeven onderzoeksmaatregel voor de strafprocedure in kwestie van belang acht.
5. Behalve op de gronden voor weigering van de erkenning of tenuitvoerlegging bedoeld in artikel 11 kan de tenuitvoerlegging van een EOB bedoeld in lid 1 ook worden geweigerd als de onderzoeksmaatregel in een soortgelijke binnenlandse zaak niet zijn toegestaan. De uitvoe-

Europees onderzoeksbevel

C41 art. 32

rende staat mag aan zijn toestemming de voorwaarden verbinden die in een soortgelijke binnenlandse zaak zouden gelden.
6. Het in lid 1 bedoelde EOB kan worden uitgevoerd door:
a) onmiddellijke doorzending van telecommunicatie naar de uitvaardigende staat, of
b) interceptie, opname en vervolgens toezending van het resultaat van de interceptie van de telecommunicatie aan de uitvaardigende staat.
De uitvaardigende autoriteit en de uitvoerende autoriteit plegen overleg, om te kunnen besluiten of de interceptie overeenkomstig punt a) dan wel punt b) wordt uitgevoerd.
7. Bij de uitvaardiging van het in lid 1 bedoelde EOB of tijdens de interceptie mag de uitvaardigende autoriteit, indien zij daarvoor een bijzondere reden heeft, ook een transcriptie, decodering of ontsleuteling vragen van de opname, mits zij de instemming van de uitvoerende autoriteit heeft verkregen.
8. Kosten die voortvloeien uit de toepassing van dit artikel worden gedragen overeenkomstig artikel 21, met uitzondering van de kosten die voortvloeien uit de transcriptie, decodering of ontsleuteling van de geïntercepteerde telecommunicatie, die door de uitvaardigende staat worden gedragen.

Art. 31 Kennisgeving aan de lidstaat waar de persoon op wie de interceptie betrekking heeft, zich bevindt en van welke geen technische bijstand vereist is

1. Indien de bevoegde autoriteit van één lidstaat (de „intercepterende lidstaat") ten behoeve van de uitvoering van een onderzoeksmaatregel toestemming heeft gegeven voor interceptie van telecommunicatie, en het communicatieadres van de in de interceptieopdracht genoemde persoon op wie de interceptie betrekking heeft, in gebruik is op het grondgebied van een andere lidstaat (de „in kennis gestelde lidstaat") en de interceptie kan worden uitgevoerd zonder de technische bijstand van de lidstaat, stelt de intercepterende lidstaat de bevoegde autoriteit van de in kennis gestelde lidstaat van de interceptie in kennis, en wel:
a) voorafgaand aan de interceptie in de gevallen waarin de bevoegde autoriteit van de intercepterende lidstaat op het tijdstip van het geven van de interceptieopdracht weet dat de persoon op wie de interceptie betrekking heeft, zich op het grondgebied van de in kennis gestelde lidstaat bevindt of zal bevinden;
b) tijdens of na de interceptie, zodra de intercepterende lidstaat te weten komt dat de persoon op wie de interceptie betrekking heeft, zich tijdens de interceptie op het grondgebied van de in kennis gestelde lidstaat bevindt of heeft bevonden.
2. De in lid 1 bedoelde kennisgeving geschiedt middels het formulier in bijlage C.
3. Indien de interceptie in een soortgelijke binnenlandse zaak niet zou zijn toegestaan, kan de bevoegde autoriteit van de in kennis gestelde lidstaat onverwijld en uiterlijk 96 uur na ontvangst van de in lid 1 bedoelde kennisgeving, de bevoegde autoriteit van de intercepterende lidstaat ervan in kennis stellen:
a) dat de interceptie niet mag worden uitgevoerd of dat zij moet worden beëindigd, en,
b) dat waar nodig, materiaal dat reeds is geïntercepteerd terwijl de persoon op wie de interceptie betrekking heeft, zich op haar grondgebied bevond, niet mag worden gebruikt of alleen mag worden gebruikt op de voorwaarden die zij stelt. De bevoegde autoriteit van de in kennis gestelde lidstaat deelt de bevoegde autoriteit van de intercepterende lidstaat de redenen voor deze voorwaarden mee.
4. Artikel 5, lid 2, is van overeenkomstige toepassing op de in lid 2 bedoelde kennisgeving.

Hoofdstuk VI
Voorlopige maatregelen

Art. 32 Voorlopige maatregelen
1. De uitvaardigende autoriteit kan een EOB uitvaardigen om elke maatregel te laten nemen waarbij de vernietiging, omzetting, verplaatsing, overdracht of vervreemding van materiaal dat als bewijsstuk kan worden gebruikt, voorlopig wordt voorkomen.
2. Het besluit over de voorlopige maatregel wordt door de uitvoerende autoriteit binnen 24 uur na ontvangst van het EOB, en in ieder geval zo snel mogelijk, genomen en meegedeeld.
3. Indien om de in lid 1 bedoelde voorlopige maatregel wordt gevraagd, geeft de uitvaardigende autoriteit in het EOB aan of het bewijsmateriaal aan de uitvaardigende staat wordt overgedragen dan wel in de uitvoerende staat blijft. Het EOB wordt door de uitvoerende autoriteit erkend en ten uitvoer gelegd en het bewijsmateriaal wordt door haar overgedragen volgens de in deze richtlijn voorgeschreven procedures.
4. Indien een EOB overeenkomstig lid 3 vergezeld gaat van de instructie dat het bewijsmateriaal in de uitvoerende staat moet blijven, vermeldt de uitvaardigende autoriteit op welke datum de in lid 1 bedoelde voorlopige maatregel wordt ingetrokken, of op welke datum het verzoek tot overdracht van het bewijsmateriaal aan de uitvaardigende staat vermoedelijk zal worden gedaan.

Kennisgeving aan de lidstaat waar de persoon op wie de interceptie betrekking heeft, zich bevindt en van welke geen technische bijstand vereist is

Voorlopige maatregelen

5. Na overleg met de uitvaardigende autoriteit kan de uitvoerende autoriteit, overeenkomstig het nationale recht en de nationale praktijk, naargelang van de omstandigheden passende voorwaarden stellen om de duur van de in lid 1 bedoelde voorlopige maatregel te beperken. Indien de uitvoerende autoriteit, overeenkomstig deze voorwaarden, intrekking van de voorlopige maatregel overweegt, stelt zij de uitvaardigende autoriteit daarvan in kennis en geeft zij haar de gelegenheid opmerkingen te maken. De uitvaardigende autoriteit laat de uitvoerende autoriteit onmiddellijk weten dat de in lid 1 bedoelde voorlopige maatregel is ingetrokken.

Hoofdstuk VII
Slotbepalingen

Art. 33 Kennisgevingen

Kennisgevingen

1. Uiterlijk op 22 mei 2017 verstrekt elke lidstaat de Commissie de volgende gegevens:
   a) de autoriteit of de autoriteiten die, overeenkomstig hun nationale recht, volgens artikel 2, onder c) en d), bevoegd zijn indien deze lidstaat de uitvaardigende staat of de uitvoerende staat is;
   b) de talen waarin een EOB kan worden opgesteld, zoals bepaald in artikel 5, lid 2;
   c) de gegevens betreffende de aangewezen centrale autoriteit of autoriteiten indien de lidstaat gebruik wenst te maken van de in artikel 7, lid 3, geboden mogelijkheid. Deze gegevens zijn bindend voor de autoriteit van de uitvaardigende staat.
2. De lidstaat kan de Commissie tevens opgave doen van de documenten die hij krachtens artikel 22, lid 4, nodig heeft.
3. De lidstaten delen de Commissie alle wijzigingen van de in de leden 1 en 2 bedoelde gegevens mee.
4. De Commissie stelt de op grond van de toepassing van dit artikel ontvangen gegevens beschikbaar voor alle lidstaten en het EJN. Het EJN maakt de gegevens beschikbaar op de website, bedoeld in artikel 9 van Besluit 2008/976/JBZ van de Raad [19].

Art. 34 Verhouding tot andere rechtsinstrumenten, overeenkomsten en regelingen

Verhouding tot andere rechtsinstrumenten, overeenkomsten en regelingen

1. Onverminderd de toepassing ervan tussen de lidstaten en derde landen en de voorlopige toepassing ervan overeenkomstig artikel 35, vervangt deze richtlijn met ingang van 22 mei 2017 de overeenkomstige bepalingen van de volgende verdragen die tussen de door deze richtlijn gebonden lidstaten van toepassing zijn:
   a) het Europees Verdrag aangaande de wederzijdse rechtshulp in strafzaken van de Raad van Europa van 20 april 1959, alsmede de twee aanvullende protocollen, en de overeenkomstig artikel 26 van dat verdrag gesloten bilaterale overeenkomsten;
   b) de Overeenkomst ter uitvoering van het te Schengen gesloten akkoord;
   c) de Overeenkomst betreffende de wederzijdse rechtshulp in strafzaken tussen de lidstaten van de Europese Unie en het bijbehorende protocol.
2. Kaderbesluit 2008/978/JBZ wordt vervangen door deze richtlijn ten aanzien van alle lidstaten die door deze richtlijn gebonden zijn. De bepalingen van Kaderbesluit 2003/577/JBZ worden vervangen ten aanzien van de lidstaten die aan door deze richtlijn gebonden zijn wat de bevriezing van bewijsmateriaal betreft.
Voor de lidstaten waarop deze richtlijn van toepassing is, gelden verwijzingen naar Kaderbesluit 2008/978/JBZ en, waar het gaat over het bevriezen van bewijsmateriaal, naar Kaderbesluit 2003/577/JBZ, als verwijzingen naar deze richtlijn.
3. De lidstaten mogen bilaterale en multilaterale overeenkomsten en regelingen met andere lidstaten die na 22 mei 2017 van kracht zijn, naast de bepalingen van deze richtlijn blijven toepassen, mits dit ten goede komt aan de doelstellingen van deze richtlijn en ertoe bijdraagt de procedures voor bewijsgaring te vereenvoudigen of verder te versoepelen, en mits het in deze richtlijn voorgeschreven niveau van waarborgen in acht wordt genomen.
4. De lidstaten delen de Commissie uiterlijk op 22 mei 2017 mee welke van de in lid 3 bedoelde overeenkomsten en regelingen zij willen blijven toepassen. De lidstaten geven de Commissie ook kennis van nieuwe overeenkomsten of regelingen in de zin van lid 3, binnen drie maanden na de ondertekening daarvan.

Art. 35 Overgangsbepalingen

Overgangsbepalingen

1. Vóór 22 mei 2017 ontvangen verzoeken om wederzijdse hulp blijven vallen onder de bestaande regelgeving betreffende wederzijdse rechtshulp in strafzaken. Kaderbesluit 2003/577/JBZ is van toepassing op de op grond ervan genomen beslissingen tot het bevriezen van bewijsmateriaal die vóór 22 mei 2017 zijn ontvangen.
2. Artikel 8, lid 1, is van overeenkomstige toepassing op het EOB dat volgt op een bevriezingsbeslissing op grond van Kaderbesluit 2003/577/JBZ.

---

19   Besluit 2008/976/JBZ van de Raad van 16 december 2008 betreffende het Europees justitieel netwerk (PB L 348 van 24.12.2008, blz. 130).

Art. 36 Omzetting
1. De lidstaten treffen de nodige maatregelen om uiterlijk op 22 mei 2017 aan deze richtlijn te voldoen. *Omzetting*
2. Wanneer de lidstaten die maatregelen vaststellen, wordt in de maatregelen zelf of bij de officiële bekendmaking daarvan naar deze richtlijn verwezen. De regels voor de verwijzing worden vastgesteld door de lidstaten.
3. De lidstaten verstrekken de Commissie uiterlijk op 22 mei 2017 de tekst van de bepalingen waarmee zij hun uit deze richtlijn voortvloeiende verplichtingen in nationaal recht omzetten.

Art. 37 Verslag over de toepassing
Uiterlijk vijf jaar na 21 mei 2014 brengt de Commissie aan het Europees Parlement en de Raad een verslag uit over de toepassing van deze richtlijn, dat op zowel kwalitatieve als kwantitatieve informatie is gebaseerd en waarin met name de gevolgen ervan voor de samenwerking in strafzaken en voor de bescherming van personen worden beoordeeld, alsmede de uitvoering van de voorschriften betreffende de interceptie van telecommunicatie in het licht van de technische ontwikkelingen. Dit verslag gaat indien nodig vergezeld van voorstellen tot wijziging van deze richtlijn. *Verslag over de toepassing*

Art. 38 Inwerkingtreding
Deze richtlijn treedt in werking op de twintigste dag na die van de bekendmaking ervan in het Publicatieblad van de Europese Unie. *Inwerkingtreding*

Art. 39 Adressaten
Deze richtlijn is gericht tot de lidstaten overeenkomstig de Verdragen. *Adressaten*

Bijlage A Europees onderzoeksbevel (EOB)

Dit EOB is uitgevaardigd door een bevoegde autoriteit. De uitvaardigende autoriteit verklaart dat de afgifte van dit EOB noodzakelijk is en evenredig voor de doeleinden van de hieronder omschreven procedure met aandacht voor de rechten van de verdachte of de beschuldigde persoon en dat de verlangde onderzoeksmaatregelen onder dezelfde omstandigheden in een vergelijkbaar binnenlands geval ook gevraagd hadden kunnen worden. Hierbij verzoek ik om tenuitvoerlegging van de volgende onderzoeksmaatregel(en) met inachtneming van de geheimhouding van het onderzoek en om toezending van het bewijsmateriaal dat als resultaat van de tenuitvoerlegging van het EOB is verkregen.

DEEL A
Uitvaardigende staat:..
Uitvoerende staat:..

DEEL B: Spoedeisendheid
Gelieve aan te geven of er spoed vereist is in verband met
☐ verbergen of vernietigen van bewijsstukken
☐ naderende procesdatum
☐ een andere reden,
namelijk:
De termijnen voor de tenuitvoerlegging van het EOB staan in Richtlijn 2014/41/EU. Als er echter een kortere of specifieke termijn nodig is, gelieve de datum te vermelden en de reden daarvoor op te geven:
....
....
....

DEEL C: Uit te voeren onderzoeksmaatregel(en)
Beschrijf de verlangde bijstands-/onderzoeksmaatregel(en) EN geef aan of het een van de volgende onderzoeksmaatregelen betreft:
....
....
....
....
....
....
....
....

☐ Verkrijgen van informatie of bewijsstukken waarover de uitvoerende autoriteit reeds beschikt
☐ Verkrijgen van informatie uit gegevensbanken van politie of rechterlijke autoriteiten
☐ Verhoor
    ☐ getuige
    ☐ deskundige
    ☐ verdachte of beschuldigde persoon
    ☐ slachtoffer
    ☐ derde
☐ Identificatie van personen die zijn aangesloten op een bepaald telefoonnummer of IP-adres
☐ Tijdelijke overbrenging van een persoon in hechtenis naar de uitvaardigende staat
☐ Tijdelijke overbrenging van een persoon in hechtenis naar de uitvoerende staat

Europees onderzoeksbevel   **C41** bijlage A

- ☐ Verhoor per videoconferentie of met andere audiovisuele transmissiemiddelen
    - ☐ getuige
    - ☐ deskundige
    - ☐ verdachte of beschuldigde persoon
- ☐ Verhoor per telefoonconferentie
    - ☐ getuige
    - ☐ deskundige
- ☐ Inlichtingen over bankrekeningen en andere financiële rekeningen
- ☐ Inlichtingen over bancaire en andere financiële operaties
- ☐ Onderzoeksmaatregelen waarbij rechtstreeks, doorlopend en gedurende een bepaalde tijdspanne bewijsmateriaal wordt verzameld
    - ☐ toezicht op bancaire en andere financiële operaties
    - ☐ gecontroleerde afleveringen
    - ☐ andere
- ☐ Infiltratieoperatie
- ☐ Interceptie van telecommunicatie
- ☐ Voorlopige maatregel(en) waarmee vernietiging, omzetting, verplaatsing, overdracht of vervreemding van materiaal dat als bewijsstuk kan worden gebruikt, wordt voorkomen

---

DEEL D: Verband met een eerder EOB

Gelieve te vermelden of dit EOB een aanvulling vormt op een eerder EOB. Indien van toepassing, geef informatie over het vorige EOB (datum van uitvaardiging van het EOB, autoriteit van bestemming en, indien bekend, datum van toezending, referentienummers van de uitvaardigende en uitvoerende autoriteiten)

....

Gelieve te vermelden als het EOB voor dezelfde zaak reeds eerder toegezonden is aan een andere lidstaat

....

DEEL E: Identiteit van de betrokkene

1. Geef alle beschikbare informatie over de identiteit van i) de natuurlijke persoon of ii) de rechtspersoon die betrokken is bij de onderzoeksmaatregel (indien het meerdere personen betreft, gelieve voor elke persoon de informatie te verstrekken)

(i) Voor natuurlijke personen

Naam: ....

Voorna(a)m(en): ....

Andere namen, indien van toepassing: ....

Bijnamen, indien van toepassing: ....

Geslacht: ....

Nationaliteit: ....

Identiteitsnummer of socialezekerheidsnummer: ....

Aard en nummer van het identiteitsdocument of de identiteitsdocumenten (identiteitskaart, paspoort), indien beschikbaar:

....

Geboortedatum: ....

Geboorteplaats: ....

Verblijfplaats en/of bekend adres; indien onbekend, vermeld het laatst bekende adres:

....

Ta(a)l(en) die de persoon begrijpt:

....

C41 bijlage A   Europees onderzoeksbevel

(ii) Voor rechtspersonen

Naam: ....

Rechtsvorm: ....

Afgekorte naam, gebruikelijke naam of handelsnaam (indien van toepassing):

....

Statutaire zetel: ....

Registratienummer: ....

Adres van de rechtspersoon: ....

Naam van de vertegenwoordiger van de rechtspersoon: ....

Wat is de huidige status van betrokkene in het proces:

☐ verdachte of beschuldigde persoon

☐ slachtoffer

☐ getuige

☐ deskundige

☐ derde

☐ een andere, namelijk ....

2. Locatie waar de onderzoeksmaatregel moet worden uitgevoerd, als het niet op bovengenoemd adres is:

....
....

3. Eventuele andere informatie die van belang is voor de tenuitvoerlegging van het EOB:

....
....

DEEL F: Type procedure waarvoor het EOB wordt uitgevaardigd:

☐ a) in verband met een strafprocedure die door of bij een rechterlijke autoriteit is of kan worden ingesteld wegens feiten die volgens het nationale recht van de uitvaardigende staat strafbaar zijn, of

☐ b) een procedure die door een bestuurlijke autoriteit is ingesteld wegens feiten die volgens het nationale recht van de uitvaardigende staat strafbaar zijn wegens overtreding van de wet, mits tegen de beslissing beroep mogelijk is bij een met name in strafzaken bevoegde rechter, of

☐ c) een procedure die door een rechterlijke autoriteit is ingesteld wegens feiten die volgens het nationale recht van de uitvaardigende staat strafbaar zijn wegens overtreding van de wet, mits tegen de beslissing beroep mogelijk is bij een met name in strafzaken bevoegde rechter.

☐ d) in samenhang met de onder a), b) en c) bedoelde procedures die verband houden met een strafbaar feit of een wetsovertreding waarvoor in de uitvaardigende staat een rechtspersoon aansprakelijk gesteld of gestraft kan worden.

DEEL G: Gronden voor de uitvaardiging van het EOB

1. Overzicht van de feiten

Geef de redenen aan waarom het EOB is uitgevaardigd, met een overzicht van de feiten, een beschrijving van de ten laste gelegde of onderzochte strafbare feiten, de fase waarin het onderzoek zich bevindt, eventuele risicofactoren en andere relevante informatie.

....
....
....

Europees onderzoeksbevel

C41 bijlage A

2. Aard en wettelijke omschrijving van het strafbaar feit of de strafbare feiten waarvoor het EOB is uitgevaardigd, en de toepasselijke wetsbepaling/het toepasselijk wetboek:

....

....

....

3. Wordt het strafbare feit waarvoor het EOB is uitgevaardigd in de uitvaardigende staat bestraft met een vrijheidsstraf of een tot vrijheidsbeneming strekkende maatregel met een maximum van ten minste drie jaar volgens het recht van de uitvaardigende staat en is het strafbaar feit opgenomen in onderstaande lijst van strafbare feiten? (Gelieve het betreffende vakje aan te kruisen)

- ☐ deelneming aan een criminele organisatie
- ☐ terrorisme
- ☐ mensenhandel
- ☐ seksuele uitbuiting van kinderen en kinderpornografie
- ☐ illegale handel in verdovende middelen en psychotrope stoffen
- ☐ illegale handel in wapens, munitie en explosieven
- ☐ corruptie
- ☐ fraude, met inbegrip van fraude waardoor de financiële belangen van de Europese Unie worden geschaad in de zin van de Overeenkomst van 26 juli 1995 aangaande de bescherming van de financiële belangen van de Europese Gemeenschappen
- ☐ witwassen van opbrengsten van misdrijven
- ☐ valsemunterij, met inbegrip van namaak van de euro
- ☐ informaticacriminaliteit
- ☐ milieumisdrijven, met inbegrip van de illegale handel in bedreigde diersoorten en bedreigde planten- en boomsoorten
- ☐ hulp bij illegale binnenkomst en illegaal verblijf
- ☐ moord en doodslag, zware mishandeling
- ☐ illegale handel in menselijke organen en weefsels
- ☐ ontvoering, wederrechtelijke vrijheidsberoving en gijzeling
- ☐ racisme en vreemdelingenhaat
- ☐ georganiseerde of gewapende diefstal
- ☐ illegale handel in cultuurgoederen, waaronder antiquiteiten en kunstvoorwerpen
- ☐ oplichting
- ☐ racketeering en afpersing
- ☐ namaak van producten en productpiraterij
- ☐ vervalsing van administratieve documenten en handel in valse documenten
- ☐ vervalsing van betaalmiddelen
- ☐ illegale handel in hormonale stoffen en andere groeibevorderaars
- ☐ illegale handel in nucleaire of radioactieve stoffen
- ☐ handel in gestolen voertuigen
- ☐ verkrachting
- ☐ opzettelijke brandstichting
- ☐ misdrijven die onder de rechtsmacht van het Internationaal Strafhof vallen
- ☐ kaping van vliegtuigen/schepen
- ☐ sabotage

C41 bijlage A — Europees onderzoeksbevel

DEEL H: Aanvullende eisen voor bepaalde maatregelen

Vul de delen in die voor de verlangde onderzoeksmaatregel(en) van belang zijn:

DEEL H1: Overbrenging van een persoon die in hechtenis is

1) Indien wordt verzocht om de tijdelijke overbrenging naar de uitvaardigende staat van een persoon in hechtenis, ten behoeve van het onderzoek, gelieve aan te geven of de betrokkene met deze maatregel heeft ingestemd:

☐ Ja ☐ Neen ☐ Gelieve de betrokkene om instemming te vragen

2) Indien wordt verzocht om de tijdelijke overbrenging naar de uitvoerende staat van een persoon in hechtenis, ten behoeve van een onderzoek, gelieve aan te geven of de betrokkene met deze maatregel heeft ingestemd:

☐ Ja ☐ Neen

DEEL H2: Video- of telefoonconferentie of andere audiovisuele transmissiemiddelen

Indien wordt verzocht om een verhoor per videoconferentie of teleconferentie of andere audiovisuele transmissiemiddelen:

Gelieve de naam te vermelden van de autoriteit die het verhoor zal leiden (contactgegevens/taal):

....

Wat zijn de redenen voor het aanvragen van deze maatregel: ....

....

☐ a) Verhoor per videoconferentie of met andere audiovisuele transmissiemiddelen:

  ☐ de verdachte of de beschuldigde persoon heeft ermee ingestemd

☐ b) verhoor per telefoonconferentie

DEEL H3: Voorlopige maatregelen

Indien wordt verzocht om een voorlopige maatregel waarmee vernietiging, omzetting, verplaatsing, overdracht of vervreemding van materiaal dat als bewijsstuk kan worden gebruikt, wordt voorkomen, gelieve te vermelden of

  ☐ het voorwerp aan de uitvaardigende staat wordt overgedragen

  ☐ het voorwerp in de uitvoerende staat blijft; gelieve de geschatte datum aan te geven:

waarop de voorlopige maatregel wordt ingetrokken: ....

waarop een vervolgverzoek wordt ingediend in verband met het voorwerp: ....

DEEL H4: Inlichtingen over bankrekeningen en andere financiële rekeningen

(1) Indien wordt verzocht om informatie over bankrekeningen of andere financiële rekeningen die de betrokkene heeft of beheert, gelieve voor elke rekening de redenen aan te geven waarom de maatregel van belang wordt geacht voor de strafprocedure en op grond waarvan verondersteld wordt dat de banken in de uitvaardigende staat de rekening onder zich hebben:

☐ informatie over bankrekeningen van de betrokkene of waarover hij volmacht heeft

☐ informatie over andere financiële rekeningen van de betrokkene of waarover hij volmacht heeft

....
....
....
....

Europees onderzoeksbevel   **C41** bijlage A

2) Indien wordt verzocht om informatie over bancaire of andere financiële operaties, gelieve voor elke verrichting de redenen aan te geven waarom de maatregel van belang wordt geacht voor de strafprocedure:

☐ gegevens over bancaire operaties
☐ gegevens over andere financiële operaties

....
....
....

Vermeld de betrokken periode en de betreffende rekeningen:
....
....

DEEL H5: Onderzoeksmaatregelen waarbij rechtstreeks, doorlopend en gedurende een bepaalde tijdspanne bewijsmateriaal wordt verzameld

Indien wordt verzocht om een dergelijke onderzoeksmaatregel, gelieve de redenen aan te geven waarom de gevraagde informatie van belang wordt geacht voor de strafprocedure:
....
....

DEEL H6: Infiltratieoperaties

Indien wordt verzocht om een infiltratieoperatie, gelieve de redenen aan te geven waarom de onderzoeksmaatregel van belang wordt geacht voor de strafprocedure:
....
....

DEEL H7: Interceptie van telecommunicatie

1) Indien wordt verzocht om interceptie van telecommunicatie, gelieve de redenen aan te geven waarom de onderzoeksmaatregel van belang wordt geacht voor de strafprocedure:
....
....

2) Gelieve de volgende informatie te verstrekken:

a) informatie ter identificatie van de persoon op wie de interceptie betrekking heeft:
....

b) de gewenste duur van de interceptie:
....

c) de technische gegevens voor de tenuitvoerlegging van het EOB (met name om het doelwit te identificeren — zoals mobiele telefoon, vaste telefoon, e-mailadres, internetverbinding):
....

3) Geef de gewenste wijze van uitvoering aan:

☐ Onmiddellijke doorzending
☐ Opname en aansluitend toezending

Gelieve aan te geven of transcriptie, decodering of ontsleuteling van het geïntercepteerde materiaal gewenst is (*):
....
....

(*) NB: De kosten van transcriptie, decodering en ontsleuteling komen ten laste van de uitvaardigende staat.

C41 bijlage A

Europees onderzoeksbevel

DEEL I: Voor de uitvoering vereiste vormvoorschriften en procedures

1. Aankruisen en aanvullen (indien van toepassing)
   ☐ De uitvoerende autoriteit wordt verzocht de volgende vormvoorschriften en procedures in acht te nemen (...):
   ....
   ....

2. Aankruisen en aanvullen (indien van toepassing)
   ☐ Het is wenselijk dat één of meer functionarissen van de uitvaardigende staat bijstand verlenen bij de uitvoering van het EOB, ter ondersteuning van de bevoegde autoriteiten van de uitvoerende staat.

   Contactgegevens van de functionarissen:
   ....
   ....

   De talen die voor de communicatie gebruikt kunnen worden: ....
   ....

DEEL J: Rechtsmiddelen

1. Gelieve aan te geven of er al een rechtsmiddel is ingezet tegen de uitvaardiging van een EOB; zo ja, gelieve de nodige details te geven (omschrijving van het rechtsmiddel, inclusief de vereiste stappen en de termijnen):
   ....
   ....

2. Autoriteit in de uitvaardigende staat die verdere gegevens kan verstrekken over procedures voor het aanwenden van rechtsmiddelen in de uitvaardigende staat en over de vraag of juridische bijstand, vertaling en vertolking beschikbaar zijn:

   Naam: ....

   Contactpersoon (indien van toepassing): ....

   Adres: ....

   Telefoon: (landnummer) (netnummer) (nummer) ....

   Faxnummer: (landnummer) (netnummer) (nummer) ....

   E-mail: ....

DEEL K: Gegevens over de autoriteit die het EOB heeft uitgevaardigd

Kruis aan welk soort autoriteit het EOB heeft uitgevaardigd:
   ☐ rechterlijke autoriteit
   ☐ (*) andere bevoegde autoriteit zoals omschreven in het recht van de uitvaardigende staat

(*) Gelieve ook deel L in te vullen

Naam van de autoriteit:
....

Naam van de vertegenwoordiger/contactpunt:
....

Dossier nr.: ....

Adres: ....

Telefoon: (landnummer) (netnummer) (nummer) ....

Faxnummer: (landnummer) (netnummer) (nummer) ....

E-mail: ....

Talen waarin met de uitvaardigende autoriteit kan worden gecommuniceerd:
....

Europees onderzoeksbevel **C41** bijlage B

Indien afwijkend van bovenstaande, gegevens van de contactpersoon/contactpersonen voor aanvullende informatie of praktische regelingen voor de overdracht van bewijsstukken:

Naam/titel/organisatie: ....

Adres: ....

E-mail/telefoon contact: ....

Handtekening van de uitvaardigende autoriteit en/of haar vertegenwoordiger die de juistheid van de inhoud van het EOB bevestigt:

Naam: ....

Functie (titel/graad): ....

Datum: ....

Officiële stempel (indien beschikbaar):

DEEL L: Gegevens over de rechterlijke autoriteit die het EOB heeft gevalideerd

Soort rechterlijke autoriteit die het EOB gevalideerd heeft:

☐ rechter of rechtbank
☐ onderzoeksrechter
☐ openbare aanklager

Officiële naam van de valliderende autoriteit:

....

Naam van haar vertegenwoordiger:

Functie (titel/graad):

....

Dossier nr.: ....

Adres: ....

Telefoon: (landnummer) (netnummer) (nummer) ....

Faxnummer: (landnummer) (netnummer) (nummer) ....

E-mail: ....

Talen waarin met de valliderende autoriteit kan worden gecommuniceerd:

....

Gelieve aan te geven wat het eerste contactpunt van de uitvoerende autoriteit moet zijn:

☐ de uitvaardigende autoriteit
☐ de valliderende autoriteit

Handtekening en gegevens van de valliderende autoriteit:

Naam: ....

Functie (titel/graad): ....

Datum: ....

Officiële stempel (indien beschikbaar):

Bijlage B Bericht van ontvangst van een EOB

Dit formulier moet worden ingevuld door de autoriteit van de uitvoerende staat die het hieronder bedoelde EOB heeft ontvangen.

C41 bijlage B — Europees onderzoeksbevel

A) HET BETROKKEN EOB
Autoriteit die het EOB heeft uitgevaardigd:
....
Dossiernummer: ....
Datum van uitvaardiging: ....
Datum van ontvangst: ....

B) AUTORITEIT DIE HET EOB HEEFT ONTVANGEN (¹)
Officiële naam van de bevoegde autoriteit:
....

Naam van haar vertegenwoordiger:
....

Functie (titel/graad):
....

Adres:
....
....
....

Telefoon: (landnummer) (netnummer) (nummer) ....
Faxnummer: (landnummer) (netnummer) (nummer) ....
E-mail: ....
Dossiernummer: ....
Talen waarin met de autoriteit kan worden gecommuniceerd:

C) (INDIEN VAN TOEPASSING) BEVOEGDE AUTORITEIT WAARAAN HET EOB IS TOEGEZONDEN DOOR DE ONDER B) GENOEMDE AUTORITEIT
Officiële naam van de autoriteit:
....

Naam van haar vertegenwoordiger:
....

Functie (titel/graad):
....

Adres:
....
....
....

Telefoon: (landnummer) (netnummer) (nummer) ....
Faxnummer: (landnummer) (netnummer) (nummer) ....
E-mail: ....
Datum van toezending: ....
Dossiernummer: ....
Ta(a)l(en) waarin kan worden gecommuniceerd:
....

(¹) Dit gedeelte moet worden ingevuld door iedere autoriteit die het EOB heeft ontvangen. Deze verplichting berust bij de autoriteit die bevoegd is om het EOB te erkennen en ten uitvoer te leggen en, indien van toepassing, bij de centrale autoriteit of de autoriteit die het EOB aan de bevoegde autoriteit heeft toegezonden.

D) ANDERE INFORMATIE DIE VOOR DE UITVAARDIGENDE AUTORITEIT VAN BELANG KAN ZIJN
....
....
....

E) DATUM EN HANDTEKENING
Handtekening:
Datum: ....
Officiële stempel (indien beschikbaar):

Europees onderzoeksbevel

Bijlage C Kennisgeving

Dit formulier is bedoeld om een lidstaat in kennis te stellen van de interceptie van telecommunicatie die zonder technische bijstand van die lidstaat op zijn grondgebied is, wordt of zal worden uitgevoerd. Hierbij breng ik .... (de in kennis gestelde lidstaat) op de hoogte van de interceptie.

A) (¹) DE BEVOEGDE AUTORITEIT

Officiële naam van de bevoegde autoriteit van de intercepterende lidstaat:
....

Naam van haar vertegenwoordiger:
....

Functie (titel/graad):
....

Adres:
....
....
....

Telefoon: (landnummer) (netnummer) (nummer) ....
Faxnummer: (landnummer) (netnummer) (nummer) ....
E-mail: ....
Dossiernummer: ....
Datum van uitvaardiging: ....
Talen waarin met de autoriteit kan worden gecommuniceerd:
....

B)   INFORMATIE OVER DE INTERCEPTIE

I) Stand van zaken: deze kennisgeving geschiedt (aankruisen)
  ☐ vóór de interceptie
  ☐ tijdens de interceptie
  ☐ na de interceptie

II) De (geschatte) duur van de interceptie (volgens de uitvaardigende autoriteit):
...., met ingang van ....

III) Doelwit van de interceptie: (telefoonnummer, IP-nummer of e-mail)
....

IV) Identiteit van de betrokkenen
Alle beschikbare informatie vermelden over de identiteit van i) natuurlijke of ii) rechtspersonen tegen welke de procedure loopt/kan lopen:
  i) Voor natuurlijke personen
      Naam: ....
      Voorna(a)m(en): ....
      Andere namen, indien van toepassing: ....
      Bijnamen, indien van toepassing: ....
      Geslacht: ....
      Nationaliteit: ....
      Identiteitsnummer of socialezekerheidsnummer: ....

(¹) De hier vermelde autoriteit moet worden gecontacteerd in de verdere correspondentie met de uitvaardigende staat.

C41 bijlage D

Europees onderzoeksbevel

Geboortedatum: ....
Geboorteplaats: ....
Verblijfplaats en/of bekend adres; indien onbekend, vermeld het laatst bekende adres:
....

Ta(a)l(en) die de persoon begrijpt:
....

ii) Voor rechtspersonen

Naam: ....
Rechtsvorm: ....
Afgekorte naam, gebruikelijke naam of handelsnaam (indien van toepassing):
....

Statutaire zetel: ....
Registratienummer: ....
Adres van de rechtspersoon: ....
Naam en contactgegevens van de vertegenwoordiger van de rechtspersoon ....

V) Informatie over het doel van de interceptie

Alle nodige informatie vermelden, waaronder de omschrijving van het geval, de wettelijke omschrijving van het strafbaar feit en de toepasselijke wetsbepaling/het toepasselijk wetboek, zodat de in kennis gestelde autoriteit kan nagaan of

☐ de interceptie in een vergelijkbaar binnenlands geval zou worden toegestaan; en het verkregen materiaal kan worden gebruikt in de strafprocedure;

☐ wanneer de interceptie reeds heeft plaatsgevonden, het materiaal kan worden gebruikt in de strafprocedure

....
....
....
....

Bezwaren tegen interceptie of het gebruik van reeds geïntercepteerd materiaal moeten uiterlijk 96 uur na ontvangst van deze kennisgeving worden ingediend.

C) DATUM EN HANDTEKENING

Handtekening:
Datum: ....
Officiële stempel (indien beschikbaar):

Bijlage D Categorieën van strafbare feiten als bedoeld in artikel 11

— deelneming aan een criminele organisatie,
— terrorisme,
— mensenhandel,
— seksuele uitbuiting van kinderen en kinderpornografie,
— illegale handel in verdovende middelen en psychotrope stoffen,
— illegale handel in wapens, munitie en explosieven,
— corruptie,
— fraude, met inbegrip van fraude waardoor de financiële belangen van de Europese Unie worden geschaad zoals bedoeld in de Overeenkomst van 26 juli 1995 aangaande de bescherming van de financiële belangen van de Europese Gemeenschappen,
— witwassen van opbrengsten van misdrijven,
— vervalsing met inbegrip van namaak van de euro,
— cybercriminaliteit,
— milieumisdrijven, met inbegrip van de illegale handel in bedreigde diersoorten en de illegale handel in bedreigde planten- en boomsoorten,
— hulp aan illegale binnenkomst en illegaal verblijf,

Europees onderzoeksbevel

C41 bijlage D

- moord en doodslag, zware lichamelijke mishandeling,
- illegale handel in menselijke organen en weefsels,
- ontvoering, wederrechtelijke vrijheidsberoving en gijzeling,
- racisme en vreemdelingenhaat,
- georganiseerde of gewapende diefstal,
- illegale handel in cultuurgoederen, waaronder antiquiteiten en kunstvoorwerpen,
- oplichting,
- racketeering en afpersing,
- namaak van producten en productpiraterij,
- vervalsing van administratieve documenten en handel in valse documenten,
- vervalsing van betaalmiddelen,
- illegale handel in hormonale stoffen en andere groeibevorderaars,
- illegale handel in nucleaire of radioactieve stoffen,
- handel in gestolen voertuigen,
- verkrachting,
- opzettelijke brandstichting,
- misdrijven die onder de rechtsmacht van het Internationaal Strafhof vallen,
- kaping van vliegtuigen/schepen,
- sabotage.

Europees Verdrag ter voorkoming van foltering en onmenselijke of vernederende behandeling of bestraffing, zoals gewijzigd door Protocol 1 en Protocol 2 van 4-11-1993[1]

De Lidstaten van de Raad van Europa die dit Verdrag ondertekenen.
Gelet op de bepalingen van het Verdrag tot bescherming van de rechten van de mens en de fundamentele vrijheden;
In herinnering roepend dat krachtens het bepaalde in artikel 3 van hetzelfde Verdrag „niemand mag worden onderworpen aan folteringen noch aan onmenselijke of vernederende behandelingen of straffen";
Opmerkend dat het in dat Verdrag voorziene mechanisme werkt in relatie tot personen die aanvoeren het slachtoffer te zijn van schendingen van artikel 3;
Ervan overtuigd dat de bescherming van personen die van hun vrijheid zijn beroofd, tegen foltering en onmenselijke of vernederende behandeling of bestraffing kan worden versterkt door niet-juridische middelen van preventieve aard gebaseerd op bezoeken;
Zijn als volgt overeengekomen:

HOOFDSTUK I

Art. 1

Europees Comité

Er wordt een Europees Comité inzake de voorkoming van folteringen en onmenselijke of vernederende behandelingen of bestraffingen (hierna te noemen: „het Comité") ingesteld. Het Comité onderzoekt, door middel van bezoeken, de behandeling van personen die van hun vrijheid zijn beroofd, ten einde de bescherming van deze personen tegen foltering en onmenselijke of vernederende behandeling, indien noodzakelijk, te versterken.

Art. 2

Inspecties

Elke Partij laat, in overeenstemming met dit Verdrag, bezoeken toe aan elke plaats binnen haar rechtsmacht waar personen van hun vrijheid zijn beroofd door een overheidsinstantie.

Art. 3

Bij de toepassing van dit Verdrag werken het Comité en de bevoegde nationale instanties van de betrokken Partij met elkaar samen.

HOOFDSTUK II

Art. 4

Samenstelling Europees Comité

1. Het Comité bestaat uit een aantal leden dat gelijk is aan het aantal Partijen.

2. De leden van het Comité worden gekozen uit personen van hoogstaand zedelijk karakter bekend wegens hun bekwaamheid op het gebied van de rechten van de mens of met beroepservaring op de gebieden vallende onder dit Verdrag.

3. Geen twee leden van het Comité mogen onderdaan zijn van dezelfde Staat.

4. De leden treden op in hun persoonlijke hoedanigheid, zijn onafhankelijk en onpartijdig en zijn beschikbaar om het Comité doeltreffend van dienst te zijn.

Art. 5

1. De leden van het Comité worden bij absolute meerderheid van stemmen gekozen door het Comité van Ministers van de Raad van Europa uit een lijst met namen opgesteld door het Bureau van de Raadgevende Vergadering van de Raad van Europa; elke nationale afvaardiging van de Partijen in de Raadgevende Vergadering draagt drie kandidaten voor, van wie er ten minste twee haar nationaliteit dienen te bezitten.
Bij verkiezing van een lid van het Comité voor een niet-Lidstaat van de Raad van Europa, verzoekt het Bureau van de Raadgevende Vergadering het parlement van die Staat drie kandidaten voor te dragen, van wie er ten minste twee zijn nationaliteit dienen te bezitten. De verkiezing door het Comité van Ministers vindt plaats na overleg met de betrokken Partij.

2. Dezelfde procedure wordt gevolgd bij het vervullen van tussentijdse vacatures.

3. De leden van het Comité worden gekozen voor een periode van vier jaar. Zij kunnen tweemaal worden herkozen. Van de leden die bij de eerste verkiezing zijn gekozen, loopt de

---

[1] Inwerkingtredingsdatum: 01-02-1989; zoals laatstelijk gewijzigd bij: Trb. 1994, 107.

ambtstermijn van drie leden echter na twee jaar af. De leden wier ambtstermijn na de beginperiode van twee jaar afloopt, worden bij loting aangewezen door de Secretaris-Generaal van de Raad van Europa onmiddellijk nadat de eerste verkiezing heeft plaatsgevonden.
4. Teneinde te bewerkstelligen dat, voor zover mogelijk, de helft van de leden van het Comité om de twee jaar wordt vervangen, kan het Comité van Ministers, alvorens tot een volgende verkiezing over te gaan, besluiten dat de ambtstermijn van een of meerdere te kiezen leden een andere zal zijn dan vier jaar, doch ten hoogste zes jaar en ten minste twee jaar.
5. In gevallen waarin meer dan een lid moet worden gekozen en het Comité van Ministers het voorgaande lid toepast, geschiedt de toedeling van de zittingstermijnen door middel van loting door de Secretaris-Generaal, zulks onmiddellijk na de verkiezing.

Art. 6
1. Het Comité komt achter gesloten deuren bijeen. Het quorum wordt gevormd door de meerderheid van zijn leden. De besluiten van het Comité worden genomen bij meerderheid van stemmen van de aanwezige leden, onder voorbehoud van de bepalingen van artikel 10, tweede lid.   *Stemming*
2. Het Comité stelt zijn eigen reglement van orde op.   *Reglement van orde*
3. Het Secretariaat van het Comité wordt geleverd door de Secretaris-Generaal van de Raad van Europa.

HOOFDSTUK III

Art. 7
1. Het Comité regelt bezoeken aan de in artikel 2 bedoelde plaatsen. Behalve periodieke bezoeken kan het Comité ook andere bezoeken regelen die het onder de omstandigheden vereist lijken.
2. Als algemene regel worden de bezoeken door ten minste twee leden van het Comité afgelegd. Het Comité kan, indien het zulks noodzakelijk acht, zich laten bijstaan door deskundigen en tolken.

Art. 8
1. Het Comité stelt de Regering van de betrokken Partij in kennis van haar voornemen een bezoek af te leggen. Na deze kennisgeving mag zij op elk tijdstip de in artikel 2 bedoelde plaatsen bezoeken.   *Procedure inspectie*
2. Een Partij verstrekt het Comité de volgende faciliteiten om zijn taak te vervullen:
a. toegang tot haar grondgebied en het recht om zonder beperking te reizen;
b. volledige inlichtingen omtrent de plaatsen waar personen die van hun vrijheid zijn beroofd, vast worden gehouden;
c. onbeperkte toegang tot elke plaats waar personen vast worden gehouden, met inbegrip van het recht van onbelemmerde bewegingsvrijheid binnen deze plaatsen;
d. andere inlichtingen waarover de Partij beschikt en die noodzakelijk zijn voor het Comité om zijn taak te vervullen. Bij het inwinnen van deze inlichtingen dient het Comité de van toepassing zijnde voorschriften van het nationale recht en de beroepsethiek in acht te nemen.
3. Het Comité mag personen die van hun vrijheid zijn beroofd, ondervragen zonder getuige.
4. Het Comité mag vrijelijk in contact treden met ieder die naar zijn mening van belang zijnde inlichtingen kan verstrekken.
5. Zo nodig kan het Comité onmiddellijk zijn bevindingen aan de bevoegde autoriteiten van de betrokken Partij mededelen.

Art. 9
1. In buitengewone omstandigheden kunnen de bevoegde autoriteiten van de betrokken Partij bij het Comité bezwaar maken tegen de door het Comité voorgestelde tijd of bepaalde plaats. Dit bezwaar kan uitsluitend worden gemaakt op grond van de nationale verdediging, de openbare veiligheid, ernstige ongeregeldheden in de plaatsen waar personen van hun vrijheid zijn beroofd, de medische toestand van een persoon of het feit dat er een dringend noodzakelijke ondervraging in verband met een ernstig misdrijf plaatsvindt.   *Bijzondere omstandigheden*
2. Na het indienen van dergelijke bezwaren plegen het Comité en de Partij onmiddellijk overleg ten einde de situatie te verduidelijken en te trachten overeenstemming te bereiken omtrent regelingen die het Comité in staat stellen zijn functies vlot te vervullen. Deze regelingen kunnen tevens inhouden dat een persoon die het Comité van plan is te bezoeken, naar een andere plaats wordt overgebracht. Totdat het bezoek heeft plaatsgevonden, dient de Partij inlichtingen over elke betrokkene te verstrekken aan het Comité.

Art. 10
1. Na elk bezoek stelt het Comité een verslag op over de tijdens het bezoek geconstateerde feiten, rekening houdend met alle opmerkingen die eventueel door de betrokken Partij zijn gemaakt. Het zendt zijn verslag, waarin vervat alle door het Comité noodzakelijk geachte aanbevelingen, aan deze laatste toe. Het Comité kan overleg plegen met de Partij, ten einde zo nodig voorstellen te doen over verbeteringen van de bescherming van de personen die van hun vrijheid zijn beroofd.   *Verslag*

2. Indien een Partij geen medewerking verleent of weigert in de zin van de aanbevelingen van het Comité de situatie te verbeteren, kan het Comité, nadat de Partij in de gelegenheid is gesteld haar opvattingen kenbaar te maken, bij een meerderheid van tweederde van het aantal leden besluiten een openbare verklaring over deze zaak af te leggen.

Art. 11
1. De door het Comité verzamelde inlichtingen met betrekking tot een bezoek, zijn verslag en zijn overleg met de betrokken Partij zijn vertrouwelijk.
2. Het Comité publiceert zijn verslag, te zamen met alle commentaar van de betrokken Partij, telkens wanneer deze Partij haar daarom heeft verzocht.
3. Er mogen echter geen persoonlijke gegevens openbaar worden gemaakt zonder de uitdrukkelijke toestemming van de betrokken persoon.

Art. 12
Met inachtneming van de regels inzake de vertrouwelijkheid in artikel 11, brengt het Comité elk jaar aan het Comité van Ministers een algemeen verslag over zijn werkzaamheden uit, dat wordt toegezonden aan de Raadgevende Vergadering en aan elke niet-Lidstaat van de Raad van Europa die Partij is bij het Verdrag, en dat openbaar wordt gemaakt.

Art. 13
De leden van het Comité, de deskundigen en de andere personen die het Comité bijstaan, zijn verplicht, gedurende en na hun ambtstermijn, tot geheimhouding van de feiten of inlichtingen die tijdens de vervulling van hun functie te hunner kennis zijn gekomen.

Art. 14
1. De namen van de personen die het Comité bijstaan, dienen te worden vermeld in de kennisgeving, bedoeld in artikel 8, eerste lid.
2. De deskundigen handelen op last en gezag van het Comité. Zij dienen bijzondere kennis en ervaring op de onder dit Verdrag vallende gebieden te bezitten en zijn gebonden door dezelfde verplichtingen van onafhankelijkheid, onpartijdigheid en beschikbaarheid als de leden van het Comité.
3. Een Partij kan, bij wijze van uitzondering, verklaren dat een deskundige of een andere persoon die het Comité bijstaat, niet wordt toegestaan deel te nemen aan een bezoek aan een plaats binnen haar rechtsmacht.

HOOFDSTUK IV

Art. 15
Elke Partij stelt het Comité in kennis van de naam en het adres van de autoriteit die bevoegd is kennisgevingen aan haar Regering te ontvangen, alsmede van een eventueel door haar aan te wijzen contactpersoon.

Art. 16
Immuniteiten
Het Comité, zijn leden en de in artikel 7, tweede lid, bedoelde deskundigen genieten de voorrechten en immuniteiten die in de Bijlage bij dit Verdrag zijn vastgesteld.

Art. 17
Reikwijdte
1. Dit Verdrag maakt geen inbreuk op de bepalingen van nationaal recht of van een internationale overeenkomst, die grotere bescherming bieden aan personen die van hun vrijheid zijn beroofd.
2. Niets in dit Verdrag mag worden uitgelegd op zodanige wijze, dat daardoor de bevoegdheden van de organen van het Europese Verdrag tot bescherming van de rechten en de mens en de fundamentele vrijheden of de door de Partijen krachtens dat Verdrag aanvaarde verplichtingen worden beperkt of aangetast.
3. Het Comité brengt geen bezoek aan plaatsen die door vertegenwoordigers of gedelegeerden van de Beschermende Mogendheden of van het Internationale Comité van het Rode Kruis geregeld en op doeltreffende wijze worden bezocht krachtens de Verdragen van Genève van 12 augustus 1949 en de Aanvullende Protocollen daarop van 8 juni 1977.

HOOFDSTUK V

Art. 18
1. Dit Verdrag staat open voor ondertekening door de Lidstaten van de Raad van Europa. Het dient te worden bekrachtigd, aanvaard of goedgekeurd. De akten van bekrachtiging, aanvaarding of goedkeuring worden nedergelegd bij de Secretaris-Generaal van de Raad van Europa.
2. Het Comité van Ministers van de Raad van Europa kan elke niet-Lidstaat van de Raad van Europa uitnodigen tot het Verdrag toe te treden.

Art. 19
Inwerkingtreding
1. Dit Verdrag treedt in werking op de eerste dag van de maand volgend op het verstrijken van een periode van drie maanden na de datum waarop zeven Lidstaten van de Raad van Europa

hun instemming tot uiting hebben gebracht door dit Verdrag gebonden te worden in overeenstemming met artikel 18.

2. Met betrekking tot elke staat die daarna zijn instemming door dit Verdrag gebonden te worden tot uiting heeft gebracht, treedt het Verdrag in werking op de eerste dag van de maand volgend op het verstrijken van een periode van drie maanden na de datum van nederlegging van de akte van bekrachtiging, aanvaarding, goedkeuring of toetreding.

Art. 20

1. Elke Staat kan, ten tijde van ondertekening of bij nederlegging van zijn akte van bekrachtiging, aanvaarding, goedkeuring of toetreding, aangeven op welk gebied of op welke gebieden dit Verdrag van toepassing is.

2. Elke Staat kan op elk later tijdstip, door middel van een aan de Secretaris-Generaal van de Raad van Europa gerichte verklaring, de toepassing van dit Verdrag uitbreiden tot elk ander gebied dat in de verklaring wordt aangegeven. Ten aanzien van dit gebied treedt het Verdrag in werking op de eerste dag van de maand volgend op het verstrijken van een periode van drie maanden na de datum van ontvangst van deze verklaring door de Secretaris-Generaal.

3. Een verklaring die ingevolge de beide voorgaande leden is afgegeven, kan, met betrekking tot een in die verklaring aangegeven gebied, worden ingetrokken door middel van een aan de Secretaris-Generaal gerichte kennisgeving. De intrekking wordt van kracht op de eerste dag van de maand volgend op het verstrijken van een periode van drie maanden na de datum van ontvangst van deze kennisgeving door de Secretaris-Generaal.

Art. 21

Er mag geen voorbehoud worden gemaakt ten aanzien van de bepalingen van dit Verdrag.

Geen voorbehoud mogelijk

Art. 22

1. Elke Partij kan te allen tijde dit Verdrag opzeggen door middel van een aan de Secretaris-Generaal van de Raad van Europa gerichte kennisgeving.

2. Deze opzegging wordt van kracht op de eerste dag van de maand volgend op het verstrijken van een periode van twaalf maanden na de datum van ontvangst van de kennisgeving door de Secretaris-Generaal.

Art. 23

De Secretaris-Generaal van de Raad van Europa stelt de Lidstaten en elke niet-Lidstaat van de Raad van Europa die Partij is bij het Verdrag in kennis van:

a. elke ondertekening;
b. de nederlegging van elke akte van bekrachtiging, aanvaarding, goedkeuring of toetreding;
c. elke datum van inwerkingtreding van dit Verdrag in overeenstemming met de artikelen 19 en 20;
d. elke andere handeling, kennisgeving of mededeling met betrekking tot dit Verdrag, met uitzondering van de actie ondernomen krachtens het bepaalde in de artikelen 8 en 10.

Verdrag tegen foltering en andere wrede, onmenselijke en onterende behandeling of bestraffing[1]

De Staten die Partij zijn bij dit Verdrag,
Overwegend dat, overeenkomstig de in het Handvest van de Verenigde Naties verkondigde beginselen, de erkenning van de gelijke en onvervreemdbare rechten van alle leden van de mensengemeenschap grondslag is voor de vrijheid, gerechtigheid en vrede in de wereld,
Erkennend dat deze rechten voortvloeien uit de inherente waardigheid van de mens,
Overwegend dat krachtens het Handvest, inzonderheid artikel 55 daarvan, de Staten verplicht zijn de universele eerbied voor en de inachtneming van de rechten van de mens en de fundamentele vrijheden te bevorderen,
Gelet op artikel 5 van de Universele Verklaring van de Rechten van de Mens en op artikel 7 van het Internationaal Verdrag inzake burgerrechten en politieke rechten, welke beide artikelen bepalen dat niemand mag worden onderworpen aan foltering, noch aan wrede, onmenselijke of onterende behandeling of bestraffing,
Voorts gelet op de Verklaring inzake de bescherming van alle mensen tegen onderwerping aan foltering en andere wrede, onmenselijke of onterende behandeling of bestraffing, door de Algemene Vergadering aanvaard op 9 december 1975,
Geleid door de wens de bestrijding van foltering en andere wrede, onmenselijke of onterende behandeling of bestraffing in de gehele wereld doeltreffender te doen zijn,
Zijn overeengekomen als volgt:

DEEL I

Art. 1

Begripsbepaling

1. Voor de toepassing van dit Verdrag wordt onder „foltering" verstaan iedere handeling waardoor opzettelijk hevige pijn of hevig leed, lichamelijk dan wel geestelijk, wordt toegebracht aan een persoon met zulke oogmerken als om van hem of van een derde inlichtingen of een bekentenis te verkrijgen, hem te bestraffen voor een handeling die hij of een derde heeft begaan of waarvan hij of een derde wordt verdacht deze te hebben begaan, of hem of een derde te intimideren of ergens toe te dwingen dan wel om enigerlei reden gebaseerd op discriminatie van welke aard ook, wanneer zulke pijn of zulk leed wordt toegebracht door of op aanstichten van dan wel met de instemming of gedogen van een overheidsfunctionaris of andere persoon die in een officiële hoedanigheid handelt. Foltering omvat niet pijn of leed slechts voortvloeiend uit, inherent aan of samenhangend met wettige straffen.

Werkingssfeer

2. Dit artikel laat onverlet internationale akten of nationale wetgevingen die bepalingen met een ruimere werkingssfeer omvatten of kunnen omvatten.

Art. 2

Foltering, maatregelen ter voorkoming foltering

1. Iedere Staat die Partij is bij dit Verdrag, neemt doeltreffende wetgevende, bestuurlijke, gerechtelijke of andere maatregelen ter voorkoming van foltering binnen elk onder zijn rechtsmacht vallend gebied.
2. Geen enkele uitzonderlijke omstandigheid, ongeacht of het gaat om een oorlogstoestand, een oorlogsdreiging, binnenlandse politieke onrust of welke andere openbare noodsituatie ook, kan worden aangevoerd als rechtvaardiging voor foltering.
3. Een bevel van een hoger geplaatste functionaris of een overheidsinstantie mag niet worden aangevoerd als rechtvaardiging voor foltering.

Art. 3

Foltering, verbod om uitzending/uitlevering bij gevaar voor foltering

1. Geen enkele Staat die partij is bij dit Verdrag, mag een persoon uitzetten of terugzenden („refouler") naar of uitleveren aan een andere Staat wanneer er gegronde redenen zijn om aan te nemen dat hij daar gevaar zou lopen te worden onderworpen aan foltering.
2. Bij het vaststellen of zodanige redenen aanwezig zijn, dienen de bevoegde autoriteiten rekening te houden met alle van belang zijnde overwegingen waaronder, waar van toepassing, het bestaan in de betrokken Staat van een samenhangend patroon van grove, flagrante of massale schendingen van mensenrechten.

---

[1] Inwerkingtredingsdatum: 20-01-1989.

Art. 4
1. Iedere Staat die Partij is, draagt er voor zorg dat alle vormen van foltering strafbaar zijn krachtens zijn strafrecht. Hetzelfde geldt voor poging tot foltering en voor handelingen van personen die medeplichtigheid of deelneming aan foltering opleveren.
2. Iedere Staat die Partij is, stelt deze delicten strafbaar met passende straffen, waarbij rekening wordt gehouden met de ernstige aard ervan.

Foltering, strafbaarheid

Art. 5
1. Iedere Staat die Partij is, neemt de eventueel noodzakelijke maatregelen tot vestiging van zijn rechtsmacht ten aanzien van de in artikel 4 bedoelde delicten, en wel in de volgende gevallen:
(a) wanneer de delicten worden gepleegd binnen een grondgebied onder zijn rechtsmacht of aan boord van een schip of luchtvaartuig dat in die Staat is geregistreerd;
(b) wanneer de verdachte onderdaan van die Staat is;
(c) wanneer het slachtoffer onderdaan van die Staat is, indien die Staat zulks passend acht.
2. Iedere Staat die Partij is, neemt tevens de eventueel noodzakelijke maatregelen tot vestiging van zijn rechtsmacht ten aanzien van zodanige delicten in de gevallen waarin de verdachte zich bevindt binnen een onder zijn rechtsmacht vallend grondgebied en deze Staat hem niet ingevolge artikel 8 uitlevert aan een van de in het eerste lid van dit artikel genoemde Staten.
3. Dit Verdrag sluit geen enkele strafrechtelijke rechtsmacht uit die wordt uitgeoefend overeenkomstig het nationale recht.

Foltering, vestiging rechtsmacht

Art. 6
1. Iedere Staat die Partij is, binnen wiens grondgebied zich een persoon bevindt die ervan wordt verdacht een in artikel 4 bedoeld delict te hebben gepleegd, neemt deze in hechtenis of treft andere wettelijke maatregelen ten einde zijn aanwezigheid te waarborgen, nadat deze Staat zich ervan heeft overtuigd, na een onderzoek van de deze ter beschikking staande gegevens, dat de omstandigheden zulks rechtvaardigen. De hechtenis en andere wettelijke maatregelen dienen overeen te stemmen met het bepaalde in de wetgeving van die Staat, doch mogen slechts zolang worden voortgezet als nodig is om een strafvervolging of uitleveringsprocedure in te stellen.
2. Een zodanige Staat stelt onmiddellijk een voorlopig onderzoek naar de feiten in.
3. Aan ieder die zich ingevolge het eerste lid van dit artikel in hechtenis bevindt, dient hulp te worden geboden om zich onmiddellijk in verbinding te stellen met de dichtstbijzijnde bevoegde vertegenwoordiger van de Staat waarvan hij onderdaan is, of, indien hij staatloos is, met de vertegenwoordiger van de Staat waar hij gewoonlijk verblijft.
4. Wanneer een Staat, ingevolge dit artikel, een persoon in hechtenis heeft genomen, dient hij onmiddellijk de in artikel 5, eerste lid, bedoelde Staten in kennis te stellen van het feit dat deze persoon zich in hechtenis bevindt en van de omstandigheden die zijn gevangenhouding rechtvaardigen. De Staat die het in het tweede lid van dit artikel bedoelde voorlopige onderzoek verricht, brengt onverwijld verslag uit van zijn bevindingen aan de genoemde Staten en deelt mede, of hij voornemens is, zijn rechtsmacht uit te oefenen.

Foltering, inhechtenisneming verdachte

Art. 7
1. De Staat die Partij is, binnen het grondgebied onder wiens rechtsmacht een verdachte van het plegen van een delict zoals bedoeld in artikel 4, wordt aangetroffen, draagt in de gevallen bedoeld in artikel 5, indien hij de betrokkene niet uitlevert, de zaak voor vervolging over aan zijn bevoegde autoriteiten.
2. Deze autoriteiten nemen hun beslissing op dezelfde wijze als in het geval van een gewoon delict van ernstige aard krachtens de wetgeving van die Staat. In de gevallen bedoeld in artikel 5, tweede lid, dienen de maatstaven voor de bewijsvoering, vereist voor vervolging en veroordeling, in geen enkel opzicht minder strikt te worden aangelegd dan die welke gelden in de gevallen bedoeld in artikel 5, eerste lid.
3. Aan ieder tegen wie een vervolging wordt aanhangig gemaakt in verband met een van de in artikel 4 bedoelde delicten dient in alle fasen van de procedure een billijke behandeling te worden gewaarborgd.

Foltering, vervolging verdachte

Art. 8
1. De in artikel 4 bedoelde delicten worden in alle tussen Staten die Partij zijn bestaande uitleveringsverdragen geacht te zijn opgenomen als delicten waarvoor uitlevering kan worden toegestaan. De Staten die Partij zijn, verbinden zich ertoe, in alle tussen hen te sluiten uitleveringsverdragen zodanige delicten op te nemen als delicten waarvoor uitlevering kan worden toegestaan.
2. Indien een Staat die Partij is, uitlevering afhankelijk stelt van het bestaan van een verdrag en een verzoek om uitlevering ontvangt van een andere Staat die Partij is, waarmede hij geen uitleveringsverdrag heeft, kan hij dit Verdrag als juridische grondslag beschouwen voor uitlevering met betrekking tot zodanige delicten. Uitlevering is onderworpen aan bij de wetgeving van de aangezochte Staat bepaalde andere voorwaarden.

Foltering, opname in uitleveringsverdragen

3. De Staten die Partij zijn en uitlevering niet afhankelijk stellen van het bestaan van een verdrag, erkennen tussen henzelf zodanige delicten als delicten waarvoor uitlevering kan worden toegestaan, behoudens de bij de wetgeving van de aangezochte Staat bepaalde voorwaarden.
4. Zodanige delicten worden, ten behoeve van uitlevering tussen Staten die Partij zijn, behandeld alsof zij niet alleen gepleegd waren op de plaats waar zij zich hebben voorgedaan, doch ook op het grondgebied van de Staten die hun rechtsmacht dienen te vestigen overeenkomstig artikel 5, eerste lid.

Art. 9

Foltering, verlening rechtshulp

1. De Staten die Partij zijn, verlenen elkander de grootst mogelijke mate van rechtshulp in verband met vervolgingen ingesteld terzake van een van de in artikel 4 bedoelde delicten, met inbegrip van het verstrekken van alle te hunner beschikking staand bewijsmateriaal dat voor de vervolging nodig is.
2. De Staten die Partij zijn, kwijten zich van hun verplichtingen ingevolge het eerste lid van dit artikel in overeenstemming met eventueel tussen hen bestaande verdragen inzake wederzijdse rechtshulp.

Art. 10

Foltering, onderricht en voorlichting

1. Iedere Staat die Partij is, draagt ervoor zorg dat onderricht en voorlichting betreffende het verbod van foltering volledig opgenomen worden in de opleiding van met de wetshandhaving belast burgerpersoneel en militair personeel, van medisch personeel, van overheidsfunctionarissen en van anderen die betrokken kunnen zijn bij de bewaking, ondervraging of behandeling van een persoon die enige vorm van arrestatie, hechtenis of gevangenhouding ondergaat.
2. Iedere Staat die Partij is, neemt dit verbod op in de voorschriften of instructies betreffende de taken en functies van zodanige personen.

Art. 11

Foltering, voorschriften/instructies/methoden/praktijken ondervraging

Iedere Staat die Partij is, beziet stelselmatig de voorschriften, instructies, methoden en praktijken voor ondervraging, alsook de regelingen voor de bewaking en behandeling van personen onderworpen aan enige vorm van arrestatie, hechtenis of gevangenhouding in gebieden onder zijn rechtsmacht, met het oog op de voorkoming van gevallen van foltering.

Art. 12

Foltering, instellen onderzoek

Iedere Staat die Partij is, draagt ervoor zorg dat zijn bevoegde autoriteiten een onverwijld en onpartijdig onderzoek instellen, wanneer er redelijke gronden zijn om aan te nemen dat in enig gebied onder zijn rechtsmacht foltering heeft plaatsgehad.

Art. 13

Foltering, indienen klacht door slachtoffer

Iedere Staat die Partij is, draagt ervoor zorg dat een persoon die stelt dat hij aan foltering is onderworpen in enig gebied onder de rechtsmacht van deze Staat, het recht heeft tot indiening van een klacht bij de bevoegde autoriteiten van deze Staat en er recht op heeft dat zijn zaak onverwijld en onpartijdig door die autoriteiten wordt onderzocht. Er dienen maatregelen te worden genomen ten einde te verzekeren dat de klager en eventuele getuigen beschermd worden tegen iedere vorm van kwaadwillige behandeling of intimidatie ten gevolge van diens klacht of van afgelegde getuigenverklaringen.

Art. 14

Foltering, genoegdoening slachtoffer

1. Iedere Staat die Partij is, waarborgt in zijn rechtsstelsel dat het slachtoffer van foltering genoegdoening krijgt en een rechtens afdwingbaar recht heeft op een billijke en toereikende schadevergoeding, met inbegrip van de middelen voor een zo volledig mogelijk herstel. Ingeval van overlijden van het slachtoffer ten gevolge van foltering hebben zijn nabestaanden aanspraak op schadevergoeding.
2. Niets in dit artikel doet afbreuk aan de rechten van het slachtoffer of van anderen op schadevergoeding die krachtens het nationale recht kunnen bestaan.

Art. 15

Foltering, geldigheid verklaring afgelegd t.g.v. foltering

Iedere Staat die Partij is, draagt ervoor zorg dat een verklaring waarvan wordt vastgesteld dat deze is afgelegd ten gevolge van foltering, niet wordt aangevoerd als bewijs in een rechtszaak, behalve tegen een van foltering beschuldigde persoon als bewijs dat de verklaring werd afgelegd.

Art. 16

Foltering, andere vormen van wrede/onmenselijke/onterende behandeling

1. Iedere Staat die Partij is, verbindt zich ertoe in alle gebieden onder zijn rechtsmacht andere vormen van wrede, onmenselijke of onterende behandeling of bestraffing, die geen foltering inhouden zoals omschreven in artikel 1, te voorkomen, wanneer zulke handelingen worden gepleegd door of op aanstichten van dan wel met instemming of gedogen van een overheidsfunctionaris of andere persoon die in een officiële hoedanigheid handelt. Inzonderheid zijn de verplichtingen vervat in de artikelen 10, 11, 12 en 13 van toepassing, met vervanging van de verwijzingen naar foltering door verwijzingen naar andere vormen van wrede, onmenselijke of onterende behandeling of bestraffing.
2. De bepalingen van dit Verdrag laten onverlet de bepalingen van andere internationale verdragen of van nationale wetten, waarin wrede, onmenselijke of onterende behandeling of bestraffing zijn verboden, of die betrekking hebben op uitlevering of uitzetting.

DEEL II

Art. 17

1. Er wordt een Comité tegen Foltering (hierna te noemen „het Comité") ingesteld, dat de hierna te noemen functies uitoefent. Het Comité bestaat uit tien deskundigen, die hoog zedelijk aanzien genieten en erkende bekwaamheid op het gebied van de rechten van de mens bezitten, en die optreden in hun persoonlijke hoedanigheid. De deskundigen worden gekozen door Staten die Partij zijn, waarbij aandacht wordt geschonken aan een billijke geografische verdeling en waarbij dient te worden overwogen dat het lidmaatschap van enige personen die ervaring hebben op juridisch gebied raadzaam is.

2. De leden van het Comité worden bij geheime stemming gekozen uit een lijst van personen die zijn voorgedragen door de Staten die Partij zijn. Iedere Staat die Partij is, kan één persoon uit zijn onderdanen voordragen. De Staten die Partij zijn, dienen zich ervan bewust te zijn dat het raadzaam is personen voor te dragen die tevens lid zijn van het Comité voor de Rechten van de Mens, ingesteld krachtens het Internationaal Verdrag inzake burgerrechten en politieke rechten, en die bereid zijn zitting te nemen in het Comité tegen Foltering.

3. De verkiezingen van de leden van het Comité worden gehouden op door de Secretaris-Generaal van de Verenigde Naties te beleggen tweejaarlijkse vergaderingen van de Staten die Partij zijn. Op deze vergaderingen, waarvoor twee derde van de Staten die Partij zijn, het quorum vormen, zijn degenen die in het Comité gekozen die personen die het grootste aantal stemmen op zich hebben verenigd, alsmede een absolute meerderheid van de stemmen van de aanwezige vertegenwoordigers van de Staten die Partij zijn en hun stem uitbrengen.

4. De eerste verkiezing wordt niet later gehouden dan zes maanden na de datum van inwerkingtreding van dit Verdrag. Ten minste vier maanden vóór de datum van elke verkiezing richt de Secretaris-Generaal van de Verenigde Naties een brief aan de Staten die Partij zijn, waarin hij deze uitnodigt, binnen drie maanden hun voordrachten in te zenden. De Secretaris-Generaal stelt een alfabetische lijst samen van alle aldus voorgedragen personen, onder aanduiding van de Staten die Partij zijn en die hen hebben voorgedragen, en legt deze voor aan de Staten die partij zijn.

5. De leden van het Comité worden gekozen voor een tijdvak van vier jaar. Zij zijn herkiesbaar indien zij opnieuw worden voorgedragen. De ambtstermijn van vijf der bij de eerste verkiezing benoemde leden loopt evenwel na twee jaar af; terstond na de eerste verkiezing worden deze vijf leden bij loting aangewezen door de voorzitter van de in het derde lid van dit artikel bedoelde vergadering.

6. Indien een lid van het Comité overlijdt of ontslag neemt of om enige andere reden zijn taken in het Comité niet langer kan vervullen, benoemt de Staat die partij is en die hem had voorgedragen, een andere deskundige uit zijn onderdanen voor het resterende gedeelte van de ambtstermijn, zulks onder voorbehoud van de goedkeuring van de meerderheid der Staten die Partij zijn. Deze goedkeuring wordt geacht gegeven te zijn, tenzij de helft of meer van de Staten die Partij zijn, binnen zes weken nadat zij door de Secretaris-Generaal van de Verenigde Naties van de voorgestelde benoeming in kennis zijn gesteld, afwijzend reageren.

7. De Staten die Partij zijn, dragen de kosten van de leden van het Comité wanneer dezen hun taak in het Comité vervullen.

Art. 18

1. Het Comité kiest zijn functionarissen voor een ambtstermijn van twee jaar. Zij zijn herkiesbaar.

2. Het Comité stelt zijn eigen huishoudelijke reglement vast, waarin onder meer wordt bepaald dat:
(a) zes leden het quorum vormen;
(b) besluiten van het Comité worden genomen met een meerderheid van het aantal door de aanwezige leden uitgebrachte stemmen.

3. De Secretaris-Generaal van de Verenigde Naties zorgt voor het personeel en de andere voorzieningen benodigd voor een doelmatige uitoefening van de taken van het Comité krachtens dit Verdrag.

4. De Secretaris-Generaal van de Verenigde Naties belegt de eerste vergadering van het Comité. Na zijn eerste vergadering komt het Comité bijeen op de tijden voorzien in zijn huishoudelijk reglement.

5. De Staten die Partij zijn, dragen de kosten gemaakt in verband met het houden van de vergaderingen van de Staten die Partij zijn, en van het Comité, met inbegrip van vergoeding aan de Verenigde Naties van alle kosten, zoals de kosten van personeel en voorzieningen, die de Verenigde Naties ingevolge het derde lid van dit artikel hebben gemaakt.

Art. 19

1. De Staten die Partij zijn, leggen, binnen één jaar na de inwerkingtreding van dit Verdrag voor de betrokken Staat die Partij is, door bemiddeling van de Secretaris-Generaal van de Verenigde Naties, aan het Comité rapporten voor over de maatregelen die zij hebben genomen

om uitvoering te geven aan hun verplichtingen krachtens dit Verdrag. Daarna leggen de Staten die Partij zijn, om de vier jaar aanvullende rapporten over inzake genomen nieuwe maatregelen, alsmede de andere rapporten waarom het Comité kan verzoeken.

2. De Secretaris-Generaal van de Verenigde Naties zendt de rapporten toe aan alle Staten die Partij zijn.

3. Elk rapport wordt bestudeerd door het Comité, dat daarop algemeen commentaar kan leveren dat het passend acht; het zendt dit commentaar toe aan de betrokken Staat die Partij is. De Staat die Partij is, kan daarop bij het Comité reageren met zijn eigen opmerkingen.

4. Het Comité kan naar eigen inzicht besluiten om overeenkomstig het derde lid van dit artikel geleverd commentaar, te zamen met de opmerkingen daarover die zijn ontvangen van de betrokken Staat die Partij is, op te nemen in zijn jaarverslag opgesteld overeenkomstig artikel 24. Indien de betrokken Staat die Partij is, zulks verzoekt, kan het Comité tevens een afschrift van het ingevolge het eerste lid van dit artikel overgelegde rapport daarin opnemen.

Art. 20

Comité tegen Foltering, onderzoek stelselmatige foltering

1. Indien het Comité betrouwbare informatie ontvangt, die zijns inziens goed gefundeerde aanwijzingen bevat dat in het gebied van een Staat die Partij is, stelselmatig foltering wordt toegepast, verzoekt het Comité de Staat die Partij is, mede te werken bij de bestudering van deze informatie en hiertoe opmerkingen in te zenden betreffende de betrokken informatie.

2. Met inachtneming van eventuele opmerkingen die door de betrokken Staat die Partij is, zijn ingezonden, alsmede van alle andere van belang zijnde informatie waarover het beschikt, kan het Comité indien het besluit dat dit verantwoord is, een of meer van zijn leden aanwijzen om een vertrouwelijk onderzoek in te stellen en ten spoedigste verslag hierover uit te brengen aan het Comité.

3. Indien overeenkomstig het tweede lid van dit artikel een onderzoek wordt ingesteld, poogt het Comité de medewerking te verwerven van de betrokken Staat die Partij is. In overeenstemming met die Staat die Partij is, kan een zodanig onderzoek een bezoek aan zijn grondgebied omvatten.

4. Na bestudering van de bevindingen van zijn lid of leden, overgelegd overeenkomstig het tweede lid van dit artikel, zendt het Comité deze bevindingen toe aan de betrokken Staat die Partij is, te zamen met de commentaren of voorstellen die in het licht van de situatie passend lijken.

5. Alle werkzaamheden van het Comité bedoeld in het eerste tot en met het vierde lid van dit artikel zijn vertrouwelijk van aard en in alle stadia van de werkzaamheden zal worden gestreefd naar de medewerking van de Staat die Partij is. Nadat deze werkzaamheden met betrekking tot een overeenkomstig het tweede lid ingesteld onderzoek zijn voltooid, kan het Comité, na overleg met de betrokken Staat die Partij is, besluiten een beknopt verslag van de resultaten van de werkzaamheden op te nemen in zijn jaarverslag opgesteld overeenkomstig artikel 24.

Art. 21

Comité tegen Foltering, bevoegdheden

1. Een Staat die Partij is bij dit Verdrag, kan krachtens dit artikel te allen tijde verklaren, dat hij de bevoegdheid van het Comité erkent kennisgevingen waarin een Staat die Partij is, stelt dat een andere Staat die Partij is, diens uit dit Verdrag voortvloeiende verplichtingen niet nakomt, in ontvangst te nemen en te behandelen. Zulke kennisgevingen kunnen alleen in ontvangst worden genomen en worden behandeld overeenkomstig de in dit artikel vervatte procedure, indien zij zijn ingezonden door een Staat die Partij is, en die een verklaring heeft afgelegd dat hij ten aanzien van zichzelf deze bevoegdheid van het Comité erkent.

Een kennisgeving wordt niet krachtens dit artikel door het Comité behandeld, indien deze betrekking heeft op een Staat die Partij is en die zulk een verklaring niet heeft afgelegd. Kennisgevingen die krachtens het bepaalde in dit artikel worden ontvangen, worden overeenkomstig de volgende procedure behandeld:

(a) Indien een Staat die Partij is, van oordeel is dat een andere Staat die Partij is, de bepalingen van dit Verdrag niet uitvoert, kan hij door middel van een schriftelijke kennisgeving de zaak onder de aandacht brengen van die Staat die Partij is. Binnen drie maanden na ontvangst van de kennisgeving stuurt de ontvangende Staat de Staat die de kennisgeving had gezonden een schriftelijke uiteenzetting of een andere schriftelijke verklaring, waarin de zaak wordt opgehelderd en waarin, voor zover mogelijk en ter zake doende, wordt verwezen naar procedures en rechtsmiddelen die in het land zelf reeds zijn toegepast, nog hangende zijn of die zouden kunnen worden aangewend;

(b) Indien de zaak niet tot genoegen van de beide betrokken Staten die Partij zijn, wordt geregeld binnen zes maanden na ontvangst van de eerste kennisgeving door de ontvangende Staat, heeft elk der beide Staten het recht de zaak bij het Comité aanhangig te maken, door middel van een kennisgeving die zowel aan het Comité als aan de andere Staat wordt gezonden;

(c) Het Comité behandelt een bij hem ingevolge dit artikel aanhangig gemaakte zaak alleen nadat het zich ervan heeft overtuigd dat alle binnenlandse rechtsmiddelen in de betrokken zaak zijn benut en uitgeput, in overeenstemming met de algemeen erkende beginselen van het internationale recht. Deze regel geldt evenwel niet indien de toepassing der rechtsmiddelen onredelijk

lange tijd vergt of waarschijnlijk geen daadwerkelijke verbetering zal meebrengen voor de persoon die het slachtoffer van de schending van dit Verdrag is;
(d) Het Comité komt in besloten zitting bijeen wanneer het kennisgevingen krachtens dit artikel gedaan aan een onderzoek onderwerpt;
(e) Met inachtneming van het bepaalde in letter (c) stelt het Comité zijn goede diensten ter beschikking van de betrokken Staten die Partij zijn, ten einde de zaak in der minne te regelen op basis van eerbiediging van de verplichtingen als neergelegd in dit Verdrag. Hiertoe kan het Comité eventueel een conciliatiecommissie ad hoc instellen;
(f) Bij elke bij hem ingevolge dit artikel aanhangig gemaakte zaak kan het Comité tot de betrokken in letter (b) bedoelde Staten die Partij zijn, het verzoek richten, ter zake dienende inlichtingen te verstrekken;
(g) De in letter (b) bedoelde betrokken Staten die Partij zijn, hebben het recht zich te doen vertegenwoordigen wanneer de zaak in het Comité wordt behandeld, en hun standpunt mondeling en/of schriftelijk kenbaar te maken;
(h) Het Comité brengt twaalf maanden na de datum van ontvangst van de krachtens letter (b) gedane kennisgeving een rapport uit, als volgt:
(i) Indien een oplossing als voorzien in letter (e) is bereikt, beperkt het Comité zijn rapport tot een korte uiteenzetting van de feiten en van de bereikte oplossing;
(ii) indien geen oplossing als voorzien in letter (e) is bereikt, beperkt het Comité zijn rapport tot een korte uiteenzetting van de feiten; de schriftelijk kenbaar gemaakte standpunten en een op schrift gestelde samenvatting van de mondeling naar voren gebrachte standpunten van de betrokken Staten die Partij zijn, worden aan het rapport gehecht.
In elk van beide gevallen wordt het rapport toegezonden aan de betrokken Staten die Partij zijn.
2. De bepalingen van dit artikel treden in werking wanneer vijf Staten die Partij zijn bij dit Verdrag, verklaringen hebben afgelegd krachtens het eerste lid van dit artikel. Deze verklaringen worden door de Staten die Partij zijn, nedergelegd bij de Secretaris-Generaal van de Verenigde Naties, die afschriften daarvan doet toekomen aan de andere Staten die Partij zijn. Een zodanige verklaring kan te allen tijde door middel van een aan de Secretaris-Generaal gerichte kennisgeving worden ingetrokken. Een zodanige intrekking heeft geen invloed op de behandeling van een zaak die het onderwerp vormt van een kennisgeving die reeds is gedaan krachtens dit artikel; geen enkele volgende kennisgeving door een Staat die Partij is, wordt in ontvangst genomen krachtens dit artikel nadat de kennisgeving van intrekking van de verklaring door de Secretaris-Generaal is ontvangen, tenzij de betrokken Staat die Partij is, een nieuwe verklaring heeft afgelegd.

Art. 22
1. Een Staat die Partij is bij dit Verdrag, kan krachtens dit artikel te allen tijde verklaren dat hij de bevoegdheid van het Comité erkent kennisgevingen van namens personen die onder zijn rechtsmacht vallen en die stellen het slachtoffer te zijn van schending door een Staat die Partij is, van de bepalingen van het Verdrag, in ontvangst te nemen en te behandelen. Het Comité neemt geen kennisgeving in ontvangst indien deze betrekking heeft op een Staat die Partij is bij het Verdrag en die zulk een verklaring niet heeft afgelegd.
2. Het Comité beschouwt als niet ontvankelijk elke krachtens dit artikel toegezonden kennisgeving die anoniem is of welker inzending het beschouwt als misbruik van het recht zodanige kennisgevingen in te zenden of die het onverenigbaar acht met de bepalingen van dit Verdrag.
3. Met inachtneming van het bepaalde in het tweede lid brengt het Comité alle hem krachtens dit artikel toegezonden kennisgevingen onder de aandacht van de Staat die Partij is bij dit Verdrag en die een verklaring krachtens het eerste lid heeft afgelegd en waaromtrent wordt gesteld dat deze enige bepaling van het Verdrag schendt. Binnen zes maanden doet de ontvangende Staat het Comité schriftelijk toelichtingen of andere schriftelijke verklaringen toekomen, waarin de zaak en de eventueel door die Staat toegepaste herstelmaatregelen worden uiteengezet.
4. Het Comité behandelt krachtens dit artikel ontvangen kennisgevingen in het licht van alle hem door of namens de betrokken persoon en door de betrokken Staat die Partij is, ter beschikking gestelde gegevens.
5. Het Comité neemt geen krachtens dit artikel door een individuele persoon ingediende kennisgeving in behandeling, dan nadat het zich ervan heeft overtuigd dat:
(a) dezelfde zaak niet is of wordt onderzocht volgens een andere procedure van internationaal onderzoek of internationale regeling;
(b) de betrokken persoon alle beschikbare nationale rechtsmiddelen heeft uitgeput; deze regel geldt evenwel niet indien de toepassing der rechtsmiddelen onredelijk lange tijd vergt of waarschijnlijk geen daadwerkelijk verbetering zal brengen voor de persoon die het slachtoffer van de schending van dit Verdrag is.
6. Het Comité komt in besloten zitting bijeen wanneer het kennisgevingen krachtens dit artikel gedaan aan een onderzoek onderwerpt.

Comité tegen Foltering, in ontvangst nemen/behandeling melding

7. Het Comité maakt zijn oordeel bekend aan de desbetreffende Staat die Partij is, en aan de betrokken persoon.

8. De bepalingen van dit artikel treden in werking wanneer vijf Staten die Partij zijn bij dit Verdrag, verklaringen hebben afgelegd krachtens het eerste lid van dit artikel. Deze verklaringen worden door de Staten die Partij zijn, nedergelegd bij de Secretaris-Generaal van de Verenigde Naties, die afschriften daarvan doet toekomen aan alle andere Staten die Partij zijn. Een verklaring kan te allen tijde, door middel van een aan de Secretaris-Generaal gerichte kennisgeving, worden ingetrokken. Een zodanige intrekking heeft geen invloed op de behandeling van een zaak die het onderwerp vormt van een kennisgeving die reeds is gedaan krachtens dit artikel; geen enkele volgende kennisgeving door of namens een persoon wordt krachtens dit artikel in ontvangst genomen nadat de kennisgeving van intrekking van de verklaring door de Secretaris-Generaal is ontvangen, tenzij de betrokken Staat die Partij is, een nieuwe verklaring heeft afgelegd.

Comité tegen Foltering, faciliteiten/voorrechten/immuniteiten leden

Art. 23
De leden van het Comité en van de conciliatiecommissies ad hoc die kunnen worden ingesteld krachtens het bepaalde in artikel 21, eerste lid, letter (e), genieten de faciliteiten, voorrechten en immuniteiten van deskundigen die zijn uitgezonden door de Verenigde Naties, zoals die zijn vastgesteld in de desbetreffende delen van het Verdrag nopens de voorrechten en immuniteiten van de Verenigde Naties.

Comité tegen Foltering, jaarverslag

Art. 24
Het Comité brengt een jaarverslag van zijn werkzaamheden krachtens het Verdrag uit aan de Staten die Partij zijn, en aan de Algemene Vergadering van de Verenigde Naties.

DEEL III

Slotbepalingen

Art. 25
1. Dit Verdrag staat open voor ondertekening door alle Staten.
2. Dit Verdrag dient te worden bekrachtigd. De akten van bekrachtiging dienen te worden nedergelegd bij de Secretaris-Generaal van de Verenigde Naties.

Art. 26
Dit Verdrag staat open voor toetreding door alle Staten. Toetreding geschiedt door de nederlegging van een akte van toetreding bij de Secretaris-Generaal van de Verenigde Naties.

Inwerkingtreding

Art. 27
1. Dit Verdrag treedt in werking op de dertigste dag na de datum van nederlegging bij de Secretaris-Generaal van de Verenigde Naties van de twintigste akte van bekrachtiging of toetreding.
2. Ten aanzien van iedere Staat die dit Verdrag bekrachtigt of ertoe toetreedt na de nederlegging van de twintigste akte van bekrachtiging of toetreding, treedt het Verdrag in werking op de dertigste dag na de datum van nederlegging van zijn eigen akte van bekrachtiging of toetreding.

Slotbepalingen

Art. 28
1. Iedere Staat kan, op het tijdstip van ondertekening of van bekrachtiging van dit Verdrag of van toetreding ertoe, verklaren dat hij de in artikel 20 geregelde bevoegdheid van het Comité niet erkent.
2. Iedere Staat die Partij is en die een voorbehoud heeft gemaakt overeenkomstig het eerste lid van dit artikel, kan dit voorbehoud te allen tijde intrekken door middel van een kennisgeving aan de Secretaris-Generaal van de Verenigde Naties.

Art. 29
1. Iedere Staat die Partij is bij dit Verdrag, kan een wijziging daarvan voorstellen en deze indienen bij de Secretaris-Generaal van de Verenigde Naties. De Secretaris-Generaal deelt vervolgens de voorgestelde wijziging aan de Staten die Partij zijn, mede, met het verzoek hem te berichten of zij een conferentie van Staten die Partij zijn, verlangen ten einde het voorstel te bestuderen en in stemming te brengen. Indien, binnen vier maanden na de datum van deze mededeling, ten minste een derde van de Staten die Partij zijn, zulk een conferentie verlangt, roept de Secretaris-Generaal deze conferentie onder auspiciën van de Verenigde Naties bijeen. Iedere wijziging die door een meerderheid van de ter conferentie aanwezige Staten die partij zijn en die hun stem uitbrengen, wordt aangenomen, wordt door de Secretaris-Generaal ter aanvaarding voorgelegd aan alle Staten die Partij zijn.
2. Een overeenkomstig het eerste lid van dit artikel aangenomen wijziging wordt van kracht wanneer twee derde van de Staten die Partij zijn bij dit Verdrag, de Secretaris-Generaal van de Verenigde Naties ervan in kennis hebben gesteld dat zij deze hebben aanvaard overeenkomstig hun onderscheiden constitutionele procedures.
3. Wanneer wijzigingen van kracht worden, zijn zij bindend voor de Staten die Partij zijn en die deze hebben aanvaard, terwijl de andere Staten die Partij zijn, gebonden zullen blijven door bepalingen van dit Verdrag en door iedere voorgaande wijziging die zij hebben aanvaard.

Art. 30
1. Geschillen tussen twee of meer Staten die Partij zijn, betreffende de uitlegging of toepassing van dit Verdrag, die niet door onderhandelingen kunnen worden geregeld, worden op verzoek van één van hen onderworpen aan arbitrage. Indien binnen zes maanden na de datum van het verzoek om arbitrage de Partijen geen overeenstemming hebben kunnen bereiken over de arbitrageregeling, kan elk der Partijen het geschil voorleggen aan het Internationale Gerechtshof door middel van een verzoek in overeenstemming met het Statuut van het Hof.
2. Iedere Staat kan, op het tijdstip van ondertekening of bekrachtiging van dit Verdrag of van toetreding daartoe, verklaren dat hij zich niet gebonden acht door het eerste lid van dit artikel. De andere Staten die Partij zijn, zijn met betrekking tot een Staat die Partij is en die zulk een voorbehoud heeft gemaakt, niet gebonden door het eerste lid van dit artikel.
3. Een Staat die Partij is en die een voorbehoud heeft gemaakt overeenkomstig het tweede lid van dit artikel, kan dit voorbehoud te allen tijde intrekken door middel van een kennisgeving aan de Secretaris-Generaal van de Verenigde Naties.

Art. 31
1. Een Staat die Partij is, kan dit Verdrag opzeggen door middel van een schriftelijke kennisgeving aan de Secretaris-Generaal van de Verenigde Naties. De opzegging wordt van kracht één jaar na de datum van ontvangst van de kennisgeving door de Secretaris-Generaal.
2. Een zodanige opzegging leidt er niet toe dat de Staat die Partij is, wordt ontslagen van zijn verplichtingen krachtens dit Verdrag ten aanzien van enig handelen of nalaten dat zich heeft voorgedaan vóór de datum waarop de opzegging van kracht wordt en evenmin is de opzegging op enigerlei wijze van invloed op de voortzetting van de behandeling van een zaak die reeds bij het Comité in behandeling is vóór de datum waarop de opzegging van kracht wordt.
3. Na de datum waarop de opzegging van een Staat die Partij is, van kracht wordt, neemt het Comité geen nieuwe zaak betreffende die Staat in behandeling.

Art. 32
De Secretaris-Generaal van de Verenigde Naties doet alle Leden van de Verenigde Naties en alle Staten die dit Verdrag hebben ondertekend of ertoe zijn toegetreden, mededeling van het volgende:
(a) Ondertekeningen, bekrachtigingen en toetredingen ingevolge de artikelen 25 en 26;
(b) De datum van inwerkingtreding van dit Verdrag ingevolge artikel 27 en de datum van het van kracht worden van wijzigingen ingevolge artikel 29;
(c) Opzeggingen ingevolge artikel 31.

Art. 33
1. Dit Verdrag, waarvan de Arabische, de Chinese, de Engelse, de Franse, de Russische en de Spaanse tekst gelijkelijk authentiek zijn, wordt nedergelegd bij de Secretaris-Generaal van de Verenigde Naties.
2. De Secretaris-Generaal van de Verenigde Naties zendt gewaarmerkte afschriften van dit Verdrag toe aan alle Staten.

Facultatief Protocol bij het Verdrag tegen foltering en andere wrede, onmenselijke of onterende behandeling of bestraffing[1]

PREAMBULE
De Staten die Partij zijn bij dit Protocol,
Opnieuw bevestigend dat foltering en andere wrede, onmenselijke of onterende behandeling of bestraffing verboden zijn en ernstige schendingen van de rechten van de mens vormen,
Ervan overtuigd dat nadere maatregelen noodzakelijk zijn teneinde de doelstellingen van het Verdrag tegen foltering en andere wrede, onmenselijke of onterende behandeling of bestraffing (hierna te noemen het Verdrag) te verwezenlijken en de bescherming van mensen die van hun vrijheid zijn beroofd tegen foltering en andere wrede, onmenselijke of onterende behandeling of bestraffing te versterken,
In herinnering roepend dat artikel 2 en artikel 16 van het Verdrag elke Staat die Partij is verplichten doeltreffende maatregelen te nemen ter voorkoming van foltering en andere wrede, onmenselijke of onterende behandeling of bestraffing binnen elk onder zijn rechtsmacht vallend gebied,
Erkennend dat Staten primair verantwoordelijk zijn voor de uitvoering van die artikelen, dat versterking van de bescherming van mensen die van hun vrijheid zijn beroofd en volledige eerbiediging van hun mensenrechten tot de gezamenlijke verantwoordelijkheid behoren van allen en dat internationale uitvoeringsorganen de nationale maatregelen aanvullen en versterken,
In herinnering roepend dat voorlichting en een combinatie van diverse wetgevende, bestuurlijke, gerechtelijke en andere maatregelen nodig zijn teneinde foltering en andere wrede, onmenselijke of onterende behandeling of bestraffing doeltreffend te voorkomen,
Tevens in herinnering roepend dat de Wereldconferentie inzake de Rechten van de Mens nadrukkelijk heeft verklaard dat pogingen tot het uitbannen van foltering eerst en vooral gericht moeten zijn op de voorkoming ervan en heeft opgeroepen tot aanneming van een facultatief protocol bij het Verdrag teneinde een preventief systeem met periodieke bezoeken aan plaatsen van detentie in het leven te roepen,
Ervan overtuigd dat de bescherming van mensen die van hun vrijheid zijn beroofd tegen foltering en andere wrede, onmenselijke of onterende behandeling of bestraffing versterkt kan worden met niet-juridische middelen met een preventief karakter, gebaseerd op regelmatige bezoeken aan plaatsen van detentie,
Zijn het volgende overeengekomen:

DEEL I
ALGEMENE BEGINSELEN

Art. 1
De doelstelling van dit Protocol is een systeem in het leven te roepen van periodieke bezoeken door onafhankelijke internationale en nationale organen aan plaatsen waar personen gedetineerd worden teneinde foltering en andere wrede, onmenselijke of onterende behandeling of bestraffing te voorkomen.

Art. 2
1. Onder het Comité tegen Foltering wordt een Subcomité ter preventie van foltering en andere wrede, onmenselijke of onterende behandeling of bestraffing (hierna te noemen het Subcomité ter Preventie) ingesteld dat de in dit Protocol neergelegde taken zal vervullen.
2. Het Subcomité ter Preventie verricht zijn werkzaamheden binnen het kader van het Handvest van de Verenigde Naties en laat zich leiden door de doelstellingen en grondbeginselen daarvan alsmede door de normen van de Verenigde Naties inzake de behandeling van mensen die van hun vrijheid zijn beroofd.
3. Het Subcomité ter Preventie laat zich voorts leiden door de beginselen van vertrouwelijkheid, onpartijdigheid, non-selectiviteit, universaliteit en objectiviteit.
4. Het Subcomité ter Preventie en de Staten die Partij zijn, werken samen bij de uitvoering van dit Protocol.

Art. 3
Elke Staat die Partij is, stelt op nationaal niveau een of meer visitatieorganen ten behoeve van de voorkoming van foltering en andere wrede, onmenselijke of onterende behandeling of be-

---

1 Inwerkingtredingsdatum: 28-10-2010.

straffing in, wijst deze aan of houdt deze in stand (hierna te noemen nationaal preventiemechanisme).

Art. 4
1. Elke Staat die Partij is, staat bezoeken in overeenstemming met dit Protocol, overeenkomstig het stelsel bedoeld in de artikelen 2 en 3 toe aan elke plaats onder zijn rechtsmacht en invloedssfeer waar personen gedetineerd worden of kunnen worden, hetzij uit hoofde van een bevel of op aanstichten van het openbaar gezag of met zijn instemming of berusting (hierna te noemen plaatsen van detentie). Deze bezoeken worden afgelegd met het oogmerk de bescherming van deze personen tegen foltering en andere wrede, onmenselijke of onterende behandeling of bestraffing zo nodig te versterken.
2. Voor de toepassing van dit Protocol wordt onder vrijheidsberoving verstaan elke vorm van detentie of gevangenschap of het plaatsen van een persoon in een publieke of private inrichting die deze persoon niet naar believen kan verlaten op last van een gerechtelijke, bestuursrechtelijke of andere autoriteit.

DEEL II
SUBCOMITÉ TER PREVENTIE

Art. 5
1. Het Subcomité ter Preventie bestaat uit tien leden. Na de vijftigste bekrachtiging van of toetreding tot dit Protocol, zal het aantal leden van het Subcomité ter Preventie toenemen tot vijfentwintig.
2. De leden van het Subcomité ter Preventie worden gekozen uit personen van hoogstaand zedelijk karakter bekend wegens hun beroepservaring op het gebied van de rechtsbedeling, in het bijzonder van het strafrecht, het gevangeniswezen of de politie, of op de verschillende gebieden die betrekking hebben op de behandeling van mensen die van hun vrijheid zijn beroofd.
3. Bij de samenstelling van het Subcomité ter Preventie dient voldoende acht te worden geslagen op een billijke geografische verdeling en vertegenwoordiging van de uiteenlopende beschavingen en rechtsstelsels van de Staten die Partij zijn.
4. Bij de samenstelling dient tevens rekening te worden gehouden met een evenwichtige vertegenwoordiging van de seksen op basis van de beginselen van gelijkheid en non-discriminatie.
5. In het Subcomité ter Preventie mogen geen twee onderdanen van dezelfde Staat zitting nemen.
6. De leden van het Subcomité ter Preventie nemen op persoonlijke titel zitting, zijn onafhankelijk, onpartijdig en beschikbaar om op doeltreffende wijze in het Subcomité te fungeren.

Art. 6
1. Elke Staat die Partij is, kan in overeenstemming met het tweede lid van dit artikel ten hoogste twee kandidaten voordragen die beschikken over de kwalificaties en voldoen aan de vereisten omschreven in artikel 5, en verstrekt daarbij gedetailleerde informatie over de kwalificaties van de genomineerden.
2.
   a. De genomineerden dienen de nationaliteit te hebben van een Staat die Partij is bij dit Protocol;
   b. Ten minste een van de twee kandidaten dient de nationaliteit te hebben van de Staat die Partij is en hen voordraagt;
   c. Van een Staat die Partij is mogen ten hoogste twee onderdanen worden voorgedragen;
   d. Alvorens een onderdaan van een andere Staat die Partij is voor te dragen, dient de Staat die Partij is die Staat die Partij is te verzoeken om toestemming en deze te verkrijgen.
3. Ten minste vijf maanden voor de datum van de vergadering van de Staten die Partij zijn, gedurende welke de verkiezingen zullen worden gehouden, richt de Secretaris-Generaal van de Verenigde Naties een brief aan de Staten die Partij zijn, met de uitnodiging binnen drie maanden hun voordrachten in te zenden. De Secretaris-Generaal legt een alfabetische lijst voor van alle aldus voorgedragen personen onder vermelding van de Staten die Partij zijn, die hen hebben voorgedragen.

Art. 7
1. De leden van het Subcomité ter Preventie worden op de volgende wijze gekozen:
   a. Voorop dient te staan of de kandidaten voldoen aan de vereisten en criteria van artikel 5 van dit Protocol;
   b. De eerste verkiezing wordt niet later gehouden dan zes maanden na de datum van inwerkingtreding van dit Protocol;
   c. De Staten die Partij zijn, kiezen de leden van het Subcomité ter Preventie bij geheime stemming;
   d. De verkiezingen van het leden van het Subcomité ter Preventie worden gehouden op door de Secretaris-Generaal van de Verenigde Naties te beleggen tweejaarlijkse vergaderingen van de Staten die Partij zijn. Tijdens deze vergaderingen, waarvoor twee derde van de Staten die Partij zijn, het quorum vormen, zijn degenen die in het Subcomité ter Preventie zijn gekozen

die personen die het grootste aantal stemmen op zich hebben verenigd, alsmede een absolute meerderheid van de stemmen van de aanwezige vertegenwoordigers van de Staten die Partij zijn, die hun stem uitbrengen.

2. Indien gedurende het verkiezingsproces twee onderdanen van een Staat die Partij is, in aanmerking komen voor het lidmaatschap van het Subcomité ter Preventie, neemt de kandidaat die de meeste stemmen op zich heeft verenigd zitting in het Subcomité ter Preventie. Indien de onderdanen evenveel stemmen op zich hebben verenigd, is de volgende procedure van toepassing:

a. Indien een Staat die Partij is, slechts één onderdaan heeft voorgedragen, neemt deze zitting in het Subcomité ter Preventie;

b. Indien een Staat die Partij is, twee onderdanen heeft voorgedragen, wordt een afzonderlijke geheime stemming gehouden teneinde te bepalen welke kandidaat lid wordt;

c. Indien geen van de kandidaten is voorgedragen door de Staat die Partij is waarvan hij of zij onderdaan is, wordt een afzonderlijke geheime stemming gehouden teneinde te bepalen welke kandidaat lid wordt.

Art. 8

Indien een lid van het Subcomité ter Preventie overlijdt of terugtreedt, of om enige andere reden zijn of haar taken niet langer kan vervullen, benoemt de Staat die Partij is die het lid had voorgedragen een andere daarvoor in aanmerking komende persoon die beschikt over de kwalificaties en voldoet aan de vereisten vervat in artikel 5, waarbij rekening wordt gehouden met een goede balans tussen de verschillende competentiegebieden, teneinde de taken te vervullen tot de volgende vergadering van de Staten die Partij zijn, zulks onder voorbehoud van de goedkeuring van de meerderheid van de Staten die Partij zijn. Deze goedkeuring wordt geacht gegeven te zijn, tenzij de helft of meer van de Staten die Partij zijn, binnen zes weken nadat zij door de Secretaris-Generaal van de Verenigde Naties van de voorgestelde benoeming in kennis zijn gesteld, afwijzend reageren.

Art. 9

De leden van het Subcomité ter Preventie worden gekozen voor een tijdvak van vier jaar. Zij zijn eenmalig herkiesbaar indien zij opnieuw worden voorgedragen. De ambtstermijn van de helft van de bij de eerste verkiezing benoemde leden loopt na twee jaar af; terstond na de eerste verkiezing worden die leden bij loting aangewezen door de voorzitter van de in artikel 7, eerste lid, onderdeel d, bedoelde vergadering.

Art. 10

1. Het Subcomité ter Preventie kiest zijn functionarissen voor een ambtstermijn van twee jaar. Zij zijn herkiesbaar.

2. Het Subcomité stelt zijn eigen reglement van orde vast. Daarin wordt onder meer bepaald dat:

a. de helft van de leden plus één het quorum vormt;

b. besluiten van het Subcomité ter Preventie worden genomen met een meerderheid van de door de aanwezige leden uitgebrachte stemmen;

c. het Subcomité ter Preventie achter gesloten deuren bijeenkomt.

3. De Secretaris-Generaal van de Verenigde Naties belegt de eerste vergadering van het Subcomité ter Preventie. Na zijn eerste vergadering komt het Subcomité ter Preventie bijeen op de tijden voorzien in zijn reglement van orde. Het Subcomité ter Preventie en het Comité tegen Foltering komen ten minste eenmaal per jaar tegelijkertijd bijeen.

DEEL III
MANDAAT VAN HET SUBCOMITÉ TER PREVENTIE

Art. 11

Het Subcomité ter Preventie zal:

a. de plaatsen bedoeld in artikel 4 bezoeken en aanbevelingen doen aan de Staten die Partij zijn, betreffende de bescherming van mensen die van hun vrijheid zijn beroofd tegen foltering en andere wrede, onmenselijke of onterende behandeling of bestraffing;

b. met betrekking tot de nationale preventiemechanismen:

i. Staten die Partij zijn, zo nodig adviseren en assisteren bij de instelling daarvan;

ii. directe en zo nodig vertrouwelijke contacten onderhouden met de nationale preventiemechanismen en daartoe trainingen en technische ondersteuning aanbieden teneinde de competenties te versterken;

iii. hen adviseren en assisteren bij de beoordeling van de behoeften en middelen die nodig zijn ter versterking van de bescherming van mensen die van hun vrijheid zijn beroofd tegen foltering en andere wrede, onmenselijke of onterende behandeling of bestraffing;

iv. de Staten die Partij zijn, aanbevelingen en commentaar doen toekomen teneinde de competenties en het mandaat van de nationale preventiemechanismen ter voorkoming van foltering en andere wrede, onmenselijke of onterende behandeling of bestraffing te versterken;

Facultatief protocol bij CAT

c. ter voorkoming van foltering in het algemeen samenwerken met de desbetreffende organen en mechanismen van de Verenigde Naties alsmede met de internationale, regionale en nationale instellingen of organisaties die zich inzetten voor de versterking van de bescherming van een ieder tegen foltering en andere wrede, onmenselijke of onterende behandeling of bestraffing.

Art. 12
Teneinde het Subcomité ter Preventie in staat te stellen zijn mandaat als vervat in artikel 11 uit te voeren, verplichten de Staten die Partij zijn, zich:
a. het Subcomité ter Preventie te ontvangen op hun grondgebied en toegang te verschaffen tot de plaatsen van detentie omschreven in artikel 4 van dit Protocol;
b. alle relevante informatie te verschaffen waarom het Subcomité ter Preventie kan verzoeken teneinde de behoeften en de te treffen maatregelen te beoordelen die nodig zijn ter versterking van de bescherming van mensen die van hun vrijheid zijn beroofd tegen foltering en andere wrede, onmenselijke of onterende behandeling of bestraffing;
c. contacten tussen het Subcomité ter Preventie en de nationale preventiemechanismen aan te moedigen en te vergemakkelijken;
d. de aanbevelingen van het Subcomité ter Preventie te bestuderen en er de dialoog mee aan te gaan over mogelijke uitvoeringsmaatregelen.

Art. 13
1. Het Subcomité ter Preventie stelt, in eerste instantie bij loting, een programma op van periodieke bezoeken aan Staten die Partij zijn, teneinde zijn mandaat als vastgesteld in artikel 11 uit te voeren.
2. Na overleg stelt het Subcomité ter Preventie de Staten die Partij zijn, in kennis van zijn programma opdat zij onverwijld de nodige praktische maatregelen kunnen treffen voor de af te leggen bezoeken.
3. De bezoeken worden afgelegd door ten minste twee leden van het Subcomité ter Preventie. Deze leden kunnen zo nodig vergezeld worden door deskundigen met aantoonbare beroepservaring in en kennis van de terreinen waarop dit Protocol van toepassing is, die worden gekozen uit een dienstrooster van deskundigen dat is opgesteld op basis van voorstellen door de Staten die Partij zijn, het Hoge Commissariaat voor de Mensenrechten van de Verenigde Naties en het Centrum voor Internationale Misdaadpreventie van de Verenigde Naties. Bij de opstelling van het rooster stellen de Staten die Partij zijn, ten hoogste vijf nationale deskundigen voor. De desbetreffende Staat die Partij is, kan bezwaar maken tegen de betrokkenheid van een specifieke deskundige bij het bezoek, waarna het Subcomité ter Preventie een andere deskundige zal voorstellen.
4. Indien het Subcomité ter Preventie zulks dienstig acht, kan het na een regulier bezoek een kort vervolgbezoek voorstellen.

Art. 14
1. Teneinde het Subcomité ter Preventie in staat te stellen zijn mandaat uit te voeren, verplichten alle Staten die Partij zijn, zich het Subcomité:
a. onbeperkt toegang te verschaffen tot alle informatie betreffende het aantal mensen die van hun vrijheid zijn beroofd in plaatsen van detentie als omschreven in artikel 4, alsmede het aantal inrichtingen en hun locatie;
b. onbeperkt toegang te verschaffen tot alle informatie met betrekking tot de behandeling van die personen alsmede de omstandigheden van de detentie;
c. met inachtneming van het tweede lid onbeperkt toegang te verschaffen tot alle plaatsen van detentie, hun installaties en hun voorzieningen;
d. de gelegenheid te bieden zonder getuigen vertrouwelijke gesprekken met mensen die van hun vrijheid zijn beroofd te onderhouden, hetzij persoonlijk hetzij via een vertaler indien zulks nodig wordt geacht, alsmede elke andere persoon van wie het Subcomité ter Preventie meent dat deze relevante informatie zou kunnen verschaffen;
e. alle gelegenheid te bieden de plaatsen te kiezen die het wenst te bezoeken alsmede de personen die het wenst te ondervragen.
2. Tegen een bezoek aan een specifieke plaats van detentie kan uitsluitend bezwaar worden gemaakt op dringende en zwaarwegende gronden van nationale defensie, openbare veiligheid, natuurrampen of ernstige ongeregeldheden op de te bezoeken plaats die het afleggen van het bezoek tijdelijk beletten. Het bestaan van een uitgeroepen noodtoestand als zodanig mag door een Staat die Partij is niet worden ingeroepen als reden om bezwaar te maken tegen een bezoek.

Art. 15
Autoriteiten of functionarissen geven geen opdracht tot, verzoek om of toestemming voor sancties tegen een persoon of organisatie die het Subcomité ter Preventie of zijn afgevaardigden informatie heeft doen toekomen, ongeacht of deze op waarheid berust of niet, noch tolereren deze. Dergelijke personen of organisaties mogen op geen enkele andere wijze worden benadeeld.

Art. 16

1. Het Subcomité ter Preventie doet zijn aanbevelingen en opmerkingen op basis van vertrouwelijkheid toekomen aan de Staat die Partij is en indien van toepassing aan het nationale preventiemechanisme.
2. Het Subcomité ter Preventie publiceert zijn verslag tezamen met het eventuele commentaar van de betrokken Staat die Partij is, indien deze Staat die Partij is daarom heeft verzocht. Indien de Staat die Partij is een deel van het verslag openbaar maakt, kan het Subcomité ter Preventie het verslag geheel of gedeeltelijk publiceren. Persoonsgegevens mogen evenwel niet gepubliceerd worden zonder de uitdrukkelijke toestemming van de betrokkene.
3. Het Subcomité ter Preventie presenteert een openbaar jaarverslag over zijn activiteiten aan het Comité tegen Foltering.
4. Indien de Staat die Partij is, weigert met het Subcomité ter Preventie samen te werken overeenkomstig de artikelen 12 en 14 of maatregelen te treffen teneinde de situatie in het licht van de aanbevelingen van het Subcomité ter Preventie te verbeteren, kan het Comité tegen Foltering beslissen, op verzoek van het Subcomité ter Preventie, bij meerderheid van stemmen van zijn leden nadat de Staat die Partij is in de gelegenheid gesteld is zijn standpunt kenbaar te maken, een openbare verklaring af te leggen over de aangelegenheid of het verslag van het Subcomité ter Preventie te publiceren.

DEEL IV
NATIONALE PREVENTIEMECHANISMEN

Art. 17
Elke Staat die Partij is, zal uiterlijk een jaar na de inwerkingtreding of bekrachtiging van dit Protocol, dan wel de toetreding ertoe één of meer onafhankelijke nationale preventiemechanismen onderhouden, aanwijzen of oprichten ter voorkoming van foltering op nationaal niveau. Ten behoeve van de uitvoering van dit Protocol kunnen door gedecentraliseerde eenheden opgerichte mechanismen worden aangewezen als nationale preventiemechanismen, indien zij voldoen aan de bepalingen ervan.

Art. 18
1. De Staten die Partij zijn, waarborgen de functionele onafhankelijkheid van de nationale preventiemechanismen bij de uitoefening van hun taken, alsmede de onafhankelijkheid van hun personeel.
2. De Staten die Partij zijn, nemen alle noodzakelijke maatregelen om te waarborgen dat de deskundigen van de nationale preventiemechanismen beschikken over de vereiste capaciteiten en professionele kennis. Zij streven naar een evenwichtige verdeling tussen de seksen en adequate vertegenwoordiging van etnische en minderheidsgroeperingen in het land.
3. De Staten die Partij zijn, verplichten zich de nodige middelen ter beschikking te stellen ten behoeve van het functioneren van de nationale preventiemechanismen.
4. Bij het instellen van nationale preventiemechanismen houden de Staten die Partij zijn, naar behoren rekening met de Beginselen met betrekking tot de status van nationale instellingen voor de bevordering en bescherming van mensenrechten.

Art. 19
De nationale preventiemechanismen krijgen ten minste de bevoegdheid:
a. de behandeling van mensen die van hun vrijheid zijn beroofd in plaatsen van detentie als omschreven in artikel 4 periodiek te onderzoeken, met het oogmerk hun bescherming tegen foltering en andere wrede, onmenselijke of onterende behandeling of bestraffing zo nodig te versterken;
b. aanbevelingen te doen aan de desbetreffende autoriteiten teneinde de behandeling en omstandigheden van de mensen die van hun vrijheid zijn beroofd te verbeteren en foltering en andere wrede, onmenselijke of onterende behandeling of bestraffing te voorkomen, daarbij rekening houdend met de desbetreffende normen van de Verenigde Naties;
c. voorstellen en opmerkingen in te dienen betreffende bestaande of ontwerpwetgeving.

Art. 20
Teneinde de nationale preventiemechanismen in staat te stellen hun mandaat uit te voeren, verplichten alle Staten die Partij zijn bij dit Protocol, zich hun:
a. toegang te verschaffen tot alle informatie betreffende het aantal mensen die van hun vrijheid zijn beroofd in plaatsen van detentie als omschreven in artikel 4, alsmede het aantal inrichtingen en hun locatie;
b. toegang te verschaffen tot alle informatie met betrekking tot de behandeling van die personen alsmede de omstandigheden van de detentie;
c. toegang te verschaffen tot alle plaatsen van detentie en hun installaties en voorzieningen;
d. de gelegenheid te bieden zonder getuigen vertrouwelijke gesprekken met mensen die van hun vrijheid zijn beroofd te onderhouden, hetzij persoonlijk hetzij via een vertaler indien zulks

nodig wordt geacht, alsmede elke andere persoon van wie het nationale preventiemechanisme meent dat deze relevante informatie zou kunnen verschaffen;
e. alle gelegenheid te bieden de plaatsen te kiezen die zij wensen te bezoeken alsmede de personen die zij wensen te ondervragen;
f. het recht contact te onderhouden met het Subcomité ter Preventie, het informatie toe te zenden en ermee bijeen te komen.

Art. 21
1. Autoriteiten of functionarissen geven geen opdracht tot, verzoek om of toestemming voor sancties tegen een persoon of organisatie die het nationale preventiemechanisme informatie heeft doen toekomen, ongeacht of deze op waarheid berust of niet, noch tolereren deze. Dergelijke personen of organisaties mogen op geen enkele andere wijze worden benadeeld.
2. Door het nationale preventiemechanisme verzamelde vertrouwelijke informatie wordt vertrouwelijk behandeld. Persoonsgegevens mogen niet gepubliceerd worden zonder de uitdrukkelijke toestemming van de betrokkene.

Art. 22
De bevoegde autoriteiten van de betrokken Staat die Partij is, bestuderen de aanbevelingen van het nationale preventiemechanisme en gaan er de dialoog mee aan over mogelijke uitvoeringsmaatregelen.

Art. 23
De Staten die Partij zijn bij dit Protocol, verplichten zich de jaarverslagen van de nationale preventiemechanismen te publiceren en te verspreiden.

DEEL V
VERKLARING

Art. 24
1. Bij de bekrachtiging kunnen de Staten die Partij zijn, verklaren dat zij de uitvoering van hun verplichtingen uit hoofde van deel III of deel IV van dit Protocol opschorten.
2. Deze opschorting geldt voor ten hoogste drie jaar. Na naar behoren geformuleerde bezwaren aangetekend door de Staat die Partij is en na overleg met het Subcomité ter Preventie kan het Comité tegen Foltering dat tijdvak met nogmaals twee jaar verlengen.

DEEL VI
FINANCIËLE BEPALINGEN

Art. 25
1. De door het Subcomité ter Preventie gemaakte kosten ter uitvoering van dit Protocol worden gedragen door de Verenigde Naties.
2. De Secretaris-Generaal van de Verenigde Naties stelt de benodigde personeelsleden en voorzieningen ter beschikking ten behoeve van de doeltreffende uitvoering van de taken van het Subcomité ter Preventie uit hoofde van dit Protocol.

Art. 26
1. In overeenstemming met de desbetreffende procedures van de Algemene Vergadering wordt een Speciaal Fonds ingesteld dat beheerd wordt overeenkomstig de financiële voorschriften en regels van de Verenigde Naties, teneinde de implementatie van de aanbevelingen gedaan door het Subcomité ter Preventie na een bezoek aan een Staat die Partij is alsmede voorlichtingsprogramma's van de nationale preventiemechanismen te helpen financieren.
2. Het Speciale Fonds kan gefinancierd worden uit vrijwillige bijdragen van de Regeringen, intergouvernementele en non-gouvernementele organisaties en andere private of publieke entiteiten.

DEEL VII
SLOTBEPALINGEN

Art. 27
1. Dit Protocol staat open voor ondertekening door elke Staat die het Verdrag heeft ondertekend.
2. Dit Protocol geldt onder voorbehoud van bekrachtiging door iedere Staat die het Verdrag heeft bekrachtigd of ertoe is toegetreden. Akten van bekrachtiging worden nedergelegd bij de Secretaris-Generaal van de Verenigde Naties.
3. Dit Protocol staat open voor toetreding door iedere Staat die het Verdrag heeft bekrachtigd of ertoe is toegetreden.
4. Toetreding geschiedt door nederlegging van een akte van toetreding bij de Secretaris-Generaal van de Verenigde Naties.

5. De Secretaris-Generaal van de Verenigde Naties stelt alle Staten die dit Protocol hebben ondertekend of ertoe zijn toegetreden in kennis van de nederlegging van elke akte van bekrachtiging of toetreding.

Art. 28
1. Dit Protocol treedt in werking op de dertigste dag na de datum van nederlegging van de twintigste akte van bekrachtiging of toetreding bij de Secretaris-Generaal van de Verenigde Naties.
2. Voor iedere Staat die dit Protocol bekrachtigt of ertoe toetreedt na de nederlegging bij de Secretaris-Generaal van de Verenigde Naties van de twintigste akte van bekrachtiging of toetreding, treedt dit Protocol in werking op de dertigste dag na de datum van de nederlegging van zijn eigen akte van bekrachtiging of toetreding.

Art. 29
De bepalingen van dit Protocol strekken zich zonder beperking of uitzondering uit tot alle delen van federale Staten.

Art. 30
Bij dit Protocol wordt geen voorbehoud gemaakt.

Art. 31
De bepalingen van dit Protocol laten de verplichtingen van de Staten die Partij zijn, uit hoofde van regionale verdragen waarbij een stelsel van bezoeken aan plaatsen van detentie wordt ingesteld onverlet. Het Subcomité ter Preventie en de organen die uit hoofde van dergelijke regionale verdragen zijn ingesteld worden aangemoedigd met elkaar te overleggen en samen te werken teneinde dubbel werk te voorkomen en de doelstellingen van dit Protocol doeltreffend te bevorderen.

Art. 32
De bepalingen van dit Protocol laten de verplichtingen van Staten die Partij zijn, bij de vier verdragen van Genève van 12 augustus 1949 en de aanvullende protocollen daarbij van 8 juni 1977 onverlet evenals de mogelijkheid waarover elke Staat die Partij is beschikt, het Internationale Rode Kruis te machtigen plaatsen van detentie te bezoeken in situaties waarop het internationale humanitaire recht niet van toepassing is.

Art. 33
1. Iedere Staat die Partij is, kan dit Protocol te allen tijde opzeggen door een schriftelijke kennisgeving aan de Secretaris-Generaal van de Verenigde Naties, die vervolgens de andere Staten die Partij zijn bij dit Protocol en het Verdrag, in kennis stelt. De opzegging wordt van kracht één jaar na de datum van ontvangst van de kennisgeving door de Secretaris-Generaal.
2. Een dergelijke opzegging heeft niet tot gevolg dat de Staat die Partij is, wordt ontslagen van zijn verplichtingen uit hoofde van dit Protocol met betrekking tot enig handelen of een situatie die zich voordoet voorafgaand aan de datum waarop de opzegging van kracht wordt of tot maatregelen waartoe het Subcomité ter Preventie heeft besloten of kan besluiten ten aanzien van de betrokken Staat die Partij is en de opzegging laat voorts onverlet voortzetting van de behandeling van een aangelegenheid die reeds voordat de opzegging van kracht wordt door het Subcomité ter Preventie in behandeling is.
3. Na de datum waarop de opzegging door de Staat die Partij is van kracht wordt, neemt het Subcomité ter Preventie geen nieuwe aangelegenheden die verband houden met die Staat in behandeling.

Art. 34
1. Elke Staat die Partij is, kan een wijziging van dit Protocol voorstellen en indienen bij de Secretaris-Generaal van de Verenigde Naties. De Secretaris-Generaal deelt de voorgestelde wijziging vervolgens mede aan de Staten die Partij zijn bij dit Protocol, met het verzoek hem te berichten of zij een conferentie van Staten die Partij zijn, verlangen teneinde het voorstel te bestuderen en in stemming te brengen. Indien, binnen vier maanden na de datum van deze mededeling, ten minste een derde van de Staten die Partij zijn, een dergelijke conferentie verlangt, roept de Secretaris-Generaal de vergadering onder auspiciën van de Verenigde Naties bijeen. Iedere wijziging die wordt aangenomen door een meerderheid van twee derde van de aanwezige Staten die Partij zijn, en tijdens de conferentie hun stem uitbrengen, wordt ter aanvaarding voorgelegd door de Secretaris-Generaal van de Verenigde Naties aan alle Staten die Partij zijn.
2. Een in overeenstemming met het eerste lid van dit artikel aangenomen wijziging wordt van kracht indien deze is aanvaard door een meerderheid van twee derde van de Staten die Partij zijn bij dit Protocol, in overeenstemming met hun onderscheiden grondwettelijke procedures.
3. Wanneer wijzigingen van kracht worden, zijn ze bindend voor de Staten die Partij zijn die de wijzigingen hebben aanvaard; andere Staten die Partij zijn, blijven gebonden door de bepalingen van dit Protocol en eventuele eerdere wijzigingen die zij hebben aanvaard.

Art. 35
Aan de leden van het Subcomité ter Preventie en van de nationale preventiemechanismen worden de immuniteiten en voorrechten toegekend die nodig zijn teneinde hun taken op onaf-

hankelijke wijze te kunnen vervullen. Aan de leden van het Subcomité ter Preventie worden de voorrechten en immuniteiten omschreven in artikel 22 van het Verdrag nopens de voorrechten en immuniteiten van de Verenigde Naties van 13 februari 1946 toegekend met inachtneming van de bepalingen van artikel 23 van dat Verdrag.

Art. 36
Bij het bezoeken van een Staat die Partij is, zullen de leden van het Subcomité ter Preventie onverminderd de bepalingen en doelstellingen van dit Protocol en de voorrechten en immuniteiten die zij genieten:
a. de wetten en voorschriften van de te bezoeken Staat eerbiedigen;
b. zich onthouden van gedragingen of activiteiten die onverenigbaar zijn met het onpartijdige en internationale karakter van hun taken.

Art. 37
1. Dit Protocol, waarvan de Arabische, de Chinese, de Engelse, de Franse, de Russische en de Spaanse tekst gelijkelijk authentiek zijn, wordt nedergelegd bij de Secretaris-Generaal van de Verenigde Naties.
2. De Secretaris-Generaal van de Verenigde Naties doet gewaarmerkte afschriften van dit Protocol toekomen aan alle Staten.

Verdrag inzake de voorkoming en de bestraffing van genocide[1]

De Verdragsluitende Partijen,
In overweging genomen hebbende de verklaring van de Algemene Vergadering van de Verenigde Naties, nedergelegd in haar resolutie 96 (I) gedagtekend 11 December 1946, dat genocide een misdrijf is krachtens internationaal recht, in strijd met de geest en de doelstellingen van de Verenigde Naties en veroordeeld door de beschaafde wereld;
Erkennende, dat te allen tijde genocide de mensheid grote verliezen heeft toegebracht; en
Overtuigd, dat, teneinde de mensheid van deze afschuwelijke gesel te verlossen, internationale samenwerking noodzakelijk is;
Komen hierbij als volgt overeen:

Art. I
De Verdragsluitende Partijen stellen vast, dat genocide, ongeacht of het feit in vredes- dan wel in oorlogstijd wordt bedreven een misdrijf is krachtens internationaal recht, welk misdrijf zij op zich nemen te voorkomen en te bestraffen.

Art. II
In dit Verdrag wordt onder genocide verstaan een van de volgende handelingen, gepleegd met de bedoeling om een nationale, ethnische, godsdienstige groep, dan wel een groep, behorende tot een bepaald ras, geheel of gedeeltelijk als zodanig te vernietigen:
a. het doden van leden van de groep;
b. het toebrengen van ernstig lichamelijk of geestelijk letsel aan leden van de groep;
c. het opzettelijk aan de groep opleggen van levensvoorwaarden die gericht zijn op haar gehele of gedeeltelijke lichamelijke vernietiging;
d. het nemen van maatregelen, bedoeld om geboorten binnen de groep te voorkomen;
e. het gewelddadig overbrengen van kinderen van de groep naar een andere groep.

Art. III
Strafbaar zijn de volgende handelingen:
a. genocide;
b. samenspanning om genocide te plegen;
c. rechtstreeks en openbaar aanzetten tot genocide;
d. poging tot genocide;
e. medeplichtigheid aan genocide.

Art. IV
Zij, die genocide of een der andere in artikel III genoemde feiten plegen, worden gestraft, onverschillig of zij constitutioneel verantwoordelijke regeringspersonen, ambtenaren of privé personen zijn.

Art. V
De Verdragsluitende Partijen verbinden zich om, overeenkomstig hun onderscheiden grondwetten, de wetten af te kondigen, welke nodig zijn voor de tenuitvoerlegging van de bepalingen van dit Verdrag, en, in het bijzonder, voor de vaststelling van doeltreffende straffen voor hen, die schuldig zijn aan genocide of enig ander in artikel III genoemd feit.

Art. VI
Zij, die worden beschuldigd van genocide of enig ander in artikel III genoemd feit, worden berecht door een daartoe bevoegde rechtbank van de Staat, binnen welks gebied het feit is gepleegd, of door een zodanige internationale strafrechter als daartoe bevoegd is ten aanzien van die Verdragsluitende Partijen, welke de rechtsmacht van deze rechter hebben aanvaard.

Art. VII
Met betrekking tot uitlevering worden genocide en de andere in artikel III genoemde feiten niet beschouwd als politieke misdrijven.
De Verdragsluitende Partijen verbinden zich in die gevallen verzoeken om uitlevering in te willigen overeenkomstig hun wetten en de voor hen van kracht zijnde verdragen.

Art. VIII
Elke Verdragsluitende Partij kan een beroep doen op de bevoegde organen van de Verenigde Naties om krachtens het Handvest van de Verenigde Naties zodanige maatregelen te treffen, als zij passend achten ter voorkoming en onderdrukking van daden van genocide of van enig ander in artikel III genoemd feit.

---

1 Inwerkingtredingsdatum: 18-09-1966.

Art. IX
Geschillen tussen de Verdragsluitende Partijen, de interpretatie, toepassing of tenuitvoerlegging van dit Verdrag betreffende, met inbegrip van de geschillen, welke betrekking hebben op de verantwoordelijkheid van een Staat voor genocide of enig ander in artikel III genoemd feit, worden, op verzoek van een der bij het geschil betrokken partijen, voorgelegd aan het Internationale Gerechtshof.

Art. X
Dit Verdrag, waarvan de Chinese, de Engelse, de Franse, de Russische en de Spaanse tekst gelijkelijk authentiek zijn, draagt de dagtekening van 9 December 1948.

Art. XI
Dit Verdrag kan tot 31 December 1949 worden ondertekend door ieder Lid van de Verenigde Naties en door elke andere Staat, die, niet Lid van de Verenigde Naties zijnde, een uitnodiging tot ondertekening heeft ontvangen van de Algemene Vergadering.

Dit Verdrag wordt bekrachtigd en de akten van bekrachtiging worden nedergelegd bij de Secretaris-Generaal van de Verenigde Naties.

Na 1 Januari 1950 kunnen tot dit Verdrag toetreden elk Lid van de Verenigde Naties en elke Staat, die, niet Lid van de Verenigde Naties zijnde, een uitnodiging heeft ontvangen als bovenbedoeld.

De akten van toetreding worden nedergelegd bij de Secretaris-Generaal van de Verenigde Naties.

Art. XII
Elke Verdragsluitende Partij kan te allen tijde door kennisgeving aan de Secretaris-Generaal van de Verenigde Naties de toepasselijkheid van dit Verdrag uitbreiden tot een of alle der gebieden, voor welker buitenlandse betrekkingen deze Verdragsluitende Partij verantwoordelijk is.

Art. XIII
Op de dag, waarop de eerste twintig akten van bekrachtiging of toetreding zijn nedergelegd, maakt de Secretaris-Generaal proces-verbaal op en doet een afschrift hiervan toekomen aan elk Lid van de Verenigde Naties en aan elk der Staten, niet-Leden, bedoeld in artikel XI.

Dit Verdrag treedt in werking op de negentigste dag na die, waarop de twintigste akte van bekrachtiging of toetreding is nedergelegd.

Elke bekrachtiging of toetreding, tot stand gekomen na voornoemde datum, wordt van kracht op de negentigste dag, volgende op de nederlegging van de akte van bekrachtiging of toetreding.

Art. XIV
Dit Verdrag blijft van kracht voor de tijd van tien jaren van de dag af, waarop het in werking is getreden.

Het blijft daarna van kracht, telkens voor de tijd van vijf jaren, voor die Verdragsluitende Partijen, welke het niet ten minste zes maanden voor het verstrijken van de lopende termijn hebben opgezegd.

Opzegging geschiedt door middel van een schriftelijke kennisgeving aan de Secretaris-Generaal van de Verenigde Naties.

Art. XV
Indien, tengevolge van opzeggingen, het aantal der bij dit Verdrag betrokken Partijen minder dan zestien mocht bedragen, houdt het Verdrag op van kracht te zijn van de dag af, waarop de laatste van deze opzeggingen van kracht wordt.

Art. XVI
Een verzoek tot herziening van dit Verdrag kan te allen tijde door elke Verdragsluitende Partij worden gedaan door middel van een schriftelijke kennisgeving, gericht aan de Secretaris-Generaal.

De Algemene Vergadering beslist, of en zo ja, welke stappen zullen worden gedaan met betrekking tot een dergelijk verzoek.

Art. XVII
De Secretaris-Generaal van de Verenigde Naties stelt alle Leden van de Verenigde Naties en de Staten, niet-Leden, als bedoeld in artikel XI van het volgende in kennis:
a. ondertekeningen, bekrachtigingen en toetredingen, ontvangen overeenkomstig artikel XI;
b. kennisgevingen ontvangen overeenkomstig artikel XII;
c. de datum, waarop dit Verdrag in werking treedt overeenkomstig artikel XIII;
d. opzeggingen, ontvangen overeenkomstig artikel XIV;
e. de beëindiging van dit Verdrag overeenkomstig artikel XV;
f. kennisgevingen, ontvangen overeenkomstig artikel XVI.

Art. XVIII
Het origineel van dit Verdrag wordt nedergelegd in het archief van de Verenigde Naties.
Een gewaarmerkt afschrift van het Verdrag wordt ter hand gesteld aan alle Leden van de Verenigde Naties en aan de Staten, niet-Leden, bedoeld in artikel XI.

Art. XIX
Dit Verdrag wordt door de Secretaris-Generaal geregistreerd op de dag waarop het in werking treedt.

Europees Verdrag aangaande de wederzijdse rechtshulp in strafzaken[1]

De Regeringen die dit Verdrag hebben ondertekend, Leden van de Raad van Europa,
Overwegende dat het doel van de Raad van Europa is het tot stand brengen van een grotere eenheid tussen zijn Leden;
Overtuigd dat het aanvaarden van gemeenschappelijke regels op het gebied van wederzijdse rechtshulp in strafzaken tot het bereiken van dit doel zal bijdragen;
Overwegende dat de wederzijdse rechtshulp een onderwerp is dat verwant is aan uitlevering, waarop reeds betrekking heeft een verdrag onder dagtekening van 13 december 1957;
Zijn als volgt overeengekomen:

TITEL I
Algemene bepalingen

Art. 1
1. De Partijen verbinden zich er onmiddellijk toe om, in overeenstemming met de bepalingen van dit Verdrag, elkander wederzijds in zo ruim mogelijke mate rechtshulp te verlenen in procedures die betrekking hebben op strafbare feiten waarvan de bestraffing op het tijdstip van het verzoek om rechtshulp, tot de bevoegdheid behoort van rechterlijke autoriteiten van de verzoekende Partij.
2. Dit Verdrag is niet van toepassing op de tenuitvoerlegging van beslissingen tot vrijheidsbeneming of van veroordelingen of delicten krachtens militair recht die geen strafbare feiten naar het gewone strafrecht zijn.
3. Wederzijdse rechtshulp kan eveneens worden verleend in procedures wegens feiten die volgens het nationale recht van de verzoekende Partij of de aangezochte Partij als vergrijpen tegen voorschriften betreffende de orde door bestuurlijke autoriteiten worden bestraft, mits van hun beslissingen beroep openstaat op een ook in strafzaken bevoegde rechter.
4. Wederzijdse rechtshulp wordt niet geweigerd op grond van het enkele feit dat deze betrekking heeft op handelingen waarvoor een rechtspersoon in de verzoekende Partij aansprakelijk kan worden gesteld.

Art. 2
Rechtshulp kan worden geweigerd:
(a) indien het verzoek betrekking heeftop strafbare feiten die door de aangezochte Partij, hetzij als een politiek misdrijf of een met een dergelijk misdrijf samenhangend feit, hetzij als een fiscaal delict worden beschouwd;
(b) indien de aangezochte Partij van mening is dat uitvoering van het verzoek zou kunnen leiden tot een aantasting van de soevereiniteit, de veiligheid, de openbare orde of andere wezenlijke belangen van haar land.

Uitzonderingen

TITEL II
Rogatoire commissies

Art. 3
1. De aangezochte Partij geeft volgens de procedure voorzien in haar eigen wetgeving gevolg aan de rogatoire commissies aangaande een strafzaak die tot haar worden gericht door de rechterlijke autoriteiten van de verzoekende Partij en die tot doel hebben het verrichten van handelingen van onderzoek of de toezending van stukken van overtuiging, van dossiers of van documenten.
2. Indien de verzoekende Partij het wenselijk acht dat getuigen of deskundigen hun verklaring onder ede afleggen, verzoekt zij hierom uitdrukkelijk en de aangezochte Partij geeft aan een dergelijk verzoek gevolg indien de wet van haar land zich daartegen niet verzet.
3. De aangezochte Partij zal kunnen volstaan met de toezending van voor eensluidend gewaarmerkte afschriften of fotocopieën van de dossiers of documenten waarom wordt verzocht. Indien de verzoekende Partij uitdrukkelijk vraagt om toezending van het origineel, dient zoveel mogelijk aan een dergelijk verzoek gevolg te worden gegeven.

Gevolggeving aan rogatoire commissies

Eedaflegging

Afschrift of origineel

Art. 4
1. De aangezochte Partij licht de verzoekende Partij, indien zij daarom uitdrukkelijk vraagt, in aangaande de datum waarop en de plaats waar de rogatoire commissie zal worden uitgevoerd.

Plaats en datum

---

[1] Inwerkingtredingsdatum: 15-05-1969; zoals laatstelijk gewijzigd bij: Trb. 2008, 157.

De autoriteiten van de verzoekende Partij en de betrokkenen kunnen bij die uitvoering aanwezig zijn indien de aangezochte Partij daarin toestemt.

2. Verzoeken om de aanwezigheid van dergelijke autoriteiten of betrokkenen mag niet worden geweigerd wanneer de uitvoering van het verzoek om rechtshulp door hun aanwezigheid naar verwachting beter aansluit bij de behoeften van de verzoekende Partij en aanvullende verzoeken om rechtshulp derhalve naar verwachting vermeden kunnen worden.

Art. 5

Uitvoering onder voorwaarden

1. Iedere Verdragsluitende Partij kan zich bij de ondertekening van dit Verdrag of bij de nederlegging van de akte van bekrachtiging of van toetreding door een verklaring gericht tot de Secretaris-Generaal van de Raad van Europa het recht voorbehouden de uitvoering van rogatoire commissies strekkende tot huiszoeking of inbeslagneming afhankelijk te stellen van een of meer van de volgende voorwaarden:
(a) het strafbare feit dat tot de rogatoire commissie aanleiding geeft, moet zowel volgens de wetgeving van de verzoekende als volgens die van de aangezochte Partij strafbaar zijn;
(b) het strafbare feit dat tot de rogatoire commissie aanleiding geeft, moet in het aangezochte land grond kunnen opleveren tot uitlevering;
(c) de uitvoering van de rogatoire commissie moet verenigbaar zijn met de wet van de aangezochte Partij.

Wederkerigheid

2. Wanneer een Verdragsluitende Partij een verklaring overeenkomstig het eerste lid van dit artikel heeft afgelegd, kan elke andere Partij het beginsel van wederkerigheid toepassen.

Art. 6

Uitstel overgave dossiers e.d

1. De aangezochte Partij kan de overgave van voorwerpen, dossiers en documenten waarvan de overdracht is gevraagd, uitstellen wanneer zij deze nodig heeft voor een strafrechtelijke procedure.

Teruggave

2. De voorwerpen, alsmede de originele dossiers en documenten, die ter uitvoering van een rogatoire commissie zijn overgegeven worden zo spoedig mogelijk door de verzoekende Partij aan de aangezochte Partij teruggegeven, tenzij laatstgenoemde er afstand van doet.

TITEL III
Mededeling van processtukken en rechterlijke beslissingen - Verschijning van getuigen, deskundigen en verdachten

Art. 7

Mededeling processtukken e.d.

1. De aangezochte Partij doet de processtukken en rechterlijke beslissingen die haar met dat doel door de verzoekende Partij worden toegezonden, aan de betrokkenen toekomen.
Dit kan geschieden door toezending van het processtuk of van de beslissing aan de geadresseerde. Indien de verzoekende Partij hierom uitdrukkelijk vraagt, worden de stukken door de aangezochte Partij medegedeeld volgens een van de procedures waarin haar wetgeving voor dergelijke betekeningen voorziet of volgens een bijzondere procedure die met haar wetgeving verenigbaar is.

2. Als bewijs dat het stuk werd uitgereikt dient ofwel een gedateerd ontvangstbewijs dat door de geadresseerde ondertekend is, ofwel een verklaring van de aangezochte Partij waarin het feit van de uitreiking, benevens de wijze en de datum waarop deze is geschied, zijn vermeld. Het bewijsstuk van de uitreiking wordt zo spoedig mogelijk aan de verzoekende Partij toegezonden. Indien de verzoekende Partij daarom vraagt, geeft de aangezochte Partij aan of de uitreiking overeenkomstig haar wetgeving heeft plaatsgevonden. Indien de uitreiking niet heeft kunnen plaatsvinden, deelt de aangezochte Partij de reden daarvan terstond aan de verzoekende Partij mede.

3. Iedere Verdragsluitende Partij kan bij de ondertekening van dit Verdrag of bij de nederlegging van haar akte van bekrachtiging of van toetreding door een verklaring gericht tot de Secretaris-Generaal van de Raad van Europa verzoeken dat een dagvaarding bestemd voor een verdachte die zich op haar grondgebied bevindt, een bepaalde tijd vóór de datum welke voor de verschijning is vastgesteld, aan haar autoriteiten wordt toegezonden. Deze termijn wordt in de bedoelde verklaring aangegeven en mag de 50 dagen niet overschrijden.
Bij het vaststellen van de datum van verschijning en bij de toezending van de dagvaarding dient met deze termijn rekening te worden gehouden.

Art. 8

Immuniteit getuige en deskundige

De getuige of deskundige die geen gevolg heeft gegeven aan een dagvaarding waarvan toezending is gevraagd, kan aan geen enkele sanctie of dwangmaatregel worden onderworpen, zelfs niet indien in de dagvaarding een verplichting om te verschijnen is vermeld, tenzij de betrokkene zich daarna uit vrije wil op het grondgebied van de verzoekende Partij begeeft en hij daar op wettige wijze opnieuw gedagvaard wordt.

Art. 9

Reis- en verblijfkosten

De schadeloosstelling en de vergoeding voor reis- en verblijfkosten die aan de getuige of deskundige door de verzoekende Partij moeten worden betaald, worden berekend vanaf de verblijfplaats van de betrokkene, en dienen te worden toegekend volgens tarieven die ten minste gelijk zijn aan die welke van kracht zijn in het land waar het verhoor plaats moet vinden.

Art. 10
1. Indien de verzoekende Partij het van bijzonder belang acht dat een getuige of een deskundige in persoon voor haar rechterlijke autoriteiten verschijnt, vermeldt zij dit uitdrukkelijk bij haar verzoek tot uitreiking van de dagvaarding.
De aangezochte Partij nodigt een dergelijke getuige of deskundige uit om inderdaad te verschijnen. De aangezochte Partij geeft van het antwoord van de getuige of deskundige aan de verzoekende Partij kennis. — *Verschijning in persoon*

2. In het geval voorzien in het eerste lid van dit artikel moet het verzoek of de dagvaarding bij benadering aangeven het bedrag van de te betalen schadeloosstelling en van de te vergoeden reis- en verblijfkosten. — *Vergoeding*

3. De aangezochte Partij kan, indien dit aan haar wordt verzocht, aan de getuige of de deskundige een voorschot toekennen. Het bedrag van dit voorschot wordt op de dagvaarding vermeld en terugbetaald door de verzoekende Partij. — *Voorschot*

Art. 11
1. Indien de verzoekende Partij, ten behoeve van de bewijsvoering en niet voor het terechtstaan van de betrokkene, de verschijning in persoon verzoekt van een gedetineerde, wordt deze tijdelijk overgebracht naar haar grondgebied, op voorwaarde dat hij of zij binnen de door de aangezochte Partij vastgestelde termijn wordt teruggebracht en onder voorbehoud van het bepaalde in artikel 12 van dit Verdrag, voor zover dit toepassing kan vinden. — *Weigeringsgronden*
De overbrenging kan worden geweigerd indien:
a. de gedetineerde er niet in toestemt;
b. zijn of haar aanwezigheid vereist wordt in een strafrechtelijke procedure op het grondgebied van de aangezochte Partij;
c. de overbrenging de duur van zijn of haar detentie zou kunnen verlengen, of
d. andere dwingende overwegingen zich tegen zijn of haar overbrenging naar het grondgebied van de verzoekende Partij verzetten.

2. Onverminderd artikel 2 van dit Verdrag, wordt, in het geval bedoeld in het eerste lid, de doortocht van de gedetineerde door het grondgebied van een derde Partij toegestaan Het daartoe strekkende verzoek van het Ministerie van Justitie van de verzoekende Partij aan het Ministerie van Justitie van de Partij voor wiens grondgebied om doortocht wordt verzocht dient te zijn vergezeld van de daarvoor van belang zijnde stukken. Een Partij kan weigeren doortocht van zijn onderdanen toe te staan. — *Doortocht gedetineerde*

3. De overgebrachte persoon blijft op het grondgebied van de verzoekende Partij en, in voorkomende gevallen op het grondgebied van de Partij aan wie toestemming tot doortocht is verzocht, in detentie, tenzij de Partij die om toestemming tot doortocht wordt verzocht, zijn of haar invrijheidstelling verzoekt. — *Hechtenis*

Art. 12
1. Een getuige of deskundige, van welke nationaliteit ook, die na gedagvaard te zijn voor de rechterlijke autoriteiten van de verzoekende Partij verschijnt, kan op het grondgebied van die Partij noch worden vervolgd, noch in hechtenis genomen, noch aan enige andere vrijheidsbeperking worden onderworpen voor feiten of veroordelingen die voorafgingen aan zijn vertrek van het grondgebied van de aangezochte Partij. — *Immuniteit getuigen, deskundigen en verdachten*

2. Een persoon, van welke nationaliteit ook, die gedagvaard is om voor de rechterlijke autoriteiten van de verzoekende Partij te verschijnen teneinde zich te verantwoorden voor feiten ten aanzien waarvan tegen hem een strafvervolging is ingesteld, kan noch worden vervolgd noch in hechtenis genomen, noch aan enige andere vrijheidsbeperking worden onderworpen voor feiten of veroordelingen welke vooraf gingen aan zijn vertrek van het grondgebied van de aangezochte Partij, voor zover die niet in de dagvaarding zijn vermeld.

3. De in dit artikel bedoelde immuniteit houdt op wanneer de getuige, de deskundige of de verdachte, hoewel hij gedurende vijftien achtereenvolgende dagen na het tijdstip waarop zijn aanwezigheid niet meer door de rechterlijke autoriteiten werd vereist, de mogelijkheid had het grondgebied van de verzoekende Partij te verlaten, daar desalniettemin is gebleven of op dat grondgebied is teruggekeerd na het te hebben verlaten. — *Beëindiging immuniteit*

TITEL IV
Strafregister

Art. 13
1. De uittreksels uit het strafregister en alle inlichtingen welke op het strafregister betrekking hebben, die door de rechterlijke autoriteiten van een Partij in verband met een strafzaak worden gevraagd, worden door de aangezochte Partij aan die autoriteiten verstrekt, voor zover haar eigen rechterlijke autoriteiten deze in overeenkomstige gevallen kunnen verkrijgen. — *Informatie m.b.t. het strafregister*

2. In andere gevallen dan die bedoeld in het eerste lid van dit artikel wordt aan een dergelijk verzoek gevolg gegeven overeenkomstig hetgeen is voorzien in de wetgeving, de regelingen of de algemeen gevolgde gedragslijn van de aangezochte Partij.

TITEL V
Procedure

Art. 14

Inhoud verzoeken

1. Verzoeken om rechtshulp dienen de volgende gegevens te bevatten:
(a) autoriteit waarvan het verzoek uitgaat;
(b) het onderwerp van en de grond voor het verzoek;
(c) voor zover mogelijk de identiteit en de nationaliteit van de betrokken persoon;
(d) zo nodig de naam en het adres van degene voor wie het bestemd is.
2. De rogatoire commissies bedoeld in de artikelen 3, 4 en 5 dienen bovendien de telastelegging te vermelden en een kort overzicht van de feiten te bevatten.

Art. 15

Adressaat verzoeken

1. Verzoeken om wederzijdse rechtshulp, alsmede informatie op eigen initiatief, worden door het Ministerie van Justitie van de verzoekende Partij gericht aan het Ministerie van Justitie van de aangezochte Partij en op dezelfde wijze teruggezonden. Zij mogen evenwel rechtstreeks door de rechterlijke autoriteiten van de verzoekende Partij worden gericht aan de rechterlijke autoriteiten van de aangezochte Partij en op dezelfde wijze teruggezonden.
2. De verzoeken bedoeld in artikel 11 van dit Verdrag en artikel 13 van het Tweede Aanvullend Protocol bij dit Verdrag worden in alle gevallen door het Ministerie van Justitie van de verzoekende Partij gericht aan het Ministerie van Justitie van de aangezochte Partij en op dezelfde wijze teruggezonden.
3. Verzoeken om wederzijdse rechtshulp betreffende procedures als bedoeld in artikel 1, derde lid, van dit Verdrag kunnen eveneens rechtstreeks door de bestuurlijke of rechterlijke autoriteiten van de verzoekende Partij worden gericht aan de bestuurlijke of rechterlijke autoriteiten van de aangezochte Partij, naar gelang van het geval, en op dezelfde wijze worden teruggezonden.
4. Verzoeken om wederzijdse rechtshulp gedaan ingevolge de artikelen 18 en 19 van het Tweede Aanvullend Protocol bij dit Verdrag kunnen eveneens rechtstreeks door de bevoegde autoriteiten van de verzoekende Partij worden gericht aan de bevoegde autoriteiten van de aangezochte Partij.
5. De verzoeken bedoeld in artikel 13, eerste lid, van dit Verdrag kunnen rechtstreeks door de betrokken rechterlijke autoriteiten worden gericht aan de desbetreffende autoriteiten van de aangezochte Partij, en de antwoorden kunnen door deze autoriteiten rechtstreeks worden teruggezonden. De verzoeken bedoeld in artikel 13, tweede lid, van dit Verdrag worden door het Ministerie van Justitie van de verzoekende Partij gericht aan het Ministerie van Justitie van de aangezochte Partij.
6. Verzoeken om afschriften van vonnissen en maatregelen als bedoeld in artikel 4 van het Aanvullend Protocol bij het Verdrag kunnen rechtstreeks aan de bevoegde autoriteiten worden gericht. Elke Verdragsluitende Staat kan te allen tijde door middel van een aan de Secretaris-Generaal van de Raad van Europa gerichte verklaring aangeven welke autoriteiten hij beschouwt als bevoegde autoriteiten in de zin van dit lid.
7. In spoedeisende gevallen kan dit, wanneer rechtstreekse verzending ingevolge dit Verdrag is toegestaan, geschieden via de Internationale Politie Organisatie (Interpol).
8. Elke Partij kan zich te allen tijde door middel van een aan de Secretaris-Generaal van de Raad van Europa gerichte verklaring het recht voorbehouden de uitvoering van verzoeken om wederzijdse rechtshulp, of gespecificeerde verzoeken, afhankelijk te stellen van een of meer van de volgende voorwaarden:
a. dat een afschrift van het verzoek aan de in die verklaring genoemde centrale autoriteit wordt gericht;
b. dat verzoeken, behoudens spoedeisende verzoeken, aan de in die verklaring genoemde centrale autoriteit worden gericht;
c. dat, in geval van rechtstreekse verzending vanwege spoedeisende redenen, tegelijkertijd een afschrift aan haar Ministerie van Justitie wordt gericht;
d. dat sommige of alle verzoeken om rechtshulp aan haar worden gericht op een andere wijze dan de in dit artikel bedoelde wijzen.
9. Verzoeken om wederzijdse rechtshulp en alle overige mededelingen op grond van dit Verdrag of de Protocollen daarbij, kunnen worden verzonden via elektronische of andere telecommunicatiemiddelen mits de verzoekende Partij bereid is, op verzoek, op enig tijdstip een schriftelijk stuk en het origineel hiervan te verstrekken. Elke Verdragsluitende Staat kan evenwel door middel van een op enig tijdstip aan de Secretaris-Generaal van de Raad van Europa gerichte verklaring de voorwaarden vaststellen waarop hij bereid is via elektronische of andere telecommunicatiemiddelen ontvangen verzoeken te aanvaarden en uit te voeren.

10. Dit artikel laat onverlet de bepalingen uit bilaterale overeenkomsten of regelingen welke tussen de Partijen van kracht zijn en volgens welke rechtstreekse toezending van verzoeken om rechtshulp tussen hun onderscheiden autoriteiten is voorzien.

Art. 16
1. Behoudens het bepaalde in het tweede lid van dit artikel wordt geen vertaling van de verzoeken en de daarbij behorende stukken geëist.   *Vertaling*
2. Iedere Verdragsluitende Partij kan zich bij de ondertekening van dit Verdrag of bij nederlegging van haar akte van bekrachtiging of van toetreding door een verklaring gericht tot de Secretaris-Generaal van de Raad van Europa het recht voorbehouden te eisen dat verzoeken om rechtshulp en daarbij behorende stukken haar worden toegezonden vergezeld, hetzij van een vertaling in haar eigen taal, hetzij van een vertaling in een van de officiële talen van de Raad van Europa, dan wel in een door die Partij aangegeven officiële taal van de Raad van Europa. De andere Partijen kunnen het beginsel van wederkerigheid toepassen.
3. Dit artikel laat onverlet de bepalingen met betrekking tot de vertaling van verzoeken om rechtshulp en daarbij behorende stukken welke zijn opgenomen in overeenkomsten of afspraken welke van kracht zijn of nog zullen worden tussen twee of meer Verdragsluitende Partijen.

Art. 17
De stukken en documenten welke krachtens dit Verdrag worden overgedragen zijn vrijgesteld van alle formaliteiten van legalisatie.   *Vrijstelling van formaliteiten*

Art. 18
Indien een autoriteit die een verzoek om rechtshulp ontvangt onbevoegd is om daaraan gevolg te geven, draagt zij dit verzoek ambtshalve over aan de bevoegde autoriteit van haar land. Indien het verzoek rechtstreeks is gedaan, stelt zij de verzoekende Partij rechtstreeks van de overdracht op de hoogte.   *Onbevoegdheid aangezochte autoriteit*

Art. 19
Elke weigering van rechtshulp wordt met redenen omkleed.   *Weigering*

Art. 20
1. De Partijen vorderen van elkaar geen terugbetaling van kosten voortvloeiende uit de toepassing van dit Verdrag of de Protocollen daarbij, behouden: *Vergoeding kosten*
a. kosten veroorzaakt door het optreden van deskundigen op het grondgebied van de aangezochte Partij;
b. kosten veroorzaakt door de overbrenging van gedetineerden overeenkomstig artikel 13 of 14 van het Tweede Aanvullend Protocol bij dit Verdrag, of artikel 11 van dit Verdrag;
c. kosten van aanmerkelijke of buitengewone aard.
2. De kosten van het tot stand brengen van een video- of telefoonverbinding, de kosten van het functioneren van een video- of telefoonverbinding in de aangezochte Partij, de vergoeding van door haar geleverde tolken en gelden betaald aan getuigen alsmede de door hen gemaakte reiskosten in de aangezochte Partij worden evenwel door de verzoekende Partij aan de aangezochte Partij terugbetaald, tenzij de Partijen anderszins overeenkomen.
3. De Partijen plegen overleg met elkaar teneinde regelingen te treffen voor de betaling van de kosten die uit hoofde van het eerste lid, onder c, teruggevorderd kunnen worden.
4. De bepalingen van dit artikel laten de bepalingen van artikel 10, derde lid, van dit Verdrag onverlet.

TITEL VI
Aangifte tot het uitlokken van een strafvervolging

Art. 21
1. Elke aangifte van een Verdragsluitende Partij welke tot strekking heeft het instellen van een strafvervolging voor de rechter van een andere Partij, wordt door het Ministerie van Justitie van de ene Partij tot het Ministerie van Justitie van de andere Partij gericht. De Verdragsluitende Partijen kunnen evenwel gebruik maken van de bevoegdheid voorzien in het zesde lid van artikel 15.   *Aangifte*
2. De aangezochte Partij deelt de verzoekende Partij mede welk gevolg aan deze aangifte is gegeven en doet een afschrift van de beslissing welke in de zaak is genomen aan de verzoekende Partij toekomen.   *Afschrift*
3. Het bepaalde in artikel 16 is van toepassing op aangiften gedaan krachtens het eerste lid van dit artikel.   *Art. 16*

TITEL VII
Uitwisseling van mededelingen omtrent veroordelingen

Art. 22
1. Elk der Partijen geeft aan de betrokken Partij kennis van strafvonnissen en van nadien met betrekking tot die vonnissen genomen maatregelen die betrekking hebben op onderdanen van

die Partij en in het strafregister zijn vermeld. De Ministeries van Justitie wisselen deze mededelingen ten minste éénmaal per jaar uit. Indien de betrokkene beschouwd wordt als onderdaan van twee of meer Verdragsluitende Partijen, worden de mededelingen aan ieder van de betrokken Partijen gedaan, tenzij de betrokkene de nationaliteit bezit van de Partij op wier grondgebied hij is veroordeeld.

2. Bovendien zendt iedere Verdragsluitende Partij die bovenbedoelde mededelingen heeft gedaan, aan de betrokken Partij, op haar verzoek en in bijzondere gevallen, afschriften van de desbetreffende vonnissen en maatregelen, alsmede iedere andere daarop betrekking hebbende inlichting, ten einde haar in staat te stellen na te gaan of in verband hiermee interne maatregelen moeten worden genomen. Deze uitwisseling van stukken geschiedt tussen de betrokken Ministeries van Justitie.

TITEL VIII
Slotbepalingen

Art. 23

Voorbehoud

1. Iedere Verdragsluitende Partij kan bij de ondertekening van dit Verdrag of bij de nederlegging van haar akte van bekrachtiging of van toetreding een voorbehoud maken met betrekking tot een of meer daarbij aangegeven bepalingen van dit Verdrag.
2. Iedere Verdragsluitende Partij die een voorbehoud heeft gemaakt trekt dit, zodra de omstandigheden haar dit veroorloven, in. Een voorbehoud wordt ingetrokken door een mededeling gericht tot de Secretaris-Generaal van de Raad van Europa.
3. Een Verdragsluitende Partij die met betrekking tot een bepaling van dit Verdrag een voorbehoud heeft gemaakt kan de naleving van die bepaling van dit Verdrag door een andere Partij slechts verlangen voor zover zij die bepaling zelf heeft aanvaard.

Art. 24

Iedere Staat geeft op het tijdstip van ondertekening of bij de nederlegging van zijn akte van bekrachtiging, aanvaarding, goedkeuring of toetreding een verklaring gericht aan de Secretaris-Generaal van de Raad van Europa aan welke autoriteiten hij beschouwt als rechterlijke autoriteiten in de zin van dit Verdrag. Daarna kan hij deze verklaring te allen tijde en op dezelfde wijze wijzigen.

Art. 25

Toepassingsgebied

1. Dit Verdrag is van toepassing op het tot het moederland behorende grondgebied van de Verdragsluitende Partijen.
2. Het is tevens van toepassing wat Frankrijk betreft op Algerije en op de overzeese departementen en wat Italië betreft op het grondgebied van Somaliland dat onder Italiaans bestuur staat.
3. De Bondsrepubliek Duitsland kan door een verklaring gericht tot de Secretaris-Generaal van de Raad van Europa de toepasselijkheid van dit Verdrag uitbreiden tot het „Land" Berlijn.
4. Wat het Koninkrijk der Nederlanden betreft, is dit Verdrag van toepassing op zijn Europese grondgebied. Het Koninkrijk kan door een verklaring gericht tot de Secretaris-Generaal van de Raad van Europa, de toepasselijkheid van dit Verdrag uitbreiden tot de Nederlandse Antillen, Suriname en Nederlands Nieuw-Guinea.
5. Bij rechtstreekse overeenkomst tussen twee of meer Verdragsluitende Partijen kan de toepasselijkheid van dit Verdrag onder bij die overeenkomst te stellen voorwaarden worden uitgebreid tot elk grondgebied van een van die Partijen hetwelk niet behoort tot het grondgebied bedoeld in de voorgaande leden, voor zover de buitenlandse betrekkingen van die gebieden door een der Partijen worden behartigd.

Art. 26

Andere verdragen

1. Onverminderd het bepaalde in het zevende lid van artikel 15 en het derde lid van artikel 16 doet dit Verdrag wat de gebieden waarop het van toepassing is betreft, die bepalingen uit bilaterale verdragen, conventies of overeenkomsten vervallen, die de wederzijdse rechtshulp in strafzaken tussen twee Verdragsluitende Partijen regelen.
2. Dit Verdrag maakt geen inbreuk op de verplichtingen welke zijn vervat in de bepalingen van een andere internationale overeenkomst van bilaterale of multilaterale aard, waarvan zekere bepalingen de wederzijdse rechtshulp op bijzondere punten voor een bepaald terrein regelen of zullen regelen.
3. De Verdragsluitende Partijen kunnen met elkaar slechts bilaterale of multilaterale overeenkomsten met betrekking tot de wederzijdse rechtshulp in strafzaken sluiten wanneer deze ertoe strekken de bepalingen van dit Verdrag aan te vullen of de toepassing van de daarin vervatte beginselen te vergemakkelijken.
4. Indien de rechtshulp in strafzaken tussen twee of meer Verdragsluitende Partijen plaatsvindt op grond van een eenvormige wet of van een bijzonder stelsel dat in wederzijdse toepassing van maatregelen van rechtshulp op elkaars grondgebied voorziet, zijn die Partijen bevoegd om hun onderlinge betrekkingen op dit terrein uitsluitend te regelen op basis van zulk een wet of

stelsel, niettegenstaande de bepalingen van dit Verdrag. De Verdragsluitende Partijen die in hun onderlinge betrekkingen de toepassing van dit Verdrag van het begin af aan of later uitsluiten overeenkomstig de bepalingen van dit lid, dienen ter zake een mededeling te richten tot de Secretaris-Generaal van de Raad van Europa.

Art. 27
1. Dit Verdrag is voor ondertekening door de leden van de Raad van Europa opengesteld. Het dient te worden bekrachtigd en de akten van bekrachtiging dienen te worden nedergelegd bij de Secretaris-Generaal van de Raad van Europa.
2. Het Verdrag treedt in werking 90 dagen na het tijdstip waarop de derde akte van bekrachtiging is nedergelegd.
3. Voor iedere ondertekenende regering die het daarna bekrachtigt, treedt het in werking 90 dagen na de datum van nederlegging van haar akte van bekrachtiging.

Ondertekening, bekrachtiging en inwerkingtreding

Art. 28
1. Het Comité van Ministers van de Raad van Europa kan elke Staat die geen lid is van de Raad uitnodigen tot dit Verdrag toe te treden, mits de resolutie betreffende deze uitnodiging eenstemmig wordt goedgekeurd door de leden van de Raad die dit Verdrag hebben bekrachtigd.
2. De toetreding vindt plaats door nederlegging bij de Secretaris-Generaal van de Raad van een akte van toetreding. De toetreding treedt in werking 90 dagen na de nederlegging van de desbetreffende akte.

Toetreding

Art. 29
Iedere Verdragsluitende Partij kan dit Verdrag wat haar betreft opzeggen door een daartoe strekkende kennisgeving, te richten tot de Secretaris-Generaal van de Raad van Europa. De opzegging treedt in werking zes maanden na de datum waarop de kennisgeving door de Secretaris-Generaal van de Raad is ontvangen.

Opzegging

Art. 30
De Secretaris-Generaal van de Raad van Europa geeft alle leden van de Raad en de regering van elke Staat die tot dit Verdrag is toegetreden, kennis van:
(a) de namen van de ondertekenende regeringen en de nederlegging van iedere akte van bekrachtiging of van toetreding;
(b) de datum van inwerkingtreding;
(c) elke kennisgeving ontvangen krachtens de bepalingen van het eerste lid van artikel 5, het derde lid van artikel 7, het zesde lid van artikel 15, het tweede lid van artikel 16, artikel 24, het derde en vierde lid van artikel 25 en het vierde lid van artikel 26;
(d) elk voorbehoud gemaakt krachtens het eerste lid van artikel 23;
(e) de intrekking van elk voorbehoud krachtens het tweede lid van artikel 23;
(f) elke kennisgeving van opzegging ontvangen krachtens artikel 29 en de datum waarop deze in werking treedt.

Kennisgeving van bekrachtiging e.d.

Europees Verdrag betreffende uitlevering[1]

De Regeringen die dit Verdrag hebben ondertekend, leden van de Raad van Europa,
Overwegende dat het doel van de Raad van Europa is het tot stand brengen van een grotere eenheid tussen zijn leden;
Overwegende dat dit doel kan worden bereikt door het sluiten van overeenkomsten of door het volgen van een gemeenschappelijke gedragslijn op juridisch gebied;
Overtuigd dat het aanvaarden van eenvormige regels op het gebied van uitlevering bevorderlijk is voor deze eenwording;
Zijn als volgt overeengekomen:

Art. 1 Verplichting tot uitlevering

Uitleveringsverplichting

De Verdragsluitende Partijen verbinden zich om, overeenkomstig de regels en onder de voorwaarden in de volgende artikelen bepaald, elkander de personen uit te leveren, die door de rechterlijke autoriteiten van de verzoekende Partij vervolgd worden ter zake van een strafbaar feit of gezocht worden tot tenuitvoerlegging van een straf of maatregel.

Art. 2 Feiten die tot uitlevering kunnen leiden

1. Tot uitlevering zullen kunnen leiden feiten die krachtens de wetten van de verzoekende Partij en van de aangezochte Partij strafbaar zijn gesteld met een vrijheidsstraf of met een maatregel welke vrijheidsbeneming medebrengt, met een maximum van ten minste een jaar of met een zwaardere straf. Wanneer er binnen het gebied van de verzoekende Partij een straf of een maatregel is opgelegd moet die straf of die maatregel ten minste de duur van vier maanden hebben.
2. Indien het verzoek om uitlevering betrekking heeft op verscheidene, afzonderlijke feiten die alle krachtens de wet van de verzoekende en van de aangezochte Partij strafbaar zijn gesteld met vrijheidsstraf of met een maatregel welke vrijheidsbeneming medebrengt, maar waarvan sommige niet voldoen aan de voorwaarde met betrekking tot de hoogte van de straf, is de aangezochte Partij bevoegd de uitlevering eveneens voor deze laatste feiten toe te staan. Deze bevoegdheid geldt ook met betrekking tot feiten die slechts met geldstraffen worden bedreigd.
3. Iedere Verdragsluitende Partij wier wetgeving de uitlevering voor bepaalde in het eerste lid van dit artikel bedoelde strafbare feiten niet toestaat, kan -- voor zover het haar betreft -- deze strafbare feiten van de werking van dit Verdrag uitsluiten.
4. Iedere Verdragsluitende Partij die van de mogelijkheid, voorzien in het derde lid van dit artikel, gebruik wil maken, doet bij de nederlegging van haar akte van bekrachtiging of toetreding aan de Secretaris-Generaal van de Raad van Europa een lijst van de strafbare feiten waarvoor uitlevering wordt toegestaan of een lijst van de strafbare feiten waarvoor uitlevering niet wordt toegestaan, toekomen, een en ander met vermelding van de wettelijke voorschriften die uitlevering toestaan dan wel uitsluiten. De Secretaris-Generaal van de Raad doet deze lijsten aan de andere ondertekenende regeringen toekomen.
5. Indien later andere strafbare feiten door de wetgeving van een Verdragsluitende Partij van uitlevering worden uitgesloten, geeft die Partij hiervan kennis aan de Secretaris-Generaal van de Raad, die de andere ondertekenende regeringen ter zake inlicht. Deze kennisgeving heeft eerst gevolg na afloop van een termijn van drie maanden, te rekenen van de datum van ontvangst door de Secretaris-Generaal.
6. Iedere Partij die van de in de beide voorgaande leden voorziene mogelijkheid gebruik heeft gemaakt, kan te allen tijde strafbare feiten die van de werking van dit Verdrag waren uitgesloten, daaraan onderwerpen. Zij brengt deze wijzigingen ter kennis van de Secretaris-Generaal van de Raad, die deze aan de andere ondertekenende regeringen mededeelt.
7. Iedere Partij kan het beginsel van wederkerigheid toepassen met betrekking tot strafbare feiten die krachtens dit artikel van de werking van dit Verdrag zijn uitgesloten.

Art. 3 Politieke delicten

Politieke delicten

1. Uitlevering wordt niet toegestaan, indien het strafbare feit waarvoor zij wordt verzocht, door de aangezochte Partij als een politiek delict of als een met een dergelijk delict samenhangend feit wordt beschouwd.
2. Hetzelfde geldt, indien de aangezochte Partij ernstige redenen heeft aan te nemen dat het verzoek tot uitlevering voor een niet-politiek delict is gedaan met de bedoeling een persoon te vervolgen of te straffen op grond van zijn ras, godsdienst, nationaliteit of politieke gezindheid, dan wel dat de positie van de betrokkene om een van deze redenen ongunstig dreigt te worden beïnvloed.

---

[1] Inwerkingtredingsdatum: 15-05-1969; zoals laatstelijk gewijzigd bij: Trb. 1979, 119.

3. Voor de toepassing van dit Verdrag wordt de aanslag op het leven van een Staatshoofd of van een zijner familieleden niet als politiek delict beschouwd.
4. De toepassing van dit artikel tast de verplichtingen die de Partijen op zich hebben genomen of zullen nemen uit hoofde van andere internationale overeenkomsten van multilaterale aard niet aan.

Art. 4 Militaire delicten
Dit Verdrag is niet van toepassing op uitlevering voor militaire delicten, die niet tevens strafbare feiten naar de gewone strafwet zijn.

Militaire delicten

Art. 5 Fiscale delicten
1. Inzake retributies, belastingen, douane en deviezen vindt uitlevering tussen de Verdragsluitende Partijen plaats in overeenstemming met de bepalingen van het Verdrag, indien het feit naar de wetgeving van de aangezochte Partij overeenkomt met een strafbaar feit van dezelfde aard.
2. Uitlevering mag niet worden geweigerd op grond van het feit, dat naar de wetgeving van de aangezochte Partij niet dezelfde soort retributies of belastingen worden geheven, of die wetgeving niet dezelfde soort regeling op het gebied van retributies, belastingen, douane en deviezen bevat als de wetgeving van de verzoekende Partij.

Art. 6 Uitlevering van onderdanen
1.
(a) Iedere Verdragsluitende Partij is bevoegd de uitlevering van haar onderdanen te weigeren.
(b) Iedere Verdragsluitende Partij kan in een verklaring afgelegd bij ondertekening of bij nederlegging van haar akte van bekrachtiging of toetreding, een definitie geven van de betekenis die de uitdrukking „onderdanen" in het onderhavige Verdrag voor haar heeft.
(c) De hoedanigheid van onderdaan wordt beoordeeld naar de toestand op het ogenblik van de beslissing over de uitlevering. Niettemin kan de aangezochte Partij zich eveneens op het bepaalde onder (a) beroepen, indien de hoedanigheid van onderdaan eerst is toegekend tussen het tijdstip der beslissing en de voor de overlevering voorziene datum.
2. Indien de aangezochte Partij haar onderdaan niet uitlevert, moet zij op verzoek van de andere Partij de zaak aan haar bevoegde autoriteiten voorleggen, opdat, indien daartoe aanleiding bestaat, een strafvervolging kan worden ingesteld. Te dien einde zullen de op het strafbare feit betrekking hebbende dossiers, inlichtingen en voorwerpen kosteloos worden toegezonden op de in het eerste lid van artikel 12 bepaalde wijze. De verzoekende Partij wordt van het gevolg dat aan haar verzoek is gegeven op de hoogte gesteld.

Uitlevering van eigen onderdanen

Art. 7 Plaats waar het feit begaan is
1. De aangezochte Partij kan weigeren een persoon uit te leveren voor een strafbaar feit dat volgens de wetgeving van die Partij geheel of ten dele op haar grondgebied of op een daarmede gelijkgestelde plaats is gepleegd.
2. Wanneer het strafbare feit dat aan het verzoek tot uitlevering ten grondslag ligt is begaan buiten het grondgebied van de verzoekende Partij, kan de uitlevering slechts geweigerd worden, indien de wet van de aangezochte Partij, hetzij vervolging van een dergelijk buiten haar grondgebied gepleegd strafbaar feit, hetzij uitlevering wegens het aan het verzoek ten grondslag liggende feit, niet toelaat.

Art. 8 Vervolging ter zake van dezelfde feiten
Een aangezochte Partij kan weigeren een persoon wiens uitlevering is verzocht, uit te leveren, indien die persoon door haar wordt vervolgd ter zake van het feit of de feiten waarvoor uitlevering is verzocht.

Weigeringsgronden

Art. 9 Non bis in idem
1. Uitlevering wordt niet toegestaan, wanneer de persoon wiens uitlevering is verzocht, ter zake van het feit of van de feiten waarop dit verzoek was gegrond, door de bevoegde autoriteiten van de aangezochte Partij onherroepelijk is berecht. Uitlevering kan worden geweigerd, indien de bevoegde autoriteiten van de aangezochte Partij hebben besloten ter zake van hetzelfde feit of dezelfde feiten geen vervolging in de stellen, dan wel een ingestelde vervolging te staken.
2. De uitlevering van een persoon tegen wie in een derde Staat die Partij is bij het Verdrag een onherroepelijk vonnis is gewezen voor het feit of voor de feiten op grond waarvan de uitlevering werd verzocht, wordt niet toegestaan:
a. wanneer de betrokken persoon bij dit vonnis is vrijgesproken;
b. wanneer de vrijheidsstraf of de andere opgelegde maatregel:
i) geheel is ondergaan;
ii) geheel, of wat het nog niet ten uitvoer gelegde gedeelte betreft, bij wege van gratie of amnestie is kwijtgescholden;
c. wanneer de rechter de dader van het strafbare feit heeft schuldig bevonden zonder oplegging van een sanctie.
3. In de gevallen bedoeld in het tweede lid kan uitlevering wel worden toegestaan:
a. indien het feit dat aanleiding heeft gegeven tot het vonnis, is gepleegd tegen een tot de overheidsdienst van de verzoekende Staat behorende persoon, instelling of zaak;

b. indien de persoon tegen wie het vonnis is gewezen, zelf tot de overheidsdienst van de verzoekende Staat behoort;
c. indien het feit dat aanleiding heeft gegeven tot het vonnis, geheel of gedeeltelijk is gepleegd op het grondgebied van de verzoekende Staat of op een plaats die met zijn grondgebied wordt gelijkgesteld.
4. Het bepaalde in de leden 2 en 3 vormt geen beletsel voor de toepassing van ruimere nationale bepalingen waardoor aan buitenlandse rechterlijke beslissingen *ne bis in idem* werking wordt toegekend.

Art. 10 Verjaring

Verjaring

Uitlevering wordt niet toegestaan, indien volgens de wet van de verzoekende Partij of die van de aangezochte Partij het recht tot strafvervolging of de straf is verjaard.

Art. 11 Doodstraf

Doodstraf

Indien op het feit waarvoor uitlevering wordt verzocht, door de wet van de verzoekende Partij de doodstraf is gesteld en deze straf volgens de wet van de aangezochte Partij tegen dat feit niet wordt bedreigd of met betrekking tot dat feit door die Partij algemeen niet wordt toegepast, kan de inwilliging van het uitleveringsverzoek afhankelijk worden gesteld van de voorwaarde dat de verzoekende Partij ter beoordeling van de aangezochte Partij genoegzame waarborgen biedt dat de doodstraf niet ten uitvoer zal worden gelegd.

Art. 12 Verzoek en stukken ter ondersteuning daarvan

1. Het verzoek wordt schriftelijk gedaan en wordt door het Ministerie van Justitie van de verzoekende Partij gericht tot het Ministerie van Justitie van de aangezochte Partij; niettemin kan het verzoek ook langs diplomatieke weg worden gedaan. Twee of meer Partijen kunnen onderling rechtstreeks andere wegen voor het uitwisselen van stukken overeenkomen.
2. Tot staving van het verzoek dienen te worden overgelegd:
(a) het origineel of een authentiek afschrift, hetzij van een voor tenuitvoerlegging vatbare veroordeling, hetzij van een bevel tot aanhouding of van een andere akte die dezelfde kracht heeft, opgemaakt in de vorm voorgeschreven door de wet van de verzoekende Partij;
(b) een overzicht van de feiten waarvoor uitlevering wordt verzocht. De tijd en plaats, waarop de feiten begaan zijn, hun wettelijke omschrijving en de verwijzing naar de toepasselijke wetsbepalingen dienen zo nauwkeurig mogelijk te worden vermeld; en
(c) een afschrift van de toepasselijke wetsbepalingen of, indien zulks niet mogelijk is, een verklaring aangaande het toepasselijke recht, alsmede een zo nauwkeurig mogelijk signalement van de opgeëiste persoon, en alle andere inlichtingen die van belang zijn om zijn identiteit en nationaliteit vast te stellen.

Art. 13 Aanvullende inlichtingen

Indien de door de verzoekende Partij verstrekte inlichtingen onvoldoende blijken te zijn om de aangezochte Partij in staat te stellen overeenkomstig dit Verdrag een beslissing te nemen, doet de laatstgenoemde Partij het verzoek de noodzakelijke aanvullingen op deze inlichtingen te mogen ontvangen en kan zij een termijn stellen waarbinnen deze ontvangen moeten zijn.

Art. 14 Specialiteitsbeginsel

Specialiteitsbeginsel

1. De uitgeleverde persoon wordt niet vervolgd, berecht of in hechtenis gesteld met het oog op de tenuitvoerlegging van een straf of maatregel, noch aan enige andere beperking van zijn persoonlijke vrijheid onderworpen, wegens enig ander voor de overlevering begaan feit dan dat hetwelk de reden tot uitlevering is geweest, behalve in de volgende gevallen:
(a) wanneer de Partij die hem uitgeleverd heeft, erin toestemt. Daartoe moet een verzoek worden ingediend vergezeld van de in artikel 12 genoemde stukken en van een door een rechterlijk ambtenaar opgemaakt proces-verbaal, waarin de verklaringen van de uitgeleverde persoon zijn opgenomen. De toestemming wordt gegeven, indien het strafbare feit waarvoor zij verzocht wordt, op zichzelf de verplichting tot uitlevering krachtens dit Verdrag meebrengt;
(b) wanneer de uitgeleverde persoon, hoewel hij daartoe de mogelijkheid had, niet binnen de 45 dagen die op zijn definitieve invrijheidstelling volgden, het grondgebied van de Partij aan welke hij was uitgeleverd, heeft verlaten of indien hij na dit gebied verlaten te hebben daarin is teruggekeerd.
2. De verzoekende Partij kan echter de maatregelen nemen die nodig zijn voor een eventuele uitzetting uit haar grondgebied of voor een stuiting van de verjaring overeenkomstig haar wet, daaronder begrepen het instellen van een verstekprocedure.
3. Wanneer de omschrijving van het te laste gelegde feit in de loop van de procedure wordt gewijzigd, wordt de uitgeleverde persoon slechts vervolgd of berecht voor zover de elementen van het opnieuw omschreven feit uitlevering zouden gedogen.

Art. 15 Verderlevering aan een derde staat

Verderlevering aan een derde staat

Behoudens in het geval bedoeld in het eerste lid onder (b) van artikel 14, heeft de verzoekende Partij de toestemming van de aangezochte Partij nodig om de persoon die aan haar overgeleverd is en die gezocht wordt door een andere Partij of door een derde staat die geen Partij bij dit Verdrag is, aan die andere Partij of aan die staat uit te leveren ter zake van strafbare feiten, gepleegd voor de overlevering. De aangezochte Partij kan overlegging van de in artikel 12, tweede lid, bedoelde stukken eisen.

Art. 16 Voorlopige aanhouding

1. In geval van spoed kunnen de bevoegde autoriteiten van de verzoekende Partij de voorlopige aanhouding van de gezochte persoon verzoeken; de bevoegde autoriteiten van de aangezochte Partij beslissen overeenkomstig haar wet op dit verzoek. *Verzoek om voorlopige aanhouding*
2. Het verzoek om voorlopige aanhouding dient te vermelden dat een van de in artikel 12, tweede lid, onder (a) bedoelde stukken aanwezig is en kennis te geven van het voornemen een uitleveringsverzoek te zenden; het vermeldt tevens het strafbare feit waarvoor uitlevering zal worden verzocht, de tijd waarop en de plaats waar het begaan is, alsmede voor zover mogelijk, het signalement van de gezochte persoon.
3. Het verzoek om voorlopige aanhouding wordt aan de bevoegde autoriteiten van de aangezochte Partij toegezonden, hetzij langs diplomatieke weg, hetzij rechtstreeks per post of telegram, hetzij via de Organisation internationale de Police criminelle - Interpol, hetzij op iedere andere wijze waarbij schriftelijk van het verzoek blijkt of die door de aangezochte Partij wordt toegelaten. De verzoekende autoriteit wordt onverwijld ingelicht omtrent het gevolg dat aan haar verzoek is gegeven.
4. De voorlopige aanhouding kan worden beëindigd, indien de aangezochte Partij niet binnen een termijn van 18 dagen na het begin van de aanhouding het uitleveringsverzoek en de in artikel 12 genoemde stukken ontvangen heeft; de voorlopige aanhouding mag in geen geval langer duren dan 40 dagen. Voorlopige invrijheidstelling is evenwel op ieder ogenblik mogelijk, met dien verstande dat de aangezochte Partij daarbij alle maatregelen dient te nemen, die zij noodzakelijk acht om de vlucht van de persoon wiens aanhouding is verzocht te voorkomen.
5. De invrijheidstelling vormt geen beletsel voor een nieuwe aanhouding en voor uitlevering indien het uitleveringsverzoek alsnog wordt ontvangen.

Art. 17 Samenloop van verzoeken

Indien de uitlevering van een persoon door verschillende staten wordt verzocht, hetzij voor hetzelfde feit, hetzij voor verschillende feiten, houdt de aangezochte Partij bij haar beslissing rekening met alle omstandigheden en met name met de ernst van de strafbare feiten, de plaats waar zij begaan zijn, de dagtekening der onderscheiden verzoeken, de nationaliteit van de opgeëiste persoon en de mogelijkheid van latere uitlevering aan een andere staat. *Samenloop van verzoeken*

Art. 18 Overlevering van de uitgeleverde

1. De aangezochte Partij brengt haar beslissing ten aanzien van de uitlevering op de in artikel 12, eerste lid, bedoelde wijze ter kennis van de verzoekende Partij. *Inkennisstelling van beslissing*
2. Iedere gehele of gedeeltelijke weigering dient met redenen te zijn omkleed. *Weigering*
3. In geval van inwilliging van het verzoek dient de verzoekende Partij te worden ingelicht omtrent de plaats en de datum van overlevering, alsmede omtrent de duur van de door de opgeëiste persoon met het oog op de uitlevering ondergane vrijheidsbeneming. *Inwilliging*
4. Onverminderd het bepaalde in het vijfde lid van dit artikel kan de opgeëiste persoon, indien hij niet op de vastgestelde datum is overgenomen, na afloop van een termijn van 15 dagen te rekenen van die datum, in vrijheid worden gesteld en hij wordt in elk geval in vrijheid gesteld na verloop van een termijn van 30 dagen; de aangezochte Partij kan weigeren om hem voor hetzelfde feit uit te leveren. *Invrijheidstelling*
5. In geval de overlevering of de overneming van de uit te leveren persoon door overmacht verhinderd wordt, stelt de belanghebbende Partij de andere Partij daarvan op de hoogte; de twee Partijen komen dan nieuwe datum van overlevering overeen en de bepalingen van het vierde lid van dit artikel zijn van toepassing. *Overmacht*

Art. 19 Uitgestelde of voorwaardelijke overlevering

1. De aangezochte Partij kan, nadat zij een beslissing over het verzoek tot uitlevering genomen heeft, de overlevering van de opgeëiste persoon uitstellen opdat hij door haar vervolgd kan worden of, indien hij reeds veroordeeld is, op haar grondgebied een straf kan ondergaan wegens een ander feit dan dat waarvoor de uitlevering is verzocht. *Uitstel*
2. In plaats van de overlevering uit te stellen kan de aangezochte Partij de opgeëiste persoon tijdelijk aan de verzoekende Partij overleveren op door de beide Partijen in onderling overleg vast te stellen voorwaarden. *Voorwaardelijke overlevering*

Art. 20 Overdracht van voorwerpen

1. Op verzoek van de verzoekende Partij moet de aangezochte Partij, voor zover zulks krachtens haar wet is toegestaan, de voorwerpen in beslag nemen en overdragen: *Overdracht van voorwerpen*
(a) die kunnen dienen als stukken van overtuiging, of
(b) die afkomstig zijn van het strafbare feit en op het ogenblik van de aanhouding in het bezit van de opgeëiste persoon zijn aangetroffen, dan wel later zijn ontdekt.
2. De overdracht van de voorwerpen bedoeld in het eerste lid van dit artikel vindt ook plaats wanneer niet tot een reeds toegestane uitlevering wordt overgegaan in verband met de dood of de ontvluchting van de opgeëiste persoon.

3. Wanneer deze voorwerpen vatbaar zijn voor inbeslagneming of verbeurdverklaring op het grondgebied van de aangezochte Partij, kan laatstgenoemde deze met het oog óp een aanhangige strafvervolging tijdelijk behouden of onder voorwaarde van teruggave overdragen.
4. Eventuele door de aangezochte Partij of derden op deze voorwerpen verkregen rechten blijven onverlet. Indien dergelijke rechten bestaan, dienen de voorwerpen na beëindiging van het rechtsgeding zo spoedig mogelijk en kosteloos aan de aangezochte Partij te worden teruggegeven.

Art. 21 Doortocht

Transit

1. De doortocht door het grondgebied van een van de Verdragsluitende Partijen wordt, na indiening van een verzoek gedaan op de in het eerste lid van artikel 12 bedoelde wijze, toegestaan op voorwaarde dat het niet gaat om een strafbaar feit dat door de Partij aan wie toestemming tot doortocht wordt verzocht, op grond van de artikelen 3 en 4 van dit Verdrag wordt beschouwd als een politiek of een zuiver militair delict.
2. De doortocht van een onderdaan, in de zin van artikel 6, van het land waaraan toestemming tot doortocht wordt verzocht, kan worden geweigerd.
3. Onverminderd het bepaalde in het vierde lid van dit artikel is overlegging van de stukken bedoeld in het tweede lid van artikel 12 noodzakelijk.
4. In geval het vervoer door de lucht plaatsvindt zijn de volgende bepalingen van toepassing:
(a) wanneer geen landing is voorzien geeft de verzoekende Partij de Partij over wier grondgebied zal worden gevlogen daarvan kennis en verklaart zij dat een van de stukken bedoeld in artikel 12, tweede lid, onder (a), bestaat. In geval van een onvoorziene landing heeft deze kennisgeving de rechtskracht van een verzoek om voorlopige aanhouding als bedoeld in artikel 16 en dient de verzoekende Partij een gewoon verzoek tot doortocht in;
(b) Wanneer een landing is voorzien dient de verzoekende Partij een gewoon verzoek tot doortocht in.
5. Iedere Partij kan evenwel bij de ondertekening van dit Verdrag of bij de nederlegging van haar akte van bekrachtiging of van toetreding verklaren dat zij de doortocht van een persoon slechts zal toestaan op dezelfde voorwaarden als gelden voor uitlevering of op bepaalde van deze voorwaarden. In dat geval kan het beginsel van wederkerigheid worden toegepast.
6. Een uitgeleverde persoon mag niet worden geleid over een grondgebied waarop, naar mag worden aangenomen, zijn leven of zijn vrijheid bedreigd zou kunnen worden uit hoofde van zijn ras, godsdienst, nationaliteit of politieke gezindheid.

Art. 22 Procedure

Procedureregels

Voorzover in dit Verdrag niet anders is bepaald, is uitsluitend de wet van de aangezochte Partij van toepassing op de procedure van uitlevering en van voorlopige aanhouding.

Art. 23 Talen

Taal

De over te leggen stukken dienen te zijn gesteld in de taal van de verzoekende Partij of in die van de aangezochte Partij. Laatstgenoemde Partij kan een vertaling eisen in de door haar te kiezen officiële taal van de Raad van Europa.

Art. 24 Kosten

Kostenvergoedingen

1. De uit hoofde van de uitlevering op het grondgebied van de aangezochte Partij gemaakte kosten komen ten laste van die Partij.
2. De uit hoofde van de doortocht door het grondgebied van een Partij aan wie doortocht is verzocht gemaakte kosten komen ten laste van de verzoekende Partij.
3. In geval van uitlevering vanuit een niet tot het moederland behorend gebied van de aangezochte Partij komen de uit hoofde van het vervoer tussen dit gebied en het moederland van de verzoekende Partij gemaakte kosten ten laste van deze laatste. Hetzelfde geldt ten aanzien van de uit hoofde van het vervoer tussen de overzeese gebiedsdelen van de aangezochte Partij en het moederland van die Partij gemaakte kosten.

Art. 25 Definitie van de term „maatregelen"

Definitie maatregelen

Voor de toepassing van dit Verdrag betekent de term „maatregelen" alle maatregelen die vrijheidsbeneming meebrengen en die bij vonnis van de strafrechter worden opgelegd naast of in plaats van een straf.

Art. 26 Voorbehouden

Voorbehouden

1. Iedere Verdragsluitende Partij kan bij de ondertekening van dit Verdrag of bij de nederlegging van haar akte van bekrachtiging of van toetreding een voorbehoud maken met betrekking tot een of meer daarbij aangegeven bepalingen van dit Verdrag.
2. Iedere Verdragsluitende Partij die een voorbehoud heeft gemaakt trekt dit, zodra de omstandigheden haar dit veroorloven, in. Een voorbehoud wordt ingetrokken door een mededeling gericht tot de Secretaris-Generaal van de Raad van Europa.
3. Een Verdragsluitende Partij die met betrekking tot een bepaling van dit Verdrag een voorbehoud heeft gemaakt kan de naleving van die bepaling van dit Verdrag door een andere Partij slechts verlangen voor zover zij die bepaling zelf heeft aanvaard.

Art. 27 Territoriale toepasselijkheid
1. Dit Verdrag is van toepassing in het moederland van de Verdragsluitende Partijen.
2. Het is tevens wat betreft Frankrijk van toepassing op Algerije en op de overzeese departementen en wat het Verenigd Koninkrijk van Groot-Brittannië en Noord-Ierland betreft op de Kanaaleilanden en op het eiland Man.
3. De Bondsrepubliek Duitsland kan door een verklaring gericht tot de Secretaris-Generaal van de Raad van Europa de toepasselijkheid van dit Verdrag uitbreiden tot het „Land" Berlijn. De Secretaris-Generaal stelt de andere Partijen van deze verklaring in kennis.
4. Bij rechtstreekse overeenkomst tussen twee of meer Verdragsluitende Partijen kan de toepasselijkheid van dit Verdrag onder bij die overeenkomst te stellen voorwaarden worden uitgebreid tot elk grondgebied van een van die Partijen hetwelk niet behoort tot het grondgebied bedoeld in de voorgaande leden, voor zover de buitenlandse betrekkingen van die gebieden door een der Partijen worden behartigd.

Art. 28 De verhouding tussen dit Verdrag en bilaterale overeenkomsten
1. Dit Verdrag doet wat betreft de gebieden waarop het van toepassing is, de bepalingen uit bilaterale verdragen, conventies of overeenkomsten vervallen, die de uitlevering tussen twee Verdragsluitende Partijen regelen.
2. De Verdragsluitende Partijen kunnen met elkaar slechts bilaterale of multilaterale overeenkomsten sluiten, wanneer deze er toe strekken de bepalingen van dit Verdrag aan te vullen of de toepassing van de daarin vervatte beginselen te vergemakkelijken.
3. Wanneer de uitlevering tussen twee of meer Verdragsluitende Partijen plaatsvindt op grond van een eenvormige wet, zijn die Partijen bevoegd om hun betrekkingen op dit terrein te regelen uitsluitend op basis van dat stelsel, niettegenstaande de bepalingen van dit Verdrag. Hetzelfde geldt tussen twee of meer Verdragsluitende Partijen, indien bij elk van die Partijen een wet geldt die het mogelijk maakt op het grondgebied van die Partij bevelen tot vrijheidsbeneming ten uitvoer te leggen, die op het grondgebied van de andere Partij of de andere Partijen zijn gegeven. De Verdragsluitende Partijen die in hun betrekkingen de toepassing van dit Verdrag van het begin af aan of nadien uitsluiten overeenkomstig de bepalingen van dit lid, dienen ter zake een mededeling te richten tot de Secretaris-Generaal van de Raad van Europa. Deze stelt de andere Partijen in kennis van elke mededeling die hij krachtens dit lid heeft ontvangen.

Art. 29 Ondertekening, bekrachtiging, inwerkingtreding
1. Dit Verdrag is voor ondertekening door de leden van de Raad van Europa opengesteld. Het dient te worden bekrachtigd en de akten van bekrachtiging dienen te worden nedergelegd bij de Secretaris-Generaal van de Raad van Europa.
2. Dit Verdrag treedt in werking 90 dagen na het tijdstip waarop de derde akte van bekrachtiging is nedergelegd.
3. Voor iedere ondertekenende regering die het daarna bekrachtigt, treedt het in werking 90 dagen na de datum van nederlegging van haar akte van bekrachtiging.

Art. 30 Toetreding
1. Het Comité van Ministers van de Raad van Europa kan elke Staat die geen lid is van de Raad uitnodigen tot dit Verdrag toe te treden, mits de resolutie betreffende deze uitnodiging eenstemmig wordt goedgekeurd door de leden van de Raad die dit Verdrag hebben bekrachtigd.
2. De toetreding vindt plaats door nederlegging bij de Secretaris-Generaal van de Raad van een akte van toetreding. De toetreding treedt in werking 90 dagen na de nederlegging van de desbetreffende akte.

Art. 31 Opzegging
Iedere Verdragsluitende Partij kan dit Verdrag voor wat haar betreft opzeggen door een daartoe strekkende kennisgeving te richten tot de Secretaris-Generaal van de Raad van Europa. De opzegging treedt in werking zes maanden na de datum waarop de kennisgeving door de Secretaris-Generaal van de Raad is ontvangen.

Art. 32 Verklaringen
De Secretaris-Generaal van de Raad van Europa geeft alle leden van de Raad en de regering van elke staat die tot het Verdrag is toegetreden, kennis van:
(a) de nederlegging van elke akte van bekrachtiging of van toetreding;
(b) de datum van inwerkingtreding;
(c) elke verklaring afgelegd krachtens het eerste lid van artikel 6 en het vijfde lid van artikel 21;
(d) elk voorbehoud gemaakt krachtens het eerste lid van artikel 26;
(e) intrekking van elk voorbehoud krachtens het tweede lid van artikel 26;
(f) elke kennisgeving van opzegging ontvangen krachtens artikel 31 van dit Verdrag en de datum waarop deze in werking treedt.

Overeenkomst, door de Raad vastgesteld overeenkomstig artikel 34 van het Verdrag betreffende de Europese Unie, betreffende de wederzijdse rechtshulp in strafzaken tussen de lidstaten van de Europese Unie[1]

De Hoge Verdragsluitende Partijen bij deze overeenkomst, lidstaten van de Europese Unie,
Onder verwijzing naar de akte van de Raad tot vaststelling van de Overeenkomst betreffende de wederzijdse rechtshulp in strafzaken tussen de lidstaten van de Europese Unie;
Wensend de justitiële samenwerking in strafzaken tussen de lidstaten van de Unie te verbeteren, onverminderd de regelingen ter bescherming van de individuele vrijheid;
Wijzend op het gemeenschappelijk belang van de lidstaten om ervoor te zorgen dat de wederzijdse rechtshulp tussen de lidstaten snel en doeltreffend plaatsvindt, op een wijze die verenigbaar is met de fundamentele beginselen van hun nationale recht en in overeenstemming is met de individuele rechten en de beginselen van het Europees Verdrag tot bescherming van de rechten van de mens en de fundamentele vrijheden, ondertekend te Rome op 4 november 1950;
Uitdrukking gevend aan hun vertrouwen in de structuur en de werking van elkaars rechtsstelsels en in het vermogen van alle lidstaten om een eerlijke procesgang te waarborgen;
Vastbesloten het Europees Verdrag van 20 april 1959 aangaande de wederzijdse rechtshulp in strafzaken en andere geldende verdragen op dit gebied aan te vullen met een overeenkomst van de Europese Unie;
Erkennende dat de bepalingen van die verdragen van toepassing blijven op alle aspecten die niet onder deze overeenkomst vallen;
Overwegende dat de lidstaten belang hechten aan versterking van de justitiële samenwerking, met inachtneming van het evenredigheidsbeginsel;
Eraan herinnerend dat deze overeenkomst de wederzijdse rechtshulp in strafzaken regelt, op basis van de beginselen van het Verdrag van 20 april 1959;
Overwegende evenwel dat artikel 20 van deze overeenkomst betrekking heeft op specifieke gevallen van het aftappen van telecommunicatie, zonder dat dit gevolgen heeft voor andere soortgelijke gevallen die buiten de werkingssfeer van de overeenkomst vallen;
Overwegende dat de algemene beginselen van het internationaal recht van toepassing zijn op de gevallen die niet door deze overeenkomst worden bestreken;
Erkennende dat deze overeenkomst de uitoefening van de verantwoordelijkheden van de lidstaten ten aanzien van de handhaving van de openbare orde en de bescherming van de binnenlandse veiligheid onverlet laat en dat het in overeenstemming met artikel 33 van het Verdrag betreffende de Europese Unie aan de lidstaten is, te bepalen op welke wijze zij de openbare orde zullen handhaven en de binnenlandse veiligheid zullen beschermen,
Hebben overeenstemming bereikt omtrent de volgende bepalingen:

TITEL I
ALGEMENE BEPALINGEN

Art. 1 Verhouding tot andere rechtshulpverdragen
1. Deze overeenkomst strekt tot het aanvullen en het vergemakkelijken van de toepassing, tussen de lidstaten van de Europese Unie, van:
a. het Europees Verdrag van 20 april 1959 aangaande de wederzijdse rechtshulp in strafzaken, hierna te noemen het Europees Rechtshulpverdrag;
b. het Aanvullend Protocol van 17 maart 1978 bij het Europees Rechtshulpverdrag;
c. de bepalingen over wederzijdse rechtshulp in strafzaken van de Overeenkomst van 19 juni 1990 ter uitvoering van het Akkoord van Schengen van 14 juni 1985 betreffende de geleidelijke afschaffing van de controles aan de gemeenschappelijke grenzen, hierna te noemen de Schengenuitvoeringsovereenkomst, voorzover die niet worden ingetrokken krachtens artikel 2, lid 2;
d. hoofdstuk 2 van het Verdrag van 27 juni 1962 aangaande de uitlevering en de rechtshulp in strafzaken tussen het Koninkrijk België, het Groothertogdom Luxemburg en het Koninkrijk

---

[1] Inwerkingtredingsdatum: 23-08-2005.

der Nederlanden, zoals gewijzigd bij het protocol van 11 mei 1974, hierna te noemen het Benelux-Verdrag, tussen de lidstaten van de Benelux Economische Unie onderling.
2. Deze overeenkomst laat onverlet de toepasselijkheid van verdergaande bepalingen van bilaterale en multilaterale overeenkomsten tussen lidstaten, alsmede, overeenkomstig artikel 26, lid 4, van het Europees Rechtshulpverdrag, van regelingen inzake de wederzijdse rechtshulp in strafzaken op grond van een eenvormige wet of van een bijzonder stelsel dat in onderlinge toepassing van maatregelen van wederzijdse rechtshulp op elkaars grondgebied voorziet.

Art. 2 Bepalingen betreffende het Schengenacquis
1. De artikelen 3, 5, 6, 7, 12, 23 en, voorzover van belang voor artikel 12, de artikelen 15 en 16, alsmede, voorzover van belang voor de artikelen waarnaar wordt verwezen, artikel 1, zijn maatregelen tot wijziging of uitbreiding van de bepalingen genoemd in bijlage A van de tussen de Raad van de Europese Unie, de Republiek IJsland en het Koninkrijk Noorwegen gesloten Overeenkomst inzake de wijze waarop IJsland en Noorwegen worden betrokken bij de uitvoering, de toepassing en de ontwikkeling van het Schengenacquis.[2]
2. De bepalingen van de artikelen 49, onder a, 52, 53 en 73 van de Schengenuitvoeringsovereenkomst worden hierbij ingetrokken.

Art. 3 Procedures waarvoor eveneens wederzijdse rechtshulp wordt verleend
1. Wederzijdse rechtshulp wordt eveneens verleend ten behoeve van procedures wegens feiten die volgens het nationale recht van de verzoekende of van de aangezochte lidstaat, of van beide, als vergrijpen tegen voorschriften betreffende de orde door bestuurlijke autoriteiten worden bestraft, mits van hun beslissingen beroep openstaat op een ook in strafzaken bevoegde rechter.
2. Wederzijdse rechtshulp wordt eveneens verleend ten behoeve van strafvervolging en procedures, bedoeld in lid 1, in verband met strafbare feiten waarvoor in de verzoekende lidstaat een rechtspersoon aansprakelijk kan worden gesteld.

Art. 4 Formaliteiten en procedures bij de uitvoering van rechtshulpverzoeken
1. Bij het verlenen van wederzijdse rechtshulp neemt de aangezochte lidstaat de door de verzoekende lidstaat uitdrukkelijk aangegeven formaliteiten en procedures in acht, tenzij deze overeenkomst anders bepaalt en voorzover de aangegeven formaliteiten en procedures niet strijdig zijn met de fundamentele beginselen van het recht van de aangezochte lidstaat.
2. De aangezochte lidstaat voldoet zo spoedig mogelijk aan het verzoek om rechtshulp en houdt daarbij zoveel mogelijk rekening met de door de verzoekende lidstaat aangegeven procedurele en andere termijnen. De verzoekende lidstaat licht de redenen voor de gestelde termijn toe.
3. Indien aan het verzoek niet of niet geheel volgens de eisen van de verzoekende lidstaat kan worden voldaan, stellen de autoriteiten van de aangezochte lidstaat de autoriteiten van de verzoekende lidstaat hiervan onverwijld in kennis, onder vermelding van de voorwaarden waaronder het verzoek zou kunnen worden ingewilligd. De autoriteiten van de verzoekende en de aangezochte lidstaat kunnen vervolgens afspreken welk gevolg aan het verzoek zal worden gegeven en waar nodig, dat bij de uitvoering ervan aan de gestelde voorwaarden zal worden voldaan.
4. Indien te verwachten valt dat niet binnen de door de verzoekende lidstaat gestelde termijn aan het verzoek kan worden voldaan en de in lid 2, tweede zin, bedoelde redenen concrete aanwijzingen bevatten dat elke vertraging de lopende procedures in de verzoekende lidstaat aanzienlijk zal schaden, berichten de autoriteiten van de aangezochte lidstaat onverwijld hoeveel tijd zij nodig achten voor de uitvoering van het verzoek. De autoriteiten van de verzoekende lidstaat geven onverwijld te kennen of het verzoek desalniettemin wordt gehandhaafd. De autoriteiten van de verzoekende en de aangezochte lidstaat kunnen vervolgens afspreken welk gevolg aan het verzoek zal worden gegeven.

Art. 5 Toezending en uitreiking van gerechtelijke stukken
1. Elke lidstaat zendt aan de personen die zich op het grondgebied van een andere lidstaat bevinden, voor hen bestemde gerechtelijke stukken rechtstreeks over de post toe.
2. Toezending van gerechtelijke stukken door bemiddeling van de bevoegde autoriteiten van de aangezochte lidstaat kan alleen plaatsvinden indien:
a. het adres van de persoon voor wie het stuk bestemd is, onbekend of twijfelachtig is,
b. het toepasselijke procesrecht van de verzoekende lidstaat een ander bewijs dan het via de postdiensten verkrijgbare bewijs van uitreiking van het stuk aan de geadresseerde verlangt,
c. het stuk niet per post kon worden bezorgd, of
d. de verzoekende lidstaat gegronde redenen heeft om aan te nemen dat verzending over de post zonder resultaat zal blijven of niet toereikend zal zijn.
3. Wanneer aannemelijk is dat de geadresseerde de taal waarin het gerechtelijk stuk is gesteld niet beheerst, dient dit – althans de essentie ervan – te worden vertaald in de taal of één der talen van de lidstaat op het grondgebied waarvan de geadresseerde verblijft. Indien de autoriteit

---

2   PB L 176 van 10.7.1999, blz. 36.

waarvan het gerechtelijk stuk uitgaat, weet dat de geadresseerde slechts een andere taal machtig is, dient het stuk – althans de essentie ervan – te worden vertaald in die andere taal.

4. Bij alle gerechtelijke stukken wordt de mededeling gevoegd dat de geadresseerde bij de autoriteit waarvan het stuk uitgaat of bij andere autoriteiten in die lidstaat inlichtingen kan inwinnen over zijn rechten en plichten met betrekking tot het stuk. Lid 3 is van toepassing op die mededeling.

5. Dit artikel doet geen afbreuk aan de toepassing van de artikelen 8, 9 en 12 van het Europees Rechtshulpverdrag en de artikelen 32, 34 en 35 van het Benelux-Verdrag.

Art. 6 Toezending van verzoeken om rechtshulp

1. Verzoeken om rechtshulp alsook de in artikel 7 bedoelde uitwisseling van gegevens op eigen initiatief worden schriftelijk gedaan, dan wel op zodanige wijze dat het verzoek schriftelijk kan worden vastgelegd en de ontvangende lidstaat de echtheid ervan kan vaststellen. Dergelijke verzoeken worden rechtstreeks gedaan tussen de rechterlijke autoriteiten die territoriaal bevoegd zijn voor de indiening en uitvoering ervan en op dezelfde wijze beantwoord, tenzij in dit artikel anders is bepaald.

Elke aangifte van een lidstaat welke strekt tot het instellen van strafvervolging voor de rechter van een andere lidstaat, bedoeld in artikel 21 van het Europees Rechtshulpverdrag en artikel 42 van het Benelux-Verdrag, kan rechtstreeks door de bevoegde rechterlijke autoriteiten tot elkaar worden gericht.

2. Onverminderd lid 1 kunnen verzoeken in bijzondere gevallen worden gezonden of teruggezonden:
   a. tussen een centrale autoriteit van een lidstaat en een centrale autoriteit van een andere lidstaat, of
   b. tussen een rechterlijke autoriteit van een lidstaat en een centrale autoriteit van een andere lidstaat.

3. Onverminderd lid 1 kunnen het Verenigd Koninkrijk en Ierland bij de in artikel 27, lid 2, bedoelde kennisgeving verklaren dat tot hen gerichte verzoeken en mededelingen, zoals in de verklaring gespecificeerd is, door tussenkomst van hun respectieve centrale autoriteiten moeten worden verzonden. Deze lidstaten kunnen te allen tijde door een nieuwe verklaring het toepassingsgebied van zo een verklaring beperken teneinde de toepassing van lid 1 te verruimen. Zij moeten zulks doen wanneer de bepalingen inzake wederzijdse rechtshulp in strafzaken van de Schengenuitvoeringsovereenkomst voor hen in werking treden.

Elke lidstaat kan ten aanzien van bovenbedoelde verklaringen het wederkerigheidsbeginsel toepassen.

4. Elk verzoek om rechtshulp kan in spoedeisende gevallen worden gedaan door tussenkomst van de Internationale Organisatie van Criminele Politie (Interpol) of enig orgaan dat bevoegd is krachtens bepalingen die op grond van het Verdrag betreffende de Europese Unie zijn vastgesteld.

5. Verzoeken, bedoeld in de artikelen 12, 13 en 14, kunnen, indien in de ene lidstaat een rechterlijke of centrale autoriteit en in de andere lidstaat een politie- of douaneautoriteit bevoegd is, rechtstreeks tussen deze autoriteiten worden gedaan en beantwoord. Lid 4 is van toepassing op dergelijke contacten.

6. Verzoeken om wederzijdse rechtshulp ten behoeve van procedures, bedoeld in artikel 3, lid 1, kunnen, indien in de ene lidstaat een rechterlijke of centrale autoriteit en in de andere lidstaat een bestuurlijke autoriteit bevoegd is, rechtstreeks tussen deze autoriteiten worden gedaan en beantwoord.

7. Elke lidstaat kan bij de in artikel 27, lid 2, bedoelde kennisgeving verklaren dat hij niet gebonden is door de eerste zin van lid 5 of door lid 6 van dit artikel dan wel door beide, of dat hij die bepalingen slechts zal toepassen onder bepaalde nader omschreven voorwaarden. Die verklaring kan te allen tijde worden ingetrokken of gewijzigd.

8. De volgende verzoeken of mededelingen worden door tussenkomst van de centrale autoriteiten van de lidstaten gedaan:
   a. verzoeken om tijdelijke overbrenging of doortocht van gedetineerden, bedoeld in artikel 9 van deze overeenkomst, en in artikel 11 van het Europees Rechtshulpverdrag en artikel 33 van het Benelux-Verdrag.
   b. mededelingen omtrent veroordelingen, bedoeld in artikel 22 van het Europees Rechtshulpverdrag en artikel 43 van het Benelux-Verdrag. Verzoeken om afschriften van vonnissen en maatregelen, bedoeld in artikel 4 van het Aanvullend Protocol bij het Europees Rechtshulpverdrag, kunnen evenwel rechtstreeks tot de bevoegde autoriteiten worden gericht.

Art. 7 Uitwisseling van gegevens op eigen initiatief

1. De bevoegde autoriteiten van de lidstaten kunnen binnen de grenzen van het nationale recht, zonder een daartoe strekkend verzoek, gegevens uitwisselen met betrekking tot strafbare feiten en vergrijpen tegen voorschriften betreffende de orde, bedoeld in artikel 3, lid 1, waarvan de bestraffing of behandeling op het tijdstip waarop de gegevens worden verstrekt tot de bevoegdheid behoort van de ontvangende autoriteit.

2. De autoriteit die de gegevens verstrekt, kan overeenkomstig het nationale recht voorwaarden verbinden aan het gebruik van die gegevens door de ontvangende autoriteit.
3. De ontvangende autoriteit is aan die voorwaarden gebonden.

TITEL II
VERZOEKEN OM SPECIFIEKE VORMEN VAN RECHTSHULP

Art. 8 Teruggave
1. De aangezochte lidstaat kan, op verzoek van de verzoekende lidstaat en onverminderd de rechten van derden te goeder trouw, de voorwerpen die door een strafbaar feit zijn verkregen, ter beschikking stellen van de verzoekende lidstaat met het oog op de teruggave ervan aan de rechtmatige eigenaar.
2. Bij de toepassing van de artikelen 3 en 6 van het Europees Rechtshulpverdrag en de artikelen 24, lid 2, en 29 van het Benelux-Verdrag kan de aangezochte lidstaat afstand doen van de voorwerpen hetzij vóór, hetzij na de overgave aan de verzoekende lidstaat, indien dit de teruggave van deze voorwerpen aan de rechtmatige eigenaar kan bevorderen. Rechten van derden te goeder trouw blijven onverlet.
3. In geval van afstand vóór de overgave van de voorwerpen aan de verzoekende lidstaat zal de aangezochte lidstaat geen zekerheidsrecht of enig ander verhaalsrecht krachtens de wettelijke bepalingen inzake belasting of douane doen gelden op die voorwerpen.
Afstand, bedoeld in lid 2, laat het recht van de aangezochte lidstaat om belastingen of rechten van de rechtmatige eigenaar te eisen, onverlet.

Art. 9 Tijdelijke overbrenging van gedetineerden ten behoeve van een onderzoek
1. Wanneer de bevoegde autoriteiten van de betrokken lidstaten daarover overeenstemming hebben bereikt, kan een lidstaat die heeft verzocht om een onderzoek waarvoor de aanwezigheid van een op zijn grondgebied gedetineerde persoon is vereist, deze persoon tijdelijk overbrengen naar het grondgebied van de lidstaat waar het onderzoek moet plaatsvinden.
2. De overeenstemming omvat de voorwaarden waaronder de betrokkene tijdelijk wordt overgebracht en de termijn waarbinnen hij naar het grondgebied van de verzoekende lidstaat moet worden teruggebracht.
3. Indien voor de overbrenging de instemming van de betrokkene is vereist, dient aan de aangezochte lidstaat onverwijld een verklaring van die instemming of een afschrift daarvan te worden verstrekt.
4. De hechtenis op het grondgebied van de aangezochte lidstaat komt in mindering van de duur van de vrijheidsbeneming die de betrokkene op het grondgebied van de verzoekende lidstaat moet of zal moeten ondergaan.
5. De artikelen 11, leden 2 en 3, 12 en 20 van het Europees Rechtshulpverdrag zijn van overeenkomstige toepassing.
6. Elke lidstaat kan bij de in artikel 27, lid 2, bedoelde kennisgeving verklaren dat alvorens overeenstemming in de zin van lid 1 wordt bereikt, de in lid 3 bedoelde instemming is vereist of onder bepaalde, in de verklaring genoemde voorwaarden is vereist.

Art. 10 Verhoor per videoconferentie
1. Indien een persoon die zich op het grondgebied van een lidstaat bevindt, door de rechterlijke autoriteiten van een andere lidstaat als getuige of deskundige dient te worden verhoord, kan laatstgenoemde lidstaat, indien het niet wenselijk of mogelijk is dat de te verhoren persoon in persoon op zijn grondgebied verschijnt, verzoeken dat het verhoor overeenkomstig de leden 2 tot en met 8 per videoconferentie plaatsvindt.
2. De aangezochte lidstaat stemt in met het verhoor per videoconferentie voorzover een dergelijk verhoor niet strijdig is met fundamentele beginselen van zijn recht en hij over de technische middelen voor een verhoor per videoconferentie beschikt. Indien de aangezochte lidstaat niet over de technische middelen voor een videoconferentie beschikt, kunnen deze in onderlinge overeenstemming door de verzoekende lidstaat ter beschikking worden gesteld.
3. Verzoeken met het oog op een verhoor per videoconferentie bevatten naast de in artikel 14 van het Europees Rechtshulpverdrag en artikel 37 van het Benelux-Verdrag genoemde gegevens, de reden waarom het niet wenselijk of mogelijk is dat de getuige of deskundige in persoon verschijnt, de naam van de rechterlijke autoriteit en van de personen die het verhoor zullen afnemen.
4. De rechterlijke autoriteit van de aangezochte lidstaat dagvaardt de betrokkene volgens de wettelijke voorschriften van die lidstaat.
5. Met betrekking tot een verhoor per videoconferentie gelden de volgende regels:
   a. bij het verhoor is een rechterlijke autoriteit van de aangezochte lidstaat aanwezig, indien nodig bijgestaan door een tolk. Deze rechterlijke autoriteit draagt zorg voor de vaststelling van de identiteit van de te verhoren persoon en ziet er voorts op toe dat de fundamentele beginselen van het recht van de aangezochte lidstaat in acht worden genomen. Indien de rechterlijke au-

toriteit van de aangezochte lidstaat van oordeel is dat fundamentele beginselen van het recht van die lidstaat tijdens het verhoor worden geschonden, treft zij onverwijld de nodige maatregelen opdat het verhoor met inachtneming van die beginselen wordt voortgezet;
  b. de bevoegde autoriteiten van de verzoekende en de aangezochte lidstaat komen zonodig maatregelen overeen ter bescherming van de te verhoren persoon;
  c. het verhoor wordt rechtstreeks door of onder leiding van de rechterlijke autoriteit van de verzoekende lidstaat afgenomen overeenkomstig het nationale recht van die lidstaat;
  d. op verzoek van de verzoekende lidstaat of de te verhoren persoon draagt de aangezochte lidstaat er zorg voor dat de persoon die verhoord wordt zonodig wordt bijgestaan door een tolk;
  e. de te verhoren persoon kan een beroep doen op de verschoningsrechten die hij zou hebben krachtens de wetgeving van de aangezochte lidstaat of de verzoekende lidstaat.
6. Onverminderd eventuele maatregelen die zijn overeengekomen ter bescherming van personen, stelt de rechterlijke autoriteit van de aangezochte lidstaat na afloop van het verhoor een procesverbaal van het verhoor op, waarin de datum en de plaats van het verhoor, de identiteit van de verhoorde persoon, de identiteit en de hoedanigheid van alle andere personen die in de aangezochte lidstaat aan het verhoor hebben deelgenomen, eventuele eedafleggingen alsmede de technische omstandigheden waaronder het verhoor heeft plaatsgevonden, worden aangegeven. Dit document wordt door de bevoegde autoriteit van de aangezochte lidstaat toegezonden aan de bevoegde autoriteit van de verzoekende lidstaat.
7. De kosten van het tot stand brengen van de videoverbinding, de kosten van het functioneren van de verbinding in de aangezochte lidstaat, de beloning van de door die lidstaat ter beschikking gestelde tolken en de vergoeding aan de getuigen en deskundigen, met inbegrip van hun reiskosten in de aangezochte lidstaat, worden door de verzoekende lidstaat aan de aangezochte lidstaat terugbetaald, tenzij laatstbedoelde lidstaat afstand doet van de terugbetaling van deze kosten dan wel van een gedeelte daarvan.
8. Elke lidstaat treft de nodige maatregelen om ervoor te zorgen dat ten aanzien van getuigen en deskundigen die overeenkomstig dit artikel op zijn grondgebied worden verhoord en die weigeren te voldoen aan de verplichting een verklaring af te leggen of die niet naar waarheid antwoorden, zijn nationale wetgeving van toepassing is alsof het een verhoor in een nationale procedure betrof.
9. De lidstaten kunnen naar eigen oordeel, waar nodig en met instemming van hun bevoegde rechterlijke autoriteiten, de bepalingen van dit artikel eveneens toepassen op verhoor per videoconferentie van een persoon tegen wie een strafvervolging is ingesteld. In dat geval zijn de beslissing om de videoconferentie te houden en de wijze van uitvoering ervan onderworpen aan een regeling tussen de betrokken lidstaten, in overeenstemming met hun nationale recht en de ter zake doende internationale instrumenten, met inbegrip van het Europees Verdrag tot bescherming van de rechten van de mens en de fundamentele vrijheden van 1950.
Elke lidstaat kan, wanneer hij de in artikel 27, lid 2, bedoelde kennisgeving doet, verklaren dat hij de eerste alinea niet toepast. Die verklaring kan te allen tijde worden ingetrokken.
Voor een dergelijk verhoor is de instemming van deze persoon vereist. Voorschriften die nodig zouden kunnen zijn voor de bescherming van de rechten van verdachten, worden door de Raad door middel van een juridisch bindend instrument vastgesteld.

Art. 11 Verhoor van getuigen en deskundigen per telefoonconferentie
1. Indien een persoon die zich op het grondgebied van een lidstaat bevindt, door de rechterlijke autoriteiten van een andere lidstaat als getuige of deskundige dient te worden verhoord, kan laatstgenoemde lidstaat, indien zijn nationale wetgeving daarin voorziet, eerstgenoemde lidstaat om bijstand verzoeken teneinde het verhoor overeenkomstig de leden 2 tot en met 5 per telefoonconferentie af te nemen.
2. Een verhoor per telefoonconferentie kan alleen met instemming van de getuige of de deskundige plaatsvinden.
3. De aangezochte lidstaat stemt in met een verhoor per telefoonconferentie indien deze procedure niet strijdig is met fundamentele beginselen van zijn recht.
4. Verzoeken om verhoor per telefoonconferentie bevatten, naast de in artikel 14 van het Europees Rechtshulpverdrag en artikel 37 van het Benelux-Verdrag genoemde gegevens, de naam van de rechterlijke autoriteit en van de personen die het verhoor zullen afnemen, alsmede de vermelding dat de getuige of deskundige bereid is deel te nemen aan een verhoor per telefoonconferentie.
5. De praktische afspraken met betrekking tot het verhoor worden door de betrokken lidstaten overeengekomen. Bij dergelijke afspraken verbindt de aangezochte lidstaat zich ertoe:
  a. de betrokken getuige of deskundige in kennis te stellen van plaats en tijdstip van het verhoor;
  b. te zorgen voor de vaststelling van de identiteit van de getuige of deskundige;
  c. vast te stellen dat de getuige of deskundige instemt met het verhoor per telefoonconferentie.

De aangezochte lidstaat kan zijn instemming geheel of gedeeltelijk laten afhangen van de nakoming van het bepaalde in artikel 10, leden 5 en 8. Tenzij anders wordt overeengekomen, is artikel 10, lid 7, van overeenkomstige toepassing.

Art. 12 Gecontroleerde aflevering

1. Elke lidstaat verbindt zich ertoe ervoor te zorgen dat op verzoek van een andere lidstaat gecontroleerde aflevering in het kader van strafrechtelijke onderzoeken naar strafbare feiten die aanleiding kunnen geven tot uitlevering, op zijn grondgebied kan worden toegestaan.
2. De beslissing over een gecontroleerde aflevering wordt voor elk geval afzonderlijk genomen door de bevoegde autoriteiten van de aangezochte lidstaat, met inachtneming van het nationale recht van die lidstaat.
3. Een gecontroleerde aflevering wordt uitgevoerd volgens de procedures van de aangezochte lidstaat. Het recht om te handelen en om het optreden te leiden en te controleren berust bij de bevoegde autoriteiten van die lidstaat.

Art. 13 Gemeenschappelijke onderzoeksteams

1. De bevoegde autoriteiten van twee of meer lidstaten kunnen onderling overeenkomen een gemeenschappelijk onderzoeksteam in te stellen voor een bepaald doel en voor een beperkte periode, die in onderlinge overeenstemming kan worden verlengd, om strafrechtelijke onderzoeken uit te voeren in een of meer van de lidstaten die het team instellen. De samenstelling van het team wordt in de overeenkomst vermeld.
Een gemeenschappelijk onderzoeksteam kan worden ingesteld in het bijzonder wanneer:
a. het onderzoek van een lidstaat naar strafbare feiten moeilijke en veeleisende opsporingen vergt die ook andere lidstaten betreffen;
b. verscheidene lidstaten onderzoeken uitvoeren naar strafbare feiten die wegens de omstandigheden van de zaak een gecoördineerd en gezamenlijk optreden in de betrokken lidstaten vergen.
Een verzoek om instelling van een gemeenschappelijk onderzoeksteam kan van elk van de betrokken lidstaten uitgaan. Het team wordt ingesteld in een van de lidstaten waar het onderzoek naar verwachting zal worden uitgevoerd.
2. Verzoeken om instelling van een gemeenschappelijk onderzoeksteam bevatten, naast de in artikel 14 van het Europees Rechtshulpverdrag en artikel 37 van het Benelux-Verdrag genoemde gegevens, ook voorstellen voor de samenstelling van het team.
3. Een gemeenschappelijk onderzoeksteam is onder de volgende algemene voorwaarden actief op het grondgebied van de lidstaten die het team hebben ingesteld:
a. de leider van het team is een vertegenwoordiger van de aan strafrechtelijke onderzoeken deelnemende bevoegde autoriteit van de lidstaat waar het team actief is. De leider van het team handelt binnen de grenzen van zijn bevoegdheid krachtens het nationale recht;
b. het team treedt op in overeenstemming met het recht van de lidstaat waarin het actief is. De leden van het team verrichten hun taken onder leiding van de onder a) bedoelde persoon, met inachtneming van de voorwaarden die door hun eigen autoriteiten zijn vastgelegd in de overeenkomst tot instelling van het team;
c. de lidstaat op het grondgebied waarvan het team optreedt, treft voor het functioneren van het team noodzakelijke organisatorische voorzieningen.
4. In dit artikel worden de leden van het gemeenschappelijk onderzoeksteam die afkomstig zijn uit andere lidstaten dan de lidstaat waar het team optreedt, gedetacheerde leden van het team genoemd.
5. De gedetacheerde leden van het gemeenschappelijk onderzoeksteam hebben het recht om aanwezig te zijn wanneer in de lidstaat waar wordt opgetreden, onderzoekshandelingen plaatsvinden. De leider van het team kan evenwel om bijzondere redenen en in overeenstemming met het recht van de lidstaat waar het team optreedt, anders besluiten.
6. De gedetacheerde leden van het gemeenschappelijk onderzoeksteam kunnen, in overeenstemming met het recht van de lidstaat waar het team optreedt, door de leider van het team worden belast met de uitvoering van bepaalde onderzoekshandelingen, voorzover de bevoegde autoriteiten van de lidstaat waar wordt opgetreden en van de detacherende lidstaat dit hebben goedgekeurd.
7. Wanneer het gemeenschappelijk onderzoeksteam het noodzakelijk acht dat in een van de lidstaten die het team hebben ingesteld, onderzoekshandelingen plaatsvinden, kunnen de door die lidstaat bij het team gedetacheerde leden hun eigen bevoegde autoriteiten vragen die handelingen te verrichten. Die handelingen worden in die lidstaat in overweging genomen onder de voorwaarden die van toepassing zouden zijn indien zij in het kader van een nationaal onderzoek werden gevraagd.
8. Wanneer het gemeenschappelijk onderzoeksteam rechtshulp nodig heeft van een andere lidstaat dan de lidstaten die het team hebben ingesteld, of van een derde staat, kan het verzoek om rechtshulp door de bevoegde autoriteiten van de staat waar het team optreedt worden gericht aan de bevoegde autoriteiten van de andere betrokken staat, overeenkomstig de toepasselijke instrumenten of regelingen.

9. Een lid van het gemeenschappelijk onderzoeksteam kan, in overeenstemming met zijn nationale recht en binnen de grenzen van zijn bevoegdheid, het team gegevens verstrekken die beschikbaar zijn in de lidstaat die hem heeft gedetacheerd ten behoeve van het strafrechtelijk onderzoek dat door het team wordt uitgevoerd.

10. Gegevens die een lid of een gedetacheerd lid rechtmatig verkrijgt terwijl hij deel uitmaakt van een gemeenschappelijk onderzoeksteam en die niet op een andere wijze voor de bevoegde autoriteiten van de betrokken lidstaten beschikbaar zijn, kunnen voor de volgende doeleinden worden gebruikt:
   a. voor het doel waarvoor het team is ingesteld;
   b. behoudens voorafgaande toestemming van de lidstaat waar de informatie vandaan komt, voor het opsporen, onderzoeken en vervolgen van andere strafbare feiten. Die toestemming kan alleen worden geweigerd in gevallen waarin dergelijk gebruik strafrechtelijk onderzoek in de betrokken lidstaat in gevaar brengt of ten aanzien waarvan die lidstaat rechtshulp kan weigeren;
   c. ter voorkoming van een onmiddellijke en ernstige bedreiging van de openbare veiligheid, onverminderd het bepaalde onder b. indien vervolgens een strafrechtelijk onderzoek wordt geopend;
   d. voor andere doeleinden, voorzover dat tussen de lidstaten die het team hebben ingesteld is overeengekomen.

11. De bepalingen van dit artikel laten andere bestaande bepalingen of regelingen inzake de instelling of het functioneren van gemeenschappelijke onderzoeksteams onverlet.

12. Voorzover toegestaan krachtens het recht van de betrokken lidstaten of de bepalingen van een tussen hen geldend rechtsinstrument, kan worden overeengekomen dat andere personen dan vertegenwoordigers van de bevoegde autoriteiten van de lidstaten die het gemeenschappelijk onderzoeksteam instellen, deelnemen aan de activiteiten van het team. Dat kunnen bijvoorbeeld ambtenaren van bij het Verdrag betreffende de Europese Unie ingestelde instanties zijn. De rechten die uit hoofde van dit artikel aan de leden en de gedetacheerde leden van het team worden verleend, strekken zich niet uit tot die personen, tenzij uitdrukkelijk anders is overeengekomen.

Art. 14 Infiltratie

1. De verzoekende en de aangezochte lidstaat kunnen overeenkomen elkaar hulp te verlenen ten behoeve van strafrechtelijk onderzoek dat wordt verricht door ambtenaren die onder een valse of fictieve identiteit optreden, hierna te noemen infiltratie.

2. Over het verzoek wordt in elk geval afzonderlijk beslist door de bevoegde autoriteiten van de aangezochte lidstaat, met inachtneming van het nationale recht en de procedures van die lidstaat. De duur van de infiltratie, de nadere voorwaarden en de juridische status van de betrokken ambtenaren tijdens de infiltratie worden door de betrokken lidstaten overeengekomen, met inachtneming van hun nationale recht en procedures.

3. Infiltratie vindt plaats in overeenstemming met het nationale recht en de procedures van de lidstaat op het grondgebied waarvan de infiltratie wordt uitgevoerd. De betrokken lidstaten werken samen bij de voorbereiding en het toezicht op de infiltratie, alsook bij het treffen van regelingen met het oog op de veiligheid van de ambtenaren die onder een valse of fictieve identiteit optreden.

4. Elke lidstaat kan bij de in artikel 27, lid 2, bedoelde kennisgeving verklaren niet gebonden te zijn door dit artikel. Die verklaring kan te allen tijde worden ingetrokken.

Art. 15 Strafrechtelijke aansprakelijkheid van ambtenaren

Tijdens een optreden, bedoeld in de artikelen 12, 13 en 14, worden de ambtenaren uit een andere lidstaat dan de lidstaat waar het optreden plaatsvindt, met ambtenaren van die lidstaat gelijkgesteld, voor wat betreft de strafbare feiten die tegen of door hen mochten worden begaan.

Art. 16 Burgerrechtelijke aansprakelijkheid van ambtenaren

1. Wanneer ambtenaren van een lidstaat overeenkomstig de artikelen 12, 13 en 14 in een andere lidstaat optreden, is de eerstgenoemde lidstaat overeenkomstig het recht van de lidstaat op het grondgebied waarvan zij optreden aansprakelijk voor de schade die zij aldaar tijdens hun optreden veroorzaken.

2. De lidstaat op het grondgebied waarvan de in lid 1 bedoelde schade wordt veroorzaakt, neemt op zich deze schade te vergoeden op de wijze waarop hij daartoe gehouden zou zijn, indien de schade door zijn eigen ambtenaren zou zijn toegebracht.

3. De lidstaat wiens ambtenaren op het grondgebied van een andere lidstaat enige schade hebben veroorzaakt, betaalt deze laatste het volledige bedrag terug dat deze aan de slachtoffers of hun rechthebbenden heeft uitgekeerd.

4. Onder voorbehoud van de uitoefening van zijn rechten tegenover derden en met uitzondering van het bepaalde in lid 3 ziet elke lidstaat, in het geval bedoeld in lid 1, ervan af het bedrag van de door hem geleden schade op een andere lidstaat te verhalen.

TITEL III
HET AFTAPPEN VAN TELECOMMUNICATIE

Art. 17 Autoriteiten die bevoegd zijn om opdracht te geven tot het aftappen van telecommunicatie

In de artikelen 18, 19 en 20 wordt onder „bevoegde autoriteit" verstaan een rechterlijke autoriteit of, indien rechterlijke autoriteiten geen bevoegdheid bezitten op het door die bepalingen bestreken gebied, een gelijkwaardige bevoegde autoriteit die overeenkomstig artikel 24, lid l, onder e), wordt aangewezen en handelt ten behoeve van een strafrechtelijk onderzoek.

Art. 18 Verzoeken om het aftappen van telecommunicatie

1. Ten behoeve van een strafrechtelijk onderzoek kan een bevoegde autoriteit van de verzoekende lidstaat, in overeenstemming met de voorschriften van zijn nationale recht, een verzoek richten tot een bevoegde autoriteit van de aangezochte lidstaat, voor:
   a. het aftappen van telecommunicatie en het rechtstreeks doorgeleiden daarvan naar de verzoekende lidstaat; of
   b. het aftappen en opnemen van telecommunicatie en het aansluitend doorgeleiden van die opname naar de verzoekende lidstaat.

2. Verzoeken uit hoofde van lid 1 kunnen worden gedaan met betrekking tot het gebruik van telecommunicatiemiddelen door de af te tappen persoon, wanneer deze persoon zich bevindt in:
   a. de verzoekende lidstaat, en de verzoekende lidstaat technische bijstand van de aangezochte lidstaat nodig heeft om de communicatie van de betrokkene af te tappen;
   b. de aangezochte lidstaat, en de communicatie van de betrokkene in die lidstaat kan worden afgetapt;
   c. een derde lidstaat, die overeenkomstig artikel 20, lid 2, onder a, in kennis is gesteld, en de verzoekende lidstaat de technische bijstand van de aangezochte lidstaat nodig heeft om de communicatie van de betrokkene af te tappen.

3. In afwijking van artikel 14 van het Europees Rechtshulpverdrag en artikel 37 van het Benelux-Verdrag dienen verzoeken uit hoofde van dit artikel vergezeld te gaan van:
   a. de vermelding van de verzoekende autoriteit;
   b. de bevestiging dat in verband met een strafrechtelijk onderzoek een rechtmatig aftapbevel is gegeven;
   c. gegevens voor de vaststelling van de identiteit van de af te tappen persoon;
   d. een aanduiding van de strafbare gedragingen waarnaar een onderzoek wordt ingesteld;
   e. de gewenste duur van het aftappen; en
   f. zo mogelijk, voldoende technische gegevens, in het bijzonder het aansluitingsnummer, opdat aan het verzoek kan worden voldaan.

4. Verzoeken uit hoofde van lid 2, onder b), bevatten tevens een beknopt overzicht van de feiten. De aangezochte lidstaat kan alle nadere gegevens verlangen om te kunnen beoordelen of de gevraagde maatregel ook zou worden getroffen in een soortgelijke nationale zaak.

5. De aangezochte lidstaat verbindt zich ertoe de in lid 1, onder a, bedoelde verzoeken in te willigen:
   a. in het geval van een verzoek uit hoofde van lid 2, onder a en c, nadat de in lid 3 bedoelde gegevens zijn verstrekt. De aangezochte lidstaat kan zonder verdere formaliteiten opdracht geven tot het aftappen;
   b. in het geval van een verzoek uit hoofde van lid 2, onder b, nadat de in de leden 3 en 4 bedoelde gegevens zijn verstrekt, indien de gevraagde maatregel zou worden getroffen in een soortgelijke nationale zaak. De aangezochte lidstaat kan aan zijn instemming de voorwaarden verbinden die in acht genomen zouden moeten worden in een soortgelijke nationale zaak.

6. Indien rechtstreekse doorgeleiding niet mogelijk is, verbindt de aangezochte lidstaat zich ertoe verzoeken uit hoofde van lid 1, onder b), in te willigen nadat de in de leden 3 en 4 bedoelde gegevens zijn verstrekt, indien de gevraagde maatregel zou worden genomen in een soortgelijke nationale zaak. De aangezochte lidstaat kan aan zijn instemming de voorwaarden verbinden die in acht genomen zouden moeten worden in een soortgelijke nationale zaak.

7. Elke lidstaat kan bij de in artikel 27, lid 2, bedoelde kennisgeving verklaren alleen door lid 6 gebonden te zijn wanneer hij niet voor rechtstreekse doorgeleiding kan zorgen. In dat geval kunnen de andere lidstaten het wederkerigheidsbeginsel toepassen.

8. Wanneer een verzoek uit hoofde van lid 1, onder b, wordt gedaan, kan de verzoekende lidstaat, wanneer hij daarvoor bijzondere redenen heeft, ook verlangen dat een schriftelijke weergave van de opname wordt toegezonden. De aangezochte lidstaat behandelt zulke verzoeken overeenkomstig zijn nationale recht en procedures.

9. De lidstaat die de uit hoofde van de leden 3 en 4 verstrekte gegevens ontvangt, dient deze met inachtneming van zijn nationale recht als vertrouwelijk te behandelen.

Art. 19 Het aftappen van telecommunicatie op eigen grondgebied door tussenkomst van dienstenverstrekkers

1. De lidstaten dragen er zorg voor dat de via een toegangspoort op hun grondgebied geëxploiteerde telecommunicatienetwerken, die op het grondgebied van een andere lidstaat niet rechtstreeks toegankelijk zijn voor het rechtmatig aftappen van communicatie van een persoon die zich in die andere lidstaat bevindt, rechtstreeks toegankelijk kunnen worden gemaakt voor het rechtmatig aftappen door die lidstaat door de tussenkomst van een daartoe aangewezen dienstenverstrekker op zijn grondgebied.

2. In het in lid 1 bedoelde geval is het de bevoegde autoriteiten van een lidstaat toegestaan, ten behoeve van een strafrechtelijk onderzoek, in overeenstemming met het toepasselijke nationale recht en voorzover de af te tappen persoon zich in die lidstaat bevindt, af te tappen door de tussenkomst van een daartoe aangewezen dienstenverstrekker op het grondgebied van die lidstaat, zonder de lidstaat op het grondgebied waarvan de toegangspoort zich bevindt, daarin te betrekken.

3. Lid 2 is eveneens van toepassing wanneer wordt afgetapt ingevolge een verzoek overeenkomstig artikel 18, lid 2, onder b.

4. Het bepaalde in dit artikel belet de lidstaten niet een verzoek om het rechtmatig aftappen van telecommunicatie overeenkomstig artikel 18 te richten tot de lidstaat op het grondgebied waarvan de toegangspoort zich bevindt, in het bijzonder wanneer er in de verzoekende lidstaat geen dienstenverstrekker is.

Art. 20 Het aftappen van telecommunicatie zonder technische bijstand van een andere lidstaat

1. Onverminderd de algemene beginselen van het internationale recht en de bepalingen van artikel 18, lid 2, onder c, zijn de verplichtingen krachtens dit artikel van toepassing op aftapbevelen die door de bevoegde autoriteit van een lidstaat zijn gegeven of toegestaan in het kader van een strafrechtelijk onderzoek dat de kenmerken vertoont van een onderzoek naar aanleiding van een specifiek strafbaar feit, met inbegrip van pogingen daartoe voorzover deze krachtens de nationale wetgeving strafbaar zijn gesteld, teneinde de verantwoordelijken te identificeren en aan te houden, in beschuldiging te stellen, te vervolgen of te berechten.

2. Wanneer de bevoegde autoriteit van een lidstaat, hierna te noemen de aftappende lidstaat, ten behoeve van een strafrechtelijk onderzoek het aftappen van telecommunicatie heeft bevolen, en het telecommunicatieadres van de in het aftapbevel genoemde persoon in gebruik is op het grondgebied van een andere lidstaat, hierna te noemen de in kennis gestelde lidstaat, waarvan geen technische bijstand voor het aftappen nodig is, brengt de aftappende lidstaat de in kennis gestelde lidstaat op de hoogte van het aftappen:
    a. vóór het aftappen, indien hem reeds bij het geven van het aftapbevel bekend is dat de persoon zich op het grondgebied van de in kennis gestelde lidstaat bevindt;
    b. in andere gevallen, onmiddellijk nadat hem bekend wordt dat de persoon zich op het grondgebied van de in kennis gestelde lidstaat bevindt.

3. De door de aftappende lidstaat te verstrekken gegevens omvatten:
    a. de vermelding van de autoriteit die het aftapbevel geeft;
    b. de bevestiging dat in verband met een strafrechtelijk onderzoek een rechtmatig aftapbevel is gegeven;
    c. gegevens voor de vaststelling van de identiteit van de af te tappen persoon;
    d. een aanduiding van de strafbare gedragingen waarnaar een onderzoek wordt ingesteld; en
    e. de verwachte duur van het aftappen.

4. Het onderstaande is van toepassing wanneer een lidstaat overeenkomstig de leden 2 en 3 in kennis wordt gesteld:
    a. Nadat de bevoegde autoriteit van de in kennis gestelde lidstaat de in lid 3 bedoelde gegevens heeft ontvangen, antwoordt zij onverwijld en uiterlijk binnen 96 uur aan de aftappende lidstaat, teneinde:
        i. het aftappen of het voortzetten daarvan toe te staan. De in kennis gestelde lidstaat kan aan zijn instemming voorwaarden verbinden die in acht zouden moeten worden genomen in een soortgelijke nationale zaak;
        ii. te eisen dat het aftappen niet plaatsvindt of wordt beëindigd, in gevallen waarin het aftappen niet toelaatbaar zou zijn krachtens het nationale recht van de in kennis gestelde lidstaat of om de in artikel 2 van het Europees Rechtshulpverdrag genoemde redenen. Indien de in kennis gestelde lidstaat dit eist, moet hij zijn beslissing schriftelijk met redenen omkleden;
        iii. in de gevallen, bedoeld in punt ii), te eisen dat gegevens die reeds werden afgetapt terwijl de persoon zich op zijn grondgebied bevond, niet worden gebruikt of uitsluitend worden gebruikt onder nader aan te geven voorwaarden. De in kennis gestelde lidstaat deelt de aftappende lidstaat de redenen mee die bedoelde voorwaarden rechtvaardigen;
        iv. om een korte, met de aftappende lidstaat overeen te komen verlenging, met een periode van maximaal 8 dagen, van de oorspronkelijke termijn van 96 uur te verzoeken, teneinde interne procedures uit hoofde van zijn nationale recht te kunnen volgen. De in kennis gestelde lidstaat

deelt de aftappende lidstaat schriftelijk de omstandigheden mee die ingevolge zijn nationale recht het verlangde uitstel rechtvaardigen.
  b. Totdat door de in kennis gestelde lidstaat een besluit is genomen overeenkomstig het bepaalde onder a, punten i of ii, kan de aftappende lidstaat:
  i. het aftappen voortzetten; en
  ii. de afgetapte gegevens niet gebruiken, tenzij:
    - tussen de betrokken lidstaten anders is overeengekomen; of
    - voor het treffen van spoedeisende maatregelen ter voorkoming van een onmiddellijke en ernstige bedreiging van de openbare veiligheid. De in kennis gestelde lidstaat wordt ingelicht over een dergelijk gebruik en over de redenen die het rechtvaardigen.
  c. De in kennis gestelde lidstaat kan een beknopt overzicht van de feiten van de zaak verlangen alsmede alle nadere inlichtingen die hij nodig heeft om te kunnen beoordelen of het aftappen zou worden toegestaan in een soortgelijke nationale zaak. Een dergelijk verzoek laat de toepassing van het bepaalde onder b onverlet, tenzij anders is overeengekomen tussen de in kennis gestelde en de aftappende lidstaat.
  d. De lidstaten treffen de nodige maatregelen om ervoor te zorgen dat binnen de termijn van 96 uur kan worden geantwoord. Hiertoe wijzen zij contactpunten aan, die 24 uur per dag beschikbaar zijn, en die zij vermelden in hun verklaringen krachtens artikel 24, lid 1, onder e.
5. De in kennis gestelde lidstaat dient de uit hoofde van lid 3 verstrekte gegevens met inachtneming van zijn nationale recht als vertrouwelijk te behandelen.
6. Indien de aftappende lidstaat van oordeel is dat de op grond van lid 3 te verstrekken gegevens bijzonder gevoelig van aard zijn, kunnen deze via een specifieke autoriteit naar de bevoegde autoriteit worden doorgezonden, indien de betrokken lidstaten zulks onderling zijn overeengekomen.
7. Elke lidstaat kan bij de in artikel 27 lid 2, bedoelde kennisgeving of op enig ander later tijdstip verklaren dat het niet noodzakelijk is hem de gegevens over het aftappen, bedoeld in dit artikel, te verstrekken.

Art. 21 Aansprakelijkheid voor de door aanbieders van telecommunicatienetwerken gemaakte kosten
De kosten die door aanbieders van telecommunicatienetwerken of dienstenverstrekkers worden gemaakt bij de uitvoering van verzoeken uit hoofde van artikel 18, komen ten laste van de verzoekende lidstaat.

Art. 22 Bilaterale regelingen
Niets in deze titel belet de lidstaten bilaterale of multilaterale regelingen te treffen ter vergemakkelijking van het gebruik van de huidige en toekomstige technische mogelijkheden voor het rechtmatig aftappen van telecommunicatie.

TITEL IV

Art. 23 Bescherming van persoonsgegevens
1. Persoonsgegevens die uit hoofde van deze overeenkomst worden meegedeeld, kunnen worden gebruikt door de lidstaten waaraan zij zijn verstrekt:
  a. ten behoeve van de procedures waarop deze overeenkomst van toepassing is;
  b. voor andere gerechtelijke en administratieve procedures die rechtstreeks verband houden met de onder a) bedoelde procedures;
  c. ter voorkoming van een onmiddellijke en ernstige bedreiging van de openbare veiligheid;
  d. voor enig ander doel, alleen na voorafgaande toestemming van de verstrekkende lidstaat, tenzij de ontvangende lidstaat de toestemming van de betrokkene heeft verkregen.
2. Dit artikel is ook van toepassing op persoonsgegevens die niet zijn meegedeeld, maar anderszins zijn verkregen met toepassing van deze overeenkomst.
3. Gelet op de omstandigheden van het geval kan de verstrekkende lidstaat de lidstaat waaraan de persoonsgegevens zijn meegedeeld, verzoeken om informatie over het gebruik dat van die gegevens is gemaakt.
4. Indien er voor het gebruik van persoonsgegevens voorwaarden zijn gesteld uit hoofde van artikel 7, lid 2, artikel 18, lid 5, onder b, artikel 18, lid 6, of artikel 20, lid 4, prevaleren die voorwaarden. Wanneer er geen voorwaarden van die aard zijn gesteld, is dit artikel van toepassing.
5. Het bepaalde in artikel 13, lid 10, heeft voorrang boven dit artikel voor gegevens die uit hoofde van artikel 13 zijn verkregen.
6. Dit artikel is niet van toepassing op persoonsgegevens die door een lidstaat met toepassing van deze overeenkomst zijn verkregen en uit die lidstaat afkomstig zijn.
7. Luxemburg kan bij de ondertekening van de overeenkomst verklaren dat wanneer Luxemburg uit hoofde van deze overeenkomst persoonsgegevens aan een andere lidstaat verstrekt, het volgende van toepassing is:

Luxemburg kan, onder voorbehoud van lid 1, onder c), gelet op de omstandigheden van het geval eisen dat, tenzij de ontvangende lidstaat de toestemming van betrokkene heeft verkregen, de persoonsgegevens alleen na voorafgaande toestemming van Luxemburg voor de in lid 1, onder a en b, genoemde doeleinden mogen worden gebruikt ten behoeve van procedures waarvoor Luxemburg de verstrekking of het gebruik van de persoonsgegevens had kunnen weigeren of beperken uit hoofde van deze overeenkomst of de in artikel 1 bedoelde instrumenten.
Indien Luxemburg in een bepaald geval weigert in te stemmen met een verzoek van een lidstaat overeenkomstig lid 1 moet het zijn weigering schriftelijk met redenen omkleden.

TITEL V
SLOTBEPALINGEN

Art. 24 Verklaringen

1. Bij de in artikel 27, lid 2, bedoelde kennisgeving vermeldt elke lidstaat in een verklaring de autoriteiten die, naast de autoriteiten welke al worden aangegeven in het Europees Rechtshulpverdrag en het Benelux-Verdrag, bevoegd zijn voor de toepassing van deze overeenkomst en voor de toepassing tussen de lidstaten van de bepalingen inzake wederzijdse rechtshulp in strafzaken van de in artikel 1, lid 1, genoemde instrumenten, waaronder:
   a. eventueel de bevoegde bestuurlijke autoriteiten voor de toepassing van artikel 3, lid 1,
   b. een of meer centrale autoriteiten voor de toepassing van artikel 6, alsmede de bevoegde autoriteiten voor de in artikel 6, lid 8, bedoelde verzoeken,
   c. eventueel de bevoegde politie- of douaneautoriteiten voor de toepassing van artikel 6, lid 5,
   d. eventueel de bevoegde bestuurlijke autoriteiten voor de toepassing van artikel 6, lid 6, en
   e. de bevoegde autoriteit of autoriteiten voor de toepassing van de artikelen 18 en 19 en artikel 20, leden 1 tot en met 5.
2. De overeenkomstig lid 1 afgelegde verklaringen kunnen te allen tijde geheel of gedeeltelijk worden gewijzigd volgens dezelfde procedure.

Art. 25 Voorbehouden

Andere voorbehouden dan die waarin deze overeenkomst uitdrukkelijk voorziet, zijn niet toegestaan.

Art. 26 Territoriale toepassing

Deze overeenkomst wordt van toepassing op Gibraltar na de uitbreiding van het Europees Rechtshulpverdrag tot Gibraltar.
Wanneer het Verenigd Koninkrijk de overeenkomst wenst toe te passen op de Kanaaleilanden en het eiland Man na de uitbreiding van het Europees Rechtshulpverdrag tot die gebieden, stelt het de voorzitter van de Raad daarvan schriftelijk in kennis. De Raad neemt met eenparigheid van stemmen van zijn leden een besluit over dat verzoek.

Art. 27 Inwerkingtreding

1. Deze overeenkomst wordt de lidstaten ter aanneming overeenkomstig hun onderscheiden grondwettelijke bepalingen voorgelegd.
2. De lidstaten stellen de secretaris-generaal van de Raad van de Europese Unie in kennis van de voltooiing van de overeenkomstig hun grondwettelijke bepalingen voor de aanneming van deze overeenkomst vereiste procedures.
3. Deze overeenkomst treedt, negentig dagen na de in lid 2 bedoelde kennisgeving door de staat die lidstaat van de Europese Unie is ten tijde van de aanneming door de Raad van de akte tot vaststelling van deze overeenkomst en die als achtste daartoe overgaat, in werking voor de acht betrokken lidstaten.
4. Kennisgeving door een lidstaat volgend op de ontvangst van de in lid 2 bedoelde achtste kennisgeving betekent dat de overeenkomst 90 dagen na eerstbedoelde kennisgeving in werking treedt tussen deze lidstaat en de lidstaten waarvoor de overeenkomst reeds in werking is getreden.
5. Tot de inwerkingtreding van deze overeenkomst uit hoofde van lid 3 kan elke lidstaat bij de in lid 2 bedoelde kennisgeving of op enig ander later tijdstip verklaren dat hij de overeenkomst zal toepassen in zijn betrekkingen met de lidstaten die eenzelfde verklaring hebben afgelegd. Die verklaringen worden van toepassing negentig dagen nadat ze zijn neergelegd.
6. Deze overeenkomst is van toepassing op verzoeken om wederzijdse rechtshulp die zijn ingediend na de datum waarop de overeenkomst tussen de betrokken lidstaten in werking is getreden of uit hoofde van lid 5 wordt toegepast.

Art. 28 Toetreding van nieuwe lidstaten

1. Elke staat die lid wordt van de Europese Unie kan tot deze overeenkomst toetreden.
2. De door de Raad van de Europese Unie vastgestelde tekst van deze overeenkomst in de taal van de toetredende staat is authentiek.
3. De akten van toetreding worden neergelegd bij de depositaris.
4. Deze overeenkomst treedt ten aanzien van elke toetredende staat in werking negentig dagen nadat diens akte van toetreding is neergelegd, of op de datum van inwerkingtreding van deze

overeenkomst indien deze bij het verstrijken van de genoemde periode van negentig dagen nog niet in werking getreden is.

5. Indien de overeenkomst nog niet in werking is getreden op het tijdstip waarop een toetredende staat zijn akte van toetreding neerlegt, is voor deze staat artikel 27, lid 5, van toepassing.

Art. 29 Inwerkingtreding voor IJsland en Noorwegen

1. Onverminderd het bepaalde in artikel 8 van de tussen de Raad van de Europese Unie, de Republiek IJsland en het Koninkrijk Noorwegen gesloten overeenkomst inzake de wijze waarop IJsland en Noorwegen worden betrokken bij de uitvoering, de toepassing en de ontwikkeling van het Schengenacquis, hierna te noemen de associatieovereenkomst, de in artikel 2, lid 1, bedoelde bepalingen voor IJsland en Noorwegen in hun wederzijdse betrekkingen met iedere lidstaat waarvoor deze overeenkomst op grond van artikel 27, lid 3 of lid 4, reeds in werking is getreden, in werking negentig dagen na de ontvangst door de Raad en de Commissie van de in artikel 8, lid 2, van de associatieovereenkomst bedoelde mededeling nadat aan hun grondwettelijke verplichtingen is voldaan.

2. Door de inwerkingtreding van deze overeenkomst voor een lidstaat na de datum van inwerkingtreding van de in artikel 2, lid 1, bedoelde bepalingen voor IJsland en Noorwegen worden die bepalingen eveneens van toepassing in de wederzijdse betrekkingen tussen die lidstaat en IJsland en Noorwegen.

3. De in artikel 2, lid 1, bedoelde bepalingen zijn in geen geval bindend voor IJsland en Noorwegen vóór de op grond van artikel 15, lid 4, van de associatieovereenkomst vast te stellen datum.

4. Onverminderd de leden 1, 2 en 3 treden de in artikel 2, lid 1, bedoelde bepalingen voor IJsland en Noorwegen uiterlijk in werking op de dag van de inwerkingtreding van deze overeenkomst ten aanzien van de vijftiende staat die, ten tijde van de aanneming door de Raad van de Akte tot vaststelling van deze overeenkomst, lid is van de Europese Unie.

Art. 30 Depositaris

1. De secretaris-generaal van de Raad van de Europese Unie is depositaris van deze overeenkomst.

2. De depositaris maakt in het Publicatieblad van de Europese Gemeenschappen de stand van de aannemingen en toetredingen, alsmede de verklaringen, voorbehouden en andere kennisgevingen met betrekking tot deze overeenkomst bekend.

Protocol vastgesteld door de Raad overeenkomstig artikel 34 van het Verdrag betreffende de Europese Unie, bij de Overeenkomst betreffende de wederzijdse rechtshulp in strafzaken tussen de lidstaten van de Europese Unie [1]

De Hoge Verdragsluitende Partijen bij dit protocol, lidstaten van de Europese Unie,
Onder verwijzing naar de akte van de Raad van 16 oktober 2001 tot vaststelling van het protocol bij de Overeenkomst betreffende de wederzijdse rechtshulp in strafzaken tussen de lidstaten van de Europese Unie,
Gelet op de conclusies die tijdens de Europese Raad van Tampere van 15 en 16 oktober 1999 zijn aangenomen en de noodzaak deze onverwijld ten uitvoer te brengen met het oog op de totstandbrenging van een ruimte van vrijheid, veiligheid en rechtvaardigheid,
Rekening houdend met de aanbevelingen die door de deskundigen zijn geformuleerd in de wederzijdse evaluatieverslagen die zijn opgesteld op basis van Gemeenschappelijk Optreden 97/827/JBZ van 5 december 1997, tot instelling van een mechanisme voor evaluatie van de uitvoering en toepassing op nationaal niveau van de internationale verbintenissen inzake de bestrijding van de georganiseerde criminaliteit[2],
Overtuigd van de behoefte aan aanvullende maatregelen op het gebied van de wederzijdse rechtshulp in strafzaken ter bestrijding van de criminaliteit, waaronder in het bijzonder de georganiseerde criminaliteit, het witwassen van geld en de financiële criminaliteit,
Hebben overeenstemming bereikt omtrent de volgende bepalingen, die als integraal onderdeel gehecht zullen worden aan de Overeenkomst betreffende de wederzijdse rechtshulp in strafzaken tussen de lidstaten van de Europese Unie van 29 mei 2000, hierna „overeenkomst tot wederzijdse bijstand van 2000" te noemen:

Art. 1 Verzoek om gegevens over bankrekeningen

1. Iedere lidstaat treft onder de in dit artikel gestelde voorwaarden de maatregelen die nodig zijn om naar aanleiding van een door een andere lidstaat gedaan verzoek vast te kunnen stellen of een natuurlijke of rechtspersoon tegen wie een strafrechtelijk onderzoek is ingesteld één of meer rekeningen van welke aard dan ook bezit of controleert bij een op zijn grondgebied gevestigde bank en om, indien zulks het geval is, alle nadere gegevens over de betrokken rekeningen te kunnen verstrekken.
Deze gegevens omvatten tevens de rekeningen waarvan de persoon tegen wie een procedure is ingesteld, gevolmachtigde is, voorzover hierom is verzocht en de gegevens binnen een redelijke termijn kunnen worden verstrekt.
2. De in dit artikel neergelegde verplichting is alleen van toepassing voorzover de gegevens in het bezit zijn van de bank die de rekening onder zich heeft.
3. De in dit artikel neergelegde verplichting geldt alleen wanneer het onderzoek
- een strafbaar feit betreft dat strafbaar is gesteld met een vrijheidsstraf of een tot vrijheidsbeneming strekkende maatregel met een maximum van tenminste vier jaar in de verzoekende staat en tenminste twee jaar in de aangezochte staat, of
- een strafbaar feit betreft als bedoeld in artikel 2 van de Overeenkomst van 1995 tot oprichting van een Europese Politiedienst (Europol-overeenkomst) of in de – gewijzigde – bijlage bij die overeenkomst, of
- wanneer het onderzoek niet onder de Europol-overeenkomst valt, een strafbaar feit betreft als bedoeld in overeenkomst van 1995 aangaande de bescherming van de financiële belangen van de Europese Gemeenschappen, het bijbehorende protocol van 1996 of het bijbehorende tweede protocol van 1997.
4. De verzoekende autoriteit vermeldt in het verzoek:
- waarom zij van mening is dat de gevraagde informatie waarschijnlijk van grote waarde is voor het onderzoek naar het strafbare feit;

---

1   Inwerkingtredingsdatum: 05-10-2005.
2   PB L344 van 15.12.1997, blz. 7.

- op welke gronden zij veronderstelt dat banken in de aangezochte staat de rekeningen onder zich hebben en, voorzover hierover gegevens beschikbaar zijn, welke banken bij een en ander betrokken zouden kunnen zijn;
- elke beschikbare informatie die de uitvoering van het verzoek kan vergemakkelijken.

5. De lidstaten kunnen aan de uitvoering van een verzoek op grond van dit artikel dezelfde voorwaarden verbinden als bij verzoeken om huiszoeking en inbeslagneming.

6. De Raad kan op grond van artikel 34, lid 2, onder c), van het Verdrag betreffende de Europese Unie besluiten lid 3 uit te breiden.

Art. 2 Verzoeken om gegevens over banktransacties

1. Op verzoek van de verzoekende lidstaat verstrekt de aangezochte lidstaat bijzonderheden betreffende gespecificeerde bankrekeningen en betreffende banktransacties die in een bepaald tijdvak zijn uitgevoerd op een of meer in het verzoek genoemde rekeningen, met inbegrip van de bijzonderheden betreffende de rekening van herkomst of bestemming.

2. De in dit artikel genoemde verplichting is uitsluitend van toepassing voorzover de gegevens in het bezit zijn van de bank die de rekening onder zich heeft.

3. De verzoekende lidstaat geeft in zijn verzoek aan om welke redenen hij de verlangde gegevens terzake dienend acht voor het onderzoek naar het strafbare feit.

4. De lidstaten kunnen aan de uitvoering van een verzoek op grond van dit artikel dezelfde voorwaarden verbinden als bij verzoeken om huiszoeking en inbeslagneming.

Art. 3 Verzoeken om toezicht op bankverrichtingen

1. Elke lidstaat verbindt er zich toe, op verzoek van een andere lidstaat, te waarborgen dat hij in staat is gedurende een bepaalde periode de bankverrichtingen die worden uitgevoerd door middel van een of meer in het verzoek genoemde rekeningen onder toezicht te plaatsen en de resultaten van het toezicht door te geven aan de verzoekende lidstaat.

2. De verzoekende lidstaat geeft in zijn verzoek aan om welke redenen hij de verlangde gegevens terzake dienend acht voor het onderzoek naar het strafbare feit.

3. De beslissing om de rekening onder toezicht te plaatsen wordt in elke afzonderlijke zaak genomen door de bevoegde autoriteiten van de aangezochte lidstaat, met inachtneming van de nationale wet van deze lidstaat.

4. De praktische details van het toezicht worden tussen de bevoegde autoriteiten van de verzoekende en de aangezochte lidstaat overeengekomen.

Art. 4 Vertrouwelijkheid

Iedere lidstaat doet het nodige om te waarborgen dat de banken de betrokken cliënt of andere derden niet meedelen dat er aan de verzoekende staat gegevens zijn doorgegeven overeenkomstig de artikelen 1, 2 of 3, dan wel dat er een onderzoek loopt.

Art. 5 Informatieplicht

Indien de bevoegde autoriteit van de aangezochte lidstaat het tijdens de uitvoering van een rechtshulpverzoek passend acht onderzoek te verrichten waarin oorspronkelijk niet was voorzien of dat bij de indiening van het verzoek niet kon worden gespecificeerd, stelt zij de verzoekende autoriteit daarvan onverwijld in kennis, opdat deze verdere maatregelen kan nemen.

Art. 6 Aanvullende rechtshulpverzoeken

1. Indien de bevoegde autoriteit van de verzoekende lidstaat een rechtshulpverzoek indient dat een aanvulling vormt op een eerder verzoek, hoeft de in het oorspronkelijke verzoek opgenomen informatie niet opnieuw te worden verstrekt. Het aanvullende verzoek bevat de informatie die nodig is voor de identificatie van het oorspronkelijke verzoek.

2. Indien de bevoegde autoriteit die in overeenstemming met de van kracht zijnde bepalingen een rechtshulpverzoek ingediend heeft, deelneemt aan de uitvoering van het verzoek in de aangezochte lidstaat, kan zij, onverminderd artikel 6, lid 3, van de overeenkomst tot wederzijdse bijstand van 2000, rechtstreeks een aanvullend verzoek indienen bij de bevoegde autoriteit van de aangezochte lidstaat wanneer zij zich daar bevindt.

Art. 7 Bankgeheim

De lidstaten beroepen zich niet op het bankgeheim als reden om iedere medewerking bij een rechtshulpverzoek van een andere lidstaat te weigeren.

Art. 8 Fiscale delicten

1. Rechtshulp kan niet worden geweigerd louter omdat het verzoek betrekking heeft op een strafbaar feit dat door de aangezochte lidstaat als een fiscaal delict wordt beschouwd.

2. Indien een lidstaat de uitvoering van een verzoek tot huiszoeking of inbeslagneming afhankelijk heeft gesteld van de voorwaarde dat het strafbaar feit dat tot het verzoek aanleiding geeft, ook volgens zijn wetgeving een strafbaar feit is, dan is aan deze voorwaarde voldaan indien, wat de in lid 1 bedoelde strafbare feiten betreft, het strafbaar feit overeenkomt met een strafbaar feit van dezelfde aard volgens zijn wetgeving.

Het verzoek mag niet worden afgewezen op de grond dat het recht van de aangezochte lidstaat niet dezelfde soort retributies of belastingen heft, of niet dezelfde soort regeling op het gebied van retributies, belastingen, douane en deviezen kent als de wetgeving van de verzoekende lidstaat.

3. Artikel 50 van de Schengenuitvoeringsovereenkomst wordt hierbij ingetrokken.

Art. 9 Politieke delicten
1. Voor de wederzijdse rechtshulp tussen lidstaten mag geen strafbaar feit door de aangezochte lidstaat worden beschouwd als een politiek delict, een met een politiek delict samenhangend feit of een feit ingegeven door politieke motieven.
2. Elke lidstaat kan bij de in artikel 13, lid 2, bedoelde kennisgeving verklaren dat hij zich het recht voorbehoudt het bepaalde in lid 1 van dit artikel slechts toe te passen met betrekking tot

   a. de strafbare feiten als bedoeld in de artikelen 1 en 2 van het Europees Verdrag tot bestrijding van terrorisme van 27 januari 1977, of

   b. strafbare feiten van samenspanning of medeplichtigheid, overeenkomend met de beschrijving van het gedrag bedoeld in artikel 3, lid 4, van de overeenkomst van 27 september 1996 betreffende uitlevering tussen de lidstaten van de Europese Unie, met het oogmerk een of meer strafbare feiten te plegen als bedoeld in de artikelen 1 en 2 van het Europees Verdrag tot bestrijding van terrorisme.
3. Voorbehouden uit hoofde van artikel 13 van het Europees Verdrag tot bestrijding van terrorisme zijn niet van toepassing op wederzijdse rechtshulp tussen lidstaten.

Art. 10 Kennisgeving van afwijzing aan de Raad en betrokkenheid van Eurojust
1. Indien een verzoek wordt afgewezen op grond van:
   - artikel 2, onder b, van het Europees Rechtshulpverdrag of artikel 22, lid 2, onder b, van het Beneluxverdrag, of
   - artikel 51 van de Schengenuitvoeringsovereenkomst of artikel 5 van het Europees Rechtshulpverdrag, of
   - artikel 1, lid 5, of artikel 2, lid 4, van dit protocol,

   en de verzoekende lidstaat zijn verzoek handhaaft, en er geen oplossing kan worden gevonden, wordt de met redenen omklede beslissing tot afwijzing door de aangezochte lidstaat ter kennisgeving toegezonden aan de Raad, ter mogelijke evaluatie van het functioneren van de justitiële samenwerking tussen de lidstaten.
2. De bevoegde autoriteiten van de verzoekende lidstaat kunnen, zodra Eurojust is opgericht, problemen bij de uitvoering van een verzoek die verband houden met de in lid 1 genoemde bepalingen aan Eurojust meedelen, met het oog op een mogelijke praktische oplossing, overeenkomstig de bepalingen van het instrument tot oprichting van Eurojust.

Art. 11 Voorbehouden
Andere dan de in artikel 9, lid 2, bedoelde voorbehouden zijn niet toegestaan.

Art. 12 Toepassing
Deze overeenkomst wordt van toepassing op Gibraltar wanneer de overeenkomst tot wederzijdse bijstand van toepassing wordt op Gibraltar, overeenkomstig artikel 26 van genoemde overeenkomst.

Art. 13 Inwerkingtreding
1. Dit protocol wordt de lidstaten ter aanneming voorgelegd overeenkomstig hun onderscheiden grondwettelijke vereisten.
2. De lidstaten stellen de secretaris-generaal van de Raad van de Europese Unie in kennis van de voltooiing van de grondwettelijke procedures terzake van de aanneming van dit protocol.
3. Negentig dagen na de in lid 2 bedoelde kennisgeving door de achtste staat die ten tijde van de aanneming door de Raad van de Akte tot vaststelling van dit protocol lid is van de Europese Unie, treedt dit protocol in werking voor de acht betrokken lidstaten. Indien de overeenkomst tot wederzijdse bijstand van 2000 op die datum evenwel nog niet in werking getreden is, treedt dit protocol in werking op de datum van inwerkingtreding van de overeenkomst tot wederzijdse bijstand van 2000.
4. Iedere kennisgeving door een lidstaat na de inwerkingtreding van dit protocol uit hoofde van lid 3 betekent dat het protocol negentig dagen na die kennisgeving in werking treedt tussen deze lidstaat en de lidstaten waarvoor het protocol reeds in werking is getreden.
5. Vóór de inwerkingtreding van dit protocol uit hoofde van lid 3 kan elke lidstaat bij de in lid 2 bedoelde kennisgeving of op enig ander later tijdstip verklaren dat hij het protocol zal toepassen in zijn betrekkingen met de lidstaten die eenzelfde verklaring hebben afgelegd. Die verklaringen worden van toepassing negentig dagen nadat ze zijn neergelegd.
6. Niettegenstaande de leden 3 tot en met 5, heeft de inwerkingtreding of toepassing van dit protocol in de betrekkingen tussen twee lidstaten geen rechtsgevolg vóór de inwerkingtreding of toepassing van de Overeenkomst van 2000 tussen deze twee lidstaten.
7. Dit protocol is van toepassing op verzoeken om wederzijdse rechtshulp die zijn ingediend na de datum waarop het protocol tussen de betrokken lidstaten in werking is getreden of uit hoofde van lid 5 wordt toegepast.

Art. 14 Toetreding van nieuwe lidstaten
1. Elke staat die lid wordt van de Europese Unie en toetreedt tot de overeenkomst tot wederzijdse bijstand van 2000, kan tot dit protocol toetreden.

2. De tekst van dit protocol in de taal van de toetredende staat, vastgesteld door de Raad van de Europese Unie, is authentiek.
3. De akten van toetreding worden neergelegd bij de depositaris.
4. Dit protocol treedt ten aanzien van elke toetredende staat in werking negentig dagen nadat diens akte van toetreding is neergelegd, of op de datum van inwerkingtreding van dit protocol indien het bij het verstrijken van de genoemde periode van negentig dagen nog niet in werking is getreden.
5. Indien het protocol nog niet in werking is getreden op het tijdstip waarop een toetredende staat zijn akte van toetreding neerlegt, is voor deze staat artikel 13, lid 5, van toepassing.
6. Niettegenstaande de leden 4 en 5, heeft de inwerkingtreding of toepassing van dit protocol voor de toetredende staat geen rechtsgevolg vóór de inwerkingtreding of toepassing van de overeenkomst tot wederzijdse bijstand van 2000 ten aanzien van deze staat.

Art. 15 Positie van IJsland en Noorwegen
Artikel 8 is een maatregel tot wijziging of uitbreiding van de bepalingen genoemd in bijlage 1 van de tussen de Raad van de Europese Unie, de Republiek IJsland en het Koninkrijk Noorwegen gesloten Overeenkomst inzake de wijze waarop IJsland en Noorwegen worden betrokken bij de uitvoering, de toepassing en de ontwikkeling van het SchengenacquisZie noot op blz. 8., (hierna te noemen „de associatieovereenkomst").

Art. 16 Inwerkingtreding voor IJsland en Noorwegen
1. Onverminderd het bepaalde in artikel 8 van de associatieovereenkomst, en nadat aan hun grondwettelijke verplichtingen is voldaan treedt de in artikel 15 bedoelde bepaling voor IJsland en Noorwegen in hun wederzijdse betrekkingen met iedere lidstaat waarvoor dit protocol op grond van artikel 13, lid 3 of lid 4, reeds in werking is getreden, in werking 90 dagen na de ontvangst door de Raad en de Commissie van de in artikel 8, lid 2, van de associatieovereenkomst bedoelde mededeling.
2. Door de inwerkingtreding van dit protocol voor een lidstaat na de datum van inwerkingtreding van de in artikel 15 bedoelde bepaling voor IJsland en Noorwegen wordt die bepaling eveneens van toepassing in de wederzijdse betrekkingen tussen die lidstaat en IJsland en Noorwegen.
3. De in artikel 15 bedoelde bepaling is in geen geval bindend voor IJsland en Noorwegen vóór de inwerkingtreding van de bepalingen van artikel 2, lid 1, van de Overeenkomst van 2000 ten aanzien van deze twee staten.
4. Onverminderd de leden 1, 2 en 3 treedt de in artikel 15 bedoelde bepaling voor IJsland en Noorwegen uiterlijk in werking op de dag van inwerkingtreding van dit protocol ten aanzien van de vijftiende staat die lid is van de Europese Unie, ten tijde van de aanneming door de Raad van de Akte tot vaststelling van dit protocol.

Art. 17 Depositaris
De secretaris-generaal van de Raad van de Europese Unie is depositaris van dit protocol.
De depositaris maakt in het Publicatieblad van de Europese Gemeenschappen bekend welke de stand is van de aannemingen en toetredingen, alsmede de verklaringen en andere kennisgevingen met betrekking tot dit protocol.

Europees Verdrag betreffende de overdracht van strafvervolging[1]

De Lid-Staten van de Raad van Europa die dit Verdrag hebben ondertekend,
Overwegende, dat het doel van de Raad van Europa is het tot stand brengen van een grotere eenheid tussen zijn leden,
Verlangend de arbeid die zij reeds op het gebied van het strafrecht hebben verricht te voltooien, ten einde te komen tot een rechtvaardiger en doeltreffender strafoplegging,
Van oordeel zijnde, dat het te dien einde nuttig zou zijn in een geest van wederzijds vertrouwen op internationaal niveau regelingen vast te stellen voor vervolging van strafbare feiten en daarbij met name de nadelen van bevoegdheidsconflicten te vermijden,
Zijn als volgt overeengekomen:

TITEL I
Begripsomschrijvingen

Art. 1
Voor de toepassing van dit Verdrag wordt verstaan onder:

Strafbaar feit
(a) „strafbaar feit": handelingen die in het strafrecht strafbaar zijn gesteld, alsmede handelingen waarop betrekking hebben de in Bijlage III van dit Verdrag genoemde wettelijke bepalingen, mits de betrokkene, indien terzake van het strafbare feit een bestuurlijke autoriteit bevoegd is, de mogelijkheid heeft de zaak aan de rechter voor te leggen;

Sanctie
(b) „sanctie": elke straf of maatregel, opgelegd of uitgesproken wegens een strafbaar feit of wegens een overtreding van de in Bijlage III genoemde wettelijke bepalingen.

TITEL II
Bevoegdheid

Art. 2
Geldigheid nationale strafwet
1. Voor de toepassing van dit Verdrag is elke Verdragsluitende Staat bevoegd elk strafbaar feit waarop de strafwet van een andere Verdragsluitende Staat van toepassing is, te vervolgen op grond van zijn eigen strafwet.
2. De aan een Verdragsluitende Staat uitsluitend op grond van het eerste lid van dit artikel toegekende bevoegdheid kan slechts worden uitgeoefend na een verzoek om strafvervolging, afkomstig van een andere Verdragsluitende Staat.

Art. 3
Afzien strafvervolging
Elke Verdragsluitende Staat die krachtens zijn eigen wet bevoegd is tot het vervolgen van een strafbaar feit kan, voor de toepassing van dit Verdrag, afzien van strafvervolging of een ingestelde strafvervolging staken, ten aanzien van een verdachte die wegens hetzelfde feit wordt of zal worden vervolgd door een andere Verdragsluitende Staat. Gelet op het bepaalde in artikel 21, tweede lid, is de beslissing tot het afzien van of het staken van strafvervolging een voorlopige, zolang geen definitieve beslissing in de andere Verdragsluitende Staat is genomen.

Art. 4
Vervallen recht tot strafvervolging
De aangezochte Staat staakt de uitsluitend op artikel 2 gegronde strafvervolging, indien hij weet dat het recht tot strafvordering volgens de wet van de verzoekende Staat vervalt wegens een andere oorzaak dan de verjaring, waarop met name de artikelen 10, letter c, 11, letters f en g, 22, 23 en 26 van toepassing zijn.

Art. 5
De bepalingen van Titel III van dit Verdrag vormen geen beperking van de bevoegdheid tot strafvordering die de verzoekende Staat ontleent aan zijn eigen wet.

---

[1] Inwerkingtredingsdatum: 19-07-1985; zoals laatstelijk gewijzigd bij: Trb. 1992, 89.

TITEL III
Overdracht van strafvervolging

AFDELING 1
VERZOEK TOT STRAFVERVOLGING

Art. 6

1. Indien een persoon wordt verdacht van het plegen van een strafbaar feit volgens de wet van een Verdragsluitende Staat, kan die Staat aan een andere Verdragsluitende Staat verzoeken over te gaan tot strafvervolging in de gevallen en op de gronden genoemd in dit Verdrag. — *Verzoek overname tot strafvervolging*
2. Indien volgens de bepalingen van dit Verdrag een Verdragsluitende Staat aan een andere Verdragsluitende Staat kan verzoeken over te gaan tot strafvervolging, dienen de bevoegde autoriteiten van eerstgenoemde Staat de mogelijkheid daartoe te overwegen.

Art. 7

1. De strafvervolging kan slechts worden ingesteld in de aangezochte Staat indien het feit waarvoor strafvervolging is verzocht ware het op het grondgebied van die Staat begaan een strafbaar feit zou hebben opgeleverd en in dat geval aan de dader eveneens krachtens de wet van die Staat een sanctie had kunnen worden opgelegd. — *Dubbele strafbaarheid*
2. Indien het strafbare feit is begaan door of ten aanzien van een persoon, die in de verzoekende Staat met een openbaar ambt is bekleed, dan wel ten aanzien van een tot de openbare dienst van die Staat behorende instelling of zaak, wordt het in de aangezochte Staat beschouwd als zijnde gepleegd door of ten aanzien van een persoon, dan wel een instelling of een zaak die aldaar tot de openbare dienst behoort. — *Analoge toepassing*

Art. 8

1. Een Verdragsluitende Staat kan een andere Verdragsluitende Staat verzoeken over te gaan tot strafvervolging in een of meer van de volgende gevallen: — *Gevallen waarin verzoek is toegestaan*
(a) indien de verdachte zijn vaste woonplaats heeft in de aangezochte Staat;
(b) indien de verdachte onderdaan is van de aangezochte Staat of indien hij uit die Staat afkomstig is;
(c) indien de verdachte in de aangezochte Staat een sanctie ondergaat of moet ondergaan die vrijheidsbeneming met zich brengt;
(d) indien de verdachte in de aangezochte Staat wordt vervolgd wegens hetzelfde strafbare feit of wegens andere strafbare feiten;
(e) indien hij van oordeel is dat de overdracht is aangewezen in het belang van de waarheidsvinding, met name indien het belangrijkste bewijsmateriaal zich in de aangezochte Staat bevindt;
(f) indien hij van oordeel is dat de tenuitvoerlegging van een eventuele veroordeling in de aangezochte Staat naar verwachting betere mogelijkheden biedt voor de reclassering van de veroordeelde;
(g) indien hij van oordeel is dat de aanwezigheid van de verdachte ter terechtzitting in de verzoekende Staat niet kan worden verzekerd, terwijl diens aanwezigheid ter terechtzitting in de aangezochte Staat wel kan worden verzekerd;
(h) indien hij van oordeel is dat hij niet in staat is zelf een eventuele veroordeling ten uitvoer te leggen, zelfs niet met toepassing van uitlevering, en dat de aangezochte Staat daartoe wel in staat is.

2. Indien de verdachte in een Verdragsluitende Staat onherroepelijk is veroordeeld, kan die Staat geen overdracht van de strafvervolging verzoeken in een of meer van de in het eerste lid van dit artikel vermelde gevallen tenzij hij de sanctie, ook met toepassing van uitlevering, niet zelf ten uitvoer kan leggen en de andere Verdragsluitende Staat het beginsel van de tenuitvoerlegging van een in het buitenland gewezen vonnis niet aanvaardt of weigert een vonnis als het onderhavige ten uitvoer te leggen. — *Geen verzoek tot overdracht strafvervolging*

Art. 9

1. De bevoegde autoriteiten van de aangezochte Staat onderwerpen het aan hen met toepassing van de voorgaande artikelen gerichte verzoek tot strafvervolging aan een onderzoek. Zij beslissen overeenkomstig hun eigen wetgeving welk gevolg aan het verzoek zal worden gegeven. — *Onderzoek verzoek*
2. Indien de wet van de aangezochte Staat voorziet in de bestraffing van het strafbare feit door een bestuurlijke autoriteit geeft die Staat daarvan zo spoedig mogelijk kennis aan de verzoekende Staat, tenzij de aangezochte Staat een verklaring heeft afgelegd krachtens het derde lid van dit artikel. — *Afdoening strafbare feiten door bestuurlijke autoriteit*
3. Elke Verdragsluitende Staat kan op het ogenblik van ondertekening of van nederlegging van zijn akte van bekrachtiging, aanvaarding of toetreding of op elk ander tijdstip door middel van een tot de Secretaris-Generaal van de Raad van Europa gerichte verklaring de gevallen opgeven waarin zijn nationale wet voorziet in de afdoening van strafbare feiten door een bestuurlijke autoriteit. Een zodanige verklaring vervangt de in het tweede lid van dit artikel bedoelde kennisgeving.

Art. 10

Belemmeringen inwilligen verzoek

De aangezochte Staat geeft geen gevolg aan het verzoek:
(a) indien het verzoek niet in overeenstemming is met het bepaalde in artikel 6, eerste lid, en in artikel 7, eerste lid;
(b) indien het instellen van de strafvervolging indruist tegen het bepaalde in artikel 35;
(c) indien op de in het verzoek vermelde datum het recht tot strafvordering in de verzoekende Staat is verjaard volgens de wet van die Staat.

Art. 11

Gronden tot weigering inwilligen verzoek

Onverminderd het bepaalde in artikel 10 kan de aangezochte Staat slechts in een of meer van de volgende gevallen de aanvaarding van het verzoek geheel of gedeeltelijk weigeren:
(a) indien hij van oordeel is dat de in artikel 8 genoemde gronden waarop het verzoek berust, zich niet voordoen;
(b) indien de verdachte geen vaste woonplaats heeft in de aangezochte Staat;
(c) indien de verdachte geen onderdaan is van de aangezochte Staat en geen vaste woonplaats had op het grondgebied van die Staat ten tijde van het begaan van het strafbare feit;
(d) indien hij van oordeel is dat het strafbare feit waarvoor de strafvervolging is verzocht van politieke aard is of als een zuiver militair of zuiver fiscaal delict moet worden beschouwd;
(e) indien hij ernstige redenen meent te hebben om aan te nemen dat het verzoek tot strafvervolging is ingegeven door overwegingen van ras, godsdienst, nationaliteit of politieke overtuiging;
(f) indien zijn eigen wet reeds van toepassing is op het feit en het recht op strafvordering op het tijdstip van ontvangst van het verzoek krachtens die wet reeds is verjaard; in dat geval vindt artikel 26, tweede lid, geen toepassing;
(g) indien zijn bevoegdheid uitsluitend is gegrond op artikel 2 en het recht op strafvordering op het tijdstip van ontvangst van het verzoek is verjaard krachtens zijn wet, daarbij rekening gehouden met de verlenging van de verjaringstermijn met zes maanden, voorzien in artikel 23;
(h) indien het feit buiten het grondgebied van de verzoekende Staat is begaan;
(i) indien de strafvervolging in strijd is met de door de aangezochte Staat aangegane internationale verplichtingen;
(j) indien de vervolging in strijd is met de grondbeginselen van de rechtsorde van de aangezochte Staat;
(k) indien de verzoekende Staat een in dit Verdrag neergelegde procedureregel heeft overtreden.

Art. 12

Alsnog weigering inwilligen verzoek

1. De aangezochte Staat is verplicht zijn aanvaarding van het verzoek in te trekken, indien na die aanvaarding een in artikel 10 van dit Verdrag genoemde grond blijkt te bestaan om geen gevolg te geven aan het verzoek.
2. De aangezochte Staat is gerechtigd zijn aanvaarding van het verzoek in te trekken:
(a) indien blijkt dat de aanwezigheid van de verdachte ter terechtzitting in die Staat niet kan worden verzekerd of indien een eventuele veroordeling in die Staat niet ten uitvoer kan worden gelegd;
(b) indien een der in artikel 11 genoemde weigeringsgronden zich voordoet alvorens de zaak ter terechtzitting aanhangig is gemaakt; of
(c) in andere gevallen, indien de verzoekende Staat daarmede instemt.

AFDELING 2
PROCEDURE VAN OVERDRACHT

Art. 13

Schriftelijke toezending verzoeken

1. De in dit Verdrag bedoelde verzoeken worden schriftelijk gedaan. Zij worden, evenals alle voor de toepassing van dit Verdrag benodigde mededelingen, hetzij door het Ministerie van Justitie van de verzoekende Staat aan het Ministerie van Justitie van de aangezochte Staat, hetzij, krachtens bijzondere overeenkomsten, door de autoriteiten van de verzoekende Staat rechtstreeks aan die van de aangezochte Staat toegezonden en op dezelfde wijze teruggezonden.

Tussenkomst Interpol

2. In spoedeisende gevallen kunnen de verzoeken en mededelingen worden gedaan door tussenkomst van de Internationale Politie Organisatie (INTERPOL).

Afwijkingen

3. Iedere Verdragsluitende Staat kan door middel van een tot de Secretaris-Generaal van de Raad van Europa te richten verklaring te kennen geven, dat hij wat hemzelf betreft wenst af te wijken van de in het eerste lid van dit artikel neergelegde regels voor de overdracht.

Art. 14

Aanvulling gegevens

Indien een Verdragsluitende Staat van oordeel is dat de door een andere Verdragsluitende Staat verstrekte inlichtingen onvoldoende zijn om hem in staat te stellen dit Verdrag toe te passen, vraagt hij de nodige aanvullende gegevens. Hij kan een termijn stellen waarbinnen die gegevens moeten zijn ontvangen.

Europees Verdrag betreffende de overdracht van strafvervolging C50 art. 21

Art. 15
1. Het verzoek tot strafvervolging gaat vergezeld van het origineel of een voor gelijkluidend gewaarmerkt afschrift van het strafdossier en van alle ter zake dienende stukken. Indien evenwel een verdachte krachtens de bepalingen van Afdeling 5 in voorlopige hechtenis is gesteld en de verzoekende Staat niet in staat is de genoemde stukken bij het verzoek tot strafvervolging te voegen, kunnen deze naderhand worden toegezonden.

2. De verzoekende Staat doet de aangezochte Staat schriftelijk mededeling van alle processuele handelingen en alle maatregelen die in de verzoekende Staat na de overlegging van het verzoek hebben plaatsgevonden en betrekking hebben op de strafvervolging. Deze mededeling dient vergezeld te gaan van alle ter zake dienende documenten.

Toezending gegevens bij verzoek tot strafvervolging

Toezending gegevens na verzoek tot strafvervolging

Art. 16
1. De aangezochte Staat deelt de verzoekende Staat onverwijld zijn beslissing op het verzoek tot strafvervolging mede.
2. De aangezochte Staat stelt de verzoekende Staat op de hoogte van het staken van strafvervolging of de als resultaat van de procedure gegeven beslissing. Een voor gelijkluidend gewaarmerkt afschrift van elke schriftelijke beslissing wordt de verzoekende Staat toegezonden.

Mededeling beslissingen aangezochte Staat

Art. 17
Indien de bevoegdheid van de aangezochte Staat uitsluitend is gegrond op artikel 2 verwittigt die Staat de verdachte van het verzoek tot strafvervolging, opdat deze zijn beschouwing kan geven alvorens die Staat een beslissing neemt aangaande het verzoek.

Mededeling aan verdachte

Art. 18
1. Behoudens het bepaalde in het tweede lid van dit artikel wordt een vertaling van de documenten met betrekking tot de toepassing van dit Verdrag niet vereist.
2. Iedere Verdragsluitende Staat kan zich op het tijdstip van ondertekening of van de nederlegging van zijn akte van bekrachtiging, aanvaarding of toetreding door middel van een tot de Secretaris-Generaal van de Raad van Europa te richten verklaring het recht voorbehouden te verlangen, dat genoemde stukken, met uitzondering van het afschrift van de in artikel 16, tweede lid, bedoelde schriftelijke beslissing, hem worden toegezonden, vergezeld van een vertaling. De andere Verdragsluitende Staten moeten die vertalingen toezenden, hetzij in de landstaal van de Staat van bestemming, hetzij in een der door de Staat van bestemming aan te wijzen officiële talen van de Raad van Europa. Laatstbedoelde aanwijzing is evenwel niet verplicht. De andere Verdragsluitende Staten kunnen het beginsel van wederkerigheid toepassen.
3. Dit artikel laat onverlet de bepalingen betreffende de vertaling van verzoeken en bijlagen, neergelegd in de van kracht zijnde of alsnog te sluiten overeenkomsten of regelingen tussen twee of meer Verdragsluitende Staten.

Vertaling documenten

Art. 19
Met toepassing van dit Verdrag overgelegde documenten zijn vrijgesteld van alle formaliteiten van legalisatie.

Vrijstelling legalisatie

Art. 20
Elk der Verdragsluitende Staten doet tegenover de andere afstand van de terugvordering van uit de toepassing van dit Verdrag voortvloeiende kosten.

Geen terugvordering kosten

AFDELING 3
GEVOLGEN VAN HET VERZOEK TOT STRAFVERVOLGING IN DE VERZOEKENDE STAAT

Art. 21
1. Zodra de verzoekende Staat het verzoek tot strafvervolging heeft aangeboden, mag hij de verdachte niet meer vervolgen voor het feit, dat ten grondslag ligt aan het verzoek, noch overgaan tot tenuitvoerlegging van een door hem voordien wegens dat feit tegen de verdachte gewezen vonnis. Evenwel behoudt de verzoekende Staat tot het tijdstip van de mededeling van de beslissing van de aangezochte Staat op het verzoek tot strafvervolging het recht tot daden van vervolging over te gaan, met uitzondering van die waarbij de zaak ter terechtzitting aanhangig wordt gemaakt of eventueel wordt aangebracht voor de bestuurlijke autoriteit die bevoegd is over het strafbare feit te beslissen.

2. De verzoekende Staat herkrijgt zijn recht tot strafvervolging of tot tenuitvoerlegging:
(a) indien de aangezochte Staat hem kennis geeft van zijn op grond van artikel 10 genomen beslissing geen gevolg te geven aan het verzoek;
(b) indien de aangezochte Staat hem mededeelt dat hij op grond van artikel 11 weigert het verzoek te aanvaarden;
(c) indien de aangezochte Staat de aanvaarding van het verzoek intrekt in de gevallen bedoeld in artikel 12;
(d) indien de aangezochte Staat hem mededeling doet van zijn beslissing geen vervolging in te stellen of een ingestelde vervolging te staken;

Verlies van recht tot strafvervolging

Herkrijgen recht tot strafvervolging

Sdu 1103

(e) indien hij zijn verzoek intrekt voordat de aangezochte Staat hem kennis heeft gegeven van zijn beslissing daaraan gevolg te geven.

Art. 22

Verlenging termijn vervolgingsverjaring

In de verzoekende Staat heeft het verzoek tot het instellen van een vervolging overeenkomstig deze Titel ten gevolge dat de termijn van verjaring van het recht tot strafvordering wordt verlengd met zes maanden.

AFDELING 4
GEVOLGEN VAN HET VERZOEK TOT STRAFVERVOLGING IN DE AANGEZOCHTE STAAT

Art. 23

Verlenging termijn vervolgingsverjaring

Indien de bevoegdheid van de aangezochte Staat uitsluitend is gegrond op artikel 2 wordt de termijn van verjaring van het recht van strafvordering verlengd met zes maanden.

Art. 24

Klachtdelicten

1. Indien het feit in de beide Staten alleen op klachte vervolgbaar is, geldt de in de verzoekende Staat ingediende klacht ook als zodanig in de aangezochte Staat.
2. Indien een klacht slechts in de aangezochte Staat vereist is, kan die Staat overgaan tot strafvervolging, zelfs bij ontbreken van de klacht, mits de persoon die gerechtigd is de klacht in te dienen zich daartegen niet heeft verzet binnen een termijn van een maand te rekenen van de dag van ontvangst van de kennisgeving, waardoor de bevoegde autoriteit hem van dit recht tot verzet op de hoogte heeft gesteld.

Art. 25

Zwaarte sanctie

In de aangezochte Staat is de op het strafbare feit toe te passen sanctie die welke is gesteld in de wet van die Staat, tenzij die wet anders bepaalt. Indien de bevoegdheid van de aangezochte Staat uitsluitend is gegrond op artikel 2 kan de opgelegde sanctie in die Staat niet zwaarder zijn dan de sanctie gesteld in de wet van de verzoekende Staat.

Art. 26

Rechtskracht opsporings- en vervolgingshandelingen

1. Elke daad van opsporing en vervolging verricht in de verzoekende Staat overeenkomstig de aldaar van kracht zijnde wetten en voorschriften, heeft dezelfde rechtskracht in de aangezochte Staat alsof hij was verricht door de autoriteiten van die Staat. Deze gelijkstelling heeft echter niet tot gevolg dat aan die daad een grotere bewijskracht wordt toegekend dan hij in de verzoekende Staat heeft.

Stuiting verjaring

2. Elke handeling die de verjaring stuit en die rechtsgeldig is verricht in de verzoekende Staat heeft dezelfde gevolgen in de aangezochte Staat en omgekeerd.

AFDELING 5
VOORLOPIGE MAATREGELEN IN DE AANGEZOCHTE STAAT

Art. 27

Aanhouding verdachte

1. Indien de verzoekende Staat zijn voornemen kenbaar maakt tot het doen van een verzoek tot strafvervolging en de bevoegdheid van de aangezochte Staat uitsluitend is gegrond op artikel 2, kan de aangezochte Staat op verzoek van de verzoekende Staat krachtens dit Verdrag overgaan tot de aanhouding van de verdachte, indien:
(a) de wet van de aangezochte Staat voorlopige hechtenis voor het strafbare feit toelaat, en
(b) er redenen bestaan om te vrezen dat de verdachte de vlucht neemt of indien gevaar bestaat voor collusie.

Inhoud verzoek tot aanhouding

2. Het verzoek tot aanhouding dient aan te geven dat een bevel tot aanhouding of een andere akte die dezelfde kracht heeft is afgegeven in de door de wet van de verzoekende Staat voorgeschreven vorm; het dient te vermelden: het strafbare feit waarvoor strafvervolging wordt verzocht, het tijdstip waarop en de plaats waar het is begaan, benevens een zo nauwkeurig mogelijk signalement van de verdachte. Het dient tevens een korte omschrijving te bevatten van de feiten.

Wijze van toezending verzoek

3. Het verzoek tot aanhouding wordt door de in artikel 13 bedoelde autoriteiten van de verzoekende Staat rechtstreeks toegezonden aan de overeenkomstige autoriteiten van de aangezochte Staat, hetzij per brief of telegram, hetzij op enige andere wijze, waarbij schriftelijk van het verzoek blijkt of welke door de aangezochte Staat wordt aanvaard. De verzoekende Staat wordt onverwijld in kennis gesteld van het gevolg dat aan zijn verzoek is gegeven.

Art. 28

Voorlopige maatregelen aangezochte staat

Zodra de aangezochte Staat een verzoek tot strafvervolging heeft ontvangen, vergezeld van de in artikel 15, eerste lid, bedoelde documenten, is hij bevoegd alle voorlopige maatregelen te treffen, met inbegrip van het in voorlopige hechtenis stellen van de verdachte en de inbeslagneming, die krachtens zijn wet zouden mogen worden toegepast, indien het strafbare feit waarvoor strafvervolging is verzocht, op zijn grondgebied zou zijn gepleegd.

Art. 29
1. De voorlopige maatregelen bedoeld in de artikelen 27 en 28 worden beheerst door de bepalingen van dit Verdrag en door de wet van de aangezochte Staat. De wet van die Staat of het Verdrag bepaalt eveneens de omstandigheden waaronder deze maatregelen worden opgeheven.
Toepasselijke bepalingen t.a.v. voorlopige maatregelen
2. Deze maatregelen worden opgeheven in alle gevallen bedoeld in artikel 21, tweede lid.
Opheffing maatregelen
3. Een in hechtenis gesteld persoon dient in vrijheid te worden gesteld indien hij is aangehouden krachtens artikel 27 en de aangezochte Staat het verzoek tot het instellen van een vervolging niet heeft ontvangen binnen 18 dagen na de datum van de aanhouding.
Invrijheidstelling gehechte
4. Een in hechtenis gesteld persoon dient in vrijheid te worden gesteld indien hij is aangehouden krachtens artikel 27 en de bij het verzoek tot strafvervolging te voegen documenten niet binnen een termijn van 15 dagen na de ontvangst van het verzoek tot strafvervolging zijn ontvangen door de aangezochte Staat.
5. De termijn van de uitsluitend krachtens artikel 27 bevolen inhechtenisstelling mag in geen geval langer zijn dan 40 dagen.
Termijn hechtenis

TITEL IV
Samenloop van strafvervolging

Art. 30
1. Iedere Verdragsluitende Staat die, voorafgaande aan of tijdens het overgaan tot strafvervolging wegens een strafbaar feit dat door hem geacht wordt geen politiek of zuiver militair karakter te bezitten, kennis draagt van een in een andere Verdragsluitende Staat ingestelde strafvervolging tegen dezelfde persoon wegens dezelfde feiten, dient te overwegen of hij hetzij de door hem ingestelde strafvervolging zal staken of schorsen, hetzij haar zal overdragen aan de andere Staat.
Geen dubbele vervolging
2. Indien hij het in deze omstandigheden raadzaam acht de door hem ingestelde strafvervolging niet te staken of te schorsen geeft hij daarvan aan de andere Staat tijdig kennis en in elk geval alvorens uitspraak ten principale is gewezen.

Art. 31
1. In het in artikel 30, tweede lid, bedoelde geval trachten de belanghebbende Staten, na beoordeling in elk geval van de in artikel 8 genoemde omstandigheden, zoveel mogelijk vast te stellen aan wie van hen de taak toevalt om een enkele strafvervolging voort te zetten. Tijdens dit overleg stellen de belanghebbende Staten een uitspraak ten principale uit, zonder evenwel verplicht te zijn dit uitstel te verlengen tot een termijn langer dan 30 dagen na de verzending van de in artikel 30, tweede lid, bedoelde kennisgeving.
Overleg voortzetting vervolging
2. Het bepaalde in het eerste lid is niet bindend:
Geen overleg nodig
(a) voor de Staat die de in artikel 30, tweede lid, bedoelde kennisgeving heeft verzonden, indien de terechtzitting ten principale in tegenwoordigheid van de verdachte is geopend vóór de verzending van de kennisgeving;
(b) voor de Staat van bestemming der kennisgeving indien de terechtzitting in tegenwoordigheid van de verdachte is geopend vóór de ontvangst van die kennisgeving.

Art. 32
In het belang van de waarheidsvinding en de strafoplegging dienen de betrokken Staten na te gaan of het aanbeveling verdient dat een van hen een enkele strafvervolging instelt, indien:
Gronden voor enkele strafvervolging
(a) verscheidene zakelijk verschillende feiten, die alle strafbaar zijn volgens het strafrecht van elk van die Staten, worden toegeschreven hetzij aan een enkele persoon, hetzij aan verschillende personen die gezamenlijk hebben gehandeld.
(b) een enkel feit, dat een strafbaar feit is volgens het strafrecht van elk van die Staten, wordt toegeschreven aan verschillende personen, die gezamenlijk hebben gehandeld; in het bevestigende geval bepalen zij tevens wie van hen de strafvervolging instelt.

Art. 33
Elke beslissing genomen overeenkomstig artikel 31, eerste lid, en artikel 32 brengt voor de betrokken Staten alle gevolgen mede van een overdracht van strafvervolging, zoals die is voorzien in dit Verdrag. De Staat die zijn eigen strafvervolging staakt, wordt geacht zijn strafvervolging te hebben overgedragen aan een andere Staat.
Gevolg staken strafvervolging

Art. 34
De procedure van overdracht bedoeld in de 2e Afdeling van Titel III wordt toegepast in zoverre haar bepalingen verenigbaar zijn met deze Titel.

TITEL V
Ne bis in idem

Art. 35
1. Hij die bij een onherroepelijk en voor tenuitvoerlegging vatbaar strafvonnis is veroordeeld, kan niet voor hetzelfde feit worden vervolgd, veroordeeld of onderworpen aan de tenuitvoerlegging van een sanctie in een andere Verdragsluitende Staat:
Ne bis in idem

(a) indien hij is vrijgesproken;
(b) indien de opgelegde sanctie:
  (i) geheel is ondergaan of nog steeds ten uitvoer wordt gelegd, of
  (ii) geheel of wat het nog niet ten uitvoer gelegde gedeelte betreft bij wege van gratie of amnestie is kwijtgescholden of
  (iii) niet meer ten uitvoer kan worden gelegd omdat zij is verjaard;
(c) indien de rechter de dader van het strafbare feit schuldig heeft verklaard zonder oplegging van een sanctie.

Mogelijkheid afwijking "ne bis in idem"-regel

2. Een Verdragsluitende Staat is echter, tenzij hij zelf om vervolging heeft verzocht, niet verplicht de gevolgen van het *ne bis in idem* te erkennen, indien het feit dat aanleiding heeft gegeven tot het vonnis begaan is tegen een tot de openbare dienst van die Staat behorende persoon, instelling of zaak, of indien de persoon tegen wie het vonnis is gewezen zelf tot de openbare dienst van die Staat behoorde.

3. Bovendien is de Verdragsluitende Staat waar het feit is begaan, dan wel volgens de wet van die Staat wordt geacht te zijn begaan, niet verplicht de gevolgen van het *ne bis in idem* te erkennen, tenzij hij zelf om de vervolging heeft gevraagd.

Art. 36

Aftrek ondergane vrijheidsbeneming

Indien een nieuwe vervolging wordt ingesteld tegen een persoon die voor hetzelfde feit reeds in een andere Verdragsluitende Staat is veroordeeld, wordt iedere periode van vrijheidsbeneming, ondergaan bij de tenuitvoerlegging van het vonnis, in mindering gebracht op de eventueel op te leggen sanctie.

Art. 37

Ruimere werking "ne bis in idem"-regel

Deze Titel vormt geen beletsel voor de toepassing van ruimere nationale bepalingen waardoor aan buitenlandse rechterlijke beslissingen *ne bis in idem* -werking wordt toegekend.

TITEL VI
Slotbepalingen

Art. 38

Bekrachtiging/aanvaarding

1. Dit Verdrag staat open voor ondertekening door de Lid-Staten van de Raad van Europa. Het dient te worden bekrachtigd of aanvaard. De akten van bekrachtiging of aanvaarding worden nedergelegd bij de Secretaris-Generaal van de Raad van Europa.

Inwerkingtreding

2. Het Verdrag treedt in werking drie maanden na de datum van nederlegging van de derde akte van bekrachtiging of aanvaarding.

3. Voor elke ondertekenende Staat die het daarna bekrachtigt of aanvaardt, treedt het Verdrag in werking drie maanden na de datum van de nederlegging van zijn akte van bekrachtiging of aanvaarding.

Art. 39

Toetreding

1. Na de inwerkingtreding van dit Verdrag kan het Comité van Ministers van de Raad van Europa iedere Staat die geen Lid is van de Raad uitnodigen toe te treden tot dit Verdrag, mits de resolutie betreffende deze uitnodiging eenstemmig is goedgekeurd door de Leden van de Raad die het Verdrag hebben bekrachtigd.

2. Toetreding geschiedt door nederlegging bij de Secretaris-Generaal van de Raad van Europa van een akte van toetreding die van kracht wordt drie maanden na de datum van nederlegging.

Art. 40

Aanwijzing grondgebied voor toepassing

1. Een Verdragsluitende Staat kan op het ogenblik van ondertekening of op het ogenblik van nederlegging van zijn akte van bekrachtiging, aanvaarding of toetreding het grondgebied of de grondgebieden aanwijzen, waarop dit Verdrag van toepassing is.

Uitbreiding grondgebied voor toepassing

2. Een Verdragsluitende Staat kan op het ogenblik van nederlegging van zijn akte van bekrachtiging, aanvaarding of toetreding, of op elk later tijdstip door middel van een verklaring, gericht aan de Secretaris-Generaal van de Raad van Europa, de toepassing van dit Verdrag uitbreiden tot ieder ander in de verklaring aangegeven grondgebied, voor welks internationale betrekkingen hij verantwoordelijk is of voor hetwelk hij bevoegd is verbintenissen aan te gaan.

Intrekking verklaring

3. Verklaringen, afgelegd krachtens het voorgaande lid, kunnen, wat betreft een grondgebied dat is aangewezen in deze verklaring, onder de voorwaarden genoemd in artikel 45 van dit Verdrag, worden ingetrokken.

Art. 41

Voorbehouden

1. Een Verdragsluitende Staat kan op het ogenblik van ondertekening of bij de nederlegging van zijn akte van bekrachtiging, aanvaarding of toetreding verklaren gebruik te maken van een of meer voorbehouden vermeld in Bijlage I of een verklaring afleggen overeenkomstig Bijlage II van dit Verdrag.

Intrekken voorbehoud

2. Een Verdragsluitende Staat kan een voorbehoud of verklaring, door hem gemaakt krachtens het voorgaande lid, geheel of gedeeltelijk intrekken door middel van een verklaring, gericht aan de Secretaris-Generaal van de Raad van Europa, welke verklaring van kracht wordt op de datum van ontvangst.

Europees Verdrag betreffende de overdracht van strafvervolging

3. De Verdragsluitende Staat die een voorbehoud heeft gemaakt met betrekking tot een bepaling van dit Verdrag mag de naleving van deze bepaling door een andere Verdragsluitende Staat niet eisen; hij kan echter, als zijn voorbehoud beperkt of voorwaardelijk is, de naleving van de bepaling eisen voor zover hij zich daaraan gebonden heeft. — *Wederkerigheidsvereiste*

Art. 42
1. Een Verdragsluitende Staat kan op ieder ogenblik door middel van een verklaring, gericht aan de Secretaris-Generaal van de Raad van Europa, de wettelijke bepalingen aanwijzen die opgenomen moeten worden in Bijlage III van dit Verdrag. — *Aanwijzing wettelijke bepalingen Bijlage III*
2. Wijziging van de nationale bepalingen, die zijn opgenomen in Bijlage III, moet worden medegedeeld aan de Secretaris-Generaal van de Raad van Europa indien zij de gegevens, verschaft in deze Bijlage, onjuist maakt. — *Wijziging wettelijke bepalingen Bijlage III*
3. Wijzigingen die met toepassing van de voorgaande leden zijn aangebracht in Bijlage III worden voor iedere Verdragsluitende Staat een maand na de datum van kennisgeving door de Secretaris-Generaal van de Raad van Europa van kracht.

Art. 43
1. Dit Verdrag laat onverlet de rechten en verplichtingen die voortvloeien uit uitleveringsverdragen en multilaterale internationale overeenkomsten betreffende bijzondere onderwerpen, of bepalingen betreffende aangelegenheden die het onderwerp vormen van dit Verdrag en zijn vervat in andere bestaande overeenkomsten tussen de Verdragsluitende Staten. — *Geldigheid andere verdragen/overeenkomsten*
2. De Verdragsluitende Staten mogen onderling slechts bilaterale of multilaterale overeenkomsten inzake door dit Verdrag geregelde onderwerpen sluiten, indien deze ertoe strekken de bepalingen van dit Verdrag aan te vullen of de toepassing van de daarin vervatte beginselen te vergemakkelijken. — *Aanvulling bepalingen*
3. Indien evenwel twee of meer Verdragsluitende Staten hun betrekkingen reeds hebben geregeld op basis van een eenvormige wetgeving of van een bijzonder stelsel of daartoe in de toekomst overgaan, hebben zij de bevoegdheid hun onderlinge betrekkingen te dezen uitsluitend op basis van die stelsels te regelen, niettegenstaande de bepalingen van dit Verdrag. — *Uitsluiting verdrag*
4. De Verdragsluitende Staten, die ertoe zouden overgaan in hun onderlinge betrekkingen de toepassing van dit Verdrag uit te sluiten overeenkomstig het bepaalde in het vorige lid richten te dien einde een mededeling aan de Secretaris-Generaal van de Raad van Europa.

Art. 44
De Europese Commissie voor Strafrechtelijke Vraagstukken van de Raad van Europa houdt zich op de hoogte van de tenuitvoerlegging van dit Verdrag en bevordert zo nodig een oplossing in der minne van elke moeilijkheid waartoe de tenuitvoerlegging van het Verdrag aanleiding zou kunnen geven. — *Toezicht*

Art. 45
1. Dit Verdrag blijft voor onbepaalde tijd van kracht. — *Werkingsduur*
2. Een Verdragsluitende Staat kan dit Verdrag wat hem betreft opzeggen door een kennisgeving aan de Secretaris-Generaal van de Raad van Europa te zenden. — *Opzegging*
3. De opzegging wordt van kracht zes maanden na de datum van ontvangst van de kennisgeving door de Secretaris-Generaal. — *Opzeggingstermijn*

Art. 46
De Secretaris-Generaal van de Raad van Europa geeft aan de Lid-Staten van de Raad en aan iedere Staat die is toegetreden tot dit Verdrag kennis van: — *Kennisgevingen*
(a) ondertekeningen;
(b) nederlegging van akten van bekrachtiging, aanvaarding of toetreding;
(c) data van inwerkingtreding van dit Verdrag overeenkomstig artikel 38;
(d) verklaringen ontvangen krachtens het bepaalde in artikel 9, derde lid;
(e) verklaringen ontvangen krachtens het bepaalde in artikel 13, derde lid;
(f) verklaringen ontvangen krachtens het bepaalde in artikel 18, tweede lid;
(g) verklaringen ontvangen krachtens het bepaalde in artikel 40, tweede en derde lid;
(h) voorbehouden en verklaringen gemaakt krachtens toepassing van het bepaalde in artikel 41, eerste lid;
(i) intrekkingen van voorbehouden of verklaringen verricht krachtens het bepaalde in artikel 41, tweede lid;
(j) verklaringen ontvangen krachtens toepassing van het bepaalde in artikel 42, eerste lid, en elke latere kennisgeving ontvangen krachtens het bepaalde in het tweede lid van dat artikel;
(k) kennisgevingen ontvangen krachtens het bepaalde in artikel 43, vierde lid;
(l) kennisgevingen ontvangen ingevolge het bepaalde in artikel 45 en de datum waarop de opzegging van kracht wordt.

Art. 47
Dit Verdrag en de kennisgevingen en verklaringen waartoe het machtigt, zijn slechts van toepassing op strafbare feiten gepleegd na de inwerkingtreding van dit Verdrag tussen de Verdragsluitende Staten. — *Toepassing verdrag*

Bijlage I

Elke Verdragsluitende Staat kan verklaren zich het recht voor te behouden:
(a) een verzoek tot strafvervolging te weigeren als hij van mening is, dat het strafbare feit een zuiver godsdienstig karakter draagt;
(b) een verzoek tot strafvervolging te weigeren wegens een feit, waarvan de bestraffing volgens zijn eigen recht uitsluitend tot de bevoegdheid van een bestuurlijke autoriteit behoort;
(c) artikel 22 niet te aanvaarden;
(d) artikel 23 niet te aanvaarden;
(e) het bepaalde in de tweede zin van artikel 25 niet te aanvaarden wegens redenen van constitutionele aard;
(f) het bepaalde in artikel 26, tweede lid, niet te aanvaarden voor de gevallen waarin hij bevoegd is krachtens zijn nationale wet;
(g) de artikelen 30 en 31 niet toe te passen ten aanzien van een feit waarvan de bestraffing overeenkomstig zijn eigen wet of die van de andere Staat uitsluitend tot de bevoegdheid van een bestuurlijke autoriteit behoort;
(h) Titel V niet te aanvaarden.

Bijlage II

Iedere Verdragsluitende Staat kan verklaren dat hij om redenen van constitutionele aard geen verzoeken tot strafvervolging kan doen of in ontvangst nemen, anders dan in door zijn nationale wetgeving omschreven gevallen.

Iedere Verdragsluitende Staat kan door middel van een verklaring nader aangeven wat, voor zover het hem betreft, de term „onderdaan" betekent in de zin van dit Verdrag.

Bijlage III

Lijst van feiten, die niet in de strafwet strafbaar zijn gesteld

Met feiten, die in de strafwet strafbaar zijn gesteld moet worden gelijkgesteld:
- in Frankrijk:
onwettig gedrag dat wordt gestempeld als een „contravention de grande voirie";
- in de Bondsrepubliek Duitsland:
onwettig gedrag waarvoor een procedure is geschapen bij het „Gesetz über Ordnungswidrigkeiten" van 24 mei 1968 (BGB1 1968, I 481);
- in Italië:
onwettig gedrag waarop de wet No. 317 van 3 maart 1967 van toepassing is.
- - in Nederland:
onwettig gedrag waarop de Wet administratiefrechtelijke handhaving verkeersvoorschriften van 3 juli 1989 (Stb. 300) van toepassing is.

Verdrag inzake de overbrenging van gevonniste personen[1]

De Lid-Staten van de Raad van Europa en de andere Staten die dit Verdrag hebben ondertekend,
Overwegende dat het doel van de Raad van Europa is het tot stand brengen van een grotere eenheid tussen zijn Leden;
Verlangend de internationale samenwerking op het gebied van het strafrecht verder te ontwikkelen;
Overwegende dat een dergelijke samenwerking de doeleinden van een goede rechtsbedeling en de reclassering van gevonniste personen moet bevorderen.
Overwegende dat deze doeleinden eisen dat vreemdelingen die gedetineerd zijn als gevolg van het plegen van een strafbaar feit, in de gelegenheid dienen te worden gesteld om hun veroordelingen binnen hun eigen samenleving te ondergaan, en
Overwegende dat dit doel het best kan worden bereikt door hen naar hun eigen land over te brengen;
Zijn als volgt overeengekomen:

Art. 1 Begripsomschrijvingen
Voor de toepassing van dit Verdrag wordt verstaan onder:
a. „veroordeling": elke straf of maatregel door een rechter opgelegd en met zich medebrengende vrijheidsbeneming gedurende een beperkte of onbeperkte periode wegens een strafbaar feit;
b. „vonnis": een rechterlijke beslissing of bevel waarbij een veroordeling wordt uitgesproken;
c. „de Staat van veroordeling": de Staat waarin de veroordeling werd uitgesproken tegen de persoon die kan worden of reeds is overgebracht;
d. „de Staat van tenuitvoerlegging": de Staat waarnaar de gevonniste persoon kan worden of reeds is overgebracht, ten einde zijn veroordeling te ondergaan.

Art. 2 Algemene beginselen
1. De Partijen verbinden zich om elkander wederzijds in zo ruim mogelijke mate samenwerking te verlenen met betrekking tot de overbrenging van gevonniste personen overeenkomstig de bepalingen van dit Verdrag.
2. Een op het grondgebied van een Partij gevonniste persoon kan, overeenkomstig de bepalingen van dit Verdrag, naar het grondgebied van een andere Partij worden overgebracht, ten einde de tegen hem uitgesproken veroordeling te ondergaan. Te dien einde kan hij de Staat van veroordeling of de Staat van tenuitvoerlegging zijn wens te kennen geven om overeenkomstig het onderhavige Verdrag te worden overgebracht.
3. De overbrenging kan door de Staat van veroordeling of door de Staat van tenuitvoerlegging worden verzocht.

Art. 3 Voorwaarden voor overbrenging
1. Een gevonniste persoon kan overeenkomstig de bepalingen van dit Verdrag, slechts onder de navolgende voorwaarden worden overgebracht:
a. indien die persoon een onderdaan is van de Staat van tenuitvoerlegging;
b. indien het vonnis onherroepelijk is;
c. indien de gevonniste persoon, op het tijdstip van ontvangst van het verzoek, nog ten minste zes maanden van de veroordeling moet ondergaan of indien de duur der veroordeling onbeperkt is;
d. indien door de gevonniste persoon of, wanneer gelet op zijn leeftijd of lichamelijke of geestelijke toestand, een der beide Staten zulks nodig acht, door de wettelijke vertegenwoordiger van de gevonniste persoon met de overbrenging wordt ingestemd;
e. indien het handelen of het nalaten op grond waarvan de veroordeling werd uitgesproken een strafbaar feit oplevert naar het recht van de Staat van tenuitvoerlegging of een strafbaar feit zou opleveren indien dit op zijn grondgebied zou zijn gepleegd, en
f. indien de Staat van veroordeling en de Staat van tenuitvoerlegging het eens zijn over de overbrenging.
2. In uitzonderingsgevallen kunnen Partijen zich akkoord verklaren met een overbrenging zelfs wanneer de duur van het alsnog door de gevonniste persoon te ondergane gedeelte van de veroordeling minder is dan die welke in lid 1(c) is vermeld.
3. Een Staat kan op het ogenblik van ondertekening of op het ogenblik van nederlegging van zijn akte van bekrachtiging, aanvaarding, goedkeuring of toetreding door middel van een aan de Secretaris-Generaal van de Raad van Europa gerichte verklaring, aangeven dat hij voornemens

---
1 Inwerkingtredingsdatum: 01-01-1988.

is de toepassing van een der in artikel 9 (1) (a) en (b) voorziene procedures in zijn betrekkingen met andere Partijen uit te sluiten.

4. Een Staat kan op elk tijdstip door middel van een aan de Secretaris-Generaal van de Raad van Europa gerichte verklaring de term „onderdaan" in de zin van dit Verdrag, voor zover het hem betreft, omschrijven.

Art. 4 Verplichting tot het verstrekken van inlichtingen

1. Een gevonniste persoon op wie dit Verdrag van toepassing is, dient door de Staat van veroordeling van de strekking van dit Verdrag in kennis te worden gesteld.

2. Indien de gevonniste persoon zijn wens tot overbrenging ingevolge dit Verdrag aan de Staat van veroordeling kenbaar heeft gemaakt, dient die Staat de Staat van tenuitvoerlegging zo spoedig mogelijk daarvan in kennis te stellen, nadat het vonnis onherroepelijk is geworden.

3. De kennisgeving dient de navolgende inlichtingen te omvatten:
a. de naam, datum en plaats van geboorte van de gevonniste persoon;
b. zijn eventueel adres in de Staat van tenuitvoerlegging;
c. een opgave der feiten die aan de veroordeling ten grondslag liggen;
d. de aard, duur en aanvangsdatum van de veroordeling.

4. Indien de gevonniste persoon zijn wens tot overbrenging ingevolge dit Verdrag aan de Staat van tenuitvoerlegging kenbaar heeft gemaakt, doet de Staat van veroordeling desgevraagd die Staat de in lid 3 bedoelde inlichtingen toekomen.

5. De gevonniste persoon dient van elke door de Staat van veroordeling of de Staat van tenuitvoerlegging ingevolge de vorenstaande leden ondernomen actie schriftelijk in kennis te worden gesteld, alsmede van elke door een der beide Staten op een verzoek tot overbrenging genomen beslissing.

Art. 5 Verzoeken en antwoorden

1. De verzoeken tot overbrenging en de antwoorden daarop geschieden schriftelijk.

2. De verzoeken worden door het Ministerie van Justitie van de verzoekende Staat aan het Ministerie van Justitie van de aangezochte Staat gericht. De antwoorden worden langs dezelfde kanalen gegeven.

3. Een Partij kan door middel van een aan de Secretaris-Generaal van de Raad van Europa gerichte verklaring aangeven dat zij andere kanalen van berichtgeving zal gebruiken.

4. De aangezochte Staat stelt de verzoekende Staat onverwijld in kennis van zijn beslissing of al dan niet met de verzochte overbrenging wordt ingestemd.

Art. 6 Stukken ter ondersteuning

1. De Staat van tenuitvoerlegging verstrekt de Staat van veroordeling op diens verzoek:
a. een document of verklaring dat de gevonniste persoon een onderdaan is van die Staat;
b. een afschrift van het toepasselijke recht van de Staat van tenuitvoerlegging, waaruit blijkt dat het handelen of het nalaten, op grond waarvan de veroordeling in de Staat van veroordeling werd uitgesproken, naar het recht van de Staat van tenuitvoerlegging een strafbaar feit oplevert of een strafbaar feit zou opleveren indien gepleegd op zijn grondgebied;
c. een verklaring inhoudende de in artikel 9(2) bedoelde opgave.

2. Indien een overbrenging wordt verzocht, worden door de Staat van veroordeling de navolgende stukken aan de Staat van tenuitvoerlegging verstrekt, tenzij een der beide Staten reeds heeft aangegeven dat hij niet met de overbrenging zal instemmen:
a. een gewaarmerkte afschrift van het vonnis en de wettelijke bepalingen die daaraan ten grondslag liggen;
b. een opgave betreffende het reeds ondergane gedeelte van een veroordeling, daaronder begrepen inlichtingen omtrent enige voorlopige hechtenis, strafvermindering en elke andere voor de tenuitvoerlegging van de veroordeling ter zake dienende omstandigheid;
c. een verklaring inhoudende de instemming met de overbrenging als bedoeld in artikel 3 (1) (d); en
d. waar nodig, een medisch of sociaal rapport omtrent de gevonniste persoon, inlichtingen betreffende zijn behandeling in de Staat van veroordeling en elke aanbeveling ten aanzien van zijn verdere behandeling in de Staat van tenuitvoerlegging.

3. Elk der beide Staten kan verzoeken om in het bezit te worden gesteld van een der in lid 1 of 2 hierboven bedoelde stukken alvorens een verzoek tot overbrenging te doen of een beslissing te nemen of hij al dan niet met de overbrenging zal instemmen.

Art. 7 Instemming en Verificatie

1. De Staat van veroordeling zal zich ervan vergewissen dat de persoon die ingevolge artikel 3(1)(d) met de overbrenging moet instemmen, zulks vrijwillig doet en zich volledig bewust is van de daaruit voortvloeiende rechtsgevolgen. De ten aanzien van een zodanige instemming te volgen procedure wordt beheerst door de wet van de Staat van veroordeling.

2. De Staat van veroordeling stelt de Staat van tenuitvoerlegging in de gelegenheid om te onderzoeken middels een consul of een andere in overeenstemming met de Staat van tenuitvoerlegging aangewezen functionaris, dat de instemming in overeenstemming met de in lid 1 hierboven bedoelde voorwaarden wordt gegeven.

Art. 8 Gevolgen van de overbrenging voor de Staat van veroordeling
1. Met de daadwerkelijke overname van de gevonniste persoon door de autoriteiten van de Staat van tenuitvoerlegging wordt de tenuitvoerlegging van de veroordeling in de Staat van veroordeling geschorst.
2. De Staat van veroordeling kan de veroordeling niet langer ten uitvoer leggen, indien de Staat van tenuitvoerlegging de veroordeling beschouwt geheel ten uitvoer gelegd te zijn.

Art. 9 Gevolgen van de overbrenging voor de Staat van tenuitvoerlegging
1. De bevoegde autoriteiten van de Staat van tenuitvoerlegging dienen:
   a. de tenuitvoerlegging van de veroordeling onmiddellijk voort te zetten of op grond van een rechterlijke of administratieve beschikking op de in artikel 10 vermelde voorwaarden; of
   b. de veroordeling door middel van een rechterlijke of administratieve procedure in een beslissing van die Staat om te zetten, waarbij voor de sanctie in de Staat van veroordeling opgelegd, een sanctie in de plaats wordt gesteld, zoals voorgeschreven voor hetzelfde strafbare feit naar het recht van de Staat van tenuitvoerlegging onder de in artikel 11 vermelde voorwaarden.
2. De Staat van tenuitvoerlegging stelt desgevraagd, vóór overbrenging van de gevonniste persoon, de Staat van veroordeling in kennis welke van deze procedures door hem zal worden gevolgd.
3. De tenuitvoerlegging van de veroordeling wordt beheerst door het recht van de Staat van tenuitvoerlegging en alleen die Staat is bevoegd om alle ter zake dienende beslissingen te nemen.
4. Een Staat die, ingevolge zijn nationale recht, geen gebruik kan maken van een der in lid 1 genoemde procedures ter tenuitvoerlegging van maatregelen op het grondgebied van een andere Partij opgelegd aan personen aan wie wegens hun geestelijke toestand het begaan van een strafbaar feit niet is toegerekend en die bereid is die personen voor verdere behandeling over te nemen, kan door middel van een aan de Secretaris-Generaal van de Raad van Europa gerichte verklaring de procedures aangeven die door hem in dergelijke gevallen zal worden gevolgd.

Art. 10 Voortgezette tenuitvoerlegging
1. Ingeval van voortzetting der tenuitvoerlegging is de Staat van tenuitvoerlegging gebonden aan het rechtskarakter en de duur van de veroordeling, zoals die zijn vastgesteld door de Staat van veroordeling.
2. Indien deze veroordeling evenwel naar aard en duur onverenigbaar is met de wet van de Staat van tenuitvoerlegging, of indien de wet van die Staat zulks vereist, kan die Staat door middel van een rechterlijke of administratieve beschikking, de sanctie aanpassen aan de straf of maatregel door zijn eigen wet voor een soortgelijk strafbaar feit voorgeschreven. Wat de aard betreft, zal de straf of maatregel voor zover mogelijk overeenstemmen met die welke door de ten uitvoer te leggen veroordeling is opgelegd. De door de Staat van veroordeling opgelegde sanctie zal hierdoor naar aard en duur niet worden verzwaard en evenmin zal het door de wet van de Staat van tenuitvoerlegging voorgeschreven maximum hierdoor worden overschreden.

Art. 11 Omzetting van de veroordeling
1. Ingeval van omzetting van de veroordeling zijn de in de wetgeving van de Staat van tenuitvoerlegging voorziene procedures van toepassing. Bij omzetting van de veroordeling:
   a. is de bevoegde autoriteit gebonden aan de vaststelling van de feiten voor zover deze uitdrukkelijk of impliciet blijken uit het door de Staat van veroordeling uitgesproken vonnis;
   b. kan de bevoegde autoriteit een sanctie die vrijheidsbeneming met zich mede brengt, niet in een geldstraf omzetten;
   c. brengt de bevoegde autoriteit de volledige periode van de door de gevonniste persoon reeds ondergane vrijheidsbeneming in mindering; en
   d. zal de bevoegde autoriteit de strafrechtelijke positie van de gevonniste persoon niet verzwaren en is niet gebonden aan een eventueel minimum waarin door de wet van de Staat van tenuitvoerlegging wordt voorzien voor het gepleegde strafbare feit of de gepleegde strafbare feiten.
2. Indien de omzettingsprocedure gevolgd wordt na overbrenging van de gevonniste persoon, houdt de Staat van tenuitvoerlegging de gevonniste persoon in bewaring of neemt andere maatregelen ten einde diens aanwezigheid in de Staat van tenuitvoerlegging te verzekeren, in afwachting van de afloop van die procedure.

Art. 12 Gratie, amnestie, strafvermindering
Elk van beide Partijen kan gratie, amnestie of strafvermindering van de veroordeling verlenen ingevolge haar Grondwet of andere wetten.

Art. 13 Herziening van het vonnis
Slechts de Staat van veroordeling heeft het recht te beslissen op een verzoek tot herziening van het vonnis.

Art. 14 Beëindiging van de tenuitvoerlegging
De Staat van tenuitvoerlegging dient de tenuitvoerlegging van de veroordeling te beëindigen, zodra hij door de Staat van veroordeling in kennis is gesteld van enige beslissing of maatregel tengevolge waarvan de veroordeling niet meer voor tenuitvoerlegging vastbaar is.

Art. 15 Bericht inzake tenuitvoerlegging
De Staat van tenuitvoerlegging bericht de Staat van veroordeling ten aanzien van de tenuitvoerlegging van de veroordeling:
a. wanneer eerstgenoemde de veroordeling beschouwt geheel ten uitvoer gelegd te zijn;
b. indien de gevonniste persoon uit de detentie ontsnapt is vóór de beëindiging van de tenuitvoerlegging der veroordeling; of
c. indien de Staat van veroordeling een bijzonder rapport verzoekt.

Art. 16 Doortocht
1. Een Partij voldoet, in overeenstemming met haar wetgeving, aan een verzoek om doortocht van een veroordeelde door haar grondgebied, indien een zodanig verzoek door een andere Partij is gedaan en die Staat met een andere Partij of met een derde Staat overeenstemming heeft bereikt met betrekking tot de overbrenging van die persoon naar of van zijn grondgebied.
2. Een Partij kan weigeren doortocht toe te staan:
a. indien de gevonniste persoon een van haar onderdanen is; of
b. indien het strafbare feit dat aanleiding tot de veroordeling is geweest geen strafbaar feit oplevert ingevolge haar eigen recht.
3. De verzoeken om doortocht en de antwoorden daarop dienen te worden uitgewisseld langs de in artikel 5 (2) en (3) bedoelde kanalen.
4. Een Partij kan voldoen aan een door een derde Staat gedaan verzoek om doortocht van een veroordeelde door haar grondgebied, indien die Staat met een andere Partij overeenstemming heeft bereikt met betrekking tot de overbrenging naar of van zijn grondgebied.
5. De Partij aan wie verzocht is doortocht te verlenen, mag de gevonniste persoon slechts in bewaring houden voor de periode die voor de doortocht door haar grondgebied wordt vereist.
6. De Partij waaraan verzocht is doortocht te verlenen, kan worden gevraagd de verzekering te geven, dat de gevonniste persoon niet zal worden vervolgd of behoudens het bepaalde in het vorige lid, aangehouden of anderszins zal worden onderworpen aan enige vrijheidsbeperking op het grondgebied van de doortocht verlenende Staat wegens een strafbaar feit dat gepleegd is, of een veroordeling die is uitgesproken vóór zijn vertrek uit het grondgebied van de Staat van veroordeling.
7. Een verzoek om doortocht is niet vereist, indien het vervoer door de lucht plaats vindt boven het grondgebied van een Verdragsluitende Staat en daar in geen landing is voorzien. Elke Staat kan evenwel door middel van een aan de Secretaris-Generaal van de Raad van Europa gerichte verklaring, bij ondertekening of nederlegging van zijn akte van bekrachtiging, aanvaarding, goedkeuring of toetreding, eisen dat hij van een dergelijke doortocht boven zijn grondgebied in kennis wordt gesteld.

Art. 17 Talen en kosten
1. De kennisgevingen ingevolge artikel 4, lid 2 tot 4 worden gedaan in de taal van de Partij waaraan zij zijn gericht of in een der officiële talen van de Raad van Europa.
2. Behoudens het hieronder in lid 3 bepaalde, is een vertaling van verzoeken om overbrenging of van de stukken ter ondersteuning daarvan niet vereist.
3. Elke Staat kan bij ondertekening of nederlegging van zijn akte van bekrachtiging, aanvaarding, goedkeuring of toetreding door middel van een aan de Secretaris-Generaal van de Raad van Europa gerichte verklaring eisen dat verzoeken om overbrenging en de stukken ter ondersteuning daarvan vergezeld gaan van een vertaling in zijn eigen taal of in een der officiële talen van de Raad van Europa of in een dezer door hem aan te geven talen; die Staat kan bij die gelegenheid verklaren bereid te zijn vertalingen in elke andere taal behalve de officiële taal of talen van de Raad van Europa te aanvaarden.
4. Behoudens het in artikel 6 (2) (a) bepaalde, behoeven de stukken die ter toepassing van dit Verdrag worden verzonden, niet gewaarmerkt te zijn.
5. De kosten voortvloeiende uit de toepassing van dit Verdrag, worden door de Staat van tenuitvoerlegging gedragen, uitgezonderd de kosten die uitsluitend op het grondgebied van de Staat van veroordeling zijn gemaakt.

Art. 18 Ondertekening en inwerkingtreding
1. Dit Verdrag staat open voor ondertekening door de Lid-Staten van de Raad van Europa en Staten, die geen lid zijnde van de Raad, aan de opstelling van het Verdrag hebben deelgenomen. Het dient te worden bekrachtigd, aanvaard of goedgekeurd. De akten van bekrachtiging, aanvaarding of goedkeuring worden nedergelegd bij de Secretaris-Generaal van de Raad van Europa.
2. Dit Verdrag treedt in werking op de eerste dag van de maand die volgt op het verstrijken van een tijdvak van drie maanden na de datum waarop drie Lid-Staten van de Raad van Europa hun instemming door het Verdrag gebonden te worden tot uitdrukking hebben gebracht overeenkomstig het bepaalde in lid 1.
3. Ten aanzien van iedere ondertekenende Staat die daarna zijn instemming door het onderhavige Verdrag gebonden te worden tot uitdrukking heeft gebracht, treedt het Verdrag in werking op de eerste dag van de maand die volgt op het verstrijken van een tijdvak van drie

maanden na de datum van nederlegging van de akte van bekrachtiging, aanvaarding of goedkeuring.

Art. 19 Toetreding door niet-Lid-Staten
1. Na de inwerkingtreding van dit Verdrag kan het Comité van Ministers van de Raad van Europa, na overleg met de Verdragsluitende Staten iedere Staat die geen lid is van de Raad en niet in artikel 18(1) is genoemd, uitnodigen tot het Verdrag toe te treden, bij een beslissing welke overeenkomstig artikel 20 d van het Statuut van de Raad van Europa met meerderheid van stemmen is genomen, en met eenstemmigheid van de vertegenwoordigers van de Verdragsluitende Staten die recht hebben in het Comité zitting te nemen.
2. Ten aanzien van iedere toetredende Staat, treedt het Verdrag in werking op de eerste dag van de maand die volgt op het verstrijken van een tijdvak van drie maanden na de datum van nederlegging van de akte van toetreding bij de Secretaris-Generaal van de Raad van Europa.

Art. 20 Territoriale toepassing
1. Iedere Staat kan op het ogenblik van ondertekening of bij nederlegging van zijn akte van bekrachtiging, aanvaarding, goedkeuring of toetreding het grondgebied of de grondgebieden aanwijzen, waarop dit Verdrag van toepassing is.
2. Iedere Staat kan op elk later tijdstip, door middel van een aan de Secretaris-Generaal van de Raad van Europa gerichte verklaring de toepassing van dit Verdrag uitbreiden tot ieder ander in de verklaring aangewezen grondgebied. Ten aanzien van dat grondgebied treedt het Verdrag in werking op de eerste dag van de maand die volgt op het verstrijken van een tijdvak van drie maanden na de datum van ontvangst van die verklaring door de Secretaris-Generaal.
3. Iedere krachtens de twee vorige leden gedane verklaring kan met betrekking tot ieder in die verklaring aangewezen grondgebied worden ingetrokken door een aan de Secretaris-Generaal gerichte kennisgeving. De intrekking wordt van kracht op de eerste dag van de maand die volgt op het verstrijken van een tijdvak van drie maanden na de datum van ontvangst van die kennisgeving door de Secretaris-Generaal.

Art. 21 Toepassing naar tijdstip
Dit Verdrag is van toepassing op de tenuitvoerlegging van veroordelingen die hetzij vóór hetzij na de inwerkingtreding van het Verdrag zijn uitgesproken.

Art. 22 Verhouding tot andere Verdragen en Overeenkomsten
1. Dit Verdrag laat onverlet de rechten en verplichtingen voortvloeiende uit uitleveringsverdragen en andere verdragen inzake internationale samenwerking in strafzaken die voorzien in de overbrenging van personen die zijn aangehouden voor confrontatie- of bewijsdoeleinden.
2. Indien twee of meer Verdragsluitende Staten reeds een overeenkomst of verdrag hebben gesloten betreffende de overbrenging van veroordeelden of hun betrekkingen te dezer zake anderszins hebben geregeld, of in de toekomst alsnog zullen regelen, hebben zij de bevoegdheid die overeenkomst of dat verdrag toe te passen, of die betrekkingen dienovereenkomstig te regelen, in plaats van het onderhavige Verdrag.
3. Het onderhavige Verdrag laat onverlet de bevoegdheid van de Staten die partij zijn bij het Europese Verdrag inzake de internationale geldigheid van strafvonnissen om onderling bilaterale of multilaterale overeenkomsten te sluiten betreffende in dat Verdrag geregelde onderwerpen, ten einde de bepalingen daarvan aan te vullen of de toepassing van de daarin neergelegde beginselen te vergemakkelijken.
4. Indien een verzoek om overbrenging valt binnen het toepassingsgebied van zowel het onderhavige Verdrag als het Europese Verdrag inzake de internationale geldigheid van strafvonnissen of een andere overeenkomst of ander verdrag betreffende de overbrenging van veroordeelden, geeft de verzoekende Staat, bij het doen van het verzoek, aan, op grond van welk instrument zulks wordt gedaan.

Art. 23 Minnelijke schikking
De Europese Commissie voor strafrechtelijke vraagstukken van de Raad van Europa wordt op de hoogte gehouden van de toepassing van dit Verdrag en bevordert zonodig een oplossing in der minne van elke moeilijkheid waartoe de toepassing van het Verdrag aanleiding zou kunnen geven.

Art. 24 Opzegging
1. Iedere Partij kan te allen tijde dit Verdrag opzeggen door middel van een aan de Secretaris-Generaal van de Raad van Europa gerichte kennisgeving.
2. De opzegging wordt van kracht op de eerste dag van de maand na het verstrijken van een tijdvak van drie maanden na de datum van ontvangst der kennisgeving door de Secretaris-Generaal.
3. Het onderhavige Verdrag blijft evenwel van toepassing op de tenuitvoerlegging van veroordelingen aan personen die overeenkomstig de bepalingen van het Verdrag zijn overgebracht vóór de datum waarop een zodanige opzegging van kracht wordt.

Art. 25 Kennisgevingen

De Secretaris-Generaal van de Raad van Europa stelt de Lid-Staten van de Raad van Europa, de Staten, die geen lid zijnde van de Raad, aan de opstelling van het Verdrag hebben deelgenomen en elke Staat die tot het Verdrag is toegetreden, in kennis van:
 a. iedere ondertekening;
 b. de nederlegging van iedere akte van bekrachtiging, aanvaarding, goedkeuring of toetreding;
 c. iedere datum van inwerkingtreding van dit Verdrag overeenkomstig de artikelen 18 (2) en (3), 19 (2) en 20 (2) en (3);
 d. iedere andere handeling, verklaring, kennisgeving of mededeling die betrekking heeft op dit Verdrag.

Europees Verdrag inzake de internationale geldigheid van strafvonnissen[1]

Preambule
De Lid-Staten van de Raad van Europa die dit Verdrag hebben ondertekend,
Overwegende dat de strijd tegen de misdaad, waarvan de gevolgen zich steeds meer over de grenzen van één land uitstrekken, op internationaal vlak het gebruik van moderne doeltreffende middelen vereist;
Overtuigd van de noodzaak om een gemeenschappelijk strafrechtelijk beleid te voeren, gericht op de bescherming van de samenleving;
Zich bewust van de noodzaak de menselijke waardigheid te eerbiedigen en de reclassering van delinquenten te bevorderen;
Overwegende dat het doel van de Raad van Europa is het tot stand brengen van een grotere eenheid tussen zijn Leden,
Zijn als volgt overeengekomen:

HOOFDSTUK I
BEGRIPSOMSCHRIJVINGEN

Art. 1
Voor de toepassing van dit Verdrag wordt verstaan onder:
(a) „Europees strafvonnis": de onherroepelijke beslissing van een strafrechter van een Verdragsluitende Staat naar aanleiding van een strafvervolging;
(b) „strafbaar feit": handelingen die in het strafrecht strafbaar zijn gesteld, alsmede handelingen die onder de in Bijlage II van dit Verdrag genoemde wettelijke bepalingen vallen, mits de betrokkene, indien die bepalingen bevoegdheid verlenen aan een bestuurlijke autoriteit, de mogelijkheid heeft de zaak aan de rechter voor te leggen;
(c) „veroordeling": het opleggen van een sanctie;
(d) „sanctie": de straf of maatregel, opgelegd wegens een strafbaar feit en uitdrukkelijk in een Europees strafvonnis of een strafbeschikking uitgesproken;
(e) „ontzetting": de ontneming of opschorting van een recht, de ontzegging van een bevoegdheid of de ontzetting uit een recht;
(f) „verstekvonnis": de beslissing, die krachtens het tweede lid van artikel 21 als zodanig wordt aangemerkt;
(g) „strafbeschikking": een van de in een andere Verdragsluitende Staat genomen beslissingen als vermeld in Bijlage III van dit Verdrag.

Begripsbepalingen

HOOFDSTUK II
TENUITVOERLEGGING VAN EUROPESE STRAFVONNISSEN

AFDELING 1
Algemene bepalingen

(a)
Algemene voorwaarden voor tenuitvoerlegging

Art. 2
Dit hoofdstuk is van toepassing op:
(a) sancties die vrijheidsbeneming meebrengen;
(b) geldboeten of verbeurdverklaringen;
(c) ontzettingen.

Werkingssfeer

Art. 3
1. In de gevallen en onder de omstandigheden bedoeld in dit Verdrag is een Verdragsluitende Staat bevoegd tot tenuitvoerlegging van een sanctie, die in een van de andere Verdragsluitende Staten is opgelegd en aldaar uitvoerbaar is.
2. Deze bevoegdheid kan slechts worden uitgeoefend na een verzoek om tenuitvoerlegging, afkomstig van de andere Verdragsluitende Staat.

Tenuitvoerlegging strafvonnis, voorwaarden

---

1 Inwerkingtredingsdatum: 01-01-1988; zoals laatstelijk gewijzigd bij: Trb. 2012, 122.

Art. 4
1. Een sanctie kan slechts door een andere Verdragsluitende Staat ten uitvoer worden gelegd indien het feit waarvoor de sanctie is opgelegd, ware het op het grondgebied van die Staat begaan, krachtens de wet van die Staat een strafbaar feit zou hebben opgeleverd en de dader aldaar strafbaar zou zijn geweest.
2. Indien de veroordeling betrekking heeft op verscheidene strafbare feiten, waarvan enkele niet voldoen aan de in het eerste lid gestelde voorwaarden, geeft de Staat van veroordeling aan, welk gedeelte van de sanctie is opgelegd wegens de strafbare feiten die wel aan deze voorwaarden voldoen.

Art. 5
De Staat van veroordeling kan de tenuitvoerlegging van een sanctie door een andere Verdragsluitende Staat slechts verzoeken, indien aan een of meer van de volgende voorwaarden is voldaan:
(a) de veroordeelde heeft zijn vaste woonplaats in de andere Staat;
(b) de tenuitvoerlegging van de sanctie in de andere Staat schept naar verwachting betere kansen voor de reclassering van de veroordeelde;
(c) het betreft een sanctie die vrijheidsbeneming meebrengt, die in de andere Staat kan worden ten uitvoer gelegd in aansluiting op een andere sanctie die vrijheidsbeneming meebrengt en die de veroordeelde in die Staat ondergaat of moet ondergaan;
(d) de andere Staat de Staat van herkomst van de veroordeelde is en zich reeds bereid heeft verklaard tot tenuitvoerlegging van de sanctie;
(e) de Staat van veroordeling meent dat hij zelf niet de sanctie ten uitvoer kan leggen, ook niet met behulp van uitlevering, en dat de andere Staat dat wel kan.

Art. 6
Tenuitvoerlegging strafvonnis, weigering

De tenuitvoerlegging, verzocht onder de in de voorafgaande bepalingen gestelde voorwaarden, kan alleen, hetzij geheel hetzij gedeeltelijk, in één van de volgende gevallen worden geweigerd:
(a) de tenuitvoerlegging zou in strijd zijn met de grondbeginselen van de rechtsorde van de aangezochte Staat;
(b) de aangezochte Staat is van oordeel dat het strafbare feit waarvoor de veroordeling is uitgesproken van politieke aard is of als een zuiver militair delict moet worden beschouwd;
(c) de aangezochte Staat meent ernstige redenen te hebben om aan te nemen dat de veroordeling is uitgelokt of ongunstig beïnvloed door overwegingen van ras, godsdienst, nationaliteit of politieke overtuiging;
(d) de tenuitvoerlegging is in strijd met de internationale verplichtingen van de aangezochte Staat;
(e) het feit wordt in de aangezochte Staat reeds vervolgd of die Staat besluit tot vervolging over te gaan;
(f) de bevoegde autoriteiten van de aangezochte Staat hebben besloten geen vervolging in te stellen of van verdere vervolging wegens hetzelfde feit af te zien;
(g) het feit is begaan buiten het grondgebied van de verzoekende Staat;
(h) de aangezochte Staat kan de sanctie niet ten uitvoer leggen;
(i) het verzoek berust op artikel 5, letter *(e)* en aan geen van de andere in dat artikel genoemde voorwaarden is voldaan;
(j) de aangezochte Staat is van mening dat de verzoekende Staat zelf de sanctie ten uitvoer kan leggen;
(k) de veroordeelde had wegens zijn leeftijd op het tijdstip waarop hij het feit beging in de aangezochte Staat niet kunnen worden vervolgd;
(l) de sanctie is verjaard volgens de wet van de aangezochte Staat;
(m) voor zover bij het vonnis een ontzetting is uitgesproken.

Art. 7
Tenuitvoerlegging strafvonnis, geen gevolg aan verzoek

Aan een verzoek om tenuitvoerlegging wordt geen gevolg gegeven, indien de tenuitvoerlegging zou indruisen tegen de beginselen welke zijn erkend in de bepalingen van de Eerste Afdeling van Hoofdstuk III van dit Verdrag.

(b)
Gevolgen van de overdracht van de tenuitvoerlegging

Art. 8
Tenuitvoerlegging strafvonnis, verjaring

Voor de toepassing van artikel 6, letter *(l)*, en van het voorbehoud vermeld in letter *(c)* in Bijlage I van dit Verdrag worden de door de autoriteiten van de Staat van veroordeling rechtsgeldig verrichte handelingen die de verjaring stuiten of schorsen geacht dezelfde rechtskracht te hebben in de aangezochte Staat voor de vaststelling van de verjaring, volgens het recht van die Staat.

Europees Verdrag inzake de internationale geldigheid van strafvonnissen   **C52** art. 13

Art. 9
1. De veroordeelde die zich in de verzoekende Staat in hechtenis bevond en die is overgeleverd aan de aangezochte Staat met het oog op tenuitvoerlegging, wordt niet vervolgd, berecht of in hechtenis gehouden met het oog op tenuitvoerlegging van een straf of een maatregel, noch onderworpen aan enige andere beperking van zijn persoonlijke vrijheid, wegens enig vóór de overlevering begaan feit dat niet ten grondslag lag aan de ten uitvoer te leggen veroordeling, behalve in de volgende gevallen:

Tenuitvoerlegging strafvonnis, rechten veroordeelde

(a) wanneer de Staat die hem heeft overgeleverd daarin toestemt. Daartoe dient een verzoek te worden ingediend, vergezeld van alle ter zake dienende stukken en van een rechterlijk proces-verbaal waarin alle verklaringen van de veroordeelde zijn opgenomen. De toestemming wordt gegeven indien het strafbare feit, waarvoor zij is gevraagd, grondslag voor uitlevering had kunnen zijn volgens de wet van de Staat die de tenuitvoerlegging heeft gevraagd, of indien de uitlevering slechts zou zijn uitgesloten vanwege de strafmaat;

(b) wanneer de veroordeelde, hoewel hij daartoe de mogelijkheid had, niet binnen de 45 dagen die op zijn definitieve invrijheidstelling volgden het grondgebied van de Staat, waaraan hij was overgeleverd heeft verlaten, of indien hij na dit gebied te hebben verlaten, daarin is teruggekeerd.

2. De Staat aan welke om tenuitvoerlegging is verzocht kan echter de maatregelen treffen, die nodig zijn met het oog op een eventuele verwijdering van zijn grondgebied, dan wel een stuiting van de verjaring overeenkomstig zijn wetgeving, met inbegrip van de instelling van een verstekprocedure.

Art. 10
1. De tenuitvoerlegging wordt beheerst door de wet van de aangezochte Staat, die bij uitsluiting bevoegd is alle ter zake dienende beslissingen te nemen, met name wat de voorwaardelijke invrijheidstelling betreft.

Tenuitvoerlegging strafvonnis, bevoegdheid aangezochte/verzoekende Staat

2. De verzoekende Staat heeft bij uitsluiting het recht te beslissen op een verzoek om herziening van de veroordeling.

3. Elk van beide Staten kan het recht van amnestie of gratie uitoefenen.

Tenuitvoerlegging strafvonnis, recht van amnestie/gratie

Art. 11
1. Zodra de Staat van veroordeling het verzoek om tenuitvoerlegging heeft gedaan, mag hij niet meer overgaan tot tenuitvoerlegging van de sanctie waarop het verzoek betrekking heeft. De Staat van veroordeling mag echter overgaan tot tenuitvoerlegging van een sanctie, die vrijheidsbeneming medebrengt, indien de veroordeelde zich reeds ten tijde van het verzoek in hechtenis bevindt op het grondgebied van die Staat.

Tenuitvoerlegging strafvonnis, verlies recht van tenuitvoerlegging

2. De verzoekende Staat herkrijgt zijn recht tot tenuitvoerlegging indien:
(a) hij zijn verzoek intrekt voordat de aangezochte Staat hem in kennis heeft gesteld van zijn voornemen er gevolg aan te geven;
(b) de aangezochte Staat hem mededeelt, dat hij weigert gevolg te geven aan het verzoek;
(c) de aangezochte Staat uitdrukkelijk van zijn recht tot tenuitvoerlegging afstand doet. Deze afstand kan slechts plaatsvinden als de beide belanghebbende Staten hiermee instemmen of als de tenuitvoerlegging in de aangezochte Staat niet langer mogelijk is. In het laatste geval is de afstand verplicht, indien de verzoekende Staat daarom vraagt.

Tenuitvoerlegging strafvonnis, herkrijging recht tot tenuitvoerlegging

Art. 12
1. De bevoegde autoriteiten van de aangezochte Staat beëindigen de tenuitvoerlegging zodra zij kennis dragen van gratie, amnestie, een aanvrage tot herziening of van elke andere beslissing die de sanctie niet langer uitvoerbaar maakt. Hetzelfde geldt voor de tenuitvoerlegging van een geldboete, wanneer de veroordeelde deze aan de bevoegde autoriteiten van de verzoekende Staat heeft betaald.

Tenuitvoerlegging strafvonnis, beëindiging tenuitvoerlegging

2. De verzoekende Staat stelt onverwijld de aangezochte Staat in kennis van een op zijn grondgebied genomen beslissing of processuele handeling die, overeenkomstig het vorige lid, aan het recht tot tenuitvoerlegging een einde maakt.

(c)
Bepalingen van onderscheiden aard

Art. 13
1. De doortocht door het grondgebied van een Verdragsluitende Staat van een persoon, die van zijn vrijheid is beroofd en krachtens dit Verdrag naar een derde Verdragsluitende Staat moet worden overgebracht, wordt toegestaan op verzoek van de Staat waarin hij zich in hechtenis bevindt. De Staat waar de doortocht moet plaatsvinden kan, alvorens een beslissing te nemen op het verzoek, overlegging verlangen van alle terzake dienende documenten. De overgebrachte persoon blijft in hechtenis op het grondgebied van de Staat waar de doortocht plaatsvindt, tenzij de Staat van waaruit hij wordt overgebracht om zijn invrijheidstelling verzoekt.

Tenuitvoerlegging strafvonnis, vrije doortocht

2. Behalve ingeval de doortocht is verzocht krachtens artikel 34, kan een Verdragsluitende Staat weigeren de doortocht toe te staan:
(a) om een van de redenen genoemd in artikel 6, letters (b) en (c);
(b) als de betrokkene onderdaan van die Staat is.
3. Ingeval het vervoer door de lucht plaatsvindt zijn de volgende bepalingen van toepassing:
(a) Wanneer geen landing is voorzien, kan de Staat van waaruit de persoon moet worden overgebracht, de Staat over welks grondgebied zal worden gevlogen ervan in kennis stellen dat de persoon in kwestie wordt overgebracht ingevolge dit Verdrag. In geval van een onvoorziene landing heeft deze kennisgeving de rechtskracht van een verzoek om voorlopige aanhouding als bedoeld in het tweede lid van artikel 32 en dient een gewoon verzoek om doortocht te worden gedaan.
(b) Wanneer een landing is voorzien, dient een gewoon verzoek om doortocht te worden gedaan.

Art. 14
Tenuitvoerlegging strafvonnis, geen terugvordering kosten

De Verdragsluitende Staten zien over en weer af van de terugvordering van kosten die voortvloeien uit de toepassing van dit Verdrag.

AFDELING 2
Verzoeken om tenuitvoerlegging

Art. 15
Tenuitvoerlegging strafvonnis, verzoek om tenuitvoerlegging

1. De verzoeken bedoeld in dit Verdrag worden schriftelijk gedaan. Zij worden, evenals alle voor de toepassing van dit Verdrag benodigde gegevens, toegezonden hetzij door het Ministerie van Justitie van de verzoekende Staat aan het Ministerie van Justitie van de aangezochte Staat, hetzij, krachtens een overeenkomst tussen de betrokken Verdragsluitende Staten, door de autoriteiten van de verzoekende Staat rechtstreeks gericht aan die van de aangezochte Staat, en op dezelfde wijze teruggezonden.
2. In spoedeisende gevallen kunnen de verzoeken om mededelingen worden gedaan door tussenkomst van de Internationale Politie Organisatie (INTERPOL).
3. Een Verdragsluitende Staat kan door middel van een verklaring, gericht aan de Secretaris-Generaal van de Raad van Europa, te kennen geven dat hij wenst af te te wijken van het bepaalde in het eerste lid van dit artikel.

Art. 16
Verzoek om tenuitvoerlegging, benodigde stukken

Het verzoek om tenuitvoerlegging gaat vergezeld van het origineel of een authentiek afschrift van de beslissing waarvan de tenuitvoerlegging wordt gevraagd, alsook van alle ter zake doende stukken. Het origineel of een authentiek afschrift van het geheel of een deel van het strafdossier wordt op verzoek van de aangezochte Staat overgelegd. De bevoegde autoriteit van de verzoekende Staat verklaart dat de sanctie uitvoerbaar is.

Art. 17
Verzoek om tenuitvoerlegging, aanvullende gegevens

Als naar het oordeel van de aangezochte Staat de door de verzoekende Staat verschafte inlichtingen onvoldoende zijn om hem in staat te stellen dit Verdrag toe te passen, vraagt hij de nodige aanvulling van gegevens. Hij kan een termijn stellen waarbinnen deze gegevens ontvangen moeten zijn.

Art. 18
Verzoek om tenuitvoerlegging, informeren verzoekende Staat

1. De autoriteiten van de aangezochte Staat lichten de autoriteiten van de verzoekende Staat onverwijld in omtrent het gevolg dat aan het verzoek om tenuitvoerlegging is gegeven.
2. In het voorkomende geval doen de autoriteiten van de aangezochte Staat aan de autoriteiten van de verzoekende Staat een stuk toekomen, waarin wordt verklaard dat de sanctie ten uitvoer is gelegd.

Art. 19
Verzoek om tenuitvoerlegging, vertaling

1. Behoudens de bepalingen van het tweede lid van dit artikel wordt geen vertaling van verzoeken en bijlagen geëist.
2. Een Verdragsluitende Staat kan zich bij de ondertekening of bij nederlegging van zijn akte van bekrachtiging, aanvaarding of toetreding, door middel van een verklaring, gericht aan de Secretaris-Generaal van de Raad van Europa, het recht voorbehouden, te verlangen dat aan hem gerichte verzoeken en bijlagen vergezeld gaan van een vertaling in zijn eigen taal of in een van de officiële talen van de Raad van Europa, of in een van die talen, zoals door hem aan te wijzen. De andere Staten kunnen het beginsel van wederkerigheid toepassen.
3. Dit artikel laat onverlet de bepalingen met betrekking tot de vertaling van verzoeken en bijlagen, vervat in thans van kracht zijnde of alsnog te sluiten overeenkomsten of regelingen tussen twee of meer Verdragsluitende Staten.

Art. 20
De stukken en documenten, die op grond van dit Verdrag worden overgelegd, zijn vrijgesteld van alle formaliteiten van legalisatie.

Verzoek om tenuitvoerlegging, vrijstelling van legalisatie

AFDELING 3
Verstekvonnissen en strafbeschikkingen

Art. 21
1. Tenzij in dit Verdrag anders is bepaald zijn voor de tenuitvoerlegging van verstekvonnissen en van strafbeschikkingen dezelfde regels van toepassing als voor de tenuitvoerlegging van andere vonnissen.
2. Behoudens het bepaalde in het derde lid wordt onder verstekvonnis in de zin van dit Verdrag verstaan een beslissing van een strafrechter van een Verdragsluitende Staat naar aanleiding van een strafvervolging uitgesproken terwijl de veroordeelde niet in persoon ter terechtzitting is verschenen.
3. Onverminderd het bepaalde in het tweede lid van artikel 25, het tweede lid van artikel 26 en artikel 29 wordt als vonnis op tegenspraak beschouwd:
a) een verstekvonnis of strafbeschikking die in de Staat van veroordeling na verzet van de veroordeelde is bevestigd of uitgesproken;
(b) een in hoger beroep gewezen verstekvonnis mits het beroep tegen het vonnis in eerste aanleg was ingesteld door de veroordeelde.

Tenuitvoerlegging strafvonnis, verstekvonnis/strafbeschikking

Art. 22
Verstekvonnissen en strafbeschikkingen waartegen nog geen verzet of ander rechtsmiddel is aangewend, kunnen, zodra zij zijn gewezen, aan de aangezochte Staat worden toegezonden ter betekening en eventuele tenuitvoerlegging.

Verstekvonnis/strafbeschikking, toezending aan aangezochte Staat

Art. 23
1. Indien de aangezochte Staat aanleiding ziet om gevolg te geven aan het verzoek om tenuitvoerlegging van een verstekvonnis of een strafbeschikking, laat hij de, in de verzoekende Staat genomen beslissing aan de veroordeelde in persoon betekenen.
2. In de akte van betekening aan de veroordeelde wordt hem mededeling gedaan dat:
(a) een verzoek om tenuitvoerlegging is gedaan overeenkomstig dit Verdrag;
(b) hem als enig rechtsmiddel het verzet als voorzien in artikel 24 openstaat;
(c) het verzet moet worden gedaan bij de hem aangewezen autoriteit; de ontvankelijkheid van het verzet wordt beoordeeld volgens de in artikel 24 gestelde eisen en hij kan verzoeken te worden berecht door de autoriteiten van de Staat van veroordeling;
(d) indien niet binnen de voorgeschreven termijn verzet is gedaan, de beslissing voor de gehele toepassing van dit Verdrag geacht wordt op tegenspraak te zijn gewezen.
3. Een afschrift van de akte van betekening wordt onverwijld gezonden aan de autoriteit die de tenuitvoerlegging heeft verzocht.

Verstekvonnis/strafbeschikking, betekening aan veroordeelde

Art. 24
1. Zodra de beslissing is betekend overeenkomstig artikel 23, is verzet het enige rechtsmiddel dat tegen de veroordeling kan worden aangewend. Dit verzet wordt, naar keuze van de veroordeelde, behandeld door hetzij de bevoegde rechter van de verzoekende Staat, hetzij die van de aangezochte Staat. Als de veroordeelde geen voorkeur kenbaar maakt, wordt het verzet behandeld door de bevoegde rechter van de aangezochte Staat.
2. In de beide gevallen, voorzien in het vorige lid, is het verzet ontvankelijk indien het is gedaan door middel van een verklaring, gericht tot de bevoegde autoriteit van de aangezochte Staat binnen een termijn van 30 dagen te rekenen van de dag van de betekening. De termijn wordt berekend overeenkomstig de toepasselijke wettelijke regels van de aangezochte Staat. De bevoegde autoriteit van die Staat licht de autoriteit die het verzoek om tenuitvoerlegging heeft gedaan onverwijld in.

Verstekvonnis/strafbeschikking, verzet

Art. 25
1. Indien het verzet in de verzoekende Staat wordt behandeld, wordt de veroordeelde gedagvaard in die Staat te verschijnen ter terechtzitting, welke is vastgesteld voor een nieuwe behandeling van de zaak. Deze dagvaarding wordt hem ten minste 21 dagen vóór die nieuwe behandeling in persoon betekend. Deze termijn kan met toestemming van de veroordeelde, worden bekort. De nieuwe behandeling vindt plaats voor de bevoegde rechter van de verzoekende Staat en volgens de in die Staat geldende procedure.
2. Indien de veroordeelde niet in persoon verschijnt of zich niet doet vertegenwoordigen overeenkomstig de wet van de verzoekende Staat, verklaart de rechter het verzet vervallen en wordt van deze beslissing mededeling gedaan aan de bevoegde autoriteit van de aangezochte Staat. Hetzelfde geschiedt wanneer de rechter het verzet niet ontvankelijk verklaart. In beide gevallen wordt het verstek of de straf beschikking voor de gehele toepassing van dit Verdrag geacht een veroordeling op tegenspraak te zijn.

Verzet, behandeling in verzoekende Staat

3. Indien de veroordeelde in persoon verschijnt of zich doet vertegenwoordigen overeenkomstig de wet van de verzoekende Staat en het verzet ontvankelijk wordt verklaard, wordt het verzoek om tenuitvoerlegging als niet gedaan beschouwd.

Art. 26

Verzet, behandeling in aangezochte Staat

1. Indien het verzet in de aangezochte Staat wordt behandeld, wordt de veroordeelde gedagvaard in die Staat te verschijnen ter terechtzitting die is vastgesteld voor een nieuwe behandeling van de zaak. Deze dagvaarding wordt hem ten minste 21 dagen vóór die nieuwe behandeling in persoon betekend. Deze termijn kan met toestemming van de veroordeelde worden bekort. De nieuwe behandeling vindt plaats voor de bevoegde rechter van de aangezochte Staat en volgens de in die Staat geldende procedure.

2. Indien de veroordeelde niet in persoon verschijnt of zich niet doet vertegenwoordigen overeenkomstig de wet van de aangezochte Staat, verklaart de rechter het verzet vervallen. In dat geval en indien de rechter het verzet niet ontvankelijk verklaart wordt het verstekvonnis of de strafbeschikking voor de gehele toepassing van dit Verdrag geacht een veroordeling op tegenspraak te zijn.

3. Indien de veroordeelde in persoon verschijnt of zich doet vertegenwoordigen overeenkomstig de wet van de aangezochte Staat en het verzet ontvankelijk wordt verklaard, wordt de zaak berecht als ware het feit in die Staat begaan. Niettemin mag niet worden onderzocht of het recht tot strafvordering is verjaard. Het in de verzoekende Staat uitgesproken vonnis wordt als niet gewezen beschouwd.

4. De in de Staat van veroordeling overeenkomstig de aldaar geldende wetten en voorschriften met het oog op de vervolging of het onderzoek verrichte handelingen hebben in de aangezochte Staat dezelfde rechtskracht als waren zij door de autoriteiten van die Staat verricht, zonder dat deze gelijkstelling ten gevolge kan hebben dat aan die handelingen een grotere bewijskracht wordt toegekend dan daaraan, in de verzoekende Staat is verbonden.

Art. 27

Verzet, ambtshalve toevoeging raadsman

Voor het doen van verzet en de procedure die daarop volgt heeft de bij verstek of strafbeschikking veroordeelde in de gevallen en op de voorwaarden voorzien in de wet van de aangezochte Staat of in voorkomend geval van de verzoekende Staat, recht op ambtshalve toevoeging van een raadsman.

Art. 28

Verzet, rechterlijke beslissing

De rechterlijke beslissingen, gegeven krachtens het derde lid van artikel 26, en hun tenuitvoerlegging worden uitsluitend beheerst door de wetgeving van de aangezochte Staat.

Art. 29

Verzet, veroordeling op tegenspraak

Indien een bij verstek of strafbeschikking veroordeelde geen verzet aantekent, wordt de beslissing voor de gehele toepassing van dit Verdrag geacht een veroordeling op tegenspraak te zijn.

Art. 30

Verzet, herstel in oorspronkelijke toestand

De bepalingen van de nationale wetgevingen met betrekking tot herstel in de oorspronkelijke toestand zijn van toepassing indien de veroordeelde, om redenen onafhankelijk van zijn wil, heeft nagelaten de termijnen bedoeld in de artikelen 24, 25 en 26 in acht te nemen of te verschijnen ter terechtzitting die is vastgesteld voor een nieuwe behandeling van de zaak.

AFDELING 4
Voorlopige maatregelen

Art. 31

Tenuitvoerlegging strafvonnissen, voorlopige maatregelen

Indien de veroordeelde zich bevindt in de verzoekende Staat, nadat de kennisgeving is ontvangen dat het verzoek van die Staat tot tenuitvoerlegging van een vonnis, waarbij een vrijheidsbeneming is opgelegd, wordt aanvaard, kan die Staat, indien hij zulks ter verzekering van de tenuitvoerlegging nodig acht, hem aanhouden ten einde hem over te brengen overeenkomstig het bepaalde in artikel 43.

Art. 32

Voorlopige maatregelen, aanhouding veroordeelde

1. Heeft de verzoekende Staat om tenuitvoerlegging verzocht dan kan de aangezochte Staat overgaan tot aanhouding van de veroordeelde indien:
(a) de wet van de aangezochte Staat voorlopige hechtenis uit hoofde van het strafbare feit toelaat en
(b) gevaar voor vlucht of, in het geval van een veroordeling bij verstek, gevaar voor onklaar raken van bewijsmateriaal bestaat.

2. Indien de verzoekende Staat zijn voornemen om de tenuitvoerlegging te vragen kenbaar maakt, kan de aangezochte Staat op aanvraag van de verzoekende Staat overgaan tot aanhouding van de veroordeelde, mits aan de voorwaarden, genoemd in het vorige lid onder de letters (a) en (b), is voldaan. Deze aanvraag moet vermelden: het strafbare feit dat tot de veroordeling heeft geleid, de tijd en de plaats waar het feit is begaan alsmede een zo nauwkeurig mogelijk signalement van de veroordeelde. Het moet eveneens een beknopte uiteenzetting bevatten van de feiten en omstandigheden waarop het vonnis berust.

Europees Verdrag inzake de internationale geldigheid van strafvonnissen   C52 art. 39

Art. 33
1. Op de hechtenis is de wet van de aangezochte Staat van toepassing, die tevens de voorwaarden regelt waaronder de aangehouden persoon in vrijheid kan worden gesteld.

Voorlopige maatregelen, voorwaarden invrijheidstelling

2. De hechtenis neemt in elk geval een einde indien:
(a) haar duur gelijk is aan die van de opgelegde sanctie, welke vrijheidsbeneming meebrengt;
(b) de aanhouding is geschied met toepassing van artikel 32, tweede lid, en de aangezochte Staat niet binnen 18 dagen na de datum van de aanhouding het verzoek, vergezeld van de stukken bedoeld in artikel 16, heeft ontvangen.

Art. 34
1. Hij die in de aangezochte Staat in hechtenis wordt gehouden krachtens artikel 32 en, naar aanleiding van een door hem gedaan verzet, overeenkomstig artikel 25 is gedagvaard om te verschijnen ter terechtzitting van het bevoegde gerecht in de verzoekende Staat, wordt daartoe overgebracht naar het grondgebied van die Staat.

Voorlopige maatregelen, overbrenging naar verzoekende Staat

2. Na de overbrenging wordt de betrokkene door de verzoekende Staat niet langer in hechtenis gehouden indien het geval bedoeld in artikel 33, tweede lid, letter (a), zich voordoet of indien de verzoekende Staat de tenuitvoerlegging van de nieuwe veroordeling niet verzoekt. De overgebrachte persoon wordt zo snel mogelijk teruggezonden naar de aangezochte Staat, tenzij hij in vrijheid is gesteld.

Art. 35
1. Hij die naar aanleiding van een door hem gedaan verzet is gedagvaard voor een bevoegd gerecht van de verzoekende Staat, wordt niet vervolgd, berecht of gevangen gehouden met het oog op de tenuitvoerlegging van een straf of maatregel, noch onderworpen aan enige andere beperking van zijn persoonlijke vrijheid voor enig in de dagvaarding niet vermeld feit, gepleegd vóór zijn vertrek uit het grondgebied van de aangezochte Staat, tenzij hij daarmede uitdrukkelijk schriftelijk instemt. In het geval bedoeld in artikel 34, eerste lid, wordt een afschrift van de verklaring van instemming gezonden aan de Staat van waaruit de betrokkene is overgebracht.

Voorlopige maatregelen, rechten gedagvaarde

2. Het bepaalde in het vorige lid is niet langer van toepassing wanneer de gedagvaarde persoon, hoewel hij daartoe de mogelijkheid heeft gehad, het grondgebied van de verzoekende Staat niet heeft verlaten binnen 15 dagen na de datum van de uitspraak die is gevolgd op de zitting waar hij is verschenen, of indien hij, na dat grondgebied te hebben verlaten, daarin is teruggekeerd zonder te zijn gedagvaard.

Art. 36
1. Indien de verzoekende Staat de tenuitvoerlegging van een verbeurdverklaring heeft verzocht, kan de aangezochte Staat overgaan tot voorlopige inbeslagneming, mits zijn wet inbeslagneming voor soortgelijke feiten toelaat.

Voorlopige maatregelen, voorlopige inbeslagneming

2. Op de inbeslagneming is de wet van de aangezochte Staat van toepassing, die tevens de voorwaarden regelt waaronder de inbeslagneming kan worden opgeheven.

AFDELING 5
Tenuitvoerlegging van sancties

(a)
Algemene bepalingen

Art. 37
De tenuitvoerlegging van een sanctie die is opgelegd in de verzoekende Staat kan in de aangezochte Staat slechts plaatsvinden krachtens een beslissing van de rechter van die Staat. Een Verdragsluitende Staat kan echter andere autoriteiten met zodanige beslissingen belasten, indien het uitsluitend de tenuitvoerlegging van een geldboete of een verbeurdverklaring betreft en beroep op de rechter tegen die beslissingen openstaat.

Tenuitvoerlegging strafvonnis, tenuitvoerlegging sanctie

Art. 38
Indien de aangezochte Staat aanleiding ziet gevolg te geven aan het verzoek om tenuitvoerlegging wordt de zaak voorgelegd aan de rechter of de autoriteit die krachtens artikel 37 is aangewezen.

Tenuitvoerlegging sanctie, verzoek aan rechter/autoriteit

Art. 39
1. Alvorens te beslissen op het verzoek om tenuitvoerlegging stelt de rechter de veroordeelde in de gelegenheid zijn gezichtspunten naar voren te brengen. Indien de veroordeelde daarom vraagt wordt hij, hetzij bij wege van rogatoire commissie, hetzij in persoon, door de rechter gehoord. Indien de veroordeelde daarom uitdrukkelijk verzoekt, wordt een verhoor in persoon gelast.

Tenuitvoerlegging sanctie, naar voren brengen gezichtspunten

2. Niettegenstaande een verzoek van de veroordeelde om in persoon te worden gehoord, kan de rechter in afwezigheid van de veroordeelde over de aanvaarding van het verzoek om tenuitvoerlegging beslissen, indien deze zich in de verzoekende Staat in hechtenis bevindt. In dat geval wordt de beslissing betreffende de vervanging van de sanctie, bedoeld in artikel 44, aan-

gehouden totdat de veroordeelde na zijn overbrenging naar de aangezochte Staat in de gelegenheid is gesteld voor de rechter te verschijnen.

Art. 40

Tenuitvoerlegging sanctie, verplichtingen rechter/autorisatie

1. De met de zaak belaste rechter of, in de gevallen voorzien in artikel 37, de volgens dat artikel aangewezen autoriteit, dient er zich van te verzekeren dat:
   (a) de sanctie, waarvan de tenuitvoerlegging is gevraagd, is opgelegd bij een Europees strafvonnis;
   (b) aan de in artikel 4 genoemde voorwaarden is voldaan;
   (c) in artikel 6, letter (a), gestelde voorwaarde niet is vervuld of de tenuitvoerlegging niet in de weg staat;
   (d) de tenuitvoerlegging niet in strijd is met artikel 7;
   (e) in het geval van een veroordeling bij verstek of een straf beschikking voldaan is aan de in Afdeling 3 van dit Hoofdstuk genoemde voorwaarden.

2. Een Verdragsluitende Staat is vrij de rechter of de krachtens artikel 37 aangewezen autoriteit te belasten met het onderzoek naar het vervuld zijn van andere voorwaarden voor de tenuitvoerlegging waarin dit Verdrag voorziet.

Art. 41

Tenuitvoerlegging sanctie, beroep

Tegen rechterlijke beslissingen, die krachtens deze Afdeling met het oog op de gevraagde tenuitvoerlegging of in beroep tegen een beslissing van een bestuurlijke autoriteit aangewezen krachtens artikel 37 zijn genomen, dient een rechtsmiddel te kunnen worden aangewend.

Art. 42

Tenuitvoerlegging sanctie, bindende beslissing

De aangezochte Staat is gebonden aan de vaststelling van de feiten en omstandigheden voor zover deze zijn uiteengezet in de beslissing of voor zover deze beslissing daarop impliciet berust.

(b)
Bepalingen die in het bijzonder betrekking hebben op de tenuitvoerlegging van sancties welke vrijheidsbeneming meebrengen

Art. 43

Tenuitvoerlegging sanctie, overbrenging veroordeelde

Indien de veroordeelde zich in hechtenis bevindt in de verzoekende Staat wordt hij, tenzij de wet van die Staat anders bepaalt, overgebracht naar de aangezochte Staat, zodra de verzoekende Staat in kennis is gesteld van de aanvaarding van het verzoek om tenuitvoerlegging.

Art. 44

Tenuitvoerlegging sanctie, vervanging sanctie

1. Indien het verzoek om tenuitvoerlegging is aanvaard, vervangt de rechter de in de verzoekende Staat opgelegde sanctie welke vrijheidsbeneming meebrengt door een sanctie die voor hetzelfde feit is voorzien in zijn eigen wet. Die sanctie kan, binnen de in het tweede lid aangegeven grenzen, van een andere aard en duur zijn dan de in de verzoekende Staat opgelegde sanctie. Indien deze laatste sanctie beneden het minimum blijft dat krachtens de wet van de aangezochte Staat mag worden opgelegd, is de rechter niet gebonden aan dat minimum en legt hij een sanctie op die overeenkomt met de sanctie die was opgelegd in de verzoekende Staat.

2. Bij het vaststellen van de sanctie mag de rechter de strafrechterlijke bejegening van de veroordeelde, waartoe de in de verzoekende Staat genomen beslissing leidt, niet verscherpen.

3. Delen van de door de verzoekende Staat opgelegde sanctie en perioden van voorlopige hechtenis, die door de veroordeelde zijn ondergaan na het vonnis, worden integraal in mindering gebracht. Hetzelfde geldt voor de preventieve hechtenis die de veroordeelde in de verzoekende Staat vóór zijn veroordeling heeft ondergaan, voor zover de wet van die Staat dat vereist.

4. Een Verdragsluitende Staat kan op elk tijdstip bij de Secretaris-Generaal van de Raad van Europa een verklaring nederleggen, waardoor hij krachtens dit Verdrag bevoegd wordt tot het ten uitvoer leggen van een sanctie die vrijheidsbeneming meebrengt van dezelfde aard als die opgelegd in de verzoekende Staat, zelfs als de duur van die sanctie het maximum overschrijdt dat zijn eigen wetgeving voor een dergelijke sanctie kent. Deze regel mag echter slechts worden toegepast in de gevallen waarin de nationale wet van de aangezochte Staat toelaat voor hetzelfde feit een sanctie op te leggen, die ten minste van dezelfde duur is als. maar strenger van aard is dan de in de verzoekende Staat opgelegde sanctie. De overeenkomstig het bepaalde in dit lid opgelegde sanctie kan, indien de duur en het doel daarvan zulks vereisen, ten uitvoer worden gelegd in een penitentiaire inrichting bestemd voor de tenuitvoerlegging van sancties van andere aard.

(c)
Bepalingen die in het bijzonder betrekking hebben op de tenuitvoerlegging van geldboeten of verbeurdverklaringen

Art. 45
1. Indien het verzoek om tenuitvoerlegging van een geldboete of van een verbeurdverklaring van een som gelds is aanvaard, drukt de rechter of de krachtens artikel 37 aangewezen autoriteit het bedrag uit in de valuta van de aangezochte Staat met toepassing van de op het ogenblik waarop de beslissing is genomen geldende wisselkoers.
Hij bepaalt aldus het bedrag van de geldboete of van de verbeurd te verklaren som, waarbij hij echter het maximum, vastgelegd in de wet van die Staat voor hetzelfde feit, of, indien een wettelijk maximum ontbreekt, het maximum van het bedrag dat gewoonlijk in die Staat voor een zodanig feit wordt opgelegd, niet mag overschrijden.

Tenuitvoerlegging sanctie, geldboete/verbeurdverklaring

2. Het staat de rechter of de krachtens artikel 37 aangewezen autoriteit echter vrij een veroordeling tot geldboete of verbeurdverklaring te handhaven tot de hoogte van het in de verzoekende Staat opgelegde bedrag, indien die sanctie voor hetzelfde feit niet is voorzien in de wet van de aangezochte Staat, maar die wet wel zwaardere sancties toelaat.
Hetzelfde geldt indien de sanctie die is opgelegd in de verzoekende Staat het maximum waarin de wet van de aangezochte Staat voor hetzelfde feit voorziet, te boven gaat, maar die wet wel zwaardere sancties toelaat.
3. Alle faciliteiten met betrekking tot het tijdstip van betaling of betalingen in termijnen welke zijn toegestaan in de verzoekende Staat worden in acht genomen in de aangezochte Staat.

Art. 46
1. Indien het verzoek om tenuitvoerlegging de verbeurdverklaring van een bepaald voorwerp betreft, kan de rechter of de krachtens artikel 37 aangewezen autoriteit de verbeurdverklaring van dat voorwerp slechts bevelen, indien zulks volgens de wet van de aangezochte Staat voor hetzelfde feit mogelijk is.

Tenuitvoerlegging sanctie, verbeurdverklaring bepaald voorwerp

2. Het staat de rechter of de krachtens artikel 37 aangewezen autoriteit echter vrij de verbeurdverklaring die is opgelegd in de verzoekende Staat te handhaven, indien die sanctie voor hetzelfde feit niet is voorzien in de wet van de aangezochte Staat, maar die wet wel zwaardere sancties toelaat.

Art. 47
1. De opbrengst van geldboeten en verbeurdverklaringen vervalt aan de aangezochte Staat onverminderd de rechten van derden.

Tenuitvoerlegging sanctie, opbrengst geldboete/verbeurdverklaring

2. Verbeurdverklaarde voorwerpen die een bijzondere waarde vertegenwoordigen, kunnen op aanvrage worden teruggegeven aan de verzoekende Staat.

Art. 48
Indien de tenuitvoerlegging van een geldboete onmogelijk blijkt, kan de rechter van de aangezochte Staat een vervangende hechtenis opleggen mits de wet van beide Staten daarin voor een dergelijk geval voorziet, tenzij de verzoekende Staat uitdrukkelijk zijn verzoek beperkt heeft tot de tenuitvoerlegging van de geldboete alleen.

Tenuitvoerlegging sanctie, tenuitvoerlegging geldboete onmogelijk

Als de rechter besluit een vervangende hechtenis op te leggen zijn de volgende regels van toepassing:
(a) Wanneer de omzetting van de boete in een hechtenis reeds is vastgelegd in de veroordeling die in de verzoekende Staat is uitgesproken of onmiddellijk in de wet van die Staat, stelt de rechter van de aangezochte Staat de aard en de duur van de straf volgens de regels van zijn eigen recht vast. Als de hechtenis die al was vastgesteld in de verzoekende Staat lager is dan het minimum dat de wet van de aangezochte Staat toelaat, is de rechter niet gebonden aan dat minimum en legt hij een hechtenis op welke overeenkomt met de hechtenis die is voorgeschreven in de verzoekende Staat. Bij het vaststellen van de hechtenis mag de rechter de strafrechtelijke bejegening van de veroordeelde, waartoe de in de verzoekende Staat genomen beslissing leidt, niet verscherpen.
(b) In alle andere gevallen zet de rechter van de aangezochte Staat de boete om volgens zijn eigen wet, met inachtneming van de grenzen voorzien bij de wet van de verzoekende Staat.

(d)
Bepalingen die in het bijzonder betrekking hebben op de tenuitvoerlegging van een ontzetting

Art. 49
1. Indien een verzoek tot tenuitvoerlegging van een ontzetting is gedaan, kan daaraan slechts gevolg worden gegeven als de wet van de aangezochte Staat het opleggen van een ontzetting voor een dergelijk strafbaar feit toelaat.

Tenuitvoerlegging sanctie, ontzetting

2. De met de zaak belaste rechter beoordeelt de opportuniteit van de tenuitvoerlegging van de ontzetting op het grondgebied van zijn land.

Art. 50

Ontzetting, duur

1. Indien de rechter de tenuitvoerlegging van de ontzetting beveelt, stelt hij de duur daarvan vast binnen de grenzen, voorgeschreven in zijn eigen wetgeving, zonder evenwel de grenzen die zijn vastgesteld in het strafvonnis dat in de verzoekende Staat is gewezen, te mogen overschrijden.
2. De rechter kan de ontzetting beperken tot een deel van de rechten waarvan het verlies of de opschorting is opgelegd.

Art. 51

Schakelbepaling

Artikel 11 is niet van toepassing op een ontzetting.

Art. 52

Tenuitvoerlegging sanctie, herstel in rechten

De aangezochte Staat heeft het recht de veroordeelde te herstellen in de rechten, waaruit hij is ontzet op grond van een beslissing, genomen door toepassing van deze Afdeling.

HOOFDSTUK III
INTERNATIONALE GEVOLGEN VAN EUROPESE STRAFVONNISSEN

AFDELING I
Ne bis in idem

Art. 53

Tenuitvoerlegging strafvonnis, ne bis in idem

1. Hij die bij een Europees strafvonnis is veroordeeld kan niet voor hetzelfde feit worden vervolgd, berecht of onderworpen aan de tenuitvoerlegging van een sanctie in een andere Verdragsluitende Staat indien:
(a) hij is vrijgesproken;
(b) de opgelegde sanctie:
(i) geheel is ondergaan of nog steeds ten uitvoer wordt gelegd, of
(ii) geheel of wat betreft het nog niet ten uitvoer gelegde gedeelte bij wege van gratie of amnestie is kwijtgescholden of
(iii) niet meer ten uitvoer kan worden gelegd omdat zij is verjaard;
(c) de rechter de dader van het strafbare feit schuldig heeft verklaard zonder oplegging van een sanctie.
2. Een Verdragsluitende Staat is echter, tenzij hij zelf om vervolging heeft verzocht, niet verplicht de gevolgen van het „ne bis in idem" te erkennen, indien het feit dat aanleiding heeft gegeven tot het vonnis, begaan is tegen een tot de openbare dienst van die Staat behorende persoon, instelling of zaak, of indien de persoon tegen wie het vonnis is gewezen zelf tot de openbare dienst van die Staat behoorde.
3. Bovendien is de Verdragsluitende Staat waar het feit is begaan, dan wel volgens de wet van die Staat wordt geacht te zijn begaan, niet verplicht de gevolgen van het „ne bis in idem" te erkennen, tenzij hij zelf om de vervolging heeft gevraagd.

Art. 54

Indien een nieuwe vervolging wordt ingesteld tegen een persoon die voor hetzelfde feit reeds in een andere Staat is veroordeeld, wordt iedere periode van vrijheidsbeneming, ondergaan bij de tenuitvoerlegging van het vonnis, in mindering gebracht op de eventueel op te leggen sanctie.

Art. 55

Deze Afdeling vormt geen beletsel voor de toepassing van ruimere nationale bepalingen waardoor aan buitenlandse rechterlijke beslissingen „ne bis in idem" - werking wordt toegekend.

AFDELING 2
Overige gevolgen

Art. 56

Tenuitvoerlegging strafvonnis, gevolgen

De Verdragsluitende Staten nemen de wettelijke maatregelen, die zij nodig achten om hun gerechten in staat te stellen bij het wijzen van een vonnis rekening te houden met een Europees strafvonnis, dat terzake van een ander strafbaar feit tevoren op tegenspraak is gewezen, zodat daaraan geheel of gedeeltelijk dezelfde gevolgen worden verbonden als die, welke zijn voorzien in hun wet voor op hun grondgebied gewezen vonnissen. Zij stellen de voorwaarden vast waaronder met een zodanig vonnis rekening wordt gehouden.

Art. 57

De Verdragsluitende Staten nemen de wettelijke maatregelen die zij nodig achten om te bereiken dat met een Europees strafvonnis, dat op tegenspraak is gewezen, in dier voege rekening wordt gehouden dat een' ontzetting die hun wetten verbinden aan op hun grondgebied gewezen vonnissen geheel of gedeeltelijk toepasselijk wordt. Zij stellen de voorwaarden vast waaronder met een zodanig vonnis rekening wordt gehouden.

HOOFDSTUK IV
SLOTBEPALINGEN

Artikel 58
1. Dit Verdrag staat open voor ondertekening door de Lid-Staten vertegenwoordigd in het Comité van Ministers van de Raad van Europa. Het dient te worden bekrachtigd of aanvaard. De akten van bekrachtiging of aanvaarding worden nedergelegd bij de Secretaris-Generaal van de Raad van Europa.
2. Het Verdrag treedt in werking drie maanden na de datum van nederlegging van de derde akte van bekrachtiging of aanvaarding.
3. Voor elke ondertekenende Staat die het daarna bekrachtigt of aanvaardt treedt het Verdrag in werking drie maanden na de datum van de nederlegging van zijn akte van bekrachtiging of aanvaarding.

Art. 59
1. Na de inwerkingtreding van dit Verdrag kan het Comité van Ministers van de Raad van Europa iedere Staat die geen lid is van de Raad uitnodigen toe te treden tot dit Verdrag, mits de resolutie tot deze uitnodiging eenstemmig is goedgekeurd door de Leden van de Raad die het Verdrag hebben bekrachtigd.
2. Toetreding geschiedt door nederlegging bij de Secretaris-Generaal van de Raad van Europa van een akte van toetreding die van kracht wordt drie maanden na de datum van nederlegging.

Art. 60
1. Een Verdragsluitende Staat kan op het ogenblik van ondertekening of op het ogenblik van nederlegging van zijn akte van bekrachtiging, aanvaarding of toetreding het grondgebied of de grondgebieden aanwijzen, waarop dit Verdrag van toepassing is.
2. Een Verdragsluitende Staat kan op het ogenblik van nederlegging van zijn akte van bekrachtiging, aanvaarding of toetreding, of op elk later tijdstip door middel van een verklaring, gericht aan de Secretaris-Generaal van de Raad van Europa, de toepassing van dit Verdrag uitbreiden tot ieder ander in de verklaring aangegeven grondgebied, voor welks internationale betrekkingen hij verantwoordelijk is of voor welke hij bevoegd is verbintenissen aan te gaan.
3. Verklaringen, afgelegd krachtens het voorgaande lid, kunnen, wat een grondgebied dat is aangewezen in deze verklaring betreft, onder de voorwaarden genoemd in artikel 66 van dit Verdrag, worden ingetrokken.

Art. 61
1. Een Verdragsluitende Staat kan op het ogenblik van ondertekening of bij de nederlegging van zijn akte van bekrachtiging, aanvaarding of toetreding verklaren gebruik te maken van een of meer voorbehouden vermeld in Bijlage I van dit Verdrag.
2. Een Verdragsluitende Staat kan een voorbehoud, door hem gemaakt krachtens het voorgaande lid, geheel of gedeeltelijk intrekken door middel van een verklaring, gericht aan de Secretaris-Generaal van de Raad van Europa, welke verklaring van kracht wordt op het ogenblik van ontvangst.
3. De Verdragsluitende Staat die een voorbehoud heeft gemaakt met betrekking tot een bepaling van dit Verdrag mag de naleving van deze bepaling door een andere Staat niet eisen; hij kan echter, als zijn voorbehoud beperkt of voorwaardelijk is, de naleving van de bepaling eisen voor zover hij zich daaraan gebonden heeft.

Art. 62
1. Een Verdragsluitende Staat kan op ieder ogenblik door middel van een verklaring, gericht aan de Secretaris-Generaal van de Raad van Europa, de wettelijke bepalingen aanwijzen die opgenomen moeten worden in de Bijlagen II en III van dit Verdrag.
2. Wijziging van de nationale bepalingen, die zijn opgenomen in de Bijlagen II of III, moet worden medegedeeld aan de Secretaris-Generaal van de Raad van Europa indien zij de gegevens, verschaft in deze Bijlagen, onjuist maakt.
3. Wijzigingen die met toepassing van de voorafgaande leden zijn aangebracht in de Bijlagen II of III worden voor iedere Verdragsluitende Staat een maand na de datum van kennisgeving aan de Secretaris-Generaal van de Raad van Europa van kracht.

Art. 63
1. Met het oog op de toepassing van dit Verdrag verschaft een Verdragsluitende Staat op het ogenblik van de nederlegging van zijn akte van bekrachtiging, aanvaarding of toetreding aan de Secretaris-Generaal van de Raad van Europa alle noodzakelijke inlichtingen betreffende de in die Staat toepasselijke sancties en hun tenuitvoerlegging.
2. Latere wijzigingen die de inlichtingen, verschaft krachtens het vorige lid, onjuist maken worden eveneens medegedeeld aan de Secretaris-Generaal van de Raad van Europa.

Art. 64
1. Dit Verdrag laat onverlet de rechten en verplichtingen die voortvloeien uit uitleveringsverdragen en multilaterale internationale overeenkomsten betreffende bijzondere onderwerpen,

of bepalingen betreffende aangelegenheden die het onderwerp vormen van dit Verdrag en zijn vervat in andere overeenkomsten tussen de Verdragsluitende Staten.
2. De Verdragsluitende Staten mogen onderling slechts bilaterale of multilaterale overeenkomsten inzake door dit Verdrag geregelde onderwerpen sluiten, indien deze ertoe strekken de bepalingen van dit Verdrag aan te vullen of de toepassing van de daarin vervatte beginselen te vergemakkelijken.
3. Indien evenwel twee of meer Verdragsluitende Staten hun betrekkingen reeds hebben geregeld op basis van een eenvormige wetgeving of van een bijzonder stelsel of daartoe in de toekomst overgaan, hebben zij de bevoegdheid hun onderlinge betrekkingen te dezen uitsluitend op basis van die stelsels te regelen, niettegenstaande de bepalingen van dit Verdrag.
4. De Verdragsluitende Staten, die ertoe zouden overgaan in hun onderlinge betrekkingen de toepassing van dit Verdrag uit te sluiten overeenkomstig het bepaalde in het vorige lid richten te dien einde een mededeling aan de Secretaris-Generaal van de Raad van Europa.

Art. 65
De Europese Commissie voor Strafrechtelijke Vraagstukken van de Raad van Europa houdt zich op de hoogte van de tenuitvoerlegging van dit Verdrag en bevordert zonodig een oplossing in der minne van elke moeilijkheid waartoe de tenuitvoerlegging van het Verdrag aanleiding, zou kunnen geven.

Art. 66
1. Dit Verdrag blijft voor onbepaalde tijd van kracht.
2. Een Verdragsluitende Staat kan dit Verdrag wat hem betreft opzeggen door een kennisgeving aan de Secretaris-Generaal van de Raad van Europa te zenden.
3. De opzegging wordt van kracht zes maanden na de datum van ontvangst van de kennisgeving door de Secretaris-Generaal.

Art. 67
De Secretaris-Generaal van de Raad van Europa geeft aan de Lidstaten, vertegenwoordigd in het Comité van Ministers, en aan iedere Staat die is toegetreden tot dit Verdrag kennis van:
(a) ondertekeningen;
(b) nederlegging van akten van bekrachtiging, aanvaarding of toetreding;
(c) data van inwerkingtreding van dit Verdrag overeenkomstig artikel 58 ;
(d) verklaringen ontvangen krachtens het tweede lid van artikel 19;
(e) verklaringen ontvangen krachtens het vierde lid van artikel 44;
(f) verklaringen ontvangen krachtens artikel 60;
(g) voorbehouden gemaakt krachtens het bepaalde in het eerste lid van artikel 61 of de intrekking van een zodanig voorbehoud;
(h) verklaringen ontvangen krachtens het eerste lid van artikel 62 en een latere kennisgeving ontvangen krachtens het tweede lid van dat artikel;
(i) inlichtingen ontvangen krachtens het eerste lid van artikel 63 en iedere latere kennisgeving ontvangen krachtens het tweede lid van dat artikel;
(j) kennisgevingen betreffende bilaterale of multilaterale overeenkomsten gesloten krachtens het tweede lid van artikel 64, of betreffende een eenvormige wetgeving, ingevoerd krachtens het derde lid van artikel 64;
(k) kennisgevingen ontvangen krachtens het bepaalde in artikel 66 en de datum waarop de opzegging van kracht wordt.

Art. 68
Het Verdrag en de verklaringen en kennisgevingen waartoe het machtigt zijn slechts van toepassing op de tenuitvoerlegging van vonnissen gewezen na de inwerkingtreding van dit Verdrag tussen de Verdragsluitende Staten.

BIJLAGE I

Elke Verdragsluitende Staat kan verklaren zich het recht voor te behouden :
(a) de tenuitvoerlegging te weigeren als hij van mening is dat de veroordeling een strafbaar feit van fiscale of godsdienstige aard betreft;
(b) de tenuitvoerlegging te weigeren van een sanctie, die is opgelegd wegens een feit, dat volgens zijn wetgeving uitsluitend tot de bevoegdheid van een bestuurlijke autoriteit zou hebben behoord;
(c) de tenuitvoerlegging te weigeren van een Europees strafvonnis, dat is gewezen door de autoriteiten van de verzoekende Staat op een tijdstip waarop het recht tot strafvordering voor het strafbare feit waarop het vonnis betrekking heeft zou zijn verjaard volgens de bepalingen van zijn eigen wet;
(d) de tenuitvoerlegging te weigeren van verstekvonnissen en van straf beschikkingen of van slechts een van die categorieën van beslissingen ;
(e) de toepassing te weigeren van de bepalingen van artikel 8 in de gevallen waarin hij een bevoegdheid uit eigen hoofde bezit en in die gevallen slechts de gelijkwaardigheid te erkennen van handelingen in de verzoekende Staat die de verjaring stuiten of schorsen;
(f) de toepassing van Hoofdstuk III slechts te aanvaarden voor een van beide Afdelingen.

Europees Verdrag inzake de internationale geldigheid van strafvonnissen — C52 art. 68

Bijlage II

Lijst van feiten, die niet in de strafwet strafbaar zijn gesteld

Met feiten, die in de strafwet strafbaar zijn gesteld moet worden gelijkgesteld:
- in Frankrijk: Elke wederrechtelijke gedraging die wordt bestempeld als een „contravention de grande voirie".
- in de Bondsrepubliek Duitsland: Elke wederrechtelijke gedraging waarvoor een procedure is geschapen bij het „Gesetz über Ordnungswidrigkeiten" van 24 mei 1968 (BGBL 1968,1 481).
- in Italië: Elke wederrechtelijke gedraging waarop de wet No. 317 van 3 maart 1967 van toepassing is.
- in Nederland: Elke wederrechtelijke gedraging waarop de wet administratiefrechtelijke handhaving verkeersvoorschriften van 3 juli 1989 (*Stb.* 300) van toepassing is.

Bijlage III

Lijst van straf beschikkingen

OOSTENRIJK
Strafverfügung (Artikelen 460-62 van het Wetboek van Strafprocesrecht).
DENEMARKEN
Bødeforelaeg of *Udenretlig bødevedtagelse* (Artikel 931 van de wet op de organisatie van de rechtspraak).
FRANKRIJK
1. *Amende de composition* (Artikelen 524-528 van het Wetboek van Strafprocesrecht en de artikelen R 42–R 50).
2. *Ordonnance pénale,* slechts van toepassing in de departementen Bas-Rhin, Haut-Rhin en Moselle.
BONDSREPUBLIEK DUITSLAND
1. *Strafbefehl* (Artikelen 407-412 van het Wetboek van Strafprocesrecht).
2. *Strafverfügung* (Artikel 413 van het Wetboek van Strafprocesrecht).
3. *Bussgeldbescheid* (Artikelen 65-66 van de wet van 24 mei 1968 BGBL 1968 I, 481).
IJSLAND
Onder „*Ordonnances Pénales*" wordt volgens de IJslandse wetgeving verstaan: „*Lögreglustjórasektir*" (artikel 115 van de Wet op het Strafprocesrecht).
ITALIË
1. *Decreto penale* (Artikelen 506-10 van het Wetboek van Strafprocesrecht).
2. *Decreto penale,* voor fiscale zaken (wet van 7 januari 1929, No. 4).
3. *Decreto penale,* voor Scheepvaartaangelegenheden (Artikelen 1242-43 van het Wetboek voor de Scheepvaart).
4. Besluit krachtens de wet No. 317 van 3 maart 1967.
LUXEMBURG
1. *Ordonnance pénale* (wet van 31 juli 1924 betreffende de regeling van ordonnances pénales).
2. *Ordonnance pénale* (Artikel 16 van de wet van 14 februari 1955 betreffende de regeling voor het verkeer op alle openbare wegen).
NOORWEGEN
1. *Forelegg* (Artikelen 287-290 van de wet op de gerechtelijke procedure in strafzaken).
2. *Forenklet forelegg* (Artikel 31B van de Verkeerswetgeving van 18 juni 1965).
ZWEDEN
1. *Strafföreläggande* (Hoofdstuk 48 van het Wetboek van Procesrecht).
2. *Föreläggande av ordningsbot* (Hoofdstuk 48 van het Wetboek van Procesrecht).
ZWITSERLAND
1. *Strafbefehl* (Aargau, Baselland, Basel-Stadt, Schaffhausen, Schwyz, Uri, Zug, Zürich).*Ordonnance pénale* (Freiburg, Valais).
2. *Strafantrag* (Nidwalden).
3. *Strafbescheid* (St. Gallen).
4. *Strafmandat* (Bern, Graubünden, Solothurn, Obwalden).
5. *Strafverfügung* (Appenzell Ausser Rhoden, Glarus, Schaffhausen, Thurgau).
6. *Abwandlungserkenntnis* (Luzern).
7. *Bussenentscheid* (Appenzell Inner Rhoden).
8. *Ordonnance de condamnation* (Vaud).
9. *Mandat de répression* (Neuchâtel).
10. *Avis de contravention* (Genève, Vaud).
11. *Prononcé préfectoral* (Vaud).
12. *Prononcé de contravention* (Valais).
13. *Decreto di accusa* (Ticino),

TURKIJE
Ceza Kararnamesi (Artikelen 386-91 van het Wetboek van Strafprocesrecht) en alle andere besluiten waarbij de administratieve autoriteiten straffen opleggen.

Statuut van Rome inzake het Internationaal Strafhof[1]

Preambule
De Staten die Partij zijn bij dit Statuut,
Zich bewust van het feit dat alle volken verenigd zijn door gemeenschappelijke banden, en hun culturen zijn samengebracht in een gemeenschappelijk erfgoed, en bezorgd dat dit broze mozaïek ieder moment uiteen kan vallen,
Indachtig het feit dat in de loop van deze eeuw miljoenen kinderen, vrouwen en mannen het slachtoffer zijn geweest van onvoorstelbare wreedheden die het geweten van de mensheid hevig schokken,
Erkennend dat dergelijke zware misdrijven een gevaar vormen voor de vrede, de veiligheid en het welzijn van de wereld,
Bevestigend dat de ernstigste misdrijven die de gehele internationale gemeenschap met zorg vervullen niet onbestraft dienen te blijven en dat een doeltreffende vervolging daarvan verzekerd dient te worden door het treffen van maatregelen op nationaal niveau en door het versterken van internationale samenwerking,
Vastbesloten een einde te maken aan de straffeloosheid van de daders van deze misdrijven en daardoor bij te dragen aan het voorkomen van dergelijke misdrijven,
In herinnering brengend dat het de plicht is van elke Staat om zijn rechtsmacht in strafzaken uit te oefenen over degenen die verantwoordelijk zijn voor internationale misdrijven,
Opnieuw bevestigend de doeleinden en beginselen van het Handvest van de Verenigde Naties, en meer in het bijzonder het feit dat alle Staten zich dienen te onthouden van de dreiging met of het gebruik van geweld tegen de territoriale integriteit of politieke onafhankelijkheid van een Staat, of van op enige andere wijze die onverenigbaar is met de doeleinden van de Verenigde Naties,
Benadrukkend in dit verband dat niets in dit Statuut dient te worden beschouwd als een machtiging aan een Staat die Partij is om te interveniëren in een gewapend conflict of in de binnenlandse aangelegenheden van een Staat,
Vastbesloten hiertoe, alsmede in het belang van huidige en toekomstige generaties, een onafhankelijk permanent Internationaal Strafhof verbonden met het systeem van de Verenigde Naties op te richten, met rechtsmacht ten aanzien van de ernstigste misdrijven die de gehele internationale gemeenschap met zorg vervullen,
Benadrukkend dat het krachtens dit Statuut opgerichte Internationaal Strafhof complementair zal zijn aan de nationale jurisdicties in strafzaken,
Vastbesloten een duurzame eerbiediging en handhaving van internationale gerechtigheid te waarborgen,
Zijn als volgt overeengekomen:

DEEL 1
OPRICHTING VAN HET HOF

Art. 1 Het Hof
Een Internationaal Strafhof („het Hof") wordt hierbij opgericht. Het is een permanente instelling met de bevoegdheid rechtsmacht uit te oefenen over personen ter zake van de meest ernstige misdrijven van internationaal belang in de zin van dit Statuut, die complementair is aan de nationale jurisdicties in strafzaken. De rechtsmacht en werkwijze van het Hof worden geregeld door de bepalingen van dit Statuut.

Internationaal Strafhof, oprichting

Art. 2 Relatie van het Hof met de Verenigde Naties
De relatie van het Hof met de Verenigde Naties wordt geregeld door middel van een overeenkomst die dient te worden goedgekeurd door de Vergadering van de Staten die Partij zijn bij dit Statuut, en daarna door de President van het Hof namens het Hof wordt gesloten.

Internationaal Strafhof, relatie met VS

Art. 3 Zetel van het Hof
1. De zetel van het Hof wordt gevestigd te Den Haag, Nederland („het Gastland").

Internationaal Strafhof, zetel

2. Het Hof sluit met het Gastland een zetelovereenkomst, die dient te worden goedgekeurd door de Vergadering van de Staten die Partij zijn, en daarna door de President van het Hof in naam van het Hof wordt gesloten.

---

1 Inwerkingtredingsdatum: 01-07-2002; zoals laatstelijk gewijzigd bij: Trb. 2018, 74.

3. Het Hof is bevoegd elders zitting te houden wanneer het dit wenselijk acht, overeenkomstig het in dit Statuut bepaalde.

Art. 4 Rechtspersoonlijkheid en bevoegdheden van het Hof
1. Het Hof bezit internationale rechtspersoonlijkheid. Tevens bezit het de handelingsbevoegdheid die benodigd is voor de uitoefening van zijn taken en de verwezenlijking van zijn doelstellingen.
2. Het Hof kan zijn taken en bevoegdheden uitoefenen op de wijze bepaald in dit Statuut op het grondgebied van een Staat die Partij is, alsmede, krachtens een daartoe strekkende overeenkomst, op het grondgebied van een andere Staat.

DEEL 2
RECHTSMACHT, ONTVANKELIJKHEID EN TOEPASSELIJK RECHT

Art. 5 Misdrijven waarover het Hof rechtsmacht heeft
1. De rechtsmacht van het Hof is beperkt tot de meest ernstige misdrijven die de internationale gemeenschap in haar geheel aangaan. Het Hof heeft overeenkomstig het Statuut rechtsmacht ter zake van de volgende misdrijven:
a. het misdrijf genocide;
b. misdrijven tegen de menselijkheid;
c. oorlogsmisdrijven;
d. het misdrijf agressie.
2. [Vervallen.]

Art. 6 Genocide
Voor de toepassing van dit Statuut wordt verstaan onder genocide elk van de volgende handelingen gepleegd met de bedoeling een nationale, etnische of godsdienstige groep, dan wel een groep behorend tot een bepaald ras, als zodanig geheel of gedeeltelijk te vernietigen:
a. het doden van leden van de groep;
b. het toebrengen van ernstig lichamelijk of geestelijk letsel aan leden van de groep;
c. het opzettelijk aan de groep opleggen van levensvoorwaarden gericht op haar gehele of gedeeltelijke lichamelijke vernietiging;
d. het opleggen van maatregelen bedoeld om geboorten binnen de groep te voorkomen;
e. het onder dwang overbrengen van kinderen van de groep naar een andere groep.

Art. 7 Misdrijven tegen de menselijkheid
1. Voor de toepassing van dit Statuut wordt verstaan onder misdrijf tegen de menselijkheid elk van de volgende handelingen, indien gepleegd als onderdeel van een wijdverbreide of stelselmatige aanval gericht tegen een burgerbevolking, met kennis van de aanval:
a. moord;
b. uitroeiing;
c. slavernij;
d. deportatie of onder dwang overbrengen van bevolking;
e. gevangenneming of andere ernstige beroving van de lichamelijke vrijheid in strijd met fundamentele regels van internationaal recht;
f. marteling;
g. verkrachting, seksuele slavernij, gedwongen prostitutie, gedwongen zwangerschap, gedwongen sterilisatie, of enige andere vorm van seksueel geweld van vergelijkbare ernst;
h. vervolging van een identificeerbare groep of collectiviteit op politieke gronden, omdat deze tot een bepaald ras of een bepaalde nationaliteit behoort, op etnische, culturele of godsdienstige gronden, of op grond van geslacht, zoals nader omschreven in het derde lid, of op andere gronden die universeel zijn erkend als ontoelaatbaar krachtens internationaal recht, in verband met een in dit lid bedoelde handeling of enig ander misdrijf waarover het Hof rechtsmacht heeft;
i. gedwongen verdwijning van personen;
j. apartheid;
k. andere onmenselijke handelingen van vergelijkbare aard waardoor opzettelijk ernstig lijden of ernstig lichamelijk letsel of schade aan de geestelijke of lichamelijke gezondheid wordt veroorzaakt.
2. Voor de toepassing van het eerste lid:
a. betekent „aanval gericht tegen een burgerbevolking" een wijze van optreden die met zich brengt het meermalen plegen van in het eerste lid bedoelde handelingen tegen een burgerbevolking ter uitvoering of voortzetting van het beleid van een Staat of organisatie, dat het plegen van een dergelijke aanval tot doel heeft;
b. omvat „uitroeiing" het opzettelijk opleggen van levensvoorwaarden, onder andere de onthouding van toegang tot voedsel en geneesmiddelen, gericht op de vernietiging van een deel van een bevolking;

c. betekent „slavernij" de uitoefening op een persoon van een of alle bevoegdheden verbonden aan het recht van eigendom, met inbegrip van de uitoefening van dergelijke bevoegdheid en bij mensenhandel, in het bijzonder handel in vrouwen en kinderen;
d. betekent „deportatie of onder dwang overbrengen van bevolking" het onder dwang verplaatsen van personen door verdrijving of andere dwangmaatregelen uit het gebied waarin zij zich rechtmatig bevinden zonder dat daartoe krachtens internationaal recht gronden zijn;
e. betekent „marteling" het opzettelijk veroorzaken van ernstige pijn of ernstig lijden, hetzij lichamelijk, hetzij geestelijk, bij een persoon die zich in gevangenschap of in de macht bevindt van degene die beschuldigd wordt, met dien verstande dat onder marteling niet wordt verstaan pijn of lijden dat louter het gevolg is van, inherent is aan of samenhangt met rechtmatige sancties;
f. betekent „gedwongen zwangerschap" de onrechtmatige gevangenschap van een vrouw die onder dwang zwanger is gemaakt, met de opzet de etnische samenstelling van een bevolking te beïnvloeden of andere ernstige schendingen van internationaal recht te plegen. Deze definitie mag in geen geval worden uitgelegd als een aantasting van nationale wetgeving met betrekking tot zwangerschap;
g. betekent „vervolging" het opzettelijk en in ernstige mate ontnemen van fundamentele rechten in strijd met het internationaal recht op grond van de identiteit van de groep of collectiviteit;
h. betekent „apartheid" onmenselijke handelingen van een vergelijkbare aard als de in het eerste lid bedoelde handelingen, gepleegd in het kader van een geïnstitutionaliseerd regime van systematische onderdrukking en overheersing door een groep van een bepaald ras van een of meer groepen van een ander ras en begaan met de opzet dat regime in stand te houden;
i. betekent „gedwongen verdwijning van personen" het arresteren, gevangen houden of afvoeren van personen door of met de machtiging, ondersteuning of bewilliging van een Staat of politieke organisatie, gevolgd door een weigering een dergelijke vrijheidsontneming te erkennen of informatie te verstrekken over het lot of de verblijfplaats van die personen, met de opzet hen langdurig buiten de bescherming van de wet te plaatsen.
3. Voor de toepassing van dit Statuut verwijst het begrip geslacht naar de beide geslachten, zowel het mannelijk als het vrouwelijk geslacht, in de context van de samenleving. Onder geslacht wordt niets anders verstaan dan hetgeen hiervoor is bepaald.

Art. 8 Oorlogsmisdrijven
1. Het Hof heeft rechtsmacht ter zake van oorlogsmisdrijven in het bijzonder wanneer deze worden gepleegd als onderdeel van een plan of beleid of als onderdeel van het op grote schaal plegen van dergelijke misdrijven.

Internationaal Strafhof, oorlogsmisdrijven

2. Voor de toepassing van dit Statuut wordt verstaan onder oorlogsmisdrijven:
a. ernstige inbreuken op de Verdragen van Genève van 12 augustus 1949, namelijk een van de volgende handelingen tegen personen of goederen die ingevolge de bepalingen van het desbetreffende Verdrag van Genève zijn beschermd:
i. opzettelijk doden;
ii. marteling of onmenselijke behandeling, met inbegrip van biologische experimenten;
iii. opzettelijk veroorzaken van ernstig lijden, zwaar lichamelijk letsel of ernstige schade aan de gezondheid;
iv. grootschalige wederrechtelijke en moedwillige vernietiging en toeëigening van goederen zonder militaire noodzaak;
v. een krijgsgevangene of andere beschermde persoon dwingen dienst te nemen bij de strijdkrachten van een vijandige mogendheid;
vi. een krijgsgevangene of andere beschermde persoon opzettelijk het recht op een eerlijke en rechtmatige berechting onthouden;
vii. onrechtmatige deportatie of verplaatsing of onrechtmatige opsluiting;
viii. gijzelneming.
b. Andere ernstige schendingen van de wetten en gebruiken die toepasselijk zijn in een internationaal gewapend conflict binnen het gevestigde kader van het internationale recht, namelijk een van de volgende handelingen:
i. opzettelijk aanvallen richten op de burger-bevolking als zodanig of op individuele burgers die niet rechtstreeks aan vijandelijkheden deelnemen;
ii. opzettelijk aanvallen richten op burgerdoelen, dat wil zeggen doelen die geen militair doel zijn;
iii. opzettelijk aanvallen richten op personeel, installaties, materieel, eenheden of voertuigen betrokken bij humanitaire hulpverlening of vredesmissies overeenkomstig het Handvest van de Verenigde Naties, zolang deze recht hebben op de bescherming die aan burgers of burgerdoelen wordt verleend krachtens het internationale recht inzake gewapende conflicten;
iv. opzettelijk een aanval inzetten in de wetenschap dat een dergelijke aanval bijkomstige verliezen aan levens of letsel onder burgers zal veroorzaken van schade aan burgerdoelen of omvang-

rijke, langdurige en ernstige schade aan het milieu zal aanrichten, die duidelijk buitensporig zou zijn in verhouding tot het te verwachten concrete en directe algehele militaire voordeel;

v. aanvallen of bombarderen met wat voor middelen ook van steden, dorpen, woningen of gebouwen, die niet worden verdedigd en geen militair doelwit zijn;

vi. een combattant doden of verwonden die zijn wapens heeft neergelegd of zich niet meer kan verdedigen, en zich onvoorwaardelijk heeft overgegeven;

vii. op ongepaste wijze gebruik maken van een witte vlag, van de vlag of militaire onderscheidingstekens en uniform van de vijand of van de Verenigde Naties, alsmede van emblemen van de Verdragen van Genève, de dood of ernstig lichamelijk letsel ten gevolge hebbende;

viii. rechtstreekse of indirecte verplaatsing door de bezettende mogendheid van delen van haar eigen burgerbevolking naar het bezette grondgebied, of de deportatie of het verplaatsen van de gehele of een deel van de bevolking van het bezette grondgebied binnen dat grondgebied of daarbuiten;

ix. opzettelijk aanvallen richten op gebouwen bestemd voor godsdienst, onderwijs, kunst, wetenschap of charitatieve doeleinden, historische monumenten, ziekenhuizen en plaatsen waar zieken en gewonden worden samengebracht, mits deze geen militair doelwit zijn;

x. personen die zich in de macht van een tegenpartij bevinden, onderwerpen aan lichamelijke verminking of medische of wetenschappelijke experimenten van welke aard ook, die niet worden gerechtvaardigd door de geneeskundige of tandheelkundige behandeling van de betrokken persoon of door diens behandeling in het ziekenhuis noch in zijn belang worden uitgevoerd, en die de dood ten gevolge hebben of de gezondheid van die persoon of personen ernstig in gevaar brengen;

xi. op verraderlijke wijze doden of verwonden van personen die behoren tot de vijandige natie of het vijandige leger;

xii. verklaren dat geen kwartier zal worden verleend;

xiii. vernietiging of inbeslagneming van goederen van de vijand tenzij deze vernietiging of inbeslagneming dringend vereist is als gevolg van dwingende oorlogsomstandigheden;

xiv. verklaren dat de rechten en handelingen van onderdanen van de vijandelijke partij vervallen, geschorst of in rechte niet-ontvankelijk zijn;

xv. onderdanen van de vijandige partij dwingen deel te nemen aan oorlogshandelingen gericht tegen hun eigen land, ook als zij voor de aanvang van de oorlog in dienst van de oorlogvoerende partij waren;

xvi. een stad of plaats plunderen, ook wanneer deze bij een aanval wordt ingenomen;

xvii. gebruik van gif of giftige wapens;

xviii. gebruik van verstikkende, giftige of andere gassen en overige soortgelijke vloeistoffen, materialen of apparaten;

xix. gebruik van kogels die in het menselijk lichaam gemakkelijk in omvang toenemen of platter en breder worden, zoals kogels met een harde mantel die de kern gedeeltelijk onbedekt laat of voorzien is van inkepingen;

xx. gebruik van wapens, projectielen en materieel en methoden van oorlogvoering die de eigenschap hebben overbodig letsel of nodeloos lijden te veroorzaken of die van zichzelf geen onderscheid maken waardoor zij in strijd zijn met het internationale recht inzake gewapende conflicten, mits dergelijke wapens, projectielen en materieel en methoden van oorlogvoering vallen onder een algeheel verbod en zijn opgenomen in een bijlage bij dit Statuut, krachtens een amendement overeenkomstig de desbetreffende bepalingen in de artikelen 121 en 123;

xxi. wandaden begaan tegen de persoonlijke waardigheid, in het bijzonder vernederende en onterende behandeling;

xxii. verkrachting, seksuele slavernij, gedwongen prostitutie, gedwongen zwangerschap zoals gedefinieerd in artikel 7, tweede lid, onder f, gedwongen sterilisatie of elke andere vorm van seksueel geweld die eveneens een ernstige inbreuk op de Verdragen van Genève oplevert;

xxiii. gebruikmaken van de aanwezigheid van een burger of een andere beschermde persoon teneinde bepaalde punten, gebieden of strijdkrachten te vrijwaren van militaire operaties;

xxiv. opzettelijk aanvallen richten op gebouwen, materieel, medische eenheden en transport, alsmede personeel dat gebruik maakt van de emblemen van de Verdragen van Genève overeenkomstig internationaal recht;

xxv. opzettelijk gebruikmaken van uithongering van burgers als methode van oorlogvoering door hun voorwerpen te onthouden die onontbeerlijk zijn voor hun overleving, waaronder het opzettelijk belemmeren van de aanvoer van hulpgoederen zoals voorzien in de Verdragen van Genève;

xxvi. kinderen beneden de leeftijd van vijftien jaar bij de nationale strijdkrachten onder de wapenen roepen of in militaire dienst nemen dan wel hen gebruiken voor actieve deelname aan vijandelijkheden;

xxvii. gebruik van wapens die gebruik maken van microbiologische of andere biologische middelen, of gifstoffen, ongeacht hun herkomst of de wijze van productie;

xxviii. gebruik van wapens met als voornaamste gevolg het veroorzaken van verwondingen door fragmenten die in het menselijk lichaam niet met röntgenstralen kunnen worden ontdekt;
xxix. gebruik van laserwapens die speciaal zodanig zijn ontworpen dat hun enige gevechtsfunctie of een van hun gevechtsfuncties is het veroorzaken van blijvende blindheid bij onversterkt gezichtsvermogen, dat wil zeggen aan het blote oog of het oog met een corrigerende bril of lens.
c. In geval van een gewapend conflict dat niet internationaal van aard is, ernstige schendingen van gemeenschappelijk artikel 3 van de vier Verdragen van Genève van 12 augustus 1949, namelijk een van de volgende handelingen begaan tegen personen die niet actief deelnemen aan de vijandelijkheden, waaronder leden van strijdkrachten die hun wapens hebben neergelegd en degenen die buiten gevecht zijn gesteld door ziekte, verwondingen, gevangenschap of andere oorzaken:
i. geweld tegen het leven en de persoon, in het bijzonder alle misdrijven tegen het leven gericht, verminking, wrede behandeling en marteling;
ii. wandaden begaan tegen de persoonlijke waardigheid, in het bijzonder vernederende en onterende behandeling;
iii. gijzelneming;
iv. het uitspreken van veroordelingen en tenuitvoerleggen van executies zonder voorafgaand vonnis uitgesproken door een rechtmatig samengesteld gerecht dat alle gerechtelijke waarborgen biedt die algemeen als onmisbaar worden erkend.
d. Het tweede lid, onder c, geldt voor gewapende conflicten die niet internationaal van aard zijn en geldt derhalve niet voor gevallen van interne onlusten en spanningen, zoals oproer, geïsoleerde en sporadische gewelddadigheden of andere handelingen van vergelijkbare aard.
e. Andere ernstige schendingen van de wetten en gebruiken die gelden ingeval van gewapende conflicten die niet internationaal van aard zijn, binnen het gevestigde kader van internationaal recht, namelijk een van de volgende handelingen:
i. opzettelijk aanvallen richten op de burgerbevolking als zodanig of op individuele burgers die niet rechtstreeks aan vijandelijkheden deelnemen;
ii. opzettelijk aanvallen richten op gebouwen, materieel, medische eenheden en transport, en personeel dat gebruik maakt van de emblemen van de Verdragen van Genève overeenkomstig internationaal recht;
iii. opzettelijk aanvallen richten op personeel, installaties, materieel, eenheden of voertuigen betrokken bij humanitaire hulpverlening of vredesmissies overeenkomstig het Handvest van de Verenigde Naties, zolang deze recht hebben op de bescherming die aan burgers of burgerdoelen wordt verleend krachtens het recht inzake gewapende conflicten;
iv. opzettelijk aanvallen richten op gebouwen bestemd voor godsdienst, onderwijs, kunst, wetenschap of charitatieve doeleinden, historische monumenten, ziekenhuizen en plaatsen waar zieken en gewonden worden samengebracht, mits deze geen militair doelwit zijn;
v. een stad of plaats plunderen, ook wanneer deze bij een aanval wordt ingenomen;
vi. verkrachting, seksuele slavernij, gedwongen prostitutie, gedwongen zwangerschap zoals gedefinieerd in artikel 7, tweede lid, onder f, gedwongen sterilisatie of elke andere vorm van seksueel geweld die eveneens een ernstige schending zijn van gemeenschappelijk artikel 3 van de vier Verdragen van Genève;
vii. kinderen beneden de leeftijd van vijftien jaar bij strijdkrachten of groepen onder de wapenen roepen of in militaire dienst nemen dan wel hen gebruiken voor actieve deelname aan vijandelijkheden;
viii. verplaatsing bevelen van de burgerbevolking om redenen die verband houden met het conflict, tenzij de veiligheid van de betrokken burgers of dwingende militaire redenen dit vereisen;
ix. op verraderlijke wijze doden of verwonden van een strijdende tegenstander;
x. verklaren dat geen kwartier zal worden verleend;
xi. personen die zich in de macht van een andere partij bij het conflict bevinden onderwerpen aan lichamelijke verminking of aan geneeskundige of wetenschappelijke experimenten van welke aard ook, die niet gerechtvaardigd worden door de geneeskundige of tandheelkundige behandeling van de betrokken persoon of door diens behandeling in het ziekenhuis, noch in zijn belang worden uitgevoerd, en die de dood ten gevolge hebben of de gezondheid van die persoon of personen ernstig in gevaar brengen;
xii. vernietiging of inbeslagneming van goederen van een tegenstander tenzij deze vernietiging of inbeslagneming dringend vereist is als gevolg van de dwingende omstandigheden van het conflict;
xiii. gebruik van gif of giftige wapens;
xiv. gebruik van verstikkende, giftige of andere gassen en alle soortgelijke vloeistoffen, materialen of apparaten;
xv. gebruik van kogels die in het menselijk lichaam gemakkelijk in omvang toenemen of platter worden, zoals kogels met een harde mantel die de kern gedeeltelijk onbedekt laat of voorzien is van inkepingen;

xvi. gebruik van wapens die gebruik maken van microbiologische of andere biologische middelen, of gifstoffen, ongeacht hun herkomst of de wijze van productie;
xvii. gebruik van wapens met als voornaamste gevolg het veroorzaken van verwondingen door fragmenten die in het menselijk lichaam niet met röntgenstralen kunnen worden ontdekt;
xviii. gebruik van laserwapens die speciaal zodanig zijn ontworpen dat hun enige gevechtsfunctie of een van hun gevechtsfuncties is het veroorzaken van blijvende blindheid bij onversterkt gezichtsvermogen, dat wil zeggen aan het blote oog of het oog met een corrigerende bril of lens.
f. Het tweede lid, onder e, geldt voor gewapende conflicten die niet internationaal van aard zijn en geldt derhalve niet voor gevallen van interne onlusten en spanningen zoals oproer, geïsoleerde en sporadische gewelddadigheden of andere handelingen van vergelijkbare aard. Het geldt voor gewapende conflicten die plaatsvinden op het grondgebied van een Staat in het geval van een langdurig gewapend conflict tussen overheidsautoriteiten en georganiseerde gewapende groepen of tussen deze groepen onderling.
3. Het tweede lid, onder c en e, laat onverlet de verantwoordelijkheid van een regering om de openbare orde in de Staat te handhaven of te herstellen of om de eenheid en territoriale integriteit van de Staat met alle legitieme middelen te verdedigen.

Art. 8 bis Het misdrijf agressie

Internationaal Strafhof, misdrijf agressie

1. Voor de toepassing van dit Statuut wordt verstaan onder het „misdrijf agressie": het plannen, voorbereiden, in gang zetten of uitvoeren, door een persoon die in de positie verkeert daadwerkelijk controle uit te oefenen over of leiding te geven aan het politieke of militaire optreden van een Staat, van een daad van agressie die door zijn aard, ernst en schaal een onmiskenbare schending vormt van het Handvest van de Verenigde Naties.

Internationaal Strafhof, daad van agressie

2. Voor de toepassing van het eerste lid wordt verstaan onder „daad van agressie": het gebruik van wapengeweld door een Staat tegen de soevereiniteit, territoriale integriteit of politieke onafhankelijkheid van een andere Staat, of op enige andere wijze die onverenigbaar is met het Handvest van de Verenigde Naties. Elk van de volgende handelingen wordt, ongeacht of er een oorlogsverklaring is, in overeenstemming met resolutie 3314 (XXIX) van de Algemene Vergadering van de Verenigde Naties van 14 december 1974, als een daad van agressie aangemerkt:
a. de invasie of aanval door de strijdkrachten van een Staat van respectievelijk op het grondgebied van een andere Staat, of een militaire bezetting, ook als deze van tijdelijke aard is, die het gevolg is van een dergelijke invasie of aanval, of de annexatie door middel van geweld van het grondgebied van een andere Staat of deel daarvan;
b. het bombarderen door de strijdkrachten van een Staat van het grondgebied van een andere Staat of het gebruik van enig wapen door een Staat tegen het grondgebied van een andere Staat;
c. de blokkade van de havens of kusten van een Staat door de strijdkrachten van een andere Staat;
d. een aanval door de strijdkrachten van een Staat op de land-, zee- of luchtstrijdkrachten of de zee- en luchtvloot van een andere Staat;
e. de inzet van strijdkrachten van een Staat die met instemming van een andere Staat aanwezig zijn op het grondgebied van die Staat, in strijd met de voorwaarden vervat in de daarop betrekking hebbende overeenkomst of een verlenging van hun aanwezigheid op dit grondgebied na het verstrijken van de overeenkomst;
f. het feit dat een Staat toestaat dat zijn grondgebied, dat hij aan een andere Staat ter beschikking heeft gesteld, door die andere Staat wordt gebruikt om een daad van agressie te plegen tegen een derde Staat;
g. het sturen door of namens een Staat van gewapende bendes, groepen, ongeordende troepen of huurlingen, die met wapengeweld gepaard gaande handelingen plegen tegen een andere Staat die zo ernstig zijn dat zij gelijkstaan met de hierboven genoemde handelingen, of die daar in aanzienlijke mate bij betrokken zijn.

Art. 9 Elementen en Misdrijven

Internationaal Strafhof, elementen van misdrijven

1. Elementen van misdrijven helpen het Hof bij de interpretatie en toepassing van de artikelen 6, 7, 8 en 8 bis. Zij worden aangenomen met een tweederde meerderheid van de leden van de Vergadering van de Staten die Partij zijn.
2. Wijzigingen in de elementen van misdrijven kunnen worden voorgesteld door:
a. een Staat die Partij is;
b. de rechters optredende bij absolute meerderheid;
c. de Aanklager.
Deze wijzigingen worden aangenomen met een tweederde meerderheid van de leden van de Vergadering van de Staten die Partij zijn.
3. De elementen van misdrijven en wijzigingen daarop dienen in overeenstemming te zijn met dit Statuut.

Art. 10

Niets in dit deel wordt zodanig uitgelegd dat daarmee, op welke wijze dan ook, een beperking zou worden aangebracht in of inbreuk zou worden gemaakt op bestaande of in ontwikkeling zijnde regels van internationaal recht, anders dan voor de doeleinden van dit Statuut.

Statuut van Rome inzake het Internationaal Strafhof

Art. 11 Rechtsmacht ratione temporis
1. Het Hof bezit alleen rechtsmacht met betrekking tot misdrijven die zijn begaan na inwerkingtreding van dit Statuut.
2. Indien een Staat Partij wordt bij dit Statuut na de inwerkingtreding daarvan, is het Hof slechts bevoegd zijn rechtsmacht uit te oefenen met betrekking tot misdrijven die zijn begaan na de inwerkingtreding van dit Statuut voor die Staat, tenzij die Staat een verklaring ingevolge artikel 12, derde lid, heeft afgelegd.

Art. 12 Voorwaarden voor de uitoefening van rechtsmacht
1. Een Staat die Partij wordt bij dit Statuut aanvaardt daardoor de rechtsmacht van het Hof met betrekking tot de misdrijven bedoeld in artikel 5.
2. In het geval bedoeld in artikel 13, onder a of c, is het Hof bevoegd zijn rechtsmacht uit te oefenen indien een of meer van de volgende Staten partij zijn bij dit Statuut of de rechtsmacht van het Hof hebben aanvaard overeenkomstig het derde lid:
a. de Staat op wiens grondgebied de desbetreffende gedragingen plaatsvonden of, indien het misdrijf werd begaan aan boord van een schip of luchtvaartuig, de Staat van registratie van dat schip of luchtvaartuig;
b. de Staat waarvan de persoon die van het misdrijf wordt beschuldigd onderdaan is.
3. Indien de aanvaarding door een Staat die geen partij is bij dit Statuut is vereist ingevolge het tweede lid, kan die Staat, door middel van een verklaring die bij de Griffier wordt neergelegd, de uitoefening van rechtsmacht door het Hof aanvaarden met betrekking tot het desbetreffende misdrijf. De Staat die de uitoefening van rechtsmacht aanvaardt werkt zonder vertraging of uitzondering samen met het Hof overeenkomstig Deel 9.

Art. 13 Uitoefening van rechtsmacht
Het Hof is bevoegd zijn rechtsmacht uit te oefenen met betrekking tot een misdrijf bedoeld in artikel 5 overeenkomstig de bepalingen van dit Statuut, indien:
a. een situatie waarin een of meer van deze misdrijven lijken te zijn begaan, overeenkomstig artikel 14 bij de Aanklager wordt aangegeven door een Staat die Partij is;
b. een situatie waarin een of meer van deze misdrijven lijken te zijn begaan, bij de Aanklager wordt aangegeven door de Veiligheidsraad, handelend krachtens Hoofdstuk VII van het Handvest van de Verenigde Naties; of
c. de Aanklager een onderzoek heeft geopend met betrekking tot dit misdrijf overeenkomstig artikel 15.

Art. 14 Aangiften van een situatie door een Staat die Partij is
1. Een Staat die Partij is kan een situatie waarin een of meer misdrijven lijken te zijn begaan waarover het Hof rechtsmacht heeft aangeven bij de Aanklager waarbij de Aanklager wordt verzocht de situatie te onderzoeken teneinde vast te stellen of een of meer specifieke personen in staat van beschuldiging dienen te worden gesteld wegens het begaan van deze misdrijven.
2. Voorzover mogelijk worden bij de aangifte de relevante omstandigheden vermeld, vergezeld van alle ondersteunende documenten die ter beschikking staan van de Staat die de aangifte doet.

Art. 15 De Aanklager
1. De Aanklager is bevoegd eigener beweging een onderzoek te openen op grond van informatie over misdrijven waarover het Hof rechtsmacht bezit.
2. De Aanklager onderzoekt de ernst van de ontvangen informatie. Hiertoe is hij bevoegd aanvullende informatie te verzoeken van Staten, organen van de Verenigde Naties, intergouvernementele of niet-gouvernementele organisaties, of van andere betrouwbare bronnen die daarvoor naar zijn mening in aanmerking komen, en is hij bevoegd schriftelijke of mondelinge getuigenverklaringen in ontvangst te nemen op de zetel van het Hof.
3. Indien de Aanklager concludeert dat er een redelijke basis is om tot een onderzoek over te gaan, dient hij een verzoek in bij de Kamer van vooronderzoek voor een machtiging daartoe, onder overlegging van het vergaarde ondersteunende materiaal. Slachtoffers kunnen hun visie kenbaar maken bij de Kamer van vooronderzoek overeenkomstig het Reglement van procesen bewijsvoering.
4. Indien de Kamer van vooronderzoek, na kennisneming van het verzoek en het ondersteunende materiaal, van oordeel is dat er een redelijke basis is om over te gaan tot een onderzoek en dat de zaak naar het zich laat aanzien binnen de rechtsmacht van het Hof valt, verleent de Kamer van vooronderzoek machtiging voor de opening van het onderzoek, ongeacht latere beslissingen van het Hof met betrekking tot de rechtsmacht en de ontvankelijkheid van een zaak.
5. De weigering door de Kamer van vooronderzoek om machtiging te verlenen voor een onderzoek vormt geen beletsel voor de indiening door de Aanklager van een later verzoek dat gebaseerd is op nieuwe feiten of bewijs met betrekking tot dezelfde situatie.

6. Indien de Aanklager na het voorbereidend onderzoek bedoeld in het eerste en tweede lid concludeert dat de verstrekte informatie geen redelijke basis voor een onderzoek oplevert, stelt hij degenen die de informatie hebben verstrekt daarvan in kennis. Dit belet de Aanklager niet nadere informatie die aan hem wordt overgelegd met betrekking tot dezelfde situatie in het licht van nieuwe feiten of bewijs in overweging te nemen.

Art. 15 bis Uitoefening van rechtsmacht ter zake van het misdrijf agressie
(Aangifte door een Staat, eigener beweging)

1. Het Hof is bevoegd rechtsmacht uit te oefenen ter zake van het misdrijf agressie in overeenstemming met artikel 13, onder a en c, met inachtneming van de bepalingen van dit artikel.

2. Het Hof is uitsluitend bevoegd rechtsmacht uit te oefenen ter zake van misdrijven van agressie die zijn gepleegd een jaar na de bekrachtiging of aanvaarding van de wijzigingen door dertig Staten die Partij zijn.

3. Het Hof oefent rechtsmacht ter zake van het misdrijf agressie uit in overeenstemming met dit artikel, met inachtneming van een besluit dat na 1 januari 2017 wordt genomen door dezelfde meerderheid van Staten die Partij zijn als nodig is voor het aannemen van een wijziging van het Statuut.

4. Het Hof is in overeenstemming met artikel 12 bevoegd rechtsmacht ter zake van een misdrijf van agressie uit te oefenen dat voortvloeit uit een daad van agressie gepleegd door een Staat die Partij is, tenzij deze Staat die Partij is vooraf heeft verklaard dat hij een dergelijke rechtsmacht niet aanvaardt door het neerleggen van een verklaring bij de Griffier. Deze verklaring kan te allen tijde worden ingetrokken en wordt door de Staat die Partij is binnen drie jaar overwogen.

5. Ten aanzien van een Staat die geen Partij is bij dit Statuut, oefent het Hof zijn rechtsmacht niet uit ter zake van het misdrijf agressie wanneer dit misdrijf door onderdanen van die Staat of op zijn grondgebied wordt gepleegd.

6. Indien de Aanklager concludeert dat er een redelijke basis is om tot een onderzoek naar een misdrijf van agressie over te gaan, vergewist hij of zij zich er eerst van of de Veiligheidsraad heeft vastgesteld dat de betreffende Staat een daad van agressie heeft gepleegd. De Aanklager stelt de Secretaris-Generaal van de Verenigde Naties in kennis van de situatie voor het Hof, met inbegrip van relevante informatie en documenten.

7. Indien de Veiligheidsraad een daad van agressie heeft vastgesteld, kan de Aanklager overgaan tot het onderzoek met betrekking tot een misdrijf van agressie.

8. Indien een dergelijke vaststelling niet binnen zes maanden na de datum van kennisgeving is geschied, kan de Aanklager overgaan tot het onderzoek naar een misdrijf van agressie op voorwaarde dat de Afdeling Vooronderzoek toestemming heeft gegeven voor het aanvangen van het onderzoek naar een misdrijf van agressie in overeenstemming met de in artikel 15 vervatte procedure en de Veiligheidsraad niet anderszins heeft besloten in overeenstemming met artikel 16.

9. Het vaststellen van een daad van agressie door een orgaan buiten het Hof laat de eigen bevindingen van het Hof uit hoofde van dit Statuut onverlet.

10. Dit artikel laat de bepalingen met betrekking tot het uitoefenen van rechtsmacht ter zake van andere in artikel 5, genoemde misdrijven onverlet.

Art. 15 ter Uitoefening van rechtsmacht ter zake van het misdrijf agressie
(Aangifte door de Veiligheidsraad)

1. Het Hof is bevoegd rechtsmacht uit te oefenen ter zake van het misdrijf agressie in overeenstemming met artikel 13, onder b, met inachtneming van de bepalingen van dit artikel.

2. Het Hof is uitsluitend bevoegd rechtsmacht uit te oefenen ter zake van misdrijven van agressie die zijn gepleegd een jaar na de bekrachtiging of aanvaarding van de wijzigingen door dertig Staten die Partij zijn.

3. Het Hof oefent rechtsmacht ter zake van het misdrijf agressie uit in overeenstemming met dit artikel, met inachtneming van een besluit dat na 1 januari 2017 wordt genomen door dezelfde meerderheid van Staten die Partij zijn als nodig is voor het aannemen van een wijziging van het Statuut.

4. Het vaststellen van een daad van agressie door een orgaan buiten het Hof laat de eigen bevindingen van het Hof uit hoofde van dit Statuut onverlet.

5. Dit artikel laat de bepalingen met betrekking tot het uitoefenen van rechtsmacht ter zake van andere in artikel 5, genoemde misdrijven onverlet.

Art. 16 Opschorting van onderzoek of vervolging

Geen onderzoek of vervolging kan worden aangevangen of voortgezet krachtens dit Statuut gedurende een periode van 12 maanden nadat de Veiligheidsraad bij resolutie die krachtens Hoofdstuk VII van het Handvest van de Verenigde Naties is aangenomen, een verzoek daartoe tot het Hof heeft gericht; het verzoek kan door de Raad worden hernieuwd onder dezelfde voorwaarden.

Statuut van Rome inzake het Internationaal Strafhof

Art. 17 Vragen met betrekking tot ontvankelijkheid

1. Gelet op het tiende lid van de Preambule en artikel 1 besluit het Hof tot niet-ontvankelijkheid van een zaak indien:

    a. in de zaak onderzoek of vervolging plaatsvindt door een Staat die ter zake rechtsmacht heeft, tenzij de Staat niet bereid of niet bij machte is het onderzoek of de vervolging daadwerkelijk uit te voeren;

    b. in de zaak een onderzoek is verricht door een Staat die ter zake rechtsmacht heeft en de Staat besloten heeft de betrokken persoon niet te vervolgen, tenzij het besluit het gevolg was van het niet bereid of niet bij machte zijn van de Staat de vervolging daadwerkelijk uit te voeren;

    c. de betrokken persoon reeds terecht heeft gestaan voor gedragingen waarop de klacht betrekking heeft, en terechtstaan voor het Hof niet is toegestaan ingevolge artikel 20, derde lid;

    d. de zaak niet voldoende ernstig is om verdere stappen van het Hof te rechtvaardigen.

2. Bij de vaststelling of in een situatie van een bepaalde zaak beoordeelt het Hof, met inachtneming van de in het internationale recht erkende beginselen van een behoorlijke rechtsgang, of een of meer van de volgende omstandigheden zich voordoen:

    a. tot de procedure werd of wordt overgegaan of het nationale besluit werd genomen teneinde de betrokken persoon af te schermen tegen strafrechtelijke aansprakelijkheid voor misdrijven waarover het Hof rechtsmacht bezit als bedoeld in artikel 5;

    b. er is sprake van ongerechtvaardigde vertraging in de procedure die, onder de omstandigheden, niet verenigbaar is met het voornemen de betrokken persoon terecht te doen staan;

    c. de procedure werd of wordt niet gevoerd op een onafhankelijke of onpartijdige wijze en vond of vindt plaats op een wijze die, onder de omstandigheden, niet verenigbaar is met het voornemen om de betrokken persoon terecht te doen staan.

3. Bij de bepaling of in een afzonderlijk geval sprake is van onmacht, gaat het Hof na of de Staat vanwege een algehele of substantiële ineenstorting van niet-beschikbaarheid van zijn nationale rechterlijke organisatie, niet bij machte is de verdachte of het noodzakelijke bewijs en de noodzakelijke getuigenverklaringen in handen te krijgen of anderszins niet bij machte is tot het voeren van zijn procedure.

Internationaal Strafhof, vragen t.a.v. ontvankelijkheid

Art. 18 Voorafgaande beslissingen met betrekking tot ontvankelijkheid

1. Wanneer aangifte is gedaan van een situatie bij het Hof ingevolge artikel 13, onder a, en de Aanklager heeft bepaald dat er een redelijke basis is om een onderzoek te openen, of de Aanklager opent een onderzoek ingevolge artikel 13, onder c, en artikel 15, stelt de Aanklager alle Staten die Partij zijn hiervan in kennis, alsmede die Staten die, de beschikbare informatie in aanmerking nemende, normaliter rechtsmacht zouden uitoefenen ter zake van de betrokken misdrijven. De Aanklager is bevoegd de kennisgeving op vertrouwelijke basis aan deze Staten te verstrekken en de omvang van de aan Staten te verstrekken informatie te beperken als de Aanklager dit noodzakelijk acht ter bescherming van personen, of teneinde vernietiging van bewijsmateriaal te voorkomen of personen het vluchten te beletten.

2. Binnen een maand na ontvangst van die kennisgeving kan een Staat het Hof meedelen dat hij een onderzoek instelt of heeft ingesteld met betrekking tot zijn onderdanen of anderen waarover hij rechtsmacht bezit inzake strafbare handelingen die misdrijven kunnen opleveren als bedoeld in artikel 5 en betrekking hebben op de informatie die is verstrekt in de aan Staten gerichte kennisgeving. Op verzoek van die Staat besluit de Aanklager tot opschorting ten gunste van het onderzoek van de Staat naar die personen, tenzij de Kamer van vooronderzoek op verzoek van de Aanklager besluit tot machtiging voor het onderzoek.

3. De opschorting door de Aanklager ten behoeve van het onderzoek van een Staat staat open voor herziening drie maanden na de datum van de opschorting of telkens wanneer er sprake is van een belangrijke verandering in de omstandigheden gegrond op het niet bereid of bij machte zijn van de Staat om het onderzoek daadwerkelijk uit te voeren.

4. De betrokken Staat of de Aanklager is bevoegd tegen een beslissing van de Kamer van vooronderzoek in beroep te gaan bij de Kamer van beroep overeenkomstig artikel 82. Het beroep kan in een verkorte procedure worden behandeld.

5. Wanneer de Aanklager tot opschorting heeft besloten ten behoeve van een onderzoek overeenkomstig het tweede lid, is de Aanklager bevoegd de betrokken Staat te verzoeken hem periodiek te informeren over de vooruitgang van zijn onderzoek en de daaropvolgende vervolging. Staten die Partij zijn dienen onverwijld aan deze verzoeken te voldoen.

6. Hangende een beslissing van de Kamer van vooronderzoek of telkens wanneer de Aanklager ingevolge dit artikel tot opschorting heeft besloten ten behoeve van een onderzoek, is de Aanklager bevoegd, bij wijze van uitzondering, de Kamer van vooronderzoek om machtiging te verzoeken tot het verrichten van noodzakelijke onderzoekshandelingen teneinde bewijsmateriaal veilig te stellen, wanneer zich een eenmalige gelegenheid voordoet om belangrijk bewijsmateriaal te verkrijgen of wanneer een aanzienlijk risico bestaat dat dergelijk bewijs nadien niet meer beschikbaar is.

Internationaal Strafhof, voorafgaande beslissingen t.a.v. ontvankelijkheid

7. Een Staat die een beslissing van de Kamer van vooronderzoek ingevolge dit artikel heeft aangevochten, is bevoegd de ontvankelijkheid van een zaak ingevolge artikel 19 te betwisten op grond van aanvullende relevante feiten of een wezenlijke wijziging in de omstandigheden.

Art. 19 Betwisting van de rechtsmacht van het Hof of de ontvankelijkheid van een zaak

Internationaal Strafhof, betwisting rechtsmacht of ontvankelijkheid

1. Het Hof overtuigt zich ervan dat het rechtsmacht bezit over elke zaak die bij hem is aangebracht. Het Hof is ambtshalve bevoegd de ontvankelijkheid van een zaak overeenkomstig artikel 17 vast te stellen.
2. De ontvankelijkheid van een zaak op de gronden bedoeld in artikel 17 of de rechtsmacht van het Hof kunnen worden betwist door:
a. een verdachte of een persoon tegen wie een bevel tot aanhouding of een oproep tot verschijnen is uitgevaardigd ingevolge artikel 58;
b. een Staat die rechtsmacht bezit over een zaak op grond van het feit dat hij in de zaak een onderzoek verricht of heeft verricht of vervolging instelt of heeft ingesteld; of
c. een Staat wiens aanvaarding van rechtsmacht is vereist ingevolge artikel 12.
3. De Aanklager is bevoegd het Hof te verzoeken om een beslissing met betrekking tot een vraag over rechtsmacht of ontvankelijkheid. In procedures die betrekking hebben op rechtsmacht of ontvankelijkheid kunnen zowel zij die aangifte hebben gedaan van de situatie ingevolge artikel 13, als slachtoffers hun opvattingen aan het Hof kenbaar maken.
4. De ontvankelijkheid van een zaak of de rechtsmacht van het Hof kan slechts eenmaal worden betwist door een persoon of Staat als bedoeld in het tweede lid. De betwisting dient te geschieden voor of bij de aanvang van de terechtzitting. In uitzonderlijke omstandigheden is het Hof bevoegd toestemming te verlenen tot het meerdere malen naar voren brengen van de betwisting of betwisting toestaan op een later tijdstip dan bij de aanvang van de terechtzitting. Betwisting van de ontvankelijkheid van een zaak bij de aanvang van een terechtzitting of op een later tijdstip met toestemming van het Hof mag alleen worden gebaseerd op artikel 17, eerste lid, onder c.
5. Een Staat als bedoeld in het tweede lid, onder b en c, maakt zijn bezwaren in een zo vroeg mogelijk stadium kenbaar.
6. Voorafgaand aan de bevestiging van de tenlastelegging dient elke betwisting van de ontvankelijkheid van een zaak of van de rechtsmacht van het Hof te worden verwezen naar de Kamer van vooronderzoek. Na bevestiging van de tenlastelegging wordt de betwisting verwezen naar de Kamer van berechting. Tegen besluiten met betrekking tot rechtsmacht of ontvankelijkheid kan in beroep worden gegaan bij de Kamer van beroep overeenkomstig artikel 82.
7. Indien een betwisting plaatsvindt door een Staat bedoeld in het tweede lid, onder b of c, schort de Aanklager het onderzoek op totdat het Hof een beslissing neemt overeenkomstig artikel 17.
8. Hangende een beslissing van het Hof is de Aanklager bevoegd het Hof te verzoeken hem machtiging te verlenen:
a. de noodzakelijke onderzoekshandelingen te verrichten van het soort bedoeld in artikel 18, zesde lid;
b. een verklaring of getuigenis van een getuige op te nemen of het vergaren en onderzoeken van bewijs te voltooien dat was aangevangen voordat een betwisting plaatsvond; en
c. in samenwerking met de betrokken Staten, personen ten aanzien van wie de Aanklager reeds om een bevel tot aanhouding ingevolge artikel 58 heeft verzocht, het vluchten te beletten.
9. De betwisting doet geen afbreuk aan de geldigheid van een handeling verricht door de Aanklager of aan een opdracht of bevel gegeven door het Hof voordat de betwisting plaatsvond.
10. Indien het Hof heeft besloten dat een zaak niet-ontvankelijk is ingevolge artikel 17, is de Aanklager bevoegd een verzoek in te dienen tot herziening van het besluit wanneer hij volledig overtuigd is van het feit dat nieuwe feiten aan het licht zijn gekomen die de grondslag ontkrachten waarop voordien de zaak niet ontvankelijk was bevonden ingevolge artikel 17.
11. Indien de Aanklager, gelet op het bedoelde in artikel 17, een onderzoek opschort, heeft de Aanklager het recht de betrokken Staat te verzoeken informatie over de procedure te verschaffen aan de Aanklager. Die informatie wordt op verzoek van de betrokken Staat vertrouwelijk behandeld. Indien de Aanklager daarna besluit een onderzoek voort te zetten, stelt hij de Staat daarvan in kennis ten gunste van wiens procedure hij zijn onderzoek heeft opgeschort.

Art. 20 Ne bis in idem

Internationaal Strafhof, ne bis in idem

1. Behoudens hetgeen in dit Statuut is bepaald, staat niemand voor het Hof terecht ter zake van gedragingen die de grondslag vormden van misdrijven waarvoor de betrokkene door het Hof is veroordeeld of vrijgesproken.
2. Niemand staat terecht voor een ander gerecht ter zake van een misdrijf bedoeld in artikel 5 waarvoor de betrokkene reeds door het Hof is veroordeeld of vrijgesproken.
3. Niemand die voor een ander gerecht heeft terechtgestaan ter zake van gedragingen die ook ingevolge de artikelen 6, 7, 8 of 8 bis verboden zijn, staat voor het Hof terecht voor dezelfde gedragingen, tenzij de procedure bij het andere gerecht:

a. diende ter afscherming van de betrokkene tegen strafrechtelijke aansprakelijkheid ter zake van misdrijven waarover het Hof rechtsmacht bezit; of

b. anderszins niet op onafhankelijke of onpartijdige wijze verliep overeenkomstig de in het internationale recht erkende normen voor een behoorlijke rechtsgang en plaatsvond op een wijze die, onder de omstandigheden, niet verenigbaar was met het voornemen om de betrokkene terecht te doen staan.

Art. 21 Toepasselijk recht

1. Het Hof past toe:
a. in de eerste plaats, dit Statuut, de Elementen van misdrijven en zijn Reglement van proces- en bewijsvoering;
b. in de tweede plaats, indien van toepassing, toepasselijke verdragen en de beginselen en regels van internationaal recht, waaronder de gevestigde beginselen van het internationaal recht inzake gewapende conflicten;
c. bij gebreke daarvan, algemene rechtsbeginselen die door het Hof worden ontleend aan de nationale wetten van rechtsstelsels van de wereld, waaronder, indien van toepassing, nationale wetten van Staten die normaliter rechtsmacht zouden uitoefenen ter zake van het misdrijf, mits die beginselen niet onverenigbaar zijn met dit Statuut en met internationaal recht en internationaal erkende normen en maatstaven.

2. Het Hof is bevoegd beginselen en rechtsregels toe te passen overeenkomstig de interpretatie die het in zijn voorgaande beslissingen daaraan gaf.

3. De toepassing en interpretatie van het recht ingevolge dit artikel dient verenigbaar te zijn met internationaal erkende mensenrechten, waarbij geen nadelig onderscheid mag worden gemaakt op zulke gronden als geslacht, zoals gedefinieerd in artikel 7, derde lid, leeftijd, ras, huidskleur, taal, godsdienst of geloof, politieke of andere opvatting, nationale, etnische of maatschappelijke oorsprong, bezit, geboorte of andere status.

Internationaal Strafhof, toepasselijk recht

DEEL 3
ALGEMENE BEGINSELEN VAN STRAFRECHT

Art. 22 Nullum crimen sine lege

1. Niemand zal krachtens dit Statuut strafrechtelijk aansprakelijk zijn tenzij het desbetreffende feit op het tijdstip waarop het plaatsvindt een misdrijf oplevert waarover het Hof rechtsmacht bezit.

2. De definitie van een misdrijf wordt strikt geïnterpreteerd en niet verruimd naar analogie. In geval van dubbelzinnigheid wordt de definitie uitgelegd in het voordeel van de persoon ten aanzien van wie een onderzoek plaatsvindt of die vervolgd of veroordeeld wordt.

3. Dit artikel laat onverlet de aanmerking van feiten als strafbaar naar internationaal recht los van dit Statuut.

Internationaal Strafhof, nullum crimen sine lege

Art. 23 Nulla poena sine lege

Een door het Hof veroordeelde persoon kan uitsluitend worden gestraft overeenkomstig dit Statuut.

Internationaal Strafhof, nulla poena sine lege

Art. 24 Geen terugwerkende kracht ratione personae

1. Niemand is strafrechtelijk aansprakelijk krachtens dit Statuut ter zake van een feit dat plaatsvond voor de inwerkingtreding van het Statuut.

2. Ingeval van een wijziging van het op een bepaalde zaak toepasselijke recht voordat een definitieve uitspraak wordt gewezen, wordt het voor de aan een onderzoek onderworpen, vervolgde of veroordeelde persoon gunstigste recht toegepast.

Internationaal Strafhof, geen terugwerkende kracht ratione personae

Art. 25 Individuele strafrechtelijke aansprakelijkheid

1. Het Hof bezit krachtens dit Statuut rechtsmacht over natuurlijke personen.

2. Een persoon die een misdrijf begaat waarover het Hof rechtsmacht bezit is persoonlijk aansprakelijk en strafbaar overeenkomstig dit Statuut.

3. Overeenkomstig dit Statuut is een persoon strafrechtelijk aansprakelijk en strafbaar voor een misdrijf waarover het Hof rechtsmacht bezit, indien die persoon:
a. een dergelijk misdrijf begaat als individu, gezamenlijk met, of door middel van een andere persoon, ongeacht of die andere persoon strafrechtelijk aansprakelijk is;
b. opdracht geeft tot, verzoekt om of beweegt tot het begaan van een dergelijk misdrijf dat feitelijk plaatsvindt of waartoe een poging wordt gedaan;
c. teneinde het begaan van een dergelijk misdrijf te vergemakkelijken, hulp biedt, medewerking verleent of anderszins bijstand biedt bij het begaan daarvan of een poging tot het begaan, met inbegrip van het verschaffen van de middelen tot het begaan;

Internationaal Strafhof, individuele strafrechtelijke aansprakelijkheid

d. op andere wijze meewerkt aan het begaan of een poging tot het begaan van een dergelijk misdrijf door een groep personen die handelt met een gemeenschappelijk doel. Deze medewerking dient opzettelijk te zijn en dient:
  i. te worden verleend met het doel de criminele activiteit of het criminele doel van de groep te bevorderen, terwijl een dergelijke activiteit of doel het begaan van een misdrijf betekent waarover het Hof rechtsmacht bezit; of
  ii. te worden verleend met kennis van de bedoeling van de groep om het misdrijf te begaan;
e. met betrekking tot het misdrijf genocide, rechtstreeks en openlijk anderen aanzet tot het plegen van genocide;
f. een poging doet een dergelijk misdrijf te begaan door stappen te nemen waardoor de uitvoering van het misdrijf wezenlijk in gang wordt gezet, maar het misdrijf niet wordt voltrokken ten gevolge van omstandigheden die onafhankelijk zijn van de bedoelingen van de persoon. Een persoon die echter de poging tot het begaan van het misdrijf staakt of anderszins de voltrekking van het misdrijf verhindert, is niet strafbaar krachtens dit Statuut ter zake van de poging tot het begaan van dat misdrijf, indien die persoon volledig en vrijwillig van het misdadig doel heeft afgezien.
3. bis. Met betrekking tot het misdrijf agressie zijn de bepalingen van dit artikel uitsluitend van toepassing op personen die in de positie verkeren daadwerkelijk controle uit te oefenen over of leiding te geven aan het politieke of militaire optreden van een Staat.
4. Geen van de bepalingen van dit Statuut met betrekking tot individuele strafrechtelijke aansprakelijkheid is van invloed op de aansprakelijkheid van Staten krachtens internationaal recht.

Art. 26 Uitsluiting van rechtsmacht over personen beneden de achttien jaar
Het Hof bezit geen rechtsmacht over een persoon wiens leeftijd lager was dan achttien jaar ten tijde van het vermeende begaan van een misdrijf.

Art. 27 Irrelevantie van officiële hoedanigheid
1. Dit Statuut geldt gelijkelijk ten aanzien van een ieder zonder enig onderscheid op grond van de officiële hoedanigheid. In het bijzonder ontheft de officiële hoedanigheid als staatshoofd of regeringsleider, lid van een regering of parlement, gekozen vertegenwoordiger of ambtenaar een persoon nimmer van strafrechtelijke aansprakelijkheid krachtens dit Statuut en evenmin vormt dit op zichzelf en zonder meer een grond voor strafvermindering.
2. Immuniteit of bijzondere procedurele regels die mogelijk verbonden zijn aan de officiële hoedanigheid van een persoon, krachtens nationaal of internationaal recht, vormen voor het Hof geen beletsel voor het uitoefenen van zijn rechtsmacht over deze persoon.

Art. 28 Aansprakelijkheid van bevelhebbers en andere meerderen
In aanvulling op andere gronden voor strafrechtelijke aansprakelijkheid krachtens dit Statuut voor misdrijven waarover het Hof rechtsmacht bezit:
a. is een militair bevelhebber of persoon die daadwerkelijk als militair bevelhebber optreedt, strafrechtelijk aansprakelijk voor misdrijven waarover het Hof rechtsmacht bezit, wanneer die zijn begaan door strijdkrachten onder zijn daadwerkelijke bevel en leiding of, afhankelijk van de omstandigheden, onder zijn daadwerkelijke gezag en leiding, als gevolg van zijn nalaten behoorlijk leiding te geven aan die strijdkrachten, indien:
  i. die militaire bevelhebber of persoon kennis had van het feit dat de strijdkrachten deze misdrijven begingen of op het punt stonden deze te begaan, dan wel wegens de omstandigheden op dat moment kennis daarvan had dienen te hebben; en
  ii. de militaire bevelhebber of persoon naliet alle noodzakelijke en redelijke maatregelen te treffen die binnen zijn macht lagen om het begaan daarvan te verhinderen of te beperken of de zaak voor te leggen aan de bevoegde autoriteiten voor onderzoek en vervolging.
b. is een meerdere voor wat betreft de verhouding tussen een meerdere en andere dan onder *a* bedoelde ondergeschikten, strafrechtelijk aansprakelijk voor misdrijven waarover het Hof rechtsmacht bezit, indien deze zijn begaan door ondergeschikten die onder zijn daadwerkelijke gezag en leiding stonden, als gevolg van zijn nalaten behoorlijk leiding te geven aan deze ondergeschikten, indien:
  i. de meerdere kennis had van, dan wel bewust geen acht geslagen heeft op informatie die duidelijk aangaf dat de ondergeschikten deze misdrijven begingen of op het punt stonden deze te begaan;
  ii. de misdrijven activiteiten betroffen binnen het bereik van de daadwerkelijke aansprakelijkheid en leiding van de meerdere; en
  iii. de meerdere naliet alle noodzakelijke en redelijke maatregelen te treffen die binnen zijn macht lagen om het begaan van de misdrijven te verhinderen of te beperken of de zaak voor te leggen aan de bevoegde autoriteiten voor onderzoek en vervolging.

Art. 29 Niet-toepasselijkheid van verjaring
Misdrijven waarover het Hof rechtsmacht bezit verjaren niet.

Art. 30 Element van de geestesgesteldheid
1. Tenzij anders bepaald is een persoon alleen strafrechtelijk aansprakelijk en strafbaar ter zake van een misdrijf waarover het Hof rechtsmacht bezit, indien de materiële bestanddelen begaan zijn met opzet en wetenschap.
2. Voor de toepassing van dit artikel handelt een persoon met opzet indien:
   a. die persoon met betrekking tot gedragingen, de bedoeling heeft tot de gedragingen over te gaan;
   b. die persoon met betrekking tot een gevolg, de bedoeling heeft dat gevolg teweeg te brengen of zich ervan bewust is dat het gevolg zich bij een normale gang van zaken zal voordoen.
3. Voor de toepassing van dit artikel betekent „wetenschap" het zich ervan bewust zijn dat een omstandigheid bestaat of dat een gevolg zich bij een normale gang van zaken zal voordoen. „Wetenschap hebben" en „welbewust" worden dienovereenkomstig uitgelegd.

Art. 31 Strafuitsluitingsgronden
1. Naast de overige in dit Statuut opgenomen strafuitsluitingsgronden is een persoon niet strafrechtelijk aansprakelijk indien, ten tijde van de gedragingen van die persoon:
   a. de persoon lijdt aan een geesteziekte of een geestelijke stoornis die die persoon het vermogen van de wederrechtelijkheid of aard van zijn gedragingen te beseffen, of het vermogen zijn gedragingen te beheersen teneinde de wettelijke vereisten na te leven, ontneemt;
   b. de persoon zich in een staat van intoxicatie bevindt, die het vermogen van die persoon om de wederrechtelijkheid of de aard van zijn gedragingen te beseffen, of het vermogen zijn gedragingen te beheersen teneinde de wettelijke vereisten na te leven, vernietigt, tenzij de persoon vrijwillig in een staat van intoxicatie is geraakt onder zodanige omstandigheden dat de persoon kennis had van of geen acht sloeg op het risico dat hij, als gevolg van de intoxicatie, waarschijnlijk zou overgaan tot gedragingen die een misdrijf vormen waarover het Hof rechtsmacht bezit;
   c. de persoon redelijk handelt ter verdediging van zichzelf of van een andere persoon, of, bij oorlogsmisdrijven, van goederen die een essentieel belang zijn voor het overleven van de persoon of van een andere persoon of voor de instandhouding van goederen die van essentieel belang zijn voor het volbrengen van een militaire missie, tegen een dreigend en wederrechtelijk gebruik van geweld op een wijze die evenredig is aan de mate van gevaar voor de persoon of de andere persoon of de beschermde goederen. Het feit dat de persoon betrokken was bij een door strijdkrachten uitgevoerde defensieve operatie vormt op zichzelf geen strafuitsluitingsgrond ingevolge deze paragraaf;
   d. het feit waarvan gesteld wordt dat het een misdrijf vormt waarover het Hof rechtsmacht bezit, voortgevloeid is uit dwang als gevolg van een onmiddellijke doodsdreiging voor de persoon of een andere persoon of een dreiging van voortdurend of dreigend ernstig lichamelijk letsel, en de persoon noodzakelijkerwijs en redelijk handelt teneinde deze dreiging af te wenden, mits de persoon niet de bedoeling heeft groter letsel toe te brengen dan het letsel wat hij tracht te voorkomen. Een dergelijke dreiging kan:
      i. worden veroorzaakt door andere personen; of
      ii. worden gevormd door andere omstandigheden waarop die persoon geen invloed kan uitoefenen.
2. Het Hof stelt de toepasselijkheid vast van de in dit Statuut bepaalde strafuitsluitingsgronden in de voorliggende zaak.
3. Ter terechtzitting is het Hof bevoegd een andere strafuitsluitingsgrond te overwegen dan de in het eerste lid vermelde gronden, wanneer deze grond is ontleend aan het in artikel 21 beschreven toepaselijke recht. De procedure voor de overweging van een dergelijke grond bestaat wordt geregeld in het Reglement voor de proces- en bewijsvoering.

Art. 32 Dwaling ten aanzien van de feiten of dwaling ten aanzien van het recht
1. Dwaling ten aanzien van de feiten is slechts een strafuitsluitingsgrond, indien daardoor het bestanddeel van de geestesgesteldheid wordt tenietgedaan dat voor het misdrijf is vereist.
2. Dwaling ten aanzien van het recht bij de vraag of een bepaalde vorm van gedragingen een misdrijf is waarover het Hof rechtsmacht bezit, is geen strafuitsluitingsgrond. Dwaling ten aanzien van het recht kan echter een strafuitsluitingsgrond zijn, indien daardoor het bestanddeel van de geestesgesteldheid wordt tenietgedaan dat voor dit misdrijf is vereist, of als bepaald in artikel 33.

Art. 33 Bevelen van meerderen en wettelijk voorschrift
1. Het feit dat een misdrijf waarover het Hof rechtsmacht heeft door een persoon is gepleegd krachtens een bevel van een regering of van een meerdere, militair of burger, ontheft die persoon niet van strafrechtelijke aansprakelijkheid, tenzij:

a. de persoon wettelijk verplicht was bevelen van de desbetreffende regering of meerdere op te volgen;
b. de persoon geen kennis had van het feit dat het bevel onwettig was; en
c. het bevel niet onmiskenbaar onwettig was.
2. Voor de toepassing van dit artikel zijn bevelen om genocide of misdrijven tegen de menselijkheid te plegen onmiskenbaar onwettig.

DEEL 4
SAMENSTELLING EN DAGELIJKS BESTUUR VAN HET HOF

Art. 34 Organen van het Hof

Het Hof bestaat uit de volgende organen:
a. Het Presidium;
b. Een Afdeling Beroep, een Afdeling Berechting en een Afdeling Vooronderzoek;
c. Het Parket van de Aanklager;
d. De Griffie.

Art. 35 Aanstelling van rechters

1. Alle rechters worden gekozen als full-time-leden van het Hof en zijn beschikbaar om op die basis werkzaam te zijn vanaf de aanvang van hun ambtstermijn.
2. De rechters die deel uitmaken van het Presidium zijn op full-time-basis werkzaam zodra zij zijn gekozen.
3. Het Presidium is bevoegd, afhankelijk van de werklast van het Hof en in overleg met zijn leden, periodiek te beslissen in hoeverre nodig is dat de overige rechters op full-time-basis werkzaam zijn. Een dergelijke regeling doet geen afbreuk aan het in artikel 40 bepaalde.
4. De financiële regelingen voor niet op full-time-basis werkzame rechters worden overeenkomstig artikel 49 getroffen.

Art. 36 Kwalificaties, voordracht en verkiezing van rechters

1. Onverminderd het in het tweede lid bepaalde bestaat het Hof uit 18 rechters.

2.
a. Het Presidium, optredend namens het Hof, is bevoegd voor te stellen het in het eerste lid vermelde aantal rechters te verhogen onder opgave van redenen waarom dit noodzakelijk en passend wordt geacht. De Griffier doet alle Staten die Partij zijn een dergelijk voorstel onverwijld toekomen.
b. Beraad over een dergelijk voorstel vindt plaats in een overeenkomstig artikel 112 bijeen te roepen bijeenkomst van de Vergadering van Staten die Partij zijn. Het voorstel wordt geacht te zijn aanvaard indien het wordt goedgekeurd in de vergadering bij een tweederde meerderheid van de leden van de Vergadering van Staten die Partij zijn; het wordt van kracht op de door de Vergadering van Staten die Partij zijn vastgestelde datum.
c.
i. Wanneer een voorstel tot verhoging van het aantal rechters eenmaal is aanvaard ingevolge het onder b bepaalde, vindt verkiezing van de nader toe te voegen rechters plaats in de eerstvolgende bijeenkomst van de Vergadering van Staten die Partij zijn overeenkomstig het derde tot en met het achtste lid, en artikel 37, tweede lid;
ii. Wanneer een voorstel tot verhoging van het aantal rechters eenmaal is aanvaard en wordt uitgevoerd ingevolge het onder b en c, onderdeel i., bepaalde, staat het het Presidium daarna te allen tijde vrij, indien de werklast van het Hof dit rechtvaardigt, een vermindering van het aantal rechters voor te stellen, mits het aantal rechters niet minder wordt dan het in het eerste lid vermelde aantal. Het voorstel wordt behandeld overeenkomstig de procedure vermeld onder a en b. Indien het voorstel wordt aanvaard, wordt het aantal rechters geleidelijk verminderd naar gelang de ambtstermijn van de zittende rechters afloopt, totdat het vereiste aantal is bereikt.

3.
a. De rechters worden gekozen uit personen van hoog zedelijk aanzien, die onpartijdig en integer zijn en de in hun respectieve Staten vereiste kwalificaties hebben voor benoeming tot de hoogste functies bij de rechterlijke macht.
b. Elke kandidaat voor verkiezing in het Hof:
i. bezit gebleken bekwaamheid in het strafrecht en strafprocesrecht en de vereiste relevante ervaring in strafzaken als rechter, aanklager, advocaat, of in een andere, vergelijkbare hoedanigheid; of
ii. bezit gebleken bekwaamheid op relevante gebieden van internationaal recht zoals internationaal humanitair recht en mensenrechten en een ruime professionele ervaring op juridisch gebied, relevant voor het werk van de rechters van het Hof;
c. voor verkiezing in het Hof dient een kandidaat een uitstekende kennis te bezitten van ten minste een van de werktalen van het Hof en deze taal vloeiend te spreken.

4.
a. Alle Staten die Partij zijn bij dit Statuut kunnen kandidaten voorstellen voor verkiezing in het Hof:
i. door middel van de procedure voor voordracht van kandidaten voor benoeming tot de hoogste functies bij de rechterlijke macht in de betrokken Staat; of
ii. door middel van de procedure die voor voordracht van kandidaten voor het Internationale Hof van Justitie is voorzien in het Statuut van dat Hof.
Voordrachten gaan vergezeld van een opgave waarin zo gedetailleerd als nodig wordt aangegeven op welke wijze de kandidaat voldoet aan de vereisten van het derde lid.
b. Voor elke verkiezing kan elke Staat die Partij is één kandidaat voordragen, die niet noodzakelijkerwijs onderdaan van die Staat hoeft te zijn, maar wel onderdaan is van een Staat die Partij is.
c. Waar nodig kan de vergadering van Staten die Partij zijn besluiten tot instelling van een Voordrachtsadviescommissie. Alsdan worden de samenstelling en het mandaat van de commissie vastgesteld door de Vergadering van Staten die Partij zijn.
5. Ten behoeve van de verkiezing worden twee lijsten met kandidaten opgesteld:
Lijst A, houdende de namen van kandidaten met de kwalificaties bedoeld in het derde lid, onder b, onderdeel i.; en
Lijst B, houdende de namen van kandidaten met de kwalificaties bedoeld in het derde lid, onder b, onderdeel ii.
Een kandidaat die beschikt over voldoende kwalificaties voor beide lijsten heeft de keuze op welke lijst hij wenst te worden opgenomen. Bij de eerste verkiezing voor het Hof worden ten minste negen rechters gekozen van lijst A en ten minste vijf rechters van lijst B. Volgende verkiezingen worden zodanig ingericht dat dezelfde verhouding tussen rechters van de ene en de andere lijst wordt geëerbiedigd.
6.
a. De rechters worden gekozen door middel van een geheime stemming in een bijeenkomst van de Vergadering van Staten die Partij zijn, daartoe bijeengeroepen ingevolge artikel 112. Onverminderd het zevende lid zijn de personen die in het Hof worden gekozen de 18 kandidaten die het grootste aantal stemmen en een tweederde meerderheid krijgen van de aanwezige Staten die Partij zijn en hun stem uitbrengen.
b. Indien bij de eerste stemming geen voldoende aantal rechters is gekozen, vinden opeenvolgende stemmingen plaats overeenkomstig de procedures bedoeld in het onder a bepaalde totdat de resterende plaatsen zijn vervuld.
7. Geen twee rechters mogen onderdaan zijn van dezelfde Staat. Een persoon die ten behoeve van het lidmaatschap van het Hof als onderdaan van meer dan een Staat kan worden beschouwd, wordt geacht onderdaan te zijn van de Staat waarin die persoon gewoonlijk zijn burger- en politieke rechten uitoefent.
8.
a. De Staten die Partij zijn dienen bij de keuze van rechters rekening te houden met de behoefte, bij de samenstelling van het Hof, aan:
i. vertegenwoordiging van de voornaamste rechtsstelsels van de wereld;
ii. een billijke geografische vertegenwoordiging; en
iii. een billijke vertegenwoordiging van vrouwelijke en mannelijke rechters.
b. De Staten die Partij zijn dienen ook rekening te houden met de wenselijkheid rechters op te nemen, die beschikken over juridische deskundigheid ten aanzien van bepaalde onderwerpen, waaronder in ieder geval geweld tegen vrouwen of kinderen.
9.
a. Onverminderd het onder b bepaalde is de ambtstermijn van rechters negen jaar, en onverminderd het onder c en in artikel 37, tweede lid, bepaalde zijn zij niet herkiesbaar.
b. Bij de eerste verkiezing wordt een derde van de gekozen rechters door loting aangewezen voor een ambtstermijn van drie jaar; een derde van de gekozen rechters wordt door loting aangewezen voor een ambtstermijn van zes jaar, terwijl de ambtstermijn van de overige rechters negen jaar zal zijn.
c. Een rechter die ingevolge het onder b bepaalde is aangewezen voor een ambtstermijn van drie jaar komt in aanmerking voor herverkiezing voor een volledige ambtstermijn.
10. Niettegenstaande het negende lid blijft een rechter die overeenkomstig artikel 39 is aangewezen om zitting te hebben in een Kamer van berechting of Kamer van beroep, in functie teneinde het onderzoek in eerste aanleg of in beroep te voltooien, waarvan de behandeling bij die kamer reeds is aangevangen.

Art. 37 Rechterlijke vacatures

1. Teneinde in de vacature te voorzien vindt een verkiezing plaats overeenkomstig artikel 36.
2. Een rechter die gekozen is teneinde in een vacature te voorzien blijft in functie voor het resterende deel van de ambtstermijn van zijn voorganger en komt, indien die periode drie jaar

Internationaal Strafhof, rechterlijke vacatures

of minder bedraagt, in aanmerking voor herverkiezing voor een volledige ambtstermijn ingevolge artikel 36.

Art. 38 Het Presidium

1. De President en de Eerste en Tweede Vice-President worden door de rechters gekozen bij absolute meerderheid. Zij bekleden hun ambt gedurende een ambtstermijn van drie jaar of tot het einde van hun respectieve ambtstermijnen als rechter, indien deze eerder eindigen. Zij zijn eenmaal herkiesbaar.
2. De Eerste Vice-President vervangt de President in het geval de President niet beschikbaar of gewraakt is. De tweede Vice-President vervangt de President in het geval zowel de President als de Eerste Vice-President niet beschikbaar of gewraakt zijn.
3. De President vormt, samen met de Eerste en Tweede Vice-President, het Presidium, dat verantwoordelijk is voor:
a. het adequate dagelijks bestuur van het Hof, met uitzondering van het Parket van de Aanklager; en
b. de overige taken die aan het Presidium zijn opgedragen overeenkomstig dit Statuut.
4. De vervulling van zijn taken ingevolge het derde lid, onder a, draagt het Presidium zorg voor coördinatie en streeft naar overeenstemming met de Aanklager over alle zaken van gemeenschappelijk belang.

Art. 39 Kamers

1. Zo spoedig mogelijk na de verkiezing van de rechters vormt het Hof de afdelingen vermeld in artikel 34, onder b. De Afdeling Beroep bestaat uit de President en vier andere rechters, de Afdeling Berechting bestaat uit ten minste zes rechters en de Afdeling Vooronderzoek uit ten minste zes rechters. De indeling van rechters bij de afdelingen vindt plaats op basis van de aard van de taken die door elke afdeling dienen te worden vervuld en de kwalificaties en ervaring van de voor het Hof gekozen rechters, opdat elke afdeling beschikt over een passende combinatie van deskundigheid op het gebied van het straf- en strafprocesrecht en het internationaal recht. De Afdelingen van Berechting en Vooronderzoek zijn overwegend samengesteld uit rechters met ervaring op het gebied van strafprocedures.
2.
a. De rechterlijke taken van het Hof worden in elke afdeling uitgeoefend door kamers.
b.
i. De Kamer van beroep bestaat uit alle rechters van de Afdeling Beroep;
ii. De taken van de Kamer van berechting worden uitgeoefend door drie rechters van de Afdeling Berechting;
iii. De taken van de Kamer van vooronderzoek worden uitgeoefend door drie rechters van de Afdeling Vooronderzoek of door een alleenzittende rechter van die afdeling overeenkomstig dit Statuut en het Reglement van proces- en bewijsvoering.
c. Niets in dit lid belet de gelijktijdige samenstelling van meer dan een Kamer van berechting of vooronderzoek indien een efficiënte verdeling van de werklast van het Hof dit vereist.
3.
a. Rechters ingedeeld bij de Afdelingen Berechting en Vooronderzoek hebben in die afdelingen zitting voor de duur van drie jaar, en na afloop van die termijn tot na de voltooiing van de zaak waarvan de behandeling bij de betrokken afdeling reeds is aangevangen.
b. Rechters ingedeeld bij de Afdeling Beroep hebben in die afdeling zitting gedurende hun gehele ambtstermijn.
4. Rechters ingedeeld bij de Afdeling Beroep hebben alleen in die afdeling zitting. Niets in dit artikel belet echter de tijdelijke detachering van rechters van de Afdeling Berechting bij de Afdeling Vooronderzoek of omgekeerd, indien het Presidium van oordeel is dat een efficiënte verdeling van de werklast van het Hof dit vereist, mits een rechter die heeft deelgenomen aan de fase van vooronderzoek van een zaak in geen geval in aanmerking komt voor zitting in de Kamer van berechting die die zaak behandelt.

Art. 40 Onafhankelijkheid van de rechters

1. De rechters zijn onafhankelijk in de uitoefening van hun taken.
2. Rechters onthouden zich van alle activiteiten waarvan aannemelijk is dat zij hun rechterlijke taken in de weg staan of het vertrouwen in hun onafhankelijkheid aantasten.
3. Rechters die op full-time-basis werkzaam dienen te zijn op de zetel van het Hof onthouden zich van alle andere beroepsmatige bezigheden.
4. Over vragen met betrekking tot de toepassing van het tweede en derde lid wordt door de rechters beslist bij absolute meerderheid. Wanneer een dergelijke vraag een bepaalde rechter betreft, neemt die rechter geen deel aan de beslissing.

Art. 41 Verschoning en wraking van rechters

1. Het Presidium mag, op verzoek van een rechter, die rechter toestaan zich te verschonen van uitoefening van functie krachtens dit Statuut overeenkomstig het Reglement van proces- en bewijsvoering.

Statuut van Rome inzake het Internationaal Strafhof C53 art. 43

2.

a. Een rechter neemt niet deel aan een zaak waarin redelijkerwijs twijfel kan rijzen aan zijn onpartijdigheid op welke grond dan ook. Een rechter wordt overeenkomstig dit lid in een zaak gewraakt, onder meer indien die rechter voordien in enigerlei hoedanigheid betrokken was bij die zaak bij het Hof of bij een daarmee samenhangende strafvervolging op nationaal niveau waarbij de persoon tegen wie een onderzoek loopt of die vervolgd wordt, betrokken is. Tevens wordt de rechter gewraakt op andere gronden, als bepaald in het Reglement van proces- of bewijsvoering.

b. De Aanklager of de persoon tegen wie een onderzoek loopt of die vervolgd wordt is bevoegd om wraking van een rechter te verzoeken ingevolge dit lid.

c. Over vragen met betrekking tot de wraking van een rechter wordt door de rechters beslist bij absolute meerderheid. De rechter die gewraakt wordt heeft het recht de kwestie toe te lichten, maar neemt geen deel aan de beslissing.

Art. 42 Het Parket van de Aanklager

1. Het Parket van de Aanklager treedt onafhankelijk op, als afzonderlijk orgaan van het Hof. Het is verantwoordelijk voor de ontvangst van klachten en aangiften en van alle onderbouwde informatie over misdrijven binnen de rechtsmacht van het Hof, voor bestudering daarvan en voor het uitvoering geven aan onderzoek en vervolging voor het Hof. Een lid van het Parket vraagt om noch handelt volgens aanwijzingen van een externe bron.
Internationaal Strafhof, parket van de aanklager

2. De Aanklager is hoofd van het Parket. De Aanklager heeft het volledige gezag over het beheer en het dagelijks bestuur van het Parket, met inbegrip van het personeel, de voorzieningen en andere middelen. De Aanklager wordt bijgestaan door een of meer Substituut-Aanklagers, die gerechtigd zijn tot het uitvoeren van alle handelingen die krachtens dit Statuut van de Aanklager worden verlangd. De Aanklager en Substituut-Aanklagers dienen van verschillende nationaliteiten te zijn. Zij vervullen hun functie op full-time-basis.

3. De Aanklager en Substituut-Aanklagers dienen personen van hoog zedelijk aanzien te zijn, in hoge mate bekwaam op het gebied van en met uitgebreide praktische ervaring in de vervolging of de berechting in strafzaken. Zij dienen te beschikken over een uitstekende kennis van ten minste een van de werktalen van het Hof en die taal vloeiend te spreken.

4. De Aanklager wordt gekozen bij geheime stemming bij absolute meerderheid van de leden van de Vergadering van Staten die Partij zijn. De Substituut-Aanklagers worden op eenzelfde wijze gekozen uit een door de Aanklager verstrekte lijst van kandidaten. Voor elke functie van Substituut-Aanklager draagt de Aanklager drie kandidaten voor. Tenzij bij hun verkiezing wordt besloten tot een kortere termijn, bedraagt de ambtstermijn van de Aanklager en de Substituut-Aanklagers negen jaar en zijn zij niet herkiesbaar.

5. De Aanklager en de Substituut-Aanklagers onthouden zich van alle activiteiten waarvan aannemelijk is dat zij zijn taken als Aanklager in de weg staan of het vertrouwen in zijn onafhankelijkheid aantasten. Zij onthouden zich van alle andere beroepsmatige bezigheden.

6. Het Presidium is bevoegd de Aanklager of een Substituut-Aanklager, op zijn verzoek, toe te staan zich te verschonen van optreden in een bepaalde zaak.

7. De Aanklager noch een Substituut-Aanklager neemt deel aan de behandeling van een zaak waarin hun onpartijdigheid redelijkerwijs kan worden betwijfeld op welke grond dan ook. Zij worden overeenkomstig dit lid gewraakt in een zaak, onder meer indien zij voordien in enigerlei hoedanigheid betrokken waren bij die zaak voor het Hof of bij een daarmee samenhangende strafvervolging op nationaal niveau waarbij de persoon betrokken is tegen wie een onderzoek loopt of die vervolgd wordt.

8. Over vragen met betrekking tot de wraking van de Aanklager of een Substituut-Aanklager wordt beslist door de Kamer van beroep.

a. De persoon tegen wie een onderzoek loopt of die vervolgd wordt is te allen tijde bevoegd te verzoeken om wraking van de Aanklager of een Substituut-Aanklager op de gronden vermeld in dit artikel;

b. De Aanklager of de Substituut-Aanklager, indien van toepassing, heeft het recht de kwestie toe te lichten.

9. De Aanklager benoemt adviseurs met juridische deskundigheid ten aanzien van bepaalde onderwerpen, waaronder in ieder geval seksueel geweld en seksistisch geweld en geweld tegen kinderen.

Art. 43 De Griffie

1. De Griffie is belast met de niet-gerechtelijke aspecten van het dagelijks bestuur en de bediening van het Hof, onverminderd de taken en bevoegdheden van de Aanklager overeenkomstig artikel 42.
Internationaal Strafhof, griffie

2. Aan het hoofd van de Griffie staat de Griffier, de hoogste bestuurlijke functionaris van het Hof. De Griffier oefent zijn taken uit onder gezag van de President van het Hof.

3. De Griffier en de Substituut-Griffier dienen personen van hoog zedelijk aanzien te zijn, in hoge mate bekwaam en met een uitstekende kennis van ten minste een van de werktalen van het Hof en die taal vloeiend te spreken.

4. De rechters kiezen de Griffier bij absolute meerderheid bij geheime stemming, daarbij rekening houdend met aanbevelingen van de Vergadering van Staten die Partij zijn. Indien de noodzaak daartoe ontstaat en op aanbeveling van de Griffier kiezen de rechters op dezelfde wijze een Substituut-Griffier.

5. De ambtstermijn van de Griffier is vijf jaar, hij is eenmaal herkiesbaar en werkt op full-timebasis. De Substituut-Griffier wordt benoemd voor een ambtstermijn van vijf jaar of voor zoveel korter als de rechters bij absolute meerderheid besluiten; de Substituut-Griffier kan worden gekozen met dien verstande dat hij zal worden opgeroepen zijn taak uit te oefenen wanneer dat nodig is.

6. De Griffier roept binnen de Griffie een Afdeling voor Slachtoffers en Getuigen in het leven. Deze Afdeling treft, in overleg met het Parket van de Aanklager, beschermende maatregelen en beveiligingsregelingen, draagt zorg voor advies en andere passende bijstand aan getuigen, aan slachtoffers die voor het Hof verschijnen en aan anderen die in gevaar zijn vanwege door dergelijke getuigen afgelegde getuigenverklaringen. De Afdeling dient te beschikken over personeel met deskundigheid op het gebied van trauma's, met inbegrip van trauma's in verband met seksuele geweldsmisdrijven.

Art. 44 Personeel

Internationaal Strafhof, personeel

1. De Aanklager en de Griffier dragen zorg voor de benoeming van voor hun respectieve afdelingen vereist gekwalificeerd personeel. In het geval van de Aanklager omvat dit mede de benoeming van personen die met onderzoek worden belast.

2. Bij de aanstelling van personeel waarborgen de Aanklager en de Griffier de hoogste normen van doelmatigheid, bekwaamheid en integriteit, en houden daarbij voorzover mogelijk rekening met de criteria vermeld in artikel 36, achtste lid.

3. De Griffier stelt met instemming van het Presidium en de Aanklager een Personeelsreglement voor, waarin mede de voorwaarden zijn vervat voor benoeming, honorering en ontslag van het personeel van het Hof. Het Reglement wordt goedgekeurd door de Vergadering van Staten die Partij zijn.

4. Het Hof is in uitzonderlijke omstandigheden bevoegd gebruik te maken van de deskundigheid van medewerkers die om niet ter beschikking worden gesteld door Staten die Partij zijn, intergouvernementele of niet-gouvernementele organisaties, die de organen van het Hof bij het werk assisteren. De Aanklager is bevoegd een dergelijk aanbod te aanvaarden namens het Parket. Deze om niet ter beschikking gestelde medewerkers worden ingezet overeenkomstig de richtlijnen die door de Vergadering van Staten die Partij zijn worden vastgesteld.

Art. 45 Plechtige gelofte

Internationaal Strafhof, plechtige gelofte

Voordat zij hun respectieve taken krachtens dit Statuut aanvaarden, leggen rechters, de Aanklager, de Substituut-Aanklagers, de Griffier en de Substituut-Griffier ieder een gelofte af in een openbare zitting dat zij hun respectieve functies onpartijdig en gewetensvol zullen uitoefenen.

Art. 46 Ontzetting uit het ambt

Internationaal Strafhof, ontzetting uit ambt

1. Een rechter, de Aanklager, een Substituut-Aanklager, de Griffier of de Substituut-Griffier wordt uit zijn ambt ontzet indien een beslissing hiertoe wordt genomen overeenkomstig het tweede lid, in gevallen waarin die persoon:
a. zich schuldig blijkt te hebben gemaakt aan ernstig wangedrag of aan ernstig plichtsverzuim krachtens dit Statuut, zoals bepaald in het Reglement van proces- en bewijsvoering; of
b. niet in staat is de krachtens dit Statuut vereiste taken uit te oefenen.

2. Een beslissing tot ontzetting uit het ambt van een rechter, de Aanklager of een Substituut-Aanklager ingevolge het eerste lid wordt genomen door de Vergadering van Staten die Partij zijn, bij geheime stemming:
a. in het geval van een rechter, bij een tweederde meerderheid van de Staten die Partij zijn, overeenkomstig een aanbeveling die door de overige rechters is aanvaard bij een tweederde meerderheid;
b. in het geval van de Aanklager, bij absolute meerderheid van de Staten die Partij zijn;
c. in het geval van een Substituut-Aanklager, bij absolute meerderheid van de Staten die Partij zijn, op aanbeveling van de Aanklager.

3. Een besluit over de ontzetting uit het ambt van de Griffier of Substituut-Griffier wordt genomen bij absolute meerderheid van de rechters.

4. Een rechter, Aanklager, Substituut-Aanklager, Griffier of Substituut-Griffier wiens gedrag of bekwaamheid om de krachtens dit Statuut vereiste taken van het ambt uit te oefenen wordt betwist ingevolge dit artikel, krijgt volledig de gelegenheid bewijs aan te voeren en te verkrijgen en zijn standpunt kenbaar te maken overeenkomstig het Reglement van proces- en bewijsvoering. De persoon in kwestie neemt niet anderszins deel aan de behandeling van de zaak.

Art. 47 Disciplinaire maatregelen

Internationaal Strafhof, disciplinaire maatregelen

Een rechter, Aanklager, Substituut-Aanklager, Griffier of Substituut-Griffier die zich schuldig heeft gemaakt aan wangedrag van minder ernstige aard dan dat bedoeld in artikel 46, eerste lid, wordt onderworpen aan disciplinaire maatregelen overeenkomstig het Reglement van proces- en bewijsvoering.

Art. 48 Voorrechten en immuniteiten
1. Het Hof geniet op het grondgebied van elke Staat die Partij is de voorrechten en immuniteiten die noodzakelijk zijn voor de vervulling van zijn taken.

2. De rechters, de Aanklager, de Substituut-Aanklagers en de Griffier genieten bij de uitoefening van of met betrekking tot de werkzaamheden van het Hof dezelfde voorrechten en immuniteiten als aan hoofden van diplomatieke missies worden verleend, en zij blijven na afloop van hun ambtstermijn immuniteit genieten ten aanzien van elke juridische procedure met betrekking tot het door hen gesproken of geschreven woord en door hen in hun officiële hoedanigheid verrichte handelingen.

3. De Substituut-Griffier, het personeel van het Parket van de Aanklager en het personeel van de Griffie genieten de voorrechten en immuniteiten en faciliteiten vereist voor de uitoefening van hun functie overeenkomstig de overeenkomst inzake de voorrechten en immuniteiten van het Hof.

4. Raadslieden, deskundigen, getuigen en alle andere personen die aanwezig dienen te zijn op de zetel van het Hof worden behandeld op de wijze die noodzakelijk is voor het behoorlijk functioneren van het Hof overeenkomstig de overeenkomst inzake voorrechten en immuniteiten van het Hof.

5. De voorrechten en immuniteiten van:
a. een rechter of de Aanklager kunnen worden opgeheven bij absolute meerderheid van de rechters;
b. de Griffier kunnen worden opgeheven door het Presidium;
c. de Substituut-Aanklagers en het personeel van het Parket van de Aanklager kunnen worden opgeheven door de Aanklager;
d. de Substituut-Griffier en het personeel van de Griffie kunnen worden opgeheven door de Griffier.

Art. 49 Salarissen, toelagen en onkostenvergoedingen
De rechters, de Aanklager, de Substituut-Aanklagers, de Griffier en de Substituut-Griffier ontvangen de salarissen, toelagen en onkostenvergoedingen die door de Vergadering van Staten die Partij zijn worden vastgesteld. Deze salarissen en toelagen worden gedurende hun ambtstermijn niet verlaagd.

Art. 50 Officiële talen en werktalen
1. De officiële talen van het Hof zijn Arabisch, Chinees, Engels, Frans, Russisch en Spaans. De vonnissen van het Hof, alsmede andere beslissingen ter oplossing van fundamentele kwesties die aan het Hof zijn voorgelegd, worden gepubliceerd in de officiële talen. Het Presidium beslist overeenkomstig de criteria vastgelegd in het Reglement van proces- en bewijsvoering welke beslissingen kunnen worden beschouwd als een oplossing van fundamentele kwesties ten behoeve van de toepassing van dit lid.

2. De werktalen van het Hof zijn Engels en Frans. Het Reglement van proces- en bewijsvoering bepaalt in welke gevallen andere officiële talen als werktaal mogen worden gebruikt.

3. Op verzoek van een partij in een procedure of een Staat die toestemming heeft gekregen zich in een procedure te voegen, verleent het Hof toestemming voor het gebruik van een andere taal dan Engels of Frans door een dergelijke partij of Staat, mits het Hof zulks voldoende gerechtvaardigd acht.

Art. 51 Reglement van proces- en bewijsvoering
1. Het Reglement van proces- en bewijsvoering wordt van kracht nadat het is aangenomen bij tweederde meerderheid van de leden van de Vergadering van Staten die Partij zijn.

2. Wijzigingen in het Reglement van proces- en bewijsvoering kunnen worden voorgesteld door:
a. elke Staat die Partij is;
b. een absolute meerderheid van rechters; of
c. de Aanklager.
Wijzigingen treden in werking na te zijn aangenomen bij tweederde meerderheid van de leden van de Vergadering van Staten die Partij zijn.

3. Na aanneming van het Reglement van proces- en bewijsvoering kunnen de rechters in dringende gevallen, wanneer het Reglement niet voorziet in een bepaalde situatie die zich voor het Hof voordoet, bij tweederde meerderheid voorlopige regels opstellen die worden toegepast tot hun aanneming, wijziging of verwerping in de eerstvolgende gewone of buitengewone zitting van de Vergadering van Staten die Partij zijn.

4. Het Reglement van proces- en bewijsvoering, wijzigingen daarin en elke voorlopige regel dienen in overeenstemming met dit Statuut te zijn. Wijzigingen in het Reglement van proces- en bewijsvoering alsmede voorlopige regels worden niet met terugwerkende kracht toegepast ten nadele van de persoon tegen wie een onderzoek loopt of die wordt vervolgd of is veroordeeld.

C53 art. 52   Statuut van Rome inzake het Internationaal Strafhof

5. Ingeval het Statuut en het Reglement van proces- en bewijsvoering met elkaar in strijd zijn, gaat het Statuut voor.

Art. 52 Huishoudelijk reglement van het Hof

Internationaal Strafhof, huishoudelijk reglement

1. De rechters stellen overeenkomstig dit Statuut en het Reglement van proces- en bewijsvoering, bij absolute meerderheid het huishoudelijk reglement vast dat noodzakelijk is voor het dagelijks functioneren van het Hof.
2. De Aanklager en de Griffier worden geraadpleegd bij de uitwerking van het huishoudelijk reglement en wijzigingen daarin.
3. Het huishoudelijk reglement en wijzigingen daarin treden in werking zodra zij zijn aangenomen tenzij de rechters anders besluiten. Onmiddellijk na aanneming worden zij voor commentaar gestuurd aan de Staten die Partij zijn. Indien er binnen zes maanden geen bezwaren zijn van een meerderheid van Staten die Partij zijn, blijven zij van kracht.

DEEL 5
OPSPORINGSONDERZOEK EN VERVOLGING

Art. 53 Opening van een opsporingsonderzoek

Internationaal Strafhof, opening opsporingsonderzoek

1. De Aanklager opent na evaluatie van de informatie die hem ter beschikking is gesteld, een opsporingsonderzoek tenzij hij besluit dat geen redelijke basis aanwezig is om krachtens dit Statuut tot vervolging over te gaan. Bij de beslissing of een onderzoek wordt geopend, gaat de Aanklager na of:
   a. de informatie waarover de Aanklager beschikt een redelijke basis vormt om aan te nemen dat een misdrijf waarover het Hof rechtsmacht bezit is of wordt gepleegd;
   b. de zaak ontvankelijk is of zou zijn ingevolge artikel 17; en
   c. de ernst van het misdrijf en de belangen van de slachtoffers in aanmerking genomen, er niettemin gegronde redenen zijn om aan te nemen dat een onderzoek niet in het belang van een goede rechtsbedeling zou zijn.
Indien de Aanklager besluit dat geen redelijke basis aanwezig is om tot vervolging over te gaan en dit besluit louter gebaseerd is op het onder c hierboven bepaalde, stelt hij de Kamer van vooronderzoek hiervan in kennis.
2. Indien de Aanklager na onderzoek tot de slotsom komt dat niet voldoende grondslag bestaat voor een vervolging omdat:
   a. niet voldoende juridische of feitelijke grondslag aanwezig is om een bevel tot aanhouding of dagvaarding ingevolge artikel 58 te vragen;
   b. de zaak niet-ontvankelijk is ingevolge artikel 17; of
   c. vervolging niet in het belang van de goede rechtsbedeling is, alle omstandigheden in aanmerking genomen, met inbegrip van de ernst van het misdrijf, de belangen van slachtoffers en de leeftijd of zwakke gezondheid van de beschuldigde, en diens rol in het misdrijf waarop de beschuldiging betrekking heeft;
stelt de Aanklager de Kamer van vooronderzoek en de Staat die ingevolge artikel 14 aangifte heeft gedaan of de Veiligheidsraad in een zaak krachtens artikel 13, onder b, in kennis van zijn conclusie en de redenen voor de conclusie.
3.
   a. Op verzoek van de Staat die ingevolge artikel 14 aangifte heeft gedaan of de Veiligheidsraad ingevolge artikel 13, onder b, kan de Kamer van vooronderzoek een beslissing van de Aanklager ingevolge het eerste of tweede lid om geen vervolging in te stellen herzien en de Aanklager verzoeken de beslissing te heroverwegen.
   b. De Kamer van vooronderzoek is bovendien ambtshalve bevoegd een beslissing van de Aanklager om geen vervolging in te stellen te herzien, indien deze louter gebaseerd is op het eerste lid, onder c, of het tweede lid, onder c. In een dergelijk geval wordt de beslissing van de Aanklager eerst na bevestiging van kracht door de Kamer van vooronderzoek.
4. De Aanklager is te allen tijde bevoegd de beslissing om een onderzoek of vervolging in te stellen in heroverweging te nemen op grond van nieuwe feiten of informatie.

Art. 54 Taken en bevoegdheden van de Aanklager met betrekking tot het opsporingsonderzoek

Internationaal Strafhof, taken en bevoegdheden aanklager

1. De Aanklager dient:
   a. teneinde de waarheid vast te stellen, alle feiten en bewijsmiddelen bij het opsporingsonderzoek te betrekken, voorzover relevant voor de beoordeling van de vraag of sprake is van strafrechtelijke aansprakelijkheid ingevolge dit Statuut, en daarbij bezwarende en ontlastende omstandigheden gelijkelijk te onderzoeken;
   b. passende maatregelen te treffen teneinde te waarborgen dat misdrijven waarover het Hof rechtsmacht bezit doelmatig worden onderzocht en vervolgd en daarbij de belangen en persoonlijke omstandigheden van slachtoffers en getuigen te respecteren, met inbegrip van leeftijd, geslacht, zoals gedefinieerd in artikel 7, derde lid, en gezondheid, en daarbij in aanmerking te

nemen de aard van het misdrijf, in het bijzonder wanneer het seksueel geweld, seksistisch geweld of geweld tegen kinderen betreft; en
c. volledig de rechten van personen ingevolge dit Statuut te eerbiedigen.
2. De Aanklager is bevoegd een onderzoek uit te voeren op het grondgebied van een Staat:
a. overeenkomstig de bepalingen van Deel 9; of
b. daartoe gemachtigd door de Kamer van vooronderzoek ingevolge artikel 57, derde lid, onder d.
3. De Aanklager is bevoegd:
a. bewijsmiddelen te vergaren en te onderzoeken;
b. de aanwezigheid te verzoeken van personen tegen wie een onderzoek loopt, van slachtoffers en van getuigen en hen ondervragen;
c. van een Staat of intergouvernementele organisatie medewerking te verzoeken of een regeling overeenkomstig zijn, respectievelijk haar, desbetreffende bevoegdheid en/of mandaat;
d. regelingen te treffen of overeenkomsten te sluiten die niet onverenigbaar zijn met dit Statuut, voorzover vereist om de medewerking van een Staat, een intergouvernementele organisatie of een persoon te vergemakkelijken;
e. overeen te komen in geen enkele fase van het proces stukken of informatie bekend te maken die de Aanklager verkrijgt op voorwaarde van vertrouwelijkheid en louter om nieuwe bewijsmiddelen te verzamelen, tenzij degene die de informatie heeft gegeven toestemming verleent; en
f. de vereiste maatregelen te treffen of daarom te verzoeken teneinde de vertrouwelijkheid van informatie, de bescherming van een persoon of de instandhouding van bewijsmiddelen te verzekeren.

Art. 55 Rechten van personen gedurende een onderzoek

1. Ten aanzien van een opsporingsonderzoek ingevolge dit Statuut wordt een persoon:
a. niet gedwongen een voor zichzelf belastende verklaring af te leggen of schuld te bekennen;
b. niet onderworpen aan enigerlei vorm van dwang, druk of bedreiging, marteling of enigerlei andere vorm van wrede, onmenselijke of vernederende behandeling of bestraffing; en
c. indien ondervraging plaatsvindt in een andere taal dan een taal die de persoon volledig begrijpt en spreekt, kosteloos bijstand verleend door een bevoegde tolk en krijgt hij de vertalingen die noodzakelijk zijn om aan de vereisten van billijkheid te voldoen;
d. niet onderworpen aan willekeurige aanhouding, vasthouding of vrijheidsbeneming, behoudens op de gronden en overeenkomstig de procedures, vastgesteld in het Statuut.
2. Wanneer er gronden zijn om aan te nemen dat een persoon een misdrijf heeft begaan waarover het Hof rechtsmacht bezit en die persoon zal worden ondervraagd door de Aanklager of door nationale autoriteiten op grond van een verzoek gedaan ingevolge Deel 9 van dit Statuut, wordt die persoon, alvorens te worden ondervraagd, geïnformeerd dat hij tevens de volgende rechten heeft:
a. het recht in kennis te worden gesteld, alvorens te worden ondervraagd, van het bestaan van gronden om aan te nemen dat hij een misdrijf heeft gepleegd waarover het Hof rechtsmacht bezit;
b. het recht tot zwijgen, zonder dat zulks meeweegt bij het vaststellen van schuld of onschuld;
c. het recht op rechtsbijstand naar eigen keuze, of, indien hij geen rechtsbijstand geniet, deze toegevoegd te krijgen, in alle gevallen waarin het belang van de rechtsbedeling dit eist; dit is kosteloos in die gevallen waarin betrokkene niet over voldoende middelen beschikt om daarin zelf te voorzien;
d. het recht te worden ondervraagd in aanwezigheid van een raadsman tenzij hij daarvan vrijwillig afstand heeft gedaan.

Art. 56 Rol van de Kamer van vooronderzoek in geval waarin de gelegenheid bewijsmiddelen te vergaren zich niet nogmaals zal voordoen

1.
a. Wanneer de Aanklager van oordeel is dat een onderzoek een eenmalige gelegenheid biedt om een getuige een getuigenis of een verklaring af te laten leggen of bewijs te onderzoeken, te vergaren of te toetsen, dat misschien in een later stadium niet meer beschikbaar is voor een onderzoek ter terechtzitting, stelt de Aanklager de Kamer van vooronderzoek hiervan in kennis.
b. In dat geval is de Kamer van vooronderzoek bevoegd, op verzoek van de Aanklager, alle maatregelen te treffen, vereist om de doelmatigheid en zuiverheid van de procedure te verzekeren en, in het bijzonder, de rechten van de verdediging te beschermen.
c. Tenzij de Kamer van vooronderzoek anders beslist, verstrekt de Aanklager de relevante informatie aan de persoon die is aangehouden of verschenen op een oproep in verband met het onderzoek vermeld onder a, teneinde in de zaak te worden gehoord.
2. De maatregelen in het eerste lid, onder b, bestaan onder andere uit:
a. aanbevelingen doen of bevelen uitvaardigen met betrekking tot de te volgen procedure;
b. bepalen dat een proces-verbaal van de procedure wordt gemaakt;
c. een deskundige benoemen voor bijstand;

d. toestemming verlenen aan een raadsman voor een persoon die is aangehouden of voor het Hof is verschenen naar aanleiding van een oproeping, om deel te nemen, of, wanneer nog geen aanhouding of verschijning heeft plaatsgevonden of geen raadsman is aangewezen, het benoemen van een andere raadsman om de belangen van de verdediging waar te nemen en te vertegenwoordigen;
e. een van de leden of, indien noodzakelijk, een andere beschikbare rechter van de Afdeling Vooronderzoek of de Afdeling Berechting als waarnemer aanwijzen en aanbevelingen doen of bevelen uitvaardigen met betrekking tot de vergaring en de veiligstelling van bewijsmiddelen en het ondervragen van personen;
f. alle andere stappen te nemen die vereist zijn voor het vergaren of veiligstellen van bewijsmiddelen.

3.
a. Wanneer de Aanklager niet om maatregelen ingevolge dit artikel heeft verzocht doch de Kamer van vooronderzoek meent dat die maatregelen vereist zijn voor de veiligstelling van bewijsmiddelen die zij essentieel acht voor de verdediging ter terechtzitting, pleegt zij overleg met de Aanklager over de vraag of deze goede redenen heeft voor het achterwege laten van een verzoek om de maatregelen. Indien de Kamer van vooronderzoek na dit overleg tot de slotsom komt dat het achterwege laten door de Aanklager van een verzoek om dergelijke maatregelen ongerechtvaardigd is, is de Kamer van vooronderzoek ambtshalve bevoegd dergelijke maatregelen te treffen.
b. De Aanklager heeft het recht van beroep tegen een ambtshalve beslissing van de Kamer van vooronderzoek ingevolge deze paragraaf. Het beroep wordt versneld behandeld.
4. De toelaatbaarheid van bewijsmiddelen die ingevolge dit artikel zijn veiliggesteld of vergaard ten behoeve van het onderzoek ter terechtzitting, of van het proces-verbaal daarvan, wordt op de terechtzitting beheerst door artikel 69 en krijgt het daaraan door de Kamer van berechting toegekende gewicht.

Art. 57 Taken en bevoegdheden van de Kamer van vooronderzoek

1. Tenzij dit Statuut anders bepaalt, vervult de Kamer van vooronderzoek zijn taken overeenkomstig het in dit artikel bepaalde.

2.
a. Beslissingen van de Kamer van vooronderzoek ingevolge de artikelen 15, 18, 19, 54, tweede lid, 61, zevende lid, en 72 worden genomen door een meerderheid van zijn rechters.
b. In alle overige gevallen vervult de alleenzittende rechter van de Kamer van vooronderzoek de in dit Statuut voorziene taken, tenzij dit anders is geregeld in het Reglement van proces- en bewijsvoering of door een meerderheid van de Kamer van vooronderzoek.

3. Naast zijn overige taken ingevolge dit Statuut is de Kamer van vooronderzoek bevoegd om:
a. op verzoek van de Aanklager de voor een onderzoek vereiste bevelen uit te vaardigen;
b. op verzoek van een persoon die is aangehouden of verschenen ingevolge op een bevel overeenkomstig artikel 58, de bevelen uit te vaardigen, met inbegrip van maatregelen als vermeld in artikel 56, of de samenwerking te verlangen ingevolge Deel 9 vereist om de persoon terzijde te staan bij de voorbereiding van zijn verdediging;
c. waar dit noodzakelijk is, zorg te dragen voor de bescherming en de eerbiediging van de persoonlijke levenssfeer van slachtoffers en getuigen, de veiligstelling van bewijsmiddelen, de bescherming van personen die aangehouden of verschenen zijn op een bevel, en de bescherming van informatie die de nationale veiligheid betreft;
d. de Aanklager te machtigen om bepaalde onderzoeksmaatregelen te treffen binnen het grondgebied van een Staat die Partij is zonder de samenwerking van die Staat te hebben verzekerd ingevolge Deel 9, indien, telkens wanneer dit mogelijk is rekening houdend met de zienswijze van de betrokken Staat, de Kamer van vooronderzoek in dat geval heeft bepaald dat de Staat kennelijk niet bij machte is uitvoering te geven aan een rechtshulpverzoek ten gevolge van niet-beschikbaarheid van een autoriteit of een onderdeel in zijn rechtsstelsel bevoegd tot het uitvoering geven aan een verzoek tot samenwerking ingevolge Deel 9;
e. wanneer een bevel tot aanhouding of tot verschijning is uitgevaardigd ingevolge artikel 58, en met inachtneming van de zwaarte van het bewijs en de rechten van de betrokken partijen zoals voorzien in dit Statuut en het Reglement van proces- en bewijsvoering, rechtshulp te vragen aan Staten ingevolge artikel 93, eerste lid, onder k, om beschermende maatregelen te treffen ter fine van verbeurdverklaring die uiteindelijk vooral slachtoffers ten goede zullen komen.

Art. 58 Uitvaardiging door de Kamer van vooronderzoek van een bevel tot aanhouding of een oproep tot verschijning

1. Nadat het opsporingsonderzoek is geopend vaardigt de Kamer van vooronderzoek op verzoek van de Aanklager een bevel tot aanhouding van een persoon uit, indien de Kamer van vooronderzoek na bestudering van het verzoek en de bewijsmiddelen of overige door de Aanklager overgelegde informatie ervan overtuigd is dat:

Statuut van Rome inzake het Internationaal Strafhof

C53 art. 59

    a. redelijke gronden aanwezig zijn om aan te nemen dat de persoon een misdrijf heeft begaan waarover het Hof rechtsmacht bezit; en
    b. de aanhouding van de persoon noodzakelijk lijkt teneinde:
    i. te verzekeren dat de persoon ter terechtzitting zal verschijnen;
    ii. te voorkomen dat de persoon het onderzoek of de gerechtelijke procedure zal belemmeren of in gevaar brengen, of
    iii. de persoon te beletten voort te gaan met het begaan van dat misdrijf of een aanverwant misdrijf waarover het Hof rechtsmacht bezit en dat voortvloeit uit dezelfde omstandigheden.
2. Het verzoek van de Aanklager vermeldt:
    a. de naam van de persoon en alle overige informatie relevant voor diens identificatie;
    b. een specifieke verwijzing naar de misdrijven waarover het Hof rechtsmacht bezit en die de persoon beweerdelijk heeft begaan;
    c. een beknopte beschrijving van de feiten die beweerdelijk die misdrijven vormen;
    d. een samenvatting van de bewijsmiddelen en de overige informatie die redelijke gronden vormen om aan te nemen dat de persoon die misdrijven heeft begaan; en
    e. de reden waarom de Aanklager meent dat de aanhouding van de persoon noodzakelijk is.
3. Het bevel tot aanhouding vermeldt:
    a. de naam van de persoon en alle overige informatie relevant voor diens identificatie;
    b. een specifieke verwijzing naar de misdrijven waarover het Hof rechtsmacht bezit en waarvoor de aanhouding van de persoon wordt verzocht; en
    c. een beknopte beschrijving van de feiten die beweerdelijk die misdrijven vormen.
4. Het bevel tot aanhouding blijft van kracht totdat door het Hof anders wordt beslist.
5. Op basis van het bevel tot aanhouding is het Hof ingevolge Deel 9 bevoegd de voorlopige aanhouding of de aanhouding en overdracht van de persoon te verzoeken.
6. De Aanklager is bevoegd de Kamer van vooronderzoek te verzoeken het bevel tot aanhouding te wijzigen door een wijziging in of een toevoeging aan de daarin vermelde misdrijven. De Kamer van vooronderzoek wijzigt het bevel dienovereenkomstig, indien hij ervan overtuigd is dat redelijke gronden aanwezig zijn om aan te nemen dat de persoon de gewijzigde of toegevoegde misdrijven heeft begaan.
7. Als alternatief voor een verzoek om een bevel tot aanhouding is de Aanklager bevoegd een verzoek in te dienen om de Kamer van vooronderzoek te vragen een oproep tot verschijning van de persoon uit te vaardigen. Indien de Kamer van vooronderzoek ervan overtuigd is dat redelijke gronden aanwezig zijn om aan te nemen dat de persoon het beweerde misdrijf heeft begaan en dat een oproep tot verschijning voldoende is om de verschijning van de persoon te verzekeren, vaardigt hij het bevel uit, met of zonder vrijheidsbeperkende voorwaarden (niet zijnde hechtenis) indien het nationale recht daarin voorziet, tot verschijning van de persoon. Het bevel vermeldt:
    a. de naam van de persoon en alle overige informatie relevant voor diens identificatie;
    b. de datum die is vastgesteld voor de verschijning van de persoon;
    c. een specifieke verwijzing naar de misdrijven waarover het Hof rechtsmacht bezit en die de persoon beweerdelijk heeft begaan; en
    d. een beknopte beschrijving van de feiten die beweerdelijk het misdrijf vormen.
Het bevel wordt aan de persoon betekend.

Art. 59 Aanhoudingsprocedure in de Staat van bewaring

1. Een Staat die Partij is en een verzoek heeft ontvangen voor de voorlopige aanhouding of voor aanhouding en overdracht onderneemt onmiddellijk stappen voor de aanhouding van de betrokken persoon overeenkomstig zijn wetgeving en het in Deel 9 bepaalde.

Internationaal Strafhof, aanhoudingsprocedure in Staat van bewaring

2. Een aangehouden persoon wordt onverwijld geleid voor de bevoegde gerechtelijke autoriteit in de Staat van bewaring, die overeenkomstig het recht van die Staat vaststelt of:
    a. het bevel tot aanhouding die persoon betreft;
    b. de persoon is aangehouden overeenkomstig de juiste procedure; en
    c. de rechten van de persoon zijn geëerbiedigd.
3. In afwachting van de overdracht heeft de aangehouden persoon het recht een verzoek tot voorlopige invrijheidstelling in te dienen bij de bevoegde autoriteit in de Staat van bewaring.
4. Bij een beslissing op een dergelijk verzoek overweegt de bevoegde autoriteit in de Staat van bewaring of, gezien de ernst van de beweerde misdrijven, dringende en uitzonderlijke omstandigheden aanwezig zijn die een voorlopige invrijheidstelling rechtvaardigen, en of noodzakelijke waarborgen bestaan om te verzekeren dat de Staat van bewaring zijn verplichting tot overdracht van de persoon aan het Hof kan nakomen. Het staat de bevoegde autoriteit van de Staat van bewaring niet vrij te overwegen of het bevel tot aanhouding op de juiste wijze is uitgevaardigd overeenkomstig artikel 58, eerste lid, onder a en b.
5. De Kamer van vooronderzoek wordt in kennis gesteld van elk verzoek tot voorlopige invrijheidstelling en doet aanbevelingen aan de bevoegde autoriteit in de Staat van bewaring. De bevoegde autoriteit in de Staat van bewaring betrekt deze aanbevelingen volledig in haar over-

wegingen, met inbegrip van alle aanbevelingen met betrekking tot maatregelen ter voorkoming van ontvluchting van de persoon, alvorens haar beslissing te nemen.
6. Indien de persoon voorlopige invrijheidstelling wordt verleend, is de Kamer van vooronderzoek bevoegd te verzoeken dat regelmatig verslag wordt gedaan van de stand van zaken van de voorlopige invrijheidstelling.
7. Op een bevel tot overdracht, uit te voeren door de Staat van bewaring, wordt de persoon zo spoedig mogelijk ter beschikking gesteld aan het Hof.

Art. 60 Inleidende procedure voor het Hof

1. Na overdracht van de persoon aan het Hof of na diens verschijning voor het Hof uit vrije wil of ingevolge een bevel overtuigt de Kamer van vooronderzoek zich ervan dat de persoon op de hoogte is gesteld van de misdrijven die hij beweerdelijk heeft begaan en van zijn rechten ingevolge dit Statuut, met inbegrip van het recht om een verzoek tot voorlopige invrijheidstelling in te dienen in afwachting van de terechtzitting.
2. Een persoon voor wie een bevel tot aanhouding geldt is bevoegd een verzoek in te dienen tot voorlopige invrijheidstelling in afwachting van de terechtzitting. Indien de Kamer van vooronderzoek ervan overtuigd is dat aan de voorwaarden vermeld in artikel 58, eerste lid, is voldaan, blijft de persoon in hechtenis. Indien de Kamer van vooronderzoek daar niet van overtuigd is, stelt de Kamer van vooronderzoek de persoon met of zonder voorwaarden in vrijheid.
3. De Kamer van vooronderzoek neemt regelmatig haar beslissing inzake de invrijheidstelling of hechtenis van de persoon in heroverweging en kan dit op elk tijdstip doen waarop de Aanklager of de persoon hierom verzoekt. Bij deze heroverweging is de Kamer bevoegd zijn beslissing met betrekking tot hechtenis, invrijheidstelling of voorwaarden van invrijheidstelling te wijzigen, indien hij ervan overtuigd is dat gewijzigde omstandigheden dit vereisen.
4. De Kamer van vooronderzoek draagt er zorg voor dat een persoon niet in hechtenis wordt gehouden gedurende een onredelijk lange periode voorafgaand aan de terechtzitting als gevolg van ongerechtvaardigde vertraging door de Aanklager. Indien een dergelijke vertraging zich voordoet, overweegt het Hof de invrijheidstelling van de persoon met of zonder voorwaarden.
5. Indien vereist, is de Kamer van vooronderzoek bevoegd een bevel tot medebrenging uit te vaardigen ter verzekering van de aanwezigheid van een persoon die in vrijheid is gesteld.

Art. 61 Bevestiging van de tenlastegelegde feiten voorafgaande aan de terechtzitting

1. Onverminderd het in het tweede lid bepaalde houdt de Kamer van vooronderzoek binnen redelijke tijd na de overdracht of de vrijwillige verschijning van de persoon voor het Hof een hoorzitting ter bevestiging van de tenlastegelegde feiten op grond waarvan de Aanklager voornemens is een terechtzitting te doen plaatsvinden. De hoorzitting wordt gehouden in aanwezigheid van de Aanklager en de in staat van beschuldiging gestelde persoon, alsmede zijn raadsman.
2. De Kamer van vooronderzoek is op verzoek van de Aanklager of ambtshalve bevoegd een hoorzitting te houden in afwezigheid van de in staat van beschuldiging gestelde persoon teneinde de tenlastegelegde feiten te bevestigen op grond waarvan de Aanklager voornemens is een terechtzitting te doen plaatsvinden, wanneer de persoon:
a. afstand heeft gedaan van zijn recht om aanwezig te zijn; of
b. gevlucht is of niet kan worden gevonden, terwijl alle redelijke stappen zijn ondernomen om zijn verschijning voor het Hof te verzekeren en de persoon op de hoogte te stellen van de tenlastegelegde feiten en van het feit dat een hoorzitting zal worden gehouden ter bevestiging van de tenlastegelegde feiten.
In dat geval wordt de persoon vertegenwoordigd door een raadsman wanneer de Kamer van vooronderzoek vaststelt dat het in het belang van een goede rechtsbedeling is.
3. Binnen redelijke tijd voor de hoorzitting:
a. ontvangt de persoon een afschrift van het document waarin de tenlastegelegde feiten staan vermeld op grond waarvan de Aanklager voornemens is de persoon terecht te doen staan; en
b. wordt de persoon op de hoogte gesteld van de bewijsmiddelen waarop de Aanklager voornemens is zich op de hoorzitting te baseren.
De Kamer van vooronderzoek is bevoegd bevelen uit te vaardigen met betrekking tot de openbaarmaking van informatie voor het doel van de hoorzitting.
4. Voorafgaande aan de hoorzitting is de Aanklager bevoegd het onderzoek voort te zetten en de tenlastegelegde feiten te wijzigen of in te trekken. De persoon zal op redelijke termijn voor de hoorzitting in kennis worden gesteld van wijzigingen in of intrekking van de tenlastegelegde feiten. In het geval van intrekking van de tenlastegelegde feiten stelt de Aanklager de Kamer van vooronderzoek in kennis van de redenen voor de intrekking.
5. Tijdens de hoorzitting onderbouwt de Aanklager elk tenlastegelegd feit met voldoende bewijs voor de vaststelling van substantiële gronden om aan te nemen dat de persoon het tenlastegelegde misdrijf heeft begaan. De Aanklager is bevoegd zich te baseren op documentair bewijs of op

een samenvatting van de bewijsmiddelen en behoeft niet de getuigen op te roepen die geacht worden ter terechtzitting een verklaring af te leggen.

6. Op de hoorzitting is de persoon bevoegd:
a. bezwaar te maken tegen de tenlastegelegde feiten;
b. het bewijs dat door de Aanklager is geleverd te betwisten; en
c. bewijs te leveren.

7. De Kamer van vooronderzoek stelt op basis van de hoorzitting vast of voldoende bewijsmiddelen aanwezig zijn voor de vaststelling van substantiële gronden om aan te nemen dat de persoon alle tenlastegelegde misdrijven heeft begaan. Gebaseerd op zijn vaststelling besluit de Kamer van vooronderzoek tot:
a. bevestiging van die tenlastegelegde feiten ten aanzien waarvan hij heeft vastgesteld dat voldoende bewijsmiddelen aanwezig zijn; en verwijzing van de persoon naar een Kamer van berechting om terecht te staan ter zake van die bevestigde tenlastegelegde feiten;
b. afwijzing van de bevestiging van die tenlastegelegde feiten ten aanzien waarvan hij heeft vastgesteld dat onvoldoende bewijs aanwezig is;
c. verdaging van de hoorzitting en een verzoek aan de Aanklager om te overwegen:
i. nader bewijs te verstrekken of nader onderzoek uit te voeren met betrekking tot een bepaald tenlastegelegd feit; of
ii. een tenlastegelegd feit te wijzigen omdat de overgelegde bewijsmiddelen een ander misdrijf blijken op te leveren waarover het Hof rechtsmacht bezit.

8. Wanneer de Kamer van vooronderzoek weigert een tenlastegelegd feit te bevestigen, belet dit de Aanklager niet een nader verzoek om bevestiging te doen indien het verzoek wordt onderbouwd met aanvullende bewijsmiddelen.

9. Nadat de tenlastegelegde feiten zijn bevestigd en voordat de terechtzitting is begonnen, is de Aanklager bevoegd met toestemming van de Kamer van vooronderzoek en na kennisgeving aan de beschuldigde, de tenlastegelegde feiten te wijzigen. Indien de Aanklager aanvullende punten aan de tenlastegelegde feiten wenst toe te voegen of ernstiger tenlastegelegde feiten daarvoor in de plaats te stellen, dient een hoorzitting te worden gehouden ingevolge dit artikel om die tenlastegelegde feiten te bevestigen. Na aanvang van de terechtzitting is de Aanklager bevoegd met toestemming van de Kamer van berechting de tenlastegelegde feiten in te trekken.

10. Een bevel tot aanhouding dat voordien is uitgevaardigd, houdt op van kracht te zijn voorzover het tenlastegelegde feiten betreft die niet door de Kamer van vooronderzoek zijn bevestigd of die door de Aanklager zijn ingetrokken.

11. Wanneer de tenlastegelegde feiten eenmaal zijn bevestigd overeenkomstig dit artikel, stelt het Presidium een Kamer van berechting samen die ingevolge het achtste lid en artikel 64, vierde lid, verantwoordelijk is voor de daaropvolgende procesvoering en die bevoegd is alle taken van de Kamer van vooronderzoek te vervullen voorzover die in die fase relevant en toepasselijk zijn.

DEEL 6
DE TERECHTZITTING

Art. 62 Plaats van terechtzitting
Tenzij anders wordt besloten vindt de terechtzitting plaats waar de zetel van het Hof is gevestigd.

Art. 63 Terechtzitting in aanwezigheid van de beschuldigde
1. De beschuldigde woont de terechtzitting bij.

2. Indien de beschuldigde, die voor het Hof aanwezig is, de terechtzitting blijft verstoren, is de Kamer van berechting bevoegd de beschuldigde te verwijderen en ervoor te zorgen dat hij als waarnemer de terechtzitting kan volgen en de raadsman van buiten de rechtszaal instructies kan geven, zonodig door middel van het gebruik van communicatietechnologie. Dergelijke maatregelen worden alleen in uitzonderlijke omstandigheden getroffen, nadat andere redelijke alternatieven ongeschikt zijn gebleken, en slechts voor zolang dit strikt noodzakelijk is.

Art. 64 Taken en bevoegdheden van de Kamer van berechting
1. De in dit artikel vermelde taken en bevoegdheden van de Kamer van berechting worden uitgeoefend overeenkomstig dit Statuut en het Reglement van proces- en bewijsvoering.

2. De Kamer van berechting draagt er zorg voor dat een terechtzitting eerlijk en onverwijld verloopt en wordt geleid met volledige eerbiediging van de rechten van de beschuldigde en passende inachtneming van de bescherming van slachtoffers en getuigen.

3. Bij aanwijzing van een zaak voor terechtzitting overeenkomstig dit Statuut dient de ter behandeling van de zaak aangewezen Kamer van berechting:

a. overleg te plegen met de partijen en de procedures te bepalen voor een eerlijk en onverwijld verloop van de procedure;
b. de op de terechtzitting te gebruiken taal of talen vast te stellen;
c. onverminderd de overige relevante bepalingen van dit Statuut, zorg te dragen voor openbaarmaking van nog niet eerder openbaar gemaakte documenten of informatie, zodanig ruim voor de aanvang van de terechtzitting dat een passende voorbereiding voor de terechtzitting mogelijk is.

4. De Kamer van berechting is bevoegd, indien vereist voor zijn doeltreffend en eerlijk functioneren, voorafgaande vragen naar de Kamer van vooronderzoek te verwijzen of, indien vereist, naar een andere beschikbare rechter van de Afdeling Vooronderzoek.

5. Na kennisgeving aan partijen is de Kamer van berechting, zonodig bevoegd te bepalen dat feiten die aan verschillende beschuldigden ten laste gelegd zijn, zullen worden gevoegd of gesplitst.

6. Bij de uitoefening van zijn taken voorafgaand aan of in de loop van een terechtzitting is de Kamer van berechting bevoegd, zonodig:
a. alle in artikel 61, elfde lid, vermelde taken van de Kamer van vooronderzoek uit te oefenen;
b. de aanwezigheid van getuigen alsook hun verklaringen te verlangen evenals de productie van documenten en ander bewijs door zonodig de bijstand in te roepen van Staten zoals voorzien in dit Statuut;
c. zorg te dragen voor de bescherming van vertrouwelijke informatie;
d. de productie te gelasten van bewijsmiddelen in aanvulling op het bewijs dat reeds voor de terechtzitting is vergaard of tijdens de terechtzitting door partijen naar voren is gebracht;
e. zorg te dragen voor de bescherming van de beschuldigde, getuigen en slachtoffers; en
f. te beslissen over alle overige relevante zaken.

7. De terechtzitting is openbaar. De Kamer van berechting is echter bevoegd te bepalen dat bijzondere omstandigheden vereisen dat bepaalde onderdelen van de procedure achter gesloten deuren moeten plaatsvinden vanwege het in artikel 68 bepaalde of ter bescherming van vertrouwelijke of gevoelige informatie die als bewijsmiddel zal dienen.

8.
a. Bij de aanvang van de terechtzitting laat de Kamer van berechting aan de beschuldigde de tenlastegelegde feiten voorlezen, die voordien door de Kamer van vooronderzoek zijn bevestigd. De Kamer van berechting overtuigt zich ervan dat de beschuldigde de aard van de tenlastegelegde feiten begrijpt. Hij geeft hem de gelegenheid om schuld te bekennen overeenkomstig artikel 65 of zich onschuldig te verklaren.
b. Ter terechtzitting is de rechter die als voorzitter optreedt bevoegd aanwijzingen te geven ten aanzien van de procedure, mede ter verzekering dat deze op eerlijke en onpartijdige wijze verloopt. Onverminderd aanwijzingen van de rechter die als voorzitter optreedt, kunnen de partijen bewijs overleggen overeenkomstig het in dit Statuut bepaalde.

9. De Kamer van berechting heeft onder meer de bevoegdheid op verzoek van een partij of ambtshalve:
a. te beslissen of bewijs toelaatbaar of relevant is; en
b. alle vereiste maatregelen te treffen teneinde een hoorzitting ordelijk te doen verlopen.

10. De Kamer van berechting zorgt ervoor dat een volledig proces-verbaal van de terechtzitting wordt gemaakt, dat het verloop van de handelingen ter terechtzitting nauwkeurig weergeeft en wordt gehouden en bewaard door de Griffier.

Art. 65 Procedure in geval van bekentenis

1. Wanneer de beschuldigde schuld bekent overeenkomstig artikel 64, achtste lid, onder a, beslist de Kamer van berechting of:
a. de beschuldigde de aard en de gevolgen van zijn bekentenis begrijpt;
b. de bekentenis door de beschuldigde vrijwillig is gedaan na voldoende overleg met de raadsman voor de verdediging; en
c. de bekentenis wordt ondersteund door de feiten in de zaak, zoals deze blijken uit:
i. de tenlastegelegde feiten die door de Aanklager naar voren zijn gebracht en door de beschuldigde bekend;
ii. materiaal dat door de Aanklager is overgelegd ter aanvulling op de tenlastegelegde feiten, dat door de beschuldigde is aanvaard; en
iii. elk overig bewijs, zoals de verklaringen van getuigen, dat door de Aanklager of de beschuldigde naar voren is gebracht.

2. Wanneer de Kamer van berechting ervan overtuigd is dat het in het eerste lid bedoelde is vastgesteld, beschouwt de Kamer van berechting de bekentenis in samenhang met het overige aanvullende bewijs als voldoende grond voor alle wezenlijke feiten die vereist zijn als bewijs voor het misdrijf waarop de bekentenis betrekking heeft, en kan hij de beschuldigde voor dat misdrijf veroordelen.

3. Wanneer de Kamer van berechting er niet van overtuigd is dat voldoende grond bestaat voor alle in het eerste lid bedoelde feiten, beschouwt hij de bekentenis als niet gedaan, in welk

Statuut van Rome inzake het Internationaal Strafhof   C53 art. 68

geval hij gelast de terechtzitting voort te zetten volgens de in dit Statuut bepaalde normale procedures voor terechtzitting en naar een andere Kamer van berechting kan verwijzen.

4. Wanneer de Kamer van berechting van oordeel is dat aanvulling van de feiten in de zaak noodzakelijk is in het belang van de rechtspleging, in het bijzonder in het belang van de slachtoffers, is de Kamer van berechting bevoegd:

a. de Aanklager te verzoeken om aanvullende bewijsmiddelen te overleggen, met inbegrip van getuigenverklaringen; of

b. te gelasten dat de terechtzitting volgens de in dit Statuut bepaalde normale procedures voor terechtzitting wordt voortgezet, in welk geval de Kamer van berechting de bekentenis als niet gedaan beschouwt en hij de zaak kan verwijzen naar een andere Kamer van berechting.

5. Mondeling overleg tussen de Aanklager en de verdediging over een wijziging in de tenlastegelegde feiten, de bekentenis of de op te leggen straf voor het Hof is niet bindend.

Art. 66 Vermoeden van onschuld

1. Een ieder wordt verondersteld onschuldig te zijn totdat zijn schuld voor het Hof is bewezen overeenkomstig het toepasselijke recht.

Internationaal Strafhof, vermoeden van onschuld

2. De plicht de schuld van de beschuldigde te bewijzen rust op de Aanklager.

3. Teneinde de beschuldigde te veroordelen, dient het Hof buiten iedere redelijke twijfel overtuigd te zijn van de schuld van de beschuldigde.

Art. 67 Rechten van de beschuldigde

1. Bij de vaststelling van een tenlastegelegd feit heeft de beschuldigde recht op een openbare zitting met inachtneming van het in dit Statuut bepaalde, die op eerlijke en onpartijdige wijze wordt gehouden, en op de volgende minimumwaarborgen, op basis gelijke voet met de Aanklager:

Internationaal Strafhof, rechten beschuldigde

a. onverwijld en in detail op de hoogte te worden gesteld van de aard, de reden en de inhoud van het hem tenlastegelegde, in een taal die hij volledig begrijpt en spreekt;

b. te beschikken over voldoende tijd en faciliteiten voor de voorbereiding van de verdediging en vrijelijke en vertrouwelijke communicatie met de raadsman van zijn keuze;

c. terecht te staan zonder buitensporige vertraging;

d. onverminderd het bepaalde in artikel 63, tweede lid, aanwezig te zijn ter terechtzitting, verweer te voeren in persoon of door middel van door hem gekozen rechtsbijstand, op de hoogte te worden gesteld van dit recht wanneer hij geen rechtsbijstand heeft en rechtsbijstand toegewezen te krijgen door het Hof in alle gevallen waarin het belang van de rechtspleging dit vereist, en zonder betaling indien de beschuldigde niet over voldoende middelen beschikt;

e. getuigen à charge te ondervragen of te doen ondervragen en de verschijning en ondervraging te bewerkstelligen van getuigen à decharge op dezelfde voorwaarden als gelden voor getuigen à charge; de beschuldigde is tevens gerechtigd verweermiddelen aan te voeren en ander krachtens dit Statuut toelaatbaar bewijs naar voren te brengen;

f. kosteloos bijstand te krijgen van een bevoegde tolk en de vertalingen die noodzakelijk zijn om te voldoen aan de vereisten van eerlijkheid, indien een onderdeel van de procedure en document dat aan het Hof wordt overgelegd niet is gesteld in een taal die de beschuldigde volledig begrijpt en spreekt;

g. niet te worden gedwongen te getuigen of schuld te bekennen en te kunnen blijven zwijgen zonder dat dit meeweegt bij het vaststellen van schuld of onschuld;

h. buiten eedsverband een mondelinge of schriftelijke verklaring ten behoeve van zijn verdediging af te leggen; en

i. niet te worden onderworpen aan een omkering van de bewijslast of aan enige plicht tot tegenbewijs.

2. Naast enige andere ingevolge dit Statuut bepaalde openbaarmaking, stelt de Aanklager de verdediging in een zo vroeg mogelijk stadium in kennis van bewijsmiddelen die zich in het bezit of in de macht van de Aanklager bevinden en waarvan hij meent dat deze de onschuld van de beschuldigde aantonen of daartoe bijdragen of dat deze de schuld van de beschuldigde verlichten, of die de geloofwaardigheid kunnen aantasten van bewijs waarop de vervolging steunt. Het Hof beslist in gevallen waarin twijfel bestaat over de toepassing van dit lid.

Art. 68 Bescherming van slachtoffers en getuigen en hun deelname aan de procedure

1. Het Hof treft passende maatregelen ter bescherming van de veiligheid, het lichamelijk en geestelijk welzijn, de waardigheid en de persoonlijke levenssfeer van slachtoffers en getuigen. Daarbij neemt het Hof alle relevante factoren in aanmerking, met inbegrip van leeftijd, geslacht zoals gedefinieerd in artikel 7, derde lid, en gezondheid, en de aard van het misdrijf, in het bijzonder doch daartoe niet beperkt, wanneer het misdrijf seksueel geweld of seksistisch geweld of geweld tegen kinderen betreft. De Aanklager treft dergelijke maatregelen in het bijzonder tijdens het onderzoek en de vervolging van dergelijke misdrijven. De maatregelen mogen geen afbreuk doen aan of in strijd zijn met de rechten van de beschuldigde en een eerlijke en onpartijdige terechtzitting.

Internationaal Strafhof, bescherming slachtoffers en getuigen en hun deelname aan procedure

2. Als uitzondering op het in artikel 67 vastgelegde beginsel dat hoorzittingen openbaar zijn, kunnen de Kamers van het Hof, ter bescherming van slachtoffers en getuigen of een beschuldigde, een deel van het proces in een besloten zitting doen plaatsvinden of toestaan dat bewijs wordt geleverd met behulp van elektronische of andere bijzondere middelen. In het bijzonder wordt dit soort maatregelen getroffen in geval van slachtoffers van seksueel geweld of een kind dat slachtoffer of getuige is, tenzij het Hof, alle omstandigheden in aanmerking genomen, in het bijzonder de zienswijze van het slachtoffer of de getuige, anders heeft bepaald.
3. Waar de persoonlijke belangen van de slachtoffers in het geding zijn, staat het Hof toe dat hun zienswijze en belangen naar voren worden gebracht en in overweging worden genomen in daartoe door het Hof als passend bepaalde stadia van het proces en op een wijze die geen afbreuk doet aan of onverenigbaar is met de rechten van de beschuldigde en een eerlijk en onpartijdig proces. Dergelijke zienswijze en belangen kunnen naar voren worden gebracht door de wettelijke vertegenwoordigers van de slachtoffers indien het Hof dit passend acht, overeenkomstig het Reglement van proces- en bewijsvoering.
4. De Afdeling voor Slachtoffers en Getuigen is bevoegd advies uit te brengen aan de Aanklager en aan het Hof ten aanzien van passende beschermende maatregelen, beveiligingsregelingen, advies en bijstand als bedoeld in artikel 43, zesde lid.
5. Wanneer openbaarmaking van bewijs of informatie krachtens dit Statuut de veiligheid van een getuige of van zijn gezins- en familieleden ernstig in gevaar kan brengen, is de Aanklager bevoegd ten behoeve van de onderdelen van het proces die voor de aanvang van de terechtzitting plaatsvinden, na te laten dat bewijs of die informatie te geven en in plaats daarvan een samenvatting te verstrekken. Dit soort maatregelen wordt getroffen op een wijze die geen afbreuk doet aan of onverenigbaar is met de rechten van de beschuldigde en een eerlijk en onpartijdig proces.
6. Een Staat is bevoegd een verzoek in te dienen tot het treffen van maatregelen die noodzakelijk zijn ter bescherming van zijn beambten of agenten en ter bescherming van vertrouwelijke of gevoelige informatie.

Art. 69 Bewijs
1. Alvorens een getuigenverklaring af te leggen, dient elke getuige overeenkomstig het Reglement van proces- en bewijsvoering een gelofte af te leggen ten aanzien van de waarheidsgetrouwheid van het door hem te leveren bewijs.
2. De getuigenverklaring wordt ter terechtzitting in persoon afgelegd behoudens voorzover de in artikel 68 of in het Reglement van proces- en bewijsvoering vermelde maatregelen zijn getroffen. Het Hof is ook bevoegd toe te staan dat een getuige een verklaring aflegt door middel van zijn direct gesproken woord of een bandopname, door gebruikmaking van video- of audiotechnologie, alsmede door de overlegging van documenten of schriftelijke transcripties overeenkomstig dit Statuut en het Reglement van proces- en bewijsvoering. Deze maatregelen mogen geen afbreuk doen aan of in strijd zijn met de rechten van de beschuldigde.
3. De partijen kunnen overeenkomstig artikel 64 bewijsmiddelen overleggen die voor de zaak relevant zijn. Ten behoeve van de waarheidsvinding is het Hof bevoegd overlegging te verzoeken van ieder bewijsmiddel.
4. Het Hof is bevoegd te beslissen of een bewijsmiddel relevant of toelaatbaar is, waarbij het onder meer in aanmerking neemt de bewijskracht van het bewijsmiddel en de afbreuk die dit bewijsmiddel kan doen aan een eerlijk proces of een eerlijke beoordeling van de getuigenverklaring, overeenkomstig het Reglement van proces- en bewijsvoering.
5. Het Hof dient bijzondere rechten op vertrouwelijkheid te eerbiedigen en in acht te nemen als voorzien in het Reglement van proces- en bewijsvoering.
6. Feiten van algemene bekendheid behoeven geen bewijs en behoren van rechtswege tot de kennisneming van het Hof.
7. Bewijs verkregen door schending van dit Statuut of internationaal erkende mensenrechten is ontoelaatbaar, indien:
  a. de schending ernstige twijfel doet rijzen ten aanzien van de betrouwbaarheid van het bewijsmiddel; of
  b. de toelating van het bewijsmiddel in strijd zou zijn met de integriteit van de procedure en deze ernstig zou schaden.
8. Wanneer het Hof beslist over relevantie of de toelaatbaarheid van bewijsmiddel dat door een Staat is vergaard, doet het Hof geen uitspraak over de toepassing van het nationale recht van die Staat.

Art. 70 Misdrijven gericht tegen de rechtspleging
1. Het Hof heeft rechtsmacht ter zake van de volgende misdrijven tegen de rechtspleging van het Hof wanneer deze opzettelijk worden begaan:
  a. het afleggen van een valse getuigenverklaring wanneer ingevolge artikel 69, eerste lid, de verplichting bestaat de waarheid te spreken;
  b. het leveren van bewijs waarvan de partij weet dat het vals of vervalst is;

c. het door middel van omkoping beïnvloeden van een getuige, het belemmeren van de verschijning van een getuige of van het vrijelijk afleggen van een getuigenverklaring, het wraak nemen op een getuige wegens het afleggen van een verklaring of het beschadigen, vernietigen, onbruikbaar maken of wegmaken van enige bewijsmiddel dan wel het vervalsen daarvan of het belemmeren van de vrijelijke bewijsgaring;
d. het hinderen, intimideren of door middel van omkoping beïnvloeden van een beambte van het Hof teneinde deze te dwingen of over te halen zijn bediening niet of onjuist te vervullen;
e. het wraak nemen op een beambte van het Hof wegens de taken die door deze of een andere beambte zijn vervuld;
f. het als beambte van het Hof in samenhang met zijn bediening vragen om steekpenningen of het aannemen daarvan.
2. Het Hof oefent rechtsmacht uit over misdrijven ingevolge dit artikel overeenkomstig de in het Reglement van proces- en bewijsvoering bepaalde beginselen en procedure. De voorwaarden voor verlening van internationale rechtshulp aan het Hof met betrekking tot de procedures ingevolge dit artikel worden bepaald door de nationale wetgeving van de Staat waaraan een verzoek wordt gericht.
3. Bij veroordeling is het Hof bevoegd een gevangenisstraf op te leggen van ten hoogste vijf jaar of een boete overeenkomstig het Reglement van proces- en bewijsvoering, of beide.
4.
a. Elke Staat die Partij is breidt de werking van zijn strafrecht, waarbij misdrijven tegen de integriteit van zijn eigen opsporing en rechtspleging strafbaar worden gesteld, uit tot misdrijven tegen de rechtspleging als bedoeld in dit artikel, die begaan zijn op zijn grondgebied of door een van zijn onderdanen;
b. Op verzoek van het Hof, legt een Staat die Partij is de zaak ter vervolging voor aan zijn bevoegde autoriteiten wanneer hij dit passend vindt.

Art. 71 Sancties op wangedrag ten overstaan van het Hof
1. Het Hof is bevoegd aan personen die voor het Hof verschijnen en zich misdragen, bijvoorbeeld door verstoring van de procesvoering of moedwillige weigering de aanwijzingen van het Hof op te volgen, bij wijze van sanctie een administratieve maatregel anders dan vrijheidsbeneming op te leggen, zoals tijdelijke of blijvende verwijdering uit de rechtszaal, een boete of een andere, in het Reglement van proces- en bewijsvoering voorziene, vergelijkbare maatregel.
2. De procedures die gelden voor het opleggen van de in het eerste lid bedoelde maatregelen worden bepaald bij het Reglement van proces- en bewijsvoering.

Internationaal Strafhof, sancties op wangedrag

Art. 72 Bescherming van informatie met betrekking tot de nationale veiligheid
1. Dit artikel geldt voor elk geval waarin de openbaarmaking van de informatie of documenten van een Staat, naar de mening van die Staat zijn nationale veiligheidsbelangen zou schaden. Deze gevallen omvatten mede die vallen binnen de reikwijdte van artikel 56, tweede en derde lid, artikel 61, derde lid, artikel 64, derde lid, artikel 67, tweede lid, artikel 68, zesde lid, artikel 87, zesde lid en artikel 93, alsmede gevallen die zich voordoen in enig ander stadium van de procedure wanneer een dergelijke openbaarmaking aan de orde kan zijn.
2. Dit artikel geldt tevens wanneer een persoon aan wie is verzocht informatie of bewijs te verschaffen heeft geweigerd dit te doen of de zaak naar de Staat heeft verwezen op grond van het feit dat openbaarmaking de nationale veiligheidsbelangen van een Staat zou schaden en de betrokken Staat bevestigt dat openbaarmaking zijn nationale veiligheidsbelangen zou schaden.
3. Niets in dit artikel doet afbreuk aan de vereisten van vertrouwelijkheid ingevolge artikel 54, derde lid, onder e en f, of aan de toepassing van artikel 73.
4. Indien een Staat ter kennis komt dat informatie of documenten van de Staat in enig stadium van de procedure waarschijnlijk of zeker worden openbaargemaakt en hij is van oordeel dat openbaarmaking zijn nationale veiligheidsbelangen zou schaden, heeft die Staat het recht tussenbeide te komen teneinde overeenkomstig dit artikel een oplossing voor het geschilpunt te verkrijgen.
5. Indien, naar het oordeel van een Staat, openbaarmaking van informatie zijn nationale veiligheidsbelangen zou schaden, onderneemt deze Staat alle redelijke stappen om, in samenwerking met de Aanklager, de verdediging of de Kamer van vooronderzoek respectievelijk de Kamer van berechting naar gelang het geval, te trachten tot schikking van de zaak te komen. Dergelijke stappen kunnen mede omvatten:
a. wijziging of verduidelijking van het verzoek;
b. een beslissing van het Hof over de relevantie van de informatie of het bewijsmiddel waarom is verzocht, of een beslissing over de vraag of het bewijsmiddel, hoewel relevant, zou kunnen worden verkregen of is verkregen van een andere bron dan de aangezochte Staat;
c. het verkrijgen van informatie of een bewijsmiddel van een andere bron of in een andere vorm; of
d. overeenstemming over de voorwaarden waaronder de bijstand zou kunnen worden verleend, met inbegrip van, onder meer, het verstrekken van samenvattingen of bewerkte documenten, beperkingen ten aanzien van de openbaarmaking, procedure met gesloten deuren of bij afwe-

Internationaal Strafhof, bescherming informatie i.v.m. nationale veiligheid

zigheid van de andere partij, of andere krachtens het Statuut en het Reglement van Proces- en Bewijsvoering toegestane beschermende maatregelen.

6. Als alle redelijke stappen zijn ondernomen om de zaak door onderlinge samenwerking te schikken en de Staat van oordeel is dat geen middelen of voorwaarden bestaan met behulp waarvan de informatie of documenten verschaft of openbaargemaakt zouden kunnen worden zonder zijn nationale veiligheidsbelangen te schaden, stelt de Staat de Aanklager of het Hof in kennis van de precieze redenen voor zijn besluit, tenzij een dergelijke opgave onontkoombaar uitmondt in schade aan de nationale veiligheidsbelangen van de Staat.

7. Daarna, indien het Hof het bewijs relevant en noodzakelijk acht ter vaststelling van de schuld of onschuld van de beschuldigde, is het Hof bevoegd de volgende stappen te ondernemen.

a. Wanneer openbaarmaking van de informatie of het document wordt verzocht krachtens een verzoek om samenwerking overeenkomstig Deel 9 of de in het tweede lid vermelde omstandigheden, en de Staat een beroep heeft gedaan op de grond tot weigering als bedoeld in artikel 93, vierde lid:

i. is het Hof bevoegd, alvorens tot de slotsom te komen als bedoeld in het zevende lid, onder a, onderdeel ii., te verzoeken om aanvullend overleg teneinde de opmerkingen van de Staat in overweging te nemen, waaronder hoorzittingen met gesloten deuren en bij afwezigheid van de andere partij;

ii. indien het Hof tot de slotsom komt dat de aangezochte Staat, door zich te beroepen op de grond tot weigering ingevolge artikel 93, vierde lid, in de omstandigheden van het geval, niet handelt overeenkomstig zijn verplichtingen ingevolge dit Statuut, is het Hof bevoegd de zaak te verwijzen overeenkomstig artikel 87, zevende lid, onder opgave van de redenen voor zijn besluit;

iii. is het Hof bevoegd tijdens de terechtzitting van de beschuldigde ten aanzien van het al dan niet bestaan van een feit de onder de omstandigheden passende conclusie te trekken.

b. In alle andere omstandigheden is het Hof bevoegd:

i. bevel te geven tot openbaarmaking; of

ii. voorzover het Hof de openbaarmaking niet gelast, tijdens de terechtzitting van de beschuldigde ten aanzien van het al dan niet bestaan van een feit de onder de omstandigheden passende conclusie te trekken.

Art. 73 Informatie of documenten van derden

Indien een Staat die Partij is door het Hof wordt verzocht documen-ten of informatie te verstrekken die hij in bewaring, in bezit of onder zijn toezicht heeft, die hem zijn toevertrouwd door een Staat, een inter-gouvernementele organisatie of een internationale organisatie, verzoekt hij degene van wie de documenten of informatie afkomstig zijn om toestemming tot openbaarmaking daarvan. Indien het afkomstig is van een Staat die Partij is, verleent deze toestemming tot openbaarmaking van de informatie of documenten of verplicht hij zich de kwestie van openbaarmaking met het Hof op te lossen overeenkomstig het bepaalde in artikel 72. Indien de documenten of informatie afkomstig zijn van een derde, niet-zijnde een Staat die Partij is, en deze weigert toestemming tot openbaarmaking te verlenen, stelt de aangezochte Staat het Hof ervan in kennis dat hij niet in staat is de documenten of de informatie te verschaffen ten gevolge van een reeds daarvoor bestaande verplichting tot vertrouwelijkheid tegenover degene van wie het afkomstig is.

Art. 74 Eisen te stellen aan de beslissing

1. Alle rechters van de Kamer van berechting dienen in elk stadium van de terechtzitting en tijdens de beraadslagingen aanwezig te zijn. Het Presidium mag, van geval tot geval, een of meer reserve-rechters, voorzover beschikbaar, aanwijzen om in elk stadium van de terechtzitting aanwezig te zijn en een lid van de Kamer van berechting te vervangen indien dat lid niet in staat is aan de behandeling te blijven deelnemen.

2. De beslissing van de Kamer van berechting is gebaseerd op zijn beoordeling van het bewijs en de volledige procedure. De beslissing beperkt zich tot de in de tenlastelegging omschreven feiten en omstandigheden en alle wijzigingen daarin. Het Hof kan zijn beslissing alleen baseren op bewijsmiddelen die aan hem zijn voorgelegd en ter terechtzitting besproken.

3. De rechters trachten tot eenstemmigheid te komen in hun beslissing, bij gebreke waarvan de beslissing wordt genomen bij meerderheid van de rechters.

4. De beraadslagingen van de Kamer van berechting blijven geheim.

5. De beslissing wordt schriftelijk vastgelegd en omvat een volledig, met redenen omkleed verslag van de bevindingen van de Kamer van berechting inzake het bewijs en de conclusies. De Kamer van berechting spreekt één beslissing uit. Wanneer de beslissing niet eenstemmig is, vermeldt de beslissing van de Kamer van berechting de zienswijzen van de meerderheid en van de minderheid. De beslissing of een samenvatting daarvan wordt in een openbare zitting voorgelezen.

Art. 75 Herstelbetalingen aan slachtoffers
1. Het Hof stelt beginselen vast met betrekking tot herstelbetalingen aan of ten aanzien van slachtoffers, met inbegrip van restitutie, schadeloosstelling en rehabilitatie. Op basis daarvan is het Hof bevoegd in zijn beslissing, op verzoek of ambtshalve in uitzonderlijke omstandigheden, de reikwijdte en omvang te bepalen van schade, verlies en letsel veroorzaakt aan of ten aanzien van slachtoffers en vermeldt het Hof de beginselen waarop zijn handelen is gegrond.
2. Het Hof is bevoegd een rechtstreeks bevel te richten tot een veroordeelde persoon, waarin passende herstelbetalingen zijn omschreven aan of ten aanzien van slachtoffers, met inbegrip van restitutie, schadeloosstelling en rehabilitatie. Waar het Hof dit gepast acht, is het bevoegd te gelasten dat de toekenning van herstelbetalingen geschiedt via het in artikel 79 bedoelde Trustfonds.
3. Alvorens een bevel uit te vaardigen ingevolge dit artikel, is het Hof bevoegd gelegenheid te geven tot het kenbaar maken van opvattingen door of uit naam van de veroordeelde persoon, de slachtoffers, andere belanghebbenden of belanghebbende Staten, waarmee het rekening zal houden.
4. Bij de uitoefening van de ingevolge dit artikel verleende bevoegdheid is het Hof bevoegd, nadat een persoon is veroordeeld voor een misdrijf waarover het Hof rechtsmacht bezit, te bepalen of het, om uitvoering te geven aan een bevel dat het ingevolge dit artikel bevoegd is te geven, noodzakelijk is te verzoeken om maatregelen ingevolge artikel 93, eerste lid.
5. Een Staat die Partij is geeft uitvoering aan een beslissing ingevolge dit artikel overeenkomstig het bepaalde in artikel 109.
6. Niets in dit artikel doet afbreuk aan de rechten van slachtoffers krachtens nationaal of internationaal recht.

Art. 76 Einduitspraak
1. In geval van veroordeling beraadslaagt de Kamer van berechting over de passende einduitspraak en houdt daarbij rekening met het bewijs en de conclusies die tijdens de terechtzitting naar voren zijn gebracht en relevant zijn voor de einduitspraak.
2. Behoudens wanneer artikel 65 van toepassing is en voor het einde van de terechtzitting is de Kamer van berechting ambtshalve bevoegd een nadere zitting te houden, en dient hij, wanneer de Aanklager of de beschuldigde dit verzoekt, deze te houden, teneinde kennis te nemen van aanvullend bewijs of aanvullende conclusies die relevant zijn voor de einduitspraak, overeenkomstig het Reglement van proces- en bewijsvoering.
3. Indien het tweede lid van toepassing is neemt het Hof kennis van de opvattingen ingevolge artikel 75 tijdens de in het tweede lid vermelde nadere zitting en, indien noodzakelijk, in de loop van aanvullende zittingen.
4. De einduitspraak wordt in het openbaar uitgesproken en, waar mogelijk, in aanwezigheid van de beschuldigde.

DEEL 7
STRAFFEN

Art. 77 Toepasselijke straffen
1. Onverminderd artikel 110 is het Hof bevoegd een van de volgende straffen op te leggen aan een persoon die veroordeeld is wegens een in artikel 5 van dit Statuut bedoeld misdrijf:
a. gevangenisstraf voor een bepaald aantal jaren, van ten hoogste 30 jaar; of
b. levenslange gevangenisstraf wanneer de buitengewone ernst van het misdrijf en de specifieke omstandigheden van de veroordeelde persoon dit rechtvaardigen.
2. Naast gevangenisstraf, is het Hof bevoegd op te leggen:
a. een geldboete volgens de maatstaven bepaald in het Reglement van proces- en bewijsvoering;
b. verbeurdverklaring van opbrengsten, goederen en vermogensbestanddelen die direct of indirect door dat misdrijf zijn verkregen, onverminderd de rechten van derden te goeder trouw.

Art. 78 Strafoplegging
1. Overeenkomstig het Reglement van proces- en bewijsvoering houdt het Hof bij de strafoplegging rekening met factoren als de ernst van het misdrijf en de specifieke omstandigheden van de veroordeelde persoon.
2. Bij de oplegging van een einduitspraak tot gevangenisstraf brengt het Hof de tijd in mindering die overeenkomstig een bevel van het Hof in hechtenis is doorgebracht. Het Hof kan de tijd in mindering brengen die anderszins in hechtenis is doorgebracht in verband met gedragingen die ten grondslag liggen aan het misdrijf.
3. Wanneer een persoon voor meer dan een misdrijf is veroordeeld wijst het Hof een einduitspraak voor elk misdrijf en bepaalt het in een gevoegde einduitspraak waarin de totale duur van de gevangenisstraf wordt vermeld. Deze duur is niet korter dan de hoogste afzonderlijk opgelegde straf en niet langer dan 30 jaar gevangenisstraf of levenslange gevangenisstraf overeenkomstig artikel 77, eerste lid, onder b.

Art. 79 Trustfonds

1. Bij besluit van de Vergadering van Staten die Partij zijn wordt een Trustfonds gevormd ten behoeve van slachtoffers van misdrijven waarover het Hof rechtsmacht bezit, en van hun gezins- en familieleden.
2. Het Hof is bevoegd te gelasten dat gelden en andere goederen die op bevel van het Hof door middel van boetes of verbeurdverklaring zijn verzameld, naar het Trustfonds worden overgemaakt.
3. Het Trustfonds wordt beheerd overeenkomstig de door de Vergadering van Staten die Partij zijn te bepalen criteria.

Art. 80 Toepasselijkheid van nationale straffen en wetten

Het in dit Deel van het Statuut bepaalde doet geen afbreuk aan de toepasselijkheid van nationale straffen en wetten noch aan het recht van Staten die niet hebben voorzien in straffen zoals in dit Deel zijn voorgeschreven.

DEEL 8
BEROEP EN HERZIENING

Art. 81 Beroep tegen een einduitspraak

1. Tegen een beslissing ingevolge artikel 74 kan beroep worden ingesteld overeenkomstig het Reglement van proces- en bewijsvoering.
    a. De Aanklager is bevoegd beroep in te stellen op een van de volgende gronden:
    i. een procedurefout,
    ii. feitelijke dwaling, of
    iii. rechtsdwaling;
    b. De veroordeelde of de Aanklager namens hem, is bevoegd beroep in te stellen op een van de volgende gronden:
    i. een procedurefout,
    ii. feitelijke dwaling,
    iii. rechtsdwaling, of
    iv. andere gronden die de eerlijkheid en de betrouwbaarheid van de procedure of de beslissing aantasten.
2.
    a. Overeenkomstig het Reglement van proces- en bewijsvoering zijn de Aanklager en de veroordeelde bevoegd om beroep in te stellen tegen een einduitspraak, op grond van onevenredigheid tussen het misdrijf en de einduitspraak;
    b. Indien het Hof op een beroep tegen een einduitspraak gronden aanneemt om de veroordeling geheel of gedeeltelijk te vernietigen, is het Hof bevoegd de Aanklager en de veroordeelde uit te nodigen gronden te ontwikkelen ingevolge artikel 81, eerste lid, onder a of b, en een beslissing te nemen over veroordeling overeenkomstig artikel 83;
    c. Dezelfde procedure geldt, indien het Hof op een beroep dat alleen de veroordeling betreft gronden aanneemt tot vermindering van de straf ingevolge het tweede lid, onder a.
3.
    a. Tenzij de Kamer van berechting anders beveelt, blijft een veroordeelde hangende een beroep in hechtenis;
    b. Wanneer de tijd die een veroordeelde in bewaring heeft doorgebracht de opgelegde gevangenisstraf te boven gaat, wordt hij in vrijheid gesteld, met dien verstande dat de invrijheidstelling, indien de Aanklager eveneens beroep heeft ingesteld, kan zijn onderworpen aan de hierna onder c vermelde voorwaarden;
    c. In geval van vrijspraak wordt de beschuldigde onmiddellijk in vrijheid gesteld met inachtneming van het volgende:
    i. in buitengewone omstandigheden, met inachtneming van het concrete vluchtgevaar, de ernst van het tenlastegelegde misdrijf en de slagingskans van het beroep, is de Kamer van berechting bevoegd op verzoek van de Aanklager de hechtenis hangende het hoger beroep te doen voortduren;
    ii. tegen een beslissing van de Kamer van berechting ingevolge het bepaalde onder c, onderdeel ii. kan beroep worden ingesteld overeenkomstig het Reglement van proces en bewijsvoering.
4. Onverminderd het derde lid, onder a en b, wordt de tenuitvoerlegging van de uitspraak geschorst gedurende de beroepstermijn en voor de duur van de afdoening in beroep.

Art. 82 Beroep tegen andere beslissingen

1. Elk van beide partijen is bevoegd beroep in te stellen tegen de volgende beslissingen overeenkomstig het Reglement van proces- en bewijsvoering:
    a. een beslissing ten aanzien van de rechtsmacht of ontvankelijkheid;
    b. een beslissing tot invrijheidstelling van de verdachte of beschuldigde of weigering daarvan;
    c. een ambtshalve beslissing van de Kamer van vooronderzoek ingevolge artikel 56, derde lid;

d. een beslissing die waagt van een punt dat van aanmerkelijke invloed kan zijn op een eerlijk en vlot verloop van de procedure of op de uitkomst van de terechtzitting, en waarvoor naar het oordeel van de Kamer van vooronderzoek of de Kamer van berechting een onmiddellijke uitspraak van de Kamer van beroep de voortgang van de procedure in belangrijke mate kan bevorderen.
2. De betrokken Staat of de Aanklager, met instemming van de Kamer van vooronderzoek is bevoegd beroep in te stellen tegen een beslissing van de Kamer van vooronderzoek ingevolge artikel 57, derde lid, onder *d*. Het beroep wordt behandeld volgens een verkorte procedure.
3. Aanwending van beroep heeft geen schorsende werking tenzij de Kamer van beroep, overeenkomstig het Reglement van proces- en bewijsvoering anders bepaalt.
4. Een wettelijk vertegenwoordiger van de slachtoffers, de veroordeelde of een eigenaar te goeder trouw op wiens recht nadelig inbreuk wordt gemaakt door een bevel ingevolge artikel 75 is bevoegd beroep in te stellen tegen het bevel tot herstelbetalingen, overeenkomstig het Reglement van proces- en bewijsvoering.

Art. 83 Beroepsprocedure
1. De Kamer van beroep oefent alle bevoegdheden uit van de Kamer van berechting ter zake van procesvoering ingevolge artikel 81 en dit artikel.
2. Indien de Kamer van beroep vaststelt dat de procedure waartegen beroep is ingesteld, oneerlijk is verlopen waardoor de betrouwbaarheid van de uitspraak is aangetast of dat de uitspraak waartegen beroep is ingesteld inhoudelijk is aangetast door feitelijke of rechtsdwaling of door een procedurefout, is hij bevoegd:
a. de uitspraak te vernietigen of te wijzigen; of
b. een nieuwe terechtzitting te gelasten voor een andere Kamer van beroep.
Hiertoe is de Kamer van beroep bevoegd een vraagpunt van feitelijke aard terug te verwijzen naar de oorspronkelijke Kamer van berechting teneinde dit af te doen, of zelf bewijsvoering te doen plaatsvinden teneinde op dat punt te beslissen. Indien tegen de uitspraak alleen door de veroordeelde beroep is ingesteld of namens hem door de Aanklager, kan de uitspraak niet in zijn nadeel worden herzien.
3. Indien de Kamer van beroep op een beroep tegen een uitspraak vaststelt dat de uitspraak niet in evenredige verhouding staat tot het misdrijf, is de Kamer van beroep bevoegd de uitspraak overeenkomstig Deel 7 te wijzigen.
4. De uitspraak van de Kamer van beroep wordt bij meerderheid van de rechters en in openbare zitting gewezen. De uitspraak is met redenen omkleed. Bij het ontbreken van eenstemmigheid vermeldt de uitspraak van de Kamer van beroep de zienswijzen van de meerderheid en van de minderheid, met dien verstande dat elke rechter bevoegd is een uiteenzetting van zijn individuele of afwijkende oordeel over een rechtsvraag toe te voegen.
5. De Kamer van beroep is bevoegd zijn uitspraak bij verstek te wijzen.

Art. 84 Herziening van einduitspraken
1. De veroordeelde of, na diens overlijden, echtgenoten, kinderen, ouders of een ten tijde van het overlijden van de beschuldigde in leven zijnde persoon die van de beschuldigde uitdrukkelijke schriftelijke aanwijzingen heeft gekregen tot het instellen van een dergelijke vordering, of de Aanklager namens de persoon, is respectievelijk zijn bevoegd de Kamer van beroep te verzoeken om herziening van de einduitspraak waarbij de veroordeling werd uitgesproken of de straf werd opgelegd, op grond van het feit dat:
a. nieuw bewijs is ontdekt dat:
i. niet beschikbaar was ten tijde van de terechtzitting en deze niet-beschikbaarheid niet geheel of gedeeltelijk te wijten was aan de partij die het verzoek doet; en
ii. van voldoende belang is om, indien de juistheid ervan tijdens de terechtzitting zou zijn vastgesteld, waarschijnlijk tot een andere uitspraak te hebben geleid;
b. thans pas is ontdekt dat beslissend bewijs dat op de terechtzitting in aanmerking is genomen en waarop de veroordeling is gebaseerd, onwaar, vals of vervalst was;
c. een of meer rechters die deelnamen aan de veroordeling of bevestiging van de tenlastegelegde feiten zich in die zaak schuldig heeft of hebben gemaakt aan ernstig wangedrag of ernstig plichtsverzuim van voldoende gewicht om de ontzetting van die rechter of rechters uit hun ambt ingevolge artikel 46 te rechtvaardigen.
2. De Kamer van beroep wijst het verzoek af indien hij dit ongegrond acht. Indien hij vaststelt dat het verzoek een nadere beoordeling verdient, is hij, waar dit in aanmerking komt bevoegd:
a. de oorspronkelijke Kamer van berechting opnieuw bijeen te roepen;
b. een nieuwe Kamer van berechting samen te stellen; of
c. de kennisneming van de zaak aan zich te houden,
teneinde, na de partijen te hebben gehoord op de in het Reglement van proces- en bewijsvoering vermelde wijze, vast te stellen of de uitspraak herzien dient te worden.

Art. 85 Schadevergoeding ten behoeve van aangehouden of veroordeelde personen

1. Een ieder die het slachtoffer is geworden van onrechtmatige aanhouding of hechtenis heeft een afdwingbaar recht op schadevergoeding.

2. Wanneer een persoon bij onherroepelijke beslissing voor een strafbaar feit is veroordeeld en zijn veroordeling daarna nietig is verklaard op grond van het feit dat uit een nieuw of een nieuw ontdekt feit overtuigend blijkt dat sprake is van een rechterlijke dwaling, wordt de persoon die als gevolg van die veroordeling straf heeft ondergaan schadeloos gesteld overeenkomstig het daarvoor geldend recht, tenzij wordt bewezen dat het niet tijdig bekend worden van het onbekende feit geheel of gedeeltelijk aan hem is te wijten.

3. In buitengewone omstandigheden, wanneer het Hof vaststelt dat er overtuigende feiten zijn die er op wijzen dat sprake was van een ernstige en duidelijke rechterlijke dwaling, is het bevoegd ambtshalve overeenkomstig de maatstaven van het Reglement van proces- en bewijsvoering schadevergoeding toe te kennen aan een persoon die uit hechtenis is vrijgelaten na een onherroepelijke beslissing tot vrijspraak of na beëindiging van de zaak op dezelfde grond.

DEEL 9
INTERNATIONALE SAMENWERKING EN WEDERZIJDSE RECHTSHULP

Art. 86 Algemene verplichting tot samenwerking

Staten die Partij zijn verlenen overeenkomstig het in dit Statuut bepaalde het Hof volledige samenwerking bij zijn onderzoek naar en vervolging van misdrijven waarover het Hof rechtsmacht bezit.

Art. 87 Verzoeken om samenwerking: algemene bepalingen

1.
a. Het Hof is bevoegd aan Staten die Partij zijn te verzoeken om samenwerking. De verzoeken worden overgebracht langs diplomatieke of elke andere passende weg die daartoe door iedere Staat die Partij is kan worden opgegeven bij bekrachtiging, aanvaarding, goedkeuring of toetreding.
Iedere Staat die Partij is kan later die opgave overeenkomstig het Reglement van proces- en bewijsvoering wijzigen.
b. Onverminderd het onder a bepaalde, kunnen verzoeken ook worden overgebracht via de Internationale Organisatie van Politie in strafzaken of een andere daarvoor in aanmerking komende regionale organisatie.

2. Verzoeken om samenwerking en de documenten ter ondersteuning van het verzoek worden gesteld in of gaan vergezeld van een vertaling in een officiële taal van de aangezochte Staat of in een van de werktalen van het Hof overeenkomstig de keuze die door die Staat werd gedaan bij bekrachtiging, aanvaarding, goedkeuring of toetreding.
Deze keuze kan overeenkomstig het Reglement van proces- en bewijsvoering later worden gewijzigd.

3. De aangezochte Staat behandelt een verzoek om samenwerking en de documenten ter ondersteuning van het verzoek vertrouwelijk behoudens voorzover openbaarmaking daarvan onontkoombaar is ter inwilliging van het verzoek.

4. Met betrekking tot een verzoek om rechtshulp ingevolge Deel 9 is het Hof bevoegd alle maatregelen te treffen, met inbegrip van maatregelen ter bescherming van informatie, die noodzakelijk zijn om de veiligheid of het lichamelijke of geestelijke welzijn van slachtoffers, mogelijke getuigen en hun gezins- en familieleden te waarborgen. Het Hof is bevoegd te verzoeken dat alle ingevolge Deel 9 ter beschikking gestelde informatie wordt verstrekt en behandeld op een wijze die de veiligheid of het lichamelijke of geestelijke welzijn van slachtoffers, mogelijke getuigen en hun gezins- en familieleden beschermt.

5.
a. Het Hof is bevoegd een Staat die geen partij is bij dit Statuut uit te nodigen rechtshulp ingevolge dit Deel te verlenen op basis van een ad hoc-regeling, van een overeenkomst met die Staat of op andere toereikende gronden.
b. Wanneer een Staat die geen partij is bij dit Statuut en die een ad hoc-regeling of overeenkomst ingevolge dit Deel met het Hof is aangegaan, nalaat mee te werken aan verzoeken ingevolge een dergelijke regeling of overeenkomst, is het Hof bevoegd de Vergadering van Staten die Partij zijn daarvan in kennis te stellen of de Veiligheidsraad, wanneer de Veiligheidsraad de zaak heeft aangegeven bij het Hof.

6. Het Hof is bevoegd intergouvernementele organisaties te verzoeken informatie of documenten te verstrekken. Het Hof is ook bevoegd andere vormen van samenwerking en rechtshulp te verzoeken die worden overeengekomen met een dergelijke organisatie en in overeenstemming zijn met haar bevoegdheid of mandaat.

Statuut van Rome inzake het Internationaal Strafhof **C53** art. 90

7. Wanneer een Staat die Partij is nalaat te voldoen aan een rechtshulpverzoek in strijd met het in dit Statuut bepaalde, ten gevolge waarvan deze het Hof verhindert zijn taken en bevoegdheden krachtens dit Statuut uit te oefenen, is het Hof bevoegd een uitspraak te doen met die strekking en de zaak te verwijzen naar de Vergadering van Staten die Partij zijn of, wanneer de Veiligheidsraad de zaak heeft aangegeven bij het Hof, naar de Veiligheidsraad.

Art. 88 Beschikbaarheid van procedures naar nationaal recht
Staten die Partij zijn dragen er zorg voor dat ingevolge hun nationale recht procedures beschikbaar zijn voor alle vormen van samenwerking die in dit Deel zijn voorzien.

Internationaal Strafhof, beschikbaarheid procedures naar nationaal recht

Art. 89 Overdracht van personen aan het Hof
1. Het Hof is bevoegd een verzoek tot aanhouding en overdracht van een persoon, tezamen met het in artikel 91 vermelde materiaal ter ondersteuning van het verzoek, tot elke Staat te richten op het grondgebied waarvan die persoon kan worden aangetroffen en verzoekt die Staat om samenwerking bij de aanhouding en overdracht van de persoon. Staten die Partij zijn voldoen overeenkomstig het in dit Deel bepaalde en de procedure ingevolge hun nationaal recht, aan verzoeken tot aanhouding en overdracht.

Internationaal Strafhof, overdracht personen

2. Indien de persoon om wiens overdracht wordt verzocht dit voor een nationale rechtbank aanvecht op grond van het in artikel 20 omschreven beginsel, raadpleegt de aangezochte Staat onverwijld het Hof teneinde vast te stellen of met betrekking tot de ontvankelijkheid een relevante uitspraak bestaat. Indien de zaak ontvankelijk is, willigt de aangezochte Staat het verzoek in. Indien een uitspraak over de ontvankelijkheid hangende is, is de aangezochte Staat bevoegd de inwilliging van het verzoek tot overdracht van de persoon aan te houden totdat het Hof heeft beslist over de ontvankelijkheid.
3.
a. Een Staat die Partij is verleent overeenkomstig zijn nationaal procesrecht toestemming tot vervoer over zijn grondgebied van een persoon die door een andere Staat aan het Hof wordt overgedragen, behoudens wanneer doorvoer door die Staat de overdracht zou belemmeren of vertragen;
b. Een verzoek tot doorvoer van het Hof wordt overeenkomstig artikel 87 overgebracht. Het verzoek tot doorvoer bevat:
i. een signalement van de persoon die wordt vervoerd;
ii. een korte uiteenzetting van de feiten van de zaak en hun juridische kwalificatie; en
iii. het bevel tot aanhouding en het bevel tot overdracht;
c. Een persoon die wordt vervoerd wordt in hechtenis gehouden tijdens de duur van doorvoer;
d. Geen toestemming is vereist indien de persoon door de lucht wordt vervoerd en geen landing is voorzien op het grondgebied van de Staat van doorvoer;
e. Indien een onvoorziene landing plaatsvindt op het grondgebied van de Staat van doorvoer, is de Staat bevoegd een verzoek tot doorvoer van het Hof te verlangen, als voorzien in het onder *b* bepaalde. De Staat van doorvoer houdt de persoon die wordt vervoerd in hechtenis tot het verzoek om doorvoer is ontvangen en de doorvoer is geschied; met dien verstande dat de hechtenis van toepassing van dit lid niet langer mag duren dan 96 uur na de onvoorziene landing, tenzij het verzoek binnen die termijn is ontvangen.
4. Indien de opgeëiste persoon wordt vervolgd of een straf uitzit in de aangezochte Staat wegens een ander misdrijf dan dat waarvoor overdracht aan het Hof wordt verzocht, pleegt de aangezochte Staat nadat hij heeft besloten het verzoek in te willigen, overleg met het Hof.

Art. 90 Concurrerende verzoeken
1. Een Staat die Partij is en een verzoek van het Hof ontvangt tot overdracht van een persoon ingevolge artikel 89, stelt, indien hij ook van een andere Staat een verzoek ontvangt tot uitlevering van dezelfde persoon voor dezelfde gedragingen die de grondslag vormen voor het misdrijf waarvoor het Hof de overdracht van de persoon verlangt, het Hof en de verzoekende Staat van dat feit in kennis.

Internationaal Strafhof, concurrerende verzoeken

2. Wanneer de verzoekende Staat een Staat is die Partij is, verleent de aangezochte Staat voorrang aan het verzoek van het Hof indien:
a. het Hof ingevolge de artikelen 18 en 19 de beslissing heeft genomen dat de zaak waarvoor overdracht wordt verlangd ontvankelijk is en bij die beslissing rekening is gehouden met het gevoerde onderzoek of de vervolging die door de verzoekende Staat is verricht met betrekking tot zijn verzoek tot uitlevering; of
b. het Hof de onder *a* vermelde beslissing neemt overeenkomstig de kennisgeving aan de aangezochte Staat ingevolge het eerste lid.
3. Wanneer geen beslissing ingevolge het tweede lid, onder *a*, is genomen, kan de aangezochte Staat, naar eigen inzicht, hangende de beslissing van het Hof ingevolge het tweede lid, onder *b*, de behandeling van het verzoek tot uitlevering van de verzoekende Staat voortzetten, maar hij levert de persoon niet uit totdat het Hof heeft beslist dat de zaak niet-ontvankelijk is. Het Hof neemt zijn beslissing volgens een verkorte procedure.

4. Indien de verzoekende Staat geen partij is bij dit Statuut, geeft de aangezochte Staat, indien deze geen internationale verplichting heeft tot uitlevering van de persoon aan de verzoekende Staat, voorrang aan het verzoek van het Hof tot overdracht, indien het Hof heeft beslist dat de zaak ontvankelijk is.
5. Wanneer het Hof heeft beslist dat een zaak ingevolge het vierde lid niet-ontvankelijk is, kan de aangezochte Staat naar eigen inzicht de behandeling van het verzoek tot uitlevering van de verzoekende Staat voortzetten.
6. In gevallen waarin het vierde lid van toepassing is met uitzondering van het feit dat de aangezochte Staat een bestaande internationale verplichting heeft tot uitlevering van de persoon aan de verzoekende Staat die geen partij is bij dit Statuut, beslist de aangezochte Staat of hij de persoon aan het Hof zal overdragen danwel de persoon zal uitleveren aan de verzoekende Staat. Bij zijn besluit houdt de aangezochte Staat rekening met alle relevante factoren, waaronder:
a. de respectieve data van de verzoeken;
b. de belangen van de verzoekende Staat met inbegrip van, waar dit ter zake doende is, het feit of het misdrijf op zijn grondgebied is begaan en de nationaliteit van de slachtoffers en van de persoon wiens overdracht wordt verlangd; en
c. de mogelijkheid van een latere overdracht door het Hof en de verzoekende Staat.
7. Wanneer een Staat die Partij is van het Hof een verzoek tot overdracht van een persoon ontvangt, tevens een verzoek ontvangt van een Staat tot uitlevering van dezelfde persoon voor andere gedragingen dan die welke het misdrijf opleveren waarvoor het Hof overdracht van de persoon verlangt:
a. dient de aangezochte Staat, indien deze geen bestaande internationale verplichting heeft tot uitlevering van de persoon aan de verzoekende Staat, voorrang te geven aan het verzoek van het Hof;
b. dient de aangezochte Staat, indien deze geen bestaande internationale verplichting heeft tot uitlevering van de persoon aan de verzoekende Staat, te beslissen of hij de persoon overdraagt aan het Hof of de persoon uitlevert aan de verzoekende Staat. Bij zijn besluit neemt de aangezochte Staat alle relevante factoren in overweging, waaronder de factoren vermeld in het zesde lid, waarbij speciale aandacht wordt besteed aan de desbetreffende aard en de ernst van de gedragingen in kwestie.
8. Wanneer overeenkomstig een kennisgeving ingevolge dit artikel het Hof heeft beslist dat een zaak niet-ontvankelijk is en daarna uitlevering aan de verzoekende Staat wordt geweigerd, stelt de aangezochte Staat het Hof van deze beslissing in kennis.

Art. 91 Inhoud van het verzoek tot aanhouding en overdracht

1. Een verzoek tot aanhouding en overdracht wordt schriftelijk gedaan. In dringende gevallen kan een verzoek worden gedaan via elk communicatiemiddel dat daarvan een schriftelijke vastlegging kan opleveren mits het verzoek wordt bevestigd langs de in artikel 87, eerste lid, onder a, vermelde weg.
2. In het geval van een verzoek tot aanhouding en overdracht van een persoon tegen wie een bevel tot aanhouding is uitgevaardigd door de Kamer van vooronderzoek ingevolge artikel 58, bevat het verzoek of wordt het ondersteund door:
a. het signalement van de opgeëiste persoon, dat toereikend is voor diens identificatie en informatie met betrekking tot de plaats waar de persoon zich waarschijnlijk bevindt;
b. een kopie van het bevel tot aanhouding; en
c. de vereiste documenten, verklaringen of informatie om te voldoen aan de procedure van overdracht in de aangezochte Staat geldende vereisten, met dien verstande dat die vereisten niet zwaarder mogen zijn dan die welke gelden voor verzoeken tot uitlevering ingevolge verdragen of regelingen tussen de aangezochte Staat en andere Staten en, zo mogelijk, minder zwaar dienen te zijn, gelet op de bijzondere aard van het Hof.
3. Wanneer een verzoek tot aanhouding en overdracht een persoon betreft die reeds is veroordeeld, bevat het verzoek of wordt het ondersteund door:
a. een kopie van elk bevel tot aanhouding met betrekking tot die persoon;
b. een kopie van veroordelende einduitspraak; en
c. informatie om aan te tonen dat de opgeëiste persoon degene is die in veroordelende einduitspraak wordt bedoeld; en
d. indien de opgeëiste persoon is veroordeeld, een kopie van de opgelegde einduitspraak en, in geval van een veroordeling tot gevangenisstraf, een verklaring ten aanzien van de tijd die reeds is uitgezeten en de tijd die nog moet worden uitgezeten.
4. Op verzoek van het Hof pleegt een Staat die Partij is met het Hof overleg, hetzij in het algemeen, hetzij met betrekking tot een bepaalde zaak, over vereisten ingevolge zijn nationale recht die ingevolge het tweede lid, onder c, van toepassing kunnen zijn. Bij dit overleg geeft de Staat die Partij is het Hof advies over de specifieke vereisten van zijn nationale recht.

Art. 92 Voorlopige aanhouding
1. In dringende gevallen is het Hof bevoegd de voorlopige aanhouding van de opgeëiste persoon te verzoeken, hangende de indiening van het verzoek tot overdracht en de in artikel 91 vermelde documenten die het verzoek dienen te ondersteunen.
2. Het verzoek tot voorlopige aanhouding wordt gedaan via een communicatiemiddel dat daarvan een schriftelijke vastlegging kan opleveren en bevat:
   a. het signalement van de opgeëiste persoon, dat toereikend is voor diens identificatie en informatie met betrekking tot de plaats waar die persoon zich waarschijnlijk bevindt;
   b. een beknopt overzicht van de misdrijven waarvan aanhouding van de persoon wordt verzocht en van de feiten die beweerdelijk die misdrijven opleveren, met inbegrip van, zo mogelijk, de datum en plaats van het misdrijf;
   c. een verklaring over het bestaan van een bevel tot aanhouding of een veroordelende einduitspraak ten aanzien van de opgeëiste persoon; en
   d. een verklaring dat een verzoek tot overdracht van de opgeëiste persoon zal volgen.
3. Een persoon die voorlopig is aangehouden kan uit hechtenis worden vrijgelaten indien de aangezochte Staat geen verzoek tot overdracht noch de in artikel 91 vermelde documenten ter ondersteuning van het verzoek heeft ontvangen binnen de in het Reglement van proces- en bewijsvoering vastgelegde termijnen. De persoon kan echter instemmen met overdracht voor afloop van deze termijn indien dit mogelijk is ingevolge het recht van de aangezochte Staat. In dit geval gaat de aangezochte Staat zo spoedig mogelijk over tot overdracht van de persoon aan het Hof.
4. Het feit dat de opgeëiste persoon overeenkomstig het derde lid uit hechtenis is vrijgelaten doet geen afbreuk aan de latere aanhouding en overdracht van die persoon indien het verzoek tot overdracht en de documenten ter ondersteuning van het verzoek op een later tijdstip worden aangeboden.

Internationaal Strafhof, voorlopige aanhouding

Art. 93 Andere vormen van samenwerking
1. Staten die Partij zijn voldoen overeenkomstig het in dit Deel bepaalde en ingevolge procedures van nationaal recht aan verzoeken van het Hof om de volgende rechtshulp te verlenen met betrekking tot onderzoek of vervolging:
   a. de identificatie en lokalisering van personen of goederen;
   b. bewijsgaring, met inbegrip van getuigenverklaringen onder ede en het leveren van bewijs, met inbegrip van verklaringen van deskundigen en door het Hof benodigde rapporten;
   c. het ondervragen van een persoon tegen wie een onderzoek loopt of die wordt vervolgd;
   d. de betekening van documenten, met inbegrip van gerechtelijke documenten;
   e. de vergemakkelijking van de vrijwillige verschijning van personen voor het Hof als getuigen of deskundigen;
   f. de tijdelijke overbrenging van personen zoals voorzien in het zevende lid;
   g. een gerechtelijke plaatsopneming of onderzoek van locaties, met inbegrip van het opgraven van lijken en onderzoek van plaatsen waar zich graven bevinden;
   h. het uitvoeren van huiszoekingen en inbeslagnemingen;
   i. het verstrekken van verslagen en documenten, met inbegrip van officiële akten en documenten;
   j. de bescherming van slachtoffers en getuigen en instandhouding van bewijs;
   k. de identificatie, opsporing en bevriezing of inbeslagneming van de door middel van het misdrijf verkregen opbrengst, goederen en vermogensbestanddelen en de bij misdrijven gebruikte hulpmiddelen, ten behoeve van een eventuele verbeurdverklaring, zonder dat hiermee afbreuk wordt gedaan aan de rechten van derden te goeder trouw; en
   l. elke andere vorm van rechtshulp die niet is verboden bij de wet van de aangezochte Staat, teneinde het onderzoek en de vervolging van misdrijven waarover het Hof rechtsmacht heeft te vergemakkelijken.
2. Het Hof heeft de bevoegdheid te waarborgen dat een getuige of deskundige die voor het Hof verschijnt niet door het Hof zal worden vervolgd, in hechtenis gehouden of onderworpen aan enigerlei beperking van zijn persoonlijke vrijheid met betrekking tot een handelen of nalaten voorafgaande aan het vertrek van die persoon uit de aangezochte Staat.
3. Indien de uitvoering van een bijzondere maatregel terzake van rechtshulp omschreven in een verzoek dat ingevolge het eerste lid is ingediend in de aangezochte Staat verboden is op grond van een bestaand, fundamenteel, algemeen geldend rechtsbeginsel, pleegt de aangezochte Staat onverwijld overleg met het Hof teneinde te trachten de zaak op te lossen. Bij dit overleg dient te worden overwogen of de rechtshulp op een andere wijze of onder voorwaarden kan worden verleend. Indien dit overleg niet leidt tot oplossing van de zaak, wijzigt het Hof zijn verzoek voorzover dit noodzakelijk is.
4. Overeenkomstig artikel 72 kan een Staat die Partij is een verzoek om rechtshulp slechts geheel of gedeeltelijk weigeren, indien het verzoek het overleggen van documenten of de openbaarmaking van bewijs betreft waarbij zijn nationale veiligheid in het geding is.
5. Alvorens een verzoek om rechtshulp ingevolge het eerste lid, onder l, te weigeren, overweegt de aangezochte Staat of de rechtshulp onder bepaalde voorwaarden kan worden verleend of

Internationale Strafhof, andere vormen van samenwerking

dat de rechtshulp op een later tijdstip of op andere wijze kan worden verleend, met dien verstande dat indien het Hof of de Aanklager de rechtshulp onder voorwaarden aanvaardt, het Hof of de Aanklager zich daaraan dient te houden.

6. Indien een verzoek om rechtshulp wordt geweigerd, stelt de aangezochte Staat die Partij is het Hof of de Aanklager onverwijld in kennis van de redenen voor een dergelijke weigering.

7.

a. Het Hof is bevoegd de tijdelijke overbrenging te verzoeken voor identificatiedoeleinden of ter verkrijging van getuigenverklaringen of andere rechtshulp van een persoon die in hechtenis verkeert. De persoon kan worden overgebracht indien aan de volgende voorwaarden is voldaan:
  i. de persoon geeft vrijelijk zijn toestemming voor de overbrenging na omtrent de gevolgen daarvan behoorlijk te zijn ingelicht; en
  ii. de aangezochte Staat stemt in met de overbrenging, onder de voorwaarden die die Staat en het Hof overeen kunnen komen.

b. De persoon die wordt overgebracht blijft in hechtenis. Wanneer het doel van de overbrenging is vervuld, zendt het Hof de persoon onverwijld terug naar de aangezochte Staat.

8.

a. Het Hof draagt zorg voor de vertrouwelijkheid van documenten en informatie behoudens voorzover vereist voor het onderzoek en de in het verzoek vermelde procedure.

b. De aangezochte Staat kan, wanneer dit noodzakelijk is, documenten of informatie aan de Aanklager verstrekken op basis van vertrouwelijkheid. De Aanklager is bevoegd deze in dat geval slechts te gebruiken om nieuw bewijs te verkrijgen.

c. De aangezochte Staat kan, uit eigen beweging of op verzoek van de Aanklager, in een later stadium toestemming geven tot openbaarmaking van die documenten of informatie. Deze kunnen in dat geval worden aangewend als bewijs ingevolge het bepaalde in de Delen 5 en 6 en overeenkomstig het Reglement van proces- en bewijsvoering.

9.

a.
  i. In het geval dat een Staat die Partij is concurrerende verzoeken, anders dan tot overdracht of uitlevering, ontvangt van het Hof en van een andere Staat ingevolge een internationale verplichting, tracht de Staat die Partij is in overleg met het Hof en de andere Staat, aan beide verzoeken te voldoen, waarbij zo nodig het ene of het andere verzoek wordt uitgesteld of aan de inwilliging daarvan voorwaarden worden verbonden.
  ii. Indien zulks onmogelijk blijkt, wordt de concurrentie van verzoeken opgelost overeenkomstig de in artikel 90 vastgelegde beginselen.

b. Indien echter het verzoek van het Hof informatie, goederen of personen betreft die zich bevinden in de feitelijke macht van een derde Staat of een internationale organisatie ingevolge een internationale overeenkomst, stellen de aangezochte Staten het Hof daarvan in kennis en richt het Hof zijn verzoek tot de derde Staat of de internationale organisatie.

10.

a. Het Hof is bevoegd op verzoek samenwerking en rechtshulp te verlenen aan een Staat die Partij is en een onderzoek uitvoert naar of een onderzoek ter zitting houdt ter zake van gedragingen die een misdrijf opleveren waarover het Hof rechtsmacht bezit of die een ernstig misdrijf opleveren ingevolge het nationale recht van de verzoekende Staat.

b.
  i. De onder a voorziene rechtshulp omvat, onder meer:
    1. de overdracht van verklaringen, documenten of andere vormen van bewijs die zijn verkregen in de loop van een door het Hof gehouden onderzoek of een terechtzitting; en
    2. het ondervragen van personen die zich in hechtenis bevinden ingevolge bevel van het Hof;
  ii. In geval van rechtshulp ingevolge het onder b, onderdeel i., onder 1, bepaalde:
    1. indien de documenten of andere vormen van bewijs zijn verkregen met rechtshulp van een Staat, is voor een dergelijke overdracht de toestemming van die Staat vereist;
    2. indien de verklaringen, documenten of andere vormen van bewijs zijn verstrekt door een getuige of een deskundige, geldt voor een dergelijke overdracht het bepaalde in artikel 68.

c. Het Hof is bevoegd onder de in dit lid vermelde voorwaarden te voldoen aan een rechtshulpverzoek ingevolge dit lid van een Staat die geen partij is bij dit Statuut.

Art. 94 Uitstel van inwilliging van een verzoek hangende een lopend onderzoek of vervolging

1. Indien de onmiddellijke inwilliging van een verzoek een lopend onderzoek of vervolging in een andere zaak dan die waarop het verzoek betrekking heeft zou belemmeren, kan de aangezochte Staat de inwilliging van het verzoek opschorten gedurende een bepaalde met het Hof overeengekomen tijd. Het uitstel dient echter niet langer te zijn dan noodzakelijk ter voltooiing van het desbetreffende onderzoek of de vervolging in de aangezochte Staat. Alvorens een beslissing tot opschorting te nemen overweegt de aangezochte Staat of de rechtshulp onmiddellijk onder bepaalde voorwaarden kan worden verleend.

2. Indien een beslissing tot opschorting wordt genomen ingevolge het eerste lid, is de Aanklager echter bevoegd te verzoeken om maatregelen tot de instandhouding van bewijs ingevolge artikel 93, eerste lid, onder j.

Art. 95 Uitstel van inwilliging van een verzoek bij betwisting van ontvankelijkheid

Onverminderd het bepaalde in artikel 53, tweede lid, kan in het geval waarin het Hof een betwisting van ontvankelijkheid ingevolge de artikelen 18 of 19 onderzoekt, de aangezochte Staat de inwilliging van een verzoek ingevolge dit Deel uitstellen, hangende een beslissing door het Hof, tenzij het Hof uitdrukkelijk heeft bepaald dat de Aanklager kan voortgaan met het vergaren van dat bewijs ingevolge de artikelen 18 of 19.

Internationaal Strafhof, inwilliging verzoek bij betwisting ontvankelijkheid

Art. 96 Inhoud van een verzoek om andere vormen van rechtshulp ingevolge artikel 93

1. Een verzoek om andere vormen van rechtshulp als bedoeld in artikel 93 wordt schriftelijk gedaan. In dringende gevallen kan een verzoek worden gedaan via elk communicatiemiddel dat daarvan een schriftelijke vastlegging kan opleveren, mits het verzoek bevestigd wordt langs de in artikel 87, eerste lid, onder a, vermelde weg.
2. Het verzoek bevat, waar toepasselijk, of wordt ondersteund door het volgende:
   a. een beknopt overzicht van het doel van het verzoek en de verzochte rechtshulp, met inbegrip van de juridische basis en de gronden voor het verzoek;
   b. zo gedetailleerd mogelijke informatie over de plaats of identificatie van een persoon of plaats die moet worden gevonden of geïdentificeerd teneinde het mogelijk te maken de verzochte rechtshulp te verlenen;
   c. een beknopt overzicht van de essentiële feiten waarop het verzoek is gestoeld;
   d. de redenen voor en nadere gegevens omtrent de te volgen procedure of in acht te nemen vereisten;
   e. de informatie die is vereist ingevolge het recht van de aangezochte Staat ter inwilliging van het verzoek; en
   f. alle overige informatie die ter zake doende is teneinde het mogelijk te maken de verzochte rechtshulp te verlenen.
3. Op verzoek van het Hof pleegt een Staat die Partij is met het Hof overleg, hetzij in het algemeen, hetzij met betrekking tot een bepaalde zaak, over vereisten ingevolge zijn nationale recht die ingevolge het tweede lid, onder e, van toepassing kunnen zijn. Tijdens het overleg geeft de Staat die Partij is het Hof advies over de specifieke vereisten van zijn nationale recht.
4. Het in dit artikel bepaalde geldt, waar van toepassing, eveneens ten aanzien van een aan het Hof gericht rechtshulpverzoek.

Internationaal Strafhof, verzoek om andere vormen van rechtshulp

Art. 97 Overleg

Wanneer een Staat die Partij is een verzoek ingevolge dit Deel ontvangt in verband waarmee de Staat problemen signaleert die de inwilliging van het verzoek kunnen belemmeren of verhinderen, pleegt de Staat onverwijld overleg met het Hof teneinde de zaak op te lossen. Dergelijke problemen kunnen onder meer omvatten:
a. onvoldoende informatie van inwilliging van het verzoek;
b. in het geval van een verzoek tot overdracht, het feit dat ondanks uiterste inspanningen de opgeëiste persoon niet kan worden gelokaliseerd of dat uit het verrichte onderzoek is gebleken dat de persoon in de Staat van hechtenis klaarblijkelijk niet de in het bevel genoemde persoon is; of
c. het feit dat inwilliging van het verzoek in zijn huidige vorm voor de aangezochte Staat zou meebrengen dat deze in strijd zou handelen met een reeds eerder bestaande verplichting op grond van een verdrag die de Staat is aangegaan ten opzichte van een andere Staat.

Internationaal Strafhof, overleg over inwilliging verzoek

Art. 98 Samenwerking bij afstand van immuniteit en toestemming tot overdracht

1. Het Hof is niet bevoegd een verzoek tot overdracht of rechtshulp te handhaven wanneer dit voor de aangezochte Staat zou meebrengen dat deze handelt op een wijze die niet verenigbaar is met zijn verplichtingen ingevolge internationaal recht ten aanzien van de staats- of diplomatieke immuniteit van een persoon of de goederen van een derde Staat, tenzij het Hof eerst de samenwerking van die derde Staat kan verkrijgen tot het afstand doen van de immuniteit.
2. Het Hof is niet bevoegd een verzoek tot overdracht te handhaven wanneer dit van de aangezochte Staat zou meebrengen dat deze handelt op een wijze die onverenigbaar is met zijn verplichtingen ingevolge internationale overeenkomsten ten gevolge waarvan de toestemming van een zendstaat is vereist van overdracht aan het Hof van een persoon van die Staat, tenzij het Hof eerst de samenwerking van de zendstaat kan verkrijgen voor het verlenen van toestemming van overdracht.

Internationaal Strafhof, samenwerking bij afstand immuniteit en toestemming overdracht

Art. 99 Inwilliging van verzoeken ingevolge de artikelen 93 en 96

1. Een verzoek om rechtshulp wordt ingewilligd overeenkomstig de toepasselijke procedure ingevolge het recht van de aangezochte Staat en, tenzij het krachtens dat recht is verboden, op de wijze die in het verzoek is aangegeven, met inbegrip van het volgen van de daarin uiteengezette

Internationaal Strafhof, inwilliging verzoeken

procedures of het toestaan aan in het verzoek vermelde personen aanwezig te zijn en te helpen bij de uitvoering.
2. In geval van een dringend verzoek worden de documenten of het bewijs in antwoord daarop, op verzoek van het Hof, met spoed verzonden.
3. Antwoorden van de aangezochte Staat worden overgebracht in hun oorspronkelijke taal en vorm.
4. Onverminderd de overige artikelen in dit Deel, is de Aanklager, wanneer dit noodzakelijk is voor een succesvolle uitvoering van een verzoek dat kan worden ingewilligd zonder dwangmaatregelen, met inbegrip van met name ondervraging van of het afnemen van getuigenverklaringen van een persoon op vrijwillige basis, met inbegrip van de inwilliging daarvan buiten aanwezigheid van de autoriteiten van de aangezochte Staat indien dit essentieel is voor inwilliging van het verzoek, en het onderzoek van een openbare locatie of andere openbare plaats zonder dat er iets in wordt gewijzigd, bevoegd aan een dergelijk verzoek direct op het grondgebied van een Staat als volgt uitvoering te geven:
a. wanneer de aangezochte Staat die Partij is een Staat is op wiens grondgebied het misdrijf beweerdelijk is gepleegd en de ontvankelijkheid ingevolge de artikelen 18 of 19 is vastgesteld, is de Aanklager bevoegd aan een dergelijk verzoek direct uitvoering te geven na overleg, in alle gevallen waarin dit mogelijk is, met de aangezochte Staat die Partij is;
b. in andere gevallen, is de Aanklager bevoegd aan een dergelijk verzoek uitvoering te geven na overleg met de aangezochte Staat die Partij is en met inachtneming van redelijke voorwaarden of zorgen die door die Staat die Partij is naar voren zijn gebracht. Wanneer de aangezochte Staat die Partij is problemen signaleert bij de inwilliging van een verzoek ingevolge dit onderdeel pleegt deze onverwijld overleg met het Hof teneinde de zaak op te lossen.
5. Bepalingen die een persoon die door het Hof wordt gehoord of ondervraagd het recht geven ingevolge artikel 72 een beroep te doen op beperkingen die zijn bedoeld om te verhinderen dat vertrouwelijke informatie met betrekking tot de nationale verdediging of veiligheid wordt openbaargemaakt, gelden ook voor de inwilliging van verzoeken tot rechtshulp ingevolge dit artikel.

Art. 100 Kosten
1. De gewone kosten voor inwilliging van een verzoek op het grondgebied van de aangezochte Staat worden gedragen door die Staat, behoudens de volgende kosten, die worden gedragen door het Hof:
a. kosten verbonden aan de reizen en de veiligheid van getuigen en deskundigen of de overdracht ingevolge artikel 93 van personen in hechtenis;
b. kosten van vertaling, vertolking en transcriptie;
c. reis- en verblijfkosten van rechters, de Aanklager, de Substituut-Aanklager, de Griffier, de Substituut-Griffier en personeel van organen van het Hof;
d. kosten van deskundigenadviezen of -rapporten waarom het Hof heeft verzocht;
e. kosten verbonden aan het vervoer van een persoon die aan het Hof wordt overgedragen door een Staat van hechtenis; en
f. na overleg, buitengewone kosten die uit de inwilliging van een verzoek kunnen voortvloeien.
2. Het in het eerste lid bepaalde geldt, waar van toepassing, voor verzoeken aan het Hof van Staten die Partij zijn. In dat geval draagt het Hof de gewone kosten van uitvoering.

Art. 101 Specialiteitsbeginsel
1. Een persoon die ingevolge dit Statuut aan het Hof is overgedragen wordt niet vervolgd, gestraft of in hechtenis gehouden voor gedragingen begaan voorafgaand aan de overdracht, anders dan de gedragingen of de gedragslijn die de grondslag vormen respectievelijk vormt van de misdrijven waarvoor die persoon is overgedragen.
2. Het Hof is bevoegd de Staat die de persoon aan het Hof heeft overgedragen, te verzoeken afstand te doen van het in het eerste lid bepaalde, en verstrekt zo nodig aanvullende informatie overeenkomstig artikel 91. Staten die Partij zijn hebben de bevoegdheid aan het Hof te verklaren afstand te doen en dienen te streven naar het doen van afstand.

Art. 102 Gebruik van termen
Van toepassing van dit Statuut:
a. betekent „overdracht" het ter beschikking stellen van een persoon door een Staat aan het Hof ingevolge dit Statuut.
b. betekent „uitlevering" het ter beschikking stellen van een persoon door een Staat aan een andere Staat, zoals voorzien bij verdrag, conventie of nationale wetgeving.

DEEL 10
TENUITVOERLEGGING

Art. 103 Rol van Staten bij de tenuitvoerlegging van uitspraken tot gevangenisstraf

1.
a. Een uitspraak tot gevangenisstraf wordt ondergaan in de Staat die door het Hof wordt aangewezen uit een lijst van Staten die het Hof te kennen hebben gegeven bereid te zijn veroordeelden te aanvaarden.
b. Op het moment waarop een Staat zich bereid verklaart veroordeelden te aanvaarden kan een Staat voorwaarden aan zijn aanvaarding verbinden, goedgekeurd door het Hof en in overeenstemming met dit Deel.
c. Een in een bepaalde zaak aangewezen Staat deelt het Hof onverwijld mee of hij de aanwijzing van het Hof aanvaardt.

2.
a. De Staat van tenuitvoerlegging stelt het Hof in kennis van alle omstandigheden, met inbegrip van de toepassing van ingevolge het eerste lid overeengekomen voorwaarden, die de voorwaarden of de duur van de gevangenisstraf concreet zouden kunnen beïnvloeden. Het Hof wordt ten minste 45 dagen tevoren in kennis gesteld van dergelijke bekende of voorzienbare omstandigheden. Gedurende deze periode onderneemt de Staat van tenuitvoerlegging geen stappen die afbreuk zouden kunnen doen aan zijn verplichtingen ingevolge artikel 110.
b. Indien het Hof de onder *a* vermelde omstandigheden niet kan aanvaarden, stelt het de Staat van tenuitvoerlegging daarvan in kennis en handelt het vervolgens overeenkomstig artikel 104, eerste lid.

3. Bij de uitoefening van zijn recht een aanwijzing te doen ingevolge het eerste lid neemt het Hof het volgende in aanmerking:
a. het beginsel dat Staten die Partij zijn de verantwoordelijkheid van tenuitvoerlegging van uitspraken tot gevangenisstraf dienen te dragen in overeenstemming met de beginselen van een evenredige verdeling als voorzien in het Reglement van proces- en bewijsvoering;
b. de toepassing van algemeen ingevolge internationale verdragen aanvaarde maatstaven van behandeling van gevangenen;
c. de mening van de veroordeelde; en
d. de nationaliteit van de veroordeelde;
e. alle overige factoren met betrekking tot de omstandigheden van het misdrijf of de veroordeelde, of de doelmatige tenuitvoerlegging van de uitspraak die relevant kunnen zijn bij de aanwijzing van de Staat van tenuitvoerlegging.

4. Indien geen Staat wordt aangewezen ingevolge het eerste lid, wordt de opgelegde gevangenisstraf ondergaan in de gevangenisinstelling die door het Gastland ter beschikking is gesteld overeenkomstig de voorwaarden vermeld in de zetelovereenkomst als bedoeld in artikel 3, tweede lid. In dat geval worden de kosten voortvloeiend uit de tenuitvoerlegging van de uitspraak waarbij gevangenisstraf is opgelegd gedragen door het Hof.

Art. 104 Wijziging in de aanwijzing van de Staat van tenuitvoerlegging

1. Het Hof is te allen tijde bevoegd te besluiten een veroordeelde over te brengen naar een gevangenis van een andere Staat.

2. Een veroordeelde kan te allen tijde het Hof verzoeken te worden overgebracht uit de Staat van tenuitvoerlegging.

Art. 105 Tenuitvoerlegging van de uitspraak

1. Onverminderd de voorwaarden die een Staat overeenkomstig artikel 103, eerste lid, onder *b*, kan hebben gesteld, is de uitspraak waarbij gevangenisstraf is opgelegd bindend voor de Staten die Partij zijn, en mogen zij deze in geen geval wijzigen.

2. Alleen het Hof heeft het recht te beslissen over een verzoek tot beroep of herziening. De Staat van tenuitvoerlegging belet een veroordeelde niet een verzoek daartoe te doen.

Art. 106 Toezicht op de tenuitvoerlegging van uitspraken tot en voorwaarden van gevangenisstraf

1. De tenuitvoerlegging van een uitspraak tot gevangenisstraf is onderworpen aan het toezicht van het Hof en dient in overeenstemming te zijn met in wijde kring aanvaarde maatstaven voor de behandeling van gevangenen krachtens internationale verdragen.

2. De voorwaarden van gevangenisstraf zijn onderworpen aan het recht van de Staat van tenuitvoerlegging en dienen verenigbaar te zijn met in wijde kring aanvaarde beginselen ingevolge internationale verdragen voor de behandeling van gevangenen; in geen geval zijn die voorwaarden gunstiger of ongunstiger dan die welke gelden voor gevangenen die voor vergelijkbare misdrijven in de Staat van tenuitvoerlegging veroordeeld zijn.

3. Mededelingen tussen een veroordeelde en het Hof worden niet belemmerd en zijn vertrouwelijk.

Art. 107 Overbrenging van de persoon nadat de uitspraak is tenuitvoergelegd

1. Nadat de uitspraak is tenuitvoergelegd kan een persoon die geen onderdaan is van de Staat van tenuitvoerlegging, overeenkomstig het recht van de Staat van tenuitvoerlegging worden overgebracht naar een Staat die verplicht is hem toe te laten, of naar een andere Staat die erin toestemt hem toe te laten, waarbij rekening wordt gehouden met de wensen van de persoon die naar die Staat wordt overgebracht, tenzij de Staat van tenuitvoerlegging de persoon toestemming geeft om op zijn grondgebied te blijven.
2. Indien geen Staat de kosten draagt die voortvloeien uit de overbrenging van de persoon naar een andere Staat ingevolge het eerste lid, worden die kosten gedragen door het Hof.
3. Onverminderd het bepaalde in artikel 108 kan de Staat van tenuitvoerlegging de persoon ook overeenkomstig zijn nationale recht uitleveren of op andere wijze overleveren aan de Staat die om de uitlevering of overdracht van de persoon heeft verzocht ten behoeve van een terechtzitting of de tenuitvoerlegging van een uitspraak.

Art. 108 Beperking van de vervolging of de bestraffing van andere misdrijven

1. Een veroordeelde die in hechtenis is van de Staat van tenuitvoerlegging wordt niet blootgesteld aan vervolging, bestraffing of uitlevering aan een derde Staat voor gedragingen begaan voorafgaand aan de terbeschikkingstelling van die persoon aan de Staat van tenuitvoerlegging, tenzij deze vervolging, bestraffing of uitlevering door het Hof is goedgekeurd op verzoek van de Staat van tenuitvoerlegging.
2. Het Hof beslist over de zaak na de mening van de veroordeelde te hebben gehoord.
3. Het eerste lid houdt op van toepassing te zijn indien de veroordeelde vrijwillig meer dan 30 dagen verblijft op het grondgebied van de Staat van tenuitvoerlegging nadat hij zijn volledige door het Hof opgelegde straf heeft ondergaan, of naar het grondgebied van die Staat terugkeert nadat hij dit heeft verlaten.

Art. 109 Tenuitvoerlegging van boetes en maatregelen ter verbeurdverklaring

1. Staten die Partij zijn geven uitvoering aan door het Hof krachtens Deel 7 bevolen boetes of verbeurdverklaringen, onverminderd de rechten van derden te goeder trouw, een en ander overeenkomstig de ingevolge hun nationale recht geldende procedure.
2. Indien een Staat die Partij is niet in staat is uitvoering te geven aan een bevel tot verbeurdverklaring, treft hij maatregelen tot verhaal van de waarde van de opbrengsten, goederen of vermogensbestanddelen waarvan het Hof de verbeurdverklaring heeft bevolen, onverminderd de rechten van derden te goeder trouw.
3. Goederen of de opbrengsten van de verkoop van onroerend goed of, waar dit van toepassing is, de verkoop van andere goederen die door een Staat die Partij is worden verkregen als gevolg van zijn tenuitvoerlegging van een uitspraak van het Hof, worden aan het Hof overgemaakt.

Art. 110 Heroverweging door het Hof inzake strafvermindering

1. De Staat van tenuitvoerlegging stelt de persoon niet in vrijheid voordat de door het Hof opgelegde duur van de uitspraak is verstreken.
2. Alleen het Hof heeft het recht te beslissen over een mogelijke strafvermindering, en het beslist daarover na de persoon te hebben gehoord.
3. Wanneer de persoon tweederde van de einduitspraak heeft ondergaan of, 25 jaar in geval van levenslange gevangenisstraf, heroverweegt het Hof de uitspraak om te bepalen of dit dient te worden verminderd. Eerder vindt geen heroverweging plaats.
4. Bij een heroverweging ingevolge het derde lid is het Hof bevoegd de straf te verminderen, indien het vaststelt dat een of meer van de volgende factoren aanwezig zijn:
   a. vroegtijdige en voortdurende bereidheid van de persoon om het Hof samenwerking te verlenen bij zijn onderzoeken en vervolgingen;
   b. vrijwillige samenwerking van de persoon om de tenuitvoerlegging van de uitspraken en bevelen van het Hof in andere zaken mogelijk te maken, en in het bijzonder door samenwerking te verlenen bij het traceren van vermogensbestanddelen terzake waarvan bevelen tot boetes, verbeurdverklaringen of herstelbetalingen gelden die ten behoeve van slachtoffers kunnen worden aangewend; of
   c. andere factoren die op een duidelijke en significante verandering in de omstandigheden wijzen die voldoende is om een strafvermindering te rechtvaardigen, zoals voorzien in het Reglement van proces- en bewijsvoering.
5. Indien het Hof bij zijn eerste heroverweging ingevolge het derde lid vaststelt dat het niet passend is de straf te verminderen, heroverweegt het daarna de kwestie van strafvermindering met de tussenpozen en onder toepassing van de maatstaven waarin het Reglement van proces- en bewijsvoering voorziet.

Art. 111 Ontsnapping
Indien een veroordeelde uit hechtenis ontsnapt en vlucht uit de Staat van tenuitvoerlegging kan die Staat, na overleg met het Hof, verzoeken om overdracht van de persoon door de Staat waarin de persoon zich bevindt ingevolge bestaande bilaterale of multilaterale akkoorden, of kan hij aan het Hof verzoeken om overdracht van de persoon te vragen. Het Hof is bevoegd te bepalen dat de persoon ter beschikking wordt gesteld aan de Staat waarin hij de straf onderging of aan een andere door het Hof aangewezen Staat.

Internationaal Strafhof, ontsnapping

DEEL 11
VERGADERING VAN STATEN DIE PARTIJ ZIJN

Art. 112 Vergadering van Staten die Partij zijn
1. Een Vergadering van Staten die Partij zijn bij dit Statuut wordt hierbij ingesteld. Elke Staat die Partij is heeft één vertegenwoordiger in de Vergadering, die zich kan doen vergezellen door plaatsvervangers en adviseurs. Andere Staten, die dit Statuut of de Slotakte hebben ondertekend kunnen als waarnemers de Vergadering bijwonen.

Internationaal Strafhof, vergadering

2. De Vergadering dient:
   a. aanbevelingen van de Voorbereidende Commissie te behandelen en, voorzover dit in aanmerking komt, aan te nemen;
   b. inzicht te verstrekken in het beheer aan het Presidium, de Aanklager en de Griffier met betrekking tot het dagelijks bestuur van het Hof;
   c. de rapporten en activiteiten van het ingevolge het derde lid opgerichte Bureau te behandelen en in verband daarmee passende stappen te ondernemen;
   d. de begroting voor het Hof te behandelen en daarover te beslissen;
   e. te beslissen over een eventuele wijziging overeenkomstig artikel 36 van het aantal rechters;
   f. vragen te behandelen inzake niet-samenwerking, ingevolge artikel 87, vijfde en zevende lid;
   g. alle overige taken uit te oefenen die in overeenstemming zijn met dit Statuut of het Reglement van proces en bewijsvoering.

3.
   a. De Vergadering beschikt over een Bureau dat bestaat uit een President, twee Vice-Presidenten en 18 leden die voor een ambtstermijn van drie jaar door de Vergadering worden gekozen.
   b. Het Bureau dient te beantwoorden aan maatstaven van evenredige vertegenwoordiging, waarbij in het bijzonder rekening wordt gehouden met een billijke geografische verdeling en het adequaat verdisconteren van de voornaamste rechtsstelsels van de wereld.
   c. Het Bureau vergadert zo vaak als nodig is, doch ten minste eens per jaar. Het staat de Vergadering ter zijde bij de vervulling van haar taken.

4. De Vergadering kan de hulporganen instellen die zij noodzakelijk acht, waaronder een onafhankelijk toezichthoudende instelling ter inspectie, evaluatie en onderzoek van het Hof teneinde de doeltreffendheid en de financieel verantwoorde aanwending daarvan te bevorderen.
5. De President van het Hof, de Aanklager en de Griffier of hun vertegenwoordigers kunnen, waar dit passend is, deelnemen aan bijeenkomsten van de Vergadering en van het Bureau.
6. De Vergadering komt eens per jaar bijeen op de zetel van het Hof of op het Hoofdkantoor van de Verenigde Naties en houdt, wanneer de omstandigheden dit vereisen, speciale zittingen. Behoudens voorzover dit Statuut anders bepaalt worden speciale zittingen door het Bureau ambtshalve bijeengeroepen of op verzoek van een derde van de Staten die Partij zijn.
7. Elke Staat die Partij is heeft één stem. Getracht wordt beslissingen in de Vergadering en in het Bureau bij consensus te nemen. Indien geen consensus kan worden bereikt, worden, tenzij dit Statuut anders bepaalt:
   a. beslissingen over inhoudelijke kwesties goedgekeurd bij een tweederde meerderheid van degenen die aanwezig zijn en hun stem uitbrengen, met dien verstande dat een absolute meerderheid van Staten die Partij zijn het quorum vormt voor stemming;
   b. beslissingen over procedurekwesties genomen bij een gewone meerderheid van de aanwezige Staten die Partij zijn en hun stem uitbrengen.
8. Een Staat die Partij is en die zijn financiële bijdragen in de kosten van het Hof niet op tijd heeft betaald, heeft geen stem in de Vergadering en in het Bureau indien het bedrag van de achterstallige betaling gelijk is aan of hoger dan het bedrag van de bijdragen dat over de twee volle voorafgaande jaren verschuldigd is. Niettemin kan de Vergadering een dergelijke Staat die Partij is toestaan zijn stem in de Vergadering en in het Bureau uit te brengen indien zij ervan overtuigd is dat het uitblijven van de betaling te wijten is aan omstandigheden buiten de macht van de Staat die Partij is.
9. De Vergadering stelt haar eigen huishoudelijk reglement vast.
10. De officiële en werktalen van de Vergadering zijn die van de Algemene Vergadering van de Verenigde Naties.

DEEL 12
FINANCIERING

Art. 113 Financiële regelingen
Internationaal Strafhof, financiële regelingen — Tenzij uitdrukkelijk anders bepaald, zijn op alle financiële zaken in verband met het Hof en de bijeenkomsten van de Vergadering van Staten die Partij zijn, met inbegrip van haar Bureau en hulporganen, dit Statuut en de financiële regelingen en regels aangenomen door de Vergadering van Staten die Partij zijn, van toepassing.

Art. 114 Betaling van kosten
Internationaal Strafhof, betaling kosten — Kosten van het Hof en de Vergadering van Staten die Partij zijn, met inbegrip van haar Bureau en hulporganen, worden betaald uit de fondsen van het Hof.

Art. 115 Fondsen van het Hof en van de Vergadering van Staten die Partij zijn
Internationaal Strafhof, fondsen — De kosten van het Hof en de Vergadering van Staten die Partij zijn, met inbegrip van haar Bureau en hulporganen, als voorzien in de door de Vergadering van Staten die Partij zijn vastgestelde begroting, worden gefinancierd uit de volgende bronnen:
a. vastgestelde bijdragen van Staten die Partij zijn;
b. fondsen verschaft door de Verenigde Naties, afhankelijk van de goedkeuring van de Algemene Vergadering, in het bijzonder met betrekking tot de kosten die zijn gemaakt ten gevolge van aangiften door de Veiligheidsraad.

Art. 116 Vrijwillige bijdragen
Internationaal Strafhof, vrijwillige bijdragen — Onverminderd artikel 115 is het Hof bevoegd vrijwillige bijdragen van Regeringen, internationale organisaties, particulieren, ondernemingen en andere lichamen, te ontvangen en aan te wenden als aanvullende fondsen, overeenkomstig de desbetreffende maatstaven die zijn aangenomen door de Vergadering van Staten die Partij zijn.

Art. 117 Vaststelling van bijdragen
Internationaal Strafhof, vaststelling bijdragen — De bijdragen van Staten die Partij zijn worden vastgesteld overeenkomstig een overeengekomen schaal van vaststelling, gebaseerd op de door de Verenigde Naties voor haar normale begroting aangenomen schaal die is aangepast overeenkomstig de beginselen waarop die schaal is gebaseerd.

Art. 118 Jaarlijkse controle
Internationaal Strafhof, jaarlijkse controle — De documenten, boeken en rekeningen van het Hof, met inbegrip van zijn jaarrekeningen, worden jaarlijks gecontroleerd door een onafhankelijke accountant.

DEEL 13
SLOTBEPALINGEN

Art. 119 Geschillenbeslechting
Slotbepalingen
1. Elk geschil met betrekking tot de rechterlijke taken van het Hof wordt beslecht door de beslissing van het Hof.
2. Elk ander geschil tussen twee of meer Staten die Partij zijn met betrekking tot de interpretatie of toepassing van dit Statuut dat niet binnen drie maanden na de aanvang daarvan door onderhandelingen is beslecht, wordt verwezen naar de Vergadering van Staten die Partij zijn. De Vergadering kan zelf trachten het geschil te beslechten of aanbevelingen doen inzake andere middelen ter beslechting van het geschil, met inbegrip van verwijzing naar het Internationaal Gerechtshof overeenkomstig het Statuut van dat Hof.

Art. 120 Voorbehouden
Geen voorbehouden kunnen worden gemaakt ter zake van dit Statuut.

Art. 121 Wijzigingen
1. Na het verstrijken van een periode van zeven jaar na de inwerkingtreding van dit Statuut kan een Staat die Partij is wijzigingen daarin voorstellen. De tekst van een voorgestelde wijziging wordt aan de Secretaris-Generaal van de Verenigde Naties voorgelegd, die deze onverwijld aan alle Staten die Partij zijn toezendt.
2. Niet eerder dan drie maanden na de datum van kennisgeving beslist de Vergadering van Staten die Partij zijn in haar volgende bijeenkomst bij meerderheid van hen die aanwezig zijn en hun stem uitbrengen of zij het voorstel in behandeling nemen. De Vergadering kan het voorstel rechtstreeks afhandelen of een Herzieningsconferentie bijeenroepen indien de zaak in kwestie dit wettigt.
3. De aanneming van een wijziging in een bijeenkomst van de Vergadering van Staten die Partij zijn of in een Herzieningsconferentie waarover geen consensus kan worden bereikt, vereist een tweederde meerderheid van Staten die Partij zijn.
4. Behoudens het vijfde lid, wordt een wijziging voor alle Staten die Partij zijn van kracht een jaar nadat zevenachtste van hen hun akten van bekrachtiging of aanvaarding bij de Secretaris-Generaal van de Verenigde Naties heeft neergelegd.

Statuut van Rome inzake het Internationaal Strafhof

5. Een wijziging in artikel 5, 6, 7 en 8 van dit Statuut wordt voor die Staten die Partij zijn en de wijziging hebben aanvaard van kracht een jaar na de nederlegging van hun akten van bekrachtiging of aanvaarding. Ten aanzien van een Staat die Partij is en de wijziging niet heeft aanvaard, oefent het Hof zijn rechtsmacht niet uit met betrekking tot een misdrijf waarop de wijziging betrekking heeft indien dit is gepleegd door onderdanen van die Staat die Partij is of op het grondgebied daarvan.
6. Indien een wijziging door zevenachtste van de Staten die Partij zijn is aanvaard overeenkomstig het vierde lid, kan een Staat die Partij is en de wijziging niet heeft aanvaard dit Statuut met onmiddellijke ingang opzeggen, onverminderd artikel 127, eerste lid, doch onder toepassing van artikel 127, tweede lid, door een kennisgeving binnen een jaar nadat die wijziging van kracht werd.
7. De Secretaris-Generaal van de Verenigde Naties stelt alle Staten die Partij zijn in kennis van een wijziging die in een bijeenkomst van de Vergadering van Staten die Partij zijn of in een Herzieningsconferentie is aangenomen.

Art. 122 Wijzigingen in bepalingen van institutionele aard
1. Wijzigingen in bepalingen van het Statuut die van louter institutionele aard zijn, te weten artikel 35, artikel 36, achtste en negende lid, artikel 37, artikel 38, artikel 39, eerste lid (eerste twee volzinnen), tweede en vierde lid, artikel 42, vierde tot en met negende lid, artikel 43, tweede en derde lid, en de artikelen 44, 46, 47 en 49 kunnen te allen tijde door iedere Staat die Partij is worden voorgesteld, onverminderd artikel 121, eerste lid. De tekst van een voorgestelde wijziging wordt voorgelegd aan de Secretaris-Generaal van de Verenigde Naties of aan degene die daartoe door de Vergadering van Staten die Partij zijn is aangewezen, die deze onverwijld toezendt aan alle Staten die Partij zijn en aan anderen die deelnemen aan de Vergadering.
2. Wijzigingen ingevolge dit artikel waarover geen consensus kan worden bereikt worden aangenomen door de Vergadering van Staten die Partij zijn of door een Herzieningsconferentie bij een tweederde meerderheid van Staten die Partij zijn. Dergelijke wijzigingen treden voor alle Staten die Partij zijn in werking zes maanden nadat deze door de Vergadering of, door de Conferentie zijn aangenomen.

Art. 123 Herziening van het Statuut
1. Zeven jaar na de inwerkingtreding van dit Statuut roept de Secretaris-Generaal van de Verenigde Naties een Herzieningsconferentie bijeen teneinde wijzigingen in dit Statuut te behandelen. Een dergelijke herziening kan de lijst van misdrijven vervat in artikel 5 omvatten, maar is niet tot deze lijst beperkt. De Conferentie staat open voor degenen die deelnemen aan de Vergadering van Staten die Partij zijn en op dezelfde voorwaarden.
2. Daarna roept, op verzoek van een Staat die Partij is en ten behoeve van de in het eerste lid vermelde doeleinden, de Secretaris-Generaal van de Verenigde Naties, na goedkeuring door een meerderheid van Staten die Partij zijn, een Herzieningsconferentie bijeen.
3. Het in artikel 121, derde tot en met zevende lid, bepaalde geldt voor de aanvaarding en de inwerkingtreding van alle wijzigingen in het Statuut die in een Herzieningsconferentie worden behandeld.

Art. 124 Overgangsbepaling
Niettegenstaande het bepaalde in artikel 12, eerste en tweede lid, kan een Staat, wanneer deze partij wordt bij het Statuut, verklaren dat hij gedurende een periode van zeven jaar na de inwerkingtreding van dit Statuut van betrokken Staat, de rechtsmacht van het Hof niet aanvaardt met betrekking tot de categorie misdrijven vermeld in artikel 8, wanneer een misdrijf beweerdelijk is gepleegd door zijn onderdanen of op zijn grondgebied. Een verklaring ingevolge dit artikel kan te allen tijde worden ingetrokken. Het in dit artikel bepaalde wordt herzien op de Herzieningsconferentie die bijeengeroepen wordt overeenkomstig artikel 123, eerste lid.

Overgangsbepaling

Art. 125 Ondertekening, bekrachtiging, aanvaarding, goedkeuring of toetreding
1. Dit Statuut staat open voor ondertekening voor alle Staten in Rome, op het Hoofdkantoor van de Voedsel- en Landbouworganisatie der Verenigde Naties, op 17 juli 1998. Daarna blijft het open voor ondertekening in Rome, op het Ministerie van Buitenlandse Zaken van Italië tot 17 oktober 1998. Na die datum blijft het Statuut open voor ondertekening in New York, op het Hoofdkantoor van de Verenigde Naties tot 31 december 2000.
2. Dit Statuut is onderworpen aan bekrachtiging, aanvaarding of goedkeuring door de Staten die het ondertekenen. Akten van bekrachtiging, aanvaarding of goedkeuring dienen te worden nedergelegd bij de Secretaris-Generaal van de Verenigde Naties.
3. Dit Statuut staat open voor toetreding door alle Staten. Akten van toetreding dienen te worden nedergelegd bij de Secretaris-Generaal van de Verenigde Naties.

Art. 126 Inwerkingtreding
1. Dit Statuut treedt in werking op de eerste dag van de maand na de zestigste dag volgend op de datum van nederlegging van de zestigste akte van bekrachtiging, aanvaarding, goedkeuring of toetreding bij de Secretaris-Generaal van de Verenigde Naties.

Inwerkingtreding

2. Voor elke Staat die dit Statuut bekrachtigt, aanvaardt, goedkeurt of daartoe toetreedt na nederlegging van de zestigste akte van bekrachtiging, aanvaarding, goedkeuring of toetreding, treedt het Statuut in werking op de eerste dag van de maand na de zestigste dag volgend op de nederlegging door die Staat van zijn akte van bekrachtiging, aanvaarding, goedkeuring of toetreding.

Art. 127 Terugtrekking
1. Een Staat die Partij is kan dit Statuut door een schriftelijke kennisgeving gericht aan de Secretaris-Generaal van de Verenigde Naties opzeggen. De opzegging treedt in werking een jaar na de datum van ontvangst van de kennisgeving, tenzij de kennisgeving een latere datum vermeldt.
2. Een Staat wordt niet vanwege zijn opzegging ontslagen van de verplichtingen ingevolge dit Statuut uit de tijd waarin de Staat partij was bij het Statuut, met inbegrip van alle financiële verplichtingen die kunnen zijn ontstaan. Zijn opzegging is niet van invloed op de samenwerking met het Hof in verband met strafrechtelijk onderzoek en procedures ten aanzien waarvan de Staat die zich terugtrekt de plicht had rechtshulp te verlenen en die voor de datum waarop de opzegging in werking trad zijn aangevangen, noch heeft de opzegging op enigerlei wijze nadelige invloed op de voortgezette behandeling van een zaak die reeds voor de datum waarop de opzegging van kracht werd aan de kennisneming van het Hof was onderworpen.

Art. 128 Authentieke teksten
Het origineel van dit Statuut, waarvan de Arabische, Chinese, Engelse, Franse, Russische en Spaanse tekst gelijkelijk authentiek zijn, wordt nedergelegd bij de Secretaris-Generaal van de Verenigde Naties, die een gewaarmerkt afschrift daarvan aan alle Staten toezendt.

Elements of Crimes[1]

Elements of Crimes[2][3][4]

General introduction

1.
Pursuant to article 9, the following Elements of Crimes shall assist the Court in the interpretation and application of articles 6, 7 and 8, consistent with the Statute. The provisions of the Statute, including article 21 and the general principles set out in Part 3, are applicable to the Elements of Crimes.

2.
As stated in article 30, unless otherwise provided, a person shall be criminally responsible and liable for punishment for a crime within the jurisdiction of the Court only if the material elements are committed with intent and knowledge. Where no reference is made in the Elements of Crimes to a mental element for any particular conduct, consequence or circumstance listed, it is understood that the relevant mental element, i.e., intent, knowledge or both, set out in article 30 applies. Exceptions to the article 30 standard, based on the Statute, including applicable law under its relevant provisions, are indicated below.

3.
Existence of intent and knowledge can be inferred from relevant facts and circumstances.

4.
With respect to mental elements associated with elements involving value judgement, such as those using the terms 'inhumane' or 'severe', it is not necessary that the perpetrator personally completed a particular value judgement, unless otherwise indicated.

5.
Grounds for excluding criminal responsibility or the absence thereof are generally not specified in the elements of crimes listed under each crime.[5]

6.
The requirement of "unlawfulness" found in the Statute or in other parts of international law, in particular international humanitarian law, is generally not specified in the elements of crimes.

7.
The elements of crimes are generally structured in accordance with the following principles:
- As the elements of crimes focus on the conduct, consequences and circumstances associated with each crime, they are generally listed in that order;
- When required, a particular mental element is listed after the affected conduct, consequence or circumstance;
- Contextual circumstances are listed last.

8.
As used in the Elements of Crimes, the term 'perpetrator' is neutral as to guilt or innocence. The elements, including the appropriate mental elements, apply, *mutatis mutandis*, to all those whose criminal responsibility may fall under articles 25 and 28 of the Statute.

9.
A particular conduct may constitute one or more crimes.

10.
The use of short titles for the crimes has no legal effect.

---

1 Inwerkingtredingsdatum: 03-09-2002.
2 Zoals gepubliceerd op: www.icc-cpi.int.
3 Explanatory note: The structure of the elements of the crimes of genocide, crimes against humanity and war crimes follows the structure of the corresponding provisions of articles 6, 7 and 8 of the Rome Statute. Some paragraphs of those articles of the Rome Statute list multiple crimes. In those instances, the elements of crimes appear in separate paragraphs which correspond to each of those crimes to facilitate the identification of the respective elements.
4 The Elements of Crimes are reproduced from the *Official Records of the Assembly of States Parties to the Rome Statute of the International Criminal Court, First session*, New York, 3-10 September 2002 (United Nations publication, Sales No. E.03.V.2 and corrigendum), part II.B. The Elements of Crimes adopted at the 2010 Review Conference are replicated from the *Official Records of the Review Conference of the Rome Statute of the International Criminal Court*, Kampala, 31 May -11 June 2010 (International Criminal Court publication, RC/11).
5 This paragraph is without prejudice to the obligation of the Prosecutor under article 54, paragraph 1, of the Statute.

Article 6 Genocide

Introduction

With respect to the last element listed for each crime:
(a) The term 'in the context of' would include the initial acts in an emerging pattern;
(b) The term 'manifest' is an objective qualification;
(c) Notwithstanding the normal requirement for a mental element provided for in article 30, and recognizing that knowledge of the circumstances will usually be addressed in proving genocidal intent, the appropriate requirement, if any, for a mental element regarding this circumstance will need to be decided by the Court on a case-by-case basis.

Article 6(a) Genocide by killing

Elements

1. The perpetrator killed[6] one or more persons.
2. Such person or persons belonged to a particular national, ethnical, racial or religious group.
3. The perpetrator intended to destroy, in whole or in part, that national, ethnical, racial or religious group, as such.
4. The conduct took place in the context of a manifest pattern of similar conduct directed against that group or was conduct that could itself effect such destruction.

Article 6(b) Genocide by causing serious bodily or mental harm

Elements

1. The perpetrator caused serious bodily or mental harm to one or more persons.[7]
2. Such person or persons belonged to a particular national, ethnical, racial or religious group.
3. The perpetrator intended to destroy, in whole or in part, that national, ethnical, racial or religious group, as such.
4. The conduct took place in the context of a manifest pattern of similar conduct directed against that group or was conduct that could itself effect such destruction.

Article 6(c) Genocide by deliberately inflicting conditions of life calculated to bring about physical destruction

Elements

1. The perpetrator inflicted certain conditions of life upon one or more persons.
2. Such person or persons belonged to a particular national, ethnical, racial or religious group.
3. The perpetrator intended to destroy, in whole or in part, that national, ethnical, racial or religious group, as such.
4. The conditions of life were calculated to bring about the physical destruction of that group, in whole or in part.[8]
5. The conduct took place in the context of a manifest pattern of similar conduct directed against that group or was conduct that could itself effect such destruction.

Article 6(d) Genocide by imposing measures intended to prevent births

Elements

1. The perpetrator imposed certain measures upon one or more persons.
2. Such person or persons belonged to a particular national, ethnical, racial or religious group.
3. The perpetrator intended to destroy, in whole or in part, that national, ethnical, racial or religious group, as such.
4. The measures imposed were intended to prevent births within that group.
5. The conduct took place in the context of a manifest pattern of similar conduct directed against that group or was conduct that could itself effect such destruction.

---

6 The term "killed" is interchangeable with the term "caused death".
7 This conduct may include, but is not necessarily restricted to, acts of torture, rape, sexual violence or inhuman or degrading treatment.
8 The term "conditions of life" may include, but is not necessarily restricted to, deliberate deprivation of resources indispensable for survival, such as food or medical services, or systematic expulsion from homes.

Article 6(e) Genocide by forcibly transferring children

Elements
1. The perpetrator forcibly transferred one or more persons.[9]
2. Such person or persons belonged to a particular national, ethnical, racial or religious group.
3. The perpetrator intended to destroy, in whole or in part, that national, ethnical, racial or religious group, as such.
4. The transfer was from that group to another group.
5. The person or persons were under the age of 18 years.
6. The perpetrator knew, or should have known, that the person or persons were under the age of 18 years.
7. The conduct took place in the context of a manifest pattern of similar conduct directed against that group or was conduct that could itself effect such destruction.

Article 7 Crimes against humanity

Introduction
1. Since article 7 pertains to international criminal law, its provisions, consistent with article 22, must be strictly construed, taking into account that crimes against humanity as defined in article 7 are among the most serious crimes of concern to the international community as a whole, warrant and entail individual criminal responsibility, and require conduct which is impermissible under generally applicable international law, as recognized by the principal legal systems of the world.
2. The last two elements for each crime against humanity describe the context in which the conduct must take place. These elements clarify the requisite participation in and knowledge of a widespread or systematic attack against a civilian population. However, the last element should not be interpreted as requiring proof that the perpetrator had knowledge of all characteristics of the attack or the precise details of the plan or policy of the State or organization. In the case of an emerging widespread or systematic attack against a civilian population, the intent clause of the last element indicates that this mental element is satisfied if the perpetrator intended to further such an attack.
3. 'Attack directed against a civilian population' in these context elements is understood to mean a course of conduct involving the multiple commission of acts referred to in article 7, paragraph 1, of the Statute against any civilian population, pursuant to or in furtherance of a State or organizational policy to commit such attack. The acts need not constitute a military attack. It is understood that 'policy to commit such attack' requires that the State or organization actively promote or encourage such an attack against a civilian population.[10]

Article 7(1)(a) Crime against humanity of murder

Elements
1. The perpetrator killed[11] one or more persons.
2. The conduct was committed as part of a widespread or systematic attack directed against a civilian population.
3. The perpetrator knew that the conduct was part of or intended the conduct to be part of a widespread or systematic attack against a civilian population.

Article 7(1)(b) Crime against humanity of extermination

Elements
1. The perpetrator killed[12] one or more persons, including by inflicting conditions of life calculated to bring about the destruction of part of a population.[13]

---

9   The term "forcibly" is not restricted to physical force, but may include threat of force or coercion, such as that caused by fear of violence, duress, detention, psychological oppression or abuse of power, against such person or persons or another person, or by taking advantage of a coercive environment.
10   A policy which has a civilian population as the object of the attack would be implemented by State or organizational action. Such a policy may, in exceptional circumstances, be implemented by a deliberate failure to take action, which is consciously aimed at encouraging such attack. The existence of such a policy cannot be inferred solely from the absence of governmental or organizational action.
11   The term "killed" is interchangeable with the term "caused death". This footnote applies to all elements which use either of these concepts.
12   The conduct could be committed by different methods of killing, either directly or indirectly.
13   The infliction of such conditions could include the deprivation of access to food and medicine.

2. The conduct constituted, or took place as part of,[14] a mass killing of members of a civilian population.
3. The conduct was committed as part of a widespread or systematic attack directed against a civilian population.
4. The perpetrator knew that the conduct was part of or intended the conduct to be part of a widespread or systematic attack directed against a civilian population.

Article 7(1)(c) Crime against humanity of enslavement

Elements

1. The perpetrator exercised any or all of the powers attaching to the right of ownership over one or more persons, such as by purchasing, selling, lending or bartering such a person or persons, or by imposing on them a similar deprivation of liberty.[15]
2. The conduct was committed as part of a widespread or systematic attack directed against a civilian population.
3. The perpetrator knew that the conduct was part of or intended the conduct to be part of a widespread or systematic attack directed against a civilian population.

Article 7(1)(d) Crime against humanity of deportation or forcible transfer of population

Elements

1. The perpetrator deported or forcibly[16] transferred,[17] without grounds permitted under international law, one or more persons to another State or location, by expulsion or other coercive acts.
2. Such person or persons were lawfully present in the area from which they were so deported or transferred.
3. The perpetrator was aware of the factual circumstances that established the lawfulness of such presence.
4. The conduct was committed as part of a widespread or systematic attack directed against a civilian population.
5. The perpetrator knew that the conduct was part of or intended the conduct to be part of a widespread or systematic attack directed against a civilian population.

Article 7(1)(e) Crime against humanity of imprisonment or other severe deprivation of physical liberty

Elements

1. The perpetrator imprisoned one or more persons or otherwise severely deprived one or more persons of physical liberty.
2. The gravity of the conduct was such that it was in violation of fundamental rules of international law.
3. The perpetrator was aware of the factual circumstances that established the gravity of the conduct.
4. The conduct was committed as part of a widespread or systematic attack directed against a civilian population.
5. The perpetrator knew that the conduct was part of or intended the conduct to be part of a widespread or systematic attack directed against a civilian population.

Article 7(1)(f) Crime against humanity of torture[18]

Elements

1. The perpetrator inflicted severe physical or mental pain or suffering upon one or more persons.

---

14   The term 'as part of' would include the initial conduct in a mass killing.
15   It is understood that such deprivation of liberty may, in some circumstances, include exacting forced labour or otherwise reducing a person to a servile status as defined in the Supplementary Convention on the Abolition of Slavery, the Slave Trade, and Institutions and Practices Similar to Slavery of 1956. It is also understood that the conduct described in this element includes trafficking in persons, in particular women and children.
16   The term "forcibly" is not restricted to physical force, but may include threat of force or coercion, such as that caused by fear of violence, duress, detention, psychological oppression or abuse of power against such person or persons or another person, or by taking advantage of a coercive environment.
17   "Deported or forcibly transferred" is interchangeable with "forcibly displaced".
18   It is understood that no specific purpose need be proved for this crime.

2. Such person or persons were in the custody or under the control of the perpetrator.
3. Such pain or suffering did not arise only from, and was not inherent in or incidental to, lawful sanctions.
4. The conduct was committed as part of a widespread or systematic attack directed against a civilian population.
5. The perpetrator knew that the conduct was part of or intended the conduct to be part of a widespread or systematic attack directed against a civilian population.

Article 7(1)(g)-1 Crime against humanity of rape

Elements
1. The perpetrator invaded[19] the body of a person by conduct resulting in penetration, however slight, of any part of the body of the victim or of the perpetrator with a sexual organ, or of the anal or genital opening of the victim with any object or any other part of the body.
2. The invasion was committed by force, or by threat of force or coercion, such as that caused by fear of violence, duress, detention, psychological oppression or abuse of power, against such person or another person, or by taking advantage of a coercive environment, or the invasion was committed against a person incapable of giving genuine consent.[20]
3. The conduct was committed as part of a widespread or systematic attack directed against a civilian population.
4. The perpetrator knew that the conduct was part of or intended the conduct to be part of a widespread or systematic attack directed against a civilian population.

Article 7(1)(g)-2 Crime against humanity of sexual slavery[21]

Elements
1. The perpetrator exercised any or all of the powers attaching to the right of ownership over one or more persons, such as by purchasing, selling, lending or bartering such a person or persons, or by imposing on them a similar deprivation of liberty.[22]
2. The perpetrator caused such person or persons to engage in one or more acts of a sexual nature.
3. The conduct was committed as part of a widespread or systematic attack directed against a civilian population.
4. The perpetrator knew that the conduct was part of or intended the conduct to be part of a widespread or systematic attack directed against a civilian population.

Article 7(1)(g)-3 Crime against humanity of enforced prostitution

Elements
1. The perpetrator caused one or more persons to engage in one or more acts of a sexual nature by force, or by threat of force or coercion, such as that caused by fear of violence, duress, detention, psychological oppression or abuse of power, against such person or persons or another person, or by taking advantage of a coercive environment or such person's or persons' incapacity to give genuine consent.
2. The perpetrator or another person obtained or expected to obtain pecuniary or other advantage in exchange for or in connection with the acts of a sexual nature.
3. The conduct was committed as part of a widespread or systematic attack directed against a civilian population.
4. The perpetrator knew that the conduct was part of or intended the conduct to be part of a widespread or systematic attack directed against a civilian population.

---

19 The concept of 'invasion' is intended to be broad enough to be gender-neutral.
20 It is understood that a person may be incapable of giving genuine consent if affected by natural, induced or age-related incapacity. This footnote also applies to the corresponding elements of article 7 (1) (g)-3, 5 and 6.
21 Given the complex nature of this crime, it is recognized that its commission could involve more than one perpetrator as a part of a common criminal purpose.
22 It is understood that such deprivation of liberty may, in some circumstances, include exacting forced labour or otherwise reducing a person to a servile status as defined in the Supplementary Convention on the Abolition of Slavery, the Slave Trade, and Institutions and Practices Similar to Slavery of 1956. It is also understood that the conduct described in this element includes trafficking in persons, in particular women and children.

Article 7(1)(g)-4 Crime against humanity of forced pregnancy

Crime against humanity of forced pregnancy

Elements
1. The perpetrator confined one or more women forcibly made pregnant, with the intent of affecting the ethnic composition of any population or carrying out other grave violations of international law.
2. The conduct was committed as part of a widespread or systematic attack directed against a civilian population.
3. The perpetrator knew that the conduct was part of or intended the conduct to be part of a widespread or systematic attack directed against a civilian population.

Article 7(1)(g)-5 Crime against humanity of enforced sterilization

Crime against humanity of enforced sterilization

Elements
1. The perpetrator deprived one or more persons of biological reproductive capacity.[23]
2. The conduct was neither justified by the medical or hospital treatment of the person or persons concerned nor carried out with their genuine consent.[24]
3. The conduct was committed as part of a widespread or systematic attack directed against a civilian population.
4. The perpetrator knew that the conduct was part of or intended the conduct to be part of a widespread or systematic attack directed against a civilian population.

Article 7(1)(g)-6 Crime against humanity of sexual violence

Crime against humanity of sexual violence

Elements
1. The perpetrator committed an act of a sexual nature against one or more persons or caused such person or persons to engage in an act of a sexual nature by force, or by threat of force or coercion, such as that caused by fear of violence, duress, detention, psychological oppression or abuse of power, against such person or persons or another person, or by taking advantage of a coercive environment or such person's or persons' incapacity to give genuine consent.
2. Such conduct was of a gravity comparable to the other offences in article 7, paragraph 1 (g), of the Statute.
3. The perpetrator was aware of the factual circumstances that established the gravity of the conduct.
4. The conduct was committed as part of a widespread or systematic attack directed against a civilian population.
5. The perpetrator knew that the conduct was part of or intended the conduct to be part of a widespread or systematic attack directed against a civilian population.

Article 7(1)(h) Crime against humanity of persecution

Crime against humanity of persecution

Elements
1. The perpetrator severely deprived, contrary to international law,[25] one or more persons of fundamental rights.
2. The perpetrator targeted such person or persons by reason of the identity of a group or collectivity or targeted the group or collectivity as such.
3. Such targeting was based on political, racial, national, ethnic, cultural, religious, gender as defined in article 7, paragraph 3, of the Statute, or other grounds that are universally recognized as impermissible under international law.
4. The conduct was committed in connection with any act referred to in article 7, paragraph 1, of the Statute or any crime within the jurisdiction of the Court.[26]
5. The conduct was committed as part of a widespread or systematic attack directed against a civilian population.
6. The perpetrator knew that the conduct was part of or intended the conduct to be part of a widespread or systematic attack directed against a civilian population.

---

23 The deprivation is not intended to include birth-control measures which have a non-permanent effect in practice.
24 It is understood that 'genuine consent' does not include consent obtained through deception.
25 This requirement is without prejudice to paragraph 6 of the General Introduction to the Elements of Crimes.
26 It is understood that no additional mental element is necessary for this element other than that inherent in element 6.

Article 7(1)(i) Crime against humanity of enforced disappearance of persons[27], [28]

Elements
1. The perpetrator:
(a) Arrested, detained[29], [30] or abducted one or more persons; or
(b) Refused to acknowledge the arrest, detention or abduction, or to give information on the fate or whereabouts of such person or persons.
2.
(a) Such arrest, detention or abduction was followed or accompanied by a refusal to acknowledge that deprivation of freedom or to give information on the fate or whereabouts of such person or persons; or
(b) Such refusal was preceded or accompanied by that deprivation of freedom.
3. The perpetrator was aware that:[31]
(a) Such arrest, detention or abduction would be followed in the ordinary course of events by a refusal to acknowledge that deprivation of freedom or to give information on the fate or whereabouts of such person or persons;[32] or
(b) Such refusal was preceded or accompanied by that deprivation of freedom.
4. Such arrest, detention or abduction was carried out by, or with the authorization, support or acquiescence of, a State or a political organization.
5. Such refusal to acknowledge that deprivation of freedom or to give information on the fate or whereabouts of such person or persons was carried out by, or with the authorization or support of, such State or political organization.
6. The perpetrator intended to remove such person or persons from the protection of the law for a prolonged period of time.
7. The conduct was committed as part of a widespread or systematic attack directed against a civilian population.
8. The perpetrator knew that the conduct was part of or intended the conduct to be part of a widespread or systematic attack directed against a civilian population.

Article 7(1)(j) Crime against humanity of apartheid

Elements
1. The perpetrator committed an inhumane act against one or more persons.
2. Such act was an act referred to in article 7, paragraph 1, of the Statute, or was an act of a character similar to any of those acts.[33]
3. The perpetrator was aware of the factual circumstances that established the character of the act.
4. The conduct was committed in the context of an institutionalized regime of systematic oppression and domination by one racial group over any other racial group or groups.
5. The perpetrator intended to maintain such regime by that conduct.
6. The conduct was committed as part of a widespread or systematic attack directed against a civilian population.
7. The perpetrator knew that the conduct was part of or intended the conduct to be part of a widespread or systematic attack directed against a civilian population.

Article 7(1)(k) Crime against humanity of other inhumane acts

Elements
1. The perpetrator inflicted great suffering, or serious injury to body or to mental or physical health, by means of an inhumane act.

---

27 Given the complex nature of this crime, it is recognized that its commission will normally involve more than one perpetrator as a part of a common criminal purpose.
28 This crime falls under the jurisdiction of the Court only if the attack referred to in elements 7 and 8 occurs after the entry into force of the Statute.
29 The word 'detained' would include a perpetrator who maintained an existing detention.
30 It is understood that under certain circumstances an arrest or detention may have been lawful.
31 This element, inserted because of the complexity of this crime, is without prejudice to the General Introduction to the Elements of Crimes.
32 It is understood that, in the case of a perpetrator who maintained an existing detention, this element would be satisfied if the perpetrator was aware that such a refusal had already taken place.
33 It is understood that "character" refers to the nature and gravity of the act.

2. Such act was of a character similar to any other act referred to in article 7, paragraph 1, of the Statute.[34]
3. The perpetrator was aware of the factual circumstances that established the character of the act.
4. The conduct was committed as part of a widespread or systematic attack directed against a civilian population.
5. The perpetrator knew that the conduct was part of or intended the conduct to be part of a widespread or systematic attack directed against a civilian population.

Article 8 War crimes

Introduction

The elements for war crimes under article 8, paragraph 2 (c) and (e), are subject to the limitations addressed in article 8, paragraph 2 (d) and (f), which are not elements of crimes.

The elements for war crimes under article 8, paragraph 2, of the Statute shall be interpreted within the established framework of the international law of armed conflict including, as appropriate, the international law of armed conflict applicable to armed conflict at sea.

With respect to the last two elements listed for each crime:

(a) There is no requirement for a legal evaluation by the perpetrator as to the existence of an armed conflict or its character as international or non-international;
(b) In that context there is no requirement for awareness by the perpetrator of the facts that established the character of the conflict as international or non-international;
(c) There is only a requirement for the awareness of the factual circumstances that established the existence of an armed conflict that is implicit in the terms 'took place in the context of and was associated with'.

Article 8(2)(a)

Article 8(2)(a)(i) War crime of wilful killing

Elements
1. The perpetrator killed one or more persons.[35]
2. Such person or persons were protected under one or more of the Geneva Conventions of 1949.
3. The perpetrator was aware of the factual circumstances that established that protected status.[36],[37]
4. The conduct took place in the context of and was associated with an international armed conflict.[38]
5. The perpetrator was aware of factual circumstances that established the existence of an armed conflict.

Article 8(2)(a)(ii)-1 War crime of torture

Elements[39]
1. The perpetrator inflicted severe physical or mental pain or suffering upon one or more persons.
2. The perpetrator inflicted the pain or suffering for such purposes as: obtaining information or a confession, punishment, intimidation or coercion or for any reason based on discrimination of any kind.

---

34   It is understood that "character" refers to the nature and gravity of the act.
35   The term 'killed' is interchangeable with the term 'caused death'. This footnote applies to all elements which use either of these concepts.
36   This mental element recognizes the interplay between articles 30 and 32. This footnote also applies to the corresponding element in each crime under article 8 (2) (a), and to the element in other crimes in article 8 (2) concerning the awareness of factual circumstances that establish the status of persons or property protected under the relevant international law of armed conflict.
37   With respect to nationality, it is understood that the perpetrator needs only to know that the victim belonged to an adverse party to the conflict. This footnote also applies to the corresponding element in each crime under article 8 (2) (a).
38   The term 'international armed conflict' includes military occupation. This footnote also applies to the corresponding element in each crime under article 8 (2) (a).
39   As element 3 requires that all victims must be "protected persons" under one or more of the Geneva Conventions of 1949, these elements do not include the custody or control requirement found in the elements of article 7 (1) (e).

3. Such person or persons were protected under one or more of the Geneva Conventions of 1949.
4. The perpetrator was aware of the factual circumstances that established that protected status.
5. The conduct took place in the context of and was associated with an international armed conflict.
6. The perpetrator was aware of factual circumstances that established the existence of an armed conflict.

Article 8(2)(a)(ii)-2 War crime of inhuman treatment

Elements
1. The perpetrator inflicted severe physical or mental pain or suffering upon one or more persons.
2. Such person or persons were protected under one or more of the Geneva Conventions of 1949.
3. The perpetrator was aware of the factual circumstances that established that protected status.
4. The conduct took place in the context of and was associated with an international armed conflict.
5. The perpetrator was aware of factual circumstances that established the existence of an armed conflict.

Article 8(2)(a)(ii)-3 War crime of biological experiments

Elements
1. The perpetrator subjected one or more persons to a particular biological experiment.
2. The experiment seriously endangered the physical or mental health or integrity of such person or persons.
3. The intent of the experiment was non-therapeutic and it was neither justified by medical reasons nor carried out in such person's or persons' interest.
4. Such person or persons were protected under one or more of the Geneva Conventions of 1949.
5. The perpetrator was aware of the factual circumstances that established that protected status.
6. The conduct took place in the context of and was associated with an international armed conflict.
7. The perpetrator was aware of factual circumstances that established the existence of an armed conflict.

Article 8(2)(a)(iii) War crime of wilfully causing great suffering

Elements
1. The perpetrator caused great physical or mental pain or suffering to, or serious injury to body or health of, one or more persons.
2. Such person or persons were protected under one or more of the Geneva Conventions of 1949.
3. The perpetrator was aware of the factual circumstances that established that protected status.
4. The conduct took place in the context of and was associated with an international armed conflict.
5. The perpetrator was aware of factual circumstances that established the existence of an armed conflict.

Article 8(2)(a)(iv) War crime of destruction and appropriation of property

Elements
1. The perpetrator destroyed or appropriated certain property.
2. The destruction or appropriation was not justified by military necessity.
3. The destruction or appropriation was extensive and carried out wantonly.
4. Such property was protected under one or more of the Geneva Conventions of 1949.
5. The perpetrator was aware of the factual circumstances that established that protected status.
6. The conduct took place in the context of and was associated with an international armed conflict.
7. The perpetrator was aware of factual circumstances that established the existence of an armed conflict.

Article 8(2)(a)(v) War crime of compelling service in hostile forces

Elements

War crime of compelling service in hostile forces

1. The perpetrator coerced one or more persons, by act or threat, to take part in military operations against that person's own country or forces or otherwise serve in the forces of a hostile power.
2. Such person or persons were protected under one or more of the Geneva Conventions of 1949.
3. The perpetrator was aware of the factual circumstances that established that protected status.
4. The conduct took place in the context of and was associated with an international armed conflict.
5. The perpetrator was aware of factual circumstances that established the existence of an armed conflict.

Article 8(2)(a)(vi) War crime of denying a fair trial

Elements

War crime of denying a fair trial

1. The perpetrator deprived one or more persons of a fair and regular trial by denying judicial guarantees as defined, in particular, in the third and the fourth Geneva Conventions of 1949.
2. Such person or persons were protected under one or more of the Geneva Conventions of 1949.
3. The perpetrator was aware of the factual circumstances that established that protected status.
4. The conduct took place in the context of and was associated with an international armed conflict.
5. The perpetrator was aware of factual circumstances that established the existence of an armed conflict.

Article 8(2)(a)(vii) -1 War crime of unlawful deportation and transfer

Elements

War crime of unlawful deportation and transfer

1. The perpetrator deported or transferred one or more persons to another State or to another location.
2. Such person or persons were protected under one or more of the Geneva Conventions of 1949.
3. The perpetrator was aware of the factual circumstances that established that protected status.
4. The conduct took place in the context of and was associated with an international armed conflict.
5. The perpetrator was aware of factual circumstances that established the existence of an armed conflict.

Article 8(2)(a)(vii) -2 War crime of unlawful confinement

Elements

War crime of unlawful confinement

1. The perpetrator confined or continued to confine one or more persons to a certain location.
2. Such person or persons were protected under one or more of the Geneva Conventions of 1949.
3. The perpetrator was aware of the factual circumstances that established that protected status.
4. The conduct took place in the context of and was associated with an international armed conflict.
5. The perpetrator was aware of factual circumstances that established the existence of an armed conflict.

Article 8(2)(a)(viii) War crime of taking hostages

Elements

War crime of taking hostages

1. The perpetrator seized, detained or otherwise held hostage one or more persons.
2. The perpetrator threatened to kill, injure or continue to detain such person or persons.
3. The perpetrator intended to compel a State, an international organization, a natural or legal person or a group of persons to act or refrain from acting as an explicit or implicit condition for the safety or the release of such person or persons.
4. Such person or persons were protected under one or more of the Geneva Conventions of 1949.
5. The perpetrator was aware of the factual circumstances that established that protected status.
6. The conduct took place in the context of and was associated with an international armed conflict.
7. The perpetrator was aware of factual circumstances that established the existence of an armed conflict.

Article 8(2)(b)

Article 8(2)(b)(i) War crime of attacking civilians

Elements
1. The perpetrator directed an attack.
2. The object of the attack was a civilian population as such or individual civilians not taking direct part in hostilities.
3. The perpetrator intended the civilian population as such or individual civilians not taking direct part in hostilities to be the object of the attack.
4. The conduct took place in the context of and was associated with an international armed conflict.
5. The perpetrator was aware of factual circumstances that established the existence of an armed conflict.

Article 8(2)(b)(ii) War crime of attacking civilian objects

Elements
1. The perpetrator directed an attack.
2. The object of the attack was civilian objects, that is, objects which are not military objectives.
3. The perpetrator intended such civilian objects to be the object of the attack.
4. The conduct took place in the context of and was associated with an international armed conflict.
5. The perpetrator was aware of factual circumstances that established the existence of an armed conflict.

Article 8(2)(b)(iii) War crime of attacking personnel or objects involved in a humanitarian assistance or peacekeeping mission

Elements
1. The perpetrator directed an attack.
2. The object of the attack was personnel, installations, material, units or vehicles involved in a humanitarian assistance or peacekeeping mission in accordance with the Charter of the United Nations.
3. The perpetrator intended such personnel, installations, material, units or vehicles so involved to be the object of the attack.
4. Such personnel, installations, material, units or vehicles were entitled to that protection given to civilians or civilian objects under the international law of armed conflict.
5. The perpetrator was aware of the factual circumstances that established that protection.
6. The conduct took place in the context of and was associated with an international armed conflict.
7. The perpetrator was aware of factual circumstances that established the existence of an armed conflict.

Article 8(2)(b)(iv) War crime of excessive incidental death, injury, or damage

Elements
1. The perpetrator launched an attack.
2. The attack was such that it would cause incidental death or injury to civilians or damage to civilian objects or widespread, long-term and severe damage to the natural environment and that such death, injury or damage would be of such an extent as to be clearly excessive in relation to the concrete and direct overall military advantage anticipated.[40]

---

40   The expression 'concrete and direct overall military advantage' refers to a military advantage that is foreseeable by the perpetrator at the relevant time. Such advantage may or may not be temporally or geographically related to the object of the attack. The fact that this crime admits the possibility of lawful incidental injury and collateral damage does not in any way justify any violation of the law applicable in armed conflict. It does not address justifications for war or other rules related to jus ad bellum. It reflects the proportionality requirement inherent in determining the legality of any military activity undertaken in the context of an armed conflict.

3. The perpetrator knew that the attack would cause incidental death or injury to civilians or damage to civilian objects or widespread, long-term and severe damage to the natural environment and that such death, injury or damage would be of such an extent as to be clearly excessive in relation to the concrete and direct overall military advantage anticipated.[41]
4. The conduct took place in the context of and was associated with an international armed conflict.
5. The perpetrator was aware of factual circumstances that established the existence of an armed conflict.

Article 8(2)(b)(v) War crime of attacking undefended places[42]

Elements

1. The perpetrator attacked one or more towns, villages, dwellings or buildings.
2. Such towns, villages, dwellings or buildings were open for unresisted occupation.
3. Such towns, villages, dwellings or buildings did not constitute military objectives.
4. The conduct took place in the context of and was associated with an international armed conflict.
5. The perpetrator was aware of factual circumstances that established the existence of an armed conflict.

Article 8(2)(b)(vi) War crime of killing or wounding a person *hors de combat*

Elements

1. The perpetrator killed or injured one or more persons.
2. Such person or persons were *hors de combat*.
3. The perpetrator was aware of the factual circumstances that established this status.
4. The conduct took place in the context of and was associated with an international armed conflict.
5. The perpetrator was aware of factual circumstances that established the existence of an armed conflict.

Article 8(2)(b)(vii) -1 War crime of improper use of a flag of truce

Elements

1. The perpetrator used a flag of truce.
2. The perpetrator made such use in order to feign an intention to negotiate when there was no such intention on the part of the perpetrator.
3. The perpetrator knew or should have known of the prohibited nature of such use.[43]
4. The conduct resulted in death or serious personal injury.
5. The perpetrator knew that the conduct could result in death or serious personal injury.
6. The conduct took place in the context of and was associated with an international armed conflict.
7. The perpetrator was aware of factual circumstances that established the existence of an armed conflict.

Article 8(2)(b)(vii) -2 War crime of improper use of a flag, insignia or uniform of the hostile party

Elements

1. The perpetrator used a flag, insignia or uniform of the hostile party.
2. The perpetrator made such use in a manner prohibited under the international law of armed conflict while engaged in an attack.

---

41 As opposed to the general rule set forth in paragraph 4 of the General Introduction, this knowledge element requires that the perpetrator make the value judgement as described therein. An evaluation of that value judgement must be based on the requisite information available to the perpetrator at the time.

42 The presence in the locality of persons specially protected under the Geneva Conventions of 1949 or of police forces retained for the sole purpose of maintaining law and order does not by itself render the locality a military objective.

43 This mental element recognizes the interplay between article 30 and article 32. The term 'prohibited nature' denotes illegality.

3. The perpetrator knew or should have known of the prohibited nature of such use.[44]
4. The conduct resulted in death or serious personal injury.
5. The perpetrator knew that the conduct could result in death or serious personal injury.
6. The conduct took place in the context of and was associated with an international armed conflict.
7. The perpetrator was aware of factual circumstances that established the existence of an armed conflict.

Article 8(2)(b)(vii) -3 War crime of improper use of a flag, insignia or uniform of the United Nations

Elements
1. The perpetrator used a flag, insignia or uniform of the United Nations.
2. The perpetrator made such use in a manner prohibited under the international law of armed conflict.
3. The perpetrator knew of the prohibited nature of such use.[45]
4. The conduct resulted in death or serious personal injury.
5. The perpetrator knew that the conduct could result in death or serious personal injury.
6. The conduct took place in the context of and was associated with an international armed conflict.
7. The perpetrator was aware of factual circumstances that established the existence of an armed conflict.

Article 8(2)(b)(vii) -4 War crime of improper use of the distinctive emblems of the Geneva Conventions

Elements
1. The perpetrator used the distinctive emblems of the Geneva Conventions.
2. The perpetrator made such use for combatant purposes[46] in a manner prohibited under the international law of armed conflict.
3. The perpetrator knew or should have known of the prohibited nature of such use.[47]
4. The conduct resulted in death or serious personal injury.
5. The perpetrator knew that the conduct could result in death or serious personal injury.
6. The conduct took place in the context of and was associated with an international armed conflict.
7. The perpetrator was aware of factual circumstances that established the existence of an armed conflict.

Article 8(2)(b)(viii) The transfer, directly or indirectly, by the Occupying Power of parts of its own civilian population into the territory it occupies, or

---

44 This mental element recognizes the interplay between article 30 and article 32. The term 'prohibited nature' denotes illegality.
45 This mental element recognizes the interplay between article 30 and article 32. The 'should have known' test required in the other offences found in article 8 (2) (b) (vii) is not applicable here because of the variable and regulatory nature of the relevant prohibitions.
46 'Combatant purposes' in these circumstances means purposes directly related to hostilities and not including medical, religious or similar activities.
47 This mental element recognizes the interplay between article 30 and article 32. The term 'prohibited nature' denotes illegality.

the deportation or transfer of all or parts of the population of the occupied territory within or outside this territory

The transfer, directly or indirectly, by the Occupying Power of parts of its own civilian population into the territory it occupies, or the deportation or transfer of all or parts of the population of the occupied territory within or outside this territory

Elements
1. The perpetrator:
   (a) Transferred,[48] directly or indirectly, parts of its own population into the territory it occupies; or
   (b) Deported or transferred all or parts of the population of the occupied territory within or outside this territory.
2. The conduct took place in the context of and was associated with an international armed conflict.
3. The perpetrator was aware of factual circumstances that established the existence of an armed conflict.

Article 8(2)(b)(ix) War crime of attacking protected objects[49]

War crime of attacking protected objects

Elements
1. The perpetrator directed an attack.
2. The object of the attack was one or more buildings dedicated to religion, education, art, science or charitable purposes, historic monuments, hospitals or places where the sick and wounded are collected, which were not military objectives.
3. The perpetrator intended such building or buildings dedicated to religion, education, art, science or charitable purposes, historic monuments, hospitals or places where the sick and wounded are collected, which were not military objectives, to be the object of the attack.
4. The conduct took place in the context of and was associated with an international armed conflict.
5. The perpetrator was aware of factual circumstances that established the existence of an armed conflict.

Article 8(2)(b)(x)-1 War crime of mutilation

War crime of mutilation

Elements
1. The perpetrator subjected one or more persons to mutilation, in particular by permanently disfiguring the person or persons, or by permanently disabling or removing an organ or appendage.
2. The conduct caused death or seriously endangered the physical or mental health of such person or persons.
3. The conduct was neither justified by the medical, dental or hospital treatment of the person or persons concerned nor carried out in such person's or persons' interest.[50]
4. Such person or persons were in the power of an adverse party.
5. The conduct took place in the context of and was associated with an international armed conflict.
6. The perpetrator was aware of factual circumstances that established the existence of an armed conflict.

Article 8(2)(b)(x)-2 War crime of medical or scientific experiments

War crime of medical or scientific experiments

Elements
1. The perpetrator subjected one or more persons to a medical or scientific experiment.

---

48 The term 'transfer' needs to be interpreted in accordance with the relevant provisions of international humanitarian law.

49 The presence in the locality of persons specially protected under the Geneva Conventions of 1949 or of police forces retained for the sole purpose of maintaining law and order does not by itself render the locality a military objective.

50 Consent is not a defence to this crime. The crime prohibits any medical procedure which is not indicated by the state of health of the person concerned and which is not consistent with generally accepted medical standards which would be applied under similar medical circumstances to persons who are nationals of the party conducting the procedure and who are in no way deprived of liberty. This footnote also applies to the same element for article 8 (2) (b) (x)-2.

2. The experiment caused death or seriously endangered the physical or mental health or integrity of such person or persons.
3. The conduct was neither justified by the medical, dental or hospital treatment of such person or persons concerned nor carried out in such person's or persons' interest.
4. Such person or persons were in the power of an adverse party.
5. The conduct took place in the context of and was associated with an international armed conflict.
6. The perpetrator was aware of factual circumstances that established the existence of an armed conflict.

Article 8(2)(b)(xi) War crime of treacherously killing or wounding

Elements
1. The perpetrator invited the confidence or belief of one or more persons that they were entitled to, or were obliged to accord, protection under rules of international law applicable in armed conflict.
2. The perpetrator intended to betray that confidence or belief.
3. The perpetrator killed or injured such person or persons.
4. The perpetrator made use of that confidence or belief in killing or injuring such person or persons.
5. Such person or persons belonged to an adverse party.
6. The conduct took place in the context of and was associated with an international armed conflict.
7. The perpetrator was aware of factual circumstances that established the existence of an armed conflict.

War crime of treacherously killing or wounding

Article 8(2)(b)(xii) War crime of denying quarter

Elements
1. The perpetrator declared or ordered that there shall be no survivors.
2. Such declaration or order was given in order to threaten an adversary or to conduct hostilities on the basis that there shall be no survivors.
3. The perpetrator was in a position of effective command or control over the subordinate forces to which the declaration or order was directed.
4. The conduct took place in the context of and was associated with an international armed conflict.
5. The perpetrator was aware of factual circumstances that established the existence of an armed conflict.

War crime of denying quarter

Article 8(2)(b)(xiii) War crime of destroying or seizing the enemy's property

Elements
1. The perpetrator destroyed or seized certain property.
2. Such property was property of a hostile party.
3. Such property was protected from that destruction or seizure under the international law of armed conflict.
4. The perpetrator was aware of the factual circumstances that established the status of the property.
5. The destruction or seizure was not justified by military necessity.
6. The conduct took place in the context of and was associated with an international armed conflict.
7. The perpetrator was aware of factual circumstances that established the existence of an armed conflict.

War crime of destroying or seizing the enemy's property

Article 8(2)(b)(xiv) War crime of depriving the nationals of the hostile power of rights or actions

Elements
1. The perpetrator effected the abolition, suspension or termination of admissibility in a court of law of certain rights or actions.
2. The abolition, suspension or termination was directed at the nationals of a hostile party.
3. The perpetrator intended the abolition, suspension or termination to be directed at the nationals of a hostile party.
4. The conduct took place in the context of and was associated with an international armed conflict.

War crime of depriving the nationals of the hostile power of rights or actions

5. The perpetrator was aware of factual circumstances that established the existence of an armed conflict.

Article 8(2)(b)(xv) War crime of compelling participation in military operations

Elements

1. The perpetrator coerced one or more persons by act or threat to take part in military operations against that person's own country or forces.
2. Such person or persons were nationals of a hostile party.
3. The conduct took place in the context of and was associated with an international armed conflict.
4. The perpetrator was aware of factual circumstances that established the existence of an armed conflict.

Article 8(2)(b)(xvi) War crime of pillaging

Elements

1. The perpetrator appropriated certain property.
2. The perpetrator intended to deprive the owner of the property and to appropriate it for private or personal use.[51]
3. The appropriation was without the consent of the owner.
4. The conduct took place in the context of and was associated with an international armed conflict.
5. The perpetrator was aware of factual circumstances that established the existence of an armed conflict.

Article 8(2)(b)(xvii) War crime of employing poison or poisoned weapons

Elements

1. The perpetrator employed a substance or a weapon that releases a substance as a result of its employment.
2. The substance was such that it causes death or serious damage to health in the ordinary course of events, through its toxic properties.
3. The conduct took place in the context of and was associated with an international armed conflict.
4. The perpetrator was aware of factual circumstances that established the existence of an armed conflict.

Article 8(2)(b)(xviii) War crime of employing prohibited gases, liquids, materials or devices

Elements

1. The perpetrator employed a gas or other analogous substance or device.
2. The gas, substance or device was such that it causes death or serious damage to health in the ordinary course of events, through its asphyxiating or toxic properties.[52]
3. The conduct took place in the context of and was associated with an international armed conflict.
4. The perpetrator was aware of factual circumstances that established the existence of an armed conflict.

Article 8(2)(b)(xix) War crime of employing prohibited bullets

Elements

1. The perpetrator employed certain bullets.
2. The bullets were such that their use violates the international law of armed conflict because they expand or flatten easily in the human body.

---

51 As indicated by the use of the term 'private or personal use', appropriations justified by military necessity cannot constitute the crime of pillaging.
52 Nothing in this element shall be interpreted as limiting or prejudicing in any way existing or developing rules of international law with respect to the development, production, stockpiling and use of chemical weapons.

3. The perpetrator was aware that the nature of the bullets was such that their employment would uselessly aggravate suffering or the wounding effect.
4. The conduct took place in the context of and was associated with an international armed conflict.
5. The perpetrator was aware of factual circumstances that established the existence of an armed conflict.

Article 8(2)(b)(xx) War crime of employing weapons, projectiles or materials or methods of warfare listed in the Annex to the Statute

Elements
[Elements will have to be drafted once weapons, projectiles or material or methods of warfare have been included in an annex to the Statute.]

War crime of employing weapons, projectiles or materials or methods of warfare listed in the Annex to the Statute

Article 8(2)(b)(xxi) War crime of outrages upon personal dignity

Elements
1. The perpetrator humiliated, degraded or otherwise violated the dignity of one or more persons.[53]
2. The severity of the humiliation, degradation or other violation was of such degree as to be generally recognized as an outrage upon personal dignity.
3. The conduct took place in the context of and was associated with an international armed conflict.
4. The perpetrator was aware of factual circumstances that established the existence of an armed conflict.

War crime of outrages upon personal dignity

Article 8(2)(b)(xxii)-1 War crime of rape

Elements
1. The perpetrator invaded[54] the body of a person by conduct resulting in penetration, however slight, of any part of the body of the victim or of the perpetrator with a sexual organ, or of the anal or genital opening of the victim with any object or any other part of the body.
2. The invasion was committed by force, or by threat of force or coercion, such as that caused by fear of violence, duress, detention, psychological oppression or abuse of power, against such person or another person, or by taking advantage of a coercive environment, or the invasion was committed against a person incapable of giving genuine consent.[55]
3. The conduct took place in the context of and was associated with an international armed conflict.
4. The perpetrator was aware of factual circumstances that established the existence of an armed conflict.

War crime of rape

Article 8(2)(b)(xxii)-2 War crime of sexual slavery[56]

Elements
1. The perpetrator exercised any or all of the powers attaching to the right of ownership over one or more persons, such as by purchasing, selling, lending or bartering such a person or persons, or by imposing on them a similar deprivation of liberty.[57]
2. The perpetrator caused such person or persons to engage in one or more acts of a sexual nature.
3. The conduct took place in the context of and was associated with an international armed conflict.

War crime of sexual slavery

---

[53] For this crime, 'persons' can include dead persons. It is understood that the victim need not personally be aware of the existence of the humiliation or degradation or other violation. This element takes into account relevant aspects of the cultural background of the victim.

[54] The concept of 'invasion' is intended to be broad enough to be gender-neutral.

[55] It is understood that a person may be incapable of giving genuine consent if affected by natural, induced or age-related incapacity. This footnote also applies to the corresponding elements of article 8 (2) (b) (xxii)-3, 5 and 6.

[56] Given the complex nature of this crime, it is recognized that its commission could involve more than one perpetrator as a part of a common criminal purpose.

[57] It is understood that such deprivation of liberty may, in some circumstances, include exacting forced labour or otherwise reducing a person to servile status as defined in the Supplementary Convention on the Abolition of Slavery, the Slave Trade, and Institutions and Practices Similar to Slavery of 1956. It is also understood that the conduct described in this element includes trafficking in persons, in particular women and children.

4. The perpetrator was aware of factual circumstances that established the existence of an armed conflict.

Article 8(2)(b)(xxii)-3 War crime of enforced prostitution

War crime of enforced prostitution

Elements

1. The perpetrator caused one or more persons to engage in one or more acts of a sexual nature by force, or by threat of force or coercion, such as that caused by fear of violence, duress, detention, psychological oppression or abuse of power, against such person or persons or another person, or by taking advantage of a coercive environment or such person's or persons' incapacity to give genuine consent.
2. The perpetrator or another person obtained or expected to obtain pecuniary or other advantage in exchange for or in connection with the acts of a sexual nature.
3. The conduct took place in the context of and was associated with an international armed conflict.
4. The perpetrator was aware of factual circumstances that established the existence of an armed conflict.

Article 8(2)(b)(xxii)-4 War crime of forced pregnancy

War crime of forced pregnancy

Elements

1. The perpetrator confined one or more women forcibly made pregnant, with the intent of affecting the ethnic composition of any population or carrying out other grave violations of international law.
2. The conduct took place in the context of and was associated with an international armed conflict.
3. The perpetrator was aware of factual circumstances that established the existence of an armed conflict.

Article 8(2)(b)(xxii)-5 War crime of enforced sterilization

War crime of enforced sterilization

Elements

1. The perpetrator deprived one or more persons of biological reproductive capacity.[58]
2. The conduct was neither justified by the medical or hospital treatment of the person or persons concerned nor carried out with their genuine consent.[59]
3. The conduct took place in the context of and was associated with an international armed conflict.
4. The perpetrator was aware of factual circumstances that established the existence of an armed conflict.

Article 8(2)(b)(xxii)-6 War crime of sexual violence

War crime of sexual violence

Elements

1. The perpetrator committed an act of a sexual nature against one or more persons or caused such person or persons to engage in an act of a sexual nature by force, or by threat of force or coercion, such as that caused by fear of violence, duress, detention, psychological oppression or abuse of power, against such person or persons or another person, or by taking advantage of a coercive environment or such person's or persons' incapacity to give genuine consent.
2. The conduct was of a gravity comparable to that of a grave breach of the Geneva Conventions.
3. The perpetrator was aware of the factual circumstances that established the gravity of the conduct.
4. The conduct took place in the context of and was associated with an international armed conflict.
5. The perpetrator was aware of factual circumstances that established the existence of an armed conflict.

Article 8(2)(b)(xxiii) War crime of using protected persons as shields

War crime of using protected persons as shields

Elements

1. The perpetrator moved or otherwise took advantage of the location of one or more civilians or other persons protected under the international law of armed conflict.
2. The perpetrator intended to shield a military objective from attack or shield, favour or impede military operations.
3. The conduct took place in the context of and was associated with an international armed conflict.

---

58 The deprivation is not intended to include birth-control measures which have a non-permanent effect in practice.
59 It is understood that 'genuine consent' does not include consent obtained through deception.

4. The perpetrator was aware of factual circumstances that established the existence of an armed conflict.

Article 8(2)(b)(xxiv) War crime of attacking objects or persons using the distinctive emblems of the Geneva Conventions

Elements
1. The perpetrator attacked one or more persons, buildings, medical units or transports or other objects using, in conformity with international law, a distinctive emblem or other method of identification indicating protection under the Geneva Conventions.
2. The perpetrator intended such persons, buildings, units or transports or other objects so using such identification to be the object of the attack.
3. The conduct took place in the context of and was associated with an international armed conflict.
4. The perpetrator was aware of factual circumstances that established the existence of an armed conflict.

Article 8(2)(b)(xxv) War crime of starvation as a method of warfare

Elements
1. The perpetrator deprived civilians of objects indispensable to their survival.
2. The perpetrator intended to starve civilians as a method of warfare.
3. The conduct took place in the context of and was associated with an international armed conflict.
4. The perpetrator was aware of factual circumstances that established the existence of an armed conflict.

Article 8(2)(b)(xxvi) War crime of using, conscripting or enlisting children

Elements
1. The perpetrator conscripted or enlisted one or more persons into the national armed forces or used one or more persons to participate actively in hostilities.
2. Such person or persons were under the age of 15 years.
3. The perpetrator knew or should have known that such person or persons were under the age of 15 years.
4. The conduct took place in the context of and was associated with an international armed conflict.
5. The perpetrator was aware of factual circumstances that established the existence of an armed conflict.

Article 8(2)(c)

Article 8(2)(c)(i)-1 War crime of murder

Elements
1. The perpetrator killed one or more persons.
2. Such person or persons were either *hors de combat*, or were civilians, medical personnel, or religious personnel[60] taking no active part in the hostilities.
3. The perpetrator was aware of the factual circumstances that established this status.
4. The conduct took place in the context of and was associated with an armed conflict not of an international character.
5. The perpetrator was aware of factual circumstances that established the existence of an armed conflict.

Article 8(2)(c)(i)-2 War crime of mutilation

Elements
1. The perpetrator subjected one or more persons to mutilation, in particular by permanently disfiguring the person or persons, or by permanently disabling or removing an organ or appendage.
2. The conduct was neither justified by the medical, dental or hospital treatment of the person or persons concerned nor carried out in such person's or persons' interests.

---

60 The term 'religious personnel' includes those non-confessional non-combatant military personnel carrying out a similar function.

3. Such person or persons were either *hors de combat*, or were civilians, medical personnel or religious personnel taking no active part in the hostilities.
4. The perpetrator was aware of the factual circumstances that established this status.
5. The conduct took place in the context of and was associated with an armed conflict not of an international character.
6. The perpetrator was aware of factual circumstances that established the existence of an armed conflict.

Article 8(2)(c)(i)-3 War crime of cruel treatment

Elements

1. The perpetrator inflicted severe physical or mental pain or suffering upon one or more persons.
2. Such person or persons were either *hors de combat*, or were civilians, medical personnel, or religious personnel taking no active part in the hostilities.
3. The perpetrator was aware of the factual circumstances that established this status.
4. The conduct took place in the context of and was associated with an armed conflict not of an international character.
5. The perpetrator was aware of factual circumstances that established the existence of an armed conflict.

Article 8(2)(c)(i)-4 War crime of torture

Elements

1. The perpetrator inflicted severe physical or mental pain or suffering upon one or more persons.
2. The perpetrator inflicted the pain or suffering for such purposes as: obtaining information or a confession, punishment, intimidation or coercion or for any reason based on discrimination of any kind.
3. Such person or persons were either *hors de combat*, or were civilians, medical personnel or religious personnel taking no active part in the hostilities.
4. The perpetrator was aware of the factual circumstances that established this status.
5. The conduct took place in the context of and was associated with an armed conflict not of an international character.
6. The perpetrator was aware of factual circumstances that established the existence of an armed conflict.

Article 8(2)(c)(ii) War crime of outrages upon personal dignity

Elements

1. The perpetrator humiliated, degraded or otherwise violated the dignity of one or more persons.[61]
2. The severity of the humiliation, degradation or other violation was of such degree as to be generally recognized as an outrage upon personal dignity.
3. Such person or persons were either *hors de combat*, or were civilians, medical personnel or religious personnel taking no active part in the hostilities.
4. The perpetrator was aware of the factual circumstances that established this status.
5. The conduct took place in the context of and was associated with an armed conflict not of an international character.
6. The perpetrator was aware of factual circumstances that established the existence of an armed conflict.

Article 8(2)(c)(iii) War crime of taking hostages

Elements

1. The perpetrator seized, detained or otherwise held hostage one or more persons.
2. The perpetrator threatened to kill, injure or continue to detain such person or persons.
3. The perpetrator intended to compel a State, an international organization, a natural or legal person or a group of persons to act or refrain from acting as an explicit or implicit condition for the safety or the release of such person or persons.
4. Such person or persons were either *hors de combat*, or were civilians, medical personnel or religious personnel taking no active part in the hostilities.
5. The perpetrator was aware of the factual circumstances that established this status.

---

61 For this crime, 'persons' can include dead persons. It is understood that the victim need not personally be aware of the existence of the humiliation or degradation or other violation. This element takes into account relevant aspects of the cultural background of the victim.

6. The conduct took place in the context of and was associated with an armed conflict not of an international character.
7. The perpetrator was aware of factual circumstances that established the existence of an armed conflict.

Article 8(2)(c)(iv) War crime of sentencing or execution without due process

Elements
1. The perpetrator passed sentence or executed one or more persons.[62]
2. Such person or persons were either *hors de combat*, or were civilians, medical personnel or religious personnel taking no active part in the hostilities.
3. The perpetrator was aware of the factual circumstances that established this status.
4. There was no previous judgement pronounced by a court, or the court that rendered judgement was not 'regularly constituted', that is, it did not afford the essential guarantees of independence and impartiality, or the court that rendered judgement did not afford all other judicial guarantees generally recognized as indispensable under international law.[63]
5. The perpetrator was aware of the absence of a previous judgement or of the denial of relevant guarantees and the fact that they are essential or indispensable to a fair trial.
6. The conduct took place in the context of and was associated with an armed conflict not of an international character.
7. The perpetrator was aware of factual circumstances that established the existence of an armed conflict.

Article 8(2)(e)

Article 8(2)(e)(i) War crime of attacking civilians

Elements
1. The perpetrator directed an attack.
2. The object of the attack was a civilian population as such or individual civilians not taking direct part in hostilities.
3. The perpetrator intended the civilian population as such or individual civilians not taking direct part in hostilities to be the object of the attack.
4. The conduct took place in the context of and was associated with an armed conflict not of an international character.
5. The perpetrator was aware of factual circumstances that established the existence of an armed conflict.

Article 8(2)(e)(ii) War crime of attacking objects or persons using the distinctive emblems of the Geneva Conventions

Elements
1. The perpetrator attacked one or more persons, buildings, medical units or transports or other objects using, in conformity with international law, a distinctive emblem or other method of identification indicating protection under the Geneva Conventions.
2. The perpetrator intended such persons, buildings, units or transports or other objects so using such identification to be the object of the attack.
3. The conduct took place in the context of and was associated with an armed conflict not of an international character.
4. The perpetrator was aware of factual circumstances that established the existence of an armed conflict.

---

62   The elements laid down in these documents do not address the different forms of individual criminal responsibility, as enunciated in articles 25 and 28 of the Statute.
63   With respect to elements 4 and 5, the Court should consider whether, in the light of all relevant circumstances, the cumulative effect of factors with respect to guarantees deprived the person or persons of a fair trial.

Article 8(2)(e)(iii) War crime of attacking personnel or objects involved in a humanitarian assistance or peacekeeping mission

Elements

1. The perpetrator directed an attack.

2. The object of the attack was personnel, installations, material, units or vehicles involved in a humanitarian assistance or peacekeeping mission in accordance with the Charter of the United Nations.
3. The perpetrator intended such personnel, installations, material, units or vehicles so involved to be the object of the attack.
4. Such personnel, installations, material, units or vehicles were entitled to that protection given to civilians or civilian objects under the international law of armed conflict.
5. The perpetrator was aware of the factual circumstances that established that protection.
6. The conduct took place in the context of and was associated with an armed conflict not of an international character.
7. The perpetrator was aware of factual circumstances that established the existence of an armed conflict.

Article 8(2)(e)(iv) War crime of attacking protected objects[64]

Elements

1. The perpetrator directed an attack.

2. The object of the attack was one or more buildings dedicated to religion, education, art, science or charitable purposes, historic monuments, hospitals or places where the sick and wounded are collected, which were not military objectives.
3. The perpetrator intended such building or buildings dedicated to religion, education, art, science or charitable purposes, historic monuments, hospitals or places where the sick and wounded are collected, which were not military objectives, to be the object of the attack.
4. The conduct took place in the context of and was associated with an armed conflict not of an international character.
5. The perpetrator was aware of factual circumstances that established the existence of an armed conflict.

Article 8(2)(e)(v) War crime of pillaging

Elements

1. The perpetrator appropriated certain property.
2. The perpetrator intended to deprive the owner of the property and to appropriate it for private or personal use.[65]
3. The appropriation was without the consent of the owner.
4. The conduct took place in the context of and was associated with an armed conflict not of an international character.
5. The perpetrator was aware of factual circumstances that established the existence of an armed conflict.

Article 8(2)(e)(vi)-1 War crime of rape

Elements

1. The perpetrator invaded[66] the body of a person by conduct resulting in penetration, however slight, of any part of the body of the victim or of the perpetrator with a sexual organ, or of the anal or genital opening of the victim with any object or any other part of the body.
2. The invasion was committed by force, or by threat of force or coercion, such as that caused by fear of violence, duress, detention, psychological oppression or abuse of power, against such

---

64 The presence in the locality of persons specially protected under the Geneva Conventions of 1949 or of police forces retained for the sole purpose of maintaining law and order does not by itself render the locality a military objective.
65 As indicated by the use of the term 'private or personal use', appropriations justified by military necessity cannot constitute the crime of pillaging.
66 The concept of 'invasion' is intended to be broad enough to be gender-neutral.

person or another person, or by taking advantage of a coercive environment, or the invasion was committed against a person incapable of giving genuine consent.[67]
3. The conduct took place in the context of and was associated with an armed conflict not of an international character.
4. The perpetrator was aware of factual circumstances that established the existence of an armed conflict.

Article 8(2)(e)(vi)-2 War crime of sexual slavery[68]

Elements
1. The perpetrator exercised any or all of the powers attaching to the right of ownership over one or more persons, such as by purchasing, selling, lending or bartering such a person or persons, or by imposing on them a similar deprivation of liberty.[69]
2. The perpetrator caused such person or persons to engage in one or more acts of a sexual nature.
3. The conduct took place in the context of and was associated with an armed conflict not of an international character.
4. The perpetrator was aware of factual circumstances that established the existence of an armed conflict.

Article 8(2)(e)(vi)-3 War crime of enforced prostitution

Elements
1. The perpetrator caused one or more persons to engage in one or more acts of a sexual nature by force, or by threat of force or coercion, such as that caused by fear of violence, duress, detention, psychological oppression or abuse of power, against such person or persons or another person, or by taking advantage of a coercive environment or such person's or persons' incapacity to give genuine consent.
2. The perpetrator or another person obtained or expected to obtain pecuniary or other advantage in exchange for or in connection with the acts of a sexual nature.
3. The conduct took place in the context of and was associated with an armed conflict not of an international character.
4. The perpetrator was aware of factual circumstances that established the existence of an armed conflict.

Article 8(2)(e)(vi)-4 War crime of forced pregnancy

Elements
1. The perpetrator confined one or more women forcibly made pregnant, with the intent of affecting the ethnic composition of any population or carrying out other grave violations of international law.
2. The conduct took place in the context of and was associated with an armed conflict not of an international character.
3. The perpetrator was aware of factual circumstances that established the existence of an armed conflict.

Article 8(2)(e)(vi)-5 War crime of enforced sterilization

Elements
1. The perpetrator deprived one or more persons of biological reproductive capacity.[70]
2. The conduct was neither justified by the medical or hospital treatment of the person or persons concerned nor carried out with their genuine consent.[71]
3. The conduct took place in the context of and was associated with an armed conflict not of an international character.

---

67 It is understood that a person may be incapable of giving genuine consent if affected by natural, induced or age-related incapacity. This footnote also applies to the corresponding elements in article 8 (2) (e) (vi)-3, 5 and 6.
68 Given the complex nature of this crime, it is recognized that its commission could involve more than one perpetrator as a part of a common criminal purpose.
69 It is understood that such deprivation of liberty may, in some circumstances, include exacting forced labour or otherwise reducing a person to servile status as defined in the Supplementary Convention on the Abolition of Slavery, the Slave Trade, and Institutions and Practices Similar to Slavery of 1956. It is also understood that the conduct described in this element includes trafficking in persons, in particular women and children.
70 The deprivation is not intended to include birth-control measures which have a non-permanent effect in practice.
71 It is understood that 'genuine consent' does not include consent obtained through deception.

4. The perpetrator was aware of factual circumstances that established the existence of an armed conflict.

Article 8(2)(e)(vi)-6 War crime of sexual violence

Elements

1. The perpetrator committed an act of a sexual nature against one or more persons or caused such person or persons to engage in an act of a sexual nature by force, or by threat of force or coercion, such as that caused by fear of violence, duress, detention, psychological oppression or abuse of power, against such person or persons or another person, or by taking advantage of a coercive environment or such person's or persons' incapacity to give genuine consent.
2. The conduct was of a gravity comparable to that of a serious violation of article 3 common to the four Geneva Conventions.
3. The perpetrator was aware of the factual circumstances that established the gravity of the conduct.
4. The conduct took place in the context of and was associated with an armed conflict not of an international character.
5. The perpetrator was aware of factual circumstances that established the existence of an armed conflict.

Article 8(2)(e)(vii) War crime of using, conscripting and enlisting children

Elements

1. The perpetrator conscripted or enlisted one or more persons into an armed force or group or used one or more persons to participate actively in hostilities.
2. Such person or persons were under the age of 15 years.
3. The perpetrator knew or should have known that such person or persons were under the age of 15 years.
4. The conduct took place in the context of and was associated with an armed conflict not of an international character.
5. The perpetrator was aware of factual circumstances that established the existence of an armed conflict.

Article 8(2)(e)(viii) War crime of displacing civilians

Elements

1. The perpetrator ordered a displacement of a civilian population.
2. Such order was not justified by the security of the civilians involved or by military necessity.
3. The perpetrator was in a position to effect such displacement by giving such order.
4. The conduct took place in the context of and was associated with an armed conflict not of an international character.
5. The perpetrator was aware of factual circumstances that established the existence of an armed conflict.

Article 8(2)(e)(ix) War crime of treacherously killing or wounding

Elements

1. The perpetrator invited the confidence or belief of one or more combatant adversaries that they were entitled to, or were obliged to accord, protection under rules of international law applicable in armed conflict.
2. The perpetrator intended to betray that confidence or belief.
3. The perpetrator killed or injured such person or persons.
4. The perpetrator made use of that confidence or belief in killing or injuring such person or persons.
5. Such person or persons belonged to an adverse party.
6. The conduct took place in the context of and was associated with an armed conflict not of an international character.
7. The perpetrator was aware of factual circumstances that established the existence of an armed conflict.

Article 8(2)(e)(x) War crime of denying quarter

Elements

1. The perpetrator declared or ordered that there shall be no survivors.
2. Such declaration or order was given in order to threaten an adversary or to conduct hostilities on the basis that there shall be no survivors.

Elements of crimes
C54 art. 8(2)(e)(xii)

3. The perpetrator was in a position of effective command or control over the subordinate forces to which the declaration or order was directed.
4. The conduct took place in the context of and was associated with an armed conflict not of an international character.
5. The perpetrator was aware of factual circumstances that established the existence of an armed conflict.

Article 8(2)(e)(xi)-1 War crime of mutilation

Elements

1. The perpetrator subjected one or more persons to mutilation, in particular by permanently disfiguring the person or persons, or by permanently disabling or removing an organ or appendage.
2. The conduct caused death or seriously endangered the physical or mental health of such person or persons.
3. The conduct was neither justified by the medical, dental or hospital treatment of the person or persons concerned nor carried out in such person's or persons' interest.[72]
4. Such person or persons were in the power of another party to the conflict.
5. The conduct took place in the context of and was associated with an armed conflict not of an international character.
6. The perpetrator was aware of factual circumstances that established the existence of an armed conflict.

War crime of mutilation

Article 8(2)(e)(xi)-2 War crime of medical or scientific experiments

Elements

1. The perpetrator subjected one or more persons to a medical or scientific experiment.
2. The experiment caused the death or seriously endangered the physical or mental health or integrity of such person or persons.
3. The conduct was neither justified by the medical, dental or hospital treatment of such person or persons concerned nor carried out in such person's or persons' interest.
4. Such person or persons were in the power of another party to the conflict.
5. The conduct took place in the context of and was associated with an armed conflict not of an international character.
6. The perpetrator was aware of factual circumstances that established the existence of an armed conflict.

War crime of medical or scientific experiments

Article 8(2)(e)(xii) War crime of destroying or seizing the enemy's property

Elements

1. The perpetrator destroyed or seized certain property.
2. Such property was property of an adversary.
3. Such property was protected from that destruction or seizure under the international law of armed conflict.
4. The perpetrator was aware of the factual circumstances that established the status of the property.
5. The destruction or seizure was not required by military necessity.
6. The conduct took place in the context of and was associated with an armed conflict not of an international character.
7. The perpetrator was aware of factual circumstances that established the existence of an armed conflict.

War crime of destroying or seizing the enemy's property

---

[72] Consent is not a defence to this crime. The crime prohibits any medical procedure which is not indicated by the state of health of the person concerned and which is not consistent with generally accepted medical standards which would be applied under similar medical circumstances to persons who are nationals of the party conducting the procedure and who are in no way deprived of liberty. This footnote also applies to the similar element in article 8 (2) (e) (xi)-2.

Article 8 (2)(e)(xiii) [73] War crime of employing poison or poisoned weapons

Elements
1. The perpetrator employed a substance or a weapon that releases a substance as a result of its employment.
2. The substance was such that it causes death or serious damage to health in the ordinary course of events, through its toxic properties.
3. The conduct took place in the context of and was associated with an armed conflict not of an international character.
4. The perpetrator was aware of factual circumstances that established the existence of an armed conflict.

Article 8 (2)(e)(xiv) [74] War crime of employing prohibited gases, liquids, materials or devices

Elements
1. The perpetrator employed a gas or other analogous substance or device.
2. The gas, substance or device was such that it causes death or serious damage to health in the ordinary course of events, through its asphyxiating or toxic properties.[75]
3. The conduct took place in the context of and was associated with an armed conflict not of an international character.
4. The perpetrator was aware of factual circumstances that established the existence of an armed conflict.

Article 8 (2)(e)(xv) [76] War crime of employing prohibited bullets

Elements
1. The perpetrator employed certain bullets.
2. The bullets were such that their use violates the international law of armed conflict because they expand or flatten easily in the human body.
3. The perpetrator was aware that the nature of the bullets was such that their employment would uselessly aggravate suffering or the wounding effect.
4. The conduct took place in the context of and was associated with an armed conflict not of an international character.
5. The perpetrator was aware of factual circumstances that established the existence of an armed conflict.

Article 8 bis [77] Crime of aggression

Introduction
1. It is understood that any of the acts referred to in article 8 bis, paragraph 2, qualify as an act of aggression.
2. There is no requirement to prove that the perpetrator has made a legal evaluation as to whether the use of armed force was inconsistent with the Charter of the United Nations.
3. The term "manifest" is an objective qualification.
4. There is no requirement to prove that the perpetrator has made a legal evaluation as to the "manifest" nature of the violation of the Charter of the United Nations.

Elements
1. The perpetrator planned, prepared, initiated or executed an act of aggression.
2. The perpetrator was a person[78] in a position effectively to exercise control over or to direct the political or military action of the State which committed the act of aggression.

---

73 As amended by resolution RC/Res.5; see *Official Records of the Review Conference of the Rome Statute of the International Criminal Court, Kampala, 31 May - 11 June 2010* (International Criminal Court publication, RC/11), part II.

74 Ibid.

75 Nothing in this element shall be interpreted as limiting or prejudicing in any way existing or developing rules of international law with respect to the development, production, stockpiling and use of chemical weapons.

76 As amended by resolution RC/Res.5; see *Official Records of the Review Conference of the Rome Statute of the International Criminal Court, Kampala, 31 May - 11 June 2010* (International Criminal Court publication, RC/11), part II.

77 As amended by resolution RC/Res.6; see *Official Records of the Review Conference of the Rome Statute of the International Criminal Court, Kampala, 31 May - 11 June 2010* (International Criminal Court publication, RC/11), part II.

78 With respect to an act of aggression, more than one person may be in a position that meets these criteria.

Elements of crimes

3. The act of aggression – the use of armed force by a State against the sovereignty, territorial integrity or political independence of another State, or in any other manner inconsistent with the Charter of the United Nations – was committed.
4. The perpetrator was aware of the factual circumstances that established that such a use of armed force was inconsistent with the Charter of the United Nations.
5. The act of aggression, by its character, gravity and scale, constituted a manifest violation of the Charter of the United Nations.
6. The perpetrator was aware of the factual circumstances that established such a manifest violation of the Charter of the United Nations.

Overeenkomst ter uitvoering van het tussen de Regeringen van de Staten van de Benelux Economische Unie, de Bondsrepubliek Duitsland, en de Franse Republiek op 14 juni 1985 te Schengen gesloten akkoord betreffende de geleidelijke afschaffing van de controles aan de gemeenschappelijke grenzen, Schengen, 19 juni 1990

Overeenkomst ter uitvoering van het tussen de Regeringen van de Staten van de Benelux Economische Unie, de Bondsrepubliek Duitsland, en de Franse Republiek op 14 juni 1985 te Schengen gesloten akkoord betreffende de geleidelijke afschaffing van de controles aan de gemeenschappelijke grenzen[1]

Het Koninkrijk België, de Bondsrepubliek Duitsland, de Franse Republiek, het Groothertogdom Luxemburg en het Koninkrijk der Nederlanden, hierna te noemen de Overeenkomstsluitende Partijen,
voortbouwende op het op 14 juni 1985 te Schengen gesloten Akkoord betreffende de geleidelijke afschaffing van de controles aan de gemeenschappelijke grenzen,
besloten hebbende gestalte te geven aan het in dit Akkoord verankerde streven om de controles aan de gemeenschappelijke grenzen op het verkeer van personen af te schaffen, alsmede het vervoer en het goederenverkeer aan hun gemeenschappelijke grenzen te vereenvoudigen,
overwegende dat in het Verdrag tot oprichting van de Europese Gemeenschappen, zoals aangevuld door de Europese Akte, is bepaald dat de interne markt een ruimte zonder binnengrenzen omvat,
overwegende dat het door de Overeenkomstsluitende Partijen beoogde doel met deze communautaire doelstelling overeenstemt, onverminderd de maatregelen die ter uitvoering van de bepalingen van het Verdrag worden getroffen,
overwegende dat voor het verwezenlijken van dat streven een reeks passende maatregelen, alsmede een hechte samenwerking tussen de Overeenkomstsluitende Partijen zijn vereist,
zijn het volgende overeengekomen:

TITEL III
POLITIE EN VEILIGHEID

HOOFDSTUK 1
POLITIËLE SAMENWERKING

Art. 39

Schengenakkoord, samenwerking politiediensten

1. De Overeenkomstsluitende Partijen verbinden zich ertoe dat hun politiediensten elkaar, met inachtneming van het nationale recht binnen de grenzen van hun bevoegdheden, wederzijds bijstand verlenen ten behoeve van de voorkoming en opsporing van strafbare feiten, voor zover het doen of behandelen van een verzoek naar nationaal recht niet aan de justitiële autoriteiten is voorbehouden en voor het inwilligen van het verzoek door de aangezochte Overeenkomstsluitende Partij geen dwangmiddelen behoeven te worden toegepast. Wanneer de aangezochte politie-autoriteiten tot de afdoening van een verzoek niet bevoegd zijn, zenden zij dit aan de bevoegde autoriteiten door.
2. Schriftelijke informatie die krachtens het bepaalde in lid 1 door de aangezochte Overeenkomstsluitende Partij wordt verstrekt, kan door de verzoekende Overeenkomstsluitende Partij slechts met toestemming van de bevoegde justitiële autoriteiten van de aangezochte Overeenkomstsluitende Partij als bewijsmiddel voor het ten laste gelegde feit worden aangewend.
3. De in lid 1 bedoelde verzoeken om bijstand en reacties daarop kunnen tussen de door de onderscheiden Overeenkomstsluitende Partijen met de internationale politiesamenwerking

---

[1] Inwerkingtredingsdatum: 01-09-1993; zoals laatstelijk gewijzigd bij: PbEU 2018 L 312.

Schengen-uitvoeringsovereenkomst (uittreksel)   C55 art. 40

belaste centrale autoriteiten worden uitgewisseld. In gevallen waarin het verzoek langs bovengenoemde weg niet tijdig kan worden gedaan, kunnen verzoeken door de politie-autoriteiten van de verzoekende Overeenkomstsluitende Partij rechtstreeks aan de bevoegde politie-autoriteiten van de aangezochte Overeenkomstsluitende Partij worden toegezonden en door deze rechtstreeks worden beantwoord. In deze gevallen stelt de verzoekende politie-autoriteit zo spoedig mogelijk de in de aangezochte Overeenkomstsluitende Partij met de internationale politiesamenwerking belaste autoriteit van haar rechtstreekse verzoek in kennis.

4. De samenwerking in grensgebieden kan nader worden geregeld in afspraken tussen de bevoegde Ministers van de Overeenkomstsluitende Partijen.

5. De bepalingen van dit artikel doen geen afbreuk aan verdergaande, bestaande en toekomstige bilaterale akkoorden tussen aan elkaar grenzende Overeenkomstsluitende Partijen. De Overeenkomstsluitende Partijen doen elkaar mededeling van deze akkoorden.

Art. 40

1. Ambtenaren van een van de lidstaten die in het kader van een opsporingsonderzoek in hun eigen land een persoon observeren die vermoedelijk heeft deelgenomen aan een strafbaar feit dat tot uitlevering aanleiding kan geven, of, als noodzakelijk onderdeel van een opsporingsonderzoek, een persoon observeren ten aanzien van wie een ernstig vermoeden bestaat dat hij kan bijdragen tot de identificatie of de opsporing van de eerstbedoelde persoon, mogen de observatie op het grondgebied van een andere lidstaat voortzetten wanneer die staat toestemming heeft gegeven tot grensoverschrijdende observatie op basis van een van te voren ingediend met redenen omkleed rechtshulpverzoek. De toestemming kan onder bijzondere voorwaarden worden verleend.

Schengenakkoord, observatiebevoegdheid bij strafbaar feit

Desgevraagd dient de observatie te worden overgedragen aan de ambtenaren van de Overeenkomstsluitende Partij op wier grondgebied de observatie plaatsvindt.

Het rechtshulpverzoek als bedoeld in de eerste alinea dient te worden gericht aan de door elk der Overeenkomstsluitende Partijen daartoe aangewezen autoriteit, die bevoegd is op het verzoek te beslissen of dit door te zenden.

2. Wanneer wegens het bijzonder spoedeisende karakter van het optreden geen voorafgaande toestemming van de andere Overeenkomstsluitende Partij kan worden gevraagd, mogen de ambtenaren de observatie van een persoon te wiens aanzien er een redelijk vermoeden bestaat dat hij bij het plegen van een in lid 7 genoemd strafbaar feit is betrokken, onder de navolgende voorwaarden tot over het grondgebied van die Partij voortzetten:

a. de in lid 5 genoemde autoriteit van de Overeenkomstsluitende Partij op wier grondgebied de observatie wordt voortgezet, dient nog tijdens de observatie onverwijld van de grensoverschrijding in kennis te worden gesteld;

b. een rechtshulpverzoek als bedoeld in lid 1, waarin tevens de redenen zijn aangegeven waarom zonder voorafgaande toestemming tot grensoverschrijding is overgegaan, dient zo spoedig mogelijk alsnog te worden ingediend.

De observatie dient te worden afgebroken zodra de Overeenkomstsluitende Partij op wier grondgebied de observatie plaatsvindt, na ontvangst van de hierboven onder a. bedoelde kennisgeving of het onder b. bedoelde verzoek zulks te verstaan geeft, of indien de toestemming vijf uren na de grensoverschrijding nog niet is verleend.

3. De observatie als bedoeld in de leden 1 en 2 mag slechts onder de volgende algemene voorwaarden worden uitgeoefend:

a. de observerende ambtenaren zijn gebonden aan het bepaalde in dit artikel en aan het recht van de Overeenkomstsluitende Partij op wier grondgebied zij optreden; zij dienen de aanwijzingen van de plaatselijk bevoegde autoriteiten op te volgen;

b. behoudens in de gevallen als bedoeld in lid 2 dienen de ambtenaren tijdens de observatie te zijn voorzien van een document waaruit blijkt dat de toestemming is verleend;

c. de observerende ambtenaren dienen te allen tijde in staat te zijn hun officiële functie aan te tonen;

d. de observerende ambtenaren mogen tijdens de observatie hun dienstwapen meevoeren, tenzij de aangezochte Overeenkomstsluitende Partij daartegen uitdrukkelijk bezwaar heeft gemaakt; het gebruik ervan is uitsluitend in geval van noodweer toegestaan;

e. het binnentreden van woningen en het betreden van niet voor het publiek toegankelijke plaatsen is niet toegestaan;

f. de observerende ambtenaren zijn niet bevoegd de te observeren persoon staande te houden of aan te houden;

g. van elk optreden wordt verslag gedaan aan de autoriteiten van de Overeenkomstsluitende Partij op wier grondgebied de observatie plaatsvindt; de persoonlijke verschijning van de observerende ambtenaren kan worden verlangd;

h. de autoriteiten van de Overeenkomstsluitende Partij van wier grondgebied de observerende ambtenaren afkomstig zijn, verlenen desgevraagd medewerking aan nader onderzoek van de Overeenkomstsluitende Partij op wier grondgebied werd opgetreden, met inbegrip van gerechtelijke procedures.

C55 art. 41 — Schengen-uitvoeringsovereenkomst (uittreksel)

Schengenakkoord, opsporingsambtenaren

4. De in de leden 1 en 2 bedoelde ambtenaren zijn:
- voor het Koninkrijk België: de leden van de Gerechtelijke Politie bij de Parketten, de Rijkswacht en de Gemeentepolitie, alsmede, onder de voorwaarden die zijn vastgesteld bij passende bilaterale akkoorden als bedoeld in lid 6 voor wat betreft hun bevoegdheden aangaande de sluikhandel in verdovende middelen en psychotrope stoffen, de sluikhandel in wapens en explosieven, en het illegale vervoer van giftige en schadelijke afvalstoffen, de douane-ambtenaren;
- voor de Bondsrepubliek Duitsland: de ambtenaren van de "Polizeien des Bundes und der Länder", alsmede, voor het illegale verkeer van verdovende middelen en de illegale handel in wapens, de ambtenaren van de "Zollfahndungsdienst" als hulpambtenaren van het Openbaar Ministerie;
- voor de Franse Republiek: de ambtenaren en hulpambtenaren van de gerechtelijke afdelingen van de "Police nationale" en van de "Gendarmerie nationale", alsmede, onder de voorwaarden die zijn vastgesteld bij passende bilaterale akkoorden als bedoeld in lid 6, voor wat betreft hun bevoegdheden aangaande de sluikhandel in verdovende middelen en psychotrope stoffen, de sluikhandel in wapens en explosieven, en het illegale vervoer van giftige en schadelijke afvalstoffen, de douane-ambtenaren;
- voor het Groothertogdom Luxemburg: de ambtenaren "Police" en van de "Gendarmerie", alsmede, onder de voorwaarden die zijn vastgesteld bij passende bilaterale akkoorden als bedoeld in lid 6, voor wat betreft hun bevoegdheden aangaande de sluikhandel in verdovende middelen en psychotrope stoffen, de sluikhandel in wapens en explosieven, en het illegale vervoer van giftige en schadelijke afvalstoffen, de douane-ambtenaren;
- voor het Koninkrijk der Nederlanden: de ambtenaren van de Rijkspolitie en de Gemeentepolitie, alsmede, onder de voorwaarden die zijn vastgesteld bij passende bilaterale akkoorden als bedoeld in lid 6 voor wat betreft hun bevoegdheden aangaande het illegale verkeer in verdovende middelen en psychotrope stoffen, de sluikhandel in wapens en explosieven, en het illegale vervoer van giftige en schadelijke afvalstoffen, de ambtenaren van de fiscale inlichtingen- en opsporingsdienst bevoegd inzake de invoerrechten en de accijnzen.

Schengenakkoord, opsporingsambtenaren

5. De in de leden 1 en 2 bedoelde autoriteit is:
- voor het Koninkrijk België: het Commissariaat-Generaal van de Gerechtelijke Politie;
- voor de Bondsrepubliek Duitsland: het "Bundeskriminalamt";
- voor de Franse Republiek: de "Direction centrale de la Police judiciaire";
- voor het Groothertogdom Luxemburg: de "Procureur général d'Etat";
- voor het Koninkrijk der Nederlanden: de Landelijk Officier van Justitie voor grensoverschrijdende observatie.

6. De Overeenkomstsluitende Partijen kunnen bilateraal het toepassingsbereik van het bepaalde in dit artikel uitbreiden en nadere regelingen ter uitvoering daarvan treffen.

7. Observatie als bedoeld in lid 2 is slechts toegestaan wanneer één der onderstaande strafbare feiten daaraan ten grondslag ligt:
- moord,
- doodslag,
- een ernstig misdrijf van seksuele aard,
- opzettelijke brandstichting,
- namaak en vervalsing van betaalmiddelen,
- gekwalificeerde diefstal en heling,
- afpersing,
- ontvoering en gijzeling,
- mensenhandel,
- sluikhandel in verdovende middelen en psychotrope stoffen,
- vergrijpen tegen de voorschriften aangaande vuurwapens en explosieven,
- het teweegbrengen van een ontploffing,
- illegaal vervoer van giftige en schadelijke afvalstoffen,
- ernstige oplichting,
- vreemdelingensmokkel,
- witwassen van geld,
- illegale handel in nucleaire en radioactieve stoffen,
- deelneming aan een criminele organisatie in de zin van Gemeenschappelijk Optreden 98/733/JBZ van de Raad van 21 december 1998 inzake de strafbaarstelling van deelneming aan een criminele organisatie in de lidstaten van de Europese Unie,
- terroristische misdrijven bedoeld in en steun aan een terroristische organisatie, in de zin van Kaderbesluit 2002/475/JBZ van de Raad van 13 juni 2002 inzake terrorismebestrijding.

Art. 41

Schengenakkoord, achtervolgingsrecht

1. Ambtenaren van een Overeenkomstsluitende Partij die in hun eigen land een persoon achtervolgen die op heterdaad is betrapt bij het plegen van of deelneming aan één der in lid 4 genoemde strafbare feiten, zijn bevoegd de achtervolging op het grondgebied van een andere Overeenkomstsluitende Partij zonder voorafgaande toestemming van laatstgenoemde Partij

voort te zetten, wanneer de bevoegde autoriteiten van de andere Overeenkomstsluitende Partij wegens het spoedeisende karakter van het optreden niet vooraf door middel van één der in artikel 44 bedoelde communicatiemiddelen kunnen worden gewaarschuwd of deze niet tijdig ter plaatse kunnen zijn om de achtervolging over te nemen.
Hetzelfde geldt wanneer de achtervolgde persoon zich in voorlopige hechtenis bevond of een gevangenisstraf onderging en zich door ontvluchting aan de verdere tenuitvoerlegging daarvan heeft onttrokken.
De achtervolgende ambtenaren treden uiterlijk bij grensoverschrijding in contact met de bevoegde autoriteiten van de Overeenkomstsluitende Partij wier grondgebied zij hebben betreden. De achtervolging dient te worden afgebroken zodra de Overeenkomstsluitende Partij op wier grondgebied de achtervolging wordt voortgezet, zulks te verstaan geeft. De plaatselijk bevoegde autoriteiten houden op verzoek van de achtervolgende ambtenaren de achtervolgde persoon staande om zijn identiteit vast te stellen of zijn aanhouding te bewerkstelligen.
2. Het achtervolgingsrecht wordt uitgeoefend volgens één van onderstaande vormen neergelegd in een verklaring als bedoeld in lid 9:
a. aan de achtervolgende ambtenaren komt geen staandehoudingsbevoegdheid toe;
b. indien niet te verstaan wordt gegeven, dat de achtervolging dient te worden afgebroken en de plaatselijke autoriteiten niet tijdig ter plaatse kunnen zijn, mogen de achtervolgende ambtenaren de achtervolgde persoon staande houden totdat de terstond te waarschuwen ambtenaren van de Overeenkomstsluitende Partij op wier grondgebied zij optreden, tot de vaststelling van de identiteit, dan wel tot aanhouding overgaan.
3. Het achtervolgingsrecht als bedoeld in de leden 1 en 2 wordt uitgeoefend volgens één van onderstaande vormen neergelegd in een verklaring als bedoeld in lid 9:   *Schengenakkoord, vormen van achtervolgingsrecht*
a. binnen een in de verklaring vast te stellen zone of tijdsbestek te rekenen vanaf de plaats, respectievelijk het tijdstip van grensoverschrijding;
b. zonder enige in afstand, noch in tijd uitgedrukte beperking.
4. In een verklaring als bedoeld in lid 9 duiden de Overeenkomstsluitende Partijen volgens één van onderstaande vormen de in lid 1 bedoelde strafbare feiten aan als: *Schengenakkoord, te vervolgen strafbare feiten*
a. de volgende strafbare feiten
- moord,
- doodslag,
- verkrachting,
- opzettelijke brandstichting,
- valsmunterij,
- gekwalificeerde diefstal en heling,
- afpersing,
- ontvoering en gijzeling,
- mensenhandel,
- sluikhandel in verdovende middelen en psychotrope stoffen,
- vergrijpen tegen de voorschriften aangaande vuurwapens en explosieven,
- het teweegbrengen van een ontploffing,
- illegaal vervoer van giftige en schadelijke afvalstoffen,
- doorrijden na ongeval, de dood of zwaar lichamelijk letsel tot gevolg hebbend;
b. de strafbare feiten die aanleiding kunnen geven tot uitlevering.
5. Het achtervolgingsrecht mag alleen worden uitgeoefend onder de volgende algemene voorwaarden: *Schengenakkoord, voorwaarden achtervolgingsrecht*
a. de achtervolgende ambtenaren zijn gebonden aan het bepaalde in dit artikel en aan het recht van de Overeenkomstsluitende Partij op wier grondgebied zij optreden ; zij dienen de aanwijzingen van de plaatselijk bevoegde autoriteiten op te volgen;
b. de achtervolging vindt alleen over de landgrenzen plaats;
c. het binnentreden van woningen en het betreden van niet voor het publiek toegankelijke plaatsen is niet toegestaan;
d. de achtervolgende ambtenaren dienen als zodanig uiterlijk direct herkenbaar te zijn, hetzij door middel van het dragen van een uniform of een armband, hetzij door middel van aan het voertuig aangebrachte voorzieningen; het is hun niet toegestaan in burgerkleding met gebruikmaking van een niet als zodanig herkenbaar politievoertuig op te treden; de achtervolgende ambtenaren dienen te allen tijde in staat te zijn hun officiële functie aan te tonen;
e. de achtervolgende ambtenaren mogen hun dienstwapen meevoeren; het gebruik ervan is uitsluitend in geval van noodweer toegestaan;
f. na de aanhouding als bedoeld in lid 2, onder b., mag ten aanzien van de achtervolgde persoon ten behoeve van diens voorgeleiding aan de plaatselijk bevoegde autoriteiten uitsluitend een veiligheidsfouillering worden verricht en mogen tijdens diens overbrenging handboeien worden gebruikt ; de door de achtervolgde persoon meegevoerde voorwerpen mogen in beslag worden genomen;

g. de achtervolgende ambtenaren dienen zich na elk optreden als bedoeld in de leden 1, 2 en 3 te melden bij de plaatselijk bevoegde autoriteiten van de Overeenkomstsluitende Partij op wier grondgebied zij zijn opgetreden, en doen verslag van hun handelen; op verzoek van deze autoriteiten zijn zij verplicht zich beschikbaar te houden totdat omtrent de toedracht van hun optreden duidelijkheid is verkregen; deze voorwaarde geldt ook in die gevallen waarin de achtervolging niet tot de aanhouding van de achtervolgde persoon heeft geleid;

h. de autoriteiten van de Overeenkomstsluitende Partij van wier grondgebied de achtervolgende ambtenaren afkomstig zijn, verlenen desgevraagd medewerking aan nader onderzoek van de Overeenkomstsluitende Partij op wier grondgebied werd opgetreden, met inbegrip van gerechtelijke procedures.

6. Een persoon die na een optreden als bedoeld in lid 2 werd aangehouden, kan ongeacht zijn nationaliteit door de plaatselijk bevoegde autoriteiten voor verhoor worden opgehouden. De terzake geldende regels van nationaal recht zijn van overeenkomstige toepassing.

Indien deze persoon niet de nationaliteit heeft van de Overeenkomstsluitende Partij op wier grondgebied hij is aangehouden, wordt hij uiterlijk zes uren na zijn aanhouding - de uren tussen middernacht en negen uur niet meegeteld - in vrijheid gesteld, tenzij de plaatselijk bevoegde autoriteiten voordien een verzoek tot voorlopige aanhouding ter fine van uitlevering hebben ontvangen, in ongeacht welke vorm.

Schengenakkoord, achtervolgingsambtenaren

7. De in de leden 1 tot en met 6 genoemde ambtenaren zijn:
- voor het Koninkrijk België: de leden van de Gerechtelijke Politie bij de Parketten, de Rijkswacht en de Gemeentepolitie, alsmede, onder de voorwaarden die zijn vastgesteld bij passende bilaterale akkoorden als bedoeld in lid 10 voor wat betreft hun bevoegdheden aangaande de sluikhandel in verdovende middelen en psychotrope stoffen, de sluikhandel in wapens en explosieven, en het illegale vervoer van giftige en schadelijke afvalstoffen, de douane-ambtenaren;
- voor de Bondsrepubliek Duitsland: de ambtenaren van de "Polizeien des Bundes und der Länder", alsmede, voor het illegale verkeer van verdovende middelen en de illegale handel in wapens en explosieven, de ambtenaren van de "Zollfahndungsdienst" als hulpambtenaren van het Openbaar Ministerie;
- voor de Franse Republiek: de ambtenaren en hulpambtenaren van de gerechtelijke afdelingen van de "Police nationale" en van de "Gendarmerie nationale", alsmede, onder de voorwaarden die zijn vastgesteld bij passende bilaterale akkoorden als bedoeld in lid 10 voor wat betreft hun bevoegdheden aangaande de sluikhandel in verdovende middelen en psychotrope stoffen, de sluikhandel in wapens en explosieven, en het illegale vervoer van giftige en schadelijke afvalstoffen, de douane-ambtenaren;
- voor het Groothertogdom Luxemburg: de ambtenaren van de "Police" en van de "Gendarmerie", alsmede, onder de voorwaarden die zijn vastgesteld bij passende bilaterale akkoorden als bedoeld in lid 10, voor wat betreft hun bevoegdheden aangaande de sluikhandel in verdovende middelen en psychotrope stoffen, de sluikhandel in wapens en explosieven, en het illegale vervoer van giftige en schadelijke afvalstoffen, de douane-ambtenaren;
- voor het Koninkrijk der Nederlanden: de ambtenaren van Rijkspolitie en van Gemeentepolitie, alsmede, onder de voorwaarden die zijn vastgesteld bij passende bilaterale akkoorden als bedoeld in lid 10 voor wat betreft hun bevoegdheden aangaande het illegale verkeer in verdovende middelen en psychtrope stoffen, de sluikhandel in wapens en explosieven, en het illegale vervoer van giftige en schadelijke afvalstoffen, de ambtenaren van de fiscale inlichtingen- en opsporingsdienst bevoegd inzake de invoerrechten en de accijnzen.

8. Voor de betrokken Overeenkomstsluitende Partijen blijft artikel 27 van het Benelux-Verdrag van 27 juni 1962 aangaande de uitlevering en de rechtshulp in strafzaken, zoals gewijzigd bij het Protocol van 11 mei 1974, onverlet.

9. Elk der Overeenkomstsluitende Partijen legt bij ondertekening van deze Overeenkomst een verklaring af waarin zij aan de hand van het bepaalde in de leden 2, 3 en 4 aangeeft, hoe aan uitoefening van het achtervolgingsrecht op haar grondgebied door elk der aangrenzende Overeenkomstsluitende Partijen toepassing dient te worden gegeven.

Elk der Overeenkomstsluitende Partijen kan haar verklaring op ieder tijdstip door een andere vervangen, mits de latere verklaring de strekking van de eerdere niet inperkt.

Het afleggen van verklaringen als bovenbedoeld geschiedt na overleg met elk der betrokken Overeenkomstsluitende Partijen in een streven naar gelijkwaardigheid van aan beide zijden van de binnengrenzen geldende regimes.

10. De Overeenkomstsluitende Partijen kunnen bilateraal het toepassingsbereik van het bepaalde in lid 1 uitbreiden en nadere regelingen ter uitvoering van dit artikel treffen.

Art. 42

Schengenakkoord, gelijkstelling achtervolgingsambtenaren

Tijdens een optreden als bedoeld in de artikelen 40 en 41 worden de ambtenaren die op het grondgebied van een andere Overeenkomstsluitende Partij een taak vervullen, met ambtenaren van die Overeenkomstsluitende Partij gelijkgesteld, voor wat betreft de strafbare feiten die tegen of door hen mochten worden begaan.

Schengen-uitvoeringsovereenkomst (uittreksel) — C55 art. 46

Art. 43

1. Wanneer ambtenaren van een Overeenkomstsluitende Partij overeenkomstig de artikelen 40 en 41 van deze Overeenkomst op het grondgebied van een andere Overeenkomstsluitende Partij optreden, is de eerstgenoemde Partij overeenkomstig het recht van de laatstgenoemde Partij aansprakelijk voor de schade die zij aldaar tijdens hun optreden veroorzaken.

2. De Overeenkomstsluitende Partij op wier grondgebied de schade als bedoeld in lid 1 wordt veroorzaakt, neemt op zich deze schade te vergoeden op de wijze waarop zij daartoe gehouden zou zijn, indien de schade door haar eigen ambtenaren zou zijn toegebracht.

3. De Overeenkomstsluitende Partij wier ambtenaren op het grondgebied van een andere Overeenkomstsluitende Partij enige schade hebben veroorzaakt, betaalt laatstgenoemde Partij het volledige bedrag terug dat deze aan de slachtoffers of hun rechthebbenden heeft uitgekeerd.

4. Onder voorbehoud van de uitoefening van haar rechten tegenover derden en met uitzondering van het bepaalde in lid 3 ziet elk der Overeenkomstsluitende Partijen, in het geval als bedoeld in lid 1 ervan af het bedrag van de door haar geleden schade op een andere Overeenkomstsluitende Partij te verhalen.

[marginalia: Schengenakkoord, aansprakelijkheid opsporingsambtenaren]

Art. 44

1. De Overeenkomstsluitende Partijen brengen, met inachtneming van de desbetreffende internationale overeenkomsten en rekening houdende met de plaatselijke omstandigheden en de technische mogelijkheden, in het bijzonder in de grensgebieden, rechtstreekse telefoon-, radio-, telex- en andere verbindingen tot stand teneinde de politie- en douanesamenwerking te vergemakkelijken, in het bijzonder met het oog op het tijdig doorgeleiden van informatie ter zake van de grensoverschrijdende observatie en achtervolging.

2. Afgezien van de bovenstaande, op korte termijn te treffen maatregelen zullen zij met name de volgende mogelijkheden onderzoeken:
a. uitwisseling van materiaal of detachering van contactambtenaren die zijn uitgerust met passende radio-apparatuur;
b. uitbreiding van de in de grensgebieden gebruikte frequentiebandbreedten;
c. de inwerkingstelling van één gemeenschappelijke verbinding voor de in deze gebieden optredende politie- en douanediensten;
d. coördinatie van hun aankoopprogramma's voor communicatieapparatuur teneinde tot genormaliseerde en compatibele systemen te komen.

[marginalia: Schengenakkoord, politie- en douanesamenwerking]

Art. 45

1. De Overeenkomstsluitende Partijen verbinden zich ertoe de nodige maatregelen te nemen om te verzekeren dat:
a. de hoofden van logiesverstrekkende bedrijven of hun gemachtigden erop toe zien dat vreemdelingen, met inbegrip van onderdanen van andere Overeenkomstsluitende Partijen en van andere Lid-Staten van de Europese Gemeenschappen, aan wie zij logies verstrekken - afgezien van meereizende echtgenoten en minderjarige kinderen en van leden van reisgezelschappen eigenhandig de hotelfiches invullen en ondertekenen en daarbij voldoen aan de verplichting zich jegens hen te identificeren door overlegging van een geldig identiteitsdocument;
b. de aldus ingevulde hotelfiches de bevoegde autoriteiten ter beschikking worden gehouden of worden toegezonden, voor zover deze autoriteiten dit ter voorkoming van gevaar, ten behoeve van opsporingsonderzoek, dan wel ter opheldering van het lot van vermiste personen of slachtoffers van ongevallen noodzakelijk achten, voor zover door het nationale recht niet anders is bepaald.

2. Het bepaalde in lid 1 is van overeenkomstige toepassing ten aanzien van personen die overnachten op plaatsen die beroeps- of bedrijfsmatig ter beschikking worden gesteld, in het bijzonder in tenten, in caravans en op schepen.

[marginalia: Schengenakkoord, toezicht identificatie vreemdelingen door logiesverstrekkers]

Art. 46

1. Iedere Overeenkomstsluitende Partij kan met inachtneming van haar nationale recht in individuele gevallen, zonder een daartoe strekkend verzoek, de betrokken Overeenkomstsluitende Partij informatie mededelen die voor de ontvangende Overeenkomstsluitende Partij ter verlening van bijstand bij de bestrijding van toekomstige strafbare feiten, ter voorkoming van strafbare feiten of ter afwending van gevaar voor de openbare orde en veiligheid van belang kunnen zijn.

2. Onverminderd de samenwerking in de grensgebieden als bedoeld in artikel 39, lid 4, geschiedt de informatie-uitwisseling door de tussenkomst van een aan te wijzen centrale instantie. In bijzonder spoedeisende gevallen kan, onder voorbehoud van afwijkende bepalingen van het nationale recht, de informatie-uitwisseling in de zin van dit artikel rechtstreeks tussen de betrokken politiediensten geschieden. De centrale instantie wordt zo spoedig mogelijk hiervan in kennis gesteld.

[marginalia: Schengenakkoord, informatie-uitwisseling ter bestrijding strafbare feiten]

Schengen-uitvoeringsovereenkomst (uittreksel)

Schengenakkoord, wederzijdse detachering contactambtenaren bij politiediensten

Art. 47

1. De Overeenkomstsluitende Partijen kunnen bilateraal tot afspraken komen omtrent detachering voor bepaalde of onbepaalde duur van contactambtenaren van de ene Overeenkomstsluitende Partij bij politiediensten van de andere Overeenkomstsluitende Partij.

2. Detachering voor bepaalde of onbepaalde duur van contactambtenaren heeft ten doel de samenwerking tussen de Overeenkomstsluitende Partijen te bevorderen en te bespoedigen, in het bijzonder door het verlenen van bijstand:
a. in de vorm van informatie-uitwisseling met het oog op zowel preventieve als repressieve misdaadbestrijding;
b. bij de uitvoering van verzoeken om politiële en justitiële rechtshulp in strafzaken;
c. ten behoeve van de taakuitoefening van de autoriteiten belast met de grensbewaking aan de buitengrenzen.

3. De contactambtenaren hebben een adviserende en assisterende taak. Zij zijn niet bevoegd tot het zelfstandig uitvoeren van politiële maatregelen. Zij verstrekken inlichtingen en voeren hun opdrachten uit in het kader van de instructies die aan hen zijn gegeven door de Overeenkomstsluitende Partij waarvandaan zij afkomstig zijn en door de Overeenkomstsluitende Partij waar zij zijn gedetacheerd. Zij rapporteren regelmatig aan het hoofd van de politiedienst waarbij zij zijn gedetacheerd.

HOOFDSTUK 2
WEDERZIJDSE RECHTSHULP IN STRAFZAKEN

Schengenakkoord, wederzijdse rechtshulp in strafzaken

Art. 48

1. De bepalingen van dit Hoofdstuk strekken ter aanvulling en vergemakkelijking van de toepassing van het Europees Verdrag van 20 april 1959 aangaande de wederzijdse rechtshulp in strafzaken, onderscheidenlijk - in de relaties tussen de Overeenkomstsluitende Partijen die behoren tot de Benelux Economische Unie Hoofdstuk II van het Benelux-Verdrag van 27 juni 1962 aangaande de uitlevering en de rechtshulp in strafzaken, zoals gewijzigd bij het Protocol van 11 mei 1974.

2. Het bepaalde in lid 1 doet niet af aan de toepasselijkheid van verdergaande bepalingen van bestaande bilaterale Verdragen, van kracht tussen de Overeenkomstsluitende Partijen.

Art. 49

Schengenakkoord, wederzijdse rechtshulp in strafzaken

Wederzijdse rechtshulp wordt ook verleend ten behoeve van:
a. [vervallen;]
b. procedures inzake aanspraken op schadevergoeding wegens maatregelen die verband houden met een strafvervolging en wegens ongerechtvaardigde veroordelingen;
c. de behandeling van gratieverzoeken;
d. burgerlijke rechtsvorderingen welke in een strafrechtelijke procedure zijn ingesteld, zolang de strafrechter nog niet onherroepelijk in de strafzaak heeft beslist;
e. de betekening van gerechtelijke mededelingen inzake de tenuitvoerlegging van een straf of maatregel, de inning van een geldboete of de betaling van proceskosten;
f. de opschorting van de uitspraak of de tenuitvoerlegging van een straf of maatregel, de voorwaardelijke invrijheidstelling, het uitstel van de tenuitvoerlegging of de schorsing van de tenuitvoerlegging van een straf of maatregel.

Art. 50

[Vervallen.]

Art. 51

Schengenakkoord, voorwaarden wederzijdse rogatoire commissie

De Overeenkomstsluitende Partijen onderwerpen de inwilligbaarheid van rogatoire commissies strekkende tot huiszoeking en inbeslagneming niet aan verdergaande voorwaarden dan dat:
a. het aan de rogatoire commissie ten grondslag liggende feit naar het recht van beide Overeenkomstsluitende Partijen strafbaar is gesteld met een vrijheidsstraf of een tot vrijheidsbeneming strekkende maatregel met een maximum van tenminste zes maanden, dan wel naar het recht van één van beide Overeenkomstsluitende Partijen strafbaar gesteld met een sanctie met een zelfde maximum en naar het recht van de andere Overeenkomstsluitende Partij als een vergrijp tegen voorschriften betreffende de orde door de bestuurlijke autoriteiten wordt bestraft, mits van hun beslissingen beroep openstaat op een ook in strafzaken bevoegde rechter;
b. de uitvoering van de rogatoire commissie overigens verenigbaar is met het recht van de aangezochte Overeenkomstsluitende Partij.

Art. 52-53

[Vervallen.]

HOOFDSTUK 3
TOEPASSING VAN HET BEGINSEL NE BIS IN IDEM

Art. 54
Een persoon die bij onherroepelijk vonnis door een Overeenkomstsluitende Partij is berecht, kan door een andere Overeenkomstsluitende Partij niet worden vervolgd ter zake van dezelfde feiten, op voorwaarde dat ingeval een straf of maatregel is opgelegd, deze reeds is ondergaan of daadwerkelijk ten uitvoer wordt gelegd, dan wel op grond van de wetten van de veroordelende Overeenkomstsluitende Partij niet meer ten uitvoer gelegd kan worden.

Schengenakkoord, ne bis in idem

Art. 55
1. Een Overeenkomstsluitende Partij kan op het tijdstip van bekrachtiging, aanvaarding of goedkeuring van deze Overeenkomst verklaren dat zij in één of meer van de volgende gevallen niet door artikel 54 is gebonden:
a. indien de feiten op grond waarvan in het buitenland vonnis werd gewezen zich geheel of gedeeltelijk op haar eigen grondgebied hebben afgespeeld: in het laatste geval is deze uitzondering niet van toepassing indien de feiten zich gedeeltelijk hebben afgespeeld op het grondgebied van de Overeenkomstsluitende Partij waarin het vonnis werd gewezen;
b. indien de feiten op grond waarvan in het buitenland vonnis werd gewezen een inbreuk vormen op de veiligheid van de Staat of andere even wezenlijke belangen van deze Overeenkomstsluitende Partij;
c. indien de feiten op grond waarvan in het buitenland vonnis werd gewezen, zijn begaan door een ambtenaar van deze Overeenkomstsluitende Partij in strijd met zijn ambtsplichten.
2. Een Overeenkomstsluitende Partij die een dergelijke verklaring aflegt met betrekking tot één van de in lid 1, onder b., genoemde uitzonderingen, dient de soort van inbreuken aan te geven waarop dergelijke uitzonderingen van toepassing kunnen zijn.
3. Een Overeenkomstsluitende Partij kan te allen tijde een dergelijke verklaring met betrekking tot één of meer van de in lid 1 genoemde uitzonderingen intrekken.
4. Uitzonderingen ten aanzien waarvan een verklaring uit hoofde van lid 1 is afgelegd, zijn niet van toepassing wanneer de betrokken Overeenkomstsluitende Partij ter zake van dezelfde feiten de andere Overeenkomstsluitende Partij om vervolging heeft verzocht of heeft ingestemd met de uitlevering van de betrokken persoon.

Schengenakkoord, afwijking ne bis in idem

Art. 56
Indien door een Overeenkomstsluitende Partij een nieuwe vervolging wordt ingesteld tegen een persoon die ter zake van dezelfde feiten bij onherroepelijk vonnis door een andere Overeenkomstsluitende Partij is berecht, dient iedere periode van vrijheidsbeneming die wegens deze feiten op het grondgebied van laatstgenoemde Partij werd ondergaan op de eventueel op te leggen straf of maatregel in mindering te worden gebracht. Voor zover de nationale wetgeving dit toelaat, wordt tevens rekening gehouden met andere reeds ondergane straffen of maatregelen dan vrijheidsbeneming.

Schengenakkoord, vrijheidsbeneming terzake hetzelfde feit

Art. 57
1. Indien door een Overeenkomstsluitende Partij iemand een strafbaar feit ten laste wordt gelegd en de bevoegde autoriteiten van deze Overeenkomstsluitende Partij redenen hebben om aan te nemen dat de tenlastelegging dezelfde feiten betreft als die ter zake waarvan deze persoon reeds bij onherroepelijk vonnis is berecht door een andere Overeenkomstsluitende Partij, verzoeken deze autoriteiten, indien zij zulks nodig achten, de bevoegde autoriteiten van de Overeenkomstsluitende Partij op wier grondgebied reeds vonnis werd gewezen om de nodige inlichtingen in dezen.
2. De aldus gevraagde inlichtingen worden zo spoedig mogelijk verstrekt en worden in overweging genomen bij de beslissing of de vervolging dient te worden voortgezet.
3. Iedere Overeenkomstsluitende Partij wijst op het tijdstip van bekrachtiging, aanvaarding of goedkeuring van deze Overeenkomst de autoriteiten aan die bevoegd zijn de in dit artikel bedoelde inlichtingen te vragen en te ontvangen.

Schengenakkoord, verzoek om informatie ne bis in idem

Art. 58
Bovenstaande bepalingen vormen geen beletsel voor de toepassing van verdergaande nationale bepalingen inzake de regel ne bis in idem in geval van buitenlandse rechterlijke beslissingen.

HOOFDSTUK 4
UITLEVERING

Art. 59
[Vervallen.]

HOOFDSTUK 5
OVERDRACHT VAN TENUITVOERLEGGING VAN STRAFVONNISSEN

Art. 67
Tussen de Overeenkomstsluitende Partijen die Partij zijn bij het Verdrag van de Raad van Europa van 21 maart 1983 inzake de overbrenging van gevonniste personen geldt, ter aanvulling van dat Verdrag, de navolgende regeling.

Art. 68

Schengenakkoord, overname tenuitvoerlegging straf

1. Een Overeenkomstsluitende Partij binnen wier grondgebied bij onherroepelijke uitspraak een vrijheidsstraf of tot vrijheidsbeneming strekkende maatregel is opgelegd aan een onderdaan van een andere Overeenkomstsluitende Partij, die zich door ontvluchting naar zijn eigen land aan de tenuitvoerlegging of verdere tenuitvoerlegging van die straf of maatregel heeft onttrokken, kan aan laatstgenoemde Partij verzoeken om, wanneer de voortvluchtige op haar grondgebied is of wordt aangetroffen, de tenuitvoerlegging van de straf of maatregel of het restant daarvan over te nemen.
2. De aangezochte Overeenkomstsluitende Partij kan op verzoek van de verzoekende Overeenkomstsluitende Partij, in afwachting van de stukken die het verzoek om overname van de tenuitvoerlegging van de straf of maatregel of het restant daarvan ondersteunen en van de daarop te nemen beslissing, de veroordeelde in bewaring nemen of andere maatregelen treffen ter verzekering van zijn aanwezigheid binnen het grondgebied van de aangezochte Overeenkomstsluitende Partij.

Art. 69
Overdracht van de tenuitvoerlegging op grond van artikel 68 is niet afhankelijk van de instemming van degene aan wie de straf of maatregel is opgelegd. De overige bepalingen van het Verdrag van de Raad van Europa van 21 maart 1983 inzake de overbrenging van gevonniste personen zijn van overeenkomstige toepassing.

HOOFDSTUK 6
VERDOVENDE MIDDELEN

Art. 73
[Vervallen.]

TITEL IV
SCHENGEN-INFORMATIESYSTEEM

HOOFDSTUK 1
INSTELLING VAN HET SCHENGEN-INFORMATIESYSTEEM

Art. 92

Schengenakkoord, informatiesysteem

1. De Overeenkomstsluitende Partijen richten in en onderhouden een gemeenschappelijk informatiesysteem, hierna te noemen Schengen-informatiesysteem, dat bestaat uit een nationaal deel bij elk der Overeenkomstsluitende Partijen en een technisch ondersteunende functie. Door middel van het Schengen-informatiesysteem staan signaleringen van personen en voorwerpen via geautomatiseerde bevraging ter beschikking van de door de Overeenkomstsluitende Partijen aangewezen autoriteiten bij de uitoefening, naar nationaal recht, van grenscontroles aan de buitengrens en douanecontroles in het binnenland, alsmede, voor zover het uitsluitend de in artikel 96 bedoelde categorie van signaleringen betreft, ten behoeve van de visumverleningsprocedure, de afgifte van verblijfstitels en de toepassing van het vreemdelingenrecht uit hoofde van de bepalingen van deze Overeenkomst inzake het personenverkeer.
2. Elk der Overeenkomstsluitende Partijen richt in en onderhoudt, voor haar rekening en risico, haar nationaal deel van het Schengen-informatiesysteem waarvan het gegevensbestand door gebruikmaking van de technisch ondersteunende functie inhoudelijk identiek is aan het gegevensbestand van het nationale deel van elke andere Overeenkomstsluitende Partij. Ten einde de in lid 3 van dit artikel bedoelde snelle en efficiënte wijze te doen plaatsvinden, conformeert elke Overeenkomstsluitende Partij zich bij de inrichting van haar nationale deel aan de door de Overeenkomstsluitende Partijen gemeenschappelijk vastgestelde protocollen en procedures ten aanzien van de technisch ondersteunende functie. Het gegevensbestand van elk nationaal deel strekt, binnen het grondgebied van de onderscheiden Overeenkomstsluitende Partijen, tot geautomatiseerde bevraging. Bevraging van het gegevensbestand van het nationale deel van andere Overeenkomstsluitende Partijen wordt uitgesloten.
3. De Overeenkomstsluitende Partijen richten in en onderhouden, voor gemeenschappelijke rekening en risico, de technisch ondersteunende functie van het Schengen-informatiesysteem. De Franse Republiek is verantwoordelijk voor de technisch ondersteunende functie; deze wordt ingericht in Straatsburg. De technisch ondersteunende functie omvat een gegevensbestand

Schengen-uitvoeringsovereenkomst (uittreksel) C55 art. 94

waarmee de gegevensbestanden van de nationale delen door de on-line overdracht van informatie identiek gehouden worden. In het gegevensbestand van de technisch ondersteunende functie worden signaleringen van personen en voorwerpen opgenomen, voor zover deze tot alle Overeenkomstsluitende Partijen zijn gericht. Het bestand van de technisch ondersteunende functie bevat, afgezien van het bepaalde in dit artikel en het bepaalde in artikel 113, lid 2, geen verdere gegevens.

4. De lidstaten wisselen, overeenkomstig de nationale wetgeving, via de voor dat doel aangewezen autoriteiten (Sirene) alle aanvullende informatie uit die noodzakelijk is in verband met de opneming van signaleringen en voor het nemen van passende maatregelen in gevallen waarin personen van wie en voorwerpen waarvan gegevens in het Schengeninformatiesysteem zijn opgenomen, worden aangetroffen als gevolg van opvragingen in dit systeem. Deze informatie wordt alleen gebruikt voor het doel waarvoor zij verstrekt is.

Art. 92bis

1. Vanaf de inwerkingtreding van Verordening (EG) nr. 1104/2008 van de Raad[2] en van Besluit 2008/839/JBZ van de Raad[3], en op basis van de definities in artikel 2 daarvan, kan de technische architectuur van het Schengeninformatiesysteem worden aangevuld met:
a) een bijkomend centraal systeem, bestaande uit:
— een technisch ondersteunende functie (centrale SIS II), gelegen in Frankrijk met een back-up centrale SIS II gelegen in Oostenrijk, die de SIS II-databank en een uniforme nationale interface (NI-SIS) bevat;
— een technische verbinding tussen C.SIS en het centrale SIS II via de converter voor de conversie en synchronisatie van gegevens tussen C.SIS en het centrale SIS II;
b) een nationaal systeem (N.SIS II), bestaande uit de nationale datasystemen die in verbinding staan met het centrale SIS II;
c) een infrastructuur voor de verbinding tussen het centrale SIS II en het met de NI-SIS verbonden N.SIS II.

2. N.SIS II kan in de plaats komen van het in artikel 92 van deze overeenkomst bedoelde nationale deel; in dat geval hoeven de lidstaten geen nationaal gegevensbestand aan te houden.

3. De centrale SIS II-databank is beschikbaar om op het grondgebied van elk van de lidstaten geautomatiseerde bevraging mogelijk te maken.

4. Voor lidstaten die hun nationale deel vervangen door een N.SIS II gaan de verplichte taken van de technisch ondersteunende functie ten opzichte van dat nationale deel als bedoeld in artikel 92, leden 2 en 3, over in verplichte taken ten opzichte van het centrale SIS II, onverminderd de verplichtingen als bedoeld in Besluit 2008/839/JBZ en in artikel 5, lid 1, en artikel 10, leden 1, 2 en 3, van Verordening (EG) nr. 1104/2008.

5. Het centrale SIS II levert de diensten die nodig zijn voor het invoeren en verwerken van SIS-gegevens, de onlinebijwerking van de nationale kopieën van N.SIS II, de synchronisatie en de samenhang tussen de nationale kopieën van N.SIS II en de centrale SIS II-databank, en voor het proces voor de initialisering en het herstel van de nationale kopieën van N.SIS II.

6. Frankrijk, dat verantwoordelijk is voor de technisch ondersteunende functie, de andere lidstaten en de Commissie werken samen om ervoor te zorgen dat een opzoeking in de gegevensbestanden van N.SIS II of in de SIS II-databank, een resultaat oplevert dat gelijkwaardig is aan het resultaat van een opzoeking in het in artikel 92, lid 2, bedoelde gegevensbestand van de nationale delen.

HOOFDSTUK 2
FUNCTIONEREN EN GEBRUIK VAN HET SCHENGEN-INFORMATIESYSTEEM

Art. 93

Het Schengen-informatiesysteem heeft tot doel, in overeenstemming met het bepaalde in deze Overeenkomst, binnen het grondgebied van de Overeenkomstsluitende Partijen met behulp van de via dit systeem verstrekte informatie de openbare orde en veiligheid, met inbegrip van de veiligheid van de Staat en de toepassing van de bepalingen inzake het personenverkeer van deze Overeenkomst, te doen handhaven.

Schengenakkoord, doelstellingen informatiesysteem

Art. 94

1. Het Schengen-informatiesysteem bevat uitsluitend de door elk der Overeenkomstsluitende Partijen aangeleverde categorieën van gegevens die voor de in de artikelen 95 tot en met 100 genoemde doeleinden noodzakelijk zijn. De signalerende Overeenkomstsluitende Partij gaat na, of het belang van de zaak opneming van de signalering in het Schengen-informatiesysteem rechtvaardigt.

Schengenakkoord, op te nemen gegevens bij signalering

---

2 PB L 299 van 8.11.2008, blz. 1.
3 PB L 299 van 8.11.2008, blz. 43.

2. De categorieën van gegevens zijn:
   a. de gesignaleerde personen;
   b. de in de artikelen 99 en 100 genoemde voorwerpen.
3. Voor personen worden hooguit onderstaande gegevens opgenomen:
   a. naam en voornamen, aliassen in voorkomend geval afzonderlijk;
   b. bijzondere onveranderlijke en objectieve fysieke kenmerken;
   c. (...);
   d. geboorteplaats en -datum;
   e. geslacht;
   f. nationaliteit;
   g. bejegeningsgegevens „gewapend", „gewelddadig" of „ontsnapt";
   h. reden van signalering;
   i. de te ondernemen actie;
   j. in het geval van signaleringen op grond van artikel 95: het soort strafbaar feit/strafbare feiten".
   Andere gegevens, in het bijzonder de gegevens die zijn genoemd in artikel 6, eerste volzin, van het Verdrag van de Raad van Europa van 28 januari 1981 tot bescherming van het individu in verband met de geautomatiseerde registratie van persoonsgegevens, mogen niet worden opgenomen.
4. Wanneer een Overeenkomstsluitende Partij een signalering overeenkomstig de artikelen 95, 97 of 99 in strijd acht met haar nationale recht, internationale verplichtingen of wezenlijke nationale belangen, kan zij alsnog de signalering in het bestand van haar nationale deel van het Schengen-informatiesysteem doen markeren, zodat de gevraagde actie op haar grondgebied niet wordt uitgevoerd op grond van signalering. Met de overige Overeenkomstsluitende Partijen dient hierover overleg te worden gepleegd. Indien de signalerende Overeenkomstsluitende Partij de signalering niet intrekt, blijft voor de overige Overeenkomstsluitende Partijen de signalering onverminderd van kracht.

Art. 95

Schengenakkoord, signalering ter aanhouding bij strafbaar feit

1. Gegevens over personen om wier aanhouding ter fine van uitlevering wordt verzocht, worden op verzoek van de justitiële autoriteiten van de verzoekende Overeenkomstsluitende Partij opgenomen.
2. Vóór de signalering gaat de signalerende Overeenkomstsluitende Partij na of aanhouding op grond van het nationale recht van de aangezochte Overeenkomstsluitende Partijen is toegestaan. Wanneer de signalerende Overeenkomstsluitende Partij twijfel heeft, is zij verplicht de betrokken Overeenkomstsluitende Partijen vooraf te raadplegen. Gelijktijdig met de signalering doet de signalerende Overeenkomstsluitende Partij de aangezochte Overeenkomstsluitende Partijen zo spoedig mogelijk mededeling van onderstaande informatie, welke voor de ten grondslag liggende feiten van wezenlijk belang is:
   a. de om aanhouding verzoekende autoriteit;
   b. het bestaan van een bevel tot aanhouding of van een akte die dezelfde kracht heeft, of van een voor tenuitvoerlegging vatbaar vonnis;
   c. de aard en de wettelijke omschrijving van het strafbaar feit;
   d. een omschrijving van de omstandigheden waaronder het strafbaar feit is begaan, met inbegrip van tijd, plaats en de mate van betrokkenheid van de gesignaleerde persoon bij het strafbaar feit;
   e. voor zover mogelijk de gevolgen van het strafbaar feit.
3. Een aangezochte Overeenkomstsluitende Partij kan de signalering in het bestand van haar nationale deel van het Schengen-informatiesysteem doen markeren, zodat tot op het tijdstip van verwijdering van de markering niet op grond van de signalering tot aanhouding wordt overgegaan. De markering dient uiterlijk vierentwintig uren na opneming van de signalering te worden verwijderd, tenzij de desbetreffende Partij de gevraagde aanhouding om juridische of bijzondere opportuniteitsredenen afwijst. Bij hoge uitzondering kan wegens het complexe karakter van de aan de signalering ten grondslag liggende feiten deze termijn tot een week worden uitgebreid. Ongeacht een markering of afwijzende beslissing blijven de overige Overeenkomstsluitende Partijen bevoegd de door middel van de signalering gevraagde aanhouding te verrichten.
4. Wanneer een Overeenkomstsluitende Partij wegens bijzondere spoed om onmiddellijke opsporing verzoekt, gaat de aangezochte Overeenkomstsluitende Partij na of zij van markering kan afzien. De aangezochte Overeenkomstsluitende Partij treft de nodige voorzieningen, opdat in geval van instemming met de signalering aan de gevraagde aanhouding onverwijld uitvoering kan worden gegeven.
5. Wanneer aanhouding wegens een nog niet-beëindigde toetsing of wegens een afwijzende beslissing door een aangezochte Overeenkomstsluitende Partij niet mogelijk is, dient deze de signalering als een signalering ter fine van mededeling van de verblijfplaats te behandelen.
6. De aangezochte Overeenkomstsluitende Partijen geven uitvoering aan de op grond van de signalering gevraagde actie overeenkomstig de geldende uitleveringsverdragen en met inacht-

neming van het nationale recht. Zij zijn niet tot uitvoering van de gevraagde actie verplicht wanneer de gesignaleerde persoon een eigen onderdaan is, daargelaten de mogelijkheid om naar nationaal recht zelf tot aanhouding over te gaan.

Art. 96
1. Gegevens over vreemdelingen die ter fine van weigering van toegang worden gesignaleerd, worden opgenomen op grond van een nationale signalering ingevolge een door de bevoegde administratieve of strafrechtelijke autoriteiten met inachtneming van de nationale wettelijke procedurevoorschriften genomen beslissing.
2. De beslissingen kunnen zijn gegrond op het gevaar voor de openbare orde en veiligheid of de nationale veiligheid dat de aanwezigheid van een vreemdeling op het nationale grondgebied kan opleveren.
Dit kan in het bijzonder het geval zijn bij:
   a. een vreemdeling die is veroordeeld wegens een strafbaar feit dat met een vrijheidsstraf van ten minste één jaar is strafbaar gesteld;
   b. een vreemdeling te wiens aanzien er een ernstig vermoeden bestaat dat hij zware misdrijven, waaronder die bedoeld in artikel 71 heeft gepleegd, of te wiens aanzien er concrete aanwijzingen zijn dat hij voornemens is dergelijke misdrijven of feiten op het grondgebied van een Overeenkomstsluitende Partij te plegen.
3. De beslissingen kunnen eveneens zijn gegrond op het feit dat ten aanzien van de vreemdeling een niet-opgeschorte of niet-ingetrokken maatregel tot verwijdering, terugwijzing of uitwijzing is genomen die een verbod op binnenkomst, of in voorkomend geval, een verbod op verblijf behelst of daarvan vergezeld gaat, om reden van overtreding van de nationale bepalingen inzake de binnenkomst en het verblijf van vreemdelingen.

Schengenakkoord, signalering vreemdeling

Art. 97
Gegevens over vermiste personen of personen die ter bescherming van zichzelf of ter voorkoming van gevaar op last van de bevoegde autoriteit of van de bevoegde rechter van de signalerende Overeenkomstsluitende Partij voorlopig in bewaring moeten worden gesteld, worden opgenomen, opdat de politie-autoriteiten aan de signalerende Overeenkomstsluitende Partij de verblijfplaats mededelen, dan wel de persoon in bewaring kunnen stellen, ten einde verdere doorreis te beletten, voor zover dit op grond van het nationale recht is toegestaan. Dit geldt in het bijzonder voor minderjarigen en voor personen die op last van een bevoegde autoriteit tegen hun wil in een inrichting moeten worden opgenomen. Bij vermiste meerderjarigen is voor mededeling de instemming van de betrokken persoon vereist.

Schengenakkoord, signalering ter voorlopige inbewaringstelling

Art. 98
1. Gegevens over getuigen, alsmede over personen die door de justitiële autoriteiten in het kader van een strafprocedure zijn opgeroepen wegens feiten waarvoor zij worden vervolgd, dan wel personen aan wie een vonnis of een oproep tot het ondergaan van een vrijheidsstraf dient te worden betekend, worden op verzoek van de bevoegde justitiële autoriteiten opgenomen ter fine van mededeling van de woon- of verblijfplaats.
2. De verzochte informatie wordt aan de verzoekende Overeenkomstsluitende Partij volgens het nationale recht en de geldende verdragen inzake rechtshulp in strafzaken medegedeeld.

Schengenakkoord, signalering op verzoek justitiële autoriteiten

Art. 99
1. Gegevens over personen of voertuigen, vaartuigen, luchtvaartuigen en containers worden met inachtneming van het nationale recht van de signalerende lidstaat, hetzij ter fine van onopvallende, hetzij ter fine van gerichte controle overeenkomstig het bepaalde in lid 5 opgenomen.
2. Een dergelijke signalering is toegestaan met het oog op het beletten van strafbare feiten en ter voorkoming van gevaar voor de openbare veiligheid, indien
   a. er concrete aanwijzingen zijn, op grond waarvan kan worden aangenomen dat de betrokken persoon in aanzienlijke mate bijzonder ernstige misdrijven beraamt of pleegt, dan wel
   b. de algemene beoordeling van de betrokken persoon, vooral op grond van de door hem gepleegde strafbare feiten, doet verwachten dat hij bijzonder ernstige misdrijven zal blijven plegen.
3. Voorts is signalering, voor zover dat krachtens het nationale recht is toegestaan, op verzoek van de voor de veiligheid van de Staat bevoegde diensten mogelijk, indien er concrete aanwijzingen voor bestaan dat de in lid 4 genoemde gegevens met het oog op de voorkoming van een ernstige, van de desbetreffende persoon uitgaande bedreiging, dan wel van andere ernstige gevaren voor de interne of externe veiligheid van de Staat noodzakelijk zijn. De uit hoofde van dit lid signalerende lidstaat is verplicht de overige lidstaten te informeren.
4. Op basis van de onopvallende controle kunnen bij grenscontroles of andere politie- en douanecontroles in het binnenland de onderstaande gegevens of een deel daarvan worden verzameld en aan de signalerende autoriteit worden medegedeeld:
   a. aantreffen van de gesignaleerde persoon of van het gesignaleerde voertuig;
   b. plaats, tijd van of aanleiding voor de controle;
   c. reisroute en bestemming;
   d. begeleidende personen of inzittenden;
   e. gebruikt voertuig;

Schengenakkoord, signalering ter controle personen

f. meegenomen voorwerpen;
g. omstandigheden waaronder de persoon of het voertuig zijn aangetroffen.
Bij het verzamelen van deze gegevens dient er op te worden toegezien dat het onopvallende karakter van de controle niet in het gedrang komt.
5. Bij de in lid 1 genoemde gerichte controles kunnen met inachtneming van de nationale wetgeving voor het bereiken van de in de leden 2 en 3 genoemde doelstellingen de personen, voertuigen, vaartuigen, luchtvaartuigen, containers of meegenomen voorwerpen worden onderzocht. Voor zover gerichte controle naar het recht van een Overeenkomstsluitende Partij niet is toegestaan, wordt deze vorm van controle door deze Partij automatisch in een verzoek tot onopvallende controle omgezet.
6. Een aangezochte Overeenkomstsluitende Partij kan de signalering in het bestand van haar nationale deel van het Schengen-informatiesysteem doen markeren, zodat tot op het tijdstip van verwijdering van de markering niet op grond van de signalering ter fine van onopvallende of gerichte controle tot actie wordt overgegaan. De markering dient uiterlijk vierentwintig uren na opneming van de signalering te worden verwijderd, tenzij de desbetreffende Partij de gevraagde actie om juridische of bijzondere opportuniteitsredenen afwijst. Ongeacht een markering of afwijzende beslissing blijven de overige Overeenkomstsluitende Partijen bevoegd om de door middel van de signalering gevraagde actie te verrichten.

Art. 100

Schengenakkoord, signalering voorwerpen

1. Gegevens over voorwerpen die met het oog op inbeslagneming of als bewijsmiddel in een strafprocedure worden gezocht, worden in het Schengen-informatiesysteem opgenomen.
2. Blijkt uit een bevraging dat er met betrekking tot een aangetroffen voorwerp een signalering bestaat, dan neemt de autoriteit die zulks heeft geconstateerd, contact op met de signalerende autoriteit, ten einde de nodige maatregelen overeen te komen. Daartoe mogen overeenkomstig deze Overeenkomst eveneens persoonsgegevens worden verstrekt. De Overeenkomstsluitende Partij op wier grondgebied het voorwerp is aangetroffen, neemt de nodige maatregelen overeenkomstig het nationaal recht.
3. Onderstaande categorieën van gemakkelijk identificeerbare voorwerpen worden opgenomen:
a) gestolen, verduisterde of anderszins vermiste motorvoertuigen met een cilinderinhoud van meer dan 50 cc, vaartuigen en luchtvaartuigen;
b) gestolen, verduisterde of anderszins vermiste aanhangers met een ledig gewicht van meer dan 750 kg, caravans, industriële uitrusting, buitenboordmotoren en containers;
c) gestolen, verduisterde of anderszins vermiste vuurwapens;
d) gestolen, verduisterde of anderszins vermiste blanco documenten;
e) gestolen, verduisterde, anderszins vermiste of ongeldig gemaakte, op naam gestelde identiteitspapieren zoals paspoorten, identiteitskaarten, rijbewijzen, verblijfstitels en reisdocumenten;
f) gestolen, verduisterde, anderszins vermiste of ongeldig gemaakte voertuigregistratiebewijzen en voertuigkentekenplaten;
g) bankbiljetten (geregistreerde biljetten);
h) gestolen, verduisterde of anderszins vermiste waardepapieren en betaalmiddelen zoals cheques, creditcards, obligaties, effecten en aandelen.

Art. 101

Schengenakkoord, tot het informatiesysteem toegelaten autoriteiten

1. Uitsluitend de autoriteiten die verantwoordelijk zijn voor
a. grenscontroles,
b. andere politie- en douanecontroles in het binnenland, en de uitoefening van coördinerende functies terzake,
verkrijgen toegang tot de in het Schengen-informatiesysteem opgenomen gegevens en zijn tot directe bevraging bevoegd.
De toegang tot de in het Schengeninformatiesysteem opgenomen gegevens en het recht tot directe bevraging daarvan komen evenwel ook toe aan de nationale justitiële autoriteiten, onder meer die welke verantwoordelijk zijn voor het instellen van openbare strafvervolging en van gerechtelijk onderzoek voorafgaand aan tenlastelegging, met het oog op de uitvoering van hun taken, zoals vastgesteld in de nationale wetgeving.
De toegang tot de in het Schengeninformatiesysteem opgenomen gegevens en het recht tot directe bevraging daarvan komen evenwel ook toe aan de nationale justitiële autoriteiten, onder meer die welke verantwoordelijk zijn voor het instellen van openbare strafvervolging en van gerechtelijk onderzoek voorafgaand aan tenlastelegging, met het oog op de uitvoering van hun taken, zoals vastgesteld in de nationale wetgeving.".
2. Bovendien komen de toegang en het recht tot directe bevraging van de gegevens bedoeld in artikel 96 en de gegevens betreffende documenten die betrekking hebben op personen en die zijn opgenomen in overeenstemming met artikel 100, lid 3, onder d) en e), toe aan de voor visumverlening bevoegde autoriteiten, de voor de behandeling van de visumaanvragen verantwoordelijke centrale autoriteiten, de voor afgifte van verblijfstitels bevoegde autoriteiten, alsmede aan de vreemdelingendiensten ten behoeve van de toepassing van de bepalingen van deze

Schengen-uitvoeringsovereenkomst (uittreksel)   **C55 art. 101**

overeenkomst inzake het personenverkeer. De toegang van deze autoriteiten tot de gegevens wordt overeenkomstig het nationale recht van iedere lidstaat geregeld.

3. De gebruikers mogen slechts de gegevens bevragen die voor het vervullen van hun taak noodzakelijk zijn.

4. Iedere Overeenkomstsluitende Partij doet het Uitvoerend Comité mededeling van de lijst van bevoegde autoriteiten die tot directe bevraging van de in het Schengen-informatiesysteem opgenomen gegevens gemachtigd zijn; hierbij worden voor elk der autoriteiten de gegevens vermeld welke voor de uitoefening van haar taak voor bevraging toegankelijk zijn.

Richtlijn 2013/48/EU betreffende het recht op toegang tot een advocaat in strafprocedures en in procedures ter uitvoering van een Europees aanhoudingsbevel en het recht om een derde op de hoogte te laten brengen vanaf de vrijheidsbeneming en om met derden en consulaire autoriteiten te communiceren tijdens de vrijheidsbeneming

Richtlijn 2013/48/EU van het Europees Parlement en de Raad van 22 oktober 2013 betreffende het recht op toegang tot een advocaat in strafprocedures en in procedures ter uitvoering van een Europees aanhoudingsbevel en het recht om een derde op de hoogte te laten brengen vanaf de vrijheidsbeneming en om met derden en consulaire autoriteiten te communiceren tijdens de vrijheidsbeneming[1]

HET EUROPEES PARLEMENT EN DE RAAD VAN DE EUROPESE UNIE,
Gezien het Verdrag betreffende de werking van de Europese Unie, en met name artikel 82, lid 2, onder b),
Gezien het voorstel van de Europese Commissie,
Na toezending van het ontwerp van wetgevingshandeling aan de nationale parlementen,
Gezien het advies van het Europees Economisch en Sociaal Comité[2],
Na raadpleging van het Comité van de Regio's,
Handelend volgens de gewone wetgevingsprocedure[3],
Overwegende hetgeen volgt:
(1) In artikel 47 van het Handvest van de grondrechten van de Europese Unie (het Handvest), artikel 6 van het Europees Verdrag tot bescherming van de rechten van de mens en de fundamentele vrijheden (het EVRM) en artikel 14 van het Internationaal Verdrag inzake burgerrechten en politieke rechten (het IVBPR) is het recht op een eerlijk proces vastgelegd. Artikel 48, lid 2, van het Handvest garandeert de eerbiediging van de rechten van de verdediging.
(2) De Unie stelt zich ten doel een ruimte van vrijheid, veiligheid en recht te handhaven en te ontwikkelen. Volgens de conclusies van het voorzitterschap van de Europese Raad van Tampere van 15 en 16 oktober 1999, en met name punt 33, moet het beginsel van wederzijdse erkenning van vonnissen en andere beslissingen van rechterlijke instanties de hoeksteen van de justitiële samenwerking in burgerlijke en in strafzaken binnen de Unie worden, omdat een versterkte wederzijdse erkenning en de noodzakelijke onderlinge aanpassing van de wetgevingen de samenwerking tussen bevoegde autoriteiten en de rechtsbescherming van het individu ten goede zouden komen.
(3) Krachtens artikel 82, lid 1, van het Verdrag betreffende de werking van de Europese Unie (VWEU), „berust de justitiële samenwerking in strafzaken in de Unie op het beginsel van de wederzijdse erkenning van rechterlijke uitspraken en beslissingen ...".
(4) De toepassing van het beginsel van wederzijdse erkenning van strafrechtelijke beslissingen veronderstelt wederzijds vertrouwen van de lidstaten in elkaars strafrechtstelsels. De omvang van die wederzijdse erkenning hangt nauw samen met het bestaan en de inhoud van bepaalde parameters, waaronder regelingen voor de bescherming van de rechten van verdachten of beklaagden en gemeenschappelijke minimumnormen, die noodzakelijk zijn om de toepassing van het beginsel van wederzijdse erkenning te vergemakkelijken.
(5) Hoewel de lidstaten partij zijn bij het EVRM en bij het IVBPR, heeft de ervaring geleerd dat dit gegeven alleen niet altijd zorgt voor een voldoende mate van vertrouwen in de strafrechtstelsels van andere lidstaten.

---

1   Inwerkingtredingsdatum: 26-11-2013.
2   PB C 43 van 15.2.2012, blz. 51.
3   Standpunt van het Europees Parlement van 10 september 2013 (nog niet bekendgemaakt in het Publicatieblad) en besluit van de Raad van 7 oktober 2013.

(6) Wederzijdse erkenning van beslissingen in strafzaken kan alleen effectief functioneren in een geest van vertrouwen, waarbij niet alleen de gerechtelijke autoriteiten, maar alle bij de strafprocedure betrokken actoren beslissingen van de gerechtelijke autoriteiten van de andere lidstaten als gelijkwaardig aan hun eigen beslissingen beschouwen; daarbij gaat het niet alleen om het vertrouwen dat de regels van de andere lidstaten adequaat zijn, maar ook om het vertrouwen dat die regels correct worden toegepast. Versterking van wederzijds vertrouwen vereist gedetailleerde regels inzake de bescherming van de procedurele rechten en waarborgen die voortvloeien uit het Handvest, het EVRM en het IVBPR. Versterking van wederzijds vertrouwen vereist evenzeer, middels deze richtlijn en andere maatregelen, een verdere ontwikkeling binnen de Unie van de in het Handvest en in het EVRM vastgelegde minimumnormen.

(7) Artikel 82, lid 2, VWEU voorziet in de vaststelling van minimumvoorschriften die in de lidstaten van toepassing zijn, ter bevordering van wederzijdse erkenning van vonnissen en rechterlijke beslissingen en in politiële en justitiële samenwerking in strafzaken met een grensoverschrijdende dimensie. Dat artikel verwijst naar „de rechten van personen in de strafvordering" als een van de gebieden waarop minimumvoorschriften kunnen worden vastgesteld.

(8) Gemeenschappelijke minimumvoorschriften moeten leiden tot meer vertrouwen in de strafrechtstelsels van alle lidstaten, hetgeen op zijn beurt moet leiden tot efficiëntere justitiële samenwerking in een klimaat van wederzijds vertrouwen, en tot bevordering van een cultuur van grondrechten in de Unie. Dergelijke gemeenschappelijke minimumvoorschriften moeten ook belemmeringen voor het vrije verkeer van burgers wegnemen op het gehele grondgebied van de lidstaten. Dergelijke gemeenschappelijke minimumvoorschriften dienen te worden vastgelegd op het gebied van het recht op toegang tot een advocaat in strafprocedures, het recht om een derde op de hoogte te laten brengen vanaf de vrijheidsbeneming en het recht om met derden en consulaire autoriteiten te communiceren tijdens die vrijheidsbeneming.

(9) Op 30 november 2009 keurde de Raad een resolutie goed betreffende een routekaart ter versterking van de procedurele rechten van verdachten of beklaagden in strafprocedures („de routekaart")[4]. In de routekaart, waarin een stapsgewijze benadering wordt voorgestaan, wordt opgeroepen tot de vaststelling van maatregelen met betrekking tot het recht op vertaling en vertolking (maatregel A), het recht op informatie over de rechten en informatie over de beschuldiging (maatregel B), het recht op juridisch advies en rechtsbijstand (maatregel C), het recht te communiceren met familie, werkgever en consulaire autoriteiten (maatregel D), en bijzondere waarborgen voor kwetsbare verdachten of beklaagden (maatregel E). In de routekaart wordt benadrukt dat de volgorde van de rechten slechts indicatief is en dat deze overeenkomstig de prioriteiten dus kan worden verlegd. De routekaart is bedoeld als een totaalpakket: pas wanneer alle onderdelen ten uitvoer zijn gelegd, zal het effect optimaal zijn.

(10) Op 11 december 2009 verklaarde de Europese Raad zich ingenomen met de routekaart en maakte hij deze tot onderdeel van het Programma van Stockholm — Een open en veilig Europa ten dienste en ter bescherming van de burger[5] (punt 2.4). De Europese Raad onderstreepte het feit dat de routekaart niet uitputtend is, door de Commissie uit te nodigen te onderzoeken welke minimale procedurele rechten verdachten en beklaagden verder kunnen worden toegekend, en te beoordelen of andere vraagstukken, bijvoorbeeld het vermoeden van onschuld, dienen te worden aangepakt om op dit gebied tot een betere samenwerking te komen.

(11) Tot dusver zijn er twee maatregelen voortvloeiend uit de routekaart vastgesteld, met name: Richtlijn 2010/64/EU van het Europees Parlement en de Raad van 20 oktober 2010 betreffende het recht op vertolking en vertaling in strafprocedures[6], en Richtlijn 2012/13/EU van het Europees Parlement en de Raad van 22 mei 2012 betreffende het recht op informatie in strafprocedures[7].

(12) Deze richtlijn bevat minimumvoorschriften betreffende het recht op toegang tot een advocaat in strafprocedures en in procedures betreffende de tenuitvoerlegging van een Europees aanhoudingsbevel krachtens Kaderbesluit 2002/584/JBZ van de Raad van 13 juni 2002 betreffende het Europees aanhoudingsbevel en de procedures van overlevering tussen de lidstaten[8] („procedures ter uitvoering van een Europees aanhoudingsbevel") en het recht om een derde op de hoogte te laten brengen vanaf de vrijheidsbeneming en het recht om met derden en met consulaire autoriteiten te communiceren tijdens de vrijheidsbeneming. Op die manier bevordert de richtlijn de toepassing van het Handvest, met name de artikelen 4, 6, 7, 47 en 48, door voort te bouwen op de artikelen 3, 5, 6 en 8 EVRM, zoals uitgelegd door het Europees Hof voor de Rechten van de Mens, dat in zijn jurisprudentie, geregeld normen vaststelt betreffende het recht

---

4   PB C 295 van 4.12.2009, blz. 1.
5   PB C 115 van 4.5.2010, blz. 1.
6   PB L 280 van 26.10.2010, blz. 1.
7   PB L 142 van 1.6.2012, blz. 1.
8   PB L 190 van 18.7.2002, blz. 1.

op toegang tot een advocaat. In die jurisprudentie is onder meer geoordeeld dat het eerlijke karakter van het proces vereist dat een verdachte of beklaagde gebruik kan maken van alle specifiek aan rechtsbijstand verbonden diensten. In dat verband moeten de advocaten van verdachten of beklaagden de fundamentele aspecten van de verdediging onverkort kunnen waarborgen.

(13) Onverminderd de krachtens het EVRM op de lidstaten rustende verplichting om het recht op een eerlijk proces te waarborgen, dienen procedures met betrekking tot lichte strafbare feiten die in de gevangenis zijn gepleegd, of tot in militair verband gepleegde strafbare feiten die door een bevelvoerende officier worden behandeld, in deze richtlijn niet als strafprocedures te worden aangemerkt.

(14) Bij de uitvoering van deze richtlijn moet rekening gehouden worden met de bepalingen van Richtlijn 2012/13/EU, die voorschrijven dat verdachten of beklaagden onverwijld informatie krijgen over het recht op toegang tot een advocaat en dat verdachten of beklaagden die zijn aangehouden of gedetineerd onverwijld in het bezit worden gesteld van een schriftelijke verklaring van rechten, met informatie over het recht op toegang tot een advocaat.

(15) In deze richtlijn wordt verstaan onder „advocaat", eenieder die overeenkomstig het nationale recht, daaronder begrepen op grond van een door een bevoegde instantie verleende machtiging, gekwalificeerd en bevoegd is om verdachten of beklaagden juridisch advies en juridische bijstand te verlenen.

(16) In sommige lidstaten is een andere autoriteit dan een in strafzaken bevoegde rechtbank bevoegd tot het opleggen van sancties, andere dan vrijheidsbeneming, met betrekking tot relatief lichte strafbare feiten. Dit kan bijvoorbeeld het geval zijn met betrekking tot verkeersovertredingen die op grote schaal worden begaan en die kunnen worden vastgesteld naar aanleiding van een verkeerscontrole. In dergelijke situaties zou het onredelijk zijn de bevoegde autoriteit te verplichten alle rechten te waarborgen waarin deze richtlijn voorziet. Indien het recht van een lidstaat erin voorziet dat voor lichte strafbare feiten een sanctie wordt opgelegd door een dergelijke autoriteit, en daartegen ofwel beroep kan worden ingesteld ofwel dat de zaak anderszins kan worden doorverwezen naar een in strafzaken bevoegde rechtbank, dient deze richtlijn derhalve alleen van toepassing te zijn op de procedure die bij die rechtbank wordt gevoerd naar aanleiding van dat beroep of die verwijzing.

(17) In sommige lidstaten zijn bepaalde lichte feiten strafbaar gesteld; het betreft met name lichte verkeersovertredingen, lichte overtredingen van algemene gemeentelijke verordeningen en lichte overtredingen tegen de openbare orde. In dergelijke situaties zou het onredelijk zijn de bevoegde autoriteit te verplichten alle rechten te waarborgen waarin deze richtlijn voorziet. Indien het recht van een lidstaat erin voorziet dat voor lichte strafbare feiten geen vrijheidsstraf kan worden opgelegd, dient deze richtlijn derhalve alleen van toepassing te zijn op procedures voor een in strafzaken bevoegde rechtbank.

(18) Het toepassingsgebied van deze richtlijn ten aanzien van bepaalde lichte strafbare feiten laat de EVRM-verplichting van de lidstaten om het recht op een eerlijk proces te waarborgen, daaronder begrepen het recht op rechtsbijstand van een advocaat, onverlet.

(19) De lidstaten dienen ervoor te zorgen dat verdachten of beklaagden overeenkomstig deze richtlijn, het recht hebben zonder onnodig uitstel toegang te krijgen tot een advocaat. Indien zij geen afstand hebben gedaan van het desbetreffende recht, dienen verdachten of beklaagden in ieder geval toegang tot een advocaat te hebben tijdens de strafprocedure voor een rechtbank.

(20) Voor de toepassing van deze richtlijn geldt niet als verhoor de eerste ondervraging, door de politie of een andere rechtshandhavingsautoriteit, waarvan het doel bestaat uit het identificeren van de betrokkenen, het controleren op wapenbezit of andere gelijkaardige veiligheidskwesties, dan wel het nagaan of een onderzoek moet worden ingesteld, bijvoorbeeld tijdens controles langs de weg, of tijdens regelmatige steekproefsgewijze controles wanneer de identiteit van een verdachte of beklaagde nog niet is vastgesteld.

(21) In de jurisprudentie van het Europees Hof voor de Rechten van de Mens is bevestigd, dat indien een persoon die geen verdachte of beklaagde is, zoals een getuige, verdachte of beklaagde wordt, die persoon tegen zelfincriminatie beschermd dient te worden en zwijgrecht heeft. Daarom verwijst deze richtlijn uitdrukkelijk naar de praktische situatie waarin een dergelijke persoon tijdens een verhoor door de politie of een andere rechtshandhavingsautoriteit in het kader van een strafprocedure, verdachte of beklaagde wordt. Indien tijdens een dergelijk verhoor waarin een persoon die geen verdachte of beklaagde is, verdachte of beklaagde wordt, dient het verhoor onmiddellijk te worden stopgezet. Het verhoor kan evenwel worden voortgezet indien de persoon op de hoogte is gesteld van het feit dat hij verdachte of beklaagde is en hij de in deze richtlijn vastgestelde rechten ten volle kan uitoefenen.

(22) Verdachten of beklaagden dienen het recht te hebben de advocaat die hen vertegenwoordigt onder vier ogen te ontmoeten. De lidstaten kunnen praktische regelingen treffen betreffende de duur van en de frequentie van dergelijke ontmoetingen, naargelang van de omstandigheden van de procedures, in het bijzonder de complexiteit van de zaak en de toepasselijke procedurele stappen. De lidstaten kunnen eveneens praktische regelingen treffen om de veiligheid en de

zekerheid te waarborgen, in het bijzonder van de advocaat en de verdachte of beklaagde, op de plaats waar dergelijke ontmoeting plaatsvindt. Dergelijke praktische regelingen dienen de daadwerkelijke uitoefening of de essentie van het recht van de verdachten of beklaagden om hun advocaat te ontmoeten, onverlet te laten.

(23) Verdachten of beklaagden dienen het recht te hebben om te communiceren met de advocaat die hen vertegenwoordigt. Dergelijke communicatie kan in elke fase plaatsvinden, inclusief voorafgaand aan de uitoefening van het recht die advocaat te ontmoeten. De lidstaten kunnen praktische regelingen treffen betreffende de duur en de frequentie van dergelijke communicatie en de daarbij gebruikte middelen, met inbegrip van het gebruik van videoconferenties en andere communicatietechnologie om dergelijke communicatie te doen plaatsvinden. Dergelijke praktische regelingen dienen de daadwerkelijke uitoefening of de essentie van het recht van de verdachten of beklaagden om te communiceren met hun advocaat onverlet te laten.

(24) Deze richtlijn mag de lidstaten niet beletten voor bepaalde lichte strafbare feiten het recht van de verdachte of beklaagde op toegang tot een advocaat per telefoon te organiseren. Het aldus inperken van dit recht dient evenwel beperkt te blijven tot gevallen waarin een verdachte of beklaagde niet door de politie of een andere rechtshandhavingsautoriteit wordt verhoord.

(25) De lidstaten dienen ervoor te zorgen dat verdachten of beklaagden het recht hebben dat hun advocaat aanwezig is en daadwerkelijk kan deelnemen aan het verhoor door de politie of een andere rechtshandhavingsautoriteit of rechterlijke instantie, inclusief tijdens de hoorzittingen voor de rechtbank. Die deelname dient te worden uitgeoefend overeenkomstig de procedures in het nationale recht die mogelijk de deelname van een advocaat regelen tijdens het verhoor van de verdachte of de beklaagde door de politie of een andere rechtshandhavingsautoriteit of rechterlijke instantie, alsmede tijdens de hoorzittingen voor de rechtbank, mits die procedures de daadwerkelijke uitoefening en de essentie van het desbetreffende recht onverlet laten. De advocaat kan tijdens een verhoor van de verdachte of de beklaagde door de politie of een andere rechtshandhavingsautoriteit of rechterlijke instantie, alsmede tijdens een hoorzitting voor de rechtbank, overeenkomstig die procedures onder meer vragen stellen, verduidelijking vragen en verklaringen afleggen, die dienen te worden geregistreerd overeenkomstig het nationale recht.

(26) Verdachten of beklaagden hebben het recht op de aanwezigheid van hun advocaat bij onderzoekshandelingen of procedures voor het vergaren van bewijsmateriaal, in zoverre deze voorzien zijn in het toepasselijke nationale recht en in zoverre de verdachten of beklaagden verplicht zijn te verschijnen of hen dat is toegestaan. Dergelijke handelingen moeten op zijn minst meervoudige confrontaties, tijdens welke de verdachte of beklaagde naast andere personen staat om door het slachtoffer of een getuige te worden geïdentificeerd; confrontaties, tijdens welke een verdachte of beklaagde met een of meer getuigen wordt samengebracht wanneer onder deze getuigen onenigheid bestaat over belangrijke feiten of aangelegenheden, en reconstructies van de plaats van een delict in aanwezigheid van de verdachte of beklaagde, teneinde beter te begrijpen hoe en in welke omstandigheden het misdrijf is gepleegd en om de verdachte of beklaagde specifieke vragen te kunnen stellen, omvatten. De lidstaten kunnen praktische regelingen treffen betreffende de aanwezigheid van een advocaat tijdens onderzoekshandelingen of procedures voor het vergaren van bewijsmateriaal. Dergelijke praktische regelingen moeten de daadwerkelijke uitoefening en de essentie van het desbetreffende rechten onverlet laten. Indien de advocaat tijdens onderzoekshandelingen of procedures voor het vergaren van bewijsmateriaal aanwezig is, dient dit geregistreerd te worden door gebruik te maken van de registratieprocedure overeenkomstig het recht van de betrokken lidstaat.

(27) De lidstaten dienen zich ertoe in te spannen om algemene informatie ter beschikking te stellen — bijvoorbeeld op een website of door middel van een folder op het politiebureau — om verdachten of beklaagden te helpen een advocaat te vinden. De lidstaten hoeven evenwel geen actieve stappen te zetten om ervoor te zorgen dat verdachten of beklaagden waarvan de vrijheid niet is ontnomen, bijstand krijgen van een advocaat indien zij zelf niet het nodige hebben gedaan om door een advocaat te worden bijgestaan. Het dient de verdachte of beklaagde vrij te staan contact op te nemen met een advocaat, die te raadplegen en erdoor te worden bijgestaan.

(28) De lidstaten dienen de noodzakelijke regelingen te treffen om ervoor te zorgen dat, wanneer verdachten of beklaagden hun vrijheid wordt ontnomen, zij hun recht op toegang tot een advocaat daadwerkelijk kunnen uitoefenen, mede doordat in bijstand van een advocaat wordt voorzien als de betrokkene er geen heeft, tenzij zij afstand hebben gedaan van dat recht. Dergelijke regelingen kunnen bijvoorbeeld inhouden dat de bevoegde autoriteiten in de bijstand van een advocaat voorzien aan de hand van een lijst van beschikbare advocaten waaruit de verdachte of beklaagde zou kunnen kiezen. Dergelijke regelingen kunnen, in voorkomend geval, de regels betreffende rechtsbijstand omvatten.

(29) De omstandigheden waaronder verdachten of beklaagden hun vrijheid wordt ontnomen, dienen volledig in overeenstemming te zijn met de voorschriften van het EVRM, het Handvest, en de jurisprudentie van het Hof van Justitie van de Europese Unie (het „Hof van Justitie") en

van het Europees Hof voor de Rechten van de Mens. Bij het overeenkomstig deze richtlijn verstrekken van bijstand aan een verdachte of beklaagde wie de vrijheid is ontnomen, dient de betrokken advocaat de mogelijkheid te hebben de bevoegde autoriteiten vragen te stellen over de omstandigheden waarin de betrokkene de vrijheid is ontnomen.

(30) Ingeval de verdachte of de beklaagde zich op grote geografische afstand bevindt, bijvoorbeeld in overzees gebied of tijdens een buitenlandse militaire operatie die door de lidstaat wordt ondernomen of waaraan deze deelneemt, mogen de lidstaten tijdelijk afwijken van het recht van de verdachte of de beklaagde op toegang tot een advocaat zonder onnodig uitstel na de vrijheidsbeneming. Tijdens een dergelijke tijdelijke afwijking mogen de bevoegde autoriteiten de betrokkene niet verhoren of geen onderzoekshandelingen of procedures voor het vergaren van bewijsmateriaal krachtens deze richtlijn uitvoeren. Indien de grote geografische afstand van de verdachte of beklaagde de onmiddellijke toegang tot een advocaat onmogelijk maakt, dienen de lidstaten in communicatie via telefoon of videoconferentie te voorzien, tenzij dit onmogelijk is.

(31) De lidstaten dienen tijdelijk te kunnen afwijken van het recht op toegang tot een advocaat in de fase van het voorbereidende onderzoek om, in dringende gevallen, ernstige negatieve gevolgen voor het leven, de vrijheid of de fysieke integriteit van een persoon te voorkomen. Zolang een tijdelijke afwijking op die grond van kracht is, kunnen de bevoegde autoriteiten verdachten of beklaagden verhoren zonder dat een advocaat aanwezig is, op voorwaarde dat de verdachten of beklaagden van hun zwijgrecht op de hoogte zijn gebracht en dat zij dat recht kunnen uitoefenen, en dat dergelijk verhoor de rechten van de verdediging, inclusief het recht van de betrokkene om zichzelf niet te beschuldigen, niet schaadt. Het verhoor dient te worden uitgevoerd met als enig doel en voor zover noodzakelijk om informatie te verkrijgen die essentieel is om ernstige negatieve gevolgen voor het leven, de vrijheid of de fysieke integriteit van een persoon te voorkomen. Elk misbruik van deze afwijking zorgt in beginsel voor een onherstelbare schending van de rechten van de verdediging.

(32) De lidstaten dienen tevens tijdelijk te kunnen afwijken van het recht op toegang tot een advocaat in de fase van het voorbereidende onderzoek, indien onmiddellijk optreden door de onderzoeksautoriteiten noodzakelijk is om te voorkomen dat strafprocedures substantiële schade wordt toegebracht, in het bijzonder om te voorkomen dat essentieel bewijs wordt vernietigd of veranderd, of dat getuigen worden beïnvloed. Zolang een tijdelijke afwijking op deze grond van kracht is, kunnen de bevoegde autoriteiten verdachten of beklaagden verhoren zonder dat een advocaat aanwezig is, op voorwaarde dat zij van hun zwijgrecht op de hoogte zijn gebracht en dat zij dat recht kunnen uitoefenen, en dat dergelijk verhoor de rechten van de verdediging, inclusief het recht van de betrokkene om zichzelf niet te beschuldigen, niet schendt. Het verhoor dient te worden uitgevoerd met als enig doel en voor zover noodzakelijk om informatie te verkrijgen die van essentieel belang is om te voorkomen dat strafprocedures substantiële schade wordt toegebracht. Elk misbruik van deze afwijking zorgt in beginsel voor een onherstelbare schending van de rechten van de verdediging.

(33) Het vertrouwelijke karakter van de communicatie tussen verdachten of beklaagden en hun advocaat is van essentieel belang voor de daadwerkelijke uitoefening van de rechten van de verdediging. De lidstaten dienen derhalve het vertrouwelijke karakter van de ontmoetingen en elke andere vorm van communicatie tussen de advocaat en de verdachte of beklaagde bij de uitoefening van het recht op toegang tot een advocaat op grond van deze richtlijn zonder uitzondering te eerbiedigen. Deze richtlijn laat de procedures met betrekking tot de situatie waarin objectieve en feitelijke omstandigheden erop wijzen dat de advocaat ervan wordt verdacht samen met de verdachte of beklaagde bij een strafbaar feit betrokken te zijn, onverlet. Elke criminele handeling van een advocaat mag niet worden beschouwd als rechtmatige bijstand aan verdachten of beklaagden binnen het kader van deze richtlijn. De verplichting het vertrouwelijke karakter te eerbiedigen betekent niet alleen dat de lidstaten die communicatie niet mogen belemmeren noch daar toegang tot mogen hebben, maar ook dat, indien de verdachten of beklaagden hun vrijheid is ontnomen of zich op andere wijze onder de controle van de staat bevinden, de lidstaten ervoor dienen te zorgen dat regelingen voor communicatie de vertrouwelijkheid daarvan handhaven en beschermen. Dit laat in detentiecentra aanwezige mechanismen om te voorkomen dat gedetineerden illegale zendingen ontvangen, zoals bijvoorbeeld het screenen van briefwisseling, onverlet, mits dergelijke mechanismen de bevoegde autoriteiten niet toestaan de communicatie tussen de verdachten of beklaagden en hun advocaat te lezen. Deze richtlijn laat tevens nationaalrechtelijke procedures onverlet op grond waarvan het doorsturen van briefwisseling kan worden geweigerd indien de verzender er niet mee instemt dat de briefwisseling eerst aan een bevoegde rechtbank wordt voorgelegd.

(34) Een eventuele schending van het vertrouwelijke karakter als louter nevenverschijnsel van een wettige observatie door de bevoegde autoriteiten moet door deze richtlijn onverlet worden gelaten. Ook dient deze richtlijn de werkzaamheden onverlet te laten die, bijvoorbeeld, door de nationale inlichtingendiensten worden verricht met het oog op de bescherming van de nationale veiligheid overeenkomstig artikel 4, lid 2, van het Verdrag betreffende de Europese Unie

(VEU), of die onder het toepassingsgebied vallen van artikel 72 VWEU, op grond waarvan titel V betreffende de ruimte van vrijheid, veiligheid en recht bepaalt dat de uitoefening van de verantwoordelijkheid van de lidstaten voor de handhaving van de openbare orde en de bescherming van de binnenlandse veiligheid onverlet moet worden gelaten.

(35) Verdachten of beklaagden wie de vrijheid is ontnomen, moet het recht worden verleend om ten minste één door hen aangeduide persoon, zoals een familielid of een werkgever, zonder onnodig uitstel op de hoogte te laten brengen van de vrijheidsbeneming, op voorwaarde dat geen afbreuk wordt gedaan aan het correcte verloop van de strafprocedure tegen de betrokkene, noch aan enige andere strafprocedures. De lidstaten kunnen praktische regelingen treffen voor de toepassing van dat recht. Dergelijke praktische regelingen dienen de daadwerkelijke uitoefening en de essentie van het recht onverlet te laten. In beperkte, uitzonderlijke gevallen moet echter tijdelijk van dat recht kunnen worden afgeweken wanneer zulks in het licht van bijzondere omstandigheden, op grond van een dwingende, in deze richtlijn bepaalde reden, gerechtvaardigd is. Indien de bevoegde autoriteiten overwegen een dergelijke tijdelijke afwijking in te stellen ten aanzien van een specifieke derde, dienen zij eerst te overwegen of een andere, door de verdachte of beklaagde aangeduide derde van de vrijheidsbeneming op de hoogte kan worden gesteld.

(36) De verdachten of beklaagden dienen gedurende hun vrijheidsbeneming het recht te hebben zonder onnodig uitstel met ten minste één door hun aangeduide derde, zoals een familielid, te communiceren. De lidstaten kunnen de uitoefening van dat recht beperken of uitstellen met het oog op dwingende of proportionele operationele vereisten. Dergelijke vereisten kunnen onder meer betrekking hebben op de noodzaak om ernstige negatieve gevolgen voor het leven, de vrijheid of de fysieke integriteit van een persoon af te wenden, de noodzaak om te voorkomen dat de strafprocedure wordt geschaad of dat een strafbaar feit wordt gepleegd, de noodzaak om een hoorzitting voor de rechtbank af te wachten en de nood om slachtoffers van een misdrijf te beschermen. Indien de bevoegde autoriteiten overwegen de uitoefening van dit recht ten aanzien van een specifieke derde te beperken of uit te stellen, dienen zij eerst te overwegen of de verdachten of beklaagden met een andere door hen aangeduide derde kunnen communiceren. De lidstaten kunnen praktische regelingen treffen betreffende het tijdstip, de wijze, de duur en de frequentie van contacten met derden, met het oog op het bewaren van de goede orde, veiligheid en zekerheid op de plaats waar de betrokkene wordt vastgehouden.

(37) Het recht op consulaire bijstand van verdachten en beklaagden wie hun vrijheid is ontnomen, is neergelegd in artikel 36 van het Verdrag van Wenen inzake consulaire betrekkingen van 1963, waarin het wordt omschreven als een recht van staten zich in verbinding te stellen met hun onderdanen. Deze richtlijn verleent, op hun verzoek, een overeenkomstig recht aan verdachten of beklaagden wie hun vrijheid is ontnomen. De consulaire bescherming kan worden uitgeoefend door diplomatieke autoriteiten indien zij optreden als consulaire autoriteiten.

(38) De lidstaten dienen de motieven en de criteria voor een tijdelijke afwijking van de bij deze richtlijn verleende rechten duidelijk in hun nationale recht vast te leggen, en zij mogen slechts beperkt gebruikmaken van die tijdelijke afwijkingen. Dergelijke tijdelijke afwijkingen dienen proportioneel te zijn, dienen een strikte geldigheidsduur te hebben, en niet uitsluitend gebaseerd te zijn op de categorie waartoe het ten laste gelegde strafbare feit behoort of de ernst ervan, en dienen het globale eerlijke verloop van de procedure niet te schenden. De lidstaten dienen ervoor te zorgen dat, indien een tijdelijke afwijking krachtens deze richtlijn is toegestaan door een rechterlijke instantie die geen rechter of rechtbank is, het besluit tot toekenning van de tijdelijke afwijking in ieder geval tijdens de procesfase door een rechtbank moet kunnen worden beoordeeld.

(39) De verdachten of beklaagden moeten de mogelijkheid hebben om afstand te doen van een uit hoofde van deze richtlijn verleend recht, op voorwaarde dat hun informatie is gegeven met kennis van zaken te oordelen over de inhoud van het betrokken recht en de mogelijke gevolgen van een afstand van dat recht. Bij het verstrekken van dergelijke informatie dient rekening te worden gehouden met de specifieke omstandigheden waarin de betrokken verdachten of beklaagden zich bevinden, zoals hun leeftijd en hun mentale en fysieke gesteldheid.

(40) De afstand van een recht en de omstandigheden waaronder deze is gedaan, worden geregistreerd volgens de registratieprocedure waarin het recht van de betrokken lidstaat voorziet. Dit mag voor de lidstaten geen enkele aanvullende verplichting tot het invoeren van nieuwe mechanismen of bijkomende administratieve lasten met zich brengen.

(41) Wanneer een verdachte of een beklaagde overeenkomstig deze richtlijn de afstand van een recht herroept, hoeft niet opnieuw te worden overgegaan tot verhoren of elke andere procedurehandelingen die zijn verricht gedurende de periode waarin de afstand van het betreffende recht gold.

(42) Personen tegen wie een Europees aanhoudingsbevel is uitgevaardigd („gezochte personen"), moeten in de uitvoerende lidstaat recht hebben op toegang tot een advocaat, zodat zij hun rechten op grond van Kaderbesluit 2002/584/JBZ daadwerkelijk kunnen uitoefenen. Wanneer een advocaat deelneemt aan een verhoor van een gezochte persoon door de uitvoerende rech-

terlijke instantie, kan die advocaat onder meer, volgens procedures in het nationale recht, vragen stellen, verduidelijking vragen en verklaringen afleggen. Het feit dat de advocaat heeft deelgenomen aan een dergelijke verhoor moet worden geregistreerd door gebruik te maken van de registratieprocedure overeenkomstig het recht van de betrokken lidstaat.

(43) De gezochte personen dienen het recht te hebben de advocaat die hen in de uitvoerende lidstaat vertegenwoordigt, onder vier ogen te ontmoeten. De lidstaten kunnen praktische regelingen treffen betreffende de duur en de frequentie van dergelijke ontmoetingen, met inachtneming van de bijzondere omstandigheden van het geval. De lidstaten kunnen eveneens praktische regelingen treffen om de veiligheid en de zekerheid te waarborgen, met name van de advocaat en de gezochte persoon, op de plaats waar de ontmoeting tussen de advocaat en de gezochte persoon plaatsvindt. Dergelijke praktische regelingen dienen de daadwerkelijke uitoefening en de essentie van het recht van de gezochte personen om hun advocaat te ontmoeten, onverlet te laten.

(44) De gezochte personen dienen het recht te hebben om te communiceren met de advocaat die hen in de uitvoerende lidstaat vertegenwoordigt. Dergelijke communicatie kan in elke fase plaatsvinden, inclusief voorafgaand aan de uitoefening van het recht die advocaat te ontmoeten. De lidstaten kunnen praktische regelingen treffen betreffende de duur en de frequentie van de communicatie tussen de gezochte personen en hun advocaat en de daarbij gebruikte middelen, met inbegrip van het gebruik van videoconferenties en andere communicatietechnologie om dergelijke communicatie te doen plaatsvinden. Dergelijke praktische regelingen dienen de daadwerkelijke uitoefening en de essentie van het recht van de gezochte personen om te communiceren met hun advocaat onverlet te laten.

(45) De uitvoerende lidstaten dienen de noodzakelijke regelingen te treffen om ervoor te zorgen dat de gezochte personen in staat zijn hun recht op toegang tot een advocaat in de uitvoerende lidstaat daadwerkelijk uit te oefenen, mede doordat in bijstand van een advocaat wordt voorzien als de gezochte personen er geen hebben, tenzij zij afstand hebben gedaan van dat recht. Dergelijke regelingen, waaronder die betreffende rechtsbijstand in voorkomend geval, dienen door het nationaal recht te worden geregeld. Die kunnen bijvoorbeeld inhouden dat de bevoegde autoriteiten in de bijstand van een advocaat voorzien aan de hand van een lijst van beschikbare advocaten waaruit de gezochte personen kunnen kiezen.

(46) De bevoegde autoriteit van de uitvaardigende lidstaat moet zonder onnodig uitstel nadat zij ervan op de hoogte is gesteld dat een gezochte persoon in die lidstaat een advocaat wil aanwijzen, informatie aan de gezochte persoon verstrekken om hem te helpen in die lidstaat een advocaat aan te wijzen. Dergelijke informatie kan bijvoorbeeld een bijgewerkte lijst van advocaten omvatten, dan wel de naam van een piketadvocaat in de uitvaardigende lidstaat, die informatie en advies kan verlenen in zaken betreffende het Europees aanhoudingsbevel. De lidstaten kunnen de desbetreffende orde van advocaten verzoeken een dergelijke lijst op te stellen.

(47) De procedure van overlevering is van cruciaal belang voor de samenwerking in strafzaken tussen de lidstaten. Het naleven van de in Kaderbesluit 2002/584/JBZ vervatte termijnen is van essentieel belang voor deze samenwerking. Gezochte personen moeten in procedures ter uitvoering van een Europees aanhoudingsbevel hun rechten krachtens deze richtlijn ten volle kunnen uitoefenen, maar die termijnen dienen derhalve wel te worden geëerbiedigd.

(48) In afwachting van een wetgevingshandeling van de Unie inzake rechtsbijstand, moeten de lidstaten hun nationale recht inzake rechtsbijstand, dat in overeenstemming behoort te zijn met het Handvest, het EVRM en de jurisprudentie van het Europees Hof voor de Rechten van de Mens, toepassen.

(49) Overeenkomstig het beginsel van de doeltreffendheid van het Unierecht moeten de lidstaten passende en doeltreffende voorzieningen in rechte instellen om de bij deze richtlijn aan individuen toegekende rechten te waarborgen.

(50) De lidstaten dienen ervoor te zorgen dat bij de beoordeling van de verklaringen die de verdachten of beklaagden afleggen of van het bewijs dat is verkregen in strijd met hun recht op een advocaat, of in gevallen waarin overeenkomstig deze richtlijn een afwijking van dat recht was toegestaan, de rechten van de verdediging en het eerlijke verloop van de procedure worden geëerbiedigd. In dit verband dient de jurisprudentie van het Europees Hof voor de Rechten van de Mens in acht te worden genomen, waarin wordt bepaald dat de rechten van de verdediging in principe onherstelbaar zijn geschonden als belastende verklaringen die tijdens een politieverhoor bij afwezigheid van een advocaat zijn gedaan, worden gebruikt voor een veroordeling. Dit laat onverlet het gebruik van verklaringen voor andere doelen die krachtens het nationaal recht zijn toegestaan, zoals de noodzaak om spoedeisende onderzoekshandelingen uit te voeren of om het plegen van andere strafbare feiten of het optreden van ernstige negatieve gevolgen voor een persoon te voorkomen, dan wel de dringende noodzaak om te voorkomen dat strafprocedures substantiële schade wordt toegebracht, wanneer het verlenen van toegang tot een advocaat of het vertragen van het onderzoek onherstelbare schade zou toebrengen aan een lopend onderzoek naar een ernstig misdrijf. Voorts mag dit geen afbreuk doen aan de nationale voorschriften of systemen inzake de toelaatbaarheid van bewijs en mag het de lidstaten

niet beletten een systeem te handhaven waarbij al het bestaande bewijs in rechte mag worden aangevoerd zonder dat de toelaatbaarheid ervan afzonderlijk of vooraf wordt beoordeeld.
(51) De zorgplicht ten aanzien van verdachten of beklaagden die in een mogelijk zwakke positie verkeren, ligt ten grondslag aan een eerlijke rechtsbedeling. Het openbaar ministerie, de rechtshandhavingsautoriteiten en de rechterlijke instanties moeten daarom de daadwerkelijke uitoefening door dergelijke verdachten of beklaagden van de rechten waarin deze richtlijn voorziet, bevorderen, bijvoorbeeld door rekening te houden met mogelijke kwetsbaarheid die hun vermogen aantast om het recht op toegang tot een advocaat en het recht een derde vanaf hun vrijheidsbeneming op de hoogte te laten brengen, uit te oefenen, en door passende maatregelen te nemen die ervoor zorgen dat die rechten gewaarborgd worden.
(52) Deze richtlijn eerbiedigt de door het Handvest erkende grondrechten en beginselen, zoals het verbod op foltering en onmenselijke en onterende behandeling, het recht op vrijheid en veiligheid, de eerbiediging van het privéleven en van het familie- en gezinsleven, het recht op menselijke integriteit, de rechten van het kind, de integratie van mensen met een handicap, het recht op een doeltreffende voorziening in rechte en het recht op een eerlijk proces, het vermoeden van onschuld en de rechten van de verdediging. Deze richtlijn dient overeenkomstig deze rechten en beginselen te worden toegepast.
(53) De lidstaten moeten ervoor zorgen dat de bepalingen van deze richtlijn die met door het EVRM gewaarborgde rechten overeenkomen, worden toegepast in overeenstemming met de bepalingen van het EVRM, zoals deze zijn ontwikkeld in de jurisprudentie van het Europees Hof voor de Rechten van de Mens.
(54) In deze richtlijn worden minimumvoorschriften vastgesteld. De lidstaten kunnen de in deze richtlijn vastgestelde rechten uitbreiden om een hoger beschermingsniveau te bieden. Een dergelijk hoger beschermingsniveau mag geen belemmering vormen voor de wederzijdse erkenning van rechterlijke beslissingen die die minimumvoorschriften beogen te bevorderen. Het beschermingsniveau mag nooit lager zijn dan de normen die opgenomen zijn in het Handvest en in het EVRM, zoals uitgelegd in de jurisprudentie van het Hof van Justitie en het Europees Hof voor de Rechten van de Mens.
(55) In deze richtlijn worden de rechten van kinderen bevorderd en wordt rekening gehouden met de richtsnoeren van de Raad van Europa over kindvriendelijke justitie, in het bijzonder met de bepalingen over de informatie die en het advies dat aan kinderen moeten worden gegeven. Deze richtlijn garandeert dat verdachten en beklaagden, waaronder kinderen, passende informatie wordt gegeven die hen in staat stelt de gevolgen van elke afstand van een uit hoofde van deze richtlijn verleend recht te begrijpen, en dat deze afstand op vrijwillige en ondubbelzinnige wijze wordt gedaan. Wanneer de verdachte of de beklaagde een kind is, moet de persoon die de ouderlijke verantwoordelijkheid draagt zo spoedig mogelijk in kennis worden gesteld na de vrijheidsbeneming van het kind en moet deze op de hoogte gebracht worden van de redenen daarvoor. Indien het verstrekken van deze informatie aan de persoon die de ouderlijke verantwoordelijkheid draagt voor het kind ingaat tegen het belang van het kind, moet een andere in aanmerking komende volwassene, zoals een familielid, op de hoogte gebracht worden. De bepalingen van het nationale recht die voorschrijven dat de specifieke instanties, instellingen en personen, met name degene die verantwoordelijk zijn voor de bescherming en het welzijn van kinderen, in kennis worden gesteld van het feit dat een kind zijn vrijheid is ontnomen, worden hierdoor onverlet gelaten. Behoudens in de meest uitzonderlijke omstandigheden dienen de lidstaten zich te onthouden van een beperking of uitstel van het recht met een derde contact te hebben ter zake van een verdacht of aangeklaagd kind dat zijn vrijheid is ontnomen. In geval van uitstel mag het kind echter niet van de buitenwereld afgezonderd worden vastgehouden, en moet het bijvoorbeeld worden toegestaan om met een voor de bescherming of het welzijn van kinderen verantwoordelijke instelling of persoon te communiceren.
(56) Overeenkomstig de gezamenlijke politieke verklaring van de lidstaten en de Commissie van 28 september 2011 over toelichtende stukken[9] hebben de lidstaten zich ertoe verbonden om in gerechtvaardigde gevallen de kennisgeving van hun omzettingsmaatregelen vergezeld te doen gaan van één of meer stukken waarin het verband tussen de onderdelen van een richtlijn en de overeenkomstige delen van de nationale omzettingsinstrumenten wordt toegelicht. Met betrekking tot deze richtlijn acht de wetgever de toezending van de stukken gerechtvaardigd.
(57) Aangezien de doelstelling van deze richtlijn, namelijk het vaststellen van minimumvoorschriften betreffende het recht op toegang tot een advocaat in strafprocedures en in procedures ter uitvoering van een Europees aanhoudingsbevel en het recht om een derde op de hoogte te laten brengen van de vrijheidsbeneming en om met derden en consulaire autoriteiten te communiceren tijdens die vrijheidsbeneming, niet voldoende door de lidstaten kan worden verwezenlijkt maar vanwege de omvang en de gevolgen van de maatregel, beter door de Unie kan worden bereikt, kan de Unie overeenkomstig het in artikel 5 VEU neergelegde subsidiariteits-

---

9   PB C 369 van 17.12.2011, blz. 14.

beginsel maatregelen nemen. Overeenkomstig het in hetzelfde artikel neergelegde evenredigheidsbeginsel, gaat deze richtlijn niet verder dan nodig is om die doelstellingen te verwezenlijken.
(58) Overeenkomstig de artikelen 1 en 2 van Protocol nr. 21 betreffende de positie van het Verenigd Koninkrijk en Ierland ten aanzien van de ruimte van vrijheid, veiligheid en recht, gehecht aan het VEU en het VWEU, en onverminderd artikel 4 van dat protocol, nemen het Vereningd Koninkrijk en Ierland niet deel aan de vaststelling van deze richtlijn, die bijgevolg niet bindend is voor, noch van toepassing is in die lidstaten.
(59) Overeenkomstig de artikelen 1 en 2 van Protocol nr. 22 betreffende de positie van Denemarken, gehecht aan het VEU en het VWEU, neemt Denemarken niet deel aan de vaststelling van deze richtlijn; deze is bijgevolg niet bindend voor, noch van toepassing in die lidstaat,
HEBBEN DE VOLGENDE RICHTLIJN VASTGESTELD:

Art. 1 Onderwerp
Deze richtlijn bevat minimumvoorschriften betreffende het recht van verdachten en beklaagden in strafprocedures en van personen tegen wie een procedure ingevolge Kaderbesluit 2002/584/JBZ loopt („procedures ter uitvoering van een Europees aanhoudingsbevel"), om toegang tot een advocaat te hebben en om een derde op de hoogte te laten brengen van de vrijheidsbeneming en om met derden en met consulaire autoriteiten te communiceren tijdens de vrijheidsbeneming.

Art. 2 Toepassingsgebied
1. Deze richtlijn is van toepassing op de verdachten of beklaagden in een strafprocedure, vanaf het ogenblik waarop zij er door de bevoegde autoriteiten van een lidstaat door middel van een officiële kennisgeving of anderszins van in kennis worden gesteld dat zij ervan worden verdacht of beschuldigd een strafbaar feit te hebben begaan, ongeacht of hen hun vrijheid is ontnomen. Zij is van toepassing totdat de procedure is beëindigd, dat wil zeggen totdat definitief is vastgesteld of de verdachte of beklaagde het strafbare feit al dan niet heeft begaan, met inbegrip van, indien van toepassing, de strafoplegging en de uitkomst in een eventuele beroepsprocedure.
2. Deze richtlijn is, in overeenstemming met artikel 10, van toepassing op personen tegen wie een procedure ter uitvoering van een Europees aanhoudingsbevel loopt (gezochte personen), vanaf het moment van aanhouding in de uitvoerende lidstaat.
3. Deze richtlijn is, onder dezelfde voorwaarden als genoemd in lid 1, tevens van toepassing op andere personen dan verdachten en beklaagden die in de loop van het verhoor door de politie of door een andere rechtshandhavingsautoriteit, verdachte of beklaagde worden.
4. Onverminderd het recht op een eerlijk proces is deze richtlijn, met betrekking tot lichte feiten:
a) waarvoor krachtens de wet van een lidstaat een sanctie door een andere autoriteit dan een in strafzaken bevoegde rechtbank wordt opgelegd, en tegen het opleggen van deze sanctie beroep bij een dergelijke rechtbank, kan worden ingesteld, of kan worden verwezen naar een dergelijke rechtbank, of
b) waarvoor geen vrijheidsstraf kan worden opgelegd,
alleen van toepassing op de procedures voor een in strafzaken bevoegde rechtbank.
Deze richtlijn is in elk geval volledig van toepassing indien de verdachte of beklaagde zijn vrijheid is ontnomen, ongeacht de fase van de strafprocedure.

Art. 3 Recht op toegang tot een advocaat in een strafprocedure
1. De lidstaten zorgen ervoor dat de verdachten of beklaagden recht hebben op toegang tot een advocaat, op een zodanig moment en op zodanige wijze dat de betrokken personen hun rechten van verdediging in de praktijk daadwerkelijk kunnen uitoefenen.
2. De verdachten of beklaagden hebben zonder onnodig uitstel toegang tot een advocaat. In elk geval, hebben de verdachten of beklaagden toegang tot een advocaat vanaf de volgende momenten, ongeacht welk moment het vroegste is:
a) voordat zij door de politie of door een andere rechtshandhavingsautoriteit of rechterlijke instantie worden verhoord;
b) wanneer de onderzoeks- of andere bevoegde autoriteiten een tot onderzoek of andere vorm van bewijsgaring strekkende handeling verrichten, overeenkomstig lid 3, onder c);
c) zonder onnodig uitstel na de vrijheidsbeneming;
d) indien zij voor een in strafzaken bevoegde rechtbank zijn opgeroepen, binnen een redelijke termijn voordat zij voor deze rechtbank in rechte verschijnen.
3. Het recht op toegang tot een advocaat houdt het volgende in:
a) de lidstaten zorgen ervoor dat de verdachten of beklaagden het recht hebben de advocaat die hen vertegenwoordigt onder vier ogen te ontmoeten en met hem te communiceren, ook voordat zij door de politie of een andere rechtshandhavingsautoriteit of rechterlijke instantie worden verhoord;
b) de lidstaten zorgen ervoor dat de verdachten of beklaagden het recht hebben dat hun advocaat bij het verhoor aanwezig is en daaraan daadwerkelijk kan deelnemen. Deze deelname geschiedt overeenkomstig procedures in het nationale recht, mits die procedures de daadwerkelijke uit-

oefening en de essentie van het desbetreffende recht onverlet laten. Wanneer een advocaat aan het verhoor deelneemt, wordt het feit dat dergelijke deelname heeft plaatsgevonden, geregistreerd door gebruik te maken van de registratieprocedure overeenkomstig het recht van de betrokken lidstaat;
c) de lidstaten zorgen ervoor dat de verdachten of beklaagden ten minste het recht hebben hun advocaat de volgende onderzoekshandelingen of procedures voor het vergaren van bewijsmateriaal te laten bijwonen, mits het handelingen betreft waarin het nationale recht voorziet en waarbij de aanwezigheid van de verdachte of beklaagde is vereist of hem dat is toegestaan:
i) meervoudige confrontaties;
ii) confrontaties;
iii) reconstructies van de plaats van een delict.
4. De lidstaten spannen zich ervoor in algemene informatie ter beschikking te stellen om verdachten of beklaagden te helpen een advocaat te vinden.
Onverminderd de bepalingen van het nationale recht betreffende de verplichte aanwezigheid van een advocaat, treffen de lidstaten de noodzakelijke regelingen om ervoor te zorgen dat verdachten of beklaagden wie de vrijheid is ontnomen in staat zijn om hun recht op toegang tot een advocaat daadwerkelijk uit te oefenen, tenzij zij afstand hebben gedaan van dat recht overeenkomstig artikel 9.
5. In uitzonderlijke omstandigheden kunnen de lidstaten, uitsluitend in de fase van het voorbereidende onderzoek, tijdelijk afwijken van de toepassing van lid 2, onder c), indien de geografische afstand waarop een verdachte of beklaagde zich bevindt het onmogelijk maakt om het recht op toegang tot een advocaat onverwijld na de vrijheidsbeneming te kunnen waarborgen.
6. In uitzonderlijke omstandigheden kunnen de lidstaten, uitsluitend in de fase van het voorbereidende onderzoek, tijdelijk afwijken van de toepassing van de in lid 3 vastgestelde rechten, indien en voor zover, gelet op de bijzondere omstandigheden van het geval, een of meer van de volgende dwingende redenen zulks rechtvaardigen:
a) indien er sprake is van een dringende noodzaak om ernstige negatieve gevolgen voor het leven, de vrijheid of de fysieke integriteit van een persoon te voorkomen;
b) indien onmiddellijk optreden door de onderzoeksautoriteiten noodzakelijk is om te voorkomen dat de strafprocedure substantiële schade wordt toegebracht.

Art. 4 Vertrouwelijkheid
De lidstaten eerbiedigen het vertrouwelijke karakter van de communicatie tussen de verdachten of beklaagden en hun advocaat bij de uitoefening van het recht op toegang tot een advocaat op grond van deze richtlijn. Die communicatie omvat ontmoetingen, briefwisseling, telefoongesprekken en elke andere vorm van communicatie die krachtens het nationale recht is toegestaan.

Art. 5 Recht om een derde op de hoogte te laten brengen van de vrijheidsbeneming
1. De lidstaten zorgen ervoor dat verdachten of beklaagden wie hun vrijheid is ontnomen het recht hebben om, indien gewenst, ten minste één door hen aangeduide persoon, bijvoorbeeld een familielid of een werkgever, zonder onnodig uitstel op de hoogte te laten brengen van hun vrijheidsbeneming.
2. Indien de verdachte of beklaagde een kind is, zorgen de lidstaten ervoor dat de persoon die de ouderlijke verantwoordelijkheid voor het kind draagt zo spoedig mogelijk in kennis wordt gesteld van de vrijheidsbeneming en van de redenen daarvoor, tenzij dit in strijd zou zijn met het belang van het kind, in welk geval een andere volwassene die daarvoor in aanmerking komt op de hoogte wordt gebracht. Voor de toepassing van dit lid wordt een persoon die jonger is dan achttien jaar als kind aangemerkt.
3. De lidstaten kunnen tijdelijk afwijken van de toepassing van de in de leden 1 en 2 bepaalde rechten indien, gelet op de bijzondere omstandigheden van het geval, een van de volgende dwingende redenen zulks rechtvaardigt:
a) een dringende noodzaak om ernstige negatieve gevolgen voor het leven, de vrijheid of de fysieke integriteit van een persoon te voorkomen;
b) een dringende noodzaak om een situatie te voorkomen waarin substantiële schade aan de strafprocedure kan worden toegebracht.
4. Indien de lidstaten tijdelijk afwijken van de toepassing van de in lid 2 bepaalde rechten, zorgen zij ervoor dat een met de bescherming en het welzijn van kinderen belaste autoriteit zonder onnodig uitstel in kennis wordt gesteld van het feit dat het kind zijn vrijheid is ontnomen.

Art. 6 Recht om gedurende de vrijheidsbeneming met derden te communiceren
1. De lidstaten zorgen ervoor dat verdachten of beklaagden wie hun vrijheid is ontnomen, het recht hebben zonder onnodig uitstel met ten minste één door hem aangeduide derde, zoals een familielid, te communiceren.
2. De lidstaten kunnen de uitoefening van het recht bedoeld in lid 1 beperken of uitstellen op grond van dwingende of proportionele operationele vereisten.

Art. 7 Het recht op communicatie met de consulaire autoriteiten

1. De lidstaten zorgen ervoor dat verdachten of beklaagden die geen onderdaan zijn en wie hun vrijheid is ontnomen, het recht hebben om, desgewenst, de consulaire autoriteiten van de lidstaat waarvan zij de nationaliteit hebben, zonder onnodig uitstel op de hoogte te laten brengen van de vrijheidsbeneming, en met de consulaire autoriteiten te communiceren. Verdachten of beklaagden die twee of meer nationaliteiten hebben, kunnen evenwel kiezen welke consulaire autoriteiten in voorkomend geval op de hoogte moeten worden gebracht van de vrijheidsbeneming, en met welke consulaire autoriteiten zij wensen te communiceren.
2. Verdachten of beklaagden hebben tevens het recht door hun consulaire autoriteiten te worden bezocht, zich met hen te onderhouden en met hen te corresponderen en het recht om hun vertegenwoordiging in rechte door hun consulaire autoriteiten geregeld te zien, voor zover die autoriteiten daarmee instemmen en de betrokken verdachten of beklaagden zulks wensen.
3. De uitoefening van de in dit artikel bedoelde rechten kan in het nationale recht of bij nationale procedures worden gereguleerd, mits dat recht en die procedures de verwezenlijking van de met deze rechten beoogde doelen volledig waarborgen.

Art. 8 Algemene voorwaarden voor de toepassing van tijdelijke afwijkingen

1. Een tijdelijke afwijking op grond van artikel 3, lid 5 of 6, of uit hoofde van artikel 5, lid 3:
a) heeft een evenredig karakter en gaat niet verder dan noodzakelijk;
b) heeft een strikt beperkte geldigheidsduur;
c) wordt niet uitsluitend gebaseerd op de soort of de ernst van het vermeende strafbare feit, en
d) doet geen afbreuk aan het globale eerlijke verloop van de procedure.
2. Tijdelijke afwijkingen op grond van artikel 3, lid 5 of 6, kunnen alleen toegestaan worden bij een naar behoren gemotiveerde en per geval genomen beslissing, die ofwel uitgaat van een rechterlijke instantie of van een andere bevoegde autoriteit op voorwaarde dat de beslissing kan worden onderworpen aan rechterlijke toetsing. De naar behoren gemotiveerde beslissing wordt geregistreerd door gebruik te maken van de registratieprocedure overeenkomstig het recht van de betrokken lidstaat.
3. Tijdelijke afwijkingen op grond van artikel 5, lid 3, kunnen alleen per geval worden toegestaan, ofwel door een rechterlijke instantie of door een andere bevoegde autoriteit op voorwaarde dat de beslissing kan worden onderworpen aan rechterlijke toetsing.

Art. 9 Afstand

1. Onverminderd de bij het nationale recht voorgeschreven aanwezigheid of bijstand van een advocaat, zorgen de lidstaten ervoor dat, met betrekking tot afstand van een in de artikelen 3 en 10 bedoeld recht:
a) de verdachte of beklaagde mondeling of schriftelijk duidelijke en toereikende informatie in eenvoudige en begrijpelijke bewoordingen is gegeven over de inhoud van het betrokken recht en over de mogelijke gevolgen van het afstand doen daarvan, en
b) deze vrijwillig en ondubbelzinnig geschiedt.
2. De afstand, die schriftelijk of mondeling kan geschieden, wordt geregistreerd, alsmede de omstandigheden waaronder de afstand is gedaan door gebruik te maken van de registratieprocedure overeenkomstig het recht van de betrokken lidstaat.
3. De lidstaten zorgen ervoor dat deze afstand later op elk moment tijdens de strafprocedure door de verdachte of de beklaagde kan worden herroepen en dat de verdachte of beklaagde van die mogelijkheid op de hoogte gebracht wordt. Dergelijke herroeping van de afstand wordt van kracht vanaf het moment waarop zij heeft plaatsgevonden.

Art. 10 Recht op toegang tot een advocaat in een procedure ter uitvoering van een Europees aanhoudingsbevel

1. De lidstaten zorgen ervoor dat een gezochte persoon, vanaf zijn aanhouding op grond van een Europees aanhoudingsbevel recht heeft op toegang tot een advocaat in de uitvoerende lidstaat.
2. Met betrekking tot de inhoud van het recht op toegang tot een advocaat in de uitvoerende lidstaat hebben gezochte personen in die lidstaat de volgende rechten:
a) het recht op toegang tot een advocaat op een zodanig moment en op een zodanige wijze dat de gezochte personen hun rechten daadwerkelijk en in ieder geval zonder onnodig uitstel na de vrijheidsbeneming kunnen uitoefenen;
b) het recht om te communiceren met de advocaat die hen vertegenwoordigt en deze te ontmoeten;
c) het recht dat hun advocaat aanwezig is bij en overeenkomstig procedures in het nationale recht deelneemt aan het verhoor van een gezochte persoon door de uitvoerende rechterlijke instantie. Wanneer een advocaat deelneemt aan het verhoor, moet dat geregistreerd worden door gebruik te maken van de registratieprocedure overeenkomstig het recht van de betrokken lidstaat.
3. De bij de artikelen 4, 5, 6, 7, 9, en, in geval van een tijdelijke afwijking uit hoofde van artikel 5, lid 3, de bij artikel 8 bepaalde rechten zijn van overeenkomstige toepassing op de procedures ter uitvoering van het Europees aanhoudingsbevel in de uitvoerende lidstaat.

4. De bevoegde autoriteit in de uitvoerende lidstaat brengt de gezochte personen er zonder onnodig uitstel na de vrijheidsbeneming van op de hoogte dat zij het recht hebben in de uitvaardigende lidstaat een advocaat aan te wijzen. De rol van de advocaat in de uitvaardigende lidstaat is de advocaat in de uitvoerende lidstaat bij te staan, door die advocaat informatie en advies te verstrekken teneinde de gezochte personen hun rechten uit hoofde van Kaderbesluit 2002/584/JBZ daadwerkelijk te doen uitoefenen.
5. Indien de gezochte personen het recht om een advocaat in de uitvaardigende lidstaat aan te wijzen, wensen uit te oefenen en zij nog geen dergelijke advocaat hebben, brengt de bevoegde autoriteit in de uitvoerende lidstaat de bevoegde autoriteit in de uitvaardigende lidstaat hiervan terstond op de hoogte. De bevoegde autoriteit van die lidstaat verstrekt de gezochte personen zonder onnodig uitstel de informatie om hen te helpen in die lidstaat een advocaat te vinden.
6. Het recht van gezochte personen om in de uitvaardigende lidstaat een advocaat aan te wijzen, laat de in Kaderbesluit 2002/584/JBZ bepaalde termijnen of de verplichting voor de uitvoerende rechterlijke instantie om binnen de overeenkomstig dat kaderbesluit bepaalde termijnen en voorwaarden een beslissing te nemen over de overlevering van de betrokkene, onverlet.

Art. 11 Rechtsbijstand
Deze richtlijn laat het nationale recht inzake rechtsbijstand, dat van toepassing is overeenkomstig het Handvest en het EVRM, onverlet.

Art. 12 Rechtsmiddelen
1. De lidstaten zorgen ervoor dat verdachten of beklaagden in strafprocedures alsmede gezochte personen in een procedure ter uitvoering van een Europees aanhoudingsbevel, op grond van het nationale recht over een doeltreffende voorziening in rechte beschikken in gevallen waarin hun rechten op grond van deze richtlijn zijn geschonden.
2. Onverminderd nationale bepalingen en stelsels inzake de toelaatbaarheid van bewijs zorgen de lidstaten er in strafprocedures voor dat bij de beoordeling van de verklaringen van verdachten of beklaagden of van bewijs dat is verkregen in strijd met hun recht op een advocaat of in gevallen waarin overeenkomstig artikel 3, lid 6, een afwijking van dit recht was toegestaan, de rechten van de verdediging en het eerlijke verloop van de procedure worden geëerbiedigd.

Art. 13 Kwetsbare personen
De lidstaten zorgen ervoor dat bij de toepassing van deze richtlijn rekening wordt gehouden met de specifieke behoeften van kwetsbare verdachten en kwetsbare beklaagden.

Art. 14 Non-regressieclausule
Geen enkele bepaling in deze richtlijn mag worden opgevat als een beperking of afwijking van de rechten en procedurele waarborgen die voortvloeien uit het Handvest, het EVRM of andere toepasselijke bepalingen van het internationale recht of het recht van lidstaten en die een hoger beschermingsniveau bieden.

Art. 15 Omzetting
1. De lidstaten doen de nodige wettelijke en bestuursrechtelijke bepalingen in werking treden om uiterlijk op 27 november 2016 aan deze richtlijn te voldoen. Zij stellen de Commissie daarvan onverwijld in kennis.
2. Wanneer de lidstaten die bepalingen aannemen, wordt in de bepalingen zelf of bij de officiële bekendmaking daarvan naar deze richtlijn verwezen. De regels voor de verwijzing worden door de lidstaten vastgesteld.
3. De lidstaten delen de Commissie de tekst van de bepalingen van intern recht mee die zij op het onder deze richtlijn vallende gebied vaststellen.

Art. 16 Verslag
Uiterlijk op 28 november 2019 dient de Commissie bij het Europees Parlement en de Raad een verslag in, waarin wordt beoordeeld in hoeverre de lidstaten aan deze richtlijn hebben voldaan, inclusief een beoordeling van de toepassing van artikel 3, lid 6, juncto artikel 8, leden 1 en 2, indien nodig vergezeld van wetgevingsvoorstellen.

Art. 17 Inwerkingtreding
Deze richtlijn treedt in werking op de twintigste dag na die van de bekendmaking ervan in het *Publicatieblad van de Europese Unie.*

Art. 18 Adressaten
Deze richtlijn is overeenkomstig de Verdragen gericht tot de lidstaten.

Besluit inrichting en orde politieverhoor[1]

Besluit van 26 januari 2017, houdende regels voor de inrichting van en de orde tijdens het politieverhoor waaraan de raadsman deelneemt (Besluit inrichting en orde politieverhoor)

Wij Willem-Alexander, bij de gratie Gods, Koning der Nederlanden, Prins van Oranje-Nassau, enz. enz. enz.
Op de voordracht van Onze Minister van Veiligheid en Justitie van 12 oktober 2016, nr. 2003018;
Gelet op de artikelen 28d, vierde lid, en 61a, derde lid, van het Wetboek van Strafvordering;
De Afdeling advisering van de Raad van State gehoord (advies van 25 november 2016, nr. W03.16.0330/II);
Gezien het nader rapport van Onze Minister van Veiligheid en Justitie van 16 januari 2017, nr. 2032152;
Hebben goedgevonden en verstaan:

Art. 1
In dit besluit wordt verstaan onder:
a. *de wet*: het Wetboek van Strafvordering;
b. *de raadsman*: de raadsman, bedoeld in artikel 28, eerste lid, van de wet;
c. *de verhorende ambtenaar*: de opsporingsambtenaar die de verdachte verhoort;
d. *verhoorruimte*: de ruimte die wordt gebruikt voor het verhoren van de verdachte.

Art. 2
De verhorende ambtenaar heeft de leiding over het verhoor en handhaaft de orde binnen het verhoor en de verhoorruimte.

Art. 3
In de verhoorruimte neemt de raadsman zoveel mogelijk plaats naast de verdachte, en neemt de verhorende ambtenaar zoveel mogelijk plaats tegenover de verdachte en zijn raadsman.

Art. 4
De raadsman beantwoordt geen vragen namens de verdachte, tenzij met instemming van de verhorende ambtenaar en de verdachte.

Art. 5
1. De raadsman richt zijn opmerkingen en verzoeken tot de verhorende ambtenaar.
2. Behoudens het bepaalde in artikel 28d, eerste lid, derde volzin, van de wet en in artikel 6 van dit besluit is de raadsman alleen direct na aanvang van het verhoor en direct voor afloop van het verhoor bevoegd om opmerkingen te maken of vragen te stellen. De verhorende ambtenaar stelt de raadsman daartoe direct na aanvang van het verhoor en direct voor afloop daarvan in de gelegenheid.

Art. 6
De raadsman is bevoegd de verhorende ambtenaar erop opmerkzaam te maken:
a. dat de verdachte een hem gestelde vraag niet begrijpt;
b. dat de verhorende ambtenaar het bepaalde in artikel 29, eerste lid, van de wet niet in acht neemt;
c. dat de fysieke of psychische toestand van de verdachte zodanig is dat deze een verantwoorde voortzetting van het verhoor verhindert.

Art. 7
1. De raadsman treedt bij het verlenen van rechtsbijstand niet buiten de bevoegdheden die hem in dit besluit zijn toegekend. Hij maakt geen onredelijk gebruik van deze bevoegdheden.
2. De raadsman verstoort de orde van het verhoor niet.
3. De raadsman is bevoegd communicatiemiddelen of draagbare apparatuur voor tekstverwerking mee te nemen in de verhoorruimte, tenzij de huisregels van een verhoorlocatie dit niet toestaan om redenen van veiligheid. Hij maakt geen opnamen van het verhoor. De raadsman is bevoegd om tijdens het verhoor aantekeningen te maken.

Art. 8
1. Indien de raadsman in strijd handelt met het bepaalde in de artikelen 4, 5, eerste lid, of 7 en ten minste eenmaal vruchteloos door de verhorende ambtenaar is gewaarschuwd, kan de hulpofficier van justitie hem bevelen zich uit de verhoorruimte te verwijderen en in geval van weigering hem doen verwijderen. De hulpofficier van justitie draagt er zorg voor dat van de verwijdering en de gronden waarop zij berust opgave wordt gedaan in het proces-verbaal van het verhoor.

---

[1] Inwerkingtredingsdatum: 01-03-2017.

Besluit inrichting en orde politieverhoor

2. Na verwijdering van de raadsman kan het verhoor slechts worden voortgezet indien:
a. de raadsman na enige tijd weer tot de verhoorruimte wordt toegelaten;
b. de verdachte alsnog afstand doet overeenkomstig artikel 28a van de wet;
c. een vervangende raadsman beschikbaar is.

Art. 9
[Wijzigt het Besluit toepassing maatregelen in het belang van het onderzoek.]

Art. 10
Dit besluit wordt aangehaald als: Besluit inrichting en orde politieverhoor.

Art. 11
Dit besluit treedt in werking op een bij koninklijk besluit te bepalen tijdstip.

Verdrag tot bescherming van de rechten van de mens en de fundamentele vrijheden[1]

De Regeringen die dit Verdrag hebben ondertekend, Leden van de Raad van Europa,
Gelet op de Universele Verklaring van de Rechten van de Mens die op 10 december 1948 door de Algemene Vergadering van de Verenigde Naties is afgekondigd;
Overwegende, dat deze Verklaring ten doel heeft de universele en daadwerkelijke erkenning en toepassing van de rechten die daarin zijn nedergelegd te verzekeren;
Overwegende, dat het doel van de Raad van Europa is het bereiken van een grotere eenheid tussen zijn Leden en dat een van de middelen om dit doel te bereiken is de handhaving en de verdere verwezenlijking van de rechten van de mens en de fundamentele vrijheden;
Opnieuw haar diep geloof bevestigende in deze fundamentele vrijheden die de grondslag vormen voor gerechtigheid en vrede in de wereld en welker handhaving vooral steunt, enerzijds op een waarlijk democratische regeringsvorm, anderzijds op het gemeenschappelijk begrip en de gemeenschappelijke eerbiediging van de rechten van de mens waarvan die vrijheden afhankelijk zijn;
Vastbesloten om, als Regeringen van gelijkgestemde Europese staten, die een gemeenschappelijk erfdeel bezitten van politieke tradities, idealen, vrijheid en heerschappij van het recht, de eerste stappen te doen voor de collectieve handhaving van sommige der in de Universele Verklaring vermelde rechten;
Zijn het volgende overeengekomen:

Art. 1 Verplichting tot eerbiediging van de rechten van de mens

Mensenrechten, plicht tot eerbiediging

De Hoge Verdragsluitende Partijen verzekeren een ieder die ressorteert onder haar rechtsmacht de rechten en vrijheden die zijn vastgesteld in de Eerste Titel van dit Verdrag.

TITEL I
RECHTEN EN VRIJHEDEN

Art. 2 Recht op leven

Mensenrechten, recht op leven

1. Het recht van een ieder op leven wordt beschermd door de wet. Niemand mag opzettelijk van het leven worden beroofd, behoudens door de tenuitvoerlegging van een gerechtelijk vonnis wegens een misdrijf waarvoor de wet in de doodstraf voorziet.

Mensenrechten, beroving van het leven door noodzakelijk geweld

2. De beroving van het leven wordt niet geacht in strijd met dit artikel te zijn geschied ingeval zij het gevolg is van het gebruik van geweld, dat absoluut noodzakelijk is:
a. ter verdediging van wie dan ook tegen onrechtmatig geweld;
b. teneinde een rechtmatige arrestatie te bewerkstelligen of het ontsnappen van iemand die op rechtmatige wijze is gedetineerd, te voorkomen;
c. teneinde in overeenstemming met de wet een oproer of opstand te onderdrukken.

Art. 3 Verbod van foltering

Mensenrechten, verbod foltering of onmenselijke behandelingen

Niemand mag worden onderworpen aan folteringen of aan onmenselijke of vernederende behandelingen of bestraffingen.

Art. 4 Verbod van slavernij en dwangarbeid

Mensenrechten, verbod slavernij/dwangarbeid

1. Niemand mag in slavernij of dienstbaarheid worden gehouden.
2. Niemand mag gedwongen worden dwangarbeid of verplichte arbeid te verrichten.
3. Niet als „dwangarbeid of verplichte arbeid" in de zin van dit artikel worden beschouwd:
a. elk werk dat gewoonlijk wordt vereist van iemand die gedetineerd overeenkomstig de bepalingen van artikel 5 van dit Verdrag, of gedurende zijn voorwaardelijke invrijheidstelling;
b. elke dienst van militaire aard of, in het geval van gewetensbezwaarden in landen waarin hun gewetensbezwaren worden erkend, diensten die gevorderd worden in plaats van de verplichte militaire dienst;
c. elke dienst die wordt gevorderd in het geval van een noodtoestand of ramp die het leven of het welzijn van de gemeenschap bedreigt;
d. elk werk of elke dienst die deel uitmaakt van normale burgerplichten.

---

[1] Inwerkingtredingsdatum: 31-08-1954; zoals laatstelijk gewijzigd bij: Trb. 1990, 156.

Art. 5 Recht op vrijheid en veiligheid
1. Een ieder heeft recht op vrijheid en veiligheid van zijn persoon. Niemand mag zijn vrijheid worden ontnomen, behalve in de navolgende gevallen en overeenkomstig een wettelijk voorgeschreven procedure:
   a. indien hij op rechtmatige wijze is gedetineerd na veroordeling door een daartoe bevoegde rechter;
   b. indien hij op rechtmatige wijze is gearresteerd of gedetineerd, wegens het niet naleven van een overeenkomstig de wet door een gerecht gegeven bevel of teneinde de nakoming van een door de wet voorgeschreven verplichting te verzekeren;
   c. indien hij op rechtmatige wijze is gearresteerd of gedetineerd teneinde voor de bevoegde rechterlijke instantie te worden geleid, wanneer er een redelijke verdenking bestaat, dat hij een strafbaar feit heeft begaan of indien het redelijkerwijs noodzakelijk is hem te beletten een strafbaar feit te begaan of te ontvluchten nadat hij dit heeft begaan;
   d. in het geval van rechtmatige detentie van een minderjarige met het doel toe te zien op zijn opvoeding of in het geval van zijn rechtmatige detentie, teneinde hem voor de bevoegde instantie te geleiden;
   e. in het geval van rechtmatige detentie van personen ter voorkoming van de verspreiding van besmettelijke ziekten, van geestesziekken, van verslaafden aan alcohol of verdovende middelen of van landlopers;
   f. in het geval van rechtmatige arrestatie of detentie van een persoon teneinde hem te beletten op onrechtmatige wijze het land binnen te komen, of van een persoon waartegen een uitwijzings- of uitleveringsprocedure hangende is.
2. Een ieder die gearresteerd is moet onverwijld en in een taal die hij verstaat op de hoogte worden gebracht van de redenen van zijn arrestatie en van alle beschuldigingen die tegen hem zijn ingebracht.
3. Een ieder die is gearresteerd of gedetineerd, overeenkomstig lid 1.c van dit artikel, moet onverwijld voor een rechter worden geleid of voor een andere magistraat die door de wet bevoegd verklaard is rechterlijke macht uit te oefenen en heeft het recht binnen een redelijke termijn berecht te worden of hangende het proces in vrijheid te worden gesteld. De invrijheidstelling kan afhankelijk worden gesteld van een waarborg voor de verschijning van de betrokkene ter terechtzitting.
4. Een ieder, wie door arrestatie of detentie zijn vrijheid is ontnomen, heeft het recht voorziening te vragen bij het gerecht opdat deze spoedig beslist over de rechtmatigheid van zijn detentie en zijn invrijheidstelling beveelt, indien de detentie onrechtmatig is.
5. Een ieder die het slachtoffer is geweest van een arrestatie of een detentie in strijd met de bepalingen van dit artikel, heeft recht op schadeloosstelling.

Art. 6 Recht op een eerlijk proces
1. Bij het vaststellen van zijn burgerlijke rechten en verplichtingen of bij het bepalen van de gegrondheid van een tegen hem ingestelde vervolging heeft een ieder recht op een eerlijke en openbare behandeling van zijn zaak, binnen een redelijke termijn, door een onafhankelijk en onpartijdig gerecht dat bij de wet is ingesteld. De uitspraak moet in het openbaar worden gewezen maar de toegang tot de rechtszaal kan aan de pers en het publiek worden ontzegd, gedurende de gehele terechtzitting of een deel daarvan, in het belang van de goede zeden, van de openbare orde of nationale veiligheid in een democratische samenleving, wanneer de belangen van minderjarigen of de bescherming van het privé leven van procespartijen dit eisen of, in die mate als door de rechter onder bijzondere omstandigheden strikt noodzakelijk wordt geoordeeld, wanneer de openbaarheid de belangen van een behoorlijke rechtspleging zou schaden.
2. Een ieder tegen wie een vervolging is ingesteld, wordt voor onschuldig gehouden totdat zijn schuld in rechte is komen vast te staan.
3. Een ieder tegen wie een vervolging is ingesteld, heeft in het bijzonder de volgende rechten:
   a. onverwijld, in een taal die hij verstaat en in bijzonderheden, op de hoogte te worden gesteld van de aard en de reden van de tegen hem ingebrachte beschuldiging;
   b. te beschikken over de tijd en faciliteiten die nodig zijn voor de voorbereiding van zijn verdediging;
   c. zich zelf te verdedigen of daarbij de bijstand te hebben van een raadsman naar eigen keuze of, indien hij niet over voldoende middelen beschikt om een raadsman te bekostigen, kosteloos door een toegevoegd advocaat te kunnen worden bijgestaan, indien de belangen van een behoorlijke rechtspleging dit eisen;
   d. de getuigen à charge te ondervragen of te doen ondervragen en het oproepen en de ondervraging van getuigen à décharge te doen geschieden onder dezelfde voorwaarden als het geval is met de getuigen à charge;
   e. zich kosteloos te doen bijstaan door een tolk, indien hij de taal die ter terechtzitting wordt gebezigd niet verstaat of niet spreekt.

Art. 7 Geen straf zonder wet

1. Niemand mag worden veroordeeld wegens een handelen of nalaten, dat geen strafbaar feit naar nationaal of internationaal recht uitmaakte ten tijde dat het handelen of nalaten geschiedde. Evenmin mag een zwaardere straf worden opgelegd dan die, die ten tijde van het begaan van het strafbare feit van toepassing was.
2. Dit artikel staat niet in de weg aan de berechting en bestraffing van iemand, die schuldig is aan een handelen of nalaten, dat ten tijde van het handelen of nalaten, een misdrijf was overeenkomstig de algemene rechtsbeginselen die door de beschaafde volken worden erkend.

Art. 8 Recht op eerbiediging van privé-, familie- en gezinsleven

1. Een ieder heeft recht op respect voor zijn privé leven, zijn familie- en gezinsleven, zijn woning en zijn correspondentie.
2. Geen inmenging van enig openbaar gezag is toegestaan in de uitoefening van dit recht, dan voor zover bij de wet is voorzien en in een democratische samenleving noodzakelijk is in het belang van de nationale veiligheid, de openbare veiligheid of het economisch welzijn van het land, het voorkomen van wanordelijkheden en strafbare feiten, de bescherming van de gezondheid of de goede zeden of voor de bescherming van de rechten en vrijheden van anderen.

Art. 9 Vrijheid van gedachte, geweten en godsdienst

1. Een ieder heeft recht op vrijheid van gedachte, geweten en godsdienst; dit recht omvat tevens de vrijheid om van godsdienst of overtuiging te veranderen, alsmede de vrijheid hetzij alleen, hetzij met anderen, zowel in het openbaar als privé zijn godsdienst te belijden of overtuiging tot uitdrukking te brengen in erediensten, in onderricht, in practische toepassing ervan en in het onderhouden van geboden en voorschriften.
2. De vrijheid zijn godsdienst te belijden of overtuiging tot uiting te brengen kan aan geen andere beperkingen worden onderworpen dan die die bij de wet zijn voorzien en in een democratische samenleving noodzakelijk zijn in het belang van de openbare veiligheid, voor de bescherming van de openbare orde, gezondheid of goede zeden of voor de bescherming van de rechten en vrijheden van anderen.

Art. 10 Vrijheid van meningsuiting

1. Een ieder heeft recht op vrijheid van meningsuiting. Dit recht omvat de vrijheid een mening te koesteren en de vrijheid om inlichtingen of denkbeelden te ontvangen of te verstrekken, zonder inmenging van enig openbaar gezag en ongeacht grenzen. Dit artikel belet Staten niet radio- omroep-, bioscoop- of televisieondernemingen te onderwerpen aan een systeem van vergunningen.
2. Daar de uitoefening van deze vrijheden plichten en verantwoordelijkheden met zich brengt, kan zij worden onderworpen aan bepaalde formaliteiten, voorwaarden, beperkingen of sancties, die bij de wet zijn voorzien en die in een democratische samenleving noodzakelijk zijn in het belang van de nationale veiligheid, territoriale integriteit of openbare veiligheid, het voorkomen van wanordelijkheden en strafbare feiten, de bescherming van de gezondheid of de goede zeden, de bescherming van de goede naam of de rechten van anderen, om de verspreiding van vertrouwelijke mededelingen te voorkomen of om het gezag en de onpartijdigheid van de rechterlijke macht te waarborgen.

Art. 11 Vrijheid van vergadering en vereniging

1. Een ieder heeft recht op vrijheid van vreedzame vergadering en op vrijheid van vereniging, met inbegrip van het recht met anderen vakverenigingen op te richten en zich bij vakverenigingen aan te sluiten voor de bescherming van zijn belangen.
2. De uitoefening van deze rechten mag aan geen andere beperkingen worden onderworpen dan die, die bij de wet zijn voorzien en die in een democratische samenleving noodzakelijk zijn in het belang van de nationale veiligheid, openbare veiligheid, het voorkomen van wanordelijkheden en strafbare feiten, voor de bescherming van de gezondheid of de goede zeden of de bescherming van de rechten en vrijheden van anderen. Dit artikel verbiedt niet dat rechtmatige beperkingen worden gesteld aan de uitoefening van deze rechten door leden van de krijgsmacht, van de politie of van het ambtelijk apparaat van de Staat.

Art. 12 Recht te huwen

Mannen en vrouwen van huwbare leeftijd hebben het recht te huwen en een gezin te stichten volgens de nationale wetten die de uitoefening van dit recht beheersen.

Art. 13 Recht op een daadwerkelijk rechtsmiddel

Een ieder wiens rechten en vrijheden die in dit Verdrag zijn vermeld, zijn geschonden, heeft recht op een daadwerkelijk rechtsmiddel voor een nationale instantie, ook indien deze schending is begaan door personen in de uitoefening van hun ambtelijke functie.

Art. 14 Verbod van discriminatie

Het genot van de rechten en vrijheden die in dit Verdrag zijn vermeld, moet worden verzekerd zonder enig onderscheid op welke grond ook, zoals geslacht, ras, kleur, taal, godsdienst, politieke of andere mening, nationale of maatschappelijke afkomst, het behoren tot een nationale minderheid, vermogen, geboorte of andere status.

Art. 15 Afwijking in geval van noodtoestand

1. In tijd van oorlog of in geval van enig andere algemene noodtoestand die het bestaan van het land bedreigt, kan iedere Hoge Verdragsluitende Partij maatregelen nemen die afwijken van zijn verplichtingen ingevolge dit Verdrag, voor zover de ernst van de situatie deze maatregelen strikt vereist en op voorwaarde dat deze niet in strijd zijn met andere verplichtingen die voortvloeien uit het internationale recht.
2. De voorgaande bepaling staat geen enkele afwijking toe van artikel 2, behalve ingeval van dood als gevolg van rechtmatige oorlogshandelingen, en van de artikelen 3, 4, eerste lid, en 7.
3. Elke Hoge Verdragsluitende Partij die gebruik maakt van dit recht om af te wijken, moet de Secretaris-Generaal van de Raad van Europa volledig op de hoogte houden van de genomen maatregelen en van de beweegredenen daarvoor. Zij moet de Secretaris-Generaal van de Raad van Europa eveneens in kennis stellen van de datum waarop deze maatregelen hebben opgehouden van kracht te zijn en de bepalingen van het Verdrag opnieuw volledig worden toegepast.

Mensenrechten, noodtoestand

Art. 16 Beperkingen op politieke activiteiten van vreemdelingen

Geen der bepalingen van de artikelen 10, 11 en 14 mag beschouwd worden als een beletsel voor de Hoge Verdragsluitende Partijen beperkingen op te leggen aan politieke activiteiten van vreemdelingen.

Mensenrechten, politieke activiteiten van vreemdelingen

Art. 17 Verbod van misbruik van recht

Geen der bepalingen van dit Verdrag mag worden uitgelegd als zou zij voor een Staat, een groep of een persoon een recht inhouden enige activiteit aan de dag te leggen of enige daad te verrichten met als doel de rechten of vrijheden die in dit Verdrag zijn vermeld teniet te doen of deze verdergaand te beperken dan bij dit Verdrag is voorzien.

Mensenrechten, verbod van misbruik van recht

Art. 18 Inperking van de toepassing van beperkingen op rechten

De beperkingen die volgens dit Verdrag op de omschreven rechten en vrijheden zijn toegestaan, mogen slechts worden toegepast ten behoeve van het doel waarvoor zij zijn gegeven.

Mensenrechten, inperking van toepassing van beperkingen op rechten

TITEL II
EUROPEES HOF VOOR DE RECHTEN VAN DE MENS

Art. 19 Instelling van het Hof

Teneinde de nakoming te verzekeren van de verplichtingen die de Hoge Verdragsluitende Partijen in het Verdrag en de Protocollen daarbij op zich hebben genomen, wordt een Europees Hof voor de Rechten van de Mens ingesteld, hierna te noemen „het Hof". Het functioneert op een permanente basis.

Mensenrechten, instelling Europees Hof

Art. 20 Aantal rechters

Het Hof bestaat uit een aantal rechters dat gelijk is aan het aantal Hoge Verdragsluitende Partijen.

Europees hof, aantal rechters

Art. 21 Voorwaarden voor uitoefening van de functie

1. De rechters moeten het hoogst mogelijk zedelijk aanzien genieten en in zich verenigen de voorwaarden die worden vereist voor het uitoefenen van een hoge functie bij de rechterlijke macht, ofwel rechtsgeleerden zijn van erkende bekwaamheid.
2. De rechters hebben zitting in het Hof op persoonlijke titel.
3. Gedurende hun ambtstermijn mogen de rechters geen activiteiten verrichten die onverenigbaar zijn met hun onafhankelijkheid, onpartijdigheid of met de eisen van een volledige dagtaak; het Hof beslist over alle vragen met betrekking tot de toepassing van dit lid.

Europees hof, eisen aan rechters

Art. 22 Verkiezing van rechters

Voor elke Hoge Verdragsluitende Partij worden de rechters gekozen door de Parlementaire Vergadering, met een meerderheid van de uitgebrachte stemmen, uit een lijst van drie kandidaten, voorgedragen door de Hoge Verdragsluitende Partij.

Europees hof, verkiezing rechters

Art. 23 – Ambtstermijn en ontheffing uit het ambt

1. De rechters worden gekozen voor een periode van negen jaar. Zij zijn niet herkiesbaar.
2. De ambtstermijn van rechters eindigt wanneer zij de leeftijd van 70 jaar bereiken.
3. De rechters blijven in functie tot hun vervanging. Zij handelen evenwel de zaken af die zij reeds in behandeling hebben.
4. Een rechter kan slechts van zijn functie worden ontheven indien de overige rechters bij een meerderheid van tweederde besluiten dat die rechter niet meer aan de vereiste voorwaarden voldoet.

Europees hof, ambtstermijn rechters

Art. 24 – Griffie en rapporteurs

1. Het Hof beschikt over een griffie, waarvan de taken en de organisatie worden vastgesteld in het reglement van het Hof.
2. Indien het Hof zitting houdt als alleenzittende rechter, wordt het bijgestaan door rapporteurs die fungeren onder de bevoegdheid van de President van het Hof. Zij maken deel uit van de griffie van het Hof.

Europees hof, griffie en referendarissen

Art. 25 Hof in voltallige vergadering bijeen

Europees hof, beslissingen in voltallige vergadering

Het Hof in voltallige vergadering bijeen:
a. kiest zijn President en één of twee Vice-Presidenten voor een periode van drie jaar; zij zijn herkiesbaar;
b. stelt Kamers in, voor bepaalde tijd;
c. kiest de Voorzitters van de Kamers van het Hof; zij zijn herkiesbaar;
d. neemt het reglement van het Hof aan;
e. kiest de Griffier en één of twee Plaatsvervangend Griffiers;
f. dient verzoeken in uit hoofde van artikel 26, tweede lid.

Art. 26 – Alleenzittende rechters, comités, Kamers en Grote Kamer

Europees hof, alleenzittende rechters/comités/Kamers/Grote Kamer

1. Ter behandeling van bij het Hof aanhangig gemaakte zaken, houdt het Hof zitting als alleenzittende rechter, in comités van drie rechters, in Kamers van zeven rechters en in een Grote Kamer van zeventien rechters. De Kamers van het Hof stellen comités in voor bepaalde tijd.
2. Op verzoek van het Hof in voltallige vergadering bijeen, kan het Comité van Ministers, bij eenparig besluit, en voor een bepaalde termijn, het aantal rechters van de Kamers beperken tot vijf.
3. Alleenzittende rechters behandelen geen verzoekschriften ingediend tegen de Hoge Verdragsluitende Partij voor welke die rechters zijn gekozen.
4. De rechter die is gekozen voor de betrokken Hoge Verdragsluitende Partij maakt van rechtswege deel uit van de Kamer en de Grote Kamer. In geval van ontstentenis of belet van die rechter, wijst de President van het Hof een persoon van een vooraf door die Partij overgelegde lijst aan om daarin als rechter zitting te hebben.
5. De Grote Kamer bestaat mede uit de President van het Hof, de Vice-Presidenten, de Voorzitters van de Kamers en andere rechters, aangewezen overeenkomstig het reglement van het Hof. Wanneer een zaak op grond van artikel 43 naar de Grote Kamer wordt verwezen, mag een rechter van de Kamer die de uitspraak heeft gedaan, geen zitting nemen in de Grote Kamer, met uitzondering van de voorzitter van de Kamer en de rechter die daarin zitting had voor de betrokken Hoge Verdragsluitende Partij.

Art. 27 – Bevoegdheden van de alleenzittende rechters

Europees hof, bevoegdheden alleenzittende rechters

1. De alleenzittende rechter kan een op grond van artikel 34 ingediend verzoekschrift niet-ontvankelijk verklaren of van de rol van het Hof schrappen, indien deze beslissing zonder nader onderzoek kan worden genomen.
2. De beslissing geldt als einduitspraak.
3. Indien de alleenzittende rechter een verzoekschrift niet niet-ontvankelijk verklaart of niet van de rol schrapt, verwijst deze het door naar een comité of Kamer voor verdere behandeling.

Art. 28 – Bevoegdheden van comités

Europees hof, bevoegdheden comités

1. Ter zake van een op grond van artikel 34 ingediend verzoekschrift kan het comité, met eenparigheid van stemmen,
a. het niet-ontvankelijk verklaren of van de rol schrappen, wanneer deze beslissing zonder nader onderzoek kan worden genomen; of
b. het ontvankelijk verklaren en tegelijkertijd uitspraak doen over de gegrondheid, indien de onderliggende vraag van de zaak, betreffende de interpretatie of de toepassing van het Verdrag of de Protocollen daarbij, reeds behoort tot de vaste rechtspraak van het Hof.
2. Beslissingen en uitspraken op grond van het eerste lid gelden als einduitspraken.
3. Indien de rechter die voor de betrokken Hoge Verdragsluitende Partij is gekozen geen lid is van het comité, kan het comité die rechter in elk stadium van de procedure uitnodigen de plaats in te nemen van een van de leden van het comité, met inachtneming van alle relevante factoren, waaronder de vraag of die Partij bezwaar heeft gemaakt tegen de toepassing van de procedure vervat in het eerste lid, onderdeel b.

Art. 29 Beslissingen van Kamers inzake ontvankelijkheid en gegrondheid

Europees hof, beslissing ontvankelijkheid en gegrondheid verzoekschrift

1. Indien geen beslissing ingevolge artikel 27 of 28 is genomen, of geen uitspraak is gedaan uit hoofde van artikel 28, doet een Kamer uitspraak over de ontvankelijkheid en gegrondheid van individuele verzoekschriften ingediend op grond van artikel 34. De beslissing inzake ontvankelijkheid kan afzonderlijk worden genomen.
2. Een Kamer doet uitspraak over de ontvankelijkheid en de gegrondheid van interstatelijke verzoekschriften, ingediend op grond van artikel 33. De beslissing inzake de ontvankelijkheid wordt afzonderlijk genomen, tenzij het Hof, in uitzonderlijke gevallen, anders beslist.

Art. 30 Afstand van rechtsmacht ten gunste van de Grote Kamer

Europees hof, afstand van rechtsmacht Kamer

Indien de bij een Kamer aanhangige zaak aanleiding geeft tot een ernstige vraag betreffende de interpretatie van het Verdrag of de Protocollen daarbij of wanneer de oplossing van een vraag aanhangig voor een Kamer een resultaat kan hebben dat strijdig is met een eerdere uitspraak van het Hof, kan de Kamer, te allen tijde voordat zij uitspraak doet, afstand doen van rechtsmacht ten gunste van de Grote Kamer, tenzij één van de betrokken partijen daartegen bezwaar maakt.

Art. 31 Bevoegdheden van de Grote Kamer
De Grote Kamer,
a. doet uitspraak over op grond van artikel 33 of artikel 34 ingediende verzoekschriften wanneer een Kamer ingevolge artikel 30 afstand van rechtsmacht heeft gedaan of wanneer de zaak ingevolge artikel 43 naar de Grote Kamer is verwezen;
b. doet uitspraak over door het Comité van Ministers in overeenstemming met artikel 46, vierde lid, aan het Hof voorgelegde kwesties; en
c. behandelt verzoeken om advies, gedaan ingevolge artikel 47.

Art. 32 Rechtsmacht van het Hof
1. De rechtsmacht van het Hof strekt zich uit tot alle kwesties met betrekking tot de interpretatie en de toepassing van het Verdrag en de Protocollen daarbij die aan het Hof worden voorgelegd zoals bepaald in de artikelen 33, 34, 46 en 47.
2. In geval van een meningsverschil met betrekking tot de vraag of het Hof rechtsmacht heeft, beslist het Hof.

Art. 33 Interstatelijke zaken
Elke Hoge Verdragsluitende Partij kan elke vermeende niet-nakoming van de bepalingen van het Verdrag en de Protocollen daarbij door een andere Hoge Verdragsluitende Partij bij het Hof aanhangig maken.

Art. 34 Individuele verzoekschriften
Het Hof kan verzoekschriften ontvangen van ieder natuurlijk persoon, iedere niet-gouvernementele organisatie of iedere groep personen die beweert slachtoffer te zijn van een schending door een van de Hoge Verdragsluitende Partijen van de rechten die in het Verdrag of de Protocollen daarbij zijn vervat. De Hoge Verdragsluitende Partijen verplichten zich ertoe de doeltreffende uitoefening van dit recht op generlei wijze te belemmeren.

Art. 35 Voorwaarden voor ontvankelijkheid
1. Het Hof kan een zaak pas in behandeling nemen nadat alle nationale rechtsmiddelen zijn uitgeput, overeenkomstig de algemeen erkende regels van internationaal recht, en binnen een termijn van zes maanden na de datum van de definitieve nationale beslissing.
2. Het Hof behandelt geen enkel individueel verzoekschrift, ingediend op grond van artikel 34, dat
a. anoniem is; of
b. in wezen gelijk is aan een zaak die reeds eerder door het Hof is onderzocht of reeds aan een andere internationale instantie voor onderzoek of regeling is voorgelegd en geen nieuwe feiten bevat.
3. Het Hof verklaart elk individueel verzoekschrift, ingediend op grond van artikel 34, niet ontvankelijk, wanneer het van oordeel is dat:
a. het verzoekschrift niet verenigbaar is met de bepalingen van het Verdrag of de Protocollen daarbij, kennelijk ongegrond is of een misbruik betekent van het recht tot het indienen van een verzoekschrift; of
b. de verzoeker geen wezenlijk nadeel heeft geleden, tenzij de eerbiediging van de in het Verdrag en de Protocollen daarbij omschreven rechten van de mens noopt tot onderzoek van het verzoekschrift naar de gegrondheid ervan en mits op deze grond geen zaken worden afgewezen die niet naar behoren zijn behandeld door een nationaal gerecht.
4. Het Hof verwerpt elk verzoekschrift dat het ingevolge dit artikel als niet ontvankelijk beschouwt. Dit kan het in elk stadium van de procedure doen.

Art. 36 Tussenkomst door derden
1. In alle zaken die voor een Kamer of de Grote Kamer aanhangig zijn, heeft een Hoge Verdragsluitende Partij waarvan een onderdaan verzoeker is het recht schriftelijke conclusies in te dienen en aan zittingen deel te nemen.
2. De President van het Hof kan, in het belang van een goede rechtsbedeling, elke Hoge Verdragsluitende Partij die geen partij bij de procedure is of elke belanghebbende die niet de verzoeker is, uitnodigen schriftelijke conclusies in te dienen of aan zittingen deel te nemen.
3. In alle zaken die voor een Kamer of de Grote Kamer aanhangig zijn, kan de Commissaris voor de Mensenrechten van de Raad van Europa schriftelijke conclusies indienen en aan hoorzittingen deelnemen.

Art. 37 Schrapping van de rol
1. Het Hof kan in elk stadium van de procedure beslissen een verzoekschrift van de rol te schrappen wanneer de omstandigheden tot de conclusie leiden dat
a. de verzoeker niet voornemens is zijn verzoekschrift te handhaven; of
b. het geschil is opgelost; of
c. het om een andere door het Hof vastgestelde reden niet meer gerechtvaardigd is de behandeling van het verzoekschrift voort te zetten.
Het Hof zet de behandeling van het verzoekschrift evenwel voort, indien de eerbiediging van de in het Verdrag en de Protocollen daarbij omschreven rechten van de mens zulks vereist.

2. Het Hof kan beslissen een verzoekschrift opnieuw op de rol te plaatsen wanneer het van oordeel is dat de omstandigheden zulks rechtvaardigen.

Art. 38 – Behandeling van de zaak
Het Hof behandelt de zaak tezamen met de vertegenwoordigers van de partijen en verricht, indien nodig, nader onderzoek, voor de goede voortgang waarvan de betrokken Hoge Verdragsluitende Partijen alle noodzakelijke faciliteiten leveren.

Art. 39 – Minnelijke schikkingen
1. In elk stadium van de procedure kan het Hof zich ter beschikking stellen van de betrokken partijen teneinde tot een minnelijke schikking van de zaak te komen op basis van een eerbiediging van de in het Verdrag en de Protocollen daarbij omschreven rechten van de mens.
2. De in het eerste lid omschreven procedure is vertrouwelijk.
3. Indien het tot een minnelijke schikking komt, schrapt het Hof de zaak van de rol bij een beslissing, die beperkt blijft tot een korte uiteenzetting van de feiten en de bereikte oplossing.
4. De beslissing wordt toegezonden aan het Comité van Ministers dat toeziet op de tenuitvoerlegging van de voorwaarden van de minnelijke schikking als vervat in de beslissing.

Art. 40 Openbare zittingen en toegang tot de stukken
1. De zittingen zijn openbaar, tenzij het Hof wegens buitengewone omstandigheden anders beslist.
2. De ter griffie gedeponeerde stukken zijn toegankelijk voor het publiek, tenzij de President van het Hof anders beslist.

Art. 41 Billijke genoegdoening
Indien het Hof vaststelt dat er een schending van het Verdrag of van de Protocollen daarbij heeft plaatsgevonden en indien het nationale recht van de betrokken Hoge Verdragsluitende Partij slechts gedeeltelijk rechtsherstel toelaat, kent het Hof, indien nodig, een billijke genoegdoening toe aan de benadeelde.

Art. 42 Uitspraken van Kamers
Uitspraken van Kamers gelden als einduitspraak in overeenstemming met de bepalingen van artikel 44, tweede lid.

Art. 43 Verwijzing naar de Grote Kamer
1. Binnen een termijn van drie maanden na de datum van de uitspraak van een Kamer kan elke bij de zaak betrokken partij, in uitzonderlijke gevallen, verzoeken om verwijzing van de zaak naar de Grote Kamer.
2. Een college van vijf rechters van de Grote Kamer aanvaardt het verzoek indien de zaak aanleiding geeft tot een ernstige vraag betreffende de interpretatie of toepassing van het Verdrag of de Protocollen daarbij, dan wel een ernstige kwestie van algemeen belang.
3. Indien het college het verzoek aanvaardt, doet de Grote Kamer uitspraak in de zaak.

Art. 44 Einduitspraken
1. De uitspraak van de Grote Kamer geldt als einduitspraak.
2. De uitspraak van een Kamer geldt als einduitspraak
  a. wanneer de partijen verklaren dat zij niet zullen verzoeken om verwijzing van de zaak naar de Grote Kamer; of
  b. drie maanden na de datum van de uitspraak, indien niet is verzocht om verwijzing van de zaak naar de Grote Kamer; of
  c. wanneer het college van de Grote Kamer het in artikel 43 bedoelde verzoek verwerpt.
3. De einduitspraak wordt openbaar gemaakt.

Art. 45 Redenen die aan uitspraken en beslissingen ten grondslag liggen
1. Uitspraken, alsmede beslissingen waarbij verzoekschriften al dan niet ontvankelijk worden verklaard, dienen met redenen te worden omkleed.
2. Indien een uitspraak niet, geheel of gedeeltelijk, de eenstemmige mening van de rechters weergeeft, heeft iedere rechter het recht een uiteenzetting van zijn persoonlijke mening toe te voegen.

Art. 46 – Bindende kracht en tenuitvoerlegging van uitspraken
1. De Hoge Verdragsluitende Partijen verbinden zich ertoe zich te houden aan de einduitspraak van het Hof in de zaken waarbij zij partij zijn.
2. De einduitspraak van het Hof wordt toegezonden aan het Comité van Ministers dat toeziet op de tenuitvoerlegging ervan.
3. Indien het Comité van Ministers van mening is dat het toezicht op de tenuitvoerlegging van een einduitspraak wordt belemmerd vanwege een probleem met de interpretatie van de uitspraak, kan het de zaak voorleggen aan het Hof voor een uitspraak over vragen betreffende de interpretatie. Beslissingen tot verwijzing dienen te worden genomen met een tweederde meerderheid van de vertegenwoordigers die gerechtigd zijn in het Comité zitting te hebben.
4. Indien het Comité van Ministers van mening is dat een Hoge Verdragsluitende Partij weigert zich te houden aan een einduitspraak in een zaak waarbij zij partij is, kan het, na die Partij daarvan formeel in kennis te hebben gesteld en op grond van een beslissing genomen met een

meerderheid van tweederden van de vertegenwoordigers die gerechtigd zijn in het Comité zitting te hebben, aan het Hof de vraag voorleggen of die Partij verzuimd heeft te voldoen aan haar verplichtingen uit hoofde van het eerste lid.

5. Indien het Hof constateert dat er sprake is van een schending van het eerste lid, legt het de zaak voor aan het Comité van Ministers teneinde te overwegen welke maatregelen dienen te worden getroffen. Indien het Hof constateert dat er geen sprake is van een schending van het eerste lid, legt het de zaak voor aan het Comité van Ministers dat het onderzoek van de zaak sluit.

Art. 47 Adviezen

1. Het Hof kan, op verzoek van het Comité van Ministers, adviezen uitbrengen over rechtsvragen betreffende de interpretatie van het Verdrag en de Protocollen daarbij.

Europees Hof, adviezen op verzoek van het Comité van Ministers

2. Deze adviezen mogen geen betrekking hebben op vragen die verband houden met de inhoud of strekking van de in Titel I van het Verdrag en de Protocollen daarbij omschreven rechten en vrijheden, noch op andere vragen waarvan het Hof of het Comité van Ministers kennis zou moeten kunnen nemen ten gevolge van het instellen van een procedure overeenkomstig het Verdrag.

3. Besluiten van het Comité van Ministers waarbij het Hof om advies wordt gevraagd, dienen te worden genomen met een meerderheid van de vertegenwoordigers die gerechtigd zijn in het Comité zitting te hebben.

Art. 48 Bevoegdheid van het Hof met betrekking tot adviezen

Het Hof beslist of een verzoek om advies van het Comité van Ministers behoort tot zijn bevoegdheid als omschreven in artikel 47.

Europees hof, bevoegdheid Hof tot geven advies art. 47 EVRM

Art. 49 Redenen die aan adviezen ten grondslag liggen

1. Adviezen van het Hof dienen met redenen te worden omkleed.

Europees hof, motivering adviezen art. 47 EVRM

2. Indien een advies niet, geheel of gedeeltelijk, de eenstemmige mening van de rechters weergeeft, heeft iedere rechter het recht een uiteenzetting van zijn persoonlijke mening toe te voegen.

3. Adviezen van het Hof worden ter kennis gebracht van het Comité van Ministers.

Art. 50 Kosten van het Hof

De kosten van het Hof worden gedragen door de Raad van Europa.

Europees hof, kosten

Art. 51 Voorrechten en immuniteiten van de rechters

De rechters genieten, gedurende de uitoefening van hun functie, de voorrechten en immuniteiten bedoeld in artikel 40 van het Statuut van de Raad van Europa en de op grond van dat artikel gesloten overeenkomsten.

Europees hof, voorrechten en immuniteit rechters

TITEL III
DIVERSE BEPALINGEN

Art. 52 Verzoeken om inlichtingen van de Secretaris-Generaal

Iedere Hoge Verdragsluitende Partij verschaft op verzoek van de Secretaris-Generaal van de Raad van Europa een uiteenzetting van de wijze waarop haar nationaal recht de daadwerkelijke uitvoering waarborgt van iedere bepaling van dit Verdrag.

Mensenrechten, informatie over waarborging van uitvoering van dit Verdrag

Art. 53 Waarborging van bestaande rechten van de mens

Geen bepaling van dit Verdrag zal worden uitgelegd als beperkingen op te leggen of inbreuk te maken op de rechten van de mens en de fundamentele vrijheden die verzekerd kunnen worden ingevolge de wetten van enige Hoge Verdragsluitende Partij of ingevolge enig ander Verdrag waarbij de Hoge Verdragsluitende Partij partij is.

Mensenrechten, waarborging bestaande mensenrechten

Art. 54 Bevoegdheden van het Comité van Ministers

Geen bepaling van dit Verdrag maakt inbreuk op de bevoegdheden door het Statuut van de Raad van Europa verleend aan het Comité van Ministers.

Mensenrechten, bevoegdheden Comité van Ministers

Art. 55 Uitsluiting van andere wijzen van geschillenregeling

De Hoge Verdragsluitende Partijen komen overeen dat zij, behoudens bijzondere overeenkomsten, zich niet zullen beroepen op tussen haar van kracht zijnde verdragen, overeenkomsten of verklaringen om door middel van een verzoekschrift een geschil, hetwelk is ontstaan uit de interpretatie of toepassing van dit Verdrag te onderwerpen aan een andere wijze van regeling dan die die bij dit Verdrag zijn voorzien.

Mensenrechten, uitsluiting andere wijzen van geschillenregeling

Art. 56 Territoriale werkingssfeer

1. Iedere Staat kan, ten tijde van de bekrachtiging of op elk later tijdstip door middel van een kennisgeving gericht aan de Secretaris-Generaal van de Raad van Europa verklaren, dat dit Verdrag met inachtneming van het vierde lid van dit artikel van toepassing zal zijn op alle of

Mensenrechten, werkingssfeer

op één of meer van de gebieden voor welker buitenlandse betrekkingen hij verantwoordelijk is.

2. Het Verdrag zal van toepassing zijn op het gebied of op de gebieden die in de kennisgeving zijn vermeld, vanaf de dertigste dag die volgt op die waarop de Secretaris-Generaal van de Raad van Europa deze kennisgeving heeft ontvangen.

3. In de voornoemde gebieden zullen de bepalingen van dit Verdrag worden toegepast, evenwel met inachtneming van de plaatselijke behoeften.

4. Iedere Staat die een verklaring heeft afgelegd overeenkomstig het eerste lid van dit artikel, kan op elk later tijdstip, met betrekking tot één of meer van de gebieden die in de verklaring worden bedoeld, verklaren dat hij de bevoegdheid van het Hof aanvaardt om kennis te nemen van verzoekschriften van natuurlijke personen, (niet gouvernementele) organisaties of groepen van particulieren, zoals bepaald in artikel 34 van het Verdrag.

Art. 57 Voorbehouden

Mensenrechten, voorbehouden

1. Iedere Staat kan, ten tijde van de ondertekening van dit Verdrag of van de nederlegging van zijn akte van bekrachtiging, een voorbehoud maken met betrekking tot een specifieke bepaling van dit Verdrag, voor zover een wet die op dat tijdstip op zijn grondgebied van kracht is, niet in overeenstemming is met deze bepaling. Voorbehouden van algemene aard zijn niet toegestaan krachtens dit artikel.

2. Elk voorbehoud hetwelk overeenkomstig dit artikel wordt gemaakt, dient een korte uiteenzetting van de betrokken wet te bevatten.

Art. 58 Opzegging

Mensenrechten, opzegging Verdrag

1. Een Hoge Verdragsluitende Partij kan dit Verdrag slechts opzeggen na verloop van een termijn van 5 jaar na de datum waarop het Verdrag voor haar in werking is getreden en met een opzeggingstermijn van 6 maanden, vervat in een kennisgeving gericht aan de Secretaris-Generaal van de Raad van Europa, die de andere Hoge Verdragsluitende Partijen hiervan in kennis stelt.

2. Deze opzegging kan niet tot gevolg hebben dat zij de betrokken Hoge Verdragsluitende Partij ontslaat van de verplichtingen, nedergelegd in dit Verdrag, die betrekking hebben op daden die een schending van deze verplichtingen zouden kunnen betekenen en door haar gepleegd zouden zijn voor het tijdstip waarop de opzegging van kracht werd.

Mensenrechten, einde lidmaatschap van Raad van Europa

3. Onder dezelfde voorwaarden zal iedere Hoge Verdragsluitende Partij die ophoudt Lid van de Raad van Europa te zijn, ophouden Partij bij dit Verdrag te zijn.

4. Het Verdrag kan worden opgezegd overeenkomstig de bepalingen van de voorafgaande leden met betrekking tot ieder gebied waarop het overeenkomstig artikel 56 van toepassing is verklaard.

Art. 59 Ondertekening en bekrachtiging

Mensenrechten, bekrachtiging

1. Dit Verdrag is voor ondertekening door de Leden van de Raad van Europa opengesteld. Het zal worden bekrachtigd. De akten van bekrachtiging zullen worden nedergelegd bij de Secretaris-Generaal van de Raad van Europa.

2. De Europese Unie kan toetreden tot dit Verdrag.

Inwerkingtreding

3. Dit Verdrag zal in werking treden na de nederlegging van tien akten van bekrachtiging.

4. Met betrekking tot iedere ondertekenaar die het daarna bekrachtigt, zal het Verdrag in werking treden op de dag van de nederlegging der akte van bekrachtiging.

5. De Secretaris-Generaal van de Raad van Europa geeft aan alle Leden van de Raad van Europa kennis van de inwerkingtreding van het Verdrag, van de namen der Hoge Verdragsluitende Partijen die het bekrachtigd hebben, evenals van de nederlegging van iedere akte van bekrachtiging die later heeft plaats gehad.

Richtlijn 2012/29/EU tot vaststelling van minimumnormen voor de rechten, de ondersteuning en de bescherming van slachtoffers van strafbare feiten, en ter vervanging van Kaderbesluit 2001/220/JBZ

Richtlijn 2012/29/EU van het Europees Parlement en de Raad van 25 oktober 2012 tot vaststelling van minimumnormen voor de rechten, de ondersteuning en de bescherming van slachtoffers van strafbare feiten, en ter vervanging van Kaderbesluit 2001/220/JBZ[1]

HET EUROPEES PARLEMENT EN DE RAAD VAN DE EUROPESE UNIE,
Gezien het Verdrag betreffende de werking van de Europese Unie, en met name artikel 82, lid 2,
Gezien het voorstel van de Europese Commissie,.
Na toezending van het ontwerp van wetgevingshandeling aan de nationale parlementen,
Gezien het advies van het Europees Economisch en Sociaal Comité[2],
Gezien het advies van het Comité van de Regio's[3],
Handelend volgens de gewone wetgevingsprocedure[4],
Overwegende hetgeen volgt:
(1) De Unie heeft zich tot doel gesteld een ruimte van vrijheid, veiligheid en recht te handhaven en te ontwikkelen, met als hoeksteen de wederzijdse erkenning van beslissingen van rechterlijke instanties in burgerlijke en strafzaken.
(2) De Unie wil zich inzetten voor de bescherming van, en voor de invoering van minimumnormen met betrekking tot, slachtoffers van misdrijven en de Raad heeft daartoe Kaderbesluit 2001/220/JBZ van 15 maart 2001 inzake de status van het slachtoffer in de strafprocedure[5] vastgesteld. In het programma van Stockholm — Een open en veilig Europa ten dienste en ter bescherming van de burger[6], dat de Europese Raad aannam op zijn bijeenkomst van 10 en 11 december 2009, werd de Commissie en de lidstaten verzocht na te gaan hoe de wetgeving en de praktische ondersteuningsmaatregelen ter bescherming van slachtoffers kunnen worden verbeterd, met in het bijzonder aandacht voor ondersteuning en erkenning van alle slachtoffers, met inbegrip van slachtoffers van terrorisme, als een prioriteit.
(3) Artikel 82, lid 2, van het Verdrag betreffende de werking van de Europese Unie (VWEU) voorziet in de vaststelling van minimumvoorschriften die in de lidstaten van toepassing zijn ter bevordering van de wederzijdse erkenning van vonnissen en rechterlijke beslissingen en van de politiële en justitiële samenwerking in strafzaken met een grensoverschrijdende dimensie, in het bijzonder met betrekking tot de rechten van slachtoffers van misdrijven.
(4) In zijn resolutie van 10 juni 2011 over een routekaart ter versterking van de rechten en de bescherming van slachtoffers, met name in strafrechtelijke procedures[7] („de routekaart van Boedapest") heeft de Raad gesteld dat er op Unieniveau maatregelen moeten worden genomen ter versterking van de rechten, ondersteuning en bescherming van slachtoffers van misdrijven. Om dit doel te verwezenlijken, en overeenkomstig die resolutie, strekt deze richtlijn ertoe de beginselen van Kaderbesluit 2001/220/JBZ te herzien en aan te vullen om de slachtofferbescherming in de gehele Unie, met name in het kader van strafprocedures, naar een aanzienlijk hoger niveau te tillen.
(5) In zijn resolutie van 26 november 2009 over de uitbanning van geweld tegen vrouwen[8] heeft het Europees Parlement er bij de lidstaten op aangedrongen hun nationale wetgeving en beleid ter bestrijding van alle vormen van geweld tegen vrouwen aan te scherpen en actie te

---

1   Inwerkingtredingsdatum: 15-11-2012.
2   PB C 43 van 15.2.2012, blz. 39.
3   PB C 113 van 18.4.2012, blz. 56.
4   Standpunt van het Europees Parlement van 12 september 2012 (nog niet bekendgemaakt in het Publicatieblad) en besluit van de Raad van 4 oktober 2012.
5   PB L 82 van 22.3.2001, blz. 1.
6   PB C 115 van 4.5.2010, blz. 1.
7   PB C 187 van 28.6.2011, blz. 1.
8   PB C 285 E van 21.10.2010, blz. 53.

ondernemen om de oorzaken van geweld tegen vrouwen aan te pakken, met name door middel van preventiemaatregelen, en verzocht het de Unie het recht op bijstand en ondersteuning te waarborgen voor alle slachtoffers van geweld.

(6) In zijn resolutie van 5 april 2011 over de prioriteiten en het ontwerp van een nieuw beleidskader van de EU voor de bestrijding van geweld tegen vrouwen [9] stelde het Europees Parlement een strategie voor ter bestrijding van geweld tegen vrouwen, huiselijk geweld en genitale verminking bij vrouwen, als basis voor toekomstige strafrechtelijke wetgevingsinstrumenten ter bestrijding van gendergerelateerd geweld, zoals een kader voor de bestrijding van geweld tegen vrouwen (beleid, preventie, bescherming, vervolging, voorzieningen en partnerschap), gevolgd door een actieplan van de Unie. Internationale regelgeving op dit gebied omvat het op 18 december 1979 vastgestelde VN-Verdrag betreffende de afschaffing van alle vormen van discriminatie van de vrouw (CEDAW), de aanbevelingen en beslissingen van de CEDAW-commissie en het op 7 april 2011 vastgestelde Verdrag van de Raad van Europa inzake het voorkomen en bestrijden van geweld tegen vrouwen en huiselijk geweld.

(7) In Richtlijn 2011/99/EU van het Europees Parlement en de Raad van 13 december 2011 betreffende het Europees beschermingsbevel [10] wordt een mechanisme vastgesteld voor de wederzijdse erkenning van beschermingsmaatregelen in strafzaken tussen lidstaten. Richtlijn 2011/36/EU van het Europees Parlement en de Raad van 5 april 2011 inzake de voorkoming en bestrijding van mensenhandel en de bescherming van slachtoffers daarvan [11] en Richtlijn 2011/93/EU van het Europees Parlement en de Raad van 13 december 2011 ter bestrijding van seksueel misbruik en seksuele uitbuiting van kinderen en kinderpornografie [12] komen tegemoet aan, onder meer, de specifieke behoeften van de bijzondere categorieën slachtoffers van mensenhandel, seksueel misbruik van kinderen, seksuele uitbuiting en kinderpornografie.

(8) In Kaderbesluit 2002/475/JBZ van de Raad van 13 juni 2002 inzake terrorismebestrijding [13] wordt onderkend dat terrorisme een van de ernstigste schendingen is van de beginselen waarop de Unie is gebaseerd, waaronder het beginsel van de democratie, en wordt bevestigd dat het onder meer een bedreiging vormt voor het beginsel van de vrije uitoefening van de mensenrechten.

(9) Criminaliteit is zowel een vergrijp tegen de samenleving als een schending van de individuele rechten van het slachtoffer. Slachtoffers van strafbare feiten moeten als zodanig worden erkend en op een respectvolle, tactvolle en professionele manier worden behandeld, zonder enig onderscheid op welke grond dan ook, zoals ras, huidskleur, etnische of sociale afkomst, genetische kenmerken, taal, godsdienst of overtuiging, politieke of andere denkbeelden, het behoren tot een nationale minderheid, vermogen, geboorte, handicap, leeftijd, geslacht, genderexpressie, genderidentiteit, seksuele gerichtheid, verblijfsstatus of gezondheid. In alle contacten met een bevoegde autoriteit die in het kader van strafprocedures optreedt en organisaties die in contact komen met slachtoffers, zoals slachtofferhulp- of herstelrechtorganisaties, moet rekening worden gehouden met de persoonlijke situatie en onmiddellijke behoeften, de leeftijd, het geslacht, de eventuele handicap en het ontwikkelingsniveau van slachtoffers van strafbare feiten, en hun lichamelijke, geestelijke en morele integriteit moet volledig worden gerespecteerd. Slachtoffers van strafbare feiten moeten worden beschermd tegen secundaire en herhaalde victimisatie, tegen intimidatie en tegen vergelding, passende ondersteuning krijgen om hun herstel te bevorderen en voldoende toegang tot de rechter krijgen.

(10) Deze richtlijn heeft geen betrekking op de voorwaarden voor het verblijf van slachtoffers van strafbare feiten op het grondgebied van de lidstaten. De lidstaten moeten de nodige maatregelen nemen om ervoor te zorgen dat de in deze richtlijn opgenomen rechten niet afhangen van de verblijfsstatus van het slachtoffer op hun grondgebied of van diens burgerschap of nationaliteit. De aangifte van een strafbaar feit en de deelname aan een strafprocedure scheppen geen rechten met betrekking tot de verblijfsstatus van het slachtoffer.

(11) Deze richtlijn stelt minimumvoorschriften vast. De lidstaten mogen de in deze richtlijn opgenomen rechten uitbreiden teneinde in een hoger niveau van bescherming te voorzien.

(12) De in deze richtlijn opgenomen rechten laten de rechten van de dader onverlet. De term „dader" verwijst naar een persoon die is veroordeeld voor een strafbaar feit. Voor de toepassing van deze richtlijn verwijst de term evenwel ook naar een verdachte of beklaagde voorafgaand aan enige vaststelling van schuld of veroordeling, zonder afbreuk te doen aan het vermoeden van onschuld.

(13) Deze richtlijn is van toepassing met betrekking tot strafbare feiten die in de Unie zijn gepleegd en op strafprocedures die in de Unie plaatsvinden. Zij verleent alleen rechten aan

---

9   PB C 296 E van 2.10.2012, blz. 26.
10   PB L 338 van 21.12.2011, blz. 2.
11   PB L 101 van 15.4.2011, blz. 1.
12   PB L 335 van 17.12.2011, blz. 1.
13   PB L 164 van 22.6.2002, blz. 3.

Richtlijn slachtoffers

C59

slachtoffers van buiten de Unie gepleegde strafbare feiten, indien de desbetreffende strafprocedures in de Unie plaatsvinden. Aangiften die zijn gedaan bij bevoegde autoriteiten buiten de Unie, zoals ambassades, geven geen aanleiding tot de in deze richtlijn opgenomen verplichtingen.
(14) Bij de toepassing van deze richtlijn moet, overeenkomstig het Handvest van de grondrechten van de Europese Unie en het op 20 november 1989 vastgestelde Verdrag van de Verenigde Naties inzake de rechten van het kind, het belang van het kind voorop staan. Kindslachtoffers moeten worden beschouwd en behandeld als personen die de in deze richtlijn opgenomen rechten ten volle genieten, en moeten het recht krijgen deze rechten uit te oefenen op een manier die rekening houdt met hun vermogen een eigen mening te vormen.
(15) Wanneer de lidstaten deze richtlijn toepassen, moeten zij ervoor zorgen dat slachtoffers met een handicap in staat zijn ten volle gebruik te maken van de in deze richtlijn opgenomen rechten, op gelijke voet met anderen, onder meer door de toegang tot het gebouw waar de strafprocedure wordt gehouden en de toegang tot informatie te vergemakkelijken.
(16) Slachtoffers van terrorisme hebben geleden onder een aanval die uiteindelijk tot doel had, de samenleving als geheel te treffen. Zij kunnen bijgevolg behoefte hebben aan bijzondere aandacht, ondersteuning en bescherming, ten gevolge van het specifieke karakter van het strafbare feit dat tegen hen is gepleegd. Slachtoffers van terrorisme kunnen aanzienlijke publieke belangstelling te verduren krijgen en hebben vaak behoefte aan sociale erkenning en aan een respectvolle behandeling door de samenleving. De lidstaten moeten daarom in het bijzonder rekening houden met de behoeften van slachtoffers van terrorisme, en moeten ernaar streven hun waardigheid en veiligheid te beschermen.
(17) Geweld dat zich richt tegen een persoon wegens het geslacht, de genderidentiteit of de genderexpressie van die persoon of waaronder personen van een bepaald geslacht in onevenredige mate te lijden hebben, wordt aangemerkt als gendergerelateerd geweld. Het kan resulteren in lichamelijke, seksuele, emotionele of psychologische schade, dan wel economisch nadeel voor het slachtoffer. Gendergerelateerd geweld wordt aangemerkt als een vorm van discriminatie en als een schending van de fundamentele vrijheden van het slachtoffer, en omvat geweld in hechte relaties, seksueel geweld (onder meer verkrachting, aanranding en seksuele intimidatie), mensenhandel en slavernij, en verschillende vormen van schadelijke praktijken zoals gedwongen huwelijken, genitale verminking bij vrouwen en zogenaamde „eergerelateerde misdrijven". Vrouwelijke slachtoffers van gendergerelateerd geweld, en hun kinderen, hebben vaak behoefte aan bijzondere ondersteuning en bescherming, in verband met het hoge risico van secundaire en herhaalde victimisatie, van intimidatie en van vergelding in verband met dergelijk geweld.
(18) Waar geweld in een hechte relatie wordt gepleegd, wordt het gepleegd door een persoon die de huidige of voormalige echtgeno(o)t(e) of partner of een ander familielid van het slachtoffer is, ongeacht of de dader een woning met het slachtoffer deelt of heeft gedeeld. Achter dergelijk geweld kan lichamelijk, seksueel, psychologisch of economisch geweld schuilgaan en het kan resulteren in lichamelijk of geestelijk letsel, emotionele schade of economisch nadeel. Geweld in hechte relaties is een ernstig en vaak verborgen sociaal probleem, dat een systematisch psychologisch en lichamelijk trauma kan veroorzaken dat ernstige gevolgen heeft, omdat de dader een persoon is in wie het slachtoffer vertrouwen moet kunnen stellen. Slachtoffers van geweld in hechte relaties kunnen daarom behoefte hebben aan bijzondere beschermingsmaatregelen. Vrouwen zijn onevenredig vaak het slachtoffer van dit soort geweld, en de situatie kan nog worden vererderd als de vrouw economisch, sociaal of met betrekking tot haar recht op verblijf afhankelijk is van de dader.
(19) Een persoon moet als slachtoffer worden beschouwd, ongeacht of een dader geïdentificeerd, aangehouden, vervolgd of veroordeeld is, en of er tussen hen familiebanden bestaan. Het is mogelijk dat familieleden van het slachtoffer eveneens schade wordt berokkend als gevolg van het strafbare feit. In het bijzonder familieleden van een slachtoffer wiens overlijden een rechtstreeks gevolg is van een strafbaar feit, kan schade worden berokkend als gevolg van het strafbare feit. Dergelijke familieleden, die indirecte slachtoffers van het strafbare feit zijn, moeten daarom eveneens gebruik kunnen maken van de door deze richtlijn geboden bescherming. De lidstaten moeten evenwel in staat zijn procedures vast te stellen die het aantal familieleden dat aanspraak kan maken op de in deze richtlijn opgenomen rechten, beperken. In het geval van een kind moet het kind of, tenzij dit niet in het belang van het kind is, de drager van de ouderlijke verantwoordelijkheid het recht krijgen de in deze richtlijn opgenomen rechten namens het kind uit te oefenen. Deze richtlijn doet geen afbreuk aan nationale administratieve procedures die vereist zijn om vast te stellen dat een persoon een slachtoffer is.
(20) De rol van het slachtoffer in het strafrechtstelsel en of het slachtoffer actief kan deelnemen aan de strafprocedure verschilt van lidstaat tot lidstaat, afhankelijk van het nationale stelsel, en wordt bepaald door één of meerdere van de volgende criteria: of volgens het nationale stelsel het slachtoffer juridisch partij in de strafprocedure is; of het slachtoffer wettelijk verplicht is of wordt verzocht actief deel te nemen aan de strafprocedure, bijvoorbeeld als getuige; en/of het slachtoffer volgens het nationale recht het recht heeft actief deel te nemen aan de strafprocedure en hierom te verzoeken, terwijl slachtoffers volgens het nationale stelsel juridisch geen partij

Sdu 1241

zijn in de strafprocedure. De lidstaten moeten bepalen volgens welke van deze criteria de reikwijdte van de in deze richtlijn opgenomen rechten wordt vastgesteld, indien in het toepasselijke strafrechtstelsel wordt verwezen naar de rol van het slachtoffer.

(21) Bevoegde autoriteiten, slachtofferhulporganisaties en herstelrechtorganisaties moeten informatie en advies, voor zover mogelijk, door middel van verschillende media geven en op een manier die voor het slachtoffer begrijpelijk is. Dergelijke informatie en advies moeten worden verstrekt in eenvoudige en toegankelijke bewoordingen. Tevens moet worden gegarandeerd dat het slachtoffer in de loop van de procedure kan worden begrepen. In dit verband moet rekening worden gehouden met de kennis die het slachtoffer heeft van de taal waarin de informatie wordt verstrekt, met zijn leeftijd, ontwikkelingsniveau, intellectuele en emotionele vermogen, geletterdheid en met een eventuele geestelijke of lichamelijke handicap. In het bijzonder moet rekening worden gehouden met moeilijkheden op het vlak van begrijpen of communiceren die te wijten kunnen zijn aan een bepaalde handicap, zoals gehoor- of spraakstoornissen. In de loop van de strafprocedure moet eveneens rekening worden gehouden met het vermogen van het slachtoffer om informatie mee te delen.

(22) Voor de toepassing van deze richtlijn moet het moment waarop een aangifte wordt gedaan, worden beschouwd als vallend binnen het bestek van de strafprocedure. Dit dient ook situaties te omvatten waarin de autoriteiten ambtshalve een strafprocedure inleiden naar aanleiding van een tegen een slachtoffer gepleegd strafbaar feit.

(23) Vanaf het eerste contact met een bevoegde autoriteit moet informatie over vergoeding van kosten worden verstrekt, bijvoorbeeld in de vorm van een brochure waarin de basisvoorwaarden voor een dergelijke vergoeding van kosten worden toegelicht. In dit vroege stadium van de strafprocedure mag van de lidstaten niet worden geëist dat zij een beslissing nemen over de vraag of het betrokken slachtoffer voldoet aan de voorwaarden voor vergoeding van kosten.

(24) Het slachtoffer dat aangifte doet van een strafbaar feit, moet van de politie een schriftelijke bevestiging van zijn aangifte krijgen waarin de basisgegevens van het strafbare feit staan vermeld, zoals het soort strafbare feit, het tijdstip en de plaats van het strafbare feit, en alle schade die of al het nadeel dat door het strafbare feit is veroorzaakt. Deze bevestiging moet een dossiernummer en het tijdstip en de plaats van een aangifte van het strafbare feit bevatten, opdat zij kan dienen als bewijs dat aangifte is gedaan van het strafbare feit, bijvoorbeeld in verband met verzekeringsclaims.

(25) Onverminderd regelgeving met betrekking tot verjaringstermijnen, mag het uitstellen van de aangifte van een strafbaar feit, uit angst voor vergelding, vernedering of stigmatisering, niet ertoe leiden dat de aangifte van het slachtoffer niet wordt erkend.

(26) De informatie die wordt verstrekt, moet voldoende gedetailleerd zijn om te waarborgen dat het slachtoffer op een respectvolle manier wordt behandeld en met kennis van zaken een beslissing kan nemen over zijn deelname aan de procedure. Van zeer groot belang hiertoe is dat het slachtoffer informatie krijgt over de actuele stand van zaken van elke procedure. Dit geldt ook voor informatie op grond waarvan een slachtoffer kan beslissen of hij verzoekt om toetsing van een beslissing tot niet-vervolging. Tenzij anders bepaald, moet het mogelijk zijn om de aan het slachtoffer medegedeelde informatie mondeling of schriftelijk, waaronder langs elektronische weg, te verstrekken.

(27) Informatie voor het slachtoffer moet naar het laatst bekende postadres of het door het slachtoffer aan de bevoegde autoriteit verstrekte elektronische contactadres worden gestuurd. In uitzonderlijke gevallen, bijvoorbeeld in verband met het grote aantal slachtoffers in een bepaalde zaak, moet het mogelijk zijn informatie te verstrekken via de media, via een officiële website van de bevoegde autoriteit of via een vergelijkbaar communicatiekanaal.

(28) De lidstaten mogen niet worden verplicht informatie te verstrekken indien het vrijgeven ervan het goede verloop van een zaak kan beïnvloeden of een bepaalde zaak of persoon kan schaden, of indien zij dit strijdig achten met hun wezenlijke veiligheidsbelangen.

(29) De bevoegde autoriteiten moeten ervoor zorgen dat het slachtoffer actuele contactgegevens krijgt ten behoeve van communicatie over zijn zaak, tenzij hij heeft verklaard die gegevens niet te willen ontvangen.

(30) Onder „beslissing" in de context van het recht op informatie, vertolking en vertaling moet uitsluitend worden verstaan de schuldigverklaring of het anderszins beëindigen van de strafprocedure. De redenen voor die beslissing moeten aan het slachtoffer worden meegedeeld door middel van een afschrift van het document waarin de beslissing is opgenomen, of door middel van een beknopte samenvatting daarvan.

(31) Het recht op informatie over het tijdstip en de plaats van een terechtzitting dat voortvloeit uit de aangifte van een tegen het slachtoffer gepleegd strafbaar feit, moet ook van toepassing zijn op de informatie over het tijdstip en de plaats van een zitting die verband houdt met een beroep dat is ingesteld tegen een uitspraak in de zaak.

(32) Specifieke informatie over de vrijlating of de ontsnapping van de dader moet, op verzoek, worden verstrekt aan het slachtoffer, ten minste in de gevallen waarin een gevaar of een aanwijsbaar risico zou kunnen bestaan dat hem schade wordt berokkend, doch niet indien vaststaat

dat de dader als gevolg van de kennisgeving het risico zou lopen dat hem schade wordt berokkend. Indien er een aanwijsbaar risico is dat de dader als gevolg van de kennisgeving schade wordt berokkend, moet de bevoegde autoriteit alle andere risico's in overweging nemen wanneer zij een passende maatregel vaststelt. De verwijzing naar „aanwijsbaar risico van schade voor de slachtoffers" moet factoren bestrijken als de aard en de ernst van het strafbare feit en het risico van vergelding. Gevallen waarin lichte overtredingen werden begaan en waarin er dus slechts een gering risico van schade voor het slachtoffer is, moeten derhalve buiten beschouwing worden gelaten.

(33) Het slachtoffer moet informatie krijgen over zijn recht op beroep tegen een beslissing tot vrijlating van de dader, indien de nationale wetgeving in dat recht voorziet.

(34) Gerechtigheid kan niet daadwerkelijk worden bereikt als het slachtoffer niet de kans krijgt om de omstandigheden van het strafbare feit uit te leggen en bewijzen aan te voeren op een manier die voor de bevoegde autoriteiten begrijpelijk is. Voorts is het belangrijk ervoor te zorgen dat het slachtoffer op een respectvolle manier wordt behandeld en hem in staat te stellen toegang te hebben tot zijn rechten. Daarom moet hij tijdens ondervragingen en om hem in staat te stellen actief aan de terechtzitting deel te nemen, kosteloos door een tolk worden bijgestaan, overeenkomstig de rol van het slachtoffer in het toepasselijke strafrechtstelsel. Voor andere aspecten van de strafprocedure kan het antwoord op de vraag of vertolking en vertaling nodig zijn, variëren naargelang van het onderwerp, de rol van het slachtoffer in het betrokken strafrechtstelsel, zijn betrokkenheid in de procedure en zijn specifieke rechten. In die andere gevallen behoeft er slechts voor vertolking en vertaling te worden gezorgd voor zover het slachtoffer deze nodig heeft om zijn rechten te kunnen uitoefenen.

(35) Het slachtoffer moet het recht hebben volgens nationale procedures bezwaar te maken tegen een beslissing waarbij wordt vastgesteld dat er geen vertolking of vertaling nodig is. Dit recht houdt geen verplichting in voor de lidstaten om in een afzonderlijk mechanisme of in een klachtenprocedure te voorzien om bezwaar te kunnen maken tegen deze beslissing, en mag niet tot een onredelijke verlenging van de strafprocedure leiden. Een interne toetsing van de beslissing overeenkomstig bestaande nationale procedures zou volstaan.

(36) Het feit dat het slachtoffer geen wijdverspreide taal spreekt, mag als zodanig geen reden zijn om te beslissen dat vertolking of vertaling tot een onredelijke verlenging van de strafprocedure zou leiden.

(37) Ondersteuning moet beschikbaar zijn vanaf het tijdstip waarop de bevoegde autoriteiten weten dat er een slachtoffer is, tijdens de gehele duur van de strafprocedure en gedurende een passende termijn daarna, overeenkomstig de behoeften van het slachtoffer en de in deze richtlijn opgenomen rechten. De ondersteuning moet op velerlei manieren worden verleend, zonder buitensporige formaliteiten, en over een geografisch voldoende groot gebied binnen de lidstaat om alle slachtoffers in staat te stellen er een beroep op te doen. Slachtoffers die aanzienlijke schade hebben geleden als gevolg van de ernst van het strafbare feit, kunnen een beroep doen op gespecialiseerde hulporganisaties.

(38) Aan personen die bijzonder kwetsbaar zijn of zich in situaties bevinden waarin zij worden blootgesteld aan een bijzonder hoog risico op schade, zoals mensen die het slachtoffer zijn van herhaald geweld in hechte relaties, en slachtoffers van gendergerelateerd geweld of van andere strafbare feiten in een lidstaat waarvan zij geen onderdaan of inwoner zijn, moet gespecialiseerde ondersteuning en wettelijke bescherming worden verstrekt. Gespecialiseerde hulporganisaties moeten gebaseerd zijn op een geïntegreerde en doelgerichte benadering, die in het bijzonder rekening houdt met de specifieke behoeften van slachtoffers, de ernst van de als gevolg van het strafbare feit geleden schade, alsmede de relatie tussen slachtoffers, daders, kinderen en hun ruimere sociale omgeving. Een belangrijke taak van deze organisaties en hun personeel, aan wie een belangrijke rol toekomt bij het verlenen van ondersteuning aan het slachtoffer bij zijn herstel en het te boven komen van mogelijke schade of een mogelijk trauma als gevolg van een strafbaar feit, moet erin bestaan het slachtoffer te informeren over de in deze richtlijn opgenomen rechten zodat hij beslissingen kan nemen in een ondersteunende omgeving waarin hij met waardigheid, respect en gevoel wordt behandeld. De soorten ondersteuning die door deze gespecialiseerde hulporganisaties moeten worden geboden, kunnen omvatten: het verschaffen van onderdak en veilige opvang, eerste medische zorg, doorverwijzing voor medisch en forensisch onderzoek met het oog op bewijsvergaring in het geval van verkrachting of aanranding, kort- of langdurende psychologische bijstand, traumazorg, juridisch advies, belangenbehartiging en specifieke diensten voor kinderen als directe of indirecte slachtoffers.

(39) Van slachtofferhulporganisaties wordt niet geëist dat zij zelf uitvoerige gespecialiseerde en professionele expertise verschaffen. Slachtofferhulporganisaties moeten slachtoffers zo nodig bijstaan wanneer zij een beroep wensen te doen op bestaande professionele ondersteuning, bijvoorbeeld van een psycholoog.

(40) Hoewel de hulpverlening niet mag afhangen van het feit dat het slachtoffer bij een bevoegde autoriteit, bijvoorbeeld de politie, aangifte doet van een strafbaar feit, zijn die autoriteiten vaak het best in staat om het slachtoffer over de bestaande ondersteuning te informeren. De lidstaten

worden derhalve aangemoedigd om een kader te scheppen voor de doorverwijzing van slachtoffers naar slachtofferhulporganisaties, en er daarbij voor te zorgen dat de voorschriften inzake gegevensbescherming kunnen en worden nageleefd. Herhaalde doorverwijzingen moeten worden vermeden.

(41) Het recht van het slachtoffer te worden gehoord moet worden geacht te zijn verleend indien hem wordt toegestaan schriftelijke verklaringen of toelichtingen te verstrekken.

(42) Het recht van kindslachtoffers te worden gehoord in een strafprocedure, mag niet worden uitgesloten op grond van het enkele feit dat het slachtoffer een kind is of op grond van de leeftijd van dat slachtoffer.

(43) Het recht op toetsing van een beslissing tot niet-vervolging moet worden geacht betrekking te hebben op beslissingen van het openbaar ministerie en onderzoeksrechters of rechtshandhavingsautoriteiten zoals politiefunctionarissen, maar niet op beslissingen van rechtbanken. Elke toetsing van een beslissing tot niet-vervolging moet worden uitgevoerd door een andere persoon of autoriteit dan die welke de beslissing heeft genomen, tenzij de oorspronkelijke beslissing uitgaat van de hoogste vervolgingsautoriteit en er geen rechtsmiddel tegen kan worden ingesteld; in dat geval kan de toetsing door dezelfde autoriteit worden uitgevoerd. Het recht op toetsing van een beslissing tot niet-vervolging heeft geen betrekking op bijzondere procedures, zoals procedures tegen leden van het parlement of de regering, in verband met de uitoefening van hun ambt.

(44) Een beslissing waarmee de strafprocedure wordt beëindigd, moet ook die gevallen omvatten waarin het openbaar ministerie besluit de aanklacht in te trekken of de procedure te staken.

(45) In het geval dat een beslissing van het openbaar ministerie leidt tot een buitengerechtelijke schikking en daarmee tot beëindiging van de strafprocedure, wordt het slachtoffer het recht van toetsing van de beslissing tot niet-vervolging alleen ontzegd indien de schikking een waarschuwing of een verplichting bevat.

(46) Herstelrechtvoorzieningen, met inbegrip van bijvoorbeeld bemiddeling tussen het slachtoffer en de dader, het inschakelen van „family group conferences" en „sentencing circles", kunnen zeer nuttig zijn voor het slachtoffer, maar moeten met de nodige waarborgen worden omgeven om secundaire en herhaalde victimisatie, intimidatie en vergelding te voorkomen. De betrokken organisaties moeten daarom in de eerste plaats de belangen en behoeften van het slachtoffer behartigen, zorgen voor herstel van de door hem geleden schade en verdere schade voorkomen. Bij het doorverwijzen van een zaak naar herstelrechtorganisaties en het doorlopen van een herstelrechtproces moet rekening worden gehouden met factoren zoals de aard en de ernst van het strafbare feit, de ernst van het eruit voortvloeiende trauma, de herhaaldelijke aantasting van de fysieke, seksuele of psychologische integriteit van het slachtoffer, een eventuele machtsongelijkheid en de leeftijd, het ontwikkelingsniveau of de intellectuele vermogens van het slachtoffer, die zijn vermogen om met kennis van zaken een keuze te maken, kunnen beperken of verminderen of die afbreuk kunnen doen aan een positief resultaat voor het slachtoffer. Herstelrechtprocessen moeten in beginsel vertrouwelijk zijn, tenzij de partijen anders overeengekomen zijn of door het nationale recht anders wordt vereist op grond van een dwingende reden van algemeen belang. Het algemeen belang kan vereisen dat factoren, zoals het tijdens het proces uiten van bedreigingen of plegen van vormen van geweld, worden bekendgemaakt.

(47) Van slachtoffers mag niet worden verwacht dat zij kosten maken in verband met hun deelname aan een strafprocedure. De lidstaten moeten worden verplicht alleen noodzakelijke uitgaven van het slachtoffer in verband met zijn deelname aan de strafprocedure te vergoeden en van hen kan niet worden gevergd dat zij de honoraria voor juridische bijstand aan het slachtoffer vergoeden. De lidstaten moeten in staat zijn in het nationale recht voorwaarden voor de vergoeding van kosten op te leggen, zoals termijnen voor het eisen van terugbetaling, standaardtarieven voor reis- en verblijfkosten en maximumbedragen voor dagvergoedingen wegens derving van inkomsten. Het recht op vergoeding van kosten in strafprocedures mag niet ontstaan in een situatie waarin een slachtoffer een verklaring over een strafbaar feit aflegt. Kosten behoeven alleen te worden vergoed indien het slachtoffer is verplicht of door de bevoegde autoriteiten is verzocht aanwezig te zijn en actief aan de strafprocedure deel te nemen.

(48) Tijdens de strafprocedure in beslag genomen voorwerpen moeten zo snel mogelijk aan het slachtoffer van het strafbare feit worden teruggegeven, behoudens in uitzonderlijke omstandigheden zoals in een geschil over de eigendom of als het bezit van het voorwerp of het voorwerp zelf illegaal is. Het recht op teruggave van voorwerpen dient de rechtmatige retentie ervan, met het oog op een andere gerechtelijke procedure, onverlet te laten.

(49) Het recht op een beslissing inzake de vergoeding van schade door de dader en de in dat verband toepasselijke procedure moeten ook gelden voor slachtoffers die in een andere lidstaat verblijven dan de lidstaat waar het strafbare feit werd gepleegd.

(50) De in deze richtlijn opgenomen verplichting tot toezending van aangiften mag geen afbreuk doen aan de bevoegdheid van de lidstaten om een procedure te beginnen, noch aan de regels betreffende geschillen in verband met de uitoefening van rechtsmacht, zoals bepaald in Kader-

besluit 2009/948/JBZ van de Raad van 30 november 2009 over het voorkomen en beslechten van geschillen over de uitoefening van rechtsmacht bij strafprocedures [14].

(51) Indien het slachtoffer het grondgebied van de lidstaat waar het strafbare feit werd gepleegd, heeft verlaten, kan die lidstaat niet langer verplicht worden bijstand, ondersteuning en bescherming te bieden, behalve voor aangelegenheden die rechtstreeks verband houden met de strafprocedure die wordt gevoerd met betrekking tot het betrokken strafbare feit, zoals speciale beschermingsmaatregelen ter terechtzitting. De lidstaat van verblijf van het slachtoffer moet de bijstand, ondersteuning en bescherming verlenen die nodig is voor het herstel van het slachtoffer.

(52) Er moeten maatregelen beschikbaar zijn om de veiligheid en de waardigheid van het slachtoffer en zijn gezinsleden te beschermen tegen secundaire en herhaalde victimisatie, tegen intimidatie en tegen vergelding, zoals tussentijdse voorlopige maatregelen, beschermingsbevelen of gebieds- of contactverboden.

(53) Het risico op secundaire en herhaalde victimisatie, op intimidatie en op vergelding door de dader dan wel als gevolg van de deelname aan de strafprocedure moet worden beperkt door de procedure op een gecoördineerde en respectvolle manier te laten verlopen, zodat het slachtoffer vertrouwen kan krijgen in de autoriteiten. Het contact met de bevoegde autoriteiten moet zo vlot mogelijk verlopen, en onnodig contact met het slachtoffer moet zoveel mogelijk worden vermeden, bijvoorbeeld doordat ondervragingen op video worden opgenomen en het gebruik van de opnamen in de gerechtelijke procedure wordt toegelaten. De rechtspraktijk moet over zoveel mogelijk middelen kunnen beschikken die voorkomen dat het slachtoffer in de gerechtelijke procedure getraumatiseerd raakt, bijvoorbeeld als gevolg van oogcontact met de dader, diens familieleden, diens medeplichtigen of het publiek. De lidstaten moeten daarom worden aangemoedigd om in het bijzonder in verband met gerechtsgebouwen en politiebureaus haalbare en praktische maatregelen te nemen die ervoor zorgen dat de gebouwen voorzien zijn van faciliteiten, zoals afzonderlijke ingangen en wachtkamers voor slachtoffers. Daarnaast moeten de lidstaten het verloop van de strafprocedure voor zover mogelijk zodanig plannen dat contacten tussen slachtoffers en hun gezinsleden en daders worden voorkomen, bijvoorbeeld door slachtoffers en daders op verschillende tijdstippen voor een zitting op te roepen.

(54) De bescherming van het privéleven van het slachtoffer kan van groot belang zijn om secundaire en herhaalde victimisatie, intimidatie en vergelding te voorkomen en kan met verschillende maatregelen worden bereikt, bijvoorbeeld doordat informatie over de identiteit en de verblijfplaats van het slachtoffer niet of slechts in beperkte mate wordt vrijgegeven. Dergelijke bescherming is met name belangrijk voor kindslachtoffers en omvat de niet-openbaarmaking van de naam van het kind. Er kunnen zich echter uitzonderlijke gevallen voordoen waarin het kind voordeel kan hebben bij de openbaarmaking van informatie of zelfs bij de publicatie van informatie op grote schaal, bijvoorbeeld indien een kind is ontvoerd. Maatregelen ter bescherming van de persoonlijke levenssfeer en van beelden van slachtoffers en hun familieleden moeten altijd in overeenstemming zijn met het recht op een eerlijk proces en de vrijheid van meningsuiting, als erkend in de artikelen 6 en 10 van het Europees Verdrag tot bescherming van de rechten van de mens en de fundamentele vrijheden.

(55) Sommige slachtoffers lopen in bijzondere mate het risico van secundaire en herhaalde victimisatie, van intimidatie en van vergelding door de dader tijdens de strafprocedure. Het is mogelijk dat een dergelijk risico verband houdt met de persoonlijke kenmerken van het slachtoffer of het soort, de aard of de omstandigheden van het strafbare feit. Een dergelijk risico kan alleen daadwerkelijk worden vastgesteld aan de hand van een individuele beoordeling, die zo snel mogelijk moet worden verricht. Deze individuele beoordeling moet voor alle slachtoffers worden verricht, om te bepalen of zij risico lopen op secundaire en herhaalde victimisatie, op intimidatie en op vergelding en welke bijzondere beschermingsmaatregelen zij nodig hebben.

(56) Bij de individuele beoordeling moet rekening worden gehouden met de persoonlijke kenmerken van het slachtoffer, zoals zijn leeftijd, geslacht, genderidentiteit of genderexpressie, etnische afkomst, ras, religieuze overtuiging, seksuele gerichtheid, gezondheid, handicap, verblijfsstatus, communicatiemoeilijkheden, verhouding tot of afhankelijkheid van de dader, eerdere ervaring met strafbare feiten. Er moet ook rekening gehouden worden met het soort of de aard en de omstandigheden van het strafbare feit, zoals of het gaat om een haatmisdrijf, een strafbaar feit ingegeven door vooroordeel of door discriminatie, seksueel geweld, geweld in een hechte relatie, of de dader zich in een machtspositie bevond, of de woonplaats van het slachtoffer gelegen is in een gebied met hoge criminaliteitscijfers of in een door bendes gecontroleerd gebied, dan wel of het land van herkomst van het slachtoffer niet de lidstaat is waar het strafbare feit werd begaan.

(57) Slachtoffers van mensenhandel, terrorisme, georganiseerde criminaliteit, geweld in hechte relaties, seksueel geweld of seksuele uitbuiting, gendergerelateerd geweld, haatmisdrijven, en slachtoffers met een handicap en kindslachtoffers dreigen vaak te worden blootgesteld aan secundaire en herhaalde victimisatie, aan intimidatie en aan vergelding. Daarom moet met spe-

---

14 PB L 328 van 15.12.2009, blz. 42.

ciale aandacht worden beoordeeld of slachtoffers van dergelijke strafbare feiten het risico van dergelijke victimisatie, intimidatie en vergelding lopen, en moet er een sterke veronderstelling zijn dat de betrokken slachtoffers baat zullen hebben bij bijzondere beschermingsmaatregelen.
(58) Aan slachtoffers die als kwetsbaar voor secundaire en herhaalde victimisatie, voor intimidatie en voor vergelding zijn geïdentificeerd, moeten passende maatregelen worden aangeboden om hen in de loop van de strafprocedure te kunnen beschermen. De exacte aard van deze maatregelen moet op basis van de individuele beoordeling worden bepaald, rekening houdend met de wens van het slachtoffer. De reikwijdte van deze maatregelen moet worden bepaald onverminderd van de verdediging en overeenkomstig de regels inzake de beoordelingvrijheid van de rechter. Of het slachtoffer behoefte heeft aan bijzondere maatregelen moet in belangrijke mate worden bepaald door de bezorgdheid en de vrees die hij ervaart.
(59) Directe operationele behoeften en beperkingen kunnen beletten dat, bijvoorbeeld, het slachtoffer steeds door dezelfde politiefunctionaris wordt ondervraagd; voorbeelden van dergelijke beperkingen zijn ziekte, moederschaps- of ouderschapsverlof. Verder kan het gebeuren dat een speciaal voor het ondervragen van slachtoffers ingerichte ruimte niet beschikbaar is wegens, bijvoorbeeld, een aan de gang zijnde renovatie. Indien sprake is van dergelijke operationele of praktische beperkingen, kan het zijn dat het niet mogelijk is in een concreet geval een naar aanleiding van een individuele beoordeling voorgenomen bijzondere maatregel te nemen.
(60) Als er overeenkomstig deze richtlijn een voogd of een vertegenwoordiger voor het kind moet worden aangesteld, kunnen deze functies door dezelfde persoon of door een rechtspersoon, een instelling of een autoriteit worden uitgeoefend.
(61) Alle bij de strafprocedure betrokken functionarissen van wie het waarschijnlijk is dat zij in persoonlijk contact komen met slachtoffers, moeten een passende basisopleiding en bijscholing kunnen volgen en ontvangen, op een niveau dat aangepast is aan hun contact met slachtoffers, zodat ze slachtoffers kunnen herkennen en hun behoeften kunnen onderkennen, en er op een respectvolle, tactvolle, professionele en niet-discriminerende manier mee kunnen omgaan. Personen van wie het waarschijnlijk is dat zij betrokken zijn bij een individuele beoordeling die tot doel heeft de behoefte aan specifieke bescherming van een slachtoffer te bepalen en vast te stellen of het slachtoffer bijzondere beschermingsmaatregelen behoeft, moeten daarvoor een specifieke opleiding krijgen. De lidstaten moeten zorgen voor een dergelijke opleiding en bijscholing voor politiediensten en gerechtelijk personeel. De opleiding moet tevens worden aangemoedigd voor advocaten, het openbaar ministerie en rechters, en voor praktijkbeoefenaren die slachtofferhulp- of herstelrechtvoorzieningen aanbieden. Deze verplichting moet ook een opleiding omvatten over de specifieke hulporganisaties waarnaar slachtoffers moeten worden doorverwezen, dan wel een gespecialiseerde opleiding wanneer de betrokkenen beroepshalve veel te maken hebben met slachtoffers met bijzondere behoeften, alsook een specifieke psychologische opleiding, voor zover van toepassing. Indien nodig moet deze opleiding genderspecifiek zijn en worden aangevuld met richtsnoeren, aanbevelingen en uitwisseling van beste praktijken, overeenkomstig de routekaart van Boedapest.
(62) De lidstaten moeten organisaties uit het maatschappelijk middenveld, onder meer erkende en actieve niet-gouvernementele organisaties die werken met slachtoffers van strafbare feiten, stimuleren en nauw met hen samenwerken, in het bijzonder in het kader van beleidsinitiatieven, voorlichtings- en bewustmakingscampagnes, onderzoeks- en onderwijsprogramma's en opleiding, alsook bij het toezien op en evalueren van de effecten van maatregelen ter ondersteuning en bescherming van slachtoffers van strafbare feiten. De overheidsdiensten moeten op een gecoördineerde manier samenwerken en op alle administratieve niveaus — op het niveau van de Unie, en op het nationale, regionale en plaatselijke niveau — aan de samenwerking deelnemen, opdat slachtoffers van een strafbaar feit de bijstand, ondersteuning en bescherming krijgen die zij nodig hebben. Om te voorkomen dat slachtoffers herhaaldelijk worden doorverwezen, moet aan hen bijstand worden verleend bij het vinden van en het zich wenden tot de bevoegde autoriteiten. De lidstaten moeten zich beraden op het instellen van „één-contactpunt"- of „één-loket"-regelingen, die tegemoet komen aan de diverse behoeften van slachtoffers die bij een strafprocedure betrokken zijn, zoals de behoefte aan informatieverstrekking, bijstand, ondersteuning, bescherming en schadevergoeding.
(63) Om aangifte van strafbare feiten aan te moedigen en te vergemakkelijken en slachtoffers in staat te stellen de cyclus van herhaalde victimisatie te doorbreken, is het noodzakelijk dat de slachtoffers beschikken over betrouwbare ondersteunende organisaties en dat de bevoegde autoriteiten bereid zijn op een respectvolle, tactvolle, professionele en niet-discriminerende manier te reageren op de aangiften van slachtoffers. Hierdoor kan het vertrouwen van slachtoffers in de strafrechtstelsels van lidstaten worden vergroot en het aantal niet-aangegeven strafbare feiten worden verminderd. Praktijkbeoefenaren van wie het waarschijnlijk is dat zij aangiften van slachtoffers van strafbare feiten ontvangen, moeten naar behoren worden opgeleid om de aangifte van strafbare feiten te vergemakkelijken, en er moeten maatregelen worden genomen om aangifte door derden, bijvoorbeeld door organisaties uit het maatschappelijk

middenveld, mogelijk te maken. Aangiften moeten met behulp van communicatietechnologie, zoals e-mail, video-opnamen of online elektronische formulieren, kunnen worden gedaan.
(64) Systematische en adequate verzameling van statistische gegevens wordt erkend als een essentieel onderdeel van doeltreffende besluitvorming op het gebied van de in deze richtlijn opgenomen rechten. Om de beoordeling van de toepassing van deze richtlijn te vergemakkelijken, moeten de lidstaten aan de Commissie relevante statistische gegevens mededelen die verband houden met de toepassing van nationale procedures op slachtoffers van strafbare feiten, onder meer ten minste het aantal en de aard van de gemelde strafbare feiten, en, voor zover deze gegevens bekend en beschikbaar zijn, het aantal slachtoffers, hun leeftijd en geslacht. De desbetreffende statistische gegevens kunnen gegevens zijn, geregistreerd door de justitiële autoriteiten en rechtshandhavingsinstanties, alsmede, voor zover mogelijk, administratieve gegevens, verzameld door diensten voor gezondheidszorg of maatschappelijk welzijn en door openbare en niet-gouvernementele organisaties voor slachtofferhulp- en herstelrechtvoorzieningen en andere organisaties die met slachtoffers van strafbare feiten werken. Justitiële gegevens kunnen informatie omvatten over aangegeven strafbare feiten, het aantal zaken dat wordt onderzocht en personen die worden vervolgd en veroordeeld. Administratieve gegevens die bij bepaalde diensten berusten, kunnen, voor zover mogelijk, gegevens omvatten over de manier waarop slachtoffers gebruikmaken van voorzieningen die worden verstrekt door overheidsinstanties en openbare en particuliere hulporganisaties, zoals het aantal verwijzingen door de politie naar slachtofferhulporganisaties, het aantal slachtoffers dat om ondersteuning vraagt, of het aantal dat al dan niet ondersteuning krijgt of aan een herstelrechtproces deelneemt.
(65) Deze richtlijn beoogt de bepalingen van Kaderbesluit 2001/220/JBZ te wijzigen en uit te breiden. Omdat het gaat om talrijke en substantiële wijzigingen, moet dat kaderbesluit voor de duidelijkheid in zijn geheel worden vervangen ten aanzien van de lidstaten die deelnemen aan de vaststelling van deze richtlijn.
(66) In deze richtlijn worden de grondrechten en de in het Handvest van de grondrechten van de Europese Unie erkende beginselen in acht genomen. Deze richtlijn streeft er met name naar het recht op waardigheid, leven, lichamelijke en geestelijke integriteit, vrijheid en veiligheid, eerbiediging van het privéleven en gezinsleven, het recht op eigendom, het non-discriminatiebeginsel, het beginsel van gelijkheid tussen vrouwen en mannen, de rechten van het kind, van ouderen en van personen met een handicap, en het recht op een eerlijk proces te bevorderen.
(67) Aangezien de doelstelling van deze richtlijn, namelijk het vaststellen van minimumnormen betreffende de rechten, de ondersteuning en de bescherming van slachtoffers van strafbare feiten niet voldoende door de lidstaten kan worden verwezenlijkt en derhalve vanwege de omvang en mogelijke effecten van de maatregelen beter op het niveau van de Unie kan worden bereikt, kan de Unie overeenkomstig het in artikel 5 van het Verdrag betreffende de Europese Unie (VEU) neergelegde subsidiariteitsbeginsel maatregelen nemen. Overeenkomstig het in hetzelfde artikel neergelegde evenredigheidsbeginsel gaat deze richtlijn niet verder dan wat nodig is om die doelstelling te verwezenlijken.
(68) De bij de toepassing van deze richtlijn verwerkte persoonsgegevens moeten worden beschermd overeenkomstig Kaderbesluit 2008/977/JBZ van de Raad van 27 november 2008 over de bescherming van persoonsgegevens die worden verwerkt in het kader van de politiële en justitiële samenwerking in strafzaken[15] en overeenkomstig de beginselen die zijn vastgelegd in het Verdrag van de Raad van Europa van 28 januari 1981 tot bescherming van personen met betrekking tot de geautomatiseerde verwerking van persoonsgegevens, dat door alle lidstaten is geratificeerd.
(69) De verderstrekkende bepalingen in andere rechtshandelingen van de Unie die op een doelgerichtere wijze tegemoetkomen aan de specifieke behoeften van bepaalde categorieën van slachtoffers, zoals slachtoffers van mensenhandel en slachtoffers van kindermisbruik, seksuele uitbuiting en kinderpornografie, worden door deze richtlijn onverlet gelaten.
(70) Overeenkomstig artikel 3 van Protocol nr. 21 betreffende de positie van het Verenigd Koninkrijk en Ierland ten aanzien van de ruimte van vrijheid, veiligheid en recht, gehecht aan het VEU en het VWEU, hebben die lidstaten te kennen gegeven dat zij aan de vaststelling en toepassing van deze richtlijn wensen deel te nemen.
(71) Overeenkomstig de artikelen 1 en 2 van Protocol nr. 22 betreffende de positie van Denemarken, gehecht aan het VEU en het VWEU, neemt Denemarken niet deel aan de vaststelling van deze richtlijn, die niet bindend is voor, noch van toepassing is in deze lidstaat.
(72) De Europese toezichthouder voor gegevensbescherming heeft op 17 oktober 2011 [16] een op artikel 41, lid 2, van Verordening (EG) nr. 45/2001 van het Europees Parlement en de Raad van 18 december 2000 betreffende de bescherming van natuurlijke personen in verband met

---

15   PB L 350 van 30.12.2008, blz. 60.
16   PB C 35 van 9.2.2012, blz. 10.

de verwerking van persoonsgegevens door de communautaire instellingen en organen en betreffende het vrije verkeer van die gegevens [17] gebaseerd advies uitgebracht,
HEEFT DE VOLGENDE RICHTLIJN VASTGESTELD:

HOOFDSTUK 1
ALGEMENE BEPALINGEN

Art. 1 Doelstellingen
1. Deze richtlijn heeft tot doel ervoor te zorgen dat slachtoffers van strafbare feiten passende informatie, ondersteuning en bescherming krijgen en aan de strafprocedure kunnen deelnemen. De lidstaten zorgen ervoor dat slachtoffers op een respectvolle, tactvolle, geïndividualiseerde, professionele en niet-discriminerende manier worden erkend en bejegend in alle contacten met slachtofferhulp- of herstelrechtorganisaties of een bevoegde autoriteit, die in het kader van de strafprocedure optreedt. De in deze richtlijn opgenomen rechten worden jegens slachtoffers op niet-discriminerende wijze toegepast, mede wat hun verblijfsstatus betreft.
2. Wanneer het slachtoffer een kind is, zorgen de lidstaten ervoor dat bij de toepassing van deze richtlijn, de belangen van het kind op de eerste plaats komen en per geval worden beoordeeld. Een kindvriendelijke aanpak, waarbij voldoende rekening wordt gehouden met de leeftijd, het ontwikkelingsniveau, de meningen, behoeften en zorgen van het kind, prevaleert. Het kind en, in voorkomend geval, de drager van de ouderlijke verantwoordelijkheid of andere wettelijke vertegenwoordiger, worden geïnformeerd over alle maatregelen en rechten die specifiek verband houden met het kind.

Art. 2 Definities
1. In deze richtlijn wordt verstaan onder:
a) „slachtoffer":
i) een natuurlijke persoon die als rechtstreeks gevolg van een strafbaar feit schade, met inbegrip van lichamelijke, geestelijke of emotionele schade of economisch nadeel, heeft geleden;
ii) familieleden van een persoon wiens overlijden rechtstreeks veroorzaakt is door een strafbaar feit en die schade hebben geleden als gevolg van het overlijden van die persoon;
b) „familieleden": de echtgenoot, de persoon die met het slachtoffer in een vaste intieme relatie, in een gemeenschappelijk huishouden en duurzaam en ononderbroken samenwoont, de bloedverwanten in rechte lijn, de broers en zussen, en de personen die van het slachtoffer afhankelijk zijn;
c) „kind": elke persoon die jonger is dan 18 jaar;
d) „herstelrecht": een proces waarbij het slachtoffer en de dader in staat worden gesteld, indien zij er vrijwillig mee instemmen, actief deel te nemen aan het oplossen, met de hulp van een onpartijdige derde, van zaken die het gevolg zijn van het strafbare feit.
2. De lidstaten kunnen procedures vaststellen om:
a) het aantal familieleden dat aanspraak kan maken op de in deze richtlijn opgenomen rechten, te beperken, telkens rekening houdend met de specifieke omstandigheden, en
b) met betrekking tot lid 1, onder a), ii), te bepalen welke familieleden voorrang krijgen wat betreft de uitoefening van de in deze richtlijn opgenomen rechten.

HOOFDSTUK 2
VERSTREKKEN VAN INFORMATIE EN ONDERSTEUNING

Art. 3 Recht te begrijpen en te worden begrepen
1. De lidstaten nemen passende maatregelen om het slachtoffer bij het eerste contact en tijdens alle verdere noodzakelijke contacten met een bevoegde autoriteit in het kader van de strafprocedure te helpen begrijpen en zelf ook te worden begrepen, onder meer wanneer door die autoriteit informatie wordt verstrekt.
2. De lidstaten zorgen ervoor dat de communicatie met het slachtoffer in eenvoudige en toegankelijke bewoordingen, mondeling of schriftelijk, plaatsvindt. Bij de communicatie wordt rekening gehouden met de persoonlijke kenmerken van het slachtoffer, waaronder eventuele handicaps die het vermogen van het slachtoffer om te begrijpen of te worden begrepen kunnen beïnvloeden.
3. Behoudens wanneer dit strijdig zou zijn met de belangen van het slachtoffer of wanneer afbreuk zou worden gedaan aan de rechtsgang, staan de lidstaten toe dat het slachtoffer zich bij het eerste contact met een bevoegde autoriteit laat vergezellen door een persoon naar keuze, indien het slachtoffer, gezien de effecten van het strafbare feit, ondersteuning behoeft bij het begrijpen of begrepen worden.

---

17 PB L 8 van 12.1.2001, blz. 1.

Art. 4 Recht op informatie bij het eerste contact met een bevoegde autoriteit

1. De lidstaten zorgen ervoor dat het slachtoffer zonder onnodige vertraging vanaf zijn eerste contact met een bevoegde autoriteit de volgende informatie wordt aangeboden, teneinde hem in staat te stellen toegang te hebben tot de in deze richtlijn opgenomen rechten:
   a) welk soort ondersteuning het slachtoffer kan krijgen en van wie, waaronder, indien van belang, basisinformatie over de toegang tot medische zorg, gespecialiseerde ondersteuning, waaronder psychologische zorg en alternatieve huisvesting;
   b) hoe de procedures omtrent de aangifte van een strafbaar feit verlopen en welke rol het slachtoffer in die procedures speelt
   c) hoe en onder welke voorwaarden het slachtoffer bescherming, waaronder beschermingsmaatregelen, kan krijgen;
   d) hoe en onder welke voorwaarden het slachtoffer toegang krijgt tot juridisch advies, rechtsbijstand en andere vormen van advies;
   e) hoe en onder welke voorwaarden het slachtoffer schadevergoeding kan krijgen;
   f) hoe en onder welke voorwaarden het slachtoffer aanspraak kan maken op vertolking en vertaling;
   g) indien het slachtoffer woonachtig is in een andere lidstaat dan die waarin het strafbare feit werd gepleegd, welke bijzondere maatregelen, procedures of regelingen beschikbaar zijn om zijn belangen te beschermen in de lidstaat waar het eerste contact met de bevoegde autoriteit plaatsvindt;
   h) de beschikbare procedures om klachten in te dienen als de bevoegde autoriteit, die in het kader van de strafprocedure optreedt, zijn rechten niet eerbiedigt;
   i) de contactgegevens voor communicatie over zijn zaak;
   j) de beschikbare herstelrechtvoorzieningen;
   k) hoe en onder welke voorwaarden het slachtoffer de kosten als gevolg van zijn deelname aan de strafprocedure vergoed kan krijgen.

2. Hoe uitgebreid of gedetailleerd de in lid 1 bedoelde informatie is, kan verschillen al naargelang van de specifieke behoeften en persoonlijke omstandigheden van het slachtoffer en de aard van het strafbare feit of het soort strafbare feit. Aanvullende details kunnen ook in latere fasen worden verstrekt, afhankelijk van de behoeften van het slachtoffer en het belang, in iedere fase van de procedure, van dergelijke details.

Art. 5 Rechten van het slachtoffer bij het doen van aangifte

1. De lidstaten zorgen ervoor dat het slachtoffer een schriftelijke bevestiging ontvangt van zijn formele aangifte bij de bevoegde autoriteit van een lidstaat, waarin de basiselementen van het betreffende strafbare feit worden vermeld.
2. De lidstaten zorgen ervoor dat een slachtoffer dat aangifte wil doen van een strafbaar feit en de taal van de bevoegde autoriteit niet begrijpt of spreekt, in staat wordt gesteld aangifte te doen in een taal die hij begrijpt, of de nodige taalkundige bijstand krijgt.
3. De lidstaten zorgen ervoor dat het slachtoffer dat de taal van de bevoegde autoriteit niet begrijpt of spreekt, op zijn verzoek kosteloos vertalingen van de in lid 1 bedoelde schriftelijke bevestiging van zijn aangifte ontvangt in een taal die hij begrijpt.

Art. 6 Recht op informatie over zijn zaak

1. De lidstaten zorgen ervoor dat het slachtoffer zonder onnodige vertraging in kennis wordt gesteld van zijn recht om de volgende informatie te ontvangen over de strafprocedure die is ingesteld naar aanleiding van zijn aangifte van een tegen hem gepleegd strafbaar feit, en dat hij deze informatie, op verzoek, ontvangt:
   a) een beslissing om het onderzoek niet voort te zetten of te beëindigen of de dader niet te vervolgen;
   b) het tijdstip en de plaats van de terechtzitting en de aard van het aan de dader ten laste gelegde.
2. De lidstaten zorgen ervoor dat het slachtoffer, overeenkomstig de rol van het slachtoffer in het toepasselijke strafrechtstelsel, zonder onnodige vertraging in kennis wordt gesteld van zijn recht om de volgende informatie te ontvangen over de strafprocedure die is ingesteld naar aanleiding van zijn aangifte van een tegen hem gepleegd strafbaar feit, en dat hij deze informatie, op verzoek, ontvangt:
   a) elke eindbeslissing in een strafzaak;
   b) informatie waardoor het slachtoffer de stand kan kennen van de strafprocedure, behalve in de uitzonderlijke gevallen waarin het goede verloop van de zaak door een dergelijke kennisgeving nadelig kan worden beïnvloed.
3. De in lid 1, onder a), en lid 2, onder a), bedoelde informatie omvat de motivering of een korte samenvatting van de motivering van de betrokken beslissing, behalve in het geval van een door een jury uitgesproken beslissing of een beslissing waarvan de motivering vertrouwelijk is, in welke gevallen de motivering krachtens het nationale recht niet behoeft te worden verstrekt.
4. De wens van het slachtoffer al dan niet informatie te ontvangen is bindend voor de bevoegde autoriteit, tenzij de informatie moet worden verstrekt omdat het slachtoffer gerechtigd is actief

deel te nemen aan de strafprocedure. De lidstaten staan het slachtoffer toe te allen tijde zijn wens te wijzigen en houden daarmee rekening.

5. De lidstaten zorgen ervoor dat het slachtoffer de mogelijkheid krijgt zich zonder onnodige vertraging ervan op de hoogte te laten stellen dat de persoon die zich wegens het gepleegde strafbare feit dat hem betreft in voorlopige hechtenis bevindt, vervolgd wordt of veroordeeld is, in vrijheid wordt gesteld of uit de gevangenis is ontsnapt. Tevens zorgen de lidstaten ervoor dat het slachtoffer in kennis wordt gesteld van de maatregelen die ter zijner bescherming genomen zijn in het geval van vrijlating of ontsnapping van de dader.

6. Het slachtoffer ontvangt, op verzoek, de in lid 5 bedoelde informatie ten minste in de gevallen waarin een gevaar of een aanwijsbaar risico bestaat dat hem schade wordt berokkend, doch niet indien er een aanwijsbaar risico bestaat dat de dader als gevolg van de kennisgeving schade wordt berokkend.

Art. 7 Recht op vertolking en vertaling

1. De lidstaten zorgen ervoor dat, overeenkomstig de rol van het slachtoffer in de strafprocedure in het toepasselijke strafrechtstelsel, het slachtoffer dat de taal van de strafprocedure niet begrijpt of spreekt, op verzoek, kosteloos door een tolk wordt bijgestaan, ten minste wanneer hij in de loop van de strafprocedure door onderzoeks- en gerechtelijke instanties wordt gehoord of ondervraagd — onder meer door de politie — en wanneer hij actief deelneemt aan de terechtzitting en eventueel noodzakelijke tussentijdse zittingen.

2. Onverminderd de rechten van de verdediging en overeenkomstig de regels inzake de beoordelingvrijheid van de rechter kan gebruik worden gemaakt van communicatietechnologie zoals videoconferentie, telefoon of het internet, tenzij de aanwezigheid van de tolk ter plaatse vereist is om te waarborgen dat het slachtoffer zijn rechten kan uitoefenen of de procedure kan begrijpen.

3. De lidstaten zorgen ervoor dat aan het slachtoffer dat de taal van de strafprocedure niet begrijpt of spreekt, overeenkomstig diens rol in de strafprocedure in het toepasselijke strafrechtstelsel, op verzoek, kosteloos een vertaling wordt verstrekt van informatie die essentieel is om zijn rechten in de strafprocedure te kunnen uitoefenen, in een taal die hij begrijpt, voor zover dergelijke informatie aan het slachtoffer ter beschikking wordt gesteld. Vertalingen van dergelijke informatie omvatten ten minste iedere beslissing die een einde maakt aan de strafprocedure in verband met het tegen het slachtoffer gepleegde strafbare feit, alsmede, op verzoek van het slachtoffer, de motivering of een korte samenvatting van de motivering van de beslissing, behalve in het geval van een door een jury uitgesproken beslissing of een beslissing waarvan de motivering vertrouwelijk is, in welke gevallen de motivering krachtens het nationale recht niet behoeft te worden verstrekt.

4. De lidstaten zorgen ervoor dat aan het slachtoffer dat, overeenkomstig artikel 6, lid 1, onder b), het recht heeft geïnformeerd te worden over het tijdstip en de plaats van de terechtzitting, en de taal van de bevoegde autoriteit niet begrijpt een vertaling wordt verstrekt van de informatie waarop hij, op verzoek, recht heeft.

5. Een document kan op gemotiveerd verzoek van het slachtoffer als essentieel worden aangemerkt. Onderdelen van essentiële documenten die niet relevant zijn om het slachtoffer in staat te stellen actief deel te nemen aan de strafprocedure, behoeven niet te worden vertaald.

6. Onverminderd de leden 1 en 3, kan, in plaats van een schriftelijke vertaling, een mondelinge vertaling of samenvatting van de essentiële documenten worden verstrekt, op voorwaarde dat de mondelinge vertaling of samenvatting de eerlijke procesvoering onverlet laat.

7. De lidstaten zorgen ervoor dat de bevoegde autoriteit beoordeelt of het slachtoffer vertolking of vertaling als bedoeld in de leden 1 en 3 nodig heeft. Het slachtoffer kan bezwaar maken tegen de beslissing geen vertolking of vertaling te verstrekken. De procedureregels voor een dergelijk bezwaar worden door het nationale recht bepaald.

8. De vertolking en vertaling, alsmede de behandeling van het bezwaar tegen de beslissing geen vertolking of vertaling te verstrekken uit hoofde van dit artikel, mogen niet tot een onredelijke verlenging van de strafprocedure leiden.

Art. 8 Recht op toegang tot slachtofferhulporganisaties

1. De lidstaten zorgen ervoor dat het slachtoffer, overeenkomstig zijn behoeften, voor, tijdens en gedurende een passende termijn na de strafprocedure kosteloos toegang heeft tot slachtofferhulporganisaties, die vertrouwelijk en in het belang van het slachtoffer handelen. De familieleden van het slachtoffer hebben toegang tot slachtofferhulporganisaties, overeenkomstig hun behoeften en de mate waarin hen als gevolg van het tegen het slachtoffer gepleegde strafbare feit schade is berokkend.

2. De lidstaten bevorderen dat het slachtoffer door de bevoegde autoriteit waarbij aangifte is gedaan en door andere relevante instanties wordt doorverwezen naar slachtofferhulporganisaties.

3. De lidstaten nemen maatregelen om naast of als geïntegreerd deel van algemene slachtofferhulporganisaties kosteloze en gespecialiseerde hulporganisaties die vertrouwelijk handelen op te richten, of om slachtofferhulporganisaties in staat te stellen een beroep te doen op bestaande gespecialiseerde instanties die dergelijke gespecialiseerde ondersteuning verstrekken. Het

slachtoffer heeft toegang tot die organisaties overeenkomstig zijn behoeften en zijn familieleden hebben toegang overeenkomstig hun behoeften en de mate waarin hen als gevolg van het tegen het slachtoffer gepleegde strafbare feit schade is berokkend.
4. Slachtofferhulporganisaties en alle gespecialiseerde hulporganisaties kunnen als openbare of niet-gouvernementele organisaties worden opgericht en op professionele of vrijwillige basis worden georganiseerd.
5. De lidstaten zien erop toe dat de beschikbaarheid van slachtofferhulp niet afhankelijk is van de vraag of een slachtoffer aangifte van een strafbaar feit doet bij een bevoegde autoriteit.

Art. 9 Ondersteuning door slachtofferhulporganisaties

1. De slachtofferhulporganisaties, als bedoeld in artikel 8, lid 1, zorgen ten minste voor het volgende:

a) informatie, advies en ondersteuning die relevant is voor de rechten van het slachtoffer, onder meer inzake toegang tot nationale stelsels voor vergoeding van schade als gevolg van strafbare feiten, en over diens rol in de strafprocedure, onder meer ter voorbereiding op het bijwonen van de terechtzitting;
b) informatie over of rechtstreekse doorverwijzing naar relevante bestaande gespecialiseerde hulporganisaties;
c) emotionele en, waar beschikbaar, psychologische ondersteuning;
d) advies over financiële en praktische kwesties naar aanleiding van het strafbare feit;
e) tenzij anderszins verstrekt door andere openbare of particuliere organisaties, advies over het risico en het voorkomen van secundaire en herhaalde victimisatie, van intimidatie en van vergelding.

2. De lidstaten sporen de slachtofferhulporganisaties aan om bijzondere aandacht te schenken aan de specifieke behoeften van slachtoffers die aanzienlijke schade hebben geleden als gevolg van de ernst van het strafbare feit.
3. Tenzij anderszins verleend door andere openbare of particuliere organisaties, ontwikkelen en voorzien de in artikel 8, lid 3, bedoelde gespecialiseerde hulporganisaties ten minste in:

a) een toevluchtsoord of andere passende tussentijdse opvang voor slachtoffers die wegens een dreigend risico van secundaire en herhaalde victimisatie, van intimidatie en van vergelding een veilige schuilplaats nodig hebben;
b) gerichte en geïntegreerde ondersteuning voor slachtoffers met specifieke behoeften, zoals slachtoffers van seksueel geweld, slachtoffers van gendergerelateerd geweld en slachtoffers van geweld in hechte relaties, onder meer traumazorg en counseling.

HOOFDSTUK 3
DEELNAME AAN DE STRAFPROCEDURE

Art. 10 Recht te worden gehoord

1. De lidstaten zorgen ervoor dat het slachtoffer in de loop van de strafprocedure kan worden gehoord en bewijselementen kan aanvoeren. Wanneer een kindslachtoffer gehoord moet worden, moeten de leeftijd en het ontwikkelingsniveau van het kind op passende wijze in aanmerking worden genomen.
2. De procedurevoorschriften op grond waarvan het slachtoffer tijdens de strafprocedure kan worden gehoord en bewijselementen kan aanvoeren, worden door het nationale recht bepaald.

Art. 11 Rechten in geval van een beslissing tot niet-vervolging

1. De lidstaten zorgen ervoor dat het slachtoffer overeenkomstig zijn rol in het toepasselijke strafrechtstelsel, het recht heeft op toetsing van de beslissing tot niet-vervolging. De procedureregels voor de toetsing worden door het nationale recht bepaald.
2. Wanneer volgens het nationale recht de rol van het slachtoffer in het toepasselijke strafrechtstelsel slechts wordt vastgesteld na de beslissing tot vervolging van de dader, zorgen de lidstaten ervoor dat ten minste het slachtoffer van een ernstig strafbaar feit het recht heeft op toetsing van de beslissing tot niet-vervolging. De procedureregels voor de toetsing worden door het nationale recht bepaald.
3. De lidstaten zorgen ervoor dat het slachtoffer zonder onnodige vertraging in kennis wordt gesteld van zijn recht om voldoende informatie te ontvangen, en dat hij op zijn verzoek voldoende informatie ontvangt om te kunnen beslissen of hij verzoekt om toetsing van een beslissing tot niet-vervolging.
4. Wanneer de beslissing tot niet-vervolging is genomen door de hoogste vervolgingsautoriteit, tegen wier beslissing volgens het nationale recht geen rechtsmiddel kan worden ingesteld, kan de toetsing door die autoriteit zelf worden uitgevoerd.
5. De leden 1, 3, en 4 zijn niet van toepassing in het geval dat uit de beslissing van het openbaar ministerie tot niet-vervolging een buitengerechtelijke schikking voortvloeit, voor zover nationaal recht dit mogelijk maakt.

Art. 12 Recht op waarborgen in het kader van herstelrechtvoorzieningen

1. De lidstaten nemen maatregelen ter bescherming om het slachtoffer te vrijwaren van secundaire en herhaalde victimisatie, van intimidatie en van vergelding die bij de verstrekking van alle herstelrechtvoorzieningen in acht moeten worden genomen. Die maatregelen zorgen ervoor dat het slachtoffer dat ervoor kiest deel te nemen aan herstelrechtprocessen toegang heeft tot veilige en competente herstelrechtorganisaties, onder ten minste de volgende voorwaarden:

   a) van de herstelrechtvoorzieningen wordt alleen gebruik gemaakt in het belang van het slachtoffer, na afweging van de veiligheidsaspecten, en met diens vrijwillige en met kennis van zaken gegeven toestemming die te allen tijde mag worden ingetrokken;

   b) alvorens toe te stemmen in deelname aan het herstelrechtproces, krijgt het slachtoffer volledige en objectieve informatie over dat proces en de mogelijke resultaten ervan, alsook informatie over de procedures volgens welke erop zal worden toegezien dat een eventuele overeenkomst wordt uitgevoerd;

   c) de dader heeft de feiten die aan de zaak ten grondslag liggen, erkend;

   d) de overeenkomst komt vrijwillig tot stand en mag later in een strafprocedure in aanmerking worden genomen;

   e) hetgeen wordt besproken in een herstelrechtproces dat niet in het openbaar plaatsvindt, is vertrouwelijk en wordt naderhand niet bekendgemaakt, tenzij de partijen daarin toestemmen of bekendmaking volgens het nationale recht vereist is wegens een dwingende reden van algemeen belang.

2. De lidstaten vergemakkelijken de doorverwijzing van zaken, waar passend, naar herstelrechtorganisaties, onder meer door het opstellen van procedures of richtsnoeren waarin de voorwaarden voor een dergelijke doorverwijzing zijn vastgelegd.

Art. 13 Recht op rechtsbijstand

De lidstaten zorgen ervoor dat, als het slachtoffer de status heeft van partij in de strafprocedure, hij toegang heeft tot rechtsbijstand. De voorwaarden of procedureregels inzake de toegang van slachtoffers tot rechtsbijstand worden door het nationale recht bepaald.

Art. 14 Recht op vergoeding van de kosten

De lidstaten bieden het slachtoffer dat actief deelneemt aan de strafprocedure de mogelijkheid om de hieruit voortvloeiende kosten vergoed te krijgen, overeenkomstig de rol van het slachtoffer in het toepasselijke strafrechtstelsel. De voorwaarden of procedureregels inzake de vergoeding van kosten van slachtoffers worden door het nationale recht bepaald.

Art. 15 Recht op teruggave van voorwerpen

De lidstaten zorgen ervoor dat, bij beslissing van een bevoegde autoriteit, voorwerpen die kunnen worden teruggegeven en die in de loop van de strafprocedure in beslag zijn genomen, onverwijld aan het slachtoffer worden teruggegeven, tenzij deze voorwerpen nog nodig zijn voor de strafprocedure. De voorwaarden of procedureregels voor teruggave van de voorwerpen aan het slachtoffer worden door het nationale recht bepaald.

Art. 16 Recht op een beslissing inzake schadevergoeding door de dader in de loop van de strafprocedure

1. De lidstaten waarborgen het slachtoffer het recht om in de loop van de strafprocedure binnen een redelijke termijn een beslissing inzake schadevergoeding door de dader te verkrijgen, tenzij in het nationale recht is bepaald dat deze beslissing in een andere gerechtelijke procedure moet worden genomen.

2. De lidstaten bevorderen maatregelen om de dader ertoe te bewegen de schade op passende wijze aan het slachtoffer te vergoeden.

Art. 17 Rechten van slachtoffers die in een andere lidstaat wonen

1. De lidstaten zorgen ervoor dat hun bevoegde autoriteiten passende maatregelen kunnen nemen om de problemen in verband met het feit dat het slachtoffer in een andere lidstaat woont dan die waar het strafbare feit werd gepleegd, zo beperkt mogelijk te houden, in het bijzonder wat het verloop van de procedure betreft. Daartoe moeten de autoriteiten van de lidstaat waar het strafbare feit werd gepleegd:

   a) een verklaring kunnen afnemen van het slachtoffer onmiddellijk nadat de aangifte van het strafbare feit bij de bevoegde autoriteit is ingediend;

   b) voor het verhoor van het slachtoffer dat in het buitenland woont, zoveel als mogelijk gebruik kunnen maken van de bepalingen inzake videoconferentie en telefoonconferentie die zijn opgenomen in de Overeenkomst van 29 mei 2000 [18] betreffende de wederzijdse rechtshulp in strafzaken tussen de lidstaten van de Europese Unie.

2. De lidstaten zorgen ervoor dat het slachtoffer van een strafbaar feit dat is gepleegd in een andere lidstaat dan die waar hij woont, bij de bevoegde autoriteiten van de lidstaat van zijn woonplaats aangifte kan doen, indien hij dit niet heeft kunnen doen in de lidstaat waar het strafbare feit werd gepleegd of, bij een strafbaar feit dat in het nationale recht van die lidstaat als ernstig wordt aangemerkt, indien hij dat niet wenst te doen in die lidstaat.

---

18   PB C 197 van 12.7.2000, blz. 3.

3. De lidstaten zorgen ervoor dat de bevoegde autoriteit waarbij het slachtoffer aangifte doet, deze onverwijld toezendt aan de bevoegde autoriteit van de lidstaat waar het strafbare feit werd gepleegd, indien de lidstaat waar aangifte werd gedaan haar bevoegdheid om de procedure aanhangig te maken niet heeft uitgeoefend.

HOOFDSTUK 4
BESCHERMING VAN SLACHTOFFERS EN ERKENNING VAN SLACHTOFFERS MET SPECIFIEKE BESCHERMINGSBEHOEFTEN

Art. 18 Recht op bescherming
Onverminderd de rechten van de verdediging zorgen de lidstaten ervoor dat er maatregelen beschikbaar zijn die het slachtoffer en zijn familieleden bescherming bieden tegen secundaire en herhaalde victimisatie, tegen intimidatie en tegen vergelding, alsook tegen het risico van emotionele of psychologische schade bij het slachtoffer, en die de waardigheid van het slachtoffer beschermen bij ondervraging of bij verhoor als getuige. Zo nodig omvatten dergelijke maatregelen ook door het nationale recht bepaalde procedures voor de fysieke bescherming van het slachtoffer en zijn familieleden.

Art. 19 Recht contact tussen slachtoffer en dader te vermijden
1. De lidstaten scheppen de voorwaarden waaronder contact tussen het slachtoffer en, zo nodig, zijn familieleden, en de dader kan worden vermeden in gebouwen waar de strafprocedure wordt gevoerd, tenzij de strafprocedure dit contact vereist.
2. De lidstaten zorgen ervoor dat nieuwe gerechtsgebouwen afzonderlijke wachtruimten voor slachtoffers hebben.

Art. 20 Recht op bescherming van slachtoffers tijdens het strafrechtelijk onderzoek
Onverminderd de rechten van de verdediging en in overeenstemming met de regels inzake de beoordelingsvrijheid van de rechter, zorgen de lidstaten ervoor dat tijdens het strafrechtelijk onderzoek:
a) de ondervraging van het slachtoffer geen onnodige vertraging oploopt nadat bij de bevoegde autoriteit aangifte van het strafbare feit is gedaan;
b) het aantal ondervragingen van het slachtoffer tot het minimum wordt beperkt en ondervraging alleen plaatsvindt als dat strikt noodzakelijk is met het oog op het strafrechtelijk onderzoek;
c) het slachtoffer zich mag laten vergezellen door zijn wettelijke vertegenwoordiger en een persoon naar keuze, tenzij een gemotiveerde beslissing in tegengestelde zin is genomen;
d) medische onderzoeken tot een minimum worden beperkt en alleen worden uitgevoerd indien dat strikt noodzakelijk is met het oog op de strafprocedure.

Art. 21 Recht op bescherming van de persoonlijke levenssfeer
1. De lidstaten zorgen ervoor dat de bevoegde autoriteiten tijdens de strafprocedure passende maatregelen kunnen nemen om de persoonlijke levenssfeer te beschermen, waaronder de persoonlijke kenmerken van het slachtoffer die bij de in artikel 22 bepaalde individuele beoordeling in aanmerking worden genomen, alsmede beeldmateriaal van het slachtoffer en zijn familieleden. Daarnaast zorgen de lidstaten ervoor dat de bevoegde autoriteiten alle rechtmatige maatregelen kunnen nemen om publieke verspreiding van gegevens die identificatie van een kindslachtoffer mogelijk maken, te voorkomen.
2. Ter bescherming van de persoonlijke levenssfeer, de persoonlijke integriteit en de persoonsgegevens van het slachtoffer, sporen de lidstaten de media aan tot het nemen van zelfregulerende maatregelen, met eerbiediging van de vrijheid van meningsuiting en van informatie en de vrijheid en het pluralisme van de media.

Art. 22 Individuele beoordeling van slachtoffers om specifieke beschermingsbehoeften te bepalen
1. De lidstaten zorgen ervoor dat het slachtoffer, volgens de nationale procedures, aan een tijdige en individuele beoordeling wordt onderworpen om specifieke beschermingsbehoeften te onderkennen en om te bepalen of en in welke mate het slachtoffer tijdens de strafprocedure van bijzondere maatregelen in de zin van de artikelen 23 en 24 gebruik moet kunnen maken, gelet op zijn bijzondere kwetsbaarheid voor secundaire en herhaalde victimisatie, voor intimidatie en voor vergelding.
2. De individuele beoordeling houdt in het bijzonder rekening met:
a) de persoonlijke kenmerken van het slachtoffer;
b) het soort strafbaar feit of de aard van het strafbare feit, en
c) de omstandigheden van het strafbare feit.
3. In het kader van de individuele beoordeling gaat bijzondere aandacht uit naar slachtoffers die aanzienlijke schade hebben geleden als gevolg van de ernst van het strafbare feit; slachtoffers van strafbare feiten die zijn ingegeven door vooroordelen of discriminatie die in het bijzonder verband kunnen houden met hun persoonlijke kenmerken; slachtoffers wier relatie met en afhankelijkheid van de dader hen bijzonder kwetsbaar maken. In dit verband worden slachtoffers

van terrorisme, georganiseerde criminaliteit, mensenhandel, gendergerelateerd geweld, geweld in een hechte relatie, seksueel geweld, uitbuiting of haatmisdrijven; en slachtoffers met een handicap naar behoren in overweging genomen.

4. Voor de toepassing van deze richtlijn worden kindslachtoffers beschouwd als slachtoffers met specifieke beschermingsbehoeften, gelet op hun kwetsbaarheid voor secundaire en herhaalde victimisatie, voor intimidatie en voor vergelding. Om te bepalen of en in welke mate zij gebruik zouden kunnen maken van bijzondere maatregelen in de zin van de artikelen 23 en 24, worden kindslachtoffers onderworpen aan een individuele beoordeling in de zin van lid 1 van dit artikel.

5. De individuele beoordeling kan, afhankelijk van de ernst van het strafbare feit en de schade die het slachtoffer kennelijk heeft geleden, meer of minder uitgebreid zijn.

6. Het slachtoffer wordt nauw bij een dergelijke individuele beoordeling betrokken en er wordt rekening gehouden met zijn wensen, waaronder de wens om geen aanspraak te maken op bijzondere maatregelen in de zin van de artikelen 23 en 24.

7. Indien de elementen die ten grondslag liggen aan de individuele beoordeling aanzienlijk zijn gewijzigd, zorgen de lidstaten ervoor dat de beoordeling tijdens de gehele strafprocedure wordt geactualiseerd.

Art. 23 Recht op bescherming van slachtoffers met specifieke beschermingsbehoeften tijdens de strafprocedure

1. Onverminderd de rechten van de verdediging en in overeenstemming met de regels inzake de beoordelingsvrijheid van de rechter, zorgen de lidstaten ervoor dat het als gevolg van een individuele beoordeling in de zin van artikel 22, lid 1, geïdentificeerde slachtoffer met bijzondere beschermingsbehoeften dat in aanmerking komt voor bijzondere maatregelen, gebruik kan maken van de maatregelen in de zin van de leden 2 en 3 van dit artikel. Een op grond van de individuele beoordeling voorziene bijzondere maatregel wordt niet ter beschikking gesteld indien deze wegens operationele of praktische beperkingen niet realiseerbaar is, of wanneer het noodzakelijk is het slachtoffer dringend te ondervragen en het slachtoffer zelf of een derde schade kan leiden of afbreuk kan worden gedaan aan de rechtsgang, indien dat niet gebeurt.

2. Tijdens het strafrechtelijk onderzoek kan het overeenkomstig artikel 22, lid 1, geïdentificeerde slachtoffer met specifieke beschermingsbehoeften, aanspraak maken op de volgende maatregelen:
a) ondervragingen van het slachtoffer gedaan in een daarvoor ontworpen of aangepaste ruimte;
b) ondervragingen van het slachtoffer gedaan door of via personen die daarvoor professioneel zijn opgeleid;
c) alle ondervragingen van het slachtoffer gedaan door dezelfde personen, tenzij dit indruist tegen de goede rechtsbedeling;
d) alle ondervragingen van het slachtoffer van seksueel geweld, gendergerelateerd geweld of geweld in hechte relaties wordt, tenzij hij door een openbare aanklager of een rechter wordt ondervraagd, indien slachtoffer dat wenst, gedaan door een persoon van hetzelfde geslacht als het slachtoffer, mits dit geen afbreuk doet aan het verloop van de strafprocedure.

3. Tijdens de strafprocedure komt het overeenkomstig artikel 22, lid 1, geïdentificeerde slachtoffer met specifieke beschermingsbehoeften in aanmerking voor de volgende maatregelen:
a) dat tussen slachtoffer en daders, onder meer tijdens het afleggen van een getuigenverklaring, geen oogcontact kan plaatsvinden, doordat gebruik wordt gemaakt van passende middelen, waaronder communicatietechnologie;
b) dat het slachtoffer in de rechtszaal kan worden gehoord zonder daar aanwezig te zijn, met name door middel van geschikte communicatietechnologie;
c) dat over zijn privéleven geen nodeloze vragen worden gesteld, die geen verband houden met het strafbare feit, en
d) dat de zitting achter gesloten deuren kan plaatsvinden.

Art. 24 Recht op bescherming van kindslachtoffers tijdens de strafprocedure

1. De lidstaten zorgen ervoor dat, als het slachtoffer een kind is, naast de in artikel 23 bedoelde, ook de volgende maatregelen worden getroffen:
a) tijdens het strafrechtelijk onderzoek mag van elke ondervraging van het kindslachtoffer een audiovisuele opname worden gemaakt, die in de strafprocedure als bewijs mag worden gebruikt;
b) de bevoegde autoriteiten wijzen, overeenkomstig de rol van het slachtoffer in het toepasselijke strafrechtstelsel, met het oog op het strafrechtelijk onderzoek en de strafprocedure een bijzondere vertegenwoordiger van het kindslachtoffer aan, indien volgens het nationale recht de dragers van de ouderlijke verantwoordelijkheid het kind niet kunnen vertegenwoordigen wegens een belangenconflict tussen hen en het kindslachtoffer, of indien het kindslachtoffer niet begeleid is of van zijn familie is gescheiden;
c) het kindslachtoffer dat recht heeft op een advocaat, heeft in een strafprocedure waarin er een belangenconflict is of kan bestaan tussen het kindslachtoffer en de personen die de ouderlijke verantwoordelijkheid dragen, recht op juridisch advies en vertegenwoordiging in eigen naam. De procedureregels voor de in de eerste alinea, onder a), bedoelde audiovisuele opname en het gebruik daarvan worden bepaald door het nationale recht.

2. Indien er onzekerheid bestaat over de leeftijd van een slachtoffer, en er voldoende reden is om aan te nemen dat het slachtoffer een kind is, wordt het slachtoffer voor de toepassing van deze richtlijn verondersteld een kind te zijn.

HOOFDSTUK 5
OVERIGE BEPALINGEN

Art. 25 Opleiding van praktijkbeoefenaren

1. De lidstaten zorgen ervoor dat de functionarissen van wie het waarschijnlijk is dat zij met het slachtoffer in contact komen, zoals politiefunctionarissen en gerechtelijk personeel, zowel algemene als gespecialiseerde opleidingen krijgen op een niveau dat aangepast is aan hun contact met het slachtoffer, teneinde het bewuster te maken van de behoeften van het slachtoffer, en hen in staat te stellen op een onpartijdige, respectvolle en professionele manier met het slachtoffer om te gaan.
2. Onverminderd de onafhankelijkheid van de rechterlijke macht en de verschillen in rechterlijke organisatie binnen de Unie, verzoeken de lidstaten degenen die verantwoordelijk zijn voor de opleiding van rechters en openbare aanklagers in strafprocedures om algemene en gespecialiseerde opleidingen aan te bieden om die rechters en openbare aanklagers bewuster te maken van de behoeften van het slachtoffer.
3. Met gepast respect voor de onafhankelijkheid van de advocatuur, bevelen de lidstaten aan dat degenen die verantwoordelijk zijn voor de advocatenopleiding, zowel algemene als gespecialiseerde opleidingen beschikbaar stellen om advocaten bewuster te maken van de behoeften van slachtoffers.
4. Via hun overheidsdiensten of door subsidiëring van slachtofferhulporganisaties stimuleren de lidstaten initiatieven die ervoor zorgen dat degenen die slachtofferhulp- en herstelrechtvoorzieningen aanbieden, een passende opleiding krijgen op een niveau dat aangepast is aan hun contact met het slachtoffer, en professionele normen in acht nemen waardoor gegarandeerd wordt dat zij hun werkzaamheden op een onpartijdige, respectvolle en professionele manier verrichten.
5. Overeenkomstig de betrokken taken en volgens de aard en de mate van het contact tussen de praktijkbeoefenaar en het slachtoffer, is de opleiding erop gericht de praktijkbeoefenaar in staat te stellen slachtoffers te erkennen en hen op een respectvolle, professionele en niet-discriminerende manier te bejegenen.

Art. 26 Samenwerking en coördinatie van diensten

1. De lidstaten nemen passende maatregelen ter bevordering van de samenwerking tussen de lidstaten, teneinde de toegang van slachtoffers tot de in deze richtlijn opgenomen en uit hoofde van het nationale recht verleende rechten, te verbeteren. Deze samenwerking is ten minste gericht op:
a) de uitwisseling van beste praktijken;
b) overleg in individuele gevallen, en
c) steun voor Europese netwerken die zich bezighouden met aangelegenheden welke rechtstreeks relevant zijn voor de rechten van het slachtoffer.
2. De lidstaten nemen passende maatregelen, onder meer via het internet, om de bekendheid van de in deze richtlijn uiteengezette rechten te vergroten, om de negatieve effecten van het strafbare feit alsmede de risico's van secundaire en herhaalde victimisatie, van intimidatie en van vergelding te beperken, in het bijzonder voor risicogroepen zoals kinderen, slachtoffers van gendergerelateerd geweld en slachtoffers van geweld in hechte relaties. Die maatregelen kunnen voorlichtings- en bewustmakingscampagnes en onderzoeks- en opleidingsprogramma's omvatten, indien passend in samenwerking met maatschappelijke organisaties en andere belanghebbenden.

HOOFDSTUK 6
SLOTBEPALINGEN

Art. 27 Omzetting

1. De lidstaten doen de nodige wettelijke en bestuursrechtelijke bepalingen in werking treden om uiterlijk op 16 november 2015 aan deze richtlijn te voldoen.
2. Wanneer de lidstaten die bepalingen vaststellen, wordt in die bepalingen zelf of bij de officiële bekendmaking ervan naar deze richtlijn verwezen. De regels voor de verwijzing worden vastgesteld door de lidstaten.

Art. 28 Verstrekken van gegevens en statistieken

De lidstaten delen de Commissie uiterlijk op 16 november 2017 en vervolgens om de drie jaar de beschikbare data mee waaruit blijkt hoe slachtoffers toegang hebben gehad tot de in deze richtlijn opgenomen rechten.

Art. 29 Verslag
De Commissie legt uiterlijk op 16 november 2017 een verslag voor aan het Europees Parlement en de Raad, waarin wordt beoordeeld in hoeverre de lidstaten de nodige maatregelen hebben genomen om aan deze richtlijn te voldoen en waarin tevens de op grond van de artikelen 8, 9 en 23, genomen maatregelen worden beschreven; dit verslag gaat indien nodig vergezeld van wetgevingsvoorstellen.

Art. 30 Vervanging van Kaderbesluit 2001/220/JBZ
Onverminderd de verplichtingen van de lidstaten betreffende de termijnen voor omzetting in nationaal recht, wordt Kaderbesluit 2001/220/JBZ door deze richtlijn vervangen ten aanzien van de lidstaten die aan de vaststelling hiervan deelnemen.

Ten aanzien van de lidstaten die aan de vaststelling van deze richtlijn deelnemen, gelden verwijzingen naar dat kaderbesluit als verwijzingen naar deze richtlijn.

Art. 31 Inwerkingtreding
Deze richtlijn treedt in werking op de dag na die van de bekendmaking ervan in het *Publicatieblad van de Europese Unie.*

Art. 32 Adressaten
Deze richtlijn is gericht tot de lidstaten overeenkomstig de Verdragen.

Alfabetisch trefwoordenregister

Aanbieden van schadelijke afbeelding aan jeugdigen [C1 art. 240a Sr]
Aanbieder communicatiedienst [C2 art. 138g Sv]
Aanbieders cryptodiensten, beheerste en integere bedrijfsvoering [C25 art. 23j Wwft]
Aanbieders cryptodiensten derde land, verbod [C25 art. 23g Wwft]
Aanbieders cryptodiensten, geschikte personen voor bepalen beleid] [C25 art. 23h Wwft]
Aanbieders cryptodiensten, transparante zeggenschapsstructuur [C25 art. 23i Wwft]
Aanduiding grenzen bebouwde kommen [C14 art. 156a WVW]
Aangifte [C46 art. 21 ERV 1959]
Aangiftebevoegdheid [C2 art. 161 Sv]
Aangifteplicht bij gevangenhouding op niet-wettige plaats [C2 art. 160 Sv]
Aangifteplicht van misdrijven [C2 art. 160 Sv]
Aangifteplicht van openbare colleges en ambtenaren [C2 art. 162 Sv]
Aanhangig maken van een zaak voor de kantonrechter [C2 art. 383 Sv]
Aanhangig maken van een zaak voor de kantonrechter door oproeping [C2 art. 384 Sv]
Aanhouding bij heterdaad [C2 art. 53 Sv]
Aanhouding bij strafvordering buiten het rechtsgebied van een rechtbank [C2 art. 539h Sv]
Aanhouding buiten heterdaad [C2 art. 54 Sv]
Aanhouding en voorgeleiding ter handhaving van de openbare orde [C2 art. 541 Sv]
Aanhouding ter handhaving van de openbare orde [C2 art. 547 Sv]
Aanhouding van terbeschikkinggestelde [C2 art. 509h Sv]
Aanhouding verdachte [C50 art. 27 EVOS]
Aanhoudingsbevel zelfde grond als geweigerd uitleveringsverzoek [C36 art. 35 UW]
Aannemen van steekpenningen door ambtenaar [C1 art. 363 Sr]
Aanneming van steekpenningen door rechter [C1 art. 364 Sr]
Aanpassing van toezichtbeslissing door een andere lidstaat van de EU aan Nederlands recht [C2 art. 5.7.9 Sv]
Aanprijzen afluisterapparatuur [C1 art. 441a Sr]
Aanranding leden Koninklijk Huis [C1 art. 110 Sr]
Aanranding persoon van de Koning [C1 art. 109 Sr]
Aanranding van een internationaal beschermd persoon [C1 art. 117a Sr]
Aanslag op bevriend staatshoofd [C1 art. 115 Sr]
Aanslag op internationaal beschermd persoon [C1 art. 117 Sr]
Aanslag op leden van Koninklijk Huis [C1 art. 108 Sr]
Aanslag tegen Koning [C1 art. 92 Sr]
Aanslag tegen regeringsraad [C1 art. 95 Sr]
Aanslag tegen regeringsvorm [C1 art. 94 Sr]
Aanslag tegen Staat [C1 art. 93 Sr]
Aanslag tot een feit [C1 art. 79 Sr]
Aansprakelijke vennoot [C2 art. 528 Sv]
Aansprakelijkheid eigenaar/houder bij onbekende verdachte [C14 art. 181 WVW]
Aansprakelijkheid eigenaar/houder bij onbekende verdachte, nadere regels [C14 art. 182 WVW]
Aansprakelijkheid eigenaar/houder van in buitenland geregistreerd motorvoertuig of aanhangwagen bij onbekende verdachte [C14 art. 183 WVW]
Aansprakelijkheid kentekenplicht [C14 art. 36 WVW]
Aanstelling/schorsing/ontslag door korpschef [C5 art. 45 PolW]
Aantekenen cassatieberoep door verdachte [C2 art. 433 Sv]
Aantekening in het rijbewijzenregister [C14 art. 124, art. 132 WVW]
Aantekening van niet voorgelezen stukken door politierechter [C2 art. 374 Sv]
Aantekening vernietiging [C16 art. 20]
Aantekening vonnis [C2 art. 378 Sv]
Aantekening vonnis in proces-verbaal terechtzitting [C2 art. 395 Sv]
Aantekeningen kentekenregister [C14 art. 52b WVW]
Aanvang van verjaringstermijn van strafvordering [C1 art. 71 Sr]
Aanvraag en verlening erkenning [C14 art. 70d WVW]
Aanvraag erkenning inbouw onderdelen [C14 art. 93 WVW]
Aanvraag inschrijving en tenaamstelling [C14 art. 50 WVW]
Aanvraag keuringsbewijs [C14 art. 76 WVW]

A

A   Alfabetisch trefwoordenregister

Aanvraag om afgifte van verklaring [C9 art. 30 WJG]
Aanvraag rijbewijs [C14 art. 111 WVW]
Aanvraag/uitreiking nieuw/vervangend rijbewijs [C14 art. 115 WVW]
Aanvrager verklaring [C9 art. 33 WJG]
Aanvullend bloedonderzoek [C16 art. 18]
Aanvullende maatregelen [C25 art. 8 Wwft]
Aanvullende verplichte weigeringsgrond [C38 art. 13a, art. 24a WWETGC]
Aanvulling bepalingen [C50 art. 43 EVOS]
Aanvulling vonnis als bedoeld in art. 356a lid 2 Sv. [C2 art. 365b Sv]
Aanwenden middelen voor andere doeleinden [C1 art. 323a Sr]
Aanwenden rechtsmiddelen door advocaat of gemachtigde [C2 art. 450 Sv]
Aanwenden technisch hulpmiddel [C2 art. 126g Sv]
Aanwending kleding en wapens van militairen [C1 art. 439 Sr]
Aanwezigheid bij plegen ontuchtige handelingen door minderjarigen [C1 art. 248c Sr]
Aanwezigheid getuige in zittingszaal [C2 art. 296 Sv]
Aanwezigheid in persoon ter terechtzitting [C2 art. 258a Sv]
Aanwezigheid van verdachte, raadsman en officier van justitie bij verhoor van bedreigde getuige [C2 art. 226d Sv]
Aanwijzing bromfietsen waarvoor geen Europese typegoedkeuring vereist is [C14 art. 20b WVW]
Aanwijzing door Hoge Raad van een ander gerecht bij berechting van rechterlijke ambtenaren [C2 art. 510 Sv]
Aanwijzing door toezichthouder [C25 art. 28 Wwft]
Aanwijzing grondgebied voor toepassing [C50 art. 40 EVOS]
Aanwijzing luchthaven [C23 art. 52 WWM]
Aanwijzing personen verantwoordelijk voor naleving van de wet [C25 art. 2d Wwft]
Aanwijzing raadsman [C2 art. 28b Sv]
Aanwijzing van een afgeschermde getuige [C2 art. 226m Sv]
Aanwijzing van officier van justitie bij strafvordering buiten het rechtsgebied van een rechtbank [C2 art. 539b Sv]
Aanwijzing wettelijke bepalingen Bijlage III [C50 art. 42 EVOS]
Aanwijzingen, aanwijzingen boven verkeerstekens/-regels [C15 art. 84 RVV]
Aanwijzingen bij uitvoering wet [C23 art. 38 WWM]
Aanwijzingen door gedeputeerde staten [C14 art. 19 WVW]
Aanwijzingen door opsporingsambtenaren enz. [C14 art. 12 WVW]
Aanwijzingen, gebodsbepalingen [C15 art. 82 RVV]
Aanwijzingen inrichtingen [C2 art. 198 Sv]
Aanwijzingen minister, handhaving openbare orde [C5 art. 15 PolW]
Aanwijzingen minister, objecten/diensten [C5 art. 16 PolW]
Aanwijzingen, stopteken [C15 art. 83 RVV]
Aanwijzingen, verlichte transparanten [C15 art. 82a RVV]
Aanwijzingen voor verdachte [C2 art. 257a Sv]
Aanzegging cassatieberoep aan verdachte [C2 art. 433, art. 434 Sv]
Aanzetten tot haat, discriminatie of gewelddadig optreden [C1 art. 137d Sr]
Aard justitiële gegevens [C10 art. 7 BJG]
Achterhouden van stukken, van belang i.v.m. vervalsing [C1 art. 193 Sr]
Achterwege laten behandeling aanvraag [C9 art. 34 WJG]
Ademanalyse [C14 art. 163 WVW]
Ademonderzoek [C16 art. 10] [C17 art. 5]
Adequate voorzieningen [C25 art. 20a Wwft]
Adressaat verzoeken [C46 art. 15 ERV 1959]
Adressaten [C41 art. 39]
Advies gedragsdeskundigen [C1 art. 37a Sr]
Advies over nader onderzoek bij herziening [C2 art. 462 Sv]
Advies raad over jeugdige verdachte [C2 art. 494a Sv]
Advies raad over jeugdige verdachte in strafbeschikking/vonnis [C2 art. 494b Sv]
Adviescollege levenslanggestraften, advisering Minister [C28 art. 7]
Adviescollege levenslanggestraften, bevoegdheden [C28 art. 5]
Adviescollege levenslanggestraften, bezoldiging [C28 art. 11]
Adviescollege levenslanggestraften, bijstand deskundigen [C28 art. 9]
Adviescollege levenslanggestraften, jaarbericht [C28 art. 12]
Adviescollege levenslanggestraften, ontslag voorzitter/leden [C28 art. 3]
Adviescollege levenslanggestraften, privacy protocol [C28 art. 8]
Adviescollege levenslanggestraften, samenstelling en benoeming [C28 art. 2]
Adviescollege levenslanggestraften, secretaris [C28 art. 6]

Alfabetisch trefwoordenregister

A

Adviescollege levenslanggestraften, taak [C28 art. 4]
Adviescollege levenslanggestraften, vaststelling adviezen [C28 art. 10]
Afbreking van zwangerschap [C1 art. 296 Sr]
Afdoening strafbare feiten door bestuurlijke autoriteit [C50 art. 9 EVOS]
Afdreiging [C1 art. 318 Sr]
Afgeschermde getuige [C2 art. 136d, art. 190 Sv]
Afgifte keuringsbewijs [C14 art. 53, art. 75, art. 79 WVW]
Afgifte rijbewijs [C14 art. 119 WVW]
Afgifte rijbewijs aan vreemdelingen [C14 art. 111 WVW]
Afgifte rijbewijs, datum [C14 art. 118a WVW]
Afgiftebewijs [C14 art. 116 WVW]
Afhandeling melding geweld [C6 art. 19 Ambtsinstr.]
Afleveren op recept [C22 art. 5 Opw]
Afluisteren en opnemen van gesprekken in geval van vroegsporing [C2 art. 126s Sv]
Afluisteren van binnen gevoerde gesprekken m.b.v. technisch hulpmiddel [C1 art. 139a Sr]
Afluisteren van buiten gevoerde gesprekken m.b.v. technisch hulpmiddel [C1 art. 139b Sr]
Afname celmateriaal verdachte terroristisch misdrijf [C2 art. 126zsa Sv]
Afpersing [C1 art. 317 Sr]
Afpersing of afdreiging tussen echtgenoten of naaste familie [C1 art. 320 Sr]
Afschrift of origineel [C46 art. 3 ERV 1959]
Afschrift van de tenlastelegging [C2 art. 314 Sv]
Afschrift van het arrest in cassatie [C2 art. 444 Sv]
Afschrift van processtukken aan rechter-commissaris [C2 art. 184 Sv]
Afschrift van strafbeschikking uitreiken aan verdachte [C2 art. 257d Sv]
Afschrift van vonnissen zonder behoorlijke ondertekening door ambtenaar [C1 art. 462 Sr]
Afschrift vonnis aan derden [C2 art. 365 Sv]
Afslaan, voorrangsregels [C15 art. 18 RVV]
Afslaan, voorsorteren [C15 art. 17 RVV]
Afsluiten heropend strafrechtelijk onderzoek [C2 art. 126fa Sv]
Afsluiten strafrechtelijk financieel onderzoek [C2 art. 126f Sv]
Afstaan van celmateriaal voor DNA-onderzoek [C2 art. 151b Sv]
Afstaan van kind onder zes maanden uit winstbejag [C1 art. 151a Sr]
Afstand van rechtsbijstand [C2 art. 28a Sv]
Afstand van rechtsmiddel na vonnis kantonrechter [C2 art. 397a Sv]
Aftappen of opnemen van gegevens [C1 art. 139c Sr]
Aftrek ondergane vrijheidsbeneming [C50 art. 36 EVOS]
Aftrek tijd op vrijheidsstraf in mindering brengen [C1 art. 27 Sr]
Afwezigheid van verdachte bij verhoren [C2 art. 209 Sv]
Afwezigheid verdachte bij verhoor van afgeschermde getuige [C2 art. 226p Sv]
Afzien strafvervolging [C50 art. 3 EVOS]
Afzien van oproeping niet-verschenen getuigen door rechtbank [C2 art. 288 Sv]
Afzien van rechtsmiddel [C2 art. 364 Sv]
Afzonderlijk verhoor [C2 art. 189 Sv]
Akte van griffier na instellen rechtsmiddel [C2 art. 451 Sv]
Akte van uitreiking [C2 art. 36h Sv]
Alcoholgehalte adem/bloed, waarden [C14 art. 8 WVW]
Algemeen erkende feestdagen [C2 art. 136 Sv]
Algemene gronden weigering erkenning etc. [C23 art. 7 WWM]
Algemene gronden wijziging of intrekking erkenning, consent etc. [C23 art. 7 WWM]
Algemene opsporingsambtenaren [C2 art. 141 Sv]
Algemene voorwaarden bij voorwaardelijke straf [C1 art. 14c Sr]
Ambtenaar, begripsbepalingen [C6 art. 1 Ambtsinstr.]
Ambtenaar bijzondere opsporingsdienst [C6 art. 36a Ambtsinstr.]
Ambtenaar bijzondere opsporingsdienst, gebruik voorgeschreven geweldmiddel/handboeien [C6 art. 36b Ambtsinstr.]
Ambtenaar van politie, bevoegdheden voor uitvoering politietaak [C5 art. 8 PolW]
Ambtenaren van politie [C17 art. 1a]
Ambtenaren van politie, definitie [C5 art. 2 PolW]
Ambtenaren van rijksrecherche, aanstelling/schorsing/ontslag door College van procureurs-generaal [C5 art. 53 PolW]
Ambtsdwang [C1 art. 179 Sr]
Ambtseed [C2 art. 153 Sv]
Ambtshalve toevoeging raadsman [C2 art. 40 Sv]
Ambtsinstructie, nadere regels [C5 art. 9 PolW]
Analoge toepassing [C50 art. 7 EVOS]

B

Alfabetisch trefwoordenregister

Anonieme keuring [C14 art. 86a WVW]
Anonimisering gegevens [C9 art. 15 WJG]
Archivering ontvangen gegevens van lidstaat [C10 art. 37 BJG]
Arrest aantekenen bij hoger beroep [C2 art. 426 Sv]
Authentieke/gevoelige gegevens [C14 art. 42a WVW]
Autogordel en kinderbeveiligingssysteem, autobus [C15 art. 59a RVV]
Autogordel en kinderbeveiligingssysteem, uitzondering [C15 art. 59b RVV]
Autogordels en kinderbeveiligingssysteem, gebodsbepaling [C15 art. 59 RVV]
Automatisch vuurwapen [C6 art. 8 Ambtsinstr.]
Autoriteit persoonsgegevens, bevoegdheden [C11 art. 35c WPolG]
Autoriteit persoonsgegevens, klacht [C11 art. 31a WPolG]
Autoriteit persoonsgegevens, rechtsvordering [C11 art. 31b WPolG]
Autoriteit persoonsgegevens, samenwerking met andere lidstaten [C11 art. 35d WPolG]
Autoriteit persoonsgegevens, schadevergoeding bij niet naleving voorschriften [C11 art. 31c WPolG]
Autoriteit persoonsgegevens, taken [C11 art. 35b WPolG]
Autoriteit persoonsgegevens, toezicht [C11 art. 35 WPolG] [C9 art. 27 WJG]
Autoriteit persoonsgegevens, voorafgaande raadpleging door verwerkingsverantwoordelijke [C11 art. 33b WPolG]
Autosnelweg en autoweg, toelatingseis [C15 art. 42 RVV]
Autosnelweg en autoweg, verbodsbepaling [C15 art. 43 RVV]
AVG [C25 art. 23 Wwft]

B

Bank [C25 art. 1a Wwft]
Bedreigde getuige [C2 art. 136c, art. 190 Sv]
Bedreiging met misdrijf [C1 art. 285 Sr]
Bedrieglijke bankbreuk [C1 art. 341 Sr]
Bedrieglijke bankbreuk door bestuurder of commissaris van rechtspersoon [C1 art. 343 Sr]
Bedrieglijke grensverplaatsing [C1 art. 333 Sr]
Bedrog bij bouw [C1 art. 331 Sr]
Bedrog bij jaarstukken van vennootschappen [C1 art. 336 Sr]
Bedrog bij verkiezingen [C1 art. 127 Sr]
Bedrog door de verkoper [C1 art. 329 Sr]
Bedrog door verzekeringnemer [C1 art. 327 Sr]
Bedrog met handelsnaam, merk of model [C1 art. 337 Sr]
Bedrog met militaire leveranties [C1 art. 332 Sr]
Bedrog tussen echtgenoten en naaste familieleden [C1 art. 338 Sr]
Beëdiging [C2 art. 226c, art. 276, art. 290 Sv]
Beëdiging tolk [C2 art. 191 Sv]
Beëdiging van getuige of deskundige door rechter-commissaris [C2 art. 216 Sv]
Beëindiging immuniteit [C46 art. 12 ERV 1959]
Beëindiging onderzoek door rechter-commissaris [C2 art. 238 Sv]
Beëindiging schorsing [C14 art. 68 WVW]
Beëindiging uitvoering bevel [C2 art. 126g Sv]
Beëindiging van toezicht na toezichtbeslissing door een andere lidstaat van de EU [C2 art. 5.7.15 Sv]
Begeleiderspas, aanvraag [C14 art. 111a WVW]
Begeleiderspas, geldigheid [C14 art. 111a WVW]
Begeleiderspas, ongeldigheidverklaring [C14 art. 111a WVW]
Begeleiderspas, vereisten [C14 art. 111a WVW]
Begeleiderspas, inwerkingtreding ongeldigheidverklaring [C14 art. 111a WVW]
Begunstiging naaste familie [C1 art. 189 Sr]
Begunstiging van dader [C1 art. 189 Sr]
Behalen examen basiskwalificatie/nascholing vakbekwaamheid bestuurders in Nederland [C14 art. 151g WVW]
Behandeling door Hoge Raad in eerste aanleg [C2 art. 484 Sv]
Behandeling door meervoudige kamer na politierechter [C2 art. 377 Sv]
Behandeling geweldsregistratie [C6 art. 18a Ambtsinstr.]
Behandeling in voorlopige hechtenis [C2 art. 76 Sv]
Behandeling van het verzet tegen strafbeschikking ter terechtzitting [C2 art. 257f Sv]
Behandeling van hoger beroep door enkelvoudige kamer [C2 art. 411 Sv]
Behandeling van hoger beroep door meervoudige kamer [C2 art. 411 Sv]
Behandeling van hoger beroep ter terechtzitting [C2 art. 410a Sv]
Behandeling verschoningsverzoek bij wraking door meervoudige kamer [C2 art. 518 Sv]
Behandeling vordering tot ontneming van wederrechtelijk verkregen voordeel [C2 art. 511d Sv]

Alfabetisch trefwoordenregister

Behandeling wrakingsverzoek door meervoudige kamer [C2 art. 515 Sv]
Behandeling zaak buiten aanwezigheid van jeugdige verdachte [C2 art. 497 Sv]
Behoorlijk zichtbare kentekenplaat [C14 art. 40 WVW]
Beïnvloeden verklaring [C1 art. 285a Sv]
Bekendheid verdachte met hoger beroep [C2 art. 409 Sv]
Bekendmaken identiteit onbekende bestuurder [C14 art. 165 WVW]
Bekendmaken identiteit onbekende bestuurder bij in buitenland geregistreerd motorrijtuig of aanhangwagen [C14 art. 167 WVW]
Bekendmaken identiteit onbekende bestuurder, nadere regels [C14 art. 166 WVW]
Bekendmaking van bedrijfsgeheimen [C1 art. 273 Sr]
Beklag, beklagcommissie [C26 art. 62 PBW]
Beklag, beroep tegen uitspraak beklagcommissie [C26 art. 69 PBW]
Beklag betreffende strafbaar feit voorgelegd aan Hoge Raad in geval van art. 12 Sv. [C2 art. 13a Sv]
Beklag bij nalaten indienen verzoekschrift als bedoeld in art. 510 Sv. [C2 art. 13 Sv]
Beklag, horen klager en directeur [C26 art. 64 PBW]
Beklag, informeren directeur [C26 art. 63 PBW]
Beklag, inzage gedingstukken [C26 art. 65 PBW]
Beklag inzake vervoer, indienen klacht [C26 art. 68a PBW] [C30 art. 66a BVTG]
Beklag inzake vervoer jeugdige [C31 art. 73a BJJI]
Beklag inzake vervoer jeugdige, uitspraak [C31 art. 73b BJJI]
Beklag inzake vervoer, tegemoetkoming bij gegrondverklaring [C26 art. 68b PBW] [C30 art. 66b BVTG]
Beklag over de oplegging van voorwaarden of schikking [C2 art. 552ab Sv]
Beklag over inbeslagneming, enz. [C2 art. 552a Sv]
Beklag over niet-vervolging [C2 art. 12 Sv]
Beklag over verbeurdverklaring of onttrekking aan het verkeer [C2 art. 552b Sv]
Beklag, procedure [C26 art. 61 PBW]
Beklag, procedure uitspraak [C26 art. 67 PBW]
Beklag, rechtsbijstandverlener/vertrouwenspersoon [C26 art. 65 PBW]
Beklag, schorsing [C26 art. 66 PBW]
Beklag, tolk [C26 art. 65 PBW]
Beklag, uitspraak [C26 art. 68 PBW]
Beklag, verslag horen betrokkenen [C26 art. 65 PBW]
Beklagcommissie, zitting [C27 art. 18 PM]
Beklagtermijn in geval van art. 12 Sv. [C2 art. 12k Sv]
Bekrachtiging/aanvaarding [C50 art. 38 EVOS]
Belaging [C1 art. 285b Sr]
Belastingadviseurs, accountants, advocaten [C25 art. 1a Wwft]
Belediging van bevolkingsgroep [C1 art. 137c Sr]
Beleidsplan regionale eenheid, aanwijzingen minister [C5 art. 40 PolW]
Beleidsregels CBR [C14 art. 4ab WVW]
Beleidsregels RDW [C14 art. 4c WVW]
Belemmeren blussen van brand [C1 art. 159 Sr]
Belemmeren van ambtsbediening [C1 art. 185 Sr]
Belemmeren van herstel waterstaatswerk [C1 art. 160 Sr]
Belemmering of verhindering tot het betreden van plaats [C1 art. 192c Sr]
Belemmering toegang tot begraafplaats of crematorium [C1 art. 148 Sr]
Belemmeringen inwilligen verzoek [C50 art. 10 EVOS]
Beletsel verstrekking [C9 art. 10, art. 11, art. 12 WJG]
Beletten kennis te nemen van antwoorden ter bescherming van getuige door rechter-commissaris [C2 art. 187d Sv]
Beletten van lijkschouwing [C1 art. 190 Sr]
Beletten van vragen door rechter-commissaris [C2 art. 187b Sv]
Bemiddeling slachtoffer en verdachte [C2 art. 51h Sv]
Bemoeilijken herkenning kenteken [C14 art. 41 WVW]
Bemoeilijken van opsporing minderjarige [C1 art. 280 Sr]
Benadeling bondgenoten [C1 art. 107 Sr]
Benadeling persoon die melding doet van ongebruikelijke transacties [C25 art. 20b Wwft]
Benoemen gerechtelijk deskundige [C2 art. 51i Sv]
Benoeming leden [C24 art. 4 Wtlvhz]
Benoeming leden RvT [C14 art. 4k WVW]
Benoeming RvT CBR [C14 art. 4ai WVW]
Beoordeling overeenkomstig zorgvuldigheidseisen [C24 art. 8 Wtlvhz]
Bepalingen als gevolg van vormverzuim [C2 art. 359a Sv]

B
Alfabetisch trefwoordenregister

Bepalingen voor verdachten met gebrekkige ontwikkeling of ziekelijke stoornis [C2 art. 509d Sv]
Beperking bij onderzoek betrouwbaarheid vervoersfunctie [C10 art. 45 BJG]
Beperking verlenging van terbeschikkingstelling [C1 art. 38e Sr]
Beperking vrije toegang tot verdachte [C2 art. 46 Sv]
Beperkingen vergunning, vrijstelling en ontheffing [C14 art. 150 WVW]
Beperkte ongeldigverklaring [C14 art. 125 WVW]
Beraadslaging en uitspraak op vordering tot ontneming van wederrechtelijk verkregen voordeel [C2 art. 511e Sv]
Berechting twee strafbare feiten [C1 art. 63 Sr]
Berechting van mede-verdachten door Hoge Raad in eerste aanleg [C2 art. 485 Sv]
Beroep, behandeling beroepschrift [C26 art. 73 PBW]
Beroep in cassatie [C2 art. 427, art. 527, art. 552d Sv]
Beroep jeugdige inzake vervoer [C31 art. 76a BJJI]
Beroep jeugdige tegen medisch handelen [C31 art. 76b BJJI]
Beroep jeugdige tegen medisch handelen, behandeling [C31 art. 76e BJJI]
Beroep jeugdige tegen medisch handelen, beroepschrift [C31 art. 76d BJJI]
Beroep jeugdige tegen medisch handelen, uitspraak [C31 art. 76f BJJI]
Beroep jeugdige tegen medisch handelen, verzoek bij Medisch Adviseur [C31 art. 76c BJJI]
Beroep na bemiddeling AP mogelijk [C9 art. 23, art. 39n WJG]
Beroep na handhaven van de openbare orde [C2 art. 549 Sv]
Beroep OvJ tegen onmiddellijke invrijheidstelling [C2 art. 59c Sv]
Beroep, plaatsing/overplaatsing/deelname penitentiair programma/verlof/strafonderbreking [C26 art. 72 PBW]
Beroep tegen beschikking omtrent schorsing vervolging [C2 art. 20 Sv]
Beroep tegen beschikkingen [C23 art. 34 WWM]
Beroep tegen niet-afgifte keuringsbewijs [C14 art. 90 WVW]
Beroep tegen uitspraak beklagcommissie [C26 art. 71a PBW] [C30 art. 68a BVTG]
Beroep tegen uitspraak beklagcommissie, schorsing tenuitvoerlegging [C26 art. 70 PBW]
Beroep tegen uitspraak beklagcommissie, uitspraak beroepscommissie [C26 art. 71 PBW]
Beroep tegen verkeersbesluiten [C14 art. 20 WVW]
Beroepschrift tegen medisch handelen arts [C26 art. 71b PBW]
Beroepschrift tegen medisch handelen arts, behandeling [C26 art. 71e PBW]
Beroepschrift tegen medisch handelen arts, procedure [C26 art. 71d PBW]
Beroepschrift tegen medisch handelen arts, uitspraak [C26 art. 71f PBW]
Berusting van gewraakte rechter [C2 art. 514 Sv]
BES-eilanden, definitie ambtenaar [C33 art. 16b WIM]
BES-eilanden, definitie middelen [C33 art. 16d WIM]
BES-eilanden, definitie samenspanning/zwaar lichamelijk letsel [C33 art. 16c WIM]
BES-eilanden, immuniteit [C33 art. 16g WIM]
BES-eilanden, ontzetting kiesrecht [C33 art. 16f WIM]
BES-eilanden, verjaring [C33 art. 16e WIM]
Beschadigen van een dier [C1 art. 350 Sr]
Beschadiging van ambtelijke bekendmaking [C1 art. 187 Sr]
Beschadiging van zaken van algemeen nut [C1 art. 351 Sr]
Beschadiging van zaken van algemeen nut door schuld [C1 art. 351bis Sr]
Bescheiden inzien bij strafvordering buiten het rechtsgebied van een rechtbank [C2 art. 539r Sv]
Beschermde goederen [C1 art. 87b Sr]
Bescherming erkenninghouders [C14 art. 89 WVW]
Bescherming van persoonsgegevens [C41 art. 20]
Beschikbaarstellen of voorhanden hebben van afluisterapparatuur [C1 art. 139d Sr]
Beschikking [C9 art. 23, art. 39n WJG]
Beschikking bij jurisdictiegeschil [C2 art. 527 Sv]
Beschikking in geval van art. 226h Sv. [C2 art. 226i Sv]
Beschikking na herzieningsaanvraag ten nadele van de verdachte [C2 art. 482d Sv]
Beschikking raadkamer [C2 art. 24 Sv]
Beschikkingen en beslissingen [C2 art. 138 Sv]
Beslissing op aanvraag VOG is beschikking [C9 art. 29 WJG]
Beslissing op beroep of bezwaarschrift tegen beschikkingen [C2 art. 448 Sv]
Beslissing over vordering tot tenuitvoerlegging [C2 art. 361a Sv]
Beslissing ten aanzien van in beslag genomen voorwerpen [C2 art. 353 Sv]
Beslissing ten aanzien van ontoegankelijk gemaakte gegevens [C2 art. 354 Sv]
Beslissingen omtrent schorsing vervolging [C2 art. 19 Sv]
Besloten plaats betreden [C2 art. 126o Sv]
Besloten plaats betreden of technisch hulpmiddel aanwenden in geval van vroegsporing [C2 art. 126r Sv]

Alfabetisch trefwoordenregister

B

Besluit alcohol, drugs en geneesmiddelen in het verkeer [C17 art. 1]
Besluit van rechter-commissaris inzake invrijheidstelling [C2 art. 59a Sv]
Besmetting met ernstige ziekte bij misdrijf [C2 art. 151e Sv]
Bestanden bewaren en beschikbaar houden in geval van vroegsporing [C2 art. 126ui Sv]
Bestellen van middelen [C22 art. 4 Opw]
Besturen motorrijtuig onder invloed [C14 art. 8 WVW]
Besturen na invordering rijbewijs [C14 art. 9 WVW]
Besturen na ongeldigverklaring rijbewijs [C14 art. 9 WVW]
Besturen na ontzegging rijbevoegdheid [C14 art. 9 WVW]
Besturen na schorsing geldigheid rijbewijs [C14 art. 9 WVW]
Besturen onder toezicht [C14 art. 185 WVW]
Besturen voertuig onder invloed [C14 art. 8 WVW]
Bestuurder met immuniteit, notificatie [C18 art. 5c WAHV]
Bestuurders, aanwijzing voertuigen verplichting getuigschrift vakbekwaamheid
 [C14 art. 186a WVW]
Bestuurlijke last onder dwangsom [C25 art. 29 Wwft]
Bestuursdwang o.g.v. art. 5:20 Awb [C22 art. 13c Opw]
Bestuursorganen, medewerking [C5 art. 44 PolW]
Betaling wederrechtelijk verkregen voordeel door veroordeelde [C1 art. 36e Sr]
Betekening aan verdachte [C2 art. 19 Sv]
Betekening bevel tot voorlopige hechtenis [C2 art. 78 Sv]
Betekening en mededeling [C2 art. 527 Sv]
Betekening, nadere bepalingen [C38 art. 42 WWETGC]
Betekening van beschikking over beslag aan aanklager [C2 art. 552d Sv]
Betekening van de beslissing tot herziening [C2 art. 475 Sv]
Betreden plaatsen ter aanhouding [C2 art. 55 Sv]
Betreden van de plaats van het misdrijf in geval van artt. 138, 138a en 139 Sr. [C2 art. 551a Sv]
Betreden van plaatsen bij strafvordering buiten het rechtsgebied van een rechtbank
 [C2 art. 539s Sv]
Betreden van verboden plaats door mens of vee [C1 art. 461 Sr]
Betrekkelijke duur hoofdstraffen [C1 art. 61 Sr]
Betrekkelijke zwaarte hoofdstraffen [C1 art. 61 Sr]
Betrouwbaarheid buiten twijfel [C25 art. 23h Wwft]
Betrouwbaarheid van bedreigde getuige [C2 art. 226e Sv]
Beveiliging en ontwerp gegevensbescherming [C11 art. 4a WPolG]
Bevel [C2 art. 126o, art. 126p, art. 126q, art. 126qa, art. 126r, art. 126s, art. 126t, art. 126v Sv]
Bevel tot aanhouding verdachte [C2 art. 84 Sv]
Bevel tot afschrift uitgeleverde of overgebrachte brieven [C2 art. 108 Sv]
Bevel tot aftappen communicatie via communicatiedienst [C2 art. 126m Sv]
Bevel tot aftappen van gebruiker in buitenland [C2 art. 126ma Sv]
Bevel tot beëindiging verblijf [C2 art. 198 Sv]
Bevel tot behandeling van de herzieningsaanvraag [C2 art. 466 Sv]
Bevel tot betreden besloten plaats of aanwenden technisch hulpmiddel [C2 art. 126k Sv]
Bevel tot bewaring [C2 art. 63 Sv]
Bevel tot binnendringing automatisch netwerk bij aanwijzingen terroristisch misdrijf
 [C2 art. 126zpa Sv]
Bevel tot binnendringing geautomatiseerd werk [C2 art. 126nba, art. 126uba Sv]
Bevel tot bloedonderzoek [C14 art. 163 WVW]
Bevel tot direct uitvoeren hulp/steun/toezicht [C1 art. 77za Sr]
Bevel tot gevangenhouding of gevangenneming [C2 art. 65 Sv]
Bevel tot in bewaring geven [C23 art. 8 WWM]
Bevel tot inbeslagneming [C2 art. 5.5.9 Sv]
Bevel tot inbeslagneming in andere lidstaat, certificaat [C2 art. 5.5.10 Sv]
Bevel tot inbeslagneming in andere lidstaat, intrekking [C2 art. 5.5.13 Sv]
Bevel tot inbeslagneming in andere lidstaat, klachtrecht [C2 art. 5.5.12 Sv]
Bevel tot inbeslagneming in andere lidstaat, toezending certificaat en [C2 art. 5.5.11 Sv]
Bevel tot inverzekeringstelling [C2 art. 58 Sv]
Bevel tot inverzekeringstelling door rechter-commissaris [C2 art. 206 Sv]
Bevel tot medewerking onderzoek [C14 art. 163 WVW]
Bevel tot nummeridentificatie [C2 art. 126nb Sv]
Bevel tot opnemen vertrouwelijke communicatie [C2 art. 126l Sv]
Bevel tot pseudo-koop of pseudo-dienstverlening [C2 art. 126i Sv]
Bevel tot stelselmatig inwinnen van informatie over verdachte [C2 art. 126j Sv]
Bevel tot stelselmatige observatie persoon [C2 art. 126g Sv]

B

Alfabetisch trefwoordenregister

Bevel tot stelselmatige observatie persoon aan buitenlandse opsporingsambtenaar [C2 art. 126g Sv]
Bevel tot uitlevering van voorwerpen aan derden [C2 art. 105 Sv]
Bevel uitlevering poststukken ter inbeslagneming [C2 art. 100 Sv]
Bevel uitlevering voor inbeslagneming vatbare voorwerpen [C2 art. 96a Sv]
Bevelen door raadkamer [C2 art. 23 Sv]
Bevelvoering bij bijstand [C6 art. 3 Ambtsinstr.]
Bevestiging of vernietiging van vonnis bij hoger beroep [C2 art. 423 Sv]
Bevoegde commandanten bij strafvordering buiten het rechtsgebied van een rechtbank [C2 art. 539d Sv]
Bevoegde opsporingsambtenaren [C2 art. 126q Sv]
Bevoegdheden kinderrechter bij jeugdige verdachte [C2 art. 499 Sv]
Bevoegdheden opsporingsambtenaar bij strafrechtelijk financieel onderzoek [C2 art. 126a Sv]
Bevoegdheden opsporingsambtenaar bij terroristisch misdrijf [C2 art. 126zd Sv]
Bevoegdheden provincie, gemeente en waterschappen [C14 art. 2a WVW]
Bevoegdheden rechter-commissaris t.a.v. poststukken [C2 art. 114 Sv]
Bevoegdheden bij vaststelling identiteit [C2 art. 55b Sv]
Bevoegdheden van raadsman [C2 art. 241b, art. 509d Sv]
Bevoegdheid bij deelneming van meer dan één persoon [C2 art. 6 Sv]
Bevoegdheid doorzoeken hulpofficier [C2 art. 97 Sv]
Bevoegdheid doorzoeken OvJ ter inbeslagneming [C2 art. 97 Sv]
Bevoegdheid erkenning in andere lidstaat opgelegde beslissing [C38 art. 4 WWETGC]
Bevoegdheid innemen rijbewijs [C14 art. 161 WVW]
Bevoegdheid onderzoek kleding bij aanleiding [C23 art. 52 WWM]
Bevoegdheid onderzoek kleding in veiligheidsrisicogebied [C23 art. 52 WWM]
Bevoegdheid onderzoek verpakking en reisbagage bij aanleiding [C23 art. 50 WWM]
Bevoegdheid onderzoek verpakking en reisbagage in veiligheidsrisicogebied [C23 art. 50 WWM]
Bevoegdheid onderzoek vervoermiddelen bij aanleiding [C23 art. 51 WWM]
Bevoegdheid onderzoek vervoermiddelen in veiligheidsrisicogebied [C23 art. 51 WWM]
Bevoegdheid ongeldigverklaring [C14 art. 124 WVW]
Bevoegdheid opsporingsambtenaar, plaatsen [C22 art. 9 Opw]
Bevoegdheid opsporingsambtenaar ter inbeslagneming [C2 art. 96 Sv]
Bevoegdheid opsporingsambtenaar, voer- en vaartuigen [C22 art. 9 Opw]
Bevoegdheid OvJ buiten rechtsgebied eigen rechtbank [C2 art. 10 Sv]
Bevoegdheid raadsman gelijkstelling met verdachte [C2 art. 331 Sv]
Bevoegdheid rechtbank Amsterdam [C2 art. 5 Sv]
Bevoegdheid tot beschikkingen van beklag [C2 art. 552f Sv]
Bevoegdheid tot doorzoeken plaats ter vastlegging gegevens van gegevensdrager [C2 art. 125i Sv]
Bevoegdheid tot doorzoeken van plaatsen [C2 art. 96c Sv]
Bevoegdheid tot doorzoeken vervoermiddel [C2 art. 96b Sv]
Bevoegdheid tot doorzoeking [C23 art. 49 WWM]
Bevoegdheid tot inbeslagneming [C23 art. 52 WWM]
Bevoegdheid tot verhoor [C2 art. 29e Sv]
Bevoegdheid tot vragen nadere gegevens/inlichtingen [C25 art. 17 Wwft]
Bevoegdheid verlenen erkenning [C23 art. 9 WWM]
Bevoegdheid verzenden in Nederland opgelegde beslissing aan andere lidstaat [C38 art. 5 WWETGC]
Bevoegdheidspas keuring motorrijtuigen en aanhangwagens [C14 art. 85a WVW]
Bevorderen plegen van ontucht door personen jonger dan 18 jaar [C1 art. 248f Sr]
Bevriende staat [C1 art. 87a Sr]
Bevriezingsbevelen, begripsbepalingen [C2 art. 5.5.14 Sv]
Bevrijding van een gevangene [C1 art. 191 Sr]
Bewaarder van registers [C1 art. 468a Sr]
Bewaartermijn gegevens over vuurwapen [C23 art. 36 WWM]
Bewaking vreemdeling bij vervoer te land [C39 art. 52 OW]
Bewapening/uitrusting/kleding politie, nadere regels [C5 art. 22 PolW]
Bewaren en beschikbaar houden van verstrekte gegevens en bestanden [C2 art. 126ni Sv]
Bewaren gegevens [C14 art. 70c WVW]
Bewaring bij strafvordering buiten het rechtsgebied van een rechtbank [C2 art. 539l Sv]
Bewaring van bepaalde stukken en voorwerpen door officier van justitie [C2 art. 126cc Sv]
Bewaring van inbeslaggenomen voorwerpen [C2 art. 116 Sv]
Bewaring van verbeurdverklaarde voorwerpen [C2 art. 552g Sv]
Bewegingsvrijheid bij strafvordering buiten het rechtsgebied van een rechtbank [C2 art. 539w Sv]
Bewezen laag risico op witwassen en financieren van terrorisme [C25 art. 1b Wwft]
Bewijsmiddelen bij hoger beroep [C2 art. 414 Sv]

Alfabetisch trefwoordenregister   B

Bewijsvoering van benadeelde partij [C2 art. 334 Sv]
Bezoekers penitentiaire inrichting, tbs-inrichting, grenslogies, jeugdinrichting [C10 art. 25 BJG]
Bezwaar, beroep of hoger beroep tegen bestuurlijke boete [C25 art. 32b Wwft]
Bezwaar- en beroepsprocedure [C14 art. 91 WVW]
Bezwaarmogelijkheid bij toepassing maatregelen [C2 art. 62 Sv]
Bezwaarschrift tegen dagvaarding [C2 art. 262 Sv]
Bigamie [C1 art. 237 Sr]
Bijhouden justitiële gegevens [C9 art. 3 WJG]
Bijkomende straffen [C1 art. 176, art. 77h Sr]
Bijkomende straffen bij bedrog [C1 art. 339 Sr]
Bijkomende straffen bij levenslang [C1 art. 59 Sr]
Bijkomende straffen bij meerdaadse samenloop [C1 art. 60 Sr]
Bijkomende straffen bij verduistering [C1 art. 325 Sr]
Bijstand aan opsporing door burgers in geval van terroristische misdrijven [C2 art. 126zt Sv]
Bijstand door officier van justitie aan advocaat-generaal [C2 art. 148c Sv]
Bijstand door raadsman [C2 art. 28 Sv]
Bijstand door raadsman bij verhoor verdachte [C2 art. 59a Sv]
Bijstand door raadsman, toepasselijkheidsbepaling [C2 art. 28ab Sv]
Bijstand door tolk op terechtzitting [C2 art. 275 Sv]
Bijstand in raadkamer door advocaat in geval van art. 12 Sv. [C2 art. 12f Sv]
Bijstand raadsman [C2 art. 86 Sv]
Bijstand raadsman bij doorzoeking [C2 art. 99a Sv]
Bijstand tolk bij verhoor [C2 art. 29b Sv]
Bijstand van advocaat gedurende de gijzeling [C2 art. 225 Sv]
Bijstand van een tolk [C2 art. 131b Sv]
Bijstand van tolk bij verdachte in raadkamer [C2 art. 23 Sv]
Bijstand verdachte door tolk bij vervolging [C2 art. 27 Sv]
Bijstand verdachte in raadkamer [C2 art. 23 Sv]
Bijwonen schouw door officier van justitie [C2 art. 193 Sv]
Bijwonen uitspraak door verdachte [C2 art. 363 Sv]
Bijwonen verhoren van rechter-commissaris door officier van justitie [C2 art. 186 Sv]
Bijwonen verhoren van rechter-commissaris door raadsman [C2 art. 186a Sv]
Bijzonder licht, motorvoertuig [C15 art. 41 RVV]
Bijzonder licht, verlichte transparant [C15 art. 41a RVV]
Bijzondere bijstandseenheid, taak [C5 art. 59 PolW]
Bijzondere bijstandseenheid, verzoek om inzet [C5 art. 59 PolW]
Bijzondere manoeuvre, voorrangsregels [C15 art. 54 RVV]
Bijzondere manoeuvres, richting aangeven [C15 art. 55 RVV]
Bijzondere manoeuvres, voorrang autobus [C15 art. 56 RVV]
Bijzondere motiveringsplicht [C2 art. 360 Sv]
Bijzondere omstandigheden [C42 art. 9 CPT]
Bijzondere opsporingsambtenaren bij algemene maatregel van bestuur [C2 art. 142 Sv]
Bijzondere opsporingsdienst, advisering over taken en bevoegdheden [C20 art. 8 Wbod]
Bijzondere opsporingsdienst, handhavingsarrangement [C20 art. 11 Wbod]
Bijzondere opsporingsdienst, jaarverslag [C20 art. 11 Wbod]
Bijzondere opsporingsdiensten, ambtsinstructie [C20 art. 6 Wbod]
Bijzondere opsporingsdiensten, gebruik geweld [C20 art. 6 Wbod]
Bijzondere opsporingsdiensten, instelling [C20 art. 2 Wbod]
Bijzondere opsporingsdiensten, onderdeel ministerie [C20 art. 9 Wbod]
Bijzondere opsporingsdiensten, onderlinge samenwerking [C20 art. 13 Wbod]
Bijzondere opsporingsdiensten, onderzoek kleding [C20 art. 6 Wbod]
Bijzondere opsporingsdiensten, persoonsgegevens opsporing ernstige inbreuk op rechtsorde [C20 art. 12 Wbod]
Bijzondere opsporingsdiensten, samenwerking met Koninklijke Marechaussee [C20 art. 13 Wbod]
Bijzondere opsporingsdiensten, samenwerking met politie [C20 art. 13 Wbod]
Bijzondere opsporingsdiensten, samenwerking met toezichthoudende instanties [C20 art. 13 Wbod]
Bijzondere opsporingsdiensten, taak [C20 art. 3 Wbod]
Bijzondere opsporingsdiensten, toezicht [C20 art. 7 Wbod]
Bijzondere opsporingsdiensten, vaststelling beleid [C20 art. 10 Wbod]
Bijzondere toegang tot verhoor van afgeschermde getuige [C2 art. 226o Sv]
Bijzondere voorwaarden [C1 art. 14c Sr]
Bijzondere voorwaarden dadelijk uitvoeren [C1 art. 14e Sr]
Binnentreden, aantal woningen per machtiging [C8 art. 5 Awbi]

Alfabetisch trefwoordenregister

Binnentreden, afschrift verslag [C8 art. 11 Awbi]
Binnentreden, afwezigheid bewoner [C8 art. 7 Awbi]
Binnentreden besloten plaats [C2 art. 126g Sv]
Binnentreden, bevoegdheid afgeven machtiging [C8 art. 3 Awbi]
Binnentreden, bijzondere plaatsen [C8 art. 12 Awbi]
Binnentreden, evaluatie wet [C8 art. 13 Awbi]
Binnentreden, geldigheidsduur machtiging [C8 art. 6 Awbi]
Binnentreden, gemachtigde [C8 art. 4 Awbi]
Binnentreden, gezelschap van anderen [C8 art. 8 Awbi]
Binnentreden, inhoud machtiging [C8 art. 6 Awbi]
Binnentreden, legitimatie en mededeling [C8 art. 1 Awbi]
Binnentreden, machtiging [C8 art. 2 Awbi]
Binnentreden, schriftelijk verslag [C8 art. 10 Awbi]
Binnentreden, tussen 0:00 en 6:00 uur [C8 art. 7 Awbi]
Binnentreden woning of besloten plaats [C2 art. 126l Sv]
Binnentreden, zich toegang verschaffen [C8 art. 9 Awbi]
Bloedafname [C16 art. 13] [C17 art. 6]
Bloedonderzoek [C14 art. 163 WVW] [C16 art. 12]
Bloedonderzoek in laboratorium [C16 art. 14]
Blootstellen Nederlands vaartuig aan opbrenging, aanhouding of ophouding [C1 art. 405 Sr]
Blootstelling aan ioniserende stralen of radioactieve stoffen [C1 art. 161quater Sr]
Blootstelling aan ioniserende stralen of radioactieve stoffen door schuld
 [C1 art. 161quinquies Sr]
Boekjaar CBR [C14 art. 4ao WVW]
Boekjaar RDW [C14 art. 4s WVW]
Brand, ontploffing of overstroming door schuld [C1 art. 158 Sr]
Brandgevaar veroorzaken [C1 art. 429 Sr]
Brandstichting zonder verlof [C1 art. 428 Sr]
Brexit, nadere regels [C14 art. 186b WVW]
Brexit, uitzonderingen [C14 art. 186c WVW]
Brieven aan post onttrekken [C1 art. 201 Sr]
Bron gegevens persoonsdossier [C10 art. 46 BJG]
Bron justitiële gegevens [C10 art. 10 BJG]
Buitengewone opsporingsambtenaren [C2 art. 142 Sv]
Buitengewone rechtsmiddelen [C2 art. 456 Sv]
Buitengewoon opsporingsambtenaar [C6 art. 37 Ambtsinstr.]
Buitengewoon opsporingsambtenaar, aantekening geldigheid
 titel/betrouwbaarheid/bekwaamheid [C21 art. 34 Bboa]
Buitengewoon opsporingsambtenaar, aanvraag wijziging beëdiging [C21 art. 23 Bboa]
Buitengewoon opsporingsambtenaar, aanwijzing bij uitoefening politiebevoegdheden
 [C21 art. 29 Bboa]
Buitengewoon opsporingsambtenaar, aanwijzing toezichthouder/direct toezichthouder
 [C21 art. 36 Bboa]
Buitengewoon opsporingsambtenaar, afhandeling klacht door werkgever [C21 art. 42 Bboa]
Buitengewoon opsporingsambtenaar, akte van beëdiging [C21 art. 19 Bboa]
Buitengewoon opsporingsambtenaar, beëdiging [C21 art. 18 Bboa]
Buitengewoon opsporingsambtenaar, bevoegdheden voor uitvoering taak [C5 art. 8 PolW]
Buitengewoon opsporingsambtenaar, eisen bevoegdheid [C21 art. 2 Bboa]
Buitengewoon opsporingsambtenaar, gebruik voorgeschreven geweldmiddel/handboeien
 [C6 art. 38 Ambtsinstr.]
Buitengewoon opsporingsambtenaar, geweld/veiligheidsfouillering [C6 art. 39 Ambtsinstr.]
Buitengewoon opsporingsambtenaar, informatieplicht werkgever aan toezichthouder
 [C21 art. 41 Bboa]
Buitengewoon opsporingsambtenaar, insigne [C21 art. 26a Bboa]
Buitengewoon opsporingsambtenaar, instructie [C21 art. 25 Bboa]
Buitengewoon opsporingsambtenaar, instructie opvolging aanwijzingen bevoegd gezag
 [C21 art. 28 Bboa]
Buitengewoon opsporingsambtenaar, instructie opvolging aanwijzingen toezichthouder
 [C21 art. 30 Bboa]
Buitengewoon opsporingsambtenaar, instructie proces-verbaal [C21 art. 27 Bboa]
Buitengewoon opsporingsambtenaar, intrekking eed [C21 art. 24 Bboa]
Buitengewoon opsporingsambtenaar, intrekking opsporingsbevoegdheid [C21 art. 35 Bboa]
Buitengewoon opsporingsambtenaar, legitimatie [C21 art. 26 Bboa]
Buitengewoon opsporingsambtenaar, overleg toezichthouders [C21 art. 40 Bboa]

Alfabetisch trefwoordenregister

C

Buitengewoon opsporingsambtenaar, overlegging bewijzen van bekwaamheid door werkgever [C21 art. 33 Bboa]
Buitengewoon opsporingsambtenaar, periodieke bijscholing [C21 art. 31 Bboa]
Buitengewoon opsporingsambtenaar, periodieke toetsing bekwaamheid [C21 art. 31 Bboa]
Buitengewoon opsporingsambtenaar, proces verbaal aflegging eed [C21 art. 20 Bboa]
Buitengewoon opsporingsambtenaar, registratie [C21 art. 43 Bboa]
Buitengewoon opsporingsambtenaar, taken direct toezichthouder [C21 art. 39 Bboa]
Buitengewoon opsporingsambtenaar, taken toezichthouder [C21 art. 38 Bboa]
Buitengewoon opsporingsambtenaar, toezicht door Minister [C21 art. 32 Bboa]
Buitengewoon opsporingsambtenaar, toezichthouder arrondissementsparket [C21 art. 44 Bboa]
Buitengewoon opsporingsambtenaar, wijziging beëdiging [C21 art. 22 Bboa]
Buitenlands bevel tot beslag [C2 art. 5.5.1 Sv]
Buitenlands bevel tot beslag, bijbehorend certificaat [C2 art. 5.5.2 Sv]
Buitenlands bevel tot beslag, erkenning en tenuitvoerlegging [C2 art. 5.5.3 Sv]
Buitenlands bevel tot beslag, opschorting en tenuitvoerlegging [C2 art. 5.5.4 Sv]
Buitenlands bevel tot beslag, overdracht inbeslaggenomen voorwerpen [C2 art. 5.5.8 Sv]
Buitenlands bevel tot beslag, schakelbepaling [C2 art. 5.5.5 Sv]
Buitenlands bevel tot beslag, tenuitvoerlegging [C2 art. 5.5.6 Sv]
Buitenlands bevel tot beslag, voortduring beslag [C2 art. 5.5.7 Sv]
Buitenlands verzoek tenuitvoerlegging, behandeling [C35 art. 14 WOTS]
Buitenlands verzoek tenuitvoerlegging, kennisgeving aan officier van justitie [C35 art. 15 WOTS]
Buitenlands verzoek tot tenuitvoerlegging, negatief advies officier van justitie [C35 art. 16 WOTS]
Buitenlandse autoriteiten [C10 art. 12 BJG]
Buitenlandse strafvonnissen, erkenning/tenuitvoerlegging [C37 art. 1:2 WETS]
Burengerucht [C1 art. 431 Sr]
Burgemeesters [C10 art. 11a BJG]
Burgerinfiltratie [C2 art. 126w Sv]
Burgerinfiltratie in criminele organisatie [C2 art. 126x Sv]
Burgerrechtelijke aansprakelijkheid van ambtenaren [C41 art. 18]

Cassatie bij vordering tot ontneming van wederrechtelijk verkregen voordeel [C2 art. 511h Sv]
Cassatie door openbaar ministerie tegen beschikking van de rechtbank [C2 art. 241c Sv]
Cassatie niet mogelijk [C2 art. 226b Sv]
Categorieën [C14 art. 118 WVW]
Centraal Bureau Rijvaardigheidsbewijzen [C14 art. 4z WVW]
Centraal contactpunt [C25 art. 2e Wwft]
Certificaat van schorsing van voorlopige hechtenis opgelegd door andere lidstaat van de EU [C2 art. 5.7.17 Sv]
Certificering exameninstanties nascholing vakbekwaamheid [C14 art. 151f WVW]
Civiele aansprakelijkheid [C14 art. 185 WVW]
Cliëntenonderzoek [C25 art. 3 Wwft]
Cliëntenonderzoek bijkantoor/dochtermaatschappij in derde land [C25 art. 2 Wwft]
Cliëntenonderzoek, identificatie gedurende dienstverlening [C25 art. 4 Wwft]
Cliëntenonderzoek, melding ongebruikelijke transacties [C25 art. 2a Wwft]
Cliëntenonderzoek, onverwijlde vastlegging persoonsgegevens [C25 art. 3a Wwft]
College van procureurs-generaal, aanwijzing inzet rijksrecherche [C5 art. 49 PolW]
College van procureurs-generaal bij opsporing [C2 art. 140 Sv]
College van procureurs-generaal, vaststelling beleidsplan/begroting/financieel verslag/jaarverslag rijksrecherche [C5 art. 52 PolW]
Comité tegen Foltering, bevoegdheden [C43 art. 21 CAT]
Comité tegen Foltering, faciliteiten/voorrechten/immuniteiten leden [C43 art. 23 CAT]
Comité tegen Foltering, in ontvangst nemen/behandeling melding [C43 art. 22 CAT]
Comité tegen Foltering, inrichting [C43 art. 18 CAT]
Comité tegen Foltering, jaarverslag [C43 art. 24 CAT]
Comité tegen Foltering, onderzoek stelselmatige foltering [C43 art. 20 CAT]
Comité tegen Foltering, overleggen rapporten [C43 art. 19 CAT]
Commandant [C2 art. 136a Sv]
Commissie van toezicht, informatierecht [C27 art. 15 PM]
Commissie van toezicht, kosten [C27 art. 20 PM]
Commissie van toezicht, (plaatsvervangend) secretaris [C27 art. 12 PM]
Commissie van toezicht, samenstelling [C27 art. 11 PM]
Commissie van toezicht, toegang tot inrichting [C27 art. 15 PM]
Commissie van toezicht, tussentijds ontslag [C27 art. 14 PM]
Commissie van toezicht, uitsluiting benoeming [C27 art. 13 PM]

D

Alfabetisch trefwoordenregister

Commissie van toezicht, vergaderingen [C27 art. 16 PM]
Commissie van toezicht, vergoeding [C27 art. 20 PM]
Commissie van toezicht, verslag werkzaamheden [C27 art. 19 PM]
Commissie van toezicht, voorzitter [C27 art. 12 PM]
Commissieleden, benoemingstermijn [C27 art. 20a PM]
Commissieleden, inlichtingen [C27 art. 20b PM]
Commissieleden, toegang tot plaatsen en vervoersmiddelen [C27 art. 20b PM]
Communicatie van gebruiker in het buitenland opnemen in geval van vroegsporing [C2 art. 126ta Sv]
Communicatiegegevens bewaren en beschikbaar houden in geval van terroristische misdrijven [C2 art. 126zja Sv]
Computervredebreuk [C1 art. 138ab Sr]
Conclusie van de procureur-generaal in cassatieberoep [C2 art. 439 Sv]
Conclusie van procureur-generaal bij herziening [C2 art. 468 Sv]
Confiscatiebevel, beroep [C38 art. 39 WWETGC]
Confiscatiebevel, kosten tenuitvoerlegging uitspraak [C38 art. 40 WWETGC]
Confiscatiebevel, prioritering bij meerdere bevelen [C38 art. 37 WWETGC]
Confiscatiebevel, toepassingsbereik [C38 art. 34 WWETGC]
Confiscatiebevel, verkrijging ten bate van de staat [C38 art. 41 WWETGC]
Confiscatiebevel, voorafgaande beslaglegging [C38 art. 38 WWETGC]
Confiscatiebevel, voorwaarden erkenning en tenuitvoerlegging [C38 art. 35 WWETGC]
Confiscatiebevel, weigeringsgronden [C38 art. 36 WWETGC]
Confrontaties tussen getuigen [C2 art. 297 Sv]
Consent verlenende instantie [C23 art. 16 WWM]
Consultatiebijstand [C2 art. 28c Sv]
Consultatiebijstand en/of verhoorbijstand, weigering [C2 art. 28e Sv]
Consultatiebijstand verplicht bij jeugdige verdachte [C2 art. 489 Sv]
Contactambtenaren WED, boa's [C10 art. 22 BJG]
Contante betalingen [C25 art. 1a Wwft]
Controle op keuring [C14 art. 86 WVW]
Crime against humanity of apartheid [C54 art. 7(1)(j)/ EoC]
Crime against humanity of deportation or forcible transfer of population [C54 art. 7(1)(d)/ EoC]
Crime against humanity of enforced disappearance of persons [C54 art. 7(1)(i)/ EoC]
Crime against humanity of enforced prostitution [C54 art. 7(1)(g)-3/ EoC]
Crime against humanity of enforced sterilization [C54 art. 7(1)(g)-5/ EoC]
Crime against humanity of enslavement [C54 art. 7(1)(c)/ EoC]
Crime against humanity of extermination [C54 art. 7(1)(b)/ EoC]
Crime against humanity of forced pregnancy [C54 art. 7(1)(g)-4/ EoC]
Crime against humanity of imprisonment or other severe deprivation of physical liberty [C54 art. 7(1)(e)/ EoC]
Crime against humanity of murder [C54 art. 7(1)(a)/ EoC]
Crime against humanity of other inhumane acts [C54 art. 7(1)(k)/ EoC]
Crime against humanity of persecution [C54 art. 7(1)(h)/ EoC]
Crime against humanity of rape [C54 art. 7(1)(g)-1/ EoC]
Crime against humanity of sexual slavery [C54 art. 7(1)(g)-2/ EoC]
Crime against humanity of sexual violence [C54 art. 7(1)(g)-6/ EoC]
Crime against humanity of torture [C54 art. 7(1)(f)/ EoC]
Crimes against humanity [C54 art. 7/ EoC]
Criteria voor onderzoek [C25 art. 3 Wwft]
CS-traangas [C6 art. 13 Ambtsinstr.]

Daad van agressie, begripsbepaling [C33 art. 8b WIM]
Dadelijke uitvoerbaarheid [C2 art. 86 Sv]
Dagvaarding in persoon [C2 art. 392 Sv]
Dagvaarding, inhoud [C2 art. 261 Sv]
Dagvaarding intrekken [C2 art. 266 Sv]
Dagvaarding of oproeping naar laatste door verdachte opgegeven adres [C2 art. 36g Sv]
Dagvaarding of oproeping van verdachte [C2 art. 412 Sv]
Dagvaarding van verdachte door officier van justitie [C2 art. 258 Sv]
Dagvaardingstermijn [C2 art. 265 Sv]
Dagvaardingstermijn in hoger beroep [C2 art. 413 Sv]
Dagvaardingstermijn voor de politierechter [C2 art. 370 Sv]
Datalekken, melding [C11 art. 33a WPolG]
Datum van cassatieberoep [C2 art. 436 Sv]
Datum voor terechtzitting van hoger beroep [C2 art. 412 Sv]

Alfabetisch trefwoordenregister

D

Deelname aan verdachte groep door burger in geval van terroristische misdrijven [C2 art. 126zu Sv]
Deelname van jeugdigen aan een project [C1 art. 77e Sr]
Deelnemen aan of steunen van discriminatie [C1 art. 137f Sr]
Deelnemen of medewerking verlenen aan terroristische groep [C2 art. 126ze Sv]
Deelneming aan aanval of vechterij [C1 art. 306 Sr]
Deelneming aan leveranties of aannemingen door ambtenaar [C1 art. 376 Sr]
Deelneming aan misdadige organisatie [C1 art. 140 Sr]
Deelneming aan terroristische organisatie [C1 art. 140a Sr]
Deelneming in geval van artt. 290 en 291 Sr. [C1 art. 292 Sr]
Definitie maatregelen [C47 art. 25 EUV]
Definitie wegbeheerder [C14 art. 149a WVW]
Delegeren van opsporingsambtenaren bij strafvordering buiten het rechtsgebied van een rechtbank [C2 art. 539e Sv]
Deskundige benoemen door officier van justitie in geval van opsporing [C2 art. 150 Sv]
Deskundige benoemen door rechter-commissaris [C2 art. 176, art. 227 Sv]
Deskundige in dienst van rechter [C2 art. 51j Sv]
Deskundigenonderzoek [C2 art. 151f Sv]
Deskundigenonderzoek door rechter-commissaris [C2 art. 195c Sv]
Deskundigenoordeel in geval van art. 196 Sv door rechter-commissaris [C2 art. 197 Sv]
Deskundigenrapport [C2 art. 229 Sv]
Detentie stelselmatige dader, beklag over sanctie [C27 art. 44p PM]
Detentie stelselmatige dader, besluitvorming plaatsing buiten inrichting in laatste fase [C27 art. 44l PM]
Detentie stelselmatige dader, evaluatie detentie [C27 art. 44q PM]
Detentie stelselmatige dader, inhoud evaluatieverslag [C27 art. 44q PM]
Detentie stelselmatige dader, inhoud programma [C27 art. 44j PM]
Detentie stelselmatige dader, inhoud verblijfsplan [C27 art. 44i PM]
Detentie stelselmatige dader, opstellen verblijfsplan [C27 art. 44g PM]
Detentie stelselmatige dader, overleg/inhoud/kosten laatste fase buiten inrichting [C27 art. 44f PM]
Detentie stelselmatige dader, sanctie bij overtreding [C27 art. 44n PM]
Detentie stelselmatige dader, tenuitvoerlegging laatste fase buiten inrichting [C27 art. 44e PM]
Detentie stelselmatige dader, tenuitvoerlegging plaatsing in inrichting [C27 art. 44d PM]
Detentie stelselmatige dader, terugplaatsing in inrichting [C27 art. 44m PM]
Detentie stelselmatige dader, trajectcoördinator [C27 art. 44k PM]
Detentie stelselmatige dader, wijziging verblijfsplan [C27 art. 44h PM]
Diefstal [C1 art. 310 Sr]
Diefstal met geweld of bedreiging [C1 art. 312 Sr]
Diefstal onder verzwarende omstandigheden [C1 art. 311 Sr]
Diefstal tussen echtgenoten of naaste familie [C1 art. 316 Sr]
Dienst doen op slavenschip als schepeling [C1 art. 276 Sr]
Dienst doen op slavenschip als schipper [C1 art. 275 Sr]
Dienst Wegverkeer [C14 art. 4a WVW]
Dienstweigering door opvarende Nederlands vaartuig [C1 art. 400 Sr]
Directeuren penitentiaire inrichtingen [C10 art. 18 BJG]
Directie en RvT [C14 art. 4d WVW]
Directie en RvT CBR [C14 art. 4ac WVW]
Disciplinaire straffen, aantekening [C26 art. 54 PBW]
Disciplinaire straffen, cameraobservatie [C26 art. 51a PBW]
Disciplinaire straffen, in andere afdeling/inrichting [C26 art. 52 PBW]
Disciplinaire straffen, informeren commissie van toezicht/arts [C26 art. 55 PBW]
Disciplinaire straffen, op te leggen straffen [C26 art. 51 PBW]
Disciplinaire straffen, uitsluiting deelname activiteiten [C26 art. 55 PBW]
Disciplinaire straffen, voorwaardelijke straf [C26 art. 53 PBW]
Discriminatie [C1 art. 90quater Sr]
Discriminatie in beroep of bedrijf [C1 art. 429quater Sr]
Discriminatie tijdens uitoefening van ambt, beroep of bedrijf [C1 art. 137g Sr]
DNA-onderzoek [C2 art. 138a, art. 151a Sv]
DNA-onderzoek bij positieve uitslag [C2 art. 151i Sv]
DNA-onderzoek bij veroordeelden, aanhouding [C3 art. 4 WDNAv]
DNA-onderzoek bij veroordeelden, afnemen van celmateriaal op voorwerpen [C3 art. 6 WDNAv]
DNA-onderzoek bij veroordeelden, bezwaar [C3 art. 7 WDNAv]
DNA-onderzoek bij veroordeelden, eisen aan bevel tot afnemen celmateriaal [C3 art. 3 WDNAv]

E

Alfabetisch trefwoordenregister

DNA-onderzoek bij veroordeelden, procedure afnemen celmateriaal [C3 art. 2 WDNAv]
DNA-onderzoek bij veroordeelden, tenuitvoerlegging bevel tot afnemen celmateriaal [C3 art. 5 WDNAv]
DNA-onderzoek door rechter-commissaris [C2 art. 195a Sv]
DNA-onderzoek na negatieve uitslag [C2 art. 151h Sv]
DNA-onderzoek op verzoek van slachtoffer [C2 art. 151g Sv]
DNA-onderzoek ter identificatie door rechter-commissaris [C2 art. 195f Sv]
DNA-onderzoek voor vaststellen persoonskenmerken [C2 art. 151d Sv]
DNA-onderzoek voor vaststellen verwantschap [C2 art. 151da Sv]
DNA-onderzoek voor vaststellen verwantschap door rechter-commissaris [C2 art. 195g Sv]
Documenten voor verificatie identiteit [C25 art. 11 Wwft]
Doeleinden verstrekking strafvorderlijke gegevens aangewezen instanties [C9 art. 39f WJG]
Doeleinden verwerking gegevens [C14 art. 126 WVW]
Doen verongelukken van (lucht)vaartuigen en voertuigen [C1 art. 168 Sr]
Doen verongelukken van vaartuigen en voertuigen door schuld [C1 art. 169 Sr]
Doen voorgaan van kerkelijk huwelijk [C1 art. 449 Sr]
Dood door schuld [C1 art. 307 Sr]
Dood, zwaar lichamelijk letsel door schuld [C14 art. 6 WVW]
Dood/lichamelijk letsel door schuld gepleegd in ambt of beroep [C1 art. 309 Sr]
Doodslag [C1 art. 287 Sr]
Doodslag met strafverzwaring [C1 art. 288 Sr]
Doodslag met terroristisch oogmerk [C1 art. 288a Sr]
Doodstraf [C47 art. 11 EUV]
Doorberekening kosten [C14 art. 156 WVW]
Doorgeven afluisterapparatuur en gegevens [C1 art. 139e Sr]
Doorgeven telegrafische berichten [C1 art. 441 Sr]
Doorgeven van valse (lucht)vaartuiggegevens [C1 art. 385c Sr]
Doorgifte justitiële gegevens aan derde landen [C10 art. 32 BJG]
Doorhaling registratieverzoek, gronden [C25 art. 23d Wwft]
Doorlichting en opleiding werknemers [C25 art. 35 Wwft]
Doortocht gedetineerde [C46 art. 11 ERV 1959]
Doorzending justitiële gegevens aan Eurojust [C10 art. 41 BJG]
Doorzending justitiële gegevens aan Europol [C10 art. 42, art. 47a BJG]
Doorzending justitiële gegevens aan lidstaat [C10 art. 35 BJG]
Doorzending justitiële gegevens natuurlijke personen aan lidstaat [C10 art. 34 BJG]
Doorzoeken van plaatsen bij strafrechtelijk financieel onderzoek [C2 art. 126c Sv]
Doorzoeking [C2 art. 98 Sv]
Doorzoeking ter aanhouding [C2 art. 55a Sv]
Draagkracht [C1 art. 36e Sr]
Drukken van stukken van strafbare aard [C1 art. 419 Sr]
Drukpersmisdrijven en de drukker [C1 art. 54 Sr]
Drukpersmisdrijven en de uitgever [C1 art. 53 Sr]
Dubbele strafbaarheid [C50 art. 7 EVOS]
Duur bevel tot opnemen vertrouwelijke communicatie [C2 art. 126l Sv]
Duur bevel tot stelselmatig inwinnen van informatie [C2 art. 126j Sv]
Duur hechtenis [C1 art. 18 Sr]
Duur jeugddetentie [C1 art. 77i Sr]
Duur na verwijzing door Hoge Raad [C2 art. 75 Sv]
Duur observatie [C2 art. 126g Sv]
Duur ontzetting van rechten [C1 art. 31 Sr]
Duur terbeschikkingstelling [C1 art. 38d Sr]
Duur, verlenging [C22 art. 6 Opw]
Duur vervangende hechtenis bij taakstraf [C1 art. 22d Sr]
Dwang door ambtenaar [C1 art. 365 Sr]
Dwingen van minderjarige tot plegen van ontucht met een derde [C1 art. 250 Sr]

Economische delicten, aanwijzen hulpofficier van justitie [C19 art. 59 WED]
Economische delicten, aanwijzing delicten [C19 art. 2 WED]
Economische delicten, aanwijzing opsporingsambtenaren [C19 art. 17 WED]
Economische delicten, aanwijzingen van de minister [C19 art. 24 WED]
Economische delicten, alleen straffen en maatregelen overeenkomstig deze wet [C19 art. 5 WED]
Economische delicten, begripsbepalingen [C19 art. 1 WED]
Economische delicten, beroep in cassatie [C19 art. 30a WED]
Economische delicten, bijkomende straffen [C19 art. 7 WED]

Alfabetisch trefwoordenregister

E

Economische delicten, bijzonderheden en gevolgen bijkomende straf/maatregel [C19 art. 10 WED]
Economische delicten, buiten Rijk gepleegd delict [C19 art. 3 WED]
Economische delicten, competentie [C19 art. 38, art. 52 WED]
Economische delicten, competentie kinderrechter [C19 art. 45 WED]
Economische delicten, competentie niet-economische delicten [C19 art. 39 WED]
Economische delicten, contactambtenaren [C19 art. 58 WED]
Economische delicten, dagvaarding [C19 art. 47 WED]
Economische delicten, dood veroordeelde [C19 art. 13 WED]
Economische delicten, hoger beroep [C19 art. 30 WED]
Economische delicten, horen van personen [C19 art. 32a WED]
Economische delicten, inbeslagname voorwerpen [C19 art. 18 WED]
Economische delicten, maatregelen [C19 art. 8 WED]
Economische delicten, maatregelen tezamen met straffen [C19 art. 9 WED]
Economische delicten, medeplichtigheid/poging [C19 art. 4 WED]
Economische delicten, monsterneming [C19 art. 21 WED]
Economische delicten, niet voldoen aan vordering opsporingsambtenaar [C19 art. 26 WED]
Economische delicten, nietige rechtshandelingen [C19 art. 35 WED]
Economische delicten, onderbewindstelling [C19 art. 11 WED]
Economische delicten, onderzoek vervoermiddelen [C19 art. 23 WED]
Economische delicten, openbare behandeling [C19 art. 46 WED]
Economische delicten, opzettelijk handelen in strijd met sancties [C19 art. 33 WED]
Economische delicten, opzettelijk onttrekken van vermogensbestanddelen [C19 art. 34 WED]
Economische delicten, raadkamer [C19 art. 53 WED]
Economische delicten, samenwerking opsporingsinstanties en bestuursorganen [C19 art. 58a WED]
Economische delicten, schadevergoeding [C19 art. 32 WED]
Economische delicten, schriftelijk verzoek langs elektronische weg [C19 art. 49 WED]
Economische delicten, straffen [C19 art. 6 WED]
Economische delicten, tenuitvoerlegging [C19 art. 31 WED]
Economische delicten, tenuitvoerlegging veroordeling tot betaling kosten [C19 art. 14 WED]
Economische delicten, toegangverschaffing [C19 art. 20 WED]
Economische delicten, toepassing WvSr [C19 art. 25 WED]
Economische delicten, transactiebevoegdheid OvJ [C19 art. 36 WED]
Economische delicten, uitbreiding aanwijzing opsporingsambtenaren [C19 art. 23a WED]
Economische delicten, uitbreiding begripsbepalingen [C19 art. 1a WED]
Economische delicten, verbeurdverklaring [C19 art. 16 WED]
Economische delicten, verplichting tot medewerking met opsporingsambtenaren [C19 art. 24a WED]
Economische delicten, voorlopige maatregelen [C19 art. 28, art. 29 WED]
Economische delicten, vordering gegevens [C19 art. 19 WED]
Economische delicten, zittingsplaats [C19 art. 54 WED]
Educatieve maatregel ter bevordering rijvaardigheid/geschiktheid [C14 art. 132a WVW]
Eedaflegging [C46 art. 3 ERV 1959]
Eén getuige is geen getuige [C2 art. 342 Sv]
Eendaadse samenloop [C1 art. 55 Sr]
Eenvoudige bankbreuk [C1 art. 340 Sr]
Eenvoudige bankbreuk door bestuurder of commissaris van rechtspersoon [C1 art. 342 Sr]
Eenvoudige bankbreuk door derden [C1 art. 344 Sr]
Eenvoudige belediging [C1 art. 266 Sr]
Eerdere veroordeling wegens strafbaar feit [C1 art. 78b Sr]
Eigen waarneming van rechter [C2 art. 340 Sv]
Eigenaar; houder [C14 art. 1 WVW]
Einde van de vervolging [C2 art. 246 Sv]
Einde van een zaak [C2 art. 135 Sv]
Einduitspraken [C2 art. 138 Sv]
Eisen afgifte keuringsbewijs [C14 art. 77 WVW]
Eisen motorrijtuig [C14 art. 110a WVW]
Eisen rijbewijs [C14 art. 107 WVW]
Eisen ter beveiliging ruimten en vervoermiddelen [C23 art. 33 WWM]
Elektriciteitswerken [C1 art. 90ter Sr]
Elektrische wapenstok [C6 art. 16 Ambtsinstr.]
Elektronische aanvraag afgifte VOG [C9 art. 31 WJG]
Elektronische handtekening [C2 art. 138e Sv]
Elektronische overdracht, vastlegging [C2 art. 36i Sv]

E

Enkelvoudige kamer bij hof [C2 art. 21 Sv]
Enkelvoudige kamer bij hoger beroep [C2 art. 425 Sv]
Enkelvoudige kamer bij rechtbank [C2 art. 21 Sv]
Enkelvoudige kamer in cassatieberoep [C2 art. 438 Sv]
EOB in verband met een eerder EOB [C41 art. 8]
Erf, bestuurder [C15 art. 45 RVV]
Erf, parkeren motorvoertuig [C15 art. 46 RVV]
Erf, voetganger [C15 art. 44 RVV]
Erkenning aanbrengen merken op kentekenplaat [C14 art. 70a WVW]
Erkenning buitenlandse rechterlijke uitspraak, aanhouding veroordeelde [C37 art. 2:19 WETS]
Erkenning buitenlandse rechterlijke uitspraak, aanpassing sanctie [C37 art. 2:11 WETS]
Erkenning buitenlandse rechterlijke uitspraak, aanpassing verplichtingen [C37 art. 3:11 WETS]
Erkenning buitenlandse rechterlijke uitspraak, beëindiging bewaring [C37 art. 2:21 WETS]
Erkenning buitenlandse rechterlijke uitspraak, beëindiging tenuitvoerlegging
 [C37 art. 3:16 WETS]
Erkenning buitenlandse rechterlijke uitspraak, behandeling certificaat [C37 art. 3:8 WETS]
Erkenning buitenlandse rechterlijke uitspraak, behandeling uitspraak/certificaat
 [C37 art. 2:8 WETS]
Erkenning buitenlandse rechterlijke uitspraak, beoordeling door bijzondere kamer
 [C37 art. 2:11 WETS]
Erkenning buitenlandse rechterlijke uitspraak, beperkte tenuitvoerlegging [C37 art. 3:15 WETS]
Erkenning buitenlandse rechterlijke uitspraak, beslissing minister [C37 art. 2:12 WETS]
Erkenning buitenlandse rechterlijke uitspraak, beslissing OM [C37 art. 3:10 WETS]
Erkenning buitenlandse rechterlijke uitspraak, beslistermijn [C37 art. 2:10, art. 3:9 WETS]
Erkenning buitenlandse rechterlijke uitspraak, bevoegde autoriteit [C37 art. 2:2, art. 3:3 WETS]
Erkenning buitenlandse rechterlijke uitspraak, bewaring veroordeelde [C37 art. 2:20 WETS]
Erkenning buitenlandse rechterlijke uitspraak, facultatieve weigeringsgronden
 [C37 art. 2:14, art. 3:13 WETS]
Erkenning buitenlandse rechterlijke uitspraak, formaliteiten [C37 art. 2:23 WETS]
Erkenning buitenlandse rechterlijke uitspraak, informatieverplichting
 [C37 art. 2:18, art. 3:17 WETS]
Erkenning buitenlandse rechterlijke uitspraak, instemming minister [C37 art. 2:4 WETS]
Erkenning buitenlandse rechterlijke uitspraak, instemming OM [C37 art. 3:5 WETS]
Erkenning buitenlandse rechterlijke uitspraak, instemming veroordeelde [C37 art. 2:5 WETS]
Erkenning buitenlandse rechterlijke uitspraak, inverzekeringstelling veroordeelde
 [C37 art. 2:19 WETS]
Erkenning buitenlandse rechterlijke uitspraak, kennisgeving veroordeelde [C37 art. 2:9 WETS]
Erkenning buitenlandse rechterlijke uitspraak, opschorting/schorsing bewaring
 [C37 art. 2:22 WETS]
Erkenning buitenlandse rechterlijke uitspraak, overbrenging veroordeelde [C37 art. 2:16 WETS]
Erkenning buitenlandse rechterlijke uitspraak, soorten verplichtingen [C37 art. 3:2 WETS]
Erkenning buitenlandse rechterlijke uitspraak, specialiteitsbeginsel [C37 art. 2:17 WETS]
Erkenning buitenlandse rechterlijke uitspraak, tenuitvoerlegging [C37 art. 2:15, art. 3:14 WETS]
Erkenning buitenlandse rechterlijke uitspraak, toezending certificaat
 [C37 art. 2:7, art. 3:7 WETS]
Erkenning buitenlandse rechterlijke uitspraak, verplichte weigeringsgronden
 [C37 art. 2:13, art. 3:12 WETS]
Erkenning buitenlandse rechterlijke uitspraak, verzoek instemming/toezending
 [C37 art. 2:6 WETS]
Erkenning buitenlandse rechterlijke uitspraak, verzoek/instemming toezending
 [C37 art. 3:6 WETS]
Erkenning buitenlandse rechterlijke uitspraak, voorwaarden [C37 art. 2:3, art. 3:4 WETS]
Erkenning en tenuitvoerlegging [C38 art. 11 WWETGC] [C41 art. 9]
Erkenning en tenuitvoerlegging, confiscatie opgelegd door andere lidstaat
 [C38 art. 22 WWETGC]
Erkenning Europees onderzoeksbevel [C2 art. 5.4.3 Sv]
Erkenning Nederlandse rechterlijke uitspraak, bezwaar veroordeelde [C37 art. 2:27 WETS]
Erkenning Nederlandse rechterlijke uitspraak, doortocht veroordeelde [C37 art. 2:35 WETS]
Erkenning Nederlandse rechterlijke uitspraak, informatieverplichting
 [C37 art. 2:33, art. 3:23 WETS]
Erkenning Nederlandse rechterlijke uitspraak, instemming bevoegde autoriteit
 [C37 art. 2:25, art. 3:19 WETS]
Erkenning Nederlandse rechterlijke uitspraak, instemming veroordeelde [C37 art. 2:26 WETS]
Erkenning Nederlandse rechterlijke uitspraak, intrekking certificaat
 [C37 art. 2:30, art. 3:21 WETS]

Alfabetisch trefwoordenregister   E

Erkenning Nederlandse rechterlijke uitspraak, mening veroordeelde [C37 art. 2:27 WETS]
Erkenning Nederlandse rechterlijke uitspraak, overbrenging veroordeelde [C37 art. 2:31 WETS]
Erkenning Nederlandse rechterlijke uitspraak, recht van tenuitvoerlegging
    [C37 art. 2:32, art. 3:22 WETS]
Erkenning Nederlandse rechterlijke uitspraak, specialiteitsbeginsel [C37 art. 2:34 WETS]
Erkenning Nederlandse rechterlijke uitspraak, toezending stukken
    [C37 art. 2:28, art. 3:20 WETS]
Erkenning Nederlandse rechterlijke uitspraak, vervoer veroordeelde door de lucht
    [C37 art. 2:37 WETS]
Erkenning Nederlandse rechterlijke uitspraak, vervoer veroordeelde over Nederlands
    grondgebied [C37 art. 2:36 WETS]
Erkenning Nederlandse rechterlijke uitspraak, verzoek voorlopige maatregelen
    [C37 art. 2:29 WETS]
Erkenning Nederlandse rechterlijke uitspraak, voorwaarden toezending
    [C37 art. 2:24, art. 3:18 WETS]
Erkenning Nederlandse sancties [C38 art. 3 WWETGC]
Erkenning van toezichtbeslissing door een andere lidstaat van de EU [C2 art. 5.7.8 Sv]
Erkenning van toezichtbeslissing door een andere lidstaat van de EU door openbaar ministerie
    [C2 art. 5.7.4 Sv]
Erkenning van toezichtbeslissing door een andere lidstaat van de EU weigeren [C2 art. 5.7.10 Sv]
Erkenning vereist [C23 art. 9 WWM]
Erkenning/tenuitvoerlegging, voorwaardelijke veroordeling/voorwaardelijke
    invrijheidstelling/taakstraf [C37 art. 3:1 WETS]
Erkenning/tenuitvoerlegging, vrijheidsbenemende sancties [C37 art. 2:1 WETS]
Erkenningsregeling bedrijfsvoorraad [C14 art. 62 WVW]
Erkenningsregeling constructiebedrijven [C14 art. 100 WVW]
Erkenningsregeling exportdienstverlening [C14 art. 66a WVW]
Erkenningsregeling inbouw onderdelen [C14 art. 92 WVW]
Erkenningsregeling periodieke keuring [C14 art. 83 WVW]
Erkenningsregeling tenaamstelling [C14 art. 61a WVW]
Ernstig benadelen rechtspersoon door bestuurder of commissaris [C1 art. 347 Sr]
Ernstige bezwaren [C2 art. 67 Sv]
Europees aanhoudingsbevel, afschrift verstekvonnis [C39 art. 45b OW]
Europees aanhoudingsbevel, beslissing over overlevering [C40 art. 15 EGK 2002/584/JBZ]
Europees aanhoudingsbevel, betekening [C39 art. 23 OW]
Europees aanhoudingsbevel, bevel tot gevangenneming [C39 art. 27 OW]
Europees aanhoudingsbevel, bevoegdheid rechterlijke autoriteiten [C40 art. 6 EGK
    2002/584/JBZ]
Europees aanhoudingsbevel, doortocht [C40 art. 25 EGK 2002/584/JBZ]
Europees aanhoudingsbevel, facultatieve weigering tenuitvoerlegging [C40 art. 4 EGK
    2002/584/JBZ]
Europees aanhoudingsbevel, formaliteiten [C39 art. 59 OW]
Europees aanhoudingsbevel, garanties uitvaardigende lidstaat [C40 art. 5 EGK 2002/584/JBZ]
Europees aanhoudingsbevel, horen gezochte [C40 art. 14 EGK 2002/584/JBZ]
Europees aanhoudingsbevel, horen in afwachting van beslissing [C40 art. 19 EGK 2002/584/JBZ]
Europees aanhoudingsbevel, inhoud [C39 art. 2 OW]
Europees aanhoudingsbevel, inhoud en vorm [C40 art. 8 EGK 2002/584/JBZ]
Europees aanhoudingsbevel, inschakeling centrale autoriteit [C40 art. 7 EGK 2002/584/JBZ]
Europees aanhoudingsbevel, instemming met overlevering [C40 art. 13 EGK 2002/584/JBZ]
Europees aanhoudingsbevel, kennisgeving beslissing [C40 art. 22 EGK 2002/584/JBZ]
Europees aanhoudingsbevel, kosten [C40 art. 30 EGK 2002/584/JBZ]
Europees aanhoudingsbevel, onderzoek rechtbank [C39 art. 26 OW]
Europees aanhoudingsbevel, openbaar verhoor [C39 art. 25 OW]
Europees aanhoudingsbevel, opschorting vrijheidsbeneming [C39 art. 64 OW]
Europees aanhoudingsbevel, overdracht voorwerpen [C40 art. 29 EGK 2002/584/JBZ]
Europees aanhoudingsbevel, overlevering door Nederland [C39 art. 5 OW]
Europees aanhoudingsbevel, rapport OvJ [C39 art. 70 OW]
Europees aanhoudingsbevel, rechten gezochte [C40 art. 11 EGK 2002/584/JBZ]
Europees aanhoudingsbevel, samenloop [C39 art. 26 OW]
Europees aanhoudingsbevel, samenloop internationale verplichtingen [C40 art. 21 EGK
    2002/584/JBZ]
Europees aanhoudingsbevel, samenloop met andere lidstaten [C39 art. 28 OW]
Europees aanhoudingsbevel, samenloop met strafvervolging ander feit [C39 art. 23 OW]
Europees aanhoudingsbevel, samenloop van verzoeken [C40 art. 16 EGK 2002/584/JBZ]
Europees aanhoudingsbevel, schadevergoeding bij weigering overlevering [C39 art. 67 OW]

Sdu   1273

Europees aanhoudingsbevel, signalering Schengen-systeem [C39 art. 4 OW]
Europees aanhoudingsbevel, signalering via Interpol [C39 art. 4 OW]
Europees aanhoudingsbevel, situatie in afwachting van beslissing [C40 art. 18 EGK 2002/584/JBZ]
Europees aanhoudingsbevel, tenuitvoerlegging [C40 art. 1 EGK 2002/584/JBZ]
Europees aanhoudingsbevel, tenuitvoerlegging verstekvonnis [C39 art. 45a OW]
Europees aanhoudingsbevel, termijn voor overlevering [C40 art. 23 EGK 2002/584/JBZ]
Europees aanhoudingsbevel, termijnen en modaliteiten beslissing [C40 art. 17 EGK 2002/584/JBZ]
Europees aanhoudingsbevel, tijdstip verhoor [C39 art. 24 OW]
Europees aanhoudingsbevel, toepassing [C39 art. 2 OW]
Europees aanhoudingsbevel, toepassingsgebied [C40 art. 2 EGK 2002/584/JBZ]
Europees aanhoudingsbevel, toezending [C40 art. 9 EGK 2002/584/JBZ]
Europees aanhoudingsbevel, toezending aan uitvoerende autoriteit [C39 art. 3 OW]
Europees aanhoudingsbevel, uitgestelde of voorwaardelijke overlevering [C40 art. 24 EGK 2002/584/JBZ]
Europees aanhoudingsbevel, uitspraak na onderzoek [C39 art. 28 OW]
Europees aanhoudingsbevel, uitvoerbaarheid [C39 art. 60 OW]
Europees aanhoudingsbevel, verdere over- of uitlevering [C40 art. 28 EGK 2002/584/JBZ]
Europees aanhoudingsbevel, verhouding tot andere rechtsinstrumenten [C40 art. 31 EGK 2002/584/JBZ]
Europees aanhoudingsbevel, verklaring uitvaardigende autoriteit [C39 art. 45 OW]
Europees aanhoudingsbevel, verplichte weigering tenuitvoerlegging [C40 art. 3 EGK 2002/584/JBZ]
Europees aanhoudingsbevel, verrekening periode van vrijheidsbeneming [C40 art. 26 EGK 2002/584/JBZ]
Europees aanhoudingsbevel, vervolging wegens andere strafbare feiten [C40 art. 27 EGK 2002/584/JBZ]
Europees aanhoudingsbevel, voorrechten en immuniteiten [C40 art. 20 EGK 2002/584/JBZ]
Europees aanhoudingsbevel, voortgezette hechtenis [C40 art. 12 EGK 2002/584/JBZ]
Europees aanhoudingsbevel, weigering tenuitvoerlegging als betrokkene niet in persoon is verschenen [C40 art. 4bis EGK 2002/584/JBZ]
Europees aanhoudingsbevel, wijze van toezending [C40 art. 10 EGK 2002/584/JBZ]
Europees beschermingsbevel, begripsbepalingen [C2 art. 5.8.1 Sv]
Europees beschermingsbevel, bevoegdheden bij maatregelen na erkenning in Nederland [C2 art. 5.8.7 Sv]
Europees beschermingsbevel, erkenning/tenuitvoerlegging in Nederland [C2 art. 5.8.3 Sv]
Europees beschermingsbevel, horen persoon die gevaar veroorzaakt [C2 art. 5.8.12 Sv]
Europees beschermingsbevel, intrekking maatregelen na erkenning in Nederland [C2 art. 5.8.9 Sv]
Europees beschermingsbevel, maatregelen na erkenning in Nederland [C2 art. 5.8.6 Sv]
Europees beschermingsbevel, mededeling besluit op uitvaardigingsverzoek [C2 art. 5.8.13 Sv]
Europees beschermingsbevel, nadere regels [C2 art. 5.8.17 Sv]
Europees beschermingsbevel, nadere regels uitvaardiging [C2 art. 5.8.11 Sv]
Europees beschermingsbevel, tenuitvoerlegging door officier van justitie [C2 art. 5.8.4 Sv]
Europees beschermingsbevel, uitvaardiging door bevoegde autoriteit in Nederland [C2 art. 5.8.10 Sv]
Europees beschermingsbevel, vastlegging [C2 art. 5.8.14 Sv]
Europees beschermingsbevel, voorlichting over verzoek uitvaardiging [C2 art. 5.8.15 Sv]
Europees beschermingsbevel, weigering erkenning in Nederland [C2 art. 5.8.5 Sv]
Europees beschermingsbevel, wijziging/intrekking overeenkomstig Nederlands recht [C2 art. 5.8.16 Sv]
Europees Comité [C42 art. 1 CPT]
Europees hof, aanhangig maken niet-nakoming bepalingen Verdrag en Protocollen [C58 art. 33 EVRM]
Europees hof, aantal rechters [C58 art. 20 EVRM]
Europees Hof, adviezen op verzoek van het Comité van Ministers [C58 art. 47 EVRM]
Europees hof, afstand van rechtsmacht Kamer [C58 art. 30 EVRM]
Europees hof, alleenzittende rechters/comités/Kamers/Grote Kamer [C58 art. 26 EVRM]
Europees hof, ambtstermijn rechters [C58 art. 23 EVRM]
Europees hof, behandeling zaak [C58 art. 38 EVRM]
Europees hof, beslissing ontvankelijkheid en gegrondheid verzoekschrift [C58 art. 29 EVRM]
Europees hof, beslissingen in voltallige vergadering [C58 art. 25 EVRM]
Europees hof, bevoegdheden alleenzittende rechters [C58 art. 27 EVRM]
Europees hof, bevoegdheden comités [C58 art. 28 EVRM]

F

Europees hof, bevoegdheden Grote Kamer [C58 art. 31 EVRM]
Europees hof, bevoegdheid Hof tot geven advies art. 47 EVRM [C58 art. 48 EVRM]
Europees hof, bindende kracht uitspraken [C58 art. 46 EVRM]
Europees hof, einduitspraak Grote Kamer [C58 art. 44 EVRM]
Europees hof, einduitspraak Kamer [C58 art. 42 EVRM]
Europees hof, eisen aan rechters [C58 art. 21 EVRM]
Europees hof, griffie en referendarissen [C58 art. 24 EVRM]
Europees hof, kosten [C58 art. 50 EVRM]
Europees hof, minnelijke schikking [C58 art. 39 EVRM]
Europees hof, motivering adviezen art. 47 EVRM [C58 art. 49 EVRM]
Europees hof, motivering uitspraken [C58 art. 45 EVRM]
Europees hof, openbaarheid zittingen [C58 art. 40 EVRM]
Europees hof, rechtsmacht [C58 art. 32 EVRM]
Europees hof, schrappen verzoekschrift van de rol [C58 art. 37 EVRM]
Europees hof, toegang tot stukken [C58 art. 40 EVRM]
Europees hof, toekenning billijke genoegdoening aan benadeelde [C58 art. 41 EVRM]
Europees hof, tussenkomst lidstaten [C58 art. 36 EVRM]
Europees hof, verkiezing rechters [C58 art. 22 EVRM]
Europees hof, verwijzing zaak naar Grote Kamer [C58 art. 43 EVRM]
Europees hof, voorrechten en immuniteit rechters [C58 art. 51 EVRM]
Europees hof, voorwaarden in behandeling nemen verzoekschrift [C58 art. 35 EVRM]
Europees onderzoeksbevel, aansprakelijkheid ambtenaren [C2 art. 5.4.11 Sv]
Europees onderzoeksbevel, bevoegdheden [C2 art. 5.4.7 Sv]
Europees onderzoeksbevel, buitenlandse gedetineerde [C2 art. 5.4.15 Sv]
Europees onderzoeksbevel, buitenlandse gedetineerde naar Nederland [C2 art. 5.4.26 Sv]
Europees onderzoeksbevel en de verplichting tot tenuitvoerlegging ervan [C41 art. 1]
Europees onderzoeksbevel, definitie [C2 art. 5.4.1 Sv]
Europees onderzoeksbevel, doortocht door lidstaten [C2 art. 5.4.16 Sv]
Europees onderzoeksbevel in handen van rechter-commissaris [C2 art. 5.4.8 Sv]
Europees onderzoeksbevel, in Nederland gedetineerde naar buitenland [C2 art. 5.4.27 Sv]
Europees onderzoeksbevel, inhoud en taal [C2 art. 5.4.22 Sv]
Europees onderzoeksbevel inzake bevriezing bewijsmateriaal [C2 art. 5.4.24 Sv]
Europees onderzoeksbevel, kennisgeving opneming telecommunicatie [C2 art. 5.4.18 Sv]
Europees onderzoeksbevel, kennisgeving rechtsmiddelen [C2 art. 5.4.10 Sv]
Europees onderzoeksbevel, kosten [C2 art. 5.4.12 Sv]
Europees onderzoeksbevel, nadere regelgeving bij AMvB [C2 art. 5.4.30 Sv]
Europees onderzoeksbevel, nadere regelgeving bij ministeriële regeling [C2 art. 5.4.31 Sv]
Europees onderzoeksbevel, ontvangst, erkenning en uitvoering [C2 art. 5.4.2 Sv]
Europees onderzoeksbevel, opneming telecommunicatie [C2 art. 5.4.28 Sv]
Europees onderzoeksbevel, opneming telecommunicatie zonder bijstand andere lidstaat [C2 art. 5.4.29 Sv]
Europees onderzoeksbevel, overdracht resultaten [C2 art. 5.4.9 Sv]
Europees onderzoeksbevel, schakelbepaling [C2 art. 5.4.13 Sv]
Europees onderzoeksbevel, toezending aan buitenlandse uitvoerende autoriteit [C2 art. 5.4.23 Sv]
Europees onderzoeksbevel, verhoor met audiovisuele middelen [C2 art. 5.4.13 Sv]
Europees onderzoeksbevel, verhoor per videoconferentie [C2 art. 5.4.25 Sv]
Europees onderzoeksbevel, vordering gegevens [C2 art. 5.4.19 Sv]
Europees onderzoeksbevel, weigeringsgronden [C2 art. 5.4.4 Sv]
Europese elektronische tolheffingsdienst [C14 art. 145c WVW]
Europese vuurwapenpas [C23 art. 28a WWM]
Evenredige maatregelen [C25 art. 32d Wwft]
Experimenten, afwijkende bepalingen [C26 art. 77b PBW]
Experimenten, mogelijkheid tot tijdelijke afwijking regels [C26 art. 77a PBW]
Exploiteren draagmoederschap [C1 art. 151b Sr]
Exploiteren verzorging kind [C1 art. 151c Sr]
Extra onderzoek door officier van justitie [C2 art. 511e Sv]

Facultatieve weigeringsgronden [C38 art. 14, art. 25 WWETGC]
Feitelijke aanranding bevriend staatshoofd [C1 art. 116 Sr]
Feitelijke aanranding van de eerbaarheid [C1 art. 246 Sr]
Feiten van algemene bekendheid [C2 art. 339 Sv]
Fileverkeer, volgen rijstrook/inhalen [C15 art. 13 RVV]
Financieel beheer CBR [C14 art. 4an WVW]
Financieel meerjarenplan CBR [C14 art. 4ap WVW]

G

Alfabetisch trefwoordenregister

Financiële inlichtingeneenheid [C12 art. 6:6 BPolG] [C25 art. 12 Wwft]
Financiële inlichtingeneenheid, verwerking persoonsgegevens [C25 art. 14 Wwft]
Financieren van terrorisme [C1 art. 421 Sr]
Flessentrekkerij [C1 art. 326a Sr]
Foltering, andere vormen van wrede/onmenselijke/onterende behandeling [C43 art. 16 CAT]
Foltering, geldigheid verklaring afgelegd t.g.v. foltering [C43 art. 15 CAT]
Foltering, genoegdoening slachtoffer [C43 art. 14 CAT]
Foltering, indienen klacht door slachtoffer [C43 art. 13 CAT]
Foltering, inhechtenisneming verdachte [C43 art. 6 CAT]
Foltering, instellen onderzoek [C43 art. 12 CAT]
Foltering, instelling Comité tegen Foltering [C43 art. 17 CAT]
Foltering, maatregelen ter voorkoming foltering [C43 art. 2 CAT]
Foltering, onderricht en voorlichting [C43 art. 10 CAT]
Foltering, opname in uitleveringsverdragen [C43 art. 8 CAT]
Foltering, strafbaarheid [C43 art. 4 CAT]
Foltering, verbod om uitzending/uitlevering bij gevaar voor foltering [C43 art. 3 CAT]
Foltering, verlening rechtshulp [C43 art. 9 CAT]
Foltering, vervolging verdachte [C43 art. 7 CAT]
Foltering, vestiging rechtsmacht [C43 art. 5 CAT]
Foltering, voorschriften/instructies/methoden/praktijken ondervraging [C43 art. 11 CAT]
Formaliteiten bij proces-verbaal [C2 art. 175 Sv]
Formele vragen rechtbank [C2 art. 348 Sv]
Formulier voor oproeping voor de kantonrechter [C2 art. 388 Sv]
Fraude [C14 art. 151j WVW]
Fraude bij aanvraag rijbewijs [C14 art. 114 WVW]
Fraude met erkenningsregeling [C14 art. 104 WVW]
Fraude/vervalsing kentekenbewijs [C14 art. 61 WVW]
Functionaris gegevensbescherming [C9 art. 26f WJG]
Functionaris voor gegevensbescherming [C11 art. 36 WPolG]

Geautomatiseerd werk, begripsbepaling [C1 art. 80sexies Sr]
Geautomatiseerd werk belemmeren [C1 art. 138b Sr]
Geautomatiseerd werk, opzettelijk en wederrechtelijk overnemen of doorgeven niet-openbare gegevens of niet-contant betaalinstrument [C1 art. 138c Sr]
Geautomatiseerde gegevensbestanden van erkenningen etc. voor vuurwapens [C23 art. 35 WWM]
Gebrekkig uitreiking gerechtelijke mededeling [C2 art. 36n Sv]
Gebruik geweld na last meerdere [C6 art. 5 Ambtsinstr.]
Gebruik geweldmiddel [C6 art. 4 Ambtsinstr.]
Gebruik persoonsdossier bij gratieverzoek en verklaring omtrent gedrag [C9 art. 42 WJG]
Gebruik stunbag [C6 art. 11a Ambtsinstr.]
Gebruik van geschriften door rechter-commissaris [C2 art. 220 Sv]
Gebruik van voertuigen op de weg, regels m.b.t. eisen aan [C14 art. 71 WVW]
Gebruiken van opnieuw bruikbaar gemaakte zegels [C1 art. 222 Sr]
Gebruiker communicatiedienst [C2 art. 138h Sv]
Gebruikmaking van authentieke gegevens [C14 art. 43b WVW]
Gedetineerde, afstaan urine [C26 art. 30 PBW]
Gedetineerde, andere gebruiksartikelen [C26 art. 44 PBW]
Gedetineerde, beklag [C26 art. 60 PBW]
Gedetineerde, beperking bewegingsvrijheid tijdens afzondering [C26 art. 33 PBW]
Gedetineerde, bezit voorwerpen [C26 art. 45 PBW]
Gedetineerde, bezoek [C26 art. 38 PBW]
Gedetineerde, cameraobservatie [C26 art. 34a PBW]
Gedetineerde, contant geld/rekening-courant [C26 art. 46 PBW]
Gedetineerde, deelname arbeid [C26 art. 47 PBW]
Gedetineerde, disciplinaire straffen [C26 art. 50 PBW]
Gedetineerde, geestelijke verzorging [C26 art. 41 PBW]
Gedetineerde, geneeskundige handelingen [C26 art. 32 PBW]
Gedetineerde, hoorrecht in begrijpelijke taal [C26 art. 57 PBW]
Gedetineerde, informatie over rechten/plichten [C26 art. 56 PBW]
Gedetineerde, lichamelijke oefening/sport [C26 art. 48 PBW]
Gedetineerde, mediacontacten [C26 art. 40 PBW]
Gedetineerde, medische verzorging [C26 art. 42 PBW]
Gedetineerde, nieuwsvoorziening/bibliotheek/onderwijs [C26 art. 48 PBW]
Gedetineerde, noodzaak gebruik geweld/vrijheidsbeperkende middelen [C26 art. 35 PBW]

G

Gedetineerde, onaantastbaarheid lichaam [C26 art. 27 PBW]
Gedetineerde, onderzoek aan lichaam/kleding [C26 art. 29 PBW]
Gedetineerde, onderzoek in het lichaam [C26 art. 31 PBW]
Gedetineerde, onderzoek verblijfsruimte [C26 art. 34 PBW]
Gedetineerde, recreatie/verblijf in buitenlucht [C26 art. 49 PBW]
Gedetineerde, schriftelijke mededeling beslissing [C26 art. 58 PBW]
Gedetineerde, sociale verzorging/hulpverlening [C26 art. 43 PBW]
Gedetineerde, telefoongesprekken [C26 art. 39 PBW]
Gedetineerde, uiterlijke verzorging/lichamelijke hygiëne [C26 art. 44 PBW]
Gedetineerde, uitoefening rechten [C26 art. 75 PBW]
Gedetineerde, uitzondering briefgeheim [C26 art. 37 PBW]
Gedetineerde, vaststellen identiteit [C26 art. 28 PBW]
Gedetineerde, verlaten inrichting [C26 art. 26 PBW]
Gedetineerde, verzenden/ontvangen post [C26 art. 36 PBW]
Gedetineerde, verzoek aan commissie tot bemiddeling [C26 art. 59a PBW]
Gedetineerde, voeding en kleding [C26 art. 44 PBW]
Gedrag op de weg [C14 art. 5 WVW]
Gedragsaanwijzing ter beëindiging van ernstige overlast door officier van justitie [C2 art. 509hh Sv]
Gedragslijnen, procedures en maatregelen risico's witwassen en financieren terrorisme [C25 art. 2c Wwft]
Gedragsmaatregel bij jeugdigen, voorwaarden [C1 art. 77w Sr]
Gedragsmaatregel, einde [C1 art. 77w Sr]
Gedragsmaatregel, nadere bepaling [C1 art. 77w Sr]
Gedragsmaatregel, termijn [C1 art. 77w Sr]
Geen afgifte rijbewijs [C14 art. 112, art. 120a WVW]
Geen dubbele vervolging [C50 art. 30 EVOS]
Geen nodeloze vertraging bij strafrechtelijk financieel onderzoek [C2 art. 126e Sv]
Geen overleg nodig [C50 art. 31 EVOS]
Geen plicht tot antwoorden in geval van art. 12 Sv. [C2 art. 12g Sv]
Geen rechtsmiddel [C2 art. 515, art. 518 Sv]
Geen rijbewijsplicht [C14 art. 108 WVW]
Geen terugvordering kosten [C50 art. 20 EVOS]
Geen uitlokking bij pseudo-koop of -dienstverlening/Tallon-criterium bij pseudo-koop of -dienstverlening [C2 art. 126i Sv]
Geen verstrekking zonder toestemming [C10 art. 28 BJG]
Geen verzoek tot overdracht strafvervolging [C50 art. 8 EVOS]
Geen voorbehoud mogelijk [C42 art. 21 CPT]
Geestelijk verzorger, aanstelling [C27 art. 26 PM]
Geestelijk verzorgers, toegang verlenen aan nieuwe [C27 art. 27 PM]
Geestelijk verzorgers verbonden aan inrichting [C27 art. 25 PM]
Geestelijk verzorgers verschillende godsdiensten of levensovertuigingen [C27 art. 24 PM]
Geestelijke gezondheid, vaststelling geneeskundig behandelingplan [C26 art. 46b PBW]
Geestelijke gezondheid, voorwaarden voor geneeskundige behandeling [C26 art. 46c PBW]
Gegevens aanvraag [C9 art. 32 WJG]
Gegevens betreffende gezondheid [C14 art. 111, art. 134a, art. 151a WVW]
Gegevens bij beslissingen buitenlandse rechters [C10 art. 9 BJG]
Gegevens bij gratieverlening [C10 art. 8 BJG]
Gegevens bij verval recht tenuitvoerlegging [C10 art. 8 BJG]
Gegevens voor ander onderzoek gebruiken door officier van justitie [C2 art. 126dd Sv]
Gegevensbeschermingseffectbeoordeling [C11 art. 4c WPolG]
Gegevensverstrekking aan aangewezen ambtenaar/functionaris [C10 art. 11c BJG]
Gegevensverstrekking aan Raad voor de strafrechtstoepassing en jeugdbescherming [C10 art. 18a BJG]
Gegevensverstrekking aan verwerkingsverantwoordelijke [C10 art. 11b BJG]
Gegevensverstrekking door Bureau Financieel Toezicht [C25 art. 22c Wwft]
Gegevensverstrekking in kader Wet op de rechtsbijstand [C10 art. 11d BJG]
Gegevensverstrekking over aanvragers o.g.v. Wvggz en Wzd [C23 art. 7a WWM]
Gegevensverstrekking over wapenvergunningen etc. [C23 art. 37 WWM]
Gegevensverstrekking personen met een chauffeurskaart [C10 art. 22a BJG]
Gegevensverstrekking personen werkzaam in de kinderopvang [C10 art. 22b BJG]
Gegevensverstrekking personen werkzaam op luchtvaartterrein [C10 art. 22c BJG]
Gegevensverstrekking t.b.v. ontheffingverlening [C14 art. 149b WVW]
Gegrond beklag in geval van art. 12 Sv. [C2 art. 12i Sv]
Gehandicaptenvoertuig, parkeerkaart [C15 art. 86 RVV]

G

Gehandicaptenvoertuig, parkeren [C15 art. 85 RVV]
Geheimhouding antwoord [C2 art. 226d Sv]
Geheimhouding geopende zaken [C2 art. 102 Sv]
Geheimhouding melding/nadere inlichtingen [C25 art. 23 Wwft]
Geheimhouding opleggen aan deskundigen [C2 art. 236 Sv]
Geheimhoudingsplicht [C2 art. 126bb Sv] [C24 art. 14 Wtlvhz] [C9 art. 52 WJG]
Geheimhoudingsplicht bij onderzoek van gegevens [C2 art. 125l Sv]
Geheimhoudingsplicht, uitzonderingen [C25 art. 23 Wwft]
Gekwalificeerde stroperij [C1 art. 315 Sr]
Geldboete [C1 art. 23 Sr] [C23 art. 54 WWM]
Geldboete betalen in termijnen [C1 art. 24a Sr]
Geldboete op basis van draagkrachtbeginsel [C1 art. 24 Sr]
Geldboete voor jeugdigen [C1 art. 77l Sr]
Geldboeten, beroep [C35 art. 35 WOTS]
Geldigheid andere verdragen/overeenkomsten [C50 art. 43 EVOS]
Geldigheid dagvaarding bij hoger beroep [C2 art. 422 Sv]
Geldigheid nationale strafwet [C50 art. 2 EVOS]
Geldigheid termijn bevel tot inverzekeringstelling [C2 art. 58 Sv]
Geldigheid van de dagvaarding [C2 art. 278 Sv]
Geldigheidsduur keuringsbewijs [C14 art. 81 WVW]
Geldigheidsduur rijbewijs [C14 art. 122 WVW]
Geldigheidsduur verlof [C23 art. 28 WWM]
Gelijksoortige hoofdstraffen bij meerdaadse samenloop [C1 art. 57 Sr]
Gelijkstelling aan ambtenaren in geval van 361 t/m 363, 365 t/m 368 en 376 Sr. [C1 art. 364a Sr]
Gelijkstelling aan bevoegde macht [C1 art. 200 Sr]
Gelijkstelling brengen in bewusteloosheid [C1 art. 81 Sr]
Gelijkstelling geregistreerd partnerschap met huwelijk [C1 art. 90octies Sr]
Gelijkstelling gewapend conflict met oorlog [C1 art. 107a Sr]
Gelijkstelling met ambtenaar in geval van artt. 179 t/m 182, 184 en 185 Sr. [C1 art. 185a Sr]
Gelijkstelling met ambtenaar in geval van artt. 179 t/m 182 Sr. [C1 art. 183 Sr]
Gelijkstelling met buitenlandse zegels en merken in geval van artt. 216, 219, 220 en 222 Sr.
 [C1 art. 222bis Sr]
Gelijkstelling met consent [C23 art. 15 WWM]
Gelijktijdig beroep in cassatie [C2 art. 428 Sv]
Gelijktijdig hoger beroep [C2 art. 406 Sv]
Geluidhinder, verbod [C15 art. 57 RVV]
Gemachtigde advocaat [C9 art. 20 WJG]
Gemeengevaarlijke stoffen of geweld plegen tegen inzittenden luchtvaartuig [C1 art. 385b Sr]
Gemeenteraad, ontwerpbeleidsplan [C5 art. 38b PolW]
Gemotiveerd oordeel [C24 art. 9 Wtlvhz]
Gemotiveerde beschikking bij gijzeling van getuige [C2 art. 224 Sv]
Geneeskundige behandeling, advies voortzetting behandeling [C27 art. 23 PM]
Geneeskundige behandeling, begripsbepalingen [C27 art. 21 PM]
Geneeskundige behandeling, behandelingsplan [C27 art. 21b PM]
Geneeskundige behandeling, behandelingsplan bij a- of b-dwangbehandeling [C27 art. 22 PM]
Geneeskundige behandeling, bezoek door arts [C27 art. 22d PM]
Geneeskundige behandeling, eisen [C27 art. 21a PM]
Geneeskundige behandeling, melding [C27 art. 22e PM]
Geneeskundige behandeling, onderzoek [C27 art. 22g PM]
Geneeskundige behandeling, overleg over a-dwangbehandeling [C27 art. 22c PM]
Geneeskundige behandeling, overleg over b-dwangbehandeling [C27 art. 22a PM]
Geneeskundige behandeling, plan beëindiging geneeskundige handeling [C27 art. 22b PM]
Geneeskundige behandeling, registratie [C27 art. 22f PM]
Geneeskundige bezwaren [C14 art. 163 WVW]
Genocide [C54 art. 6/ EoC]
Genocide by causing serious bodily or mental harm [C54 art. 6(b)/ EoC]
Genocide by deliberately inflicting conditions of life calculated to bring about physical
 destruction [C54 art. 6(c)/ EoC]
Genocide by forcibly transferring children [C54 art. 6(e)/ EoC]
Genocide by imposing measures intended to prevent births [C54 art. 6(d)/ EoC]
Genocide by killing [C54 art. 6(a)/ EoC]
Gepleegd tussen echtgenoten enz. [C1 art. 319 Sr]
Gerechtelijke mededeling, elektronische overdracht [C2 art. 36f Sv]
Gerechtelijke mededeling, fysieke of digitale uitreiking] [C2 art. 36d Sv]
Gerechtelijke mededeling, kennisgeving door betekening [C2 art. 36c Sv]

Alfabetisch trefwoordenregister

G

Gerechtelijke mededeling, uitreiking aan autoriteit van welke deze is uitgegaan [C2 art. 36l Sv]
Gerechtelijke mededeling, uitreiking aan persoon of adres [C2 art. 36e Sv]
Gerechtelijke mededeling, wijzen van kennisgeven aan personenvennootschap [C2 art. 36k Sv]
Gerechtelijke mededeling, wijzen van kennisgeven aan rechtspersoon [C2 art. 36j Sv]
Gerechtelijke mededeling, wijzen van kennisgeving [C2 art. 36b Sv]
Gerechtelijke strafgegevens, schakelbepalingen [C9 art. 51f WJG]
Gerechtelijke strafgegevens, schakelbepalingen klachten, controle en toezicht [C9 art. 51h WJG]
Gerechtelijke strafgegevens, vernietiging [C9 art. 51g WJG]
Gerechtelijke strafgegevens, verwerkingsverantwoordelijke [C9 art. 51e WJG]
Geschiktheid boa's, rechterlijke macht [C10 art. 24 BJG]
Geschiktheid dienstbetrekking beveiliging [C10 art. 27 BJG]
Geschiktheid dienstbetrekking financiële instanties [C10 art. 26 BJG]
Geschiktheid minister, staatssecretaris, commissaris van de Koningin, Rijksvertegenwoordiger, burgemeester [C10 art. 30 BJG]
Geschiktheid rechterlijke macht, ombudsman, notaris [C10 art. 29 BJG]
Gesloten behandeling door raadkamer [C2 art. 22 Sv]
Gesloten deuren bij zaak met jeugdige verdachte [C2 art. 495b Sv]
Getuige ondervragen ter terechtzitting [C2 art. 292 Sv]
Getuige verhinderd te verschijnen voor verhoor [C2 art. 212 Sv]
Getuigen, deskundigen en tolken oproepen voor de politierechter [C2 art. 373 Sv]
Getuigen en deskundigen oproepen door verdachte [C2 art. 263 Sv]
Getuigen oproepen [C2 art. 541 Sv]
Geval van ontdekking op heterdaad [C2 art. 128 Sv]
Gevallen van voorlopige hechtenis [C2 art. 67 Sv]
Gevallen waarin verzoek is toegestaan [C50 art. 8 EVOS]
Gevangenhouding bij herziening [C2 art. 473 Sv]
Gevangenhouding of -neming tijdens herzieningsaanvraag ten nadele van de verdachte [C2 art. 482f Sv]
Gevangenisstraf [C1 art. 10 Sr] [C23 art. 55 WWM]
Gevangenisstraf door politierechter [C2 art. 369 Sv]
Gevangenneming en gevangenhouding bevelen na beroep tegen einduitspraak [C2 art. 75 Sv]
Gevarendriehoek, gebruik [C15 art. 58 RVV]
Gevolg staken strafvervolging [C50 art. 33 EVOS]
Gevolgen rechtsmiddel tegen kop-staart vonnis [C2 art. 365a Sv]
Gevolggeving aan rogatoire commissies [C46 art. 3 ERV 1959]
Geweld en vrijheidsbeperkende middelen, gebruik [C5 art. 7 PolW]
Geweld tegen de Staten-Generaal [C1 art. 121 Sr]
Geweld tegen een vergadering van een commissie der Staten-Generaal [C1 art. 121a Sr]
Geweld tegen goederen van internationaal beschermd persoon [C1 art. 117b Sr]
Geweld tegen ministerraad [C1 art. 95a Sr]
Geweld tegen vergadering commissie gemeenteraad [C1 art. 124a Sr]
Geweld tegen vergadering commissie Provinciale Staten [C1 art. 123a Sr]
Geweld tegen vergadering gemeenteraad [C1 art. 124 Sr]
Geweld tegen vergadering Provinciale Staten [C1 art. 123 Sr]
Geweldsregistratie [C6 art. 17 Ambtsinstr.]
Gezagvoerder [C2 art. 136a Sv]
Gijzeling bij weigerachtige getuige door rechter-commissaris [C2 art. 221 Sv]
Gijzeling getuige, duur [C2 art. 222 Sv]
Gijzeling getuige, ontslag [C2 art. 223 Sv]
Gijzeling weigerachtige getuige [C2 art. 294 Sv]
Goedgekeurde meetapparatuur, regeling van eisen m.b.t. [C14 art. 71a WVW]
Goedkeuring door College van procureurs-generaal voor opsporing [C2 art. 140a Sv]
Goedkeuring schadevoertuig na vervallen tenaamstelling [C14 art. 106a WVW]
Goedkeuring stukken CBR door minister [C14 art. 4ar WVW]
Goedkeuring stukken CBR door RvT [C14 art. 4as WVW]
Goedkeuring stukken RDW door minister [C14 art. 4v WVW]
Goedkeuring stukken RDW door RvT [C14 art. 4w WVW]
Goedkeuring voor toelating tot de weg [C14 art. 21 WVW]
Grafschending [C1 art. 149 Sr]
Gratie [C2 art. 479 Sv] [C38 art. 43 WWETGC]
Gratie, aanbieding verzoekschrift aan Kroon [C32 art. 9 Gratw]
Gratie, aanwijzing instelling voor ondersteuning naleving voorwaarden [C32 art. 15 Gratw]
Gratie, advies gerecht aan minister [C32 art. 6 Gratw]
Gratie, advies Hoge Raad [C32 art. 11 Gratw]
Gratie, afwijzing verzoek [C32 art. 8 Gratw]

Sdu

H

Gratie, gratieverlening onder voorwaarden [C32 art. 13 Gratw]
Gratie, gratieverlening zonder verzoekschrift [C32 art. 19 Gratw]
Gratie, gronden voor gratieverlening [C32 art. 2 Gratw]
Gratie, herroeping gratieverlening [C32 art. 17 Gratw]
Gratie, horen andere minister [C32 art. 10 Gratw]
Gratie, inhoud verzoekschrift [C32 art. 3 Gratw]
Gratie, inwinnen advies gerecht dat straf of maatregel heeft opgelegd [C32 art. 4 Gratw]
Gratie, inwinnen inlichtingen [C32 art. 5 Gratw]
Gratie, kennisgeving beschikking op gratieverzoek [C32 art. 18 Gratw]
Gratie, proeftijd [C32 art. 14 Gratw]
Gratie, verslag van bevindingen [C32 art. 5 Gratw]
Gratie, verzoek bij Gemeenschappelijk Hof Justitie Nederlandse Antillen en Aruba [C32 art. 26a Gratw]
Gratie, verzoekschrift [C32 art. 8 Gratw]
Gratie, wijziging voorwaarden [C32 art. 16 Gratw]
Grenswaarden stoffen ex art. 8 Wegenverkeerswet 1994 [C16 art. 3]
Grenzen bebouwde kom [C14 art. 20a WVW]
Griffier [C2 art. 171 Sv]
Gronden tot weigering inwilligen verzoek [C50 art. 11 EVOS]
Gronden voor enkele strafvervolging [C50 art. 32 EVOS]
Gronden voor intrekking erkenning [C23 art. 12 WWM]
Gronden voor uitstel van de erkenning of tenuitvoerlegging [C41 art. 15]
Gronden voor voorlopige hechtenis [C2 art. 67a Sv]
Gronden voor weigering van de erkenning of de tenuitvoerlegging [C41 art. 11]
Gronden weigering erkenning [C23 art. 10 WWM]
Grondslag besluit [C6 art. 39a Ambtsinstr.]
Grooming (ontmoeting met personen jonger dan 16 jaar via communicatiedienst) [C1 art. 248e Sr]

H

Handboeien [C6 art. 22 Ambtsinstr.]
Handel drijven door heling [C1 art. 437ter Sr]
Handelen in edele metalen door ambtenaar van het muntwezen [C1 art. 377 Sr]
Handelen in strijd met art. 38a Wet zeevarenden [C1 art. 475 Sr]
Handelen zonder medewerking van bewindvoerder [C1 art. 442 Sr]
Handhaving openbare orde/strafrechtelijke handhaving rechtsorde, aanvraag om bijstand [C5 art. 56 PolW]
Handhaving van de openbare orde [C2 art. 540 Sv]
Hechtenis [C46 art. 11 ERV 1959]
Heimelijk fotograferen op besloten plaats [C1 art. 139f Sr]
Heimelijk fotograferen op toegankelijke plekken [C1 art. 441b Sr]
Helm, draagplicht [C15 art. 60 RVV]
Herkrijgen recht tot strafvervolging [C50 art. 21 EVOS]
Herleidbare gegevens [C25 art. 32h Wwft]
Herleving recht van strafvordering [C1 art. 74b Sr]
Hernieuwde dagvaarding met bevel tot medebrenging door rechter-commissaris [C2 art. 205 Sv]
Hernieuwde dagvaarding met bevel tot medebrenging van getuige door rechter-commissaris [C2 art. 213 Sv]
Heropening van onderzoek na schorsing voor spoedmaatregelen [C2 art. 324 Sv]
Hervatting onderzoek wegens onvolledigheid [C2 art. 346 Sv]
Hervatting van onderzoek ter terechtzitting [C2 art. 322 Sv]
Herziening [C2 art. 457 Sv]
Herziening in geval van uitspraak van het EVRM [C2 art. 472 Sv]
Herziening ten nadele van de verdachte [C2 art. 482a Sv]
Herzieningsaanvraag [C2 art. 458 Sv]
Herzieningsaanvraag afwijzen [C2 art. 470 Sv]
Herzieningsaanvraag door procureur-generaal [C2 art. 460 Sv]
Herzieningsaanvraag na cassatie [C2 art. 464a Sv]
Herzieningsaanvraag ten nadele van de verdachte door College van procureurs-generaal [C2 art. 482b Sv]
Staatsgeheimen, het zich verschaffen van [C1 art. 98c Sr]
Hinderen hulpverleners [C1 art. 426ter Sr]
Hinderlijk volgen [C1 art. 426bis Sr]
Hoger beroep door getuige [C2 art. 451b Sv]
Hoger beroep en beroep in cassatie door openbaar ministerie [C2 art. 262a Sv]
Hoger beroep en beroep in cassatie door verdachte [C2 art. 262a Sv]

Alfabetisch trefwoordenregister

Hoger beroep in jeugdstrafzaken [C2 art. 501 Sv]
Hoger beroep in jeugdstrafzaken, rechten raadsman en jeugdige verdachte [C2 art. 502 Sv]
Hoger beroep of beroep in cassatie door verklaring [C2 art. 449 Sv]
Hoger beroep of beroep in cassatie tegen beschikkingen [C2 art. 445 Sv]
Hoger beroep tegen beschikkingen door openbaar ministerie [C2 art. 446 Sv]
Hoger beroep tegen beschikkingen van rechter-commissaris [C2 art. 87 Sv]
Hoger beroep tegen bevel tot gevangenneming of gevangenhouding [C2 art. 71 Sv]
Hoger beroep tegen uitspraak tot handhaven voorlopige hechtenis [C2 art. 72a Sv]
Hoger beroep tegen vonnis als geheel [C2 art. 407 Sv]
Hoger beroep tegen vordering tot ontneming van wederrechtelijk verkregen voordeel [C2 art. 511g Sv]
Hoger beroep voor de benadeelde partij [C2 art. 421 Sv]
Hoofd- en bijkomende straffen [C1 art. 9 Sr]
Hoofdlijnen beleid en beheer meldkamers, nadere regels [C5 art. 23a PolW]
Hoofdstraffen voor jeugdigen [C1 art. 77h Sr]
Hoogte bestuurlijk boete aan bank of financiële instelling [C25 art. 32 Wwft]
Hoogte bestuurlijke boete [C25 art. 31, art. 32a Wwft]
Horen door gerechtshof in geval van art. 12 Sv. [C2 art. 12h Sv]
Horen door raadkamer [C2 art. 23 Sv]
Horen jeugdige verdachte bij bevel tot gevangenhouding/neming [C2 art. 493a Sv]
Horen jeugdige verdachte bij strafbeschikking, aanwezigheid ouders/voogd/vertrouwenspersoon [C2 art. 491a Sv]
Horen van de klager in geval van art. 12 Sv. [C2 art. 12d Sv]
Horen van minderjarige [C2 art. 167a Sv]
Horen van officier van justitie door rechtbank [C2 art. 329 Sv]
Horen van slachtoffers [C2 art. 303 Sv]
Horen van verdachte in voorlopige hechtenis [C2 art. 77 Sv]
Horen, verhoren of ondervragen middels videoconferentie [C1 art. 78a Sr]
Horen, verhoren of ondervragen van personen [C2 art. 131a Sv]
Houder of beheerder van erkenning [C23 art. 9a WWM]
Huisvredebreuk [C1 art. 138 Sr]
Hulp bij zelfdoding [C1 art. 294 Sr]
Hulp van politie en de Koninklijke marechaussee [C2 art. 146 Sv]
Hulpbehoevenden verlaten of in hulpeloze toestand brengen [C1 art. 255 Sr]
Hulpmiddelen bij uitzetting vreemdelingen [C6 art. 23a Ambtsinstr.]
Hulpofficier van justitie [C2 art. 146a Sv]
Hulpofficier van justitie, certificaat [C4 art. 3 Rhj 2008]
Hulpofficier van justitie, eisen aan ambtenaar van politie [C4 art. 1 Rhj 2008]
Hulpofficier van justitie, eisen aan militair Koninklijke Marechaussee [C4 art. 5 Rhj 2008]
Hulpofficier van justitie, hoofd dienst politie, korpschef, commandant marechaussee, hoofd MOT [C10 art. 21 BJG]
Hulpofficier van justitie, ontheffing eis certificaat [C4 art. 6 Rhj 2008]
Hulpofficier van justitie, ontheffing eisen [C4 art. 4 Rhj 2008]
Hulpverlening aan de vijand [C1 art. 102 Sr]
Hulpverlening aan verspieders en deserteurs [C1 art. 104 Sr]
Huwelijksvoltrekking door ambtenaar zonder de benodigde stukken [C1 art. 465 Sr]

I

Identificatie bij notariële werkzaamheden [C25 art. 4 Wwft]
Identificatie instelling op groepsniveau [C25 art. 5 Wwft]
Identificatie lopende relaties [C25 art. 38 Wwft]
Identificatie na dienstverlening [C25 art. 4 Wwft]
Identificatie verdachte [C2 art. 27a, art. 55c Sv]
Identificatieplicht [C14 art. 111 WVW]
Identificerende gegevens vorderen in geval van vroegsporing [C2 art. 126uc Sv]
Identiteit afgeschermde getuige verbergen [C2 art. 226n Sv]
Identiteit getuige vaststellen op terechtzitting [C2 art. 290 Sv]
Identiteit verdachte vaststellen ter terechtzitting [C2 art. 273 Sv]
Immuniteit getuige en deskundige [C46 art. 8 ERV 1959]
Immuniteit getuigen, deskundigen en verdachten [C46 art. 12 ERV 1959]
Immuniteiten [C42 art. 16 CPT]
In behandeling nemen van toezichtbeslissing door een andere lidstaat van de EU [C2 art. 5.7.7 Sv]
In persoon verschijnen door jeugdige verdachte [C2 art. 495a Sv]
Inbeslaggenomen gesloten brieven [C2 art. 102a Sv]
Inbeslagneming [C2 art. 134 Sv] [C38 art. 30 WWETGC]

Alfabetisch trefwoordenregister

Inbeslagneming, bevoegdheid rechter-commissaris/officier van justitie [C35 art. 13d WOTS]
Inbeslagneming bij aanhouden en staande houden [C2 art. 95 Sv]
Inbeslagneming bij geheimhouders [C2 art. 98 Sv]
Inbeslagneming bij jeugdige verdachte [C2 art. 488a Sv]
Inbeslagneming bij strafvordering buiten het rechtsgebied van een rechtbank [C2 art. 539p Sv]
Inbeslagneming door opsporingsambtenaar [C2 art. 126ff Sv]
Inbeslagneming door rechter-commissaris [C2 art. 104 Sv]
Inbeslagneming, in behandeling nemen verzoek [C35 art. 13f WOTS]
Inbeslagneming in een woning [C2 art. 99 Sv]
Inbeslagneming, nieuw onderzoek [C35 art. 13e WOTS]
Inbeslagneming, op verzoek vreemde staat [C35 art. 13a WOTS]
Inbeslagneming, overlevering aan vreemde staat [C35 art. 13c WOTS]
Inbeslagneming ten behoeve van recht op verhaal [C2 art. 94a Sv]
Inbeslagneming, tijdens strafrechtelijk financieel onderzoek [C35 art. 13 WOTS]
Inbeslagneming van voorwerpen [C22 art. 9 Opw]
Inbeslagneming voorwerpen tijdens strafrechtelijk financieel onderzoek [C2 art. 126b Sv]
Inbeslagneming voorwerpen van derden [C2 art. 94a Sv]
Inbewaring stellen motorrijtuig [C14 art. 164 WVW]
Indienen bezwaarschrift door verdachte [C2 art. 32 Sv]
Indienen schriftuur [C2 art. 410 Sv]
Indienen schriftuur cassatiemiddelen [C2 art. 437 Sv]
Individuele goedkeuring [C14 art. 26 WVW]
Individuele verzoekschriften [C58 art. 34 EVRM]
Infiltratie in criminele organisatie [C2 art. 126h Sv]
Infiltratie in geval van vroegsporing [C2 art. 126p Sv]
Infiltratieoperaties [C41 art. 29]
Informatie deling [C25 art. 23a Wwft]
Informatie m.b.t. het strafregister [C46 art. 13 ERV 1959]
Informatie- en communicatievoorzieningen, nadere regels [C5 art. 23 PolW]
Informatieplicht bij toezichtbeslissing door een andere lidstaat van de EU [C2 art. 5.7.12 Sv]
Informatieplicht directie CBR [C14 art. 4ag WVW]
Informatieplicht van communicatiediensten in geval van vroegsporing [C2 art. 126u Sv]
Informatieplicht van officier van justitie [C2 art. 150a Sv]
Informatiestatuut CBR [C14 art. 4aq WVW]
Informatiestatuut RDW [C14 art. 4u WVW]
Informatieverzoek bij toezichtbeslissing door een andere lidstaat van de EU [C2 art. 5.7.13 Sv]
Informeren van andere staat bij opnemen van communicatie in geval van terroristische misdrijven [C2 art. 126zga Sv]
Inhalen, bestuurder/fietser [C15 art. 11 RVV]
Inhalen, voetgangersoversteekplaats [C15 art. 12 RVV]
Inhoud beëdiging van getuige door rechter-commissaris [C2 art. 216a Sv]
Inhoud beschikking [C2 art. 257a Sv]
Inhoud bevel tot aftappen communicatie via communicatiedienst [C2 art. 126m Sv]
Inhoud bevel tot betreden besloten plaats of aanwenden technisch hulpmiddel [C2 art. 126k Sv]
Inhoud bevel tot infiltratie [C2 art. 126h Sv]
Inhoud bevel tot inverzekeringstelling [C2 art. 59 Sv]
Inhoud bevel tot observatie [C2 art. 126g Sv]
Inhoud bevel tot opnemen vertrouwelijke communicatie [C2 art. 126l Sv]
Inhoud bevel tot pseudo-koop of -dienstverlening [C2 art. 126i Sv]
Inhoud bevel tot stelselmatig inwinnen van informatie [C2 art. 126j Sv]
Inhoud bevel tot voorlopige hechtenis [C2 art. 78 Sv]
Inhoud bevelen [C2 art. 543 Sv]
Inhoud en betekening van de beschikking door rechter-commissaris [C2 art. 226b Sv]
Inhoud en motivering vonnis [C2 art. 359 Sv]
Inhoud en vorm van het EOB [C41 art. 5]
Inhoud getuigenverklaring [C2 art. 291 Sv]
Inhoud taakstraf [C1 art. 77h Sr]
Inhoud taakstraf bij jeugdigen [C1 art. 77m Sr]
Inhoud te verstrekken gegevens gebruiker communicatiedienst [C2 art. 126na Sv]
Inhoud verzoek tot aanhouding [C50 art. 27 EVOS]
Inhoud verzoeken [C46 art. 14 ERV 1959]
Inhoud vonnis [C2 art. 357, art. 358 Sv]
Inhoud vordering identificerende gegevens [C2 art. 126nc Sv]
Inkennisstelling, bekrachtiging e.d. [C47 art. 32 EUV]
Inkennisstelling resultaat bloedonderzoek [C16 art. 17]

Alfabetisch trefwoordenregister

Inkennisstelling van beslissing [C47 art. 18 EUV]
Inklimming [C1 art. 89 Sr]
Inkomend bevriezingsbevel [C2 art. 5.5.15 Sv]
Inkomend bevriezingsbevel, prioritering [C2 art. 5.5.17 Sv]
Inkomend bevriezingsbevel, rechsmiddelen [C2 art. 5.5.18 Sv]
Inkomend bevriezingsbevel, weigeringsgronden [C2 art. 5.5.16 Sv]
Inkomsten CBR [C14 art. 4al WVW]
Inkomsten RDW [C14 art. 4p WVW]
Inleveren kentekenplaat [C14 art. 70i WVW]
Inlichten Financiële inlichtingen eenheid [C25 art. 25 Wwft]
Inlichtingen aan officier van justitie [C2 art. 184 Sv]
Inlichtingen aan RvT [C14 art. 4i WVW]
Inlichtingen bij reclasseringsinstellingen [C9 art. 36 WJG]
Inlichtingen en bewijs verzamelen bij strafvordering buiten het rechtsgebied van een rechtbank [C2 art. 539c Sv]
Inlichtingen over bancaire en andere financiële operaties [C41 art. 27]
Inlichtingen over bankrekeningen en andere financiële rekeningen [C41 art. 26]
Inlichtingen verstrekken aan OvJ [C24 art. 10 Wtlvhz]
Inlichtingenverstrekking aan CBR [C14 art. 4aq WVW]
Inlichtingenverstrekking aan RDW [C14 art. 4u WVW]
Inlichtingenverstrekking, minister/burgemeesters [C5 art. 17 PolW]
Inrichting tot klinische observatie, rechtspositie gedetineerde [C26 art. 77 PBW]
Inrichting voor stelselmatige daders [C1 art. 38m Sr]
Inrichting voor stelselmatige daders, duur maatregel [C1 art. 38n Sr]
Inrichting voor stelselmatige daders, evaluatie tenuitvoerlegging [C26 art. 18c PBW]
Inrichting voor stelselmatige daders, verblijfsplan [C26 art. 18a PBW]
Inroepen van militaire bijstand tegen wettige bevelen [C1 art. 358 Sr]
Inschrijving motorrijtuigen en aanhangwagens [C14 art. 47 WVW]
Inspectie Openbare Orde en Veiligheid, aanwijzing ambtenaren door minister [C5 art. 67 PolW]
Inspectie Openbare Orde en Veiligheid, vaststelling werkzaamheden [C5 art. 66 PolW]
Inspectie Openbare Orde en Veiligheid, werkzaamheden [C5 art. 65 PolW]
Inspecties [C42 art. 2 CPT]
Installatie ter zee [C2 art. 136b Sv]
Instellen of heropenen strafrechtelijk financieel onderzoek na einduitspraak op vordering [C2 art. 126fa Sv]
Instelling voor verpleging van terbeschikkinggestelden [C1 art. 90quinquies Sr]
Insubordinatie [C1 art. 395 Sr]
Integriteitinformatie, gegevensuitwisseling [C25 art. 22a, art. 22b Wwft]
Integriteitinformatie, geheimhouding [C25 art. 22 Wwft]
Intelligente vervoerssystemen op het gebied van wegvervoer [C14 art. 145g WVW]
Interceptie van telecommunicatie met technische hulp van een andere lidstaat [C41 art. 30]
Internationaal beschermd persoon [C1 art. 87b Sr]
Internationaal gemeenschappelijk onderzoeksteam, bewijskracht [C2 art. 5.2.3 Sv]
Internationaal gemeenschappelijk onderzoeksteam, instelling [C2 art. 5.2.1 Sv]
Internationaal gemeenschappelijk onderzoeksteam, overdracht resultaten onderzoek [C2 art. 5.2.4 Sv]
Internationaal gemeenschappelijk onderzoeksteam, rechtstreeks doorgeleiden telecommunicatie [C2 art. 5.2.5 Sv]
Internationaal gemeenschappelijk onderzoeksteam, uitoefening bevoegdheden [C2 art. 5.2.2 Sv]
Internationaal kentekenbewijs [C14 art. 54 WVW]
Internationaal misdrijf, BES-eilanden [C33 art. 16a WIM]
Internationaal misdrijf, competentie [C33 art. 15 WIM]
Internationaal misdrijf, geen verjaring [C33 art. 13 WIM]
Internationaal misdrijf, immuniteit [C33 art. 16 WIM]
Internationaal misdrijf, ontzetting van kiesrecht [C33 art. 14 WIM]
Internationaal misdrijf, opheffing strafbaarheid [C33 art. 11 WIM]
Internationaal misdrijf, strafbare feiten van politieke aard [C33 art. 12 WIM]
Internationaal misdrijf, strafmaat aantasting cultureel goed [C33 art. 5 WIM]
Internationaal misdrijf, strafmaat foltering [C33 art. 8 WIM]
Internationaal misdrijf, strafmaat genocide [C33 art. 3 WIM]
Internationaal misdrijf, strafmaat in gevaar brengen gezondheid [C33 art. 5, art. 6 WIM]
Internationaal misdrijf, strafmaat in niet-internationaal gewapend conflict [C33 art. 6 WIM]
Internationaal misdrijf, strafmaat misdrijf tegen de menselijkheid [C33 art. 4 WIM]
Internationaal misdrijf, strafmaat schending Handvest VN [C33 art. 8b WIM]
Internationaal misdrijf, strafmaat schending niet-militaire belangen [C33 art. 5 WIM]

Alfabetisch trefwoordenregister

Internationaal misdrijf, strafmaat schending niet-militaire doelen [C33 art. 6 WIM]
Internationaal misdrijf, strafmaat schending overige oorlogswetten [C33 art. 7 WIM]
Internationaal misdrijf, strafmaat schending verdragen van Genève [C33 art. 5 WIM]
Internationaal misdrijf, strafmaat verdwijning persoon [C33 art. 8a WIM]
Internationaal misdrijf, toepasselijkheid Ned. strafrecht [C33 art. 2 WIM]
Internationaal misdrijf, uitbreiding strafbaarheid meerdere [C33 art. 9 WIM]
Internationaal misdrijf, uitzonderingen [C33 art. 5 WIM]
Internationaal misdrijf, wijziging andere wetten [C33 art. 17 WIM]
Internationaal rijbewijs [C14 art. 117 WVW]
Internationaal Strafhof, aangiften situatie door Staat die Partij is [C53 art. 14 SRIS]
Internationaal Strafhof, aanhoudingsprocedure in Staat van bewaring [C53 art. 59 SRIS]
Internationaal Strafhof, aanklager [C53 art. 15 SRIS]
Internationaal Strafhof, aansprakelijkheid bevelhebbers en andere meerderen [C53 art. 28 SRIS]
Internationaal Strafhof, aanstelling rechters [C53 art. 35 SRIS]
Internationaal Strafhof, aanwijzing Staat van tenuitvoerlegging [C53 art. 104 SRIS]
Internationaal Strafhof, algemene bepalingen verzoeken om samenwerking [C53 art. 87 SRIS]
Internationaal Strafhof, algemene verplichting tot samenwerking [C53 art. 86 SRIS]
Internationaal Strafhof, behandeling rechtbank [C34 art. 74 Uw IS]
Internationaal Strafhof, belemmeringen bij inwilliging verzoek van strafhof [C34 art. 7 Uw IS]
Internationaal Strafhof, beperking vervolging of bestraffing andere misdrijven [C53 art. 108 SRIS]
Internationaal Strafhof, beroep tegen andere beslissingen [C53 art. 82 SRIS]
Internationaal Strafhof, beroep tegen einduitspraak [C53 art. 81 SRIS]
Internationaal Strafhof, beroepsprocedure [C53 art. 83 SRIS]
Internationaal Strafhof, bescherming informatie i.v.m. nationale veiligheid [C53 art. 72 SRIS]
Internationaal Strafhof, bescherming slachtoffers en getuigen en hun deelname aan procedure [C53 art. 68 SRIS]
Internationaal Strafhof, beschikbaarheid procedures naar nationaal recht [C53 art. 88 SRIS]
Internationaal Strafhof, beslissing tenuitvoerlegging door onze minister [C34 art. 67 Uw IS]
Internationaal Strafhof, betaling kosten [C53 art. 114 SRIS]
Internationaal Strafhof, betwisting rechtsmacht of ontvankelijkheid [C53 art. 19 SRIS]
Internationaal Strafhof, bevel tot betaling aan begunstigde [C34 art. 83 Uw IS]
Internationaal Strafhof, bevelen meerderen en wettelijk voorschrift [C53 art. 33 SRIS]
Internationaal Strafhof, bevestiging tenlastegelegde feiten voorafgaande aan terechtzitting [C53 art. 61 SRIS]
Internationaal Strafhof, bewijs [C53 art. 69 SRIS]
Internationaal Strafhof, bewijskracht rechtshandelingen [C34 art. 5 Uw IS]
Internationaal Strafhof, communicatie met veroordeelde [C34 art. 71 Uw IS]
Internationaal Strafhof, competentie bij verzoek samenwerking en bijstand [C34 art. 4 Uw IS]
Internationaal Strafhof, concurrerende verzoeken [C53 art. 90 SRIS]
Internationaal Strafhof, daad van agressie [C53 art. 8 bis SRIS]
Internationaal Strafhof, disciplinaire maatregelen [C53 art. 47 SRIS]
Internationaal Strafhof, doorvoer van personen [C34 art. 85 Uw IS]
Internationaal Strafhof, dwaling t.a.v. feiten of recht [C53 art. 32 SRIS]
Internationaal Strafhof, einduitspraak [C53 art. 76 SRIS]
Internationaal Strafhof, eisen aan beslissing [C53 art. 74 SRIS]
Internationaal Strafhof, element geestesgesteldheid [C53 art. 30 SRIS]
Internationaal Strafhof, elementen van misdrijven [C53 art. 9 SRIS]
Internationaal Strafhof, financieel onderzoek op verzoek strafhof [C34 art. 61 Uw IS]
Internationaal Strafhof, financiële regelingen [C53 art. 113 SRIS]
Internationaal Strafhof, fondsen [C53 art. 115 SRIS]
Internationaal Strafhof, geen gratie gevangenisstraf [C34 art. 56 Uw IS]
Internationaal Strafhof, geen terugwerkende kracht ratione personae [C53 art. 24 SRIS]
Internationaal Strafhof, geen vervroegde invrijheidsstelling [C34 art. 69 Uw IS]
Internationaal Strafhof, genocide [C53 art. 6 SRIS]
Internationaal Strafhof, getuigen en deskundigen [C34 art. 76 Uw IS]
Internationaal Strafhof, griffie [C53 art. 43 SRIS]
Internationaal Strafhof, heroverweging strafvermindering [C53 art. 110 SRIS]
Internationaal Strafhof, herstelbetalingen aan slachtoffers [C53 art. 75 SRIS]
Internationaal Strafhof, herziening einduitspraken [C53 art. 84 SRIS]
Internationaal Strafhof, huishoudelijk reglement [C53 art. 52 SRIS]
Internationaal Strafhof, immuniteit ontboden personen [C34 art. 87 Uw IS]
Internationaal Strafhof, inbeslagname voorwerpen op verzoek strafhof [C34 art. 62 Uw IS]
Internationaal Strafhof, individuele strafrechtelijke aansprakelijkheid [C53 art. 25 SRIS]
Internationaal Strafhof, informatie of documenten van derden [C53 art. 73 SRIS]

Alfabetisch trefwoordenregister

Internationaal Strafhof, inkennisstelling onderzoek door onze minister [C34 art. 54 Uw IS]
Internationaal Strafhof, inleidende procedure [C53 art. 60 SRIS]
Internationaal Strafhof, inwilliging verzoek bij betwisting ontvankelijkheid [C53 art. 95 SRIS]
Internationaal Strafhof, inwilliging verzoeken [C53 art. 99 SRIS]
Internationaal Strafhof, irrelevantie van officiële hoedanigheid [C53 art. 27 SRIS]
Internationaal Strafhof, jaarlijkse controle [C53 art. 118 SRIS]
Internationaal Strafhof, Kamers [C53 art. 39 SRIS]
Internationaal Strafhof, kosten [C53 art. 100 SRIS]
Internationaal Strafhof, kwalificaties/voordracht/verkiezing rechters [C53 art. 36 SRIS]
Internationaal Strafhof, misdrijf agressie [C53 art. 8 bis SRIS]
Internationaal Strafhof, misdrijf agressie, aangifte door Staat of eigener beweging [C53 art. 15 bis SRIS]
Internationaal Strafhof, misdrijf agressie, aangifte door Veiligheidsraad [C53 art. 15 ter SRIS]
Internationaal Strafhof, misdrijven tegen de menselijkheid [C53 art. 7 SRIS]
Internationaal Strafhof, misdrijven tegen rechtspleging [C53 art. 70 SRIS]
Internationaal Strafhof, ne bis in idem [C53 art. 20 SRIS]
Internationaal Strafhof, Nederlandse wet niet toepasselijk [C34 art. 88 Uw IS]
Internationaal Strafhof, niet-toepasselijkheid van verjaring [C53 art. 29 SRIS]
Internationaal Strafhof, nulla poena sine lege [C53 art. 23 SRIS]
Internationaal Strafhof, nullum crimen sine lege [C53 art. 22 SRIS]
Internationaal Strafhof, officiële talen en werktalen [C53 art. 50 SRIS]
Internationaal Strafhof, onafhankelijkheid rechters [C53 art. 40 SRIS]
Internationaal Strafhof, onderzoek ontvankelijkheid [C34 art. 8 Uw IS]
Internationaal Strafhof , onderzoek OvJ bij verzoek om samenwerking [C34 art. 53 Uw IS]
Internationaal Strafhof, onderzoek rechtbank [C34 art. 78 Uw IS]
Internationaal Strafhof, onderzoek rechten belanghebbenden [C34 art. 65 Uw IS]
Internationaal Strafhof, onderzoekshandelingen bij verzoek om samenwerking [C34 art. 51 Uw IS]
Internationaal Strafhof, ontsnapping [C53 art. 111 SRIS]
Internationaal Strafhof, ontzetting uit ambt [C53 art. 46 SRIS]
Internationaal Strafhof, oorlogsmisdrijven [C53 art. 8 SRIS]
Internationaal Strafhof, opbrengst straffen [C34 art. 84 Uw IS]
Internationaal Strafhof, opening opsporingsonderzoek [C53 art. 53 SRIS]
Internationaal Strafhof, oprichting [C53 art. 1 SRIS]
Internationaal Strafhof, opschorting onderzoek of vervolging [C53 art. 16 SRIS]
Internationaal Strafhof, organen [C53 art. 34 SRIS]
Internationaal Strafhof, overbrenging andere staat [C34 art. 70 Uw IS]
Internationaal Strafhof, overbrenging persoon na tenuitvoerlegging uitspraak [C53 art. 107 SRIS]
Internationaal Strafhof, overdracht personen [C53 art. 89 SRIS]
Internationaal Strafhof, overleg over inwilliging verzoek [C53 art. 97 SRIS]
Internationaal Strafhof, parket van de aanklager [C53 art. 42 SRIS]
Internationaal Strafhof, personeel [C53 art. 44 SRIS]
Internationaal Strafhof, plaats terechtzitting [C53 art. 62 SRIS]
Internationaal Strafhof, plechtige gelofte [C53 art. 45 SRIS]
Internationaal Strafhof, Presidium [C53 art. 38 SRIS]
Internationaal Strafhof, procedure i.g.v. bekentenis [C53 art. 65 SRIS]
Internationaal Strafhof, rechten beschuldigde [C53 art. 67 SRIS]
Internationaal Strafhof, rechten personen gedurende onderzoek [C53 art. 55 SRIS]
Internationaal Strafhof, rechterlijke vacatures [C53 art. 37 SRIS]
Internationaal Strafhof, rechtsmacht [C53 art. 5 SRIS]
Internationaal Strafhof, rechtsmacht ratione temporis [C53 art. 11 SRIS]
Internationaal Strafhof, rechtspersoonlijkheid en bevoegdheden [C53 art. 4 SRIS]
Internationaal Strafhof, reglement van proces- en bewijsvoering [C53 art. 51 SRIS]
Internationaal Strafhof, relatie met VS [C53 art. 2 SRIS]
Internationaal Strafhof, rol Kamer van vooronderzoek [C53 art. 56 SRIS]
Internationaal Strafhof, rol Staten bij tenuitvoerlegging uitspraken tot gevangenisstraf [C53 art. 103 SRIS]
Internationaal Strafhof, salarissen/toelagen/onkostenvergoedingen [C53 art. 49 SRIS]
Internationaal Strafhof, samenwerking bij afstand immuniteit en toestemming overdracht [C53 art. 98 SRIS]
Internationaal Strafhof, sancties op wangedrag [C53 art. 71 SRIS]
Internationaal Strafhof, schadevergoeding aangehouden of veroordeelde personen [C53 art. 85 SRIS]
Internationaal Strafhof, specialiteitsbeginsel [C53 art. 101 SRIS]
Internationaal Strafhof, strafoplegging [C53 art. 78 SRIS]

Internationaal Strafhof, strafuitsluitingsgronden [C53 art. 31 SRIS]
Internationaal Strafhof, taak OvJ bij verzoek om samenwerking [C34 art. 49 Uw IS]
Internationaal Strafhof, taak rechter-commissaris bij verzoek om samenwerking [C34 art. 50 Uw IS]
Internationaal Strafhof, taken en bevoegdheden aanklager [C53 art. 54 SRIS]
Internationaal Strafhof, taken en bevoegdheden Kamer van berechting [C53 art. 64 SRIS]
Internationaal Strafhof, taken en bevoegdheden Kamer van vooronderzoek [C53 art. 57 SRIS]
Internationaal Strafhof, tenuitvoerlegging boetes en maatregelen ter verbeurdverklaring [C53 art. 109 SRIS]
Internationaal Strafhof, tenuitvoerlegging burgerrechtelijke beslissingen [C34 art. 58 Uw IS]
Internationaal Strafhof, tenuitvoerlegging geldboete [C34 art. 81 Uw IS]
Internationaal Strafhof, tenuitvoerlegging gevangenisstraf [C34 art. 66 Uw IS]
Internationaal Strafhof, tenuitvoerlegging overige straffen [C34 art. 72 Uw IS]
Internationaal Strafhof, tenuitvoerlegging straffen in Nederland [C34 art. 55 Uw IS]
Internationaal Strafhof, tenuitvoerlegging uitspraak [C53 art. 105 SRIS]
Internationaal Strafhof, tenuitvoerlegging uitspraken tot en voorwaarden gevangenisstraf [C53 art. 106 SRIS]
Internationaal Strafhof, tenuitvoerlegging verbeurdverklaring [C34 art. 82 Uw IS]
Internationaal Strafhof, terbeschikkingstelling gevangenen [C34 art. 48 Uw IS]
Internationaal Strafhof, terechtzitting in aanwezigheid beschuldigde [C53 art. 63 SRIS]
Internationaal Strafhof, toepasselijk recht [C53 art. 21 SRIS]
Internationaal Strafhof, toepasselijke straffen [C53 art. 77 SRIS]
Internationaal Strafhof, toepasselijkheid nationale straffen en wetten [C53 art. 80 SRIS]
Internationaal Strafhof, toevoeging raadsman [C34 art. 75 Uw IS]
Internationaal Strafhof, trustfonds [C53 art. 79 SRIS]
Internationaal Strafhof, uitbreiding bevoegdheden bij verzoek om samenwerking [C34 art. 52 Uw IS]
Internationaal Strafhof, uitoefening rechtsmacht [C53 art. 13 SRIS]
Internationaal Strafhof, uitsluiting rechtsmacht personen beneden achttien jaar [C53 art. 26 SRIS]
Internationaal Strafhof, uitsluiting WvSr bij opgelegde straf of maatregel [C34 art. 81 Uw IS]
Internationaal Strafhof, uitstel inwilliging verzoek hangende lopend onderzoek of vervolging [C53 art. 94 SRIS]
Internationaal Strafhof, uitvaardiging bevel door Kamer van vooronderzoek [C53 art. 58 SRIS]
Internationaal Strafhof, vaststelling bijdragen [C53 art. 117 SRIS]
Internationaal Strafhof, vergadering [C53 art. 112 SRIS]
Internationaal Strafhof, verlof rechtbank tot tenuitvoerlegging [C34 art. 73 Uw IS]
Internationaal Strafhof, verlof tot tenuitvoerlegging straf of maatregel [C34 art. 79 Uw IS]
Internationaal Strafhof, vermoeden van onschuld [C53 art. 66 SRIS]
Internationaal Strafhof, verschoning en wraking rechters [C53 art. 41 SRIS]
Internationaal Strafhof, verstrekking politiegegevens [C34 art. 6 Uw IS]
Internationaal Strafhof, verzoek om andere vormen van rechtshulp [C53 art. 96 SRIS]
Internationaal Strafhof, verzoek om overlevering aan Strafhof [C34 art. 11 Uw IS]
Internationaal Strafhof, verzoek om samenwerking [C34 art. 45 Uw IS]
Internationaal Strafhof, verzoek rechtshulp aan strafhof [C34 art. 5 Uw IS]
Internationaal Strafhof, verzoek samenwerking en bijstand van strafhof [C34 art. 3 Uw IS]
Internationaal Strafhof, verzoek tot aanhouding en overdracht [C53 art. 91 SRIS]
Internationaal Strafhof, voorafgaande beslissingen t.a.v. ontvankelijkheid [C53 art. 18 SRIS]
Internationaal Strafhof, voorlopige aanhouding [C53 art. 92 SRIS]
Internationaal Strafhof, voorlopige aanhouding op verzoek strafhof [C34 art. 60 Uw IS]
Internationaal Strafhof, voorlopige maatregelen op verzoek strafhof [C34 art. 59 Uw IS]
Internationaal Strafhof, voorrechten en immuniteiten [C53 art. 48 SRIS]
Internationaal Strafhof, voorwaarden voor uitoefening rechtsmacht [C53 art. 12 SRIS]
Internationaal Strafhof, vragen t.a.v. ontvankelijkheid [C53 art. 17 SRIS]
Internationaal Strafhof, vrijwillige bijdragen [C53 art. 116 SRIS]
Internationaal Strafhof, zetel [C53 art. 3 SRIS]
Internationale Strafhof, andere vormen van samenwerking [C53 art. 93 SRIS]
Interventie bij CBR [C14 art. 4au WVW]
Interventie bij RDW [C14 art. 4x WVW]
Intrekken of wijzigen erkenning [C14 art. 70f WVW]
Intrekken van certificaat van schorsing van voorlopige hechtenis door andere lidstaat van de EU [C2 art. 5.7.18 Sv]
Intrekken van erkenning [C14 art. 65, art. 66d WVW]
Intrekken voorbehoud [C50 art. 41 EVOS]
Intrekken, wijzigen en schorsen erkenning, nadere regels m.b.t. [C14 art. 103a, art. 65a WVW]

Alfabetisch trefwoordenregister

Intrekking erkenning [C14 art. 103, art. 87 WVW]
Intrekking erkenning inbouw onderdelen [C14 art. 95 WVW]
Intrekking erkenning op verzoek [C14 art. 61d WVW]
Intrekking keuringsbevoegdheid [C14 art. 87a WVW]
Intrekking klacht bij een misdrijf alleen op klacht vervolgbaar [C1 art. 67 Sr]
Intrekking ontheffing [C22 art. 8d, art. 8e Opw]
Intrekking typegoedkeuring [C14 art. 25 WVW]
Intrekking van de oproeping voor de kantonrechter [C2 art. 387 Sv]
Intrekking van rechtsmiddelen [C2 art. 453 Sv]
Intrekking Wet wapens en munitie uit 1995 [C23 art. 58 WWM]
Intrekking/wijziging/schorsing erkenning [C14 art. 61d WVW]
Inverzekeringstelling [C2 art. 541, art. 548, art. 57 Sv]
Inverzekeringstelling ter handhaving van de openbare orde [C2 art. 545 Sv]
Inverzekeringstelling van getuige door rechter-commissaris [C2 art. 214 Sv]
Invrijheidstelling [C47 art. 18 EUV]
Invrijheidstelling bij handhaving van de openbare orde [C2 art. 543 Sv]
Invrijheidstelling gehechte [C50 art. 29 EVOS]
Invrijheidstelling na bereidverklaring bij handhaving van de openbare orde [C2 art. 544 Sv]
Invrijheidstelling na wijken van gevaar bij handhaving van de openbare orde [C2 art. 546 Sv]
Invrijheidstelling of verlenging inverzekeringstelling [C2 art. 58 Sv]
Inwerkingtreding bij buitengewone omstandigheden [C14 art. 3 WVW]
Inwerkingtreding wijziging richtlijn vakbekwaamheid voor toepassing hoofdstuk VIIA [C14 art. 151k WVW]
Inwilliging [C47 art. 18 EUV]
Inzet mobiele eenheid/aanhoudings- en ondersteuningseenheid [C6 art. 6 Ambtsinstr.]

Jaarverslag Commissies vóór 1 april [C24 art. 17 Wtlvhz]
Jeugdhulp [C1 art. 77wa Sr]
Jeugdige getuige laten zijn van seksuele handelingen [C1 art. 248d Sr]
Jeugdige verdachten [C2 art. 487 Sv]
Jeugdigen, onder curatele gestelden [C9 art. 20 WJG]
Jeugdsancties [C1 art. 77g Sr]
Jeugdstrafzaak, gerechtelijke mededelingen naar ouders en raadsman [C2 art. 503 Sv]
Joyriding [C14 art. 11 WVW]
Juistheid/actualiteit/volledigheid gegevens [C14 art. 44 WVW]
Jurisdictiegeschillen [C2 art. 525 Sv]
Justitiële gegevens bij misdrijven [C10 art. 2 BJG]
Justitiële gegevens bij overtredingen [C10 art. 3 BJG]
Justitiële gegevens bij overtredingen afwijkend van art. 3 [C10 art. 4 BJG]
Justitiële gegevens, kosteloze verstrekking [C9 art. 25 WJG]
Justitiële gegevens minderjarigen [C9 art. 75 WJG]
Justitiële gegevens, nadere bepalingen [C10 art. 17 BJG]
Justitiële gegevens natuurlijke personen [C10 art. 6 BJG]
Justitiële gegevens rechtspersonen [C10 art. 6 BJG]
Justitiële gegevens, rectificatie op verzoek betrokkene [C9 art. 22 WJG]
Justitiële gegevens, uitbesteding verwerking van [C9 art. 7d WJG]
Justitiële gegevens, verschillende categorieën [C9 art. 7c WJG]
Justitiële gegevens, verstrekking aan bestuursorganen art. 6 Tijdelijke wet bestuurlijke maatregelen terrorismebestrijding [C10 art. 15a BJG]
Justitiële gegevens, verstrekking aan AIVD, MIVD [C10 art. 14 BJG]
Justitiële gegevens, verstrekking aan bureau bevordering integriteitsbeoordelingen [C10 art. 15 BJG]
Justitiële gegevens, verstrekking aan Minister [C10 art. 16a BJG]
Justitiële gegevens, verstrekking aan ministers, burgemeester, korpschef, belastingdienst, douane [C10 art. 16 BJG]
Justitiële gegevens, verstrekking aan raad van bestuur kansspelautoriteit [C10 art. 15b BJG]
Justitiële gegevens, verwerkersovereenkomst [C10 art. 1c BJG]
Justitiële gegevens, verwerking [C10 art. 1a BJG]
Justitiële gegevens, verwerkingsverantwoordelijke [C10 art. 1b BJG]
Justitiële jeugdinrichting, aanspraak op plaatsing/overplaatsing [C31 art. 14 BJJI]
Justitiële jeugdinrichting, behandeling beroepschriften [C31 art. 6 BJJI]
Justitiële jeugdinrichting, behandeling klaagschrift [C31 art. 67 BJJI]
Justitiële jeugdinrichting, beklag [C31 art. 65 BJJI]
Justitiële jeugdinrichting, belijden en beleven godsdienst/levensovertuiging [C31 art. 46 BJJI]
Justitiële jeugdinrichting, bemiddeling bij grief betreffende gedrag directeur [C31 art. 64 BJJI]

Justitiële jeugdinrichting, beperking grondrechten [C31 art. 32 BJJI]
Justitiële jeugdinrichting, beroep tegen beslissing over verlof [C31 art. 77 BJJI]
Justitiële jeugdinrichting, beroep tegen beslissing selectiefunctionaris op bezwaar- of verzoekschrift [C31 art. 77 BJJI]
Justitiële jeugdinrichting, beroep tegen uitspraak beklagcommissie [C31 art. 74 BJJI]
Justitiële jeugdinrichting, bestemming [C31 art. 8 BJJI]
Justitiële jeugdinrichting, bevestiging vrijheidsbeperkende middelen aan lichaam jeugdige in afzondering [C31 art. 38 BJJI]
Justitiële jeugdinrichting, bevoegdheden directeur [C31 art. 4 BJJI]
Justitiële jeugdinrichting, bewegingsvrijheid [C31 art. 22 BJJI]
Justitiële jeugdinrichting, bewegingsvrijheid op afdeling voor intensieve behandeling [C31 art. 22b BJJI]
Justitiële jeugdinrichting, bewegingsvrijheid op afdeling voor intensieve zorg [C31 art. 22a BJJI]
Justitiële jeugdinrichting, bezit contant geld [C31 art. 51 BJJI]
Justitiële jeugdinrichting, bezit voorwerpen [C31 art. 50 BJJI]
Justitiële jeugdinrichting, bezoek [C31 art. 43 BJJI]
Justitiële jeugdinrichting, bijstand klager rechtsbijstandverlener/vertrouwenspersoon [C31 art. 70 BJJI]
Justitiële jeugdinrichting, bijstand klager tolk [C31 art. 70 BJJI]
Justitiële jeugdinrichting, commissie van toezicht [C31 art. 7 BJJI]
Justitiële jeugdinrichting, doelstelling [C31 art. 2 BJJI]
Justitiële jeugdinrichting, dossier [C31 art. 63 BJJI]
Justitiële jeugdinrichting, experiment [C31 art. 80a BJJI]
Justitiële jeugdinrichting, gebruik geweld of vrijheidsbeperkende middelen jegens jeugdige [C31 art. 40 BJJI]
Justitiële jeugdinrichting, geneeskundig behandelingsplan [C31 art. 51b BJJI]
Justitiële jeugdinrichting, gesprek met vertegenwoordiger media [C31 art. 45 BJJI]
Justitiële jeugdinrichting, horen betrokkenen bij beklag [C31 art. 69 BJJI]
Justitiële jeugdinrichting, horen jeugdige [C31 art. 61 BJJI]
Justitiële jeugdinrichting, horen klager die elders verblijft [C31 art. 70 BJJI]
Justitiële jeugdinrichting, indiening bezwaarschrift door jeugdige [C31 art. 18 BJJI]
Justitiële jeugdinrichting, indiening klaagschrift [C31 art. 66 BJJI]
Justitiële jeugdinrichting, indiening verzoekschrift door jeugdige [C31 art. 19 BJJI]
Justitiële jeugdinrichting, individuele trajectafdeling [C31 art. 22c BJJI]
Justitiële jeugdinrichting, informeren jeugdige vreemdeling [C31 art. 61 BJJI]
Justitiële jeugdinrichting, informeren over rechten en plichten [C31 art. 60 BJJI]
Justitiële jeugdinrichting, inhoud uitspraak beklagcommissie [C31 art. 73 BJJI]
Justitiële jeugdinrichting, kennisname klager van gedingstukken [C31 art. 70 BJJI]
Justitiële jeugdinrichting, kennisname van nieuws en gebruik bibliotheek [C31 art. 53 BJJI]
Justitiële jeugdinrichting, lichamelijke oefening en sport [C31 art. 53 BJJI]
Justitiële jeugdinrichting, maatregel afzondering jeugdige [C31 art. 25 BJJI]
Justitiële jeugdinrichting, maatregel tijdelijke overplaatsing [C31 art. 27 BJJI]
Justitiële jeugdinrichting, maatregel uitsluiting jeugdige van verblijf in groep [C31 art. 23 BJJI]
Justitiële jeugdinrichting, mate van beveiliging [C31 art. 10 BJJI]
Justitiële jeugdinrichting, maximale duur verblijf in politiecel [C31 art. 15 BJJI]
Justitiële jeugdinrichting, mededelingen aan jeugdige [C31 art. 62 BJJI]
Justitiële jeugdinrichting, medezeggenschap jeugdigen [C31 art. 79 BJJI]
Justitiële jeugdinrichting, meldcode huiselijk geweld/kindermishandeling [C31 art. 5a BJJI]
Justitiële jeugdinrichting, observatie [C31 art. 22d BJJI]
Justitiële jeugdinrichting, onderscheid rijksinrichting en particuliere inrichting [C31 art. 3a BJJI]
Justitiële jeugdinrichting, onderwerpen voor experiment [C31 art. 80b BJJI]
Justitiële jeugdinrichting, onderzoek in lichaam [C31 art. 36 BJJI]
Justitiële jeugdinrichting, onderzoek kamer op verboden voorwerpen [C31 art. 39 BJJI]
Justitiële jeugdinrichting, onderzoek kamer op voorwerpen met DNA-materiaal [C31 art. 39 BJJI]
Justitiële jeugdinrichting, onderzoek lichaam/kleding bij binnenkomst of verlaten inrichting [C31 art. 34 BJJI]
Justitiële jeugdinrichting, onderzoek urine op aanwezigheid gedragsbeïnvloedende middelen [C31 art. 35 BJJI]
Justitiële jeugdinrichting, opleggen disciplinaire straf [C31 art. 54 BJJI]
Justitiële jeugdinrichting, opmerkingen directeur naar aanleiding van klaagschrift [C31 art. 68 BJJI]
Justitiële jeugdinrichting, opsluiting in strafcel [C31 art. 59 BJJI]
Justitiële jeugdinrichting, ordemaatregelen [C31 art. 24 BJJI]
Justitiële jeugdinrichting, particuliere inrichting [C31 art. 3b BJJI]

Justitiële jeugdinrichting, periodiek verlof [C31 art. 29 BJJI]
Justitiële jeugdinrichting, permanente cameraobservatie van jeugdige in afzonderingscel [C31 art. 25a BJJI]
Justitiële jeugdinrichting, permanente cameraobservatie van jeugdige in strafcel [C31 art. 55a BJJI]
Justitiële jeugdinrichting, plaatsing/overplaatsing [C31 art. 12 BJJI]
Justitiële jeugdinrichting, procedure beroepschrift [C31 art. 78 BJJI]
Justitiële jeugdinrichting, recreatie en verblijf in buitenlucht [C31 art. 53 BJJI]
Justitiële jeugdinrichting, register disciplinaire straffen [C31 art. 58 BJJI]
Justitiële jeugdinrichting, rijksinrichting [C31 art. 3c BJJI]
Justitiële jeugdinrichting, scheiding mannen/vrouwen [C31 art. 9 BJJI]
Justitiële jeugdinrichting, scholings- en trainingsprogramma [C31 art. 3 BJJI]
Justitiële jeugdinrichting, schorsing tenuitvoerlegging beslissing waarover geklaagd is [C31 art. 71 BJJI]
Justitiële jeugdinrichting, schorsing tenuitvoerlegging machtiging gesloten jeugdzorg [C31 art. 17a BJJI]
Justitiële jeugdinrichting, schorsing tenuitvoerlegging uitspraak beklagcommissie na instellen beroep [C31 art. 75 BJJI]
Justitiële jeugdinrichting, sociale verzorging en hulpverlening [C31 art. 48 BJJI]
Justitiële jeugdinrichting, soorten disciplinaire straf [C31 art. 55 BJJI]
Justitiële jeugdinrichting, telefoongesprekken met personen buiten inrichting [C31 art. 44 BJJI]
Justitiële jeugdinrichting, tenuitvoerlegging maatregel afzondering in andere inrichting [C31 art. 26 BJJI]
Justitiële jeugdinrichting, tenuitvoerlegging opsluiting in strafcel in andere inrichting [C31 art. 56 BJJI]
Justitiële jeugdinrichting, termijn van plaatsing [C31 art. 13 BJJI]
Justitiële jeugdinrichting, toezicht minister [C31 art. 7a BJJI]
Justitiële jeugdinrichting, uitoefening rechten door ouders/voogd [C31 art. 80 BJJI]
Justitiële jeugdinrichting, uitsluiting [C31 art. 23a BJJI]
Justitiële jeugdinrichting, uitspraak beklagcommissie [C31 art. 72 BJJI]
Justitiële jeugdinrichting, uitspraak beroepscommissie [C31 art. 76 BJJI]
Justitiële jeugdinrichting, vaststelling identiteit veroordeelde [C31 art. 33 BJJI]
Justitiële jeugdinrichting, vaststelling perspectiefplan [C31 art. 20 BJJI]
Justitiële jeugdinrichting, verlaten inrichting wegens bijwonen gerechtelijke procedure [C31 art. 28 BJJI]
Justitiële jeugdinrichting, verlof [C31 art. 30 BJJI]
Justitiële jeugdinrichting, verplicht ondergaan geneeskundige handeling [C31 art. 37 BJJI]
Justitiële jeugdinrichting, verplichting tot volgen onderwijs [C31 art. 52 BJJI]
Justitiële jeugdinrichting, verslag van horen betrokkenen bij beklag [C31 art. 70 BJJI]
Justitiële jeugdinrichting, verstrekking inlichtingen aan minister [C31 art. 5 BJJI]
Justitiële jeugdinrichting, verstrekking voeding/kleding/schoeisel [C31 art. 49 BJJI]
Justitiële jeugdinrichting, verzending en ontvangst brieven/stukken [C31 art. 41 BJJI]
Justitiële jeugdinrichting, verzorging door arts [C31 art. 47 BJJI]
Justitiële jeugdinrichting, verzorging en opvoeding kind [C31 art. 16 BJJI]
Justitiële jeugdinrichting, voorwaardelijke oplegging disciplinaire straf [C31 art. 57 BJJI]
Justitiële jeugdinrichting, voorwaarden voor geneeskundige behandeling [C31 art. 51c BJJI]
Justitiële jeugdinrichting, voorziening van residentiële hulpverlening [C31 art. 3a BJJI]
Justitiële jeugdinrichting, wijze van onderbrenging [C31 art. 17 BJJI]

Kaderbesluit, toezichtbeslissing, toezichtmaatregel, uitvaardigende lidstaat en uitvoerende lidstaat [C2 art. 5.7.1 Sv]
Kantonrechter [C2 art. 382 Sv]
Kapen van Nederlands schip door opvarende [C1 art. 386 Sr]
Kaping van een luchtvaartuig [C1 art. 385a Sr]
Kennis van identiteit bedreigde getuige door rechter-commissaris [C2 art. 226c Sv]
Kennisgeven inbewaringstelling [C14 art. 171 WVW]
Kennisgeving aan betrokkene van de uitoefening van bevoegdheden door officier van justitie [C2 art. 126bb Sv]
Kennisgeving aan de lidstaat waar de persoon op wie de interceptie betrekking heeft, zich bevindt en van welke geen technische bijstand vereist is [C41 art. 31]
Kennisgeving aan derde over aanhouden verdachte [C2 art. 27e Sv]
Kennisgeving aan officier van justitie [C2 art. 539b Sv]
Kennisgeving aan ouders of voogd van vrijheidsbeneming jeugdige verdachte [C2 art. 488b Sv]
Kennisgeving aan rechter-commissaris van afspraak tussen getuige of verdachte en officier van justitie [C2 art. 226g Sv]

K

Alfabetisch trefwoordenregister

Kennisgeving aan slachtoffer van beroep in cassatie of intrekking beroep [C2 art. 433 Sv]
Kennisgeving benoeming deskundige door rechter-commissaris [C2 art. 228 Sv]
Kennisgeving bevel tot inverzekeringstelling aan reclasseringsraad [C2 art. 59 Sv]
Kennisgeving bij vervolging van maatschap of vennootschap zonder rechtspersoonlijkheid [C2 art. 530 Sv]
Kennisgeving door openbaar ministerie over beklaggeschillen [C2 art. 552c Sv]
Kennisgeving en betekening van beschikking Hoge Raad bij vervolging en berechting van rechterlijke ambtenaren [C2 art. 511 Sv]
Kennisgeving geweldsregistratie [C6 art. 18 Ambtsinstr.]
Kennisgeving inbeslagneming voorwerpen [C2 art. 94 Sv]
Kennisgeving niet-verdere vervolging door openbaar ministerie [C2 art. 243 Sv]
Kennisgeving over aanwijzingen raad voor rechtsbijstand [C2 art. 43 Sv]
Kennisgeving processtukken na dagvaarding [C2 art. 33 Sv]
Kennisgeving staking tenuitvoerlegging [C38 art. 21 WWETGC]
Kennisgeving van bekrachtiging e.d. [C46 art. 30 ERV 1959]
Kennisgeving van mededelingen aan autoriteiten [C2 art. 5.8.2 Sv]
Kennisgeving van misdrijf aan officier van justitie bij strafvordering buiten het rechtsgebied van een rechtbank [C2 art. 539u Sv]
Kennisgeving van niet-verdere vervolging door officier van justitie [C2 art. 266 Sv]
Kennisgeving van onderzoek door rechter-commissaris aan verdachte [C2 art. 183 Sv]
Kennisgeving van optreden door raadsman [C2 art. 39 Sv]
Kennisgeving van processen-verbaal van verhoren verdachte [C2 art. 31 Sv]
Kennisgeving van processtukken [C2 art. 30 Sv]
Kennisgeving van verzoek [C2 art. 526 Sv]
Kennisgeving van voorgenomen schouw door rechter-commissaris [C2 art. 193 Sv]
Kennisgeving vrijwillige betaling [C38 art. 19 WWETGC]
Kennisneming door verdachte of raadsman [C2 art. 365 Sv]
Kennisneming gegevens politieregisters [C9 art. 36 WJG]
Kennisneming processtukken [C2 art. 12f Sv]
Kennisneming processtukken door raadsman [C2 art. 48 Sv]
Kennisneming van processtukken [C2 art. 137 Sv]
Kennisneming van processtukken door slachtoffer [C2 art. 51b Sv]
Kennisneming van stukken [C2 art. 225 Sv]
Kentekenbewijs [C14 art. 36 WVW]
Kentekengegevens [C2 art. 126jj Sv]
Kentekenplicht [C14 art. 36 WVW]
Kentekenregister [C14 art. 42 WVW]
Kentekens voor bedrijfsvoorraad [C14 art. 37 WVW]
Keuring na vervallen tenaamstelling [C14 art. 105 WVW]
Keuring na wijziging constructie voertuig [C14 art. 98 WVW]
Keuringsbewijs [C14 art. 72 WVW]
Keuringsrapporten [C14 art. 78 WVW]
Keuringstarief [C14 art. 101, art. 106, art. 99 WVW]
Keuze raadsman [C2 art. 38 Sv]
Keuze tussen twee hoofdstraffen [C1 art. 61 Sr]
Kind afstaan voor gevaarlijk werk [C1 art. 253 Sr]
Kind te vondeling leggen [C1 art. 256 Sr]
Kind te vondeling leggen door vader of moeder [C1 art. 258 Sr]
Kinderbescherming bij jeugdige verdachte [C2 art. 490 Sv]
Kinderdoodslag [C1 art. 290 Sr]
Kindermoord [C1 art. 291 Sr]
Kinderrechter bij jeugdige verdachte [C2 art. 492 Sv]
Kinderrechter in eerste aanleg bij jeugdige verdachte [C2 art. 495 Sv]
Klaagschrift tegen invordering rijbewijs [C14 art. 164 WVW]
Klacht door wettelijke vertegenwoordiger bij misdrijf alleen op klacht vervolgbaar [C1 art. 65 Sr]
Klacht indienen via diplomatieke weg [C2 art. 166a Sv]
Klacht intrekken [C2 art. 166, art. 166a Sv]
Klachtdelicten [C50 art. 24 EVOS]
Klachten, afschrift [C5 art. 71 PolW]
Klachten, behandeling [C5 art. 70 PolW]
Klachten, behandeling/advisering [C5 art. 67a PolW]
Klachten, indienen [C5 art. 71 PolW]
Klachten, termijn van afhandeling [C5 art. 72 PolW]
Klachtgerechtigde bij een misdrijf alleen op klacht vervolgbaar [C1 art. 64 Sr]
Klachttermijn bij een misdrijf alleen op klacht vervolgbaar [C1 art. 66 Sr]

Knevelarij [C1 art. 366 Sr]
Koninklijke marechaussee, aanwijzingen minister [C5 art. 4 PolW]
Koninklijke marechaussee, bevoegdheden voor uitvoering politietaak [C5 art. 8 PolW]
Koninklijke marechaussee, bijstand politie voor handhaving openbare orde [C5 art. 62 PolW]
Koninklijke marechaussee, bijstand politie voor politietaken [C5 art. 64 PolW]
Koninklijke marechaussee, bijstand politie voor strafrechtelijke handhaving [C5 art. 63 PolW]
Koninklijke marechaussee, deelname driehoeksoverleg [C5 art. 14 PolW]
Koninklijke marechaussee, gezag bij handhaving openbare orde [C5 art. 14 PolW]
Koninklijke marechaussee, gezag bij strafrechtelijke handhaving [C5 art. 14 PolW]
Koninklijke marechaussee, politietaken [C5 art. 4 PolW]
Koninklijke marechaussee, toepasselijkheid artikel 141 WvSv [C5 art. 4 PolW]
Koninklijke onderscheidingen [C10 art. 30 BJG]
Koopman [C1 art. 84bis Sr]
Kop-staart vonnis en proces-verbaal [C2 art. 327a Sv]
Kopie van deskundigenrapport [C2 art. 230 Sv]
Korpschef, aanwijzingen minister [C5 art. 31 PolW]
Korpschef als bevoegde autoriteit [C23 art. 43 WWM]
Korpschef, benoeming/schorsing/ontslag [C5 art. 28 PolW]
Korpschef, handelingen welke instemming minister behoeven [C5 art. 29 PolW]
Korpschef, taak [C5 art. 27 PolW]
Korpschef, verbod leningen/overeenkomsten [C5 art. 29 PolW]
Korpschef, verstrekken van inlichtingen aan minister [C5 art. 32 PolW]
Kosten aan ontheffing [C22 art. 7 Opw]
Kosten benadeelde partij, vergoeding [C2 art. 532 Sv]
Kosten bewegwijzering [C14 art. 153a WVW]
Kosten bloedafname bij tegenonderzoek [C17 art. 8]
Kosten plaatsen en verwijderen verkeerstekens, nadere regels [C14 art. 153, art. 154 WVW]
Kosten plaatsing en verwijdering verkeerstekens [C14 art. 152 WVW]
Kosten tegenonderzoek [C16 art. 19]
Kosten tijdelijke maatregelen [C14 art. 155 WVW]
Kosten uitlevering of overbrenging voorwerpen, vergoeding [C2 art. 531 Sv]
Kosten vrijstelling/ontheffing [C14 art. 151 WVW]
Kosten wegslepen en bewaren [C14 art. 172 WVW]
Kostenvergoeding verstrekking [C9 art. 17 WJG]
Kostenvergoedingen [C47 art. 24 EUV]
Kracht van gewijsde bij vordering tot ontneming van wederrechtelijk verkregen voordeel [C2 art. 511i Sv]
Kraken [C1 art. 138a Sr]
Kruispunt, oprijden [C15 art. 14 RVV]

Laatste woord [C2 art. 311 Sv]
Laboratorium Nederlands Forensisch Instituut [C16 art. 21]
Landelijk politiekorps, onderdelen [C5 art. 25 PolW]
Landelijke eenheid, aanwijzingen minister [C5 art. 43 PolW]
Landelijke eenheid, benoeming/schorsing/ontslag politiechef [C5 art. 42 PolW]
Landelijke eenheid, taak [C5 art. 42 PolW]
Landelijke eenheid, taak politiechef [C5 art. 42 PolW]
Landverraad bij opdracht van regeringswege [C1 art. 99 Sr]
Last tot teruggave van een voorwerp [C2 art. 552e Sv]
Last tot teruggave van inbeslaggenomen voorwerpen [C2 art. 119, art. 124 Sv]
Laster [C1 art. 262 Sr]
Laster uitgesloten [C1 art. 265 Sr]
Lasterlijke aanklacht [C1 art. 268 Sr]
Laten ontsnappen van gedetineerde door ambtenaar [C1 art. 367 Sr]
Laten ontsnappen van veroordeelde door schipper [C1 art. 413 Sr]
Leeftijd dader tussen de 16 en 18 jaar [C1 art. 77b Sr]
Leeftijd dader tussen de 18 en 23 jaar [C1 art. 77c Sr]
Leeftijdsgrens rijbewijs [C14 art. 110 WVW]
Leerproject [C1 art. 77m Sr]
Legaliteitsbeginsel [C1 art. 1 Sr] [C2 art. 1 Sv]
Leges [C14 art. 111 WVW]
Leges rijbewijsregister [C14 art. 121 WVW]
Legitimatie [C6 art. 2 Ambtsinstr.]
Leiding van het onderzoek door voorzitter [C2 art. 272 Sv]
Leugenachtige berichtgeving [C1 art. 334 Sr]

M

Alfabetisch trefwoordenregister

Levensberoving op verzoek [C1 art. 293 Sr]
Lichamelijk letsel door schuld [C1 art. 308 Sr]
Lichamelijk onderzoek door rechter-commissaris [C2 art. 195 Sv]
Licht tijdens rijden, aanhangwagen [C15 art. 33 RVV]
Licht tijdens rijden, colonne/optocht [C15 art. 37 RVV]
Licht tijdens rijden, dimlicht/achterlicht [C15 art. 35b RVV]
Licht tijdens rijden, eisen [C15 art. 35a RVV]
Licht tijdens rijden, fiets [C15 art. 35 RVV]
Licht tijdens rijden, motorvoertuig/gehandicaptenvoertuig [C15 art. 34 RVV]
Licht tijdens rijden, motorvoertuig/gehandicaptenvoertuig/bromfiets/snorfiets [C15 art. 32 RVV]
Licht tijdens rijden, ruiter/geleider rij- of trekdieren [C15 art. 36 RVV]
Licht tijdens stilstaan, aanhangwagen [C15 art. 39 RVV]
Licht tijdens stilstaan, motorvoertuig [C15 art. 38 RVV]
Licht tijdens stilstaan, wagen [C15 art. 40 RVV]
Lijfsdwang [C1 art. 36e Sr]
Lijst van inbeslaggenomen voorwerpen [C2 art. 309 Sv]
Lijst van overtredingen [C10 art. 4 BJG]
Locatie ondergaan inverzekeringstelling [C2 art. 59 Sv]
Locatie verplegen ter beschikking gestelden [C2 art. 6:2:15 Sv]
Lokaalvredebreuk [C1 art. 139 Sr]
Loslopend vee, verbod [C15 art. 51 RVV]
Luchtvaartuig, onderzoek strafbare feiten aan boord van vreemd [C2 art. 5.1.15 Sv]
Luchtvaartuig, weigering onderzoek strafbare feiten aan boord van vreemd [C2 art. 5.1.16 Sv]
Luchtverontreiniging, geluidhinder [C14 art. 27 WVW]

M

Maand en dag, begripsbepaling [C1 art. 88 Sr]
Maandcommissaris, spreekuur [C27 art. 17 PM]
Maatregel in belang der onderzoek op bevel van officier van justitie [C2 art. 62a Sv]
Maatregel tot gedragsbeïnvloeding/vrijheidsbeperking [C1 art. 38z Sr]
Maatregelen bij schouw of doorzoeking [C2 art. 125 Sv]
Maatregelen bij strafvordering buiten het rechtsgebied van een rechtbank [C2 art. 539n Sv]
Maatregelen in belang van onderzoek [C2 art. 61a Sv]
Maatregelen na gebleken onvoldoende rijgeschiktheid [C14 art. 130 WVW]
Maatregelen tegen inverzekeringgestelden [C2 art. 62 Sv]
Maatregelen ter bescherming van identiteit bedreigde getuige door rechter-commissaris [C2 art. 226f Sv]
Maatregelen ter geheimhouding van identiteit afgeschermde getuige [C2 art. 226r Sv]
Maatregelen ter identificatie verdachte [C2 art. 61a Sv]
Maatregelen tot bescherming van getuigen [C2 art. 226l Sv]
Maatregelen vaststelling risico's op witwassen en financiering terrorisme [C25 art. 2b Wwft]
Machtiging rechter-commissaris [C2 art. 126s, art. 97 Sv]
Machtiging rechter-commissaris bevel tot aftappen communicatie via communicatiedienst [C2 art. 126m Sv]
Machtiging rechter-commissaris in geval van terroristische misdrijven [C2 art. 126zb Sv]
Machtiging rechter-commissaris tot bevel opnemen vertrouwelijke communicatie [C2 art. 126l Sv]
Machtiging rechter-commissaris voor instellen strafrechtelijk financieel onderzoek [C2 art. 126 Sv]
Machtiging tot onderzoek [C10 art. 43 BJG]
Machtiging tot vervreemding inbeslaggenomen voorwerpen [C2 art. 117 Sv]
Machtiging rechter-commissaris tot kennisneming inhoud overige zaken [C2 art. 101 Sv]
Machtiging rechter-commissaris vereist in geval van art. 94a Sv. [C2 art. 103 Sv]
Magazijnen voor vuurwapens [C23 art. 3 WWM]
Makelaars [C25 art. 1a Wwft]
Mandatering bevoegdheid eedaflegging [C21 art. 21 Bboa]
Markering vuurwapens en munitie [C23 art. 32a WWM]
Mate van gemeenschap, algehele gemeenschap [C26 art. 20 PBW]
Mate van gemeenschap, beperkte gemeenschap [C26 art. 21 PBW]
Mate van gemeenschap, individueel regime [C26 art. 22 PBW]
Mate van gemeenschap, regimes [C26 art. 19 PBW]
Materiaal ter vervalsing voorhanden hebben [C1 art. 234 Sr]
Materiële vragen rechtbank [C2 art. 350 Sv]
Maximaal gebruik pepperspray [C6 art. 12c Ambtsinstr.]
Maximale duur taakstraf [C1 art. 22c Sr]

Alfabetisch trefwoordenregister

M

Maximumsnelheid, binnen bebouwde kom [C15 art. 20 RVV]
Maximumsnelheid, buiten bebouwde kom [C15 art. 21 RVV]
Maximumsnelheid, kampeerwagen/aanhangwagen/landbouwvoertuig/bromfiets/snorfiets [C15 art. 22 RVV]
Maximumsnelheid, landbouw- en bosbouwtrekkers, motorrijtuigen met beperkte snelheid en mobiele machines [C15 art. 22a RVV]
Maximumsnelheid, stopafstand [C15 art. 19 RVV]
Maximumsnelheid, verlaging bij verstoring olieaanvoer [C15 art. 86a RVV]
Mededeling aan benadeelde partij [C2 art. 413 Sv]
Mededeling aan betrokkenen bij onderzoek gegevens [C2 art. 125m Sv]
Mededeling aan griffie [C2 art. 451b Sv]
Mededeling aan RDW [C14 art. 43f WVW]
Mededeling aan rechter-commissaris [C2 art. 117a Sv]
Mededeling aan verdachte [C50 art. 17 EVOS]
Mededeling beslissingen aangezochte Staat [C50 art. 16 EVOS]
Mededeling bij voorwaardelijke veroordeling [C2 art. 366a Sv]
Mededeling bij voorwaardelijke veroordeling van verdachte [C2 art. 366 Sv]
Mededeling consent aan lidstaat EU [C23 art. 20 WWM]
Mededeling datum behandeling zaak aan verdachte [C2 art. 436 Sv]
Mededeling datum, tijdstip en plaats behandeling zaak aan slachtoffer [C2 art. 436 Sv]
Mededeling gecorrigeerde gegevens [C9 art. 24, art. 39o WJG]
Mededeling inhoud eigen persoonsdossier op verzoek [C9 art. 43 WJG]
Mededeling over horen als getuige of als verdachte [C2 art. 27d Sv]
Mededeling processtukken e.d. [C46 art. 7 ERV 1959]
Mededeling rechten aan verdachte [C2 art. 27c Sv]
Mededeling rechten aan verdachte, moment van [C2 art. 27ca Sv]
Mededeling strafbaar feit aan verdachte [C2 art. 27c Sv]
Mededeling van eigen gegevens op verzoek [C9 art. 18 WJG]
Mededeling van openstaande rechtsmiddelen [C2 art. 364 Sv]
Mededelingen [C38 art. 29, art. 33 WWETGC]
Medeplichtigheid aan overtreding [C1 art. 52 Sr]
Medeplichtigheid aanbieden [C1 art. 133 Sr]
Medeplichtigheid, poging en voorbereiding [C1 art. 78 Sr]
Medeverdachten [C2 art. 510 Sv]
Medewerking reclassering vragen door rechtbank [C2 art. 310 Sv]
Medewerking tot verhuring van een slavenschip [C1 art. 277 Sr]
Meerdere, begripsbepaling [C6 art. 1 Ambtsinstr.]
Meerderjarige wilsonbekwamen [C24 art. 2 Wtlvhz]
Meerjarenbeleidsplan [C14 art. 4t WVW]
Meervoudige kamer [C2 art. 268, art. 438 Sv]
Meewerkverplichting UBO [C25 art. 10b Wwft]
Meineed [C1 art. 207 Sr] [C2 art. 295 Sv]
Meineed bij hoger beroep [C2 art. 419 Sv]
Meineed per videoconferentie [C1 art. 207b Sr]
Meineed voor internationaal gerecht [C1 art. 207a Sr]
Melding aanwenden van geweld [C6 art. 17 Ambtsinstr.]
Melding gebruik handboeien [C6 art. 23 Ambtsinstr.]
Melding gebruik hulpmiddel bij uitzetting vreemdelingen [C6 art. 23b Ambtsinstr.]
Melding ongebruikelijke transactie met betrekking tot andere lidstaat [C25 art. 16a Wwft]
Melding veiligheidsfouillering [C6 art. 21 Ambtsinstr.]
Meldingsplicht aanbieder cryptodiensten m.b.t. UBO's [C25 art. 23e Wwft]
Meldkamerfunctie [C5 art. 25b PolW]
Meldkamers [C5 art. 25a PolW]
Meldplicht inbreuk persoonsgegevens [C9 art. 26g WJG]
Mensenhandel [C1 art. 273f Sr]
Mensenrechten, bekrachtiging [C58 art. 59 EVRM]
Mensenrechten, beroving van het leven door noodzakelijk geweld [C58 art. 2 EVRM]
Mensenrechten, bevoegdheden Comité van Ministers [C58 art. 54 EVRM]
Mensenrechten, einde lidmaatschap van Raad van Europa [C58 art. 58 EVRM]
Mensenrechten, geen straf zonder wet [C58 art. 7 EVRM]
Mensenrechten, informatie over waarborging van uitvoering van dit Verdrag [C58 art. 52 EVRM]
Mensenrechten, inperking van toepassing van beperkingen op rechten [C58 art. 18 EVRM]
Mensenrechten, instelling Europees Hof [C58 art. 19 EVRM]
Mensenrechten, noodtoestand [C58 art. 15 EVRM]

N

Alfabetisch trefwoordenregister

Mensenrechten, opzegging Verdrag [C58 art. 58 EVRM]
Mensenrechten, plicht tot eerbiediging [C58 art. 1 EVRM]
Mensenrechten, politieke activiteiten van vreemdelingen [C58 art. 16 EVRM]
Mensenrechten, recht om te huwen en een gezin te stichten [C58 art. 12 EVRM]
Mensenrechten, recht op daadwerkelijk rechtsmiddel [C58 art. 13 EVRM]
Mensenrechten, recht op eerlijk proces [C58 art. 6 EVRM]
Mensenrechten, recht op leven [C58 art. 2 EVRM]
Mensenrechten, recht op vrijheid/veiligheid [C58 art. 5 EVRM]
Mensenrechten, uitsluiting andere wijzen van geschillenregeling [C58 art. 55 EVRM]
Mensenrechten, verbod foltering of onmenselijke behandelingen [C58 art. 3 EVRM]
Mensenrechten, verbod op discriminatie [C58 art. 14 EVRM]
Mensenrechten, verbod slavernij/dwangarbeid [C58 art. 4 EVRM]
Mensenrechten, verbod van misbruik van recht [C58 art. 17 EVRM]
Mensenrechten, voorbehouden [C58 art. 57 EVRM]
Mensenrechten, vrijheid van vergadering/vereniging [C58 art. 11 EVRM]
Mensenrechten, waarborging bestaande mensenrechten [C58 art. 53 EVRM]
Mensenrechten, werkingssfeer [C58 art. 56 EVRM]
Mensenroof [C1 art. 278 Sr]
Mensensmokkel [C1 art. 197a Sr]
Met ambtenaren gelijkgestelde personen [C1 art. 178a, art. 189 Sr]
Met redenen omklede beslissing bij herziening [C2 art. 474 Sv]
Militaire colonne/uitvaartstoet, weggebruikers [C15 art. 16 RVV]
Militaire delicten [C47 art. 4 EUV]
Militaire leveringen [C1 art. 105 Sr]
Minderjarige tussen 16 en 18 jaar [C24 art. 2 Wtlvhz]
Minderjarige tussen de 12 en 16 jaar [C24 art. 2 Wtlvhz]
Minderjarigheid in het strafrecht [C1 art. 77a Sr]
Misbruik seksueel beeldmateriaal (wraakporno) [C1 art. 139h Sr]
Misdrijf [C2 art. 129 Sv]
Misdrijven [C14 art. 178 WVW] [C22 art. 13 Opw]
Misdrijven door ministers of staatssecretarissen [C1 art. 355 Sr]
Misdrijven tegen de zeden [C10 art. 44 BJG]
Mishandeling [C1 art. 300 Sr]
Mishandeling met voorbedachten rade [C1 art. 301 Sr]
Misleiding tot doen van betaling door derden [C1 art. 326d Sr]
Modellen [C23 art. 39 WWM]
Mogelijkheid afwijking "ne bis in idem"-regel [C50 art. 35 EVOS]
Mondeling vonnis door de kantonrechter [C2 art. 395 Sv]
Mondeling vonnis door politierechter [C2 art. 378 Sv]
Mondelinge oproeping van getuigen, deskundigen en tolken voor de kantonrechter [C2 art. 391 Sv]
Moord [C1 art. 289 Sr]
Muiterij [C1 art. 396 Sr]
Muiterij uitlokken in vredestijd [C1 art. 204 Sr]
Multidisciplinaire commissie, samenstelling [C1 art. 37a Sr]

N

Nader middelenonderzoek [C2 art. 55e Sv]
Nader onderzoek [C2 art. 311 Sv]
Nader onderzoek bij herziening [C2 art. 461 Sv]
Nader onderzoek bij verdachte met gebrekkige ontwikkeling of ziekelijke stoornis [C2 art. 509b Sv]
Nader onderzoek door procureur-generaal bij herziening [C2 art. 463 Sv]
Nader onderzoek door rechter-commissaris [C2 art. 316 Sv]
Nader onderzoek door rechter-commissaris in hoger beroep [C2 art. 420 Sv]
Nader onderzoek na deskundigenrapport [C2 art. 231 Sv]
Nader onderzoek na herzieningsaanvraag ten nadele van de verdachte [C2 art. 482e Sv]
Nadere omschrijvingen van wapens [C23 art. 5 WWM]
Nadere opgave van het feit door officier van justitie [C2 art. 376 Sv]
Nadere opgave van het feit voor de kantonrechter [C2 art. 393 Sv]
Nadere regels afhandeling in bewaring gestelde voertuigen [C14 art. 173 WVW]
Nadere regels, basiskwalificatie/nascholing [C14 art. 151d WVW]
Nadere regels, begeleider [C14 art. 111b WVW]
Nadere regels, beheer politie [C5 art. 30 PolW]
Nadere regels, gegevensverwerking rijksrecherche [C5 art. 54 PolW]
Nadere regels, klachtenregeling ambtenaren politie [C5 art. 68 PolW]

Alfabetisch trefwoordenregister

O

Nadere regels, klachtenregeling Koninklijke marechaussee [C5 art. 69 PolW]
Nadere regels, klachtenregeling Politieacademie [C5 art. 68a PolW]
Nadere regels, politieacademie [C5 art. 81 PolW]
Nadere regels, rangen van politie en tekens bijzondere verdiensten [C5 art. 48 PolW]
Nadere regels, samenwerking politie en rijksrecherche [C5 art. 55 PolW]
Nadere regels, verdeling sterkte/middelen [C5 art. 36 PolW]
Nalaten aangifteplicht bij geboorte of overlijden [C1 art. 448 Sr]
Nalaten identificatieplicht [C1 art. 447e Sr]
Nalaten van doen van opgaven door ambtenaar [C1 art. 468 Sr]
Nalaten van hulp verlenen aan in levensgevaar verkerende persoon [C1 art. 450 Sr]
Nalaten verstrekken gegevens [C1 art. 227b, art. 447d Sr]
Nalatigheid in taakvervulling buiten rechtsgebied [C1 art. 446a Sr]
Naleving verplichtingen in verband met ongebruikelijke transacties [C25 art. 18a Wwft]
Namaken en vervalsen van muntstukken of bankbiljetten [C1 art. 208 Sr]
Namaken en vervalsen van zegels [C1 art. 216 Sr]
Nasporing opdragen door rechter-commissaris [C2 art. 177 Sv]
Nationale risicobeoordeling [C25 art. 1f Wwft]
Ne bis in idem [C1 art. 68 Sr] [C2 art. 255a Sv] [C50 art. 35 EVOS]
Nederlands luchtvaartuig [C1 art. 86a Sr]
Nederlands schip [C1 art. 86 Sr] [C2 art. 136b Sv]
Nederlands verzoek tenuitvoerlegging, behandeling [C35 art. 17 WOTS]
Nederlandse strafvonnissen, erkenning/tenuitvoerlegging [C37 art. 1:3 WETS]
Niet goed zichtbare kentekenplaat [C14 art. 174 WVW]
Niet naleven van administratieplicht [C1 art. 437 Sr]
Niet toegelaten beklag in geval van art. 12 Sv. [C2 art. 12l Sv]
Niet verstrekken van administratie aan bewindspersoon bij schuldsaneringsregeling [C1 art. 344a Sr]
Niet verstrekken van administratie aan curator bij faillissement [C1 art. 344a Sr]
Niet verstrekken van administratie aan curator bij faillissement rechtspersoon [C1 art. 344a Sr]
Niet verstrekken van inlichtingen bij faillissement [C1 art. 194 Sr]
Niet verstrekken van inlichtingen bij faillissement van een ander [C1 art. 194 Sr]
Niet verstrekken van inlichtingen bij schuldsaneringsregeling natuurlijke personen [C1 art. 194 Sr]
Niet voldoen aan administratieplicht bij faillissement [C1 art. 344b Sr]
Niet voldoen aan administratieplicht bij faillissement rechtspersoon [C1 art. 344b Sr]
Niet voldoen aan administratieplicht bij schuldsaneringsregeling [C1 art. 344b Sr]
Niet voldoen aan ambtelijk bevel [C1 art. 184 Sr]
Niet-contant betaalinstrument [C1 art. 80septies Sr]
Niet-ontvankelijk cassatieberoep [C2 art. 440 Sv]
Niet-ontvankelijke klager of ongegrond beklag in geval van art. 12 Sv. [C2 art. 12c Sv]
Niet-ontvankelijkheid van benadeelde partij [C2 art. 333 Sv]
Niet-ontvankelijkheid van de herzieningsaanvraag [C2 art. 465 Sv]
Niet-ontvankelijkheid van officier van justitie [C2 art. 349 Sv]
Niet-ontvankelijkverklaring [C2 art. 416 Sv]
Niet-tenuitvoerlegging maatregel [C1 art. 77x Sr]
Niet-verschenen getuigen [C2 art. 287 Sv]
Nietigverklaring dagvaarding bij hoger beroep [C2 art. 422a Sv]
Nieuwe straf of maatregel na herziening [C2 art. 478 Sv]
Nieuwe technologieën, beoordeling verwerkingsverantwoordelijke [C9 art. 7b WJG]
Nodeloze vertraging van onderzoek voorkomen [C2 art. 180 Sv]
Noodweer [C1 art. 41 Sr]
Noodweerexces [C1 art. 41 Sr]
Notarissen [C25 art. 1a Wwft]
Nummeridentificatie in geval van vroegsporing [C2 art. 126ub Sv]

Omkoping ambtenaren [C1 art. 177 Sr]
Omkoping inzake uitoefening kiesrecht [C1 art. 126 Sr]
Omkoping van rechter [C1 art. 178 Sr]
Omstandigheden voor het verbergen van de identiteit van een getuige [C2 art. 226a Sv]
Omvang erkenning [C23 art. 9 WWM]
Omvang opsporingsbevoegdheid [C2 art. 142 Sv]
Omwenteling [C1 art. 80bis Sr]
Onafgebroken voorzetting van onderzoek ter terechtzitting [C2 art. 277 Sv]
Onbekend gegeven [C2 art. 472 Sv]
Onbetaalde arbeid [C1 art. 77m Sr]

O

Sdu

O

Onbevoegd betreden beplant perceel [C1 art. 460 Sr]
Onbevoegd betreden van woning of erf door ambtenaar [C1 art. 370 Sr]
Onbevoegd bevinden op verboden plaats [C1 art. 429quinquies Sr]
Onbevoegd bezit reisdocument of identiteitsbewijs [C1 art. 447b Sr]
Onbevoegd gebruik maken van Rode-Kruistekens [C1 art. 435c Sr]
Onbevoegd gebruik maken van Zwitsers wapen [C1 art. 435d Sr]
Onbevoegd gerechtshof in geval van art. 12 Sv. [C2 art. 12b Sv]
Onbevoegd indruk wekken van officiële steun [C1 art. 435b Sr]
Onbevoegd laten lopen van niet vliegend pluimgedierte [C1 art. 458 Sr]
Onbevoegd laten lopen van vee [C1 art. 459 Sr]
Onbevoegd ongekleed zijn [C1 art. 430a Sr]
Onbevoegd opnemen pleegkind [C1 art. 442a Sr]
Onbevoegd opnemen van militaire werken [C1 art. 430 Sr]
Onbevoegd optreden als schipper, stuurman of machinist [C1 art. 411 Sr]
Onbevoegd voeren van titels en namen [C1 art. 435 Sr]
Onbevoegde rechter-commissaris [C2 art. 179 Sv]
Onbevoegde telefonische colportage voor liefdadig doel [C1 art. 435e Sr]
Onbevoegde uitoefening beroep [C1 art. 436 Sr]
Onbevoegdheid aangezochte autoriteit [C46 art. 18 ERV 1959]
Onder zich houden rijbewijs door ambtenaar OM [C14 art. 164 WVW]
Onderbreken termijn van voorlopige hechtenis [C2 art. 68 Sv]
Onderbreking [C2 art. 277 Sv]
Onderbreking van onderzoek ter terechtzitting of schorsing voor bepaalde tijd [C2 art. 319 Sv]
Onderdelen en hulpstukken van wapens [C23 art. 3 WWM]
Onderdelen van munitie [C23 art. 3 WWM]
Ondersteunende taken verwerking politiegegevens, autorisatie [C12 art. 2:8 BPolG]
Ondertekening, bekrachtiging en inwerkingtreding [C46 art. 27 ERV 1959]
Ondertekening en bekrachtiging [C47 art. 29 EUV]
Ondertekening van arrest in cassatie [C2 art. 442 Sv]
Ondertekening van vonnis [C2 art. 365 Sv]
Ondertekening/waarmerking [C2 art. 138f Sv]
Onderverdeling munitie in categorieën [C23 art. 2 WWM]
Onderverdeling wapens in categorieën [C23 art. 2 WWM]
Ondervraging verdachte door voorzitter [C2 art. 286 Sv]
Onderwerpen van verdachte aan beperkingen [C2 art. 62 Sv]
Onderzoek aan en in lichaam of kleding bij strafvordering buiten het rechtsgebied van een rechtbank [C2 art. 539o Sv]
Onderzoek aan kleding [C22 art. 9 Opw] [C5 art. 7 PolW]
Onderzoek aan lichaam of kleding [C2 art. 56 Sv]
Onderzoek door rechter-commissaris [C2 art. 547 Sv]
Onderzoek door rechter-commissaris in geval van art. 316 Sv. [C2 art. 347 Sv]
Onderzoek door rechter-commissaris na instellen hoger beroep [C2 art. 411a Sv]
Onderzoek door rechter-commissaris ter handhaving van de openbare orde [C2 art. 542 Sv]
Onderzoek gegevens bij telecommunicatiebedrijven [C2 art. 125la Sv]
Onderzoek in lichaam [C2 art. 195, art. 56 Sv]
Onderzoek lichaam [C5 art. 7 PolW]
Onderzoek na herzieningsaanvraag ten nadele van de verdachte [C2 art. 482c Sv]
Onderzoek naar de persoonlijkheid van een jeugdige verdachte [C2 art. 498 Sv]
Onderzoek naar functioneren in ambtelijke dienst [C10 art. 23 BJG]
Onderzoek naar geestesvermogens van verdachte door rechtbank [C2 art. 317 Sv]
Onderzoek naar opgeslagen gegevens [C2 art. 125j Sv]
Onderzoek naar rechthebbende van in beslag genomen voorwerp [C2 art. 552ca Sv]
Onderzoek psychomotorische functies, oog- en spraakfuncties [C16 art. 4]
Onderzoek ter inbeslagneming op elke plaats [C2 art. 110 Sv]
Onderzoek ter terechtzitting [C2 art. 415 Sv]
Onderzoek van beveiligde bestanden [C2 art. 125k Sv]
Onderzoek van kleding in geval van terroristische misdrijven [C2 art. 126zs Sv]
Onderzoek van vervoermiddelen in geval van terroristische misdrijven [C2 art. 126zr Sv]
Onderzoek, verplichte medewerking [C14 art. 160 WVW]
Onderzoek verzoek [C50 art. 9 EVOS]
Onderzoekshandeling door rechter-commissaris binnen ander rechtsgebied [C2 art. 178a Sv]
Onderzoekshandelingen door rechter-commissaris [C2 art. 185 Sv]
Onderzoeksmaatregelen waarbij rechtstreeks, doorlopend en gedurende een bepaalde tijdspanne bewijsmateriaal wordt verzameld [C41 art. 28]
Onderzoeksprogramma [C5 art. 95 PolW]

Alfabetisch trefwoordenregister

O

Oneerlijke mededinging [C1 art. 328bis Sr]
Oneigenlijk gebruik van telecommunicatie [C1 art. 326c Sr]
Ongebruikelijke transactie, bewaren/vastleggen gegevens [C25 art. 34 Wwft]
Ongebruikelijke transactie, indicatoren [C25 art. 15 Wwft]
Ongebruikelijke transactie, onverwijlde melding [C25 art. 16 Wwft]
Ongeldigverklaring [C14 art. 124 WVW]
Ongeldigverklaring getuigschrift vakbekwaamheid/nascholing [C14 art. 124a WVW]
Ongelijksoortige hoofdstraffen bij meerdaadse samenloop [C1 art. 58 Sr]
Ongeschikt maken voor krijgsdienst [C1 art. 206 Sr]
Ongeschiktmaking voor gebruik [C23 art. 8 WWM]
Online handelsfraude [C1 art. 326e Sr]
Onmiddellijke invrijheidstelling bij handhaving van de openbare orde [C2 art. 548 Sv]
Onmiddellijke overlevering aan strafhof, geen behandeling rechtbank [C34 art. 38 Uw IS]
Onmiddellijke overlevering aan strafhof, terbeschikkingstelling [C34 art. 37 Uw IS]
Onmiddellijke overlevering, feitelijke overlevering [C39 art. 43 OW]
Onmiddellijke overlevering, geen onderzoek rechtbank [C39 art. 41 OW]
Onmiddellijke overlevering, maximale termijn vrijheidsbeneming [C39 art. 42 OW]
Onmiddellijke overlevering, niet toegestaan [C39 art. 40 OW]
Onmiddellijke overlevering, onderzoek [C39 art. 40 OW]
Onmiddellijke uitvoerbaarheid bevel tot opheffing voorlopige hechtenis [C2 art. 73 Sv]
Onnodig gebrek aan verzorging opvarenden [C1 art. 406 Sr]
Onpartijdigheid rechter [C2 art. 12j Sv]
Ontdekking op heterdaad [C2 art. 128 Sv]
Ontheffing verbod telen van hennepproducten bij overeenkomst [C22 art. 8i Opw]
Ontheffing verboden [C22 art. 6 Opw]
Ontheffing voor wedstrijden [C14 art. 148 WVW]
Ontheffingen [C14 art. 149 WVW]
Ontheffingen, autogordels en kinderbeveiligingssystemen [C15 art. 88 RVV]
Ontheffingen, bestuurders voorrangsvoertuigen [C15 art. 91 RVV]
Ontheffingen, erkenningen en verloven, nadere voorwaarden [C23 art. 6a WWM]
Ontoegankelijk maken van gegevens [C2 art. 125o Sv]
Ontoerekeningsvatbaarheid [C1 art. 39 Sr]
Ontplofbare voorwerpen [C1 art. 142a Sr]
Ontslag van alle rechtsvervolging [C2 art. 352 Sv]
Ontsleutelen van gegevens [C2 art. 126nh Sv]
Ontsleutelen van gegevens in geval van terroristische misdrijven [C2 art. 126zp Sv]
Ontsleutelen van gegevens in geval van vroegsporing [C2 art. 126uh Sv]
Onttrekking aan de leiding door schipper [C1 art. 390 Sr]
Onttrekking aan het verkeer [C1 art. 36b Sr]
Onttrekking van goed aan pandhouder enz. [C1 art. 348 Sr]
Onttrekking van minderjarige aan gezag [C1 art. 279 Sr]
Onttrekking van zaken aan beslag of gerechtelijke bewaring [C1 art. 198 Sr]
Ontucht met bewusteloze, kwetsbare persoon of jeugdige [C1 art. 247 Sr]
Ontucht met misbruik van gezag [C1 art. 249 Sr]
Ontucht met persoon tussen de 16 en 18 jaar [C1 art. 248b Sr]
Ontuchtige handelingen met een dier [C1 art. 254 Sr]
Ontvangen van klachten [C2 art. 165 Sv]
Ontvangst van klacht [C2 art. 166a Sv]
Ontvangst van stukken in cassatieberoep [C2 art. 435 Sv]
Ontvreemding van Nederlands schip door schipper [C1 art. 387 Sr]
Ontzegging bevoegdheid uitoefening beleidsbepalende functies [C25 art. 32c Wwft]
Ontzegging rijbevoegdheid [C14 art. 179, art. 179a WVW]
Ontzegging rijbevoegdheid als bijkomende straf [C14 art. 180 WVW]
Ontzegging rijbevoegdheid bij jeugdigen [C1 art. 77r Sr]
Ontzegging stemrecht bij overtreding art. 55 lid 5 [C23 art. 55a WWM]
Ontzegging stemrecht bij overtreding art. 6 lid 4 [C19 art. 7a WED]
Ontzegging stemrecht bij veroordeling o.g.v. art. 117, 117a, 117b en 120b [C1 art. 120c Sr]
Ontzegging stemrecht bij veroordeling o.g.v. art. 123 en 124 Sr. [C1 art. 130b Sr]
Ontzegging stemrecht bij veroordeling o.g.v. art. 138b en 140a [C1 art. 152 Sr]
Ontzegging stemrecht bij veroordeling o.g.v. art. 138b en 140a Sr [C1 art. 139g Sr]
Ontzegging stemrecht bij veroordeling o.g.v. art. 282b, 282c en 285 Sr [C1 art. 286a Sr]
Ontzegging stemrecht bij veroordeling o.g.v. art. 288a, 289 en 289a Sr [C1 art. 295a Sr]
Ontzegging stemrecht bij veroordeling o.g.v. art. 302, 303 en 304b Sr [C1 art. 304c Sr]
Ontzegging stemrecht bij veroordeling o.g.v. Titel VII Sr [C1 art. 176c Sr]
Ontzegging stemrecht bij veroordeling o.g.v. Titel XXIV Sr [C1 art. 415c Sr]

Alfabetisch trefwoordenregister

Ontzegging stemrecht bij veroordeling o.g.v. Titel XXIX Sr [C1 art. 354b Sr]
Ontzetting bij ambtsdelict [C1 art. 29 Sr]
Ontzetting, duur [C52 art. 50 EVigs]
Ontzetting uit beroep in geval van art. 105 Sr [C1 art. 106 Sr]
Ontzetting van de uitoefening van een beroep [C1 art. 137h Sr]
Ontzetting van rechten [C1 art. 235 Sr]
Ontzetting van rechten bij benadeling van schuldeisers of derden [C1 art. 349 Sr]
Ontzetting van rechten bij diefstal [C1 art. 313 Sr]
Ontzetting van rechten bij moord, doodslag en levensberoving [C1 art. 295 Sr]
Ontzetting van rechten bij schuldige [C1 art. 28 Sr]
Ontzetting van rechten in geval van art. 108-110 Sr [C1 art. 114 Sr]
Ontzetting van rechten in geval van art. 92 Sr [C1 art. 106 Sr]
Ontzetting van rechten in geval van art. 93-103 Sr [C1 art. 106 Sr]
Ontzetting van rechten in geval van artt 122, 124 en 129 Sr [C1 art. 130 Sr]
Ontzetting van rechten in geval van artt. 115 en 116 Sr [C1 art. 120 Sr]
Ontzetting van rechten in geval van artt. 121 en 123 Sr [C1 art. 130 Sr]
Ontzetting van rechten in geval van artt. 208 t/m 210 Sr. [C1 art. 215 Sr]
Ontzetting van rechten in geval van artt. 216 t/m 222bis Sr. [C1 art. 224 Sr]
Ontzetting van rechten in geval van artt. 225 t/m 232 en 234 Sr. [C1 art. 235 Sr]
Ontzetting van rechten in geval van artt. 240b t/m 247 en 248a t/m 250 Sr. [C1 art. 251 Sr]
Ontzetting van rechten in geval van artt. 255 t/m 259 Sr. [C1 art. 260 Sr]
Ontzetting van rechten in geval van artt. 274 t/m 282 en 285 lid 2 Sr. [C1 art. 286 Sr]
Ontzetting van rechten in geval van artt. 301 en 303 Sr. [C1 art. 305 Sr]
Ontzetting van rechten in geval van heling [C1 art. 417ter Sr]
Ontzetting van rechten in geval van witwassen [C1 art. 420quinquies Sr]
Ontzetting van rechten van ambtenaren [C1 art. 380 Sr]
Ontzetting van rechten van schipper [C1 art. 415 Sr]
Ontzetting van uitoefening beroep [C1 art. 194, art. 295, art. 349 Sr]
Onverwijlde betekening van bevel tot voorlopige hechtenis [C2 art. 79 Sv]
Onvoldoende voor aannemimg van rechter [C2 art. 341 Sv]
Onwettig afdrukken van goud- of zilverwerk door ambtenaar waarborginstelling [C1 art. 378 Sr]
Onwettige huwelijksvoltrekking door ambtenaar burgerlijke stand [C1 art. 379 Sr]
Onzijdigheid in gevaar brengen bij oorlog [C1 art. 100 Sr]
Oordeel bij gewone meerderheid van stemmen [C24 art. 12 Wtlvhz]
Oorlog [C1 art. 87 Sr]
Op eerste vordering overgifte kentekenbewijs [C14 art. 60 WVW]
Op klachte vervolgbare strafbare feiten [C2 art. 164 Sv]
Opdracht tot nader onderzoek bij herziening [C2 art. 469 Sv]
Openbaar maken geheime stukken door ambtenaar [C1 art. 463 Sr]
Openbaar onderzoek op de terechtzitting [C2 art. 269 Sv]
Openbaar register aanbieders cryptodiensten [C25 art. 23f Wwft]
Openbaar register gerechtelijke deskundigen [C25 art. 51k Sv]
Openbaarheid sanctie [C25 art. 32f Wwft]
Openbaarmaking rechterlijke uitspraak [C1 art. 349 Sr]
Openbaarmaking uitspraak [C1 art. 36 Sr]
Openbaarmaking van discriminerende of haatzaaiende uitlatingen [C1 art. 137e Sr]
Openbaarmaking van strafbeschikking [C2 art. 257h Sv]
Openbare behandeling van herzieningsaanvraag [C2 art. 467 Sv]
Openbare dronkenschap [C1 art. 453 Sr]
Openbare zitting in cassatie [C2 art. 443 Sv]
Openlijke geweldpleging in vereniging [C1 art. 141 Sr]
Opgraven of wegnemen lijk [C1 art. 150 Sr]
Opheffen bevel tot voorlopige hechtenis [C2 art. 69 Sv]
Opheffen bevel tot voorlopige hechtenis bij beschikking van onbevoegdverklaring en buitenvervolgingstelling [C2 art. 72 Sv]
Opheffen schorsing voorlopige hechtenis [C2 art. 82 Sv]
Opheffen voorlopige hechtenis vóór beroep tegen einduitspraak [C2 art. 74 Sv]
Opheffing bevel [C2 art. 75 Sv]
Opheffing bij einduitspraken [C2 art. 72 Sv]
Opheffing maatregelen [C50 art. 29 EVOS]
Opheffing schorsing [C14 art. 69 WVW] [C2 art. 16 Sv]
Opheffing van voorlopige hechtenis van rechtswege [C2 art. 70 Sv]
Ophitsing van dieren [C1 art. 425 Sr]
Ophouden voor verhoor bij strafvordering buiten het rechtsgebied van een rechtbank [C2 art. 539k Sv]

O

Opkopen [C1 art. 90bis Sr]
Opkoper [C1 art. 90bis Sr]
Oplegging maatregel [C14 art. 131 WVW]
Oplegging straf of maatregel door rechtbank [C2 art. 351 Sv]
Oplichting [C1 art. 326 Sr]
Opnemen van communicatie in geval van vroegsporing [C2 art. 126t Sv]
Opnemen van communicatie via telecommunicatiebedrijf bij terroristische misdrijven [C2 art. 126zg Sv]
Opnemen van vertrouwelijke communicatie in geval van terroristische misdrijven [C2 art. 126zf Sv]
Opnieuw bruikbaar maken van zegels [C1 art. 222 Sr]
Opportuniteitsbeginsel [C2 art. 167, art. 242 Sv]
Oproep tot getuigen en deskundigen weigeren door officier van justitie [C2 art. 264 Sv]
Oproeping getuigen, slachtoffers, nabestaanden, tolk en deskundigen door officier van justitie [C2 art. 260 Sv]
Oproeping jeugdige verdachte, mededeling [C2 art. 488aa Sv]
Oproeping tolk voor uitspraak ter terechtzitting [C2 art. 325 Sv]
Oproeping van benadeelde partij bij niet-verschijnen [C2 art. 332 Sv]
Oproeping van nieuwe getuigen en deskundigen door rechtbank [C2 art. 315 Sv]
Oproeping van ouders of voogd op terechtzitting van jeugdige verdachte [C2 art. 496a Sv]
Oproeping van tolk voor terechtzitting [C2 art. 276 Sv]
Oproeping van verdachte in hoger beroep [C2 art. 408a Sv]
Oproeping voor de kantonrechter [C2 art. 385 Sv]
Opruiing [C1 art. 131 Sr]
Opruiing tot muiterij [C1 art. 397 Sr]
Opschorting erkenning en uitvoering Europees onderzoeksbevel [C2 art. 5.4.6 Sv]
Opschorting van de tenuitvoerlegging [C2 art. 473 Sv]
Opsporingsambtenaar, aanwijzingen officier van justitie [C20 art. 4 Wbod]
Opsporingsambtenaar, advies functioneel parket over klacht [C20 art. 15 Wbod]
Opsporingsambtenaar, bevoegdheid [C20 art. 5 Wbod]
Opsporingsambtenaar, eisen waaraan deze moet voldoen [C2 art. 126h Sv]
Opsporingsambtenaar, klacht over gedraging [C20 art. 14 Wbod]
Opsporingsambtenaar, termijn afhandeling klacht [C20 art. 16 Wbod]
Opsporingsambtenaren [C14 art. 159 WVW] [C2 art. 127 Sv] [C22 art. 8k Opw] [C23 art. 45 WWM]
Opsporingsbevoegden, samenwerking met politie [C5 art. 10 PolW]
Opsporingsbevoegdheid, aanvraagprocedure aanvullende opsporingsbevoegdheid [C21 art. 14 Bboa]
Opsporingsbevoegdheid, aanvraagprocedure aanwijzing [C21 art. 12 Bboa]
Opsporingsbevoegdheid, aanvraagprocedure akte van opsporingsbevoegdheid [C21 art. 9 Bboa]
Opsporingsbevoegdheid, akte van opsporingsbevoegdheid voor de duur van onderzoek [C21 art. 11 Bboa]
Opsporingsbevoegdheid, bekwaamheid [C21 art. 16 Bboa]
Opsporingsbevoegdheid, beslissingstermijn aanvraag [C21 art. 7 Bboa]
Opsporingsbevoegdheid, betrouwbaarheid [C21 art. 17 Bboa]
Opsporingsbevoegdheid, eisen verlening akte/aanwijzing/aanvullende opsporingsbevoegdheid [C21 art. 4 Bboa]
Opsporingsbevoegdheid, gegevens voor aanvraag akte/aanwijzing/aanvullende opsporingsbevoegdheid [C21 art. 5 Bboa]
Opsporingsbevoegdheid, intrekking akte/aanwijzing/aanvullende opsporingsbevoegdheid [C21 art. 8 Bboa]
Opsporingsbevoegdheid, maximum aantal te beëdigen personen [C21 art. 13 Bboa]
Opsporingsbevoegdheid, titel [C21 art. 3 Bboa]
Opsporingsbevoegdheid, verlenging/wijziging akte/aanwijzing/aanvullende opsporingsbevoegdheid [C21 art. 6 Bboa]
Opsporingsbevoegdheid, verlening akte van opsporingsbevoegdheid [C21 art. 10 Bboa]
Opsporingsonderzoek [C2 art. 132a Sv]
Opsporingsonderzoek instellen [C2 art. 149 Sv]
Opvarende [C1 art. 85 Sv] [C2 art. 136a Sv]
Opvolgen aanwijzing minister door het CBR [C14 art. 4z1 WVW]
Opvolgen bevelen [C14 art. 160 WVW]
Opzeggingstermijn [C50 art. 45 EVOS]
Opzetheling [C1 art. 416 Sr]
Opzetheling als gewoonte [C1 art. 417 Sr]
Opzettelijk een persoon buiten of naar Nederland lokken voor plegen misdrijf [C1 art. 285c Sr]

O

Opzettelijk en wederrechtelijk gebruiken van identificerende persoonsgegevens [C1 art. 231b Sr]
Opzettelijk gebruiken van voorwerpen ontdaan van ijk afkeuringsmerk [C1 art. 221 Sr]
Opzettelijk handelen in strijd met gedragsaanwijzing [C1 art. 184a Sr]
Opzettelijk niet voldoen aan vordering inzage [C1 art. 192a Sr]
Opzettelijk niet voldoen aan vordering tot verstrekken van inlichtingen [C1 art. 192b Sr]
Opzettelijk uitgeven van vervalste muntstukken of bankbiljetten [C1 art. 209, art. 213 Sr]
Opzettelijk verstoren van een openbare vergadering of betoging [C1 art. 144 Sr]
Opzettelijk voor een ander uitgeven bij de verkiezingen [C1 art. 128 Sr]
Opzettelijke geweldpleging tegen persoon op luchthaven [C1 art. 385d Sr]
Ordemaatregel, afzondering in andere inrichting/afdeling [C26 art. 25 PBW]
Ordemaatregel, cameraobservatie [C26 art. 24a PBW]
Ordemaatregel, in afzondering plaatsen [C26 art. 24 PBW]
Ordemaatregel, uitsluiting deelname aan activiteiten [C26 art. 23 PBW]
Ordeverstoring door dronkenschap [C1 art. 426 Sr]
Ouders of voogd bij zitting van jeugdige verdachte [C2 art. 496 Sv]
Ouders van minderjarige [C2 art. 131 Sv]
Overbrengen register ter inzage [C2 art. 109 Sv]
Overbrengen van de verdachte ter observatie door rechter-commissaris [C2 art. 196 Sv]
Overdracht onderzoekshandeling [C2 art. 178a Sv]
Overdracht taken en bevoegdheden hulpofficier aan officier van justitie [C2 art. 29d Sv]
Overdracht van bewijsmateriaal [C41 art. 13]
Overdracht van strafvervolging, beslissing Minister [C2 art. 5.3.2 Sv]
Overdracht van strafvervolging, kennisgeving aan officier van justitie [C2 art. 5.3.4 Sv]
Overdracht van strafvervolging, rechtstreek verzoek aan buitenlandse autoriteit [C2 art. 5.3.5 Sv]
Overdracht van strafvervolging, voorstel aan Minister [C2 art. 5.3.1 Sv]
Overdracht van strafvervolging, voortzetting zaak naar voorstel tot [C2 art. 5.3.3 Sv]
Overdracht van voorwerpen [C47 art. 20 EUV]
Overdracht vastgelegde gegevens [C14 art. 70c WVW]
Overdragen van inzittende van een luchtvaartuig bij strafvordering buiten het rechtsgebied van een rechtbank [C2 art. 539t Sv]
Overeenkomst [C2 art. 126ij, art. 126v, art. 126w Sv]
Overeenkomst beëindigen [C2 art. 126w Sv]
Overeenkomst veranderen [C2 art. 126w Sv]
Overeenstemming kentekenregister [C14 art. 36 WVW]
Overgang eigendom op Staat [C23 art. 8 WWM]
Overheidsorgaan [C14 art. 125a WVW]
Overige ambtenaren van politie [C5 art. 2a PolW]
Overlast en belemmering [C2 art. 190 Sv]
Overleg tussen officier van justitie en getuige [C2 art. 226h Sv]
Overleg van stukken door OM bij raadkamer [C2 art. 23 Sv]
Overleg voortzetting vervolging [C50 art. 31 EVOS]
Overleggen documenten [C14 art. 70h WVW]
Overlegging van stukken [C2 art. 510 Sv]
Overlevering aan officier van justitie bij strafvordering buiten het rechtsgebied van een rechtbank [C2 art. 539m Sv]
Overlevering aan strafhof, aanhouding [C34 art. 18 Uw IS]
Overlevering aan strafhof, aanhouding beslissing [C34 art. 35 Uw IS]
Overlevering aan strafhof, behandeling en uitspraak rechtbank [C34 art. 21 Uw IS]
Overlevering aan strafhof, beslissing onze minister [C34 art. 30 Uw IS]
Overlevering aan strafhof, bewaring [C34 art. 15 Uw IS]
Overlevering aan strafhof, inbeslagname voorwerpen [C34 art. 41 Uw IS]
Overlevering aan strafhof, inverzekeringstelling [C34 art. 14 Uw IS]
Overlevering aan strafhof, ne bis in idem [C34 art. 30 Uw IS]
Overlevering aan strafhof, onderzoek rechtbank [C34 art. 24 Uw IS]
Overlevering aan strafhof, opheffing bewaring [C34 art. 16 Uw IS]
Overlevering aan strafhof, opschorting van aanhouding [C34 art. 20 Uw IS]
Overlevering aan strafhof, opschorting van bewaring [C34 art. 16 Uw IS]
Overlevering aan strafhof, samenloop verzoeken [C34 art. 31 Uw IS]
Overlevering aan strafhof, schadevergoeding bij afwijzing [C34 art. 44 Uw IS]
Overlevering aan strafhof, schorsing onderzoek rechtbank [C34 art. 25 Uw IS]
Overlevering aan strafhof, terbeschikkingstelling [C34 art. 33 Uw IS]
Overlevering aan strafhof, toevoeging raadsman [C34 art. 24 Uw IS]
Overlevering aan strafhof, uitspraak rechtbank [C34 art. 27 Uw IS]
Overlevering aan strafhof, uitspraak rechtbank bij verstek [C34 art. 28 Uw IS]
Overlevering aan strafhof, verhoor opgeëiste persoon [C34 art. 22 Uw IS]

Alfabetisch trefwoordenregister

O

Overlevering aan strafhof, verklaring van onmiddellijke overlevering [C34 art. 36 Uw IS]
Overlevering aan strafhof, verlenging aanhouding [C34 art. 34 Uw IS]
Overlevering aan strafhof, verzoek om vrijheidsbeneming [C34 art. 26 Uw IS]
Overlevering aan strafhof, voorlopige aanhouding [C34 art. 13 Uw IS]
Overlevering aan strafhof, voorwaarden verhoor [C34 art. 23 Uw IS]
Overlevering aangehouden verdachte bij strafvordering buiten het rechtsgebied van een rechtbank [C2 art. 539i Sv]
Overlevering door buitenland, gegevensverstrekking aan advocaat opgeëiste persoon [C39 art. 48a OW]
Overlevering door buitenland, informatieverstrekking uitvaardigende autoriteit [C39 art. 47 OW]
Overlevering door buitenland, taken uitvaardigende autoriteit [C39 art. 46 OW]
Overlevering door buitenland, voorwaarden uitvoerende autoriteit [C39 art. 48 OW]
Overlevering door Nederland, aanhouding [C39 art. 21 OW]
Overlevering door Nederland, aanhouding bij andere vervolging [C39 art. 36 OW]
Overlevering door Nederland, advocaat in uitvaardigende lidstaat [C39 art. 21a OW]
Overlevering door Nederland, beëindiging vrijheidsbeneming [C39 art. 33 OW]
Overlevering door Nederland, beslistermijn [C39 art. 22 OW]
Overlevering door Nederland, betekening uitspraak aan opgeëiste persoon [C39 art. 31 OW]
Overlevering door Nederland, bevel tot bewaring [C39 art. 18 OW]
Overlevering door Nederland, competentie bij voorlopige aanhouding [C39 art. 17 OW]
Overlevering door Nederland, Europees aanhoudingsbevel [C39 art. 23 OW]
Overlevering door Nederland, feitelijke overlevering [C39 art. 35 OW]
Overlevering door Nederland, formele uitsluitingen [C39 art. 9 OW]
Overlevering door Nederland, inkennisstelling uitvaardigende autoriteit [C39 art. 32 OW]
Overlevering door Nederland, instemming met onmiddellijke overlevering [C39 art. 39 OW]
Overlevering door Nederland, inverzekeringstelling [C39 art. 21 OW]
Overlevering door Nederland, invrijheidstelling [C39 art. 19 OW]
Overlevering door Nederland, mededeling duur vrijheidsbeneming [C39 art. 38 OW]
Overlevering door Nederland, niet toegestaan vanwege grondgebied [C39 art. 13 OW]
Overlevering door Nederland, onderzoek en tenuitvoerlegging straf volgens lijst [C39 art. 7 OW]
Overlevering door Nederland, ophouding bij Schengen-signalering of Europees aanhoudingsbevel [C39 art. 16 OW]
Overlevering door Nederland, personen tot twaalf jaar [C39 art. 10 OW]
Overlevering door Nederland, recht op rechtsbijstand [C39 art. 43a OW]
Overlevering door Nederland, rechtsmiddelen [C39 art. 29 OW]
Overlevering door Nederland, schending fundamentele rechten [C39 art. 11 OW]
Overlevering door Nederland, uitvoerbaarheid uitspraak [C39 art. 29 OW]
Overlevering door Nederland, uitzonderingen [C39 art. 14 OW]
Overlevering door Nederland, vereisten Europees aanhoudingsbevel [C39 art. 20 OW]
Overlevering door Nederland, verlenging termijn aanhouding [C39 art. 37 OW]
Overlevering door Nederland, verlenging vrijheidsbeneming [C39 art. 34 OW]
Overlevering door Nederland, verslag [C39 art. 73 OW]
Overlevering door Nederland, voorlopige aanhouding [C39 art. 15 OW]
Overlevering door Nederland, vrijheidsstraffen [C39 art. 8 OW]
Overlevering door Nederland, weigering bij verstekveroordeling [C39 art. 12 OW]
Overlevering Nederlander, beoordeling verzoek door rechtbank [C39 art. 6a OW]
Overlevering Nederlander, onder garantie van teruglevering [C39 art. 6 OW]
Overlevering Nederlander, weigering wegens overnemen tenuitvoerlegging straf [C39 art. 6a OW]
Overmacht [C1 art. 40 Sr] [C47 art. 18 EUV]
Overname strafvervolging, advies officier van justitie [C2 art. 5.3.20, art. 5.3.9 Sv]
Overname strafvervolging, afwijzing verzoek [C2 art. 5.3.7 Sv]
Overname strafvervolging, beslissing Minister [C2 art. 5.3.10 Sv]
Overname strafvervolging, beslissing minister [C2 art. 5.3.21 Sv]
Overname strafvervolging, bewijskracht buitenlandse stukken [C2 art. 5.3.15 Sv]
Overname strafvervolging bij terrorisme [C2 art. 5.3.16 Sv]
Overname strafvervolging, geen bevoegdheid tot strafvervolging [C2 art. 5.3.14 Sv]
Overname strafvervolging, intrekking inwilliging [C2 art. 5.3.12 Sv]
Overname strafvervolging, kennisgeving beslissing aan officier van justitie [C2 art. 5.3.13 Sv]
Overname strafvervolging, toezending verzoek aan officier van justitie [C2 art. 5.3.8 Sv]
Overname strafvervolging, verzoek aan Minister [C2 art. 5.3.6 Sv]
Overname strafvervolging, verzoek om nadere informatie [C2 art. 5.3.11 Sv]
Overname strafvervolging, verzoek om nadere informatie door internationaal gerecht [C2 art. 5.3.19 Sv]

Alfabetisch trefwoordenregister

Overname strafvervolging, verzoek van internationaal gerecht [C2 art. 5.3.18 Sv]
Overname strafvervolging, zelfstandige bevoegdheid officier van justitie [C2 art. 5.3.17 Sv]
Overtreden beschermingsvoorschriften in oorlogstijd [C1 art. 175a Sr]
Overtreden beschermingsvoorschriften in oorlogstijd door schuld [C1 art. 175b Sr]
Overtreden noodverordening [C1 art. 443 Sr]
Overtreden van voorschriften van burgerlijke stand door ambtenaar [C1 art. 466 Sr]
Overtreden voorschriften voor houden van nachtverblijf [C1 art. 438 Sr]
Overtreden voorschriften watergebieden [C1 art. 437quater Sr]
Overtredingen en misdrijven [C23 art. 56 WWM]
Overweg, weggebruikers [C15 art. 15a RVV]

Parkeren, fiets/bromfiets [C15 art. 27 RVV]
Parkeren, gehandicaptenparkeerplaats [C15 art. 26 RVV]
Parkeren, parkeerschijfzone [C15 art. 25 RVV]
Parkeren, verbod [C15 art. 24 RVV]
Partieel cassatieberoep [C2 art. 429 Sv]
Partiële vernietiging van vonnis in cassatie [C2 art. 441 Sv]
Partijen horen [C2 art. 515 Sv]
Passagier, gelegenheid geven in-/uitstappen [C15 art. 52 RVV]
Penitentiair dossier, beschikbaarstelling [C27 art. 38 PM]
Penitentiair dossier, bewaartermijn/vernietiging [C27 art. 39 PM]
Penitentiair dossier, inhoud [C27 art. 36 PM]
Penitentiair dossier, inrichtingsdossier [C27 art. 37 PM]
Penitentiair dossier, inzage/gegevensverstrekking [C27 art. 40 PM]
Penitentiair programma, activiteiten [C27 art. 5 PM]
Penitentiair programma, algemene verantwoordelijkheid voor de tenuitvoerlegging [C27 art. 8 PM]
Penitentiair programma, dagelijkse verantwoordelijkheid voor de tenuitvoerlegging [C27 art. 8 PM]
Penitentiair programma, deelname [C26 art. 4 PBW]
Penitentiair programma, definitie [C26 art. 4 PBW]
Penitentiair programma, elektronisch toezicht [C27 art. 7a PM]
Penitentiair programma, erkenning [C26 art. 4 PBW]
Penitentiair programma, klachtrecht deelnemer [C27 art. 10 PM]
Penitentiair programma, sancties bij overtreding [C27 art. 9 PM]
Penitentiair programma, uitsluiting deelname [C27 art. 6 PM]
Penitentiair programma, voordracht deelname [C27 art. 7 PM]
Penitentiair programma, voorwaarden deelname [C27 art. 9 PM]
Penitentiaire inrichting, aansprakelijkheid voorwerpen gedetineerde [C27 art. 49 PM]
Penitentiaire inrichting, aanwijzing [C26 art. 3 PBW]
Penitentiaire inrichting, behandeling beroepschriften [C26 art. 6 PBW]
Penitentiaire inrichting, beheer [C26 art. 3 PBW]
Penitentiaire inrichting, bestemming inrichting/afdeling [C26 art. 8 PBW]
Penitentiaire inrichting, beveiligingsniveaus [C26 art. 13 PBW]
Penitentiaire inrichting, bevoegdheden directeur [C26 art. 5 PBW]
Penitentiaire inrichting, bijzondere opvang [C26 art. 14 PBW]
Penitentiaire inrichting, commissie van toezicht [C26 art. 7 PBW] [C27 art. 11 PM]
Penitentiaire inrichting, dagprogramma [C27 art. 3 PM]
Penitentiaire inrichting, dossiervorming [C27 art. 35 PM]
Penitentiaire inrichting, geheimhoudingsplicht [C27 art. 58 PM]
Penitentiaire inrichting, gevangenissen [C26 art. 10 PBW]
Penitentiaire inrichting, huis van bewaring [C26 art. 9 PBW]
Penitentiaire inrichting, informatieverstrekking aan minister [C26 art. 5a PBW]
Penitentiaire inrichting, inrichting voor stelselmatige daders [C26 art. 10a PBW]
Penitentiaire inrichting, jaarplan/jaarverslag [C27 art. 2 PM]
Penitentiaire inrichting, kinderen [C26 art. 12 PBW]
Penitentiaire inrichting, kosten begrafenis/crematie [C27 art. 48 PM]
Penitentiaire inrichting, kosten geneeskundige verzorging [C27 art. 47 PM]
Penitentiaire inrichting, meldcode huiselijk geweld/kindermishandeling [C26 art. 5b PBW]
Penitentiaire inrichting, overleg directeur/gedetineerden [C26 art. 74 PBW]
Penitentiaire inrichting, reisgeld bij invrijheidstelling [C27 art. 46 PM]
Penitentiaire inrichting, scheiding mannelijke en vrouwelijke gedetineerden [C26 art. 11 PBW]
Penitentiaire inrichting, toezicht op telefoongesprekken [C27 art. 23a PM]
Penitentiaire inrichting, vergoeding tolk/vertaler [C27 art. 45 PM]
Pepperspray [C6 art. 12a Ambtsinstr.]

Alfabetisch trefwoordenregister

P

Periodiek vorderen van gegevens [C2 art. 126zm Sv]
Personen van een vreemde staat aanwijzen bij terroristische misdrijven [C2 art. 126zc Sv]
Personenvennootschap [C25 art. 3 Wwft]
Personenvervoer, verbod [C15 art. 61b RVV]
Persoonlijke instemming [C2 art. 166a Sv]
Persoonlijke omstandigheden bij strafbaarheid [C1 art. 50 Sr]
Persoonlijke verschijning van verdachte [C2 art. 278 Sv]
Persoonsdossier, kosteloze verstrekking [C9 art. 49 WJG]
Persoonsdossier, rectificatie op verzoek betrokkene [C9 art. 46 WJG]
Persoonsdossier, schakelbepalingen klachten, controle en toezicht [C9 art. 51 WJG]
Persoonsdossier, toegankelijke informatie [C9 art. 42b WJG]
Persoonsdossiers [C9 art. 40 WJG]
Plaats en datum [C46 art. 4 ERV 1959]
Plaats op de weg, bestuurder [C15 art. 10 RVV]
Plaats op de weg, bestuurder gehandicaptenvoertuig [C15 art. 7 RVV]
Plaats op de weg, bestuurder/fietser [C15 art. 3 RVV]
Plaats op de weg, bromfietser [C15 art. 6 RVV]
Plaats op de weg, colonne/optocht/uitvaartstoet [C15 art. 9 RVV]
Plaats op de weg, fietser/snorfietser [C15 art. 5 RVV]
Plaats op de weg, ruiter [C15 art. 8 RVV]
Plaats op de weg, voetganger [C15 art. 4 RVV]
Plaatsen van afluisterapparatuur [C1 art. 139d Sr]
Plaatsen van valse merken of tekens op voorwerpen van edel metaal [C1 art. 217 Sr]
Plaatsen van valse merken op andere dan in geval van artt. 217 en 218 Sr. genoemde voorwerpen [C1 art. 219 Sr]
Plaatsen van valse merken op te ijken voorwerpen [C1 art. 218 Sr]
Plaatsing en verwijdering verkeerstekens, nadere regels [C14 art. 16 WVW]
Plaatsing gedetineerde, aanwijzing verblijfsruimte [C26 art. 16 PBW]
Plaatsing gedetineerde, bezwaar inzake plaatsing/overplaatsing/deelname penitentiair programma [C26 art. 17 PBW]
Plaatsing gedetineerde, bijzondere opvang [C26 art. 16 PBW]
Plaatsing gedetineerde, deelname aan penitentiair programma [C26 art. 15 PBW]
Plaatsing gedetineerde, opname in psychiatrisch ziekenhuis [C26 art. 15 PBW]
Plaatsing gedetineerde, overeenkomstig bestemming inrichting [C26 art. 15 PBW]
Plaatsing gedetineerde, selectiefunctionaris [C26 art. 15 PBW]
Plaatsing gedetineerde, verblijf in politiecel [C26 art. 15a PBW]
Plaatsing gedetineerde, verzoek inzake plaatsing/overplaatsing/deelname penitentiair programma [C26 art. 18 PBW]
Plaatsing gedetineerde, wijze van onderbrenging [C26 art. 16 PBW]
Plaatsing in een inrichting voor jeugdigen [C1 art. 77s Sr]
Plaatsing in psychiatrisch ziekenhuis [C2 art. 509g Sv]
Plaatsing/verwijdering verkeerstekens [C14 art. 15 WVW]
Pleidooi [C2 art. 311 Sv]
Plicht tot horen van verdachte of raadsman [C2 art. 331 Sv]
Poging tot uitlokking [C1 art. 46a Sr]
Politie, begroting/meerjarenraming [C5 art. 34 PolW]
Politie, beheersplan/jaarverslag [C5 art. 37 PolW]
Politie, bevoegdheden ambtenaar van politie [C5 art. 6 PolW]
Politie, bijstand aan de Koninklijke marechaussee [C5 art. 61 PolW]
Politie, bijstand aan de rijksrecherche [C5 art. 60 PolW]
Politie, bijstand van andere delen krijgsmacht [C5 art. 58 PolW]
Politie, bijstand van Koninklijke marechaussee [C5 art. 57 PolW]
Politie, driehoeksoverleg [C5 art. 13 PolW]
Politie, evaluatie [C5 art. 103 PolW]
Politie, geen beperkingen voor arts [C6 art. 33 Ambtsinstr.]
Politie, gezag bij handhaving openbare orde [C5 art. 11 PolW]
Politie, gezag bij strafrechtelijke handhaving [C5 art. 12 PolW]
Politie, horen voor onderzoek in lichaam [C6 art. 29a Ambtsinstr.]
Politie, hulpverlening gewonden [C6 art. 24 Ambtsinstr.]
Politie, in bewaring nemen kleding en voorwerpen [C6 art. 28 Ambtsinstr.]
Politie, inkennisstelling ambassade bij insluiting vreemdeling [C6 art. 27 Ambtsinstr.]
Politie, inkennisstelling familielid ingeslotene [C6 art. 27 Ambtsinstr.]
Politie, invrijheidstelling [C6 art. 36 Ambtsinstr.]
Politie, jaarrekening [C5 art. 35 PolW]
Politie, medische bijstand ingeslotene [C6 art. 32 Ambtsinstr.]

Alfabetisch trefwoordenregister

Politie, melding in bewaring nemen kleding en voorwerpen [C6 art. 30 Ambtsinstr.]
Politie, observatie ingeslotene [C6 art. 34 Ambtsinstr.]
Politie, ontkleding ingeslotene [C6 art. 29 Ambtsinstr.]
Politie, overplaatsing ingeslotene [C6 art. 35 Ambtsinstr.]
Politie, permanente camera-observatie [C6 art. 31 Ambtsinstr.]
Politie, rechtspersoonlijkheid [C5 art. 26 PolW]
Politie, rijksbijdragen [C5 art. 33 PolW]
Politie, samenwerking [C5 art. 10 PolW]
Politie, taak [C5 art. 3 PolW]
Politie, verdeling van sterkte/middelen [C5 art. 36 PolW]
Politie, verwijdering gevaarlijke personen van openbare plaatsen [C6 art. 25 Ambtsinstr.]
Politie, voorzieningen ingeslotenen [C6 art. 26 Ambtsinstr.]
Politie, waarschuwing gebruik stunbag [C6 art. 11b Ambtsinstr.]
Politieacademie [C5 art. 73 PolW]
Politieacademie, aanbeveling voor/instemmingsrecht directeur [C5 art. 97 PolW]
Politieacademie, afsluitend examen [C5 art. 91 PolW]
Politieacademie, andere werkzaamheden [C5 art. 75 PolW]
Politieacademie, bekostiging [C5 art. 99 PolW]
Politieacademie, benoeming leden raad van advies [C5 art. 79 PolW]
Politieacademie, commissie van beroep [C5 art. 93 PolW]
Politieacademie, directeur [C5 art. 76 PolW]
Politieacademie, duur opleiding [C5 art. 88 PolW]
Politieacademie, examencommissie [C5 art. 92 PolW]
Politieacademie, inrichting opleiding [C5 art. 89 PolW]
Politieacademie, kwaliteitsbeoordeling [C5 art. 102 PolW]
Politieacademie, ondersteuning raad van advies [C5 art. 80 PolW]
Politieacademie, overleg Minister/korpschef/directeur [C5 art. 101 PolW]
Politieacademie, raad van advies [C5 art. 77 PolW]
Politieacademie, samenstelling raad van advies [C5 art. 78 PolW]
Politieacademie, taken [C5 art. 74 PolW]
Politieacademie, toedeling sterkte en middelen [C5 art. 96 PolW]
Politieacademie, vaststelling beleidsplan door directeur [C5 art. 100 PolW]
Politieacademie, vaststelling bestuursreglement door directeur [C5 art. 98 PolW]
Politieacademie, vaststelling onderwijs- en examenregeling [C5 art. 90 PolW]
Politiegegevens, autorisaties [C11 art. 6 WPolG]
Politiegegevens BES, verstrekking aan derden [C12 art. 6a:5 BPolG]
Politiegegevens BES, verstrekking aan OM in Europees deel van Nederland [C12 art. 6a:7 BPolG]
Politiegegevens BES-eilanden, bescherming persoonsgegevens [C11 art. 36g WPolG]
Politiegegevens BES-eilanden, beslissing op verzoek [C11 art. 36f WPolG]
Politiegegevens BES-eilanden, definities [C11 art. 36b WPolG]
Politiegegevens BES-eilanden, toepasselijke bepalingen [C11 art. 36c WPolG]
Politiegegevens BES-eilanden, verstrekking gegevens aan Europees deel Nederland [C11 art. 36e WPolG]
Politiegegevens BES-eilanden, verstrekking gegevens op BES-eilanden [C11 art. 36d WPolG]
Politiegegevens, beveiliging [C12 art. 6:1a BPolG]
Politiegegevens, bewaartermijnen [C11 art. 14 WPolG]
Politiegegevens, bijzondere categorieën [C11 art. 5 WPolG]
Politiegegevens, controle naleving [C11 art. 33 WPolG]
Politiegegevens, doorgifte aan derde landen [C11 art. 17a WPolG]
Politiegegevens, doorzending aan Eurojust [C12 art. 5:8 BPolG]
Politiegegevens, doorzending aan Europol [C12 art. 5:7 BPolG]
Politiegegevens, doorzending aan gemeenschappelijke teams binnen de EU [C12 art. 5:6 BPolG]
Politiegegevens, evaluatie [C11 art. 47 WPolG]
Politiegegevens, gegevensvergelijking [C11 art. 11 WPolG]
Politiegegevens, gegevensverwerking, controle en toezicht [C11 art. 31d WPolG]
Politiegegevens, geheimhoudingsplicht [C11 art. 7 WPolG]
Politiegegevens, incidentele verstrekking aan derden [C11 art. 19 WPolG]
Politiegegevens, informanten [C11 art. 12 WPolG]
Politiegegevens, inhoud verwerkersovereenkomst [C12 art. 6:1b BPolG]
Politiegegevens, inzicht in ernstige bedreigingen rechtsorde [C11 art. 10 WPolG]
Politiegegevens, logging [C11 art. 32a WPolG]
Politiegegevens, noodzakelijkheid/rechtmatigheid/doelbinding [C11 art. 3 WPolG]
Politiegegevens, onderscheid tussen verschillende categorieën van betrokkenen [C11 art. 6b WPolG]
Politiegegevens, ondersteunende taken [C11 art. 13 WPolG]

Alfabetisch trefwoordenregister

P

Politiegegevens, onderzoek i.v.m. handhaving rechtsorde [C11 art. 9 WPolG]
Politiegegevens, privacyfunctionaris [C11 art. 34 WPolG]
Politiegegevens, recht op inzage betrokkene [C11 art. 25 WPolG]
Politiegegevens, recht op rectificatie en vernietiging [C11 art. 28 WPolG]
Politiegegevens, rechtstreeks geautomatiseerde verstrekking binnen EU [C12 art. 5:5 BPolG]
Politiegegevens, rechtstreekse verstrekking [C11 art. 23 WPolG] [C12 art. 4:6 BPolG]
Politiegegevens, rechtstreekse verstrekking aan inlichtingen- en veiligheidsdiensten [C11 art. 24 WPolG]
Politiegegevens, schriftelijke vastlegging door verwerkingsverantwoordelijke [C11 art. 32 WPolG]
Politiegegevens, structurele verstrekking aan derden [C11 art. 18 WPolG]
Politiegegevens, structurele verstrekking aan derden voor samenwerkingsverbanden [C11 art. 20 WPolG]
Politiegegevens, ter beschikking stellen [C11 art. 15 WPolG]
Politiegegevens, ter beschikking stellen binnen EU [C11 art. 15a WPolG]
Politiegegevens, toegankelijkheid [C11 art. 6a WPolG]
Politiegegevens, toepasselijkheid Awb [C11 art. 29 WPolG]
Politiegegevens, toepassing bepalingen in BES [C12 art. 6a:2 BPolG]
Politiegegevens, toezicht naleving voorwaarden doorzending [C12 art. 5:4 BPolG]
Politiegegevens, uitvoering dagelijkse politietaak [C11 art. 8 WPolG]
Politiegegevens, uitzondering op recht inzage betrokkene [C11 art. 27 WPolG]
Politiegegevens, verstrekking aan BES [C12 art. 4:3a BPolG]
Politiegegevens, verstrekking aan bevoegde autoriteit in derde landen [C12 art. 5:1, art. 5:2 BPolG]
Politiegegevens, verstrekking aan derden [C12 art. 4:1, art. 4:4 BPolG]
Politiegegevens, verstrekking aan inlichtingendiensten [C11 art. 17 WPolG]
Politiegegevens, verstrekking aan opsporingsambtenaren en gezagsdragers [C11 art. 16 WPolG]
Politiegegevens, verstrekking informatie aan betrokkene [C11 art. 24b WPolG]
Politiegegevens, verstrekking informatie over verwerking aan betrokkene [C11 art. 24a WPolG]
Politiegegevens, verstrekking op incidentele basis of t.b.v. samenwerkingsverband [C12 art. 4:5 BPolG]
Politiegegevens, verstrekking t.b.v. beleidsinformatie, wetenschappelijk onderzoek en statistiek [C12 art. 4:7 BPolG]
Politiegegevens, verwerking voor wetenschappelijk onderzoek en statistiek [C11 art. 22 WPolG]
Politieke delicten [C47 art. 3 EUV]
Politieonderwijs, doel [C5 art. 85 PolW]
Politieonderwijs, kwalificatiestructuur [C5 art. 87 PolW]
Politieonderwijs, samenwerking politie en Politieacademie [C5 art. 86 PolW]
Politieonderwijsraad [C5 art. 82 PolW]
Politieonderwijsraad, benoeming en ontslag [C5 art. 82 PolW]
Politieonderwijsraad, ondersteuning [C5 art. 83 PolW]
Politieonderwijsraad, samenstelling [C5 art. 82 PolW]
Politieonderwijsraad, taken [C5 art. 84 PolW]
Politierechter [C2 art. 367 Sv]
Politierechter als raadkamer [C2 art. 371 Sv]
Pressieverbod [C2 art. 271 Sv]
Procedure bij kantonrechter [C2 art. 398 Sv]
Procedure inspectie [C42 art. 8 CPT]
Procedureregels [C47 art. 22 EUV]
Procedures waarvoor een EOB kan worden uitgevaardigd [C41 art. 4]
Proces-verbaal bij strafvordering buiten het rechtsgebied van een rechtbank [C2 art. 539f Sv]
Proces-verbaal der terechtzitting door griffier [C2 art. 326 Sv]
Proces-verbaal door griffier [C2 art. 172 Sv]
Proces-verbaal van het onderzoek in raadkamer [C2 art. 25 Sv]
Proces-verbaal van inbeslagneming [C2 art. 102 Sv]
Proces-verbaal van opsporingsambtenaar [C2 art. 344 Sv]
Proces-verbaal van verhoor afgeschermde getuige [C2 art. 226s Sv]
Processtukken, samenstelling [C2 art. 149a Sv]
Proeftijd [C1 art. 14b Sr]
Proeftijd bij straf of maatregel voor jeugdigen [C1 art. 77y Sr]
Profilering, verbod [C9 art. 39c WJG]
Profilering, verbod op besluit gebaseerd op geautomatiseerd verwerkte gegevens [C9 art. 7e WJG]
Prominent politiek persoon [C25 art. 8 Wwft]
Prominente publieke functies, lijst [C25 art. 9a Wwft]

Alfabetisch trefwoordenregister

Proportionaliteit en subsidiariteit [C5 art. 7 PolW]
Pseudokoop of -dienstverlening door burger [C2 art. 126ij Sv]
Pseudokoop of -dienstverlening door burger bij criminele organisatie [C2 art. 126z Sv]
Pseudokoop of -dienstverlening in geval van vroegsporing [C2 art. 126q Sv]
Psychiater [C1 art. 90septies Sr]
Psychiatrisch ziekenhuis [C1 art. 90sexies Sr]
Psychomotorisch onderzoek, oog- en spraakfuncties [C17 art. 2]

Raad voor de kinderbescherming bij jeugdige verdachte [C2 art. 494 Sv]
Raadslieden [C2 art. 37 Sv]
Raadsman bij herziening ten nadele van de verdachte [C2 art. 482i Sv]
Raadsman bij verdachte met gebrekkige ontwikkeling of ziekelijke stoornis [C2 art. 509c Sv]
Rapport reclasseringsraad [C2 art. 62 Sv]
RDW, gegevensverstrekking [C14 art. 43 WVW]
RDW, tarief gegevensverstrekking [C14 art. 43a WVW]
RDW, wijze van gegevensverstrekking [C14 art. 43a WVW]
Reactie op jaarverslag op Prinsjesdag [C24 art. 18 Wtlvhz]
Reactie op verklaring door verdachte of raadsman [C2 art. 226d Sv]
Reageren op voornemen [C24 art. 16 Wtlvhz]
Recht op bijstand door raadsman [C2 art. 459 Sv]
Recht op privacy [C58 art. 8 EVRM]
Recht op rechtsbijstand [C36 art. 45a UW]
Recht op tenuitvoerlegging [C38 art. 18 WWETGC]
Recht op verhoor [C2 art. 29e Sv]
Recht van tenuitvoerlegging [C38 art. 32 WWETGC]
Rechter-commissaris aanwezig in elke rechtbank [C2 art. 170 Sv]
Rechter-commissaris als uitvaardigende justitiële autoriteit [C39 art. 44 OW]
Rechter-commissaris van rechtbank Rotterdam [C2 art. 178a Sv]
Rechterlijk pardon [C1 art. 9a Sr]
Rechterlijke beslissing op vordering van officier van justitie of verzoek van verdachte [C2 art. 328 Sv]
Rechters [C2 art. 525 Sv]
Rechtmatig oordelen van afspraak tussen getuige en officier van justitie [C2 art. 226j Sv]
Rechtsgeding bij herziening ten nadele van de verdachte [C2 art. 482g Sv]
Rechtsgeding Hoge Raad bij herziening [C2 art. 477 Sv]
Rechtsgeding Hoge Raad bij herziening ten nadele van de verdachte [C2 art. 482h Sv]
Rechtsgeding in de verwezen zaak bij herziening [C2 art. 476 Sv]
Rechtsgeding kantonrechter, schakelbepaling [C2 art. 500 Sv]
Rechtshulp aan buitenland, afgifte voorwerpen [C39 art. 50 OW]
Rechtshulp aan buitenland, horen opgeëiste persoon [C39 art. 53 OW]
Rechtshulp aan buitenland, inbeslagname voorwerpen [C39 art. 49 OW]
Rechtshulp aan buitenland, terbeschikkingstellen opgeëiste persoon [C39 art. 54 OW]
Rechtshulp aan buitenland, vervoer vreemdelingen door Nederland [C39 art. 51 OW]
Rechtshulp aan Nederland, horen opgeëiste persoon en tijdelijke overbrenging naar Nederland [C39 art. 57 OW]
Rechtshulp aan Nederland, inbeslagname voorwerpen [C39 art. 55 OW]
Rechtshulp aan Nederland, terbeschikkingstelling opgeëiste persoon [C39 art. 58 OW]
Rechtshulp aan Nederland, verzoek doorvoer opgeëiste persoon door andere lidstaat [C39 art. 56 OW]
Rechtskracht opsporings- en vervolgingshandelingen [C50 art. 26 EVOS]
Rechtsmiddel door gedetineerde [C2 art. 451a Sv]
Rechtsmiddel door officier van justitie of verdachte [C2 art. 381 Sv]
Rechtsmiddelen [C38 art. 15, art. 27 WWETGC] [C41 art. 14]
Rechtspersoon [C14 art. 1 WVW]
Reclassering [C2 art. 147, art. 177 Sv]
Reclasseringsmedewerker, psychiatrisch ziekenhuis en psychiater [C2 art. 509f Sv]
Rectificatieverzoek persoonsdossier, mededeling gecorrigeerde gegevens [C9 art. 48 WJG]
Rectificatieverzoek persoonsdossier, ontvangstbevestiging [C9 art. 46a WJG]
Regels omtrent verkeerstekens [C14 art. 14 WVW]
Regels registratie en verplichtingen [C14 art. 46 WVW]
Regels voor combinatie [C23 art. 40 WWM]
Regels voor uitvoeren keuring [C14 art. 86a WVW]
Regels voor voeren administratie [C23 art. 38 WWM]
Regioburgemeester, aanwijzing minister [C5 art. 38c PolW]
Regioburgemeester, ontheffing functie [C5 art. 38c PolW]

Regioburgemeester, overleg hoofdofficier van justitie/politiechef regionale eenheid
   [C5 art. 41 PolW]
Regioburgemeester, verantwoording aan overige burgemeesters [C5 art. 38d PolW]
Regionale eenheid, aanwijzing hoofd territoriaal onderdeel [C5 art. 46 PolW]
Regionale eenheid, beleidsplan/jaarverslag [C5 art. 39 PolW]
Regionale eenheid, benoeming/schorsing/ontslag politiechef [C5 art. 38 PolW]
Regionale eenheid, onderverdeling in territoriale onderdelen [C5 art. 25 PolW]
Regionale eenheid, ontheffing uit functie hoofd territoriaal onderdeel [C5 art. 46 PolW]
Regionale eenheid, taak politiechef [C5 art. 38 PolW]
Register inzake ontwerpen bewegwijzering [C14 art. 16b WVW]
Register van andere categorieën mobiele objecten [C14 art. 70l WVW]
Register van fietsen [C14 art. 70k WVW]
Register van strafbare feiten bij strafvordering buiten het rechtsgebied van een rechtbank
   [C2 art. 539v Sv]
Registratie bij levering kentekenplaten [C14 art. 70b WVW]
Registratie ingeleverde kentekenplaten [C14 art. 70j WVW]
Registratie verstrekking [C9 art. 39j, art. 44 WJG]
Registratieplicht aanbieders cryptodiensten [C25 art. 23b Wwft]
Registratieverzoek aanbieders cryptodiensten [C25 art. 23c Wwft]
Registratieverzoek aanbieders cryptodiensten, weigering DNB [C25 art. 23d Wwft]
Reglement van orde [C42 art. 6 CPT]
Reglement verwerking persoonsgegevens [C14 art. 70c WVW]
Regulier procedure overleg [C24 art. 13 Wtlvhz]
Reikwijdte ontheffing [C22 art. 8a Opw]
Reis- en verblijfkosten [C46 art. 9 ERV 1959]
Relatieve competentie van rechtbanken [C2 art. 2 Sv]
Requisitoir van officier van justitie [C2 art. 311 Sv]
Resultaat ademonderzoek [C16 art. 11]
Resultaat onderzoek psychomotorische functies, oog- en spraakfuncties [C16 art. 5]
Resultaat speekselonderzoek [C16 art. 9]
Resultaat voorlopig ademonderzoek [C16 art. 7]
Richtlijnen financieel beheer [C14 art. 4r WVW]
Rijbewijs [C14 art. 107 WVW]
Rijbewijs 17-jarigen [C14 art. 111a WVW]
Rijbewijs 17-jarigen, verboden [C14 art. 111a WVW]
Rijbewijzenregister [C14 art. 126 WVW]
Rijksrecherche, beheer [C5 art. 51 PolW]
Rijksrecherche, taak [C5 art. 49 PolW]
Rijvaardigheidsonderzoek [C14 art. 133 WVW]
Risicobeheersystemen [C25 art. 8 Wwft]
Risicovariabelen [C25 art. 3 Wwft]
Roekeloos rijgedrag [C14 art. 5a WVW]
Rotonde, inhalen [C15 art. 48 RVV]
Rotonde, plaats op de rijbaan [C15 art. 47 RVV]
Ruggespraak voorkomen door rechter-commissaris [C2 art. 188 Sv]
Ruimere werking "ne bis in idem"-regel [C50 art. 37 EVOS]

Samenloop van verzoeken [C47 art. 17 EUV]
Samenscholing [C1 art. 186 Sr]
Samenspanning [C1 art. 80 Sr]
Samenspanning in geval van art. 102 Sr [C1 art. 103 Sr]
Samenspanning in geval van art. 108 Sr [C1 art. 114b Sr]
Samenspanning in geval van art. 121 Sr [C1 art. 122 Sr]
Samenspanning in geval van artt. 115 en 117 Sr [C1 art. 120b Sr]
Samenspanning in geval van art. 92-95a Sr [C1 art. 96 Sr]
Samenspanning met terroristisch oogmerk in geval van artt. 385a, 385b en 385d Sr.
   [C1 art. 415b Sr]
Samenspanning tot moord of doodslag met terroristisch oogmerk [C1 art. 289a Sr]
Samenspanning tot vernieling van publieke werken met terroristisch oogmerk [C1 art. 176b Sr]
Samenspanning tot vrijheidsberoving met terroristisch oogmerk [C1 art. 282c Sr]
Samenspanning tot zware mishandeling met terroristisch oogmerk [C1 art. 304b Sr]
Samenstelling directie CBR [C14 art. 4ad WVW]
Samenstelling directie RDW [C14 art. 4e WVW]
Samenstelling Europees Comité [C42 art. 4 CPT]
Samenstelling raadkamer [C2 art. 21 Sv]

S

Samenstelling Regionale toetsingscommissie [C24 art. 3 Wtlvhz]
Samenstelling RvT [C14 art. 4j WVW]
Samenstelling RvT CBR [C14 art. 4ah WVW]
Samenwerking Financiële inlichtingen eenheden bij toepassing geavanceerde technologieën [C25 art. 13c Wwft]
Samenwerking Financiële inlichtingen eenheden in lidstaten [C25 art. 13a Wwft]
Samenwerking politie en Koninklijke marechaussee, nadere regels [C5 art. 5 PolW]
Samenwerking toezichthouders in lidstaten [C25 art. 27 Wwft]
Sanctie [C50 art. 1 EVOS]
Schade toebrengen of diefstal van verzekerd goed [C1 art. 328 Sr]
Schadefonds geweldsmisdrijven [C10 art. 11 BJG]
Schadevergoeding [C2 art. 482g Sv] [C36 art. 59 UW] [C9 art. 7f WJG]
Schadevergoeding, bevelschrift tenuitvoerlegging [C2 art. 536 Sv]
Schadevergoeding gewezen verdachte [C2 art. 529 Sv]
Schadevergoeding gewezen verdachte na herziening [C2 art. 539 Sv]
Schadevergoeding gewezen verdachte, verzoek [C2 art. 529 Sv]
Schadevergoeding na handhaven van de openbare orde [C2 art. 550 Sv]
Schadevergoeding onterechte invordering [C14 art. 164 WVW]
Schadevergoeding onterechte ondergane inverzekeringstelling, klinische observatie of voorlopige hechtenis [C2 art. 533 Sv]
Schadevergoeding t.b.v. het slachtoffer [C1 art. 36f Sr]
Schadevergoeding, toekenning naar billijkheid [C2 art. 534 Sv]
Schadevergoeding voor slachtoffer [C2 art. 51f Sv]
Schadevergoedingsbeslissing, hogerberoepstermijn [C2 art. 535 Sv]
Schakelbepaling, overname strafvervolging door internationaal gerecht [C2 art. 5.3.22 Sv]
Schakelbepaling, rijksrecherche [C5 art. 50 PolW]
Schaking [C1 art. 281 Sr]
Schenden eigendomsrecht poststukken [C1 art. 273b Sr]
Schenden van briefgeheim [C1 art. 273a Sr]
Schenden van digitaal briefgeheim [C1 art. 273d Sr]
Schenden van telegramgeheim [C1 art. 273c Sr]
Schenden wetsplicht door tolk, deskundige of getuige [C1 art. 192 Sr]
Schending van ambtsgeheim [C1 art. 272 Sr]
Schending van briefgeheim door ambtenaar [C1 art. 371 Sr]
Schending van geheimen, medeplichtigheid bij [C1 art. 273e Sr]
Schending van staatsgeheimen [C1 art. 98 Sr]
Schending van staatsgeheimen door schuld [C1 art. 98b Sr]
Schengenakkoord, aansprakelijkheid opsporingsambtenaren [C55 art. 43 Uo Schengen]
Schengenakkoord, achtervolgingsambtenaren [C55 art. 41 Uo Schengen]
Schengenakkoord, achtervolgingsrecht [C55 art. 41 Uo Schengen]
Schengenakkoord, afwijking ne bis in idem [C55 art. 55 Uo Schengen]
Schengenakkoord, doelstellingen informatiesysteem [C55 art. 93 Uo Schengen]
Schengenakkoord, gelijkstelling achtervolgingsambtenaren [C55 art. 42 Uo Schengen]
Schengenakkoord, informatie-uitwisseling ter bestrijding strafbare feiten [C55 art. 46 Uo Schengen]
Schengenakkoord, informatiesysteem [C55 art. 92 Uo Schengen]
Schengenakkoord, ne bis in idem [C55 art. 54 Uo Schengen]
Schengenakkoord, observatiebevoegdheid bij strafbaar feit [C55 art. 40 Uo Schengen]
Schengenakkoord, op te nemen gegevens bij signalering [C55 art. 94 Uo Schengen]
Schengenakkoord, opsporingsambtenaren [C55 art. 40, art. 40 Uo Schengen]
Schengenakkoord, overname tenuitvoerlegging straf [C55 art. 68 Uo Schengen]
Schengenakkoord, politie- en douanesamenwerking [C55 art. 44 Uo Schengen]
Schengenakkoord, samenwerking politiediensten [C55 art. 39 Uo Schengen]
Schengenakkoord, signalering op verzoek justitiële autoriteiten [C55 art. 98 Uo Schengen]
Schengenakkoord, signalering ter aanhouding bij strafbaar feit [C55 art. 95 Uo Schengen]
Schengenakkoord, signalering ter controle personen [C55 art. 99 Uo Schengen]
Schengenakkoord, signalering ter voorlopige inbewaringstelling [C55 art. 97 Uo Schengen]
Schengenakkoord, signalering voorwerpen [C55 art. 100 Uo Schengen]
Schengenakkoord, signalering vreemdeling [C55 art. 96 Uo Schengen]
Schengenakkoord, te vervolgen strafbare feiten [C55 art. 41 Uo Schengen]
Schengenakkoord, toezicht identificatie vreemdelingen door logiesverstrekkers [C55 art. 45 Uo Schengen]
Schengenakkoord, tot het informatiesysteem toegelaten autoriteiten [C55 art. 101 Uo Schengen]
Schengenakkoord, verzoek om informatie ne bis in idem [C55 art. 57 Uo Schengen]
Schengenakkoord, voorwaarden achtervolgingsrecht [C55 art. 41 Uo Schengen]

Alfabetisch trefwoordenregister

S

Schengenakkoord, voorwaarden wederzijdse rogatoire commissie [C55 art. 51 Uo Schengen]
Schengenakkoord, vormen van achtervolgingsrecht [C55 art. 41 Uo Schengen]
Schengenakkoord, vrijheidsbeneming terzake hetzelfde feit [C55 art. 56 Uo Schengen]
Schengenakkoord, wederzijdse detachering contactambtenaren bij politiediensten [C55 art. 47 Uo Schengen]
Schengenakkoord, wederzijdse rechtshulp in strafzaken [C55 art. 48, art. 49 Uo Schengen]
Schennis van de eerbaarheid [C1 art. 239 Sr]
Schepeling [C2 art. 136a Sv]
Schijn wekken van Nederlands oorlogsvaartuig door schipper [C1 art. 410 Sr]
Schikking bij vordering tot ontneming van wederrechtelijk verkregen voordeel [C2 art. 511c Sv]
Schipper [C1 art. 85 Sr] [C2 art. 136a, art. 136a Sv]
Schipper zonder scheepspapieren [C1 art. 470 Sr]
Schorsen erkenning [C14 art. 70f WVW]
Schorsen van voorlopige hechtenis toezenden aan andere lidstaat van de EU [C2 art. 5.7.16 Sv]
Schorsing geldigheid kentekenbewijs [C14 art. 67 WVW]
Schorsing in geval van voorlopige hechtenis [C2 art. 282 Sv]
Schorsing invordering rijbewijs [C14 art. 164 WVW]
Schorsing van de terechtzitting [C2 art. 513 Sv]
Schorsing van de verjaring van de strafvordering [C1 art. 73 Sr]
Schorsing van de vervolging [C2 art. 526 Sv]
Schorsing van het onderzoek [C2 art. 278, art. 281, art. 314 Sv]
Schorsing van het onderzoek door politierechter [C2 art. 372 Sv]
Schorsing vervolging bij minderjarige verdachten [C2 art. 14a Sv]
Schorsing vervolging wegens geestelijke stoornis [C2 art. 16 Sv]
Schorsing vervolging wegens prejudicieel geschil [C2 art. 14 Sv]
Schorsing voor onbepaalde tijd van onderzoek ter terechtzitting [C2 art. 320 Sv]
Schouw [C2 art. 151 Sv]
Schouw door rechter-commissaris [C2 art. 192 Sv]
Schouw en horen van getuigen of verdachten buiten rechtbank [C2 art. 318 Sv]
Schriftelijk bevel voor bijzondere bevoegdheid tot opsporing in geval van terroristische misdrijven [C2 art. 126za Sv]
Schriftelijk en gemotiveerd verzoek [C2 art. 513, art. 517 Sv]
Schriftelijk verzoek van verdachte via elektronische weg [C2 art. 36a Sv]
Schriftelijk vonnis door de kantonrechter [C2 art. 396 Sv]
Schriftelijk vonnis door politierechter [C2 art. 379 Sv]
Schriftelijke bescheiden [C2 art. 344 Sv]
Schriftelijke mededeling van intrekking van rechtsmiddelen [C2 art. 455 Sv]
Schriftelijke mededeling, verweer [C10 art. 28 BJG]
Schriftelijke toestemming verstrekking gegevens voor beleidsinformatie, wetenschappelijk onderzoek en statistiek [C10 art. 31 BJG]
Schriftelijke toezending verzoeken [C50 art. 13 EVOS]
Schriftelijke vastlegging [C2 art. 126ij, art. 126w Sv]
Schriftelijke vertaling van vonnis door tolk [C2 art. 365 Sv]
Schrifturen indienen [C2 art. 452 Sv]
Schriftuur bij beroep [C2 art. 447 Sv]
Schuld aan veroorzaken gevaar voor spoorweg of luchtverkeer [C1 art. 165 Sr]
Schuldheling [C1 art. 417bis Sr]
Schuldwitwassen [C1 art. 420quater Sr]
Schuldwitwassen, eenvoudig [C1 art. 420quater.1 Sr]
Secretariaat RvT [C14 art. 4m WVW]
Seksueel binnendringen van het lichaam bij bewusteloze of kwetsbare personen [C1 art. 243 Sr]
Seksueel binnendringen van het lichaam bij persoon onder de 12 jaar [C1 art. 244 Sr]
Seksueel binnendringen van het lichaam bij persoon tussen de 12 en 16 jaar [C1 art. 245 Sr]
Signalen, Belgisch en Duits motorvoertuig [C15 art. 30b RVV]
Signalen, bestuurder [C15 art. 28 RVV]
Signalen, bij werkzaamheden [C15 art. 30 RVV]
Signalen, extra richtingaanwijzer [C15 art. 30a RVV]
Signalen, toegestane lichten en hoorngeluid [C15 art. 29 RVV]
Signalen, uitvaartstoet [C15 art. 30c RVV]
Slachtoffer, definitie [C2 art. 51a Sv]
Slachtoffer informeren bij herzieningsaanvraag [C2 art. 481 Sv]
Slachtoffer, recht op correcte bejegening [C2 art. 51aa Sv]
Slachtoffer, recht op informatie [C2 art. 51ab Sv]
Slachtoffer, recht op vertaling informatie [C2 art. 51ca Sv]
Slachtoffer, rechtsbijstand [C2 art. 51c Sv]

S

Alfabetisch trefwoordenregister

Slachtoffer, voeging [C2 art. 51g Sv]
Slavenhandel [C1 art. 274 Sr]
Slepen, maximale sleepafstand [C15 art. 53 RVV]
Smaad [C1 art. 261 Sr]
Smaad jegens overleden persoon [C1 art. 270 Sr]
Smaadschrift [C1 art. 261 Sr]
Snelle uitspraak [C2 art. 226b Sv]
Soortgelijke misdrijven [C1 art. 43b Sr]
Speciale categorieën kentekens [C14 art. 38 WVW]
Specialiteitsbeginsel [C47 art. 14 EUV]
Speekselonderzoek [C16 art. 8] [C17 art. 4]
Splitsing [C2 art. 285 Sv]
Spoedige uitspraak [C2 art. 515, art. 518 Sv]
Spoedmaatregelen [C2 art. 510 Sv]
Spoedmaatregelen bij schorsing vervolging [C2 art. 17 Sv]
Spreekgerechtigde, vragen [C2 art. 302 Sv]
Spreekrecht [C2 art. 260 Sv]
Spreekrecht van slachtoffer [C2 art. 51e Sv]
Spreekrecht van slachtoffer of nabestaande [C2 art. 414 Sv]
Staande houden [C2 art. 52 Sv]
Staande houden bij strafvordering buiten het rechtsgebied van een rechtbank [C2 art. 539g Sv]
Staatsgeheim [C1 art. 80quater Sr]
Staatsgeheimen doorspelen aan een vreemde staat [C1 art. 98a Sr]
Staatsveiligheid in gevaar brengen bij oorlog [C1 art. 100 Sr]
Standaardinstellingen gegevensbescherming [C11 art. 4b WPolG]
Status directie RDW [C14 art. 4g WVW]
Steekpenningen [C1 art. 328ter Sr]
Steekpenningen en telecommunicatie [C1 art. 328quater Sr]
Steekproefsgewijs goedgekeurde typen [C14 art. 23 WVW]
Stelselmatig inwinnen van informatie door burger [C2 art. 126v Sv]
Stelselmatig inwinnen van informatie in geval van vroegsporing [C2 art. 126qa Sv]
Stelselmatige observatie in geval van vroegsporing [C2 art. 126o Sv]
Stemming [C42 art. 6 CPT]
Stempelvonnis door de kantonrechter [C2 art. 395a Sv]
Stempelvonnis door politierechter [C2 art. 378a Sv]
Steunen, bevorderen of teweegbrengen van omwenteling met persoon of lichaam in het buitenland [C1 art. 97a Sr]
Stilstaan, verbod [C15 art. 23 RVV]
Stoffelijke steun bij omwenteling [C1 art. 97b Sr]
Stoffen ex art. 8 Wegenverkeerswet 1994 [C16 art. 2]
Storing van godsdienstige bijeenkomst [C1 art. 146 Sr]
Straatschenderij [C1 art. 424 Sr]
Straf bij medeplichtigheid [C1 art. 49 Sr]
Straf voor ministers en staatssecretarissen bij niet-uitvoering van wetgeving] [C1 art. 356 Sr]
Strafbaar feit [C50 art. 1 EVOS]
Strafbaar feit aan boord van Nederlands (lucht)vaartuig [C2 art. 4 Sv]
Strafbaar feit tijdens onderzoek [C2 art. 178 Sv]
Strafbaarheid daders van strafbaar feit [C1 art. 47 Sr]
Strafbaarheid medeplegers van strafbaar feit [C1 art. 48 Sr]
Strafbaarheid poging tot misdrijf [C1 art. 45 Sr]
Strafbaarheid tussenpersoon bij verlenen communicatiedienst [C1 art. 54a Sr]
Strafbaarheid voorbereiding van misdrijf [C1 art. 46 Sr]
Strafbare feiten door natuurlijke personen of rechtspersonen [C1 art. 51 Sr]
Strafbare handelingen door infiltrant [C2 art. 126w Sv]
Strafbare samenspanning verzwijgen [C1 art. 135 Sr]
Strafbepalingen voorbereidingshandelingen [C22 art. 10a Opw]
Strafbepalingen; overtreding artikel 6 [C14 art. 175 WVW]
Strafbepalingen; overtredingen [C14 art. 176, art. 177 WVW]
Strafbeschikking door het openbaar ministerie [C2 art. 257a Sv]
Strafbeschikking door lichamen en personen belast met een publieke taak [C2 art. 257ba Sv]
Strafbeschikking door opsporingsambtenaar [C2 art. 257b Sv]
Strafbeschikking ex art. 257b, aantekening gebruik bevoegdheid [C13 art. 3.7 B OM]
Strafbeschikking ex art. 257b, begripsbepalingen [C13 art. 3.2 B OM]
Strafbeschikking ex art. 257b, geen gebruik bevoegdheid [C13 art. 3.5 B OM]
Strafbeschikking ex art. 257b, intrekking bevoegdheid [C13 art. 3.4 B OM]

1310

Sdu

Strafbeschikking ex art. 257b, richtlijn CPG [C13 art. 3.6 B OM]
Strafbeschikking ex art. 257b, uitoefening bevoegdheid [C13 art. 3.3 B OM]
Strafbeschikking ex art. 257ba, aantekening gebruik bevoegdheid [C13 art. 4.7 B OM]
Strafbeschikking ex art. 257ba, geen gebruik bevoegdheid [C13 art. 4.4 B OM]
Strafbeschikking ex art. 257ba, intrekking bevoegdheid [C13 art. 4.5 B OM]
Strafbeschikking ex art. 257ba, richtlijn CPG [C13 art. 4.6 B OM]
Strafbeschikking ex art. 257ba, toekenning bevoegdheid [C13 art. 4.2 B OM]
Strafbeschikking ex art. 257ba, uitoefening bevoegdheid [C13 art. 4.3 B OM]
Strafbeschikking, inschrijving in register [C13 art. 2.2 B OM]
Strafbeschikking OvJ bij jeugdigen [C1 art. 77f Sv]
Strafbeschikking, toezending afschrift [C13 art. 2.2 B OM]
Strafbeschikking, uitreiking in persoon [C13 art. 2.2 B OM]
Strafbeschikking uitvaardigen door officier van justitie [C2 art. 257c Sv]
Strafbeschikking vernietigen [C2 art. 354a Sv]
Strafbeschikkingen als justitiële gegevens [C10 art. 5 BJG]
Strafbeschikkingen, uitvaardiging (CJIB) [C13 art. 2.1 B OM]
Straffen en maatregelen [C2 art. 257a Sv]
Straffen en maatregelen bij poging/voorbereiding/deelneming/medeplichtigheid [C1 art. 77gg Sr]
Strafoplegging samenloop overtredingen [C1 art. 62 Sr]
Strafrechtelijk financieel onderzoek [C2 art. 126 Sv]
Strafrechtelijke aansprakelijkheid met betrekking tot ambtenaren [C41 art. 17]
Strafrechtelijke handhaving [C25 art. 26 Wwft]
Strafverhoging bij braak in geval van artt. 198 t/m 201 Sr. [C1 art. 202 Sr]
Strafverhoging bij schending ambtsplicht [C1 art. 44 Sr]
Strafverhoging bij terroristisch oogmerk in geval van artt. 385a t/m 385d Sr. [C1 art. 415a Sr]
Strafverhoging bij verduistering [C1 art. 322a Sr]
Strafverhoging bij vernieling of beschadiging met terroristisch oogmerk [C1 art. 354a Sr]
Strafverhoging in geval van artt. 179 en 180 Sr. [C1 art. 181 Sr]
Strafvermindering bij te vondeling leggen [C1 art. 259 Sr]
Strafverminderingsgronden [C1 art. 44a Sr]
Strafvervolging bij vernieling of beschadiging [C1 art. 354 Sr]
Strafvervolging in geval van artt. 179 en 180 Sr. met verenigde krachten gepleegd [C1 art. 182 Sr]
Strafverzwarende omstandigheden [C1 art. 137c, art. 137d, art. 137e, art. 137g Sr]
Strafverzwarende omstandigheden belediging [C1 art. 267 Sr]
Strafverzwarende omstandigheden in geval van artt. 255 en 256 Sr. [C1 art. 257 Sr]
Strafverzwaring [C1 art. 250 Sr]
Strafverzwaring bij seksueel binnendringen [C1 art. 248 Sr]
Strafverzwaring bij valsheid in geschrifte [C1 art. 226 Sr]
Strafverzwaring bij zeeroof [C1 art. 382 Sr]
Strafverzwaring voor scheepsofficieren [C1 art. 401 Sr]
Strafvordering buiten het rechtsgebied van een rechtbank [C2 art. 539a Sv]
Strafvorderlijke gegevens, schakelbepalingen klachten, controle en toezicht [C9 art. 39r WJG]
Strategische onderzoeksagenda [C5 art. 94 PolW]
Stroperij [C1 art. 314 Sr]
Stuiting van de verjaring van de strafvordering [C1 art. 72 Sr]
Stuiting verjaring [C50 art. 26 EVOS]
Stukken uit eerste aanleg voorlezen in hoger beroep [C2 art. 417 Sv]
Stukken van overtuiging [C2 art. 309 Sv]
Surveillancehond [C6 art. 15 Ambtsinstr.]

Taak College procureurs-generaal [C2 art. 8 Sv]
Taak griffier in geval van art. 12 Sv. [C2 art. 12a Sv]
Taak officier van justitie bij Parket Centrale Verwerking Openbaar Ministerie [C2 art. 148ba Sv]
Taak procureur-generaal Hoge Raad [C2 art. 7 Sv]
Taak van officier van justitie bij functioneel parket [C2 art. 148b Sv]
Taak van officier van justitie bij landelijk parket [C2 art. 148a Sv]
Taak van officier van justitie bij opsporing [C2 art. 148 Sv]
Taakstelling Financiële inlichtingeneenheid [C25 art. 13 Wwft]
Taakstraf [C1 art. 22c Sr]
Taakuitvoering politie, vaststelling/wijziging/aanvulling beleidsdoelstellingen [C5 art. 18 PolW]
Taakuitvoering/beheer politie, overleg [C5 art. 19 PolW]
Taakuitvoering/beheer politie, vaststelling doelstellingen [C5 art. 20 PolW]
Taakuitvoering/beleid, bovenlokale afstemming [C5 art. 41a PolW]
Taal [C47 art. 23 EUV]

Taken CBR [C14 art. 4aa WVW]
Taken directie CBR [C14 art. 4ae WVW]
Taken directie RDW [C14 art. 4f WVW]
Taken en bevoegdheden bewaarder van inbeslaggenomen voorwerpen [C2 art. 118 Sv]
Taken Europees Openbaar Ministerie, begripsbepalingen [C39 art. 1a OW]
Taken RDW [C14 art. 4b WVW]
Taken RvT CBR [C14 art. 4aj WVW]
Tallon-criterium [C2 art. 126ij, art. 126p, art. 126q, art. 126w, art. 126x, art. 126z Sv]
Tarieven CBR [C14 art. 4am WVW]
Taxatie verbeurdverklaarde voorwerpen [C1 art. 34 Sr]
Tbs met voorwaarden [C1 art. 38 Sr]
Tbs, termijn plaatsing in tbs-inrichting [C26 art. 76 PBW]
Tbs-instelling, afzondering/separatie [C30 art. 34 BVTG]
Tbs-instelling, beëindiging verblijf verpleegde die met eigen instemming is opgenomen [C30 art. 72 BVTG]
Tbs-instelling, behandeling [C30 art. 17 BVTG]
Tbs-instelling, behandeling beroepschriften [C30 art. 9 BVTG]
Tbs-instelling, behandeling klaagschrift [C30 art. 59 BVTG]
Tbs-instelling, behandeling zonder dat aan voorwaarden wordt voldaan [C30 art. 16b BVTG]
Tbs-instelling, beheer/besteding geld [C30 art. 45 BVTG]
Tbs-instelling, beklag [C30 art. 56 BVTG]
Tbs-instelling, belijden en beleven godsdienst/levensovertuiging [C30 art. 40 BVTG]
Tbs-instelling, bemiddeling bij grief betreffende gedrag hoofd inrichting [C30 art. 55 BVTG]
Tbs-instelling, beperking bewegingsvrijheid tot afdeling [C30 art. 33 BVTG]
Tbs-instelling, beperking grondrechten [C30 art. 21 BVTG]
Tbs-instelling, beroep tegen beslissingen waartegen geen beklag open staat [C30 art. 69 BVTG]
Tbs-instelling, beroep tegen uitspraak beklagcommissie [C30 art. 67 BVTG]
Tbs-instelling, beslissingen waartegen beklag open staat [C30 art. 57 BVTG]
Tbs-instelling, bevestiging vrijheidsbeperkende middelen aan lichaam [C30 art. 27 BVTG]
Tbs-instelling, bewegingsvrijheid [C30 art. 31 BVTG]
Tbs-instelling, bezit voorwerpen [C30 art. 44 BVTG]
Tbs-instelling, bezoek [C30 art. 37 BVTG]
Tbs-instelling, bijstand klager rechtsbijstandverlener/vertrouwenspersoon [C30 art. 62 BVTG]
Tbs-instelling, bijstand klager tolk [C30 art. 62 BVTG]
Tbs-instelling, commissie van toezicht [C30 art. 10 BVTG]
Tbs-instelling, gebruik bibliotheek [C30 art. 43 BVTG]
Tbs-instelling, gebruik geweld of vrijheidsbeperkende middelen [C30 art. 30 BVTG]
Tbs-instelling, gesprek met vertegenwoordiger media [C30 art. 39 BVTG]
Tbs-instelling, horen betrokkenen bij beklag [C30 art. 61 BVTG]
Tbs-instelling, horen klager die elders verblijft [C30 art. 62 BVTG]
Tbs-instelling, horen verpleegde/ter beschikking gestelde [C30 art. 53 BVTG]
Tbs-instelling, indiening klaagschrift [C30 art. 58 BVTG]
Tbs-instelling, informeren over rechten en plichten [C30 art. 52 BVTG]
Tbs-instelling, informeren verpleegde vreemdeling [C30 art. 52 BVTG]
Tbs-instelling, ingreep in lichaam [C30 art. 28 BVTG]
Tbs-instelling, inhoud uitspraak beklagcommissie [C30 art. 66 BVTG]
Tbs-instelling, kennisname klager van gedingstukken [C30 art. 62 BVTG]
Tbs-instelling, kennisneming gegevens door verpleegde [C30 art. 20 BVTG]
Tbs-instelling, legitimatie [C30 art. 22 BVTG]
Tbs-instelling, mededelingen aan verpleegde/ter beschikking gestelde [C30 art. 54 BVTG]
Tbs-instelling, onderbrenging kind van verpleegde [C30 art. 47 BVTG]
Tbs-instelling, onderzoek in lichaam [C30 art. 25 BVTG]
Tbs-instelling, onderzoek lichaam/kleding bij binnenkomst of verlaten instelling [C30 art. 23 BVTG]
Tbs-instelling, onderzoek persoonlijke verblijfsruimte op aanwezigheid verboden voorwerpen [C30 art. 29 BVTG]
Tbs-instelling, onderzoek persoonlijke verblijfsruimte op aanwezigheid voorwerpen met DNA-materiaal [C30 art. 29 BVTG]
Tbs-instelling, onderzoek urine op aanwezigheid gedragsbeïnvloedende middelen [C30 art. 24 BVTG]
Tbs-instelling, opleggen disciplinaire straf [C30 art. 48 BVTG]
Tbs-instelling, opmerkingen hoofd inrichting naar aanleiding van klaagschrift [C30 art. 60 BVTG]
Tbs-instelling, periodieke evaluatie verpleging en behandeling [C30 art. 18 BVTG]
Tbs-instelling, permanente cameraobservatie bij afzondering/separatie [C30 art. 34a BVTG]

Tbs-instelling, plaatsing op afdeling voor intensieve zorg [C30 art. 32 BVTG]
Tbs-instelling, proefverlof [C30 art. 51 BVTG]
Tbs-instelling, schorsing tenuitvoerlegging beslissing waarover geklaagd is [C30 art. 64 BVTG]
Tbs-instelling, schorsing tenuitvoerlegging uitspraak beklagcommissie na instellen beroep [C30 art. 67 BVTG]
Tbs-instelling, sociale verzorging/hulpverlening/ontspanning [C30 art. 43 BVTG]
Tbs-instelling, soorten disciplinaire straf [C30 art. 49 BVTG]
Tbs-instelling, tegemoetkoming in kosten onderwijs [C30 art. 43 BVTG]
Tbs-instelling, telefoongesprekken met personen buiten inrichting [C30 art. 38 BVTG]
Tbs-instelling, tenuitvoerlegging disciplinaire straf [C30 art. 49 BVTG]
Tbs-instelling, termijn behandeling zonder dat aan voorwaarden wordt voldaan [C30 art. 16c BVTG]
Tbs-instelling, toezicht bij verlaten instelling [C30 art. 50 BVTG]
Tbs-instelling, uitoefening rechten door curator/mentor/ouders/voogd [C30 art. 71 BVTG]
Tbs-instelling, uitspraak beklagcommissie [C30 art. 65 BVTG]
Tbs-instelling, uitspraak beroepscommissie [C30 art. 68 BVTG]
Tbs-instelling, uitstel behandeling klaagschrift [C30 art. 63 BVTG]
Tbs-instelling, vastlegging gegevens in dossier [C30 art. 19 BVTG]
Tbs-instelling, verblijf in buitenlucht [C30 art. 43 BVTG]
Tbs-instelling, verlaten inrichting om gerechtelijke procedure bij te wonen [C30 art. 50 BVTG]
Tbs-instelling, verlof [C30 art. 50 BVTG]
Tbs-instelling, verpleegdenraad [C30 art. 70 BVTG]
Tbs-instelling, verplegings- en behandelingsplan [C30 art. 16 BVTG]
Tbs-instelling, verplicht ondergaan geneeskundige handeling [C30 art. 26 BVTG]
Tbs-instelling, verrichten arbeid buiten inrichting [C30 art. 46 BVTG]
Tbs-instelling, verrichten werkzaamheden binnen instelling [C30 art. 46 BVTG]
Tbs-instelling, verslag van horen betrokkenen bij beklag [C30 art. 62 BVTG]
Tbs-instelling, verstrekking voeding/kleding/schoeisel [C30 art. 42 BVTG]
Tbs-instelling, verzending en ontvangst brieven/stukken [C30 art. 35 BVTG]
Tbs-instelling, verzorging door arts [C30 art. 41 BVTG]
Tbs-instelling, voorwaarden voor beginnen met behandeling [C30 art. 16a BVTG]
Technisch hulpmiddel [C2 art. 126o Sv]
Technische eisen voor wapens en munitie [C23 art. 33 WWM]
Technische en organisatorische maatregelen verwerkingsverantwoordelijke [C9 art. 7a WJG]
Technische en organisatorische maatregelen verwerkingsverantwoordelijke/verwerker [C9 art. 7 WJG]
Technische hulpmiddelen [C2 art. 126ee Sv]
Technologische eisen elektronisch tolheffingssysteem [C14 art. 145b WVW]
Tegemoetkoming bij verbeurdverklaring van voorwerpen [C1 art. 33c Sr]
Tegenonderzoek door de verdachte [C2 art. 150b Sv]
Tegenonderzoek door verdachte na DNA-onderzoek door rechter-commissaris [C2 art. 195b Sv]
Tegenonderzoek n.a.v. (aanvullend) bloedonderzoek [C16 art. 19]
Tegenonderzoek n.a.v. resultaat ademonderzoek [C16 art. 11]
Tegenonderzoek n.a.v. resultaat bloedonderzoek [C16 art. 13]
Tegenonderzoek uitvoeren door officier van justitie [C2 art. 150c Sv]
Telen hennep [C22 art. 8h Opw]
Tenlastelegging aanvullen [C2 art. 370a Sv]
Tenlastelegging mondeling aanvullen door officier van justitie [C2 art. 312 Sv]
Tenlastelegging wijzigen [C2 art. 284 Sv]
Tenlastelegging wijzigen door officier van justitie [C2 art. 313 Sv]
Tenlastelegging wijzigen ten aanzien van omschrijving strafbare feit [C2 art. 314a Sv]
Tenuitvoerlegging bevel tot aftappen communicatie via communicatiedienst [C2 art. 126m Sv]
Tenuitvoerlegging Nederlands strafvonnis, beslissing minister [C35 art. 52 WOTS]
Tenuitvoerlegging Nederlands strafvonnis, betekening dagvaarding [C35 art. 55 WOTS]
Tenuitvoerlegging Nederlands strafvonnis, kennisgeving aan Openbaar Ministerie [C35 art. 53 WOTS]
Tenuitvoerlegging Nederlands strafvonnis, overdracht aan vreemde staat [C35 art. 51 WOTS]
Tenuitvoerlegging Nederlands strafvonnis, verzet tegen uitspraak bij verstek [C35 art. 54 WOTS]
Tenuitvoerlegging sanctie, beroep [C52 art. 41 EVigs]
Tenuitvoerlegging sanctie, bindende beslissing [C52 art. 42 EVigs]
Tenuitvoerlegging sanctie, geldboete/verbeurdverklaring [C52 art. 45 EVigs]
Tenuitvoerlegging sanctie, herstel in rechten [C52 art. 52 EVigs]
Tenuitvoerlegging sanctie, naar voren brengen gezichtspunten [C52 art. 39 EVigs]
Tenuitvoerlegging sanctie, ontzetting [C52 art. 49 EVigs]
Tenuitvoerlegging sanctie, opbrengst geldboete/verbeurdverklaring [C52 art. 47 EVigs]

Tenuitvoerlegging sanctie, overbrenging veroordeelde [C52 art. 43 EVigs]
Tenuitvoerlegging sanctie, tenuitvoerlegging geldboete onmogelijk [C52 art. 48 EVigs]
Tenuitvoerlegging sanctie, verbeurdverklaring bepaald voorwerp [C52 art. 46 EVigs]
Tenuitvoerlegging sanctie, verplichtingen rechter/autorisatie [C52 art. 40 EVigs]
Tenuitvoerlegging sanctie, vervanging sanctie [C52 art. 44 EVigs]
Tenuitvoerlegging sanctie, verzoek aan rechter/autoriteit [C52 art. 38 EVigs]
Tenuitvoerlegging strafvonnis [C35 art. 2 WOTS]
Tenuitvoerlegging strafvonnis, aanhangig maken bij kinderrechter [C35 art. 21 WOTS]
Tenuitvoerlegging strafvonnis, aanwijzing reclasseringsinstelling [C35 art. 39 WOTS]
Tenuitvoerlegging strafvonnis, beëindiging tenuitvoerlegging [C52 art. 12 EVigs]
Tenuitvoerlegging strafvonnis, behandeling [C35 art. 27 WOTS]
Tenuitvoerlegging strafvonnis, behandeling door militaire politierechtbank [C35 art. 22 WOTS]
Tenuitvoerlegging strafvonnis, bepaling tijdstip behandeling [C35 art. 24 WOTS]
Tenuitvoerlegging strafvonnis, beperking toezicht [C35 art. 40 WOTS]
Tenuitvoerlegging strafvonnis, beroep in cassatie [C35 art. 32 WOTS]
Tenuitvoerlegging strafvonnis, betekening door officier van justitie [C35 art. 45 WOTS]
Tenuitvoerlegging strafvonnis, bevoegdheden [C35 art. 23 WOTS]
Tenuitvoerlegging strafvonnis, bevoegdheid aangezochte/verzoekende Staat [C52 art. 10 EVigs]
Tenuitvoerlegging strafvonnis, bevoegdheid politierechter [C35 art. 20 WOTS]
Tenuitvoerlegging strafvonnis, bij verstek gewezen beslissingen [C35 art. 44 WOTS]
Tenuitvoerlegging strafvonnis, gedeeltelijke tenuitvoerlegging [C35 art. 31a WOTS]
Tenuitvoerlegging strafvonnis, geen gevolg aan verzoek [C52 art. 7 EVigs]
Tenuitvoerlegging strafvonnis, geen terugvordering kosten [C52 art. 14 EVigs]
Tenuitvoerlegging strafvonnis, geldboeten [C35 art. 34 WOTS]
Tenuitvoerlegging strafvonnis, gevangenneming [C35 art. 29 WOTS]
Tenuitvoerlegging strafvonnis, gevolgen [C52 art. 56 EVigs]
Tenuitvoerlegging strafvonnis, herkrijging recht tot tenuitvoerlegging [C52 art. 11 EVigs]
Tenuitvoerlegging strafvonnis, intrekking vordering [C35 art. 30 WOTS]
Tenuitvoerlegging strafvonnis, kennisgeving aan minister [C35 art. 33 WOTS]
Tenuitvoerlegging strafvonnis, kennisgeving ernstige overtreding [C35 art. 41 WOTS]
Tenuitvoerlegging strafvonnis, kennisgeving tijdstip behandeling [C35 art. 25 WOTS]
Tenuitvoerlegging strafvonnis, kennisgeving verzet [C35 art. 46 WOTS]
Tenuitvoerlegging strafvonnis, medewerking reclassering [C35 art. 19 WOTS]
Tenuitvoerlegging strafvonnis, ne bis in idem [C35 art. 7 WOTS] [C52 art. 53 EVigs]
Tenuitvoerlegging strafvonnis, niet-tenuitvoerlegging [C35 art. 4 WOTS]
Tenuitvoerlegging strafvonnis, onmiddellijke tenuitvoerlegging vrijheidsbenemende sancties [C35 art. 43 WOTS]
Tenuitvoerlegging strafvonnis, ontoelaatbaarverklaring [C35 art. 30 WOTS]
Tenuitvoerlegging strafvonnis, oproepen getuigen en deskundigen [C35 art. 26 WOTS]
Tenuitvoerlegging strafvonnis, overbrenging veroordeelde [C35 art. 59 WOTS]
Tenuitvoerlegging strafvonnis, overneming toezicht [C35 art. 38 WOTS]
Tenuitvoerlegging strafvonnis, procedure [C35 art. 28 WOTS]
Tenuitvoerlegging strafvonnis, recht van amnestie/gratie [C52 art. 10 EVigs]
Tenuitvoerlegging strafvonnis, rechten veroordeelde [C52 art. 9 EVigs]
Tenuitvoerlegging strafvonnis, schorsing [C35 art. 59 WOTS]
Tenuitvoerlegging strafvonnis, tenuitvoerlegging sanctie [C52 art. 37 EVigs]
Tenuitvoerlegging strafvonnis, termijn vordering [C35 art. 18 WOTS]
Tenuitvoerlegging strafvonnis, toepasselijkheid WvSv [C35 art. 36 WOTS]
Tenuitvoerlegging strafvonnis, toepassing buitenlandse voorwaardelijke beslissing [C35 art. 42 WOTS]
Tenuitvoerlegging strafvonnis, toezending dagvaarding [C35 art. 47 WOTS]
Tenuitvoerlegging strafvonnis, tot Nederland gerichte verzoeken [C35 art. 56 WOTS]
Tenuitvoerlegging strafvonnis, uitspraak [C35 art. 31 WOTS]
Tenuitvoerlegging strafvonnis, verjaring [C35 art. 6 WOTS] [C52 art. 8 EVigs]
Tenuitvoerlegging strafvonnis, verlies recht van tenuitvoerlegging [C52 art. 11 EVigs]
Tenuitvoerlegging strafvonnis, vermoeden van discriminatie [C35 art. 5 WOTS]
Tenuitvoerlegging strafvonnis, verstekvonnis/strafbeschikking [C52 art. 21 EVigs]
Tenuitvoerlegging strafvonnis, verzet tegen bij verstek gewezen beslissingen [C35 art. 45 WOTS]
Tenuitvoerlegging strafvonnis, verzoek om tenuitvoerlegging [C52 art. 15 EVigs]
Tenuitvoerlegging strafvonnis, voorlopige aanhouding [C35 art. 49, art. 8 WOTS]
Tenuitvoerlegging strafvonnis, voorwaarden [C35 art. 3 WOTS] [C52 art. 3 EVigs]
Tenuitvoerlegging strafvonnis, voorwaarden overdracht [C35 art. 59 WOTS]
Tenuitvoerlegging strafvonnis, vordering tot vervangende hechtenis [C35 art. 37 WOTS]
Tenuitvoerlegging strafvonnis, vrije doortocht [C52 art. 13 EVigs]
Tenuitvoerlegging strafvonnis, weigering [C52 art. 6 EVigs]

Alfabetisch trefwoordenregister

T

Tenuitvoerlegging strafvonnissen, voorlopige maatregelen [C52 art. 31 EVigs]
Tenuitvoerlegging van toezichtbeslissing van andere lidstaat van de EU door Nederland [C2 art. 5.7.5 Sv]
Tenuitvoerleggingsgegevens, schakelbepalingen klachten, controle en toezicht [C9 art. 51d WJG]
Tenuitvoerleggingsgegevens, vernietiging [C9 art. 51c WJG]
Tenuitvoerleggingsgegevens, verstrekking wegens zwaarwegend algemeen belang [C9 art. 51c WJG]
Ter hand nemen vuurwapen [C6 art. 10 Ambtsinstr.]
Terbeschikkingstelling bij ontoerekeningsvatbaarheid [C1 art. 37a Sr]
Terbeschikkingstelling met bevel tot verpleging van overheidswege [C1 art. 37b Sr]
Terbeschikkingstelling zonder verpleging van overheidswege [C2 art. 509i bis Sv]
Terechtzitting of behandeling in raadkamer [C2 art. 21 Sv]
Termijn 2 of 4 jaar [C9 art. 12 WJG]
Termijn 4 jaar [C9 art. 10, art. 11 WJG]
Termijn 8 jaar [C9 art. 10, art. 11 WJG]
Termijn beslissing op aanvraag verklaring natuurlijk persoon [C9 art. 37 WJG]
Termijn beslissing op aanvraag verklaring rechtspersoon [C9 art. 38 WJG]
Termijn bevel tot gevangenneming of gevangenhouding [C2 art. 66 Sv]
Termijn erkenning en uitvoering Europees onderzoeksbevel [C2 art. 5.4.20 Sv]
Termijn hechtenis [C50 art. 29 EVOS]
Termijn in dagen [C2 art. 130 Sv]
Termijn openbaarmaking sancties [C25 art. 32i Wwft]
Termijn van bewaring [C2 art. 64 Sv]
Termijn verwijdering uit persoonsdossier [C9 art. 41 WJG]
Termijn voor instellen beroep in cassatie [C2 art. 432 Sv]
Termijn voor instellen van hoger beroep [C2 art. 408 Sv]
Termijn voor verblijf in instelling [C2 art. 198 Sv]
Termijnen voor erkenning of tenuitvoerlegging [C41 art. 12]
Termijnen voor vordering tot ontneming van wederrechtelijk verkregen voordeel [C2 art. 511b Sv]
Territoriale beperking van bevoegdheid tot opsporing [C2 art. 146 Sv]
Territoriale toepasselijkheid [C47 art. 27 EUV]
Terroristisch misdrijf [C2 art. 138d Sv]
Terroristisch misdrijf, begripsbepaling [C1 art. 83 Sr]
Terroristisch misdrijf, ernstige bezwaren niet vereist [C2 art. 67 Sv]
Terroristisch misdrijf tegen bevriend staatshoofd of beschermd persoon [C1 art. 120a Sr]
Terroristisch misdrijf tegen Koninklijk Huis [C1 art. 114a Sr]
Terroristisch oogmerk [C1 art. 83a Sr]
Terroristisch oogmerk in geval van artt. 123 en 124 Sr [C1 art. 130a Sr]
Terstond ontoegankelijk maken van gegevens [C2 art. 125p Sv]
Terugbetaling kosten [C14 art. 157 WVW]
Teruggave [C46 art. 6 ERV 1959]
Teruggave inbeslaggenomen poststukken [C2 art. 101 Sv]
Teruggave inbeslaggenomen voorwerpen onder zekerheidstelling [C2 art. 118a Sv]
Teruggave ingevorderd rijbewijs [C14 art. 164 WVW]
Teruggave van inbeslaggenomen voorwerpen [C2 art. 116 Sv]
Teruggave van inbeslaggenomen voorwerpen bij strafvordering buiten het rechtsgebied van een rechtbank [C2 art. 539q Sv]
Teruggeven zekerheid [C2 art. 86 Sv]
Terugkeer na uitzetting als vreemdeling [C1 art. 197 Sr]
Terugmeldplicht [C25 art. 10c Wwft]
Terugverwijzing naar enkelvoudige kamer [C2 art. 438 Sv]
Tijd inverzekeringstelling [C2 art. 75 Sv]
Tijd van oorlog [C1 art. 87 Sr]
Tijdelijke overbrenging van personen in hechtenis naar de uitvaardigende staat ter uitvoering van een onderzoeksmaatregel [C41 art. 22]
Tijdelijke overbrenging van personen in hechtenis naar de uitvoerende staat ter uitvoering van een onderzoeksmaatregel [C41 art. 23]
Toegang tot elke plaats [C5 art. 7 PolW]
Toegang tot examen vakbekwaamheid bestuurder [C14 art. 151e WVW]
Toegang tot opgeslagen of vastgelegde identificerende gegevens bij terroristische misdrijven [C2 art. 126zl Sv]
Toegang tot plaatsen [C2 art. 551 Sv]
Toekennen strafrechtsketennummer [C2 art. 27b Sv]
Toelichting van advocaat-generaal bij hoger beroep [C2 art. 416 Sv]

T

Alfabetisch trefwoordenregister

Toepasselijke bepalingen t.a.v. voorlopige maatregelen [C50 art. 29 EVOS]
Toepasselijkheid artt. 98, 99 en 99a Sv bij strafrechtelijk financieel onderzoek [C2 art. 126d Sv]
Toepasselijkheid bepalingen Awb [C14 art. 170 WVW]
Toepasselijkheid bij terroristisch misdrijf [C1 art. 8b Sr]
Toepasselijkheid Nederlandse strafwet op buiten Nederland begane feiten waarover Nederland rechtsmacht heeft [C1 art. 6 Sr]
Toepasselijkheid Nederlandse strafwet op misdrijven begaan buiten Nederland [C1 art. 4 Sr]
Toepasselijkheid Nederlandse strafwet op misdrijven buiten Nederland begaan jegens Nederlander [C1 art. 5 Sr]
Toepasselijkheid Nederlandse strafwet op Nederlander die buiten Nederland misdrijf begaat [C1 art. 7 Sr]
Toepasselijkheid o.g.v. internationaal recht [C1 art. 8b Sr]
Toepasselijkheid o.g.v. verzoek BES-eilanden [C1 art. 8b Sr]
Toepasselijkheid op luchtvaartuigen [C1 art. 381 Sr]
Toepasselijkheid op Nederlanders buiten Nederland [C1 art. 8 Sr]
Toepasselijkheid Rv bij inbeslagneming [C2 art. 94c Sv]
Toepasselijkheid strafwet [C1 art. 2 Sr]
Toepasselijkheid strafwet aan boord van Nederlands (lucht)vaartuig [C1 art. 3 Sr]
Toepasselijkheid strafwet op schipper en opvarenden van Nederlands vaartuig [C1 art. 8a Sr]
Toepasselijkheid strafwet op vreemdeling die door Nederland wordt vervolgd [C1 art. 8b Sr]
Toepasselijkheid strafwet op vreemdeling indien uitlevering geweigerd/onmogelijk is [C1 art. 8c Sr]
Toepasselijkheid vaartuig en installatie ter zee [C1 art. 385b Sr]
Toepasselijkheid van de bepalingen over getuigen op deskundigen [C2 art. 299 Sv]
Toepasselijkheidsbepaling [C2 art. 59b Sv]
Toepassing geldende gedragslijnen en procedures [C25 art. 2f Wwft]
Toepassing van een andere soort onderzoeksmaatregel [C41 art. 10]
Toepassing verdrag [C50 art. 47 EVOS]
Toepassingsgebied van het EOB [C41 art. 3]
Toestemming onderdelen en uitrustingstukken [C14 art. 30 WVW]
Toestemming onderdelen en uitrustingstukken, intrekken [C14 art. 32 WVW]
Toestemming overeenstemmen onderdelen en uitrustingstukken, toezicht op [C14 art. 31 WVW]
Toetreding tot een akkoord met bijzondere voordelen [C1 art. 345 Sr]
Toevoegen raadsman door rechter-commissaris [C2 art. 187a Sv]
Toevoeging andere raadsman [C2 art. 47 Sv]
Toevoeging raadsman bij jeugdige verdachte [C2 art. 491 Sv]
Toevoeging raadsman gehele aanleg [C2 art. 42 Sv]
Toevoeging raadsman op verzoek verdachte [C2 art. 41 Sv]
Toezeggingen aan veroordeelde getuige [C2 art. 226k Sv]
Toezenden gedingstukken bij cassatieberoep [C2 art. 434 Sv]
Toezenden van afschrift [C2 art. 456 Sv]
Toezenden van proces-verbaal van verdachte verhoor elders [C2 art. 204 Sv]
Toezending aan bevoegde autoriteit [C38 art. 7 WWETGC]
Toezending door hulpofficier van justitie [C2 art. 156 Sv]
Toezending gegevens bij verzoek tot strafvervolging [C50 art. 15 EVOS]
Toezending gegevens na verzoek tot strafvervolging [C50 art. 15 EVOS]
Toezending stukken [C38 art. 17 WWETGC]
Toezending stukken, confiscatie opgelegd door andere lidstaat [C38 art. 31 WWETGC]
Toezending stukken na instellen hoger beroep [C2 art. 409 Sv]
Toezending van het EOB [C41 art. 7]
Toezending van proces-verbaal door opsporingsambtenaar [C2 art. 156 Sv]
Toezending van toezichtbeslissing door een andere lidstaat van de EU [C2 art. 5.7.6 Sv]
Toezicht naleving erkenning [C14 art. 61c WVW]
Toezicht naleving voorwaarden gecertificeerde instelling [C1 art. 77aa Sr]
Toezicht op CBR [C14 art. 4aq WVW]
Toezicht op erkende organisatie [C14 art. 70e WVW]
Toezicht op erkenninghouder [C14 art. 64, art. 66c WVW]
Toezicht op erkenningsregeling [C14 art. 102 WVW]
Toezicht op inbouw onderdelen [C14 art. 94 WVW]
Toezicht op keuringsinstellingen/onderzoeksgerechtigden [C14 art. 4av WVW]
Toezicht op RDW [C14 art. 4u WVW]
Toezicht op schorsingsvoorwaarden van voorlopige hechtenis door andere lidstaat van EU [C2 art. 5.7.19 Sv]
Toezichtbeslissing door een andere lidstaat van de EU [C2 art. 5.7.2 Sv]

Sdu

Alfabetisch trefwoordenregister

U

Toezichtbeslissing door een andere lidstaat van de EU tenuitvoerleggen [C2 art. 5.7.11 Sv]
Toezichthoudende ambtenaren [C14 art. 158 WVW]
Toezichthouders [C22 art. 8j Opw]
Toezichtmaatregelen bij toezichtbeslissing door een andere lidstaat van de EU [C2 art. 5.7.3 Sv]
Tolk op terechtzitting [C2 art. 274 Sv]
Tolk oproepen door rechter-commissaris [C2 art. 191 Sv]
Toonplicht [C7 art. 2 WID]
Transactie door OvJ [C1 art. 74a Sr]
Transit [C47 art. 21 EUV]
Tussenkomst Interpol [C50 art. 13 EVOS]
Twijfel aan authentieke gegevens [C14 art. 43c WVW]
Typegoedkeuring [C14 art. 22 WVW]

UBO, begripsbepaling [C25 art. 10a Wwft]
UBO's, interne registratie [C25 art. 10b Wwft]
Uitbesteding identificatie [C25 art. 10 Wwft]
Uitbetaling schadevergoeding [C2 art. 536 Sv]
Uitbreiding grondgebied voor toepassing [C50 art. 40 EVOS]
Uitbreiding kring van opsporingsambtenaren [C2 art. 126i, art. 126j Sv]
Uitbreiding onderzoek onderliggende personen [C25 art. 3 Wwft]
Uitbreiding tot dragen [C23 art. 29 WWM]
Uitdrukken van staatkundig streven [C1 art. 435a Sr]
Uitgaand bevriezingsbevel [C2 art. 5.5.19 Sv]
Uitgavenplafond CBR [C14 art. 4at WVW]
Uitgavenplafond RDW [C14 art. 4wa WVW]
Uitgeven stukken van strafbare aard [C1 art. 418 Sr]
Uitkering slachtoffer [C38 art. 20 WWETGC]
Uitlevering, aanpassing wet aan verdrag [C36 art. 3 UW]
Uitlevering, afgifte of teruggave inbeslaggenomen voorwerpen [C36 art. 47 UW]
Uitlevering, beëindiging vrijheidsbeneming [C36 art. 37 UW]
Uitlevering, behandeling verdachten [C36 art. 54 UW]
Uitlevering, bevel tot inverzekeringstelling of bewaring [C36 art. 52 UW]
Uitlevering, bewaking vreemdeling bij vervoer door Nederland [C36 art. 49 UW]
Uitlevering, bewaking vreemdeling bij vervoer door Nederland/BES-eilanden [C36 art. 50 UW]
Uitlevering, bewaring voortvluchtige [C36 art. 15 UW]
Uitlevering, buitenlandse gevangene als getuige [C36 art. 50a UW]
Uitlevering, feiten waarvoor geen uitlevering wordt toegestaan [C36 art. 11, art. 13, art. 9 UW]
Uitlevering, geen behandeling door rechtbank bij onmiddellijke uitlevering [C36 art. 43 UW]
Uitlevering, geen onmiddellijke uitlevering [C36 art. 42 UW]
Uitlevering, geen uitlevering bij doodstraf [C36 art. 8 UW]
Uitlevering, geen uitlevering bij vermoedelijke vervolging [C36 art. 10 UW]
Uitlevering, gelijkstelling vrijheidsstraffen [C36 art. 7 UW]
Uitlevering, gevallen waarin uitlevering kan worden toegestaan [C36 art. 5 UW]
Uitlevering, horen voortvluchtige [C36 art. 15 UW]
Uitlevering, inbeslagneming voorwerpen [C36 art. 46 UW]
Uitlevering, inverzekeringstelling voortvluchtige [C36 art. 14 UW]
Uitlevering, invrijheidstelling voortvluchtige [C36 art. 14, art. 16 UW]
Uitlevering, kennisgeving minister [C36 art. 17 UW]
Uitlevering, krachtens verdrag [C36 art. 2 UW]
Uitlevering, lijst van misdrijven [C36 art. 51a UW]
Uitlevering, Nederlanders [C36 art. 4 UW]
Uitlevering, onmiddellijke tenuitvoerlegging [C36 art. 45 UW]
Uitlevering, onmiddellijke uitlevering [C36 art. 41 UW]
Uitlevering, onmiddellijke uitvoerbaarheid bevelen [C36 art. 53 UW]
Uitlevering, ophouden vreemdeling [C36 art. 13a UW]
Uitlevering, procedure voortvluchtige op BES-eilanden [C36 art. 16a UW]
Uitlevering, tenuitvoerlegging onmiddellijke uitlevering [C36 art. 42 UW]
Uitlevering ter inbeslagneming [C2 art. 551 Sv]
Uitlevering, terbeschikkingstelling gevangene aan buitenland [C36 art. 51 UW]
Uitlevering, termijn inbewaringstelling bij onmiddellijke uitlevering [C36 art. 44 UW]
Uitlevering, toestemming vervoer vreemdeling door Nederland [C36 art. 48 UW]
Uitlevering, uitzondering minimum vrijheidsstraf bij uitlevering binnen EU [C36 art. 6 UW]
Uitlevering van eigen onderdanen [C47 art. 6 EUV]
Uitlevering, verlenging vrijheidsbeneming [C36 art. 38 UW]
Uitlevering, verwijdering persoon naar verzoekende staat [C36 art. 39 UW]

Sdu

1317

U
Alfabetisch trefwoordenregister

Uitlevering, voorlopige aanhouding voortvluchtige [C36 art. 14 UW]
Uitlevering, voorwaarden voor toestemming [C36 art. 12 UW]
Uitlevering, vrijheidsbeneming [C36 art. 56 UW]
Uitleveringsverplichting [C47 art. 1 EUV]
Uitleveringsverzoek, aanhouden en horen opgeëiste persoon [C36 art. 21 UW]
Uitleveringsverzoek, aanvulling/verbetering [C36 art. 19 UW]
Uitleveringsverzoek, beslissing minister [C36 art. 33 UW]
Uitleveringsverzoek, cassatie tegen uitspraak rechtbank [C36 art. 31 UW]
Uitleveringsverzoek, eisen [C36 art. 18 UW]
Uitleveringsverzoek, gevangenneming opgeëiste persoon [C36 art. 27 UW]
Uitleveringsverzoek, inkennisstelling officier van justitie van beslissing minister [C36 art. 36 UW]
Uitleveringsverzoek, nadere stukken [C36 art. 34 UW]
Uitleveringsverzoek strafvervolging Unieburger [C36 art. 22b UW]
Uitleveringsverzoek, tijdstip verhoor bij rechtbank [C36 art. 24 UW]
Uitleveringsverzoek, toezending aan officier van justitie [C36 art. 20 UW]
Uitleveringsverzoek, toezending stukken gewezen verzoek aan minister [C36 art. 32 UW]
Uitleveringsverzoek, uitspraak rechtbank [C36 art. 28, art. 30 UW]
Uitleveringsverzoek, verhoor opgeëiste persoon [C36 art. 25 UW]
Uitleveringsverzoek, verzoek van meerdere staten [C36 art. 35 UW]
Uitleveringsverzoek, voortzetting vrijheidsbeneming [C36 art. 22 UW]
Uitleveringsverzoek, vordering behandeling door rechtbank [C36 art. 23 UW]
Uitleveringsverzoek, vrijheidsbeneming op BES-eilanden [C36 art. 22a UW]
Uitleveringswet, bevel tot aanhouding [C36 art. 40 UW]
Uitlokken [C1 art. 47 Sr]
Uitlokken van desertie in vredestijd [C1 art. 203 Sr]
Uitlokken van ontucht bij minderjarige [C1 art. 248a Sr]
Uitnodiging intrekken [C2 art. 390 Sv]
Uitnodiging van getuigen voor de kantonrechter [C2 art. 390 Sv]
Uitnodiging van officier van justitie en verdachte voor getuigenverhoor door rechter-commissaris [C2 art. 187 Sv]
Uitoefenen bevoegdheden BW en Rv [C2 art. 94d Sv]
Uitoefening van recht ondanks ontzetting [C1 art. 195 Sr]
Uitreiking kentekenbewijs/verstrekking tenaamstellingscode [C14 art. 52a WVW]
Uitroepen van de zaak door voorzitter [C2 art. 270 Sv]
Uitrusten van (lucht)vaartuig voor zeeroof [C1 art. 383 Sr]
Uitslag rijvaardigheidsonderzoek [C14 art. 134 WVW]
Uitsluiting taakstraf bij veroordeling voor ernstig misdrijf [C1 art. 22b Sr]
Uitsluiting verdrag [C50 art. 43 EVOS]
Uitsluiting voor rechtsgedingen [C25 art. 1a Wwft]
Uitspraak door vervanger van de kantonrechter [C2 art. 397 Sv]
Uitspraak door vervanger van de politierechter [C2 art. 380 Sv]
Uitspraak in het openbaar [C2 art. 362 Sv]
Uitspraak na afloop onderzoek [C2 art. 345 Sv]
Uitspraak na onderzoek ten aanzien van formele vragen [C2 art. 349 Sv]
Uitspraak ten aanzien van benadeelde partij [C2 art. 335 Sv]
Uitspraak van de Hoge Raad [C2 art. 456 Sv]
Uitstel [C47 art. 19 EUV]
Uitstel binnendringen geautomatiseerd werk bij zwaarwegend opsporingsbelang [C2 art. 126ffa Sv]
Uitstel openbaarmaking sanctie [C25 art. 32g Wwft]
Uitstel overgave dossiers e.d. [C46 art. 6 ERV 1959]
Uitvaardiging Europees onderzoeksbevel [C2 art. 5.4.21 Sv]
Uitvoer vuurwapens en munitie [C23 art. 20a WWM]
Uitvoering beslissing ten aanzien van stukken van overtuiging [C2 art. 355 Sv]
Uitvoering bevoegd ambtelijk bevel [C1 art. 43 Sr]
Uitvoering bij algemene maatregel van bestuur [C2 art. 151f, art. 151h, art. 151i Sv]
Uitvoering bloedonderzoek [C17 art. 7]
Uitvoering Europees onderzoeksbevel [C2 art. 5.4.5 Sv]
Uitvoering handhaving wet [C25 art. 1d Wwft]
Uitvoering onbevoegd ambtelijk bevel [C1 art. 43 Sr]
Uitvoering onder voorwaarden [C46 art. 5 ERV 1959]
Uitvoering Paspoortwet [C10 art. 20 BJG]
Uitvoering van het onderzoek bij algemene maatregel van bestuur [C2 art. 150c, art. 151da Sv]
Uitvoering Vreemdelingenwet [C10 art. 19 BJG]

Alfabetisch trefwoordenregister V

Uitvoering wettelijk voorschrift [C1 art. 42 Sr]
Uitvoervergunning, afgegeven vergunning geldt tevens als [C23 art. 20b WWM]
Uitzondering bij noodtoestand [C22 art. 5 Opw]
Uitzondering in geval van artt. 102 en 103 Sr [C1 art. 103a Sr]
Uitzondering kentekenplicht [C14 art. 37 WVW]
Uitzondering op beëindiging van de zaak [C2 art. 255 Sv]
Uitzondering op vervolgingsmogelijkheid ten aanzien van jeugdigen [C2 art. 486 Sv]
Uitzondering verboden artikelen 2 en 3 [C22 art. 3c Opw]
Uitzondering voor aangewezen instellingen [C22 art. 5 Opw]
Uitzonderingen bevel tot voorlopige hechtenis [C2 art. 67a Sv]
Uitzonderingen in geval van artt. 192 t/m 192c Sr. [C1 art. 192d Sr]
Uitzonderingen inzake keuring [C14 art. 73 WVW]
Uitzonderingen militairen [C14 art. 4 WVW]
Urineonderzoek [C22 art. 9 Opw]

Vaartuig [C2 art. 539u Sv]
Vaartuig in macht brengen van zeerovers [C1 art. 385 Sr]
Vacatiegelden en reiskostenvergoeding [C24 art. 7 Wtlvhz]
Vals alarm [C1 art. 142 Sr]
Vals getuigschrift [C1 art. 230 Sr]
Vals keuringsbewijs [C14 art. 74 WVW]
Vals reisdocument of identiteitsbewijs [C1 art. 231 Sr]
Valse aangifte of klacht [C1 art. 188 Sr]
Valse geneeskundige verklaring [C1 art. 228 Sr]
Valse kaart voor niet-contant betaalinstrument [C1 art. 232 Sr]
Valse opgave in authentieke akte [C1 art. 227 Sr]
Valse scheepsverklaring [C1 art. 389bis Sr]
Valse sleutels [C1 art. 90 Sr]
Valselijk bekleden van ambt [C1 art. 196 Sr]
Valsheid in authentiek geschrift [C2 art. 356 Sv]
Valsheid in geschrifte [C1 art. 225 Sr]
Van het leven beroven [C1 art. 82a Sr]
Van kracht blijven van bevel [C2 art. 70 Sv]
Vaste woon- of verblijfplaats [C1 art. 86b Sr]
Vastlegging en bewaartermijn gegevens cliëntenonderzoek [C25 art. 33 Wwft]
Vastlegging gegevens door laboratorium [C16 art. 15]
Vaststellen identiteit door rechter-commissaris [C2 art. 190 Sv]
Vaststellen identiteit van verdachte bij verhoor [C2 art. 29c Sv]
Vaststelling en ondertekening van proces-verbaal [C2 art. 327 Sv]
Vaststelling identiteit [C9 art. 20, art. 45 WJG]
Vaststelling identiteit betrokkene [C9 art. 39k WJG]
Vaststelling ontwerpen bewegwijzering [C14 art. 16a WVW]
Vatbaar voor erkenning en tenuitvoerlegging in andere lidstaat [C38 art. 10 WWETGC]
Vatbaar voor verbeurdverklaring [C1 art. 33a Sr]
Veiligheid belemmeren bij openbare wegen [C1 art. 427 Sr]
Veiligheidsfouillering [C6 art. 20 Ambtsinstr.]
Veranderen of verwijderen gegevens teboekstaand schip of luchtvaartuig [C1 art. 447a Sr]
Verantwoording burgemeester, uitoefening gezag [C5 art. 15 PolW]
Verbaliseringsplicht van opsporingsambtenaren [C2 art. 152 Sv]
Verbetering strafvorderlijke gegevens [C9 art. 39m WJG]
Verbeurdverklaring [C1 art. 33 Sr]
Verbeurdverklaring, onttrekking aan het verkeer [C22 art. 13a Opw]
Verbeurdverklaring van vals geld [C1 art. 214bis Sr]
Verbod besluit gebaseerd op geautomatiseerde verwerking [C11 art. 7a WPolG]
Verbod correspondentbankrelatie met shellbank [C25 art. 5 Wwft]
Verbod dienstverlening zonder cliëntenonderzoek [C25 art. 5 Wwft]
Verbod dragen [C23 art. 27 WWM]
Verbod frauduleus gebruik erkenning [C14 art. 61e, art. 66, art. 66e WVW]
Verbod frauduleus gebruik erkenning inbouw onderdelen [C14 art. 96 WVW]
Verbod m.b.t. aanbieden van o.a. valse of vervalste recepten [C22 art. 4 Opw]
Verbod manipulatie tellerstand [C14 art. 70m WVW]
Verbod nabootsen wettelijke merken op drukwerken of andere voorwerpen [C1 art. 440 Sr]
Verbod op doen van onjuiste opgaven bij inschrijving in kentekenregister [C14 art. 51 WVW]
Verbod op frauduleus gebruik erkenning [C14 art. 106b WVW]

Sdu   1319

V
Alfabetisch trefwoordenregister

Verbod op gebruik voertuig dat niet is goedgekeurd voor toelating tot het verkeer op de weg [C14 art. 33 WVW]
Verbod op uitlokken strafbare feiten/Tallon-criterium bij infiltratie [C2 art. 126h Sv]
Verbod opleggen taakstraf bij jeugdigen [C1 art. 77ma Sr]
Verbod rijden onder invloed [C14 art. 162 WVW]
Verbod rijden onder invloed, begeleider [C14 art. 162 WVW]
Verbod t.a.v. reclame [C22 art. 3b Opw]
Verbod van overdracht [C23 art. 31 WWM]
Verbod vasthouden mobiel elektronisch apparaat tijdens het besturen van een voertuig [C15 art. 61a RVV]
Verbod voorhanden hebben [C23 art. 26 WWM]
Verboden handelingen m.b.t. middelen van lijst I [C22 art. 2 Opw]
Verboden handelingen m.b.t. middelen van lijst II [C22 art. 3 Opw]
Verboden plaats [C1 art. 80ter Sr]
Verboden voorwerpen justitiële inrichting binnenbrengen [C1 art. 429a Sr]
Verbodsbepaling voor wapens of munitie van categorieën II en III [C23 art. 14 WWM]
Verbodsbepaling voor wapens van categorie I [C23 art. 13 WWM]
Verbreking van zegels [C1 art. 199 Sr]
Verdachte [C2 art. 27 Sv]
Verdachte met gebrekkige ontwikkeling of ziekelijke stoornis [C2 art. 509a Sv]
Verdachte niet in staat wil kenbaar te maken [C14 art. 163 WVW]
Verdachte onder de achttien jaar [C2 art. 488 Sv]
Verdachte verhinderd te verschijnen voor verhoor [C2 art. 202 Sv]
Verdachte verhoor door rechter-commissaris [C2 art. 200 Sv]
Verdachte verhoor in andere rijksdelen [C2 art. 203 Sv]
Verdachte weigert medewerking aan onderzoek [C1 art. 37a Sr]
Verdediging door advocaat als gemachtigde [C2 art. 279 Sv]
Verdeling geconfisqueerde voorwerpen [C38 art. 28 WWETGC]
Verdere vervolging door openbaar ministerie [C2 art. 242 Sv]
Verderlevering aan een derde staat [C47 art. 15 EUV]
Verduistering [C1 art. 321 Sr]
Verduistering door ambtenaar [C1 art. 359 Sr]
Verduistering door bepaalde personen [C1 art. 323 Sr]
Verduistering in functie gepleegd [C1 art. 322 Sr]
Verduistering tussen echtgenoten of naaste familieleden [C1 art. 324 Sr]
Verduistering van bewijsstukken door ambtenaar [C1 art. 361 Sr]
Verduistering van staat [C1 art. 236 Sr]
Vereenvoudigd onderzoek voor cliënten met lager risico [C25 art. 6 Wwft]
Vereenvoudigd onderzoek voor gering elektronisch geld [C25 art. 7 Wwft]
Vereiste identificatie vóór aanvang dienstverlening [C25 art. 4 Wwft]
Vereisten bloedonderzoek [C16 art. 16]
Vereisten voor oproeping voor de kantonrechter [C2 art. 386 Sv]
Vergiftigen of belemmeren drinkwatervoorziening [C1 art. 172 Sr]
Vergiftigen of belemmeren drinkwatervoorziening door schuld [C1 art. 173 Sr]
Vergoeding kosten [C46 art. 20 ERV 1959]
Vergoeding RvT CBR [C14 art. 4ak WVW]
Vergunning uitvoering experiment met motorrijtuigen [C14 art. 149aa WVW]
Vergunning uitvoering experiment met motorrijtuigen, voorwaarden [C14 art. 149ab WVW]
Verhindering van godsdienstige bijeenkomst [C1 art. 145 Sr]
Verhindering van openbare vergadering of betoging [C1 art. 143 Sr]
Verhindering van uitoefening kiesrecht [C1 art. 125 Sr]
Verhoging geldboete [C22 art. 12 Opw]
Verhoging tijdelijke gevangenisstraf of hechtenis [C1 art. 43a Sr]
Verhoor door rechter-commissaris [C2 art. 189 Sv]
Verhoor getuige na onherroepelijke beschikking [C2 art. 226a Sv]
Verhoor in vrijheid [C2 art. 173 Sv]
Verhoor jeugdige verachte, audiovisuele registratie [C2 art. 488ac Sv]
Verhoor jeugdige verdachte, aanwezige personen [C2 art. 488ab Sv]
Verhoor jeugdige verdachte, medisch onderzoek [C2 art. 489a Sv]
Verhoor per telefoonconferentie [C41 art. 25]
Verhoor per videoconferentie of met andere audiovisuele transmissiemiddelen [C41 art. 24]
Verhoor, regeling en weergave van het [C2 art. 29a Sv]
Verhoor van betrokkenen [C2 art. 226a Sv]
Verhoor van gerechtelijke deskundige [C2 art. 51m Sv]
Verhoor van getuige door rechter-commissaris [C2 art. 210 Sv]

Alfabetisch trefwoordenregister

V

Verhoor van getuige in andere rijksdelen [C2 art. 211 Sv]
Verhoor van leden van het Koninklijk Huis [C2 art. 226 Sv]
Verhoor van verdachte [C2 art. 29 Sv]
Verhoor verdachte bij strafvordering buiten het rechtsgebied van een rechtbank [C2 art. 539j Sv]
Verhoor verdachte na deskundigenrapport [C2 art. 232 Sv]
Verhoorbijstand [C2 art. 28d Sv]
Verhoren verdachte op daartoe bestemde plaats [C2 art. 27cb Sv]
Verhouding tot andere rechtsinstrumenten, overeenkomsten en regelingen [C41 art. 34]
Verhuren van (lucht)vaartuig voor zeeroof [C1 art. 384 Sr]
Verjaring van recht tot strafvordering [C1 art. 70 Sr]
Verjaring van strafvordering in geval van art. 70 Sr [C1 art. 77d Sr]
Verkeer met advocaat [C2 art. 225 Sv]
Verkeersbesluiten [C14 art. 18 WVW]
Verkeersboetes, aanmaning [C18 art. 24 WAHV]
Verkeersboetes, administratief beroep bij OvJ [C18 art. 6 WAHV]
Verkeersboetes, advocaat-generaal [C18 art. 18 WAHV]
Verkeersboetes, afschrift beroepschrift [C18 art. 19 WAHV]
Verkeersboetes, arrest gerechtshof [C18 art. 20d WAHV]
Verkeersboetes, behandeling ter zitting [C18 art. 20a WAHV]
Verkeersboetes, beroep bij kantonrechter [C18 art. 9 WAHV]
Verkeersboetes, beschikking administratieve sanctie [C18 art. 4 WAHV]
Verkeersboetes, bestuurder zonder bekende woonplaats of eerdere boete niet voldaan
[C18 art. 31 WAHV]
Verkeersboetes, buitengebruikstelling voertuig [C18 art. 28b WAHV]
Verkeersboetes, competentie [C18 art. 16 WAHV]
Verkeersboetes, doorzending stukken naar rechtbank [C18 art. 10 WAHV]
Verkeersboetes, dwangmiddel gijzeling [C18 art. 28 WAHV]
Verkeersboetes, hoger beroep [C18 art. 14, art. 26a WAHV]
Verkeersboetes, horen indiener beroepschrift [C18 art. 7 WAHV]
Verkeersboetes, horen partijen [C18 art. 12 WAHV]
Verkeersboetes, inbewaringstelling voertuig [C18 art. 32 WAHV]
Verkeersboetes, indienen beroepschrift bij rechtbank [C18 art. 15 WAHV]
Verkeersboetes, inleveren rijbewijs [C18 art. 30 WAHV]
Verkeersboetes, inlichtingenplicht [C18 art. 20 WAHV]
Verkeersboetes, inneming rijbewijs [C18 art. 28a WAHV]
Verkeersboetes, inning [C18 art. 22 WAHV]
Verkeersboetes, kentenkenhouder zonder bekende woonplaats of eerdere boete niet voldaan
[C18 art. 31 WAHV]
Verkeersboetes, maximum [C18 art. 2 WAHV]
Verkeersboetes, onbekende bestuurder motorrijtuig [C18 art. 5 WAHV]
Verkeersboetes, onbekende bestuurder motorrijtuig met kentekenplichtige aanhangwagen
[C18 art. 5a WAHV]
Verkeersboetes, onbekende bestuurder motorrijtuig met niet-kentekenplichtige aanhangwagen
[C18 art. 5b WAHV]
Verkeersboetes, opsporingsambtenaren [C18 art. 3 WAHV]
Verkeersboetes, overbrenging en bewaring voertuig [C18 art. 29 WAHV]
Verkeersboetes, overtreding [C18 art. 34 WAHV]
Verkeersboetes, tijdige betaling [C18 art. 23 WAHV]
Verkeersboetes, toepasselijkheid Algemene wet bestuursrecht [C18 art. 2a WAHV]
Verkeersboetes, tweede categorie [C18 art. 34 WAHV]
Verkeersboetes, verhaal krachtens dwangbevel [C18 art. 26 WAHV]
Verkeersboetes, verhaal zonder dwangbevel [C18 art. 27 WAHV]
Verkeersboetes, verhoging bij niet-voldoen [C18 art. 25 WAHV]
Verkeersboetes, vernietiging beslissing [C18 art. 13 WAHV]
Verkeersboetes, vernietigingsgronden [C18 art. 8 WAHV]
Verkeersboetes, veroordeling in de kosten [C18 art. 13a WAHV]
Verkeersboetes, vervallen zekerheidstelling [C18 art. 21 WAHV]
Verkeersboetes, verzetschrift [C18 art. 36 WAHV]
Verkeersboetes, verzoek veroordeling OvJ in de kosten [C18 art. 13b WAHV]
Verkeersboetes, wijziging bijlage [C18 art. 2 WAHV]
Verkeersboetes, zekerheidstelling [C18 art. 11 WAHV]
Verkeersborden, elektronisch signaleringsbord [C15 art. 64a RVV]
Verkeersborden, onderbord [C15 art. 67 RVV]
Verkeersborden, zoneverkeersbord [C15 art. 66 RVV]
Verkeerslichten, bruglicht [C15 art. 72 RVV]

V
Alfabetisch trefwoordenregister

Verkeerslichten, driekleurig verkeerslicht [C15 art. 68 RVV]
Verkeerslichten, geel knipperlicht [C15 art. 75 RVV]
Verkeerslichten, overweglicht [C15 art. 71 RVV]
Verkeerslichten, rijstrooklicht [C15 art. 73 RVV]
Verkeerslichten, tram-/buslicht [C15 art. 70 RVV]
Verkeerslichten, tweekleurig verkeerslicht [C15 art. 69 RVV]
Verkeerslichten, verkeerslicht boven verkeersteken [C15 art. 64 RVV]
Verkeerslichten, voetgangerslicht [C15 art. 74 RVV]
Verkeersregels, ontheffing [C15 art. 87 RVV]
Verkeersregels, strafbare feiten en overtredingen [C15 art. 92 RVV]
Verkeerstekens bij maatregelen aan de weg [C14 art. 17 WVW]
Verkeerstekens, busbaan en busstrook [C15 art. 81 RVV]
Verkeerstekens, doorgetrokken streep [C15 art. 76 RVV]
Verkeerstekens, gebods-/verbodsbepaling [C15 art. 62 RVV]
Verkeerstekens, geslotenverklaring vanwege milieuzone [C15 art. 86d RVV]
Verkeerstekens, geslotenverklaring vanwege nul-emissiezone [C15 art. 86e RVV]
Verkeerstekens, haaientanden [C15 art. 80 RVV]
Verkeerstekens, maximumsnelheid [C15 art. 63b RVV]
Verkeerstekens, stopstreep [C15 art. 79 RVV]
Verkeerstekens, tijdelijke verkeerstekens [C15 art. 63a RVV]
Verkeerstekens, uitrijstrook [C15 art. 78 RVV]
Verkeerstekens, verdrijvingsvlak [C15 art. 77 RVV]
Verkeerstekens, verkeerstekens boven verkeersregels [C15 art. 63 RVV]
Verkeerstekens, voorsorteerstrook [C15 art. 78 RVV]
Verkennend onderzoek door opsporingsambtenaren [C2 art. 126gg Sv]
Verkiezingsstemming verijdelen [C1 art. 129 Sr]
Verklaring bedreigde getuige voor bewijs gebruiken [C2 art. 344a Sv]
Verklaring omtrent beëindiging vervolging [C2 art. 29f Sv]
Verklaring omtrent het gedrag [C9 art. 28 WJG]
Verklaring ondertekenen [C2 art. 174 Sv]
Verklaring van afgeschermde getuige toetsen [C2 art. 226q Sv]
Verklaring van anonieme getuige onvoldoende [C2 art. 344a Sv]
Verklaring van deskundige [C2 art. 343 Sv]
Verklaring van getuige [C2 art. 342 Sv]
Verklaring van getuige door rechter-commissaris [C2 art. 215 Sv]
Verklaring van getuige in schriftelijk opstel [C2 art. 220 Sv]
Verklaring van verdachte [C2 art. 341 Sv]
Verkoop van valse zegels en merken [C1 art. 220 Sr]
Verkoop van vervalste voedingsmiddelen of geneesmiddelen [C1 art. 330 Sr]
Verkoop van voor gezondheid schadelijke waren [C1 art. 174 Sr]
Verkoop van voor gezondheid schadelijke waren door schuld [C1 art. 175 Sr]
Verkopen of toedienen bedwelmende drank [C1 art. 252 Sr]
Verkort proces-verbaal [C2 art. 138c Sv]
Verkort vonnis [C2 art. 138b Sv]
Verkorte aanduiding van het feit [C2 art. 375 Sv]
Verkorte dagvaarding voor de politierechter [C2 art. 370a, art. 375 Sv]
Verkrachting [C1 art. 242 Sr]
Verlaging verschuldigde bedrag [C38 art. 12 WWETGC]
Verlaten inrichting, bijwonen gerechtelijke procedure [C26 art. 26 PBW]
Verlaten inrichting, verlof [C26 art. 26 PBW]
Verlaten inrichting, vervoer [C26 art. 26 PBW]
Verlaten plaats ongeval [C14 art. 7 WVW]
Verlenen bijzondere toegang tot verhoor door rechter-commissaris [C2 art. 187c Sv]
Verlenen van erkenning [C14 art. 63, art. 66b, art. 84 WVW]
Verlenen vrijstelling [C23 art. 9 WWM]
Verlengen gevangenhouding of gevangenneming [C2 art. 66a Sv]
Verlenging na voorwaardelijke beëindiging verpleging van overheidswege [C1 art. 38j Sr]
Verlenging termijn terbeschikkingstelling [C1 art. 38d Sr]
Verlenging termijn vervolgingsverjaring [C50 art. 22, art. 23 EVOS]
Verlenging/wijziging Europees beschermingsbevel, gevolgen voor Nederland [C2 art. 5.8.8 Sv]
Verlening erkenning [C14 art. 61b WVW]
Verlening onder beperking of voorschrift [C23 art. 6 WWM]
Verlening verlof tot vervoer [C23 art. 24 WWM]
Verlening verlof tot voorhanden hebben [C23 art. 28 WWM]
Verlies geldigheid kentekenbewijs [C14 art. 52c WVW]

Alfabetisch trefwoordenregister

Verlies geldigheid keuringsbewijs [C14 art. 82 WVW]
Verlies geldigheid rijbewijs bij niet-uitreiking [C14 art. 123a WVW]
Verlies van geldigheid [C14 art. 123 WVW]
Verlies van geldigheid na veroordeling [C14 art. 123b WVW]
Verlies van recht tot strafvervolging [C50 art. 21 EVOS]
Verlof of jachtakte [C23 art. 26 WWM]
Verlof tot verkrijging [C23 art. 32 WWM]
Vermelding van de grond voor niet-verdere vervolging [C2 art. 247 Sv]
Verminderde toerekeningsvatbaarheid [C1 art. 37a Sr]
Vernielen computergegevens [C1 art. 350c Sr]
Vernielen drinkwatervoorziening [C1 art. 172 Sr]
Vernielen drinkwatervoorziening door schuld [C1 art. 173 Sr]
Vernielen openbare bekendmaking [C1 art. 447 Sr]
Vernieling dijken, gas- of waterleiding en riolering [C1 art. 161 Sr]
Vernieling elektriciteitswerken [C1 art. 161bis Sr]
Vernieling in beslag genomen goed [C1 art. 198 Sr]
Vernieling luchtvaartuigen of verstoring luchthavendiensten [C1 art. 162a Sr]
Vernieling of beschadiging [C1 art. 350 Sr]
Vernieling of beschadiging tussen echtgenoten of naaste familieleden [C1 art. 353 Sr]
Vernieling publieke werken met terroristisch oogmerk [C1 art. 176a Sr]
Vernieling van elektriciteitswerken door schuld [C1 art. 161ter Sr]
Vernieling van geautomatiseerde werken of werken voor telecommunicatie [C1 art. 161sexies Sr]
Vernieling van geautomatiseerde werken of werken voor telecommunicatie door schuld
    [C1 art. 161septies Sr]
Vernieling van gebouwen en publieke installaties [C1 art. 170 Sr]
Vernieling van gebouwen en publieke installaties door schuld [C1 art. 171 Sr]
Vernieling van (lucht)vaartuigen [C1 art. 352 Sr]
Vernieling van (lucht)verkeerswerken [C1 art. 162 Sr]
Vernieling van (lucht)verkeerswerken door schuld [C1 art. 163 Sr]
Vernieling van veiligheidstekens voor scheepvaart en luchtvaart door schuld [C1 art. 167 Sr]
Vernieling van veiligheidstekens voor scheepvaart of luchtvaart [C1 art. 166 Sr]
Vernieling van zaken aan boord van een vaartuig [C1 art. 408 Sr]
Vernietiging bloed [C16 art. 20]
Vernietiging en registratie ingeleverde kentekenplaten [C14 art. 70j WVW]
Vernietiging gegevens welke zijn vastgelegd tijdens doorzoeking [C2 art. 125n Sv]
Vernietiging justitiële gegevens misdrijven [C9 art. 4 WJG]
Vernietiging justitiële gegevens overtredingen [C9 art. 6 WJG]
Vernietiging laboratoriumverslag [C16 art. 20]
Vernietiging, overdracht opiumwetmiddelen na intrekking ontheffing [C22 art. 8f Opw]
Vernietiging strafvorderlijke gegevens [C9 art. 39d WJG]
Vernietiging van arresten of vonnissen bij herziening [C2 art. 471 Sv]
Vernietiging van ontoegankelijk gemaakte gegevens door officier van justitie [C2 art. 552fa Sv]
Verontreinigen oppervlaktewater door schuld [C1 art. 173b Sr]
Verontreiniging oppervlaktewater [C1 art. 173a Sr]
Veroordeelden opnemen zonder vertoon van vonnis [C1 art. 464 Sr]
Veroordeling [C1 art. 78b Sr]
Veroorzaken gevaar voor spoorweg of luchtverkeer [C1 art. 164 Sr]
Veroorzaking van brand, ontploffing of overstroming [C1 art. 157 Sr]
Verpakkingseenheid munitie, eisen [C23 art. 32b WWM]
Verpleging ter beschikking gestelden, doelstelling [C30 art. 2 BVTG]
Verpleging ter beschikking gestelden, evaluatie [C30 art. 85 BVTG]
Verplichte medewerking [C14 art. 163 WVW]
Verplichte medewerking aan rijvaardigheidsonderzoek [C14 art. 132 WVW]
Verplichte weigeringsgronden [C38 art. 13, art. 24 WWETGC]
Verplichting getuigschrift vakbekwaamheid bestuurders [C14 art. 151c WVW]
Verplichting ontvangen van aangifte [C2 art. 163 Sv]
Verplichting overgifte rijbewijs bij opmaken proces-verbaal [C14 art. 164 WVW]
Verplichting tot in bewaring geven [C23 art. 8 WWM]
Verplichting tot keuring [C14 art. 85 WVW]
Verplichting tot medewerking DNA-onderzoek door rechter-commissaris [C2 art. 195d Sv]
Verplichting voertuig te doen stoppen [C14 art. 160 WVW]
Verschenen getuigen op terechtzitting [C2 art. 287 Sv]
Verscherpen van toezicht [C14 art. 88 WVW]
Verscherpt onderzoek bij hoger risico [C25 art. 8 Wwft]
Verscherpte onderzoeksmaatregelen hoog risico staten [C25 art. 9 Wwft]

Alfabetisch trefwoordenregister

Verschijning in persoon [C46 art. 10 ERV 1959]
Verschijnplicht van getuige voor rechter-commissaris [C2 art. 213 Sv]
Verschoning bij aangifteplicht [C1 art. 137 Sr]
Verschoning door rechter bij behandeling van wrakingsverzoek [C2 art. 517 Sv]
Verschoning en wraking [C24 art. 15 Wtlvhz]
Verschoning vanwege afgeschermde getuige [C2 art. 219b Sv]
Verschoning vanwege geheimhoudingsplicht van getuigen [C2 art. 218 Sv]
Verschoning vanwege identiteit bedreigde getuige [C2 art. 219a Sv]
Verschoningsrecht getuige in geval van familiebanden [C2 art. 219 Sv]
Verschoningsrecht journalist/publicist [C2 art. 218a Sv]
Verschoningsrecht van getuigen [C2 art. 217 Sv]
Verschuldigd bedrag [C23 art. 41 WWM]
Verslag over de toepassing [C41 art. 37]
Verslaglegging door gerechtelijke deskundige [C2 art. 51l Sv]
Verspreiden afbeeldingsdrager met afbeelding van ontuchtige handeling mens en dier [C1 art. 254a Sr]
Verspreiden technisch hulpmiddel of computerwachtwoord [C1 art. 350d Sr]
Verspreiden van afbeeldingen van seksuele gedragingen met jeugdige [C1 art. 240b Sr]
Verspreiding van aanbiedingen van medeplichtigheid [C1 art. 134 Sr]
Verspreiding van afbeeldingen of voorwerpen die aanstotelijk voor de eerbaarheid kunnen zijn [C1 art. 240 Sr]
Verspreiding van beledigend geschrift over overledene [C1 art. 271 Sr]
Verspreiding van opruiende stukken [C1 art. 132 Sr]
Verstandhouding met vreemde mogendheid [C1 art. 97 Sr]
Verstekverlening [C2 art. 509d Sv]
Verstekverlening aan verdachte [C2 art. 280 Sv]
Verstekverlening voor de kantonrechter [C2 art. 392 Sv]
Verstekvonnis/strafbeschikking, betekening aan veroordeelde [C52 art. 23 EVigs]
Verstekvonnis/strafbeschikking, toezending aan aangezochte Staat [C52 art. 22 EVigs]
Verstekvonnis/strafbeschikking, verzet [C52 art. 24 EVigs]
Verstrekken inbouwapparatuur [C14 art. 145d WVW]
Verstrekken onjuiste gegevens [C1 art. 447c Sr]
Verstrekken persoonsdossier aan EU-lidstaten [C9 art. 42a WJG]
Verstrekken van afschrift processtukken aan verdachte [C2 art. 32 Sv]
Verstrekken van bepaalde identificerende gegevens bij terroristische misdrijven [C2 art. 126ii Sv]
Verstrekken van informatie door Financiële inlichtingen eenheid [C25 art. 14a Wwft]
Verstrekken van onjuiste gegevens [C1 art. 227a Sr]
Verstrekking bij sollicitatie ambtelijke dienst [C10 art. 23 BJG]
Verstrekking bij veroordelingen jeugdigen [C9 art. 12 WJG]
Verstrekking bij veroordelingen rechtspersonen [C9 art. 11 WJG]
Verstrekking gegevens aan politie [C14 art. 70c WVW]
Verstrekking gegevens persoonsdossier [C9 art. 42 WJG]
Verstrekking gegevens rapporten uit persoonsdossier [C10 art. 47 BJG]
Verstrekking gegevens uit rijbewijzenregister aan ontvangers [C14 art. 128 WVW]
Verstrekking gegevens uit rijbewijzenregister aan overheidsorganen [C14 art. 127 WVW]
Verstrekking gevoelige gegevens bij inbreuk op rechtsorde [C2 art. 126nf Sv]
Verstrekking justitiële gegevens [C9 art. 8 WJG]
Verstrekking justitiële gegevens aan andere EU-lidstaat [C9 art. 16 WJG]
Verstrekking justitiële gegevens aan betrokkene, gronden voor afwijzing [C9 art. 21 WJG]
Verstrekking justitiële gegevens aan betrokkene, ontvangstbevestiging [C9 art. 21 WJG]
Verstrekking justitiële gegevens aan betrokkene, procedure [C9 art. 17b WJG]
Verstrekking justitiële gegevens aan betrokkene, toegankelijke informatie [C9 art. 17a WJG]
Verstrekking justitiële gegevens aan derde landen [C9 art. 16a WJG]
Verstrekking justitiële gegevens bij zwaarwegend algemeen belang [C9 art. 8a WJG]
Verstrekking justitiële gegevens bij zwaarwegend algemeen belang aan bij AMvB aangewezen instanties [C9 art. 13, art. 14, art. 9 WJG]
Verstrekking justitiële gegevens, rechten betrokkene [C9 art. 19 WJG]
Verstrekking justitiële gegevens t.b.v. het nemen van bestuursbesluiten [C10 art. 13 BJG]
Verstrekking justitiële gegevens t.b.v. oplegging bestuurlijke boete [C10 art. 13a BJG]
Verstrekking politiegegevens aan derden, geheimhouding [C12 art. 4:8 BPolG]
Verstrekking politiegegevens binnen de EU, strafrechtelijke handhaving rechtsorde [C12 art. 5:3 BPolG]
Verstrekking strafvorderlijke gegevens aan betrokkene, toegankelijke informatie [C9 art. 39ha WJG]
Verstrekking strafvorderlijke gegevens aan derde landen [C9 art. 39ga WJG]

Alfabetisch trefwoordenregister

V

Verstrekking strafvorderlijke gegevens aan EU-lidstaten [C9 art. 39ga WJG]
Verstrekking strafvorderlijke gegevens bij zwaarwegend algemeen belang [C9 art. 39e WJG]
Verstrekking strafvorderlijke gegevens, rechten betrokkene [C9 art. 39i WJG]
Verstrekking strafvorderlijke gegevens, rectificatie op verzoek betrokkene [C9 art. 39l WJG]
Verstrekking tellerstand [C14 art. 70n WVW]
Verstrekking van gegevens vorderen bij communicatiediensten [C2 art. 126ng Sv]
Verstrekking van nieuwe gegevens vorderen door officier van justitie [C2 art. 126ne Sv]
Verstrekking VOG [C25 art. 35a Wwft]
Vertalen processtukken [C2 art. 32a Sv]
Vertaling documenten [C50 art. 18 EVOS]
Vertaling mededeling vonnis [C2 art. 366 Sv]
Vertaling strafbaar feit [C2 art. 78 Sv]
Vertaling van strafbaar feit [C2 art. 59 Sv]
Vertegenwoordigingstaak directie CBR [C14 art. 4af WVW]
Vertolking van uitspraak [C2 art. 362 Sv]
Vertrek voor getuigen [C2 art. 289 Sv]
Vervallen ontheffing [C22 art. 8g Opw]
Vervallen recht tot strafvervolging [C50 art. 4 EVOS]
Vervallen tenaamstelling [C14 art. 51a WVW]
Vervallen typegoedkeuring [C14 art. 24 WVW]
Vervallen van recht tot strafvordering bij overlijden verdachte [C1 art. 69 Sr]
Vervallen van recht tot strafvordering en uitvoering straf [C1 art. 77 Sr]
Vervallen wet van 4 oktober 1919 [C22 art. 15 Opw]
Vervallenverklaring van de zekerheid [C2 art. 548 Sv]
Vervallenverklaring zekerheid bij opheffing schorsing voorlopige hechtenis [C2 art. 83 Sv]
Vervalsen van persoonsgegevens [C1 art. 231a Sr]
Vervalsing van boeken door ambtenaar [C1 art. 360 Sr]
Vervalsing van geneeskundige verklaring [C1 art. 229 Sr]
Vervalsing van werken [C1 art. 326b Sr]
Vervangende directieleden [C14 art. 4h WVW]
Vervangende hechtenis [C1 art. 24c Sr] [C38 art. 16 WWETGC]
Vervangende hechtenis bij taakstraf [C1 art. 22d Sr]
Vervangende hechtenis in geval van art. 38v Sr [C1 art. 38w Sr]
Vervangende jeugddetentie [C1 art. 77l, art. 77n, art. 77wc Sr]
Vervangende jeugddetentie op bevel van rechter [C1 art. 77we Sr]
Vervanging kentekenbewijs [C14 art. 55 WVW]
Vervanging keuringsbewijzen [C14 art. 80 WVW]
Vervanging oud of verloren rijbewijs [C14 art. 120 WVW]
Vervoer gedetineerde, commissie van toezicht [C26 art. 18e PBW]
Vervoer gedetineerde, nadere regels [C26 art. 18d PBW]
Vervoer jeugdige, commissie van toezicht [C31 art. 19b BJJI]
Vervoer jeugdige, nadere regels [C31 art. 19a BJJI]
Vervoer verpleegde, commissie van toezicht [C30 art. 12 BVTG]
Vervoer verpleegde, nadere regels [C30 art. 11 BVTG]
Vervoersverbod wapens en munitie van categorieën II en III [C23 art. 22 WWM]
Vervolging belediging o.g.v. klacht [C1 art. 269 Sr]
Vervolging door openbaar ministerie [C2 art. 167 Sv]
Vervolging en berechting van een rechtspersoon [C2 art. 528 Sv]
Vervolging na klacht ingesteld door vertegenwoordiger [C2 art. 165a Sv]
Vervolging op klacht [C1 art. 420 Sr]
Vervolgonderzoek [C2 art. 56a Sv]
Vervolgonderzoek, verlenging termijn [C2 art. 56b Sv]
Verweer omtrent nietigheid van de dagvaarding, onbevoegdheid van de rechtbank of niet-ontvankelijkheid van het openbaar ministerie [C2 art. 283 Sv]
Verwerker politiegegevens [C11 art. 6c WPolG]
Verwerking gegevens, nadere regels [C5 art. 24 PolW]
Verwerking gegevens ongebruikelijke transacties, autorisatie [C12 art. 2:7 BPolG]
Verwerking gegevens over ernstige misdrijven, autorisatie [C12 art. 2:4 BPolG]
Verwerking informantgegevens, opleiding [C12 art. 2:9 BPolG]
Verwerking justitiële gegevens [C9 art. 2 WJG]
Verwerking justitiële gegevens in nieuw gegevensbestand, raadplegen AP [C9 art. 26h WJG]
Verwerking justitiële gegevens, klacht bij AP [C9 art. 26a WJG]
Verwerking ontvangen justitiële gegevens van derde land of internationaal orgaan [C10 art. 33 BJG]
Verwerking ontvangen justitiële gegevens van lidstaat [C10 art. 38 BJG]

Alfabetisch trefwoordenregister

Verwerking (persoons)gegevens [C14 art. 129 WVW]
Verwerking persoonsgegevens door korpschef, soorten [C23 art. 44 WWM]
Verwerking persoonsgegevens ter voorkoming van witwassen of financiering van terrorisme [C25 art. 34a Wwft]
Verwerking persoonsgegevens, Wet politiegegevens niet van toepassing [C23 art. 7b WWM]
Verwerking politiegegevens, aanwijzing functionarissen [C12 art. 2:10 BPolG]
Verwerking politiegegevens, autorisatie [C12 art. 2:1 BPolG]
Verwerking politiegegevens BES, misdrijven [C12 art. 6a:3 BPolG]
Verwerking politiegegevens, codering [C12 art. 2:12 BPolG]
Verwerking politiegegevens, ernstige misdrijven [C12 art. 3:1 BPolG]
Verwerking politiegegevens, geautomatiseerd vergelijken [C12 art. 2:2 BPolG]
Verwerking politiegegevens, gegevensvergelijking [C12 art. 2:11 BPolG]
Verwerking politiegegevens, informanten [C12 art. 2:3 BPolG]
Verwerking politiegegevens, ondersteunende taken [C12 art. 6:2 BPolG]
Verwerking politiegegevens, protocol vastlegging [C12 art. 6:4 BPolG]
Verwerking politiegegevens, weigeringsgronden [C12 art. 2:13 BPolG]
Verwerking strafvorderlijke gegevens [C9 art. 39b WJG]
Verwerking strafvorderlijke gegevens, bijzondere persoonsgegevens [C9 art. 39c WJG]
Verwerking strafvorderlijke gegevens, schakelbepaling [C9 art. 39c WJG]
Verwerking tenuitvoerleggingsgegevens [C9 art. 51a WJG]
Verwerking tenuitvoerleggingsgegevens, beheer [C9 art. 51a WJG]
Verwerking tenuitvoerleggingsgegevens, schakelbepalingen [C9 art. 51b WJG]
Verwerkingsverantwoordelijke, inhoud register [C9 art. 26c WJG]
Verwerkingsverantwoordelijke, logging [C9 art. 26e WJG]
Verwerkingsverantwoordelijke politiegegevens [C11 art. 4 WPolG]
Verwerkingsverantwoordelijke, schriftelijke vastlegging [C9 art. 26d WJG]
Verwerkingsverantwoordelijke strafvorderlijke gegevens [C9 art. 39a WJG]
Verwerven van goed van minderjarige of wilsonbekwame [C1 art. 437bis Sr]
Verwerving nieuw getuigschrift vakbekwaamheid na eerdere ongeldigheid [C14 art. 151i WVW]
Verwijderen van ijk afkeuringsmerk [C1 art. 221 Sr]
Verwijzing naar meervoudige kamer [C2 art. 21, art. 369, art. 411 Sv]
Verwijzing naar politierechter [C2 art. 282a Sv]
Verzaken hulpverleningsplicht door schipper [C1 art. 414 Sr]
Verzet, ambtshalve toevoeging raadsman [C52 art. 27 EVigs]
Verzet, behandeling in aangezochte Staat [C52 art. 26 EVigs]
Verzet, behandeling in verzoekende Staat [C52 art. 25 EVigs]
Verzet betrokkene [C9 art. 39q WJG]
Verzet, herstel in oorspronkelijke toestand [C52 art. 30 EVigs]
Verzet, rechterlijke beslissing [C52 art. 28 EVigs]
Verzet tegen strafbeschikking [C2 art. 257e Sv]
Verzet tegen verwerking [C9 art. 26, art. 50 WJG]
Verzet, veroordeling op tegenspraak [C52 art. 29 EVigs]
Verzoek aan andere staat [C2 art. 126zga Sv]
Verzoek afschrift niet in persoon betekend vonnis [C39 art. 12a OW]
Verzoek om informatie over witwassen en financieren terrorisme [C25 art. 13b Wwft]
Verzoek om rechtshulp [C2 art. 5.1.1 Sv]
Verzoek om rechtshulp aan buitenland [C2 art. 5.1.2 Sv]
Verzoek om rechtshulp aan buitenland, getuige/deskundige/verdachte [C2 art. 5.1.3a Sv]
Verzoek om rechtshulp aan buitenland, vereisten [C2 art. 5.1.3 Sv]
Verzoek om rechtshulp aan Nederland, betekenen/uitreiken stukken [C2 art. 5.1.14 Sv]
Verzoek om rechtshulp aan Nederland, doorgeleiding telecommunicatie [C2 art. 5.1.12 Sv]
Verzoek om rechtshulp aan Nederland, inwilliging van [C2 art. 5.1.4 Sv]
Verzoek om rechtshulp aan Nederland, inwilliging/uitvoering door opsporingsambtenaren [C2 art. 5.1.7 Sv]
Verzoek om rechtshulp aan Nederland, inzet opsporingsbevoegdheden/dwangmiddelen [C2 art. 5.1.8 Sv]
Verzoek om rechtshulp aan Nederland, klachtrecht tegen inbeslagneming [C2 art. 5.1.11 Sv]
Verzoek om rechtshulp aan Nederland, opnemen telecommunicatie [C2 art. 5.1.13 Sv]
Verzoek om rechtshulp aan Nederland, overdracht resultaten [C2 art. 5.1.10 Sv]
Verzoek om rechtshulp aan Nederland, uitvoering [C2 art. 5.1.6 Sv]
Verzoek om rechtshulp aan Nederland, videoconferentie [C2 art. 5.1.9 Sv]
Verzoek om rechtshulp aan Nederland, weigeringsgronden [C2 art. 5.1.5 Sv]
Verzoek om tenuitvoerlegging, aanvullende gegevens [C52 art. 17 EVigs]
Verzoek om tenuitvoerlegging, benodigde stukken [C52 art. 16 EVigs]
Verzoek om tenuitvoerlegging, informeren verzoekende Staat [C52 art. 18 EVigs]

Alfabetisch trefwoordenregister

V

Verzoek om tenuitvoerlegging, vertaling [C52 art. 19 EVigs]
Verzoek om tenuitvoerlegging, vrijstelling van legalisatie [C52 art. 20 EVigs]
Verzoek om uitstel [C2 art. 278 Sv]
Verzoek om voorlopige aanhouding [C47 art. 16 EUV]
Verzoek overname tot strafvervolging [C50 art. 6 EVOS]
Verzoek tenuitvoerlegging aan Nederland, beslissing minister [C35 art. 57 WOTS]
Verzoek tot bijvoegen processtukken [C2 art. 34 Sv]
Verzoek tot invrijheidstelling door verdachte [C2 art. 59a Sv]
Verzoek tot kennisneming [C2 art. 34 Sv]
Verzoek tot regeling van rechtsgebied [C2 art. 526 Sv]
Verzoek tot schorsing vervolging na prejudicieel geschil [C2 art. 15 Sv]
Verzoek tot uitstel voor de kantonrechter [C2 art. 394 Sv]
Verzoek tot verlenging van toezichttermijn van voorlopige hechtenis door andere lidstaat van de EU [C2 art. 5.7.20 Sv]
Verzoek tot wijzigen/opnemen gegeven [C14 art. 43e WVW]
Verzoek tot wraking [C2 art. 513 Sv]
Verzoek van onderzoek door rechter-commissaris [C2 art. 182 Sv]
Verzoek van slachtoffer om onderzoek naar misdrijf [C2 art. 177b Sv]
Verzoekschrift om bemiddeling door Medisch Adviseur [C26 art. 71c PBW]
Verzuim akte inschrijven door ambtenaar [C1 art. 467 Sr]
Verzuim bijhouden dagboeken door schipper [C1 art. 471 Sr]
Verzuim hulpverlening door schipper [C1 art. 474 Sr]
Verzuim inschrijving geboorten en sterfgevallen door schipper [C1 art. 472 Sr]
Verzuim kennisgeving van misdrijven in geval van art. 539u Sv. [C1 art. 471a Sr]
Verzwarende omstandigheden bij mishandeling [C1 art. 304 Sr]
Verzwijgen van huwelijksbeletsel [C1 art. 238 Sr]
Vijand [C1 art. 87 Sr]
Voeging [C2 art. 407 Sv]
Voeging bij processtukken door officier van justitie in geval van opsporing [C2 art. 149b Sv]
Voeging bij processtukken of verzending naar bestemming [C2 art. 102 Sv]
Voeging van de benadeelde partij in hoger beroep [C2 art. 421 Sv]
Voeging van processen-verbaal en andere voorwerpen bij processtukken [C2 art. 126aa Sv]
Voeging van strafbare feiten [C2 art. 259, art. 285 Sv]
Voeren van een valse vlag door schipper [C1 art. 409 Sr]
Voertuig naar plaats van onderzoek [C14 art. 160 WVW]
Voetganger, voorrangsregel gehandicapte [C15 art. 49 RVV]
Volgorde getuigenverhoren [C2 art. 289 Sv]
Volgorde van verhoren op terechtzitting [C2 art. 288a Sv]
Volkenrechtelijke uitzonderingen [C1 art. 8d Sr]
Voltooiing en beëindiging tenuitvoerlegging [C38 art. 9 WWETGC]
Voltooiing onderzoekshandelingen door rechter-commissaris [C2 art. 237 Sv]
Voor erkenning en tenuitvoerlegging vatbare sancties [C38 art. 6 WWETGC]
Voorafgaande toestemming buitenlandse toezichthouder [C25 art. 22a Wwft]
Voorafgaande toestemming Nederlandse toezichthouder [C25 art. 22a Wwft]
Voorbereiding geweldpleging [C1 art. 141a Sr]
Voorbereiding in geval van artt. 92-95a Sr [C1 art. 96 Sr]
Voorbereiding of vergemakkelijking terroristisch misdrijf [C1 art. 83b Sr]
Voorbereiding van een terroristisch misdrijf [C1 art. 134a Sr]
Voordracht van de zaak door officier van justitie [C2 art. 284 Sv]
Voorgeleiding voor rechter-commissaris [C2 art. 59a Sv]
Voorgeleiding voor rechter-commissaris door OvJ [C2 art. 60 Sv]
Voorgenomen misdrijf verzwijgen [C1 art. 136 Sr]
Voorhanden hebben van materiaal voor namaak muntstukken of bankbiljetten [C1 art. 214 Sr]
Voorhanden hebben van materiaal voor vervalsing [C1 art. 223 Sr]
Voorlezing van de stukken door voorzitter op terechtzitting [C2 art. 301 Sv]
Voorlopig ademonderzoek [C16 art. 6] [C17 art. 3]
Voorlopig middelenonderzoek [C2 art. 55d Sv]
Voorlopige aanhouding, bevoegdheid officier van justitie [C35 art. 9 WOTS]
Voorlopige aanhouding, kennisgeving [C35 art. 12 WOTS]
Voorlopige aanhouding, rol rechter-commissaris [C35 art. 10 WOTS]
Voorlopige aanhouding, verlenging termijn bewaring [C35 art. 11 WOTS]
Voorlopige hechtenis [C2 art. 133 Sv]
Voorlopige hechtenis bij schorsing vervolging [C2 art. 17 Sv]
Voorlopige hechtenis door rechterlijke beslissing [C2 art. 86 Sv]
Voorlopige hechtenis jeugdige verdachte [C2 art. 493 Sv]

Sdu

Alfabetisch trefwoordenregister

Voorlopige hechtenis schorsen [C2 art. 80 Sv]
Voorlopige maatregelen [C41 art. 32]
Voorlopige maatregelen aangezochte staat [C50 art. 28 EVOS]
Voorlopige maatregelen, aanhouding veroordeelde [C52 art. 32 EVigs]
Voorlopige maatregelen, overbrenging naar verzoekende Staat [C52 art. 34 EVigs]
Voorlopige maatregelen, rechten gedagvaarde [C52 art. 35 EVigs]
Voorlopige maatregelen, voorlopige inbeslagneming [C52 art. 36 EVigs]
Voorlopige maatregelen, voorwaarden invrijheidstelling [C52 art. 33 EVigs]
Voorlopige voorziening voorkoming openbaarmaking sanctie of overtreding [C25 art. 32j Wwft]
Voorrang verlenen, bestuurder [C15 art. 15 RVV]
Voorrangsvoertuig, voorrangsregel [C15 art. 50 RVV]
Voorschrijven op recept [C22 art. 4 Opw]
Voortduren zekerheid niet langer noodzakelijk [C2 art. 85 Sv]
Voortgezette handeling [C1 art. 56 Sr]
Voortzetten onderzoek door hulpofficier van justitie en opsporingsambtenaren na nadere bevelen [C2 art. 159 Sv]
Voortzetting voor ander gerecht [C2 art. 246 Sv]
Voorwaardelijke beëindiging van plaatsing in inrichting voor jeugdigen [C1 art. 77ta Sr]
Voorwaardelijke beëindiging verpleging van overheidswege bij terbeschikkingstelling [C1 art. 38g Sr]
Voorwaardelijke niet-tenuitvoerlegging [C1 art. 77z Sr]
Voorwaardelijke oplegging van plaatsing in inrichting voor stelselmatige daders [C1 art. 38p Sr]
Voorwaardelijke overlevering [C47 art. 19 EUV]
Voorwaardelijke straf [C1 art. 14a Sr]
Voorwaarden doorzending justitiële gegevens [C10 art. 36 BJG]
Voorwaarden in geval van art. 38 Sr [C1 art. 38a Sr]
Voorwaarden inschrijving en tenaamstelling [C14 art. 48 WVW]
Voorwaarden rijonderricht [C14 art. 110b WVW]
Voorwaarden ter voorkoming van strafvervolging [C1 art. 74 Sr]
Voorwaarden voor het uitvaardigen en toezenden van een EOB [C41 art. 6]
Voorwaarden voor verstrekking [C9 art. 10 WJG]
Voorwerpen onderzoeken in geval van terroristische misdrijven [C2 art. 126zq Sv]
Voorwerpen vatbaar voor inbeslagneming [C2 art. 94 Sv]
Voorwerpen vatbaar voor onttrekking aan het verkeer [C1 art. 36c, art. 36d Sr]
Vorderen gegevens communicatieverkeer van telecommunicatiebedrijf in geval van terroristische misdrijven [C2 art. 126zh Sv]
Vorderen opgeslagen gegevens of vastgelegde identificerende gegevens in geval van terroristische misdrijven [C2 art. 126zk Sv]
Vorderen persoonsgegevens van telecommunicatiebedrijf bij terroristische misdrijven [C2 art. 126zi Sv]
Vorderen telefoonnummer van telecommunicatiebedrijf bij terroristische misdrijven [C2 art. 126zj Sv]
Vorderen van camerabeelden door opsporingsambtenaar [C2 art. 126nda Sv]
Vorderen van gegevens van telecommunicatiebedrijven in geval van vroegsporing [C2 art. 126ug Sv]
Vorderen van gevoelige gegevens bij de opsporing van terroristische misdrijven [C2 art. 126zn Sv]
Vorderen van overige gegevens van telecommunicatiebedrijf bij terroristische misdrijven [C2 art. 126zo Sv]
Vorderen van toekomstige gegevens bij de opsporing van terroristische misdrijven [C2 art. 126zm Sv]
Vordering benadeelde partij gelijktijdig met strafzaak [C2 art. 361 Sv]
Vordering bij overtreding maximumsnelheid [C14 art. 164 WVW]
Vordering bij rijden onder invloed [C14 art. 164 WVW]
Vordering gegevens gebruiker communicatiedienst [C2 art. 126n Sv]
Vordering identificerende gegevens door opsporingsambtenaar [C2 art. 126nc Sv]
Vordering medewerking ontsleutelen gegevens [C2 art. 126m Sv]
Vordering of verzoek tot aanvulling van vonnis [C2 art. 365c Sv]
Vordering opheffing schorsing [C2 art. 84 Sv]
Vordering tegen AP [C9 art. 26b WJG]
Vordering tot het verstrekken van gegevens door officier van justitie in geval van vroegsporing [C2 art. 126ud Sv]
Vordering tot het verstrekken van nieuwe gegevens in geval van vroegsporing [C2 art. 126ue Sv]
Vordering tot toegang gegevens door officier van justitie in geval van vroegsporing [C2 art. 126uf Sv]

W

Vordering tot verstrekken gegevens in geval van vroegsporing [C2 art. 126ua Sv]
Vordering tot verstrekken van gegevens bij terroristische misdrijven [C2 art. 126hh Sv]
Vordering tot verstrekken van gegevens door officier van justitie [C2 art. 126nd Sv]
Vordering van onderzoek door rechter-commissaris [C2 art. 181 Sv]
Vormgeving kentekenbewijs [C14 art. 52 WVW]
Vormvereisten bij inbeslagneming [C2 art. 94b Sv]
Vormverzuim herstellen in opsporingsonderzoek [C2 art. 199 Sv]
Vormverzuim in voorbereidend onderzoek [C2 art. 256 Sv]
Vormverzuimen bij beroep in cassatie [C2 art. 431 Sv]
Vragen over geestvermogens van de verdachte [C2 art. 300 Sv]
Vreemde krijgsdienst dienen [C1 art. 101 Sr]
Vrij verkeer tussen raadsman en verdachte [C2 art. 45 Sv]
Vrijheid van geweten en godsdienst [C58 art. 9 EVRM]
Vrijheid van meningsuiting [C58 art. 10 EVRM]
Vrijheidsbeperkende maatregel [C1 art. 38v Sr]
Vrijheidsberoving [C1 art. 282 Sr]
Vrijheidsberoving door ambtenaar [C1 art. 368 Sr]
Vrijheidsberoving door schuld [C1 art. 283 Sr]
Vrijheidsberoving met dwang [C1 art. 282a Sr]
Vrijheidsberoving met terroristisch oogmerk [C1 art. 282b Sr]
Vrijheidsstraf of vrijheidsbenemende maatregel, tenuitvoerlegging [C26 art. 2 PBW]
Vrijheidsstraffen [C1 art. 21 Sr]
Vrijspraak van verdachte [C2 art. 352 Sv]
Vrijstelling legalisatie [C50 art. 19 EVOS]
Vrijstelling of ontheffing voor bepaalde wapens of munitie [C23 art. 4 WWM]
Vrijstelling openbare diensten [C14 art. 147 WVW]
Vrijstelling toezicht door de Nederlandsche Bank [C25 art. 1e Wwft]
Vrijstelling van formaliteiten [C46 art. 17 ERV 1959]
Vrijwaring meldende instelling tegen strafrechtelijke vervolging [C25 art. 19 Wwft]
Vrijwillige kennisgeving identiteit voorkomt strafvervolging [C14 art. 184 WVW]
Vrijwillige terugtred [C1 art. 46b Sr]
Vuurwapen [C6 art. 7 Ambtsinstr.]
Vuurwapen met lange afstandsprecisievuur [C6 art. 9 Ambtsinstr.]
Vuurwapen met niet-penetrerende munitie [C6 art. 11 Ambtsinstr.]

W

Waarborgen goede informatiepositie rechter-commissaris [C2 art. 177a Sv]
Waarborgsom [C2 art. 538 Sv]
Waarneming aangewezen raadsman [C2 art. 44 Sv]
Waarschuwing gebruik pepperspray [C6 art. 12b Ambtsinstr.]
Waarschuwing gebruik vuurwapen [C6 art. 10a Ambtsinstr.]
Waarschuwing of verklaring met vermelding overtreding [C25 art. 32e Wwft]
Waarschuwingsschot [C6 art. 10a Ambtsinstr.]
War crime of attacking civilian objects [C54 art. 8(2)(b)(ii)8(2)(b)/8(2)(b) EoC]
War crime of attacking civilians
  [C54 art. 8(2)(b)(i)8(2)(b)/8(2)(b), art. 8(2)(e)(i)8(2)(e)/8(2)(e) EoC]
War crime of attacking objects or persons using the distinctive emblems of the Geneva
  Conventions [C54 art. 8(2)(b)(xxiv)8(2)(b)/8(2)(b), art. 8(2)(e)(ii)8(2)(e)/8(2)(e) EoC]
War crime of attacking personnel or objects involved in a humanitarian assistance or
  peacekeeping mission
  [C54 art. 8(2)(b)(iii)8(2)(b)/8(2)(b), art. 8(2)(e)(iii)8(2)(e)/8(2)(e) EoC]
War crime of attacking protected objects
  [C54 art. 8(2)(b)(ix)8(2)(b)/8(2)(b), art. 8(2)(e)(iv)8(2)(e)/8(2)(e) EoC]
War crime of attacking undefended places [C54 art. 8(2)(b)(v)8(2)(b)/8(2)(b) EoC]
War crime of biological experiments [C54 art. 8(2)(a)(ii)-38(2)(a)/8(2)(a) EoC]
War crime of compelling participation in military operations
  [C54 art. 8(2)(b)(xv)8(2)(b)/8(2)(b) EoC]
War crime of compelling service in hostile forces [C54 art. 8(2)(a)(v)8(2)(a)/8(2)(a) EoC]
War crime of cruel treatment [C54 art. 8(2)(c)(i)-38(2)(c)/8(2)(c) EoC]
War crime of denying a fair trial [C54 art. 8(2)(a)(vi)8(2)(a)/8(2)(a) EoC]
War crime of denying quarter
  [C54 art. 8(2)(b)(xii)8(2)(b)/8(2)(b), art. 8(2)(e)(x)8(2)(e)/8(2)(e) EoC]
War crime of depriving the nationals of the hostile power of rights or actions
  [C54 art. 8(2)(b)(xiv)8(2)(b)/8(2)(b) EoC]
War crime of destroying or seizing the enemy's property
  [C54 art. 8(2)(b)(xiii)8(2)(b)/8(2)(b), art. 8(2)(e)(xii)8(2)(e)/8(2)(e) EoC]

W

Alfabetisch trefwoordenregister

War crime of destruction and appropriation of property [C54 art. 8(2)(a)(iv)8(2)(a)/8(2)(a) EoC]
War crime of displacing civilians [C54 art. 8(2)(e)(viii)8(2)(e)/8(2)(e) EoC]
War crime of employing poison or poisoned weapons [C54 art. 8(2)(b)(xvii)8(2)(b)/8(2)(b) EoC]
War crime of employing prohibited bullets [C54 art. 8(2)(b)(xix)8(2)(b)/8(2)(b) EoC]
War crime of employing prohibited gases, liquids, materials or devices
 [C54 art. 8(2)(b)(xviii)8(2)(b)/8(2)(b) EoC]
War crime of employing weapons, projectiles or materials or methods of warfare listed in the
 Annex to the Statute [C54 art. 8(2)(b)(xx)8(2)(b)/8(2)(b) EoC]
War crime of enforced prostitution
 [C54 art. 8(2)(b)(xxii)-38(2)(b)/8(2)(b), art. 8(2)(e)(vi)-38(2)(e)/8(2)(e) EoC]
War crime of enforced sterilization
 [C54 art. 8(2)(b)(xxii)-58(2)(b)/8(2)(b), art. 8(2)(e)(vi)-58(2)(e)/8(2)(e) EoC]
War crime of excessive incidental death, injury, or damage
 [C54 art. 8(2)(b)(iv)8(2)(b)/8(2)(b) EoC]
War crime of forced pregnancy
 [C54 art. 8(2)(b)(xxii)-48(2)(b)/8(2)(b), art. 8(2)(e)(vi)-48(2)(e)/8(2)(e) EoC]
War crime of improper use of a flag, insignia or uniform of the hostile party
 [C54 art. 8(2)(b)(vii)8(2)(b)/8(2)(b) EoC]
War crime of improper use of a flag, insignia or uniform of the United Nations
 [C54 art. 8(2)(b)(vii)8(2)(b)/8(2)(b) EoC]
War crime of improper use of a flag of truce [C54 art. 8(2)(b)(vii)8(2)(b)/8(2)(b) EoC]
War crime of improper use of the distinctive emblems of the Geneva Conventions
 [C54 art. 8(2)(b)(vii)8(2)(b)/8(2)(b) EoC]
War crime of inhuman treatment [C54 art. 8(2)(a)(ii)-28(2)(a)/8(2)(a) EoC]
War crime of killing or wounding a person hors de combat
 [C54 art. 8(2)(b)(vi)8(2)(b)/8(2)(b) EoC]
War crime of medical or scientific experiments
 [C54 art. 8(2)(b)(x)-28(2)(b)/8(2)(b), art. 8(2)(e)(xi)-28(2)(e)/8(2)(e) EoC]
War crime of murder [C54 art. 8(2)(c)(i)-18(2)(c)/8(2)(c) EoC]
War crime of mutilation
 [C54 art. 8(2)(b)(x)-18(2)(b)/8(2)(b), art. 8(2)(c)(i)-28(2)(c)/8(2)(c), art. 8(2)(e)(xi)-18(2)(e)/8(2)(e) EoC]
War crime of outrages upon personal dignity
 [C54 art. 8(2)(b)(xxi)8(2)(b)/8(2)(b), art. 8(2)(c)(ii)8(2)(c)/8(2)(c) EoC]
War crime of pillaging [C54 art. 8(2)(b)(xvi)8(2)(b)/8(2)(b), art. 8(2)(e)(v)8(2)(e)/8(2)(e) EoC]
War crime of rape [C54 art. 8(2)(b)(xxii)-18(2)(b)/8(2)(b), art. 8(2)(e)(vi)-18(2)(e)/8(2)(e) EoC]
War crime of sentencing or execution without due process
 [C54 art. 8(2)(c)(iv)8(2)(c)/8(2)(c) EoC]
War crime of sexual slavery
 [C54 art. 8(2)(b)(xxii)-28(2)(b)/8(2)(b), art. 8(2)(e)(vi)-28(2)(e)/8(2)(e) EoC]
War crime of sexual violence
 [C54 art. 8(2)(b)(xxii)-68(2)(b)/8(2)(b), art. 8(2)(e)(vi)-68(2)(e)/8(2)(e) EoC]
War crime of starvation as a method of warfare [C54 art. 8(2)(b)(xxv)8(2)(b)/8(2)(b) EoC]
War crime of taking hostages
 [C54 art. 8(2)(a)(viii)8(2)(a)/8(2)(a), art. 8(2)(c)(iii)8(2)(c)/8(2)(c) EoC]
War crime of torture [C54 art. 8(2)(a)(ii)-18(2)(a)/8(2)(a), art. 8(2)(c)(i)-48(2)(c)/8(2)(c) EoC]
War crime of treacherously killing or wounding
 [C54 art. 8(2)(b)(xi)8(2)(b)/8(2)(b), art. 8(2)(e)(ix)8(2)(e)/8(2)(e) EoC]
War crime of unlawful confinement [C54 art. 8(2)(a)(vii)8(2)(a)/8(2)(a) EoC]
War crime of unlawful deportation and transfer [C54 art. 8(2)(a)(vii)8(2)(a)/8(2)(a) EoC]
War crime of using, conscripting and enlisting children [C54 art. 8(2)(e)(vii)8(2)(e)/8(2)(e) EoC]
War crime of using, conscripting or enlisting children
 [C54 art. 8(2)(b)(xxvi)8(2)(b)/8(2)(b) EoC]
War crime of using protected persons as shields [C54 art. 8(2)(b)(xxiii)8(2)(b)/8(2)(b) EoC]
War crime of wilful killing [C54 art. 8(2)(a)(i)8(2)(a)/8(2)(a) EoC]
War crime of wilfully causing great suffering [C54 art. 8(2)(a)(iii)8(2)(a)/8(2)(a) EoC]
War crimes [C54 art. 8/ EoC]
Waterkanon [C6 art. 14 Ambtsinstr.]
Wederhoor in geval van art. 12 Sv. [C2 art. 12e Sv]
Wederkerigheid [C46 art. 5 ERV 1959]
Wederkerigheidsvereiste [C50 art. 41 EVOS]
Wederrechtelijk handelen door schipper [C1 art. 402 Sr]
Wederrechtelijk handelen door schipper door verandering van koers [C1 art. 403 Sr]
Wederrechtelijk in omloop brengen van geld [C1 art. 210 Sr]
Wederrechtelijke dwang [C1 art. 284 Sr]
Wederrechtelijke dwang splijtstof [C1 art. 284a Sr]

Alfabetisch trefwoordenregister

W

Wederspannigheid [C1 art. 180 Sr]
Wederzijdse erkenning buitenlandse sancties [C38 art. 2 WWETGC]
Wedstrijden [C14 art. 10 WVW]
Wegblijven als getuige, deskundige of tolk [C1 art. 444 Sr]
Wegblijven van een rechterlijk horen van verwanten [C1 art. 445 Sr]
Wegmaken van ambtelijk bewaard bewijsstuk [C1 art. 200 Sr]
Wegmaken van lijk [C1 art. 151 Sr]
Wegsleepregeling [C14 art. 170 WVW]
Weigeren ontheffing [C22 art. 8c Opw]
Weigeren van gevorderd hulpbetoon [C1 art. 446 Sr]
Weigeren van meenemen veroordeelde door schipper [C1 art. 412 Sr]
Weigering afgifte verklaring [C9 art. 35 WJG]
Weigering consent tot binnenkomen [C23 art. 20 WWM]
Weigering consent tot uitgaan [C23 art. 20 WWM]
Weigering inschrijving [C14 art. 49 WVW]
Weigering of verzuim door rechter ten aanzien van beslissing [C2 art. 330 Sv]
Weigering ontheffing [C22 art. 8b Opw]
Weigering van militaire bijstand [C1 art. 357 Sr]
Weigering van oproeping getuige en deskundige bij hoger beroep [C2 art. 418 Sv]
Werkingsduur [C50 art. 45 EVOS]
Werkingssfeer BES-landen [C24 art. 19b Wtlvhz]
Werkterrein advocaat-generaal bij ressortsparket [C2 art. 488aa, art. 9 Sv]
Werkterrein OvJ bij arrondissementsparket [C2 art. 9 Sv]
Werkterrein OvJ bij functioneel parket [C2 art. 9 Sv]
Werkterrein OvJ bij landelijk parket [C2 art. 9 Sv]
Werkterrein OvJ bij Parket Centrale Verwerking Openbaar Ministerie [C2 art. 9 Sv]
Werkverschaffing illegalen [C1 art. 197b Sr]
Werkverschaffing illegalen als beroep of gewoonte [C1 art. 197c Sr]
Werkverschaffing illegalen in de uitoefening van ambt of beroep [C1 art. 197d Sr]
Werkwijze directie [C14 art. 4n WVW]
Werkzaamheden RvT [C14 art. 4l WVW]
Werpen van goederen door schipper [C1 art. 407 Sr]
Werven voor vreemde krijgsdienst [C1 art. 205 Sr]
Wet politiegegevens, audits [C12 art. 6:5 BPolG]
Wettig en overtuigend bewijs [C2 art. 338 Sv]
Wettige bewijsmiddelen [C2 art. 339 Sv]
Wettige bewijsmiddelen bij vordering tot ontneming van wederrechtelijk verkregen voordeel [C2 art. 511f Sv]
Wijkagent, minimum aantal [C5 art. 38a PolW]
Wijze van aangifte [C2 art. 163 Sv]
Wijze van aanvraag rijbewijs [C14 art. 113 WVW]
Wijze van intrekking van rechtsmiddelen [C2 art. 454 Sv]
Wijze van toezending verzoek [C50 art. 27 EVOS]
Wijze van verhoor [C2 art. 226c Sv]
Wijzigen grondslag voor voorlopige hechtenis [C2 art. 67b Sv]
Wijzigen/verwijderen gegevens [C14 art. 43d WVW]
Wijziging beslissing tot schorsing voorlopige hechtenis [C2 art. 81 Sv]
Wijziging bevel [C2 art. 126g Sv]
Wijziging EU-richtlijnen voordat implementatie heeft plaatsgevonden [C25 art. 40 Wwft]
Wijziging van de toezichtmaatregel bij toezichtbeslissing door een andere lidstaat van de EU [C2 art. 5.7.14 Sv]
Wijziging wettelijke bepalingen Bijlage III [C50 art. 42 EVOS]
Wijzigingen lijst I en II bij AMvB [C22 art. 3a Opw]
Wijzigingen lijst I en II door minister [C22 art. 3a Opw]
Wisselkoers [C38 art. 8 WWETGC]
Wissen of wijzigen computergegevens [C1 art. 350a Sr]
Wissen of wijzigen computergegevens door schuld [C1 art. 350b Sr]
Witwassen [C1 art. 420bis Sr]
Witwassen als gewoonte [C1 art. 420ter Sr]
Witwassen, eenvoudig [C1 art. 420bis.1 Sr]
Witwassen in uitoefening beroep of bedrijf [C1 art. 420ter Sr]
Woning of besloten plaats betreden [C2 art. 126s Sv]
Wraking [C2 art. 276, art. 512 Sv]

Z

Alfabetisch trefwoordenregister

Zaken voor de politierechter [C2 art. 368 Sv]
Zeeroof [C1 art. 381 Sr]
Zekerheidstelling [C2 art. 543, art. 80 Sv]
Zelf afdoen of terugverwijzen [C2 art. 440 Sv]
Zitplaats, vervoer passagier [C15 art. 58a RVV]
Zorgvuldigheidseisen arts [C24 art. 2 Wtlvhz]
Zwaar lichamelijk letsel [C1 art. 82 Sr]
Zwaarte sanctie [C50 art. 25 EVOS]
Zware mishandeling [C1 art. 302 Sr]
Zware mishandeling met terroristisch oogmerk [C1 art. 304a Sr]
Zware mishandeling met voorbedachten rade [C1 art. 303 Sr]
Zwendel met cognossementen [C1 art. 329bis Sr]